Revisaço®

Carreiras Trabalhistas

ANALISTA E TÉCNICO DO TRT

Revisaço®

COORDENAÇÃO
HENRIQUE CORREIA

Carreiras Trabalhistas

ANALISTA E TÉCNICO DO TRT

TOMO 2
PROIBIDA A VENDA
apenas deste tomo

8ª edição | Revista atualizada ampliada

2024

EDITORA JusPODIVM
www.editorajuspodivm.com.br

EDITORA *Jus*PODIVM
www.editorajuspodivm.com.br

Rua Canuto Saraiva, 131 – Mooca – CEP: 03113-010 – São Paulo – São Paulo
Tel: (11) 3582.5757
• Contato: https://www.editorajuspodivm.com.br/central-de-relacionamento

Diagramação: SBNigri Artes e Textos Ltda. *(sbnigri@centroin.com.br)*

Capa: Ana Caquetti

R454 Revisaço – Analista e Técnico do TRT – 3.650 Questões Comentadas / organizador Henrique Correia – 8. ed. rev., atual. e ampl. – São Paulo: Editora JusPodivm, 2024.
1456 p. (Revisaço – Questões Comentadas / organizador Henrique Correia)
Tomo 2

Vários autores.
Inclui Bibliografia.
ISBN 978-85-442-5204-8.

1. Concursos. 2. Provas de seleção. I. Correia, Henrique. II. Título.

CDD 341.33312

BIBLIOTECÁRIA RESPONSÁVEL

Ana Carolina Ribeiro Mois – CRB7 – RJ 007348/0

8.ª ed., *2.ª tir.:* set./2022; *3.ª tir.:* fev./2025.

Apresentação da Coleção Revisaço

"REVISAÇO" é a consagrada coleção de questões comentadas da Editora Juspodivm.

Com cuidado, pensamos num formato que fosse além dos comentários das questões. Algo que realmente pudesse ajudar o aluno no estudo de concursos ou Exames de Ordem, principalmente na revisão final.

Para isso, estabelecemos a seguinte estrutura didática:

- Questões divididas por matéria e assunto, comentadas assertiva por assertiva, item por item, demonstrando tanto o que está certo como o que está errado na questão;
- Sempre que possível, há uma "nota do autor" em cada questão trazendo comentários que vão além do assunto abordado no exercício.

Ao final das disciplinas apresentamos:

- Dicas de estudo, funcionando como verdadeiro resumo da matéria;
- Súmulas dos Tribunais Superiores;
- Orientações Jurisprudenciais.

A ideia, portanto, é apresentar a prática do concurso ou Exame da Ordem (questões), a doutrina para estudo (dicas) e a jurisprudência (súmulas), formando a tríade necessária para uma revisão (verdadeiro REVISAÇO!) rumo ao sucesso na aprovação.

Vários livros compõem a coleção e, para todos, chamamos grandes nomes, professores experientes, profissionais de destaque e especialistas em cada área para que organizassem as obras e comentassem as questões.

Acreditamos que esta coleção será bastante útil aos candidatos de concursos públicos e Exame de Ordem.

EDITORA JUSPODIVM

www.editorajuspodivm.com.br

Apresentação da Obra Revisaço Analista e Técnico do TRT – 8ª ed.

Bom, agora que você já conheceu a Coleção **"REVISAÇO"**, que tal conversarmos um pouco sobre esta obra: **a 8ª edição do Revisaço Analista e Técnico do TRT**!?

Aliás, vamos começar pelo início: meu nome é **Henrique Correia** e sou o Coordenador desta obra.

Atuo como Procurador do Trabalho em Ribeirão Preto (SP). Leciono há mais de 20 anos. Comecei bem jovem, na cidade de Ibiraci (MG), onde dava aulas de inglês. Já dei aulas em cursos de graduação e pós-graduação, bem como em vários cursos preparatórios para concursos públicos. Além disso, sou autor de diversos livros jurídicos pela Editora Juspodivm e coordenador de algumas coleções, como a coleção Tribunais e MPU e a coleção Revisão Final.

Tenho muito orgulho de ter sido concurseiro e sei muito bem que não é fácil organizar os estudos e manter uma rotina de preparação. As dificuldades são muitas: falta de tempo, baixa autoestima, quantidade de matérias, materiais que não passam segurança, tarefas domésticas, família, trabalho, pouca grana etc.

Foi justamente pensando nessas angústias que criamos a coleção **"REVISAÇO"**.

Questões atualizadas e comentadas por especialistas, **resumos doutrinários**, **linguagem clara**, **quadrinhos de resumo**, **esquemas e gráficos para memorização etc**. O que você pode esperar dessa obra é um material didático, completo e confiável, que certamente contribuirá para sua aprovação.

Se me permite, com a experiência de quem já foi reprovado muitas vezes, passou na pele a vida árdua de estudos e que hoje é completamente realizado no cargo em que ocupa, vou deixar algumas dicas em relação às matérias que mais caem nos concursos de Analista e Técnico de TRT:

- **Leia sempre o edital!** Você não pode entrar em campo sem saber as regras do jogo. Atente-se ao seu edital e às matérias que serão cobradas especificamente para seu cargo. Não saia resolvendo questões de todas as matérias como se não houvesse amanhã. **Organize-se!** Nenhuma preparação é melhor do que uma preparação estratégica.

  o Para ilustrar o que eu estou tentando dizer, imaginemos a seguinte situação: seu projeto é ser aprovado para o cargo de Técnico do TRT da 4ª Região. Como toda sua família mora no estado do Rio Grande do Sul, você nem prestará concursos para outros tribunais. Foco total no TRT da 4ª Região. Você, então, inicia sua preparação, reservando as segundas-feiras para o estudo de Direito Civil e Direito Previdenciário. Resolve todas as questões dessas duas disciplinas; está com a matéria na ponta da língua... Contudo, no dia da prova, percebe que não caiu nenhuma questão de Direito Civil ou Previdenciário. Isso porque, conforme o último edital do TRT da 4ª Região[1], essas matérias não serão cobradas, apesar de serem exigidas em outros tribunais. Você, então, desperdiçou todas as segundas-feiras de sua preparação estudando disciplinas que não foram cobradas no seu concurso. Se tivesse lido o edital antes de começar, poderia ter aproveitado melhor esse tempo. Portanto, **CONHEÇA AS REGRAS DO JOGO!!**

---

1 Edital do TRT 4ª Região (2022) – Edital nº 1/2022 – concurso público para provimento de cargos de seu quadro de pessoal e formação de cadastro reserva. Disponível em: https://www.in.gov.br/en/web/dou/-/edital-n-1/2022-398232089.

- **Língua Portuguesa:** você **precisa** saber **Língua Portuguesa!** Ouso dizer que essa é a matéria mais importante para seu concurso. Está em todos os editais e são várias questões nos concursos. Na minha opinião, o melhor livro de Língua Portuguesa para os concursos de Analista e Técnico de tribunais, hoje, é o ***Língua Portuguesa para Concursos***, da **Professora Duda Nogueira (Ed. Juspodivm).** O livro está na 10ª edição e completamente atualizado (2024).
- **Direito Constitucional e Direito Administrativo** são outras duas matérias clássicas, sempre presentes nos concursos de Analista e Técnico.
- Não dá para ir para a prova sem estudar bem **Direito do Trabalho** e **Direito Processual do Trabalho.** E como um pai nunca fala mal do seu filho, indico meu livro de Direito do Trabalho da coleção "Tribunais e MPU", que está na 15ª Edição (2024) – o livro mais vendido do País para tribunais. Em Processo do Trabalho, a melhor opção é, sem dúvidas, a 11ª edição (2024) livro do meu querido amigo Élisson Miessa, também da coleção "Tribunais e MPU".

Lembre-se de conciliar teoria, leitura da lei e resolução de questões! Revisões constantes são importantíssimas. Se você não treina ou não revisa, as chances de reter o conhecimento são muito menores. Ainda, com uma certa regularidade, faça simulados. Cronometre o seu tempo e tente reproduzir as condições que irá enfrentar no dia da prova. Um bom treino torna o jogo um pouco mais fácil. No dia seguinte, tire um tempo para corrigir o simulado. Isso vai te ajudar a identificar suas maiores dificuldades e, assim, você conseguirá direcionar melhor seus estudos.

Mas será que vale a pena todo esse estudo para passar no concurso público? Bom, que tal dar uma espiadinha no subsídio que te aguarda e você mesmo responder essa questão!? O edital pra Técnico e Analista do TRT da 18ª Região[2], publicado em 2022, prevê **remuneração inicial**:

- R$ 7.591,37 (sete mil, quinhentos e noventa e um reais e trinta e sete centavos) para os cargos de Técnico; e
- R$ 12.455,30 (doze mil, quatrocentos e cinquenta e cinco reais e trinta centavos) para os cargos de Analista.

E aí? Deu até uma vontade de estudar, não é? São cargos muitos atraentes financeiramente e, ainda, quando for aprovado, você terá a chance de prestar um belíssimo trabalho para a sociedade. Todos os TRTs são vitais para manter a pacificação dos conflitos na sociedade.

Deixo, a seguir, algumas sugestões de planilha de estudos, caso queira seguir.

Abril/2024

Henrique Correia

www.henriquecorreia.com.br

@prof_correia

2 Edital do TRT 18ª Região (2022) – Edital nº 1, de 1º de dezembro de 2022. Disponível em: https://sistemas3.trt18.jus.br/trtconcursos/page/painelConcurso?id=1.

Vida de Concurseiro

Já te apresentamos a coleção **"REVISAÇO"** e já batemos um papo sobre **a 8ª edição do *Revisaço Analista e Técnico do TRT***. Mas e aí, como anda essa vida de concurseiro?

Como já disse, assim como você, eu já fui um concurseiro. Conheço e vivenciei muitas das suas dores: dúvidas quanto à decisão de se dedicar ao concurso público, ansiedade para que saia um novo edital e desespero quando ele é lançado, falta de grana, frustração com uma reprovação (e olha que só no concurso para juiz do trabalho eu fui reprovado **VINTE E SEIS VEZES**!), julgamento da família e amigos etc.

Mas quer uma sugestão de quem já passou por isso e hoje é extremamente realizado no cargo público que ocupa? **Não desista! O mais importante é dar o primeiro passo, a coragem de se entregar aos estudos e só parar quando for aprovado.**

Depois de tomada a decisão, **planeje-se!**

Não existe fórmula mágica, material perfeito, curso definitivo, caminho fácil. A única coisa que funciona é uma boa e constante preparação e essa obra, feita sob medida para seu concurso, é um importantíssimo passo para sua preparação. Condensamos, em um único material, questões atualizadas e comentadas por especialistas, resumos doutrinários, linguagem clara, quadrinhos de resumo, esquemas e gráficos para memorização, jurisprudência, para que você tenha um excelente norte para sua preparação. Você poderá identificar os pontos e matérias em que sente maior dificuldade e sanar essas fragilidades com uma doutrina ou videoaulas, por exemplo.

Pode ser que você já tenha tomado a decisão de estudar para concurso, já tenha se planejado, mas não tem muito tempo livre ou, então, um local adequado, calmo e tranquilo. Eu, por exemplo, durante toda a minha preparação, tive que trabalhar. Durante muito tempo, morei com minha família e tinha que me adaptar à rotina deles. Estudava em cada segundo livre do meu dia e priorizava os estudos no período da noite, quando as coisas ficavam mais calmas lá na casa dos meus pais. Já falei ali em cima e volto a repetir: **nenhuma preparação é perfeita!** Vão ter dias silenciosos e convidativos para você estudar, e outros que sua vida estará uma bagunça. Vão ter dias em que seus estudos renderão muito, outros nem tanto. O importante é continuar. Sempre. Do jeito que der, ainda que não seja o melhor.

Estude o máximo que der, mas tenha em mente que **é impossível saber tudo!** Eu, por exemplo, sou Procurador do Trabalho, dou aulas há mais de 20 anos e tenho vários livros sobre Direito do Trabalho e **todo dia aprendo algo novo**, um novo ponto de vista, uma opção que nunca tinha levado em conta. Quem disser a você que sabe de tudo estará mentindo.

Lembre-se: a preparação para o concurso é como a preparação para uma maratona.

De nada adianta correr 20 km na segunda-feira e ficar sem treinar o resto da semana. **Persistência e constância** são as palavras-chave. Isso não significa que você não possa sair com a família, tomar uma cerveja com os amigos ou namorar. Mas faça todas essas coisas com moderação para não comprometer sua rotina de estudos.

Por fim, **encontre-se nos estudos!** Não leve esse período como uma pena ou um sacrifício. É um momento de amadurecimento e aprendizagem. **Aproveite-o!** Eu me orgulho muito do meu tempo como concurseiro. Grande parte da minha bagagem teórica, que levo para minha atuação no Ministério Público do Trabalho, nas minhas aulas e nos meus livros vieram dessa época.

Cronogramas de estudo, planilhas e organização

Eu sei, estou sendo repetitivo, mas vou continuar sendo para que não restem dúvidas: **planejamento é tudo!**

Você não pode acordar sem saber o quer irá estudar naquele dia. Aliás, é interessante que você se planeje a longo prazo. Estabeleça metas gerais para o mês. Depois, com mais detalhes, planeje sua semana. Finalmente, decida o que você irá fazer e estudar cada dia. Terão dias em que você cumprirá com todas as metas. Em outros, seja porque tem mais dificuldade naquela matéria, seja porque o conteúdo é mais extenso, seja porque surgiu um imprevisto, você não conseguirá fazer tudo. Aquele concurseiro que tem um cronograma bem estruturado, conseguirá mais facilmente realocar o conteúdo em outro dia, não deixando a matéria acumular. Eis a importância da organização.

Não esqueça de incluir uma atividade física na sua rotina. Além de manter a saúde em dia, exercícios físicos ajudam a reter o conhecimento. Qualquer atividade física é bem-vinda: caminhada, alongamentos, musculação, esportes...

Para te ajudar, na sequência, deixei sugestões de planilha para quem estuda o dia todo e para quem concilia estudos e trabalho. Trata-se de sugestões. Cada um tem a sua rotina e sabe a melhor forma de organizar seus estudos. Sente, analise com calma o tempo disponível e monte seu próprio cronograma. Ainda, não saia fazendo as questões sem antes ler seu edital. Fique atento para estudar as matérias que fazem sentido para o seu concurso. Se precisar, com o tempo, faça ajustes. O importante é não parar!! **Constância e persistência!!**

Preparação para Concurso Público

BREVE RELATO DA MINHA EXPERIÊNCIA DURANTE A PREPARAÇÃO PARA O CONCURSO

A decisão de prestar concurso público surgiu em 2001. Após dois anos fazendo estágio em um escritório de advocacia, decidi que não queria ser advogado, mas ingressar no serviço público. Coloquei a primeira meta (a primeira de muitas...), que era sair da faculdade já como oficial de justiça ou técnico judiciário. Comecei a fazer curso de português, fator decisivo para aprovação em qualquer concurso público.

O primeiro concurso que prestei foi para Técnico Judiciário do TRT da 15ª Região. Nessa época, era professor de inglês. Trabalhava todos os dias, o dia todo, frequentava o 4º ano da Faculdade de Direito de Franca, SP. Estudava durante os intervalos das aulas de inglês, nos intervalos do curso de direito e, principalmente, à noite, ao chegar em casa (estudava todos os dias até 1 ou 2 horas da manhã) e nos fins de semana.

Estudei bastante para esse concurso de técnico; havia, inclusive, matérias estranhas ao curso de direito, como matemática. Consegui minha primeira aprovação, fui classificado em 7º lugar, na área de Franca, interior de São Paulo. Não tive muita sorte, pois foram chamados seis candidatos e o concurso prescreveu. E eu fiquei de fora...

Nesse meio tempo, eu já havia prestado muitos, muitos concursos em diversos locais do País. Verifiquei que estava estudando matérias muito diferentes. Ora estudava para polícia federal, ora estudava para AGU, analista do INSS etc. Decidi focar apenas na área de que mais gostava: carreiras trabalhistas. Comecei, então, a me inscrever apenas para Técnico e Analista do TRT, Auditor Fiscal do Trabalho, Juiz e Procurador do Trabalho.

De tanto prestar concursos, e em razão dos anos de experiência como professor de inglês, fui convidado por um amigo, hoje Procurador do Trabalho, Dr. Élisson Miessa dos Santos, para ministrar aulas de direito constitucional na Central de Cursos Professor Pimentel, em Ribeirão Preto, SP. Lecionava de manhã e à noite e prestava concursos quase todos os fins de semana, nos mais diferentes estados da Federação. Quando não estava trabalhando ou fazendo provas, estava sempre estudando.

Fiz inúmeros cursinhos preparatórios, participei de grupos de estudo na internet. Só para Juiz do Trabalho, prestei 26 concursos (vinte e seis, isso mesmo).

Fui aprovado no melhor cargo público do País: Ministério Público do Trabalho (MPT). Nesse concurso, eu era um dos mais jovens Procuradores do Trabalho do País. A aprovação veio após longo período de preparação e sacrifícios. Exatamente após 3 anos, 10 meses e 12 dias de estudo depois da graduação.

Além de o salário para Procurador do Trabalho ser muito atrativo, confesso que sou muitíssimo realizado com a atuação do Ministério Público na defesa da sociedade, em especial do trabalhador brasileiro, combatendo as fraudes trabalhistas, promovendo a erradicação do trabalho infantil e do trabalho escravo, nas investigações de órgãos públicos que violam o concurso público etc.

Consegui outras aprovações (Técnico Judiciário do TJ/SP, Analista Judiciário do TRT 3ª Região-MG e Procurador da Infraero), mas não assumi nenhum desses cargos, pois já era bem remunerado no cursinho e tinha decidido que iria ingressar ou na Justiça do Trabalho, como Juiz, ou no MPT.

Constam a seguir algumas dicas de uma preparação consciente. Se eu pudesse voltar atrás, faria tudo novamente. A conquista de um sonho compensa todo o esforço. Lembre-se de que o ingresso via concurso público é o meio mais democrático e transparente de admissão para o trabalho. A inscrição é pública, todos podem concorrer ao cargo. Depende apenas do seu esforço.

1. A DECISÃO

Ao decidir prestar concurso público, é imprescindível que o candidato se inscreva em um bom cursinho de português. O conhecimento razoável da norma culta da língua portuguesa (ortografia, regência, concordância verbal etc.) e de interpretação de texto não é suficiente para aprovação. Atualmente, exige-se que o candidato tenha profundos conhecimentos dessa matéria (acerto próximo de 90% das questões de português).

Outro ponto que considero importante: não desvie o foco do concurso. A preparação especializada, por exemplo, para a área trabalhista, gera resultados mais rápidos. Ao prestar para o TRT da 15ª, preste também para o TRT da 2ª e 3ª regiões e assim por diante. A matéria é, na maioria das vezes, igual.

Não se desespere. Se não tem como você se manter sem o trabalho, estude nos momentos em que tiver tempo. Ademais, ao decidir prestar o concurso, tenha em mente que a aprovação é um projeto de médio ou longo prazo. Portanto, faça as contas antes de largar emprego ou pedir ajuda aos familiares. A aprovação poderá vir após anos de estudo.

2. A PREPARAÇÃO

Colocar em prática o sonho do concurso é a fase mais difícil, pois os hábitos devem ser modificados. A preparação para o concurso público exige dedicação e muita, muita disciplina. Há necessidade de que os familiares, amigos, cônjuge ou namorado(a) tenham consciência de que você ficará, por algum tempo, afastado de eventos sociais. Concurso não combina com festas, cerveja e viagem. Lembre-se de que o sofrimento é temporário, mas o cargo é vitalício!

Outro ponto importantíssimo: seja organizado. Tenha sempre suas fontes pessoais de informação. Explico: durante o cursinho preparatório ou os estudos em casa, é necessário que se grife os livros, faça resumos e confeccione um excelente caderno de anotações em cada uma das matérias exigidas no edital. Existe uma grande chance de que você não passe no primeiro concurso. Os candidatos organizados reiniciam os estudos mais facilmente. Nesse ponto, se pudesse voltar atrás, eu mudaria na minha preparação. Não era organizado nos primeiros anos de estudo. Depois de várias provas verifiquei a necessidade de implementar esse hábito.

A organização consiste também em fazer um horário de estudos, ou seja, programação prévia de quais matérias serão estudadas em cada um dos dias da semana. Jamais vá para cama sem saber o que você vai estudar no outro dia.

O estudante deverá conviver bem com derrotas. Quem presta concurso, por vezes, tem péssimas notícias. Terá de tentar conviver bem com elas. Tenho colegas que se apegaram à religião, outros fizeram terapia com psicólogo. Indico as duas atitudes para preparação um pouco mais pacífica.

Aproveite cada minuto. Tenha um livro para todas as situações. Livro para deixar no carro, ou no aeroporto/rodoviária. No meu caso, já deixava livros e resumos na casa dos meus pais. Livro para esperar na fila do banco ou dentista. Estava sempre lendo e estudando.

Há necessidade de focar o máximo possível. No último ano de preparação, eu saí pouquíssimas vezes de casa. Gostava de ir ao cinema e, raramente, frequentava barzinhos.

Outro ponto que considero importantíssimo: não erre a mesma questão duas vezes. Após a realização de cada uma das provas, refaça-a atentamente. Anote seus erros, para evitar o mesmo engano. Diminua ao máximo as chances de erro. Tenha estratégia definida[3], isto é, analise em que matérias você ainda não está seguro. Priorize seus estudos dessas matérias e, claro, das matérias com maior peso na prova.

Pensamentos como "Será que irei conseguir?" e "Estou fazendo a coisa certa?" são comuns entre os estudantes de concurso. No meu caso, como era muito jovem, vivia com esses pensamentos. Achava que estava perdendo os melhores anos da minha vida. Natural pensar essas coisas, só não poderá deixar que esses pensamentos negativos tomem seu tempo de estudo. Outro pensamento ilusório é o de que somente os gênios passam.

Em resumo:

a) Escolha um excelente curso de português (gramática, redação e interpretação de textos).
b) Se puder, frequente um cursinho preparatório, principalmente no início da preparação, para pegar as dicas (livros, resumos, apostilas, melhores professores das matérias) e se acostumar com o ritmo de estudos.

---

3. Tenho alguns alunos da magistratura e MPT que estudaram profundamente as mais diversas doutrinas do País, mas nunca passaram na primeira fase do concurso, cuja exigência é apenas a lei seca, súmulas e OJs. Falta, portanto, estratégia. Não há como ir diretamente ao nº 2 sem passar pelo nº 1.

c) Seja organizado com o material de estudo, sobretudo com seu caderno de anotações, resumos e esquemas de memorização.

d) Aproveite cada minuto de estudo. Não perca tempo!

e) Lembre-se de que a aprovação pode vir após alguns anos, logo, nesse período, podem surgir algumas derrotas. A retomada dos estudos, sem perder tempo com lamentações e arrependimentos, é imprescindível.

f) Não erre duas vezes a mesma questão. Refaça as provas já realizadas.

3. A ESPERA PELA NOMEAÇÃO E A POSSE

Ocorre, com muita frequência, a aprovação em concurso e a demora, por anos, para iniciar os trabalhos. É a burocracia do serviço público. Na minha vida de concurseiro, acessava a internet, fóruns de bate-papo sobre concurso todos os dias. Demorava uma eternidade para a nomeação.

Importante não desanimar e não perder o foco durante essa etapa. Vários alunos, após obterem a aprovação, mesmo que distante do número das vagas previstas no edital, paralisavam os estudos, vivendo apenas de "esperança".

E por fim, a posse. Esse é um dos dias mais felizes da vida de quem se dedicou profundamente aos estudos e ao sonho de ingressar no cargo público. No meu caso, como estudei por muitos anos, confesso que foi um dia inesquecível. Ver a satisfação dos meus pais, familiares, amigos e namorada e participar da comemoração realizada em razão da minha conquista foram fatos extremamente emocionantes. Jamais esquecerei esse dia. Valeu a pena cada minuto de esforço.

Bons estudos!

Sobre os autores

ADRIANA MENEZES – *DIREITO PREVIDENCIÁRIO*

Procuradora Federal/AGU desde fev/2000.

Procuradora Chefe junto à Universidade Federal de Juiz de Fora.

Bacharel em Direito e em Ciências Econômicas.

Especialista em Direito Público, Direito Previdenciário e em Engenharia Econômica.

Aprovada e nomeada para os cargos públicos de Fiscal de Tributos Estaduais de Minas Gerais e de Advogado da União.

Professora de Direito Previdenciário em cursos de Pós-Graduação e Preparatórios para concursos públicos.

Autora de obras jurídicas pela Editora Juspodivm.

Coautora em mais de 30 obras da Editora Juspodivm.

CRISTIANA DURAN – *GESTÃO DE PESSOAS*

Bacharel em Psicologia pelo Centro Universitário de Brasília - UniCEUB e pós-graduada em Gestão de Pessoas pela Fundação Getulio Vargas - FGV. Graduada, também, em Direito pela União Pioneira de Integração Social - UPIS e pós-graduanda em Direito Publico pela Verbo Jurídico. E psicóloga no TJDFT (Analista Judiciário Área Especializada Psicologia) e atual gestora titular do Serviço de Apoio Gerencial em Gestão de Pessoas, da Secretaria de RH. Já atuou como coordenadora de gestão de pessoas do Conselho Nacional do Ministério Público - CNMP. Possui vasta experiência na área de recursos humanos, tendo atuado em diversas consultorias de RH e em grandes empresas em Brasília antes de tornar-se servidora pública. E professora e colunista das disciplinas de Administração Geral e de Gestão de Pessoas para concursos nos sites Eu Vou Passar (www.euvoupassar.com.br), E coautora dos livros Gestão de Pessoas Para Concursos, volumes I e II, pela Editora Elsevier.

Contato: cristiana@opendf.com.br e cristiana.duran@gmail.com.

DANILO DA CUNHA SOUSA – *DIREITO PENAL*

Bacharel em Direito pela Faculdade de Direito de Franca. Mestre em Direito pela UNESP. Autor e coautor de diversos livros pela Editora Juspodivm.

FELIPE BERNARDES – *DIREITO PROCESSUAL DO TRABALHO*

Juiz do Trabalho do Tribunal Regional do Trabalho da 1ª Região – 1º colocado no concurso público. Especialista em Direito Processual do Trabalho. Professor e palestrante.

LEANDRO BORTOLETO – *DIREITO ADMINISTRATIVO*

Mestre e bacharel em direito pela Universidade Estadual Paulista – UNESP. Analista Judiciário (OJAF) na Justiça Federal. Autor e coordenador de livros jurídicos na Editora Juspodivm. Coordenador no curso de especialização em Direito Público da Escola Superior de Direito – ESD, em Ribeirão Preto. Professor convidado no curso de especialização em Direito Administrativo na USP/FDRP/FADEP. Professor na especialização em Direito Constitucional e Administrativo e no curso preparatório para carreira jurídica do curso Ênfase. Professor no curso de pós-graduação em Auditoria Interna e Controle Governamental, nos cursos de extensão e no curso preparatório para carreira jurídica do Curso Verbo Jurídico. Professor no Jus Aulas na Editora Juspodivm. Ex-oficial de justiça no TJ SP.

@profbortoleto

LUCIANO ALVES ROSSATO - *DIREITO PROCESSUAL CIVIL*

Procurador do Estado de São Paulo. Doutor em Direito. Professor de cursos de pós-graduação e preparatórios para concursos jurídicos

Site: www.lucianorossato.pro.br

Instagram: @lucianorossato1

Periscope: lucianorossato

Youtube: professorlucianorossato

LUÍS FELIPE CIRINO - *DIREITO ADMINISTRATIVO*

Graduado, Mestre e Doutorando em Direito pela USP. Professor em cursos preparatórios e de pós-graduação em Ribeirão Preto/SP, Campinas/SP, São Paulo/SP e Goiânia/GO. Advogado em Ribeirão Preto/SP.

MARCELO SBICCA - *MATEMÁTICA E RACIOCÍNIO LÓGICO*

Agente Fiscal de Rendas do Estado de São Paulo. Formado em Administração de Empresas. Especialização: Marketing e Auditoria em Organizações do Setor Público.

MARCOS ALEXANDRE BOSSO - *MATEMÁTICA E RACIOCÍNIO LÓGICO*

Auditor Fiscal da Receita Estadual/SP. Graduado em Engenharia Elétrica pela Escola Politécnica da USP. Coautor de obras publicadas pela Editora Juspodivm: Coleção Revisaço e Coleção Reta Final.

PAULO HENRIQUE BOLDRIN - *DIREITOS DA PESSOA COM DEFICIÊNCIA*

Advogado. Mestre em Direito pela Faculdade de Direito de Ribeirão Preto da USP. Graduado pela mesma faculdade.

Sumário

DIREITO ADMINISTRATIVO 443

Leandro Bortoleto e Luís Felipe Cirino

DIREITO PENAL.. 711

Danilo da Cunha Sousa

RACIOCÍNIO LÓGICO ... 1209

Marcelo Sbicca e Marcos Alexandre Bosso

DIREITOS DA PESSOA COM DEFICIÊNCIA ... 1361

Paulo Henrique Boldrin

Direito Processual Civil

Luciano Alves Rossato

TABELA DE INCIDÊNCIA DE QUESTÕES

Distribuição das questões organizada por ordem didática de assuntos		
Assunto	**Número de Questões**	**Peso**
1. MEIOS ADEQUADOS DE RESOLUÇÃO DE CONFLITOS	2	0,97%
2. NORMAS FUNDAMENTAIS DO DIREITO PROCESSUAL CIVIL	7	3,40%
3. AÇÃO E PRESSUPOSTOS PROCESSUAIS	4	1,94%
4. AUXILIARES DA JUSTIÇA	1	0,49%
5. ATOS PROCESSUAIS	25	12,14%
6. COMPETÊNCIA	14	6,80%
7. PARTES, LITISCONSÓRCIO E INTERVENÇÃO DE TERCEIROS	28	13,59%
8.TUTELA PROVISÓRIA	7	3,40%
9. PROCEDIMENTO COMUM	19	9,22%
10 SENTENÇA E COISA JULGADA	7	3,40%
11 PROCEDIMENTOS ESPECIAIS	11	5,34%
12 CUMPRIMENTO DE SENTENÇA E PROCESSO DE EXECUÇÃO	23	11,17%
13. PROCESSOS NOS TRIBUNAIS	7	3,40%
14. RECURSOS	20	9,71%
15. AÇÕES CONSTITUCIONAIS	28	13,59%
16. JUIZADOS ESPECIAIS CÍVEIS	3	1,46%
Total	**206**	**100%**

Direito Processual Civil

Luciano Alves Rossato

✦ QUESTÕES

1. MEIOS ADEQUADOS DE RESOLUÇÃO DE CONFLITOS

01. (Cespe – Analista Judiciário – Direito – TJ – PA/2020) Durante uma tentativa de mediação judicial frustrada foram produzidas as seguintes informações e(ou) manifestações por uma das partes envolvidas no processo.

I documento elaborado unicamente para fins de mediação

II manifestação de aceitação de proposta de acordo apresentada pelo mediador

III informação sobre a prática de crime de ação penal pública

IV declaração formulada à outra parte na busca de entendimento para o conflito

De acordo com o previsto na Lei n.º 13.140/2015, que dispõe sobre mediação, independentemente da vontade das partes, a confidencialidade prevista na norma se aplica apenas às informações e(ou) manifestações constantes nos itens

a) I e II.

b) I e III.

c) III e IV.

d) I, II e IV.

e) II, III e IV.

COMENTÁRIOS

✪ **Notas do autor:** Considerando-se o que se encontra previsto nas Normas Fundamentais do Processo Civil, o Estado promoverá, sempre que possível, a solução consensual dos conflitos, devendo a conciliação, a mediação e outros métodos de resolução consensual serem estimulados por juízes, advogados, defensores públicos e membros do Ministério Público, especialmente no curso do processo judicial (art. 3º, §§). Entre os métodos de resolução adequada dos conflitos merece destaque a mediação, que foi tratada na Lei nº 13.140/2015. Conforme se verifica da aludida lei, *considera-se mediação a atividade técnica exercida por terceiro imparcial sem poder decisório, que, escolhido ou aceito pelas partes, as auxilia e estimula a identificar ou desenvolver soluções consensuais para a controvérsia* (art. 1º, parágrafo único). A mediação poderá ocorrer no âmbito judicial, bem como no extrajudicial. Vários são os princípios que orientarão a mediação, podendo ser apontado, entre eles, o princípio da confidencialidade (art. 2º, VII, Lei nº 13.140/2015). Toda e qualquer informação relativa ao procedimento será confidencial em relação a terceiros, não se admitindo ser revelada sequer em processo arbitral ou judicial, salvo se as partes expressamente decidirem de forma diversa ou quando sua divulgação for exigida por lei ou necessária para cumprimento de acordo obtido pela mediação (art. 30, *caput*), alcançando:

I – declaração, opinião, sugestão, promessa ou proposta formulada por uma parte à outra na busca de entendimento para o conflito;

II – reconhecimento de fato por qualquer das partes no curso do procedimento de mediação; III – manifestação de aceitação de proposta de acordo apresentada pelo mediador; e, IV – documento preparado unicamente para os fins do procedimento de mediação. Como é possível verificar, os documentos mencionados nas assertivas I, II e IV, estão alcançados pela confidencialidade. Contudo, o de número III, tem a confidencialidade expressamente excluída (art. 30, § 3º).

Gabarito: D.

02. (Consulplan – Analista Judiciário – Oficial de Just. Avaliador – TRF 2/2017) O Novo Código de Processo Civil de 2015 (Lei Federal nº 13.105) prestigia, em diversas passagens, os métodos alternativos de solução de conflitos como forma de entregar aos cidadãos uma prestação jurisdicional mais célere e que melhor atenda os interesses das partes em conflito, buscando-se, com isso, a pacificação social e a maior efetividade das decisões estatais. No que tange às disposições processuais que regem os conciliadores e mediadores judiciais, assinale a alternativa correta.

a) As partes podem escolher, de comum acordo, o conciliador ou o mediador, ainda que este não esteja cadastrado no tribunal onde tramita o processo.
b) A conciliação e a mediação são informadas pelo princípio da publicidade, devendo ser publicadas todas as informações produzidas no curso do procedimento.
c) Os conciliadores e mediadores judiciais devidamente cadastrados, se advogados, poderão continuar exercendo a advocacia nos juízos em que desempenham suas funções.
d) Eventuais conflitos no âmbito administrativo que envolvam órgãos e entidades da administração pública não estão sujeitos aos mecanismos de solução consensual de conflitos previstos no Código de Processo Civil de 2015.

COMENTÁRIOS

✪ **Notas do autor:** o CPC 2015 encampou o chamado *Tribunal Multiportas*, de modo que a solução adjudicada pelo Poder Judiciário se constituirá na última alternativa, devendo ser tentada a solução consensual, existindo vários métodos de solução adequada de conflitos.

Alternativa "A": correta. O conciliador e o mediador são considerados auxiliares da Justiça (art. 149, CPC), podendo ser escolhidos, de comum acordo, pelas partes (art. 168, caput, CPC).

Alternativa "B": incorreta. A conciliação e a mediação são informadas, entre outros, pelo princípio da confidencialidade (art. 166, caput) e pelo da publicidade. Trata-se de um ponto que merece muita atenção quando do estudo da matéria.

Alternativa "C": incorreta. Os conciliadores e mediadores judiciais cadastrados, se advogados, estarão impedidos de exercer a advocacia nos juízos em que desempenhem suas funções (art. 167, § 5º, CPC).

Alternativa "D": incorreta. Diferentemente do que foi afirmado, eventuais conflitos no âmbito administrativo que envolvam órgãos e entidades da administração pública estão sujeitos aos mecanismos de solução consensual de conflitos previstos no Código de Processo Civil de 2015 (art. 174).

Gabarito: A.

2. NORMAS FUNDAMENTAIS DO DIREITO PROCESSUAL CIVIL

03. (Cespe - Analista Judiciário - Área Judiciária - TRT 8/2022) Michel, estrangeiro domiciliado no exterior, ajuizou ação de cobrança na justiça comum em face da empresa Y, sediada no Brasil. Tendo sido prolatada sentença de improcedência, Michel interpôs recurso de apelação e requereu incidentalmente a concessão de gratuidade de justiça, motivo pelo qual deixou de realizar o preparo recursal. Ao analisar a apelação, o relator considerou que, apesar de ser possível, em tese, a concessão de gratuidade de justiça ao estrangeiro não domiciliado no Brasil, não havia justificativa para concessão do benefício de forma superveniente na hipótese e, por esse motivo, julgou monocraticamente o recurso inadmissível por motivo de deserção.

Em relação à situação hipotética apresentada, assinale a opção correta, conforme a jurisprudência do STJ.

a) A decisão está correta porque, estando em curso o processo, o requerimento de gratuidade deveria ser realizado em autos apartados, o que prejudicou eventual direito do recorrente.
b) Por se tratar de apelação, o relator não possui poderes para examinar o recurso de forma monocrática, motivo pelo qual se está diante de uma nulidade absoluta.
c) O benefício da gratuidade de justiça somente pode ser requerido pelo autor na petição inicial e, pelo fato de a matéria estar preclusa, não há sequer interesse recursal a ensejar a impugnação da decisão monocrática.
d) A decisão incorreu em erro de procedimento, pois, em homenagem ao princípio da primazia da resolução do mérito, o relator deveria ter dado oportunidade à realização do preparo antes de julgar deserto o recurso.
e) Embora tenha havido equívoco apenas parcial no fundamento da decisão, porquanto o estrangeiro não domiciliado no Brasil não pode ser beneficiário da gratuidade de justiça, inexiste nulidade a ser enfrentada na decisão desfavorável a Michel.

COMENTÁRIOS

✪ **Notas do autor:** em conformidade com o princípio da primazia do julgamento do mérito (art. 4º), as partes têm o direito de obter em prazo razoável **a solução integral do mérito**. Compete ao juiz, então, adotar as providências necessárias para que o processo esteja em condições para o julgamento do mérito, intimando a parte para suprir o que for necessário. Dessa maneira, a decisão incorreu em erro de procedimento, pois deveria o relator ter dado oportunidade à realização do preparo antes de julgar deserto o recurso, enfatizando-se, ainda, a existência de regra específica nesse sentido (art. 1.007, § 4º, do CPC).

Gabarito: D.

---

04. (FCC – Analista Judiciário – Oficial de Just. Avaliador Federal – TRT 6/2018) Dispõe o CPC que o juiz decidirá o mérito nos limites propostos pelas partes, sendo-lhe vedado conhecer de questões não suscitadas a cujo respeito a lei exija a iniciativa da parte.

Esse enunciado compreende os princípios:

a) da adstrição ou congruência e da persuasão racional.
b) do impulso oficial e dispositivo.
c) da adstrição ou congruência e dispositivo.
d) da persuasão racional e do livre convencimento.
e) do livre convencimento e da eventualidade.

COMENTÁRIOS

✪ **Notas do autor:** em conformidade com o princípio da adstrição, da correlação entre o pedido e a sentença, da congruência e dispositivo, deverá o juiz decidir o mérito nos limites propostos pelas partes, sendo-lhe vedado decidir questões não suscitadas a cujo respeito a lei exija a iniciativa da parte (art. 141, CPC). A inobservância do princípio conduz à existência de vício processual, podendo existir três situações: a) sentença *ultra petita* – a decisão vai além do pedido. Exemplo: o autor pede a condenação do réu em R$ 1.000,00 e o juiz defere R$ 2.000,00; b) sentença *extra petita* – o magistrado defere pedido diverso do que foi requerido. Exemplo: a parte pede a condenação do réu ao pagamento de determinada quantia e o juiz determina a entrega de um bem; c) sentença *citra petita* – a sentença não aprecia todos os pedidos apresentados. Exemplo: o autor requer a condenação do réu em danos materiais e morais e a sentença analisa apenas o pedido referente aos danos materiais. Exclui as demais alternativas.

Gabarito: C.

---

05. (Cespe – Analista Judiciário – Direito – TJ – AM/2019) Acerca do disposto no Código de Processo Civil (CPC) sobre as normas processuais civis, os deveres das partes e dos procuradores, a intervenção de terceiros e a forma dos atos processuais, julgue os itens a seguir.

Em observância ao princípio da economia processual, a fundamentação de decisão que não admite recurso pode limitar-se à mera indicação de precedente com força vinculante ou persuasiva reconhecida pelo CPC.

- CERTO
- ERRADO

COMENTÁRIOS

✪ **Notas do autor:** as normas fundamentais encampadas pelo Código de Processo Civil constituem-se em fundamentos interpretativos que não se encontram apenas na parte geral, como também na parte especial. Tais normas são compostas por princípios e regras jurídicas e demonstra a valorização do processo principiológico. Entre os princípios, destaca-se o da *fundamentação analítica*. A propósito, não considera fundamentada qualquer decisão judicial, seja ela interlocutória, sentença ou acórdão, que: I – se limitar à indicação, à reprodução ou à paráfrase de ato normativo, sem explicar sua relação com a causa ou a questão decidida; II – empregar conceitos jurídicos indeterminados, sem explicar o motivo concreto de sua incidência no caso; III – invocar motivos que se prestariam a justificar qualquer outra decisão; IV – não enfrentar todos os argumentos deduzidos no processo capazes de, em tese, infirmar a conclusão adotada pelo julgador; V – se limitar a invocar precedente ou enunciado de súmula, sem identificar seus fundamentos determinantes nem demonstrar que o caso sob julgamento se ajusta àqueles fundamentos; VI – deixar de seguir enunciado de súmula, jurisprudência ou precedente invocado pela parte, sem demonstrar a existência de distinção no caso em julgamento ou a superação do entendimento. Logo, a afirmativa está errada.

Gabarito: Errado.

---

06. (Cespe – Analista Judiciário – Área Judiciária – TRE – BA/2017) Em um tribunal, o relator de determinado recurso concedeu o prazo de cinco dias ao recorrente para que fosse sanado vício e complementada a documentação exigida pela legislação para interposição de recurso.

Nessa situação, o magistrado tomou tal providência com base no princípio denominado

a) dialeticidade.
b) fungibilidade.
c) primazia do julgamento do mérito.
d) dispositivo.
e) identidade física do juiz.

COMENTÁRIOS

✪ **Notas do autor:** em conformidade com o disposto no art. 4º do CPC, "as partes têm o direito de obter em prazo razoável a solução integral do mérito, incluída a atividade satisfativa". Nesse dispositivo é possível extrair o princípio da preferência ou da primazia pelo julgamento de mérito. Uma vez iniciada a relação processual, deverá o magistrado conduzir o processo com vista ao julgamento de seu mérito, aproveitando ao máximo os atos processuais, evitando reconhecer nulidades quando estas podem ser sanadas ou se o mérito pode ser decidido em favor do prejudicado, deixando de lado a jurisprudência defensiva etc. Diante do previsto, há necessidade de adequação do formalismo ao processo democrático, não se admitindo a formalidade vazia, destituída de significado. Vários são os dispositivos contidos no Código de Processo Civil que constituem aplicação do princípio da primazia do julgamento do mérito, como, por exemplo, os artigos 4º, 488, 932, parágrafo único, 1.013, § 3º, 1.032 e 1.033.

Alternativa "C": correta. Nos termos do que está previsto no art. 932, parágrafo único, antes de considerar inadmissível o recurso, o relator concederá o prazo de cinco dias ao recorrente para que seja sanado vício ou complementada a documentação exigível. Trata-se de aplicabilidade do princípio da primazia do julgamento do mérito, conforme já demonstrado.

Gabarito: C.

---

07. (Cespe – Analista Judiciário – Área Judiciária – TRE – PE/2017) Acerca das normas processuais civis, assinale a opção correta.

a) O juiz não pode decidir com base em fundamento a respeito do qual não tenha sido dada oportunidade de manifestação às partes, ressalvado o caso de matéria que deva decidir de ofício.

b) Os juízes e tribunais terão de, inexoravelmente, atender à ordem cronológica de conclusão para proferir sentença ou decisão.

c) A boa-fé processual objetiva, que não se aplica ao juiz, prevê que as partes no processo tenham um comportamento probo e leal.

d) O modelo cooperativo, que atende à nova ordem do processo civil no Estado constitucional, propõe que o juiz seja assimétrico no decidir e na condução do processo.

e) O contraditório substancial tem por escopo propiciar às partes a ciência dos atos processuais, bem como possibilitar que elas influenciem na formação da convicção do julgador.

COMENTÁRIOS

✪ **Notas do autor:** não há processo sem o efetivo contraditório. Trata-se de princípio inerente ao devido processo legal, pelo qual deve ser garantida às partes a possibilidade de se manifestar previamente à decisão judicial, com a finalidade de influenciá-la, evitando-se a decisão surpresa. Não se contenta o Código de Processo Civil com o contraditório formal. A propósito, já ensinou a doutrina: "Não se pode mais acreditar que o contraditório se circunscreve ao dizer e contradizer formal entre as partes, sem que isso gere uma efetiva ressonância (contribuição) para a fundamentação do pronunciamento, ou seja, afastando a ideia de que a participação das partes no processo possa ser meramente fictícia, ou apenas aparente, e mesmo desnecessária no plano substancial".[1] Dessa maneira, ainda que se trate de matéria que possa conhecer de ofício, o juiz não poderá decidir, em grau algum de jurisdição, com base em fundamento a respeito do qual não se tenha dado às partes oportunidade de se manifestar. Como se verifica, o contraditório deverá proporcionar às partes poderem influenciar na decisão judicial a ser tomada no caso concreto.

Gabarito: E.

---

08. (FCC – Analista Judiciário – Oficial de Just. Avaliador – TRF 5/2017) Acerca da jurisdição e da ação,

a) carece de interesse o autor da ação que se limita a pleitear a declaração da autenticidade de documento.

b) é permitido pleitear direito alheio em nome próprio, independentemente de autorização normativa, desde que demonstrado interesse.

c) é inadmissível a ação meramente declaratória caso tenha ocorrido a violação do direito.

d) o interesse do autor pode se limitar à declaração do modo de ser de uma relação jurídica.

e) havendo substituição processual, ao substituído não será admitido intervir como assistente litisconsorcial.

COMENTÁRIOS

✪ **Notas do autor:** a ação declaratória poderá ter por finalidade declarar: I – a existência, a inexistência ou o modo de ser de uma relação jurídica; II – a autenticidade ou a falsidade de documento (art. 19, CPC).

Alternativa "A": incorreta. Como se verifica, o interesse do autor poderá limitar-se à declaração da autenticidade ou da falsidade de documento.

Alternativa "B": incorreta. Ninguém poderá pleitear direito alheio em nome próprio, salvo quando autorizado pelo ordenamento jurídico (art. 18, *caput*, CPC).

1.. NUNES, Dierle; BAHIA, Alexandre Melo Franco; HORTA, André Frederico; SILVA, Natanael Lud Santos e. *Contraditório como garantia de influência e não surpresa no CPC 2015*. DIDIER JR., Fredie. *Normas fundamentais*. Salvador: Juspodivm, 2016, p. 233.

Alternativa "C": incorreta. É admissível a ação meramente declaratória, ainda que tenha ocorrido a violação do direito (art. 20, CPC).

Alternativa "D": correta. Conforme foi registrado, o direito do autor poderá limitar-se à declaração do modo de ser de uma relação jurídica (art. 19, I, CPC).

Alternativa "E": incorreta. Havendo substituição processual, o substituído poderá intervir como assistente litisconsorcial (art. 18, parágrafo único).

Gabarito: D.

---

09. (Consulplan - Analista Judiciário - Área Judiciária - TRF 2/2017) O Novo Código de Processo Civil de 2015, Lei Federal nº 13.105, trouxe consideráveis aprofundamentos em relação à cooperação jurídica internacional e aos instrumentos que a viabilizam. Sobre o tema proposto, assinale a alternativa correta.

a) O auxílio direto é via útil ao órgão estrangeiro interessado para requerer quaisquer medidas judiciais ou extrajudiciais não proibidas pela lei brasileira.

b) Não poderá ser objeto de auxílio direto a obtenção e prestação de informações sobre o ordenamento jurídico e sobre processos administrativos ou jurisdicionais findos ou em curso.

c) Apenas quando houver prévio tratado de cooperação jurídica bilateral celebrado entre o Brasil e o país requerente será possível a prática de atos de cooperação jurídica internacional em território nacional.

d) O Superior Tribunal de Justiça, no juízo de delibação da carta rogatória, pode rever o mérito do pronunciamento judicial estrangeiro para adequá-lo com as normas fundamentais que regem o Estado brasileiro.

COMENTÁRIOS

✪ **Notas do autor:** a cooperação jurídica internacional terá por objeto: I - citação, intimação e notificação judicial e extrajudicial; II - colheita de provas e obtenção de informações; III - homologação e cumprimento de decisão; IV - concessão de medida judicial de urgência; V - assistência jurídica internacional; VI - qualquer outra medida judicial ou extrajudicial não proibida pela lei brasileira (art. 27, CPC).

Alternativa "A": correta. Será cabível o auxílio direto quando a medida não decorrer diretamente de decisão de autoridade jurisdicional estrangeira a ser submetida a juízo de delibação no Brasil (art. 28, CPC). Nesse sentido, poderá ao órgão estrangeiro interessado solicitar o auxílio direto à autoridade central.

Alternativa "B": incorreta. Além de outros casos previstos em tratados, o auxílio direto terá os seguintes objetos: I - obtenção e prestação de informações sobre o ordenamento jurídico e sobre processos administrativos ou jurisdicionais findos ou em curso; II - colheita de provas, salvo se a medida for adotada em processo, em curso no estrangeiro, de competência exclusiva de autoridade judiciária brasileira; e, III - qualquer outra medida judicial ou extrajudicial não proibida pela lei brasileira.

Alternativa "C": incorreta. Independentemente de prévio tratado de cooperação jurídica bilateral, será possível a prática de atos de cooperação jurídica internacional em território nacional.

Alternativa "D": incorreta. Não se admite ao Superior Tribunal de Justiça, quando do exercício do juízo de delibação da carta rogatória, ingressar na análise do mérito da causa. Diferentemente, compete ao Superior Tribunal de justiça emitir juízo meramente de delibação acerca da concessão de exequatur à carta rogatória, sendo competência da Justiça rogante a análise de alegações relacionadas ao mérito da causa.

Gabarito: A.

3. AÇÃO E PRESSUPOSTOS PROCESSUAIS

---

10. (Cespe - Analista Judiciário - Área Administrativa - TRE - BA/2017) É sabido que o advogado é indispensável à administração da justiça e que a capacidade postulatória é pressuposto processual de validade dos atos decorrente da representação por advogado. Contudo, conforme o Código de Processo Civil (CPC), mesmo sem procuração o advogado pode

a) postular em juízo para praticar ato considerado urgente.

b) obter cópias de todo e qualquer processo independentemente da fase de tramitação.

c) requerer vista dos autos de qualquer processo.

d) examinar autos de todo e qualquer processo em cartório de fórum e secretaria de tribunal.

e) retirar os autos em conjunto com o procurador da outra parte do processo

COMENTÁRIOS

✪ **Notas do autor:** os pressupostos processuais podem ser de *existência* e de *validade da relação jurídica processual*. A capacidade processual insere-se entre os pressupostos processuais de validade da relação jurídica processual.

Alternativa "A": correta. O advogado não será admitido a postular em juízo sem procuração, salvo para evitar preclusão, decadência ou prescrição, ou para praticar ato considerado urgente (art. 104, caput, CPC). Em tais hipóteses, o advogado deverá, independentemente de caução, exigir a procuração no prazo de quinze dias, prorrogável por igual período por despacho do juiz. O ato não ratificado será considerado ineficaz relativamente àquele em cujo nome foi praticado, respondendo o advogado pelas despesas e por perdas e danos.

Alternativa "B": incorreta. O advogado tem direito a obter cópias dos autos, salvo na hipótese de segredo de justiça, nas quais apenas o advogado constituído terá acesso aos autos (art. 107, I, CPC).

Alternativa "C": incorreta. O advogado poderá requerer vista dos autos de qualquer processo, como procurador, pelo prazo de cinco dias.

Alternativa "D": incorreta. O advogado tem direito de examinar qualquer processo, salvo na hipótese de segredo de justiça (art. 107, I, CPC).

Alternativa "E": incorreta. Sendo o prazo comum às partes, os procuradores poderão retirar os autos somente em conjunto ou mediante prévio ajuste, por petição nos autos (art. 107, § 2º, CPC).

Gabarito: A.

---

11. (Cespe – Analista Judiciário – Área Judiciária – TRE – TO/2017) A procuração geral para o foro, outorgada pela parte a seu patrono no início da fase de conhecimento, habilita o advogado a

a) assinar declaração de hipossuficiência econômica em nome da parte.
b) atuar na fase de cumprimento de sentença, salvo disposição contrária na procuração.
c) receber citação ou intimação.
d) reconhecer a procedência do pedido.
e) representar a parte que não possa comparecer à audiência de conciliação.

COMENTÁRIOS

✪ **Notas do autor:** a procuração geral para o foro, outorgada por instrumento público ou particular assinado pela parte, habilita o advogado a praticar todos os atos do processo, exceto receber citação, confessar, reconhecer a procedência do pedido, transigir, desistir, renunciar ao direito sobre o qual se funda a ação, receber, dar quitação, firmar compromisso e assinar declaração de hipossuficiência econômica, que devem constar de cláusula específica (art. 105, caput, CPC). Inclui-se, portanto, a fase de cumprimento de sentença e outras fases, salvo disposição expressa em sentido contrário constante do próprio instrumento (art. 105, § 4º).

Gabarito: B.

---

12. (FCC – Analista Judiciário – Área Judiciária – Oficial de Justiça Avaliador – TRT 23/2016) Telma emprestou R$ 10.000,00 para Ana Paula, pessoa maior e capaz. Esta, porém, não devolveu o dinheiro na data aprazada. Em razão do inadimplemento, Telma ajuizou ação contra a mãe de Ana Paula, Odete, que possui melhores condições financeiras que a filha. De acordo com o Código de Processo Civil, o juiz deverá

a) extinguir o processo com resolução de mérito, conhecendo, de ofício, da ilegitimidade de parte.
b) aguardar a resposta de Odete e extinguir o processo sem resolução de mérito, mas apenas se, na contestação, for suscitada ilegitimidade de parte, vedado conhecer da matéria de ofício.
c) extinguir o processo sem resolução de mérito, conhecendo, de ofício, da ilegitimidade de parte.
d) aguardar a resposta de Odete e extinguir o processo com resolução de mérito, mas apenas se, na contestação, for suscitada ilegitimidade de parte, vedado conhecer da matéria de ofício.
e) corrigir, de ofício, o polo passivo, incluindo Ana Paula, que responderá junto com Odete pela dívida contraída com Telma.

COMENTÁRIOS

✪ **Nota do autor:** as condições da ação são aquelas necessárias para que o juiz possa proferir pronunciamento com resolução de mérito. Com a vigência do CPC de 2015, instaurou-se divergência na doutrina sobre o assunto. Com efeito, para parcela da doutrina, o CPC/2015 não encampou a categoria processual denominada condições da ação. Para outra parcela, ainda existem as condições da ação, porém, foram concentradas em apenas duas, quais sejam: legitimidade *ad causam* e interesse de agir. A possibilidade jurídica do pedido deixou de ser considerada condição da ação para ser conhecida como matéria de mérito.

Alternativa Correta: letra C. A legitimidade *ad causam* (que não se confunde com a legitimidade processual) corresponde à pertinência subjetiva entre a condição de parte e a relação de direito material. Se houver a propositura de ação em face daquele que é parte ilegítima, deverá o magistrado proferir pronunciamento sem a resolução do mérito. Como se trata de condição da ação, poderá o magistrado conhecer de tal matéria de ofício. Exclui automaticamente as demais alternativas.

---

13. (Cespe – Analista Judiciário – Área Judiciária – Oficial de Justiça – TRT 8/2013) Em relação às condições da ação:

a) a possibilidade jurídica do pedido concerne à necessidade e utilidade da tutela jurisdicional pleiteada pelo autor.
b) o interesse processual de agir diz respeito à admissibilidade em abstrato, pelo ordenamento jurídico, do pedido do autor.

c) em primeiro grau de jurisdição, o juiz conhecerá de ofício, em qualquer tempo, enquanto não proferida a sentença de mérito, de sua ocorrência ou não.

d) a ilegitimidade para agir no polo ativo deve ser arguida em contestação pelo réu, sob pena de preclusão.

e) reconhecida a ausência de qualquer delas, a sentença proferida formará sempre coisa julgada material.

COMENTÁRIOS

✪ **Nota do autor:** no que se refere às condições da ação, é necessário que se registre algumas observações preliminares. De acordo com o CPC 1973, as condições da ação são requisitos necessários para que o juízo profira uma sentença de mérito. O CPC de 1973 encampou as condições da ação como uma categoria processual. Foram identificadas como sendo a legitimidade de agir, o interesse processual e a possibilidade jurídica do pedido. No que se refere ao CPC de 2015, há autores que defendem que tal categoria processual não mais subsiste, pois não referida no Código. Outros ainda defendem a existência da categoria processual denominada condições da ação, apesar de não assim ser expresso no Novo CPC. De toda maneira, ainda que para estes, as condições da ação foram reduzidas para duas: legitimidade de agir e interesse processual, de modo que a possibilidade jurídica do pedido passou a ser analisada como matéria de mérito.

Alternativa Correta: letra "C". A ausência das condições da ação será conhecida de ofício pela autoridade judiciária, ou atendendo a requerimento da parte interessada. De toda forma, porém, em atendimento ao princípio do contraditório dinâmico ou substancial, antes da extinção, deverá o magistrado ouvir a parte contrária (art. 9º do CPC).

Alternativa "A": a possibilidade jurídica do pedido deixou de ser condição da ação, para ser matéria de mérito.

Alternativa "B": o interesse processual concerne à necessidade e utilidade da tutela jurisdicional pleiteada pelo autor.

Alternativa "D": embora a ilegitimidade possa ser alegada em preliminar na contestação, não será atingida pela preclusão em virtude do silêncio.

Alternativa "E": reconhecida a ausência de qualquer uma das condições da ação, a sentença proferida fará coisa julgada formal. Não obstante, a ação somente poderá ser renovada se o vício existente for corrigido.

4. AUXILIARES DA JUSTIÇA

14. (Cespe – Analista Judiciário – Área Administrativa – TRE – BA/2017) De acordo com o CPC, é atribuição expressa do chefe de secretaria redigir, na forma legal,

a) ordens judiciais.

b) intimações.

c) citações.

d) mandados.

e) decisões interlocutórias.

COMENTÁRIOS

✪ **Notas do autor:** incumbirá ao escrivão ou ao chefe de secretaria: I – redigir, na forma legal, os ofícios, os mandados, as cartas precatórias e os demais atos que pertençam ao seu ofício; II – efetivar as ordens judiciais, realizar citações e intimações, bem como praticar todos os demais atos que lhe forem atribuídos pelas normas de organização judiciária; III – comparecer às audiências ou, não podendo fazê-lo, designar servidor para substituí-lo; IV – manter sob sua guarda e responsabilidade os autos, não permitindo que saiam do cartório, exceto: a) quando tenham de seguir à conclusão do juiz; b) com vista a procurador, à Defensoria Pública, ao Ministério Público ou à Fazenda Pública; c) quando devam ser remetidos ao contabilista ou ao partidor; d) quando forem remetidos a outro juízo em razão da modificação da competência; V – fornecer certidão de qualquer ato ou termo do processo, independentemente de despacho, observadas as disposições referentes ao segredo de justiça; VI – praticar, de ofício, os atos meramente ordinatórios. Dessa maneira, compete-lhe redigir os mandados.

Gabarito: D.

5. ATOS PROCESSUAIS

15. (Cespe – Analista Judiciário – Área Judiciária – TRT 8/2022) De acordo com as normas previstas no Código de Processo Civil (CPC) sobre o procedimento comum e os especiais de natureza contenciosa e voluntária, julgue os itens a seguir.

I. Ao tratar dos poderes do juiz, o CPC adota o princípio da adaptabilidade ou adequação procedimental, determinando que o magistrado possui o poder de dilatar prazos processuais ou alterar a ordem da produção de provas em razão das peculiaridades do conflito submetido à sua análise.

II. Por ter natureza meramente organizacional, a decisão de saneamento não se submete à eficácia preclusiva e nem a qualquer outra modalidade de estabilização processual.

III. Em determinados procedimentos de jurisdição voluntária, o magistrado está autorizado a realizar atos de natureza executória, como ocorre, por exemplo, nos ritos especiais previstos para alienação de coisas e arrecadação dos bens dos ausentes.

IV. O procedimento de inventário e partilha é eminentemente documental e, por esse motivo, somente questões de direito que possam ser comprovadas por documento devem ser apreciadas pelo magistrado nessa espécie de procedimento especial.

Estão certos apenas os itens

a) I e II.

b) I e III.

c) II e IV.

d) I, III e IV.

e) II, III e IV.

COMENTÁRIOS

Assertiva I – correta. De acordo com o art. 139, VI, do CPC, incumbe ao juiz *dilatar os prazos processuais e alterar a ordem de produção dos meios de prova, adequando-os às necessidades do conflito de modo a conferir maior efetividade à tutela do direito*. O dispositivo introduz no direito brasileiro o que foi designado de *flexibilização do procedimento* (princípio da adequação formal). Há de ser feita a distinção entre a *adaptação* e a *flexibilização*. "Fala-se em princípio da adequação para designar a imposição sistemática dirigida ao legislador, para que construa modelos procedimentais aptos para a tutela especial de certas partes ou do direito material; e princípio da adaptabilidade (da flexibilização ou da elasticidade processual) para designar a atividade do juiz de flexibilizar o procedimento inadequado ou de reduzida utilidade para melhor atendimento das peculiaridades da causa".[2]

Assertiva II – incorreta. A decisão de saneamento possui carga decisória e, assim, deve ser impugnada pelo modo adequado, submetendo-se à preclusão.

Assertiva III – correta. De fato, em determinados procedimentos especiais, o juiz, independentemente de pedido da parte, poderá adotar providências executórias. Nesse sentido, vide o art. 742, do CPC.

Assertiva IV – correta. No procedimento de inventário, o juiz decidirá toda as questões de direito desde que os fatos relevantes estejam provados por documentos, só remetendo para as vias ordinárias as questões que dependerem de outras provas (art. 612, CPC).

Gabarito: "D".

16. (Cespe – Analista Judiciário – Área Judiciária – TRT 8/2022) No dia 2 de agosto de determinado ano, uma sexta-feira, foi disponibilizada a intimação processual eletrônica, a ser publicada no Diário Judicial Eletrônico. Após dez dias da publicação, o destinatário da intimação ainda não havia acessado o sistema.

A tabela a seguir mostra o calendário referente ao mês em questão.

segunda-feira	terça-feira	quarta-feira	quinta-feira	sexta-feira	sábado	domingo
			1	2	3	4
5	6	7	8	9	10	11
12	13	14	15	16	17	18
19	20	21	22	23	24	25
26	27	28	29	30	31	

Com base na situação hipotética e na tabela apresentada, e considerando que o prazo de intimação é de cinco dias úteis, o prazo processual se encerrará às 24 h do dia

a) 16 de agosto.

b) 22 de agosto.

c) 20 de agosto.

d) 21 de agosto.

e) 19 de agosto.

COMENTÁRIOS

✪ **Notas do autor:** para a contagem adequada do prazo processual, é preciso levar em consideração: a) que a intimação será eletrônica, de modo que a parte terá o prazo de dez dias para a sua leitura. Se não o fizer, o prazo se inicia; b) que o prazo para a

2 GAJARDONI, Fernando da Fonseca. DELLORE, Luiz. ROQUE, Andre Vasconcelos. OLIVEIRA JR., Zulmar Duarte de. *Teoria Geral do Processo – Comentários ao CPC 2015. Parte Geral*. São Paulo: Forense, 2015, p. 460.

leitura da intimação corre imediatamente após a disponibilização, ainda que se trate de dia não útil; c) terminado o prazo da leitura, inicia-se o lapso para a prática do ato processual. Neste caso, o prazo para a leitura se encerrou no dia 12, contando-se o prazo a partir do dia 13, inclusive, por cinco dias úteis. Desse modo o prazo se encerrará às 24horas do dia 19 de agosto.

Gabarito: E.

---

17. (Cespe – Analista Judiciário – Área Judiciária – TRT 8/2022) De acordo com a Resolução CSJT n.º 185/2017, é dispensada a formação de autos suplementares em casos de

I. agravo de instrumento em mandado de segurança.

II. exceção de impedimento.

III. agravo regimental.

IV. exceção de suspeição.

Estão certos apenas os itens

a) I e III.

b) I e IV.

c) II e IV.

d) I, II e III.

e) II, III e IV.

COMENTÁRIOS

✪ **Notas do autor:** em conformidade com o art. 26, da Resolução CSJT nº 185/2017, é dispensada a formação de autos suplementares em casos de exceção de impedimento ou suspeição, agravos de instrumento, agravos regimentais e agravo previsto no art. 1.021 do CPC, exceto quanto: I – ao agravo de instrumento em mandado de segurança; e, II – pedido de revisão do valor da causa.

Gabarito: E.

---

18. (Cespe – Analista Judiciário – Área Judiciária – TRT 8/2022) Segundo a Resolução CSJT n.º 185/2017, a distribuição de ação, inclusive incidental, será sempre eletrônica,

a) salvo em casos de inquérito para apuração de falta grave de empregado garantido por estabilidade.

b) salvo em casos de ação cautelar.

c) sem exceções.

d) salvo em casos de embargos de terceiros, quando ajuizados em processos que ainda tramitem em meio físico.

e) salvo em casos de tutela de urgência incidental.

COMENTÁRIOS

✪ **Notas do autor:** a distribuição da ação, inclusive incidental, será unicamente por meio eletrônico, mesmo na hipótese de ações cautelares, tutelas de urgência e embargos de terceiros, quando ajuizados em processos e que tramitam em meio físico. Logo, como se vê, não há exceções.

Gabarito: C.

---

19. (Cespe – Analista Judiciário – Área Judiciária – TRT 8/2022) Acerca da tramitação de cartas precatórias, rogatórias e de ordem em meio eletrônico, assinale a opção correta.

a) As cartas precatórias devem tramitar entre os órgãos do Poder Judiciário exclusivamente por meio eletrônico, sendo facultativo o uso desse meio nos casos de tramitação de cartas rogatórias e de ordem.

b) No PJe, é obrigatória a comunicação da tramitação da carta precatória eletrônica ao usuário cadastrado.

c) No PJe, é vedada a intimação do usuário quando do ato de expedição de carta rogatória.

d) As cartas rogatórias e as de ordem devem tramitar em meio físico, sendo digitalizadas apenas as peças essenciais à compreensão dos atos realizados.

e) No PJe, havendo na localidade mais de uma vara do trabalho com a mesma competência territorial, as cartas precatórias e as de ordem recebidas serão distribuídas aleatoriamente pelo sistema.

COMENTÁRIOS

✪ **Notas do autor:** em conformidade com o § 1º, do art. 60, da Resolução CSJT n.º 185/2017, havendo na localidade mais de uma Vara do Trabalho com a mesma competência territorial, as cartas precatórias e de ordem recebidas serão distribuídas aleatoriamente pelo Sistema.

Gabarito: E.

---

20. (CEBRASPE– Técnico Judiciário TRT8/2023) Tendo como base as regras relacionadas à prática eletrônica de atos processuais, assinale a opção correta.

a) Considera-se data da publicação o dia da disponibilização da informação no Diário da Justiça Eletrônico.

b) Compete exclusivamente ao Conselho Nacional de Justiça velar pela compatibilidade dos sistemas eletrônicos processuais.

c) Os atos processuais eletrônicos devem ser praticados exclusivamente no horário de funcionamento do fórum ou tribunal.

d) Independência da plataforma computacional compreende a garantia de que os sistemas não devem ser projetados para funcionamento atrelado a determinado sistema operacional, *software*, estrutura de dados ou equipamento.

e) Pelo requisito do não repúdio, o ato processual não deve ser recusado pelas partes ou pelo juízo após ser inserido no sistema processual eletrônico.

COMENTÁRIOS

Alternativa A – incorreta. Considera-se como data de publicação o primeiro dia útil seguinte ao da disponibilização da informação no Diário da Justiça eletrônico (art. 224, § 2º, CPC).

Alternativa B – incorreta. Compete ao Conselho Nacional de Justiça e, supletivamente, aos tribunais, regulamentar a prática e a comunicação oficial de atos processuais por meio eletrônico e velar pela compatibilidade dos sistemas, disciplinando a incorporação progressiva de novos avanços tecnológicos e editando, para esse fim, os atos que forem necessários, respeitadas as normas fundamentais do Código de Processo Civil (art. 196, CPC).

Alternativa C – incorreta. A prática eletrônica de ato processual poderá ocorrer em qualquer horário até as 24 (vinte e quatro) horas do último dia do prazo (art. 213, caput, CPC).

Alternativa D – correta. Os sistemas de automação processual respeitarão a publicidade dos atos, o acesso e a participação das partes e de seus procuradores, inclusive nas audiências e sessões de julgamento, observadas as garantias da disponibilidade, independência da plataforma computacional, acessibilidade e interoperabilidade dos sistemas, serviços, dados e informações que o Poder Judiciário administre no exercício de suas funções (art. 194, do CPC).

Alternativa E – incorreta. Em conformidade com o requisito do não repúdio, as partes não podem se recusar a aceitar a validade e a autenticidade dos documentos eletrônicos utilizados em processos judiciais. Contudo, o juiz poderá rejeitá-los em determinadas situações.

Gabarito: D.

---

21. (FCC – Analista Judiciário – TRT 18/2023) De acordo com o Código de Processo Civil, é lícito às partes plenamente capazes estipularem mudanças no procedimento para ajustá-lo às especificidades da causa e convencionar sobre os seus ônus, poderes, faculdades e deveres processuais,

a) somente durante o processo, e desde que este verse sobre direitos que admitam autocomposição.

b) somente antes do processo, e desde que este verse sobre direitos que admitam autocomposição.

c) antes ou durante o processo, e desde que este verse sobre direitos que admitam autocomposição.

d) somente antes do processo, inclusive se este versar sobre direitos que não admitam autocomposição.

e) somente durante o processo, inclusive se este versar sobre direitos que não admitam autocomposição.

COMENTÁRIOS

✪ **Notas do autor:** as partes podem celebrar o negócio jurídico processual, nos termos do art. 190, do CPC ("Versando o processo sobre direitos que admitam autocomposição, é lícito às partes plenamente capazes estipular mudanças no procedimento para ajustá-lo às especificidades da causa e convencionar sobre os seus ônus, poderes, faculdades e deveres processuais, antes ou durante o processo").

Gabarito: C.

---

22. (Cespe – Técnico Judiciário – Área Administrativa – TRT 8/2022) Tendo como base as regras relacionadas à prática eletrônica de atos processuais, assinale a opção correta.

a) Considera-se data da publicação o dia da disponibilização da informação no Diário da Justiça Eletrônico.

b) Compete exclusivamente ao Conselho Nacional de Justiça velar pela compatibilidade dos sistemas eletrônicos processuais.

c) Os atos processuais eletrônicos devem ser praticados exclusivamente no horário de funcionamento do fórum ou tribunal.

d) Independência da plataforma computacional compreende a garantia de que os sistemas não devem ser projetados para funcionamento atrelado a determinado sistema operacional, software, estrutura de dados ou equipamento.

e) Pelo requisito do não repúdio, o ato processual não deve ser recusado pelas partes ou pelo juízo após ser inserido no sistema processual eletrônico.

COMENTÁRIO

✪ **Notas do autor:** Em conformidade com o art. 194, do CPC, os sistemas de automação processual respeitarão a publicidade dos atos, o acesso e a participação das partes e de seus procuradores, inclusive nas audiências e sessões de julgamento, observadas as garantias da disponibilidade, independência da plataforma computacional, acessibilidade e interoperabilidade dos sistemas, serviços, dados e informações que o Poder Judiciário administre no exercício de suas funções.

Gabarito: D.

---

23. (CEBRASPE – 2023 – TJ/ES – Analista Judiciário – Área Administrativa) À luz das disposições presentes no Código de Processo Civil e da jurisprudência consolidada pelo Superior Tribunal de Justiça, julgue o item a seguir, acerca da gratuidade de justiça.

Caso não tenha sido requerido pela parte, o benefício de gratuidade da justiça pode ser concedido de ofício pelo juiz.

COMENTÁRIOS

✪ **Notas do autor:** Consoante prevê o art. 99, *caput*, do CPC, o pedido de gratuidade da justiça pode ser formulado na petição inicial, na contestação, na petição para ingresso de terceiro no processo ou em recurso. Desse modo, o dispositivo refere-se à necessidade de requerimento da gratuidade. Aliás, a jurisprudência do Superior Tribunal de Justiça é firme no sentido de que não é viável a concessão, de ofício, dos benefícios da Assistência Judiciária Gratuita. Nesse sentido: (AgInt no AREsp 1.628.011/RJ, relator Ministro Gurgel de Faria, Primeira Turma, julgado em 8/2/2021, DJe 17/2/2021 e EDcl no AREsp 1.546.193/SP, relator Ministro Herman Benjamin, Segunda Turma, julgado em 8/6/2020, DJe 16/6/2020.).

Errado.

---

24. (CEBRASPE – 2023 – TJ/ES – Analista Judiciário – Área Administrativa) Quanto aos aspectos processuais relativos ao papel desempenhado pelas funções essenciais à justiça, julgue o item a seguir.

O Ministério Público, a Defensoria Pública, a Advocacia-Geral da União e as procuradorias estaduais e municipais detêm prazo em dobro para apresentação de suas manifestações processuais.

COMENTÁRIOS

✪ **Notas do autor:** De fato, o Ministério Público, a Defensoria Pública e a Advocacia Pública possuem prazo dobrado para a prática de todas as suas manifestações processuais. A propósito: art. 180, caput, 182 e 186, caput, do CPC, além de outras leis.

Certo.

---

25. (FCC – 2023 – TRT 17 – Analista Judiciário – Área Judiciária) Considere as seguintes assertivas acerca dos prazos:

I. É considerado intempestivo o ato praticado antes do termo inicial do prazo.

II. Quando a lei ou o juiz não determinar prazo, as intimações somente obrigarão a comparecimento após decorridos cinco dias.

III. O prazo processual estabelecido pelo juiz é contado em dias corridos, ao passo que, na contagem de prazo processual estabelecido por lei, computar-se-ão somente os dias úteis.

IV. O juiz não pode reduzir prazos peremptórios sem anuência das partes, ainda que repute a medida conveniente à celeridade processual.

V. Desde que o faça de maneira expressa, a parte poderá renunciar ao prazo estabelecido exclusivamente em seu favor, faculdade que se aplica até mesmo em relação aos prazos para a interposição de recursos.

De acordo com o Código de Processo Civil, está correto o que se afirma APENAS nos itens

a) I e II.

b) I e III.

c) II e IV.

d) III e V.

e) IV e V.

COMENTÁRIOS

Assertiva I – incorreta. Será considerado tempestivo o ato praticado antes do termo inicial do prazo (art. 218, § 4º, CPC).

Assertiva II – incorreta. Quando a lei ou o juiz não determinar prazo, as intimações somente obrigarão a comparecimento após decorridas 48 (quarenta e oito) horas (art. 218, § 2º, CPC).

Assertiva III – incorreta. Na contagem dos prazos em dias, estabelecido por lei ou pelo juiz, computar-se-ão somente os dias úteis (art. 219, caput).

Assertiva IV – correta. O juiz poderá dilatar os prazos processuais, adequando-os às necessidades do conflito de modo a conferir maior efetividade à tutela do direito (art. 139, VI). Além disso, é vedado ao juiz reduzir prazos peremptórios sem anuência das partes (art. 222, § 1º).

Assertiva V – correta. A parte poderá renunciar ao prazo estabelecido exclusivamente em seu favor, desde que o faça de maneira expressa (art. 225, CPC).

Gabarito: E.

26. (Cespe – Analista Judiciário – Área Administrativa – TRE – BA/2017) De acordo com o CPC, no que se refere aos atos processuais, cabe ao servidor

a) documentar sentenças pronunciadas oralmente, dispensada a revisão pelo juiz.

b) praticar os atos ordinatórios de juntada e vista obrigatória, com revisão do juiz, se necessário.

c) tomar decisões interlocutórias, com a revisão do juiz, se necessário.

d) documentar acórdão pronunciado oralmente, dispensada a revisão pelo juiz prolator.

e) redigir despachos, com a revisão do juiz, se necessário.

COMENTÁRIOS

✪ **Notas do autor:** os atos ordinatórios são aqueles que podem ser praticados pelo auxiliar da justiça, independentemente de despacho, devendo ser praticados de ofício pelo servidor e revistos pelo juiz quando necessário (art. 203, § 4º).

Gabarito: B.

27. (Consulplan – Analista Judiciário – Área Judiciária – TRF 2/2017) Dentre as diversas alterações promovidas pelo Novo Código de Processo Civil de 2015 (Lei Federal nº 13.105), merece destaque a regulamentação do benefício da gratuidade de justiça. Sobre o tema proposto, analise as afirmativas a seguir.

I. A gratuidade de justiça poderá ser concedida à pessoa natural ou jurídica, nacional ou estrangeira, que comprove insuficiência de recursos para pagar as custas, as despesas processuais e os honorários advocatícios, na forma da lei.

II. A depender do caso concreto, o juiz poderá conceder ao requerente o parcelamento das despesas processuais que o beneficiário tiver que antecipar no curso do procedimento.

III. A concessão da gratuidade de justiça afasta a responsabilidade do beneficiário pelas despesas processuais e pelos honorários advocatícios decorrentes de sua sucumbência.

Estão corretas as afirmativas

a) I, II e III.

b) I e II, apenas.

c) I e III, apenas.

d) II e III, apenas.

COMENTÁRIOS

Assertiva I – correta. A pessoa natural ou jurídica, brasileira ou estrangeira, com insuficiência de recursos para pagar as custas, as despesas processuais e os honorários advocatícios tem direito à gratuidade da justiça, na forma da lei (art. 98, caput, CPC).

Assertiva II – correta. Admite-se que o juiz conceda direito ao parcelamento de despesas processuais que o beneficiário tiver de adiantar no curso do procedimento (art. 98, § 6º, CPC).

Assertiva III – incorreta. Diferentemente do que foi afirmado, a concessão de gratuidade não afasta a responsabilidade do beneficiário pelas despesas processuais e pelos honorários advocatícios decorrentes de sua sucumbência (art. 98, § 2º, CPC).

Gabarito: B.

28. (FCC – Analista Judiciário – Área Judiciária – TRF 5/2017) Em ação de indenização por danos morais movida por Cláudio contra Amélia, foi concedida ao autor a gratuidade da justiça.

Nesse caso, vindo o pedido a ser julgado totalmente improcedente, o autor

a) não deverá ser condenado ao pagamento das despesas processuais e de honorários, exceto se for reputado litigante de má-fé.

b) não deverá ser condenado ao pagamento das despesas processuais e de honorários, nem mesmo se for reputado litigante de má-fé.

c) não deverá ser condenado ao pagamento das despesas processuais, mas poderá ser condenado ao pagamento de honorários se for reputado litigante de má-fé.

d) deverá ser condenado ao pagamento das despesas processuais e de honorários, mas as obrigações decorrentes de sua sucumbência ficarão sob condição suspensiva de exigibilidade.

e) deverá ser condenado ao pagamento das despesas processuais e de honorários de sucumbência, mas as obrigações decorrentes de sua sucumbência não poderão jamais ser exigidas.

COMENTÁRIOS

✪ **Notas do autor:** a concessão de gratuidade não afasta a responsabilidade do beneficiário pelas despesas processuais e pelos honorários advocatícios decorrentes de sua sucumbência (art. 98, § 2º, CPC). De outro lado, vencido o beneficiário da gratuidade de justiça, as obrigações decorrentes de sua sucumbência ficarão sob condição suspensiva de exigibilidade e somente poderão ser executadas se, nos cinco anos subsequentes ao trânsito em julgado da decisão que a certificou, o credor demonstrar que deixou de existir a situação de hipossuficiência de recursos que justificou a concessão de gratuidade, extinguindo-se, passado esse prazo, tais obrigações do beneficiário (art. 98, § 3º, CPC).

Gabarito: D.

29. (Cespe – Analista Judiciário – Oficial de Just. Avaliador – TRF 1/2017) Acerca dos atos processuais, julgue os itens subsequentes.

O administrador do imóvel locado, quando a ação se originar de atos por ele praticados, poderá receber citação em ação movida contra o locador, se este estiver ausente.

COMENTÁRIOS

✪ **Notas do autor:** o locador que se ausentar do Brasil sem cientificar o locatário de que deixou, na localidade onde estiver situado o imóvel, procurador com poderes para receber citação será citado na pessoa do administrador do imóvel encarregado do recebimento dos aluguéis, que será considerado habilitado para representar o locador em juízo (art. 242, § 2º).

Gabarito: Certo.

30. (Cespe – Analista Judiciário – Oficial de Just. Avaliador – TRF 1/2017) Acerca dos atos processuais, julgue os itens subsequentes.

O oficial de justiça poderá realizar penhora durante as férias forenses, desde que esteja autorizado judicialmente.

COMENTÁRIOS

✪ **Notas do autor:** independentemente de autorização judicial, a penhora poderá ser realizada no período de férias forenses (art. 212, § 2º, CPC).

Gabarito: errado.

31. (Cespe – Analista Judiciário – Oficial de Just. Avaliador – TRF 1/2017) Acerca dos atos processuais, julgue os itens subsequentes.

O interesse social é um critério utilizado para determinar que o processo judicial tramite em segredo de justiça.

COMENTÁRIOS

✪ **Notas do autor:** os atos processuais são públicos. Contudo, correrão em segredo de justiça os processos em que o exija o interesse público ou social (art. 189, I).

Gabarito: certo.

32. (Cespe – Analista Judiciário – Oficial de Just. Avaliador – TRF 1/2017) Acerca dos atos processuais, julgue os itens subsequentes.

Se o oficial de justiça verificar que o réu que reside em condomínio edilício está se ocultando para não receber a citação, o juiz deverá intimar o funcionário da portaria a informar o citando sobre o dia e o horário que o oficial de justiça retornará para efetuar a citação.

COMENTÁRIOS

✪ **Notas do autor:** nos condomínios edilícios ou nos loteamentos com controle de acesso, será válida a entrega do mandado a funcionário da portaria responsável pelo recebimento de correspondência, que, entretanto, poderá recusar o recebimento, se declarar, por escrito, sob as penas da lei, que o destinatário da correspondência está ausente (art. 248, § 4º).

Gabarito: errado.

33. (Cespe – Analista Judiciário – Oficial de Just. Avaliador – TRF 1/2017) A respeito da formação do processo, da penhora e do cumprimento de sentença, julgue os itens que se seguem.

De acordo com o Novo Código de Processo Civil, considera-se proposta a ação quando a petição inicial for protocolada, sendo que o efeito da prevenção está vinculado à distribuição ou ao registro da petição inicial.

COMENTÁRIOS

✪ **Notas do autor:** considera-se proposta a ação quando a petição inicial for protocolada (art. 312). Além disso, o registro ou a distribuição da petição inicial torna prevento o juízo (art. 59).

Gabarito: certo.

34. (Cespe – Analista Judiciário – Oficial de Just. Avaliador – TRF 1/2017) A respeito da formação do processo, da penhora e do cumprimento de sentença, julgue os itens que se seguem.

O juiz nomeará curador especial ao réu revel citado por edital enquanto este não for encontrado.

COMENTÁRIOS

✪ **Notas do autor:** o juiz nomeará curador especial ao: I – incapaz, se não tiver representante legal ou se os interesses deste colidirem com os daquele, enquanto durar a incapacidade; II – réu preso revel, bem como ao réu revel citado por edital ou com hora certa, enquanto não for constituído advogado (art. 72). Como se vê, está incorreta a expressão contida na assertiva "enquanto este não for encontrado".

Gabarito: errado.

35. (Cespe – Analista Judiciário – Oficial de Just. Avaliador – TRF 1/2017) A respeito da formação do processo, da penhora e do cumprimento de sentença, julgue os itens que se seguem.

São insuscetíveis de penhora os instrumentos necessários ao exercício da profissão do executado, desde que seja profissão reconhecida pelo Ministério do Trabalho.

COMENTÁRIOS

✪ **Notas do autor:** são impenhoráveis, entre outros, os livros, as máquinas, as ferramentas, os utensílios, os instrumentos ou outros bens móveis necessários ou úteis ao exercício da profissão do executado (art. 833, V, CPC). Note-se que não há qualquer exigência de ser a profissão reconhecida pelo Ministério do Trabalho.

Gabarito: errado.

---

36. (FGV – Analista Judiciário – Área Judiciária – TJ – AL/2018) Na instrução de uma demanda judicial que tramita na comarca de Maceió, foi requerida pela parte autora a oitiva de uma testemunha que tem domicílio em área territorial que pertence à comarca de Porto Calvo. Ocorre que expedida a carta precatória para a referida oitiva, percebeu o juízo deprecado que a testemunha residia na área abrangida pela comarca de Maragogi. Nesse cenário, deverá o juízo de Porto Calvo:

a) cumprir a carta, pelo princípio da tempestividade dos atos processuais;
b) devolver a carta ao juízo de Maceió, para que lá seja encaminhada ao juízo de Maragogi;
c) remeter a carta ao juízo de Maragogi, em face do seu caráter itinerante;
d) suscitar conflito de competência ao Tribunal de Justiça para que este decida qual o juízo competente;
e) devolver a carta ao juízo de Maceió para que este suscite o conflito de competência.

COMENTÁRIOS

✪ **Notas do autor:** a carta precatória tem caráter itinerante, de modo que poderá, antes ou depois de lhe ser ordenado o cumprimento, ser encaminhada a juízo diverso do que dela consta, a fim de se praticar o ato (art. 262).

Gabarito: "C".

---

37. (FCC – Analista Judiciário – Área Judiciária – TRF 3/2019) Considere as seguintes proposições acerca das nulidades:

I. Se a parte interessada na declaração da nulidade deixar de alegá-la na primeira oportunidade em que lhe couber falar nos autos, ocorrerá a preclusão, ainda que se trate de nulidade que o juiz deva decretar de ofício.

II. Se o processo tiver tramitado sem conhecimento do membro do Ministério Público, em feito no qual devesse intervir, o juiz deverá decretar a invalidade dos atos praticados a partir do momento em que ele deveria ter sido intimado; entretanto, a nulidade só pode ser decretada após a intimação do Ministério Público, que se manifestará sobre a existência ou a inexistência de prejuízo.

III. A decretação da nulidade por descumprimento da forma prevista em lei poderá ser requerida pela parte que lhe deu causa, mas ela responderá pelas custas do retardamento do processo, além de incorrer nas sanções previstas para a litigância de má-fé.

IV. Nos casos em que puder decidir o mérito a favor da parte a quem aproveite a decretação da nulidade, o juiz não deverá pronunciá-la nem mandará repetir o ato ou suprir-lhe a falta.

V. Quando a lei prescrever determinada forma, o juiz considerará válido o ato se, realizado de outro modo, lhe alcançar a finalidade, desde que haja a concordância de todas as partes.

De acordo com o Código de Processo Civil, está correto o que consta APENAS de

a) I e II.
b) I e III.
c) II e IV.
d) III ev.
e) IV e V.

COMENTÁRIOS

Assertiva I – errada – a parte interessada na declaração de nulidade deverá alegá-la na primeira oportunidade em que lhe couber falar nos autos, sob pena de preclusão. Contudo, tratando-se de nulidade que o juiz deva decretar de ofício, poderá ser alegada posteriormente, não podendo se falar de preclusão na hipótese.

Assertiva II – correta – de fato, é nulo o processo quando o membro do Ministério Público não for intimado a acompanhar o feito em que deva intervir. Contudo, a nulidade só poderá ser decretada após a intimação do Ministério Público, que se manifestará sobre a existência ou a inexistência do prejuízo (art. 279, CPC).

Assertiva III – errada – em observância ao princípio da boa-fé, a decretação da nulidade por descumprimento da forma prevista em lei não poderá ser requerida pela parte que lhe deu causa.

Assertiva IV – correta. Em atenção ao princípio da primazia do julgamento do mérito, nos casos em que puder decidir o mérito a favor da parte a quem aproveite a decretação da nulidade, o juiz não deverá pronunciá-la nem mandará repetir o ato ou suprir-lhe a falta (art. 282, §2º).

Assertiva V – errada – quando a lei prescrever determinada forma, o juiz considerará válido o ato se, realizado de outro modo, lhe alcançar a finalidade, independentemente de concordância das partes (art. 277).

Gabarito: "C".

---

38. (Cespe – Analista Judiciário – Direito – TJ – AM/2019) Acerca do disposto no Código de Processo Civil (CPC) sobre as normas processuais civis, os deveres das partes e dos procuradores, a intervenção de terceiros e a forma dos atos processuais, julgue os itens a seguir.

Situação hipotética: Ao celebrarem contrato de parceria, duas sociedades empresárias firmaram cláusula de eleição de foro que estabelecia que eventual litígio de natureza patrimonial referente ao contrato deveria ser julgado na comarca de Manaus. Assertiva: Nessa situação hipotética, a referida cláusula possui natureza de negócio processual típico.

- CERTO
- ERRADO

COMENTÁRIOS

✪ **Notas do autor:** os negócios processuais podem ser classificados em *típicos* e *atípicos*. Os primeiros estão expressamente previstos no CPC, incluindo-se a cláusula de eleição de foro (art. 63, CPC), que só produz efeito quando constar de instrumento escrito e aludir expressamente a determinado negócio jurídico.

Gabarito: certo.

---

39. (Cespe – Analista Judiciário – Área Judiciária – TRE – PE/2017) A respeito dos poderes, deveres e responsabilidades do juiz e dos atos processuais, assinale a opção correta à luz do Código de Processo Civil (CPC).

a) Não podem ocorrer durante as férias forenses citações, intimações e penhoras, ainda que haja autorização judicial.

b) Na ausência de preceito legal ou prazo determinado pelo juiz, será de cinco dias úteis o prazo para a prática de ato processual a cargo da parte.

c) O juiz pode dilatar e reduzir os prazos processuais, adequando-os às necessidades do conflito, de modo a conferir maior efetividade à tutela do direito.

d) Pode o magistrado declarar-se suspeito no processo por razões de foro íntimo; contudo, para assim fazer, ele deve externar tais razões.

e) O terceiro que demonstre interesse jurídico poderá requerer ao juiz certidão de inteiro teor da sentença, no caso de processo que tramite sob segredo de justiça.

COMENTÁRIOS

Alternativa "A": incorreta. Podem correr durante as férias as citações, intimações e penhoras.

Alternativa "B": correta. Se a lei ou o juiz não fixarem o prazo para a prática de ato processual, presume a lei que o lapso será de cinco dias (art. 218, § 3º).

Alternativa "C": incorreta. O juiz poderá dilatar quaisquer prazos processuais (art. 139, VI). Contudo, somente poderá reduzi-lo se houver concordância das partes.

Alternativa "D": incorreta. Poderá o juiz declarar-se suspeito por motivo de foro íntimo. Contudo, não haverá necessidade de declarar suas razões (art. 145, § 1º, CPC).

Alternativa "E": incorreta. No caso de segredo de justiça, o terceiro que demonstrar interesse jurídico pode requerer ao juiz certidão do dispositivo da sentença, bem como de inventário e de partilha resultantes de divórcio ou separação. Note-se que não se trata de certidão do *inteiro teor*, mas apenas da parte dispositiva da sentença.

Gabarito: "B".

6. COMPETÊNCIA

---

40. (FCC – Analista Judiciário – Área Judiciária – TRT 5/2022) O juiz da Vara Cível de determinada Comarca, não investido na jurisdição trabalhista, declarou-se materialmente incompetente para o julgamento de uma causa e determinou a remessa dos autos para a Justiça do Trabalho. O processo foi, então, distribuído para a Vara do Trabalho da mesma Comarca, que, por sua vez, suscitou conflito de competência. O órgão competente para resolver o referido conflito é o

a) Tribunal Regional do Trabalho da região onde os juízos estão localizados.

b) Tribunal de Justiça do Estado onde os juízos estão localizados.

c) Tribunal Superior do Trabalho.

d) Superior Tribunal de Justiça.

e) Supremo Tribunal Federal.

COMENTÁRIOS

✪ **Notas do autor:** verifica-se a existência, no problema, de conflito de competência entre juízes vinculados a tribunais diversos. Desse modo, a competência para decidi-lo será do Superior Tribunal de Justiça (art. 105, I, d, da Constituição Federal).

Gabarito: D.

41. (FCC - Analista Judiciário - TRT 18/2023) De acordo com o Código de Processo Civil, a incompetência relativa

a) pode ser pronunciada de ofício pelo juiz.

b) só pode ser pronunciada pelo juiz se arguida pelo réu em preliminar de contestação ou pelo Ministério Público nas causas em que atuar.

c) só pode ser pronunciada pelo juiz se arguida pelo réu por meio de exceção de incompetência, que deverá ser necessariamente apresentada no prazo de contestação, por meio de petição autônoma a esta, sob pena de não ser conhecida.

d) não pode ser alegada pelo Ministério Público nas causas em que atuar, salvo apenas para resguardar os interesses de parte absolutamente incapaz.

e) pode ser pronunciada pelo juiz a requerimento do autor, mesmo depois da distribuição da ação, desde que previamente à citação.

COMENTÁRIOS

Alternativa A – incorreta. A incompetência relativa não poderá ser pronunciada de ofício pelo juiz, mas somente a absoluta.

Alternativa B – correta. A incompetência relativa deverá ser arguida pela parte para que o juiz dela possa conhecer. E a forma correta dessa arguição ocorrerá em preliminar de contestação, ou em manifestação do Ministério Público, quando atuar no processo (art. 337, § 5º, CPC).

Alternativa C – incorreta. O CPC de 2015 não previu a necessidade de oferecimento de exceção de incompetência, tal como fazia o Código anterior.

Alternativa D – incorreta. Poderá ser alegada pelo Ministério Público nas causas em que atuar (art. 65, parágrafo único, CPC).

Alternativa E- incorreta. Não poderá ser pronunciada pelo juiz a requerimento do autor, pois, neste caso, este já deveria ter realizado a distribuição no local adequado.

Gabarito: B.

42. (IBFC - 2022 - TJ/MG - Analista Judiciário) De acordo com a doutrina, competência é o conjunto de limites dentro dos quais cada órgão do judiciário pode exercer legitimamente a função jurisdicional, cabendo à lei definir os critérios de sua fixação. O Código de Processo Civil trata desse tema em seu Título III (Da Competência Interna), Capítulo I (Da Competência), Seção I (Disposições Gerais). Analise as afirmativas a seguir e assinale a alternativa correta

a) Determina-se a competência no momento do registro ou da distribuição da petição inicial, sendo relevantes as modificações do estado de fato ou de direito ocorridas posteriormente

b) Tramitando o processo perante outro juízo, os autos serão remetidos ao juízo federal competente se nele intervier a União, suas empresas públicas, entidades autárquicas e fundações, ou conselho de fiscalização de atividade profissional, na qualidade de parte ou de terceiro interveniente, inclusive as ações de recuperação judicial

c) A ação fundada em direito pessoal ou em direito real sobre bens móveis será proposta, em regra, no foro de domicílio do autor

d) Em ação que, o Estado ou o Distrito Federal for o demandado, a ação deverá ser proposta, obrigatoriamente, na capital do respectivo ente federado

e) Nos casos de ação de divórcio, separação, anulação de casamento e reconhecimento ou dissolução de união estável será competente o foro de domicílio do réu, se nenhuma das partes residir no antigo domicílio do casal.

COMENTÁRIOS

Alternativa "A": incorreta. Determina-se a competência no momento do registro ou da distribuição da petição inicial, sendo **IRRELEVANTES** as modificações do estado de fato ou de direito ocorridas posteriormente, salvo quando suprimirem órgão judiciário ou alterarem a competência absoluta (art. 43, CPC).

Alternativa "B": incorreta. Tramitando o processo perante outro juízo, os autos serão remetidos ao juízo federal competente se nele intervier a União, suas empresas públicas, entidades autárquicas e fundações, ou conselho de fiscalização de atividade profissional, na qualidade de parte ou de terceiro interveniente, exceto as ações: I – de recuperação judicial, falência, insolvência civil e acidente de trabalho; II – sujeitas à justiça eleitoral e à justiça do trabalho (art. 45, CPC).

Alternativa "C": incorreta. A ação fundada em direito pessoal ou em direito real sobre bens móveis será proposta, em regra, no foro de domicílio do réu (art. 46, caput).

Alternativa "D": incorreta. Se Estado ou o Distrito Federal for o demandado, a ação poderá ser proposta no foro de domicílio do autor, no de ocorrência do ato ou fato que originou a demanda, no de situação da coisa ou na capital do respectivo ente federado (art. 52, parágrafo único). Note-se que o STF deu interpretação conforme a Constituição para restringir a competência do foro de domicílio do autor às comarcas inseridas nos limites territoriais do Estado-membro ou do Distrito Federal que figure como réu (ADI 5737).

Alternativa "E": correta. É competente o foro: I – para a ação de divórcio, separação, anulação de casamento e reconhecimento ou dissolução de união estável: a) de domicílio do guardião de filho incapaz; b) do último domicílio do casal, caso não haja filho incapaz; c) de domicílio do réu, se nenhuma das partes residir no antigo domicílio do casal; d) de domicílio da vítima de violência doméstica e familiar.

Gabarito: E.

---

43. (FGV – Analista Judiciário – Área Judiciária – TRT 12/2017) Joaquim, que reside em Minas Gerais, pretende ajuizar uma ação postulando a reparação de danos causados por uma empresa construtora, com sede localizada na cidade de São Paulo. Considerando que o ato causador do dano ocorreu na cidade de Florianópolis, para a propositura dessa ação o foro competente é o:

a) do domicílio do autor;
b) do lugar da sede da empresa;
c) do lugar do fato ou ato;
d) do domicílio do autor ou do lugar da sede da empresa;
e) do domicílio do autor, do lugar da sede da empresa, ou do lugar do fato ou ato.

COMENTÁRIOS

✪ **Notas do autor:** tem competência territorial o lugar do ato ou fato para a ação de reparação de dano; em que for réu administrador ou gestor de negócios alheios (art. 53, IV, CPC).

Gabarito: C.

---

44. (FCC – Analista Judiciário – Área Judiciária – TRT 6/2018) Em relação às modificações de competência,

a) o foro contratual eleito pelas partes é personalíssimo e, portanto, não obriga os herdeiros e sucessores das partes.
b) a determinada em razão da matéria, da pessoa ou do valor é inderrogável por convenção das partes.
c) quando houver continência e a ação continente houver sido proposta anteriormente, no processo relativo à ação contida será proferida sentença sem resolução de mérito, caso contrário, as ações serão necessariamente reunidas.
d) a abusividade da cláusula de eleição de foro deve ser alegada pela parte a quem aproveita, não podendo ser examinada de ofício pelo juiz, salvo em relações consumeristas.
e) serão reunidos para julgamento conjunto os processos que possam gerar risco de prolação de decisões conflitantes ou contraditórias caso decididos separadamente, desde que haja conexão entre eles.

COMENTÁRIOS

Alternativa "A": incorreta. O foro contratual obriga os herdeiros e sucessores das partes (art. 63, § 2º, CPC).

Alternativa "B": incorreta. A competência determinada em razão da matéria, da pessoa ou da função é inderrogável por convenção das partes (art. 62, CPC).

Alternativa "C": correta. Quando houver continência e a ação continente tiver sido proposta anteriormente, no processo relativo à ação contida será proferida sentença sem resolução de mérito, caso contrário, as ações serão necessariamente reunidas (art. 57, CPC).

Alternativa "D": incorreta. Desde que antes da citação, a cláusula de eleição de foro, se abusiva, pode ser reputada ineficaz de ofício pelo juiz, que determinará a remessa dos autos ao juízo do foro do domicílio do réu (art. 64, § 3º, CPC). Posteriormente, incumbirá ao réu alegar a abusividade da cláusula de eleição de foro na contestação, sob pena de preclusão. Portanto, o juiz poderá reconhecer de ofício a abusividade antes da citação do réu. Ultrapassada essa fase, competirá ao réu fazer a alegação na contestação.

Alternativa "E": incorreta. Admite-se a reunião para julgamento conjunto os processos que possam gerar risco de prolação de decisões conflitantes ou contraditórios caso decididos separadamente, mesmo sem conexão entre eles (art. 55, § 3º, CPC).

Gabarito: C.

---

45. (FCC – Analista Judiciário – Oficial de Just. Avaliador Federal – TRT 6/2018) Analise os enunciados a seguir, relativos à competência:

I. Argui-se exclusivamente, por meio de exceção, a incompetência relativa.
II. Determina-se a competência no momento do registro ou da distribuição da petição inicial, sendo irrelevantes as modificações do estado de fato ou de direito ocorridas posteriormente, salvo quando suprimirem órgão judiciário ou alterarem a competência absoluta.
III. Quando o réu não tiver domicílio ou residência no Brasil, a ação será proposta no foro de domicílio do autor, e, se este também residir fora do Brasil, a ação será proposta em qualquer foro.
IV. Acolhida a alegação de incompetência absoluta, que se refere à matéria, à função e à pessoa, o processo será extinto sem resolução do mérito, interrompida porém a prescrição.

V. O registro ou a distribuição da petição inicial torna prevento o juízo.

Está correto o que se afirma APENAS em

a) II, III e V.
b) I, III, IV e V.
c) I, II e IV.
d) II, IV e V.
e) II, III, IV e V.

COMENTÁRIOS

Assertiva I – incorreta. A incompetência absoluta e a relativa deverão ser arguidas por meio de preliminar na contestação (art. 337, II, CPC).

Assertiva II – correta. Determina-se a competência no momento do registro ou da distribuição da petição inicial, sendo irrelevantes as modificações do estado de fato ou de direito ocorridas posteriormente, salvo quando suprimirem órgão judiciário ou alterarem a competência absoluta (art. 43, CPC). Trata-se da *perpetuatio jurisdictionis*. Com o ajuizamento da ação há a *perpetuação da competência*.

Assertiva III – correta. Quando o réu não tiver domicílio ou residência no Brasil, a ação será proposta no foro de domicílio do autor, e, se este também residir fora do Brasil, a ação será proposta em qualquer foro (art. 47, § 3º, CPC).

Assertiva IV – incorreta. Acolhida a alegação de incompetência absoluta, o processo será remetido ao Juízo competente.

Assertiva V – correta. O registro ou a distribuição da petição inicial torna prevento o juízo (art. 59, CPC).

Gabarito: A.

---

46. (FCC – Analista Judiciário – Área Judiciária – TRT 20/2016) Joana ajuizou ação de reintegração de posse contra Pietra. A ação tem como objeto um imóvel. Tal ação deverá ser proposta no foro

a) do domicílio dos réus, cujo juízo tem competência absoluta.
b) do domicílio dos réus, cujo juízo tem competência relativa.
c) da situação do imóvel, cujo juízo tem competência absoluta.
d) do domicílio dos autores, cujo juízo tem competência relativa.
e) da situação do imóvel, cujo juízo tem competência relativa.

COMENTÁRIOS

✪ **Notas do autor:** para as ações fundadas em direito real sobre imóveis é competente o foro de situação da coisa (art. 47, caput, CPC), que terá competência absoluta. Gabarito: C.

---

47. (FCC – Analista Judiciário – Área Judiciária – TRT 24/2017) Sobre a competência interna, de acordo com o Código de Processo Civil, é correto afirmar:

a) Prorrogar-se-á a competência relativa se o réu não alegar a incompetência em preliminar de contestação.
b) A ação possessória imobiliária será proposta no foro de situação da coisa, podendo o autor, contudo, optar pelo foro do domicílio do réu ou de eleição.
c) Tramitando processo de recuperação judicial na Justiça Estadual, os autos serão remetidos ao juízo federal competente no caso de intervenção de uma determinada empresa pública federal.
d) O foro da Capital do Estado é competente para as causas em que seja autora a União.
e) A citação válida torna prevento o juízo e, ainda quando ordenada por juiz incompetente, constitui em mora o devedor e interrompe a prescrição.

COMENTÁRIOS

Alternativa "A": correta. A competência relativa deverá ser alegada em preliminar de contestação, não podendo ser conhecida de ofício pelo juiz. Se não for alegada, tem-se a preclusão, prorrogando-se a competência (art. 65, CPC). Ou seja, o juízo que não o era, passou a ser competente.

Alternativa "B": incorreta. Para as ações fundadas em direito real sobre imóveis é competente o foro de situação da coisa, que tem competência absoluta. Logo, não é possível ao autor optar por outro foro. Porém, deve-se estar atento à exceção. O autor poderá optar pelo foro de domicílio do réu ou pelo foro de eleição se o litígio não recair sobre direito de propriedade, vizinhança, servidão, divisão e demarcação de terras e de nunciação de obra nova (art. 47, § 1º, CPC).

Alternativa "C": incorreta. Tramitando o processo perante outro juízo, os autos serão remetidos ao juízo federal competente se nele intervier a União, suas empresas públicas, entidades autárquicas e fundações, ou conselho de fiscalização de atividade profissional, na qualidade de parte ou de terceiro interveniente, exceto as ações: I – de recuperação judicial, falência, insolvência civil e acidente de trabalho; II – sujeitas à justiça eleitoral e à justiça do trabalho (art. 45, CPC).

Alternativa "D": incorreta. É competente o foro de domicílio do réu para as causas em que seja autora a União. De outro lado, sendo a União demandada, a ação poderá ser proposta no foro de domicílio do autor, no de ocorrência do ato ou fato que originou a demanda, no de situação da coisa ou no Distrito Federal (art. 51, CPC).

Alternativa "E": incorreta. A citação válida, ainda que ordenada por juízo incompetente, induz litispendência, torna litigiosa a coisa e constitui em mora o devedor (art. 240, caput, CPC).

Gabarito: A.

---

48. (Cespe – Analista Judiciário – Área Judiciária – CNJ/2013) No que concerne à competência no processo civil, julgue os itens que se seguem.

As partes poderão eleger, em contrato escrito, o foro em que serão dirimidas controvérsias a respeito de negócio jurídico que celebrarem, derrogando competência fixada pela lei em razão do território.

COMENTÁRIOS

✪ **Notas do autor:** admite-se que as partes modifiquem a competência em razão do valor e do território, elegendo foro onde será proposta ação oriunda de direitos e obrigações. De se consignar que a eleição de foro somente produzirá efeito quando constar de instrumento escrito e aludir expressamente a determinado negócio jurídico, obrigando os herdeiros e sucessores das partes.

Gabarito. Certo.

---

49. (Cespe – Analista Judiciário – Área Judiciária – CNJ/2013) No que concerne à competência no processo civil, julgue os itens que se seguem.

Por força do princípio da perpetuatio jurisdictionis, a competência fixada em razão do domicílio do réu, para julgamento de ação acerca de direito real sobre bem móvel, não será alterada se o mesmo vier a se mudar.

COMENTÁRIOS

✪ **Notas do autor:** o princípio da perpetuatio jurisdictionis está previsto no art. 43, do CPC. Consiste na perpetuação da competência, que será fixada no momento do registro ou da distribuição da petição inicial, sendo irrelevantes as modificações do estado de fato ou de direito ocorridas posteriormente, salvo quando suprimirem órgão judiciário ou alterarem a competência absoluta.

Gabarito. Certo.

---

50. (FCC – Analista Judiciário – Área Judiciária – TRF 3/2019) Insere-se na competência originária do Superior Tribunal de Justiça processar e julgar

a) o recurso especial interposto contra acórdão dos tribunais regionais federais.
b) os conflitos entre a União e os Estados, a União e o Distrito Federal, ou entre uns e outros.
c) a ação em que todos os membros da magistratura sejam direta ou indiretamente interessados.
d) o mandado de injunção, quando a elaboração da norma regulamentadora for atribuição de outro tribunal superior, com exceção do Supremo Tribunal Federal.
e) os pedidos de homologação de sentença estrangeira.

COMENTÁRIOS

✪ **Notas do autor:** compete ao Superior Tribunal de Justiça processar e julgar a homologação de sentença estrangeira e a concessão de exequatur às cartas rogatórias (art. 105, I, i, CF). Trata-se de competência originária e não recursal.

Gabarito: E.

---

51. (FGV – Técnico Judiciário – Área Judiciária – TJ – CE/2019) Helena, domiciliada em Fortaleza, recebeu a informação de que um imóvel de sua propriedade, situado em Sobral, havia sido invadido pelo ex-namorado, Menelau. Apurada a veracidade da notícia, Helena propôs ação de reintegração de posse em face do invasor, tendo distribuído a sua petição inicial na Comarca de Fortaleza.

Nesse cenário, é correto afirmar que a demanda foi proposta no:

a) foro competente;
b) foro relativamente incompetente, podendo a sua competência ser prorrogada caso a parte ré não suscite o vício;
c) foro relativamente incompetente, devendo tal vício ser reconhecido de ofício pelo juiz;
d) foro absolutamente incompetente, podendo a sua competência ser prorrogada caso a parte ré não suscite o vício;
e) foro absolutamente incompetente, devendo tal vício ser reconhecido de ofício pelo juiz.

COMENTÁRIOS

✪ **Notas do autor:** a competência do foro da situação da coisa para as ações fundadas em direito real sobre imóveis é absoluta e a sua inobservância poderá ser conhecida de ofício pelo juiz. Contudo, vale lembrar, que o autor poderá optar pelo foro de domicílio do réu ou pelo foro de eleição se o litígio não recair sobre direito de propriedade, vizinhança, servidão, divisão e demarcação de terras e de nunciação de obra nova (art. 47, § 1º, CPC).

Gabarito: E.

---

52. (FCC – Analista Judiciário – Área Judiciária – TRF 3/2019) XYZ Indústria Farmacêutica S.A. ajuizou, perante a Justiça Comum, pedido de recuperação judicial, cujo processamento foi deferido pelo juiz. No curso do processo, a União compareceu nos autos informando ter interesse no feito, por ter contratado a recuperanda para o fornecimento de medicamentos em âmbito nacional, cuja interrupção comprometeria o sistema de saúde do país. Nesse caso, o processo deverá

a) ser remetido à Justiça Federal, desde que tenha havido requerimento da União nesse sentido; no entanto, caso o Juízo Federal não vislumbre interesse jurídico da União, deverá devolver o processo à Justiça Comum.

b) ser remetido à Justiça Federal, desde que tenha havido requerimento da União nesse sentido; no entanto, caso o Juízo Federal não vislumbre interesse jurídico da União, deverá suscitar conflito de competência.

c) ser remetido à Justiça Federal, independentemente de requerimento da União nesse sentido; no entanto, caso o Juízo Federal não vislumbre interesse jurídico da União, deverá devolver o processo à Justiça Comum.

d) ser remetido à Justiça Federal, independentemente de requerimento da União nesse sentido; no entanto, caso o Juízo Federal não vislumbre interesse jurídico da União, deverá suscitar conflito de competência.

e) permanecer tramitando na Justiça Comum, ainda que a União tenha expressamente requerido sua remessa à Justiça Federal.

COMENTÁRIOS

✪ **Notas do autor:** tramitando o processo perante outro juízo, os autos serão remetidos ao juízo federal competente se nele intervier a União, suas empresas públicas, entidades autárquicas e fundações, ou conselho de fiscalização de atividade profissional, na qualidade de parte ou de terceiro interveniente, exceto as ações: I – de recuperação judicial, falência, insolvência civil e acidente de trabalho; II – sujeitas à justiça eleitoral e à justiça do trabalho (art. 47, CPC). Logo, no caso narrado, a ação de recuperação judicial deverá permanecer tramitando na Justiça Comum, ainda que a União tenha expressamente requerido a sua remessa à Justiça Federal.

Gabarito: E.

---

53. (FCC – Analista Judiciário – Área Judiciária – TRF 3/2019) Determinada autarquia federal moveu contra uma mesma associação privada duas ações distintas, com pedidos e causas de pedir diversos uma da outra, mas ambas versando sobre o mesmo bem. Os processos das ações foram distribuídos a diferentes Varas da Justiça Federal. Nesse caso,

a) existe conexão entre os processos, que deverão ser reunidos para julgamento conjunto, ainda que um deles já tenha sido sentenciado.

b) existe conexão entre os processos, que deverão ser reunidos para julgamento conjunto, salvo se algum deles tiver sido sentenciado.

c) existe conexão entre os processos, mas nenhum deles poderá ser reunido ao outro, dado que distribuídos a juízos distintos.

d) não existe conexão entre os processos, mas eles deverão ser reunidos para julgamento conjunto, caso exista o risco de prolação de decisões conflitantes ou contraditórias, salvo se um deles já houver sido sentenciado.

e) como não existe conexão entre os processos, eles não poderão ser reunidos para julgamento conjunto em nenhuma hipótese.

COMENTÁRIOS

✪ **Notas do autor:** considerando-se o risco de se ter decisões conflitantes ou contraditórias caso decididas separadamente, ainda que não haja conexão (como no caso), admite-se que os processos sejam reunidos para julgamento conjunto (art. 55, § 3º, CPC). Haverá conexão entre duas ou mais ações quando lhes for comum o pedido ou a causa de pedir (art. 55, CPC).

Gabarito: D.

7. PARTES, LITISCONSÓRCIO E INTERVENÇÃO DE TERCEIROS

---

54. (FCC – 2023 – TRT 21 – Analista Judiciário – Área Judiciária) Em ação proposta contra pessoa incapaz cujos interesses colidirem com os dos seus representantes legais, o juiz deverá, enquanto durar a incapacidade,

a) nomear ao incapaz um curador especial.

b) nomear ao incapaz um *amicus curiae*.

c) determinar ao Ministério Público que assuma a representação do incapaz.

d) determinar aos representantes legais do incapaz a indicação de terceiro idôneo para representá-lo.

e) nomear um supervisor judicial para monitorar a conduta dos representantes do incapaz.

COMENTÁRIOS

✪ **Notas do autor:** o juiz nomeará curador especial ao: I – incapaz, se não tiver representante legal ou se os interesses deste colidirem com os daquele, enquanto durar a incapacidade; II – réu preso, bem como ao revel citado por edital ou com hora certa, enquanto não for constituído advogado (art. 72, CPC). A curatela especial será exercida pela Defensoria Pública, nos termos da lei.

Gabarito: "A".

55. (Cespe – Analista Judiciário – Área Judiciária – TRT 8/2022) Ao ser intimado em procedimento de cumprimento de sentença, o réu requereu a limitação do número de exequentes por considerar que, diante das circunstâncias do caso concreto, a quantidade de litisconsortes ativos dificultaria o cumprimento da decisão exequenda.

Na situação hipotética apresentada, de acordo com o CPC, a limitação do denominado litisconsórcio multitudinário

a) não está autorizada, porque a justificativa apresentada pelo réu não é fundamento legítimo para a medida.
b) somente poderá ocorrer caso haja concordância de todos os interessados, com a realização de negócio processual para o desmembramento do processo.
c) não está autorizada, porque o processo já se encontra em fase de cumprimento de sentença.
d) será possível, caso se constate que o litisconsórcio ativo é facultativo.
e) será possível, caso se constate que o litisconsórcio ativo é unitário.

COMENTÁRIOS

✪ **Notas do autor:** na hipótese de litisconsórcio multitudinário, será possível ao juiz limitar o número de litigantes na fase de conhecimento, na liquidação de sentença ou na execução, quando este comprometer a rápida solução do litígio ou dificultar a defesa ou o cumprimento da sentença (art. 113, § 1º, CPC). Ressalte-se que tal providência somente poderá ser adotada na hipótese de *litisconsórcio facultativo*, não podendo ocorrer se se tratar de *litisconsórcio necessário*.

Gabarito: D.

56. (FCC – Analista Judiciário – Área Judiciária – TRT 4/2022) No que se refere às disposições do Código de Processo Civil sobre o Incidente de Desconsideração da Personalidade Jurídica,

a) concluída a instrução, se necessária, o incidente será resolvido por sentença.
b) o incidente de desconsideração é cabível somente na fase de conhecimento.
c) instaurado o incidente, o sócio ou a pessoa jurídica será citado para manifestar-se e requerer as provas cabíveis no prazo de 5 dias.
d) será instaurado a pedido da parte ou do Ministério Público, quando lhe couber intervir no processo.
e) é sempre indispensável a instauração do incidente quando a desconsideração da personalidade jurídica for requerida na petição inicial.

COMENTÁRIOS

✪ **Notas do autor:** o incidente de desconsideração da personalidade jurídica está previsto entre as modalidades de intervenção de terceiro.

Alternativa A – incorreta. Concluída a instrução, o incidente será resolvido por decisão interlocutória (e não por sentença).

Alternativa B – incorreta. O incidente de desconsideração é cabível em todas as fases do processo de conhecimento, no cumprimento de sentença e na execução fundada em título executivo extrajudicial.

Alternativa C – incorreta. Instaurado o incidente, o sócio ou a pessoa jurídica será citado para manifestar-se e requerer as provas cabíveis no prazo de quinze dias.

Alternativa D – correta. O IDPJ será instaurado a pedido da parte ou do Ministério Público, quando lhe couber intervir no processo.

Alternativa E – incorreta. Se a desconsideração for requerida na petição inicial, será desnecessária a instauração do IDPJ.

Gabarito: D.

57. (FCC – Analista Judiciário – Área Judiciária – TRT 4/2022) Júnior se envolveu em um acidente de trânsito, vindo a colidir seu veículo contra o automóvel de Gabriel, por não ter atentado para a sinalização de via preferencial na via pública. Gabriel, então, ajuizou, em face de Júnior, ação de indenização por danos materiais, com a intenção de receber os valores devidos para o conserto de seu automóvel. Júnior, ao ser citado, entendeu que a responsabilidade de pagamento era de sua seguradora, diante do contrato que com ela estabeleceu antes do acidente. Nessa situação,

a) não cabe nenhuma hipótese de intervenção de terceiros, em razão de estar evidente a culpa de Júnior pelo acidente.

b) Júnior pode promover denunciação da lide à seguradora.

c) Júnior pode promover o chamamento ao processo da seguradora.

d) Gabriel pode promover denunciação à lide em face de Júnior.

e) Gabriel pode promover o chamamento ao processo em face da seguradora.

COMENTÁRIOS

✪ **Notas do autor:** a questão trata de uma modalidade de intervenção de terceiros. Conforme se verifica, a hipótese se refere à denunciação da lide, que pode ser promovida pela parte àquele que estiver obrigado, por lei ou pelo contrato, a indenizar, em ação regressiva, o prejuízo de quem for vencido no processo (art. 125, II, do CPC).

Gabarito: B.

---

58. (FCC – 2022 – TRT 14 – Analista Judiciário – Área Judiciária) Com fundamento em norma que autorizava a substituição processual, André, em substituição a Bruno, ajuizou ação contra Carlos. De acordo com o Código de Processo Civil, o substituído (Bruno)

a) poderá, a qualquer tempo, assumir o polo ativo da ação, o que implicará a exclusão do substituto do processo.

b) poderá intervir no processo como assistente litisconsorcial.

c) não poderá intervir no processo, salvo apenas para a defesa de direito indisponível.

d) não poderá intervir no processo em nenhuma hipótese.

e) não poderá intervir no processo, salvo apenas para interpor recurso contra as decisões desfavoráveis que não tenham sido objeto de recurso pelo substituto.

COMENTÁRIOS

✪ **Notas do autor:** como regra, ninguém poderá pleitear direito alheio em nome próprio, salvo quando autorizado pelo ordenamento jurídico. Diz-se que há a *legitimação ordinária*, quando a parte, em seu nome, pleiteia direito próprio, e a *legitimação extraordinária*. Esta, por sua vez, encampa a *substituição processual*, quando a parte, em seu nome, pleiteia direito de outrem, e a *representação processual*, quando a parte pleiteia em nome e para a defesa de terceiro.

Alternativa "B": correta. Havendo a substituição processual, o substituído poderá intervir como assistente litisconsorcial (art. 18, parágrafo único, CPC).

Gabarito: "B".

---

59. (FCC – 2022 – TRT 14 – Analista Judiciário – Área Judiciária) Segundo as normas do Código de Processo Civil que disciplinam a representação em juízo,

a) a União será representada pela Procuradoria Geral da República.

b) o Estado e o Distrito Federal serão representados pelo seu Governador.

c) a massa falida será representada pelo administrador judicial.

d) o espólio será representado por todos os herdeiros, em conjunto.

e) o condomínio será representado por qualquer condômino.

COMENTÁRIOS

✪ **Notas do autor:** a resposta encontra-se no art. 75, do CPC.

Alternativa "A": incorreta. A União será representada pela Advocacia Geral da União.

Alternativa "B": incorreta. O Estado e o Distrito Federal serão representados por seus procuradores.

Alternativa "C": correta. A massa falida será representada pelo administrador judicial.

Alternativa "D": incorreta. O espólio será representado pelo inventariante.

Alternativa "E": incorreta. O condomínio será representado pelo administrador ou síndico.

Gabarito: C.

---

60. (FCC – 2022 – TRT 14 – Analista Judiciário – Área Judiciária) O Código de Processo Civil admite que o réu, quando cobrado por dívida solidária, requeira a citação dos demais devedores solidários, para que passem a figurar no polo passivo na qualidade de litisconsortes. Essa espécie de intervenção de terceiros configura

a) nomeação à autoria

b) assistência litisconsorcial.

c) denunciação da lide.

d) chamamento ao processo.

e) oposição.

COMENTÁRIOS:

✪ **Notas do autor:** é admissível o chamamento ao processo, requerido pelo réu: I – do afiançado, na ação em que o fiador for réu; II – dos demais fiadores, na ação proposta contra um ou alguns deles; III – dos demais devedores solidários, quando o credor exigir de um ou de alguns o pagamento da dívida comum (art. 130, CPC).

Gabarito: D.

61. (FCC – 2022 – TRT 14 – Analista Judiciário – Área Judiciária) De acordo com o Código de Processo Civil, o Ministério Público, nos casos em que intervém como fiscal da ordem jurídica,

a) não precisa ser intimado de todos os atos do processo, mas apenas daqueles com conteúdo decisório.

b) poderá recorrer tanto da sentença quanto das decisões interlocutórias.

c) poderá se manifestar a qualquer tempo, mas não poderá produzir provas.

d) gozará de prazo em dobro para manifestar-se nos autos, benefício que se aplica mesmo quando a lei estabelecer, de forma expressa, prazo próprio para o Ministério Público.

e) terá vista dos autos sempre antes das partes, podendo recorrer da sentença, mas não de decisões interlocutórias.

COMENTÁRIOS

Alternativa "A": incorreta. O Ministério Público precisa ser intimado de todos os atos do processo (art. 179, I, do CPC).

Alternativa "B": correta. O Ministério Público poderá recorrer das decisões impugnáveis, ou seja, das decisões interlocutórias e das sentenças.

Alternativa "C": incorreta. O Ministério Público poderá produzir provas, requerer medidas pertinentes e recorrer.

Alternativa "D": incorreta. Nãos e aplica o benefício da contagem em dobro quando a lei estabelecer, de forma expressa, prazo próprio para o Ministério Público.

Alternativa "E": incorreta. Terá vista dos autos depois das partes, sendo intimado de todos os atos do processo.

Gabarito: B.

62. (CEBRASPE – 2023 – TJ/ES – Analista Judiciário – Área Administrativa) Quanto aos aspectos processuais relativos ao papel desempenhado pelas funções essenciais à justiça, julgue o item a seguir.

A advocacia pública, por meio de representação judicial, é responsável pela defesa e promoção dos interesses dos entes da Federação.

COMENTÁRIOS

✪ **Notas do autor:** Nos termos do art. 182, do CPC, incumbe à Advocacia Pública, na forma da lei, defender e promover os interesses públicos da União, dos Estados, do Distrito Federal e dos Municípios, por meio da representação judicial, em todos os âmbitos federativos, das pessoas jurídicas de direito público que integram a administração direta e indireta.

Certo.

63. (FCC – Analista Judiciário – Área Judiciária – TRT 2/2018) Sobre a intervenção de terceiros no Código de Processo Civil, é correto afirmar:

a) Na assistência simples sendo revel o assistido, o assistente não será considerado seu substituto processual.

b) A decisão do Magistrado que admitir uma entidade especializada, com representatividade adequada como amicus curiae, pode ser objeto de recurso de agravo de instrumento.

c) Havendo denunciação da lide, se o denunciante for vencedor na ação principal, a ação de denunciação não terá o seu pedido examinado, sem prejuízo da condenação do denunciante ao pagamento das verbas de sucumbência em favor do denunciado.

d) Instaurado o incidente de desconsideração da personalidade jurídica, o sócio ou a pessoa jurídica será citado para manifestar-se e requerer as provas cabíveis no prazo de 10 dias.

e) Admitido o assistente simples a parte principal não pode renunciar ao direito sobre o que se funda a ação.

COMENTÁRIOS

Alternativa "A": incorreta. Sendo revel ou, de qualquer outro modo, omisso o assistido, o assistente será considerado seu substituto processual (art. 121, parágrafo único, CPC).

Alternativa "B": incorreta. A decisão do juiz ou do relator que, de ofício ou a requerimento das partes ou de quem pretenda manifestar-se, solicitar ou admitir a participação de pessoa natural ou jurídica, órgão ou entidade especializada, com representatividade adequada, é irrecorrível (art. 138, caput, CPC).

Alternativa "C": correta. Se o denunciante for vencido na ação principal, o juiz passará ao julgamento da denunciação da lide. Contudo, se o denunciante for vencedor, a ação de denunciação não terá o seu pedido examinado, sem prejuízo da condenação do denunciante ao pagamento das verbas de sucumbência em favor do denunciado (art. 129, CPC).

Alternativa "D": incorreta. Instaurado o incidente, o sócio ou a pessoa jurídica será citado para manifestar-se e requerer as provas cabíveis no prazo de 15 (quinze) dias (art. 135, CPC).

Alternativa "E": incorreta. A assistência simples não obsta a que a parte principal reconheça a procedência do pedido, desista da ação, renuncie ao direito sobre o que se funda a ação ou transija sobre direitos controvertidos (art. 122, CPC).

Gabarito: C.

64. (FCC – Analista Judiciário – Área Judiciária – TRT 24/2017) Sobre a intervenção de terceiros, nos termos preconizados pelo Código de Processo Civil,

a) na denunciação da lide, se o denunciante for vencedor, a ação de denunciação não terá o seu pedido examinado, sem prejuízo da condenação do denunciante ao pagamento das verbas de sucumbência em favor do denunciado.

b) a assistência do terceiro juridicamente interessado é admitida em qualquer procedimento até a prolação da sentença de primeiro grau.

c) na denunciação da lide, feita a denunciação pelo réu, se o denunciado for revel, o denunciante não pode deixar de prosseguir com sua defesa, eventualmente oferecida.

d) a assistência simples obsta que a parte principal transija sobre direitos controvertidos.

e) a decisão do juiz que solicita ou admite a participação de pessoa jurídica como amicus curiae em demanda com repercussão social da controvérsia pode ser impugnada por meio de agravo de instrumento.

COMENTÁRIOS

✪ **Notas do autor:**

Alternativa "A": correta. Se o denunciante for vencido na ação principal, o juiz passará ao julgamento da denunciação da lide. Contudo, se o denunciante for vencedor, a ação de denunciação não terá o seu pedido examinado, sem prejuízo da condenação do denunciante ao pagamento das verbas de sucumbência em favor do denunciado (art. 129, CPC).

Alternativa "B": incorreta. A assistência será admitida em qualquer procedimento e em todos os graus de jurisdição, recebendo o assistente o processo no estado em que se encontre (art. 119, parágrafo único).

Alternativa "C": incorreta. Feita a denunciação pelo réu: I – se o denunciado contestar o pedido formulado pelo autor, o processo prosseguirá tendo, na ação principal, em litisconsórcio, denunciante e denunciado; II – se o denunciado for revel, o denunciante pode deixar de prosseguir com sua defesa, eventualmente oferecida, e abster-se de recorrer, restringindo sua atuação à ação regressiva; III – se o denunciado confessar os fatos alegados pelo autor na ação principal, o denunciante poderá prosseguir com sua defesa ou, aderindo a tal reconhecimento, pedir apenas a procedência da ação de regresso (art. 128, CPC).

Alternativa "D": incorreta. A assistência simples não obsta a que a parte principal reconheça a procedência do pedido, desista da ação, renuncie ao direito sobre o que se funda a ação ou transija sobre direitos controvertidos (art. 122, CPC).

Alternativa "E": incorreta. A decisão do juiz ou do relator que, de ofício ou a requerimento das partes ou de quem pretenda manifestar-se, solicitar ou admitir a participação de pessoa natural ou jurídica, órgão ou entidade especializada, com representatividade adequada, é irrecorrível (art. 138, caput, CPC).

Gabarito: A.

65. (Cespe – Analista Judiciário – Área Judiciária – TRE – PE/2017) João e José, residentes em Recife – PE, foram vítimas de acidente automobilístico provocado por Pedro, maior e capaz, domiciliado em Olinda – PE. As vítimas impetraram ações indenizatórias individuais em 10/3/2016, ambas no juízo de Recife – PE.

Nessa situação hipotética,

a) caso Pedro oponha incidente de exceção de incompetência relativa após a entrada em vigor do novo CPC, o juiz deverá declinar da competência.

b) João e José poderiam optar por ingressar em litisconsórcio ativo e, nesse caso, seriam considerados como litigantes distintos em suas relações com Pedro.

c) se as ações forem distribuídas para juízos distintos, os processos deverão ser reunidos em razão da existência de continência.

d) ambos os processos devem seguir o rito ordinário, porquanto o procedimento sumário foi extinto no novo CPC.

e) a citação de Pedro deve ocorrer por mandado, por meio de oficial de justiça.

COMENTÁRIOS

✪ **Notas do autor:** admite-se que duas ou mais pessoas litiguem, no mesmo processo, em conjunto, ativa ou passivamente, quando: I – entre elas houver comunhão de direitos ou de obrigações relativamente à lide; II – entre as causas houver conexão pelo pedido ou pela causa de pedir; III – ocorrer afinidade de questões por ponto comum de fato ou de direito (art. 113, CPC). No caso da questão apresentada, admite-se que ocorra o litisconsórcio entre os autores. Tem-se, ainda, que se trata de hipótese de litisconsórcio simples, pois o juiz poderá decidir o mérito de modo diferente para os litisconsortes, de modo que estes serão considerados, em suas relações com a parte adversa, como litigantes distintos.

Gabarito: B.

66. (FGV – Analista Judiciário – Área Judiciária – TJ – AL/2018) No tocante à alienação de coisa litigiosa, por ato entre vivos e a título particular, é correto afirmar que:

a) pode dar azo à substituição processual, do alienante pelo adquirente, caso assim consinta a parte contrária;

b) o adquirente poderá intervir no processo como assistente simples;

c) não altera a legitimidade dos litigantes, ressalvada a hipótese de consentimento da parte contrária;

d) os limites subjetivos da coisa julgada material não alcançam o adquirente, se este não tiver participado do processo;

e) o alienante deverá promover a denunciação da lide em relação ao adquirente.

COMENTÁRIOS

✪ **Notas do autor:** a alienação da coisa ou do direito litigioso por ato entre vivos, a título particular, não altera a legitimidade das partes (art. 109, caput, CPC). Desse modo, o adquirente ou cessionário não poderá ingressar em juízo, sucedendo o alienante ou cedente, sem que o consinta a parte contrária (art. 109, § 1º, CPC).

Gabarito: C.

67. (Cespe – Analista Judiciário – Direito – TJ – PA/2020) Segundo regramento estabelecido no CPC, o desmembramento do litisconsórcio multitudinário em razão do número excessivo de litigantes

a) ocorre na fase de conhecimento, na liquidação de sentença ou na execução, desde que o litisconsórcio seja facultativo.

b) é permitido somente antes da citação do réu, seja o litisconsórcio facultativo ou necessário.

c) é vedado em sede de execução, seja ela decorrente de título judicial ou extrajudicial.

d) depende da concordância de todas partes do processo, se o litisconsórcio for necessário e unitário.

e) não pode ocorrer antes da liquidação de sentença, se o litisconsórcio for ativo e facultativo.

COMENTÁRIOS

✪ **Notas do autor:** tem-se o litisconsórcio multitudinário quando o número de litigantes na fase de conhecimento, na liquidação de sentença ou na execução, puder comprometer a rápida solução do litígio ou dificultar a defesa ou o cumprimento de sentença. Nesta hipótese, o juiz poderá limitar o litisconsórcio (art. 113, § 1º, CPC). Essa limitação, contudo, não poderá ocorrer se o litisconsórcio for necessário (ou seja, restringe-se à facultativa).

Gabarito: A.

68. (FCC – Analista Judiciário – Área Judiciária – TRF 3/2019) Renato ajuizou ação de cobrança contra ZWXY Construções Ltda., requerendo, na própria petição inicial, a desconsideração da sua personalidade jurídica, com a demonstração preliminar do preenchimento dos pressupostos legais específicos. Nesse caso, de acordo com o Código de Processo Civil,

a) deverá ser determinada a instauração do incidente de desconsideração da personalidade jurídica, com a suspensão do processo.

b) deverá ser determinada a instauração do incidente de desconsideração da personalidade jurídica, sem a suspensão do processo.

c) dispensa-se a instauração do incidente de desconsideração da personalidade jurídica, mas o processo deverá permanecer suspenso até a decisão desse requerimento.

d) dispensa-se a instauração do incidente de desconsideração da personalidade jurídica e o processo não será suspenso.

e) o requerimento deverá ser liminarmente rejeitado, pois o incidente de desconsideração da personalidade jurídica só pode ser instaurado na fase de cumprimento de sentença.

COMENTÁRIOS

✪ **Notas do autor:** dispensa-se a instauração do incidente se a desconsideração da personalidade jurídica for requerida na petição inicial, hipótese em que será citado o sócio ou a pessoa jurídica (art. 134, § 2º, CPC).

Gabarito: D.

69. (FCC – Analista Judiciário – Área Judiciária – TRF 4/2019) Tereza ajuizou ação de indenização contra a empresa "XPTO Comércio de Produtos de Informática Ltda". Ainda na fase instrutória do processo, requereu a instauração de incidente de desconsideração da personalidade jurídica. Nesse caso, o juiz deverá

a) indeferir liminarmente o pedido, pois a instauração de incidente de desconsideração da personalidade jurídica só é cabível na fase de cumprimento de sentença.

b) deferir o pedido, suspendendo o processo, desde que o requerimento tenha demonstrado o preenchimento dos pressupostos legais específicos para a desconsideração da personalidade jurídica.

c) indeferir liminarmente o pedido, pois, na fase de conhecimento, a desconsideração da personalidade jurídica deve ser necessariamente requerida na petição inicial, dispensando a instauração do incidente.

d) deferir o pedido, sem suspender o processo, desde que o requerimento tenha demonstrado o preenchimento dos pressupostos legais específicos para a desconsideração da personalidade jurídica.

e) deferir o pedido, mas somente se ficar demonstrado perigo da demora, por risco de dilapidação de bens, que justifique a instauração do incidente antes da fase de cumprimento de sentença.

COMENTÁRIOS

✪ **Notas do autor:** o incidente de desconsideração é cabível em todas as fases do processo de conhecimento, no cumprimento de sentença e na execução fundada em título executivo extrajudicial. A sua instauração suspenderá o processo (art. 134, § 3º, CPC).

Gabarito: B.

---

70. (Cespe – Analista Judiciário – Direito – TJ – AM/2019) Acerca do disposto no Código de Processo Civil (CPC) sobre as normas processuais civis, os deveres das partes e dos procuradores, a intervenção de terceiros e a forma dos atos processuais, julgue os itens a seguir.

Ao tratar da intervenção de terceiros, o CPC prevê a possibilidade de atuação do amicus curiae em causa relevante que tramite em primeira instância porque essa modalidade de intervenção de terceiros não se restringe a ações, incidentes e recursos existentes nos tribunais.

- CERTO
- ERRADO

COMENTÁRIOS

✪ **Notas do autor:** o juiz ou o relator, considerando a relevância da matéria, a especificidade do tema objeto da demanda ou a repercussão social da controvérsia, poderá, por decisão irrecorrível, de ofício ou a requerimento das partes ou de quem pretenda manifestar-se, solicitar ou admitir a participação de pessoa natural ou jurídica, órgão ou entidade especializada, com representatividade adequada, no prazo de 15 (quinze) dias de sua intimação. Note-se que a sua admissibilidade não está restrita aos processos que tramitam em tribunais (art. 138, caput).

Gabarito: certo.

---

71. (Cespe – Analista Judiciário – Área Judiciária – TRE – BA/2017) De acordo com o Código de Processo Civil, o amicus curiae

a) deve ser pessoa jurídica, órgão ou entidade especializada, sendo vedado à pessoa natural atuar nessa condição.

b) depende de autorização da parte interessada para participar da relação processual.

c) pode opor embargos de declaração e ainda recorrer da decisão que julgar o incidente de resolução de demandas repetitivas.

d) pode ingressar somente em demandas que tramitem nos tribunais.

e) tem o direito, assegurado na lei, de realizar sustentação oral em julgamento de qualquer causa da qual participe.

COMENTÁRIOS

Alternativa "A": incorreta. O *amicus curiae* pode ser pessoal natural ou jurídica, órgão ou entidade especializada, com representatividade adequada (art. 138, caput, CPC).

Alternativa "B": incorreta. A atuação do *amicus curiae* não depende de autorização da parte interessada, ficando sob o crivo do juiz.

Alternativa "C": correta. O amicus curiae não pode interpor recursos, salvo os embargos declaratórios e os recursos pertinentes da decisão que julgar o incidente de resolução de demanda repetitiva (art. 138, § 3º, CPC).

Alternativa "D": incorreta. Admite-se também a intervenção do amicus curiae perante o juízo de primeiro grau.

Alternativa "E": incorreta. A lei não assegura tal direito.

Gabarito: C.

---

72. (Cespe – Analista Judiciário – Área Judiciária – TRE – TO/2017) No que concerne ao agravo interno, à comunicação dos atos processuais, aos prazos e à desconsideração da personalidade jurídica, julgue os seguintes itens.

I Ao prolatar voto em julgamento de agravo interno, o relator pode se limitar a reproduzir a decisão agravada para se manifestar pela improcedência do recurso.

II Na execução de título extrajudicial, é possível que o executado seja citado pelo correio.

III Os prazos processuais do Ministério Público, da Defensoria Pública e da Advocacia Pública ficam suspensos no período compreendido entre 20 de dezembro e 20 de janeiro.

IV É vedado à parte requerer a desconsideração da personalidade jurídica na petição inicial.

De acordo com a legislação processual civil, estão certos apenas os itens

a) I e II.
b) II e III.
c) III e IV.
d) I, II e IV.
e) I, III e IV.

COMENTÁRIOS

Assertiva I – errada. Está vedado ao relator limitar-se à reprodução dos fundamentos da decisão agravada para julgar improcedente o agravo interno (art. 1.021, § 3º, CPC).

Assertiva II – correta. Admite-se que o executado seja citado pelo correio.

Assertiva III – correta. Suspende-se o curso do prazo processual nos dias compreendidos entre 20 de dezembro e 20 de janeiro, inclusive. Esta regra se aplica também ao Juízes, Ministério Público, à Defensoria Pública e à Advocacia Pública. Contudo, no período mencionado, os membros destas carreiras exercerão suas atribuições, salvo se coincidente com férias individuais e feriados por lei.

Assertiva IV – Admite-se que a parte requeira o IDPJ (incidente de desconsideração da personalidade jurídica) na petição inicial (art. 134, § 2º, CPC).

Gabarito: B.

---

73. (FCC – Analista Judiciário – Área Judiciária – TRE – SP/2017) O incidente de desconsideração da personalidade jurídica, disciplinado pelo novo Código de Processo Civil,

a) pode ser instaurado de ofício.
b) é cabível no cumprimento de sentença, mas não na execução fundada em título executivo extrajudicial.
c) não suspende o processo se instaurado na fase de cumprimento de sentença.
d) é resolvido por sentença.
e) é cabível em todas as fases do processo de conhecimento.

COMENTÁRIOS

✪ **Notas do autor:** o incidente de desconsideração é cabível em todas as fases do processo de conhecimento, no cumprimento de sentença e na execução fundada em título executivo extrajudicial (art. 134, caput, CPC).

Gabarito: E.

---

74. (FCC – Analista Judiciário – Área Judiciária – TRE – PR/2017) Em matéria de litisconsórcio, é correto afirmar:

a) O litisconsórcio é simples quando, pela natureza da relação jurídica, o juiz tiver de decidir o mérito de modo uniforme para todos os litisconsortes.
b) No litisconsórcio unitário os atos e omissões de um dos litisconsortes, benéficos ou prejudiciais, estendem-se aos demais litisconsortes.
c) O litisconsórcio necessário por força de lei é sempre unitário.
d) Nos casos de litisconsórcio passivo necessário, o juiz, se o caso, determinará ao autor que requeira a citação de todos que devam ser litisconsortes, dentro do prazo que assinar, sob pena de extinção do processo.
e) Os litisconsortes que tiverem diferentes procuradores, de escritórios de advocacia distintos, terão prazos contados em quádruplo para todas as suas manifestações, em qualquer juízo ou tribunal, independentemente de requerimento.

COMENTÁRIOS

Alternativa "A": incorreta. O litisconsórcio é simples quando o juiz não tiver de decidir o mérito de forma uniforme para todos os litisconsortes.

Alternativa "B": incorreta. No litisconsorte unitário, o juiz decidirá o mérito de modo uniforme para todos os litisconsortes). Em tal caso, os atos e as omissões de um não prejudicarão os outros, mas os poderão beneficiar (art. 117, CPC).

Alternativa "C": incorreta. O litisconsórcio necessário não será sempre unitário, podendo também ser simples.

Alternativa "D": correta. Nos casos de litisconsórcio passivo necessário, o juiz determinará ao autor que requeira a citação de todos que devam ser litisconsortes, dentro do prazo que assinar, sob pena de extinção do processo (art. 115, parágrafo único).

Alternativa "E": incorreta. Os litisconsortes que tiverem diferentes procuradores, de escritórios de advocacia distintos, terão prazos contados em dobro para todas as suas manifestações, em qualquer juízo ou tribunal, independentemente de requerimento (art. 229, caput, CPC).

Gabarito: D.

---

75. (Consulplan – Analista Judiciário – Área Judiciária – TRF 2/2017) Embora já consagrado no direito brasileiro, o instituto da desconsideração da personalidade jurídica passou a receber o devido tratamento processual a partir das previsões contidas na Lei Federal nº 13.105/15. Considerando as novas regras trazidas pelo Código de Processo Civil de 2015, assinale a alternativa correta.

a) A desconsideração da personalidade jurídica pode ser determinada ex officio pelo órgão julgador, não dependendo de pedido da parte ou do Ministério Público.

b) Não obstante ser exemplo de intervenção de terceiro, admite-se a instauração do incidente de desconsideração da personalidade jurídica no âmbito dos Juizados Especiais Cíveis.

c) Para não causar embaraços à instrução processual, o incidente de desconsideração da personalidade jurídica será admitido até a fase de saneamento e organização do processo.

d) Admite-se o pedido de desconsideração da personalidade jurídica formulado na petição inicial, hipótese em que será instaurado o incidente perante o mesmo juízo competente para o conhecimento da ação principal.

COMENTÁRIOS

Alternativa "A": incorreta. O incidente de desconsideração da personalidade jurídica não poderá ser instaurado de ofício pelo juiz. Ao contrário, será instaurado a pedido da parte ou do Ministério Público, quando lhe couber intervir no processo (art. 133, caput).

Alternativa "B": correta. Não é admitida a intervenção de terceiros no âmbito dos Juizados Especiais (art. 10, Lei nº 9.099/1995), com exceção do incidente de desconsideração da personalidade jurídica (art. 1.062, CPC).

Alternativa "C": incorreta. O IDPJ é admitido em todas as fases do processo de conhecimento, do cumprimento de sentença e na execução fundada em título executivo extrajudicial (art. 134, caput).

Alternativa "D": incorreta. Dispensa-se a instauração do IDPJ (incidente de desconsideração da personalidade jurídica) se for requerida na petição inicial, hipótese em que será citado o sócio ou a pessoa jurídica (art. 134, § 2º, CPC).

Gabarito: B.

---

76. (Cespe – Analista Judiciário – Área Judiciária – Oficial de Justiça Avaliador) Pedro e Caio, domiciliados em Macapá – AP, foram vítimas de acidente automobilístico em uma rodovia. Supostamente, o acidente foi provocado por Rafael, domiciliado em Belém – PA. As vítimas propuseram, separadamente, ações de indenização contra Rafael na justiça comum de Macapá.

A respeito dessa situação hipotética, assinale a opção correta de acordo com disposições do CPC.

a) Como a demanda indenizatória foi proposta na justiça comum, o processo deverá seguir necessariamente o procedimento ordinário, rito que viabiliza o contraditório e a ampla defesa ao réu nessa situação.

b) A citação do réu deve ser feita necessariamente por oficial de justiça: o CPC veda a citação por via postal nas ações de ressarcimento por danos causados em acidente de veículo de via terrestre.

c) Caso Rafael interponha oportunamente exceção de incompetência relativa, o juiz deve declinar de sua competência.

d) Caso as ações sejam distribuídas para órgãos judiciais distintos, os processos poderão ser posteriormente reunidos em razão da existência de continência.

e) Pedro e Caio poderiam ter optado por ingressar em litisconsórcio ativo, caso em que seriam considerados como litigantes distintos em suas relações com a parte adversa, por força do princípio da autonomia dos litisconsortes.

COMENTÁRIOS

✪ **Nota do autor:** a questão trata de vários institutos processuais importantes, quais sejam, litisconsórcio e competência. O primeiro será tratado com mais profundidade neste momento e está inserido no tema relacionado à pluralidade de partes no processo. A parte corresponderá àquele que apresenta uma *pretensão* em juízo, ou em face *de quem* se apresenta tal pretensão e se pede uma *sujeição*. Cada um desses polos poderá ser composto por uma única parte, tal como ocorre na relação processual estabelecida, por exemplo, na relação processual estabelecida em que *João* exerce a sua pretensão em face de *Pedro*, pedindo ao Estado-Juiz a condenação deste a indenizar aquele em quantia de R$ 100.000,00 (*sendo o polo ativo correspondente a João e o passivo a Pedro, o que é ressaltado apenas para tornar a explicação mais clara*). Porém, será possível que qualquer um destes polos da ação (*polo ativo* ou *polo passivo*, ou mesmo os dois), seja composto por mais de uma parte, oportunidade em que se verifica a existência do *litisconsórcio* (*litis* = lide; *consórcio* = reunião de pessoas). Há o *litisconsórcio* por figurarem, em um dos polos da ação, mais de uma parte, que passa a ser designada de *litisconsorte*. Como era de se esperar, o litisconsórcio admite várias classificações, que correspondem à complexidade do instituto. Não se trata de uma classificação meramente teórica, pois possui efeitos práticos relevantes e que devem ser desvendados. Em suma, pode ser apontada a existência de classificação que leve em consideração diversos fatores, assim resumidos: i) a posição dos litisconsortes na relação processual, quando então o litisconsórcio poderá ser *ativo, passivo ou misto;* ii) se, obrigatoriamente, a decisão judicial a ser proferida será a mesma para todos os litisconsortes, quando então será *simples* ou *unitário;* iii) se a formação deste litisconsórcio se refere a uma mera *faculdade* ou se é obrigatório, imposto pela lei ou decorrente da relação de comunhão existente, oportunidade em que será *facultativo ou necessário*. Há outras designações importantes para o litisconsórcio, como aquela que o aponta como sendo *sucessivo*, entre outras, mas que serão vistas no momento oportuno.

Alternativa A: incorreta. Há de ser registrado que o CPC de 2015 encampou designações distinta para os procedimentos em relação ao Código anterior, motivo pelo qual há necessidade de adaptar as expressões. Atualmente, separam-se os procedimentos comum (que é o base) dos especiais, não mais persistindo a tradicional diferenciação entre procedimentos *ordinário e sumário*.

Alternativa B: incorreta. Muita atenção com o tema *citação*, notadamente em razão das modificações decorrentes da Lei nº 14.195/2021. A propósito, na atualidade, a citação será feita preferencialmente por meio eletrônico, no prazo de até 2 (dois) dias úteis, contado da decisão que a determinar, por meio dos endereços eletrônicos indicados pelo citando no banco de dados do Poder Judiciário, conforme regulamento do Conselho Nacional de Justiça (art. 246, caput). Na ausência de confirmação, em até 3 (três) dias úteis, contados do recebimento da citação eletrônica, implicará a realização da citação: I – pelo correio; II – por oficial de justiça; III – pelo escrivão ou chefe de secretaria, se o citando comparecer em cartório; IV – por edital.

Alternativa C: incorreta. A incompetência territorial não mais deve ser alegada por meio de exceção de incompetência, mas por meio de preliminar, na própria contestação. Houve, com o CPC de 2015, ampliação das matérias que devam ser alegadas na contestação, como ocorreu com a incompetência territorial, a impugnação à justiça gratuita e a impugnação ao valor da causa. Aliás, não mais se utiliza a antiga *exceção*, que se consolidava, na prática, em uma petição autuada em separado, de incompetência, de suspeição ou de impedimento. Na atualidade, em resumo, a incompetência territorial será alegada como preliminar e a exceção e o impedimento serão objeto de *simples petição*, que será juntada aos autos. Sendo necessário que haja decisão do Tribunal respectivo a respeito, tal petição será *desentranhada* dos autos e devidamente remetida.

Alternativa D: incorreta. Ao se analisar duas ou mais ações a partir de seus elementos, é possível verificar existir uma *relação* entre elas, o que é fundamento para o estudo de vários institutos processuais, como a litispendência, a coisa julgada, a prejudicialidade, a conexão, a continência etc. A assertiva em estudo se refere aos dois últimos institutos referidos (conexão e continência). Como se refere a doutrina, a conexão decorre da possibilidade de se estabelecer uma ligação entre duas ou mais ações, o que pode ocorrer, entre outras situações, se lhes for comum o pedido ou a causa de pedir. Note-se que a doutrina, na verdade, admite a ocorrência da conexão não só nas situações indicadas no CPC (art. 55), aplicando-se a teoria materialista. De outro lado, se entre duas ou mais ações existir identidade quanto às partes e à causa de pedir, sendo o pedido de um mais amplo, verifica-se a *continência* (art. 56). Parte-se para um exemplo mais concreto: *José* ajuíza ação em face de João, em razão de um acidente de veículo ocorrido, pugnando pela condenação deste nas obrigações de pagar pelos danos morais e materiais existentes. João, por sua vez, também ajuíza demanda em face de José, em virtude do mesmo evento, requerendo a condenação ao pagamento pelos danos morais, exclusivamente. Nota-se a existência de flagrante relação entre os processos, com iguais partes, fatos e fundamentos jurídicos das pretensões, porém, na ação proposta por *José*, nota-se que o pedido é mais amplo se comparada com aquela ajuizada por *João*. Verifica-se, portanto, a ocorrência da continência entre tais ações. A primeira, sendo mais ampla, será a *ação continente*; a segunda, será a *ação contida* (está contida em outra ação, faz parte de outra ação). São diferentes os efeitos práticos da continência, a depender de ser a ação *continente* ou *contida*. Para se entender, traça-se o seguinte quadro: i) AÇÃO CONTINENTE + AÇÃO CONTIDA = extinção sem resolução do mérito da segunda); ii) AÇÃO CONTIDA + AÇÃO CONTINENTE = as ações serão reunidas. Tudo dependerá, como foi visto, da ordem das ações (art. 57 do CPC).

Alternativa Correta: letra E. Como foi dito nos comentários iniciais desta questão, consoante a posição na relação processual em que se situar o litisconsórcio, este poderá ser classificado como sendo *ativo, passivo ou misto*. No primeiro, haverá a reunião como *demandantes*, ou seja, autores; no segundo, tal reunião importará na existência de *demandados*; e, por fim, tal reunião poderá ser nos dois polos da ação, quando então se terão cumulativamente *demandantes* e *demandados*. Note-se que cada uma das partes (demandantes e demandados, autores e réus), exerce o direito de ação (ou o correspondente direito de defesa, também decorrente do direito de ação), motivo pelo qual se diz estar presente o *cúmulo subjetivo de ações* (paralelamente ao cúmulo objetivo de ações, que será estudado mais adiante). Na hipótese narrada na assertiva correta (letra *E*), tem-se, em primeiro lugar, que houve uma reunião de pessoas no polo ativo da ação, posto que mais de um demandou em face do réu. Além disso, foi asseverado que cada um dos *litisconsortes* é visto como um *litigante distinto*. É importante fazer-se o seguinte registro: cada litigante poderá ser visto *distinta* ou *indistintamente*. A expressão se refere a uma *distinção (= diferencia-*

ção) em relação aos demais, notadamente quanto às consequências práticas do litisconsórcio. Assim, se A, B e C litigam em face de D, e são vistos como *litigantes distintos*, a decisão judicial não *necessitará* ser uniforme (igual) para todos eles. Note-se que foi dito "necessitará", pois poderá haver a correspondência sem que isso seja obrigatório. De outro lado, é possível que não haja a distinção para tal fim, hipótese em que os litigantes serão considerados indistintamente, integrantes de um bloco único, que demanda ou em face de quem é demandado e, por isso, a decisão judicial proferida *obrigatoriamente* será a mesma para todos os litisconsortes. Correspondentemente, tem-se o litisconsórcio simples (em que a decisão não precisa ser igual para todos os litisconsortes, embora possa ser), e o litisconsórcio unitário (em que a decisão deve ser igual para todos eles, obrigatoriamente). Há consequências práticas de tal classificação. Por exemplo, sendo obrigatória a uniformidade da decisão judicial, a apresentação de resposta por um dos litisconsortes afastará a incidência dos efeitos correlatos a não apresentação de defesa. Enfim, não se presumirão verdadeiros os fatos apresentados pelo autor. De outra banda, não sendo obrigatória tal uniformidade, podendo a decisão judicial ser distinta em relação a cada litisconsorte, a falta de resposta conduzirá à incidência do efeito material da revelia. Em resumo, a doutrina identifica a existência de um regime jurídico distinto se considerado presente o litisconsórcio *simples* ou o *unitário*. Não se pode perder de vista que a formação do próprio litisconsórcio pode consistir em uma *faculdade*, optando as partes em formar tal união, ou ser *obrigatório*. Diz-se o Código de Processo Civil, no art. 113, que tal faculdade ocorrerá quando, entre duas ou mais pessoas, existir comunhão de direitos ou de obrigações relativamente à lide, entre as causas houver conexão pelo pedido ou pela causa de pedir, ou, ainda, ocorrer a afinidade de questões por ponto comum de fato ou de direito. Paralelamente, refere o art. 114 do CPC que "o litisconsórcio será necessário por disposição de lei ou quando, pela natureza da relação jurídica controvertida, a eficácia da sentença depender da citação de todos que devam ser litisconsortes".

Gabarito: "E".

---

77. (FCC - Analista Judiciário - Área Judiciária - TRT 4/2015) Com relação à assistência, é correto afirmar que

a) o assistente pode atuar contra os interesses do assistido se o seu interesse jurídico for diverso ou colidente.

b) o assistente pode ingressar no feito apenas até a audiência de instrução.

c) pode intervir como assistente aquele que possui interesse exclusivamente econômico em que a sentença lhe seja favorável.

d) o juiz excluirá o assistente da lide quando revel o assistido.

e) esta não impede que a parte principal reconheça a procedência do pedido ou transija sobre direitos controvertidos.

COMENTÁRIOS

Nota do autor: o CPC corrigiu a falha geográfica e incluiu a assistência no capítulo de intervenção de terceiros, bem como destacou as diferenças entre assistência simples e litisconsorcial e o regramento comum. O assunto está inserido no estudo das partes. Admite-se diferentes formas de *intervenção de terceiros* no processo, assim entendidos como não sendo as partes da relação processual. O ingresso de terceiro em relação processual estabelecida entre as *partes* poderá ser provocado por uma delas ou determinado de ofício pelo juiz, tal como ocorre, respectivamente, na denunciação da lide e na intervenção do *amicus curiae*. De outro lado, é possível que o terceiro, por sua própria vontade, requeira tal ingresso, como ocorrerá na assistência, quando então se tem a intervenção voluntária. Entre as modalidades de intervenção de terceiros, como visto, tem-se a assistência, com as figuras do *assistente*, que requer o ingresso, bem como do *assistido* e da outra parte do processo (que não o assistido). Vislumbram-se duas espécies de tal modalidade de intervenção. Na assistência simples, verifica-se que o terceiro possui *interesse jurídico* na solução da demanda em prol do assistido. Não se confunde com mero *interesse patrimonial*. De outro lado, na assistência litisconsorcial, a decisão judicial a ser proferida poderá interferir em relação jurídica material existente entre ele e o adversário do assistido (a outra parte do processo, que não o assistido). Como se vê, na assistência litisconsorcial, o assistente atua espontaneamente em razão da possibilidade de haver interferência em relação jurídica da qual é parte, motivo pelo qual a sua manifestação não está condicionada à vontade do assistido. Por isso que este, sendo autor, somente poderá renunciar ao direito em que se funda a ação se houver concordância do assistente, diferente do que ocorre na assistência simples, em que o intuito do assistente é o de meramente coadjuvar o assistido.

Alternativa correta: letra "e". A assistência simples não obsta a que a parte principal reconheça a procedência do pedido, desista da ação, renuncie ao direito sobre o que se funda a ação ou transija sobre direitos controvertidos (Novo CPC, art. 122). O mesmo, porém, não ocorre com a assistência litisconsorcial.

Alternativa "a". Errada. Na assistência simples, o assistente não poderá manifestar-se contrariamente ao defendido por seu assistido. De outro lado, na assistência litisconsorcial, é possível que o assistente se manifeste até mesmo em desfavor do assistido.

Alternativa "b". Errada. A assistência será admitida em qualquer procedimento e em todos os graus de jurisdição, recebendo o assistente o processo no estado em que se encontre (Novo CPC, art. 119, parágrafo único).

Alternativa "c". Errada. O interesse do assistente deve ser jurídico. Não se admite a intervenção se o interesse for simplesmente econômico (salvo no caso da intervenção anômala, que pode ser requerida pela Fazenda Pública).

Alternativa "d". Errada. Sendo revel ou, de qualquer outro modo, omisso o assistido, o assistente será considerado seu substituto processual (CPC, art. 121, parágrafo único).

---

78. (FCC – Analista Judiciário – Área Judiciária – TRT 14/2016) Paulo firmou contrato de locação residencial com Arthur pelo prazo de trinta meses. Manoel e Patrícia, genitores de Arthur, são os fiadores. Findo o prazo estabelecido em contrato Arthur desocupou o imóvel, mas deixou de pagar os últimos três alugueres e demais encargos locatícios. Paulo resolve ajuizar ação de cobrança contra Manoel e Patrícia. Neste caso, nos termos estabelecidos pelo Código de Processo Civil, Manoel e Patrícia

a) deverão apresentar oposição contra o devedor principal Arthur.

b) deverão obrigatoriamente denunciar a lide ao devedor principal Arthur.

c) poderão denunciar a lide ao devedor principal Arthur.

d) poderão nomear à autoria o devedor principal Arthur.

e) poderão proceder ao chamamento ao processo do devedor principal Arthur.

COMENTÁRIOS

✪ **Nota do autor:** Também será admissível o chamamento ao processo dos demais fiadores, na ação proposta contra um ou alguns deles, e dos demais devedores solidários, quando o credor exigir de um ou de alguns o pagamento da dívida comum (CPC, art. 130, II e III).

Alternativa correta: letra "E". É admissível o chamamento ao processo, requerido pelo réu do afiançado, na ação em que o fiador for réu (CPC, art. 130, I).

Alternativa "A". Incorreta. A oposição, procedimento especial e não mais modalidade de intervenção de terceiros, é cabível por quem pretender, no todo ou em parte, a coisa ou o direito sobre que controvertem autor e réu.

Alternativas "B" e "C". Incorreta. É admissível a denunciação da lide, promovida por qualquer das partes ao alienante imediato, no processo relativo à coisa cujo domínio foi transferido ao denunciante, a fim de que possa exercer os direitos que da evicção lhe resultam; àquele que estiver obrigado, por lei ou pelo contrato, a indenizar, em ação regressiva, o prejuízo de quem for vencido no processo (CPC, art. 125, I e II). Não é obrigatória.

Alternativa "D". A nomeação à autoria não é mais modalidade de intervenção de terceiros, porém, sua ideia principal foi mantida como preliminar de contestação, pois quando alegar sua ilegitimidade, incumbe ao réu indicar o sujeito passivo da relação jurídica discutida sempre que tiver conhecimento, sob pena de arcar com as despesas processuais e de indenizar o autor pelos prejuízos decorrentes da falta de indicação (CPC, art. 339).

---

79. (FCC – Técnico Judiciário – Área Administrativa – TRT 14/2016) Sobre o litisconsórcio e a assistência, nos termos estabelecidos pelo Código de Processo Civil, é INCORRETO afirmar:

a) O juiz poderá limitar o litisconsórcio necessário quanto ao número de litigantes, quando este comprometer a rápida solução do litígio ou dificultar a defesa.

b) Salvo disposição em contrário, os litisconsortes serão considerados, em suas relações com a parte adversa, como litigantes distintos e os atos e as omissões de um não prejudicarão nem beneficiarão os outros.

c) A assistência tem lugar em qualquer dos tipos de procedimento e em todos os graus da jurisdição; mas o assistente recebe o processo no estado em que se encontra.

d) Na assistência, sendo revel o assistido, o assistente será considerado seu gestor de negócios.

e) A assistência não obsta a que a parte principal reconheça a procedência do pedido, casos em que, terminando o processo, cessa a intervenção do assistente.

COMENTÁRIOS

✪ **Nota do autor:** Conforme disposto no item "A", no litisconsórcio necessário não poderá haver limitação quanto ao número de litigantes, até mesmo porque, nesse caso, o litisconsórcio se dá por disposição de lei ou quando, pela natureza da relação jurídica controvertida, a eficácia da sentença depender da citação de todos que devam ser litisconsortes (CPC, art. 114).

Alternativa Incorreta: letra "A". O juiz poderá limitar o litisconsórcio facultativo (e não necessário) quanto ao número de litigantes na fase de conhecimento, na liquidação de sentença ou na execução, quando este comprometer a rápida solução do litígio ou dificultar a defesa ou o cumprimento da sentença (CPC, art. 113, § 1º).

Alternativa "B". Correta. Como regra, os litisconsortes serão considerados, em suas relações com a parte adversa, como litigantes distintos (os atos praticados por um não produzem efeitos aos demais, nem mesmo para beneficiar), exceto no litisconsórcio unitário, caso em que os atos e as omissões de um não prejudicarão os outros, mas os poderão beneficiar (CPC, art. 117).

Alternativa "C". Correta, uma vez que se admite a assistência em qualquer procedimento e em todos os graus de jurisdição, ocasião em que o assistente receberá o processo no estado em que se encontrar (CPC, art. 119, parágrafo único).

Alternativa "D". Alternativa correta sob a vigência do Código de Processo Civil de 1973, o qual previa que o assistente atuaria como gestor de negócios do assistido revel (CPC/73, art. 52, parágrafo único). Todavia, a atual legislação processual civil dispõe que sendo revel ou, de qualquer outro modo, omisso o assistido, o assistente será considerado seu substituto processual (CPC, art. 121, parágrafo único).

Alternativa "E". A assistência simples não obsta a que a parte principal reconheça a procedência do pedido, desista da ação, renuncie ao direito sobre o que se funda a ação ou transija sobre direitos controvertidos (CPC, art. 122).

---

80. (FGV - Analista Judiciário - Oficial de Just. Avaliador - TRT 12/2017) O juiz de Direito da 29ª Vara Empresarial de determinada cidade encontra-se com um caso que possui grande repercussão social. Em razão disso, uma entidade especializada no tema que será apreciado peticiona nos autos, em junho de 2017, requerendo a sua intervenção no feito como *amicus curiae*. Diante do que dispõe o CPC, é correto afirmar que:

a) é impossível a pretensão deduzida porque a figura do amicus curiae existe apenas para as causas que tramitam no STF;

b) se o juiz não aceitar a participação da entidade como amicus curiae, ela poderá recorrer dessa decisão interlocutória;

c) é viável a admissão de amicus curiae em 1° grau de jurisdição, desde que aceito pelo juiz em decisão irrecorrível;

d) amicus curiae só existe para as causas que estejam nos Tribunais, ou seja, do 2° grau em diante;

e) caso a entidade seja aceita como amicus curiae, ela poderá no futuro recorrer da sentença e decisões posteriores.

COMENTÁRIOS

✪ **Nota do autor:** O juiz ou o relator, considerando a relevância da matéria, a especificidade do tema objeto da demanda ou a repercussão social da controvérsia, poderá, por decisão irrecorrível, de ofício ou a requerimento das partes ou de quem pretenda manifestar-se, solicitar ou admitir a participação de pessoa natural ou jurídica, órgão ou entidade especializada, com representatividade adequada, no prazo de 15 (quinze) dias de sua intimação. Caberá ao juiz ou ao relator, na decisão que solicitar ou admitir a intervenção, definir os poderes do *amicus curiae* (CPC, art. 138, *caput* e § 2º).

Alternativa correta: letra "C". O juiz poderá, através de decisão irrecorrível, admitir ou não a intervenção *amicus curiae* (CPC, art. 138, *caput*).

Alternativas "A" e "D". Incorretas. O juiz ou o relator poderá admitir ou solicitar a intervenção do *amicus curiae*, portanto, a figura não existe apenas para as causas que tramitem no STF ou de segundo grau em diante, mas para todas as causas (CPC, art. 138, *caput*).

Alternativa "B". Incorreta. A decisão que admite ou não a intervenção *amicus curiae* é irrecorrível (CPC, art. 138, *caput*).

Alternativa "E". A intervenção *amicus curiae* não implica alteração de competência, nem autoriza a interposição de recursos, ressalvadas a oposição de embargos de declaração e a possibilidade de recorrer da decisão que julgar o incidente de resolução de demandas repetitivas (CPC, art. 138, §§ 1º e 3º).

---

81. (FGV - Analista Judiciário - Oficial de Just. Avaliador - TRT 12/2017) Armando se sentiu lesado em um pacote turístico que adquiriu para as suas férias e, assim, ajuizou em junho de 2016 uma ação contra a companhia aérea na qual voou e contra a operadora de turismo que lhe vendeu o pacote terrestre. Cada réu contratou um advogado diferente, mas que atuavam no mesmo escritório jurídico. Prolatada a sentença, e de acordo com o CPC, é correto afirmar que:

a) o prazo para recurso será contado de forma simples;

b) no caso concreto será em quádruplo o prazo para recorrer;

c) será contado em dobro o prazo para apelar;

d) o juiz decidirá, mas, em deferindo o prazo em dobro para os réus, deverá dar o mesmo tratamento ao autor, por isonomia;

e) o prazo em dobro será apenas para o réu principal.

COMENTÁRIOS

✪ **Nota do autor:** Cessa a contagem do prazo em dobro se, havendo apenas 2 (dois) réus, é oferecida defesa por apenas um deles. A contagem em dobro não se aplica também aos processos em autos eletrônicos (CPC, art. 229, §§ 1º e 2º).

Alternativa correta: letra "A" (Responde as demais). Os litisconsortes que tiverem diferentes procuradores, de escritórios de advocacia distintos, terão prazos contados em dobro para todas as suas manifestações, em qualquer juízo ou tribunal, independentemente de requerimento (CPC, art. 229, *caput*). Como se trata do mesmo escritório jurídico, o prazo para recurso será contado de forma simples.

8. TUTELA PROVISÓRIA

82. (IBFC – 2022 – TJ/MG – Analista Judiciário) A tutela da evidência será concedida, independentemente da demonstração de perigo de dano ou de risco ao resultado útil do processo, quando: assinale a alternativa incorreta.

a) Ficar caracterizado o abuso do direito de defesa ou o manifesto propósito protelatório da parte

b) Efetivada a tutela cautelar e o pedido principal for formulado pelo autor no prazo de 15 (quinze) dias, em autos apartados do que foi deduzido o pedido de tutela de evidência, com pagamento de novas custas processuais

c) As alegações de fato puderem ser comprovadas apenas documentalmente e houver tese firmada em julgamento de casos repetitivos ou em súmula vinculante

d) Se tratar de pedido reipersecutório fundado em prova documental adequada do contrato de depósito, caso em que será decretada a ordem de entrega do objeto custodiado, sob cominação de multa

e) A petição inicial for instruída com prova documental suficiente dos fatos constitutivos do direito do autor, a que o réu não oponha prova capaz de gerar dúvida razoável.

COMENTÁRIOS

✪ **Notas do autor:** Efetivada a tutela cautelar, o pedido principal terá de ser formulado pelo autor no prazo de 30 (trinta) dias, caso em que será apresentado nos mesmos autos em que deduzido o pedido de tutela cautelar, não dependendo do adiantamento de novas custas processuais. Há de ser registrado que a tutela cautelar é espécie de tutela de urgência e não da evidência.

Gabarito: B.

83. (FGV – Analista Judiciário – Área Judiciária – TRT 12/2017) Alfredo ajuizou ação de natureza cível em face da empresa Marketing S.A., com pedido liminar de tutela de urgência, que foi deferido pelo juízo após justificação prévia. De acordo com o CPC, é correto afirmar que o autor:

a) responde pelo prejuízo que a efetivação da tutela de urgência causar à parte adversa, se a sentença lhe for desfavorável;

b) não responde pelo prejuízo que a efetivação da tutela de urgência causar à parte adversa, se o juiz acolher a alegação de decadência do direito;

c) responde pelo prejuízo que a efetivação da tutela de urgência causar à parte adversa, independentemente do resultado da sentença;

d) não responde pelo prejuízo que a efetivação da tutela de urgência causar à parte adversa, se o juiz acolher a alegação de prescrição da pretensão do autor;

e) não responde pelo prejuízo que a efetivação da tutela de urgência causar à parte adversa, se ocorrer a cessação da eficácia da medida em qualquer hipótese legal.

COMENTÁRIOS

✪ **Notas do autor:** o Código de Processo Civil de 2015 denominou de provisória a tutela sumária, revogável, que pode ser deferida para em razão da existência de fundamentos relevantes e de risco de dano grave ou de difícil reparação, ou por conta da alta probabilidade de acolhimento da pretensão, não se justificando a necessidade de aguardar-se pelo final da caminhada processual. Fala-se, então, da *tutela de urgência* e da *tutela da evidência*. A tutela de urgência será concedida quando houver elementos que evidenciem a probabilidade do direito (fumus boni iuris) e o perigo de dano ou o risco ao resultado útil do processo (periculum in mora). A tutela da evidência será concedida, independentemente da demonstração de perigo de dano ou de risco ao resultado útil do processo, quando: I – ficar caracterizado o abuso do direito de defesa ou o manifesto propósito protelatório da parte; II – as alegações de fato puderem ser comprovadas apenas documentalmente e houver tese firmada em julgamento de casos repetitivos ou em súmula vinculante; III – se tratar de pedido reipersecutório fundado em prova documental adequada do contrato de depósito, caso em que será decretada a ordem de entrega do objeto custodiado, sob cominação de multa; IV – a petição inicial for instruída com prova documental suficiente dos fatos constitutivos do direito do autor, a que o réu não oponha prova capaz de gerar dúvida razoável.

Alternativa "A": correta. Responderá a parte que se beneficiou da tutela provisória, de forma objetiva, pelos danos que causar à parte contrária, se a sentença lhe for desfavorável (art. 302, I). Também responderá ser: obtida liminarmente a tutela em caráter antecedente, não fornecer os meios necessários para a citação do requerido no prazo de 5 (cinco) dias; ocorrer a cessação da eficácia da medida em qualquer hipótese legal; e, o juiz acolher a alegação de decadência ou prescrição da pretensão do autor.

Gabarito: "A".

---

84. (Cespe – Analista Judiciário – Direito – TJ – AM/2019) Caio ajuizou ação contra determinada sociedade empresária e apresentou pedido único de repetição de valor decorrente de cobrança indevida, requerendo, ainda, a concessão de tutela de urgência. Após a apresentação de defesa pela ré, o juiz prolatou sentença em que concedeu a tutela provisória e, no mesmo pronunciamento, julgou o pedido procedente de forma definitiva. A sociedade empresária interpôs recurso de apelação requerendo a reforma total da sentença.

Considerando essa situação hipotética, julgue os itens seguintes.

O juiz está autorizado pelo ordenamento processual a conceder a tutela provisória no momento de prolação de sua sentença.

- CERTO
- ERRADO

COMENTÁRIOS

✪ **Notas do autor:** a tutela provisória poderá ser concedida em qualquer momento no processo, até mesmo na sentença. Em tal caso, eventual apelação terá apenas efeito devolutivo.

Gabarito: Certo.

---

85. (FGV – Analista Judiciário – Área Judiciária – TJ – AL/2018) No que se refere às tutelas provisórias, é correto afirmar que:

a) as deferidas contra o Poder Público somente podem ter a eficácia suspensa com o manejo do recurso cabível;

b) têm natureza cautelar, na hipótese de concessão de alimentos provisórios;

c) a tutela de urgência, caso tenha natureza antecipatória, pode ser deferida em caráter incidental, mas não antecedente;

d) caso deferida, a tutela de urgência acautelatória não pode ser modificada ou revogada;

e) são impugnáveis, caso concedidas pelo juízo de primeira instância, pelo recurso de agravo de instrumento.

COMENTÁRIOS

Alternativa "A": incorreta. A tutela provisória deferida contra o Poder Público poderá ser a sua eficácia suspensa com o manejo de recurso, bem como por meio do incidente de suspensão de eficácia (art. 4º, da Lei nº 8.437/1992).

Alternativa "B": incorreta. Os alimentos provisórios constituem-se em hipótese de tutela provisória, mas que tem natureza jurídica de tutela antecipada (e não cautelar).

Alternativa "C": incorreta. A tutela de urgência, na forma de tutela antecipada, poderá ser deferida em caráter antecedente e incidental.

Alternativa "D": incorreta. A tutela de urgência poderá ser revogada a qualquer tempo, desde que se verifique não estarem mais presentes os requisitos necessários para a sua manutenção.

Alternativa "E": correta. Se deferida a tutela provisória por meio de decisão interlocutória, o recurso cabível será o de agravo de instrumento (art. 1.015, I, CPC). Contudo, se deferida na própria sentença, será cabível apenas o recurso de apelação.

Gabarito: "E".

---

86. (Cespe – Analista Judiciário – Área Judiciária – TRE – BA/2017) Julgue os itens a seguir, com base no Código de Processo Civil.

I. É cabível a fixação de honorários de sucumbência na reconvenção, no cumprimento de sentença, na execução e em grau recursal.

II. A legislação processual proíbe que a tutela da evidência seja concedida antes da manifestação do réu.

III. Somente para rescindir decisão de mérito pode-se utilizar ação rescisória.

IV. A concessão do benefício da prioridade de tramitação de processo a parte idosa que figure como beneficiado deve ser estendido em favor de seu cônjuge supérstite no caso de óbito da parte.

Estão certos apenas os itens

a) I e II.

b) I e III.

c) I e IV.

d) II e III.

e) III e IV.

COMENTÁRIOS

Assertiva I – correta – são devidos honorários advocatícios na reconvenção, no cumprimento de sentença, provisório ou definitivo, na execução, resistida ou não, e nos recursos interpostos, cumulativamente (art. 85, § 1º).

Assertiva II – incorreta – Admite-se o deferimento da tutela da evidência, antes da oitiva da parte contrária, liminarmente, se tratar de pedido reipersecutório fundado em prova documental adequada do contrato de depósito, caso em que será decretada a ordem de entrega do objeto custodiado, sob cominação de multa; ou, se a petição inicial for instruída com prova documental suficiente dos fatos constitutivos do direito do autor, a que o réu não oponha prova capaz de gerar dúvida razoável.

Assertiva III – incorreta. Admite-se a rescisão de decisão transitada em julgado que, embora não seja de mérito, impeça: I – nova propositura da demanda; ou II – admissibilidade do recurso correspondente (art. 966, § 2º).

Assertiva IV – correta. Haverá prioridade de tramitação, em qualquer juízo ou tribunal, os procedimentos judiciais em que figure como parte ou interessado pessoa com idade igual ou superior a 60 (sessenta) anos ou portadora de doença grave (art. 1.048, I, CPC). Concedida a prioridade, essa não cessará com a morte do beneficiado, estendendo-se em favor do cônjuge supérstite ou do companheiro em união estável (art. 1.048, § 3º).

Gabarito: "C".

---

87. (Consulplan – Analista Judiciário – Área Administrativa – TRE – RJ/2017) Analise as afirmativas a seguir.

I. As tutelas provisórias podem ser classificadas considerando o momento em que são propostas, podendo ser antecedente ou incidental.

II. A tutela provisória pode ser conceituada como uma tutela jurisdicional sumária e não definitiva. Pois, se exige apenas um juízo de probabilidade e não de certeza, além disto pode ser revogada ou substituída em qualquer tempo do curso do processo.

III. Para a concessão da tutela de urgência, o juiz pode, conforme o caso, exigir caução real ou fidejussória idônea para ressarcir os danos que a outra parte possa vir a sofrer, podendo a caução ser dispensada se a parte economicamente hipossuficiente não puder oferecê-la.

IV. A tutela da evidência será concedida mediante a demonstração de perigo de dano ou de risco ao resultado útil do processo, quando as alegações de fato puderem ser comprovadas apenas documentalmente e houver tese firmada em julgamento de casos repetitivos ou em súmula vinculante.

Estão corretas apenas as afirmativas

a) I e II.

b) III e IV.

c) I, II e III.

d) I, III e IV.

COMENTÁRIOS

Assertiva I – correta – de fato, em conformidade com o momento em que são propostas, as tutelas provisórias podem ser classificadas em *antecedente* ou *incidental*. No primeiro caso, quando a urgência for contemporânea à propositura da ação, a petição inicial pode limitar-se ao requerimento da tutela antecipada e à indicação do pedido de tutela final, com a exposição a lide, do direito que se busca realizar e do perigo de dano ou do risco ao resultado útil do processo. Posteriormente, apresentar-se a *petição inicial complementar*. No segundo caso, na própria petição inicial ou em momento posterior, a parte apresenta o requerimento da tutela provisória.

Assertiva II – correta. A tutela provisória é *sumária*, eis que poderá ser posteriormente revogada ou substituída. Por isso, exige-se apenas um juízo de probabilidade e não de certeza. A provisoriedade é uma das características da tutela provisória.

Assertiva III – correta. Considerando-se que a parte responde, de forma objetiva (e, portanto, independentemente de culpa), pelos prejuízos causados à outra se acaso a sentença lhe for desfavorável, admite-se que o juízo exija caução real ou fidejussória idônea para ressarcir os danos que a outra parte possa vir a sofrer, podendo a caução ser dispensada se a parte economicamente hipossuficiente não puder oferecê-la (art. 300, § 1º).

Assertiva IV – incorreta. O deferimento da tutela da evidência não exigirá a demonstração de perigo de dano ou de risco ao resultado útil do processo (art. 311).

Gabarito: "C".

---

88. (FCC – Analista Judiciário – Área Judiciária – TRE – SP/2017) Ao disciplinar a tutela provisória, o novo Código de Processo Civil estabelece que

a) a tutela de urgência não poderá ser concedida sem justificação prévia, salvo se prestada caução idônea, caso em que poderá ser concedida liminarmente.

b) a tutela antecipada requerida em caráter antecedente torna-se estável se da decisão que a conceder não for interposto o respectivo recurso, caso em que o processo será extinto.

c) para a concessão da tutela de evidência, exige-se, dentre outros requisitos, a demonstração de perigo de dano ou de risco ao resultado útil do processo.

d) efetivada a tutela cautelar requerida em caráter antecedente, o pedido principal terá de ser formulado pelo autor no prazo de 15 dias, em ação própria, cujos autos deverão ser apensados aos do pedido cautelar.

e) é vedada, em qualquer caso, a concessão liminar de tutela de evidência, antes da oitiva da parte contrária.

COMENTÁRIOS

Alternativa "A": incorreta. A tutela de urgência poderá ser concedida liminarmente ou após justificação prévia (art. 300, § 2º).

Alternativa "B": correta. A tutela antecipada concedida de forma antecedente torna-se estável se da decisão que a conceder não for interposto o respectivo recurso (art. 304, caput).

Alternativa "C": incorreta. O deferimento da tutela da evidência independente da demonstração de risco (art. 311).

Alternativa "D": incorreta. Efetivada a tutela cautelar requerida em caráter antecedente, o pedido principal terá de ser formulado pelo autor no prazo de trinta dias, caso em que será apresentado nos mesmos autos em que deduzido o pedido de tutela cautelar, não dependendo do adiantamento de novas custas processuais (art. 308, *caput*).

Alternativa "E": incorreta. Admite-se a concessão da tutela da evidência, liminarmente, sem a oitiva da parte contrária, se as alegações de fato puderem ser comprovadas apenas documentalmente e houver tese firmada em julgamento de casos repetitivos ou em súmula vinculante; ou, se tratar de pedido reipersecutório fundado em prova documental adequada do contrato de depósito, caso em que será decretada a ordem de entrega do objeto custodiado, sob cominação de multa.

Gabarito: "B".

9. PROCEDIMENTO COMUM

89. (FCC – 2023 – TRT 21 – Analista Judiciário – Área Judiciária) De acordo com o Código de Processo Civil, a produção antecipada da prova

a) admite defesa, mas não recurso, salvo apenas contra a decisão que deferi-la total ou parcialmente.

b) é da competência, necessariamente, do juízo do foro onde esta deva ser produzida.

c) não previne a competência do juízo para a ação que venha a ser proposta.

d) só será admitida nos casos em que haja fundado receio de que venha a tornar-se impossível ou muito difícil a verificação de certos fatos na pendência da ação.

e) dispensa a citação, mesmo se existente caráter contencioso, bem como o recolhimento de custas, salvo aquelas estritamente necessárias à produção da prova.

COMENTÁRIOS

✪ **Notas do autor:** a produção antecipada da prova será admitida nos casos em que: I – haja fundado receio de que venha a tornar-se impossível ou muito difícil a verificação de certos fatos na pendência da ação; II – a prova a ser produzida seja suscetível de viabilizar a autocomposição ou outro meio adequado de solução de conflito; III – o prévio conhecimento dos fatos possa justificar ou evitar o ajuizamento de ação (art. 381, CPC). Trata-se de ação que tem por objeto a própria prova. A sua distribuição não previne a competência do juízo para a ação que venha a ser proposta. Assim, se a produção antecipada da prova tiver tramitando perante a Vara "X" da Comarca Y, eventual ação indenizatória que vier a ser proposta posteriormente, na qual será utilizada a prova, não precisará ser distribuída à mesma Vara, uma vez que o juízo não estará prevento.

Gabarito: "C".

90. (FCC – 2023 – TRT 21 – Analista Judiciário – Área Judiciária) De acordo com o Código de Processo Civil, a distribuição do ônus da prova

a) pode ser objeto de convenção das partes, desde que celebrada antes do processo.

b) constitui matéria de ordem pública, não podendo ser objeto de convenção das partes em nenhuma hipótese.

c) constitui matéria de ordem pública, podendo ser objeto de convenção das partes apenas nas ações sem conteúdo patrimonial expressamente previstas em lei.

d) pode ser objeto de convenção das partes, salvo quando tornar excessivamente difícil a uma parte o exercício do direito, ou recair sobre direito indisponível da parte.

e) pode ser objeto de convenção das partes em quaisquer hipóteses, salvo apenas nas ações envolvendo incapazes.

COMENTÁRIOS

✪ **Notas do autor:** o que competiria a cada parte provar no processo? A resposta a essa indagação indicará justamente o ônus da prova. Em regra, o ônus da prova incumbe ao autor, quanto ao fato constitutivo de seu direito, e ao réu, quanto à existência de fato impeditivo, modificativo ou extintivo do direito do autor (art. 373, I e II). Contudo, nos casos previstos em lei ou diante de peculiaridades da causa relacionadas à impossibilidade ou à excessiva dificuldade de cumprir o encargo ou à maior facilidade de obtenção da prova do fato contrário, poderá o juiz atribuir o ônus da prova de modo diverso, desde que o faça por decisão fundamentada, caso em que deverá dar à parte a oportunidade de se desincumbir do ônus que lhe foi atribuído (art. 373, § 1º). Nota-se a existência da *carga estática* (art. 373, I e II) e da *carga dinâmica* (art. 373, § 1º) do ônus probatório.

Alternativa "D": correta. Importante lembrar que se admite que as partes convencionem sobre o ônus da prova, de modo que haja distribuição diversa do que está previsto na lei como regra. Porém, não será admitida a convenção quando: I – recair sobre direito indisponível da parte; II – tornar excessivamente difícil a uma parte o exercício do direito (art. 373, § 3º). Aludida convenção poderá ser celebrada antes ou durante o processo.

Gabarito: "D".

---

91. (Cespe – Analista Judiciário – Área Judiciária – TRT 8/2022) Nas disposições do direito probatório, o CPC trata das limitações à capacidade de testemunhar e determina que, ressalvada a exigência do interesse público ou quando a causa for relativa ao estado da pessoa, se o juízo reputar não ser possível obter a prova necessária ao julgamento do mérito de outro modo que não o da prova testemunhal, será considerado impedido de testemunhar o

a) menor de 18 anos.
b) interditado judicialmente por grave doença mental.
c) colateral, até o terceiro grau, de alguma das partes.
d) cego, quando a ciência do fato depender da visão.
e) interessado na causa por motivo econômico.

COMENTÁRIOS

✪ **Notas do autor:** São impedidos de depor como testemunha, entre outros, *o cônjuge, o companheiro, o ascendente e o descendente em qualquer grau e o colateral, até o terceiro grau, de alguma das partes, por consanguinidade ou afinidade, salvo se o exigir o interesse público ou, tratando-se de causa relativa ao estado da pessoa, não se puder obter de outro modo a prova que o juiz repute necessária ao julgamento do mérito* (art. 447, § 2º, I, CPC).

Gabarito: C.

---

92. (FCC – Analista Judiciário – Área Judiciária – TRF 5/2017) Acerca da prova documental, considere:

I. O documento feito por oficial público incompetente ou sem a observância das formalidades legais, mesmo que subscrito pelas partes, não tem eficácia probatória alguma.

II. Considera-se autor do documento particular aquele que, mandando compô-lo, não o firmou porque, conforme a experiência comum, não se costuma assinar, como livros empresariais e assentos domésticos.

III. Quando se tratar de impugnação da autenticidade do documento, incumbe o ônus da prova à parte contra a qual ele foi produzido, independentemente de quem o apresentou.

IV. A nota escrita pelo credor em qualquer parte de documento representativo de obrigação, ainda que não assinada, faz prova em benefício do devedor.

V. A escrituração contábil é divisível, de modo que, se dos fatos que resultam dos lançamentos, uns forem favoráveis ao interesse de seu autor e outros contrários, caberá ao juiz lhe atribuir a força probatória que merecer, segundo o seu livre convencimento.

De acordo com o novo Código de Processo Civil, está correto o que se afirma APENAS em

a) I e II.
b) I e III.
c) II e IV.
d) III e V.
e) IV e V.

COMENTÁRIOS

Assertiva I – errada. O documento feito por oficial público incompetente ou sem a observância das formalidades legais, sendo subscrito pelas partes, tem a mesma eficácia probatória do documento particular (art. 407, CPC).

Assertiva II – correta. Considera-se autor do documento particular: I – aquele que o fez e o assinou; II – aquele por conta de quem ele foi feito, estando assinado; III – aquele que, mandando compô-lo, não o firmou porque, conforme a experiência comum, não se costuma assinar, como livros empresariais e assentos domésticos (art. 410, CPC).

Assertiva III – errada. Incumbe o ônus da prova quando: I – se tratar de falsidade de documento ou de preenchimento abusivo, à parte que a arguir; II – se tratar de impugnação da autenticidade, à parte que produziu o documento (art. 429, CPC).

Assertiva IV – correta. A nota escrita pelo credor em qualquer parte de documento representativo de obrigação, ainda que não assinada, faz prova em benefício do devedor (art. 416, CPC).

Assertiva V – errada. A escrituração contábil é indivisível, e, se dos fatos que resultam dos lançamentos, uns são favoráveis ao interesse de seu autor e outros lhe são contrários, ambos serão considerados em conjunto, como unidade (art. 419, CPC).

Gabarito: C.

93. (FCC – Analista Judiciário – Área Judiciária – TRT 6/2018) Considere as afirmações a seguir, que concernem à produção das provas processuais.

I. Os fatos afirmados por uma parte e confessados pela parte contrária, bem como os notórios, necessitam ser provados nos autos.

II. O juiz poderá admitir a utilização de prova produzida em outro processo, atribuindo-lhe o valor que considerar adequado, observado o contraditório.

III. Caberá ao juiz, de ofício ou a requerimento da parte, determinar as provas necessárias ao julgamento do mérito, indeferindo, em decisão fundamentada, as diligências inúteis ou meramente protelatórias.

IV. As partes têm o direito de empregar todos os meios legais, bem como os moralmente legítimos, desde que especificados na norma processual civil, para provar a verdade dos fatos em que se funda o pedido e influir eficazmente na convicção do juiz.

V. A distribuição do ônus da prova pode ocorrer de forma diversa pela vontade das partes, desde que a convenção respectiva seja celebrada durante o curso do processo, necessariamente.

Está correto o que se afirma APENAS em

a) III, IV e V.

b) I, II e V.

c) II, III e V.

d) II e III.

e) I e IV.

COMENTÁRIOS

Assertiva I – incorreta. Não dependem de prova os fatos: I – notórios; II – afirmados por uma parte e confessados pela parte contrária; III – admitidos no processo como incontroversos; IV – em cujo favor milita presunção legal de existência ou de veracidade (art. 374, CPC).

Assertiva II – correta. O juiz poderá admitir a utilização de prova produzida em outro processo, atribuindo-lhe o valor que considerar adequado, observado o contraditório. Trata-se da prova emprestada (art. 372, CPC).

Assertiva III – correta. Caberá ao juiz, de ofício ou a requerimento da parte, determinar as provas necessárias ao julgamento do mérito, indeferindo as diligências inúteis ou meramente protelatórias (art. 370, CPC). Nota-se que o juiz a produção probatória com a finalidade de ser descoberta a verdade.

Assertiva IV – incorreta. As partes têm o direito de empregar todos os meios legais, bem como os moralmente legítimos, ainda que não especificados no CPC, para provar a verdade dos fatos em que se funda o pedido ou a defesa e influir eficazmente na convicção do juiz (art. 369, CPC).

Assertiva V – incorreta. Nos casos previstos em lei ou diante de peculiaridades da causa relacionadas à impossibilidade ou à excessiva dificuldade de cumprir o encargo previsto no caput do art. 373 ou à maior facilidade de obtenção da prova do fato contrário, poderá o juiz atribuir o ônus da prova de modo diverso, desde que o faça por decisão fundamentada, caso em que deverá dar à parte a oportunidade de se desincumbir do ônus que lhe foi atribuído (art. 373, §1º, CPC).

Gabarito: D.

94. (FCC – Analista Judiciário – Oficial de Just. Avaliador Federal – TRT 15/2018) Sobre provas, considere:

I. O juiz poderá admitir a utilização de prova produzida em outro processo, atribuindo-lhe o valor que considerar adequado, observado o contraditório.

II. O documento feito por oficial público incompetente ou sem a observância das formalidades legais, sendo subscrito pelas partes, tem a mesma eficácia probatória do documento particular.

III. Se for arrolado como testemunha, o juiz da causa declarar-se-á suspeito, ainda que nada saiba sobre os fatos, por ficar demonstrado seu vínculo pessoal com a parte que o arrolou.

IV. O juiz poderá dispensar prova pericial quando as partes, na inicial e na contestação, apresentarem, sobre as questões de fato, pareceres técnicos ou documentos elucidativos que considerar suficientes.

V. O juiz, apenas por ato de ofício, pode, em qualquer fase do processo, inspecionar pessoas ou coisas, a fim de se esclarecer sobre fato ou direito que interesse à solução da causa.

Está correto o que consta APENAS de

a) III, IV e V.

b) II, III e V.

c) I, II, III e IV.

d) I, II e IV.

e) I, III e V.

COMENTÁRIOS

Assertiva I – correta. O juiz poderá admitir a utilização de prova produzida em outro processo, atribuindo-lhe o valor que considerar adequado, observado o contraditório (art. 372, CPC). Trata-se da prova emprestada.

Assertiva II – correta. O documento feito por oficial público incompetente ou sem a observância das formalidades legais, sendo subscrito pelas partes, tem a mesma eficácia probatória do documento particular (art. 407, CPC).

Assertiva III – incorreta. Quando for arrolado como testemunha, o juiz da causa: I – declarar-se-á impedido, se tiver conhecimento de fatos que possam influir na decisão, caso em que será vedado à parte que o incluiu no rol desistir de seu depoimento; II – se nada souber, mandará excluir o seu nome (art. 452, CPC).

Assertiva IV – correta. O juiz poderá dispensar prova pericial quando as partes, na inicial e na contestação, apresentarem, sobre as questões de fato, pareceres técnicos ou documentos elucidativos que considerar suficientes (art. 472, CPC).

Assertiva V – incorreta. O juiz, de ofício ou a requerimento da parte, pode, em qualquer fase do processo, inspecionar pessoas ou coisas, a fim de se esclarecer sobre fato que interesse à decisão da causa (art. 481, CPC).

Gabarito: D.

---

95. (FCC – Analista Judiciário – Área Judiciária – TRT 20/2016) Considere as proposições abaixo, acerca da prova pericial.

i. O perito não está sujeito às causas de suspeição e impedimento, por não ser parte no processo.
ii. O juiz poderá autorizar o pagamento da integralidade dos honorários antes do início dos trabalhos.
iii. Os assistentes técnicos não estão sujeitos a impedimento ou suspeição.
iv. O juiz poderá dispensar prova pericial quando as partes, na inicial e na contestação, apresentarem, sobre as questões de fato, pareceres técnicos ou documentos elucidativos que considerar suficientes.

Está correto o que se afirma APENAS em

a) ii e iii.
b) i e ii.
c) iii e iv.
d) i e iv.
e) i.

COMENTÁRIOS

Assertiva I – incorreta. Os mesmos motivos de impedimento e de suspeição previstos para o juiz são aplicáveis aos auxiliares da justiça (art.148, II, CPC).

Assertiva II – incorreta. O juiz poderá autorizar o pagamento de até cinquenta por cento dos honorários arbitrados a favor do perito no início dos trabalhos, devendo o remanescente ser pago apenas ao final, depois de entregue o laudo e prestados todos os esclarecimentos necessários (art. 465, § 4º, CPC).

Assertiva III – correta. Os assistentes técnicos, por não serem auxiliares da justiça, não estão sujeitos aos motivos de impedimento e de suspeição (art. 148, CPC).

Assertiva IV – correta. O juiz poderá dispensar prova pericial quando as partes, na inicial e na contestação, apresentarem, sobre as questões de fato, pareceres técnicos ou documentos elucidativos que considerar suficientes (art. 472, CPC).

Gabarito: C.

---

96. (Cespe – Analista Judiciário – Direito – TJ – PA/2020) Maria deseja ajuizar ação indenizatória com pedidos cumulados de dano material e dano moral contra a empresa aérea Y, em razão de cancelamento indevido de viagem ao exterior.

Nessa hipótese, de acordo com o CPC, o valor da causa será

a) o valor do dano material apenas, porque o dano moral deverá ser requerido de forma genérica.
b) o fixado pelo magistrado segundo seu prudente arbítrio.
C) o indicado pelo autor, segundo critérios de equidade e proporcionalidade.
d) o total decorrente da soma do valor pedido a título de dano moral e de dano material.
e) o valor do maior dos pedidos realizado pela parte autora.

COMENTÁRIOS

✪ **Notas do autor:** o valor da causa na ação indenizatória deve corresponder ao valor pretendido, inclusive a fundada em dano moral (art. 292, V, CPC).

Gabarito: D.

---

97. (FCC – Analista Judiciário – Área Judiciária – TRF 4/2019) Acerca da produção antecipada de provas, considere:

I. A produção antecipada de provas é admitida, entre outras hipóteses, nos casos em que o prévio conhecimento dos fatos possa justificar ou evitar o ajuizamento de ação.

II. O juízo estadual tem competência para produção antecipada de prova requerida em face da União se, na localidade, não houver vara federal.

III. A produção antecipada de provas previne a competência do juízo para a ação que venha a ser proposta.

IV. Ao final do procedimento da produção antecipada de provas, caberá ao juiz se pronunciar sobre a ocorrência ou a inocorrência do fato, mas não sobre as respectivas consequências jurídicas.

V. O procedimento da produção antecipada de prova admite defesa sempre que possuir caráter contencioso.

Está correto o que consta APENAS de

a) I e II.
b) I e III.
c) II e IV.
d) III e V.
e) IV e V.

COMENTÁRIOS

Assertiva I – correta. A produção antecipada da prova será admitida nos casos em que: I – haja fundado receio de que venha a tornar-se impossível ou muito difícil a verificação de certos fatos na pendência da ação; II – a prova a ser produzida seja suscetível de viabilizar a autocomposição ou outro meio adequado de solução de conflito; III – o prévio conhecimento dos fatos possa justificar ou evitar o ajuizamento de ação (art. 381, CPC).

Assertiva II – correta. O juízo estadual tem competência para produção antecipada de prova requerida em face da União, de entidade autárquica ou de empresa pública federal se, na localidade, não houver vara federal (art. 381, § 4º, CPC).

Assertiva III – incorreta. A produção antecipada da prova não previne a competência do juízo para a ação que venha a ser proposta (art. 381, § 3º, CPC).

Assertiva IV – incorreta. O juiz não se pronunciará sobre a ocorrência ou a inocorrência do fato, nem sobre as respectivas consequências jurídicas (art. 382, § 2º, CPC).

Assertiva V – incorreta. Não se admitirá defesa ou recurso, salvo contra decisão que indeferir totalmente a produção da prova pleiteada pelo requerente originário.

Gabarito: A.

---

98. (FCC – Analista Judiciário – Área Judiciária – TRF 4/2019) Em regra, o autor, brasileiro ou estrangeiro, que residir fora do Brasil ou deixar de residir no país ao longo da tramitação de processo deverá prestar caução suficiente ao pagamento das custas e dos honorários de advogado da parte contrária nas ações que propuser, se não tiver no Brasil bens imóveis que lhes assegurem o pagamento. Porém, de acordo com o Código de Processo Civil, não se exigirá essa caução quando houver dispensa prevista em acordo ou tratado internacional de que o Brasil faz parte, bem como

a) na ação cautelar, nas ações fundadas em direito indisponível e no cumprimento de sentença.
b) na reconvenção, na ação cautelar e nas ações que versarem sobre direito real.
c) no cumprimento de sentença, na execução fundada em título extrajudicial e nas ações que versarem sobre direito real.
d) na reconvenção, no cumprimento de sentença e nas ações fundadas em direito indisponível.
e) na reconvenção, no cumprimento de sentença e na execução fundada em título extrajudicial.

COMENTÁRIOS

✪ **Notas do autor:** o autor, brasileiro ou estrangeiro, que residir fora do Brasil ou deixar de residir no país ao longo da tramitação de processo prestará caução suficiente ao pagamento das custas e dos honorários de advogado da parte contrária nas ações que propuser, se não tiver no Brasil bens imóveis que lhes assegurem o pagamento. Não se exigirá esta caução nos seguintes casos: I – quando houver dispensa prevista em acordo ou tratado internacional de que o Brasil faz parte; II – na execução fundada em título extrajudicial e no cumprimento de sentença; III – na reconvenção.

Gabarito: E.

---

99. (Cespe – Analista Judiciário – Direito – TJ – PA/2020) A respeito de provas previstas no Código de Processo Civil (CPC), julgue os itens a seguir.

I A prova escrita é imprescindível para a comprovação de vício do consentimento em contrato realizado entre particulares.

II A ata notarial é meio de prova idôneo para comprovar fatos que o tabelião declarar que foram constatados em sua presença.

III Quando a parte invocar direito de natureza estadual ou municipal, o magistrado somente poderá examinar a questão se houver provas nos autos que demonstre a existência da regra jurídica invocada.

IV Cabe ao advogado da parte intimar a testemunha que arrolou por carta com aviso de recebimento, devendo juntar aos autos, no prazo legal, cópia da correspondência de intimação e do aviso de recebimento, sob pena de se considerar desistência da inquirição o não comparecimento da testemunha.

Estão certos apenas os itens

a) I e II.

b) I e III.

C) II e IV.

d) I, III e IV.

e) II, III e IV.

COMENTÁRIOS

Assertiva I – incorreta. Nos casos em que a lei exigir prova escrita da obrigação, é admissível a prova testemunhal quando houver começo de prova por escrito, emanado da parte contra a qual se pretende produzir a prova (art. 444, CPC).

Assertiva II – correta. A existência e o modo de existir de algum fato podem ser atestados ou documentados, a requerimento do interessado, mediante ata lavrada por tabelião (art. 384, caput).

Assertiva III – incorreta. A parte que alegar direito municipal, estadual, estrangeiro ou consuetudinário provar-lhe-á o teor e a vigência, se assim o juiz determinar.

Assertiva IV – correta. Cabe ao advogado da parte informar ou intimar a testemunha por ele arrolada do dia, da hora e do local da audiência designada, dispensando-se a intimação do juízo. A intimação deverá ser realizada por carta com aviso de recebimento, cumprindo ao advogado juntar aos autos, com antecedência de pelo menos 3 (três) dias da data da audiência, cópia da correspondência de intimação e do comprovante de recebimento (art. 455, CPC).

Gabarito: C.

---

100. (Cespe – Analista Judiciário – Direito – TJ – AM/2019) No que concerne às providências preliminares e de saneamento, à reconvenção e a processos de execução, julgue os itens subsecutivos.

Caso o réu apresente reconvenção no procedimento comum, o autor reconvindo será intimado, na pessoa de seu advogado, para apresentar resposta, não sendo necessário que o patrono da parte autora possua procuração com poderes específicos para esse ato.

- CERTO
- ERRADO

COMENTÁRIOS

✪ **Notas do autor:** proposta a reconvenção, o autor será intimado, na pessoa de seu advogado, para apresentar resposta no prazo de quinze dias. A procuração existente nos autos já habilita o advogado do autor a oferecer a resposta à reconvenção.

Gabarito: certo.

---

101. (FCC – Analista Judiciário – Direito – TJ – MA/2019) Quanto às providências preliminares e ao saneamento do processo, é correto afirmar:

a) Se o réu não contestar a ação, o juiz deverá, em qualquer hipótese, aplicar o efeito da revelia e julgar de imediato a lide.

b) Na contestação, é lícito ao réu propor reconvenção para manifestar pretensão própria, conexa com a ação principal ou com o fundamento da defesa.

c) Ao réu revel será possível ingressar no processo em qualquer tempo, desde que não proferida sentença, hipótese na qual terá precluído essa possibilidade.

d) Verificando a existência de irregularidades ou vícios sanáveis, o juiz determinará sua correção em prazo nunca superior a quinze dias.

e) Cumpridas as providências preliminares ou não havendo necessidade delas, o juiz obrigatoriamente saneará o processo, delimitando os fatos sobre os quais recairá a produção de prova.

COMENTÁRIOS

Alternativa "A": incorreta. Existem as situações em que, apesar do réu não haver oferecido contestação, não deve o juiz aplicar o efeito material da revelia, por não se presumirem verdadeiros os fatos articulados pelo autor (art. 344, CPC).

Alternativa "B": correta. É na própria contestação que o réu deve oferecer a sua reconvenção, conexa com a ação principal ou com o fundamento da defesa (art. 343, caput).

Alternativa "C": incorreta. Ao réu revel será admitido ingressar nos autos a qualquer tempo.

Alternativa "D": incorreta. Verificando a existência de irregularidades ou de vícios sanáveis, o juiz determinará sua correção em prazo nunca superior a 30 (trinta) dias (art. 352, CPC).

Alternativa "E": incorreta. Cumpridas as providências preliminares ou não havendo necessidade delas, o juiz proferirá julgamento conforme o estado do processo (art. 353, CPC).

Gabarito: B.

---

102. (FGV – Analista Judiciário – Área Judiciária – TJ – AL/2018) João promoveu, em março de 2015, quando ainda vigente o CPC de 1973, ação de cobrança em face de Antônio. Em outubro de 2015, foi requerida pelas partes a produção de prova oral no processo, o que foi deferido pelo juiz no mesmo mês. Para que se colha o depoimento dessas testemunhas, por ocasião da audiência de instrução e julgamento, designada para junho de 2018:

a) o juiz interrogará as testemunhas sobre os fatos articulados, na forma do sistema presidencialista, colhendo o julgador de forma pessoal e diretamente a prova;

b) as perguntas serão formuladas pelas partes diretamente à testemunha, começando pela que a arrolou, não admitindo o juiz aquelas que puderem induzir a resposta;

c) as perguntas serão formuladas pelas partes diretamente à testemunha, não podendo o julgador intervir na pergunta ou inadmitir qualquer delas;

d) a prova oral será inadmitida no processo, uma vez que com a entrada em vigor da nova legislação processual, essa fase de instrução já estava superada;

e) as perguntas serão formuladas pelas partes diretamente à testemunha, só podendo o juiz inquirir a testemunha depois da inquirição feita pelas partes.

COMENTÁRIOS

✪ **Notas do autor:** as disposições de direito probatório adotadas pelo CPC/2015 aplicam-se apenas às provas requeridas ou determinadas de ofício a partir da data de início de sua vigência (art. 1.047, CPC). Dessa maneira, como a prova foi requerida ainda quando da vigência do CPC/1973, devem ser observadas as suas disposições, ao invés daquelas previstas no CPC/2015. Dessa maneira, o juiz interrogará as testemunhas na forma do sistema presidencialista. Se fosse observado o CPC/2015, as perguntas seriam formuladas pelas partes diretamente à testemunha, começando pela que a arrolou, não admitindo o juiz aquelas que puderem induzir a resposta, não tiverem relação com as questões de fato objeto da atividade probatória ou importarem repetição de outra já respondida (art. 459, caput, CPC).

Gabarito: A.

---

103. (Cespe – Analista Judiciário – Área Judiciária – TRE – PE/2017) No que se refere às provas no processo civil, assinale a opção correta.

a) Foi adotado o sistema do livre convencimento puro na valoração das provas pelo juiz.

b) O ônus da prova incumbirá à parte que produziu o documento, quando for contestada a autenticidade deste.

C) Devido ao fato de os indivíduos com menos de dezesseis anos de idade serem incapazes para depor, o juiz não pode admitir que eles deponham.

d) É permitido ao advogado requerer o depoimento pessoal da parte que esteja sob o seu patrocínio.

e) São admitidos os meios típicos e atípicos para a prova dos fatos em juízo, ainda que tais meios sejam moralmente ilegítimos.

COMENTÁRIOS

✪ **Notas do autor:** incumbe o ônus da prova quando: I – se tratar de falsidade de documento ou de preenchimento abusivo, à parte que a arguir; II – se tratar de impugnação da autenticidade, à parte que produziu o documento (art. 429, CPC).

Alternativa "A": incorreta. O CPC adotou o sistema do livre convencimento motivado na valoração das provas pelo juiz.

Alternativa "B": correta. Vide notas do autor.

Alternativa "C": incorreta. Admite-se que mesmo esses indivíduos deponham. Porém, não prestarão compromisso de dizer a verdade.

Alternativa "D": incorreta. O advogado deverá requerer o depoimento pessoal da parte contrária e não daquele que é assistido.

Alternativa "E": incorreta. Não serão admitidas as provas produzidas por meios moralmente ilegítimos.

Gabarito: B.

---

104. (Cespe – Analista Judiciário – Área Judiciária – TRE – TO/2017) Após ter sido citado em demanda que tramita pelo procedimento comum, Celso, além de se defender quanto ao mérito das alegações, deseja alegar incompetência relativa e incorreção quanto ao valor da causa, bem como apresentar reconvenção.

Nessa situação hipotética, de acordo com o CPC, devem ser apresentadas

a) a defesa de mérito, a incompetência relativa e a incorreção do valor da causa, na contestação; e a reconvenção, em peça distinta.

b) a defesa de mérito, a alegação de incompetência relativa e a reconvenção, na peça de contestação; e a alegação de incorreção do valor da causa, em peça distinta.

c) a defesa de mérito, a alegação de incompetência relativa, a alegação de incorreção do valor da causa e a reconvenção, em uma única peça processual de contestação.

d) a defesa de mérito, na contestação; a alegação de incompetência relativa, por meio de exceção; a alegação de incorreção do valor da causa e a reconvenção, em peças distintas.

e) a defesa de mérito e a incompetência relativa, na contestação; a alegação de incorreção do valor da causa e a reconvenção, em peças distintas.

COMENTÁRIOS

✪ **Notas do autor:** o CPC/2015 promoveu a concentração de matérias que devem ser alegadas na própria contestação. Assim, antes de discutir o mérito, incumbe ao réu alegar: I – inexistência ou nulidade da citação; II – incompetência absoluta e relativa; III – incorreção do valor da causa; IV – inépcia da petição inicial; V – perempção; VI – litispendência; VII – coisa julgada; VIII – conexão; IX – incapacidade da parte, defeito de representação ou falta de autorização; X – convenção de arbitragem; XI – ausência de legitimidade ou de interesse processual; XII – falta de caução ou de outra prestação que a lei exige como preliminar; XIII – indevida concessão do benefício de gratuidade de justiça (art. 337, CPC).

Gabarito: C.

105. (FCC – Analista Judiciário – Área Administrativa – TRE – SP/2017) É requisito da petição inicial a formulação de pedido, com suas especificações. De acordo com o novo Código de Processo Civil,

a) na ação que visar ao cumprimento de obrigação em prestações sucessivas, essas só serão consideradas incluídas no pedido mediante declaração expressa do autor.
b) é permitida a formulação de pedido genérico em reconvenção nas mesmas hipóteses em que seria cabível em ação principal.
c) o pedido poderá ser aditado até a citação, desde que haja consentimento do réu.
d) é lícita a cumulação, em um único processo, contra o mesmo réu, de vários pedidos, desde que entre eles haja conexão.
e) é vedada a cumulação de pedidos se para cada um deles corresponder tipo diverso de procedimento, ainda que o autor empregue o procedimento comum.

COMENTÁRIOS

✪ **Notas do autor:** é lícito formular pedido genérico, na petição inicial ou na reconvenção: I – nas ações universais, se o autor não puder individuar os bens demandados; II – quando não for possível determinar, desde logo, as consequências do ato ou do fato; III – quando a determinação do objeto ou do valor da condenação depender de ato que deva ser praticado pelo réu (art. 324, CPC).

Gabarito: B.

106. (Consulplan – Analista Judiciário – Área Judiciária – TRF 2/2017) Com base nas hipóteses legais que autorizam a suspensão do processo, conforme previsto no Novo Código de Processo Civil de 2015 (Lei Federal nº 13.105), analise as afirmativas a seguir.

I. O processo poderá ser suspenso por convenção das partes por prazo não superior a seis meses.
II. A arguição de impedimento ou de suspeição não autoriza a suspensão do processo.
III. Se o conhecimento do mérito depender de verificação da existência de fato delituoso, o juiz pode determinar a suspensão do processo até que se pronuncie a justiça criminal.

Estão corretas as afirmativas

a) I, II e III.
b) I e II, apenas.
c) I e III, apenas.
d) II e III, apenas.

COMENTÁRIOS

Assertiva I – correta. Suspende-se o processo pela convenção das partes (art. 313, II, CPC). Em tal hipótese, a suspensão não poderá exceder a seis meses (art. 313, § 4º, CPC).

Assertiva II – incorreta. Se reconhecer o impedimento ou a suspeição ao receber a petição, o juiz ordenará imediatamente a remessa dos autos a seu substituto legal, caso contrário, determinará a autuação em apartado da petição e, no prazo de 15 (quinze) dias, apresentará suas razões, acompanhadas de documentos e de rol de testemunhas, se houver, ordenando a remessa do incidente ao tribunal. Distribuído o incidente, o relator deverá declarar os seus efeitos, sendo que, se o incidente for recebido: I – sem efeito suspensivo, o processo voltará a correr; II – com efeito suspensivo, o processo permanecerá suspenso até o julgamento do incidente (art. 146, § 2º, CPC).

Assertiva III – correta. Se o conhecimento do mérito depender de verificação da existência de fato delituoso, o juiz pode determinar a suspensão do processo até que se pronuncie a justiça criminal (art. 315, caput, CPC).

Gabarito: C.

107. (Consulplan – Analista Judiciário – Área Judiciária – TRF 2/2017) Diante das inovações trazidas pela Lei Federal nº 13.105/15, se ficar provado, durante o curso de um processo judicial, o abuso do direito de defesa por parte do réu, poderá ser adotada a seguinte providência pelo juiz da causa:

a) O réu que proceda com abuso do direito de defesa será equiparado ao revel. Assim, presumir-se-ão verdadeiras as alegações de fato formuladas pelo autor e o juiz julgará antecipadamente o pedido, proferindo sentença com resolução do mérito.

b) Independentemente da demonstração de perigo de dano ou de risco ao resultado útil do processo, poderá conceder tutela de evidência amparando o pleito do autor da causa. Idêntica solução deve ser adotada se presente o manifesto caráter protelatório da parte.

c) O abuso de direito de defesa configura ato atentatório à dignidade da justiça, não sendo passível de enfrentamento pela via da tutela provisória. Deve o juiz, neste caso, aplicar ao responsável multa de até vinte por cento do valor da causa, de acordo com a gravidade da conduta.

d) Será concedida a tutela antecipada em caráter antecedente, ainda que não haja demonstração de perigo de dano ou de risco ao resultado útil do processo. Contra tal decisão interlocutória poderá ser interposto, no prazo de quinze dias, o recurso de agravo de instrumento.

COMENTÁRIOS

✪ **Notas do autor:** a tutela da evidência será concedida, independentemente da demonstração de perigo de dano ou de risco ao resultado útil do processo, entre outras situações, quando: I – ficar caracterizado o abuso do direito de defesa ou o manifesto propósito protelatório da parte (art. 311, I, CPC).

Gabarito: B.

10. SENTENÇA E COISA JULGADA

108. (FCC – 2024 – TRT 11 – Analista Judiciário/ Área Judiciária) Suzane ajuizou demanda indenizatória, porém teve sua petição inicial indeferida, em razão de inépcia desta. Nessa situação, se Suzane interpuser apelação,

a) o recurso deverá ser indeferido, já que o CPC prevê expressamente o cabimento de agravo de instrumento para essa hipótese.

b) o réu deve ser intimado para tomar ciência do processo, sem, contudo, poder apresentar contrarrazões ao recurso.

c) os autos serão remetidos ao tribunal sem a citação da parte requerida.

d) o juiz poderá retratar-se no prazo de cinco dias.

e) no caso de reforma da sentença pelo tribunal, o prazo para contestação será iniciado a partir da publicação do acórdão no diário oficial.

COMENTÁRIOS

✪ **Notas do autor:** o pronunciamento judicial proferido tem a natureza de sentença, uma vez que, além de haver o encerramento da fase de conhecimento, o conteúdo do ato está indicado no art. 485, I, do CPC. Proferida sentença, o recurso adequado para impugná-la será o de apelação. Como regra, interposta a apelação, o juízo sentenciante não poderá modificar a sentença, sendo de rigor o encaminhamento dos autos ao Tribunal, após a resposta do recorrido, para que seja apreciado o recurso. Contudo, a regra tem exceção, hipótese em que o recurso terá também o efeito regressivo, admitindo-se que o juízo sentenciante se retrate. A propósito, dispõe o art. 485, §7º, do CPC, que, interposta apelação em qualquer dos casos que tratam o art. 485 (sentença sem resolução do mérito), o juiz terá cinco dias para retratar-se. Também mencionam a possibilidade de retratação o art. 331, *caput*, que é específico em relação ao indeferimento da petição inicial, bem como o art. 332, § 3º, que se refere à improcedência liminar do pedido. A resposta correta, então, será a alternativa "D", excluindo-se as demais automaticamente.

Gabarito: "D".

109. (FCC – Analista Judiciário – Área Judiciária – TRT 5/2022) À luz do ordenamento jurídico, bem como do entendimento dos tribunais superiores sobre o reexame necessário,

a) ainda que fundada em súmula de tribunal superior, a sentença proferida contra autarquia municipal estará sujeita ao duplo grau de jurisdição.

b) a sentença que julgar improcedentes os embargos à execução fiscal está sujeita ao duplo grau obrigatório.

c) não se aplica a obrigatoriedade do duplo grau de jurisdição na sentença proferida contra a União quando a condenação ou o proveito econômico obtido na causa for de valor certo e líquido inferior a mil salários mínimos.

d) a sentença proferida contra fundação pública estadual, ainda que fundada em entendimento firmado em incidente de resolução de demandas repetitivas, está sujeita ao duplo grau obrigatório.

e) não se aplica o princípio da proibição da reformatio in pejus, sendo possível que o tribunal agrave a condenação imposta à Fazenda Pública ainda que não haja interposição de recurso pelo particular.

COMENTÁRIOS

Alternativas A e D – incorretas. Se a sentença proferida estiver fundada em súmula de tribunal superior, o pronunciamento não estará sujeito à remessa necessária (art. 496, § 4º, I, CPC). Também não estará se fundada em entendimento firmado em incidente de resolução de demandas repetitivas (art. 496, § 4º, III, CPC).

Alternativa B – incorreta. Estará sujeita à remessa necessária a sentença que JULGAR PROCEDENTES, no todo ou em parte, os embargos à execução fiscal (e não julgá-los improcedentes).

Alternativa C – correta. Não se aplica a obrigatoriedade da remessa necessária quando a condenação ou o proveito econômico obtido na causa for de valor certo e líquido inferior a mil salários-mínimos para a União e as respectivas autarquias e fundações de direito público.

Alternativa E – incorreta. Na remessa necessária não é possível que o tribunal piore a condenação imposta à Fazenda Pública.

Gabarito C.

---

110. (FCC – 2022 – TRT 14 – Analista Judiciário – Área Judiciária) O juiz proferiu sentença acolhendo a preliminar de prescrição arguida pelo réu em contestação, tendo decorrido o prazo legal sem a interposição de nenhum recurso contra ela, o que foi devidamente certificado nos autos. Nesse caso, de acordo com o Código de Processo Civil, essa sentença

a) não importa resolução do mérito, nem faz coisa julgada, formal ou material.
b) não importa resolução do mérito, fazendo coisa julgada meramente formal.
c) importa resolução do mérito, fazendo coisa julgada material.
d) importa resolução do mérito, mas não faz coisa julgada material.
e) não importa resolução do mérito, mas faz coisa julgada material.

COMENTÁRIOS

✪ **Notas do autor:** a prescrição e a decadência são matérias de **mérito (são objeção de mérito e não preliminares).** Dessa forma, a coisa julgada formada será **material (e não formal).**

Gabarito: C.

---

111. (FCC – Analista Judiciário – Direito – TJ – MA/2019) Tatiana ajuíza ação indenizatória em face da empresa de Telefonia Alô, pleiteando R$ 5.000,00 a título de danos morais, por ter a ré negativado seu nome indevidamente. A demanda é julgada procedente e o juiz concede R$ 15.000,00 como indenização moral. Nesse caso, terá sido ferido o princípio da

a) adstrição ou congruência.
b) eventualidade.
c) proporcionalidade ou razoabilidade.
d) imparcialidade.
e) isonomia ou igualdade.

COMENTÁRIOS

✪ **Notas do autor:** a sentença deve estar adstrita ao pedido formulado pelo autor. Trata-se do pedido da adstrição, da correlação ou da congruência.

Gabarito: A.

---

112. (Cespe – Analista Judiciário – Área Judiciária – TRE – BA/2017) Durante a instrução probatória no curso de processo referente a ação de cobrança proposta por indivíduo identificado, na petição inicial, como credor do réu, o juiz verificou que o demandante não era o verdadeiro titular do crédito.

Nessa situação, o juiz deve considerar o autor como parte legítima e examinar o mérito do processo se adotar a teoria da

a) carga dinâmica da prova.
b) substanciação.
c) asserção.
d) exposição.
e) causa madura.

COMENTÁRIOS

✪ **Notas do autor:** a presença das condições da ação deve ser verifica quando da admissibilidade da petição inicial. Neste momento, estando ausente qualquer uma das condições, deverá o processo ser extinto, sem resolução do mérito. Contudo, se o processo estiver em estágio mais avançado e for constatada a ausência de qualquer das condições da ação, considerando-se o estágio processual e em atenção ao princípio da asserção, deverá o juiz analisar o mérito, julgando improcedente o pedido do autor.

Gabarito: "C".

---

113. (FCC – Analista Judiciário – Área Judiciária – TRF 5/2017) A União foi condenada em ação judicial ao pagamento de indenização por danos emergentes e lucros cessantes, em montante a ser apurado na fase de cumprimento de sentença, mediante procedimento de liquidação. Nesse caso, de acordo com o novo Código de Processo Civil, a sentença estará sujeita ao duplo grau de jurisdição, mediante remessa necessária,

a) apenas se o valor atribuído à causa for superior a 100 salários-mínimos, salvo se estiver fundada em súmula de tribunal superior, acórdão proferido pelo Supremo Tribunal Federal ou pelo Superior Tribunal de Justiça em julgamento de recursos repetitivos, entendimento firmado em incidente de resolução de demandas repetitivas ou de assunção de competência, ou entendimento coincidente com orientação vinculante firmada no âmbito administrativo do próprio ente público, consolidada em manifestação, parecer ou súmula administrativa.

b) apenas se o valor atribuído à causa for superior a 500 salários-mínimos, salvo se estiver fundada em súmula de tribunal superior, acórdão proferido pelo Supremo Tribunal Federal ou pelo Superior Tribunal de Justiça em julgamento de recursos repetitivos, entendimento firmado em incidente de resolução de demandas repetitivas ou de assunção de competência, ou entendimento coincidente com orientação vinculante firmada no âmbito administrativo do próprio ente público, consolidada em manifestação, parecer ou súmula administrativa.

c) apenas se o valor atribuído à causa for superior a 1.000 salários-mínimos, salvo se estiver fundada em súmula de tribunal superior, acórdão proferido pelo Supremo Tribunal Federal ou pelo Superior Tribunal de Justiça em julgamento de recursos repetitivos, entendimento firmado em incidente de resolução de demandas repetitivas ou de assunção de competência, ou entendimento coincidente com orientação vinculante firmada no âmbito administrativo do próprio ente público, consolidada em manifestação, parecer ou súmula administrativa.

d) independentemente do valor atribuído à causa, mesmo se estiver fundada em súmula de tribunal superior, acórdão proferido pelo Supremo Tribunal Federal ou pelo Superior Tribunal de Justiça em julgamento de recursos repetitivos, entendimento firmado em incidente de resolução de demandas repetitivas ou de assunção de competência, ou entendimento coincidente com orientação vinculante firmada no âmbito administrativo do próprio ente público, consolidada em manifestação, parecer ou súmula administrativa.

e) independentemente do valor atribuído à causa, salvo se estiver fundada em súmula de tribunal superior, acórdão proferido pelo Supremo Tribunal Federal ou pelo Superior Tribunal de Justiça em julgamento de recursos repetitivos, entendimento firmado em incidente de resolução de demandas repetitivas ou de assunção de competência, ou entendimento coincidente com orientação vinculante firmada no âmbito administrativo do próprio ente público, consolidada em manifestação, parecer ou súmula administrativa.

COMENTÁRIOS

✪ **Notas do autor:** a remessa necessária é condição de eficácia da sentença proferida contra o Poder Público, exigindo que o pronunciamento judicial seja reanalisado pelo Tribunal de Justiça ou Tribunal Regional Federal competente. Embora ainda permaneça no atual CPC, as hipóteses de incidência da remessa necessária foram diminuídas. Nesse sentido, não se aplica o disposto neste artigo quando a condenação ou o proveito econômico obtido na causa for de valor certo e líquido inferior a: I – 1.000 (mil) salários-mínimos para a União e as respectivas autarquias e fundações de direito público; II – 500 (quinhentos) salários-mínimos para os Estados, o Distrito Federal, as respectivas autarquias e fundações de direito público e os Municípios que constituam capitais dos Estados; III – 100 (cem) salários-mínimos para todos os demais Municípios e respectivas autarquias e fundações de direito público. Também não se aplica a remessa necessária quando a sentença estiver fundada em: I – súmula de tribunal superior; II – acórdão proferido pelo Supremo Tribunal Federal ou pelo Superior Tribunal de Justiça em julgamento de recursos repetitivos; III – entendimento firmado em incidente de resolução de demandas repetitivas ou de assunção de competência; IV – entendimento coincidente com orientação vinculante firmada no âmbito administrativo do próprio ente público, consolidada em manifestação, parecer ou súmula administrativa.

Gabarito: E.

---

114. (FCC – Analista Judiciário – Oficial de Just. Avaliador – TRF 5/2017) Acerca da coisa julgada, considere:

I. Denomina-se coisa julgada formal a autoridade que torna imutável e indiscutível a decisão de mérito não mais sujeita a recurso.

II. A verdade dos fatos faz coisa julgada, quando estabelecida como fundamento da sentença.

III. A sentença faz coisa julgada às partes entre as quais é dada, e em relação a terceiros juridicamente interessados.

IV. Os motivos não fazem coisa julgada, ainda que importantes para determinar o alcance da parte dispositiva da sentença.

V. Transitada em julgado a decisão de mérito, consideram-se formuladas e rejeitadas todas as defesas que a parte poderia opor tanto ao acolhimento quanto à rejeição do pedido.

Está correto o que se afirma APENAS em

a) I e III.

b) I e IV.

c) II e III.

d) II e V.

e) IV e V.

COMENTÁRIOS

Assertiva I – incorreta. Denomina-se coisa julgada material a autoridade que torna imutável e indiscutível a decisão de mérito não mais sujeita a recurso (art. 502, CPC).

Assertiva II – incorreta. Não fazem coisa julgada: I – os motivos, ainda que importantes para determinar o alcance da parte dispositiva da sentença; II – a verdade dos fatos, estabelecida como fundamento da sentença.

Assertiva III – incorreta. A sentença faz coisa julgada às partes entre as quais é dada, não prejudicando terceiros. Logo, a coisa julgada será *inter partes*.

Assertiva IV – correta. Como dito acima, os motivos não fazem coisa julgada.

Assertiva V – correta. Transitada em julgado a decisão de mérito, considerar-se-ão deduzidas e repelidas todas as alegações e as defesas que a parte poderia opor tanto ao acolhimento quanto à rejeição do pedido. Trata-se do efeito preclusivo da coisa julgada.

Gabarito: E.

11. PROCEDIMENTOS ESPECIAIS

115. (FCC – 2024 – TRT 11 – Analista Judiciário/ Área Judiciária) Laisa e Mauro vivem em união estável há 10 anos. Em razão de uma dívida particular de Mauro, o imóvel do casal foi objeto de penhora em ação de execução de título executivo extrajudicial, na qual somente ele figurava no polo passivo. Nessa situação, à luz do entendimento do Superior Tribunal de Justiça, Laisa pode defender sua meação através de

a) impugnação ao cumprimento de sentença.
b) embargos de terceiro.
c) embargos monitórios.
d) chamamento ao processo.
e) denunciação à lide.

COMENTÁRIOS

✪ **Notas do autor:** quem, não sendo parte no processo, sofrer constrição ou ameaça de constrição sobre bens que possua ou sobre os quais tenha direito incompatível com o ato constritivo, poderá requerer seu desfazimento ou sua inibição por meio de embargos de terceiro. Trata-se, como se vê, de ação que poderá ser promovida pelo terceiro (não parte no processo). Entre outros, considera-se terceiro o companheiro, quando defende a posse de bens próprios ou de sua meação (art. 674, § 2º, I).

Gabarito: "B".

116. (FCC – Analista Judiciário – Oficial de Just. Avaliador Federal – TRT 15/2018) Fábio Henrique ajuíza demanda possessória contra Gabriel, seu vizinho. Pede reintegração na posse de seu imóvel, sem que, no entanto, tenha se consumado esbulho, havendo apenas receio de ser molestado na posse de seu imóvel. Em razão disso,

a) o juiz deverá determinar emenda à inicial, em dez dias, para que Fábio Henrique regularize o pedido, sob pena de indeferimento e extinção do feito sem resolução de mérito.
b) haverá extinção imediata da ação, pois o pedido reintegratório possui procedimento incompatível com a ação adequada, que seria a de interdito proibitório.
c) haverá aproveitamento do pedido, pois a propositura de uma ação possessória em vez de outra não obstará a que o juiz conheça do pedido e outorgue a proteção legal correspondente àquela cujos pressupostos estejam provados.
d) o pedido não poderá ser aproveitado, por ser mais gravoso ao réu, o que só ocorreria na situação inversa, em que se pedisse o interdito proibitório e já houvesse acontecido o esbulho.
e) haverá extinção do processo, sem resolução do mérito, pois o aproveitamento de uma ação possessória por outra só se dá entre reintegração e manutenção de posse, mas não entre reintegração e interdito proibitório.

COMENTÁRIOS

✪ **Notas do autor:** a propositura de uma ação possessória em vez de outra não obstará a que o juiz conheça do pedido e outorgue a proteção legal correspondente àquela cujos pressupostos estejam provados (art. 554, caput, CPC). Trata-se da aplicação do princípio da fungibilidade na tutela possessória.

Gabarito: C.

117. (FCC – Analista Judiciário – Oficial de Just. Avaliador – TRF 5/2017) Ao receber ação de consignação em pagamento formulada por Pedro contra André, o juiz indeferiu a petição inicial, por entender ausente o interesse de agir. Nesse caso, Pedro poderá interpor

a) apelação, sendo facultado ao juiz, no prazo de 5 dias, retratar-se da sentença; se não houver retratação, o juiz mandará citar André para responder ao recurso, para só então determinar a remessa do feito ao Tribunal.
b) agravo, sendo facultado ao juiz, no prazo de 5 dias, retratar-se da decisão; se não houver retratação, o juiz mandará citar André para responder ao recurso, para só então determinar a remessa do feito ao Tribunal.

c) apelação, caso em que o juiz deverá, independentemente de juízo de admissibilidade, determinar a imediata remessa do feito ao Tribunal, sem possibilidade de retratação, pois com a prolação da sentença se encerra a jurisdição de primeiro grau.

d) agravo, caso em que o juiz deverá, independentemente de juízo de admissibilidade, determinar a imediata remessa do feito ao Tribunal, sem possibilidade de retratação, pois com a prolação da sentença se encerra a jurisdição de primeiro grau.

e) interpor apelação, sendo facultado ao juiz, no prazo de 5 dias, retratar-se da sentença; se não houver retratação, o juiz deverá, independentemente de juízo de admissibilidade, determinar a imediata remessa do feito ao Tribunal, sem ordenar a citação do réu.

COMENTÁRIOS

✪ **Notas do autor:** no caso em tela, o juiz indeferiu a petição inicial e, dessa forma, proferiu sentença, sem resolução do mérito. Tal pronunciamento judicial poderá ser impugnado pelo recurso de apelação. Por se tratar de pronunciamento que indeferiu a inicial, admite-se que, depois de interposta a apelação, o juízo se retrate. Se não houver retratação, o juiz mandará citar o réu para responder ao recurso. Sendo a sentença reformada pelo tribunal, o prazo para a contestação começará a correr da intimação do retorno dos autos (art. 331, CPC).

Gabarito: A.

---

118. (FCC – Analista Judiciário – Oficial de Just. Avaliador Federal – TRT 2/2018) Tulio ajuizou ação monitória contra Edilson, que tramita regularmente em uma das varas cíveis do Foro Central da Comarca de São Paulo, Capital. Tulio e Edilson são representados em juízo, respectivamente e exclusivamente, pelos advogados Rodolfo e Julia. No curso do processo, durante o mês de Fevereiro deste ano de 2018, Rodolfo, advogado de Tulio, tornou-se pai após o parto de sua esposa. E no mês de abril deste mesmo ano Julia tornou-se mãe. Rodolfo e Julia comunicaram os seus clientes e apresentaram em juízo as respectivas certidões de nascimento. No caso hipotético apresentado, de acordo com o que estabelece o Código de Processo Civil, agiu corretamente o Magistrado que

a) suspendeu o processo pelo prazo de 8 dias a partir da data do parto da esposa do advogado Rodolfo, e suspendeu o processo pelo prazo de 30 dias a partir da data do parto da advogada Julia.

b) não suspendeu o processo após o parto da esposa de Rodolfo, e suspendeu o processo pelo prazo de 60 dias a partir da data do parto da advogada Julia.

c) suspendeu o processo pelo prazo de 5 dias a partir da data do parto da esposa do advogado Rodolfo, e suspendeu o processo pelo prazo de 30 dias a partir da data do parto de Julia.

d) suspendeu o processo pelo prazo de 5 dias a partir da data do parto da esposa de Rodolfo, e suspendeu o processo pelo prazo de 60 dias a partir da data do parto de Julia.

e) suspendeu o processo pelo prazo de 20 dias a partir da data do parto da esposa de Rodolfo, e suspendeu o processo pelo prazo de 30 dias a partir da data do parto de Julia.

COMENTÁRIOS

✪ **Notas do autor:** suspende-se o processo pelo parto ou pela concessão da adoção, quando a advogada responsável pelo processo constituir a única patrona da causa, ou quando o advogado responsável pelo processo constituir o único patrono da causa e tornar-se pai (art. 313, IX e X, CPC). No primeiro caso, o período de suspensão será de 30 (trinta) dias, contado a partir da data do parto ou da concessão da adoção, mediante apresentação de certidão de nascimento ou documento similar que comprove a realização do parto, ou de termo judicial que tenha concedido a adoção, desde que haja notificação ao cliente. No segundo caso, o período de suspensão será de 8 (oito) dias, contado a partir da data do parto ou da concessão da adoção, mediante apresentação de certidão de nascimento ou documento similar que comprove a realização do parto, ou de termo judicial que tenha concedido a adoção, desde que haja notificação ao cliente (§§ 6º e 7º, art. 313, CPC).

Gabarito: "A".

---

119. (Consulplan – Analista Judiciário – Área Administrativa – TRE – RJ/2017) Os Embargos de Terceiros fazem parte do procedimento especial, previsto no Código de Processo Civil, sendo possível sua utilização por quem, não sendo parte no processo, sofre constrição ou sofre ameaça de constrição sobre bens que possua ou sobre os quais tenha direito incompatível com o ato constritivo. Sobre o ajuizamento dos embargos, assinale a alternativa INCORRETA.

a) Pode defender-se por meio de embargos aquele que pretende negar ter adquirido bem em fraude à execução.

b) O companheiro é terceiro legítimo para ajuizamento dos Embargos de Terceiros quando defende a posse de bens próprios.

c) É admissível a oposição de Embargos de Terceiros fundados em alegação de posse advinda do compromisso de compra e venda de imóveis, ainda que desprovido do registro.

d) Além da sentença que promova a anulação da penhora sobre o bem, é possível ainda em sede de Embargos de Terceiros a declaração de nulidade do ato jurídico que verse sobre fraude contra credores.

COMENTÁRIOS

✪ **Notas do autor:** quem, não sendo parte no processo, sofrer constrição ou ameaça de constrição sobre bens que possua ou sobre os quais tenha direito incompatível com o ato constritivo, poderá requerer seu desfazimento ou sua inibição por meio de embargos de terceiro.

Alternativa "A": aquele que pretende negar ter adquirido bem em fraude à execução poderá valer-se dos embargos de terceiro (art. 674, § 2º, II, CPC).

Alternativa "B": Ao defender a posse de bens próprios, o companheiro tem legitimidade para ajuizar os embargos de terceiro (art. 674, § 2º, I, CPC).

Alternativa "C": consoante jurisprudência sedimentada no âmbito do STJ, a promessa de compra e venda, ainda que não registrada, constitui meio hábil a impedir a constrição do bem imóvel em execução.

Alternativa "D": assertiva incorreta. Acolhido o pedido inicial dos embargos de terceiro, o ato de constrição judicial indevida será cancelado, com o reconhecimento do domínio, da manutenção da posse ou da reintegração definitiva do bem ou de direito ao embargante (art. 681). Poderá valer-se dos embargos de terceiro, aquele que tenha reconhecida, em ação autônoma, fraude contra credores (art. 790, VI).

Gabarito: D.

---

120. (Consulplan – Analista Judiciário – Área Judiciária – TRF 2/2017) Conforme leciona o doutrinador Humberto Dalla Bernardina de Pinho: "a ação de consignação em pagamento é um instituto criado pelo direito processual apenas para regular o procedimento de eficácia liberatória do pagamento sem que haja, necessariamente, a transferência do bem ao credor, tanto que o pagamento por consignação é regulado nos Arts. 334 a 345 do Código Civil." Sobre o mencionado procedimento especial previsto pelo Novo Código de Processo Civil de 2015, assinale a alternativa INCORRETA.

a) A consignação será requerida no lugar do pagamento, cessando para o devedor, à data do depósito, os juros e os riscos, salvo se a demanda for julgada improcedente.

b) Na contestação da ação de consignação em pagamento, o réu poderá alegar que o depósito não é integral, mas tal alegação somente será admissível se ele indicar o montante que entende devido.

c) Conforme entendimento do Superior Tribunal de Justiça, diante do rito especial previsto para a ação de consignação e pagamento, torna-se inviável a cumulação do pedido consignatório com outros pedidos no mesmo processo.

d) São também legitimados a propor a ação de consignação em pagamento, nos casos previstos em lei, o terceiro juridicamente interessado na extinção da dívida e o terceiro não interessado que aja em nome e à conta do devedor.

COMENTÁRIOS

Alternativa "A": a consignação será requerida no lugar do pagamento, cessando para o devedor, à data do depósito, os juros e os riscos, salvo se a demanda for julgada improcedente (art. 540).

Alternativa "B": Na contestação, o réu poderá alegar que: I – não houve recusa ou mora em receber a quantia ou a coisa devida; II – foi justa a recusa; III – o depósito não se efetuou no prazo ou no lugar do pagamento; IV – o depósito não é integral.

Alternativa "C": assertiva incorreta. Conforme orientação do STJ, é possível a cumulação de pedidos na ação consignatória. A propósito, por exemplo, admite-se "a cumulação dos pedidos de revisão de cláusulas de contrato e de consignação em pagamento das parcelas tidas como devidas por força do mesmo negócio jurídico" e de que quando o autor cumula pedidos "que possuem procedimentos judiciais diversos, implicitamente requer o emprego do procedimento ordinário" [leia-se, atualmente, comum] (REsp nº 464.439/GO, Relatora a Ministra Nancy Andrighi, DJ de 23/6/03).

Alternativa "D": nos casos previstos em lei, poderá o devedor ou terceiro requerer, com efeito de pagamento, a consignação da quantia ou da coisa devida (art. 539, caput).

Gabarito: C.

---

121. (Consulplan – Analista Judiciário – Oficial de Just. Avaliador – TRF 2/2017) "Sérgio, rico empresário, possui diversas propriedades rurais no interior do Mato Grosso do Sul utilizadas para cultivo de soja transgênica. Reside, contudo, em bairro da zona nobre do Estado de São Paulo, de onde administra seus negócios. No fim do ano, em viagem para uma de suas fazendas, constata que um grupo de ruralistas sem-terra invadira sua propriedade alegando se tratar de propriedade improdutiva e pugnando pela desapropriação da área para fins de reforma agrária. Sérgio é informado que os mesmos estavam ocupando o local há, aproximadamente, três meses." Com base no caso hipotético narrado, assinale a alternativa correta.

a) Sérgio poderá optar entre propor a respectiva ação possessória no Estado do Mato Grosso do Sul, foro de situação da coisa, ou no local de seu domicílio, qual seja, o Estado de São Paulo.

b) Diante do grande número de pessoas que figuram no polo passivo da demanda possessória de reintegração ajuizada por Sérgio, os ocupantes que forem encontrados no local deverão ser prioritariamente citados por edital.

c) Diante dos princípios da ampla defesa e da não surpresa que regem o ordenamento processual vigente, ainda que a petição inicial esteja documentalmente instruída, o Código de Processo Civil de 2015 veda peremptoriamente o deferimento, sem prévia oitiva dos réus, de mandado liminar de reintegração de posse em favor de Sérgio.

d) Tratando-se de litígio coletivo pela posse de terra rural, O Ministério Público será intimado para, no prazo de trinta dias, intervir como fiscal da ordem jurídica, hipótese em que terá vista dos autos depois das partes, sendo intimado de todos os atos do processo, bem como poderá produzir provas, requerer as medidas processuais pertinentes e recorrer.

COMENTÁRIOS

Alternativa "A": incorreta. Obrigatoriamente, Sérgio deverá ajuizar a ação no foro da situação da coisa, que tem competência absoluta.

Alternativa "B": incorreta. No caso de ação possessória em que figure no polo passivo grande número de pessoas, serão feitas a citação pessoal dos ocupantes que forem encontrados no local e a citação por edital dos demais, determinando-se, ainda, a intimação do Ministério Público e, se envolver pessoas em situação de hipossuficiência econômica, da Defensoria Pública (art. 554, § 1º, CPC).

Alternativa "C": incorreta. O CPC admite o deferimento da tutela provisória independentemente da oitiva da parte contrária, caracterizando-se o contraditório postergado (art. 562, caput).

Alternativa "D": correta. Em primeiro lugar, verifica-se que se está diante de litígio coletivo pela posse de imóvel, oportunidade em que haverá a necessidade de intervenção do Ministério Público como fiscal da ordem jurídica. Por conta do esbulho ter ocorrido há menos de ano e dia, não há necessidade de ser designada audiência para o deferimento do pedido de concessão de liminar (art. 565, CPC).

Gabarito: D.

---

122. (AOCP – Analista Judiciário – Área Judiciária – TRT 1/2018) De acordo com o Código de Processo Civil de 2015, quanto à Ação de Embargos de Terceiro, assinale a alternativa INCORRETA.

a) Essa modalidade de ação presta-se ao livramento de constrição de patrimônio de terceiro não envolvido com a lide principal.

b) Essa modalidade de ação viabiliza proteção possessória ou dominial em relação à sua função.

c) Essa modalidade de ação é cabível diante de gravame judicial e atos administrativos.

d) Contra os embargos do credor com garantia real, o embargado somente poderá alegar que: o devedor comum é insolvente; o título é nulo ou não obriga a terceiro; outra é a coisa dada em garantia.

e) A sentença de procedência determinará o desfazimento da constrição, determinará ordem de manutenção/reintegração de posse, levantamento da caução, se houver, e declarará o domínio.

COMENTÁRIOS

✪ **Notas do autor:** quem, não sendo parte no processo, sofrer constrição ou ameaça de constrição sobre bens que possua ou sobre os quais tenha direito incompatível com o ato constritivo, poderá requerer seu desfazimento ou sua inibição por meio de embargos de terceiro. A ação, contudo, não será cabível diante de gravame administrativo (apenas de constrição ou ameaça de constrição em processo judicial).

Gabarito: C.

---

123. (FCC – Analista Judiciário – Oficial de Just. Avaliador Federal – TRT 2/2018) O Banco "X" ajuizou na comarca de São Paulo, Capital, ação de cobrança contra o correntista Afonso, julgada procedente por sentença transitada em julgado. Iniciada a fase de cumprimento de sentença, Afonso não cumpre espontaneamente a sentença condenatória. A penhora on-line é infrutífera. O Banco "X", então, descobre a existência de um imóvel comercial na cidade e comarca de Ribeirão Preto, requerendo a sua penhora. O Magistrado da Capital, onde o feito tramita, determina, então, a expedição de carta precatória à comarca de Ribeirão Preto para penhora do imóvel comercial em questão, de propriedade do devedor, e a sua respectiva avaliação. Os atos são devidamente cumpridos pelo juízo deprecado. O Banco exequente "X", apresenta requerimento de adjudicação do bem imóvel comercial penhorado. O executado é intimado para se manifestar sobre o requerimento e, em seguida, a adjudicação é deferida pelo Magistrado. Stela, esposa do executado Afonso, pretende resguardar sua meação no imóvel comercial objeto de adjudicação e, para tanto, deverá oferecer embargos de terceiro perante o juízo

a) deprecado, onde foi realizada a constrição, no prazo de 5 dias depois da adjudicação.

b) deprecante, no prazo de 5 dias depois da adjudicação.

c) deprecante, no prazo de 15 dias depois da adjudicação.

d) deprecado, onde foi realizada a constrição, no prazo de 15 dias depois da adjudicação.

e) deprecante, no prazo de 10 dias depois da adjudicação.

COMENTÁRIOS

✪ **Notas do autor:** os embargos podem ser opostos a qualquer tempo no processo de conhecimento enquanto não transitada em julgado a sentença e, no cumprimento de sentença ou no processo de execução, até 5 (cinco) dias depois da adjudicação, da alienação por iniciativa particular ou da arrematação, mas sempre antes da assinatura da respectiva carta (art. 675, CPC). Como a adjudicação foi deferida pelo juízo deprecante, perante este deverão ser ajuizados os embargos de terceiro. A propósito: "Nos casos de ato de constrição realizado por carta, os embargos serão oferecidos no juízo deprecado, salvo se indicado pelo juízo deprecante o bem constrito ou se já devolvida a carta." (art. 676, parágrafo único, CPC).

Gabarito: B.

---

124. (FCC – Analista Judiciário – Oficial de Just. Avaliador – TRT 20/2016) Os embargos de terceiro

a) não admitem prova oral.

b) não podem ser opostos pelo cônjuge do devedor, salvo para defesa dos bens que poderá vir a herdar.

c) podem ser opostos apenas no processo de execução.

d) são distribuídos livremente, não suspendendo o processo principal.

e) podem ser de terceiro proprietário, inclusive fiduciário, ou possuidor.

COMENTÁRIOS

Alternativa "A": incorreta. Admite-se a produção da prova oral nos embargos de terceiro.

Alternativa "B": incorreta. Poderão ser opostos pelo cônjuge do devedor, quando defende a posse de bens próprios ou de sua meação.

Alternativa "C": incorreta. Poderão ser opostos também em razão de constrição ou de ameaça de constrição em processo de conhecimento.

Alternativa "D": incorreta. Os embargos de terceiro serão distribuídos por dependência ao juízo que ordenou a constrição e autuados em apartado. A decisão que reconhecer suficientemente provado o domínio ou a posse determinará a suspensão das medidas constritivas sobre os bens litigiosos objeto dos embargos, bem como a manutenção ou a reintegração provisória da posse, se o embargante a houver requerido (art. 678, caput).

Alternativa "E": correta. Os embargos podem ser de terceiro proprietário, inclusive fiduciário, ou possuidor. Considera-se terceiro, para ajuizamento dos embargos: I – o cônjuge ou companheiro, quando defende a posse de bens próprios ou de sua meação, ressalvado o disposto no art. 843 ; II – o adquirente de bens cuja constrição decorreu de decisão que declara a ineficácia da alienação realizada em fraude à execução; III – quem sofre constrição judicial de seus bens por força de desconsideração da personalidade jurídica, de cujo incidente não fez parte; IV – o credor com garantia real para obstar expropriação judicial do objeto de direito real de garantia, caso não tenha sido intimado, nos termos legais dos atos expropriatórios respectivos.

Gabarito: E.

---

125. (AOCP – Analista Judiciário – Área Judiciária – TRT 1/2018) Mateus realizou um contrato escrito para compra de um veículo de propriedade de Gabriel, no qual aquele pagaria a este o valor de dez mil reais pelo bem, no prazo de trinta dias da entrega, em dinheiro e diretamente na residência de Gabriel. Ocorre que Gabriel encontrava-se de mudança e, na pressa de perfectibilizar o negócio, realizou a entrega do bem, porém não informou seu novo endereço. Diante da impossibilidade de realizar o pagamento conforme disposição contratual, Mateus buscou a tutela jurisdicional estatal para se ver livre de sua obrigação, depositando o valor em juízo. De acordo com o Código de Processo Civil de 2015, em sede de Ação de Consignação em Pagamento, em relação à defesa do réu, assinale a alternativa correta.

a) Poderá alegar, diante de inexistência de tentativa de consignação em pagamento extrajudicial por parte do autor, que estará este eivado pela falta de interesse de agir.

b) Poderá alegar a inexigibilidade do título ou inexequibilidade da obrigação.

c) Poderá solicitar a condenação do autor em perdas e danos e indenização de frutos, com base na mora no pagamento.

d) Poderá alegar que foi justa a recusa, o depósito não se efetuou no prazo ou no lugar do pagamento, ou o depósito não é integral.

e) Poderá requerer a revisão do contrato ou negócio jurídico celebrado

COMENTÁRIOS

✪ **Notas do autor:** na ação de consignação em pagamento, o réu poderá alegar, em contestação, que: I – não houve recusa ou mora em receber a quantia ou a coisa devida; II – foi justa a recusa; III – o depósito não se efetuou no prazo ou no lugar do pagamento; IV – o depósito não é integral (art. 544, CPC).

Gabarito: D.

12. CUMPRIMENTO DE SENTENÇA E PROCESSO DE EXECUÇÃO

126. (FCC – 2023 – TRT 21 – Analista Judiciário – Área Judiciária) De acordo com as normas do Código de Processo Civil que disciplinam a execução por quantia certa, são formas de expropriação:

a) a penhora e o arresto, apenas.

b) a adjudicação e a penhora, apenas.

c) a alienação, a adjudicação, o arresto, a penhora e a remição.

d) a alienação, a penhora e a remição, apenas.

e) a adjudicação, a alienação e a apropriação de frutos e rendimentos de empresa.

COMENTÁRIOS

✪ **Notas do autor:** a expropriação é o ato unilateral do órgão judicial, no exercício de sua autoridade, de transferência coativa e onerosa do bem penhorado a terceiro. Ressalvas as execuções especiais, a execução por quantia certa realiza-se pela *expropriação* de bens do executado. A expropriação consiste em: I – adjudicação; II – alienação; III – apropriação de frutos e rendimentos de empresas ou de estabelecimentos e de outros bens (art. 825).

Alternativa "E": correta. Alternativa em conformidade com o art. 825, do CPC, excluindo-se automaticamente as demais alternativas.

Gabarito: "E".

127. (FCC – Analista Judiciário – Área Judiciária – TRF 5/2017) Em julho de 2016, Carlos ajuizou ação contra Paula, que foi definitivamente condenada ao cumprimento da obrigação de entregar-lhe determinado imóvel. Na fase de cumprimento de sentença, depois de expedido o mandado de imissão na posse, Paula requereu que fosse respeitado o direito de retenção por conta de benfeitorias necessárias, úteis e voluptuárias que havia realizado no imóvel, pretensão que não fora deduzida na contestação que ofereceu na fase de conhecimento. Nesse caso, de acordo com o novo Código de Processo Civil, o juiz

a) não poderá acolher o pedido, que deveria ter sido deduzido na contestação, na fase de conhecimento.

b) poderá acolher o pedido apenas quanto às benfeitorias necessárias ou úteis, ainda que o mandado já tenha sido cumprido.

c) poderá acolher o pedido, inclusive quanto às benfeitorias voluptuárias, desde que o mandado ainda não tenha sido cumprido.

d) não poderá acolher o pedido, que somente poderia ter sido deduzido até a expedição do mandado.

e) poderá acolher o pedido apenas quanto às benfeitorias necessárias ou úteis, mas desde que o mandado ainda não tenha sido cumprido.

COMENTÁRIOS

✪ **Notas do autor:** o direito de retenção por benfeitorias deve ser exercido na contestação, na fase de conhecimento (art. 538, § 2º, CPC).

Gabarito: A.

128. (FCC – Analista Judiciário – Área Judiciária – TRT 11/2017) A respeito dos honorários advocatícios, é correto afirmar que

a) os honorários advocatícios não podem exceder 5% do valor da condenação, nas causas em que a Fazenda Pública for parte.

b) os honorários fixados na sentença não podem ser cumulados com os honorários arbitrados na fase recursal.

c) não são devidos honorários no cumprimento de sentença contra a Fazenda Pública que enseje a expedição de precatório, desde que não tenha sido impugnada.

d) não são devidos honorários advocatícios no cumprimento provisório de sentença.

e) não são devidos honorários advocatícios nos casos de perda de objeto.

COMENTÁRIOS

Alternativa "A": incorreta. Nas causas em que a Fazenda Pública for parte, a fixação dos honorários observará percentuais diferentes, considerando-se o valor da condenação ou o proveito econômico obtido (art. 85, § 3º, CPC).

Alternativa "B": incorreta. Os honorários fixados na sentença poderão ser cumulados com aqueles fixados no recurso.

Alternativa "C": correta. Não serão devidos honorários no cumprimento de sentença contra a Fazenda Pública que enseje expedição de precatório, desde que não tenha sido impugnada (art. 85, § 7º, CPC).

Alternativa "D": incorreta. São devidos honorários advocatícios na reconvenção, no cumprimento de sentença, provisório ou definitivo, na execução, resistida ou não, e nos recursos interpostos, cumulativamente.

Alternativa "E": incorreta. Serão devidos honorários advocatícios ainda que haja a perda superveniente do objeto.

Gabarito: C.

129. (FCC – Analista Judiciário – Oficial de Just. Avaliador Federal – TRT 2/2018) Manoel ajuizou ação indenizatória decorrente de ato ilícito contra Rodolfo. A referida ação foi julgada procedente em primeiro grau de jurisdição, condenando o demandado Rodolfo ao pagamento em favor de Manoel da quantia de R$ 50.000,00. Rodolfo apresentou, tempestivamente, recurso de apelação, que aguarda apreciação pelo E. Tribunal de Justiça competente. Nesse caso, a sentença que condenou Rodolfo ao pagamento de indenização em favor de Manoel

a) valerá como título constitutivo de hipoteca judiciária e, sobrevindo a reforma ou a invalidação da sentença de primeiro grau que impôs o pagamento de quantia, a parte não responderá pelos danos sofridos pela outra parte em razão da constituição da garantia.
b) não valerá como título constitutivo de hipoteca judiciária, uma vez que existe recurso pendente de julgamento dotado de efeito suspensivo.
c) valerá como título constitutivo de hipoteca judiciária e, sobrevindo a reforma ou a invalidação da sentença de primeiro grau que impôs o pagamento de quantia, a parte responderá, independentemente de culpa, pelos danos que a outra parte tiver sofrido em razão da constituição da garantia, devendo o valor da indenização ser liquidado e executado nos próprios autos.
d) valerá como título constitutivo de hipoteca judiciária e, sobrevindo a reforma ou a invalidação da sentença de primeiro grau que impôs o pagamento de quantia, a parte responderá, desde comprovada a sua culpa, pelos danos que a outra parte tiver sofrido em razão da constituição da garantia, devendo o valor da indenização ser liquidado e executado em ação autônoma.
e) valerá como título constitutivo de hipoteca judiciária e, sobrevindo a reforma ou a invalidação da sentença de primeiro grau que impôs o pagamento de quantia, a parte responderá, desde que comprovada a sua culpa, pelos danos que a outra parte tiver sofrido em razão da constituição da garantia, devendo o valor da indenização ser liquidado e executado nos próprios autos.

COMENTÁRIOS

✪ **Notas do autor:** a decisão que condenar o réu ao pagamento de prestação consistente em dinheiro e a que determinar a conversão de prestação de fazer, de não fazer ou de dar coisa em prestação pecuniária valerão como título constitutivo de hipoteca judiciária. A decisão produz a hipoteca judiciária: I – embora a condenação seja genérica; II – ainda que o credor possa promover o cumprimento provisório da sentença ou esteja pendente arresto sobre bem do devedor; III – mesmo que impugnada por recurso dotado de efeito suspensivo (art. 845, CPC).

Gabarito: C.

130. (Cespe – Analista Judiciário – Direito – TJ – AM/2019) Acerca do disposto no Código de Processo Civil (CPC) sobre as normas processuais civis, os deveres das partes e dos procuradores, a intervenção de terceiros e a forma dos atos processuais, julgue os itens a seguir.

Caso a fazenda pública não apresente impugnação em cumprimento de sentença que enseje a expedição de precatório, os honorários de sucumbência deverão ser fixados por equidade e de forma módica.

- CERTO
- ERRADO

COMENTÁRIOS

✪ **Notas do autor:** não serão devidos honorários no cumprimento de sentença contra a Fazenda Pública que enseje expedição de precatório, desde que não tenha sido impugnada (art. 85, § 7º, CPC).

Gabarito: errado.

131. (Cespe – Analista Judiciário – Direito – TJ – AM/2019) No que concerne às providências preliminares e de saneamento, à reconvenção e a processos de execução, julgue os itens subsecutivos.

De acordo com o STJ, é vedado ao depositário de bem penhorado recusar encargo que lhe tenha sido atribuído pelo magistrado para guarda e conservação da coisa depositada.

- CERTO
- ERRADO

COMENTÁRIOS

✪ **Notas do autor:** de acordo com a Súmula 319, do STJ, o encargado de depositário de bens pode ser expressamente recusado.

Gabarito: errado.

132. (FCC – Analista Judiciário – Área Judiciária – TRE – PR/2017) Em relação à execução contra a Fazenda Pública, considere as afirmativas abaixo.

I. É cabível a execução por título extrajudicial contra a Fazenda Pública, hipótese em que será citada para opor embargos no prazo de 30 dias.

II. No cumprimento de sentença que impuser à Fazenda Pública a obrigação de pagar quantia certa, o exequente não precisará apresentar demonstrativo discriminado e atualizado do crédito.

III. Dentre as matérias que podem ser alegadas pela Fazenda Pública em impugnação ao cumprimento de sentença estão a ilegitimidade de parte, a inexigibilidade da obrigação e o excesso de execução.

IV. Se a impugnação ao cumprimento de sentença for parcial, a parte não questionada pela executada não poderá ser, desde logo, objeto de cumprimento.

Está correto o que se afirma APENAS em

a) I e II.

b) I e III.

c) II e III.

d) III e IV.

e) I e IV.

COMENTÁRIOS

Assertiva I – correta. Na execução fundada em título extrajudicial, a Fazenda Pública será citada para opor embargos em 30 (trinta) dias (art. 910, CPC). Diferentemente, no cumprimento de sentença, a Fazenda Pública poderá apresentar impugnação ao cumprimento de sentença também no prazo de trinta dias.

Assertiva II – incorreta. O demonstrativo discriminado do débito é requisito obrigatório do requerimento de instauração do cumprimento de sentença (art. 525, CPC).

Assertiva III – correta. A Fazenda Pública será intimada na pessoa de seu representante judicial, por carga, remessa ou meio eletrônico, para, querendo, no prazo de 30 (trinta) dias e nos próprios autos, impugnar a execução, podendo arguir: I – falta ou nulidade da citação se, na fase de conhecimento, o processo correu à revelia; II – ilegitimidade de parte; III – inexequibilidade do título ou inexigibilidade da obrigação; IV – excesso de execução ou cumulação indevida de execuções; V – incompetência absoluta ou relativa do juízo da execução; VI – qualquer causa modificativa ou extintiva da obrigação, como pagamento, novação, compensação, transação ou prescrição, desde que supervenientes ao trânsito em julgado da sentença.

Assertiva IV – incorreta. Diferentemente do que foi afirmado, a execução da parte não questionada poderá prosseguir.

Gabarito: B.

133. (Consulplan – Analista Judiciário – Oficial de Just. Avaliador – TRF 2/2017) Com a entrada em vigor do Novo Código de Processo Civil (Lei Federal nº 13.105 de 2015) foram introduzidas diversas novidades na sistemática processual civil. Ainda que, em sede executiva, tais alterações tenham sido observadas com menor intensidade, podemos observar algumas mudanças operadas com o propósito de imprimir maior rapidez na perseguição do crédito, tornando tão célere quanto possível a satisfação do credor. Em relação ao processo de execução e à fase de cumprimento de sentença, assinale a alternativa INCORRETA.

a) Revela-se incabível a apresentação de impugnação no cumprimento provisório da sentença.

b) A decisão judicial transitada em julgado poderá ser levada a protesto, nos termos da lei, depois de transcorrido o prazo para pagamento voluntário.

c) O Código de Processo Civil de 2015 permite que o nome do devedor executado seja incluído pelo juiz, a requerimento do exequente, em cadastro de inadimplentes.

d) O crédito, documentalmente comprovado, decorrente de aluguel de imóvel, bem como de encargos acessórios, tais como taxas e despesas de condomínio, configura título executivo extrajudicial.

COMENTÁRIOS

Alternativa "A": correta. A afirmação apresentada não é verdadeira, pois, as disposições do cumprimento de sentença definitivo aplicam-se ao cumprimento provisório, no que couber (art. 527, CPC). Por isso, admite-se também a impugnação ao cumprimento provisório de sentença.

Alternativa "B": incorreta. A decisão judicial transitada em julgado poderá ser levada a protesto, nos termos da lei, depois de transcorrido o prazo para pagamento voluntário (art. 517, CPC).

Alternativa "C": incorreta. A requerimento da parte, o juiz pode determinar a inclusão do nome do executado em cadastros de inadimplentes (art. 782, § 3º, CPC).

Alternativa "D": incorreta. São títulos executivos extrajudiciais: I – a letra de câmbio, a nota promissória, a duplicata, a debênture e o cheque; II – a escritura pública ou outro documento público assinado pelo devedor; III – o documento particular assinado pelo devedor e por 2 (duas) testemunhas; IV – o instrumento de transação referendado pelo Ministério Público, pela Defensoria Pública, pela Advocacia Pública, pelos advogados dos transatores ou por conciliador ou mediador credenciado por tribunal; V – o contrato garantido por hipoteca, penhor, anticrese ou outro direito real de garantia e aquele garantido por caução; VI – o contrato de seguro de vida em caso de morte; VII – o crédito decorrente de foro e laudêmio; VIII – o crédito, documentalmente comprovado, decorrente de aluguel de imóvel, bem como de encargos acessórios, tais como taxas e despesas de condomínio; IX – a certidão de dívida ativa da Fazenda Pública da União, dos Estados, do Distrito Federal e dos Municípios, correspondente aos créditos inscritos na forma da lei; X – o crédito referente às contribuições ordinárias ou extraordinárias de condomínio edilício, previstas na respectiva convenção ou aprovadas em assembleia geral, desde que documentalmente comprovadas; XI – a certidão expedida por serventia notarial ou de registro relativa a valores de emolumentos e demais despesas devidas pelos atos por ela praticados, fixados nas tabelas estabelecidas em lei; XI-A – o contrato de contragarantia ou qualquer outro instrumento que materialize o direito de ressarcimento da seguradora contra tomadores de seguro-garantia e seus garantidores; XII – todos os demais títulos aos quais, por disposição expressa, a lei atribuir força executiva (art. 784, CPC).

Gabarito: A.

---

134. (FCC – Analista Judiciário – Área Judiciária – TRF 5/2017) Anderson ajuizou ação de execução de título extrajudicial contra Paulo e seu irmão Renato, que foram regularmente citados pelo correio, sendo que o Aviso de Recebimento – A.R. da carta de citação entregue a Paulo foi juntado aos autos no dia 02/08/2017 e o A.R. da carta de citação entregue a Renato foi juntado aos autos em 08/08/2017. Nesse caso, considerando que os executados são representados por advogados distintos, o prazo para Paulo opor embargos à execução

a) será contado em dobro, considerando-se dia do começo a data da juntada aos autos do aviso de recebimento da sua própria carta de citação.

b) não será contado em dobro, considerando-se dia do começo a data da juntada aos autos do aviso de recebimento da sua própria carta de citação.

c) será contado em dobro, considerando-se dia do começo a data da juntada aos autos do aviso de recebimento da carta de citação de Renato.

d) não será contado em dobro, considerando-se dia do começo a data da juntada aos autos do aviso de recebimento da carta de citação de Renato.

e) será contado em dobro, considerando-se dia do começo a data em que recebida a carta de citação, independentemente da data da juntada aos autos do respectivo aviso de recebimento.

COMENTÁRIOS

✪ **Notas do autor:** quando houver mais de um executado, o prazo para cada um deles embargar conta-se a partir da juntada do respectivo comprovante da citação, salvo no caso de cônjuges ou de companheiros, quando será contado a partir da juntada do último (art. 915, § 1º, CPC).

Gabarito: B.

---

135. (Cespe – Analista Judiciário – Área Judiciária – TRE – PI/2016) Assinale a opção correta relativamente ao cumprimento de sentença e ao processo de execução de título executivo extrajudicial.

a) Situação hipotética: Contra a sentença que julgou procedente o pedido formulado pelo requerente e confirmou os efeitos da antecipação da tutela, o requerido interpôs recurso de apelação. Assertiva: Nessa situação, o requerente poderá requerer a execução provisória do julgado, e os autos do processo não poderão subir ao tribunal para análise do apelo, enquanto não for liquidada a sentença.

b) Situação hipotética: Transitada em julgado a sentença condenatória de pagar quantia certa, o executado foi intimado para cumprir a obrigação no prazo de dez dias, embora já tivesse cumprido a obrigação imposta pela sentença. Assertiva: Nessa situação, o executado deverá oferecer embargos do devedor com o objetivo de desconstituir a pretensão executiva.

c) Em ação de execução por quantia certa, caso o devedor não cumpra a obrigação, o juiz poderá mandar intimar o executado para, caso existam bens disponíveis, indicar quais são e onde se encontram, sob pena de se caracterizar ato atentatório à dignidade da justiça e sujeitar o executado ao pagamento de multa que será revertida em favor do exequente.

d) Em ação de execução de título executivo extrajudicial na qual o devedor ofereça embargos à execução no prazo legal, objetivando desconstituir a pretensão executiva, caso haja indícios do cumprimento da obrigação, o juiz poderá, de ofício, conceder efeito suspensivo aos embargos.

e) Situação hipotética: Proposta ação de execução de título executivo extrajudicial, o executado opôs embargos com o objetivo de desconstituir totalmente a pretensão executiva em função de uma dação em pagamento. Assertiva: Nessa situação, se acolher o pedido formulado nos embargos, o juiz deverá proferir sentença nos autos da ação executiva, na qual deve julgar improcedente a pretensão executiva e extinguir o feito com resolução de mérito.

COMENTÁRIOS

Alternativa "A": incorreta. De acordo com a situação hipotética, houve a instauração de cumprimento provisório de sentença, pois a apelação, em relação à confirmação da tutela provisória, terá apenas efeito devolutivo. Em tal situação, os autos poderão subir ao tribunal para análise do recurso de apelação, competindo ao credor formar o instrumento para a execução provisória. Não sendo os autos eletrônicos, a petição será acompanhada de cópias das seguintes peças do processo, cuja autenticidade poderá ser certificada pelo próprio advogado, sob sua responsabilidade pessoal: I – decisão exequenda; II – certidão de interposição do recurso não dotado de efeito suspensivo; III – procurações outorgadas pelas partes; IV – decisão de habilitação, se for o caso; V – facultativamente, outras peças processuais consideradas necessárias para demonstrar a existência do crédito.

Alternativa "B": incorreta. Na hipótese narrada, o devedor já havia cumprido a obrigação constante de sentença judicial transitada em julgado. Desse modo, tendo sido iniciada a fase de cumprimento de sentença, competirá ao devedor oferecer impugnação, com fundamento no art. 525, § 1º, VII.

Alternativa "C": correta. Considerando-se a necessidade de cooperação das partes para o deslinde do processo, poderá o magistrado determinar que o executado indique se tem bens disponíveis sobre os quais poderá incidir a penhora, sob pena de, na omissão, caracterizar-se ato atentatório à dignidade da justiça, sujeitando o executado ao pagamento de multa que será revertida em favor do exequente (art. 774, V, e parágrafo único, do CPC).

Alternativa "D": incorreta. Como regra, os embargos não terão o efeito de suspender o andamento da execução. O juiz poderá, a requerimento do embargante, atribuir efeito suspensivo aos embargos quando verificados os requisitos para a concessão da tutela provisória e desde que a execução já esteja garantida por penhora, depósito ou caução suficientes (art. 919, § 1º, CPC).

Alternativa "E": incorreta. O executado poderá oferecer embargos à execução, no prazo de 15 dias, contados da juntada do mandado de citação aos autos. Uma vez recebidos, será aberta possibilidade de manifestação pelo embargado e produzida a prova requerida pelas partes. Ao final, os embargos serão julgados por sentença, proferida nos próprios autos (dos embargos e não da execução).

Gabarito: C.

136. (AOCP – Analista Judiciário – Área Judiciária – TRT 1/2018) Marlene ajuizou ação de indenização por danos morais contra Salete, sendo que seu pedido foi julgado procedente, condenando a ré em dez mil reais. Transitada em julgado a sentença, Salete não realizou o pagamento, mesmo diante de intimação solicitada por Marlene para que viesse a cumprir sua obrigação definida em sentença. Diante da inadimplência, Marlene requereu a instauração da fase de cumprimento de sentença visando forçar o cumprimento da obrigação definida pelo título judicial. De acordo com o Código de Processo Civil de 2015, quanto ao procedimento de Cumprimento de Sentença Por Quantia Certa, assinale a alternativa correta.

a) Caso Salete realize impugnação ao cumprimento de sentença manejado por Marlene, não poderá ela se valer de pedido de suspensão do cumprimento de sentença, visto que o Código de Processo Civil de 2015 veda tal possibilidade.

b) Caso Salete realize impugnação ao cumprimento de sentença manejado por Marlene, limitando sua alegação a excesso de execução sem apresentar memória de cálculo do valor que entende devido, sua impugnação sofrerá rejeição liminar.

c) Para que possa Marlene manejar seu cumprimento de sentença, poderá ela realizar a mera alegação do valor que se entende devido, sendo tal ato suficiente para basear o pedido de instauração do cumprimento de sentença de pagamento de quantia, cabendo ao alegado devedor discutir o valor, caso equivocado.

d) Caso Salete verifique a possibilidade e interesse de manejo de impugnação ao cumprimento de sentença, será ela obrigada a realizar a garantia do juízo, sendo aceitas tanto a caução quanto eventual penhora já realizada nos autos.

e) Caso Salete verifique a possibilidade e interesse de manejo de impugnação ao cumprimento de sentença, terá ela o prazo de 15 (quinze) dias para tanto, contados da intimação para cumprir a sentença.

COMENTÁRIOS

Alternativa "A": incorreta. Poderá a devedora requerer que a impugnação ao cumprimento de sentença seja recebida com efeito devolutivo. A propósito, a apresentação de impugnação não impede a prática dos atos executivos, inclusive os de expropriação, podendo o juiz, a requerimento do executado e desde que garantido o juízo com penhora, caução ou depósito suficientes, atribuir-lhe efeito suspensivo, se seus fundamentos forem relevantes e se o prosseguimento da execução for manifestamente suscetível de causar ao executado grave dano de difícil ou incerta reparação (art. 525, § 6º, CPC).

Alternativa "B": correta. Ao oferecer impugnação ao cumprimento de sentença e alegar excesso de execução, deverá o devedor/impugnante apresentar memória de cálculo do valor que entende devido, sob pena de sua impugnação ser rejeitada liminarmente. Se acaso esta não for a única matéria a ser alegada, a impugnação prosseguirá em relação às demais matérias. Exclui automaticamente a alternativa "C".

Alternativa "D": incorreta. O oferecimento de impugnação ao cumprimento de sentença independe da prévia garantia do juízo.

Alternativa "E": incorreta. Transcorrido o prazo para pagamento voluntário, inicia-se o prazo de quinze dias para que o executado, independentemente de penhora ou nova intimação, apresente, nos próprios autos, sua impugnação (art. 525, caput, CPC).

Gabarito: B.

---

137. (AOCP – Analista Judiciário – Área Judiciária – TRT 1/2018) De acordo com o Código de Processo Civil de 2015, em relação ao Processo de Execução, assinale a alternativa correta.

a) Em que pese a característica de devedor, este não estará obrigado a arcar com as consequências da mora como juros e atualização monetária, tendo-se em vista que a mora é um assunto de direito material e não processual, não podendo, portanto, ser trazido à tona em procedimento executório.

b) A execução deve suprir a necessidade do credor, visando ao adimplemento, sempre da maneira mais completa possível, independentemente das consequências que resultem ao devedor/executado.

c) No processo de conhecimento, oferecida a contestação, não é possível ao autor alterar o pedido ou desistir da ação sem o consentimento do réu. De outra monta, desconsiderando a existência de embargos à execução, no processo de execução, ocorre uma maleabilidade desta regra processual de base, sendo que o credor poderá desistir de toda a execução, de parte dela ou até mesmo de determinados atos executivos.

d) A execução deve propiciar ao exequente exatamente aquilo que obteria com o adimplemento voluntário do devedor, ou seja, exatamente o que consta no título, não sendo, portanto, cabível a substituição por perdas e danos nos casos de impossibilidade de entrega de coisa ou recusa da prestação de fazer ou não fazer.

e) São exemplos de atos expropriatórios: penhora, arresto, exibição de documentos, busca e apreensão, imissão de posse.

COMENTÁRIOS

Alternativa "A": incorreta. Os juros moratórios e a correção monetária continuarão a incidir, apesar de já ajuizada a execução e eventual excesso poderá ser alegado em sede própria.

Alternativa "B": incorreta. Há de ser observado, também, o princípio da menor onerosidade da execução para o executado. Nesse sentido, havendo mais de um meio de se realizar a execução, esta deverá ocorrer da forma menos onerosa.

Alternativa "C": correta. Diferentemente do que ocorre no processo de conhecimento, o exequente poderá desistir do prosseguimento da execução. Contudo, para a desistência da execução, deve ser observado o seguinte: I – serão extintos a impugnação e os embargos que versarem apenas sobre questões processuais, pagando o exequente as custas processuais e os honorários advocatícios; II – nos demais casos, a extinção dependerá da concordância do impugnante ou do embargante (art.775, CPC).

Alternativa "D": incorreta. Como regra, a execução deve proporcionar a tutela específica da obrigação. Contudo, a obrigação poderá ser convertida em perdas e danos se o autor o requerer ou se impossível a tutela específica ou a obtenção de tutela pelo resultado prático equivalente (art. 499, CPC).

Alternativa "E": incorreta. A expropriação consiste em: I – adjudicação; II – alienação; III – apropriação de frutos e rendimentos de empresa ou de estabelecimentos e de outros bens (art. 825, CPC).

Gabarito: C.

---

138. (AOCP – Analista Judiciário – Oficial de Just. Avaliador Federal – TRT 1/2018) Referente à exceção de pré-executividade, também denominada objeção de pré-executividade, assinale a alternativa correta.

a) Tal método de defesa deve ser manejado no prazo dos embargos à execução em caso de processo de execução, ou no prazo da impugnação ao cumprimento de sentença no caso de cumprimento de sentença.

b) Esse instituto processual civil é uma modalidade de procedimento executivo que visa ao preparo do procedimento de execução principal, contendo aspectos de tutela cautelar.

c) Em que pese não reconhecida de maneira expressamente positivada, essa forma de manifestação é amplamente aceita em procedimentos executivos, principalmente em razão de ser considerado cabível como matéria de discussão mormente as matérias classificadas como de ordem pública.

d) Trata-se de método constitucionalmente garantido, visando à ampla garantia do contraditório, até mesmo em casos de perda do prazo de embargos à execução.

e) Em sede de procedimento de execução, a prescrição não pode ser assunto tratado em exceção/objeção de pré-executividade, visto que a legislação processual civil reserva tal matéria para as defesas denominadas de embargos à execução ou impugnação ao cumprimento de sentença.

COMENTÁRIOS

✪ **Notas do autor:** não há prazo específico para o manejo da exceção de pré-executividade, até porque por meio dela poderá ser alegada matéria que poderia ser conhecida de ofício pelo juiz e que não dependa de dilação probatória.

Gabarito: C.

---

139. (AOCP – Analista Judiciário – Oficial de Just. Avaliador Federal – TRT 1/2018) Em relação à tutela executiva, assinale a alternativa correta.

a) A execução deve propiciar ao exequente exatamente e apenas aquilo que ele obteria com o adimplemento voluntário, não podendo ser substituída a coisa em caso de deterioração.

b) A responsabilidade em sede de direito de superfície recai, em relação ao superficiário, tanto sobre o eventual bem imóvel que se encontra em sua posse quanto sobre os frutos de eventual atividade ali realizada.

c) Tendo-se em vista que os procedimentos de execução não preveem contestação, não se aplica sobre estes o princípio do contraditório e ampla defesa, principalmente em razão de a existência de título executivo esgotar qualquer matéria de defesa.

d) Independentemente da participação do fiador do título executivo extrajudicial na fase cognitiva do procedimento judicial, este poderá ser executado na fase de cumprimento de sentença.

e) O processo de execução de títulos extrajudiciais pode ser promovido contra o responsável titular do bem vinculado por garantia real ao pagamento do débito.

COMENTÁRIOS

Alternativa "A": incorreta. Como regra, a execução deve proporcionar a tutela específica da obrigação. Contudo, a obrigação poderá ser convertida em perdas e danos se o autor o requerer ou se impossível a tutela específica ou a obtenção de tutela pelo resultado prático equivalente (art. 499, CPC).

Alternativa "B": incorreta. Se a execução tiver por objeto obrigação de que seja sujeito passivo o proprietário de terreno submetido ao regime do direito de superfície, ou o superficiário, responderá pela dívida, exclusivamente, o direito real do qual é titular o executado, recaindo a penhora ou outros atos de constrição exclusivamente sobre o terreno, no primeiro caso, ou sobre a construção ou a plantação, no segundo caso (art. 791, CPC).

Alternativa "C": incorreta. Contrariamente ao afirmado, em observância ao devido processo legal, há de se falar também em contraditório e ampla defesa na execução.

Alternativa "D": incorreta. O cumprimento da sentença não poderá ser promovido em face do fiador, do coobrigado ou do corresponsável que não tiver participado da fase de conhecimento (art. 513, § 5º, CPC).

Alternativa "E": correta. A execução pode ser promovida contra: I – o devedor, reconhecido como tal no título executivo; II – o espólio, os herdeiros ou os sucessores do devedor; III – o novo devedor que assumiu, com o consentimento do credor, a obrigação resultante do título executivo; IV – o fiador do débito constante em título extrajudicial; V – o responsável titular do bem vinculado por garantia real ao pagamento do débito; VI – o responsável tributário, assim definido em lei (art. 779, CPC).

Gabarito: E.

---

140. (FCC – Analista Judiciário – Área Judiciária – TRT 6/2018) No cumprimento definitivo da sentença que reconhece a exigibilidade de obrigação de pagar quantia certa, em relação à impugnação, é correto afirmar:

a) As questões relativas a fato superveniente ao término do prazo para sua apresentação, assim como aquelas relativas à validade e à adequação da penhora, da avaliação e dos atos executivos subsequentes, podem ser arguidas por simples petição, tendo o executado, em qualquer dos casos, o prazo de quinze dias para formular esta arguição, contado da comprovada ciência do fato ou da intimação do ato.

b) Se atribuído apenas efeito devolutivo à impugnação, e somente nessa hipótese, é lícito ao exequente requerer o prosseguimento da execução, oferecendo e prestando nos próprios autos, caução suficiente e idônea a ser arbitrada pelo juiz.

c) A concessão de efeito suspensivo à impugnação deduzida por um dos executados sempre suspenderá a execução também contra os que não impugnaram, por questão de isonomia processual.

d) É defeso ao réu, antes de ser intimado para o cumprimento da sentença, comparecer em juízo e oferecer em pagamento o valor que entender devido, apresentando memória discriminada do cálculo.

e) A concessão do efeito suspensivo à impugnação obsta à efetivação dos atos de substituição, de reforço ou de redução da penhora e de avaliação de bens, mantendo-se como válida porém a constrição já ocorrida.

COMENTÁRIOS

Alternativa "A": correta. As questões relativas a fato superveniente ao término do prazo para apresentação da impugnação, assim como aquelas relativas à validade e à adequação da penhora, da avaliação e dos atos executivos subsequentes, podem ser arguidas por simples petição, tendo o executado, em qualquer dos casos, o prazo de 15 (quinze) dias para formular esta arguição, contado da comprovada ciência do fato ou da intimação do ato (art. 525, § 11, CPC).

Alternativa "B": incorreta. A apresentação de impugnação não impede a prática dos atos executivos, inclusive os de expropriação, podendo o juiz, a requerimento do executado e desde que garantido o juízo com penhora, caução ou depósito suficientes, atribuir-lhe efeito suspensivo, se seus fundamentos forem relevantes e se o prosseguimento da execução for manifestamente suscetível de causar ao executado grave dano de difícil ou incerta reparação (art. 525, § 6º, CPC). A concessão de efeito suspensivo não impedirá a efetivação dos atos de substituição, de reforço ou de redução da penhora e de avaliação dos bens

Alternativa "C": incorreta. Quando o efeito suspensivo atribuído à impugnação disser respeito apenas a parte do objeto da execução, esta prosseguirá quanto à parte restante (art. 525, § 8º, CPC).

Alternativa "D": incorreta. É lícito ao réu, antes de ser intimado para o cumprimento da sentença, comparecer em juízo e oferecer em pagamento o valor que entender devido, apresentando memória discriminada do cálculo (art. 526, CPC).

Alternativa "E": incorreta. A concessão de efeito suspensivo não impedirá a efetivação dos atos de substituição, de reforço ou de redução da penhora e de avaliação dos bens

Gabarito: A.

---

141. (FCC – Analista Judiciário – Área Judiciária – TRT 15/2018) Em relação à execução por quantia certa,

a) o exequente poderá obter certidão de que a execução foi admitida pelo juiz, com identificação das partes e do valor da causa, para fins de averbação no registro de imóveis, de veículos ou de outros bens sujeitos a penhora, arresto ou indisponibilidade.

b) ao despachar a inicial, o juiz fixará, de plano, os honorários advocatícios de 15%, a serem pagos pelo executado, reduzindo-se esse valor a 5% em caso de pagamento integral no prazo de três dias.

c) o executado será intimado para pagar a dívida em três dias, ou nomear bens suficientes à satisfação do crédito.

d) se o oficial de justiça não encontrar o executado, devolverá o mandado em cartório, que intimará o exequente para indicar bens à penhora.

e) no prazo para oferecimento de embargos à execução, impreterivelmente, poderá o executado remir a execução pagando o débito com os encargos e acréscimos legais.

COMENTÁRIOS

Alternativa "A": correta. O exequente poderá obter certidão de que a execução foi admitida pelo juiz, com identificação das partes e do valor da causa, para fins de averbação no registro de imóveis, de veículos ou de outros bens sujeitos a penhora, arresto ou indisponibilidade (art. 828, caput).

Alternativa "B": incorreta. Ao despachar a inicial, o juiz fixará, de plano, os honorários advocatícios de 10%, a serem pagos pelo executado, reduzindo-se esse valor a 5% em caso de pagamento integral no prazo de três dias.

Alternativa "C": incorreta. O executado será citado para pagar o débito no prazo de três dias.

Alternativa "D": incorreta. Se o oficial de justiça não encontrar o executado, arrestar-lhe-á tantos bens quantos bastem para garantir a execução (art. 830, caput).

Alternativa "E": incorreta. Antes de adjudicados ou alienados os bens, o executado pode, a todo tempo, remir a execução, pagando ou consignando a importância atualizada da dívida, acrescida de juros, custas e honorários advocatícios (art. 826).

Gabarito: A.

---

142. (FCC – Analista Judiciário – Oficial de Just. Avaliador Federal – TRT 2/2018) Na execução por quantia certa, nos termos preconizados pelo Código de Processo Civil, é correto afirmar:

a) São impenhoráveis bens considerados inalienáveis, bem como os frutos e os rendimentos dos referidos bens, ainda que não existam outros bens passíveis de penhora.

b) Havendo pagamento integral da dívida pelo executado no prazo de até 5 dias após a regular citação, o valor dos honorários advocatícios será reduzido pela metade.

c) A penhora de bens do executado poderá ser levada a efeito ainda quando ficar evidente que o produto da execução dos bens encontrados será totalmente absorvido pelo pagamento das custas da execução.

d) Realizada a penhora on-line de dinheiro em depósito ou em aplicação financeira, consumada a indisponibilidade dos ativos financeiros, o executado será intimado na pessoa do seu advogado ou, não o tendo, pessoalmente, e terá o prazo de 5 dias para comprovar que as quantias tornadas indisponíveis são impenhoráveis.

e) Havendo requerimento de adjudicação de bem imóvel penhorado do executado em igualdade de ofertas, terá preferência o descendente, o cônjuge, o companheiro ou o ascendente, nessa ordem.

COMENTÁRIOS

Alternativa "A": incorreta. São impenhoráveis os bens inalienáveis. Contudo, podem ser penhorados, à falta de outros bens, os frutos e os rendimentos dos bens inalienáveis (art. 834, CPC).

Alternativa "B": incorreta. Havendo pagamento integral da dívida no prazo de três dias, o valor dos honorários será reduzido pela metade.

Alternativa "C": incorreta. Não se levará a efeito a penhora quando ficar evidente que o produto da execução dos bens encontrados será totalmente absorvido pelo pagamento das custas da execução (art. 836, caput).

Alternativa "D": correta. Para possibilitar a penhora de dinheiro em depósito ou em aplicação financeira, o juiz, a requerimento do exequente, sem dar ciência prévia do ato ao executado, determinará às instituições financeiras, por meio de sistema eletrônico gerido pela autoridade supervisora do sistema financeiro nacional, que torne indisponíveis ativos financeiros existentes em nome do executado, limitando-se a indisponibilidade ao valor indicado na execução. No prazo de 24 (vinte e quatro) horas a contar da resposta, de ofício, o juiz determinará o cancelamento de eventual indisponibilidade excessiva, o que deverá ser cumprido pela instituição financeira em igual prazo. Tornados indisponíveis os ativos financeiros do executado, este será intimado na pessoa de seu advogado ou, não o tendo, pessoalmente. Incumbe ao executado, no prazo de 5 (cinco) dias, comprovar que: I – as quantias tornadas indisponíveis são impenhoráveis; II – ainda remanesce indisponibilidade excessiva de ativos financeiros (art. 854, CPC).

Alternativa "E": incorreta. Se houver mais de um pretendente à adjudicação, proceder-se-á a licitação entre eles, tendo preferência, em caso de igualdade de oferta, o cônjuge, o companheiro, o descendente ou o ascendente, nessa ordem (art. 876, § 6º, CPC).

Gabarito: D.

---

143. (FCC – Analista Judiciário – Oficial de Just. Avaliador Federal – TRT 6/2018) Na execução por quantia certa, em relação à penhora de bens:

a) A penhora de crédito representado por letra de câmbio, nota promissória ou cheque far-se-á pela apreensão do documento, desde que este se encontre em poder do executado.

b) São impenhoráveis quaisquer móveis, pertences ou utilidades domésticas que guarnecem a residência do executado, bem como os pertences de seu uso pessoal.

c) O rol de bens a serem penhorados na execução segue ordem compulsória e é taxativo.

d) Não se procederá à segunda penhora, salvo, exclusivamente, se a primeira for anulada ou o produto da alienação dos bens for insuficiente.

e) Será admitida a redução ou a ampliação da penhora, bem como sua transferência para outros bens, se, no curso do processo, o valor de mercado dos bens penhorados sofrer alteração significativa.

COMENTÁRIOS

Alternativa "A": incorreta. A penhora de crédito representado por letra de câmbio, nota promissória, duplicata, cheque ou outros títulos far-se-á pela apreensão do documento, esteja ou não este em poder do executado (art. 856, caput).

Alternativa "B": incorreta. A impenhorabilidade compreende o imóvel sobre o qual se assentam a construção, as plantações, as benfeitorias de qualquer natureza e todos os equipamentos, inclusive os de uso profissional, ou móveis que guarnecem a casa, desde que quitados (art. 1º, parágrafo único, Lei nº 8.009/1990).

Alternativa "C": incorreta. O rol dos bens a serem penhorados não segue ordem rigorosa, devendo ser analisado no caso concreto sob a luz da aplicação dos princípios da razoabilidade e da proporcionalidade.

Alternativa "D": incorreta. Não se procede à segunda penhora, salvo se: I – a primeira for anulada; II – executados os bens, o produto da alienação não bastar para o pagamento do exequente; III – o exequente desistir da primeira penhora, por serem litigiosos os bens ou por estarem submetidos a constrição judicial (art. 851, CPC).

Alternativa "E": correta. Será admitida a redução ou a ampliação da penhora, bem como sua transferência para outros bens, se, no curso do processo, o valor de mercado dos bens penhorados sofrer alteração significativa (art. 850, CPC).

Gabarito: E.

---

144. (FCC – Analista Judiciário – Área Judiciária – TRT 11/2017) Na execução fiscal, o executado poderá oferecer embargos

a) no prazo de 15 dias, contados da data do oferecimento da garantia da execução.

b) independentemente de seguro o juízo através da garantia da execução.

c) no prazo de 15 dias, contados da citação para pagamento do débito.

d) no prazo de 30 dias, contados do depósito, da juntada da prova da fiança bancária ou do seguro garantia ou da intimação da penhora.

e) no prazo de 15 dias, contados da juntadas aos autos do comprovante do depósito.

COMENTÁRIOS

✪ **Notas do autor:** O executado oferecerá embargos, no prazo de 30 (trinta) dias, contados: I – do depósito; II – da juntada da prova da fiança bancária ou do seguro garantia; III – da intimação da penhora (art. 16, da Lei nº 6.830/1980).

Gabarito: D.

---

145. (FCC – Analista Judiciário – Oficial de Just. Avaliador – TRT 11/2017) Considere:

I. Desnecessidade de instrução probatória.

II. Prévia garantia do juízo através de depósito do valor da execução.

III. Matéria arguida conhecível de ofício pelo juiz.

IV. Prova pré-constituída da alegação.

Incluem-se dentre os requisitos de admissibilidade da exceção de pré-executividade os indicados APENAS em

a) II, III e IV.

b) I, III e IV.

c) II e III.

d) I e II.

e) I, II e IV.

COMENTÁRIOS

✪ **Notas do autor:** a exceção de pré-executividade é meio de defesa do executado, não positivada em lei, mas admitida pela jurisprudência, podendo ser utilizada para arguir matéria conhecível de ofício pelo juízo, mediante prova pré-constituída da alegação.

Gabarito: B.

---

146. (FCC – Analista Judiciário – Oficial de Just. Avaliador – TRT 20/2016) Na execução por quantia certa,

a) a expropriação consistirá em adjudicação e alienação, bem como apropriação de frutos e rendimentos de empresa ou de estabelecimentos e de outros bens.

b) antes de adjudicados ou alienados os bens, o executado pode remir a execução, pagando ou consignando a importância histórica da dívida, sem acréscimo de juros ou honorários advocatícios.

c) o executado será citado para pagar a dívida no prazo de quinze dias, contado da citação ou da juntada do último mandado aos autos, em caso de mais de um executado, sob pena de multa de 10% sobre o valor da execução.

d) ao despachar a inicial, o juiz fixará, de plano, independentemente da oposição de embargos, honorários advocatícios de vinte por cento sobre o valor da causa, a serem pagos pelo executado, os quais são reduzidos à metade em caso de pagamento espontâneo da dívida.

e) se o oficial não encontrar o executado, arrestar-lhe-á tantos bens quantos bastem para garantir a execução, os quais serão convertidos em penhora, dispensando-se a citação do devedor.

COMENTÁRIOS

Alternativa "A": correta. A expropriação consistirá em: I – adjudicação; II – alienação; III – apropriação de frutos e rendimentos de empresa ou de estabelecimentos e de outros bens (art. 825, CPC). Exclui as alternativas C e D.

Alternativa "B": incorreta. Antes de adjudicados ou alienados os bens, o executado pode, a todo tempo, remir a execução, pagando ou consignando a importância atualizada da dívida, acrescida de juros, custas e honorários advocatícios (ART. 826).

Alternativa "E": incorreta. Se o oficial de justiça não encontrar o executado, arrestar-lhe-á tantos bens quantos bastem para garantir a execução. Nos 10 (dez) dias seguintes à efetivação do arresto, o oficial de justiça procurará o executado 2 (duas) vezes em dias distintos e, havendo suspeita de ocultação, realizará a citação com hora certa, certificando pormenorizadamente o ocorrido. Incumbe ao exequente requerer a citação por edital, uma vez frustradas a pessoal e a com hora certa. Aperfeiçoada a citação e transcorrido o prazo de pagamento, o arresto converter-se-á em penhora, independentemente de termo.

Gabarito: A.

147. (FCC – Analista Judiciário – Oficial de Just. Avaliador – TRT 24/2017) José é credor de Joaquim da quantia de R$ 50.000,00 decorrente de contrato de empréstimo particular assinado pelas partes e por duas testemunhas. Vencido o prazo de um ano estabelecido para pagamento e inadimplida a obrigação José propõe ação de execução de quantia certa contra Joaquim com o escopo de receber o seu crédito, com juros e correção monetária. Ao despachar a inicial o juiz fixará, de plano, os honorários advocatícios de

a) 10%, a serem pagos pelo executado, que serão reduzidos pela metade no caso de integral pagamento da dívida no prazo de 5 dias.
b) 10% a 20%, a serem pagos pelo executado, que serão reduzidos pela metade no caso de integral pagamento da dívida no prazo de 5 dias.
c) 20%, a serem pagos pelo executado, que serão reduzidos pela metade no caso de integral pagamento no prazo de 5 dias.
d) 20%, a serem pagos pelo executado, que serão reduzidos pela metade no caso de integral pagamento no prazo de 3 dias.
e) 10%, a serem pagos pelo executado, que serão reduzidos pela metade no caso de integral pagamento da dívida no prazo de 3 dias.

COMENTÁRIOS

✪ **Notas do autor:** ao despachar a inicial, o juiz fixará, de plano, os honorários advocatícios de dez por cento, a serem pagos pelo executado. No caso de integral pagamento no prazo de três dias, o valor dos honorários advocatícios será reduzido pela metade (art. 827, CPC).

Gabarito: E.

148. (Cespe – Analista Judiciário – Área Judiciária – CNJ/2013) Acerca da liquidação e do cumprimento de sentença e da antecipação dos efeitos da tutela judicial, julgue os itens a seguir.

Não se admite execução provisória de sentença, que somente poderá ser cumprida depois de ocorrido o trânsito em julgado que aperfeiçoará o título executivo judicial.

COMENTÁRIOS

✪ **Notas do autor:** admite-se a execução provisória de sentença, conforme se vê do art. 520 do CPC. Nesse sentido, admite-se o cumprimento provisório da sentença impugnada por recurso desprovido de efeito suspensivo, que será realizado da mesma forma que o cumprimento definitivo, observando-se algumas regras específicas.

Gabarito: Errado.

13. PROCESSOS NOS TRIBUNAIS

149. (FCC – 2023 – TRT 21 – Analista Judiciário – Área Judiciária) Acerca do incidente de resolução de demandas repetitivas, considere:

I. Sua instauração é cabível quando houver, alternativamente, efetiva repetição de processos que contenham controvérsia sobre a mesma questão unicamente de direito ou risco de ofensa à isonomia e à segurança jurídica.
II. Salvo se sua instauração for por ele requerida, o Ministério Público não intervirá no incidente.
III. Uma vez instaurado, a desistência do processo não impede o exame de mérito do incidente.
IV. É cabível mesmo quando um dos tribunais superiores, no âmbito de sua respectiva competência, já tiver afetado recurso para definição de tese sobre questão de direito material ou processual repetitiva.
V. Sua admissão implica a suspensão do processo.

De acordo com o Código de Processo Civil, está correto o que se afirma APENAS em

a) IV e V.
b) I e II.
c) I e III.
d) II e IV.
e) III e V.

COMENTÁRIOS

✪ **Notas do autor:** é cabível a instauração do *incidente de resolução de demandas repetitivas* quando houver, simultaneamente: I – efetiva repetição de processos que contenham controvérsia sobre a mesma questão unicamente de direito; II – risco de ofensa à isonomia e à segurança jurídica (art. 976, CPC).

I – assertiva falsa. Conforme se verifica do dispositivo legal (art. 976), os dois requisitos mencionados são obrigatórios, tanto que o artigo menciona *simultaneamente* e não *alternativamente*.

II – assertiva falsa. Se não for o requerente, o Ministério Público intervirá obrigatoriamente no incidente e deverá assumir sua titularidade em caso de desistência ou de abandono.

III – assertiva verdadeira. De fato, a desistência ou o abandono do processo não impede o exame de mérito do incidente (art. 976, § 1º).

IV – assertiva falsa: é incabível o incidente de resolução de demandas repetitivas quando um dos tribunais superiores, no âmbito de sua respectiva competência, já tiver afetado recurso para definição de tese sobre questão de direito material ou processual repetitiva (art. 976, § 4º).

V – assertiva verdadeira: uma vez admitido o incidente pelo retor, os processos pendentes, individuais ou coletivos, que tramitarem no Estado ou na região, conforme o caso, serão suspensos (art. 982, I, CPC).

Gabarito: "E".

---

150. (FCC – Analista Judiciário – TRT 18/2023) Em ação de cobrança movida por Luiza contra Janaína, o pedido foi julgado parcialmente procedente por sentença transitada em julgado, que condenou Janaína ao pagamento de metade do montante pleiteado por Luiza. Considerando que, em face da condenação sofrida, Janaína tem direito de regresso contra Rodrigo, o Código de Processo Civil confere legitimidade para propor ação rescisória dessa sentença à

a) Luiza, somente.

b) Janaína, somente.

c) Luiza e à Janaína, somente.

d) Janaína e ao Rodrigo, somente.

e) Luiza, à Janaína e ao Rodrigo.

COMENTÁRIOS

✪ **Notas do autor:** a ação rescisória poderá ser ajuizada para rescindir a decisão de mérito, transitada em julgado. Possuem legitimidade para ajuizá-la: quem foi parte no processo ou o seu sucessor a título universal ou singular; o terceiro juridicamente interessado; o Ministério Público e aquele que não foi ouvido no processo em que lhe era obrigatória a intervenção (art. 967, CPC). No caso da questão, Luiza e Janaína são partes no processo, enquanto Rodrigo é terceiro juridicamente interessado.

Gabarito: E.

---

151. (FCC – Analista Judiciário – Oficial de Just. Avaliador Federal – TRT 2/2018) Sobre a ação rescisória, nos termos do Código de Processo Civil, é correto afirmar:

a) O sucessor a título singular daquele que foi parte no processo não tem legitimidade para propor ação rescisória.

b) O direito à rescisão se extingue em 3 anos contados da data do trânsito em julgado da última decisão proferida no processo.

c) A ação rescisória não pode ter por objeto apenas um capítulo da decisão.

d) Recebida a inicial o relator ordenará a citação do réu, designando-lhe prazo de até 15 dias para, querendo, apresentar resposta, ao fim do qual, com ou sem contestação, observar-se-á, no que couber, o procedimento comum.

e) A decisão transitada em julgado que, em embora não seja de mérito, impeça nova propositura da demanda, poderá ser objeto de ação rescisória.

COMENTÁRIOS

✪ **Notas do autor:** como regra, a ação rescisória será utilizada com a finalidade de rescindir decisão de mérito, transitada em julgado. Contudo, admite-se também a rescisão de decisão transitada em julgado que, embora não seja de mérito, impeça: I – nova propositura da demanda; ou, II – admissibilidade do recurso correspondente (art. 966, § 2º, CPC).

Gabarito: E.

---

152. (FGV – Analista Judiciário – Oficial de Just. Avaliador – TRT 12/2017) Emanuel e Sheila, em colusão e com o objetivo escuso de fraude à legislação tributária, simularam um litígio perante a Justiça Estadual, que não teve a intervenção do Ministério Público, em razão da ausência de interesse público subjacente à simulada lide. Após quatro anos da última decisão proferida no processo, o Ministério Público teve ciência dessa colusão e ajuizou ação rescisória, postulando a desconstituição da decisão de mérito transitada em julgado.

Diante dessa situação hipotética, de acordo com o CPC, é correto afirmar que:

a) o Ministério Público não tem legitimidade para ajuizar ação rescisória, pois não foi parte no processo;

b) o Ministério Público tem legitimidade para ajuizar a ação rescisória e o direito à rescisão não se extinguiu, pois o prazo deve ser contado a partir da ciência da simulação ou da colusão;

c) o Ministério Público não tem legitimidade para ajuizar ação rescisória, pois não interveio no processo como custos legis;

d) embora o Ministério Público tenha legitimidade para ajuizar a ação rescisória, extinguiu-se o direito à rescisão em face do transcurso do prazo decadencial de dois anos;

e) o Ministério Público tem legitimidade para ajuizar a ação rescisória e o direito à rescisão não se extinguiu, pois o prazo para a propositura é de cinco anos.

COMENTÁRIOS

✪ **Notas do autor:** o Ministério Público terá legitimidade para propor ação rescisória, entre outras situações, quando a decisão rescindenda é o efeito de simulação ou de colusão das partes, a fim de fraudar a lei (art. 967, III, b, CPC). Nas hipóteses de simulação ou de colusão das partes, o prazo decadencial para o ajuizamento da ação rescisória começa a contar, para o terceiro prejudicado e para o Ministério Público, que não interveio no processo, a partir do momento em que têm ciência da simulação ou da colusão.

Gabarito: B.

---

153. (FGV – Analista Judiciário – Área Judiciária – TJ – AL/2018) Quanto à ação rescisória, é correto afirmar que:

a) o prazo para o seu ajuizamento é de dois anos, a fluir da data da prolação da decisão rescindenda;

b) o Ministério Público não tem legitimidade para ajuizá-la;

c) é cabível para impugnar decisão que, embora sem ser de mérito, impeça a admissibilidade do recurso correspondente;

d) é exigível do autor o depósito de 5% sobre o valor da causa, ainda que se trate de beneficiário da gratuidade de justiça;

e) não é admissível a concessão de tutela provisória.

COMENTÁRIOS

✪ **Notas do autor:** como regra, a ação rescisória é ajuizada com a finalidade de rescindir decisão de mérito transitada em julgado nas hipóteses autorizadas pela lei. Contudo, ainda que não decida o mérito, a decisão poderá ser rescindida se impedir: I – nova propositura da demanda, ou II – admissibilidade do recurso correspondente (art. 966, § 2º, CPC).

Gabarito: B.

---

154. (Cespe – Analista Judiciário – Área Judiciária – TRE – TO/2017) De acordo com o Código de Processo Civil (CPC), são consideradas como julgamento de casos repetitivos apenas as decisões proferidas em

a) incidente de resolução de demandas repetitivas e em incidente de assunção de competência.

b) incidente de resolução de demandas repetitivas, em recurso especial repetitivo e em recurso extraordinário repetitivo.

c) incidente de assunção de competência, em recurso especial repetitivo e em recurso extraordinário repetitivo.

d) incidente de assunção de competência, em incidente de resolução de demandas repetitivas, em recursos especiais repetitivos e em recurso extraordinário repetitivo.

e) recurso especial repetitivo e em recurso extraordinário repetitivo.

COMENTÁRIOS

✪ **Notas do autor:** considera-se julgamento de casos repetitivos a decisão proferida em: I – incidente de resolução de demandas repetitivas; II – recurso especial e extraordinário repetitivos (art. 928, CPC).

Gabarito: B.

---

155. (Cespe – Analista Judiciário – Direito – TJ – PA/2020) De acordo com o CPC, a competência para realizar o juízo de admissibilidade em incidente de resolução de demandas repetitivas (IRDR) é do

a) juízo singular, quando o incidente se origina de processo que está em primeiro grau.

b) presidente do tribunal, exclusivamente.

c) relator do IRDR, que decidirá monocraticamente.

d) plenário do tribunal, obrigatoriamente.

e) órgão colegiado que possua competência para julgar o IRDR segundo o regimento interno.

COMENTÁRIOS

✪ **Notas do autor:** o julgamento do incidente caberá ao órgão indicado pelo regimento interno dentre aqueles responsáveis pela uniformização de jurisprudência do tribunal (art. 978, caput, CPC).

Gabarito: E.

14. RECURSOS

156. (FCC – Analista Judiciário – TRT 18/2023) De acordo com o Código de Processo Civil, a desistência do recurso pelo autor

a) depende da concordância do réu, salvo se este ainda não tiver sido citado ou for revel; porém, a renúncia ao direito de recorrer independe da aceitação do réu.

b) depende da concordância do réu, assim como a renúncia ao direito de recorrer, salvo, em ambos os casos, se o réu ainda não tiver sido citado ou for revel.

c) e a renúncia ao direito de recorrer não dependem de concordância do réu, independentemente de este já ter sido citado ou de ser ou não revel.

d) não depende da concordância do réu; porém, a renúncia ao direito de recorrer depende da aceitação do réu, salvo se este ainda não tiver sido citado ou for revel.

e) só depende da concordância do réu nos casos em que este também tiver interposto recurso contra o mesmo ato judicial recorrido; já a renúncia ao direito de recorrer independe da concordância do réu em qualquer circunstância.

COMENTÁRIOS

✪ **Notas do autor:** a desistência do recurso pelo autor, assim como a renúncia ao direito de recorrer, são atos unilaterais da parte e que produzirão efeito independentemente de concordância da parte contrária (artigos 998 e 999 do CPC).

Gabarito: C.

---

157. (IBFC – 2022 – TJ/MG – Analista Judiciário) O recurso é o meio de impugnação pela qual a parte tem a oportunidade de pedir o reexame de decisão proferida no processo, sendo importante mecanismo de garantia do contraditório e da ampla defesa. A partir dessa premissa e das disposições gerais trazidas pelo Código de Processo Civil acerca dos recursos, assinale a alternativa correta.

a) O recurso adesivo apesar de subordinado ao recurso independente, será conhecido, mesmo se houver desistência do recurso principal
b) O recorrente poderá, a qualquer tempo, desde que haja anuência dos litisconsortes, desistir do recurso
c) A desistência do recurso não impede a análise de questão cuja repercussão geral já tenha sido reconhecida e daquele objeto de julgamento de recursos extraordinários ou especiais repetitivos
d) Dos despachos cabe recurso, no prazo de 5 dias
e) Certificado o trânsito em julgado do acórdão, com menção expressa da data de sua ocorrência, o escrivão ou o chefe de secretaria, mediante determinação expressa do colegiado, providenciará a baixa dos autos ao juízo de origem.

COMENTÁRIOS

Alternativa "A": incorreta. O recurso adesivo fica subordinado ao recurso independente, sendo-lhes aplicáveis as mesmas regras deste quanto aos requisitos de admissibilidade e julgamento n tribunal, salvo disposição legal diversa, observando, ainda, que, não será conhecido, se houver desistência do recurso principal ou se for ele considerado inadmissível (art. 997, § 2º, III, CPC).

Alternativa "B": incorreta. O recorrente poderá, a qualquer tempo, sem a anuência do recorrido ou dos litisconsortes, desistir do recurso (art. 998, caput).

Alternativa "C": correta. A desistência do recurso não impede a análise de questão cuja repercussão geral já tenha sido reconhecida e daquela objeto de julgamento de recursos extraordinários ou especiais repetitivos (art. 998, parágrafo único, CPC).

Alternativa "D": incorreta. Dos despachos não cabe recurso.

Alternativa "E": incorreta. Certificado o trânsito em julgado, com menção expressa da data de sua ocorrência, o escrivão ou o chefe de secretaria, independentemente de despacho, providenciará a baixa dos autos ao juízo de origem, no prazo de 5 (cinco) dias (art. 1.006, CPC).

Gabarito: C.

---

158. (FCC – Analista Judiciário – Área Judiciária – TRT 11/2017) A respeito dos recursos, é correto afirmar:

a) os embargos de declaração tem efeito suspensivo e, em alguns casos, tem efeito interrupto dos prazos recursais.
b) a renúncia do direito de recorrer depende a anuência da outra parte.
c) cabe agravo de instrumento dos despachos.
d) o recorrente só poderá desistir do recurso com a anuência do recorrido e dos litisconsortes.
e) cabe agravo de instrumento da decisão que julgar o incidente de desconsideração da personalidade jurídica.

COMENTÁRIOS

Alternativa "A": incorreta. Os embargos de declaração não possuem efeito suspensivo e interrompem o prazo para a interposição de recurso (art. 1.026, caput, CPC).

Alternativa "B": incorreta. A renúncia do direito de recorrer não depende da anuência da outra parte (art. 999, CPC).

Alternativa "C": incorreta. Os despachos são irrecorríveis.

Alternativa "D": incorreta. O recorrente poderá desistir do recurso independentemente da anuência do recorrido e dos litisconsortes (art. 998, CPC).

Alternativa "E": incorreta. Da decisão que julgar o IDPJ (incidente de desconsideração da personalidade jurídica) caberá o recurso de agravo de instrumento (art. 1.015, IV, CPC).

Gabarito: E.

---

159. (FCC – Analista Judiciário – Área Judiciária – TRT 2/2018) Considere a seguinte situação hipotética:

No ano de 2015, a Terceira Turma do Superior Tribunal de Justiça julgou um importante tema de direito privado em sede de recurso especial envolvendo contratos bancários. Neste ano de 2018 houve alteração na composição da referida Turma, com a saída de três dos cinco Ministros e a posse de três novos Ministros. No mês de Abril do corrente ano, a mesma Terceira Turma do Superior Tribunal de Justiça, quando do julgamento de outro recurso especial, divergiu do julgamento anterior proferido no ano de 2015, quando da análise da mesma questão de mérito envolvendo contratos bancários. Neste caso, nos termos estabelecidos pelo Código de Processo Civil, a parte interessada poderá interpor

a) agravo regimental.
b) embargos de divergência.
c) embargos infringentes.
d) mandado de segurança.
e) reclamação.

COMENTÁRIOS

✪ **Notas do autor:** é cabível a interposição de embargos de divergência contra o acórdão de órgão fracionário que: I – em recurso extraordinário ou em recurso especial, divergir do julgamento de qualquer outro órgão do mesmo tribunal, sendo os acórdãos, embargado e paradigma, de mérito; III – em recurso extraordinário ou em recurso especial, divergir do julgamento de qualquer outro órgão do mesmo tribunal, sendo um acórdão de mérito e outro que não tenha conhecido do recurso, embora tenha apreciado a controvérsia (art. 1.043, CPC).

Gabarito: B.

---

160. (FCC – Analista Judiciário – Oficial de Just. Avaliador – TRT 24/2017) Os embargos de declaração, nos termos preconizados pelo Código de Processo Civil, serão opostos em petição dirigida ao juiz no prazo de

a) 10 dias, sem efeito suspensivo e interrompendo o prazo para a interposição de recurso.
b) 10 dias, possuindo efeito suspensivo, e suspendendo o prazo para a interposição de recurso.
c) 3 dias, possuindo efeito suspensivo e interrompendo o prazo para a interposição de recurso.
d) 5 dias, possuindo efeito suspensivo e suspendendo o prazo para a interposição de recurso.
e) 5 dias, sem efeito suspensivo e interrompendo o prazo para a interposição de recurso.

COMENTÁRIOS

✪ **Notas do autor:** os embargos declaratórios devem ser interpostos no prazo de cinco dias e o seu oferecimento interromperá o curso do prazo para a interposição de outros recursos (art. 1.023, caput, CPC).

Gabarito: E.

---

161. (Cespe – Analista Judiciário – Área Judiciária – TRE – BA/2017) De acordo com a jurisprudência dos tribunais superiores, julgue os itens que se seguem.

I. A fixação de astreintes pelo juiz faz coisa julgada material, caso não seja objeto de recurso pela parte interessada, não podendo ser alterada posteriormente.

II. Tendo sido a intimação feita por oficial de justiça, a contagem do prazo recursal inicia-se da data em que a parte tomou conhecimento da intimação, porque a contagem a partir da data da juntada do mandado somente se aplica para hipóteses de citação.

III. O prazo decadencial para a impetração de mandado de segurança em razão de redução ilegal do valor de vantagem integrante de remuneração de servidor público se renova a cada mês.

IV. São protelatórios os embargos de declaração cuja finalidade seja rediscutir matéria julgada em conformidade com precedente firmado pelo rito dos recursos repetitivos.

Estão certos apenas os itens

a) I e II.
b) I e IV.
c) II e III.
d) III e IV.
e) II, III e IV.

COMENTÁRIOS

Assertiva I – incorreta. As astreintes fixadas pelo juiz poderão ser posteriormente modificadas, devendo ser objeto de análise casuística pelo juiz, que aplicará o princípio da proporcionalidade e o da razoabilidade.

Assertiva II – incorreta. Sendo a intimação da decisão realizada por meio de oficial de justiça, o prazo se inicia da contagem do mandado aos autos.

Assertiva III – correta. Tratando-se de mandado de segurança por redução da vantagem, o prazo decadencial de cento e vinte dias conta-se mês a mês. Diferentemente do que ocorre no caso de supressão da vantagem.

Assertiva IV – correta. Considera-se litigante de má-fé aquele que interpõe recurso com intuito manifestamente protelatório (art. 80, VII, CPC). Quando manifestamente protelatórios os embargos de declaração, o juiz ou o tribunal, em decisão fundamentada, condenará o embargante a pagar ao embargado multa não excedente a dois por cento sobre o valor atualizado da causa (art. 1.026, § 3º). De acordo com orientação do STJ, aliás, anterior ao próprio CPC/2015, caracterizam-se como protelatórios os embargos de declaração que visam rediscutir matéria já apreciada e decidida pela Corte de origem em conformidade com súmula do STJ ou do STF, ou, ainda, precedentes de casos repetitivos.

Gabarito: D.

162. (FGV – Analista Judiciário – Área Judiciária – TJ – AL/2018) O recurso cabível para se impugnar decisão interlocutória proferida em processo de execução é:

a) o agravo de instrumento;

b) o agravo retido;

c) a apelação;

d) a rescisória;

e) nenhum, pois se trata de provimento irrecorrível.

COMENTÁRIOS

✪ **Notas do autor:** o recurso de agravo de instrumento será cabível nas hipóteses previstas no art. 1.015, do CPC, incluindo-se, entre elas, as decisões interlocutórias proferidas no processo de execução.

Gabarito: A.

163. (Cespe – Analista Judiciário – Área Administrativa – TRE – BA/2017) Acerca do sistema recursal previsto no CPC, julgue os itens a seguir.

I. O recorrente só poderá desistir do recurso com a anuência do recorrido e dos litisconsortes.

II. Os embargos de declaração interrompem o prazo para a interposição de recurso.

III. Não comprovado o recolhimento do preparo no ato da interposição do recurso, a parte será intimada, na pessoa do seu advogado, para realizar o pagamento em dobro, sob pena de deserção.

Assinale a opção correta.

a) Apenas o item I está certo.

b) Apenas o item II está certo.

c) Apenas os itens I e III estão certos.

d) Apenas os itens II e III estão certos.

e) Todos os itens estão certos.

COMENTÁRIOS

Assertiva I – incorreta. O recorrente poderá desistir do recurso independentemente da anuência do recorrido e dos litisconsortes. Trata-se de ato unilateral.

Assertiva II – correta. Os embargos declaratórios interromperão o curso do prazo para a interposição de outros recursos.

Assertiva III – correta. Em atenção ao princípio da primazia do julgamento do mérito, não comprovado o recolhimento do preparo, o recorrente será intimado para realizar o recolhimento em dobro, sob pena de deserção (art. 1.007, § 4º, CPC).

Gabarito: D.

164. (FCC – Analista Judiciário – Direito – TJ – MA/2019) No que se refere aos recursos, é correto afirmar:

a) Não cabe agravo de instrumento contra decisões interlocutórias proferidas no processo de inventário, por se tratar de procedimento especial não sujeito a decisões de mérito.

b) Na apelação, as questões resolvidas na fase de conhecimento, se a decisão a seu respeito não comportar agravo de instrumento, são cobertas pela preclusão e não podem mais ser suscitadas.

c) O agravo interno será dirigido ao relator, que intimará o agravado para manifestar-se sobre o recurso no prazo de 15 (quinze) dias, ao final do qual, não havendo retratação, o relator levá-lo-á a julgamento pelo órgão colegiado, com inclusão em pauta.

d) Os embargos de declaração em nenhum caso admitem decisão com efeitos infringentes.

e) O recurso extraordinário e o recurso especial, nos casos constitucionalmente previstos, serão interpostos na atual sistemática processual por petição única para maior celeridade e otimização.

COMENTÁRIOS

Alternativa "A": incorreta. Consoante expressa previsão contida no parágrafo único, do art. 1.015, do CPC, é cabível o recurso de agravo de instrumento contra as decisões proferidas no processo de inventário.

Alternativa "B": incorreta. Na apelação, as questões resolvidas na fase de conhecimento, se a decisão a seu respeito não comportar agravo de instrumento, não estarão cobertas pela preclusão e poderão ser suscitadas.

Alternativa "C": correta. Contra decisão proferida pelo relator caberá agravo interno para o respectivo órgão colegiado. Na petição, o recorrente deverá impugnar especificamente os fundamentos da decisão agravada. O agravo será dirigido ao relator, que intimará o agravado para manifestar-se sobre o recurso no prazo de quinze dias, ao final do qual, não havendo retratação, o relator levá-lo-á a julgamento pelo órgão colegiado, com inclusão em pauta (art. 1.021, § 2º, CPC).

Alternativa "D": incorreta. Em regra, os embargos declaratórios não possuem efeito infringente. Contudo, a modificação do julgado, em situação excepcionais, será admitida (art. 1.024, § 4º, CPC).

Alternativa "E": incorreta. Os recursos extraordinário e especial devem ser interpostos em petições separadas, cada uma para um recurso específico.

Gabarito: C.

165. (FCC – Analista Judiciário – Área Judiciária – TRF 3/2019) Em ação de obrigação de fazer movida pela União contra Francisco, o juiz proferiu sentença acolhendo o pedido e deferindo, no mesmo ato, a antecipação dos efeitos da tutela, para que o réu desse cumprimento à obrigação no prazo de dez dias, sob pena de multa diária. O réu então interpôs, tempestivamente, embargos de declaração, arguindo omissão da sentença acerca da ocorrência de prescrição, matéria que até então não fora suscitada no processo. Nesse caso, os embargos declaratórios

a) não são cabíveis, pois não poderia haver omissão quanto a matéria que nem mesmo fora invocada pelas partes; ainda assim, a mera interposição dos embargos suspende o prazo para a interposição do recurso de apelação, bem como a eficácia da sentença embargada.

b) não são cabíveis, pois não poderia haver omissão quanto a matéria que nem mesmo fora invocada pelas partes; ainda assim, a mera interposição dos embargos interrompe o prazo para a interposição do recurso de apelação, mas não suspende a eficácia da sentença embargada.

c) são cabíveis, pois a prescrição é matéria sobre a qual o juiz deve se pronunciar de ofício; ademais, a mera interposição dos embargos interrompe o prazo para a interposição do recurso de apelação, mas não suspende a eficácia da sentença embargada.

d) são cabíveis, pois a prescrição é matéria sobre a qual o juiz deve se pronunciar de ofício; ademais, a mera interposição dos embargos suspende o prazo para a interposição do recurso de apelação, mas não a eficácia da sentença embargada.

e) são cabíveis, pois a prescrição é matéria sobre a qual o juiz deve se pronunciar de ofício; ademais, a mera interposição dos embargos interrompe o prazo para a interposição do recurso de apelação, além de suspender a eficácia da sentença embargada.

COMENTÁRIOS

✪ **Notas do autor:** a prescrição constitui-se em objeção de mérito e, como tal, poderá ser alegada a qualquer tempo e conhecida de ofício pelo juiz. Além disso, de se registrar que os embargos declaratórios possuem o efeito de interromper o curso do prazo prescricional. Contudo, a eficácia da decisão monocrática ou colegiada mantém-se, podendo ser suspensa pelo respectivo juiz ou relator se demonstrada a probabilidade de provimento do recurso ou, sendo relevante a fundamentação, se houver risco de dano grave ou de difícil reparação (art. 1.026, § 1º, CPC).

Gabarito: C.

166. (FCC – Analista Judiciário – Área Judiciária – TRF 4/2019) Renato ajuizou ação de cobrança contra Paulo, julgada procedente em primeiro grau. No julgamento do recurso de apelação interposto pelo réu, o Tribunal pronunciou a prescrição de ofício, sem conceder às partes a oportunidade de se manifestarem sobre essa matéria, que não havia sido previamente ventilada no processo. De acordo com o que está disposto no Código de Processo Civil, o acórdão que decidiu o recurso de apelação é

a) nulo, pois a prescrição não pode ser pronunciada de ofício.

b) válido, pois a prescrição é matéria que pode ser apreciada de ofício, circunstância que dispensa prévia manifestação das partes.

c) válido, pois, quando reconhecida em segundo grau de jurisdição, a prescrição pode ser pronunciada de ofício sem que antes seja dada oportunidade às partes de se manifestarem sobre ela.

d) nulo, pois o juiz não poderá decidir com base em fundamento acerca do qual não se tenha dado às partes oportunidade de se manifestarem, nem mesmo em segundo grau de jurisdição, ainda que se trate de matéria pronunciável de ofício.

e) nulo, pois o Tribunal não pode decidir com base em fundamento que não foi ventilado em primeiro grau de jurisdição, em virtude da preclusão.

COMENTÁRIOS

✪ **Notas do autor:** a prescrição se constitui em objeção de mérito e, dessa maneira, poderá ser alegada a qualquer tempo, admitindo-se que seja conhecida de ofício pelo juiz. Não obstante, em conformidade com o princípio da contraditório, o juiz não pode decidir, em grau algum de jurisdição, com base em fundamento a respeito do qual não se tenha dado às partes oportunidade de se manifestar, ainda que se trate de matéria sobre a qual deva decidir de ofício (art. 10, CPC). Por esse motivo, a decisão é nula.

Gabarito: D.

167. (Cespe – Analista Judiciário – Direito – TJ – PA/2020) De acordo com o estabelecido no CPC, o pronunciamento do magistrado que na justiça comum, em primeiro grau, revoga deferimento de gratuidade de justiça será

a) irrecorrível.

b) recorrível por agravo de instrumento em qualquer hipótese.

c) recorrível por apelação em qualquer hipótese.

d) recorrível, em regra, por agravo de instrumento, ressalvada a interposição de apelação quando a questão for resolvida na sentença.

e) recorrível por agravo interno somente se a decisão for prolatada em audiência.

COMENTÁRIOS

✪ **Notas do autor:** a decisão interlocutória que rejeite pedido de gratuidade da justiça ou acolhimento do pedido de sua revogação será impugnada pelo recurso de agravo de instrumento (art. 1.015, V), salvo se a questão for resolvida na sentença, quando então o pronunciamento judicial deverá ser impugnado pelo recurso de apelação.

Gabarito: D.

---

168. (Cespe – Analista Judiciário – Direito – TJ – AM/2019) Caio ajuizou ação contra determinada sociedade empresária e apresentou pedido único de repetição de valor decorrente de cobrança indevida, requerendo, ainda, a concessão de tutela de urgência. Após a apresentação de defesa pela ré, o juiz prolatou sentença em que concedeu a tutela provisória e, no mesmo pronunciamento, julgou o pedido procedente de forma definitiva. A sociedade empresária interpôs recurso de apelação requerendo a reforma total da sentença.

Considerando essa situação hipotética, julgue os itens seguintes.

Ao analisar a admissibilidade do recurso em primeiro grau, o magistrado, se considerar que estão presentes todos os pressupostos recursais, deverá recebê-lo apenas no efeito devolutivo.

- CERTO
- ERRADO

COMENTÁRIOS

✪ **Notas do autor:** a admissibilidade do recurso de apelação, em conformidade com o CPC/2015, deverá ser realizada exclusivamente pelo Juízo *ad quem* (Tribunal) e não mais pelo Juízo *a quo* (sentenciante). Como regra, a apelação tem efeito devolutivo e suspensivo (art. 1.012, *caput*, CPC).

Gabarito: errado.

---

169. (FGV – Analista Judiciário – Área Judiciária – TJ – AL/2018) João propõe ação em face de José e requer o benefício da gratuidade de justiça. Manifesta desinteresse na realização da audiência de conciliação ou mediação. O réu é citado e intimado para o comparecimento à audiência de mediação que não obstante fora designada. O réu peticiona no sentido também do desinteresse da realização dessa audiência e acosta aos autos sua contestação.

O réu, irresignado com a concessão de gratuidade de justiça ao autor, que ao seu sentir, teria condições de arcar com esta verba, deverá:

a) interpor agravo de instrumento diretamente ao Tribunal de Justiça e requerer que o relator atribua efeito suspensivo ao processo;

b) interpor reclamação, uma vez que o julgador praticou ato de ofício usurpando a competência do tribunal, que é quem deve conceder ou não a gratuidade;

c) interpor apelação imediatamente, uma vez que essa decisão interlocutória não é passível de recorribilidade imediata pelo agravo de instrumento;

d) aguardar a prolação da sentença e, simultaneamente à interposição da apelação, deve interpor o agravo de instrumento contra a referida decisão;

e) arguir na preliminar da contestação apresentada, a indevida concessão do benefício da gratuidade de justiça concedida.

COMENTÁRIOS

✪ **Notas do autor:** a contestação será composta por defesa processual e de mérito. Entre as defesas processuais possíveis, ditas preliminares, é possível alegar a indevida concessão do benefício de gratuidade de justiça (art. 337, XIII, CPC). Da decisão que rejeite o pedido de gratuidade da justiça ou acolhimento do pedido de sua revogação caberá o recurso de agravo de instrumento.

Gabarito: E.

---

170. (Consulplan – Analista Judiciário – Oficial de Just. Avaliador – TRF 2/2017) O preparo recursal consiste no pagamento das despesas relacionadas ao processamento do recurso. Sobre o tema, assinale a alternativa INCORRETA.

a) Prevê o Código de Processo Civil de 2015 que fica dispensado o recolhimento do porte de remessa e de retorno no processo em autos eletrônicos.

b) A insuficiência no valor do preparo não implicará a imediata deserção do recurso. Deve o recorrente ser intimado na pessoa de seu advogado para suprir o preparo no prazo de cinco dias.

c) Segundo entendimento adotado pela 2ª Seção do STJ no EAREsp 423.679-SC, o pagamento do preparo recursal pode ser comprovado por intermédio de recibo extraído da Internet, desde que esse meio de constatação de quitação possibilite a aferição da regularidade do recolhimento.

d) O indeferimento do benefício da gratuidade de justiça por meio de decisão interlocutória desafia a interposição do recurso de agravo de instrumento, sendo imprescindível que o recorrente demonstre o prévio recolhimento de custas recursais para que tal agravo possa ser analisado pelo relator e submetido a posterior julgamento.

COMENTÁRIOS

✪ **Notas do autor:** contra a decisão que indeferir a gratuidade ou a que acolher pedido de sua revogação caberá agravo de instrumento, exceto quando a questão for resolvida na sentença, contra a qual caberá apelação. O recorrente estará dispensado do recolhimento de custas até decisão do relator sobre a questão, preliminarmente ao julgamento do recurso (art. 101, CPC).

Gabarito: D.

---

171. (Consulplan – Analista Judiciário – Área Administrativa – TRE – RJ/2017) À luz do CPC/2015, acerca dos processos nos tribunais e meios de impugnação das decisões judiciais, assinale a afirmativa INCORRETA.

a) Os embargos de declaração não possuem efeito suspensivo e interrompem o prazo para a interposição de recurso.

b) O recurso pode ser interposto pela parte vencida, pelo terceiro prejudicado e pelo Ministério Público, como parte ou como fiscal da ordem jurídica.

c) O recurso adesivo fica subordinado ao recurso independente, sendo-lhe aplicáveis as mesmas regras deste quanto aos requisitos de admissibilidade e julgamento no tribunal.

d) Quando o resultado da remessa necessária for não unânime, o julgamento terá prosseguimento em sessão a ser designada com a presença de outros julgadores, que serão convocados nos termos previamente definidos no regimento interno, em número suficiente para garantir a possibilidade de inversão do resultado inicial, assegurado às partes e a eventuais terceiros o direito de sustentar, oralmente, suas razões perante os novos julgadores.

COMENTÁRIOS

✪ **Notas do autor:** como regra, quando o resultado da apelação for não unânime, o julgamento terá prosseguimento em sessão a ser designada com a presença de outros julgadores, que serão convocados nos termos previamente definidos no regimento interno, em número suficiente para garantir a possibilidade de inversão do resultado inicial, assegurado às partes e a eventuais terceiros o direito de sustentar oralmente suas razões perante os novos julgadores. Trata-se da técnica disciplinada no art. 924, do CPC, que não se aplica, contudo, no julgamento da remessa necessária (§4º, II).

Gabarito: D.

---

172. (FCC – Analista Judiciário – Oficial de Just. Avaliador – TRT 11/2017) José ajuizou procedimento comum, mas a petição inicial foi indeferida por conter pedidos incompatíveis entre si. Nesse caso, dessa decisão

a) caberá agravo de instrumento.

b) caberá apelação.

c) caberá agravo interno.

d) caberá recurso especial.

e) não caberá recurso.

COMENTÁRIOS

✪ **Notas do autor:** o pronunciamento judicial que indefere a petição inicial tem a natureza de sentença e, por isso, é impugnada pelo recurso de apelação.

Gabarito: B.

---

173. (FCC – Analista Judiciário – Oficial de Just. Avaliador – TRT 20/2016) Se o pedido contrariar enunciado de súmula do Supremo Tribunal Federal ou do Superior Tribunal de Justiça, o juiz

a) mandará citar o réu e procederá ao julgamento antecipado da lide se a causa dispensar a fase instrutória. Desta decisão caberá agravo de instrumento.

b) indeferirá a petição inicial. Desta decisão não caberá recurso.

c) poderá julgar liminarmente improcedente o pedido, sem a citação do réu, desde que a causa dispense a fase instrutória. Desta decisão caberá apelação.

d) poderá julgar liminarmente improcedente o pedido, depois de citado o réu, desde que a causa dispense a fase instrutória. Desta decisão não caberá recurso.

e) poderá julgar liminarmente improcedente o pedido, depois de citado o réu, ainda que a causa não dispense a fase instrutória. Desta decisão caberá apelação.

COMENTÁRIOS

✪ **Notas do autor:** nas causas que dispensem a fase instrutória, o juiz, independentemente da citação do réu, julgará liminarmente improcedente o pedido que contrariar: I – enunciado de súmula do Supremo Tribunal Federal ou do Superior Tribunal de Justiça; II – acórdão proferido pelo Supremo Tribunal Federal ou pelo Superior Tribunal de Justiça em julgamento de recursos repetitivos; III – entendimento firmado em incidente de resolução de demandas repetitivas ou de assunção de competência; IV – enunciado de súmula de tribunal de justiça sobre direito local. Sendo proferida sentença, o recurso adequado para a sua impugnação é o de apelação.

Gabarito: C.

174. (FCC – Analista Judiciário – Área Judiciária – TRT 24/2017) Renato ajuizou ação indenizatória contra Moisés que tramitou por meio eletrônico em uma das varas cíveis da comarca de São Paulo. Após o regular processamento a ação é julgada improcedente pelo Magistrado competente. Inconformado, Renato apresenta recurso de apelação sem, contudo, recolher qualquer valor a título de preparo. Neste caso, de acordo com o Código de Processo Civil, o juiz deverá

a) intimar Renato, na pessoa de seu advogado, para realizar o recolhimento do valor do preparo e do porte de remessa e de retorno, sob pena de deserção.
b) aplicar imediatamente a pena de deserção a Renato.
c) intimar Renato, na pessoa de seu advogado, para realizar o recolhimento em dobro do valor do preparo e do porte de remessa e de retorno, sob pena de deserção.
d) intimar Renato, na pessoa de seu advogado, para realizar o recolhimento em dobro do valor do preparo, exclusivamente, sob pena de deserção.
e) intimar Renato, na pessoa de seu advogado, para realizar o recolhimento do valor do preparo, exclusivamente, sob pena de deserção.

COMENTÁRIOS

✪ **Notas do autor:** o preparo é requisito objetivo de admissibilidade do recurso. No ato de interposição do recurso, o recorrente comprovará, quando exigido pela legislação pertinente, o respectivo preparo, inclusive porte de remessa e de retorno, sob pena de deserção. O recorrente que não comprovar, no ato de interposição do recurso, o recolhimento do preparo, inclusive porte de remessa e de retorno, será intimado, na pessoa de seu advogado, para realizar o recolhimento em dobro, sob pena de deserção (art. 1.007, § 4º, CPC).

Gabarito: D.

175. (FCC – Analista Judiciário – Oficial de Just. Avaliador – TRT 24/2017) Paulo ajuizou ação indenizatória contra Moisés em decorrência de um acidente de trânsito que envolveu ambas as partes.

Recebida a peça inicial o Magistrado, verificando desde logo a ocorrência da prescrição, poderá

a) julgar liminarmente improcedente o pedido, após a oitiva obrigatória da parte contrária, e Paulo poderá questionar a sentença por meio de recurso de apelação, sem possibilidade de retratação pelo Magistrado.
b) indeferir a petição inicial, cabendo a Paulo, se não se conformar, interpor recurso de apelação, com possibilidade de retratação pelo Magistrado em 5 dias.
c) julgar liminarmente improcedente o pedido, cabendo a Paulo, se não se conformar, interpor agravo de instrumento, com possibilidade de retratação pelo Magistrado.
d) julgar liminarmente improcedente o pedido, cabendo a Paulo, se não se conformar, interpor recurso de apelação, com possibilidade de retratação pelo Magistrado em 5 dias.
e) indeferir a petição inicial, cabendo a Paulo, se não se conformar, interpor agravo de instrumento, com possibilidade de retratação pelo Magistrado.

COMENTÁRIOS

✪ **Notas do autor:** o juiz poderá julgar liminarmente improcedente o pedido se verificar, desde logo, a ocorrência de decadência ou de prescrição (art. 332, § 1º, CPC). Proferida sentença nesses termos, se o autor interpuser o recurso de apelação, o juiz poderá retratar-se em cinco dias (art. 332, § 3º, CPC).

Gabarito: D.

15. AÇÕES CONSTITUCIONAIS

176. (FCC – Analista Judiciário – Área Judiciária – TRT 4/2022) Determinada associação, constituída há um ano e meio, com a finalidade institucional de defesa do patrimônio artístico, estético, histórico, turístico e paisagístico, deseja propor uma ação civil pública, com o objetivo de impedir que o Poder Público descaracterize uma praça situada no centro de determinado Município, com a instalação de um estacionamento privado para veículos.

Diante dessa situação,

a) a associação não poderá propor a ação civil pública, haja vista que, no caso apresentado, o instrumento apto a invalidar ato lesivo ao patrimônio público é a Ação Popular, à disposição de qualquer cidadão.

b) não é possível a proposição da ação civil pública no presente caso, pois as associações, com as finalidades acima descritas, não têm legitimidade para manejar tal instrumento.

c) a associação somente poderá propor a ação civil pública após a constatação da inércia do Ministério Público, pois sua iniciativa é subsidiária.

d) a associação somente poderá propor a ação civil pública depois que estiver constituída há pelo menos 2 anos, nos termos da lei civil.

e) é possível a proposição da ação civil pública, como desejado, já que a associação está constituída há pelo menos 1 ano e tem, entre seus fins institucionais, a defesa do patrimônio histórico, turístico e paisagístico.

COMENTÁRIOS

Comentários: possui legitimidade para a ação civil pública, entre outros, a associação que, concomitantemente: a) esteja constituída há pelo menos um ano nos termos da lei civil; b) inclua, entre suas finalidades institucionais, a proteção ao patrimônio público e social, ao meio ambiente, ao consumidor, à ordem econômica, à livre concorrência, aos direitos de grupos raciais, étnicos ou religiosos ou ao patrimônio artístico, estético, histórico, turístico e paisagístico (art. 5º, V, a e b, da Lei nº 7.347/1985). Assim, a associação indicada no problema poderá ajuizar a ação civil pública.

Gabarito: E.

---

177. (Cespe – Analista Judiciário – Área Judiciária – TRT 8/2022) O Ministério Público estadual deseja ajuizar ação de improbidade administrativa em face de agente público que praticou ato de improbidade administrativa em prejuízo a certo município, localizado no interior de determinado estado da Federação.

Nessa situação hipotética, de acordo com o previsto expressamente na lei que regulamenta a ação de improbidade administrativa, a demanda deve ser ajuizada perante o foro do(a)

a) local onde ocorreu o dano ou da pessoa jurídica prejudicada.

b) domicílio do réu ou do local onde ele possui patrimônio.

c) domicílio do réu ou do local onde ocorreu o dano.

d) pessoa jurídica prejudicada ou da capital do estado.

e) capital do estado ou do local onde o réu possui patrimônio.

COMENTÁRIOS

✪ **Notas do autor:** em conformidade com o art. 17, § 4º-A, da Lei nº 8.429/1992, a ação de improbidade administrativa deve ser ajuizada perante o foro do local onde ocorrer o dano ou da pessoa jurídica prejudicada.

Gabarito: A.

---

178. (FCC – 2023 – TRT 17 – Analista Judiciário – Área Judiciária) De acordo com a sua lei de regência, o mandado de segurança não pode ser concedido quando impetrado contra

a) decisão judicial transitada em julgado, salvo quando contrariar súmula dos Tribunais Superiores.

b) ato de representante de partido político.

c) decisão judicial da qual caiba recurso com efeito meramente devolutivo.

d) ato de pessoa jurídica de direito privado, ainda que praticado no exercício de atribuições do poder público.

e) ato de gestão comercial praticado por administrador de empresa pública.

COMENTÁRIOS

✪ **Notas do autor:** o procedimento do mandado de segurança é regulado pela Lei nº 12.016/2009.

Alternativa "A": incorreta. Não se concederá mandado de segurança quando se tratar de decisão judicial transitada em julgado, independentemente do fundamento (art. 5º, III).

Alternativas "B" e "D": incorretas. Equiparam-se às autoridades, para os efeitos desta Lei, os representantes ou órgãos de partidos políticos e os administradores de entidades autárquicas, bem como os dirigentes de pessoas jurídicas ou as pessoas naturais no exercício de atribuições do poder público, somente no que disser respeito a essas atribuições (art. 1º, § 1º).

Alternativa "C": incorreta. Não se concederá mandado de segurança quando se tratar de decisão judicial da qual caiba recurso com efeito suspensivo.

Alternativa "E": correta. Não cabe mandado de segurança contra os atos de gestão comercial praticados pelos administradores de empresas públicas, de sociedade de economia mista e de concessionárias de serviço público (art. 1º, § 2º, Lei nº 12.016/2009, cuja constitucionalidade foi reconhecida na ADIn 4.296).

Gabarito: "E".

---

179. (CEBRASPE – 2023 – TJ/ES – Analista Judiciário – Área Administrativa) Quanto aos aspectos processuais relativos ao papel desempenhado pelas funções essenciais à justiça, julgue o item a seguir.

Com o objetivo de promover a defesa dos interesses difusos e coletivos, a Defensoria Pública detém legitimidade ativa para a proposição de ação civil pública, tanto principal como cautelar.

COMENTÁRIOS

✪ **Notas do autor:** Nos termos do art. 5º, II, da Lei nº 7.347/1985, possui legitimidade para propor a ação civil pública e a ação cautelar, entre outros, a Defensoria Pública.

Certo.

---

180. (FCC – Analista Judiciário – Oficial de Just. Avaliador – TRT 11/2017) Têm legitimidade para propor a ação civil pública, dentre outros,

a) qualquer do povo.

b) todas sociedades legalmente constituídas.

c) quaisquer funcionários públicos.

d) os Municípios.

e) quaisquer grupos despersonalizados.

COMENTÁRIOS

✪ **Notas do autor:** a ação civil pública poderá ser promovida: I – pelo Ministério Público; II – pela Defensoria Pública; III – pela União, Estados, Distrito Federal e os Municípios; IV – a autarquia, empresa pública, fundação ou sociedade de economia mista; V – a associação que, concomitantemente: a) esteja constituída há pelo menos 1 (um) ano nos termos da lei civil; b) inclua, entre suas finalidades institucionais, a proteção ao patrimônio público e social, ao meio ambiente, ao consumidor, à ordem econômica, à livre concorrência, aos direitos de grupos raciais, étnicos ou religiosos ou ao patrimônio artístico, estético, histórico, turístico e paisagístico (art. 5º, da Lei nº 7.347/1985).

Gabarito: D.

---

181. (FCC – Analista Judiciário – Área Judiciária – TRT 11/2017) A respeito da ação popular, considere:

I. Pode ser proposta por pessoa jurídica.

II. Na defesa do patrimônio público caberá a suspensão liminar do ato lesivo impugnado.

III. O prazo prescricional é de 5 anos.

Está correto o que se afirma APENAS em

a) II e III.

b) I e II.

c) I e III.

d) I.

e) II.

COMENTÁRIOS

Assertiva I – errada. A ação popular não poderá ser proposta por pessoa jurídica (Súmula 365, STF). A legitimidade é exclusiva do cidadão. Aliás, não é condição para o cabimento da ação popular a demonstração de prejuízo material aos cofres públicos, dado que o art. 5º, inciso LXXIII, da Constituição Federal estabelece que qualquer cidadão é parte legítima para propor ação popular e impugnar, ainda que separadamente, ato lesivo ao patrimônio material, moral, cultural ou histórico do Estado ou de entidade de que ele participe (Tema 836 – Repercussão Geral – STF).

Assertiva II – correta. Poderá o juízo suspender o ato lesivo impugnado por meio de tutela provisória, desde que presentes os requisitos autorizadores.

Assertiva III – correta. A prescrição da pretensão na ação popular é de cinco anos (art. 21, Lei nº 4.717/1965).

Gabarito: A.

---

182. (Cespe – Analista Judiciário – Direito – TJ – AM/2019) A respeito de ação de improbidade administrativa, mandado de segurança, ação popular e ação civil pública, julgue os itens a seguir.

Situação hipotética: Determinado servidor público impetrou mandado de segurança alegando possuir direito líquido e certo à implementação em folha de pagamento de determinada vantagem pecuniária. Em sua petição inicial, informou que a prova documental necessária para demonstrar seu direito estava em posse da administração pública, solicitando previamente a exibição do documento. Assertiva: Nessa situação, o juiz deve extinguir o processo sem resolução do mérito, porque o incidente solicitado pelo autor é incompatível com a via mandamental.

- CERTO
- ERRADO

COMENTÁRIOS

✪ **Notas do autor:** no caso em que o documento necessário à prova do alegado se ache em repartição ou estabelecimento público ou em poder de autoridade que se recuse a fornecê-lo por certidão ou de terceiro, o juiz ordenará, preliminarmente, por ofício, a exibição desse documento em original ou em cópia autêntica e marcará, para o cumprimento da ordem, o prazo de 10 (dez) dias. O escrivão extrairá cópias do documento para juntá-las à segunda via da petição (art. 6º, § 1º, Lei nº 12.016/2009).

Gabarito: errado.

---

183. (Cespe – Analista Judiciário – Direito – TJ – AM/2019) A respeito de ação de improbidade administrativa, mandado de segurança, ação popular e ação civil pública, julgue os itens a seguir.

Decisão do magistrado que, em sede de ação popular, deferir liminar determinando a imediata suspensão de ato lesivo ao patrimônio público é recorrível por agravo de instrumento, com a possibilidade de atribuição de efeito suspensivo pelo tribunal.

- CERTO
- ERRADO

COMENTÁRIOS

✪ **Notas do autor:** a aludida liminar correspondente a decisão interlocutória que defere tutela provisória, de modo que impugnável pelo recurso de agravo de instrumento (art. 1.015, I, CPC).

Gabarito: certo.

---

184. (Cespe – Analista Judiciário – Direito – TJ – AM/2019) A respeito de ação de improbidade administrativa, mandado de segurança, ação popular e ação civil pública, julgue os itens a seguir.

De acordo com a Lei n.º 7.347/1985 (Lei da Ação Civil Pública), é nulo o inquérito civil que não observe o princípio do contraditório.

- CERTO
- ERRADO

COMENTÁRIOS

✪ **Notas do autor:** o inquérito civil não observa o princípio do contraditório, mas do inquisitório.

Gabarito: errado.

---

185. (FGV – Analista Judiciário – Área Judiciária – TJ – AL/2018) Quanto ao procedimento do mandado de segurança, é correto afirmar que:

a) a sentença concessiva da ordem não pode dar azo à instauração de execução por quantia certa;

b) é admissível o ingresso de litisconsorte ativo, depois de o juiz deferir a liminar;

c) a eficácia condenatória da sentença concessiva da ordem retroage à data da edição do ato administrativo impugnado;

d) a autoridade impetrada tem legitimidade para interpor recursos;

e) o acórdão denegatório da ordem, nas hipóteses de competência originária dos tribunais, poderá ser impugnado por recurso extraordinário ou especial.

COMENTÁRIOS

Alternativa "A": incorreta. A sentença concessiva da ordem poderá dar ensejo à execução por quantia certa das quantias devidas desde a impetração do mandado de segurança.

Alternativa "B": incorreta. Somente é admissível o ingresso de litisconsórcio ativo até o despacho inicial do juiz (art. 10, § 2º, Lei nº 12.016/2009).

Alternativa "C": incorreta. A sentença condenatória não retroage à data da edição do ato impugnado, podendo ser objeto de execução os valores devidos a partir da impetração do mandado de segurança.

Alternativa "D": correta. Estende-se à autoridade coatora o direito de recorrer (art. 14, § 2º, Lei nº 12.016/2009).

Alternativa "E": incorreta. O acórdão denegatório de ordem, na hipótese de competência originária de tribunal, poderá ser impugnado pelo recurso ordinário.

Gabarito: D.

---

186. (Cespe – Analista Judiciário – Área Judiciária – TRE – PE/2017) Acerca do prazo decadencial para impetrar mandado de segurança contra a redução ilegal de vantagem integrante de remuneração de servidor público e dos efeitos financeiros decorrentes de eventual concessão da ordem mandamental, assinale a opção correta de acordo com o entendimento do STJ.

a) O prazo renova-se mês a mês e os efeitos financeiros da concessão da ordem retroagem à data do ato impugnado.

b) O prazo conta-se a partir da redução, não havendo efeitos financeiros retroativos de valores eventualmente vencidos, por não haver direito adquirido no regime jurídico.

c) O prazo conta-se a partir da redução, devendo o impetrante ajuizar nova demanda de natureza condenatória para reivindicar os valores vencidos.

d) O prazo renova-se mês a mês, devendo o impetrante ajuizar nova demanda de natureza condenatória para reivindicar os valores vencidos.

e) O prazo conta-se a partir da redução e os efeitos financeiros da concessão da ordem retroagem à data do ato impugnado.

COMENTÁRIOS

✪ **Notas do autor:** De acordo com a regra fixada no âmbito do Superior Tribunal de Justiça, "a redução do valor de vantagem nos proventos ou remuneração do Servidor, ao revés da supressão destas, configura relação de trato sucessivo, pois não equivale à negação do próprio fundo de direito, motivo pelo qual o prazo decadencial para se impetrar a ação mandamental renova-se mês a mês, não havendo que se falar, portanto, em decadência do mandado de segurança" (Embargos de Divergência no RESp 1.164.514/MA). De outro lado, quando se tratar de supressão de vantagem de vencimentos ou proventos dos servidores públicos, não se configura relação de trato sucessivo, mas ato único de efeitos concretos e permanentes, devendo este ser marco inicial para a contagem do prazo decadencial de 120 dias (AgInt nos EDcl nos EDcl nos EDcl no RMS 55080 / RJ). Portanto, a regra, em consonância com a orientação jurisprudencial atual, é: a) supressão da vantagem – ato único de efeitos concretos, contando-se o prazo de 120 dias do ato que a determina; b) redução do valor – relação de trato sucessivo, renovando-se o prazo mês a mês.

Gabarito: A.

---

187. (Cespe – Analista Judiciário – Área Judiciária – TRE – PE/2017) Acerca dos aspectos processuais das ações coletivas, assinale a opção correta.

a) Em ação civil pública, fará coisa julgada erga omnes a sentença cujo pedido tiver sido julgado improcedente por insuficiência de provas.

b) O processamento e o julgamento das ações civis públicas competem ao juízo do domicílio do causador do dano.

c) Em ação de improbidade administrativa, é facultado ao Ministério Público agir no processo como fiscal da lei, desde que ele não atue como parte.

d) Partido político tem legitimidade para impetrar mandado de segurança coletivo, sem a necessidade de demonstrar representação no Congresso Nacional.

e) A legitimidade para propor ação popular é do cidadão; se ele desistir da ação, poderá o Ministério Público promover o seu prosseguimento.

COMENTÁRIOS

Alternativa "A": incorreta. A sentença que tiver julgado improcedente o pedido por insuficiência de provas não fará coisa julgada *erga omnes*.

Alternativa "B": incorreta. A ação civil pública será proposta no foro do local onde ocorrer o dano, cujo juízo terá competência funcional para processar e julgar a causa (art. 2º, caput, Lei nº 7.347/1985).

Alternativa "C": incorreta. Atualmente, o Ministério Público detém legitimidade exclusiva para a propositura da ação de improbidade administrativa (art. 17, caput, Lei nº 8.429/1992).

Alternativa "D": incorreta. O mandado de segurança coletivo pode ser impetrado por partido político com representação no Congresso Nacional, na defesa de seus interesses legítimos relativos a seus integrantes ou à finalidade partidária, ou por organização sindical, entidade de classe ou associação legalmente constituída e em funcionamento há, pelo menos, 1 (um) ano, em defesa de direitos líquidos e certos da totalidade, ou de parte, dos seus membros ou associados, na forma dos seus estatutos e desde que pertinentes às suas finalidades, dispensada, para tanto, autorização especial (art. 21,caput, Lei nº 12.016/2009).

Alternativa "E": correta. Se o autor desistir da ação, ficando assegurado a qualquer cidadão, bem como ao representante do Ministério Público, promover o prosseguimento da ação (art. 9º, Lei nº 4.717/1965).

Gabarito: E.

---

188. (Cespe – Analista Judiciário – Área Judiciária – TRE – TO/2017) Determinado cidadão impetrou, na justiça cível estadual, mandado de segurança contra ato do presidente do partido político ao qual é filiado, que lhe teria negado o direito de concorrer ao cargo de vereador. Na oportunidade, questionou, ainda, a validade da convenção partidária na qual foram escolhidos os candidatos do partido. Ao receber a petição inicial, o juízo declinou sua competência para a justiça eleitoral. Posteriormente, o juízo da zona eleitoral, por entender que a matéria referente a critérios do partido político para a escolha de candidatos diz respeito à validade de ato interno do partido, suscitou conflito de competência por entender que a competência seria do juízo que a havia declinado. Considerando essa situação hipotética, assinale a opção correta de acordo com a legislação em vigor e com a jurisprudência dos tribunais superiores.

a) O conflito de competência deve ser decidido pelo Superior Tribunal de Justiça, e a competência para exame do mandado de segurança é da justiça eleitoral.

b) O conflito de competência deve ser decidido pelo Supremo Tribunal Federal, e a competência para exame do mandado de segurança é da justiça estadual.

c) O conflito de competência deve ser decidido pelo Supremo Tribunal Federal, e a competência para exame do mandado de segurança é da justiça eleitoral.

d) O conflito de competência não deve ser conhecido porque esse incidente somente pode ser suscitado pelas partes ou pelo Ministério Público.

e) O conflito de competência deve ser decidido pelo Superior Tribunal de Justiça, e a competência para exame do mandado de segurança é da justiça estadual.

COMENTÁRIOS

✪ **Notas do autor:** compete ao Superior Tribunal de Justiça julgar os conflitos de competência entre quaisquer tribunais (exceto nos casos de competência do Supremo Tribunal Federal), bem como entre tribunal e juízes a ele não vinculados e entre juízes vinculados a tribunais diversos (art. 105, I, "d", Constituição Federal).

Gabarito: A.

---

189. (Cespe - Analista Judiciário - Área Judiciária - TRE - TO/2017) Em razão da existência de ato lesivo ao patrimônio público, determinado cidadão propôs ação popular e incluiu no polo passivo da ação o gestor público e a pessoa jurídica de direito público responsáveis pelo ato, além dos particulares supostamente beneficiados.

Nessa situação hipotética,

a) a pessoa jurídica de direito público deve obrigatoriamente contestar a demanda, sob pena de responsabilização do advogado público.

b) o litisconsórcio formado no polo passivo da ação popular deve ser classificado como necessário e simples.

c) em razão de o Ministério Público ter de atuar como fiscal da ordem jurídica, é vedado ao órgão, em qualquer hipótese, assumir o polo ativo da ação popular.

d) de acordo com a lei, a prova da cidadania que o autor deve fazer para promover esse tipo de ação ocorre exclusivamente pela apresentação do título de eleitor.

e) a sentença proferida se submeterá ao regime de remessa necessária apenas se o ente público vier a ser condenado.

COMENTÁRIOS

Alternativa "A": incorreta. A pessoa jurídica de direito público não deve obrigatoriamente contestar a demanda, podendo, se for o caso, abster-se de contestar o pedido, ou mesmo atuar ao lado do autor, desde que isso se afigure útil ao interesse público (art. 6º, § 3º, Lei 4.717/1965).

Alternativa "B": correta. A ação popular será proposta contra as pessoas públicas ou privadas e as entidades, contra as autoridades, funcionários ou administradores que houverem autorizado, aprovado, ratificado ou praticado o ato impugnado, ou que, por omissas, tiverem dado oportunidade à lesão, e contra os beneficiários diretos do mesmo (art. 6º, caput, da Lei nº 4.717/1965).

Alternativa "C": incorreta. Se o autor desistir da ação ou der motivo à extinção do processo, sem resolução do mérito, serão publicados editais, ficando assegurado a qualquer cidadão, bem como ao representante do Ministério Público, dentro do prazo de 90 (noventa) dias da última publicação feita, promover o prosseguimento da ação.

Alternativa "D": incorreta. A prova da cidadania, para ingresso em juízo, será feita com o título eleitoral, ou com documento que a ele corresponda (art. 1º, § 3º, da Lei 4.717/1965).

Alternativa "E": incorreta. A sentença que concluir pela carência ou pela improcedência da ação está sujeita à remessa necessária, não produzindo efeito senão depois de confirmada pelo tribunal; da que julgar a ação procedente caberá apelação, com efeito suspensivo.

Gabarito: B.

---

190. (Consulplan - Analista Judiciário - Área Administrativa - TRE - RJ/2017) Analise o caso hipotético a seguir: "O Secretário de Fazenda do Estado X editou Instrução Normativa que suprime diversas vantagens dos Promotores de Justiça, tais como insalubridade, horas extras, vale-alimentação, em outras. Todas estas vantagens estão previstas no Estatuto da Classe. A fim de resguardar seus direitos, João, Promotor de Justiça, impetrou Mandado de Segurança contra o ato do Secretário. Sobre o mandado de segurança, assinale a alternativa correta.

a) No caso de pedido de reconsideração na via administrativa, o prazo decadencial para a interposição do mandado de segurança fica suspenso.

b) O prazo decadencial para impetrar mandado de segurança contra redução do valor de vantagem integrante de proventos ou de remuneração de servidor público renova-se mês a mês.

c) João, na qualidade de Promotor de Justiça, tem legitimidade para postular em causa própria o mandado de segurança, uma vez que a referida Instrução Normativa fere direito líquido e certo previsto em Lei.

d) Considerando que o Governador do Estado X delegou a função ao Secretário de Fazenda para criar a Instrução Normativa que supre direitos dos Promotores de Justiça, somente o Governador poderá figurar no polo passivo como autoridade coatora.

COMENTÁRIOS

Alternativa "A": incorreta. Considerando-se que o pedido de reconsideração na via administrativa não tem efeito suspensivo, o prazo decadencial para o ajuizamento do mandado de segurança não fica suspensivo e nem é interrompido.

Alternativa "B": embora tenha sido anotada como correta, há de serem feitas algumas observações. De acordo com a regra fixada no âmbito do Superior Tribunal de Justiça, "a redução do valor de vantagem nos proventos ou remuneração do Servidor, ao revés da supressão destas, configura relação de trato sucessivo, pois não equivale à negação do próprio fundo de direito, motivo pelo qual o prazo decadencial para se impetrar a ação mandamental renova-se mês a mês, não havendo que se falar, portanto, em decadência do mandado de segurança" (Embargos de Divergência no RESp 1.164.514/MA). De outro lado, quando se tratar de supressão de vantagem de vencimentos ou proventos dos servidores públicos, não se configura relação de trato sucessivo, mas ato único de efeitos concretos e permanentes, devendo este ser marco inicial para a contagem do prazo decadencial de 120 dias (AgInt nos EDcl nos EDcl nos EDcl no RMS 55080 / RJ). Portanto, a regra, em consonância com a orientação jurisprudencial atual, é: a) supressão da vantagem - ato único de efeitos concretos, contando-se o prazo de 120 dias do ato que a determina; b) redução do valor – relação de trato sucessivo, renovando-se o prazo mês a mês. Dessa maneira, a afirmação contida na alternativa não está correta em conformidade com a jurisprudência atual do Superior Tribunal de Justiça.

Alternativa "C": incorreta. Não é possível que João, na qualidade de justiça, postule a tutela de direito individual que não seja indisponível ou homogêneo.

Alternativa "D": incorreta. Considerando-se que a função foi delegada a Secretário de Estado, este poderá ser indicado como autoridade coatora.

Gabarito: B, com as observações acima, de que, de acordo com a atual jurisprudência do STJ, a afirmativa está incorreta.

---

191. (FCC - Analista Judiciário - Área Administrativa - TRE - SP/2017) Sobre o mandado de segurança, considere:

I. Quando o direito ameaçado ou violado couber a várias pessoas, a utilização do mandado de segurança depende do seu ajuizamento conjunto por todas elas, em litisconsórcio ativo.

II. O direito de requerer mandado de segurança extinguir-se-á decorridos 90 dias, contados da ciência, pelo interessado, do ato impugnado.

III. O titular de direito líquido e certo decorrente de direito, em condições idênticas, de terceiro poderá impetrar mandado de segurança a favor do direito originário, se o seu titular não o fizer, no prazo de 30 dias, quando notificado judicialmente.

IV. É cabível mandado de segurança contra os atos de gestão comercial praticados pelos administradores de empresas públicas, de sociedade de economia mista e de concessionárias de serviço público.

V. Das decisões em mandado de segurança proferidas em única instância pelos tribunais cabe recurso especial e extraordinário, nos casos legalmente previstos, e recurso ordinário, quando a ordem for denegada.

É correto o que consta APENAS em

a) I e II.
b) I e III.
c) II e IV.
d) III e V.
e) IV e V.

COMENTÁRIOS

Assertiva I – incorreta. Quando o direito ameaçado ou violado couber a várias pessoas, qualquer delas poderá requerer o mandado de segurança (art. 1º, § 3º, Lei nº 12.016/2009).

Assertiva II – incorreta. O direito de requerer o mandado de segurança decairá no prazo de 120 dias, contados da ciência do ato impugnado (art. 23, Lei nº 12.016/2009).

Assertiva III – correta. O titular de direito líquido e certo decorrente de direito, em condições idênticas, de terceiro poderá impetrar mandado de segurança a favor do direito originário, se o seu titular não o fizer, no prazo de 30 (trinta) dias, quando notificado judicialmente (art. 3º, caput, Lei nº 12.016/2009).

Assertiva IV – incorreta. Não cabe mandado de segurança contra os atos de gestão comercial praticados pelos administradores de empresas públicas, de sociedade de economia mista e de concessionárias de serviço público (art. 1º, § 2º, Lei nº 12.016/2009).

Assertiva V – correta. Das decisões em mandado de segurança proferidas em única instância pelos tribunais cabe recurso especial e extraordinário, nos casos legalmente previstos, e recurso ordinário, quando a ordem for denegada (art. 18, Lei nº 12.016/2009).

Gabarito: "D".

---

192. (FCC - Analista Judiciário - Área Judiciária - TRE - PR/2017) A respeito do mandado de segurança é INCORRETO afirmar:

a) O direito de requerer mandado de segurança extinguir-se-á decorridos cento e vinte dias, contados da ciência, pelo interessado, do ato impugnado.
b) Do indeferimento da petição inicial pelo juiz de primeiro grau caberá agravo de instrumento.
c) Da sentença que conceder ou denegar a segurança caberá apelação.

d) Concedida a segurança, a sentença estará sujeita obrigatoriamente ao duplo grau de jurisdição.

e) O pedido de mandado de segurança poderá ser renovado dentro do prazo decadencial, se a decisão denegatória não lhe houver apreciado o mérito.

COMENTÁRIOS

✪ **Notas do autor:** do indeferimento da petição inicial pelo juiz de primeiro grau caberá o recurso de apelação e não o de agravo de instrumento. E isso, pois, o ato judicial impugnado é apelação. Logo, a assertiva incorreta é a letra 'B".

Gabarito: "B".

---

193. (Cespe – Analista Judiciário – Área Judiciária – TRF 1/2017) A respeito de mandado de segurança, ação popular, ação civil pública e ação de improbidade administrativa, julgue os itens a seguir.

Ainda que a prática de ato que configure improbidade administrativa não cause prejuízo ao erário ou não implique enriquecimento ilícito, estará o responsável sujeito à perda da função pública.

COMENTÁRIOS

✪ **Notas do autor:** a solução desta questão exige muita atenção em razão das modificações da Lei nº 8.429/1992 pela Lei nº 14.230/2021. A perda da função pública, atualmente, somente poderá ser aplicada na hipótese de ato de improbidade administrativa que causar prejuízo ao erário ou enriquecimento ilícito, não sendo admitida se houver violação aos princípios da administração pública pela prática de ação ou omissão dolosa que violar os deveres de honestidade, de imparcialidade e de legalidade (art. 12, III e § 1º, da Lei nº 8.429/1992.

Gabarito: certo, com observação de que, atualmente, a assertiva é falsa.

---

194. (Cespe – Analista Judiciário – Área Judiciária – TRF 1/2017) A respeito de mandado de segurança, ação popular, ação civil pública e ação de improbidade administrativa, julgue os itens a seguir.

Na ação popular, o juiz determina a intimação do Ministério Público somente após a apresentação da defesa do réu.

COMENTÁRIOS

✪ **Notas do autor:** diferentemente do que foi afirmado, o juiz determinará a intimação do Ministério Público após já despachar a inicial (e não após a apresentação de resposta do réu) (art. 7º, I, "a", Lei nº 4.717/1965).

Gabarito: errado.

---

195. (Cespe – Analista Judiciário – Área Judiciária – TRF 1/2017) A respeito de mandado de segurança, ação popular, ação civil pública e ação de improbidade administrativa, julgue os itens a seguir.

Na hipótese de abandono de ação civil pública proposta por associação, poderá a Defensoria Pública assumir a titularidade ativa.

COMENTÁRIOS

✪ **Notas do autor:** no caso de abandono de ação civil pública proposta por associação, qualquer um dos demais legitimados poderá assumir a titularidade ativa, entre eles, a Defensoria Pública (art. 5º, § 3º, Lei nº 7.347/1985).

Gabarito: certo.

---

196. (Cespe – Analista Judiciário – Área Judiciária – TRF 1/2017) A respeito de mandado de segurança, ação popular, ação civil pública e ação de improbidade administrativa, julgue os itens a seguir.

Situação hipotética: Um juiz de primeiro grau indeferiu petição inicial de mandado de segurança após o autor ter apresentado duas emendas previamente rejeitadas. Assertiva: Nessa situação, contra o indeferimento poderá o autor interpor agravo de instrumento.

COMENTÁRIOS

✪ **Notas do autor:** o indeferimento da petição inicial será feito por meio de sentença, já que extinto o processo, no caso, sem resolução do mérito. A impugnação da sentença se dará por meio do recurso de apelação.

Gabarito: errado.

---

197. (Cespe – Analista Judiciário – Oficial de Just. Avaliador – TRF 1/2017) A respeito do mandado de segurança, da ação popular, da ação civil pública e da ação de improbidade administrativa, julgue os itens a seguir.

Na ação de improbidade administrativa, caso o réu seja primário, o Ministério Público poderá propor transação, desde que o ato praticado não tenha sido lesivo ao patrimônio público e não tenha importado enriquecimento ilícito.

COMENTÁRIOS

✪ **Notas do autor:** há de se ter bastante atenção em razão das modificações da Lei de Improbidade Administrativa, ocorridas por meio da Lei nº 14.230/2021. De acordo com o art. 17, § 10-A, da Lei nº 8.429/1992, admite-se que ocorra a solução consensual do processo, quando as partes poderão requerer ao juiz a interrupção do prazo para a contestação, por prazo não superior a noventa dias. Além disso, o Ministério Público poderá, conforme as circunstâncias do caso concreto, celebrar acordo de não persecução civil, desde que dele advenham, ao menos, os seguintes resultados: I – o integral ressarcimento do dano; II – a reversão à pessoa jurídica lesada da vantagem indevida obtida, ainda que oriunda de agentes privados (art. 17-B, I e II).

Gabarito: Errado, com as observações acima.

---

198. (Cespe – Analista Judiciário – Oficial de Just. Avaliador – TRF 1/2017) A respeito do mandado de segurança, da ação popular, da ação civil pública e da ação de improbidade administrativa, julgue os itens a seguir.

Se o mandado de segurança não for conhecido, será possível a renovação do pedido, desde que observado o prazo decadencial do remédio constitucional.

COMENTÁRIOS

✪ **Notas do autor:** se o mandado de segurança não foi conhecido, logo, não houve também a análise de seu mérito, motivo pelo qual é possível que seja renovado o pedido, desde que se observe o prazo decadencial de 120 dias contados do ato impugnado.

Gabarito: certo.

---

199. (Cespe – Analista Judiciário – Oficial de Just. Avaliador – TRF 1/2017) A respeito do mandado de segurança, da ação popular, da ação civil pública e da ação de improbidade administrativa, julgue os itens a seguir.

O servidor público deve provocar o Ministério Público apresentando-lhe informações sobre fatos que sejam objeto de ação civil pública e indicando-lhe elementos de convicção.

COMENTÁRIOS

✪ **Notas do autor:** qualquer pessoa poderá e o servidor público deverá provocar a iniciativa do Ministério Público, ministrando-lhe informações sobre fatos que constituam objeto da ação civil e indicando-lhe os elementos de convicção (art. 6º, Lei nº 7.373/1985).

Gabarito: Certo.

---

200. (Cespe – Analista Judiciário – Oficial de Just. Avaliador – TRF 1/2017) A respeito do mandado de segurança, da ação popular, da ação civil pública e da ação de improbidade administrativa, julgue os itens a seguir.

Na ação popular, em regra, a produção de prova testemunhal poderá ser requerida enquanto não for encerrada a instrução probatória.

COMENTÁRIOS

✪ **Notas do autor:** a ação popular tem o seu procedimento regido pela Lei nº 4.717/1965, aplicando-se o CPC subsidiariamente. Nos termos do art. 7º, V, da Lei nº 4.717/1965, a prova testemunhal ou pericial deve ser requerida até o despacho saneador.

Gabarito: Errado.

---

201. (FCC – Analista Judiciário – Oficial de Just. Avaliador Federal – TRT 2/2018) Paulo, advogado, ao se de defrontar com ato apontado como ilegal de um juiz titular de determinada vara cível da comarca de São José dos Campos, impetra mandado de segurança perante o E. Tribunal de Justiça de São Paulo, tratando-se de hipótese de competência originária deste Tribunal. Distribuído o mandamus o Relator, por decisão monocrática, indefere a peça inicial e determina o arquivamento dos autos. Inconformado, Paulo poderá interpor, nesse caso específico, contra a decisão do Relator

a) recurso ordinário para o Superior Tribunal de Justiça.
b) agravo interno para o respectivo órgão colegiado.
c) recurso especial para o Superior Tribunal de Justiça.
d) recurso extraordinário para o Supremo Tribunal Federal.
e) agravo de instrumento para o Superior Tribunal de Justiça.

COMENTÁRIOS

✪ **Notas do autor:** existem os casos legais de competência originária dos tribunais para conhecer do mandado de segurança. Entre essas hipóteses, destaca-se o mandado de segurança contra ato praticado por juiz, nos termos do que está previsto nas Constituições estaduais.

Alternativa "B": correta. No caso, tem-se decisão monocrática proferida pelo relator que, equivocadamente, indeferiu a petição inicial. O recurso contra decisão monocrática de relator é o de agravo interno para o respectivo órgão colegiado (art. 1.021, caput, CPC).

Gabarito: "B".

202. (FCC – Analista Judiciário – Área Judiciária – TRT 20/2016) Cabe mandado de segurança

a) contra atos de gestão comercial praticados por administradores de empresa pública.
b) contra decisão judicial contra a qual caiba recurso com efeito suspensivo.
c) ainda que escoado o prazo prescricional de 120 dias.
d) em caso de violação de direito líquido e certo por ato ilegal de dirigente de pessoa jurídica no exercício de atribuições do poder público, somente no que disser respeito a essas atribuições.
e) somente se tiver havido violação de direito líquido e certo, não se admitindo que seja apresentado em caráter preventivo.

COMENTÁRIOS

✪ **Notas do autor:** o procedimento do mandado de segurança é regido pela Lei nº 12.016/2009.

Alternativa "A": incorreta. Não é cabível mandado de segurança contra os atos de gestão comercial praticados pelos administradores de empesas públicas, de sociedade de economia mista e de concessionárias de serviço público (art. 1º, § 2º, Lei 12.016/2009, com constitucionalidade reconhecida na ADIN 4.296).

Alternativa "B": incorreta. Não é cabível mandado de segurança contra decisão judicial contra a qual caiba recurso com efeito suspensivo (art. 5º, II, Lei nº 12.016/2009).

Alternativa "C": incorreta. Transcorrido o prazo de cento e vinte dias contados da ciência do ato questionado, haverá a decadência do direito para a impetração do mandado de segurança (art. 23, Lei nº 12.016/2009, Súmula 613, STF e constitucionalidade reconhecida na ADIN 4.296).

Alternativa "D": correta. Equiparam-se às autoridades, para os efeitos da Lei nº 12.016/2009, os representantes ou órgãos de partidos políticos e os administradores de entidades autárquicas, bem como os dirigentes de pessoas jurídicas ou as pessoas naturais no exercício de atribuições do poder público, somente no que disser respeito a essas atribuições (art. 1º, § 1º, Lei nº 12.016/2009).

Alternativa "E": incorreta. Diferentemente do que foi afirmado, também será cabível impetrar o mandado de segurança quando houver justo receio de sofrer violação em razão de ilegalidade ou abuso de poder por autoridade (art. 1º, caput, Lei nº 12.016/2009).

Gabarito: "E".

203. (Cespe – Analista de Controle Externo – Direito – TCE – MG/2018) Se, depois de concedida liminar em mandado de segurança, o impetrante criar obstáculo ao normal andamento do processo, o juiz deverá, de acordo com a norma aplicável,

a) suspender o processo.
b) designar advogado dativo.
c) remeter os autos ao Ministério Público.
d) revogar a medida liminar, notificando o impetrado.
e) decretar a caducidade da medida.

COMENTÁRIOS

✪ **Notas do autor:** será decretada a perempção ou caducidade da medida liminar **ex officio** ou a requerimento do Ministério Público quando, concedida a medida, o impetrante criar obstáculo ao normal andamento do processo ou deixar de promover, por mais de 3 (três) dias úteis, os atos e as diligências que lhe cumprirem (art. 8º, Lei 12.016/2009).

Gabarito: "E".

16. JUIZADOS ESPECIAIS CÍVEIS

204. (FCC – 2024 – TRT 11 – Analista Judiciário/ Área Judiciária) Segundo o disposto na Lei nº 9.099/1995, podem figurar como parte autora no Juizado Especial Cível

a) as sociedades de crédito ao microempreendedor.
b) os menores de 16 anos.
c) os insolventes civis.
d) os presos.
e) as pessoas jurídicas de direito público.

COMENTÁRIOS

✪ **Notas do autor:** a Lei nº 9.099/1995 trata dos Juizados Especiais Cíveis e Criminais. No caso dos primeiros, há uma limitação quanto àqueles que podem figurar como partes, estando excluídos o incapaz, o preso, as pessoas jurídicas de direito público, as empresas públicas da União, a massa falida e o insolvente civil. Podem propor ação perante o Juizado Especial: as pessoas físicas capazes, excluídos os cessionários de direito de pessoas jurídicas; II – as pessoas enquadradas como microempreendedores individuais, microempresas e empresas de pequeno porte na forma da LC 123/2006, as pessoas jurídicas qualificadas como Organização da Sociedade Civil de Interesse Público e as sociedades de crédito ao microempreendedor (art. 8º, da Lei nº 9.099/1995).

Alternativa "A": correta. As sociedades de crédito ao microempreendedor, nos termos do art. 1º, da Lei nº 10.194/2001, podem propor ação perante os Juizados Especiais Cíveis. Os indicados nas demais alternativas estão excluídos, conforme antes explicado.

Gabarito: "A".

---

205. (FCC – 2023 – TRT 12 – Técnico Judiciário – Agente de Polícia Judicial) Em relação ao valor das causas, o Juizado Especial tem competência para conciliação, processo e Julgamento das causas cíveis de menor complexidade, assim consideradas aquelas cujo valor não exceda a

a) 40 vezes o salário mínimo.

b) 80 vezes o salário mínimo.

c) 100 vezes o salário mínimo.

d) 60 vezes o salário mínimo.

e) 70 vezes o salário mínimo.

COMENTÁRIOS

✪ **Notas do autor:** o Juizado especial Cível tem competência para conciliação, processo e julgamento das causas de menor complexidade, assim consideradas, entre outras, as causas cujo valor não exceda a quarenta vezes o salário mínimo (art. 3º, I, da Lei nº 9.099/1995).

Gabarito: "A".

---

206. (FCC – 2023 – TRT 12 – Oficial de Justiça) De acordo com a Lei nº 9.099/1995, é de competência do Juizado Especial Civil, as

a) execuções dos títulos executivos extrajudiciais no valor de até 60 vezes o salário-mínimo.

b) ações possessórias independentemente do valor do bem imóvel.

c) ações de despejo para uso próprio.

d) causas relativas a acidentes de trabalho cujo valor não ultrapasse até 40 vezes o salário-mínimo.

e) causas de natureza alimentar e de interesse da Fazenda Pública, desde que amistadas do valor de 40 vezes o salário-mínimo.

COMENTÁRIOS

Alternativa "A": incorreta. Compete ao Juizado Especial promover a execução dos títulos executivos extrajudiciais, no valor de até quarenta vezes o salário mínimo (art. 3º, § 1º, II, Lei nº 9.099/1995).

Alternativa "B": incorreta. Compete ao Juizado Especial processar as ações possessórias sobre bens imóveis de valor inferior a quarenta vezes o salário mínimo (art. 3º, IV, Lei nº 9.099/1995).

Alternativa "C": correta. Admite-se o despejo para uso próprio nos Juizados Especiais Cíveis (art. 3º, III, Lei nº 9.099/1995).

Alternativa "D": incorreta. As causas relativas a acidentes de trabalho estão excluídas da competência dos Juizados (art. 3º, § 2º, Lei nº 9.099/1995).

Alternativa "E": incorreta. Ficam excluídas da competência do Juizado Especial as causas de natureza alimentar, falimentar, fiscal e de interesse da Fazenda Pública, e também as relativas a acidentes de trabalho, a resíduos e ao estado e capacidade das pessoas, ainda que de cunho patrimonial (art. 3º, § 2º, Lei nº 9.099/1995).

Gabarito: "C".

Direito Processual Civil

Luciano Alves Rossato

✦ DICAS

1. MEIOS ADEQUADOS DE RESOLUÇÃO DE CONFLITOS

Os conflitos poderão ser solucionados de duas maneiras:

a) heterocomposição – terceiro solucionará o conflito, como ocorre quando a demanda é levada ao conhecimento do Poder Judiciário, ou solucionada por meio da arbitragem; e,

b) autocomposição – as partes chegam a uma composição, de modo que a solução do conflito não é entregue a um terceiro. São exemplos: a conciliação, a mediação, a negociação, entre outras possibilidades.

O CPC, em seu art. 3º, encampou o **princípio do *tribunal multiportas***, reconhecendo-se que existem outros meios adequados de solução dos conflitos que não só por decisão adjudicada pelo juiz. Note-se que, na atualidade, utiliza-se da expressão ***meios adequados de solução de conflitos* ao invés de *meios alternativos***, pois todos possuem a mesma importância. Na verdade, dá-se preferência pela solução de conflitos que não pelo Poder Judiciário.

CONCILIAÇÃO

A conciliação ocorrerá, preferencialmente, nos casos em que não houver vínculo anterior entre as partes, podendo ser sugeridas soluções para o litígio, sendo não admitida a utilização de qualquer tipo de constrangimento ou intimidação para que as partes se conciliem.

MEDIAÇÃO

A mediação, por sua vez, atuará preferencialmente nos casos em que houver vínculo anterior entre as partes, auxiliando aos interessados a compreender as questões e os interesses em conflito, de modo que eles possam, pelo restabelecimento da comunicação, identificar, por si próprios, soluções consensuais que gerem benefícios mútuos.

A mediação será informada pelos princípios da independência, da imparcialidade, da autonomia de vontade, da confidencialidade, da oralidade, da informalidade e da decisão informada.

Atenção: a mediação é informada pelo princípio da ***confidencialidade*** e não da publicidade. Toda e qualquer informação relativa ao procedimento de mediação será confidencial em relação a terceiros, não podendo ser revelada sequer em processo arbitral ou judicial salvo:

1 – se as partes expressamente decidirem de forma diversa

2– ou quando sua divulgação for exigida por lei ou necessária para cumprimento de acordo obtido pela mediação.

Não está abrigada pela regra de confidencialidade a informação relativa à ocorrência de crime de ação pública.

O dever de confidencialidade aplica-se ao mediador, às partes, a seus prepostos, advogados, assessores técnicos e a outras pessoas de sua confiança que tenham, direta ou indiretamente, participado do procedimento de mediação, alcançando: I – declaração, opinião, sugestão, promessa ou proposta formulada por uma parte à outra na busca de entendimento para o conflito; II – reconhecimento de fato por qualquer das partes no curso do procedimento de mediação; III – manifestação de aceitação de proposta de acordo apresentada pelo mediador; IV – documento preparado unicamente para os fins do procedimento de mediação.

A prova apresentada em desacordo com o disposto neste artigo não será admitida em processo arbitral ou judicial.

Será confidencial a informação prestada por uma parte em sessão privada, não podendo o mediador revelá-la às demais, exceto se expressamente autorizado.

A mediação será presidida por um *mediador,* considerado como um auxiliar do juízo, devendo ser destacado:

a) o mediador será designado pelo tribunal ou escolhido pelas partes;

b) o mediador conduzirá o procedimento de comunicação entre as partes, buscando o entendimento e o consenso e facilitando a resolução do conflito;

c) o mediador fica impedido, pelo prazo de um ano, contado do término da última audiência em que atuou, de assessorar, representar ou patrocinar qualquer das partes;

d) o mediador não poderá atuar como árbitro nem funcionar como testemunha em processos judiciais ou arbitrais pertinentes a conflito em que tenha atuado como mediador;

e) Poderá atuar como mediador judicial a pessoa capaz, graduada há pelo menos dois anos em curso de ensino superior de instituição reconhecida pelo Ministério da Educação e que tenha obtido capacitação em escola ou instituição de formação de mediadores, reconhecida pela Escola Nacional de Formação e Aperfeiçoamento de Magistrados – ENFAM ou pelos tribunais, observados os requisitos mínimos estabelecidos pelo Conselho Nacional de Justiça em conjunto com o Ministério da Justiça.

Considera-se instituída a mediação na data para a qual for marcada a primeira reunião de mediação. Enquanto transcorrer o procedimento de mediação, ficará suspenso o prazo prescricional.

ARBITRAGEM

A arbitragem constitui-se em um dos métodos de solução adequada dos conflitos, encontrando-se disciplinada na Lei nº 9.307/1996.

Dela poderão se valer as pessoas capazes de contratar para dirimir litígios relativos a direitos patrimoniais disponíveis, ainda que se trate da administração pública direta ou indireta.

As partes interessadas podem submeter a solução de seus litígios ao juízo arbitral mediante convenção arbitral, que engloba a *cláusula compromissória* e o *compromisso arbitral* (art. 3º).

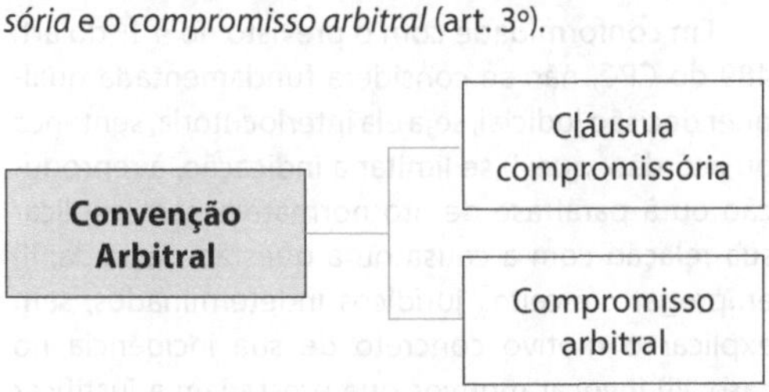

Cláusula compromissória: a convenção através da qual as partes em um contrato comprometem-se a submeter à arbitragem os litígios que possam vir a surgir, relativamente a tal contrato (art. 4º, caput).

Compromisso arbitral: a convenção através da qual as partes submetem um litígio à arbitragem de uma ou mais pessoas, podendo ser judicial ou extrajudicial (art. 9º, caput).

Quem pode ser árbitro? Qualquer pessoa capaz e que tenha a confiança das partes (art. 13, caput).

Estão impedidos de funcionar como árbitros as pessoas que tenham, com as partes ou com o litígio que lhes for submetido, algumas das relações que caracterizam os casos de impedimento ou suspeição de juízes, aplicando-se-lhes, no que couber, os mesmos deveres e responsabilidades, conforme previsto no Código de Processo Civil.

As pessoas indicadas para funcionar como árbitro têm o dever de revelar, antes da aceitação da função, qualquer fato que denote dúvida justificada quanto à sua imparcialidade e independência.

O árbitro pode ser recusado pelas partes? o árbitro somente poderá ser recusado por motivo ocorrido após sua nomeação. Poderá, entretanto, ser recusado por motivo anterior à sua nomeação, quando: a) não for nomeado, diretamente, pela parte; ou b) o motivo para a recusa do árbitro for conhecido posteriormente à sua nomeação.

2. NORMAS FUNDAMENTAIS DO DIREITO PROCESSUAL CIVIL

Modelo Constitucional de Processo

As Normas Fundamentais têm a sua origem na Constituição Federal, constituindo-se na forma de como o legislador compreendeu a aplicação, no âmbito processual, do princípio do devido processo legal em sua plenitude, nele contido todos os princípios que lhe são derivados, como os do contraditório, ampla defesa, boa-fé etc.

Para tanto, as Normas Fundamentais partem do modelo fundamental ou do modelo constitucional de processo.

Portanto, estabelece a Constituição as linhas fundamentais do processo, suas bases normativas e garantias mínimas, competindo ao legislador infraconstitucional traçar as especificidades próprias de cada ramo processual rumo à sua otimização.

O Princípio do devido processo legal como princípio nuclear

Os princípios fundamentais decorrem de um núcleo comum, que é o princípio do devido processo legal, indicado por Nelson Nery Júnior como "o gênero do qual todos os demais princípios constitucionais do processo são espécies". O devido processo legal se caracteriza de duas formas: material (devido processo legal em sentido material) e processual (devido processo legal em sentido processual).

Regra jurídica da iniciativa da parte e do impulso oficial

Deverá o Poder Judiciário ser provocado para que possa atuar no caso concreto. Trata-se de efeito corolário da regra jurídica da iniciativa da parte, dispositivo ou inércia da jurisdição.

Princípio do acesso à justiça ou inafastabilidade do controle jurisdicional

O princípio do acesso à justiça foi positivado no inciso XXXV, do art. 5º, do Texto Fundamental, garantindo-se que "a lei não excluirá da apreciação do Poder Judiciário lesão ou ameaça a direito".

Ao contrário do que pode parecer, o dispositivo constitucional não revela apenas ao direito de ação, ou seja, de peticionar e requerer providências pelo Estado-juiz. A par da própria consciência de respeito e confiança na Justiça, a garantia está ligada à noção de democracia e igualdade, com o objetivo de tornar efetivos os direitos individuais e coletivos por meio do processo. Trata-se, a um só tempo, de direito fundamental e de garantia à efetivação de direitos, formando-se entre as partes uma situação de interdependência e não propriamente de submissão.

Princípio da primazia do julgamento de mérito

Em conformidade com o disposto no art. 4º do CPC, "as partes têm o direito de obter em prazo razoável a solução integral do mérito, incluída a atividade satisfativa". Neste dispositivo é possível extrair o princípio da preferência ou da primazia pelo julgamento de mérito.

Princípio da duração razoável do processo

Seguindo a tendência internacional, a Emenda Constitucional n. 45/2004 inseriu o inciso LXXVIII ao art. 5º da Constituição Federal e, partir de então, o princípio da duração razoável do processo passou a ter status constitucional.

Princípio da boa-fé processual

Sendo a segurança jurídica um dos fundamentos da República, tem a boa-fé processual base na Constituição Federal, também como decorrência da dignidade da pessoa humana (art. 1º, III) e da própria solidariedade social (art. 3º, I). Para outros, trata-se de corolário do devido processo legal.

Princípio da cooperação processual

O princípio processual da cooperação processual tem o seu cerne na concepção de que o processo rege uma relação processual entre as partes e o juiz, que interagem entre si, estabelecendo-se uma comunidade de trabalho.

Princípio da isonomia

O art. 7º do CPC assegura a paridade de tratamento em relação ao exercício de direitos e faculdades processuais, aos meios de defesa, aos ônus, aos deveres e à aplicação de sanções processuais, cabendo ao magistrado zelar pelo efetivo contraditório. Encampou-se o direito à igualdade processual como sendo um componente integrante do processo justo.

Princípio da publicidade dos atos processuais

Em conformidade com o art. 5º, LX, "a lei só poderá restringir a publicidade dos atos processuais quando a defesa da intimidade ou o interesse social o exigirem", enquanto o art. 93, IX, dispõe que "todos os julgamentos dos órgãos do Poder Judiciário serão públicos".

Frise-que, de acordo com a tese firmada na ADPF 872, "o ato de qualquer dos poderes públicos restritivo de publicidade deve ser motivado objetiva, específica e formalmente, sendo nulos os atos públicos que imponham, genericamente e sem fundamentação válida e específica, impeditivo do direito fundamental à informação".

Princípio do contraditório dinâmico

Não há processo sem o efetivo contraditório. Trata-se de princípio inerente ao devido processo legal, pelo qual deve ser garantido às partes a possibilidade de se manifestar previamente à decisão judicial, com a finalidade de influenciá-lo, evitando-se a decisão surpresa.

Princípio da fundamentação analítica

A fundamentação das decisões judiciais é um dever imposto pela Constituição Federal (art. 93, IX), reiterado pelo Código de Processo Civil de 2015 (art. 11), que registrou um conteúdo mínimo das decisões judiciais (art. 489 do CPC).

Em conformidade com o previsto no § 1º do art. 489 do CPC, não se considera fundamentada qualquer decisão judicial, seja ela interlocutória, sentença ou acórdão, que: I) se limitar à indicação, à reprodução ou à paráfrase de ato normativo, sem explicar sua relação com a causa ou a questão decidida; II) empregar conceitos jurídicos indeterminados, sem explicar o motivo concreto de sua incidência no caso; III) invocar motivos que prestariam a justificar qualquer outra decisão; IV) não enfrentar todos os argumentos deduzidos no processo capazes de, em tese, infirmar a conclusão adotada pelo julgador; V) se limitar a invocar precedente ou enunciado de súmula, sem identificar seus fundamentos determinantes nem demonstrar que o caso sob julgamento se ajusta àqueles fundamentos; VI) deixar de seguir enunciado de súmula, jurisprudência ou precedente invocado pela parte, sem demonstrar a existência de distinção no caso em julgamento ou a superação do entendimento.

Atendimento preferencial da ordem cronológica

De acordo com o art. 12, do CPC, houve previsão no sentido de que "os juízes e os tribunais atenderão, preferencialmente, à ordem cronológica de conclusão para proferir sentença ou acórdão". Estão excluídos da regra do *caput*: I – as sentenças proferidas em audiência, homologatórias de acordo ou de improcedência liminar do pedido; II – o julgamento de processos em bloco para aplicação de tese jurídica firmada em julgamento de casos repetitivos; III – o julgamento de recursos repetitivos ou de incidente de resolução de demandas repetitivas; IV – as decisões proferidas com base nos arts. 485 e 932; V – o julgamento de embargos de declaração; VI – o julgamento de agravo interno; VII – as preferências legais e as metas estabelecidas pelo Conselho Nacional de Justiça; VIII – os processos criminais, nos órgãos jurisdicionais que tenham competência penal; IX – a causa que exija urgência no julgamento, assim reconhecida por decisão fundamentada.

> **Prioridade de tramitação**
>
> Terão prioridade de tramitação, em qualquer juízo ou tribunal, entre outros procedimentos, aqueles em que figure como parte a vítima de violência doméstica e familiar, nos termos da Lei Maria da Penha e, também aqueles em que se discuta a aplicação do disposto nas normas gerais de licitação e contratação.

Princípios regentes da aplicação do ordenamento jurídico

Conforme dispõe o art. 8º do Código de Processo Civil, ao aplicar o ordenamento jurídico, "o juiz atenderá aos fins sociais e às exigências do bem comum, resguardando e promovendo a dignidade da pessoa humana e observando a proporcionalidade, a razoabilidade, a legalidade, a publicidade e a eficiência".

Garantias constitucionais do processo

As garantias constitucionais são princípios qualificados que limitam o poder. Há várias garantias previstas na Constituição Federal, como o habeas corpus, o habeas data, a garantia do direito à propriedade, do direito à herança etc.

3. JURISDIÇÃO

A Jurisdição é o poder que detém o Estado de fazer atuar as regras jurídicas de forma concreta. Frise-se: só diante de casos concretos é que atuará a função jurisdicional. Essa atividade apresenta-se como secundária, instrumental, declarativa, desinteressada e provocada.

A Jurisdição é informada por três princípios basilares:

(i) Princípio do juiz natural: somente exercerá a Jurisdição aquele devidamente investido na forma prevista pela Constituição Federal;

(ii) A Jurisdição é **improrrogável:** os limites do poder jurisdicional são traçados pela Constituição Federal; e,

(iii) A Jurisdição é **indeclinável:** não pode o Poder Jurisdicional recusar-se a cumprir a sua função, e nem delegá-la a quem quer que seja.

Limites da jurisdição nacional e cooperação internacional

O CPC 2015 corrigiu a imprecisão conceitual existente anteriormente, ao modificar o tratamento da antiga competência internacional para "limites da jurisdição nacional e da cooperação internacional". De fato, não se trata de um problema que envolva a competência, mas de jurisdição, porque se verifica quais são as causas ou que deverão ser submetidas à jurisdição nacional.

EXCLUSIVA	CONCORRENTE
Somente podem ser decididas pela jurisdição brasileira. Eventuais decisões estrangeiras não serão homologadas pelo Superior Tribunal de Justiça.	Podem ser decididas tanto pelo tribunal estrangeiro quanto pela jurisdição nacional, ressalvadas disposições em contrário de tratados internacionais e acordos bilaterais. Eventual decisão estrangeira deverá ser homologada pelo Superior Tribunal de Justiça. A ação proposta perante o Tribunal estrangeiro não induz litispendência.

O juízo estrangeiro poderá decretar o divórcio, hipótese em que estará dispensada a homologação da sentença no Brasil (art. 961 CPC). Porém, a decisão sobre a partilha somente poderá ser proferida pela autoridade judicial brasileira.

> ***Divórcio consensual puro ou simples:*** *estará dispensada a homologação da sentença pelo Superior Tribunal de Justiça. Competirá a qualquer juiz examinar a validade da decisão, em caráter principal ou incidental, quando essa questão for suscitada em processo de sua competência (art. 961, §§ 5º e 6º).*
>
> ***Divórcio consensual qualificado*****: assim considerado aquele que dispõe sobre a guarda, alimentos e/ou partilha de bens,** *nos termos dos artigos 1º e 2º, do Provimento nº 56/2016, do CNJ, não dispensará*

a homologação da sentença pelo Superior Tribunal de Justiça.

Admite-se a cooperação jurídica internacional que tenha por objeto: i) citação, intimação e notificação judicial e extrajudicial; ii) colheita de provas e obtenção de informações; iii) homologação e cumprimento de decisão; iv) concessão de medida judicial de urgência; v) assistência jurídica internacional; vi) qualquer outra medida judicial ou extrajudicial não proibida pela lei brasileira.

O auxílio direto terá os seguintes objetos:

I – obtenção e prestação de informações sobre o ordenamento jurídico e sobre processos administrativos ou jurisdicionais findos ou em curso;

II – colheita de provas, salvo se a medida for adotada em processo, em curso no estrangeiro, de competência exclusiva de autoridade judiciária brasileira; e,

III – qualquer outra medida judicial ou extrajudicial não proibida pela lei brasileira.

4. AÇÃO E PRESSUPOSTOS PROCESSUAIS

Direito de Ação

Cada indivíduo exercerá o direito de ação, por meio do qual provocará a atuação do Poder Judiciário. Feita essa provocação, compete ao Poder Judiciário conferir a necessária tutela jurisdicional ao caso concreto.

Dessa maneira, diferencia-se o direito de ação e o direito à tutela jurisdicional.

Esta se efetiva por meio da utilização da técnica processual adequada, de procedimento capaz de viabilizar a participação e da própria resposta jurisdicional. Deve ser visto sob a ótica da proteção do direito material a ser prestada pelo Estado, quer seja pelo legislador, com a previsão das técnicas adequadas, quer seja pelo juiz.

Teorias da Ação

a) Teoria imanentista: a ação corresponde ao direito de pedir em juízo o que é devido. Seria uma qualidade de todo direito ou o próprio direito quando reage a uma violação.

b) Ação como Direito Autônomo: i) teoria do direito concreto à tutela jurídica – não pressupõe o direito subjetivo material violado ou ameaçado; ii) ação como direito autônomo e abstrato – o direito de ação não depende da efetiva existência do direito material.

c) Doutrina de Liebman – ação corresponde a um direito subjetivo instrumental, correlato com a sujeição a uma pretensão.

Condições da ação

A Constituição Federal assegura o direito de ação, mas é a lei processual que estabelece as condições necessárias para a devida prestação jurisdicional necessitada. No modelo de Liebman, adotado pelo CPC de 1973, para que se obtivesse a sentença de mérito, deveriam estar presentes as condições da ação, indicadas como sendo três: interesse processual, legitimidade de agir e possibilidade jurídica do pedido.

Dividiu-se a doutrina ao interpretar o Código de Processo Civil de 2015, sendo possível vislumbrar a existência de dois posicionamentos principais. Pelo primeiro, ainda persiste a categoria jurídica processual das condições da ação, sendo, porém, limitada a duas, quais sejam, interesse de agir e a legitimidade ad causam. Pelo segundo, não mais persiste esta categoria processual, sendo o interesse processual e a legitimidade tratadas entre os pressupostos processuais.

Dessa maneira, deve ser novamente enfatizado que as condições da ação, por essa concepção, resumem-se a duas, que são o interesse de agir e a legitimidade ad causam. A possibilidade jurídica do pedido deixou de ser tratada como condição da ação para ser enfrentada como matéria de mérito.

Legitimidade *ad causam*: deve haver nexo subjetivo entre a relação jurídica material e as partes no processo. O autor, em princípio, deve ser o titular da situação jurídica, e o réu deve estar em uma situação de sujeição. Portanto, o autor é aquele que se apresenta como titular da relação jurídica afirmada em juízo. Quando não houver essa correspondência, estar-se-á diante da legitimidade extraordinária.

Pela Teoria da Asserção, o magistrado verifica se estão presentes as condições da ação no momento em que a demanda é proposta. Nesta oportunidade, é possível a extinção do processo. Posteriormente, já estando adiantado o procedimento, se verificada a ausência de uma das condições, o magistrado não mais promoveria a extinção sem análise de mérito, mas julgaria o pedido improcedente justamente pela falta da condição. Parcela considerável da doutrina rejeita tal teoria, seguindo entendimento capitaneado por Dinamarco.

Interesse de agir: compreende dois aspectos, representados pelo binômio necessidade-utilidade (ou necessidade-adequação). A provocação da atividade jurisdicional deve ser necessária para a obtenção do resultado pretendido. Isso decorre de lei ou de ato do réu. Ademais, o instrumento deve ser adequado (útil) à obtenção do resultado.

Deve haver a diferenciação entre o interesse processual (ou secundário) do interesse substancial (primário).

O interesse substancial é aquele que o autor afirma ser o titular. É o interesse resistido, que não foi satisfeito pela parte contrária. Em decorrência da necessidade de proteção desse interesse, surge o interesse processual ou secundário.

Retoma-se aqui o tema da legitimidade ordinária e extraordinária. Como visto, a parte exercerá o seu direito de ação para tutelar a satisfação de um interesse substancial. Terá interesse processual para amparar um direito que afirma ser titular. Visto dessa maneira, tem-se a legitimidade ordinária, prevista no art. 18, caput do CPC nos seguintes termos: "Ninguém poderá pleitear direito alheio em nome próprio, salvo quando autorizado pelo ordenamento jurídico".

Ocorre que, por vezes, a lei admite que alguém, embora não seja o titular do interesse substancial, tem o interesse processual (secundário), de modo que lhe é facultado assegurar o direito. Tem-se como exemplo a propositura de ação civil pública para a proteção ambiental pelo Ministério Público.

Portanto, na legitimação extraordinária, terá legitimidade aquele que não é titular do interesse substancial, embora a lei lhe confira interesse processual.

Dessa maneira, o substituído deve ser parte legítima, bem como o substituto deverá atuar somente em virtude de autorização legal. Admite-se, de toda forma, a intervenção do substituído como assistente litisconsorcial.

O interesse do autor poderá consistir no exercício de uma pretensão com preponderância declaratória. Nesse sentido, indica o art. 19 que o interesse do autor pode limitar-se à declaração: i) da existência, da inexistência ou do modo de ser de uma relação jurídica, ou ii) da autenticidade ou da falsidade de documento. Tem-se, então, a ação meramente declaratória. Como é possível dessumir, não será pertinente ingressar com uma ação apenas para que haja uma consulta jurídica. Não se pode buscar a declaração de fatos, salvo relativos à autenticidade ou falsidade documental.

De toda forma, admite o Superior Tribunal de Justiça o ajuizamento de ação declaratória para obtenção de certeza quanto à exata interpretação de cláusula contratual (Súmula 181 STJ).

O Código de Processo Civil de 2015 foi enfático no sentido de dirimir uma velha questão: admite-se a ação meramente declaratória, ainda que tenha ocorrido a violação do direito. Admite-se a ação para declaração da existência de obrigação de pagar. Vide o art. 20.

Processo

Conceito e natureza

Há várias teorias sobre a natureza jurídica do processo, podendo ser destacadas:

a) Processo como contrato: haveria um contrato entre as partes no sentido de se submeter à decisão judicial;

b) Processo como quase-contrato: as obrigações são determinadas com base na lei, pressupondo-se a existência de um acordo entre as partes;

c) Processo como relação jurídica: identifica-se uma relação jurídica entre as partes e o Estado-Juiz, chamada de relação jurídica processual. Esta relação se caracteriza quanto aos sujeitos, objeto e pelos seus pressupostos.

d) Processo como situação jurídica;

e) Processo como instituição;

f) Processo como mero procedimento;

g) Processo como categoria complexa;

h) Processo como categoria jurídica autônoma.

Para todos os fins, deve-se considerar como adequada a teoria que considera o processo como uma relação jurídica.

Espécies

Diante do que foi exposto, conclui-se pela existência de duas espécies de tutela. Uma a ser proporcionada pelo processo de conhecimento (sincrético), no qual são desenvolvidas várias fases (entre elas, a de cumprimento de sentença) e a relativa ao processo de execução.

A tutela provisória deixou de ser objeto de um processo autônomo, tal como ocorria no CPC de 1973. Atualmente, será requerida de forma antecedente ou incidentalmente no processo de conhecimento ou de execução.

Procedimento e relação jurídica processual

Essa relação jurídica é estabelecida entre autor, juiz e réu. Esse é o entendimento atual doutrinário, que entende essa relação jurídica como sendo triangular ou trilateral.

Em contrapartida, há aqueles que entendem ser a relação processual angular, estabelecendo-se relações entre autor e juiz, e réu e juiz.

É certo que, antes da citação, a relação jurídica processual não está completada e não há, propriamente, o processo. Tanto é assim que a citação vem sendo considerada como pressuposto processual de existência.

Essa ideia de relação processual surgiu na segunda metade do século XIX, a partir dos estudos da doutrina alemã. Antes disso, não se concebia o direito processual como uma ciência autônoma, mas como um apêndice do direito material.

Diante dessas observações, percebe-se que a relação processual possui as seguintes características: é autônoma, trilateral, pública, complexa e dinâmica.

Percebe-se, então, que os estudos da doutrina alemã, o direito processual foi concebido como uma ciência autônoma, com princípios e requisitos próprios, verificando-se a existência dos pressupostos processuais.

Estes pressupostos processuais, ao lado das condições da ação, compõem os pressupostos de admissibilidade da atividade jurisdicional.

Pressupostos processuais

Várias são as classificações dos pressupostos processuais existentes em sede doutrinária.

Registre-se que o processo existirá ainda que faltem os pressupostos processuais. Assim, é no próprio processo que há o exame da existência ou inexistência deles.

Focando o estudo na relação processual, formada a partir do vínculo trilateral autor, réu e juiz, percebe-se a existência de pressupostos processuais que estão dentro dessa relação, ou seja, que são intrínsecos a ela, e pressupostos processuais que estão fora dessa relação.

Os primeiros são os pressupostos intrínsecos, que alguns doutrinadores indicam como sendo pressupostos de constituição e de desenvolvimento válido da relação processual. Devem estar presentes para que aquela relação processual exista e se desenvolva validamente.

Paralelamente, há os pressupostos externos à relação processual (extrínsecos). Estes não devem incidir, chamados, por isso, de negativos.

Para que o processo exista (no mundo jurídico) devem estar presentes os pressupostos de existência:

- Jurisdição: deve existir um órgão jurisdicional devidamente investido consoante determinam as normas constitucionais pertinentes.
- Petição inicial: o processo civil começa por iniciativa da parte. Não se inicia a relação processual sem a provocação do autor, por meio do instrumento adequado, denominado petição inicial. Entende-se por demanda a provocação do Estado Juiz e a petição inicial é o instrumento da demanda. Excepcionalmente, verifica-se que existem processos que se iniciam sem a petição inicial.
- Citação: é o ato pelo qual são convocados o réu, o executado ou o interessado para integrar a relação processual.

Partindo-se da hipótese em que a relação processual existe (porque presentes os pressupostos de existência), verifica-se se estão presentes os pressupostos de desenvolvimento válido do processo (ou só de desenvolvimento ou só de validade). Esses pressupostos completam os de existência.

São pressupostos de validade ou de desenvolvimento válido: competência (absoluta), imparcialidade, capacidade e legitimidade processual, petição inicial válida e citação válida.

Os pressupostos processuais negativos estão fora da relação processual. Não podem estar presentes, sob pena de extinção do processo, sem resolução do mérito.

Será reconhecida a existência da litispendência quando for proposta ação idêntica a outra já pendente, considerando essa identidade a partir dos elementos da ação.

A coisa julgada impede a repropositura da mesma ação quando já existir sentença transitada em julgado a respeito.

A perempção importará na extinção quando o autor der causa ao abandono da ação por três vezes. Na quarta, não poderá ser proposta a demanda.

Também se aponta a convenção de arbitragem como um dos pressupostos negativos, muito embora não possa ser a matéria conhecida de ofício pelo juiz.

5. AUXILIARES DA JUSTIÇA

O juiz não atua sozinho no processo. Ao contrário, é auxiliado por outros profissionais, que podem ter vínculo funcional direto com o Tribunal, ou apenas exercerem a sua função de forma eventual, sem vínculo funcional. Para fins penais, são considerados *funcionários públicos*. Para o Direito Administrativo, alguns ocupam cargos públicos, enquanto outros não.

São auxiliares da Justiça, além de outros cujas atribuições sejam determinadas pelas normas de organização judiciária, **o escrivão, o chefe de secretaria, o oficial de justiça, o perito, o depositário, o administrador, o intérprete, o tradutor, o mediador, o conciliador judicial, o partidor, o distribuidor, o contabilista e o regulador de avarias.**

Incumbirá ao escrivão ou ao chefe de secretaria:

I – redigir, na forma legal, os ofícios, os mandados, as cartas precatórias e os demais atos que pertençam ao seu ofício;

II – efetivar as ordens judiciais, realizar citações e intimações, bem como praticar todos os demais atos que lhe forem atribuídos pelas normas de organização judiciária;

III – comparecer às audiências ou, não podendo fazê-lo, designar servidor para substituí-lo;

IV – manter sob sua guarda e responsabilidade os autos, não permitindo que saiam do cartório, exceto: a) quando tenham de seguir à conclusão do juiz; b) com vista a procurador, à Defensoria Pública, ao Ministério Público ou à Fazenda Pública; c) quando devam ser remetidos ao contabilista ou ao partidor; d) quando forem remetidos a outro juízo em razão da modificação da competência; V – fornecer certidão de qualquer ato ou termo do processo, independentemente de despacho, observadas as disposições referentes ao segredo de justiça; VI – praticar, de ofício, os atos meramente ordinatórios, nos termos regulamentados por ato do juiz.

No impedimento do escrivão ou chefe de secretaria, o juiz convocará substituto e, não o havendo, nomeará pessoa idônea para o ato.

O escrivão ou o chefe de secretaria atenderá, **preferencialmente**, à ordem cronológica de recebimento para publicação e efetivação dos pronunciamentos judiciais, com exceção dos atos urgentes, assim reconhecidos pelo juiz no pronunciamento judicial a ser efetivado, bem como as preferências legais.

A parte que se considerar preterida na ordem cronológica poderá reclamar, nos próprios autos, ao juiz do processo, que requisitará informações ao servidor, a serem prestadas no prazo de dois dias. Constatada a preterição, o juiz determinará o imediato cumprimento do ato e a instauração de processo administrativo disciplinar contra o servidor.

São incumbências do oficial de justiça:

I – fazer pessoalmente citações, prisões, penhoras, arrestos e demais diligências próprias do seu ofício, sempre que possível na presença de 2 (duas) testemunhas, certificando no mandado o ocorrido, com menção ao lugar, ao dia e à hora;

II – executar as ordens do juiz a que estiver subordinado;

III – entregar o mandado em cartório após seu cumprimento;

IV – auxiliar o juiz na manutenção da ordem;

V – efetuar avaliações, quando for o caso;

VI – certificar, em mandado, proposta de autocomposição apresentada por qualquer das partes, na ocasião de realização de ato de comunicação que lhe couber, hipótese em que o juiz ordenará a intimação da parte contrária para manifestar-se, no prazo de 5 (cinco) dias, sem prejuízo do andamento regular do processo, entendendo-se o silêncio como recusa.

O escrivão, o chefe de secretaria e o oficial de justiça são responsáveis, civil e regressivamente, quando: I – sem justo motivo, se recusarem a cumprir no prazo os atos impostos pela lei ou pelo juiz a que estão subordinados; II – praticarem ato nulo com dolo ou culpa.

Note-se que há menção à responsabilidade civil e regressiva, de modo que, em primeiro lugar, responderá o Estado pelo dano, cabendo a busca da responsabilização posteriormente aos agentes públicos.

6. ATOS PROCESSUAIS

Definição

São atos processuais aqueles que se destinam à criação, modificação, conservação ou extinção da relação jurídica processual.[1] Podem ser praticados pelas partes, pelos auxiliares do juízo e pelo magistrado.

Diferenciam-se dos fatos processuais, que são fatos humanos ou não que tenham repercussão no processo.

Forma, Tempo e Lugar

Os atos processuais não dependem de prova determinada, salvo quando a lei expressamente o exigir.

Princípio da instrumentalidade das formas: consideram-se válidos os atos processuais que, embora realizados de outro modo, tenham preenchido a finalidade essencial.

Deve ser observado, ainda, os princípios da primazia do julgamento do mérito e do máximo aproveitamento do ato processual.

Como regra, os atos processuais são públicos. Porém, correrão em segredo de justiça: i) aqueles em que se exija o interesse público ou social; ii) que versem sobre casamento, separação de corpos, divórcio, separação, união estável, filiação, alimentos e guarda de crianças e adolescentes; iii) em que constem dados protegidos pelo direito constitucional à intimidade; iv) que versem sobre arbitragem, inclusive sobre cumprimento de carta arbitral, desde que

1. WAMBIER, Luiz Rodrigues. TALAMINI, Eduardo. ALMEIDA. Flávio Renato Correia. *Curso Avançado de Processo Civil*. VOL. 1. 10ª ed. São Paulo: RT, 2008.

a confidencialidade estipulada na arbitragem seja comprovada perante o juízo.

Os atos processuais serão praticados em horário autorizado por lei, qual seja, das 6 às 20 horas. Se iniciados antes, podem ser concluídos após as 20 horas, se o adiamento prejudicar a diligência ou causar grave dano.

As citações, intimações e as penhoras podem ser realizadas no período de férias forenses, nos feriados ou dias úteis fora do horário estabelecido, desde que se observe a impossibilidade de ingresso em domicílio em horário noturno sem a autorização do morador.

O ato eletrônico poderá ser praticado até as 24 horas do último dia do prazo.

Os atos processuais, como regra, serão praticados na sede do juízo. Excepcionalmente, poderão ser praticados em outro lugar em razão de deferência, interesse da justiça, da natureza do ato ou de obstáculo arguido pelo interessado e acolhido pelo juiz.

Os pronunciamentos judiciais

Conforme dispõe o parágrafo primeiro do art. 203, "ressalvadas as disposições expressas dos procedimentos especiais, sentença é o pronunciamento por meio do qual o juiz, com fundamento nos arts. 485 e 487, põe fim à fase cognitiva do procedimento comum, bem como extingue a execução".

A decisão interlocutória constitui-se no pronunciamento judicial de natureza decisória que não se enquadre nas hipóteses de sentença (art. 203, § 2º do CPC).

Admitem-se decisões interlocutórias (portanto, com carga decisória) com ou sem análise de mérito. Pode-se dizer que serão com análise de mérito todas as decisões proferidas e que, muito embora não encerrem uma fase procedimental, tenham como conteúdo uma das hipóteses indicadas no art. 487 do Código de Processo Civil de 2015. A interlocutória que prefere julgamento antecipado parcial da lide é uma hipótese de decisão interlocutória de mérito.

Em conformidade com o art. 203, § 3º, do Código de Processo Civil de 2015, são despachos todos os demais pronunciamentos do juiz praticados no processo, de ofício ou a requerimento da parte.

Prazos

A lei prescreverá os prazos em que serão realizados os atos processuais. Se a lei não fizer previsão do prazo, o juiz o fixará, levando em consideração a sua complexidade.

Contagem dos prazos processuais no processo civil
a) Regra: somente serão contados os dias úteis.
b) Juizados Especiais: na contagem de prazo em dias, estabelecidos por lei ou pelo juiz, para a prática de qualquer ato processual, inclusive para a interposição de recursos, computar-se-ão somente os dias úteis (art. 12-A, da Lei nº 9.099/1995).
c) Procedimentos do Estatuto da Criança e do Adolescente que tramitem perante a Vara da Infância: os prazos estabelecidos no ECA e aplicáveis aos seus procedimentos são contados em dias corridos, excluído o dia do começo e incluído o do vencimento.

Atenção

Salvo disposição em sentido diverso, considera-se dia do começo do prazo, entre outras situações, o quinto dia útil seguinte à confirmação, na forma prevista na mensagem de citação, do recebimento da citação realizada por meio eletrônico.

Comunicação dos atos processuais

Citação é o ato pelo qual são convocados o réu, o executado ou o interessado para integrar a relação processual. Para que a relação processual seja válida, é imprescindível a citação do réu ou do executado, salvo nas hipóteses de indeferimento da petição inicial ou de improcedência liminar do pedido.

Decorrem certos efeitos da citação válida, ainda que o ato tenha sido ordenado por juiz incompetente. **Efeitos da citação válida: i) induzir litispendência; ii) tornar litigiosa a coisa; iii) constituir em mora o devedor, ressalvadas excepcionalidades previstas no Código Civil.**

Alterações importantes sobre a citação
1 – a citação será efetivada em até 45 dias a partir da propositura da ação. Trata-se, naturalmente, de prazo impróprio;
2 – A citação será feita preferencialmente por meio eletrônico, no prazo de até 2 (dois) dias úteis, contado da decisão que a determinar, por meio dos endereços eletrônicos indicados pelo citando no banco de dados do Poder Judiciário, conforme regulamento do Conselho Nacional de Justiça.

Alterações importantes sobre a citação
3 – As empresas públicas e privadas são obrigadas a manter cadastro nos sistemas de processo em autos eletrônicos, para efeito de recebimento de citações e intimações, as quais serão efetuadas preferencialmente por esse meio.
4 – A ausência de confirmação, em até 3 (três) dias úteis, contados do recebimento da citação eletrônica, implicará a realização da citação: I – pelo correio; II – por oficial de justiça; III – pelo escrivão ou chefe de secretaria, se o citando comparecer em cartório; IV – por edital. Competirá ao réu, citado de uma dessas formas alternativas à eletrônica, apresentar justa causa para a ausência de confirmação do recebimento da citação enviada eletronicamente.
5 – Considera-se ato atentatório à dignidade da justiça, passível de multa de até 5% (cinco por cento) do valor da causa, deixar de confirmar no prazo legal, sem justa causa, o recebimento da citação recebida por meio eletrônico.
6 – A União, o Distrito Federal e o Município são obrigados a manter cadastro nos sistemas de processo em autos eletrônicos, para efeito de recebimento de citações e intimações, as quais serão efetuadas preferencialmente por esse meio.
7 – As citações por correio eletrônico serão acompanhadas das orientações para realização da confirmação de recebimento e de código identificador que permitirá a sua identificação na página eletrônica do órgão judicial citante.
8 – Microempresas e pequenas empresas: somente serão obrigadas a manter cadastro nos sistemas de processo em autos eletrônicos, quando não possuírem endereço eletrônico cadastrado no sistema integrado da Rede Nacional para a Simplificação do Registro e da Legalização de Empresas e Negócios (Redesim).
9 – A citação será feita por meio eletrônico ou pelo correio para qualquer comarca do país, exceto: I – nas ações de estado; II – quando o citando for incapaz; III – quando o citando for pessoa jurídica de direito público; IV – quando o citando residir em local não atendido pela entrega domiciliar de correspondência; V – quando o autor, justificadamente, a requerer de outra forma.

PROCESSO ELETRÔNICO

Os órgãos do Poder Judiciário poderão desenvolver sistemas eletrônicos de processamento de ações judiciais por meio de autos total ou parcialmente digitais, utilizando, preferencialmente, a rede mundial de computadores e acesso por meio de redes internas e externas.

Todos os atos processuais do processo eletrônico serão assinados eletronicamente na forma estabelecida nesta Lei.

No processo eletrônico, todas as citações, intimações e notificações, inclusive da Fazenda Pública, serão feitas por meio eletrônico, na forma desta Lei.

A intimação e a citação da Fazenda Pública poderão ser realizadas por meio eletrônico.

As citações, intimações, notificações e remessas que viabilizem o acesso à íntegra do processo correspondente serão consideradas vista pessoal do interessado para todos os efeitos legais.

Quando, por motivo técnico, for inviável o uso do meio eletrônico para a realização de citação, intimação ou notificação, esses atos processuais poderão ser praticados segundo as regras ordinárias, digitalizando-se o documento físico, que deverá ser posteriormente destruído.

A distribuição da petição inicial e a juntada da contestação, dos recursos e das petições em geral, todos em formato digital, nos autos de processo eletrônico, podem ser feitas diretamente pelos advogados públicos e privados, sem necessidade da intervenção do cartório ou secretaria judicial, situação em que a autuação deverá se dar de forma automática, fornecendo-se recibo eletrônico de protocolo.

Quando o ato processual tiver que ser praticado em determinado prazo, por meio de petição eletrônica, serão considerados tempestivos os efetivados até as 24 (vinte e quatro) horas do último dia. Se o Sistema do Poder Judiciário se tornar indisponível por motivo técnico, o prazo fica automaticamente prorrogado para o primeiro dia útil seguinte à resolução do problema.

Sistema inoperante: prazo será prorrogado para o primeiro dia útil seguinte à resolução do problema.

Os documentos produzidos eletronicamente e juntados aos processos eletrônicos com garantia da origem e de seu signatário, serão considerados originais para todos os efeitos legais.

Os extratos digitais e os documentos digitalizados e juntados aos autos pelos órgãos da Justiça e seus auxiliares, pelo Ministério Público e seus auxiliares, pelas procuradorias, pelas autoridades policiais, pelas repartições públicas em geral e por advogados públicos e privados têm a mesma força probante dos originais, ressalvada a alegação motivada e fundamentada de adulteração antes ou durante o processo de digitalização.

A arguição de falsidade do documento original será processada eletronicamente na forma da lei processual em vigor. Os originais dos documentos digitalizados, nesse caso, deverão ser preservados pelo seu detentor até o trânsito em julgado da sentença ou, quando admitida, até o final do prazo para interposição de ação rescisória.

Os documentos cuja digitalização seja tecnicamente inviável devido ao grande volume ou por motivo de ilegibilidade deverão ser apresentados ao cartório ou secretaria no prazo de 10 (dez) dias contados do envio de petição eletrônica comunicando o fato, os quais serão devolvidos à parte após o trânsito em julgado.

Os documentos digitalizados juntados em processo eletrônico somente estarão disponíveis para acesso por meio da rede externa para suas respectivas partes processuais e para o Ministério Público, respeitado o disposto em lei para as situações de sigilo e de segredo de justiça.

O magistrado poderá determinar que sejam realizados por meio eletrônico a exibição e o envio de dados e de documentos necessários à instrução do processo.

7. COMPETÊNCIA

A competência territorial, em regra, será relativa, pois prevista no interesse das partes, que podem modificá-la por convenção (foro de eleição) ou por não terem apresentado a respectiva preliminar no tempo oportuno.

Constituem-se exceções à regra as ações fundadas em direito real sobre imóveis e ações possessórias, que devem ser processadas perante o foro da situação da coisa.

Admite-se que o autor opte pelo foro de domicílio do réu ou pelo foro de eleição se o litígio não recair sobre direito de propriedade, vizinhança, servidão, divisão e demarcação de terras e de nunciação de obra nova.

A ação fundada em direito pessoal e a ação fundada em direito real sobre bens móveis serão propostas, em regra, no foro do domicílio do réu. Tendo este mais de um domicílio, poderá ser demandado em qualquer um deles. Essa é a regra geral, sem prejuízo da existência de regras subsidiárias, se acaso aquela não puder ser aplicada.

A ação em que o incapaz for réu será proposta no foro de seu representante ou assistente.

> **Atenção – alteração legislativa**
> **Lei nº 13.894/2019**
>
> É competente o foro: I – para a ação de divórcio, separação, anulação de casamento e reconhecimento ou dissolução de união estável: (...) d) de domicílio da vítima de violência doméstica e familiar, nos termos da Lei nº 11.340/2006.

As causas movidas pela União serão processadas perante o foro do domicílio do réu. Se a União for a demanda, será competente o foro do domicílio do autor, no de ocorrência do ato ou fato que originou a demanda, no de situação da coisa ou no Distrito Federal.

As hipóteses de foro especial sobrepõem-se à regra geral, segundo a qual a ação deve ser ajuizada perante o domicílio do réu.

As regras de competência podem existir para atendimento do interesse público, quando então se diz que se está diante da competência absoluta, ou para comodidade das partes, hipótese em que será relativa.

A competência absoluta é um pressuposto de validade da relação processual, configurando-se matéria que pode ser conhecida de ofício pelo juiz. Aliás, em consonância com o princípio da competência sobre a competência, admite-se que o juiz analise se tem ou não competência para decidir sobre determinada questão que lhe foi apresentada. Admite-se que a parte alegue o vício da incompetência absoluta até mesmo após o trânsito em julgado, por meio da ação rescisória.

Diferentemente, a competência relativa não é um pressuposto de validade da relação processual. Não poderá ser conhecida de ofício pelo juiz, devendo ser alegada oportunamente pela parte interessada, na própria contestação, como preliminar.

A *perpetuatio jurisdicionais* (ou perpetuação da competência, como seria mais adequado) não prevalecerá em quaisquer situações, conforme a própria ressalva do Código. Assim, se houver supressão do órgão judiciário ou alteração da competência da competência absoluta em decorrência das modificações do estado de fato ou de direito, haverá a alteração da competência.

A competência poderá ser alterada em decorrência de previsão legal (como ocorre com a conexão, por exemplo) ou por vontade das partes (foro de eleição ou não formulação de preliminar na contestação).

> **Atenção – Modificação em 2024 – FORO DE ELEIÇÃO**
>
> A eleição de foro somente produz efeito quando constar de instrumento escrito, aludir expressamente a determinado negócio jurídico e guardar pertinência com o domicílio ou a residência de uma das partes ou com o local da obrigação, ressalvada a pactuação consumerista, quando favorável ao consumidor (art. 63, § 1º, CPC).
>
> O ajuizamento de ação em juízo aleatório, entendido como aquele sem vinculação com o domicílio ou a residência das partes ou com o negócio jurídico discutido na demanda, constitui prática abusiva que justifica a declinação de competência de ofício (art. 63, § 5º, CPC).

Prevê o art. 54 que a competência relativa poderá ser modificada pela conexão ou pela continência.

É possível estabelecer uma relação de afinidade entre ações, o que pode gerar vários efeitos práticos, como a reunião de processos para julgamento conjunto, a suspensão de um processo para se aguardar o julgamento de outro etc.

Consideram-se conexas duas ações quando lhes for comum o pedido ou a causa de pedir. Trata-se de hipótese mínima em que as causas serão conexas, porque é possível que exista esta relação muito embora não seja comum o pedido ou a causa de pedir.

> **CONEXÃO ENTRE CAUSAS**
>
> **Se houver comunhão entre elas em relação ao pedido <u>OU</u> a causa de pedir.**

A reunião dos processos será feita em favor do juízo prevento, que os decidirá. A prevenção do juízo será estabelecida pelo registro ou pela distribuição. Não mais se trata de efeito da citação válida.

A prevenção não mais se trata de efeito da citação válida. O juízo prevento será estabelecido em razão do registro ou da distribuição.

Para que ocorra a reunião dos processos haverá a necessidade de observância dos seguintes requisitos: i) juízo absolutamente competente para decidir as causas; ii) existência de liame entre as causas; iii) que a causa não tenha sido sentenciada.

A reunião dos processos para julgamento conjunto também será possível à execução de título executivo extrajudicial e à ação de conhecimento relativa ao mesmo ato jurídico, bem como às execuções fundadas no mesmo título executivo.

Admite o CPC, ainda, a reunião de processos para julgamento conjunto, ainda que não haja conexão. Isso será permitido em relação aos processos que possam gerar risco de prolação de decisões conflitantes ou contraditórias caso decididas separadamente.

8. PARTES, LITISCONSÓRCIO E INTERVENÇÃO DE TERCEIROS

Partes

Há dois sentidos para o conceito parte: sentido material e o sentido processual. Por meio do primeiro, traça-se correlação para com o negócio jurídico de direito material discutido em juízo. Porém, é possível que o demandante ou demandado não seja esse titular, mas ainda assim possa postular ou ser postulado. Tem-se aqui o conceito de parte em sentido processual, pois não se identifica com a lide.

As pessoas físicas maiores (salvo as emancipadas) e as pessoas jurídicas possuem capacidade civil de direito e de ser parte. Tem aptidão para ter direitos e podem praticar os atos da vida civil. Tendo possibilidade de exercício, terão capacidade processual.

Nesse sentido, o art. 70 do CPC: "toda pessoa que se encontre no exercício de seus direitos tem capacidade para estar em juízo".

Se o indivíduo, embora tenha capacidade civil de direito, não puder exercê-la, deve ter a capacidade de agir ou processual integrada. Por isso, o incapaz será representado ou assistido por seus pais, por tutor ou por curador, na forma da lei.

Curatela especial

Prevê a lei que, em certas ocasiões, deverá o juiz nomear curador especial:

i) ao incapaz, se não tiver representante legal ou se os interesses destes colidirem com os daquele, enquanto durar a incapacidade, bem como

ii) ao réu preso revel, bem como ao réu revel citado por edital ou com hora certa, enquanto não constituído advogado.

A curatela especial será exercida pela Defensoria Pública (que tem essa atribuição institucional). O curador especial tem a obrigatoriedade de oferecer a resposta, o que poderá fazer por negativa geral, não lhe sendo aplicado o ônus da impugnação especificada. De outro lado, não estará obrigado a recorrer.

> **ATENÇÃO!**
>
> O Município pode ser representado em juízo por Associação de Representação de Municípios, quando envolver interesse comum dos associados, mediante autorização do respectivo chefe do Poder Executivo municipal, com indicação específica do direito ou da obrigação a ser objeto das medidas judiciais.

Procuradores

A parte somente litigará em juízo se for representado por advogado devidamente inscrito na OAB.

Permite-se a litigância em causa própria, desde que a parte tenha habilitação legal.

Há situações excepcionais em que se admite que a parte demande sem o patrocínio de advogado, como ocorre nas ações trabalhistas, nos Juizados Especiais Cíveis (até vinte salários mínimos), nos alimentos provisórios e nas ações para inserção de criança em família substituta quando os genitores consentirem ou já houver ocorrida a prévia destituição do poder familiar.

O advogado não poderá postular sem procuração, salvo para evitar a preclusão, decadência ou a prescrição, ou ainda para praticar ato considerado urgente.

Nestes casos, compromete-se o advogado a apresentar a procuração no prazo de 15 dias, prorrogável pelo mesmo período. A apresentação da procuração acarretará a ratificação do ato. A não observância da regra acarretará na ineficácia do ato em relação àquele em cujo nome foi praticado.

A procuração habilita o advogado para o foro em geral. Para alguns atos, no entanto, exige-se que conste expressamente a autorização.

Litisconsórcio

Tem-se o litisconsórcio quando duas ou mais pessoas litigarem em conjunto, no mesmo processo, em um dos polos da ação. Todos integrarão a relação jurídica processual na condição de partes.

O litisconsórcio comporta diversas classificações, com suas consequências práticas.

a) Quanto à posição dos sujeitos.

A reunião de pessoas poderá ocorrer no polo ativo, no polo passivo, ou até nos dois. Desse modo, identifica-se o litisconsórcio ativo, passivo e misto.

b) Quanto ao momento de sua formação.

Em relação ao momento de sua formação, tem-se o litisconsórcio inicial, quando o autor, na sua postulação, já indica a existência de mais de um componente do polo ativo, ou mais de um réu.

Porém, se tal indicação ocorrer supervenientemente, por determinação do juiz ou pela própria vontade da parte, tem-se o litisconsórcio ulterior.

c) Quanto à obrigatoriedade de sua formação.

A formação do litisconsórcio poderá ser uma opção do autor ou uma necessidade imposta pela lei. Tem-se, dessa maneira, o litisconsórcio facultativo e o necessário.

O litisconsórcio facultativo decorre exclusivamente da iniciativa do autor, que ao invés de propor várias ações contra réus diferentes, apresenta uma única demanda. Poderá ocorrer nas hipóteses indicadas no art. 113: I – entre elas houver comunhão de direitos ou de obrigações relativamente à lide; II – entre as causas houver conexão pelo pedido ou pela causa de pedir; III – ocorrer afinidade de questões por ponto comum de fato ou de direito (litisconsórcio impróprio).

Ocorre, contudo, que o número de litisconsortes poderá comprometer a rápida solução do litígio ou dificultar a defesa ou o cumprimento da sentença, hipótese em que se admite a sua limitação. Trata-se do que foi denominado de litisconsórcio facultativo multitudinário.

Litisconsórcio facultativo multitudinário é aquele em que o número de litisconsortes poderá comprometer a rápida solução do litígio ou dificultar a defesa ou o cumprimento da sentença. Poderá ser determinada a sua limitação pelo juízo, de ofício, ou atendendo a requerimento da parte contrária.

A parte poderá requerer a limitação do litisconsórcio multitudinário, quando então o prazo para manifestação ou resposta será interrompido, retomando-se da intimação do pronunciamento que decidir o requerimento.

Se, apresentado o requerimento de limitação do litisconsórcio, não for o mesmo acolhido pelo magistrado, poderá o prejudicado interpor recurso de agravo de instrumento (art. 1.015, VII).

Paralelamente, o litisconsórcio também poderá ser obrigatório ou necessário, quer em razão de disposição legal ou por conta da natureza da relação jurídica. Para tais hipóteses, a eficácia da sentença depende da citação de todos os litisconsortes.

A formação do litisconsórcio necessário deverá ser fiscalizada pelo juiz que, detectando a falha, determinará a regularização pelo autor, indicando prazo para tanto, sob pena de extinção do processo.

Note-se que o Código elencou consequências diferentes para a inobservância do litisconsórcio necessário, a depender se a decisão deveria ou não ser uniforme em relação a todos os que deveriam ter integrado o processo.

Como adiante se verá, o litisconsórcio será unitário se a decisão for obrigatoriamente uniforme em relação a todos os litisconsortes e será simples se tal uniformidade não for obrigatória.

Adianta-se tal informação justamente para que seja possível analisar, com mais precisão, a consequência advinda da inobservância da citação de todos os litisconsortes. Não se pode, com essa informação, confundir as modalidades de litisconsórcio.

Com efeito, litisconsórcio necessário não é a mesma coisa que unitário. No primeiro, há obrigatoriedade de sua formação. Por este, a formação do litisconsórcio não é obrigatória, mas, se ocorrer, a decisão deverá ser uniforme para todos os litisconsortes, não se admitindo pronunciamentos de teor diferentes.

Nesse sentido, tratando-se de litisconsórcio necessário e unitário, ao mesmo tempo, proferida sentença de mérito sem a citação de todos os litisconsortes, tem-se que esta é nula. Por outro lado, não havendo necessidade de tal uniformidade, a sentença não produzirá efeitos em relação àqueles que não foram citados.

Consequências decorrentes da não citação de todos os litisconsortes:

Litisconsórcio necessário e unitário	Litisconsórcio necessário e simples
Sentença nula	Ineficaz em relação aos litisconsortes não citados

d) Quanto à uniformidade da decisão.

Analisa-se, nesse ponto, se a decisão proferida deverá ser uniforme para todos os litisconsortes, ou se não há essa necessidade de identidade (muito embora ela possa ocorrer).

A propósito de tal critério, tem-se o litisconsórcio simples e o unitário, cada qual com seu regime jurídico.

No litisconsórcio simples, a decisão não precisa necessariamente uniforme em relação a todos os litisconsortes, sendo tratados como litigantes distintos. Consequentemente, os atos e omissões não beneficiarão ou prejudicarão os demais litisconsortes.

No litisconsórcio simples, a contestação apresentada por um dos litisconsortes não afastará a incidência do efeito material da revelia em relação aos demais.

Diferentemente, no litisconsórcio unitário, a decisão há de ser uniforme em relação a todos os litisconsortes. Por essa razão, estes serão considerados como integrantes de um bloco único, motivo pelo qual o ato praticado por um deles a todos aproveitará, embora as omissões não prejudicarão aos demais.

No litisconsórcio unitário, a contestação apresentada por um dos litisconsortes afastará a incidência do efeito material da revelia em relação aos demais.

Deve-se diferenciar, ainda, as figuras do litisconsórcio eventual, alternativo e sucessivo.

Litisconsórcio eventual: são colocadas em juízo duas pessoas, estabelecendo-se uma ordem de preferência entre elas. Ocorre, por exemplo, na desconsideração da personalidade jurídica.

Litisconsórcio alternativo: o autor postula contra dois réus, pois se encontra em dúvida sobre quem deve ocupar o polo passivo. Exemplo típico é o da ação de consignação em pagamento. E outro exemplo é o do pedido postulado em face da seguradora e do intermediário do seguro, pois, se aquele se livrar da responsabilização, requer que este seja obrigado a reparar.

Litisconsórcio sucessivo: o segundo litisconsorte somente terá reconhecido o seu direito se, antes, o primeiro também o tiver. É o exemplo da ação de alimentos com indenização de ressarcimento de despesas do parto.

Da intervenção de terceiros: intervenção voluntária e provocada

A intervenção de terceiros é caracterizada pelo ingresso de um sujeito em processo pendente. Ele não participava do processo, sendo provocado para tanto, ou comparecendo e requerendo o seu ingresso espontaneamente.

Assistência

A assistência é uma modalidade de intervenção de terceiros. Por meio dela, tem-se o ingresso voluntário de terceiro que demonstra possuir um interesse jurídico.

Há duas modalidades de assistência: simples e litisconsorcial.

Na assistência simples, o terceiro intervém no processo para auxiliar o assistido, uma vez que sua esfera jurídica será afetada de forma reflexa. Deve demonstrar a existência de interesse jurídico. O assistente, ao ingressar na ação, não poderá manifestar-se contrariamente aos interesses do assistido.

Nessa hipótese, sendo revel o assistido, o assistente será considerado seu substituto processual.

De outro lado, há assistência litisconsorcial (ou qualificada) quando a sentença houver de influir na relação jurídica entre ele o adversário do assistido. Nessa hipótese, o assistente poderia ser parte no processo.

Denunciação da lide

Tem-se a denunciação da lide quando uma das partes promove, no mesmo processo, ação regressiva contra terceiro, dito denunciado. Pressupõe-se que o denunciante tenha uma pretensão própria contra o denunciado.

São requisitos indispensáveis para o deferimento da denunciação: a) pretensão própria do denunciante versus o denunciado; e b) existência de direito de regresso do denunciante frente ao denunciado.

Têm legitimidade à denunciação as partes da ação principal (autor e réu, além dos que já figurem como denunciados), desde que exista uma pretensão de regresso.

DENUNCIAÇÃO DA LIDE PELO AUTOR	DENUNCIAÇÃO DA LIDE PELO RÉU
O autor requer a denunciação na própria petição inicial. Ela somente será julgada se a ação principal, movida em face do réu, for julgada improcedente.	O réu a requer no prazo de resposta. Somente será julgada se a ação principal, movida em face do denunciante, for julgada procedente.
Requerida a citação do denunciado, o processo principal permanecerá paralisado. Realizada a citação, poderá o denunciado assumir a posição de litisconsorte do denunciante e acrescentar novos argumentos à petição inicial, procedendo-se em seguida à citação do réu.	Oferecida a denunciação, podem surgir três situações distintas: i) se o denunciado contestar o pedido formulado pelo autor, o processo prosseguirá tendo, na ação principal, em litisconsórcio, denunciante e denunciado; ii) se o denunciado for revel, o denunciante pode deixar de prosseguir com a sua defesa e abster-se de recorrer, restringindo sua atuação à ação regressiva; iii) se o denunciado confessar os fatos alegados pelo autor, o denunciante poderá prosseguir com sua defesa ou, aderindo a tal reconhecimento, pedir apenas a procedência da ação de regresso.

Chamamento ao processo

O chamamento ao processo é modalidade de intervenção de terceiros provocada pelo réu, que deverá exercer tal direito na contestação.

Existem duas teses a respeito da natureza do chamamento ao processo.

a) Trata-se de ação condenatória requerida pelo devedor solidário que, acionado sozinho para responder pela totalidade da dívida, pretende acertar, na ação secundária de chamamento, a responsabilidade do devedor principal ou dos demais codevedores solidários, na proporção de suas cotas. De acordo com os autores adeptos desta teoria, tese contrária ofenderia a opção do litisconsórcio facultativo para o autor nos casos de solidariedade.
b) Outros autores defendem tratar-se de forma de ampliação subjetiva passiva da relação processual.

O CPC/2015, ao que parece, adotou a segunda tese, como se pode extrair do que está previsto no art. 131, *caput*, ao mencionar que "a citação daqueles que devam figurar em litisconsórcio passivo (...)".

Incidente de desconsideração da personalidade jurídica

Com a finalidade de resguardar os princípios do contraditório dinâmico e da ampla defesa, o legislador fez previsão do incidente de desconsideração da personalidade jurídica, por meio do qual o sócio ou a própria pessoa jurídica (desconsideração invertida) serão previamente ouvidos, antes de se decidir pela possibilidade de desconsiderá-la.

A lei processual não fez previsão das hipóteses em que será admitida a desconsideração, reservando tal regulação para o direito material, como é possível verificar no Código Civil, Código de Defesa do Consumidor etc.

O incidente de desconsideração da personalidade jurídica será instaurado a pedido da parte ou do Ministério Público, quando lhe couber intervir no processo.

Aquele que demandar no processo poderá requerer a instauração do incidente de desconsideração da personalidade jurídica. Nesse sentido, poderão fazê-lo: i) autor; ii) o réu, por meio de reconvenção; iii) o autor ou o réu, quando requererem a denunciação da lide; iv) o réu, quando valer-se do chamamento ao processo; v) o assistente litisconsorcial também poderá requerer, até porque poderia ser parte na relação processual.

O Ministério Público também poderá fazê-lo, atuando como parte no processo, ou como fiscal da ordem jurídica.

Amicus Curiae

O *amicus curiae* não é parte no processo, pois não tem qualquer interesse no resultado da ação. Tem unicamente interesse em auxiliar o órgão judicial. Terá legitimidade recursal limitada, pois somente poderá recorrer para opor embargos declaratórios e para impugnar o pronunciamento que julgar o incidente de resolução de demandas repetitivas (art. 138, § 3º do CPC).

Se, de um lado, o CPC prevê a intervenção do *amicus curiae* em quatro dispositivos, restringe a possibilidade de interposição de recurso a apenas um deles – incidente de resolução de demandas repetitivas – e admite a apresentação de embargos declaratórios em todos (art. 138, §§ 1º e 3º).

Poderes do juiz

O juiz atuará como presidente do processo, sendo de sua atribuição dirigi-lo (princípio do impulso oficial), como um verdadeiro gestor para a garantia da ampla defesa, contraditório e com o objetivo de ser alcançada uma sentença de mérito justa e efetiva.

É sabido que o juiz não se exime de decidir sob a alegação de lacuna ou obscuridade do ordenamento jurídico, sendo proibido o *non liquet*, como consequência do princípio da indeclinabilidade da jurisdição.

O juiz responderá civil e regressivamente por perdas e danos quando: i) no exercício de suas funções, proceder com dolo ou fraude; ii) recusar, omitir ou retardar, sem justo motivo, providência que deva ordenar de ofício ou a requerimento da parte (art. 143).

NOTE-SE QUE SE TRATA DE RESPONSABILIDADE REGRESSIVA

A imparcialidade é essencial para a validade da relação processual. Porém, esta imparcialidade poderá estar comprometida em determinadas situações.

No art. 144 há a previsão do impedimento do juiz, sendo-lhe vedado exercer suas funções no processo nas hipóteses mencionadas nos incisos. Para estes casos, o impedimento poderá ser conhecido de ofício pelo magistrado ou alegado pelas partes. Como regra, deverão fazê-lo no prazo de 15 dias contados da ciência do fato, muito embora se admita a alegação posterior. Poderá ser objeto até mesmo de ação rescisória.

De outro lado, o art. 145 prevê as hipóteses de suspeição, que poderão ser conhecidas de ofício pelo juiz e as partes poderão alegá-las no prazo de 15 dias contados da ciência. Porém, se não o fizerem, ocorre a preclusão.

Atuação do Ministério Público

O Ministério Público atuará no processo civil como parte ou como fiscal da ordem jurídica.

Alteração Legislativa

O Ministério Público intervirá, quando não for parte, nas ações de família em que figure como parte vítima de violência doméstica e familiar, nos termos da Lei Maria da Penha

9. TUTELA PROVISÓRIA

O Código de Processo Civil de 2015 denominou de provisória a tutela sumária, revogável, que pode ser deferida para em razão da existência de fundamentos relevantes e de risco de dano grave ou de difícil reparação, ou por conta da alta probabilidade de acolhimento da pretensão, não se justificando a necessidade de aguardar-se pelo final da caminhada processual.

A tutela de urgência será concedida quando houver elementos que evidenciem a probabilidade do direito (*fumus boni iuris*) e o perigo de dano ou o risco ao resultado útil do processo (*periculum in mora*).

Inovou o Código de Processo Civil de 2015 ao permitir que a tutela antecipada seja requerida de forma antecedente à instauração da relação processual.

Diferentemente do CPC de 1973, as medidas requeridas de forma antecedente não serão objeto de processo próprio, mas importarão na própria provocação do Poder Judiciário, que aguardará a vinda de futura complementação, a ser juntada nos próprios autos.

O procedimento da tutela cautelar requerida em caráter antecedente segue o disposto no art. 305 e seguintes do Código de Processo Civil.

A parte apresentará petição inicial antecedente, na qual indicará a lide e seu fundamento, a exposição sumária do direito que se objetiva assegurar e o perigo de dano ou o risco ao resultado útil do processo.

A tutela da evidência – antecipação de tutela sem o requisito exigência – poderá ser deferida nas hipóteses indicadas no art. 311, 558, 563, 678 e 701 do CPC 2015, bem como na indisponibilidade de bens na ação de improbidade administrativa e liminar de busca e apreensão de bem alienado fiduciariamente (DL nº 911/69).

O art. 311 do CPC demonstra a ampliação das hipóteses em que a tutela da evidência poderá ser deferida, se comparada com o regime anterior. São elas:

I – se ficar caracterizado o abuso do direito de defesa ou o manifesto propósito protelatório da parte: a tutela da evidência, na hipótese, é concedida em razão do comportamento abusivo da parte, contrário à boa-fé processual;

II – se as alegações de fato puderem ser comprovadas apenas documentalmente e houver tese em julgamento de casos repetitivos ou em súmula vinculante: se os fatos puderem ser comprovados por meio de documentos, não haverá necessidade de produção de outras provas. Além disso, a pretensão tem amparo jurídico em precedente que pode ser extraído de julgamento de casos repetitivos ou em súmula vinculante, o que permite afirmar que está em conformidade com precedente vinculante, conforme orienta o art. 927 do CPC;

III – se tratar de pedido reipersecutório fundado em prova documental adequada de contrato de depósito, caso em que será decretada a ordem de entrega do objeto custodiado, sob cominação de multa: é ação reipersecutória aquela em que se reivindica a posse ou a propriedade de uma coisa. Em tais ações, havendo prova documental adequada do contrato de depósito, será decretada a ordem de entrega do objeto custodiado, independentemente de urgência;

IV – se a petição inicial for instruída com prova documental suficiente dos fatos constitutivos do direito do autor, a que o réu não oponha prova capaz de gerar dúvida razoável: neste caso, a contestação não é suficiente para provocar qualquer dúvida no juízo. Note-se que é desnecessário que a tese esteja embasada em entendimento consubstanciado em precedente.

Nas hipóteses dos incisos II e III, o juiz poderá deferir liminarmente a tutela da evidência, pois, nesses casos, não há que se esperar pela conduta do réu.

A estabilização da tutela antecipada concedida em caráter antecedente a torna irrevogável no mesmo processo, exigindo que a parte ajuíze nova ação para o fim de rever, reformar ou invalidá-la.

Perceba-se que a estabilização da tutela não forma a coisa julgada. A propósito, não houve sentença de mérito sobre a questão, de modo que o magistrado não emitiu juízo de acertamento da situação subjetiva. Em outras palavras, não analisou se o pedido é procedente ou improcedente. Desse modo, o mérito continuará em aberto. De outro lado, foi estabilizada a tutela provisória, que permanecerá viva, mas somente modificável por meio de outra ação.

Haverá a estabilização da tutela se o réu não impugnar, por meio do recurso de agravo de instrumento (art. 1.015, I do CPC), a decisão interlocutória que, versando sobre o mérito, deferir a medida.

Ainda sobre o tema, deve ser registrado que:

> **A tutela antecipada antecedente torna-se estável unicamente se não houver qualquer tipo de impugnação pela parte contrária**. Desse modo, o afastamento da estabilização da tutela não ocorrerá apenas se houver a impugnação da decisão judicial por meio de recurso. Admite-se, para tanto, a mera apresentação de contestação (Resp 1.760.966-SP).

10. FORMAÇÃO, SUSPENSÃO, EXTINÇÃO DO PROCESSO E PROCEDIMENTO COMUM

Formação.

Em conformidade com o **princípio da ação ou da inércia da jurisdição**, a relação processual se desenvolve a partir de **provocação da parte interessada**, que o faz por meio do instrumento adequado. Nesse contexto, tem-se o sentido da palavra **demanda**, que **significa o ato de vir a juízo e apresentar a devida postulação**, sendo a petição inicial seu instrumento.

Somente de forma excepcional poderá o magistrado iniciar o processo sem que seja antes devidamente provocado pela parte interessada. A propósito, a título de exemplo, assim poderá proceder em relação ao procedimento de apuração de irregularidade praticada por entidade de atendimento, previsto no Estatuto da Criança e do Adolescente e, entre outros, do procedimento de arrecadação de bens em caso de herança jacente (art. 738 do CPC 2015), devendo ser registrado, de antemão, que o Código de Processo Civil de 2015 exclui a possibilidade do magistrado de iniciar, de ofício, o procedimento de inventário.

> O CPC de 2015 não autoriza o início do procedimento de inventário, de ofício, pelo juízo.

A propositura da ação.

Enquanto não protocolada a petição inicial, tem-se que se trata de um documento exclusivo da parte autora, elaborado por profissional a que a lei deu essa atribuição.

Por isso, somente se considera proposta a ação quando **a petição inicial for protocolada** (art. 312). Note-se que houve correção da falha técnica contida no CPC 1973 (art. 263), que considerava proposta a ação quando a petição inicial fosse despachada ou distribuída.

Estabelecer de forma adequada e objetiva o momento em que a ação é proposta tem importância prática, pois, como se verá adiante, a interrupção da prescrição, ocorrida com o despacho da inicial, **retroagirá à data da propositura da ação** (entenda-se, data em que foi protocolada), quando for providenciado o necessário para a realização da citação.

Efeitos da propositura para o réu: somente a partir da citação válida.

Conforme deixa claro o art. 312 do CPC, embora se considere proposta a ação quando for protocolada, os efeitos de tal **propositura para o réu** somente se iniciam quando este for devidamente citado.

Assim, **a citação válida induz litispendência, torna litigiosa a coisa e constitui em mora o devedor** (salvo as exceções legais), retroagindo unicamente o efeito da interrupção da prescrição à data da propositura da ação, desde que tenham sido providenciado o necessário para a citação do réu.

Verifica-se que tais efeitos decorrem da citação válida e não da propositura da ação.

Da Suspensão do processo.

A suspensão e a extinção como causas de crise do processo.

A busca da solução do mérito é o caminho natural do processo. Aliás, em conformidade com o art. 4°, do CPC, tem-se como norma fundamental o **princípio da preferência pelo julgamento do mérito**. Não obstante, o caminhar do processo está sujeito a determinados eventos que poderão importar na sua **paralisação ou até na extinção**, pondo-se fim, neste último caso, à relação processual. Nas duas situações, ocorre o que se convencionou denominar de **crise do processo.**

Tal expressão, contudo, não é livre de críticas em relação à suspensão. Ora, é verdade que a relação processual deve ser desenvolvida para que tenha um fim. Porém, podem as partes entender que é conveniente para os seus interesses – e mesmo para a própria solução do litígio – que ocorra a paralização temporária do processo. Nesse passo, antevendo uma possível solução amigável, resolvem as partes suspender o andamento do processo, estabelecendo-se um negócio processual, em atenção ao princípio da autonomia de vontade (autorregulação do processo). Não se pode dizer, então, que a situação é reveladora de crise do processo, mas, justamente o contrário, de que o embate processual foi capaz de gerar reflexão e, quiçá, de conduzir as partes à solução amigável, sem a necessidade de resolução pelo Estado-Juiz.

Efeito da suspensão: paralisação do processo.

A suspensão do processo, por si só, é capaz de gerar o paralisar de seu andamento. Porém, em certas situações, será possível a prática de alguns atos processuais.

Tem-se, como regra, a **paralisação integral do processo**, admitindo-se unicamente a **prática de atos reputados urgentes**, salvo no caso de arguição de impedimento ou de suspeição.

Pelo que se extrai do que está previsto no art. 314 do CPC, portanto, se arguido o impedimento ou a suspeição, o juiz não poderá praticar qualquer ato, com exceção daqueles destinados ao processamento (desentranhamento da petição e juntada de manifestação do próprio juiz) e encaminhamento ao Tribunal para análise. E isso, pois, **a partir da entrada da petição em que se argui o impedimento ou a suspeição, estará o processo suspenso**, situação essa que poderá ser reavaliada pelo relator a que for distribuída a petição.

Na suspensão própria poderão ser praticados unicamente atos reputados urgentes, com exceção se arguido o impedimento ou a suspeição.

Como dito, ainda que suspenso o processo, salvo se arguido o impedimento ou a suspeição, poderá o magistrado determinar a prática de atos urgentes a fim de evitar dano irreparável, como, por exemplo, **a efetivação de tutela provisória em razão da urgência (tutela antecipada ou tutela cautelar)**. Não é possível, em tese, que decida sobre a tutela da evidência, pois não se está diante de ato que tenha como requisito a urgência, salvo se tal requisito também for deliberadamente comprovado pela parte.

Praticado um ato reputado urgente, como o deferimento da tutela provisória de urgência, o prazo para que a parte contrária possa interpor o respectivo recurso (agravo de instrumento) não estará paralisado, correndo normalmente.

Causas de suspensão do processo.

Sem prejuízo de outras causas mencionadas em lei, posto que o rol do artigo 313 do CPC não é taxativo, são causas de suspensão do processo:

I) Morte ou perda da capacidade processual de qualquer das partes, de seu representante legal ou de seu procurador.

Ocorrendo a morte de qualquer uma das partes, o processo será suspenso, aguardando-se a **habilitação dos herdeiros**, salvo se a demanda versar sobre direitos intransmissíveis, como ocorre na ação de divórcio, quando então haverá a sua extinção.

Merece muita atenção a modificação de que se extrai da redação do art. 313, I do CPC, em comparação ao previsto no § 1°. do art. 265 do CPC/1973, pois, atualmente, **não mais se diferencia se a morte ou a perda da capacidade processual ocorreram antes ou depois de iniciada a audiência de instrução e julgamento.**

> Dessa forma, não importa se a morte ou a perda da capacidade processual ocorreram antes ou depois de iniciada a audiência de instrução e julgamento. Ocorrendo tais eventos, haverá a suspensão do processo, independentemente do momento.

A habilitação dos herdeiros seguirá o procedimento constante dos artigos 687 a 692 do Código de Processo Civil. Poderá ser iniciada pela parte, em relação aos sucessores do falecido, ou pelos próprios sucessores do falecido, em relação à parte.

Será processada nos autos do processo principal, na instância em que estiver. Recebida a petição, o juiz determinará a citação dos requeridos para que se pronunciem no prazo de cinco dias. O ato poderá ser realizado na pessoa do advogado, se já constituído nos autos.

O magistrado decidirá o pedido de habilitação imediatamente, proferindo-se decisão interlocutória. Porém, **se for necessária dilação probatória diversa da documental**, determina o **art. 691 que o pedido seja autuado em apartado**, sendo decidido ao final por **sentença.**

> Não havendo impugnação ou sendo desnecessária dilação probatória complexa, a habilitação de herdeiros será processada **nos próprios autos**. Porém, **havendo necessidade de prova documental diversa da probatória**, o pedido será autuado em apartado e decidido por **sentença** (art. 692).

Ainda que se trate de habilitação processada em apartado, o pronunciamento jurisdicional desafiará o recurso de agravo de instrumento, com fundamento no art. 1.015, II do CPC.

Se não providenciada a habilitação, ao tomar conhecimento da morte da parte, o magistrado determinará a suspensão do processo e observará o seguinte:

i) falecido o réu, ordenará a intimação do autor para que promova a citação do respectivo espólio, de quem for o sucessor ou, se for o caso, dos herdeiros, no prazo que designar, de no mínimo dois e no máximo seis meses;

ii) falecido o autor e sendo transmissível o direito, determinará a intimação de seu espólio, de quem for o sucessor ou, se for o caso, dos herdeiros, pelos meios de divulgação que reputar mais adequados, para que manifestem interesse na sucessão processual e promovam a respectiva habilitação no prazo designado, sob pena de extinção do processo sem resolução do mérito.

Como é possível extrair da interpretação conjunta dos artigos 313, § 2º, e 689, do CPC, **a suspensão do processo ocorrerá no momento em que o magistrado tiver conhecimento do falecimento da parte**, seja por meio do pedido de habilitação, seja por outro meio. Neste último caso, determinará a intimação do indicado pela lei para que promova a habilitação.

Passa-se à análise da suspensão do processo em decorrência da morte do procurador de qualquer das partes.

Neste caso, também independentemente do momento em que ocorrida a morte, o processo será suspenso e o juiz determinará que a parte constitua novo mandatário, no prazo de quinze dias. Na inércia, o processo será extinto sem resolução do mérito, se o autor não nomear novo mandatário, ou ordenará o prosseguimento do processo à revelia do réu, se falecido procurador deste. Note-se que se trata de hipótese de revelia ulterior que produzirá unicamente efeito processual (não intimação dos atos processuais posteriores), se a resposta já tiver sido apresentada anteriormente.

II) Convenção das partes.

Poderão as partes ajustar a **suspensão do processo**, sendo a paralisação **limitada a seis meses**. Trata-se de **negócio processual** entabulado entre as partes, que produzirá efeitos a partir do momento em que ajustado, não obstante haja necessidade de homologação judicial.

Escoado o prazo de seis meses, deverá o juiz determinar a continuidade do processo.

III) Pela arguição de impedimento e suspeição.

As causas de impedimento e a suspeição prejudicam a imparcialidade do juiz e serão arguidas, de acordo com o CPC, mediante mera petição nos próprios autos. Não mais devem ser arguidas por meio de exceção.

Arguido o impedimento ou a suspeição, tem-se que ocorrerá a suspensão imediata do processo, não podendo o juiz praticar sequer atos reputados urgentes.

Ao ter ciência da arguição, o juiz poderá reconhecer a causa de impedimento ou de suspeição e determinar o encaminhamento dos autos ao seu substituto legal. De outro lado, discordando, determinará o desentranhamento da petição, podendo instruí-la, bem como o seu encaminhamento ao Tribunal para decisão a respeito.

Aportando no Tribunal respectivo e distribuída ao relator, este decidirá sobre a manutenção ou não do efeito suspensivo.

IV) Pela Admissão do Incidente de Resolução de Demandas Repetitivas.

O CPC se preocupou em atender aos reclamos da sociedade para solucionar a litigiosidade repetitiva. Para tanto, fez previsão de incidentes e meios capazes de formar pronunciamentos judiciais, dos quais será possível extrair precedentes que vincularão juízes e o tribunal no julgamento de casos futuros (art. 927).

Entre esses instrumentos, destaca-se o incidente de resolução de demandas repetitivas, por meio do qual, havendo efetiva repetição de processos que contenham controvérsia sobre a mesma questão unicamente de direito e risco de ofensa à isonomia e à segurança jurídica, visando fixar uma tese que possa ser aplicada pelos juízes do mesmo tribunal.

Em conformidade com o art. 982 do CPC, admitido o incidente, o relator suspenderá os processos pendentes, individuais ou coletivos, que tramitam no Estado ou na região (no caso de Tribunal Regional Federal).

Decidido o incidente, se não interposto recurso, cessará a suspensão dos processos. Contudo, interposto recurso (extraordinário e/ou especial, que terão efeito suspensivo nesse caso), a suspensão do processo prosseguirá.

Como se vê, a causa de suspensão do processo, aqui analisada, não é automática ou decorrente da instauração do incidente de resolução de demandas repetitivas, mas carece de decisão de seu relator e terá vigência enquanto tramitar, salvo se houver decisão em sentido contrário.

V) Quando a sentença de mérito.

Nesta hipótese, abrem-se outras duas situações:

a) se a sentença de mérito depender do julgamento de outra causa ou da declaração da existência ou da inexistência de relação jurídica que constitua o objeto principal de outro processo pendente:

Neste caso, para que seja proferida sentença de mérito, **há necessidade de se aguardar pelo julgamento de outro processo, no qual será analisada questão prejudicial externa.**

Questão prejudicial é aquela que influenciará no mérito do processo. Pode ser interna (controvertida no próprio processo), ou externa (quando será decidida em outro processo).

b) tiver de ser proferida somente após a verificação de determinado fato ou a produção de certa prova:

Nesse caso, a prova será produzida em outro juízo, havendo necessidade de se aguardar por ela. A suspensão terá o prazo máximo de um ano nas duas hipóteses.

Dependendo o conhecimento do mérito de verificação de existência de fato delituoso, será determinada a suspensão do processo até que haja decisão no processo criminal. Será aguardado pelo prazo de três meses para o ajuizamento da ação penal. Se já ajuizada, porém, o processo ficará suspenso pelo prazo máximo de um ano.

VI) Por motivo de força maior.

Na hipótese constante do inciso V, indica o CPC que o processo poderá ser suspenso por motivo de força maior, que não decorre propriamente da vontade das partes, como, por exemplo, o alagamento de uma cidade por conta de fortes chuvas.

VII) quando se discutir em juízo questão decorrente de acidentes e fatos da navegação de competência do Tribunal Marítimo.

Havendo necessidade de se aguardar por decisão do Tribunal Marítimo como questão que influenciará o mérito da decisão de mérito, o juiz suspenderá o processo.

VIII) nos demais casos previstos em lei.

O rol constante do art. 313 não é exaustivo, mas exemplificativo, existindo outras hipóteses de suspensão do processo, como, por exemplo, a concessão de efeito suspensivo em embargos à execução.

IX) pelo parto ou pela concessão de adoção, quando a advogada responsável pelo processo constituir a única patrona da causa.

Trata-se de hipótese incluída pela Lei n. 13.363/2016, em que o período de suspensão será de trinta dias, contado a partir da data do parto ou da concessão da adoção, mediante apresentação de certidão de nascimento ou documento similar que comprove a realização do parto, ou de termo judicial que tenha decidido a adoção, desde que haja notificação ao cliente.

X – quando o advogado responsável pelo processo constituir o único patrono da causa e tornar-se pai.

Hipótese também incluída pela Lei n. 13.363/2016, segundo a qual o período de suspensão será de oito dias, contado a partir da data do parto ou da concessão da adoção, mediante apresentação de certidão de nascimento ou documento similar que comprove a realização do parto, ou de termo judicial que tenha concedido a adoção, desde que haja notificação ao cliente.

Extinção do processo.

A **extinção do processo** ocorrerá por meio de sentença, que terá por fundamento um dos incisos do art. 485, bem como os incisos II e III do art. 487 do CPC (vide, a respeito, o art. 354).

Nesse passo, a extinção do processo decorrerá de sentença em que não é analisado o mérito, ou, então, em sentença que decide, de ofício ou a requerimento, sobre a ocorrência de decadência ou prescrição, bem como a que homologa ato de reconhecimento da procedência do pedido e da reconvenção, a transação e a renúncia à pretensão formulada na ação ou na reconvenção.

Fala-se em extinção do processo, por isso, diz-se que será proferida sentença. Contudo, será possível que o magistrado profira **decisão interlocutória** em que **extingue parcialmente o processo**, com ou sem análise de mérito. Neste caso, o processo prosseguirá em relação à parte não objeto de extinção. A extinção também poderá ocorrer por meio de decisão monocrática, em julgamento, por exemplo, de agravo de instrumento.

PROCEDIMENTO COMUM

Petição inicial

É possível a identificação de requisitos intrínsecos e extrínsecos da petição inicial. Aqueles devem estar constantes do próprio corpo da petição inicial, ao passo que estes se revelam como documentos que devem acompanhar a peça, por serem imprescindíveis à propositura da ação.

Classificação dos Requisitos da Petição Inicial	
Intrínsecos	**Extrínsecos**
Contidos no corpo da petição inicial	Documentos indispensáveis à propositura da ação
Ausência: o juiz determinará a emenda.	Ausência: o juiz determinará que a peça seja completada

As causas serão levadas à distribuição/registro. A distribuição poderá ser livre ou vinculada (dependência).

Serão distribuídas por dependência as causas de qualquer natureza: i) quando se relacionarem, por conexão ou continência, com outra já ajuizada; ii) quando, tendo sido extinto o processo sem resolução de mérito, for reiterado o pedido, ainda que em litisconsórcio com outros autores ou que sejam parcialmente alterados os réus da demanda; iii) quando houver ajuizamento de ações que serão reunidas, ao juízo prevento.

A toda causa deve ser atribuído um valor, ainda que a ação não tenha conteúdo econômico.

Há critérios para a fixação do valor da causa. Nesse sentido:

> *Art. 292. O valor da causa constará da petição inicial ou da reconvenção e será: I – na ação de cobrança de dívida, a soma monetariamente corrigida do principal, dos juros de mora vencidos e de outras penalidades, se houver, até a data de propositura da ação; II – na ação que tiver por objeto a existência, a validade, o cumprimento, a modificação, a resolução, a resilição ou a rescisão de ato jurídico, o valor do ato ou o de sua parte controvertida; III – na ação de alimentos, a soma de 12 (doze) prestações mensais pedidas pelo autor; IV – na ação de divisão, de demarcação e de reivindicação, o valor de avaliação da área ou do bem objeto do pedido; V – na ação indenizatória, inclusive a fundada em dano moral, o valor pretendido; VI – na ação em que há cumulação de pedidos, a quantia correspondente à soma dos valores de todos eles; VII – na ação em que os pedidos são alternativos, o de maior valor; VIII – na ação em que houver pedido subsidiário, o valor do pedido principal.*

Admite-se a cumulação de pedidos, observando-se a seguintes classificação: i) cumulação própria – os pedidos são apresentados, pretendendo o autor o acolhimento de todos eles; ii) cumulação imprópria – os pedidos são apresentados, mas o autor não pretende que todos eles sejam acolhidos. Poderá ser subsidiária (estabelece-se uma ordem entre eles), ou alternativa (sem estabelecimento desta ordem).

O indeferimento da petição inicial consiste na manifestação do juiz no sentido de que, a partir dos elementos indicados naquela peça, a ação não poderá prosseguir. Poderá ocorrer de forma parcial, com relação a algum dos pedidos, ou total, o que refletirá na natureza do pronunciamento jurisdicional (decisão interlocutória ou sentença).

Entende-se por liminar o pronunciamento proferido no início do processo, no seu limiar. A liminar poderá consistir em uma decisão interlocutória (tutela antecipada), em uma sentença (sentença de indeferimento da inicial), decisão monocrática proferida por relator e, por que não, até por decisão colegiada em Tribunal.

Como regra, uma vez iniciado o procedimento, haverá a citação da parte contrária e o andamento regular dos atos processuais, para que o magistrado possa, ao final, proferir a sentença de mérito.

Contudo, como visto no item anterior, será possível que o magistrado entenda que a petição inicial não reúne condições para que haja o desenrolar do processo, hipótese em que poderá indeferir a petição inicial, com pronunciamento sem análise de mérito.

Em outros casos, faculta o CPC que o juiz analise o mérito desde já, independentemente de citação da parte contrária, proferindo pronunciamento de improcedência liminar do pedido.

Há uma diferenciação a ser feita que é vital para o entendimento. Na improcedência liminar, o magistrado analisa o mérito. Julga-o desde já, com possibilidade de formação da coisa julgada material, se não houver a interposição de recurso. No indeferimento da inicial, contudo, não há análise de mérito.

Assim, o autor postula os seus pedidos e o magistrado, quando da análise da inicial, profere julgamento de improcedência liminar.

O CPC permite que tal julgamento ocorra, em suma, quando a pretensão apresentada pela parte contrária encampar tese jurídica contrária ao já decidido em determinados precedentes, quais sejam: I – enunciado de súmula do Supremo Tribunal Federal ou do Superior Tribunal de Justiça; II – acórdão proferido pelo Supremo Tribunal Federal ou pelo Superior Tribunal de Justiça em julgamento de recursos repetitivos; III – entendimento firmado em incidente de resolução de demandas repetitivas ou de assunção de competência; IV – enunciado de súmula de tribunal de justiça sobre direito local.

Audiência de conciliação e mediação

Estando a petição inicial em ordem e não entendendo o magistrado ser o caso de ser proferida sentença de improcedência liminar, será designada audiência de conciliação ou de mediação com antecedência mínima de 30 dias, devendo o réu ser citado com pelo menos vinte dias de antecedência.

Contestação e reconvenção

A contestação é regida pelos seguintes princípios:

a) concentração: deverá o réu concentrar em sua defesa toda a matéria de defesa, ainda que contraditória. Trata-se do momento oportuno para que isso seja feito. Uma vez apresentada, não poderá ser posteriormente complementada, uma vez que verificada a preclusão consumativa.

Há, porém, matérias que o réu poderá alegar posteriormente. Estão elencadas no art. 342 do CPC: i) relativas a direito ou a fato superveniente; ii) competir ao juiz conhecer delas de ofício; iii) por expressa autorização legal, puderem ser formuladas em qualquer tempo e grau de jurisdição.

Nestes casos, admite-se que a matéria seja alegada posteriormente. Imagine-se, por exemplo, o tema prescrição. Como sabido, dele o juiz poderá conhecer, de ofício, a qualquer momento. Por isso, o réu poderá alegá-la posteriormente, ainda que já oferecida contestação. A decadência contém uma particularidade, em razão de suas duas espécies. A decadência legal poderá ser alegada e conhecida a qualquer momento. De outro lado, a decadência convencional poderá ser alegada a qualquer tempo, muito embora somente poderá ser conhecida se houver requerimento nesse sentido. O juiz não poderá conhecê-la de ofício.

A regra, portanto, é de que toda a matéria de defesa seja alegada na contestação, ainda que ela seja contraditória.

b) ônus da impugnação especificada: a contestação é a oportunidade para que o réu impugne os fatos apresentados pelo autor na petição inicial. Algumas explicações preliminares são importantes para o entendimento correto deste princípio.

Na petição inicial, o autor apresenta os fatos dos quais extrai determinadas consequências jurídicas. O réu, ao ser citado, terá oportunidade de impugnar cada um destes fatos por meio da contestação, quando, então, passa-se a ter uma questão controvertida sobre a qual incidirá a prova. De outro lado, se o fato não for impugnado, será presumida a sua veracidade. Trata-se do ônus da impugnação especificada.

Porém, não haverá a presunção de veracidade, se não for admissível, a seu respeito, a confissão; se a petição inicial não estiver acompanhada de instrumento que a lei considerar da substância do ato; se os fatos estiverem em contradição com a defesa, considerada em seu conjunto.

Tal ônus não será aplicado ao defensor público, ao advogado dativo e ao curador especial. Dessa maneira, pela previsão contida no art. 341, parágrafo único do CPC, se a parte for assistida por Defensor Público, ainda que não apresente resposta, tem-se que não serão presumidos como verdadeiros os fatos articulados na petição inicial.

A contestação deverá ser apresentada por meio de petição, no prazo de 15 dias, sendo aplicáveis os prazos especiais previstos na lei.

Têm prazos especiais: Ministério Público, Defensoria Pública, Fazenda Pública e litisconsortes com diversos procuradores, que não sejam do mesmo escritório jurídico e não seja processo eletrônico.

No CPC de 1973, o prazo para o oferecimento de resposta era contado da juntada do mandado de citação aos autos. No CPC de 2015, porém, como houve previsão da necessidade de ser designada a audiência de conciliação ou de mediação, o prazo de resposta terá outro termo inicial.

Nesse sentido, prevê o art. 335 do Código de Processo Civil que o termo inicial será a data:

i) da audiência de conciliação ou de mediação, ou da última sessão de conciliação, quando qualquer parte não comparecer ou, comparecendo, não houver autocomposição: uma vez designada a audiência para tentativa conciliação ou de mediação, deverão as partes comparecer para a composição. Se esta ocorrer, será o ajuste homologado por sentença judicial. Porém, se a composição não ocorrer e houver necessidade de continuação do procedimento, será iniciado o prazo para que o réu possa apresentar a sua contestação. Importante que o (a) candidato(a) esteja bem atento à forma de contagem deste prazo, pois é possível que haja questionamento para indicação de seu termo final em um determinado problema. A título de exemplo, examina-se a seguinte hipótese.

O autor propôs ação de cobrança. Foi designada audiência de conciliação. As partes compareceram à audiência, oportunidade em que foi tentada a composição entre elas, que restou infrutífera. Nesse caso, haverá necessidade de continuidade do processo, abrindo-se prazo para que o réu ofereça resposta. Considerando-se que a audiência foi realizada no dia 23.09.2016, assinale o prazo final para que o réu possa oferecer resposta.

ii) do protocolo do pedido de cancelamento da audiência de conciliação ou de mediação apresentado pelo réu, quando ocorrer a hipótese do art. 334, § 4º, inciso I: poderá o autor ter indicado na petição inicial que não pretende conciliar-se, tendo o réu feito o mesmo no prazo legal. Dessa maneira, não há motivo para que seja realizada a audiência, que será dada como prejudicada. Nesse caso, o prazo para que o réu possa oferecer a sua resposta será na data do protocolo do pedido de cancelamento apresentado pelo réu.

Se houver litisconsórcio passivo, o prazo será contado a partir de cada pedido de cancelamento da audiência. Registre-se que, nesta hipótese, o prazo não será iniciado conjuntamente para todos os réus. Será contado de uma maneira para aqueles que requererem o cancelamento da audiência e da audiência para os demais, se ela ainda assim for realizada.

iii) prevista no art. 231, de acordo com o modo como foi feita a citação, nos demais casos: no inciso III estão incluídas várias situações, como, por exemplo, o caso em que o magistrado vislumbrou, de imediato, que não deverá ser designada audiência de conciliação ou de mediação, uma vez que o direito é indisponível. Dessa forma, desde já, dispensa a audiência e determina a citação do réu para oferecer resposta. Assim, o prazo para a contestação será iniciado: a) da data de juntada aos autos do aviso de recebimento, quando a citação for pelo correio; b) da data de juntada aos autos do mandado cumprido, quando a citação for por oficial de justiça; c) da data da citação, se esta for promovida pelo escrivão ou chefe de secretaria; d) do dia útil seguinte ao fim da dilação assinada pelo juiz, quando a citação for por edital; e) do dia seguinte à consulta ao teor da citação ou ao término do prazo para que a consulta se dê, quando a citação for eletrônica; f) da data da juntada do comunicado de que houve a citação pelo juízo deprecado, ou, não havendo tal, da data de juntada da carta aos autos de origem devidamente cumprida.

Tratando-se de prazo processual, naturalmente, o prazo de resposta será contado em dias úteis.

O Código de Processo Civil de 2015 acarretou na concentração das matérias que podem ser alegadas na contestação, se comparado com o Código anterior.

Nesse sentido, podem ser alegadas e apresentadas as seguintes matérias processuais e substanciais. Além disso, será também possível apresentar pedido na própria contestação, como adiante será visto.

CONTEÚDO DA CONTESTAÇÃO		
DEFESA PROCESSUAL	DEFESA DE MÉRITO	EXERCÍCIO DE PRETENSÃO

Defesa processual: poderá o réu alegar determinadas matérias, que são indicadas como processuais, por não se referirem ao mérito. Tratam-se das preliminares, que podem ser ainda classificadas em dilatória ou peremptórias.

A defesa processual dilatória importa no prolongamento da relação processual, como ocorre com a incompetência absoluta. Nesse caso, o juiz não encerra o processo, mas determina o seu encaminhamento para o juízo competente, o que importa em uma demora na solução da questão.

De outro lado, a defesa processual peremptória importará na extinção do processo, como ocorre com o reconhecimento da existência de coisa julgada.

O art. 337 do Código de Processo Civil elenca as preliminares. Em comum, já poderiam ser conhecidas de ofício pelo juiz, ou seja, independentemente de serem alegadas na contestação, com exceção da incompetência relativa e da convenção de arbitragem, que dependem de ser alegadas pela parte.

Há duas preliminares que tratam de matérias que não podem ser conhecidas de ofício pelo juiz. São elas: incompetência relativa e a convenção de arbitragem.

Exercício de pretensão: poderá o réu, ainda na contestação, exercer pretensão em face do autor, ou mesmo de terceiro. E assim ocorrerá na reconvenção ou mesmo na denunciação da lide.

A reconvenção é o contra-ataque exercido pelo réu (identificado como réu-reconvinte), ou, no mínimo este e mais pessoas, em face do autor ou também autor e outras pessoas. Trata-se de ação promovida no mesmo processo, que será exercida na própria contestação, quando então deverá o réu indicar o valor da causa (art. 292 *caput* CPC), devendo o pedido ser certo e determinado, admitindo-se também o pedido genérico nas hipóteses legais (art. 324 § 2º).

Por ser ação autônoma, a desistência da ação principal ou a ocorrência de causa extintiva que impeça o exame de seu mérito não obsta ao prosseguimento do processo quanto à reconvenção.

Oferecida a reconvenção, o magistrado determinará que se proceda à respectiva anotação pelo distribuidor (art. 286, parágrafo único).

Na reconvenção não se exigirá caução para que o brasileiro ou estrangeiro, que resida fora do Brasil ou que deixar de residir no país ao longo da tramitação de processo, ainda que não tenha bens imóveis no Brasil que assegure o pagamento das custas e dos honorários de advogado da parte contrária (art. 83, III do CPC).

Revelia

É efeito material da revelia a presunção de veracidade dos fatos articulados pelo autor na inicial. Não decorre a lógica procedência do pedido, mas apenas a presunção de que os fatos indicados na petição inicial são verdadeiros.

Porém, não haverá a produção deste efeito se: i) havendo pluralidade de réus, algum deles contestar a ação; ii) o litígio versar sobre direitos indisponíveis; iii) a petição inicial não estiver acompanhada de instrumento que a lei considere indispensável à prova do ato; iv) as alegações de fato formuladas pelo autor forem inverossímeis ou estiverem em contradição com a prova constante dos autos.

Providências preliminares

Tendo o réu apresentado a sua resposta, poderá o magistrado tomar algumas providências, indicadas como preliminares. E assim são identificadas, porque objetivam preparar o processo para a fase processual seguinte.

Nesse sentido, verificando o magistrado que o réu não ofereceu resposta, mas que não haverá a incidência do efeito material da revelia, abrirá oportunidade para que o autor possa especificar as provas que pretende produzir, se ainda não as tiver indicado (art. 348).

Julgamento conforme o estado do processo

Verificando o magistrado que poderá proferir pronunciamento sem a análise de mérito por incidir uma das hipóteses do art. 485, ou então, ser possível a análise de mérito com fundamento nos incisos II e III do art. 487 do CPC, proferirá sentença e extinguirá o processo (se decidir sobre a decadência ou a prescrição, ou, ainda, se homologar o reconhecimento da procedência do pedido formulado na ação ou na reconvenção, a transação ou a renúncia à pretensão formulada ou na reconvenção).

Audiência de saneamento e organização do processo

Se o magistrado entender que não é o caso de extinção do processo ou de promover ao julgamento antecipado do mérito, então, deverá proferir decisão de saneamento e de organização do processo, por meio da qual: i) resolverá as questões processuais pendentes, se houver; ii) delimitará as questões de fato sobre as quais recairá a atividade probatória, especificando os meios de prova admitidos; iii) definirá a distribuição do ônus probatório; iv) delimitará as questões de direito relevantes para a decisão do mérito; v) designará, se necessário, audiência de instrução e julgamento.

Audiência de instrução e julgamento

Tem a audiência de instrução e julgamento a finalidade de ser colhida a prova oral a ser produzida.

Das Provas

Por *meios de prova* compreendem-se os procedimentos adequados para a obtenção da informação e o seu registro. Há vários meios de prova, como a pericial, a testemunhal. Não se confunde com fonte de prova.

A prova é extraída de uma fonte de prova. Uma pessoa pode ser uma fonte de prova, sendo aquela examinada por um perito médico, por exemplo. Tem-se, então, uma fonte de prova, que não se confunde com os meios de prova.

Serão admitidos todos os meios de prova moralmente legítimos, ainda que atípicos.

Admite-se, também, que o magistrado determine a produção da prova que entenda pertinente como decorrência do dever-poder instrutório do juiz (art. 370 do CPC).

Em consonância com o princípio da comunhão das provas, uma vez sendo produzida, poderá qualquer uma das partes dela se aproveitar, ainda que não tenha a requerido. A prova não pertence à parte que a produziu.

Em conformidade com o art. 5º, XII, CF, são inadmissíveis, no processo, as provas obtidas por meios ilícitos.

São princípios que regem a prova cível: atipicidade da prova; proibição da utilização das provas obtidas por meios ilícitos; aquisição e comunhão da prova; oralidade; máxima eficiência dos meios probatórios; deveres-poderes instrutórios do juiz; unidade probatória; e, livre convencimento motivado do juiz.

Distribuição do ônus da prova.

Ônus probatório: a propósito do tema, deve haver prévia análise da carga estática e da carga dinâmica do ônus probatório. Pela carga estática do ônus probatório, que ainda é a regra, há a prévia distribuição daquilo que cada parte no processo deverá comprovar. Desse modo, incumbe ao autor o ônus da prova quanto ao fato constitutivo de seu direito e ao réu, por sua vez, quanto ao fato impeditivo, modificativo ou extintivo do direito do autor.

Admite-se que as partes, por convenção, modifiquem o ônus da prova. Contudo, tal convenção não será admitida quando recair sobre direito indisponível da parte ou se tornar excessivamente difícil a uma parte o exercício do direito (art. 373, § 3º).

O CPC inovou ao prever, também, a carga dinâmica do ônus probatório. Diferentemente do que foi anteriormente analisado, será possível que o juiz atribua o ônus da prova de modo diverso, desde que o faça por decisão fundamentada, justificada nos casos previstos em lei ou diante de peculiaridades da causa decorrentes da excessiva dificuldade de cumprir o encargo. Enfim, terá o ônus de provar aquele que tiver melhores condições de fazê-lo.

Fatos que independem de prova.

As provas buscam demonstrar os fatos. Porém, nem todos os fatos precisam ser demonstrados.

Nesse sentido, o art. 374 dispensa a prova dos fatos: i) notórios; ii) afirmados por uma parte e confessados pela parte contrária; iii) admitidos no processo como incontroversos; iv) em cujo favor milita presunção legal de existência ou de veracidade.

Produção antecipada de prova

O Código fez previsão da denominada ação probatória, que tem por finalidade exclusiva a produção antecipada de prova que poderá ser utilizada posteriormente em procedimento arbitral, judicial ou administrativo. Será admitida se: houver fundado receio de que venha a tornar-se impossível ou muito difícil a verificação de certos fatos na pendência da ação; a prova a ser produzida seja suscetível de viabilizar a autocomposição ou outro meio adequado de solução de conflito; o prévio conhecimento dos fatos possa justificar ou evitar o ajuizamento de ação.

Note-se que nem sempre haverá necessidade do elemento urgência.

A ação probatória não admitirá defesa ou recurso, salvo contra decisão que indeferir totalmente a produção da prova pleiteada pelo requerente originário.

Uma vez deferida e produzida a prova, os autos permanecerão durante um mês para extração de cópias e certidões.

Provas típicas e atípicas:

Ata notarial

A existência e o modo de existir de algum fato podem ser atestados ou documentados, a requerimento do interessado, mediante ata lavrada por tabelião.

Dados representados por imagem ou som gravados em arquivos eletrônicos poderão constar da ata notarial.

O Provimento nº 65, de 14.12.2017, da Corregedoria Nacional de Justiça, estabeleceu diretrizes para o procedimento da usucapião extrajudicial nos serviços notariais e de registro de imóveis.

Depoimento pessoal.

O depoimento pessoal é um meio de prova consistente na colheita do depoimento do autor e do réu. Será produzido na audiência de instrução e julgamento, com possibilidade de que haja a formulação de reperguntas pelo advogado da parte contrária.

Não obstante, admite-se que, se a parte residir em comarca, seção ou subseção judiciária diversa daquela onde tramita o processo poderá ser colhida por meio de videoconferência ou outro recurso tecnológico de transmissão de sons e imagens em tempo real, o que poderá ocorrer, inclusive, durante a realização da audiência de instrução e julgamento.

Se a parte não comparecer, apesar de pessoalmente intimada, ser-lhe-á aplicada a pena de confesso. Da mesma forma, se recusar a depor.

A parte não é obrigada a depor sobre fatos criminosos ou torpes que lhe forem imputados, a cujo respeito, por estado ou profissão, deva guardar sigilo, acerca dos quais não possa responder sem desonra própria, de seu cônjuge, de seu companheiro ou de parente em grau sucessível, que coloquem em perigo a vida do depoente ou das pessoas antes indicadas. Esta regra, contudo, não se aplica às ações de estado e de família.

Difere o depoimento pessoal do interrogatório, que poderá ser colhido a qualquer momento. Porém, no interrogatório a parte não está obrigada a depor e, se deixar de fazê-lo, não lhe será aplicada a pena de confesso.

Confissão.

Haverá a confissão quando a parte admite a verdade de fato contrário ao seu interesse e favorável ao do adversário.

Ela poderá ocorrer no âmbito judicial ou extrajudicial. Pode ainda ser espontânea ou provocada.

A confissão é irrevogável, mas poderá ser anulada se decorreu de erro de fato ou de coação. A legitimidade para a propositura desta ação é exclusiva do confitente e pode ser transferida a seus herdeiros se ele falecer após a propositura.

Exibição de documento ou coisa

A exibição poderá ser determinada pelo juiz, estando o documento ou coisa sob poder da parte ou de terceiros.

> **Atenção**
>
> O pedido formulado pela parte conterá: I – a descrição, tão completa quanto possível, do documento ou da coisa, ou das categorias de documentos ou de coisas buscados; II – a finalidade da prova, com indicação dos fatos que se relacionam com o documento ou com a coisa, ou com suas categorias; III – as circunstâncias em que se funda o requerente para afirmar que o documento ou a coisa existe, ainda que a referência seja a categoria de documentos ou de coisas, e se acha em poder da parte contrária.

Se estiver em poder da parte contrária, esta será intimada para responder no prazo de cinco dias contados de sua intimação. Instaura-se um incidente processual. Poderá o requerido afirmar que não possui o documento. Se o juiz não admitir a sua recusa, admitirá como verdadeiros os fatos que, por meio do documento ou da coisa, a parte pretendia provar se: i) o requerido não efetuar a exibição e nem fizer nenhuma declaração no prazo de cinco dias; ii) a recusa for havida por ilegítima.

Estando o documento ou coisa em poder de terceiro, será instaurado processo incidente. Nesse sentido, o terceiro será citado para responder no prazo de 15 dias. Não havendo motivo justo, o juiz ordenará o depósito em cartório, podendo haver a expedição de mandado de busca e apreensão.

Prova documental.

De todos os aspectos da prova documental, merecem ser destacados pela própria incidência em provas e concursos, alguns aspectos importantes.

O réu manifestar-se-á na contestação sobre os documentos anexos à inicial, e o autor na réplica sobre os documentos anexados na contestação.

A parte poderá requerer a juntada de documento aos processos e a outra poderá arguir a sua falsidade na contestação, na réplica ou no prazo de 15 dias contados da intimação da juntada dos documentos aos autos.

Arguida a falsidade como questão incidental, assim será decidida e não fará coisa julgada. Porém, poderá ser resolvida como questão principal, desde que haja requerimento da parte e seja o juiz competente, hipótese em que fará coisa julgada.

A propósito, indica o art. 433: "A declaração sobre a falsidade do documento, quando suscitada como questão principal, constará da parte dispositiva da sentença e sobre ela incidirá também a autoridade da coisa julgada".

Em regra, a prova documental deve ser apresentada juntamente com a petição inicial e contestação, sendo lícito às partes, porém, em qualquer momento, juntar aos autos documentos novos, se destinados a fazer prova de fatos ocorridos depois dos alegados, ou para contrapô-los aos que foram produzidos nos autos.

Sendo assim, se o réu apresenta fatos modificativos do direito do autor, poderá o autor apresentar novos documentos, afastando as alegações trazidas.

Os documentos podem ser públicos ou privados.

Competirá à parte impugnar a autenticidade da assinatura e a veracidade do contexto, o que presumir-se-á tendo em vista o seu silêncio. Tal eficácia cessa, contudo, se o documento foi obtido por erro, dolo ou coação, que podem ser alegados em momento posterior.

Documentos eletrônicos

A utilização de documentos eletrônicos no processo convencional dependerá de sua conversão à forma impressa e da verificação de sua autenticidade, na forma da lei.

O juiz apreciará o valor probante do documento eletrônico não convertido, assegurado às partes o acesso a seu teor.

Serão admitidos documentos eletrônicos produzidos e conservados com a observância da legislação específica.

Prova testemunhal.

A testemunha é a fonte da prova testemunhal. É a pessoa que, não sendo parte, será chamada a depor sobre fatos tratados no processo, sendo indeferida a sua oitiva sobre fatos já provados por documento ou confissão da parte, ou que só por documento ou por exame pericial puderem ser provados.

Todas as pessoas podem ser acionadas como testemunhas, havendo ressalva, contudo, em relação às incapazes, impedidas e suspeitas.

Sendo necessário, o magistrado poderá ouvir as testemunhas menores, impedidas ou suspeitas, sem tomar-lhes o compromisso de dizer a verdade.

A testemunha é obrigada a depor e a dizer a verdade, sob pena de praticar o crime de falso testemunho. Porém, não é obrigada a depor sobre fatos: (i) que lhe acarretem grave dano, bem como ao seu cônjuge e aos seus parentes consanguíneos ou afins, em linha reta, ou na colateral em segundo grau; (ii) a cujo respeito, por estado ou profissão, deva guardar sigilo.

Nos casos em que a lei exigir prova escrita da obrigação, é admissível a prova testemunhal quando houver começo de prova por escrito, emanado da parte contra a qual se pretende produzir a prova.

Também se admite a prova testemunhal quando o credor não pode ou não podia, moral ou materialmente, obter a prova escrita da obrigação, em casos como o de parentesco, de depósito necessário ou de hospedagem em hotel ou em razão das práticas comerciais do local onde contraída a obrigação.

O juiz fixará, na decisão saneadora, o prazo comum não superior a 15 dias para que as partes apresentem rol de testemunhas. No caso de saneamento compartilhado, as partes devem levar consigo o rol de testemunhas.

O número de testemunhas não pode ser superior a dez, sendo 03 no máximo para a prova de cada fato.

Admite-se que o juiz limite o número de testemunhas levando em conta a complexidade da causa e dos fatos individualmente considerados.

Prova pericial.

A prova pericial consiste em exame, vistoria ou avaliação. Trata-se de meio de prova em que se necessita dos conhecimentos de expert nomeado pelo Juízo.

A prova pericial poderá ser substituída pela prova técnica simplificada, se o ponto controvertido for de menor complexidade, consistindo apenas na inquirição de especialista pelo juiz.

Ao nomear o perito, o juiz fixará prazo para a entrega do laudo.

Uma vez intimada, a parte terá o prazo de quinze dias para arguir o impedimento ou a suspeição do perito, indicar assistente técnico ou apresentar quesitos.

Ciente da notificação, o perito apresentará proposta de honorários, currículo com comprovação de especialização e contatos profissionais, sendo as partes intimadas, podendo manifestar-se a respeito em cinco dias.

Ultrapassado o prazo, com ou sem manifestação, o juiz arbitrará o valor, intimando-se as partes.

É admissível a apresentação de quesitos suplementares durante a diligência, que poderão ser respondidos pelo perito previamente ou na audiência de instrução e julgamento.

É admissível também que as partes escolham o perito, indicando-o mediante requerimento, desde que sejam plenamente capazes e a causa possa ser resolvida por autocomposição.

Inspeção judicial.

A inspeção judicial consiste na possibilidade de o juiz, sem intermediários, constatar determinado fato indicado na inicial ou na contestação.

Assim, o juiz, de ofício ou a requerimento da parte, poderá, em qualquer fase do processo, inspecionar pessoas ou coisas, com a finalidade de esclarecer sobre fato.

Realizada a inspeção, será lavrado auto circunstanciado.

11. DA SENTENÇA E DA COISA JULGADA

Conceito

O Código de Processo Civil corrigiu a imprecisão terminológica, conforme se vê do art. 203, ao prever que os "os pronunciamentos do juiz consistirão em sentenças, decisões interlocutórias e despachos" (*caput*), e que acórdão é "o julgamento colegiado proferido pelos tribunais".

Conforme dispõe o parágrafo primeiro do art. 203, "ressalvadas as disposições expressas dos procedimentos especiais, sentença é o pronunciamento por meio do qual o juiz, com fundamento nos arts. 485 e 487, põe fim à fase cognitiva do procedimento comum, bem como extingue a execução".

A definição adotada pelo legislador levou em consideração os reclamos da doutrina, para o fim de unir os critérios de conteúdo e de efeito do ato.

O conceito, então, adotado pelo CPC 2015, leva em conta os **critérios do conteúdo,** de modo que será sentença o ato judicial que incidir em uma das hipóteses indicadas nos arts. 485 e 487, **bem como do efeito, pois propiciará o encerramento de uma**

fase procedimental do procedimento comum, ou mesmo da execução.

Relevante foi a ressalva levada a cabo na parte inicial do parágrafo primeiro do art. 203, no sentido de ser levada em consideração as particularidades dos procedimentos especiais.

O Código de Processo Civil também dividiu as **sentenças em terminativas e definitivas.**

As sentenças terminativas são aquelas em que, além de não haver a resolução do mérito, também ocorreu a extinção da fase procedimental.

A sentença terminativa enseja o que Dinamarco denominou de extinção anômala, em que não houve "a produção do provimento para o qual ele foi instaurado e, portanto, sem oferta de tutela jurisdicional plena e nenhuma das partes (...)".[2] Tal pronunciamento conduz à crise do processo[3] e está na contramão de direção do sentido do princípio da primazia do julgamento do mérito (art. 4º do CPC). A depender da hipótese extintiva, também vai de encontro com o contraditório efetivo, uma vez que é dever do magistrado indicar às partes o que for necessário para o aperfeiçoamento dos atos processuais, conforme adiante será visto.

A sentença extintiva importará em desgaste da máquina judiciária, pois haverá um processo com utilidade reduzida (ou nenhuma), que ocupou o tempo e recursos necessários para a análise de outros casos relevantes, em que se deve buscar a tutela jurisdicional adequada.

Muito embora não seja um fim em si mesma (e, muitas vezes, até dispensáveis porque uma decisão sem cognição exauriente pode ter utilidade prática à parte), o procedimento tramita com a finalidade de que, em primeiro lugar, tenha-se a sentença de mérito, bem como de que tal sentença seja efetiva.

A sentença de mérito acarretará o encerramento de uma fase procedimental ou da execução e será proferida nas hipóteses indicadas no art. 487 do CPC. Com o trânsito em julgado, formará a coisa julgada material.

Em atenção ao princípio da correlação, deverá a sentença observar os limites que foram impostos pelos pedidos apresentados no processo.

A decisão interlocutória é todo pronunciamento judicial de natureza decisória que não se enquadre nas hipóteses de sentença (art. 203, § 2º do CPC).

2. DINAMARCO, Cândido Rangel. *Instituições de Direito Processual Civil*. 6. ed. Vol. II. São Paulo: Malheiros, 2009, p. 646.
3. DINAMARCO, Cândido Rangel. *Instituições de Direito Processual Civil*. 6. ed. Vol. II. São Paulo: Malheiros, 2009, p. 644.

Admitem-se **decisões interlocutórias (portanto, com carga decisória) com ou sem análise de mérito.** Pode-se dizer que serão com análise de mérito todas as decisões proferidas e que, muito embora não encerrem uma fase procedimental, tenham como conteúdo uma das hipóteses indicadas no art. 487 do Código de Processo Civil. A interlocutória que prefere julgamento antecipado parcial da lide é uma hipótese de decisão interlocutória de mérito.

Desse modo, admitem-se as **decisões interlocutórias típicas**, em que não há análise de mérito, e **decisões interlocutórias atípicas**, que dizem respeito ao próprio mérito.

Serão interlocutórias típicas aquelas, como foi dito, em que não há análise de mérito. Mesmo essas poderão ter conteúdo de sentença (embora sejam interlocutórias), como ocorre, por exemplo, com a exclusão de um dos litisconsortes.

As decisões interlocutórias atípicas, por sua vez, comportam a seguinte divisão: i) **decisões interlocutórias que versam sobre o mérito; e, ii) interlocutórias de mérito, com conteúdo de sentença**. Para explicar a diferença entre as duas situações, parte-se do exemplo da decisão antecipatória de mérito (tutela provisória de urgência antecipatória). Neste caso, profere-se "**decisão *sobre o mérito,*** embora **não seja decisão de mérito**, no sentido do art. 485 do CPC. É decisão *sobre o mérito* e, quando se afirma isto, se leva em conta o objeto sobre o qual recai a cognição do juiz".[4]

Portanto, a decisão antecipatória de tutela, ou mesmo a decisão que defere a tutela da evidência, são **decisões interlocutórias que versam sobre o mérito**, mas não propriamente interlocutórias de mérito.

Será **decisão interlocutória de mérito (com conteúdo de sentença)** a que, por exemplo, promover o julgamento antecipado parcial da lide (art. 356 do CPC), ou então julgar improcedente liminarmente um dos pedidos (art. 332 do CPC). Nestes casos, a decisão resolve o mérito, mas não coloca fim ao procedimento. Nesse sentido, "haverá decisões – que sempre consideramos serem verdadeiras sentenças – que a nova lei chama de **interlocutórias**, mas que **transitam em julgado** e podem, eventualmente, ser **rescindidas**".[5]

4. WAMBIER, Teresa Arruda Alvim; CONCEIÇÃO, Maria Lúcia Lins; RIBEIRO, Leonardo Ferres da Silva; MELLO, Rogério Licastro Torres de. *Primeiros Comentários ao Novo Código de Processo Civil. Artigo por Artigo*. São Paulo: RT, 2015, p. 370.
5. WAMBIER, Teresa Arruda Alvim; CONCEIÇÃO, Maria Lúcia Lins; RIBEIRO, Leonardo Ferres da Silva; MELLO, Rogério Licastro Torres de. *Primeiros Comentários ao Novo Código de Processo Civil. Artigo por Artigo*. São Paulo: RT, 2015, p. 369.

Em conformidade com o art. 203, § 3º, do Código de Processo Civil, são despachos todos os demais pronunciamentos do juiz praticados no processo, de ofício ou a requerimento da parte.

O acórdão é o julgamento colegiado proferido pelos tribunais.

Classificações

Em primeiro lugar, tem-se que as sentenças poderão ser terminativas (sem resolução do mérito) ou definitivas (com resolução do mérito).

Quanto à espécie de tutela jurisdicional concedida à parte, tem-se que as sentenças podem ser declaratórias, constitutivas e condenatórias. Para os adeptos da teoria quinária da ação, também podem ser mandamentais e executivas *lato sensu*.

- **Sentença declaratória ➔** tem a finalidade de declarar a existência, a inexistência ou o modo de ser de uma relação jurídica. De se lembrar que toda sentença possui uma carga declaratória, mas há algumas em que isso prevalece. A improcedência de qualquer pedido gera uma sentença declaratória.
- **Sentença condenatória ➔** neste pronunciado, será certificado o direito da parte vencedora. Por meio dela, verifica-se a existência do direito e impõe o seu cumprimento.
- **Sentença constitutiva ➔** por meio dela, o pronunciamento criará, modificará ou extinguirá um estado ou uma relação jurídica. Exemplo: sentença de divórcio.

É possível que uma sentença encampe uma multiplicidade de efeitos. Poderá ter predominância em relação a um dos efeitos, mas imponha também outro.

- **Sentenças mandamental e executiva lato sensu ➔** para aqueles que defendem a sua existência, tem-se que na primeira haverá a imposição de uma ordem, de um mandamento, a ser cumprido pelo próprio obrigado. Diferentemente, na executiva lato sensu, impõe-se uma ordem que será cumprida independentemente da vontade daquele que tem o dever de fazê-lo. Exemplo: mandado de reintegração de posse. A ordem será cumprida ainda que o ocupante não concorde ou não o permita.

Também se admite outra classificação, que relaciona a tutela pretendida com o ilícito e a necessidade de reparação do dano. Assim, tem-se:

Tutela	Ilícito	Dano
Inibitória	Visa impedir a ocorrência do ilícito	Não pressupõe o dano.
Remoção do ilícito	Visa remover o ilícito. O dano ainda não ocorreu.	
Reparatória		Tem a finalidade de reparar o dano. Não pressupõe que tenha ocorrido o ilícito.

Requisitos

Os pronunciamentos do juiz em que houve ou não a resolução do mérito já foram analisados anteriormente, quando do estudo dos pronunciamentos judiciais.

A sentença possui uma estrutura orgânica, devendo ser composta pelo relatório, pelos fundamentos e pelo dispositivo.

- **Relatório** – conterá os nomes das partes, a identificação do caso, com a suma do pedido e da contestação, e o registro das principais ocorrências havidas no andamento do processo;
- **Fundamentação** – por meio dos fundamentos o juiz analisará as questões de fato e de direito.
- **Dispositivo** – o juiz resolverá as questões principais que as partes lhe submeterem.

Em observância ao princípio da fundamentação analítica, não será considerada fundamentada qualquer decisão judicial, seja ela interlocutória, sentença ou acórdão, que: I – se limitar à indicação, à reprodução ou à paráfrase de ato normativo, sem explicar sua relação com a causa ou a questão decidida; II – empregar conceitos jurídicos indeterminados, sem explicar o motivo concreto de sua incidência no caso; III – invocar motivos que se prestariam a justificar qualquer outra decisão; IV – não enfrentar todos os argumentos deduzidos no processo capazes de, em tese, infirmar a conclusão adotada pelo julgador; V – se limitar a invocar precedente ou enunciado de súmula, sem identificar seus fundamentos determinantes nem demonstrar que o caso sob julgamento se ajusta àqueles fundamentos; VI – deixar de seguir enunciado de súmula, jurisprudência ou precedente invocado pela parte, sem demonstrar a existência de distinção no caso em julgamento ou a superação do entendimento.

Efeitos

Podem ser apontados os seguintes efeitos da sentença em que ocorra a análise de mérito:

i) colocar fim à fase cognitiva e na execução;

ii) a sentença que impuser obrigação se constituirá em título executivo judicial;

iii) a hipoteca judiciária, como previsto no art. 495: "a decisão que condenar o réu ao pagamento de prestação consistente em dinheiro e a que determinar a conversão de prestação de fazer, de não fazer ou de dar coisa em prestação pecuniária valerão como título constitutivo de hipoteca judiciária". Por isso, a decisão (pode ser sentença ou mesmo decisão interlocutória de mérito) produzirá hipoteca judiciária: a) ainda que a condenação seja genérica, exigindo futura liquidação; b) ainda que submetida a cumprimento provisório apenas; c) ainda que impugnada com recurso com efeito suspensivo.

A possibilidade de interposição de recurso com efeito suspensivo não retira a possibilidade da hipoteca judiciária.

A hipoteca judiciária, uma vez constituída, implicará, para o credor hipotecário, o direito de preferência, quanto ao pagamento, em relação a outros credores, observada a prioridade no registro. Responderá a parte de forma objetiva (sem necessidade de demonstração de dolo ou culpa) pelos prejuízos causados se acaso houver reforma ou invalidação da decisão que impôs o pagamento de quantia. Os danos serão apurados no próprio processo, onde também serão executados.

A obrigação somente será convertida em perdas e danos se o autor o requerer ou se impossível a tutela específica ou a obtenção de tutela pelo resultado prático equivalente.

Nas hipóteses de responsabilidade contratual previstas nos arts. 441, 618 e 757 da Lei nº 10.406, de 10 de janeiro de 2002 (Código Civil), e de responsabilidade subsidiária e solidária, se requerida a conversão da obrigação em perdas e danos, o juiz concederá, primeiramente, a faculdade para o cumprimento da tutela específica.

A hipoteca judiciária constitui efeito secundário da sentença.

Publicação, intimação, correção e integração da sentença

Constitui a publicação o ato de tornar pública a sentença. Trata-se da entrega do pronunciamento ao escrivão. A partir de então, o magistrado somente poderá alterar a sentença para corrigir lhe, de ofício ou a requerimento da parte, inexatidões materiais ou erros de cálculo ou por meio dos embargos de declaração.

Para a correção de inexatidões materiais ou erros de cálculo, como foi dito, a correção poderá se dar de ofício, a qualquer tempo.

Tem os embargos declaratórios natureza mista, na medida em que se constituem em recursos, mas também em meio de correção e integração da sentença.

Uma vez publicada a sentença (tornada pública), providenciará o escrivão (e os demais agentes – auxiliares da justiça) a intimação das partes, seguindo-se as regras gerais para tanto.

Coisa Julgada

Conceito e espécies

A coisa julgada, no entanto, não é uma garantia absoluta, devendo conviver com outras garantias e bens jurídicos de igual importância. Sendo assim, muito embora presente a coisa julgada, a lei permite, em casos excepcionais, a rescisão de tal qualidade, por meio da ação rescisória, apta a ser ajuizada nos casos mencionados no art. 966, do Código de Processo Civil.

Formada a coisa julgada, não se permitirá a rediscussão da sentença.

Porém, é preciso verificar se essa impossibilidade de rediscussão ocorrerá no mesmo ou em outro processo.

E a resposta a essa indagação variará consoante tenha ocorrido ou não a resolução do mérito.

Com efeito, **se proferida sentença extintiva processual, será permitido ao autor repropor a demanda em outra oportunidade**, motivo pelo qual se diz que foi formada a coisa julgada exclusivamente formal. Trata-se da chamada preclusão máxima.

De outro lado, porém, se proferida **sentença com resolução do mérito, será formada não só a coisa julgada formal, mas também a material**, impedindo-se a sua rediscussão não só no mesmo, mas também em outro processo, tendo a sentença força de lei nos limites da lei e das questões decididas.

Nestas sentenças com resolução do mérito, a coisa julgada formal e a material formam-se no mesmo momento, que é o do trânsito em julgado. Ou seja, somente depois de decidido o último recurso interposto é que será formada, ainda que ele seja intempestivo.

Efeitos da coisa julgada

A coisa julgada produz três efeitos distintos: **negativo, positivo e preclusivo**.

Em razão do **efeito negativo**, impede-se que a questão seja decidida novamente em outro processo.

Por conta do **efeito positivo**, porém, havendo necessidade de retorno da questão principal ao Poder Judiciário, esta não poderá ser decidida de maneira diversa. Por esse motivo, por exemplo, havendo necessidade de liquidação da sentença, não poderá o magistrado decidir pela desnecessidade da indenização porque o autor não praticou o ato ilícito que lhe foi imputado. Estará impedido de fazê-lo, pois, deverá respeitar a coisa julgada formada.

Note-se, porém, que não há impedimento para a revisão da sentença pelo magistrado, desde que provocado por processo próprio, nas causas em que a modificação do estado das coisas poderá importar na alteração da própria obrigação, como ocorre na ação revisional de alimentos. Ou seja, um julgamento *rebus sic stantibus*, encampado em sentença determinativa, permite que a questão seja reanalisada, porque projeta a sua eficácia à frente.

Por conta do **efeito preclusivo**, reputam-se **deduzidas e repelidas todas as alegações e defesas** que a parte poderia opor assim ao acolhimento como à rejeição do pedido. A coisa julgada, dessa maneira, abrangerá aquilo que foi deduzido e aquilo que era deduzível, o que não afasta a possibilidade de ajuizamento de nova ação, fundada em elementos diversos.

Nelson Nery Júnior aponta a existência de um **efeito especial, que é o substitutivo**. Segunda ensina, "a sentença de mérito transitada em julgado substitui todas as atividades das partes e do juiz praticadas no processo, de sorte que as nulidades e anulabilidades porventura ocorridas durante o procedimento terão sido substituídas pela sentença, que as abarca".

O estudo do regime jurídico da coisa julgada compreende a análise de seus **limites objetivos**, **limites subjetivos** e também de seu **modo de produção**.

a) *Limites objetivos:* verifica-se o que é atingido pela coisa julgada material, se toda a sentença, ou se parte dela.

Como sabido, a sentença é constituída por três elementos essenciais: o relatório, a fundamentação e a parte dispositiva (dispositivo), mas somente a última é atingida pela coisa julgada, excluindo-se os motivos, ainda que importantes para determinar o alcance da parte dispositiva da sentença, assim como também a verdade dos fatos, estabelecida como fundamento da sentença.

Por esse motivo, "a decisão que declara indevida a cobrança do imposto em determinado exercício não faz coisa julgada em relação aos posteriores" (súmula 239, do Supremo Tribunal Federal).

A questão prejudicial, decidida incidentalmente no processo, também não fará coisa julgada material. Trata-se de antecedente lógico da sentença e, por isso, não abrangida pela coisa julgada. Porém, se a parte o requerer por meio da ação declaratória incidental, apresentará a eficácia de coisa julgada material.

O Código de Processo Civil atual permite o ajuizamento de ação autônoma para arbitramento e cobrança de honorários advocatícios sucumbenciais não fixados em sentença, o que antes era incabível, por força de precedentes do STJ (Súmula 456 e Tema 506).

b) *Limites subjetivos:* nesse ponto, verifica-se quem será atingido pela coisa julgada formada.

Em um primeiro momento, a coisa julgada estará adstrita às partes do processo e, por isso, é denominada de ***inter partes***.

Contudo, admitem-se exceções.

Na primeira, verifica-se a coisa julgada ***ultra partes***, que vai além das partes do processo, para atingir também determinados terceiros. É o que ocorre nos casos de substituição processual, em que o substituído, apesar de não ter participado do processo, terá sua esfera jurídica atingida.

Outra exceção é a **coisa julgada *erga omnes***, que atingirá a todos os jurisdicionados, sendo eles partes ou não. A ação de usucapião é um exemplo, assim como a procedência da ação civil pública para a tutela de interesses difusos.

c) *Quanto ao modo de produção:* de acordo com esse critério, a coisa julgada será *pro et contra*, *secundum eventum litis* **e** *secundum eventum probationis***.**

Em regra, a coisa julgada forma-se independentemente do resultado do processo. Sendo o pedido procedente ou improcedente, havendo ou não o esgotamento das provas, haverá a coisa julgada.

Portanto, se o autor propuser a sua demanda e o magistrado julgá-la improcedente em decorrência da ausência de comprovação dos fatos apresentados na inicial, ainda assim, será formada a coisa julgada.

Nesse contexto, surgem as técnicas que se passa a expor.

Haverá a coisa julgada *secundum eventum litis* (segundo o resultado do processo), em casos específicos e previstos em lei. Assim, na procedência da ação civil pública em que se busca a tutela de interesses difusos, poderão as vítimas buscar, individualmente, a liquidação do julgado.

Já a coisa julgada *secundum eventum probationis* (segundo a prova produzida) existirá quando houver o esgotamento das provas. Assim, se a ação popular, por exemplo, for julgada improcedente, porém, sem o esgotamento das provas, admite-se a nova ação sobre a mesma matéria. Note-se que se trata de exceção à regra.

Da remessa necessária

A remessa necessária é condição de eficácia da sentença proferida contra o Poder Público, de modo que, neste caso, aquela não produzirá efeitos depois de revista pelo tribunal.

De acordo com o art. 496 do Código de Processo Civil, existem algumas regras importantes quanto à incidência ou não da remessa necessária, assim enumeradas:

i) Incidência da remessa necessária quando o valor da condenação ou o proveito econômico obtido na causa for de valor certo e líquido superior a 1.000 salários mínimos para a União; 500 salários mínimos para os Estados e o Distrito Federal e os Municípios que forem capitais; e, 100 salários mínimos para os demais municípios. A mesma regra vale para as respectivas autarquias e fundações públicas.

ii) Aplicação dos precedentes:

Também não haverá a remessa oficial se a sentença proferida estiver em conformidade com súmula de tribunal superior, acórdão proferido pelo Supremo Tribunal Federal ou pelo Superior Tribunal de Justiça em julgamento de recursos repetitivos, ou, ainda, entendimento firmado em incidente de resolução de demandas repetitivas ou assunção de competência.

Ora, não se mostra razoável exigir-se que a sentença seja revista pelo Tribunal a que o juízo estiver vinculado, se o pronunciamento jurisdicional de primeiro grau já for fundado em precedente obrigatório, principalmente pela observância da coerência da jurisprudência.

iii) Entendimento coincidente com orientação vinculante firmada no âmbito administrativo do próprio ente público, consolidada em manifestação, parecer ou súmula administrativa:

No âmbito da Advocacia Geral da União, está a Procuradoria-Geral da Fazenda Nacional dispensada a interpor recurso em determinadas situações, prestigiando os precedentes e a própria orientação emanada da Administração Federal (Lei 10.522/2002, art. 19).

O CPC, ao referir-se à dispensa da remessa necessária quando a sentença estiver fundada em súmula de tribunal superior, acórdão proferido pelo STF ou STJ, também deve estar incluído o Tribunal Superior do Trabalho, guardando-se o devido paralelismo.

Liquidação de Sentença

Os Pronunciamentos Ilíquidos que Reconhecem a Existência de Obrigação

O pronunciamento jurisdicional que reconhece a existência de obrigação e impõe o seu cumprimento, como regra, deverá indicar a sua **extensão**, o índice de correção monetária, a taxa de juros, o termo inicial de ambos e a periodicidade da capitalização dos juros, se for o caso.

Ocorre, porém, que se o juiz não puder determinar, **de modo definitivo, o montante devido, ou a apuração depender da produção de prova demorada ou excessivamente dispendiosa**, assim reconhecida no pronunciamento, poderá proferir **sentença ilíquida**.

> **Exemplo:**
> Em razão de acidente automobilístico, ao qual o réu deu causa, o autor sofreu determinados danos materiais e morais. Ocorre que, de imediato, não é possível precisar a extensão da obrigação, havendo necessidade de se averiguar se o autor terá sequelas definitivas ou não.

Como se vê, o pronunciamento judicial ilíquido é aquele que, embora certifique a existência de uma obrigação, não delimita a sua extensão, **carecendo-se de nova manifestação do Poder Judiciário para complementação.**

E, a partir da liquidação, a obrigação passa a preencher o requisito da **liquidez, passível, então, de ter início a respectiva fase de cumprimento de sentença.**

Liquidação Provisória e Definitiva

A liquidação **poderá ser iniciada** apesar de estar pendente de julgamento o recurso interposto para impugnar o pronunciamento judicial, ainda que tenha efeito suspensivo.

Trata-se da **liquidação provisória**, que será processada em autos apartados, em que o credor busca adiantar-se. Poderia aguardar o julgamento do recurso, mas prefere já buscar delimitar o valor devido.

Não havendo modificação da decisão em execução, será iniciada a fase de cumprimento de sentença, bastando ao credor atualizar os cálculos. De outro lado, se houver modificação do pronunciamento, o valor da obrigação deverá ser ajustado ao novo desenho traçado com o julgamento do recurso.

Concomitantes liquidação e cumprimento de sentença em relação ao mesmo título

É possível que o mesmo título executivo judicial contenha uma parte líquida, permitindo-se o cumprimento de sentença imediato, e outra parte ilíquida, a exigir a devida apuração do valor. Nesse caso, poderá o credor, de imediato, iniciar a fase de cumprimento, em relação à primeira, e promover a liquidação no que tange à segunda.

Apuração do Valor Dependente de Cálculos Aritméticos

Não carecerá de liquidação o cumprimento de pronunciamento que reconheça obrigação, cujo montante poderá ser delimitado com a apresentação **de cálculos aritméticos**.

Tais cálculos deverão ser apresentados pelo credor ao requerer o início da fase de cumprimento de sentença, observando-se estritamente o que foi fixado no título judicial, sendo vedado discutir de novo a lide ou modificar a sentença que a julgou.

A propósito, o Superior Tribunal de Justiça admite a utilização da ação rescisória para **rescindir** a sentença que homologa a liquidação, **se esta não respeitar a coisa julgada.**[6]

Fixação de Honorários na Liquidação Proposta em Face da Fazenda Pública

O CPC inovou ao fixar uma série de regras para a fixação dos honorários devidos pela Fazenda Pública nas ações em que for vencida.

Para tanto, estabelece faixas de valores, estabelecidos em salários mínimos, bem como os respectivos percentuais máximos e mínimos. Por meio de tal regra, por exemplo, se o valor da condenação sofrida pela Fazenda Pública corresponder a 150 salários mínimos, os honorários serão fixados no percentual de 10 a 20%.

Ocorre, no entanto, que nem sempre será possível fixar, de imediato, o montante da condenação. Em tal hipótese, poderá o montante devido a título de honorários advocatícios ser fixado na **própria liquidação**.

Liquidação Incidental e Autônoma

Inicialmente, deve ser lembrado que o Código de Processo Civil adota a ideia do processo sincrético.

Nesse contexto, insere-se a liquidação como integrante de tal processo, uma fase específica para a delimitação do valor da obrigação.

Existem outras situações em que a liquidação não ocorre como fase no processo sincrético. Em verdade, o processo se inicia com a própria liquidação (incisos VI a IX, do art. 515 do CPC/2015), quando o devedor será citado no juízo cível para o cumprimento da sentença ou para a liquidação no prazo de 15 dias.

E assim ocorre nas seguintes hipóteses: a) sentença penal condenatória transitada em julgado; b) sentença arbitral; c) sentença estrangeira homologada pelo Superior Tribunal de Justiça; e, d) decisão interlocutória estrangeira, após a concessão do exequatur à carta rogatória pelo STJ.

A sentença penal condenatória transitada em julgado configura-se como título executivo judicial apto à execução. Porém, em regra, a sentença circunscreve-se à condenação do réu pela prática criminosa, bem como na fixação da pena a ser cumprida.

É certo que Código de Processo Penal determina que o juiz fixe, sempre que possível, o valor da reparação devida em razão da prática delituosa. Contudo, tal valor configura-se em um mínimo, e nada impede que a parte busque, em processo autônomo, a complementação. Na maioria dos casos, simplesmente não há essa fixação de valor, porque o juiz, no processo penal, não possui elementos suficientes para a sua fixação.

Diante disso, compete à vítima ingressar no juízo cível e buscar executar o título executivo, passando, antes, pela liquidação da obrigação.

Dessa maneira, como a liquidação não se processará perante o juízo criminal, haverá necessidade da formação de nova relação processual, que tramitará no juízo cível competente para a execução.

Também enseja a liquidação autônoma a sentença arbitral, aquela decorrente da convenção de arbitragem, desde que, obviamente, não tenha sido fixado o objeto devido, o mesmo ocorrendo com os casos que exigem homologação pelo STJ.

Note-se que, neste caso, não houve anterior processo civil de conhecimento em trâmite no Poder Judiciário brasileiro, exigindo-se o início de uma ação para a apuração do valor, na qual, posteriormente, correrá o cumprimento de sentença.

Iniciativa da Liquidação

A liquidação poderá ser iniciada pelo próprio **credor** ou pelo **devedor** (liquidação invertida).

O credor, tendo-se em vista o pronunciamento judicial que lhe é favorável, requer a apuração do valor, fixando-se a extensão da obrigação.

Ocorre que o devedor, por sua vez, também terá interesse em requerer a liquidação, principalmente para ver-se livre o mais rápido possível daquela obrigação, propiciando o seu cumprimento imediato, sem precisar aguardar pelas diligências do credor.

6. REsp 1513261/RS, Rel. Ministro PAULO DE TARSO SANSEVERINO, TERCEIRA TURMA, julgado em 22/09/2015, DJe 28/09/2015.

Procedimentos para Apuração do Valor

O valor poderá ser apurado de duas formas: ou por **arbitramento**, ou por meio do **procedimento comum**.

a) Liquidação por Arbitramento

Quando determinado pelo pronunciamento, convencionado pelas partes ou exigido pela natureza do objeto, esta poderá ser realizada por **arbitramento.**

É certo que, embora fixado na sentença que a liquidação deva ocorrer de uma determinada maneira, não há óbice à utilização de técnica diversa se isso for adequado ao procedimento.

Na liquidação por arbitramento, o juiz intimará as partes para a apresentação de seus **pareceres ou documentos elucidativos**, no prazo que fixar e, no caso de não poder decidir de plano, **nomeará perito**, observando-se, no que couber, o procedimento da prova pericial.

b) Liquidação pelo Procedimento Comum

Admite-se, também, que a liquidação pelo procedimento comum, quando houver necessidade de alegar e provar fato novo. Trata-se da já conhecida liquidação por artigos.

Nesta modalidade de liquidação, o juiz determinará a intimação do requerido, na pessoa de seu advogado ou de sociedade de advogados, para, querendo, oferecer **contestação no prazo de 15 dias.**

Natureza do Pronunciamento que Julga da Liquidação

A liquidação será decidida por meio de **decisão interlocutória**, que poderá ser impugnada pelo **recurso de agravo de instrumento** (art. 1.015, parágrafo único do CPC de 2015).

Condenação em Verba Honorária na Liquidação

Neste último item, deve ser analisado se o juiz deverá condenar o devedor ao pagamento de verba honorária em sede de apuração do valor devido (liquidação).

A propósito, já decidiu o Superior Tribunal de Justiça que são cabíveis honorários advocatícios em sede de liquidação de sentença por arbitramento, quando houver resistência da parte ré.[7]

O Código de Processo Civil silencia a respeito, indicando o § 1º, do art. 85, que serão devidos honorários advocatícios na reconvenção, no cumprimento de sentença, provisório ou definitivo, na execução, resistida ou não, e nos recursos interpostos, cumulativamente. Não há menção à liquidação de sentença.

Ocorre, porém, que o silêncio não foi proposital, devendo ser considerado o trabalho adicional do causídico ao pleitear a liquidação da obrigação, motivo pelo qual, havendo oposição da parte contrária, serão devidos honorários advocatícios.

Inviabilidade das Sentenças Ilíquidas no Âmbito dos Juizados

Nos Juizados Especiais Cíveis não se admite sentença condenatória por quantia ilíquida, ainda que tenha a parte formulado pedido genérico.

O mesmo se aplica, por extensão, aos Juizados Especiais Federais e aos Juizados Especiais da Fazenda Pública.

12. PROCEDIMENTOS ESPECIAIS DE JURISDIÇÃO CONTENCIOSA E VOLUNTÁRIA

Consignação de Pagamento

Finalidade:

Tem a ação de consignação em pagamento a finalidade de proporcionar ao devedor ou a terceiro liberar-se de determinada obrigação de pagar ou de entregar coisa. Para tanto, deverá depositar o respectivo valor ou coisa e pleitear que seja proferida sentença de natureza declaratória, pela qual o juiz declara extinta a obrigação.

Efeito interruptivo da prescrição:

O ajuizamento da ação consignatória importará na interrupção da prescrição da respectiva ação de cobrança, pois acarreta o reconhecimento inequívoco, por parte do devedor, do direito do credor em relação às prestações consignadas.

Consignação extrajudicial:

Permite o CPC de 2015 que, tratando-se de obrigação em dinheiro, poderá o valor ser depositado em estabelecimento bancário, oficial onde houver, situado no lugar do pagamento, cientificando-se o credor por carta com aviso de recebimento, assinado o prazo de dez dias para a manifestação de recusa.

Atenção!

A consignação extrajudicial somente tem cabimento para depósito de dinheiro e não é obrigatória.

7. AgRg no REsp 1155885/SP, Rel. Ministro MARCO BUZZI, QUARTA TURMA, julgado em 16/02/2016, DJe 24/02/2016.

Procedimento da Consignação Extrajudicial:

Notificado o credor, aguarda-se pelo prazo de dez dias, contado do retorno do aviso de recebimento. Decorrido o prazo, sem manifestação de recusa, estará o devedor liberado da obrigação, permanecendo o valor à disposição do credor. De outro lado, havendo manifestação de recusa, que deverá ser por escrito, poderá ser proposta ação de consignação, no prazo de um mês, instruindo-se a inicial com a prova do depósito e da recusa.

Ajuizada a ação, deverá o autor comprovar o ajuizamento à instituição financeira, para que a correção monetária tenha índice diverso. Com efeito, os depósitos extrajudiciais são atualizados pela TR, ao passo que os judiciais seguem as regras da caderneta de poupança (art. 6º, parágrafo único, da Resolução n. 2.814 do Bacen). Se não ajuizada a ação no prazo de um mês, ficará sem efeito o depósito, podendo levantar o valor o depositante.

Embora a Lei de Locações não faça qualquer previsão a respeito da consignação extrajudicial, prevaleceu a tese segundo a qual poderá ser buscada a liberação do cumprimento da obrigação por esse meio.[8]

Procedimento da ação consignatória:

A ação consignatória deverá ser ajuizada no lugar do pagamento, consoante preveem os artigos 540 CPC/2015 e art. 337 do Código Civil. Tratando-se, de outro lado, de consignação de alugueres, será competente o foro da situação da coisa.

Informativo n. 543 do STJ: competirá ao foro do local em que situado o imóvel o julgamento de ação consignatória e de ação de rescisão de contrato cumulada com retificação de escritura pública, reunidas para julgamento conjunto por conexão.

Sentença na ação consignatória:

Dessa forma, a sentença: i) ou reconhecerá que o depósito inicial é suficiente, liberando-se o devedor (sentença declaratória), condenando-se o réu ao pagamento de custas e honorários advocatícios; ii) ou reconhecerá que o depósito não é integral e condenará o autor ao pagamento do valor restante, formando-se título executivo judicial, com possibilidade de exigir-se o cumprimento da obrigação nos próprios autos (cumprimento de sentença).

Consignatória: ação de natureza dúplice.

Consoante o § 2º do art. 545 do CPC, a consignatória é ação de natureza dúplice. Portanto, tendo sido apurada a diferença entre o valor efetivamente devido e o consignado, o juízo proferirá sentença condenatória, cujo cumprimento poderá ser exigido nos próprios autos. Assim, tal condenação independerá de reconvenção. No entanto, será possível a reconvenção para que se determine o despejo. Por isso, poderá o réu, na sua própria contestação, como determina o CPC, além de alegar as matérias de defesa, pugnar também pelo decreto de despejo do autor.

Consignatória: dúvida quanto ao titular do crédito.

Como regra, o autor formula o seu pedido e espera que o mesmo seja acolhido para acertamento da situação subjetiva ligada a um réu específico. Porém, existem situações em que o autor pode apresentar o pedido e deixar que o juiz escolha em face de qual dos litisconsortes passivos ele será acolhido.

A consignatória, nesse passo, poderá ser ajuizada em face de possíveis titulares do crédito, pois há dúvida de quem tem legitimidade para receber o pagamento. Em tal caso, se, uma vez citados, não comparecer pretendente algum, converter-se-á o depósito em arrecadação de coisas vagas. De outro lado, comparecendo apenas um, o juiz decidirá de plano. E, por fim, comparecendo mais de um, o magistrado poderá declarar efetuado o depósito e extinta a obrigação, continuando o processo a correr unicamente entre os presuntivos credores, segundo o procedimento comum.

Atenção para a alteração jurisprudencial

Tema Repetitivo 967 – STJ.

Em ação consignatória, a insuficiência do depósito realizado pelo devedor conduz ao julgamento de improcedência do pedido, pois o pagamento parcial da dívida não extingue o vínculo obrigacional.

Ação de Exigir Contas

O autor, em sua petição inicial, deverá especificar as razões pelas quais exige as contas, instruindo-a com documentos comprobatórios dessa necessidade.

O réu será citado e, no prazo de quinze dias, poderá prestar as contas ou contestar o pedido. O exercício de uma das opções, automaticamente, exclui a outra, por conta da preclusão lógica.

Prestadas as contas, o autor terá quinze dias para se manifestar, competindo-lhe, se o caso, impugná-las de forma precisa, seguindo-se a produção das provas.

---

8. LOCAÇÃO. ALUGUÉIS. CONSIGNAÇÃO EXTRAJUDICIAL. CREDOR. NOTIFICAÇÃO. PESSOAL. I– O depósito extrajudicial dos aluguéis tem o efeito de desonerar o locatário da obrigação. II – É necessário que o locatário comprove o efetivo conhecimento do depósito pelo locador, o que se perfaz com a notificação pessoal deste. Interpretação sistemática do §1º do art. 890 com o art. 223, parágrafo único do CPC. Recurso especial desprovido. (REsp 618.295/DF, Rel. Ministro FELIX FISCHER, QUINTA TURMA, julgado em 06/06/2006, DJ 01/08/2006, p. 514).

Poderá o réu, no entanto, contestar o dever de prestar as contas, o que será objeto de análise pelo magistrado.

Ações Possessórias

Em relação às ações possessórias, o CPC prevê a aplicabilidade do princípio da fungibilidade, de modo que a propositura de uma ação possessória em vez de outra não obsta a que o juiz defira a proteção necessária.

Dessa maneira, se ajuizada ação com pedido de interdito proibitório, porém, já verificado que houve o esbulho, deverá ser deferida a medida que conferir a tutela necessária – reintegração de posse.

A depender da proteção necessária, admite-se três tipos diferentes de ações possessórias: i) o interdito proibitório – que tem finalidade preventiva, em razão ser iminente a invasão; ii) a reintegração de posse – que pressupõe a perda total da posse (esbulho); iii) a manutenção de posse – que pressupõe a inexistência de privação integral.

Inventário e partilha

Como consequência do princípio da *saisine*, com a morte, os bens do falecido serão imediatamente transmitidos aos sucessores, o que ocorre de forma universal, sem que haja devida divisão entre os herdeiros.

E para que haja a devida divisão entre os herdeiros será possível que estes, sendo todos capazes, havendo concordância com os termos da partilha, assistidos por advogado ou defensor público e não sendo caso de cumprimento de testamento, poderão valer-se de escritura pública de inventário, ou, então podem ajuizar a respectiva ação de inventário.

Arrolamento litigioso ou inventário e partilha: se houver divergência entre os sucessores em relação ao inventário e a partilha.

Arrolamento sumário: procedimento de jurisdição voluntária, sendo todos os herdeiros capazes e havendo concordância quanto à partilha.

> A homologação da partilha no procedimento sumário não pressupõe o atendimento das obrigações tributárias principais e tampouco acessórias relativas ao imposto sobre transmissão *causa mortis* (REsp 1.751.332-DF).

Arrolamento comum: se o total da herança for igual ou inferior a mil salários mínimos, ainda que haja discordância e também interesses de incapazes.

Embargos de terceiro

Os embargos de terceiro constituem-se em procedimento de jurisdição contenciosa por meio do qual se busca desfazer a constrição judicial que se entende indevida, já realizada ou na iminência de ser.

> **ATENÇÃO!**
>
> Em relação ao prazo para o ajuizamento dos embargos, há de se observar duas regras:
>
> a) Regra geral: antes do trânsito em julgado se a constrição ocorrer na fase de conhecimento, ou em cinco dias contados da adjudicação, da arrematação ou da alienação.
>
> b) Regra especial: se os embargos se justificarem na declaração de ineficácia proferida em razão de reconhecida fraude à execução, o prazo será de quinze dias, a partir de sua intimação.

> **Atualização jurisprudencial**
>
> A nulidade do negócio jurídico simulado pode ser reconhecida no julgamento de embargos de terceiro
>
> (REsp 1.927.496-SP).

Habilitação

Havendo o falecimento de qualquer das partes, o juiz suspenderá o processo, a fim de que os interessados possam sucedê-lo no processo.

Terá a habilitação a natureza de procedimento especial, embora existam dois procedimentos distintos para o seu processamento.

A regra da habilitação no CPC/2015 é a de que o seu processamento ocorrerá nos próprios autos principais. E assim será sempre requerida. Porém, verificando-se a necessidade de dilação probatória diversa da documental, determinará que o pedido seja autuado em apartado e disporá sobre a instrução.

> **ATENÇÃO!**
>
> Regra da habilitação: processamento nos próprios autos principais.
>
> Exceção: será autuada em apartado, se houver necessidade de dilação probatória diversa da documental.

Ação monitória

Por meio de tal ação, aquele que se afirmar, com base em prova escrita sem eficácia de título executivo, ter direito de exigir do devedor capaz: i) o pagamento de quantia em dinheiro; ii) a entrega de coisa fungível ou infungível ou de bem móvel ou imóvel; iii) o adimplemento de obrigação de fazer ou de não fazer.

Foi equiparada à prova escrita sem eficácia de título executivo a prova escrita documentada em ação de produção antecipada de prova.

Restauração de Autos

Os autos constituem-se no **registro**, para fins de consulta, **dos vários atos praticados no processo**. Este registro pode ser feito por meio físico, em papel, ou por meio eletrônico, nos termos das diretrizes lançadas pela Lei n. 11.419/2006, bem como pelo que é determinado pelo Código de Processo Civil.

Há interesse público na integridade dos autos e a sua guarda e responsabilidade compete ao escrivão ou chefe de secretaria (art. 152, IV CPC) que, em relação aos autos físicos, não permitirá que saiam do cartório, salvo: a) quando tenham de seguir à conclusão do juiz; b) com vista a procurador, à Defensoria Pública, ao Ministério Público ou à Fazenda Pública; c) quando devam ser remetidos ao contabilista ou ao partidor; e, d) quando forem remetidos a outro juízo em razão da modificação da competência.

Procedimentos de Jurisdição Voluntária

Natureza Jurídica

A jurisdição voluntária consiste na administração pública de negócios privados. Em razão da importância destes, há necessidade da chancela judicial, do controle pelo juiz, tal como ocorre, por exemplo, com a alienação de bem pertencente a incapazes.

Ações processadas de acordo com as regras do Procedimento de Jurisdição Voluntária

O art. 725 do CPC elenca, exemplificativamente, os procedimentos que se processão pelo procedimento de jurisdição voluntária. São eles:

Emancipação: se o adolescente estiver sob tutela ou houver divergência entre os seus genitores, a emancipação deverá ser requerida por meio judicial.

Sub-rogação: considerando-se a existência de cláusula de inalienabilidade e a necessidade de liberação de um bem para que tal ônus passa a incidir sobre outro, deverá ser requerida a sub-rogação.

Alienação, arrendamento ou oneração de bens de crianças ou adolescentes, de órgãos e de interditos: a venda de bens de incapazes, ou de interditados, somente produzirá efeitos se requerida no âmbito judicial;

Alienação de quinhão de coisa comum: embora esteja elencada entre as hipóteses de jurisdição voluntária, na verdade seria de jurisdição contenciosa, à vista da discordância existente;

Extinção do usufruto, quando não decorrer da morte do usufrutuário, do termo de sua duração ou da consolidação, e de fideicomisso, quando decorrer de renúncia ou quando ocorrer antes do evento que caracterizar a condição resolutória: havendo a necessidade de extinção do usufruto ou do fideicomisso, deverá a parte indicar ao juiz os motivos para tanto, que serão avaliados;

Expedição de alvará judicial: o alvará judicial consistirá na autorização judicial para a prática de um ato, como, por exemplo, para que o interessado, que não o proprietário, possa promover a regularização de um imóvel junto ao cadastro do Município;

Homologação de autocomposição extrajudicial, de qualquer natureza ou valor: consiste na chancela judicial à composição levada a cabo pelas partes.

Notificação, Interpelação e do Protesto

A notificação e a interpelação são procedimentos que têm como finalidade precípua a documentação. O juízo não analisará o mérito e nem proferirá pronunciamento que o finalize. Poderá ser utilizada, por exemplo, para a interrupção da prescrição.

Por isso, quem tiver interesse em manifestar formalmente sua vontade a outra pessoa poderá notificar pessoas participantes da mesma relação jurídica para dar-lhes ciência de seu propósito.

Admite-se, também, que o interessado interpele o requerido, para que faça ou deixe de fazer alguma coisa.

Deferida a realização da notificação ou interpelação, os autos serão entregues ao requerente.

Alienação Judicial

Nos casos expressos em lei, não havendo acordo entre os interessados sobre o modo como se deve realizar a alienação do bem, o juiz, de ofício ou a requerimento dos interessados ou do depositário, mandará aliená-lo em leilão.

Separação, divórcio e alteração de regime de bens

A homologação do divórcio ou da separação consensuais, observados os requisitos legais, poderá ser requerida em petição assinada por ambos os cônjuges, da qual constarão: I – as disposições relativas à descrição e à partilha dos bens comuns; II – as disposições relativas à pensão alimentícia entre os cônjuges; III – o acordo relativo à guarda dos filhos incapazes e ao regime de visitas; e IV – o valor da contribuição para criar e educar os filhos.

Se os cônjuges não acordarem sobre a partilha dos bens, far-se-á esta depois de homologado o divórcio.

Estas regras aplicam-se, no que couber, ao processo de homologação da extinção consensual de união estável.

O divórcio consensual, a separação consensual e a extinção consensual de união estável, não havendo nascituro ou filhos incapazes e observados os requisitos legais, poderão ser realizados por escritura pública.

O tabelião somente lavrará a escritura se os interessados estiverem assistidos por advogado ou por defensor público, cuja qualificação e assinatura constarão do ato notarial.

A alteração do regime de bens do casamento, observados os requisitos legais, poderá ser requerida, motivadamente, em petição assinada por ambos os cônjuges, na qual serão expostas as razões que justificam a alteração, ressalvados os direitos de terceiros.

Ao receber a petição inicial, o juiz determinará a intimação do Ministério Público e a publicação de edital que divulgue a pretendida alteração de bens, somente podendo decidir depois de decorrido o prazo de 30 (trinta) dias da publicação do edital.

Os cônjuges, na petição inicial ou em petição avulsa, podem propor ao juiz meio alternativo de divulgação da alteração do regime de bens, a fim de resguardar direitos de terceiros.

Após o trânsito em julgado da sentença, serão expedidos mandados de averbação aos cartórios de registro civil e de imóveis e, caso qualquer dos cônjuges seja empresário, ao Registro Público de Empresas Mercantis e Atividades Afins.

Testamentos e dos codicilos

Recebendo testamento cerrado, o juiz, se não achar vício externo que o torne suspeito de nulidade ou falsidade, o abrirá e mandará que o escrivão o leia em presença do apresentante.

Do termo de abertura constarão o nome do apresentante e como ele obteve o testamento, a data e o lugar do falecimento do testador, com as respectivas provas, e qualquer circunstância digna de nota.

Depois de ouvido o Ministério Público, não havendo dúvidas a serem esclarecidas, o juiz mandará registrar, arquivar e cumprir o testamento.

Feito o registro, será intimado o testamenteiro para assinar o termo da testamentária.

Se não houver testamenteiro nomeado ou se ele estiver ausente ou não aceitar o encargo, o juiz nomeará testamenteiro dativo, observando-se a preferência legal.

O testamenteiro deverá cumprir as disposições testamentárias e prestar contas em juízo do que recebeu e despendeu.

Qualquer interessado, exibindo o traslado ou a certidão de testamento público, poderá requerer ao juiz que ordene o seu cumprimento.

Herança jacente

Nos casos em que a lei considere jacente a herança, o juiz em cuja comarca tiver domicílio o falecido procederá imediatamente à arrecadação dos respectivos bens.

A herança jacente ficará sob a guarda, a conservação e a administração de um curador até a respectiva entrega ao sucessor legalmente habilitado ou até a declaração de vacância.

Terminada a arrecadação, o juiz mandará expedir edital, que será publicado na rede mundial de computadores, no sítio do tribunal a que estiver vinculado o juízo e na plataforma de editais do Conselho Nacional de Justiça, onde permanecerá por 3 (três) meses, ou, não havendo sítio, no órgão oficial e na imprensa da comarca, por 3 (três) vezes com intervalos de 1 (um) mês, para que os sucessores do falecido venham a habilitar-se no prazo de 6 (seis) meses contado da primeira publicação.

Verificada a existência de sucessor ou de testamenteiro em lugar certo, far-se-á a sua citação, sem prejuízo do edital.

Quando o falecido for estrangeiro, será também comunicado o fato à autoridade consular.

Julgada a habilitação do herdeiro, reconhecida a qualidade do testamenteiro ou provada a identidade do cônjuge ou companheiro, a arrecadação converter-se-á em inventário.

Os credores da herança poderão habilitar-se como nos inventários ou propor a ação de cobrança.

Passado 1 (um) ano da primeira publicação do edital e não havendo herdeiro habilitado nem habilitação pendente, será a herança declarada vacante. Pendendo habilitação, a vacância será declarada pela mesma sentença que a julgar improcedente, aguardando-se, no caso de serem diversas as habilitações, o julgamento da última.

Transitada em julgado a sentença que declarou a vacância, o cônjuge, o companheiro, os herdeiros e os credores só poderão reclamar o seu direito por ação direta.

Bens dos ausentes

Declarada a ausência nos casos previstos em lei, o juiz mandará arrecadar os bens do ausente e nomear-lhe-á curador.

Feita a arrecadação, o juiz mandará publicar editais na rede mundial de computadores, no sítio do tribunal a que estiver vinculado e na plataforma de editais do Conselho Nacional de Justiça, onde permanecerá por 1 (um) ano, ou, não havendo sítio, no órgão oficial e na imprensa da comarca, durante 1 (um) ano, reproduzida de 2 (dois) em 2 (dois) meses, anunciando a arrecadação e chamando o ausente a entrar na posse de seus bens. Findo o prazo previsto no edital, poderão os interessados requerer a abertura da sucessão provisória, observando-se o disposto em lei.

Das coisas vagas

Recebendo do descobridor coisa alheia perdida, o juiz mandará lavrar o respectivo auto, do qual constará a descrição do bem e as declarações do descobridor.

Recebida a coisa por autoridade policial, esta a remeterá em seguida ao juízo competente.

Depositada a coisa, o juiz mandará publicar edital na rede mundial de computadores, no sítio do tribunal a que estiver vinculado e na plataforma de editais do Conselho Nacional de Justiça ou, não havendo sítio, no órgão oficial e na imprensa da comarca, para que o dono ou o legítimo possuidor a reclame, salvo se se tratar de coisa de pequeno valor e não for possível a publicação no sítio do tribunal, caso em que o edital será apenas afixado no átrio do edifício do fórum.

Da interdição

O estudo da **curatela** deverá compreender uma análise conjuntado Código Civil, Código de Processo Civil e também do Estatuto das Pessoas com Deficiência.

Note-se que, pelo Estatuto das Pessoas com Deficiência, a pessoa com deficiência não é mais considerada um incapaz.

Estão sujeitos à **curatela** aqueles que, por causa transitória ou permanente, não puderem exprimir a sua vontade, os ébrios habituais e os viciados em tóxico, bem como os pródigos.

Reconhece-se que a curatela se constitui em medida protetiva excepcional, proporcional às necessidades e às circunstâncias de cada caso, devendo durar o menor tempo possível.

De acordo com o novo regramento, a curatela afetará tão somente os atos relacionados aos direitos de natureza patrimonial e negocial, não alcançando o direito ao próprio corpo, à sexualidade, ao matrimônio, à privacidade, à educação, à saúde, ao trabalho e ao voto.

Na nomeação de curador para a pessoa com deficiência, o juiz poderá estabelecer curatela compartilhada a mais de uma pessoa.

Admite-se, como medida preferencial à curatela, o processo de tomada de decisão apoiada.

Para formular pedido de tomada de decisão apoiada, a pessoa com deficiência e os apoiadores devem apresentar termo em que constem os limites do apoio a ser oferecido e os compromissos dos apoiadores, inclusive o prazo de vigência do acordo e o respeito à vontade, aos direitos e aos interesses da pessoa que devem apoiar.

O pedido de tomada de decisão apoiada será requerido pela pessoa a ser apoiada, com indicação expressa das pessoas aptas a prestarem o apoio previsto no *caput* deste artigo.

Antes de se pronunciar sobre o pedido de tomada de decisão apoiada, o juiz, assistido por equipe multidisciplinar, após oitiva do Ministério Público, ouvirá pessoalmente o requerente e as pessoas que lhe prestarão apoio.

A decisão tomada por pessoa apoiada terá validade e efeitos sobre terceiros, sem restrições, desde que esteja inserida nos limites do apoio acordado

Terceiro com quem a pessoa apoiada mantenha relação negocial pode solicitar que os apoiadores contra assinem o contrato ou acordo, especificando, por escrito, sua função em relação ao apoiado.

Em caso de negócio jurídico que possa trazer risco ou prejuízo relevante, havendo divergência de opiniões entre a pessoa apoiada e um dos apoiadores, deverá o juiz, ouvido o Ministério Público, decidir sobre a questão.

A esterilização cirúrgica em pessoas absolutamente incapazes somente poderá ocorrer mediante autorização judicial (art. 10, §6º, Lei nº 9.263/1996).

A interdição pode ser promovida: I – pelo cônjuge ou companheiro; II – pelos parentes ou tutores; III – pelo representante da entidade em que se encontra abrigado o interditando; IV – pelo Ministério Público.

A legitimidade deverá ser comprovada por documentação que acompanhe a petição inicial.

Disposições comuns à Tutela e à Curatela

O tutor ou o curador será intimado a prestar compromisso no prazo de 5 (cinco) dias contado da: I – nomeação feita em conformidade com a lei; II – intimação do despacho que mandar cumprir o testamento ou o instrumento público que o houver instituído.

O tutor ou o curador poderá eximir-se do encargo apresentando escusa ao juiz no prazo de 5 (cinco) dias contado: I – antes de aceitar o encargo, da intimação para prestar compromisso; II – depois de entrar em exercício, do dia em que sobrevier o motivo da escusa.

Incumbe ao Ministério Público ou a quem tenha legítimo interesse requerer, nos casos previstos em lei, a remoção do tutor ou do curador.

O tutor ou o curador será citado para contestar a arguição no prazo de 5 (cinco) dias, findo o qual observar-se-á o procedimento comum. Em caso de extrema gravidade, o juiz poderá suspender o tutor ou o curador do exercício de suas funções, nomeando substituto interino.

13. CUMPRIMENTO DE SENTENÇA E DO PROCESSO DE EXECUÇÃO

Cumprimento das sentenças

A intimação do devedor se dará:

I – pelo Diário da Justiça, na pessoa de seu advogado constituído nos autos, salvo se o requerimento de início da fase de execução ocorrer após um ano do trânsito em julgado, quando a intimação será realizada na pessoa do devedor;

Como regra, o devedor será intimado na pessoa de seu advogado, que o representou na fase de conhecimento ou que ingressou nos autos posteriormente. Porém, se já transcorrido prazo de um ano do trânsito em julgado, a intimação será realizada diretamente na pessoa do devedor e não mais do advogado.

II – por carta com aviso de recebimento, quando representado pela Defensoria Pública ou quando não tiver procurador constituído nos autos, ressalvada a hipótese do inciso IV;

Se o devedor será intimado por meio de carta com aviso de recebimento e não na pessoa do Defensor Público.

III – por meio eletrônico, quando, no caso do § 1º do art. 246, não tiver procurador constituído nos autos;

IV – por edital, quando, citado na forma do art. 256, tiver sido revel na fase de conhecimento.

Tendo sido o réu revel na fase de conhecimento, o devedor será intimado por edital na fase de execução.

> **IMPORTANTE!**
>
> Em razão do constante no art. 513, § 2º, CPC, resta prejudicada a Súmula 410 do Superior Tribunal de Justiça, apesar de ainda não ter sido cancelada.

Com efeito, tendo advogado constituído nos autos, não haverá necessidade de intimação pessoal do executado.

> **IMPORTANTE!**
>
> Sendo o réu citado por edital e não tendo constituído advogado na fase de conhecimento, deverá haver intimação por edital do executado.

Se o devedor mudar de endereço sem prévia comunicação ao juízo, considera-se realizada a intimação.

De toda forma, se já transcorrido o prazo de um ano do trânsito em julgado da sentença, a intimação será feita na pessoa do devedor, por meio de carta com aviso de recebimento.

Como ficou, então?

a) o executado precisa ser intimado, na pessoa de seu advogado, havendo procurador constituído nos autos;

b) se antes citado por edital, não tendo procurador constituído nos autos (ainda que tenha curador especial), deverá ser intimado por edital;

c) ultrapassado o prazo de um ano do trânsito em julgado, a intimação deverá feita na pessoa do devedor, por meio de carga com aviso de recebimento.

Competência para a fase de cumprimento de sentença

O cumprimento da sentença efetuar-se-á perante:

I – os tribunais, nas causas de sua competência originária;

II – o juízo que decidiu a causa no primeiro grau de jurisdição;

III – o juízo cível competente, quando se tratar de sentença penal condenatória, de sentença arbitral, de sentença estrangeira ou de acórdão proferido pelo Tribunal Marítimo.

Nas hipóteses dos incisos II e III, o exequente poderá optar pelo juízo do atual domicílio do executado, pelo juízo do local onde se encontrem os bens sujeitos à execução ou pelo juízo do local onde deva ser executada a obrigação de fazer ou de não fazer, casos em que a remessa dos autos do processo será solicitada ao juízo de origem.

Em razão da nova natureza do protesto de títulos, não só possível para a comprovação da mora, mas também como meio extrajudicial apto a compelir o devedor a cumprir a obrigação, veio o art. 517 do CPC permitir que a decisão transitada em julgado poderá ser levada a protesto, nos termos da lei, depois de transcorrido o prazo para pagamento voluntário da obrigação.

Todas as questões relativas à validade do procedimento de cumprimento da sentença e dos atos executivos subsequentes poderão ser arguidas pelo executado nos próprios autos e nestes serão decididas pelo juiz.

As questões relativas a fato superveniente ao término do prazo para apresentação da impugnação, assim como aquelas relativas à validade e à adequação da penhora, da avaliação e dos atos executivos subsequentes, podem ser arguidas por simples petição, tendo o executado, em qualquer dos casos, o prazo de 15 (quinze) dias para formular esta arguição, contado da comprovada ciência do fato ou da intimação do ato.

O cumprimento da sentença que reconhece a exigibilidade de obrigação de pagar quantia certa poderá ser provisório ou definitivo, atentando-se ao seguinte esquema:

> **Cumprimento provisório:** *se não ocorreu o trânsito em julgado da sentença e pende de julgamento recurso que possui apenas efeito devolutivo.*
>
> **Cumprimento definitivo:** *se a sentença já transitou em julgado.*

O cumprimento de sentença provisório será realizado da mesma forma que o cumprimento definitivo, sujeitando-se ao seguinte regime:

I – corre por iniciativa e responsabilidade do exequente (responsabilidade objetiva);

II – fica sem efeito, sobrevindo decisão que modifique ou anule a sentença objeto da execução, restituindo-se as partes ao estado anterior e liquidando-se eventuais prejuízos nos mesmos autos;

III – se a sentença objeto de cumprimento provisório for modificada ou anulada apenas em parte, somente nesta ficará sem efeito a execução; IV – o levantamento de depósito em dinheiro e a prática de atos que importem transferência de posse ou alienação de propriedade ou de outro direito real, ou dos quais possa resultar grave dano ao executado, dependem de caução suficiente e idônea, arbitrada de plano pelo juiz e prestada nos próprios autos. Esta caução, contudo, poderá ser dispensada nos casos em que: i) o crédito for de natureza alimentar, independentemente de sua origem; ii) o credor demonstrar situação de necessidade; iii) pender o agravo de despacho denegatório de recurso extraordinário ou de recurso especial; iv) a sentença a ser provisoriamente cumprida estiver em consonância com súmula da jurisprudência do STF ou do STJ ou em conformidade com acórdão proferido no julgamento de casos repetitivos.

Ainda que ocorra uma das situações em que a caução está dispensada, a garantia será mantida se por conta da dispensa possa resultar manifesto risco de grave dano de difícil ou incerta reparação.

Deverá o credor requerer o cumprimento de sentença por meio de petição dirigida ao juízo competente, instruindo-se a petição com as seguintes peças do processo, cuja autenticidade poderá ser certificada pelo próprio advogado, sob pena de sua responsabilidade pessoal: I – decisão exequenda; II – certidão de interposição do recurso não dotado de efeito suspensivo; III – procurações outorgadas pelas partes; IV – decisão de habilitação, se for o caso; V – facultativamente, outras peças processuais consideradas necessárias para demonstrar a existência do crédito.

O **processo de execução autônomo** é objeto do Livro II, da Parte Especial, do Novo Código de Processo Civil. As suas disposições serão aplicadas, **no que couber**, aos procedimentos especiais de execução (execução fiscal, por exemplo), aos atos executivos realizados no procedimento de cumprimento de sentença, bem como aos efeitos de atos ou fatos processuais a que a lei atribuir força executiva.

> **ATENÇÃO!**
>
> Na fase de cumprimento de sentença será possível a prática de atos executivos (penhora), bem como de atos expropriatórios (como a adjudicação, por exemplo), aos quais serão aplicadas as disposições, no que couber, do processo de execução.

Para que se admita a execução fundada em título executivo extrajudicial, a **obrigação** deve estar fundada em título líquido, certo e exigível.

- Liquidez: tem-se a obrigação líquida se especificado o *quantum*, o valor do débito em execução.
- Certeza: a obrigação deve ser certa quanto à sua existência.
- Exigível: a obrigação deve estar apta a ser exigida.

> **ATENÇÃO!**
>
> Todo documento particular constituído ou atestado por meio eletrônico DISPENSA a assinatura de duas testemunhas, para ser considerado título executivo extrajudicial.

A execução será suspensa:

i) nas hipóteses gerais de suspensão do processo;

ii) no todo ou em parte, quando recebidos com efeito suspensivo os embargos à execução;

III – quando não for localizado o executado ou bens penhoráveis, quando a suspensão terá o prazo de um ano, durante o qual se suspenderá a prescrição.

IV – se a alienação dos bens penhorados não se realizar por falta de licitantes e o exequente, em 15 (quinze) dias, não requerer a adjudicação nem indicar outros bens penhoráveis;

V – quando concedido o parcelamento judicial.

Uma vez suspensa a execução, não serão praticados atos processuais, podendo o juiz, entretanto, salvo no caso de arguição de impedimento ou de suspeição, ordenar providências urgentes.

PRESCRIÇÃO INTERCORRENTE – ALTERAÇÕES LEI 14.195/2021.

Sobre a **prescrição intercorrente**, podem ser feitos os seguintes apontamentos:

I – suspende-se a execução, pelo prazo de um ano, quando não for localizado o executado ou bens penhoráveis. Neste período, o prazo prescricional estará suspenso;

II – decorrido o prazo máximo de um ano sem que seja localizado o executado ou que sejam encontrados bens penhoráveis, o juiz ordenará o arquivamento dos autos;

III – os autos serão desarquivados para prosseguimento da execução se a qualquer tempo forem encontrados bens penhoráveis;

IV – o termo inicial da prescrição no curso do processo será a ciência da primeira tentativa infrutífera de localização do devedor ou de bens penhoráveis, e será suspensa, por uma única vez, pelo prazo máximo de um ano;

V – A efetiva citação, intimação do devedor ou constrição de bens penhoráveis interrompe o prazo de prescrição, que não corre pelo tempo necessário à citação e à intimação do devedor, bem como para as formalidades da constrição patrimonial, se necessária, desde que o credor cumpra os prazos previstos na lei processual ou fixados pelo juiz;

VI – O juiz, depois de ouvidas as partes, no prazo de 15 (quinze) dias, poderá, de ofício, reconhecer a prescrição no curso do processo e extingui-lo, sem ônus para as partes;

V – A alegação de nulidade quanto ao procedimento somente será conhecida caso demonstrada a ocorrência de efetivo prejuízo, que será presumido apenas em caso de inexistência da intimação mencionada no item V, acima.

A execução será extinta:

I – a petição inicial for indeferida;

II – a obrigação for satisfeita;

III – o executado obtiver, por qualquer outro meio, a extinção total da dívida;

IV – o exequente renunciar ao crédito;

V – **ocorrer a prescrição intercorrente.**

Fraude à execução

ATENÇÃO!

Na fraude à execução, diferentemente do que ocorre na fraude contra credores, o ato negocial praticado pelo devedor **não é nulo.** É válido. **Porém, será considerado ineficaz em relação ao credor.** Considera-se como se não praticado.

A ocorrência da fraude à execução e a declaração de ineficácia do negócio jurídico celebrado pelo responsável patrimonial poderá se consumar por meio de decisão interlocutória proferida no próprio processo em que apurada, independentemente da instauração de nova relação processual.

Para que haja o reconhecimento da ocorrência de ato em fraude à execução, será necessário que o juízo, em cognição sumária, verifique estarem presentes os seguintes requisitos: a) realização do negócio jurídico após a instauração da relação processual; b) inexistência de outros bens suficientes; c) prévia manifestação do terceiro adquirente do bem.

ATENÇÃO!

O § 4º do art. 792 do CPC inseriu interessante novidade no procedimento de declaração da fraude à execução, ao determinar a prévia manifestação do terceiro adquirente do bem.

O artigo 792 do CPC elenca as hipóteses em que a alienação ou a oneração é considerada fraude à execução. São elas:

I – quando sobre o bem pender ação fundada em direito real ou com pretensão reipersecutória, desde que a pendência do processo tenha sido averbada no respectivo registro público, se houver;

II – quando tiver sido averbada, no registro do bem, a pendência do processo de execução, na forma do art. 828;

III – quando tiver sido averbado, no registro do bem, hipoteca judiciária ou outro ato de constrição judicial originário do processo onde foi arguida a fraude;

IV – quando, ao tempo da alienação ou da oneração, tramitava contra o devedor ação capaz de reduzi-lo à insolvência;

V – nos demais casos expressos em lei

Execução por quantia certa

Na execução de obrigação de pagar quantia certa: o juiz despachará a inicial, fixando os honorários advocatícios em 10%, a serem pagos pelo executado. Este será citado para que dê integral cumprimento ao pagamento no prazo de três dias. Se o fizer, a verba honorária será reduzida de metade.

A penhora é o ato executivo destinado à apreensão de bens do devedor, vinculando-os à execução. Com a penhora, o credor também passa a ter preferência em relação a outros credores, da mesma categoria, que futuramente penhorem o mesmo bem. Trata-se do direito de prelação ou de preferência.

No prazo de embargos, poderá o devedor reconhecer o crédito do exequente e comprovando o depósito de 30% do valor em execução, acrescido de custas e de honorários do advogado, requerer que lhe seja permitido pagar o restante em até seis parcelas mensais, acrescidas de correção monetária e de juros de um por cento ao mês.

Os embargos à execução não terão efeito suspensivo. Poderá o juiz concedê-lo, no entanto, a requerimento do embargante, quando verificados os requisitos para a concessão da tutela provisória e desde que a execução já esteja garantida por penhora, depósito ou caução suficientes.

A expropriação consistirá em: i) adjudicação; ii) alienação; iii) apropriação de frutos e rendimentos de empresa ou de estabelecimentos e de outros bens.

Não obstante seja considerada perfeita, acabada e irretratável com a assinatura do auto de arrematação, poderão ser alegadas, no prazo de dez dias, as situações indicadas no art. 903, § 1º do CPC. Nesse passo, a arrematação poderá ser invalidada, considerada ineficaz ou resolvida, conforme explicado no seguinte quadro:

Invalidação	**Se realizada por preço vil ou com outro vício.**
Ineficácia em relação a determinadas pessoas.	Alienação sem a intimação prévia: i) dos respectivos credores pignoratício, hipotecário e anticrético; ii) do promitente comprador ou do cessionário de bem objeto de promessa de compra e venda ou de cessão registrada; iii) concedente ou concessionário de direito de superfície; iv) enfiteuta ou concessionário na alienação de imóvel sobre o qual tenha sido instituída a enfiteuse, concessão de uso especial para fins de moradia ou concessão de direito real de uso; do proprietário do imóvel no caso de alienação de direitos do enfiteuta, do concessionário de direito real de uso ou do concessionário de uso especial para fins de moradia; titular do direito de usufruto, uso ou habitação.
Resolvida	Se não for pago o preço ou não for prestada a caução.

Execução de alimentos

No cumprimento da sentença que condene ao pagamento de prestação alimentícia ou de decisão interlocutória que fixe alimentos, o juiz, a requerimento do exequente, mandará intimar o executado pessoalmente para, em três dias, pagar o débito, provar que o fez ou justificar a impossibilidade de efetuá-lo.

Se o executado não pagar ou se a justificativa apresentada não for aceita, o juiz, além de mandar protestar o pronunciamento judicial, decretar a prisão pelo prazo de um a três meses. A prisão será cumprida em regime fechado, devendo o preso ficar separado dos presos comuns.

O débito alimentar que autoriza a prisão civil do alimentante é o que compreende até as três prestações anteriores ao ajuizamento da execução e as que se vencerem no curso do processo.

Na execução fundada em título executivo extrajudicial que contenha obrigação alimentar, o juiz mandará citar o executado para, em três dias, efetuar o pagamento das parcelas anteriores ao início da execução e das que se vencerem no seu curso, provar que o fez ou justificar a impossibilidade de fazê-lo.

Na execução de obrigação alimentar fundada em título executivo extrajudicial, como uma escritura pública, por exemplo, ou uma transação referendada por Advogados, o credor indicará se pretende que seja realizada a penhora de bens, para futura expropriação, ou, então, ser pretende que seja utilizada a medida coercitiva da prisão.

Duas opções do credor:

a) valer-se da constrição de bens e, se necessário, dos meios expropriatórios necessários para a satisfação do direito mediante a adjudicação ou a entrega de dinheiro.

b) ou, então, pela adoção da medida coercitiva voltada à prisão civil do executado, consoante admitido na Constituição Federal e disciplinado nos §§ 2º a 7º do art. 528 do CPC.

> **ATENÇÃO!**
>
> Se o credor optar pela prática de constrição de bens, ao invés da utilização da medida coercitiva da prisão civil, a execução seguirá as regras gerais existentes, com a diferença de que a concessão de efeito suspensivo aos embargos à execução não constitui óbice a que o exequente levante mensalmente a importância da prestação.

Optando o credor pela execução em que será possível, posteriormente e se possível, a prisão civil do alimentante, quando fundada em título executivo extrajudicial, o executado será citado para, em três dias, efetuar o pagamento das parcelas anteriores ao início da execução e das que se vencerem no seu curso, provar que o fez ou justificar a impossibilidade de fazê-lo.

> **ATENÇÃO!**
>
> A defesa do executado será possibilitada por meio da justificativa de impossibilidade de cumprimento da obrigação, a qual terá o condão único de, se acolhida, afastar a prisão, permanecendo íntegra a obrigação de pagar, que somente poderá ser afastada por meio da ação exoneratória de pagamento de alimentos.

Também será determinado à autoridade, à empresa ou ao empregador que, sob pena de desobediência, proceda ao desconto em folha de pagamento a partir da primeira remuneração posterior do executado, a contar do protocolo do ofício.

Ao final, não cumprida a obrigação e não acolhida a justificativa apresentada, o magistrado poderá decretar a prisão civil do executado, pelo prazo de um a três meses, que será cumprida em regime fechado, devendo o preso ficar separado dos presos comuns.

14. PROCESSO NOS TRIBUNAIS

Deveres dos tribunais.

O art. 926 do CPC, além de inaugurar o Livro III, da Parte Especial, determina que os Tribunais devem uniformizar sua jurisprudência e mantê-la estável, íntegra e coerente.

Imediata Distribuição

Os autos serão registrados no protocolo do tribunal no dia de sua entrada, devendo ser imediatamente distribuídos pela secretaria, observando-se a seguinte ordem:

Julgamento Monocrático

DISTRIBUIÇÃO ➔ RELATOR Manifestação da(s) Parte(s)

Presidente Designa Data

O CPC/15 não tratou do voto de revisão.

Prevenção do Relator

Estará prevento para os demais recursos, no mesmo ou em processos conexos, o relator do que for anteriormente protocolado no tribunal.

Assim, se antes houver a interposição do recurso de agravo de instrumento, o mesmo relator estará prevento para o julgamento da futura apelação.

Incumbências do Relator

Ao relator competirá presidir o processo que tramitar no tribunal, incumbindo-lhe:

I – dirigir e ordenar o processo no tribunal, inclusive em relação à produção de prova, bem como, quando for o caso, homologar autocomposição das partes;

II – apreciar o pedido de tutela provisória nos recursos e nos processos de competência originária do tribunal;

III – não conhecer de recurso inadmissível, prejudicado ou que não tenha impugnado especificamente os fundamentos da decisão recorrida;

IV – negar provimento a recurso que for contrário a:

a) súmula do Supremo Tribunal Federal, do Superior Tribunal de Justiça ou do próprio tribunal;

b) acórdão proferido pelo Supremo Tribunal Federal ou pelo Superior Tribunal de Justiça em julgamento de recursos repetitivos;

c) entendimento firmado em incidente de resolução de demandas repetitivas ou de assunção de competência;

V – depois de facultada a apresentação de contrarrazões, dar provimento ao recurso se a decisão recorrida for contrária a:

a) súmula do Supremo Tribunal Federal, do Superior Tribunal de Justiça ou do próprio tribunal;

b) acórdão proferido pelo Supremo Tribunal Federal ou pelo Superior Tribunal de Justiça em julgamento de recursos repetitivos;

c) entendimento firmado em incidente de resolução de demandas repetitivas ou de assunção de competência;

VI – decidir o incidente de desconsideração da personalidade jurídica, quando este for instaurado originariamente perante o tribunal;

VII – determinar a intimação do Ministério Público, quando for o caso;

VIII – exercer outras atribuições estabelecidas no regimento interno do tribunal.

Competirá ao relator, ainda, constatada a ocorrência de vício sanável, inclusive aquele que possa ser conhecido de ofício, determinar a realização ou a renovação do ato processual, no próprio tribunal ou em primeiro grau de jurisdição, intimando-se as partes.

Se reconhecer a necessidade de produção de provas, deverá o relator converter o julgamento em diligência, que se realizará no tribunal ou em primeiro grau de jurisdição.

TÉCNICA DE AMPLIAÇÃO DO QUÓRUM PARA JULGAMENTO	
APLICABILIDADE	**NÃO APLICABILIDADE**
Apelação não unânime	Incidente de assunção de competência e de resolução de demandas repetitivas.
Ação rescisória não unânime, com rescisão da sentença.	Remessa necessária.
Agravo de instrumento, se houver reforma da decisão que julgar parcialmente o mérito.	Julgamento não unânime proferido pelo plenário ou pela corte especial.

Deverá ser **utilizada a técnica de julgamento ampliado na apelação quando a decisão for por maioria**, seja **reformando ou confirmando a sentença**, analisando ou não o mérito.

ATENÇÃO! Cabimento da técnica de ampliação do quórum para o julgamento da apelação quando a decisão for por maioria, não importando se haverá reforma ou confirmação da sentença, diferentemente do que ocorria nos embargos infringentes do CPC de 1973.

Atualização jurisprudencial

A técnica de ampliação do colegiado, prevista no art. 942 do CPC/2015, aplica-se também ao julgamento de apelação interposta contra sentença proferida em mandado de segurança.

Precedente, jurisprudência e súmula

Considerando-se a imprecisão terminológica existente sobre as expressões **jurisprudência, exemplo, súmula e precedente**, procura-se, neste primeiro momento, indicar os principais pontos conceituais que diferem um instituto do outro.

Há vários significados para a expressão **jurisprudência**, que pode designar, conforme registrado por Lenio Luiz Streck, em sentido estrito, a Ciência do Direito e, em sentido lato, o "conjunto de sentenças dos Tribunais" e, ainda, pode indicar somente as sentenças uniformes.[9]

Significado mais comum: conjunto de decisões uniformes, ou proferidas em sentido dominante. Pode se referir a dezenas, centenas e até milhares de decisões. Trata-se de ideia plural, ao contrário da ideia singular ligada ao precedente (diferença de caráter quantitativo).

JURISPRUDÊNCIA: IDEIA PLURAL. VÁRIAS DECISÕES.
PRECEDENTE: IDEIA SINGULAR.

Incidente de assunção de competência

Cabimento: é admissível quando o julgamento de recurso, de remessa necessária ou de processo de competência originária envolver questão de direito, com grande repercussão social, sem repetição em múltiplos processos, com o objetivo de que sejam julgados pelo órgão colegiado que o regimento interno indicar.

Instauração: proposta pelo relator, de ofício, ou a requerimento da parte, do Ministério Público ou da Defensoria Pública.

Requisito: o órgão colegiado julgará o recurso, a remessa necessária ou o processo de competência originária se reconhecer interesse público na assunção da competência.

IRDR	ASSUNÇÃO DE COMPETÊNCIA
Há cisão no julgamento	Não há cisão do julgamento
Repetição em múltiplos casos	Sem repetição em múltiplos casos

Incidente de arguição de inconstitucionalidade

Formas de reconhecimento da inconstitucionalidade

A inconstitucionalidade de lei ou de ato normativo poderá ser reconhecida incidentalmente em um processo, quando se terá o denominado *controle difuso de constitucionalidade*, ou então, ser objeto de ação própria, o que ocorrerá por meio do controle concentrado de constitucionalidade.

9. STRECK, Lenio Luiz. *Súmulas no direito brasileiro: eficácia, poder e função*. Porto Alegre: Livraria do Advogado, 1998, p. 83.

CONTROLE DIFUSO	CONTROLE CONCENTRADO
Pode ser realizado por qualquer juiz ou tribunal quando do julgamento de um caso concreto.	Será realizado por um único Tribunal.
Será sempre incidental.*	Se faz por via de ação própria.

*** Como alerta a doutrina,**

"não se pode confundir controle incidental com controle difuso. Há possibilidade de controle incidental no controle concentrado, como por exemplo na Ação declaratória de constitucionalidade n. 1-1/DF. Antes de abordar o mérito da ação (...), o Supremo Tribunal Federal declarou, em sede de controle incidental, a constitucionalidade da ação declaratória (prevista por Emenda Constitucional), e somente depois apreciou o mérito".[10]

Conflito de competência

As Espécies de Conflito de Competência

Será possível que, entre dois Juízos, haja divergência quanto à competência para o julgamento de determinada demanda, quando se está diante do **conflito de competência**, que poderá ser positivo ou negativo.

O **conflito positivo de competência** ocorrerá quando dois juízos se derem por competentes. Diferentemente, haverá o **conflito negativo** se houver a recusa entre eles, por entenderem não ser competentes, o que será possível se um atribuir ao outro a competência, ou se surgir controvérsia sobre a reunião ou separação de processos.

Se excluído do feito o ente federal, cuja presença foi fator preponderante para que o juízo estadual declinasse de sua competência, deverá o juízo federal restituir os autos e não suscitar o conflito (Súmula 224 STJ), não podendo o juízo estadual discutir sobre o interesse do ente federal.

O juiz que não acolher a competência declinada deverá **suscitar o conflito**, salve se a atribuir a outro juízo.

O conflito poderá ser suscitado por qualquer das partes, pelo Ministério Público ou pelo juiz. A parte, contudo, não poderá suscitá-lo se já alegou a incompetência relativa.

Ação Rescisória

A **coisa julgada** é uma garantia assegurada pela Constituição Federal, fundada na necessidade de proporcionar a **segurança jurídica**. Com efeito, como decorrência da soberania de um país, compete ao seu Poder competente a aplicação da ordem jurídica vigente, dirimindo os conflitos existentes.

Por **objeto** da ação rescisória, busca-se definir o seu **pedido**, que sempre será o de **rescindir** a coisa julgada formada, bem como, em alguns casos, o de ser **rejulgada** a causa. Diz-se, então, que há o **juízo rescindente (rescindir)** e o **juízo rescisório (rejulgamento da causa)**.

Pedido rescindente

OBJETO DA AÇÃO RESCISÓRIA

Pedido rescisório

Em suma: tem-se que a ação rescisória poderá rescindir:

i) a coisa julgada material (formada por meio de decisão interlocutória, sentença ou acórdão);

ii) a coisa julgada formal, desde que haja impedimento à propositura de nova ação;

iii) decisão que não admita recurso, desde que já transcorrido o prazo para que tal *decisum seja* impugnado pelo meio adequado.

Para a fixação da competência do Tribunal competente para o julgamento da ação rescisória, devem ser observadas **três regras cumulativas:**

i) trata-se de ação originária dos tribunais;

ii) cada tribunal é competente para o julgamento das rescisórias de seus próprios julgados;

iii) Aplicação das Súmulas 249 e 515 do STF.

São requisitos específicos:

(i) decisão (de mérito) transitada em julgado (já analisado quando do estudo do objeto da ação rescisória);

(ii) observância do prazo legal;

(iii) depósito da multa de 5%;

(iv) presença de uma das hipóteses do art. 966 do CPC.

10. FERREIRA, Olavo Augusto Vianna Alves. Controle de Constitucionalidade e seus efeitos. 3ª. ed. Salvador: Juspodivm, 2016, p. 41.

Incidente de Resolução de Demandas Repetitivas

Cabimento: será cabível quando houver, simultaneamente: I) efetiva repetição de processos que contenham controvérsia sobre a mesma questão unicamente de direito; II) risco de ofensa à isonomia e à segurança jurídica. O instituto possui três pilares fundamentais: i) isonomia, pelo qual se exige tratamento igualitário para a solução de litígios isomórficos; ii) a segurança jurídica, pois se busca a uniformidade das decisões judiciais e, iii) prestação razoável em termos de tempo em que prestada.[11]

Pedido para instauração: o pedido será dirigido ao presidente de tribunal (I) pelo juiz ou relator, por ofício; (II) pelas partes, por petição; e, (III) pelo Ministério Público ou pela Defensoria Pública, por petição.

Custas: não serão exigidas custas processuais no incidente.

Causa impeditiva de instauração: não será cabível a instauração do incidente quando um dos tribunais superiores, no âmbito de sua respectiva competência, já tiver afetado recurso para definição de tese sobre questão de direito material ou processual repetitiva.

Suspensão dos processos pendentes: admitido o incidente, o relator (I) suspenderá os processos pendentes, individuais ou coletivos, que tramitam no Estado ou na região, conforme o caso; (II) poderá requisitar informações a órgãos em cujo juízo tramita processo no qual se discute o objeto do incidente; (III) intimará o Ministério Público para, querendo, manifestar-se no prazo de quinze dias. Durante a suspensão, o pedido de tutela de urgência deverá ser dirigido ao juízo onde tramita o processo suspenso.

Suspensão nacional dos processos pendentes: visando à garantia da segurança jurídica, os legitimados poderão requerer, ao tribunal competente para conhecer do recurso extraordinário ou especial, a suspensão de todos os processos individuais ou coletivos em curso no território nacional que versem sobre a questão objeto do incidente já instaurado. Cessará a suspensão se não for interposto o recurso especial ou recurso extraordinário contra a decisão proferida no incidente. Consoante o que foi decidido no Pedido de Suspensão no IRDR nº 7, o pedido de suspensão nacional de processos em IRDR estará presente na hipótese em que o incidente admitido no tribunal de segunda instância:

a) demandar a interpretação da legislação infraconstitucional federal;

b) abranger matéria que se repete em processos em tramitação em outros estados ou regiões; e,

c) ensejar divergência de entendimentos entre pelo menos dois tribunais.

Fixação da tese: haverá a fixação da tese jurídica e também o julgamento do recurso, da remessa necessária ou do processo de competência originária de onde se originou o incidente. Julgado o incidente, a tese jurídica será aplicada: I – a todos os processos individuais ou coletivos que versem sobre idêntica questão de direito e que tramitem na área de jurisdição do respectivo tribunal, inclusive àqueles que tramitem nos juizados especiais do respectivo Estado ou região; II – aos casos futuros que versem idêntica questão de direito e que venham a tramitar no território de competência do tribunal, salvo revisão na forma do art. 986.

Cabimento de reclamação: não observada a tese adotada no incidente, caberá reclamação.

Recursos: do julgamento do mérito do incidente, será cabível a interposição de recurso extraordinário ou especial, conforme o caso, que terão efeito suspensivo.

Interposto recursos especial ou recurso extraordinário contra o acórdão que julgou incidente de resolução de demandas repetitivas – IRDR, a suspensão dos processos realizada pelo relator ao admitir o incidente só cessará com o julgamento dos referidos recursos, não sendo necessário, entretanto, aguardar o trânsito em julgado (REsp 1.869.867/SC).

Revisão da tese: a revisão da tese jurídica será feita no mesmo tribunal, **de ofício** ou **mediante requerimento do Ministério Público ou da Defensoria Pública.**

Ministério Público no Incidente de Resolução de Demandas Repetitivas
a) Poderá requerer a sua instauração;
b) Se não for o requerente, atuará como fiscal da ordem jurídica;
c) Poderá requerer a suspensão nacional de todos os processos individuais ou coletivos em curso no território nacional que versem sobre a questão objeto do incidente já instaurada;
d) Tem legitimidade para a interposição de recurso especial ou extraordinário;
e) Poderá requerer a revisão da tese jurídica.

11. MENDES, Aluísio Gonçalves de Castro. TEMER, Sofia. *O incidente de resolução de demandas repetitivas do Novo Código de Processo Civil. Op. Cit.*, p. 285.

Reclamação

A reclamação possui natureza jurídica de ação e poderá ser ajuizada para preservar a competência de tribunal, garantir a autoridade das decisões do tribunal, garantir a observância de enunciado de súmula vinculante e de decisão do Supremo Tribunal Federal em controle concentrado de constitucionalidade e para garantir a observância de acórdão proferido em julgamento de incidente de resolução de demandas repetitivas ou de incidente de assunção de competência.

Inadmissibilidade

Não será cabível a reclamação se a decisão já tiver transitado em julgado. Também não será admissível para garantir a observância de acórdão de recurso extraordinário com repercussão geral reconhecida ou de acórdão proferido em julgamento de recursos extraordinário ou especial repetitivos, quando não esgotadas as vias ordinárias.

Sendo julgada procedente a reclamação, o tribunal cassará a decisão exorbitante de seu julgado ou determinará medida adequada à solução da controvérsia.

15. RECURSOS

Os requisitos intrínsecos "são aqueles que dizem respeito à decisão recorrida em si mesma considerada".[12] Consideram "o conteúdo e a forma da decisão impugnada. De tal modo que, para proferir o juízo de admissibilidade, toma-se o ato judicial impugnado no momento e da maneira como foi prolatado".[13] Constituem-se requisitos intrínsecos de admissibilidade: o cabimento, a legitimação para recorrer e o interesse recursal.

(i) Efeito devolutivo: o efeito devolutivo é aquele em virtude do qual a matéria é devolvida ao órgão judicante, seja ele superior àquele que proferiu a decisão, seja ao próprio órgão prolator da decisão. Compreende o princípio do ***tantum devolutum quantum appellatum***. Todo recurso conta com esse efeito.

Tal efeito deve ser analisado quanto à sua extensão e quanto à sua profundidade.

Sob o primeiro aspecto (quanto à extensão), tem-se a delimitação da matéria objeto do recurso. Trata-se da dimensão horizontal do efeito devolutivo.

Assim, se o réu é condenado ao pagamento de indenização por danos materiais e morais e somente recorre em relação a estes últimos, ele delimita o seu recurso, a sua irresignação, e o Tribunal estará vinculado a essa vontade.

Sob o segundo aspecto (quanto à profundidade), tem-se que ficam devolvidas todas as questões suscitadas e discutidas no processo, ainda que a sentença não as tenha julgado por inteiro, desde que relativas ao capítulo impugnado. Trata-se da dimensão vertical do efeito devolutivo.

Em decorrência da preferência pelo julgamento do mérito, se o processo estiver em condições de imediato julgamento, o tribunal deve decidir desde logo o mérito quando: I – reformar sentença fundada no art. 485; II – decretar a nulidade da sentença por não ser ela congruente com os limites do pedido ou da causa de pedir; III – constatar a omissão no exame de um dos pedidos, hipótese em que poderá julgá-lo; IV – decretar a nulidade de sentença por falta de fundamentação.

(ii) Efeito translativo: apesar do efeito devolutivo, algumas matérias, poderão ser conhecidas de ofício, independentemente de requerimento ou arguição da parte. São as matérias de ordem pública.

(iii) Efeito suspensivo: pelo efeito suspensivo, impede-se a produção imediata de efeitos da decisão, situação essa que durará até o julgamento do recurso. Essa suspensividade não advém da interposição do recurso, mas da simples previsão de que terá tal efeito por força de lei.

O efeito suspensivo poderá existir por força de lei (ope legis) ou em razão de decisão judicial a respeito (*ope judicis*).

A apelação, como regra, tem duplo efeito – devolutivo e suspensivo. Terão somente efeito devolutivo a sentença que: I – homologa divisão ou demarcação de terras; II – condena a pagar alimentos; III – extingue sem resolução do mérito ou julga improcedentes os embargos do executado; IV – julga procedente o pedido de instituição de arbitragem; V – confirma, concede ou revoga tutela provisória; VI – decreta a interdição.

Em tais situações, o apelado poderá promover o pedido de cumprimento provisório de sentença.

Não obstante, o apelante poderá pleitear a concessão de efeito suspensivo em tais casos, se for demonstrada a probabilidade de provimento do recurso ou se, sendo relevante a fundamentação, houver risco de dano grave ou de difícil reparação. Este requerimento será dirigido ao: I – tribunal, no período compreendido entre a interposição da apelação e sua distribuição, ficando o relator designado

12. NERY JÚNIOR, Nelson. *Teoria Geral dos Recursos*. 7. ed. São Paulo: RT, 2013, p. 266.
13. NERY JÚNIOR, Nelson. *Teoria Geral dos Recursos*. 7. ed. São Paulo: RT, 2013, p. 266.

para seu exame prevento para julgá-la; II – relator, se já distribuída a apelação.

Da mesma forma, os recursos extraordinário e especial também não são dotados de efeito suspensivo. Tal efeito, contudo, poderá ser requerido ao tribunal superior, no período compreendido entre a publicação da decisão de admissão do recurso e sua distribuição, ficando o relator designado para seu exame prevento para julgá-lo; ao relator, se já distribuído o recurso; ou, então, ao presidente ou ao vice-presidente do tribunal recorrido, no período compreendido entre a interposição do recurso e a publicação da decisão de admissão do recurso, assim como no caso de recurso ter sido sobrestado.

(iv) Efeito expansivo ou extensivo: em decorrência desse efeito, consideram-se sem efeito os atos ou decisões dependentes da decisão recorrida, naquilo em que forem incompatíveis com o julgamento do recurso. Se o julgamento do recurso afetar outras decisões que não a recorrida, estar-se-á diante do efeito expansivo externo; se, porém, o recurso fizer referência apenas a um dos capítulos da decisão, que examina questão preliminar ou prejudicial, e o acolhimento do recurso repercutir no capítulo relacionado à questão subordinada, estar-se-á diante de efeito expansivo interno.

(v) Efeito substitutivo: o julgamento proferido pelo tribunal substituirá a sentença ou a decisão recorrida no que tiver sido objeto de recurso.

Portanto, não existirão dois atos ou decisões sobre a mesma matéria, mas apenas um, fato esse que é relevante para se saber a competência para conhecimento da ação rescisória, como adiante será visto.

Cada parte interporá o recurso independentemente, no prazo e com observância das exigências legais. Se vencidos o autor e réu, ao recurso interposto por qualquer deles poderá aderir o outro.

O recurso adesivo fica subordinado ao recurso independente, sendo-lhe aplicáveis as mesmas regras deste quanto aos requisitos de admissibilidade e julgamento no tribunal, salvo disposição legal diversa, observado, ainda, o seguinte: I – será dirigido ao órgão perante o qual o recurso independente fora interposto, no prazo de que a parte dispõe para responder; II – será admissível na apelação, no recurso extraordinário e no recurso especial; III – não será conhecido, se houver desistência do recurso principal ou se for ele considerado inadmissível.

Apelação

O recurso de apelação será cabível com a finalidade de reformar sentença.

Porém, nem todas as sentenças são apeláveis.

Nesse sentido, a sentença proferida no âmbito dos Juizados Especiais não será impugnada pelo recurso de apelação, mas pelo recurso inominado. Também a sentença proferida nas execuções fiscais de valor inferior ao de alçada será objeto dos embargos infringentes de alçada.

A apelação será interposta por petição dirigida ao juízo da causa, acompanhada das respectivas razões recursais, nas quais o apelante poderá alegar vício da atividade (error in procedendo), assim como vícios de juízo (*error in judicando*). Trata-se, portanto, de um recurso de cognição ampla e não vinculada.

A apelação é dotada de efeitos devolutivo e suspensivo, de modo que a sentença não produzirá efeitos enquanto não julgado o recurso.

Contudo, em determinadas situações, a apelação terá apenas efeito devolutivo, permitindo-se o cumprimento provisório da sentença. E assim ocorrerá nas seguintes hipóteses, entre outras previstas em leis extravagantes: homologar a divisão ou a demarcação de terras, condenar a pagar alimentos, extingue sem resolução do mérito ou julga improcedentes os embargos do executado, julga procedente o pedido de instituição de arbitragem, confirma, concede ou revoga tutela provisória e decreta a interdição.

Ainda nestes casos, será possível buscar-se a concessão do efeito suspensivo junto ao tribunal, por meio de petição específica que, se apresentada anteriormente à distribuição do recurso, tornará prevento o relator.

A admissibilidade do recurso de apelação será realizada exclusivamente perante o Tribunal (juízo ad quem). Houve alteração nesse sentido, de modo que o seu juízo de admissibilidade não é mais desdobrado, mas único, no tribunal.

Admite-se que, uma vez interposta a apelação, o juízo se retrate. Isso ocorrerá se o juiz proferir pronunciamento sem resolução do mérito, bem como nos casos de improcedência liminar.

A apelação devolverá ao tribunal o conhecimento da matéria impugnada. Com a sua interposição, fixa-se o objeto do recurso.

Contudo, serão, porém, objeto de apreciação e julgamento pelo tribunal todas as questões suscitadas e discutidas no processo, ainda que não tenham sido solucionadas, desde que relativas ao capítulo impugnado.

Se o pedido ou a defesa tiver mais de um fundamento e o juiz acolher apenas um deles, a apelação devolverá ao tribunal o conhecimento dos demais.

E, se o processo estiver em condições de imediato julgamento, o tribunal deve decidir desde logo o mérito quando: I – reformar sentença fundada no art. 485; II – decretar a nulidade da sentença por não ser ela congruente com os limites do pedido ou da causa de pedir; II – constatar a omissão no exame de um dos pedidos, hipótese em que poderá julgá-lo; IV – decretar a nulidade de sentença por falta de fundamentação.

Quando reformar sentença que reconheça a decadência ou a prescrição, o tribunal, se possível, julgará o mérito, examinando as demais questões, sem determinar o retorno do processo ao juízo de primeiro grau.

Agravo de instrumento

O CPC de 2015, inovando em relação ao anterior, fixou a regra de que as questões decididas por meio de decisões interlocutória não são recorríveis de imediato, salvo quando admitido o agravo de instrumento para a hipótese.

Constitui-se o agravo de instrumento no recurso apropriado para impugnar decisão interlocutória que versar sobre matérias específicas elencadas no art. 1.015 e em outros dispositivos.

Nesse sentido, caberá a interposição de agravo de instrumento quando a decisão interlocutória versar sobre: i) tutela provisória; ii) mérito do processo; iii) rejeição da alegação de convenção de arbitragem; iv) incidente de desconsideração da personalidade jurídica; v) rejeição do pedido de gratuidade da justiça ou acolhimento do pedido de sua revogação; vi) exibição ou posse de documento ou coisa; vii) exclusão de litisconsorte; viii) rejeição do pedido de limitação do litisconsórcio; ix) admissão ou inadmissão de intervenção de terceiros; x) concessão, modificação ou revogação do efeito suspensivo aos embargos à execução; xi) redistribuição do ônus probatório (carga dinâmica) e em outros casos admitidos na lei.

Também será cabível o agravo contra decisões interlocutórias proferidas na fase de liquidação de sentença ou de cumprimento de sentença, no processo de execução e no processo de inventário. A lógica, nesses casos, é a de que não haverá sentença em um espaço curto de tempo, de modo que não se poderia aguardar por tanto tempo.

> De acordo com o que decidiu o STJ, o rol do art. 1.015 do CPC é de taxatividade mitigada, admitindo-se a interposição do recurso de agravo de instrumento se verificada a urgência decorrente da inutilidade do julgamento da questão no recurso de apelação (Tema 988, Recursos Repetitivos, STJ).

O recurso de agravo de instrumento deverá ser interposto no prazo de 15 dias, diretamente no Tribunal, acompanhado das peças obrigatórias e facultativas. Admite-se também que o seu protocolo seja feito na própria comarca, seção ou subseção judiciária, por postagem, sob registro, com aviso de recebimento ou por meio de transmissão de dados tipo fac-símile, ou ainda de acordo com outra forma prevista na lei.

Uma vez recebido o agravo de instrumento, poderá o relator decidi-lo monocraticamente nas hipóteses do art. 932, III e IV. Se não for o caso, mandará intimar o agravado e, oportunamente, solicitará prazo para julgamento.

Agravo interno

Contra as decisões proferidas pelo relator será cabível a interposição do agravo interno, nos termos do regimento interno do tribunal.

É vedado ao relator limitar-se à reprodução dos fundamentos da decisão agravada para julgar improcedente o agravo interno.

Se o agravo interno for declarado manifestamente inadmissível ou improcedente em votação unânime, o órgão colegiado, em decisão fundamentada, condenará o agravante a pagar ao agravado multa fixada entre um e cinco por cento do valor atualizado da causa, estando a interposição de outro recurso condicionada ao seu recolhimento, salvo em relação à Fazenda Pública e dos beneficiários da gratuidade da justiça.

Embargos de declaração

Os embargos de declaração possuem natureza mista ou híbrida. Reconhece-se a natureza de recurso, porque é previsto do Código de Processo Civil. Ao mesmo tempo, também é um meio de integração e de correção de omissão e de contradição da decisão proferida.

Cabem embargos de declaração quando: I – esclarecer obscuridade ou eliminar contradição; ii – suprir omissão de ponto ou questão sobre o qual devia se pronunciar o juiz de ofício ou a requerimento; iii– corrigir erro material.

Os embargos de declaração devem ter a petição dirigida ao juízo que proferiu a decisão, que terá competência para o seu julgamento. Podem ser interpostos em face de qualquer pronunciamento jurisdicional (decisões interlocutórias, sentenças e acórdãos).

A interposição dos embargos de declaração interrompe o curso do prazo para a interposição de outros recursos. Essa interrupção alcança todas as partes do processo, e não só o recorrente, muito embora não albergue o prazo para interposição dos embargos declaratórios.

Poderão opor os embargos não só a parte sucumbente, mas também o vencedor da ação e o Ministério Público.

Nos tribunais, o relator apresentará os embargos em mesa na sessão subsequente, proferindo voto, e, não havendo julgamento nessa sessão, será o recurso incluído em pauta automaticamente.

Quando os embargos de declaração forem opostos contra decisão de relator ou outra decisão unipessoal proferida em tribunal, o órgão prolator da decisão embargada decidi-los-á monocraticamente.

O órgão julgador conhecerá dos embargos de declaração como agravo interno se entender ser este o recurso cabível, desde que determine previamente a intimação do recorrente para, no prazo de 5 (cinco) dias, complementar as razões recursais, de modo a ajustá-las às exigências do art. 1.021, § 1º.

Caso o acolhimento dos embargos de declaração implique modificação da decisão embargada, o embargado que já tiver interposto outro recurso contra a decisão originária tem o direito de complementar ou alterar suas razões, nos exatos limites da modificação, no prazo de 15 (quinze) dias, contado da intimação da decisão dos embargos de declaração.

Se os embargos de declaração forem rejeitados ou não alterarem a conclusão do julgamento anterior, o recurso interposto pela outra parte antes da publicação do julgamento dos embargos de declaração será processado e julgado independentemente de ratificação.

Consideram-se incluídos no acórdão os elementos que o embargante suscitou, para fins de pré-questionamento, ainda que os embargos de declaração sejam inadmitidos ou rejeitados, caso o tribunal superior considere existentes erro, omissão, contradição ou obscuridade.

A eficácia da decisão monocrática ou colegiada poderá ser suspensa pelo respectivo juiz ou relator se demonstrada a probabilidade de provimento do recurso ou, sendo relevante a fundamentação, se houver risco de dano grave ou de difícil reparação.

Quando manifestamente protelatórios os embargos de declaração, o juiz ou o tribunal, em decisão fundamentada, condenará o embargante a pagar ao embargado multa não excedente a dois por cento sobre o valor atualizado da causa. Na reiteração de embargos de declaração manifestamente protelatórios, a multa será elevada a até dez por cento sobre o valor atualizado da causa, e a interposição de qualquer recurso ficará condicionada ao depósito prévio do valor da multa, à exceção da Fazenda Pública e do beneficiário de gratuidade da justiça, que a recolherão ao final.

Não serão admitidos novos embargos de declaração se os 2 (dois) anteriores houverem sido considerados protelatórios.

Recursos para o Supremo Tribunal Federal e para o Superior Tribunal de Justiça. Recurso Ordinário Constitucional. Recurso Extraordinário. Recurso Especial. Embargos de Divergência. Noções gerais e hipóteses de cabimento. Julgamento dos recursos repetitivos

Recurso Ordinário

Será cabível o recurso ordinário ao: i) I – pelo Supremo Tribunal Federal, os mandados de segurança, os habeas data e os mandados de injunção decididos em única instância pelos tribunais superiores, quando denegatória a decisão; II – pelo Superior Tribunal de Justiça: a) os mandados de segurança decididos em única instância pelos tribunais regionais federais ou pelos tribunais de justiça dos Estados e do Distrito Federal e Territórios, quando denegatória a decisão; b) os processos em que forem partes, de um lado, Estado estrangeiro ou organismo internacional e, de outro, Município ou pessoa residente ou domiciliada no País.

Nos processos referidos no inciso II, alínea "b", contra as decisões interlocutórias caberá agravo de instrumento dirigido ao Superior Tribunal de Justiça, nas hipóteses do art. 1.015.

Aplica-se também ao recurso ordinário. Por isso, estando o processo em condições de imediato julgamento, o tribunal deve decidir desde logo o mérito quando: i– reforma sentença proferida sem análise de mérito; ii– decretar a nulidade da sentença por não ser ela congruente com os limites do pedido ou da causa de pedir; iii-contestar a omissão no exame de um dos pedidos, hipótese em que poderá julgá-lo; iv-decretar a nulidade de sentença por falta de fundamentação.

Contra sentença proferida pelo Juízo Federal de 1º grau (art. 1.027, II, b): ao invés de ser impugnada por meio do recurso de apelação, será cabível o recurso ordinário, observando-se, em tudo, as regras de admissibilidade e de procedimento da própria apelação, bem como o Regimento Interno do Superior Tribunal de Justiça.

Recurso extraordinário e recurso especial

Natureza

Os recursos extraordinário e especial possuem natureza extraordinária, em sentido amplo, pois diferentemente dos recursos comuns, possuem como finalidade a manutenção da segurança jurídica, resguardando a aplicação da legislação federal e das normas constitucionais.

Finalidade

Conforme já foi dito acima, a finalidade precípua dos recursos extraordinário e especial é a segurança jurídica.

Pressupostos gerais e específicos

Os pressupostos gerais dos recursos extraordinário e especial são os comuns a todos os demais recursos, já delimitados no capítulo específico.

Já os pressupostos específicos do recurso extraordinário são aqueles dispostos no artigo 102, inciso III, alíneas a, b, c e d da Constituição Federal, que dispõe:

> *Art. 102. Compete ao Supremo Tribunal Federal, precipuamente, a guarda da Constituição, cabendo-lhe:*
>
> *III – julgar, mediante recurso extraordinário, as causas decididas em única ou última instância, quando a decisão recorrida:*
>
> *a) contrariar dispositivo desta Constituição;*
>
> *b) declarar a inconstitucionalidade de tratado ou lei federal;*
>
> *c) julgar válida lei ou ato de governo local contestado em face desta Constituição.*
>
> *d) julgar válida lei local contestada em face de lei federal.*

Quanto ao recurso especial, seus pressupostos específicos encontram-se no artigo 105, inciso III, alíneas a, b e c da Carta Magna:

> *Art. 105. Compete ao Superior Tribunal de Justiça:*
>
> *III – julgar, em recurso especial, as causas decididas, em única ou última instância, pelos Tribunais Regionais Federais ou pelos tribunais dos Estados, do Distrito Federal e Territórios, quando a decisão recorrida:*
>
> *a) contrariar tratado ou lei federal, ou negar-lhes vigência;*
>
> *b) julgar válido ato de governo local contestado em face de lei federal;*
>
> *c) der a lei federal interpretação divergente da que lhe haja atribuído outro tribunal.*

Hipóteses de cabimento

O recurso extraordinário e o recurso especial, nos casos previstos na Constituição Federal, serão interpostos perante o presidente ou o vice-presidente do tribunal recorrido, em petições distintas que conterão: I – a exposição do fato e do direito; II – a demonstração do cabimento do recurso interposto; III – as razões do pedido de reforma ou de invalidação da decisão recorrida. Além do mais, após modificação trazida pela EC Nº 125/22, o recorrente deverá demonstrar a relevância das questões de direito federal infraconstitucional apresentadas no caso, a fim de que a admissão do recurso seja examinada pelo Tribunal. A relevância será verificada nas ações penais, ações de improbidade administrativa, ações cujo valor da causa ultrapasse 500 (quinhentos) salários mínimos, naquelas em que seja possível gerar inelegibilidade e hipóteses em que o acórdão recorrido contrariar jurisprudência dominante do STJ, sem o prejuízo de outras previstas em lei.

Quando o recurso fundar-se em dissídio jurisprudencial, o recorrente fará a prova da divergência com a certidão, cópia ou citação do repositório de jurisprudência, oficial ou credenciado, inclusive em mídia eletrônica, em que houver sido publicado o acórdão divergente, ou ainda com a reprodução de julgado disponível na rede mundial de computadores, com indicação da respectiva fonte, devendo-se, em qualquer caso, mencionar as circunstâncias que identifiquem ou assemelhem os casos confrontados.

Quando o recurso estiver fundado em dissídio jurisprudencial, é vedado ao tribunal inadmiti-lo com base em fundamento genérico de que as circunstâncias fáticas são diferentes, sem demonstrar a existência da distinção.

O Supremo Tribunal Federal ou o Superior Tribunal de Justiça poderão desconsiderar vício formal de recurso tempestivo ou determinar sua correção, desde que não o repute grave.

Concessão de efeito suspensivo

O pedido de concessão de efeito suspensivo a recurso extraordinário ou a recurso especial poderá ser formulado por requerimento dirigido: I – ao tribunal superior respectivo, no período compreendido entre a publicação da decisão de admissão do recurso e sua distribuição, ficando o relator designado para seu exame prevento para julgá-lo; II – ao relator, se já distribuído o recurso; III – ao presidente ou vice-presidente do tribunal recorrido, no período compreendido entre a interposição do recurso e a publicação da decisão de admissão do recurso, bem como no caso de recurso sobrestado para aguardar julgamento de paradigma.

Juízo de admissibilidade

O juízo de admissibilidade será desdobrado, diferentemente do que ocorre em relação à apelação.

Interposição conjunta do recurso extraordinário e do recurso especial

Na hipótese de interposição conjunta de recurso extraordinário e recurso especial, os autos serão remetidos ao Superior Tribunal de Justiça.

Concluído o julgamento do recurso especial, os autos serão remetidos ao Supremo Tribunal Federal para apreciação do recurso extraordinário, se este não estiver prejudicado.

Se o relator do recurso especial considerar prejudicial o recurso extraordinário, em decisão irrecorrível, sobrestará o julgamento e remeterá os autos ao Supremo Tribunal Federal. Se o relator do recurso extraordinário, em decisão irrecorrível, rejeitar a prejudicialidade, devolverá os autos ao Superior Tribunal de Justiça para o julgamento do recurso especial.

Questão constitucional constatada pelo Superior Tribunal de Justiça

Se o relator, no Superior Tribunal de Justiça, entender que o recurso especial versa sobre questão constitucional, deverá conceder prazo de 15 (quinze) dias para que o recorrente demonstre a existência de repercussão geral e se manifeste sobre a questão constitucional.

Ofensa reflexa à Constituição

Se o Supremo Tribunal Federal considerar como reflexa a ofensa à Constituição afirmada no recurso extraordinário, por pressupor a revisão da interpretação de lei federal ou de tratado, remetê-lo-á ao Superior Tribunal de Justiça para julgamento como recurso especial.

Efeito devolutivo no recurso extraordinário ou no especial

Admitido o recurso extraordinário ou o recurso especial, o Supremo Tribunal Federal ou o Superior Tribunal de Justiça julgará o processo, aplicando o direito.

Multiplicidade de recursos extraordinários ou especiais

Sempre que houver multiplicidade de recursos extraordinários ou especiais com fundamento em idêntica questão de direito, haverá afetação para julgamento de acordo com as disposições desta Subseção, observado o disposto no Regimento Interno do Supremo Tribunal Federal e no do Superior Tribunal de Justiça.

A escolha dos recursos representativos da controvérsia

O presidente ou o vice-presidente de tribunal de justiça ou de tribunal regional federal selecionará 2 (dois) ou mais recursos representativos da controvérsia, que serão encaminhados ao Supremo Tribunal Federal ou ao Superior Tribunal de Justiça para fins de afetação, determinando a suspensão do trâmite de todos os processos pendentes, individuais ou coletivos, que tramitem no Estado ou na região, conforme o caso.

Decisão de afetação

Selecionados os recursos, o relator, no tribunal superior, constatando a presença do pressuposto do caput do art. 1.036, proferirá decisão de afetação, na qual: I – identificará com precisão a questão a ser submetida a julgamento; II – determinará a suspensão do processamento de todos os processos pendentes, individuais ou coletivos, que versem sobre a questão e tramitem no território nacional; III – poderá requisitar aos presidentes ou aos vice-presidentes dos tribunais de justiça ou dos tribunais regionais federais a remessa de um recurso representativo da controvérsia.

Requerimento de destravamento – caso distinto

Demonstrando distinção entre a questão a ser decidida no processo e aquela a ser julgada no recurso especial ou extraordinário afetado, a parte poderá requerer o prosseguimento do seu processo. O requerimento será dirigido: I – ao juiz, se o processo sobrestado estiver em primeiro grau; II – ao relator, se o processo sobrestado estiver no tribunal de origem; III – ao relator do acórdão recorrido, se for sobrestado recurso especial ou recurso extraordinário no tribunal de origem; IV – ao relator, no tribunal superior, de recurso especial ou de recurso extraordinário cujo processamento houver sido sobrestado.

Extensão da decisão proferida nos recursos afetados

Decididos os recursos afetados, os órgãos colegiados declararão prejudicados os demais recursos versando sobre idêntica controvérsia ou os decidirão aplicando a tese firmada. Negada a existência de repercussão geral no recurso extraordinário afetado, serão considerados automaticamente inadmitidos os recursos extraordinários cujo processamento tenha sido sobrestado.

Agravo em recurso especial e em recurso extraordinário

Cabe agravo contra decisão do presidente ou do vice-presidente do tribunal recorrido que inadmitir recurso extraordinário ou recurso especial, salvo quando fundada na aplicação de entendimento firmado em regime de repercussão geral ou em julgamento de recursos repetitivos.

Repercussão geral

A Emenda Constitucional n. 45/2004, entre outras importantes alterações, inseriu o requisito da repercussão geral para a admissibilidade do recurso extraordinário, de modo a preservar a função da Corte Suprema como garantidora da unidade do direito. No mesmo sentido, o CPC 2015 indicou que o STF não conhecerá, em decisão irrecorrível, de recurso extraordinário quando a questão constitucional nele versada não tiver repercussão geral (art. 1.035, caput).

Como corolário da repercussão geral, exige-se que a questão reflita conteúdo relevante do ponto de vista econômico, político, social ou jurídico que ultrapasse os interesses subjetivos das partes do processo (art. 1.035, § 1º do CPC).

Diante desses dados, reconhece-se relevância e transcendência aos julgados proferidos pelo STF em controle difuso, motivo pelo qual emite a Corte precedentes constitucionais de eficácia vinculante.[14]

Relevância das Questões de Direito Federal Infraconstitucional

No recurso especial, o recorrente deve demonstrar a relevância das questões de direito federal infraconstitucional discutidas no caso, nos termos da lei, a fim de que a admissão do recurso seja examinada pelo Tribunal, o qual somente pode dele não conhecer com base nesse motivo pela manifestação de 2/3 (dois terços) dos membros do órgão competente para o julgamento.

Haverá a relevância nos seguintes casos:

I – ações penais;

II – ações de improbidade administrativa;

III – ações cujo valor da causa ultrapasse 500 salários mínimos;

IV – ações que possam gerar inelegibilidade;

V – hipóteses em que o acórdão recorrido contrariar jurisprudência dominante do Superior Tribunal de Justiça.

VI – outras hipóteses previstas em lei.

Embora o art. 2º, da EC 125, preveja que a relevância será exigida nos recursos especiais interpostos após o início de sua vigência, o Pleno do STJ aprovou o Enunciado Administrativo nº 8, cuja redação é a seguinte: "A indicação, no recurso especial, dos fundamentos de relevância da questão de direito federal infraconstitucional somente será exigida em recursos interpostos contra acórdãos publicados após a data de entrada em vigor da lei regulamentadora prevista no artigo 105, parágrafo 2º, da Constituição Federal" [grifo nosso].

Recurso de embargos de divergência

O recurso de embargos de divergência tem a finalidade de buscar a uniformização de entendimento nos tribunais superiores. Assim, poderão ser interpostos contra acórdão de órgão fracionário do STF ou do STJ que: i) em recurso extraordinário ou em recurso especial, divergir do julgamento de qualquer outro órgão do mesmo tribunal, sendo os acórdãos embargado e paradigma, de mérito; ii) em recurso extraordinário ou em recurso especial divergir do julgamento de qualquer outro órgão do mesmo tribunal, sendo um acórdão de mérito e outro que não tenha conhecido do recurso, embora tenha apreciado a controvérsia.

A divergência que justifica a interposição dos embargos de divergência pode ser de direito material e de direito processual.

Ainda que proveniente da mesma turma, serão cabíveis os embargos de divergência quando a sua composição tiver sofrido alteração em mais da metade de seus membros.

Interrupção de prazo para o recurso extraordinário

A interposição de embargos de divergência no Superior Tribunal de Justiça interrompe o prazo para interposição de recurso extraordinário por qualquer das partes.

Se os embargos de divergência forem desprovidos ou não alterarem a conclusão do julgamento anterior, o recurso extraordinário interposto pela outra parte antes da publicação do julgamento dos embargos de divergência será processado e julgado independentemente de ratificação.

16. AÇÕES CONSTITUCIONAIS

Mandado de Segurança (Lei n. 12.016/2009)

O mandado de segurança é um remédio constitucional, por meio do qual o impetrante buscará proteger direito líquido e certo, não amparado por habeas corpus ou habeas data, sempre que, ilegalmente ou com abuso de poder, qualquer pessoa física ou jurídica sofrer violação ou houver justo receio de sofrê-lo por parte de autoridade, seja de que categoria for e sejam quais forem as funções que exerça.

O mandado de segurança também poderá ser espécie de ação coletiva para a tutela de determinados interesses.

Nesse sentido, assegura-se a possibilidade de ajuizamento do mandado de segurança coletivo por partido político com representação no Congresso Nacional ou por organização sindical, entidade de classe ou associação legalmente constituída e em funcionamento há pelo menos um ano, em defesa dos interesses de seus membros ou associados (art. 5º, LXX, da Constituição Federal).

Importante: houve o julgamento da **ADIN 4926**, que analisou a constitucionalidade de vários dispositivos da Lei nº 12.016/2009.

14 MARINONI, Luiz Guilherme. *Precedentes obrigatórios. Op. Cit.*, p. 307.

Reconhecida a inconstitucionalidade	Reconhecida a constitucionalidade.
Art. 7º, § 2º. Desse modo, entendeu-se inconstitucional a vedação da concessão de medida liminar que tenha por objeto a compensação de créditos tributários, a entrega de mercadorias e bens provenientes do exterior, a reclassificação ou equiparação de servidores públicos e a concessão de aumento ou a extensão de vantagens ou pagamento de qualquer natureza. Art. 22, §2º – reconheceu-se a inconstituicionalidade da exigência de contraditório prévio par a concessão de liminar.	Não cabimento de mandado de segurança contra os atos de gestão comercial praticados pelos administradores de empresas públicas, de sociedade de economia mista e de concessionárias de serviço público; Admissibilidade do juiz exigir do impetrante caução, fiança ou depósito, com o objetivo de assegurar o ressarcimento à pessoa jurídica, no caso de deferimento de tutela provisória; Reconheceu-se a constitucionalidade do prazo decadencial de 120 dias para o ajuizamento do mandado de segurança; Reconheceu-se a constitucionalidade da inviabilidade de condenação ao pagamento dos honorários advocatícios, sem prejuízo da aplicação de sanções no caso de litigância de má-fé.

Habeas data

O habeas data foi previsto na Constituição Federal como um remédio constitucional destinado a (i) assegurar o conhecimento de informações relativas à pessoa do impetrante, constantes de registros ou bancos de dados de entidades governamentais ou de caráter público, ou, então (ii) para a retificação de dados, quando não se prefira fazê-lo por processo sigiloso, judicial ou administrativo.

Processo Coletivo

A partir do conjunto normativo em vigência, reconhece-se a existência de um "subsistema específico, rico e sofisticado, aparelhado para atender aos conflitos coletivos, característicos da sociedade moderna"[15], denominado de **Direito Processual Coletivo**, dividido em *especial* e *comum*[16], interessando, neste momento, o segundo.

Assim, o **processo coletivo comum engloba a ação civil pública, a ação popular, o mandado de injunção, o mandado de segurança coletivo, o dissídio coletivo, a impugnação de mandato eletivo e a ação direta interventiva.** Esse direito processual coletivo é regido por princípios próprios de um novo sub-ramo da processualística.[17]Em comuns a todas essas ações, tem-se a **legitimidade coletiva** e o **regime da coisa julgada.**

Nos termos do art. 81, parágrafo único, I, do Código de Defesa do Consumidor, direitos ou interesses difusos são aqueles "transindividuais, de natureza indivisível, de que sejam titulares pessoas indeterminadas e ligadas por circunstâncias de fato". Compreendem grupos menos determinados de pessoas, sendo que entre elas não existe vínculo jurídico preciso.[18] O objeto desses interesses é indivisível, de modo que não é possível ser dividido entre os membros da coletividade.[19]

Sobre a relação entre tais interesses, Hugo Nigro Mazzilli apresenta didático quadro para compreensão:[20]

Interesses	Grupo	Objeto	Origem
Difusos	Indeterminável	Indivisível	Situação de fato
Coletivos	Determinável	Indivisível	Relação jurídica
Ind. Homog.	Determinável	Divisível	Origem comum

15. ZAVASCKI, Teori Albino. Op. cit., p. 36.
16. MANCUSO, Rodolfo de Camargo. *Jurisdição Coletiva e Coisa Julgada. Teoria Geral das Ações coletivas.* 2 ed. São Paulo: Revista dos Tribunais, 2007, p. 72-73.
17. Idem, ibidem, p.72-73.
18. MAZZILLI, Hugo Nigro. *A Defesa dos Interesses Difusos em Juízo.* São Paulo: Saraiva, 2006, p. 50-51.
19. Idem, ibidem, p. 52.
20. MAZZILLI, Hugo Nigro. Op. cit., p. 58.

Como foi demonstrado acima, os direitos podem ser coletivos por natureza e, por isso, são denominados de essencialmente coletivos. Correspondem aos direitos difusos e coletivos em sentido estrito.

De outro lado, existem os direitos que não são propriamente coletivos, mas que podem ser tutelados pela ação coletiva, conforme autorizado pela lei. Tem-se, nessa hipótese, a tutela coletiva de direitos.

Tutela de direitos coletivos # Tutela coletiva de direitos

Direitos essencialmente coletivos Direitos acidentalmente coletivos

Há duas características marcantes das ações coletivas, que as distinguem em relação às ações individuais: a **legitimidade** e o **regime jurídico da coisa julgada**.

Em relação à legitimação, destaca-se a existência de modelos distintos: o primeiro, utilizado para a ação popular, que poderá ser ajuizada por qualquer cidadão; e, também, o modelo segundo o qual determinado entes são escolhidos para substituir a coletividade, tal como ocorre na ação civil pública.

(i) Ação popular:

A legitimação para a propositura da ação popular é constante da Constituição Federal (art. 5º, LXXIII) e nos arts. 1º e 4º, da Lei 4.717/65. Portanto, somente o ***brasileiro*** (nato ou naturalizado), que ostente a condição de ***eleitor***, poderá ajuizá-la.

O autor popular agirá como substituto processual da coletividade e, por isso, se acaso abandonar a causa, poderá o polo ativo ser ocupado por outro legitimado. Supletivamente, poderá o Ministério Público assumir o polo ativo, se nenhum outro legitimado o fizer.[21] Exclui-se a possibilidade de ser ajuizada por pessoa jurídica (súmula 365, STF). Somente poderá ser ajuizada por aquele que se encontre no exercício pleno do direito político de eleger os representantes do povo.

O Superior Tribunal de Justiça também admite que a ação popular seja ajuizada pelo **Ministério Público**, legitimando-o a toda e qualquer demanda que vise à defesa dos interesses difusos e coletivos, sob ângulo material ou imaterial.[22]

(ii) Ação civil pública:

A legitimação para a defesa dos interesses metaindividuais de crianças e adolescentes decorre da integração da Lei da Ação Civil Pública, do Código de Defesa do Consumidor, do Estatuto da Criança e do Adolescente, entre outras leis.

Nesse sentido, possuem legitimação para a propositura da ação civil pública: I – o Ministério Público; II – a Defensoria Pública; III – a União, os Estados, o Distrito Federal e os Municípios; IV – a autarquia, empresa pública, fundação ou sociedade de economia mista; V – a associação que, concomitantemente: a) esteja constituída há pelo menos um ano e, b) inclua entre suas finalidades institucionais a proteção ao meio ambiente, ao consumir, à ordem econômica, à livre concorrência ou ao patrimônio artístico, estético, histórico, turístico e paisagístico.

O Ministério Público tem missão especial em relação à ação civil pública, competindo-lhe a tutela dos interesses difusos, coletivos e individuais homogêneos, além de direitos individuais indisponíveis.

Ainda em caso de desistência infundada ou abandono da ação por associação legitimada, o MP ou outro legitimado assumirá a titularidade ativa. No REsp 1.372.593, também se estendeu esta possibilidade aos casos em que for verificado vício na representação processual da associação autora.

A Defensoria Pública é indicada na Constituição Federal como instituição essencial à função jurisdicional do Estado, cabendo-lhe a orientação jurídica e a defesa, em todos os graus, dos necessitados, na forma do seu art. 5º, LXXIV. A expressão "necessitados" não está adstrita ao plano econômico, abrangendo, também, os necessitados do ponto de vista organizacional, que são os socialmente vulneráveis.[23]

A legitimação das associações para a defesa de interesses metaindividuais deve ser entendida no contexto como "participação popular na boa gestão da coisa pública, sob a égide da democracia participativa, incentivada pela Constituição Federal (art. 1º, parágrafo único), como se dá com a defesa do meio ambiente (art. 225, *caput*) e do patrimônio cultural (art. 216 e § 1º)".[24]

O Código de Defesa do Consumidor disciplinou a coisa julgada nas ações coletivas, relacionando-a ao interesse tutelado, o que pode ser resumido no seguinte quadro:

---

21. REsp 638.011/RJ, Rel. Ministro LUIZ FUX, PRIMEIRA TURMA, julgado em 25/04/2006, DJ 18/05/2006, p. 182.
22. AgRg no AREsp 746.846/RJ, Rel. Ministro HERMAN BENJAMIN, SEGUNDA TURMA, julgado em 15/12/2015, DJe 05/02/2016.
23. Disponível em http://www.anadep.org.br/wtksite/cms/conteudo/4820/Documento10.pdf.
24. MANCUSO, Rodolfo de Camargo. *Ação Civil Pública – Em defesa do meio ambiente, do patrimônio cultural e dos consumidores.* 10ª ed. São Paulo: RT, 2006, p. 138-139.

Interesse	Coisa julgada
Difuso	*Erga omnes*, salvo se a improcedência decorrer da falta de provas.
Coletivo	*Ultra partes*, limitada ao grupo, categoria ou classe de lesados, salvo se a improcedência se der por falta de provas.
Individuais homogêneos	*Erga omnes* em caso de procedência, beneficiando vítimas e sucessores.

Como é possível observar do quadro, identifica-se também a coisa julgada segundo o resultado o processo, destacando-se a técnica da coisa julgada *secundum eventum litis*.

Desse modo, **no caso de sentença de procedência**, todos os lesados são beneficiados, salvo se se tratar de interesses coletivos em sentido estrito, quando o aproveitamento estará restrito ao grupo, categoria ou classe de pessoas atingidas.

De outro lado, **na sentença de improcedência**, deve-se verificar se houve ou não o esgotamento das provas, quando então será utilizada a técnica da *coisa julgada secundum eventum probationis*.

Por falta de provas	Outros legitimados poderão propor a ação civil pública, desde que fundada em nova prova.
Por outro motivo	Outros legitimados não poderão propor a ação civil pública, ainda que fundada em nova prova.

Julgado importantíssimo, futuro Procurador do Trabalho, tratou dos limites territoriais da coisa julgada impostos pelo art. 16, da Lei nº 7.347/1985, de acordo com a redação dada pela Lei nº 9.494/1997. De acordo com o dispositivo: "Art. 16. A sentença civil fará coisa julgada erga omnes, ***nos limites da competência territorial do órgão prolator***, exceto se o pedido for julgado improcedente por insuficiência de provas, hipótese em que qualquer legitimado poderá intentar outra ação com idêntico fundamento, valendo-se de nova prova".

Como é possível verificar, a redação atual do dispositivo restringiu a coisa julgada aos limites da competência territorial do órgão prolator, o que provocava prejuízo à eficiência da tutela coletiva, exigindo-se o ajuizamento de diversas ações coletivas.

Ao analisar a questão, **o STF fixou tese no Tema 1.079, Repercussão Geral**, registrando que:

> *"I – É inconstitucional a redação do art. 16 da Lei 7.347/1985, alterada pela Lei 9.494/1997, sendo repristinada sua redação original. II – Em se tratando de ação civil pública de efeitos nacionais ou regionais, a competência deve observar o art. 93, II, da Lei 8.078/1990 (Código de Defesa do Consumidor). III – Ajuizadas múltiplas ações civis públicas de âmbito nacional ou regional e fixada a competência nos termos do item II, firma-se a prevenção do juízo que primeiro conheceu de uma delas, para o julgamento de todas as demandas conexas".*

Portanto, diante do entendimento do STF, **não mais se aplica a limitação territorial**, devendo ser observada a redação anterior do dispositivo, repristinado por ordem do Tribunal Superior: "Art. 16. A sentença civil fará coisa julgada erga omnes, exceto se o pedido for julgado improcedente por insuficiência de provas, hipótese em que qualquer legitimado poderá intentar outra ação com idêntico fundamento, valendo-se de nova prova"

(iii) Mandado de segurança coletivo:

Assegura-se a possibilidade de ajuizamento do mandado de segurança coletivo por partido político com representação no Congresso Nacional ou por organização sindical, entidade de classe ou associação legalmente constituída e em funcionamento há pelo menos um ano, em defesa dos interesses de seus membros ou associados (art. 5º, LXX, da Constituição Federal).

O Superior Tribunal de Justiça também admite a legitimação ativa do Ministério Público para ao ajuizamento de mandado de segurança coletivo, defendendo-se que o Parquet pode valer-se da ação necessária para a defesa de interesses metaindividuais.

Direito Processual do Trabalho

Felipe Bernardes

TABELA DE INCIDÊNCIA DE QUESTÕES

Distribuição das questões organizada por ordem didática de assuntos		
Assunto	**Número de Questões**	**peso**
1. REPRESENTAÇÃO	5	1,37%
2. BEM DE FAMÍLIA	1	0,27%
3. MANDADO DE SEGURANÇA	3	0,82%
4. LEGITIMIDADE PROCESSUAL	1	0,27%
5. PROCEDIMENTO SUMARÍSSIMO	19	5,22%
6. CUSTAS, EMOLUMENTOS E GRATUIDADE DE JUSTIÇA	20	5,49%
7. RECURSO ORDINÁRIO	6	1,65%
8. PENHORA	7	1,92%
9. PRINCÍPIOS	10	2,75%
10. INQUÉRITO PARA APURAÇÃO DE FALTA GRAVE	2	0,55%
11. TESTEMUNHA	6	1,65%
12. NULIDADES	7	1,92%
13. PROVAS	21	5,77%
14. PREPOSTO	3	0,82%
15. PRAZOS	10	2,75%
16. COMPETÊNCIA E ORGANIZAÇÃO DA JT	53	14,56%
17. AÇÃO RESCISÓRIA	6	1,65%
18. RECURSO DE REVISTA	5	1,37%
19. EXECUÇÃO E LIQUIDAÇÃO	26	7,14%
20. JUS POSTULANDI	10	2,75%
21. SENTENÇA E COISA JULGADA	5	1,37%
22. RECURSOS	41	11,26%

23. REVELIA E CONFISSÃO	3	0,82%
24. ESTATUTO DO MINISTÉRIO PÚBLICO DA UNIÃO – LEI COMPLEMENTAR 75/93	6	1,65%
25. INFORMATIZAÇÃO DO PROCESSO JUDICIAL – LEI 11 419/06	9	2,47%
26. ATO E TERMO PROCESSUAL	8	2,20%
27. SERVIÇOS AUXILIARES DA JT	1	0,27%
28. RECLAMAÇÃO TRABALHISTA	5	1,37%
29. HONORÁRIOS ADVOCATÍCIOS NA JT	4	1,10%
30. PROCEDIMENTOS ESPECIAIS	2	0,55%
31. TEMAS DIVERSOS	20	5,49%
32. AUDIÊNCIAS	26	7,14%
33. DISSÍDIO COLETIVO	2	0,55%
34. DEFESA E EXCEÇÕES NA JT	3	0,82%
35. LITIGÂNCIA DE MÁ-FÉ	2	0,55%
36. HOMOLOGAÇÃO DE ACORDO EXTRAJUDICIAL	4	1,10%
37. INCIDENTE DE DESCONSIDERAÇÃO DA PERSONALIDADE JURÍDICA	2	0,55%
Total	**364**	**100%**

Direito Processual do Trabalho

Felipe Bernardes

✦ QUESTÕES

1. REPRESENTAÇÃO

- Súmula nº 383, I, do TST
- Art. 843, *caput*, da CLT
- Súmula nº 395, I e IV, do TST

01. (FUMARC – Técnico Judiciário – TRT 3/2022) Sobre representação no processo do trabalho, NÃO é correto afirmar:

a) Ainda que ausente o reclamado, presente o advogado na audiência, serão aceitos a contestação e os documentos eventualmente apresentados.

b) Atos processuais ilícitos são os atos que possam causar danos à parte contrária ou ao andamento processual. Assim, mesmo sem ser nulo, o ato lesivo pode ser antijurídico.

c) É facultado ao empregador fazer-se substituir pelo gerente, ou qualquer outro preposto que tenha conhecimento do fato, e cujas declarações obrigarão o proponente.

d) Na audiência de julgamento, deverão estar presentes o reclamante e o reclamado, independentemente do comparecimento de seus representantes.

e) O preposto da empresa deverá ser empregado ou sócio, salvo nos casos de micro e pequenas empresas.

COMENTÁRIOS

✪ **Nota do autor:** a questão requer conhecimento do texto da CLT sobre o tema da representação processual.

Letra a: correto, conforme art. 844, §5º, da CLT.

Letra b: correto, pois é possível que o ato seja validamente praticado pela parte, mas ainda assim gerar danos ao adversário. por exemplo, na hipótese de litigância de má-fé em que a parte distorce a verdade dos fatos, o ato não é nulo, mas é ilícito e gera prejuízo ao adversário.

Letra C: correto, conforme art. 843, §1º, da CLT.

Letra D: correto, conforme art. 843, caput, da CLT.

Letra E: Errado, já que, conforme art. 844, §3º, da CLT, o preposto não precisa ser empregado da parte reclamada.

Gabarito: letra E.

02. (Cespe – Técnico Judiciário – Área Administrativa – TRT 8/2016) Acerca de partes, proteção do trabalho do menor, procuradores, representação processual e assistência judiciária no processo do trabalho, assinale a opção correta.

a) Aos dezesseis anos de idade, o menor não assistido por seus pais pode firmar contrato de trabalho, receber salário e dar quitação ao empregador na rescisão do contrato de trabalho.

b) Para regular representação da União em juízo, o advogado da União precisa juntar instrumento de mandato.

c) É vedado aos juízes do trabalho conceder, de ofício, o benefício da justiça gratuita àqueles que percebem salário inferior ao dobro do mínimo legal.

d) A capacidade postulatória diz respeito à possibilidade de a pessoa se apresentar em juízo como autor e réu, ocupando um dos polos do processo.

e) No processo do trabalho, é facultado à parte se fazer representar em juízo; o empregador pode se fazer representar por preposto, tanto no dissídio individual quanto no coletivo.

COMENTÁRIOS

✪ **Nota do Autor:** a questão versa sobre a capacidade de ser parte, a capacidade de estar em juízo ou capacidade processual e a capacidade postulatória.

Gabarito: letra E.

Para que o processo seja válido, não basta que se façam presentes as partes senão que elas também sejam capazes de estar em juízo, independentemente de assistência ou representação. A capacidade processual é um pressuposto processual subjetivo de validade do processo. Preposto é o representante do empregador na audiência trabalhista. Caso o empregador, sócio ou administrador da empresa não possa – ou não queira – comparecer pessoalmente, pode utilizar-se da figura do preposto, o que dá margem a uma espécie de representação voluntária do empregador. A autorização para representação processual do empregador pelo preposto em dissídios individuais está no art. 843, §1º da CLT, enquanto, para dissídios coletivos está no art. 861 c/c 791 §2º CLT.

Letra A: É lícito ao menor não assistido por seus pais firmar contrato de trabalho, dar recibo pelo pagamento dos salários, todavia, tratando-se de rescisão do contrato de trabalho, é vedado ao menor de 18 (dezoito) anos dar, sem assistência dos seus responsáveis legais, quitação ao empregador pelo recebimento da indenização que lhe for devida (CLT, art. 439)

Letra B: Não há necessidade de apresentação pelo advogado da União de instrumento de mandato, conforme OJ 52 da SBDI-I TST:

> *MANDATO. PROCURADOR DA UNIÃO, ESTADOS, MUNICÍPIOS E DISTRITO FEDERAL, SUAS AUTARQUIAS E FUNDAÇÕES PÚBLICAS. DISPENSÁVEL A JUNTADA DE PROCURAÇÃO. (LEI Nº 9.469, de 10 DE JULHO DE 1997) (cancelada em decorrência da conversão na Súmula nº 436) – Res. 186/2012, DEJT divulgado em 25, 26 e 27.09.2012*
>
> *A União, Estados, Municípios e Distrito Federal, suas autarquias e fundações públicas quando representadas em juízo, ativa e passivamente, por seus procuradores, estão dispensadas da juntada de instrumento de mandato.*

Letra C: a assertiva exige o conhecimento do art. 790, § 3º da CLT, cujo texto, foi modificado pela Lei 13.467/2017. A antiga redação previa ser uma faculdade dos juízes do trabalho conceder, de ofício ou a requerimento, o benefício da justiça gratuita àqueles que percebessem salário igual ou inferior ao dobro do mínimo legal, ou declararem, sob as penas da lei, que não estão em condições de pagar as custas do processo sem prejuízo do sustento próprio ou de sua família. A nova redação altera os requisitos para concessão do benefício e fixa como critério objetivo a percepção de salário igual ou inferior a 40% (quarenta por cento) do limite máximo dos benefícios do Regime Geral de Previdência Social, sem alterar, contudo, a possibilidade de concessão de ofício pelo juiz do trabalho.

Letra D: a assertiva conceitua a capacidade de ser parte como sendo a capacidade postulatória. Partes são aqueles que pedem ou em face de quem se pede a tutela jurisdicional (capacidade de ser parte). A capacidade postulatória é a habilitação legal para dirigir requerimentos e pedidos a um órgão jurisdicional.

---

03. (FCC – Técnico Judiciário – Área Administrativa – TRT 9/2015) No tocante as partes e os procuradores, considere:

I. A reclamação trabalhista do menor de 18 anos será feita por seus representantes legais e, na falta destes, pela Procuradoria da Justiça do Trabalho, pelo sindicato, pelo Ministério Público estadual ou curador nomeado em juízo.

II. Nos dissídios coletivos é facultada aos interessados a assistência por advogado.

III. A constituição de procurador com poderes para o foro em geral não poderá ser efetivada, mediante simples registro em ata de audiência, havendo expressa vedação legal neste sentido.

De acordo com as normas previstas na Consolidação das Leis do Trabalho, está correto o que se afirma APENAS em

a) i.

b) i e iii.

c) ii e iii.

d) i e ii.

e) ii.

COMENTÁRIOS

✪ **Nota do Autor:** a questão versa sobre a capacidade de estar em juízo ou capacidade processual e a capacidade postulatória. Exige o conhecimento dos artigos 791 e 793 da CLT.

Item I: Trata-se da transcrição do art. 793 da CLT.

Item II: Trata-se da transcrição do art. 791, §2º da CLT.

Item III: Há previsão expressa na CLT de que a constituição de procurador com poderes para o foro em geral poderá ser efetivada, mediante simples registro em ata de audiência, a requerimento verbal do advogado interessado, com anuência da parte representada. (CLT, art. 791 §3º).

Gabarito: Letra D.

04. (FCC – Analista Judiciário – Área Judiciária – Oficial de Justiça Avaliador – TRT 14/2016) Sobre as partes e procuradores, o *jus postulandi* e a representação processual, conforme norma legal e entendimento sumulado do Tribunal Superior do Trabalho,

a) o *jus postulandi* somente pode ser exercido pelo empregador, visto que o trabalhador é parte hipossuficiente e necessita de assistência profissional de advogado particular ou do sindicato.

b) se o trabalhador utilizar o *jus postulandi* para a propositura da ação, sendo sucumbente na decisão de primeiro grau, deverá contratar advogado para interpor recurso ao Tribunal.

c) a Constituição Federal aboliu o instituto do *jus postulandi* revogando expressamente dispositivo previsto na Consolidação das Leis do Trabalho sobre o tema.

d) nos dissídios coletivos é obrigatória aos interessados a assistência por advogado, não podendo ser utilizado o *jus postulandi*, que é restrito aos dissídios individuais até a prolação de sentença.

e) a reclamação trabalhista do menor de 18 anos será feita por seus representantes legais e, na falta destes, pelo Ministério Público do Trabalho, pelo sindicato, pelo Ministério Público Estadual ou curador nomeado pelo Juízo.

COMENTÁRIOS

✪ **Nota do Autor:** a questão versa sobre a capacidade postulatória. A capacidade postulatória é a habilitação legal para dirigir requerimentos e pedidos a um órgão jurisdicional. Tanto os empregados quanto os empregadores poderão reclamar pessoalmente perante a Justiça do Trabalho e acompanhar as suas reclamações até o final. A assistência por advogado nos dissídios individuais e coletivos constitui uma faculdade. O *jus postulandi* das partes, estabelecido no art. 791 da CLT, limita-se às Varas do Trabalho e aos Tribunais Regionais do Trabalho, não alcançando a ação rescisória, a ação cautelar, o mandado de segurança e os recursos de competência do Tribunal Superior do Trabalho (TST, Súmula 425).

Gabarito: letra E. Reproduz o teor do art. 793 da CLT.

Letra A, B e D: Ver comentários da nota do autor.

Letra C: a Constituição prevê em seu art. 133 que o advogado é indispensável à administração da justiça. No Processo Civil, qualquer ato postulatório – salvo nos juizados especiais – somente pode ser praticado por profissional da advocacia devidamente habilitado e inscrito na Ordem dos Advogados do Brasil. No Processo do Trabalho, todavia, a regra geral é a desnecessidade da capacidade postulatória, pois o art. 791 da CLT prevê que empregados e empregadores podem litigar pessoalmente – ou seja, sem o patrocínio de advogado – na Justiça do Trabalho. O STF ao ser questionado sobre a recepção do referido dispositivo legal em decorrência da indispensabilidade do advogado à administração da justiça o reconheceu constitucional (ADI 1127 MC, Relator(a) Min. PAULO BROSSARD, Tribunal Pleno, julgado em 06/10/1994, DJ 29-06-2001 PP-00032 EMENT VOL-0207-02 PP-00265). A concretização do art. 133 da CF/88 ocorre pelo quinto constitucional e não pela revogação do *jus postulandi*.

05. (FCC – Técnico Judiciário – Área Administrativa – TRT 24/2017) Quanto às partes e procuradores que figuram no Processo do Trabalho, a Consolidação das Leis do Trabalho estabelece:

a) A constituição de procurador com poderes para o foro em geral poderá ser efetivada, mediante simples registro em ata de audiência, a requerimento verbal do advogado interessado, com anuência da parte representada.

b) Nos dissídios coletivos, é obrigatória aos interessados a assistência por advogado.

c) No processo do trabalho não é admitida a acumulação de várias reclamações em um mesmo processo, ainda que haja identidade de matéria e se tratem de empregados da mesma empresa ou estabelecimento.

d) Os empregadores não poderão reclamar pessoalmente perante a Justiça do Trabalho e acompanhar as suas reclamações até o final.

e) A reclamação trabalhista do menor de 21 anos será feita por seus representantes legais e, na falta destes, apenas pelo sindicato ou curador nomeado em juízo.

COMENTÁRIOS

✪ **Nota do Autor:** a questão versa sobre a capacidade postulatória e cumulação objetiva de pedidos. A capacidade postulatória é a habilitação legal para dirigir requerimentos e pedidos a um órgão jurisdicional. Tanto os empregados quanto os empregadores poderão reclamar pessoalmente perante a Justiça do Trabalho e acompanhar as suas reclamações até o final. A assistência por advogado nos dissídios individuais e coletivos constitui uma faculdade.

Gabarito: letra A. Reprodução do art. 791 §3º da CLT.

Letra B: nos dissídios coletivos é facultada aos interessados a assistência por advogado (CLT, art. 791, §2º).

Letra C: sendo várias as reclamações e havendo identidade de matéria, poderão ser acumuladas num só processo, se se tratar de empregas dos da mesma empresa ou estabelecimento. (CLT, 842). A ação se identifica pela presença de partes, causa de pedir e pedido. Sempre que houver pluralidade de algum ou alguns desses elementos, estar-se-á diante de processo cumulativo. A cumulação de ações pode ser subjetiva ou objetiva.

Letra D: o art. 791 da CLT dispõe expressamente em sentido contrário, permitindo que os empregados e empregadores possam reclamar pessoalmente perante a Justiça do Trabalho e acompanhar as suas reclamações até o final.

Letra E: a reclamação trabalhista do menor de 18 anos será feita por seus representantes legais e, na falta destes, pelo Ministério Público da Justiça do Trabalho, pelo sindicato, pelo Ministério Público estadual ou curador nomeado em juízo. (CLT, art. 793).

2. BEM DE FAMÍLIA

- Art. 3º, Lei 8.009/90

---

06. (FCC – Técnico Judiciário – Área Administrativa – TRT 11/2017) Considere os seguintes créditos:

I. Crédito trabalhista decorrente de reclamação trabalhista ajuizada por empregado doméstico relativo ao trabalho exercido para a família empregadora.

II. Crédito trabalhista decorrente de reclamação trabalhista ajuizada pelo Rito Sumaríssimo em face da empresa AA Ltda.

III. Crédito relativo a contribuição previdenciária decorrente de empregado doméstico.

De acordo com a Lei nº 8.009/1990, a impenhorabilidade do bem de família é oponível em processo de execução relativo ao crédito indicado em

a) I, II e III.

b) I e II, apenas.

c) II e III, apenas.

d) I, apenas.

e) III, apenas.

COMENTÁRIOS

✪ **Nota do Autor:** O imóvel residencial próprio do casal, ou da entidade familiar, é impenhorável e não responderá por qualquer tipo de dívida civil, comercial, fiscal, previdenciária ou de outra natureza, contraída pelos cônjuges ou pelos pais ou filhos que sejam seus proprietários e nele residam, salvo nas hipóteses previstas nesta lei. (Lei 8.009/90, art. 1º). Excetuam da impenhorabilidade do bem de família:

> *Art. 3º A impenhorabilidade é oponível em qualquer processo de execução civil, fiscal, previdenciária, trabalhista ou de outra natureza, salvo se movido:*
>
> *I* – (Revogado pela Lei Complementar nº 150, de 2015)
>
> *II – pelo titular do crédito decorrente do financiamento destinado à construção ou à aquisição do imóvel, no limite dos créditos e acréscimos constituídos em função do respectivo contrato;*
>
> *III – pelo credor da pensão alimentícia, resguardados os direitos, sobre o bem, do seu coproprietário que, com o devedor, integre união estável ou conjugal, observadas as hipóteses em que ambos responderão pela dívida;* (Redação dada pela Lei nº 13.144 de 2015)
>
> *IV – para cobrança de impostos, predial ou territorial, taxas e contribuições devidas em função do imóvel familiar;*
>
> *V – para execução de hipoteca sobre o imóvel oferecido como garantia real pelo casal ou pela entidade familiar;*
>
> *VI – por ter sido adquirido com produto de crime ou para execução de sentença penal condenatória a ressarcimento, indenização ou perdimento de bens.*
>
> *VII – por obrigação decorrente de fiança concedida em contrato de locação.*

Gabarito: letra A.

Item I: O inciso I do art. 3º da Lei 8.009/90 que previa como exceção à impenhorabilidade do bem de família os créditos de trabalhadores da própria residência e das respectivas contribuições previdenciárias foi revogado pela Lei Complementar nº 150, de 2015).

Item II: O rito do processo trabalhista não altera a impenhorabilidade do bem de família, por ausência de previsão legal.

Item III: Ver comentários sobre o item I.

3. MANDADO DE SEGURANÇA

- OJ nº 140 da SDI-2 do TST
- Súmula nº 417 do TST
- Súmula nº 267 do STF
- Súmula nº 266 do STF

---

07. (FCC – 2023 – TRT 12 – Oficial de Justiça) De acordo com o entendimento sumulado do Tribunal Superior do Trabalho (TST) sobre mandado de segurança,

a) cabe recurso de revista da decisão de Tribunal Regional do Trabalho em mandado de segurança, no prazo dos 8 dias, para o TST, e igual prazo para o recorrido e interessados apresentarem razões de contrariedade.

b) a tutela provisória concedida ou indeferida antes da sentença pode ser impugnada pela via do mandado de segurança, sendo que, com a superveniência da sentença nos autos originários, o mandado de segurança perderá o objeto.

c) a tutela provisória concedida na sentença deve ser impugnada mediante recurso ordinário, com impetração de mandado de segurança para obtenção de efeito suspensivo do recurso.

d) exigindo o mandado de segurança prova documental pré-constituída, o juiz, ao verificar que a petição inicial não está acompanhada dos documentos indispensáveis à apreciação, determinar à que o autor, no prazo de 15 dias, a emenda.

e) fere direito líquido e certo do impetrante o ato judicial que determina penhora em dinheiro do executado para garantir crédito exequendo em execução provisória.

COMENTÁRIOS

✪ **Nota do autor:** A questão exige conhecimento da jurisprudência consolidada do TST.

Letra A: Errada. Da decisão de Tribunal Regional do Trabalho em mandado de segurança cabe recurso ordinário, no prazo de 8 (oito) dias, para o Tribunal Superior do Trabalho, e igual dilação para o recorrido e interessados apresentarem razões de contrariedade (TST, Súmula 201).

Letra B: Correta, conforme Súmula 414, II e II, do TST.

Letra C: Errada. A tutela provisória concedida na sentença não comporta impugnação pela via do mandado de segurança, por ser impugnável mediante recurso ordinário. É admissível a obtenção de efeito suspensivo ao recurso ordinário mediante requerimento dirigido ao tribunal, ao relator ou ao presidente ou ao vice-presidente do tribunal recorrido, por aplicação subsidiária ao processo do trabalho do artigo 1.029, § 5º, do CPC de 2015 (TST, Súmula 414, I).

Letra D: Errada. Exigindo o mandado de segurança prova documental pré-constituída, inaplicável o art. 321 do CPC de 2015 (art. 284 do CPC de 1973) quando verificada, na petição inicial do "mandamus", a ausência de documento indispensável ou de sua autenticação (TST, Súmula 415).

Letra E: Errada. Não fere direito líquido e certo do impetrante o ato judicial que determina penhora em dinheiro do executado para garantir crédito exequendo, pois é prioritária e obedece à gradação prevista no art. 835 do CPC de 2015 (TST, Súmula 417, I).

Gabarito: Letra B.

08. (CEBRASPE– Técnico Judiciário TRT8/2023) Em sede de reclamação trabalhista, o juiz determinou a produção de prova pericial e o adiantamento de honorários do perito pela empresa reclamada. A empresa, por sua vez, não concordou com o adiantamento de tais valores e protocolou mandado de segurança, que, entretanto, não foi acolhido pelo tribunal regional do trabalho competente. Assinale a opção que apresenta o recurso cabível da decisão terminativa que não conheceu o mandado de segurança na situação hipotética precedente.

a) recurso de revista

b) recurso ordinário

c) agravo de instrumento

d) embargos de declaração

e) agravo de petição

COMENTÁRIOS

✪ **Nota do autor:** o mandado de segurança é ação de procedimento especial. NO caso, trata-se de mandado de segurança de competência originária de TRT. Contra a decisão do mandado de segurança, cabe recurso ordinário para o TST.

Gabarito: Letra B.

09. (FCC – Analista Judiciário – Oficial de Just. Avaliador Federal – TRT 15/2018) Conceder-se-á mandado de segurança para proteger direito líquido e certo, não amparado por habeas corpus ou habeas data, sempre que, ilegalmente ou com abuso de poder, qualquer pessoa física ou jurídica sofrer violação ou houver justo receio de sofrê-la por parte de autoridade, seja de que categoria for e sejam quais forem as funções que exerça. No processo do trabalho, de acordo com o entendimento pacificado pelo TST,

a) fere direito líquido e certo o prosseguimento da execução quanto aos tópicos e valores não especificados no agravo de petição.

b) constitui direito líquido e certo do empregador a suspensão do empregado, ainda que detentor de estabilidade sindical, até a decisão final do inquérito em que se apure a falta grave a ele imputada.

c) em execução definitiva, tem o executado direito líquido e certo a que os valores penhorados em dinheiro fiquem depositados no próprio banco, ainda que haja discordância do credor.

d) fere direito líquido e certo a concessão de liminar obstativa de transferência de empregado.

e) existe direito líquido e certo a ser oposto contra ato de Juiz que, antecipando a tutela jurisdicional, determina a reintegração do empregado até a decisão final do processo nos casos de anistiado pela Lei nº 8.878/1994, aposentado, integrante de comissão de fábrica, dirigente sindical, portador de doença profissional, portador de vírus HIV ou detentor de estabilidade provisória prevista em norma coletiva.

COMENTÁRIOS

✪ **Nota do autor:** a questão exige o conhecimento da jurisprudência consolidada do TST, acerca da viabilidade do mandado de segurança em diversas hipóteses.

Gabarito: Letra B. Constitui direito líquido e certo do empregador a suspensão do empregado, ainda que detentor de estabilidade sindical, até a decisão final do inquérito em que se apure a falta grave a ele imputada, na forma do art. 494, "caput" e parágrafo único, da CLT (OJ 137 da SDI-2 do TST).

Letra A: Devendo o agravo de petição delimitar justificadamente a matéria e os valores objeto de discordância, não fere direito líquido e certo o prosseguimento da execução quanto aos tópicos e valores não especificados no agravo (OJ 55 da SDI-2 do TST).

Letra C: Havendo discordância do credor, em execução definitiva, não tem o executado direito líquido e certo a que os valores penhorados em dinheiro fiquem depositados no próprio banco, ainda que atenda aos requisitos do art. 840, I, do CPC de 2015 (TST, Súmula 417, II).

Letra D: Não fere direito líquido e certo a concessão de liminar obstativa de transferência de empregado, em face da previsão do inciso IX do art. 659 da CLT (OJ 67 da SDI-2 do TST).

Letra E: Inexiste direito líquido e certo a ser oposto contra ato de Juiz que, antecipando a tutela jurisdicional, determina a reintegração do empregado até a decisão final do processo, quando demonstrada a razoabilidade do direito subjetivo material, como nos casos de anistiado pela Lei nº 8.878/94, aposentado, integrante de comissão de fábrica, dirigente sindical, portador de doença profissional, portador de vírus HIV ou detentor de estabilidade provisória prevista em norma coletiva (OJ 142 da SDI-2 do TST).

4. LEGITIMIDADE PROCESSUAL

- Art. 487, I, do CPC (no NCPC – art. 967, I)
- Art. 836 da CLT

10. (FGV – Técnico Judiciário – Área Administrativa – TRT 12/2017) Haroldo tomou ciência de que o sindicato representante de sua categoria profissional celebrou convenção coletiva de trabalho contendo cláusulas ilegais, em grave prejuízo aos trabalhadores atingidos.

De acordo com a Lei, é correto afirmar que:

a) Haroldo tem legitimidade para propor, em nome próprio, ação visando anular as cláusulas que entende ilegais;

b) o Ministério Público do Trabalho possui legitimidade para ajuizamento da ação anulatória dessas cláusulas coletivas;

c) nada pode ser feito, pois a convenção coletiva é fruto de consenso, deliberação e votação da classe trabalhadora, que tem poder de dizer coletivamente o que deseja;

d) diante do princípio do conglobamento, a convenção coletiva é indivisível, razão pela qual a medida judicial que a ataque, se bem sucedida, gerará a nulidade de toda a convenção coletiva;

e) cabe ajuizamento de ação rescisória visando desconstituir a convenção coletiva de trabalho nos pontos reputados ilegais.

COMENTÁRIOS

✪ **Nota do Autor:** Tema que gera polêmica no campo trabalhista envolve a ação anulatória movida contra instrumentos normativos (convenções e acordos coletivos). A competência funcional é dos TRTs ou do TST conforme a abrangência da norma coletiva. Possuem legitimidade ativa concorrente os Sindicatos representantes das categorias profissionais e/ou econômicas e o Ministério Público do Trabalho para pleitear a anulação de cláusulas, acordos ou convenções coletivas de trabalho (excepcionalmente as empresas em caso de Acordo coletivo de trabalho).

Gabarito: letra B.

O art. 83, X, da LC 95/03 dispõe que:

> *Art. 83. Compete ao Ministério Público do Trabalho o exercício das seguintes atribuições junto aos órgãos da Justiça do Trabalho:*
>
> *(...)*
>
> *IV – propor as ações cabíveis para declaração de nulidade de cláusula de contrato, acordo coletivo ou convenção coletiva que viole as liberdades individuais ou coletivas ou os direitos individuais indisponíveis dos trabalhadores;*

Letra A: O empregado não é parte legitimada ativa para requerer a anulação de instrumento coletivo. Pode, todavia, se entender que a norma viola o seu direito subjetivo individual, insurgir-se como causa de pedir contra a validade formal ou material, no todo ou parte, por meio de dissídio individual. Nessa hipótese, a norma coletiva permanecerá vigente no âmbito das categorias profissional e econômica e sua validade pode ser discutida em processos que envolvam outras partes, pois a coisa julgada vincula apenas as partes do processo (CPC, art. 506). A competência funcional neste caso é do juiz da vara do trabalho.

Letras C e E: Ver comentários na Nota do Autor.

Letra D: A assertiva não guarda relação com a teoria do conglobamento, segundo a qual cada instrumento coletivo autônomo deve ser considerado em seu conjunto, em caso de conflito aparente entre normas coletivas.

5. PROCEDIMENTO SUMARÍSSIMO

▸ Art. 896, § 9º da CLT

11. (FUMARC – Analista Judiciário – Área Judiciária – TRT 3/2022) Sobre o procedimento sumaríssimo, é INCORRETO afirmar:

a) As testemunhas, até o máximo de duas para cada parte, comparecerão à audiência de instrução e julgamento independentemente de intimação.

b) Interrompida a audiência, o seu prosseguimento e a solução do processo dar-se-ão no prazo máximo de trinta dias, salvo motivo relevante justificado nos autos pelo juiz da causa.

c) O juiz dirigirá o processo com liberdade para determinar as provas a serem produzidas, considerado o ônus probatório de cada litigante, podendo limitar ou excluir as que considerar excessivas, impertinentes ou protelatórias, bem como para apreciá-las e dar especial valor às regras de experiência comum ou técnica.

d) Só será deferida intimação de testemunha que, comprovadamente convidada, deixar de comparecer. Não comparecendo a testemunha intimada, o juiz poderá determinar sua imediata condução coercitiva.

e) Todas as provas serão produzidas na audiência de instrução e julgamento, desde que requeridas previamente.

COMENTÁRIOS

✪ **Nota do autor:** a questão versa sobre o rito sumaríssimo, regulado no art. 852 da CLT.

Letra A: Correto, conforme art. 852-H, §2º, da CLT.

Letra B: Correto, conforme art. 852-H, §7º, da CLT.

Letra C: Correto, conforme art. 852-D, da CLT.

Letra D: Correto, conforme art. 852-H, §3º, da CLT.

Letra E: Errado, conforme art. 852-H da CLT: Todas as provas serão produzidas na audiência de instrução e julgamento, ainda que não requeridas previamente.

Gabarito: Letra E.

12. (FGV – Analista Judiciário – Área Judiciária – TRT 13/2022) Vanessa trabalha como mecânica numa loja localizada em Conde/PB. Em setembro de 2022, Vanessa foi dispensada sem justa causa e não recebeu nenhum de seus direitos. Então, a ex- empregada procurou um advogado para ajuizar reclamação trabalhista cobrando os valores devidos pela saída e horas extras sonegadas ao longo do pacto laboral, que foram quantificados em R$ 36.360,00. Considerando o caso retratado e as normas da CLT, assinale a opção que indica o procedimento que a ação de Vanessa deverá observar e a quantidade de testemunhas que cada parte poderá ouvir em juízo.

a) Procedimento comum ordinário, com até três testemunhas para cada parte.

b) Procedimento sumaríssimo, com até duas testemunhas para cada parte.

c) Procedimento sumário, com até três testemunhas para cada parte.

d) Procedimento especial consignatório, com até duas testemunhas para cada parte.

e) O procedimento será escolhido livremente por Vanessa, com uma testemunha para cada parte.

COMENTÁRIOS

✪ **Nota do autor:** No ano de 2022, época em que realizada a prova, o salário mínimo estava em R$ 1.212,00. O procedimento sumaríssimo se aplica para causas cujo valor não exceda a quarenta vezes o salário mínimo vigente na data de ajuizamento. Na época, portanto, o teto do rito sumaríssimo era de R$ 48.480,00, razão pela qual a demanda em questão se sujeitaria ao rito sumaríssimo, no qual cada parte pode ouvir até duas testemunhas, conforme art. 852-H ,§2º, da CLT.

Gabarito: letra B.

13. (FCC – Técnico Judiciário – Área Administrativa – TRT 6/2018) Conforme previsões contidas na Consolidação das Leis do Trabalho, em relação aos dissídios individuais trabalhistas que tramitam pelo rito sumaríssimo,

a) o valor da causa não pode exceder a vinte vezes o salário mínimo nacional vigente na data da primeira audiência.

b) incumbe ao autor a correta indicação do nome e endereço do reclamado, devendo ser feita a citação por edital, se não houver essa indicação.

c) serão decididos, em cinco dias, todos os incidentes e exceções que possam interferir no prosseguimento da audiência e do processo, sendo que as demais questões serão resolvidas na sentença.

d) estão excluídas do procedimento sumaríssimo as demandas em que é parte a Administração pública direta, autárquica e fundacional.

e) as testemunhas, até o máximo de três para cada parte, como regra, serão intimadas para comparecer em audiência.

COMENTÁRIOS

✪ **Nota do autor:** a questão versa sobre as particularidades do procedimento sumaríssimo e é respondida a partir do texto dos arts. 852-A a 852-I da CLT.

Gabarito: letra D. Estão excluídas do procedimento sumaríssimo as demandas em que é parte a Administração pública direta, autárquica e fundacional (CLT, art. 852-A, parágrafo único).

Letra A: Os dissídios individuais cujo valor não exceda a quarenta vezes o salário mínimo vigente na data do ajuizamento da reclamação ficam submetidos ao procedimento sumaríssimo (CLT, art. 852-A, *caput*).

Letra B: nas reclamações enquadradas no procedimento sumaríssimo, não se fará citação por edital, incumbindo ao autor a correta indicação do nome e endereço do reclamado (CLT, art. 852-B, II).

Letra C: Serão decididos, de plano, todos os incidentes e exceções que possam interferir no prosseguimento da audiência e do processo. As demais questões serão decididas na sentença (CLT, art. 852-G).

Letra E: As testemunhas, até o máximo de duas para cada parte, comparecerão à audiência de instrução e julgamento independentemente de intimação (CLT, art. 852-H, §2º).

---

14. (FCC – Técnico Judiciário – Área Administrativa – TRT 6/2018) A padaria Doces Sonhos foi acionada em uma reclamação trabalhista por seu ex-empregado Zeus, que postulou por pagamento de indenização por danos morais no valor de R$ 2.000,00 (dois mil reais). Na audiência UNA realizada,

a) as partes deverão comparecer, acompanhadas dos respectivos advogados, sob pena de adiamento para outra sessão.

b) ausente a parte reclamada, ainda que presente o seu advogado na audiência, não serão aceitos a contestação e os documentos eventualmente apresentados, sendo aplicada a revelia.

c) é permitido ao empregador fazer-se substituir pelo gerente, ou qualquer outro preposto que, não precisa ser empregado da parte reclamada, tenha conhecimento do fato e cujas declarações obrigarão o proponente.

d) caso o juiz não tenha comparecido até trinta minutos após a hora marcada, os presentes poderão retirar-se, aguardando a designação de nova audiência.

e) o juiz manterá a ordem nas audiências, mas não pode mandar retirar do recinto os assistentes que a perturbarem em razão da publicidade das audiências dos órgãos da Justiça do Trabalho.

COMENTÁRIOS

✪ **Nota do autor:** a questão exige que o candidato perceba que causa tramitará pelo rito sumaríssimo, em função do valor da causa ser inferior ao montante de 40 salários mínimos. A partir de tal constatação, o candidato deveria fazer o confronto das assertivas com o texto do art. 852-A a 852-I da CLT, que regulamenta o referido procedimento.

Gabarito: letra C. Não há qualquer peculiaridade no rito sumaríssimo quanto ao comparecimento das partes. Assim, é facultado ao empregador fazer-se substituir pelo gerente, ou qualquer outro preposto que tenha conhecimento do fato, e cujas declarações obrigarão o proponente (CLT, art. 843, §1º).

Letra A: não há previsão legal para adiamento da audiência no caso de ausência de advogado.

Letra B: o art. 844, §5º, da CLT (introduzido pela Lei 13.467/2017), estipula que, ainda que ausente o reclamado, presente o advogado na audiência, serão aceitos a contestação e os documentos eventualmente apresentados.

Letra D: De acordo com o art. 815, §1º, da CLT, se, até 15 (quinze) minutos após a hora marcada, o juiz ou presidente não houver comparecido, os presentes poderão retirar-se, devendo o ocorrido constar do livro de registro das audiências

Letra E: O juiz manterá a ordem nas audiências, podendo mandar retirar do recinto os assistentes que a perturbarem (CLT, art. 816).

---

15. (FCC – Técnico Judiciário – Área Administrativa – TRT 2/2018) Considere as seguintes hipóteses:

I. Recurso de revista com fundamento em violação literal a dispositivo da Constituição Federal.

II. Recurso de revista com fundamento em contrariedade à Súmula do Tribunal Superior do Trabalho.

III. Recurso de revista com fundamento em contrariedade à Orientação Jurisprudencial do Tribunal Superior do Trabalho.

De acordo com o entendimento Sumulado do Tribunal Superior do Trabalho, nas causas sujeitas ao procedimento sumaríssimo será admissível o recurso de revista nas hipóteses indicadas em

a) I, apenas.
b) I, II e III.
c) II e III, apenas.
d) I e II, apenas.
e) I e III, apenas.

COMENTÁRIOS

✪ **Nota do autor:** de acordo com o art. 896, §9º, da CLT, nas causas sujeitas ao procedimento sumaríssimo, somente será admitido recurso de revista por contrariedade a súmula de jurisprudência uniforme do Tribunal Superior do Trabalho ou a súmula vinculante do Supremo Tribunal Federal e por violação direta da Constituição Federal. Assim, corretos os itens I e II. Não há previsão de cabimento de recurso por violação de OJ.

Gabarito: letra D. Ver nota do autor.

---

16. (FCC – Analista Judiciário – Área Judiciária – TRT 6/2018) Sobre o procedimento sumaríssimo adotado no processo do trabalho,

a) todas as provas serão produzidas em audiência, desde que requeridas previamente.
b) as mudanças de endereço ocorridas no curso do processo deverão ser comunicadas ao juiz pelas partes e advogados no prazo máximo de 15 dias após ocorrerem, sob pena de serem reputadas eficazes as intimações enviadas ao local anteriormente indicado, na ausência de comunicação.
c) pode ser adotado nas demandas em que são partes autarquia e fundação pública.
d) em razão da celeridade imprimida pelo legislador, sobre os documentos apresentados por uma parte, a outra se manifestará no prazo improrrogável de 24 horas, podendo tal prazo ser dilatado se o juiz entender necessário.
e) a admissibilidade de recurso de revista está limitada à demonstração de violação direta a dispositivo da Constituição Federal ou contrariedade a Súmula do TST, não se admitindo o recurso por contrariedade a Orientação Jurisprudencial do TST, ante a ausência de previsão legal.

COMENTÁRIOS

✪ **Nota do autor:** a questão exige conhecimento do art. 852-A a 852-I da CLT.

Gabarito: letra E. Nas causas sujeitas ao procedimento sumaríssimo, somente será admitido recurso de revista por contrariedade a súmula de jurisprudência uniforme do Tribunal Superior do Trabalho ou a súmula vinculante do Supremo Tribunal Federal e por violação direta da Constituição Federal (CLT, art. 896, § 9º). De fato, não há previsão legal de cabimento por violação a OJ.

Letra A: Todas as provas serão produzidas na audiência de instrução e julgamento, ainda que não requeridas previamente (CLT, art. 852-H, *caput*).

Letra B: As partes e advogados comunicarão ao juízo as mudanças de endereço ocorridas no curso do processo, reputando-se eficazes as intimações enviadas ao local anteriormente indicado, na ausência de comunicação (CLT, art. 852-B, §2º). Não há previsão legal de prazo de tolerância para a comunicação acerca da mudança de endereço.

Letra C: Estão excluídas do procedimento sumaríssimo as demandas em que é parte a Administração Pública direta, autárquica e fundacional (CLT, art. 852-A, parágrafo único).

Letra D: Sobre os documentos apresentados por uma das partes manifestar-se-á imediatamente a parte contrária, sem interrupção da audiência, salvo absoluta impossibilidade, a critério do juiz (CLT, art. 852-H, §1º).

---

17. (AOCP – Técnico Judiciário – Área Administrativa – TRT 1/2018) Carolina ingressou com ação em face da empresa Supermercados Boas Compras Ltda., na qual pleiteou direitos trabalhistas que entendera terem sido violados no decorrer do contrato de trabalho findo há quatro meses, quando houve a dispensa sem justa causa da reclamante. O advogado de Carolina, no dia 22 de fev. de 2018, ingressou com a reclamação trabalhista, anexando o cálculo atualizado do débito pleiteado, que totalizou R$ 28.000,00 (vinte e oito mil reais). Foi agendada a audiência para o dia 20 de abr. de 2018. Nessa audiência, Carolina intenciona levar suas testemunhas. Com base nos dados ora apresentados, assinale a alternativa correta, que contenha o procedimento a ser seguido, a característica da audiência e as peculiaridades sobre as testemunhas, respectivamente.

a) Ordinário; a audiência agendada será única e as partes poderão comparecer com até o máximo de três testemunhas cada, independente de intimação.
b) Sumaríssimo; a audiência agendada será única e as partes poderão comparecer com até o máximo de três testemunhas cada, independente de intimação.
c) Ordinário; a audiência agendada será única e as partes poderão comparecer com até o máximo de duas testemunhas cada, dependendo de intimação.
d) Sumaríssimo; a audiência agendada será única e as partes poderão comparecer com até o máximo de duas testemunhas cada, independente de intimação.

e) Ordinário; a audiência agendada não será obrigatoriamente única e as partes poderão comparecer com até o máximo de três testemunhas cada, independente de intimação.

COMENTÁRIOS

✪ **Nota do autor:** a questão exige o raciocínio acerca do rito processual aplicável, a partir do caso concreto dado. O rito sumaríssimo é aplicável aos dissídios individuais cujo valor não exceda a quarenta vezes o salário mínimo vigente na data do ajuizamento da reclamação (CLT, art. 852-A). Nessas hipóteses, as causas serão instruídas e julgadas em audiência única, sendo que as testemunhas, até o máximo de duas para cada parte, comparecerão à audiência de instrução e julgamento independentemente de intimação. Só será deferida intimação de testemunha que, comprovadamente convidada, deixar de comparecer. Não comparecendo a testemunha intimada, o juiz poderá determinar sua imediata condução coercitiva (CLT, arts. 852-C e 852-H).

Gabarito: Letra D. Ver explicação acima.

Demais assertivas: ver nota do autor.

---

18. (AOCP – Analista Judiciário – Área Administrativa – TRT 1/2018) Rita ingressou com reclamação em face da empresa Padaria Pão Quentinho Ltda., pleiteando o pagamento de horas extraordinárias e diferenças salariais para o piso da categoria estabelecido em instrumento normativo. Apresentou pedido certo e quantitativamente determinado, indicando como valor da causa o importe de R$ 11.500,00. Diante de tais considerações, é correto afirmar que

a) a sentença nesse processo, da qual deverá constar relatório, fundamentação e dispositivo, mencionará os elementos de convicção do juízo, com resumo dos fatos relevantes ocorridos em audiência.

b) a audiência será, obrigatoriamente, una, sendo permitida a oitiva de até duas testemunhas para cada parte, mas a reclamante terá o prazo de 05 dias para se manifestar acerca da contestação e documentos.

c) todos os incidentes e exceções que possam interferir no prosseguimento da audiência e do processo serão decididos por ocasião da sentença, em razão da natureza célere dessa modalidade de rito processual, ao fito de se evitar intercorrências na realização da audiência, que deve ser una.

d) todas as provas serão produzidas na audiência de instrução e julgamento, desde que requeridas previamente.

e) vigora, no caso em análise, o Princípio Dispositivo, posto que o magistrado possui liberdade para ordenar a produção das provas que julgar pertinentes, para excluir ou limitar as que julgar impertinentes, excessivas ou protelatórias, bem como para apreciá-las e dar especial valor às regras de experiência comum ou técnica.

COMENTÁRIOS

✪ **Nota do autor:** a questão exige que o candidato perceba que causa tramitará pelo rito sumaríssimo, em função do valor da causa ser inferior ao montante de 40 salários mínimos. A partir de tal constatação, o candidato deveria fazer o confronto das assertivas com o texto do art. 852-A a 852-I da CLT, que regulamenta o referido procedimento.

Gabarito: letra E. Doutrinariamente, é questionável o gabarito atribuído pela Banca, pois o princípio dispositivo se associa à necessidade de iniciativa das partes nas questões probatórias. A assertiva "E', no entanto, vincula o princípio dispositivo à iniciativa do juiz, o que é decorrência na verdade do princípio inquisitivo. Assim, entende-se que a questão deveria ter sido anulada pela Banca, que se baseou no texto do art. 852-D da CLT, que prevê: "O juiz dirigirá o processo com liberdade para determinar as provas a serem produzidas, considerado o ônus probatório de cada litigante, podendo limitar ou excluir as que considerar excessivas, impertinentes ou protelatórias, bem como para apreciá-las e dar especial valor às regras de experiência comum ou técnica".

Letra A: de acordo com o art. 852-I, no rito sumaríssimo, a sentença mencionará os elementos de convicção do juízo, com resumo dos fatos relevantes ocorridos em audiência, dispensado o relatório. Portanto, o relatório não é obrigatório, tal como indica incorretamente a assertiva.

Letra B: As demandas sujeitas a rito sumaríssimo serão instruídas e julgadas em audiência única, sob a direção de juiz presidente ou substituto, que poderá ser convocado para atuar simultaneamente com o titular (CLT, art. 852-C). Não há previsão legal para concessão de prazo para que o reclamante se manifeste sobre defesa e documentos.

Letra C: Serão decididos, de plano, todos os incidentes e exceções que possam interferir no prosseguimento da audiência e do processo. As demais questões serão decididas na sentença (CLT, art. 852-G).

Letra D: Todas as provas serão produzidas na audiência de instrução e julgamento, ainda que <u>não</u> requeridas previamente (CLT, art. 852-H).

---

19. (FCC – Técnico Judiciário – Área Administrativa – TRT 3/2015) Nas causas sujeitas ao procedimento sumaríssimo, somente será admitido Recurso de Revista

a) quando derem ao mesmo dispositivo de Convenção Coletiva de Trabalho, Acordo Coletivo e sentença normativa interpretação divergente, da que lhe houver dado outro Tribunal Regional do Trabalho, no seu Pleno ou Turma.

b) na hipótese exclusiva de contrariedade à súmula de jurisprudência uniforme do Tribunal Superior do Trabalho ou à súmula vinculante do Supremo Tribunal Federal.

c) quando derem ao mesmo dispositivo de Lei Federal interpretação diversa da que lhe houver dado outro Tribunal Regional do Trabalho, no seu Pleno ou Turma.

d) por contrariedade à súmula de jurisprudência uniforme do Tribunal Superior do Trabalho ou à súmula vinculante do Supremo Tribunal Federal e por violação direta da Constituição Federal.

e) quando derem ao mesmo dispositivo de Lei Federal interpretação diversa da que lhe houver dado a Seção de Dissídios Individuais do Tribunal Superior do Trabalho.

COMENTÁRIOS

✪ **Nota do Autor:** Considerando o envolvimento de valores pecuniários mais baixos em determinadas causas, o legislador instituiu procedimentos diferenciados, tendo em vista a premissa de necessidade de solução mais ágil do conflito, bem como a maior simplicidade que lhe seria inerente, em função do valor. Assim, a Lei 9957/2000 estabeleceu o procedimento sumaríssimo, aplicável para dissídios individuais cujo valor não exceda a quarenta vezes o salário mínimo vigente na data do ajuizamento. O procedimento está disciplinado nos arts. 852-A e seguintes da CLT.

A questão exige o conhecimento acerca das hipóteses de cabimento do Recurso de Revista do procedimento sumaríssimo.

Gabarito: letra D.

> *Art. 896 – Cabe Recurso de Revista para Turma do Tribunal Superior do Trabalho das decisões proferidas em grau de recurso ordinário, em dissídio individual, pelos Tribunais Regionais do Trabalho, quando:* (Redação dada pela Lei nº 9.756, de 17.12.1998)
>
> *(...)*
>
> *§ 9º Nas causas sujeitas ao procedimento sumaríssimo, somente será admitido recurso de revista por contrariedade a súmula de jurisprudência uniforme do Tribunal Superior do Trabalho ou a súmula vinculante do Supremo Tribunal Federal e por violação direta da Constituição Federal.* (Incluído pela Lei nº 13.015, de 2014)

Letras A, B, C e E: Ver comentários acerca do gabarito.

20. (FCC – Técnico Judiciário – Área Administrativa – TRT 4/2015) Em janeiro de 2015, a reclamação trabalhista A foi interposta pela Soraya em face da empresa privada M possuindo R$ 30.000,00 como valor da causa. A reclamação trabalhista B foi interposta por Claudia em face da fundação pública Z possuindo R$ 25.000,00 como valor da causa. E, a reclamação trabalhista C foi interposta por João em face da autarquia municipal X possuindo R$ 15.000,00 como valor da causa. Nestes casos, o procedimento Sumaríssimo

a) será submetido em todas as reclamações trabalhistas.

b) será submetido apenas nas reclamações trabalhistas A e B.

c) será submetido apenas na reclamação trabalhista A.

d) não será submetido em nenhuma das reclamações trabalhistas mencionadas.

e) será submetido apenas nas reclamações trabalhistas B e C.

COMENTÁRIOS

✪ **Nota do Autor:** Considerando o envolvimento de valores pecuniários mais baixos em determinadas causas, o legislador instituiu procedimentos diferenciados, tendo em vista a premissa de necessidade de solução mais ágil do conflito, bem como a maior simplicidade que lhe seria inerente, em função do valor. Assim, a Lei 9957/2000 estabeleceu o procedimento sumaríssimo, aplicável para dissídios individuais cujo valor não exceda a quarenta vezes o salário mínimo vigente na data do ajuizamento. A Fazenda Pública está excluída do rito sumaríssimo. O procedimento está disciplinado nos arts. 852-A e seguintes da CLT.

Gabarito: letra C.

A reclamação trabalhista "A" foi proposta contra pessoa jurídica de direito privado, incidindo a regra geral acerca do procedimento sumaríssimo prevista no art. 852-A, *caput* da CLT.

> *Art. 852-A. Os dissídios individuais cujo valor não exceda a quarenta vezes o salário mínimo vigente na data do ajuizamento da reclamação ficam submetidos ao procedimento sumaríssimo.* (Incluído pela Lei nº 9.957, de 2000)

Em 1º de janeiro de 2015 – questão elaborada no respectivo ano -, o valor do salário mínimo passou a ser R$ 788,00. A mudança foi feita por meio do Decreto Presidencial 8.381, publicado em 30 de dezembro de 2014. Neste sentido, o procedimento sumaríssimo é aplicável para dissídios individuais cujo valor não exceda a quarenta vezes o salário mínimo vigente na data do ajuizamento, que representavam R$ 31.520,00.

As reclamações trabalhistas "B" e "C" foram propostas contra uma fundação pública e uma autarquia municipal respectivamente. A Fazenda Pública está excluída do rito sumaríssimo conforme previsão do art. 852-A, parágrafo único da CLT:

> *Art. 852-A. (...)*
>
> *Parágrafo único. Estão excluídas do procedimento sumaríssimo as demandas em que é parte a Administração Pública direta, autárquica e fundacional.* (Incluído pela Lei nº 9.957, de 2000)

Letras A, B, D e E: Ver comentários na nota do autor.

---

21. (FCC – Analista Judiciário – Área Judiciária – TRT 3/2015) Em relação ao procedimento sumaríssimo:

a) As testemunhas, até o máximo de duas para cada parte, comparecerão à audiência de instrução e julgamento independentemente de intimação.

b) As testemunhas, até o máximo de três para cada parte, comparecerão à audiência de instrução e julgamento independentemente de intimação.

c) As testemunhas, até o máximo de três para cada parte, comparecerão à audiência de instrução e julgamento mediante intimação.

d) Sobre os documentos apresentados por uma das partes, manifestar-se-á, no prazo de 5 dias, a parte contrária.

e) A testemunha que não comparecer à audiência será intimada, determinando o Juiz sua imediata condução coercitiva.

COMENTÁRIOS

✪ **Nota do Autor:** Considerando o envolvimento de valores pecuniários mais baixos em determinadas causas, o legislador instituiu procedimentos diferenciados, tendo em vista a premissa de necessidade de solução mais ágil do conflito, bem como a maior simplicidade que lhe seria inerente, em função do valor. Assim, a Lei 9957/2000 estabeleceu o procedimento sumaríssimo, aplicável para dissídios individuais cujo valor não exceda a quarenta vezes o salário mínimo vigente na data do ajuizamento. Como consequência da necessidade de solução rápida do litígio, a lei estabelece regras especiais. Dentre estas, a questão exige o conhecimento acerca quantidade de testemunhas que podem ser ouvidas por cada parte.

Gabarito: letra A.

Cada parte pode ouvir apenas duas testemunhas, e só será deferida intimação de testemunha que, comprovadamente convidada, deixar de comparecer. Não comparecendo a testemunha intimada, o juiz poderá determinar a sua imediata condução coercitiva (CLT, art. 852-H, §§ 2º e 3º). A comprovação do convite pode ser verbal e pode ser feita inclusive na sessão seguinte, na qual a testemunha comparecer.

> *Art. 852-H. Todas as provas serão produzidas na audiência de instrução e julgamento, ainda que não requeridas previamente.* (Incluído pela Lei nº 9.957, de 2000)
>
> *(...)*
>
> *§ 2º As testemunhas, até o máximo de duas para cada parte, comparecerão à audiência de instrução e julgamento independentemente de intimação.* (Incluído pela Lei nº 9.957, de 2000)
>
> *§ 3º Só será deferida intimação de testemunha que, comprovadamente convidada, deixar de comparecer. Não comparecendo a testemunha intimada, o juiz poderá determinar sua imediata condução coercitiva.* (Incluído pela Lei nº 9.957, de 2000)

Letras B, C, E: Ver comentários sobre o gabarito.

Letra D: Sobre os documentos apresentados por uma das partes manifestar-se-á imediatamente na forma do art. 852-H, §1º da CLT:

> *Art. 852-H. (...)*
>
> *§ 1º Sobre os documentos apresentados por uma das partes manifestar-se-á imediatamente a parte contrária, sem interrupção da audiência, salvo absoluta impossibilidade, a critério do juiz.* (Incluído pela Lei nº 9.957, de 2000).

---

22. (FCC – Analista Judiciário – Oficial de Justiça Avaliador – TRT 3/2015) Nas reclamações enquadradas no procedimento sumaríssimo,

a) todas as provas serão produzidas na audiência de instrução e julgamento, com exceção da prova testemunhal que será designada para a primeira data desimpedida.

b) a apreciação da reclamação deverá ocorrer no prazo máximo de 30 (trinta) dias do seu ajuizamento.

c) as demandas serão instruídas e julgadas em audiência una, podendo o juiz determinar sua continuação se não for possível concluí-la no mesmo dia.

d) a citação não se fará por edital, incumbindo ao autor a correta indicação do nome e endereço do reclamado.

e) a prova documental poderá ser apresentada a qualquer momento, diante da aplicação do princípio da celeridade.

COMENTÁRIOS

✪ **Nota do Autor:** Considerando o envolvimento de valores pecuniários mais baixos em determinadas causas, o legislador instituiu procedimentos diferenciados, tendo em vista a premissa de necessidade de solução mais ágil do conflito, bem como a maior simplicidade que lhe seria inerente, em função do valor. Assim, a Lei 9957/2000 estabeleceu o procedimento sumaríssimo, aplicável para dissídios individuais cujo valor não exceda a quarenta vezes o salário mínimo vigente na data do ajuizamento. Como consequência da necessidade de solução rápida do litígio, a lei estabelece regras especiais, cujo conhecimento a questão demanda.

Gabarito: letra D.

Transcrição do art. 852-B, II da CLT:

> *Art. 852-B. Nas reclamações enquadradas no procedimento sumaríssimo:* (Incluído pela Lei nº 9.957, de 2000)
>
> *(...) II – não se fará citação por edital, incumbindo ao autor a correta indicação do nome e endereço do reclamado;*

Letras A e E: Todas as provas, inclusive testemunhais e documentais, serão produzidas na audiência de instrução e julgamento, ainda que não requeridas previamente. (CLT, Art. 852-H)

Letra B: a apreciação da reclamação submetida ao procedimento sumaríssimo deverá ocorrer no prazo máximo de quinze dias do seu ajuizamento, podendo constar de pauta especial, se necessário. (CLT, 852-B, II).

Letra C: a assertiva traz previsão legal para o rito ordinário (CLT, art. 849). No procedimento sumaríssimo as demandas serão instruídas e julgadas em audiência única (CLT, art. 852-C), serão decididos, de plano, todos os incidentes e exceções que possam interferir no prosseguimento da audiência e do processo (CLT, art. 852-G), e todas as provas serão produzidas na audiência de instrução e julgamento, ainda que não requeridas previamente (CLT, art. 852-H), salvo necessidade de prazo para manifestação acerca de prova documental apresentada, a critério do juiz; condução intimação e condução coercitiva de testemunha e produção de prova pericial:

> *Art. 852-H. (...)*
>
> *§ 1º Sobre os documentos apresentados por uma das partes manifestar-se-á imediatamente a parte contrária, sem interrupção da audiência, salvo absoluta impossibilidade, a critério do juiz.* (Incluído pela Lei nº 9.957, de 2000)
>
> *(...) § 3º Só será deferida intimação de testemunha que, comprovadamente convidada, deixar de comparecer. Não comparecendo a testemunha intimada, o juiz poderá determinar sua imediata condução coercitiva.* (Incluído pela Lei nº 9.957, de 2000)
>
> *§ 4º Somente quando a prova do fato o exigir, ou for legalmente imposta, será deferida prova técnica, incumbindo ao juiz, desde logo, fixar o prazo, o objeto da perícia e nomear perito.* (Incluído pela Lei nº 9.957, de 2000)
>
> *§ 6º As partes serão intimadas a manifestar-se sobre o laudo, no prazo comum de cinco dias.*

Interrompida a audiência, o seu prosseguimento e a solução do processo dar-se-ão no prazo máximo de trinta dias, salvo motivo relevante justificado nos autos pelo juiz da causa (CLT, art. 852-H, §7º).

---

23. (Cespe – Técnico Judiciário – Área Administrativa – TRT 8/2016) A respeito do procedimento sumaríssimo aplicado à justiça trabalhista, assinale a opção correta.

a) Depois de intimadas, as testemunhas de cada parte, no máximo três, deverão comparecer à audiência de instrução e julgamento.

b) Dado o princípio da celeridade, não se admite prova técnica pericial no procedimento sumaríssimo.

c) Em procedimento sumaríssimo, não se admite recurso de revista que invoque contrariedade a orientação jurisprudencial do TST.

d) Submetem-se ao procedimento sumaríssimo os dissídios individuais e coletivos cujo valor não exceda a quarenta vezes o salário mínimo vigente na data do ajuizamento da reclamação.

e) Empresa pública não pode ser parte em demanda submetida a procedimento sumaríssimo perante a justiça do trabalho.

COMENTÁRIOS

✪ **Nota do Autor:** Considerando o envolvimento de valores pecuniários mais baixos em determinadas causas, o legislador instituiu procedimentos diferenciados, tendo em vista a premissa de necessidade de solução mais ágil do conflito, bem como a maior simplicidade que lhe seria inerente, em função do valor. Assim, a Lei 9957/2000 estabeleceu o procedimento sumaríssimo, aplicável para dissídios individuais cujo valor não exceda a quarenta vezes o salário mínimo vigente na data do ajuizamento. Como consequência da necessidade de solução rápida do litígio, a lei estabelece regras especiais, cujo conhecimento a questão demanda, em especial acerca das hipóteses de cabimento do Recurso de Revista do procedimento sumaríssimo.

Gabarito: letra C.

Cabe Recurso de Revista para Turma do Tribunal Superior do Trabalho das decisões proferidas em grau de recurso ordinário, em dissídio individual, pelos Tribunais Regionais do Trabalho, nas causas sujeitas ao procedimento sumaríssimo, por contrariedade a súmula de jurisprudência uniforme do Tribunal Superior do Trabalho ou a súmula vinculante do Supremo Tribunal Federal e por violação direta da Constituição Federal. (CLT, art. 896, §9º).

Interpretando o art. 896, §9º da CLT, o TST editou a súmula 442, que limita expressamente o cabimento de Recurso de Revista por contrariedade à Orientação Jurisprudencial, por não se enquadrar na hipótese legal:

> *PROCEDIMENTO SUMARÍSSIMO. RECURSO DE REVISTA FUNDAMENTADO EM CONTRARIEDADE A ORIENTAÇÃO JURISPRUDENCIAL. INADMISSIBILIDADE. ART. 896, § 6º, DA CLT, ACRESCENTADO PELA LEI Nº 9.957, DE 12.01.2000 (conversão da Orientação Jurisprudencial nº 352 da SBDI-1) – Res. 185/2012, DEJT divulgado em 25, 26 e 27.09.2012 Nas causas sujeitas ao procedimento sumaríssimo, a admissibilidade de recurso de revista está limitada à demonstração de violação direta a dispositivo da Constituição Federal ou contrariedade a Súmula do Tribunal Superior do Trabalho, não se admitindo o recurso por contrariedade a Orientação Jurisprudencial deste Tribunal (Livro II, Título II, Capítulo III, do RITST), ante a ausência de previsão no art. 896, § 6º, da CLT.*

Letra A: Cada parte pode ouvir apenas duas testemunhas, e só será deferida intimação de testemunha que, comprovadamente convidada, deixar de comparecer. Não comparecendo a testemunha intimada, o juiz poderá determinar a sua imediata condução coercitiva (CLT, art. 852-H, §§ 2º e 3º). A comprovação do convite pode ser verbal e pode ser feita inclusive na sessão seguinte, na qual a testemunha comparecer.

Letra B: Somente quando a prova do fato o exigir, ou for legalmente imposta, será deferida prova técnica, incumbindo ao juiz, desde logo, fixar o prazo, o objeto da perícia e nomear perito. (CLT, art. 852-H, § 4º).

Letra D: o procedimento sumaríssimo é aplicável apenas para dissídios individuais cujo valor não exceda a quarenta vezes o salário mínimo vigente na data do ajuizamento. (CLT, art. 852-A).

Letra E: Estão excluídas do procedimento sumaríssimo as demandas em que é parte a Administração Pública direta, autárquica e fundacional (CLT, art. 852-A, parágrafo único), o que não inclui as empresas públicas e sociedades de economia mista, em relação às quais o procedimento sumaríssimo é plenamente aplicável.

---

24. (FCC – Analista Judiciário – Área Administrativa – TRT 9/2015) Segundo as normas estabelecidas pela Consolidação das Leis do Trabalho, no tocante ao Procedimento Sumaríssimo é INCORRETO afirmar que

a) os dissídios individuais cujo valor não exceda a quarenta vezes o salário mínimo vigente na data do ajuizamento da reclamação ficam submetidos ao procedimento sumaríssimo.

b) somente quando a prova do fato o exigir, ou for legalmente imposta, será deferida prova técnica, sendo que as partes serão intimadas a manifestar-se sobre o laudo, no prazo comum de oito dias.

c) as demandas em que a Administração Pública fundacional é parte estão excluídas do procedimento sumaríssimo.

d) nas reclamações enquadradas no procedimento sumaríssimo não se fará citação por edital, incumbindo ao autor a correta indicação do nome e endereço do reclamado.

e) todas as provas serão produzidas na audiência de instrução e julgamento, ainda que não requeridas previamente.

COMENTÁRIOS

✪ **Nota do Autor:** a questão versa sobre aspectos procedimentais do rito sumaríssimo, a partir do texto da CLT. .

Gabarito: letra B.

Somente quando a prova do fato o exigir, ou for legalmente imposta, será deferida prova técnica, incumbindo ao juiz, desde logo, fixar o prazo, o objeto da perícia e nomear perito. (CLT, art. 852-H, § 4º). As partes serão intimadas a manifestar-se sobre o laudo, no prazo comum de cinco dias e não de oito dias como traz a assertiva. (CLT, art. 852-H, § 6º).

Letra A: Previsão do art. 852-A, *caput* da CLT.

Letra C: Previsão do art. 852-A, parágrafo único da CLT.

Letra D: Previsão do art. 852-B, II da CLT.

Letra E: Previsão do art. 852-H, *caput* da CLT.

---

25. (FCC – Técnico Judiciário – Área Administrativa – TRT 9/2015) Margarida ajuizou reclamação trabalhista pelo Rito Sumaríssimo. Após regular instrução processual a reclamação foi julgada improcedente. Margarida interpôs recurso ordinário que não foi conhecido uma vez que foi considerado deserto. Neste caso, Margarida pretende interpor recurso de revista sob a alegação de divergência jurisprudencial sobre dispositivo de lei federal.

Neste caso, o referido recurso é

a) incabível sob esta alegação, uma vez que na demanda ajuizada por Margarida só é cabível Recurso de Revista na hipótese de contrariedade à súmula vinculante do Supremo Tribunal Federal.

b) cabível, uma vez que respeita as normas sobre Recurso de Revista previstas na Consolidação das Leis do Trabalho.

c) incabível sob esta alegação, uma vez que na demanda ajuizada por Margarida só é cabível recurso de revista na hipótese de contrariedade à súmula de jurisprudência uniforme do TST.

d) incabível sob esta alegação, uma vez que na demanda ajuizada por Margarida só é cabível recurso de revista na hipótese de violação direita da Constituição Federal.

e) incabível sob esta alegação, uma vez que na demanda ajuizada por Margarida só é cabível recurso de revista na hipótese de contrariedade à súmula de jurisprudência uniforme do TST ou súmula vinculante do Supremo Tribunal Federal e violação direta da Constituição Federal.

COMENTÁRIOS

✪ **Nota do Autor:** A questão versa sobre o tema do procedimento sumaríssimo, de alta incidência nos concursos públicos..

Gabarito: letra E.

Cabe Recurso de Revista para Turma do Tribunal Superior do Trabalho das decisões proferidas em grau de recurso ordinário, em dissídio individual, pelos Tribunais Regionais do Trabalho, nas causas sujeitas ao procedimento sumaríssimo, apenas por contrariedade a súmula de jurisprudência uniforme do Tribunal Superior do Trabalho ou a súmula vinculante do Supremo Tribunal Federal e por violação direta da Constituição Federal. (CLT, art. 896, §9). Logo, incabível Recurso de Revista em demanda sujeita ao procedimento sumaríssimo por divergência jurisprudencial sobre dispositivo de lei federal.

Letras A, B, C e D: Ver comentários sobre o gabarito.

---

26. (FCC – Analista Judiciário – Oficial de Just. Avaliador – TRT 11/2017) Considere as seguintes hipóteses:

I. Na reclamação trabalhista Z o valor da causa é R$ 15.000,00 e as partes são Carolina e o Município S.

II. Na reclamação trabalhista Q o valor da causa é R$ 30.000,00 e as partes são Felícia e a empresa privada W.

III. Na reclamação trabalhista S o valor da causa é R$ 32.000,00 e as partes são Ana Clara e fundação pública Q.

IV. Na reclamação trabalhista W o valor da causa é R$ 35.000,00 e as partes são Marcela e autarquia municipal L.

De acordo com a Consolidação das Leis do Trabalho, NÃO estão submetidas ao procedimento sumaríssimo APENAS

a) as reclamações trabalhistas III e IV.

b) a reclamação trabalhista I.

c) a reclamação trabalhista II.

d) as reclamações trabalhistas II e III.

e) as reclamações trabalhistas I, III e IV.

COMENTÁRIOS

✪ **Nota do Autor:** Considerando o envolvimento de valores pecuniários mais baixos em determinadas causas, o legislador instituiu procedimentos diferenciados, tendo em vista a premissa de necessidade de solução mais ágil do conflito, bem como a maior simplicidade que lhe seria inerente, em função do valor. Assim, a Lei 9957/2000 estabeleceu o procedimento sumaríssimo, aplicável para dissídios individuais cujo valor não exceda a quarenta vezes o salário mínimo vigente na data do ajuizamento. O procedimento está disciplinado nos arts. 852-A e seguintes da CLT.

Gabarito: Letra E.

A Fazenda Pública está excluída do rito sumaríssimo conforme previsão do art. 852-A, parágrafo único da CLT.

> *Art. 852-A. (...)*
>
> *Parágrafo único. Estão excluídas do procedimento sumaríssimo as demandas em que é parte a Administração Pública direta, autárquica e fundacional.* (Incluído pela Lei nº 9.957, de 2000)

Itens I, III e IV: As reclamações trabalhistas "Z", "S" e "W" estas foram propostas contra um município, uma fundação pública e uma autarquia municipal respectivamente. A Fazenda Pública está excluída do rito sumaríssimo conforme previsão do art. 852-A, parágrafo único da CLT.

Item II: A reclamação trabalhista "Q" foi proposta contra pessoa jurídica de direito privado, com valor da causa na data do ajuizamento da demanda de R$ 30.000,00 incidindo a regra geral acerca do procedimento sumaríssimo prevista no art. 852-A, *caput* da CLT.

> *Art. 852-A. Os dissídios individuais cujo valor não exceda a quarenta vezes o salário mínimo vigente na data do ajuizamento da reclamação ficam submetidos ao procedimento sumaríssimo.* (Incluído pela Lei nº 9.957, de 2000)

O salário mínimo de 2017 – ano da elaboração da questão – é de R$ 937,00. Neste sentido, o procedimento sumaríssimo é aplicável para dissídios individuais cujo valor não exceda a quarenta vezes o salário mínimo vigente na data do ajuizamento, que representavam R$ 37.480,00.

▸ Art. 852-H, § 3º, CLT

27. (FCC – Analista Judiciário – Área Judiciária – TRT 20/2016) Zeus ajuizou reclamação trabalhista em face de seu empregador que tramita pelo rito sumaríssimo, convidando verbalmente as suas testemunhas. Ocorre que, na audiência designada, as testemunhas não compareceram e não houve nenhuma comprovação sobre o convite feito às mesmas. No caso,

a) as testemunhas deverão ser intimadas em razão do princípio da busca da verdade real, impondo-se o adiamento da audiência.

b) a audiência prosseguirá porque somente será deferida intimação de testemunha que, comprovadamente convidada, deixar de comparecer.

c) a audiência será adiada para outra data e as testemunhas deverão comparecer espontaneamente, sob pena de pagamento de multa, além da preclusão da prova.

d) no rito sumaríssimo não cabe condução coercitiva de testemunhas ou adiamento de audiência por tal motivo, mas para garantir a paridade de tratamento, deverá o juiz encerrar a instrução processual sem ouvir testemunhas da reclamada.

e) as testemunhas deverão ser conduzidas coercitivamente uma vez que não se pode tolerar o descumprimento do dever cívico de colaboração com a Justiça.

COMENTÁRIOS

✪ **Nota do Autor:** Considerando o envolvimento de valores pecuniários mais baixos em determinadas causas, o legislador instituiu procedimentos diferenciados, tendo em vista a premissa de necessidade de solução mais ágil do conflito, bem como a maior simplicidade que lhe seria inerente, em função do valor. Assim, a Lei 9957/2000 estabeleceu o procedimento sumaríssimo, aplicável para dissídios individuais cujo valor não exceda a quarenta vezes o salário mínimo vigente na data do ajuizamento. O procedimento está disciplinado nos arts. 852-A e seguintes da CLT. Como consequência da necessidade de solução rápida do litígio, a lei estabelece regras especiais, cujo conhecimento a questão demanda.

Gabarito: letra B.

Cada parte pode ouvir apenas duas testemunhas, e só será deferida intimação de testemunha que, comprovadamente convidada, deixar de comparecer. Não comparecendo a testemunha intimada, o juiz poderá determinar a sua imediata condução coercitiva (CLT, art. 852-H, §§ 2º e 3º). A comprovação do convite pode ser verbal e pode ser feita inclusive na sessão seguinte, na qual a testemunha comparecer.

> *Art. 852-H. Todas as provas serão produzidas na audiência de instrução e julgamento, ainda que não requeridas previamente.* (Incluído pela Lei nº 9.957, de 2000)
>
> *(...) § 2º As testemunhas, até o máximo de duas para cada parte, comparecerão à audiência de instrução e julgamento independentemente de intimação.* (Incluído pela Lei nº 9.957, de 2000)
>
> *§ 3º Só será deferida intimação de testemunha que, comprovadamente convidada, deixar de comparecer. Não comparecendo a testemunha intimada, o juiz poderá determinar sua imediata condução coercitiva.* (Incluído pela Lei nº 9.957, de 2000)

Letras A, C, D e E: Ver comentários sobre o gabarito.

28. (FCC – Analista Judiciário – Oficial de Just. Avaliador – TRT 20/2016) Quanto aos procedimentos ordinário e sumaríssimo previstos na Consolidação das Leis do Trabalho

a) no sumaríssimo cada parte poderá ouvir até duas testemunhas.

b) no ordinário as testemunhas devem ser arroladas em 5 dias, sob pena de preclusão.

c) apenas no ordinário é possível a prova pericial, com adiamento da audiência para a sua realização.

d) no ordinário cada parte poderá ouvir até cinco testemunhas.

e) no sumaríssimo as testemunhas devem ser arroladas em 48 horas, sob pena de preclusão.

COMENTÁRIOS

✪ **Nota do Autor:** O procedimento ordinário é o rito padrão para o trâmite das causas na Justiça do Trabalho. As regras que o disciplinam estão positivadas, essencialmente, nos arts. 837 a 852 da CLT. Já o procedimento sumaríssimo está disciplinado nos arts. 852-A e seguintes da CLT. A questão exige o conhecimento acerca das regras procedimentais aplicáveis ao rito ordinário, bem como as regras especiais do rito sumaríssimo que visam conferir-lhe celeridade.

Gabarito: letra A.

No rito sumaríssimo cada parte pode ouvir apenas duas testemunhas:

> *Art. 852-H. Todas as provas serão produzidas na audiência de instrução e julgamento, ainda que não requeridas previamente.* (Incluído pela Lei nº 9.957, de 2000)
>
> *(...) § 2º As testemunhas, até o máximo de duas para cada parte, comparecerão à audiência de instrução e julgamento independentemente de intimação.* (Incluído pela Lei nº 9.957, de 2000)

Letra B: No rito ordinário as testemunhas comparecerão a audiência independentemente de notificação ou intimação. As que não comparecerem serão intimadas, *ex officio* ou a requerimento da parte, ficando sujeitas a condução coercitiva, além das penalidades do art. 730, caso, sem motivo justificado, não atendam à intimação. (CLT, art. 825), portanto, não há obrigação legal de apresentação de rol de testemunhas sob pena de preclusão.

Letra C: No procedimento sumaríssimo quando a prova do fato o exigir, ou for legalmente imposta, será deferida prova técnica, incumbindo ao juiz, desde logo, fixar o prazo, o objeto da perícia e nomear perito. (CLT, art. 852-H, § 4º).

Letra D: No rito ordinário cada uma das partes não poderá indicar mais de 3 (três) testemunhas, salvo quando se tratar de inquérito, caso em que esse número poderá ser elevado a 6 (seis). (CLT, art. 821).

Letra E: No procedimento sumaríssimo as demandas serão instruídas e julgadas em audiência única (CLT, art. 852-C), serão decididos, de plano, todos os incidentes e exceções que possam interferir no prosseguimento da audiência e do processo (CLT, art. 852-G), e todas as provas serão produzidas na audiência de instrução e julgamento, ainda que não requeridas previamente (CLT, art. 852-H), portanto, não há obrigação legal de apresentação de rol de testemunhas sob pena de preclusão.

---

29. (FCC – Técnico Judiciário – Área Administrativa – TRT 24/2017) Com relação ao procedimento sumaríssimo, a Consolidação das Leis do Trabalho estabelece que

a) os dissídios individuais, cujo valor não exceda a 60 vezes o salário mínimo vigente na data do ajuizamento da reclamação ficam submetidos ao procedimento sumaríssimo.

b) o juiz dirigirá o processo com liberdade para determinar as provas a serem produzidas, considerado o ônus probatório de cada litigante, podendo limitar ou excluir as que considerar excessivas, impertinentes ou protelatórias, bem como para apreciá-las e dar especial valor às regras de experiência comum ou técnica.

c) estão incluídas no procedimento sumaríssimo as demandas em que é parte a Administração pública direta, autárquica e fundacional.

d) sobre os documentos apresentados por uma das partes manifestar-se-á a parte contrária em até 5 dias, a critério do juiz.

e) em nenhuma hipótese admitir-se-á a realização de prova técnica, incumbindo ao juiz, quando sua realização for necessária, converter o rito para o procedimento ordinário.

COMENTÁRIOS

✪ **Nota do Autor:** Considerando o envolvimento de valores pecuniários mais baixos em determinadas causas, o legislador instituiu procedimentos diferenciados, tendo em vista a premissa de necessidade de solução mais ágil do conflito, bem como a maior simplicidade que lhe seria inerente, em função do valor. Assim, a Lei 9957/2000 estabeleceu o procedimento sumaríssimo, aplicável para dissídios individuais cujo valor não exceda a quarenta vezes o salário mínimo vigente na data do ajuizamento. O procedimento está disciplinado nos arts. 852-A e seguintes da CLT. Como consequência da necessidade de solução rápida do litígio, a lei estabelece regras especiais, cujo conhecimento a questão demanda.

Gabarito: letra B.

Reprodução do previsto no art. 852-D da CLT:

> *Art. 852-D. O juiz dirigirá o processo com liberdade para determinar as provas a serem produzidas, considerado o ônus probatório de cada litigante, podendo limitar ou excluir as que considerar excessivas, impertinentes ou protelatórias, bem como para apreciá-las e dar especial valor às regras de experiência comum ou técnica.*

Letra A: O procedimento sumaríssimo é aplicável para dissídios individuais cujo valor não exceda a quarenta vezes o salário mínimo vigente na data do ajuizamento da ação (CLT, art. 852-A).

Letra C: A Fazenda Pública está excluída do rito sumaríssimo, conforme previsão do art. 852-A, parágrafo único da CLT.

Letra D: No procedimento sumaríssimo as demandas serão instruídas e julgadas em audiência única (CLT, art. 852-C), serão decididos, de plano, todos os incidentes e exceções que possam interferir no prosseguimento da audiência e do processo (CLT, art. 852-G), e todas as provas serão produzidas na audiência de instrução e julgamento, ainda que não requeridas previamente (CLT, art. 852-H).

Letra E: No procedimento sumaríssimo quando a prova do fato o exigir, ou for legalmente imposta, será deferida prova técnica, incumbindo ao juiz, desde logo, fixar o prazo, o objeto da perícia e nomear perito. (CLT, art. 852-H, § 4º).

6. CUSTAS, EMOLUMENTOS E GRATUIDADE DE JUSTIÇA

- Art. 789, da CLT
- Art. 790-A, da CLT
- Súmula 25, do TST

---

30. (AOCP – Analista Judiciário – Oficial de Just. Avaliador Federal – TRT 1/2018) No que diz respeito à gratuidade da justiça e às recentes alterações impostas pela denominada "Reforma Trabalhista", assinale a alternativa INCORRETA.

a) As empresas em recuperação judicial são isentas do pagamento de depósito recursal, entretanto, estão sujeitas ao pagamento das custas processuais.

b) Para a concessão da justiça gratuita, a parte deverá comprovar insuficiência de recursos para o pagamento das custas processuais.

c) As entidades filantrópicas, assim como as empresas em recuperação judicial, têm o valor do depósito recursal reduzido pela metade.

d) A concessão de gratuidade judiciária poderá ser concedia àqueles que perceberem salário igual ou inferior a 40% (quarenta por cento) do limite máximo dos benefícios do Regime Geral de Previdência Social.

e) O valor do depósito recursal será reduzido pela metade para entidades sem fins lucrativos, empregadores domésticos, microempreendedores individuais, microempresas e empresas de pequeno porte.

COMENTÁRIOS

✪ **Nota do autor:** a questão exige expressamente conhecimento a respeito da Lei 13.467/2017. Cabe destacar que a parte beneficiária da gratuidade justiça também será isenta do pagamento de custas (CLT, art. 790-A). Assim, a empresa em recuperação judicial é automaticamente isenta do depósito recursal, mas somente será isenta das custas se for beneficiária da gratuidade de justiça no caso concreto.

Gabarito: letra C. O valor do depósito recursal será reduzido pela metade para entidades sem fins lucrativos, empregadores domésticos, microempreendedores individuais, microempresas e empresas de pequeno porte (CLT, art. 899, §9º). São isentos do depósito recursal os beneficiários da justiça gratuita, as entidades filantrópicas e as empresas em recuperação judicial (CLT, art. 899, §10). Instituição filantrópica é aquela que presta serviços de interesse público, como saúde, educação etc.; entidade sem fins lucrativos nem sempre prestará serviços de interesse social: como exemplo, uma associação de magistrados, que não tem finalidade lucrativa, mas não presta nenhum serviço público.

Letras A e E: ver comentários acima.

Letra B: O benefício da justiça gratuita será concedido à parte que comprovar insuficiência de recursos para o pagamento das custas do processo (CLT, art. 790, §4º).

Letra D: É facultado aos juízes, órgãos julgadores e presidentes dos tribunais do trabalho de qualquer instância conceder, a requerimento ou de ofício, o benefício da justiça gratuita, inclusive quanto a traslados e instrumentos, àqueles que perceberem salário igual ou inferior a 40% (quarenta por cento) do limite máximo dos benefícios do Regime Geral de Previdência Social.

---

31. (AOCP – Analista Judiciário – Área Administrativa – TRT 1/2018) No que se refere às custas no âmbito da Justiça do Trabalho, é INCORRETO afirmar que

a) as custas serão calculadas sobre o valor da causa quando houver condenação.

b) são isentos do pagamento de custas: a União; os Estados; o Distrito Federal; os Municípios e respectivas autarquias e fundações públicas federais, estaduais ou municipais que não explorem atividade econômica; o Ministério Público do Trabalho; os beneficiários de justiça gratuita.

c) as custas serão calculadas sobre o valor da causa quando houver extinção do processo sem julgamento do mérito.

d) as custas se destinam a remunerar os gastos do erário e não à garantia do juízo.

e) nas ações de qualquer natureza, de competência da Justiça do Trabalho, bem como nas demandas propostas perante a Justiça Estadual, no exercício da jurisdição trabalhista, as custas relativas ao processo de conhecimento incidirão à base de 2%, observado o valor mínimo de R$ 10,64 e o máximo de quatro vezes o limite máximo dos benefícios do Regime Geral de Previdência Social.

COMENTÁRIOS

✪ **Nota do autor:** a questão versa sobre o tema das custas, exigindo o conhecimento da redação do art. 789 da CLT, que prevê:

> *Art. 789. Nos dissídios individuais e nos dissídios coletivos do trabalho, nas ações e procedimentos de competência da Justiça do Trabalho, bem como nas demandas propostas perante a Justiça Estadual, no exercício da jurisdição trabalhista, as custas*

relativas ao processo de conhecimento incidirão à base de 2% (dois por cento), observado o mínimo de R$ 10,64 (dez reais e sessenta e quatro centavos) e o máximo de quatro vezes o limite máximo dos benefícios do Regime Geral de Previdência Social, e serão calculadas: (Caput alterado pela Lei nº 13.467/2017 – DOU 14/07/2017)

I – quando houver acordo ou condenação, sobre o respectivo valor;

II – quando houver extinção do processo, sem julgamento do mérito, ou julgado totalmente improcedente o pedido, sobre o valor da causa;

III – no caso de procedência do pedido formulado em ação declaratória e em ação constitutiva, sobre o valor da causa;

IV – quando o valor for indeterminado, sobre o que o juiz fixar.

Gabarito: letra A. Quando houver condenação, as custas são calculadas sobre o respectivo valor. O valor da condenação pode ser líquido (sentença líquida) ou apenas arbitrado pelo juiz (sentença ilíquida). Valor da condenação corresponde ao proveito patrimonial obtido pelo autor, vale dizer, deferido pelo juiz na sentença; este conceito é diferente do de valor da causa, que corresponde ao proveito econômico esperado pelo autor conforme petição inicial.

Letra B: as pessoas jurídicas de direito público, o MPT e os beneficiários da justiça gratuita são isentos do pagamento de custas.

Letra C: nos casos de extinção do processo sem resolução de mérito, bem como no de julgamento de improcedência total do pedido do autor, as custas são calculadas com base no valor da causa (= valor atribuído pelo autor na petição inicial).

Letra D: o destinatário das custas devidas nos processos trabalhistas é o Erário, ou seja, a Fazenda Pública Nacional.

Letra E: a assertiva reproduz o *caput* do art. 789 da CLT.

---

32. (FCC – Analista Judiciário – Oficial de Just. Avaliador Federal – TRT 15/2018) Nos dissídios individuais, nos dissídios coletivos, nas ações e procedimentos de competência da Justiça do Trabalho e nas demandas propostas perante a Justiça Estadual, no exercício da jurisdição trabalhista, as custas

a) serão calculadas sobre o valor arbitrado pelo juiz, no caso de procedência do pedido formulado em ação declaratória.

b) serão calculadas sobre o valor arbitrado pelo juiz, no caso de procedência do pedido formulado em ação constitutiva.

c) serão pagas, de forma solidária, pelas partes vencidas nos dissídios coletivos, e serão calculadas sobre o valor arbitrado na decisão, ou pelo Presidente do Tribunal.

d) serão pagas pelo vencido, e comprovado o seu recolhimento, quando da interposição do recurso.

e) serão calculadas sobre o valor da causa quando a condenação não for líquida.

COMENTÁRIOS

✪ **Nota do autor:** a questão se baseia na literalidade do art. 789 da CLT, que estipula:

Art. 789. Nos dissídios individuais e nos dissídios coletivos do trabalho, nas ações e procedimentos de competência da Justiça do Trabalho, bem como nas demandas propostas perante a Justiça Estadual, no exercício da jurisdição trabalhista, as custas relativas ao processo de conhecimento incidirão à base de 2% (dois por cento), observado o mínimo de R$ 10,64 (dez reais e sessenta e quatro centavos) e o máximo de quatro vezes o limite máximo dos benefícios do Regime Geral de Previdência Social, e serão calculadas

I – quando houver acordo ou condenação, sobre o respectivo valor

II – quando houver extinção do processo, sem julgamento do mérito, ou julgado totalmente improcedente o pedido, sobre o valor da causa

III – no caso de procedência do pedido formulado em ação declaratória e em ação constitutiva, sobre o valor da causa;

IV – quando o valor for indeterminado, sobre o que o juiz fixar

§ 1º As custas serão pagas pelo vencido, após o trânsito em julgado da decisão. No caso de recurso, as custas serão pagas e comprovado o recolhimento dentro do prazo recursal.

§ 2º Não sendo líquida a condenação, o juízo arbitrar-lhe-á o valor e fixará o montante das custas processuais.

§ 3º Sempre que houver acordo, se de outra forma não for convencionado, o pagamento das custas caberá em partes iguais aos litigantes.

§ 4º Nos dissídios coletivos, as partes vencidas responderão solidariamente pelo pagamento das custas, calculadas sobre o valor arbitrado na decisão, ou pelo Presidente do Tribunal.

Gabarito: letra C, conforme art. 789, §4º, da CLT.

Letras A e B: no caso de ação declaratória ou constitutiva julgada procedente, as custas são calculadas sobre o valor da causa.

Letra D: No caso de recurso, as custas serão pagas e comprovado o recolhimento dentro do prazo recursal. A interposição do recurso antes do fim do respectivo prazo não prejudica o prazo para recolhimento das custas.

Letra E: no caso de sentença ilíquida, o juiz precisa arbitrar um valor à condenação, e sobre este serão calculadas as custas.

---

33. (FCC – Técnico Judiciário – Área Administrativa – TRT 2/2018) Na reclamação trabalhista "V" o valor da causa é R$ 100.000,00. Durante a tramitação processual, as partes celebraram um acordo no valor total de R$ 70.000,00, convencionando que as custas processuais serão pagas pela empresa reclamada. Nesse caso, as custas processuais devidas pela empresa são de

a) 2% sobre o valor da causa.

b) 2% sobre o valor do acordo.

c) 1% sobre o valor do acordo.

d) 1% sobre o valor da causa.

e) 3% sobre o valor da causa.

COMENTÁRIOS

✪ **Nota do autor:** a questão versa sobre o tema das custas, exigindo o conhecimento da redação do art. 789 da CLT, que prevê:

> *Art. 789. Nos dissídios individuais e nos dissídios coletivos do trabalho, nas ações e procedimentos de competência da Justiça do Trabalho, bem como nas demandas propostas perante a Justiça Estadual, no exercício da jurisdição trabalhista, as custas relativas ao processo de conhecimento incidirão à base de 2% (dois por cento), observado o mínimo de R$ 10,64 (dez reais e sessenta e quatro centavos) e o máximo de quatro vezes o limite máximo dos benefícios do Regime Geral de Previdência Social, e serão calculadas: (Caput alterado pela Lei n° 13.467/2017 – DOU 14/07/2017)*
>
> *I – quando houver acordo ou condenação, sobre o respectivo valor;*
>
> *II – quando houver extinção do processo, sem julgamento do mérito, ou julgado totalmente improcedente o pedido, sobre o valor da causa;*
>
> *III – no caso de procedência do pedido formulado em ação declaratória e em ação constitutiva, sobre o valor da causa;*
>
> *IV – quando o valor for indeterminado, sobre o que o juiz fixar.*

No caso hipotético em questão, é irrelevante o valor da causa, pois as custas são fixadas sobre o valor do acordo, no percentual de 2%, conforme art. 789, I, da CLT.

Gabarito: Letra B.

Demais assertivas: ver nota do autor.

---

34. (FCC – Técnico Judiciário – Área Administrativa – TRT 4/2015) No tocante às custas e emolumentos, considere:

I. No caso de inversão do ônus da sucumbência em segundo grau, sem acréscimo ou atualização do valor das custas e se estas já foram devidamente recolhidas, descabe um novo pagamento pela parte vencida, ao recorrer. Deverá ao final, se sucumbente, reembolsar a quantia.

II. O reembolso das custas à parte vencedora faz-se necessário exceto na hipótese em que a parte vencida for pessoa isenta do seu pagamento, nos termos da lei.

III. Nos dissídios individuais, em regra, as custas relativas ao processo de conhecimento incidirão à base de 2% calculadas, quando houver extinção do processo, sem julgamento do mérito, sobre o valor da causa.

IV. A isenção das custas alcança as entidades fiscalizadoras do exercício profissional.

Nos termos da jurisprudência sumulada do TST e regras contidas na Consolidação das Leis do Trabalho, está correto o que se afirma APENAS em

a) I, II e III.

b) II e IV.

c) I e III.

d) II, III e IV.

e) I e IV.

COMENTÁRIOS

✪ **Nota do Autor:** Custas são uma espécie de tributo, com natureza jurídica de taxa, que remunera o serviço público judiciário efetivamente utilizado ou posto à disposição do cidadão. A questão exige conhecimento acerca dos critérios para incidência das custas no Processo do Trabalho.

Item I: – Previsão do item II da Súmula 25 do TST.

> *Súmula 25 do TST.*
>
> *(....) II- No caso de inversão do ônus da sucumbência em segundo grau, sem acréscimo ou atualização do valor das custas e se estas já foram devidamente recolhidas, descabe um novo pagamento pela parte*

vencida, ao recorrer. Deverá ao final, se sucumbente, reembolsar a quantia

Item II: Assertiva contrária ao item IV da Súmula 25 do TST.

Súmula 25 do TST.

(...) IV- O reembolso das custas à parte vencedora faz-se necessário mesmo na hipótese em que a parte vencida for pessoa isenta do seu pagamento, nos termos do art. 790-A, parágrafo único, da CLT.

Item III: Nos dissídios individuais e nos dissídios coletivos do trabalho, nas ações e procedimentos de competência da Justiça do Trabalho, bem como nas demandas propostas perante a Justiça Estadual, no exercício da jurisdição trabalhista, as custas relativas ao processo de conhecimento incidirão à base de 2% (dois por cento), observado o mínimo de R$ 10,64 (dez reais e sessenta e quatro centavos) e o máximo de quatro vezes o limite máximo dos benefícios do Regime Geral de Previdência Social. (CLT, art. 789-A).

Item IV: O art. 790-A, parágrafo único, da CLT prevê expressamente que:

Art. 790-A – São isentos de custas, além dos beneficiários de justiça gratuita:

(...) parágrafo único. A isenção prevista neste artigo não alcança as entidades fiscalizadoras do exercício profissional, nem exime as pessoas jurídicas referidas no inciso I da obrigação de reembolsar as despesas judiciais realizadas pela parte vencedora. (Incluído pela Lei nº 10.537, de 27.8.2002).

Gabarito: letra C.

▸ Art. 789, I, da CLT

35. (FCC – Analista Judiciário – Área Judiciária – TRT 3/2015) No Processo do Trabalho, na fase de conhecimento, as custas serão sempre pagas

a) no momento da propositura da ação e incidirão no percentual de 2% sobre o valor atribuído à causa.

b) ao final do processo e incidirão no percentual de 2% sobre o valor da causa, em caso de procedência ou procedência em parte do pedido, e sobre o valor do acordo, em caso de conciliação.

c) ao final do processo e incidirão no percentual de 2% sobre o valor da condenação, em caso de procedência e procedência em parte do pedido, e sobre o valor do acordo, em caso de conciliação.

d) ao final do processo e incidirão no percentual de 5% sobre o valor da condenação, em caso de procedência, procedência em parte do pedido e sobre o valor do acordo, em caso de conciliação.

e) ao final do processo e incidirão no percentual de 5% sobre o valor da condenação, apurado em liquidação de sentença, em caso de procedência, procedência em parte do pedido, e sobre o valor do acordo, em caso de conciliação.

COMENTÁRIOS

✪ **Nota do Autor:** Custas são uma espécie de tributo, com natureza jurídica de taxa, que remunera o serviço público judiciário efetivamente utilizado ou posto à disposição do cidadão.

Gabarito: letra C.

Nos dissídios individuais e nos dissídios coletivos do trabalho, nas ações e procedimentos de competência da Justiça do Trabalho, bem como nas demandas propostas perante a Justiça Estadual, no exercício da jurisdição trabalhista, as custas relativas ao processo de conhecimento incidirão à base de 2% (dois por cento), observado o mínimo de R$ 10,64 (dez reais e sessenta e quatro centavos) e o máximo de quatro vezes o limite máximo dos benefícios do Regime Geral de Previdência Social. (CLT, art. 789-A). As custas serão calculadas sobre:

Art. 789-A. (....)

I – quando houver acordo ou condenação, sobre o respectivo valor;

Letra A: As custas serão pagas pelo vencido, após o trânsito em julgado da decisão. No caso de recurso, as custas serão pagas e comprovado o recolhimento dentro do prazo recursal (CLT, art. 789-A, §1º).

Letras B, D e E: Ver comentários sobre o gabarito.

36. (FCC – Analista Judiciário – Oficial de Justiça Avaliador – TRT 3/2015) São isentos do pagamento de custas processuais:

a) os beneficiários da justiça gratuita, a União, os Estados, o Distrito Federal, os Municípios e respectivas autarquias e fundações públicas federais, estaduais ou municipais que explorem ou não atividade econômica, as sociedades de economia mista, os sindicatos profissionais, as associações civis e o Ministério Público do Trabalho.

b) os beneficiários da justiça gratuita, a União, os Estados, o Distrito Federal, os Municípios e respectivas autarquias e fundações públicas federais, estaduais ou municipais que não explorem atividade econômica, as associações civis, o Ministério Público do Trabalho e a Ordem dos Advogados do Brasil.

c) os beneficiários da justiça gratuita, a União, os Estados, o Distrito Federal, os Municípios e respectivas autarquias e fundações públicas federais, estaduais ou municipais que não explorem atividade econômica e o Ministério Público do Trabalho.

d) a União, os Estados, o Distrito Federal, os Municípios e respectivas autarquias e fundações públicas federais, estaduais ou municipais que explorem ou não atividade econômica, os sindicatos profissionais, o Ministério Público do Trabalho e a Ordem dos Advogados do Brasil.

e) a União, os Estados, o Distrito Federal, os Municípios e respectivas autarquias e fundações públicas federais, estaduais ou municipais que explorem ou não atividade econômica, as sociedades de economia mista, o Ministério Público do Trabalho e a Ordem dos Advogados do Brasil.

COMENTÁRIOS

✪ **Nota do Autor:** Custas são uma espécie de tributo, com natureza jurídica de taxa, que remunera o serviço público judiciário efetivamente utilizado ou posto à disposição do cidadão. A questão exige o conhecimento acerca das hipóteses legais previstas no art. 790-A da CLT de isenção do pagamento de custas processuais.

Gabarito: letra C.

> *Art. 790-A. São isentos do pagamento de custas, além dos beneficiários de justiça gratuita:* (Incluído pela Lei nº 10.537, de 27.8.2002)
>
> *I – a União, os Estados, o Distrito Federal, os Municípios e respectivas autarquias e fundações públicas federais, estaduais ou municipais que não explorem atividade econômica;* (Incluído pela Lei nº 10.537, de 27.8.2002)
>
> *II – o Ministério Público do Trabalho.* (Incluído pela Lei nº 10.537, de 27.8.2002)
>
> *Parágrafo único. A isenção prevista neste artigo não alcança as entidades fiscalizadoras do exercício profissional, nem exime as pessoas jurídicas referidas no inciso I da obrigação de reembolsar as despesas judiciais realizadas pela parte vencedora.*

Letras A, B, D e E: Ver comentários sobre o gabarito. Os sindicatos e empresas estatais não gozam da isenção legal.

---

37. (FCC – Analista Judiciário – Área Judiciária – TRT 4/2015) Em relação às custas processuais e aos emolumentos no Processo Judiciário Trabalhista é correto afirmar que:

a) não há previsão expressa na Consolidação das Leis do Trabalho, razão pela qual se aplicam as normas relativas ao processo ordinário que tramita na Justiça Federal.

b) caso o empregado não tenha obtido o benefício da justiça gratuita, ou isenção de custas, o sindicato que houver intervindo no processo responderá solidariamente pelo pagamento das custas devidas.

c) as custas relativas ao processo de conhecimento incidirão à base de 1% e serão calculadas sobre o valor arbitrado pelo Juiz quando houver extinção do processo, sem resolução do mérito.

d) não havendo nenhuma norma de caráter trabalhista sobre o tema, aplicam-se as regras do Código de Processo Civil.

e) as custas serão recolhidas pelo autor na distribuição da ação e caso seja vencedor da demanda, será ressarcido pelo vencido que, para poder recorrer, deverá comprovar o recolhimento no prazo de 48 horas após a publicação da sentença.

COMENTÁRIOS

✪ **Nota do Autor:** Custas são uma espécie de tributo, com natureza jurídica de taxa, que remunera o serviço público judiciário efetivamente utilizado ou posto à disposição do cidadão. A questão exige o conhecimento acerca das regras previstas nos arts. 790 CLT acerca das custas processuais.

Gabarito: letra B.

Previsão do art. 790, §1º da CLT:

> *Art. 790. Nas Varas do Trabalho, nos Juízos de Direito, nos Tribunais e no Tribunal Superior do Trabalho, a forma de pagamento das custas e emolumentos obedecerá às instruções que serão expedidas pelo Tribunal Superior do Trabalho.* (Redação dada pela Lei nº 10.537, de 27.8.2002)
>
> *§ 1º Tratando-se de empregado que não tenha obtido o benefício da justiça gratuita, ou isenção de custas, o sindicato que houver intervindo no processo responderá solidariamente pelo pagamento das custas devidas.* (Redação dada pela Lei nº 10.537, de 27.8.2002)

Letra A: As custas processuais e emolumentos na Justiça do Trabalho estão regulamentadas nos artigos 789 a 790-B, da CLT não havendo que se falar em aplicação direta das normas previstas para a Justiça Federal.

Letra C: Nos dissídios individuais e nos dissídios coletivos do trabalho, nas ações e procedimentos de competência da Justiça do Trabalho, bem como nas demandas propostas perante a Justiça Estadual, no exercício da jurisdição trabalhista, as custas relativas ao processo de conhecimento incidirão à base de 2% (dois por cento), observado o mínimo de R$ 10,64 (dez reais e sessenta e quatro centavos) e serão calculadas quando houver extinção do processo, sem julgamento do mérito, ou julgado totalmente improcedente o pedido, sobre o valor da causa (CLT – Art. 789, II).

Letra D: Somente nos casos omissos, o direito processual comum será fonte subsidiária do direito processual do trabalho (CLT, art. 769). As custas processuais e emolumentos na Justiça do Trabalho estão regulamentadas nos artigos 789 a 790-B, da CLT.

Letra E: Ver comentários sobre o gabarito.

▸ Art. 767 da CLT e Súmula 48 TST

38. (FCC – Analista Judiciário – Área Administrativa – TRT 9/2015) Considere:

I. Conselho Regional dos Corretores de Imóveis do Estado do Paraná.

II. Conselho Federal da Ordem dos Advogados do Brasil.

III. Ministério Público do Trabalho.

IV. Fundação Pública Municipal "A"

De acordo com a Consolidação das Leis do Trabalho, são isentos do pagamento de custas processuais os indicados em

a) II, III e IV, apenas.

b) I, II, III e IV.

c) III e IV, apenas.

d) II e IV, apenas.

e) I, II e III, apenas.

COMENTÁRIOS

✪ **Nota do Autor:** Custas são uma espécie de tributo, com natureza jurídica de taxa, que remunera o serviço público judiciário efetivamente utilizado ou posto à disposição do cidadão. A questão exige o conhecimento acerca das regras previstas no art. 790-A CLT acerca da isenção para o pagamento das custas processuais.

Gabarito: letra C.

> *Art. 790-A. São isentos do pagamento de custas, além dos beneficiários de justiça gratuita:* (Incluído pela Lei nº 10.537, de 27.8.2002)
>
> *I – a União, os Estados, o Distrito Federal, os Municípios e respectivas autarquias e fundações públicas federais, estaduais ou municipais que não explorem atividade econômica;* (Incluído pela Lei nº 10.537, de 27.8.2002)
>
> *II – o Ministério Público do Trabalho.* (Incluído pela Lei nº 10.537, de 27.8.2002)
>
> *Parágrafo único. A isenção prevista neste artigo não alcança as entidades fiscalizadoras do exercício profissional, nem exime as pessoas jurídicas referidas no inciso I da obrigação de reembolsar as despesas judiciais realizadas pela parte vencedora.*

Item I: Excluído da isenção por força do art. 790-A, parágrafo único da CLT.

Item II: Excluído da isenção por força do art. 790-A, parágrafo único da CLT.

Item III: Art. 790-A, II da CLT.

Item IV: Art. 790-A, I da CLT.

39. (FCC – Analista Judiciário – Área Judiciária – TRT 9/2015) Segundo as normas que regem a matéria relativa às custas processuais e aos emolumentos no Processo Judiciário do Trabalho,

a) as custas relativas ao processo de conhecimento incidirão à base de 1% e serão calculadas, no caso de procedência do pedido formulado em ação declaratória, por valor arbitrado pelo juiz, ainda que tenha sido atribuído um valor à causa pelo autor.

b) em caso de acordo na reclamatória trabalhista, se de outra forma não for convencionado, o pagamento das custas caberá ao reclamado, visto que implicará pagamento de algum valor ao reclamante.

c) a isenção de custas processuais prevista na CLT é extensiva e alcança as entidades fiscalizadoras do exercício profissional.

d) nos dissídios coletivos, as partes vencidas responderão solidariamente pelo pagamento das custas, calculadas sobre o valor arbitrado na decisão, ou pelo Presidente do Tribunal.

e) a responsabilidade pelo pagamento dos honorários periciais é da parte sucumbente na pretensão objeto da perícia, ainda que beneficiária de justiça gratuita, uma vez que a gratuidade atinge apenas as custas processuais em sentido estrito e não o labor de terceiro.

COMENTÁRIOS

✪ **Nota do Autor:** Custas são uma espécie de tributo, com natureza jurídica de taxa, que remunera o serviço público judiciário efetivamente utilizado ou posto à disposição do cidadão. A questão exige o conhecimento acerca das regras previstas no art. 789 e seguintes da CLT acerca das custas processuais.

Gabarito: letra D.

Reprodução literal do art. 789, §4º da CLT:

> *Art. 789. (...) § 4º Nos dissídios coletivos, as partes vencidas responderão*

solidariamente *pelo pagamento das custas, calculadas sobre o valor arbitrado na decisão, ou pelo Presidente do Tribunal.*

Letra A: Nos dissídios individuais e nos dissídios coletivos do trabalho, nas ações e procedimentos de competência da Justiça do Trabalho, bem como nas demandas propostas perante a Justiça Estadual, no exercício da jurisdição trabalhista, as custas relativas ao processo de conhecimento incidirão à base de 2% (dois por cento), observado o mínimo de R$ 10,64 (dez reais e sessenta e quatro centavos) e serão calculadas no caso de procedência do pedido formulado em ação declaratória e em ação constitutiva, sobre o valor da causa. (CLT - Art. 789, III).

Letra B: Sempre que houver acordo, se de outra forma não for convencionado, o pagamento das custas caberá em partes iguais aos litigantes. (CLT - Art. 789, § 3º).

Letra C: Apesar de constituírem autarquias em regime especial, as entidades fiscalizadoras do exercício profissional estão excluídas da isenção do pagamento das custas processuais para a Fazenda Pública por força de disposição expressa do art. 790-A, parágrafo único da CLT.

Letra E: A Lei 13.467, de 2017 alterou a redação do art. 790-B da CLT e passou a dispor que a responsabilidade pelo pagamento dos honorários periciais é da parte sucumbente na pretensão objeto da perícia, ainda que beneficiária da justiça gratuita. Somente no caso em que o beneficiário da justiça gratuita não tenha obtido em juízo créditos capazes de suportar a despesa referida no caput, ainda que em outro processo, a União responderá pelo encargo. (CLT, art. 790-B, caput e §4º). Contudo, tal dispositivo foi declarado inconstitucional pelo STF na ADI 5766. Atualmente, portanto, é inconstitucional a cobrança de honorários periciais em desfavor do beneficiário da justiça gratuita, ainda que ele tenha créditos a receber no processo. Caso o beneficiário da gratuidade seja vencido no pedido (= pretensão) objeto da perícia, a União arcará com os honorários periciais devidos.

A questão foi elaborada no ano de 2015, sendo que, à época, a redação do art. 790-B da CLT excluía a parte beneficiária da justiça gratuita do pagamento dos honorários periciais.

---

40. (FCC - Analista Judiciário - Área Judiciária - Oficial de Justiça Avaliador - TRT 9/2015) Zeus, servidor público da FUPAI - Fundação Pública de Amparo aos Idosos do Município de Curitiba, entidade que não explora atividade econômica, contratado pelo regime da CLT, ajuizou reclamatória trabalhista com dois pedidos: pagamento de adicional de periculosidade e de horas extraordinárias, atribuindo à causa o valor de R$ 50.000,00. A ação foi julgada procedente em parte, o autor foi vencedor no pedido de adicional de periculosidade e perdedor no de horas extraordinárias. Nessa hipótese, as custas processuais serão atribuídas

a) em 50% para cada parte em razão de que, havendo dois pedidos, apenas um foi procedente e à base de 2% sobre o valor de cada pedido.

b) ao réu que deverá arcar com o pagamento à base de 2% sobre o valor da causa, sem isenção porque esta atinge apenas a União, os Estados, Distrito Federal e os Municípios e não entes da Administração indireta como Fundações.

c) ao réu, visto que foi vencido em um dos pedidos e à base de 2% sobre o valor da condenação, ficando a Fundação pública isenta na forma da lei.

d) para cada uma das partes na proporção exata de cada pedido, visto que houve sucumbência recíproca e à base de 1% sobre o valor de cada pedido.

e) ao réu que deverá arcar com 50% do valor, uma vez que sucumbente apenas na metade dos pedidos e à base de 1% sobre o valor da condenação.

COMENTÁRIOS

✪ **Nota do Autor:** Custas são uma espécie de tributo, com natureza jurídica de taxa, que remunera o serviço público judiciário efetivamente utilizado ou posto à disposição do cidadão. A questão exige o conhecimento acerca das regras previstas no art. 789 e seguintes da CLT acerca das custas processuais.

Gabarito: letra D.

Nos dissídios individuais e nos dissídios coletivos do trabalho, nas ações e procedimentos de competência da Justiça do Trabalho, bem como nas demandas propostas perante a Justiça Estadual, no exercício da jurisdição trabalhista, as custas relativas ao processo de conhecimento incidirão à base de 2% (dois por cento), observado o mínimo de R$ 10,64 (dez reais e sessenta e quatro centavos) e serão calculadas quando houver condenação, sobre o respectivo valor. (CLT - Art. 789, I).

Letras A, C e E: Ver comentários sobre o gabarito.

Letra B: São isentos do pagamento de custas, além dos beneficiários de justiça gratuita a União, os Estados, o Distrito Federal, os Municípios e respectivas autarquias e fundações públicas federais, estaduais ou municipais que não explorem atividade econômica; (CLT, art. 790-A, I).

---

41. (FCC - Técnico Judiciário - Área Administrativa - TRT 9/2015) Júlia ajuizou reclamação trabalhista em face de sua ex-empregadora, a empresa "G", requerendo apenas indenização por supostos danos morais que teria sofrido durante a relação empregatícia, dando à causa o valor de R$ 38.000,00. Após a regular instrução processual, foi proferida sentença condenando a empresa "G" a indenizar Júlia em R$ 24.000,00, que corresponde a dez vezes o último salário recebido. A empresa "G" pretende recorrer. Neste caso, além do depósito recursal, ela terá que efetuar o pagamento das custas processuais no valor de

a) R$ 570,00.
b) R$ 760,00.
c) R$ 240,00.
d) R$ 380,00.
e) R$ 480,00.

COMENTÁRIOS

✪ **Nota do Autor:** Custas são uma espécie de tributo, com natureza jurídica de taxa, que remunera o serviço público judiciário efetivamente utilizado ou posto à disposição do cidadão. A questão exige o conhecimento acerca das regras previstas no art. 789 e seguintes da CLT acerca das custas processuais.

Gabarito: letra E.

Nos dissídios individuais e nos dissídios coletivos do trabalho, nas ações e procedimentos de competência da Justiça do Trabalho, bem como nas demandas propostas perante a Justiça Estadual, no exercício da jurisdição trabalhista, as custas relativas ao processo de conhecimento incidirão à base de 2% (dois por cento), observado o mínimo de R$ 10,64 (dez reais e sessenta e quatro centavos) e serão calculadas quando houver condenação, sobre o respectivo valor. (CLT – Art. 789, I).

Letras A, B, C e D: Ver comentários sobre o gabarito.

---

42. (FCC – Analista Judiciário – Área Judiciária – TRT 14/2016) Como o Estado não pode assumir todos os encargos para satisfação dos gastos da administração da justiça, no processo trabalhista, como regra, as partes estão sujeitas ao pagamento de custas. Entretanto, por força da lei, estão isentos do pagamento de custas nos processos que tramitam na Justiça do Trabalho:

a) As instituições de beneficência, associações recreativas ou outras instituições sem fins lucrativos.
b) As entidades de caráter religioso declaradas de utilidade pública em nível federal.
c) Os empregadores domésticos em razão da ausência de finalidade lucrativa do trabalho doméstico.
d) As empresas públicas e sociedades de economia mista federais.
e) As autarquias e fundações públicas federais, estaduais ou municipais que não explorem atividade econômica.

COMENTÁRIOS

✪ **Nota do Autor:** Custas são uma espécie de tributo, com natureza jurídica de taxa, que remunera o serviço público judiciário efetivamente utilizado ou posto à disposição do cidadão. A questão exige o conhecimento acerca das regras previstas no art. 790-A CLT acerca da isenção para o pagamento das custas processuais.

Gabarito: letra E.

São isentos do pagamento de custas, além dos beneficiários de justiça gratuita a União, os Estados, o Distrito Federal, os Municípios e respectivas autarquias e fundações públicas federais, estaduais ou municipais que não explorem atividade econômica. (CLT, art. 790-A, I).

Letras A, B, C e D: Ver comentários sobre o gabarito.

---

43. (FCC – Analista Judiciário – Área Judiciária – Oficial de Justiça Avaliador – TRT 14/2016) Conforme normas aplicáveis ao tema relativo às custas processuais e aos emolumentos no Processo Judiciário do Trabalho,

a) apenas a União, dentre os entes federativos, está isenta do pagamento de custas processuais, ainda que vencida, visto que a Justiça do Trabalho é órgão do Poder Judiciário Federal.
b) as empresas públicas federais estão isentas de custas processuais, mas não dos emolumentos na fase executória.
c) o Ministério Público do Trabalho está isento do recolhimento de custas processuais.
d) no processo ou fase de execução não há incidência de custas ou emolumentos por faltas de previsão legal.
e) as autarquias municipais não estão isentas do recolhimento de custas processuais.

COMENTÁRIOS

✪ **Nota do Autor:** Custas são uma espécie de tributo, com natureza jurídica de taxa, que remunera o serviço público judiciário efetivamente utilizado ou posto à disposição do cidadão. A questão exige o conhecimento acerca das regras previstas no art. 790-A CLT acerca da isenção para o pagamento das custas processuais.

Gabarito: letra C.

São isentos do pagamento de custas, além dos beneficiários de justiça gratuita a União, os Estados, o Distrito Federal, os Municípios e respectivas autarquias e fundações públicas federais, estaduais ou municipais que não explorem atividade econômica

(CLT, art. 790-A, I) e o Ministério Público do Trabalho (CLT, art. 790-A, II).

Letras A, B e C: Ver comentários sobre o gabarito.

Letra D: As custas processuais e emolumentos na Justiça do Trabalho estão regulamentadas nos artigos 789 a 790-B, da CLT. O art. 789-A da CLT disciplina o pagamento das custas na fase de execução e o art. 789-B da CLT os emolumentos.

---

44. (FCC – Técnico Judiciário – Área Administrativa – TRT 14/2016) Em relação às custas e aos emolumentos nos dissídios individuais e coletivos do trabalho e nas ações e procedimentos de competência da Justiça do Trabalho, é correto afirmar:

a) As custas no processo de conhecimento incidirão à base de 2%, observado o mínimo de R$ 10,64.

b) Quando houver acordo, o pagamento das custas caberá à reclamada visto que arcará com pagamento ao reclamante.

c) Não há previsão legal para o pagamento de custas ou emolumentos no processo ou fase de execução.

d) Não haverá qualquer responsabilidade do ente sindical pelo pagamento das custas devidas caso o empregado não tenha obtido benefício da justiça gratuita ou isenção de custas e tenha havido a intervenção do sindicato no processo.

e) São isentos do pagamento de custas processuais as sociedades de economia mista.

COMENTÁRIOS

✪ **Nota do Autor:** Custas são uma espécie de tributo, com natureza jurídica de taxa, que remunera o serviço público judiciário efetivamente utilizado ou posto à disposição do cidadão. A questão exige o conhecimento acerca das regras previstas no art. 789 e seguintes da CLT acerca das custas processuais.

Gabarito: letra A.

Nos dissídios individuais e nos dissídios coletivos do trabalho, nas ações e procedimentos de competência da Justiça do Trabalho, bem como nas demandas propostas perante a Justiça Estadual, no exercício da jurisdição trabalhista, as custas relativas ao processo de conhecimento incidirão à base de 2% (dois por cento), observado o mínimo de R$ 10,64 (dez reais e sessenta e quatro centavos) (CLT – Art. 789, *caput*).

Letra B: Sempre que houver acordo, se de outra forma não for convencionado, o pagamento das custas caberá em partes iguais aos litigantes. (CLT – Art. 789, § 3º).

Letra C: As custas processuais e emolumentos na Justiça do Trabalho estão regulamentadas nos artigos 789 a 790-B, da CLT. O art. 789-A da CLT disciplina o pagamento das custas na fase de execução e o art. 789-B da CLT os emolumentos.

Letra D: A isenção do pagamento de custas processuais está disciplinada no art. 790-A da CLT. O sindicato não goza dos mesmos privilégios e prerrogativas da Fazenda Pública e, em se tratando de empregado que não tenha obtido o benefício da justiça gratuita, ou isenção de custas, o sindicato que houver intervindo no processo responderá solidariamente pelo pagamento das custas devidas. (CLT, art. 790, §1º).

Letra E: São isentos do pagamento de custas, além dos beneficiários de justiça gratuita a União, os Estados, o Distrito Federal, os Municípios e respectivas autarquias e fundações públicas federais, estaduais ou municipais que não explorem atividade econômica (CLT, art. 790-A, I) e o Ministério Público do Trabalho (CLT, art. 790-A, II). Além da ausência de previsão legal, a súmula 170 do TST disciplina o assunto:

> *SOCIEDADE DE ECONOMIA MISTA. CUSTAS (mantida) – Res. 121/2003, DJ 19, 20 e 21.11.2003*
>
> *Os privilégios e isenções no foro da Justiça do Trabalho não abrangem as sociedades de economia mista, ainda que gozassem desses benefícios anteriormente ao Decreto-Lei nº 779, de 21.08.1969 (ex-Prejulgado nº 50).*

---

45. (FCC – Analista Judiciário – Área Judiciária – TRT 11/2017) No tocante às custas, considere:

I. A parte vencedora na primeira instância, se vencida na segunda, está obrigada, independentemente de intimação, a pagar as custas fixadas na sentença originária, das quais ficara isenta a parte então vencida.

II. No caso de inversão do ônus da sucumbência em segundo grau, sem acréscimo ou atualização do valor das custas e se estas já foram devidamente recolhidas, caberá um novo pagamento pela parte vencida, ao recorrer.

III. Não caracteriza deserção a hipótese em que, acrescido o valor da condenação, não houve fixação ou cálculo do valor devido a título de custas e tampouco intimação da parte para o preparo do recurso, devendo ser as custas pagas ao final.

IV. Não há reembolso das custas à parte vencedora mesmo na hipótese em que a parte vencida for pessoa isenta do seu pagamento, nos termos previstos na Consolidação das Leis do Trabalho.

Está correto o que se afirma APENAS em

a) II e III.

b) I e III.

c) I, II e IV.

d) II, III e IV.

e) I e IV.

COMENTÁRIOS

✪ **Nota do Autor:** Custas são uma espécie de tributo, com natureza jurídica de taxa, que remunera o serviço público judiciário efetivamente utilizado ou posto à disposição do cidadão. A questão exige o conhecimento acerca das regras previstas na Súmula 25 do TST acerca das custas processuais e inversão do ônus da sucumbência.

Gabarito: letra B.

Súmula nº 25 do TST

CUSTAS PROCESSUAIS. INVERSÃO DO ÔNUS DA SUCUMBÊNCIA. (alterada a Súmula e incorporadas as Orientações Jurisprudenciais nºs 104 e 186 da SBDI-1) – Res. 197/2015 – DEJT divulgado em 14, 15 e 18.05.2015

I – A parte vencedora na primeira instância, se vencida na segunda, está obrigada, independentemente de intimação, a pagar as custas fixadas na sentença originária, das quais ficara isenta a parte então vencida;

II – No caso de inversão do ônus da sucumbência em segundo grau, sem acréscimo ou atualização do valor das custas e se estas já foram devidamente recolhidas, descabe um novo pagamento pela parte vencida, ao recorrer. Deverá ao final, se sucumbente, reembolsar a quantia; (ex-OJ nº 186 da SBDI-I)

III – Não caracteriza deserção a hipótese em que, acrescido o valor da condenação, não houve fixação ou cálculo do valor devido a título de custas e tampouco intimação da parte para o preparo do recurso, devendo ser as custas pagas ao final; (ex-OJ nº 104 da SBDI-I)]

IV – O reembolso das custas à parte vencedora faz-se necessário mesmo na hipótese em que a parte vencida for pessoa isenta do seu pagamento, nos termos do art. 790-A, parágrafo único, da CLT.

Item I: Reprodução da Súmula 25, I do TST.

Item II: Assertiva contrária a Súmula 25, II do TST. Em caso de inversão do ônus da sucumbência em segundo grau, sem acréscimo ou atualização do valor das custas e se estas já foram devidamente recolhidas, descabe um novo pagamento pela parte vencida, ao recorrer.

Item III: Reprodução da Súmula 25, III do TST.

Item IV: Assertiva contrária a Súmula 25, IV do TST. – O reembolso das custas à parte vencedora faz-se necessário mesmo na hipótese em que a parte vencida for pessoa isenta do seu pagamento.

46. (FCC – Técnico Judiciário – Área Administrativa – TRT 20/2016) Afrodite, empregada doméstica, ajuizou ação reclamatória trabalhista em face de sua ex-empregadora Minerva, postulando o pagamento de horas extras, férias e 13º salários não adimplidos. A ação foi julgada procedente em parte, uma vez que foram acolhidos apenas os pedidos de férias e 13º salários, sendo rejeitado o pedido de horas extras. No caso proposto, o valor, bem como a responsabilidade pelo pagamento das custas processuais, será de

a) 2% sobre o valor da condenação a cargo da parte vencida, ou seja, da reclamada.

b) 1% sobre o valor de cada pedido acolhido sob a responsabilidade da reclamada e 1% sobre o pedido não acolhido sob a responsabilidade da reclamante.

c) 2% sobre o valor dos pedidos acolhidos, com redução proporcional ao pedido não acolhido, sob a responsabilidade da reclamada.

d) 2% sobre o valor da causa, pagas pela reclamante, porque não houve procedência total dos pedidos requeridos.

e) 1% sobre o valor da causa, a cargo da reclamada, visto que houve procedência apenas parcial.

COMENTÁRIOS

✪ **Nota do Autor:** Custas são uma espécie de tributo, com natureza jurídica de taxa, que remunera o serviço público judiciário efetivamente utilizado ou posto à disposição do cidadão. A questão exige o conhecimento acerca das regras previstas no art. 789 e seguintes da CLT acerca das custas processuais.

Gabarito: letra A.

Nos dissídios individuais e nos dissídios coletivos do trabalho, nas ações e procedimentos de competência da Justiça do Trabalho, bem como nas demandas propostas perante a Justiça Estadual, no exercício da jurisdição trabalhista, as custas relativas ao processo de conhecimento incidirão à base de 2% (dois por cento), observado o mínimo de R$ 10,64 (dez reais e sessenta e quatro centavos) e serão calculadas quando houver condenação, sobre o respectivo valor. (CLT – Art. 789, I).

Letras B, C, D e E: Ver comentários sobre o gabarito.

47. (FCC – Analista Judiciário – Oficial de Just. Avaliador – TRT 11/2017) São isentos do pagamento de custas, além dos beneficiários de justiça gratuita:

a) apenas a União, os Estados, o Distrito Federal, os Municípios e o Ministério Público do Trabalho.

b) apenas o Ministério Público do Trabalho.

c) a União, os Estados, o Distrito Federal, os Municípios e respectivas autarquias e fundações públicas federais, estaduais ou municipais que não explorem atividade econômica e o Ministério Público do Trabalho.

d) a União, os Estados, o Distrito Federal, os Municípios e respectivas autarquias e fundações públicas federais, estaduais ou municipais que não explorem atividade econômica, bem como as entidades fiscalizadoras do exercício profissional e o Ministério Público do Trabalho.

e) apenas a União, os Estados, o Distrito Federal, os Municípios e respectivas autarquias e fundações públicas federais, estaduais ou municipais que não explorem atividade econômica.

COMENTÁRIOS

✪ **Nota do Autor:** Custas são uma espécie de tributo, com natureza jurídica de taxa, que remunera o serviço público judiciário efetivamente utilizado ou posto à disposição do cidadão. A questão exige o conhecimento acerca das regras previstas no art. 790-A CLT acerca da isenção para o pagamento das custas processuais.

Gabarito: letra C.

São isentos do pagamento de custas, além dos beneficiários de justiça gratuita a União, os Estados, o Distrito Federal, os Municípios e respectivas autarquias e fundações públicas federais, estaduais ou municipais que não explorem atividade econômica (CLT, art. 790-A, I) e o Ministério Público do Trabalho (CLT, art. 790-A, II). Além da ausência de previsão legal, a súmula 170 do TST disciplina o assunto:

> *SOCIEDADE DE ECONOMIA MISTA. CUSTAS (mantida) – Res. 121/2003, DJ 19, 20 e 21.11.2003*

Os privilégios e isenções no foro da Justiça do Trabalho não abrangem as sociedades de economia mista, ainda que gozassem desses benefícios anteriormente ao Decreto-Lei nº 779, de 21.08.1969 (ex-Prejulgado nº 50).

Letras A, B, D e E: Ver comentários sobre o gabarito.

---

48. (FCC – Analista Judiciário – Área Judiciária – TRT 24/2017) Em audiência realizada no curso da ação trabalhista movida por Perseu em face da empresa Cavalo de Tróia Empreendimentos, após terem sido ouvidas as partes, o Juiz apresentou proposta conciliatória que foi aceita pelas partes. Entretanto, nada foi ajustado sobre custas. Conforme normas contidas na Consolidação das Leis do Trabalho, as custas processuais

a) ficarão a cargo da reclamada, em razão do princípio da hipossuficiência do trabalhador.

b) serão de responsabilidade do reclamante que irá se beneficiar com proveito econômico do acordo.

c) serão dispensadas pela União nos casos de conciliação em processo trabalhista.

d) caberão em partes iguais aos litigantes, sempre que houver acordo, se de outra forma não for convencionado.

e) serão atribuídas sempre à reclamada, uma vez que o acordo implica em confissão de dívida.

COMENTÁRIOS

✪ **Nota do Autor:** Custas são uma espécie de tributo, com natureza jurídica de taxa, que remunera o serviço público judiciário efetivamente utilizado ou posto à disposição do cidadão. A questão exige o conhecimento acerca das regras previstas no art. 789 e seguintes da CLT acerca da responsabilidade pelo pagamento das custas processuais.

Gabarito: letra D.

Sempre que houver acordo, se de outra forma não for convencionado, o pagamento das custas caberá em partes iguais aos litigantes. (CLT – Art. 789, § 3º).

Letras A, B, C e E: Ver comentários sobre o gabarito.

---

49. (FCC – Técnico Judiciário – Área Administrativa – TRT 24/2017) No tocante às custas processuais, a Consolidação das Leis do Trabalho estabelece que

a) o pagamento das custas, sempre que houver acordo, caberá à Reclamada, pois deu causa ao processo.

b) as custas serão, em qualquer caso, pagas pelo vencido, antes do trânsito em julgado da decisão.

c) no processo de execução são devidas custas, de responsabilidade do executado ou do exequente.

d) não sendo líquida a condenação, o juízo arbitrar-lhe-á o valor e fixará o montante das custas processuais.

e) apenas nos dissídios individuais, no exercício da jurisdição trabalhista, as custas relativas ao processo de conhecimento incidirão à base de 1%, sem observância de importância mínima.

COMENTÁRIOS

✪ **Nota do Autor:** Custas são uma espécie de tributo, com natureza jurídica de taxa, que remunera o serviço público judiciário efetivamente utilizado ou posto à disposição do cidadão. A questão exige o conhecimento acerca das regras previstas no art. 789 e seguintes da CLT acerca da responsabilidade pelo pagamento das custas processuais.

Gabarito: letra D.

Letra A: Sempre que houver acordo, se de outra forma não for convencionado, o pagamento das custas caberá em partes iguais aos litigantes. (CLT – Art. 789, § 3º).

Letra B: As custas serão pagas pelo vencido, após o trânsito em julgado da decisão. No caso de recurso, as custas serão pagas e comprovado o recolhimento dentro do prazo recursal. (CLT, art. 789, §1º).

Letra C: No processo de execução são devidas custas, sempre de responsabilidade do executado e pagas ao final (CLT, art. 789-A, *caput*).

Letra E: Nos dissídios individuais e nos dissídios coletivos do trabalho, nas ações e procedimentos de competência da Justiça do Trabalho, bem como nas demandas propostas perante a Justiça Estadual, no exercício da jurisdição trabalhista, as custas relativas ao processo de conhecimento incidirão à base de 2% (dois por cento), observado o mínimo de R$ 10,64 (dez reais e sessenta e quatro centavos). (CLT – Art. 789, *caput*).

7. RECURSO ORDINÁRIO

▸ Art. 789, II, § 1º da CLT

50. (CEBRASPE– Técnico Judiciário TRT8/2023) O recurso ordinário para a instância superior é cabível

a) apenas no procedimento ordinário.

b) nos dissídios individuais, mas não nos dissídios coletivos.

c) para impugnar tanto decisões terminativas quanto definitivas de varas, juízos e tribunais regionais, em processos de sua competência originária.

d) apenas contra decisões oriundas de varas e juízos.

e) no prazo de quinze dias, a contar da data da publicação da sentença.

COMENTÁRIOS

✪ **Nota do autor:** a questão versa sobre recurso ordinário. Segundo o art. 895 da CLT:

> *Art. 895 – Cabe recurso ordinário para a instância superior:*
>
> *I – das decisões definitivas ou terminativas das Varas e Juízos, no prazo de 8 (oito) dias; e*
>
> *II – das decisões definitivas ou terminativas dos Tribunais Regionais, em processos de sua competência originária, no prazo de 8 (oito) dias, quer nos dissídios individuais, quer nos dissídios coletivos.*

Gabarito: Letra C.

51. (FCC – Técnico Judiciário – Área Administrativa – TRT 3/2015) Gilda ajuizou reclamação trabalhista em face da empresa "G" tendo sido a referida reclamação julgada totalmente improcedente. Sabendo-se que o valor atribuído à causa foi de R$ 200.000,00, e que Gilda não é beneficiária da justiça gratuita, para ajuizar Recurso Ordinário, Gilda

a) terá que pagar o valor de R$ 2.000,00 dentro do prazo recursal sob pena de deserção.

b) terá que pagar o valor de R$ 4.000,00 dentro do prazo recursal sob pena de deserção.

c) terá que pagar o valor de R$ 1.000,00 dentro do prazo recursal sob pena de deserção.

d) está isenta do pagamento das custas, uma vez que estas não são devidas ao reclamante quando da interposição de recurso, sendo devidas apenas com o trânsito em julgado.

e) está isenta do pagamento das custas, uma vez que estas não são devidas ao reclamante na Justiça do Trabalho.

COMENTÁRIOS

✪ **Nota do Autor:**. Como a reclamante do caso hipotético não é beneficiária da justiça gratuita, deverá fazer o preparo recursal – consistente no pagamento das custas e, quando aplicável, do depósito recursal – para que se viabilize a admissibilidade de seu recurso ordinário. No julgamento de total improcedência, o percentual de 2% para o cálculo das custas incide sobre o valor atribuído à causa na petição inicial, razão pela qual reclamante Gilda deverá depositar, dentro do prazo recursal, a quantia de R$ 4.000,00, sob pena de deserção (= inadmissibilidade do recurso).

Gabarito: letra B.

Nos dissídios individuais e nos dissídios coletivos do trabalho, nas ações e procedimentos de competência da Justiça do Trabalho, bem como nas demandas propostas perante a Justiça Estadual, no exercício da jurisdição trabalhista, as custas relativas ao processo de conhecimento incidirão à base de 2% (dois por cento), observado o mínimo de R$ 10,64 (dez reais e sessenta e quatro centavos) calculadas, quando o processo for julgado totalmente improcedente, sobre o valor da causa (CLT – Art. 789, *caput* e II). As custas serão pagas pelo vencido, após o trânsito em julgado da decisão. No caso de recurso, as custas serão pagas e comprovado o recolhimento dentro do prazo recursal. (CLT, art. 789, §1º).

Letras A, B, D e E: Ver nota do autor e comentários ao gabarito.

52. (FCC – Técnico Judiciário – Área Administrativa – TRT 3/2015) Considere as seguintes hipóteses:

I. Indeferimento da petição inicial.
II. Indeferimento do requerimento da realização de perícia para apuração de periculosidade.
III. Juiz acolhe alegação de litispendência.
IV. Juiz acolhe alegação de coisa julgada.

Caberá Recurso Ordinário nas hipóteses indicadas APENAS em

a) I e III.
b) I e II.
c) I, III e IV.
d) II, III e IV.
e) II e IV.

COMENTÁRIOS

✪ **Nota do Autor:** Recurso é mecanismo voluntário e previsto em lei para a impugnação de decisão judicial no processo em que proferida. O recurso permite a reapreciação da causa por órgão distinto possibilitando a correção de eventuais falhas da instância superior.

A questão exige conhecimento acerca das hipóteses legais de cabimento do Recurso Ordinário previstas no art. 895 da CLT.

Gabarito: letra C.

O recurso é cabível quando se verifica a presença de um binômio: (i) a lei deve prever a existência do recurso interposto contra determinada decisão; (ii) o recorrente deve se utilizar da via adequada, ou seja, do recurso que seria, segundo a lei, interponível naquela situação. As hipóteses legais de cabimento do Recurso Ordinário estão disciplinas no art. 895 da CLT.

> *Art. 895 – Cabe recurso ordinário para a instância superior:* (Vide Lei 5.584, de 1970)
>
> *I – das decisões definitivas ou terminativas das Varas e Juízos, no prazo de 8 (oito) dias;* e (Incluído pela Lei nº 11.925, de 2009).
>
> *II – das decisões definitivas ou terminativas dos Tribunais Regionais, em processos de sua competência originária, no prazo de 8 (oito) dias, quer nos dissídios individuais, quer nos dissídios coletivos.*

Item I: Decisão terminativa (CLT, art. 895, I).

Item II: A decisão que indefere o requerimento da realização de perícia para apuração de periculosidade é interlocutória, não cabendo interposição de recurso ordinário de imediato, à luz do princípio da irrecorribilidade imediata das decisões interlocutórias. O merecimento das interlocutórias somente pode ser apreciado quando da interposição do recurso contra a sentença (CLT, art. 893, §1º).

Item III: Decisão terminativa (CLT, art. 895, I), pois o juiz extinguirá o processo por falta de pressuposto processual.

Item IV: Decisão terminativa (CLT, art. 895, I), pois o juiz extinguirá o processo por falta de pressuposto processual.

---

53. (FCC – Analista Judiciário – Área Judiciária – TRT 11/2017) As empresas A e B foram condenadas solidariamente na reclamação trabalhista Z pretendendo ambas as empresas interpor Recurso Ordinário. A empresa A interpôs Recurso Ordinário no quinto dia do prazo recursal e depositou o valor do depósito recursal de forma integral. Neste caso, o depósito recursal

a) efetuado pela empresa A não aproveita a empresa B, em nenhuma hipótese, uma vez que o depósito recursal possui caráter personalíssimo.
b) efetuado pela empresa A aproveita a empresa B, exceto se aquela pleiteia sua exclusão da lide.
c) efetuado pela empresa A aproveita a empresa B, exceto se as empresas possuírem procuradores distintos.
d) é devido na proporção de 50% para cada empresa, sendo que o depósito integral da empresa A, não exime a empresa B de efetuar o depósito da sua parte, podendo a empresa A requerer o levantamento da parte que depositou a maior.
e) é devido na proporção de 50% para cada empresa, sendo que o depósito integral da empresa A, exime a empresa B de efetuar o depósito da sua parte.

COMENTÁRIOS

✪ **Nota do Autor:** O depósito recursal pode ser tido como despesa processual atípica, já que não se trata propriamente de gasto decorrente da prática de ato processual. O valor depositado fica à disposição do Juízo e será liberado ao recorrente ou ao recorrido, de acordo com o sucesso da postulação recursal.

A questão exige conhecimento acerca da Súmula nº 128 do TST.

Gabarito: letra B.

Se houver litisconsórcio passivo, o depósito recursal feito por uma das reclamadas aproveita às demais – seja a condenação solidária, seja subsidiária –, tendo vista que a garantia da execução é unitária. No entanto, se uma das recorrentes postular a sua exclusão da lide, o depósito recursal feito por ela não aproveitará às demais (TST, Súmula 128, III).

> *DEPÓSITO RECURSAL (incorporadas as Orientações Jurisprudenciais nºs 139, 189 e 190 da SBDI-1) – Res. 129/2005, DJ 20, 22 e 25.04.2005*
>
> *I – É ônus da parte recorrente efetuar o depósito legal, integralmente, em relação a cada novo recurso interposto, sob pena de deserção.*

> *Atingido o valor da condenação, nenhum depósito mais é exigido para qualquer recurso. (ex-Súmula nº 128 – alterada pela Res. 121/2003, DJ 21.11.03, que incorporou a OJ nº 139 da SBDI-1 – inserida em 27.11.1998)*
>
> *II – Garantido o juízo, na fase executória, a exigência de depósito para recorrer de qualquer decisão viola os incisos II e LV do art. 5º da CF/1988. Havendo, porém, elevação do valor do débito, exige-se a complementação da garantia do juízo. (ex-OJ nº 189 da SBDI-1 – inserida em 08.11.2000)*
>
> *III – Havendo condenação solidária de duas ou mais empresas, o depósito recursal efetuado por uma delas aproveita as demais, quando a empresa que efetuou o depósito não pleiteia sua exclusão da lide. (ex-OJ nº 190 da SBDI-1 – inserida em 08.11.2000)*

Letras A, C, D e E: Ver comentários sobre o gabarito.

---

54. (FCC – Técnico Judiciário – Área Administrativa – TRT 11/2017) De acordo com a Consolidação das Leis do Trabalho, no tocante ao Recurso Ordinário, considere:

I. Nas reclamações trabalhistas sujeitas ao procedimento sumaríssimo, o recurso ordinário terá parecer oral do representante do Ministério Público presente à sessão de julgamento, se este entender necessário o parecer, com registro na certidão.

II. Os Tribunais Regionais, divididos em Turmas, não poderão designar Turma para o julgamento dos recursos ordinários interpostos das sentenças prolatadas nas demandas sujeitas ao procedimento sumaríssimo, devendo o julgamento ocorrer simultâneo com os demais Recursos.

III. Terá acórdão consistente unicamente na certidão de julgamento, com a indicação suficiente do processo e parte dispositiva, e das razões de decidir do voto prevalente.

IV. Se a sentença for confirmada pelos próprios fundamentos, a certidão de julgamento, registrando tal circunstância, servirá de acórdão.

Está correto o que se afirma APENAS em

a) II e III.

b) I, II e IV.

c) III e IV.

d) I e II.

e) I, III e IV.

COMENTÁRIOS

✪ **Nota do Autor:** Recurso é mecanismo voluntário e previsto em lei para a impugnação de decisão judicial no processo em que proferida. O recurso permite a reapreciação da causa por órgão distinto possibilitando a correção de eventuais falhas da instância superior. Nas reclamações sujeitas ao procedimento sumaríssimo, como consequência da necessidade de solução rápida do litígio, a lei estabelece regras especiais para o processamento do recurso ordinário:

> *Art. 895. (...)*
>
> *§ 1º – Nas reclamações sujeitas ao procedimento sumaríssimo, o recurso ordinário:* (Incluído pela Lei nº 9.957, de 2000)
>
> *II – será imediatamente distribuído, uma vez recebido no Tribunal, devendo o relator liberá-lo no prazo máximo de dez dias, e a Secretaria do Tribunal ou Turma colocá-lo imediatamente em pauta para julgamento, sem revisor;* (Incluído pela Lei nº 9.957, de 2000)
>
> *III – terá parecer oral do representante do Ministério Público presente à sessão de julgamento, se este entender necessário o parecer, com registro na certidão;*(Incluído pela Lei nº 9.957, de 2000)
>
> *IV – terá acórdão consistente unicamente na certidão de julgamento, com a indicação suficiente do processo e parte dispositiva, e das razões de decidir do voto prevalente. Se a sentença for confirmada pelos próprios fundamentos, a certidão de julgamento, registrando tal circunstância, servirá de acórdão.*(Incluído pela Lei nº 9.957, de 2000)
>
> *§ 2º Os Tribunais Regionais, divididos em Turmas, poderão designar Turma para o julgamento dos recursos ordinários interpostos das sentenças prolatadas nas demandas sujeitas ao procedimento sumaríssimo.*

Gabarito: letra E.

Item I: Art. 895, III CLT.

Item II: Assertiva contrária ao art. 895, §2º CLT.

Item III: Art. 895, IV CLT.

Item IV: Art. 895, IV parte final CLT.

---

55. (FGV – Analista Judiciário – Oficial de Just. Avaliador – TRT 12/2017) Em determinada reclamação trabalhista, o juiz julgou procedente em parte o pedido e, além de algumas parcelas requeridas na petição inicial, condenou a empresa por litigância de má-fé porque ela conduziu uma testemunha que deliberadamente mentiu para o magistrado em depoimento. Considerando que a empresa pretende recorrer da decisão, é correto afirmar que:

a) a multa sequer precisa ser paga, porque o juiz não poderia condenar uma das partes como litigante de má-fé sem requerimento do adversário;

b) será necessário depositar 50% da multa imposta para viabilizar o conhecimento do recurso;

c) uma vez que a jurisprudência é omissa a respeito, a empresa deverá opor embargos declaratórios para que o juiz diga se o depósito será necessário;

d) a empresa precisa depositar a totalidade da multa porque se trata de punição, sob pena de o recurso ser considerado deserto;

e) a recorrente não terá de efetuar o depósito da multa por litigância de má-fé para recorrer.

COMENTÁRIOS

✪ **Nota do Autor:** A questão exige conhecimento acerca da OJ 409 da SDI-1 do TST. A punição por litigância de má-fé pode ser feita de ofício pelo juiz, ou mediante requerimento da parte contrária, a qual é beneficiária do respectivo valor (= a multa por litigância de má-fé reverte para o adversário da parte punida). O preparo recursal, no Processo do Trabalho, em princípio abrange apenas as custas e o depósito recursal.

Gabarito: *letra E.*

Os requisitos extrínsecos de admissibilidade dizem respeito ao modo de exercício do direito de recorrer. São eles: (i) tempestividade; (ii) preparo; (iii) regularidade. Prevê expressamente a OJ 409 do TST:

MULTA POR LITIGÂNCIA DE MÁ-FÉ. RECOLHIMENTO. PRESSUPOSTO RECURSAL. INEXIGIBILIDADE. (nova redação em decorrência do CPC de 2015) – Res. 209/2016, DEJT divulgado em 01, 02 e 03.06.2016

O recolhimento do valor da multa imposta como sanção por litigância de má-fé (art. 81 do CPC de 2015 – art. 18 do CPC de 1973) não é pressuposto objetivo para interposição dos recursos de natureza trabalhista.

Letras A, B, C e D: Ver comentários sobre o gabarito.

8. PENHORA

▸ Art. 888, §§, da CLT

56. (FCC – Técnico Judiciário – Área Administrativa – TRT 3/2015) Simon arrematou uma casa em leilão judicial no qual os bens da empresa "X" foram leiloados para pagamento de diversas reclamações trabalhistas. O lance de Simon foi de R$ 500.000,00. Neste caso, de acordo com a Consolidação das Leis do Trabalho, Simon deverá garantir o lance com

a) sinal de R$ 100.000,00 e pagar o preço da arrematação dentro de 24 horas.

b) o seu preço integral no ato da arrematação no leilão judicial.

c) sinal de R$ 50.000,00 e pagar o preço da arrematação dentro de 24 horas.

d) sinal de R$ 100.000,00 e pagar o preço da arrematação dentro de 48 horas.

e) sinal de R$ 50.000,00 e pagar o preço da arrematação dentro de cinco dias.

COMENTÁRIOS

✪ **Nota do Autor:** O efeito mais notável da expropriação judicial é a transferência da propriedade do executado para o arrematante ou adjudicante, além de transferir o vínculo da penhora para o dinheiro arrecadado. A arrematação torna o arrematante devedor do preço. A questão exige o conhecimento acerca do art. 888 da CLT, que disciplina a arrematação.

Gabarito: letra A.

Conforme disposição do art. 888 §2º da CLT, o arrematante deverá garantir o lance com o sinal correspondente a 20% (vinte por cento) do seu valor e pagar dentro de 24 (vinte e quatro) horas o preço da arrematação (art. 888 §4º da CLT):

Art. 888 (...) § 2º O arrematante deverá garantir o lance com o sinal correspondente a 20% (vinte por cento) do seu valor.(Redação dada pela Lei nº 5.584, de 26.6.1970)

(...) § 4º Se o arrematante, ou seu fiador, não pagar dentro de 24 (vinte e quatro) horas o preço da arrematação, perderá, em benefício da execução, o sinal de que trata o § 2º dêste artigo, voltando à praça os bens executados. (Redação dada pela Lei nº 5.584, de 26.6.1970)

Assim, no caso hipotético em questão, o arrematante deveria garantir o lance com o sinal de R$ 100.000,00, e pagar o restante em até 24 horas.

Letras B, C, D e E: Ver comentários sobre o gabarito.

57. (FCC – Técnico Judiciário – Área Administrativa – TRT 4/2015) Xisto arrematou um conjunto comercial pelo valor de R$ 200.000,00. No ato da arrematação depositou R$ 40.000,00. Neste caso, conforme previsão na Consolidação das Leis do Trabalho, Xisto

a) deverá depositar o restante dentro do prazo de 48 horas.

b) depositou valor a menor uma vez que deveria ter depositado R$ 60.000,00.

c) depositou valor a maior uma vez que deveria ter depositado R$ 20.000,00.

d) deverá depositar o restante dentro do prazo de 24 horas.

e) depositou valor a menor uma vez que deveria ter depositado R$ 80.000,00.

COMENTÁRIOS

✪ **Nota do Autor:** O efeito mais notável da expropriação judicial é a transferência da propriedade do executado para o arrematante ou adjudicante, além de transferir o vínculo da penhora para o dinheiro arrecadado. A arrematação torna o arrematante devedor do preço. A questão exige o conhecimento acerca do art. 888 da CLT que disciplina a arrematação.

Gabarito: letra D.

Conforme disposição do art. 888 §2º da CLT, o arrematante deverá garantir o lance com o sinal correspondente a 20% (vinte por cento) do seu valor e pagar dentro de 24 (vinte e quatro) horas o preço da arrematação (art. 888 §4º da CLT):

> *Art. 888 (...) § 4º Se o arrematante, ou seu fiador, não pagar dentro de 24 (vinte e quatro) horas o preço da arrematação, perderá, em benefício da execução, o sinal de que trata o § 2º dêste artigo, voltando à praça os bens executados.* (Redação dada pela Lei nº 5.584, de 26.6.1970)

Letras A, B, C, e E: Ver comentários sobre o gabarito.

58. (FCC – Analista Judiciário – Oficial de Justiça Avaliador – TRT 3/2015) Quanto à penhora,

a) o imóvel residencial próprio do casal, ou da entidade familiar, é impenhorável, abrangendo inclusive os veículos de transporte, obras de arte e adornos suntuosos que guarnecerem a residência.

b) esta realizar-se-á em dias úteis, domingos ou feriados, das 6 às 20 horas.

c) na hipótese de o casal, ou entidade familiar, ser possuidor de vários imóveis utilizados como residência, a impenhorabilidade recairá sobre o imóvel registrado, para esse fim, no Registro de Imóveis.

d) quando a residência familiar constituir-se em imóvel rural, a impenhorabilidade restringir-se-á à sede de moradia, com os respectivos bens móveis.

e) se o devedor fechar as portas da casa, a fim de obstar a penhora dos bens, o oficial de justiça dará uma ordem de arrombamento.

COMENTÁRIOS

✪ **Nota do Autor:** Penhora é o ato executivo de constrição de bem, com o objetivo de permitir sua futura expropriação e a consequente quitação do credor, em execução por quantia certa. Com a penhora, determinado bem do patrimônio do executado fica vinculado à satisfação do crédito exequendo. Assim, a responsabilidade patrimonial do devedor, que antes era genérica, passa a incidir sobre bem específico. A lei exclui a possibilidade de penhora de determinados bens, considerando razões de interesse público, e também com o objetivo de preservar o mínimo existencial do devedor. A questão exige o conhecimento acerca da impenhorabilidade com previsão legal na CLT, no CPC, bem como na Lei 8.009/90.

Gabarito: letra D.

Reprodução do art. 4º, §2º da Lei 8.009/90:

> *§ 2º Quando a residência familiar constituir-se em imóvel rural, a impenhorabilidade restringir-se-á à sede de moradia, com os respectivos bens móveis, e, nos casos do* art. 5º, inciso XXVI, da Constituição, *à área limitada como pequena propriedade rural.*

Letra A: O imóvel residencial próprio do casal, ou da entidade familiar, é impenhorável e não responderá por qualquer tipo de dívida civil, comercial, fiscal, previdenciária ou de outra natureza, contraída pelos cônjuges ou pelos pais ou filhos que sejam seus proprietários e nele residam, salvo nas hipóteses previstas na Lei 8.009/90 (Lei 8.009/90, art. 1º). Excluem-se, todavia, da impenhorabilidade os veículos de transporte, obras de arte e adornos suntuosos. (Lei 8.009/90, art. 2º).

Letra B: Os atos processuais serão públicos salvo quando o contrário determinar o interesse social, e realizar-se-ão nos dias úteis das 6 (seis) às 20 (vinte) horas. A penhora, no Processo do Trabalho, poderá realizar-se em domingo ou dia feriado, mediante autorização expressa do juiz ou presidente (CLT, art. 770).

Letra C: Para os efeitos de impenhorabilidade, de que trata a Lei 8.009/90., considera-se residência um único imóvel utilizado pelo casal ou pela entidade familiar para moradia permanente. Na hipótese de o casal, ou entidade familiar, ser possuidor de vários imóveis utilizados como residência, a impenhorabilidade recairá sobre o de menor valor, salvo se outro tiver sido registrado, para esse fim, no Registro de Imóveis e na forma do art. 70 do Código Civil.(Lei 8.009/90, art. 5º).

Letra E: Se o executado fechar as portas da casa a fim de obstar a penhora dos bens, o oficial de justiça comunicará o fato ao juiz, solicitando-lhe ordem de arrombamento (CPC, art. 846, *caput).*

59. (FCC – Analista Judiciário – Área Judiciária – Oficial de Justiça – TRT 19/2014) Considere a seguinte situação hipotética: Márcio reside em Maceió e está sendo executado em reclamação trabalhista proposta pela sua ex-empregada doméstica, reclamação esta já em fase de execução. Márcio não possui dinheiro depositado em conta corrente, poupança ou aplicação bancária, mas possui os seguintes bens: um trator; um apartamento situado em Salvador; pedras preciosas; um seguro de vida e quotas de sociedade empresarial. Neste caso, considerando que Márcio não indicou bens à penhora, o oficial de justiça deverá penhorar, preferencialmente,

a) o apartamento.

b) o trator.

c) as pedras preciosas.

d) o seguro de vida.

e) as quotas de sociedade empresarial.

COMENTÁRIOS

✪ **Nota do Autor:** Considerando as máximas da experiência, e a realidade social existente o art. 835 do CPC estabelece a ordem preferencial da penhora. A sequência fixada pelo legislador se baseia na maior liquidez (= facilidade de venda) de determinados bens.

Gabarito: letra B.

A CLT não disciplina a ordem preferencial de penhora, pelo que deve ser aplicado subsidiariamente o CPC por força dos arts. 769 da CLT e 15 do CPC. Segundo o art. 835, IV do CPC o bem a ser penhorado preferencialmente na hipótese é o trator.

> *Art. 835. A penhora observará, preferencialmente, a seguinte ordem:*
>
> *I – dinheiro, em espécie ou em depósito ou aplicação em instituição financeira;*
>
> *II – títulos da dívida pública da União, dos Estados e do Distrito Federal com cotação em mercado;*
>
> *III – títulos e valores mobiliários com cotação em mercado;*
>
> **IV – veículos de via terrestre;**
>
> *V – bens imóveis;*
>
> *VI – bens móveis em geral;*
>
> *VII – semoventes;*
>
> *VIII – navios e aeronaves;*
>
> *IX – ações e quotas de sociedades simples e empresárias;*
>
> *X – percentual do faturamento de empresa devedora;*
>
> *XI – pedras e metais preciosos;*
>
> *XII – direitos aquisitivos derivados de promessa de compra e venda e de alienação fiduciária em garantia;*
>
> *XIII – outros direitos.*

Assim, no caso hipotético em questão, a preferência recai sobre o trator, pois veículos de via terrestre estão acima na ordem de preferência, em relação a imóveis, pedras preciosas; um seguro de vida e quotas de sociedade empresarial.

Letras A, C, D e E: Ver comentários sobre o gabarito.

---

60. (FCC – Analista Judiciário – Área Judiciária – Oficial de Justiça – TRT 16/2014) Maria, Oficial de Justiça Avaliadora, para cumprimento de mandado de penhora e avaliação no importe de R$ 50.000,00 dirigiu-se ao local onde está situada a empresa executada, encontrando vários bens. Analisando-os abaixo, Maria deverá lavrar o Auto de Penhora e Avaliação, preferencialmente,

a) de uma televisão e um freezer.

b) de um automóvel.

c) do imóvel onde reside o sócio e sua família.

d) do percentual de faturamento da empresa executada.

e) de barras de ouro.

COMENTÁRIOS

✪ **Nota do Autor:** Considerando as máximas da experiência, e a realidade social existente o art. 835 do CPC estabelece a ordem preferencial da penhora. A sequência fixada pelo legislador se baseia na maior liquidez de determinados bens.

Gabarito: letra B.

A CLT não disciplina a ordem preferencial de penhora, pelo que deve ser aplicado subsidiariamente o CPC por força dos arts. 769 da CLT e 15 do CPC. Segundo o art. 835, IV do CPC o bem a ser penhorado preferencialmente na hipótese é o trator.

> *Art. 835. A penhora observará, preferencialmente, a seguinte ordem:*
>
> *I – dinheiro, em espécie ou em depósito ou aplicação em instituição financeira;*
>
> *II – títulos da dívida pública da União, dos Estados e do Distrito Federal com cotação em mercado;*
>
> *III – títulos e valores mobiliários com cotação em mercado;*
>
> **IV – veículos de via terrestre;**
>
> *V – bens imóveis;*
>
> *VI – bens móveis em geral;*
>
> *VII – semoventes;*
>
> *VIII – navios e aeronaves;*
>
> *IX – ações e quotas de sociedades simples e empresárias;*
>
> *X – percentual do faturamento de empresa devedora;*

XI – pedras e metais preciosos;

XII – direitos aquisitivos derivados de promessa de compra e venda e de alienação fiduciária em garantia;

XIII – outros direitos.

Letra A: Além de não observar a ordem preferencial de penhora do art. 835 do CPC é Impenhorável por força do art. 833, II do CPC.

Letra C: Além de não observar a ordem preferencial de penhora do art. 835 do CPC, o patrimônio pessoal dos sócios, a princípio, não é atingido pelas dívidas da sociedade, salvo disposições legais, bem como, o imóvel é impenhorável por força do art. 1º da Lei 8.009/90.

Letras D e E: Ver comentários sobre o gabarito.

---

61. (FCC – Analista Judiciário – Área Judiciária – TRT 16/2014) Em determinada reclamação trabalhista foi determinada a penhora *on line* de ativos financeiros do executado. No tocante aos bens impenhoráveis, a quantia depositada em caderneta de poupança é

a) penhorável, tendo em vista a natureza alimentar do crédito trabalhista.

b) impenhorável, até o limite de 40 salários mínimos.

c) impenhorável, independente do valor depositado.

d) impenhorável, até no máximo 30 salários mínimos.

e) impenhorável, até no máximo 20 salários mínimos.

COMENTÁRIOS

✪ Nota do Autor: Penhora é o ato executivo de constrição de bem, com o objetivo de permitir sua futura expropriação e a consequente quitação do credor, em execução por quantia certa. Com a penhora, determinado bem do patrimônio do executado fica vinculado à satisfação do crédito exequendo. Assim, a responsabilidade patrimonial do devedor, que antes era genérica, passa a incidir sobre bem específico. A lei exclui a possibilidade de penhora de determinados bens, considerando razões de interesse público, e também com o objetivo de preservar o mínimo existencial do devedor. A questão exige o conhecimento acerca de hipótese de impenhorabilidade com previsão legal no CPC.

Gabarito: letra B.

Art. 833. São impenhoráveis:

(...) X – a quantia depositada em caderneta de poupança, até o limite de 40 (quarenta) salários-mínimos;

Letras A, C, D e E: Ver comentários sobre o gabarito.

---

62. (FCC – Analista Judiciário – Oficial de Just. Avaliador – TRT 11/2017) Camilo está noivo de Isabella e pretendem se casar no ano de 2017. Desde o noivado, Camilo busca adquirir um imóvel para a residência do casal. Fernanda, irmã de Camilo, advogada e militante na Justiça do Trabalho, entrega para seu irmão um edital com leilão para venda de imóveis penhorados em reclamações trabalhistas e explica para Camilo que se ele pretender adquirir um dos imóveis deverá depositar um sinal correspondente a

a) 20% do valor do imóvel e pagar o preço total dentro de 24 horas da arrematação.

b) 30% do valor do imóvel e pagar o preço total dentro de 24 horas da arrematação.

c) 20% do valor do imóvel e pagar o preço total dentro de 48 horas da arrematação.

d) 30% do valor do imóvel e pagar o preço total dentro de 48 horas da arrematação.

e) 15% do valor do imóvel e pagar o preço total dentro de 5 dias da arrematação.

COMENTÁRIOS

✪ Nota do Autor: O efeito mais notável da expropriação judicial é a transferência da propriedade do executado para o arrematante ou adjudicante, além de transferir o vínculo da penhora para o dinheiro arrecadado. A arrematação torna o arrematante devedor do preço. A questão exige o conhecimento acerca do art. 888 da CLT que disciplina a arrematação.

Gabarito: letra A.

Conforme disposição do art. 888 §2º da CLT, o arrematante deverá garantir o lance com o sinal correspondente a 20% (vinte por cento) do seu valor e pagar dentro de 24 (vinte e quatro) horas o preço da arrematação (art. 888 §4º da CLT):

Art. 888 (...) § 2º O arrematante deverá garantir o lance com o sinal correspondente a 20% (vinte por cento) do seu valor.(Redação dada pela Lei nº 5.584, de 26.6.1970)

(...) § 4º Se o arrematante, ou seu fiador, não pagar dentro de 24 (vinte e quatro) horas o preço da arrematação, perderá, em benefício da execução, o sinal de que trata o § 2º dêste artigo, voltando à praça os bens executados. (Redação dada pela Lei nº 5.584, de 26.6.1970)

Letras B, C, D e E: Ver comentários sobre o gabarito.

9. PRINCÍPIOS

▸ Art. 514, II, do CPC

63. (FCC – Técnico Judiciário – Área Administrativa – TRT 3/2015) De acordo com a Súmula 422 do Tribunal Superior do Trabalho "Não se conhece de recurso para o TST, pela ausência do requisito de admissibilidade inscrito no art. 514, II, do CPC, quando as razões do recorrente não impugnam os fundamentos da decisão recorrida, nos termos em que fora proposta". Neste caso, está sendo aplicado o princípio

a) da estabilidade da lide.

b) da lealdade processual.

c) da delimitação recursal.

d) do dispositivo.

e) da dialeticidade.

COMENTÁRIOS

✪ **Nota do Autor:** A questão exige conhecimento doutrinário acerca dos princípios processuais trabalhistas.

Gabarito: letra E.

Segundo o princípio da dialeticidade (também chamado de discursividade) os recursos devem trazer as razões do inconformismo do recorrente, não sendo suficiente a alegação genérica de que a decisão recorrida está equivocada. No processo do Trabalho o tema é controvertido, à luz da redação do art. 899 da CLT, segundo o qual os recursos serão interpostos por simples petição. De todo modo, nos recursos excepcionais (recurso de revista e recurso extraordinário) não se aplica a dispensa da dialeticidade, tendo em vista a necessidade de o recorrente enfrentar matéria jurídica prequestionada. Neste sentido a Súmula 422, I do TST.

Letra A: Segundo o art. 329 do CPC O autor poderá (i) até a citação, aditar ou alterar o pedido ou a causa de pedir, independentemente de consentimento do réu; (ii) II – até o saneamento do processo, aditar ou alterar o pedido e a causa de pedir, com consentimento do réu, assegurado o contraditório mediante a possibilidade de manifestação deste no prazo mínimo de 15 (quinze) dias, facultado o requerimento de prova suplementar, quando ocorre a estabilidade da lide. No Processo do Trabalho, antes a omissão legislativa, a solução mais adequada é permitir o aditamento ou emenda realizados antes do recebimento da defesa, ou seja, até o fim da primeira tentativa de conciliação.

Letra B: Princípio positivado no art. 5º do CPC segundo o qual todos os sujeitos processuais (partes, juiz, órgão do Ministério Público, auxiliares da justiça, etc.) devem atuar com lealdade, probidade e ética, considerando as expectativas legítimas dos demais sujeitos.

Letra C: Recurso é o mecanismo voluntário e previsto em lei para impugnação de decisão judicial no processo em que proferida. Sua natureza jurídica é, sob um enfoque, de prolongamento ou consequência do direito de ação, motivo pelo qual, só existe recurso de o interessado manifestar sua vontade nesse sentido

Letra D: Característica da jurisdição, está positivado nos arts. 2º e 114 do CPC. Trata-se de consectário do princípio constitucional da liberdade (CF, art. 5º, *caput)*: o Estado não deve intervir, em regra, em relações jurídicas privadas, a menos que haja provocação dos interessados. Além disso, a inércia da jurisdição é uma garantia da imparcialidade do órgão julgador.

64. (FCC – Técnico Judiciário – Área Administrativa – TRT 19/2014) O artigo 39 da Consolidação das Leis do Trabalho permite que a Delegacia Regional do Trabalho – DRT encaminhe processo administrativo à Justiça do Trabalho, onde conste reclamação de trabalhador no tocante a recusa de anotação da CTPS pela empresa. Este é um exemplo de exceção ao princípio

a) da eventualidade.

b) inquisitivo.

c) da imediação.

d) dispositivo.

e) da extrapetição.

COMENTÁRIOS

✪ **Nota do Autor:** A questão exige conhecimento doutrinário acerca dos princípios processuais trabalhistas.

Gabarito: letra D.

Característica da jurisdição, o princípio dispositivo (também chamado, por setores da doutrina, como princípio da inércia da jurisdição) está positivado nos arts. 2º e 114 do CPC. Trata-se de consectário do princípio constitucional da liberdade (CF, art. 5º, *caput)*: o Estado não deve intervir, em regra, em relações jurídicas privadas, a menos que haja provocação dos interessados. Além disso, a inércia da jurisdição é uma garantia da imparcialidade do órgão julgador. São as partes que delimitam o objeto litigioso do processo.

Letra A: O ordenamento permite, em algumas circunstâncias, a cumulação de ações, mediante o qual, em um processo, são exercidas duas ou mais ações. A cumulação diz-se eventual quando o autor formula o segundo pedido para a eventualidade de o primeiro não ser acolhido. Há, aqui, uma ordem de preferência: o autor prefere o pedido principal, mas formula um pedido subsidiário, para a hipótese em que o primeiro seja rejeitado.

Letra B: Segundo o modelo inquisitivo, típico dos regimes da *civil law*, há maior espectro de poderes para o juiz na condução do processo.

Letra C: Subprincípio da oralidade, a imediatidade sinaliza no sentido de que os atos processuais orais devem ser praticados na presença do juiz. Há, assim, necessidade de que aquele que vai julgar tenha contato direito com os sujeitos processuais quando da prática de atos orais.

Letra E: Apesar da divergência na doutrina, não há um princípio de ultrapetição ou da extrapetição no Processo do Trabalho. Existem regras esparsas previstas nos arts. 137, §2º; 467 e 496 da CLT, além da possibilidade de condenação ao pagamento de juros de mora e correção monetária, mesmo que não haja pedido.

---

65. (FCC - Analista Judiciário - Área Judiciária - Oficial de Justiça - TRT 19/2014) Considere a seguinte situação hipotética: Reclamação trabalhista em que a reclamante requer o reconhecimento do vínculo de emprego com a empresa "GHJ Ltda.". A empresa reclamada, por sua vez, nega o referido vínculo, alegando que a reclamante não trabalhou para ela, não tendo, inclusive, jamais ingressado no interior do estabelecimento. O Magistrado converteu a audiência em diligência e se dirigiu à empresa reclamada com as partes. No local, o Magistrado solicitou que a reclamante indicasse o banheiro feminino. Esta não soube indicar e o Magistrado percebeu qual das partes estava faltando com a verdade. Esta hipótese é um exemplo específico do princípio

a) dispositivo.
b) da imediação.
c) da estabilidade da lide.
d) da eventualidade.
e) da perempção.

COMENTÁRIOS

✪ **Nota do Autor:** A questão exige conhecimento doutrinário acerca dos princípios processuais trabalhistas.

Gabarito: letra B.

Subprincípio da oralidade, a imediatidade sinaliza no sentido de que os atos processuais orais devem ser praticados na presença do juiz. Há, assim, necessidade de que aquele que vai julgar tenha contato direito com os sujeitos processuais quando da prática de atos orais. Realmente, os atos orais implicam sutilezas e detalhes expressivos que não existem na comunicação escrita. No caso, a colheita da prova de forma direta pelo juiz, em inspeção judicial, se harmoniza com a definição do princípio da imediatidade ou imediação.

Letra A: Característica da jurisdição, está positivado nos arts. 2º e 114 do CPC. Trata-se de consectário do princípio constitucional da liberdade (CF, art. 5º, *caput)*: o Estado não deve intervir, em regra, em relações jurídicas privadas, a menos que haja provocação dos interessados. Além disso, a inércia da jurisdição é uma garantia da imparcialidade do órgão julgador.

Letra C: Segundo o art. 329 do CPC O autor poderá (i) até a citação, aditar ou alterar o pedido ou a causa de pedir, independentemente de consentimento do réu; (ii) II – até o saneamento do processo, aditar ou alterar o pedido e a causa de pedir, com consentimento do réu, assegurado o contraditório mediante a possibilidade de manifestação deste no prazo mínimo de 15 (quinze) dias, facultado o requerimento de prova suplementar, quando ocorre a estabilidade da lide. No Processo do Trabalho, antes a omissão legislativa, a solução mais adequada é permitir o aditamento ou emenda realizados antes do recebimento da defesa, ou seja, até o fim da primeira tentativa de conciliação.

Letra D: A contestação deve conter toda a matéria de defesa, com exposição das razões de fato e de direito que o réu pretenda utilizar para impugnar o pedido do autor, sob pena de preclusão (CPC, art. 336). Trata-se da regra da eventualidade – também chamada de concentração da defesa -, a qual concretiza os princípios da boa-fé processual objetiva e da razoável duração do processo. Como consequência da eventualidade, a contestação pode conter argumentos defensivos contraditórios entre si, a serem apreciados sucessivamente, ou seja, na hipótese de um ou alguns serem rejeitados.

Na petição inicial por sua vez, a regra da eventualidade significa que o ordenamento permite, em algumas circunstâncias, a cumulação de ações, mediante o qual, em um processo, são exercidas duas ou mais ações. A cumulação diz-se eventual quando o autor formula o segundo pedido para a eventualidade de o primeiro não ser acolhido. Há, aqui, uma ordem de preferência: o autor prefere o pedido principal, mas formula um pedido subsidiário, para a hipótese em que o primeiro seja rejeitado.

Letra E: Perempção é a perda do direito de pleitear direitos perante o judiciário, em decorrência da inércia da parte. No Processo do Trabalho, por sua vez, a perempção é aplicada àquele que, tendo apresentado ao distribuidor reclamação verbal, não se apresentar, no prazo estabelecido no parágrafo único do art. 786, à Junta ou Juízo para fazê-lo tomar por termo, incorrerá na pena de perda, pelo prazo de 6 (seis) meses, do direito de reclamar perante a Justiça do Trabalho (CLT, art. 731).

66. (FCC – Analista Judiciário – Área Judiciária – TRT 19/2014) No tocante ao princípio da preclusão, o artigo 806 da Consolidação das Leis do Trabalho veda à parte interessada suscitar conflitos de jurisdição quando já houver oposto exceção de incompetência. Neste caso, no tocante ao referido princípio operou-se a preclusão

a) temporal.

b) lógica.

c) ordinatória.

d) máxima.

e) restritiva indireta.

COMENTÁRIOS

✪ **Nota do Autor:** A questão exige conhecimento doutrinário acerca da preclusão. A preclusão é a consequência dos princípios da sequencialidade e da finalidade dos atos processuais. De fato, a marcha processual deve sempre seguir em frente, em direção à tutela jurisdicional. Com a preclusão, impedem-se retrocessos indevidos que impossibilitariam o processo de chegar a esse resultado final. Prestigia-se a segurança jurídica, a boa-fé e a duração razoável do processo.

Gabarito: letra B.

A preclusão lógica é a perda da faculdade de praticar um ato processual, em decorrência de ter sido praticado pelo interessado, anteriormente, ato incompatível com o pretendido.

Letra A: A preclusão temporal é a perda da faculdade de praticar um ato processual, em decorrência da inércia do interessado em praticá-lo no prazo legal (CPC, art. 223, *caput*).

Letra C: A preclusão ordinatória consiste na perda da possibilidade de praticar o ato, se precedido do exercício irregular da mesma possibilidade, ou no fato de que a validade do ato posterior dependeria da prática de ato anterior.

Letra D: A preclusão máxima é a formação da coisa julgada. Significa que, com o trânsito em julgado da decisão judicial, reputam-se deduzidas e repelidas todas as provas, alegações e defesas que a parte poderia opor tanto ao acolhimento quanto à rejeição do pedido. A coisa julgada impede a rediscussão das matérias deduzidas no processo, e torna preclusa a possibilidade de arguição das dedutíveis (ou seja, aquelas que poderiam ter sido discutidas, mas não foram).

Letra E: .A doutrina não utiliza a classificação "preclusão restritiva indireta".

67. (Cespe – Técnico Judiciário – Área Administrativa – TRT 8/2016) Assinale a opção correta a respeito dos princípios gerais do processo trabalhista.

a) Dado o princípio da oralidade aplicável ao processo laboral, o juiz deverá propor a conciliação antes da abertura da audiência.

b) O devido processo legal é princípio aplicável ao processo trabalhista e garante a celeridade no andamento do processo.

c) Configura hipótese de aplicação do princípio da proteção no processo do trabalho a regra de que o não comparecimento do reclamante à audiência importa no arquivamento da reclamação.

d) Caracteriza o princípio da simplificação de procedimentos a norma que permite aos empregadores reclamar pessoalmente perante a justiça do trabalho e acompanhar as suas reclamações durante todo o processo, inclusive interpor recursos no Tribunal Superior do Trabalho (TST), independentemente de advogado.

e) Decorre do princípio da adstrição ou congruência, aplicável ao processo do trabalho, o fato de o juiz poder determinar o pagamento de indenização a empregado estável que tiver pedido apenas reintegração, se houver incompatibilidade de retorno ao serviço.

COMENTÁRIOS

✪ **Nota do Autor:** A questão exige conhecimentos doutrinários acerca dos princípios aplicáveis ao Processo do Trabalho.

Gabarito: letra C.

No âmbito trabalhista, o princípio da isonomia é o fundamento do princípio da proteção. O princípio da proteção informa do Direito do Trabalho, e determina um tratamento favorável e preferencial ao empregado, como forma de compensar sua usual fragilidade socioeconômica e a desigualdade verificada no plano dos fatos, em contraponto à figura do empregador. A consequência da ausência do reclamante é o arquivamento (= extinção sem resolução de mérito), o que não impede a repropositura da ação, ao passo que a ausência do reclamado resulta em revelia (= julgamento com resolução de mérito); trata-se, de acordo com a doutrina, de manifestação do princípio protetivo no Processo do Trabalho.

Letra A: Trata-se do princípio da conciliação. A conciliação é um dos pilares do Processo do Trabalho, e também, atualmente, do Processo Civil. A solução conciliatória é um objetivo do processo, pois potencialmente tem maior aptidão para alcançar a pacificação social. De acordo com os arts. 846 e850 da CLT é obrigatória a tentativa de conciliação antes do recebimento da defesa, e após as razões finais, sendo certo que o Juiz do Trabalho deve sempre empregar seus bons ofícios e persuasão a fim de que as partes componham espontaneamente o conflito (CLT, art. 764, §º).

O princípio da oralidade, por sua vez, costuma ser caracterizado pela prevalência da palavra oral sobre a escrita, tal como ensinava Chiovenda.

Letra B: O devido processo legal é sobreprincípio, constituindo postulado fundamental do Direito Processual Constitucional que visa a proteção da vida, da liberdade e da liberdade. Trata-se de cláusula geral, em virtude da indeterminação de seu sentido textual, que sofre variações no tempo e no espaço. Só se pode falar em devido processo legal se houver contraditório, juiz natural, isonomia, publicidade, duração razoável do processo, acesso à justiça, proibição de provas ilícitas, etc. Não há, na Constituição, um princípio da "celeridade" do processo, mas, na verdade, um princípio de duração razoável do processo, o que é diferente, pois o processo não deve ser rápido a qualquer preço.

Letra D: O princípio da simplicidade determina que a atividade processual deve ser conduzida da forma mais simples possível, não se devendo prestigiar formalismos inúteis, que nada acrescentem no que tange à tutela de direitos materiais dos sujeitos. Todavia, o *jus postulandi* das partes, estabelecido no art. 791 da CLT, limita-se às Varas do Trabalho e aos Tribunais Regionais do Trabalho, não alcançando a ação rescisória, a ação cautelar, o mandado de segurança e os recursos de competência do Tribunal Superior do Trabalho. (TST, Súmula 425).

Letra E: Trata-se do princípio da ultrapetição ou extrapetição. Apesar da divergência na doutrina em tratá-lo ou não como um princípio, existem regras esparsas previstas nos arts. 137, §2º; 467 e 496 da CLT, além da possibilidade de condenação ao pagamento de juros de mora e correção monetária, mesmo que não haja pedido.

O princípio da adstrição ou congruência é característica da jurisdição e está positivado nos arts. 2º e 114 do CPC. Trata-se de consectário do princípio constitucional da liberdade (CF, art. 5º, *caput*): o Estado não deve intervir, em regra, em relações jurídicas privadas, a menos que haja provocação dos interessados. Além disso, a inércia da jurisdição é uma garantia da imparcialidade do órgão julgador. São as partes que delimitam o objeto litigioso do processo.

---

68. (FCC – Analista Judiciário – Área Administrativa – TRT 9/2015) Segundo as normas processuais, em uma reclamação trabalhista a reclamada deverá alegar toda a matéria de defesa na contestação, expondo as razões de fato e de direito com que impugna o pedido do autor e especificando as provas que pretende produzir (art. 300 do Código de Processo Civil). Trata-se especificamente do Princípio

a) da estabilidade da lide.
b) da eventualidade.
c) da instrumentalidade
d) inquisitivo.
e) da economia processual.

COMENTÁRIOS

✪ **Nota do Autor:** A questão exige conhecimento doutrinário acerca dos princípios processuais trabalhistas.

Gabarito: letra B.

A contestação deve conter toda a matéria de defesa, com exposição das razões de fato e de direito que o réu pretenda utilizar para impugnar o pedido do autor, sob pena de preclusão (CPC, art. 336). Trata-se da regra da eventualidade – também chamada de concentração da defesa -, a qual concretiza os princípios da boa-fé processual objetiva e da razoável duração do processo. Como consequência da eventualidade, a contestação pode conter argumentos defensivos contraditórios entre si, a serem apreciados sucessivamente, ou seja, na hipótese de um ou alguns serem rejeitados.

Letra A: Segundo o art. 329 do CPC O autor poderá (i) até a citação, aditar ou alterar o pedido ou a causa de pedir, independentemente de consentimento do réu; (ii) II – até o saneamento do processo, aditar ou alterar o pedido e a causa de pedir, com consentimento do réu, assegurado o contraditório mediante a possibilidade de manifestação deste no prazo mínimo de 15 (quinze) dias, facultado o requerimento de prova suplementar, quando ocorre a estabilidade da lide. No Processo do Trabalho, antes a omissão legislativa, a solução mais adequada é permitir o aditamento ou emenda realizados antes do recebimento da defesa, ou seja, até o fim da primeira tentativa de conciliação.

Letra C: O processo judicial não é um fim em si mesmo; sua existência só se justifica quando se compreende que se trata de instrumento necessário para a efetivação e tutela do direito material. Toda a estruturação e interpretação do Direito Processual deve, portanto, pautar-se na construção de um método racional para que se chegue a um resultado justo, dando a cada um o que é seu.

Letra D: Segundo o modelo inquisitivo, típico dos regimes da *civil law*, há maior espectro de poderes para o juiz na condução do processo.

Letra E: O princípio da economia processual tem como causa primeira o princípio do acesso à justiça. Economia processual significa alcançar o máximo em resultados no processo, com o mínimo dispêndio possível de recursos materiais, humanos e de tempo.

69. (FCC – Analista Judiciário – Área Judiciária – Oficial de Justiça Avaliador – TRT 9/2015) O advogado da empresa reclamada Ostes Produções Ltda, em defesa de seu constituinte, pretende utilizar determinada medida processual prevista apenas no Código de Processo Civil – CPC e não contemplada na Consolidação das Leis do Trabalho – CLT.

Na situação,

a) a pretensão deve ser rejeitada por absoluta falta de previsão legal, tanto da CLT quanto do CPC.

b) a medida não deve ser aceita, pois a CLT contém regramento próprio e exauriente para todas as situações processuais do Processo Judiciário Trabalhista.

c) na fase de conhecimento do processo não poderá ser utilizada norma processual supletiva, possibilidade cabível apenas em fase de execução e tão somente com aplicação da Lei de Execuções Fiscais.

d) o direito processual comum será fonte subsidiária do direito processual do trabalho nos casos omissos, exceto naquilo em que for incompatível com as normas do Processo Judiciário do Trabalho.

e) havendo qualquer omissão da CLT, em seu Título do Processo Judiciário Trabalhista, poderá a parte subsidiariamente aplicar normas do CPC, não havendo o que se questionar sobre compatibilidade de normas.

COMENTÁRIOS

✪ **Nota do Autor:** A questão exige conhecimento acerca da aplicação do direito processual comum em caso de lacunas do processo do trabalho.

Gabarito: letra D.

No Processo do Trabalho, o art. 769 da CLT estipula a aplicação subsidiária do Direito Processual Comum (direito processual penal ou civil), desde que haja omissão da legislação processual trabalhista e compatibilidade com os respectivos princípios.

> *Art. 769 – Nos casos omissos, o direito processual comum será fonte subsidiária do direito processual do trabalho, exceto naquilo em que for incompatível com as normas deste Título.*

Noutro giro, o art. 15 do CPC, prevê a aplicabilidade subsidiária e supletiva do Código no processo do trabalho. É praticamente unânime o entendimento que tal dispositivo não revogou o art. 769 da CLT, em função do princípio da especialidade.

> *Art. 15. Na ausência de normas que regulem processos eleitorais, trabalhistas ou administrativos, as disposições deste Código lhes serão aplicadas supletiva e subsidiariamente.*

Letras A, B, C e E: Ver comentários sobre o gabarito.

70. (FCC – Analista Judiciário – Área Judiciária – Oficial de Justiça Avaliador – TRT 14/2016) Em relação aos princípios gerais do processo trabalhista, não havendo norma trabalhista para a prática de determinado ato processual

a) aplica-se subsidiariamente a Lei de Execuções Fiscais seja qual for a fase processual.

b) a Consolidação das Leis do Trabalho não prevê nenhuma norma específica sobre o tema, cabendo ao magistrado escolher a norma processual que melhor se aplica ao caso.

c) será aplicado o Código de Processo Civil para solucionar o caso, exceto nas fases recursal e de execução, pois nessas fases se aplica a Lei de Execuções Fiscais.

d) nos casos omissos, o direito processual comum será fonte subsidiária do direito processual do trabalho, exceto quando houver incompatibilidade com as normas do processo judiciário do trabalho.

e) poderá ser aplicado de forma supletiva o direito processual comum, seja qual for a fase processual, bastando apenas que haja omissão da norma trabalhista.

COMENTÁRIOS

✪ **Nota do Autor:** A questão exige conhecimento doutrinário acerca dos princípios processuais trabalhistas, especialmente acerca da aplicação do direito processual comum em caso de lacunas do processo do trabalho.

Gabarito: letra D.

No Processo do Trabalho, o art. 769 da CLT estipula a aplicação subsidiária do Direito Processual Comum (direito processual penal ou civil), desde que haja omissão da legislação processual trabalhista e compatibilidade com os respectivos princípios.

> *Art. 769 – Nos casos omissos, o direito processual comum será fonte subsidiária do direito processual do trabalho, exceto naquilo em que for incompatível com as normas deste Título.*

Especificamente na fase de execução, o art. 889 da CLT determina deva ser aplicado preferencialmente, em caso de omissão da CLT, o regramento da Lei de Execuções Fiscais (Lei 6.830/80) e, apenas em seguida, o direito processual comum.

> *Art. 889 – Aos trâmites e incidentes do processo da execução são aplicáveis, naquilo em que não contravierem ao presente Título, os preceitos que regem o processo dos executivos fiscais para a cobrança judicial da dívida ativa da Fazenda Pública Federal.*

Noutro giro, o art. 15 do CPC, prevê a aplicabilidade subsidiária e supletiva do Código no processo do trabalho. É praticamente unânime o entendimento que tal dispositivo não revogou o art. 769 da CLT, em função do princípio da especialidade.

> *Art. 15. Na ausência de normas que regulem processos eleitorais, trabalhistas ou administrativos, as disposições deste Código lhes serão aplicadas supletiva e subsidiariamente.*

Letras A, B, C e E: Ver comentários sobre o gabarito.

---

71. (FCC – Técnico Judiciário – Área Administrativa – TRT 14/2016) O advogado em defesa da empresa reclamada, no curso de uma ação trabalhista, pretende utilizar uma medida do direito processual comum que não está prevista na Consolidação das Leis do Trabalho. Tal situação:

a) É possível em qualquer hipótese simplesmente pela omissão da Consolidação das Leis do Trabalho.
b) Não é possível utilizar medida processual que não esteja prevista em lei trabalhista.
c) Ficará condicionada a verificação judicial e restrita a fase de execução da sentença.
d) É possível diante da omissão da Consolidação das Leis do Trabalho, exceto naquilo em que for incompatível com o processo judiciário do trabalho.
e) É possível em face da ausência de norma processual da Consolidação das Leis do Trabalho, restringindo-se a fase de conhecimento.

COMENTÁRIOS

✪ **Nota do Autor:** A questão exige conhecimento doutrinário acerca dos princípios processuais trabalhistas, especialmente acerca da aplicação do direito processual comum em caso de lacunas do processo do trabalho.

Gabarito: letra D.

No Processo do Trabalho, o art. 769 da CLT estipula a aplicação subsidiária do Direito Processual Comum (direito processual penal ou civil), desde que haja omissão da legislação processual trabalhista e compatibilidade com os respectivos princípios.

> *Art. 769 – Nos casos omissos, o direito processual comum será fonte subsidiária do direito processual do trabalho, exceto naquilo em que for incompatível com as normas deste Título.*

Apesar da literalidade do dispositivo, a compatibilidade a que se refere o art. 769 não é com as normas da CLT. A incompatibilidade, apta a impedir a aplicação do direito processual comum, deve dar-se entre este e um princípio do processo do trabalho.

Especificamente na fase de execução, o art. 889 da CLT determina deva ser aplicado preferencialmente, em caso de omissão da CLT, o regramento da Lei de Execuções Fiscais (Lei 6.830/80) e, apenas em seguida, o direito processual comum.

> *Art. 889 – Aos trâmites e incidentes do processo da execução são aplicáveis, naquilo em que não contravierem ao presente Título, os preceitos que regem o processo dos executivos fiscais para a cobrança judicial da dívida ativa da Fazenda Pública Federal.*

Noutro giro, o art. 15 do CPC, prevê a aplicabilidade subsidiária e supletiva do Código no processo do trabalho. É praticamente unânime o entendimento que tal dispositivo não revogou o art. 769 da CLT, em função do princípio da especialidade: é imprescindível, portanto, para que seja possível a respectiva aplicação, que a norma do CPC se harmonize com o procedimento trabalhista e com a organização da Justiça do Trabalho.

> *Art. 15. Na ausência de normas que regulem processos eleitorais, trabalhistas ou administrativos, as disposições deste Código lhes serão aplicadas supletiva e subsidiariamente.*

Letras A, B, C e E: Ver comentários sobre o gabarito.

---

72. (FCC – Analista Judiciário – Oficial de Just. Avaliador – TRT 24/2017) O advogado da empresa Vênus de Millus Produções Artísticas apresentou uma reconvenção na audiência UNA em que a reclamada foi notificada para apresentação de sua contestação em reclamação trabalhista. Provocado a se manifestar sobre a peça processual apresentada pela empresa ré, o advogado do reclamante Hércules impugnou a juntada da reconvenção sem justificar o motivo. Conforme teoria dos princípios gerais do Processo do Trabalho,

a) não se admite em ação trabalhista nenhuma medida processual que não tenha previsão expressa contida na Consolidação das Leis do Trabalho e que seja contrária ao trabalhador.
b) caberia a medida desde que houvesse concordância da parte contrária e que a mesma fosse apresentada antes da data da audiência para possibilitar o contraditório.
c) embora haja omissão da norma processual trabalhista em relação à reconvenção, há súmula do Tribunal Superior do Trabalho interpretando pela sua absoluta incompatibilidade com o direito processual do trabalho.

d) nos casos omissos, o direito processual comum será fonte subsidiária do direito processual do trabalho, exceto naquilo em que for incompatível com as normas contidas na Consolidação das Leis do Trabalho.

e) não caberia tal medida nesta fase processual porque somente é possível aplicar supletivamente norma do Código Processual Civil que não esteja prevista na lei trabalhista na fase de execução.

COMENTÁRIOS

✪ **Nota do Autor:** A questão exige conhecimento doutrinário acerca dos princípios processuais trabalhistas, especialmente acerca da aplicação do direito processual comum em caso de lacunas do processo do trabalho. A assertiva trata especificamente sobre a possibilidade de utilização da reconvenção como meio de defesa do reclamado. A reconvenção permite que o réu manifeste pretensão própria, ao contrário do que ocorre com a mera contestação, mediante a qual se exerce apenas o direito de defesa e de reação com o objetivo de impedir o sucesso da pretensão do autor.

Gabarito: letra D.

No Processo do Trabalho, o art. 769 da CLT estipula a aplicação subsidiária do Direito Processual Comum (direito processual penal ou civil), desde que haja omissão da legislação processual trabalhista e compatibilidade com os respectivos princípios.

> *Art. 769 – Nos casos omissos, o direito processual comum será fonte subsidiária do direito processual do trabalho, exceto naquilo em que for incompatível com as normas deste Título.*

Especificamente na fase de execução, o art. 889 da CLT determina deva ser aplicado preferencialmente, em caso de omissão da CLT, o regramento da Lei de Execuções Fiscais (Lei 6.830/80) e, apenas em seguida, o direito processual comum.

> *Art. 889 – Aos trâmites e incidentes do processo da execução são aplicáveis, naquilo em que não contravierem ao presente Título, os preceitos que regem o processo dos executivos fiscais para a cobrança judicial da dívida ativa da Fazenda Pública Federal.*

Noutro giro, o art. 15 do CPC, prevê a aplicabilidade subsidiária e supletiva do Código no processo do trabalho. É praticamente unânime o entendimento que tal dispositivo não revogou o art. 769 da CLT, em função do princípio da especialidade: é imprescindível, portanto, para que seja possível a respectiva aplicação, que a norma do CPC se harmonize com o procedimento trabalhista e com a organização da Justiça do Trabalho.

> *Art. 15. Na ausência de normas que regulem processos eleitorais, trabalhistas ou administrativos, as disposições deste Código lhes serão aplicadas supletiva e subsidiariamente.*

Especificamente com relação à reconvenção, esta é ação incidental e autônoma ofertada pelo réu em resposta à pretensão do autor. Tal modalidade de defesa é compatível com o Processo do Trabalho, pois possibilita a máxima eficiência da jurisdição e atende aos princípios da economia processual e acesso à Justiça (CF, art. 5º, XXXV).

Letras A, B, C e E: Ver comentários sobre o gabarito.

10. INQUÉRITO PARA APURAÇÃO DE FALTA GRAVE

▸ Súmula 379, TST

73. (AOCP – Analista Judiciário – Área Judiciária – TRT 1/2018) Fernando, funcionário da montadora de veículos WMW S/A, é dirigente sindical e incorreu em falta grave. A empregadora, prontamente, suspendeu o empregado, deixando de pagar-lhe salários a partir daí. Pretende a empregadora demitir Fernando. Em relação ao regramento aplicável à espécie para dispensa do empregado, assinale a alternativa correta.

a) A empresa WMW S/A deverá proceder à instauração de inquérito para apuração da falta para dispensa do empregado perante a Justiça do Trabalho, apresentando reclamação escrita perante a Vara do Trabalho ou Juízo de Direito no prazo prescricional de 2 anos.

b) A empresa WMW S/A deverá proceder à instauração de inquérito para apuração da falta para dispensa do empregado perante a Justiça do Trabalho, apresentando reclamação escrita perante a Vara do Trabalho ou Juízo de Direito dentro de 30 dias contados da data da suspensão do empregado, podendo ouvir, para provar os fatos alegados, até 6 testemunhas.

c) Ainda que reconhecida a estabilidade do empregado, se provado o cometimento da falta grave e julgado procedente o inquérito, este não terá direito ao pagamento dos salários não pagos até a data de instalação do inquérito.

d) A empresa WMW S/A deverá proceder à instauração de inquérito para apuração da falta para dispensa do empregado perante a Justiça do Trabalho, apresentando reclamação escrita perante a Vara do Trabalho ou Juízo de Direito dentro de 15 dias contados da data da suspensão do empregado, podendo ouvir, para provar os fatos alegados, até 6 testemunhas.

e) A empresa deverá apresentar reclamação escrita perante a Vara do Trabalho ou Juízo de Direito dentro de 30 dias contados da data da suspensão do empregado, podendo ouvir, para provar os fatos alegados, até 3 testemunhas.

COMENTÁRIOS

✪ **Nota do autor:** a questão exige o conhecimento do procedimento especial denominado *inquérito judicial para apuração de falta grave.* A figura do inquérito judicial para apuração de falta grave foi idealizada essencialmente para a tutela da estabilidade decenal, prevista no art. 492, caput, da CLT. Como a Constituição de 1988 extinguiu a estabilidade geral no emprego (art. 7º, I e III), apenas os empregados que já tinham direito adquirido quando da promulgação da Carta conservaram-no, do que resulta o desuso do instituto.

Atualmente, o inquérito judicial para apuração de falta grave é mais utilizado nas situações de dirigente sindical detentor de garantia provisória no emprego, já que o art. 543, §3º, da CLT, exige que a falta grave seja apurada nos termos da Consolidação, de onde se infere a exigência da ação desconstitutiva especial.

Gabarito: letra B. Para a instauração do inquérito para apuração de falta grave contra empregado garantido com estabilidade, o empregador apresentará reclamação por escrito à Junta ou Juízo de Direito, dentro de 30 (trinta) dias, contados da data da suspensão do empregado (CLT, art. 853). Neste procedimento especial, cada parte pode indicar até 6 testemunhas (CLT, art. 821).

Letras A, D e E: A suspensão do empregado não é obrigatória para o ajuizamento do inquérito. Contudo, uma vez suspenso o empregado, o inquérito deve ser ajuizado no prazo decadencial de 30 dias.

Letra C: Se tiver havido prévio reconhecimento da estabilidade do empregado, o julgamento do inquérito pela Junta ou Juízo não prejudicará a execução para pagamento dos salários devidos ao empregado, até a data da instauração do mesmo inquérito (CLT, art. 855). A explicação é lógica: ainda que o empregado haja cometido falta grave e seja dispensado por justa causa, faz jus aos salários devidos até a aplicação dessa penalidade.

---

74. (FCC – Analista Judiciário – Área Judiciária – TRT 24/2017) A empresa Gregos e Troianos Ltda. possui nos seus quadros um empregado que exerce o cargo de dirigente sindical no sindicato que representa a categoria profissional dos empregados. Referido empregado foi surpreendido embriagado no ambiente de trabalho e a empresa o suspendeu, pretendendo dispensar o mesmo por justa causa. Nessa hipótese, a empresa deverá

a) comunicar o sindicato da categoria no prazo de 5 dias para o mesmo instaurar inquérito para apuração dos fatos.

b) marcar a homologação da rescisão do empregado perante o Ministério do Trabalho, o qual deverá notificar o sindicato da categoria para tomar ciência da rescisão contratual de seu dirigente.

c) propor inquérito para apuração de falta grave perante a Vara do Trabalho competente, no prazo de 30 dias da suspensão do empregado.

d) ajuizar inquérito civil perante o Ministério Público do Trabalho para apuração dos fatos, para que a dispensa possa ter legitimidade.

E) ajuizar inquérito para apuração de falta grave perante o Tribunal Regional do Trabalho no prazo de 60 dias da suspensão do empregado.

COMENTÁRIOS

✪ **Nota do Autor:** A questão exige conhecimento acerca do inquérito para apuração de falta grave que é ação de procedimento especial, pertinente em hipóteses taxativamente previstas em lei, cujo objetivo é a solução do contrato de trabalho de empregado detentor de estabilidade ou garantia provisória de emprego. Trata-se de ação constitutiva negativa para o qual o legitimado ativo é o empregador, e o passivo, o empregado. Atualmente, o inquérito judicial para apuração de falta grave é mais utilizado nas situações de dirigente sindical detentor de garantia provisória no emprego, já que o art. 543, §3º, da CLT, exige que a falta grave seja apurada nos termos da Consolidação, de onde se infere a exigência da ação desconstitutiva especial.

Gabarito: Letra C.

O Inquérito para apuração de falta grave possui peculiaridades procedimentais como é o caso do art. 543 da CLT. O empregador possui a faculdade (não o ônus e nem a obrigação) de suspender preventivamente o empregado antes do ajuizamento da ação. Caso opte por suspender, a ação deverá ajuizada no prazo decadencial de 30 dias.

> *Art. 853 – Para a instauração do inquérito para apuração de falta grave contra empregado garantido com estabilidade, o empregador apresentará reclamação por escrito à Junta ou Juízo de Direito, dentro de 30 (trinta) dias, contados da data da suspensão do empregado.*

Letras A, B, D e E: Ver comentários sobre o gabarito.

11. TESTEMUNHA

▸ Art. 852-H, §§ 2º e 3º, da CLT

75. (FCC – Analista Judiciário – Área Judiciária – TRT 4/2015) Em razão do princípio da primazia da realidade a prova testemunhal é de grande relevância ao Processo do Trabalho. Conforme sistemática adotada pela Consolidação das Leis Trabalhistas, nos procedimentos sumaríssimo, ordinário e inquérito para apuração de falta grave, a quantidade máxima de testemunhas por parte é, respectivamente, de

a) duas, três e seis.
b) três, três e seis.
c) duas, cinco e cinco
d) uma, três e três.
e) três, cinco e seis.

COMENTÁRIOS

✪ **Nota do Autor:** A questão exige o conhecimento acerca da quantidade de testemunhas que poderão ser ouvidas por cada parte em cada rito procedimental, bem como no caso do Inquérito para Apuração de Falta Grave.

Gabarito: Letra A.

A previsão acerca da quantidade de testemunhas que poderão ser ouvidas por cada parte do rito ordinário e do Inquérito para Apuração de Falta Grave está no art. 821 da CLT:

> *Art. 821 – Cada uma das partes não poderá indicar mais de 3 (três) testemunhas, salvo quando se tratar de inquérito, caso em que esse número poderá ser elevado a 6 (seis).*

No caso do rito sumaríssimo a CLT regula a questão no art. 852-H, §2:

> *Art. 852-H. Todas as provas serão produzidas na audiência de instrução e julgamento, ainda que não requeridas previamente*
>
> *(...) § 2º As testemunhas, até o máximo de duas para cada parte, comparecerão à audiência de instrução e julgamento independentemente de intimação.*

Letras B, C, D e E: Ver comentários sobre o gabarito.

76. (FCC – Técnico Judiciário – Área Administrativa – TRT 20/2016) Hercules ajuizou reclamação trabalhista em face da empresa Deuses da Paixão S/A, pretendendo o pagamento de indenização por dano moral e adicional de insalubridade. O valor da somatória dos dois pedidos não ultrapassa 40 vezes o salário mínimo na data do ajuizamento. Para tentar provar suas alegações, o reclamante pretende ouvir cinco testemunhas, bem como requerer a prova pericial. Nessa situação, em relação à matéria de provas,

a) poderá ouvir somente duas testemunhas e deve ser realizada a prova pericial.
b) poderá ouvir três testemunhas e a prova pericial não pode ser realizada em razão do rito processual.
c) todas as cinco testemunhas podem ser ouvidas e deve ser realizada a prova pericial.
d) somente poderá ouvir duas testemunhas e a prova pericial não pode ser realizada em razão do rito processual.
e) poderá ouvir três testemunhas desde que a reclamada também traga três testemunhas e deve ser realizada a prova pericial.

COMENTÁRIOS

✪ **Nota do Autor:** A questão exige o conhecimento acerca da quantidade de testemunhas que poderão ser ouvidas por cada parte considerando o rito procedimental aplicável, bem como a possibilidade de realização de prova pericial.

Gabarito: Letra A.

Em decorrência do envolvimento de valores pecuniários mais baixos em determinadas causas, o legislador instituiu procedimentos diferenciados, tendo em vista a premissa de necessidade de solução mais ágil do conflito, bem como a maior simplicidade que lhe seria inerente, em função do valor. Assim, a Lei 9957/2000 estabeleceu o procedimento sumaríssimo, aplicável para dissídios individuais cujo valor não exceda a quarenta vezes o salário mínimo vigente na data do ajuizamento. O procedimento está disciplinado nos arts. 852-A e seguintes da CLT. Como consequência da necessidade de solução rápida do litígio, a lei estabelece regras especiais.

Cada parte pode ouvir apenas duas testemunhas (CLT, art. 852-H, §§ 2º) e somente quando a prova do fato o exigir, ou for legalmente importa, será deferida prova técnica (CLT, art. 852-H, §§ 4º), é o caso do pedido de condenação ao pagamento de adicional de insalubridade (CLT, art. 195).

> *Art. 852-H. Todas as provas serão produzidas na audiência de instrução e julgamento, ainda que não requeridas previamente. (Incluído pela Lei nº 9.957, de 2000)*
>
> *(...) § 2º As testemunhas, até o máximo de duas para cada parte, comparecerão à audiência de instrução e julgamento independentemente de intimação. (Incluído pela Lei nº 9.957, de 2000)*
>
> *(...) § 4º Somente quando a prova do fato o exigir, ou for legalmente imposta, será*

> *deferida prova técnica, incumbindo ao juiz, desde logo, fixar o prazo, o objeto da perícia e nomear perito.*
>
> *Art. 195 – A caracterização e a classificação da insalubridade e da periculosidade, segundo as normas do Ministério do Trabalho, far-se-ão através de perícia a cargo de Médico do Trabalho ou Engenheiro do Trabalho, registrados no Ministério do Trabalho. (Redação dada pela Lei nº 6.514, de 22.12.1977)*
>
> *(...)§ 2º – Argüida em juízo insalubridade ou periculosidade, seja por empregado, seja por Sindicato em favor de grupo de associado, o juiz designará perito habilitado na forma deste artigo, e, onde não houver, requisitará perícia ao órgão competente do Ministério do Trabalho.*

Letras B, C, D e E: Ver comentários sobre o gabarito.

---

77. (FCC – Analista Judiciário – Oficial de Just. Avaliador – TRT 24/2017) No final da audiência em que foram ouvidas duas testemunhas de cada parte em uma reclamatória trabalhista com pedido de indenização por danos morais, o magistrado resolveu convocar uma pessoa referida em todos os depoimentos para ser ouvida como testemunha do Juízo. Ocorre que a pessoa referida, de nome Ceres, ocupa a função de técnica administrativa do Tribunal Eleitoral e terá que depor em hora de serviço. No caso, segundo norma contida na Consolidação das Leis do Trabalho, Ceres

a) será requisitada ao chefe da repartição para comparecer à audiência marcada.

b) prestará seu depoimento por escrito, respondendo aos quesitos formulados pelo Juiz, para posterior juntada aos autos.

c) comparecerá espontaneamente à audiência designada e justificará a ausência no serviço mediante atestado.

d) somente está obrigada a comparecer se for conduzida por Oficial de Justiça à audiência designada.

e) será ouvida na sua própria repartição, através de Carta de Ordem, respondendo aos quesitos formulados pelo Juiz.

COMENTÁRIOS

✪ **Nota do Autor:** A questão exige o conhecimento sobre o art. 823 da CLT.

Gabarito: Letra A.

Sendo o juiz o destinatário direto da prova, é natural que possa ter iniciativa no que tange à produção de provas necessárias ao julgamento do mérito, conforme se extrai do art. 370, *caput*, do CPC. A assertiva trata especificamente acerca do procedimento para oitiva de servidor público em horário de serviço, disciplinada pelo art. 823 da CLT.

> *Art. 823 – Se a testemunha for funcionário civil ou militar, e tiver de depor em hora de serviço, será requisitada ao chefe da repartição para comparecer à audiência marcada.*

No mesmo sentido o art. 455, §4, III da CPC:

> *Art. 455. (...) § 4o A intimação será feita pela via judicial quando:*
>
> *(...) III – figurar no rol de testemunhas servidor público ou militar, hipótese em que o juiz o requisitará ao chefe da repartição ou ao comando do corpo em que servir;*

Letras B, C, D e E: Ver comentários sobre o gabarito.

---

78. (FCC – Analista Judiciário – Oficial de Just. Avaliador – TRT 24/2017) O trabalhador Ulisses ingressou com dissídio individual em face da empresa Delta Produtos e Games Digitais, reivindicando o pagamento de horas extraordinárias e a comissão de um mês que não foi paga, atribuindo à causa o valor de 10 salários mínimos. A legislação processual trabalhista autoriza que o reclamante possa convidar, como testemunhas, até

a) 2 no total.

b) 3 no total.

c) 2 para cada pedido

d) 3 para cada pedido

e) 5 no total.

COMENTÁRIOS

✪ **Nota do Autor:** A questão exige o conhecimento acerca da quantidade de testemunhas que poderão ser ouvidas por cada parte considerando o rito procedimental aplicável.

Gabarito: Letra A.

Em decorrência do envolvimento de valores pecuniários mais baixos em determinadas causas, o legislador instituiu procedimentos diferenciados, tendo em vista a premissa de necessidade de solução mais ágil do conflito, bem como a maior simplicidade que lhe seria inerente, em função do valor. Assim, a Lei 9957/2000 estabeleceu o procedimento sumaríssimo, aplicável para dissídios individuais cujo valor não exceda a quarenta vezes o salário mínimo vigente na data do ajuizamento. O procedimento está disciplinado nos arts. 852-A e seguintes da CLT. Como consequência da necessidade de solução rápida do litígio, a lei estabelece regras especiais. Cada parte pode ouvir apenas duas testemunhas (CLT, art. 852-H, §§ 2º):

Art. 852-H. Todas as provas serão produzidas na audiência de instrução e julgamento, ainda que não requeridas previamente. (Incluído pela Lei nº 9.957, de 2000)

(...) § 2º As testemunhas, até o máximo de duas para cada parte, comparecerão à audiência de instrução e julgamento independentemente de intimação. (Incluído pela Lei nº 9.957, de 2000)

Letras B, C, D e E: Ver comentário sobre o gabarito.

---

79. (FGV – Técnico Judiciário – Área Administrativa – TRT 12/2017) Margarida compareceu a uma audiência para ser ouvida como testemunha da reclamante, mas foi contraditada pela empresa ao argumento de que possuía ação em curso contra a reclamada, o que foi confirmado por Margarida.

À luz da jurisprudência uniforme do TST, é correto afirmar que:

a) Margarida não tem a necessária isenção neste caso porque está em litígio contra a empresa, pelo que a contradita deverá ser aceita;

b) qualquer pessoa pode ser ouvida como testemunha, pois não há óbice legal nem condições especiais a serem cumpridas;

c) somente se Margarida estiver postulando no seu processo os mesmos pedidos que a reclamante é que não poderá ser ouvida como testemunha;

d) o fato de estar litigando contra a empresa não torna Margarida impedida nem suspeita de depor como testemunha;

e) o juiz deve acolher a contradita se Margarida estiver sendo assistida na sua ação pelo mesmo advogado que dá assessoria à autora do caso em que irá depor.

COMENTÁRIOS

✪ Nota do Autor: A questão exige conhecimento sobre as hipóteses de impedimento, suspeição e incapacidade das testemunhas previstas no art. 447, §2º do CPC, bem como da Súmula 357 do TST.

Gabarito: Letra D.

Não é incomum que a testemunha indicada ou trazida pelo reclamante também mova – ou haja movido – reclamação trabalhista em face do reclamado. O TST concluiu, neste aspecto, que o mero ajuizamento de ação não configura inimizade ou interesse na causa movida pelo reclamante. A testemunha tem interesse em ter êxito em seu próprio processo, e não daquele que envolve o colega.

Súmula nº 357 do TST. TESTEMUNHA. AÇÃO CONTRA A MESMA RECLAMADA. SUSPEIÇÃO (mantida) – Res. 121/2003, DJ 19, 20 e 21.11.2003

Não torna suspeita a testemunha o simples fato de estar litigando ou de ter litigado contra o mesmo empregador.

Letras B, C, D e E: Ver comentários sobre o gabarito.

---

80. (FCC – Analista Judiciário – Área Judiciária – Oficial de Justiça Avaliador – TRT 14/2016) Os dissídios individuais na Justiça do Trabalho podem seguir o rito procedimental sumaríssimo conforme normas previstas em lei. Sobre esse procedimento é INCORRETO afirmar:

a) Estão excluídas do procedimento sumaríssimo as demandas em que é parte a Administração pública direta, autárquica e fundacional.

b) Cada parte poderá indicar até, no máximo, três testemunhas mediante rol apresentado 5 dias antes da audiência.

c) Serão decididos, de plano, todos os incidentes e exceções que possam interferir no prosseguimento da audiência e do processo; as demais questões serão decididas na sentença.

d) O pedido deve ser certo ou determinado e indicará o valor correspondente, sob pena de arquivamento da reclamação e condenação ao pagamento de custas sobre o valor da causa.

e) O recurso ordinário terá parecer oral do representante do Ministério Público presente à sessão de julgamento, se este entender necessário o seu parecer, com registro na certidão.

COMENTÁRIOS

✪ Nota do Autor: Considerando o envolvimento de valores pecuniários mais baixos em determinadas causas, o legislador instituiu procedimentos diferenciados, tendo em vista a premissa de necessidade de solução mais ágil do conflito, bem como a maior simplicidade que lhe seria inerente, em função do valor. Assim, a Lei 9957/2000 estabeleceu o procedimento sumaríssimo, aplicável para dissídios individuais cujo valor não exceda a quarenta vezes o salário mínimo vigente na data do ajuizamento. O procedimento está disciplinado nos arts. 852-A e seguintes da CLT. Como consequência da necessidade de solução rápida do litígio, a lei estabelece regras especiais, cujo conhecimento a questão demanda.

Gabarito: Letra B.

Cada parte pode ouvir apenas duas testemunhas, e só será deferida intimação de testemunha que, comprovadamente convidada, deixar de comparecer. Não comparecendo a testemunha intimada, o juiz poderá determinar a sua imediata condução coercitiva (CLT, art. 852-H, §§ 2º e 3º). A comprovação do convite pode ser verbal e pode ser feita inclusive na sessão seguinte, na qual a testemunha comparecer.

> *Art. 852-H. Todas as provas serão produzidas na audiência de instrução e julgamento, ainda que não requeridas previamente.* (Incluído pela Lei nº 9.957, de 2000)
>
> *(...) § 2º As testemunhas, até o máximo de duas para cada parte, comparecerão à audiência de instrução e julgamento independentemente de intimação.* (Incluído pela Lei nº 9.957, de 2000)
>
> *§ 3º Só será deferida intimação de testemunha que, comprovadamente convidada, deixar de comparecer. Não comparecendo a testemunha intimada, o juiz poderá determinar sua imediata condução coercitiva.* (Incluído pela Lei nº 9.957, de 2000)

No Processo Civil, as partes devem indicar suas testemunhas por ocasião do saneamento, ou seja, antes da audiência de instrução (CPC, art. 357, §§4º e 5º). No Processo do, não há previsão legal de rol de testemunhas, as quais devem ser trazidas à audiência independentemente de intimação.

Letra A: Reprodução do art. 852-A, parágrafo único da CLT.

Letra C: Reprodução do art. 852-G da CLT.

Letra D: Reprodução do art. 852-B, I da CLT.

Letra E: Reprodução do art. 895, §1º, III da CLT.

12. NULIDADES

- Art. 794 da CLT
- Art. 796, a, da CLT
- Art. 796, b, da CLT
- Art. 798 da CLT

81. (FCC – 2024 – TRT 11 – Analista Judiciário/Área Judiciária) A Consolidação das Leis do Trabalho, ao tratar das nulidades, estabelece que

a) havendo incompetência, na fase de conhecimento, em razão da matéria, esta deverá ser declarada *ex officio*.

b) será declarada *ex officio* ou mediante provocação das partes, seja ela absoluta ou relativa.

c) não há necessidade de o juiz ou Tribunal que pronunciá-la, declarar a sua extensão, porque o processamento do feito retornará à sua origem.

d) haverá nulidade mesmo nos casos em que não haja manifesto prejuízo às partes litigantes.

e) a parte poderá pugnar pela declaração de nulidade junto ao órgão judicante, ainda que ela a tenha dado causa.

COMENTÁRIOS

✪ **Nota do autor:** A questão exige conhecimento do texto da CLT a respeito do tema das nulidades processuais.

Letra A: Correta. Conforme art. 795, §1º, da CLT, deverá ser declarada *ex officio* a nulidade fundada em incompetência de foro. Nesse caso, serão considerados nulos os atos decisórios.

Letra B: Errado. As nulidades relativas somente são pronunciadas mediante provocação das partes. Conforme art. 795 da CLT, as nulidades não serão declaradas senão mediante provocação das partes, as quais deverão argui-las à primeira vez em que tiverem de falar em audiência ou nos autos.

Letra C: Errada, pois o art. 797 da CLT estatui que o juiz ou Tribunal que pronunciar a nulidade declarará os atos a que ela se estende.

Letra D: Errada. Nos processos sujeitos à apreciação da Justiça do Trabalho só haverá nulidade quando resultar dos atos inquinados manifesto prejuízo às partes litigantes (CLT, art. 794).

Letra E: Errada. A nulidade não será pronunciada: a) quando for possível suprir-se a falta ou repetir-se o ato; b) quando argüida por quem lhe tiver dado causa. (CLT, art. 796).

Gabarito: Letra A.

82. (Cespe – Analista Judiciário – Área Judiciária – Oficial de Justiça Avaliador) Acerca das nulidades e exceções aplicáveis ao processo do trabalho, assinale a opção correta.

a) Pronunciada determinada nulidade, deverá ser declarada, consequentemente, a nulidade de todos os demais atos processuais.

b) Na justiça do trabalho, admitem-se exceções apenas em matéria de defesa quanto ao mérito.

c) O juiz da causa é obrigado a dar-se por suspeito nas situações em que o autor da ação for de sua íntima relação pessoal.

d) A nulidade do processo judicial deve ser declarada em juízo de admissibilidade pela secretaria judicial à qual a ação trabalhista for distribuída.

e) O pronunciamento da nulidade depende do consentimento da parte que lhe tiver dado causa.

COMENTÁRIOS

✪ **Nota do Autor:** A questão exige conhecimento acerca dos defeitos dos atos processuais. Os atos processuais se destinam a gerar efeitos jurídicos no âmbito da relação processual. Sucede que nem sempre os efeitos se operarão tais como pretendidos pelo agente, em virtude de vícios, mais ou menos intensos, que podem comprometer ou impedir, em maior ou menor escala, que o ato alcance seu objetivo.

Gabarito: Letra C.

Conforme dispõe o art. 801 da CLT:

> *Art. 801 – O juiz, presidente ou vogal, é obrigado a dar-se por suspeito, e pode ser recusado, por algum dos seguintes motivos, em relação à pessoa dos litigantes:*
>
> *a) inimizade pessoal;*
>
> *b) amizade íntima;*
>
> *c) parentesco por consangüinidade ou afinidade até o terceiro grau civil;*
>
> *d) interesse particular na causa.*

Letra A: Assertiva contrária ao art. 798 da CLT:

> *Art. 798 – A nulidade do ato não prejudicará senão os posteriores que dele dependam ou sejam consequência.*

Letra B: Nas causas da jurisdição da Justiça do Trabalho, somente podem ser opostas, com suspensão do feito, as exceções de suspeição ou incompetência. (CLT, art. 799).

Letra D: Não há juízo de admissibilidade nas Varas do Trabalho. O Juiz do Trabalho só toma contato com a petição inicial na primeira audiência, via de regra. Segundo o princípio da preclusão temporal, os interessados devem arguir a nulidade relativa na primeira oportunidade que tiverem de falar nos autos, sob pena de perda da prerrogativa de o fazer. Não se aplica para as nulidades absolutas, que devem ser pronunciadas de ofício pelo magistrado, a qualquer tempo e em qualquer grau de jurisdição (CPC, art. 278, parágrafo único).

> *Art. 795 – As nulidades não serão declaradas senão mediante provocação das partes, as quais deverão argui-las à primeira vez em que tiverem de falar em audiência ou nos autos.*

Letra E: Assertiva contrária ao art. 796, "b" da CLT.

> *Art. 796 – A nulidade não será pronunciada: (...) b) quando argüida por quem lhe tiver dado causa.*

---

83. (FCC – Analista Judiciário – Área Judiciária – TRT 9/2015) O advogado de Isis, autora em reclamação trabalhista, entendeu que o juiz da causa praticou ato processual irregular e pretende arguir a nulidade desse ato. Em relação às nulidades nos processos sujeitos à apreciação da Justiça do Trabalho, é correto afirmar que

a) a Consolidação das Leis do Trabalho – CLT não apresenta regras próprias sobre o tema, razão pela qual devem ser aplicadas as normas do Código Processual Civil – CPC e do Código Processual Penal – CPP.

b) a nulidade deverá ser declarada, ainda que não resulte dos atos inquinados manifesto prejuízo às partes litigantes.

c) a nulidade do ato não prejudicará senão os posteriores que dele dependam ou sejam consequência.

d) as nulidades podem ser arguidas pelas partes em qualquer fase e momento processual, visto que a lei não prevê momento oportuno para tal medida processual.

e) a nulidade deverá ser pronunciada mesmo que tenha sido arguida por quem lhe tiver dado causa.

COMENTÁRIOS

✪ **Nota do Autor:** A questão exige conhecimento acerca dos defeitos dos atos processuais. Os atos processuais se destinam a gerar efeitos jurídicos no âmbito da relação processual. Sucede que nem sempre os efeitos se operarão tais como pretendidos pelo agente, em virtude de vícios, mais ou menos intensos, que podem comprometer ou impedir, em maior ou menor escala, que o ato alcance seu objetivo.

Gabarito: Letra C.

Conforme o art. 798 da CLT:

> *Art. 798 – A nulidade do ato não prejudicará senão os posteriores que dele dependam ou sejam consequência.*

Letra A: As nulidades no Processo do Trabalho estão disciplinas na seção V, arts. 794-798 da CLT.

Letra B: Assertiva contrária ao art. 794 da CLT.

> *Art. 794 – Nos processos sujeitos à apreciação da Justiça do Trabalho só haverá nulidade quando resultar dos atos inquinados manifesto prejuízo às partes litigantes.*

Letra D: Segundo o princípio da preclusão temporal, os interessados devem arguir a nulidade relativa na primeira oportunidade que tiverem de falar nos autos, sob pena de perda da prerrogativa de fazê-lo. Não se aplica para as nulidades absolutas, que devem ser pronunciadas de ofício pelo magistrado, a qualquer tempo e em qualquer grau de jurisdição (CPC, art. 278, parágrafo único).

> *Art. 795 – As nulidades não serão declaradas senão mediante provocação das partes, as quais deverão argüi-las à primeira vez em que tiverem de falar em audiência ou nos autos.*

Letra E: Assertiva contrária ao art. 796, "b" da CLT.

> *Art. 796 – A nulidade não será pronunciada: (...) b) quando argüida por quem lhe tiver dado causa.*

84. (FCC – Analista Judiciário – Área Judiciária – TRT 14/2016) A Teoria Geral do Processo conceitua a nulidade como sendo uma sanção pela qual a lei priva um ato jurídico dos seus efeitos normais, quando em sua execução não são observadas as formas ou requisitos para ele prescritas. Entretanto, diante da informalidade do processo do trabalho, em relação às nulidades é correto que

a) só haverá nulidade quando resultar dos atos inquinados manifesto prejuízo às partes litigantes.
b) as partes litigantes podem arguir as nulidades a qualquer momento processual, cabendo-lhes a escolha do momento processual que entendam oportuno.
c) a nulidade será declarada mesmo que for possível suprir-lhe a falta ou repetir o ato, uma vez que o ato já foi realizado e se consolidou.
d) a nulidade deverá ser pronunciada ainda que tenha sido arguida pela parte litigante que lhe originou ou lhe deu causa.
e) o juiz que pronunciar a nulidade não precisa declarar os atos a que ela se estende porque a nulidade de um ato prejudica os atos anteriores a este.

COMENTÁRIOS

✪ **Nota do Autor:** A questão exige conhecimento acerca dos defeitos dos atos processuais. Os atos processuais se destinam a gerar efeitos jurídicos no âmbito da relação processual. Sucede que nem sempre os efeitos se operarão tais como pretendidos pelo agente, em virtude de vícios, mais ou menos intensos, que podem comprometer ou impedir, em maior ou menor escala, que o ato alcance seu objetivo.

Gabarito: Letra A.

Nos processos sujeitos à apreciação da Justiça do Trabalho só haverá nulidade quando resultar dos atos inquinados manifesto prejuízo às partes litigantes. (CLT, art. 794).

Letra B: Segundo o princípio da preclusão temporal, os interessados devem arguir a nulidade relativa na primeira oportunidade que tiverem de falar nos autos, sob pena de perda da prerrogativa de fazê-lo. Não se aplica para as nulidades absolutas, que devem ser pronunciadas de ofício pelo magistrado, a qualquer tempo e em qualquer grau de jurisdição (CPC, art. 278, parágrafo único).

> *Art. 795 – As nulidades não serão declaradas senão mediante provocação das partes, as quais deverão argüi-las à primeira vez em que tiverem de falar em audiência ou nos autos.*

Letra C: Assertiva contrária ao art. 796, "a" da CLT.

> *Art. 796 – A nulidade não será pronunciada:*
> *a) quando for possível suprir-se a falta ou repetir-se o ato;*

Letra D: Assertiva contrária ao art. 796, "b" da CLT.

> *Art. 796 – A nulidade não será pronunciada:*
> *(...) b) quando argüida por quem lhe tiver dado causa.*

Letra E: O juiz ou Tribunal que pronunciar a nulidade declarará os atos a que ela se estende. (CLT, art. 797)

85. (FCC – Analista Judiciário – Oficial de Justiça Avaliador – TRT 4/2015) O advogado que representa a reclamada em um dissídio individual trabalhista entende que determinado ato processual praticado pelo Magistrado encontra-se eivado por vício. Nesse caso,

a) as nulidades relativas somente serão declaradas se houver arguição pelas partes na primeira vez que tiverem que falar em audiência ou nos autos.
b) ainda que do ato inquinado não resulte manifesto prejuízo a parte litigante haverá nulidade.
c) a nulidade será pronunciada mesmo que for possível suprir-lhe a falta ou repetir-se o ato.
d) ainda que a parte tenha lhe dado causa a nulidade será declarada.
e) a nulidade do ato processual prejudica todo o processo, ou seja, todos os atos anteriores e os posteriores, ainda que dele não dependam ou sejam consequência.

COMENTÁRIOS

✪ **Nota do Autor:** A questão exige conhecimento acerca dos defeitos dos atos processuais. Os atos processuais se destinam a gerar efeitos jurídicos no âmbito da relação processual. Sucede que nem sempre os efeitos se operarão tais como pretendidos pelo agente, em virtude de vícios, mais ou menos intensos, que podem comprometer ou impedir, em maior ou menor escala, que o ato alcance seu objetivo.

Gabarito: Letra A.

Trata-se do disposto no art. 795, *caput* da CLT. Segundo o princípio da preclusão temporal, os interessados devem arguir a nulidade relativa na primeira oportunidade que tiverem de falar nos autos, sob pena de perda da prerrogativa de o fazer. Não se aplica para as nulidades absolutas, que devem ser pronunciadas de ofício pelo magistrado, a qualquer tempo e em qualquer grau de jurisdição (CPC, art. 278, parágrafo único).

Art. 795 – As nulidades não serão declaradas senão mediante provocação das partes, as quais deverão argüi-las à primeira vez em que tiverem de falar em audiência ou nos autos.

Letra B: Assertiva contrária ao art. 794 da CLT.

Art. 794 – Nos processos sujeitos à apreciação da Justiça do Trabalho só haverá nulidade quando resultar dos atos inquinados manifesto prejuízo às partes litigantes.

Letra C: Assertiva contrária ao art. 796, "a" da CLT.

Art. 796 – A nulidade não será pronunciada:

a) quando for possível suprir-se a falta ou repetir-se o ato;

Letra D: Assertiva contrária ao art. 796, "b" da CLT.

Art. 796 – A nulidade não será pronunciada:

(...) b) quando argüida por quem lhe tiver dado causa.

Letra E: Assertiva contrária ao art. 798 da CLT: Art. 798 – A nulidade do ato não prejudicará senão os posteriores que dele dependam ou sejam conseqüência.

---

86. (FCC – Analista Judiciário – Área Judiciária – TRT 20/2016) Na reclamação trabalhista movida pelo empregado Záfiro em face da empresa Olimpo S/A houve procedência parcial em sentença. A reclamada interpôs recurso, mas por equívoco do Juízo não houve intimação do reclamante para apresentar contrarrazões. O recurso teve seu provimento negado. No caso, quanto à teoria das nulidades processuais, conforme previsão contida no texto consolidado,

a) caberia arguição pela reclamada da nulidade processual visto que não foi cumprido ato processual essencial.

b) deveria ser declarada a nulidade de ofício, que alcançaria todos os atos decisórios.

c) não poderia ser declarada nulidade de ofício por não ser absoluta, mas caso fosse arguida por quaisquer das partes seria acolhida com anulação dos atos decisórios.

d) a nulidade não seria declarada porque não houve prejuízo à parte que não foi intimada para apresentar contrarrazões do recurso.

e) deveria ser declarada a nulidade por provocação da reclamada apenas em eventual ação rescisória a ser movida.

COMENTÁRIOS

✪ **Nota do Autor:** A questão exige conhecimento acerca dos defeitos dos atos processuais. Os atos processuais se destinam a gerar efeitos jurídicos no âmbito da relação processual. Sucede que nem sempre os efeitos se operarão tais como pretendidos pelo agente, em virtude de vícios, mais ou menos intensos, que podem comprometer ou impedir, em maior ou menor escala, que o ato alcance seu objetivo.

Gabarito: Letra D.

O princípio da transcendência é consequência imediata da instrumentalidade das formas. De fato, se a finalidade do requisito formal foi atingida (instrumentalidade), o corolário lógico é que não há prejuízo algum para os interessados. Assim, as nulidades – absolutas ou relativas – somente devem ser decretadas quando houver prejuízo aos interessados (CLT, art. 794; CPC, art. 282, §1º). Em consequência, sempre que o juiz puder decidir o mérito favoravelmente à parte a quem aproveitaria a decretação da nulidade, esta não deve ser pronunciada, suprida e tampouco se deve repetir o ato (CPC, art. 282, §2º). Não faria sentido aplicar uma norma protetiva – a que prevê a nulidade – em desfavor do próprio protegido, que estaria privado de obter decisão de mérito – e, portanto, definitiva – benéfica à sua esfera de interesses.

Letras A, B, C e E: Ver comentários sobre o gabarito.

---

87. (FCC – Analista Judiciário – Área Judiciária – TRT 24/2017) Urano ingressou com reclamatória trabalhista pretendendo receber adicional de periculosidade e horas extras em face da empresa que trabalha. Na audiência UNA designada foi requerida a prova técnica pericial e a oitiva de testemunhas por carta precatória. O juiz deferiu apenas a realização da prova pericial, encerrando a instrução processual e designando julgamento. Inconformado, o patrono de Urano pode alegar nulidade processual

a) em qualquer fase do processo, por se tratar de nulidade fundada em incompetência de foro.

b) apenas em grau de recurso, por se tratar de nulidade fundada em incompetência de prerrogativa.

c) em qualquer momento do processo, quando arguida por quem lhe tiver dado causa.

d) no prazo de cinco dias após a realização da audiência, por meio de agravo de instrumento.

e) à primeira vez em que tiver de falar em audiência ou nos autos, em razão do princípio da preclusão.

COMENTÁRIOS

✪ **Nota do Autor:** A questão exige conhecimento acerca dos defeitos dos atos processuais. Os atos processuais se destinam a gerar efeitos jurídicos no âmbito da relação processual. Sucede que nem sempre os efeitos se operarão tais como pretendidos pelo agente, em virtude de vícios, mais ou menos intensos, que podem comprometer ou impedir, em maior ou menor escala, que o ato alcance seu objetivo.

Gabarito: Letra E.

Trata-se do disposto no art. 795, *caput* da CLT. Segundo o princípio da preclusão temporal, os interessados devem arguir a nulidade relativa na primeira oportunidade que tiverem de falar nos autos, sob pena de perda da prerrogativa de o fazer. Não se aplica para as nulidades absolutas, que devem ser pronunciadas de ofício pelo magistrado, a qualquer tempo e em qualquer grau de jurisdição (CPC, art. 278, parágrafo único).

> *Art. 795 – As nulidades não serão declaradas senão mediante provocação das partes, as quais deverão argüi-las à primeira vez em que tiverem de falar em audiência ou nos autos.*

Letras A, B, C e D: Ver comentários sobre o gabarito.

13. PROVAS

▸ Art. 852-H, § 2º da CLT

---

88. (FCC – 2024 – TRT 11 – Analista Judiciário/Área Judiciária) A respeito de prova, de acordo com a jurisprudência consolidada do Tribunal Superior do Trabalho,

a) o instrumento normativo, mesmo apresentado em cópia não autenticada, possui valor probante, independentemente de impugnação ao seu conteúdo, eis que se trata de documento comum às partes.

b) não é vedada a produção de prova posterior pela parte que foi declarada confessa, pois a busca da verdade real interessa a todos os integrantes da relação processual, cuja Justiça é o bem maior a ser preservado.

c) a configuração, ou não, do exercício da função de confiança pelo bancário, tais como direção, gerência, fiscalização, chefia ou equivalente, independe da produção de prova das suas reais atribuições, pois o enquadramento nesses casos se dá pela nomenclatura do cargo.

d) a prova pré-constituída nos autos pode ser levada em conta para confronto com a confissão ficta, não implicando cerceamento de defesa o indeferimento de provas posteriores.

e) incide em suspeição a testemunha que litiga ou litigou contra o mesmo empregador, pois configura-se, na hipótese, clara troca de favores entre o reclamante e a testemunha.

COMENTÁRIOS

✪ **Nota do autor:** A questão exige o conhecimento da jurisprudência consolidada (súmulas e OJs) do TST.

Letra A: Errada. Conforme OJ 36 da SDI-1: O instrumento normativo em cópia não autenticada possui valor probante, desde que não haja impugnação ao seu conteúdo, eis que se trata de documento comum às partes.

Letra B: Errada. Conforme Súmula 74, III, do TST: A vedação à produção de prova posterior pela parte confessa somente a ela se aplica, não afetando o exercício, pelo magistrado, do poder/dever de conduzir o processo.

Letra C: Errada. Conforme Súmula 102, I, do TST: A configuração, ou não, do exercício da função de confiança a que se refere o art. 224, § 2º, da CLT, dependente da prova das reais atribuições do empregado, é insuscetível de exame mediante recurso de revista ou de embargo.

Letra D: Correta. Conforme Súmula 74, II, do TST: A prova pré-constituída nos autos pode ser levada em conta para confronto com a confissão ficta (arts. 442 e 443, do CPC de 2015 – art. 400, I, do CPC de 1973), não implicando cerceamento de defesa o indeferimento de provas posteriores.

Letra E: Errada. Conforme Súmula 357 do TST: Não torna suspeita a testemunha o simples fato de estar litigando ou de ter litigado contra o mesmo empregador.

Gabarito: Letra D.

---

89. (FCC – 2023 – TRT 12 – Oficial de Justiça) Sobre a decisão do juiz de aplicação da teoria das cargas probatórias dinâmicas no processo do trabalho, a mesma

a) deve ser fundamentada, dando-se oportunidade para que à parte possa se desincumbir do ônus que lhe foi atribuído.

b) implica em uma atribuição do ônus da prova de modo diverso, razão pela qual deverá ser proferida em despacho fundamentado, antes da realização da audiência, com intimação das partes, para que se assegure a oportunidade de cumprimento do encargo atribuído.

c) está restrita às hipóteses previstas em lei.

d) será proferida antes da abertura da instrução e implicará o adiamento da audiência.

e) deverá ser revista quando a parte a quem foi atribuído o encargo demonstrar a ocorrência de situação em que desincumbir-se do encargo tenha se tomado impossível ou excessivamente difícil.

COMENTÁRIOS

✪ **Nota do autor:** A questão versa sobre inversão do ônus da prova.

Letra A: Correta, conforme art. 818, §1º, da CLT.

Letra B: Errada. A decisão de inversão do ônus da prova deverá ser proferida antes da abertura da instrução e, a requerimento da parte, implicará o adiamento da audiência e possibilitará provar os fatos por qualquer meio em direito admitido (CLT, art. 818, §2º).

Letra C: Errada. As hipóteses de inversão do ônus da prova não estão previstas taxativamente em lei, sendo resolvidas nos diversos casos concretos.

Letra D: Errada. A "pegadinha" aqui é que o adiamento da audiência somente ocorrerá a requerimento da parte interessada.

Letra E: Errada. Na hipótese em questão, a decisão de inversão sequer pode ser proferida, na verdade, conforme art. 818, §3º, da CLT.

Gabarito: Letra A.

---

90. (FCC – 2023 – TRT 12 – Oficial de Justiça) Pode ser testemunha toda pessoa natural que esteja no pleno exercício da sua capacidade e que, não sendo impedida ou suspeita, tenha conhecimento dos fatos relativos ao conflito de interesses constante do processo no qual irá depor. Nesse contexto,

a) é impedido o que tiver interesse no litígio.

b) é suspeita a testemunha que está ligando ou que litigiou contra o mesmo empregador.

c) é suspeito o cônjuge, o companheiro, o ascendente e o descendente em qualquer grau e o colateral, até o terceiro grau, de alguma das partes, por consanguinidade ou afinidade.

d) é impedido o inimigo da parte ou o seu amigo íntimo.

e) sendo necessário, o juiz pode admitir o depoimento de testemunha menor, impedida ou suspeita, que será prestado independentemente de compromisso, sendo-lhe atribuído o valor que possa merecer.

COMENTÁRIOS

✪ **Nota do autor:** A questão versa sobre prova testemunhal, exigindo o conhecimento do texto do CPC a respeito.

Letra A: Errado. O que tiver interesse no litígio é suspeito (CPC, art. 447, §3º, II).

Letra B: Errado. Não torna suspeita a testemunha o simples fato de estar litigando ou de ter litigado contra o mesmo empregador (TST, Súmula 357).

Letra C: Errado. São impedidos o cônjuge, o companheiro, o ascendente e o descendente em qualquer grau e o colateral, até o terceiro grau, de alguma das partes, por consanguinidade ou afinidade, salvo se o exigir o interesse público ou, tratando-se de causa relativa ao estado da pessoa, não se puder obter de outro modo a prova que o juiz repute necessária ao julgamento do mérito (CPC, art. 447, §2º, I).

Letra D: Erado. São suspeitos o inimigo da parte ou o seu amigo íntimo (CPC, art. 447, §3º, I).

Letra E: Correto. Sendo necessário, pode o juiz admitir o depoimento das testemunhas menores, impedidas ou suspeitas, e os depoimentos serão prestados independentemente de compromisso, e o juiz lhes atribuirá o valor que possam merecer (CPC, art. 447, §§4º e 5º).

Gabarito: Letra E.

---

91. (FUMARC – Técnico Judiciário – TRT 3/2022) Sobre o ônus da prova no processo do trabalho, NÃO é correto afirmar:

a) O ônus da prova dos fatos constitutivos do direito competem ao autor/reclamante.

b) O ônus da prova dos fatos impeditivos compete ao reclamado/réu.

c) O ônus da prova poderá ser distribuído de maneira dinâmica.

d) O ônus da prova poderá ser do trabalhador, a depender do direito discutido em juízo.

e) O ônus da prova será sempre do empregador.

COMENTÁRIOS

✪ **Nota do autor:** a questão exige conhecimento do art. 818 da CLT, segundo o qual:

> *Art. 818. O ônus da prova incumbe:*
>
> *I – ao reclamante, quanto ao fato constitutivo de seu direito;*
>
> *II – ao reclamado, quanto à existência de fato impeditivo, modificativo ou extintivo do direito do reclamante.*

À luz desse dispositivo, a única assertiva incorreta é a letra E.

Gabarito: letra E.

---

92. (FCC – Técnico Judiciário – Área Administrativa – TRT 6/2018) Conforme normas aplicáveis à produção das provas nas reclamatórias trabalhistas que tramitam pelo rito ordinário, NÃO é correto afirmar que

a) cada uma das partes não poderá indicar mais de cinco testemunhas, salvo quando se tratar de inquérito para apuração de falta grave, caso em que esse número poderá ser elevado a seis.

b) como regra, o ônus da prova incumbe ao reclamado, quanto à existência de fato impeditivo, modificativo ou extintivo do direito do reclamante.

c) o depoimento das partes e testemunhas que não souberem falar a língua nacional será feito por meio de intérprete nomeado pelo juiz.

d) se a testemunha for funcionário civil ou militar, e tiver de depor em hora de serviço, será requisitado ao chefe da repartição seu comparecimento à audiência marcada.

e) o documento em cópia oferecido para prova poderá ser declarado autêntico pelo próprio advogado, sob sua responsabilidade pessoal.

COMENTÁRIOS

✪ **Nota do autor:** Cada uma das partes não poderá indicar mais de 3 (três) testemunhas, salvo quando se tratar de inquérito, caso em que esse número poderá ser elevado a 6 (CLT, art. 821). As demais assertivas correspondem perfeitamente às previsões legais acerca de ônus da prova, depoimento de partes e testemunhas e prova documental.

Gabarito: letra A.

Demais assertivas: ver nota do autor.

93. (FCC – Técnico Judiciário – Área Administrativa – TRT 2/2018) Na reclamação trabalhista "X", Ronaldo alega que prestou serviços na qualidade de empregado para a empresa "L" requerendo, dentre diversos pedidos, o reconhecimento do vínculo de emprego. Já na reclamação "Y", Frederica alega que teve o seu contrato de trabalho celebrado com a empresa "B" rescindido sem justa causa, não tendo recebido as verbas rescisórias a que tinha direito. Em sede de contestação, a empresa "L" negou a prestação de serviços e a empresa "B" negou o despedimento. Nesses casos, o ônus de provar o término do contrato de trabalho nas reclamações trabalhistas "X" e "Y", de acordo com o entendimento Sumulado do Tribunal Superior do Trabalho

a) é, respectivamente, de Ronaldo e da empresa "B".

b) é, respectivamente, da empresa "L" e de Frederica.

c) é, respectivamente, da empresa "L" e da empresa "B".

d) é, respectivamente, de Ronaldo e de Frederica.

e) dependerá do rito processual a ser seguido.

COMENTÁRIOS

✪ **Nota do autor:** a questão versa sobre o ônus estático da prova no Processo do Trabalho. De acordo com o art. 818 da CLT, o ônus da prova incumbe: ao reclamante, quanto ao fato constitutivo de seu direito; ao reclamado, quanto à existência de fato impeditivo, modificativo ou extintivo do direito do reclamante.

Sobre o tema, de acordo com a Súmula 212 do TST, o ônus de provar o término do contrato de trabalho, quando negados a prestação de serviço e o despedimento, é do empregador, pois o princípio da continuidade da relação de emprego constitui presunção favorável ao empregado.

Assim, caberá à empresa "L" comprovar o término do contrato de trabalho (= data de extinção do contrato de trabalho), já que a empresa negou a prestação de serviços; igualmente, à empresa "B" caberá comprovar o término do contrato de trabalho, pois negou o despedimento (= a dispensa imotivada do empregado).

A questão apresenta uma "pegadinha" que poderia induzir o candidato a erro. É que o ônus de comprovar a prestação de serviços é do trabalhador, quando o reclamado nega em contestação. Isso porque a prestação de serviços é fato constitutivo do direito do autor. Contudo, uma vez que o reclamante prove a prestação de serviços, passa a caber ao empregador o ônus da prova da data e da modalidade de término do contrato de trabalho. Esse é o sentido e alcance da Súmula 212 do TST.

Gabarito: letra C.

Demais assertivas: ver nota do autor.

94. (AOCP – Analista Judiciário – Área Administrativa – TRT 1/2018) Relativamente à distribuição do ônus da prova, assinale a alternativa correta.

a) Vige, na sistemática de distribuição do ônus da probante no processo do trabalho, a distribuição dinâmica ônus da prova, prevista originariamente no CPC de 2015 (art. 373, § 1º). Assim, nos casos previstos em lei ou diante de peculiaridades da causa relacionadas à impossibilidade ou à excessiva dificuldade de cumprir o encargo probatório ou, ainda, à maior facilidade de obtenção da prova do fato contrário, poderá o juízo atribuir o ônus da prova de modo diverso.

b) O juízo poderá atribuir o ônus da prova de modo diverso, desde que o faça por decisão fundamentada, o que deverá ser feito na audiência de conciliação, tendo a parte reclamada apresentado contestação escrita.

c) A decisão que atribuir o ônus da prova de modo diverso será proferida na abertura da audiência de instrução, não sendo permitido, por tal motivo, o adiamento da audiência respectiva.

d) O juízo poderá atribuir o ônus da prova de modo diverso, desde que o faça por decisão fundamentada, o que deverá ser feito na abertura da audiência de instrução, não sendo possível à parte à qual o encargo probatório foi transferido desincumbir-se de tal ônus.

e) No direito do trabalho, a prova das alegações incumbe à parte que às fizer, sendo irrelevante se uma das partes apresenta impossibilidade ou excessiva dificuldade de cumprir seu encargo probatório.

COMENTÁRIOS

✪ **Nota do autor:** a questão versa sobre o tema de ônus da prova, que foi disciplinado pela Reforma Trabalhista de forma muito semelhante ao regramento do CPC. O art. 818 da CLT, após a vigência da Lei 13.467/2017, passou a prever:

> *Art. 818. O ônus da prova incumbe:*
>
> *I – ao reclamante, quanto ao fato constitutivo de seu direito;*
>
> *II – ao reclamado, quanto à existência de fato impeditivo, modificativo ou extintivo do direito do reclamante.*
>
> *§ 1° Nos casos previstos em lei ou diante de peculiaridades da causa relacionadas à impossibilidade ou à excessiva dificuldade de cumprir o encargo nos termos deste artigo ou à maior facilidade de obtenção da prova do fato contrário, poderá o juízo atribuir o ônus da prova de modo diverso, desde que o faça por decisão fundamentada, caso em que deverá dar à parte a oportunidade de se desincumbir do ônus que lhe foi atribuído.*
>
> *§ 2° A decisão referida no § 1° deste artigo deverá ser proferida antes da abertura da instrução e, a requerimento da parte, implicará o adiamento da audiência e possibilitará provar os fatos por qualquer meio em direito admitido.*
>
> *§ 3° A decisão referida no § 1° deste artigo não pode gerar situação em que a desincumbência do encargo pela parte seja impossível ou excessivamente difícil.*

Gabarito: letra A. A assertiva reproduz o texto legal e a noção aplicável à teoria dinâmica do ônus da prova: a inversão do ônus da prova é possível nos casos previstos em lei ou diante de peculiaridades da causa relacionadas à impossibilidade ou à excessiva dificuldade de cumprir o encargo probatório ou, ainda, à maior facilidade de obtenção da prova do fato contrário, poderá o juízo atribuir o ônus da prova de modo diverso.

Letra B: não há exigência de que a inversão do ônus da prova seja feita na audiência de conciliação. O que importa é que a inversão seja feita antes da abertura da instrução processual.

Letra C: a decisão que inverte o ônus da prova deve ser proferida antes da abertura da instrução e, a requerimento da parte, implicará o adiamento da audiência.

Letra D: quando inverter o ônus da prova, o Juiz do Trabalho deverá dar à parte prejudicada a oportunidade de se desincumbir do ônus que lhe foi atribuído.

Letra E: como visto, a nova redação do dispositivo legal admite a inversão do ônus da prova é possível quando uma das partes apresenta impossibilidade ou excessiva dificuldade de cumprir seu encargo probatório.

---

95. (FCC – Técnico Judiciário – Área Administrativa – TRT 3/2015) Gabriela ajuizou reclamação trabalhista em face de sua ex-empregadora a empresa "S" dando à causa o valor de R$ 27.800,00. Gabriela convidou Bruna, Soraya e Janine para prestarem depoimento testemunhal. Neste caso,

a) as três testemunhas poderão prestar depoimento testemunhal, sendo que comparecerão à audiência de instrução e julgamento mediante prévia intimação pessoal.

b) as três testemunhas poderão prestar depoimento testemunhal, sendo que comparecerão à audiência de instrução e julgamento independentemente de intimação.

c) Gabriela terá que escolher duas das três testemunhas, que comparecerão à audiência de instrução e julgamento mediante prévia intimação pessoal.

d) Gabriela terá que escolher duas das três testemunhas, que comparecerão à audiência de instrução e julgamento independentemente de intimação.

e) o magistrado escolherá apenas duas das três testemunhas de Gabriela, desde que todas estejam presentes na audiência de instrução e julgamento.

COMENTÁRIOS

Gabarito: letra D. A questão pressupunha que o candidato soubesse que o valor atribuído à causa, no caso hipotético, era inferior a 40 salários mínimos e, portanto, o procedimento a ser adotado seria o sumaríssimo. Ademais, de acordo com o art. 852-H, §2º, da CLT, *as testemunhas, até o máximo de duas para cada parte, comparecerão à audiência de instrução e julgamento independentemente de intimação.*

Demais assertivas: ver gabarito.

Letras A, B, C e E: Ver comentários sobre o gabarito.

---

96. (FCC – Analista Judiciário – Área Judiciária – TRT 3/2015) Em relação à prova documental no Processo do Trabalho,

a) o pagamento de salário deverá ser efetuado contra recibo, assinado pelo empregado; em se tratando de analfabeto, deve ser assinado por seu representante legal.

b) terá força de recibo o comprovante de depósito em conta bancária, aberta para esse fim em nome do empregado, com o consentimento deste, em estabelecimento de crédito próximo ao local de trabalho.

c) terá força de recibo o comprovante de depósito em conta bancária, aberta para esse fim em nome do empregado, independentemente do consentimento deste, em estabelecimento de crédito definido pelo empregador.

d) no recibo de pagamento é possível adotar o denominado "salário complessivo", que engloba o pagamento de todas as parcelas em uma única, indiscriminadamente.

e) na esfera trabalhista, em razão do princípio da primazia da realidade, prevalece o entendimento de que o recibo de pagamento pode ser escrito, verbal ou tácito, podendo a empresa comprovar o pagamento dos salários por todos os meios de prova em direito admitidos.

COMENTÁRIOS

✪ **Nota do Autor:** Documento é o objeto capaz de demonstrar a ocorrência de determinada situação de fato. A questão exige conhecimento acerca da forma prescrita na legislação trabalhista para o pagamento de salários, em especial do disposto no art. 464 da CLT.

Gabarito: Letra B.

Conforme teor do art. 464da CLT, o pagamento do salário deverá ser efetuado contra recibo, assinado pelo empregado; em se tratando de analfabeto, mediante sua impressão digital, ou, não sendo esta possível, a seu rogo. O parágrafo único do mesmo dispositivo prevê que terá força de recibo o comprovante de depósito em conta bancária, aberta para esse fim em nome de cada empregado, **com o consentimento deste**, em estabelecimento de crédito próximo ao local de trabalho.

Letras A, C, E: Ver comentários acerca do gabarito.

Letra D: É vedado o pagamento de salário complessivo. (TST, Súmula 91), ou seja, aquele pago mediante agrupamento de diversas parcelas em uma única rubrica (exemplo: as horas extras, o adicional noturno, o adicional de insalubridade etc., devem ser pagos em rubricas próprias no contracheque, não sendo possível o pagamento de forma global e indiscriminado).

---

97. (FCC – Analista Judiciário – Oficial de Justiça Avaliador – TRT 3/2015) Os honorários periciais são devidos

a) pelo autor, se a ação for julgada improcedente e pelo réu, se a ação for julgada procedente.

b) pela União quando a parte sucumbente no objeto da perícia for beneficiária da assistência judiciária gratuita.

c) pela parte que solicitou a realização da prova pericial, salvo se for beneficiária da assistência judiciária gratuita.

d) pelo empregador que deu causa à realização da perícia técnica.

e) pela parte que solicitou a realização da prova pericial, ainda que vencedora no objeto da perícia.

COMENTÁRIOS

✪ **Nota do Autor:** Perícia é o meio de prova utilizado quando a elucidação de determinado (s) aspecto (s) fáticos da causa pressuponha conhecimento técnico especializado não possuído pela generalidade das pessoas de cultura média. A questão exige conhecimento sobre a responsabilidade pelo pagamento dos honorários periciais. Importante observar que o texto da Lei 13.467/2017 introduziu ao regramento da CLT a previsão de que a União somente arcará os honorários periciais caso o beneficiário da justiça gratuita não tenha obtido em juízo créditos capazes de suportar a despesas.

Gabarito: Letra B.

Conforme dispõe o art. 790-B da CLT:

> *Art. 790-B. A responsabilidade pelo pagamento dos honorários periciais é da parte sucumbente na pretensão objeto da perícia, ainda que beneficiária da justiça gratuita. (Redação dada pela Lei nº 13.467, de 2017)*
>
> *(...) § 4º Somente no caso em que o beneficiário da justiça gratuita não tenha obtido em juízo créditos capazes de suportar a despesa referida no caput, ainda que em outro processo, a União responderá pelo encargo.*

Letras A, C, D e E: Ver comentários sobre o gabarito.

---

98. (FCC – Analista Judiciário – Oficial de Justiça Avaliador – TRT 3/2015) Quanto à prova testemunhal,

a) cada uma das partes não poderá indicar mais de 3 (três) testemunhas para a comprovação de cada fato ou pedido, salvo quando se tratar de inquérito para apuração de falta grave, caso em que esse número poderá ser elevado a 6.

b) as testemunhas não poderão sofrer qualquer desconto pelas faltas ao serviço, ocasionadas pelo seu comparecimento para depor, quando devidamente arroladas ou convocadas.

c) se a testemunha for funcionário civil ou militar e tiver que depor em hora de serviço, terá o direito de ser ouvida em sua própria repartição.

d) as testemunhas serão inquiridas diretamente por intermédio da parte ou seu advogado, diante do princípio da oralidade.

e) a testemunha devidamente intimada que não comparecer por duas vezes consecutivas para prestar depoimento e não justificar sua ausência estará sujeita à condução coercitiva, se não atender à terceira intimação.

COMENTÁRIOS

✪ **Nota do Autor:** A questão exige conhecimento acerca da produção de prova testemunhal no processo do trabalho.

Gabarito: Letra B.

Reprodução do art. 821 da CLT.

Letra A: No rito ordinário cada uma das partes não poderá indicar mais de 3 (três) testemunhas, **independentemente do número de pedidos**, salvo quando se tratar de inquérito, caso em que esse número poderá ser elevado a 6 (seis). (CLT, art. 821).

Letra C: A assertiva trata especificamente acerca do procedimento para oitiva de servidor público em horário de serviço, disciplinada pelo art. 823 da CLT.

> *Art. 823 – Se a testemunha for funcionário civil ou militar, e tiver de depor em hora de serviço, será requisitada ao chefe da repartição para comparecer à audiência marcada.*

No mesmo sentido o art. 455, §4, III da CPC:

> *Art. 455. (...) § 4o A intimação será feita pela via judicial quando:*
>
> *(...) III – figurar no rol de testemunhas servidor público ou militar, hipótese em que o juiz o requisitará ao chefe da repartição ou ao comando do corpo em que servir;*

Letra D: Diferentemente do Processo Civil, no Processo do Trabalho por previsão expressa, as partes e testemunhas serão inquiridas pelo juiz ou presidente, podendo ser reinquiridas, por seu intermédio, a requerimento. (CLT, art. 820).

Letra E: As testemunhas comparecerão à audiência independente de notificação ou intimação. As que não comparecerem serão intimadas, *ex officio* ou a requerimento da parte, ficando sujeitas a condução coercitiva, além das penalidades do art. 730 da CLT, caso, sem motivo justificado, não atendam à intimação. (CLT, art. 825).

---

99. (FCC – Analista Judiciário – Oficial de Justiça Avaliador – TRT 4/2015) No tocante às provas no Processo Judiciário do Trabalho,

a) as testemunhas serão intimadas para comparecimento em audiência quando as partes apresentarem rol em 05 dias após o despacho saneador.

b) no procedimento sumaríssimo quando apresentado documento por uma das partes o Juiz deverá suspender a audiência e possibilitar a parte adversa o prazo legal de 05 dias para manifestação.

c) o inquérito para apuração de falta grave cada parte poderá indicar até seis testemunhas para serem ouvidas em audiência.

d) o depoimento das testemunhas que não souberem falar a língua nacional será feito por meio de intérprete nomeado pelo Juiz, cujas despesas correrão por conta da parte vencida no processo.

e) após a qualificação as testemunhas prestarão compromisso legal, exceto no procedimento sumaríssimo em que não há compromisso e seu depoimento valerá como simples informação.

COMENTÁRIOS

✪ **Nota do Autor:** A questão exige conhecimento acerca da produção de prova testemunhal no Processo do Trabalho.

Gabarito: Letra C. Conforme previsão do art. 821 da CLT, cada uma das partes não poderá indicar mais de 3 (três) testemunhas, salvo quando se tratar de inquérito, caso em que esse número poderá ser elevado a 6 (seis).

Letra A: No Processo Civil, as partes devem indicar suas testemunhas por ocasião do saneamento, ou seja, antes da audiência de instrução (CPC, art. 357, §§4º e 5º). No Processo do Trabalho não há previsão legal de rol de testemunhas, as quais devem ser trazidas à audiência independentemente de intimação (CLT, art. 825).

Letra B: No procedimento sumaríssimo todas as provas serão produzidas em audiência e sobre os documentos apresentados por uma das partes manifestar-se-á imediatamente a parte contrária, sem interrupção da audiência, salvo absoluta impossibilidade, a critério do juiz. (CLT, art. 852-H, §1º)

Letra D: O depoimento das partes e testemunhas que não souberem falar a língua nacional será feito por meio de intérprete nomeado pelo juiz, e as despesas decorrentes do disposto neste artigo correrão por conta da parte sucumbente, salvo se beneficiária de justiça gratuita. (CLT, art. 819, §2º). Importante observar que o certame ocorreu antes da redação dada pela Lei nº 13.660, de 2018 ao referido dispositivo legal e, por tal razão, a assertiva estava incorreta à época, já que a previsão da CLT era de que as despesas seriam suportadas pela parte a quem interessasse o depoimento.

Letra E: Toda testemunha, independentemente do rito procedimental adotado, deverá prestar o compromisso legal, sendo qualificada, indicando o nome, nacionalidade, profissão, idade, residência, e, quando empregada, o tempo de serviço prestado ao empregador, ficando sujeita, em caso de falsidade, às leis penais.(CLT, art. 828).

---

100. (FCC – Analista Judiciário – Área Judiciária – Oficial de Justiça – TRT 19/2014) Considere a seguinte situação hipotética: Jaques ajuizou reclamação trabalhista em face da empresa "MNX Ltda.", empresa de pequeno porte que possui oito empregados. Dentre os pedidos formulados por Jaques está o reconhecimento do vínculo de emprego e o trabalho em jornada extraordinária. Considerando que, a empresa admitiu a prestação de serviços por Jaques, mas não como empregado e sim como trabalhador autônomo, bem como que não anexou aos autos os cartões de pontos de Jaques, o ônus da prova no tocante ao vínculo de emprego e no tocante às horas extras laboradas é

a) da empresa e de Jaques, respectivamente.
b) da empresa.
c) de Jaques.
d) de Jaques e da empresa, respectivamente.
e) da empresa, desde que a reclamação se processe pelo rito ordinário.

COMENTÁRIOS

✪ **Nota do Autor:** O ordenamento jurídico estabelece regras definidoras do ônus da prova. O art. 818 da CLT impõe que o ônus da prova incumbe ao reclamante, quanto ao fato constitutivo de seu direito e ao reclamado, quanto à existência de fato impeditivo, modificativo ou extintivo do direito do reclamante.

Gabarito: Letra D.

Segundo a teoria estática do ônus da prova este recai, ordinariamente, sobre o reclamante quando a comprovação do vínculo empregatício, quando negada a prestação de serviços na defesa. Por outro lado, o ônus recai sobre o a reclamada, quando admitida a prestação de serviços de forma não empregatícia (autônomo, eventual, etc.), por se tratar de fato impeditivo do direito do empregado, bem como pelo princípio da continuidade da relação de emprego (TST, Súmula 212). Dessa forma, de acordo com o enunciado da questão, o ônus da prova quanto à inexistência do vínculo recai sobre a empresa.

No tocante às horas extras laboradas, para os estabelecimentos de mais de dez trabalhadores será obrigatória a anotação da hora de entrada e de saída, em registro manual, mecânico ou eletrônico, conforme instruções a serem expedidas pelo Ministério do Trabalho, devendo haver pré-assinalação do período de repouso (CLT, art. 74, §2º). Assim, segundo a teoria estática do ônus da prova este recai, ordinariamente, sobre o reclamante quando às horas extraordinárias e intervalares. Por outro lado, o ônus recai sobre o a reclamada, quando não juntados injustificadamente os cartões de ponto. Neste sentido a súmula 338, I do TST:

> *JORNADA DE TRABALHO. REGISTRO. ÔNUS DA PROVA (incorporadas as Orientações Jurisprudenciais nºs 234 e 306 da SBDI-1) – Res. 129/2005, DJ 20, 22 e 25.04.2005*
>
> *I – É ônus do empregador que conta com mais de 10 (dez) empregados o registro da jornada de trabalho na forma do art. 74, § 2º, da CLT. A não-apresentação injustificada dos controles de freqüência gera presunção relativa de veracidade da jornada de trabalho, a qual pode ser elidida por prova em contrário. (ex-Súmula nº 338 – alterada pela Res. 121/2003, DJ 21.11.2003).*

No caso hipotético em questão, como a empresa tem menos de 10 empregados, e não foram juntados os cartões de ponto, injustificadamente, deve-se considerar ser da empresa o ônus da prova no que tange à inexistência de horas extras.

Portanto, o ônus da prova quanto aos dois pedidos seria da empresa, razão pela qual o gabarito deveria ser a letra "B". Contudo, a Banca examinadora, a nossa ver de forma equivocada, afirmou que o gabarito seria a letra "D".

Letras A, B, C e E: Ver comentários sobre o gabarito.

---

101. (FCC – Analista Judiciário – Área Judiciária – TRT 19/2014) O ônus de provar o término do contrato de trabalho quando negados a prestação de serviço e o despedimento e o ônus de provar fato impeditivo, modificativo ou extintivo da equiparação salarial é do

a) empregador.
b) empregado.
c) empregador e empregado, respectivamente.
d) empregado e empregador, respectivamente.
e) de ambas as partes, tratando-se de ônus comum objetivo.

COMENTÁRIOS

✪ **Nota do Autor:** O ordenamento jurídico estabelece regras definidoras do ônus da prova. O art. 818 da CLT impõe que o ônus da prova incumbe ao reclamante, quanto ao fato constitutivo de seu direito e ao reclamado, quanto à existência de fato impeditivo, modificativo ou extintivo do direito do reclamante.

Gabarito: Letra A.

Segundo a teoria estática do ônus da prova este recai, ordinariamente, sobre o reclamante quando a comprovação do vínculo empregatício, quando negada a prestação de serviços na defesa. Por outro lado, o ônus recai sobre o a reclamada, quando admitida a prestação de serviços por ser fato impeditivo do direito do empregado, bem como pelo princípio da continuidade da relação de emprego (TST, Súmula 212).

No que tange a equiparação salarial, compete ao empregado o ônus da prova quanto à identidade funcional, identidade de empregador, de localidade (atualmente de mesmo estabelecimento), e simultaneidade no exercício funcional, pois é fato constitutivo do direito à equiparação. Todavia, será ônus do empregador comprovar que o trabalho do reclamante é de valor desigual; realizado com menor produtividade e perfeição; em local/estabelecimento diverso do paradigma; contando tempo de serviço e/ou tempo na função superior; existência de quadro de carreira na empresa; paradigma ocupando função em decorrência readaptação previdenciária por deficiência física ou mental, por ser fato impeditivo, modificativo ou extintivo do direito do autor.

Letras B, C, D e E: Ver comentários sobre o gabarito.

---

102. (Cespe – Analista Judiciário – Área Judiciária – Oficial de Justiça Avaliador) Em relação às provas no processo do trabalho e à aplicação subsidiária do Código de Processo Civil (CPC), assinale a opção correta.

a) No processo do trabalho, admite-se o testemunho de pessoa na condição de simples informante, o que significa que ela não precisa prestar compromisso.

b) Não se admite como testemunha o estrangeiro que residir no país, mas não falar a língua portuguesa.

c) No processo do trabalho, em consequência da aplicação subsidiária do CPC, a regra geral é que a parte requerida detém o ônus da prova.

d) É admissível o testemunho de surdo-mudo por meio de intérprete nomeado pela parte interessada no depoimento, ficando as custas do intérprete a cargo da justiça do trabalho.

e) É permitido à testemunha recusar-se a depor.

COMENTÁRIOS

✪ **Nota do Autor:** A questão exige conhecimento acerca da produção de provas no Processo do Trabalho.

Gabarito: Letra A.

A testemunha que for parente até o terceiro grau civil, amigo íntimo ou inimigo de qualquer das partes, não prestará compromisso, e seu depoimento valerá como simples informação. (CLT, art. 829). No mesmo sentido disciplina o art. 447 do CPC, aplicável ao Processo do Trabalho por força do art. 769 da CLT e 15 do CPC, diante da sua compatibilidade:

> *Art. 447. Podem depor como testemunhas todas as pessoas, exceto as incapazes, impedidas ou suspeitas.*
>
> *(...) § 4º Sendo necessário, pode o juiz admitir o depoimento das testemunhas menores, impedidas ou suspeitas.*
>
> *§ 5º Os depoimentos referidos no § 4o serão prestados independentemente de compromisso, e o juiz lhes atribuirá o valor que possam merecer.*

Letra B: O depoimento das partes e testemunhas que não souberem falar a língua nacional será feito por meio de intérprete nomeado pelo juiz. (CLT, art. 819). No mesmo sentido o art. 162 do CPC.

Letra C: O art. 818 da CLT impõe que o ônus da prova incumbe ao reclamante, quanto ao fato constitutivo de seu direito e ao reclamado, quanto à existência de fato impeditivo, modificativo ou extintivo do direito do reclamante.

Letra D: O depoimento das partes e testemunhas que sejam surdas-mudas será feito por meio de intérprete nomeado pelo juiz. As despesas correrão por conta da parte sucumbente, salvo se beneficiária de justiça gratuita. (CLT, art. 819, §§1º e 2º). No mesmo sentido o art. 162 do CPC.

Letra E:). De acordo com o art. 448 do CPC, a testemunha não é obrigada a depor sobre fatos:

I – que lhe acarretem grave dano, bem como ao seu cônjuge ou companheiro e aos seus parentes consanguíneos ou afins, em linha reta ou colateral, até o terceiro grau; II – a cujo respeito, por estado ou profissão, deva guardar sigilo. Portanto, é incorreto afirmar que é permitido à testemunha recusar-se a depor, pois essa recusa só será aceita excepcionalmente.

---

103. (Cespe – Técnico Judiciário – Área Administrativa – TRT 8/2016) Com referência às provas do processo do trabalho, assinale a opção correta. ANULADA

a) O juiz é obrigado a interrogar as partes para firmar o seu convencimento sobre os fatos alegados.

b) Quando a parte admite a verdade de um fato de forma não espontânea, ocorre a confissão ficta, que gera presunção absoluta de veracidade.

c) Se o reclamante requerer em juízo o reconhecimento do vínculo empregatício e a reclamada negar a existência de tal vínculo, será do empregador o ônus de provar o fato constitutivo do seu direito.

d) A produção da prova pericial no processo do trabalho somente pode ser determinada de ofício pelo juiz.

e) As partes deverão provar os fatos e o direito para saírem vencedoras da demanda judicial.

COMENTÁRIOS

✪ **Nota do Autor:** A questão exige conhecimento acerca da atividade probatória no Processo do Trabalho.

Gabarito: Questão anulada.

Letra A: Tradicionalmente se afirma que a prova tem o objetivo de firmar o convencimento do juiz, o qual seria, portanto, o seu destinatário. O art. 369 do CPC destaca que a prova se destina a influir eficazmente na convicção judicial. A atividade probatória deve recair sobre as alegações de fato pertinentes, relevantes e controvertidas no processo. Não há, entretanto, obrigação de que o juiz leve a efeito determinado meio de prova, o que será avaliado em cada caso concreto.

Letra B: A confissão ficta ocorre, por exemplo, quando a parte se ausenta à audiência em prosseguimento (= audiência de instrução). Nessa hipótese, tem-se presunção relativa de veracidade dos fatos contrários ao confitente, sendo admitida a prova contrária. Somente a prova pré-constituída nos autos é que deve ser levada em conta para confronto com a confissão ficta (art. 400, I, CPC), não implicando cerceamento de defesa o indeferimento de provas posteriores. A vedação à produção de prova posterior pela parte confessa somente a ela se aplica, não afetando o exercício, pelo magistrado, do poder/dever de conduzir o processo. (TST, Súmula 74, II e III).

Letra C: Segundo a teoria estática do ônus da prova (CLT, art. 818) este recai, ordinariamente, sobre o reclamante quando a comprovação do vínculo empregatício, quando negada a prestação de serviços na defesa. Por outro lado, o ônus recai sobre o a reclamada, quando admitida a prestação de serviços por ser fato impeditivo do direito do empregado, bem como pelo princípio da continuidade da relação de emprego.

Letra D: A prova pericial pode ser deferida pelo juiz de ofício ou a requerimento da parte, sempre que se revelar pertinente ao caso concreto.

Letra E: A atividade probatória deve recair sobre as alegações de fato pertinentes, relevantes e controvertidas no processo. Excepcionalmente, pode haver prova do direito (= vigência e teor da norma jurídica), nas hipóteses em que é tratado pelo ordenamento jurídico como questão fática. A parte que alegar direito municipal, estadual, estrangeiro ou consuetudinário provar-lhe-á o teor e a vigência, se assim o juiz determinar. (CPC, art. 376). Em regra, portanto, não há necessidade de prova do direito, mas apenas dos fatos.

---

104. (FCC – Analista Judiciário – Área Judiciária – TRT 9/2015) Conforme legislação aplicável em relação à matéria relativa às provas no Processo Judiciário de Trabalho, é correto afirmar:

a) O depoimento das partes e testemunhas que não souberem falar a língua nacional será feito por meio de intérprete nomeado pelo juiz cujas despesas serão pagas pela União.

b) As partes e testemunhas serão inquiridas pelo juiz, podendo ser reinquiridas, por seu intermédio, somente por requerimento dos advogados.

c) As testemunhas não poderão sofrer qualquer desconto pelas faltas ao serviço, ocasionadas pelo seu comparecimento para depor, apenas quando devidamente convocadas pelo juiz.

d) A testemunha que for parente até o terceiro grau civil de qualquer das partes, prestará compromisso, mas seu depoimento não valerá nem como simples informação.

e) O juiz poderá arguir os peritos compromissados ou os técnicos, e rubricará, para ser junto ao processo, o laudo que os primeiros tiverem apresentado.

COMENTÁRIOS

✪ **Nota do Autor:** A questão exige conhecimento acerca da produção de provas no Processo do Trabalho.

Gabarito: Letra E.

Reprodução do art. 827 da CLT.

Letra A: O depoimento das partes e testemunhas que não souberem falar a língua nacional será feito por meio de intérprete nomeado pelo juiz, e as despesas decorrentes do disposto neste artigo correrão por conta da parte sucumbente, salvo se beneficiária de justiça gratuita. (CLT, art. 819, §2º).

Letra B: As partes e testemunhas serão inquiridas pelo juiz ou presidente, podendo ser reinquiridas, por seu intermédio, a requerimento dos vogais, das partes, seus representantes ou advogados. (CLT, art. 820).

Letra C: As testemunhas não poderão sofrer qualquer desconto pelas faltas ao serviço, ocasionadas pelo seu comparecimento para depor, quando devidamente arroladas ou convocadas. (CLT, art. 822).

Letra D: A testemunha que for parente até o terceiro grau civil, amigo íntimo ou inimigo de qualquer das partes, não prestará compromisso, e seu depoimento valerá como simples informação. (CLT, art. 829).

---

105. (FCC – Técnico Judiciário – Área Administrativa – TRT 14/2016) É de amplo domínio popular o consagrado ditado "não basta alegar é preciso provar". Nesse contexto, em relação ao instituto das provas no Processo Judiciário Trabalhista, conforme norma legal aplicável,

a) caso a testemunha não saiba falar a língua nacional o seu depoimento será feito por meio de intérprete indicado pela parte e as despesas com tal ato serão arcadas pela União.

b) nas ações trabalhistas que tramitam pelo rito sumaríssimo cada parte poderá ouvir até 5 testemunhas.

c) o documento em cópia oferecido para prova poderá ser declarado autêntico pelo próprio advogado, sob sua responsabilidade pessoal.

d) as testemunhas das partes somente serão ouvidas se for apresentado rol de testemunhas em até 15 dias antes da audiência, seja qual foi o rito processual.

e) nas ações que tramitam pelo rito sumaríssimo não cabe produção de prova pericial visto que a apreciação da reclamação deverá ocorrer no prazo máximo de 15 dias do seu ajuizamento.

COMENTÁRIOS

✪ **Nota do Autor:** A questão exige conhecimento acerca da produção de provas no Processo do Trabalho.

Gabarito: Letra C.

Reprodução do art. 830 da CLT.

Letra A: O depoimento das partes e testemunhas que não souberem falar a língua nacional será feito por meio de intérprete nomeado pelo juiz. (CLT, art. 819). As despesas correrão por conta da parte sucumbente, salvo se beneficiária de justiça gratuita. (CLT, art. 819, §§1º e 2º). No mesmo sentido o art. 162 do CPC.

Letra B: O procedimento sumaríssimo está disciplinado nos arts. 852-A e seguintes da CLT. Cada parte pode ouvir apenas duas testemunhas, e só será deferida intimação de testemunha que, comprovadamente convidada, deixar de comparecer. Não comparecendo a testemunha intimada, o juiz poderá determinar a sua imediata condução coercitiva (CLT, art. 852-H, §§ 2º e 3º).

Letra D: No Processo Civil, as partes devem indicar suas testemunhas por ocasião do saneamento, ou seja, antes da audiência de instrução (CPC, art. 357, §§4º e 5º). No Processo do, não há previsão legal de rol de testemunhas, as quais devem ser trazidas à audiência independentemente de intimação.

Letra E: A apreciação da reclamação deverá ocorrer no prazo máximo de quinze dias do seu ajuizamento, podendo constar de pauta especial, se necessário, de acordo com o movimento judiciário da Junta de Conciliação e Julgamento. (CLT, 852-B, III) Somente quando a prova do fato o exigir, ou for legalmente imposta, será deferida prova técnica, incumbindo ao juiz, desde logo, fixar o prazo, o objeto da perícia e nomear perito. (CLT, art. 852-H, §4º).

---

106. (FGV – Analista Judiciário – Área Judiciária – TRT 12/2017) Rickson ajuizou reclamação trabalhista contra a empresa Pastel de Ouro Ltda., postulando o pagamento de vale-transporte, FGTS não depositado em 6 meses do ano de 2016, horas extras, diferença em razão de equiparação salarial e verbas resilitórias. Em defesa, a Pastel de Ouro Ltda. advoga que Rickson é vizinho da empresa, portanto não utiliza transporte público; que depositou regularmente o FGTS na conta vinculada do empregado; que a quantidade e qualidade da produção do modelo era superior à do autor; que a convenção coletiva da categoria afirma que a jornada lançada nos controles é correta, pois o sistema foi auditado pelo sindicato de classe dos empregados; que a empresa não dispensou o reclamante, e sim que esse deixou de comparecer ao serviço. Em relação ao ônus da prova no caso apresentado, à luz da jurisprudência do TST, é correto afirmar que:

a) o ônus de provar o término do contrato de trabalho, quando negados a prestação de serviço e o despedimento, é do empregado, por se tratar de fato constitutivo de seu direito;

b) é do empregado o ônus da prova em relação à regularidade dos depósitos do FGTS, pois o não pagamento é fato constitutivo do direito do autor;

c) a presunção de veracidade da jornada de trabalho pode ser elidida por prova em contrário, salvo se prevista em instrumento normativo;

d) em processo que verse sobre pedido de equiparação salarial, é ônus do equiparando provar que desempenhava o seu trabalho com a mesma produtividade e a mesma perfeição técnica que o paradigma;

e) é do empregador o ônus de comprovar que o empregado não satisfaz os requisitos indispensáveis para a concessão do vale-transporte ou não pretenda fazer uso do benefício.

COMENTÁRIOS

✪ **Nota do Autor:** A questão exige conhecimento acerca da atividade probatória no Processo do Trabalho e do entendimento sumulado pelo TST acerca do ônus da prova.

Gabarito: Letra E.

É do empregador o ônus de comprovar que o empregado não satisfaz os requisitos indispensáveis para a concessão do vale-transporte ou não pretenda fazer uso do benefício. (TST, Súmula 460).

Letra A: O ônus de provar o término do contrato de trabalho, quando negados a prestação de serviço e o despedimento, é do empregador, pois o princípio da continuidade da relação de emprego constitui presunção favorável ao empregado. (TST, Súmula 212).

Letra B: É do empregador o ônus da prova em relação à regularidade dos depósitos do FGTS, pois o pagamento é fato extintivo do direito do autor (CPC, art. 373, II). (TST, Súmula 461).

Letra C: É ônus do empregador que conta com mais de 10 (dez) empregados o registro da jornada de trabalho na forma do art. 74, § 2º, da CLT. A não apresentação injustificada dos controles de frequência gera presunção relativa de veracidade da jornada de trabalho, a qual pode ser elidida por prova em contrário. A presunção de veracidade da jornada de trabalho, ainda que prevista em instrumento normativo, pode ser elidida por prova em contrário. (TST, Súmula 338, I e II).

Letra D: Compete ao empregado o ônus da prova quanto à identidade funcional, identidade de empregador, de localidade (atualmente de mesmo estabelecimento), e simultaneidade no exercício funcional, pois é fato constitutivo do direito à equiparação. Todavia, será ônus do empregador comprovar que o trabalho do reclamante é de valor desigual; realizado com menor produtividade e perfeição; em local/estabelecimento diverso do paradigma; contando tempo de serviço e/ou tempo na função superior; existência de quadro de carreira na empresa; paradigma ocupando função em decorrência readaptação previdenciária por deficiência física ou mental, por ser fato impeditivo, modificativo ou extintivo do direito do autor.

---

107. (FGV - Analista Judiciário - Oficial de Just. Avaliador - TRT 12/2017) Cecília postula o pagamento de horas extras, afirmando que excedia a jornada de trabalho. Em defesa, a ex-empregadora de Cecilia nega a jornada articulada na peça pórtica e apresenta controles de ponto nos quais se verifica que a jornada foi anotada e assinada em todos os dias como sendo das 10:00 às 19:00 horas, com intervalo de 1 hora, sem variação. Diante da situação apresentada e do entendimento consolidado pelo TST acerca da distribuição do ônus da prova, é correto afirmar que:

a) se os controles estão assinados, isso é suficiente para conferir-lhes credibilidade, de modo que o ônus de provar a jornada é da reclamante;
b) a solução para o caso é a aplicação da pena de confissão em desfavor da reclamada, considerando-se de plano a jornada dita na inicial como verdadeira, sem necessidade de outras provas;
c) os controles serão reputados inválidos, transferindo-se o ônus da prova para o empregador, que deverá provar que a anotação neles feita é verdadeira, sob pena de acolher-se a jornada da inicial;
d) a presunção de veracidade da jornada anotada nos controles é absoluta, de modo que o juiz deve receber aqueles horários como fidedignos e indeferir outras provas;
E) a jurisprudência determina que o juiz deve analisar o caso concreto e, em decisão fundamentada, atribuir a quem compete o ônus da prova, dependendo das circunstâncias.

COMENTÁRIOS

✪ **Nota do Autor:** A questão exige conhecimento acerca da atividade probatória no Processo do Trabalho e do entendimento sumulado pelo TST acerca do ônus da prova.

Gabarito: Letra C.

No tocante às horas extras laboradas, para os estabelecimentos de mais de dez trabalhadores será obrigatória a anotação da hora de entrada e de saída, em registro manual, mecânico ou eletrônico, conforme instruções a serem expedidas pelo Ministério do Trabalho, devendo haver pré-assinalação do período de repouso (CLT, art. 74, §2º). Assim, segundo a teoria estática do ônus da prova este recai, ordinariamente, sobre o reclamante quando às horas extraordinárias e intervalares. Por outro lado, o ônus recai sobre o a reclamada, quando não juntados injustificadamente os cartões de ponto ou quando estes demonstram horários de entrada e saída uniformes. Neste sentido a súmula 338, I e III do TST:

> *JORNADA DE TRABALHO. REGISTRO. ÔNUS DA PROVA (incorporadas as Orientações Jurisprudenciais nºs 234 e 306 da SBDI-1) – Res. 129/2005, DJ 20, 22 e 25.04.2005*
>
> *I – É ônus do empregador que conta com mais de 10 (dez) empregados o registro da jornada de trabalho na forma do art. 74, § 2º, da CLT. A não-apresentação injustificada dos controles de freqüência gera presunção relativa de veracidade da jornada de trabalho, a qual pode ser elidida por prova em contrário. (ex-Súmula nº 338 – alterada pela Res. 121/2003, DJ 21.11.2003).*

> *(...) III – Os cartões de ponto que demonstram horários de entrada e saída uniformes são inválidos como meio de prova, invertendo-se o ônus da prova, relativo às horas extras, que passa a ser do empregador, prevalecendo a jornada da inicial se dele não se desincumbir.*

Veja-se, entretanto, que a Súmula 338, I, do TST, está superada desde 20/09/2019, data em que entrou em vigor a Lei 13.874/2019. Essa lei modificou a redação do art. 74, §2º, da CLT, que passa a prever que:

> **Art. § 2º Para os estabelecimentos com mais de 20 (vinte) trabalhadores será obrigatória a anotação da hora de entrada e de saída, em registro manual, mecânico ou eletrônico, conforme instruções expedidas pela Secretaria Especial de Previdência e Trabalho do Ministério da Economia, permitida a pré-assinalação do período de repouso.**

Dessa forma, até 19/09/2019, a obrigatoriedade de juntada de cartões de ponto abrangia estabelecimentos com mais de 10 empregados. A partir de 20/09/2019, a obrigatoriedade passa a abranger apenas estabelecimentos com mais de 20 empregados. Nas hipóteses em que obrigatória, a não juntada dos cartões de ponto inverte o ônus da prova quanto à jornada de trabalho, o qual passa a ser do empregador.

Letras A, B, D e E: Ver comentários sobre o gabarito.

---

108. (FCC – Técnico Judiciário – Área Administrativa – TRT 24/2017) O ônus da prova pode ser assim problematizado: quem deve provar? Em princípio, as partes têm o ônus de provar os fatos jurídicos narrados na petição inicial ou na peça de resistência, bem como os que se sucederem no envolver da relação processual. Quanto às provas no Processo do Trabalho, a Consolidação das Leis do Trabalho estabelece:

a) Qualquer que seja o procedimento, não é permitida a arguição dos peritos compromissados ou dos técnicos, uma vez que o laudo que apresentam já é suficiente como prova.

b) As testemunhas devem, necessariamente, ser previamente intimadas para depor.

c) Toda testemunha, antes de prestar o compromisso legal, será qualificada, indicando o nome, nacionalidade, profissão, idade, residência, e, quando empregada, o tempo de serviço prestado ao empregador, ficando sujeita, em caso de falsidade, às leis penais.

d) Cada uma das partes, no procedimento ordinário e também quando se tratar de inquérito para apuração de falta grave, não poderá indicar mais de 3 testemunhas.

e) A testemunha que for parente até o segundo grau civil, amigo íntimo ou inimigo de qualquer das partes, prestará compromisso, mas o seu depoimento valerá como simples informação.

COMENTÁRIOS

✪ **Nota do Autor:** A questão exige conhecimento acerca da atividade probatória no Processo do Trabalho e do entendimento sumulado pelo TST acerca do ônus da prova.

Gabarito: Letra C.

Reprodução do art. 828 da CLT.

Letra A: O juiz **poderá arguir** os peritos compromissados ou os técnicos, e rubricará, para ser junto ao processo, o laudo que os primeiros tiverem apresentado. (CLT, art. 827).

Letra B: As testemunhas comparecerão a audiência independentemente de notificação ou intimação. As que não comparecerem serão intimadas, ex officio ou a requerimento da parte, ficando sujeitas a condução coercitiva, além das penalidades do art. 730, caso, sem motivo justificado, não atendam à intimação. (CLT, art. 825).

Letra D: Cada uma das partes não poderá indicar mais de 3 (três) testemunhas, salvo quando se tratar de inquérito, caso em que esse número poderá ser elevado a 6 (seis). (CLT, art. 821).

Letra E: A testemunha que for parente até o terceiro grau civil, amigo íntimo ou inimigo de qualquer das partes, **não** prestará compromisso, e seu depoimento valerá como simples informação. (CLT, art. 829).

14. PREPOSTO

▸ Súmula 377, TST

---

109. (FCC – Analista Judiciário – Área Judiciária – TRT 11/2017) Considere as situações hipotéticas abaixo.

I. Reclamação Trabalhista proposta por Angela, empregada doméstica, em face de sua ex-empregadora, Ludimila.

II. Reclamação Trabalhista proposta por Domingos, cozinheiro, em face de seu ex-empregador o restaurante Boa Alimentação EPP.

III. Reclamação Trabalhista proposta por Joaquim, metalúrgico, em face da indústria Ligas Ltda.

De acordo com o entendimento Sumulado do TST, o preposto deverá ser necessariamente empregado da reclamada em

a) III, apenas.

b) I e II, apenas.

c) II, apenas.

d) II e III, apenas

e) I, II e III.

COMENTÁRIOS

✪ **Nota do Autor:** Preposto é o representante do empregador na audiência trabalhista. Caso o empregador, sócio ou administrador da empresa não possa – ou não queira – comparecer pessoalmente, pode utilizar-se da figura do preposto, o que dá margem a uma espécie de representação voluntária do empregador.

A questão exige conhecimento acerca da súmula 377 do TST e é anterior à modificação promovida pela lei 13.467/17, que passou a prever que é facultado ao empregador fazer-se substituir pelo gerente, ou qualquer outro preposto que tenha conhecimento do fato, e cujas declarações obrigarão o proponente, o qual não precisa ser empregado da parte reclamada. (CLT, art. 843, §§ 1º e 2º).

Gabarito: Letra A.

A jurisprudência do TST, cristalizada na Súmula 377, a partir da redação originária do art. 843, §1º da CLT, exigia:

> *PREPOSTO. EXIGÊNCIA DA CONDIÇÃO DE EMPREGADO (nova redação) – Res. 146/2008, DJ 28.04.2008, 02 e 05.05.2008*
>
> *Exceto quanto à reclamação de empregado doméstico, ou contra micro ou pequeno empresário, o preposto deve ser necessariamente empregado do reclamado. Inteligência do art. 843, § 1º, da CLT e do art. 54 da Lei Complementar nº 123, de 14 de dezembro de 2006.*

Ressalte-se que, conforme nota do autor, a Súmula 377 foi superada pela Reforma Trabalhista, de modo que atualmente não há necessidade de o preposto ser empregado da reclamada, bastando que tenha conhecimento dos fatos.

Itens I, II e III: Ver comentários sobre o gabarito.

---

110. (FCC – Analista Judiciário – Oficial de Just. Avaliador – TRT 24/2017) A empresa Universal Temperos ME foi notificada em reclamação trabalhista para comparecer em Juízo e, facultativamente, apresentar defesa. No dia designado para a audiência, os dois sócios da empresa estavam impossibilitados de comparecer, um por motivo de doença e o outro por viagem. Assim, indicaram preposto para comparecer em audiência. Conforme a legislação e entendimento sumulado do Tribunal Superior do Trabalho, o preposto

a) sempre deve ser empregado da empresa reclamada.

b) não precisa ser empregado, basta ter conhecimento dos fatos, cujas declarações obrigarão o preponente.

c) não precisa ser empregado da reclamada quando se tratar de ação movida contra micro empresário.

d) não precisa ser empregado do reclamado apenas quando se tratar de ação movida contra empresas de economia mista.

e) independente do tipo de empresa precisa ser empregado do reclamado apenas nas ações que tramitam pelo rito ordinário.

COMENTÁRIOS

✪ **Nota do Autor:** Preposto é o representante do empregador na audiência trabalhista. Caso o empregador, sócio ou administrador da empresa não possa – ou não queira – comparecer pessoalmente, pode utilizar-se da figura do preposto, o que dá margem a uma espécie de representação voluntária do empregador. A questão exige conhecimento sobre a capacidade para o exercício da função de preposto.

Gabarito: Letra B.

A lei 13.467/17, que alterou a CLT, passou a prever que é facultado ao empregador fazer-se substituir pelo gerente, ou qualquer outro preposto que tenha conhecimento do fato, e cujas declarações obrigarão o proponente, sendo que o preposto atualmente não precisa ser empregado da parte reclamada. (CLT, art. 843, §§ 1º e 2º).

Letras A, C, D e E: Ver comentários sobre o gabarito.

---

111. (FCC – Analista Judiciário – Oficial de Just. Avaliador – TRT 20/2016) Em audiência realizada em reclamação trabalhista o micro empresário Péricles enviou como preposto o contador autônomo que não presenciou os fatos que foram objeto do litígio. O advogado do reclamante requereu a aplicação de confissão da reclamada.

Nessa situação, conforme entendimento legal e sumulado do Tribunal Superior do Trabalho,

a) a confissão deve ser acolhida porque o preposto, apesar de não ter a obrigação de presenciar os fatos, deve ser gerente ou empregado da empresa reclamada.

b) a impugnação deve ser acolhida, porque o preposto necessariamente deve ter testemunhado os fatos que foram objeto do litígio.

c) a confissão não deve ser acolhida porque se exige do preposto apenas o conhecimento dos fatos e não tê-los presenciado, bem como não precisa ser empregado em caso de pequeno ou micro empresário.

d) a lei processual trabalhista é omissa quanto ao preposto ter ou não testemunhado os fatos, cabendo ao juiz adiar a audiência para que a empresa traga como representante para depoimento outra pessoa que tenha presenciado os fatos.

e) a confissão não deve ser acolhida em razão do contraditório, devendo o juiz adiar a audiência para que o micro empresário Péricles, que tem conhecimento dos fatos, compareça pessoalmente na audiência.

COMENTÁRIOS

✪ **Nota do Autor:** Preposto é o representante do empregador na audiência trabalhista. Caso o empregador, sócio ou administrador da empresa não possa - ou não queira - comparecer pessoalmente, pode utilizar-se da figura do preposto, o que dá margem a uma espécie de representação voluntária do empregador. A questão exige conhecimento sobre a capacidade para o exercício da função de preposto e as consequências da inobservância da condição de empregado.

Gabarito: Letra C.

Ressalte-se que a Súmula 377 foi superada pela Reforma Trabalhista, de modo que atualmente não há necessidade de o preposto ser empregado da reclamada, bastando que tenha conhecimento dos fatos. O preposto, todavia, precisa ter conhecimento dos fatos, sob pena de configurar-se confissão ficta (presunção de veracidade favorável ao autor, em relação aos fatos desconhecidos pelo preposto), mas não necessariamente deve ter presenciado os fatos. O preposto não é testemunha.

Letras A, B, D e E: Ver comentários sobre o gabarito.

15. PRAZOS

- Art. 775 da CLT
- Art. 775-A da CLT

112. (FCC - Analista Judiciário - Área Judiciária - TRT 6/2018) Sobre os prazos no processo do trabalho,

a) podem ser prorrogados, pelo tempo estritamente necessário, quando o juiz entender necessário e em virtude de força maior, devidamente comprovada.

b) são contínuos e irreleváveis, sendo contados com exclusão do dia do começo e inclusão do dia do vencimento.

c) sendo a parte intimada ou notificada no sábado, a contagem do prazo inicia-se na segunda-feira seguinte.

d) o recesso forense e as férias coletivas dos Ministros do TST interrompem os prazos recursais.

e) quando não juntada a ata ao processo em 24 horas, contadas da audiência de julgamento, o prazo para recurso será contado da data em que a parte receber a intimação da sentença.

COMENTÁRIOS

✪ **Nota do autor:** a questão exige o conhecimento do regramento da CLT e Súmulas do TST sobre o tema de prazos processuais.

Gabarito: Letra A. Os prazos podem ser prorrogados, pelo tempo estritamente necessário, nas seguintes hipóteses: quando o juízo entender necessário; em virtude de força maior, devidamente comprovada (CLT, art. 775, =1º).

Letra B: os prazos no Processo do Trabalho, a partir da vigência da Lei 13.467/2017, serão contados em dias úteis, com exclusão do dia do começo e inclusão do dia do vencimento (CLT, art. 775, *caput*).

Letra C: -Intimada ou notificada a parte no sábado, o início do prazo se dará no primeiro dia útil imediato e a contagem, no subsequente (TST, Súmula 262, I).

Letra D: O recesso forense e as férias coletivas dos Ministros do Tribunal Superior do Trabalho suspendem os prazos recursais (TST, Súmula 262, II).

Letra E: Quando não juntada a ata ao processo em 48 horas, contadas da audiência de julgamento (art. 851, § 2º, da CLT), o prazo para recurso será contado da data em que a parte receber a intimação da sentença (TST, Súmula 30).

113. (FCC - Técnico Judiciário - Área Administrativa - TRT 2/2018) De acordo com a Consolidação das Leis do Trabalho, o curso do prazo processual nos dias compreendidos entre 20 de dezembro e 20 de janeiro,

a) não incluso esse último dia, suspende-se, sendo permitida a realização de audiências e sessões de julgamento durante tal lapso de tempo.

b) inclusive, interrompe-se, sendo que, durante tal lapso de tempo, não se realizarão audiências nem sessões de julgamento.

c) inclusive, interrompe-se, sendo que, durante tal lapso de tempo, é permitido que sejam realizadas audiências e sessões de julgamento.

d) inclusive, suspende-se, sendo que, durante tal lapso de tempo, não se realizarão audiências nem sessões de julgamento.

e) não incluso esse último dia, interrompe-se, sendo vedada a realização de audiências e sessões de julgamento durante o prazo suspenso.

COMENTÁRIOS

✪ **Nota do autor:** de acordo com o art. 775-A da CLT, suspende-se o curso do prazo processual nos dias compreendidos entre 20 de dezembro e 20 de janeiro, inclusive. Ressalvadas as férias individuais e os feriados instituídos por lei, os juízes, os membros do Ministério Público, da Defensoria Pública e da Advocacia Pública e os auxiliares da Justiça exercerão suas atribuições durante o período previsto no caput deste artigo. Durante a suspensão do prazo, não se realizarão audiências nem sessões de julgamento. Destaque-se que, no âmbito da Justiça Federal (e, por extensão, da Justiça do Trabalho), são considerados feriados os dias compreendidos entre 20 de dezembro e 6 de janeiro, inclusive (Lei 5.010/66, art. 62, I).

Gabarito: letra D. Ver nota do autor.

Demais assertivas: ver nota do autor.

---

114. (FCC – Técnico Judiciário – Área Administrativa – TRT 19/2014) No tocante aos prazos processuais, considere:

I. Quanto à origem da fixação, o prazo estabelecido na Consolidação das Leis do Trabalho para o executado pagar ou garantir a execução em 48 horas classifica-se como um prazo judicial.

II. Os prazos dilatórios não admitem a prorrogação pelo juiz, inclusive quando solicitado pela parte.

III. Os prazos fixados pelo ordenamento jurídico e destinados aos juízes e servidores do Poder Judiciário, não sujeitos a preclusão, classificam-se, quanto aos destinatários, em impróprios.

Está correto o que consta APENAS em

a) I e III.

b) I.

c) I e II.

d) II e III.

e) III.

COMENTÁRIOS

✪ **Nota do Autor:** Prazo processual pode ser definido como o lapso de tempo estabelecido para a prática de um ato processual; ou, em outras palavras, o interregno entre dois termos processuais, um inicial e outro final. A questão exige conhecimento doutrinário sobre as classificações dos prazos processuais.

Gabarito: Letra E.

Item I: Quanto à origem, os prazos se dizem (i) legais, quando estabelecidos pelo legislador; (ii) judiciais, quando pelo órgão jurisdicional, (iii) convencionais, estipulados pelas partes em negócio jurídico processual..

Item II: Quanto à possibilidade de modificação pelo juiz, os prazos dizem-se, consoante a tradicional lição doutrinária: (i) dilatórios, os quais, fundados em critérios vinculados a interesses particulares das partes, podem ser ampliados pelo juiz; e ampliados ou reduzidos pelas partes, apesar de serem fixados legalmente; (ii) peremptórios, os quais não podem ser alterados pelas partes nem, em princípio, pelo juiz, por se fundarem em critérios de ordem pública que condicionam a função jurisdicional.

Item III: Tendo em vista as consequências de sua inobservância, os prazos são: (i) próprios ou preclusivos, quando o respectivo decurso acarreta, de pleno direito, a perda da faculdade de praticar o ato; (ii) impróprios, sempre que puderem gerar consequências de outra ordem, muito embora o interessado permaneça tendo a prerrogativa ou o dever de pratica o ato. É o caso dos prazos previstos para o juiz.

---

115. (FCC – Analista Judiciário – Área Judiciária – Oficial de Justiça – TRT 16/2014) No tocante aos prazos processuais, é INCORRETO afirmar:

a) O reclamado poderá aduzir sua defesa oralmente, em audiência, no prazo de 20 (vinte) minutos.

b) Para realização de audiência deverá haver um interregno de no mínimo dez dias após o recebimento da reclamação trabalhista pelo reclamado.

c) Após garantido o Juízo, o prazo para a oposição de embargos à execução é de cinco dias.

d) Nos despachos para a prática de ato processual pela parte sem que o juiz fixe o prazo, este será de cinco dias.

e) Pelo princípio da celeridade processual, não se aplicam os prazos em dobro quando houver litisconsortes com diferentes procuradores no processo do trabalho.

COMENTÁRIOS

✪ **Nota do Autor:** Prazo processual pode ser definido como o lapso de tempo estabelecido para a prática de um ato processual; ou, em outras palavras, o interregno entre dois termos processuais, um inicial e outro final. A questão exige conhecimento sobre os prazos processuais estabelecidos pelo legislador.

Gabarito: Letra B.

Recebida e protocolada a reclamação, o escrivão ou secretário, dentro de 48 (quarenta e oito) horas, remeterá a segunda via da petição, ou do termo, ao reclamado, notificando-o ao mesmo tempo, para comparecer à audiência do julgamento, que será a primeira desimpedida, depois de 5 (cinco) dias. (CLT, art. 841).

Letra A: Art. 847 da CLT.

Letra C: Art. 844 da CLT.

Letra D: Art. 218, §§ 1º e 3º do CPC.

Letra E: OJ 310 da SBDI-I TST.

---

116. (Cespe – Técnico Judiciário – Área Administrativa – TRT 8/2016) No que diz respeito ao dissídio individual trabalhista, assinale a opção correta.

a) É inadmissível que o juiz indefira pleito liminar contido na petição inicial antes da expedição da notificação do reclamado pela secretaria da vara.

b) Na petição inicial da reclamação trabalhista, é necessário que o reclamante requeira a citação do reclamado.

c) Após a distribuição da reclamação verbal, o reclamante que desejar reduzi-la a termo deverá apresentar-se, no prazo de cinco dias, ao cartório ou à secretaria, sob pena de perda, pelo prazo de seis meses, do direito de reclamar perante a justiça do trabalho.

d) Nas causas submetidas ao procedimento sumaríssimo, é facultado ao reclamante não indicar o valor da causa.

e) É inadmissível o aditamento da petição inicial antes da apresentação da defesa do reclamado.

COMENTÁRIOS

✪ **Nota do Autor:** A questão exige conhecimento sobre as diversas regras processuais estabelecidas pelo legislador.

Gabarito: Letra C.

Art. 786, parágrafo único da CLT.

Letra A: Existe no processo nítida tensão entre a busca da celeridade e duração razoável do processo, de um lado; e do contraditório, de outro. Há determinadas situações em que o mero decurso do tempo gera ou pode gerar injustiças para o titular do direito material discutido no processo, antes mesmo do desenvolvimento regular da marcha processual, são as hipóteses de tutela provisória. O CPC prevê nos arts. 300 e seguintes requisitos específicos para a concessão do pedido de tutela provisória, os quais não preenchidos, podem ser indeferidos liminarmente pelo juiz independentemente da manifestação do réu.

Letra B: Diferentemente do Processo Civil, no Processo do Trabalho a notificação inicial é ato de secretaria e independe de pedido expresso. Recebida e protocolada a reclamação, o escrivão ou secretário, dentro de 48 (quarenta e oito) horas, remeterá a segunda via da petição, ou do termo, ao reclamado, notificando-o ao mesmo tempo, para comparecer à audiência do julgamento, que será a primeira desimpedida, depois de 5 (cinco) dias. (CLT, art. 841). Os requisitos da petição inicial no Processo do Trabalho estão previstos no art. 840 da CLT.

Letra D: Nas reclamações enquadradas no procedimento sumaríssimo o pedido deverá ser certo ou determinado e indicará o valor correspondente (CLT, art. 852-B, I).

Letra E: O aditamento consiste no acréscimo de algum dado – atinente à causa de pedir e/ou ao pedido – originalmente omitido. No Processo Civil o tema é regido pelo art. 329 do CPC. No Processo do Trabalho o mais adequado é permitir o aditamento ou emenda realizados antes do recebimento da defesa, ou seja, até o fim da primeira tentativa de conciliação.

> *Art. 329. O autor poderá:*
>
> *I – até a citação, aditar ou alterar o pedido ou a causa de pedir, independentemente de consentimento do réu;*
>
> *II – até o saneamento do processo, aditar ou alterar o pedido e a causa de pedir, com consentimento do réu, assegurado o contraditório mediante a possibilidade de manifestação deste no prazo mínimo de 15 (quinze) dias, facultado o requerimento de prova suplementar.*

---

117. (FCC – Analista Judiciário – Área Administrativa – TRT 9/2015) De acordo com a Consolidação das Leis do Trabalho, a reclamação verbal será distribuída antes de sua redução a termo. Após a distribuição da ação, o reclamante possui o prazo de cinco dias para apresentar-se ao cartório ou à secretaria, para reduzi-la a termo. Em regra, se o reclamante não comparecer neste prazo

a) incorrerá na penalidade de perda, pelo prazo de sessenta dias, do direito de reclamar perante a Justiça do Trabalho.

b) será marcado novo dia, com a intimação do reclamante via Correio, não havendo penalidade.

c) será marcado novo dia, com a intimação pessoal do reclamante através de Oficial de Justiça, não havendo penalidade.

d) incorrerá na penalidade de perda, pelo prazo de três meses, do direito de reclamar perante a Justiça do Trabalho.

e) incorrerá na penalidade de perda, pelo prazo de seis meses, do direito de reclamar perante a Justiça do Trabalho.

COMENTÁRIOS

✪ **Nota do Autor:** A questão exige o conhecimento sobre a configuração e consequências da perempção no Processo do Trabalho.

Gabarito: Letra E.

Perempção é a perda do direito de pleitear direitos perante o judiciário, em decorrência de inércia da parte. No Processo do Trabalho, por sua vez, a perempção é aplicada àquele que, tendo apresentado ao distribuidor reclamação verbal, não se apresentar, no prazo estabelecido no parágrafo único do art. 786, à Junta ou Juízo para fazê-lo tomar por termo, incorrerá na pena de perda, pelo prazo de 6 (seis) meses, do direito de reclamar perante a Justiça do Trabalho (CLT, art. 731).

Letras A, B, C e E: Ver comentários sobre o gabarito.

---

118. (FCC – Analista Judiciário – Área Judiciária – TRT 9/2015) Para a movimentação necessária ao trâmite de ações na área trabalhista é necessária a realização de determinados atos processuais que observarão os prazos estabelecidos. Sobre o tema, é correto afirmar:

a) Os atos processuais serão realizados exclusivamente de forma pública nos dias úteis das oito às dezoito horas.
b) Os prazos que se vencerem em sábado, domingo ou dia feriado, terminarão no primeiro dia útil seguinte.
c) A penhora pode realizar-se em domingo ou dia feriado, independentemente de autorização judicial, diante da importância do ato processual.
d) Os procuradores devidamente constituídos poderão consultar, com ampla liberdade, os processos nos cartórios ou secretarias, não havendo o mesmo acesso às partes que possuem advogado nos autos.
e) Os prazos estabelecidos na CLT contam-se com inclusão do dia do começo e exclusão do dia do vencimento, e são contados apenas nos dias úteis, interrompendo-se em dias de sábado, domingo ou de feriado.

COMENTÁRIOS

✪ **Nota do Autor:** A questão exige conhecimento sobre a legislação aplicável para realização dos atos, termos e prazos processuais. A questão é anterior à referida alteração promovida pela Lei 13.467/17 que modificou a forma de contagem dos prazos no Processo do Trabalho.

Gabarito: Letra B.

O art. 775, parágrafo único da CLT dispunha que os prazos que se vencerem em sábado, domingo ou dia feriado, terminarão no primeiro dia útil seguinte. A Lei 13.467/17 alterou a forma de contagem dos prazos processuais, os quais serão contados apenas em dias úteis. Desta forma, após a alteração legislativa, o prazo jamais vencerá em sábado, domingo ou feriado, mas sempre em dia útil.

Letra A: Assertiva contrária ao disposto no art. 770 da CLT:

> *Art. 770 – Os atos processuais serão públicos salvo quando o contrário determinar o interesse social, e realizar-se-ão nos dias úteis das 6 (seis) às 20 (vinte) horas.*
>
> *Parágrafo único – A penhora poderá realizar-se em domingo ou dia feriado, mediante autorização expressa do juiz ou presidente.*

Letra C: A penhora poderá realizar-se em domingo ou dia feriado, mediante autorização expressa do juiz ou presidente. (CLT, art. 770, parágrafo único).

Letra D: Assertiva contrária ao disposto no art. 779 da CLT:

> *Art. 779 – As partes, ou seus procuradores, poderão consultar, com ampla liberdade, os processos nos cartórios ou secretarias.*

Letra E: A Lei 13.467/17 alterou a forma de contagem dos prazos processuais, os quais serão contados apenas em dias úteis. A assertiva é anterior à referida alteração legislativa, pelo que o art. 775 da CLT possuía a seguinte redação:

> *Art. 775 – Os prazos estabelecidos neste Título contam-se com exclusão do dia do começo e inclusão do dia do vencimento, e são contínuos e irreleváveis, podendo, entretanto, ser prorrogados pelo tempo estritamente necessário pelo juiz ou tribunal, ou em virtude de força maior, devidamente comprovada.*

---

119. (FCC – Analista Judiciário – Área Judiciária – TRT 14/2016) A respeito do Processo Judicial Eletrônico na Justiça do Trabalho – PJe-JT, conforme Resolução 136/2014 do Conselho Superior da Justiça do Trabalho – CSJT e Portaria TRT14 no 151 de 6/2/2014 é INCORRETO afirmar:

a) A apresentação de defesa oral em audiência no âmbito do TRT14 não elide a obrigatoriedade da parte ter realizado a anexação dos documentos previamente pelo PJe-JT, mesmo nas hipóteses do jus postulandi.
b) O acesso ao sistema PJe-JT mediante identificação de usuário (*login*) e senha, será exclusivamente para visualização de autos, exceto nas hipóteses de sigilo ou segredo de justiça.
c) O credenciamento de advogados no sistema dar-se- á pela identificação do usuário por meio de seu certificado digital e remessa do formulário eletrônico disponibilizado no portal de acesso ao PJe-JT, devidamente preenchido e assinado digitalmente.
d) A indisponibilidade do sistema PJe-JT será considerada pela falta de oferta ao público externo, diretamente ou por meio de WebService, dos ser-

viços de consulta aos autos digitais ou a transmissão eletrônica de atos processuais.

e) As indisponibilidades ocorridas entre 0h e 6h dos dias de expediente forense e as ocorridas em feriados e finais de semana, a qualquer hora, não produzirão o efeito de prorrogação dos prazos que vencerem no dia da ocorrência de indisponibilidade.

COMENTÁRIOS

✪ **Nota do Autor:** A questão exige conhecimento sobre a legislação aplicável para realização dos atos, termos e prazos processuais no processo judicial eletrônico na justiça do trabalho.

Gabarito: Letra A.

A apresentação de defesa oral não elide a obrigatoriedade da parte ter realizado a anexação dos documentos previamente pelo PJe-JT, salvo nas hipóteses do jus postulandi. (TRT14, Resolução 151/14, art. 8º, §2º).

Letra B: Art. 6º da Resolução 136/2014 do CSJT.

Letra C: Art. 8º da Resolução 136/2014 do CSJT.

Letra D: Art. 15 da Resolução 136/2014 do CSJT.

Letra E: Art. 17, §1º da Resolução 136/2014 do CSJT.

---

120. (FGV – Técnico Judiciário – Área Administrativa – TRT 12/2017) Marcio atua como advogado em uma reclamação trabalhista ajuizada por Marialda em face de sua ex-empregadora. Durante o transcurso do processo, Marcio foi notificado pelo juízo em um sábado, com concessão de prazo para manifestar-se sobre documentos juntados pela empresa.

Considerando ser feriado na segunda-feira, é correto afirmar, à luz da legislação trabalhista e da jurisprudência uniforme do TST, que:

a) o início do prazo se dará no sábado e o início da contagem, na segunda-feira;

b) tanto o início do prazo quanto o da contagem se darão na terça-feira;

c) o início do prazo se dará na segunda-feira e o início da contagem, na terça-feira;

d) tanto o início do prazo quanto o da contagem se darão na quarta-feira;

e) o início do prazo se dará na terça-feira e o início da contagem, na quarta-feira.

COMENTÁRIOS

✪ **Nota do Autor:** A questão exige conhecimento sobre a legislação aplicável para realização dos atos, termos e prazos processuais em especial sobre as regras gerais atinentes aos prazos processuais.

Gabarito: Letra E.

No Processo do Trabalho, em regra, os prazos se iniciam a partir da data em que foi feita pessoalmente, ou recebida a notificação; daquela em que foi publicado o edital no jornal oficial ou no que publicar o expediente da Justiça do Trabalho; ou ainda, daquela que for afixado o edital na sede da Junta, Juízo ou Tribunal (CLT. Art. 774).

Tradicionalmente, a doutrina faz a distinção, todavia, entre o início do prazo e o início da contagem do prazo, a qual é feita apenas em dias úteis com exclusão do dia do começo e inclusão do dia do vencimento. (CLT, art. 775). Logo, se a notificação houver sido praticada em dia não útil (sábado, domingo ou feriado), deve considerar-se praticada no primeiro dia útil subsequente, e a contagem se inicia no dia imediato. Neste sentido a Súmula 262, I do TST.

Letras A, B, C e D: Ver comentários sobre o gabarito.

---

121. (FGV – Técnico Judiciário – Área Administrativa – TRT 12/2017) Amauri é advogado em um processo eletrônico em trâmite na Justiça do Trabalho. Em razão de diversos compromissos, somente pôde enviar a petição eletrônica de um recurso às 23:00 horas do último dia do prazo legal. Considerando que o expediente no fórum trabalhista se encerra às 17:00 horas, é correto afirmar, à luz da legislação de regência, que:

a) é intempestivo o recurso, porque apresentado após o horário final de expediente forense;

b) para que o recurso seja considerado tempestivo, Amauri deverá comprovar documentalmente a impossibilidade do envio da peça no horário normal de expediente;

c) a petição eletrônica será considerada tempestiva, já que transmitida até as 24 horas do último dia do prazo;

d) se nos processos físicos o recurso deveria ser apresentado junto ao protocolo, no horário forense, o recurso deve aplicar-se aos autos eletrônicos, estando a peça irregular;

e) desde que protocolizada até as 23:30 horas do último dia de prazo, a petição é considerada tempestiva, como foi a hipótese.

COMENTÁRIOS

✪ **Nota do Autor:** A questão exige conhecimento sobre a legislação aplicável para realização dos atos, termos e prazos processuais no processo judicial eletrônico na justiça do trabalho.

Gabarito: Letra C.

Quando o ato tiver de ser praticado por meio de petição em autos **não eletrônicos**, essa deverá ser protocolada no horário de funcionamento do fórum ou tribunal, conforme disposto na lei de organização judiciária local (CPC, art. 212, §3º). A prática de ato processual **em processo eletrônico** pode ocorrer em qualquer horário até as 24 (vinte e quatro) horas do último dia do prazo (CPC, art. 213).

Letras A, B, D e E: Ver comentários sobre o gabarito.

16. COMPETÊNCIA E ORGANIZAÇÃO DA JT

- Art. 64 do CPC
- Art. 65 do CPC

A Emenda Constitucional nº 122/2022 alterou o caput do art. 111-A da Constituição, passando que a prever que Tribunal Superior do Trabalho compõe-se de vinte e sete Ministros, escolhidos dentre brasileiros com mais de trinta e cinco e menos de setenta anos de idade, de notável saber jurídico e reputação ilibada, nomeados pelo Presidente da República após aprovação pela maioria absoluta do Senado Federal. Antes da EC 122/2012, a idade máxima era de 65 anos. Por tal motivo, as questões sobre o tema, anteriores a 17/05/2022 (data de entrada em vigor da emenda) consideravam como correta a assertiva de que a idade máxima para nomeação no cargo de ministro do TST era de 65 anos. Atualmente, tais questões estariam incorretas, já que a idade máxima para nomeação é de 70 anos.

---

122. (FCC - 2024 - TRT 11 - Analista Judiciário/ Área Judiciária) De acordo com o que estabelece o ordenamento jurídico acerca da competência, a Justiça do Trabalho

a) não detém atribuição para julgar demandas relativas à aplicação de penalidades administrativas, uma vez que a competência material é endereçada à Justiça Comum Federal.
b) detém atribuição para processar e julgar ação possessória, ainda que seja ajuizada em decorrência do exercício do direito de greve pelos trabalhadores da iniciativa privada.
c) não detém competência para processar e julgar as ações de indenização por danos morais e patrimoniais decorrentes de acidente de trabalho propostas por empregado contra empregador.
d) não é competente para executar de ofício as contribuições previdenciárias relativas ao objeto da condenação constante das sentenças que proferir e acordos por ela homologados.
e) é competente para processar as ações sobre representação sindical, entre sindicatos, entre sindicatos e trabalhadores, e entre sindicatos e empregadores.

COMENTÁRIOS

✪ **Nota do autor:** a questão versa sobre o art. 114 da Constituição Federal, no que tange à competência material da Justiça do Trabalho.

Letra A: Errado, pois nos termos do art. 114, VII, da CF, compete à justiça do trabalho processar e julgar as ações relativas às penalidades administrativas impostas aos empregadores pelos órgãos de fiscalização das relações de trabalho;

Letra B: Errado, pois nos termos da súmula vinculante 23 do STF a Justiça do Trabalho é competente para processar e julgar ação possessória ajuizada em decorrência do exercício do direito de greve pelos trabalhadores da iniciativa privada.

Letra C: Errado, pois nos termos do art. 114, VI, da CF, compete à justiça do trabalho processar e julgar as ações de indenização por dano moral ou patrimonial, decorrentes da relação de trabalho.

Letra D: Errado, pois nos termos do art. 114, VIII, da CF, compete à justiça do trabalho processar e julgar a execução, de ofício, das contribuições sociais previstas no art. 195, I, a , e II, e seus acréscimos legais, decorrentes das sentenças que proferir,

Letra E: Correta, conforme art. 114, III, da CF.

Gabarito: Letra E.

---

123. (FCC - 2024 - TRT 11 - Analista Judiciário/ Área Judiciária) Considere as seguintes situações:

I. execução de ofício de contribuições previdenciárias relativas a acordo homologado em sede de reclamação trabalhista; e

II. ação ajuizada por empregado público estadual pleiteando o pagamento de parcelas previstas na lei que institui o regime jurídico dos servidores públicos do Estado respectivo.

Em conformidade com a Constituição Federal e a jurisprudência do Supremo Tribunal Federal, a competência para

a) I é da Justiça comum federal e II, da Justiça comum estadual.
b) I é da Justiça comum federal e II, da Justiça do Trabalho.
c) ambas é da Justiça comum estadual.
d) ambas é da Justiça do Trabalho.
e) I é da Justiça do Trabalho e II, da Justiça comum estadual.

COMENTÁRIOS

✪ **Nota do autor:** A questão versa sobre o tema da competência material da Justiça do Trabalho.

Assertiva I: A competência nesse caso é da Justiça do Trabalho, conforme art. 114, VIII, da CF.

Assertiva II: Nesse caso, não se tratando de vínculo celetista, a competência é da Justiça Estadual.

Gabarito: Letra E.

---

124. (CEBRASPE– Técnico Judiciário TRT8/2023) Compete à justiça do trabalho processar e julgar

I. ação de cobrança de honorários advocatícios.

II. ações relativas a penalidades administrativas impostas a empregadores pelos órgãos de fiscalização das relações de trabalho.

III. ações de indenização por dano moral decorrentes da relação de trabalho.

Assinale a opção correta.

a) Nenhum item está certo.
b) Apenas o item I está certo.
c) Apenas o item III está certo.
d) Apenas os itens I e II estão certos.
e) Apenas os itens II e III estão certos.

COMENTÁRIOS

✪ **Nota do autor:** a questão versa sobre a competência da Justiça do Trabalho.

Assertiva I: errada. Conforme Súmula 363 do STJ, compete à Justiça estadual processar e julgar a ação de cobrança ajuizada por profissional liberal contra cliente.

Assertiva II: correta, conforme art. 114, VII, da CF.

Assertiva III: correta, conforme art. 114, VI, da CF.

Gabarito: Letra E.

---

125. (FGV – Analista Judiciário – Área Judiciária – TRT 13/2022) Após a decretação da falência da sociedade Parari Oficina de Refrigeração Ltda., o administrador judicial Sr. Joca Claudino tomou conhecimento, por informação do administrador da sociedade falida, da existência de ações trabalhistas já propostas antes da decretação da falência.

Considerando-se as normas de fixação de competência dos juízos trabalhista e falimentar quanto ao julgamento de créditos trabalhistas, é correto afirmar que

a) é proibido ao credor trabalhista pleitear perante o administrador judicial a modificação de créditos derivados da relação de trabalho, pois se trata de competência exclusiva do juiz da falência.

b) as ações de natureza trabalhista serão processadas perante a justiça do trabalho até a apuração do respectivo crédito, que será inscrito no quadro de credores pelo valor determinado em sentença.

c) as ações de natureza trabalhista devem ser extintas na justiça do trabalho, com deslocamento da competência para o juízo universal da falência, resguardado ao credor trabalhista o pedido de reserva ao juiz da falência.

d) é permitido ao credor trabalhista pleitear perante o administrador judicial a habilitação de seu crédito no processo de falência, sendo contudo da competência do juiz do trabalho deferir ou não sua habilitação.

e) as ações de natureza trabalhista e as impugnações à relação de credores elaborada pelo administrador judicial serão processadas e julgadas perante o juízo falimentar sempre que tiverem por objeto créditos trabalhistas.

COMENTÁRIOS

✪ **Nota do autor:** a questão versa sobre a competência jurisdicional para processar ações trabalhistas em face de empresas cuja falência haja sido decretada. O tema é regulado pela Lei 11.101/2005, cujo art. 6º, 2º, estatui que "É permitido pleitear, perante o administrador judicial, habilitação, exclusão ou modificação de créditos derivados da relação de trabalho, mas as ações de natureza trabalhista, inclusive as impugnações a que se refere o art. 8º desta Lei, serão processadas perante a justiça especializada até a apuração do respectivo crédito, que será inscrito no quadro-geral de credores pelo valor determinado em sentença".

Gabarito: Letra B.

---

126. (FCC – Analista Judiciário – Área Judiciária – TRT 16/2022) No curso de relação processual no âmbito da Justiça do Trabalho, foram acolhidos, em sentença transitada em julgado, os pedidos formulados pelo reclamante, com a consequente condenação do antigo empregador ao pagamento dos valores almejados. Ressalte-se que a condenação decorreu do não pagamento de horas extraordinárias, sendo que, durante toda a relação de emprego, as contribuições previdenciárias incidentes sobre o salário normal foram pontualmente recolhidas pelo empregador. Nesse caso, as contribuições previdenciárias concernentes ao objeto da referida condenação devem ser objeto de execução no âmbito da Justiça

a) do Trabalho, devendo ser iniciada de ofício.
b) do Trabalho, a partir de iniciativa privativa do Instituto Nacional de Previdência Social.
c) comum, por iniciativa da Fazenda Pública, após a devida inscrição do débito em dívida ativa.
d) do Trabalho, a partir de iniciativa do reclamante ou do Instituto Nacional de Previdência Social.
e) comum, por iniciativa da Fazenda Pública, independente de prévia inscrição do débito em dívida ativa.

COMENTÁRIOS

✪ **Nota do autor:** a situação se enquadra na Súmula 368, I, do TST, segundo a qual:

> *"A Justiça do Trabalho é competente para determinar o recolhimento das contribuições fiscais. A competência da Justiça do Trabalho, quanto à execução das contribuições previdenciárias, limita-se às sentenças condenatórias em pecúnia que proferir e aos valores, objeto de acordo homologado, que integrem o salário de contribuição". A incompetência da Justiça do Trabalho para executar contribuições previdenciárias somente ocorre quanto aos valores que já foram objeto de pagamento pelo empregador ao longo do contrato de trabalho.*

Ademais, a execução das contribuições previdenciárias, na Justiça do Trabalho, deve ocorrer de ofício, conforme art. 114, VIII, da Constituição.

Gabarito: Letra A.

---

127. (FGV – Técnico Judiciário – Área Administrativa – TRT 16/2022) Em determinada reclamação trabalhista que tramita perante a 305 Vara do Trabalho de Barreirinhas/MA, foi homologada a quantia de R$ 10.000,00 devida ao exequente a título de dano moral, pois a sentença foi proferida de forma líquida e ambas as partes concordaram com o valor. Ocorre que, no dia seguinte, a sociedade empresária teve a falência decretada. Diante dos fatos narrados e da norma de regência, sobre o destino da execução, assinale a afirmativa correta.

a) Diante da falência decretada, o juiz deverá expedir requisição de pequeno valor para o pagamento da dívida.

b) Deverá ser expedida certidão de crédito ao reclamante pelo valor homologado para habilitação junto à massa falida.

c) A execução prosseguirá normalmente porque a falência foi posterior à homologação, ocorrendo o bloqueio de numerário caso a empresa não cumpra voluntariamente a obrigação.

d) A partir da decretação de falência o juízo trabalhista cessa a sua competência, devendo anular a decisão homologatória e enviar os autos para o juízo falimentar.

e) A Lei determina que metade do valor seja pago perante a Justiça do Trabalho em razão do caráter alimentar da verba e a outra metade, paga perante o juízo falimentar.

COMENTÁRIOS

✪ **Nota do autor:** a questão versa sobre a competência jurisdicional para processar ações trabalhistas em face de empresas cuja falência haja sido decretada. O tema é regulado pela Lei 11.101/2005, cujo art. 6º, 2º, estatui que "É permitido pleitear, perante o administrador judicial, habilitação, exclusão ou modificação de créditos derivados da relação de trabalho, mas as ações de natureza trabalhista, inclusive as impugnações a que se refere o art. 8º desta Lei, serão processadas perante a justiça especializada até a apuração do respectivo crédito, que será inscrito no quadro-geral de credores pelo valor determinado em sentença".

Na hipótese em questão, a dívida já estava plenamente constituída quando da decretação da falência, restando apenas a expedição de certidão de crédito ao reclamante para habilitação do crédito no Juízo da Falência. A competência da Justiça do Trabalho se limita à definição do valor do crédito, não havendo competência do Judiciário Trabalhista para executar nesses casos.

Gabarito: Letra B.

---

128. (FUMARC – Analista Judiciário – Área Judiciária – TRT 3/2022) Compete à Justiça do Trabalho processar e julgar, EXCETO:

a) ações possessórias ajuizadas em decorrência do exercício do direito de greve pelos trabalhadores da iniciativa privada.

b) as ações de indenização por danos morais e patrimoniais decorrentes de acidente de trabalho propostas por empregado contra empregador.

c) as ações relativas às penalidades administrativas impostas aos empregadores pelos órgãos de fiscalização tributária.

d) as ações sobre representação sindical, entre sindicatos, entre sindicatos e trabalhadores, e entre sindicatos e empregadores.

e) os mandados de segurança, habeas corpus e habeas data, quando o ato questionado envolver matéria sujeita à sua jurisdição.

COMENTÁRIOS

✪ **Nota do autor:** questão baseada na literalidade do art. 114 da Constituição.

Letra A: Correta. Art. 114, II, CF.
Letra B: Correta. Art. 114, VI, CF.

Letra C: Errada: Art. 114, VII, CF: compete à justiça do trabalho processar e julgar as ações relativas às penalidades administrativas impostas aos empregadores pelos órgãos de fiscalização das relações de trabalho.

Letra D: Correta. Art. 114, III.

Letra E: Correta. Art. 114, IV.

Gabarito: Letra C.

129. FUMARC – Técnico Judiciário – TRT 3/2022) Sobre competência trabalhista, é CORRETO afirmar que a justiça do trabalho é competente para processar e julgar:

a) as ações de pensão alimentícia que tenham como pedido o desconto salarial em folha.
b) demandas criminais.
c) demandas de danos morais ocorridas na relação de emprego.
d) demandas de possessórias que não se vinculem à relação de emprego e trabalho.
e) demandas entre cooperativas e empresas.

COMENTÁRIOS

✪ **Nota do autor:** a questão exige conhecimento do art. 114 da Constituição Federal. A única alternativa que apresenta ação que se enquadra nesse dispositivo constitucional é a letra C (CF, art. 114, VI).

Gabarito: Letra C.

130. (FUMARC – Técnico Judiciário – TRT 3/2022) Sobre a Justiça do Trabalho, NÃO é correto afirmar:

a) Na primeira instância, não existem órgãos ou Varas especializadas, como ocorre na Justiça Comum.
b) No primeiro grau, existe juiz substituto e não juiz auxiliar.
c) Os juízes de primeiro grau são aprovados independente de concurso público de provas e títulos.
d) Os tribunais são divididos em turmas.
e) Os tribunais têm sido criados por regiões e não por Estados.

COMENTÁRIOS

✪ **Nota do autor:** a questão versa sobre a organização da Justiça do Trabalho.

Letra A: Correto, nos tribunais trabalhistas não há especialização das varas do trabalho em função da matéria.

Letra B: Correto. Conforme art. 656 da CLT, O Juiz do Trabalho Substituto, sempre que não estiver substituindo o Juiz-Presidente de Junta, poderá ser designado para atuar nas Juntas de Conciliação e Julgamento.

Letra C: Errado, O ingresso na magistratura de carreira pressupõe aprovação em concurso público de provas e títulos, conforme art. 93 da Constituição.

Letra D: Correto. Os tribunais se dividem em turmas ou câmaras, de acordo com os respectivos regimentos.

Letra E: Correto. Há TRTs que abrangem mais de um Estado da Federação, como o TRT 14 (Rondônia e Acre). De outro lado, no Estado de São Paulo, há dois TRTs (TRT 2 e TRT 15).

Gabarito: Letra C.

131. (FUMARC – Técnico Judiciário – TRT 3/2022) Sobre o Tribunal Superior do Trabalho (TST), NÃO é correto afirmar:

a) O Pleno do TST funciona com, no mínimo, 14 ministros.
b) O Tribunal Pleno do TST é onde os ministros se juntam para a criação de uma súmula, por exemplo.
c) O TST é composto por 27 ministros.
d) O TST está subordinado, hierarquicamente, ao Supremo Tribunal Federal.
e) O TST, além das matérias trabalhistas, também julga matérias eleitorais.

COMENTÁRIOS

✪ **Nota do autor:** a questão versa sobre o funcionamento e composição do TST.

Letra A: Correta, conforme art. 68, §1º, do Regimento Interno do TST.

Letra B: Correta, conforme art. 68, §1º, IV, do Regimento Interno do TST.

Letra C: Correta, conforme art. 111-A da Constituição.

Letra D: Correta, conforme art. 102 da Constituição.

Letra E: Errado, pois a competência do TST não abrange matéria eleitoral, a qual é julgada pelos órgãos da Justiça Eleitoral.

Gabarito: Letra E.

132. (FCC – Técnico Judiciário – Área Administrativa – TRT 6/2018) Conforme previsão constitucional, o Tribunal Superior do Trabalho será composto por,

a) 17 ministros, com mais de 35 anos e menos de 65 anos, sendo 1/5 dentre advogados com mais de 10 anos de efetiva atividade profissional e membros do Ministério Público do Trabalho com mais de 10 anos de efetivo exercício.
b) 27 ministros, com mais de 35 anos e menos de 65 anos, sendo 1/5 dentre advogados com mais de 10 anos de efetiva atividade profissional e membros do Ministério Público do Trabalho com mais de 10 anos de efetivo exercício.
c) 11 ministros, com mais de 30 anos e menos de 70 anos, sendo 1/3 dentre advogados com mais de 5

anos de efetiva atividade profissional e membros do Ministério Público do Trabalho com mais de 5 anos de efetivo exercício.

d) 27 ministros, com mais de 30 anos e menos de 65 anos, sendo 1/5 dentre advogados com mais de 5 anos de efetiva atividade profissional e membros do Ministério Público do Trabalho com mais de 5 anos de efetivo exercício.

e) 27 ministros, com mais de 35 anos e menos de 70 anos, sendo 1/3 dentre advogados com mais de 10 anos de efetiva atividade profissional e membros do Ministério Público do Trabalho com mais de 10 anos de efetivo exercício.

COMENTÁRIOS

✪ **Nota do autor:** A Emenda Constitucional nº 122/2022 alterou o *caput* do art. 111-A da Constituição, passando que a prever que o Tribunal Superior do Trabalho compõe-se de vinte e sete Ministros, escolhidos dentre brasileiros com mais de trinta e cinco e menos de setenta anos de idade, de notável saber jurídico e reputação ilibada, nomeados pelo Presidente da República após aprovação pela maioria absoluta do Senado Federal. Antes da EC 122/2012, a idade máxima era de 65 anos. Por tal motivo, as questões sobre o tema, anteriores a 17/05/2022 (data de entrada em vigor da emenda constitucional) consideravam como correta a assertiva de que a idade máxima para nomeação no cargo de ministro do TST era de 65 anos. Atualmente, tais questões estariam incorretas, já que a idade máxima para nomeação é de 70 anos.

Atualmente, portanto, o Tribunal Superior do Trabalho compõe-se de vinte e sete Ministros, escolhidos dentre brasileiros com mais de trinta e cinco e menos de setenta anos de idade, de notável saber jurídico e reputação ilibada, nomeados pelo Presidente da República após aprovação pela maioria absoluta do Senado Federal, sendo: um quinto dentre advogados com mais de dez anos de efetiva atividade profissional e membros do Ministério Público do Trabalho com mais de dez anos de efetivo exercício, observado o disposto no art. 94 da CF ; os demais dentre juízes dos Tribunais Regionais do Trabalho, oriundos da magistratura da carreira, indicados pelo próprio Tribunal Superior.

Gabarito: letra B.

Demais assertivas: ver nota do autor

---

133. (AOCP – Técnico Judiciário – Área Administrativa – TRT 1/2018) João tem domicílio na cidade do Rio de Janeiro/RJ e foi chamado para uma entrevista de emprego pela empresa Colchões Ortopédicos Ltda., com sede na cidade de Campinas/SP, ocasião em que foi contratado no próprio local. Já no momento da contratação, a empresa informou ao novo empregado que o mesmo iria trabalhar na filial da empresa na cidade de São José do Rio Preto/SP. Depois de três anos de trabalho na empresa em questão, João foi dispensado sem justa causa, não recebendo as verbas rescisórias, dentre outros pleitos que considera devidos, razão pela qual almeja buscar a efetivação de seus direitos na Justiça do Trabalho. Nesse seguimento, João deve pleitear seus direitos

a) em Campinas/SP, pois é o local da sede da empresa, pressupondo, assim, o dever de ingressar com ação nesta localidade.

b) em qualquer uma das cidades mencionadas, pois o foro de ingresso da ação trabalhista é opcional ao empregado.

c) no Rio de Janeiro/RJ, pois é a cidade de seu domicílio, oferecendo maiores facilidades ao empregado.

d) em São José do Rio Preto/SP, pois é o local da prestação de serviços.

e) em Campinas/SP, pois é o local em que o empregado foi contratado.

COMENTÁRIOS

✪ **Nota do autor:** a questão exige o conhecimento do art. 651 da CLT, que versa sobre a competência territorial nos processos trabalhistas. De acordo com o dispositivo, a regra geral é que a ação trabalhista deve ser ajuizada e tramitar no local da prestação de serviços. Contudo, o §3º do art. 651 assegura ao empregado a faculdade de ajuizar a ação no local da celebração do contrato ou no da prestação dos respectivos serviços, em se tratando de empregador que promova realização de atividades fora do lugar do contrato de trabalho. Perceba-se que, de acordo com o regramento legal, é irrelevante o domicílio do trabalhador ou a sede do empregador. No caso hipotético em questão, portanto, o reclamante poderia ajuizar a ação em São José do Rio Preto (local da prestação de serviços), ou mesmo em Campinas (local da contratação).

Gabarito: Letra D. Ver comentários acima.

Letras A, B e C: Ver comentários acima.

Letra E: a assertiva é bastante duvidosa e polêmica para uma prova objetiva. Como visto, a CLT assegura ao empregado a faculdade de ajuizar a ação no foro da celebração do contrato. A meu ver, a questão seria passível de anulação por tal motivo. Recomenda-se aos candidatos que deem preferência às assertivas que mencionem o foro da prestação de serviços como o territorialmente competente.

---

134. (AOCP – Técnico Judiciário – Área Administrativa – TRT 1/2018) Tendo como base a estrutura, a organização e a competência (EC 45/2004) da Justiça do Trabalho, assinale a alternativa correta.

a) Compete à Justiça do Trabalho processar e julgar ações que envolvam crimes contra a organização do trabalho, como o trabalho escravo.

b) O Tribunal Superior do Trabalho compor-se-á de vinte e sete Ministros, escolhidos dentre brasileiros com mais de trinta e cinco anos e menos de sessenta e cinco anos, de notável saber jurídico e reputação ilibada, nomeados pelo Presidente da República após aprovação de 2/3 (dois terços) do Senado Federal.

c) O Tribunal Superior do Trabalho é composto por um quinto dentre advogados com mais de quinze anos de efetiva atividade profissional e membros do Ministério Público do Trabalho com mais de quinze anos de efetivo exercício, indicados em lista sêxtupla pelos órgãos de representação das respectivas classes.

d) A lei criará Varas da Justiça do Trabalho, podendo, nas comarcas não abrangidas por sua jurisdição, atribuí-la aos juízes de direito, com recurso para o respectivo Tribunal Regional do Trabalho.

e) Os Tribunais Regionais do Trabalho compõem-se de, no mínimo, nove juízes, recrutados, quando possível, na respectiva região, e nomeados pelo Presidente da República dentre brasileiros com mais de trinta e menos de sessenta e cinco anos.

COMENTÁRIOS

✪ **Nota do autor:** a questão exige conhecimento acerca da organização e competência da Justiça do Trabalho, a partir do que disciplina a Constituição Federal.

Gabarito: letra D. A lei criará varas da Justiça do Trabalho, podendo, nas comarcas não abrangidas por sua jurisdição, atribuí-la aos juízes de direito, com recurso para o respectivo Tribunal Regional do Trabalho (CF, art. 112).

Letra A: a Justiça do Trabalho não detém competência criminal, conforme entendimento pacífico do Supremo Tribunal Federal.

Letra B: A Emenda Constitucional nº 122/2022 alterou o *caput* do art. 111-A da Constituição, passando que a prever que o Tribunal Superior do Trabalho compõe-se de vinte e sete Ministros, escolhidos dentre brasileiros com mais de trinta e cinco e menos de setenta anos de idade, de notável saber jurídico e reputação ilibada, nomeados pelo Presidente da República após aprovação pela maioria absoluta do Senado Federal. Antes da EC 122/2012, a idade máxima era de 65 anos. Por tal motivo, as questões sobre o tema, anteriores a 17/05/2022 (data de entrada em vigor da emenda constitucional) consideravam como correta a assertiva de que a idade máxima para nomeação no cargo de ministro do TST era de 65 anos. Atualmente, tais questões estariam incorretas, já que a idade máxima para nomeação é de 70 anos.

Atualmente, portanto, o Tribunal Superior do Trabalho compõe-se de vinte e sete Ministros, escolhidos dentre brasileiros com mais de trinta e cinco e menos de setenta anos de idade, de notável saber jurídico e reputação ilibada, nomeados pelo Presidente da República após aprovação pela maioria absoluta do Senado Federal, sendo: um quinto dentre advogados com mais de dez anos de efetiva atividade profissional e membros do Ministério Público do Trabalho com mais de dez anos de efetivo exercício, observado o disposto no art. 94 da CF ; os demais dentre juízes dos Tribunais Regionais do Trabalho, oriundos da magistratura da carreira, indicados pelo próprio Tribunal Superior.

A aprovação pelo Senado, após indicação do Ministro do TST pelo Presidente República, deve atender ao quórum de maioria absoluta (CF, art. 111-A, *caput*).

Letra C: os Ministros do TST são nomeados pelo Presidente da Repúlbica, sendo que um quinto dentre advogados com mais de dez anos de efetiva atividade profissional e membros do Ministério Público do Trabalho com mais de dez anos de efetivo exercício (CF, art. 111-A, I).

Letra E: Os Tribunais Regionais do Trabalho compõem-se de, no mínimo, sete juízes, recrutados, quando possível, na respectiva região, e nomeados pelo Presidente da República dentre brasileiros com mais de trinta e menos de sessenta e cinco anos.

---

135. (FCC – Analista Judiciário – Área Administrativa – TRT 15/2018) Sobre o Tribunal Superior do Trabalho (TST),

a) compõe-se de 27 Ministros, escolhidos dentre brasileiros com mais de 35 e menos de 70 anos, de notável saber jurídico e reputação ilibada, nomeados pelo Presidente da República após aprovação pela maioria absoluta do Senado Federal.

b) a indicação, pelo Tribunal Superior do Trabalho, de Desembargadores do Trabalho, membros do Ministério Público do Trabalho e Advogados, para comporem o Tribunal, far-se-á em lista sêxtupla.

c) a Presidência, a Vice-Presidência e a Corregedoria-Geral da Justiça do Trabalho são cargos de direção do Tribunal, preenchidos mediante eleição em que concorrem os Ministros mais antigos da Corte, em número correspondente ao total dos cargos de direção, separadamente e também nessa ordem, sendo permitida a reeleição a qualquer dos cargos.

d) o Presidente, o Vice-Presidente e o Corregedor-Geral da Justiça do Trabalho serão eleitos por

4 anos, mediante escrutínio secreto e pelo voto da maioria absoluta, em sessão extraordinária do Tribunal Pleno, a realizar-se nos 60 dias antecedentes ao término dos mandatos anteriores, e tomarão posse em sessão solene, na data marcada pelo Tribunal Pleno.

e) compete ao mesmo conciliar e julgar, na forma da lei, em grau originário ou recursal ordinário ou extraordinário, as demandas individuais e os dissídios coletivos que excedam a jurisdição dos Tribunais Regionais, os conflitos de direito sindical, assim como outras controvérsias decorrentes de relação de trabalho, e os litígios relativos ao cumprimento de suas próprias decisões, de laudos arbitrais e de convenções e acordos coletivos.

COMENTÁRIOS

✪ **Nota do autor:** a questão exige o conhecimento do texto constitucional e também de dispositivos do Regimento Interno do TST.

Gabarito: Letra E. A assertiva reproduz literalmente o art. 67 do Regimento Interno do TST, segundo o qual compete ao Tribunal Superior do Trabalho processar, conciliar e julgar, na forma da lei, em grau originário ou recursal ordinário ou extraordinário, as demandas individuais e os dissídios coletivos que excedam a jurisdição dos Tribunais Regionais, os conflitos de direito sindical, assim como outras controvérsias decorrentes de relação de trabalho, e os litígios relativos ao cumprimento de suas próprias decisões, de laudos arbitrais e de convenções e acordos coletivos.

Letra A: A Emenda Constitucional nº 122/2022 alterou o *caput* do art. 111-A da Constituição, passando que a prever que o Tribunal Superior do Trabalho compõe-se de vinte e sete Ministros, escolhidos dentre brasileiros com mais de trinta e cinco e menos de setenta anos de idade, de notável saber jurídico e reputação ilibada, nomeados pelo Presidente da República após aprovação pela maioria absoluta do Senado Federal. Antes da EC 122/2012, a idade máxima era de 65 anos. Por tal motivo, as questões sobre o tema, anteriores a 17/05/2022 (data de entrada em vigor da emenda constitucional) consideravam como correta a assertiva de que a idade máxima para nomeação no cargo de ministro do TST era de 65 anos. Atualmente, tais questões estariam incorretas, já que a idade máxima para nomeação é de 70 anos.

Atualmente, portanto, o Tribunal Superior do Trabalho compõe-se de vinte e sete Ministros, escolhidos dentre brasileiros com mais de trinta e cinco e menos de setenta anos de idade, de notável saber jurídico e reputação ilibada, nomeados pelo Presidente da República após aprovação pela maioria absoluta do Senado Federal, sendo: um quinto dentre advogados com mais de dez anos de efetiva atividade profissional e membros do Ministério Público do Trabalho com mais de dez anos de efetivo exercício, observado o disposto no art. 94 da CF ; os demais dentre juízes dos Tribunais Regionais do Trabalho, oriundos da magistratura da carreira, indicados pelo próprio Tribunal Superior.

Letra B: Para preenchimento de vaga de Ministro, destinada aos Juízes da carreira da Magistratura do Trabalho, o Presidente do Tribunal convocará o Pleno para, pelo voto secreto e em escrutínios sucessivos, escolher, dentre os Juízes da carreira, integrantes dos Tribunais Regionais do Trabalho, os nomes para a formação da lista tríplice a ser encaminhada ao Presidente da República (Regimento Interno do TST, art. 4º, *caput*).

Letra C: A Presidência, a Vice-Presidência e a Corregedoria-Geral da Justiça do Trabalho são cargos de direção do Tribunal, preenchidos mediante eleição, em que concorrem os Ministros mais antigos da Corte, em número correspondente ao dos cargos de direção, proibida a reeleição (Regimento Interno do TST, art. 29).

Letra D: O Presidente, o Vice-Presidente e o Corregedor-Geral da Justiça do Trabalho serão eleitos por dois anos, mediante escrutínio secreto e pelo voto da maioria absoluta, em sessão extraordinária do Tribunal Pleno, a realizar-se nos sessenta dias antecedentes ao término dos mandatos anteriores, e tomarão posse em sessão solene, na data marcada pelo Tribunal Pleno (Regimento Interno do TST, art. 30).

---

136. (FCC – Técnico Judiciário – Área Administrativa – TRT 6/2018) Conforme previsões legais sobre a organização, jurisdição, competência das Varas do Trabalho e os serviços auxiliares da Justiça do Trabalho,

a) como regra geral, a competência das Varas do Trabalho é determinada pela localidade onde o empregado, reclamante ou reclamado, prestar serviços ao empregador, ainda que tenha sido contratado noutro local ou no estrangeiro.

b) cada Vara do Trabalho será composta por um juiz do trabalho, que será seu Presidente, e dois juízes classistas, sendo um representante dos empregadores e outro dos empregados.

c) não compete à Vara do Trabalho o julgamento dos dissídios resultantes de contratos de empreitadas em que o empreiteiro seja operário ou artífice.

d) nas localidades em que existir mais de uma Vara do Trabalho, haverá um distribuidor, designado pelo juiz mais antigo do Fórum, exclusivamente dentre o quadro de oficiais de justiça do Tribunal Regional.

e) a lei criará Varas da Justiça do Trabalho, podendo, nas comarcas não abrangidas por sua jurisdição, atribuí-la aos juízes de direito, cabendo recurso de suas decisões para o respectivo Tribunal de Justiça.

COMENTÁRIOS

✪ **Nota do autor:** a questão versa sobre o tema da organização e competência da Justiça do Trabalho.

Gabarito: letra A. A competência das Varas do Trabalho é determinada pela localidade onde o empregado, reclamante ou reclamado, prestar serviços ao empregador, ainda que tenha sido contratado noutro local ou no estrangeiro (CLT, art. 651, *caput*).

Letra B: desde a entrada em vigor da Emenda Constitucional 24/1999, não há mais a representação classista na Justiça do Trabalho, sendo que as Varas do Trabalho são presididas por Juiz singular.

Letra C: Compete às Varas do Trabalho processar e julgar os dissídios resultantes de contratos de empreitadas em que o empreiteiro seja operário ou artífice (CLT, art. 652, *a*, III).

Letra D: A designação de servidor para a função de distribuidor é atribuição de Presidente de TRT (CLT, art. 682, XIII).

Letra E: A lei criará varas da Justiça do Trabalho, podendo, nas comarcas não abrangidas por sua jurisdição, atribuí-la aos juízes de direito, com recurso para o respectivo Tribunal Regional do Trabalho (CF, art. 112).

---

137. (FCC - Analista Judiciário - Oficial de Just. Avaliador Federal - TRT 2/2018) Caio sofreu acidente do trabalho em julho de 2003, razão pela qual ajuizou ação de indenização por danos morais e patrimoniais contra sua empregadora, perante a Justiça comum, que possuía competência para processar e julgar a ação na época. Ocorre que, com a Emenda Constitucional (EC) 45, de 8/12/2004, a referida ação foi enviada para a Justiça do Trabalho, ainda na fase de instrução probatória, com laudo médico pericial que concluiu que Caio sofreu sequelas graves que o tornaram incapaz para a mesma função que exercia. Nessa situação hipotética, é correto afirmar que

a) a ação deve ser devolvida para a Justiça comum, uma vez que a competência da Justiça do Trabalho ampliada pela EC 45/2004 prevê que receberá as ações iniciadas na Justiça comum, mas que já tenham, obrigatoriamente, sentença de mérito em primeiro grau.

b) a ação deve ser devolvida para a Justiça comum, tendo em vista que já havia sido ajuizada antes da EC 45/2004, independentemente de ter sido proferida sentença de mérito em primeiro grau.

c) a ação deve ser devolvida para a Justiça comum, uma vez que a competência da Justiça do Trabalho, ampliada pela EC 45/2004 apenas abrange o pedido de indenização por danos morais e materiais fundados em morte do empregado e não acidente do trabalho que causou sequelas.

d) a ação deve permanecer na Justiça do Trabalho, mas o laudo médico deve ser refeito por um perito nomeado pelo Juiz do Trabalho, uma vez que o laudo elaborado por perito nomeado pelo Juiz de Direito não atende a todos os critérios exigidos para a correta elaboração de laudo médico numa ação trabalhista.

e) a ação deve permanecer na Justiça do Trabalho, que passou a ser competente para processar e julgar as ações de indenização por danos morais e patrimoniais decorrentes de acidente de trabalho, mesmo não havendo sido proferida sentença de mérito em primeiro grau.

COMENTÁRIOS

✪ **Nota do autor:** de acordo com a Súmula Vinculante nº 25 do STF, a Justiça do Trabalho é competente para processar e julgar as ações de indenização por danos morais e patrimoniais decorrentes de acidente de trabalho propostas por empregado contra empregador, inclusive aquelas que ainda não possuíam sentença de mérito em primeiro grau quando da promulgação da Emenda Constitucional 45/2004. No caso hipotético em questão, ainda não havia sentença de mérito, pois o processo ainda estava na fase instrutória. Dessa forma, caberia ao Juiz do Trabalho prosseguir na instrução, caso ainda houvesse necessidade, e proferir sentença. O laudo pericial produzido na esfera cível poderia ser utilizado como meio de prova, a critério do Juiz do Trabalho.

Gabarito: letra E.

Demais assertivas: ver nota do autor.

---

138. (FCC - Analista Judiciário - Área Judiciária - TRT 15/2018) A arguição de incompetência territorial no processo do trabalho se dará por meio da apresentação de exceção de incompetência, que tem regras definidas em lei, entre as quais,

a) apresentada a exceção, os autos serão imediatamente conclusos ao juiz, que intimará o reclamante e, se existentes, os litisconsortes, para manifestação no prazo comum de 5 dias.

b) entendendo necessária produção de prova oral, o juízo ouvirá as testemunhas do excipiente na própria audiência, julgando a exceção em seguida.

c) sua apresentação será feita no prazo de 10 dias a contar da notificação, antes da audiência e em peça que sinalize a existência desta exceção.

d) sua apresentação deve ocorrer juntamente com a contestação, em peça apartada, devendo ser analisada e decidida pelo juiz de plano, em audiência.

e) protocolada a petição, o processo será interrompido e não se realizará a audiência até que se decida a exceção.

COMENTÁRIOS

✪ **Nota do autor:** a questão exige conhecimento acerca do art. 800 da CLT, na redação dada pela Lei 13.467/2017.

> *Art. 800. Apresentada exceção de incompetência territorial no prazo de cinco dias a contar da notificação, antes da audiência e em peça que sinalize a existência desta exceção, seguir-se-á o procedimento estabelecido neste artigo.*
>
> *§ 1° Protocolada a petição, será suspenso o processo e não se realizará a audiência a que se refere o art. 843 desta Consolidação até que se decida a exceção.*
>
> *§ 2° Os autos serão imediatamente conclusos ao juiz, que intimará o reclamante e, se existentes, os litisconsortes, para manifestação no prazo comum de cinco dias.*
>
> *§ 3° Se entender necessária a produção de prova oral, o juízo designará audiência, garantindo o direito de o excipiente e de suas testemunhas serem ouvidos, por carta precatória, no juízo que este houver indicado como competente.*
>
> *§ 4° Decidida a exceção de incompetência territorial, o processo retomará seu curso, com a designação de audiência, a apresentação de defesa e a instrução processual perante o juízo competente.*

Gabarito: letra A, conforme §2° do art. 800.

Letra B: Se entender necessária a produção de prova oral, o juízo designará audiência, garantindo o direito de o excipiente e de suas testemunhas serem ouvidos, por carta precatória, no juízo que este houver indicado como competente.

Letra C: sua apresentação será feita no prazo de 5 dias a contar da notificação, antes da audiência e em peça que sinalize a existência desta exceção.

Letra D: a exceção de incompetência territorial deve ser apresentada no prazo de cinco dias a contar da notificação, antes da audiência e em peça que sinalize a existência desta exceção.

Letra E: Protocolada a petição, será suspenso o processo e não se realizará a audiência a que se refere o art. 843 da CLT até que se decida a exceção.

139. (FCC – Analista Judiciário – Área Judiciária – TRT 6/2018) Em relação à competência material da Justiça do Trabalho, esta

a) é competente para processar e julgar ações de indenização por dano moral e material, decorrentes da relação de trabalho, inclusive as oriundas de acidente de trabalho e doenças a ele equiparadas, mas não para as propostas pelos dependentes ou sucessores do trabalhador falecido.

b) não é competente para a execução, de ofício, da contribuição referente ao Seguro de Acidente de Trabalho (SAT), que tem natureza de contribuição para a seguridade social, ainda que se destine ao financiamento de benefícios relativos à incapacidade do empregado decorrente de infortúnio no trabalho.

c) é competente para processar e julgar ação possessória ajuizada em decorrência do exercício do direito de greve pelos trabalhadores da iniciativa privada.

d) não é competente para processar e julgar ações ajuizadas por empregados em face de empregadores relativas ao cadastramento no Programa de Integração Social (PIS).

e) não é competente para determinar o recolhimento das contribuições fiscais.

COMENTÁRIOS

✪ **Nota do autor:** a questão exige conhecimento do art. 114 da CF, bem como das Súmulas do TST acerca da competência da Justiça do Trabalho.

Gabarito: letra C. A Constituição estabelece competência da Justiça do Trabalho para processar e julgar ações oriundas das relações de trabalho; nada impede que surja uma demanda possessória decorrente de relação de trabalho, como, por exemplo, a ação de reintegração de posse moída por empregador que cedia moradia ao seu ex-empregado a título de salário "in natura", por força do contrato de trabalho. A Justiça do Trabalho é competente para processar e julgar ação possessória ajuizada em decorrência do exercício do direito de greve pelos trabalhadores da iniciativa privada (STF, Súmula Vinculante 23).

Letra A: Nos termos do art. 114, inc. VI, da Constituição da República, a Justiça do Trabalho é competente para processar e julgar ações de indenização por dano moral e material, decorrentes da relação de trabalho, inclusive as oriundas de acidente de trabalho e doenças a ele equiparadas, ainda que propostas pelos dependentes ou sucessores do trabalhador falecido (TST, Súmula 392).

Letra B: Compete à Justiça do Trabalho a execução, de ofício, da contribuição referente ao Seguro de Acidente de Trabalho (SAT), que tem natureza de contribuição para a seguridade social (arts. 114, VIII, e 195, I, "a", da CF), pois se destina ao financiamento de benefícios relativos à incapacidade do empregado decorrente de infortúnio no trabalho – arts. 11 e 22 da Lei nº 8.212/1991 (TST, Súmula 454).

Letra D: Compete à Justiça do Trabalho processar e julgar ações ajuizadas por empregados em face de empregadores relativas ao cadastramento no Programa de Integração Social – PIS (TST, Súmula 300).

Letra E: A Justiça do Trabalho é competente para determinar o recolhimento das contribuições fiscais. A competência da Justiça do Trabalho, quanto à execução das contribuições previdenciárias, limita-se às sentenças condenatórias em pecúnia que proferir e aos valores, objeto de acordo homologado, que integrem o salário de contribuição (TST, Súmula 368, I).

---

140. (FCC – Analista Judiciário – Área Judiciária – TRT 2/2018) No tocante à competência da Justiça do Trabalho, considere:

I. É competente a Justiça do Trabalho para processar e julgar ações possessórias, incluindo o interdito proibitório, ainda que essas ações sejam decorrentes do exercício de greve dos trabalhadores da iniciativa privada.

II. A Justiça do Trabalho é competente para julgar mandando de segurança e habeas corpus quando o ato questionado envolver matéria de sua jurisdição, o que não ocorre com o habeas data envolvendo a mesma matéria, cuja competência é da Justiça comum.

III. Segundo entendimento sumulado do Tribunal Superior do Trabalho, é competente a Justiça do Trabalho para processar e julgar ações de indenização por dano moral e material, decorrentes da relação de trabalho, inclusive as oriundas de acidente de trabalho e doenças a ele equiparadas, ainda que propostas pelos dependentes ou sucessores do trabalhador falecido.

Está correto o que se afirma APENAS em

a) I e III
b) I e II.
c) II e III.
d) III.
e) I.

COMENTÁRIOS

✪ **Nota do autor:** a questão exige o conhecimento da Constituição Federal e das Súmulas do TST sobre a competência da Justiça do Trabalho, além de Súmula Vinculante do STF.

Item I: A Constituição estabelece competência da Justiça do Trabalho para processar e julgar ações oriundas das relações de trabalho; nada impede que surja uma demanda possessória decorrente de relação de trabalho, como, por exemplo, a ação de reintegração de posse moída por empregador que cedia moradia ao seu ex-empregado a título de salário "in natura", por força do contrato de trabalho. A Justiça do Trabalho é competente para processar e julgar ação possessória ajuizada em decorrência do exercício do direito de greve pelos trabalhadores da iniciativa privada (STF, Súmula Vinculante 23).

Item II: Compete à Justiça do Trabalho processar e julgar os mandados de segurança, habeas corpus e habeas data, quando o ato questionado envolver matéria sujeita à sua jurisdição (CF, art. 114, IV).

Item III: Nos termos do art. 114, inc. VI, da Constituição da República, a Justiça do Trabalho é competente para processar e julgar ações de indenização por dano moral e material, decorrentes da relação de trabalho, inclusive as oriundas de acidente de trabalho e doenças a ele equiparadas, ainda que propostas pelos dependentes ou sucessores do trabalhador falecido (TST, Súmula 392).

Gabarito: letra A.

---

141. (FCC – Analista Judiciário – Área Administrativa – TRT 15/2018) Em uma situação hipotética, Júlio Santos, residente e domiciliado na cidade de Bauru/SP, foi contratado pela empresa Mach Tech Ltda., com sede na cidade de São Paulo, para trabalhar como vendedor viajante, nas cidades de Botucatu/SP, São Manuel/SP, Lençóis Paulista/SP e Agudos/SP. Júlio estava subordinado à filial da empresa Mach Tech Ltda., localizada na cidade de Campinas/SP, reportando-se ao Gerente de Vendas, por meio de relatórios de atividades. Em fevereiro de 2018, Júlio Santos foi dispensado sem justa causa, sem que, no entanto, fossem quitadas as verbas rescisórias a que tinha direito, razão pela qual pretende ajuizar reclamação trabalhista em face da empresa Mach Tech Ltda.

A reclamação trabalhista deverá ser ajuizada na cidade de

a) Bauru/SP, porque é a localidade onde Júlio reside.
b) São Paulo/SP, porque é onde está localizada a sede da empresa.
c) Campinas/SP, porque Júlio está subordinado à filial ali localizada.
d) Botucatu/SP, São Manuel/SP, Lençóis Paulista/SP ou Agudos/SP, porque Júlio prestou serviços em todas estas localidades.
e) Bauru/SP, São Paulo/SP, Botucatu/SP, São Manuel/SP, Lençóis Paulista/SP, Agudos/SP ou Campinas/SP, uma vez que compete ao empregado decidir qual localidade melhor lhe convém.

COMENTÁRIOS

✪ **Nota do autor:** a questão versa sobre competência territorial envolvendo empregado vendedor viajante. De acordo com o art. 651, §1º, da CLT, quando for parte de dissídio agente ou viajante comercial, a competência será da Junta da localidade em que a empresa tenha agência ou filial e a esta o empregado esteja subordinado e, na falta, será competente a Junta da localização em que o empregado tenha domicílio ou a localidade mais próxima.

Assim, preferencialmente, a competência é da Vara do Trabalho da agência ou filial à qual o vendedor viajante está subordinado; e, apenas caso não haja tal subordinação, será competente a Vara do Trabalho do local do domicílio do empregado, ou do local mais próximo.

No caso em questão, portanto, sendo o empregado Júlio subordinado à filial sediada na cidade de Campinas, a reclamação trabalhista deve ser distribuída entre uma das Varas do Trabalho com jurisdição nesta cidade.

Gabarito: Letra C.

Demais assertivas: ver nota do autor.

---

142. (AOCP – Analista Judiciário – Área Judiciária – TRT 1/2018) No que tange à exceção de incompetência territorial, no âmbito do processo trabalhista, assinale a alternativa correta.

a) A Exceção de Incompetência territorial deverá ser apresentada como preliminar de contestação. Ao exceto será concedido prazo de 24 horas para manifestação respectiva, devendo a decisão ser proferida na primeira audiência ou sessão que se seguir.

b) A exceção de incompetência territorial deverá ser apresentada em peça apartada que sinalize explicitamente a existência da exceção, antes da audiência no prazo de 5 dias, contados do recebimento da notificação pela reclamada. Protocolada a petição de exceção, ao exceto será concedido prazo de 24 horas para manifestação respectiva, devendo a decisão ser proferida na primeira audiência ou sessão que se seguir.

c) A Exceção de Incompetência territorial deverá ser apresentada como preliminar de contestação. Ao exceto será concedido prazo de 24 horas para manifestação respectiva, devendo a decisão ser proferida no prazo de 5 dias.

d) A exceção de incompetência territorial deverá ser apresentada em peça apartada que sinalize explicitamente a existência da exceção, antes da audiência, no prazo de 5 dias, contados do recebimento da notificação pela reclamada. Protocolada a petição de exceção, o processo será suspenso. O juiz intimará o exceto para manifestação no prazo de 5 dias. Da decisão que decidir a exceção de incompetência, caberá recurso ordinário no prazo de 8 dias.

e) A exceção de incompetência territorial deverá ser apresentada em peça apartada que sinalize explicitamente a existência da exceção, antes da audiência, no prazo de 5 dias, contados do recebimento da notificação pela reclamada. Protocolada a petição de exceção, o processo será suspenso até que se decida o incidente.

COMENTÁRIOS

✪ **Nota do autor:** a questão exige o conhecimento do art. 800 da CLT, cujo texto, modificado pela Lei 13.467/2017, prevê:

> *Art. 800. Apresentada exceção de incompetência territorial no prazo de cinco dias a contar da notificação, antes da audiência e em peça que sinalize a existência desta exceção, seguir-se-á o procedimento estabelecido neste artigo.*
>
> *§ 1º Protocolada a petição, será suspenso o processo e não se realizará a audiência a que se refere o art. 843 desta Consolidação até que se decida a exceção.*
>
> *§ 2º Os autos serão imediatamente conclusos ao juiz, que intimará o reclamante e, se existentes, os litisconsortes, para manifestação no prazo comum de cinco dias.*
>
> *§ 3º Se entender necessária a produção de prova oral, o juízo designará audiência, garantindo o direito de o excipiente e de suas testemunhas serem ouvidos, por carta precatória, no juízo que este houver indicado como competente.*
>
> *§ 4º Decidida a exceção de incompetência territorial, o processo retomará seu curso, com a designação de audiência, a apresentação de defesa e a instrução processual perante o juízo competente.*

Gabarito: letra E. O prazo para oferecimento da exceção de competência é de 5 dias contados do recebimento da notificação pelo reclamado. Protocolada a exceção, o processo fica suspenso até que ela seja decidida.

Letra A: a incompetência territorial é apresentada em peça que sinalize a existência dessa exceção, e não como preliminar de contestação. Apenas a incompetência absoluta (exemplo: incompetência material da Justiça do Trabalho) é que será arguida em preliminar de contestação.

Letras B e C: o prazo para manifestação do reclamante e eventuais litisconsortes ativos é de 5 dias.

Letra D: não há necessidade de que a exceção seja apresentada em peça "apartada", mas apenas em peça que sinalize a existência dessa exceção. Além disso, a decisão da exceção de incompetência não é passível de recurso ordinário imediato em regra, exceto na situação em que resulte em remessa dos autos para outro TRT, conforme Súmula 214 do TST:

> *DECISÃO INTERLOCUTÓRIA. IRRECORRIBILIDADE (nova redação) – Res. 127/2005, DJ 14, 15 e 16.03.2005*

Na Justiça do Trabalho, nos termos do art. 893, § 1º, da CLT, as decisões interlocutórias não ensejam recurso imediato, salvo nas hipóteses de decisão: a) de Tribunal Regional do Trabalho contrária à Súmula ou Orientação Jurisprudencial do Tribunal Superior do Trabalho; b) suscetível de impugnação mediante recurso para o mesmo Tribunal; c) que acolhe exceção de incompetência territorial, com a remessa dos autos para Tribunal Regional distinto daquele a que se vincula o juízo excepcionado, consoante o disposto no art. 799, § 2º, da CLT.

---

143. (AOCP – Analista Judiciário – Área Administrativa – TRT 1/2018) Em relação à competência da Justiça do Trabalho, assinale a alternativa INCORRETA.

a) A Constituição federal ampliou a competência da Justiça do Trabalho, atribuindo a esta poderes para dirimir conflitos decorrentes das relações de trabalho e não somente relações de emprego.

b) À Justiça do Trabalho compete processar e julgar as ações que envolvam representação sindical entre sindicatos, entre sindicatos e trabalhadores e entre sindicatos e empregadores.

c) A Justiça do Trabalho é competente para processar e julgar mandados de segurança, habeas corpus e habeas data quando o ato questionado envolver matéria sujeita à sua jurisdição.

d) A Justiça do Trabalho é competente para processar e julgar ações de indenização por dano moral ou patrimonial, decorrentes da relação de trabalho.

e) À Justiça do Trabalho compete processar e julgar as ações que envolvam representação sindical entre sindicatos, entre sindicatos e trabalhadores, entre sindicatos e empregadores e demandas de qualquer natureza entre empregadores que façam parte de um mesmo sindicato patronal.

COMENTÁRIOS

✪ **Nota do autor:** A questão indaga sobre a competência material da Justiça do Trabalho, que é definida pelo art. 114 da Constituição Federal. Trata-se de critério de competência absoluta, passível de arguição a qualquer tempo e em qualquer grau de jurisdição.

Gabarito: letra E. A competência da Justiça do Trabalho não abrange "demandas de qualquer natureza entre empregadores que façam parte de um mesmo sindicato patronal". Basta imaginar uma demanda entre empresas do mesmo ramo de atividade, pela prática de algum de concorrência desleal, por exemplo – trata-se de situação que atrairia a competência da Justiça Comum. A competência da Justiça do Trabalho, no que tange às ações sobre representação sindical, abrange aquelas movidas entre sindicatos, entre sindicatos e trabalhadores, e entre sindicatos e empregadores.

Letra A: correta, pois a EC 45/2004 modificou a redação do inciso I do art. 114 da CF, que passou a prever a competência da Justiça do Trabalho para processar e julgar as ações oriundas da relação de trabalho, abrangidos os entes de direito público externo e da administração pública direta e indireta da União, dos Estados, do Distrito Federal e dos Municípios.

Letra B: a assertiva reproduz o art. 114, III, da CF, que estatui a competência da Justiça do Trabalho para processar e julgar as ações sobre representação sindical, entre sindicatos, entre sindicatos e trabalhadores, e entre sindicatos e empregadores.

Letra C: os mandados de segurança, habeas corpus e habeas data, quando o ato questionado envolver matéria sujeita à sua jurisdição, devem ser julgados pela Justiça do Trabalho (CF, art. 114, IV).

Letra D: as ações de indenização por dano moral ou patrimonial, decorrentes da relação de trabalho são de competência material da Justiça do Trabalho (CF, art. 114, VI).

---

144. (Cespe – Analista Judiciário – Área Judiciária – Oficial de Justiça Avaliador) Carlo, cidadão brasileiro domiciliado em Minas Gerais, veterinário e advogado, ex-empregado público de autarquia federal sediada unicamente em Brasília – DF, foi demitido sem justa causa em 27/1/2015, na capital federal, local onde os serviços foram prestados. Em 28/1/2016, Carlo propôs em juízo pedido de indenização no valor total de R$ 20.000, por entender que diversos de seus direitos trabalhistas haviam sido violados.

Nessa situação hipotética,

a) caso não haja conciliação prévia, deve-se adotar a forma verbal para a reclamação trabalhista.

b) o foro competente para apreciação da lide, em primeira instância, seria o Distrito Federal.

c) ambas as partes estão imunes do pagamento de custas processuais.

d) é obrigatória a adoção do rito processual sumaríssimo.

e) a propositura da ação trabalhista foi extemporânea, em virtude do instituto da prescrição.

COMENTÁRIOS

✪ **Nota do Autor:** A competência é a atribuição a um órgão jurisdicional do poder-dever de exercer a jurisdição em situações típicas previstas pelo ordenamento jurídico. São três os critérios utilizados para definir competências: objetivo, territorial e funcional. A questão exige o conhecimento sobre as regras relativas a competência territorial disciplinada no art. 651 da CLT.

Gabarito: Letra B.

A competência territorial, na Justiça do Trabalho, firma-se, em princípio, em função do local da prestação de serviços, conforme art. 651 da CLT.

Letras A, C, D e E: Ver comentários sobre o gabarito.

---

145. (Cespe – Técnico Judiciário – Área Administrativa – TRT 8/2016) Com relação à organização e à competência da justiça do trabalho, assinale a opção correta.

a) Compete à justiça do trabalho julgar demandas relacionadas à contratação de pessoal temporário para atender à necessidade temporária de excepcional interesse público.

b) A competência da vara trabalhista é determinada pela localidade onde o empregado foi contratado, não importando se este prestou serviços ao empregador em outro local.

c) Nas varas do trabalho, exercem a jurisdição um juiz presidente e um juiz auxiliar.

d) Assim como ocorre na justiça comum, na justiça do trabalho há varas especializadas.

e) Os oficiais de justiça desempenham atos determinados pelo juiz da vara, devendo os mandados judiciais ser cumpridos em até nove dias.

COMENTÁRIOS

✪ **Nota do Autor:** A competência é a atribuição a um órgão jurisdicional do poder-dever de exercer a jurisdição em situações típicas previstas pelo ordenamento jurídico. São três os critérios utilizados para definir competências: objetivo, territorial e funcional.

Gabarito: Letra E.

Conforme previsão do art. 721, §2º da CLT.

Letra A: Assertiva contrária ao art. 114, I da CF. No julgamento da ADI 3.395 MC/DF, o STF suspendeu toda e qualquer interpretação do inciso I do art. 114 da CF (na redação da EC 45/2004) que inserisse, na competência da Justiça do Trabalho, a apreciação de causas instauradas entre o poder público e seus servidores, a ele vinculados por típica relação de ordem estatutária ou de caráter jurídico-administrativo

Letra C: Art. 116. Nas Varas do Trabalho, a jurisdição será exercida por um juiz singular (CF, art. 116).

Letra D: não há previsão constitucional ou legal de especialização de Varas na Justiça do Trabalho.

---

146. (FCC – Analista Judiciário – Área Judiciária – TRT 9/2015) Sobre organização e competência da Justiça do Trabalho, conforme ditames insculpidos na Constituição Federal do Brasil é correto afirmar:

a) Os Juizados Especiais Acidentários Trabalhistas, as Varas do Trabalho, os Tribunais Regionais do Trabalho, os Tribunais Arbitrais Coletivos do Trabalho e o Tribunal Superior do Trabalho são órgãos da Justiça do Trabalho.

b) O Tribunal Superior do Trabalho será composto de dezessete Ministros, togados e vitalícios, dos quais treze escolhidos dentre juízes dos Tribunais Regionais do Trabalho, dois dentre advogados e dois dentre membros do Ministério Público do Trabalho.

c) O Conselho Superior da Justiça do Trabalho funcionará junto ao Tribunal Superior do Trabalho, cabendo-lhe exercer, na forma da lei, a supervisão administrativa, orçamentária, financeira e patrimonial da Justiça do Trabalho de primeiro e segundo graus, como órgão central do sistema, cujas decisões terão efeito vinculante.

d) A Escola Nacional de Formação e Aperfeiçoamento de Magistrados do Trabalho, não funcionará junto ao Tribunal Superior do Trabalho por se tratar de órgão administrativo e consultivo, sem funções jurisdicionais, cabendo-lhe apenas regulamentar os cursos oficiais para o ingresso e promoção na carreira.

e) A competência da Justiça do Trabalho não abrange nenhum dos entes ou organismos de direito público externo, ainda que se trate de relação de emprego, visto que em razão da pessoa litigante a competência será da Justiça Federal Comum.

COMENTÁRIOS

✪ **Nota do Autor:** A questão exige conhecimento sobre a organização e competência da Justiça do Trabalho.

Gabarito: Letra C. Os órgãos da Justiça do Trabalho são os Juízes do Trabalho; os Tribunais Regionais do Trabalho e o Tribunal Superior do Trabalho. Funcionam junto ao TST a ENAMAT e o CSJT.

Conforme disposto no art. 111-A, §2º, II da CF.

Letra A: Assertiva contrária ao disposto no art. 111 da CF.

Letra B: Assertiva contrária ao disposto no art. 111-A da CF. Nota do autor: A Emenda Constitucional nº 122/2022 alterou o *caput* do art. 111-A da Constituição, passando que a prever que o Tribunal Superior do Trabalho compõe-se de vinte e sete Ministros, escolhidos dentre brasileiros com mais de trinta e cinco e menos de setenta anos de idade, de notável saber jurídico e reputação ilibada, nomeados pelo Presidente da República após aprovação pela maioria absoluta do Senado Federal. Antes da EC 122/2012, a idade máxima era de 65 anos. Por tal motivo, as questões sobre o tema, anteriores a 17/05/2022 (data de entrada em vigor da emenda constitucional) consideravam como correta a assertiva de que a idade máxima para nomeação no cargo de ministro do TST era de 65 anos. Atualmente, tais questões estariam incorretas, já que a idade máxima para nomeação é de 70 anos.

Atualmente, portanto, o Tribunal Superior do Trabalho compõe-se de vinte e sete Ministros, escolhidos dentre brasileiros com mais de trinta e cinco e menos de setenta anos de idade, de notável saber jurídico e reputação ilibada, nomeados pelo Presidente da República após aprovação pela maioria absoluta do Senado Federal, sendo: um quinto dentre advogados com mais de dez anos de efetiva atividade profissional e membros do Ministério Público do Trabalho com mais de dez anos de efetivo exercício, observado o disposto no art. 94 da CF ; os demais dentre juízes dos Tribunais Regionais do Trabalho, oriundos da magistratura da carreira, indicados pelo próprio Tribunal Superior.

Letra D: Assertiva contrária ao disposto no art. 111-A, §2º, I da CF. Funcionará junto ao Tribunal Superior do Trabalho: a Escola Nacional de Formação e Aperfeiçoamento de Magistrados do Trabalho, cabendo-lhe, dentre outras funções, regulamentar os cursos oficiais para o ingresso e promoção na carreir

Letra E: Assertiva contrária ao disposto no art. 114, I da CF. t. 114. Compete à Justiça do Trabalho processar e julgar: as ações oriundas da relação de trabalho, abrangidos os entes de direito público externo e da administração pública direta e indireta da União, dos Estados, do Distrito Federal e dos Municípios;

---

147. (FCC – Analista Judiciário – Área Judiciária – TRT 9/2015) Conforme previsão legal, uma ação de indenização por danos materiais e morais em razão de acidente de trabalho sofrido pelo empregado, por negligência do empregador, que tenha lhe ocasionado sequelas, deve ser proposta na Vara

a) Acidentária da Justiça Estadual da comarca em que o autor tem o seu domicílio.
b) Acidentária da Justiça Federal da comarca em que a empresa tem a sua sede.
c) do Trabalho da comarca em que foi celebrado o contrato de trabalho.
d) do Trabalho da comarca onde houve a prestação dos serviços.
e) Acidentária da Justiça Estadual ou do Trabalho da comarca em que se situa a sede da empresa, a critério do autor interessado.

COMENTÁRIOS

✪ **Nota do Autor:** A competência é a atribuição a um órgão jurisdicional do poder-dever de exercer a jurisdição em situações típicas previstas pelo ordenamento jurídico. A competência do Poder Judiciário Trabalhista se firma em razão da relação jurídica de direito material controvertida (*res in judictum deducta*). Sempre que a causa de pedir e o pedido formulados se enquadrarem em uma das hipóteses do art. 114 da CF (cujos incisos levam em conta exatamente a matéria discutida), a competência será desse ramo da Justiça. Tratando-se de competência em razão da matéria, é absoluta.

Gabarito: Letra D.

A Justiça do Trabalho é competente para processar e julgar as ações de indenização por danos morais e patrimoniais decorrentes de acidente de trabalho propostas por empregado contra empregador, inclusive aquelas que ainda não possuíam sentença de mérito em primeiro grau quando da promulgação da EC 45/2004. (STF, Súmula Vinculante 22). A competência territorial, na Justiça do Trabalho, firma-se, em princípio, em função do local da prestação de serviços, conforme art. 651 da CLT.

Letras A, B, C e E: Ver comentários sobre o gabarito.

---

148. (FCC – Analista Judiciário – Área Judiciária – TRT 9/2015) A Consolidação das Leis do Trabalho, em seu Título VIII, apresenta uma série de normas que disciplina a organização, funcionamento e competência da Justiça do Trabalho e dos seus serviços auxiliares. Em consonância com tais dispositivos, é INCORRETO afirmar:

a) Os distribuidores são designados pelo Juiz Diretor do Foro, dentre os funcionários das Varas do Tribunal Regional, existentes na mesma localidade, ficando diretamente subordinados ao Corregedor ou Vice Administrativo do Tribunal.
b) A Justiça do Trabalho é competente, ainda, para processar e julgar as ações entre trabalhadores portuários e os operadores portuários ou o Órgão Gestor de Mão de Obra – OGMO, decorrentes da relação de trabalho.
c) O serviço da Justiça do Trabalho é relevante e obrigatório, ninguém dele podendo eximir-se, salvo motivo justificado.
d) Nas localidades não compreendidas na jurisdição das Varas do Trabalho, os Juízos de Direito são os

órgãos de administração da Justiça do Trabalho, com a jurisdição que lhes for determinada pela lei de organização judiciária local.

e) Compete à Secretaria da Vara a informação, às partes interessadas e seus procuradores, do andamento dos respectivos processos, cuja consulta lhes facilitará, e a abertura de vista dos processos às partes na própria Secretaria.

COMENTÁRIOS

✪ **Nota do Autor:** A questão exige conhecimento sobre a organização e competência da Justiça do Trabalho.

Gabarito: Letra A.

Conforme previsão do art. 715 da CLT os distribuidores são designados pelo Presidente do Tribunal Regional dentre os funcionários das Juntas e do Tribunal Regional, existentes na mesma localidade, e ao mesmo Presidente diretamente subordinados.

Letra B: Conforme previsão do art. 114, I da CF e 643, §3º da CLT.

Letra C: Conforme previsão do art. 645 da CLT.

Letra D: Conforme previsão do art. 668 da CLT

Letra E: Conforme previsão do art. 711, "d" da CLT.

149. (FCC – Analista Judiciário – Área Judiciária – Oficial de Justiça Avaliador – TRT 9/2015) Conforme normas contidas na Constituição Federal brasileira, a competência da Justiça do Trabalho abrange

a) os conflitos de atribuições entre autoridades administrativas e judiciárias da União, ou entre autoridades judiciárias de um Estado e administrativas de outro, ou do Distrito Federal, ou entre as deste e da União.

b) a homologação de sentenças estrangeiras e a concessão de exequatur às cartas rogatórias.

c) as ações relativas às penalidades administrativas impostas aos empregadores pelos órgãos de fiscalização das relações de trabalho.

d) os crimes contra a organização do trabalho e, nos casos determinados por lei, contra o sistema financeiro e a ordem econômico-financeira que possam interferir nas relações de trabalho.

e) as ações que visam dirimir conflitos fundiários, por meio de Varas especializadas com competência exclusiva que serão criadas pelo Tribunal competente.

COMENTÁRIOS

✪ **Nota do Autor:** A questão exige conhecimento sobre a organização e competência da Justiça do Trabalho.

Gabarito: Letra C.

Conforme previsão do art. 114, VII da CF.

Letra A: Competência do STJ (CF, art. 105, I, g).

Letra B: Competência do STJ (CF, art. 105, I, i).

Letra D: Competência da Justiça Federal de primeiro grau (CF, art. 108, VI).

Letra E: Competência da justiça comum estadual (CF, art. 126).

150. (FCC – Analista Judiciário – Área Judiciária – Oficial de Justiça Avaliador – TRT 9/2015) O viajante comercial Odin pretende mover ação trabalhista em face da sua empregadora Empresa Pública Delta S/A, por entender que o seu gerente cometeu ato ilícito que lhe feriu a honra e boa fama, postulando indenização por danos morais no valor de R$ 100.000,00, cumulada com pedido de pagamento de diferenças de comissões ajustadas no valor de R$ 5.000,00.

Segundo regras contidas em legislação própria quanto à competência territorial, a ação deve ser proposta na Vara

a) do local onde foi celebrada a sua contratação.

b) da localidade em que a empresa tenha agência ou filial e a esta o empregado esteja subordinado.

c) do foro de eleição previsto no contrato de trabalho firmado entre as partes.

d) da Justiça Federal da Capital do Estado onde a ré tenha sede, por se tratar de empresa pública.

e) do foro de celebração do contrato ou no foro de domicílio do gerente que lhe ofendeu, em razão de ser esse o principal pedido do autor.

COMENTÁRIOS

✪ **Nota do Autor:** A competência é a atribuição a um órgão jurisdicional do poder-dever de exercer a jurisdição em situações típicas previstas pelo ordenamento jurídico. São três os critérios utilizados para definir competências: objetivo, territorial e funcional. A questão exige o conhecimento sobre as regras relativas a competência territorial.

Gabarito: Letra B.

A competência territorial, na Justiça do Trabalho, firma-se, em princípio, em função do local da prestação de serviços, conforme art. 651 da CLT. O art. 651, §3º da CLT estabelece regra especial, com nítido propósito de facilitar o acesso à justiça pelo trabalhador, ao permitir que, caso a contratação tenha se dado num foro, mas a prestação de serviços em outro, o empregado tem a faculdade de escolher em qualquer um dos dois locais para ajuizamento de sua reclamação trabalhista. Trata-se de situação comum com empresas que arregimentam trabalhadores em local diferente da respectiva sede, por escassez de mão de obra no local. Mesmo que o empregador não tenha estabelecimento no local da contratação, o trabalhador poderá optar pelo ajuizamento neste foro.

> *Art. 651 – A competência das Juntas de Conciliação e Julgamento é determinada pela localidade onde o empregado, reclamante ou reclamado, prestar serviços ao empregador, ainda que tenha sido contratado noutro local ou no estrangeiro. (Vide Constituição Federal de 1988)*
>
> *(...) § 3º – Em se tratando de empregador que promova realização de atividades fora do lugar do contrato de trabalho, é assegurado ao empregado apresentar reclamação no foro da celebração do contrato ou no da prestação dos respectivos serviços.*

Letras A, C, D e E: Ver comentários sobre o gabarito.

---

151. (FCC – Analista Judiciário – Área Judiciária – TRT 14/2016) Conforme norma constitucional é competência da Justiça do Trabalho processar e julgar

a) ação de reparação por dano material em face do órgão previdenciário em razão de não concessão de aposentadoria por invalidez.

b) demanda possessória envolvendo um sindicato de categoria profissional que alega ser proprietário do prédio onde está estabelecido o Sindicato da respectiva categoria econômica.

c) ações relativas às penalidades administrativas impostas aos empregadores pelos órgãos de fiscalização das relações de trabalho.

d) execuções, de ofício, de imposto de renda dos diretores não empregados de sociedades anônimas que mantém relação de trabalho com essas empresas.

e) ação ordinária de trabalhador em face da Caixa Econômica Federal em razão de não ter sido autorizada movimentação de sua conta vinculada do FGTS.

COMENTÁRIOS

✪ **Nota do Autor:** A competência é a atribuição a um órgão jurisdicional do poder-dever de exercer a jurisdição em situações típicas previstas pelo ordenamento jurídico. A competência do Poder Judiciário Trabalhista se firma em razão da relação jurídica de direito material controvertida (*res in judictum deducta*). Sempre que a causa de pedir e o pedido formulados se enquadrarem em uma das hipóteses do art. 114 da CF (cujos incisos levam em conta exatamente a matéria discutida), a competência será desse ramo da Justiça. Tratando-se de competência em razão da matéria, é absoluta.

Gabarito: Letra C.

Conforme previsão do art. 114, VII da CF.

Letra A: Competência do juiz federal de primeiro grau (CF, art. 109, §§ 2º e 3º).

Letra B: A causa de pedir não se enquadra na previsão do art. 114, III da CF que pressupõe divergência acerca da representação sindical.

Letra D: Não se enquadra na hipótese prevista no art. 114, VIII da CF.

Letra E: Competência do juiz federal de primeiro grau (STJ, súmula 82). Nesse caso, a ação é movida contra o órgão gestor do FGTS, e não contra o empregador.

---

152. (FCC – Analista Judiciário – Área Judiciária – TRT 14/2016) Apolo, auditor empregado da empresa de auditoria externa Fenix S/A, foi dispensado por justa causa diante da alegação de desídia no desempenho das suas funções. O trabalhador pretende ajuizar reclamatória trabalhista questionando o motivo da rescisão e postulando o pagamento de verbas rescisórias e horas extraordinárias não remuneradas. No caso, trata-se de empregador que promove realização de atividades fora do lugar do contrato de trabalho. De acordo com as regras de competência territorial Apolo deverá ingressar com a ação:

a) Somente no local da prestação de serviços.

b) No foro de celebração do contrato ou no da prestação dos respectivos serviços.

c) Não havendo regras na Consolidação das Leis do Trabalho sobre a matéria, poderá escolher qualquer comarca do Estado em que tem seu domicílio.

d) No foro de eleição previsto no contrato de trabalho firmado entre as partes.

e) Na sede da empresa ou na capital do Estado em que ocorreu a contratação.

COMENTÁRIOS

✪ **Nota do Autor:** A competência é a atribuição a um órgão jurisdicional do poder-dever de exercer a jurisdição em situações típicas previstas pelo ordenamento jurídico. São três os critérios utilizados para definir competências: objetivo, territorial e funcional. A questão exige o conhecimento sobre as regras relativas a competência territorial.

Gabarito: Letra B.

A competência territorial, na Justiça do Trabalho, firma-se, em princípio, em função do local da prestação de serviços, conforme art. 651 da CLT. O art. 651, §3º da CLT estabelece regra especial, com nítido propósito de facilitar o acesso à justiça pelo trabalhador, ao permitir que, caso a contratação tenha se dado num foro, mas a prestação de serviços em outro, o empregado tem a faculdade de escolher em qualquer um dos dois locais para ajuizamento de sua reclamação trabalhista. Trata-se de situação comum com empresas que arregimentam trabalhadores em local diferente da respectiva sede, por escassez de mão de obra no local. Mesmo que o empregador não tenha estabelecimento no local da contratação, o trabalhador poderá optar pelo ajuizamento neste foro.

> *Art. 651 – A competência das Juntas de Conciliação e Julgamento é determinada pela localidade onde o empregado, reclamante ou reclamado, prestar serviços ao empregador, ainda que tenha sido contratado noutro local ou no estrangeiro. (Vide Constituição Federal de 1988)*
>
> *(...) § 3º – Em se tratando de empregador que promova realização de atividades fora do lugar do contrato de trabalho, é assegurado ao empregado apresentar reclamação no foro da celebração do contrato ou no da prestação dos respectivos serviços.*

Letras A, C, D e E: Ver comentários sobre o gabarito.

---

153. (FCC – Analista Judiciário – Área Judiciária – Oficial de Justiça Avaliador – TRT 14/2016) Há previsão legal atribuindo aos órgãos judiciais as questões que devem estar afetas ao seu julgamento, assim como os órgãos judiciais trabalhistas têm traçados em lei os seus poderes para conhecer e solucionar as lides. Sobre o tema, conforme ordenamento jurídico é INCORRETO afirmar:

a) Como regra, a competência das Varas do Trabalho é determinada pela localidade onde o empregado, reclamante ou reclamado, prestar serviços ao empregador, ainda que tenha sido contratado noutro local ou no estrangeiro.

b) Compete às Varas Cíveis da Justiça Federal julgar as ações envolvendo trabalhadores portuários e os operadores portuários ou Órgão Gestor de Mão de Obra – OGMO, decorrentes da relação de trabalho, por envolver questão estratégica nacional.

c) A Justiça do Trabalho tem competência para analisar e decidir sobre as ações relativas às penalidades administrativas impostas aos empregadores pelos órgãos de fiscalização das relações de trabalho.

d) Compete à Justiça do Trabalho processar e julgar as ações de indenização por dano moral ou patrimonial, decorrentes da relação de trabalho.

e) É da competência das Varas do Trabalho conhecer e julgar os dissídios resultantes de contratos de empreitada em que o empreiteiro seja operário ou artífice.

COMENTÁRIOS

✪ **Nota do Autor:** A competência é a atribuição a um órgão jurisdicional do poder-dever de exercer a jurisdição em situações típicas previstas pelo ordenamento jurídico. São três os critérios utilizados para definir competências: objetivo, territorial e funcional. A questão exige o conhecimento sobre as regras relativas a competência territorial.

Gabarito: Letra B.

Conforme previsão do art. 114, I da CF e 643, §3º da CLT a competência, na hipótese em questão, é da Justiça do Trabalho.

Letra A: Conforme art. 651 da CLT.

Letra C: Conforme art. 114, VII da CF.

Letra D: Conforme art. 114, VI da CF.

Letra E: Conforme art. 652, "a", III da CLT e 114, I da CF.

---

154. (FCC – Técnico Judiciário – Área Administrativa – TRT 14/2016) A Constituição da República Federativa do Brasil dispõe sobre a organização dos Poderes do Estado, com capítulo próprio sobre o Poder Judiciário. De acordo com tais normas, são órgãos da Justiça do Trabalho:

a) Superior Tribunal de Justiça, Tribunais Regionais do Trabalho e Juntas de Conciliação e Julgamento.

b) Tribunal Superior do Trabalho, Tribunais de Justiça e Varas do Trabalho.

c) Supremo Tribunal Federal, Tribunais Regionais do Trabalho e Juízes do Trabalho.

d) Tribunal Superior do Trabalho, Tribunais Regionais do Trabalho e Juízes do Trabalho atuando em Varas do Trabalho.

e) Supremo Tribunal do Trabalho, Superior Tribunal de Justiça, Tribunal Regional Federal e Varas do Trabalho.

COMENTÁRIOS

✪ **Nota do Autor:** A questão exige conhecimento sobre a organização e competência da Justiça do Trabalho.

Gabarito: Letra D.

Conforme previsão do art. 111 da CF.

> *Art. 111. São órgãos da Justiça do Trabalho:*
>
> *I – o Tribunal Superior do Trabalho;*
>
> *II – os Tribunais Regionais do Trabalho;*
>
> *III – Juízes do Trabalho.*

Letras A, B, C e E: Ver comentários sobre o gabarito.

155. (FCC – Técnico Judiciário – Área Administrativa – TRT 14/2016) Os órgãos do Poder Judiciário possuem competência própria fixada na lei, seja em relação à matéria ou quanto às pessoas. Assim, a Justiça do Trabalho é competente para apreciar e julgar

a) ações que envolvam direito de greve.

b) execuções de contribuições de Imposto de Renda dos trabalhadores que não declararam seus rendimentos salariais durante o contrato de trabalho.

c) ações de natureza previdenciária relativas ao benefício da aposentadoria por invalidez.

d) as causas em face da União relativas a direitos humanos cuja violação decorre de descumprimento de tratado internacional.

e) crimes contra organização do trabalho, contra o sistema financeiro e a ordem econômico-financeira.

COMENTÁRIOS

✪ **Nota do Autor:** A competência é a atribuição a um órgão jurisdicional do poder-dever de exercer a jurisdição em situações típicas previstas pelo ordenamento jurídico. A competência do Poder Judiciário Trabalhista se firma em razão da relação jurídica de direito material controvertida (*res in judictum deducta*). Sempre que a causa de pedir e o pedido formulados se enquadrarem em uma das hipóteses do art. 114 da CF (cujos incisos levam em conta exatamente a matéria discutida), a competência será desse ramo da Justiça. Tratando-se de competência em razão da matéria, é absoluta.

Gabarito: Letra A.

Conforme previsão do art. 114, II da CF.

Letra B: Não se enquadra na hipótese prevista no art. 114, VIII da CF.

Letra C: Competência do juiz federal de primeiro grau (CF, art. 109, §§ 2º e 3º).

Letra D: Competência do juiz federal de primeiro grau (CF, art. 109, V-A).

Letra E: Competência do juiz federal de primeiro grau (CF, art. 109, VI).

156. (FCC – Analista Judiciário – Área Judiciária – TRT 23/2016) Os normativos constitucionais NÃO atribuem competência material à Justiça do Trabalho para processar e julgar

a) as ações que apuram os crimes contra a organização do trabalho e envolvendo retenção dolosa de salários e contribuições previdenciárias.

b) as ações oriundas da relação de trabalho, abrangidos os entes de direito público externo e da administração pública direta e indireta da União, dos Estados, do Distrito Federal e dos Municípios.

c) as ações sobre representação sindical, entre sindicatos, entre sindicatos e trabalhadores, e entre sindicatos e empregadores.

d) as ações relativas às penalidades administrativas impostas aos empregadores pelos órgãos de fiscalização das relações de trabalho.

e) o dissídio coletivo ajuizado pelo Ministério Público do Trabalho no caso de greve em atividade essencial, com possibilidade de lesão do interesse público.

COMENTÁRIOS

✪ **Nota do Autor:** A competência é a atribuição a um órgão jurisdicional do poder-dever de exercer a jurisdição em situações típicas previstas pelo ordenamento jurídico. A competência do Poder Judiciário Trabalhista se firma em razão da relação jurídica de direito material controvertida (*res in judictum deducta*). Sempre que a causa de pedir e o pedido formulados se enquadrarem em uma das hipóteses do art. 114 da CF (cujos incisos levam em conta exatamente a matéria discutida), a competência será desse ramo da Justiça. Tratando-se de competência em razão da matéria, é absoluta.

Gabarito: Letra A.

Competência do juiz federal de primeiro grau (CF, art. 109, VI).

Letra B: Conforme previsão do art. 114, I da CF.

Letra C: Conforme previsão do art. 114, III da CF.

Letra D: Conforme previsão do art. 114, IV da CF.

Letra E: Conforme previsão do art. 114, II da CF.

157. (FCC – Técnico Judiciário – Área Administrativa – TRT 16/2014) A empregada "A" ajuizou reclamação trabalhista em Salvador, local em que se mudou após sua dispensa. Entretanto, o local em que prestou serviços foi em São Luís. A empresa, regularmente notificada, não compareceu à audiência, tendo sido decretada sua revelia e confissão quanto à matéria de fato. No tocante à alegação de incompetência em razão do lugar, é correto afirmar que:

a) tendo em vista se tratar de matéria de ordem, deverá ser declarada *ex officio* pelo juiz, que se declarará incompetente para conhecer e julgar a reclamação.

b) tendo em vista que a incompetência é relativa, poderá ser alegada em qualquer fase do processo, mesmo após a prolação da sentença, até a interposição de recurso ordinário.

c) tendo em vista que a incompetência é relativa e não alegada no momento oportuno, ou seja, com a defesa, prorroga-se a competência do juízo de Salvador, tornando-se competente para conhecer e julgar o feito, havendo preclusão da matéria.

d) a empresa somente poderá alegar a exceção de incompetência em razão do lugar em preliminar de recurso ordinário.

e) deverá a empresa interpor agravo de instrumento para conhecimento imediato da exceção.

COMENTÁRIOS

✪ **Nota do Autor:** A competência é a atribuição a um órgão jurisdicional do poder-dever de exercer a jurisdição em situações típicas previstas pelo ordenamento jurídico. São três os critérios utilizados para definir competências: objetivo, territorial e funcional. A questão exige o conhecimento sobre as regras relativas a competência territorial.

Gabarito: Letra C.

A definição da competência pode ter em vista questões de ordem pública, quando está-se diante de competência absoluta. Os critérios material, funcional e em razão da pessoa firmam regras de competência absoluta. Já os critérios territorial e em função do valor da causa (não aplicável no Processo do Trabalho) estabelecem, em princípio, regras de competência relativa. A competência relativa pode ser alterada por negócios jurídicos processuais, por foro de eleição e pelo não oferecimento de exceção de incompetência. A incompetência territorial deve ser alegada por meio de petição que sinalize expressamente essa exceção, ou na própria contestação, no prazo de 5 dias a contar da notificação do reclamado, sob pena de preclusão, fenômeno que, nesse caso ocasiona a modificação de competência, ou seja, o juízo que originariamente incompetente passa a ser competente para apreciar a causa. (CLT. Art. 800).

Letras A, B, D e E: Ver comentários sobre o gabarito.

---

158. (FCC – Técnico Judiciário – Área Administrativa – TRT 19/2014) Ricardo foi contratado pela empresa "Fazenda Ltda.", para exercer a função de montador de estande em feiras agropecuárias. Considerando que Ricardo reside em Marechal Deodoro e que a sede da empresa é em Maceió, local da celebração do contrato, bem como que as feiras agropecuárias não ocorrem na referida capital e sim em diversas cidades interioranas, segundo a Consolidação das Leis do Trabalho, eventual reclamação trabalhista, no tocante à competência territorial deverá ser ajuizada

a) obrigatoriamente em Marechal Deodoro.

b) obrigatoriamente em Maceió.

c) obrigatoriamente no local em que prestou serviços em último lugar.

d) em Maceió ou Marechal Deodoro.

e) em Maceió ou no local da prestação dos respectivos serviços.

COMENTÁRIOS

✪ **Nota do Autor:** A competência é a atribuição a um órgão jurisdicional do poder-dever de exercer a jurisdição em situações típicas previstas pelo ordenamento jurídico. São três os critérios utilizados para definir competências: objetivo, territorial e funcional. A questão exige o conhecimento sobre as regras relativas a competência territorial disciplinada no art. 651 da CLT.

Gabarito: Letra E.

A competência territorial, na Justiça do Trabalho, firma-se, em princípio, em função do local da prestação de serviços, conforme art. 651 da CLT. No caso de empregado que trabalhou em várias localidades ao longo do contrato de trabalho, por força de transferências, a competência será do último local de prestação de serviços, salvo se se tratar de transferência provisória, embora o tema seja controvertido na doutrina e na jurisprudência.

O art. 651, §3º da CLT estabelece regra especial, com nítido propósito de facilitar o acesso à justiça pelo trabalhador, ao permitir que, caso a contratação tenha se dado num foro, mas a prestação de serviços em outro, o empregado tem a faculdade de escolher em qualquer um dos dois locais para ajuizamento de sua reclamação trabalhista. Trata-se de situação comum com empresas que arregimentam trabalhadores em local diferente da respectiva sede, por escassez de mão de obra no local. Mesmo que o empregador não tenha estabelecimento no local da contratação, o trabalhador poderá optar pelo ajuizamento neste foro.

> *Art. 651 – A competência das Juntas de Conciliação e Julgamento é determinada pela localidade onde o empregado, reclamante ou reclamado, prestar serviços ao empregador, ainda que tenha sido contratado noutro local ou no estrangeiro. (Vide Constituição Federal de 1988)*
>
> *(...) § 3º – Em se tratando de empregador que promova realização de atividades fora do lugar do contrato de trabalho, é assegurado ao empregado apresentar reclamação no foro da celebração do contrato ou no da prestação dos respectivos serviços.*

Logo, no caso hipotético em questão, o reclamante pode ajuizar a reclamação trabalhista tanto no local da contratação (Maceió), quanto no da prestação dos serviços.

Letras A, B, D e E: Ver comentários sobre o gabarito.

159. (FCC – Analista Judiciário – Área Judiciária – TRT 3/2015) Em relação à competência material da Justiça do Trabalho:

a) As ações relativas às penalidades administrativas impostas aos empregadores pelos órgãos de fiscalização das relações de trabalho devem ser julgadas pela Justiça Federal, nos termos do artigo 109 da CF/88.

b) Desde a promulgação da CF/88, a Justiça do Trabalho é competente para julgar ações impostas pelos órgãos de fiscalização, em matéria trabalhista, aos empregadores.

c) A Emenda Constitucional nº 45/04, deu nova redação ao artigo 114 da CF/88, estabelecendo que cabe à Justiça do Trabalho processar e julgar as ações relativas às penalidades administrativas impostas aos empregadores pelos órgãos de fiscalização das relações de trabalho.

d) Impõe multas administrativas ao empregador em processos trabalhistas, nos quais foi constatada a ocorrência de infração aos dispositivos da CLT.

e) Não é competente, de ofício, para executar as contribuições previdenciárias das sentenças que proferir.

COMENTÁRIOS

✪ **Nota do Autor:** A competência é a atribuição a um órgão jurisdicional do poder-dever de exercer a jurisdição em situações típicas previstas pelo ordenamento jurídico. A competência do Poder Judiciário Trabalhista se firma em razão da relação jurídica de direito material controvertida (*res in judictum deducta*). Sempre que a causa de pedir e o pedido formulados se enquadrarem em uma das hipóteses do art. 114 da CF (cujos incisos levam em conta exatamente a matéria discutida), a competência será desse ramo da Justiça. Tratando-se de competência em razão da matéria, é absoluta.

Gabarito: Letra C.

Conforme art. 114, VII da CF/88.

Letra A: Contrária ao art. 114, VII da CF/88. As ações relativas às penalidades administrativas impostas aos empregadores pelos órgãos de fiscalização das relações de trabalho devem ser julgadas pela Justiça do Trabalho, nos termos do artigo 114, VII, da CF/88.

Letra B: A competência prevista no art. 114, VII da CF/88 foi incluída pela Emenda Constitucional nº 45, de 2004.

Letra D: Art. 114, VII da CF/88. A Justiça do Trabalho não tem competência para aplicar multas administrativas: tal competência é do Ministério do Trabalho e Emprego.

Letra E: Contrária ao art. 114, VIII da CF/88. Compete à Justiça do Trabalho a execução, de ofício, das contribuições sociais previstas no art. 195, I, a, e II, e seus acréscimos legais, decorrentes das sentenças que proferir.

160. (FCC – Analista Judiciário – Área Judiciária – TRT 3/2015) Em relação às Varas do Trabalho e aos Tribunais Regionais do Trabalho,

a) a lei criará Varas da Justiça do Trabalho, podendo, nas comarcas não abrangidas por sua jurisdição, atribuí-la aos Juízes de Direito, com Recurso para o respectivo Tribunal Regional do Trabalho.

b) a lei criará Varas da Justiça do Trabalho, não podendo, nas comarcas não abrangidas por sua jurisdição, atribuí-la aos Juízes de Direito, com Recurso para o respectivo Tribunal Regional do Trabalho.

c) a lei criará Varas da Justiça do Trabalho, podendo, nas comarcas não abrangidas por sua jurisdição, atribuí-la aos Juízes de Direito, com Recurso para o respectivo Tribunal de Justiça.

d) há, atualmente, no Brasil, 22 Tribunais Regionais do Trabalho, sendo um em cada Estado, exceto no Estado de São Paulo que possui dois Tribunais Regionais do Trabalho.

e) compete aos Tribunais Regionais do Trabalho, julgar os recursos ordinários interpostos em face das decisões das Varas e também, originariamente, as ações envolvendo relação de trabalho.

COMENTÁRIOS

✪ **Nota do Autor:** A questão exige o conhecimento sobre regras de organização judiciária e competência funcional da Justiça do Trabalho.

Gabarito: Letra A.

Reprodução do art. 112 da CF/88.

Letras B e C: Assertivas contrárias ao art. 112 da CF/88.

Letra D: Os Tribunais Regionais do Trabalho, atualmente em número de vinte e quatro (24), estão distribuídos pelo território nacional e sua área de jurisdição normalmente corresponde aos limites territoriais de cada estado-membro, exceção feita aos TRTs da 2ª e 15ª Regiões, localizados no estado de São Paulo. Não foram criados Tribunais Regionais do Trabalho nos Estados de Tocantins, Acre, Roraima e Amapá.

Letra E: Assertiva contrária ao art. 678 da CLT. A competência funcional consiste na distribuição de atividades entre os diversos órgãos jurisdicionais que devam atuar no mesmo processo. Trata-se de critério de ordem pública, insuscetível de prorrogação ou modificação pelas partes, já que tem em vista o melhor exercício da função jurisdicional. Quanto ao grau de jurisdição, a regra geral é que a competência funcional seja de órgão de primeiro grau (Varas do Trabalho). A competência dos Tribunais é matéria de direito estrito, ou seja, está prevista taxativamente na Constituição e nas leis. No âmbito trabalhista, o art. 113 da Constituição estabelece que a lei estabelecerá competência dos órgãos da Justiça do Trabalho. Como exemplo, veja-se que o art. 678, I, "a", da CLT, define as competências dos Tribunais Regionais do Trabalho para o julgamento originário de dissídios coletivos; e o inciso II, "a", a competência para o julgamento de recursos ordinários.

---

161. (FCC – Analista Judiciário – Oficial de Justiça Avaliador – TRT 3/2015) Quanto à organização da Justiça do Trabalho, o Tribunal Superior do Trabalho compor-se-á de

a) 27 (vinte e sete) Ministros, escolhidos dentre brasileiros com mais de 35 (trinta e cinco) e menos de 65 (sessenta e cinco) anos, nomeados pelo Presidente da República após aprovação pela maioria absoluta do Senado Federal, sendo um quinto dentre advogados com mais de dez anos de efetiva atividade profissional e membros do Ministério Público do Trabalho com mais de dez anos de efetivo exercício, sendo os demais dentre juízes dos Tribunais Regionais do Trabalho oriundos da magistratura de carreira, indicados pelo próprio Tribunal Superior.

b) 25 (vinte e cinco) Ministros, escolhidos dentre brasileiros natos ou naturalizados com mais de 30 (trinta) e menos de 60 (sessenta) anos, nomeados pelo Presidente da República após aprovação pela maioria simples do Senado Federal, sendo um terço dentre advogados com mais de quinze anos de efetiva atividade profissional e membros do Ministério Público do Trabalho com mais de dez anos de efetivo exercício, sendo os demais dentre juízes dos Tribunais Regionais do Trabalho oriundos da magistratura de carreira, indicados pelo próprio Tribunal Superior.

c) 27 (vinte e sete) Ministros, escolhidos dentre brasileiros natos ou naturalizados com mais de 35 (trinta e cinco) e menos de 75 (setenta e cinco) anos, nomeados pelo Presidente da República após aprovação pela maioria absoluta do Senado Federal e da Câmara dos Deputados, sendo um terço dentre advogados com mais de cinco anos de efetiva atividade profissional e membros do Ministério Público do Trabalho com mais de cinco anos de efetivo exercício, sendo os demais dentre juízes dos Tribunais Regionais do Trabalho oriundos da magistratura de carreira, indicados pelos Tribunais Regionais.

d) 25 (vinte e cinco) Ministros, escolhidos dentre brasileiros com mais de 35 (trinta e cinco) e menos de 65 (sessenta e cinco) anos, nomeados pelo Presidente da República após aprovação pela maioria absoluta do Senado Federal e da Câmara dos Deputados, sendo um quinto dentre advogados com mais de dez anos de efetiva atividade profissional e membros do Ministério Público do Trabalho com mais de dez anos de efetivo exercício, sendo os demais dentre juízes dos Tribunais Regionais do Trabalho oriundos da magistratura de carreira, indicados pelo próprio Tribunal Superior.

e) 20 (vinte) Ministros, escolhidos dentre brasileiros natos com mais de 30 (trinta) e menos de 60 (sessenta) anos, nomeados pelo Presidente da República após aprovação pela maioria simples do Senado Federal, sendo metade dentre advogados com mais de dez anos de efetiva atividade profissional e membros do Ministério Público do Trabalho com mais de dez anos de efetivo exercício, e a outra metade dentre juízes dos Tribunais Regionais do Trabalho oriundos da magistratura de carreira, indicados pelos Tribunais Regionais.

COMENTÁRIOS

✪ **Nota do Autor:** A questão exige conhecimento sobre a composição do Tribunal Superior do Trabalho.

Gabarito: A

✪ **Nota do autor:** A Emenda Constitucional nº 122/2022 alterou o *caput* do art. 111-A da Constituição, passando que a prever que o Tribunal Superior do Trabalho compõe-se de vinte e sete Ministros, escolhidos dentre brasileiros com mais de trinta e cinco e menos de setenta anos de idade, de notável saber jurídico e reputação ilibada, nomeados pelo Presidente da República após aprovação pela maioria absoluta do Senado Federal. Antes da EC 122/2012, a idade máxima era de 65 anos. Por tal motivo, as questões sobre o tema, anteriores a 17/05/2022 (data de entrada em vigor da emenda constitucional) consideravam como correta a assertiva de que a idade máxima para nomeação no cargo de ministro do TST era de 65 anos. Atualmente, tais questões estariam incorretas, já que a idade máxima para nomeação é de 70 anos.

Atualmente, portanto, o Tribunal Superior do Trabalho compõe-se de vinte e sete Ministros, escolhidos dentre brasileiros com mais de trinta e cinco e menos de setenta anos de idade, de notável saber jurídico e reputação ilibada, nomeados pelo Presidente da República após aprovação pela maioria absoluta do Senado Federal, sendo: um quinto dentre advogados com mais de dez anos de efetiva atividade profissional e membros do Ministério Público do Trabalho com mais de dez anos de efetivo exercício, observado o disposto no art. 94 da CF ; os demais dentre juízes dos Tribunais Regionais do Trabalho, oriundos da magistratura da carreira, indicados pelo próprio Tribunal Superior.

Letra B, C, D e E: Ver comentários sobre o gabarito

---

162. (FCC – Analista Judiciário – Oficial de Justiça Avaliador – TRT 3/2015) Compete à Justiça do Trabalho

a) a execução, de ofício, da contribuição referente ao Seguro de Acidente de Trabalho – SAT, que tem natureza de contribuição para a seguridade social.
b) o julgamento de reclamação trabalhista de funcionário público concursado sob o regime estatutário proposta contra uma autarquia municipal.
c) o julgamento de ação promovida por um segurado do Instituto Nacional de Seguro Social – INSS, que sofreu um acidente de trabalho e pede o restabelecimento do benefício previdenciário.
d) a execução de cheque sem fundos passado pelo empregador ao empregado para o pagamento de verbas salariais.
e) o julgamento de crime contra a organização do trabalho atribuído à empresa privada, relativo à falsa anotação na Carteira de Trabalho e Previdência Social.

COMENTÁRIOS

✪ **Nota do Autor:** A competência é a atribuição a um órgão jurisdicional do poder-dever de exercer a jurisdição em situações típicas previstas pelo ordenamento jurídico. A competência do Poder Judiciário Trabalhista se firma em razão da relação jurídica de direito material controvertida (*res in judictum deducta*). Sempre que a causa de pedir e o pedido formulados se enquadrarem em uma das hipóteses do art. 114 da CF (cujos incisos levam em conta exatamente a matéria discutida), a competência será desse ramo da Justiça. Tratando-se de competência em razão da matéria, é absoluta.

Gabarito: Letra A.

Conforme art. 114, VII da CF/88 e súmula 454 do TST: Também se insere no feixe de competências da Justiça do Trabalho a execução, de ofício, da contribuição relativa ao SAT.

Letra B: Assertiva contrária ao art. 114, I da CF. No julgamento da ADI 3.395 MC/DF, o STF suspendeu toda e qualquer interpretação do inciso I do art. 114 da CF (na redação da EC 45/2004) que inserisse, na competência da Justiça do Trabalho, a apreciação de causas instauradas entre o poder público e seus servidores, a ele vinculados por típica relação de ordem estatutária ou de caráter jurídico-administrativo.

Letra C: Assertiva contrária ao art. 109, I da CF. Art. 109. Aos juízes federais compete processar e julgar: I – as causas em que a União, entidade autárquica ou empresa pública federal forem interessadas na condição de autoras, rés, assistentes ou oponentes, exceto as de falência, as de acidentes de trabalho e as sujeitas à Justiça Eleitoral e à Justiça do Trabalho. As ações acidentárias ajuizadas em face do INSS são julgadas pela Justiça Comum Estadual.

Letra D: Assertiva considerada incorreta pela banca examinadora, todavia, atualmente estaria correta, ace ao disposto no art. 13 da IN 39/2016:

> *"Art. 13. Por aplicação supletiva do art. 784, I (art. 15 do CPC), o cheque e a nota promissória emitidos em reconhecimento de dívida inequivocamente de natureza trabalhista também são títulos extrajudiciais para efeito de execução perante a Justiça do Trabalho, na forma do art. 876 e segs. da CLT."*

Letra E: Assertiva contrária ao art. 109, IV da CF. **Compete à Justiça Federal processar e julgar: (...) IV – os crimes políticos e as infrações penais praticadas em detrimento de bens, serviços ou interesse da União ou de suas entidades autárquicas ou empresas públicas, excluídas as contravenções e ressalvada a competência da Justiça Militar e da Justiça Eleitoral**

---

163. (FCC – Analista Judiciário – Oficial de Justiça Avaliador – TRT 3/2015) É competente para julgar a reclamação trabalhista a Vara da localidade

a) eleita pelas partes interessadas no contrato de trabalho.
b) em que o empregado foi contratado.
c) em que o empregado tem seu domicílio.
d) em que o empregado presta serviços.
e) em que a empresa está localizada.

COMENTÁRIOS

✪ **Nota do Autor:** A competência é a atribuição a um órgão jurisdicional do poder-dever de exercer a jurisdição em situações típicas previstas pelo ordenamento jurídico. São três os critérios utilizados para definir competências: objetivo, territorial e funcional. A questão exige o conhecimento sobre as regras relativas a competência territorial.

Gabarito: Letra D.

A competência territorial, na Justiça do Trabalho, firma-se, em princípio, em função do local da prestação de serviços, conforme art. 651 da CLT. No caso de empregado que trabalhou em várias localidades ao longo do contrato de trabalho, por força de transferências, a competência será do último local de prestação de serviços, salvo se se tratar de transferência provisória, embora o tema seja controvertido na doutrina e na jurisprudência.

> *Art. 651 – A competência das Juntas de Conciliação e Julgamento é determinada pela localidade onde o empregado, reclamante ou reclamado, prestar serviços ao empregador, ainda que tenha sido contratado noutro local ou no estrangeiro. (Vide Constituição Federal de 1988)*

Letras A, B, C e E: Ver comentários sobre o gabarito.

---

164. (FCC – Analista Judiciário – Área Judiciária – TRT 4/2015) A competência em razão da matéria dos órgãos da Justiça do Trabalho abrange

a) dissídios envolvendo revisão de pensão por morte de segurado do Instituto Nacional de Seguridade Social.
b) ação coletiva objetivando indenização por danos coletivos, envolvendo servidor público estatutário e o município.
c) ações relativas à penalidade administrativa imposta por agente de fiscalização das relações de trabalho ao empregador.
d) lides relativas a acidentes de trabalho envolvendo o trabalhador e o Instituto Nacional de Seguridade Social.
e) litígios relativos à recuperação judicial ou falência de empresas privadas ou sociedades de economia mista.

COMENTÁRIOS

✪ **Nota do Autor:** A competência é a atribuição a um órgão jurisdicional do poder-dever de exercer a jurisdição em situações típicas previstas pelo ordenamento jurídico. A competência do Poder Judiciário Trabalhista se firma em razão da relação jurídica de direito material controvertida (*res in judictum deducta*). Sempre que a causa de pedir e o pedido formulados se enquadrarem em uma das hipóteses do art. 114 da CF (cujos incisos levam em conta exatamente a matéria discutida), a competência será desse ramo da Justiça. Tratando-se de competência em razão da matéria, é absoluta.

Gabarito: Letra C.

Conforme previsão do art. 111, VII da CF.

Letras A e D: Assertiva contrária ao art. 109, I da CF. A competência para ações envolvendo o INSS é da Justiça Federal, salvo as acidentárias, que são julgadas pela Justiça Estadual.

Letra B: Assertiva contrária ao art. 114, I da CF e à decisão liminar proferida pelo STF no julgamento da ADI 3.395.

Letra E: No caso de decretação de falência, ou de deferimento do processamento de recuperação judicial, a Justiça do Trabalho permanece competente até o fim da fase de conhecimento, e também para a liquidação definitiva do crédito, conforme deflui o art. 6º, §2º, da Lei 11.101/2005, sendo que o Juiz do Trabalho pode determinar, antes da apuração final do crédito, a reserva da importância que estimar devida (§3º). Os litígios relativos à recuperação judicial ou falência, em si, são julgados pela Justiça Estadual.

---

165. (FCC – Analista Judiciário – Área Judiciária – TRT 4/2015) Fênix, residente em Curitiba, participou de processo seletivo em uma agência de empregos situada no município de Caxias do Sul, local onde firmou contrato de trabalho para o cargo de secretária junto à empresa pública Atlas. Durante o contrato de trabalho somente prestou serviços na sede da empregadora na cidade de Carlos Barbosa. Após dois anos foi dispensada sem receber verbas contratuais e rescisórias. Segundo regra estabelecida pela Consolidação das Leis do Trabalho, será territorialmente competente para processar e julgar a ação trabalhista movida por Fênix em face da empresa Atlas a Vara do Trabalho do município de

a) Curitiba, local da residência da autora.
b) Porto Alegre, capital do Estado, por se tratar de empresa pública.
c) Caxias do Sul, local da contratação.
d) Carlos Barbosa, local da prestação dos serviços.
e) Porto Alegre ou Curitiba, sendo opção legal conferida à trabalhadora.

COMENTÁRIOS

✪ **Nota do Autor:** A competência é a atribuição a um órgão jurisdicional do poder-dever de exercer a jurisdição em situações típicas previstas pelo ordenamento jurídico. São três os critérios utilizados para definir competências: objetivo, territorial e funcional. A questão exige o conhecimento sobre as regras relativas a competência territorial.

Gabarito: Letra D.

A competência territorial, na Justiça do Trabalho, firma-se, em princípio, em função do local da prestação de serviços, conforme art. 651 da CLT. O art. 651, §3º da CLT estabelece regra especial, com nítido propósito de facilitar o acesso à justiça pelo trabalhador, ao permitir que, caso a contratação tenha se dado num foro, mas a prestação de serviços em outro, o empregado tem a faculdade de escolher em qualquer um dos dois locais para ajuizamento de sua reclamação trabalhista. Trata-se de situação comum com empresas que arregimentam trabalhadores em local diferente da respectiva sede, por escassez de mão de obra no local. Mesmo que o empregador não tenha estabelecimento no local da contratação, o trabalhador poderá optar pelo ajuizamento neste foro.

> *Art. 651 – A competência das Juntas de Conciliação e Julgamento é determinada pela localidade onde o empregado, reclamante ou reclamado, prestar serviços ao empregador, ainda que tenha sido contratado noutro local ou no estrangeiro. (Vide Constituição Federal de 1988)*
>
> *(...) § 3º – Em se tratando de empregador que promova realização de atividades fora do lugar do contrato de trabalho, é assegurado ao empregado apresentar reclamação no foro da celebração do contrato ou no da prestação dos respectivos serviços.*

No caso hipotético em questão, seria possível o ajuizamento em Carlos Barbosa ou em Caxias do Sul, a critério da trabalhadora. Não havendo essa opção entre as alternativas, a competência é do foro da prestação de serviços (Carlos Barbosa).

Letras A, B, C e E: Ver comentários sobre o Gabarito.

---

166. (FCC – Analista Judiciário – Oficial de Justiça Avaliador – TRT 4/2015) A Constituição Federal do Brasil elenca normas relativas à competência material dos diversos órgãos do Poder Judiciário. O artigo 114, com redação determinada pela Emenda Constitucional nº 45/2004 aumentou as hipóteses originalmente previstas para a Justiça do Trabalho. Entretanto, mesmo com essa ampliação, NÃO estão abrangidas as ações

a) oriundas das relações de trabalho, abrangidos entes de direito público externo.

b) relativas a benefício previdenciário do trabalhador previsto no Regime Geral da Previdência Social.

C) indenizações por danos morais e patrimoniais, decorrentes da relação de trabalho.

d) sobre representação sindical entre sindicatos e empregadores.

e) de execução, de ofício, de contribuições sociais previdenciárias decorrentes das condenações dos dissídios individuais trabalhistas.

COMENTÁRIOS

✪ **Nota do Autor:** A competência é a atribuição a um órgão jurisdicional do poder-dever de exercer a jurisdição em situações típicas previstas pelo ordenamento jurídico. A competência do Poder Judiciário Trabalhista se firma em razão da relação jurídica de direito material controvertida (*res in judictum deducta*). Sempre que a causa de pedir e o pedido formulados se enquadrarem em uma das hipóteses do art. 114 da CF (cujos incisos levam em conta exatamente a matéria discutida), a competência será desse ramo da Justiça. Tratando-se de competência em razão da matéria, é absoluta.

Gabarito: Letra B.

Competência da Justiça Comum Federal, conforme previsão do art. 109, I da CF.

Letra A: Art. 114, I, CF.

Letra C: Art. 114, VI, CF.

Letra D: Art. 114, III, CF.

Letra E: Art. 114, VIII, CF.

---

167. (FCC – Analista Judiciário – Oficial de Justiça Avaliador – TRT 4/2015) Hades, residente em Florianópolis, foi contratado pela empresa de bebidas Cachaça Real em sua sede na cidade de São Paulo, para trabalhar como viajante comercial. Durante o contrato esteve subordinado a filial sul da empresa, situada no município de Gramado, laborando em vários municípios da Serra Gaúcha. Para reivindicar direitos trabalhistas inadimplidos pela empregadora, será competente a Vara de Trabalho

a) somente em Florianópolis, foro de domicílio do autor.

b) em qualquer município da Serra Gaúcha, onde laborou ou em São Paulo, local da contratação.

c) em uma das Capitais dos três estados envolvidos: Santa Catarina, São Paulo e Rio Grande do Sul.

d) apenas em São Paulo, local da contratação.

e) somente em Gramado, local em que a empregadora tem filial e o empregado esteve subordinado.

COMENTÁRIOS

✪ **Nota do Autor:** A competência é a atribuição a um órgão jurisdicional do poder-dever de exercer a jurisdição em situações típicas previstas pelo ordenamento jurídico. São três os critérios utilizados para definir competências: objetivo, territorial e funcional. A questão exige o conhecimento sobre as regras relativas a competência territorial.

Gabarito: Letra E.

A competência territorial, na Justiça do Trabalho, firma-se, em princípio, em função do local da prestação de serviços, conforme art. 651 da CLT. O §1º do referido artigo prevê regra especial de fixação da competência territorial segundo a qual, quando o trabalhador viajar a serviço, a competência será da Vara do Trabalho da localidade da agência ou filial, à qual o trabalhador esteja subordinado. Sucessivamente, caso não haja agência ou filial a que se subordine o empregado, a competência territorial será do foro do domicílio do reclamante, ou a localidade mais próxima. No caso, como o reclamante estava subordinado à filial de Gramado, a Vara do Trabalho desta localidade será a competente para processar e julgar a reclamação trabalhista.

Letras A, B, C e D: Ver comentários sobre o gabarito.

---

168. (FCC – Analista Judiciário – Área Judiciária – TRT 19/2014) A reclamação trabalhista X tramita na 5a Vara do Trabalho de Maceió, tendo sido expedida carta precatória para penhora de imóvel situado na cidade de São Paulo, Capital. Foi penhorado o referido imóvel, sendo que Ana, que não é parte na reclamação trabalhista, está sofrendo esbulho na posse de seu bem. Ana pretende opor embargos de terceiro. Neste caso, os referidos embargos, em regra, deverão ser propostos em

a) Maceió, obrigatoriamente, juízo este também competente para julgá-lo.
b) São Paulo, obrigatoriamente, juízo este também competente para julgá-lo.
c) São Paulo ou em Maceió, mas a competência para julgá-lo é da Vara Trabalhista de Maceió.
d) São Paulo ou em Maceió, mas a competência para julgá-lo é da Vara Trabalhista de São Paulo.
e) São Paulo, obrigatoriamente, mas a competência para julgá-lo é da Vara Trabalhista de Maceió.

COMENTÁRIOS

✪ **Nota do Autor:** A competência é a atribuição a um órgão jurisdicional do poder-dever de exercer a jurisdição em situações típicas previstas pelo ordenamento jurídico. São três os critérios utilizados para definir competências: objetivo, territorial e funcional. A questão exige o conhecimento sobre as regras relativas a competência para propositura e julgamento de embargos de terceiro em caso de constrição indevida realizada por meio de carta precatória.

Gabarito: Letra E.

Embora a jurisdição seja unitária, a vastidão do território nacional impõe o estabelecimento de limites geográficos à atuação dos magistrados. Sucede, entretanto, que, muitas vezes, é necessário praticar, no mesmo processo, atos processuais em regiões que extrapolam os limites da competência territorial do juízo no qual tramita o processo. Destaca-se o fato de que, nas catas precatórias, o juízo deprecado não pode recusar o cumprimento da providência solicitada, salvo a carta não estiver revestida dos requisitos legais; se faltar ao juiz deprecado competência em razão da matéria ou da hierarquia; ou se o juiz deprecado tiver dúvida de sua autenticidade (CPC, art. 267). As cartas podem ser instrutórias, de comunicação ou executórias.

Quem, não sendo parte no processo, sofrer constrição ou ameaça de constrição sobre bens que possua ou sobre os quais tenha direito incompatível com o ato constritivo, poderá requerer seu desfazimento ou sua inibição por meio de embargos de terceiro. (CPC, art. 674). Os embargos podem ser opostos a qualquer tempo no processo de conhecimento enquanto não transitada em julgado a sentença e, no cumprimento de sentença ou no processo de execução, até 5 (cinco) dias depois da adjudicação, da alienação por iniciativa particular ou da arrematação, mas sempre antes da assinatura da respectiva carta (CPC, art. 675). Os embargos serão distribuídos por dependência ao juízo que ordenou a constrição e autuados em apartado, todavia, nos casos de ato de constrição realizado por carta, os embargos serão oferecidos no juízo deprecado, salvo se indicado pelo juízo deprecante o bem constrito ou se já devolvida a carta. (CPC, art. 676).

Conforme ensina a doutrina:

> *Ademais, devem-se distinguir as diversas situações verificáveis no âmbito de embargos de terceiro, para fins de definição da competência:*
>
> *– (i) os embargos apontam unicamente vícios ou irregularidades da penhora, avaliação ou arrematação, tendo sido os bens constritos indicados especificamente pelo juízo deprecante. Nesse caso, a competência para julgamento será do juízo deprecante. Por exemplo: em execução que tramita no Rio de Janeiro, o Juiz do Trabalho do TRT 1ª Região expede mandado de penhora e avaliação de bem imóvel específico situado na cidade de São Paulo (TRT da 2ª Região). Como o bem foi indicado pelo deprecante, será competente o juiz do Rio de Janeiro nesta hipótese;*
>
> *– (ii) os embargos apontam unicamente vícios ou irregularidades da penhora, avaliação ou arrematação, mas os bens constritos foram localizados pelo próprio Juízo deprecado, sem indicação específica do deprecante. Neste caso, a competência para julgamento será do juízo deprecado. No exemplo acima, se o mandado contiver ordem genérica de penhora de bens, e o Oficial de Justiça do TRT da 2ª Região localize, por hipótese, um veículo pertencente a terceiro, será competente o Juiz do Trabalho de São Paulo para julgamento dos embargos;*
>
> *– (iii) o terceiro alega, nos embargos, exclusivamente a inexistência da dívida. Neste caso, a competência para julgamento é do juízo deprecante, que é o juízo natural da execução;*
>
> *– (iv) o terceiro alega, nos embargos, a inexistência da dívida e também vícios da*

penhora, avaliação ou expropriação: como é impossível a divisão da peça de embargos, a competência também será do juízo deprecante.[1]

Letras A, B, C e D: Ver comentários sobre o gabarito.

---

169. (FGV – Analista Judiciário – Área Judiciária – TRT 12/2017) Das situações abaixo listadas, NÃO é da competência da Justiça do Trabalho:

a) declarar abusividade de uma greve deflagrada na iniciativa privada;

b) julgar ação de cobrança ajuizada por profissional liberal contra cliente;

c) executar a parcela denominada RAT (risco ambiental do trabalho);

d) julgar ação de indenização por dano moral oriunda de acidente do trabalho;

e) julgar execução fiscal de multa aplicada por auditor fiscal do trabalho.

COMENTÁRIOS

✪ **Nota do Autor:** A competência é a atribuição a um órgão jurisdicional do poder-dever de exercer a jurisdição em situações típicas previstas pelo ordenamento jurídico. A competência do Poder Judiciário Trabalhista se firma em razão da relação jurídica de direito material controvertida (*res in judictum deducta*). Sempre que a causa de pedir e o pedido formulados se enquadrarem em uma das hipóteses do art. 114 da CF (cujos incisos levam em conta exatamente a matéria discutida), a competência será desse ramo da Justiça. Tratando-se de competência em razão da matéria, é absoluta.

Gabarito: Letra B.

Conforme súmula 363 do STJ, compete à Justiça estadual processar e julgar a ação de cobrança ajuizada por profissional liberal contra cliente.

Letra A: Art. 114, II, CF. Compete à Justiça do Trabalho processar e julgar as ações que envolvam exercício do direito de greve.

Letra C: Conforme art. 114, VII da CF/88 e súmula 454 do TST. Também se insere no feixe de competências da Justiça do Trabalho a execução, de ofício, da contribuição relativa ao SAT.

Letra D: Art. 114, VI, CF.

Letra E: Art. 114, VII, CF.

---

170. (FGV – Analista Judiciário – Oficial de Just. Avaliador – TRT 12/2017) Thamires é uma criança de 10 anos muito bonita e talentosa. Em razão disso, foi convidada para participar de uma novela em famosa emissora de televisão, incorporando a filha da personagem principal da trama, que interpretará uma senadora da república. Para isso Thamires, diante de sua pouca idade, precisa de uma autorização judicial para a participação na desejada novela.

De acordo com a CLT, Thamires, representada por seus pais, deverá requerer a autorização da Justiça:

a) Estadual;

b) Eleitoral;

c) do Trabalho;

d) Militar;

e) Federal comum.

COMENTÁRIOS

✪ **Nota do Autor:** A competência é a atribuição a um órgão jurisdicional do poder-dever de exercer a jurisdição em situações típicas previstas pelo ordenamento jurídico. A competência do Poder Judiciário Trabalhista se firma em razão da relação jurídica de direito material controvertida (*res in judictum deducta*). Sempre que a causa de pedir e o pedido formulados se enquadrarem em uma das hipóteses do art. 114 da CF (cujos incisos levam em conta exatamente a matéria discutida), a competência será desse ramo da Justiça. Tratando-se de competência em razão da matéria, é absoluta.

Gabarito: Letra A. A autorização para o trabalho artístico infantil é de competência da Justiça Estadual comum, de acordo com a decisão vinculante do STF, proferida na Ação Direta de Inconstitucionalidade 5326.

Letras B, C, D e E: Ver comentários sobre o gabarito.

---

171. (FGV – Técnico Judiciário – Área Administrativa – TRT 12/2017) Carolina foi contratada em Florianópolis pela empresa Empreendimentos S.A., que promove suas atividades em diversas cidades do território nacional, organizando eventos corporativos. Depois de três anos de prestação de serviços, Carolina foi dispensada sem pagamento de suas verbas resilitórias. Diante dessa situação hipotética, é correto afirmar, à luz da legislação trabalhista, que:

a) a demanda trabalhista deve ser proposta apenas em Florianópolis, local da contratação;

b) a lei preconiza que Carolina pode ajuizar ação trabalhista no local que lhe for mais conveniente para dar-lhe acesso à justiça;

c) a reclamação trabalhista deverá ser dividida em tantos quantos forem os locais da prestação de serviços, e cada qual terá a sua fração de competência temporal;

---

1. Cf. BERNARDES, Felipe. *Manual de Processo do Trabalho – volume único*. Salvador: Ed. Juspodivm, 2018.

d) a ação trabalhista pode ser ajuizada no foro da celebração do contrato ou no da prestação dos respectivos serviços;

e) Carolina precisa ajuizar ação na localidade em que, majoritariamente, tenha prestado o seu serviço.

COMENTÁRIOS

✪ **Nota do Autor:** A competência é a atribuição a um órgão jurisdicional do poder-dever de exercer a jurisdição em situações típicas previstas pelo ordenamento jurídico. São três os critérios utilizados para definir competências: objetivo, territorial e funcional. A questão exige o conhecimento sobre as regras relativas a competência territorial.

Gabarito: Letra D.

A competência territorial, na Justiça do Trabalho, firma-se, em princípio, em função do local da prestação de serviços, conforme art. 651 da CLT. O art. 651, §3º da CLT estabelece regra especial, com nítido propósito de facilitar o acesso à justiça pelo trabalhador, ao permitir que, caso a contratação tenha se dado num foro, mas a prestação de serviços em outro, o empregado tem a faculdade de escolher em qualquer um dos dois locais para ajuizamento de sua reclamação trabalhista. Trata-se de situação comum com empresas que arregimentam trabalhadores em local diferente da respectiva sede, por escassez de mão de obra no local. Mesmo que o empregador não tenha estabelecimento no local da contratação, o trabalhador poderá optar pelo ajuizamento neste foro.

> *Art. 651 – A competência das Juntas de Conciliação e Julgamento é determinada pela localidade onde o empregado, reclamante ou reclamado, prestar serviços ao empregador, ainda que tenha sido contratado noutro local ou no estrangeiro. (Vide Constituição Federal de 1988)*
>
> *(...) § 3º – Em se tratando de empregador que promova realização de atividades fora do lugar do contrato de trabalho, é assegurado ao empregado apresentar reclamação no foro da celebração do contrato ou no da prestação dos respectivos serviços.*

No caso, Camila foi contratada em Florianópolis e prestava serviços em diversas cidades, sendo sua livre opção ajuizar a reclamação trabalhista em qualquer delas.

Letras A, B, C e E: Ver comentários sobre o gabarito.

172. (FGV – Técnico Judiciário – Área Administrativa – TRT 12/2017) João Carlos, empregado de uma empresa construtora, sofreu acidente de trabalho enquanto prestava serviços, como pedreiro, em um dos canteiros de obra de sua empregadora. Em razão do sinistro, foi submetido a diversas cirurgias, sem qualquer ajuda financeira da empresa, vindo em seguida a falecer. O empregado deixou viúva e 4 filhos menores, que agora pretendem ajuizar ação de reparação.

Diante dessa situação hipotética, é correto afirmar, à luz da legislação e da jurisprudência uniforme do TST, que:

a) considerando que o sinistro envolveu questão de meio ambiente do Trabalho e potencial crime praticado pelo ex- empregador, a ação será movida na Justiça Federal comum;

b) a Justiça do Trabalho é a competente para julgar a ação de indenização por danos morais e materiais, decorrentes do acidente de trabalho, movida pelos dependentes do finado;

c) as intituladas vítimas poderão escolher entre o ajuizamento da ação indenizatória na Justiça do Trabalho ou na Justiça Estadual;

d) uma vez que o trabalhador já é falecido, cessando a relação de emprego, caberá à Justiça comum o julgamento do pedido de indenização pelo dano em ricochete;

e) a indenização por dano material será reivindicada pelos dependentes na Justiça do Trabalho e a por dano moral, na Justiça Estadual.

COMENTÁRIOS

✪ **Nota do Autor:** A competência é a atribuição a um órgão jurisdicional do poder-dever de exercer a jurisdição em situações típicas previstas pelo ordenamento jurídico. A competência do Poder Judiciário Trabalhista se firma em razão da relação jurídica de direito material controvertida (*res in judictum deducta*). Sempre que a causa de pedir e o pedido formulados se enquadrarem em uma das hipóteses do art. 114 da CF (cujos incisos levam em conta exatamente a matéria discutida), a competência será desse ramo da Justiça. Tratando-se de competência em razão da matéria, é absoluta.

Gabarito: Letra B.

Art. 114, VI, da CF.

Existe discussão teórica em se definir se os dependentes atuam em nome próprio (dano moral em ricochete), ou se apenas representam o espólio. Apesar da controvérsia em ambas as situações a competência material é da justiça do trabalho.

Nos termos do art. 114, inc. VI, da Constituição da República, a Justiça do Trabalho é competente para processar e julgar ações de indenização por dano moral e material, decorrentes da relação de trabalho, inclusive as oriundas de acidente de trabalho e doenças a ele equiparadas, ainda que propostas pelos dependentes ou sucessores do trabalhador falecido (TST, Súmula 392).

Letras A, B, C e E: Ver comentários sobre o gabarito.

---

173. (FCC – Analista Judiciário – Oficial de Just. Avaliador – TRT 24/2017) A Constituição Federal do Brasil e a Consolidação das Leis do Trabalho instituíram regras sobre organização e competência da Justiça do Trabalho e dos órgãos que a compõem. Em observância a tais normas,

a) é competência da Justiça do Trabalho a apreciação de ação proposta por empresa para anulação de penalidade imposta em auto de infração lavrado por auditor fiscal do trabalho, por inobservância da cota de contratação de pessoas com deficiência.

b) o Supremo Tribunal Federal, em sede de ação direta de inconstitucionalidade, interpretou ser da competência da Justiça do Trabalho a apreciação de demandas entre o Poder Público e seus servidores, a ele vinculados por típica relação de ordem estatutária ou de caráter jurídico-administrativo.

c) o Tribunal Superior do Trabalho compor-se-á de dezessete Ministros, escolhidos dentre brasileiros com mais de trinta anos e menos de sessenta e cinco anos, de notável saber jurídico e reputação ilibada, nomeados pelo Presidente da República após aprovação pela maioria simples do Senado Federal.

d) os Tribunais Regionais do Trabalho compõem-se de, no mínimo, nove juízes, recrutados exclusivamente na respectiva região, e nomeados pelo Presidente da República dentre brasileiros com mais de trinta e menos de sessenta e cinco anos.

e) a Justiça do Trabalho passou a ser competente para julgar as ações de indenização por dano moral decorrentes da relação de emprego somente a partir da Emenda Constitucional nº 45/2004, visto que o texto original da Constituição Federal de 1988 e a jurisprudência do Tribunal Superior do Trabalho não admitiam o processamento de tais ações na Justiça Especializada.

COMENTÁRIOS

✪ **Nota do Autor:** A competência é a atribuição a um órgão jurisdicional do poder-dever de exercer a jurisdição em situações típicas previstas pelo ordenamento jurídico. A competência do Poder Judiciário Trabalhista se firma em razão da relação jurídica de direito material controvertida (*res in judictum deducta*). Sempre que a causa de pedir e o pedido formulados se enquadrarem em uma das hipóteses do art. 114 da CF (cujos incisos levam em conta exatamente a matéria discutida), a competência será desse ramo da Justiça. Tratando-se de competência em razão da matéria, é absoluta.

Gabarito: Letra A. Conforme art. 114, VI da CF.

Letra B: No julgamento da ADI 3.395 MC/DF, o STF suspendeu toda e qualquer interpretação do inciso I do art. 114 da CF (na redação da EC 45/2004) que inserisse, na competência da Justiça do Trabalho, a apreciação de causas instauradas entre o poder público e seus servidores, a ele vinculados por típica relação de ordem estatutária ou de caráter jurídico-administrativo.

Letra C: Assertiva contrária ao art. 111-A da CF. O Tribunal Superior do Trabalho compor-se-á de vinte e sete Ministros, escolhidos dentre brasileiros com mais de trinta e cinco anos e menos de sessenta e cinco anos, de notável saber jurídico e reputação ilibada, nomeados pelo Presidente da República após aprovação pela maioria absoluta do Senado Federal.

Letra D: Assertiva contrária ao art. 115 da CF. Os Tribunais Regionais do Trabalho compõem-se de, no mínimo, sete juízes, recrutados, quando possível, na respectiva região, e nomeados pelo Presidente da República dentre brasileiros com mais de trinta e menos de sessenta e cinco anos.

Letra E: Assertiva contrária ao art. 114, VI da CF. A Justiça do Trabalho é competente para processar e julgar as ações de indenização por danos morais e patrimoniais decorrentes de acidente de trabalho propostas por empregado contra empregador, inclusive aquelas que ainda não possuíam sentença de mérito em primeiro grau quando da promulgação da EC 45/2004. (STF, SV 22).

---

174. (FCC – Analista Judiciário – Oficial de Just. Avaliador – TRT 24/2017) A empresa Olimpos Construções S/A, com sede em Brasília, contratou empregado brasileiro através de sua sucursal em São Paulo, para gerenciar as obras existentes na Turquia, lugar onde prestou serviços durante dois anos. Rescindido o contrato o empregado retorna ao Brasil, pretendendo acionar o seu empregador em razão de créditos trabalhistas que entende devidos.

Nessa situação, conforme regra prevista na Consolidação das Leis do Trabalho,

a) é incompetente a autoridade judiciária brasileira, para conhecer da reclamação trabalhista, que deveria ser ajuizada na Turquia, local da prestação dos serviços.

b) se houver foro de eleição expressamente previsto no contrato, será este o competente para conhecer da reclamação trabalhista.

c) será competente para conhecer da ação trabalhista o foro de opção contratual do empregado, podendo ser o da contratação, da prestação de serviços ou o da demissão.

d) a autoridade judiciária brasileira é incompetente, devendo a ação ser proposta no País em que o empregado foi contratado.

e) a autoridade judiciária trabalhista brasileira é competente para conhecer da reclamação trabalhista, salvo se houver Convenção Internacional dispondo em contrário.

COMENTÁRIOS

✪ **Nota do Autor:** A competência é a atribuição a um órgão jurisdicional do poder-dever de exercer a jurisdição em situações típicas previstas pelo ordenamento jurídico. São três os critérios utilizados para definir competências: objetivo, territorial e funcional. A questão exige o conhecimento sobre as regras relativas a competência territorial.

Gabarito: Letra E.

O art. 651, §2º, da CLT, ao prever a competência da Justiça do Trabalho para apreciar dissídios ocorridos em agência ou filial no estrangeiro, desde que o empregado seja brasileiro e não haja convenção internacional dispondo em sentido contrário, amplia os limites da jurisdição nacional, com a finalidade de permitir que o trabalhador consiga acessar o Judiciário. No caso, como há sede ou filial da empresa no Brasil, inegavelmente há competência da Justiça do Trabalho para processar e julgar a reclamação trabalhista, que deverá ser movida no local da contratação. Não se aplica, como regra geral, o foro de eleição no contrato de trabalho.

Letras A, B, C e D: Ver comentários sobre o gabarito.

17. AÇÃO RESCISÓRIA

▸ Súmula nº 406, I, do TST

175. (FCC – Analista Judiciário – Área Judiciária – TRT 15/2018) O TST adota diversos entendimentos pacificados sobre a ação rescisória no processo do trabalho, entre os quais,

a) é cabível pedido formulado em ação rescisória por violação literal de lei, ainda que a decisão rescindenda esteja baseada em texto legal infraconstitucional de interpretação controvertida nos Tribunais.

b) havendo recurso parcial no processo principal, o trânsito em julgado dá-se em momentos e em tribunais diferentes, contando-se o prazo decadencial para a ação rescisória do trânsito em julgado de cada decisão, salvo se o recurso tratar de preliminar ou prejudicial que possa tornar insubsistente a decisão recorrida, hipótese em que flui a decadência a partir do trânsito em julgado da decisão que julgar o recurso parcial.

c) o prazo de decadência, na ação rescisória, tem início e é contado do dia em que se verifica trânsito em julgado da última decisão proferida na causa, seja de mérito ou não.

d) para efeito de ação rescisória, não se considera pronunciada explicitamente a matéria tratada na sentença quando, examinando remessa de ofício, o Tribunal simplesmente a confirma.

e) a não apresentação de contestação na ação rescisória produz revelia, com o consequente efeito de confissão.

COMENTÁRIOS

✪ **Nota do autor:** a questão exige o conhecimento das Súmulas do TST acerca da ação rescisória.

Gabarito: Letra B. Havendo recurso parcial no processo principal, o trânsito em julgado dá-se em momentos e em tribunais diferentes, contando-se o prazo decadencial para a ação rescisória do trânsito em julgado de cada decisão, salvo se o recurso tratar de preliminar ou prejudicial que possa tornar insubsistente a decisão recorrida, hipótese em que flui a decadência a partir do trânsito em julgado da decisão que julgar o recurso parcial (TST, Súmula 100, II).

Letra A: Não procede pedido formulado na ação rescisória por violação literal de lei se a decisão rescindenda estiver baseada em texto legal infraconstitucional de interpretação controvertida nos Tribunais (TST, Súmula 83, I).

Letra C: O prazo de decadência, na ação rescisória, conta-se do dia imediatamente subsequente ao trânsito em julgado da última decisão proferida na causa, seja de mérito ou não (TST, Súmula 100, I).

Letra D: Para efeito de ação rescisória, considera-se pronunciada explicitamente a matéria tratada na sentença quando, examinando remessa de ofício, o Tribunal simplesmente a confirma (TST, Súmula 298, III).

Letra E: Na ação rescisória, o que se ataca é a decisão, ato oficial do Estado, acobertado pelo manto da coisa julgada. Assim, e considerando que a coisa julgada envolve questão de ordem pública, a revelia não produz confissão na ação rescisória (TST, Súmula 398).

176. (FCC – Analista Judiciário – Oficial de Justiça Avaliador – TRT 3/2015) Considere:

I. O litisconsórcio, na ação rescisória, é necessário em relação ao pólo passivo da demanda, porque supõe uma comunidade de direitos ou de obrigações que não admite solução díspar para os litisconsortes, em face da indivisibilidade do objeto. Já em relação ao pólo ativo, o litisconsórcio é facultativo, uma vez que a aglutinação de autores se faz por conveniência e não pela necessidade decorrente da natureza do litígio, pois não se pode condicionar o exercício do direito individual de um dos litigantes no processo originário à anuência dos demais para retomar a lide.

II. O Sindicato, substituto processual e autor da reclamação trabalhista, em cujos autos fora proferida a decisão rescindenda, possui legitimidade para figurar como réu na ação rescisória, sendo descabida a exigência de citação de todos os empregados substituídos, porquanto inexistente litisconsórcio passivo necessário.

III. A ação rescisória calcada em violação de lei admite reexame de fatos e provas do processo que originou a decisão rescindenda.

Está correto o que consta em

a) I, II e III.
b) II e III, apenas.
c) I, apenas.
d) I e II, apenas.
e) III, apenas.

COMENTÁRIOS

✪ **Nota do Autor:** A ação rescisória é procedimento especial de natureza cognitiva por meio do qual se busca (i) a desconstituição de decisão judicial transitada em julgado e, em algumas hipóteses, (ii) a realização de novo julgamento sobre o tema apreciado anteriormente na própria decisão rescindida. É uma ação autônoma de impugnação à decisões judiciais, que gera nova relação jurídica processual, distinta daquela em que proferida a decisão que se pretende desconstituir. Trata-se de instrumento processual que permite discutir a validade e até mesmo a justiça da decisão após o respectivo trânsito em julgado.

Gabarito: Letra D.

Itens I e II: Corretos, conforme previsão da súmula 406 do TST.

> *AÇÃO RESCISÓRIA. LITISCONSÓRCIO. NECESSÁRIO NO PÓLO PASSIVO E FACULTATIVO NO ATIVO. INEXISTENTE QUANTO AOS SUBSTITUÍDOS PELO SINDICATO (conversão das Orientações Jurisprudenciais nºs 82 e 110 da SBDI-2) – Res. 137/2005, DJ 22, 23 e 24.08.2005*
>
> *I – O litisconsórcio, na ação rescisória, é necessário em relação ao pólo passivo da demanda, porque supõe uma comunidade de direitos ou de obrigações que não admite solução díspar para os litisconsortes, em face da indivisibilidade do objeto. Já em relação ao pólo ativo, o litisconsórcio é facultativo, uma vez que a aglutinação de autores se faz por conveniência e não pela necessidade decorrente da natureza do litígio, pois não se pode condicionar o exercício do direito individual de um dos litigantes no processo originário à anuência dos demais para retomar a lide. (ex-OJ nº 82 da SBDI-2 – inserida em 13.03.2002)*
>
> *II – O Sindicato, substituto processual e autor da reclamação trabalhista, em cujos autos fora proferida a decisão rescindenda, possui legitimidade para figurar como réu na ação rescisória, sendo descabida a exigência de citação de todos os empregados substituídos, porquanto inexistente litisconsórcio passivo necessário. (ex-OJ nº 110 da SBDI-2 – DJ 29.04.2003)*

Item III: Assertiva contrária ao entendimento consolidado na súmula 410 do TST:

> *AÇÃO RESCISÓRIA. REEXAME DE FATOS E PROVAS. INVIABILIDADE (conversão da Orientação Jurisprudencial nº 109 da SBDI-2) – Res. 137/2005 DJ 22, 23 e 24.08.2005.*
>
> *A ação rescisória calcada em violação de lei não admite reexame de fatos e provas do processo que originou a decisão rescindenda. (ex-OJ nº 109 da SBDI-2 – DJ 29.04.2003).*

---

177. (Cespe – Analista Judiciário – Área Judiciária – Oficial de Justiça Avaliador) Em 2 de fevereiro de 2015, Gabriel, com dezessete anos de idade, devidamente assistido e representado judicialmente por um advogado privado, propôs ação trabalhista contra a empresa privada Alfa. Os pedidos feitos na petição inicial foram julgados totalmente procedentes. Transitada em julgado, a sentença determinou a indenização ao empregado no valor total de R$ 10.000, correspondente a menos de doze salários mínimos à época da propositura da ação.

Considerando essa situação hipotética, assinale a opção correta.

a) A execução da sentença, que deverá ser feita mediante a propositura de execução, depende de solicitação do autor.
b) É permitido à empresa Alfa propor ação rescisória contra a sentença proferida.
c) Dado o valor da indenização, é correto afirmar que os honorários do advogado do autor devem ser fixados em até R$ 2.000.
d) Se o valor da causa tiver sido igual ao valor da indenização, o rito adequado para o processamento da ação foi o ordinário.

e) Gabriel possui legitimidade para a propositura da ação.

COMENTÁRIOS

✪ **Nota do Autor:** A ação rescisória é procedimento especial de natureza cognitiva por meio do qual se busca (i) a desconstituição de decisão judicial transitada em julgado e, em algumas hipóteses, (ii) a realização de novo julgamento sobre o tema apreciado anteriormente na própria decisão rescindida. Trata-se de instrumento processual que permite discutir a validade e até mesmo a justiça da decisão após o respectivo trânsito em julgado. A questão exige conhecimento sobre as hipóteses de cabimento de ação rescisória.

Gabarito: Letra B. Embora o enunciado da questão não relate nenhum motivo que pudesse dar ensejo à ação rescisória, é permitido à parte, após o trânsito em julgado da sentença, o ajuizamento dessa ação desconstitutiva, conforme Art. 836 da CLT, segundo o qual *é vedado aos órgãos da Justiça do Trabalho conhecer de questões já decididas, excetuados os casos expressamente previstos neste Título e a ação rescisória, que será admitida na forma do disposto no Capítulo IV do Título IX da Lei nº 5.869, de 11/01/73 – Código de Processo Civil, dispensado o depósito referido nos arts. 488, inciso II, e 494 daquele diploma legal.*

Letra A: Conforme redação dada ao art. 878 da CLT pela Lei 13.467/17 a execução será promovida pelas partes, permitida a execução de ofício pelo juiz ou pelo Presidente do Tribunal apenas nos casos em que as partes não estiverem representadas por advogado. A redação anterior à modificação legislativa (vigente à época do certame), todavia, previa que a execução poderia ser promovida por qualquer interessado ou *ex ofício*. Então, o item era errado quando da realização da prova.

Letra C: Conforme redação dada ao art. 791-A da CLT pela Lei 13.467/17, ao advogado, ainda que atue em causa própria, serão devidos honorários de sucumbência, fixados entre o mínimo de 5% (cinco por cento) e o máximo de 15% (quinze por cento) sobre o valor que resultar da liquidação da sentença, do proveito econômico obtido ou, não sendo possível mensurá-lo, sobre o valor atualizado da causa. Antes da modificação legislativa, todavia, a regra era a ausência de honorários advocatícios sucumbenciais, e por isso o item estava errado quando da realização da prova.

Letra D: A Lei 9957/2000 estabeleceu o procedimento sumaríssimo, aplicável para dissídios individuais cujo valor não exceda a quarenta vezes o salário mínimo vigente na data do ajuizamento. O procedimento está disciplinado nos arts. 852-A e seguintes da CLT.

Letra E: A reclamação trabalhista do menor de 18 anos será feita por seus representantes legais e, na falta destes, pela Procuradoria da Justiça do Trabalho, pelo sindicato, pelo Ministério Público estadual ou curador nomeado em juízo. (CLT, art. 793). A assertiva é questionável, pois Gabriel, no caso, teria legitimidade para a causa (legitimidade "ad causam"), por ser o titular do direito reivindicado em juízo; mas não teria legitimidade para o processo (ou capacidade para o processo), por ser menor de idade e precisar de assistência dos responsáveis legais.

---

178. (FCC - Analista Judiciário - Área Judiciária - TRT 11/2017) No tocante à Ação Rescisória, considere:

I. Havendo recurso ordinário em sede de rescisória, o depósito recursal só é exigível quando for julgado procedente o pedido e imposta condenação em pecúnia, devendo este ser efetuado no prazo recursal, no limite e nos termos da legislação vigente, sob pena de deserção.

II. Não procede pedido formulado na ação rescisória por violação literal de lei se a decisão rescindenda estiver baseada em texto legal infraconstitucional de interpretação controvertida nos Tribunais.

III. O marco divisor quanto a ser, ou não, controvertida, nos Tribunais, a interpretação dos dispositivos legais citados na ação rescisória é a data da inclusão, na Orientação Jurisprudencial do TST, da matéria discutida.

IV. É absoluta a exigência de pronunciamento explícito na ação rescisória, ainda que esta tenha por fundamento violação de dispositivo de lei. Assim, o pronunciamento explícito quando o vício nasce no próprio julgamento, como se dá com a sentença "extra, cita e ultra petita".

De acordo com o entendimento Sumulado do TST, está correto o que se afirma APENAS em

a) II e III.
b) I, II e IV.
c) I, III e IV.
d) I e II.
e) I, II e III.

COMENTÁRIOS

✪ **Nota do Autor:** A ação rescisória é procedimento especial de natureza cognitiva por meio do qual se busca (i) a desconstituição de decisão judicial transitada em julgado e, em algumas hipóteses, (ii) a realização de novo julgamento sobre o tema apreciado anteriormente na própria decisão rescindida. A questão exige conhecimento sobre o entendimento jurisprudencial sumulado pelo TST acerca da ação rescisória.

Gabarito: Letra E.

Item I: Conforme entendimento consolidado na Súmula 99 do TST.

Item II: Conforme entendimento consolidado na Súmula 83, I do TST.

Item III: Conforme entendimento consolidado na Súmula 83, II do TST.

Item IV: Assertiva contrária ao entendimento consolidado na Súmula 298, V do TST que dispõe que: "Não é absoluta a exigência de pronunciamento explícito na ação rescisória, ainda que esta tenha por fundamento violação de dispositivo de lei. Assim, prescindível o pronunciamento explícito quando o vício nasce no próprio julgamento, como se dá com a sentença "extra, citra e ultra petita".

---

179. (FCC – Técnico Judiciário – Área Administrativa – TRT 11/2017) De acordo com entendimento Sumulado do TST, em face de decisão homologatória de adjudicação ou arrematação

a) só caberá ação rescisória se fundamentada em nulidade absoluta relacionada ao vício de consentimento e se alegada no prazo decadencial de cinco anos contados da decisão homologatória.

b) caberá ação rescisória no prazo decadencial de dois anos, a contar do trânsito em julgado da decisão.

c) caberá ação rescisória no prazo prescricional de um ano, a contar do trânsito em julgado da decisão.

d) só caberá ação rescisória se fundamentada em nulidade absoluta relacionada ao vício de consentimento e se alegada no prazo decadencial de três anos contados da decisão homologatória.

e) é incabível ação rescisória.

COMENTÁRIOS

✪ **Nota do Autor:** A ação rescisória é procedimento especial de natureza cognitiva por meio do qual se busca (i) a desconstituição de decisão judicial transitada em julgado e, em algumas hipóteses, (ii) a realização de novo julgamento sobre o tema apreciado anteriormente na própria decisão rescindida. É uma ação autônoma de impugnação a decisões judiciais, que gera nova relação jurídica processual, distinta daquela em que proferida a decisão que se pretende desconstituir. Trata-se de instrumento processual que permite discutir a validade e até mesmo a justiça da decisão após o respectivo trânsito em julgado. A questão exige conhecimento sobre o entendimento jurisprudencial sumulado pelo TST acerca da ação rescisória.

Gabarito: Letra E.

Conforme entendimento consolidado na Súmula 399, I, do TST.

AÇÃO RESCISÓRIA. CABIMENTO. SENTENÇA DE MÉRITO. DECISÃO HOMOLOGATÓRIA DE ADJUDICAÇÃO, DE ARREMATAÇÃO E DE CÁLCULOS (conversão das Orientações Jurisprudenciais nºs 44, 45 e 85, primeira parte, da SBDI-2) – Res. 137/2005, DJ 22, 23 e 24.08.2005

I – É incabível ação rescisória para impugnar decisão homologatória de adjudicação ou arrematação. (ex-OJs nºs 44 e 45 da SBDI-2 – inseridas em 20.09.2000)

II – A decisão homologatória de cálculos apenas comporta rescisão quando enfrentar as questões envolvidas na elaboração da conta de liquidação, quer solvendo a controvérsia das partes quer explicitando, de ofício, os motivos pelos quais acolheu os cálculos oferecidos por uma das partes ou pelo setor de cálculos, e não contestados pela outra.

(ex-OJ nº 85 da SBDI-2 – primeira parte – inserida em 13.03.2002 e alterada em 26.11.2002).

Letras A, B, C e D: Ver comentários sobre o gabarito.

---

180. (FGV – Analista Judiciário – Área Judiciária – TRT 12/2017) Em ação rescisória movida na Justiça do Trabalho, o autor pretende utilizar um documento que já existia à época da ação principal, mas que a parte interessada ignorava. O adversário se insurgiu contra o uso desse documento, afirmando que ele não seria prova nova, haja vista que já existia e deveria ter sido utilizada, se fosse o caso, na época própria, de modo que teria havido preclusão.

Diante da jurisprudência uniforme do TST, considera-se prova nova, para efeito de ação rescisória na Justiça do Trabalho:

a) aquela que se refere a um fato novo, que tenha ocorrido após o trânsito em julgado da decisão rescindenda;

b) a sentença normativa proferida ou transitada em julgado posteriormente à sentença rescindenda;

c) a sentença normativa preexistente à sentença rescindenda, mas não exibida no processo principal, em virtude de negligência da parte;

d) a cronologicamente velha, já existente ao tempo do trânsito em julgado da decisão rescindenda, mas ignorada pelo interessado ou de impossível utilização, à época, no processo;

e) a cronologicamente velha, já existente ao tempo do trânsito em julgado da decisão rescindenda, mas não exibida pela parte em virtude de negligência do seu advogado.

COMENTÁRIOS

✪ **Nota do Autor:** A ação rescisória é procedimento especial de natureza cognitiva por meio do qual se busca (i) a desconstituição de decisão judicial transitada em julgado e, em algumas hipóteses, (ii) a realização de novo julgamento sobre o tema apreciado anteriormente na própria decisão rescindida. A questão exige conhecimento acerca da interpretação judicial das hipóteses legalmente previstas para o ajuizamento de ação rescisória.

Gabarito: Letra D.

Conforme entendimento consolidado na Súmula 402, I, do TST.

> *AÇÃO RESCISÓRIA. PROVA NOVA. DISSÍDIO COLETIVO. SENTENÇA NORMATIVA (nova redação em decorrência do CPC de 2015) – Res. 217/2017 – DEJT divulgado em 20, 24 e 25.04.2017*
>
> *I – Sob a vigência do CPC de 2015 (art. 966, inciso VII), para efeito de ação rescisória, considera-se prova nova a cronologicamente velha, já existente ao tempo do trânsito em julgado da decisão rescindenda, mas ignorada pelo interessado ou de impossível utilização, à época, no processo. II – Não é prova nova apta a viabilizar a desconstituição de julgado: a) sentença normativa proferida ou transitada em julgado posteriormente à sentença rescindenda; b) sentença normativa preexistente à sentença rescindenda, mas não exibida no processo principal, em virtude de negligência da parte, quando podia e deveria louvar-se de documento já existente e não ignorado quando emitida a decisão rescindenda.*

Letras A, B, C e E: Ver comentários sobre o gabarito.

18. RECURSO DE REVISTA

▸ Art. 896, § 2º da CLT

181. (FCC – Analista Judiciário – Oficial de Just. Avaliador Federal – TRT 15/2018) Segundo o legislador, o Tribunal Superior do Trabalho (TST) deverá examinar previamente, no recurso de revista, se o mesmo oferece transcendência com relação aos reflexos gerais de natureza econômica, política, social ou jurídica, sendo que

a) a decisão do relator que, monocraticamente, denegar seguimento ao recurso de revista que não demonstrar transcendência é irrecorrível.

b) é indicador de transcendência social a existência de interpretação nova de legislação trabalhista que assegure direito social ao reclamante-recorrente.

c) o recorrente poderá realizar, em relação ao recurso que o relator considerou não ter transcendência, sustentação oral sobre a questão da transcendência, durante dez minutos ou pelo tempo previsto no Regimento Interno do TST.

d) mantido o voto do relator quanto à não transcendência do recurso, será lavrado acórdão com fundamentação sucinta, do qual caberá embargos para a SDI do TST.

e) é irrecorrível decisão monocrática do relator que, em agravo de instrumento em recurso de revista, considerar ausente a transcendência da matéria.

COMENTÁRIOS

✪ **Nota do autor:** a questão versa sobre a transcendência do recurso de revista, requisito de admissibilidade que foi regulamentado pela Lei 13.467/2017, que deu nova redação ao art. 896-A da CLT.

Gabarito: Letra E. É irrecorrível a decisão monocrática do relator que, em agravo de instrumento em recurso de revista, considerar ausente a transcendência da matéria (CLT, art. 896-A, §5º).

Letra A: Poderá o relator, monocraticamente, denegar seguimento ao recurso de revista que não demonstrar transcendência, cabendo agravo desta decisão para o colegiado (CLT, art. 896-A, §2º).

Letra B: É indicador de transcendência social a postulação, por reclamante-recorrente, de direito social constitucionalmente assegurado (CLT, art. 896-C, §1º, III).

Letra C: Em relação ao recurso que o relator considerou não ter transcendência, o recorrente poderá realizar sustentação oral sobre a questão da transcendência, durante cinco minutos em sessão.

Letra D: Mantido o voto do relator quanto à não transcendência do recurso, será lavrado acórdão com fundamentação sucinta, que constituirá decisão irrecorrível no âmbito do tribunal.

182. (FCC – Analista Judiciário – Área Judiciária – TRT 2/2018) No tocante ao Recurso de Revista, considere:

I. O Tribunal Superior do Trabalho examinará previamente se a causa oferece transcendência com relação aos reflexos gerais de natureza econômica, política, social ou jurídica.

II. São indicadores de transcendência econômica somente o elevado valor da causa e o proveito econômico advindo ao reclamante.

III. Poderá o relator, monocraticamente, denegar seguimento ao recurso de revista que não demonstrar transcendência, cabendo agravo desta decisão para o colegiado.

Está correto o que se afirma APENAS em

a) II e III.
b) I e II.
c) I e III.
d) I.
e) II.

COMENTÁRIOS

✪ **Nota do autor:** a questão versa sobre o requisito da transcendência do recurso de revista, que foi regulamentado pela Lei 13.467/2017.

Item I: O Tribunal Superior do Trabalho, no recurso de revista, examinará previamente se a causa oferece transcendência com relação aos reflexos gerais de natureza econômica, política, social ou jurídica (CLT, art. 896-A, *caput*).

Item II: A lei prevê, de forma meramente exemplificativa, indicadores de transcendência, a saber, entre outros: econômica, o elevado valor da causa; política, o desrespeito da instância recorrida à jurisprudência sumulada do Tribunal Superior do Trabalho ou do Supremo Tribunal Federal; social, a postulação, por reclamante-recorrente, de direito social constitucionalmente assegurado; jurídica, a existência de questão nova em torno da interpretação da legislação trabalhista.

Item III: Poderá o relator, monocraticamente, denegar seguimento ao recurso de revista que não demonstrar transcendência, cabendo agravo desta decisão para o colegiado (CLT, art. 896-A, §2º). Não confundir com a seguinte situação: é irrecorrível a decisão monocrática do relator que, em agravo de instrumento em recurso de revista, considerar ausente a transcendência da matéria (CLT, art. 896-A, §5º).

Gabarito: letra C.

---

183. (FCC – Técnico Judiciário – Área Administrativa – TRT 3/2015) Na execução de sentença proferida em reclamação trabalhista, contra as decisões dos Tribunais Regionais do Trabalho

a) não caberá Recurso de Revista, salvo na hipótese de ofensa direta e literal de norma estadual ou federal.
b) caberá, em qualquer hipótese, Recurso de Revista, no prazo de oito dias.
c) não caberá Recurso de Revista, salvo na hipótese de ofensa à súmula ou jurisprudência consolidada do Tribunal Superior do Trabalho.
d) caberá, em qualquer hipótese, Recurso de Revista, no prazo de quinze dias.
e) não caberá Recurso de Revista, exceto quando ocorrer ofensa direta e literal de norma da Constituição Federal.

COMENTÁRIOS

✪ **Nota do Autor:** A finalidade do recurso de revista é a tutela do direito objetivo (lei em tese), pois se trata de recurso de natureza extraordinária; a proteção subjetiva do recorrente é apenas reflexo dessa função essencial do recurso, que se destina, também, a uniformizar a jurisprudência trabalhista. A questão exige conhecimento acerca das hipóteses de cabimento do recurso de revista na fase de cumprimento de sentença ou processo de execução.

Gabarito: Letra E.

As hipóteses de cabimento do recurso de revista estão previstas no art. 896, §2º da CLT, na Lei 5.584/70 e na Súmula 23 do TST. Na execução trabalhista – inclusive em processo incidente de embargos de terceiro – o recurso de revista cabe contra decisões de Tribunais Regionais do Trabalho apenas na hipótese de ofensa direta e literal de norma da Constituição Federal.

Letras A, B, C e D: Ver comentários sobre o gabarito.

---

184. (FCC – Técnico Judiciário – Área Administrativa – TRT 4/2015) No tocante ao Recurso de Revista, conforme normas da Consolidação das Leis do Trabalho e súmula do TST, é certo que

a) não se conhece de recurso de revista se a decisão recorrida resolver determinado item do pedido por diversos fundamentos e a jurisprudência transcrita não abranger a todos.
b) o recurso de revista, dotado de efeito devolutivo e suspensivo, será interposto perante Presidente do Tribunal Regional do Trabalho, que, por decisão fundamentada, poderá recebê-lo ou denegá-lo.
c) sob pena de não conhecimento, é ônus da parte expor as razões do pedido de reforma, impugnando todos os fundamentos jurídicos da decisão recorrida, sendo desnecessária a demonstração analítica de cada dispositivo de lei, da Constituição Federal, de súmula ou orientação jurisprudencial cuja contrariedade aponte.
d) das decisões proferidas pelos Tribunais Regionais do Trabalho ou por suas Turmas, em execução de sentença caberá Recurso de Revista em todas as hipóteses legais.
e) o prazo para sua interposição é de quinze dias contados da intimação da decisão recorrida.

COMENTÁRIOS

✪ **Nota do Autor:** A finalidade do recurso de revista é a tutela do direito objetivo (lei em tese), pois se trata de recurso de natureza extraordinária; a proteção subjetiva do recorrente é apenas reflexo dessa função essencial do recurso, que se destina, também, a uniformizar a jurisprudência trabalhista. A questão exige conhecimento acerca das hipóteses de cabimento e regras de procedimento do recurso de revista na fase de conhecimento.

Gabarito: Letra A.

Conforme entendimento consolidado na súmula 23 do TST.

Letra B: Assertiva contrária ao art. 896, §1º da CLT. O recurso de revista, dotado de efeito apenas devolutivo, será interposto perante o Presidente do Tribunal Regional do Trabalho, que, por decisão fundamentada, poderá recebê-lo ou denegá-lo.

Letra C: Assertiva contrária ao art. 896, §1º A da CLT. 1o-A: Sob pena de não conhecimento, é ônus da parte: I – indicar o trecho da decisão recorrida que consubstancia o prequestionamento da controvérsia objeto do recurso de revista; II – indicar, de forma explícita e fundamentada, contrariedade a dispositivo de lei, súmula ou orientação jurisprudencial do Tribunal Superior do Trabalho que conflite com a decisão regional; III – expor as razões do pedido de reforma, impugnando todos os fundamentos jurídicos da decisão recorrida, inclusive mediante demonstração analítica de cada dispositivo de lei, da Constituição Federal, de súmula ou orientação jurisprudencial cuja contrariedade aponte.

Letra D: Assertiva contrária ao art. 896, §2º da CLT: Das decisões proferidas pelos Tribunais Regionais do Trabalho ou por suas Turmas, em execução de sentença, inclusive em processo incidente de embargos de terceiro, não caberá Recurso de Revista, salvo na hipótese de ofensa direta e literal de norma da Constituição Federal.

Letra E: O prazo de interposição é de 8 dias contados da ciência da decisão recorrida.

---

185. (FCC – Analista Judiciário – Oficial de Just. Avaliador – TRT 11/2017) No tocante ao Recurso de Revista, considere:

I. Cabe Recurso de Revista para Turma do Tribunal Superior do Trabalho das decisões proferidas em grau de recurso ordinário, em dissídio individual, pelos Tribunais Regionais do Trabalho, quando contrariarem súmula vinculante do Supremo Tribunal Federal.

II. Cabe Recurso de Revista para Turma do Tribunal Superior do Trabalho das decisões proferidas em grau de recurso ordinário, em dissídio individual, pelos Tribunais Regionais do Trabalho, quando proferidas com violação literal de disposição de lei federal.

III. O Recurso de Revista, dotado de efeito devolutivo e suspensivo será interposto perante o Presidente do Tribunal Regional do Trabalho, que, por decisão fundamentada, poderá recebê-lo ou denegá-lo.

IV. Sob pena de não conhecimento, é ônus da parte indicar o trecho da decisão recorrida que consubstancia o prequestionamento da controvérsia objeto do Recurso de Revista.

De acordo com a Consolidação das Leis do Trabalho, está correto o que se afirma APENAS em

a) II, III e IV.
b) I e III.
c) I, II e IV.
d) III e IV.
e) I e II.

COMENTÁRIOS

✪ **Nota do Autor:** A finalidade do recurso de revista é a tutela do direito objetivo (lei em tese), pois se trata de recurso de natureza extraordinária; a proteção subjetiva do recorrente é apenas reflexo dessa função essencial do recurso, que se destina, também, a uniformizar a jurisprudência trabalhista. A questão exige conhecimento acerca das hipóteses de cabimento do recurso de revista na fase de cumprimento de sentença ou processo de execução.

Gabarito: Letra C.

As hipóteses de cabimento do recurso de revista estão previstas no art. 896, §2º da CLT, na Lei 5.584/70 e na Súmula 23 do TST.

Item I: Conforme art. 896, "a" da CLT.

Item II: Conforme art. 896, "c" da CLT.

Item III: Assertiva contrária ao disposto no art. 896, §1º da CLT. O recurso de revista, dotado de efeito apenas devolutivo, será interposto perante o Presidente do Tribunal Regional do Trabalho, que, por decisão fundamentada, poderá recebê-lo ou denegá-lo.

Item IV: Conforme art. 896, §1º-A; I da CLT.

19. EXECUÇÃO E LIQUIDAÇÃO

▸ Art. 899 da CLT

---

186. (CEBRASPE– Técnico Judiciário TRT8/2023) A respeito das liquidações e execuções trabalhistas, assinale a opção correta.

a) A liquidação não abrange o cálculo das contribuições previdenciárias devidas.

b) Após a liquidação, o juiz deverá abrir prazo comum de dez dias para as partes apresentarem eventuais impugnações.

c) Apenas a parte credora tem legitimidade para promover a execução trabalhista.

d) Contra a decisão da execução é cabível recurso ordinário.

e) Elaborada a conta pela parte ou pelos órgãos auxiliares da justiça, o juiz deverá intimar a União para manifestação no prazo de dez dias.

COMENTÁRIOS

✪ **Nota do autor:** a questão versa sobre liquidação e execução no processo do trabalho.

Letra A: Errada. Art. 879, § 1º-A. A liquidação abrangerá, também, o cálculo das contribuições previdenciárias devidas.

Letra B: Errada. Art. 879, § 2º. Elaborada a conta e tornada líquida, o juízo deverá abrir às partes prazo comum de oito dias para impugnação fundamentada com a indicação dos itens e valores objeto da discordância, sob pena de preclusão.

Letra C: Errada. Art. 878. A execução será promovida pelas partes, permitida a execução de ofício pelo juiz ou pelo Presidente do Tribunal apenas nos casos em que as partes não estiverem representadas por advogado.

Letra D: Errada. Art. 897, a. O recurso cabível contra decisões na execução é o agravo de petição.

Letra E: Correta, conforme art. 879, §3º, da CLT.

Gabarito: Letra E.

---

187. (FCC – Analista Judiciário – TRT 18/2023) A pizzaria Lenhareto está sendo executada na Justiça do Trabalho por sentença transitada em julgado em 24/10/2022, decorrente de reclamação trabalhista promovida pelo seu ex-empregado Adônis. Em 18/11/2022 o juiz despacha no processo de execução requerendo de Adônis informações acerca do paradeiro da executada para prosseguimento do feito, estando Adônis silente, tendo sido cientificado na mesma data do referido despacho. Na hipótese narrada, de acordo com o que prevê a Consolidação das Leis do Trabalho, mantendo-se o silêncio do exequente, a pizzaria Lenhareto poderá suscitar a prescrição intercorrente no prazo de

a) dois anos a contar de 24/10/2022.

b) cinco anos a contar de 19/11/2022

c) cinco anos a contar de 24/10/2022.

d) dois anos a contar de 19/11/2022.

e) três anos a contar de 19/11/2022.

COMENTÁRIOS

✪ **Nota do autor:** a questão versa sobre o tema da prescrição intercorrente, regulamentada no art. 11-A da CLT, segundo o qual ocorre a prescrição intercorrente no processo do trabalho no prazo de dois anos, sendo que a fluência do prazo prescricional intercorrente inicia-se quando o exequente deixa de cumprir determinação judicial no curso da execução. Na hipótese em questão, tendo sido intimado o exequente em 18/11/2022 para indicar meios para prosseguimento da execução, a partir do dia útil imediato começa a contagem do prazo prescricional de 2 anos.

Gabarito: Letra D.

---

188. (FGV – Técnico Judiciário – Área Administrativa – TRT 16/2022) De acordo com o famoso e muito respeitado jurista Clóvis Beviláqua, prescrição "é a perda da ação atribuída a um direito e de toda sua capacidade defensiva, por causa ao não-uso delas, em um determinado espaço de tempo".

Das espécies de prescrição indicadas a seguir, assinale aquela que, de acordo com a CLT, pode ser declarada espontaneamente (de ofício) pelo magistrado.

a) Prescrição bienal para ajuizamento de ação.

b) Prescrição por ato único do empregador.

c) Prescrição retroativa de 30 anos do FGTS, quando cabível.

d) Prescrição intercorrente na execução.

e) Prescrição parcial de 5 anos.

COMENTÁRIOS

✪ **Nota do autor:** de acordo com o art. 11-A, §2º, da CLT, "A declaração da prescrição intercorrente pode ser requerida ou declarada (sic) de ofício em qualquer grau de jurisdição". Trata-se da prescrição pronunciada na fase de execução. Quanto à prescrição da fase de conhecimento, a CLT não contém previsão a respeito, e a jurisprudência do TST não admite seu reconhecimento de ofício.

Gabarito: Letra D.

---

189. (FGV – Analista Judiciário – Área Judiciária – TRT 13/2022) Das opções a seguir, assinale aquela em que a CLT, expressamente, prevê que o juiz possa conhecer e declarar de ofício de um instituto, ou seja, independentemente de requerimento da parte interessada.

a) Prescrição total.

b) Prescrição intercorrente.

c) Prescrição parcial.

d) Prescrição por ato único do empregador.

e) Prescrição interruptiva.

COMENTÁRIOS

✪ **Nota do autor:** de acordo com o art. 11-A, §2º, da CLT, "A declaração da prescrição intercorrente pode ser requerida ou declarada (sic) de ofício em qualquer grau de jurisdição". Trata-se da prescrição pronunciada na fase de execução. Quanto à prescrição da fase de conhecimento, a CLT não contém previsão a respeito, e a jurisprudência do TST não admite seu reconhecimento de ofício.

Gabarito: Letra B.

---

190. (FCC – Analista Judiciário – Área Judiciária – TRT 15/2018) Em reclamação trabalhista na qual foi proferida sentença ilíquida, o juiz determinou que o reclamante apresentasse os cálculos de liquidação, com indicação da contribuição previdenciária incidente. Após apresentação dos cálculos pelo reclamante, o juiz concedeu prazo de 10 dias para o reclamado apresentar seus cálculos. Diante da divergência entre os valores apresentados pelas partes, o juiz nomeou perito contábil para elaboração da conta de liquidação. Entendendo corretos os cálculos elaborados pelo perito, o juiz homologou os mesmos e determinou a citação do executado para pagamento do crédito em 48 horas, sob pena de execução. Considerando as disposições legais, o juiz

a) agiu corretamente, porque as contas foram elaboradas por perito contábil, não sendo necessário dar vistas às partes, até porque as mesmas já apresentaram seus cálculos.
b) não agiu corretamente, porque deveria obrigatoriamente conferir vista dos cálculos às partes, no prazo sucessivo de 8 dias para impugnação fundamentada com a indicação dos itens e valores objeto da discordância, sob pena de preclusão.
c) agiu corretamente, por ter amplo poder de direção e controle do processo, estando sua decisão amparada por norma cogente, que o autoriza expressamente a agir desse modo.
d) não agiu corretamente, porque deveria obrigatoriamente conferir vista dos cálculos às partes, no prazo comum de 8 dias para impugnação fundamentada com a indicação dos itens e valores objeto da discordância, sob pena de preclusão.
e) agiu corretamente, pois tem a faculdade de conferir vista dos cálculos às partes, no prazo de 8 dias para impugnação fundamentada com a indicação dos itens e valores objeto da discordância, sob pena de preclusão, mas não obrigação de fazê-lo.

COMENTÁRIOS

✪ **Nota do autor:** a questão versa sobre o procedimento de liquidação por cálculos. De acordo com o art. 879, §2º, da CLT, elaborada a conta e tornada líquida, o juízo deverá abrir às partes prazo comum de oito dias para impugnação fundamentada com a indicação dos itens e valores objeto da discordância, sob pena de preclusão. No caso em questão, o fato de as partes terem apresentado, previamente, cálculos, não suprime a necessidade de concessão do prazo comum de 8 dias: é que a conta só foi elaborada e tornada líquida após o laudo pericial contábil. Assim, o juiz incidiu em equívoco, já que deveria intimar as partes para prévia manifestação, antes de determinar a expedição do mandado de citação para execução.

Gabarito: letra D. Ver comentários acima.

---

191. (FCC – Técnico Judiciário – Área Judiciária – TRT 15/2018) A empresa Céu Azul Alimentos Ltda. foi condenada a pagar verbas rescisórias a Armando em reclamação trabalhista com decisão transitada em julgado. Após citação da referida empresa para pagamento da execução e deixando de pagar, oferecer bens à penhora ou garantir o juízo, de acordo com a Consolidação das Leis do Trabalho, respeitada a legislação pertinente, a decisão

a) poderá, após 30 dias, ser levada a protesto, gerar inscrição do nome do executado em órgãos de proteção ao crédito ou no Banco Nacional de Devedores Trabalhistas (BNDT).
b) poderá, após 15 dias, ser levada a protesto, gerar inscrição do nome do executado em órgãos de proteção ao crédito ou no Banco Nacional de Devedores Trabalhistas (BNDT).
c) somente lançará, após 45 dias, o nome do executado no Banco Nacional de Devedores Trabalhistas (BNDT), sendo vedado o protesto.
d) somente lançará, após 90 dias, o nome do executado no Banco Nacional de Devedores Trabalhistas (BNDT), sendo vedado o protesto.
e) poderá, após 45 dias, ser levada a protesto, gerar inscrição do nome do executado em órgãos de proteção ao crédito ou no Banco Nacional de Devedores Trabalhistas (BNDT).

COMENTÁRIOS

✪ **Nota do autor:** A decisão judicial transitada em julgado somente poderá ser levada a protesto, gerar inscrição do nome do executado em órgãos de proteção ao crédito ou no Banco Nacional de Devedores Trabalhistas (BNDT), nos termos da lei, depois de transcorrido o prazo de quarenta e cinco dias a contar da citação do executado, se não houver garantia do juízo (CLT, art. 883-A).

Gabarito: letra E.

Demais assertivas: ver nota do autor.

192. (Cespe - Técnico Judiciário - Área Administrativa - TRT 8/2016) Acerca dos embargos à execução no processo do trabalho, assinale a opção correta.

a) Não se admite prova testemunhal nos embargos à execução.

b) O oferecimento dos embargos por um dos devedores suspende a execução contra os que não embargaram, mesmo que o fato e o fundamento refiram-se exclusivamente ao embargante.

c) Os embargos à execução têm natureza jurídica de defesa do devedor contra a constrição de seus bens.

d) Não se admite alegação de compensação nos embargos à execução.

e) A admissão dos embargos à execução está condicionada à garantia do juízo pelo embargante, seja este pessoa jurídica de direito público ou privado.

COMENTÁRIOS

Nota do Autor: Os embargos à execução, no Processo do Trabalho, constituem mecanismo passível de utilização pelo executado com o objetivo de atacar o título executivo (judicial ou extrajudicial) quanto à sua validade, extensão ou eficácia.

Gabarito: letra D.

Os embargos à execução visam atacar o título executivo (judicial ou extrajudicial) já constituído quanto à sua validade, extensão ou eficácia. A compensação (ou retenção), só pode ser arguida como matéria de defesa, sob pena de preclusão. (CLT, 767). Neste sentido a Súmula nº 48 do TST "A compensação só poderá ser arguida com a contestação.".

Letra A: Cabível a prova testemunhal em sede de embargos à execução.

Letra B: Não há previsão, na CLT, de suspensão da execução em virtude do oferecimento de embargos. O art. 525, §6º, do CPC, estabelece que, em princípio, a impugnação ao cumprimento de sentença não impede a prática dos atos executivos.

Letra C: No processo do trabalho os embargos à execução fundada em título judicial tem natureza de incidente processual. Além disso, a CLT é bastante restritiva quanto às matérias veiculáveis nos embargos à execução, conforme se extrai do art. 884, §1º da CLT:

> *Art. 884 – (...) § 1º – A matéria de defesa será restrita às alegações de cumprimento da decisão ou do acordo, quitação ou prescrição da dívida.*

A jurisprudência e a doutrina têm proclamado, em geral, a possibilidade de oferecimento dos embargos nas hipóteses previstas no CPC (regramento da impugnação ao cumprimento de sentença). Logo, a matéria de defesa de defesa não está restrita à constrição de bens do devedor.

Letra E: Garantida a execução ou penhorados os bens, terá o executado 5 (cinco) dias para apresentar embargos, cabendo igual prazo ao exequente para impugnação. (CLT, art. 884). A garantia do juízo não se aplica, todavia, às pessoas jurídicas de direito público que não estão sujeitas à penhora. Proposta a execução a Fazenda Pública será intimada na pessoa de seu representante judicial, por carga, remessa ou meio eletrônico, para, querendo, no prazo de 30 (trinta) dias e nos próprios autos, impugnar a execução (CPC, art. 535). Os pagamentos devidos pelas Fazendas Públicas Federal, Estaduais, Distrital e Municipais, em virtude de sentença judiciária, far-se-ão exclusivamente na ordem cronológica de apresentação dos precatórios e à conta dos créditos respectivos, proibida a designação de casos ou de pessoas nas dotações orçamentárias e nos créditos adicionais abertos para este fim. (CF, art. 100).

193. (FCC - Técnico Judiciário - Área Administrativa - TRT 6/2018) Em relação à execução trabalhista, conforme legislação vigente,

a) será promovida pelas partes, permitida a atuação de ofício do Juiz, ainda que as partes estejam assistidas por advogado.

b) requerida a execução, o Juiz mandará expedir mandado de citação do executado, a fim de que proceda ao pagamento em dinheiro, inclusive de contribuições sociais devidas à União, em cinco dias, ou garanta a execução, sob pena de penhora.

c) garantida a execução ou penhorados os bens, terá o executado prazo de quinze dias para apresentar embargos, cabendo igual prazo ao exequente para impugnação.

d) a matéria de defesa em embargos à execução será restrita às alegações de cumprimento da decisão ou do acordo, quitação ou prescrição da dívida, não cabendo produção de prova testemunhal em audiência.

e) o executado que não pagar a importância reclamada poderá garantir a execução mediante depósito da quantia correspondente, atualizada e acrescida das despesas processuais, apresentação de seguro-garantia judicial ou nomeação de bens à penhora, observada a ordem preferencial estabelecida na lei processual civil.

COMENTÁRIOS

Nota do autor: a questão exige o conhecimento acerca dos dispositivos da CLT que regem a execução trabalhista.

Gabarito: letra E. O executado que não pagar a importância reclamada poderá garantir a execução mediante depósito da quantia correspondente, atualizada e acrescida das despesas processuais, apresentação de seguro-garantia judicial ou nomeação de bens à penhora, observada a ordem preferencial estabelecida na lei processual civil (CLT, art. 882).

Letra A: A execução será promovida pelas partes, permitida a execução de ofício pelo juiz ou pelo Presidente do Tribunal apenas nos casos em que as partes não estiverem representadas por advogado (CLT, art. 878).

Letra B: Requerida a execução, o juiz ou presidente do tribunal mandará expedir mandado de citação do executado, a fim de que cumpra a decisão ou o acordo no prazo, pelo modo e sob as cominações estabelecidas ou, quando se tratar de pagamento em dinheiro, inclusive de contribuições sociais devidas à União, para que o faça em 48 (quarenta e oito) horas ou garanta a execução, sob pena de penhora (CLT, art. 880, *caput*).

Letra C: o prazo para oposição dos embargos à execução é de 5 dias após a garantia do juízo ou penhora de bens, cabendo igual prazo ao exequente para impugnação (CLT, art. 884, *caput*).

Letra D: Embora incomum, é possível a realização de audiência de instrução na execução. Se na defesa (= embargos à execução ou impugnação ao cumprimento de sentença) tiverem sido arroladas testemunhas, poderá o Juiz ou o Presidente do Tribunal, caso julgue necessários seus depoimentos, marcar audiência para a produção das provas, a qual deverá realizar-se dentro de 5 (cinco) dias.

---

194. (FCC - Analista Judiciário - Oficial de Just. Avaliador Federal - TRT 15/2018) Considerando as regras legais em relação à liquidação de sentença e à execução no processo do trabalho,

a) a execução poderá ser promovida por qualquer interessado ou ex officio pelo próprio Juiz ou pelo Presidente do Tribunal competente.

b) é facultado ao devedor o pagamento imediato da parte que entender devida à Previdência Social, sem prejuízo da cobrança de eventuais diferenças encontradas na execução ex officio.

c) a exigência de garantia ou penhora se aplica às entidades filantrópicas e/ou àqueles que compõem ou compuseram a diretoria dessas instituições.

d) elaborada a conta e tornada líquida, o juízo poderá abrir às partes prazo comum de cinco dias para impugnação fundamentada com a indicação dos itens e valores objeto da discordância, sob pena de preclusão.

e) garantida a execução ou penhorados os bens, no prazo de oito dias, o executado poderá apresentar embargos à execução.

COMENTÁRIOS

✪ **Nota do autor:** A questão exige o conhecimento do regramento da CLT sobre liquidação e execução de sentença.

Gabarito: letra B. Faculta-se ao devedor o pagamento imediato da parte que entender devida à Previdência Social, sem prejuízo da cobrança de eventuais diferenças encontradas na execução ex officio (CLT, art. 878-A).

Letra A: A execução será promovida pelas partes, permitida a execução de ofício pelo juiz ou pelo Presidente do Tribunal apenas nos casos em que as partes não estiverem representadas por advogado (CLT, art. 878).

Letra C: São isentos do depósito recursal os beneficiários da justiça gratuita, as entidades filantrópicas e as empresas em recuperação judicial (CLT, art. 899, §10).

Letra D: Elaborada a conta e tornada líquida, o juízo deverá abrir às partes prazo comum de oito dias para impugnação fundamentada com a indicação dos itens e valores objeto da discordância, sob pena de preclusão (CLT, art. 879, §2º).

Letra E: Garantida a execução ou penhorados os bens, terá o executado 5 (cinco) dias para apresentar embargos, cabendo igual prazo ao exequente para impugnação (CLT, art. 884, *caput*).

---

195. (FCC - Analista Judiciário - Área Administrativa - TRT 15/2018) Sobre execução,

a) é vedada a oitiva de testemunhas, uma vez que a discussão está restrita aos valores objeto da execução, à quitação ou prescrição da dívida.

b) garantida a execução ou penhorados os bens, terá o executado 5 dias para apresentar embargos, cabendo igual prazo ao exequente para impugnação.

c) a arrematação far-se-á em dia, hora e lugar anunciados, e os bens serão vendidos pelo maior lance, tendo o executado preferência para a adjudicação.

d) a exigência da garantia ou penhora nos embargos à execução é igualmente aplicável às entidades filantrópicas e/ou àqueles que compõem ou compuseram a diretoria dessas instituições.

e) não pagando o executado, nem garantindo a execução, seguir-se-á penhora dos bens, tantos quantos bastem ao pagamento da importância da condenação, acrescida de custas e juros de mora, sendo estes, em qualquer caso, devidos a partir da data em que for prolatada a sentença.

COMENTÁRIOS

✪ **Nota do autor:** a questão exige o conhecimento do regramento da CLT acerca da execução de sentença.

Gabarito: Letra B. Garantida a execução ou penhorados os bens, terá o executado 5 (cinco) dias para apresentar embargos, cabendo igual prazo ao exequente para impugnação (CLT, art. 884, *caput*).

Letra A: Embora incomum, é possível a realização de audiência de instrução na execução. Se na defesa (= embargos à execução ou impugnação ao cumprimento de sentença) tiverem sido arroladas testemunhas, poderá o Juiz ou o Presidente do Tribunal, caso julgue necessários seus depoimentos, marcar audiência para a produção das provas, a qual deverá realizar-se dentro de 5 (cinco) dias.

Letra C: A arrematação far-se-á em dia, hora e lugar anunciados e os bens serão vendidos pelo maior lance, tendo o exequente preferência para a adjudicação (CLT, art. 888, §1º).

Letra D: A exigência da garantia ou penhora não se aplica às entidades filantrópicas e/ou àqueles que compõem ou compuseram a diretoria dessas instituições (CLT, art. 884, §6º).

Letra E: Não pagando o executado, nem garantindo a execução, seguir-se-á penhora dos bens, tantos quantos bastem ao pagamento da importância da condenação, acrescida de custas e juros de mora, sendo estes, em qualquer caso, devidos a partir da data em que for ajuizada a reclamação inicial (CLT, art. 883).

---

196. (AOCP – Técnico Judiciário – Área Administrativa – TRT 1/2018) Considerando os temas: citação, nomeação de bens, mandado e penhora, bens penhoráveis e impenhoráveis, no Direito Processual do Trabalho, pautados na Lei nº 13.467/2017, assinale a alternativa correta.

a) A Consolidação das Leis Trabalhistas faz menção expressa sobre o artigo de lei do Código de Processo Civil que traz a ordem preferencial de penhora, tendo como primeira opção o dinheiro, em espécie ou em depósito ou aplicação em instituição financeira.

b) Requerida a execução, o juiz do tribunal mandará expedir mandado de citação do executado, a fim de que cumpra a decisão ou o acordo no prazo pelo modo e sob as cominações estabelecidas ou, quando se tratar de pagamento em dinheiro, inclusive de contribuições sociais devidas à União, para que o faça em 72 (setenta e duas) horas ou garanta a execução, sob pena de penhora.

c) Não pagando o executado, nem garantindo a execução, seguir-se-á penhora dos bens, tantos quantos bastem ao pagamento da importância da condenação, sem custas e juros de mora.

d) São impenhoráveis os móveis pertences e utilidades domésticas que guarnecem a residência do executado, inclusive os de elevado valor ou os que ultrapassem as necessidades comuns correspondentes a um médio padrão de vida.

e) O executado que não pagar a importância reclamada perderá o direito de garantir a execução mediante depósito da quantia correspondente atualizada e sem as despesas processuais.

COMENTÁRIOS

Nota do autor: a questão exige o conhecimento sobre os dispositivos da CLT acerca da execução trabalhista.

Gabarito: letra A. O executado que não pagar a importância reclamada poderá garantir a execução mediante depósito da quantia correspondente, atualizada e acrescida das despesas processuais, apresentação de seguro-garantia judicial ou nomeação de bens à penhora, observada a ordem preferencial estabelecida no art. 835 da Lei n ° 13.105, de 16 de março de 2015 – Código de Processo Civil (CLT, art. 882).

Letras B, C e E: De acordo com o regramento legal, a citação para execução será feita pelos oficiais de justiça. Se o executado, procurado por 2 (duas) vezes no espaço de 48 (quarenta e oito) horas, não for encontrado, far-se-á citação por edital, publicado no jornal oficial ou, na falta deste, afixado na sede da Junta ou Juízo, durante 5 dias (CLT, art. 880, §§2º e 3º). Não pagando o executado, nem garantindo a execução, seguir-se-á penhora dos bens, tantos quantos bastem ao pagamento da importância da condenação, acrescida de custas e juros de mora, sendo estes, em qualquer caso, devidos a partir da data em que for ajuizada a reclamação inicial (CLT, art. 883).

Letra D: De acordo com o art. 833, II, do CPC, são penhoráveis os móveis, os pertences e as utilidades domésticas que guarnecem a residência do executado, salvo os de elevado valor ou os que ultrapassem as necessidades comuns correspondentes a um médio padrão de vida.

---

197. (AOCP – Analista Judiciário – Oficial de Just. Avaliador Federal – TRT 1/2018) A empresa ThOliveira Comércio de Metais formalizou acordo em uma reclamação trabalhista, na qual se comprometeu a pagar o valor de R$ 12.000,00 em 12 parcelas ao ex-funcionário Fernando Carrara. Ocorre que, após cumprir duas delas, deixou de cumprir o pactuado, motivo pelo qual o Reclamante pediu a execução do acordo. O juiz mandou expedir mandado de citação para que a Executada cumpra o acordo e que o faça em 48 (quarenta e oito) horas ou garanta a execução, sob pena de penhora. Diante do caso apresentado, assinale a alternativa correta.

a) A Reclamada será citada via oficial de justiça. Se procurada pelo oficial por 3 (três) vezes no espaço de 72 (setenta e duas) horas e não for encontrada, a citação será feita por edital, publicado no jornal oficial ou, na falta deste, afixado na sede da Junta ou Juízo, durante 7 (sete) dias.

b) A Reclamada será citada via oficial de justiça. Se procurada pelo oficial por 2 (duas) vezes no espaço de 48 (quarenta e oito) horas e não for encontrada, a citação será feita por edital, publicado no jornal oficial ou, na falta deste, afixado na sede da Junta ou Juízo, durante 5 (cinco) dias.

c) A Reclamada será citada via correspondência com Aviso de Recebimento. Caso se mantiver inerte pelo prazo de 5 (cinco) dias após o recebimento, a citação será feita por edital, publicado no jornal oficial ou, na falta deste, afixado na sede da Junta ou Juízo, durante 7 (sete) dias.

d) A Reclamada será citada via oficial de justiça. Se procurada pelo oficial por 2 (duas) vezes no espaço de 72 (setenta e duas) horas e não for encontrada, a citação será feita por edital, publicado no jornal oficial ou, na falta deste, afixado na sede da Junta ou Juízo, durante 10 (dez) dias.

e) A Reclamada será citada via correspondência com Aviso de Recebimento. Caso se mantiver inerte, será procurada por oficial de diligência por 3 (três) vezes no espaço de 72 (setenta e duas) horas. Se não for encontrada, a citação será feita por edital, publicado no jornal oficial ou, na falta deste, afixado na sede da Junta ou Juízo, durante 7 (sete) dias.

COMENTÁRIOS

✪ **Nota do autor:** a questão exige o conhecimento do procedimento inicial da execução trabalhista: expedição do mandado de citação, penhora e avaliação. De acordo com o regramento legal, a citação para execução será feita pelos oficiais de justiça. Se o executado, procurado por 2 (duas) vezes no espaço de 48 (quarenta e oito) horas, não for encontrado, far-se-á citação por edital, publicado no jornal oficial ou, na falta deste, afixado na sede da Junta ou Juízo, durante 5 dias (CLT, art. 880, §§2º e 3º).

Gabarito: letra B. O comentário acima esclarece os erros das demais assertivas.

---

198. (AOCP – Analista Judiciário – Área Administrativa – TRT 1/2018) Orlando, empregado doméstico devidamente representado no processo por procurador constituído, obteve sentença de parcial procedência em reclamatória trabalhista ajuizada perante a Justiça do Trabalho em face de Eustáquio, a qual transitou em julgado em 26 de mar. de 2018. Liquidada a sentença, obteve-se o importe total de R$ 35.500,00, aí incluso principal, encargos, custas, contribuições previdenciárias e honorários. Diante do exposto, no que se refere à execução dos créditos perseguidos na reclamatória em análise, assinale a alternativa correta.

a) Garantida a execução ou penhorados os bens, terá o executado 8 dias úteis para oposição de embargos à execução.

b) O mandado de citação deverá conter, obrigatoriamente, a decisão exequenda.

c) Os embargos e as impugnações à liquidação apresentadas pelos credores trabalhista e previdenciário serão julgados separadamente.

d) Garantida a execução ou penhorados os bens, terá o executado 15 dias úteis para oposição de embargos à execução.

e) A citação do executado poderá ser feita por carta com aviso de recebimento. Se o executado, procurado por duas vezes no período de 48 horas, não for encontrado, far-se-á citação por edital, publicado no jornal oficial ou, na falta deste, afixado na sede do Juízo, durante 5 dias.

COMENTÁRIOS

✪ **Nota do autor:** a questão exige conhecimento do regramento da CLT acerca da execução de sentença.

Gabarito: letra B. O mandado de citação para execução deverá conter a decisão exequenda ou o termo de acordo não cumprido (CLT, art. 880, §1º).

Letras A e D: o prazo para oposição dos embargos à execução é de 5 dias após a garantia do juízo ou penhora de bens, cabendo igual prazo ao exequente para impugnação (CLT, art. 884, *caput*).

Letra C: Julgar-se-ão na mesma sentença os embargos e as impugnações à liquidação apresentadas pelos credores trabalhista e previdenciário (CLT, art. 884, §4º).

Letra E: A citação para execução será feita pelos oficiais de justiça. Se o executado, procurado por 2 (duas) vezes no espaço de 48 (quarenta e oito) horas, não for encontrado, far-se-á citação por edital, publicado no jornal oficial ou, na falta deste, afixado na sede da Junta ou Juízo, durante 5 dias (CLT, art. 880, §§2º e 3º).

---

199. (FCC – Analista Judiciário – Área Judiciária – TRT 3/2015) Em relação à execução provisória os recursos serão interpostos por simples petição e terão efeito meramente

a) suspensivo, salvo as exceções previstas em lei, permitida a execução provisória até a penhora.

b) suspensivo, salvo as exceções previstas em lei, permitida a execução definitiva.

c) devolutivo, salvo as exceções previstas em lei, permitida a execução definitiva.

d) meramente suspensivo, salvo as exceções previstas em lei, permitida a execução provisória até o leilão e a praça.

e) devolutivo, salvo as exceções previstas em lei, permitida a execução provisória até a penhora.

COMENTÁRIOS

✪ **Nota do Autor:** A execução diz-se definitiva quando fundada em título executivo judicial transitado em julgado, ou em título executivo extrajudicial; e provisória, quando se basear em título judicial impugnado por recurso desprovido de efeito suspensivo.

Gabarito: Letra E.

No Processo do Trabalho, como a regra geral é a inexistência de feito suspensivo aos recursos, em princípio a execução provisória sempre pode ser promovida por iniciativa do interessado, permitida até a penhora (CLT, art. 899).

Letras A, B, C e D: Ver comentários sobre o gabarito.

---

200. (FCC – Analista Judiciário – Oficial de Justiça Avaliador – TRT 4/2015) Estão expressamente relacionados como títulos executivos para serem executados na forma prevista na Consolidação das Leis do Trabalho, EXCETO:

a) as decisões passadas em julgado ou das quais não tenha havido recurso com efeito suspensivo.

b) os acordos firmados em reclamatórias trabalhistas, quando não cumpridos.

c) os termos de conciliação firmados perante as Comissões de Conciliação Prévia.

d) os termos de ajuste de conduta firmados perante o Ministério Público do Trabalho.

e) as decisões do Tribunal Arbitral.

COMENTÁRIOS

✪ **Nota do Autor:** A execução de títulos extrajudiciais pressupõe que a obrigação neles representada seja certa, liquida e exigível (CPC, art. 783). O art. 876 da CLT prevê alguns títulos executivos extrajudiciais típicos do Processo do Trabalho: os termos de ajuste de conduta firmados perante o Ministério Público do Trabalho e os termos de conciliação firmados perante as Comissões de Conciliação Prévia.

Contudo, é pacífico que o referido dispositivo não apresenta rol taxativo. Assim, há outros títulos executivos extrajudiciais, tais como CDA (certidão de dívida ativa) relativa a penalidades administrativas aplicadas pelos órgãos da fiscalização do trabalho; e judiciais, como a sentença penal condenatória, que estabeleça o dever de indenizar para uma das partes da relação de trabalho. A questão exige o conhecimento acerca dos títulos executivos que estão expressamente previstos na CLT.

Ao tempo do certame, não havia previsão de arbitragem no Direito Processual do Trabalho. A partir da entrada em vigor da Reforma Trabalhista, os laudos arbitrais não cumpridos devem ser executados na Justiça do Trabalho, e também passaram a ser considerados títulos executivos extrajudiciais pertinentes na Justiça do Trabalho.

Gabarito: Letra E.

Conforme art. 876 da CLT.

Letras A, B, C e D: Ver comentários sobre a nota do autor e o gabarito.

---

201. (FCC – Analista Judiciário – Oficial de Justiça Avaliador – TRT 2/2014) No tocante à hasta pública, é INCORRETO afirmar:

a) Será fonte subsidiária para dirimir quaisquer questões oriundas do processo de execução e da hasta pública, a Lei de Execuções Fiscais, precedendo, inclusive, ao quanto dispõe o Código de Processo Civil.

b) A arrematação far-se-á em dia, hora e local anunciados e os bens serão vendidos pelo maior lance, tendo o exequente preferência para a adjudicação.

c) A arrematação far-se-á em dia, hora e local anunciados e os bens serão vendidos pelo maior lance, tendo o exequente preferência para a remição.

d) O arrematante do bem deverá garantir o lance com sinal correspondente a vinte por cento do seu valor, pagando o restante em vinte e quatro horas, sob pena de perder o sinal pago em benefício da execução.

e) Se a praça ou o leilão for de diversos bens, terá preferência o lançador que propuser arrematá-los englobadamente, oferecendo para os que não tiverem licitante preço igual ao da avaliação e para os demais o de maior lanço.

COMENTÁRIOS

✪ **Nota do Autor:** Para que possa atingir seu objetivo de satisfazer o crédito do exequente, a arrematação – alienação em hasta pública – é o meio mais usual de expropriação judicial. Faz-se leilão judicial – em data, horário e local previamente designado –, e o bem é atribuído a quem oferecer o maior lance, transferindo-se a propriedade para o arrematante, mediante o pagamento do preço.

Gabarito: Letra C.

A arrematação far-se-á em dia, hora e lugar anunciados e os bens serão vendidos pelo maior lance, tendo o exequente preferência para a adjudicação (CLT, art. 888, §1º).

Na vigência do CPC/73 (redação anterior à Lei 11.382/2006), existia, ainda, o instituto da remição de bens, que permitia que determinadas pessoas, ligadas ao executado por vínculos familiares resgatassem o bem penhorado antes da ultimação da hasta pública. Não subsiste mais no vigente ordenamento, entretanto, o instituto da remição. Nos arts. 877, §3º e 902 do CPC está prevista a única hipótese ainda vigente de remição de bens, consistente na possibilidade de o executado resgatar o imóvel hipotecado, até a lavratura do auto de adjudicação ou arrematação.

Letra A: No Processo do Trabalho, a execução é regida preferencialmente pelos dispositivos da CLT. No caso de omissão, aplica-se o regramento das execuções fiscais, atualmente contido na Lei de Execuções Fiscais (Lei 6.830/80), conforme estipula o art. 889 da CLT. Havendo omissão também na Lei de Execuções Fiscais, deve-se recorrer ao Direito Processual Comum – mais especificamente, ao Código de Processo Civil.

Letra B: A arrematação far-se-á em dia, hora e lugar anunciados e os bens serão vendidos pelo maior lance, tendo o exequente preferência para a adjudicação (CLT, art. 888, §1º)

Letra D: Conforme art. 887, §§2º e 4º da CLT.

Letra E: Conforme art. 893 do CPC, aplicável subsidiariamente ao Processo do Trabalho.

---

202. (FCC – Analista Judiciário – Área Administrativa – TRT 2/2014) Conforme as regras estabelecidas para a execução no processo do trabalho, é INCORRETO afirmar:

a) A lei de execução fiscal será fonte subsidiária do processo trabalhista, preferindo às normas processuais civis.

b) No caso de acordo em fase de execução, a decisão será irrecorrível, tendo em vista a autonomia das partes para transigir.

c) Nas prestações sucessivas por tempo determinado, a execução pelo não pagamento de uma prestação compreenderá as que lhe sucederem.

d) A penhora em estabelecimento é prevista nos artigos 677 e 678 do CPC e pode ser aplicada ao processo do trabalho, por ser menos gravosa ao executado, uma vez que permite a manutenção da atividade empresarial enquanto quita a dívida trabalhista.

e) O juiz poderá dar andamento à execução, tendo em vista o caráter alimentar do crédito trabalhista.

COMENTÁRIOS

✪ **Nota do Autor:** A questão exige o conhecimento sobre o procedimento relativo à fase de execução no Processo do Trabalho.

Gabarito: Letra B.

No caso de conciliação, o termo que for lavrado valerá como decisão irrecorrível, salvo para a Previdência Social quanto às contribuições que lhe forem devidas (CLT, 831, parágrafo único). Além disso, as partes não têm liberdade para transigir quanto aos créditos fiscais e previdenciários, que pertencem a terceiros (no caso, à União).

Letras A e D: No Processo do Trabalho, a execução é regida preferencialmente pelos dispositivos da CLT. No caso de omissão, aplica-se o regramento das execuções fiscais, atualmente contido na Lei de Execuções Fiscais (Lei 6.830/80), conforme estipula o art. 889 da CLT. Havendo omissão também na Lei de Execuções Fiscais, deve-se recorrer ao Direito Processual Comum – mais especificamente, ao Código de Processo Civil.

Letra C: Conforme previsão do art. 891 da CLT.

Letra E: Após a vigência da Lei 13.467/2017, a execução só pode ser movida de ofício pelo juiz caso as partes não estejam representadas por advogado. Contudo, ao tempo do certame, estava vigente a redação originária do art. 878 da CLT, o qual permitia a execução *ex officio* em qualquer caso.

---

203. (Cespe – Analista Judiciário – Área Judiciária – Oficial de Justiça Avaliador) Considerando o disposto na legislação trabalhista sobre embargos à execução, revelia e confissão, dissídios coletivos e competência do Tribunal Superior do Trabalho (TST), assinale a opção correta.

a) Nos casos em que o reclamado não comparecer à audiência, o processo deverá ficar suspenso até o reclamante demonstrar não haver concorrido para a ausência da parte requerida.

b) Na audiência designada para a prolação de decisão, deverão comparecer as partes pessoalmente, não se admitindo outorga de poderes; no caso de revelia, poderá a parte presente requerer a nulidade do processo.

c) O TST é competente para julgar originariamente os dissídios coletivos de categorias profissionais representadas por entidades de classe.

d) A oposição de embargos à execução independe da garantia ou penhora de bens.

e) No processo do trabalho, torna-se inexigível o título judicial declarado inconstitucional em decorrência de lei ou ato normativo.

COMENTÁRIOS

✪ **Nota do Autor:** A questão exige conhecimentos diversos sobre regras do Processo do Trabalho.

Gabarito: Letra E. Na impugnação ao cumprimento de sentença o executado pode alegar, dentre outras matérias previstas no art. 525 do CPC, a inexequibilidade do título ou inexigibilidade da obrigação; considera-se também inexigível a obrigação reconhecida em título executivo judicial fundado em lei ou ato normativo considerado inconstitucional pelo Supremo Tribunal Federal, ou fundado em aplicação ou interpretação da lei ou do ato normativo tido pelo Supremo Tribunal Federal como incompatível com a Constituição Federal, em controle de constitucionalidade concentrado ou difuso. (CPC, art. 525, §12). No mesmo sentido o art. 884, §5º da CLT.

Letra A: O não comparecimento do reclamante à audiência importa o arquivamento da reclamação, e o não comparecimento do reclamado importa revelia, além de confissão quanto à matéria de fato. (CLT, art. 844).

Letra B: A audiência no Processo do Trabalho, em regra, será una (CLT, art. 843) devendo as partes estar presentes, independentemente do comparecimento de seus representantes. No entanto, é muito comum, em diversas regiões da Justiça do Trabalho, a designação fracionada de (i) audiências iniciais, com o único escopo de tentar a conciliação e receber a defesa; (ii) audiências de instrução – também chamadas de audiências de prosseguimento-, destinadas à colheita da prova; e (iii) audiências de julgamento, que nada mais são do que a designação de data para leitura de sentença, o que dispensa a prática de ato intimatório pela Secretaria da Vara.

Letra C: Assertiva contrária ao art. 678, I, "a" da CLT. A competência originária para processar e julgar dissídios coletivos é, em princípio, dos Tribunais Regionais do Trabalho, salvo quando o conflito ultrapassar o território de uma Região, hipótese em que a competência será do TST.

Letra D: Assertiva contrária ao art. 884 da CLT. Garantida a execução ou penhorados os bens, terá o executado 5 (cinco) dias para apresentar embargos, cabendo igual prazo ao exequente para impugnação.

---

204. (FCC – Técnico Judiciário – Área Administrativa – TRT 9/2015) Heitor arrematou um conjunto comercial em leilão ocorrido na fase de execução da reclamação trabalhista "X" pelo valor de R$ 300.000,00. No momento da arrematação Heitor garantiu a arrematação com um sinal de R$ 60.000,00. Após 30 horas da arrematação, Heitor ainda não depositou o restante do valor. Neste caso, Heitor

a) ainda está no prazo para pagamento do restante do valor, uma vez que a Consolidação das Leis do Trabalho prevê o prazo de 48 horas para complementação do valor da arrematação.

b) perderá, em benefício da execução, metade do sinal, ou seja R$ 30.000,00, voltando à praça o bem executado.

c) terá direito a devolução integral do sinal, voltando à praça o bem executado.

d) perderá, em benefício da execução, 1/3 do sinal, ou seja R$ 20.000,00 voltando à praça o bem executado.

e) perderá, em benefício da execução, o sinal de R$ 60.000,00, voltando à praça o bem executado.

COMENTÁRIOS

✪ **Nota do Autor:** Para que possa atingir seu objetivo de satisfazer o crédito do exequente, a arrematação – alienação em hasta pública – é o meio mais usual de expropriação judicial. Faz-se leilão judicial – em data, horário e local previamente designado –, e o bem é atribuído a quem oferecer o maior lance, transferindo-se a propriedade para o arrematante, mediante o pagamento do preço.

Gabarito: Letra E.

A arrematação far-se-á em dia, hora e lugar anunciados e os bens serão vendidos pelo maior lance, tendo o exequente preferência para a adjudicação (CLT, art. 888, §1º) O arrematante deverá garantir o lance com o sinal correspondente a 20% (vinte por cento) do seu valor. Se o arrematante, ou seu fiador, não pagar dentro de 24 (vinte e quatro) horas o preço da arrematação, perderá, em benefício da execução, o sinal voltando à praça os bens executados. (CLT, art. 888, §§ 2º e 4º).

Letras A, B, C, e D: Ver comentários sobre o gabarito.

---

205. (Cespe – Técnico Judiciário – Área Administrativa – TRT 8/2016) Acerca de execução trabalhista, assinale a opção correta.

a) É possível a penhora de salário, desde que não ultrapasse quarenta por cento do seu valor bruto.

b) O mandado de citação do executado, a ser cumprido pelo oficial de justiça, deverá conter a decisão exequenda ou o termo de acordo não cumprido.

c) Se, depois de procurado por duas vezes, o executado não for encontrado, o curso da execução deverá ser suspenso e, decorrido o prazo máximo de um ano, sem que seja localizado o devedor, o juiz deverá ordenar o arquivamento dos autos.

d) O executado que não pagar a importância reclamada poderá garantir a execução mediante prestação de serviços à comunidade.

e) Realizada a penhora de determinado bem para satisfazer a execução, não cabe à parte executada requerer a substituição da penhora.

COMENTÁRIOS

✪ **Nota do Autor:** A questão exige o conhecimento sobre o procedimento relativo à fase de execução no Processo do Trabalho.

Gabarito: Letra B.

Reprodução do art. 880, §2º da CLT.

Letra A: São impenhoráveis os vencimentos, os subsídios, os soldos, os salários, as remunerações, os proventos de aposentadoria, as pensões, os pecúlios e os montepios, bem como as quantias recebidas por liberalidade de terceiro e destinadas ao sustento do devedor e de sua família, os ganhos de trabalhador autônomo e os honorários de profissional liberal, ressalvada hipótese de penhora para pagamento de prestação alimentícia, independentemente de sua origem, bem como às importâncias excedentes a 50 (cinquenta) salários-mínimos mensais, devendo a constrição observar o disposto no art. 528, § 8o, e no art. 529, § 3º (CPC, 833, IV e §2º).

Letra C: Se o executado, procurado por 2 (duas) vezes no espaço de 48 (quarenta e oito) horas, não for encontrado, far-se-á citação por edital, publicado no jornal oficial ou, na falta deste, afixado na sede da Junta ou Juízo, durante 5 (cinco) dias (CLT, art. 880, §3º).

Letra D: O executado que não pagar a importância reclamada poderá garantir a execução mediante depósito da quantia correspondente, atualizada e acrescida das despesas processuais, apresentação de seguro-garantia judicial ou nomeação de bens à penhora, observada a ordem preferencial estabelecida no art. 835 da Lei no 13.105, de 16 de março de 2015 – Código de Processo Civil (CLT, art. 882).

Letra E: O executado pode, no prazo de 10 (dez) dias contado da intimação da penhora, requerer a substituição do bem penhorado, desde que comprove que lhe será menos onerosa e não trará prejuízo ao exequente (CPC, art. 847).

---

206. (FCC – Analista Judiciário – Área Judiciária – TRT 9/2015) Sobre a execução por prestações sucessivas no Processo do Trabalho é correto afirmar:

a) Não havendo regramento próprio previsto na Consolidação das Leis do Trabalho sobre o tema utilizam-se por analogia as regras contidas na Lei de Execuções Fiscais.

b) Nas prestações sucessivas por tempo determinado, a execução pelo não pagamento de uma prestação compreenderá as que lhe sucederem.

c) Tratando-se de prestações sucessivas por tempo indeterminado, a execução pelo não pagamento de uma prestação compreenderá as duas primeiras que lhe sucederem, apenas se houver sido determinado na sentença.

d) Tratando-se de prestações sucessivas por tempo indeterminado, a execução compreenderá inicialmente as prestações devidas até o período de dois anos do ingresso da ação.

e) Nas prestações sucessivas por tempo determinado, a execução pelo inadimplemento de uma parcela não compreende as que lhe sucederem e, naquelas por tempo indeterminado, o exequente deve executar parcelas inadimplidas a cada período de doze meses.

COMENTÁRIOS

✪ **Nota do Autor:** A questão exige o conhecimento sobre o procedimento relativo à fase de execução no Processo do Trabalho.

Gabarito: Letra B.

A execução por prestações sucessivas no processo do trabalho está disciplinada nos arts. 890 a 892 da CLT. A assertiva é reprodução do art. 891 da CLT.

Letras A, C, D e E: Ver comentários sobre o gabarito.

---

207. (FCC – Analista Judiciário – Área Judiciária – TRT 14/2016) A Consolidação das Leis do Trabalho apresenta um capítulo próprio com disposições específicas sobre o tema execução, segundo as quais:

a) As contribuições sociais devidas em decorrência de sentença condenatória não serão executadas *ex officio* devendo ser instaurado procedimento próprio pelo órgão previdenciário e remessa de carta de execução para a Justiça Federal.

b) Garantida a execução terá o executado o prazo de 10 dias para apresentar embargos, cabendo ao exequente mais 10 dias para impugnação.

c) A matéria de defesa em embargos à execução ficará restrita às alegações de quitação da dívida exequenda, cabendo apenas prova documental e não há previsão de prova oral em audiência.

d) Os termos de ajuste de conduta firmados perante o Ministério Público do Trabalho e os termos de conciliação firmados perante as Comissões de Conciliação Prévia são considerados títulos executivos extrajudiciais que são executados na Justiça do Trabalho.

e) A execução pelo não pagamento de uma prestação não compreenderá as que lhe sucederem, nos casos de execução de prestações sucessivas por tempo determinado.

COMENTÁRIOS

✪ **Nota do Autor:** A questão exige conhecimentos diversos sobre a execução no Processo do Trabalho.

Gabarito: Letra E.

A execução de títulos extrajudiciais pressupõe que a obrigação neles representada seja certa, liquida e exigível (CPC, art. 783). O art. 876 da CLT prevê alguns títulos executivos extrajudiciais típicos do Processo do Trabalho: os termos de ajuste de conduta firmados perante o Ministério Público do Trabalho e os termos de conciliação firmados perante as Comissões de Conciliação Prévia.

Contudo, é pacífico que o referido dispositivo não apresenta rol taxativo. Assim, há outros títulos executivos extrajudiciais, tais como CDA (certidão de dívida ativa) relativa a penalidades administrativas aplicadas pelos órgãos da fiscalização do trabalho; e judiciais, como a sentença penal condenatória, que estabeleça o dever de indenizar para uma das partes da relação de trabalho.

Letra A: Contrária ao art. 114, VIII da CF/88. Compete à Justiça do Trabalho a execução, de ofício, das contribuições para a seguridade social.

Letra B: Garantida a execução ou penhorados os bens, terá o executado 5 (cinco) dias para apresentar embargos, cabendo igual prazo ao exequente para impugnação. (CLT, art. 844).

Letra C: A matéria de defesa será restrita às alegações de cumprimento da decisão ou do acordo, quitação ou prescrição da dívida. Se na defesa tiverem sido arroladas testemunhas, poderá o Juiz ou o Presidente do Tribunal, caso julgue necessários seus depoimentos, marcar audiência para a produção das provas, a qual deverá realizar-se dentro de 5 (cinco) dias. (CLT, art. 844, §§1º e 2º).

Letra E: Nas prestações sucessivas por tempo determinado, a execução pelo não pagamento de uma prestação compreenderá as que lhe sucederem. (CLT, art. 891).

---

208. (FCC – Técnico Judiciário – Área Administrativa – TRT 24/2017) Em relação à liquidação da sentença e à execução no Processo do Trabalho, a Consolidação das Leis do Trabalho estabelece:

a) Na liquidação, não se poderá modificar, ou inovar, a sentença liquidanda nem discutir matéria pertinente à causa principal.

b) Somente as decisões passadas em julgado e os acordos, quando não cumpridos, poderão ser executados na Justiça do Trabalho.

c) Elaborada a conta pela parte ou pelos órgãos auxiliares da Justiça do Trabalho, o juiz procederá à intimação da União para manifestação, no prazo de 8 dias, sob pena de preclusão.

d) Requerida a execução, o juiz ou Presidente do Tribunal mandará expedir mandado de citação do executado, a fim de que cumpra a decisão ou o acordo, ou, quando se tratar de pagamento em dinheiro, exceto de contribuições sociais devidas à União, para que o faça em 72 horas ou garanta a execução.

e) Não pagando o executado, nem garantindo a execução, seguir-se-á a penhora dos bens, tantos quantos bastem ao pagamento da condenação, sem os acréscimos de custas e juros de mora.

COMENTÁRIOS

✪ **Nota do Autor:** A questão exige conhecimentos diversos sobre as fases de liquidação e execução no Processo do Trabalho.

Gabarito: Letra A. Reprodução do art. 879, §1º da CLT.

Letra B: O art. 876 da CLT prevê alguns títulos executivos extrajudiciais típicos do Processo do Trabalho: os termos de ajuste de conduta firmados perante o Ministério Público do Trabalho e os termos de conciliação firmados perante as Comissões de Conciliação Prévia. Contudo, é pacífico que o referido dispositivo não apresenta rol taxativo. Assim, há outros títulos executivos extrajudiciais, tais como CDA (certidão de dívida ativa) relativa a penalidades administrativas aplicadas pelos órgãos da fiscalização do trabalho; e judiciais, como a sentença penal condenatória, que estabeleça o dever de indenizar para uma das partes da relação de trabalho.

Letra C: Elaborada a conta pela parte ou pelos órgãos auxiliares da Justiça do Trabalho, o juiz procederá à intimação da União para manifestação, no prazo de 10 (dez) dias, sob pena de preclusão. (CLT, art. 879, §3º).

Letra D: Requerida a execução, o juiz ou presidente do tribunal mandará expedir mandado de citação do executado, a fim de que cumpra a decisão ou o acordo no prazo, pelo modo e sob as cominações estabelecidas ou,quando se tratar de pagamento em dinheiro, inclusive de contribuições sociais devidas à União, para que o faça em 48 (quarenta e oito) horas ou garanta a execução, sob pena de penhora. (CLT, art. 880).

Letra E: Não pagando o executado, nem garantindo a execução, seguir-se-á penhora dos bens, tantos quantos bastem ao pagamento da importância da condenação, acrescida de custas e juros de mora, sendo estes, em qualquer caso, devidos a partir da data em que for ajuizada a reclamação inicial. (CLT, art. 883).

---

209. (FCC – Analista Judiciário – Oficial de Just. Avaliador – TRT 11/2017) No tocante à liquidação de sentença, em regra, de acordo com a Consolidação das Leis do Trabalho, é certo que

a) a liquidação não abrangerá o cálculo das contribuições previdenciárias devidas, que deverá ser executada de forma independente em razão da natureza do crédito.

b) elaborada a conta e tornada líquida, o Juiz deverá abrir às partes prazo comum de 10 dias para impugnação fundamentada com a indicação dos itens e valores objeto da discordância, sob pena de preclusão.

c) na liquidação, pode-se modificar a sentença liquidanda bem como discutir matéria pertinente à causa principal.

d) tratando-se de cálculos de liquidação complexos, o juiz deverá nomear perito para a elaboração e fixará, depois da conclusão do trabalho, o valor dos respectivos honorários com observância, entre outros, do teto de três salários mínimos regionais.

e) elaborada a conta pela parte ou pelos órgãos auxiliares da Justiça do Trabalho, o juiz procederá à intimação da União para manifestação, no prazo de dez dias, sob pena de preclusão.

COMENTÁRIOS

✪ **Nota do Autor:** A questão exige o conhecimento sobre o procedimento de liquidação no Processo do Trabalho. As sentenças condenatórias devem ser, preferencialmente, líquidas, indicando de forma precisa – sob o ponto de vista quantitativo e qualitativo – a prestação exigível do devedor. No entanto, por razões de ordem várias, nem sempre a decisão judicial delimita o objeto da condenação. Quando isso ocorrer, faz-se necessário delimitar com exatidão a prestação exigível do devedor, antes de dar início aos atos executivos que permitam a satisfação do crédito do credor.

Gabarito: Letra E. Reprodução do art. 879, §3º da CLT.

Letra A: Assertiva contrária ao art. 879, §1º-A da CLT. A liquidação abrangerá, também, o cálculo das contribuições previdenciárias devidas.

Letra B: Elaborada a conta e tornada líquida, o juízo deverá abrir às partes prazo comum de oito dias para impugnação fundamentada com a indicação dos itens e valores objeto da discordância, sob pena de preclusão. (CLT, art. 879, §2º).

Letra C: Assertiva contrária ao art. 879, §1º da CLT. Na liquidação, não se poderá modificar, ou inovar, a sentença liquidanda nem discutir matéria pertinente à causa principal.

Letra D: Tratando-se de cálculos de liquidação complexos, o juiz poderá nomear perito para a elaboração e fixará, depois da conclusão do trabalho, o valor dos respectivos honorários com observância, entre outros, dos critérios de razoabilidade e proporcionalidade. (CLT, art. 879, §6º).

---

210. (FGV – Analista Judiciário – Área Judiciária – TRT 12/2017) Ajuizados embargos de devedor no bojo de uma execução trabalhista, e devidamente contestado, ele foi julgado procedente em parte, e somente a empresa recorreu. Ao ser intimado para apresentar contrarrazões ao agravo de petição, o reclamante imaginou valer-se de um recurso adesivo para tentar reverter a parte da decisão que lhe foi desfavorável. Nos termos da jurisprudência uniforme do TST, em relação ao recurso adesivo, é correto afirmar que:

a) não é possível, pois o recurso adesivo é incompatível com o processo do trabalho, em razão do princípio da celeridade processual;

b) é compatível com o processo do trabalho e cabível também na hipótese de agravo de petição, sendo desnecessário que a matéria nele veiculada esteja relacionada com a do agravo de petição interposto pela parte contrária;

c) é compatível com o processo do trabalho, mas cabível somente no caso de recurso ordinário, o que não é a hipótese;

d) pode ser manejado na seara trabalhista e deve ser interposto no prazo de 15 dias;

e) é compatível com o processo do trabalho, sendo cabível na hipótese de interposição de recurso de revista, desde que a matéria nele veiculada esteja relacionada com a do recurso de revista interposto pela parte contrária.

COMENTÁRIOS

✪ **Nota do Autor:** A questão exige conhecimento acerca do cabimento de Recurso Adesivo no Processo do Trabalho.

Gabarito: Letra B. O Recurso Adesivo, previsto no art. 997, §§1º e 2º do CPC, não é uma espécie diferente de recurso; cuida-se, na verdade, de uma forma de interposição dos recursos previstos em lei. Conforme entendimento jurisprudencial consolidado na súmula 283 do TST o recurso adesivo é compatível com o processo do trabalho e cabe, no prazo de 8 (oito) dias, nas hipóteses de interposição de recurso ordinário, de agravo de petição, de revista e de embargos, sendo desnecessário que a matéria nele veiculada esteja relacionada com a do recurso interposto pela parte contrária.

Letras A, C, D e E: Ver comentários sobre o gabarito.

---

211. (FCC – Analista Judiciário – Oficial de Just. Avaliador – TRT 20/2016) Em se tratando de execução trabalhista, nos termos previstos na Consolidação das Leis do Trabalho,

a) não cabe a execução provisória por carta de sentença, nem a execução de prestações sucessivas por tempo indeterminado.

b) nas prestações sucessivas por tempo determinado, a execução deverá recair sobre cada parcela não cumprida, não compreendendo as que lhe sucederem.

c) caberá execução provisória apenas se fora caucionado o valor de cinquenta por cento da execução.

d) nas prestações sucessivas por tempo determinado, a execução pelo não-pagamento de uma prestação compreenderá as que lhe sucederem.

e) tratando-se de prestações sucessivas por tempo indeterminado, a execução compreenderá todas as prestações devidas até o final do ano de ingresso da execução.

COMENTÁRIOS

✪ **Nota do Autor:** A questão exige o conhecimento acerca do art. 891 da CLT acerca da possibilidade de execução de prestações sucessivas por prazo determinado e indeterminado no Processo do Trabalho.

Gabarito: Letra D. Reprodução do art. 891 da CLT.

Letra A: Assertiva contrária ao art. 897, §1º da CLT que autoriza em caso de interposição de Agravo de Petição a execução imediata da parte não impugnada até o final, nos próprios autos ou por carta de sentença e ao art. 892 da CLT que autoriza expressamente a execução de prestações sucessivas por tempo indeterminado.

Letra B: Nas prestações sucessivas por tempo determinado, a execução pelo não pagamento de uma prestação compreenderá as que lhe sucederem. (CLT, art. 891).

Letra C: Assertiva contrária ao art. 899 da CLT, que determina que os recursos serão interpostos por simples petição e terão efeito meramente devolutivo, permitida a execução provisória até a penhora. Diferentemente do Processo Civil, em que há autorização para prosseguimento do cumprimento de sentença, após a fase de penhora, apenas mediante caução.

Letra E: Tratando-se de prestações sucessivas por tempo indeterminado, a execução compreenderá inicialmente as prestações devidas até a data do ingresso na execução. (CLT, art. 892).

20. *JUS POSTULANDI*

▸ Súmula 425, do TST

212. (FCC – Técnico Judiciário – Área Administrativa – TRT 3/2015) Considere:

I. Interposição de Recurso Ordinário para Tribunal Regional do Trabalho.

II. Interposição de Recurso de Revista para o Tribunal Superior do Trabalho.

III. Agravo de Petição contra decisão em Embargos à Execução proferida por juiz de Vara do Trabalho.

IV. Agravo de Instrumento proposto em face de decisão reconhecendo a deserção de Recurso Ordinário proferida por juiz de Vara do Trabalho.

O *jus postulandi* das partes, estabelecido no artigo 791 da Consolidação das Leis do Trabalho abrange as hipóteses indicadas APENAS em

a) I e III.

b) I, III e IV.

c) II, III e IV.

d) I, II e IV.

e) I, II e III.

COMENTÁRIOS

✪ **Nota do Autor:** A questão versa sobre a capacidade postulatória. A capacidade postulatória é a habilitação legal para dirigir requerimentos e pedidos a um órgão jurisdicional. Tanto os empregados quanto os empregadores poderão reclamar pessoalmente perante a Justiça do Trabalho e acompanhar as suas reclamações até o final. A assistência por advogado nos dissídios individuais e coletivos constitui uma faculdade. O *jus postulandi* das partes, estabelecido no art. 791 da CLT, limita-se às Varas do Trabalho e aos Tribunais Regionais do Trabalho, não alcançando a ação rescisória, a ação cautelar, o mandado de segurança e os recursos de competência do Tribunal Superior do Trabalho (TST, Súmula 425).

Gabarito: Letra B. Conforme entendimento consolidado na súmula 425 do TST o jus postulandi das partes, estabelecido no art. 791 da CLT, limita-se às Varas do Trabalho e aos Tribunais Regionais do Trabalho, não alcançando a ação rescisória, a ação cautelar, o mandado de segurança e os recursos de competência do Tribunal Superior do Trabalho.

Itens I, II, III e IV: Ver comentários sobre o gabarito.

213. (FCC – Analista Judiciário – Área Judiciária – TRT 3/2015) Em relação à capacidade postulatória na Justiça do Trabalho,

a) no processo do Trabalho aplica-se, subsidiariamente, o artigo 36 do CPC, que dispõe que a parte será representada em juízo por advogado legalmente habilitado.

b) os empregados e os empregadores poderão reclamar pessoalmente perante a Justiça do Trabalho e acompanhar as suas reclamações até o final, em todas as esferas recursais.

c) somente os empregados, em razão de sua hipossuficiência, poderão reclamar pessoalmente perante a Justiça do Trabalho e acompanhar as suas reclamações até o final.

d) para a jurisprudência trabalhista o direito de postular em juízo, pessoalmente, alcança os recursos de competência do Tribunal Superior do Trabalho e Supremo Tribunal Federal.

e) para a jurisprudência trabalhista o direito de postular em juízo, pessoalmente, não alcança a ação rescisória, a ação cautelar, o mandado de segurança e os recursos de competência do Tribunal Superior do Trabalho.

COMENTÁRIOS

✪ **Nota do Autor:** a questão versa sobre a capacidade postulatória. A capacidade postulatória é a habilitação legal para dirigir requerimentos e pedidos a um órgão jurisdicional. Tanto os empregados quanto os empregadores poderão reclamar pessoalmente perante a Justiça do Trabalho e acompanhar as suas reclamações até o final. A assistência por advogado nos dissídios individuais e coletivos constitui uma faculdade. O *jus postulandi* das partes, estabelecido no art. 791 da CLT, limita-se às Varas do Trabalho e aos Tribunais Regionais do Trabalho, não alcançando a ação rescisória, a ação cautelar, o mandado de segurança e os recursos de competência do Tribunal Superior do Trabalho (TST, Súmula 425).

Gabarito: Letra E. Conforme entendimento consolidado na súmula 425 do TST o jus postulandi das partes, estabelecido no art. 791 da CLT, limita-se às Varas do Trabalho e aos Tribunais Regionais do Trabalho, não alcançando a ação rescisória, a ação cautelar, o mandado de segurança e os recursos de competência do Tribunal Superior do Trabalho.

Letras A, B, C e D: Ver comentários na nota do autor e sobre o gabarito.

214. (FCC – Analista Judiciário – Oficial de Justiça Avaliador – TRT 3/2015) Os empregados e empregadores poderão reclamar pessoalmente perante a Justiça do Trabalho e acompanhar as suas reclamações até o final, sendo que o entendimento sumulado do TST é no sentido de que o jus postulandi

a) limita-se às Varas do Trabalho, não alcançando a ação rescisória, a ação cautelar, o mandado de segurança e os recursos de competência dos Tribunais Regionais do Trabalho e do Tribunal Superior do Trabalho.

b) limita-se às Varas do Trabalho e aos Tribunais Regionais do Trabalho, não alcançando a ação rescisória, a ação cautelar, o mandado de segurança e os recursos de competência do Tribunal Superior do Trabalho.

c) limita-se às Varas do Trabalho, não alcançando apenas o mandado de segurança e os recursos de competência dos Tribunais Regionais do Trabalho e do Tribunal Superior do Trabalho.

d) limita-se às Varas do Trabalho e aos Tribunais Regionais do Trabalho, alcançando inclusive a ação rescisória, a ação cautelar e o mandado de segurança.

e) não tem qualquer limitação em razão do princípio da proteção do empregado.

COMENTÁRIOS

✪ **Nota do Autor:** a questão versa sobre a capacidade postulatória. A capacidade postulatória é a habilitação legal para dirigir requerimentos e pedidos a um órgão jurisdicional. Tanto os empregados quanto os empregadores poderão reclamar pessoalmente perante a Justiça do Trabalho e acompanhar as suas reclamações até o final. A assistência por advogado nos dissídios individuais e coletivos constitui uma faculdade. O *jus postulandi* das partes, estabelecido no art. 791 da CLT, limita-se às Varas do Trabalho e aos Tribunais Regionais do Trabalho, não alcançando a ação rescisória, a ação cautelar, o mandado de segurança e os recursos de competência do Tribunal Superior do Trabalho (TST, Súmula 425).

Gabarito: Letra B.

Letras A, C, D e E: Ver comentários na nota do autor.

215. (FCC – Analista Judiciário – Oficial de Justiça Avaliador – TRT 4/2015) Conforme previsão legal e jurisprudência sumulada pelo Tribunal Superior do Trabalho sobre o jus postulandi na Justiça do Trabalho:

a) somente pode ser exercido pelos empregados que podem atuar em todas as fases e instâncias dos dissídios individuais do rito sumaríssimo.

b) pode ser exercido por empregados e empregadores em todas as instâncias da Justiça do Trabalho apenas nos dissídios coletivos.

c) pode ser aplicado pelas partes e limita-se às Varas do Trabalho e aos Tribunais Regionais do Trabalho, não alcançando a ação rescisória, a ação cautelar, o mandado de segurança e os recursos de competência do Tribunal Superior do Trabalho.

d) somente é possível nos dissídios individuais e não nos coletivos e alcança apenas as Varas do Trabalho.

e) foi tacitamente revogado pela Constituição Federal de 1988 ao dispor que o advogado é indispensável à administração da Justiça.

COMENTÁRIOS

✪ **Nota do Autor:** A questão versa sobre a capacidade postulatória. A capacidade postulatória é a habilitação legal para dirigir requerimentos e pedidos a um órgão jurisdicional. Tanto os empregados quanto os empregadores poderão reclamar pessoalmente perante a Justiça do Trabalho e acompanhar as suas reclamações até o final. A assistência por advogado nos dissídios individuais e coletivos constitui uma faculdade, ou seja, também há jus postulandi nos dissídios coletivos. O *jus postulandi* das partes, estabelecido no art. 791 da CLT, limita-se às Varas do Trabalho e aos Tribunais Regionais do Trabalho, não alcançando a ação rescisória, a ação cautelar, o mandado de segurança e os recursos de competência do Tribunal Superior do Trabalho (TST, Súmula 425).

Gabarito: Letra C. Conforme entendimento consolidado na súmula 425 do TST o jus postulandi das **partes (tanto empregado, quanto empregador)**, estabelecido no art. 791 da CLT, limita-se às Varas do Trabalho e aos Tribunais Regionais do Trabalho, não alcançando a ação rescisória, a ação cautelar, o mandado de segurança e os recursos de competência do Tribunal Superior do Trabalho.

Letras A, B e D: Ver comentários na nota do autor e sobre o gabarito.

Letra E: a Constituição prevê em seu art. 133 que o advogado é indispensável à administração da justiça. No Processo Civil, qualquer ato postulatório – salvo nos juizados especiais – somente pode ser praticado por profissional da advocacia devidamente habilitado e inscrito na Ordem dos Advogados do Brasil. No Processo do Trabalho, todavia, a regra geral é a desnecessidade da capacidade postulatória, pois o art. 791 da CLT prevê que empregados e empregadores podem litigar pessoalmente – ou seja, sem o patrocínio de advogado – na Justiça do Trabalho. O STF reconheceu a constitucionalidade do referido dispositivo legal.[2]

216. (FCC – Analista Judiciário – Área Judiciária – Oficial de Justiça Avaliador – TRT 9/2015) Thales, bacharel em Direito não inscrito nos quadros da OAB, ajuizou reclamação trabalhista em face de sua empregadora postulando o pagamento de adicional de periculosidade. A ação foi julgada improcedente. Inconformado, Thales resolveu interpor recurso ordinário no prazo legal, recolhendo as custas devidas. Para evitar despesas, e por entender que tinha conhecimentos jurídicos adequados, decidiu atuar sem advogado. Nessa hipótese, o recurso ordinário

a) não será conhecido porque é indispensável a assistência de advogado.
b) somente será conhecido se, no prazo legal de 10 dias, for subscrito por um advogado.
c) não será conhecido porque o *jus postulandi* somente pode ser exercido com assistência sindical.
d) será conhecido somente em caso de a ação tramitar pelo rito sumaríssimo.
e) será conhecido em razão do *jus postulandi*.

2. ADI 1127 MC, Relator(a) Min. PAULO BROSSARD, Tribunal Pleno, julgado em 06/10/1994, DJ 29-06-2001 PP-00032 EMENT VOL-0207-02 PP-00265.

COMENTÁRIOS

✪ **Nota do Autor:** A questão versa sobre a capacidade postulatória. A capacidade postulatória é a habilitação legal para dirigir requerimentos e pedidos a um órgão jurisdicional. Tanto os empregados quanto os empregadores poderão reclamar pessoalmente perante a Justiça do Trabalho e acompanhar as suas reclamações até o final.

Gabarito: Letra E. O *jus postulandi* das partes, estabelecido no art. 791 da CLT, limita-se às Varas do Trabalho e aos Tribunais Regionais do Trabalho, não alcançando a ação rescisória, a ação cautelar, o mandado de segurança e os recursos de competência do Tribunal Superior do Trabalho (TST, Súmula 425).

Letras A, B, C e D: Ver comentários sobre o gabarito.

217. (FCC – Técnico Judiciário – Área Administrativa – TRT 14/2016) Kronos ajuizou ação trabalhista em face da empresa Beta & Gama Empreendimentos, utilizando o jus postulandi.

Ocorre que foi vencido em primeira instância visto que a ação foi julgada improcedente. Inconformado com o resultado da sentença resolveu recorrer. Nessa situação Kronos

a) deve constituir advogado e ingressar com recurso de apelação em 15 dias.
b) pode utilizar o *jus postulandi* e interpor recurso ordinário em 8 dias.
c) deve constituir advogado e interpor agravo de instrumento em 5 dias.
d) pode utilizar o *jus postulandi* e ingressar com recurso de revista em 8 dias.
e) dependendo do valor da causa deverá constituir advogado e interpor recurso ordinário em 5 dias.

COMENTÁRIOS

✪ **Nota do Autor:** A questão versa sobre a capacidade postulatória. A capacidade postulatória é a habilitação legal para dirigir requerimentos e pedidos a um órgão jurisdicional. Tanto os empregados quanto os empregadores poderão reclamar pessoalmente perante a Justiça do Trabalho e acompanhar as suas reclamações até o final.

Gabarito: Letra B. O *jus postulandi* das partes, estabelecido no art. 791 da CLT, limita-se às Varas do Trabalho e aos Tribunais Regionais do Trabalho, não alcançando a ação rescisória, a ação cautelar, o mandado de segurança e os recursos de competência do Tribunal Superior do Trabalho (TST, Súmula 425).

Cabe Recurso Ordinário para a instância superior – no caso TRT – das decisões definitivas ou terminativas das Varas e Juízos, no prazo de 8 (oito) dias (CLT, art. 895, I).

Letras A, C, D e E: Ver comentários sobre o gabarito.

---

218. (FCC – Analista Judiciário – Oficial de Just. Avaliador – TRT 11/2017) Considere:

I. Recurso Ordinário ao Tribunal Regional do Trabalho da 11ª Região.

II. Ação rescisória.

III. Mandado de segurança.

IV. Agravo de Petição ao Tribunal Regional do Trabalho da 11ª Região.

De acordo com o entendimento Sumulado do TST, o jus postulandi das partes estabelecido no artigo 791 da CLT, alcança os indicados APENAS em

a) I, III e IV.

b) I e IV.

c) II e III.

d) I, II e IV.

e) I e III.

COMENTÁRIOS

✪ **Nota do Autor:** A questão versa sobre a capacidade postulatória. A capacidade postulatória é a habilitação legal para dirigir requerimentos e pedidos a um órgão jurisdicional. Tanto os empregados quanto os empregadores poderão reclamar pessoalmente perante a Justiça do Trabalho e acompanhar as suas reclamações até o final.

Gabarito: Letra B.

O *jus postulandi* das partes, estabelecido no art. 791 da CLT, limita-se às Varas do Trabalho e aos Tribunais Regionais do Trabalho, não alcançando a ação rescisória, a ação cautelar, o mandado de segurança e os recursos de competência do Tribunal Superior do Trabalho (TST, Súmula 425).

Itens I, II, III e IV: Ver comentários sobre o gabarito.

---

219. (FGV – Analista Judiciário – Área Judiciária – TRT 12/2017) Conforme disposição expressa na CLT, os empregados e os empregadores poderão reclamar pessoalmente perante a Justiça do Trabalho e acompanhar as suas reclamações até o final. Diante desse preceito normativo, e considerando a jurisprudência uniforme do TST, o recurso ou a ação em que se admite o jus postulandi das partes na Justiça do Trabalho é:

a) mandado de segurança;

b) ação cautelar;

c) recurso ordinário adesivo;

d) recurso de revista;

e) ação rescisória.

COMENTÁRIOS

✪ **Nota do Autor:** A questão versa sobre a capacidade postulatória. A capacidade postulatória é a habilitação legal para dirigir requerimentos e pedidos a um órgão jurisdicional. Tanto os empregados quanto os empregadores poderão reclamar pessoalmente perante a Justiça do Trabalho e acompanhar as suas reclamações até o final.

Gabarito: Letra C.

O *jus postulandi* das partes, estabelecido no art. 791 da CLT, limita-se às Varas do Trabalho e aos Tribunais Regionais do Trabalho, não alcançando a ação rescisória, a ação cautelar, o mandado de segurança e os recursos de competência do Tribunal Superior do Trabalho (TST, Súmula 425).

Letras A, B, D e E: Ver comentários sobre o gabarito.

---

220. (FCC – Analista Judiciário – Área Judiciária – TRT 20/2016) Vênus atuou durante 6 anos como preposta da Cia de Bebidas Fonte de Amor. Por força da crise econômica foi dispensada sem receber alguns direitos trabalhistas. Em razão de sua experiência, ingressou com reclamação trabalhista de forma verbal, sem constituir advogado. Conforme súmula do Tribunal Superior do Trabalho e dispositivo processual trabalhista, a capacidade postulatória de Vênus em relação a essa reclamatória

a) está restrita a fase de conhecimento na Vara do Trabalho.

b) limita-se às Varas do Trabalho e aos Tribunais Regionais do Trabalho, não alcançando a fase executória.

c) limita-se às Varas do Trabalho e aos Tribunais Regionais do Trabalho, não alcançando os recursos de competência do Tribunal Superior do Trabalho.

d) é ilimitada quanto a fase processual, bem como em relação à instância, alcançando inclusive o Tribunal Superior do Trabalho, porque a lei permite o acompanhamento das reclamações até o final.

e) está restrita à fase de conhecimento, incluindo recursos em todas as instâncias trabalhistas, Varas do Trabalho, Tribunais Regionais do Trabalho e Tribunal Superior do Trabalho, mas não envolve a fase de execução.

COMENTÁRIOS

✪ **Nota do Autor:** A questão versa sobre a capacidade postulatória. A capacidade postulatória é a habilitação legal para dirigir requerimentos e pedidos a um órgão jurisdicional. Tanto os empregados quanto os empregadores poderão reclamar pessoalmente perante a Justiça do Trabalho e acompanhar as suas reclamações até o final.

Gabarito: Letra C.

O *jus postulandi* das partes, estabelecido no art. 791 da CLT, limita-se às Varas do Trabalho e aos Tribunais Regionais do Trabalho, não alcançando a ação rescisória, a ação cautelar, o mandado de segurança e os recursos de competência do Tribunal Superior do Trabalho (TST, Súmula 425).

Letras A, B, D e E: Ver comentários sobre o gabarito.

---

221. (FCC – Técnico Judiciário – Área Administrativa – TRT 20/2016) Em relação às capacidades de postular e de estar em juízo, conforme normas contidas na Consolidação das Leis do Trabalho,

a) nos dissídios individuais os empregados e empregadores somente poderão estar em juízo se estiverem representados por advogado particular ou de entidade sindical.

b) nos dissídios coletivos trabalhistas, as partes representadas pelos entes sindicais, deverão ter a necessária assistência por advogado.

c) a constituição de procurador com poderes para o foro em geral poderá ser efetivada, mediante simples registro em ata de audiência, a requerimento verbal do advogado interessado, com anuência da parte representada.

d) a reclamação trabalhista do menor de 18 anos somente será acolhida se feita por órgão do Ministério Público do Trabalho.

e) os maiores de 18 e menores de 21 anos poderão pleitear perante a Justiça do Trabalho sem a assistência de seus pais ou tutores, desde que assistidos por advogado.

COMENTÁRIOS

Nota do Autor: A questão versa sobre a capacidade postulatória. A capacidade postulatória é a habilitação legal para dirigir requerimentos e pedidos a um órgão jurisdicional. Tanto os empregados quanto os empregadores poderão reclamar pessoalmente perante a Justiça do Trabalho e acompanhar as suas reclamações até o final.

Gabarito: Letra C. Segundo entendimento consolidado pelo TST não é admissível o recurso por advogado sem procuração nos autos, salvo mandato *apud acta*, situação na qual a parte é representada por advogado em audiência, sem juntar procuração escrita nos autos, mas consta da ata de audiência a outorga de poderes da parte ao seu advogado. Em tais casos, o patrono terá os poderes para o foro em geral, inerentes à cláusula *ad judicia*.

Letras A e B: O *jus postulandi* das partes, estabelecido no art. 791 da CLT, limita-se às Varas do Trabalho e aos Tribunais Regionais do Trabalho, não alcançando a ação rescisória, a ação cautelar, o mandado de segurança e os recursos de competência do Tribunal Superior do Trabalho (TST, Súmula 425). Não é imprescindível, em regra, a assistência por advogado no Processo do Trabalho.

Letras D e E: A reclamação trabalhista do menor de 18 anos será feita por seus representantes legais e, na falta destes, pela Procuradoria da Justiça do Trabalho, pelo sindicato, pelo Ministério Público estadual ou curador nomeado em juízo. (CLT, art. 793)

21. SENTENÇA E COISA JULGADA

▸ Art. 485, I, do CPC

---

222. (FCC – Analista Judiciário – Área Judiciária – TRT 3/2015) Em relação à sentença no Processo do Trabalho, a decisão

a) citra ou infra petita é a que decide além do pedido, ou seja, defere verbas além das postuladas na inicial.

b) ultra petita contém julgamento fora do pedido, ou seja, o provimento jurisdicional sobre o pedido é diverso do postulado.

c) extra petita é a que decide aquém do pedido, contendo omissão do julgado.

d) citra ou infra petita ocorre quando, por exemplo, o reclamante pede horas extras, adicional de insalubridade e danos morais, mas a sentença não aprecia o pedido de horas extras.

e) ultra petita ocorre quando, por exemplo, o reclamante postula horas extras e a sentença defere horas pela não concessão de intervalo intrajornada.

COMENTÁRIOS

Nota do Autor: A par dos requisitos de estruturação (relatório, fundamentação e dispositivo) e dos formais (clareza e certeza), o conteúdo da sentença precisa ter congruência externa subjetiva e objetiva, vale dizer, deve se ater às partes e aos limites da lide. Se tal requisito substancial de congruência não for observado, a decisão judicial viola o princípio da adstrição da sentença ao pedido (CPC, arts. 141 e 492).

Gabarito: Letra D. Decisão *ultra petita* é a que, (i) analisando o pedido e a causa de pedir formulados pelo autor, concede providência jurisdicional quantitativamente superior à postulada ou com base em causa de pedir não exposta. Também será *ultra petita* a decisão que, (ii) além de emitir comando jurisdicional para as partes do processo, pretende vincular terceiros estranhos a relação jurídica processual; e que, (iii) embora apreciando os fatos jurídicos suscitados pelo réu, aprecia outros, não sujeitos à cognoscibilidade de ofício e que não foram arguidos.

Letra A: A decisão é *citra petita* quando contém omissão acerca da questão (i) arguida ou discutida pelas partes, ou (ii) cognoscível de ofício pelo juiz. O conceito abrange tanto os pontos controvertidos de fato e de direito, como todos os temas que devam ser objeto de decisão judicial.

Letra B: a assertiva trata sobre decisão *extra petita*. A decisão judicial *extra petita* é aquela que, deixando de apreciar o pedido, causa de pedir ou fato jurídico invocado pelas partes, aprecia outros que não foram arguidos, nem poderiam ser conhecidos de ofício pelo juiz.. Ocorre ainda, quando o órgão julgador, não apreciando o pedido em relação a uma das partes, julga-o considerando terceiro alheio ao processo. Noutros termos, há julgamento de lide diferente da posta em juízo pelas partes.

Letra C: A assertiva trata de decisão *citra petita*, ou seja, que se omite, fica aquém do pedido.

Letra E: a assertiva traz hipótese que se enquadra como sentença *extra petita*.

---

223. (Cespe – Técnico Judiciário – Área Administrativa – TRT 8/2016) Em relação a sentença, coisa julgada e liquidação de sentença trabalhista, assinale a opção correta.

a) Caso tenha sido proferida na audiência de instrução processual e nenhuma das partes tenha comparecido em juízo, a sentença será considerada publicada nesse ato.

b) A verdade dos fatos prevista na sentença faz coisa julgada formal e material.

c) Como a liquidação de sentença é fase prévia à execução, é possível se discutir matéria pertinente à causa principal.

d) Na liquidação de sentença por cálculos, os elementos ainda não estão integralmente nos autos, devendo as partes apresentar prova dos fatos para fixação do valor devido.

e) Em face da simplicidade do processo do trabalho, é desnecessário que a sentença trabalhista contenha os fundamentos da decisão, podendo o juiz indicar apenas o resumo do pedido e suas conclusões.

COMENTÁRIOS

✪ **Nota do Autor:** A questão exige conhecimentos diversos sobre os requisitos de estruturação (relatório, fundamentação e dispositivo) e dos formais (clareza e certeza), da sentença.

Gabarito: Letra A. Os tramites de instrução e julgamento da reclamação serão resumidos em ata, de que constará, na íntegra, a decisão. (CLT, art. 851). Da decisão serão os litigantes notificados, pessoalmente, ou por seu representante, na própria audiência. No caso de revelia, a notificação far-se-á pela forma estabelecida no § 1º do art. 841. (CLT, art. 852). Ou seja, a notificação só será feita pessoalmente, caso proferida em audiência, se o reclamado estiver revel.

Letra B: Contrária ao disposto no art. 504 do CPC:

> *Art. 504. Não fazem coisa julgada:*
>
> *I – os motivos, ainda que importantes para determinar o alcance da parte dispositiva da sentença;*
>
> *II – a verdade dos fatos, estabelecida como fundamento da sentença.*

Letra C: Na liquidação, não se poderá modificar, ou inovar, a sentença liquidanda nem discutir matéria pertinente à causa principal. (CLT, art. 879, §1º).

Letra D: Sendo ilíquida a sentença exequenda, ordenar-se-á, previamente, a sua liquidação, que poderá ser feita por cálculo, por arbitramento ou por artigos (CLT, 879). A liquidação por cálculos é devida quando a apuração do valor depender apenas de cálculo aritmético. Quando for necessária a apresentação de pareceres ou documentos elucidativos far-se-á a liquidação por arbitramento (CPC, art. 510).

Letra E: Da decisão deverão constar o nome das partes, o resumo do pedido e da defesa, a apreciação das provas, os fundamentos da decisão e a respectiva conclusão. (CLT, art. 832).

---

224. (FCC – Analista Judiciário – Área Judiciária – TRT 11/2017) Em determinado processo trabalhista a ata da audiência de julgamento (art. 851, § 2º, da CLT) foi juntada ao processo após 24 horas da referida audiência. Neste caso, o prazo para recurso será contado

a) da data da juntada aos autos da sentença.

b) da data em que a parte receber a intimação da sentença via Diário Oficial Eletrônico.

c) da data da audiência.

d) da data em que a parte receber pessoalmente a intimação da sentença.

e) após transcorridas 48 horas da data da audiência.

COMENTÁRIOS

✪ **Nota do Autor:** A questão exige o conhecimento acerca do entendimento sumulado pelo TST acerca do prazo para juntada da sentença após a realização da audiência de julgamento e do início da contagem do respectivo prazo recursal.

Gabarito: Letra C.

Os tramites de instrução e julgamento da reclamação serão resumidos em ata, de que constará, na íntegra, a decisão. (CLT, art. 851). A ata será, pelo presidente ou juiz, junta ao processo, devidamente assinada, no prazo improrrogável de 48 (quarenta e oito) horas, contado da audiência de julgamento, e assinada pelos juízes classistas presentes à mesma audiência. (CLT, art. 851, §2º). Da decisão serão os litigantes notificados, pessoalmente, ou por seu representante, na própria audiência. (CLT, art. 852). Quando não juntada a ata ao processo em 48 horas, contadas da audiência de julgamento, o prazo para recurso será contado da data em que a parte receber a intimação da sentença. (TST, Súmula 30); caso juntada a ata dentro do prazo de 48h, o prazo será contado da data da própria audiência de julgamento.

Letras A, B, D e E: Ver comentários sobre o gabarito.

---

225. (FCC - Técnico Judiciário - Área Administrativa - TRT 24/2017) A sentença é um dos atos processuais praticados pelo juiz, por meio do qual entrega às partes a tutela jurisdicional. Uma vez não sujeita a recurso, opera-se a denominada coisa julgada. Com relação à sentença e à coisa julgada, a Consolidação das Leis do Trabalho estabelece:

a) As decisões cognitivas ou homologatórias não precisam indicar a natureza jurídica das parcelas constantes da condenação ou do acordo homologado, nem mesmo o limite de responsabilidade de cada parte pelo recolhimento da contribuição previdenciária, se for o caso.

b) Existindo na decisão evidentes erros ou equívocos de escrita, de datilografia ou de cálculo, não poderão os mesmos, em nenhuma hipótese, ser corrigidos.

c) No caso de conciliação, o termo que for lavrado valerá como decisão irrecorrível, salvo para a Previdência Social quanto às contribuições que lhe forem devidas.

d) O acordo celebrado após o trânsito em julgado da sentença ou após a execução da mesma prejudicará os créditos da União.

e) Na decisão não será necessário mencionar as custas que devam ser pagas pela parte vencida, uma vez que se tratam de taxas automaticamente impostas pelo poder judiciário.

COMENTÁRIOS

✪ **Nota do Autor:** A questão exige conhecimentos diversos sobre os requisitos de estruturação (relatório, fundamentação e dispositivo) e dos formais (clareza e certeza), da sentença, sua eficácia e a formação de coisa julgada.

Gabarito: Letra C.

Conforme previsão do art. 831, parágrafo único da CLT.

Letra A: Assertiva contrária ao art. 832, §3º da CLT. As decisões cognitivas ou homologatórias deverão sempre indicar a natureza jurídica das parcelas constantes da condenação ou do acordo homologado, inclusive o limite de responsabilidade de cada parte pelo recolhimento da contribuição previdenciária, se for o caso.

Letra B: Assertiva contrária ao art. 833 da CLT. Existindo na decisão evidentes erros ou enganos de escrita, de datilografia ou de cálculo, poderão os mesmos, antes da execução, ser corrigidos, ex officio, ou a requerimento dos interessados ou da Procuradoria da Justiça do Trabalho.

Letra D: Assertiva contrária ao art. 832 §6º da CLT. O acordo celebrado após o trânsito em julgado da sentença ou após a elaboração dos cálculos de liquidação de sentença não prejudicará os créditos da União.

Letra E: Assertiva contrária ao art. 832 §2º da CLT. A decisão mencionará sempre as custas que devam ser pagas pela parte vencida.

---

226. (FGV - Analista Judiciário - Oficial de Just. Avaliador - TRT 12/2017) Heitor ajuizou reclamação trabalhista contra o ex-empregador requerendo adicional de insalubridade, afirmando que o meio ambiente de trabalho apresentava nível de ruído acima dos limites de tolerância. Feita a perícia, o perito constatou que o ruído ambiental estava dentro do limite previsto na norma regulamentadora, mas que havia frio excessivo no ambiente. Com base nesse laudo, o juiz deferiu adicional de insalubridade. Considerando essa situação e o entendimento consolidado pelo TST, é correto afirmar que:

a) a decisão foi extra petita e deve ser anulada;

b) somente seria possível deferir o adicional se o grau da insalubridade do agente detectado fosse o mesmo do erroneamente pleiteado;

c) trata-se de decisão ultra petita, que deve ser anulada;

d) não há vício na decisão, pois o agente agressor apontado pela parte não é vinculante para o juiz;

e) a decisão foi extra causa petendi e deve ser reformada.

COMENTÁRIOS

✪ **Nota do Autor:** A par dos requisitos de estruturação (relatório, fundamentação e dispositivo) e dos formais (clareza e certeza), o conteúdo da sentença precisa ter congruência externa subjetiva e objetiva, vale dizer, deve se ater às partes e aos limites da lide. Se tal requisito substancial de congruência não for observado, a decisão judicial viola o princípio da adstrição da sentença ao pedido (CPC, arts. 141 e 492).

Gabarito: Letra D.

Decisão *ultra petita* é a que, (i) analisando o pedido e a causa de pedir formulados pelo autor, concede providência jurisdicional quantitativamente superior à postulada ou com base em causa de pedir não exposta. Também será *ultra petita* a decisão que, (ii) além de emitir comando jurisdicional para as partes do processo, pretende vincular terceiros estranhos a relação jurídica processual; e que, (iii) embora apreciando os fatos jurídicos suscitados pelo réu, aprecia outros, não sujeitos à cognoscibilidade de ofício e que não foram arguidos.

A decisão é *citra petita* quando contém omissão acerca da questão (i) arguida ou discutida pelas partes, ou (ii) cognoscível de ofício pelo juiz. O conceito abrange tanto os pontos controvertidos de fato e de direito, como todos os temas que devam ser objeto de decisão judicial.

As assertivas tratam de sentença *extra petita*. A decisão judicial *extra petita* é aquela que, deixando de apreciar o pedido, causa de pedir ou fato jurídico invocado pelas partes, aprecia outros que não foram arguidos, nem poderiam ser conhecidos de ofício pelo juiz. Ocorre ainda, quando o órgão julgador, não apreciando o pedido em relação a uma das partes, julga-o considerando terceiro alheio ao processo. Noutros termos, há julgamento de lide diferente da posta em juízo pelas partes.

Nos termos no entendimento consolidado pela súmula 293 da TST a verificação mediante perícia de prestação de serviços em condições nocivas, considerado agente insalubre diverso do apontado na inicial, não prejudica o pedido de adicional de insalubridade.

Letras A, B, C e E: Ver comentários sobre o gabarito.

22. RECURSOS

▸ Súmula 283, do TST

227. (FCC – Analista Judiciário – TRT 18/2023) A empresa de transportes rodoviários Carga Total interpõe agravo de petição contra decisão do juiz na execução de processo do trabalho movido por Afrodite, sua ex-empregada. O juiz denega seguimento ao agravo de petição, sob fundamento de intempestividade do mesmo. Pretendendo recorrer desta decisão, a empresa poderá apresentar

a) agravo de instrumento no prazo de 8 dias, sem a suspensão da execução.

b) recurso ordinário no prazo de 8 dias, sem a suspensão da execução.

c) agravo de instrumento no prazo de 10 dias, sem a suspensão da execução.

d) recurso ordinário no prazo de 10 dias, ficando suspensa a execução até decisão final acerca do mesmo.

e) agravo de instrumento no prazo de 5 dias, ficando suspensa a execução até decisão final acerca do mesmo.

COMENTÁRIOS

✪ **Nota do autor:** a questão versa sobre o sistema recursal trabalhista. Contra decisões na execução, cabe o agravo de petição. Se a decisão juiz negar seguimento ao recurso, cabe agravo de instrumento no prazo de 8 dias, sendo certo que os recursos não possuem efeito suspensivo automático no processo do trabalho.

Gabarito: Letra A.

228. (FUMARC – Analista Judiciário – Área Judiciária – TRT 3/2022) Sobre os depósitos recursais, é INCORRETO afirmar:

a) O depósito recursal poderá ser substituído por fiança bancária ou seguro garantia judicial.

b) O depósito recursal será feito em conta vinculada ao juízo.

c) O valor do depósito recursal será reduzido pela metade para entidades sem fins lucrativos, empregadores domésticos, microempreendedores individuais, entidades filantrópicas e as empresas em recuperação judicial.

d) Os beneficiários da justiça gratuita são isentos do depósito recursal.

e) Quando o agravo de instrumento tem a finalidade de destrancar recurso de revista que se insurge contra decisão que contraria a jurisprudência uniforme do Tribunal Superior do Trabalho, consubstanciada nas suas súmulas ou em orientação jurisprudencial, não haverá obrigatoriedade de se efetuar o depósito recursal.

COMENTÁRIOS

✪ **Nota do autor:** a questão versa sobre o tema do depósito recursal.

Letra A: correto, conforme art. 899, §11, da CLT.

Letra B: correto, conforme art. 899, §4º, da CLT.

Letra C: incorreto, pois de acordo com o art. 899, §10, da CLT, são isentos do depósito recursal os beneficiários da justiça gratuita, as entidades filantrópicas e as empresas em recuperação judicial.

Letra D: correto, conforme art. 899, §10, da CLT.

Letra E: correto, conforme art. 899, §8º, da CLT.

Gabarito: letra C.

---

229. (FUMARC – Analista Judiciário – Área Judiciária – TRT 3/2022) Sobre o recurso de revista, é CORRETO afirmar:

a) Cabe Recurso de Revista para Turma do Tribunal Superior do Trabalho das decisões proferidas em grau de recurso ordinário, em dissídio individual ou coletivo, pelos Tribunais Regionais do Trabalho, quando derem ao mesmo dispositivo de lei federal interpretação diversa da que lhe houver dado outra Turma do mesmo Tribunal Regional, ou contrariarem súmula de jurisprudência uniforme do TST, ou súmula vinculante do Supremo Tribunal Federal

b) Da decisão denegatória caberá agravo de instrumento, no prazo de 15 (quinze) dias.

c) Nas causas sujeitas ao procedimento sumaríssimo, somente será admitido recurso de revista por contrariedade a súmula de jurisprudência uniforme do Tribunal Superior do Trabalho ou do Tribunal Regional do Trabalho recorrido, súmula vinculante do Supremo Tribunal Federal e por violação direta da Constituição Federal.

d) No primeiro juízo de admissibilidade do recurso de revista, o presidente do Tribunal Regional do Trabalho examinará se a causa oferece transcendência com relação aos reflexos gerais de natureza econômica, política, social ou jurídica.

e) O relator do recurso de revista poderá denegar-lhe seguimento, em decisão monocrática, nas hipóteses de intempestividade, deserção, irregularidade de representação ou de ausência de qualquer outro pressuposto extrínseco ou intrínseco de admissibilidade.

COMENTÁRIOS

✪ **Nota do autor:** A questão versa sobre o tema do recurso de revista.

Letra A: Errado. CLT, art. 896, a: Cabe Recurso de Revista para Turma do Tribunal Superior do Trabalho das decisões proferidas em grau de recurso ordinário, em dissídio individual, pelos Tribunais Regionais do Trabalho, quando: derem ao mesmo dispositivo de lei federal interpretação diversa da que lhe houver dado outro Tribunal Regional do Trabalho, no seu Pleno ou Turma, ou a Seção de Dissídios Individuais do Tribunal Superior do Trabalho, ou contrariarem súmula de jurisprudência uniforme dessa Corte ou súmula vinculante do Supremo Tribunal Federal.

Letra B: Errado. CLT, art. 896, §12. Da decisão denegatória caberá agravo, no prazo de 8 (oito) dias.

Letra C: Errado. CLT, art. 896, § 9o Nas causas sujeitas ao procedimento sumaríssimo, somente será admitido recurso de revista por contrariedade a súmula de jurisprudência uniforme do Tribunal Superior do Trabalho ou a súmula vinculante do Supremo Tribunal Federal e por violação direta da Constituição Federal.

Letra D: Errado. A transcendência é analisada apenas pelo TST. CLT, Art.896-A – O Tribunal Superior do Trabalho, no recurso de revista, examinará previamente se a causa oferece transcendência com relação aos reflexos gerais de natureza econômica, política, social ou jurídica.

Letra E: Correto, conforme art. 896, §14, da CLT.

Gabarito: Letra E.

---

230. (FCC – Analista Judiciário – Oficial de Just. Avaliador Federal – TRT 15/2018) Associação Promessa de Futuro, entidade sem fins lucrativos, e Bite Informática Ltda. foram condenadas em reclamação trabalhista, a primeira, de forma subsidiária, e a segunda, que foi empregadora do reclamante e está em recuperação judicial, como devedora principal, a pagarem ao reclamante verbas trabalhistas e rescisórias, sendo arbitrado à condenação o valor de R$ 100.000,00. Ambas pretendem recorrer da sentença, sendo que, em relação ao depósito recursal,

a) nenhuma das reclamadas precisa fazer o recolhimento, tendo em vista tratar-se de entidade sem fins lucrativos e de empresa em recuperação judicial.

b) deve ser recolhido por ambas as reclamadas, não importando tratar-se de entidade sem fins lucrativos e de empresa em recuperação judicial, tendo em vista que o depósito tem por finalidade a garantia do juízo.

c) deverá ser recolhido pela metade pela Associação Promessa de Futuro, em razão de ser uma entidade sem fins lucrativos, e não precisará ser recolhido pela Bite Informática, que está isenta de seu recolhimento por estar em recuperação judicial.

d) deverá ser recolhido pela metade por ambas as reclamadas, tendo em vista o benefício previsto em lei para as entidades sem fins lucrativos e para as empresas em recuperação judicial.

e) deverá ser recolhido, por meio de depósito na conta vinculada do FGTS, pela Associação Promessa de Futuro, em razão de ser uma entidade sem fins lucrativos, e não precisará ser recolhido pela Bite Informática, que está isenta de seu recolhimento por estar em recuperação judicial.

COMENTÁRIOS

✪ **Nota do autor:** a questão versa sobre o depósito recursal, cuja realização, em regra, compõe o requisito de admissibilidade do preparo recursal. Contudo, em algumas situações excepcionais, a CLT traz regras especiais a respeito. Assim, o valor do depósito recursal será reduzido pela metade para entidades sem fins lucrativos, empregadores domésticos, microempreendedores individuais, microempresas e empresas de pequeno porte (CLT, art. 899, §9º). São isentos do depósito recursal os beneficiários da justiça gratuita, as entidades filantrópicas e as empresas em recuperação judicial (CLT, art. 899, §10). Deve-se ter cuidado para não confundir a instituição sem fins lucrativos com filantrópica: esta é uma espécie daquela. Ou seja: é possível haver instituição sem fins lucrativos que não seja filantrópica (exemplo: associação de magistrados). No caso hipotético em questão, a Associação não tem fins lucrativos, mas não é instituição filantrópica, razão pela qual deve recolher metade do depósito recursal, ao passo que a empresa em recuperação judicial é dispensada do recolhimento.

Gabarito: letra C.

Demais assertivas: ver nota do autor.

---

231. (FCC – Técnico Judiciário – Área Judiciária – TRT 15/2018) Artur é empregado temporário da empresa Gestão de Negócios Ltda. e prestou serviços temporários para Abóbora com Coco Doces Ltda. como empacotador. Moveu ação trabalhista contra ambas as empresas pleiteando diferenças salariais e pagamento de Plano de Participação nos Lucros, as quais se defenderam por meio de advogados distintos. A Reclamação foi julgada procedente, condenando a Gestão de Negócios Ltda. ao pagamento dos pedidos e a Abóbora com Coco Doces Ltda. de forma subsidiária, por ser a tomadora dos serviços temporários. Ambas pretendem ingressar com recurso ordinário, sendo que a empregadora temporária se insurgirá contra a condenação e a tomadora de serviços pedira sua exclusão da lide, por não ter sido a empregadora de Artur. O prazo, contado da intimação da sentença e não sendo interpostos Embargos de Declaração, será:

a) 8 dias úteis para ambas as reclamadas.

b) 16 dias úteis para ambas as reclamadas, pelo litisconsórcio passivo, independentemente de possuírem advogados distintos.

c) os primeiros 8 dias para Gestão de Negócios Ltda. e os 8 dias subsequentes para a Abóbora com Coco Doces Ltda.

d) os primeiros 8 dias para a Abóbora com Coco Doces Ltda. e os 8 dias subsequentes para Gestão de Negócios Ltda., tendo em vista que a matéria se trata de exclusão da lide.

e) 16 dias úteis para ambas as reclamadas, uma vez que possuem advogados distintos, única hipótese em que é permitida a dobra do prazo processual.

COMENTÁRIOS

✪ **Nota do autor:** a questão versa sobre a contagem do prazo recursal na hipótese de litisconsórcio passivo. O Código de Processo Civil prevê prazo em dobro para manifestação nos autos pelos litisconsortes (inclusive para recurso) quando se tratar de processo físico (= autos não eletrônicos). Contudo, sobre o tema, a OJ 310 da SDI-1 do TST dispõe ser inaplicável ao processo do trabalho a norma contida no art. 229, caput e §§ 1º e 2º, do CPC de 2015 (art. 191 do CPC de 1973), em razão de incompatibilidade com a celeridade que lhe é inerente. Dessa forma, independentemente de se tratar de autos físicos ou de processo eletrônico, não haverá contagem em dobro dos prazos para os litisconsortes, independentemente do tema do recurso de cada qual. Assim, a partir da intimação da sentença, todas as partes (inclusive os litisconsortes passivos) terão o prazo de 8 dias úteis para interposição de recurso ordinário.

Gabarito: letra A.

Demais assertivas: ver nota do autor.

---

232. (AOCP – Técnico Judiciário – Área Administrativa – TRT 1/2018) Arthur ingressou com reclamação trabalhista no dia 10 de out. de 2017, em face da empresa Publicidade e Bons Negócios Ltda., e obteve sentença favorável aos seus pleitos de pagamento de horas extras, adicional noturno e verbas rescisórias. Contudo, a reclamada encontra-se insatisfeita com a sentença prolatada, pois acredita não possuir débito algum com o reclamante, e intenciona, através do recurso cabível, pleitear a efetivação de seus direitos. Dessa forma, assinale a alternativa que demonstra qual o recurso e o prazo adequados às intenções da reclamada.

a) Embargos de declaração no prazo de 10 (dez) dias.

b) Recurso ordinário no prazo de 15 (quinze) dias.

c) Agravo no prazo de 8 (oito) dias.

d) Embargos de declaração no prazo de 5 (cinco) dias.

e) Recurso ordinário no prazo de 8 (oito) dias.

COMENTÁRIOS

✪ **Nota do autor:** a questão exige conhecimento básico acerca do sistema recursal no Processo do Trabalho. Sobre o tema, destaque-se:

(i) recurso ordinário é cabível no prazo de 8 dias contra sentenças proferidas nos dissídios individuais, e também contra decisões definitivas ou terminativas dos Tribunais Regionais, em processos de sua competência originária, no prazo de 8 (oito) dias, quer nos dissídios individuais, quer nos dissídios coletivos. O objetivo do recurso ordinário é modificar a conclusão do julgamento, quer em casos de erro de julgamento, quer nas situações de erro de procedimento;

(ii) embargos de declaração são cabíveis no prazo de 5 dias, contra qualquer decisão judicial, para sanar omissão, contradição, obscuridade ou erro material. O objetivo específico dos embargos de declaração é sanar algum desses vícios, e não impugnar o merecimento (= mérito) da sentença;

(iii) agravo é cabível no TST contra decisão não unânime de julgamento que conciliar, julgar ou homologar conciliação em dissídios coletivos que excedam a competência territorial dos Tribunais Regionais do Trabalho e estender ou rever as sentenças normativas do Tribunal Superior do Trabalho, nos casos previstos em lei; e também contra decisões das Turmas que divergirem entre si ou das decisões proferidas pela Seção de Dissídios Individuais, ou contrárias a súmula ou orientação jurisprudencial do Tribunal Superior do Trabalho ou súmula vinculante do Supremo Tribunal Federal.

Gabarito: letra E. Como o enunciado menciona que o objetivo do recorrente é modificar a conclusão do julgamento (não havendo menção a omissão, contradição ou obscuridade), é cabível o recurso ordinário no prazo de 8 dias.

---

233. (FCC – Analista Judiciário – Área Judiciária – TRT 15/2018) De acordo com a Instrução Normativa nº 40/2016, do TST, que dispõe sobre o cabimento de agravo de instrumento em caso de admissibilidade parcial de recurso de revista no Tribunal Regional do Trabalho,

a) admitido apenas parcialmente o recurso de revista, constitui ônus da parte impugnar, mediante agravo de instrumento, a integralidade da decisão denegatória, sob pena de preclusão.

b) se houver omissão no juízo de admissibilidade do recurso de revista quanto a um ou mais temas, é ônus da parte, para fins de prequestionamento necessário, interpor embargos de declaração para o órgão prolator da decisão embargada supri-la, sob pena de preclusão.

c) incorre em nulidade a decisão regional que se abstiver de exercer controle de admissibilidade sobre qualquer tema objeto de recurso de revista, não obstante interpostos embargos de declaração, por cerceamento de defesa.

d) faculta-se ao Ministro Relator, por decisão irrecorrível, determinar a restituição do agravo de instrumento ao Presidente do TRT de origem para que complemente o juízo de admissibilidade, desde que interpostos embargos de declaração.

e) a recusa do Presidente do TRT a emitir juízo de admissibilidade sobre qualquer tema do recurso de revista é atacável pela via do mandado de segurança.

COMENTÁRIOS

✪ **Nota do autor:** a questão exige o conhecimento da IN 40/2016 do TST. Segundo o ato normativo:

> *Art. 1º Admitido apenas parcialmente o recurso de revista, constitui ônus da parte impugnar, mediante agravo de instrumento, o capítulo denegatório da decisão, sob pena de preclusão.*
>
> *§1º Se houver omissão no juízo de admissibilidade do recurso de revista quanto a um ou mais temas, é ônus da parte interpor embargos de declaração para o órgão prolator da decisão embargada supri-la (CPC, art. 1024, § 2º), sob pena de preclusão.*
>
> *§ 2º Incorre em nulidade a decisão regional que se abstiver de exercer controle de admissibilidade sobre qualquer tema objeto de recurso de revista, não obstante interpostos embargos de declaração (CF/88, art. 93, inciso IX e § 1º do art. 489 do CPC de 2015).*
>
> *§ 3º No caso do parágrafo anterior, sem prejuízo da nulidade, a recusa do Presidente do Tribunal Regional do Trabalho a emitir juízo de admissibilidade sobre qualquer tema equivale à decisão denegatória. É ônus da parte, assim, após a intimação da decisão dos embargos de declaração, impugná-la mediante agravo de instrumento (CLT, art. 896, § 12), sob pena de preclusão.*
>
> *§ 4º Faculta-se ao Ministro Relator, por decisão irrecorrível (CLT, art. 896, § 5º, por analogia), determinar a restituição do agravo de instrumento ao Presidente do Tribunal Regional do Trabalho de origem para que complemente o juízo de admissibilidade, desde que interpostos embargos de declaração.*

Gabarito: letra D. Trata-se de faculdade do Ministro relator determinar a restituição do agravo de instrumento ao Presidente do Tribunal Regional do Trabalho de origem para que complemente o juízo de admissibilidade, desde que interpostos embargos de declaração.

Letra A: a parte impugnará, em agravo de instrumento, apenas o capítulo denegatório do recurso de revista.

Letra B: a oposição de embargos de declaração, na hipótese, não tem o objetivo de prequestionar o tema. Na verdade, o objetivo do recurso será o de forçar a apreciação do capítulo não apreciado pela decisão de admissibilidade proferida pelo Presidente ou Vice-Presidente do TRT de origem.

Letra C: não se trata de cerceio de defesa, pois a omissão na apreciação de tema, quando do exame da admissibilidade do recurso de revista, não corresponde ao indeferimento de provas ou de argumentos das partes; na verdade, cuida-se da omissão na decisão do TRT.

Letra E: a recusa do Presidente do Tribunal Regional do Trabalho a emitir juízo de admissibilidade sobre qualquer tema equivale à decisão denegatória. É ônus da parte, assim, após a intimação da decisão dos embargos de declaração, impugná-la mediante agravo de instrumento.

---

234. (FCC – Analista Judiciário – Oficial de Just. Avaliador Federal – TRT 2/2018) Mario teve sua conta-corrente bloqueada por ordem do Juízo da 91ª Vara do Trabalho de São Paulo, ocasião em que instaurou o Incidente de Desconsideração da Personalidade Jurídica para provar que não era mais sócio da empresa executada havia mais de dez anos, requerendo sua exclusão da lide. O juiz do trabalho indeferiu o Incidente sob alegação de que, na fase de execução em que se encontrava o processo, foram esgotados todos os meios de satisfação do crédito exequendo da empresa e dos atuais sócios da executada. Dessa decisão cabe

a) Recurso Ordinário.
b) Mandado de Segurança.
c) tão somente consignar os "protestos", por se tratar de decisão interlocutória.
d) Agravo de Petição.
e) Embargos à Execução.

COMENTÁRIOS

✪ **Nota do autor:** a questão exige conhecimento acerca do sistema recursal trabalhista. De acordo com o art. 855-A, §1º, II, da CLT, da decisão interlocutória que acolher ou rejeitar o incidente, na fase de execução, cabe agravo de petição, independentemente de garantia do juízo. Embora haja certa discussão quanto ao cabimento do agravo de petição contra decisões interlocutórias em geral na execução, o fato é que, no caso específico da decisão do incidente de desconsideração da personalidade jurídica, é cabível o agravo de petição em virtude desse expresso dispositivo legal.

Gabarito: letra D.

Demais assertivas: ver nota do autor.

---

235. (FCC – Analista Judiciário – Oficial de Just. Avaliador Federal – TRT 2/2018) A Sra. Ivone foi acionada na Justiça do Trabalho por sua ex-empregada doméstica Mariana; a Massa Falida de Frigorífico Carne de Sol Ltda. responde a dez reclamações trabalhistas; a Loja de Móveis Tudo Azul Ltda. está em recuperação judicial e possui uma única reclamação trabalhista em andamento; por fim, a Organização para o Bem de Menores Carentes, considerada sociedade filantrópica foi acionada por uma ex-secretária Beth. No caso de sentenças procedentes contra todas as reclamadas e, para que possam ingressar com Recurso Ordinário, deve(m) efetuar o depósito recursal, SOMENTE

a) a Massa Falida de Frigorífico Carne de Sol Ltda. e a Loja de Móveis Tudo Azul Ltda.
b) a Sra. Ivone e a Loja de Móveis Tudo Azul Ltda., ambas pela metade.
c) a Sra. Ivone, pela metade.
d) a Massa Falida de Frigorífico Carne de Sol Ltda. e a Organização para o Bem de Menores Carentes, esta pela metade.
e) a Sra. Ivone, a Loja de Móveis Tudo Azul Ltda. e a Organização para o Bem de Menores Carentes.

COMENTÁRIOS

✪ **Nota do autor:** a questão versa sobre o depósito recursal, cuja realização, em regra, compõe o requisito de admissibilidade do preparo recursal. Contudo, em algumas situações excepcionais, a CLT traz regras especiais a respeito. Assim, o valor do depósito recursal será reduzido pela metade para entidades sem fins lucrativos, empregadores domésticos, microempreendedores individuais, microempresas e empresas de pequeno porte (CLT, art. 899, §9º). São isentos do depósito recursal os beneficiários da justiça gratuita, as entidades filantrópicas e as empresas em recuperação judicial (CLT, art. 899, §10). Além disso, não ocorre deserção de recurso da massa falida por falta de pagamento de custas ou de depósito do valor da condenação. (TST, Súmula 86). Portanto, no caso em questão, a Organização para o Bem de Menores Carentes, a Loja de Móveis Tudo Azul Ltda e a Massa Falida de Frigorífico Carne de Sol Ltda são dispensadas de fazer o depósito recursal. Já a empregadora doméstica Ivone deve fazer o depósito recursal pela metade.

Gabarito: Letra C. Ver nota do autor.

Demais assertivas: ver nota do autor.

---

236. (FCC – Técnico Judiciário – Área Administrativa – TRT 2/2018) Em determinada reclamação trabalhista a empresa reclamada "S" foi condenada em R$ 15.000,00 a título de reparação de dano moral sofrido por Bruna, sendo este o único pedido da referida reclamação. A empresa "S", inconformada, interpôs recurso ordinário, depositando regularmente o depósito recursal de R$ 9.189,00. O recurso ordinário foi recebido mas negado provimento. A empresa "S" pretende interpor recurso de revista. Nesse caso, considerando que o valor do depósito recursal pertinente a este recurso é de R$ 18.378,00, ultrapassando o valor da condenação, de acordo com entendimento Sumulado do Tribunal Superior do Trabalho, para interposição do recurso de revista, a empresa "S"

a) está obrigada a depositar o valor integral do depósito recursal referente ao recurso de revista dentro dos 8 dias de prazo para a sua interposição.
b) não está obrigada a depositar o valor integral do depósito recursal referente ao recurso de revista, devendo, no entanto, depositar o valor restante para atingir o valor da condenação.
c) não está obrigada a depositar mais nenhum valor a título de depósito recursal, ainda que não tenha atingido o valor da condenação, obedecendo-se o princípio da menor onerosidade recursal.
d) não está obrigada a depositar mais nenhum valor a título de depósito recursal, ainda que não tenha atingido o valor da condenação, obedecendo-se o princípio do duplo grau de jurisdição e da vedação ao enriquecimento ilícito.
e) está obrigada a depositar o valor integral do depósito recursal referente ao recurso de revista em até 3 dias após a sua interposição.

COMENTÁRIOS

✪ **Nota do autor:** a questão versa sobre o tema do depósito recursal. É ônus da parte recorrente efetuar o depósito legal, integralmente, em relação a cada novo recurso interposto, sob pena de deserção. Atingido o valor da condenação, nenhum depósito mais é exigido para qualquer recurso (TST, Súmula 128, I). O depósito recursal deve ser feito e comprovado no prazo alusivo ao recurso. A interposição antecipada deste não prejudica a dilação legal (TST, Súmula 245). Assim, no caso hipotético em questão, a reclamada deve efetuar o depósito recursal até atingir o valor da condenação, dentro do prazo do recurso.

Gabarito: letra B.

Demais assertivas: ver nota do autor.

237. (FCC – Técnico Judiciário – Área Administrativa – TRT 2/2018) Considere as seguintes decisões interlocutórias proferidas em reclamações trabalhistas:

I. Decisão interlocutória de Tribunal Regional do Trabalho contrária à Súmula ou Orientação Jurisprudencial do Tribunal Superior do Trabalho.
II. Decisão interlocutória que acolhe exceção de incompetência territorial, com a remessa dos autos para Tribunal Regional distinto daquele a que se vincula o juízo excepcionado.

De acordo com o entendimento Sumulado do Tribunal Superior do Trabalho,

a) ambas as decisões, apesar de interlocutórias, ensejam recurso imediato.
b) nenhuma das decisões enseja recurso imediato em razão do princípio da irrecorribilidade das decisões interlocutórias vigente no Direito Processual do Trabalho.
c) somente a decisão interlocutória descrita no item "I" enseja recurso imediato.
d) somente a decisão interlocutória descrita no item "II" enseja recurso imediato.
e) as referidas decisões interlocutórias somente ensejariam recurso imediato se proferidas em reclamações trabalhistas em que uma das partes é Sindicato.

COMENTÁRIOS

✪ **Nota do autor:** a questão exige conhecimento do sistema recursal trabalhista e do entendimento consolidado do TST. Consoante Súmula 214 do TST, na Justiça do Trabalho, nos termos do art. 893, § 1º, da CLT, as decisões interlocutórias não ensejam recurso imediato, salvo nas hipóteses de decisão: a) de Tribunal Regional do Trabalho contrária à Súmula ou Orientação Jurisprudencial do Tribunal Superior do Trabalho; b) suscetível de impugnação mediante recurso para o mesmo Tribunal; c) que acolhe exceção de incompetência territorial, com a remessa dos autos para Tribunal Regional distinto daquele a que se vincula o juízo excepcionado, consoante o disposto no art. 799, § 2º, da CLT. Assim, nos itens I e II em questão, cabe recurso de imediato: recurso ordinário contra a decisão que acolhe exceção de incompetência e determina a remessa para outro TRT; e recurso de revista contra a decisão do TRT contrária à Súmula ou OJ do TST.

Gabarito: letra A.

Demais assertivas: ver nota do autor.

238. (FCC – Técnico Judiciário – Área Administrativa – TRT 6/2018) Diana ajuizou reclamação trabalhista requerendo o pagamento de horas extras sonegadas por sua empregadora Empresa Delta Confecções. A sentença julgou procedente seu pedido. Inconformada com a decisão de primeiro grau, a reclamada resolveu recorrer. Entretanto, não efetuou o depósito recursal e não recolheu as custas processuais devidas, razão pela qual, por falta de preparo, o seu recurso não obteve processamento. Nesta situação, o recurso cabível para a reclamada é

a) embargos declaratórios, em 5 dias.
b) agravo de instrumento, em 8 dias.

c) agravo de petição, em 8 dias.

d) recurso ordinário, em 15 dias.

e) agravo de instrumento, em 5 dias.

COMENTÁRIOS

✪ **Nota do autor:** a questão exige conhecimento básico acerca do sistema recursal trabalhista. No caso hipotético em questão, houve decisão denegatória do seguimento de recurso ordinário, ou seja, o recurso ordinário não foi admitido e "trancado" o seu envio ao TRT. Dessa forma, cabível o agravo de instrumento, no prazo de 8 dias, com a finalidade de "destrancar" o processamento do recurso, vale dizer, fazer com que o TRT (órgão destinatário do recurso) possa apreciar o acerto ou desacerto da decisão do Juiz de primeiro grau que negou seguimento ao recurso ordinário.

Gabarito: letra B.

Demais assertivas: ver nota do autor.

239. (FCC – Técnico Judiciário – Área Judiciária – TRT 15/2018) Ajuizada reclamação trabalhista por Antonio, ainda sendo processo físico, foi julgada IMPROCEDENTE, de cuja ciência foi dada às partes no dia 15/12, uma quarta-feira, por meio de publicação no Diário Oficial. Entretanto, houve omissão do julgado no tocante à concessão ou não dos benefícios da Justiça Gratuita, requerida na inicial. Assim, tendo em vista o recesso forense compreendido entre os dias 20/12 a 06/01 de cada ano e a intenção de Antonio em ingressar com Embargos de Declaração, o último dia de prazo a observar em janeiro será

a) 13.

b) 06.

c) 11.

d) 10.

e) 07.

COMENTÁRIOS

✪ **Nota do autor:** a questão versa sobre a contagem do prazo recursal. Tratando-se de processo físico, a data da intimação é a de início do prazo, e a contagem do prazo se inicia no dia útil subsequente. Além disso, suspende-se o curso dos prazos processuais durante o recesso forense. Assim, no caso concreto hipotético, a contagem do prazo de 5 dias úteis para oferecimento de embargos de declaração se iniciou no dia 16/12 (quinta-feira) e flui até o segundo dia (17/12, sexta-feira), após o que se dá a suspensão. No dia 07/01 (sexta-feira) o prazo volta a fluir pelo tempo que restava, ou seja, mais três dias úteis. Dessa forma, considerando apenas o recesso forense (tal como indicado pelo enunciado), o prazo se encerraria no dia 11 de janeiro. Portanto, o gabarito deveria ser letra C, e não D, como definido pela Banca Examinadora.

Além disso, a rigor, suspende-se o curso do prazo processual nos dias compreendidos entre 20 de dezembro e 20 de janeiro, inclusive (CLT, art. 775-A). Assim, o prazo para oposição de embargos de declaração, na verdade, se encerraria no dia 25 de janeiro (terça-feira). Não havendo tal data nas opções de resposta, a questão deveria ter sido anulada.

Gabarito: segundo a Banca Examinadora, letra D, mas houve equívoco, conforme nota do autor.

Demais assertivas: ver nota do autor.

240. (AOCP – Analista Judiciário – Oficial de Just. Avaliador Federal – TRT 1/2018) Quanto aos recursos cabíveis no processo do trabalho, assinale a alternativa correta.

a) A tutela provisória concedida na sentença comporta impugnação pela via do mandado de segurança.

b) Caberá agravo de instrumento de decisão que indeferir exceção de pré-executividade.

c) Das decisões proferidas em dissídios coletivos, é cabível recurso de revista para o TST.

d) Nos dissídios coletivos que envolvem empresa prestadora de serviço público, podem interpor recurso, em face da decisão proferida, o presidente do tribunal e a Procuradoria da Justiça do Trabalho, além das partes interessadas.

e) Caberá agravo de instrumento de decisões que indefiram a produção de prova pericial.

COMENTÁRIOS

✪ **Nota do autor:** a questão exige o conhecimento dos dispositivos legais e Súmulas atinentes aos recursos no Processo do Trabalho.

Gabarito: letra D. A assertiva reproduz a literalidade do art. 868 da CLT, segundo o qual "Das decisões proferidas em dissídio coletivo que afete empresa de serviço público, ou, em qualquer caso, das proferidas em revisão, poderão recorrer, além dos interessados, o Presidente do Tribunal e a Procuradoria da Justiça do Trabalho". Do ponto de vista doutrinário, bastante questionável a legitimidade do Presidente do Tribunal para interpor recurso, à luz do princípio da inércia da jurisdição. No entanto, em provas objetivas, deve-se seguir a literalidade do texto normativo.

Letra A: A tutela provisória concedida na sentença não comporta impugnação pela via do mandado de segurança, por ser impugnável mediante recurso ordinário. É admissível a obtenção de efeito suspensivo ao recurso ordinário mediante requerimento dirigido ao tribunal, ao relator ou ao presidente ou ao vice-presidente do tribunal recorrido, por aplicação subsidiária ao processo do trabalho do artigo 1.029, § 5º, do CPC de 2015 (TST, Súmula 414, I).

Letra B: a decisão que rejeita exceção de pré--executividade é meramente interlocutória, havendo discussão doutrinária sobre o cabimento do agravo de petição nessas hipóteses. Contudo, é indiscutível a impertinência do agravo de instrumento em tais casos, pois este recurso tem o objetivo específico de impugnar decisões que neguem admissibilidade de recursos, sendo certo que a exceção de pré-executividade é mero incidente na execução, e não recurso.

Letra C: Conforme art. 895, II, da CLT, cabe recurso ordinário das decisões definitivas ou terminativas dos Tribunais Regionais, em processos de sua competência originária, no prazo de 8 (oito) dias, quer nos dissídios individuais, quer nos dissídios coletivos.

Letra E: Ver comentário à letra B.

---

241. (AOCP – Analista Judiciário – Oficial de Just. Avaliador Federal – TRT 1/2018) A Reclamante Silvana ingressou com Reclamação Trabalhista em face da Reclamada Mévio & Tício Ltda. que encontra-se em Recuperação Judicial. As partes foram intimadas da Sentença (em ação de conhecimento) proferida pelo Juízo de primeiro grau na data de 6 de ago. de 2018 (segunda-feira) que julgou parcialmente procedente os pedidos da inicial. Ocorre que, diante do inconformismo com a decisão, ambas as partes pretendem recorrer para instância superior com o fito de reformá-la. Ante ao exposto, assinale a alternativa correta.

a) Ambas as partes deverão interpor Recurso Ordinário, que deverão ser interpostos até o dia 14 de ago. de 2018 (terça-feira), tendo em vista que o prazo conta-se em dias corridos, excluindo-se o dia da intimação e incluindo-se o dia do termo final. A Reclamada Mévio & Tício Ltda. está isenta do pagamento do depósito recursal, já que encontra-se em Recuperação Judicial.

b) A Reclamante deverá interpor Recurso Ordinário, que deverá ser interposto até o dia 15 de ago. de 2018 (quarta-feira), tendo em vista que o prazo conta-se somente em dias úteis, incluindo-se os dias da intimação e do termo final. A Reclamada Mévio & Tício Ltda. deverá interpor obrigatoriamente Recurso Adesivo, tendo em vista que encontra-se em Recuperação Judicial e não possui condições de arcar com o depósito recursal.

c) Ambas as partes deverão interpor Recurso Ordinário, que deverão ser interpostos até o dia 15 de ago. de 2018 (quarta-feira), tendo em vista que o prazo conta-se somente em dias úteis, incluindo-se os dias da intimação e do termo final. A Reclamada Mévio & Tício Ltda. deverá comunicar o Juízo do processo da Recuperação Judicial para habilitação do recolhimento do depósito recursal.

d) Ambas as partes deverão interpor Recurso Ordinário, que deverão ser interpostos até o dia 16 de ago. de 2018 (quinta-feira), tendo em vista que o prazo conta-se somente em dias úteis, excluindo-se o dia da intimação e incluindo o último dia do prazo. A Reclamada Mévio & Tício Ltda. deverá efetuar o recolhimento do depósito recursal ou comunicar o Juízo do processo da Recuperação Judicial para a habilitação da despesa, sob pena de deserção.

e) Ambas as partes deverão interpor Recurso Ordinário, que deverão ser interpostos até o dia 16 de ago. de 2018 (quinta-feira), tendo em vista que o prazo conta-se somente em dias úteis, excluindo-se o dia da intimação e incluindo o último dia do prazo. A Reclamada Mévio & Tício Ltda. está isenta do pagamento do depósito recursal, já que encontra-se em recuperação judicial.

COMENTÁRIOS

✪ **Nota do autor:** a questão exige conhecimento acerca da temática dos recursos no processo do trabalho, especialmente no que tange à contagem do prazo e preparo recursal (depósito recursal e custas).

Gabarito: letra E. A contagem dos prazos (inclusive os recursais), no Processo do Trabalho, passou a ser feita em dias úteis a partir da vigência da Lei 13.467/2017. O art. 775, *caput*, da CLT, estatui que os prazos serão contados em dias úteis, com exclusão do dia do começo e inclusão do dia do vencimento. Noutro giro, são isentos do depósito recursal os beneficiários da justiça gratuita, as entidades filantrópicas e as empresas em recuperação judicial (CLT, art. 899, §1º).

Cabe destacar que a parte beneficiária da gratuidade justiça também será isenta do pagamento de custas (CLT, art. 790-A). Assim, a empresa em recuperação judicial é automaticamente isenta do depósito recursal, mas somente será isenta das custas se for beneficiária da gratuidade de justiça no caso concreto.

Demais assertivas: os comentários acima esclarecem os equívocos contidos nas demais assertivas.

---

242. (FCC – Analista Judiciário – Área Administrativa – TRT 15/2018) Quanto aos recursos admitidos no TST, considere:

I. Recurso cabível contra decisão denegatória de recurso de competência do Tribunal Superior do Trabalho.

II. Recurso cabível das decisões das Turmas do Tribunal Superior do Trabalho que divergirem entre si ou das decisões proferidas pela Subseção I da Seção Especializada em Dissídios Individuais, ou contrárias à súmula, à orientação jurisprudencial ou a precedente normativo do Tribunal Superior do Trabalho ou súmula vinculante do Supremo Tribunal Federal.

III. Recurso cabível das decisões não unânimes proferidas pela Seção Especializada em Dissídios Coletivos, nos processos de Dissídios Coletivos de competência originária do Tribunal.

IV. Recurso cabível das decisões das Turmas do Tribunal Superior do Trabalho proferidas em agravos internos e agravos de instrumento que contrariarem precedentes obrigatórios firmados em julgamento de incidentes de assunção de competência ou de incidentes de recursos repetitivos.

V. Recurso cabível contra decisão dos Presidentes do Tribunal e das Turmas, do Vice-Presidente, do Corregedor-Geral da Justiça do Trabalho ou de Relator, ressalvados os casos em que haja recurso próprio ou decisão de caráter irrecorrível.

Os recursos mencionados nos itens I a V são, respectivamente:

a) Agravo de Instrumento; Embargos Infringentes; Embargos para a Subseção I da Seção Especializada em Dissídios Individuais; Recurso Extraordinário; Agravo Interno.

b) Agravo Interno; Embargos para a Subseção I da Seção Especializada em Dissídios Individuais; Embargos Infringentes; Embargos para a Subseção I da Seção Especializada em Dissídios Individuais; Recurso de revista.

c) Agravo de Instrumento; Embargos para a Subseção I da Seção Especializada em Dissídios Individuais; Agravo Interno; Embargos Infringentes; Agravo Interno.

d) Embargos Infringentes; Agravo de Instrumento; Embargos para a Subseção I da Seção Especializada em Dissídios Individuais; Embargos Infringentes; Recurso de Revista.

e) Agravo de Instrumento; Embargos para a Subseção I da Seção Especializada em Dissídios Individuais; Embargos Infringentes; Embargos para a Subseção I da Seção Especializada em Dissídios Individuais; Agravo Interno.

COMENTÁRIOS

✪ **Nota do autor:** a questão exige conhecimento acerca dos recursos interponíveis no âmbito do TST.

Item I: Cabe agravo de instrumento em recurso de revista contra decisão de Presidente ou Vice-Presidente de TRT que denega seguimento a recurso de revista.

Item II: Trata-se do recurso de embargos (também chamado, eventualmente, de *embargos de divergência*), previsto no art. 894, II, da CLT.

Item III: Trata se do recurso de embargos (também chamado, neste caso, de embargos infringentes), previsto no art. 894, I, *a*, da CLT

Item IV: como o precedente formado em incidente de recursos repetitivos (IRR) ou em incidente de assunção de competência (IAC) necessariamente é formado pela SDI-1 do TST, se a decisão turmária divergir do precedente, caberá o recurso de embargos de divergência, para a própria SDI-1 (CLT, art. 894, II).

Item V: de acordo com o art. 235, IX, do Regimento Interno do TST, cabe agravo regimental (que, a partir do CPC de 2015, passa a ser denominado de *agravo interno*), do despacho ou da decisão do Presidente do Tribunal, de Presidente de Turma ou do Relator que causar prejuízo ao direito da parte, ressalvados aqueles contra os quais haja recursos próprios previstos na legislação ou neste Regimento.

Gabarito: Letra E.

Demais assertivas: ver comentários anteriores.

---

243. (FCC – Analista Judiciário – Área Judiciária – TRT 2/2018) No tocante ao Incidente de Recursos de Revista e Embargos Repetitivos e, de acordo com a IN 38 do TST, considere:

I. O Presidente da Subseção de Dissídios Individuais I que afetar processo para julgamento sob o rito dos recursos repetitivos deverá expedir comunicação aos demais Presidentes de Turma, que poderão afetar outros processos sobre a questão para julgamento conjunto, a fim de conferir ao órgão julgador visão global da questão.

II. Para instruir o procedimento, pode o relator fixar data para audiência pública, quando ouvirá depoimentos de pessoas com experiência e conhecimento da matéria, admitindo, até a inclusão do processo em pauta, a manifestação, como amici curiae, de pessoas, órgãos ou entidades com interesse na controvérsia.

III. Os recursos afetados deverão ser julgados no prazo de dois anos e terão preferência sobre os demais feitos.

Está correto o que se afirma APENAS em

a) II.

b) I e III.

c) II e III.

d) I.

e) I e II.

COMENTÁRIOS

✪ **Nota do autor:** a questão exige o conhecimento do art. 896-C da CLT, bem como da IN 38 do TST.

Item I: De acordo com o art. 896-C, §2º, da CLT, o Presidente da Turma ou da Seção Especializada que afetar processo para julgamento sob o rito dos recursos repetitivos deverá expedir comunicação aos demais Presidentes de Turma ou de Seção Especializada, que poderão afetar outros processos sobre a questão para julgamento conjunto, a fim de conferir ao órgão julgador visão global da questão. Dessa forma, correto o item I, pois o Presidente SDI-1 também tem o dever de expedir a comunicação quando tomar a iniciativa de afetar recursos repetitivos para julgamento pela Seção.

Item II: De acordo com a IN 38/2016 do TST (art. 10), para instruir o procedimento, pode o relator fixar data para, em audiência pública, ouvir depoimentos de pessoas com experiência e conhecimento na matéria, sempre que entender necessário o esclarecimento de questões ou circunstâncias de fato subjacentes à controvérsia objeto do incidente de recursos repetitivos.

O relator poderá também admitir, tanto na audiência pública quanto no curso do procedimento, a manifestação, como amici curiae, de pessoas, órgãos ou entidades com interesse na controvérsia, considerando a relevância da matéria e assegurando o contraditório e a isonomia de tratamento. Tal manifestação somente será admitida até a inclusão do processo em pauta. Portanto, correto o item II.

Item III: Os recursos afetados deverão ser julgados no prazo de um ano e terão preferência sobre os demais feitos (IN 38/2016, art. 11). Incorreto, portanto, tal item.

Gabarito: Letra E.

---

244. (FCC – Analista Judiciário – Área Judiciária – TRT 6/2018) Em relação ao cabimento de agravo de instrumento em caso de admissibilidade parcial de recurso de revista no Tribunal Regional do Trabalho,

a) admitido apenas parcialmente o recurso de revista, constitui ônus da parte impugnar, mediante agravo de instrumento, o capítulo denegatório da decisão, sob pena de preclusão.

b) não cabem embargos de declaração parcial do despacho denegatório do recurso de revista, sendo necessário que a omissão seja total, abrangendo todos os temas objeto do recurso de revista.

c) não é nula a decisão regional que se abstiver de exercer controle de admissibilidade sobre qualquer tema objeto de recurso de revista, não obstante interpostos embargos de declaração, desde que tenha apreciado pelo menos um dos temas.

d) a recusa do Presidente do Tribunal Regional do Trabalho em emitir juízo de admissibilidade sobre qualquer tema somente pode ser impugnada quando da interposição do recurso, não cabendo embargos de declaração.

e) faculta-se ao Ministro Relator, por decisão recorrível mediante agravo interno, determinar a restituição do agravo de instrumento ao Presidente do Tribunal Regional do Trabalho de origem para que complemente o juízo de admissibilidade, desde que interpostos embargos de declaração.

COMENTÁRIOS

Nota do autor: a questão exige o conhecimento da IN 40/2016 do TST. Segundo o ato normativo:

> *Art. 1° Admitido apenas parcialmente o recurso de revista, constitui ônus da parte impugnar, mediante agravo de instrumento, o capítulo denegatório da decisão, sob pena de preclusão.*
>
> *§1° Se houver omissão no juízo de admissibilidade do recurso de revista quanto a um ou mais temas, é ônus da parte interpor embargos de declaração para o órgão prolator da decisão embargada supri-la (CPC, art. 1024, § 2°), sob pena de preclusão.*
>
> *§ 2° Incorre em nulidade a decisão regional que se abstiver de exercer controle de admissibilidade sobre qualquer tema objeto de recurso de revista, não obstante interpostos embargos de declaração (CF/88, art. 93, inciso IX e § 1° do art. 489 do CPC de 2015).*
>
> *§ 3° No caso do parágrafo anterior, sem prejuízo da nulidade, a recusa do Presidente do Tribunal Regional do Trabalho a emitir juízo de admissibilidade sobre qualquer tema equivale à decisão denegatória. É ônus da parte, assim, após a intimação da decisão dos embargos de declaração, impugná-la mediante agravo de instrumento (CLT, art. 896, § 12), sob pena de preclusão.*
>
> *§ 4° Faculta-se ao Ministro Relator, por decisão irrecorrível (CLT, art. 896, § 5°, por analogia), determinar a restituição do agravo de instrumento ao Presidente do Tribunal Regional do Trabalho de origem para que complemente o juízo de admissibilidade, desde que interpostos embargos de declaração.*

Gabarito: letra A. Se o TRT admitir apenas parcialmente o recurso de revista, a parte deve impugnar, por agravo de instrumento, a parte denegatória da decisão, sob pena de preclusão.

Letra B: ver comentário anterior.

Letra C: Incorre em nulidade a decisão regional que se abstiver de exercer controle de admissibilidade sobre qualquer tema objeto de recurso de revista, não obstante interpostos embargos de declaração

Letra D: a recusa do Presidente do Tribunal Regional do Trabalho a emitir juízo de admissibilidade sobre qualquer tema equivale à decisão denegatória. É ônus da parte, assim, após a intimação da decisão dos embargos de declaração, impugná-la mediante agravo de instrumento.

Letra E: Faculta-se ao Ministro Relator, por decisão irrecorrível (CLT, art. 896, § 5º, por analogia), determinar a restituição do agravo de instrumento ao Presidente do Tribunal Regional do Trabalho de origem para que complemente o juízo de admissibilidade, desde que interpostos embargos de declaração.

---

245. (FCC – Analista Judiciário – Área Judiciária – TRT 15/2018) Considerando as disposições previstas pela CLT sobre o incidente de julgamento dos recursos de revista repetitivos,

a) a decisão firmada em julgamento de recursos repetitivos poderá ser revista quando se alterar a situação econômica, social, jurídica ou política, caso em que será respeitada a segurança jurídica das relações firmadas sob a égide da decisão anterior, bem como a coisa julgada.

b) nos casos em que se demonstrar que a situação de fato ou de direito é distinta daquelas presentes no processo julgado sob o rito dos recursos repetitivos, a decisão firmada em recurso repetitivo não será aplicada.

c) o Presidente do TST oficiará os Presidentes dos TRTs para que suspendam os recursos interpostos em casos semelhantes aos afetados como recursos repetitivos, até o pronunciamento final e definitivo do STF.

d) a competência para julgar o incidente de julgamento de recursos de revista repetitivos originado de questão afetada pelo Presidente do TST é do Tribunal Pleno.

e) após a publicação do acórdão do TST que julgar o incidente de recursos de revista repetitivos, os recursos de revista sobrestados na origem cujos acórdãos recorridos coincidirem com a orientação a respeito no TST serão extintos sem julgamento do mérito.

COMENTÁRIOS

✪ **Nota do autor:** a questão indaga expressamente sobre a sistemática de recursos repetitivos prevista na CLT.

Gabarito: letra B. De acordo com o art. 896-C, §16, da CLT, a decisão firmada em recurso repetitivo não será aplicada aos casos em que se demonstrar que a situação de fato ou de direito é distinta das presentes no processo julgado sob o rito dos recursos repetitivos.

Letra A: Nada impede que o TST faça modulação de efeitos das mudanças de jurisprudência, eventualmente até permitindo o ajuizamento de ação rescisória contra decisões firmadas sob a vigência do entendimento anterior. De fato, caberá revisão da decisão firmada em julgamento de recursos repetitivos quando se alterar a situação econômica, social ou jurídica, caso em que será respeitada a segurança jurídica das relações firmadas sob a égide da decisão anterior, podendo o Tribunal Superior do Trabalho modular os efeitos da decisão que a tenha alterado (CLT, art. 896-C, §17).

Letra C: o Presidente do Tribunal Superior do Trabalho oficiará os Presidentes dos Tribunais Regionais do Trabalho para que suspendam os recursos interpostos em casos idênticos aos afetados como recursos repetitivos, até o pronunciamento definitivo do Tribunal Superior do Trabalho (CLT, art. 896-C, §3º).

Letra D: o incidente de recursos repetitivos pode ser julgado pela SDI-1 do TST ou pelo Tribunal Pleno. Transcorrido o prazo para o Ministério Público e remetida cópia do relatório aos demais Ministros, o processo será incluído em pauta na Seção Especializada ou no Tribunal Pleno, devendo ser julgado com preferência sobre os demais feitos (CLT, art. 896-C, §10).

Letra E: Publicado o acórdão do Tribunal Superior do Trabalho, os recursos de revista sobrestados na origem terão seguimento denegado na hipótese de o acórdão recorrido coincidir com a orientação a respeito da matéria no Tribunal Superior do Trabalho (CLT, art. 896-C, §11, I).

---

246. (FCC – Analista Judiciário – Oficial de Just. Avaliador Federal – TRT 2/2018) Segundo a IN 38/TST, instaurado o Incidente de Julgamento dos Recursos de Revista e de Embargos à SBDI-1 Repetitivos, os recursos afetados deverão ser julgados no prazo de um ano, contado da publicação da decisão de sua afetação. Na hipótese de não ocorrer o julgamento dentro desse prazo,

a) o Presidente do TST colocará em pauta para julgamento no prazo de trinta dias, com preferência de tramitação.

b) cessam automaticamente, em todo o território nacional, a afetação e a suspensão dos processos, que retomarão seu curso normal.

c) cessam por decisão do Presidente do TST, em todo o território nacional, a afetação e a suspensão dos processos, que retomarão seu curso normal.

d) o Presidente do TST poderá renovar por mais um ano o prazo para julgamento do Incidente de Recursos Repetitivos.

e) o Presidente do TST colocará em pauta para julgamento no prazo de noventa dias, com preferência de tramitação.

COMENTÁRIOS

✪ **Nota do autor:** a questão exige expressamente o conhecimento acerca da Instrução Normativa nº 38/2016 do TST.

Gabarito: Letra B. Na hipótese de não ocorrer o julgamento no prazo de um ano a contar da publicação da decisão de que trata o artigo 5º desta Instrução Normativa, cessam automaticamente, em todo o território nacional, a afetação e a suspensão dos processos, que retomarão seu curso normal (IN 38/2016, art. 11, §1º).

Letras A e E: não há previsão para que o Presidente do TST coloque o feito em pauta. Ocorrendo a hipótese de não julgamento do recurso afetado dentro do prazo de um ano, é permitida a formulação de outra proposta de afetação de processos representativos da controvérsia para instauração e julgamento de recursos repetitivos para ser apreciada e decidida pela SDI-1 do TST.

Letra C: a cessação da suspensão dos processos é automática, independendo de decisão do Presidente do TST.

Letra D: não há previsão para renovação do prazo de um ano para julgamento do recurso afetado como repetitivo.

---

247. (FGV – Analista Judiciário – Área Judiciária – TRT 12/2017) Márcia ajuizou ação trabalhista em face da empresa Maravilha S.A., com pedido liminar, postulando sua imediata reintegração no emprego, por ter sido dispensada grávida. O juiz indeferiu o pedido liminar, mas concedeu a tutela de urgência quando da prolação da sentença, determinando sua imediata reintegração. À luz da jurisprudência uniforme do TST, é correto afirmar que a tutela provisória concedida na sentença:

a) pode ser impugnada por recurso ordinário, sem possibilidade de obtenção de efeito suspensivo;
b) não pode ser impugnada porque havia sido originalmente indeferida;
c) pode ser impugnada por recurso ordinário, com possibilidade de obtenção de efeito suspensivo mediante requerimento dirigido ao tribunal, ao relator, presidente ou vice-presidente do tribunal recorrido;
d) pode ser impugnada por mandado de segurança;
e) pode ser impugnada por exceção de pré-executividade, evitando-se que opere efeitos imediatos.

COMENTÁRIOS

✪ **Nota do Autor:** A questão exige o conhecimento do entendimento consolidado na súmula 414, I, pelo TST. Como consequência da concentração dos atos processuais no Processo do Trabalho, surge o princípio da irrecorribilidade imediata das decisões interlocutórias, cujo merecimento somente pode ser apreciado em eventual recurso contra a decisão final (CLT, 893, §1º).

Gabarito: Letra C. Conforme entendimento consolidado na súmula 414, I do TST:

> *MANDADO DE SEGURANÇA. TUTELA PROVISÓRIA CONCEDIDA ANTES OU NA SENTENÇA (nova redação em decorrência do CPC de 2015) – Res. 217/2017 – DEJT divulgado em 20, 24 e 25.04.2017*
>
> *I – A tutela provisória concedida na sentença não comporta impugnação pela via do mandado de segurança, por ser impugnável mediante recurso ordinário. É admissível a obtenção de efeito suspensivo ao recurso ordinário mediante requerimento dirigido ao tribunal, ao relator ou ao presidente ou ao vice-presidente do tribunal recorrido, por aplicação subsidiária ao processo do trabalho do artigo 1.029, § 5º, do CPC de 2015. II – No caso de a tutela provisória haver sido concedida ou indeferida antes da sentença, cabe mandado de segurança, em face da inexistência de recurso próprio. III – A superveniência da sentença, nos autos originários, faz perder o objeto do mandado de segurança que impugnava a concessão ou o indeferimento da tutela provisória.*

Letras A, B, D e E: Ver comentários sobre o gabarito.

---

248. (FCC – Técnico Judiciário – Área Administrativa – TRT 4/2015) Nos termos do entendimento jurisprudencial sumulado do TST, o recurso adesivo é

a) incompatível com o processo do trabalho em razão dos princípios inerentes as relações empregatícias.
b) compatível com o processo do trabalho e cabe nas hipóteses de interposição de recurso ordinário, de agravo de petição, de revista e de embargos.
c) compatível com o processo do trabalho e cabe apenas nas hipóteses de interposição de recurso ordinário e de agravo de petição.
d) compatível com o processo do trabalho e cabe apenas nas hipóteses de interposição de recurso ordinário e de revista.
e) compatível com o processo do trabalho e cabe apenas nas hipóteses de interposição de recurso ordinário.

COMENTÁRIOS

✪ **Nota do Autor:** Recurso é mecanismo voluntário e previsto em lei para a impugnação de decisão judicial no processo em que proferida. O recurso permite a reapreciação da causa por órgão distinto possibilitando a correção de eventuais falhas da instância superior. A questão exige conhecimento acerca do cabimento de Recurso Adesivo no Processo do Trabalho.

Gabarito: Letra B.

O Recurso Adesivo, previsto no art. 997, §§1º e 2º do CPC, não é uma espécie diferente de recurso; cuida-se, na verdade, de uma forma de interposição dos recursos previstos em lei. Conforme entendimento jurisprudencial consolidado na súmula 283 do TST o recurso adesivo é compatível com o processo do trabalho e cabe, no prazo de 8 (oito) dias, nas hipóteses de interposição de recurso ordinário, de agravo de petição, de revista e de embargos, sendo desnecessário que a matéria nele veiculada esteja relacionada com a do recurso interposto pela parte contrária.

Letras A, C, D e E: Ver comentários sobre o gabarito.

---

249. (FCC – Técnico Judiciário – Área Administrativa – TRT 2/2014) Quanto à interposição do recurso adesivo na Justiça do Trabalho, é correto afirmar que é

a) cabível e a matéria nele veiculada não precisa estar relacionada ao recurso principal; é uma forma de interposição de recurso por via adesiva.
b) incabível, uma vez que, para desistir de sua interposição, o recorrente necessitaria de anuência da parte contrária, sob pena de o recurso adesivo ter seu prosseguimento normal no Tribunal.
c) incabível na Justiça do Trabalho porque não há previsão a respeito na CLT.
d) cabível, pressupondo sucumbência recíproca e, caso interposto pela empresa, esta fica isenta de preparo.
e) cabível, mas a matéria nele veiculada precisa estar relacionada ao recurso principal.

COMENTÁRIOS

✪ **Nota do Autor:** Recurso é mecanismo voluntário e previsto em lei para a impugnação de decisão judicial no processo em que proferida. O recurso permite a reapreciação da causa por órgão distinto possibilitando a correção de eventuais falhas da instância superior. A questão exige conhecimento acerca do cabimento de Recurso Adesivo no Processo do Trabalho.

Gabarito: Letra A.

O Recurso Adesivo, previsto no art. 997, §§1º e 2º do CPC, não é uma espécie diferente de recurso; cuida-se, na verdade, de uma forma de interposição dos recursos previstos em lei. Conforme entendimento jurisprudencial consolidado na súmula 283 do TST o recurso adesivo é compatível com o processo do trabalho e cabe, no prazo de 8 (oito) dias, nas hipóteses de interposição de recurso ordinário, de agravo de petição, de revista e de embargos, sendo desnecessário que a matéria nele veiculada esteja relacionada com a do recurso interposto pela parte contrária.

Letras B, C, D e E: Ver comentários sobre o gabarito.

---

250. (FCC – Analista Judiciário – Oficial de Justiça Avaliador – TRT 4/2015) Quanto a matéria recursal no Processo Judiciário do Trabalho, nos termos da Consolidação das Leis do Trabalho, é correto afirmar:

a) Cabe recurso de revista por violação a lei federal, por divergência jurisprudencial e por ofensa a Constituição Federal, nas execuções fiscais e nas controvérsias da fase de execução que envolvam a Certidão Negativa de Débitos Trabalhistas – CNDT.
b) Os embargos no Tribunal Superior do Trabalho devem ser interpostos no prazo de 15 dias e cabem em decisões unânimes em dissídios coletivos que excedam a competência territorial dos Tribunais Regionais.
c) O recurso ordinário nas reclamações sujeitas ao procedimento sumaríssimo deve ser interposto no prazo de cinco dias e será imediatamente distribuído, uma vez recebido no Tribunal, devendo o relator liberá-lo no prazo máximo de quinze dias.
d) O recurso de revista não cabe quando as decisões proferidas em grau de recurso ordinário, em dissídio individual, pelos Tribunais Regionais do Trabalho, contrariarem súmula de jurisprudência uniforme do Tribunal Superior do Trabalho ou súmula vinculante do Supremo Tribunal Federal.
e) No ato de interposição do agravo de instrumento, o depósito recursal corresponderá a 10% do valor do depósito do recurso ao qual se pretende destrancar.

COMENTÁRIOS

✪ **Nota do Autor:** Recurso é mecanismo voluntário e previsto em lei para a impugnação de decisão judicial no processo em que proferida. O recurso permite a reapreciação da causa por órgão distinto possibilitando a correção de eventuais falhas da instância superior. A questão exige conhecimento sobre o cabimento e adequação dos recursos no processo do trabalho.

Gabarito: Letra A.

Cabe recurso de revista por violação a lei federal, por divergência jurisprudencial e por ofensa à Constituição Federal nas execuções fiscais e nas controvérsias da fase de execução que envolvam a Certidão Negativa de Débitos Trabalhistas (CNDT) (CLT, art. 896, §10).

Letra B: Assertiva contrária ao art. 894 da CLT.

> *Art. 894. No Tribunal Superior do Trabalho cabem embargos, no prazo de 8 (oito) dias: (Redação dada pela Lei nº 11.496, de 2007)*
>
> *I – de decisão não unânime de julgamento que: (Incluído pela Lei nº 11.496, de 2007)*
>
> *a) conciliar, julgar ou homologar conciliação em dissídios coletivos que excedam a competência territorial dos Tribunais Regionais do Trabalho e estender ou rever as sentenças normativas do Tribunal Superior do Trabalho, nos casos previstos em lei; e (Incluído pela Lei nº 11.496, de 2007)*
>
> *II – das decisões das Turmas que divergirem entre si ou das decisões proferidas pela Seção de Dissídios Individuais, ou contrárias a súmula ou orientação jurisprudencial do Tribunal Superior do Trabalho ou súmula vinculante do Supremo Tribunal Federal.*

Letra C: Assertiva contrária ao art. 895 da CLT.

> *Art. 895 – Cabe recurso ordinário para a instância superior: (Vide Lei 5.584, de 1970)*
>
> *I – das decisões definitivas ou terminativas das Varas e Juízos, no prazo de 8 (oito) dias; e (Incluído pela Lei nº 11.925, de 2009).*
>
> *II – das decisões definitivas ou terminativas dos Tribunais Regionais, em processos de sua competência originária, no prazo de 8 (oito) dias, quer nos dissídios individuais, quer nos dissídios coletivos. (Incluído pela Lei nº 11.925, de 2009).*

Letra D: Assertiva contrária ao art. 896 da CLT.

> *Art. 896 – Cabe Recurso de Revista para Turma do Tribunal Superior do Trabalho das decisões proferidas em grau de recurso ordinário, em dissídio individual, pelos Tribunais Regionais do Trabalho, quando: (Redação dada pela Lei nº 9.756, de 17.12.1998)*
>
> *a) derem ao mesmo dispositivo de lei federal interpretação diversa da que lhe houver dado outro Tribunal Regional do Trabalho, no seu Pleno ou Turma, ou a Seção de Dissídios Individuais do Tribunal Superior do Trabalho, ou contrariarem súmula de jurisprudência uniforme dessa Corte ou súmula vinculante do Supremo Tribunal Federal; (Redação dada pela Lei nº 13.015, de 2014)*
>
> *b) derem ao mesmo dispositivo de lei estadual, Convenção Coletiva de Trabalho, Acordo Coletivo, sentença normativa ou regulamento empresarial de observância obrigatória em área territorial que exceda a jurisdição do Tribunal Regional prolator da decisão recorrida, interpretação divergente, na forma da alínea a; (Redação dada pela Lei nº 9.756, de 1998)*
>
> *c) proferidas com violação literal de disposição de lei federal ou afronta direta e literal à Constituição Federal. (Redação dada pela Lei nº 9.756, de 1998)*

Letra E: O depósito recursal pode ser tido como despesa processual atípica, já que não se trata propriamente de gasto decorrente da prática de ato processual. O valor depositado fica à disposição do Juízo e será liberado ao recorrente ou ao recorrido, de acordo com o sucesso da postulação recursal. Assertiva contrária ao art. 899, §7º da CLT que dispõe que: No ato de interposição do agravo de instrumento, o depósito recursal corresponderá a 50% (cinquenta por cento) do valor do depósito do recurso ao qual se pretende destrancar.

---

251. (FCC – Analista Judiciário – Área Judiciária – TRT 4/2015) A empresa Semideuses foi condenada em reclamação trabalhista por decisão em primeiro grau de jurisdição. Apresentou recurso contra a sentença, cujo processamento foi denegado em razão da falta de preparo. Para reverter essa última decisão deverá interpor

a) recurso ordinário em 8 dias.
b) recurso de revista em 8 dias.
c) agravo de petição em 5 dias.
d) agravo de instrumento em 8 dias.
e) reclamação correcional em 5 dias.

COMENTÁRIOS

✪ **Nota do Autor:** A questão exige conhecimento sobre o cabimento e adequação dos recursos no processo do trabalho.

Gabarito: Letra D. O agravo de instrumento no Processo do Trabalho, é recurso cujo cabimento se restringe a decisões que exerçam juízo negativo de admissibilidade de ouros recursos interpostos perante o Juízo recorrido, conforme art. 897, "b" da CLT.

Letras A, B, C e E: Ver comentários sobre o gabarito.

---

252. (Cespe – Analista Judiciário – Área Judiciária – Oficial de Justiça Avaliador) No que se refere aos recursos no processo trabalhista, aos seus respectivos prazos e ao Ministério Público do Trabalho (MPT), assinale a opção correta.

a) O chefe do MPT deve ser nomeado pelo presidente da República entre os nomes constantes de lista tríplice encaminhada pelo Congresso Nacional.

b) O procurador-geral do trabalho subordina-se ao chefe do MPT.

c) Os recursos aos tribunais superiores são uniformes e devem ser interpostos no prazo de até cinco dias úteis, a contar do recebimento da intimação da parte.

d) O agravo de instrumento, instrumento cabível para recorrer das decisões do juiz monocrático adotadas nos procedimentos de execução, deve ser interposto no prazo de até quinze dias.

e) Em se tratando de recurso ordinário em procedimento sumaríssimo, é admissível parecer oral do representante do MPT durante a sessão de julgamento.

COMENTÁRIOS

✪ **Nota do Autor:** A questão exige conhecimentos diversos sobre composição e prerrogativas processuais do Ministério Público.

Gabarito: Letra E.

Conforme previsão do art. 895, III da CLT.

Letra A: O Procurador-Geral da República (PGR) é o chefe do Ministério Público da União, cuja nomeação é competência exclusiva do Presidente da República (CF, art. 84, XIV) dentre integrantes da carreira, maiores de trinta e cinco anos, após a aprovação de seu nome pela maioria absoluta dos membros do Senado Federal, para mandato de dois anos, permitida a recondução (CF, art. 128, §1º). Os MPs estaduais são chefiados, cada um, por seu Procurador-Geral de Justiça.

Letra B: O Procurador-Geral da República (PGR) é o chefe do Ministério Público da União, órgão previsto no artigo 128 da Constituição da República, que abrange quatro ramos:

- o Ministério Público Federal;
- o Ministério Público do Trabalho;
- o Ministério Público Militar;
- o Ministério Público do Distrito Federal e Territórios.

Nos termos dos arts. 87 e 88 da LC 75/93:

> *Art. 87. O Procurador-Geral do Trabalho é o Chefe do Ministério Público do Trabalho.*
>
> *Art. 88. O Procurador-Geral do Trabalho será nomeado pelo Procurador-Geral da República, dentre integrantes da instituição, com mais de trinta e cinco anos de idade e de cinco anos na carreira, integrante de lista tríplice escolhida mediante voto plurinominal, facultativo e secreto, pelo Colégio de Procuradores para um mandato de dois anos, permitida uma recondução, observado o mesmo processo. Caso não haja número suficiente de candidatos com mais de cinco anos na carreira, poderá concorrer à lista tríplice quem contar mais de dois anos na carreira.*

Letra C: No CPC os prazos recursais são unificados. Todos os recursos podem ser interpostos dentro de um prazo de 15 (quinze) dias, com exceção dos embargos de declaração, os quais tiveram seu prazo mantido de acordo com o antigo Código, ou seja, de 05 (cinco) dias. (CPC, art. 1.003, §5º). No Processo do Trabalho, o recurso de revista deve ser interposto no prazo de 8 dias.

Letra D: O agravo de instrumento no Processo do Trabalho, é recurso cujo cabimento se restringe à decisões que exerçam juízo negativo de admissibilidade de ouros recursos interpostos perante o Juízo recorrido, conforme art. 897, "b" da CLT.

---

253. (Cespe – Técnico Judiciário – Área Administrativa – TRT 8/2016) No que se refere a recursos trabalhistas, assinale a opção correta.

a) O preposto tem poderes para representar o empregador e, portanto, possui legitimidade para assinar o recurso interposto pela empresa reclamada.

b) Se o juiz indeferir a petição inicial por inépcia, mesmo sendo decisão terminativa que extinga o processo sem julgamento de mérito, caberá a interposição de recurso ordinário.

c) Do despacho de denegação de seguimento a recurso interposto pela parte, caberá agravo de petição.

d) Os embargos de declaração serão cabíveis quando a sentença contiver obscuridade ou omissão, devendo a parte embargante realizar o depósito recursal e pagar as custas processuais no ato da oposição.

e) Os recursos trabalhistas têm como regra o duplo efeito, devolutivo e suspensivo.

COMENTÁRIOS

✪ **Nota do Autor:** A questão exige conhecimento sobre o cabimento, adequação e procedimento dos recursos no processo do trabalho.

Gabarito: Letra B.

Conforme art. 895 da CLT.

> *Art. 895 – Cabe recurso ordinário para a instância superior: (Vide Lei 5.584, de 1970)*
>
> *I – das decisões definitivas ou terminativas das Varas e Juízos, no prazo de 8 (oito) dias;*

> *e (Incluído pela Lei nº 11.925, de 2009).*
>
> *II – das decisões definitivas ou terminativas dos Tribunais Regionais, em processos de sua competência originária, no prazo de 8 (oito) dias, quer nos dissídios individuais, quer nos dissídios coletivos. (Incluído pela Lei nº 11.925, de 2009).*

Letra A: a representação das partes no processo pode ser feita somente por intermédio de sindicato ou de advogado inscrito na OAB (CLT, 791, §º). Na Justiça do Trabalho, as partes têm ainda a opção de exercerem o *jus postulandi*, porém, apenas os empregados e os empregadores poderão acompanhar pessoalmente suas reclamações até o final, o que não pode ser transferido a prepostos do empregador, cuja única atuação possível é representá-lo em audiência, nos termos do § 1ºdo art. 843/CLT.

Letra C: O agravo de instrumento no Processo do Trabalho, é recurso cujo cabimento se restringe a decisões que exerçam juízo negativo de admissibilidade de ouros recursos interpostos perante o Juízo recorrido, conforme art. 897,"b" da CLT.

Letra D: Os embargos de declaração serão opostos, no prazo de 5 (cinco) dias, em petição dirigida ao juiz ou relator, com indicação do ponto obscuro, contraditório ou omisso, não estando sujeitos a preparo. (CPC, art. 1.023).

Letra E: Assertiva contrária ao art. 899 da CLT, que determina que os recursos serão interpostos por simples petição e terão efeito meramente devolutivo, permitida a execução provisória até a penhora.

---

254. (FCC – Analista Judiciário – Área Administrativa – TRT 9/2015) O Recurso de Revista, dotado de efeito

a) suspensivo e devolutivo, será interposto perante o Presidente do Tribunal Superior do Trabalho.

b) apenas devolutivo, será interposto perante o Presidente do Tribunal Superior do Trabalho.

c) suspensivo e devolutivo, será interposto perante o Presidente do Tribunal Regional do Trabalho competente.

d) apenas devolutivo, será interposto perante o Presidente do Tribunal Regional do Trabalho competente.

e) apenas devolutivo, será interposto perante o relator do acórdão recorrido, sendo que este encaminhará ao Presidente após o juízo de admissibilidade.

COMENTÁRIOS

✪ **Nota do Autor:** A questão exige conhecimento acerca das hipóteses de cabimento e regras de procedimento do recurso de revista na fase de conhecimento.

Gabarito: Letra D.

Conforme disposto no art. 896, §1º A da CLT que dispõe que o recurso de revista, dotado de efeito apenas devolutivo, será interposto perante o Presidente do Tribunal Regional do Trabalho, que, por decisão fundamentada, poderá recebê-lo ou denegá-lo.

Letras A, B, C e E: Ver comentários ao gabarito.

---

255. (FCC – Analista Judiciário – Área Judiciária – TRT 9/2015) O trabalhador Zeus ajuizou reclamação trabalhista em face de sua empregadora. Em primeira instância foi julgado improcedente o pedido do autor. Inconformado Zeus recorreu e o Tribunal Regional rejeitou as razões recursais e manteve a sentença, embora a decisão tenha sido proferida com afronta direta e literal à Constituição Federal. Nessa situação, cabe o recurso

a) de apelação em 15 dias.

b) ordinário em 08 dias.

c) de revista em 08 dias.

d) extraordinário em 05 dias.

e) de revista em 15 dias.

COMENTÁRIOS

✪ **Nota do Autor:** A questão exige conhecimento sobre o cabimento, adequação e procedimento dos recursos no processo do trabalho.

Gabarito: Letra C.

Conforme disposto no art. 896 da CLT.

> *Art. 896 – Cabe Recurso de Revista para Turma do Tribunal Superior do Trabalho das decisões proferidas em grau de recurso ordinário, em dissídio individual, pelos Tribunais Regionais do Trabalho, quando: (Redação dada pela Lei nº 9.756, de 17.12.1998)*
>
> *a) derem ao mesmo dispositivo de lei federal interpretação diversa da que lhe houver dado outro Tribunal Regional do Trabalho, no seu Pleno ou Turma, ou a Seção de Dissídios Individuais do Tribunal Superior do Trabalho, ou contrariarem súmula de jurisprudência uniforme dessa Corte ou súmula vinculante do Supremo Tribunal Federal; (Redação dada pela Lei nº 13.015, de 2014)*
>
> *b) derem ao mesmo dispositivo de lei estadual, Convenção Coletiva de Trabalho, Acordo Coletivo, sentença normativa ou regulamento empresarial de observância obrigatória em área territorial que exceda a jurisdição do Tribunal Regional prolator da decisão recorrida, interpretação divergente, na forma da alínea a; (Redação dada pela Lei nº 9.756, de 1998)*

c) proferidas com violação literal de disposição de lei federal ou afronta direta e literal à Constituição Federal. (Redação dada pela Lei nº 9.756, de 1998)

Letras A, B, D e E: Ver comentários sobre o gabarito.

---

256. (FCC – Analista Judiciário – Área Judiciária – Oficial de Justiça Avaliador – TRT 9/2015) A empresa Deuses do Olimpo foi condenada em primeira instância a pagar diferenças de horas extraordinárias a seu empregado Hércules. Inconformada, a reclamada recorreu da sentença. Entretanto, por despacho fundamentado na intempestividade, foi denegada a interposição do seu recurso. Nessa situação, cabe à parte recorrente interpor

a) recurso ordinário no prazo de quinze dias.

b) agravo de instrumento no prazo de oito dias.

c) mandado de segurança com pedido liminar no prazo de 120 dias.

d) medida cautelar com pedido liminar no prazo de 08 dias.

e) agravo de instrumento no prazo de cinco dias.

COMENTÁRIOS

✪ **Nota do Autor:** A questão exige conhecimento sobre o cabimento, adequação e procedimento dos recursos no processo do trabalho.

Gabarito: Letra B.

O agravo de instrumento no Processo do Trabalho, é recurso cujo cabimento se restringe a decisões que exerçam juízo negativo de admissibilidade de ouros recursos interpostos perante o Juízo recorrido, conforme art. 897, "b" da CLT.

Letras A, C, D e E: Ver comentários sobre o gabarito.

---

257. (FCC – Técnico Judiciário – Área Administrativa – TRT 9/2015) Caberão embargos de declaração da sentença ou acórdão, no prazo de cinco dias, devendo seu julgamento ocorrer na primeira audiência ou sessão subsequente a sua apresentação, registrado na certidão, admitido efeito modificativo da decisão nos casos de omissão e contradição no julgado e manifesto equívoco no exame dos pressupostos extrínsecos do recurso. Eventual efeito modificativo dos embargos de declaração poderá ocorrer

a) somente em virtude da correção de vício na decisão embargada e desde que ouvida a parte contrária, no prazo de 8 dias.

b) somente em virtude da correção de vício na decisão embargada e desde que ouvida a parte contrária, no prazo de 5 dias.

c) somente em virtude da correção de vício na decisão embargada, sendo desnecessária a oitiva da parte contrária.

d) em qualquer hipótese, sendo desnecessária a oitiva da parte contrária.

e) em qualquer hipótese, mas desde que ouvida a parte contrária, no prazo de 5 dias.

COMENTÁRIOS

✪ **Nota do Autor:** A questão exige conhecimento sobre o cabimento, adequação e procedimento dos Embargos de Declaração no processo do trabalho.

Gabarito: Letra B.

Conforme art. 897-A da CLT:

> *Art. 897-A Caberão embargos de declaração da sentença ou acórdão, no prazo de cinco dias, devendo seu julgamento ocorrer na primeira audiência ou sessão subseqüente a sua apresentação, registrado na certidão, admitido efeito modificativo da decisão nos casos de omissão e contradição no julgado e manifesto equívoco no exame dos pressupostos extrínsecos do recurso. (Incluído pela Lei nº 9.957, de 2000)*
>
> *§ 1º Os erros materiais poderão ser corrigidos de ofício ou a requerimento de qualquer das partes. (Redação dada pela Lei nº 13.015, de 2014)*
>
> *§ 2º* Eventual efeito modificativo dos embargos de declaração somente poderá ocorrer em virtude da correção de vício na decisão embargada e desde que ouvida a parte contrária, no prazo de 5 (cinco) dias. *(Incluído pela Lei nº 13.015, de 2014)*
>
> *§ 3o Os embargos de declaração interrompem o prazo para interposição de outros recursos, por qualquer das partes, salvo quando intempestivos, irregular a representação da parte ou ausente a sua assinatura.*

Letras A, C, D e E: Ver comentários sobre o gabarito.

---

258. (FCC – Analista Judiciário – Área Judiciária – Oficial de Justiça Avaliador – TRT 14/2016) Dentre as modalidades recursais previstas na legislação trabalhista encontramos o agravo de instrumento que é cabível em

a) 8 dias, das decisões das Turmas do Tribunal Superior do Trabalho que divergirem entre si ou forme contrárias a súmula vinculante do Supremo Tribunal Federal.

b) 5 dias, das decisões interlocutórias na fase de conhecimento e nos casos de omissão e contradição do julgado, atribuindo- lhe efeitos modificativos.

c) 8 dias, dos despachos que denegarem interposição de recursos.

d) 8 dias, das decisões terminativas do Juiz na fase de execução da sentença que tenha transitado em julgado, desde que delimitada as matérias e valores impugnados.

e) 15 dias, das decisões definitivas ou terminativas das Varas do Trabalho nos dissídios individuais do rito sumaríssimo.

COMENTÁRIOS

✪ **Nota do Autor:** A questão exige conhecimento sobre o cabimento, adequação e procedimento dos recursos no processo do trabalho.

Gabarito: Letra C.

O agravo de instrumento no Processo do Trabalho, é recurso cujo cabimento se restringe a decisões que exerçam juízo negativo de admissibilidade de ouros recursos interpostos perante o Juízo recorrido, conforme art. 897, "b" da CLT.

Letras A, B, D e E: Ver comentários sobre o Gabarito.

---

259. (FCC – Analista Judiciário – Área Judiciária – TRT 11/2017) Em face da decisão X proferida pelo Tribunal Regional do Trabalho da 11ª Região, em execução de sentença nos autos da reclamação trabalhista movida por Maria contra a empresa Z Ltda, cujo pedido seria o reconhecimento de vínculo de emprego

a) caberá Embargos de Declaração no prazo de oito dias.

b) caberá Recurso de Revista, no prazo de oito dias, em qualquer hipótese.

c) não caberá Recurso de Revista, salvo na hipótese de ofensa direta e literal de norma da Constituição Federal.

d) não caberá Recurso de Revista, com exceção somente da hipótese de ofensa a súmula de jurisprudência uniforme do Tribunal Superior do Trabalho.

e) não caberá Recurso de Revista, exceto na hipótese de ofensa a súmula vinculante do Supremo Tribunal Federal.

COMENTÁRIOS

✪ **Nota do Autor:** A questão exige conhecimento sobre o cabimento, adequação e procedimento dos recursos no processo do trabalho.

Gabarito: Letra C. Conforme entendimento consolidado na súmula 266 do TST a admissibilidade do recurso de revista interposto de acórdão proferido em agravo de petição, na liquidação de sentença ou em processo incidente na execução, inclusive os embargos de terceiro, depende de demonstração inequívoca de violência direta à Constituição Federal.

Letras A, B, D e E: Ver comentários sobre o gabarito.

---

260. (FCC – Analista Judiciário – Oficial de Just. Avaliador – TRT 11/2017) Considere:

I. Em face de decisão que não conhece de agravo de instrumento ou de agravo pela ausência de pressupostos extrínsecos.

II. Em face de decisão que nega provimento a agravo contra decisão monocrática do Relator, em que se proclamou a ausência de pressupostos extrínsecos de agravo de instrumento.

III. Para revisão dos pressupostos extrínsecos de admissibilidade do recurso de revista, cuja ausência haja sido declarada originariamente pela Turma no julgamento do agravo.

IV. Para impugnar o conhecimento de agravo de instrumento.

Conforme entendimento Sumulado do TST, não cabem embargos para a Seção de Dissídios Individuais de decisão de Turma proferida em agravo, salvo, dentre outras, nas hipóteses indicadas em

a) II e IV, apenas.

b) I, III e IV, apenas.

c) I, II e III, apenas.

d) I, II, III e IV.

e) I e III, apenas.

COMENTÁRIOS

✪ **Nota do Autor:** A questão exige conhecimento sobre o cabimento, adequação e procedimento dos recursos no processo do trabalho.

Gabarito: Letra D.

Conforme entendimento consolidado na súmula 353 do TST:

> *EMBARGOS. AGRAVO. CABIMENTO (atualizada em decorrência do CPC de 2015) – Res. 208/2016, DEJT divulgado em 22, 25 e 26.04.2016*
>
> *Não cabem embargos para a Seção de Dissídios Individuais de decisão de Turma proferida em agravo, salvo:*
>
> *a) da decisão que não conhece de agravo de instrumento ou de agravo pela ausência de pressupostos extrínsecos; b) da decisão que nega provimento a agravo contra decisão monocrática do Relator, em*

que se proclamou a ausência de pressupostos extrínsecos de agravo de instrumento;

c) para revisão dos pressupostos extrínsecos de admissibilidade do recurso de revista, cuja ausência haja sido declarada originariamente pela Turma no julgamento do agravo;

d) para impugnar o conhecimento de agravo de instrumento;

e) para impugnar a imposição de multas previstas nos arts. 1.021, § 4º, do CPC de 2015 ou 1.026, § 2º, do CPC de 2015 (art. 538, parágrafo único, do CPC de 1973, ou art. 557, § 2º, do CPC de 1973).

f) contra decisão de Turma proferida em agravo em recurso de revista, nos termos do art. 894, II, da CLT.

Itens I, II, III e IV: Ver comentários sobre o gabarito.

---

261. (FGV – Analista Judiciário – Área Judiciária – TRT 12/2017) Armando ajuizou ação trabalhista em face do Município de Sucupira, postulando o pagamento de verbas decorrentes da ruptura imotivada de seu contrato de trabalho. A sentença julgou procedente a pretensão. A decisão submeteu-se à remessa obrigatória em duplo grau de jurisdição, sem a interposição de recurso ordinário voluntário pelas partes. O Tribunal Regional do Trabalho manteve a sentença. À luz da jurisprudência do TST, é correto afirmar que:

a) é incabível a interposição de recurso de revista pelo Município para impugnar a decisão proferida pelo TRT;
b) é cabível a interposição de recurso ordinário pelo Município para impugnar a decisão proferida pelo TRT;
c) é cabível a interposição de agravo de petição pelo Município para impugnar a decisão proferida pelo TRT;
d) é cabível a interposição de agravo de instrumento pelo Município para impugnar a decisão proferida pelo TRT;
e) ainda que tivesse sido agravada, na segunda instância, a condenação imposta ao Município, não seria cabível a interposição de recurso de revista pelo ente público para impugnar a decisão proferida pelo TRT.

COMENTÁRIOS

✪ **Nota do Autor:** A questão exige conhecimento sobre o cabimento, adequação e procedimento dos recursos e do reexame necessário no processo do trabalho.

Gabarito: Letra A.

As regras sobre remessa necessária do processo do trabalho estão insertas do Decreto Lei 779/69:

Art. 1º Nos processos perante a Justiça do Trabalho, constituem privilégio da União, dos Estados, do Distrito Federal, dos Municípios e das autarquias ou fundações de direito público federais, estaduais ou municipais que não explorem atividade econômica:

V – o recurso ordinário "ex officio" das decisões que lhe sejam total ou parcialmente contrárias;

Neste sentido, nos termos da OJ 334 da SDI-I do TST:

OJ nº. 334 da SDI-I. REMESSA "EX OFFICIO". RECURSO DE REVISTA. INEXISTÊNCIA DE RECURSO ORDINÁRIO VOLUNTÁRIO DE ENTE PÚBLICO. INCABÍVEL (DJ 09.12.2003)

Incabível recurso de revista de ente público que não interpôs recurso ordinário voluntário da decisão de primeira instância, ressalvada a hipótese de ter sido agravada, na segunda instância, a condenação imposta

Letras B, C, D e E: Ver comentários sobre o gabarito.

---

262. (FGV – Analista Judiciário – Oficial de Just. Avaliador – TRT 12/2017) No bojo de uma execução trabalhista, a empresa, citada para pagamento, apresenta de imediato, sem garantir o juízo, exceção de pré-executividade. Advoga a nulidade de todo o processo, pois não foi citada na fase de conhecimento e, assim, não pôde contestar a demanda e foi condenada à revelia. O juiz rejeitou a exceção, argumentando que a excipiente havia sido citada por edital na fase de cognição.

Em relação ao caso apresentado, é correto afirmar que:

a) a forma de reverter a decisão será por meio do recurso ordinário, no prazo de 8 dias;
b) da decisão judicial em tela não caberá recurso porque tem natureza interlocutória;
c) a situação é anômala porque pacificado que não cabe exceção de pré-executividade na Justiça do Trabalho;
d) a executada poderá interpor agravo de petição para que o TRT aprecie novamente a situação;
e) cabe impetração de mandado de segurança contra o ato judicial.

COMENTÁRIOS

✪ **Nota do Autor:** A exceção de pré-executividade é instrumento processual idealizado originariamente pela doutrina e pela jurisprudência, à margem de previsão legal, como forma de propiciar a defesa do executado em processos de execução que apresentassem vícios manifestos, de modo a evitar que o devedor fosse onerado com a constrição de seus bens em execuções manifestamente inadmissíveis.

Gabarito: Letra B. A natureza da decisão da exceção de pré-executividade depende de seu próprio conteúdo. Se a exceção for acolhida, o resultado será a extinção total ou parcial da execução. Logo, tratar-se-á de sentença, impugnável por agravo de petição, no Processo do Trabalho; no Processo Civil, caberá apelação caso a extinção seja total, e agravo de instrumento caso parcial.

Já se a exceção de pré-executividade for rejeitada, ter-se-á típica decisão interlocutória, que decide questão incidente. Logo, no Processo do Trabalho, de acordo com o entendimento prevalecente, não caberá recurso de imediato, em virtude do princípio da irrecorribilidade imediata das decisões interlocutórias (CLT, art. 893, §1º).

Letras A, C, D e E: Ver comentários sobre o gabarito.

---

263. (FCC – Analista Judiciário – Área Judiciária – TRT 20/2016) Em matéria recursal no Processo Judiciário do Trabalho, conforme normas da Consolidação das Leis do Trabalho,

a) a interposição de recurso para o Supremo Tribunal Federal de decisão da Justiça do Trabalho que contrarie a Constituição Federal prejudicará a execução do julgado, que deverá ficar suspensa.

b) no Tribunal Superior do Trabalho cabem embargos, no prazo de cinco dias de decisão unânime de julgamento que homologar conciliação em dissídios coletivos que excedam a competência territorial dos Tribunais Regionais do Trabalho.

c) o Ministro Relator denegará seguimento aos embargos no Tribunal Superior do Trabalho nas hipóteses de intempestividade e deserção, não cabendo recurso de tal decisão.

d) o agravo de instrumento interposto contra o despacho que não receber agravo de petição suspenderá a execução da sentença até o seu julgamento final, diante do princípio da segurança jurídica.

e) quando o recurso de revista tempestivo contiver defeito formal que não se repute grave, o Tribunal Superior do Trabalho poderá desconsiderar o vício ou mandar saná-lo, julgando o mérito.

COMENTÁRIOS

✪ **Nota do Autor:** Recurso é mecanismo voluntário e previsto em lei para a impugnação de decisão judicial no processo em que proferida. O recurso permite a reapreciação da causa por órgão distinto possibilitando a correção de eventuais falhas da instância superior. A questão exige conhecimento sobre o cabimento e adequação dos recursos no processo do trabalho.

Gabarito: Letra E. Conforme disposto no art. 896, §11 da CLT.

Letra A: Assertiva contrária ao art. 899 da CLT, que determina que os recursos serão interpostos por simples petição e terão efeito meramente devolutivo, permitida a execução provisória até a penhora. A interposição de recurso para o Supremo Tribunal Federal não prejudicará a execução do julgado (CLT, art. 893, §2º).

Letra B: Assertiva contrária ao art. 894 da CLT.

> *Art. 894. No Tribunal Superior do Trabalho cabem embargos, no prazo de 8 (oito) dias: (Redação dada pela Lei nº 11.496, de 2007)*
>
> *I – de decisão não unânime de julgamento que: (Incluído pela Lei nº 11.496, de 2007)*
>
> *a) conciliar, julgar ou homologar conciliação em dissídios coletivos que excedam a competência territorial dos Tribunais Regionais do Trabalho e estender ou rever as sentenças normativas do Tribunal Superior do Trabalho, nos casos previstos em lei; e (Incluído pela Lei nº 11.496, de 2007)*
>
> *II – das decisões das Turmas que divergirem entre si ou das decisões proferidas pela Seção de Dissídios Individuais, ou contrárias a súmula ou orientação jurisprudencial do Tribunal Superior do Trabalho ou súmula vinculante do Supremo Tribunal Federal.*

Letra C: Da decisão denegatória dos embargos caberá agravo, no prazo de 8 (oito) dias. (CLT, art. 894, §4º).

Letra D: O agravo de instrumento no Processo do Trabalho, é recurso cujo cabimento se restringe a decisões que exerçam juízo negativo de admissibilidade de ouros recursos interpostos perante o Juízo recorrido, conforme art. 897, "b" da CLT. Assertiva contrária ao art. 899 da CLT, que determina que os recursos serão interpostos por simples petição e terão efeito meramente devolutivo, permitida a execução provisória até a penhora. O agravo de instrumento interposto contra o despacho que não receber agravo de petição não suspende a execução da sentença (CLT, art. 897, §2º).

---

264. (FCC – Analista Judiciário – Oficial de Just. Avaliador – TRT 20/2016) Icaro ajuizou reclamação trabalhista em face da sua empregadora Asas do Horizonte Produtora. A sentença não lhe foi favorável em todos os seus pedidos, sendo julgada improcedente. Inconformado, recorreu da sentença, mas seu recurso foi denegado por deserção e intempestividade. Neste caso, cabe a Icaro

a) agravo de petição no prazo de 15 dias.

b) agravo de instrumento no prazo de 5 dias.

c) recurso de revista no prazo de 15 dias.

d) recurso ordinário no prazo de 08 dias.

e) agravo de instrumento no prazo de 08 dias.

COMENTÁRIOS

✪ **Nota do Autor:** A questão exige conhecimento sobre o cabimento e adequação dos recursos no processo do trabalho.

Gabarito: Letra E.

O agravo de instrumento no Processo do Trabalho, é recurso cujo cabimento se restringe a decisões que exerçam juízo negativo de admissibilidade de ouros recursos interpostos perante o Juízo recorrido, conforme art. 897, "b" da CLT.

Letras A, B, C e D: Ver comentários sobre o gabarito.

---

265. (FCC – Analista Judiciário – Área Judiciária – TRT 24/2017) Adonis ingressou com reclamação trabalhista no Município de Campo Grande, sendo distribuída para a 2ª Vara do Trabalho. Na audiência UNA a reclamada apresentou exceção de incompetência em razão do lugar, que foi acolhida com a remessa dos autos a uma das Varas do Trabalho de Cuiabá. Em relação à referida decisão,

a) caberá agravo de instrumento.

b) não caberá recurso, por se tratar de decisão interlocutória.

c) caberá mandado de segurança.

d) caberá reclamação correcional.

e) caberá recurso ordinário.

COMENTÁRIOS

✪ **Nota do Autor:** Recurso é mecanismo voluntário e previsto em lei para a impugnação de decisão judicial no processo em que proferida. O recurso permite a reapreciação da causa por órgão distinto possibilitando a correção de eventuais falhas da instância superior. A questão exige conhecimento sobre o cabimento e adequação dos recursos no processo do trabalho.

Gabarito: Letra E.

Conforme entendimento consolidado na súmula 201 do TST:

> *DECISÃO INTERLOCUTÓRIA. IRRECORRIBILIDADE (nova redação) – Res. 127/2005, DJ 14, 15 e 16.03.2005*
>
> *Na Justiça do Trabalho, nos termos do art. 893, § 1º, da CLT, as decisões interlocutórias não ensejam recurso imediato, salvo nas hipóteses de decisão: a) de Tribunal Regional do Trabalho contrária à Súmula ou Orientação Jurisprudencial do Tribunal Superior do Trabalho; b) suscetível de impugnação mediante recurso para o mesmo Tribunal; c) que acolhe exceção de incompetência territorial, com a remessa dos autos para Tribunal Regional distinto daquele a que se vincula o juízo excepcionado, consoante o disposto no art. 799, § 2º, da CLT.*

Se a remessa dos autos se der para Tribunal Regional do Trabalho diverso (Cuiabá – TRT23; Campo Grande – TRT24) daquele a que se vincula o juízo excepcionado, será cabível a interposição imediata de recurso ordinário, conforme se infere da Súmula 214, c, do TST. Já se a remessa for feita para outra vara do trabalho dentro da mesma região da Justiça do Trabalho, não caberá recurso de imediato (CLT, art. 893, §1).

Letras A, B, C e D: Ver comentários sobre o gabarito.

---

266. (FCC – Analista Judiciário – Oficial de Just. Avaliador – TRT 24/2017) O reclamante Zeus ajuizou reclamação trabalhista formulando os pedidos de adicional de insalubridade e indenização por danos materiais. A sentença lhe foi favorável apenas em relação ao pedido de indenização por danos materiais, razão pela qual resolveu recorrer, devendo assim interpor

a) recurso ordinário no prazo de 5 dias.

b) agravo de instrumento no prazo de 8 dias.

c) agravo de petição no prazo de 10 dias.

d) recurso ordinário no prazo de 8 dias.

e) apelação da sentença no prazo de 15 dias.

COMENTÁRIOS

✪ **Nota do Autor:** Recurso é mecanismo voluntário e previsto em lei para a impugnação de decisão judicial no processo em que proferida. O recurso permite a reapreciação da causa por órgão distinto possibilitando a correção de eventuais falhas da instância superior. A questão exige conhecimento sobre o cabimento e adequação dos recursos no processo do trabalho.

Gabarito: Letra D.

Conforme o art. 895 da CLT.

> *Art. 895 – Cabe recurso ordinário para a instância superior: (Vide Lei 5.584, de 1970)*
>
> *I – das decisões definitivas ou terminativas das Varas e Juízos, no prazo de 8 (oito) dias; e (Incluído pela Lei nº 11.925, de 2009).*
>
> *II – das decisões definitivas ou terminativas dos Tribunais Regionais, em processos de*

sua competência originária, no prazo de 8 (oito) dias, quer nos dissídios individuais, quer nos dissídios coletivos. (Incluído pela Lei nº 11.925, de 2009).

Letras A, B, C e E: Ver comentários sobre o gabarito.

---

267. (FCC - Técnico Judiciário - Área Administrativa - TRT 11/2017) De acordo com a Consolidação das Leis do Trabalho e entendimento Sumulado do TST, no ato de interposição do agravo de instrumento, em regra, e desde que não atingido o valor da condenação,

a) não é exigido depósito recursal.

b) o depósito recursal corresponderá a 50% do valor do depósito do recurso ao qual se pretende destrancar.

c) o depósito recursal corresponderá a 30% do valor do depósito do recurso ao qual se pretende destrancar.

d) o depósito recursal corresponderá a 60% do valor do depósito do recurso ao qual se pretende destrancar.

e) somente será devido o depósito recursal se tratar de procedimento ordinário, sendo este correspondente a 25% do valor do depósito do recurso ao qual se pretende destrancar.

COMENTÁRIOS

✪ **Nota do Autor:** O depósito recursal pode ser tido como despesa processual atípica, já que não se trata propriamente de gasto decorrente da prática de ato processual. O valor depositado fica à disposição do Juízo e será liberado ao recorrente ou ao recorrido, de acordo com o sucesso da postulação recursal.

Gabarito: Letra B.

O art. 899, §7º da CLT dispõe que: No ato de interposição do agravo de instrumento, o depósito recursal corresponderá a 50% (cinquenta por cento) do valor do depósito do recurso ao qual se pretende destrancar.

Letras A, C, D e E: Ver comentários sobre o gabarito.

23. REVELIA E CONFISSÃO

- Súmula 09, do TST
- Súmula 74. I, do TST

---

268. (FCC - Técnico Judiciário - Área Administrativa - TRT 3/2015) Joana ajuizou reclamação trabalhista em face de sua ex- empregadora a empresa "Z". O processo foi devidamente contestado pela reclamada, tendo sido realizada perícia para apuração de insalubridade no local de trabalho. Após entrega do laudo pericial e manifestação das partes, foi designada audiência de instrução e julgamento. Na data da referida audiência não compareceram a reclamante e nem o seu advogado, mas compareceram a reclamada e seu patrono. Neste caso, considerando que as partes estavam devidamente intimadas da referida audiência, inclusive, para prestarem depoimento pessoal, sob pena de confissão,

a) a audiência se realizará sem a presença de Joana e para ela será aplicada a pena de confissão no tocante às questões de fatos nas quais lhe cabia o ônus da prova.

b) o processo será arquivado, e Joana será condenada às custas e despesas processuais, havendo expresso dispositivo legal neste sentido.

c) será marcada nova audiência, com a intimação pessoal de Joana, em razão da ausência também de seu advogado.

d) será marcada nova audiência, com intimação de Joana através de seu advogado, uma vez que regularmente constituído nos autos.

e) a audiência se realizará sem a presença de Joana sendo que para ela não será aplicada a pena de confissão, uma vez que esta é aplicada exclusivamente à parte reclamada.

COMENTÁRIOS

✪ **Nota do Autor:** A questão exige o conhecimento acerto acerca dos efeitos do não comparecimento da parte à audiência. A audiência no Processo do Trabalho, em regra, será una (CLT, art. 843) devendo as partes estrem presentes, independentemente do comparecimento de seus representantes. No entanto, é muito comum, em diversas regiões da Justiça do Trabalho, a designação fracionada de (i) audiências iniciais, com o único escopo de tentar a conciliação e receber a defesa; (ii) audiências de instrução - também chamadas de audiências de prosseguimento-, destinadas à colheita da prova; e (iii) audiências de julgamento, que nada mais são do que a designação de data para leitura de sentença, o que dispensa a prática de ato intimatório pela Secretaria da Vara.

Gabarito: Letra A.

A confissão é ato de admitir a veracidade de fato contrário aos interesses da parte declarante, e favorável aos de seu adversário. Pode ser judicial ou extrajudicial; espontânea ou provocada. Neste sentido, aplica-se a confissão à parte que, expressamente intimada com aquela cominação, não comparecer à audiência em prosseguimento, na qual deveria depor. (TST, súmula 74, I).

Letras B, C, D e E: Ver comentários sobre o gabarito.

269. (FCC – Analista Judiciário – Área Judiciária – TRT 11/2017) Gilmeri ajuizou reclamação trabalhista em face de sua ex-empregadora, a empresa Lago Rosa Ltda. Na audiência em que deveria apresentar defesa, o preposto da empresa não compareceu, uma vez que agendou o dia correto, mas o mês incorreto em sua agenda eletrônica. Porém, o advogado da empresa compareceu munido de procuração com firma reconhecida em cartório.

Neste caso,

a) será obrigatoriamente concedido prazo de cinco dias para que a empresa justifique a ausência, antes da aplicação das penalidades inerentes à revelia.

b) a audiência deverá ser remarcada, não cabendo a aplicação das penalidades inerentes à revelia.

c) a reclamada será considerada revel.

d) será obrigatoriamente concedido prazo de quarenta e oito horas para que a empresa justifique a ausência, antes da aplicação das penalidades inerentes à revelia.

e) o advogado, em razão da procuração com firma reconhecida em cartório, será constituído preposto pelo magistrado e deverá prestar depoimento pessoal.

COMENTÁRIOS

✪ **Nota do Autor:** A questão exige o conhecimento acerto acerca dos efeitos do não comparecimento da parte à audiência.

Gabarito: Letra C.

O não comparecimento do reclamante à audiência importa o arquivamento da reclamação, e o não comparecimento do reclamado importa revelia, além de confissão quanto à matéria de fato. (CLT, art. 844). A Lei 13.467/17 alterou o art. 844 da CLT e passou a prever que ocorrendo motivo relevante, poderá o juiz suspender o julgamento, designando nova audiência, bem como que ainda que ausente o reclamado, presente o advogado na audiência, serão aceitos a contestação e os documentos eventualmente apresentados. (CLT, art. 844, §5º). No entanto, de acordo com o *caput* do art. 844 da CLT, o não comparecimento do preposto (reclamado) continua gerando a revelia. A redesignação da audiência somente ocorrerá se a ausência de qualquer das partes for justificada (exemplo: doença comprovada que impeça o comparecimento).

Letras A, B, D e E: Ver comentários sobre o gabarito.

270. (FGV – Analista Judiciário – Área Judiciária – TRT 12/2017) Em determinado processo trabalhista, o juiz determinou o fracionamento da audiência. Na primeira delas, tentou sem êxito o acordo e, após receber a defesa, definiu as provas que seriam produzidas: depoimentos pessoais recíprocos, sob confissão, e testemunhal. Na segunda audiência designada, a reclamada não se fez presente à audiência, embora tenha comparecido o advogado da empresa. O juiz manifestou-se no sentido de que não desejava espontaneamente produzir provas. À luz da legislação trabalhista e da jurisprudência uniforme do TST, é correto afirmar que:

a) o juiz deverá aplicar a confissão contra a empresa e julgar de acordo com as provas já produzidas nos autos;

b) deverá ser aplicada a revelia em desfavor da acionada em virtude da sua ausência;

c) estando o advogado da ré presente, a demanda deve prosseguir normalmente, com colheita do depoimento pessoal do autor e das testemunhas, se houver;

d) não há previsão legal ou jurisprudencial a respeito, assim o juiz deverá apreciar a situação com equidade e definir o destino do feito como entender justo;

e) o juiz adiará a audiência e concederá prazo para a juntada de justificativa da ausência do preposto da reclamada.

COMENTÁRIOS

✪ **Nota do Autor:** A questão exige o conhecimento acerto acerca dos efeitos do não comparecimento da parte à audiência. A audiência no Processo do Trabalho, em regra, será una (CLT, art. 843) devendo as partes estrem presentes, independentemente do comparecimento de seus representantes. No entanto, é muito comum, em diversas regiões da Justiça do Trabalho, a designação fracionada de (i) audiências iniciais, com o único escopo de tentar a conciliação e receber a defesa; (ii) audiências de instrução – também chamadas de audiências de prosseguimento –, destinadas à colheita da prova; e (iii) audiências de julgamento, que nada mais são do que a designação de data para leitura de sentença, o que dispensa a prática de ato intimatório pela Secretaria da Vara.

A confissão é ato de admitir a veracidade de fato contrário aos interesses da parte declarante, e favorável aos de seu adversário. Pode ser judicial ou extrajudicial; espontânea ou provocada. Neste sentido, aplica-se a confissão à parte que, expressamente intimada com aquela cominação, não comparecer à audiência em prosseguimento, na qual deveria depor. (TST, súmula 74, I).

Gabarito: Letra A.

Conforme entendimento consolidado na súmula 74 do TST:

CONFISSÃO. (atualizada em decorrência do CPC de 2015) – Res. 208/2016, DEJT divulgado em 22, 25 e 26.04.2016

I – Aplica-se a confissão à parte que, expressamente intimada com aquela cominação, não comparecer à audiência em prosseguimento, na qual deveria depor. (ex-Súmula nº 74 – RA 69/1978, DJ 26.09.1978)

II – A prova pré-constituída nos autos pode ser levada em conta para confronto com a confissão ficta (arts. 442 e 443, do CPC de 2015 – art. 400, I, do CPC de 1973), não implicando cerceamento de defesa o indeferimento de provas posteriores. (ex-OJ nº 184 da SBDI-1 – inserida em 08.11.2000)

III- A vedação à produção de prova posterior pela parte confessa somente a ela se aplica, não afetando o exercício, pelo magistrado, do poder/dever de conduzir o processo.

Letras B, C, D e E: Ver comentários sobre o gabarito.

24. ESTATUTO DO MINISTÉRIO PÚBLICO DA UNIÃO – LEI COMPLEMENTAR 75/93

▸ Art. 83, III, da LC 75/93

271. (AOCP – Analista Judiciário – Área Judiciária – TRT 1/2018) Em relação à organização do Ministério Público do Trabalho, é correto afirmar que

a) incumbe aos procuradores do Trabalho de Segunda Categoria recorrer das decisões dos juízes e Tribunais do Trabalho, nos casos previstos em lei.

b) incumbe aos procuradores de Primeira Categoria exarar parecer nos processos de competências dos Tribunais Regionais.

c) o Procurador-Geral do Trabalho é o chefe do Ministério Público do Trabalho e será nomeado pelo Procurador-Geral da República dentre integrantes da instituição com mais de 35 anos de idade e de 5 anos na carreira.

d) o Procurador-Geral do Trabalho é o chefe do Ministério Público do Trabalho e será nomeado pelo Procurador-Geral da República dentre integrantes da instituição com mais de 35 anos de idade e de 10 anos na carreira.

e) os procuradores de Segunda Categoria poderão substituir os Procuradores de Primeira Categoria em seus impedimentos, licenças e férias, mas não farão jus ao recebimento dos vencimentos correspondentes ao cargo do substituído no período correspondente.

COMENTÁRIOS

✪ **Nota do autor:** a questão indaga a respeito da organização do Ministério Público do Trabalho, tema versado na Lei Orgânica do Ministério Público da União (Lei Complementar nº 75/93). A referida lei não prevê a figura dos procuradores de "primeira" ou "segunda" categoria, tal como mencionado pelo enunciado da questão.

Gabarito: letra C. O Procurador-Geral do Trabalho será nomeado pelo Procurador-Geral da República, dentre integrantes da instituição, com mais de trinta e cinco anos de idade e de cinco anos na carreira, integrante de lista tríplice escolhida mediante voto plurinominal, facultativo e secreto, pelo Colégio de Procuradores para um mandato de dois anos, permitida uma recondução, observado o mesmo processo. Caso não haja número suficiente de candidatos com mais de cinco anos na carreira, poderá concorrer à lista tríplice quem contar mais de dois anos na carreira (LC 75/93, arts. 87 e 88).

Letras A, B e E: ver nota do autor.

Letra D: o Procurador-Geral do Trabalho deve ter o mínimo de 5 anos na carreira, conforme já visto acima.

272. (FCC – Analista Judiciário – Área Administrativa – TRT 15/2018) Compete ao Ministério Público do Trabalho o exercício das seguintes atribuições junto aos órgãos da Justiça do Trabalho, EXCETO:

a) manifestar-se em qualquer fase do processo trabalhista, acolhendo solicitação do juiz ou por sua iniciativa, quando entender existente interesse público que justifique a intervenção.

b) propor as ações cabíveis para declaração de nulidade de cláusula de contrato, acordo coletivo ou convenção coletiva que viole as liberdades individuais ou coletivas ou os direitos individuais disponíveis dos trabalhadores.

c) funcionar nas sessões dos Tribunais Trabalhistas, manifestando-se verbalmente sobre a matéria em debate, sempre que entender necessário, sendo-lhe assegurado o direito de vista dos processos em julgamento, podendo solicitar as requisições e diligências que julgar convenientes.

d) instaurar instância em caso de greve, quando a defesa da ordem jurídica ou o interesse público assim o exigir.

e) propor as ações necessárias à defesa dos direitos e interesses dos menores, incapazes e índios, decorrentes das relações de trabalho.

COMENTÁRIOS

✪ **Nota do autor:** a competência do Ministério Público do Trabalho é prevista no art. 83 da Lei Complementar 75/93 (Lei Orgânica do Ministério Público da União):

> *Art. 83. Compete ao Ministério Público do Trabalho o exercício das seguintes atribuições junto aos órgãos da Justiça do Trabalho:*
>
> *I – promover as ações que lhe sejam atribuídas pela Constituição Federal e pelas leis trabalhistas;*
>
> *II – manifestar-se em qualquer fase do processo trabalhista, acolhendo solicitação do juiz ou por sua iniciativa, quando entender existente interesse público que justifique a intervenção;*
>
> *III – promover a ação civil pública no âmbito da Justiça do Trabalho, para defesa de interesses coletivos, quando desrespeitados os direitos sociais constitucionalmente garantidos;*
>
> *IV – propor as ações cabíveis para declaração de nulidade de cláusula de contrato, acordo coletivo ou convenção coletiva que viole as liberdades individuais ou coletivas ou os direitos individuais indisponíveis dos trabalhadores;*
>
> *V – propor as ações necessárias à defesa dos direitos e interesses dos menores, incapazes e índios, decorrentes das relações de trabalho;*
>
> *VI – recorrer das decisões da Justiça do Trabalho, quando entender necessário, tanto nos processos em que for parte, como naqueles em que oficiar como fiscal da lei, bem como pedir revisão dos Enunciados da Súmula de Jurisprudência do Tribunal Superior do Trabalho;*
>
> *VII – funcionar nas sessões dos Tribunais Trabalhistas, manifestando-se verbalmente sobre a matéria em debate, sempre que entender necessário, sendo-lhe assegurado o direito de vista dos processos em julgamento, podendo solicitar as requisições e diligências que julgar convenientes;*
>
> *VIII – instaurar instância em caso de greve, quando a defesa da ordem jurídica ou o interesse público assim o exigir;*
>
> *IX – promover ou participar da instrução e conciliação em dissídios decorrentes da paralisação de serviços de qualquer natureza, oficiando obrigatoriamente nos processos, manifestando sua concordância ou discordância, em eventuais acordos firmados antes da homologação, resguardado o direito de recorrer em caso de violação à lei e à Constituição Federal;*
>
> *X – promover mandado de injunção, quando a competência for da Justiça do Trabalho;*
>
> *XI – atuar como árbitro, se assim for solicitado pelas partes, nos dissídios de competência da Justiça do Trabalho;*
>
> *XII – requerer as diligências que julgar convenientes para o correto andamento dos processos e para a melhor solução das lides trabalhistas;*
>
> *XIII – intervir obrigatoriamente em todos os feitos nos segundo e terceiro graus de jurisdição da Justiça do Trabalho, quando a parte for pessoa jurídica de Direito Público, Estado estrangeiro ou organismo internacional.*

Gabarito: letra B. A atuação do MPT somente se justifica quando estiverem em litígio direitos individuais indisponíveis, ou direitos coletivos. Perceba-se que, mesmo sem conhecer a legislação específica, portanto, seria possível acertar a questão.

Demais assertivas: As letras A, C, D e E correspondem, respectivamente, às competências previstas nos incisos II, VII, VIII e V do art. 83, acima transcrito.

---

273. (FCC – Analista Judiciário – Área Judiciária – TRT 3/2015) Em relação à competência e às formas de atuação, compete ao Ministério Público do Trabalho

a) promover ação civil pública no âmbito da Justiça do Trabalho, para defesa de interesses individuais e coletivos, quando desrespeitados os direitos sociais constitucionalmente garantidos.

b) promover ação civil pública no âmbito da Justiça do Trabalho, para defesa de interesses coletivos, quando desrespeitados os direitos sociais constitucionalmente garantidos.

c) promover ação civil pública no âmbito da Justiça Comum, para defesa de interesses coletivos, quando desrespeitados os direitos sociais constitucional- mente garantidos.

d) promover ação civil pública no âmbito da Justiça do Trabalho, para defesa de interesses individuais e coletivos, quando desrespeitadas os normas previstas na Consolidação das Leis do Trabalho.

e) instaurar instância em caso de greve, desde que provocado pelo sindicato patronal.

COMENTÁRIOS

✪ **Nota do Autor:** A questão exige conhecimento sobre o Estatuto do Ministério Público da União (LC 75/93).

Gabarito: Letra B. São funções institucionais do Ministério Público da União a defesa da ordem jurídica, do regime democrático, dos interesses sociais e dos interesses individuais indisponíveis, dentre outros, e, nos termos do art. 83 da LC 75/93:

> *Art. 83. Compete ao Ministério Público do Trabalho o exercício das seguintes atribuições junto aos órgãos da Justiça do Trabalho:*
>
> *(...) III – promover a ação civil pública no âmbito da Justiça do Trabalho, para defesa de* ***interesses coletivos****, quando desrespeitados os direitos sociais constitucionalmente garantidos.*

Perceba-se que a atuação do MPT se dá no âmbito da Justiça do Trabalho para tutelar direitos coletivos. Ademais, a legislação prevê a atuação quando desrespeitados os direitos sociais constitucionalmente garantidos.

Letras A, C, D e E: Ver comentários sobre o gabarito.

---

274. (FCC – Analista Judiciário – Oficial de Justiça Avaliador – TRT 3/2015) O Chefe do Ministério Público do Trabalho é o Procurador-Geral do Trabalho, nomeado pelo

a) Presidente da República, dentre integrantes da instituição, com mais de trinta anos de idade e de dez anos na carreira, integrante de lista tríplice escolhida mediante voto nominal, obrigatório e secreto, pelo Colégio dos Procuradores para um mandato de três anos, permitida uma recondução.

b) Procurador-Geral da República, dentre integrantes da instituição, com mais de trinta e cinco anos de idade e de cinco anos na carreira, integrante de lista tríplice escolhida mediante voto plurinominal, facultativo e secreto, pelo Colégio dos Procuradores para um mandato de dois anos, permitida uma recondução.

c) Procurador-Geral da República, dentre integrantes da instituição, com mais de trinta anos de idade e de cinco anos na carreira, integrante de lista tríplice escolhida mediante voto nominal, obrigatório e aberto, pelos Subprocuradores para um mandato de quatro anos, sem direito à recondução.

d) Presidente da República, dentre integrantes da instituição, com mais de trinta e cinco anos de idade e de dez anos na carreira, integrante de lista tríplice escolhida mediante voto plurinominal, obrigatório e secreto, pelos Subprocuradores para um mandato de quatro anos, permitida uma recondução.

e) Colégio de Procuradores da República, dentre integrantes da instituição, com mais de trinta e cinco anos de idade e de dez anos na carreira, integrante de lista tríplice escolhida mediante voto nominal, facultativo e aberto, pelos Subprocuradores para um mandato de dois anos, permitidas duas reconduções.

COMENTÁRIOS

✪ **Nota do Autor:** A questão exige conhecimento sobre o Estatuto do Ministério Público da União (LC 75/93).

Gabarito: Letra B.

O Procurador-Geral da República (PGR) é o chefe do Ministério Público da União, cuja nomeação é competência exclusiva do Presidente da República (CF, art. 84, XIV) dentre integrantes da carreira, maiores de trinta e cinco anos, após a aprovação de seu nome pela maioria absoluta dos membros do Senado Federal, para mandato de dois anos, permitida a recondução (CF, art. 128, §1º). Os MPs estaduais são chefiados, cada um, por seu Procurador-Geral de Justiça.

Nos termos dos arts. 87 e 88 da LC 75/93:

> *Art. 87. O Procurador-Geral do Trabalho é o Chefe do Ministério Público do Trabalho.*
>
> *Art. 88.* O Procurador-Geral do Trabalho será nomeado *pelo Procurador-Geral da República, dentre integrantes da instituição, com* mais de trinta e cinco anos de idade e de cinco anos na carreira, *integrante de lista tríplice escolhida mediante voto plurinominal, facultativo e secreto,* pelo Colégio de Procuradores *para um mandato de dois anos,* permitida uma recondução, *observado o mesmo processo. Caso não haja número suficiente de candidatos com mais de cinco anos na carreira, poderá concorrer à lista tríplice quem contar mais de dois anos na carreira.*

Letras A, C, D e E: Ver comentários sobre o gabarito.

---

275. (FCC – Analista Judiciário – Área Judiciária – TRT 20/2016) O Ministério Público da União, organizado por Lei Complementar, é instituição permanente, essencial à função jurisdicional do Estado, compreendendo em sua estrutura o Ministério Público do Trabalho. Sobre a organização desse último, é correto afirmar que

a) os Procuradores Regionais do Trabalho poderão atuar tanto nos Tribunais Regionais do Trabalho quanto nas Varas do Trabalho, de forma residual.

b) o chefe do Ministério Público do Trabalho é o Procurador-Geral da República indicado em lista tríplice pelos seus pares e nomeado pelo Congresso Nacional.

c) dentre os órgãos do Ministério Público do Trabalho estão o Colégio de Procuradores do Trabalho, a Câmara de Coordenação e Revisão do Ministério Público do Trabalho e a Corregedoria do Ministério Público do Trabalho.

d) os Subprocuradores-Gerais do Trabalho serão designados para oficiar junto ao Tribunal Regional do Trabalho da 10ª Região – Distrito Federal, com sede em Brasília.

e) o Conselho Superior do Ministério Público do Trabalho será composto pelo Procurador-Geral do Trabalho, o Vice- Procurador-Geral do Trabalho, quatro Subprocuradores-Gerais do Trabalho e quatro procuradores regionais do trabalho, todos eleitos pelos seus pares.

COMENTÁRIOS

✪ **Nota do Autor:** A questão exige conhecimento sobre o Estatuto do Ministério Público da União (LC 75/93).

Gabarito: Letra C:

Conforme art. 85, II, IV, V da LC 75/93:

> *Art. 85. São órgãos do Ministério Público do Trabalho:*
>
> *I – o Procurador-Geral do Trabalho;*
>
> *II – o Colégio de Procuradores do Trabalho;*
>
> *III – o Conselho Superior do Ministério Público do Trabalho;*
>
> *IV – a Câmara de Coordenação e Revisão do Ministério Público do Trabalho;*
>
> *V – a Corregedoria do Ministério Público do Trabalho;*
>
> *VI – os Subprocuradores-Gerais do Trabalho;*
>
> *VII – os Procuradores Regionais do Trabalho;*
>
> *VIII – os Procuradores do Trabalho.*

Letra A: Os Procuradores Regionais do Trabalho serão designados para oficiar junto aos Tribunais Regionais do Trabalho. (LC 75/93, art. 110).

Letra B: Assertiva contrária aos arts. 87 e 88 da LC 75/93:

> *Art. 87. O Procurador-Geral do Trabalho é o Chefe do Ministério Público do Trabalho.*
>
> *Art. 88. O Procurador-Geral do Trabalho será nomeado pelo Procurador-Geral da República, dentre integrantes da instituição, com mais de trinta e cinco anos de idade e de cinco anos na carreira, integrante de lista tríplice escolhida mediante voto plurinominal, facultativo e secreto, pelo Colégio de Procuradores para um mandato de dois anos, permitida uma recondução, observado o mesmo processo. Caso não haja número suficiente de candidatos com mais de cinco anos na carreira, poderá concorrer à lista tríplice quem contar mais de dois anos na carreira.*

Letra D: Os Subprocuradores-Gerais do Trabalho serão designados para oficiar junto ao Tribunal Superior do Trabalho e nos ofícios na Câmara de Coordenação e Revisão. (LC 75/93, art. 107).

Letra E: Assertiva contrária ao art. 95, II e III da LC 75/93:

> *Art. 95. O Conselho Superior do Ministério Público do Trabalho, presidido pelo Procurador-Geral do Trabalho, tem a seguinte composição:*
>
> *I – o Procurador-Geral do Trabalho e o Vice-Procurador-Geral do Trabalho, que o integram como membros natos;*
>
> *II – quatro Subprocuradores-Gerais do Trabalho, eleitos para um mandato de dois anos, pelo Colégio de Procuradores do Trabalho, mediante voto plurinominal, facultativo e secreto, permitida uma reeleição;*
>
> *III – quatro Subprocuradores-Gerais do Trabalho, eleitos para um mandato de dois anos, por seus pares, mediante voto plurinominal, facultativo e secreto, permitida uma reeleição.*

---

276. (FCC – Analista Judiciário – Oficial de Just. Avaliador – TRT 20/2016) Ulisses foi nomeado Procurador-Geral do Trabalho. Durante o seu mandato poderia ser acusado de desvio de suas atribuições funcionais em caso de

a) decidir, atendendo a necessidade do serviço, sobre remoção a pedido ou por permuta de membro do Ministério Público do Trabalho.

b) decidir processo disciplinar contra membro da carreira ou servidor dos serviços auxiliares, aplicando as sanções que sejam de sua competência.

c) nomear o Corregedor-Geral do Ministério Público do Trabalho, segundo lista tríplice formada pelo Conselho Superior.

d) elaborar a proposta orçamentária do Ministério Público do Trabalho, submetendo-a, para aprovação, ao Conselho Superior.

e) exercer o poder normativo no âmbito do Ministério Público do Trabalho, especialmente para elaborar e aprovar as normas e as instruções para o concurso de ingresso na carreira.

COMENTÁRIOS

✪ **Nota do Autor:** A questão exige conhecimento sobre o Estatuto do Ministério Público da União (LC 75/93).

Gabarito: Letra E.

Conforme dispõe o art. 98, I, b, da LC 95/73:

> *Art. 98. Compete ao* Conselho Superior do Ministério Público do Trabalho*:*
>
> *I* – exercer o poder normativo *no âmbito do Ministério Público do Trabalho, observados os princípios desta lei complementar,* especialmente para elaborar e aprovar*:*
>
> *a) o seu Regimento Interno, o do Colégio de Procuradores do Trabalho e o da Câmara de Coordenação e Revisão do Ministério Público do Trabalho;*
>
> *b) as* normas e as instruções para o concurso de ingresso na carreira*;*

Letras A, B, C e D: Conforme dispõe o art. 91, IX, X, III, VIII da LC 95/73:

> *Art. 91. São* atribuições do Procurador-Geral do Trabalho*:*
>
> *III – nomear o Corregedor-Geral do Ministério Público do Trabalho, segundo lista tríplice formada pelo Conselho Superior;*
>
> *VIII – determinar a abertura de correição, sindicância ou inquérito administrativo;*
>
> *IX – determinar a instauração de inquérito ou processo administrativo contra servidores dos serviços auxiliares;*
>
> *X – decidir processo disciplinar contra membro da carreira ou servidor dos serviços auxiliares, aplicando as sanções que sejam de sua competência;*
>
> *(...)*
>
> *XII – decidir, atendendo à necessidade do serviço, sobre: a) remoção a pedido ou por permuta;*
>
> *XVIII – elaborar a proposta orçamentária do Ministério Público do Trabalho, submetendo-a, para aprovação, ao Conselho Superior.*

25. INFORMATIZAÇÃO DO PROCESSO JUDICIAL – LEI 11.419/06

▸ Art. 5º, §§ 1º 2º 3º, da lei 11.419/06

277. (FCC – Analista Judiciário – Área Judiciária – TRT 2/2018) Mercedes ingressou com reclamação trabalhista contra sua ex-empregadora, a Empresa de Alimentos Tudo de Bom Ltda., pleiteando diferenças de verbas rescisórias e danos morais. O processo tramita de modo eletrônico e foi proferida sentença julgando procedente a ação e deferindo as diferenças pretendidas, mas omitindo-se no tocante ao pedido de danos morais. A disponibilização da informação da sentença para os advogados das partes ocorreu no Diário Oficial no dia 3/5, uma quinta-feira. Pretendendo o advogado de Mercedes ingressar com Embargos de Declaração para suprir a omissão do julgado, o último dia para sua interposição, considerando que não houve feriados naquele mês, será dia

a) 8/5.

b) 16/5

c) 10/5

d) 9/5.

e) 11/5

COMENTÁRIOS

✪ **Nota do autor:** a questão exige conhecimento acerca da contagem de prazos nos processos eletrônicos. Sobre o tema, o art. 4º da Lei 11.419/2006 estabelece:

> *§ 3º Considera-se como data da publicação o primeiro dia útil seguinte ao da disponibilização da informação no Diário da Justiça eletrônico.*
>
> *§ 4º Os prazos processuais terão início no primeiro dia útil que seguir ao considerado como data da publicação.*

Assim, na contagem de prazos nos processos eletrônicos, devem ser considerados três momentos: (i) primeiro, a disponibilização da informação no DJE (Diário da Justiça Eletrônico); (ii) a data da publicação será considerada como o primeiro dia útil seguinte à referida disponibilização. Isso se explica porque a disponibilização das informações ocorre ao longo do dia (podendo mesmo ser no período noturno); dessa forma, o legislador optou por não reduzir o prazo em função das horas decorridas ao longo do dia; (iii) no dia útil seguinte à data considerada como de publicação, terá início a contagem do prazo processual.

No caso hipotético em questão, a disponibilização da sentença ocorreu no dia 3 de maio (quinta-feira). Assim, a data da publicação é considerada como sendo o dia 4 de maio (sexta-feira). A contagem do prazo para embargos de declaração (5 dias úteis) se inicia, portanto, no dia útil seguinte, ou seja, dia 7 de maio (segunda-feira). Dessa forma, o interessado terá até o dia 11 de maio (sexta-feira) para ofertar o recurso de embargos de declaração.

Gabarito: Letra E. Ver comentários acima.

278. (FCC – Analista Judiciário – Oficial de Just. Avaliador Federal – TRT 2/2018) Na situação hipotética em que Fausto era ajudante de limpeza da empresa Bolha de Sabão Ltda., que prestava serviços para a Municipalidade de São Paulo, tendo sido injustamente dispensado, ingressou com Reclamação Trabalhista contra ambas pleiteando o pagamento de horas extras e reflexos nas demais verbas salariais e rescisórias, sendo seu processo eletrônico. A sentença foi julgada parcialmente procedente, deferindo apenas parte das horas extras pretendidas e condenando a Municipalidade de forma subsidiária. Sabendo-se que a disponibilização da informação da sentença para os advogados das partes ocorreu no Diário Oficial no dia 5/3, uma quinta-feira e pretendendo todas as partes ingressarem com Recurso Ordinário, o último dia para sua interposição, considerando que não houve feriados naquele mês, será

a) 12/3 para o Reclamante e para a Reclamada e 20/3 para a Municipalidade, respectivamente.
b) 17/3 para o Reclamante e para a Reclamada e 30/3 para a Municipalidade, respectivamente.
c) 18/3 para todos.
d) 13/3 para o Reclamante e para a Reclamada e 23/3 para a Municipalidade, respectivamente.
e) 18/3 para o Reclamante e para a Reclamada e 30/3 para a Municipalidade, respectivamente.

COMENTÁRIOS

✪ **Nota do autor:** a questão exige conhecimento acerca da contagem de prazos nos processos eletrônicos. Sobre o tema, o art. 4º da Lei 11.419/2006 estabelece:

> *§ 3º Considera-se como data da publicação o primeiro dia útil seguinte ao da disponibilização da informação no Diário da Justiça eletrônico.*
>
> *§ 4º Os prazos processuais terão início no primeiro dia útil que seguir ao considerado como data da publicação.*

Assim, na contagem de prazos nos processos eletrônicos, devem ser considerados três momentos: (i) primeiro, a disponibilização da informação no DJE (Diário da Justiça Eletrônico); (ii) a data da publicação será considerada como o primeiro dia útil seguinte à referida disponibilização. Isso se explica porque a disponibilização das informações ocorre ao longo do dia (podendo mesmo ser no período noturno); dessa forma, o legislador optou por não reduzir o prazo em função das horas decorridas ao longo do dia; (iii) no dia útil seguinte à data considerada como de publicação, terá início a contagem do prazo processual.

Além disso, o Município (assim como toda pessoa jurídica de direito público) tem prazo em dobro para recorrer (Decreto-Lei nº 779/69).

No caso hipotético em questão, a contagem do prazo recursal se inicia na segunda-feira, dia 09/03. Contando 8 dias úteis, o prazo para reclamante e 1ª reclamada interporem recurso ordinário se encerra no dia 18 de março. Já o prazo do Município exige a contagem de 16 dias úteis, encerrando no dia 30/03.

Gabarito: letra E.

Demais assertivas: ver nota do autor.

279. (FCC – Técnico Judiciário – Área Administrativa – TRT 2/2018) Na hipótese da disponibilização de sentença na sexta-feira, com publicação na segunda-feira e não havendo qualquer feriado ou ausência de expediente durante o prazo recursal, o último dia de prazo para a interposição de Recurso Ordinário será:

a) sexta-feira da semana da publicação.
b) quarta-feira da semana seguinte à da publicação.
c) terça-feira da semana seguinte à da publicação.
d) segunda-feira da semana seguinte à da publicação.
e) quinta-feira da semana seguinte à da publicação.

COMENTÁRIOS

✪ **Nota do autor:** a questão exige conhecimento acerca da contagem de prazos nos processos eletrônicos. Sobre o tema, o art. 4º da Lei 11.419/2006 estabelece:

> *§ 3º Considera-se como data da publicação o primeiro dia útil seguinte ao da disponibilização da informação no Diário da Justiça eletrônico.*
>
> *§ 4º Os prazos processuais terão início no primeiro dia útil que seguir ao considerado como data da publicação.*

Assim, na contagem de prazos nos processos eletrônicos, devem ser considerados três momentos: (i) primeiro, a disponibilização da informação no DJE (Diário da Justiça Eletrônico); (ii) a data da publicação será considerada como o primeiro dia útil seguinte à referida disponibilização. Isso se explica porque a disponibilização das informações ocorre ao longo do dia (podendo mesmo ser no período noturno); dessa forma, o legislador optou por não reduzir o prazo em função das horas decorridas ao longo do dia; (iii) no dia útil seguinte à data considerada como de publicação, terá início a contagem do prazo processual.

No caso em questão, a disponibilização da informação ocorreu na sexta-feira; assim, a data da publicação será considerada a segunda-feira imediatamente subsequente. Na terça-feira, inicia-se a contagem do prazo recursal; contados oito dias úteis, o prazo se encerrará na quinta-feira da semana seguinte à data considerada como de publicação.

Gabarito: letra E.

Demais assertivas: ver nota do autor.

280. (FCC – Técnico Judiciário – Área Administrativa – TRT 2/2018) A Lei nº 11.419/2006, que regulamenta a informatização do Processo Judicial, dispõe que

a) se consideram realizados os atos processuais por meio eletrônico às 23 horas e 59 minutos do dia do seu envio ao sistema do Poder Judiciário, do que não deverá ser fornecido protocolo eletrônico.

b) se considera meio eletrônico, para fins específicos da referida lei, toda forma de comunicação a distância com a utilização de redes de comunicação, preferencialmente a rede mundial de computadores.

c) os documentos cuja digitalização seja tecnicamente inviável devido ao grande volume ou por motivo de ilegibilidade deverão ser apresentados ao cartório ou secretaria no prazo de 10 dias contados do envio de petição eletrônica comunicando o fato, os quais serão devolvidos à parte após o trânsito em julgado.

d) no processo eletrônico, todas as citações, intimações e notificações, exceto da Fazenda Pública, serão feitas por meio eletrônico, na forma da referida Lei.

e) quando, por motivo técnico, for inviável o uso do meio eletrônico para a realização de citação, intimação ou notificação, esses atos processuais poderão ser praticados segundo as regras ordinárias, digitalizando-se o documento físico, sendo, porém, vedada posteriormente sua destruição.

COMENTÁRIOS

✪ **Nota do autor:** a questão exige conhecimento acerca da Lei 11.419/2006, que rege os processos judiciais eletrônicos.

Gabarito: letra C. Os documentos cuja digitalização seja tecnicamente inviável devido ao grande volume ou por motivo de ilegibilidade deverão ser apresentados ao cartório ou secretaria no prazo de 10 (dez) dias contados do envio de petição eletrônica comunicando o fato, os quais serão devolvidos à parte após o trânsito em julgado (art. 11, §5º).

Letra A: Consideram-se realizados os atos processuais por meio eletrônico no dia e hora do seu envio ao sistema do Poder Judiciário, do que deverá ser fornecido protocolo eletrônico. Quando a petição eletrônica for enviada para atender prazo processual, serão consideradas tempestivas as transmitidas até as 24 (vinte e quatro) horas do seu último dia (art. 3º).

Letra B: Considera-se transmissão eletrônica toda forma de comunicação a distância com a utilização de redes de comunicação, preferencialmente a rede mundial de computadores (art. 1º, §2º, II).

Letra D: as citações, inclusive da Fazenda Pública, excetuadas as dos Direitos Processuais Criminal e Infracional, poderão ser feitas por meio eletrônico, desde que a íntegra dos autos seja acessível ao citando (art. 6º).

Letra E: Quando, por motivo técnico, for inviável o uso do meio eletrônico para a realização de citação, intimação ou notificação, esses atos processuais poderão ser praticados segundo as regras ordinárias, digitalizando-se o documento físico, que deverá ser posteriormente destruído (art. 8º, §2º).

---

281. (FCC – Técnico Judiciário – Área Judiciária – TRT 15/2018) No tocante ao Processo Judicial Eletrônico, considere:

I. As partes ou terceiros interessados desassistidos de advogado não poderão apresentar peças processuais ou documentos em papel, devendo constituir advogados que peticionarão de forma avulsa as manifestações no processo.

II. Autoriza-se o uso do tipo "documento diverso" apenas para agrupamento de documentos que não contenham tipo de documento específico no PJe.

III. O prazo para a juntada da contestação, reconvenção, exceção e documentos deverão ser protocolados no PJe até a realização da proposta conciliatória infrutífera, facultada a apresentação de defesa oral, na forma legal vigente.

Está correto o que consta de

a) I, II e III.

b) II e III, apenas.

c) I e II, apenas.

d) III, apenas.

e) I, apenas.

COMENTÁRIOS

✪ **Nota do autor:** a questão exige o conhecimento da RESOLUÇÃO CSJT Nº 185, DE 24 DE MARÇO DE 2017, que dispõe sobre a padronização do uso, governança, infraestrutura e gestão do Sistema Processo Judicial Eletrônico (PJe) instalado na Justiça do Trabalho e dá outras providências.

Item I: As partes ou terceiros interessados desassistidos de advogado poderão apresentar peças processuais e documentos em papel, segundo as regras ordinárias, nos locais competentes para recebê-los, que serão inseridos nos autos eletrônicos pela unidade judiciária, em arquivo eletrônico que utilize linguagem padronizada de marcação genérica (Resolução CSJT 185/2017, art. 4º).

Item II: Autoriza-se o uso do tipo "documento diverso" apenas para agrupamento de documentos que não contenham tipo de documento específico no Pje (Resolução CSJT 185/2017, art. 12, §4º).

Item III: A contestação, reconvenção, exceção e documentos deverão ser protocolados no PJe até a realização da proposta conciliatória infrutífera, com a utilização de equipamento próprio, sendo automaticamente juntados, facultada a apresentação de defesa oral, na forma do art. 847, da CLT (Resolução CSJT 185/2017, art. 22).

Gabarito: letra B (corretos os itens II e III, apenas).

---

282. (Cespe – Analista Judiciário – Área Judiciária – Oficial de Justiça Avaliador) O advogado público Arnaldo, representando João, ex-empregado da instituição X, propôs ação trabalhista contra tal instituição mediante processo judicial eletrônico. A petição inicial foi distribuída diretamente, em formato digital, sem a intervenção da respectiva secretaria ou cartório judicial. O representante legal da referida instituição recebeu a citação válida no prazo legal.

A respeito dessa situação hipotética, assinale a opção correta.

a) O patrono da causa não consta no rol daqueles que se podem valer da utilização do processo eletrônico judicial.

b) O representante legal da instituição deve apresentar contrarrazões no prazo de expediente do respectivo órgão judiciário.

c) Não há óbice à utilização do processo judicial eletrônico nessa situação.

d) O advogado da instituição poderá alegar, em contestação, a nulidade da citação por vício na distribuição.

e) É obrigação da instituição exigir o recebimento da citação em mídia impressa.

COMENTÁRIOS

✪ **Nota do Autor:** A questão exige conhecimento sobre a informatização do processo judicial, em especial a Lei 11.419/2006.

Gabarito: Letra C.

Conforme dispõe a Lei 11.419/2006:

> *Art. 1º O uso de meio eletrônico na tramitação de processos judiciais, comunicação de atos e transmissão de peças processuais será admitido nos termos desta Lei.*
>
> *§ 1º Aplica-se o disposto nesta Lei, indistintamente, aos processos civil, penal e trabalhista, bem como aos juizados especiais, em qualquer grau de jurisdição.*

Letras A, B e D: A distribuição da petição inicial e a juntada da contestação, dos recursos e das petições em geral, todos em formato digital, nos autos de processo eletrônico, podem ser feitas diretamente pelos advogados públicos e privados, sem necessidade da intervenção do cartório ou secretaria judicial, situação em que a autuação deverá se dar de forma automática, fornecendo-se recibo eletrônico de protocolo. (11.419/2006, art. 10).

Letra E: No processo eletrônico, todas as citações, intimações e notificações, inclusive da Fazenda Pública, serão feitas por meio eletrônico, na forma desta Lei. As citações, intimações, notificações e remessas que viabilizem o acesso à íntegra do processo correspondente serão consideradas vista pessoal do interessado para todos os efeitos legais. Quando, por motivo técnico, for inviável o uso do meio eletrônico para a realização de citação, intimação ou notificação, esses atos processuais poderão ser praticados segundo as regras ordinárias, digitalizando-se o documento físico, que deverá ser posteriormente destruído. (11.419/2006, art. 9, §§1º e 2º).

---

283. (FCC – Técnico Judiciário – Área Administrativa – TRT 4/2015) Segundo a Lei nº 11.419/2006 as intimações serão feitas por meio eletrônico em portal próprio aos que se cadastrarem na forma da referida lei,

a) devendo a consulta da referida intimação ocorrer no prazo de 48 horas improrrogáveis, contados da data do envio da intimação.

b) considerando realizada a intimação no dia seguinte em que o intimando efetivar a consulta eletrônica ao teor da intimação, desnecessária sua certificação.

c) devendo a consulta da referida intimação ocorrer em até 15 dias corridos contados da data do envio da intimação.

d) considerando realizada a intimação no primeiro dia útil após o dia que o intimando efetivar a consulta eletrônica ao teor da intimação, desnecessária sua certificação.

e) dispensando-se a publicação no órgão oficial, inclusive eletrônico.

COMENTÁRIOS

✪ **Nota do Autor:** A questão exige conhecimento sobre a informatização do processo judicial (Lei 11.419/06).

Gabarito: Letra E.

Conforme disposto no art. 5º da Lei 11.419/06:

> *Art. 5º As intimações serão feitas por meio eletrônico em portal próprio aos que se cadastrarem na forma do art. 2º desta Lei, dispensando-se a publicação no órgão oficial, inclusive eletrônico.*
>
> *§ 1º Considerar-se-á realizada a intimação no dia em que o intimando efetivar a consulta eletrônica ao teor da intimação, certificando-se nos autos a sua realização.*
>
> *§ 2º Na hipótese do § 1º deste artigo, nos casos em que a consulta se dê em dia não útil, a intimação será considerada como realizada no primeiro dia útil seguinte.*

> *§ 3º A consulta referida nos §§ 1º e 2º deste artigo* deverá ser feita em até 10 (dez) dias *corridos contados da data do envio da intimação, sob pena de considerar-se a intimação automaticamente realizada na data do término desse prazo.*

Veja-se que há necessidade de certificação nos autos acerca da data em que o intimando efetivar a consulta eletrônica ao teor da intimação. Ademais, a consulta deve ser feita em até 10 dias corridos contados da data de envio da intimação. Por fim, a realização da intimação em portal eletrônico próprio torna dispensável a publicação no órgão oficial, ainda eletrônico.

Letras A, B, C e D: Ver comentários sobre o gabarito.

284. (FCC – Analista Judiciário – Área Judiciária – TRT 11/2017) De acordo com a Resolução CSJT nº 136/2014 (Sistema Processo Judicial Eletrônico da Justiça do Trabalho – PJe-JT), as manutenções programadas do sistema serão ostensivamente comunicadas aos usuários internos e externos, com antecedência mínima de

a) 5 dias, e realizadas, obrigatoriamente, no período das 0h de sábado às 22h de domingo.

b) 5 dias, e realizadas, preferencialmente, no período das 0h de sábado às 22h de domingo, ou entre 0h e 6h nos demais dias da semana.

c) 10 dias, e realizadas, preferencialmente, no período das 0h de sábado às 22h de domingo, ou entre 0h e 6h nos demais dias da semana.

d) 10 dias, e realizadas, obrigatoriamente, no período das 0h de sábado às 0h de domingo.

e) 3 dias, e realizadas, obrigatoriamente, no período das 0h de sábado às 0h de domingo.

COMENTÁRIOS

✪ **Nota do Autor:** A questão exige conhecimento sobre a informatização do processo judicial (Lei 11.419/06) regulamentada pela Resolução CSJT nº 136/2014 (Sistema Processo Judicial Eletrônico da Justiça do Trabalho – Pje-JT). A assertiva é anterior à revogação da referida resolução pela Resolução nº 185/2017 do CSJT, a qual não reproduz a referida norma.

Gabarito: Letra B. As manutenções programadas do sistema serão ostensivamente comunicadas aos usuários internos e externos, com antecedência mínima de 5 (cinco) dias, e realizadas, preferencialmente, no período das 0h de sábado às 22h de domingo, ou entre 0h e 6h nos demais dias da semana (CSJT, Resolução 136/2014, art. 15, §1º).

Letras A, C, D e E: Ver comentários sobre o gabarito.

285. (FGV – Analista Judiciário – Área Judiciária – TRT 12/2017) Catarina é advogada em processo eletrônico trabalhista e precisa enviar ao juízo da 36ª Vara do Trabalho de Chapecó (SC), no prazo por esse fixado, uma petição com grande volume de documentos, o que torna tecnicamente inviável a sua digitalização.

Considerando a legislação que disciplina a informatização do processo judicial, é correto afirmar que a advogada deverá:

a) requerer a digitalização dos documentos à secretaria da Vara do Trabalho, dentro do prazo fixado pelo juízo;

b) apresentar à secretaria da Vara do Trabalho, dentro do prazo fixado pelo juízo, cópias autenticadas dos documentos;

c) apresentar os documentos à secretaria da Vara do Trabalho, no prazo de dez dias contados do envio de petição eletrônica, comunicando o fato, que serão devolvidos à parte após o trânsito em julgado;

d) requerer ao juízo a dilação do prazo e solicitar a digitalização dos documentos ao setor responsável no TRT;

e) apresentar os documentos à secretaria da Vara do Trabalho, no prazo de quinze dias contados do envio de petição eletrônica comunicando o fato, que serão devolvidos à parte após a prolação da sentença.

COMENTÁRIOS

✪ **Nota do Autor:** A questão exige conhecimento sobre a informatização do processo judicial (Lei 11.419/06).

Gabarito: Letra C. Os documentos cuja digitalização seja tecnicamente inviável devido ao grande volume ou por motivo de ilegibilidade deverão ser apresentados ao cartório ou secretaria no prazo de 10 (dez) dias contados do envio de petição eletrônica comunicando o fato, os quais serão devolvidos à parte após o trânsito em julgado (Lei 11.419, art. 11, §5º).

Da mesma forma, o art. 14, §4º, da Resolução 185/2006, do Conselho Nacional de Justiça, prevê:

> *§ 4º Os documentos cuja digitalização mostre-se tecnicamente inviável devido ao grande volume, tamanho/formato ou por motivo de ilegibilidade deverão ser apresentados em secretaria no prazo de 10 (dez) dias contados do envio de petição eletrônica comunicando o fato. Após o trânsito em julgado, os referidos documentos serão devolvidos, incumbindo-se à parte preservá-los, até o final do prazo para propositura de ação rescisória, quando admitida.*

Letras A, B, D e E: Ver comentários sobre o gabarito.

26. ATO E TERMO PROCESSUAL

286. (FCC – Analista Judiciário – TRT 18/2023) Considere as assertivas abaixo a respeito da prática de atos processuais e seus prazos na Justiça do Trabalho:

I. Os atos processuais serão públicos salvo quando o contrário determinar o interesse social, e realizar-se-ão nos dias úteis das 6 às 20 horas.

II. Apenas mediante autorização expressa do magistrado poderá ser efetivada penhora de bens aos domingos, sendo vedada, ainda que com essa autorização, nos feriados.

III. Entre 20 de dezembro e 20 de janeiro, inclusive, os prazos processuais na Justiça do Trabalho ficam interrompidos.

IV. O período que se inicia em 21 de dezembro e termina em 19 de janeiro é de suspensão dos prazos na Justiça do Trabalho, não podendo ser realizadas audiências e sessões de julgamento.

V. Os prazos processuais podem ser prorrogados pelo tempo estritamente necessário nas hipóteses de força maior devidamente comprovada.

Conforme a Consolidação das Leis do Trabalho, está correto o que se afirma APENAS em

a) III e IV.
b) I e V.
c) II e IV.
d) I e II.
e) III e V.

COMENTÁRIOS

✪ **Nota do autor:** a questão versa sobre atos e prazos processuais no processo do trabalho.

Assertiva I: correta, conforme art. 770 da CLT.

Assertiva II: errada, conforme art. 770, parágrafo único, da CLT. A penhora poderá realizar-se em domingo ou dia feriado, mediante autorização expressa do juiz ou presidente.

Assertiva III: Errado, pois na verdade se dá a mera suspensão dos prazos, conforme art. 775-E, da CLT.

Assertiva IV: errado. Suspende-se o curso do prazo processual nos dias compreendidos entre 20 de dezembro e 20 de janeiro, inclusive.

Assertiva V: correta, conforme art. 775, §1º, II, da CLT.

Gabarito: Letra B.

287. (AOCP – Técnico Judiciário – Área Administrativa – TRT 1/2018) Com base nos atos e prazos processuais estabelecidos na Consolidação das Leis Trabalhistas e pautados na Lei nº 13.467/2017, assinale a alternativa correta.

a) Os atos processuais serão públicos, salvo quando o contrário determinar o interesse social, e realizar-se-ão nos dias úteis das 8 (oito) às 18 (dezoito) horas.
b) Os prazos serão contados em dias úteis, com exclusão do dia do começo e inclusão do dia do vencimento.
c) Os atos processuais serão públicos, salvo quando o contrário determinar o interesse social, e realizar-se-ão nos dias úteis das 6 (seis) às 18 (dezoito) horas.
d) Os prazos serão contados em dias úteis, com inclusão do dia do começo e exclusão do dia do vencimento.
e) Os prazos são contínuos, contados com a exclusão do dia do começo e inclusão do dia do vencimento.

COMENTÁRIOS

✪ **Nota do autor:** a questão exige o conhecimento dos dispositivos legais atinentes aos atos e prazos e processuais no Processo do Trabalho.

Gabarito: Letra B. Os prazos estabelecidos na CLT serão contados em dias úteis, com exclusão do dia do começo e inclusão do dia do vencimento (CLT, art. 775, *caput*).

Letra A: Os atos processuais serão públicos salvo quando o contrário determinar o interesse social, e realizar-se-ão nos dias úteis das 6 (seis) às 20 (vinte) horas (CLT, art. 770).

Letras C, D e E: ver comentários anteriores.

288. (Cespe – Técnico Judiciário – Área Administrativa – TRT 8/2016) No que concerne aos atos, termos e prazos processuais na justiça do trabalho, assinale a opção correta.

a) As certidões dos processos que correrem em segredo de justiça deverão ser lavradas pelos escrivães ou chefes de secretaria, independentemente de despacho do juiz da vara.
b) A comunicação processual dirigida à autoridade judiciária de outro tribunal no território nacional é feita mediante carta rogatória.
c) A justiça do trabalho prevê a intimação como forma de comunicação dos atos processuais.
d) As empresas públicas e as sociedades de economia mista têm o prazo de vinte dias, contados a partir da data da intimação inicial, para comparecer à audiência inicial de conciliação para apresentação da defesa.

e) Caso o interessado seja notificado no sábado, o início do prazo dar-se-á no primeiro dia útil imediato, devendo a contagem do prazo iniciar-se no dia subsequente.

COMENTÁRIOS

✪ **Nota do Autor:** Os atos processuais se destinam a gerar efeitos jurídicos no âmbito da relação processual.

Gabarito: Letra E.

Conforme súmula 262, I do TST:

> *PRAZO JUDICIAL. NOTIFICAÇÃO OU INTIMAÇÃO EM SÁBADO. RECESSO FORENSE. (redação do item II alterada na sessão do Tribunal Pleno realizada em 19.05.2014) – Res. 194/2014, DEJT divulgado em 21, 22 e 23.05.2014–I – Intimada ou notificada a parte no sábado, o início do prazo se dará no primeiro dia útil imediato e a contagem, no subsequente. (ex-Súmula nº 2–2 – Res. 10/1986, DJ 31.10.1986)*

Letra A: As certidões dos processos que correrem em segredo de justiça dependerão de despacho do juiz ou presidente (CLT, art. 781, parágrafo único).

Letra B: Assertiva contrária ao art. 237 do CPC:

> *Art. 237. Será expedida carta:–I – de ordem, pelo tribunal, na hipótese do º 2o do art. 236;*
>
> *–I – rogatória, para que órgão jurisdicional estrangeiro pratique ato de cooperação jurídica internacional, relativo a processo em curso perante órgão jurisdicional brasileiro;*
>
> *I–I – precatória, para que órgão jurisdicional brasileiro pratique ou determine o cumprimento, na área de sua competência territorial, de ato relativo a pedido de cooperação judiciária formulado por órgão jurisdicional de competência territorial diversa;*
>
> *–V – arbitral, para que órgão do Poder Judiciário pratique ou determine o cumprimento, na área de sua competência territorial, de ato objeto de pedido de cooperação judiciária formulado por juízo arbitral, inclusive os que importem efetivação de tutela provisória.*
>
> *Parágrafo único. Se o ato relativo a processo em curso na justiça federal ou em tribunal superior houver de ser praticado em local onde não haja vara federal, a carta poderá ser dirigida ao juízo estadual da respectiva comarca.*

Letra C: A CLT usa indistintamente o termo "notificação" para as citações e intimações dos atos processuais.

Letra D: A Fazenda Pública tem prazo em dobro para todas as suas manifestações processuais. Além disso, a notificação da Fazenda Pública para comparecimento à audiência deve ser recebida pelo órgão público com antecedência mínima de 20 dias (Decreto-Lei 779/69, art. 1º, I). Todavia, a referida norma procedimental somente é aplicável à União Federal, aos Estados, Municípios, Distrito Federal e Autarquias ou Fundações de direito público que não explorem atividade econômica.

---

289. (FCC – Analista Judiciário – Área Judiciária – Oficial de Justiça Avaliador – TRT 14/2016) Sobre os atos processuais relativos ao processo do trabalho no rito ordinário é correto afirmar:

a) Serão públicos, salvo quando o contrário determinar o interesse social, e serão realizados, nos dias úteis das 6 às 20 horas, exceto a penhora, que pode ser realizada em domingo ou feriado, mediante autorização judicial expressa.

b) A penhora poderá ser realizada em qualquer dia e horário independente de autorização expressa do juiz por se tratar de ato de execução e para atender ao princípio da eficácia.

c) Serão sempre públicos, realizados somente nos dias úteis, no horário das 6 às 21 horas, exceto a penhora que poderá ocorrer das 5 às 23 horas.

d) Serão públicos, salvo em caso de segredo de justiça assim determinado pelo Ministério Público do Trabalho, apenas em dias úteis, no horário das 8 às 19 horas.

e) Serão sempre públicos, não havendo segredo de justiça em processo trabalhista, nos dias úteis, das 11 às 19 horas, exceto as penhoras que podem ocorrer das 8 às 20 horas.

COMENTÁRIOS

✪ **Nota do Autor:** Os atos processuais se destinam a gerar efeitos jurídicos no âmbito da relação processual. A questão exige o conhecimento acerca das regras relativas à prática de atos no Processo do Trabalho.

Gabarito: Letra A.

Conforme previsão do art. 770 da CLT:

> *Art. 770. Os atos processuais serão públicos salvo quando o contrário determinar o interesse social, e realizar-se-ão nos dias úteis das 6 (seis) às 20 (vinte) horas.*
>
> *Parágrafo único. A penhora poderá realizar-se em domingo ou dia feriado, mediante autorização expressa do juiz ou presidente.*

Letras B, C, D e E: Ver comentários sobre o gabarito.

290. (FCC – Técnico Judiciário – Área Administrativa – TRT 14/2016) Em uma ação que tramita na Justiça do Trabalho em que o reclamante empregado postula o pagamento de indenização por danos materiais em face da reclamada empregadora, é correto afirmar:

a) Os atos processuais serão públicos não comportando nenhuma exceção em razão do interesse social.

b) Os prazos para realização dos atos contam-se com inclusão do dia do começo e do vencimento, ficando suspensos nos finais de semana.

c) Os prazos processuais que se vencerem na sexta-feira, terminarão na segunda-feira da semana seguinte.

d) As audiências serão públicas e realizar-se-ão nos dias úteis, somente no horário compreendido entre as 11 e 19 horas, não podendo ultrapassar 2 horas seguidas.

e) A penhora na fase de execução da sentença poderá ser realizada em domingo ou feriado, mediante expressa autorização judicial.

COMENTÁRIOS

✪ **Nota do Autor:** A questão trata acerca dos atos, termos e prazos processuais e exige o conhecimento acerca dos termos dos arts. 770 e seguintes da CLT.

Gabarito: letra E. Os atos processuais serão públicos salvo quando o contrário determinar o interesse social, e realizar-se-ão nos dias úteis das 6 (seis) às 20 (vinte) horas. A penhora, no Processo do Trabalho, poderá realizar-se em domingo ou dia feriado, mediante autorização expressa do juiz ou presidente (CLT, art. 770).

Letra A: Os atos processuais serão públicos salvo quando o contrário determinar o interesse social (CLT, art. 770).

Letra B: Os prazos serão contados em dias úteis, com exclusão do dia do começo e inclusão do dia do vencimento (CLT. 775). A Lei 13.467/17 alterou a forma de contagem dos prazos processuais (passaram a ser contados em dias úteis). Assim, pode-se dizer que se suspende a contagem dos prazos nos finais de semana e feriados.

Letra C: Os prazos serão contados com inclusão do dia do vencimento e, portanto, da sexta-feira, inclusive, que é dia útil (CLT. 775).

Letra D: As audiências dos órgãos da Justiça do Trabalho serão públicas e realizar-se-ão na sede do Juízo ou Tribunal em dias úteis previamente fixados, entre 8 (oito) e 18 (dezoito) horas, não podendo ultrapassar 5 (cinco) horas seguidas, salvo quando houver matéria urgente (CLT, art. 813)

291. (FGV – Analista Judiciário – Oficial de Just. Avaliador – TRT 12/2017) O servidor próprio da Justiça do Trabalho comparece ao domicílio de um devedor numa sexta-feira às 20:30 horas, pretendendo citá-lo para o pagamento de uma dívida. O executado se revolta porque entende que o mandado judicial não poderia ser cumprido naquele horário, mesmo porque não existe determinação judicial informando até que horas o ato poderia ser realizado.

Diante desse impasse, é correto afirmar que:

a) a CLT é omissa a respeito, razão pela qual o juiz utilizará os princípios da razoabilidade e proporcionalidade;

b) o devedor tem razão, pois o ato processual pode ser realizado até as 20:00 horas;

c) o lar de uma pessoa é seu asilo inviolável, por isso o ato não poderia ser realizado sem a autorização do devedor;

d) os atos processuais podem ser realizados a qualquer hora dos dias úteis, razão pela qual o devedor está errado;

e) o devedor está errado, pois o ato processual pode ser realizado até as 22:00 horas.

COMENTÁRIOS

✪ **Nota do Autor:** Os atos processuais se destinam a gerar efeitos jurídicos no âmbito da relação processual. A questão exige o conhecimento acerca das regras relativas à prática de atos no Processo do Trabalho.

Gabarito: Letra B. Conforme dispõe o art. 770 da CLT os atos processuais serão públicos salvo quando o contrário determinar o interesse social, e realizar-se-ão nos dias úteis das 6 (seis) às 20 (vinte) horas. Somente a penhora poderá realizar-se em domingo ou dia feriado, mediante autorização expressa do juiz ou presidente.

Letras A, C, D e E: Ver comentários sobre o gabarito.

292. (FCC – Analista Judiciário – Área Judiciária – TRT 20/2016) Considerando que o processo pode ser entendido como uma sequência ordenada de atos que devem seguir procedimentos e prazos previstos em lei, no Processo Judiciário do Trabalho, segundo normas contidas na Consolidação das Leis do Trabalho e entendimentos sumulados do Tribunal Superior do Trabalho,

a) intimada ou notificada a parte no sábado, o início do prazo se dará no primeiro dia útil imediato e, a contagem, no subsequente, e os prazos que se vencerem em sábado, domingo ou feriado, terminarão no primeiro dia útil seguinte.

b) em qualquer situação a penhora poderá realizar-se em domingo ou dia de feriado, não havendo necessidade de urgência ou determinação legal expressa.

c) quando a intimação tiver lugar na sexta-feira, ou a publicação com efeito de intimação for feita nesse dia, o prazo judicial será contado, a partir deste dia porque se trata de dia útil forense.

d) presume-se recebida a notificação vinte e quatro horas depois de sua postagem; o seu não recebimento ou a entrega após o decurso desse prazo constitui ônus de prova do destinatário.

e) o prazo decadencial para ajuizamento de ação rescisória quando expira em feriado, final de semana ou em dia em que não houver expediente forense, não se prorroga até o primeiro dia útil, imediatamente subsequente.

COMENTÁRIOS

✪ **Nota do Autor:** Os atos processuais se destinam a gerar efeitos jurídicos no âmbito da relação processual. A questão exige o conhecimento acerca das regras relativas à prática de atos no Processo do Trabalho.

Gabarito: Letra A.

Os prazos serão contados em dias úteis, com exclusão do dia do começo e inclusão do dia do vencimento. (CLT. 775). A Lei 13.467/17 alterou a forma de contagem dos prazos processuais (passaram a ser contados em dias úteis), todavia, a assertiva permanece inalterada. Ainda, conforme entendimento consolidado na súmula 262 do TST:

> *PRAZO JUDICIAL. NOTIFICAÇÃO OU INTIMAÇÃO EM SÁBADO. RECESSO FORENSE. (redação do item II alterada na sessão do Tribunal Pleno realizada em 19.05.2014) – Res. 194/2014, DEJT divulgado em 21, 22 e 23.05.2014–I – Intimada ou notificada a parte no sábado, o início do prazo se dará no primeiro dia útil imediato e a contagem, no subsequente. (ex-Súmula nº 2–2 – Res. 10/1986, DJ 31.10.1986)*
>
> *–I – O recesso forense e as férias coletivas dos Ministros do Tribunal Superior do Trabalho suspendem os prazos recursais. (ex-OJ nº 209 da SBDI-1 -inserida em 08.11.2000)*

Letra B: Conforme dispõe o art. 770 da CLT os atos processuais serão públicos salvo quando o contrário determinar o interesse social, e realizar-se-ão nos dias úteis das 6 (seis) às 20 (vinte) horas. Somente a penhora poderá realizar-se em domingo ou dia feriado, mediante autorização expressa do juiz ou presidente.

Letra C: Ver comentários sobre o gabarito.

Letra D: Presume-se recebida a notificação 48 (quarenta e oito) horas depois de sua postagem. O seu não recebimento ou a entrega após o decurso desse prazo constitui ônus de prova do destinatário. (TST, súmula 16).

Letra E: Prorroga-se até o primeiro dia útil, imediatamente subsequente, o prazo decadencial para ajuizamento de ação rescisória quando expira em férias forenses, feriados, finais de semana ou em dia em que não houver expediente forense. Aplicação do art. 775 da CLT. (ex-OJ nº 13 da SBDI-2 – inserida em 20.09.2000) (TST, Súmula 100, IX).

---

293. (FCC – Técnico Judiciário – Área Administrativa – TRT 20/2016) Na reclamatória movida por Hércules em face da empresa Delírios Artísticos e Produções Culturais, o Juiz designou audiência trabalhista para sexta-feira às 18h30min, intimando as partes para o comparecimento, sob as penalidades legais cabíveis em caso de ausência. Conforme previsão contida na Consolidação das Leis do Trabalho, o horário para realização do referido ato processual e o tempo máximo de duração será, respectivamente, das

a) 8 às 20 horas, com cinco horas seguidas, exceto quando houver matéria urgente.

b) 8 às 18 horas, com cinco horas seguidas, salvo quando houver matéria urgente.

c) 6 às 18 horas, com três horas seguidas, mesmo quando houver matéria urgente.

d) 9 às 18 horas, com três horas seguidas, independente da urgência da matéria.

e) 11 às 19 horas, com duas horas seguidas, ainda quando houver matéria urgente.

COMENTÁRIOS

✪ **Nota do Autor:** Os atos processuais se destinam a gerar efeitos jurídicos no âmbito da relação processual. A questão exige o conhecimento acerca das regras relativas à prática de atos no Processo do Trabalho.

Gabarito: Letra B. As audiências dos órgãos da Justiça do Trabalho serão públicas e realizar-se-ão na sede do Juízo ou Tribunal em dias úteis previamente fixados, entre 8 (oito) e 18 (dezoito) horas, não podendo ultrapassar 5 (cinco) horas seguidas, salvo quando houver matéria urgente. (CLT, art. 813).

Letras A, C, D e E: Ver comentários sobre o gabarito.

27. SERVIÇOS AUXILIARES DA JT

▸ Art. 715, CLT

294. (FCC – Analista Judiciário – Oficial de Just. Avaliador – TRT 24/2017) Dentre os serviços auxiliares da Justiça do Trabalho descritos na Consolidação das Leis do Trabalho há o órgão denominado distribuidor nas localidades em que exista mais de uma Vara do Trabalho. A designação dos distribuidores se dará pelo

a) Presidente do Tribunal Superior do Trabalho, dentre os funcionários do Tribunal Regional do Trabalho, existentes na mesma localidade, e diretamente subordinados ao mesmo Presidente.

b) Presidente do Tribunal Regional do Trabalho, dentre os funcionários das Varas do Trabalho, existentes na mesma localidade, e diretamente subordinados ao Juiz mais antigo de cada comarca.

c) Presidente do Tribunal Regional do Trabalho, dentre os funcionários das Varas do Trabalho e do Tribunal Regional do Trabalho, existentes na mesma localidade, e diretamente subordinados ao mesmo Presidente.

d) Juiz Titular mais antigo do Fórum, dentre os funcionários das Varas do Trabalho existentes na mesma localidade, e diretamente subordinados a este Juiz.

e) Juiz Diretor do Fórum dentre os funcionários das Varas do Trabalho existentes na mesma localidade, e diretamente subordinados ao Presidente do Tribunal Regional do Trabalho.

COMENTÁRIOS

✪ **Nota do Autor:** A questão exige conhecimento sobre os serviços auxiliares da Justiça do Trabalho.

Gabarito: Letra C. Os distribuidores são designados pelo Presidente do Tribunal Regional dentre os funcionários das Juntas e do Tribunal Regional, existentes na mesma localidade, e ao mesmo Presidente diretamente subordinados. (CLT, art. 715).

Letras A, B, D e E: Ver comentários sobre o gabarito.

28. RECLAMAÇÃO TRABALHISTA

▸ Súmula 263 do TST

295. (FCC – 2023 – TRT 12 – Oficial de Justiça) Sendo escrita, a petição inicial deverá conter, entre outros requisitos. a indicação do pedido, sendo que no procedimento

a) sumaríssimo, a não-indicação do valor correspondente aos podidos importará na improcedência da ação, com a condenação do pagamento de custas.

b) sumaríssimo, o valor dos pedidos não pode ultrapassar a sessenta salários mínimos, que é o limite de valor da causa definidos do rito.

c) ordinário, os pedidos devem ser certos e determinados, mas não há necessidade de indicação dos valores correspondentes, bastando a apresentação de estimativa do valor da cousa.

d) ordinário, os pedidos devem ser certos, determinados e com indicação dos respectivos valores, de forma meramente estimativo, não limitando essa indicação o valor da condenação.

e) ordinário, não correspondendo os valores Indicados dos pedidos ao conteúdo patrimonial em discussão ou ao proveito econômico perseguido pelo autor, o processo será extinto sem julgamento do mérito

COMENTÁRIOS

✪ **Nota do autor:** A questão versa sobre os requisitos da petição inicial nos procedimentos ordinário e sumaríssimo.

Letra A: Errada. A não indicação, pelo reclamante, do valor do pedido importará no arquivamento da reclamação e condenação ao pagamento de custas sobre o valor da causa (CLT, art. 852-B, §1º).

Letra B: Errada. Os dissídios individuais cujo valor não exceda a quarenta vezes o salário mínimo vigente na data do ajuizamento da reclamação ficam submetidos ao procedimento sumaríssimo (CLT, art. 852-A).

Letra C: Errada. Pelo texto do art. 840, §1º, da CLT, Sendo escrita, a reclamação deverá conter a designação do juízo, a qualificação das partes, a breve exposição dos fatos de que resulte o dissídio, o pedido, que deverá ser certo, determinado e com indicação de seu valor, a data e a assinatura do reclamante ou de seu representante.

Letra D: Correto, conforme art. 840, §1º, da CLT, e entendimento atual do TST.

Letra E: Errado, pois o entendimento do TST é de que basta a indicação estimada dos valores.

Gabarito: Letra D.

296. (FCC – Analista Judiciário – Área Judiciária – TRT 2/2018) Átila, Vênus e Tábata foram empregados da empresa de Transportes Rápido & Feliz Ltda. e têm intenção de propor uma única reclamação trabalhista, procurando um advogado para isto. Átila e Vênus pleiteiam diferenças de horas extras e plano de participação nos lucros e resultados; já Tábata pretende pleitear diferenças de verbas rescisórias. Diante da situação narrada, e de acordo com a legislação vigente, é correto afirmar que

a) somente através de dissídio coletivo seria possível o ingresso com ação em nome de todos.

b) todos podem ingressar com uma única reclamação, mesmo com pedidos diferentes, tendo em vista que se trata do mesmo empregador.

c) a legislação vigente não trata de litisconsórcio ativo, razão pela qual caberá ao juiz decidir o ingresso da ação plúrima.

d) somente Átila e Vênus podem ingressar com uma única reclamação, pois a ação plúrima só é possível se houver identidade de matéria.

e) todos devem ingressar com reclamações próprias, não havendo possibilidade de reclamação plúrima.

COMENTÁRIOS

✪ **Nota do autor:** a questão versa sobre o tema das reclamações trabalhistas plúrimas, nas quais há litisconsórcio ativo (= pluralidade de reclamantes). De acordo com o art. 842 da CLT, sendo várias as reclamações e havendo identidade de matéria, poderão ser acumuladas num só processo, se se tratar de empregados da mesma empresa ou estabelecimento. Dessa forma, no Processo do Trabalho, para que haja a reclamação plúrima, devem estar presentes os seguintes requisitos: (i) identidade de empregador; (ii) identidade de matéria, ou seja, os reclamantes devem formular o mesmo tipo de pedido e expor o mesmo tipo de causa de pedir. No caso em questão, portanto, somente Átila e Vênus podem ingressar com uma única reclamação, pois a ação plúrima só é possível se houver identidade de matéria; no caso de Tábata, a matéria objeto de sua reclamação é distinta, inviabilizando a cumulação subjetiva ativa.

Gabarito: Letra D.

Demais letras: ver nota do autor.

---

297. (FCC – Técnico Judiciário – Área Judiciária – TRT 15/2018) Cibele ajuizou reclamação trabalhista escrita requerendo a condenação da Empresa X em horas extras, equiparação salarial e adicional de insalubridade. Na petição inicial constou a designação do juízo, a qualificação das partes, mas sem indicação do CNPJ da Reclamada, a breve exposição dos fatos de que resulte o dissídio, o pedido a ser liquidado em fase de execução, uma vez que o valor depende da produção de provas, a data e a assinatura do advogado de Cibele. Deu o valor da causa de R$ 60.000,00. Nesse caso, e de acordo com a legislação vigente, a petição inicial

a) não atende aos requisitos legais, uma vez que é obrigatória a indicação da qualificação das partes, inclusive com o número de seu Cadastro Nacional da Pessoa Jurídica.

b) atende aos requisitos legais, uma vez que somente no procedimento sumaríssimo os pedidos devem ser certos e determinados.

c) não atende aos requisitos legais, uma vez que o pedido deve ser certo, determinado e com indicação de seu valor.

d) atende aos requisitos legais somente no tocante às horas extras e equiparação salarial, uma vez que o adicional de insalubridade para ser deferido e fixado, depende de produção de prova pericial, não podendo ser liquidado de imediato.

e) atende aos requisitos legais somente no tocante à equiparação salarial, uma vez que as horas extras dependem de prova a ser produzida em instrução processual para delimitar o seu montante, não podendo liquidadas de imediato, e o adicional de insalubridade, igualmente, depende de prova pericial para fixação do grau em que se enquadra, se deferido.

COMENTÁRIOS

✪ **Nota do autor:** a questão versa sobre os requisitos da petição inicial. Segundo o art. 840, §1º, da CLT, sendo escrita, a reclamação deverá conter a designação do juízo, a qualificação das partes, a breve exposição dos fatos de que resulte o dissídio, o pedido, que deverá ser certo, determinado e com indicação de seu valor, a data e a assinatura do reclamante ou de seu representante. Assim, no caso concreto hipotético em questão, a inicial não atende aos requisitos legais, pois não houve indicação do valor e não houve breve exposição dos fatos. Perceba-se que é absolutamente irrelevante a ausência de indicação do CNPJ da reclamada, já que tal indicação não é requisito da petição inicial.

Gabarito: Letra C.

Demais assertivas: ver nota do autor.

---

298. (FCC – Técnico Judiciário – Área Administrativa – TRT 4/2015) A reclamação trabalhista escrita que obedecerá o procedimento ordinário proposta por Vera Diva encontra-se desacompanhada de documento indispensável à propositura da ação. Neste caso, conforme súmula do TST, em regra, o indeferimento da petição inicial

a) é incabível, uma vez que a parte poderá aditar a inicial a qualquer momento, sendo ônus da parte a juntada dos documentos que julgar pertinentes ao processo.

b) somente é cabível se, após intimada para suprir a irregularidade em cinco dias, a parte não o fizer.

c) deverá ocorrer de imediato uma vez que na justiça do trabalho não há intimação para supressão da irregularidade, devendo a parte ajuizar nova reclamação trabalhista.

d) somente é cabível se, após intimada para suprir a irregularidade em quinze dias, a parte não o fizer.

e) somente é cabível se, após intimada para suprir a irregularidade em dez dias, a parte não o fizer.

COMENTÁRIOS

✪ **Nota do Autor:** Indeferir a petição inicial é impedir o respectivo processamento no início do processo, antes mesmo da citação do réu. No regime do processo civil as hipóteses de indeferimento da petição inicial estão previstas no art. 320 do CPC. Sempre que o vício for sanável, o juiz deve, obrigatoriamente, determinar que o autor no prazo de 15 dia, emende ou adite a petição inicial, indicando com precisão o que deve ser corrigido ou completado, e, apenas se não for cumprida a diligência, será indeferida a inicial (CPC, art. 321).

Gabarito: Letra D. Salvo nas hipóteses do art. 330 do CPC de 2015 (art. 295 do CPC de 1973), o indeferimento da petição inicial, por encontrar-se desacompanhada de documento indispensável à propositura da ação ou não preencher outro requisito legal, somente é cabível se, após intimada para suprir a irregularidade em 15 (quinze) dias, mediante indicação precisa do que deve ser corrigido ou completado, a parte não o fizer (art. 321 do CPC de 2015) (TST, Súmula 263).

Letras A, B, C e E: Ver comentários sobre o gabarito.

299. (FCC – Analista Judiciário – Área Judiciária – TRT 3/2015) A reclamação trabalhista

a) poderá ser escrita ou verbal. Se for escrita deverá conter a designação do Presidente da Vara, a qualificação das partes, uma breve exposição dos fatos de que resulte o dissídio, o pedido, a data e a assinatura do advogado.

b) poderá ser escrita ou verbal. Se for escrita deverá conter a designação do Presidente da Vara, a qualificação das partes, o pedido, as provas com que o autor pretende demonstrar a verdade dos fatos alegados, a data e a assinatura do reclamante ou de seu representante.

c) poderá ser escrita ou verbal. Se for escrita deverá conter a designação do Presidente da Vara, a qualificação das partes, uma breve exposição dos fatos, o pedido, o requerimento para a citação do réu, a data e a assinatura do reclamante ou de seu representante.

d) poderá ser escrita ou verbal. Se for escrita deverá conter a designação do Presidente da Vara, a qualificação das partes, uma breve exposição dos fatos de que resulte o dissídio, o pedido, a data e a assinatura do reclamante ou de seu representante.

e) para a jurisprudência majoritária não é mais possível ser ajuizada verbalmente.

COMENTÁRIOS

✪ **Nota do Autor:** A relevância da petição inicial, no âmbito do processo, faz com que a legislação estabeleça diversos requisitos a fim de assegurar sua aptidão para viabilizar o regular desenvolvimento da marcha processual. A questão exige o conhecimento do art. 840 da CLT, alterado pela Lei 13.467/17. Todavia, a questão permanece inalterada.

Gabarito: Letra D. Conforme dispõe o art. 840 da CLT:

> *Art. 840 – A reclamação poderá ser escrita ou verbal.*
>
> *§ 1º Sendo escrita, a reclamação deverá conter a designação do juízo, a qualificação das partes, a breve exposição dos fatos de que resulte o dissídio, o pedido, que deverá ser certo, determinado e com indicação de seu valor, a data e a assinatura do reclamante ou de seu representante.*
>
> *§ 2º Se verbal, a reclamação será reduzida a termo, em duas vias datadas e assinadas pelo escrivão ou secretário, observado, no que couber, o disposto no § 1º deste artigo. (Redação dada pela Lei nº 13.467, de 2017)*
>
> *§ 3º Os pedidos que não atendam ao disposto no § 1º deste artigo serão julgados extintos sem resolução do mérito.*

Perceba-se que não há necessidade de requerimento para citação do réu, nem indicação das provas cuja produção é pretendida pelo reclamante.

Letras A, B, C e E: Ver comentários sobre o gabarito.

29. HONORÁRIOS ADVOCATÍCIOS NA JT

- Súmula 219, do TST
- Art. 791-A da CLT

300. (FCC – Analista Judiciário – TRT 18/2023) Margarida está demandando na Justiça do Trabalho em face do seu ex-empregador, o Posto de Combustíveis Atalaia, estando assistida por advogado do sindicato dos empregados em postos de combustíveis. Na hipótese de procedência dos pedidos, com base no que prevê a Consolidação das Leis do Trabalho,

a) poderá o juízo condenar o réu em honorários de sucumbência, no mínimo de 15% e o máximo de 30% sobre o valor que resultar da liquidação da sentença, do proveito econômico obtido ou, não sendo possível mensurá-lo, sobre o valor atualizado da causa.

b) não caberá condenação em honorários de sucumbência, eis que a mesma é restrita na hipótese de contratação de advogado particular, ficando a remuneração limitada apenas aos honorários contratados, em percentual de no mínimo 5% e no máximo de 15%.

c) poderá o juízo condenar o réu em honorários de sucumbência, no mínimo de 5% e o máximo de 20% sobre o valor que resultar da liquidação da sentença, do proveito econômico obtido ou, não sendo possível mensurá-lo, sobre o valor atualizado da causa.

d) poderá o juízo condenar o réu em honorários de sucumbência, no mínimo de 5% e o máximo de 15% sobre o valor que resultar da liquidação da sentença, do proveito econômico obtido ou, não sendo possível mensurá-lo, sobre o valor atualizado da causa.

e) não são devidos honorários de sucumbência na hipótese de assistência jurídica pelo sindicato da categoria, uma vez que se trata de obrigação legal do sindicato a referida assistência para os membros da categoria, ficando restrita a remuneração apenas a honorários contratados, em percentual não superior a 15%.

COMENTÁRIOS

✪ **Nota do autor:** a questão versa sobre os honorários advocatícios sucumbenciais no processo do trabalho. Não há diferença, no que tange aos honorários, pelo fato de o reclamante ser assistido pelo sindicato da sua categoria profissional. Aplica-se o mesmo regramento pertinente às situações em que o trabalhador contrata advogado particular. Segundo o art. 791-A da CLT, "Ao advogado, ainda que atue em causa própria, serão devidos honorários de sucumbência, fixados entre o mínimo de 5% (cinco por cento) e o máximo de 15% (quinze por cento) sobre o valor que resultar da liquidação da sentença, do proveito econômico obtido ou, não sendo possível mensurá-lo, sobre o valor atualizado da causa".

Gabarito: Letra D.

301. (FCC – Técnico Judiciário – Área Judiciária – TRT 15/2018) Osmar, advogado, pretende ingressar com reclamação trabalhista em causa própria contra sua empregadora a Construtora MG Ltda., pleiteando horas extras e danos morais que entende devidos. No tocante aos honorários advocatícios,

a) no caso de sucesso da demanda, serão devidos honorários de sucumbência a Osmar, fixados entre o mínimo de 5% e o máximo de 15% sobre o valor que resultar a liquidação da sentença.

b) mesmo que seja julgada totalmente procedente a demanda, não serão devidos honorários de sucumbência a Osmar, uma vez que está atuando em causa própria, já sendo beneficiário da condenação.

c) somente no caso de procedência total da demanda, fará jus Osmar a honorários de sucumbência.

d) no caso de sucesso da demanda, serão devidos honorários de sucumbência a Osmar, fixados entre o mínimo de 10% e o máximo de 20% sobre o valor que resultar a liquidação da sentença.

e) não são devidos honorários de sucumbência nas ações trabalhistas, exceto se Osmar estivesse assistido por advogado de seu sindicato de classe, quando este teria este direito.

COMENTÁRIOS

✪ **Nota do autor:** a questão versa sobre o tema dos honorários advocatícios sucumbenciais, regulamentado no art. 791-A da CLT. De acordo com tal dispositivo legal, ao advogado, ainda que atue em causa própria, serão devidos honorários de sucumbência, fixados entre o mínimo de 5% (cinco por cento) e o máximo de 15% (quinze por cento) sobre o valor que resultar da liquidação da sentença, do proveito econômico obtido ou, não sendo possível mensurá-lo, sobre o valor atualizado da causa.

O detalhe é que no caso hipotético em questão o reclamante era advogado. Nesse caso, fará jus aos honorários de sucumbência. Já na situação em que a parte (reclamante ou reclamado) atuar em causa própria, mas não seja advogado (o que é possível em função do art. 791 da CLT), não terá direito de receber honorários advocatícios

Gabarito: letra A.

Letras B, D e E: ver nota do autor.

Letra C: no caso de procedência parcial, o advogado também faz jus a honorários sucumbenciais, vedada a compensação entre honorários.

302. (FCC – Analista Judiciário – Área Judiciária – TRT 6/2018) No tocante aos honorários de sucumbência no processo do trabalho, de acordo com as inovações da Lei nº 13.467/2017, que alteraram a CLT

a) serão devidos ao advogado da parte que tenha sucumbido na menor parte dos pedidos constantes da ação.

b) não são devidos ao beneficiário da justiça gratuita e nem na reconvenção.

c) são devidos também nas ações contra a Fazenda Pública e nas ações em que a parte estiver assistida ou substituída pelo sindicato de sua categoria.

d) serão fixados entre o mínimo de 5% e o máximo de 20% sobre o valor da condenação ou sobre o valor atualizado da causa.

e) serão fixados pelo juízo de acordo com o grau de zelo do profissional, a natureza e a importância da causa, o trabalho realizado pelo advogado e o tempo exigido para o seu serviço, sendo irrelevante o lugar da prestação do serviço.

COMENTÁRIOS

✪ **Nota do autor:** a questão exige o conhecimento do regramento da CLT sobre os honorários advocatícios sucumbenciais.

Gabarito: letra C. Os honorários são devidos também nas ações contra a Fazenda Pública e nas ações em que a parte estiver assistida ou substituída pelo sindicato de sua categoria (CLT, art. 791-A, §1º).

Letra A: não há, na CLT, previsão de que a sucumbência na menor parte dos pedidos influencie o direito aos honorários. Na verdade, no caso de sucumbência recíproca (as duas partes perdem em alguns pedidos, e ganham em outros), são fixados honorários recíprocos, ou seja, para os dois advogados.

Letra B: Vencido o beneficiário da justiça gratuita, desde que não tenha obtido em juízo, ainda que em outro processo, créditos capazes de suportar a despesa, as obrigações decorrentes de sua sucumbência ficarão sob condição suspensiva de exigibilidade e somente poderão ser executadas se, nos dois anos subsequentes ao trânsito em julgado da decisão que as certificou, o credor demonstrar que deixou de existir a situação de insuficiência de recursos que justificou a concessão de gratuidade, extinguindo-se, passado esse prazo, tais obrigações do beneficiário. Ademais, são devidos honorários de sucumbência na reconvenção (CLT, art. 791-A, §§4º e 5º). **O Supremo Tribunal Federal, na ADI 5766, decidiu pela inconstitucionalidade do art. 791-A, §4º, da CLT. Dessa forma, não pode ser exigido do beneficiário da justiça gratuita o pagamento de honorários periciais, ainda que ele tenha a créditos a receber no processo.**

Letra D: Os honorários devem ser fixados entre o mínimo de 5% (cinco por cento) e o máximo de 15% (quinze por cento) sobre o valor que resultar da liquidação da sentença, do proveito econômico obtido ou, não sendo possível mensurá-lo, sobre o valor atualizado da causa (CLT, art. 791-A, *caput*).

Letra E: Ao fixar os honorários, o juízo observará: o grau de zelo do profissional; o lugar de prestação do serviço; a natureza e a importância da causa; o trabalho realizado pelo advogado e o tempo exigido para o seu serviço.

---

303. (FCC – Técnico Judiciário – Área Administrativa – TRT 2/2018) Márcio, advogado, teve o seu contrato de trabalho rescindido pela sua empregadora, a empresa "A". Em razão do recebimento de valor menor que o devido, Márcio ajuizou reclamação trabalhista, advogando em causa própria. Nesse caso, no tocante aos honorários de sucumbência da mencionada reclamação trabalhista, sobre o valor que resultar da liquidação da sentença do proveito econômico obtido ou, não sendo possível mensurá-lo, sobre o valor atualizado da causa,

a) em caso de procedência total do pedido, serão devidos honorários de sucumbência a Márcio, ainda que esteja atuando em causa própria, sendo fixados entre o mínimo de 10% e o máximo de 15%.

b) mesmo em caso de procedência total do pedido, não serão devidos honorários de sucumbência a Márcio porque o mesmo está atuando em causa própria.

c) na hipótese de procedência parcial, o juízo arbitrará honorários de sucumbência recíproca, podendo ocorrer a compensação entre os honorários.

d) em caso de procedência total do pedido, serão devidos honorários de sucumbência a Márcio, ainda que esteja atuando em causa própria, sendo fixados entre o mínimo de 10% e o máximo de 20%.

e) em caso de procedência total do pedido, serão devidos honorários de sucumbência a Márcio, ainda que esteja atuando em causa própria, sendo fixados entre o mínimo de 5% e o máximo de 15%.

COMENTÁRIOS

✪ **Nota do autor:** a questão versa sobre o tema dos honorários advocatícios sucumbenciais, regulamentado no art. 791-A da CLT. De acordo com tal dispositivo legal, ao advogado, ainda que atue em causa própria, serão devidos honorários de sucumbência, fixados entre o mínimo de 5% (cinco por cento) e o máximo de 15% (quinze por cento) sobre o valor que resultar da liquidação da sentença, do proveito econômico obtido ou, não sendo possível mensurá-lo, sobre o valor atualizado da causa.

O detalhe é que no caso hipotético em questão o reclamante era advogado. Nesse caso, fará jus aos honorários de sucumbência. Já na situação em que a parte (reclamante ou reclamado) atuar em causa própria, mas não seja advogado (o que é possível em função do art. 791 da CLT), não terá direito de receber honorários advocatícios.

Gabarito: Letra E. Na procedência total do pedido, apenas o reclamante faz jus aos honorários sucumbenciais.

Letras A e D: o percentual dos honorários é de 5% a 15%.

Letra B: ver nota do autor.

Letra C: é vedada a compensação de honorários advocatícios entre si (ou seja, não se pode compensar honorários do advogado do reclamante com os devidos ao advogado da reclamada, pois se trata de credores distintos).

30. PROCEDIMENTOS ESPECIAIS

- Súmula nº 407 do TST
- Art. 22, § 1º, da Lei 12016/2009
- Art. 855 da CLT
- Art. 853, da CLT
- Súmula nº 410 do TST

304. (FCC – Analista Judiciário – Oficial de Just. Avaliador – TRT 20/2016) Sobre os procedimentos especiais de ação rescisória e mandado de segurança, segundo entendimento sumulado do Tribunal Superior do Trabalho,

a) no caso da tutela antecipada ou liminar ser concedida antes da sentença, não cabe a impetração do mandado de segurança, em face da existência de recurso próprio.

b) não fere direito líquido e certo do impetrante o ato judicial que determina penhora em dinheiro do executado para garantir crédito exequendo, pois é prioritária e obedece à gradação prevista no Código de Processo Civil.

c) fere direito líquido e certo que pode ser atacado por mandado de segurança o prosseguimento da execução quanto aos tópicos e valores não especificados no agravo de petição.

d) a ação rescisória calcada em violação de lei também admite reexame de fatos e provas do processo que originou a decisão rescindenda.

e) é documento novo apto a viabilizar a desconstituição de julgado a sentença normativa proferida ou transitada em julgado posteriormente à sentença rescindenda.

COMENTÁRIOS

✪ **Nota do Autor:** A questão exige o conhecimento acerca dos procedimentos especiais existentes no Processo do Trabalho e do entendimento sumulado do TST.

Gabarito: Letra B Conforme entendimento consolidado na sumula 417, I do TST.

Letra A: No caso de a tutela provisória haver sido concedida ou indeferida antes da sentença, cabe mandado de segurança, em face da inexistência de recurso próprio (TST, Súmula 414, II).

Letra C: Devendo o agravo de petição delimitar justificadamente a matéria e os valores objeto da discordância, não fere direito líquido e certo o prosseguimento da execução quanto aos tópicos e valores não especificados no agravo (TST, Súmula 416).

Letra D: A ação rescisória calcada em violação de lei não admite reexame de fatos e provas do processo que originou a decisão rescindenda (TST, Súmula 410).

Letra E: Sob a vigência do CPC de 2015 (art. 966, inciso VII), para efeito de ação rescisória, considera-se prova nova a cronologicamente velha, já existente ao tempo do trânsito em julgado da decisão rescindenda, mas ignorada pelo interessado ou de impossível utilização, à época, no processo (TST, Súmula 402, I).

305. (FCC – Analista Judiciário – Oficial de Just. Avaliador – TRT 24/2017) Alguns procedimentos e ações especiais são amplamente aplicados na Justiça do Trabalho. Sobre a ação rescisória e o mandado de segurança no processo do trabalho à luz das súmulas do Tribunal Superior do Trabalho:

a) A ação rescisória tem como um de seus fundamentos a violação literal de disposição de lei, razão pela qual não é necessário que haja a expressa indicação, na petição inicial da ação rescisória, do dispositivo legal violado.

b) Na hipótese de colusão das partes, o prazo decadencial da ação rescisória somente começa a fluir para o Ministério Público, que não interveio no processo principal, a partir do momento em que tem ciência da fraude.

c) A sentença normativa proferida ou transitada em julgado posteriormente à sentença rescindenda é considerado documento novo apto a viabilizar a desconstituição de julgado em ação rescisória.

d) O prosseguimento da execução quanto aos tópicos e valores não especificados no agravo de petição fere direito líquido e certo passível de ajuizamento de mandado de segurança, uma vez que o agravo de petição deve delimitar justificadamente a matéria e os valores objeto de discordância.

e) O jus postulandi conferido às partes pela Consolidação das Leis do Trabalho limita-se às Varas do Trabalho e aos Tribunais Regionais do Trabalho, alcançando inclusive a ação rescisória e o mandado de segurança.

COMENTÁRIOS

✪ **Nota do Autor:** A questão exige o conhecimento acerca dos procedimentos especiais existentes no Processo do Trabalho e do entendimento sumulado do TST.

Gabarito: Letra B. Na hipótese de colusão das partes, o prazo decadencial da ação rescisória somente começa a fluir para o Ministério Público, que não interveio no processo principal, a partir do momento em que tem ciência da fraude ((TST, Súmula 100, IV).

Letra A: Não padece de inépcia a petição inicial de ação rescisória apenas porque omite a subsunção do fundamento de rescindibilidade no art. 966 do CPC de 2015 (art. 485 do CPC de 1973) ou o capitula erroneamente em um de seus incisos. Contanto que não se afaste dos fatos e fundamentos invocados como causa de pedir, ao Tribunal é lícito emprestar--lhes a adequada qualificação jurídica ("iura novit curia"). No entanto, fundando-se a ação rescisória no art. 966, inciso V, do CPC de 2015 (art. 485, inciso V, do CPC de 1973), é indispensável expressa indicação, na petição inicial da ação rescisória, da norma jurídica manifestamente violada (dispositivo legal violado sob o CPC de 1973), por se tratar de causa de pedir da rescisória, não se aplicando, no caso, o princípio "iura novit curia" (TST, Súmula 408). Assim, a regra geral é a desnecessidade de indicação dos dispositivos legais pertinentes na petição inicial da ação rescisória; a necessidade é exceção, ao contrário do que indica a assertiva ora comentada.

Letra C: Não é prova nova apta a viabilizar a desconstituição de julgado a sentença normativa proferida ou transitada em julgado posteriormente à sentença rescindenda; a sentença normativa preexistente à sentença rescindenda, mas não exibida no processo principal, em virtude de negligência da parte, quando podia e deveria louvar-se de documento já existente e não ignorado quando emitida a decisão rescindenda (TST, Súmula 402, II).

Letra D: Devendo o agravo de petição delimitar justificadamente a matéria e os valores objeto da discordância, não fere direito líquido e certo o prosseguimento da execução quanto aos tópicos e valores não especificados no agravo (TST, Súmula 416).

Letra E: O *jus postulandi* das partes, estabelecido no art. 791 da CLT, limita-se às Varas do Trabalho e aos Tribunais Regionais do Trabalho, não alcançando a ação rescisória, a ação cautelar, o mandado de segurança e os recursos de competência do Tribunal Superior do Trabalho (TST, Súmula 425).

31. TEMAS DIVERSOS

- Súmula nº 214 do TST
- Art. 799 da CLT
- Súmula nº 427 do TST
- Art. 796, "B", da CLT
- Súmula nº 369, II, do TST

306. (FCC - 2024 - TRT 11 - Analista Judiciário/Área Judiciária) Relativamente à capacidade postulatória, a Consolidação da Leis do Trabalho e a jurisprudência consolidada do Tribunal Superior do Trabalho, fixam que

a) a faculdade do *jus postulandi* assegura a participação em todos os trâmites processuais, todavia há necessidade de constituição de advogado pelo reclamante quando firmar acordo, uma vez que necessita de apoio jurídico-profissional em razão de sua hipossuficiência.

b) é lícito fazer uso do *jus postulandi* e ingressar com processo de homologação de transação extrajudicial em petição conjunta e aguardar a homologação do juiz.

c) não há qualquer restrição ao exercício do *jus postulandi* em se tratando de feitos que tramitam nas Varas do Trabalho, nos Tribunais Regionais do Trabalho e no Tribunal Superior do Trabalho, pois a vedação diz respeito apenas ao Supremo Tribunal Federal.

d) é admissível a reclamação verbal ou escrita, mesmo em se tratando do uso do *jus postulandi*, sendo que, quando escrita, deverá conter a designação do juízo, a qualificação das partes, a breve exposição dos fatos de que resulte o dissídio, o pedido, que deverá ser certo, determinado e com indicação de seu valor.

e) somente os empregados detêm o *jus postulandi*, uma vez que a reforma trabalhista (Lei nº 13.467/2017) não considerou que o empregador possa reclamar pessoalmente na Justiça do Trabalho, em razão de poder arcar com os custos financeiros de um advogado.

COMENTÁRIOS

✪ **Nota do autor:** a questão exige conhecimento do texto da CLT e das Súmulas e OJs do TST.

Letra A: Errada, pois não há necessidade de que o reclamante seja assistido por advogado para firmar acordo.

Letra B: Errado. Nos termos do art. 855-B da CLT, o processo de homologação de acordo extrajudicial terá início por petição conjunta, sendo obrigatória a representação das partes por advogado.

Letra C: Errado. Conforme Súmula 425 do TST, o *jus postulandi* das partes, estabelecido no art. 791 da CLT, limita-se às Varas do Trabalho e aos Tribunais Regionais do Trabalho, não alcançando a ação rescisória, a ação cautelar, o mandado de segurança e os recursos de competência do Tribunal Superior do Trabalho.

Letra D: Correta, conforme art. 840, §1º, da CLT.

Letra E: Errada. O art. 791 da CLT prevê que os empregados e os empregadores poderão reclamar pessoalmente perante a Justiça do Trabalho e acompanhar as suas reclamações até o final.

Gabarito: Letra D.

---

307. (FCC – 2023 – TRT 12 – Oficial de Justiça) Havendo pluralidade de pessoas no polo ativo, no polo passivo ou em ambos os polos da relação processual, ocorre o litisconsórcio, que é e cumulação de lides que te ligam no plano subjetivo. Nesse contexto, no processo do trabalho,

a) a atuação dos litisconsortes deve ser coordenada, tendo em vista que os atos o as omissões de um refletem em relação aos demais, prejudicando ou beneficiando.
b) o andamento do processo pode ser promovido por qualquer um dos litisconsortes, sendo necessário, porém, que lodos sejam intimados dos respectivos atos.
c) Os prazos serão contados em dobro quando os litisconsortes têm procuradores diferentes.
d) inexiste situação de litisconsórcio necessário, tendo em vista que inexiste na relação de emprego situação de qual decorra a obrigatoriedade de sua formação.
e) o juiz deverá, ao requerido pela parte contrária, determinar e limitação quanto ao número de litigantes em litisconsórcio, sendo que o requerimento suspende o prazo para manifestação ou resposta.

COMENTÁRIOS

✪ **Nota do autor:** A questão versa sobre litisconsórcio no processo do trabalho.

Letra A: Errada. Nada há na lei que exija a coordenação da atuação dos litisconsortes. Além disso, conforme art. 117 do CPC, os litisconsortes serão considerados, em suas relações com a parte adversa, como litigantes distintos, exceto no litisconsórcio unitário, caso em que os atos e as omissões de um não prejudicarão os outros, mas os poderão beneficiar.

Letra B: Certo. Cada litisconsorte tem o direito de promover o andamento do processo, e todos devem ser intimados dos respectivos atos (CPC, art. 118).

Letra C: Errada. Tal previsão, que existia no CPC/73, não está presente no CPC/2015.

Letra D: Errado. Conforme tese repetitiva firmada pelo TST no tema 18, Nos casos de lides decorrentes da alegação de fraude, sob o fundamento de ilicitude da terceirização de atividade-fim, o litisconsórcio passivo é necessário e unitário. Necessário, porque é manifesto o interesse jurídico da empresa de terceirização em compor essas lides e defender seus interesses e posições, entre os quais a validade dos contratos de prestação de serviços terceirizados e, por conseguinte, dos próprios contratos de trabalho celebrados; Unitário, pois o juiz terá que resolver a lide de maneira uniforme para ambas as empresas, pois incindíveis, para efeito de análise de sua validade jurídica, os vínculos materiais constituídos entre os atores da relação triangular de terceirização.

Letra E: Errada. O juiz poderá limitar o litisconsórcio facultativo quanto ao número de litigantes na fase de conhecimento, na liquidação de sentença ou na execução, quando este comprometer a rápida solução do litígio ou dificultar a defesa ou o cumprimento da sentença (CPC, art. 113, §1º).

Gabarito: Letra B.

---

308. (FCC – Analista Judiciário – TRT 18/2023) Vênus distribuiu, na cidade de Caldas Novas, reclamatória trabalhista em face da sua empregadora doméstica Hera, cobrando da mesma as verbas rescisórias que não foram pagas na rescisão contratual e indenização por danos morais. A prestação de serviços se deu na cidade de Anápolis. Nessa situação, com base no que prevê a Consolidação das Leis do Trabalho, poderá a ré arguir exceção de incompetência territorial

a) no prazo de 5 dias a contar da notificação, antes da audiência e em peça que sinalize a existência desta exceção.
b) no prazo de 10 dias a contar da notificação, antes da audiência e em peça que sinalize a existência desta exceção.
c) como matéria preliminar de defesa, devendo protocolar a mesma em até 5 dias que antecede a audiência designada.
d) em audiência, antes da apresentação da defesa, hipótese em que o juiz dará vista à parte autora para manifestação em 48 horas.
e) em até 5 dias antes da audiência, por simples petição, sendo que o juiz dará vista em audiência à parte autora para manifestação em 72 horas.

COMENTÁRIOS

✪ **Nota do autor:** a questão versa sobre a exceção de incompetência territorial, regulada no art. 800 da CLT, que dispõe:

> *Art. 800. Apresentada exceção de incompetência territorial no prazo de cinco dias a contar da notificação, antes da audiência e em peça que sinalize a existência desta exceção, seguir-se-á o procedimento estabelecido neste artigo.*
>
> *§ 1º Protocolada a petição, será suspenso o processo e não se realizará a audiência a*

> *que se refere o art. 843 desta Consolidação até que se decida a exceção*
>
> *§ 2º Os autos serão imediatamente conclusos ao juiz, que intimará o reclamante e, se existentes, os litisconsortes, para manifestação no prazo comum de cinco dias. (*
>
> *§ 3º Se entender necessária a produção de prova oral, o juízo designará audiência, garantindo o direito de o excipiente e de suas testemunhas serem ouvidos, por carta precatória, no juízo que este houver indicado como competente*
>
> *§ 4º Decidida a exceção de incompetência territorial, o processo retomará seu curso, com a designação de audiência, a apresentação de defesa e a instrução processual perante o juízo competente.*

Como se vê, a exceção de incompetência deve ser arguida no prazo de 5 dias a contar da notificação, antes da audiência e em peça que sinalize a existência desta exceção.

Gabarito: Letra A.

---

309. (FCC – Analista Judiciário – TRT 18/2023) Em determinada sentença trabalhista, o juiz do trabalho condena a empresa reclamada, por força do inadimplemento de verbas contratuais em uma indenização de 40% sobre os valores inadimplidos, a título de frutos percebidos pela posse de má-fé, com base na legislação civil, sem que houvesse pedido do autor. Em face do que orienta a jurisprudência sumulada do Tribunal Superior do Trabalho, tal decisão poderá ser revista pelo Tribunal Regional do Trabalho porque

a) extrapola o limite de 30% permitido nesse tipo de condenação.
b) depende de requerimento na petição inicial, ainda que possível essa condenação.
c) excede o percentual de 20%, por analogia ao limite previsto para os honorários de sucumbência.
d) extrapola o limite de 15% permitido nesse tipo de condenação.
e) não é cabível, nem mesmo havendo pedido do autor, a condenação referida, por incompatibilidade com o Direito do Trabalho.

COMENTÁRIOS

✪ **Nota do autor:** De acordo com a Súmula 445 do TST, A indenização por frutos percebidos pela posse de má-fé, prevista no art. 1.216 do Código Civil, por tratar-se de regra afeta a direitos reais, mostra-se incompatível com o Direito do Trabalho, não sendo devida no caso de inadimplemento de verbas trabalhistas. Assim, mesmo se houvesse pedido do reclamante, não seria possível tal condenação, no caso hipotético em questão.

Gabarito: Letra E.

---

310. (FGV – Técnico Judiciário – Área Administrativa – TRT 16/2022) Helena e Gislene são irmãs e empresárias, e cada uma delas possui uma marmoraria em São Luis/MA. Helena foi intimada de uma sentença numa reclamação trabalhista que julgou o pedido procedente, sendo fixado o valor de R$ 5.000,00 à condenação, sendo que dela pretende recorrer; já Gislene tem uma execução trabalhista em curso, cujo valor homologado também foi de R$ 5.000,00, e pretende ajuizar embargos à execução por entender que o valor está incorreto.

Considerando o que dispõe a CLT e que ambas as irmãs pretendem apresentar seguro garantia judicial em seus processos, assinale a afirmativa correta.

a) Ambas as irmãs deverão apresentar seguro garantia judicial no valor de R$ 5.000,00.
b) Gislene deverá apresentar seguro garantia judicial no valor de R$ 5.000,00 e Helena, de R$ 6.500,00.
c) Não é possível a pretensão das irmãs porque na CLT não há previsão de apresentação de seguro garantia judicial.
d) Ambas as irmãs deverão apresentar seguro garantia judicial no valor de R$ 6.500,00.
e) Helena deverá apresentar seguro garantia judicial no valor de R$ 5.000,00 e Gislene, de R$ 6.500,00.

COMENTÁRIOS

✪ **Nota do autor:** o art. 899, §11, da CLT, estabelece que o depósito recursal poderá ser substituído por fiança bancária ou seguro garantia judicial, sem que haja necessidade de acréscimo em relação ao valor da condenação. Assim, para Helena, o seguro garantia judicial será de R$ 5.000,00. Já para fins de execução, a OJ 59 da SDI-2 prevê que "A carta de fiança bancária e o seguro garantia judicial, desde que em valor não inferior ao do débito em execução, acrescido de trinta por cento, equivalem a dinheiro para efeito da gradação dos bens penhoráveis, estabelecida no art. 835 do CPC de 2015", de modo que, para Gislene, o valor do seguro garantia judicial deverá ser de R$ 6.500,00.

Gabarito: Letra E.

---

311. (FUMARC – Técnico Judiciário – TRT 3/2022) Sobre a prescrição trabalhista, NÃO é correto afirmar:

a) Ajuizada a ação trabalhista, o empregado terá direito de pedir os créditos relativos aos cinco últimos anos, contados da data do ajuizamento da ação.

b) Mesmo dispensado por justa causa, o trabalhador poderá ajuizar ação trabalhista no prazo de 2 anos, contados do fim do contrato de trabalho.

c) Mesmo dispensado sem motivo, o trabalhador poderá ajuizar ação trabalhista no prazo de 2 anos, contados do fim do contrato de trabalho.

d) O pedido trabalhista relativo ao FGTS prescreve em 30 anos.

e) Rescindido o contrato de trabalho, o empregado terá o prazo de 2 anos para o ajuizamento da ação trabalhista.

COMENTÁRIOS

✪ **Nota do autor:** a questão versa sobre o tema da prescrição, exigindo conhecimento do texto constitucional a respeito.

Letra A: Correta, conforme entendimento da jurisprudência sobre o tema, a partir do texto do art. 7º, XXIX, da Constituição.

Letra B: Correta, pois a modalidade de extinção do contrato não afeta o prazo prescricional.

Letra C: Correta. Vide letra B.

Letra D: Errado, já que o STF fixou que o prazo prescricional do FGTS é o mesmo dos créditos trabalhistas em geral, ou seja, segue o limite de 5 anos anteriores à data do ajuizamento e 2 anos após a extinção do contrato.

Letra E: Correta. Vide letra B.

Gabarito: Letra D.

---

312. (FUMARC – Técnico Judiciário – TRT 3/2022) Sobre a indenização por danos morais na relação de emprego, é CORRETO afirmar:

a) A CLT é omissa sobre o tema da responsabilidade civil, inclusive sobre o quantum (valor) indenizatório.

b) A CLT, após o advento da Lei 13.467/2017 (reforma trabalhista), trouxe consigo regramentos para a quantificação do dano extrapatrimonial vinculados à gravidade do dano e ao salário do trabalhador.

c) A competência para processar e julgar demandas de dano moral na relação de emprego é da Justiça Comum.

d) Não cabe o pedido de indenizações por danos morais em processos trabalhistas.

e) O empregador não é responsável pelo dano moral causado pelo superior hierárquico do seu empregado.

COMENTÁRIOS

✪ **Nota do autor:** a partir da Lei 13.467/2017, a CLT passou a regulamentar o tema da indenização por danos extrapatrimoniais (danos morais) no âmbito trabalhista, a partir do art. 223-A, trazendo aspectos relacionados à gravidade do dano e ao salário do trabalhador como elemento de mensuração do valor da indenização. A competência para apreciação desses pedidos é da Justiça do Trabalho. No caso de dano moral causado por um empregado a outro, a empresa é responsável objetivamente (Código Civil, art. 932, III), sobretudo se o causador do dano for superior hierárquico.

Gabarito: Letra B.

---

313. (FCC – Técnico Judiciário – Área Administrativa – TRT 6/2018) O advogado Hermes pretende utilizar uma medida processual que não está prevista na Consolidação das Leis do Trabalho para defender os interesses da empresa reclamada em uma reclamação trabalhista. Nessa situação,

a) não poderá utilizar desta medida porque a Consolidação das Leis do Trabalho apresenta todas as regras do processo do trabalho.

b) somente poderia se valer de medida processual estranha à Consolidação das Leis do Trabalho se estivesse na defesa dos interesses do empregado, em face do princípio da proteção ao trabalhador.

c) poderia utilizar de medida processual prevista no Código de Processo Civil apenas na fase de execução da sentença, porque na fase de conhecimento deve se valer apenas das regras contidas na lei processual trabalhista.

d) nos casos omissos, o direito processual comum será fonte subsidiária do direito processual do trabalho, exceto naquilo em que for incompatível com as normas do processo judiciário do trabalho.

e) poderá utilizar de qualquer regra do direito processual comum, porque este tem preferência em sua aplicação sobre as normas processuais trabalhistas, por serem normas de maior amplitude.

COMENTÁRIOS

✪ **Nota do autor:** a questão exige conhecimento acerca do tema da aplicação subsidiária e supletiva do direito processual comum (CPC e legislação processual em geral) ao Processo do Trabalho. De acordo com o art. 769 da CLT, nos casos omissos (ou seja, quando houver omissão da CLT, que não regulamente determinado instituto processual) o direito processual comum será fonte subsidiária do direito processual do trabalho, exceto naquilo em que for incompatível com as normas do processo judiciário do trabalho.

Gabarito: letra D. Ver nota do autor.

Letra A: a CLT não regulamenta de forma exaustiva o Processo do Trabalho. Ao contrário, a CLT tem pouquíssimos dispositivos legais sobre o direito processual do trabalho, o que faz com que haja necessidade de utilização subsidiária do CPC. Por exemplo: a reconvenção, que é amplamente admitida no Processo do Trabalho, não é regulamentada pelo CPC.

Letra B: a utilização subsidiária do CPC não guarda relação com o princípio da proteção. O oferecimento de reconvenção (contra-ataque do réu à pretensão do autor) é um exemplo de aplicação subsidiária do CPC desfavorável - na maioria das vezes - ao empregado.

Letra C: na fase de execução, o art. 889 da CLT determina que as lacunas do Processo do Trabalho devem ser preenchidas preferencialmente com as normas que regem os executivos fiscais (Lei de Execuções Fiscais: Lei 6.830/1980); apenas no caso de omissão desta é possível a utilização do CPC e legislação processual civil.

Letra E: se a norma processual civil for incompatível com as normas que regem o processo judiciário do trabalho, não poderá haver aplicação subsidiária.

---

314. (FCC – Analista Judiciário – Área Judiciária – TRT 15/2018) Considerando a exigência legal de fundamentação das decisões judiciais, de acordo com as previsões da Instrução Normativa Nº 39/2016 do TST, consideram-se "precedentes", para fins de fundamentação das decisões no processo do trabalho,

a) as teses jurídicas prevalecentes no TST, fixadas a partir de decisões oriundas de recursos de pelo menos metade dos TRTs.

b) as decisões do STF em ações diretas de constitucionalidade.

c) os entendimentos firmados em incidentes de resolução de demandas repetitivas, mas não os adotados em incidentes de assunção de competência.

d) as decisões do plenário, do Órgão Especial ou de seção especializada competente para uniformizar a jurisprudência do tribunal a que o juiz estiver vinculado ou do TST.

e) as teses jurídicas prevalecentes em TRTs, desde que não conflitantes com entendimentos pacificados pelo TST através das Súmulas, não se considerando, porém, para esse fim os entendimentos adotados nas Orientações Jurisprudenciais.

COMENTÁRIOS

✪ **Nota do autor:** a questão exige conhecimento do art. 927 do CPC, aplicável subsidiariamente ao Processo do Trabalho, conforme IN 39/2016 do TST. Após a Lei 13.467/2017, não há mais aplicabilidade do incidente de uniformização de jurisprudência nos TRTs; consequentemente, não há mais falar em "tese jurídica prevalecente", conforme previsto na legislação anterior.

Além disso, de acordo com a IN 39/2016 do TST, para os fins do art. 489, § 1º, incisos V e VI do CPC, considerar-se-ão, entre outros, súmulas do Supremo Tribunal Federal, orientação jurisprudencial e súmula do Tribunal Superior do Trabalho, súmula de Tribunal Regional do Trabalho não conflitante com súmula ou orientação jurisprudencial do TST, que contenham explícita referência aos fundamentos determinantes da decisão (*ratio decidendi*).

O dispositivo legal citado prevê o rol de precedentes obrigatórios nos seguintes termos:

> *Art. 927. Os juízes e os tribunais observarão:*
>
> *I – as decisões do Supremo Tribunal Federal em controle concentrado de constitucionalidade;*
>
> *II – os enunciados de súmula vinculante;*
>
> *III – os acórdãos em incidente de assunção de competência ou de resolução de demandas repetitivas e em julgamento de recursos extraordinário e especial repetitivos;*
>
> *IV – os enunciados das súmulas do Supremo Tribunal Federal em matéria constitucional e do Superior Tribunal de Justiça em matéria infraconstitucional;*
>
> *V – a orientação do plenário ou do órgão especial aos quais estiverem vinculados*

Gabarito: letra D, que se harmoniza com a previsão da IN 39/2016, conforme descrito acima.

Letras A e E: ver nota do autor.

Letra B: as decisões do STF em ações diretas de inconstitucionalidade, ações declaratórias de constitucionalidade ou arguições de descumprimento de preceito fundamental integram o controle concentrado de constitucionalidade e são precedentes obrigatórios.

Letra C: as decisões em IAC (incidente de assunção de competência) também são obrigatórias, nos termos do art. 927, III, do CPC.

---

315. (AOCP – Técnico Judiciário – Área Administrativa – TRT 1/2018) Rita trabalhou para uma joalheria, denominada Joias Raras, de 10 de maio de 2012 até 10 de jun. de 2016, ocasião em que foi dispensada sem justa causa. Considerando que Rita, por meio de seu advogado Mário, ingressou com ação no dia 10 de maio de 2018, para pleitear alguns direitos violados na relação de trabalho, assinale a alternativa correta tendo ainda como base a Lei nº 13.467/2017.

a) Rita terá prazo de prescrição intercorrente de cinco anos, a partir da data do ingresso com a reclamação trabalhista.

b) Caso Mário tenha ajuizado a ação em um juízo incompetente, não haverá interrupção da prescrição, pois ainda que a ação venha a ser extinta sem resolução do mérito, não produzirá efeitos a qualquer dos pedidos.

c) O prazo para Rita ingressar com ação é de dois anos após a extinção do contrato de trabalho, podendo Rita, se tivesse trabalhado por mais tempo na empresa, pleitear até os últimos 30 (trinta) anos de Fundo de Garantia do Tempo de Serviço.

d) A declaração da prescrição intercorrente somente poderá ser requerida pela parte no momento da contestação ou declarada de ofício pelo juiz de primeiro grau de jurisdição.

e) Caso Rita tenha seus pleitos reconhecidos em sentença, no curso da execução desta, a fluência do prazo prescricional intercorrente inicia-se quando Rita deixa de cumprir determinação judicial.

COMENTÁRIOS

✪ **Nota do autor:** a questão exige conhecimento do candidato acerca do tema da prescrição, inclusive a prescrição intercorrente, que é aquela que ocorre no curso da execução.

Gabarito: letra E. Ocorre a prescrição intercorrente no processo do trabalho no prazo de dois anos. A fluência do prazo prescricional intercorrente inicia-se quando o exequente deixa de cumprir determinação judicial no curso da execução. A declaração da prescrição intercorrente pode ser requerida ou declarada de ofício em qualquer grau de jurisdição.

Letra A: o prazo para ajuizamento da reclamação trabalhista é de dois anos após a extinção do contrato de trabalho (CF, art. 7º, XXIX). Prescrição intercorrente somente se aplica no curso da execução.

Letra B: A ação trabalhista, ainda que arquivada, interrompe a prescrição somente em relação aos pedidos idênticos (TST, Súmula 268). Ademais, de acordo com o art. 240, §1º, do CPC, a interrupção da prescrição, operada pelo despacho que ordena a citação, ainda que proferido por juízo incompetente, retroagirá à data de propositura da ação.

Letra C: de acordo com o entendimento do Supremo Tribunal Federal, o prazo prescricional para cobrança de depósitos não feitos na conta vinculada de FGTS é de 5 anos.

Letra D: A prescrição intercorrente pode ser pronunciada de ofício em qualquer grau de jurisdição.

---

316. (FCC – Técnico Judiciário – Área Administrativa – TRT 6/2018) Quanto ao processo do trabalho, conforme jurisprudência sumulada do Tribunal Superior do Trabalho,

a) a homologação de acordo não constitui faculdade do juiz, havendo direito líquido e certo tutelável pela via do Mandado de segurança, caso o juiz não homologue.

b) se a intimação tiver lugar na sexta-feira, o prazo judicial será contado da segunda-feira imediata, inclusive, salvo se não houver expediente, caso em que fluirá no dia útil que se seguir.

c) o jus postulandi das partes, estabelecido na CLT, estende-se a todas as ações propostas perante as Varas do Trabalho, os Tribunais Regionais do Trabalho e o Tribunal Superior do Trabalho.

d) a reclamada, ausente à audiência em que deveria apresentar defesa, é revel, salvo se estiver presente seu advogado, munido de procuração.

e) na Justiça do Trabalho, conforme previsão contida na CLT, as decisões interlocutórias ensejam recurso imediato, em qualquer situação.

COMENTÁRIOS

✪ **Nota do autor:** a questão versa sobre súmulas do TST em matéria processual trabalhista.

Gabarito: letra B. Quando a intimação tiver lugar na sexta-feira, ou a publicação com efeito de intimação for feita nesse dia, o prazo judicial será contado da segunda-feira imediata, inclusive, salvo se não houver expediente, caso em que fluirá no dia útil que se seguir (TST, Súmula 1).

Letra A: A homologação de acordo constitui faculdade do juiz, inexistindo direito líquido e certo tutelável pela via do mandado de segurança (TST, Súmula 418).

Letra C: O jus postulandi das partes, estabelecido no art. 791 da CLT, limita-se às Varas do Trabalho e aos Tribunais Regionais do Trabalho, não alcançando a ação rescisória, a ação cautelar, o mandado de segurança e os recursos de competência do Tribunal Superior do Trabalho (TST, Súmula 425).

Letra D: A reclamada, ausente à audiência em que deveria apresentar defesa, é revel, ainda que presente seu advogado munido de procuração, podendo ser ilidida a revelia mediante a apresentação de atestado médico, que deverá declarar, expressamente, a impossibilidade de locomoção do empregador ou do seu preposto no dia da audiência (TST, Súmula 122). A nosso ver, a Súmula precisa ser revista à luz doo art. 844, §5º, da CLT (introduzido pela Lei 13.467/2017), o qual estipula que, ainda que ausente o reclamado, presente o advogado na audiência, serão aceitos a contestação e os documentos eventualmente apresentados.

Letra E: Na Justiça do Trabalho, nos termos do art. 893, § 1º, da CLT, as decisões interlocutórias não ensejam recurso imediato, salvo nas hipóteses de decisão: a) de Tribunal Regional do Trabalho contrária à Súmula ou Orientação Jurisprudencial do Tribunal Superior do Trabalho; b) suscetível de impugnação mediante recurso para o mesmo Tribunal; c) que acolhe exceção de incompetência territorial, com a remessa dos autos para Tribunal Regional distinto daquele a que se vincula o juízo excepcionado, consoante o disposto no art. 799, § 2º, da CLT (TST, Súmula 214).

317. (FCC – Analista Judiciário – Área Administrativa – TRT 15/2018) Segundo a jurisprudência sumulada do TST,

a) presume-se recebida a notificação 5 dias depois de sua postagem. O seu não recebimento ou a entrega após o decurso desse prazo constitui ônus de prova do destinatário.

b) a ausência do reclamante acarreta o arquivamento do processo, quando adiada a instrução após contestada a ação em audiência.

c) a parte vencedora na primeira instância, se vencida na segunda, está obrigada, desde que intimada, a pagar as custas fixadas na sentença originária, das quais ficara isenta a parte então vencida.

d) havendo condenação solidária de duas ou mais empresas, o depósito recursal efetuado por uma delas aproveita as demais, quando a empresa que efetuou o depósito pleitear sua exclusão da lide.

e) ocorre preclusão se não forem opostos embargos declaratórios para suprir omissão apontada em recurso de revista ou de embargos.

COMENTÁRIOS

✪ **Nota do autor:** a questão exige o conhecimento das Súmulas do TST.

Gabarito: letra E. Ocorre preclusão se não forem opostos embargos declaratórios para suprir omissão apontada em recurso de revista ou de embargos (TST, Súmula 184).

Letra A: Presume-se recebida a notificação 48 (quarenta e oito) horas depois de sua postagem. O seu não recebimento ou a entrega após o decurso desse prazo constitui ônus de prova do destinatário (TST, Súmula 16).

Letra B: A ausência do reclamante, quando adiada a instrução após contestada a ação em audiência, não importa arquivamento do processo (TST, Súmula 9), mas sim a confissão ficta do reclamante.

Letra C: A parte vencedora na primeira instância, se vencida na segunda, está obrigada, independentemente de intimação, a pagar as custas fixadas na sentença originária, das quais ficara isenta a parte então vencida (TST, Súmula 25, I).

Letra D: Havendo condenação solidária de duas ou mais empresas, o depósito recursal efetuado por uma delas aproveita as demais, quando a empresa que efetuou o depósito não pleiteia sua exclusão da lide (TST, Súmula 128, III).

318. (FCC – Analista Judiciário – Área Administrativa – TRT 15/2018) Sobre embargos de terceiros e custas na execução,

a) considera-se terceiro, para ajuizamento dos embargos de terceiro, quem sofre constrição judicial de seus bens por força de desconsideração da personalidade jurídica, de cujo incidente fez parte.

b) das decisões proferidas pelos Tribunais Regionais do Trabalho ou por suas Turmas, em execução de sentença, inclusive em processo incidente de embargos de terceiro, não caberá Recurso de Revista, salvo na hipótese de ofensa direta e literal de norma da Constituição Federal.

c) a mera ameaça de constrição de bens, ou de bens sobre os quais tenha direito incompatível com o ato constritivo, não autoriza a oposição de embargos de terceiro.

d) as custas do processo de execução são de responsabilidade do executado, devendo ser pagas no momento da garantia da execução ou da nomeação de bens à penhora.

e) a execução será promovida pelas partes, permitida a execução de ofício pelo juiz ou pelo Presidente do Tribunal apenas nos casos em que as partes demorarem mais de 90 dias para promovê-la, a contar da prolação da sentença.

COMENTÁRIOS

✪ **Nota do autor:** a questão exige o conhecimento do texto da CLT e do CPC sobre os temas de embargos de terceiro e custas.

Gabarito: letra B. O cabimento de recurso de revista na execução é mais restrito do que na fase de conhecimento. Das decisões proferidas pelos Tribunais Regionais do Trabalho ou por suas Turmas, em execução de sentença, inclusive em processo incidente de embargos de terceiro, não caberá Recurso de Revista, salvo na hipótese de ofensa direta e literal de norma da Constituição Federal (CLT, art. 896, §2º).

Letra A: de acordo com o art. 674, §2º, III, do CPC, considera-se terceiro quem sofre constrição judicial de seus bens por força de desconsideração da personalidade jurídica, de cujo incidente não fez parte. Se tiver havido o incidente de desconsideração, o sócio se torna parte e ingressa no polo passivo como réu ou executado, não sendo considerando, dessa forma, terceiro.

Letra C: o CPC admite expressamente o ajuizamento de embargos de terceiro preventivos. Quem, não sendo parte no processo, sofrer constrição ou ameaça de constrição sobre bens que possua ou sobre os quais tenha direito incompatível com o ato constritivo, poderá requerer seu desfazimento ou sua inibição por meio de embargos de terceiro (CPC, art. 674).

Letra D: No processo de execução são devidas custas, sempre de responsabilidade do executado e pagas ao final (CLT, art. 789-A).

Letra E: A execução será promovida pelas partes, permitida a execução de ofício pelo juiz ou pelo Presidente do Tribunal apenas nos casos em que as partes não estiverem representadas por advogado (CLT, art. 878).

---

319. (FCC – Analista Judiciário – Área Judiciária – TRT 4/2015) A empresa Sinais dos Tempos, na qualidade de reclamada em dissídio individual trabalhista, pretende utilizar em sua defesa um instituto jurídico previsto apenas na legislação processual civil. Tal situação

a) será sempre possível tão somente diante da lacuna da legislação processual trabalhista.

b) não será possível em nenhuma hipótese diante da inflexibilidade das normas processuais trabalhistas.

c) será possível apenas em caso de expressa concordância da parte contrária.

d) será possível somente se fosse utilizada pelo empregado em razão do princípio da norma mais favorável ao trabalhador.

e) será possível nos casos omissos, em que o direito processual comum será fonte subsidiária do direito processual do trabalho, exceto naquilo em que for incompatível com as normas do sistema trabalhista.

COMENTÁRIOS

✪ **Nota do Autor:** A questão exige conhecimento doutrinário acerca dos princípios processuais trabalhistas, especialmente acerca da aplicação do direito processual comum em caso de lacunas do processo do trabalho.

Gabarito: Letra E. No Processo do Trabalho, o art. 769 da CLT estipula a aplicação subsidiária do Direito Processual Comum (direito processual penal ou civil), desde que haja omissão da legislação processual trabalhista e compatibilidade com os respectivos princípios.

> *Art. 769 – Nos casos omissos, o direito processual comum será fonte subsidiária do direito processual do trabalho, exceto naquilo em que for incompatível com as normas deste Título.*

Noutro giro, o art. 15 do CPC, prevê a aplicabilidade subsidiária e supletiva do Código no processo do trabalho. É praticamente unânime o entendimento que tal dispositivo não revogou o art. 769 da CLT, em função do princípio da especialidade.

> *Art. 15. Na ausência de normas que regulem processos eleitorais, trabalhistas ou administrativos, as disposições deste Código lhes serão aplicadas supletiva e subsidiariamente.*

Letras A, B, C e D: Ver comentários sobre o gabarito.

---

320. (FCC – Analista Judiciário – Área Judiciária – TRT 4/2015) Conforme normas disciplinadoras do Processo Judiciário do Trabalho, contidas no texto consolidado, é INCORRETO afirmar que:

a) os dissídios individuais ou coletivos submetidos à apreciação da Justiça do Trabalho serão sempre sujeitos à conciliação.

b) a compensação, ou retenção, só poderá ser arguida como matéria de defesa.

c) a reclamação trabalhista do menor de 18 anos será feita por seus representantes legais e, na falta destes, pela Procuradoria da Justiça do Trabalho, pelo Sindicato, pelo Ministério Público Estadual ou curador nomeado em Juízo.

d) os atos processuais serão públicos salvo quando o contrário determinar o interesse social, e realizar-se-ão nos dias úteis das 9 às 18 horas.

e) a penhora poderá realizar-se em domingo ou dia feriado, mediante autorização expressa do juiz ou presidente.

COMENTÁRIOS

✪ **Nota do Autor:** Os atos processuais se destinam a gerar efeitos jurídicos no âmbito da relação processual. A questão exige conhecimentos diversos acerca das regras relativas à prática de atos no Processo do Trabalho.

Gabarito: Letra D. Conforme dispõe o art. 770 da CLT os atos processuais serão públicos salvo quando o contrário determinar o interesse social, e realizar-se-ão nos dias úteis das 6 (seis) às 20 (vinte) horas. Somente a penhora poderá realizar-se em domingo ou dia feriado, mediante autorização expressa do juiz ou presidente.

Letra A: Conforme art. 764 da CLT.

Letra B: Conforme art. 767 da CLT.

Letra C: Conforme art. 793 da CLT.

Letra E: Conforme art. 770, parágrafo único da CLT.

▸ Art. 1º do Decreto Lei 779/69

▸ Art. 295 do CPC (no NCPC, art. 330)

▸ Art. 302, *caput*, do CPC (no NCPC, art. 341)

▸ Art. 195, § 2º, da CLT

▸ Súmula nº 122, I, do TST

321. (FCC - Analista Judiciário - Área Administrativa - TRT 2/2014) Com relação à petição inicial trabalhista de ação que corre pelo rito ordinário, é INCORRETO afirmar:

a) Poderá haver cumulação de pedidos, caracterizando-se a cumulação alternativa quando somente um dos pedidos poderá ser acolhido, como é o caso da reintegração do empregado estável ou conversão do período estabilitário em indenização.

b) O pedido deve ser certo ou determinado, no entanto, a ausência de indicação dos valores correspondentes, não causam, por si só, o arquivamento da reclamação.

c) Se a petição inicial não contiver valor da causa será indeferida de plano, uma vez que não há possibilidade de emenda.

d) Havendo pedido de insalubridade e/ou periculosidade, o Juiz determinará a realização de perícia técnica, mesmo havendo revelia da reclamada.

e) A petição inicial deve conter a exposição dos fatos, sendo clara, breve e precisa, dispensando para sua validade a indicação dos fundamentos legais do pedido.

COMENTÁRIOS

✪ **Nota do Autor:** A relevância da petição inicial, no âmbito do processo, faz com que a legislação estabeleça diversos requisitos a fim de assegurar sua aptidão para viabilizar o regular desenvolvimento da marcha processual. A questão é anterior ao CPC/15 e à Lei 13.467/2017, que provocaram profundas alterações na temática.

Gabarito: Letra C. À luz da Súmula 263 do TST, não é possível o indeferimento de plano da inicial, sendo que o juiz deve conceder o prazo de 15 dias para emenda (correção) da inicial.

> *TST, Súmula 263: Salvo nas hipóteses do art. 330 do CPC de 2015 (art. 295 do CPC de 1973), o indeferimento da petição inicial, por encontrar-se desacompanhada de documento indispensável à propositura da ação ou não preencher outro requisito legal, somente é cabível se, após intimada para suprir a irregularidade em 15 (quinze) dias, mediante indicação precisa do que deve ser corrigido ou completado, a parte não o fizer (art. 321 do CPC de 2015).*

Letra A: A cumulação imprópria alternativa se caracteriza pela formulação de mais de um pedido, para que apenas um seja acolhido, sem que o autor manifeste qualquer preferência entre os pedidos. A situação narrada na assertiva pode se enquadrar como cumulação alternativa, desde que o autor não manifeste, de antemão, preferência pela reintegração ou pela indenização.

Letra B: ao tempo do certame, o art. 840, §1º, da CLT, não exigia que o pedido fosse certo ou determinado. Assim, bastante questionável o posicionamento da Banca, ao considerar que o pedido deveria ser certo ou determinado. Atualmente, a assertiva estaria tranquilamente correta, à luz da nova redação do art. 840 da CLT, no cenário pós-Reforma Trabalhista.

> *Art. 840 – A reclamação poderá ser escrita ou verbal.*
>
> *§ 1º Sendo escrita, a reclamação deverá conter a designação do juízo, a qualificação das partes, a breve exposição dos fatos de que resulte o dissídio, o pedido, que deverá ser certo, determinado e com indicação de seu valor, a data e a assinatura do reclamante ou de seu representante.*
>
> *§ 2º Se verbal, a reclamação será reduzida a termo, em duas vias datadas e assinadas pelo escrivão ou secretário, observado, no que couber, o disposto no § 1º deste artigo. (Redação dada pela Lei nº 13.467, de 2017)*
>
> *§ 3º Os pedidos que não atendam ao disposto no § 1º deste artigo serão julgados extintos sem resolução do mérito.*

Letra D: Arguida em juízo insalubridade ou periculosidade, seja por empregado, seja por Sindicato em favor de grupo de associado, o juiz designará perito habilitado na forma deste artigo, e, onde não houver, requisitará perícia ao órgão competente do Ministério do Trabalho (CLT, art. 196). A realização de perícia legal é dever do magistrado (CLT, art. 195), mesmo em caso de revelia ou confissão ficta, conforme entendimento majoritário, sob pena de nulidade.

Letra E: Correta, pois o princípio da simplicidade, que rege o Processo do Trabalho, torna desnecessária a indicação dos fundamentos jurídicos do pedido, sendo suficiente a exposição dos fatos de que resulte o dissídio.

322. (FGV - Analista Judiciário - Área Judiciária - TRT 12/2017) Aloísio ajuizou ação trabalhista em face da empresa Segurança Sulista Ltda. postulando o pagamento de adicional de insalubridade. Em contestação, a reclamada informa que o Sindicato representante da categoria profissional do autor ajuizara ação civil coletiva, com pedido idêntico, em benefício de todos os empregados da empresa, juntando aos autos cópia da referida ação coletiva.

Diante dessa situação hipotética, é correto afirmar, à luz da legislação de regência, que:

a) há conexão entre as duas ações;

b) a ação coletiva não induz litispendência para a ação individual, mas os efeitos da coisa julgada erga omnes não beneficiam o autor da ação individual;

c) há litispendência entre as duas ações;

d) há continência entre as duas ações;

e) a ação coletiva não induz litispendência para a ação individual, mas os efeitos da coisa julgada erga omnes não beneficiam o autor da ação individual, caso não requerida a suspensão em 30 dias da ciência da demanda coletiva.

COMENTÁRIOS

✪ **Nota do Autor:** A questão exige o conhecimento sobre a litispendência nas ações coletivas, cuja definição é extraída do art. 337, §§ 1º e 3º do CPC, aplicável subsidiariamente ao processo do trabalho, tendo em vista a existência de lacuna normativa e ausência de incompatibilidade com o procedimento laboral (CLT, art. 769).

Gabarito: Letra E. Conforme previsto no art. 104 do Código de Defesa do Consumidor:

> *Art. 104. As ações coletivas, previstas nos incisos I e II e do parágrafo único do art. 81,* não induzem litispendência *para as ações individuais, mas os* efeitos da coisa julgada *erga omnes ou ultra partes a que aludem os incisos II e III do artigo anterior* não beneficiarão os autores das ações individuais, se não for requerida sua suspensão no prazo de trinta dias, a contar da ciência nos autos do ajuizamento da ação coletiva. *(CDC, art. 104).*

Assim, o autor da ação individual deve ser cientificado, no seu processo individual, de que existe ação coletiva sobre o mesmo objetivo. Após a cientificação, o autor da ação individual pode optar, no prazo de 30 dias, por suspender seu processo e, nessa hipótese, se beneficiará de eventual julgamento de procedência da ação coletiva; caso o autor não opte pela suspensão no referido prazo, o processo individual seguirá normalmente, mas a coisa julgada da ação coletiva não beneficiará o autor da ação individual.

Letras A, B, C, D: Ver comentários sobre o gabarito.

---

323. (FGV – Analista Judiciário – Oficial de Just. Avaliador – TRT 12/2017) Sergio sagrou-se vitorioso em reclamação trabalhista movida contra o ex-empregador, obtendo decisão judicial que condenou a empresa a pagar-lhe indenização por dano moral e horas extras. Com o trânsito em julgado da sentença, que foi ilíquida, o juiz intimou o autor a apresentar os cálculos pertinentes, devidamente atualizados.

Em relação à tributação incidente, é correto afirmar que:

a) não incidirá imposto de renda sobre os juros de mora, dada a sua natureza indenizatória;

b) haverá incidência de INSS e imposto de renda sobre toda a condenação;

c) as horas extras não se submetem às cotas previdenciária e fiscal;

d) a indenização por dano moral é base de cálculo de imposto de renda;

e) toda a condenação, por envolver verba indenizatória, ficará isenta de INSS e imposto de renda.

COMENTÁRIOS

✪ **Nota do Autor:** A questão exige o conhecimento acerca da incidência de descontos previdenciários e fiscais sobre as condenações proferidas na Justiça do Trabalho.

Gabarito: Letra A. Os juros de mora decorrentes do inadimplemento de obrigação de pagamento em dinheiro não integram a base de cálculo do imposto de renda, independentemente da natureza jurídica da obrigação inadimplida, ante o cunho indenizatório conferido pelo art. 404 do Código Civil de 2002 aos juros de mora (TST, OJ 400 da SDI-1).

Letra B: a indenização por danos morais não é parcela salarial e, portanto, não se sujeita à incidência de contribuições fiscais e previdenciárias.

Letra C: Incide imposto de renda sobre os valores percebidos a título de indenização por horas extraordinárias trabalhadas, ainda que decorrentes de acordo coletivo (STJ, Súmula 463)

Letra D: Segundo o entendimento sedimentado pelo STJ não incide imposto de renda sobre as verbas recebidas a título de indenização por danos morais..

Letra E: Ver comentários sobre as assertivas anteriores.

---

324. (FCC – Analista Judiciário – Oficial de Just. Avaliador – TRT 20/2016) A empresa Delta & Gama Engenharia, em sua contestação na reclamação trabalhista movida por Perseu, alterou a verdade dos fatos e procedeu de modo temerário. O advogado do reclamante peticionou ao Juiz requerendo a condenação da reclamada ao pagamento de multa por litigância de má-fé e indenização por prejuízos sofridos. Nessa situação, o Juiz

a) não poderá acolher o pedido visto que não há previsão legal deste instituto na Consolidação das Leis do Trabalho e nesse caso não pode ser aplicado dispositivo do processo comum pelo princípio da reserva legal, porque implica em punição processual.

b) deverá acolher integralmente o pedido de multa e indenização em razão da litigância de má-fé por aplicação subsidiária das normas do Código de Processo Civil em caso de omissão e não havendo incompatibilidade com o sistema processual do trabalho.

c) deverá aplicar apenas a norma relativa ao tema prevista na Consolidação das Leis do Trabalho, que se restringe ao pagamento de multa revertida aos cofres públicos.

d) deverá aplicar apenas a norma relativa ao tema prevista na Consolidação das Leis do Trabalho, que se restringe ao pagamento de indenização por prejuízos sofridos pela parte contrária.

e) deverá acolher integralmente o pedido de multa e indenização em razão da litigância de má-fé do reclamado, mas não poderia se a situação fosse inversa, por força de dispositivo na Consolidação das Leis do Trabalho que não permite a aplicação subsidiária do processo comum contra o trabalhador.

COMENTÁRIOS

✪ **Nota do Autor:** A questão é anterior à Lei 13.467/17, que acrescentou na CLT os arts. 793-A a 793-D, os quais dispõem expressamente sobre a litigância de má-fé no Processo do Trabalho.

Gabarito: Letra B. O art. 80 do CPC, plenamente aplicável ao Processo do Trabalho, prevê hipóteses típicas de configuração da litigância de má-fé, tais como a alteração da verdade dos fatos. De acordo com o regramento legal, é possível a aplicação de multa ao litigante de má-fé, além da fixação de indenização pelos prejuízos sofridos pela parte contrária.

Letras A, C, D e E: Ver comentários sobre o gabarito.

---

325. (FCC – Analista Judiciário – Área Judiciária – TRT 24/2017) Analisando o normativo previsto na Consolidação das Leis do Trabalho quanto à nomeação de advogado com poderes para o foro em geral na Justiça do Trabalho,

a) dá-se pela juntada prévia de instrumento de procuração, com firma devidamente reconhecida.

b) a nomeação poderá ser efetivada mediante simples registro em ata de audiência, a requerimento verbal do advogado interessado, com anuência da parte representada.

c) apenas o trabalhador poderá reclamar sem a presença de advogado, uma vez que o princípio do jus postulandi somente se aplica à parte hipossuficiente.

d) o advogado pode atuar sem que lhe sejam exigidos poderes outorgados pela parte, em razão da previsão legal do jus postulandi.

e) nos dissídios coletivos é obrigatória aos interessados a assistência por advogado constituído necessariamente por instrumento de mandato, com firma devidamente reconhecida.

COMENTÁRIOS

✪ **Nota do Autor:** O advogado, no Processo do Trabalho, é, em regra, sujeito eventual, já que o *jus postulandi* das partes faz com que não seja imperativa a representação da parte por profissional da advocacia.

Gabarito: Letra B. A procuração geral para o foro – assim chamada a que contém os poderes inerentes à cláusula *ad judicia* – pode ser passada por instrumento público ou particular, e habilita o advogado a praticar quase todos os atos do processo, ressalvados os atos personalíssimos da parte e os que dependam de poderes especiais. Na praxe forense trabalhista, em algumas situações a parte concede poderes ao patrono em audiência, ficando consignado o fato na respectiva ata. É o que se chama de procuração *apud acta*, a qual conterá, em princípio, apenas os poderes inerentes à cláusula *ad judicia*, no entanto, a parte pode conceder poderes especiais, que deverão ser consignados em ata para que tenham eficácia. O poder de substabelecer pode exercer-se mesmo que não seja mencionado expressamente, conforme deflui da Súmula 395, III, do TST.

Letra A: Não há necessidade de reconhecimento de firma na procuração.

Letra C: o *jus postulandi* se aplica tanto para empregados, quanto para empregadores (CLT, art. 791).

Letra D: o fato de existir o *jus postulandi* não faz com que seja desnecessária a procuração, para que o advogado possa praticar atos em juízo em nome da parte.

Letra E: nos dissídios coletivos é apenas facultada a assistência por advogado e também não há necessidade de reconhecimento de firma.

32. AUDIÊNCIAS

▸ Art. 843, § 2º da CLT

---

326. (FCC – 2023 – TRT 12 – Oficial de Justiça) Por ser o processo do trabalho um processo de partes, necessário que ambas estejam presentes à audiência. A partir dessa premissa, analise as seguintes assertivas:

I. O não comparecimento do reclamante à audiência importa o arquivamento da reclamação, com a condenação ao pagamento das custas, ainda que beneficiário da justiça gratuita, salvo se comprovar, no prazo de 15 dias, que a ausência se deu por motivo legalmente justificável.

II. O não comparecimento do reclamado à audiência importa em revelia e confissão, ainda que presente o advogado, não sendo recebida a contestação e os documentos eventualmente apresentados.

III. Fracionada a audiência. se o reclamante não comparecer à audiência em prosseguimento na qual deveria prestar depoimento, ele será considerado confesso.

IV. O não comparecimento do reclamado à audiência não produz o efeito da revelia e da confissão se, havendo pluralidade de reclamados, algum deles contestar a ação, exceto se pleiteada na defesa a exclusão de responsabilidade do contestante.

V. Pessoa jurídica de direito público não se sujeita à revelia.

Está correto o que se afirma APENAS em

a) I e III.

b) II e IV.

c) II e V.

d) III e IV.

e) III e V.

COMENTÁRIOS

✪ **Nota do autor:** A questão versa sobre o tema da audiência no processo do trabalho.

Assertiva I: Correto, conforme art. 844, §2º, da CLT.

Assertiva II: Errado. Ainda que ausente o reclamado, presente o advogado na audiência, serão aceitos a contestação e os documentos eventualmente apresentados (CLT, art. 844, §5º).

Assertiva III: Correto. Aplica-se a confissão à parte que, expressamente intimada com aquela cominação, não comparecer à audiência em prosseguimento, na qual deveria depor (TST, Súmula 74, I).

Assertiva IV: Errado. A revelia não produz o efeito de presunção de confissão quanto à matéria de fato se, havendo pluralidade de reclamados, algum deles contestar a ação (CLT, art. 844, §4º, I).

Assertiva V: Errado. Pessoa jurídica de direito público sujeita-se à revelia prevista no artigo 844 da CLT (TST, OJ 152 da SDI-1).

Gabarito: Letra A.

---

327. (FGV – Técnico Judiciário – Área Administrativa – TRT 16/2022) Lucimar ajuizou reclamação trabalhista contra o seu ex- empregador, uma sociedade empresária que explora o ramo de frutas industrializadas. O processo foi distribuído para a 105 Vara do Trabalho de Chapadinha/MA, sendo designada audiência una. Assinale, de acordo com a CLT, a opção que contempla, respectivamente, o prazo mínimo que deve ser respeitado entre a citação e a realização da audiência, bem como o primeiro ato processual que, aberta a audiência, deverá ocorrer.

a) 10 dias e apresentação de memoriais.

b) 5 dias e tentativa de conciliação.

c) 15 dias e instrução.

d) 8 dias e apresentação da resposta.

e) 20 dias e instrução.

COMENTÁRIOS

✪ **Nota do autor:** de acordo com o art. 841 da CLT, "Recebida e protocolada a reclamação, o escrivão ou secretário, dentro de 48 (quarenta e oito) horas, remeterá a segunda via da petição, ou do termo, ao reclamado, notificando-o ao mesmo tempo, para comparecer à audiência do julgamento, que será a primeira desimpedida, depois de 5 (cinco) dias". Ou seja, deve ser observado um prazo mínimo de 5 dias entre a citação e a realização da audiência. Ademais, o art. 846 estabelece que "Aberta a audiência, o juiz ou presidente proporá a conciliação".

Gabarito: Letra B.

---

328. (FGV – Analista Judiciário – Área Judiciária – TRT 13/2022) Eduarda ajuizou reclamação trabalhista contra o seu empregador, que foi distribuída para a 55 Vara do Trabalho de Itaporanga/PB. A juíza titular designou audiência telepresencial. No dia e hora marcados, Eduarda compareceu com seu advogado, a empresa restou ausente, mas o advogado da reclamada estava presente, informando que no dia anterior havia protocolizado pelo Processo Judicial Eletrônico (PJe) sua defesa com documentos. O advogado de Eduarda requereu a aplicação da revelia e confissão, bem como a exclusão imediata da defesa e documentos apresentados.

Considerando a situação e os termos da CLT, assinale a afirmativa correta.

a) Deverão ser aceitos a contestação e os documentos apresentados.

b) Por se tratar de audiência telepresencial, não poderá haver qualquer punição.

c) Defesa e documentos juntados deverão obrigatoriamente ser excluídos.

d) O juiz deverá analisar o caso concreto e decidir se a defesa e documentos devem ou não permanecer nos autos.

e) Os documentos poderão permanecer nos autos, mas a defesa deve ser excluída.

COMENTÁRIOS

✪ **Nota do autor:** de acordo com o art. 844, §5º, da CLT, "ainda que ausente o reclamado, presente o advogado na audiência, serão aceitos a contestação e os documentos eventualmente apresentados". Esse regramento se aplica tanto para audiências presenciais quanto para telepresenciais.

Gabarito: Letra A.

---

329. (FGV – Técnico Judiciário – Área Administrativa – TRT 16/2022) Pedro Lucas é auxiliar de montagem numa empresa localizada em Porto Franco/MA e recebe 1 salário mínimo mensal. Insatisfeito, Pedro Lucas ajuizou reclamação trabalhista contra o seu empregador requerendo o pagamento de horas extras, afirmando que trabalha de 2ª feira a domingo das 4:00 às 23:30 horas, sem intervalo para refeição. Designada audiência una, e em que pese regularmente citada, a empresa faltou e não protocolizou defesa escrita, tendo sido requerida a aplicação da revelia e confissão quanto à matéria de fato. Diante dos fatos narrados e de acordo com a CLT, assinale a afirmativa correta.

a) Com a aplicação da revelia e, consequentemente, da confissão quanto à matéria de fato, Pedro Lucas receberá as horas extras de acordo com a jornada da inicial.

b) De acordo com a Lei, após aplicar a revelia, o juiz deverá abrir prazo de 10 dias para que Pedro Lucas comprove por algum meio a jornada informada na inicial, sob pena de inépcia.

c) Apesar da revelia, não haverá confissão quanto à matéria de fato porque as alegações formuladas por Pedro Lucas são inverossímeis.

d) Não se aplicará revelia nem confissão quanto à matéria de fato porque diante da jornada afirmada na inicial é obrigatória a participação do Ministério Público do Trabalho no processo.

e) Sendo aplicada a revelia e julgado procedente o pedido, a empresa não poderá recorrer da sentença nem praticar atos no processo porque quedou-se inerte no momento oportuno.

COMENTÁRIOS

✪ **Nota do autor:** de acordo com o art. 844, §4º, IV, a revelia não gerará presunção de veracidade dos fatos narrados na inicial quando as alegações de fato formuladas pelo reclamante forem inverossímeis ou estiverem em contradição com prova constante dos autos. Na hipótese em questão, a inicial narra uma jornada de 19h30 min todos os dias, sem intervalo e sem folga, o que refoge ao humanamente possível. Sendo o fato inverossímil, não haverá confissão quanto à matéria de fato.

Gabarito: Letra C.

---

330. (FUMARC – Analista Judiciário – Área Judiciária – TRT 3/2022) Sobre as audiências no processo do trabalho, é INCORRETO afirmar:

a) A audiência de julgamento será contínua, mas, se não for possível, por motivo de força maior, concluí-la no mesmo dia, o juiz ou presidente marcará a sua continuação para a primeira desimpedida, independentemente de nova notificação.

b) A parte poderá apresentar defesa escrita pelo sistema de processo judicial eletrônico até a audiência.

c) Ausente o reclamado, presente o advogado na audiência, não serão aceitos a contestação e os documentos eventualmente apresentados, devendo o juiz determinar a exclusão dos autos do processo.

d) Ocorrendo motivo relevante, poderá o juiz suspender o julgamento, designando nova audiência.

e) Terminada a instrução, poderão as partes aduzir razões finais, em prazo não excedente de 10 (dez) minutos para cada uma. Em seguida, o juiz renovará a proposta de conciliação, e, não se realizando esta, será proferida a decisão.

COMENTÁRIOS

✪ **Nota do autor:** a questão versa sobre o tema da audiência, exigindo conhecimento do texto da CLT.

Letra A: Correto, conforme art. 849 da CLT.

Letra B: Correto, conforme art. 847, parágrafo único, da CLT.

Letra C: Errado. De acordo com art. 844 §5º, da CLT, ainda que ausente o reclamado, presente o advogado na audiência, serão aceitos a contestação e os documentos eventualmente apresentados.

Letra D: Correto, conforme art. 844, §1º, da CLT.

Letra E: Correto, conforme art. 850, da CLT.

Gabarito: Letra C.

---

331. (FUMARC – Técnico Judiciário – TRT 3/2022) A audiência UNA será realizada nas causas:

a) Inferiores a dois salários mínimos.

b) Inferiores a um salário mínimo e superiores a duzentos reais.

c) Superiores a cinquenta salários mínimos e inferiores a cem salários mínimos.

d) Superiores a dois salários mínimos e inferiores a quarenta salários mínimos.

e) Superiores a dois salários mínimos e inferiores a sessenta salários mínimos.

COMENTÁRIOS

✪ **Nota do autor:** questão discutível, pois, em regra, a audiência sempre deve ser una no processo do trabalho. Contudo, aqui a Banca considerou que, por força do art. 849 da CLT, motivo de força maior poderia gerar o adiamento da audiência no rito ordinário. Considerou a Banca, ainda, que, no rito sumaríssimo, a audiência deve ser una, por força do art. 852-C da CLT (muito embora o art. 852-H, §7º, também admita a interrupção excepcional da audiência). O rito sumaríssimo é aplicável para reclamações trabalhistas cujo valor seja superior a 2 salários mínimos e inferior a 40 salários mínimos. Até 2 salários mínimos, aplica-se o rito sumário; acima de 40 salários mínimos, o rito ordinário.

Gabarito: Letra D.

---

332. (FUMARC – Técnico Judiciário – TRT 3/2022) A audiência inicial trabalhista é aquela em que há

a) oitiva de partes e testemunhas, necessariamente.

b) recebimento de defesa, sem tentativa de conciliação, com o agendamento de audiência de instrução, se for o caso.

c) tentativa de conciliação e o recebimento da defesa, com o agendamento de audiência de instrução, se for o caso.

d) tentativa de conciliação, com impugnação da defesa oralmente e oitiva das partes.

e) tentativa de conciliação, impugnação oral da defesa e oitiva de testemunhas, necessariamente.

COMENTÁRIOS

✪ **Nota do autor:** a questão requer conhecimento da praxe utilizada em algumas varas do trabalho, em que se marca audiência inicial para tentar conciliação e receber defesa, fracionando-se a audiência para prosseguimento da instrução em outra data. Outras unidades utilizam à risca o rito da CLT e realizam audiência una, em que todos os atos processuais são praticados em única audiência.

Gabarito: Letra C.

---

333. (FCC – Analista Judiciário – Oficial de Just. Avaliador Federal – TRT 2/2018) Silvana deixou de comparecer à audiência trabalhista em reclamação movida contra seu ex-empregador, a empresa JRH Bolsas e Acessórios Ltda., razão pela qual o processo foi arquivado. Propôs nova reclamação com idênticos termos. Entretanto, por erro da Secretaria da Vara que indicou endereço incorreto, a empresa não foi localizada, entendendo o juiz que deveria extinguir o feito sem resolução do mérito. Imediatamente, Silvana ajuizou a mesma ação pela terceira vez. De acordo com a CLT, é correto afirmar:

a) Silvana deveria aguardar o prazo de seis meses para ingressar com a terceira reclamação, uma vez que a lei prevê que tal lapso de tempo deve ser respeitado, em caso de dois arquivamentos seguidos, razão pela qual haverá a extinção do feito sem julgamento do mérito.

b) Silvana possui o direito de propor a terceira reclamação, não tendo de aguardar seis meses para sua propositura, uma vez que não deu causa ao segundo arquivamento.

c) tendo em vista que não foi Silvana quem deu causa ao segundo arquivamento, mas que deve ser observado o prazo de seis meses para o ingresso com a terceira ação, o juiz determinará a suspensão do feito, até que se atinja o referido prazo.

d) Silvana deverá desistir da ação, para evitar eventual condenação em custas processuais.

e) Silvana deverá renunciar da ação, para evitar eventual condenação em custas processuais.

COMENTÁRIOS

✪ **Nota do autor:** a questão exige conhecimento acerca dos institutos da perempção, arquivamento e desistência da ação. De acordo com a CLT, a perempção ocorre nos seguintes casos:

> *Art. 731 – Aquele que, tendo apresentado ao distribuidor reclamação verbal, não se apresentar, no prazo estabelecido no parágrafo único do art. 786, à Junta ou Juízo para fazê-lo tomar por termo, incorrerá na pena de perda, pelo prazo de 6 (seis) meses, do direito de reclamar perante a Justiça do Trabalho.*
>
> *Art. 732 – Na mesma pena do artigo anterior incorrerá o reclamante que, por 2 (duas) vezes seguidas, der causa ao arquivamento de que trata o art. 844.*

Gabarito: letra B. No caso em questão, não há perempção, pois a reclamante não deu causa à segunda extinção do processo, a qual sequer pode ser considerada arquivamento, pois não decorreu da ausência da reclamante à audiência. Não havendo perempção, descabe cogitar do prazo de seis meses para ajuizamento de nova ação.

Letras A e C: Ver comentários anteriores.

Letra D: Desistência da ação só é possível enquanto o processo ainda não foi extinto. Além disso, a desistência gera condenação em custas, que podem ser dispensadas se o reclamante for beneficiário da gratuidade de justiça.

Letra E: A renúncia ao direito material também implica condenação em custas, da mesma forma que ocorre com a desistência.

---

334. (FCC – Analista Judiciário – Área Judiciária – TRT 15/2018) Evandro ajuizou reclamação trabalhista em face da sua empregadora, empresa Hora Certa Entregas Ltda., e da tomadora dos serviços, empresa Crepom Distribuidora de Produtos de Papelaria Ltda. Na audiência una designada comparecem o reclamante e a empresa Crepom, segunda reclamada, que, representada por preposto que não é seu empregado, apresenta defesa. Nesse caso,

a) a audiência será redesignada para outra data, tendo em vista a ausência da primeira reclamada, que foi a empregadora do reclamante e é quem pode trazer as provas aos autos.
b) será decretada a revelia da primeira reclamada, que será considerada confessa quanto à matéria de fato.
c) será decretada a revelia de ambas as reclamadas, que serão consideradas confessas quanto à matéria de fato, a primeira em razão do não comparecimento e a segunda por estar representada por preposto não empregado.
d) a primeira reclamada será considerada revel, e a segunda, embora não seja revel, será considerada confessa quanto à matéria de fato em razão de estar representada por preposto não empregado.
e) a primeira reclamada, embora revel, não será considerada confessa quanto à matéria de fato tendo em vista que a segunda reclamada contestou a ação e, em relação à segunda reclamada, o fato de o preposto não ser empregado não gerará revelia nem confissão.

COMENTÁRIOS

✪ **Nota do autor:** a questão indaga acerca do comparecimento das partes e de seus representantes à audiência. Conforme art. 843, §3º, da CLT, o preposto não precisa ser empregado da parte reclamada. Assim, perfeitamente regular a representação processual da 2ª reclamada (empresa Crepom). Já a 1ª reclamada, ausente, em princípio, deveria ser considerada revel e confessa quanto à matéria de fato, por se tratar de audiência una (= primeira audiência realizada, na qual ocorrem todos os atos processuais até a prolação de sentença). Contudo, como a 2ª reclamada compareceu e contestou, aplica-se o §4º, I, do mesmo dispositivo legal: a revelia não produz o efeito da confissão ficta se, havendo pluralidade de reclamados, algum deles contestar a ação. Assim, embora a 1ª reclamada seja revel, não se lhe aplica a confissão ficta dos fatos que lhe são desfavoráveis.

Gabarito: Letra E.

Demais assertivas: ver nota do autor.

---

335. (FCC – Técnico Judiciário – Área Administrativa – TRT 2/2018) Com relação à audiência de julgamento, considere:

I. É facultado ao empregador fazer-se substituir pelo gerente, ou qualquer outro preposto que tenha conhecimento do fato, e cujas declarações obrigarão o proponente, sendo que o preposto não precisa ser empregado da parte reclamada.
II. Se por doença ou qualquer outro motivo poderoso, devidamente comprovado, não for possível ao empregado comparecer pessoalmente, poderá fazer-se representar por outro empregado que pertença à mesma profissão, ou pelo seu sindicato.
III. Ainda que ausente o reclamado, presente o advogado na audiência, serão aceitos a contestação e os documentos eventualmente apresentados.
IV. O não comparecimento do reclamante à audiência importa o arquivamento da reclamação além da condenação em multa variável entre 1% e 3% sobre o valor da causa, e o não comparecimento do reclamado importa revelia, além de confissão quanto à matéria de fato.

De acordo com a Consolidação das Leis do Trabalho, está correto o que se afirma APENAS em

a) I, II e III.
b) I, II e IV.
c) III e IV.
d) I e II.
e) I, III e IV.

COMENTÁRIOS

✪ **Nota do autor:** a questão versa sobre o tema do comparecimento das partes e outros sujeitos processuais em audiência.

Item I: É facultado ao empregador fazer-se substituir pelo gerente, ou qualquer outro preposto que tenha conhecimento do fato, e cujas declarações obrigarão o proponente. O preposto não precisa ser empregado da parte reclamada (CLT, art. 843, §§1º e 3º).

Item II: Se por doença ou qualquer outro motivo poderoso, devidamente comprovado, não for possível ao empregado comparecer pessoalmente, poderá fazer-se representar por outro empregado que pertença à mesma profissão, ou pelo seu sindicato (CLT, art. 843, §2º).

Item III: Ainda que ausente o reclamado, presente o advogado na audiência, serão aceitos a contestação e os documentos eventualmente apresentados (CLT, art. 844, §5º).

Gabarito: letra A. Todos os itens estão corretos.

---

336. (AOCP – Técnico Judiciário – Área Administrativa – TRT 1/2018) O Juiz da Vara do Trabalho do Rio de Janeiro agendou uma audiência para o dia 11 de abr. de 2018 às 15h30. Manoela, reclamante na ação trabalhista, e a empresa Gotas de Água S.A., em face de quem Manoela ingressou com o pleito, compareceram à audiência com seus respectivos advogados no horário agendado. O juiz, por sua vez, somente chegou à audiência na referida data às 16h. Assinale a alternativa que apresenta como as partes devem proceder nessa situação.

a) Ao Juiz é permitido chegar a qualquer tempo, considerando ser o mesmo quem irá presidir a audiência, devendo as partes aguardar sua chegada.

b) Se o Juiz não houver comparecido até 20 (vinte) minutos após a hora marcada, os presentes poderão retirar-se, devendo o ocorrido constar do livro de registro das audiências.

c) Se o Juiz comparecer à audiência com até 30 (trinta) minutos de atraso após a hora marcada, as partes têm o dever de estarem aguardando o juiz para o início da audiência, devendo o atraso constar do livro de registro das audiências.

d) Se o Juiz não houver comparecido até 15 (quinze) minutos após a hora marcada, os presentes poderão retirar-se, devendo o ocorrido constar do livro de registro das audiências.

e) Se o Juiz não houver comparecido até 60 (sessenta) minutos após a hora marcada, os presentes poderão retirar-se, devendo o ocorrido constar do livro de registro das audiências.

COMENTÁRIOS

✪ **Nota do autor:** De acordo com o art. 815, §1º, da CLT, se, até 15 (quinze) minutos após a hora marcada, o juiz ou presidente não houver comparecido, os presentes poderão retirar-se, devendo o ocorrido constar do livro de registro das audiências. Tal previsão discrepa do art. 7º, XX, da Lei 8.906/94 (Estatuto da OAB), segundo o qual é prerrogativa do advogado retirar-se do recinto onde se encontre aguardando pregão para ato judicial, após trinta minutos do horário designado e ao qual ainda não tenha comparecido a autoridade que deva presidir a ele, mediante comunicação protocolizada em juízo.

Gabarito: letra D. Perceba-se que a Banca seguiu a literalidade da CLT, o que é uma tendência nos concursos de técnico e analista de tribunais. Assim, preferível seguir a linha segundo a qual a norma celetista – por se aplicar especificamente no Processo do Trabalho – é especial e prevalece em relação à lei posterior. Também não é descartada a possibilidade de a Banca Examinadora considerar como correta assertiva que reproduza textualmente a literalidade do art. 7º, XX, da Lei 8.906/94.

Demais assertivas: ver comentários acima.

---

337. (FCC – Analista Judiciário – Área Administrativa – TRT 15/2018) Sobre audiência e procedimento,

a) os dissídios individuais cujo valor não exceda a quarenta vezes o salário mínimo vigente na data do ajuizamento da reclamação ficam submetidos ao procedimento sumaríssimo, exceto nas demandas em que é parte a Administração Pública direta, autárquica e fundacional, cujo valor da ação não poderá exceder a sessenta salários mínimos.

b) no procedimento ordinário, a reclamação escrita deverá conter a designação do juízo, a qualificação das partes, a breve exposição dos fatos de que resulte o dissídio, o pedido, que poderá ser certo, determinado e com ou sem indicação de valor, a data e a assinatura do reclamante ou de seu representante.

c) oferecida a contestação, ainda que eletronicamente, o reclamante não poderá, sem o consentimento de seu advogado, desistir da ação.

d) é facultado ao empregador fazer-se substituir pelo gerente, ou qualquer outro preposto que tenha conhecimento do fato, e cujas declarações obrigarão o proponente, não sendo necessário ser empregado da empresa.

e) no procedimento ordinário e sumaríssimo, as testemunhas, até o máximo de duas para cada parte, comparecerão à audiência de instrução e julgamento independentemente de intimação.

COMENTÁRIOS

✪ **Nota do autor:** a questão exige o conhecimento do texto da CLT.

Gabarito: letra D. É facultado ao empregador fazer-se substituir pelo gerente, ou qualquer outro preposto que tenha conhecimento do fato, e cujas declarações obrigarão o proponente. O preposto não precisa ser empregado da parte reclamada (CLT, art. 843, §§1º e 3º).

Letra A: Estão excluídas do procedimento sumaríssimo as demandas em que é parte a Administração Pública direta, autárquica e fundacional (CLT, art. 852-A, parágrafo único).

Letra B: Sendo escrita, a reclamação deverá conter a designação do juízo, a qualificação das partes, a breve exposição dos fatos de que resulte o dissídio, o pedido, que deverá ser certo, determinado e com indicação de seu valor, a data e a assinatura do reclamante ou de seu representante (CLT, art. 840, §1º).

Letra C: Oferecida a contestação, ainda que eletronicamente, o reclamante não poderá, sem o consentimento do reclamado, desistir da ação (CLT, art. 841, §3º).

Letra E: no procedimento ordinário, cada parte pode indicar até 3 testemunhas, sendo que as testemunhas comparecerão a audiência independentemente de notificação ou intimação. As que não comparecerem serão intimadas, ex officio ou a requerimento da parte, ficando sujeitas a condução coercitiva, além das penalidades do art. 730, caso, sem motivo justificado, não atendam à intimação.

---

338. (FCC – Analista Judiciário – Área Judiciária – TRT 2/2018) Na audiência UNA da reclamação trabalhista movida por Ana Maria em face da empresa de laticínios Via Láctea Ltda., o preposto chegou 20 minutos atrasado, alegando que o pneu de seu carro havia furado a caminho do Fórum. A audiência não tinha se encerrado, sendo que a advogada da Reclamada tinha comparecido no horário, apresentado Defesa com documentos, mas não havia proposta para acordo, sendo que o juiz estava marcando perícia para apuração de insalubridade no ambiente de trabalho. Neste momento, a advogada da Reclamada requereu que não fossem aplicados os efeitos da revelia e confissão, tendo em vista que o preposto esteve presente à audiência antes de seu término. Diante dos fatos narrados e, de acordo com a lei e a orientação jurisprudencial do Tribunal Superior do Trabalho, é correto afirmar que

a) não existe previsão legal tolerando atraso no horário de comparecimento da parte na audiência, sendo aplicados os efeitos da revelia e confissão à Reclamada, entretanto, presente a advogada, serão aceitos a contestação e os documentos apresentados.
b) assiste razão à Reclamada, tendo em vista que o preposto esteve presente à audiência antes de seu término, razão pela qual não serão aplicados os efeitos da revelia e confissão à empresa.
c) apesar de não existir previsão legal tolerando atrasos no horário de comparecimento da parte na audiência, tendo o preposto comparecido e apresentado justificativa para o seu atraso, deverá o juiz afastar os efeitos da revelia e confissão à Reclamada.
d) assiste razão à Reclamada, mas não porque o preposto chegou atrasado antes do término da audiência, mas, sim, porque a advogada esteve presente pontualmente.
e) não existe previsão legal tolerando atraso no horário de comparecimento da parte na audiência, sendo aplicados os efeitos da revelia e confissão à Reclamada, ainda, que presente a advogada, não serão aceitos a contestação e os documentos apresentados.

COMENTÁRIOS

✪ **Nota do autor:** a questão exige o conhecimento das Súmulas e OJs do TST, bem como o regramento legal acerca do comparecimento das partes e seus representantes em audiência.

De acordo com a OJ 245 da SDI-1 do TST, inexiste previsão legal tolerando atraso no horário de comparecimento da parte na audiência. De outro lado, o art. 844, §5º, da CLT (introduzido pela Lei 13.467/2017), estipula que, ainda que ausente o reclamado, presente o advogado na audiência, serão aceitos a contestação e os documentos eventualmente apresentados.

No caso concreto exposto na questão, não há motivo justificável para o atraso do preposto – como seria, por exemplo, a hipótese de atestado médico. O fato de o pneu ter furado não se revela apto a justificar o atraso. Dessa forma, ausente o preposto no início da audiência, dá-se a confissão ficta da reclamada (= presunção de veracidade dos fatos narrados na petição inicial). Apesar disso, deve ser recebida a defesa e os documentos, que serão levados em conta pelo Juiz em confronto com a confissão ficta.

Gabarito: Letra A. Ver nota do autor.

Demais letras: ver nota do autor.

---

339. (FCC – Analista Judiciário – Área Judiciária – TRT 3/2015) Em relação à audiência trabalhista e à presença das partes na audiência:

a) A CLT exige o comparecimento pessoal das partes em audiência, não podendo o empregador fazer-se substituir por outra pessoa que não o representante legal da empresa.
b) Ao empregador é facultado fazer-se substituir pelo gerente, ou qualquer outro preposto que tenha conhecimento do fato, e cujas declarações obrigarão o preponente.
c) O reclamante poderá fazer-se substituir, em audiência, por qualquer pessoa, desde que outorgue poderes para tanto, através de procuração por instrumento público.
d) O não comparecimento do reclamante à audiência importa em improcedência da ação.
e) O não comparecimento da reclamada à audiência importa em arquivamento da reclamação.

COMENTÁRIOS

✪ **Nota do Autor:** A questão exige o conhecimento acerca das regras procedimentais relativas à audiência no Processo do Trabalho, bem como dos efeitos do não comparecimento das partes. A audiência no Processo do Trabalho, em regra, será una (CLT, art. 843) devendo as partes estrem presentes, independentemente do comparecimento de seus representantes. No entanto, é muito comum, em diversas regiões da Justiça do Trabalho, a designação fracionada de (i) audiências iniciais, com o único escopo de tentar a conciliação e receber a defesa; (ii) audiências de instrução – também chamadas de audiências de prosseguimento –, destinadas à colheita da prova; e (iii) audiências de julgamento, que nada mais são do que a designação de data para leitura de sentença, o que dispensa a prática de ato intimatório pela Secretaria da Vara.

Gabarito: Letra B.

Preposto é o representante do empregador na audiência trabalhista. Caso o empregador, sócio ou administrador da empresa não possa – ou não queira – comparecer pessoalmente, pode utilizar-se da figura do preposto, o que dá margem a uma espécie de representação voluntária do empregador. Alternativa anterior a modificação promovida pela lei 13.467/17, que passou a prever que é facultado ao empregador fazer-se substituir pelo gerente, ou qualquer outro preposto que tenha conhecimento do fato, e cujas declarações obrigarão o proponente, o qual não precisa ser empregado da parte reclamada. (CLT, art. 843, §§ 1º e 2º).

Letras A e C: Ver comentários sobre o gabarito.

Letras D e E: O não comparecimento do reclamante à audiência importa o arquivamento da reclamação, e o não comparecimento do reclamado importa revelia, além de confissão quanto à matéria de fato (CLT, art. 844).

---

340. (FCC – Analista Judiciário – Oficial de Justiça Avaliador – TRT 3/2015) Quanto à audiência trabalhista,

a) o atraso no horário de comparecimento da parte é tolerável em até 5 minutos.

b) o não comparecimento do reclamante à audiência una importa em confissão quanto à matéria de fato.

c) após a oitiva das testemunhas, as partes terão vinte minutos sucessivos para a apresentação de razões finais.

d) se por doença ou qualquer outro motivo poderoso, devidamente comprovado, não for possível ao empregado comparecer pessoalmente, poderá fazer-se representar por outro empregado que pertença à mesma profissão, ou pelo seu sindicato, que poderá ser ouvido em nome da parte se tiver conhecimento dos fatos.

e) se, até 15 (quinze) minutos após a hora marcada, o juiz do trabalho não houver comparecido para a realização da audiência, os presentes poderão retirar-se, devendo o ocorrido constar do livro de registro das audiências.

COMENTÁRIOS

Nota do Autor: A questão exige o conhecimento acerca das regras procedimentais relativas à audiência no Processo do Trabalho. A audiência no Processo do Trabalho, em regra, será una (CLT, art. 843) devendo as partes estrem presentes, independentemente do comparecimento de seus representantes.

Gabarito: Letra E. De acordo com o art. 815, §1º, da CLT.

Letra A: Inexiste previsão legal tolerando atraso no horário de comparecimento da parte na audiência (TST, OJ 245 SDI-I).

Letra B: O não comparecimento do reclamante à audiência importa o arquivamento da reclamação, e o não comparecimento do reclamado importa revelia, além de confissão quanto à matéria de fato. (CLT, art. 844).

Letra C: Terminada a instrução, poderão as partes aduzir razões finais, em prazo não excedente de 10 (dez) minutos para cada uma. Em seguida, o juiz ou presidente renovará a proposta de conciliação, e não se realizando esta, será proferida a decisão. (CLT, art. 850).

Letra D: Se por doença ou qualquer outro motivo poderoso, devidamente comprovado, não for possível ao empregado comparecer pessoalmente, poderá fazer-se representar por outro empregado que pertença à mesma profissão, ou pelo seu sindicato (CLT, art. 843, §2º). A previsão legal não contempla a possibilidade de o empregado representante ou do sindicato falar em nome da parte.

---

341. (FCC – Analista Judiciário – Oficial de Justiça Avaliador – TRT 4/2015) O princípio da oralidade possui grande influência na sistemática processual trabalhista, razão pela qual a audiência é um dos atos processuais de maior relevância. Observadas as normas legais sobre as audiências que ocorrem nos dissídios individuais,

a) o não comparecimento injustificado do reclamante na audiência UNA acarreta o adiamento da sessão em razão do princípio tutelar.

b) a ausência da reclamada em audiência UNA ocasiona o pagamento de indenização à parte contrária por litigância de má-fé.

c) em razão do princípio da celeridade processual não se permite a apresentação de defesa oral em audiência.

d) o ato processual que deve ocorrer imediatamente após o pregão das partes é a juntada de defesa da parte reclamada.

e) em audiência é facultado ao empregador fazer-se substituir pelo gerente ou qualquer outro preposto que tenha conhecimento dos fatos e cujas declarações obrigarão o proponente.

COMENTÁRIOS

✪ **Nota do Autor:** A questão exige o conhecimento acerca das regras procedimentais relativas à audiência no Processo do Trabalho, bem como dos efeitos do não comparecimento das partes. A audiência no Processo do Trabalho, em regra, será una (CLT, art. 843) devendo as partes estrem presentes, independentemente do comparecimento de seus representantes.

Gabarito: Letra E. Preposto é o representante do empregador na audiência trabalhista. Caso o empregador, sócio ou administrador da empresa não possa – ou não queira – comparecer pessoalmente, pode utilizar-se da figura do preposto, o que dá margem a uma espécie de representação voluntária do empregador. Alternativa anterior a modificação promovida pela lei 13.467/17, que passou a prever que é facultado ao empregador fazer-se substituir pelo gerente, ou qualquer outro preposto que tenha conhecimento do fato, e cujas declarações obrigarão o proponente, o qual não precisa ser empregado da parte reclamada. (CLT, art. 843, §§ 1º e 2º).

Letras A e B: O não comparecimento do reclamante à audiência importa o arquivamento da reclamação, e o não comparecimento do reclamado importa revelia, além de confissão quanto à matéria de fato (CLT, art. 844).

Letra C: Não havendo acordo, o reclamado terá vinte minutos para aduzir sua defesa, após a leitura da reclamação, quando esta não for dispensada por ambas as partes (CLT, art. 847).

Letra D: Aberta a audiência, o juiz ou presidente proporá a conciliação (CLT, art. 846, *caput)*.

342. (Cespe – Técnico Judiciário – Área Administrativa – TRT 8/2016) Com relação a exceções e audiências no processo do trabalho, assinale a opção correta.

a) As audiências devem ser realizadas em dias úteis previamente fixados, não podendo ultrapassar cinco horas seguidas, salvo quando houver matéria urgente.

b) Exceção é defesa contra vícios do processo que impedem seu desenvolvimento normal e, portanto, discute o mérito da questão.

c) Em decorrência do objetivo da celeridade processual, é vedada a realização de audiência em processos que sigam o procedimento sumaríssimo.

d) O juiz, as partes e as testemunhas deverão comparecer à audiência designada pelo juízo, havendo tolerância de quinze minutos para que as partes e testemunhas compareçam.

e) O não comparecimento do reclamado a audiência de conciliação resultará em extinção do processo sem resolução de mérito.

COMENTÁRIOS

✪ **Nota do Autor:** A questão exige o conhecimento acerca das regras procedimentais relativas à audiência no Processo do Trabalho, bem como dos efeitos do não comparecimento das partes. A audiência no Processo do Trabalho, em regra, será una (CLT, art. 843) devendo as partes estrem presentes, independentemente do comparecimento de seus representantes.

Gabarito: Letra A. As audiências dos órgãos da Justiça do Trabalho serão públicas e realizar-se-ão na sede do Juízo ou Tribunal em dias úteis previamente fixados, entre 8 (oito) e 18 (dezoito) horas, não podendo ultrapassar 5 (cinco) horas seguidas, salvo quando houver matéria urgente. (CLT, art. 813)

Letra B: Nas causas da jurisdição da Justiça do Trabalho, somente podem ser opostas, com suspensão do feito, as exceções de suspeição ou incompetência (CLT, art. 799). Defesa contra vícios do processo não discutem o mérito da causa.

Letra C: o procedimento sumaríssimo também prevê a realização obrigatória de audiência una.

Letra D: Inexiste previsão legal tolerando atraso no horário de comparecimento da parte na audiência (TST, OJ 245 SDI-I).

Letra E: O não comparecimento do reclamante à audiência importa o arquivamento da reclamação, e o não comparecimento do reclamado importa revelia, além de confissão quanto à matéria de fato. (CLT, art. 844).

343. (FCC – Analista Judiciário – Área Judiciária – Oficial de Justiça Avaliador – TRT 9/2015) Conforme determinações contidas na Consolidação das Leis do Trabalho, as propostas de conciliação no Processo Judiciário do Trabalho devem ser realizadas

a) após a apresentação da defesa e renovadas após as razões finais.

b) antes da apresentação da defesa e renovadas após as razões finais.

c) somente nos processos que tramitam pelo rito sumaríssimo em razão do valor atribuído à causa.

d) após o depoimento das partes e antes do término da instrução processual.

e) após a oitiva das partes e quando do encerramento da instrução processual.

COMENTÁRIOS

✪ **Nota do Autor:** A questão exige o conhecimento acerca do princípio da conciliação. A conciliação é um dos pilares do Processo do Trabalho, e também, atualmente, do Processo Civil. A solução conciliatória é um objetivo do processo, pois potencialmente tem maior aptidão para alcançar a pacificação social. De acordo com os arts. 846 e850 da CLT é obrigatória a tentativa de conciliação antes do recebimento da defesa, e após as razões finais, sendo certo que o Juiz do Trabalho deve sempre empregar seus bons ofícios e persuasão a fim de que as partes componham espontaneamente o conflito (CLT, art. 764, §º).

Gabarito: Letra B. Aberta a audiência, o juiz ou presidente proporá a conciliação (CLT, art. 846). Terminada a instrução, poderão as partes aduzir razões finais, em prazo não excedente de 10 (dez) minutos para cada uma. Em seguida, o juiz ou presidente renovará a proposta de conciliação, e não se realizando esta, será proferida a decisão (CLT. Art. 850).

Letras A, C, D e E: Ver comentários sobre o gabarito.

---

344. (FCC – Analista Judiciário – Área Judiciária – TRT 14/2016) O Princípio da oralidade é de suma importância no processo do trabalho, daí por que as audiências são o ponto forte do procedimento de uma reclamatória trabalhista em primeiro grau de jurisdição. Sobre audiências é correto afirmar:

a) O não comparecimento do reclamante em Audiência Inicial ou Una importa em revelia, além da confissão quanto à matéria fática.
b) Serão públicas como regra e realizadas em dias úteis previamente fixados, entre oito e dezoito horas, não podendo ultrapassar cinco horas seguidas, salvo quando houver matéria urgente.
c) Caso o juiz não houver comparecido em até dez minutos após a hora marcada para a audiência, os presentes poderão retirar-se, devendo o ocorrido constar do livro de registro das audiências.
d) O não comparecimento do reclamado em Audiência Inicial ou Una importará em remarcação da mesma por uma única vez, para garantir a ampla defesa e o contraditório, arcando a parte ausente com multa fixada pelo juiz.
e) Terminada a apresentação da defesa do reclamado em audiência o juiz deverá suspender a sessão e marcar nova audiência para que o reclamante possa apresentar sua réplica e indicar as provas que pretende produzir, sob pena de nulidade processual.

COMENTÁRIOS

✪ **Nota do Autor:** A questão exige o conhecimento acerca das regras procedimentais relativas à audiência no Processo do Trabalho, bem como dos efeitos do não comparecimento das partes. A audiência no Processo do Trabalho, em regra, será una (CLT, art. 843) devendo as partes estrem presentes, independentemente do comparecimento de seus representantes.

Gabarito: Letra B. As audiências dos órgãos da Justiça do Trabalho serão públicas e realizar-se-ão na sede do Juízo ou Tribunal em dias úteis previamente fixados, entre 8 (oito) e 18 (dezoito) horas, não podendo ultrapassar 5 (cinco) horas seguidas, salvo quando houver matéria urgente. (CLT, art. 813)

Letras A e D: O não comparecimento do reclamante à audiência importa o arquivamento da reclamação, e o não comparecimento do reclamado importa revelia, além de confissão quanto à matéria de fato. (CLT, art. 844).

Letra C: Se, até 15 (quinze) minutos após a hora marcada, o juiz ou presidente não houver comparecido, os presentes poderão retirar-se, devendo o ocorrido constar do livro de registro das audiências. (Art. 815, §1º, da CLT).

Letra E: Terminada a defesa, seguir-se-á a instrução do processo, podendo o presidente, ex officio ou a requerimento de qualquer juiz temporário, interrogar os litigantes. Serão, a seguir, ouvidas as testemunhas, os peritos e os técnicos, se houver. (CLT, art. 848). A audiência no Processo do Trabalho, em regra, será una (CLT, art. 843).

---

345. (FCC – Analista Judiciário – Área Judiciária – TRT 14/2016) A Consolidação das Leis do Trabalho prevê algumas regras que diferenciam os tipos procedimentais das ações que tramitam na Justiça do Trabalho, notadamente quanto ao número de testemunhas que cada parte pode indicar para oitiva em audiência. Assim, para os ritos sumaríssimo, ordinário e inquérito judicial para apuração de falta grave, o número de testemunhas será, respectivamente,

a) três – quatro – cinco
b) duas – três – três.
c) três – cinco – seis.
d) duas – cinco – cinco
e) duas – três – seis.

COMENTÁRIOS

✪ **Nota do Autor:** A questão exige o conhecimento acerca da quantidade de testemunhas que poderão ser ouvidas por cada parte em cada rito procedimental, bem como no caso do Inquérito para Apuração de Falta Grave.

Gabarito: Letra E.

A previsão acerca da quantidade de testemunhas que poderão ser ouvidas por cada parte do rito ordinário e do Inquérito para Apuração de Falta Grave está no art. 821 da CLT:

> *Art. 821 – Cada uma das partes não poderá indicar mais de 3 (três) testemunhas, salvo quando se tratar de inquérito, caso em que esse número poderá ser elevado a 6 (seis).*

No caso do rito sumaríssimo a CLT regula a questão no art. 852-H, §2:

> *Art. 852-H. Todas as provas serão produzidas na audiência de instrução e julgamento, ainda que não requeridas previamente*
>
> *(...) § 2º As testemunhas, até o máximo de duas para cada parte, comparecerão à audiência de instrução e julgamento independentemente de intimação.*

Letras A, B, C e D: Ver comentários sobre o gabarito.

---

346. (FCC – Analista Judiciário – Área Judiciária – TRT 23/2016) O trabalhador Hércules convidou uma testemunha para depor em audiência UNA designada na reclamação trabalhista movida em face da empresa Vênus de Millus S/A. No saguão do fórum, após o pregão das partes, o reclamante resolveu não ingressar na sala de audiências da Vara do Trabalho porque a sua testemunha não compareceu e a reclamada tinha trazido três testemunhas. O representante da reclamada, ao verificar que Hércules se evadiu do local, também não ingressou na sala de audiências. Nesse caso, o Juiz

a) deverá marcar nova audiência para que o trabalhador possa trazer suas testemunhas em razão do devido processo legal.
b) deverá aplicar a revelia e consequente pena de confissão à reclamada ausente.
c) deverá arquivar a ação diante da ausência injustificada do reclamante.
d) não deverá arquivar nem aplicar a revelia visto que ausentes ambas as partes, julgando o processo no estado em que se encontra.
e) deverá redesignar a audiência intimando ambas as partes para comparecimento, sob pena de condução coercitiva e pagamento de multa.

COMENTÁRIOS

✪ **Nota do Autor:** A questão exige o conhecimento acerca das regras procedimentais relativas à audiência no Processo do Trabalho, bem como dos efeitos do não comparecimento das partes. A audiência no Processo do Trabalho, em regra, será una (CLT, art. 843) devendo as partes estrem presentes, independentemente do comparecimento de seus representantes.

Gabarito: Letra C. O não comparecimento do reclamante à audiência importa o arquivamento da reclamação, e o não comparecimento do reclamado importa revelia, além de confissão quanto à matéria de fato. (CLT, art. 844). Já se as duas partes não comparecerem injustificadamente à audiência inicial, o feito deve ser arquivado, pois o comparecimento do reclamante é pressuposto processual, enquanto o do reclamado, pelo regramento da CLT, gera consequência de mérito (revelia).

Letras A, B, D e E: Ver comentários sobre o gabarito.

---

347. (FCC – Analista Judiciário – Área Judiciária – TRT 23/2016) Conforme legislação própria quanto às audiências no Processo Judiciário Trabalhista,

a) serão públicas e realizadas nos dias úteis das seis às vinte horas.
b) se, até quinze minutos após a hora marcada, o juiz não houver comparecido, os presentes poderão retirar-se, devendo o ocorrido constar de registro próprio.
c) não poderão ultrapassar três horas seguidas, ainda que houver matéria urgente.
d) o juiz manterá a ordem nas audiências, mas não poderá mandar retirar do recinto os assistentes que a perturbarem em razão do caráter de publicidade que reveste esse ato processual, devendo no caso, adiar a sessão.
e) é facultado ao empregador fazer-se substituir pelo gerente, ou qualquer outro preposto que tenha conhecimento do fato, mas cujas declarações, nesse caso, não obrigarão o proponente.

COMENTÁRIOS

✪ **Nota do Autor:** A questão exige o conhecimento acerca das regras procedimentais relativas à audiência no Processo do Trabalho, bem como dos efeitos do não comparecimento das partes.

Gabarito: Letra B. Se, até 15 (quinze) minutos após a hora marcada, o juiz ou presidente não houver comparecido, os presentes poderão retirar-se, devendo o ocorrido constar do livro de registro das audiências (Art. 815, §1º, da CLT).

Letras A e C: As audiências dos órgãos da Justiça do Trabalho serão públicas e realizar-se-ão na sede do Juízo ou Tribunal em dias úteis previamente fixados, entre 8 (oito) e 18 (dezoito) horas, não podendo ultrapassar 5 (cinco) horas seguidas, salvo quando houver matéria urgente (CLT, art. 813).

Letra D: O juiz ou presidente manterá a ordem nas audiências, podendo mandar retirar do recinto os assistentes que a perturbarem (CLT, art. 816).

Letra E: Preposto é o representante do empregador na audiência trabalhista. Caso o empregador, sócio ou administrador da empresa não possa – ou não queira – comparecer pessoalmente, pode utilizar-se da figura do preposto, o que dá margem a uma espécie de representação voluntária do empregador.

Alternativa anterior a modificação promovida pela lei 13.467/17, que passou a prever que é facultado ao empregador fazer-se substituir pelo gerente, ou qualquer outro preposto que tenha conhecimento do fato, e cujas declarações obrigarão o proponente, o qual não precisa ser empregado da parte reclamada (CLT, art. 843, §§ 1º e 2º).

---

348. (FGV - Analista Judiciário - Oficial de Just. Avaliador - TRT 12/2017) Feito o pregão da audiência movida por Jorge contra a empresa Flor do Campo Ltda., ambas as partes restaram ausentes. A hipótese que retrata a consequência jurídica cabível é:

a) o feito prosseguirá normalmente e será sentenciado;
b) o processo será arquivado;
c) haverá revelia mas não confissão fática;
d) a audiência deverá ser remarcada;
e) será aplicada a revelia.

COMENTÁRIOS

✪ **Nota do Autor:** A questão exige o conhecimento acerca das regras procedimentais relativas à audiência no Processo do Trabalho, bem como dos efeitos do não comparecimento das partes. A audiência no Processo do Trabalho, em regra, será una (CLT, art. 843) devendo as partes estrem presentes, independentemente do comparecimento de seus representantes.

Gabarito: Letra B. O não comparecimento do reclamante à audiência importa o arquivamento da reclamação, e o não comparecimento do reclamado importa revelia, além de confissão quanto à matéria de fato. (CLT, art. 844). Já se as duas partes não comparecerem, injustificadamente, à audiência inicial, o feito deve ser arquivado, pois o comparecimento do reclamante é pressuposto processual, enquanto o do reclamado, pelo regramento da CLT, gera consequência de mérito (revelia).

Letras A, C, D e E: Ver comentários sobre o gabarito.

---

349. (FGV - Analista Judiciário - Oficial de Just. Avaliador - TRT 12/2017) Um juiz do trabalho, recentemente promovido a titular de uma Vara, constatou que a marcação das audiências estava muito distante. Assim, resolveu colocar o máximo de audiências durante todos os dias úteis da semana, para que, ao final desse esforço planejado, a marcação estivesse em um patamar aceitável. Designou então o operoso magistrado audiências de segunda-feira a sexta-feira, na parte da manhã e da tarde, com um intervalo para poder se alimentar.

De acordo com a CLT, as audiências poderão ser normalmente realizadas pelo magistrado:

a) das 6:00 às 18:00 horas;
b) das 6:00 às 20:00 horas;
c) das 8:00 às 18:00 horas;
d) das 8:00 às 20:00 horas;
e) das 9:00 às 16:00 horas.

COMENTÁRIOS

✪ **Nota do Autor:** A questão exige o conhecimento acerca das regras procedimentais relativas à audiência no Processo do Trabalho.

Gabarito: Letra C. As audiências dos órgãos da Justiça do Trabalho serão públicas e realizar-se-ão na sede do Juízo ou Tribunal em dias úteis previamente fixados, entre 8 (oito) e 18 (dezoito) horas, não podendo ultrapassar 5 (cinco) horas seguidas, salvo quando houver matéria urgente. (CLT, art. 813)

Letras A, B, D e E: Ver comentários sobre o gabarito.

---

350. (FGV - Técnico Judiciário - Área Administrativa - TRT 12/2017) Osvaldo ajuizou uma reclamação trabalhista em face do seu ex- empregador. No dia designado para a realização da audiência, compareceu no horário marcado juntamente com o seu advogado, identificando de imediato o titular da empresa com o seu respectivo advogado no local. Ao chegarem na sala de audiência, verificaram que o juiz ainda não havia chegado, o que perdurou mais de quinze minutos, sem que fosse apresentada qualquer justificativa.

De acordo com a CLT, é correto afirmar que:

a) os litigantes devem aguardar o prazo legal de 60 minutos antes de se retirarem;
b) a audiência deve ser iniciada com o Diretor de Secretaria presidindo os trabalhos;
c) o réu não pode ir embora, sob pena de provocar um adiamento e atentar contra a celeridade do processo;
d) o juiz tem o poder de comando e controle nas audiências, razão pela qual as partes precisam aguardar o tempo que for necessário;
e) as partes podem se retirar, devendo constar o ocorrido no livro de registro das audiências.

COMENTÁRIOS

✪ **Nota do Autor:** A questão exige o conhecimento acerca das regras procedimentais relativas à audiência no Processo do Trabalho.

Gabarito: Letra E. Se, até 15 (quinze) minutos após a hora marcada, o juiz ou presidente não houver comparecido, os presentes poderão retirar-se, devendo o ocorrido constar do livro de registro das audiências. (Art. 815, §1º, da CLT).

Letras A, B, C e D: Ver comentários sobre o gabarito.

351. (FCC – Técnico Judiciário – Área Administrativa – TRT 20/2016) O reclamante Perseu e seu advogado compareceram na audiência designada em reclamação trabalhista para às 13h00min.

Naquele dia, o juiz iniciou a pauta de audiências pontualmente, mas, em razão da complexidade das audiências anteriores, a audiência de Perseu somente foi apregoada às 13h20min. Adentraram à sala de audiência a reclamada e o advogado do reclamante, informando ao Juiz que seu cliente Perseu já tinha ido embora, em razão do atraso no pregão. Nessa situação,

a) será decretada a revelia na própria audiência, porque o atraso não foi superior a 30 minutos e o reclamante deveria ter esperado.
b) independente do tempo do atraso não haverá consequência processual ao reclamante porque o seu advogado estava presente e o representará, sendo realizada normalmente a audiência.
c) a audiência não deve ser adiada e o processo será arquivado diante da ausência do reclamante.
d) o juiz deverá designar outra audiência porque seu atraso foi superior a 15 minutos, saindo intimados sobre a data da nova audiência a reclamada e o reclamante, este por seu advogado presente.
e) se o atraso fosse superior a 30 minutos a audiência deveria ser adiada, mas como foi de apenas 20 minutos o processo deverá ser arquivado.

COMENTÁRIOS

✪ **Nota do Autor:** A questão exige o conhecimento acerca das regras procedimentais relativas à audiência no Processo do Trabalho.

Gabarito: Letra C. Se, até 15 (quinze) minutos após a hora marcada, o juiz ou presidente não houver comparecido, os presentes poderão retirar-se, devendo o ocorrido constar do livro de registro das audiências. (Art. 815, §1º, da CLT). Cabe ressaltar que, caso o juiz esteja presente, mas haja atraso em virtude da demora no encerramento da audiência anterior, da mesma pauta, não se aplica o dispositivo legal citado.

Letras A, B, D e E: Ver comentários sobre o gabarito.

33. DISSÍDIO COLETIVO

▸ Art. 869 da CLT

352. (FCC – Analista Judiciário – Área Judiciária – TRT 6/2018) A forma jurisdicional de solução dos conflitos coletivos de trabalho se dá por meio do ajuizamento de ação própria perante a Justiça do Trabalho, denominada de dissídio coletivo, sendo que

a) havendo convenção coletiva, acordo coletivo ou sentença normativa em vigor, deverá ser instaurado dentro dos 90 dias anteriores ao respectivo termo final, para que o novo instrumento possa ter vigência no dia imediato a esse termo.
b) estando o conflito limitado à base territorial correspondente à jurisdição de um único TRT, a competência para julgar o dissídio coletivo será deste TRT.
c) a decisão nele proferida faz coisa julgada formal e material.
d) a revisão da decisão que fixar condições de trabalho não pode ser promovida por iniciativa do Tribunal prolator da mesma e nem pela Procuradoria da Justiça do Trabalho, sendo faculdade exclusiva das partes o seu requerimento.
e) é necessário o trânsito em julgado da sentença normativa para a propositura da ação de cumprimento.

COMENTÁRIOS

✪ **Nota do autor:** a questão exige conhecimento da legislação aplicável aos dissídios coletivos, além de Súmulas do TST sobre o tema.

Gabarito: Letra B. Por força do art. 678, I, *a*, da CLT, a competência para processar e julgar dissídios coletivos que não excedam a base territorial de uma Região da Justiça do Trabalho é dos Tribunais Regionais do Trabalho. Já ao TST compete, na forma do art. 702, I, *b*, da CLT, conciliar e julgar os dissídios coletivos que excedam a jurisdição dos Tribunais Regionais do Trabalho, bem como estender ou rever suas próprias decisões normativas, nos casos previstos em lei.

Letra A: Havendo convenção, acordo ou sentença normativa em vigor, o dissídio coletivo deverá ser instaurado dentro dos 60 (sessenta) dias anteriores ao respectivo termo final, para que o novo instrumento possa ter vigência no dia imediato a esse termo (CLT, art. 616, §3º).

Letra C: Não procede ação rescisória calcada em ofensa à coisa julgada perpetrada por decisão proferida em ação de cumprimento, em face de a sentença normativa, na qual se louvava, ter sido modificada em grau de recurso, porque em dissídio coletivo somente se consubstancia coisa julgada formal. Assim, os meios processuais aptos a atacarem a execução da cláusula reformada são a exceção de pré-executividade e o mandado de segurança, no caso de descumprimento do art. 514 do CPC de 2015 (TST, Súmula 397).

Letra D: A revisão poderá ser promovida por iniciativa do Tribunal prolator, da Procuradoria da Justiça do Trabalho, das associações sindicais ou de empregador ou empregadores interessados no cumprimento da decisão (CLT, art. 874).

Letra E: Não há necessidade de trânsito em julgado da sentença normativa para propositura de ação de cumprimento, conforme se infere da Súmula 397 do TST.

---

353. (FCC – Analista Judiciário – Área Judiciária – TRT 4/2015) Conforme expresso dispositivo legal, em dissídio coletivo a decisão sobre novas condições de trabalho poderá também ser estendida a todos os empregados da mesma categoria profissional compreendida na jurisdição do Tribunal. Entretanto, NÃO possuiu legitimidade para tal solicitação

a) um ou mais empregadores ou de qualquer sindicato destes.

b) um ou mais sindicatos de empregados.

c) agente da Delegacia Regional do Trabalho.

d) o próprio Tribunal que proferiu a decisão, *ex officio*.

e) Ministério Público do Trabalho.

COMENTÁRIOS

✪ **Nota do Autor:** Poder Normativo é a competência conferida à Justiça do Trabalho para decidir, interpretar, criar e modificar normas, em matéria de dissídios coletivos. Recusando-se qualquer das partes à negociação coletiva ou à arbitragem, é facultado às mesmas, de comum acordo, ajuizar dissídio coletivo de natureza econômica, podendo a Justiça do Trabalho decidir o conflito, respeitadas as disposições mínimas legais de proteção ao trabalho, bem como as convencionadas anteriormente (CF, art. 114, §2º).

Gabarito: Letra C. De acordo com o art. 869 da CLT:

> *Art. 869 – A decisão sobre novas condições de trabalho poderá também ser estendida a todos os empregados da mesma categoria profissional compreendida na jurisdição do Tribunal:*
>
> *a) por solicitação de 1 (um) ou mais empregadores, ou de qualquer sindicato destes;*
>
> *b) por solicitação de 1 (um) ou mais sindicatos de empregados;*
>
> *c) ex officio, pelo Tribunal que houver proferido a decisão;*
>
> *d) por solicitação da Procuradoria da Justiça do Trabalho.*

Assim, o agente da Delegacia Regional do Trabalho não tem tal legitimidade.

Letras A, B, D e E: Ver comentários sobre o gabarito.

34. DEFESA E EXCEÇÕES NA JT

▸ Art. 145, III, do CPC

---

354. (FCC – Técnico Judiciário – Área Administrativa – TRT 19/2014) Marta ajuizou reclamação trabalhista em face de sua empregadora doméstica Tatiana. A referida reclamação foi distribuída para a primeira Vara Trabalhista de Maceió. Marta descobriu que, Mônica, esposa do Magistrado da referida Vara, é credora de Tatiana, já que esta deve valores locatícios de imóvel de propriedade de Mônica. Neste caso,

a) não há suspeição e nem impedimento do Magistrado.

b) há impedimento do Magistrado, podendo ser arguida mediante exceção.

c) há suspeição e impedimento do Magistrado, podendo ser arguida mediante exceção.

d) há suspeição do Magistrado, podendo ser arguida mediante exceção.

e) há incompetência funcional absoluta, que deve ser arguida em preliminar de contestação.

COMENTÁRIOS

✪ **Nota do Autor:** A questão exige conhecimento acerca das hipóteses de suspeição do magistrado.

Gabarito: Letra D. Nas causas da jurisdição da Justiça do Trabalho, somente podem ser opostas, com suspensão do feito, as exceções de suspeição ou incompetência. (CLT, art. 799). A CLT prevê como hipóteses de suspeição:

> *Art. 801 – O juiz, presidente ou vogal, é obrigado a dar-se por suspeito, e pode ser recusado, por algum dos seguintes motivos, em relação à pessoa dos litigantes:*
>
> *a) inimizade pessoal;*
>
> *b) amizade íntima;*
>
> *c) parentesco por consangüinidade ou afinidade até o terceiro grau civil;*
>
> *d) interesse particular na causa.*
>
> *Parágrafo único – Se o recusante houver praticado algum ato pelo qual haja consentido na pessoa do juiz, não mais poderá alegar exceção de suspeição, salvo sobrevindo novo motivo. A suspeição não será também admitida, se do processo constar que o recusante deixou de alegá-la anteriormente, quando já a conhecia, ou que, depois de conhecida, aceitou o juiz recusado ou, finalmente, se procurou de propósito o motivo de que ela se originou.*

É pacífica, todavia, a aplicação das hipóteses de suspeição previstas no CPC, ante a compatibilidade com o Processo do Trabalho:

> *Art. 145. Há suspeição do juiz:*
>
> *I – amigo íntimo ou inimigo de qualquer das partes ou de seus advogados;*

II – que receber presentes de pessoas que tiverem interesse na causa antes ou depois de iniciado o processo, que aconselhar alguma das partes acerca do objeto da causa ou que subministrar meios para atender às despesas do litígio;

III – quando qualquer das partes for sua credora ou devedora, de seu cônjuge ou companheiro ou de parentes destes, em linha reta até o terceiro grau, inclusive;

IV – interessado no julgamento do processo em favor de qualquer das partes.

Letras A, B, C e E: Ver comentários sobre o gabarito.

---

355. (FCC – Analista Judiciário – Área Judiciária – TRT 19/2014) No tocante às exceções,

a) a inimizade pessoal e a amizade íntima são hipóteses de impedimento do juiz que podem ser arguidas através da competente exceção.
b) tanto o reclamante, como o reclamado podem arguir exceção de incompetência em razão do lugar, respeitado o prazo legal previsto na Consolidação das Leis do Trabalho.
c) recebida a exceção de suspeição ou impedimento, é facultado ao juiz suspender o feito.
d) as causas de impedimento do juiz são de ordem pública, e devem ser arguidas na primeira oportunidade que a parte tiver para se manifestar nos autos, sob pena de preclusão.
e) apresentada exceção de incompetência, o juiz suspenderá o feito e abrirá vista dos autos ao exceto por 24 horas improrrogáveis.

COMENTÁRIOS

✪ **Nota do Autor:** A questão exige conhecimento acerca das hipóteses de exceção no Processo do Trabalho.

Gabarito: Letra E. A questão é anterior à nova redação do art. 800 da CLT (modificado pela Lei 13.467/2017). De acordo com o regramento vigente à época do certame, apresentada a exceção de incompetência, abrir-se-ia vista dos autos ao exceto, por 24 (vinte e quatro) horas improrrogáveis, devendo a decisão ser proferida na primeira audiência ou sessão que se seguir. Atualmente, o referido dispositivo legal tem a seguinte redação:

Art. 800. Apresentada exceção de incompetência territorial no prazo de cinco dias a contar da notificação, antes da audiência e em peça que sinalize a existência desta exceção, seguir-se-á o procedimento estabelecido neste artigo. (Redação dada pela Lei nº 13.467, de 2017)

§ 1º Protocolada a petição, será suspenso o processo e não se realizará a audiência a que se refere o art. 843 desta Consolidação até que se decida a exceção. (Incluído pela Lei nº 13.467, de 2017)

§ 2º Os autos serão imediatamente conclusos ao juiz, que intimará o reclamante e, se existentes, os litisconsortes, para manifestação no prazo comum de cinco dias. (Incluído pela Lei nº 13.467, de 2017)

§ 3º Se entender necessária a produção de prova oral, o juízo designará audiência, garantindo o direito de o excipiente e de suas testemunhas serem ouvidos, por carta precatória, no juízo que este houver indicado como competente. (Incluído pela Lei nº 13.467, de 2017)

§ 4º Decidida a exceção de incompetência territorial, o processo retomará seu curso, com a designação de audiência, a apresentação de defesa e a instrução processual perante o juízo competente.

Letra A: De acordo com o art. 801 da CLT, a inimizade pessoal e a amizade íntima são hipóteses de suspeição do juiz.

Letra B: Somente o reclamado pode arguir exceção de incompetência em razão do lugar.

Letra C: Na época do certame, ofertada a exceção de incompetência, dava-se a suspensão imprópria do processo, até que fosse decidida a exceção. **Atualmente**, protocolada a petição, será suspenso o processo e não se realizará a audiência a que se refere o art. 843 desta Consolidação até que se decida a exceção. (CLT, art. 800, §1º).

Letra D: A parte interessada deverá arguir o impedimento ou a suspeição, em petição fundamentada e devidamente instruída, na primeira oportunidade em que lhe couber falar nos autos, (CPC, art. 148, §1º); todavia, dada a natureza de ordem pública e objetiva da norma, não ocorre preclusão.

---

356. (FCC – Analista Judiciário – Área Judiciária – TRT 20/2016) Na audiência UNA de rito ordinário designada na reclamação trabalhista movida por Ícaro em face da Cia. de Aviação Nuvens S/A, o advogado da reclamada apresentou exceção de incompetência territorial, alegando fatos desconhecidos pelo advogado do reclamante. Nessa situação hipotética, conforme norma prevista em legislação trabalhista,

a) deverá ser concedida vista dos autos ao exceto, por 24 horas improrrogáveis, devendo a decisão ser proferida na primeira audiência que se seguir.
b) caso seja requerido pelo advogado de Ícaro o prazo de 5 dias para se manifestar sobre a exceção, o juiz deverá concedê-lo, adiando a audiência.

c) a audiência deverá ser adiada para que o juiz possa decidir sobre a exceção apresentada, não cabendo nenhum prazo para manifestação à parte contrária.

d) o juiz apreciará imediatamente a arguição da exceção, não havendo previsão de concessão de prazo ao exceto, porque a audiência é UNA.

e) não havendo previsão na Consolidação das Leis do Trabalho, cabe ao juiz, dentro do seu poder de direção do processo, apreciar a exceção na própria audiência, ou decidir em 48 horas em caso de complexidade da matéria, mas não cabe prazo para manifestação do contrário, nesse caso, por se tratar de exceção.

COMENTÁRIOS

✪ **Nota do Autor:** A questão exige conhecimento acerca do procedimento para arguição de exceção no Processo do Trabalho. A questão é anterior à Lei 13.467/17 que alterou o respectivo procedimento.

Gabarito: Letra A. questão é anterior à nova redação do art. 800 da CLT (modificado pela Lei 13.467/2017). De acordo com o regramento vigente à época do certame, apresentada a exceção de incompetência, abrir-se-ia vista dos autos ao exceto, por 24 (vinte e quatro) horas improrrogáveis, devendo a decisão ser proferida na primeira audiência ou sessão que se seguir. Atualmente, o referido dispositivo legal tem a seguinte redação:

> *Art. 800. Apresentada exceção de incompetência territorial no prazo de cinco dias a contar da notificação, antes da audiência e em peça que sinalize a existência desta exceção, seguir-se-á o procedimento estabelecido neste artigo. (Redação dada pela Lei nº 13.467, de 2017)*
>
> *§ 1º Protocolada a petição, será suspenso o processo e não se realizará a audiência a que se refere o art. 843 desta Consolidação até que se decida a exceção. (Incluído pela Lei nº 13.467, de 2017)*
>
> *§ 2º Os autos serão imediatamente conclusos ao juiz, que intimará o reclamante e, se existentes, os litisconsortes, para manifestação no prazo comum de cinco dias. (Incluído pela Lei nº 13.467, de 2017)*
>
> *§ 3º Se entender necessária a produção de prova oral, o juízo designará audiência, garantindo o direito de o excipiente e de suas testemunhas serem ouvidos, por carta precatória, no juízo que este houver indicado como competente. (Incluído pela Lei nº 13.467, de 2017)*
>
> *§ 4º Decidida a exceção de incompetência territorial, o processo retomará seu curso, com a designação de audiência, a apresentação de defesa e a instrução processual perante o juízo competente.*

Letras B, C, D e E: Ver comentários sobre o gabarito.

35. LITIGÂNCIA DE MÁ-FÉ

357. (FCC – Analista Judiciário – Oficial de Just. Avaliador Federal – TRT 2/2018) Em Reclamação Trabalhista movida por José contra a Empresa X Ltda., o juiz proferiu sentença procedente em parte, mas condenou tanto o Reclamante quanto a Reclamada por litigância de má-fé. O Reclamante por ter alterado a verdade dos fatos e a Reclamada, por provocar incidente manifestamente infundado. No caso narrado, e com base na legislação vigente, é correto afirmar que

a) é possível a condenação tanto do Reclamante quanto da Reclamada por litigância de má-fé, sendo que o juiz condenará cada um na proporção de seu respectivo interesse na causa.

b) não é possível a condenação tanto do Reclamante quanto da Reclamada por litigância de má-fé, tendo o juiz sentenciado em desacordo com a lei.

c) a litigância de má-fé somente atinge as partes no processo se ficar comprovado que uma de suas testemunhas intencionalmente alterou a verdade dos fatos ou omitiu fatos essenciais ao julgamento da causa, também tendo sido condenada por litigância de má-fé.

d) é possível a condenação tanto do reclamante quanto da reclamada por litigância de má-fé, sendo que o juiz condenará cada um em multa que deverá ser superior a 1% e inferior a 20% do valor corrigido da causa.

e) o juiz não poderia ter condenado a Reclamada por litigância de má-fé, uma vez que provocar incidente manifestamente infundado não está no rol dos atos considerados como passíveis de litigância de má-fé.

COMENTÁRIOS

✪ **Nota do autor:** a questão exige conhecimento do tema da litigância de má-fé, regulado nos arts. 793-A a 793-D da CLT.

Gabarito: letra A. Responde por perdas e danos aquele que litigar de má-fé como reclamante, reclamado ou interveniente (CLT, art. 793-A). Quando forem dois ou mais os litigantes de má-fé, o juízo condenará cada um na proporção de seu respectivo interesse na causa ou solidariamente aqueles que se coligaram para lesar a parte contrária (CLT, art. 793-C, §1º).

Letra B: é possível a punição de reclamante, reclamado ou terceiro interveniente por litigância de má-fé.

Letra C: a punição da testemunha, prevista no art. 793-D na CLT, não afasta a possibilidade de punição das partes por litigância de má-fé: trata-se de hipóteses distintas e não excludentes.

Letra D: De ofício ou a requerimento, o juízo condenará o litigante de má-fé a pagar multa, que deverá ser superior a 1% (um por cento) e inferior a 10% (dez por cento) do valor corrigido da causa, a indenizar a parte contrária pelos prejuízos que esta sofreu e a arcar com os honorários advocatícios e com todas as despesas que efetuou (CLT, art. 793-C, *caput*).

Letra E: Art. 793-B. Considera-se litigante de má-fé aquele que: deduzir pretensão ou defesa contra texto expresso de lei ou fato incontroverso; alterar a verdade dos fatos; usar do processo para conseguir objetivo ilegal; opuser resistência injustificada ao andamento do processo; proceder de modo temerário em qualquer incidente ou ato do processo; provocar incidente manifestamente infundado; interpuser recurso com intuito manifestamente protelatório.

---

358. (FCC – Técnico Judiciário – Área Judiciária – TRT 15/2018) Samara, responsável pelo Departamento de Recursos Humanos da Tecelagem Pato Branco Ltda., foi testemunha da empresa reclamada em reclamação trabalhista movida pelo ex-empregado João, tendo prestado compromisso de dizer a verdade. Durante a instrução, ela intencionalmente alterou a verdade dos fatos, alegando que João nunca prestou horas extras. O Juiz, na sentença, condenou a empresa ao pagamento de horas extras prestadas, conforme jornada de trabalho narrada na inicial, tendo em vista o depoimento das testemunhas do Autor, bem como condenou Samara por litigância de má-fé no valor de 10% do valor corrigido da causa, a favor do reclamante. Nesse caso hipotético,

a) é possível a condenação de Samara, uma vez que a pena de litigância de má-fé também é prevista à testemunha que intencionalmente alterar a verdade dos fatos, entretanto, o valor máximo é de 1% do valor corrigido da causa, a favor do reclamante.

b) não é possível a condenação de Samara por litigância de má-fé, uma vez que tal cominação apenas é prevista para o reclamante, reclamado ou interveniente.

c) é possível a condenação de Samara, uma vez que a pena de litigância de má-fé também é prevista à testemunha que intencionalmente alterar a verdade dos fatos.

d) não é possível a condenação de Samara, sendo obrigatória a acareação de testemunhas na audiência para a penalização por litigância de má-fé, comprovando que houve intenção em alterar a verdade dos fatos.

e) é possível a condenação de Samara, uma vez que a pena de litigância de má-fé também é prevista à testemunha que intencionalmente alterar a verdade dos fatos, entretanto, o valor máximo é de um salário mínimo, a favor do reclamante.

COMENTÁRIOS

✪ **Nota do autor:** a questão versa sobre a punição por litigância de má-fé, que tradicionalmente sempre se aplicou somente para as partes do processo (reclamante e reclamado). No entanto, de acordo com o art. 793-D da CLT, Aplica-se a multa prevista no art. 793-C desta Consolidação (= multa por litigância de má-fé) à testemunha que intencionalmente alterar a verdade dos fatos ou omitir fatos essenciais ao julgamento da causa. A execução da multa prevista neste artigo dar-se-á nos mesmos autos.

Gabarito: letra C. Ver nota do autor.

Letras A e E: de ofício ou a requerimento, o juízo condenará o litigante de má-fé a pagar multa, que deverá ser superior a 1% (um por cento) e inferior a 10% (dez por cento) do valor corrigido da causa, a indenizar a parte contrária pelos prejuízos que esta sofreu e a arcar com os honorários advocatícios e com todas as despesas que efetuou (CLT, art. 793-C, *caput*).

Letras B e D: ver nota do autor.

36. HOMOLOGAÇÃO DE ACORDO EXTRAJUDICIAL

---

359. (FGV – Analista Judiciário – Área Judiciária – TRT 13/2022) Cláudio e o seu ex-empregador chegaram a bom termo num acordo extrajudicial para romper o contrato de trabalho de Cláudio e indenizá-lo em R$ 18.000,00 pelos anos de serviços prestados na empresa. Então, com cada parte assistida por seu próprio advogado, elaboraram uma minuta conjunta para homologação do acordo extrajudicial, que foi distribuída para a 105 Vara do Trabalho, de Sousa/PB. O juiz designou audiência e, após interrogar o trabalhador, indeferiu a homologação desejada pelas partes porque concluiu que Cláudio seria prejudicado com o acordo, pois o valor foi reputado baixo pelo magistrado. Assim, o juiz extinguiu o processo na própria audiência. Diante desta situação, assinale a afirmativa correta.

a) Nada pode ser feito porque o juiz não tem obrigação de homologar o acordo pretendido pelas partes.

b) As partes, em consenso, podem interpor recurso de agravo de petição para que o acordo seja homologado.

c) Desta decisão judicial, que tem a natureza jurídica de sentença, caberá recurso ordinário para o TRT da 13ª Região.

d) Qualquer das partes pode impetrar mandado de segurança para assegurar o direito líquido e certo de ter o acordo homologado judicialmente.
e) Se as partes apresentam um acordo que não é homologado, a ação será automaticamente convolada em reclamação trabalhista e prosseguir na forma da CLT.

COMENTÁRIOS

✪ **Nota do autor:** a questão versa sobre o tema da homologação de acordo extrajudicial, regulamentado a partir do art. 855-B da CLT. Por mais que o juiz possa rejeitar a homologação do acordo (TST, Súmula 418), a decisão que rejeita a homologação extingue o processo no primeiro grau de jurisdição, já que a homologação do acordo é o único objeto desse tipo de processo. Contra a sentença de extinção, cabe recurso ordinário. Descabe a impetração de mandado de segurança, justamente em virtude do cabimento de recurso próprio.

Gabarito: Letra C.

---

360. (FCC – Analista Judiciário – Área Judiciária – TRT 2/2018) Angélica e sua ex-empregadora Editora Alfa Ltda. pretendem ingressar com Processo de Jurisdição Voluntária para Homologação de Acordo Extrajudicial perante a Justiça do Trabalho, uma vez que houve rescisão do contrato de trabalho. Neste caso, nos termos da lei a ação:

a) será ajuizada por petição conjunta, sendo facultada às partes a representação por advogado comum, sendo que as verbas rescisórias devem ser quitadas até dez dias contados a partir do término do contrato.
b) será ajuizada por petição conjunta, mas com advogados diferentes para cada parte, sendo que as verbas rescisórias devem ser quitadas até dez dias contados a partir do término do contrato.
c) poderá ser proposta por uma das partes, sendo que as verbas rescisórias devem ser quitadas até dez dias contados da data do ingresso com a ação.
d) poderá ser proposta por uma das partes, sendo que as verbas rescisórias devem ser quitadas até a data da audiência ou no prazo determinado pelo juiz.
e) será ajuizada por petição conjunta, mas com advogados diferentes para cada parte, sendo obrigatório o depósito judicial das verbas rescisórias no momento de ajuizamento da ação.

COMENTÁRIOS

✪ **Nota do autor:** a questão versa sobre o procedimento de jurisdição voluntária consistente na homologação de acordo extrajudicial, introduzido na CLT pela lei 13.467/2017. De acordo com o regramento legal:

> *Art. 855-B. O processo de homologação de acordo extrajudicial terá início por petição conjunta, sendo obrigatória a representação das partes por advogado.*
>
> *§ 1º As partes não poderão ser representadas por advogado comum.*
>
> *§ 2º Faculta-se ao trabalhador ser assistido pelo advogado do sindicato de sua categoria.*
>
> *Art. 855-C. O disposto neste Capítulo não prejudica o prazo estabelecido no § 6º do art. 477 desta Consolidação e não afasta a aplicação da multa prevista no § 8º art. 477 desta Consolidação.*
>
> *Art. 855-D. No prazo de quinze dias a contar da distribuição da petição, o juiz analisará o acordo, designará audiência se entender necessário e proferirá sentença.*
>
> *Art. 855-E. A petição de homologação de acordo extrajudicial suspende o prazo prescricional da ação quanto aos direitos nela especificados.*
>
> *Parágrafo único. O prazo prescricional voltará a fluir no dia útil seguinte ao do trânsito em julgado da decisão que negar a homologação do acordo.*

Gabarito: letra B. De fato, a petição de homologação de acordo extrajudicial não prejudica o prazo de 10 dias para quitação das verbas rescisórias. Veja-se, entretanto, que em tese seria possível que as partes, no acordo, estabelecessem quitação total pelo extinto contrato, incluindo a multa do art. 477, §8º, da CLT.

Letra A: as partes não podem ser representadas por advogado comum na homologação de acordo extrajudicial.

Letras C e D: A homologação de acordo extrajudicial pressupõe ajuizamento conjunto por patrão e empregado.

Letra E: não há previsão legal de obrigatoriedade de depósito judicial das verbas rescisórias.

---

361. (FCC – Analista Judiciário – Área Judiciária – TRT 6/2018) A Lei nº 13.467/2017 ampliou a competência das Varas do Trabalho, atribuindo a elas a decisão quanto à homologação de acordo extrajudicial, sendo que

a) este terá início por petição conjunta, sendo facultada às partes a representação por advogado, que pode ser comum a ambas.
b) o juiz analisará o acordo, designará audiência se entender necessário e proferirá sentença no

prazo de 5 dias a contar da distribuição da petição.

c) a utilização deste pelas partes, de comum acordo, afasta a multa prevista em lei para o caso de atraso no pagamento das verbas rescisórias.

d) a petição de homologação de acordo extrajudicial suspende o prazo prescricional da ação quanto aos direitos nele especificados que, porém, voltará a fluir no dia útil seguinte ao trânsito em julgado da decisão que negar a homologação do acordo.

e) é incabível a assistência do trabalhador pelo advogado do sindicato de sua categoria, por tratar-se de processo de jurisdição voluntária.

COMENTÁRIOS

✪ **Nota do autor:** a questão versa sobre o procedimento de jurisdição voluntária consistente na homologação de acordo extrajudicial, disciplinado nos arts. 855-B a 855-E da CLT.

Gabarito: letra D. A petição de homologação de acordo extrajudicial suspende o prazo prescricional da ação quanto aos direitos nela especificados. O prazo prescricional voltará a fluir no dia útil seguinte ao do trânsito em julgado da decisão que negar a homologação do acordo (CLT, art. 855-E).

Letra A: as partes não podem ser representadas pelo mesmo advogado no processo de homologação de acordo extrajudicial, considerando o conflito de interesses do causídico.

Letra B: No prazo de quinze dias a contar da distribuição da petição, o juiz analisará o acordo, designará audiência se entender necessário e proferirá sentença (CLT, art. 855-D).

Letra C: A petição de homologação de acordo extrajudicial não prejudica o prazo estabelecido no § 6o do art. 477 da CLT e não afasta a aplicação da multa prevista no § 8o art. 477 desta Consolidação.

Letra E: Faculta-se ao trabalhador ser assistido pelo advogado do sindicato de sua categoria, no procedimento de jurisdição voluntária (CLT, art. 855-B, §2º).

---

362. (FCC - Analista Judiciário - Oficial de Just. Avaliador Federal - TRT 15/2018) Denis, dispensado sem justa causa, tem muitas horas a receber e resolve tentar negociá-las com o empregador, pois não tem pretensão de ajuizar reclamação trabalhista em face do mesmo. Após algumas semanas de negociação Denis e o empregador chegam a um consenso, fazendo um acordo para pagamento das horas extras em cinco parcelas. Visando a segurança para ambos, resolvem utilizar-se do processo de jurisdição voluntária para homologação do acordo extrajudicial entabulado, sendo que

a) a representação por advogado nesse caso é desnecessária, tendo em vista que a negociação do acordo foi feita diretamente pelas partes.

b) a representação das partes por advogado, que poderá ser o mesmo para ambas, é obrigatória, ainda que a negociação do acordo tenha sido feita diretamente por elas.

c) o acordo será apresentado em petição conjunta, que será analisada pelo juiz no prazo de cinco dias a contar de sua distribuição.

d) o juiz analisará o acordo no prazo de quinze dias a contar da distribuição da petição, designará audiência se entender necessário e proferirá sentença.

e) a petição de homologação do acordo interrompe o prazo prescricional em relação às horas extras nela especificadas.

COMENTÁRIOS

✪ **Nota do autor:** a questão versa sobre o procedimento de jurisdição voluntária consistente na homologação de acordo extrajudicial, introduzido na CLT pela lei 13.467/2017. De acordo com o regramento legal:

> *Art. 855-B. O processo de homologação de acordo extrajudicial terá início por petição conjunta, sendo obrigatória a representação das partes por advogado.*
>
> *§ 1º As partes não poderão ser representadas por advogado comum.*
>
> *§ 2º Faculta-se ao trabalhador ser assistido pelo advogado do sindicato de sua categoria.*
>
> *Art. 855-C. O disposto neste Capítulo não prejudica o prazo estabelecido no § 6º do art. 477 desta Consolidação e não afasta a aplicação da multa prevista no § 8º art. 477 desta Consolidação.*
>
> *Art. 855-D. No prazo de quinze dias a contar da distribuição da petição, o juiz analisará o acordo, designará audiência se entender necessário e proferirá sentença.*
>
> *Art. 855-E. A petição de homologação de acordo extrajudicial suspende o prazo prescricional da ação quanto aos direitos nela especificados.*
>
> *Parágrafo único. O prazo prescricional voltará a fluir no dia útil seguinte ao do trânsito em julgado da decisão que negar a homologação do acordo.*

Gabarito: letra D, conforme art. 855-D.

Letra A: é imprescindível a representação por advogado na homologação de acordo extrajudicial.

Letra B: o advogado não pode ser o mesmo para os interessados.

Letra C: a petição será apreciada em 15 dias, conforme art. 855-D da CLT.

Letra E: a petição de acordo extrajudicial suspende o prazo prescricional quanto aos direitos nela especificados.

37. INCIDENTE DE DESCONSIDERAÇÃO DA PERSONALIDADE JURÍDICA

363. (FCC – Analista Judiciário – Oficial de Just. Avaliador Federal – TRT 15/2018) Da decisão interlocutória que acolher ou rejeitar o incidente de desconsideração da personalidade jurídica,

a) na fase de cognição, cabe mandado de segurança.
b) na fase de cognição, cabe recurso ordinário.
c) na fase de execução, cabem embargos à execução, desde que garantido o juízo.
d) se proferida pelo relator em incidente instaurado originariamente no tribunal, cabe agravo interno.
e) não cabe qualquer recurso, tendo em vista tratar-se de decisão interlocutória, que é irrecorrível de imediato no processo do trabalho.

COMENTÁRIOS

✪ **Nota do autor:** a questão se responde a partir do art. 855-A da CLT, segundo o qual a decisão interlocutória que acolher ou rejeitar o incidente: (i) na fase de cognição, não cabe recurso de imediato, na forma do § 1º do art. 893 desta Consolidação; (ii) na fase de execução, cabe agravo de petição, independentemente de garantia do juízo; (iii) cabe agravo interno se proferida pelo relator em incidente instaurado originariamente no tribunal.

Gabarito: letra D.

Demais assertivas: ver nota do autor.

364. (FCC – Analista Judiciário – Área Judiciária – TRT 6/2018) A partir da Lei nº 13.467/2017, o incidente de desconsideração da personalidade jurídica passou a ser expressamente previsto na CLT, sendo correto afirmar que

a) o processo será interrompido com a instauração do incidente.
b) a instauração do incidente é incompatível com tutela de urgência de natureza cautelar, não podendo essa, portanto, ser concedida nessa fase processual.
c) cabe agravo de petição, desde que garantido o juízo, da decisão interlocutória que acolher ou rejeitar o incidente na fase de execução.
d) cabe recurso ordinário da decisão interlocutória que acolher ou rejeitar o incidente na fase de conhecimento.
e) cabe agravo interno da decisão interlocutória que acolher ou rejeitar o incidente, proferida pelo relator em incidente instaurado originariamente no tribunal.

COMENTÁRIOS

✪ **Nota do autor:** a questão exige conhecimento da regulamentação legal do incidente da desconsideração da personalidade jurídica na CLT.

Gabarito: letra E. Cabe agravo interno se proferida pelo relator em incidente instaurado originariamente no tribunal (CLT, art. 855-A, §1º, III).

Letra A: A instauração do incidente suspenderá o processo, sem prejuízo de concessão da tutela de urgência de natureza cautelar de que trata o art. 301 do CPC (CLT, art. 855-A, §2º).

Letra B: Ver comentário à letra A.

Letras C e D: Da decisão interlocutória que acolher ou rejeitar o incidente: (i) na fase de cognição, não cabe recurso de imediato, na forma do § 1º do art. 893 desta Consolidação; (II) na fase de execução, cabe agravo de petição, independentemente de garantia do juízo.

Direito Processual do Trabalho

Felipe Bernardes

✦ DICAS

DA JUSTIÇA DO TRABALHO: ORGANIZAÇÃO E COMPETÊNCIA

DA JUSTIÇA DO TRABALHO: ORGANIZAÇÃO E COMPETÊNCIA
1. Órgãos da Justiça do Trabalho
TST – órgão de cúpula da Justiça do Trabalho. O Tribunal Superior do Trabalho compor-se-á de vinte e sete Ministros, escolhidos dentre brasileiros com mais de trinta e cinco anos e menos de sessenta e cinco anos, de notável saber jurídico e reputação ilibada, nomeados pelo Presidente da República após aprovação pela maioria absoluta do Senado Federal. **TRTs** – existem no Brasil 24 TRTs, ou seja, quase todos os Estados da federação têm sede de TRT. De acordo com a CF, os TRTs devem ser formados por, no mínimo, sete juízes, recrutados, quando possível, na respectiva região, e nomeados pelo Presidente da República, dentre brasileiros com mais de trinta anos e menos de sessenta e cinco anos. **Juízes do Trabalho** – Nas Varas do Trabalho, a jurisdição será exercida por um juiz singular
2. Garantias do Magistrado
2.1 Vitaliciedade
A vitaliciedade é uma garantia mais intensa que a estabilidade. Após o juiz ser vitalício, ele só pode perder o cargo por força de uma decisão judicial transitada em julgado, em uma ação própria. CF. Art. 95. Os juízes gozam das seguintes garantias: I – vitaliciedade, que, no primeiro grau, só será adquirida após dois anos de exercício, dependendo a perda do cargo, nesse período, de deliberação do tribunal a que o juiz estiver vinculado, e, nos demais casos, de sentença judicial transitada em julgado.
2.2 Inamovibilidade
É a impossibilidade de remoção do magistrado (transferência do seu órgão jurisdicional/território sem o seu consentimento). Art. 95. Os juízes gozam das seguintes garantias: II – inamovibilidade, salvo por motivo de interesse público, na forma do art. 93, VIII.
2.3 Irredutibilidade de subsídio
Subsídio – parcela mensal única que o juiz recebe, não pode ser reduzido. O que pode aparecer numa questão é se essa irredutibilidade é real ou nominal. Irredutibilidade nominal significa que de um ano para outro o valor do subsídio não pode ser reduzido
3. Vedações
Vedações – art. 95, p. único da CF: I – exercer, ainda que em disponibilidade, outro cargo ou função, salvo uma de magistério; II – receber, a qualquer título ou pretexto, custas ou participação em processo; III – dedicar-se à atividade político-partidária. IV receber, a qualquer título ou pretexto, auxílios ou contribuições de pessoas físicas, entidades públicas ou privadas, ressalvadas as exceções previstas em lei; (Incluído pela Emenda Constitucional nº 45, de 2004) V exercer a advocacia no juízo ou tribunal do qual se afastou, antes de decorridos três anos do afastamento do cargo por aposentadoria ou exoneração. (Incluído pela Emenda Constitucional nº 45, de 2004)

4. Serviços Auxiliares da Justiça do Trabalho
Secretaria da Vara do Trabalho: congrega um conjunto de servidores que estão lotados em uma unidade organizacional que é, justamente, a Vara do Trabalho. Esse conjunto de servidores forma a Secretaria da Vara do Trabalho. **Distribuidores**: realizam a distribuição – sorteio aleatório – através de um sistema eletrônico, para encaminhar o processo para uma dentre as Varas do Trabalho do Município. **Oficiais de Justiça**: são os servidores que têm por função cumprir as ordens judiciais, também chamados de longa manus do juiz, ou seja, são o "braço" do juiz fora do juízo.
5. Competência Jurisdicional
5.1 Conceito
Competência – medida da jurisdição (limitação da jurisdição), conforme parte da doutrina.
5.2 Competência X Jurisdição
Jurisdição – poder-dever na medida em que o Estado traz para si o monopólio da jurisdição, segundo o qual os cidadãos não podem exercer justiça com as próprias mãos.
5.3 Critérios de Divisão de Competência
Territorial: é uma divisão de competência entre os territórios, considerando justamente a dimensão territorial do Brasil. **Objetivo**: na verdade se subsidie em três subcritérios que levam em conta os três elementos da ação (parte, causa de pedir e pedido) e integram o critério objetivo, que diz respeito ao objeto da demanda. • em razão da pessoa (parte); • em razão do valor da causa (pedido); • em razão da matéria (causa de pedir). Conclui-se, pois, que a divisão de competência sob a ótica do critério objetivo ocorre em função dos elementos da ação. **Funcional**: diz respeito a função que cada magistrado irá exercer no processo. Dessa forma, teremos magistrados atuando em 1º grau e outros em 2º grau de jurisdição em âmbito recursal.
5.4 Competência Absoluta X Competência Relativa
Competência absoluta – aquela que não é passível de modificação. Logo, um juiz jamais poderá julgar demanda que não faça parte do seu âmbito de competência quando se tratar de competência absoluta. **Competência relativa** – em algumas situações admite a modificação. Assim, um juízo que inicialmente era incompetente pode passar a ser competente.
5.5 Competência Material da Justiça do Trabalho
Encontra-se elencada no art. 114 da CF: Art. 114. Compete à Justiça do Trabalho processar e julgar: I as ações oriundas da relação de trabalho, abrangidos os entes de direito público externo e da administração pública direta e indireta da União, dos Estados, do Distrito Federal e dos Municípios; II as ações que envolvam exercício do direito de greve; III as ações sobre representação sindical, entre sindicatos, entre sindicatos e trabalhadores, e entre sindicatos e empregadores IV os mandados de segurança, habeas corpus e habeas data, quando o ato questionado envolver matéria sujeita à sua jurisdição; V os conflitos de competência entre órgãos com jurisdição trabalhista, ressalvado o disposto no art. 102, I, o; VI as ações de indenização por dano moral ou patrimonial, decorrentes da relação de trabalho; VII as ações relativas às penalidades administrativas impostas aos empregadores pelos órgãos de fiscalização das relações de trabalho; VIII a execução, de ofício, das contribuições sociais previstas no art. 195, I, a , e II, e seus acréscimos legais, decorrentes das sentenças que proferir; IX outras controvérsias decorrentes da relação de trabalho, na forma da lei.

5.6 Competência Territorial na Justiça do Trabalho

Encontra-se elencada no art. 651 da CLT:

Art. 651 – A competência das Juntas de Conciliação e Julgamento é determinada pela localidade onde o empregado, reclamante ou reclamado, prestar serviços ao empregador, ainda que tenha sido contratado noutro local ou no estrangeiro.

§ 1º – Quando for parte de dissídio agente ou viajante comercial, a competência será da Junta da localidade em que a empresa tenha agência ou filial e a esta o empregado esteja subordinado e, na falta, será competente a Junta da localização em que o empregado tenha domicílio ou a localidade mais próxima. (Redação dada pela Lei nº 9.851, de 27.10.1999) (Vide Constituição Federal de 1988)

§ 2º – A competência das Juntas de Conciliação e Julgamento, estabelecida neste artigo, estende-se aos dissídios ocorridos em agência ou filial no estrangeiro, desde que o empregado seja brasileiro e não haja convenção internacional dispondo em contrário. (Vide Constituição Federal de 1988)

§ 3º – Em se tratando de empregador que promova realização de atividades fora do lugar do contrato de trabalho, é assegurado ao empregado apresentar reclamação no foro da celebração do contrato ou no da prestação dos respectivos serviços.

5.7 Súmulas e Orientações Jurisprudenciais do TST sobre Competência

Súmula nº 19 do TST – A Justiça do Trabalho é competente para apreciar reclamação de empregado que tenha por objeto direito fundado em quadro de carreira.

Súmula nº 189 do TST – A Justiça do Trabalho é competente para declarar a abusividade, ou não, da greve.

Súmula nº 300 do TST Compete à Justiça do Trabalho processar e julgar ações ajuizadas por empregados em face de empregadores relativas ao cadastramento no Programa de Integração Social (PIS).

Súmula nº 368 do TST -

I – A Justiça do Trabalho é competente para determinar o recolhimento das contribuições fiscais. A competência da Justiça do Trabalho, quanto à execução das contribuições previdenciárias, limita-se às sentenças condenatórias em pecúnia que proferir e aos valores, objeto de acordo homologado, que integrem o salário de contribuição.

Súmula nº 389 do TST –

I – Inscreve-se na competência material da Justiça do Trabalho a lide entre empregado e empregador tendo por objeto indenização pelo não-fornecimento das guias do seguro-desemprego. (ex-OJ nº 210 da SBDI-1 – inserida em 08.11.2000)

II – O não-fornecimento pelo empregador da guia necessária para o recebimento do seguro-desemprego dá origem ao direito à indenização. Súmula nº 392 do TST – Trata da competência da Justiça do Trabalho para processar e julgar ações de indenização por dano moral e material, decorrentes da relação de trabalho, inclusive as oriundas de acidente de trabalho e doenças a ele equiparadas, ainda que propostas pelos dependentes ou sucessores do trabalhador falecido.

Súmula nº 392 do TST – Nos termos do art. 114, inc. VI, da Constituição da República, a Justiça do Trabalho é competente para processar e julgar ações de indenização por dano moral e material, decorrentes da relação de trabalho, inclusive as oriundas de acidente de trabalho e doenças a ele equiparadas, ainda que propostas pelos dependentes ou sucessores do trabalhador falecido.

Súmula nº 454 do TST – Compete à Justiça do Trabalho a execução, de ofício, da contribuição referente ao Seguro de Acidente de Trabalho (SAT), que tem natureza de contribuição para a seguridade social (arts. 114, VIII, e 195, I, "a", da CF), pois se destina ao financiamento de benefícios relativos à incapacidade do empregado decorrente de infortúnio no trabalho (arts. 11 e 22 da Lei nº 8.212/1991).

OJ'S da SDI – 2:

OJ 68 – Nos Tribunais, compete ao relator decidir sobre o pedido de antecipação de tutela, submetendo sua decisão ao Colegiado respectivo, independentemente de pauta, na sessão imediatamente subsequente.

OJ 129 – Em se tratando de ação anulatória, a competência originária se dá no mesmo juízo em que praticado o ato supostamente eivado de vício.

OJ 149 – Não cabe declaração de ofício de incompetência territorial no caso do uso, pelo trabalhador, da faculdade prevista no art. 651, § 3º, da CLT. Nessa hipótese, resolve-se o conflito pelo reconhecimento da competência do juízo do local onde a ação foi proposta.

PRINCÍPIOS – DO PROCESSO DO TRABALHO, CONSTITUCIONAIS DO PROCESSO DO TRABALHO E PREVISTOS NO CPC/2015

PRINCÍPIOS – DO PROCESSO DO TRABALHO, CONSTITUCIONAIS DO PROCESSO DO TRABALHO E PREVISTOS NO CPC/2015
1. Nota Introdutória – conceito
Princípios – são normas jurídicas que conferem unidade e coerência ao ordenamento jurídico, sinalizando finalidades que devem ser buscadas pelo intérprete e que, em razão de seu conteúdo aberto, podem ser concretizadas de diferentes formas.
2. Princípios do Processo do Trabalho
2.1 Princípio da Conciliação
Qualquer ação que tramite na Justiça do Trabalho, seja individual, seja coletiva, sempre será submetida a uma tentativa de conciliação
2.2 Princípio Inquisitivo
Estabelece uma maior liberdade ao juiz do trabalho na condução do procedimento, da audiência e dos demais atos processuais. O princípio inquisitivo se traduz na busca de prova. É atividade judicial – juiz buscando esclarecer e investigar os fatos da causa.
2.3 Princípio da Simplicidade
O Processo do trabalho deve ser mais simples, muito menos apegado ao formalismo, às formas e às situações que a legislação estabeleça como requisitos, justamente para que ele seja um processo mais ágil mais célere
2.4 Princípio da Irrecorribilidade imediata das Decisões Interlocutórias
No processo do trabalho se prestigia o recurso apenas contra a decisão final, ou seja, será cabível contra a sentença, ou contra o acórdão final do Tribunal.
2.5 Princípio da Fundamentação das Decisões
Toda e qualquer decisão tomada pelo Poder Judiciário, seja final, interlocutória, sentença, acórdão, decisão monocrática, de mérito ou não, pressupõe uma fundamentação, sob pena de nulidade.
2.6 Aplicação Subsidiária do Processo Civil
CLT – Art. 769 – Nos casos omissos, o direito processual comum será fonte subsidiária do direito processual do trabalho, exceto naquilo em que for incompatível com as normas deste Título. Art. 889 – Aos trâmites e incidentes do processo da execução são aplicáveis, naquilo em que não contravierem ao presente Título, os preceitos que regem o processo dos executivos fiscais para a cobrança judicial da dívida ativa da Fazenda Pública Federal.
3. Princípios Constitucionais do Processo do Trabalho
Trata-se de princípios previstos na Constituição e que são aplicáveis a todo o direito processual, seja civil, penal ou do trabalho.
3.1 Princípio do Contraditório
CF: Art. 5º LV – aos litigantes, em processo judicial ou administrativo, e aos acusados em geral são assegurados o contraditório e ampla defesa, com os meios e recursos a ela inerentes;
3.2 Princípio do Acesso à Justiça
CF: Art. 5º, XXXV – a lei não excluirá da apreciação do Poder Judiciário lesão ou ameaça a direito;
3.3 Princípio da Duração Razoável do Processo
CF: Art. 5º, LXXVIII a todos, no âmbito judicial e administrativo, são assegurados a razoável duração do processo e os meios que garantam a celeridade de sua tramitação.
3.4 Princípio do Devido Processo Legal
CF: Art. 5º, LIV – ninguém será privado da liberdade ou de seus bens sem o devido processo legal;

3.5 Princípio do Juiz Natural
CF: Art. 5º, LIII – ninguém será processado nem sentenciado senão pela autoridade competente;
3.6 Princípio do Duplo Grau de Jurisdição
O duplo grau de jurisdição significa uma dupla análise, que o processo/decisão judicial possa ser revista em função dos recursos. O recurso levará aquela matéria decidida a outro órgão que poderá revê-la.
4. Princípios Processuais Previstos no CPC/2015
4.1 Princípio da Boa-fé objetiva
O comportamento do agente deve observar o dever de cuidado que se espera do homem médio.
4.2 Princípio da Cooperação e da Primazia da Decisão de Mérito
Cooperação – espera-se das partes um comportamento não doloso, que não induza o juízo a erro, que não seja desleal. **Primazia da Decisão de Mérito** – o magistrado deve prestigiar, sempre que possível, o julgamento da demanda com resolução do mérito.

DOS ATOS, TERMOS E PRAZOS PROCESSUAIS

DOS ATOS, TERMOS E PRAZOS PROCESSUAIS
1. Conceitos
Ato processual – é uma manifestação de vontade praticada no curso de um processo judicial, com objetivo de gerar efeitos jurídicos. **Termo Processual** – a palavra "termo" possui dois significados importantes para o Direito Processual do trabalho: a) representará a documentação de um ato praticado no processo, determinado ato será levado a termo, será "registrado" no processo. b) representará um marco temporal, um período de tempo entre dois prazos que vai dar início (termo inicial) ou fim a um prazo processual (termo final). **Prazo Processual** – intervalo existente entre o termo inicial e o termo final do ato a ser praticado. Trata-se de um período de tempo entre dois termos.
2. Horário e Forma dos Atos Processuais
Os atos processuais em geral deverão ser praticados em dias úteis, das 6 (seis) às 20 (vinte) horas e são públicos. Apenas será sigiloso quando o interesse social assim exigir
3. Contagem dos Prazos Processuais
A contagem dos prazos processuais sofreu grandes modificações com a Lei nº 13.467/2017. Antes da chamada Reforma Trabalhista, os prazos eram contados em dias corridos, eram prazos contínuos, que não se suspendiam nos finais de semana. Atualmente a contagem dos prazos processuais será apenas em dias úteis – não se pode contar prazo em sábado, domingo e feriado.
4. Contagem dos Prazos Processuais nos Processos Eletrônicos
No meio eletrônico ocorre a disponibilização (nesse ato a parte já poderá ter ciência do ato), a publicação ocorrerá apenas no dia útil seguinte ao da disponibilização da informação. No dia útil seguinte ao da publicação, ocorrerá o início da contagem do prazo.
5. Súmulas e Orientações Jurisprudenciais relativas à contagem dos Prazos Processuais
Súmula nº 262, TST - I – Intimada ou notificada a parte no sábado, o início do prazo se dará no primeiro dia útil imediato e a contagem, no subsequente. II – O recesso forense e as férias coletivas dos Ministros do Tribunal Superior do Trabalho suspendem os prazos recursais. Súmula nº 197 do TST – O prazo para recurso da parte que, intimada, não comparecer à audiência em prosseguimento para a prolação da sentença conta-se de sua publicação. Súmula nº 30 do TST – Quando não juntada a ata ao processo em 48 horas, contadas da audiência de julgamento (art. 851, § 2º, da CLT), o prazo para recurso será contado da data em que a parte receber a intimação da sentença.

Súmula nº 387 do TST.
I – A Lei nº 9.800, de 26.05.1999, é aplicável somente a recursos interpostos após o início de sua vigência.
II – A contagem do quinquídio para apresentação dos originais de recurso interposto por intermédio de fac-símile começa a fluir do dia subsequente ao término do prazo recursal, nos termos do art. 2º da Lei nº 9.800, de 26.05.1999, e não do dia seguinte à interposição do recurso, se esta se deu antes do termo final do prazo.
III – Não se tratando a juntada dos originais de ato que dependa de notificação, pois a parte, ao interpor o recurso, já tem ciência de seu ônus processual, não se aplica a regra do art. 224 do CPC de 2015 (art. 184 do CPC de 1973) quanto ao "dies a quo", podendo coincidir com sábado, domingo ou feriado.
IV – A autorização para utilização do fac-símile, constante do art. 1º da Lei n.º 9.800, de 26.05.1999, somente alcança as hipóteses em que o documento é dirigido diretamente ao órgão jurisdicional, não se aplicando à transmissão ocorrida entre particulares.
OJ nº 310, SDI-1 do TST – Inaplicável ao processo do trabalho a norma contida no art. 229, caput e §§ 1º e 2º, do CPC de 2015, em razão de incompatibilidade com a celeridade que lhe é inerente.

DO PROCESSO

DO PROCESSO
1. Conceito
A doutrina conceitua o "Processo" como o método utilizado pelo Judiciário para criar a norma jurídica individual que regerá o caso concreto. Trata-se de instrumento técnico que tem uma finalidade ética: compor com justiça os conflitos de interesses que sejam submetidos ao Estado-Juiz.
2. Distribuição
A distribuição é um ato que vai designar, atribuir a competência de um processo, de forma aleatória, a um dos órgãos dentre os vários existentes na localidade, para que ele possa julgar a ação apresentada.
3. Nulidades Processuais
3.1 Noções Gerais
Sempre que uma manifestação de um ato no processo não obedeça a uma norma, que desrespeite uma regra ou um requisito de validade estaremos diante de um ato que conterá um vício. Esse vício poderá ser de várias espécies, mas tem como principal a nulidade processual.
3.2 Conceito
Nulidade processual é a violação a uma norma que estabelece um requisito para a prática de um ato.
3.3 Princípios
a) Princípio da Transcendência ou Prejuízo Previsto no Art. 794 da CLT, nos processos sujeitos à apreciação da Justiça do Trabalho só haverá nulidade quando resultar dos atos inquinados manifesto prejuízo às partes litigantes. b) Princípio da Instrumentalidade das Formas Descrito no Art. 277 do CPC, ao qual dispõe, quando a lei prescrever determinada forma, o juiz considerará valido o ato se, realizado de outro modo, lhe alcançar a finalidade. c) Princípio da Preclusão Positivado no Art. 795 da CLT, as nulidades não serão declaradas senão mediante provocação das partes, as quais deverão arguí-las à primeira vez em que tiverem de falar em audiência ou nos autos. d) Princípio do Aproveitamento dos Atos Processuais Sempre que for possível corrigir o defeito ou repetir a prática do ato, será o ato aproveitado. e) Princípio do Interesse Somente poderá arguir aquele que não der causa (princípio do interesse, CLT, art. 796, b), a nulidade não será arguida por quem lhe der causa. f) Princípio da Utilidade A parte do processo que não fora contaminada pelo vício/nulidade processual, permanecerá válida.

4. Despesas Processuais
Despesa processual – todo e qualquer gasto financeiro arcado pelo jurisdicionado em função da prática de atos processuais
4.1 Custas
Custas – são tributos da espécie taxa. Devem estar estabelecidas em lei, obedecendo ao princípio da legalidade. Possuem valor mínimo de R$ 10,64 e o limite máximo será de quatro vezes o teto do Regime Geral da Previdência Social.
4.2 Instruções do TST e Condenação Solidária do Sindicato
Nas Varas do Trabalho, nos Juízos de Direito, nos Tribunais e no Tribunal Superior do Trabalho, a forma de pagamento das custas e emolumentos obedecerá às instruções que serão expedidas pelo Tribunal Superior do Trabalho.
4.3 Emolumentos
Despesas processuais, assim como as custas. Trata-se de outra espécie de despesas, caracterizando-se por ser uma retribuição, pelas práticas de alguns atos específicos, do interesse da parte.
4.4 Isenções de Custas
CLT, Art. 790-A. São isentos do pagamento de custas, além dos beneficiários de justiça gratuita: I – a União, os Estados, o Distrito Federal, os Municípios e respectivas autarquias e fundações públicas federais, estaduais ou municipais que não explorem atividade econômica; II – o Ministério Público do Trabalho Parágrafo único. A isenção prevista neste artigo não alcança as entidades fiscalizadoras do exercício profissional, nem exime as pessoas jurídicas referidas no inciso I da obrigação de reembolsar as despesas judiciais realizadas pela parte vencedora.
4.5 Gratuidade de Justiça
Isenção de despesas processuais. Conforme o Art. 790 da CLT: § 3o É facultado aos juízes, órgãos julgadores e presidentes dos tribunais do trabalho de qualquer instância conceder, a requerimento ou de ofício, o benefício da justiça gratuita, inclusive quanto a traslados e instrumentos, àqueles que perceberem salário igual ou inferior a 40% (quarenta por cento) do limite máximo dos benefícios do Regime Geral de Previdência Social. (Redação dada pela Lei nº 13.467, de 2017).
4.6 Honorários Periciais
Honorários periciais – remuneração do perito e são uma espécie de despesa processual. CLT, Art. 790-B. A responsabilidade pelo pagamento dos honorários periciais é da parte sucumbente na pretensão objeto da perícia, ainda que beneficiária da justiça gratuita. (Redação dada pela Lei nº 13.467, de 2017). Conforme decidido pelo STF na ADI 5766, é inconstitucional a cobrança de honorários periciais em desfavor do beneficiário da justiça gratuita, ainda que ele tenha créditos a receber no processo. Caso o beneficiário da gratuidade seja vencido no pedido (= pretensão) objeto da perícia, a União arcará com os honorários periciais devidos.
4.7 Honorários Advocatícios
CLT, Art. 791-A. Ao advogado, ainda que atue em causa própria, serão devidos honorários de sucumbência, fixados entre o mínimo de 5% (cinco por cento) e o máximo de 15% (quinze por cento) sobre o valor que resultar da liquidação da sentença, do proveito econômico obtido ou, não sendo possível mensurá-lo, sobre o valor atualizado da causa. (Incluído pela Lei nº 13.467, de 2017) O Supremo Tribunal Federal, na ADI 5766, decidiu pela inconstitucionalidade do art. 791-A, §4º, da CLT. Dessa forma, não pode ser exigido do beneficiário da justiça gratuita o pagamento de honorários periciais, ainda que ele tenha a créditos a receber no processo.
5 Comunicação dos Atos Processuais
5.1 Comunicação dos Atos Processuais na Fase de Conhecimento
CLT, art. 841 – Recebida e protocolada a reclamação, o escrivão ou secretário, dentro de 48 (quarenta e oito) horas, remeterá a segunda via da petição, ou do termo, ao reclamado, notificando-o ao mesmo tempo, para comparecer à audiência do julgamento, que será a primeira desimpedida, depois de 5 (cinco) dias.

5.2 Comunicação dos Atos Processuais – Notificação
CLT, Art. 852 – Da decisão serão os litigantes notificados, pessoalmente, ou por seu representante, na própria audiência. No caso de revelia, a notificação far-se-á pela forma estabelecida no § 1º do art. 841. A expressão "notificação" está sendo usada com a acepção de "intimação". A CLT usa "notificação" tanto para citação como para notificação.
5.3 Comunicação dos Atos Processuais na Fase de Execução
CLT, Art. 880. Requerida a execução, o juiz ou presidente do tribunal andará expedir mandado de citação do executado, a fim de que cumpra a decisão ou o acordo no prazo, pelo modo e sob as cominações estabelecidas ou, quando se tratar de pagamento em dinheiro, inclusive de contribuições sociais devidas à União, para que o faça em 48 (quarenta e oito) horas ou garanta a execução, sob pena de penhora. O mandado de citação, penhora e avaliação (MCPA) é expedido para que o oficial notifique o executado para que ele cumpra a decisão, faça o pagamento em 48 horas ou garanta o juízo.
5.4 Comunicação dos Atos Processuais no CPC
Citação – CPC, Art. 238. Citação é o ato pelo qual são convocados o réu, o executado ou o interessado para integrar a relação processual. **Intimação** – A intimação é o ato de comunicação cujo objetivo é levar ao conhecimento das partes e de outros sujeitos do processo a prática de atos processuais, para que a pessoa possa fazer ou deixar de fazer alguma coisa no processo. A diferença da citação para a intimação é que a citação é o ato de convocação inicial do réu, executado ou interessado. A intimação, por sua vez, ocorre no curso do processo. É uma cientificação de que a parte pode ou deve praticar alguma conduta processual. CPC, Art. 269. Intimação é o ato pelo qual se dá ciência a alguém dos atos e dos termos do processo.

DAS PARTES E DOS PROCURADORES

DAS PARTES E DOS PROCURADORES
1. Noções Gerais
Parte – aquele que postula ou então aquele em face de quem se postula uma providência jurisdicional. Aquele que comparece em juízo e faz um pedido dirigido ao órgão jurisdicional.
2. Capacidade de ser Parte
Trata-se da aptidão genérica para se parte em um processo.
3. Capacidade Processual
É a capacidade de a pessoa, por si mesma, manifestar sua vontade no processo, independentemente de representação ou assistência.
4. Capacidade Postulatória
Diz respeito à necessidade de representação judicial por um advogado.
4.1 *Jus Postulandi*
No processo do trabalho, como regra geral, existe o chamado *jus postulandi*, que é a capacidade postulatória da parte (empregados e empregadores).
5. Representação em Audiência
CLT, art. 843 – Na audiência de julgamento deverão estar presentes o reclamante e o reclamado, independentemente do comparecimento de seus representantes salvo, nos casos de Reclamatórias Plúrimas ou Ações de Cumprimento, quando os empregados poderão fazer-se representar pelo Sindicato de sua categoria. (Redação dada pela Lei nº 6.667, de 3.7.1979).
6. Possibilidade de Atuação do Sindicato
CF, art. 8º É livre a associação profissional ou sindical, observado o seguinte: III – ao sindicato cabe a defesa dos direitos e interesses coletivos ou individuais da categoria, inclusive em questões judiciais ou administrativas O mandado de citação, penhora e avaliação (MCPA) é expedido para que o oficial notifique o executado a fim de que cumpra a decisão, faça o pagamento em 48 horas ou garanta o juízo.

7. Procuração Apud Acta e Mandato Tácito
7.1 Procuração Apud Acta
Procuração do advogado concedida por meio da ata de audiência
7.2 Mandato Tácito
Considera-se pelo fato de o advogado ter comparecido em audiência e representado a parte sem que constem poderes expressos para atuação do advogado. A parte presente consentiu tacitamente com a representação levada a juízo.
8. Súmulas e Orientações Jurisprudenciais do TST sobre partes e procuradores
Súmula 383 TST - I – É inadmissível recurso firmado por advogado sem procuração juntada aos autos até o momento da sua interposição, salvo mandato tácito. Em caráter excepcional (art. 104 do CPC de 2015), admite-se que o advogado, independentemente de intimação, exiba a procuração no prazo de 5 (cinco) dias após a interposição do recurso, prorrogável por igual período mediante despacho do juiz. Caso não a exiba, considera-se ineficaz o ato praticado e não se conhece do recurso. II – Verificada a irregularidade de representação da parte em fase recursal, em procuração ou substabelecimento já constante dos autos, o relator ou o órgão competente para julgamento do recurso designará prazo de 5 (cinco) dias para que seja sanado o vício. Descumprida a determinação, o relator não conhecerá do recurso, se a providência couber ao recorrente, ou determinará o desentranhamento das contrarrazões, se a providência couber ao recorrido (art. 76, §2º, do CPC de 2015). OJ 200 – SDI-1 – É inválido o substabelecimento de advogado investido de mandato tácito. Súmula 395 TST – I – Válido é o instrumento de mandato com prazo determinado que contém cláusula estabelecendo a prevalência dos poderes para atuar até o final da demanda (§ 4º do art. 105 do CPC de 2015). (ex -OJ nº 312 da SBDI-1 – DJ 11.08.2003) II – Se há previsão, no instrumento de mandato, de prazo para sua juntada, o mandato só tem validade se anexado ao processo o respectivo instrumento no aludido prazo. (ex-OJ nº 313 da SBDI-1 – DJ 11.08.2003) III – São válidos os atos praticados pelo substabelecido, ainda que não haja, no mandato, poderes expressos para substabelecer (art. 667, e parágrafos, do Código Civil de 2002). (ex-OJ nº 108 da SBDI-1 – inserida em 01.10.1997) IV – Configura-se a irregularidade de representação se o substabelecimento é anterior à outorga passada ao substabelecente. (ex-OJ nº 330 da SBDI-1 – DJ 09.12.2003) V – Verificada a irregularidade de representação nas hipóteses dos itens II e IV, deve o juiz suspender o processo e designar prazo razoável para que seja sanado o vício, ainda que em instância recursal (art. 76 do CPC de 2015). Súmula 425 TST – O jus postulandi das partes, estabelecido no art. 791 da CLT, limita-se às Varas do Trabalho e aos Tribunais Regionais do Trabalho, não alcançando a ação rescisória, a ação cautelar, o mandado de segurança e os recursos de competência do Tribunal Superior do Trabalho. Súmula 436 TST I – A União, Estados, Municípios e Distrito Federal, suas autarquias e fundações públicas, quando representadas em juízo, ativa e passivamente, por seus procuradores, estão dispensadas da juntada de instrumento de mandato e de comprovação do ato de nomeação. II – Para os efeitos do item anterior, é essencial que o signatário ao menos declare-se exercente do cargo de procurador, não bastando a indicação do número de inscrição na Ordem dos Advogados do Brasil. Súmula 456 TST – I – É inválido o instrumento de mandato firmado em nome de pessoa jurídica que não contenha, pelo menos, o nome do outorgante e do signatário da procuração, pois estes dados constituem elementos que os individualizam. II – Verificada a irregularidade de representação da parte na instância originária, o juiz designará prazo de 5 (cinco) dias para que seja sanado o vício. Descumprida a determinação, extinguirá o processo, sem resolução de mérito, se a providência couber ao reclamante, ou considerará revel o reclamado, se a providência lhe couber (art. 76, §1º, do CPC de 2015). III – Caso a irregularidade de representação da parte seja constatada em fase recursal, o relator designará prazo de 5 (cinco) dias para que seja sanado o vício. Descumprida a determinação, o relator não conhecerá do recurso, se a providência couber ao recorrente, ou determinará o desentranhamento das contrarrazões, se a providência couber ao recorrido (art. 76, §2º, do CPC de2015).

Súmula 463 TST –

I – A partir de 26.06.2017, para a concessão da assistência judiciária gratuita à pessoa natural, basta a declaração de hipossuficiência econômica firmada pela parte ou por seu advogado, desde que munido de procuração com poderes específicos para esse fim (art. 105 do CPC de 2015);

II – No caso de pessoa jurídica, não basta a mera declaração: é necessária a demonstração cabal de impossibilidade de a parte arcar com as despesas do processo.

OJ 7, SDI-1 – A despeito da norma então prevista no artigo 56, §2º, da Lei nº 4.215/1963, a falta de comunicação do advogado à OAB para o exercício profissional em seção diversa daquela na qual tem inscrição não importa nulidade dos atos praticados, constituindo apenas infração disciplinar, que cabe àquela instituição analisar.

OJ 75, SDI-1 – Não produz efeitos jurídicos recurso subscrito por advogado com poderes conferidos em substabelecimento em que não consta o reconhecimento de firma do outorgante. Entendimento aplicável antes do advento da Lei nº 8.952/1994.

OJ 121, SDI-1 – O sindicato tem legitimidade para atuar na qualidade de substituto processual para pleitear diferença de adicional de insalubridade.

OJ 200, SDI-1. É inválido o substabelecimento de advogado investido de mandato tácito.

OJ 255, SDI-1. – O art. 75, inciso VIII, do CPC de 2015 (art. 12, VI, do CPC de 1973) não determina a exibição dos estatutos da empresa em juízo como condição de validade do instrumento de mandato outorgado ao seu procurador, salvo se houver impugnação da parte contrária.

OJ 269, SDI-1.

I – O benefício da justiça gratuita pode ser requerido em qualquer tempo ou grau de jurisdição, desde que, na fase recursal, seja o requerimento formulado no prazo alusivo ao recurso;

II – Indeferido o requerimento de justiça gratuita formulado na fase recursal, cumpre ao relator fixar prazo para que o recorrente efetue o preparo (art. 99, §7º, do CPC de 2015)

OJ 318, SDI-1.

I – Os Estados e os Municípios não têm legitimidade para recorrer em nome das autarquias e das fundações públicas.

II – Os procuradores estaduais e municipais podem representar as respectivas autarquias e fundações públicas em juízo somente se designados pela lei da respectiva unidade da federação (art. 75, IV, do CPC de 2015) ou se investidos de instrumento de mandato válido.

OJ 319, SDI-1. Válidos são os atos praticados por estagiário se, entre o substabelecimento e a interposição do recurso, sobreveio a habilitação, do então estagiário, para atuar como advogado.

OJ 349, SDI-1. A juntada de nova procuração aos autos, sem ressalva de poderes conferidos ao antigo patrono, implica revogação tácita do mandato anterior.

OJ 371, SDI-1. Não caracteriza a irregularidade de representação a ausência da data da outorga de poderes, pois, no mandato judicial, ao contrário do mandato civil, não é condição de validade do negócio jurídico. Assim, a data a ser considerada é aquela em que o instrumento for juntado aos autos, conforme preceitua o art. 409, IV, do CPC de 2015 (art. 370, IV, do CPC de 1973). Inaplicável o art. 654, §1º, do Código Civil.

OJ 374, SDI-1. É regular a representação processual do subscritor do agravo de instrumento ou do recurso de revista que detém mandato com poderes de representação limitados ao âmbito do Tribunal Regional do Trabalho, pois, embora a apreciação desse recurso seja realizada pelo Tribunal Superior do Trabalho, a sua interposição é ato praticado perante o Tribunal Regional do Trabalho, circunstância que legitima a atuação do advogado no feito.

OJ 151, SDI-2. A procuração outorgada com poderes específicos para ajuizamento de reclamação trabalhista não autoriza a propositura de ação rescisória e mandado de segurança. Constatado, todavia, o defeito de representação processual na fase recursal, cumpre ao relator ou ao tribunal conceder prazo de 5 (cinco) dias para a regularização, nos termos da Súmula nº 383, item II, do TST.

DAS EXCEÇÕES

DAS EXCEÇÕES

1. Noções Gerais

Em sentido amplo, exceção é sinônimo de qualquer matéria de defesa arguida pelo réu, abrangendo questões processuais e também relativas ao direito material.

Em sentido estrito, considera-se exceção como espécie de defesa que pressupõe requerimento do réu, não se sujeita ao conhecimento de ofício do órgão jurisdicional. Em contraponto, objeção seria a arguição defensiva suscetível de conhecimento de ofício pelo juiz, por envolver questões de ordem pública.

CLT, Art. 799. Nas causas da jurisdição da Justiça do Trabalho, somente podem ser opostas, com suspensão do feito, as exceções de suspeição ou incompetência.

§1º. As demais exceções serão alegadas como matéria de defesa.

§2º. Das decisões sobre exceções de suspeição e incompetência, salvo, quanto a estas, se terminativas do feito, não caberá recurso, podendo, no entanto, as partes alegá-las novamente no recurso que couber da decisão final.

2. Exceção de Incompetência Territorial

CLT, Art. 800. Apresentada exceção de incompetência territorial no prazo de cinco dias a contar da notificação, antes da audiência e em peça que sinalize a existência desta exceção, seguir-se-á o procedimento estabelecido neste artigo. (Redação dada pela Lei nº 13.467, de 2017)

§1º. Protocolada a petição, será suspenso o processo e não se realizará a audiência a que se refere o art. 843 desta Consolidação até que se decida a exceção. (Incluído pela Lei nº 13.467, de 2017)

§2º. Os autos serão imediatamente conclusos ao juiz, que intimará o reclamante e, se existentes, os litisconsortes, para manifestação no prazo comum de cinco dias. (Incluído pela Lei nº 13.467, de 2017)

§3º. Se entender necessária a produção de prova oral, o juízo designará audiência, garantindo o direito de o excipiente e de suas testemunhas serem ouvidos, por carta precatória, no juízo que este houver indicado como competente. (Incluído pela Lei nº 13.467, de 2017)

§4º. Decidida a exceção de incompetência territorial, o processo retomará seu curso, com a designação de audiência, a apresentação de defesa e a instrução processual perante o juízo competente. (Incluído pela Lei nº 13.467, de 2017)

3. Exceção de Suspeição

A suspeição é vício menos grave, que gera apenas presunção relativa de parcialidade do magistrado. Dessa forma, o interessado deve argui-la nos prazos previstos em lei, sob pena de preclusão. Não cabe ajuizar ação rescisória em caso de decisão proferida por juiz suspeito

3.1 Hipóteses de Suspeição

a) inimizade pessoal.

b) amizade íntima – é necessária a relação de intimidade.

c) parentesco por consanguinidade ou afinidade até o terceiro grau civil – este é um caso de impedimento, pelo CPC.

d) interesse particular na causa – situação em que o juiz seja interessado.

3.2 Suspeição no CPC

Art. 145. Há suspeição do juiz:

I – amigo íntimo ou inimigo de qualquer das partes ou de seus advogados;

II – que receber presentes de pessoas que tiverem interesse na causa antes ou depois de iniciado o processo, que aconselhar alguma das partes acerca do objeto da causa ou que subministrar meios para atender às despesas do litígio;

III – quando qualquer das partes for sua credora ou devedora, de seu cônjuge ou companheiro ou de parentes destes, em linha reta até o terceiro grau, inclusive;

IV – interessado no julgamento do processo em favor de qualquer das partes.

§ 1º Poderá o juiz declarar-se suspeito por motivo de foro íntimo, sem necessidade de declarar suas razões.

§ 2º Será ilegítima a alegação de suspeição quando:

I – houver sido provocada por quem a alega;

II – a parte que a alega houver praticado ato que signifique manifesta aceitação do arguido.

4. Impedimentos no CPC

Nas situações de impedimento, há uma presunção insuperável de parcialidade do magistrado, não se admitindo prova em contrário, caso configurada a hipótese legal.

Art. 144. Há impedimento do juiz, sendo-lhe vedado exercer suas funções no processo:

I – em que interveio como mandatário da parte, oficiou como perito, funcionou como membro do Ministério Público ou prestou depoimento como testemunha;

II – de que conheceu em outro grau de jurisdição, tendo proferido decisão;

III – quando nele estiver postulando, como defensor público, advogado ou membro do Ministério Público, seu cônjuge ou companheiro, ou qualquer parente, consanguíneo ou afim, em linha reta ou colateral, até o terceiro grau, inclusive;

IV – quando for parte no processo ele próprio, seu cônjuge ou companheiro, ou parente, consanguíneo ou afim, em linha reta ou colateral, até o terceiro grau, inclusive;

V – quando for sócio ou membro de direção ou de administração de pessoa jurídica parte no processo;

VI – quando for herdeiro presuntivo, donatário ou empregador de qualquer das partes;

VII – em que figure como parte instituição de ensino com a qual tenha relação de emprego ou decorrente de contrato de prestação de serviços;

~~VIII – em que figure como parte cliente do escritório de advocacia de seu cônjuge, companheiro ou parente, consanguíneo ou afim, em linha reta ou colateral, até o terceiro grau, inclusive, mesmo que patrocinado por advogado de outro escritório;~~ (dispositivo declarado inconstitucional pelo STF na ADI 5953)

IX – quando promover ação contra a parte ou seu advogado.

5. Preclusão da Suspeição

Se o magistrado não reconhece espontaneamente a suspeição e a alegação for extemporânea, a parte não pode adotar qualquer medida a respeito

6. Procedimento para Exceção de Suspeição na CLT

CLT, art. 802 – Apresentada a exceção de suspeição, o juiz ou Tribunal designará audiência dentro de 48 (quarenta e oito) horas, para instrução e julgamento da exceção.

§ 1º – Nas Juntas de Conciliação e Julgamento e nos Tribunais Regionais, julgada procedente a exceção de suspeição, será logo convocado para a mesma audiência ou sessão, ou para a seguinte, o suplente do membro suspeito, o qual continuará a funcionar no feito até decisão final. Proceder-se-á da mesma maneira quando algum dos membros se declarar suspeito.

§ 2º – Se se tratar de suspeição de Juiz de Direito, será este substituído na forma da organização judiciária local.

Embora formalmente o artigo 802 esteja em vigor, o Tribunal Superior do Trabalho considera o dispositivo superado. Devendo-se aplicar o Código de Processo Civil. Isso porque o artigo 802 foi formulado na época em que a CLT ainda previa a representação classista na justiça do trabalho.

Posição pacífica do TST – art. 20 da Consolidação dos Provimento da Corregedoria-Geral da Justiça do Trabalho.

Art. 20. Se o juiz de 1º grau não reconhecer o impedimento ou a suspeição alegada, será aplicado o procedimento previsto no art. 146 do Código de Processo Civil, exceto, quanto a este último, na parte relativa à condenação às custas ao magistrado.

Parágrafo único. Acolhido o impedimento ou a suspeição do juiz, será designado outro magistrado para dar prosseguimento ao processo, incluindo-o em pauta de julgamento, se for o caso, no prazo máximo de 10 (dez) dias.

De acordo com a Consolidação dos Provimento da Corregedoria-Geral da Justiça do Trabalho, o procedimento disposto no artigo 802 da CLT é mais aplicável, sendo substituído pelo procedimento do artigo 146 do CPC.

7. Procedimento para Exceção de Suspeição no CPC

CPC, Art. 146. No prazo de 15 (quinze) dias, a contar do conhecimento do fato, a parte alegará o impedimento ou a suspeição, em petição específica dirigida ao juiz do processo, na qual indicará o fundamento da recusa, podendo instruí-la com documentos em que se fundar a alegação e com rol de testemunhas.

§ 1º Se reconhecer o impedimento ou a suspeição ao receber a petição, o juiz ordenará imediatamente a remessa dos autos a seu substituto legal, caso contrário, determinará a autuação em apartado da petição e, no prazo de 15 (quinze) dias, apresentará suas razões, acompanhadas de documentos e de rol de testemunhas, se houver, ordenando a remessa do incidente ao tribunal.

§ 2º Distribuído o incidente, o relator deverá declarar os seus efeitos, sendo que, se o incidente for recebido:

I – sem efeito suspensivo, o processo voltará a correr;

II – com efeito suspensivo, o processo permanecerá suspenso até o julgamento do incidente.

§ 3º Enquanto não for declarado o efeito em que é recebido o incidente ou quando este for recebido com efeito suspensivo, a tutela de urgência será requerida ao substituto legal.

§ 4º Verificando que a alegação de impedimento ou de suspeição é improcedente, o tribunal rejeitá-la-á.

§ 5º Acolhida a alegação, tratando-se de impedimento ou de manifesta suspeição, o tribunal condenará o juiz nas custas e remeterá os autos ao seu substituto legal, podendo o juiz recorrer da decisão.

§ 6º Reconhecido o impedimento ou a suspeição, o tribunal fixará o momento a partir do qual o juiz não poderia ter atuado.

§ 7º O tribunal decretará a nulidade dos atos do juiz, se praticados quando já presente o motivo de impedimento ou de suspeição.

AUDIÊNCIA TRABALHISTA

AUDIÊNCIA TRABALHISTA
1. Noções Gerais
No processo do trabalho, grande parte dos atos processuais acontecerá em audiência, principalmente em razão do princípio dos concentração de atos processuais, que é mais um princípio que rege a audiência. É na audiência que se tem a conciliação, a produção de provas. Pela CLT, até mesmo a decisão judicial seria proferida na própria audiência.
2. Espécies de Audiência
2.1 Audiência Una
De acordo com o regramento da Consolidação das leis do Trabalho a audiência seria **una e todos os atos do processo deveriam acontecer em uma única audiência.** Ou seja, em uma só audiência há o recebimento de defesa, a tentativa de conciliação, apresentação de documentos, produção de provas e decisão.
2.2 Audiência Inicial e audiência de Instrução ou Prosseguimento
A audiência é o ato processual em que é realizada a tentativa de conciliação entre as partes. Caso não prospere, será recebida a defesa e o agendamento de uma próxima audiência para a instrução do processo, momento em que se produzirão as provas, e as alegações pertinentes.
2.3 Audiência de Conciliação
Poderá haver a audiência de conciliação, posto que o processo do trabalho, regido pelo princípio da conciliação, permite que a qualquer momento se faça a conciliação.
2.4 Audiência de Julgamento
Juiz encerra a instrução processual e marca uma data para a "leitura de sentença". Essa seria uma audiência apenas para que as partes tomassem ciência da sentença. Em geral, a audiência de sentença é ficta, não acontece uma audiência propriamente dita, mas o objetivo da leitura de sentença é intimar as partes quanto à data de prolação da sentença.
3. Princípios que regem a audiência trabalhista
3.1 Princípio da Oralidade
Prevalência da palavra oral sobre a escrita. Modernamente tem o significado no sentido de que o Juiz deve estar sempre atento à instauração do diálogo humano, o que ocorre por meio da palavra oral, aperfeiçoando o contraditório.

3.2 Princípio da Concentração de Atos
Esse princípio parte da ideia de que todos ou a grande maioria dos atos praticados na justiça do trabalho devem ser realizados na mesma ocasião. Ou seja, a audiência. Pela CLT, praticamente todos os atos do primeiro grau de jurisdição acontecerão na audiência.
3.3 Princípio da Irrecorribilidade imediata das decisões interlocutórias
As decisões incidentais no curso do processo, que não resolvem o processo em si, como por exemplo, a decisão de antecipação de tutela, decisão com relação a produção e indeferimento de provas. Ou seja, das decisões interlocutórias, em geral, não caberão recurso no processo de trabalho.
3.4 Princípio da Imediatidade do Juiz
A audiência trabalhista só pode ser presidida pelo magistrado, não havendo possibilidade de delegação a terceiros.
3.5 Princípio da Identidade Física do Juiz
Segundo esse princípio, o juiz que presidiu a audiência deve ser aquele a prolatar a sentença. **Atenção!** O princípio da identidade física do juiz é controvertido. O princípio da identidade física do juiz existiu no CPC de 1973 e decorria da ideia de oralidade, mas o CPC de 2015 extinguiu a previsão expressa desse princípio.
4. Atos Praticados na Audiência Trabalhista
a) Tentativa de conciliação – assim que é aberta a audiência e o juiz faz o pregão, o primeiro ato que deve acontecer é a tentativa de se chegar a um acordo. b) Leitura da inicial – caso não haja conciliação, essa é a próxima etapa a ser realizada. Mas as partes podem dispensar a leitura da inicial, se assim desejarem. c) Recebimento da defesa – nesse terceiro momento a contestação do reclamado é recebida e, uma vez recebida, a fase é encerrada e se passa à fase de instrução; d) Oitiva das partes – a fase de instrução começa com a oitiva das partes, ou seja, depoimento pessoal e interrogatório, primeiro se escuta o autor e, em seguida, o réu. e) Prova testemunhal –primeiro se ouve as testemunhas do autor e, em seguida, as testemunhas do réu. f) Razões finais – caso as partes achem necessário mencionar detalhes ou destacar acontecimentos que ocorreram em audiência é nessa fase da audiência que isso se dará. g) Tentativa final de conciliação – após as razões finais, o juiz tenta a conciliação final, caso não se obtenha, a próxima parte será a fase decisória. h) Fase decisória – ou seja, pela CLT a audiência é una e a sentença seria proferida também nesse momento, muito embora, na prática não seja tão comum que se profiram sentenças em audiência, em função da complexidade e do tempo exigido. Assim, o juiz deixa a sentença com leitura marcada, ou sine die (os autos vão conclusos para sentença e as partes serão intimadas da publicação da sentença para fins recursais).
5. Pagamento de Verbas Incontroversas
CLT, Art. 467. Em caso de rescisão do contrato do trabalho, motivada pelo empregador ou pelo empregado, e havendo controvérsia sobre parte da importância dos salários, o primeiro é obrigado a pagar a este à data do seu comparecimento ao tribunal de trabalho a parte incontroversa dos mesmos salários, sob pena de ser, quanto a essa parte, condenado a pagá-la em dobro. A multa só é aplicável sobre as verbas rescisórias, também chamada de verbas resilitórias. Ou seja, decorrem da extinção do contrato de trabalho, não havendo, portanto, aplicação da multa do artigo 467 sobre horas extras, equiparação salarial ou danos morais.
6. Horário das Audiências
6.1 Sessões em Tribunais
Art. 701 – As sessões do Tribunal serão públicas e começarão às 14 (quatorze) horas, terminando às 17 (dezessete) horas, mas poderão ser prorrogadas pelo Presidente em caso de manifesta necessidade. (Redação dada pelo Decreto-lei nº 8.737, de 19.1.1946) § 1º – As sessões extraordinárias do Tribunal só se realizarão quando forem comunicadas aos seus membros com 24 (vinte e quatro) horas, no mínimo, de antecedência. (Redação dada pelo Decreto-lei nº 8.737, de 19.1.1946) § 2º – Nas sessões do Tribunal, os debates poderão tornar-se secretos, desde que, por motivo de interesse público, assim resolva a maioria de seus membros. (Redação dada pelo Decreto-lei nº 8.737, de 19.1.1946)

6.2 Audiências nas Varas do Trabalho

Art. 813 – As audiências dos órgãos da Justiça do Trabalho serão públicas e realizar-se-ão na sede do Juízo ou Tribunal em dias úteis previamente fixados, entre 8 (oito) e 18 (dezoito) horas, não podendo ultrapassar 5 (cinco) horas seguidas, salvo quando houver matéria urgente.

§ 1º – Em casos especiais, poderá ser designado outro local para a realização das audiências, mediante edital afixado na sede do Juízo ou Tribunal, com a antecedência mínima de 24 (vinte e quatro) horas.

§ 2º – Sempre que for necessário, poderão ser convocadas audiências extraordinárias, observado o prazo do parágrafo anterior.

7. Perempção Trabalhista

A perempção trabalhista é uma espécie de punição que a lei processual aplica em relação ao autor. Consiste na supressão do direito de realizar a ação trabalhista. A perempção tem natureza se sanção, é temporária e tem o prazo de seis meses, nesse prazo, o litigante tem suspenso o seu direito de reclamar perante a justiça do trabalho.

São duas as causas que podem ensejar essa perempção e elas estão consignadas no artigo 731 e no artigo 732 da CLT.

7.1 Reclamação Trabalhista Verbal

CLT, Art. 731 – Aquele que, tendo apresentado ao distribuidor reclamação verbal, não se apresentar, no prazo estabelecido no parágrafo único do art. 786, à Junta ou Juízo para fazê-lo tomar por termo, incorrerá na pena de perda, pelo prazo de 6 (seis) meses, do direito de reclamar perante a Justiça do Trabalho.

Isto é, se o trabalhador apresentou reclamação verbal (jus postulandi), mas não se apresentou em juízo para fazê-lo tomar por termo terá suspenso o direito de reclamar perante a justiça trabalhista no prazo de 06 (seis) meses.

7.2 Dois arquivamentos seguidos

CLT, Art. 732 – Na mesma pena do artigo anterior incorrerá o reclamante que, por 2 (duas) vezes seguidas, der causa ao arquivamento de que trata o art. 844.

Incorre na penalidade de suspensão do direito de reclamar por 06 meses perante a Justiça do Trabalho – art. 732 da CLT. Ou seja, se o reclamante não comparecer à audiência por duas vezes gera a perempção.

8. Conciliação

A CLT obriga o juiz a tentar a conciliação em dois momentos, na abertura da audiência e logo após as razões finais, antes da decisão.

Art. 764 – Os dissídios individuais ou coletivos submetidos à apreciação da Justiça do Trabalho serão sempre sujeitos à conciliação.

§ 1º – Para os efeitos deste artigo, os juízes e Tribunais do Trabalho empregarão sempre os seus bons ofícios e persuasão no sentido de uma solução conciliatória dos conflitos.

§ 2º – Não havendo acordo, o juízo conciliatório converter-se-á obrigatoriamente em arbitral, proferindo decisão na forma prescrita neste Título.

§ 3º – É lícito às partes celebrar acordo que ponha termo ao processo, ainda mesmo depois de encerrado o juízo conciliatório.

9. Condução das Audiências e Processos – Princípio Inquisitivo

Art. 765 – Os Juízos e Tribunais do Trabalho terão ampla liberdade na direção do processo e velarão pelo andamento rápido das causas, podendo determinar qualquer diligência necessária ao esclarecimento delas.

Art. 816 – O juiz ou presidente manterá a ordem nas audiências, podendo mandar retirar do recinto os assistentes que a perturbarem.

O princípio inquisitivo se contrapõe ao princípio dispositivo, este último traduz-se na ideia de que o juiz seria um agente passivo, o que não acontece no processo do trabalho.

Na Justiça do Trabalho vigora o **princípio inquisitivo**, segundo o qual o juiz pode ter iniciativa probatória, isto é, iniciativa em relação a produção de provas e a busca da verdade.

10. Revelia

Se o reclamado **não comparecer à audiência inicial ou à audiência una**, teremos o fenômeno da revelia. O efeito material da revelia acarreta, em termos de efeitos jurídicos, a **presunção de veracidade dos fatos favoráveis ao autor**. Dessa forma, o efeito mencionado no caput do art. 844 é a presunção de veracidade apenas dos fatos contrários ao réu revel (reclamado) e favoráveis ao autor (reclamante).

Art. 844 da CLT. O não-comparecimento do reclamante à audiência importa o arquivamento da reclamação, e o não-comparecimento do reclamado importa revelia, além de confissão quanto à matéria de fato

11. Fases da Audiência Trabalhista
11.1 Abertura da Audiência
Art. 846 – Aberta a audiência, o juiz ou presidente proporá a conciliação. (Redação dada pela Lei nº 9.022, de 5.4.1995) O primeiro ato da audiência trabalhista é a tentativa de conciliação, chamada tentativa inicial de conciliação. Antes mesmo da leitura da petição inicial e de defesa, a CLT obriga que o juiz, após o pregão e depois das partes sentarem-se, o primeiro ato é a tentativa de conciliação.
11.2 Recebimento da defesa e instrução
Art. 847 – Não havendo acordo, o reclamado terá vinte minutos para aduzir sua defesa, após a leitura da reclamação, quando esta não for dispensada por ambas as partes. (Redação dada pela Lei nº 9.022, de 5.4.1995) Após a leitura da reclamação, o reclamado tem 20 minutos para fazer a sua defesa. Essa defesa, pelo sistema original da CLT, deve ser feita oralmente, sendo mais um ato processual oral no Processo do Trabalho, que concretiza o princípio da oralidade. Na prática, o costume acabou fazendo com que a defesa, mesmo quando se tinha o processo em papel (autos físicos), a defesa era apresentada por escrito, quando o advogado da empresa comparecia com a contestação e documentos impressos, entregando-os ao juiz.
11.3 Razões finais e encerramento da Audiência
Uma vez encerrada a instrução teremos as razões finais previstas no art. 849 da CLT: Art. 849 – A audiência de julgamento será contínua; mas, se não for possível, por motivo de força maior, concluí-la no mesmo dia, o juiz ou presidente marcará a sua continuação para a primeira desimpedida, independentemente de nova notificação.
12. Súmulas e Orientações Jurisprudenciais do TST sobre Audiência
Súmula nº 9 do TST – A ausência do reclamante, quando adiada a instrução após contestada a ação em audiência, não importa arquivamento do processo. Súmula nº 122 do TST – A reclamada, ausente à audiência em que deveria apresentar defesa, é revel, ainda que presente seu advogado munido de procuração, podendo ser ilidida a revelia mediante a apresentação de atestado médico, que deverá declarar, expressamente, a impossibilidade de locomoção do empregador ou do seu preposto no dia da audiência. Súmula nº 377 do TST – Exceto quanto à reclamação de empregado doméstico, ou contra micro ou pequeno empresário, o preposto deve ser necessariamente empregado do reclamado. Inteligência do art. 843, § 1º, da CLT e do art. 54 da Lei Complementar nº 123, de 14 de dezembro de 2006. Também é uma súmula considerada superada a partir da Lei 13.467/17 porque previa a necessidade do preposto ser necessariamente empregado do reclamado. A CLT, a partir da reforma trabalhista, prevê que o preposto não precisa ser empregado. Súmula nº 418 do TST – A homologação de acordo constitui faculdade do juiz, inexistindo direito líquido e certo tutelável pela via do mandado de segurança. OJ 152 DA SDI-I DO TST – Pessoa jurídica de direito público sujeita-se à revelia prevista no artigo 844 da CLT. OJ 245 DA SDI-I DO TST – Inexiste previsão legal tolerando atraso no horário de comparecimento da parte na audiência. OJ 132 DA SDI-II DO TST – Acordo celebrado – homologado judicialmente – em que o empregado dá plena e ampla quitação, sem qualquer ressalva, alcança não só o objeto da inicial, como também todas as demais parcelas referentes ao extinto contrato de trabalho, violando a coisa julgada, a propositura de nova reclamação trabalhista.

DAS PROVAS

DAS PROVAS
1. Noções Gerais
Todo e qualquer elemento levado ao processo por intermédio de atividade realizada por algum sujeito processual com o objetivo de formar o convencimento sobre os fatos relevantes para a solução de uma causa.

2. Destinatário da Prova

CPC – Art. 369. As partes têm o direito de empregar todos os meios legais, bem como os moralmente legítimos, ainda que não especificados neste Código, para provar a verdade dos fatos em que se funda o pedido ou a defesa e influir eficazmente na convicção do juiz.

Entretanto, uma tendência mais moderna do processo civil é dizer que não é só o juiz o destinatário da prova, mas todos os sujeitos processuais.

3. Objeto da Prova

O objeto da prova, em princípio, serão os fatos e, excepcionalmente, o próprio direito. A alegação de fato é que tem que ser provada. O direito ou a norma jurídica, como regra geral, não é, em princípio, objeto de prova, ou seja, não precisa ser provado, porque, no Brasil, aplica-se o princípio jura novit cura, no qual o juiz conhece o direito. Dessa forma, se o direito já é de conhecimento do juiz, a parte não precisa prová-lo.

Apenas o direito Federal, que vigora em todo território nacional é de conhecimento obrigatório pelo juiz. Assim, o direito estadual, o municipal, o consuetudinário e, no nosso caso, o trabalhista também como as normas coletivas das convenções coletivas de trabalho e acordos coletivos de trabalho. O juiz não é obrigado a conhecer todas as leis municipais, estaduais, as normas coletivas de todas as categorias do Brasil, pois isso é humanamente impossível.

O art. 374 do NCPC menciona:

Art. 374. Não dependem de prova os fatos:

I – notórios;

II – afirmados por uma parte e confessados pela parte contrária;

III – admitidos no processo como incontroversos;

IV – em cujo favor milita presunção legal de existência ou de veracidade.

4. Apreciação da Prova

4.1 Sistema do livre convencimento

Sistema do livre convencimento, onde existe uma **liberdade** quase absoluta ou absoluta de convencimento do magistrado

4.2 Sistema da prova tarifada

Sistema da prova tarifada. No sistema da prova tarifada o juiz está **vinculado** a critérios estabelecidos previamente pela lei.

4.3 Sistema da persuasão racional

O juiz não é vinculado a critérios fixos, mas deve expor a sua conclusão quanto à matéria de fato, ou seja, quanto às provas através de uma **argumentação** lógica, racional e consistente.

5. Ônus da Prova

Conduta da parte que se destina a **atender o interesse um interesse próprio**. Assim, quando temos um ônus, praticamos a conduta em nosso próprio benefício. Se existe o ônus e não se pratica a conduta, o prejuízo é próprio.

5.1 Ônus estático x Ônus dinâmico

O ônus da prova estático está previsto pela lei de forma apriorística no art. 818 da CLT que menciona:

Art. 818. O ônus da prova incumbe: (Redação dada pela Lei nº 13.467, de 2017)

I – ao reclamante, quanto ao fato constitutivo de seu direito; (Incluído pela Lei nº 13.467, de 2017)

II – ao reclamado, quanto à existência de fato impeditivo, modificativo ou extintivo do direito do reclamante. (Incluído pela Lei nº 13.467, de 2017)

A teoria dinâmica ou ônus dinâmico da prova prevê a distribuição do ônus da prova, que será regido pelo princípio da aptidão da prova, onde a parte que tem uma melhor aptidão para produzir a prova mim juízo, terá esse ônus.

O §1º do art. 818 da CLT menciona:

§ 1º Nos casos previstos em lei ou diante de peculiaridades da causa relacionadas à impossibilidade ou à excessiva dificuldade de cumprir o encargo nos termos deste artigo ou à maior facilidade de obtenção da prova do fato contrário, poderá o juízo atribuir o ônus da prova de modo diverso, desde que o faça por decisão fundamentada, caso em que deverá dar à parte a oportunidade de se desincumbir do ônus que lhe foi atribuído. (Incluído pela Lei nº 13.467, de 2017)

5.2 Regra de Julgamento ou Regra de Instrução
Regra de instrução, significando que o juiz, quando inverte o ônus da prova, deve fazê-lo numa fase processual que ainda permita que a parte produza a prova. Art. 818 da CLT menciona: § 1º Nos casos previstos em lei ou diante de peculiaridades da causa relacionadas à impossibilidade ou à excessiva dificuldade de cumprir o encargo nos termos deste artigo ou à maior facilidade de obtenção da prova do fato contrário, poderá o juízo atribuir o ônus da prova de modo diverso, desde que o faça por decisão fundamentada, caso em que deverá dar à parte a oportunidade de se desincumbir do ônus que lhe foi atribuído. (Incluído pela Lei nº 13.467, de 2017) § 2º A decisão referida no § 1o deste artigo deverá ser proferida antes da abertura da instrução e, a requerimento da parte, implicará o adiamento da audiência e possibilitará provar os fatos por qualquer meio em direito admitido. (Incluído pela Lei nº 13.467, de 2017)
5.3 Valoração da prova e in dubio pro operario
Tanto o princípio da proteção quanto o subprincípio do in dubio pro operario são tranquilamente aplicáveis no âmbito do direito material do trabalho. A discussão toda está no âmbito processual. Se o juiz não tiver convicção quanto a prova, se a produção das provas no processo foi insuficiente ou insatisfatória ou se a produção de provas não foi hábil a levar ao processo a verdade, ele aplicará as regras sobre o ônus da prova, não sendo pertinente, a respeito da matéria fática, o princípio do "in dubio pro operário".
5.4 Regra de Julgamento ou Regra de Instrução
Positivado no art. 370 do CPC. Art. 370. Caberá ao juiz, de ofício ou a requerimento da parte, determinar as provas necessárias ao julgamento do mérito. O juiz pode determinar a produção de provas não só a requerimento das partes, mas, também, de ofício por iniciativa própria.
6. Provas em espécie
6.1 Prova documental
Documento é qualquer **elemento material** que leve uma informação para o processo, seja escrito ou através de outro órgão de sentidos, como, por exemplo, a audição.
6.2 Ata Notarial
Ata notarial é um documento lavrado por um tabelião, algum oficial público que é provocado por um cidadão ou por alguma parte que quer descrever algum fato tal como está vendo ou ouvindo. Sendo assim, o tabelião relatará a sua percepção sensorial na ata notarial.
6.3 Perícia
A prova pericial é aquela prova exigida para situações que demandam um **conhecimento técnico especializado**, ou seja, um conhecimento que não é detido pelas pessoas do meio social em geral.
6.4 Interrogatório e depoimento pessoal
O interrogatório é feito, **exclusivamente**, pelo juiz e não se sujeita a preclusão, ou seja, o juiz pode interrogar tanto o reclamante quanto o reclamado a qualquer momento do processo, mesmo após passada aquela fase inicial da instrução. O depoimento pessoal, por sua vez, é um ato das **partes**, tendo por objetivo obter a confissão da parte contrária, e há preclusão, ou seja, a parte tem que requerer tempestivamente o depoimento pessoal do seu adversário. Se a parte não o faz, este direito precluirá.
6.5 Confissão
A confissão resulta do depoimento pessoal ou do interrogatório da parte, ou seja, a parte, interrogada pelo juiz ou em seu depoimento pessoal, declara um fato **contrário** ao seu próprio interesse, fato este favorável à outra parte.
6.6 Prova Testemunhal
Testemunha é aquele sujeito que comparece em juízo para prestar o seu depoimento, é um terceiro desinteressado e estranho ao litígio que comparece para transmitir ao juiz da causa a sua percepção sensorial com relação a fatos que ela tenha visto, ouvido ou presenciado, ou seja, o seu conhecimento em relação aos fatos da causa.

7. Dispositivos da CLT sobre Direito Probatório

Art. 195 – A caracterização e a classificação da insalubridade e da periculosidade, segundo as normas do Ministério do Trabalho, far-se-ão através de perícia a cargo de Médico do Trabalho ou Engenheiro do Trabalho, registrados no Ministério do Trabalho. (Redação dada pela Lei nº 6.514, de 22.12.1977)

§ 1º – É facultado às empresas e aos sindicatos das categorias profissionais interessadas requererem ao Ministério do Trabalho a realização de perícia em estabelecimento ou setor deste, com o objetivo de caracterizar e classificar ou delimitar as atividades insalubres ou perigosas. (Redação dada pela Lei nº 6.514, de 22.12.1977)

§ 2º – Arguida em juízo insalubridade ou periculosidade, seja por empregado, seja por Sindicato em favor de grupo de associado, o juiz designará perito habilitado na forma deste artigo, e, onde não houver, requisitará perícia ao órgão competente do Ministério do Trabalho. (Redação dada pela Lei nº 6.514, de 22.12.1977)

Art. 780 – Os documentos juntos aos autos poderão ser desentranhados somente depois de findo o processo, ficando traslado.

Art. 819 – O depoimento das partes e testemunhas que não souberem falar a língua nacional será feito por meio de intérprete nomeado pelo juiz ou presidente.

§ 1º – Proceder-se-á da forma indicada neste artigo, quando se tratar de surdo-mudo, ou de mudo que não saiba escrever.

§ 2º As despesas decorrentes do disposto neste artigo correrão por conta da parte sucumbente, salvo se beneficiária de justiça gratuita. (Redação dada pela Lei nº 13.660, de 2018)

Art. 820 – As partes e testemunhas serão inquiridas pelo juiz ou presidente, podendo ser reinquiridas, por seu intermédio, a requerimento dos vogais, das partes, seus representantes ou advogados.

Art. 821 – Cada uma das partes não poderá indicar mais de 3 (três) testemunhas, salvo quando se tratar de inquérito, caso em que esse número poderá ser elevado a 6 (seis). (Redação dada pelo Decreto-lei nº 8.737, de 19.1.1946)

Art. 822 – As testemunhas não poderão sofrer qualquer desconto pelas faltas ao serviço, ocasionadas pelo seu comparecimento para depor, quando devidamente arroladas ou convocadas.

Art. 823 – Se a testemunha for funcionário civil ou militar, e tiver de depor em hora de serviço, será requisitada ao chefe da repartição para comparecer à audiência marcada.

Art. 824 – O juiz ou presidente providenciará para que o depoimento de uma testemunha não seja ouvido pelas demais que tenham de depor no processo.

Art. 825 – As testemunhas comparecerão a audiência independentemente de notificação ou intimação. Parágrafo único – As que não comparecerem serão intimadas, ex officio ou a requerimento da parte, ficando sujeitas a condução coercitiva, além das penalidades do art. 730, caso, sem motivo justificado, não atendam à intimação.

Art. 826 – É facultado a cada uma das partes apresentar um perito ou técnico. (Vide Lei nº 5.584, de 1970)

Art. 827 – O juiz ou presidente poderá arguir os peritos compromissados ou os técnicos, e rubricará, para ser junto ao processo, o laudo que os primeiros tiverem apresentado.

Art. 828 – Toda testemunha, antes de prestar o compromisso legal, será qualificada, indicando o nome, nacionalidade, profissão, idade, residência, e, quando empregada, o tempo de serviço prestado ao empregador, ficando sujeita, em caso de falsidade, às leis penais.

Parágrafo único – Os depoimentos das testemunhas serão resumidos, por ocasião da audiência, pelo secretário da Junta ou funcionário para esse fim designado, devendo a súmula ser assinada pelo Presidente do Tribunal e pelos depoentes.

Art. 829 – A testemunha que for parente até o terceiro grau civil, amigo íntimo ou inimigo de qualquer das partes, não prestará compromisso, e seu depoimento valerá como simples informação.

Art. 830. O documento em cópia oferecido para prova poderá ser declarado autêntico pelo próprio advogado, sob sua responsabilidade pessoal. (Redação dada pela Lei nº 11.925, de 2009).

Parágrafo único. Impugnada a autenticidade da cópia, a parte que a produziu será intimada para apresentar cópias devidamente autenticadas ou o original, cabendo ao serventuário competente proceder à conferência e certificar a conformidade entre esses documentos. (Incluído pela Lei nº 11.925, de 2009).

Art. 845 – O reclamante e o reclamado comparecerão à audiência acompanhados das suas testemunhas, apresentando, nessa ocasião, as demais provas.

8. Súmulas e Orientações Jurisprudenciais sobre Direito Probatório
Súmula nº 8 do TST – A juntada de documentos na fase recursal só se justifica quando provado o justo impedimento para sua oportuna apresentação ou se referir a fato posterior à sentença.
Súmula nº 12 do TST – As anotações apostas pelo empregador na carteira profissional do empregado não geram presunção "juris et de jure", mas apenas "juris tantum".
Súmula nº 74 do TST CONFISSÃO
I – Aplica-se a confissão à parte que, expressamente intimada com aquela cominação, não comparecer à audiência em prosseguimento, na qual deveria depor.
II – A prova pré-constituída nos autos pode ser levada em conta para confronto com a confissão ficta (arts. 442 e 443, do CPC de 2015 – art. 400, I, do CPC de 1973), não implicando cerceamento de defesa o indeferimento de provas posteriores.
III- A vedação à produção de prova posterior pela parte confessa somente a ela se aplica, não afetando o exercício, pelo magistrado, do poder/dever de conduzir o processo.
Súmula nº 212 do TST – O ônus de provar o término do contrato de trabalho, quando negados a prestação de serviço e o despedimento, é do empregador, pois o princípio da continuidade da relação de emprego constitui presunção favorável ao empregado.
Súmula nº 293 do TST – A verificação mediante perícia de prestação de serviços em condições nocivas, considerado agente insalubre diverso do apontado na inicial, não prejudica o pedido de adicional de insalubridade.
Súmula nº 338 do TST
I – É ônus do empregador que conta com mais de 10 (dez) empregados o registro da jornada de trabalho na forma do art. 74, § 2º, da CLT. A não-apresentação injustificada dos controles de frequência gera presunção relativa de veracidade da jornada de trabalho, a qual pode ser elidida por prova em contrário.
II – A presunção de veracidade da jornada de trabalho, ainda que prevista em instrumento normativo, pode ser elidida por prova em contrário.
III – Os cartões de ponto que demonstram horários de entrada e saída uniformes são inválidos como meio de prova, invertendo-se o ônus da prova, relativo às horas extras, que passa a ser do empregador, prevalecendo a jornada da inicial se dele não se desincumbir.
Súmula nº 341 do TST – A indicação do perito assistente é faculdade da parte, a qual deve responder pelos respectivos honorários, ainda que vencedora no objeto da perícia.
Súmula nº 357 do TST – Não torna suspeita a testemunha o simples fato de estar litigando ou de ter litigado contra o mesmo empregador.
Súmula nº 453 do TST – O pagamento de adicional de periculosidade efetuado por mera liberalidade da empresa, ainda que de forma proporcional ao tempo de exposição ao risco ou em percentual inferior ao máximo legalmente previsto, dispensa a realização da prova técnica exigida pelo art. 195 da CLT, pois torna incontroversa a existência do trabalho em condições perigosas.
Súmula nº 443 do TST – Presume-se discriminatória a despedida de empregado portador do vírus HIV ou de outra doença grave que suscite estigma ou preconceito. Inválido o ato, o empregado tem direito à reintegração no emprego.
OJ 36 SBDI I TST. – O instrumento normativo em cópia não autenticada possui valor probante, desde que não haja impugnação ao seu conteúdo, eis que se trata de documento comum às partes.
OJ 134 SBDI I TST. – São válidos os documentos apresentados, por pessoa jurídica de direito público, em fotocópia não autenticada, posteriormente à edição da Medida Provisória nº 1.360/96 e suas reedições.
OJ 165 SBDI I TST. – O art. 195 da CLT não faz qualquer distinção entre o médico e o engenheiro para efeito de caracterização e classificação da insalubridade e periculosidade, bastando para a elaboração do laudo seja o profissional devidamente qualificado.
OJ 233 SBDI I TST. – A decisão que defere horas extras com base em prova oral ou documental não ficará limitada ao tempo por ela abrangido, desde que o julgador fique convencido de que o procedimento questionado superou aquele período.
OJ 278 SBDI I TST. ADICIONAL DE INSALUBRIDADE. PERÍCIA. LOCAL DE TRABALHO DESATIVADO – A realização de perícia é obrigatória para a verificação de insalubridade. Quando não for possível sua realização, como em caso de fechamento da empresa, poderá o julgador utilizar-se de outros meios de prova.

DA RESPONSABILIDADE POR DANOS PROCESSUAIS

DA RESPONSABILIDADE POR DANOS PROCESSUAIS
1. Previsão na CLT de responsabilidade por danos processuais
A reforma trabalhista promovida pela lei 13.467/17 trouxe uma regulamentação sobre a matéria. Antes da reforma se entendia pela aplicação do Código de Processo Civil e com o advento da lei 13.467 a CLT passou a ter regra específica sobre questões envolvendo a litigância de má-fé. Não obstante, a sistemática própria inserida na legislação trabalhista é praticamente igual ao regramento contido no NCPC: Art. 793-A. Responde por perdas e danos aquele que litigar de má-fé como reclamante, reclamado ou interveniente. (Incluído pela Lei nº 13.467, de 2017) Art. 793-B. Considera-se litigante de má-fé aquele que: I – deduzir pretensão ou defesa contra texto expresso de lei ou fato incontroverso; II – alterar a verdade dos fatos; III – usar do processo para conseguir objetivo ilegal; IV – opuser resistência injustificada ao andamento do processo; V – proceder de modo temerário em qualquer incidente ou ato do processo; VI – provocar incidente manifestamente infundado; VII – interpuser recurso com intuito manifestamente protelatório.
2. Previsão na CLT de multa a ser aplicada à testemunha
Art. 793-D. Aplica-se a multa prevista no art. 793-C desta Consolidação à testemunha que intencionalmente alterar a verdade dos fatos ou omitir fatos essenciais ao julgamento da causa. (Incluído pela Lei nº 13.467, de 2017) Parágrafo único. A execução da multa prevista neste artigo dar-se-á nos mesmos autos. (Incluído pela Lei nº 13.467, de 2017). O detalhe é que o TST, através da Instrução Normativa n. 41 de 2018, responsável por regulamentar a aplicação no tempo de vários dispositivos processuais da reforma trabalhista, entendeu que nessa hipótese deverá haver um incidente para a punição da testemunha. Art. 10. O disposto no caput do art. 793-D será aplicável às ações ajuizadas a partir de 11 de novembro de 2017 (Lei nº 13.467/2017). Parágrafo único. Após a colheita da prova oral, a aplicação de multa à testemunha dar-se-á na sentença e será precedida de instauração de incidente mediante o qual o juiz indicará o ponto ou os pontos controvertidos no depoimento, assegurados o contraditório, a defesa, com os meios a ela inerentes, além de possibilitar a retratação. Para a prova, o mais importante é saber: 1) o teor da lei (permite a punição da testemunha); 2) que não foi previsto pelo legislador nenhum mecanismo de contraditório para a testemunha; 3) que o incidente processual foi criado pelo TST por meio de IN, que não possui força de lei.

DISSÍDIOS INDIVIDUAIS E PROCEDIMENTOS

DISSÍDIOS INDIVIDUAIS E PROCEDIMENTOS
1. Noções Gerais
A expressão dissídios individuais é utilizada na CLT para se contrapor ao chamado dissídio coletivo, tema que estudaremos mais detalhadamente nos próximos capítulos. Em suma, dissídio coletivo é uma ação especial do processo de trabalho cujo objetivo é criar novas normas jurídicas ou interpretar normas jurídicas existentes, havendo ainda o dissídio coletivo de greve. Essencialmente, tem a característica de ser uma ação coletiva, que será movida por sindicatos (da categoria profissional ou econômica), sendo certo que até mesmo a empresa, como ente coletivo, pode ser parte em dissídio coletivo. Portanto, são ações que se destinam a reger/regular toda uma categoria, ou seja, uma coletividade de trabalhadores. Esse é dissídio coletivo, figura típica do processo do trabalho que estudaremos melhor no decorrer do curso.

Por outro lado, o dissídio individual, é a situação tradicional da chamada reclamação trabalhista. Aquela em que o empregado move ação contra o empregador postulando algum direito que entenda lhe ser devido (pedido declaratório, constitutivo).

Atenção! O dissídio individual também abrange a situação do litisconsórcio ativo previsto no artigo 842 da CLT, hipótese em que mais de um trabalhador em conjunto ajuíza petição inicial em face do mesmo empregador, desde que se trate da mesma matéria fática.

2. Distribuição

Na hipótese de haver mais de uma vara do trabalho com competência jurisdicional na mesma região/cidade/município, deverá haver a chamada distribuição.

Art. 786 – A reclamação verbal será distribuída antes de sua redução a termo.

Parágrafo único – Distribuída a reclamação verbal, o reclamante deverá, salvo motivo de força maior, apresentar-se no prazo de 5 (cinco) dias, ao cartório ou à secretaria, para reduzi-la a termo, sob a pena estabelecida no art. 731.

3. Forma de Reclamação e Notificação

CLT, Art. 837 – Nas localidades em que houver apenas 1 (uma) Junta de Conciliação e Julgamento, ou 1 (um) escrivão do cível, a reclamação será apresentada diretamente à secretaria da Junta, ou ao cartório do Juízo. Nessa situação haverá o chamado registro da distribuição da petição inicial.

Art. 839 – A reclamação poderá ser apresentada:

a) pelos empregados e empregadores, pessoalmente, ou por seus representantes, e pelos sindicatos de classe;

b) por intermédio das Procuradorias Regionais da Justiça do Trabalho.

Art. 840 – A reclamação poderá ser escrita ou verbal. Conforme vimos anteriormente, inclusive no tocante a distribuição da reclamação trabalhista verbal.

§ 1º Sendo escrita, a reclamação deverá conter a designação do juízo, a qualificação das partes, a breve exposição dos fatos de que resulte o dissídio, o pedido, que deverá ser certo, determinado e com indicação de seu valor, a data e a assinatura do reclamante ou de seu representante. (Redação dada pela Lei nº 13.467, de 2017)

4. Desistência da Ação

Esse foi um regramento modificado pela reforma trabalhista (lei 13.467/17) em mais uma tentativa de aproximação do processo do trabalho com o processo civil.

Antes da reforma não havia um regramento específico em relação a desistência no processo do trabalho, sendo certo que existiam alguns critérios e em geral se admitia a desistência do reclamante na audiência inicial, até porque a defesa é recebida somente após a tentativa inicial frustrada de conciliação.

Após a reforma trabalhista a CLT passou a ter regramento próprio sobre o tema, muito semelhante ao constante do processo civil, senão vejamos:

CLT, Art. 841 – (...) § 3º – Oferecida a contestação, ainda que eletronicamente, o reclamante não poderá, sem o consentimento do reclamado, desistir da ação. (Incluído pela Lei nº 13.467, de 2017)

Convém frisar, que desistência da ação é diferente de renúncia, que tem a ver com direito material. Desse modo, um julgamento que homologa a renúncia produzirá a extinção do processo com resolução do mérito, o que impedirá o autor de ajuizar uma segunda ação postulando o mesmo direito.

A desistência, por sua vez, tem caráter meramente processual, motivo pelo qual enseja a extinção sem resolução de mérito e permite o ajuizamento de uma nova ação.

5. Procedimento sumaríssimo

O rito é um caminho, "iter", que o legislador estabelece para serem adotados em certos tipos de causas.

Art. 852-A. Os dissídios individuais cujo valor não exceda a quarenta vezes o salário mínimo vigente na data do ajuizamento da reclamação ficam submetidos ao procedimento sumaríssimo.

Parágrafo único. Estão excluídas do procedimento sumaríssimo as demandas em que é parte a Administração Pública direta, autárquica e fundacional.

Art. 852-B. Nas reclamações enquadradas no procedimento sumaríssimo:

I – o pedido deverá ser certo ou determinado e indicará o valor correspondente;

II – não se fará citação por edital, incumbindo ao autor a correta indicação do nome e endereço do reclamado; (Incluído pela Lei nº 9.957, de 2000) (Vide ADIN 2139) (Vide ADIN 2160) (Vide ADIN 2237)

III – a apreciação da reclamação deverá ocorrer no prazo máximo de quinze dias do seu ajuizamento, podendo constar de pauta especial, se necessário, de acordo com o movimento judiciário da Junta de Conciliação e Julgamento.

§ 1º O não atendimento, pelo reclamante, do disposto nos incisos I e II deste artigo importará no arquivamento da reclamação e condenação ao pagamento de custas sobre o valor da causa.

§ 2º As partes e advogados comunicarão ao juízo as mudanças de endereço ocorridas no curso do processo, reputando-se eficazes as intimações enviadas ao local anteriormente indicado, na ausência de comunicação

Art. 852-C. As demandas sujeitas a rito sumaríssimo serão instruídas e julgadas em audiência única, sob a direção de juiz presidente ou substituto, que poderá ser convocado para atuar simultaneamente com o titular.

Art. 852-D. O juiz dirigirá o processo com liberdade para determinar as provas a serem produzidas, considerado o ônus probatório de cada litigante, podendo limitar ou excluir as que considerar excessivas, impertinentes ou protelatórias, bem como para apreciá-las e dar especial valor às regras de experiência comum ou técnica.

Art. 852-E. Aberta a sessão, o juiz esclarecerá as partes presentes sobre as vantagens da conciliação e usará os meios adequados de persuasão para a solução conciliatória do litígio, em qualquer fase da audiência.

Art. 852-F. Na ata de audiência serão registrados resumidamente os atos essenciais, as afirmações fundamentais das partes e as informações úteis à solução da causa trazidas pela prova testemunhal.

Art. 852-G. Serão decididos, de plano, todos os incidentes e exceções que possam interferir no prosseguimento da audiência e do processo. As demais questões serão decididas na sentença.

Art. 852-H. Todas as provas serão produzidas na audiência de instrução e julgamento, ainda que não requeridas previamente.

§ 1º Sobre os documentos apresentados por uma das partes manifestar-se-á imediatamente a parte contrária, sem interrupção da audiência, salvo absoluta impossibilidade, a critério do juiz.

§ 2º As testemunhas, até o máximo de duas para cada parte, comparecerão à audiência de instrução e julgamento independentemente de intimação.

§ 3º Só será deferida intimação de testemunha que, comprovadamente convidada, deixar de comparecer. Não comparecendo a testemunha intimada, o juiz poderá determinar sua imediata condução coercitiva.

§ 4º Somente quando a prova do fato o exigir, ou for legalmente imposta, será deferida prova técnica, incumbindo ao juiz, desde logo, fixar o prazo, o objeto da perícia e nomear perito.

§ 5º (VETADO) (Incluído pela Lei nº 9.957, de 2000)

§ 6º As partes serão intimadas a manifestar-se sobre o laudo, no prazo comum de cinco dias

§ 7º Interrompida a audiência, o seu prosseguimento e a solução do processo dar-se-ão no prazo máximo de trinta dias, salvo motivo relevante justificado nos autos pelo juiz da causa.

Art. 852-I. A sentença mencionará os elementos de convicção do juízo, com resumo dos fatos relevantes ocorridos em audiência, dispensado o relatório.

§ 1º O juízo adotará em cada caso a decisão que reputar mais justa e equânime, atendendo aos fins sociais da lei e as exigências do bem comum

§ 2º (VETADO)

§ 3º As partes serão intimadas da sentença na própria audiência em que prolatada.

Atenção! As **Empresas Estatais** (Empresas Públicas e Sociedades de Economia Mistas) estão sujeitas ao rito sumaríssimo. A exclusão do sumaríssimo se dá apenas para a Administração direta, Autárquica e Fundacional.

6. Súmulas e Orientações Jurisprudenciais do TST sobre Procedimentos

Súmula 18 – A compensação, na Justiça do Trabalho, está restrita a dívidas de natureza trabalhista.

Súmula 48 – A compensação só poderá ser arguida com a contestação.

Súmula 69 – havendo rescisão do contrato de trabalho e sendo revel e confesso quanto à matéria de fato, deve ser o empregador condenado ao pagamento das verbas rescisórias, não quitadas na primeira audiência, com acréscimo de 50% (cinquenta por cento).

DOS PROCEDIMENTOS ESPECIAIS NO PROCESSO DO TRABALHO

DOS PROCEDIMENTOS ESPECIAIS NO PROCESSO DO TRABALHO
1. Inquérito Judicial para apuração de falta grave
Ação de procedimento especial pertinente em hipóteses taxativamente previstas em lei, cujo objetivo é **realizar a solução do contrato de trabalho** de empregado detentor de estabilidade ou garantia de emprego – ação **constitutiva negativa** para o qual o legitimado ativo é o empregador e o passivo é o empregado.
1.1 Suspensão do empregado
CLT Art. 494 – O empregado acusado de falta grave poderá ser suspenso de suas funções, mas a sua despedida só se tornará efetiva após o inquérito e que se verifique a procedência da acusação. Parágrafo único – A suspensão, no caso deste artigo, perdurará até a decisão final do processo. O artigo prescreve "**poderá**", sendo, pois uma faculdade do empregador suspender previamente ou não esse empregado.
1.2 Número de testemunhas
CLT, Art. 821 – Cada uma das partes não poderá indicar mais de 3 (três) testemunhas, salvo quando se tratar de inquérito, caso em que esse número poderá ser elevado a 6 (seis) (Redação dada pelo Decreto-lei nº 8.737, de 19.1.1946).
2. Ação rescisória
Ação de procedimento especial de natureza cognitiva por meio do qual se busca (i) a **desconstituição** de decisão judicial transitada em julgado e, em algumas hipóteses (ii) a realização de **novo julgamento** sobre o tema apreciado anteriormente na própria decisão rescindida CPC, Art. 966. A decisão de mérito, transitada em julgado, pode ser rescindida quando: I – se verificar que foi proferida por força de prevaricação, concussão ou corrupção do juiz; II – for proferida por juiz impedido ou por juízo absolutamente incompetente; III – resultar de dolo ou coação da parte vencedora em detrimento da parte vencida ou, ainda, de simulação ou colusão entre as partes, a fim de fraudar a lei; IV – ofender a coisa julgada; V – violar manifestamente norma jurídica; VI – for fundada em prova cuja falsidade tenha sido apurada em processo criminal ou venha a ser demonstrada na própria ação rescisória; VII – obtiver o autor, posteriormente ao trânsito em julgado, prova nova cuja existência ignorava ou de que não pôde fazer uso, capaz, por si só, de lhe assegurar pronunciamento favorável; VIII – for fundada em erro de fato verificável do exame dos autos.
3. Mandado de Segurança
Está previsto na Constituição da República Federativa do Brasil. Trata-se em primeiro lugar de uma garantia constitucional, assim, também chamado de remédio jurídico. Consiste em ação judicial de procedimento especial por meio da qual alguém busca defender direito líquido e certo de que se afirma titular, em face de ato de autoridade pública ou agente de pessoa jurídica no exercício de função pública
3.1 Atos de autoridade
O mandado de segurança só é cabível quando o ato **ilegal** tiver sido praticado por agente público no exercício de suas atribuições; ou por agente de pessoa jurídica que esteja exercendo, por delegação, atributos do Poder Público.
3.2 Atos administrativos x Atos da Administração
O ato administrativo caracteriza-se justamente, pelo poder de império – relação de verticalidade (supremacia do interesse público). Nesses casos, o Estado atua como Estado, em **patamar superior**, portanto, assume diversas prerrogativas, como por exemplo, **autoexecutoriedade, presunção de legitimidade e veracidade dos atos Estatais**. Assim, a Administração Pública terá uma série de **prerrogativas** quando atuar com poder de império. Por outro lado temos os atos da Administração, situações em que o Poder Público não atuará de forma vertical.

3.3 Direito líquido e certo
O direito líquido e certo é aquele que poderá ser comprovado de plano, mediante prova documental pré-constituída.
3.4 Prazo para impetração
O prazo para impetração do mandado de segurança é considerado prazo **decadencial** – não confundir com o prescricional. Esse prazo decadencial é de 120 (cento e vinte) dias a contar da prática do ato supostamente ilegal.

SENTENÇA E COISA JULGADA

SENTENÇA E COISA JULGADA
1. Conceito de sentença
Sentença é o ato privativo do juiz, ato tipicamente judicial que vai compor o conflito de interesses, julgar a lide que foi submetida ao Poder Judiciário. Podemos conceituar sentença como ato judicial que ponha fim à fase cognitiva do procedimento comum ou extinga a execução. Qualquer outro pronunciamento decisório será considerado decisão interlocutória
1.1 Sentença que resolve o mérito
Sentença com resolução do mérito é aquela que julga o conflito, incidindo a chamada coisa julgada material, cuja eficácia causa a imutabilidade do comando da sentença, não sendo mais passível de modificação após o trânsito em julgado, salvo por meio da ação rescisória. Art. 487. Haverá resolução de mérito quando o juiz: I – acolher ou rejeitar o pedido formulado na ação ou na reconvenção; II – decidir, de ofício ou a requerimento, sobre a ocorrência de decadência ou prescrição; III – homologar: a) o reconhecimento da procedência do pedido formulado na ação ou na reconvenção; b) a transação; c) a renúncia à pretensão formulada na ação ou na reconvenção. Parágrafo único. Ressalvada a hipótese do § 1º do art. 332, a prescrição e a decadência não serão reconhecidas sem que antes seja dada às partes oportunidade de manifestar-se.
1.2 Sentença que não resolve o mérito
Sentença sem resolução do mérito é aquela que não julga o pedido em si, não julga o conflito de interesses, não compõe a lide. Ocorre quando o juiz reconhece a ausência de um pressuposto processual, a falta de uma condição da ação. Art. 485. O juiz não resolverá o mérito quando: I – indeferir a petição inicial; II – o processo ficar parado durante mais de 1 (um) ano por negligência das partes; III – por não promover os atos e as diligências que lhe incumbir, o autor abandonar a causa por mais de 30 (trinta) dias; IV – verificar a ausência de pressupostos de constituição e de desenvolvimento válido e regular do processo; V – reconhecer a existência de perempção, de litispendência ou de coisa julgada; VI – verificar ausência de legitimidade ou de interesse processual; VII – acolher a alegação de existência de convenção de arbitragem ou quando o juízo arbitral reconhecer sua competência; VIII – homologar a desistência da ação; IX – em caso de morte da parte, a ação for considerada intransmissível por disposição legal; e X – nos demais casos prescritos neste Código.

2. Sentença e coisa julgada na CLT
Art. 831 – A decisão será proferida depois de rejeitada pelas partes a proposta de conciliação.
Parágrafo único. No caso de conciliação, o termo que for lavrado valerá como decisão irrecorrível, salvo para a Previdência Social quanto às contribuições que lhe forem devidas.
Art. 832 – Da decisão deverão constar o nome das partes, o resumo do pedido e da defesa, a apreciação das provas, os fundamentos da decisão e a respectiva conclusão.
§ 1º – Quando a decisão concluir pela procedência do pedido, determinará o prazo e as condições para o seu cumprimento.
§ 2º – A decisão mencionará sempre as custas que devam ser pagas pela parte vencida.
§ 3º As decisões cognitivas ou homologatórias deverão sempre indicar a natureza jurídica das parcelas constantes da condenação ou do acordo homologado, inclusive o limite de responsabilidade de cada parte pelo recolhimento da contribuição previdenciária, se for o caso.
§ 3º-A. Para os fins do § 3º deste artigo, salvo na hipótese de o pedido da ação limitar-se expressamente ao reconhecimento de verbas de natureza exclusivamente indenizatória, a parcela referente às verbas de natureza remuneratória não poderá ter como base de cálculo valor inferior: (Incluído pela Lei nº 13.876, de 2019)
I - ao salário-mínimo, para as competências que integram o vínculo empregatício reconhecido na decisão cognitiva ou homologatória; ou (Incluído pela Lei nº 13.876, de 2019)
II - à diferença entre a remuneração reconhecida como devida na decisão cognitiva ou homologatória e a efetivamente paga pelo empregador, cujo valor total referente a cada competência não será inferior ao salário-mínimo. (Incluído pela Lei nº 13.876, de 2019)
§ 3º-B Caso haja piso salarial da categoria definido por acordo ou convenção coletiva de trabalho, o seu valor deverá ser utilizado como base de cálculo para os fins do § 3º-A deste artigo. (Incluído pela Lei nº 13.876, de 2019)
§ 4º A União será intimada das decisões homologatórias de acordos que contenham parcela indenizatória, na forma do art. 20 da Lei nº 11.033, de 21 de dezembro de 2004, facultada a interposição de recurso relativo aos tributos que lhe forem devidos.
§ 5º Intimada da sentença, a União poderá interpor recurso relativo à discriminação de que trata o § 3º deste artigo.
§ 6º O acordo celebrado após o trânsito em julgado da sentença ou após a elaboração dos cálculos de liquidação de sentença não prejudicará os créditos da União.
§ 7º O Ministro de Estado da Fazenda poderá, mediante ato fundamentado, dispensar a manifestação da União nas decisões homologatórias de acordos em que o montante da parcela indenizatória envolvida ocasionar perda de escala decorrente da atuação do órgão jurídico.
Art. 833 – Existindo na decisão evidentes erros ou enganos de escrita, de datilografia ou de cálculo, poderão os mesmos, antes da execução, ser corrigidos, ex officio, ou a requerimento dos interessados ou da Procuradoria da Justiça do Trabalho.
Art. 834 – Salvo nos casos previstos nesta Consolidação, a publicação das decisões e sua notificação aos litigantes, ou a seus patronos, consideram-se realizadas nas próprias audiências em que forem as mesmas proferidas.
Art. 835 – O cumprimento do acordo ou da decisão far-se-á no prazo e condições estabelecidas.

3. Sentença e coisa julgada no CPC
CPC – Art. 141. O juiz decidirá o mérito nos limites propostos pelas partes, sendo-lhe vedado conhecer de questões não suscitadas a cujo respeito a lei exige iniciativa da parte.
Art. 492. É vedado ao juiz proferir decisão de natureza diversa da pedida, bem como condenar a parte em quantidade superior ou em objeto diverso do que lhe foi demandado.
Parágrafo único. A decisão deve ser certa, ainda que resolva relação jurídica condicional.
A base dessa situação é o princípio da inércia da jurisdição, ou seja, o Judiciário só irá julgar os pedidos e causas de pedir formuladas pelas partes. O juiz não julga algo que não foi pedido, traduzindo uma liberdade do cidadão.
O artigo 492 do CPC veda a sentença citra petita, ultra petita e extra petita.

3.1 Coisa julgada
A coisa julgada se forma quando não cabem mais recursos contra a decisão, seja porque transcorrido o prazo para recursos (sem a interposição), seja porque há qualquer outra causa de inadmissibilidade do recurso (desistência, renúncia ou outro motivo).
O próprio CPC traz um conceito autêntico de coisa julgada: coisa julgada material é a autoridade que torna imutável e indiscutível a decisão de mérito não mais sujeita a recurso.

LIQUIDAÇÃO DE SENTENÇA NO PROCESSO DO TRABALHO

LIQUIDAÇÃO DE SENTENÇA NO PROCESSO DO TRABALHO

1. Liquidação de sentença

A **liquidação de sentença** é uma fase complementar à fase de conhecimento. Na fase de conhecimento, o ideal é que a sentença condenatória fosse sempre líquida, condenou a pagar horas extras, já iria para o contador e sairia com o valor devido.

Ocorre que nem sempre é possível a liquidação imediata. Assim, se a sentença condena a pagar uma quantia sem definir o valor exato, deverá haver uma fase antes da execução propriamente dita (antes da expropriação de bens do executado, penhora, desapossamento de bens, pagamento em si, etc.).

Desse modo, a fase de liquidação é complementar à de conhecimento, que é aquela onde se fixou a existência da dívida.

Temos a expressão quantum debeatur utilizada pela doutrina para expressar o quanto é devido, sendo papel da liquidação de sentença quantificar exatamente esse valor.

Em doutrina de processo civil, encontraremos autores referindo que liquidação de sentença é uma atividade cognitiva, faz parte da atividade de conhecimento. No processo do trabalho, devemos saber que os artigos que tratam de liquidação, notadamente o 879 da CLT, estão inseridos no capítulo que trata da execução, sendo uma etapa da execução de sentença,

1.1 Espécies de liquidação

a) Por Cálculos – Não é mais prevista no CPC, mas remanesce na CLT. Essa é a situação mais simples, sendo necessário mero cálculo aritmético.

b) Por Artigos ou pelo procedimento comum – É a situação em que o liquidante (credor) deve provar algum fato novo que não foi provado na fase de conhecimento.

Essa liquidação é chamada de liquidação pelo procedimento comum porque se assemelha muito a uma ação, terá que alegar e provar os gastos; apresentar recibos, podendo a empresa contestar tais gastos, sendo necessária uma instrução, um procedimento cognitivo muito mais próximo de uma fase de conhecimento.

c) Por Arbitramento – Por arbitramento significa perícia, ou seja, deverá haver uma perícia para se chegar ao valor devido.

1.2 Procedimento da liquidação

CLT, Art. 879 – Sendo ilíquida a sentença exeqüenda, ordenar-se-á, previamente, a sua liquidação, que poderá ser feita por cálculo, por arbitramento ou por artigos. (Redação dada pela Lei nº 2.244, de 23.6.1954).

§ 1º – Na liquidação, não se poderá modificar, ou inovar, a sentença liquidanda nem discutir matéria pertinente à causa principal. (Incluído pela Lei nº 8.432, 11.6.1992).

§ 1º-A. A liquidação abrangerá, também, o cálculo das contribuições previdenciárias devidas. (Incluído pela Lei nº 10.035, de 2000).

§ 1º-B. As partes deverão ser previamente intimadas para a apresentação do cálculo de liquidação, inclusive da contribuição previdenciária incidente. (Incluído pela Lei nº 10.035, de 2000).

§ 2º Elaborada a conta e tornada líquida, o juízo deverá abrir às partes prazo comum de oito dias para impugnação fundamentada com a indicação dos itens e valores objeto da discordância, sob pena de preclusão. (Redação dada pela Lei nº 13.467, de 2017).

§ 3º Elaborada a conta pela parte ou pelos órgãos auxiliares da Justiça do Trabalho, o juiz procederá à intimação da União para manifestação, no prazo de 10 (dez) dias, sob pena de preclusão. (Redação dada pela Lei nº 11.457, de 2007) (Vigência).

§ 4º A atualização do crédito devido à Previdência Social observará os critérios estabelecidos na legislação previdenciária. (Parágrafo incluído pela Lei nº 10.035, de 2000).

§ 5º O Ministro de Estado da Fazenda poderá, mediante ato fundamentado, dispensar a manifestação da União quando o valor total das verbas que integram o salário-de-contribuição, na forma do art. 28 da Lei no 8.212, de 24 de julho de 1991, ocasionar perda de escala decorrente da atuação do órgão jurídico. (Incluído pela Lei nº 11.457, de 2007) (Vigência).

§ 6º Tratando-se de cálculos de liquidação complexos, o juiz poderá nomear perito para a elaboração e fixará, depois da conclusão do trabalho, o valor dos respectivos honorários com observância, entre outros, dos critérios de razoabilidade e proporcionalidade. (Incluído pela Lei nº 12.405, de 2011).

§ 7º A atualização dos créditos decorrentes de condenação judicial será feita pela Taxa Referencial (TR), divulgada pelo Banco Central do Brasil, conforme a Lei no 8.177, de 1o de março de 1991. (Incluído pela Lei nº 13.467, de 2017).

2. Súmulas e Orientações Jurisprudenciais do TST sobre liquidação de sentença
Súmula nº 187 do TST. – A correção monetária não incide sobre o débito do trabalhador reclamante.
Súmula nº 200 do TST – Os juros de mora incidem sobre a importância da condenação já corrigida monetariamente.
Súmula nº 211 do TST- Os juros de mora e a correção monetária incluem-se na liquidação, ainda que omisso o pedido inicial ou a condenação.
Súmula nº 304 do TST. – Os débitos trabalhistas das entidades submetidas aos regimes de intervenção ou liquidação extrajudicial estão sujeitos a correção monetária desde o respectivo vencimento até seu efetivo pagamento, sem interrupção ou suspensão, não incidindo, entretanto, sobre tais débitos, juros de mora.
Súmula nº 381 do TST – O pagamento dos salários até o 5º dia útil do mês subsequente ao vencido não está sujeito à correção monetária. Se essa data limite for ultrapassada, incidirá o índice da correção monetária do mês subsequente ao da prestação dos serviços, a partir do dia 1º.
Súmula nº 439 do TST. – Nas condenações por dano moral, a atualização monetária é devida a partir da data da decisão de arbitramento ou de alteração do valor. Os juros incidem desde o ajuizamento da ação, nos termos do art. 883 da CLT.
OJs
OJ 300 – Não viola norma constitucional (art. 5°, II e XXXVI) a determinação de aplicação da TRD, como fator de correção monetária dos débitos trabalhistas, cumulada com juros de mora, previstos no artigo 39 da Lei nº 8.177/91 e convalidado pelo artigo 15 da Lei nº 10.192/01.
OJ 382 – A Fazenda Pública, quando condenada subsidiariamente pelas obrigações trabalhistas devidas pela empregadora principal, não se beneficia da limitação dos juros, prevista no art. 1º-F da Lei nº 9.494, de 10.09.1997.
OJ 400 – Os juros de mora decorrentes do inadimplemento de obrigação de pagamento em dinheiro não integram a base de cálculo do imposto de renda, independentemente da natureza jurídica da obrigação inadimplida, ante o cunho indenizatório conferido pelo art. 404 do Código Civil de 2002 aos juros de mora.
OJ 408 – É devida a incidência de juros de mora em relação aos débitos trabalhistas de empresa em liquidação extrajudicial sucedida nos moldes dos arts. 10 e 448 da CLT. O sucessor responde pela obrigação do sucedido, não se beneficiando de qualquer privilégio a este destinado.

EXECUÇÃO TRABALHISTA

EXECUÇÃO TRABALHISTA
1. Execução Trabalhista
1.1 Noções Gerais
A fase de execução tem por objetivo assegurar que o direito reconhecido seja efetivamente fruído pelo respectivo titular.
A atividade executiva em si não tem o condão de discutir o direito. O direito material já estará certificado no título executivo que pode ser judicial ou extrajudicial. O foco da execução é a modificação do mundo fenomênico, ou seja, ela tenciona afeiçoar a realidade sensível àquilo que ela deva ser.
1.2 Regramento aplicável na execução
Art. 889 – Aos trâmites e incidentes do processo da execução são aplicáveis, naquilo em que não contravierem ao presente Título, os preceitos que regem o processo dos executivos fiscais para a cobrança judicial da dívida ativa da Fazenda Pública Federal.
Aplica-se à execução: as normas da CLT. Se omissas e havendo compatibilidade com a CLT, as normas da LEF. Se omissas e havendo compatibilidade com a CLT, o CPC.
1.3 Cumprimento de sentença x Execução de Título extrajudicial
Cumprimento de sentença é a fase processual que tem por objetivo dar efetividade ao comando judicial (sentença), já a execução de títulos extrajudiciais se dá por meio do processo de execução, com base em títulos que a lei concede força executiva.
Duas espécies principais de títulos executivos: o título executivo judicial e o título executivo extrajudicial.
2. Medidas executivas
Protesto de decisão judicial – o credor se dirige ao cartório de registro de documentos, leva o título e faz o protesto.
Inclusão no Cadastro de Proteção ao Crédito – inscrição do executado em órgãos de proteção ao crédito como o SERASA e o SPC

CLT. Art. 883-A. A decisão judicial transitada em julgado somente poderá ser levada a protesto, gerar inscrição do nome do executado em órgãos de proteção ao crédito ou no Banco Nacional de Devedores Trabalhistas (BNDT), nos termos da lei, depois de transcorrido o prazo de quarenta e cinco dias a contar da citação do executado, se não houver garantia do juízo. (Incluído pela Lei nº 13.467, de 2017).

Inclusão no Banco Nacional de Devedores Trabalhista – CNDT – Certidão Negativa de Débitos Trabalhistas. Essa certidão é expedida e consta no banco de dados nacional se aquela pessoa responde a algum processo trabalhista

CLT. Art. 642-A. É instituída a Certidão Negativa de Débitos Trabalhistas (CNDT), expedida gratuita e eletronicamente, para comprovar a inexistência de débitos inadimplidos perante a Justiça do Trabalho. (Incluído pela Lei nº 12.440, de 2011).

§ 1º O interessado não obterá a certidão quando em seu nome constar:

I – o inadimplemento de obrigações estabelecidas em sentença condenatória transitada em julgado proferida pela Justiça do Trabalho ou em acordos judiciais trabalhistas, inclusive no concernente aos recolhimentos previdenciários, a honorários, a custas, a emolumentos ou a recolhimentos determinados em lei; ou

II – o inadimplemento de obrigações decorrentes de execução de acordos firmados perante o Ministério Público do Trabalho ou Comissão de Conciliação Prévia. (Incluído pela Lei nº 12.440, de 2011).

CLT. Art. 883-A. A decisão judicial transitada em julgado somente poderá ser levada a protesto, gerar inscrição do nome do executado em órgãos de proteção ao crédito ou no Banco Nacional de Devedores Trabalhistas (BNDT), nos termos da lei, depois de transcorrido o prazo de quarenta e cinco dias a contar da citação do executado, se não houver garantia do juízo. (Incluído pela Lei nº 13.467, de 2017).

3. Títulos Executivos

Art. 876 – As decisões passadas em julgado ou das quais não tenha havido recurso com efeito suspensivo; os acordos, quando não cumpridos; os termos de ajuste de conduta firmados perante o Ministério Público do Trabalho e os termos de conciliação firmados perante as Comissões de Conciliação Prévia serão executada pela forma estabelecida neste Capítulo.

O rol apresentado pelo artigo é exemplificativo.

a) Títulos executivos judiciais – a sentença – decisão judicial.

b) Títulos executivos extrajudiciais – documentos extrajudiciais aos quais a lei concede força executiva (nota promissória, cheque e etc.).

- Termo de Ajustamento de Conduta (TAC)

- Acordo firmado perante a Comissão de Conciliação Prévia (CCP)

- Certidão de Dívida Ativa (CDA)

- Laudo arbitral – laudo arbitral é considerado uma espécie de título executivo judicial pela lei.

- Acordo extrajudicial homologado em juízo – O Acordo extrajudicial homologado em juízo será um **título executivo judicial**, posto que ele é **homologado** por um juiz do trabalho

4. Competência e iniciativa na execução

A competência na fase de execução é simples – o juiz que **processou** e julgou a causa trabalhista será o competente para **executá-la**.

CLT. Art. 877 – É competente para a execução das decisões o Juiz ou Presidente do Tribunal que tiver conciliado ou julgado originariamente o dissídio.

Há uma regra excepcional com relação à ação rescisória. A ação rescisória é uma ação de competência originária dos tribunais, mas existe uma regra especial que determina que a execução da decisão será processada perante o juiz que julgou o processo de origem.

O tema da iniciativa de execução foi modificado pela reforma trabalhista (Lei nº 13.467/17) e está disciplinado no artigo 878 da CLT.

Art. 878. A execução será promovida pelas partes, permitida a execução de ofício pelo juiz ou pelo Presidente do Tribunal apenas nos casos em que as partes não estiverem representadas por advogado. (Redação dada pela Lei nº 13.467, de 2017).

5. Citação, Penhora e Avaliação

O ato inicial da execução, segundo a CLT, é chamado de mandado de citação, penhora e avaliação. A citação se aproxima muito mais do conceito de intimação – ato por meio do qual se comunica à parte acerca de um ato praticado no processo para que ela possa fazer ou deixar de fazer algo. Nesse caso, temos uma intimação, com o nome de citação, para que a parte faça o pagamento em 48 horas.

CLT, Art. 880. Requerida a execução, o juiz ou presidente do tribunal mandará expedir mandado de citação do executado, a fim de que cumpra a decisão ou o acordo no prazo, pelo modo e sob as cominações estabelecidas ou, quando se tratar de pagamento em dinheiro, inclusive de contribuições sociais devidas à União, para que o faça em 48 (quarenta e oito) horas ou garanta a execução, sob pena de penhora (Redação dada pela Lei nº 11.457, de 2007).

Uma vez que não se tenha o pagamento ou depósito da quantia, oferecimento de seguro-garantia judicial ou o executado não indique bens à penhora, dá-se início à penhora de bens.

Art. 883 – Não pagando o executado, nem garantindo a execução, seguir-se-á penhora dos bens, tantos quantos bastem ao pagamento da importância da condenação, acrescida de custas e juros de mora, sendo estes, em qualquer caso, devidos a partir da data em que for ajuizada a reclamação inicial (Redação dada pela Lei nº 2.244, de 23.6.1954).

A avaliação é a definição do valor de mercado do bem, que pode ser questionado pelas partes. O executado pode dizer que o valor definido pelo oficial é inferior ao de mercado, o que será discutido na execução, podendo o juiz modificar o valor da avaliação – a pedido ou de ofício.

A legislação prevê que a avaliação será feita pelo oficial de justiça que realiza a penhora.

6. Embargos à Execução

Os embargos à execução não se constituem em ação movida pelo executado no curso da execução, mas uma forma de defesa, um incidente na execução. Consiste na defesa do réu, na qual ele arguirá questões relativas à execução. Ressalta-se que as questões que podem ser arguidas têm previsão legal.

Embargos à execução são os embargos que o executado – réu – vai oferecer. Entretanto, o credor poderá impugnar os cálculos ofertando impugnação à sentença de liquidação.

CLT, Art. 884 – Garantida a execução ou penhorados os bens, terá o executado 5 (cinco) dias para apresentar embargos, cabendo igual prazo ao exequente para impugnação (Vide Medida Provisória nº 2.180-35, de 2001).

§ 1º – A matéria de defesa será restrita às alegações de cumprimento da decisão ou do acordo, quitação ou prescrição da dívida.

§ 2º – Se na defesa tiverem sido arroladas testemunhas, poderá o Juiz ou o Presidente do Tribunal, caso julgue necessários seus depoimentos, marcar audiência para a produção das provas, a qual deverá realizar-se dentro de 5 (cinco) dias.

§ 3º – Somente nos embargos à penhora poderá o executado impugnar a sentença de liquidação, cabendo ao exeqüente igual direito e no mesmo prazo.

§ 4º Julgar-se-ão na mesma sentença os embargos e as impugnações à liquidação apresentadas pelos credores trabalhista e previdenciário.

§ 5º Considera-se inexigível o título judicial fundado em lei ou ato normativo declarados inconstitucionais pelo Supremo Tribunal Federal ou em aplicação ou interpretação tidas por incompatíveis com a Constituição Federal.

§ 6º A exigência da garantia ou penhora não se aplica às entidades filantrópicas e/ou àqueles que compõem ou compuseram a diretoria dessas instituições.

7. Execução por prestações sucessivas

Art. 890 – A execução para pagamento de prestações sucessivas far-se-á com observância das normas constantes desta Seção, sem prejuízo das demais estabelecidas neste Capítulo.

Art. 891 – Nas prestações sucessivas por tempo determinado, a execução pelo não-pagamento de uma prestação compreenderá as que lhe sucederem.

8. Expropriação de bens

Expropriação do bem – etapa de alienação do bem que foi penhorado (constrito) e terá sua propriedade transferida para outra pessoa, o arrematante.

A expropriação pode se dar pela arrematação, situação na qual se tem um leilão, uma hasta pública, ou a adjudicação, na qual o próprio exequente (credor), fica com o bem penhorado para o pagamento da dívida. Essa situação se assemelha à dação em pagamento (contrato civil), em que se dá algum bem para pagar uma dívida, sendo que a diferença é que na adjudicação há um ato estatal, coercitivo, que independe da vontade do proprietário do bem.

Art. 888 CLT

§ 1º A arrematação far-se-á em dia, hora e lugar anunciados e os bens serão vendidos pelo maior lance, tendo o exequente preferência para a adjudicação. (Redação dada pela Lei nº 5.584, de 26.6.1970).

§ 2º O arrematante deverá garantir o lance com o sinal correspondente a 20% (vinte por cento) do seu valor.

§ 3º Não havendo licitante, e não requerendo o exequente a adjudicação dos bens penhorados, poderão os mesmos ser vendidos por leiloeiro nomeado pelo Juiz ou Presidente (Redação dada pela Lei nº 5.584, de 26.6.1970).

§ 4º Se o arrematante, ou seu fiador, não pagar dentro de 24 (vinte e quatro) horas o preço da arrematação, perderá, em benefício da execução, o sinal de que trata o § 2º deste artigo, voltando à praça os bens executados.

9. Súmulas e Orientações Jurisprudenciais do TST sobre execução

Súmula nº 368 do TST

I – A Justiça do Trabalho é competente para determinar o recolhimento das contribuições fiscais. A competência da Justiça do Trabalho, quanto à execução das contribuições previdenciárias, limita-se às sentenças condenatórias em pecúnia que proferir e aos valores, objeto de acordo homologado, que integrem o salário de contribuição.

II – É do empregador a responsabilidade pelo recolhimento das contribuições previdenciárias e fiscais, resultantes de crédito do empregado oriundo de condenação judicial. A culpa do empregador pelo inadimplemento das verbas remuneratórias, contudo, não exime a responsabilidade do empregado pelos pagamentos do imposto de renda devido e da contribuição previdenciária que recaia sobre sua quota-parte.

III – Os descontos previdenciários relativos à contribuição do empregado, no caso de ações trabalhistas, devem ser calculados mês a mês, de conformidade com o art. 276, § 4º, do Decreto n º 3.048/1999 que regulamentou a Lei nº 8.212/1991, aplicando-se as alíquotas previstas no art. 198, observado o limite máximo do salário de contribuição.

IV – Considera-se fato gerador das contribuições previdenciárias decorrentes de créditos trabalhistas reconhecidos ou homologados em juízo, para os serviços prestados até 4.3.2009, inclusive, o efetivo pagamento das verbas, configurando-se a mora a partir do dia dois do mês seguinte ao da liquidação (art. 276, "caput", do Decreto nº 3.048/1999). Eficácia não retroativa da alteração legislativa promovida pela Medida Provisória nº 449/2008, posteriormente convertida na Lei nº 11.941/2009, que deu nova redação ao art. 43 da Lei nº 8.212/91.

V – Para o labor realizado a partir de 5.3.2009, considera-se fato gerador das contribuições previdenciárias decorrentes de créditos trabalhistas reconhecidos ou homologados em juízo a data da efetiva prestação dos serviços. Sobre as contribuições previdenciárias não recolhidas a partir da prestação dos serviços incidem juros de mora e, uma vez apurados os créditos previdenciários, aplica-se multa a partir do exaurimento do prazo de citação para pagamento, se descumprida a obrigação, observado o limite legal de 20% (art. 61, § 2º, da Lei nº 9.430/96).

VI – O imposto de renda decorrente de crédito do empregado recebido acumuladamente deve ser calculado sobre o montante dos rendimentos pagos, mediante a utilização de tabela progressiva resultante da multiplicação da quantidade de meses a que se refiram os rendimentos pelos valores constantes da tabela progressiva mensal correspondente ao mês do recebimento ou crédito, nos termos do art. 12-A da Lei nº 7.713, de 22/12/1988, com a redação conferida pela Lei nº 13.149/2015, observado o procedimento previsto nas Instruções Normativas da Receita Federal do Brasil.

SÚMULA 417 TST

I – Não fere direito líquido e certo do impetrante o ato judicial que determina penhora em dinheiro do executado para garantir crédito exequendo, pois é prioritária e obedece à gradação prevista no art. 835 do CPC de 2015 (art. 655 do CPC de 1973).

II – Havendo discordância do credor, em execução definitiva, não tem o executado direito líquido e certo a que os valores penhorados em dinheiro fiquem depositados no próprio banco, ainda que atenda aos requisitos do art. 840, I, do CPC de 2015 (art. 666, I, do CPC de 1973).

SÚMULA 401 DO TST – Os descontos previdenciários e fiscais devem ser efetuados pelo juízo executório, ainda que a sentença exequenda tenha sido omissa sobre a questão, dado o caráter de ordem pública ostentado pela norma que os disciplina. A ofensa à coisa julgada somente poderá ser caracterizada na hipótese de o título exequendo, expressamente, afastar a dedução dos valores a título de imposto de renda e de contribuição previdenciária.

SÚMULA 454 DO TST – Compete à Justiça do Trabalho a execução, de ofício, da contribuição referente ao Seguro de Acidente de Trabalho (SAT), que tem natureza de contribuição para a seguridade social (arts. 114, VIII, e 195, I, "a", da CF), pois se destina ao financiamento de benefícios relativos à incapacidade do empregado decorrente de infortúnio no trabalho (arts. 11 e 22 da Lei nº 8.212/1991).

OJs

OJ 343 DA SDI-1 – É válida a penhora em bens de pessoa jurídica de direito privado, realizada anteriormente à sucessão pela União ou por Estado-membro, não podendo a execução prosseguir mediante precatório. A decisão que a mantém não viola o art. 100 da CF/1988.

OJ 368 DA SDI-1 – É devida a incidência das contribuições para a Previdência Social sobre o valor total do acordo homologado em juízo, independentemente do reconhecimento de vínculo de emprego, desde que não haja discriminação das parcelas sujeitas à incidência da contribuição previdenciária, conforme parágrafo único do art. 43 da Lei nº 8.212, de 24.07.1991, e do art. 195, I, "a", da CF/1988.

OJ 376 DA SDI-1 – É devida a contribuição previdenciária sobre o valor do acordo celebrado e homologado após o trânsito em julgado de decisão judicial, respeitada a proporcionalidade de valores entre as parcelas de natureza salarial e indenizatória deferidas na decisão condenatória e as parcelas objeto do acordo.

OJ 398 DA SDI-1 – Nos acordos homologados em juízo em que não haja o reconhecimento de vínculo empregatício, é devido o recolhimento da contribuição previdenciária, mediante a alíquota de 20% a cargo do tomador de serviços e de 11% por parte do prestador de serviços, na qualidade de contribuinte individual, sobre o valor total do acordo, respeitado o teto de contribuição. Inteligência do § 4º do art. 30 e do inciso III do art. 22, todos da Lei n.º 8.212, de 24.07.1991.

OJ 400 DA SDI -1 – Os juros de mora decorrentes do inadimplemento de obrigação de pagamento em dinheiro não integram a base de cálculo do imposto de renda, independentemente da natureza jurídica da obrigação inadimplida, ante o cunho indenizatório conferido pelo art. 404 do Código Civil de 2002 aos juros de mora.

RECURSOS NO PROCESSO DO TRABALHO

RECURSOS NO PROCESSO DO TRABALHO

1. Recursos

Recurso é mecanismo voluntário e previsto em lei para impugnação de decisões judiciais no processo em que proferida. Sua natureza jurídica para parte da doutrina é de prolongamento do direito de ação enquanto outro entendimento defende tratar-se de ato jurídico processual em sentido estrito.

Os recursos não se confundem com as ações autônomas de impugnação (ação rescisória, embargos de terceiro, mandado de segurança etc.), justamente porque estas geram processo novo, embora relacionado, de alguma forma, a outro. o recurso prolonga a fase cognitiva do próprio processo em que interposto.

1.1 Irrecorribilidade imediata das decisões interlocutórias

CLT, Art. 893 – Das decisões são admissíveis os seguintes recursos:

§ 1º – Os incidentes do processo são resolvidos pelo próprio Juízo ou Tribunal, admitindo-se a apreciação do merecimento das decisões interlocutórias somente em recursos da decisão definitiva.

O parágrafo primeiro do art. 893 da CLT trata do princípio da irrecorribilidade imediata das decisões interlocutórias. O detalhe apresentado é que não há uma irrecorribilidade absoluta das decisões interlocutórias no processo do trabalho, pois a não possibilidade de recurso é de imediato, isto é, o Juiz do Trabalho profere uma decisão interlocutória, no curso do processo, e não cabe recurso de imediato, mas caberá um recurso contra aquela decisão interlocutória quando for prolatada a sentença. Assim, apenas no recurso da decisão definitiva é que a parte poderá recorrer quanto à decisão interlocutória.

1.2 Ausência de efeitos suspensivo

A interposição de recurso não suspende a execução da sentença. Portanto, a decisão terá validade – será possível, em regra, a execução provisória, prosseguindo até a penhora. Não seria possível uma execução definitiva, ou seja, a entrega do dinheiro ao credor, mas a execução provisória, em tese, seria possível.

No processo do trabalho os recursos não têm efeito suspensivo por força de lei. Eventualmente o Tribunal pode atribuir efeito suspensivo em uma situação de tutela urgência, mas como regra não há efeito suspensivo nos recursos, inclusive no recurso extraordinário em matéria trabalhista.

1.3 Não cabimento do recurso pelos Presidente dos TRTs

Art. 898 – Das decisões proferidas em dissídio coletivo que afete empresa de serviço público, ou, em qualquer caso, das proferidas em revisão, poderão recorrer, além dos interessados, o Presidente do Tribunal e a Procuradoria da Justiça do Trabalho.

O art. 898 da CLT trata do tema de dissídio coletivo, devendo-se ter a noção de que, conforme a regra da CLT, o Presidente do Tribunal Regional do Trabalho poderia recorrer. Entretanto a doutrina e a jurisprudência consideram que esse dispositivo não foi recepcionado pela Constituição, pois prevê uma legitimidade recursal do Presidente do Tribunal, o que significaria o Poder Judiciário recorrendo de uma decisão – violação ao princípio da inércia da jurisdição.

1.4 Recurso por simples petição – efeito devolutivo e execução provisória

Art. 899 – Os recursos serão interpostos por simples petição e terão efeito meramente devolutivo, salvo as exceções previstas neste Título, permitida a execução provisória até a penhora.

Efeito devolutivo – matéria que foi apreciada pelo Juiz do Trabalho no primeiro grau de jurisdição, será reapreciada pelo Tribunal.

1.5 Depósito recursal

É um requisito extrínseco de admissibilidade recursal que diz respeito ao preparo do recurso.

Há a previsão de que havendo o trânsito em julgado da decisão recorrida o depósito recursal será entregue à parte vencedora

Art. 899 (...).

§ 1º Sendo a condenação de valor até 10 (dez) vezes o salário-mínimo regional, nos dissídios individuais, só será admitido o recurso inclusive o extraordinário, mediante prévio depósito da respectiva importância. Transitada em julgado a decisão recorrida, ordenar-se-á o levantamento imediato da importância de depósito, em favor da parte vencedora, por simples despacho do juiz.

1.6 Contrarrazões recursais

Art. 900 – Interposto o recurso, será notificado o recorrido para oferecer as suas razões, em prazo igual ao que tiver tido o recorrente.

O art. 900 da CLT trata das chamadas contrarrazões. Significa dizer que uma vez que se interponha um recurso, inclusive por força do princípio do contraditório – parte contrária deve ser sempre cientificada, garantindo um direito de reação e de influência eficaz na construção da decisão judicial.

2. Recurso Ordinário

2.1 Hipóteses de cabimento

Art. 895 – Cabe recurso ordinário para a instância superior:.

I – das decisões definitivas ou terminativas das Varas e Juízos, no prazo de 8 (oito) dias; e

II – das decisões definitivas ou terminativas dos Tribunais Regionais, em processos de sua competência originária, no prazo de 8 (oito) dias, quer nos dissídios individuais, quer nos dissídios coletivos.

De acordo com o inciso I, cabe recurso ordinário para a instância superior das decisões definitivas ou terminativas das Varas e Juízos. Decisões definitivas são aquelas que apreciam o mérito da causa, julgando a procedência ou não do pedido. Por outro lado, as decisões terminativas são aquelas de extinção sem resolução do mérito

A situação apresentada pelo inciso II trata das decisões em processos de competência originária do TRT.

Nesse caso, cuidando-se de uma ação de competência originária do Tribunal, como uma ação rescisória ou um mandando de segurança impetrado contra um ato judicial de um Juiz do Trabalho, são ações de competência originária de TRT, o que faz com que o recurso cabível será um recurso ordinário para o TST.

2.2 Recurso ordinário no procedimento sumaríssimo

Art. 895 CLT

§ 1º – Nas reclamações sujeitas ao procedimento sumaríssimo, o recurso ordinário:

II – será imediatamente distribuído, uma vez recebido no Tribunal, devendo o relator liberá-lo no prazo máximo de dez dias, e a Secretaria do Tribunal ou Turma colocá-lo imediatamente em pauta para julgamento, sem revisor;

III – terá parecer oral do representante do Ministério Público presente à sessão de julgamento, se este entender necessário o parecer, com registro na certidão;

IV – terá acórdão consistente unicamente na certidão de julgamento, com a indicação suficiente do processo e parte dispositiva, e das razões de decidir do voto prevalente. Se a sentença for confirmada pelos próprios fundamentos, a certidão de julgamento, registrando tal circunstância, servirá de acórdão.

3. Recurso de Revista

O recurso de revista é um recurso que será encaminhado ao TST. Trata-se de recurso excepcional ao lado do recurso especial para o STJ e do recurso extraordinário para o STF. Assim, o recurso de revista é um recurso excepcional no âmbito do Tribunal Superior do Trabalho.

A primeira das particularidades do recurso de revista é que o objetivo principal dele é a tutela do direito objetivo. Isso significa que o recurso de revista não tem o objetivo principal de tutelar o direito subjetivo do recorrente, mas de proteger a própria integridade do ordenamento jurídico.

O segundo objetivo do recurso de revista consiste em uniformizar a jurisprudência trabalhista.

3.1 Hipóteses de cabimento

CLT, Art. 896 – Cabe Recurso de Revista para Turma do Tribunal Superior do Trabalho das decisões proferidas em grau de recurso ordinário, em dissídio individual, pelos Tribunais Regionais do Trabalho, quando:

a) derem ao mesmo dispositivo de lei federal interpretação diversa da que lhe houver dado outro Tribunal Regional do Trabalho, no seu Pleno ou Turma, ou a Seção de Dissídios Individuais do Tribunal Superior do Trabalho, ou contrariarem súmula de jurisprudência uniforme dessa Corte ou súmula vinculante do Supremo Tribunal Federal;

b) derem ao mesmo dispositivo de lei estadual, Convenção Coletiva de Trabalho, Acordo Coletivo, sentença normativa ou regulamento empresarial de observância obrigatória em área territorial que exceda a jurisdição do Tribunal Regional prolator da decisão recorrida, interpretação divergente, na forma da alínea a;

c) proferidas com violação literal de disposição de lei federal ou afronta direta e literal à Constituição Federal.

3.2 Endereçamento do recurso de revista

O recurso trabalhista, como outro qualquer aqui, será interposto perante o juízo a quo, de origem. Assim, a petição de interposição do recurso de revista é endereçada ao Presidente do Tribunal Regional do Trabalho.

Embora a CLT mencione "Presidente do TRT", também poderá ser ao Vice-Presidente do TRT, pois alguns regimentos internos de TRTs preveem que essa competência para exercer o juízo inicial de admissibilidade do recurso de revista é do Vice-Presidente do Tribunal Regional, devendo-se respeitar o regimento interno da Casa. Contudo, de acordo com a CLT, seria, a princípio, endereçado ao Presidente do TRT para exercer o juízo inicial de admissibilidade.

3.3 Recurso de Revista em execução

Art. 896

§ 2º Das decisões proferidas pelos Tribunais Regionais do Trabalho ou por suas Turmas, em execução de sentença, inclusive em processo incidente de embargos de terceiro, não caberá Recurso de Revista, salvo na hipótese de ofensa direta e literal de norma da Constituição Federal.

3.4 Divergência jurisprudencial

Art. 896

§ 7º A divergência apta a ensejar o recurso de revista deve ser atual, não se considerando como tal a ultrapassada por súmula do Tribunal Superior do Trabalho ou do Supremo Tribunal Federal, ou superada por iterativa e notória jurisprudência do Tribunal Superior do Trabalho.

3.5 Recurso de Revista no rito sumaríssimo

Art. 896

§ 9º Nas causas sujeitas ao procedimento sumaríssimo, somente será admitido recurso de revista por contrariedade a súmula de jurisprudência uniforme do Tribunal Superior do Trabalho ou a súmula vinculante do Supremo Tribunal Federal e por violação direta da Constituição Federal.

3.6 Recurso de Revista em execução fiscal e CNDT

Art. 896

§ 10. Cabe recurso de revista por violação a lei federal, por divergência jurisprudencial e por ofensa à Constituição Federal nas execuções fiscais e nas controvérsias da fase de execução que envolvam a Certidão Negativa de Débitos Trabalhistas (CNDT), criada pela Lei no 12.440, de 7 de julho de 2011.

Tal medida se justifica porque na situação de execução fiscal e da CNDT não houve um processo de conhecimento em relação àquele tema. A execução fiscal parte da chamada Certidão de Dívida Ativa (CDA) – ato unilateral da Fazenda, apesar de haver um contraditório no âmbito administrativo.

Nesse sentido, em razão dessa particularidade, nas execuções fiscais e nos casos que envolvam a CNDT, admite-se de forma mais ampla o recurso de revista, que será cabível em razão de divergência jurisprudencial, por violação à lei federal e à Constituição. É uma situação excepcional na execução que aproxima o cabimento do recurso de revista com aquele existente na fase de conhecimento.

3.7 Regularidade formal do Recurso de revista

Art. 896

§ 11. Quando o recurso tempestivo contiver defeito formal que não se repute grave, o Tribunal Superior do Trabalho poderá desconsiderar o vício ou mandar saná-lo, julgando o mérito.

Sendo o recurso tempestivo, embora contenha algum defeito formal que não se repute grave, o TST poderá desconsiderar o vício e julgar o recurso no mérito. É possível, ainda, que o TST pode determinar que aquele vício seja sanado.

3.8 Decisão denegatória ao Recurso de revista

Art. 896

§ 12. Da decisão denegatória caberá agravo, no prazo de 8 (oito) dias.

Caberá o agravo de instrumento no recurso de revista.

3.9 Negativa de seguimento ao Recurso de revista pelo Relator

Art. 896

§ 14. O relator do recurso de revista poderá denegar-lhe seguimento, em decisão monocrática, nas hipóteses de intempestividade, deserção, irregularidade de representação ou de ausência de qualquer outro pressuposto extrínseco ou intrínseco de admissibilidade.

O parágrafo quatorze admite a decisão unipessoal do relator no recurso de revista, de forma que se o Ministro relator perceber que está ausente algum requisito do recurso de revista ele irá negar-lhe seguimento de forma monocrática, que poderá ser enfrentada por agravo interno para que a Turma do TST aprecie aquela decisão monocrática.

3.10 Transcendência do Recurso de revista

Art.896-A – O Tribunal Superior do Trabalho, no recurso de revista, examinará previamente se a causa oferece transcendência com relação aos reflexos gerais de natureza econômica, política, social ou jurídica.

§ 1º São indicadores de transcendência, entre outros:

I – econômica, o elevado valor da causa;

II – política, o desrespeito da instância recorrida à jurisprudência sumulada do Tribunal Superior do Trabalho ou do Supremo Tribunal Federal;

III – social, a postulação, por reclamante-recorrente, de direito social constitucionalmente assegurado;

IV – jurídica, a existência de questão nova em torno da interpretação da legislação trabalhista.

- Transcendência econômica: O inciso I prevê que são indicadores de transcendência econômica o elevado valor da causa. A construção desse conceito jurídico indeterminado (o elevado valor da causa) se dará pelo Tribunal Superior do Trabalho no julgamento dos casos concretos que lhe forem submetidos.

- Transcendência política: O inciso II traz a transcendência política e a classifica como o desrespeito da instância recorrida à jurisprudência sumulada do Tribunal Superior do Trabalho ou do Supremo Tribunal Federal.

- Transcendência social: A transcendência social, prevista no inciso III, traz uma cláusula bem ampla, pois sabemos que os direitos trabalhistas, em sua grande maioria, terão fundamento constitucional no art. 7º da CF/88, como a isonomia entre homens e mulheres, a equiparação salarial, o décimo terceiro salário, as férias e etc.

- Transcendência jurídica: A transcendência jurídica é prevista como aquela em que há a existência de questão nova em torno da interpretação da legislação trabalhista.

3.11 Aspecto relevantes acerca do recurso de revista repetitivo

a) Identidade de questão de direito

Não se trata de identidade de questões de fato, pois os fatos sempre terão particularidades, mas sim mesma questão jurídica debatida. Versa sobre causas repetitivas, em que há identidade da questão de direito/matéria

b) Recursos representativos – paradigmas

Serão selecionados um ou alguns recursos de revista representativos da controvérsia, também chamados de recurso paradigma, para serem os casos pioneiros por meio do qual o TST analisará profundamente o tema e todos os argumentos pertinentes que aparecem nos mais diversos processos.

c) Ampliação do contraditório:

Considerando que será fixada tese vinculante, de aplicação para todos os processos que versem sobre o tema, há necessidade de que o contraditório seja ainda mais forte, ou seja, que se permita a formulação de todos os tipos de argumento. Assim, é garantida a participação do amicus curiae (amigo da corte), como associações e entidades que tenham atuação naquela área de conhecimento humano. A participação do Ministério Público, por sua vez, é obrigatória no recurso repetitivo.

d) Sobrestamento

Uma vez que se deflagre a sistemática de julgamento de recurso de revista repetitivo, após decisão judicial todos os processos e recursos que versem sobre o tema serão sobrestados. Isto significa que o julgamento daquelas causas ficará suspenso até que seja fixada a tese do TST.

Se o processo em que interposto recurso de revista for sobrestado antes da remessa dos autos ao TST, ou seja, antes do juízo de admissibilidade do recurso, após o julgamento do recurso representativo da controvérsia poderão ocorrer as seguintes situações:

- se a tese do TRT for igual à tese do TST, de modo que a decisão contra a qual se interpôs o recurso de revista tenha teor idêntico à tese do paradigma, no juízo de admissibilidade a ser proferido pelo TRT será negado seguimento ao recurso de revista; ou

- caso a decisão do TRT seja diferente da tese fixada no recurso paradigma pelo TST, o processo retornará à Turma do TRT, ou seja, para o órgão de origem, para que esta profira juízo de retratação, no qual modificará o julgado anterior para adequá-lo à tese do TST. Se a Turma adequar a decisão será resolvido o problema e o recurso de revista eventualmente interposto terá seu seguimento negado. Contudo, se a Turma do TRT se negar a retratar a decisão, será analisada a admissibilidade do recurso de revista que, se admitido, será remetido ao TST. Chegando ao TST, o Ministro Relator poderá monocraticamente (decisão unilateral) dar provimento ao recurso.

3.12 Dispositivos legais sobre recurso de revista repetitivos

Art. 896-C. Quando houver multiplicidade de recursos de revista fundados em idêntica questão de direito, a questão poderá ser afetada à Seção Especializada em Dissídios Individuais ou ao Tribunal Pleno, por decisão da maioria simples de seus membros, mediante requerimento de um dos Ministros que compõem a Seção Especializada, considerando a relevância da matéria ou a existência de entendimentos divergentes entre os Ministros dessa Seção ou das Turmas do Tribunal. (Incluído pela Lei nº 13.015, de 2014).

§ 1º O Presidente da Turma ou da Seção Especializada, por indicação dos relatores, afetará um ou mais recursos representativos da controvérsia para julgamento pela Seção Especializada em Dissídios Individuais ou pelo Tribunal Pleno, sob o rito dos recursos repetitivos. (Incluído pela Lei nº 13.015, de 2014)".

§ 2º O Presidente da Turma ou da Seção Especializada que afetar processo para julgamento sob o rito dos recursos repetitivos deverá expedir comunicação aos demais Presidentes de Turma ou de Seção Especializada, que poderão afetar outros processos sobre a questão para julgamento conjunto, a fim de conferir ao órgão julgador visão global da questão. (Incluído pela Lei nº 13.015, de 2014).

§ 3º O Presidente do Tribunal Superior do Trabalho oficiará os Presidentes dos Tribunais Regionais do Trabalho para que suspendam os recursos interpostos em casos idênticos aos afetados como recursos repetitivos, até o pronunciamento definitivo do Tribunal Superior do Trabalho. (Incluído pela Lei nº 13.015, de 2014).

§ 4º Caberá ao Presidente do Tribunal de origem admitir um ou mais recursos representativos da controvérsia, os quais serão encaminhados ao Tribunal Superior do Trabalho, ficando suspensos os demais recursos de revista até o pronunciamento definitivo do Tribunal Superior do Trabalho. (Incluído pela Lei nº 13.015, de 2014).

§ 5º O relator no Tribunal Superior do Trabalho poderá determinar a suspensão dos recursos de revista ou de embargos que tenham como objeto controvérsia idêntica à do recurso afetado como repetitivo. (Incluído pela Lei nº 13.015, de 2014).

§ 6º O recurso repetitivo será distribuído a um dos Ministros membros da Seção Especializada ou do Tribunal Pleno e a um Ministro revisor. (Incluído pela Lei nº 13.015, de 2014).

§ 7º O relator poderá solicitar, aos Tribunais Regionais do Trabalho, informações a respeito da controvérsia, a serem prestadas no prazo de 15 (quinze) dias. (Incluído pela Lei nº 13.015, de 2014).

§ 8º O relator poderá admitir manifestação de pessoa, órgão ou entidade com interesse na controvérsia, inclusive como assistente simples, na forma da Lei nº 5.869, de 11 de janeiro de 1973 (Código de Processo Civil). (Incluído pela Lei nº 13.015, de 2014).

§ 9º Recebidas as informações e, se for o caso, após cumprido o disposto no §7o deste artigo, terá vista o Ministério Público pelo prazo de 15 (quinze) dias. Incluído pela Lei nº 13.015, de 2014)

§ 10. Transcorrido o prazo para o Ministério Público e remetida cópia do relatório aos demais Ministros, o processo será incluído em pauta na Seção Especializada ou no Tribunal Pleno, devendo ser julgado com preferência sobre os demais feitos. (Incluído pela Lei nº 13.015, de 2014).

§ 11. Publicado o acórdão do Tribunal Superior do Trabalho, os recursos de revista sobrestados na origem: (Incluído pela Lei nº 13.015, de 2014).

I – terão seguimento denegado na hipótese de o acórdão recorrido coincidir com a orientação a respeito da matéria no Tribunal Superior do Trabalho; ou (Incluído pela Lei nº 13.015, de 2014).

II – serão novamente examinados pelo Tribunal de origem na hipótese de o acórdão recorrido divergir da orientação do Tribunal Superior do Trabalho a respeito da matéria. (Incluído pela Lei nº 13.015, de 2014).

§ 12. Na hipótese prevista no inciso II do § 11 deste artigo, mantida a decisão divergente pelo Tribunal de origem, far-se-á o exame de admissibilidade do recurso de revista. (Incluído pela Lei nº 13.015, de 2014).

4. Agravo de Petição
O agravo de petição tem por objetivo impugnar decisões na execução ou cumprimento de sentença, conforme previsto no art. 897, CLT: Art. 897 – Cabe agravo, no prazo de 8 (oito) dias:(Redação dada pela Lei nº 8.432 de 1992). a) de petição, das decisões do Juiz ou Presidente, nas execuções; (Redação dada pela Lei nº 8.432, de 1992).
4.1 Delimitação da matéria impugnada
Nos termos do art. 897, §1º, CLT: § 1º – O agravo de petição só será recebido quando o agravante delimitar, justificadamente, as matérias e os valores impugnados, permitida a execução imediata da parte remanescente até o final, nos próprios autos ou por carta de sentença. (Redação dada pela Lei nº 8.432, de 1992). Quando o executado interpuser o agravo de petição deverá delimitar a matéria que está impugnando, até mesmo em função da necessidade de dialeticidade do recurso, ou seja, de que o recurso demonstre os fundamentos e razões pelas quais aquela decisão deveria ser modificada.
4.2 Execução imediata das parcelas incontroversas
A parte incontroversa, será executada imediata e definitivamente, nos próprios autos ou por carta de sentença, inclusive admitindo a expropriação de bens do devedor e a entrega do direito ao credor.
5. Agravo de Instrumento
O agravo de instrumento, no Processo do Trabalho, é recurso cujo cabimento se restringe às decisões que exerçam juízo negativo de admissibilidade de outros recursos interpostos perante o Juízo recorrido, conforme art. 897, b da CLT – o único objetivo do agravo de instrumento é impugnar decisão que negue a admissibilidade a outro recurso.
5.1 Prazo para interposição do agravo de instrumento
Art. 897 – Cabe agravo, no prazo de 8 (oito) dias: (Redação dada pela Lei nº 8.432, de 1992). b) de instrumento, dos despachos que denegarem a interposição de recursos. (Redação dada pela Lei nº 8.432, de 1992).
5.2 Agravo de instrumento na execução
No caso do agravo de instrumento em face de decisão que negar seguimento a agravo de petição e não remeter o processo ao TST, a execução prosseguirá normalmente, como dispõe o art. 897, §2º, CLT: § 2º – O agravo de instrumento interposto contra o despacho que não receber agravo de petição não suspende a execução da sentença. (Redação dada pela Lei nº 8.432, de 1992).
5.3 Hipótese de cabimento
No Processo do Trabalho, somente cabe o agravo de instrumento para impugnar decisão que negue a admissibilidade a outro recurso.
6. Embargos de Declaração
Os embargos de declaração são cabíveis contra qualquer decisão judicial e tem o objetivo de: (i) obter esclarecimento sobre obscuridade ou eliminar contradição da decisão recorrida; (ii) suprir omissão de ponto ou questão sobre a qual o devia se pronunciar o juiz de ofício ou a requerimento; (iii) corrigir erro material. Trata-se de recurso com fundamentação vinculada, ou seja, somente podem ser opostos naquelas situações típicas previstas na lei, quais sejam: omissão, contradição, obscuridade e erro material.
6.1 Efeito modificativo
Poderá ocorrer efeito modificativo nas situações de omissão, contradição e manifesto equívoco no exame dos pressupostos extrínsecos do recurso.
6.2 Correção de erros materiais
A doutrina entende que o erro material não transita em julgado. Trata-se de erro na confecção do documento, como quando o juiz coloca um zero a mais ou a menos, há erro de cálculo, expressão errada, erro no nome da parte ou em seu sobrenome. Art. 897-A § 1º Os erros materiais poderão ser corrigidos de ofício ou a requerimento de qualquer das partes. (Redação dada pela Lei nº 13.015, de 2014).

6.3 Necessidade de intimação do embargado – efeito modificativo
Sempre que os embargos tiverem potencial de modificação da decisão judicial, o §2º do art. 897-A, CLT, estabelece a necessidade de intimação da parte contrária, para que possa se manifestar no prazo de cinco dias, consagrando o princípio do contraditório substancial, oportunizando o direito das partes à influência eficaz na construção da decisão judicial. § 2º Eventual efeito modificativo dos embargos de declaração somente poderá ocorrer em virtude da correção de vício na decisão embargada e desde que ouvida a parte contrária, no prazo de 5 (cinco) dias. (Incluído pela Lei nº 13.015, de 2014).
6.4 Interrupção do prazo para interposição de outros recursos
Os embargos de declaração sempre terão efeito interruptivo, ou seja, sempre interromperão o prazo dos outros recursos, seja qual for o recurso passível de cabimento. Deste modo, a mera oposição dos embargos de declaração gerará o efeito interruptivo, exceto quando os embargos forem intempestivos, irregular a representação da parte ou ausente a sua assinatura, nos termos do o §3º do art. 897-A, CLT: § 3º Os embargos de declaração interrompem o prazo para interposição de outros recursos, por qualquer das partes, salvo quando intempestivos, irregular a representação da parte ou ausente a sua assinatura.

✦ SÚMULAS APLICÁVEIS

1. REPRESENTAÇÃO

- **Súmula nº 383 do TST**. RECURSO. MANDATO. IRREGULARIDADE DE REPRESENTAÇÃO. CPC DE 2015, ARTS. 104 E 76, § 2º (nova redação em decorrência do CPC de 2015) – Res. 210/2016, DEJT divulgado em 30.06.2016 e 01 e 04.07.2016 I – É inadmissível recurso firmado por advogado sem procuração juntada aos autos até o momento da sua interposição, salvo mandato tácito. Em caráter excepcional (art. 104 do CPC de 2015), admite-se que o advogado, independentemente de intimação, exiba a procuração no prazo de 5 (cinco) dias após a interposição do recurso, prorrogável por igual período mediante despacho do juiz. Caso não a exiba, considera-se ineficaz o ato praticado e não se conhece do recurso. II – Verificada a irregularidade de representação da parte em fase recursal, em procuração ou substabelecimento já constante dos autos, o relator ou o órgão competente para julgamento do recurso designará prazo de 5 (cinco) dias para que seja sanado o vício. Descumprida a determinação, o relator não conhecerá do recurso, se a providência couber ao recorrente, ou determinará o desentranhamento das contrarrazões, se a providência couber ao recorrido (art. 76, § 2º, do CPC de 2015).
- **Súmula 395 do TST**. MANDATO E SUBSTABELECIMENTO. CONDIÇÕES DE VALIDADE (nova redação dos itens I e II e acrescido o item V em decorrência do CPC de 2015) – Res. 211/2016, DEJT divulgado em 24, 25 e 26.08.2016I – Válido é o instrumento de mandato com prazo determinado que contém cláusula estabelecendo a prevalência dos poderes para atuar até o final da demanda (§ 4º do art. 105 do CPC de 2015). (ex -OJ nº 312 da SBDI-1 – DJ 11.08.2003) II – Se há previsão, no instrumento de mandato, de prazo para sua juntada, o mandato só tem validade se anexado ao processo o respectivo instrumento no aludido prazo. (ex-OJ nº 313 da SBDI-1 – DJ 11.08.2003) III – São válidos os atos praticados pelo substabelecido, ainda que não haja, no mandato, poderes expressos para substabelecer (art. 667, e parágrafos, do Código Civil de 2002). (ex-OJ nº 108 da SBDI-1 – inserida em 01.10.1997) IV – Configura-se a irregularidade de representação se o substabelecimento é anterior à outorga passada ao substabelecente. (ex-OJ nº 330 da SBDI-1 – DJ 09.12.2003) V – Verificada a irregularidade de representação nas hipóteses dos itens II e IV, deve o juiz suspender o processo e designar prazo razoável para que seja sanado o vício, ainda que em instância recursal (art. 76 do CPC de 2015).
- **Súmula 436 do TST.** REPRESENTAÇÃO PROCESSUAL. PROCURADOR DA UNIÃO, ESTADOS, MUNICÍPIOS E DISTRITO FEDERAL, SUAS AUTARQUIAS E FUNDAÇÕES PÚBLICAS. JUNTADA DE INSTRUMENTO DE MANDATO (conversão da Orientação Jurisprudencial nº 52 da SBDI-I e inserção do item II à redação) – Res. 185/2012, DEJT divulgado em 25, 26 e 27.09.2012 I – A União, Estados, Municípios e Distrito Federal, suas autarquias e fundações públicas, quando representadas em juízo, ativa e passivamente, por seus procuradores, estão dispensadas da juntada de instrumento de mandato e de comprovação do ato de nomeação. II – Para os efeitos do item anterior, é essencial que o signatário ao menos se declare exercente do cargo de procurador, não bastando a indicação do número de inscrição na Ordem dos Advogados do Brasil.
- **Súmula 456 do TST**. REPRESENTAÇÃO. PESSOA JURÍDICA. PROCURAÇÃO. INVALIDADE. IDENTIFI-

CAÇÃO DO OUTORGANTE E DE SEU REPRESENTANTE. (inseridos os itens II e III em decorrência do CPC de 2015) – Res. 211/2016, DEJT divulgado em 24, 25 e 26.08.2016 I – É inválido o instrumento de mandato firmado em nome de pessoa jurídica que não contenha, pelo menos, o nome do outorgante e do signatário da procuração, pois estes dados constituem elementos que os individualizam. II – Verificada a irregularidade de representação da parte na instância originária, o juiz designará prazo de 5 (cinco) dias para que seja sanado o vício. Descumprida a determinação, extinguirá o processo, sem resolução de mérito, se a providência couber ao reclamante, ou considerará revel o reclamado, se a providência lhe couber (art. 76, § 1º, do CPC de 2015). III – Caso a irregularidade de representação da parte seja constatada em fase recursal, o relator designará prazo de 5 (cinco) dias para que seja sanado o vício. Descumprida a determinação, o relator não conhecerá do recurso, se a providência couber ao recorrente, ou determinará o desentranhamento das contrarrazões, se a providência couber ao recorrido (art. 76, § 2º, do CPC de2015).

- **OJ SDI1 200.** MANDATO TÁCITO. SUBSTABELECIMENTO INVÁLIDO (inserido dispositivo) – DJ 20.04.2005 É inválido o substabelecimento de advogado investido de mandato tácito.
- **OJ SDI1 255.** MANDATO. CONTRATO SOCIAL. DESNECESSÁRIA A JUNTADA. (atualizada em decorrência do CPC de 2015) – Res. 208/2016, DEJT divulgado em 22, 25 e 26.04.2016 O art. 75, inciso VIII, do CPC de 2015 (art. 12, VI, do CPC de 1973) não determina a exibição dos estatutos da empresa em juízo como condição de validade do instrumento de mandato outorgado ao seu procurador, salvo se houver impugnação da parte contrária.
- **OJ SDI1 286.** AGRAVO DE INSTRUMENTO. TRASLADO. MANDATO TÁCITO. ATA DE AUDIÊNCIA. CONFIGURAÇÃO (alterada) – Res. 167/2010, DEJT divulgado em 30.04.2010 e 03 e 04.05.2010 I – A juntada da ata de audiência, em que consignada a presença do advogado, desde que não estivesse atuando com mandato expresso, torna dispensável a procuração deste, porque demonstrada a existência de mandato tácito. II – Configurada a existência de mandato tácito fica suprida a irregularidade detectada no mandato expresso.
- **OJ-SDI1-318.** AUTARQUIA. FUNDAÇÃO PÚBLICA. LEGITIMIDADE PARA RECORRER. REPRESENTAÇÃO PROCESSUAL. (incluído o item II e alterada em decorrência do CPC de 2015) – Res. 220/2017 – DEJT divulgado em 21, 22 e 25.09.2017 I – Os Estados e os Municípios não têm legitimidade para recorrer em nome das autarquias e das fundações públicas. II – Os procuradores estaduais e municipais podem representar as respectivas autarquias e fundações públicas em juízo somente se designados pela lei da respectiva unidade da federação (art. 75, IV, do CPC de 2015) ou se investidos de instrumento de mandato válido.
- **OJ SDI1 319.** REPRESENTAÇÃO REGULAR. ESTAGIÁRIO. HABILITAÇÃO POSTERIOR (DJ 11.08.2003) Válidos são os atos praticados por estagiário se, entre o substabelecimento e a interposição do recurso, sobreveio a habilitação, do então estagiário, para atuar como advogado.
- **OJ SDI1 349.** MANDATO. JUNTADA DE NOVA PROCURAÇÃO. AUSÊNCIA DE RESSALVA. EFEITOS (DJ 25.04.2007) A juntada de nova procuração aos autos, sem ressalva de poderes conferidos ao antigo patrono, implica revogação tácita do mandato anterior.
- **OJ SDI1 371.** IRREGULARIDADE DE REPRESENTAÇÃO. SUBSTABELECIMENTO NÃO DATADO. INAPLICABILIDADE DO ART. 654, § 1º, DO CÓDIGO CIVIL. (atualizada em decorrência do CPC de 2015) – Res. 208/2016, DEJT divulgado em 22, 25 e 26.04.2016 Não caracteriza a irregularidade de representação a ausência da data da outorga de poderes, pois, no mandato judicial, ao contrário do mandato civil, não é condição de validade do negócio jurídico. Assim, a data a ser considerada é aquela em que o instrumento for juntado aos autos, conforme preceitua o art. 409, IV, do CPC de 2015 (art. 370, IV, do CPC de 1973). Inaplicável o art. 654, § 1º, do Código Civil.
- **OJ SDI1 374.** AGRAVO DE INSTRUMENTO. REPRESENTAÇÃO PROCESSUAL. REGULARIDADE. PROCURAÇÃO OU SUBSTABELECIMENTO COM CLÁUSULA LIMITATIVA DE PODERES AO ÂMBITO DO TRIBUNAL REGIONAL DO TRABALHO (DEJT divulgado em 19, 20 e 22.04.2010) É regular a representação processual do subscritor do agravo de instrumento ou do recurso de revista que detém mandato com poderes de representação limitados ao âmbito do Tribunal Regional do Trabalho, pois, embora a apreciação desse recurso seja realizada pelo Tribunal Superior do Trabalho, a sua interposição é ato praticado perante o Tribunal Regional do Trabalho, circunstância que legitima a atuação do advogado no feito.
- **OJ SDI1T (transitória) 65.** REPRESENTAÇÃO JUDICIAL DA UNIÃO. ASSISTENTE JURÍDICO. APRESENTAÇÃO DO ATO DE DESIGNAÇÃO (DEJT divulgado em 03, 04 e 05.12.2008) A ausência de juntada aos autos de documento que comprove a designação do assistente jurídico como representante judicial da União (art. 69 da Lei Complementar nº 73, de 10.02.1993) importa irregularidade de representação.

- **OJ SDI2 151.** AÇÃO RESCISÓRIA E MANDADO DE SEGURANÇA. PROCURAÇÃO. PODERES ESPECÍFICOS PARA AJUIZAMENTO DE RECLAMAÇÃO TRABALHISTA. IRREGULARIDADE DE REPRESENTAÇÃO PROCESSUAL. FASE RECURSAL. VÍCIO PROCESSUAL SANÁVEL. (Nova redação em conformidade do CPC de 2015) – Res. 211/2016, DEJT divulgado em 24, 25 e 26.08.2016A procuração com poderes específicos para ajuizamento de reclamação não autoriza uma proposta de ação rescisória e mandado de segurança. Constatado, todavia, o defeito de representação processual na fase recursal, cumpre ao relator ou ao tribunal conceder prazo de 5 (cinco) dias para a regularização, nos termos da Súmula nº 383, item II, do TST.

2. RECURSO. MANDADO DE SEGURANÇA

- **Súmula 33 do TST**. MANDADO DE SEGURANÇA. DECISÃO JUDICIAL TRANSITADA EM JULGADO (mantida) – Res. 121/2003, DJ 19, 20 e 21.11.2003 Não cabe mandado de segurança de decisão judicial transitada em julgado.
- **Súmula 365 do TST**. ALÇADA. AÇÃO RESCISÓRIA E MANDADO DE SEGURANÇA (conversão das Orientações Jurisprudenciais nºs8 e 10 da SBDI-1) – Res.129/2005, DJ 20, 22 e 25.04.2005 Não se aplica a alçada em ação rescisória e em mandado de segurança. (ex-OJs nºs 8 e 10 da SBDI-1 – inseridas em 01.02.1995)
- **Súmula 397 do TST**. AÇÃO RESCISÓRIA. ART. 966, IV, DO CPC DE 2015. ART. 485, IV, DO CPC DE 1973. AÇÃO DE CUMPRIMENTO. OFENSA À COISA JULGADA EMANADA DE SENTENÇA NORMATIVA MODIFICADA EM GRAU DE RECURSO. INVIABILIDADE. CABIMENTO DE MANDADO DE SEGURANÇA. (atualizada em decorrência do CPC de 2015) – Res. 208/2016, DEJT divulgado em 22, 25 e 26.04.2016 Não procede ação rescisória calcada em ofensa à coisa julgada perpetrada por decisão proferida em ação de cumprimento, em face de a sentença normativa, na qual se louvava, ter sido modificada em grau de recurso, porque em dissídio coletivo somente se consubstancia coisa julgada formal. Assim, os meios processuais aptos a atacarem a execução da cláusula reformada são a exceção de pré-executividade e o mandado de segurança, no caso de descumprimento do art. 514 do CPC de 2015 (art. 572 do CPC de 1973). (ex-OJ nº 116 da SBDI-2 – DJ 11.08.2003)
- **Súmula 414 do TST.** MANDADO DE SEGURANÇA. TUTELA PROVISÓRIA CONCEDIDA ANTES OU NA SENTENÇA (nova redação em decorrência do CPC de 2015) – Res. 217/2017, DEJT divulgado em 20, 24 e 25.04.2017. I – A tutela provisória concedida na sentença não comporta impugnação pela via do mandado de segurança, por ser impugnável mediante recurso ordinário. É admissível a obtenção de efeito suspensivo ao recurso ordinário mediante requerimento dirigido ao tribunal, ao relator ou ao presidente ou ao vice-presidente do tribunal recorrido, por aplicação subsidiária ao processo do trabalho do artigo 1.029, § 5º, do CPC de 2015. II – No caso de a tutela provisória haver sido concedida ou indeferida antes da sentença, cabe mandado de segurança, em face da inexistência de recurso próprio. III – A superveniência da sentença, nos autos originários, faz perder o objeto do mandado de segurança que impugnava a concessão ou o indeferimento da tutela provisória.
- **Súmula 415 do TST**. MANDADO DE SEGURANÇA. PETIÇÃO INICIAL. ART. 321 DO CPC DE 2015. ART. 284 DO CPC DE 1973. INAPLICABILIDADE. (atualizada em decorrência do CPC de 2015) – Res. 208/2016, DEJT divulgado em 22, 25 e 26.04.2016 Exigindo o mandado de segurança prova documental pré-constituída, inaplicável o art. 321 do CPC de 2015 (art. 284 do CPC de 1973) quando verificada, na petição inicial do "mandamus", a ausência de documento indispensável ou de sua autenticação. (ex-OJ nº 52 da SBDI-2 – inserida em 20.09.2000).
- **Súmula 416 do TST**. MANDADO DE SEGURANÇA. EXECUÇÃO. LEI Nº 8.432/1992. ART. 897, § 1º, DA CLT. CABIMENTO (conversão da Orientação Jurisprudencial nº 55 da SBDI-2) – Res. 137/2005, DJ 22, 23 e 24.08.2005 Devendo o agravo de petição delimitar justificadamente a matéria e os valores objeto de discordância, não fere direito líquido e certo o prosseguimento da execução quanto aos tópicos e valores não especificados no agravo. (ex-OJ nº 55 da SBDI-2 – inserida em 20.09.2000)
- **Súmula 417 do TST**. MANDADO DE SEGURANÇA. PENHORA EM DINHEIRO (alterado o item I, atualizado o item II e cancelado o item III, modulando-se os efeitos da presente redação de forma a atingir unicamente as penhoras em dinheiro em execução provisória efetivadas a partir de 18.03.2016, data de vigência do CPC de 2015) – Res. 212/2016, DEJT divulgado em 20, 21 e 22.09.2016 I – Não fere direito líquido e certo do impetrante o ato judicial que determina penhora em dinheiro do executado para garantir crédito exequendo, pois é prioritária e obedece à gradação prevista no art. 835 do CPC de 2015 (art. 655 do CPC de 1973). II – Havendo discordância do credor, em execução definitiva, não tem o executado direito líquido e certo a que os valores penhorados em dinheiro fiquem depositados no próprio banco, ainda que atenda aos requisitos do art. 840, I, do CPC de 2015 (art. 666, I, do CPC de 1973). (ex-OJ nº 61 da SBDI-2 – inserida em 20.09.2000).

- **Súmula 418 do TST.** MANDADO DE SEGURANÇA VISANDO À HOMOLOGA-ÇÃO DE ACORDO (nova redação em decorrência do CPC de 2015) – Res. 217/2017, DEJT divulgado em 20, 24 e 25.04.2017. A homologação de acordo constitui faculdade do juiz, inexistindo direito líquido e certo tutelável pela via do mandado de segurança.
- **OJ TP/OE 04.** MANDADO DE SEGURANÇA. DECISÃO DE TRT. INCOMPETÊNCIA ORIGINÁRIA DO TRIBUNAL SUPERIOR DO TRABALHO (DJ 17.03.2004) Ao Tribunal Superior do Trabalho não compete apreciar, originariamente, mandado de segurança impetrado em face de decisão de TRT.
- **OJ TP/OE 10.** PRECATÓRIO. PROCESSAMENTO E PAGAMENTO. NATUREZA ADMINISTRATIVA. MANDADO DE SEGURANÇA. CABIMENTO (DJ 25.04.2007) É cabível mandado de segurança contra atos praticados pela Presidência dos Tribunais Regionais em precatório em razão de sua natureza administrativa, não se aplicando o disposto no inciso II do art. 5º da Lei nº 1.533, de 31.12.1951.
- **OJ SDI2 53.** MANDADO DE SEGURANÇA. COOPERATIVA EM LIQUIDAÇÃO EXTRAJUDICIAL. LEI Nº 5.764/71, ART. 76. INAPLICÁVEL. NÃO SUSPENDE A EXECUÇÃO (inserida em 20.09.2000) A liquidação extrajudicial de sociedade cooperativa não suspende a execução dos créditos trabalhistas existentes contra ela.
- **OJ SDI2 54.** MANDADO DE SEGURANÇA. EMBARGOS DE TERCEIRO. CUMULAÇÃO. PENHORA. INCABÍVEL (atualizada em decorrência do CPC de 2015) – Res. 208/2016, DEJT divulgado em 22, 25 e 26.04.2016 – Ajuizados embargos de terceiro (art. 674 do CPC de 2015 – art. 1.046 do CPC de 1973) para pleitear a desconstituição da penhora, é incabível mandado de segurança com a mesma finalidade.
- **OJ SDI2 56.** MANDADO DE SEGURANÇA. EXECUÇÃO. PENDÊNCIA DE RECURSO EXTRAORDINÁRIO (inserida em 20.09.2000) Não há direito líquido e certo à execução definitiva na pendência de recurso extraordinário, ou de agravo de instrumento visando a destrancá-lo.
- **OJ SDI2 57.** MANDADO DE SEGURANÇA. INSS. TEMPO DE SERVIÇO. AVERBAÇÃO E/OU RECONHECIMENTO (inserida em 20.09.2000) Conceder-se-á mandado de segurança para impugnar ato que determina ao INSS o reconhecimento e/ou averbação de tempo de serviço.
- **OJ SDI2 63.** MANDADO DE SEGURANÇA. REINTEGRAÇÃO. AÇÃO CAUTELAR (inserida em 20.09.2000) Comporta a impetração de mandado de segurança o deferimento de reintegração no emprego em ação cautelar.
- **OJ SDI2 88.** MANDADO DE SEGURANÇA. VALOR DA CAUSA. CUSTAS PROCESSUAIS. CABIMENTO (inserida em 13.03.2002) Incabível a impetração de mandado de segurança contra ato judicial que, de ofício, arbitrou novo valor à causa, acarretando a majoração das custas processuais, uma vez que cabia à parte, após recolher as custas, calculadas com base no valor dado à causa na inicial, interpor recurso ordinário e, posteriormente, agravo de instrumento no caso de o recurso ser considerado deserto.
- **OJ SDI2 92.** MANDADO DE SEGURANÇA. EXISTÊNCIA DE RECURSO PRÓPRIO (inserida em 27.05.2002) Não cabe mandado de segurança contra decisão judicial passível de reforma mediante recurso próprio, ainda que com efeito diferido.
- **OJ SDI2 98.** MANDADO DE SEGURANÇA. CABÍVEL PARA ATACAR EXIGÊNCIA DE DEPÓSITO PRÉVIO DE HONORÁRIOS PERICIAIS (nova redação) – DJ 22.08.2005 É ilegal a exigência de depósito prévio para custeio dos honorários periciais, dada a incompatibilidade com o processo do trabalho, sendo cabível o mandado de segurança visando à realização da perícia, independentemente do depósito.
- **OJ SDI2 99.** MANDADO DE SEGURANÇA. ESGOTAMENTO DE TODAS AS VIAS PROCESSUAIS DISPONÍVEIS. TRÂNSITO EM JULGADO FORMAL. DESCABIMENTO (inserida em 27.09.2002) Esgotadas as vias recursais existentes, não cabe mandado de segurança.
- **OJ SDI2 140.** MANDADO DE SEGURANÇA CONTRA LIMINAR, CONCEDIDA OU DENEGADA EM OUTRA SEGURANÇA. INCABÍVEL. (ART. 8º DA LEI Nº 1.533/51) – DJ 04.05.2004 Não cabe mandado de segurança para impugnar despacho que acolheu ou indeferiu liminar em outro mandado de segurança.
- **OJ SDI2 144.** MANDADO DE SEGURANÇA. PROIBIÇÃO DE PRÁTICA DE ATOS FUTUROS. SENTENÇA GENÉRICA. EVENTO FUTURO.INCABÍVEL (nova redação) – DJ 22.08.2005 O mandado de segurança não se presta à obtenção de uma sentença genérica, aplicável a eventos futuros, cuja ocorrência é incerta.

3. PROCEDIMENTO SUMARÍSSIMO

- **Súmula 442 do TST.** PROCEDIMENTO SUMARÍSSIMO. RECURSO DE REVISTA FUNDAMENTADO EM CONTRARIEDADE A ORIENTAÇÃO JURISPRUDENCIAL. INADMISSIBILIDADE. ART. 896, § 6º, DA CLT, ACRESCENTADO PELA LEI Nº 9.957, DE 12.01.2000 (conversão da Orientação Jurisprudencial nº 352 da SBDI-1) – Res. 185/2012, DEJT divulgado em 25, 26 e 27.09.2012 Nas causas sujeitas ao procedimento sumaríssimo, a admissibilidade de recurso de revista está limitada à demonstração de violação direta a dispositivo da Constituição Federal ou contrariedade a Súmula do Tribunal Superior do Trabalho, não se admitindo o recurso por contrariedade a Orientação Jurisprudencial deste Tribunal (Livro II, Título II, Capítulo III, do RITST), ante a ausência de previsão no art. 896, § 6º, da CLT.

- **Súmula 458 do TST**. EMBARGOS. PROCEDIMENTO SUMARÍSSIMO. CONHECIMENTO. RECURSO INTERPOSTO APÓS VIGÊNCIA DA LEI Nº 11.496, DE 22.06.2007, QUE CONFERIU NOVA REDAÇÃO AO ART. 894, DA CLT. (conversão da Orientação Jurisprudencial nº 405 da SBDI-1 com nova redação). Em causas sujeitas ao procedimento sumaríssimo, em que pese a limitação imposta no art. 896, § 6º, da CLT à interposição de recurso de revista, admitem-se os embargos interpostos na vigência da Lei nº 11.496, de 22.06.2007, que conferiu nova redação ao art. 894 da CLT, quando demonstrada a divergência jurisprudencial entre Turmas do TST, fundada em interpretações diversas acerca da aplicação de mesmo dispositivo constitucional ou de matéria sumulada.
- **OJ SDI1 260.** AGRAVO DE INSTRUMENTO. RECURSO DE REVISTA. PROCEDIMENTO SUMARÍSSIMO. LEI Nº 9.957/00. PROCESSOS EM CURSO (inserida em 27.09.2002) I - É inaplicável o rito sumaríssimo aos processos iniciados antes da vigência da Lei nº 9.957/00. II - No caso de o despacho denegatório de recurso de revista invocar, em processo iniciado antes da Lei nº 9.957/00, o § 6º do art. 896 da CLT (rito sumaríssimo), como óbice ao trânsito do apelo calcado em divergência jurisprudencial ou violação de dispositivo infraconstitucional, o Tribunal superará o obstáculo, apreciando o recurso sob esses fundamentos.

4. CUSTAS PROCESSUAIS

- **Súmula 25 do TST**. CUSTAS PROCESSUAIS. INVERSÃO DO ÔNUS DA SUCUMBÊNCIA. (alterada a Súmula e incorporadas as Orientações Jurisprudenciais nºs 104 e 186 da SBDI-1) - Res. 197/2015 - DEJT divulgado em 14, 15 e 18.05.2015 I - A parte vencedora na primeira instância, se vencida na segunda, está obrigada, independentemente de intimação, a pagar as custas fixadas na sentença originária, das quais ficara isenta a parte então vencida; II - No caso de inversão do ônus da sucumbência em segundo grau, sem acréscimo ou atualização do valor das custas e se estas já foram devidamente recolhidas, descabe um novo pagamento pela parte vencida, ao recorrer. Deverá ao final, se sucumbente, reembolsar a quantia; (ex-OJ nº 186 da SBDI-I) III - Não caracteriza deserção a hipótese em que, acrescido o valor da condenação, não houve fixação ou cálculo do valor devido a título de custas e tampouco intimação da parte para o preparo do recurso, devendo ser as custas pagas ao final; (ex-OJ nº 104 da SBDI-I) IV - O reembolso das custas à parte vencedora faz-se necessário mesmo na hipótese em que a parte vencida for pessoa isenta do seu pagamento, nos termos do art. 790-A, parágrafo único, da CLT.
- **Súmula 36 do TST**. CUSTAS (mantida) - Res. 121/2003, DJ 19, 20 e 21.11.2003 Nas ações plúrimas, as custas incidem sobre o respectivo valor global.
- **Súmula 53 do TST**. CUSTAS (mantida) - Res. 121/2003, DJ 19, 20 e 21.11.2003 O prazo para pagamento das custas, no caso de recurso, é contado da intimação do cálculo.
- **Súmula 170 do TST**. SOCIEDADE DE ECONOMIA MISTA. CUSTAS (mantida) - Res. 121/2003, DJ 19, 20 e 21.11.2003 Os privilégios e isenções no foro da Justiça do Trabalho não abrangem as sociedades de economia mista, ainda que gozassem desses benefícios anteriormente ao Decreto-Lei nº 779, de 21.08.1969 (ex-Prejulgado nº 50).
- **OJ SDI1 13. APPA. DECRETO-LEI Nº 779, DE 21.08.1969. DEPÓSITO RECURSAL E CUSTAS. NÃO ISENÇÃO (mantida conforme decidido no julgamento do processo TST-AgR-E-RR 148500-29.2004.5.09.0022 pelo Tribunal Pleno em 22.08.2016).** A Administração dos Portos de Paranaguá e Antonina - APPA, vinculada à Administração Pública indireta, não é isenta do recolhimento do depósito recursal e do pagamento das custas processuais por não ser beneficiária dos privilégios previstos no Decreto-Lei nº 779, de 21.08.1969, ante o fato de explorar atividade econômica com fins lucrativos, o que descaracteriza sua natureza jurídica, igualando-a às empresas privadas
- **OJ SDI1 33.** DESERÇÃO. CUSTAS. CARIMBO DO BANCO. VALIDADE (inserida em 25.11.1996) O carimbo do banco recebedor na guia de comprovação do recolhimento das custas supre a ausência de autenticação mecânica.
- **OJ SDI1 140.** DEPÓSITO RECURSAL E CUSTAS PROCESSUAIS. RE-COLHIMENTO INSUFICIENTE. DESERÇÃO (nova redação em decorrência do CPC de 2015) - Res. 217/2017, DEJT divulgado em 20, 24 e 25.04.2017. Em caso de recolhimento insuficiente das custas processuais ou do depósito recursal, somente haverá deserção do recurso se, concedido o prazo de 5 (cinco) dias previsto no § 2º do art. 1.007 do CPC de 2015, o recorrente não complementar e comprovar o valor devido.

- **OJ SDI1 158.** CUSTAS. COMPROVAÇÃO DE RECOLHIMENTO. DARF ELETRÔNICO. VALIDADE (inserida em 26.03.1999) O denominado "DARF ELETRÔNICO" é válido para comprovar o recolhimento de custas por entidades da administração pública federal, emitido conforme a IN-SRF 162, de 04.11.88.
- **OJ SDI1 217**. AGRAVO DE INSTRUMENTO. TRASLADO. LEI Nº 9.756/1998. GUIAS DE CUSTAS E DE DEPÓSITO RECURSAL (inserida em 02.04.2001) Para a formação do agravo de instrumento, não é necessária a juntada de comprovantes de recolhimento de custas e de depósito recursal relativamente ao recurso ordinário, desde que não seja objeto de controvérsia no recurso de revista a validade daqueles recolhimentos.
- **OJ SDI1 T (transitória) 53.** CUSTAS. EMBARGOS DE TERCEIRO. INTERPOSTOS ANTERIORMENTE À LEI Nº 10.537/2002. INEXIGÊNCIA DE RECOLHIMENTO PARA A INTERPOSIÇÃO DE AGRAVO DE PETIÇÃO (conversão da Orientação Jurisprudencial nº 291 da SBDI-1) - DJ 20.04.2005 Tratando-se de embargos de terceiro, incidentes em execução, ajuizados anteriormente à Lei nº 10.537/2002, incabível a exigência do recolhimento de custas para a interposição de agravo de petição por falta de previsão legal. (ex-OJ nº 291 da SBDI-1 - inserida em 11.08.03)
- **OJ SDI2 88.** MANDADO DE SEGURANÇA. VALOR DA CAUSA. CUSTAS PROCESSUAIS. CABIMENTO (inserida em 13.03.2002) Incabível a impetração de mandado de segurança contra ato judicial que, de ofício, arbitrou novo valor à causa, acarretando a majoração das custas processuais, uma vez que cabia à parte, após recolher as custas, calculadas com base no valor dado à causa na inicial, interpor recurso ordinário e, posteriormente, agravo de instrumento no caso de o recurso ser considerado deserto.
- **OJ SDC 27.** CUSTAS. AUSÊNCIA DE INTIMAÇÃO. DESERÇÃO. CARACTERIZAÇÃO (inserida em 19.08.1998) A deserção se impõe mesmo não tendo havido intimação, pois incumbe à parte, na defesa do próprio interesse, obter os cálculos necessários para efetivar o preparo.

5. RECURSO ORDINÁRIO

- **Súmula 201 do TST.** RECURSO ORDINÁRIO EM MANDADO DE SEGURANÇA (mantida) - Res. 121/2003, DJ 19, 20 e 21.11.2003 Da decisão de Tribunal Regional do Trabalho em mandado de segurança cabe recurso ordinário, no prazo de 8 (oito) dias, para o Tribunal Superior do Trabalho, e igual dilação para o recorrido e interessados apresentarem razões de contrariedade.
- **Súmula 393 do TST**. RECURSO ORDINÁRIO. EFEITO DEVOLUTIVO EM PROFUNDIDADE. ART. 1.013, § 1º, DO CPC DE 2015. ART. 515, § 1º, DO CPC DE 1973. (nova redação em decorrência do CPC de 2015) - Res. 208/2016, DEJT divulgado em 22, 25 e 26.04.2016 I - O efeito devolutivo em profundidade do recurso ordinário, que se extrai do § 1º do art. 1.013 do CPC de 2015 (art. 515, § 1º, do CPC de 1973), transfere ao Tribunal a apreciação dos fundamentos da inicial ou da defesa, não examinados pela sentença, ainda que não renovados em contrarrazões, desde que relativos ao capítulo impugnado. II - Se o processo estiver em condições, o tribunal, ao julgar o recurso ordinário, deverá decidir desde logo o mérito da causa, nos termos do § 3º do art. 1.013 do CPC de 2015, inclusive quando constatar a omissão da sentença no exame de um dos pedidos.
- **OJ TP/OE 5.** RECURSO ORDINÁRIO. CABIMENTO (conversão da Orientação Jurisprudencial nº 70 da SBDI-1) - DJ 20.04.2005 Não cabe recurso ordinário contra decisão em agravo regimental interposto em reclamação correcional ou em pedido de providência. (ex-OJ nº 70 - inserida em 13.09.1994)
- **OJ SDI2 69.** FUNGIBILIDADE RECURSAL. INDEFERIMENTO LIMINAR DE AÇÃO RESCISÓRIA OU MANDADO DE SEGURANÇA. RECURSO PARA O TST. RECEBIMENTO COMO AGRAVO REGIMENTAL E DEVOLUÇÃO DOS AUTOS AO TRT (inserida em 20.09.2000) Recurso ordinário interposto contra despacho monocrático indeferitório da petição inicial de ação rescisória ou de mandado de segurança pode, pelo princípio de fungibilidade recursal, ser recebido como agravo regimental. Hipótese de não conhecimento do recurso pelo TST e devolução dos autos ao TRT, para que aprecie o apelo como agravo regimental.
- **OJ SDI2 100.** RECURSO ORDINÁRIO PARA O TST. DECISÃO DE TRT PROFERIDA EM AGRAVO REGIMENTAL CONTRA LIMINAR EM AÇÃO CAUTELAR OU EM MANDADO DE SEGURANÇA. INCABÍVEL (inserida em 27.09.2002) Não cabe recurso ordinário para o TST de decisão proferida pelo Tribunal Regional do Trabalho em agravo regimental interposto contra despacho que concede ou não liminar em ação cautelar ou em mandado de segurança, uma vez que o processo ainda pende de decisão definitiva do Tribunal a quo.

6. EMBARGOS

- **Súmula 126 do TST**. RECURSO. CABIMENTO (mantida) - Res. 121/2003, DJ 19, 20 e 21.11.2003 Incabível o recurso de revista ou de embargos (arts. 896 e 894, "B", da CLT) para reexame de fatos e provas.

- **Súmula 184 do TST**. EMBARGOS DECLARATÓRIOS. OMISSÃO EM RECURSO DE REVISTA. PRECLUSÃO (mantida) - Res. 121/2003, DJ 19, 20 e 21.11.2003 Ocorre preclusão se não forem opostos embargos declaratórios para suprir omissão apontada em recurso de revista ou de embargos.
- **Súmula 221 do TST**.RECURSO DE REVISTA. VIOLAÇÃO DE LEI. INDICAÇÃO DE PRECEITO (cancelado o item II e conferida nova redação na sessão do Tribunal Pleno realizada em 14.09.2012). A admissibilidade do recurso de revista por violação tem como pressuposto a indicação expressa do dispositivo de lei ou da Constituição tido como violado.
- **Súmula 278 do TST**. EMBARGOS DE DECLARAÇÃO. OMISSÃO NO JULGADO (mantida) - Res. 121/2003, DJ 19, 20 e 21.11.2003 A natureza da omissão suprida pelo julgamento de embargos declaratórios pode ocasionar efeito modificativo no julgado.
- **Súmula 337 do TST**. COMPROVAÇÃO DE DIVERGÊNCIA JURISPRUDENCI-AL. RECURSOS DE REVISTA E DE EMBARGOS (incluído o item V) - Res. 220/2017 - DEJT divulgado em 21, 22 e 25.09.2017. I - Para comprovação da divergência justificadora do recurso, é necessário que o recorrente. a) Junte certidão ou cópia autenticada do acórdão paradigma ou cite a fonte oficial ou o repositório autorizado em que foi publicado; e b) Transcreva, nas razões recursais, as ementas e/ou trechos dos acórdãos trazidos à configuração do dissídio, demonstrando o conflito de teses que justifique o conhecimento do recurso, ainda que os acórdãos já se encontrem nos autos ou venham a ser juntados com o recurso. (ex-Súmula nº 337 - alterada pela Res. 121/2003, DJ 21.11.2003) II - A concessão de registro de publicação como repositório autorizado de jurisprudência do TST torna válidas todas as suas edições anteriores. (ex-OJ nº 317 da SBDI-I - DJ 11.08.2003) III - A mera indicação da data de publicação, em fonte oficial, de aresto paradigma é inválida para comprovação de divergência jurisprudencial, nos termos do item I, "a", desta súmula, quando a parte pretende demonstrar o conflito de teses mediante a transcrição de trechos que integram a fundamentação do acórdão divergente, uma vez que só se publicam o dispositivo e a ementa dos acórdãos. IV - É válida para a comprovação da divergência jurisprudencial justificadora do recurso a indicação de aresto extraído de repositório oficial na internet, desde que o recorrente: a) transcreva o trecho divergente; b) aponte o sítio de onde foi extraído; e c) decline o número do processo, o órgão prolator do acórdão e a data da respectiva publicação no Diário Eletrônico da Justiça do Trabalho. V - A existência do código de autenticidade na cópia, em formato pdf, do inteiro teor do aresto paradigma, juntada aos autos, torna-a equivalente ao documento original e também supre a ausência de indicação da fonte oficial de publicação.
- **Súmula 353 do TST**. EMBARGOS. AGRAVO. CABIMENTO (atualizada em decorrência do CPC de 2015) - Res. 208/2016, DEJT divulgado em 22, 25 e 26.04.2016 Não cabem embargos para a Seção de Dissídios Individuais de decisão de Turma proferida em agravo, salvo: a) da decisão que não conhece de agravo de instrumento ou de agravo pela ausência de pressupostos extrínsecos; b) da decisão que nega provimento a agravo contra decisão monocrática do Relator, em que se proclamou a ausência de pressupostos extrínsecos de agravo de instrumento; c) para revisão dos pressupostos extrínsecos de admissibilidade do recurso de revista, cuja ausência haja sido declarada originariamente pela Turma no julgamento do agravo; d) para impugnar o conhecimento de agravo de instrumento; e) para impugnar a imposição de multas previstas nos arts. 1.021, § 4º, do CPC de 2015 ou 1.026, § 2º, do CPC de 2015 (art. 538, parágrafo único, do CPC de 1973, ou art. 557, § 2º, do CPC de 1973). f) contra decisão de Turma proferida em agravo em recurso de revista, nos termos do art. 894, II, da CLT.
- **Súmula 419 do TST**. COMPETÊNCIA. EMBARGOS DE TERCEIRO. EXECUÇÃO POR CARTA PRECATÓRIA. JUÍZO DEPRECADO. (alterada em decorrência do CPC de 2015) - Res. 212/2016, DEJT divulgado em 20, 21 e 22.09.2016 Na execução por carta precatória, os embargos de terceiro serão oferecidos no juízo deprecado, salvo se indicado pelo juízo deprecante o bem constrito ou se já devolvida a carta (art. 676, parágrafo único, do CPC de 2015).
- **Súmula 421 do TST**. EMBARGOS DE DECLARAÇÃO. CABIMENTO. DECISÃO MONOCRÁTICA DO RELATOR CALCADA NO ART. 932 DO CPC DE 2015. ART. 557 DO CPC DE 1973. (atualizada em decorrência do CPC de 2015) - Res. 208/2016, DEJT divulgado em 22, 25 e 26.04.2016 I - Cabem embargos de declaração da decisão monocrática do relator prevista no art. 932 do CPC de 2015 (art. 557 do CPC de 1973), se a parte pretende tão somente juízo integrativo retificador da decisão e, não, modificação do julgado. II - Se a parte postular a revisão no mérito da decisão monocrática, cumpre ao relator converter os embargos de declaração em agravo, em face dos princípios da fungibilidade e celeridade processual, submetendo-o ao pronunciamento do Colegiado, após a intimação do recorrente para, no prazo de 5 (cinco) dias, complementar as razões recursais, de modo a ajustá-las às exigências do art. 1.021, § 1º, do CPC de 2015.

- **Súmula 433 do TST**. EMBARGOS. ADMISSIBILIDADE. PROCESSO EM FASE DE EXECUÇÃO. ACÓRDÃO DE TURMA PUBLICADO NA VIGÊNCIA DA LEI Nº 11.496, DE 26.06.2007. DIVERGÊNCIA DE INTERPRETAÇÃO DE DISPOSITIVO CONSTITUCIONAL – Res. 177/2012, DEJT divulgado em 13, 14 e 15.02.2012 A admissibilidade do recurso de embargos contra acórdão de Turma em Recurso de Revista em fase de execução, publicado na vigência da Lei nº 11.496, de 26.06.2007, condiciona-se à demonstração de divergência jurisprudencial entre Turmas ou destas e a Seção Especializada em Dissídios Individuais do Tribunal Superior do Trabalho em relação à interpretação de dispositivo constitucional.
- **Súmula 435 do TST**. DECISÃO MONOCRÁTICA. RELATOR. ART. 932 DO CPC DE 2015. ART. 557 DO CPC DE 1973. APLICAÇÃO SUBSIDIÁRIA AO PROCESSO DO TRABALHO (atualizada em decorrência do CPC de 2015) – Res. 208/2016, DEJT divulgado em 22, 25 e 26.04.2016 Aplica-se subsidiariamente ao processo do trabalho o art. 932 do CPC de 2015 (art. 557 do CPC de 1973).
- **Súmula 458 do TST**. EMBARGOS. PROCEDIMENTO SUMARÍSSIMO. CONHECIMENTO. RECURSO INTERPOSTO APÓS VIGÊNCIA DA LEI Nº 11.496, DE 22.06.2007, QUE CONFERIU NOVA REDAÇÃO AO ART. 894, DA CLT. (conversão da Orientação Jurisprudencial nº 405 da SBDI-1 com nova redação). Em causas sujeitas ao procedimento sumaríssimo, em que pese a limitação imposta no art. 896, § 6º, da CLT à interposição de recurso de revista, admitem-se os embargos interpostos na vigência da Lei nº 11.496, de 22.06.2007, que conferiu nova redação ao art. 894 da CLT, quando demonstrada a divergência jurisprudencial entre Turmas do TST, fundada em interpretações diversas acerca da aplicação de mesmo dispositivo constitucional ou de matéria sumulada.
- **Súmula 459 do TST.** RECURSO DE REVISTA. NULIDADE POR NEGATIVA DE PRESTAÇÃO JURISDICIONAL. (atualizada em decorrência do CPC de 2015) – Res. 219/2017, DEJT divulgado em 28, 29 e 30.06.2017 – republicada – DEJT divulgado em 12, 13 e 14.07.2017. O conhecimento do recurso de revista, quanto à preliminar de nulidade, por negativa de prestação jurisdicional, supõe indicação de violação do art. 832 da CLT, do art. 489 do CPC de 2015 (art. 458 do CPC de 1973) ou do art. 93, IX, da CF/1988.
- **OJ SDI1 95.** EMBARGOS PARA SDI. DIVERGÊNCIA ORIUNDA DA MESMA TURMA DO TST. INSERVÍVEL (inserida em 30.05.1997) ERR 125320/1994, SDI-Plena Em 19.05.1997, a SDI-Plena, por maioria, decidiu que acórdãos oriundos da mesma Turma, embora divergentes, não fundamentam divergência jurisprudencial de que trata a alínea "B", do artigo 894 da Consolidação das Leis do Trabalho para embargos à Seção Especializada em Dissídios Individuais, Subseção I.
- **OJ SDI1 142.** EMBARGOS DE DECLARAÇÃO. EFEITO MODIFICATIVO. VISTA À PARTE CONTRÁRIA (inserido o item II à redação) – Res. 178/2012, DEJT divulgado em 13, 14 e 15.02.2012 I – É passível de nulidade decisão que acolhe embargos de declaração com efeito modificativo sem que seja concedida oportunidade de manifestação prévia à parte contrária. II – Em decorrência do efeito devolutivo amplo conferido ao recurso ordinário, o item I não se aplica às hipóteses em que não se concede vista à parte contrária para se manifestar sobre os embargos de declaração opostos contra sentença.
- **OJ SDI1 192.** EMBARGOS DECLARATÓRIOS. PRAZO EM DOBRO. PESSOA JURÍDICA DE DIREITO PÚBLICO. DECRETO-LEI Nº 779/69 (inserida em 08.11.2000) É em dobro o prazo para a interposição de embargos declaratórios por pessoa jurídica de direito público.
- **OJ SDI1 219.** RECURSO DE REVISTA OU DE EMBARGOS FUNDAMENTADO EM ORIENTAÇÃO JURISPRUDENCIAL DO TST (inserida em 02.04.2001) É válida, para efeito de conhecimento do recurso de revista ou de embargos, a invocação de Orientação Jurisprudencial do Tribunal Superior do Trabalho, desde que, das razões recursais, conste o seu número ou conteúdo.
- **OJ SDI1 336.** EMBARGOS INTERPOSTOS ANTERIORMENTE À VIGÊNCIA DA LEI Nº 11.496/2007. RECURSO NÃO CONHECIDO COM BASE EM ORIENTAÇÃO JURISPRUDENCIAL. DESNECESSÁRIO O EXAME DAS VIOLAÇÕES DE LEI E DA CONSTITUIÇÃO ALEGADAS NA REVISTA (redação alterada pelo Tribunal Pleno na sessão realizada em 6.2.2012) – Res. 178/2012, DEJT divulgado em 13, 14 e 15.02.2012 Estando a decisão recorrida em conformidade com orientação jurisprudencial, desnecessário o exame das divergências e das violações de lei e da Constituição alegadas em embargos interpostos antes da vigência da Lei nº 11.496/2007, salvo nas hipóteses em que a orientação jurisprudencial não fizer qualquer citação do dispositivo constitucional.
- **OJ SDI1 378.** EMBARGOS. INTERPOSIÇÃO CONTRA DECISÃO MONOCRÁTICA. NÃO CABIMENTO. (atualizada em decorrência do CPC de 2015) – Res. 208/2016, DEJT divulgado em 22, 25 e 26.04.2016 Não encontra amparo no art. 894 da CLT, quer na redação anterior quer na redação posterior à Lei nº 11.496, de 22.06.2007, recurso de embargos interposto à decisão monocrática

exarada nos moldes do art. 932 do CPC de 2015 (art. 557 do CPC de 1973), pois o comando legal restringe seu cabimento à pretensão de reforma de decisão colegiada proferida por Turma do Tribunal Superior do Trabalho.

- **OJ Transitória 78**. EMBARGOS À SDI CONTRA DECISÃO EM RECURSO DE REVISTA NÃO CONHECIDO QUANTO AOS PRESSUPOSTOS INTRÍNSECOS. RECURSO INTERPOSTO ANTES DA VIGÊNCIA DA LEI Nº 11.496, DE 22.06.2007, QUE CONFERIU NOVA REDAÇÃO AO ART. 894 DA CLT. NECESSÁRIA A INDICAÇÃO EXPRESSA DE OFENSA AO ART. 896 DA CLT. (conversão da Orientação Jurisprudencial nº 294 da SBDI-1 com nova redação) Para a admissibilidade e conhecimento de embargos, interpostos antes da vigência da Lei nº 11.496/2007, contra decisão mediante a qual não foi conhecido o recurso de revista pela análise dos pressupostos intrínsecos, necessário que a parte embargante aponte expressamente a violação ao art. 896 da CLT.
- **OJ Transitória Nº 79**. EMBARGOS. RECURSO INTERPOSTO ANTES DA VIGÊNCIA DA LEI Nº 11.496, DE 22.06.2007, QUE CONFERIU NOVA REDAÇÃO AO ART. 894 DA CLT. REVISTA NÃO CONHECIDA POR MÁ APLICAÇÃO DE SÚMULA OU DE ORIENTAÇÃO JURISPRUDENCIAL. EXAME DO MÉRITO PELA SDI. (conversão da Orientação Jurisprudencial nº 295 da SBDI-1 **com nova redação**) A SDI, ao conhecer dos embargos, interpostos antes da vigência da Lei nº 11.496/2007, por violação do art. 896 – por má aplicação de súmula ou de orientação jurisprudencial pela Turma –, julgará desde logo o mérito, caso conclua que a revista merecia conhecimento e que a matéria de fundo se encontra pacificada neste Tribunal.
- **OJ SDI T (transitória) 53.** CUSTAS. EMBARGOS DE TERCEIRO. INTERPOSTOS ANTERIORMENTE À LEI Nº 10.537/2002. INEXIGÊNCIA DE RECOLHIMENTO PARA A INTERPOSIÇÃO DE AGRAVO DE PETIÇÃO (conversão da Orientação Jurisprudencial nº 291 da SBDI-1) – DJ 20.04.2005 Tratando-se de embargos de terceiro, incidentes em execução, ajuizados anteriormente à Lei nº 10.537/2002, incabível a exigência do recolhimento de custas para a interposição de agravo de petição por falta de previsão legal. (ex-OJ nº 291 da SBDI-1 – inserida em 11.08.03)
- **OJ SDI2 54.** MANDADO DE SEGURANÇA. EMBARGOS DE TERCEIRO. CUMULAÇÃO. PENHORA. INCABÍVEL (atualizada em decorrência do CPC de 2015) – Res. 208/2016, DEJT divulgado em 22, 25 e 26.04.2016Ajuizados embargos de terceiro (artigo 674 do CPC de 2015 – art. 1.046 do CPC de 1973) para pleitear uma desconstituição da penhora, é incabível mandado de segurança com uma mesma finalidade.

7. PENHORA

- **Súmula 417 do TST**. MANDADO DE SEGURANÇA. PENHORA EM DINHEIRO (alterado o item I, atualizado o item II e cancelado o item III, modulando-se os efeitos da presente redação de forma a atingir unicamente as penhoras em dinheiro em execução provisória efetivadas a partir de 18.03.2016, data de vigência do CPC de 2015) – Res. 212/2016, DEJT divulgado em 20, 21 e 22.09.2016 I – Não fere direito líquido e certo do impetrante o ato judicial que determina penhora em dinheiro do executado para garantir crédito exequendo, pois é prioritária e obedece à gradação prevista no art. 835 do CPC de 2015 (art. 655 do CPC de 1973). II – Havendo discordância do credor, em execução definitiva, não tem o executado direito líquido e certo a que os valores penhorados em dinheiro fiquem depositados no próprio banco, ainda que atenda aos requisitos do art. 840, I, do CPC de 2015 (art. 666, I, do CPC de 1973). (ex-OJ nº 61 da SBDI-2 – inserida em 20.09.2000).
- **OJ SDI1 226.** CRÉDITO TRABALHISTA. CÉDULA DE CRÉDITO RURAL. CÉDULA DE CRÉDITO INDUSTRIAL. PENHORABILIDADE (título alterado) – DJ 20.04.2005Diferentemente da cédula de crédito industrial garantida por alienação fiduciária, na cédula rural pignoratícia ou hipotecária o bem permanece sob o domínio do devedor (executado), não constituindo óbice à penhora na esfera trabalhista. (Decreto-Lei nº 167/67, art. 69; CLT, arts. 10 e 30 e Lei nº 6.830/80).
- **OJ SDI1 343.** PENHORA. SUCESSÃO. ART. 100 DA CF/1988. EXECUÇÃO (DJ 22.06.2004) É válida a penhora em bens de pessoa jurídica de direito privado, realizada anteriormente à sucessão pela União ou por Estado-membro, não podendo a execução prosseguir mediante precatório. A decisão que a mantém não viola o art. 100 da CF/1988.
- **OJ SDI2 54.** MANDADO DE SEGURANÇA. EMBARGOS DE TERCEIRO. CUMULAÇÃO. PENHORA. INCABÍVEL (atualizada em decorrência do CPC de 2015) – Res. 208/2016, DEJT divulgado em 22, 25 e 26.04.2016 Ajuizados embargos de terceiro (art. 674 do CPC de 2015 – art. 1.046 do CPC de 1973) para pleitear a desconstituição da penhora, é incabível mandado de segurança com a mesma finalidade.
- **OJ SDI2 59**. MANDADO DE SEGURANÇA. PENHORA. CARTA DE FIANÇA BANCÁRIA. SEGURO GARANTIA JUDICIAL (nova redação em decorrência do CPC de 2015) – Res. 209/2016, DEJT divulgado em 01, 02 e 03.06.2016 A carta de fiança bancária e o seguro garantia judicial, desde que em valor não inferior ao do débito em

execução, acrescido de trinta por cento, equivalem a dinheiro para efeito da gradação dos bens penhoráveis, estabelecida no art. 835 do CPC de 2015 (art. 655 do CPC de 1973).

- **OJ SDI2 93.** PENHORA SOBRE PARTE DA RENDA DE ESTABELECIMENTO COMERCIAL. POSSIBILIDADE. (alterada em decorrência do CPC de 2015) – Res. 220/2017 – DEJT divulgado em 21, 22 e 25.09.2017. Nos termos do art. 866 do CPC de 2015, é admissível a penhora sobre a renda mensal ou faturamento de empresa, limitada a percentual, que não comprometa o desenvolvimento regular de suas atividades, desde que não haja outros bens penhoráveis ou, havendo outros bens, eles sejam de difícil alienação ou insuficientes para satisfazer o crédito executado.
- **OJ SDI2 143.** HABEAS CORPUS. PENHORA SOBRE COISA FUTURA E INCERTA. PRISÃO. DEPOSITÁRIO INFIEL (alterada) – Res. 151/2008, DEJT divulgado em 20, 21 e 24.11.2008 Não se caracteriza a condição de depositário infiel quando a penhora recair sobre coisa futura e incerta, circunstância que, por si só, inviabiliza a materialização do depósito no momento da constituição do paciente em depositário, autorizando-se a concessão de habeas corpus diante da prisão ou ameaça de prisão que sofra.
- **OJ SDI2 153.** MANDADO DE SEGURANÇA. EXECUÇÃO. ORDEM DE PENHORA SOBRE VALORES EXISTENTES EM CONTA SALÁRIO. ART. 649, IV, DO CPC de 1973. ILEGALIDADE (atualizada em decorrência do CPC de 2015) – Res. 220/2017 – DEJT divulgado em 21, 22 e 25.09.2017. Ofende direito líquido e certo decisão que determina o bloqueio de numerário existente em conta salário, para satisfação de crédito trabalhista, ainda que seja limitado a determinado percentual dos valores recebidos ou a valor revertido para fundo de aplicação ou poupança, visto que o art. 649, IV, do CPC de 1973 contém norma imperativa que não admite interpretação ampliativa, sendo a exceção prevista no art. 649, § 2º, do CPC de 1973 espécie e não gênero de crédito de natureza alimentícia, não englobando o crédito trabalhista.

8. PRINCÍPIOS

- **Súmula 212 do TST.** DESPEDIMENTO. ÔNUS DA PROVA (mantida) – Res. 121/2003, DJ 19, 20 e 21.11.2003 O ônus de provar o término do contrato de trabalho, quando negados a prestação de serviço e o despedimento, é do empregador, pois o princípio da continuidade da relação de emprego constitui presunção favorável ao empregado.
- **Súmula 248 do TST.** ADICIONAL DE INSALUBRIDADE. DIREITO ADQUIRIDO (mantida) – Res. 121/2003, DJ 19, 20 e 21.11.2003 A reclassificação ou a descaracterização da insalubridade, por ato da autoridade competente, repercute na satisfação do respectivo adicional, sem ofensa a direito adquirido ou ao princípio da irredutibilidade salarial.
- **Súmula 372 do TST** GRATIFICAÇÃO DE FUNÇÃO. SUPRESSÃO OU REDUÇÃO. LIMITES (conversão das Orientações Jurisprudenciais nos 45 e 303 da SBDI-1) – Res. 129/2005, DJ 20, 22 e 25.04.2005 I – Percebida a gratificação de função por dez ou mais anos pelo empregado, se o empregador, sem justo motivo, revertê-lo a seu cargo efetivo, não poderá retirar-lhe a gratificação tendo em vista o princípio da estabilidade financeira. (ex-OJ nº 45 da SBDI-1 – inserida em 25.11.1996) II – Mantido o empregado no exercício da função comissionada, não pode o empregador reduzir o valor da gratificação. (ex – OJ nº 303 da SBDI-1 – DJ 11.08.2003)
- **Súmula 408 do TST.** AÇÃO RESCISÓRIA. PETIÇÃO INICIAL. CAUSA DE PEDIR. AUSÊNCIA DE CAPITULAÇÃO OU CAPITULAÇÃO ERRÔNEA NO ART. 966 DO CPC DE 2015. ART. 485 DO CPC DE 1973. PRINCÍPIO "IURA NOVIT CURIA" (nova redação em decorrência do CPC de 2015) – Res. 208/2016, DEJT divulgado em 22, 25 e 26.04.2016 Não padece de inépcia a petição inicial de ação rescisória apenas porque omite a subsunção do fundamento de rescindibilidade no art. 966 do CPC de 2015 (art. 485 do CPC de 1973) ou o capitula erroneamente em um de seus incisos. Contanto que não se afaste dos fatos e fundamentos invocados como causa de pedir, ao Tribunal é lícito emprestar-lhes a adequada qualificação jurídica ("iura novit curia"). No entanto, fundando-se a ação rescisória no art. 966, inciso V, do CPC de 2015 (art. 485, inciso V, do CPC de 1973), é indispensável expressa indicação, na petição inicial da ação rescisória, da norma jurídica manifestamente violada (dispositivo legal violado sob o CPC de 1973), por se tratar de causa de pedir da rescisória, não se aplicando, no caso, o princípio "iura novit curia". (ex-Ojs nºs 32 e 33 da SBDI-2 – inseridas em 20.09.2000)
- **OJ SDI1 310.** LITISCONSORTES. PROCURADORES DISTINTOS. PRAZO EM DOBRO. ART. 229, CAPUT E §§ 1º E 2º, DO CPC DE 2015. ART. 191 DO CPC DE 1973. INAPLICÁVEL AO PROCESSO DO TRABALHO (atualizada em decorrência do CPC de 2015) – Res. 208/2016, DEJT divulgado em 22, 25 e 26.04.2016 – Inaplicável ao processo do trabalho a norma contida no art. 229, caput e §§ 1º e 2º, do CPC de 2015 (art. 191 do CPC de 1973), em razão de incompatibilidade com a celeridade que lhe é inerente.

- **OJ SDI1 362.** CONTRATO NULO. EFEITOS. FGTS. MEDIDA PROVISÓRIA 2.164-41, DE 24.08.2001, E ART. 19-A DA LEI Nº 8.036, DE 11.05.1990. IRRETROATIVIDADE (DJ 20, 21 e 23.05.2008) Não afronta o princípio da irretroatividade da lei a aplicação do art. 19-A da Lei nº 8.036, de 11.05.1990, aos contratos declarados nulos celebrados antes da vigência da Medida Provisória nº 2.164-41, de 24.08.2001.
- **OJ SDI1 383.** TERCEIRIZAÇÃO. EMPREGADOS DA EMPRESA PRESTADORA DE SERVIÇOS E DA TOMADORA. ISONOMIA. ART. 12, "A", DA LEI Nº 6.019, DE 03.01.1974 (mantida) – Res. 175/2011, DEJT divulgado em 27, 30 e 31.05.2011 A contratação irregular de trabalhador, mediante empresa interposta, não gera vínculo de emprego com ente da Administração Pública, não afastando, contudo, pelo princípio da isonomia, o direito dos empregados terceirizados às mesmas verbas trabalhistas legais e normativas asseguradas àqueles contratados pelo tomador dos serviços, desde que presente a igualdade de funções. Aplicação analógica do art. 12, "A", da Lei nº 6.019, de 03.01.1974.
- **OJ SDI1 412.** AGRAVO INTERNO OU AGRAVO REGIMENTAL. INTERPOSIÇÃO EM FACE DE DECISÃO COLEGIADA. NÃO CABIMENTO. ERRO GROSSEIRO. INAPLICABILIDADE DO PRINCÍPIO DA FUNGIBILIDADE RECURSAL (nova redação em decorrência do CPC de 2015) – Res. 209/2016, DEJT divulgado em 01, 02 e 03.06.2016 – É incabível agravo interno (art. 1.021 do CPC de 2015, art. 557, § 1º, do CPC de 1973) ou agravo regimental (art. 235 do RITST) contra decisão proferida por Órgão colegiado. Tais recursos destinam-se, exclusivamente, a impugnar decisão monocrática nas hipóteses previstas. Inaplicável, no caso, o princípio da fungibilidade ante a configuração de erro grosseiro.
- **OJ SDI2 97.** AÇÃO RESCISÓRIA. VIOLAÇÃO DO ART. 5º, II, LIV E LV, DA CONSTITUIÇÃO FEDERAL. PRINCÍPIOS DA LEGALIDADE, DO DEVIDO PROCESSO LEGAL, DO CONTRADITÓRIO E DA AMPLA DEFESA (nova redação) – DJ 22.08.2005 Os princípios da legalidade, do devido processo legal, do contraditório e da ampla defesa não servem de fundamento para a desconstituição de decisão judicial transitada em julgado, quando se apresentam sob a forma de pedido genérico e desfundamentado, acompanhando dispositivos legais que tratam especificamente da matéria debatida, estes sim, passíveis de fundamentarem a análise do pleito rescisório.
- **OJ SDI2 135.** AÇÃO RESCISÓRIA. VIOLAÇÃO DO ART. 37, *Caput*, DA CF/1988. NECESSIDADE DE PREQUESTIONAMENTO (DJ 04.05.2004) A ação rescisória calcada em violação do artigo 37, *caput*, da Constituição Federal, por desrespeito ao princípio da legalidade administrativa exige que ao menos o princípio constitucional tenha sido pré-questionado na decisão.
- **OJ SDI2 152.** AÇÃO RESCISÓRIA E MANDADO DE SEGURANÇA. RECURSO DE REVISTA DE ACÓRDÃO REGIONAL QUE JULGA AÇÃO RESCISÓRIA OU MANDADO DE SEGURANÇA. PRINCÍPIO DA FUNGIBILIDADE. INAPLICABILIDADE. ERRO GROSSEIRO NA INTERPOSIÇÃO DO RECURSO (DEJT divulgado em 03, 04 e 05.12.2008) A interposição de recurso de revista de decisão definitiva de Tribunal Regional do Trabalho em ação rescisória ou em mandado de segurança, com fundamento em violação legal e divergência jurisprudencial e remissão expressa ao art. 896 da CLT, configura erro grosseiro, insuscetível de autorizar o seu recebimento como recurso ordinário, em face do disposto no art. 895, "B", da CLT.
- **OJ SDC 25.** SALÁRIO NORMATIVO. CONTRATO DE EXPERIÊNCIA. LIMITAÇÃO. TEMPO DE SERVIÇO. POSSIBILIDADE (inserida em 25.05.1998) Não fere o princípio da isonomia salarial (art. 7º, XXX, da CF/88) a previsão de salário normativo, tendo em vista o fator tempo de serviço.

9. INQUÉRITO PARA APURAÇÃO DE FALTA GRAVE

- **Súmula 379 do TST.** DIRIGENTE SINDICAL. DESPEDIDA. FALTA GRAVE. INQUÉRITO JUDICIAL. NECESSIDADE (conversão da Orientação Jurisprudencial nº 114 da SBDI-1) – Res. 129/2005, DJ 20, 22 e 25.04.2005 O dirigente sindical somente poderá ser dispensado por falta grave mediante a apuração em inquérito judicial, inteligência dos arts. 494 e 543, § 3º, da CLT. (ex-OJ nº 114 da SBDI-1 – inserida em 20.11.1997)
- **OJ SDI2 137.** MANDADO DE SEGURANÇA. DIRIGENTE SINDICAL. ART. 494 DA CLT. APLICÁVEL (DJ 04.05.2004) Constitui direito líquido e certo do empregador a suspensão do empregado, ainda que detentor de estabilidade sindical, até a decisão final do inquérito em que se apure a falta grave a ele imputada, na forma do art. 494, *caput* e parágrafo único, da CLT.

10. TESTEMUNHA

- **Súmula 357 do TST. TESTEMUNHA.** AÇÃO CONTRA A MESMA RECLAMADA. SUSPEIÇÃO (mantida) – Res. 121/2003, DJ 19, 20 e 21.11.2003 Não torna suspeita a testemunha o simples fato de estar litigando ou de ter litigado contra o mesmo empregador.

11. CONCILIAÇÃO

- **Súmula 259 do TST.** TERMO DE CONCILIAÇÃO. AÇÃO RESCISÓRIA (mantida) Res. 121/2003, DJ 19, 20 e 21.11.2003 Só por ação rescisória é impugnável o termo de conciliação previsto no parágrafo único do art. 831 da CLT.
- **Súmula 396 do TST.** ESTABILIDADE PROVISÓRIA. PEDIDO DE REINTEGRAÇÃO. CONCESSÃO DO SALÁRIO RELATIVO AO PERÍODO DE ESTABILIDADE JÁ EXAURIDO. INEXISTÊNCIA DE JULGAMENTO EXTRA PETITA (conversão das Orientações Jurisprudenciais nºs 106 e 116 da SBDI-1) – Res. 129/2005, DJ 20, 22 e 25.04.2005 I – Exaurido o período de estabilidade, são devidos ao empregado apenas os salários do período compreendido entre a data da despedida e o final do período de estabilidade, não lhe sendo assegurada a reintegração no emprego. (ex-OJ nº 116 da SBDI-1 - inserida em 01.10.1997) II – Não há nulidade por julgamento extra petita da decisão que deferir salário quando o pedido for de reintegração, dados os termos do art. 496 da CLT. (ex-OJ nº 106 da SBDI-1 – inserida em 20.11.1997)
- **Súmula 427 do TST.** INTIMAÇÃO. PLURALIDADE DE ADVOGADOS. PUBLICAÇÃO EM NOME DE ADVOGADO DIVERSO DAQUELE EXPRESSAMENTE INDICADO. NULIDADE (editada em decorrência do julgamento do processo TST-IUJERR 5400-31.2004.5.09.0017) - Res. 174/2011, DEJT divulgado em 27, 30 e 31.05.2011 Havendo pedido expresso de que as intimações e publicações sejam realizadas exclusivamente em nome de determinado advogado, a comunicação em nome de outro profissional constituído nos autos é nula, salvo se constatada a inexistência de prejuízo.
- **Súmula 430 do TST.** ADMINISTRAÇÃO PÚBLICA INDIRETA. CONTRATAÇÃO. AUSÊNCIA DE CONCURSO PÚBLICO. NULIDADE. ULTERIOR PRIVATIZAÇÃO. CONVALIDAÇÃO. INSUBSISTÊNCIA DO VÍCIO – Res. 177/2012, DEJT divulgado em 13, 14 e 15.02.2012 Convalidam-se os efeitos do contrato de trabalho que, considerado nulo por ausência de concurso público, quando celebrado originalmente com ente da Administração Pública Indireta, continua a existir após a sua privatização.
- **OJ SDI1 7.** ADVOGADO. ATUAÇÃO FORA DA SEÇÃO DA OAB ONDE O ADVOGADO ESTÁ INSCRITO. AUSÊNCIA DE COMUNICAÇÃO. (LEI Nº 4.215/1963, § 2º, ART. 56). INFRAÇÃO DISCIPLINAR. NÃO IMPORTA NULIDADE (inserido dispositivo) – DJ 20.04.2005 A despeito da norma então prevista no artigo 56, § 2º, da Lei nº 4.215/63, a falta de comunicação do advogado à OAB para o exercício profissional em seção diversa daquela na qual tem inscrição não importa nulidade dos atos praticados, constituindo apenas infração disciplinar, que cabe àquela instituição analisar.
- **OJ SDI1 142.** EMBARGOS DE DECLARAÇÃO. EFEITO MODIFICATIVO. VISTA À PARTE CONTRÁRIA (inserido o item II à redação) – Res. 178/2012, DEJT divulgado em 13, 14 e 15.02.2012 I – É passível de nulidade decisão que acolhe embargos de declaração com efeito modificativo sem que seja concedida oportunidade de manifestação prévia à parte contrária. II – Em decorrência do efeito devolutivo amplo conferido ao recurso ordinário, o item I não se aplica às hipóteses em que não se concede vista à parte contrária para se manifestar sobre os embargos de declaração opostos contra sentença.

12. PROVAS

- **Súmula 8 do TST.** JUNTADA DE DOCUMENTO (mantida) – Res. 121/2003, DJ 19, 20 e 21.11.2003 A juntada de documentos na fase recursal só se justifica quando provado o justo impedimento para sua oportuna apresentação ou se referir a fato posterior à sentença.
- **Súmula 16 do TST. NOTIFICAÇÃO (nova redação)** – Res. 121/2003, DJ 19, 20 e 21.11.2003 Presume-se recebida a notificação 48 (quarenta e oito) horas depois de sua postagem. O seu não recebimento ou a entrega após o decurso desse prazo constitui ônus de prova do destinatário.
- **Súmula 74 do TST.** CONFISSÃO. (atualizada em decorrência do CPC de 2015) – Res. 208/2016, DEJT divulgado em 22, 25 e 26.04.2016 I – Aplica-se a confissão à parte que, expressamente intimada com aquela cominação, não comparecer à audiência em prosseguimento, na qual deveria depor. (ex-Súmula nº 74 – RA 69/1978, DJ 26.09.1978) II – A prova pré-constituída nos autos pode ser levada em conta para confronto com a confissão ficta (arts. 442 e 443, do CPC de 2015 – art. 400, I, do CPC de 1973), não implicando cerceamento de defesa o indeferimento de provas posteriores. (ex-OJ nº 184 da SBDI-1 – inserida em 08.11.2000) III- A vedação à produção de prova posterior pela parte confessa somente a ela se aplica, não afetando o exercício, pelo magistrado, do poder/dever de conduzir o processo.
- **Súmula 212 do TST.** DESPEDIMENTO. ÔNUS DA PROVA (mantida) - Res. 121/2003, DJ 19, 20 e 21.11.2003 O ônus de provar o término do contrato de trabalho, quando negados a prestação de serviço e o despedimento, é do empregador, pois o princípio da continuidade da relação de emprego constitui presunção favorável ao empregado.
- **Súmula 217 do TST.** DEPÓSITO RECURSAL. CREDENCIAMENTO BANCÁRIO. PROVA DISPENSÁVEL

(mantida) – Res. 121/2003, DJ 19, 20 e 21.11.2003 O credenciamento dos bancos para o fim de recebimento do depósito recursal é fato notório, independendo da prova.

- **Súmula 388 do TST.** JORNADA DE TRABALHO. REGISTRO. ÔNUS DA PROVA (incorporadas as Orientações Jurisprudenciais nºs 234 e 306 da SBDI-1) – Res. 129/2005, DJ 20, 22 e 25.04.2005 I – É ônus do empregador que conta com mais de 10 (dez) empregados o registro da jornada de trabalho na forma do art. 74, § 2º, da CLT. A não apresentação injustificada dos controles de frequência gera presunção relativa de veracidade da jornada de trabalho, a qual pode ser elidida por prova em contrário. (ex-Súmula nº 338 – alterada pela Res. 121/2003, DJ 21.11.2003) II – A presunção de veracidade da jornada de trabalho, ainda que prevista em instrumento normativo, pode ser elidida por prova em contrário. (ex – OJ nº 234 da SBDI-1 – inserida em 20.06.2001) III – Os cartões de ponto que demonstram horários de entrada e saída uniformes são inválidos como meio de prova, invertendo-se o ônus da prova, relativo às horas extras, que passa a ser do empregador, prevalecendo a jornada da inicial se dele não se desincumbir. (ex-OJ nº 306 da SBDI-1 – DJ 11.08.2003)

13. PREPOSTO

- **Súmula 377 do TST. PREPOSTO. EXIGÊNCIA DA CONDIÇÃO DE EMPREGADO (nova redação) – Res. 146/2008, DJ 28.04.2008, 02 e 05. 05.2008** Exceto quanto à reclamação de empregado doméstico, ou contra micro ou pequeno empresário, o preposto deve ser necessariamente empregado do reclamado. Inteligência do art. 843, § 1º, da CLT e do art. 54 da Lei Complementar nº 123, de 14 de dezembro de 2006.

14. PRAZOS

- **Súmula 1 do TST**. PRAZO JUDICIAL (mantida) – Res. 121/2003, DJ 19, 20 e 21.11.2003. Quando a intimação tiver lugar na sexta-feira, ou a publicação com efeito de intimação for feita nesse dia, o prazo judicial será contado da segunda-feira imediata, inclusive, salvo se não houver expediente, caso em que fluirá no dia útil que se seguir
- **Súmula 30 do TST**. INTIMAÇÃO DA SENTENÇA (mantida) – Res. 121/2003, DJ 19, 20 e 21.11.2003 Quando não juntada a ata ao processo em 48 horas, contadas da audiência de julgamento (art. 851, § 2º, da CLT), o prazo para recurso será contado da data em que a parte receber a intimação da sentença.
- **Súmula 99 do TST**. AÇÃO RESCISÓRIA. DESERÇÃO. PRAZO (incorporada a Orientação Jurisprudencial nº 117 da SBDI-2) – Res. 137/2005, DJ 22, 23 e 24.08.2005 Havendo recurso ordinário em sede de rescisória, o depósito recursal só é exigível quando for julgado procedente o pedido e imposta condenação em pecúnia, devendo este ser efetuado no prazo recursal, no limite e nos termos da legislação vigente, sob pena de deserção. (ex-Súmula nº 99 – alterada pela Res. 110/2002, DJ 15.04.2002 – e ex-OJ nº 117 da SBDI-2 – DJ 11.08.2003
- **Súmula 100 do TST**. AÇÃO RESCISÓRIA. DECADÊNCIA (incorporadas as Orientações Jurisprudenciais nºs 13, 16, 79, 102, 104, 122 e 145 da SBDI-2) – Res. 137/2005, DJ 22, 23 e 24.08.2005 I – O prazo de decadência, na ação rescisória, conta-se do dia imediatamente subsequente ao trânsito em julgado da última decisão proferida na causa, seja de mérito ou não. (ex-Súmula nº 100 – alterada pela Res. 109/2001, DJ 20.04.2001) II – Havendo recurso parcial no processo principal, o trânsito em julgado dá-se em momentos e em tribunais diferentes, contando-se o prazo decadencial para a ação rescisória do trânsito em julgado de cada decisão, salvo se o recurso tratar de preliminar ou prejudicial que possa tornar insubsistente a decisão recorrida, hipótese em que flui a decadência a partir do trânsito em julgado da decisão que julgar o recurso parcial. (ex-Súmula nº 100 – alterada pela Res. 109/2001, DJ 20.04.2001) III – Salvo se houver dúvida razoável, a interposição de recurso intempestivo ou a interposição de recurso incabível não protrai o termo inicial do prazo decadencial. (ex-Súmula nº 100 – alterada pela Res. 109/2001, DJ 20.04.2001) IV – O juízo rescindente não está adstrito à certidão de trânsito em julgado juntada com a ação rescisória, podendo formar sua convicção através de outros elementos dos autos quanto à antecipação ou postergação do dies a quo do prazo decadencial. (ex-OJ nº 102 da SBDI-2 – DJ 29.04.2003) V – O acordo homologado judicialmente tem força de decisão irrecorrível, na forma do art. 831 da CLT. Assim sendo, o termo conciliatório transita em julgado na data da sua homologação judicial. (ex-OJ nº 104 da SBDI-2 – DJ 29.04.2003) VI – Na hipótese de colusão das partes, o prazo decadencial da ação rescisória somente começa a fluir para o Ministério Público, que não interveio no processo principal, a partir do momento em que tem ciência da fraude. (ex-OJ nº 122 da SBDI-2 – DJ 11.08.2003) VII – Não ofende o princípio do duplo grau de jurisdição a decisão do TST que, após afastar a decadência em sede de recurso ordinário, aprecia desde logo a lide, se a causa versar questão exclusivamente de direito e estiver em condições de imediato julgamento. (ex-OJ nº 79 da SBDI-2 – inserida em

13.03.2002) VIII – A exceção de incompetência, ainda que oposta no prazo recursal, sem ter sido aviado o recurso próprio, não tem o condão de afastar a consumação da coisa julgada e, assim, postergar o termo inicial do prazo decadencial para a ação rescisória. (ex-OJ nº 16 da SBDI-2 – inserida em 20.09.2000) IX – Prorroga-se até o primeiro dia útil, imediatamente subsequente, o prazo decadencial para ajuizamento de ação rescisória quando expira em férias forenses, feriados, finais de semana ou em dia em que não houver expediente forense. Aplicação do art. 775 da CLT. (ex-OJ nº 13 da SBDI-2 – inserida em 20.09.2000) X – Conta-se o prazo decadencial da ação rescisória, após o decurso do prazo legal previsto para a interposição do recurso extraordinário, apenas quando esgotadas todas as vias recursais ordinárias. (ex-OJ nº 145 da SBDI-2 – DJ 10.11.2004)

- **Súmula 156 do TST**. PRESCRIÇÃO. PRAZO (mantida) – Res. 121/2003, DJ 19, 20 e 21.11.2003 Da extinção do último contrato começa a fluir o prazo prescricional do direito de ação em que se objetiva a soma de períodos descontínuos de trabalho (ex-Prejulgado nº 31).
- **Súmula 197 do TST**. PRAZO (mantida) – Res. 121/2003, DJ 19, 20 e 21.11.2003 O prazo para recurso da parte que, intimada, não comparecer à audiência em prosseguimento para a prolação da sentença conta-se de sua publicação.
- **Súmula 245 do TST**. DEPÓSITO RECURSAL. PRAZO (mantida) – Res. 121/2003, DJ 19, 20 e 21.11.2003 O depósito recursal deve ser feito e comprovado no prazo alusivo ao recurso. A interposição antecipada deste não prejudica a dilação legal.
- **Súmula 262 do TST**. PRAZO JUDICIAL. NOTIFICAÇÃO OU INTIMAÇÃO EM SÁBADO. RECESSO FORENSE (incorporada a Orientação Jurisprudencial nº 209 da SBDI-1) – Res. 129/2005, DJ 20, 22 e 25.04.2005 I – Intimada ou notificada a parte no sábado, o início do prazo se dará no primeiro dia útil imediato e a contagem, no subsequente. (ex-Súmula nº 262 – Res. 10/1986, DJ 31.10.1986) II – O recesso forense e as férias coletivas dos Ministros do Tribunal Superior do Trabalho (art. 177, § 1º, do RITST) suspendem os prazos recursais. (ex-OJ nº 209 da SBDI-1 – inserida em 08.11.2000)
- **Súmula 262 do TST**. PRAZO JUDICIAL. NOTIFICAÇÃO OU INTIMAÇÃO EM SÁBADO. RECESSO FORENSE. (redação do item II alterada na sessão do Tribunal Pleno realizada em 19.05.2014) – Res. 194/2014, DEJT divulgado em 21, 22 e 23.05.2014 I – Intimada ou notificada a parte no sábado, o início do prazo se dará no primeiro dia útil imediato e a contagem, no subsequente. (ex-Súmula nº 262 – Res. 10/1986, DJ 31.10.1986) II – O recesso forense e as férias coletivas dos Ministros do Tribunal Superior do Trabalho suspendem os prazos recursais. (ex-OJ nº 209 da SBDI-1 – inserida em 08.11.2000)
- **Súmula 262 do TST**. PRESCRIÇÃO. TERMO INICIAL. AÇÃO DE CUMPRIMENTO. SENTENÇA NORMATIVA (mantida) – Res. 121/2003, DJ 19, 20 e 21.11.2003 O prazo de prescrição com relação à ação de cumprimento de decisão normativa flui apenas da data de seu trânsito em julgado.
- **Súmula 385 do TST**. FERIADO LOCAL. AUSÊNCIA DE EXPEDIENTE FORENSE. PRAZO RECURSAL. PRORROGAÇÃO. COMPROVAÇÃO. NECESSIDADE ATO ADMINISTRATIVO DO JUÍZO A QUO (redação alterada na sessão do Tribunal Pleno realizada em 14.09.2012) – Res. 185/2012, DEJT divulgado em 25, 26 e 27.09.2012 I – Incumbe à parte o ônus de provar, quando da interposição do recurso, a existência de feriado local que autorize a prorrogação do prazo recursal. II – Na hipótese de feriado forense, incumbirá à autoridade que proferir a decisão de admissibilidade certificar o expediente nos autos. III – Na hipótese do inciso II, admite-se a reconsideração da análise da tempestividade do recurso, mediante prova documental superveniente, em Agravo Regimental, Agravo de Instrumento ou Embargos de Declaração.
- **OJ TP/OE 11.** RECURSO EM MATÉRIA ADMINISTRATIVA. PRAZO. ÓRGÃO COLEGIADO. OITO DIAS. ART. 6º DA LEI Nº 5.584, DE 26.06.1970 (DJ 25.04.2007) Se não houver norma específica quanto ao prazo para interposição de recurso em matéria administrativa de decisão emanada de órgão Colegiado do Tribunal Regional do Trabalho, aplica-se, por analogia, a regra geral dos prazos adotados na Justiça do Trabalho, ou seja, oito dias, conforme estabelecido no art. 6º da Lei nº 5.584, de 26.06.1970. O prazo de dez dias a que alude o art. 59 da Lei nº 9.784, de 29.01.1999, aplica-se somente à interposição de recursos de decisões prolatadas monocraticamente.
- **OJ SDI1 192.** EMBARGOS DECLARATÓRIOS. PRAZO EM DOBRO. PESSOA JURÍDICA DE DIREITO PÚBLICO. DECRETO-LEI Nº 779/69 (inserida em 08.11.2000) É em dobro o prazo para a interposição de embargos declaratórios por pessoa jurídica de direito público.
- **OJ SDI1 310.** LITISCONSORTES. PROCURADORES DISTINTOS. PRAZO EM DOBRO. ART. 229, CAPUT E §§ 1º E 2º, DO CPC DE 2015. ART. 191 DO CPC DE 1973. INAPLICÁVEL AO PROCESSO DO TRABALHO (atualizada em decorrência do CPC de 2015) – Res. 208/2016, DEJT divulgado em 22, 25 e 26.04.2016 Inaplicável ao processo do trabalho

a norma contida no art. 229, caput e §§ 1º e 2º, do CPC de 2015 (art. 191 do CPC de 1973), em razão de incompatibilidade com a celeridade que lhe é inerente.

- **OJ SDI2 146.** AÇÃO RESCISÓRIA. INÍCIO DO PRAZO PARA APRESENTAÇÃO DA CONTESTAÇÃO. ART. 774 DA CLT (atualizada em decorrência do CPC de 2015) – Res. 208/2016, DEJT divulgado em 22, 25 e 26.04.2016 A contestação apresentada em ação rescisória obedece à regra relativa à contagem de prazo constante do art. 774 da CLT, sendo inaplicável o art. 231 do CPC de 2015 (art. 241 do CPC de 1973).

15. COMPETÊNCIA

- **Súmula 19 do TST**. QUADRO DE CARREIRA (mantida) – Res. 121/2003, DJ 19, 20 e 21.11.2003 A Justiça do Trabalho é competente para apreciar reclamação de empregado que tenha por objeto direito fundado em quadro de carreira.
- **Súmula 189 do TST**. GREVE. COMPETÊNCIA DA JUSTIÇA DO TRABALHO. ABUSIVIDADE (nova redação) – Res. 121/2003, DJ 19, 20 e 21.11.2003 A Justiça do Trabalho é competente para declarar a abusividade, ou não, da greve.
- **Súmula 192 do TST**. AÇÃO RESCISÓRIA. COMPETÊNCIA (atualizada em decorrência do CPC de 2015) – Res. 212/2016, DEJT divulgado em 20, 21 e 22.09.2016 I – Se não houver o conhecimento de recurso de revista ou de embargos, a competência para julgar ação que vise a rescindir a decisão de mérito é do Tribunal Regional do Trabalho, ressalvado o disposto no item II. II – Acórdão rescindendo do Tribunal Superior do Trabalho que não conhece de recurso de embargos ou de revista, analisando arguição de violação de dispositivo de lei material ou decidindo em consonância com súmula de direito material ou com iterativa, notória e atual jurisprudência de direito material da Seção de Dissídios Individuais (Súmula nº 333), examina o mérito da causa, cabendo ação rescisória da competência do Tribunal Superior do Trabalho. (ex-Súmula nº 192 – alterada pela Res. 121/2003, DJ 21.11.2003) III – Sob a égide do art. 512 do CPC de 1973, é juridicamente impossível o pedido explícito de desconstituição de sentença quando substituída por acórdão do Tribunal Regional ou superveniente sentença homologatória de acordo que puser fim ao litígio. IV – Na vigência do CPC de 1973, é manifesta a impossibilidade jurídica do pedido de rescisão de julgado proferido em agravo de instrumento que, limitando-se a aferir o eventual desacerto do juízo negativo de admissibilidade do recurso de revista, não substitui o acórdão regional, na forma do art. 512 do CPC. (ex-OJ nº 105 da SBDI-2 – DJ 29.04.2003) V- A decisão proferida pela SBDI, em agravo regimental, calcada na Súmula nº 333, substitui acórdão de Turma do TST, porque emite juízo de mérito, comportando, em tese, o corte rescisório. (ex-OJ nº 133 da SBDI-2 – DJ 04.05.2004).
- **Súmula 300 do TST**. COMPETÊNCIA DA JUSTIÇA DO TRABALHO. CADASTRAMENTO NO PIS (mantida) – Res. 121/2003, DJ 19, 20 e 21.11.2003 Compete à Justiça do Trabalho processar e julgar ações ajuizadas por empregados em face de empregadores relativas ao cadastramento no Programa de Integração Social (PIS).
- **Súmula 368 do TST.** DESCONTOS PREVIDENCIÁRIOS E FISCAIS. COMPETÊNCIA. RESPONSABILIDADE PELO PAGAMENTO. FORMA DE CÁLCULO (redação do item II alterada na sessão do Tribunal Pleno realizada em 16.04.2012) – Res. 181/2012, DEJT divulgado em 19, 20 e 23.04.2012. I – A Justiça do Trabalho é competente para determinar o recolhimento das contribuições fiscais. A competência da Justiça do Trabalho, quanto à execução das contribuições previdenciárias, limita-se às sentenças condenatórias em pecúnia que proferir e aos valores, objeto de acordo homologado, que integrem o salário de contribuição. (ex-OJ nº 141 da SBDI-1 – inserida em 27.11.1998). II – É do empregador a responsabilidade pelo recolhimento das contribuições previdenciárias e fiscais, resultantes de crédito do empregado oriundo de condenação judicial, devendo ser calculadas, em relação à incidência dos descontos fiscais, mês a mês, nos termos do art. 12-A da Lei nº 7.713, de 22/12/1988, com a redação dada pela Lei nº 12.350/2010. III – Em se tratando de descontos previdenciários, o critério de apuração encontra-se disciplinado no art. 276, § 4º, do Decreto nº 3.048/1999 que regulamentou a Lei nº 8.212/1991 e determina que a contribuição do empregado, no caso de ações trabalhistas, seja calculada mês a mês, aplicando-se as alíquotas previstas no art. 198, observado o limite máximo do salário de contribuição. (ex-OJs nºs 32 e 228 da SBDI-1 – inseridas, respectivamente, em 14.03.1994 e 20.06.2001)
- **Súmula 389 do TST**. SEGURO-DESEMPREGO. COMPETÊNCIA DA JUSTIÇA DO TRABALHO. DIREITO À INDENIZAÇÃO POR NÃO LIBERAÇÃO DE GUIAS (conversão das Orientações Jurisprudenciais nºs210 e 211 da SBDI-1) – Res. 129/2005, DJ 20, 22 e 25.04.2005 I – Inscreve-se na competência material da Justiça do Trabalho a lide entre empregado e empregador tendo por objeto indenização pelo não fornecimento das guias do seguro-desemprego. (ex-OJ nº 210 da SBDI-1 – inserida em 08.11.2000) II – O não fornecimento pelo empregador da guia necessária para o rece-

bimento do seguro-desemprego dá origem ao direito à indenização. (ex-OJ nº 211 da SBDI-1 – inserida em 08.11.2000)

- **Súmula 392 do TST**. DANO MORAL. COMPETÊNCIA DA JUSTIÇA DO TRABALHO (conversão da Orientação Jurisprudencial nº 327 da SBDI-1) – Res. 129/2005, DJ 20, 22 e 25.04.2005 Nos termos do art. 114 da CF/1988, a Justiça do Trabalho é competente para dirimir controvérsias referentes à indenização por dano moral, quando decorrente da relação de trabalho. (ex-OJ nº 327 da SBDI-1 – DJ 09.12.2003)
- **Súmula 419 do TST**. COMPETÊNCIA. EXECUÇÃO POR CARTA. EMBARGOS DE TERCEIRO. JUÍZO DEPRECANTE (conversão da Orientação Jurisprudencial nº 114 da SBDI-2) – Res. 137/2005, DJ 22, 23 e 24.08.2005 Na execução por carta precatória, os embargos de terceiro serão oferecidos no juízo deprecante ou no juízo deprecado, mas a competência para julgá-los é do juízo deprecante, salvo se versarem, unicamente, sobre vícios ou irregularidades da penhora, avaliação ou alienação dos bens, praticados pelo juízo deprecado, em que a competência será deste último. (ex-OJ nº 114 da SBDI-2 – DJ 11.08.2003)
- **Súmula 420 do TST**. COMPETÊNCIA FUNCIONAL. CONFLITO NEGATIVO. TRT E VARA DO TRABALHO DE IDÊNTICA REGIÃO. NÃO CONFIGURAÇÃO (conversão da Orientação Jurisprudencial nº 115 da SBDI-2) – Res. 137/2005, DJ 22, 23 e 24.08.2005 Não se configura conflito de competência entre Tribunal Regional do Trabalho e Vara do Trabalho a ele vinculada. (ex-OJ nº 115 da SBDI-2 – DJ 11.08.2003)
- **Súmula 454 do TST**. COMPETÊNCIA DA JUSTIÇA DO TRABALHO. EXECUÇÃO DE OFÍCIO. CONTRIBUIÇÃO SOCIAL REFERENTE AO SEGURO DE ACIDENTE DE TRABALHO (SAT). ARTS. 114, VIII, E 195, I, "A", DA CONSTITUIÇÃO DA REPÚBLICA. (conversão da Orientação Jurisprudencial nº 414 da SBDI-1). Compete à Justiça do Trabalho a execução, de ofício, da contribuição referente ao Seguro de Acidente de Trabalho (SAT), que tem natureza de contribuição para a seguridade social (arts. 114, VIII, e 195, I, "A", da CF), pois se destina ao financiamento de benefícios relativos à incapacidade do empregado decorrente de infortúnio no trabalho (arts. 11 e 22 da Lei nº 8.212/1991).
- **OJ TP/OE 4.** MANDADO DE SEGURANÇA. DECISÃO DE TRT. INCOMPETÊNCIA ORIGINÁRIA DO TRIBUNAL SUPERIOR DO TRABALHO Ao Tribunal Superior do Trabalho não compete apreciar, originariamente, mandado de segurança impetrado em face de decisão de TRT.
- **OJ SDI1 26.** COMPETÊNCIA DA JUSTIÇA DO TRABALHO. COMPLEMENTAÇÃO DE PENSÃO REQUERIDA POR VIÚVA DE EX-EMPREGADO (inserido dispositivo) – DJ 20.04.2005 A Justiça do Trabalho é competente para apreciar pedido de complementação de pensão postulada por viúva de ex-empregado, por se tratar de pedido que deriva do contrato de trabalho.
- **OJ SDI1 62.** PREQUESTIONAMENTO. PRESSUPOSTO DE ADMISSIBILIDADE EM APELO DE NATUREZA EXTRAORDINÁRIA. NECESSIDADE, AINDA QUE SE TRATE DE INCOMPETÊNCIA ABSOLUTA (republicada em decorrência de erro material) – DEJT divulgado em 23, 24 e 25.11.2010 É necessário o prequestionamento como pressuposto de admissibilidade em recurso de natureza extraordinária, ainda que se trate de incompetência absoluta.
- **OJ SDI1 138.** COMPETÊNCIA RESIDUAL. REGIME JURÍDICO ÚNICO. LIMITAÇÃO DA EXECUÇÃO (nova redação em decorrência da incorporação da Orientação Jurisprudencial nº 249 da SBDI-1) – DJ 20.04.2005 Compete à Justiça do Trabalho julgar pedidos de direitos e vantagens previstos na legislação trabalhista referentes a período anterior à Lei nº 8.112/90, mesmo que a ação tenha sido ajuizada após a edição da referida lei. A superveniência de regime estatutário em substituição ao celetista, mesmo após a sentença, limita a execução ao período celetista. (1ª parte – ex-OJ nº 138 da SBDI-1 – inserida em 27.11.98; 2ª parte – ex-OJ nº 249 – inserida em 13.03.02)
- **OJ SDI1 205.** COMPETÊNCIA MATERIAL. JUSTIÇA DO TRABALHO. ENTE PÚBLICO. CONTRATAÇÃO IRREGULAR. REGIME ESPECIAL. DESVIRTUAMENTO (cancelada) – Res. 156/2009, DEJT divulgado em 27, 28 e 29.04.2009 I – Inscreve-se na competência material da Justiça do Trabalho dirimir dissídio individual entre trabalhador e ente público se há controvérsia acerca do vínculo empregatício. II – A simples presença de lei que disciplina a contratação por tempo determinado para atender a necessidade temporária de excepcional interesse público (art. 37, inciso IX, da CF/1988) não é o bastante para deslocar a competência da Justiça do Trabalho se se alega desvirtuamento em tal contratação, mediante a prestação de serviços à Administração para atendimento de necessidade permanente e não para acudir a situação transitória e emergencial.
- **OJ SDI1 414**. COMPETÊNCIA DA JUSTIÇA DO TRABALHO. EXECUÇÃO DE OFÍCIO. CONTRIBUIÇÃO SOCIAL REFERENTE AO SEGURO DE ACIDENTE DE TRABALHO (SAT). ARTS. 114, VIII, E 195, I, "A", DA CONSTITUIÇÃO DA REPÚBLICA. (DEJT divulgado em 14, 15 e 16.02.2012) Compete à Justiça do Trabalho a execução, de ofício, da contribuição referente ao Seguro de Acidente de Trabalho (SAT),

que tem natureza de contribuição para a seguridade social (arts. 114, VIII, e 195, I, "A", da CF), pois se destina ao financiamento de benefícios relativos à incapacidade do empregado decorrente de infortúnio no trabalho (arts. 11 e 22 da Lei nº 8.212/1991).

- **OJ SDI2 7.** AÇÃO RESCISÓRIA. COMPETÊNCIA. CRIAÇÃO DE TRIBUNAL REGIONAL DO TRABALHO. NA OMISSÃO DA LEI, É FIXADA PELO ART. 678, INC. I, "C", ITEM 2, DA CLT (nova redação) - DJ 22.08.2005 A Lei nº 7.872/89 que criou o Tribunal Regional do Trabalho da 17ª Região não fixou a sua competência para apreciar as ações rescisórias de decisões oriundas da 1ª Região, o que decorreu do art. 678, I, "C", item 2, da CLT.
- **OJ SDI2 68.** ANTECIPAÇÃO DE TUTELA. COMPETÊNCIA (nova redação) - DJ 22.08.2005 Nos Tribunais, compete ao relator decidir sobre o pedido de antecipação de tutela, submetendo sua decisão ao Colegiado respectivo, independentemente de pauta, na sessão imediatamente subsequente.
- **OJ SDI2 129.** AÇÃO ANULATÓRIA. COMPETÊNCIA ORIGINÁRIA (DJ 04.05.2004) Em se tratando de ação anulatória, a competência originária se dá no mesmo juízo em que praticado o ato supostamente eivado de vício.
- **OJ SDI2 130**. AÇÃO CIVIL PÚBLICA. COMPETÊNCIA. LOCAL DO DANO. LEI Nº 7.347/1985, ART. 2º. CÓDIGO DE DEFESA DO CONSUMIDOR, ART. 93 (redação alterada na sessão do Tribunal Pleno realizada em 14.09.2012) I - A competência para a Ação Civil Pública fixa-se pela extensão do dano. II - Em caso de dano de abrangência regional, que atinja cidades sujeitas à jurisdição de mais de uma Vara do Trabalho, a competência será de qualquer das Varas das localidades atingidas, ainda que vinculadas a Tribunais Regionais do Trabalho distintos. III - Em caso de dano de abrangência suprarregional ou nacional, há competência concorrente para a Ação Civil Pública das Varas do Trabalho das sedes dos Tribunais Regionais do Trabalho. IV - Estará prevento o juízo a que a primeira ação houver sido distribuída. **OJ SDI2 149.** CONFLITO DE COMPETÊNCIA. INCOMPETÊNCIA TERRITORIAL. HIPÓTESE DO ART. 651, § 3º, DA CLT. IMPOSSIBILIDADE DE DECLARAÇÃO DE OFÍCIO DE INCOMPETÊNCIA RELATIVA. (DEJT divulgado em 03, 04 e 05.12.2008) Não cabe declaração de ofício de incompetência territorial no caso do uso, pelo trabalhador, da faculdade prevista no art. 651, § 3º, da CLT. Nessa hipótese, resolve-se o conflito pelo reconhecimento da competência do juízo do local onde a ação foi proposta.
- **PRECEDENTE NORMATIVO 29 DO TST**. GREVE. COMPETÊNCIA DOS TRIBUNAIS PARA DECLARÁ-LA ABUSIVA (positivo). Compete aos Tribunais do Trabalho decidir sobre o abuso do direito de greve.
- **SÚMULA 367 DO STJ**. "A competência estabelecida pela EC n. 45/2004 não alcança os processos já sentenciados".

16. AÇÃO RESCISÓRIA

- **Súmula 83 do TST**. AÇÃO RESCISÓRIA. MATÉRIA CONTROVERTIDA (incorporada a Orientação Jurisprudencial nº 77 da SBDI-2) – Res. 137/2005, DJ 22, 23 e 24.08.2005 I – Não procede pedido formulado na ação rescisória por violação literal de lei se a decisão rescindenda estiver baseada em texto legal infraconstitucional de interpretação controvertida nos Tribunais. (ex-Súmula nº 83 – alterada pela Res. 121/2003, DJ 21.11.2003) II – O marco divisor quanto a ser, ou não, controvertida, nos Tribunais, a interpretação dos dispositivos legais citados na ação rescisória é a data da inclusão, na Orientação Jurisprudencial do TST, da matéria discutida. (ex-OJ nº 77 da SBDI-2 – inserida em 13.03.2002)
- **Súmula 99 do TST**. AÇÃO RESCISÓRIA. DESERÇÃO. PRAZO (incorporada a Orientação Jurisprudencial nº 117 da SBDI-2) – Res. 137/2005, DJ 22, 23 e 24.08.2005 Havendo recurso ordinário em sede de rescisória, o depósito recursal só é exigível quando for julgado procedente o pedido e imposta condenação em pecúnia, devendo este ser efetuado no prazo recursal, no limite e nos termos da legislação vigente, sob pena de deserção. (ex-Súmula nº 99 – alterada pela Res. 110/2002, DJ 15.04.2002 – e ex-OJ nº 117 da SBDI-2 – DJ 11.08.2003)
- **Súmula 100 do TST**. AÇÃO RESCISÓRIA. DECADÊNCIA (incorporadas as Orientações Jurisprudenciais nºs13, 16, 79, 102, 104, 122 e 145 da SBDI-2) – Res. 137/2005, DJ 22, 23 e 24.08.2005 I – O prazo de decadência, na ação rescisória, conta-se do dia imediatamente subsequente ao trânsito em julgado da última decisão proferida na causa, seja de mérito ou não. (ex-Súmula nº 100 – alterada pela Res. 109/2001, DJ 20.04.2001) II – Havendo recurso parcial no processo principal, o trânsito em julgado dá-se em momentos e em tribunais diferentes, contando-se o prazo decadencial para a ação rescisória do trânsito em julgado de cada decisão, salvo se o recurso tratar de preliminar ou prejudicial que possa tornar insubsistente a decisão recorrida, hipótese em que flui a decadência a partir do trânsito em julgado da decisão que julgar o recurso parcial. (ex-Súmula nº 100 – alterada pela Res. 109/2001, DJ 20.04.2001) III – Salvo se houver dúvida razoável, a interposição de recurso intempestivo ou

a interposição de recurso incabível não protrai o termo inicial do prazo decadencial. (ex-Súmula nº 100 – alterada pela Res. 109/2001, DJ 20.04.2001) IV – O juízo rescindente não está adstrito à certidão de trânsito em julgado juntada com a ação rescisória, podendo formar sua convicção através de outros elementos dos autos quanto à antecipação ou postergação do dies a quo do prazo decadencial. (ex-OJ nº 102 da SBDI-2 – DJ 29.04.2003) V – O acordo homologado judicialmente tem força de decisão irrecorrível, na forma do art. 831 da CLT. Assim sendo, o termo conciliatório transita em julgado na data da sua homologação judicial. (ex-OJ nº 104 da SBDI-2 – DJ 29.04.2003) VI – Na hipótese de colusão das partes, o prazo decadencial da ação rescisória somente começa a fluir para o Ministério Público, que não interveio no processo principal, a partir do momento em que tem ciência da fraude. (ex-OJ nº 122 da SBDI-2 – DJ 11.08.2003) VII – Não ofende o princípio do duplo grau de jurisdição a decisão do TST que, após afastar a decadência em sede de recurso ordinário, aprecia desde logo a lide, se a causa versar questão exclusivamente de direito e estiver em condições de imediato julgamento. (ex-OJ nº 79 da SBDI-2 – inserida em 13.03.2002) VIII – A exceção de incompetência, ainda que oposta no prazo recursal, sem ter sido aviado o recurso próprio, não tem o condão de afastar a consumação da coisa julgada e, assim, postergar o termo inicial do prazo decadencial para a ação rescisória. (ex-OJ nº 16 da SBDI-2 – inserida em 20.09.2000) IX – Prorroga-se até o primeiro dia útil, imediatamente subsequente, o prazo decadencial para ajuizamento de ação rescisória quando expira em férias forenses, feriados, finais de semana ou em dia em que não houver expediente forense. Aplicação do art. 775 da CLT. (ex-OJ nº 13 da SBDI-2 – inserida em 20.09.2000) X – Conta-se o prazo decadencial da ação rescisória, após o decurso do prazo legal previsto para a interposição do recurso extraordinário, apenas quando esgotadas todas as vias recursais ordinárias. (ex-OJ nº 145 da SBDI-2 – DJ 10.11.2004)

- **Súmula 158 do TST**. AÇÃO RESCISÓRIA (mantida) – Res. 121/2003, DJ 19, 20 e 21.11.2003 Da decisão de Tribunal Regional do Trabalho, em ação rescisória, é cabível recurso ordinário para o Tribunal Superior do Trabalho, em face da organização judiciária trabalhista (ex-Prejulgado nº 35).
- **Súmula 192 do TST**. AÇÃO RESCISÓRIA. COMPETÊNCIA (atualizada em decorrência do CPC de 2015) – Res. 212/2016, DEJT divulgado em 20, 21 e 22.09.2016 I – Se não houver o conhecimento de recurso de revista ou de embargos, a competência para julgar ação que vise a rescindir a decisão de mérito é do Tribunal Regional do Trabalho, ressalvado o disposto no item II. II – Acórdão rescindendo do Tribunal Superior do Trabalho que não conhece de recurso de embargos ou de revista, analisando arguição de violação de dispositivo de lei material ou decidindo em consonância com súmula de direito material ou com iterativa, notória e atual jurisprudência de direito material da Seção de Dissídios Individuais (Súmula nº 333), examina o mérito da causa, cabendo ação rescisória da competência do Tribunal Superior do Trabalho. (ex-Súmula nº 192 – alterada pela Res. 121/2003, DJ 21.11.2003) III – Sob a égide do art. 512 do CPC de 1973, é juridicamente impossível o pedido explícito de desconstituição de sentença quando substituída por acórdão do Tribunal Regional ou superveniente sentença homologatória de acordo que puser fim ao litígio. IV – Na vigência do CPC de 1973, é manifesta a impossibilidade jurídica do pedido de rescisão de julgado proferido em agravo de instrumento que, limitando-se a aferir o eventual desacerto do juízo negativo de admissibilidade do recurso de revista, não substitui o acórdão regional, na forma do art. 512 do CPC. (ex-OJ nº 105 da SBDI-2 – DJ 29.04.2003) V- A decisão proferida pela SBDI, em agravo regimental, calcada na Súmula nº 333, substitui acórdão de Turma do TST, porque emite juízo de mérito, comportando, em tese, o corte rescisório. (ex-OJ nº 133 da SBDI-2 – DJ 04.05.2004).
- **Súmula 259 do TST**. TERMO DE CONCILIAÇÃO. AÇÃO RESCISÓRIA (mantida) – Res. 121/2003, DJ 19, 20 e 21.11.2003 Só por ação rescisória é impugnável o termo de conciliação previsto no parágrafo único do art. 831 da CLT.
- **Súmula 298 do TST**. AÇÃO RESCISÓRIA. VIOLAÇÃO A DISPOSIÇÃO DE LEI. PRONUNCIAMENTO EXPLÍCITO (redação alterada pelo Tribunal Pleno na sessão realizada em 6.2.2012) – Res. 177/2012, DEJT divulgado em 13, 14 e 15.02.2012 I – A conclusão acerca da ocorrência de violação literal a disposição de lei pressupõe pronunciamento explícito, na sentença rescindenda, sobre a matéria veiculada. II – O pronunciamento explícito exigido em ação rescisória diz respeito à matéria e ao enfoque específico da tese debatida na ação, e não, necessariamente, ao dispositivo legal tido por violado. Basta que o conteúdo da norma reputada violada haja sido abordado na decisão rescindenda para que se considere preenchido o pressuposto. III – Para efeito de ação rescisória, considera-se pronunciada explicitamente a matéria tratada na sentença quando, examinando remessa de ofício, o Tribunal simplesmente a confirma. IV – A sentença meramente homologatória, que silencia sobre os motivos de convencimento do juiz, não se mostra rescindível, por

ausência de pronunciamento explícito. V – Não é absoluta a exigência de pronunciamento explícito na ação rescisória, ainda que esta tenha por fundamento violação de dispositivo de lei. Assim, prescindível o pronunciamento explícito quando o vício nasce no próprio julgamento, como se dá com a sentença extra, citra e ultra petita.

- **Súmula 299 do TST**. AÇÃO RESCISÓRIA. DECISÃO RESCINDENDA. TRÂNSITO EM JULGADO. COMPROVAÇÃO. EFEITOS (nova redação do item II em decorrência do CPC de 2015) – Res. 211/2016, DEJT divulgado em 24, 25 e 26.08.2016 I – É indispensável ao processamento da ação rescisória a prova do trânsito em julgado da decisão rescindenda. (ex-Súmula nº 299 – Res. 8/1989, DJ 14, 18 e 19.04.1989) II – Verificando o relator que a parte interessada não juntou à inicial o documento comprobatório, abrirá prazo de 15 (quinze) dias para que o faça (art. 321 do CPC de 2015), sob pena de indeferimento. (ex-Súmula nº 299 – Res 8/1989, DJ 14, 18 e 19.04.1989) III – A comprovação do trânsito em julgado da decisão rescindenda é pressuposto processual indispensável ao tempo do ajuizamento da ação rescisória. Eventual trânsito em julgado posterior ao ajuizamento da ação rescisória não reabilita a ação proposta, na medida em que o ordenamento jurídico não contempla a ação rescisória preventiva. (ex-OJ nº 106 da SBDI-2 – DJ 29.04.2003) IV – O pretenso vício de intimação, posterior à decisão que se pretende rescindir, se efetivamente ocorrido, não permite a formação da coisa julgada material. Assim, a ação rescisória deve ser julgada extinta, sem julgamento do mérito, por carência de ação, por inexistir decisão transitada em julgado a ser rescindida. (ex-OJ nº 96 da SBDI-2 – inserida em 27.09.2002)
- **Súmula 303 do TST**. FAZENDA PÚBLICA. REEXAME NECESSÁRIO (nova redação em decorrência do CPC de 2015) – Res. 211/2016, DEJT divulgado em 24, 25 e 26.08.2016 I – Em dissídio individual, está sujeita ao reexame necessário, mesmo na vigência da Constituição Federal de 1988, decisão contrária à Fazenda Pública, salvo quando a condenação não ultrapassar o valor correspondente a: a) 1.000 (mil) salários mínimos para a União e as respectivas autarquias e fundações de direito público; b) 500 (quinhentos) salários mínimos para os Estados, o Distrito Federal, as respectivas autarquias e fundações de direito público e os Municípios que constituam capitais dos Estados; c) 100 (cem) salários mínimos para todos os demais Municípios e respectivas autarquias e fundações de direito público. II – Também não se sujeita ao duplo grau de jurisdição a decisão fundada em: a) súmula ou orientação jurisprudencial do Tribunal Superior do Trabalho; b) acórdão proferido pelo Supremo Tribunal Federal ou pelo Tribunal Superior do Trabalho em julgamento de recursos repetitivos; c) entendimento firmado em incidente de resolução de demandas repetitivas ou de assunção de competência; d) entendimento coincidente com orientação vinculante firmada no âmbito administrativo do próprio ente público, consolidada em manifestação, parecer ou súmula administrativa. III – Em ação rescisória, a decisão proferida pelo Tribunal Regional do Trabalho está sujeita ao duplo grau de jurisdição obrigatório quando desfavorável ao ente público, exceto nas hipóteses dos incisos anteriores. (ex-OJ nº 71 da SBDI-1 – inserida em 03.06.1996) IV – Em mandado de segurança, somente cabe reexame necessário se, na relação processual, figurar pessoa jurídica de direito público como parte prejudicada pela concessão da ordem. Tal situação não ocorre na hipótese de figurar no feito como impetrante e terceiro interessado pessoa de direito privado, ressalvada a hipótese de matéria administrativa. (ex-OJs nºs 72 e 73 da SBDI-1 – inseridas, respectivamente, em 25.11.1996 e 03.06.1996).
- **Súmula 365 do TST**. ALÇADA. AÇÃO RESCISÓRIA E MANDADO DE SEGURANÇA (conversão das Orientações Jurisprudenciais nºs 8 e 10 da SBDI-1) – Res. 129/2005, DJ 20, 22 e 25.04.2005 Não se aplica a alçada em ação rescisória e em mandado de segurança. (ex-OJs nº s 8 e 10 da SBDI-1 – inseridas em 01.02.1995)
- **Súmula 397 do TST**. AÇÃO RESCISÓRIA. ART. 966, IV, DO CPC DE 2015. ART. 485, IV, DO CPC DE 1973. AÇÃO DE CUMPRIMENTO. OFENSA À COISA JULGADA EMANADA DE SENTENÇA NORMATIVA MODIFICADA EM GRAU DE RECURSO. INVIABILIDADE. CABIMENTO DE MANDADO DE SEGURANÇA. (atualizada em decorrência do CPC de 2015) – Res. 208/2016, DEJT divulgado em 22, 25 e 26.04.2016 Não procede ação rescisória calcada em ofensa à coisa julgada perpetrada por decisão proferida em ação de cumprimento, em face de a sentença normativa, na qual se louvava, ter sido modificada em grau de recurso, porque em dissídio coletivo somente se consubstancia coisa julgada formal. Assim, os meios processuais aptos a atacarem a execução da cláusula reformada são a exceção de pré-executividade e o mandado de segurança, no caso de descumprimento do art. 514 do CPC de 2015 (art. 572 do CPC de 1973). (ex-OJ nº 116 da SBDI-2 – DJ 11.08.2003)
- **Súmula 398 do TST**. AÇÃO RESCISÓRIA. AUSÊNCIA DE DEFESA. INAPLICÁVEIS OS EFEITOS DA REVELIA (conversão da Orientação Jurisprudencial nº 126 da SBDI-2) – Res. 137/2005, DJ 22, 23 e 24.08.2005 Na ação rescisória, o que se ataca na ação é a sentença, ato oficial do Estado, acober-

tado pelo manto da coisa julgada. Assim sendo, e considerando que a coisa julgada envolve questão de ordem pública, a revelia não produz confissão na ação rescisória. (ex-OJ nº 126 da SBDI-2 - DJ 09.12.2003)

- **Súmula 399 do TST**. AÇÃO RESCISÓRIA. CABIMENTO. SENTENÇA DE MÉRITO. DECISÃO HOMOLOGATÓRIA DE ADJUDICAÇÃO, DE ARREMATAÇÃO E DE CÁLCULOS (conversão das Orientações Jurisprudenciais nºs44, 45 e 85, primeira parte, da SBDI-2) - Res. 137/2005, DJ 22, 23 e 24.08.2005 I - É incabível ação rescisória para impugnar decisão homologatória de adjudicação ou arrematação. (ex-OJs nºs44 e 45 da SBDI-2 - inseridas em 20.09.2000) II - A decisão homologatória de cálculos apenas comporta rescisão quando enfrentar as questões envolvidas na elaboração da conta de liquidação, quer solvendo a controvérsia das partes quer explicitando, de ofício, os motivos pelos quais acolheu os cálculos oferecidos por uma das partes ou pelo setor de cálculos, e não contestados pela outra. (ex-OJ nº 85 da SBDI-2 - primeira parte - inserida em 13.03.2002 e alterada em 26.11.2002).
- **Súmula 400 do TST**. AÇÃO RESCISÓRIA DE AÇÃO RESCISÓRIA. VIOLAÇÃO MANIFESTA DE NORMA JURÍDICA. INDICAÇÃO DA MESMA NORMA JURÍDICA APONTADA NA RESCISÓRIA PRIMITIVA (MESMO DISPOSITIVO DE LEI SOB O CPC DE 1973). (nova redação em decorrência do CPC de 2015) - Res. 208/2016, DEJT divulgado em 22, 25 e 26.04.2016 Em se tratando de rescisória de rescisória, o vício apontado deve nascer na decisão rescindenda, não se admitindo a rediscussão do acerto do julgamento da rescisória anterior. Assim, não procede rescisória calcada no inciso V do art. 966 do CPC de 2015 (art. 485, V, do CPC de 1973) para discussão, por má aplicação da mesma norma jurídica, tida por violada na rescisória anterior, bem como para arguição de questões inerentes à ação rescisória primitiva. (ex-OJ nº 95 da SBDI-2 - inserida em 27.09.2002 e alterada DJ 16.04.2004)
- **Súmula 401 do TST**. AÇÃO RESCISÓRIA. DESCONTOS LEGAIS. FASE DE EXECUÇÃO. SENTENÇA EXEQUENDA OMISSA. INEXISTÊNCIA DE OFENSA À COISA JULGADA (conversão da Orientação Jurisprudencial nº 81 da SBDI-2) - Res. 137/2005 - DJ 22, 23 e 24.08.2005 Os descontos previdenciários e fiscais devem ser efetuados pelo juízo executório, ainda que a sentença exequenda tenha sido omissa sobre a questão, dado o caráter de ordem pública ostentado pela norma que os disciplina. A ofensa à coisa julgada somente poderá ser caracterizada na hipótese de o título exequendo, expressamente, afastar a dedução dos valores a título de imposto de renda e de contribuição previdenciária. (ex-OJ nº 81 da SBDI-2 - inserida em 13.03.2002)
- **Súmula 402 do TST**. AÇÃO RESCISÓRIA. DOCUMENTO NOVO. DISSÍDIO COLETIVO. SENTENÇA NORMATIVA (conversão da Orientação Jurisprudencial nº 20 da SBDI-2) - Res. 137/2005, DJ 22, 23 e 24.08.2005 Documento novo é o cronologicamente velho, já existente ao tempo da decisão rescindenda, mas ignorado pelo interessado ou de impossível utilização, à época, no processo. Não é documento novo apto a viabilizar a desconstituição de julgado: a) sentença normativa proferida ou transitada em julgado posteriormente à sentença rescindenda; b) sentença normativa preexistente à sentença rescindenda, mas não exibida no processo principal, em virtude de negligência da parte, quando podia e deveria louvar-se de documento já existente e não ignorado quando emitida a decisão rescindenda. (ex-OJ nº 20 da SBDI-2 - inserida em 20.09.2000)
- **Súmula 404 do TST**. AÇÃO RESCISÓRIA DE AÇÃO RESCISÓRIA. VIOLAÇÃO MANIFESTA DE NORMA JURÍDICA. INDICAÇÃO DA MESMA NORMA JURÍDICA APONTADA NA RESCISÓRIA PRIMITIVA (MESMO DISPOSITIVO DE LEI SOB O CPC DE 1973). (nova redação em decorrência do CPC de 2015) - Res. 208/2016, DEJT divulgado em 22, 25 e 26.04.2016 Em se tratando de rescisória de rescisória, o vício apontado deve nascer na decisão rescindenda, não se admitindo a rediscussão do acerto do julgamento da rescisória anterior. Assim, não procede rescisória calcada no inciso V do art. 966 do CPC de 2015 (art. 485, V, do CPC de 1973) para discussão, por má aplicação da mesma norma jurídica, tida por violada na rescisória anterior, bem como para arguição de questões inerentes à ação rescisória primitiva. (ex-OJ nº 95 da SBDI-2 - inserida em 27.09.2002 e alterada DJ 16.04.2004)
- **Súmula 405 do TST**. AÇÃO RESCISÓRIA. TUTELA PROVISÓRIA (nova redação em decorrência do CPC de 2015) - Res. 208/2016, DEJT divulgado em 22, 25 e 26.04.2016Em face do que dispõem a MP 1.984-22/2000 e o art. 969 do CPC de 2015, é cabível o pedido de tutela provisória formulado na petição inicial de ação rescisória ou na fase recursal, visando a suspender a execução da decisão rescindenda.
- **Súmula 406 do TST**. AÇÃO RESCISÓRIA. LITISCONSÓRCIO. NECESSÁRIO NO POLO PASSIVO E FACULTATIVO NO ATIVO. INEXISTENTE QUANTO AOS SUBSTITUÍDOS PELO SINDICATO (conversão das Orientações Jurisprudenciais nºs 82 e 110 da SBDI-2) - Res. 137/2005, DJ 22, 23 e 24.08.2005 I - O litisconsórcio, na ação rescisória, é necessário em relação ao polo passivo da demanda, por-

que supõe uma comunidade de direitos ou de obrigações que não admite solução díspar para os litisconsortes, em face da indivisibilidade do objeto. Já em relação ao polo ativo, o litisconsórcio é facultativo, uma vez que a aglutinação de autores se faz por conveniência e não pela necessidade decorrente da natureza do litígio, pois não se pode condicionar o exercício do direito individual de um dos litigantes no processo originário à anuência dos demais para retomar a lide. (ex-OJ nº 82 da SBDI-2 – inserida em 13.03.2002) II – O Sindicato, substituto processual e autor da reclamação trabalhista, em cujos autos fora proferida a decisão rescindenda, possui legitimidade para figurar como réu na ação rescisória, sendo descabida a exigência de citação de todos os empregados substituídos, porquanto inexistente litisconsórcio passivo necessário. (ex-OJ nº 110 da SBDI-2 – DJ 29.04.2003)

- **Súmula 407 do TST**. AÇÃO RESCISÓRIA. MINISTÉRIO PÚBLICO. LEGITIMIDADE "AD CAUSAM" PREVISTA NO ART. 967, III, "A", "B" E "C" DO CPC DE 2015. ART. 487, III, "A" E "B", DO CPC DE 1973. HIPÓTESES MERAMENTE EXEMPLIFICATIVAS (nova redação em decorrência do CPC de 2015) – Res. 208/2016, DEJT divulgado em 22, 25 e 26.04.2016 A legitimidade "ad causam" do Ministério Público para propor ação rescisória, ainda que não tenha sido parte no processo que deu origem à decisão rescindenda, não está limitada às alíneas "a", "b" e "c" do inciso III do art. 967 do CPC de 2015 (art. 487, III, "a" e "b", do CPC de 1973), uma vez que traduzem hipóteses meramente exemplificativas (ex-OJ nº 83 da SBDI-2 – inserida em 13.03.2002)
- **Súmula 408 do TST**. AÇÃO RESCISÓRIA. PETIÇÃO INICIAL. CAUSA DE PEDIR. AUSÊNCIA DE CAPITULAÇÃO OU CAPITULAÇÃO ERRÔNEA NO ART. 966 DO CPC DE 2015. ART. 485 DO CPC DE 1973. PRINCÍPIO "IURA NOVIT CURIA" (nova redação em decorrência do CPC de 2015) – Res. 208/2016, DEJT divulgado em 22, 25 e 26.04.2016 Não padece de inépcia a petição inicial de ação rescisória apenas porque omite a subsunção do fundamento de rescindibilidade no art. 966 do CPC de 2015 (art. 485 do CPC de 1973) ou o capitula erroneamente em um de seus incisos. Contanto que não se afaste dos fatos e fundamentos invocados como causa de pedir, ao Tribunal é lícito emprestar-lhes a adequada qualificação jurídica ("iura novit curia"). No entanto, fundando-se a ação rescisória no art. 966, inciso V, do CPC de 2015 (art. 485, inciso V, do CPC de 1973), é indispensável expressa indicação, na petição inicial da ação rescisória, da norma jurídica manifestamente violada (dispositivo legal violado sob o CPC de 1973), por se tratar de causa de pedir da rescisória, não se aplicando, no caso, o princípio "iura novit curia". (ex-Ojs nºs 32 e 33 da SBDI-2 – inseridas em 20.09.2000)
- **Súmula 409 do TST**. AÇÃO RESCISÓRIA. PRAZO PRESCRICIONAL. TOTAL OU PARCIAL. VIOLAÇÃO DO ART. 7º, XXIX, DA CF/1988. MATÉRIA INFRACONSTITUCIONAL (conversão da Orientação Jurisprudencial nº 119 da SBDI-2) – Res. 137/2005, DJ 22, 23 e 24.08.2005 Não procede ação rescisória calcada em violação do art. 7º, XXIX, da CF/1988 quando a questão envolve discussão sobre a espécie de prazo prescricional aplicável aos créditos trabalhistas, se total ou parcial, porque a matéria tem índole infraconstitucional, construída, na Justiça do Trabalho, no plano jurisprudencial. (ex-OJ nº 119 da SBDI-2 – DJ 11.08.2003)
- **Súmula 410 do TST**. AÇÃO RESCISÓRIA. REEXAME DE FATOS E PROVAS. INVIABILIDADE (conversão da Orientação Jurisprudencial nº 109 da SBDI-2) – Res. 137/2005 DJ 22, 23 e 24.08.2005 A ação rescisória calcada em violação de lei não admite reexame de fatos e provas do processo que originou a decisão rescindenda. (ex-OJ nº 109 da SBDI-2 – DJ 29.04.2003)
- **Súmula 411 do TST**. AÇÃO RESCISÓRIA. SENTENÇA DE MÉRITO. DECISÃO DE TRIBUNAL REGIONAL DO TRABALHO EM AGRAVO REGIMENTAL CONFIRMANDO DECISÃO MONOCRÁTICA DO RELATOR QUE, APLICANDO A SÚMULA Nº 83 DO TST, INDEFERIU A PETIÇÃO INICIAL DA AÇÃO RESCISÓRIA. CABIMENTO (conversão da Orientação Jurisprudencial nº 43 da SBDI-2) – Res. 137/2005, DJ 22, 23 e 24.08.2005 Se a decisão recorrida, em agravo regimental, aprecia a matéria na fundamentação, sob o enfoque das Súmulas nºs 83 do TST e 343 do STF, constitui sentença de mérito, ainda que haja resultado no indeferimento da petição inicial e na extinção do processo sem julgamento do mérito. Sujeita-se, assim, à reforma pelo TST, a decisão do Tribunal que, invocando controvérsia na interpretação da lei, indefere a petição inicial de ação rescisória. (ex-OJ nº 43 da SBDI-2 – inserida em 20.09.2000)
- **Súmula 412 do TST**. AÇÃO RESCISÓRIA. SENTENÇA DE MÉRITO. QUESTÃO PROCESSUAL (conversão da Orientação Jurisprudencial nº 46 da SBDI-2) – Res. 137/2005, DJ 22, 23 e 24.08.2005 Pode uma questão processual ser objeto de rescisão desde que consista em pressuposto de validade de uma sentença de mérito. (ex-OJ nº 46 da SBDI-2 – inserida em 20.09.2000)
- **Súmula 413 do TST**. AÇÃO RESCISÓRIA. SENTENÇA DE MÉRITO. VIOLAÇÃO DO ART. 896, "A", DA CLT (conversão da Orientação Jurisprudencial nº 47 da SBDI-2) – Res. 137/2005, DJ 22, 23 e 24.08.2005 É incabível ação rescisória, por vio-

lação do art. 896, "A", da CLT, contra decisão que não conhece de recurso de revista, com base em divergência jurisprudencial, pois não se cuida de sentença de mérito (art. 485 do CPC). (ex-OJ nº 47 da SBDI-2 – inserida em 20.09.2000)

- **OJ SDI2 2.** AÇÃO RESCISÓRIA. ADICIONAL DE INSALUBRIDADE. BASE DE CÁLCULO. SALÁRIO MÍNIMO. CABÍVEL (mantida) - Res.148/2008, DJ 04 e 07.07.2008 - Republicada DJ 08, 09 e 10.07.2008 Viola o art. 192 da CLT decisão que acolhe pedido de adicional de insalubridade com base na remuneração do empregado.
- **OJ SDI2 4.** AÇÃO RESCISÓRIA. BANCO DO BRASIL. ADICIONAL DE CARÁTER PESSOAL. ACP (inserida em 20.09.2000) Procede, por ofensa ao art. 5º, inciso XXXVI, da CF/1988, o pedido de rescisão de julgado que acolheu Adicional de Caráter Pessoal em favor de empregado do Banco do Brasil S.A.
- **OJ SDI2 5.** AÇÃO RESCISÓRIA. BANCO DO BRASIL. AP E ADI. HORAS EXTRAS. SÚMULA Nº 83 DO TST. APLICÁVEL (inserida em 20.09.2000) Não se acolhe pedido de rescisão de julgado que deferiu a empregado do Banco do Brasil S.A. horas extras após a sexta, não obstante o pagamento dos adicionais AP e ADI, ou AFR quando a decisão rescindenda for anterior à Orientação Jurisprudencial nº 17, da Seção de Dissídios Individuais do TST (07.11.94). Incidência das Súmulas nº s 83 do TST e 343 do STF.
- **OJ SDI2 6.** AÇÃO RESCISÓRIA. CIPEIRO SUPLENTE. ESTABILIDADE. ADCT DA CF/88, ART. 10, II, "A". SÚMULA Nº 83 DO TST (nova redação) - DJ 22.08.2005 Rescinde-se o julgado que nega estabilidade a membro suplente de CIPA, representante de empregado, por ofensa ao art. 10, II, "A", do ADCT da CF/88, ainda que se cuide de decisão anterior à Súmula nº 339 do TST. Incidência da Súmula nº 83 do TST.
- **OJ SDI2 7.** AÇÃO RESCISÓRIA. COMPETÊNCIA. CRIAÇÃO DE TRIBUNAL REGIONAL DO TRABALHO. NA OMISSÃO DA LEI, É FIXADA PELO ART. 678, INC. I, "C", ITEM 2, DA CLT (nova redação) - DJ 22.08.2005 A Lei nº 7.872/89 que criou o Tribunal Regional do Trabalho da 17ª Região não fixou a sua competência para apreciar as ações rescisórias de decisões oriundas da 1ª Região, o que decorreu do art. 678, I, "C", item 2, da CLT.
- **OJ SDI2 8.** AÇÃO RESCISÓRIA. COMPLEMENTAÇÃO DE APOSENTADORIA. BANESPA. SÚMULA Nº 83 DO TST (nova redação) - DJ 22.08.2005 Não se rescinde julgado que acolheu pedido de complementação de aposentadoria integral em favor de empregado do BANESPA, antes da Súmula nº 313 do TST, em virtude da notória controvérsia jurisprudencial então reinante. Incidência da Súmula nº 83 do TST.
- **OJ SDI2 9.** AÇÃO RESCISÓRIA. CONAB. AVISO DIREH 2/84. SÚMULA Nº 83 DO TST. APLICÁVEL (inserida em 20.09.2000) Não se rescinde julgado que reconheceu garantia de emprego com base no Aviso DIREH 02/84 da CONAB, antes da Súmula nº 355 do TST, em virtude da notória controvérsia jurisprudencial então reinante. Incidência da Súmula nº 83 do TST.
- **OJ SDI2 10.** AÇÃO RESCISÓRIA. CONTRATO NULO. ADMINISTRAÇÃO PÚBLICA. EFEITOS. ART. 37, II E § 2º, DA CF/1988 (inserida em 20.09.2000) Somente por ofensa ao art. 37, II e § 2º, da CF/1988, procede o pedido de rescisão de julgado para considerar nula a contratação, sem concurso público, de servidor, após a CF/1988.
- **OJ SDI2 11.** AÇÃO RESCISÓRIA. CORREÇÃO MONETÁRIA. LEI Nº 7.596/87. UNIVERSIDADES FEDERAIS. IMPLANTAÇÃO TARDIA DO PLANO DE CLASSIFICAÇÃO DE CARGOS. VIOLAÇÃO DE LEI. SÚMULA Nº 83 DO TST. APLICÁVEL (inserida em 20.09.2000) Não se rescinde julgado que acolhe pedido de correção monetária decorrente da implantação tardia do Plano de Classificação de Cargos de Universidade Federal previsto na Lei nº 7.596/87, à época em que era controvertida tal matéria na jurisprudência. Incidência da Súmula nº 83 do TST.
- **OJ SDI2 12.** AÇÃO RESCISÓRIA. DECADÊNCIA. CONSUMAÇÃO ANTES OU DEPOIS DA EDIÇÃO DA MEDIDA PROVISÓRIA Nº 1.577/97. AMPLIAÇÃO DO PRAZO - Res. 208/2016, DEJT divulgado em 22, 25 e 26.04.2016I – A vigência da Medida Provisória nº 1.577/97 e de suas reedições implicou o elastecimento do prazo decadencial para o ajuizamento da ação rescisória a favor dos entes de direito público, autarquias e fundações públicas. Se o biênio decadencial do art. 495 do CPC de 1973 findou após a entrada em vigor da referida medida provisória e até sua suspensão pelo STF em sede liminar de ação direta de inconstitucionalidade (ADIn 1753-2), tem-se como aplicável o prazo decadencial elastecido à rescisória. (ex-OJ nº 17 da SDI-2 – inserida em 20.09.00) II – A regra ampliativa do prazo decadencial para a propositura de ação rescisória em favor de pessoa jurídica de direito público não se aplica se, ao tempo em que sobreveio a Medida Provisória nº 1.577/97, já se exaurira o biênio do art. 495 do CPC. Preservação do direito adquirido da parte à decadência já consumada sob a égide da lei velha. (ex-OJ nº 12 da SDI-2 – inserida em 20.09.00)
- **OJ SDI2 18.** AÇÃO RESCISÓRIA. DECADÊNCIA. UNIÃO. LEI COMPLEMENTAR Nº 73/1993, ART. 67. LEI Nº 8.682/1993, ART. 6º (inserida em 20.09.2000) O art. 67 da Lei Complementar nº 73/1993 interrompeu todos os prazos, inclusive

o de decadência, em favor da União no período compreendido entre 14.02.1993 e 14.08.1993.

- **OJ SDI2 19.** AÇÃO RESCISÓRIA. DESLIGAMENTO INCENTIVADO. IMPOSTO DE RENDA. ABONO PECUNIÁRIO. VIOLAÇÃO DE LEI. SÚMULA Nº 83 DO TST. APLICÁVEL (inserida em 20.09.2000) Havendo notória controvérsia jurisprudencial acerca da incidência de imposto de renda sobre parcela paga pelo empregador ("abono pecuniário") a título de "desligamento incentivado", improcede pedido de rescisão do julgado. Incidência da Súmula nº 83 do TST.
- **OJ SDI2 21.** AÇÃO RESCISÓRIA. DUPLO GRAU DE JURISDIÇÃO. TRÂNSITO EM JULGADO. INOBSERVÂNCIA. DECRETO-LEI Nº 779/69, ART. 1º, V. INCABÍVEL (nova redação) - DJ 22.08.2005 É incabível ação rescisória para a desconstituição de sentença não transitada em julgado porque ainda não submetida ao necessário duplo grau de jurisdição, na forma do Decreto-Lei nº 779/69. Determina-se que se oficie ao Presidente do TRT para que proceda à avocatória do processo principal para o reexame da sentença rescindenda.
- **OJ SDI2 23.** AÇÃO RESCISÓRIA. ESTABILIDADE. PERÍODO PRÉ-ELEITORAL. VIOLAÇÃO DE LEI. SÚMULA Nº 83 DO TST. APLICÁVEL (inserida em 20.09.2000) Não procede pedido de rescisão de sentença de mérito que assegura ou nega estabilidade pré-eleitoral, quando a decisão rescindenda for anterior à Orientação Jurisprudencial nº 51, da Seção de Dissídios Individuais do TST (25.11.96). Incidência da Súmula nº 83 do TST.
- **OJ SDI2 24.** AÇÃO RESCISÓRIA. ESTABILIDADE PROVISÓRIA. REINTEGRAÇÃO EM PERÍODO POSTERIOR. DIREITO LIMITADO AOS SALÁRIOS E CONSECTÁRIOS DO PERÍODO DA ESTABILIDADE (inserida em 20.09.2000) Rescinde-se o julgado que reconhece estabilidade provisória e determina a reintegração de empregado, quando já exaurido o respectivo período de estabilidade. Em juízo rescisório, restringe-se a condenação quanto aos salários e consectários até o termo final da estabilidade.
- **OJ SDI2 25.** AÇÃO RESCISÓRIA. REGÊNCIA PELO CPC DE 1973. EXPRESSÃO "LEI" DO ART. 485, V, DO CPC de 1973. NÃO INCLUSÃO DO ACT, CCT, PORTARIA, REGULAMENTO, SÚMULA E ORIENTAÇÃO JURISPRUDENCIAL DE TRIBUNAL. (atualizada em decorrência do CPC de 2015) Res. 212/2016, DEJT divulgado em 20, 21 e 22.09.2016 – Não procede pedido de rescisão fundado no art. 485, V, do CPC de 1973 quando se aponta contrariedade à norma de convenção coletiva de trabalho, acordo coletivo de trabalho, portaria do Poder Executivo, regulamento de empresa e súmula ou orientação jurisprudencial de tribunal. (ex-OJ 25 da SDI-2, inserida em 20.09.2000 e ex-OJ 118 da SDI-2, DJ 11.08.2003)
- **OJ SDI2 26.** AÇÃO RESCISÓRIA. GRATIFICAÇÃO DE NÍVEL SUPERIOR. SUFRAMA (inserida em 20.09.2000) A extensão da gratificação instituída pela SUFRAMA aos servidores celetistas exercentes de atividade de nível superior não ofende as disposições contidas nos arts. 37, XIII e 39, § 1º, da CF/1988.
- **OJ SDI2 30.** AÇÃO RESCISÓRIA. MULTA. ART. 920 DO CÓDIGO CIVIL DE 1916 (ART. 412 DO CÓDIGO CIVIL DE 2002) (nova redação em decorrência da incorporação da Orientação Jurisprudencial nº 31 da SBDIII) - DJ 22.08.2005 Não se acolhe, por violação do art. 920 do Código Civil de 1916 (art. 412 do Código Civil de 2002), pedido de rescisão de julgado que: a) em processo de conhecimento, impôs condenação ao pagamento de multa, quando a decisão rescindenda for anterior à Orientação Jurisprudencial nº 54 da Subseção I Especializada em Dissídios Individuais do TST (30.05.94), incidindo o óbice da Súmula nº 83 do TST; (ex-OJ nº 30 da SDI-2 inserida em 20.09.2000) b) em execução, rejeita-se limitação da condenação ao pagamento de multa, por inexistência de violação literal. (ex-OJ nº 31 da SDI-2 – inserida em 20.09.2000)
- **OJ SDI2 34.** AÇÃO RESCISÓRIA. PLANOS ECONÔMICOS – Res. 208/2016, DEJT divulgado em 22, 25 e 26.04.2016I – O acolhimento de pedido em ação rescisória de plano econômico, fundada no art. 485, inciso V, do CPC de 1973, pressupõe, necessariamente, expressa invocação na petição inicial de afronta ao art. 5º, inciso XXXVI, da Constituição Federal de 1988. A indicação de ofensa literal a preceito de lei ordinária atrai a incidência da Súmula nº 83 do TST e Súmula nº 343 do STF. II – Se a decisão rescindenda é posterior à Súmula nº 315 do TST (Res. 07, DJ 22.09.93), inaplicável a Súmula nº 83 do TST.
- **OJ SDI2 35.** AÇÃO RESCISÓRIA. PLANOS ECONÔMICOS. COISA JULGADA. LIMITAÇÃO À DATA-BASE NA FASE DE EXECUÇÃO (inserida em 20.09.2000) Não ofende a coisa julgada a limitação à data-base da categoria, na fase executória, da condenação ao pagamento de diferenças salariais decorrentes de planos econômicos, quando a decisão exequenda silenciar sobre a limitação, uma vez que a limitação decorre de norma cogente. Apenas quando a sentença exequenda houver expressamente afastado a limitação à data-base é que poderá ocorrer ofensa à coisa julgada.
- **OJ SDI2 39.** AÇÃO RESCISÓRIA. REAJUSTES BIMESTRAIS E QUADRIMESTRAIS. LEI Nº 8.222/1991. SÚMULA Nº 83 DO TST. APLICÁVEL

(inserida em 20.09.2000) Havendo controvérsia jurisprudencial à época, não se rescinde decisão que aprecia a possibilidade de cumulação das antecipações bimestrais e reajustes quadrimestrais de salário previstos na Lei nº 8.222/91. Incidência da Súmula nº 83 do TST.

- **OJ SDI2 41.** AÇÃO RESCISÓRIA. SENTENÇA "CITRA PETITA". CABIMENTO (atualizada em decorrência do CPC de 2015) – Res. 208/2016, DEJT divulgado em 22, 25 e 26.04.2016 – Revelando-se a sentença "citra petita", o vício processual vulnera os arts. 141 e 492 do CPC de 2015 (arts. 128 e 460 do CPC de 1973), tornando-a passível de desconstituição, ainda que não interpostos embargos de declaração.
- **OJ SDI2 70.** AÇÃO RESCISÓRIA. MANIFESTO E INESCUSÁVEL EQUÍVOCO NO DIRECIONAMENTO. INÉPCIA DA INICIAL. EXTINÇÃO DO PROCESSO (alterada em 26.11.2002) O manifesto equívoco da parte em ajuizar ação rescisória no TST para desconstituir julgado proferido pelo TRT, ou vice-versa, implica a extinção do processo sem julgamento do mérito por inépcia da inicial.
- **OJ SDI2 71.** AÇÃO RESCISÓRIA. SALÁRIO PROFISSIONAL. FIXAÇÃO. MÚLTIPLO DE SALÁRIO MÍNIMO. ART. 7º, IV, DA CF/88 (nova redação) – DJ 22.11.2004 A estipulação do salário profissional em múltiplos do salário mínimo não afronta o art. 7º, inciso IV, da Constituição Federal de 1988, só incorrendo em vulneração do referido preceito constitucional a fixação de correção automática do salário pelo reajuste do salário mínimo.
- **OJ SDI2 76.** AÇÃO RESCISÓRIA. AÇÃO CAUTELAR PARA SUSPENDER EXECUÇÃO. JUNTADA DE DOCUMENTO INDISPENSÁVEL. POSSIBILIDADE DE ÊXITO NA RESCISÃO DO JULGADO (inserida em 13.03.2002) É indispensável a instrução da ação cautelar com as provas documentais necessárias à aferição da plausibilidade de êxito na rescisão do julgado. Assim sendo, devem vir junto com a inicial da cautelar as cópias da petição inicial da ação rescisória principal, da decisão rescindenda, da certidão do trânsito em julgado da decisão rescindenda e informação do andamento atualizado da execução.
- **OJ SDI2 80.** AÇÃO RESCISÓRIA. DECADÊNCIA. DIES A QUO. RECURSO DESERTO. SÚMULA Nº 100 DO TST (inserida em 13.03.2002) O não conhecimento do recurso por deserção não antecipa o dies a quo do prazo decadencial para o ajuizamento da ação rescisória, atraindo, na contagem do prazo, a aplicação da Súmula nº 100 do TST.
- **OJ SDI2 94.** AÇÃO RESCISÓRIA. COLUSÃO. FRAUDE À LEI. RECLAMATÓRIA SIMULADA EXTINTA (inserida em 27.09.2002) A decisão ou acordo judicial subjacente à reclamação trabalhista, cuja tramitação deixa nítida a simulação do litígio para fraudar a lei e prejudicar terceiros, enseja ação rescisória, com lastro em colusão. No juízo rescisório, o processo simulado deve ser extinto.
- **OJ SDI2 97.** J-SDI2-97 AÇÃO RESCISÓRIA. VIOLAÇÃO DO ART. 5º, II, LIV E LV, DA CONSTITUIÇÃO FEDERAL. PRINCÍPIOS DA LEGALIDADE, DO DEVIDO PROCESSO LEGAL, DO CONTRADITÓRIO E DA AMPLA DEFESA (nova redação) – DJ 22.08.2005 Os princípios da legalidade, do devido processo legal, do contraditório e da ampla defesa não servem de fundamento para a desconstituição de decisão judicial transitada em julgado, quando se apresentam sob a forma de pedido genérico e desfundamentado, acompanhando dispositivos legais que tratam especificamente da matéria debatida, estes sim, passíveis de fundamentarem a análise do pleito rescisório.
- **OJ SDI2 101.** AÇÃO RESCISÓRIA. INCISO IV DO ART. 966 DO CPC DE 2015. ART. 485, IV, DO CPC DE 1973. OFENSA A COISA JULGADA. NECESSIDADE DE FIXAÇÃO DE TESE NA DECISÃO RESCINDENDA (atualizada em decorrência do CPC de 2015) – Res. 208/2016, DEJT divulgado em 22, 25 e 26.04.2016 – Para viabilizar a desconstituição do julgado pela causa de rescindibilidade do inciso IV, do art. 966 do CPC de 2015 (inciso IV do art. 485 do CPC de 1973), é necessário que a decisão rescindenda tenha enfrentado as questões ventiladas na ação rescisória, sob pena de inviabilizar o cotejo com o título executivo judicial tido por desrespeitado, de modo a se poder concluir pela ofensa à coisa julgada.
- **OJ SDI2 103.** AÇÃO RESCISÓRIA. CONTRADIÇÃO ENTRE FUNDAMENTAÇÃO E PARTE DISPOSITIVA DO JULGADO. CABIMENTO. ERRO DE FATO (DJ 29.04.2003) É cabível a rescisória para corrigir contradição entre a parte dispositiva do acórdão rescindendo e a sua fundamentação, por erro de fato na retratação do que foi decidido.
- **OJ SDI2 107.** AÇÃO RESCISÓRIA. DECISÃO RESCINDENDA DE MÉRITO. SENTENÇA DECLARATÓRIA DE EXTINÇÃO DE EXECUÇÃO. SATISFAÇÃO DA OBRIGAÇÃO (atualizada em decorrência do CPC de 2015) – Res. 208/2016, DEJT divulgado em 22, 25 e 26.04.2016Embora não haja atividade cognitiva, a decisão que declara extinta a execução, nos termos do art. 924, incisos I a IV c/c art. 925 do CPC de 2015 (art. 794 c/c 795 do CPC de 1973), extingue a relação processual e a obrigacional, sendo passível de corte rescisório.
- **OJ SDI2 123.** AÇÃO RESCISÓRIA. INTERPRETAÇÃO DO SENTIDO E ALCANCE DO TÍTULO EXECUTIVO. INEXISTÊNCIA DE OFENSA À COISA JULGADA (título alterado) – DJ 22.08.2005 O aco-

lhimento da ação rescisória calcada em ofensa à coisa julgada supõe dissonância patente entre as decisões exequenda e rescindenda, o que não se verifica quando se faz necessária a interpretação do título executivo judicial para se concluir pela lesão à coisa julgada.

- **OJ SDI2 124.** AÇÃO RESCISÓRIA. ART. 966, INCISO II, DO CPC DE 2015. ART. 485, II, DO CPC DE 1973. ARGUIÇÃO DE INCOMPETÊNCIA ABSOLUTA. PREQUESTIONAMENTO INEXIGÍVEL (atualizada em decorrência do CPC de 2015) – Res. 208/2016, DEJT divulgado em 22, 25 e 26.04.2016 – Na hipótese em que a ação rescisória tem como causa de rescindibilidade o inciso II do art. 966 do CPC de 2015 (inciso II do art. 485 do CPC de 1973), a arguição de incompetência absoluta prescinde de prequestionamento.
- **OJ SDI2 128.** AÇÃO RESCISÓRIA. CONCURSO PÚBLICO ANULADO POSTERIORMENTE. APLICAÇÃO DA SÚMULA Nº 363 DO TST (DJ 09.12.2003) O certame público posteriormente anulado equivale à contratação realizada sem a observância da exigência contida no art. 37, II, da Constituição Federal de 1988. Assim sendo, aplicam-se à hipótese os efeitos previstos na Súmula nº 363 do TST.
- **OJ SDI2 131.** AÇÃO RESCISÓRIA. AÇÃO CAUTELAR PARA SUSPENDER EXECUÇÃO DA DECISÃO RESCINDENDA. PENDÊNCIA DE TRÂNSITO EM JULGADO DA AÇÃO RESCISÓRIA PRINCIPAL. EFEITOS (DJ 04.05.2004) A ação cautelar não perde o objeto enquanto ainda estiver pendente o trânsito em julgado da ação rescisória principal, devendo o pedido cautelar ser julgado procedente, mantendo-se os efeitos da liminar eventualmente deferida, no caso de procedência do pedido rescisório ou, por outro lado, improcedente, se o pedido da ação rescisória principal tiver sido julgado improcedente.
- **OJ SDI2 132.** AÇÃO RESCISÓRIA. ACORDO HOMOLOGADO. ALCANCE. OFENSA À COISA JULGADA (DJ 04.05.2004) Acordo celebrado – homologado judicialmente – em que o empregado dá plena e ampla quitação, sem qualquer ressalva, alcança não só o objeto da inicial, como também todas as demais parcelas referentes ao extinto contrato de trabalho, violando a coisa julgada, a propositura de nova reclamação trabalhista.
- **OJ SDI2 135.** AÇÃO RESCISÓRIA. VIOLAÇÃO DO ART. 37, *Caput*, DA CF/1988. NECESSIDADE DE PREQUESTIONAMENTO (DJ 04.05.2004) A ação rescisória calcada em violação do artigo 37, "*caput*", da Constituição Federal, por desrespeito ao princípio da legalidade administrativa exige que ao menos o princípio constitucional tenha sido prequestionado na decisão.
- **OJ SDI2 136.** AÇÃO RESCISÓRIA. ERRO DE FATO. CARACTERIZAÇÃO (atualizada em decorrência do CPC de 2015) – Res. 208/2016, DEJT divulgado em 22, 25 e 26.04.2016 – A caracterização do erro de fato como causa de rescindibilidade de decisão judicial transitada em julgado supõe a afirmação categórica e indiscutida de um fato, na decisão rescindenda, que não corresponde à realidade dos autos. O fato afirmado pelo julgador, que pode ensejar ação rescisória calcada no inciso VIII do art. 966 do CPC de 2015 (inciso IX do art. 485 do CPC de 1973), é apenas aquele que se coloca como premissa fática indiscutida de um silogismo argumentativo, não aquele que se apresenta ao final desse mesmo silogismo, como conclusão decorrente das premissas que especificaram as provas oferecidas, para se concluir pela existência do fato. Esta última hipótese é afastada pelo § 1º do art. 966 do CPC de 2015 (§ 2º do art. 485 do CPC de 1973), ao exigir que não tenha havido controvérsia sobre o fato e pronunciamento judicial esmiuçando as provas.
- **OJ SDI2 146.** AÇÃO RESCISÓRIA. INÍCIO DO PRAZO PARA APRESENTAÇÃO DA CONTESTAÇÃO. ART. 774 DA CLT (atualizada em decorrência do CPC de 2015) – Res. 208/2016, DEJT divulgado em 22, 25 e 26.04.2016 A contestação apresentada em ação rescisória obedece à regra relativa à contagem de prazo constante do art. 774 da CLT, sendo inaplicável o art. 231 do CPC de 2015 (art. 241 do CPC de 1973).
- **OJ SDI2 150.** AÇÃO RESCISÓRIA. REGÊNCIA PELO CPC DE 1973. DECISÃO RESCINDENDA QUE EXTINGUE O PROCESSO SEM RESOLUÇÃO DE MÉRITO POR ACOLHIMENTO DE COISA JULGADA. CONTEÚDO MERAMENTE PROCESSUAL. IMPOSSIBILIDADE JURÍDICA DO PEDIDO (atualizada em decorrência do CPC de 2015) Res. 212/2016, DEJT divulgado em 20, 21 e 22.09.2016 Reputa-se juridicamente impossível o pedido de corte rescisório de decisão que, reconhecendo a existência de coisa julgada, nos termos do art. 267, V, do CPC de 1973, extingue o processo sem resolução de mérito, o que, ante o seu conteúdo meramente processual, a torna insuscetível de produzir a coisa julgada material.
- **OJ SDI2 151.** AÇÃO RESCISÓRIA E MANDADO DE SEGURANÇA. PROCURAÇÃO. PODERES ESPECÍFICOS PARA AJUIZAMENTO DE RECLAMAÇÃO TRABALHISTA. IRREGULARIDADE DE REPRESENTAÇÃO PROCESSUAL. FASE RECURSAL. VÍCIO PROCESSUAL SANÁVEL. (nova redação em decorrência do CPC de 2015) – Res. 211/2016, DEJT divulgado em 24, 25 e 26.08.2016 A procuração outorgada com poderes específicos para ajuizamento de reclamação trabalhista não autoriza a propositura de ação rescisória e mandado de

segurança. Constatado, todavia, o defeito de representação processual na fase recursal, cumpre ao relator ou ao tribunal conceder prazo de 5 (cinco) dias para a regularização, nos termos da Súmula nº 383, item II, do TST.

- **OJ SDI2 152.** AÇÃO RESCISÓRIA E MANDADO DE SEGURANÇA. RECURSO DE REVISTA DE ACÓRDÃO REGIONAL QUE JULGA AÇÃO RESCISÓRIA OU MANDADO DE SEGURANÇA. PRINCÍPIO DA FUNGIBILIDADE. INAPLICABILIDADE. ERRO GROSSEIRO NA INTERPOSIÇÃO DO RECURSO (DEJT divulgado em 03, 04 e 05.12.2008) A interposição de recurso de revista de decisão definitiva de Tribunal Regional do Trabalho em ação rescisória ou em mandado de segurança, com fundamento em violação legal e divergência jurisprudencial e remissão expressa ao art. 896 da CLT, configura erro grosseiro, insuscetível de autorizar o seu recebimento como recurso ordinário, em face do disposto no art. 895, "B", da CLT.
- **OJ SDI2 154.** AÇÃO RESCISÓRIA. ACORDO PRÉVIO AO AJUIZAMENTO DA RECLAMAÇÃO. QUITAÇÃO GERAL. LIDE SIMULADA. POSSIBILIDADE DE RESCISÃO DA SENTENÇA HOMOLOGATÓRIA DE ACORDO APENAS SE VERIFICADA A EXISTÊNCIA DE VÍCIO DE CONSENTIMENTO. (DEJT divulgado em 09, 10 e 11.06.2010) A sentença homologatória de acordo prévio ao ajuizamento de reclamação trabalhista, no qual foi conferida quitação geral do extinto contrato, sujeita-se ao corte rescisório tão somente se verificada a existência de fraude ou vício de consentimento.

17. RECURSO DE REVISTA

- **Súmula 23 do TST**. RECURSO (mantida) – Res. 121/2003, DJ 19, 20 e 21.11.2003 Não se conhece de recurso de revista ou de embargos, se a decisão recorrida resolver determinado item do pedido por diversos fundamentos e a jurisprudência transcrita não abranger a todos.
- **Súmula 126 do TST**. RECURSO. CABIMENTO (mantida) – Res. 121/2003, DJ 19, 20 e 21.11.2003 Incabível o recurso de revista ou de embargos (arts. 896 e 894, "B", da CLT) para reexame de fatos e provas.
- **Súmula 183 do TST**. EMBARGOS. RECURSO DE REVISTA. DESPACHO DENEGATÓRIO. AGRAVO DE INSTRUMENTO. NÃO CABIMENTO (cancelada) – Res. 121/2003, DJ 19, 20 e 21.11.2003 São incabíveis embargos para o Tribunal Pleno contra decisão em agravo de instrumento oposto a despacho denegatório de recurso de revista, inexistindo ofensa ao art. 153, § 4º, da Constituição Federal.
- **Súmula 218 do TST**. RECURSO DE REVISTA. ACÓRDÃO PROFERIDO EM AGRAVO DE INSTRUMENTO (mantida) – Res. 121/2003, DJ 19, 20 e 21.11.2003 É incabível recurso de revista interposto de acórdão regional prolatado em agravo de instrumento.
- **Súmula 221 do TST**. RECURSO DE REVISTA. VIOLAÇÃO DE LEI. INDICAÇÃO DE PRECEITO. (cancelado o item II e conferida nova redação na sessão do Tribunal Pleno realizada em 14.09.2012) – Res. 185/2012, DEJT divulgado em 25, 26 e 27.09.2012 A admissibilidade do recurso de revista por violação tem como pressuposto a indicação expressa do dispositivo de lei ou da Constituição tido como violado.
- **Súmula 266 do TST**. RECURSO DE REVISTA. ADMISSIBILIDADE. EXECUÇÃO DE SENTENÇA (mantida) – Res. 121/2003, DJ 19, 20 e 21.11.2003 A admissibilidade do recurso de revista interposto de acórdão proferido em agravo de petição, na liquidação de sentença ou em processo incidente na execução, inclusive os embargos de terceiro, depende de demonstração inequívoca de violência direta à Constituição Federal.
- **Súmula 285 do TST**. RECURSO DE REVISTA. ADMISSIBILIDADE PARCIAL PELO JUIZ-PRESIDENTE DO TRIBUNAL REGIONAL DO TRABALHO. EFEITO (cancelada) – Res. 204/2016, DEJT divulgado em 17, 18 e 21.03.2016 O fato de o juízo primeiro de admissibilidade do recurso de revista entendê-lo cabível apenas quanto a parte das matérias veiculadas não impede a apreciação integral pela Turma do Tribunal Superior do Trabalho, sendo imprópria a interposição de agravo de instrumento.
- **Súmula 333 do TST**. RECURSOS DE REVISTA. CONHECIMENTO (alterada) – Res. 155/2009, DJ 26 e 27.02.2009 e 02.03.2009 Não ensejam recurso de revista decisões superadas por iterativa, notória e atual jurisprudência do Tribunal Superior do Trabalho.
- **Súmula 337 do TST**. COMPROVAÇÃO DE DIVERGÊNCIA JURISPRUDENCIAL. RECURSOS DE REVISTA E DE EMBARGOS (redação do item IV alterada na sessão do Tribunal Pleno realizada em 14.09.2012) – Res. 185/2012, DEJT divulgado em 25, 26 e 27.09.2012 I – Para comprovação da divergência justificadora do recurso, é necessário que o recorrente: a) Junte certidão ou cópia autenticada do acórdão paradigma ou cite a fonte oficial ou o repositório autorizado em que foi publicado; e b) Transcreva, nas razões recursais, as ementas e/ou trechos dos acórdãos trazidos à configuração do dissídio, demonstrando o conflito de teses que justifique o conhecimento do recurso, ainda que os acórdãos já se encontrem nos autos ou venham a ser juntados com o recurso. II – A concessão de registro de publicação como

repositório autorizado de jurisprudência do TST torna válidas todas as suas edições anteriores. III – A mera indicação da data de publicação, em fonte oficial, de aresto paradigma é inválida para comprovação de divergência jurisprudencial, nos termos do item I, "A", desta súmula, quando a parte pretende demonstrar o conflito de teses mediante a transcrição de trechos que integram a fundamentação do acórdão divergente, uma vez que só se publicam o dispositivo e a ementa dos acórdãos; IV – É válida para a comprovação da divergência jurisprudencial justificadora do recurso a indicação de aresto extraído de repositório oficial na internet, desde que o recorrente: a) transcreva o trecho divergente; b) aponte o sítio de onde foi extraído; e c) decline o número do processo, o órgão prolator do acórdão e a data da respectiva publicação no Diário Eletrônico da Justiça do Trabalho.

- **Súmula 413 do TST**. AÇÃO RESCISÓRIA. SENTENÇA DE MÉRITO. VIOLAÇÃO DO ART. 896, "A", DA CLT (nova redação em decorrência do CPC de 2015) – Res. 209/2016, DEJT divulgado em 01, 02 e 03.06.2016 É incabível ação rescisória, por violação do art. 896, "a", da CLT, contra decisão transitada em julgado sob a égide do CPC de 1973 que não conhece de recurso de revista, com base em divergência jurisprudencial, pois não se cuidava de sentença de mérito (art. 485 do CPC de 1973). (ex-OJ nº 47 da SBDI-2 – inserida em 20.09.2000)
- **OJ SDI1 111.** RECURSO DE REVISTA. DIVERGÊNCIA JURISPRUDENCIAL. ARESTO ORIUNDO DO MESMO TRIBUNAL REGIONAL. LEI Nº 9.756/1998. INSERVÍVEL AO CONHECIMENTO (nova redação) – DJ 20.04.2005 Não é servível ao conhecimento de recurso de revista aresto oriundo de mesmo Tribunal Regional do Trabalho, salvo se o recurso houver sido interposto anteriormente à vigência da Lei nº 9.756/1998.
- **OJ SDI1 147.** LEI ESTADUAL, NORMA COLETIVA OU NORMA REGULAMENTAR. CONHECIMENTO INDEVIDO DO RECURSO DE REVISTA POR DIVERGÊNCIA JURISPRUDENCIAL (nova redação em decorrência da incorporação da Orientação Jurisprudencial nº 309 da SBDI-1) – DJ 20.04.2005 I – É inadmissível o recurso de revista fundado tão somente em divergência jurisprudencial, se a parte não comprovar que a lei estadual, a norma coletiva ou o regulamento da empresa extrapolam o âmbito do TRT prolator da decisão recorrida. (ex-OJ nº 309 da SBDI-1 – inserida em 11.08.2003) II – É imprescindível a arguição de afronta ao art. 896 da CLT para o conhecimento de embargos interpostos em face de acórdão de Turma que conhece indevidamente de recurso de revista, por divergência jurisprudencial, quanto a tema regulado por lei estadual, norma coletiva ou norma regulamentar de âmbito restrito ao Regional prolator da decisão.
- **OJ SDI1 219.** RECURSO DE REVISTA OU DE EMBARGOS FUNDAMENTADO EM ORIENTAÇÃO JURISPRUDENCIAL DO TST (inserida em 02.04.2001) É válida, para efeito de conhecimento do recurso de revista ou de embargos, a invocação de Orientação Jurisprudencial do Tribunal Superior do Trabalho, desde que, das razões recursais, conste o seu número ou conteúdo.
- **OJ SDI1 260.** AGRAVO DE INSTRUMENTO. RECURSO DE REVISTA. PROCEDIMENTO SUMARÍSSIMO. LEI Nº 9.957/00. PROCESSOS EM CURSO (inserida em 27.09.2002) I – É inaplicável o rito sumaríssimo aos processos iniciados antes da vigência da Lei nº 9.957/00. II – No caso de o despacho denegatório de recurso de revista invocar, em processo iniciado antes da Lei nº 9.957/00, o § 6º do art. 896 da CLT (rito sumaríssimo), como óbice ao trânsito do apelo calcado em divergência jurisprudencial ou violação de dispositivo infraconstitucional, o Tribunal superará o obstáculo, apreciando o recurso sob esses fundamentos.
- **OJ SDI1 287.** AUTENTICAÇÃO. DOCUMENTOS DISTINTOS. DESPACHO DENEGATÓRIO DO RECURSO DE REVISTA E CERTIDÃO DE PUBLICAÇÃO (DJ 11.08.2003) Distintos os documentos contidos no verso e anverso, é necessária a autenticação de ambos os lados da cópia.
- **OJ SDI1 334.** REMESSA EX OFFICIO. RECURSO DE REVISTA. INEXISTÊNCIA DE RECURSO ORDINÁRIO VOLUNTÁRIO DE ENTE PÚBLICO. INCABÍVEL (DJ 09.12.2003) Incabível recurso de revista de ente público que não interpôs recurso ordinário voluntário da decisão de primeira instância, ressalvada a hipótese de ter sido agravada, na segunda instância, a condenação imposta. ERR 522601/1998, Tribunal Pleno Em 28.10.03, o Tribunal Pleno decidiu, por maioria, ser incabível recurso de revista de ente público que não interpôs recurso ordinário voluntário.
- **OJ SDI1 352.** PROCEDIMENTO SUMARÍSSIMO. RECURSO DE REVISTA FUNDAMENTADO EM CONTRARIEDADE A ORIENTAÇÃO JURISPRUDENCIAL. INADMISSIBILIDADE. ART. 896, § 6º, DA CLT, ACRESCENTADO PELA LEI Nº 9.957, DE 12.01.2000 (redação alterada pelo Tribunal Pleno na sessão realizada em 6.2.2012) – Res. 178/2012, DEJT divulgado em 13, 14 e 15.02.2012 Nas causas sujeitas ao procedimento sumaríssimo, a admissibilidade de recurso de revista está limitada à demonstração de violação direta a dispositivo da Constituição Federal ou contrariedade a Súmula do Tribunal Superior do Trabalho, não se admitindo o recurso por contrariedade a Orientação

Jurisprudencial deste Tribunal (Livro II, Título II, Capítulo III, do RITST), ante a ausência de previsão no art. 896, § 6º, da CLT

- **OJ SDI1T 3.** SÚMULA Nº 337. INAPLICABILIDADE (título alterado e inserido dispositivo) – DJ 20.04.2005 A Súmula nº 337 do TST é inaplicável a recurso de revista interposto anteriormente à sua vigência.
- **OJ SDI2 152.** AÇÃO RESCISÓRIA E MANDADO DE SEGURANÇA. RECURSO DE REVISTA DE ACÓRDÃO REGIONAL QUE JULGA AÇÃO RESCISÓRIA OU MANDADO DE SEGURANÇA. PRINCÍPIO DA FUNGIBILIDADE. INAPLICABILIDADE. ERRO GROSSEIRO NA INTERPOSIÇÃO DO RECURSO (DEJT divulgado em 03, 04 e 05.12.2008) A interposição de recurso de revista de decisão definitiva de Tribunal Regional do Trabalho em ação rescisória ou em mandado de segurança, com fundamento em violação legal e divergência jurisprudencial e remissão expressa ao art. 896 da CLT, configura erro grosseiro, insuscetível de autorizar o seu recebimento como recurso ordinário, em face do disposto no art. 895, "B", da CLT.

18. EXECUÇÃO

- **Súmula 266 do TST**. RECURSO DE REVISTA. ADMISSIBILIDADE. EXECUÇÃO DE SENTENÇA (mantida) – Res. 121/2003, DJ 19, 20 e 21.11.2003 A admissibilidade do recurso de revista interposto de acórdão proferido em agravo de petição, na liquidação de sentença ou em processo incidente na execução, inclusive os embargos de terceiro, depende de demonstração inequívoca de violência direta à Constituição Federal.
- **Súmula 401 do TST**. SUM-401 AÇÃO RESCISÓRIA. DESCONTOS LEGAIS. FASE DE EXECUÇÃO. SENTENÇA EXEQUENDA OMISSA. INEXISTÊNCIA DE OFENSA À COISA JULGADA (conversão da Orientação Jurisprudencial nº 81 da SBDI-2) – Res. 137/2005 – DJ 22, 23 e 24.08.2005 Os descontos previdenciários e fiscais devem ser efetuados pelo juízo executório, ainda que a sentença exequenda tenha sido omissa sobre a questão, dado o caráter de ordem pública ostentado pela norma que os disciplina. A ofensa à coisa julgada somente poderá ser caracterizada na hipótese de o título exequendo, expressamente, afastar a dedução dos valores a título de imposto de renda e de contribuição previdenciária. (ex-OJ nº 81 da SBDI-2 – inserida em 13.03.2002)
- **Súmula 416 do TST**. MANDADO DE SEGURANÇA. EXECUÇÃO. LEI Nº 8.432/1992. ART. 897, § 1º, DA CLT. CABIMENTO (conversão da Orientação Jurisprudencial nº 55 da SBDI-2) – Res. 137/2005, DJ 22, 23 e 24.08.2005 Devendo o agravo de petição delimitar justificadamente a matéria e os valores objeto de discordância, não fere direito líquido e certo o prosseguimento da execução quanto aos tópicos e valores não especificados no agravo. (ex-OJ nº 55 da SBDI-2 – inserida em 20.09.2000)
- **Súmula 419 do TST**. COMPETÊNCIA. EMBARGOS DE TERCEIRO. EXECUÇÃO POR CARTA PRECATÓRIA. JUÍZO DEPRECADO. (alterada em decorrência do CPC de 2015) – Res. 212/2016, DEJT divulgado em 20, 21 e 22.09.2016 – Na execução por carta precatória, os embargos de terceiro serão oferecidos no juízo deprecado, salvo se indicado pelo juízo deprecante o bem constrito ou se já devolvida a carta (art. 676, parágrafo único, do CPC de 2015).
- **Súmula 433 do TST**. SUM-433 EMBARGOS. ADMISSIBILIDADE. PROCESSO EM FASE DE EXECUÇÃO. ACÓRDÃO DE TURMA PUBLICADO NA VIGÊNCIA DA LEI Nº 11.496, DE 26.06.2007. DIVERGÊNCIA DE INTERPRETAÇÃO DE DISPOSITIVO CONSTITUCIONAL – Res. 177/2012, DEJT divulgado em 13, 14 e 15.02.2012 A admissibilidade do recurso de embargos contra acórdão de Turma em Recurso de Revista em fase de execução, publicado na vigência da Lei nº 11.496, de 26.06.2007, condiciona-se à demonstração de divergência jurisprudencial entre Turmas ou destas e a Seção Especializada em Dissídios Individuais do Tribunal Superior do Trabalho em relação à interpretação de dispositivo constitucional.
- **Súmula 439 do TST**. DANOS MORAIS. JUROS DE MORA E ATUALIZAÇÃO MONETÁRIA. TERMO INICIAL. Nas condenações por dano moral, a atualização monetária é devida a partir da data da decisão de arbitramento ou de alteração do valor. Os juros incidem desde o ajuizamento da ação, nos termos do art. 883 da CLT.
- **OJ TP/OE 6.** PRECATÓRIO. EXECUÇÃO. LIMITAÇÃO DA CONDENAÇÃO IMPOSTA PELO TÍTULO JUDICIAL EXEQUENDO À DATA DO ADVENTO DA LEI Nº 8.112, de 11.12.1990 (DJ 25.04.2007) Em sede de precatório, não configura ofensa à coisa julgada a limitação dos efeitos pecuniários da sentença condenatória ao período anterior ao advento da Lei nº 8.112, de 11.12.1990, em que o submetia-se à legislação trabalhista, salvo disposição expressa em contrário na decisão.
- **OJ TP/OE 9.** PRECATÓRIO. PEQUENO VALOR. INDIVIDUALIZAÇÃO DO CRÉDITO APURADO. RECLAMAÇÃO TRABALHISTA PLÚRIMA. EXECUÇÃO DIRETA CONTRA A FAZENDA PÚBLICA. POSSIBILIDADE (DJ 25.04.2007) Tratando-se de reclamações trabalhistas plúrimas, a aferição do que vem a ser obrigação de pequeno valor, para efeito de dispensa de formação de precatório e aplicação do disposto no § 3º do art. 100 da CF/88, deve ser realizada considerando-se os créditos de cada reclamante.

- **OJ SDI1 87.** ENTIDADE PÚBLICA. EXPLORAÇÃO DE ATIVIDADE EMINENTEMENTE ECONÔMICA. EXECUÇÃO. ART. 883 DA CLT (mantida conforme decidido no julgamento do processo TST-AgR-E-RR-148500-29.2004.5.09.0022 pelo Tribunal Pleno em 22.08.2016) É direta a execução contra a APPA e MINASCAIXA (§ 1º do art. 173, da CF/1988).
- **OJ SDI1 138.** COMPETÊNCIA RESIDUAL. REGIME JURÍDICO ÚNICO. LIMITAÇÃO DA EXECUÇÃO (nova redação em decorrência da incorporação da Orientação Jurisprudencial nº 249 da SBDI-1) – DJ 20.04.2005 Compete à Justiça do Trabalho julgar pedidos de direitos e vantagens previstos na legislação trabalhista referente a período anterior à Lei nº 8.112/90, mesmo que a ação tenha sido ajuizada após a edição da referida lei. A superveniência de regime estatutário em substituição ao celetista, mesmo após a sentença, limita a execução ao período celetista. (1ª parte - ex-OJ nº 138 da SBDI-1 - inserida em 27.11.98; 2ª parte - ex-OJ nº 249 – inserida em 13.03.02)
- **OJ SDI1 143.** EMPRESA EM LIQUIDAÇÃO EXTRAJUDICIAL. EXECUÇÃO. CRÉDITOS TRABALHISTAS. LEI Nº 6.024/74 (inserida em27.11.1998) A execução trabalhista deve prosseguir diretamente na Justiça do Trabalho mesmo após a decretação da liquidação extrajudicial. Lei nº 6.830/80, arts. 5º e 29, aplicados supletivamente (CLT, art. 889 e CF/1988, art. 114).
- **OJ SDI1 262.** COISA JULGADA. PLANOS ECONÔMICOS. LIMITAÇÃO À DATA-BASE NA FASE DE EXECUÇÃO (inserida em 27.09.2002) Não ofende a coisa julgada a limitação à data-base da categoria, na fase executória, da condenação ao pagamento de diferenças salariais decorrentes de planos econômicos, quando a decisão exequenda silenciar sobre a limitação, uma vez que a limitação decorre de norma cogente. Apenas quando a sentença exequenda houver expressamente afastado a limitação à data-base é que poderá ocorrer ofensa à coisa julgada.
- **OJ SDI1 300.** EXECUÇÃO TRABALHISTA. CORREÇÃO MONETÁRIA. JUROS. LEI Nº 8.177/91, ART. 39, E LEI Nº 10.192/01, ART. 15 (nova redação) - DJ 20.04.2005 Não viola norma constitucional (art. 5º, II e XXXVI) a determinação de aplicação da TRD, como fator de correção monetária dos débitos trabalhistas, cumulada com juros de mora, previstos no artigo 39 da Lei nº 8.177/91 e convalidado pelo artigo 15 da Lei nº 10.192/01.
- **OJ SDI1 343.** PENHORA. SUCESSÃO. ART. 100 DA CF/1988. EXECUÇÃO (DJ 22.06.2004) É válida a penhora em bens de pessoa jurídica de direito privado, realizada anteriormente à sucessão pela União ou por Estado-membro, não podendo a execução prosseguir mediante precatório. A decisão que a mantém não viola o art. 100 da CF/1988.
- **OJ SDI1T 54.** PLANO ECONÔMICO (COLLOR). EXECUÇÃO. CORREÇÃO MONETÁRIA. ÍNDICE DE 84,32%. LEI Nº 7.738/89. APLICÁVEL (conversão da Orientação Jurisprudencial nº 203 da SBDI-1) - DJ 20.04.2005 Aplica-se o índice de 84,32%, relativo ao IPC de março de 1990, para a correção monetária do débito trabalhista, por ocasião da execução, nos termos da Lei nº 7.738/89. (ex-OJ nº 203 da SBDI-1 – inserida em 08.11.00)
- **OJ SDI2 31.** AÇÃO RESCISÓRIA. MULTA. VIOLAÇÃO DO ART. 920 DO CÓDIGO CIVIL. DECISÃO RESCINDENDA EM EXECUÇÃO (cancelada em decorrência da sua incorporação à redação da Orientação Jurisprudencial nº 30 da SBDI-II) – DJ 22.08.2005 Não se acolhe, por violação do art. 920 do Código Civil, pedido de rescisão de julgado que, em execução, rejeita limitação da condenação ao pagamento de multa. Inexistência de violação literal.
- **OJ SDI2 35.** AÇÃO RESCISÓRIA. PLANOS ECONÔMICOS. COISA JULGADA. LIMITAÇÃO À DATA-BASE NA FASE DE EXECUÇÃO (inserida em 20.09.2000) Não ofende a coisa julgada a limitação à data-base da categoria, na fase executória, da condenação ao pagamento de diferenças salariais decorrentes de planos econômicos, quando a decisão exequenda silenciar sobre a limitação, uma vez que a limitação decorre de norma cogente. Apenas quando a sentença exequenda houver expressamente afastado a limitação à data-base é que poderá ocorrer ofensa à coisa julgada.
- **OJ SDI2 53.** MANDADO DE SEGURANÇA. COOPERATIVA EM LIQUIDAÇÃO EXTRAJUDICIAL. LEI Nº 5.764/71, ART. 76. INAPLICÁVEL. NÃO SUSPENDE A EXECUÇÃO (inserida em 20.09.2000) A liquidação extrajudicial de sociedade cooperativa não suspende a execução dos créditos trabalhistas existentes contra ela.
- **OJ SDI2 56.** MANDADO DE SEGURANÇA. EXECUÇÃO. PENDÊNCIA DE RECURSO EXTRAORDINÁRIO (inserida em 20.09.2000) Não há direito líquido e certo à execução definitiva na pendência de recurso extraordinário, ou de agravo de instrumento visando a destrancá-lo.
- **OJ SDI2 107.** AÇÃO RESCISÓRIA. DECISÃO RESCINDENDA DE MÉRITO. SENTENÇA DECLARATÓRIA DE EXTINÇÃO DE EXECUÇÃO. SATISFAÇÃO DA OBRIGAÇÃO (atualizada em decorrência do CPC de 2015) – Res. 208/2016, DEJT divulgado em 22, 25 e 26.04.2016 – Embora não haja atividade cognitiva, a decisão que declara extinta a execução, nos termos do art. 924, incisos I a IV c/c art. 925

do CPC de 2015 (art. 794 c/c 795 do CPC de 1973), extingue a relação processual e a obrigacional, sendo passível de corte rescisório.

- **OJ SDI2 131.** AÇÃO RESCISÓRIA. AÇÃO CAUTELAR PARA SUSPENDER EXECUÇÃO DA DECISÃO RESCINDENDA. PENDÊNCIA DE TRÂNSITO EM JULGADO DA AÇÃO RESCISÓRIA PRINCIPAL. EFEITOS (DJ 04.05.2004) A ação cautelar não perde o objeto enquanto ainda estiver pendente o trânsito em julgado da ação rescisória principal, devendo o pedido cautelar ser julgado procedente, mantendo-se os efeitos da liminar eventualmente deferida, no caso de procedência do pedido rescisório ou, por outro lado, improcedente, se o pedido da ação rescisória principal tiver sido julgado improcedente.
- **OJ SDI2 153.** MANDADO DE SEGURANÇA. EXECUÇÃO. ORDEM DE PENHORA SOBRE VALORES EXISTENTES EM CONTA SALÁRIO. ART. 649, IV, DO CPC. ILEGALIDADE (DEJT divulgado em 03, 04 e 05.12.2008) Ofende direito líquido e certo decisão que determina o bloqueio de numerário existente em conta salário, para satisfação de crédito trabalhista, ainda que seja limitado a determinado percentual dos valores recebidos ou a valor revertido para fundo de aplicação ou poupança, visto que o art. 649, IV, do CPC contém norma imperativa que não admite interpretação ampliativa, sendo a exceção prevista no art. 649, § 2º, do CPC espécie e não gênero de crédito de natureza alimentícia, não englobando o crédito trabalhista.

19. *JUS POSTULANDI*

- **Súmula 425 do TST.** *JUS POSTULANDI* NA JUSTIÇA DO TRABALHO. ALCANCE – Res. 165/2010, DEJT divulgado em 30.04.2010 e 03 e 04.05.2010 O *jus postulandi* das partes, estabelecido no art. 791 da CLT, limita-se às Varas do Trabalho e aos Tribunais Regionais do Trabalho, não alcançando a ação rescisória, a ação cautelar, o mandado de segurança e os recursos de competência do Tribunal Superior do Trabalho.

20. SENTENÇA E COISA JULGADA

- **Súmula 211 do TST.** JUROS DE MORA E CORREÇÃO MONETÁRIA. INDEPENDÊNCIA DO PEDIDO INICIAL E DO TÍTULO EXECUTIVO JUDICIAL (mantida) – Res. 121/2003, DJ 19, 20 e 21.11.2003 Os juros de mora e a correção monetária incluem-se na liquidação, ainda que omisso o pedido inicial ou a condenação.
- **Súmula 396 do TST.** ESTABILIDADE PROVISÓRIA. PEDIDO DE REINTEGRAÇÃO. CONCESSÃO DO SALÁRIO RELATIVO AO PERÍODO DE ESTABILIDADE JÁ EXAURIDO. INEXISTÊNCIA DE JULGAMENTO EXTRA PETITA (conversão das Orientações Jurisprudenciais nºs 106 e 116 da SBDI-1) – Res. 129/2005, DJ 20, 22 e 25.04.2005. I – Exaurido o período de estabilidade, são devidos ao empregado apenas os salários do período compreendido entre a data da despedida e o final do período de estabilidade, não lhe sendo assegurada a reintegração no emprego. (ex-OJ nº 116 da SBDI-1 – inserida em 01.10.1997) II – Não há nulidade por julgamento extra petita da decisão que deferir salário quando o pedido for de reintegração, dados os termos do art. 496 da CLT. (ex-OJ nº 106 da SBDI-1 – inserida em 20.11.1997)
- **Súmula 397 do TST.** AÇÃO RESCISÓRIA. ART. 966, IV, DO CPC DE 2015. ART. 485, IV, DO CPC DE 1973. AÇÃO DE CUMPRIMENTO. OFENSA À COISA JULGADA EMANADA DE SENTENÇA NORMATIVA MODIFICADA EM GRAU DE RECURSO. INVIABILIDADE. CABIMENTO DE MANDADO DE SEGURANÇA. (atualizada em decorrência do CPC de 2015) – Res. 208/2016, DEJT divulgado em 22, 25 e 26.04.2016 Não procede ação rescisória calcada em ofensa à coisa julgada perpetrada por decisão proferida em ação de cumprimento, em face de a sentença normativa, na qual se louvava, ter sido modificada em grau de recurso, porque em dissídio coletivo somente se consubstancia coisa julgada formal. Assim, os meios processuais aptos a atacarem a execução da cláusula reformada são a exceção de pré-executividade e o mandado de segurança, no caso de descumprimento do art. 514 do CPC de 2015 (art. 572 do CPC de 1973). (ex-OJ nº 116 da SBDI-2 – DJ 11.08.2003)
- **Súmula 401 do TST.** AÇÃO RESCISÓRIA. DESCONTOS LEGAIS. FASE DE EXECUÇÃO. SENTENÇA EXEQUENDA OMISSA. INEXISTÊNCIA DE OFENSA À COISA JULGADA (conversão da Orientação Jurisprudencial nº 81 da SBDI-2) – Res. 137/2005 – DJ 22, 23 e 24.08.2005 Os descontos previdenciários e fiscais devem ser efetuados pelo juízo executório, ainda que a sentença exequenda tenha sido omissa sobre a questão, dado o caráter de ordem pública ostentado pela norma que os disciplina. A ofensa à coisa julgada somente poderá ser caracterizada na hipótese de o título exequendo, expressamente, afastar a dedução dos valores a título de imposto de renda e de contribuição previdenciária. (ex-OJ nº 81 da SBDI-2 – inserida em 13.03.2002)
- **OJ SDI1 262.** COISA JULGADA. PLANOS ECONÔMICOS. LIMITAÇÃO À DATA-BASE NA FASE DE EXECUÇÃO (inserida em 27.09.2002) Não ofende a coisa julgada a limitação à data-base da categoria, na fase executória, da condenação ao pagamento de diferenças salariais decorrentes de planos econômicos, quando a decisão exequenda silenciar sobre a limitação, uma vez que a limita-

ção decorre de norma cogente. Apenas quando a sentença exequenda houver expressamente afastado a limitação à data-base é que poderá ocorrer ofensa à coisa julgada.

- **OJ SDI1 277.** AÇÃO DE CUMPRIMENTO FUNDADA EM DECISÃO NORMATIVA QUE SOFREU POSTERIOR REFORMA, QUANDO JÁ TRANSITADA EM JULGADO A SENTENÇA CONDENATÓRIA. COISA JULGADA. Não CONFIGURAÇÃO (DJ 11.08.2003) A coisa julgada produzida na ação de cumprimento é atípica, pois dependente de condição resolutiva, ou seja, da não modificação da decisão normativa por eventual recurso. Assim, modificada a sentença normativa pelo TST, com a consequente extinção do processo, sem julgamento do mérito, deve-se extinguir a execução em andamento, uma vez que a norma sobre a qual se apoiava o título exequendo deixou de existir no mundo jurídico.
- **OJ SDI2 35.** AÇÃO RESCISÓRIA. PLANOS ECONÔMICOS. COISA JULGADA. LIMITAÇÃO À DATA-BASE NA FASE DE EXECUÇÃO (inserida em 20.09.2000) Não ofende a coisa julgada a limitação à data-base da categoria, na fase executória, da condenação ao pagamento de diferenças salariais decorrentes de planos econômicos, quando a decisão exequenda silenciar sobre a limitação, uma vez que a limitação decorre de norma cogente. Apenas quando a sentença exequenda houver expressamente afastado a limitação à data-base é que poderá ocorrer ofensa à coisa julgada.
- **OJ SDI2 41.** AÇÃO RESCISÓRIA. SENTENÇA "CITRA PETITA". CABIMENTO (atualizada em decorrência do CPC de 2015) – Res. 208/2016, DEJT divulgado em 22, 25 e 26.04.2016 – Revelando-se a sentença "citra petita", o vício processual vulnera os arts. 141 e 492 do CPC de 2015 (arts. 128 e 460 do CPC de 1973), tornando-a passível de desconstituição, ainda que não interpostos embargos de declaração.
- **OJ SDI2 101.** AÇÃO RESCISÓRIA. INCISO IV DO ART. 966 DO CPC DE 2015. ART. 485, IV, DO CPC DE 1973. OFENSA A COISA JULGADA. NECESSIDADE DE FIXAÇÃO DE TESE NA DECISÃO RESCINDENDA (atualizada em decorrência do CPC de 2015) – Res. 208/2016, DEJT divulgado em 22, 25 e 26.04.2016 Para viabilizar a desconstituição do julgado pela causa de rescindibilidade do inciso IV, do art. 966 do CPC de 2015 (inciso IV do art. 485 do CPC de 1973), é necessário que a decisão rescindenda tenha enfrentado as questões ventiladas na ação rescisória, sob pena de inviabilizar o cotejo com o título executivo judicial tido por desrespeitado, de modo a se poder concluir pela ofensa à coisa julgada.
- **OJ SDI2 123.** AÇÃO RESCISÓRIA. INTERPRETAÇÃO DO SENTIDO E ALCANCE DO TÍTULO EXECUTIVO. INEXISTÊNCIA DE OFENSA À COISA JULGADA (título alterado) – DJ 22.08.2005 O acolhimento da ação rescisória calcada em ofensa à coisa julgada supõe dissonância patente entre as decisões exequenda e rescindenda, o que não se verifica quando se faz necessária a interpretação do título executivo judicial para se concluir pela lesão à coisa julgada.
- **OJ SDI2 132.** AÇÃO RESCISÓRIA. ACORDO HOMOLOGADO. ALCANCE. OFENSA À COISA JULGADA (DJ 04.05.2004) Acordo celebrado – homologado judicialmente – em que o empregado dá plena e ampla quitação, sem qualquer ressalva, alcança não só o objeto da inicial, como também todas as demais parcelas referentes ao extinto contrato de trabalho, violando a coisa julgada, a propositura de nova reclamação trabalhista.
- **OJ SDI2 134.** AÇÃO RESCISÓRIA. DECISÃO RESCINDENDA. PRECLUSÃO DECLARADA. FORMAÇÃO DA COISA JULGADA FORMAL. IMPOSSIBILIDADE JURÍDICA DO PEDIDO (DJ 04.05.2004) A decisão que conclui estar preclusa a oportunidade de impugnação da sentença de liquidação, por ensejar tão-somente a formação da coisa julgada formal, não é suscetível de rescindibilidade.
- **OJ SDI2 150.** AÇÃO RESCISÓRIA. REGÊNCIA PELO CPC DE 1973. DECISÃO RESCINDENDA QUE EXTINGUE O PROCESSO SEM RESOLUÇÃO DE MÉRITO POR ACOLHIMENTO DE COISA JULGADA. CONTEÚDO MERAMENTE PROCESSUAL. IMPOSSIBILIDADE JURÍDICA DO PEDIDO (atualizada em decorrência do CPC de 2015) Res. 212/2016, DEJT divulgado em 20, 21 e 22.09.2016 – Reputa-se juridicamente impossível o pedido de corte rescisório de decisão que, reconhecendo a existência de coisa julgada, nos termos do art. 267, V, do CPC de 1973, extingue o processo sem resolução de mérito, o que, ante o seu conteúdo meramente processual, a torna insuscetível de produzir a coisa julgada material.

21. SUBSTITUIÇÃO PROCESSUAL

- **Súmula 286 do TST.** SINDICATO. SUBSTITUIÇÃO PROCESSUAL. CONVENÇÃO E ACORDO COLETIVOS (mantida) – Res. 121/2003, DJ 19, 20 e 21.11.2003 A legitimidade do sindicato para propor ação de cumprimento estende-se também à observância de acordo ou de convenção coletivos.
- **OJ SDI1 121.** SUBSTITUIÇÃO PROCESSUAL. DIFERENÇA DO ADICIONAL DE INSALUBRIDADE. LEGITIMIDADE (nova redação) – DJ 20.04.2005 O sindicato tem legitimidade para atuar na qualidade de substituto processual para pleitear diferença de adicional de insalubridade.

- **OJ SDI1 359.** SUBSTITUIÇÃO PROCESSUAL. SINDICATO. LEGITIMIDADE. PRESCRIÇÃO. INTERRUPÇÃO (DJ 14.03.2008) A ação movida por sindicato, na qualidade de substituto processual, interrompe a prescrição, ainda que tenha sido considerado parte ilegítima ad causam.

22. NOVAS CONDIÇÕES DE TRABALHO

- **Súmula 190 do TST.** PODER NORMATIVO DO TST. CONDIÇÕES DE TRABALHO. INCONSTITUCIONALIDADE. DECISÕES CONTRÁRIAS AO STF (mantida) – Res. 121/2003, DJ 19, 20 e 21.11.2003 Ao julgar ou homologar ação coletiva ou acordo nela havido, o Tribunal Superior do Trabalho exerce o poder normativo constitucional, não podendo criar ou homologar condições de trabalho que o Supremo Tribunal Federal julgue iterativamente inconstitucionais.
- **Súmula 277 do TST.** CONVENÇÃO COLETIVA DE TRABALHO OU ACORDO COLETIVO DE TRABALHO. EFICÁCIA. ULTRATIVIDADE (redação alterada na sessão do Tribunal Pleno realizada em 14.09.2012) – Res. 185/2012, DEJT divulgado em 25, 26 e 27.09.2012 As cláusulas normativas dos acordos coletivos ou convenções coletivas integram os contratos individuais de trabalho e somente poderão ser modificadas ou suprimidas mediante negociação coletiva de trabalho.
- **OJ SDC 5.** DISSÍDIO COLETIVO. PESSOA JURÍDICA DE DIREITO PÚBLICO. POSSIBILIDADE JURÍDICA. CLÁUSULA DE NATUREZA SOCIAL (redação alterada na sessão do Tribunal Pleno realizada em 14.09.2012) Em face de pessoa jurídica de direito público que mantenha empregados, cabe dissídio coletivo exclusivamente para apreciação de cláusulas de natureza social. Inteligência da Convenção nº 151 da Organização Internacional do Trabalho, ratificada pelo Decreto Legislativo nº 206/2010.

23. AGRAVO DE INSTRUMENTO

- **OJ SDI1 217.** AGRAVO DE INSTRUMENTO. TRASLADO. LEI Nº 9.756/1998. GUIAS DE CUSTAS E DE DEPÓSITO RECURSAL (inserida em 02.04.2001) Para a formação do agravo de instrumento, não é necessária a juntada de comprovantes de recolhimento de custas e de depósito recursal relativamente ao recurso ordinário, desde que não seja objeto de controvérsia no recurso de revista a validade daqueles recolhimentos.
- **OJ SDI1 260.** AGRAVO DE INSTRUMENTO. RECURSO DE REVISTA. PROCEDIMENTO SUMARÍSSIMO. LEI Nº 9.957/00. PROCESSOS EM CURSO (inserida em 27.09.2002) I – É inaplicável o rito sumaríssimo aos processos iniciados antes da vigência da Lei nº 9.957/00. II – No caso de o despacho denegatório de recurso de revista invocar, em processo iniciado antes da Lei nº 9.957/00, o § 6º do art. 896 da CLT (rito sumaríssimo), como óbice ao trânsito do apelo calcado em divergência jurisprudencial ou violação de dispositivo infraconstitucional, o Tribunal superará o obstáculo, apreciando o recurso sob esses fundamentos.
- **OJ SDI1 282.** AGRAVO DE INSTRUMENTO. JUÍZO DE ADMISSIBILIDADE AD QUEM (DJ 11.08.2003) No julgamento de Agravo de Instrumento, ao afastar o óbice apontado pelo TRT para o processamento do recurso de revista, pode o juízo ad quem prosseguir no exame dos demais pressupostos extrínsecos e intrínsecos do recurso de revista, mesmo que não apreciados pelo TRT.
- **OJ SDI1 283.** AGRAVO DE INSTRUMENTO. PEÇAS ESSENCIAIS. TRASLADO REALIZADO PELO AGRAVADO. VALIDADE (DJ 11.08.2003) É válido o traslado de peças essenciais efetuado pelo agravado, pois a regular formação do agravo incumbe às partes e não somente ao agravante.
- **OJ SDI1 284.** AGRAVO DE INSTRUMENTO. TRASLADO. AUSÊNCIA DE CERTIDÃO DE PUBLICAÇÃO. ETIQUETA ADESIVA IMPRESTÁVEL PARA AFERIÇÃO DA TEMPESTIVIDADE (DJ 11.08.2003) A etiqueta adesiva na qual consta a expressão "no prazo" não se presta à aferição de tempestividade do recurso, pois sua finalidade é tão somente servir de controle processual interno do TRT e sequer contém a assinatura do funcionário responsável por sua elaboração.
- **OJ SDI1 285.** AGRAVO DE INSTRUMENTO. TRASLADO. CARIMBO DO PROTOCOLO DO RECURSO ILEGÍVEL. INSERVÍVEL (DJ 11.08.2003) O carimbo do protocolo da petição recursal constitui elemento indispensável para aferição da tempestividade do apelo, razão pela qual deverá estar legível, pois um dado ilegível é o mesmo que a inexistência do dado.
- **OJ SDI1 286.** OJ-SDI1-286 AGRAVO DE INSTRUMENTO. TRASLADO. MANDATO TÁCITO. ATA DE AUDIÊNCIA. CONFIGURAÇÃO (alterada) – Res. 167/2010, DEJT divulgado em 30.04.2010 e 03 e 04.05.2010 I – A juntada da ata de audiência, em que consignada a presença do advogado, desde que não estivesse atuando com mandato expresso, torna dispensável a procuração deste, porque demonstrada a existência de mandato tácito. II – Configurada a existência de mandato tácito fica suprida a irregularidade detectada no mandato expresso.
- **OJ SDI1 374.** AGRAVO DE INSTRUMENTO. REPRESENTAÇÃO PROCESSUAL. REGULARIDADE. PROCURAÇÃO OU SUBSTABELECIMENTO COM CLÁUSULA LIMITATIVA DE PODERES AO ÂMBITO DO

TRIBUNAL REGIONAL DO TRABALHO (DEJT divulgado em 19, 20 e 22.04.2010) É regular a representação processual do subscritor do agravo de instrumento ou do recurso de revista que detém mandato com poderes de representação limitados ao âmbito do Tribunal Regional do Trabalho, pois, embora a apreciação desse recurso seja realizada pelo Tribunal Superior do Trabalho, a sua interposição é ato praticado perante o Tribunal Regional do Trabalho, circunstância que legitima a atuação do advogado no feito.

- **OJ SDI1T 16.** AGRAVO DE INSTRUMENTO INTERPOSTO NA VIGÊNCIA DA LEI Nº 9.756/1998 E ANTERIORMENTE À EDIÇÃO DA INSTRUÇÃO NORMATIVA Nº 16/99 DO TST. TRASLADO DE PEÇAS. OBRIGATORIEDADE (inserida em 13.02.2001) Não há como dizer que a exigência de traslado de peças necessárias ao julgamento de ambos os recursos (o agravo e o recurso principal) somente se tornou obrigatória após a edição da Instrução Normativa nº 16/99, pois se trata apenas de meio destinado à interpretação acerca das novas exigências que se tornaram efetivas a partir da vigência da Lei nº 9.756/1998.
- **OJ SDI1T 17.** AGRAVO DE INSTRUMENTO INTERPOSTO NA VIGÊNCIA DA LEI Nº 9.756/1998. EMBARGOS DECLARATÓRIOS (inserida em 13.02.2001) Para comprovar a tempestividade do recurso de revista, basta a juntada da certidão de publicação do acórdão dos embargos declaratórios opostos perante o Regional, se conhecidos.
- **OJ SDI1T 18.** AGRAVO DE INSTRUMENTO INTERPOSTO NA VIGÊNCIA DA LEI Nº 9.756/1998. PEÇA INDISPENSÁVEL. CERTIDÃO DE PUBLICAÇÃO DO ACÓRDÃO REGIONAL. NECESSÁRIA A JUNTADA, SALVO SE NOS AUTOS HOUVER ELEMENTOS QUE ATESTEM A TEMPESTIVIDADE DA REVISTA (inserida em 13.02.2001) A certidão de publicação do acórdão regional é peça essencial para a regularidade do traslado do agravo de instrumento, porque imprescindível para aferir a tempestividade do recurso de revista e para viabilizar, quando provido, seu imediato julgamento, salvo se nos autos houver elementos que atestem a tempestividade da revista.
- **OJ SDI1T 19.** AGRAVO DE INSTRUMENTO. INTERPOSTO NA VIGÊNCIA DA LEI Nº 9.756/1998. PEÇAS DISPENSÁVEIS À COMPREENSÃO DA CONTROVÉRSIA. DESNECESSÁRIA A JUNTADA (inserida em 13.02.2001) Mesmo na vigência da Lei nº 9.756/1998, a ausência de peças desnecessárias à compreensão da controvérsia, ainda que relacionadas no inciso I do § 5º do art. 897 da CLT, não implica o não conhecimento do agravo.
- **OJ SDI1T 20.** AGRAVO DE INSTRUMENTO. MINISTÉRIO PÚBLICO. PRESSUPOSTOS EXTRÍNSECOS (inserida em 13.02.2001) Para aferição da tempestividade do AI interposto pelo Ministério Público, desnecessário o traslado da certidão de publicação do despacho agravado, bastando a juntada da cópia da intimação pessoal na qual conste a respectiva data de recebimento (Lei Complementar nº 75/93, art. 84, IV).
- **OJ SDI1T 21.** AGRAVO DE INSTRUMENTO. TRASLADO. CERTIDÃO. INSTRUÇÃO NORMATIVA Nº 6/96 DO TST (inserida em 13.02.2001) Certidão do Regional afirmando que o AI está formado de acordo com IN nº 6/96 do TST não confere autenticidade às peças.
- **OJ SDI1T 52.** AGRAVO DE INSTRUMENTO. ACÓRDÃO DO TRT NÃO ASSINADO. INTERPOSTO ANTERIORMENTE À INSTRUÇÃO NORMATIVA Nº 16/1999 (conversão da Orientação Jurisprudencial nº 281 da SBDI-1) – DJ 20.04.2005 Nos agravos de instrumento interpostos anteriormente à edição da Instrução Normativa nº 16/1999, a ausência de assinatura na cópia não a torna inválida, desde que conste o carimbo aposto pelo servidor certificando que confere com o original. (ex-OJ nº 281 da SBDI-1 – inserida em 11.08.03)

24. REVELIA E CONFISSÃO

- **Súmula 74 do TST.** CONFISSÃO. (atualizada em decorrência do CPC de 2015) – Res. 208/2016, DEJT divulgado em 22, 25 e 26.04.2016 I – Aplica-se a confissão à parte que, expressamente intimada com aquela cominação, não comparecer à audiência em prosseguimento, na qual deveria depor. (ex-Súmula nº 74 – RA 69/1978, DJ 26.09.1978) II – A prova pré-constituída nos autos pode ser levada em conta para confronto com a confissão ficta (arts. 442 e 443, do CPC de 2015 – art. 400, I, do CPC de 1973), não implicando cerceamento de defesa o indeferimento de provas posteriores. (ex-OJ nº 184 da SBDI-1 – inserida em 08.11.2000) III- A vedação à produção de prova posterior pela parte confessa somente a ela se aplica, não afetando o exercício, pelo magistrado, do poder/dever de conduzir o processo.
- **Súmula 122 do TST.** REVELIA. ATESTADO MÉDICO (incorporada a Orientação Jurisprudencial nº 74 da SBDI-1) – Res. 129/2005, DJ 20, 22 e 25.04.2005 A reclamada, ausente à audiência em que deveria apresentar defesa, é revel, ainda que presente seu advogado munido de procuração, podendo ser ilidida a revelia mediante a apresentação de atestado médico, que deverá declarar, expressamente, a impossibilidade de locomoção do empregador ou do seu preposto no dia da audiência. (primeira parte – ex-OJ nº 74 da SBDI-1 – inserida em 25.11.1996; segunda parte – ex-Sú-

mula nº 122 – alterada pela Res. 121/2003, DJ 21.11.2003)

- **Súmula 398 do TST.** AÇÃO RESCISÓRIA. AUSÊNCIA DE DEFESA. INAPLICÁVEIS OS EFEITOS DA REVELIA (conversão da Orientação Jurisprudencial nº 126 da SBDI-2) – Res. 137/2005, DJ 22, 23 e 24.08.2005 Na ação rescisória, o que se ataca na ação é a sentença, ato oficial do Estado, acobertado pelo manto da coisa julgada. Assim sendo, e considerando que a coisa julgada envolve questão de ordem pública, a revelia não produz confissão na ação rescisória. (ex-OJ nº 126 da SBDI-2 – DJ 09.12.2003)
- **Súmula 404 do TST.** AÇÃO RESCISÓRIA. FUNDAMENTO PARA INVALIDAR CONFISSÃO. CONFISSÃO FICTA. INADEQUAÇÃO DO ENQUADRAMENTO NO ART. 485, VIII, DO CPC DE 1973 – Res. 209/2016, DEJT divulgado em 01, 02 e 03.06.2016O art. 485, VIII, do CPC de 1973, ao tratar do fundamento para invalidar a confissão como hipótese de rescindibilidade da decisão judicial, referia-se à confissão real, fruto de erro, dolo ou coação, e não à confissão ficta resultante de revelia.
- **OJ SDI1 152.** OJ-SDI1-152 REVELIA. PESSOA JURÍDICA DE DIREITO PÚBLICO. APLICÁVEL. (ART. 844 DA CLT) (inserido dispositivo) – DJ 20.04.2005 Pessoa jurídica de direito público sujeita-se à revelia prevista no artigo 844 da CLT.
- **OJ SDI1 245.** OJ-SDI1-245 REVELIA. ATRASO. AUDIÊNCIA (inserida em 20.06.2001) Inexiste previsão legal tolerando atraso no horário de comparecimento da parte na audiência.

25. REVISÃO DE SENTENÇA NORMATIVA

- **Súmula 246 do TST.** AÇÃO DE CUMPRIMENTO. TRÂNSITO EM JULGADO DA SENTENÇA NORMATIVA (mantida) – Res. 121/2003, DJ 19, 20 e 21.11.2003 É dispensável o trânsito em julgado da sentença normativa para a propositura da ação de cumprimento.
- **Súmula 277 do TST.** CONVENÇÃO COLETIVA DE TRABALHO OU ACORDO COLETIVO DE TRABALHO. EFICÁCIA. ULTRATIVIDADE (redação alterada na sessão do Tribunal Pleno realizada em 14.09.2012). As cláusulas normativas dos acordos coletivos ou convenções coletivas integram os contratos individuais de trabalho e somente poderão ser modificadas ou suprimidas mediante negociação coletiva de trabalho."
- **Súmula 279 do TST.** RECURSO CONTRA SENTENÇA NORMATIVA. EFEITO SUSPENSIVO. CASSAÇÃO (mantida) – Res. 121/2003, DJ 19, 20 e 21.11.2003 A cassação de efeito suspensivo concedido a recurso interposto de sentença normativa retroage à data do despacho que o deferiu.
- **Súmula 350 do TST.** PRESCRIÇÃO. TERMO INICIAL. AÇÃO DE CUMPRIMENTO. SENTENÇA NORMATIVA (mantida) – Res. 121/2003, DJ 19, 20 e 21.11.2003 O prazo de prescrição com relação à ação de cumprimento de decisão normativa flui apenas da data de seu trânsito em julgado.
- **Súmula 402 do TST.** AÇÃO RESCISÓRIA. DOCUMENTO NOVO. DISSÍDIO COLETIVO. SENTENÇA NORMATIVA (conversão da Orientação Jurisprudencial nº 20 da SBDI-2) – Res. 137/2005, DJ 22, 23 e 24.08.2005 Documento novo é o cronologicamente velho, já existente ao tempo da decisão rescindenda, mas ignorado pelo interessado ou de impossível utilização, à época, no processo. Não é documento novo apto a viabilizar a desconstituição de julgado: a) sentença normativa proferida ou transitada em julgado posteriormente à sentença rescindenda; b) sentença normativa preexistente à sentença rescindenda, mas não exibida no processo principal, em virtude de negligência da parte, quando podia e deveria louvar-se de documento já existente e não ignorado quando emitida a decisão rescindenda. (ex-OJ nº 20 da SBDI-2 – inserida em 20.09.2000)
- **OJ SDI1 277.** AÇÃO DE CUMPRIMENTO FUNDADA EM DECISÃO NORMATIVA QUE SOFREU POSTERIOR REFORMA, QUANDO JÁ TRANSITADA EM JULGADO A SENTENÇA CONDENATÓRIA. COISA JULGADA. Não CONFIGURAÇÃO (DJ 11.08.2003) A coisa julgada produzida na ação de cumprimento é atípica, pois dependente de condição resolutiva, ou seja, da não modificação da decisão normativa por eventual recurso. Assim, modificada a sentença normativa pelo TST, com a consequente extinção do processo, sem julgamento do mérito, deve-se extinguir a execução em andamento, uma vez que a norma sobre a qual se apoiava o título exequendo deixou de existir no mundo jurídico.

26. HONORÁRIOS ADVOCATÍCIOS

- **Súmula 329 do TST**. HONORÁRIOS ADVOCATÍCIOS. ART. 133 DA CF/1988. Mesmo após a promulgação da CF/1988, permanece válido o entendimento Consubstanciado na Súmula nº 219 do Tribunal Superior do Trabalho.
- **Súmula 219 do TST**. HONORÁRIOS ADVOCATÍCIOS. CABIMENTO (alterada a redação do item I e acrescidos os itens IV a VI em decorrência do CPC de 2015) – Res. 204/2016, DEJT divulgado em 17, 18 e 21.03.2016 I – Na Justiça do Trabalho, a condenação ao pagamento de honorários advocatícios não decorre pura e simplesmente da sucumbência, devendo a parte, concomitantemente: a) estar assistida por sindicato da categoria profissional; b) comprovar a percepção de

salário inferior ao dobro do salário mínimo ou encontrar-se em situação econômica que não lhe permita demandar sem prejuízo do próprio sustento ou da respectiva família. (art. 14, §1º, da Lei nº 5.584/1970). (ex-OJ nº 305da SBDI-I). II - É cabível a condenação ao pagamento de honorários advocatícios em ação rescisória no processo trabalhista. III - São devidos os honorários advocatícios nas causas em que o ente sindical figure como substituto processual e nas lides que não derivem da relação de emprego. IV - Na ação rescisória e nas lides que não derivem de relação de emprego, a responsabilidade pelo pagamento dos honorários advocatícios da sucumbência submete-se à disciplina do Código de Processo Civil (arts. 85, 86, 87 e 90). V - Em caso de assistência judiciária sindical ou de substituição processual sindical, excetuados os processos em que a Fazenda Pública for parte, os honorários advocatícios são devidos entre o mínimo de dez e o máximo de vinte por cento sobre o valor da condenação, do proveito econômico obtido ou, não sendo possível mensurá-lo, sobre o valor atualizado da causa (CPC de 2015, art. 85, § 2º).VI - Nas causas em que a Fazenda Pública for parte, aplicar-se-ão os percentuais específicos de honorários advocatícios contemplados no Código de Processo Civil.

- **OJ SDI1 348**. HONORÁRIOS ADVOCATÍCIOS. BASE DE CÁLCULO. VALOR LÍQUIDO. LEI Nº 1.060, DE 05.02.1950. Os honorários advocatícios, arbitrados nos termos do art. 11, § 1º, da Lei nº 1.060, de 05.02.1950, devem incidir sobre o valor líquido da condenação, apurado na fase de liquidação de sentença, sem a dedução dos descontos fiscais e previdenciários.

27. AUDIÊNCIAS

- **Súmula 9 do TST**. AUSÊNCIA DO RECLAMANTE. A ausência do reclamante, quando adiada a instrução após contestada a ação em audiência, não importa arquivamento do processo.
- **Súmula 69 do TST**. RESCISÃO DO CONTRATO. A partir da Lei nº 10.272, de 05.09.2001, havendo rescisão do contrato de trabalho e sendo revel e confesso quanto à matéria de fato, deve ser o empregador condenado ao pagamento das verbas rescisórias, não quitadas na primeira audiência, com acréscimo de 50% (cinqüenta por cento).
- **Súmula 74 do TST**. CONFISSÃO. I - Aplica-se a confissão à parte que, expressamente intimada com aquela cominação, não comparecer à audiência em prosseguimento, na qual deveria depor. (ex-Súmula nº 74 - RA 69/1978, DJ 26.09.1978). II - A prova pré-constituída nos autos pode ser levada em conta para confronto com a confissão ficta (art. 400, I, CPC), não implicando cerceamento de defesa o indeferimento de provas posteriores. (ex-OJ nº 184 da SBDI-1 - inserida em 08.11.2000). III - A vedação à produção de prova posterior pela parte confessa somente a ela se aplica, não afetando o exercício, pelo magistrado, do poder/dever de conduzir o processo.
- **Súmula 122 do TST**. REVELIA. ATESTADO MÉDICO (incorporada a Orientação Jurisprudencial nº 74 da SBDI-1). A reclamada, ausente à audiência em que deveria apresentar defesa, é revel, ainda que presente seu advogado munido de procuração, podendo ser ilidida a revelia mediante a apresentação de atestado médico, que deverá declarar, expressamente, a impossibilidade de locomoção do empregador ou do seu preposto no dia da audiência. (primeira parte - ex-OJ nº 74 da SBDI-1 - inserida em 25.11.1996; segunda parte - ex-Súmula nº 122 - alterada pela Res. 121/2003, DJ 21.11.2003).
- **Súmula 377 do TST**. PREPOSTO. EXIGÊNCIA DA CONDIÇÃO DE EMPREGADO Exceto quanto à reclamação de empregado doméstico, ou contra micro ou pequeno empresário, o preposto deve ser necessariamente empregado do reclamado. Inteligência do art. 843, § 1º, da CLT e do art. 54 da Lei Complementar nº 123, de 14 de dezembro de 2006.
- **OJ SDI1 152**. REVELIA. PESSOA JURÍDICA DE DIREITO PÚBLICO. APLICÁVEL. Pessoa jurídica de direito público sujeita-se à revelia prevista no artigo 844 da CLT.
- **OJ SDI1 245**. REVELIA. ATRASO. AUDIÊNCIA. Inexiste previsão legal tolerando atraso no horário de comparecimento da parte na audiência.

28. ATOS PROCESSUAIS

- **Súmula 16 do TST**. NOTIFICAÇÃO (nova redação) - Res. 121/2003, DJ 19, 20 e 21.11.2003. Presume-se recebida a notificação 48 (quarenta e oito) horas depois de sua postagem. O seu não recebimento ou a entrega após o decurso desse prazo constitui ônus de prova do destinatário.
- **Súmula 427 do TST.** INTIMAÇÃO. PLURALIDADE DE ADVOGADOS. PUBLICAÇÃO EM NOME DE ADVOGADO DIVERSO DAQUELE EXPRESSAMENTE INDICADO. NULIDADE (editada em decorrência do julgamento do processo TST-IUJERR 5400-31.2004.5.09.0017) - Res. 174/2011, DEJT divulgado em 27, 30 e 31.05.2011. Havendo pedido expresso de que as intimações e publicações sejam realizadas exclusivamente em nome de determinado advogado, a comunicação em nome de outro profissional constituído nos autos é nula, salvo se constatada a inexistência de prejuízo.

29. PROCESSO JUDICIÁRIO DO TRABALHO - CUSTAS E EMOLUMENTOS

- **Súmula 457 do TST**. HONORÁRIOS PERICIAIS. BENEFICIÁRIO DA JUSTIÇA GRATUITA. RESPONSABILIDADE DA UNIÃO PELO PAGAMENTO. RESOLUÇÃO Nº 66/2010 DO CSJT. OBSERVÂNCIA. (conversão da Orientação Jurisprudencial nº 387 da SBDI-1 com nova redação). A União é responsável pelo pagamento dos honorários de perito quando a parte sucumbente no objeto da perícia for beneficiária da assistência judiciária gratuita, observado o procedimento disposto nos arts. 1º, 2º e 5º da Resolução nº 66/2010 do Conselho Superior da Justiça do Trabalho - CSJT.

✦ BIBLIOGRAFIA

- AZEVEDO, Álvaro Villaça. **Bem de família e a Lei 8.009/90**. 5. ed. São Paulo: RT, 2002.
- BERNARDES, Felipe. *Manual de Processo do Trabalho – volume único*. 4ª ed. Salvador: Editora Juspodivm, 2022.
- CAIRO JÚNIOR, José. **Curso de direito processual do trabalho**. 5. ed. Salvador: Juspodivm, 2012.
- CARVALHO FILHO. Renato Sabino. **Processo do Trabalho**. Salvador: Juspodivm, 2012.
- GARCIA, Gustavo Filipe Barbosa. **Curso de direito processual do trabalho**. 2ª tiragem. Rio de Janeiro: Forense, 2012.
- GUNTHER, Luiz Eduardo. O falso testemunho e a justiça do trabalho: aspectos controvertidos e relevantes. **Revista TRT 9ª Região**, Curitiba, v. 62, p. 1-57 Jan./Jun. 2009, p. 11.
- LEITE. Carlos Henrique Bezerra. **Curso de Direito Processual do Trabalho**. 5. ed. São Paulo: LTr, 2007.
- MARTINS, Sergio Pinto. **Comentários à CLT**. 16. ed. São Paulo: Atlas, 2012.
- MARTINS, Sérgio Pinto. **Direito Processual do Trabalho**. São Paulo: Atlas, 2008.
- MIESSA, Élisson; CORREIA, Henrique. **Processo do Trabalho para concursos de Analista do TRT e do MPU**. Salvador: Juspodivm, 2013.
- MIESSA, Élisson. **Processo do Trabalho para concursos.** Salvador: Juspodivm, 2013.
- SANTOS, Élisson Miessa dos; CORREIA, Henrique. **Súmulas e orientações jurisprudenciais do TST**. 2. ed. Salvador: Juspodivm, 2012.

Direito Administrativo

Leandro Bortoleto e
Luís Felipe Cirino

TABELA DE INCIDÊNCIA DE QUESTÕES

Distribuição das questões organizada por ordem didática de assuntos		
Assunto	**Número de Questões**	**Peso**
1. REGIME JURÍDICO ADMINISTRATIVO	16	4,52%
2. ADMINISTRAÇÃO PÚBLICA E TERCEIRO SETOR	43	12,15%
3. AGENTES PÚBLICOS: DISPOSIÇÕES CONSTITUCIONAIS	11	3,11%
4. REGIME JURÍDICO DOS SERVIDORES PÚBLICOS CIVIS FEDERAIS: LEI Nº 8.112/90	87	24,58%
5. CARREIRAS DO PODER JUDICIÁRIO DA UNIÃO (LEI Nº 11.416/2006)	3	0,85%
6. PODERES ADMINISTRATIVOS	21	5,93%
7. ATO ADMINISTRATIVO	37	10,45%
8. PROCESSO ADMINISTRATIVO FEDERAL: LEI Nº 9.784/99	28	7,91%
9. LICITAÇÃO E CONTRATO ADMINISTRATIVO	30	8,47%
10. SERVIÇOS PÚBLICOS	23	6,50%
11. RESPONSABILIDADE EXTRACONTRATUAL DO ESTADO	17	4,80%
12. CONTROLE DA ADMINISTRAÇÃO PÚBLICA	10	2,82%
13. IMPROBIDADE ADMINISTRATIVA: LEI Nº 8.429/92	24	6,78%
14. INTERVENÇÃO DO ESTADO NA PROPRIEDADE PRIVADA	3	0,85%
15. BENS PÚBLICOS	1	0,28%
Total	**354**	**100%**

Direito Administrativo

Leandro Bortoleto e Luís Felipe Cirino

✦ QUESTÕES

1. REGIME JURÍDICO ADMINISTRATIVO

▸ CF, art. 37, *caput*

▸ Lei nº 9.784/99, art. 2º

01. (FCC – Analista Judiciário/Área Judiciária – TRT 11/2024) A restrição de acesso a informações pessoais relativas à intimidade, à vida privada, à honra e à imagem detidas pelo Poder Judiciário pelo prazo máximo de 100 anos a contar da data de sua produção

a) consiste na classificação em informação restrita, considerada de segurança nacional e deve ser homologada pelo Chefe do Poder Executivo.

b) pode ser solicitada por qualquer sujeito do processo que, necessariamente, tramite em segredo de justiça.

c) independem da classificação de sigilo e o acesso fica restrito a agentes públicos legalmente autorizados e à pessoa a que se referirem.

d) configura o nível ultrassecreto de acesso, que pode ser classificado apenas pelo Presidente do Tribunal ou Conselho.

e) representa o nível secreto de acesso, que depende de avaliação conjunta pelos membros do tribunal pleno ou órgão especial.

COMENTÁRIO

✪ **Nota do Autor:** A Lei nº 12.527/2011 dispõe os procedimentos a serem observados pela União, Estados, Distrito Federal e Municípios, com o fim de garantir o acesso a informações previsto em diferentes dispositivos da Constituição Federal.

Alternativa "c" (responde as demais alternativas). Na exata forma do art. 31, §1º, I, da Lei, as informações pessoais relativas à intimidade, vida privada, honra e imagem "terão seu acesso restrito, independentemente de classificação de sigilo e pelo prazo máximo de 100 (cem) anos a contar da sua data de produção, a agentes públicos legalmente autorizados e à pessoa a que elas se referirem". Assim, independente da classificação do sigilo – prevista no art. 27, da Lei -, em se tratando de informações pessoais relativas à intimidade, vida privada, honra e imagem aplicam-se as especificidades mencionadas no art. 31.

Alternativa correta: letra "c".

02. (CEBRASPE – Técnico Judiciário – TRT 8/2023) A administração pública possui o poder-dever de rever os seus próprios atos, seja para anulá-los por vício de legalidade, seja para revogá-los por questões de conveniência e de oportunidade. Trata-se, nesse caso, do princípio da administração pública da

a) eficiência.

b) moralidade.

c) segurança jurídica.

d) autotutela.

e) impessoalidade.

COMENTÁRIO

Alternativa "a". O **princípio da eficiência** foi expressamente incluído no texto constitucional por força da Emenda Constitucional nº 19/98 e por ele o agente público deve executar sua atividade de maneira a **buscar o melhor resultado possível e a Administração Pública deve ser organizada para que se alcance a finalidade pública da forma mais efetiva possível**.

Alternativa "b". O princípio da moralidade preceitua que **a atuação administrativa além de ser**

legal tem que ser moral. Tem que estar de acordo com a **boa-fé,** com a **moral,** com a **ética,** com a **honestidade,** com a **lealdade,** com a **probidade.**

Alternativa "c". A segurança jurídica pode ser analisada sob dois aspectos: um objetivo e outro subjetivo. No aspecto subjetivo, recebe a denominação princípio da proteção à confiança e pode ser compreendida na obrigação da Administração Pública de honrar a confiança que criou no administrado em razão de ato administrativo praticado. Por sua vez, no aspecto objetivo, há o princípio da **segurança jurídica,** que se traduz pela **necessária tentativa de preservação dos atos administrativos praticados.** Nesse sentido, **deve-se preferir convalidar um ato administrativo a anulá-lo.**

Alternativa "d". Pelo princípio da **autotutela,** a Administração Pública analisa se os atos administrativos já praticados estão em conformidade com a legalidade ou se continuam convenientes e oportunos e, caso verificada a incompatibilidade, anulará o ato, quando possuir vício de legalidade, ou o revogará, quando se tornar inconveniente ou inoportuno diante do interesse público.

Alternativa "e". O **princípio da impessoalidade,** pelo contrário, sim, que, em **relação à própria Administração,** significa que quando um ato é praticado por um agente público, na verdade, quem o faz é a pessoa jurídica à qual pertence o órgão em que o servidor está lotado. Ainda, o princípio da impessoalidade pode ser visto em relação aos administrados e, nesse caso, significa que a Administração deve sempre buscar o interesse público, a finalidade pública, de maneira a não prejudicar ou beneficiar ninguém em específico e, nessa acepção, sem dúvida, trata-se de uma forma de manifestação do princípio da isonomia, pois todos que estejam na mesma situação devem receber o mesmo tratamento por parte da Administração Pública e, por outro lado, aqueles que estejam em situações desiguais merecem um tratamento diferenciado.

Alternativa correta: letra "d".

---

03. (FCC - Analista Judiciário - Área Judiciária - TRT 12/2023) Nos termos da Lei de Introdução às Normas do Direito Brasileiro (Decreto-Lei nº 4.657/1942), a revisão, nas esferas administrativa, controladora ou judicial, quanto à validade de ato, contrato, ajuste, processo ou norma administrativa cuja produção já se houver completado

a) levará em conta as orientações gerais e individuais da atualidade, sendo vedado que, com base em mudança posterior de orientação, se declarem inválidas situações plenamente constituídas.
b) não levará em conta qualquer orientação anterior, pois a declaração de invalidade é medida inafastável, de modo a se evitar a manutenção de atos viciados.
c) levará em conta as orientações individuais da época, admitindo-se que, com base em mudança posterior de orientação, se declarem inválidas situações plenamente constituídas, sem prejuízo de eventual direito indenizatório.
d) levará em conta as orientações gerais da atualidade, admitindo-se que, com base em mudança posterior de orientação geral, se declarem inválidas situações plenamente constituídas.
e) levará em conta as orientações gerais da época, sendo vedado que, com base em mudança posterior de orientação geral, se declarem inválidas situações plenamente constituídas.

COMENTÁRIO

✪ **Nota do Autor:** Recentemente, a Lei de Introdução às Normas de Direito Brasileiro (Decreto-Lei nº 4.657/1942) passou por substanciais alterações, por meio da Lei nº 13.655/2018.

Alternativa "e" (responde as demais alternativas). Na exata forma do art. 24, *caput*, do Decreto-Lei nº 4.657/1942, "a revisão, nas esferas administrativa, controladora ou judicial, quanto à validade de ato, contrato, ajuste, processo ou norma administrativa cuja produção já se houver completado levará em conta as orientações gerais da época, sendo vedado que, com base em mudança posterior de orientação geral, se declarem inválidas situações plenamente constituídas".

Alternativa correta: letra "e".

---

04. (CEBRASPE– Técnico Judiciário TRT8/2023) A administração pública possui o poder-dever de rever os seus próprios atos, seja para anulá-los por vício de legalidade, seja para revogá-los por questões de conveniência e de oportunidade. Trata-se, nesse caso, do princípio da administração pública da

a) eficiência.
b) moralidade.
c) segurança jurídica.
d) autotutela.
e) impessoalidade.

COMENTÁRIO

Alternativa "a". Pelo princípio da **eficiência**, a Administração Pública **deve atuar de maneira a buscar resultados, e não simplesmente agir.** Isto é, a atuação administrativa deve buscar a **melhor relação custo-benefício**, deve ser feita a otimização dos recursos, o devido planejamento e estabelecimento de metas e a fiscalização do efetivo cumprimento do que fora planejado.

Alternativa "b". O princípio da moralidade preceitua que **a atuação administrativa além de ser legal tem que ser moral.** Tem que estar de acordo coma **boa-fé,** com a **moral,** com a **ética,** com a **honestidade,** com a **lealdade,** com a **probidade.** Mesmo que determinada situação seja respaldada pelo ordenamento jurídico, o ato pode ser considerado viciado por afrontar o princípio da moralidade.

Alternativa "c". Pelo **princípio da segurança jurídica**, deve ocorrer a tentativa de preservação dos atos administrativos praticados. Para não causar insegurança jurídica, não pode ser regra desfazer os atos já realizados. A Constituição Federal, inclusive, tutela as situações já consolidadas, pois o art. 5º, XXXVI, assegura que "a lei não prejudicará o direito adquirido, o ato jurídico perfeito e a coisa julgada". A Lei nº 9.784/99 tem dois dispositivos que servem para exemplificar esse princípio. O primeiro deles é o art. 2º, parágrafo único, XIII, pois estabelece que a interpretação da norma administrativa deve ser feita no sentido de se buscar a finalidade pública e que é vedada a aplicação retroativa de nova interpretação. O outro dispositivo é o art. 54, ao prever que a Administração Pública, após o prazo de cinco anos, decairá do direito de anular os atos administrativos, quando seus efeitos forem benéficos ao destinatário e não tenha ocorrido má-fé.

Alternativa "d". Pelo princípio da **autotutela**, a Administração Pública analisa se os atos administrativos já praticados estão em conformidade com o direito ou se continuam convenientes e oportunos e, caso verificada a incompatibilidade, **anulará** o ato, quando possuir **vício de legalidade**, ou o **revogará**, quando se tornar **inconveniente** ou **inoportuno** diante do interesse público. Há, inclusive, no Supremo Tribunal Federal, as Súmulas 346 ("A Administração Pública pode declarar a nulidade dos seus próprios atos") e 473 ("A Administração pode anular seus próprios atos quando eivados de vícios que os tornem ilegais, porque deles não se originam direitos; ou revogá-los, por motivo de conveniência ou oportunidade, respeitados os direitos adquiridos, e ressalvada, em todos os casos, a apreciação judicial").

Alternativa "e". O princípio da **impessoalidade** deve ser observado tanto em relação aos administrados como à própria administração. De acordo com o primeiro sentido, a Administração não pode atuar com vistas a prejudicar ou beneficiar pessoas determinadas, uma vez que deve sempre se nortear pelo interesse público. Já no segundo sentido – objeto da questão em comento –, os atos e provimentos administrativos são imputáveis não ao funcionário que os pratica, mas ao órgão ou entidade administrativa da Administração Pública.

Alternativa correta: letra "d".

05. (FCC – Analista Judiciário – Área Judiciária – TRT 5/2022) Suponha que o órgão jurídico de determinado ente público tenha proferido parecer opinando pela legalidade de aditivo contratual, celebrado em função do reconhecimento de obrigação legal do contratante público em reestabelecer a equação econômico financeira original do contrato. Com base em tal aditivo, que previa um determinado fluxo de pagamentos futuros, o particular contraiu financiamento bancário para executar suas obrigações contratuais. Ocorre que o órgão jurídico da entidade alterou seu entendimento geral quanto à aplicação das hipóteses legais que determinam o reequilíbrio, o que levou a entidade a anunciar a intenção de anular todos os aditivos fundados na orientação jurídica superada. O contratado, por seu turno, invocou em seu benefício os preceitos da Lei de Introdução ao Direito Brasileiro (LINDB). Tal invocação mostra-se

a) parcialmente cabível, pois, embora não autorize a manutenção de atos ou contratos fundados em orientação jurídica superada, referido diploma determina a adoção de medidas de modulação.

b) descabida, eis que o referido diploma veio justamente alargar a margem de interpretação administrativa in abstrato, esta que não deve levar em conta os efeitos concretos em relação ao administrado.

c) impertinente, dado que referido diploma aplica-se às relações envolvendo a Administração pública exclusivamente no que concerne à responsabilização dos agentes em caso de erro grosseiro.

d) cabível, na medida em que o referido diploma veio a limitar a autotutela da Administração apenas a situações que envolvam dolo, vedando a revisão de atos em que o referido elemento subjetivo não esteja presente.

e) pertinente, em tese, eis que referida Lei veda a revisão da validade de ato ou contrato que envolvam situações plenamente constituídas com base em mudança posterior de orientação geral.

COMENTÁRIO

✪ **Nota do Autor:** A Lei nº 13.655/2018 alterou substancialmente disposições da Lei de Introdução às Normas do Direito Brasileiro, com especial repercussão ao Direito Administrativo.

Alternativa "e" (responde as demais alternativas). Na forma do art. 26, *caput*, do Decreto-Lei nº 4.657/1942, "para eliminar irregularidade, incerteza jurídica ou situação contenciosa na aplicação do direito público, inclusive no caso de expedição de licença, a autoridade administrativa poderá, após oitiva do órgão jurídico e, quando for o caso, após realização de consulta pública, e presentes razões de relevante interesse geral, celebrar compromisso com os interessados, observada a legislação aplicável, o qual só produzirá efeitos a partir de sua publicação oficial". Ocorre que o §1º traz premissas a serem observadas em indigitados compromissos como, por exemplo, o descrito no inciso III, pelo qual não poderá conferir desoneração permanente de dever ou condicionamento de direito reconhecidos por orientação geral.

Alternativa correta: letra "e".

---

06. (FCC – Técnico Judiciário – Área Administrativa – TRT 9/2022) A Lei nº 13.874/2019 – Lei de Liberdade Económica – dispõe, em seu artigo 3º, inciso IV, que todas as pessoas, naturais ou jurídicas, têm direito de "receber tratamento isonômico de órgãos e de entidades da Administração Pública quanto ao exercício de atos de liberação da atividade económica, hipótese em que o ato de liberação estará vinculado aos mesmos critérios de interpretação adotados em decisões administrativas análogas anteriores, observado o disposto em regulamento". Tal disposição é considerada decorrência direta do princípio da

a) celeridade.
b) publicidade.
c) economicidade.
d) impessoalidade
e) eficiência.

COMENTÁRIO

Alternativa "d" (responde as demais alternativas). O **princípio da impessoalidade** pode ser visto em relação aos administrados e, nesse caso, significa que a Administração deve sempre buscar o interesse público, a finalidade pública, de maneira a não prejudicar ou beneficiar ninguém em específico e, nessa acepção, sem dúvida, trata-se de uma forma de manifestação do princípio da isonomia, pois todos que estejam na mesma situação devem receber o mesmo tratamento por parte da Administração Pública e, por outro lado, aqueles que estejam em situações desiguais merecem um tratamento diferenciado. O princípio da impessoalidade, por seu turno, em **relação à própria Administração**, significa que quando um ato é praticado por um agente público, na verdade, quem o faz é a pessoa jurídica à qual pertence o órgão em que o servidor está lotado. O princípio da impessoalidade **não impede**, contudo, a identificação do nome dos servidores nos atos praticados pela administração.

Alternativa correta: letra "d".

---

07. (FCC – Analista Judiciário – Área Judiciária – TRT 14/2022) Nos termos do Decreto-lei nº 4.657/1942 (Lei de Introdução às Normas do Direito Brasileiro), para eliminar irregularidade, incerteza jurídica ou situação contenciosa na aplicação do direito público, a autoridade administrativa poderá, após oitiva do órgão jurídico e, quando for o caso, após realização de consulta pública, e presentes razões de relevante interesse geral, celebrar compromisso com os interessados, observada a legislação aplicável. Referido compromisso

a) só produzirá efeitos a partir de sua publicação oficial.
b) buscará solução jurídica compatível com interesses individuais.
c) poderá conferir desoneração permanente de dever ou condicionamento de direito reconhecidos por orientação geral.
d) deverá prever com clareza as obrigações das partes e o prazo para seu cumprimento, exceto sanções aplicáveis em caso de descumprimento, vez que estas últimas decorrem de norma legal específica.
e) não será possível para eliminar irregularidade, incerteza jurídica ou situação contenciosa no caso de expedição de licença.

COMENTÁRIO

Alternativa "a" (responde a alternativa "e"). O art. 26, *caput*, da Lei de Introdução às Normas do Direito Brasileiro estabelece que "para eliminar irregularidade, incerteza jurídica ou situação contenciosa na aplicação do direito público, inclusive no caso de expedição de licença, a autoridade administrativa poderá, após oitiva do órgão jurídico e, quando for o caso, após realização de consulta pública, e presentes razões de relevante interesse geral, celebrar compromisso com os interessados, observada a legislação aplicável, **o qual só produzirá efeitos a partir de sua publicação oficial**".

Alternativa "b". O §1º, I, do já mencionado art. 26, estabelece que o eventual compromisso firmado buscará solução jurídica proporcional, equânime, eficiente e compatível com os **interesses gerais**".

Alternativa "c". Na forma do art. 26, §1º, III, o eventual compromisso **não** poderá conferir desoneração permanente de dever ou condicionamento de direito reconhecidos por orientação geral.

Alternativa "d". Consoante art. 26, §1º, IV, o compromisso em questão deverá prever com clareza as obrigações das partes, o prazo para seu cumprimento **e as sanções aplicáveis em caso de descumprimento.**

Alternativa correta: letra "a".

---

08. (FCC – Técnico Judiciário – Área Administrativa – TRT 14/2022) Considere a seguinte situação hipotética: O Prefeito de determinado Município e candidato à reeleição permitiu, durante o último mês do período de campanha eleitoral, que fossem publicadas algumas notícias de obras públicas realizadas na sua gestão no sítio eletrônico da Prefeitura, com menção expressa ao seu nome. A situação narrada constitui violação ao princípio da

a) proporcionalidade
b) eficiência.
c) publicidade.
d) impessoalidade.
e) motivação.

COMENTÁRIO

Alternativa "a". Pelo princípio da proporcionalidade, as "competências administrativas só podem ser *validamente* exercidas na *extensão* e *intensidade* ao que seja realmente demandado para o cumprimento da finalidade de interesse público a que estão atreladas", conforme sustenta Celso Antônio Bandeira de Mello[1].

Alternativa "b". Pelo princípio da **eficiência**, a Administração Pública **deve atuar de maneira a buscar resultados, e não simplesmente agir.** Isto é, a atuação administrativa deve buscar a **melhor relação custo-benefício**, deve ser feita a otimização dos recursos, o devido planejamento e estabelecimento de metas e a fiscalização do efetivo cumprimento do que fora planejado.

Alternativa "c". Por esse princípio, a **atuação administrativa** não pode ser secreta. Ao contrário, deve ser transparente, para que assim, o titular do poder – que é o povo – possa verificar se, realmente, a conduta do administrador estava pautada no interesse público. O **princípio da publicidade** é materializado pela **publicação dos atos administrativos.** A regra, portanto, é que todo ato administrativo deve ser publicado, exceto quando, no termos do art. 5º, XXXIII da Constituição Federal, o "sigilo seja imprescindível à segurança da sociedade e do Estado".

Alternativa "d". O princípio da impessoalidade, em **relação à própria Administração**, significa que quando um ato é praticado por um agente público, na verdade, quem o faz é a pessoa jurídica à qual pertence o órgão em que o servidor está lotado. Inclusive, nesse sentido, há o §1º do art. 37 da Constituição Federal que estabelece que a "publicidade dos atos, programas, obras, serviços e campanhas dos órgãos públicos deverá ter caráter educativo, informativo ou de orientação social, dela não podendo constar nomes, símbolos ou imagens que caracterizem promoção pessoal de autoridades ou servidores públicos". Ainda, o princípio da impessoalidade pode ser visto em relação aos administrados e, nesse caso, significa que a Administração deve sempre buscar o interesse público, a finalidade pública, de maneira a não prejudicar ou beneficiar ninguém em específico e, nessa acepção, sem dúvida, trata-se de uma forma de manifestação do princípio da isonomia, pois todos que estejam na mesma situação devem receber o mesmo tratamento por parte da Administração Pública e, por outro lado, aqueles que estejam em situações desiguais merecem um tratamento diferenciado.

Alternativa "e". Pelo princípio da motivação, também conhecido como princípio da fundamentação, todo ato administrativo deve ser motivado, seja discricionário seja vinculado. Não há consenso doutrinário quanto à obrigatoriedade de motivação de todo e qualquer ato administrativo, mas a posição majoritária é nesse sentido como, por exemplo, sustentam Celso Antônio Bandeira de Mello[2] e Lucia Valle Figueiredo[3]. Entretanto, há exceção como no caso da exoneração *ad nutum*, pois a própria Constituição Federal, art. 37, II, estabelece que o cargo em comissão é de livre nomeação e exoneração.

Alternativa correta: letra "d".

---

09. (FGV – Técnico Judiciário – Área Administrativa – TRT 16/2022) Analise as assertivas a seguir, acerca de princípios constitucionais que balizam as ações da administração pública, e assinale V para a verdadeira e F para a falsa.

( ) A eficiência se relaciona com a presteza e rendimento profissional na realização das atividades

( ) Publicidade se relaciona com a necessidade de ações de marketing governamental voltadas para o povo

( ) A Moralidade se relaciona a possibilidade de execução de qualquer ato não vedado expressamente na legislação

As assertivas são, respectivamente,

a) F – V – F.
b) V – F – F.
c) V – V – F.
d) F – V – V.
e) V – V – V.

---

1. *Curso de direito administrativo*. 27. ed. São Paulo: Malheiros, 2010. p. 110.
2. *Curso de direito administrativo*. 27. ed. São Paulo: Malheiros, 2010. p.112-113.
3. *Curso de direito administrativo*. 9. ed. São Paulo: Malheiros, 2008, p. 53.

COMENTÁRIO

Alternativa "b" (responde as demais alternativas). Os itens são, respectivamente, **verdadeiro, falso** e **falso.**

Item I. Verdadeiro. Pelo princípio da **eficiência**, a Administração Pública **deve atuar de maneira a buscar resultados, e não simplesmente agir.** Isto é, a atuação administrativa deve buscar a **melhor relação custo-benefício**, deve ser feita a otimização dos recursos, o devido planejamento e estabelecimento de metas e a fiscalização do efetivo cumprimento do que fora planejado.

Item II. Falso. O princípio da impessoalidade, em **relação à própria Administração**, significa que quando um ato é praticado por um agente público, na verdade, quem o faz é a pessoa jurídica à qual pertence o órgão em que o servidor está lotado. O princípio da impessoalidade **não impede**, contudo, a identificação do nome dos servidores nos atos praticados pela administração.

Item III. Verdadeiro. A atuação administrativa além de ser legal tem que ser moral. Tem que estar de acordo com a **boa-fé,** com a **moral,** com a **ética,** com a **honestidade,** com a **lealdade,** com a **probidade.** Mesmo que determinada situação seja respaldada pelo ordenamento jurídico, o ato pode ser considerado viciado por afrontar o princípio da moralidade. Tal constatação não comporta análise de conveniência e oportunidade, devendo o princípio em comento ser sempre observado.

Alternativa correta: letra "b".

---

10. (FCC – Técnico Judiciário – Área Administrativa – TRT 17/2022) Com relação aos princípios da Administração Pública,

a) o rol dos princípios da Administração Pública elencados na Constituição Federal é exaustivo.

b) os Poderes Legislativo e Judiciário não estão sujeitos aos princípios da Administração Pública no exercício de suas funções típicas ou atípicas.

c) o princípio da eficiência não constava da redação original da Constituição Federal, sendo posteriormente incluído por meio de uma emenda, quase dez anos após a sua promulgação.

d) os princípios da Administração Pública se aplicam somente à administração direta, não se aplicando às empresas públicas e às sociedades de economia mista.

e) a obrigação do poder público de disponibilizar para a sociedade a remuneração dos servidores públicos está relacionada ao princípio da eficiência.

COMENTÁRIO

Alternativa "a". Nos termos do artigo 37, *caput*, da Constituição Federal, a administração pública direta e indireta de qualquer dos Poderes da União, dos Estados, do Distrito Federal e dos Municípios obedecerá aos **princípios de legalidade, impessoalidade, moralidade, publicidade e eficiência.** São os princípios explícitos da Administração Pública. Além deles, há princípios implícitos como é o caso, por exemplo, do princípio da motivação, não se tratando, portanto, de rol taxativo.

Alternativa "b". Os **princípios da Administração Pública** devem ser observados por todos os poderes, indistintamente, bem como pela administração pública direta e indireta, nos exatos termos do que preconiza o art. 37, *caput*, da Constituição Federal.

Alternativa "c". O princípio da **eficiência** foi expressamente incluído no texto constitucional por força da **Emenda Constitucional nº 19/1998** e por ele o agente público deve executar sua atividade de maneira a buscar o melhor resultado possível e a Administração Pública deve ser organizada para que se alcance a finalidade pública da forma mais efetiva possível. Uma manifestação desse princípio é, no próprio texto constitucional, o art. 41, § 1º, III, ao prever que o servidor, mesmo estável, pode perder o cargo se não for aprovado em procedimento de avaliação periódica de desempenho, nos termos de lei complementar.

Alternativa "e". A obrigação do poder público de disponibilizar para a sociedade a remuneração dos servidores públicos está relacionada ao princípio da **publicidade**, pelo qual a **atuação administrativa** não pode ser secreta. Ao contrário, deve ser transparente, para que assim, o titular do poder – que é o povo – possa verificar se, realmente, a conduta do administrador estava pautada no interesse público. O **princípio da publicidade** é materializado pela **publicação dos atos administrativos.** A regra, portanto, é que todo ato administrativo deve ser publicado, exceto quando, nos termos do art. 5º, XXXIII da Constituição Federal, o "sigilo seja imprescindível à segurança da sociedade e do Estado".

Alternativa correta: letra "c".

---

11. (FCC – Técnico Judiciário – Área Administrativa – TRT 22/2022) A Lei nº 13.655/2018 introduziu disposições na Lei de Introdução às normas do Direito Brasileiro (Decreto-lei nº 4.657/1942) que visam promover maior segurança jurídica e eficiência na criação e aplicação do direito público, dentre as quais:

a) Na interpretação de normas sobre gestão pública, serão considerados os obstáculos e as dificuldades reais do gestor e as exigências das políticas públicas a seu cargo, sem prejuízo dos direitos dos administrados.

b) A decisão que, nas esferas administrativa, controladora ou judicial, decretar a invalidação de ato, contrato, ajuste, processo ou norma administrativa sempre terá efeito ex tunc.

c) A revisão, nas esferas administrativa, controladora ou judicial, quanto à validade de ato, contrato, ajuste, processo ou norma administrativa cuja produção já se houver completado levará em conta a evolução da interpretação jurídica dada à matéria, vedada a manutenção de ato praticado em desacordo às novas orientações.

d) As circunstâncias práticas que houverem imposto, limitado ou condicionado a ação do agente serão consideradas apenas para fins de mitigação de sanções a ele aplicáveis.

e) Na esfera administrativa é vedado decidir com base em valores abstratos.

COMENTÁRIO

Alternativa "a". Eis a literalidade da redação do art. 22, *caput*, da Lei de Introdução às Normas de Direito Brasileiro, pelo qual "na interpretação de normas sobre gestão pública, serão considerados os obstáculos e as dificuldades reais do gestor e as exigências das políticas públicas a seu cargo, sem prejuízo dos direitos dos administrados".

Alternativa "b". A decisão que, nas esferas administrativa, controladora ou judicial, decretar a invalidação de ato, contrato, ajuste, processo ou norma administrativa **deverá indicar de modo expresso suas consequências jurídicas e administrativas** (art. 21, *caput*), não tendo necessariamente efeitos *ex tunc*.

Alternativa "c". Nos termos do art. 24, *caput*, da Lei, "a revisão, nas esferas administrativa, controladora ou judicial, quanto à validade de ato, contrato, ajuste, processo ou norma administrativa cuja produção já se houver completado levará em conta as orientações gerais da época, **sendo vedado que, com base em mudança posterior de orientação geral, se declarem inválidas situações plenamente constituídas**".

Alternativa "d". O art. 22, §1º, da Lei, estabelece que "em decisão sobre regularidade de conduta ou validade de ato, contrato, ajuste, processo ou norma administrativa, serão consideradas as circunstâncias práticas que houverem imposto, limitado ou condicionado a ação do agente". Desse modo, é plenamente possível que as circunstâncias práticas que tenham imposto, limitado ou condicionado a ação do agente eliminem, inclusive, a responsabilização do agente público.

Alternativa "e". Na exata forma do art. 20, *caput*, da Lei, "nas esferas administrativa, controladora e judicial, não se decidirá com base em valores jurídicos abstratos sem que sejam consideradas as consequências práticas da decisão".

Alternativa correta: letra "a".

12. (FCC – Analista Judiciário – Oficial de Justiça Avaliador Federal – TRT 23/2022) De acordo com o que dispõe a Lei nº 12.527/2011, que disciplina o acesso à informação,

a) deverá ser indeferido o acesso à informação quando se tratar de informação contida em documento cuja manipulação possa prejudicar sua integridade.

b) as informações ou documentos que versem sobre condutas que impliquem violação dos direitos humanos praticada por agentes públicos ou a mando de autoridades públicas poderão ser objeto de restrição de acesso.

c) a restrição de acesso à informação relativa à vida privada, honra e imagem de pessoa poderá ser invocada, inclusive, com o intuito de prejudicar processo de apuração de irregularidades em que o titular das informações estiver envolvido.

d) a classificação do sigilo de informações no âmbito da administração pública federal é de competência, no grau de ultras- secreto, dos titulares de autarquias, fundações ou empresas públicas e sociedades de economia mista.

e) não poderá ser negado acesso à informação necessária à tutela judicial ou administrativa de direitos fundamentais.

COMENTÁRIO

✪ **Nota do Autor:** A Lei nº 12.527/2011 dispõe sobre os procedimentos a serem observados pela União, Estados, Distrito Federal e Municípios, com o fim de garantir o acesso a informações previsto no inciso XXXIII do art. 5º , no inciso II do § 3º do art. 37 e no § 2º do art. 216 da Constituição Federal.

Alternativa "a". Nos termos do art. 13, *caput*, da Lei, "quando se tratar de acesso à informação contida em documento cuja manipulação possa prejudicar sua integridade, deverá ser oferecida a consulta de cópia, com certificação de que esta confere com o original".

Alternativa "b". As informações ou documentos que versem sobre condutas que impliquem violação dos direitos humanos praticada por agentes públicos ou a mando de autoridades públicas **não** poderão ser objeto de restrição de acesso, na forma do parágrafo único do art. 21, da Lei.

Alternativa "c". A restrição de acesso à informação relativa à vida privada, honra e imagem de pessoa **não** poderá ser invocada com o intuito de prejudicar processo de apuração de irregularidades em que o titular das informações estiver envolvido, nos exatos termos do art. 31, §4º, da Lei.

Alternativa "d". O art. 27, I, da Lei limita a competência da classificação do sigilo das informações, no grau de **ultrassecreto**, às seguintes autoridades: a) Presidente da República; b) Vice-Presidente da República; c) Ministros de Estado e autoridades com as mesmas prerrogativas; d) Comandantes da Marinha, do Exército e da Aeronáutica; e e) Chefes de Missões Diplomáticas e Consulares permanentes no exterior.

Alternativa "e". Eis a literalidade do art. 27, *caput*, da Lei, pelo qual "não poderá ser negado acesso à informação necessária à tutela judicial ou administrativa de direitos fundamentais".

Alternativa correta: letra "e".

---

13. (FCC – Analista Judiciário – Área Judiciária – TRT 23/2022) De acordo com o que dispõe a Lei nº 12.527/2011, que disciplina o acesso à informação,

a) por questões de segurança institucional, não é possível a interposição de qualquer recurso quando não for autorizado o acesso à informação por se tratar de informação total ou parcialmente sigilosa.

b) o acesso à informação de que trata a Lei compreende, entre outros, o direito de obter informações referentes a projetos de pesquisa e desenvolvimento científicos ou tecnológicos, ainda que o sigilo seja imprescindível à segurança da sociedade e do Estado.

c) qualquer interessado poderá apresentar pedido de acesso a informações aos órgãos e entidades referidos na lei, por qualquer meio legítimo, devendo o pedido conter a identificação do requerente, a especificação da informação requerida e, ainda, cumprir as exigências relativas aos motivos determinantes da solicitação de informações de interesse público.

d) informado do extravio da informação solicitada, poderá o interessado requerer à autoridade competente a imediata abertura de sindicância para apurar o desaparecimento da respectiva documentação.

e) negado o acesso à informação pelos órgãos ou entidades do Poder Executivo Federal, o requerente poderá recorrer à Advocacia-Geral da União, que deliberará no prazo de 10 dias.

COMENTÁRIO

Alternativa "a". Pelo contrário, o art. 15, *caput*, da Lei, estabelece que "no caso de indeferimento de acesso a informações ou às razões da negativa do acesso, poderá o interessado interpor recurso contra a decisão no prazo de 10 (dez) dias a contar da sua ciência".

Alternativa "b". O art. 7º, §1º, da Lei, determina que o acesso à informação **não** compreende as informações referentes a projetos de pesquisa e desenvolvimento científicos ou tecnológicos cujo sigilo seja imprescindível à segurança da sociedade e do Estado.

Alternativa "c". Na forma do art. 10, *caput*, da Lei, "qualquer interessado poderá apresentar pedido de acesso a informações aos órgãos e entidades referidos no art. 1º desta Lei, por qualquer meio legítimo, devendo o pedido conter a identificação do requerente e a especificação da informação requerida", **sendo vedadas quaisquer exigências relativas aos motivos determinantes da solicitação de informações de interesse público** (§3º).

Alternativa "d". Trata-se da literalidade do art. 7º, §5º, da Lei, pelo qual "informado do extravio da informação solicitada, poderá o interessado requerer à autoridade competente a imediata abertura de sindicância para apurar o desaparecimento da respectiva documentação".

Alternativa "e". Nos termos do art. 16, caput, da Lei, negado o acesso à informação pelos órgãos ou entidades do Poder Executivo Federal, o requerente poderá recorrer à Advocacia-Geral da União, que deliberará no prazo de 5 (cinco) dias.

Alternativa correta: letra "d".

---

14. (AOCP – Técnico Judiciário – Área Administrativa – TRT 1/2018) Assinale a alternativa INCORRETA no tocante aos princípios que regem a Administração Pública.

a) A divulgação dos vencimentos brutos mensais dos servidores, como medida de transparência administrativa, harmoniza-se com o princípio da publicidade, vedada a divulgação de outros dados pessoais, como CPF, RG e endereço residencial.

b) A nomeação de parente colateral, até o terceiro grau da autoridade nomeante, para o exercício de cargo em comissão na Administração, é considerada ofensa à Constituição Federal, salvo para assunção de cargos de natureza política e desde que o nomeado tenha condições técnicas de exercer o múnus público a ele transferido.

c) Deriva do princípio da impessoalidade a vedação constitucional de que constem nomes, símbolos ou imagens que caracterizem promoção pessoal de autoridades em publicidade de atos dos órgãos públicos.

d) O modo de atuação do agente público, do qual se espera o melhor desempenho possível de suas atribuições a fim de se obterem os melhores resultados, é a única vertente apresentada pelo princípio da eficiência.

e) O princípio da eficiência deve ser interpretado em conjunto com os demais princípios impostos à Administração, não podendo sobrepor-se a nenhum deles, sob pena de afronta à segurança jurídica e ao próprio Estado de Direito.

COMENTÁRIO

✪ **Nota do Autor:** O regime jurídico-administrativo é um conjunto de princípios que impõem prerrogativas e sujeições à Administração Pública. O interesse público primário é o interesse público propriamente dito; é o interesse da coletividade; está estabelecido na Constituição Federal. O interesse público secundário é o interesse do ente estatal (União, Estados, etc.); é o interesse individual do Estado, como pessoa jurídica[4]. Entretanto, na atuação administrativa os princípios são de obediência obrigatória, independentemente da espécie de interesse público.

Alternativa "a". Pelo princípio da **publicidade**, a atuação administrativa não pode ser secreta. Ao contrário, deve ser **transparente** para que, assim, o titular do poder – que é o povo – possa verificar se, realmente, a conduta do administrador estava pautada no interesse público. O princípio da publicidade é materializado pela **publicação dos atos administrativos**, em impressos e periódicos, destacando-se, como corolário de referido princípio, o fato de haver a divulgação dos vencimentos brutos mensais dos servidores, como medida de transparência administrativa.

Alternativa "b". O exemplo comumente apresentado como materialização do princípio da moralidade é, justamente, a **vedação ao nepotismo**, pois não há lei específica vedando a contratação de parentes para cargos comissionados na Administração Pública. Nesse sentido, o STF aprovou a **Súmula Vinculante nº 13** e, por ela, está proibida a nomeação para cargo em comissão do **cônjuge ou companheiro e dos parentes, em linha reta, colateral e por afinidade, até o 3º grau, inclusive, da autoridade nomeante ou de servidor que já é ocupante de cargo em comissão na mesma pessoa jurídica.** Referida vedação, contudo, **não se aplica aos cargos de natureza política**, desde que o indicado tenha condições técnicas de exercer o múnus público a ele transferido.

Alternativa "c". O princípio da impessoalidade pode ser analisado quanto aos administrados e quanto à Administração. No primeiro sentido, representa a obrigatoriedade da atuação administrativa ser conduzida sempre em busca da finalidade pública e, por isso, o princípio da impessoalidade, nesse sentido, também é conhecido como princípio da finalidade, conforme Hely Lopes Meirelles[5]. No outro aspecto, a Administração Pública deve ser impessoal em relação a ela mesma. Assim, por exemplo, quando um ato é praticado por um agente público, na verdade, quem o faz é a pessoa jurídica, à qual pertence o órgão em que o servidor está lotado. Ainda nesse sentido, há a proibição, constante do art. 37, § 1º, da Constituição Federal, de que ocorra menção a nomes, símbolos ou imagens que caracterizem promoção pessoal.

Alternativa "d" (responde a alternativa "e"). O **princípio da eficiência** foi expressamente incluído no texto constitucional por força da Emenda Constitucional nº 19/1998 e por ele o agente público deve executar sua atividade de maneira a **buscar o melhor resultado possível e a Administração Pública deve ser organizada para que se alcance a finalidade pública da forma mais efetiva possível.** Além do texto constitucional, o princípio da eficiência apresenta-se em leis extravagantes, como o art. 6º da Lei nº 8.987/1995 (eficiência na prestação do serviço público). O princípio existe para que o interesse público seja protegido, fazendo com que a atividade administrativa alcance resultados práticos de produtividade, economia e redução de desperdício de dinheiro público. Entende-se que o **princípio da eficiência** tem duas vertentes distintas: uma delas, de fato, relativas à atuação do servidor público a fim de serem obtidos os melhores resultados; outra, contudo, relaciona-se com a organização da Administração Pública, de tal modo que, com o aprimoramento desta, serão atingidos melhores resultados na exteriorização do serviço público.

Alternativa correta: letra "d".

---

15. (FCC – Analista Judiciário – Área Administrativa – TRT 15/2018) Os princípios da legalidade, moralidade, eficiência, dentre outros, informam a atuação da Administração pública, servindo também de parâmetro para o controle de seus atos. O Tribunal de Contas, no exercício desse controle, fiscaliza os atos da Administração pública sob o prisma da

a) legalidade, exclusivamente, considerando que não lhe é dado analisar as razões de mérito dos atos e contratos celebrados.

b) supremacia do interesse público, pois a atuação da Administração pública, quando diante dos interesses privados, sempre se sobrepõe, o que lhe permite a adoção de medidas e realização de atos não expressamente previstos em lei ou contrato.

4. MELLO, Celso Antonio Bandeira de. *Curso de direito administrativo*. 27. ed. São Paulo: Malheiros, 2010. p. 65-66.

5. *Direito administrativo brasileiro*. 36. ed. São Paulo: Malheiros, 2010. p. 93.

c) moralidade e legalidade, não lhe sendo permitido, contudo, nenhuma atuação para suspender atos praticados pela Administração pública.

d) economicidade dos atos e negócios praticados pela Administração pública, o que envolve análise de mérito, ainda que devam ser respeitados os parâmetros do que constitui essencialmente o juízo discricionário legítimo.

e) discricionariedade, diante da existência de vícios de legalidade, o que possibilita a sustação de atos praticados pela Administração pública, independentemente dos resultados obtidos.

COMENTÁRIO

✪ **Nota do Autor:** Na forma do art. 71, caput, da Constituição Federal, o **controle financeiro externo**, a cargo do Congresso Nacional, será exercido com o **auxílio do Tribunal de Contas da União.** Entretanto, os tribunais de contas revestem-se de **natureza de órgãos constitucionais dotados de autonomia administrativa e financeira**, sem qualquer relação de subordinação com os Poderes Executivo, Legislativo e Judiciário. Nas palavras de Alexandre de Moraes, o Tribunal de Contas da União é um "órgão auxiliar e de orientação do Poder Legislativo, **embora a ele não subordinado**, praticando atos de natureza administrativa, concernentes, basicamente, à fiscalização"[6].

Alternativa "d" (responde as demais alternativas). Nos termos do art. 70 da Constituição Federal, a "fiscalização contábil, financeira, orçamentária, operacional e patrimonial da União e das entidades da administração direta e indireta, quanto à legalidade, legitimidade, economicidade, aplicação das subvenções e renúncia de receitas, será exercida pelo Congresso Nacional, mediante controle externo, e pelo sistema de controle interno de cada Poder". É o denominado controle financeiro, o qual, de acordo com o dispositivo constitucional, é de competência, na esfera federal, do Congresso Nacional. Entretanto, haverá o auxílio do Tribunal de Contas da União, que é um órgão independente, ou seja, não está subordinado ao Congresso Nacional e, assim, suas decisões não passíveis de recurso para o Congresso Nacional e, por outro lado, enfatiza-se que o TCU não integra o Poder Judiciário. Notadamente, pela **economicidade**, verifica-se se foi obtida a melhor proposta para a efetuação da denominada despesa pública, ou seja, se a pessoa administrativa/órgão público procedeu da maneira mais econômica possível na aplicação dos recursos públicos, atendendo à adequada relação de custo-benefício. Assim, compete ao Poder Legislativo – com o auxílio do correspondente Tribunal de Contas – realizar o exame da observância do princípio da economicidade pelos entes estatais.

Alternativa correta: letra "d".

6. *Constituição do Brasil interpretada e legislação constitucional*. 6 ed. São Paulo: Atlas, 2006. p. 1249-1259.

---

16. (FCC – Analista Judiciário – Área Administrativa – TRT 24/2017) Em importante julgamento proferido pelo Supremo Tribunal Federal, foi considerada inconstitucional lei que destinava verbas públicas para o custeio de evento cultural tipicamente privado, sem amparo jurídico-administrativo. Assim, entendeu a Corte Suprema tratar-se de favorecimento a seguimento social determinado, incompatível com o interesse público e com princípios que norteiam a atuação administrativa, especificamente, o princípio da

a) presunção de legitimidade restrita.

b) motivação.

c) impessoalidade.

d) continuidade dos serviços públicos.

e) publicidade.

COMENTÁRIOS

✪ **Nota do Autor:** Nos termos do artigo 37, *caput,* da Constituição Federal, a administração pública direta e indireta de qualquer dos Poderes da União, dos Estados, do Distrito Federal e dos Municípios obedecerá aos **princípios de legalidade, impessoalidade, moralidade, publicidade e eficiência.** São os princípios explícitos da Administração Pública. Além deles, há princípios implícitos como **é o caso, por exemplo, do princípio da motivação.** O caso narrado na alternativa é a ADIN nº 4.180 – DF, julgada pelo STF em 11 de setembro de 2014.

Alternativa "c". O **princípio da impessoalidade** deve ser visto sob dois aspectos: em **relação ao administrado** e em **relação à própria Administração.** No que se refere ao administrado, a impessoalidade se faz presente na **busca pela finalidade pública** e nunca de interesse particular. No outro sentido – em relação à própria Administração – significa que não é o agente público, enquanto pessoa física, que pratica o ato administrativo, pois, na verdade, quem o faz é a pessoa jurídica à qual pertence o órgão em que o servidor está lotado. No caso julgado pelo STF, reconheceu-se a aplicação do princípio da impessoalidade no em relação à própria Administração.

Alternativa "a". A **presunção de legitimidade** tem a ver com a presunção de que os atos administrativos estão em conformidade com a lei, com o ordenamento jurídico.

Alternativa "b". Pelo princípio da motivação, também conhecido como princípio da fundamentação, em regra, todo ato administrativo deve ser motivado, seja discricionário seja vinculado.

Alternativa "d". Pelo princípio da **continuidade do serviço público**, o serviço público não pode parar e deve ser realizado de forma ininterrupta.

Alternativa "e". Pelo **princípio da publicidade,** a **atuação administrativa deve ser transparente**. A **regra** é que todo ato administrativo deve ser publicado, exceto quando, nos termos do art. 5º, XXXIII, da Constituição Federal, o "sigilo seja imprescindível à segurança da sociedade e do Estado".

Alternativa correta: letra "c"

2. ADMINISTRAÇÃO PÚBLICA E TERCEIRO SETOR

- CF, art. 37, XIX, XX e § 8º
- CF, arts. 173 e 175
- Decreto-Lei nº 200/67
- Decreto-Lei nº 900/69, art. 5º
- Lei nº 9.649/98, art. 51
- Lei nº 11.107/05
- Lei nº 9.637/98
- Lei nº 9.790/99

17. (FCC – Analista Judiciário – Área Administrativa – TRT 11/2024) Podem se constituir como pessoas jurídicas de direito público ou de direito privado

a) as empresas públicas e as organizações sociais.

b) os serviços autônomos e as autarquias profissionais.

c) as empresas subsidiadas e as sociedades de economia mista.

d) as autarquias e as empresas estatais.

e) os consórcios públicos e as fundações públicas.

COMENTÁRIO

Alternativa "a" (responde a alternativa "c"). As empresas públicas e as sociedades de economia mista são, necessariamente, pessoas jurídicas de direito privado e as organizações sociais sequer integram a Administração Pública (são entes paraestatais).

Alternativa "b" (responde a alternativa "d"). As autarquias, necessariamente, têm personalidade jurídica de direito público. Por seu turno, as empresas estatais, das quais são espécies as empresas públicas e as sociedades de economia mista, são pessoas jurídicas de direito privado.

Alternativa "e". Os **consórcios públicos** são uma nova espécie de pessoa jurídica administrativa, introduzida pela Lei nº 11.107/2005 ao regulamentar o art. 241 da Constituição Federal. O dispositivo constitucional estabelece que a União, os Estados, o DF e os Municípios, por meio de lei, disciplinarão sobre os consórcios públicos e os convênios de cooperação entre os entes federados, inclusive autorizando a gestão associada de serviços públicos, bem como a transferência total ou parcial de encargos, serviços, pessoal e bens essenciais à continuidade dos serviços transferidos. São pessoas jurídicas integrantes da Administração Pública Indireta, podendo ter personalidade jurídica de direito público ou privado. No mesmo sentido, as **fundações públicas** são pessoas jurídicas de direito público ou de direito privado, com autonomia administrativa e que têm como substrato o patrimônio – próprio –, que são criadas por lei específica ou cuja autorização é por ela autorizada, com área de atuação de interesse público, não exclusiva da Administração Pública, definida em lei complementar. No que se refere às fundações públicas é preciso lembrar que elas podem ter personalidade de direito público ou de direito privado.

Alternativa correta: letra "e".

18. (FCC – Analista Judiciário/Área Judiciária – TRT 11/2024) Os presidentes de autarquias, fundações ou empresas públicas têm competência para classificar sigilo de informações no âmbito da administração pública federal, independentemente de delegação, no máximo, como de grau

a) comum.

b) secreto.

c) ilimitado.

d) ultrassecreto.

e) reservado.

COMENTÁRIO

Alternativa "b" (responde as demais alternativas). Nos termos do art. 27, II, da Lei nº 12.627/2011, no grau de **secreto**, a classificação do sigilo de informações no âmbito da administração pública federal é de competência, para além das autoridades mencionadas no inciso I (a quem compete a classificação no grau de ultrassecreto), **dos titulares de autarquias, fundações ou empresas públicas e sociedades de economia mista**.

Alternativa correta: letra "b".

19. (FCC – Analista Judiciário/Área Judiciária – TRT 11/2024) As contratações de entidades filantrópicas ou sem fins lucrativos que participam de forma complementar do SUS nos moldes previstos na Constituição Federal se dá por meio de

a) contrato de gestão.

b) termo de colaboração.

c) termo de parceria.

d) convênio.

e) acordo de cooperação.

COMENTÁRIO

Alternativa "a". Organização social é a pessoa jurídica de direito privado, sem fins lucrativos, instituída por iniciativa de particulares que, **mediante contrato de gestão**, recebe do Poder Público a delegação para desempenhar serviço de natureza social. Assim, nenhuma entidade nasce com a alcunha de organização social; para merecer tal qualificação, deve habilitar-se perante o Poder Público para tanto.

Alternativa "b". Na exata forma do que disciplina o art. 2º, VII, da Lei nº 13.019/2014, termo de colaboração é o instrumento por meio do qual são formalizadas as parcerias estabelecidas pela administração pública com organizações da sociedade civil para a consecução de finalidades de interesse público e recíproco propostas pela administração pública que envolvam a transferência de recursos financeiros.

Alternativa "c". As organizações da sociedade civil de interesse público (Oscip's), regulamentadas pela Lei nº 9.790/99, são qualificadas como pessoas jurídicas de direito privado, sem fins lucrativos, instituídas por iniciativa de particulares, que desempenham serviços sociais não exclusivos ao Poder Público com incentivo e fiscalização deste, mediante **termo de parceria**.

Alternativa "d". O art. 199, §1º, da Constituição Federal, estabelece que "as instituições privadas poderão participar de forma complementar do sistema único de saúde, segundo diretrizes deste, **mediante contrato de direito público ou convênio**, tendo preferência as entidades filantrópicas e as sem fins lucrativos".

Alternativa "e". O art. 2º, VIII-A, da Lei nº 13.019/2014, estabelece que o **acordo de cooperação** é o instrumento por meio do qual são formalizadas as parcerias estabelecidas pela administração pública com organizações da sociedade civil para a consecução de finalidades de interesse público e recíproco que não envolvam a transferência de recursos financeiros.

Alternativa correta: letra "d".

---

20. (FCC – Analista Judiciário – Área Administrativa – TRT 11/2024) Suponha que o Estado esteja cogitando a criação de uma entidade integrante da Administração indireta, com personalidade jurídica própria, encarregada de construir habitações populares. De acordo com as premissas constantes de nosso ordenamento jurídico, poderá instituir

a) fundação privada, criada nos termos da legislação civil, autorizada a desempenhar funções públicas mediante contrato de gestão.

b) empresa pública, criada por lei e desde que comprove a conveniência de atuar em regime monopolista por razões de interesse público.

c) sociedade de economia mista, mediante prévia autorização legislativa delimitando seu objeto e indicando o relevante interesse coletivo presente.

d) autarquia, mediante lei específica, podendo ter natureza pública ou privada, sujeita aos princípios que regem a Administração Pública.

e) organização social, que passa a integrar a Administração indireta a partir do procedimento de qualificação e celebração de termo de parceria.

COMENTÁRIO

Alternativa "a". A Administração Pública não pode criar fundações privadas, mas está autorizada à criação de **fundações públicas**, que podem ter natureza de direito privado ou público.

Alternativa "b". A criação das empresas públicas e das sociedades de economia mista é **autorizada** por lei específica.

Alternativa "c". Quando **exploradoras de atividade econômica**, a sociedade de economia mista submete-se ao regime estabelecido no **art. 173 da Constituição Federal**, cujo § 1º prevê que será estabelecido estatuto jurídico das empresas "que explorem atividade econômica de produção ou comercialização de bens ou de prestação de serviços". Nos termos do art. 173, *caput*, o Estado somente poderá explorar, diretamente, atividade econômica quando **necessária à segurança nacional ou a relevante interesse coletivo**. As empresas estatais, quando atuarem nesse tipo de atividade, deverão obedecer às regras previstas para as empresas do setor privado. Como destacado, a criação das sociedades de economia mista é **autorizada por lei específica.**

Alternativa "d". As **autarquias são pessoas jurídicas de direito público**, criadas por lei específica, com patrimônio próprio e autonomia administrativa, para a execução de atividade típica da Administração Pública. A autarquia integra a administração indireta da pessoa política na qual foi elaborada a lei que a criou. É uma pessoa jurídica que adota o regime jurídico de direito público e, assim, celebra concurso público, licitação, contrato administrativo, seus bens são públicos e possuem prerrogativas processuais.

Alternativa "e". As **organizações sociais** fazem parte do denominado **terceiro setor, que abrange as entidades do setor privado sem fins lucrativos, que desenvolvem atividades de interesse público.** Não fazem parte, portanto, da Administração Pública. Atuam de maneira paralela ao Estado e com ele colaboram, cooperam, e, por isso, são chamadas de **entidades paraestatais ou entes de cooperação.**

Alternativa correta: letra "c".

21. (FCC – Analista Judiciário – Área Administrativa – TRT 12/2023) Dentre as assertivas a seguir, NÃO constitui característica das autarquias o que consta em:

a) São criadas por lei.

b) Possuem responsabilidade civil objetiva, isto é, se um fato administrativo delas originário provocar prejuízos a terceiro mesmo que não se identifique culpa individual do agente autárquico, tem o prejudicado direito à reparação dos prejuízos.

c) Executam atividades típicas da Administração Pública, que requerem, para seu melhor funcionamento, gestão administrativa e financeira centralizada.

d) Trata-se de pessoas jurídicas de direito público integrantes da Administração indireta.

e) Estão sujeitas a controle administrativo, indispensável para assegurar que não se desviem de seus fins institucionais.

COMENTÁRIO

Alternativa "c" (responde as demais alternativas). O Decreto-Lei nº 200/67, no art. 5º, I, define autarquia como o "Serviço autônomo, criado por lei, com personalidade jurídica, patrimônio e receita próprios para executar atividades típicas da Administração pública, que requeiram, para seu melhor funcionamento, **gestão administrativa e financeira descentralizada**". Assim, a **autarquia é uma pessoa jurídica de direito público, criada por lei específica, com patrimônio próprio e autonomia administrativa, para executar atividade típica da Administração Pública.** Vale destacar que, em regra, aplica-se às autarquias a responsabilidade objetiva e estas estão sujeitas a controle administrativo.

Alternativa correta: letra "c".

22. (FCC – Analista Judiciário – Área Administrativa – TRT 12/2023) Considere:

I. Senado Federal

II. Tribunais de Justiça.

III. Chefia do Poder Executivo.

IV. Ministério do Meio Ambiente.

Quanto à posição estatal, os órgãos públicos classificam-se em independentes, autônomos, superiores e subalternos. Esta, assim, dentro da categoria dos órgãos públicos independentes o que consta APENAS em

a) III e IV.

b) II e IV.

c) I, III e IV.

d) I, II e III.

e) I e II.

COMENTÁRIO

Alternativa "d" (responde as demais alternativas). Quanto à **hierarquia**, os órgãos públicos classificam-se em: a) **independentes** (representam as funções principais do Estado; estão no topo da estrutura estatal e não estão subordinados a nenhum outro; exemplos: Câmara dos Deputados, Presidência da República, Supremo Tribunal Federal, **Senado Federal, Tribunais de Justiça** e **Chefia do Poder Executivo**); b) **autônomos** (estão situados abaixo dos órgãos independentes, aos quais estão subordinados; exemplos: ministérios, secretarias de estado, como o **Ministério do Meio Ambiente**); c) **superiores** (subordinados aos autônomos e independentes. Possuem poder de direção, mas não têm autonomia administrativa nem financeira; exemplos: gabinetes, coordenadorias); d) **subalternos** (são aqueles que possuem pequeno poder de decisão; exemplos: seção de expediente, seção de pessoal). Uma característica de grande relevância em relação aos órgãos públicos é a ausência de personalidade jurídica; são **despersonalizados**. Aliás, é a principal característica. O órgão público é parte de uma pessoa jurídica, não tem vida própria.

Alternativa correta: letra "d".

23. (FCC – Analista Judiciário – Área Administrativa – TRT 18/2023) À parceria firmada entre a Administração Pública e uma organização da sociedade civil, para desempenho de atividades de interesse público, em mútua cooperação, não caracterizando delegação de serviço público, dá-se o nome de

a) acordo de colaboração, quando não houver previsão de transferência de recursos públicos para a organização da sociedade civil.

b) termo de fomento, quando não houver previsão de transferência de recursos públicos para a organização da sociedade civil.

c) termo de acordo de cooperação, quando a parceria envolver mais de um órgão ou entidade pública, independentemente da transferência de recursos públicos.

d) termo de colaboração, quando a iniciativa partir da Administração Pública e houver previsão de transferência de recursos financeiros à organização da sociedade civil.

e) termo de fomento, quando a iniciativa partir da Administração Pública e houver previsão de transferência de recursos financeiros à organização da sociedade civil.

COMENTÁRIO

Alternativa "a" (responde a alternativa "c"). O art. 2º, VIII-A, da Lei nº 13.019/2014, estabelece que o **acordo de cooperação** (e não de **colaboração**) é o instrumento por meio do qual são formalizadas as parcerias estabelecidas pela administração pública com organizações da sociedade civil para a consecução de finalidades de interesse público e recíproco que não envolvam a transferência de recursos financeiros.

Alternativa "b" (responde a alternativa "e"). O termo de fomento é o instrumento por meio do qual são formalizadas as parcerias estabelecidas pela administração pública com organizações da sociedade civil para a consecução de finalidades de interesse público e recíproco **propostas pelas organizações da sociedade civil, que envolvam a transferência de recursos financeiros**, na forma do art. 2º, VIII, da Lei nº 13.019/2014.

Alternativa "d". Na exata forma do que disciplina o art. 2º, VII, da Lei nº 13.019/2014, **termo de colaboração** é o instrumento por meio do qual são formalizadas as parcerias estabelecidas pela administração pública com organizações da sociedade civil para a consecução de finalidades de interesse público e recíproco **propostas pela administração pública que envolvam a transferência de recursos financeiros**.

Alternativa correta: letra "d".

---

24. (FCC – Analista Judiciário – Área Administrativa – TRT 21/2023) Considere que a Administração pública estadual pretenda Implementar um processo de reorganização, objetivando aumentar a eficiência na execução de determinadas atividades e prestação de serviços, a partir da especialização, e mediante desconcentração e descentralização. Nesse contexto, afigura-se juridicamente viável, entre outras possíveis alternativas,

a) a descentralização dessas atividades com atribuição das mesmas a autarquias, criadas por lei, e empresas públicas, mediante prévia autorização legislativa, sendo apenas as autarquias pessoas jurídicas de direito público.
b) a desconcentração de atividades mediante a Instituição de entidades dotadas de personalidade jurídica privada, tais como autarquias, mediante prévia autorização legislativa.
c) extinção de órgãos e de cargos vagos, o que pode ser feito independentemente de lei, e transformação de autarquias e empresas públicas, na forma autorizada por lei.
d) Instituição de sociedades de economia mista, o que demanda prévia autorização legislativa, e extinção de autarquias órgãos públicos, que prescinde de lei, podendo ser efetivada por decreto do Chefe do Executivo.
e) criação de fundações e empresas públicas, ambas pessoas jurídicas de direito público, sujeitas aos princípios reitores da Administração.

COMENTÁRIO

Nota do Autor: A **função administrativa** pode ser desempenhada de maneiras variadas e, inclusive, **pode ser atribuída a outras pessoas jurídicas**, que podem fazer parte da Administração Pública, bem como podem ser do setor privado. Essa possibilidade de a atuação administrativa ser realizada de diferentes maneiras está relacionada com a centralização, descentralização, a concentração e a desconcentração.

Alternativa "a". A descentralização administrativa ocorre quando a **pessoa jurídica política – titular do exercício de determinada competência material, a ela atribuída por expressa previsão constitucional – transfere a outra pessoa a competência para o exercício de determinada função.** O Estado pode realizar suas atividades de diversas formas, quais sejam: centralizada, que ocorre quando a Administração Pública as realiza diretamente, ou descentralizada, quando o Estado transfere a um terceiro o encargo de exercer a função administrativa. A descentralização poderá ser geográfica ou territorial, técnica ou funcional ou por serviços ou outorga; e por colaboração ou delegação. A primeira ocorre quando o Estado cria uma pessoa jurídica de direito público (como as autarquias) com capacidade administrativa genérica e atribuições limitadas a um território definido em lei. A descentralização técnica ocorre quando o Estado cria uma pessoa jurídica de direito público ou de direito privado (como as empresas públicas e as sociedades de economia mista) e a ela atribui a titularidade a e execução da atividade administrativa, com capacidade administrativa específica. Por fim, a descentralização por delegação ocorre quando o Estado transfere para uma pessoa que já existe apenas a execução da atividade administrativa.

Alternativa "b". A **desconcentração** representa o exercício da função administrativa de maneira desconcentrada, quer dizer, não há a concentração em um só órgão, mas sim, **a pessoa jurídica política ou administrativa se divide em vários órgãos**. Ocorre a **distribuição interna de competências**. Dá-se distinção entre os níveis de direção e de execução no interior da mesma pessoa jurídica. Para fins informativos, destaque-se a **desconcentração** pode ocorrer: a) em razão da matéria; b) em razão do grau de hierarquia; c) em razão do território.

Alternativa "c" (responde a alternativa "d"). Tanto a criação quanto a extinção de órgãos públicos (**bem como de autarquias**) se dá por lei. Nos termos do art. 61, § 1º, "e", da Constituição Federal, a iniciativa do projeto de lei é do Chefe do Executivo.

Alternativa "e". As **fundações públicas** poderão ter personalidade jurídica de direito público ou privado. Já as **empresas públicas**, necessariamente, têm personalidade jurídica de direito privado.

Alternativa correta: letra "a";

---

25. (FCC – Analista Judiciário – Área Judiciária – TRT 21/2023) Considere as seguintes características:

I. Sujeição às normas da Lei de Licitações e Contratos Administrativos (Lei nº 14.133/2021).

II. Existência legal a partir da inscrição do ato constitutivo, na forma do artigo 45 do Código Civil.

III. Imunidade tributária, nos termos do artigo 150, §2º da Constituição Federal de 1988.

IV. Previsão de suas despesas no orçamento fiscal componente da Lei Orçamentária Anual, nos termos do artigo 165, §5º da Constituição Federal de 1988.

Em relação às entidades da Administração indireta, todas as características acima se aplicam, sem exceções, às

a) agências reguladoras.

b) autarquias.

c) empresas públicas.

d) fundações públicas de direito privado.

e) sociedades de economia mista.

COMENTÁRIO

Alternativa "d" (responde às demais alternativas). De fato, todas as características apontadas no enunciado aplicam-se às **fundações públicas de direito privado.** A existência das **agências reguladoras** e **autarquias** está intimamente relacionada à **lei que as criou**, sendo desnecessária a inscrição de seu ato constitutivo na forma do Código Civil. No mais, a imunidade tributária, nos termos do art. 150, §2º, da Constituição Federal, estende-se às autarquias, às fundações públicas e à empresa pública prestadora de serviço postal. Demais empresas públicas e também as sociedades de economia mista somente farão jus a depender da atividade que exercem, conforme vem decidindo o STF.

Alternativa correta: letra "d".

---

26. (FCC – Analista Judiciário – Área Judiciária – TRT 21/2023) Considere que determinados municípios do estado do Rio Grande do Norte pretendam consorciar-se, tendo por objetivo a gestão associada de serviços públicos de transporte. Para tanto, de acordo com o que dispõe a legislação de regência,

a) devem celebrar prévio protocolo de intenções, ratificado por lei, sempre que o consórcio ostentar natureza pública.

b) o consórcio deverá adotar a forma pública, sendo constituído como entidade autárquica ou fundacional de natureza interfederativa.

c) dependem de anuência do Estado, que poderá, também, participar do consórcio, salvo se os municípios forem integrantes de região metropolitana.

d) o consórcio somente será possível se adotada a forma de associação privada, mediante prévia autorização legislativa de todos os entes consorciados.

e) dependem da prévia celebração de convênio de cooperação entre os entes federados que pretendam consorciar-se.

COMENTÁRIO

Alternativa "a". Nos termos do art. 3º, da Lei nº 11.107/2005, o consórcio público será constituído por contrato cuja celebração dependerá de prévia subscrição do **protocolo de intenções**, que é uma espécie de **ajuste preliminar entre as pessoas políticas**, no qual há a definição do objeto do consórcio, quais são seus participantes, qual sua duração, qual forma de eleição do representante legal, entre outras cláusulas previstas no art. 4º.

Alternativa "b" (responde a alternativa "d"). O **consórcio público** poderá **ser uma associação pública ou uma pessoa jurídica de direito privado**.

Alternativa "c" (responde a alternativa "e"). Não é necessária a anuência do Estado para que seja constituído um **consórcio público** entre Municípios. No mesmo sentido, a criação de indigitada pessoa jurídica **não** depende da prévia celebração de convênio de cooperação entre os entes federados que pretendam consorciar-se, mas de prévia subscrição do **protocolo de intenções.**

Alternativa correta: letra "a"

---

27. (CEBRASPE – Técnico Judiciário – TRT 8/2023) O Ministério do Trabalho e Previdência, que compõe a administração pública federal, é

a) órgão público despersonalizado.

b) entidade da administração pública indireta.

c) entidade da administração pública descentralizada.

d) empresa pública dotada de personalidade jurídica.

e) autarquia dotada de personalidade jurídica.

COMENTÁRIO

Alternativa "a". Os Ministérios são órgãos públicos, despersonalizados, integrantes da Administração Pública direta federal. Surgem da **desconcentração**. Os órgãos públicos são "centros de competência instituídos para o desempenho de funções estatais, através de seus agentes, cuja atuação é imputada à pessoa jurídica a que pertencem"[7]. No órgão, há cargos, funções e agentes públicos. Em cada órgão existe um núcleo de atribuições que devem ser desenvolvidas por meio da ação humana dos agentes públicos, pois o agente público está lotado no órgão que, por sua vez, integra uma pessoa jurídica. Portanto, o órgão não tem vida própria. Ele faz parte de uma pessoa jurídica e, assim, quando o agente pratica o ato é a própria pessoa jurídica quem está atuando, sendo o órgão o elemento de ligação entre o agente público e a pessoa jurídica. O **órgão**, por si, não é capaz de adquirir direitos e obrigações, pois **não tem personalidade jurídica**, quer dizer, é despersonalizado e, com isso, é a pessoa jurídica quem responde pelos atos praticados.

Alternativa correta: letra "a".

---

28. (FCC – Analista Judiciário – Área Administrativa – TRT 18/2023) À parceria firmada entre a Administração Pública e uma organização da sociedade civil, para desempenho de atividades de interesse público, em mútua cooperação, não caracterizando delegação de serviço público, dá-se o nome de

a) acordo de colaboração, quando não houver previsão de transferência de recursos públicos para a organização da sociedade civil.
b) termo de fomento, quando não houver previsão de transferência de recursos públicos para a organização da sociedade civil.
c) termo de acordo de cooperação, quando a parceria envolver mais de um órgão ou entidade pública, independentemente da transferência de recursos públicos.
d) termo de colaboração, quando a iniciativa partir da Administração Pública e houver previsão de transferência de recursos financeiros à organização da sociedade civil.
e) termo de fomento, quando a iniciativa partir da Administração Pública e houver previsão de transferência de recursos financeiros à organização da sociedade civil.

COMENTÁRIO

✪ **Nota do Autor:** A Lei nº 13.019/2014 é conhecida como Marco Regulatório do Terceiro Setor e trouxe uma série de inovações nas relações travadas entre as entidades paraestatais e a Administração Pública.

Alternativa "a". Não existe a previsão do **acordo de colaboração** como instrumento de parceria a ser firmado entre as entidades do terceiro setor e a Administração Pública.

Alternativa "b" (responde a alternativa "e"). Na forma do art. 2º, VIII, da Lei nº 13.019/2014, **termo de fomento** é o instrumento por meio do qual são formalizadas as parcerias estabelecidas pela administração pública com organizações da sociedade civil para a consecução de finalidades de interesse público e recíproco propostas pelas organizações da sociedade civil, que envolvam a transferência de recursos financeiros.

Alternativa "c". O **acordo de cooperação** é, nos termos do art. 2º, VIII-A, da Lei, é o instrumento por meio do qual são formalizadas as parcerias estabelecidas pela administração pública com organizações da sociedade civil para a consecução de finalidades de interesse público e recíproco que não envolvam a transferência de recursos financeiros.

Alternativa "d". O **termo de colaboração** é definido no art. 2º, VII, da Lei, é o instrumento por meio do qual são formalizadas as parcerias estabelecidas pela administração pública com organizações da sociedade civil para a consecução de finalidades de interesse público e recíproco propostas pela administração pública que envolvam a transferência de recursos financeiros.

Alternativa correta: letra "d".

---

29. (CEBRASPE– Técnico Judiciário TRT8/2023) O Ministério do Trabalho e Previdência, que compõe a administração pública federal, é

a) órgão público despersonalizado.
b) entidade da administração pública indireta.
c) entidade da administração pública descentralizada.
d) empresa pública dotada de personalidade jurídica.
e) autarquia dotada de personalidade jurídica.

COMENTÁRIO

Alternativa "a". Os órgãos públicos são "centros de competência instituídos para o desempenho de funções estatais, através de seus agentes, cuja atuação é imputada à pessoa jurídica a que pertencem"[8]. No órgão, há cargos, funções e agentes públicos. Em cada órgão existe um núcleo de atribuições que devem ser desenvolvidas por meio da ação humana dos agentes públicos, pois o agente público está lotado no órgão que, por sua vez, integra uma pessoa jurídica. Portanto, o órgão não tem vida própria. Ele faz parte de uma pessoa jurídica e, assim, quando o agente pratica o ato é a própria pessoa jurídica quem está atuando, sendo o órgão o elemento de ligação

---

7. MEIRELLES, Hely Lopes. Direito administrativo brasileiro. 36. ed. São Paulo: Malheiros, 2010. p. 68.

8. MEIRELLES, Hely Lopes. *Direito administrativo brasileiro.* 36. ed.São Paulo: Malheiros, 2010. p. 68.

entre o agente público e a pessoa jurídica. O **órgão**, por si, não é capaz de adquirir direitos e obrigações, pois **não tem personalidade jurídica**, quer dizer, é despersonalizado e, com isso, é a pessoa jurídica quem responde pelos atos praticados. Os Ministérios são exemplos de órgãos públicos do Poder Executivo e, por isso, são exemplos de desconcentração.

Alternativa "b" (responde a alternativa "c"). Administração Pública indireta **é o conjunto de pessoas administrativas com personalidade jurídica de direito público ou de direito privado, patrimônio próprio e autonomia administrativa, vinculadas à administração direta, criadas para o desempenho de determinada atividade administrativa.** São entidades da Administração Pública indireta as **autarquias, as fundações públicas, as empresas públicas, as sociedades de economia mista** e os **consórcios públicos.**

Alternativa "d". As **empresas públicas** – espécies das chamadas **empresas estatais** – são entidades da administração indireta, com **personalidade jurídica de direito privado**, cuja **criação é autorizada por lei**. A atuação das **empresas estatais** é, necessariamente, a **prestação de determinado serviço público** ou a **exploração de atividade econômica.**

Alternativa "e". As **autarquias são pessoas jurídicas da administração indireta, criadas por lei, para a execução de atividade típica da Administração e possuem personalidade jurídica de direito público**, do que decorrem diversas características próprias do regime de direito público.

Alternativa correta: letra "a".

---

30. (FCC – Técnico Judiciário – Área Administrativa – TRT 18/2023) A criação de empresa pública para atuar em regime de competição no mercado com empresas privadas

a) não encontra respaldo em nosso ordenamento jurídico, admitindo-se, em tais casos, a criação de sociedade de economia mista com participação pública minoritária.
b) pressupõe imperativo de segurança nacional ou relevante interesse coletivo e demanda prévia autorização legislativa.
c) é inconstitucional, somente sendo autorizada a atuação empresária do Estado para prestação de serviços públicos.
d) somente é viável em caráter excepcional, sendo a empresa criada por lei específica, derrogatória do regime de direito privado.
e) não é juridicamente viável, eis que a intervenção direta do Estado no domínio econômico somente é admissível em regime de monopólio ou em setores regulados.

COMENTÁRIO

Alternativa "b" (responde as demais alternativas). A criação das empresas públicas e das sociedades de economia mista é, necessariamente, **autorizada por lei**. Entretanto, tais empresas estatais **adquirem personalidade jurídica** por meio do registro válido de atos de constituição no órgão competente. Nos exatos termos do art. 2º, §1º, da Lei nº 13.303/2016, "a constituição de empresa pública ou de sociedade de economia mista dependerá de prévia autorização legal que indique, de forma clara, relevante interesse coletivo ou imperativo de segurança nacional, nos termos do *caput* do art. 173, da Constituição Federal.

Alternativa correta: letra "b".

---

31. (FCC – Técnico Judiciário – Área Administrativa – TRT 18/2023) A instituição de novas secretarias de estado no âmbito da estrutura da Administração Pública

a) somente demanda lei em sentido formal se ensejar aumento de despesa ou criação de cargos.
b) representa descentralização administrativa, demandando autorização legislativa e edição de decreto regulamentar.
c) é matéria de organização administrativa e prescinde de lei, dependendo apenas de edição de decreto do Chefe do Executivo.
d) constitui matéria de reserva de lei em sentido formal, extrapolando a competência do Chefe do Executivo para dispor sobre organização administrativa.
e) é expressão do princípio da hierarquia, inerente à Administração, podendo ser efetuada por atos infra legais, mediante delegação governamental.

COMENTÁRIO

✪ **Nota do Autor:** As secretarias estaduais são órgãos públicos, e fazem parte, portanto, da Administração Pública Direta. Assim, a criação de secretaria estadual constitui exemplo de **desconcentração**, já que ocorre **distribuição de competência dentro da mesma pessoa jurídica.**

Alternativa "d" (responde as demais alternativas). Os órgãos públicos são necessariamente **criados por lei.** O que é de competência privativa do Presidente da República, nos termos do art. 84, VI, *a*, da Constituição Federal, é a edição de decreto sobre organização e funcionamento da administração federal, **desde que não haja aumento de despesa, nem criação ou extinção de órgãos públicos.** Neste sentido, por meio de decreto do chefe do Poder Executivo, é possível dispor, mediante decreto, sobre a organização e funcionamento da administração federal (quando não implicar aumento de despesa nem criação ou extinção de órgãos públicos) e a extinção de funções ou cargos públicos (quando vagos). Entretanto, deve ser feita a ressalva que a **criação de órgãos públicos depende de lei em sentido formal.**

Alternativa correta: letra "d".

---

32. (FCC – Técnico Judiciário – TRT 18/2023) A instituição de consórcios públicos, regidos pela Lei nº 11.107/2005,

a) depende de prévia subscrição de protocolo de intenções pelos entes consorciados e, caso adotada personalidade de direito público, ratificação, mediante lei.

b) ocorre mediante a celebração de convênio entre os consorciados, podendo ser denunciado a qualquer momento.

c) não pode envolver entes da mesma esfera da federação, salvo em se tratando de regiões metropolitanas.

d) demanda a prévia instituição de pessoa jurídica de direito público, com natureza de autarquia interfederativa.

e) opera-se com a criação de associação, nos termos do Código Civil, vedada a instituição sob regime de direito público.

COMENTÁRIO

✪ **Nota do Autor:** Os **consórcios públicos** são uma nova espécie de pessoa jurídica administrativa, introduzida pela Lei nº 11.107/05 ao regulamentar o art. 241 da Constituição Federal. O dispositivo constitucional estabelece que a União, os Estados, o DF e os Municípios, por meio de lei, disciplinarão sobre os consórcios públicos e os convênios de cooperação entre os entes federados, inclusive autorizando a gestão associada de serviços públicos, bem como a transferência total ou parcial de encargos, serviços, pessoal e bens essenciais à continuidade dos serviços transferidos.

Alternativa "a" (responde as alternativas "d" e "e"). Na exata forma do art. 3º, da Lei, "o consórcio público será constituído por contrato cuja celebração dependerá da prévia subscrição de protocolo de intenções", destacando-se que o consórcio público adquirirá personalidade jurídica de direito público, no caso de constituir associação pública, mediante a vigência das leis de ratificação do protocolo de intenções (art. 6º, I). Assim, em um primeiro momento, há o **protocolo de intenções**, que é uma espécie de ajuste preliminar entre as pessoas políticas, no qual há a definição do objeto do consórcio, quais são seus participantes, qual sua duração, qual a forma de eleição do representante legal, entre outras disposições. Depois, o protocolo de intenções deve ser publicado na imprensa oficial e, na sequência, ele deve ser **ratificado por lei** em cada um dos entes consorciados. Com a ratificação, ocorre a celebração do **contrato de consórcio**, formalizando-se a criação do consórcio público, que pode ser constituído com **personalidade de direito público** ou com **personalidade de direito privado**. Quando criado com personalidade de direito público, será uma associação pública e, assim, terá natureza de autarquia (art. 41, IV, Código Civil), sendo conhecido como autarquia interfederativa ou autarquia multifederada. No caso de ter sido adotada a personalidade de direito privado, para sua constituição, além do que já fora anteriormente mencionado, é necessário o registro dos atos constitutivos no órgão competente.

Alternativa "b". O consórcio público **não** é formalizado mediante **convênio**, muito embora possam, os consórcios públicos, celebrar **convênios**, na forma da legislação.

Alternativa "c" . É plenamente possível que entes da mesma esfera da federação celebrem consórcio público. Nos termos do art. 1º, *caput*, da Lei, União, os Estados, o Distrito Federal e os Municípios podem contratar consórcios públicos para a realização de objetivos de interesse comum.

Alternativa correta: letra "a".

---

33. (FCC – Analista Judiciário – Área Judiciária – TRT 4/2022) Sobre a organização administrativa do Estado, é correto afirmar:

a) Agências executivas são autarquias sob regime especial, com alto grau de especialização técnica, integrantes da estrutura formal da Administração pública, com a função de regular um setor específico de atividade econômica ou um determinado serviço público, ou de intervir em certas relações jurídicas decorrentes dessas atividades.

b) Empresa pública é uma pessoa jurídica de direito privado, integrante da Administração indireta, instituída pelo poder público, mediante autorização de lei específica, sob a forma de sociedade anônima, com participação obrigatória de capital privado e público.

c) As autarquias são entidades administrativas autônomas, criadas por lei específica, com personalidade jurídica de direito público, patrimônio próprio e atribuições estatais determinadas.

d) Sociedade de economia mista é uma pessoa jurídica de direito privado, integrante da Administração indireta, instituída pelo poder público, mediante autorização de lei específica, sob qualquer forma jurídica e com capital exclusivamente público.

e) Fundação pública é uma pessoa jurídica formada exclusivamente por entes da Federação, para estabelecer relações de cooperação federativa, inclusive a realização de objetivos de interesse comum, constituída como associação pública, com personalidade jurídica de direito público e natureza autárquica.

COMENTÁRIO

Alternativa "a". As agências executivas **não** são consideradas uma nova modalidade de pessoa administrativa, pois se tratam de autarquias, ou seja, agência executiva é a denominação dada a uma autarquia já existente, quando há uma vinculação com um contrato de gestão, concedendo o chefe do executivo mediante decreto o título de "agência executiva" ao ente autárquico. São requisitos da Agência Executiva: a) realizar um plano estratégico de reestruturação e desenvolvimento institucional em andamento e; b) celebração de um contrato de gestão com o respectivo Ministério Supervisor que visa dar a essas pessoas mais autonomia e mais verba orçamentária (art. 51 e 52 da Lei nº 9.649/98). A descrição da alternativa faz menção às **agências reguladoras.**

Alternativa "b". Empresa pública é uma pessoa jurídica de direito privado, integrante da Administração indireta, instituída pelo poder público, mediante autorização de lei específica, sob **qualquer modalidade societária**, com participação de capital **exclusivamente público**.

Alternativa "c". As **autarquias** são pessoas jurídicas de direito público, criadas por lei específica, com patrimônio próprio e autonomia administrativa, para a execução de atividade típica da Administração Pública. A autarquia integra a administração indireta da pessoa política na qual foi elaborada a lei que a criou. É uma pessoa jurídica que adota o regime jurídico de direito público e, assim, celebra concurso público, licitação, contrato administrativo, seus bens são públicos e possuem prerrogativas processuais. Da mesma forma que todas as entidades da administração indireta, as autarquias submetem-se a controle pelo Tribunal de Contas, nos termos do art. 71, da Constituição Federal.

Alternativa "d". Sociedade de economia mista é uma pessoa jurídica de direito privado, integrante da Administração indireta, instituída pelo poder público, mediante autorização de lei específica, sob a forma de **sociedade anônima**, com **participação obrigatória de capital privado e público.**

Alternativa "e". A **fundação pública** é uma entidade da administração indireta instituída pelo poder público, mediante personificação de um patrimônio, para o desempenho de atividades sociais. As fundações públicas são consideradas como "espécie do gênero autarquias". descrição da alternativa faz menção aos **consórcios públicos.**

Alternativa correta: letra "c".

34. (FCC – Analista Judiciário – Área Judiciária – TRT 5/2022) Suponha que o Estado pretenda atuar diretamente em determinado setor da economia, em regime de competição, mediante a criação de uma nova entidade integrante da Administração indireta. Considerando o regime estabelecido na Constituição Federal, para atingir os fins colimados poderá instituir

a) organização social, mediante procedimento de qualificação e subsequente celebração de contrato de gestão, a partir do qual referida entidade do terceiro setor passa a integrar a administração indireta.
b) sociedade de economia mista, mediante prévia autorização legislativa, desde que identificado relevante interesse coletivo ou imperativo de segurança nacional que justifique a instituição da referida pessoa jurídica de direito privado.
c) empresa pública, criada por lei como expressão de desconcentração administrativa, desde que tal atividade seja considerada serviço público ou de interesse público.
d) autarquia, sujeita a regime privado, à qual poderá ser delegada atividade de titularidade ou interesse do ente instituidor, com base no princípio da especialização.
e) consórcio de direito privado, mediante lei específica, com o qual poderá ser celebrado contrato de concessão para atuação em atividade econômica de interesse público comum.

COMENTÁRIO

Alternativa "a". De acordo com o art. 1º, da Lei nº 9.637/98, **pessoas jurídicas de direito privado sem fins lucrativos**, que realizem atividades dirigidas ao ensino, à pesquisa científica, ao desenvolvimento tecnológico, à proteção e preservação do meio ambiente, à cultura e à saúde, **podem ser qualificadas como organizações sociais**. Recebendo o título de organização social, a entidade será declarada como de interesse social e utilidade pública e **pode**, nos termos do art. 5º, da Lei, **celebrar contrato de gestão com o poder público** com "vistas à firmação de parceria entre as partes para fomento e execução de atividades (...)" nas áreas de ensino, pesquisa científica, desenvolvimento tecnológico, proteção e preservação do meio ambiente, cultura e saúde.

Alternativa "b". A criação das empresas públicas e das **sociedades de economia mista** é, necessariamente, autorizada por lei. Após a autorização legal, o chefe do Poder Executivo fará ato criando a pessoa jurídica e, depois, seus atos de constituição serão registrados no órgão competente, quando adquirirá personalidade jurídica. Nos exatos termos do art. 2º, §1º, da Lei nº 13.303/2016, "a constituição de empresa pública ou de sociedade de economia mista dependerá de prévia autorização legal que indique, de forma clara, relevante interesse coletivo ou imperativo de segurança nacional, nos termos do *caput* do art. 173, da Constituição Federal.

Alternativa "c". As **empresas públicas**, por serem entidades da Administração Pública Indireta, são expressão da **descentralização administrativa** e, quanto à sua atuação, podem ser **prestadoras de serviço público** ou **exploradoras de atividade econômica.**

Alternativa "d". As **autarquias** são pessoas jurídicas de direito público, criadas por lei específica, com patrimônio próprio e autonomia administrativa, para a execução de atividade típica da Administração Pública. A autarquia integra a administração indireta da pessoa política na qual foi elaborada a lei que a criou. É uma pessoa jurídica que adota o regime jurídico de direito público e, assim, celebra concurso público, licitação, contrato administrativo, seus bens são públicos e possuem prerrogativas processuais. Da mesma forma que todas as entidades da administração indireta, as autarquias submetem-se a controle pelo Tribunal de Contas, nos termos do art. 71, da Constituição Federal.

Alternativa "e". Os **consórcios públicos** são uma nova espécie de pessoa jurídica administrativa, introduzida pela Lei nº 11.107/05 ao regulamentar o art. 241 da Constituição Federal. O dispositivo constitucional estabelece que a União, os Estados, o DF e os Municípios, por meio de lei, disciplinarão sobre os consórcios públicos e os convênios de cooperação entre os entes federados, inclusive autorizando a gestão associada de serviços públicos, bem como a transferência total ou parcial de encargos, serviços, pessoal e bens essenciais à continuidade dos serviços transferidos. São pessoas jurídicas integrantes da Administração Pública Indireta, podendo ter personalidade jurídica de direito público ou privado.

Alternativa correta: letra "b".

---

35. (FCC – Analista Judiciário – Área Judiciária – TRT 9/2022) As pessoas jurídicas que integram a Administração Pública Indireta distinguem-se, entre si, sob diversos critérios, a exemplo do mecanismo de constituição e extinção, do regime de pessoal, da disciplina aplicável ao patrimônio e do regime de execução. É comum às empresas estatais, mas não às autarquias e às fundações,

a) a aplicação do regime celetista aos empregados contratados, sendo obrigatória a prévia realização de concurso público.

b) a estrita incidência do regime jurídico de direito privado ao patrimônio da pessoa jurídica, o que pode ser mitigado no caso das autarquias e fundações.

c) o pagamento de suas dívidas por meio de ordem cronológica e precatório, em lista distinta daquela aplicada à Administração Direta e às autarquias e fundações.

d) a previsão constitucional de regime legal próprio de licitações para contratação de obras, serviços, compras e alienações.

e) a prescindibilidade de autorização legislativa para sua constituição e, de outro lado, a exigência de edição de lei como ato de encerramento das atividades da pessoa jurídica.

COMENTÁRIO

Alternativa "a". Muito embora, em regra, seja aplicado o regime celetista aos empregados contratados no âmbito das empresas estatais, às **autarquias** e **fundações públicas** pode ser aplicado o regime estatutário.

Alternativa "d" (responde as alternativas "b" e "c"). Quando **exploradoras de atividade econômica**, a empresa pública e a sociedade de economia mista submetem-se ao regime estabelecido no **art. 173 da Constituição Federal**, cujo § 1º prevê que a edição de estatuto jurídico das empresas "que explorem atividade econômica de produção ou comercialização de bens ou de prestação de serviços", o que ocorreu com a Lei nº 13.303/2016. Nos termos do art. 173, *caput,* o Estado somente poderá explorar, diretamente, atividade econômica quando necessária à segurança nacional ou a relevante interesse coletivo. As empresas estatais, quando atuarem nesse tipo de atividade, deverão obedecer às regras previstas para as empresas do setor privado. Assim, **não é possível que a elas sejam estendidos privilégios fiscais não extensivos às pessoas da iniciativa privada, devendo se submeter ao regime privado quanto às obrigações civis, comerciais, trabalhistas e tributárias, consoante art. 173, §2º, da Constituição Federal.** Entretanto, salienta-se que, na verdade, há o chamado **regime híbrido**, pelo qual há uma mistura das normas de direito público com as normas de direito privado. Esse regime misto também se aplica quando a estatal for prestadora de serviço público, porém a incidência de normas de direito público será maior do que ocorre nas exploradoras de atividade econômica..

Alternativa "e". A criação das empresas públicas e das sociedades de economia mista é, necessariamente, **autorizada por lei**. Após a autorização legal, o chefe do Poder Executivo fará ato criando a pessoa jurídica e, depois, seus atos de constituição serão registrados no órgão competente, quando adquirirá personalidade jurídica.

Alternativa correta: letra "d".

---

36. (FCC – Analista Judiciário – Área Judiciária – TRT 9/2022) Além dos entes públicos, aos quais cabe a declaração de utilidade pública dos bens, podem desapropriar imóveis e outros direitos

a) as organizações sociais contratadas por meio de contratos de concessão, dos quais conste expressa delegação para tanto.

b) os consórcios públicos, mediante expressa previsão no respectivo contrato, precedido de autorização legislativa que, por ocasião da ratificação do protocolo de intenções, assim preveja.

c) as empresas prestadoras de serviço público e as fundações públicas, por expressa disposição constitucional.

d) as autarquias públicas ou fundacionais, independentemente de previsão legal, em razão de sua natureza jurídica de direito público estrito senso.

e) as empresas estatais prestadoras de serviço público e exploradoras de atividade económica, se contratadas mediante licitação, a fim de conferir agilidade ao caminho crítico da aquisição das áreas.

COMENTÁRIO

✪ **Nota do Autor:** O consórcio público está regulado pela Lei nº 11.107/05. Trata se de uma nova pessoa administrativa que surge da união entre pessoas políticas (União, Estados, Distrito Federal e Municípios).

Alternativa "b" (responde as demais alternativas). Para a criação do consórcio público, em um primeiro momento, há o protocolo de intenções, que é uma espécie de ajuste preliminar entre as pessoas políticas, no qual há a definição do objeto do consórcio, quais são seus participantes, qual sua duração, qual a forma de eleição do representante legal. Depois, o protocolo de intenções deve ser publicado na imprensa oficial e, na sequência, ele deve ser ratificado por lei em cada um dos entes consorciados. Pode ter personalidade de direito público ou de direito privado. Nos termos do art. 2º, §1º, da Lei nº 11.107/05, para o cumprimento de seus objetivos, o consórcio público poderá, "nos termos do contrato de consórcio de direito público, promover desapropriações e instituir servidões nos termos de declaração de utilidade ou necessidade pública, ou interesse social, realizada pelo Poder Público".

Alternativa correta: letra "b".

---

37. (FCC – Analista Judiciário – Oficial de Justiça Avaliador Federal – TRT 9/2022) Suponha que o Estado pretenda participar de consórcio público formado por diversos Municípios, objetivando uma conjugação de esforços para prestação de serviços de competência comum dos referidos entes consorciados. De acordo com a legislação de regência, o Estado poderá integrar o consórcio desde que

a) se trate de consórcio previamente constituído, por lei, como entidade integrante da Administração pública estadual.

b) figurem como consorciados todos os municípios situados no território do Estado e que os mesmos estejam organizados como regiões metropolitanas.

c) a participação não contemple cessão de servidores, mas apenas aporte de recursos orçamentários, limitados a 25% do montante global.

d) o consórcio detenha personalidade de direito privado, sendo constituído na forma de associação, nos termos da legislação civil.

e) tal integração seja precedida de protocolo de intenções, com subsequente ratificação, por lei, do contrato de consórcio.

COMENTÁRIO

Alternativa "a". É perfeitamente possível que Estado constitua consórcio público, sem qualquer obrigatoriedade da preexistência de consórcio já constituído para que faça parte de indigitada pessoa administrativa.

Alternativa "b". Conforme o art. 1º, §2º, da Lei nº 11.107/2005, a "União somente participará de consórcios públicos em que também façam parte todos os Estados em cujos territórios estejam situados os Municípios consorciados". Todavia, para que um Estado faça parte de um consórcio público, **não** é necessário que figurem como consorciados todos os municípios situados no seu território.

Alternativa "c". Nos termos do art. 4º, §4º, da Lei, "os entes da Federação consorciados, ou os com eles conveniados, poderão ceder-lhe servidores, na forma e condições da legislação de cada um".

Alternativa "d". Na exata forma do que disciplina o art. 6º, *caput*, da Lei, "o consórcio público adquirirá personalidade jurídica: I – de direito público, no caso de constituir associação pública, mediante a vigência das leis de ratificação do protocolo de intenções; II – de direito privado, mediante o atendimento dos requisitos da legislação civil.

Alternativa "e". Nos termos do art. 3º, da Lei nº 11.107/05, o consórcio público será constituído por contrato cuja celebração dependerá de prévia subscrição do **protocolo de intenções**, que é uma espécie de **ajuste preliminar entre as pessoas políticas**, no qual há a definição do objeto do consórcio, quais são seus participantes, qual sua duração, qual forma de eleição do representante legal, entre outras cláusulas previstas no art. 4º. Ademais, o consórcio **não** é um simples ajuste entre seus membros, mas, na verdade, há **a criação de outra pessoa jurídica.** Conforme o art. 1º, §1º, o **consórcio público poderá ser uma associação pública ou uma pessoa jurídica de direito privado.** Como há criação de uma nova pessoa jurídica que fará parte da administração indireta, é necessário que haja **lei**. No caso do consórcio, como cada um dos entes consorciados é uma pessoa política, não basta lei oriunda somente de um deles, pois **deve haver a elaboração de lei em cada um dos entes consorciados**.

Alternativa correta: letra "e".

---

38. (FCC – Técnico Judiciário – Área Administrativa – TRT 9/2022) Ausência de tutela ou de subordinação hierárquica, autonomia funcional, decisória, administrativa e financeira, investidura a termo de seus dirigentes e estabilidade durante os mandatos.

A descrição acima corresponde às características legais das

a) agências reguladoras.
b) empresas públicas.
c) fundações governamentais de direito privado.
d) agências executivas.
e) sociedades de economia mista.

COMENTÁRIO

Alternativa "a" (responde as demais alternativas). As **agências reguladoras** são autarquias sob regime especial, detêm personalidade jurídica de direito público, submetem-se integralmente ao regime jurídico-administrativo, e são criadas para disciplinar e controlar certas atividades, entre elas atividades de fomento e incrementação de atividade privada. A agência reguladora tem a função de exercer a disciplina e o controle administrativo sobre atos e contratos que dizem respeito a algum serviço público específico ou alguma atividade econômica. De maneira específica ao enunciado da questão, trata-se do contido no art. 3º da Lei nº 13.848/2019, que prevê: "A natureza especial conferida à agência reguladora é caracterizada pela ausência de tutela ou de subordinação hierárquica, pela autonomia funcional, decisória, administrativa e financeira e pela investidura a termo de seus dirigentes e estabilidade durante os mandatos, bem como pelas demais disposições constantes desta Lei ou de leis específicas voltadas à sua implementação".

Alternativa correta: letra "a".

---

39. (FGV – Analista Judiciário – Área Judiciária – TRT 13/2022) Os Conselhos Profissionais são criados por lei, possuem personalidade jurídica de direito público, exercem uma atividade tipicamente pública, qual seja, a fiscalização do exercício profissional, bem como são dotados de poder de polícia e poder arrecadador.

Nesse contexto, em tema de regime jurídico desses conselhos de fiscalização profissionais, que têm natureza jurídica de autarquias especiais, de acordo com o Supremo Tribunal Federal é correto afirmar que

a) não se submetem a controle pelo Tribunal de Contas.
b) não se aplica a obrigatoriedade de concurso público para ingresso de pessoal.
c) não se aplica o teto constitucional de remuneração dos servidores e não têm autonomia financeira e orçamentária.
d) não se aplica o regime dos precatórios para pagamentos de dívidas decorrentes de decisão judicial.
e) integram a administração pública direta e se submetem ao controle pelo tribunal de contas.

COMENTÁRIO

Alternativa "a". Os **conselhos profissionais** estão submetidos à **fiscalização do Tribunal de Contas.** Neste sentido, por exemplo, é o MS nº 28.469, julgado pelo Supremo Tribunal Federal.

Alternativa "b". De acordo com entendimento proferido no julgamento do Recurso Extraordinário nº 1.128.254, os conselhos profissionais precisam fazer concursos públicos para a admissão de funcionários.

Alternativa "c". O entendimento jurisprudencial é de que os **conselhos de fiscalização profissional**, dada a natureza autárquica que possuem, **são alcançados pela regra constitucional do teto remuneratório** (art. 37, XI, da Constituição Federal).

Alternativa "d". No julgamento do Recurso Extraordinário nº 938.837, o Supremo Tribunal Federal fixou, no Tema nº 877, a tese pela qual os pagamentos devidos, em razão de pronunciamento judicial, pelos Conselhos de Fiscalização não se submetem ao regime de precatórios.

Alternativa "e". Sendo consideradas autarquias profissionais, os conselhos integram a **Administração Pública Indireta.**

Alternativa correta: letra "d".

---

40. (FCC – Técnico Judiciário – Área Administrativa – TRT 14/2022) A entidade AB é uma autarquia federal e a entidade BC é uma empresa pública federal. Nesse caso,

a) AB foi criada por lei específica e, a instituição de BC foi autorizada por lei específica.
b) ambas têm personalidade jurídica de direito público.
c) AB integra a Administração pública direta e BC integra a Administração pública indireta.
d) ambas admitem organização sob quaisquer das formas admitidas em direito.
e) ambas possuem capital inteiramente público, com possibilidade de participação das entidades da Administração indireta.

COMENTÁRIO

Alternativa "a". As **autarquias** são pessoas jurídicas de direito público, **criadas por lei específica**, com patrimônio próprio e autonomia administrativa, para a execução de atividade típica da Administração Pública. Já a criação das **empresas públicas** é, necessariamente, autorizada por lei. Após a autorização legal, o chefe do Poder Executivo fará ato criando a pessoa jurídica e, depois, seus atos de constituição serão registrados no órgão competente, quando adquirirá personalidade jurídica.

Alternativa "b". As **empresas públicas** têm, necessariamente, **personalidade jurídica de direito privado.**

Alternativa "c". Ambas as modalidades– autarquias e empresas públicas – integram a **Administração Pública Indireta.**

Alternativa "d". As **empresas públicas** podem ser constituídas adotando-se qualquer **modalidade empresarial.** As **autarquias** são **criadas por lei específica para o exercício de atividade típica estatal** e submete-se ao regime de direito público, adotando foram específica de organização.

Alternativa "e". As **empresas públicas** têm **capital social inteiramente público**, com possibilidade de participação das entidades da Administração indireta, o que não ocorre com as autarquias porque não sociedades e, na verdade, são espécie de pessoa jurídica de direito público, nos termos do art. 41 do Código Civil e não admitem a participação de entidades da administração indireta.

Alternativa correta: letra "a".

---

41. (FCC - Analista Judiciário - Oficial de Justiça Avaliador Federal - TRT 22/2022) Um grupo de municípios situados no Estado X pretende constituir um consórcio público, para gestão associada do serviço público de saneamento básico, valendo-se da Lei nº 11.107/2005. É certo que:

a) poderão propor a participação da União no ajuste, independentemente da participação do Estado.

b) para que seja aperfeiçoado o ajuste, será necessária a ratificação deste por lei estadual.

c) os entes consorciados terão o mesmo número de votos na assembleia geral da entidade constituída.

d) é cláusula obrigatória do protocolo de intenções o valor das contribuições financeiras anuais de cada ente consorciado.

e) é dispensado da ratificação do ajuste o ente da Federação que, antes de subscrever o protocolo de intenções, disciplinar por lei a sua participação no consórcio público.

COMENTÁRIO

Alternativa "a". Conforme o art. 1º, §2º, da Lei nº 11.107/2005, a "União somente participará de consórcios públicos em que também façam parte todos os Estados em cujos territórios estejam situados os Municípios consorciados".

Alternativa "b". Para a criação do consórcio público, em um primeiro momento, há o protocolo de intenções, que é uma espécie de ajuste preliminar entre as pessoas políticas, no qual há a definição do objeto do consórcio, quais são seus participantes, qual sua duração, qual a forma de eleição do representante legal. Depois, o protocolo de intenções deve ser publicado na imprensa oficial e, na sequência, **ele deve ser ratificado por lei em cada um dos entes consorciados.**

Alternativa "c". Na forma do art. 4º, §2º, "o protocolo de intenções deve definir o número de votos que cada ente da Federação consorciado possui na assembleia geral, sendo assegurado 1 (um) voto a cada ente consorciado". Assim, é perfeitamente possível que os entes consorciados **não** tenham o mesmo número de votos na assembleia geral da entidade constituída.

Alternativa "d". Pelo contrário, o art. 4º, §3º, da Lei, estabelece que "é nula a cláusula do contrato de consórcio que preveja determinadas contribuições financeiras ou econômicas de ente da Federação ao consórcio público, salvo a doação, destinação ou cessão do uso de bens móveis ou imóveis e as transferências ou cessões de direitos operadas por força de gestão associada de serviços públicos".

Alternativa "e". Na forma do art. 5º, §4º, da Lei, é dispensado da ratificação (...) o ente da Federação que, antes de subscrever o protocolo de intenções, disciplinar por lei a sua participação no consórcio público".

Alternativa correta: letra "e".

---

42. (FCC - Analista Judiciário - Área Judiciária - TRT 16/2022) A Lei nº 11.107/2005 dispõe sobre normas gerais de contratação de consórcios públicos. De acordo com o citado diploma legal, o consórcio público

a) constituirá associação pública ou pessoa jurídica de direito privado.

b) será constituído por contrato cuja celebração independerá da prévia subscrição de protocolo de intenções.

c) não poderá ser contratado pela administração direta ou indireta dos entes da Federação consorciados, dispensada a licitação.

d) não poderá firmar convênios, contratos, acordos de qualquer natureza, receber auxílios, contribuições e subvenções sociais ou económicas de outras entidades e órgãos do governo, mas poderá fazê-lo com a iniciativa privada.

e) não poderá, em qualquer caso, promover desapropriações e instituir servidões nos termos de declaração de utilidade ou necessidade pública, ou interesse social, realizada pelo Poder Público.

COMENTÁRIO

Alternativa "a". Na exata forma do que disciplina o art. 6º, *caput*, da Lei, "o consórcio público adquirirá personalidade jurídica: I – de direito público, no caso de constituir associação pública, mediante a vigência das leis de ratificação do protocolo de intenções; II – de direito privado, mediante o atendimento dos requisitos da legislação civil.

Alternativa "b". Para a criação do consórcio público, em um primeiro momento, **há o protocolo de intenções, que é uma espécie de ajuste preliminar entre as pessoas políticas**, no qual há a definição do objeto do consórcio, quais são seus participantes, qual sua duração, qual a forma de eleição do representante legal. Depois, o protocolo de intenções deve ser publicado na imprensa oficial e, na sequência, **ele deve ser ratificado por lei em cada um dos entes consorciados**.

Alternativa "c" (responde as alternativas "d" e "e"). Na forma do art. 2º, §1º, da Lei, para o cumprimento de seus objetivos, o consórcio público poderá: I – firmar convênios, contratos, acordos de qualquer natureza, receber auxílios, contribuições e subvenções sociais ou econômicas de outras entidades e órgãos do governo; II – nos termos do contrato de consórcio de direito público, promover desapropriações e instituir servidões nos termos de declaração de utilidade ou necessidade pública, ou interesse social, realizada pelo Poder Público; e III – ser contratado pela administração direta ou indireta dos entes da Federação consorciados, dispensada a licitação.

Alterativa correta: letra "a".

---

43. (FCC – Técnico Judiciário – Área Administrativa – TRT 17/2022) De acordo com o que estabelece o ordenamento jurídico sobre a organização da Administração Pública,

a) somente por meio de lei em sentido estrito é possível a criação, a extinção e a estruturação dos órgãos públicos.

b) empresa pública é a entidade dotada de personalidade jurídica de direito público, com criação autorizada por lei e com património próprio, cujo capital social é integralmente detido pela União e pelos Estados, não havendo previsão legal de sua criação pelos Municípios.

c) depende de autorização do chefe do Poder Executivo a criação de subsidiárias de empresa pública e de sociedade de economia mista, sendo vedada a participação de qualquer delas em empresas privadas.

d) a sociedade de economia mista que desempenha atividade económica e que distribua lucros a acionistas privados poderá gozar de privilégios fiscais não extensivos às demais empresas do setor privado.

e) nas sociedades de economia mista existem acionistas públicos e privados, contudo, o Poder Público sempre deve deter o controle acionário.

COMENTÁRIO

Alternativa "a". O art. 84, VI, "a" da Constituição Federal elenca entre as competências privativas do Presidente da República a edição de decreto sobre organização e funcionamento da administração federal, **desde que não haja aumento de despesa, nem criação ou extinção de órgãos públicos.** Assim, é possível que, por meio do decreto, haja a **estruturação de órgãos públicos.**

Alternativa "b". As **empresas públicas** são entidades da Administração Pública Indireta com **personalidade jurídica de direito privado**, necessariamente.

Alternativa "c". Nos termos do art. 2º, §2º, da Lei nº 13.303/2016, "depende de autorização **legislativa** a criação de subsidiárias de empresa pública e de sociedade de economia mista, **assim como a participação de qualquer delas em empresa privada**, cujo objeto social deve estar relacionado ao da investidora (...)".

Alternativa "d". Quando **exploradoras de atividade econômica**, a empresa pública e a sociedade de economia mista submetem-se ao regime estabelecido no **art. 173 da Constituição Federal**, cujo § 1º prevê que a edição de estatuto jurídico das empresas "que explorem atividade econômica de produção ou comercialização de bens ou de prestação de serviços", o que ocorreu com a Lei nº 13.303/2016. Nos termos do art. 173, *caput*, o Estado somente poderá explorar, diretamente, atividade econômica quando necessária à segurança nacional ou a relevante interesse coletivo. As empresas estatais, quando atuarem nesse tipo de atividade, deverão obedecer às regras previstas para as empresas do setor privado, com as mitigações do direito público. Assim, **não é possível que a elas sejam estendidos privilégios fiscais não extensivos às pessoas da iniciativa privada, devendo se submeter ao regime privado quanto às obrigações civis, comerciais, trabalhistas e tributárias, consoante art. 173, §2º, da Constituição Federal.**

Alternativa "e". Quanto a formação do capital, nas **sociedades de economia mista** o **capital é misto,** constituído de capital público e privado. **O capital público deve ser majoritário,** assim como deve ser majoritário o direito a voto, mas, a parte majoritária do capital público também poderá ser oriundo de pessoa jurídica de direito privado integrante da Administração.

Alternativa correta: letra "e".

---

44. (FCC – Analista Judiciário – Oficial de Justiça Avaliador Federal – TRT 22/2022) Conforme jurisprudência dominante dos Tribunais Superiores e do TCU, embora ostentem personalidade de direito privado, aplicam-se aos serviços sociais autônomos criados em âmbito federal ("Sistema S") algumas normas típicas do regime jurídico- administrativo, dentre elas,

a) a fiscalização pelo Tribunal de Contas da União.
b) o pagamento de suas dívidas por precatórios.
c) a competência da Justiça Federal para julgamento das ações em que forem parte.
d) a obrigatoriedade de concurso público para admissão de pessoal de caráter permanente.
e) a observância das regras constantes da legislação federal sobre licitações.

COMENTÁRIO

✪ **Nota do Autor:** Os **serviços sociais autônomos** são pessoas jurídicas de direito privado, sem finalidade de lucro, que atuam na realização de atividades de interesse público, de atividade não exclusiva do Estado. Não fazem parte da administração indireta, mas para serem criados, dependem de lei.

Alternativa "a". Por receberem recursos públicos para o desenvolvimento de suas atividades, as entidades do Sistema S sujeitam-se ao controle externo exercido pelo TCU, de caráter finalístico, inclusive com a prestação de contas anualmente. Neste exato diapasão, por exemplo, foi publicado pelo Tribunal de Contas da União o Acórdão nº 1.567/2020, pelo qual se aplicam aos serviços sociais autônomos, em complemento às Normas Brasileiras de Contabilidade expedidas pelo Conselho Federal de Contabilidade, as normas de contabilidade pública emitidas pela Secretaria do Tesouro Nacional, na condição de órgão central do sistema de contabilidade federal.

Alternativa "b". As entidades do Sistema S **não** são beneficiadas pelo regime de precatórios.

Alternativa "c". Em diferentes julgados, o Supremo Tribunal Federal ratificou o entendimento de que os serviços sociais autônomos estão sujeitos à jurisdição da Justiça Estadual. Neste sentido, por exemplo, é a ACO nº 1.953.

Alternativa "d". De acordo com o entendimento proferido pelo Supremo Tribunal Federal, no julgamento do Recurso Extraordinário nº 789.874, os serviços sociais autônomos não precisam realizar concurso público para contratar seu pessoal.

Alternativa "e". O Sistema S possui a prerrogativa de instituir e operar seus regulamentos próprios de licitações e contratos, sem que tenham de se sujeitar, como destinatários formais, aos rigores das leis gerais de licitações e contratos da administração pública devendo, todavia, obedecer ao princípio da impessoalidade.

Alternativa correta: letra "a".

---

45. (FCC – Técnico Judiciário – Área Administrativa – TRT 22/2022) As Agências Reguladoras federais são estruturas administrativas que

a) são destituídas da personalidade jurídica, visto que têm natureza de órgãos pertencentes à Administração Direta da União.
b) estão subordinadas ao Poder Executivo, devendo submeter suas decisões técnicas ao Ministério a que estão vinculadas.
c) possuem independência total na tomada de suas decisões, sendo dispensadas de motivá-las.
d) possuem natureza de autarquia especial e são dotadas de autonomia funcional, decisória, administrativa e financeira.
e) são dirigidas por conselho diretor ou diretoria colegiada, cujos titulares são nomeados e exonerados livremente pelo Presidente da República.

COMENTÁRIO

Alternativa "a". As **agências reguladoras** são entidades administrativas da **Administração Pública indireta,** com personalidade jurídica de direito público, criada para exercer a regulação, o controle administrativo, a fiscalização, a disciplina sobre a prestação de um determinado serviço público ou a realização de alguma atividade econômica.

Alternativa "b" (responde a alternativa "e"). O modelo de controle de finalidade é chamado na esfera federal de **supervisão ministerial**, que **não** significa subordinação da entidade da Administração Indireta com o Ministro de Estado competente. Isso também se aplica às agências reguladoras, apesar de possuírem autonomia administrativa maior porque o controle político é mais reduzido, em razão de seus dirigentes possuírem mandato e não poderem ser livremente exonerados. Quer dizer, possuem maior autonomia, mas não são independentes.

Alternativa "c". A despeito da independência na tomada de decisões, é necessário que, no âmbito das **agências reguladoras**, as decisões sejam devidamente motivadas.

Alternativa "d". As **agências reguladoras** são **autarquias sob regime especial**, detêm personalidade jurídica de direito público, submetem-se integralmente ao regime jurídico-administrativo, e são criadas para disciplinar e controlar certas atividades, entre elas atividades de fomento e incrementação de atividade privada. Uma das características de terem natureza especial é a investidura a termo de seus dirigentes e estabilidade durante o mandato e, assim, não podem ser livremente exonerados pelo Presidente da República.

Alternativa correta: letra "D"

---

46. (AOCP – Técnico Judiciário – Área Administrativa – TRT 1/2018) A respeito da organização da Administração Pública, assinale a alternativa correta.

a) Os pagamentos devidos, em razão de pronunciamento judicial, pelos Conselhos Profissionais, submetem-se ao regime de precatórios.

b) O regime jurídico de direito privado das empresas públicas é parcialmente derrogado por normas de direito público, cenário este que a doutrina denomina de regime jurídico híbrido.

c) A dotação patrimonial, no que tange às fundações instituídas pelo Poder Público, deve ser inteiramente pública.

d) Quanto à forma de organização, as sociedades de economia mista podem ser estruturadas sob qualquer das formas admitidas em direito.

e) Descentralização por serviço é a que se verifica quando, por meio de contrato, transfere-se a execução de determinado serviço público à pessoa jurídica de direito privado.

COMENTÁRIO

Alternativa "a". Apesar de tradicionalmente considerados como autarquias, os conselhos profissionais não se submetem na íntegra ao regime de direito público próprio daquelas entidades. Nesse sentido, na ADC 36, o STF, decidiu-se que os conselhos profissionais são, na verdade, espécie *sui generis* de pessoa jurídica de direito público não estatal e, assim, entendeu-se que não necessitam seguir a exigência do regime jurídico único para seu pessoal. Ainda nesse sentido, cumpre destacar que não são todas as prerrogativas próprias das autarquias que lhe são outorgadas e, dessa forma, no STF foi fixada a tese no RE 938.877: "Os pagamentos devidos, em razão de pronunciamento judicial, pelos Conselhos de Fiscalização não se submetem ao regime de precatórios".

Alternativa "b". As empresas públicas e as sociedades de economia mista podem ser exploradoras de atividade econômica ou prestadoras de serviço público. Em ambos os casos, trata-se de pessoa jurídica de direito privado, isto é, o regime jurídico é o previsto no direito privado, todavia, com as derrogações feitas pelo direito público. Ou seja, na verdade, há um regime híbrido, com normas de direito privado e normas de direito público e a harmonização entre essas normas é diferente conforme se trate de exploradora de atividade econômica ou de prestadora de serviço público, pois naquela a maior incidência é de normas de direito privado e nesta predominam as normas de direito público.

Alternativa "c". A dotação patrimonial, no que tange às fundações instituídas pelo Poder Público, **não precisa ser inteiramente pública.**.

Alternativa "d". As **sociedades de economia mista** são **necessariamente** sociedades anônimas com capital misto que possuem personalidade jurídica de **direito privado,** cuja criação é **autorizada por lei,** com autonomia administrativa e patrimônio próprio, que prestam serviço público ou exploram atividade econômica.

Alternativa "e". A **descentralização técnica ou por serviços** ocorre quando o Estado cria uma pessoa jurídica de direito público ou de direito privado e a ela atribui a titularidade a e execução da atividade administrativa, com capacidade administrativa específica.

Alternativa correta: letra "b".

---

47. (FCC – Técnico Judiciário – Área Administrativa – TRT 6/2018) Na hipótese de a Administração pública estadual pretender descentralizar serviço de sua competência para atribuí-lo a pessoa jurídica ainda inexistente, sujeita a regime jurídico administrativo e com personalidade de direito público,

a) deve criar por lei específica autarquia, que passará a integrar a Administração pública indireta estadual.

b) deve obter autorização legislativa para criar autarquia, que integrará a Administração pública direta.

c) pode criar autarquia ou empresa pública, a primeira instituída por lei e a segunda pelo registro de seus atos constitutivos, ambas integrantes da Administração pública indireta.

d) pode escolher entre criar autarquia, empresa pública ou sociedade de economia mista, todas por lei específica, a última por lei complementar e as três integrantes da Administração pública indireta.

e) deve criar por lei específica autarquia, que passará a integrar a Administração pública direta estadual juntamente com o ente instituidor.

COMENTÁRIO

Alternativa "a" (responde as alternativas "b" e "e"). As **autarquias** são pessoas jurídicas de direito público, **criadas por lei específica**, com patrimônio próprio e autonomia administrativa, para a execução de atividade típica da Administração Pública. A autarquia integra a **administração indireta** da pessoa política na qual foi elaborada a lei que a criou. É uma pessoa jurídica que adota o regime jurídico de direito público e, assim, celebra concurso público, licitação, contrato administrativo, seus bens são públicos e possuem prerrogativas processuais. Da mesma forma que todas as entidades da administração indireta, as autarquias submetem-se a controle pelo Tribunal de Contas, nos termos do art. 71, da Constituição Federal.

Alternativa "c" (responde a alternativa "d"). As **empresas estatais** – gênero que contempla as **empresas públicas** e as **sociedades de economia mista** – necessariamente têm **personalidade jurídica de direito privado**, cuja criação é **autorizada por lei específica.**

Alternativa correta: letra "a".

---

48. (FCC – Técnico Judiciário – Área Administrativa – TRT 6/2018) As unidades de atuação denominadas órgãos públicos

a) integram a estrutura da Administração pública direta, mas não da Administração pública indireta, cujos plexos de competência denominam-se entidades.

b) integram a estrutura da Administração pública direta e da indireta e não têm personalidade jurídica, ao contrário das entidades.

c) têm personalidade jurídica própria e distinta da entidade que integram.

d) não têm personalidade jurídica própria, quando integram a estrutura da Administração pública direta, mas são unidades de atuação, da Administração indireta, dotadas de personalidade jurídica.

e) confundem-se com os agentes públicos por congregarem as funções que estes exercem, sendo o todo do qual aqueles são a parte.

COMENTÁRIO

✪ **Nota do Autor:** A questão em análise apresente um ponto que, costumeiramente, é erroneamente interpretado pelo candidato e, portanto, merece especial atenção. Os **órgãos públicos** são costumeiramente tratados como parte integrante da Administração Pública direta; todavia, as entidades da Administração Pública indireta podem, de igual modo, criar órgãos públicos. Desse modo, é possível afirmar que os **órgãos públicos integram a estrutura da Administração pública direta e da indireta.**

Alternativa "b" (responde as demais alternativas). Os órgãos públicos são "centros de competência instituídos para o desempenho de funções estatais, através de seus agentes, cuja atuação é imputada à pessoa jurídica a que pertencem"[9]. No órgão, há cargos, funções e agentes públicos. Em cada órgão existe um núcleo de atribuições que devem ser desenvolvidas por meio da ação humana dos agentes públicos, pois o agente público está lotado no órgão que, por sua vez, integra uma pessoa jurídica. Portanto, o órgão não tem vida própria. Ele faz parte de uma pessoa jurídica e, assim, quando o agente pratica o ato é a própria pessoa jurídica quem está atuando, sendo o órgão o elemento de ligação entre o agente público e a pessoa jurídica. O **órgão**, por si, não é capaz de adquirir direitos e obrigações, pois **não tem personalidade jurídica**, quer dizer, é despersonalizado e, com isso, é a pessoa jurídica quem responde pelos atos praticados.

Alternativa correta: letra "b".

---

49. (FCC – Técnico Judiciário – Área Judiciária – TRT 15/2018) A constituição de uma pessoa jurídica para integrar a Administração indireta depende

a) de autorização legislativa para instituição, no caso das sociedades de economia mista, cujo regime jurídico típico de direito privado não afasta a necessidade de se submeter a determinadas regras e princípios aplicáveis às pessoas jurídicas de direito público.

b) de lei para criação do ente, quando se tratar de empresas estatais de natureza jurídica típica de direito privado, independente do objeto social, não se lhes aplicando o regime jurídico de direito público.

c) de lei autorizativa, no caso das autarquias, seguida de afetação de patrimônio e arquivamento de atos constitutivos segundo a legislação civil vigente.

d) do arquivamento dos atos constitutivos no caso das autarquias, seguido de edição de Decreto homologatório pelo Chefe do Executivo.

e) de lei autorizativa para criação de qualquer ente, independentemente da natureza jurídica, fazendo constar como anexo do ato normativo os atos constitutivos da pessoa jurídica.

COMENTÁRIO

Alternativa "a" (responde a alternativa "b"). A criação das empresas públicas e das sociedades de economia mista é, necessariamente, **autorizada por lei.** Após a autorização legal, o chefe do Poder Executivo fará ato criando a pessoa jurídica e, depois, seus atos de constituição serão registrados no órgão

---

9. MEIRELLES, Hely Lopes. *Direito administrativo brasileiro*. 36. ed. São Paulo: Malheiros, 2010. p. 68.

competente, quando adquirirá **personalidade jurídica**. A despeito de terem personalidade jurídica de direito privado, às empresas estatais aplica-se o chamado **regime híbrido**, com a incidência de normas de direito privado e de direito público. Dentre estas, destacam-se a **necessidade de realização de concurso público para contratação de pessoal** e, ainda, à **sujeição às normas referentes ao procedimento licitatório.**

Alternativa "c" (responde as alternativas "d" e "e"). As autarquias são **pessoas jurídicas de direito público**, criadas por lei específica, com patrimônio próprio e autonomia administrativa, para a execução de atividade típica da Administração Pública. Não é necessário o registro de quaisquer documentos societários, sendo que a personalidade jurídica das autarquias é concomitante ao início da vigência da lei que as criou.

Alternativa correta: letra "a".

---

50. (AOCP – Analista Judiciário – Oficial de Just. Avaliador Federal – TRT 1/2018) De acordo com a classificação dos órgãos públicos, analise o trecho a seguir e assinale a alternativa que aponta a classificação correspondente.

"São os originários da Constituição e representativos dos três Poderes do Estado, sem qualquer subordinação hierárquica ou funcional, e sujeitos apenas aos controles constitucionais de um sobre o outro; suas atribuições são exercidas por agentes políticos."(Di Pietro, Maria Sylvia Zanella. Direito administrativo. 30.ed. Rev., atual. E ampl. – Rio de Janeiro: Forense, 2017.)

a) Órgãos autônomos.
b) Órgãos independentes.
c) Órgãos superiores.
d) Órgãos centrais.
e) Órgãos subalternos.

COMENTÁRIO

Alternativa "a". Órgãos **autônomos** estão situados abaixo dos órgãos independentes, aos quais estão subordinados, mas ainda possuem autonomia administrativa, financeira e técnica. São exemplos: Ministérios, Secretarias de Estado.

Alternativa "b". Os **órgãos independentes** representam as **funções principais do Estado**, isto é, a legislativa, a jurisdicional e a administrativa. Desse modo, estão no topo da estrutura estatal e não estão subordinados a nenhum outro como, por exemplo, Câmara dos Deputados, Senado Federal, Presidência da República, Supremo Tribunal Federal.

Alternativa "c". Órgãos superiores são órgãos de direção, controle e comando, mas sujeitos à subordinação e ao controle hierárquico de uma chefia, não gozando de autonomia administrativa nem financeira. Incluem-se nessa categoria órgãos com variadas denominações, como Departamentos, Coordenadorias, Divisões, Gabinetes.

Alternativa "d". Os órgãos **centrais** são aqueles que atuam em toda a área territorial da pessoa jurídica a que pertencem como, por exemplo, o Ministério da Justiça, que é um órgão federal e atua em todo o país.

Alternativa "e". Os **órgãos subalternos** são aqueles que possuem pequeno poder de decisão e suas atividades são, principalmente, de execução, de cumprimento das decisões dos órgãos a que estão subordinados. São exemplos: seção de expediente, seção de pessoal.

Alternativa correta: letra "b".

---

51. (AOCP – Analista Judiciário – Área Judiciária – TRT 1/2018) Sobre os órgãos públicos, analise as assertivas e assinale a alternativa que aponta as corretas.

I. Quanto à estrutura, os órgãos podem ser classificados em singulares e coletivos.
II. Órgão é a unidade de atuação integrante da estrutura da Administração direta e da estrutura da Administração indireta.
III. Os Ministérios e as Secretarias de Estado e de Municípios podem ser classificados, quanto à posição estatal, como órgãos autônomos.
IV. Segundo a teoria eclética, o órgão é formado por dois elementos, quais sejam, o agente e o complexo de atribuições.

a) Apenas I e IV.
b) Apenas II e III.
c) Apenas I, II e III.
d) Apenas I, III e IV.
e) Apenas II, III e IV.

COMENTÁRIO

✪ **Nota do Autor:** Os órgãos públicos são "centros de competência instituídos para o desempenho de funções estatais, através de seus agentes, cuja atuação é imputada à pessoa jurídica a que pertencem"[10]. No órgão, há cargos, funções e agentes públicos. Em cada órgão existe um núcleo de atribuições que devem ser desenvolvidas por meio da ação humana dos agentes públicos, pois o agente público está lotado no órgão que, por sua vez, integra uma pessoa

---

10. MEIRELLES, Hely Lopes. Direito administrativo brasileiro. 36. ed. São Paulo: Malheiros, 2010. p. 68.

jurídica. Portanto, o órgão não tem vida própria. Ele faz parte de uma pessoa jurídica e, assim, quando o agente pratica o ato é a própria pessoa jurídica quem está atuando, sendo o órgão o elemento de ligação entre o agente público e a pessoa jurídica. O **órgão**, por si, não é capaz de adquirir direitos e obrigações, pois **não tem personalidade jurídica**, quer dizer, é despersonalizado e, com isso, é a pessoa jurídica quem responde pelos atos praticados.

Item I. Errado. Quanto à estrutura, os órgãos públicos podem ser definidos como **simples, unitários ou compostos.** É quanto à composição que os órgãos podem ser definidos como **singulares ou coletivos.**

Item II. Correto. Como destacado na seção competente, órgãos públicos são centros especializados de atribuições que existem no interior de uma pessoa jurídica política ou administrativa. De acordo com o art. 1º, §2º, I da Lei 9.784/99, órgão público é definido como a unidade de atuação integrante da estrutura da Administração direta ou da Administração indireta.

Item III. Correto. Órgãos **autônomos** estão situados abaixo dos órgãos independentes, aos quais estão subordinados, mas ainda possuem autonomia administrativa, financeira e técnica. São exemplos: Ministérios, Secretarias de Estado.

Item IV. Correto. De acordo com a chamada **teoria eclética** – evolução das teorias subjetiva e objetiva – os órgãos públicos **são formados por dois elementos distintos**, com o surgimento da figura do agente e da figura do complexo de atribuições. A crítica que costumeiramente é feita a essa teoria está no fato de que, sendo exigidos dois elementos para a existência do órgão, desaparecendo um deles, por exemplo o agente, extingue-se o órgão, de igual modo.

Alternativa correta: letra "e".

---

52. (FCC – Analista Judiciário – Área Judiciária – TRT 2/2018) O diretor executivo de uma sociedade de economia mista exploradora de atividade econômica

a) emite ato administrativo sempre que determina ou autoriza uma contratação, precedida ou não de licitação.

b) tem sua atuação sujeita a controle externo exercido pelo Tribunal de Contas, que não detém poderes para sustar os contratos administrativos que aquele subscrever em nome da empresa.

c) submete-se a concurso público para provimento do cargo efetivo que ocupa, que exige vínculo estatutário.

d) sujeita-se aos princípios que regem a Administração pública, mas não se enquadra no conceito de agente público para fins de configuração de ato de improbidade administrativa.

e) está sujeito a controle externo e interno, em razão das funções que exerce em pessoa jurídica de direito público, mas não incide em responsabilização por infração disciplinar ou por ato de improbidade.

COMENTÁRIO

✪ **Nota do Autor:** Quando **exploradoras de atividade econômica**, a empresa pública e a sociedade de economia mista submetem-se ao regime estabelecido no **art. 173 da Constituição Federal**, cujo § 1º prevê que a edição de estatuto jurídico das empresas "que explorem atividade econômica de produção ou comercialização de bens ou de prestação de serviços", o que ocorreu com a Lei nº 13.303/16.

Alternativa "a". Os atos praticados por diretor executivo de uma sociedade de economia mista que desempenha atividade econômica, em geral, **são de gestão**, não se revestindo das características inerentes a atos administrativos, notadamente o fato de serem exarados com caráter de superioridade da Administração Pública.

Alternativa "b". Da mesma forma que todas as entidades da administração indireta, as sociedades de economia mista, **mesmo que exploradoras de atividade econômica**, submetem-se a controle pelo Tribunal de Contas, nos termos do art. 71, da Constituição Federal. Atualmente, a submissão a esse controle está prevista na Lei 13.303/16, em seu art. 87: "O controle das despesas decorrentes dos contratos e demais instrumentos regidos por esta Lei será feito pelos órgãos do sistema de controle interno e pelo tribunal de contas competente, na forma da legislação pertinente, ficando as empresas públicas e as sociedades de economia mista responsáveis pela demonstração da legalidade e da regularidade da despesa e da execução, nos termos da Constituição". Desse modo, diretor executivo de uma sociedade de economia mista exploradora de atividade econômica tem sua atuação sujeita a controle externo exercido pelo Tribunal de Contas, não detendo este, contudo, poderes para sustar contratos administrativos, eis que, de acordo com o art. 70, X, da Constituição Federal, compete aos Tribunais de Contas, tão somente, "sustar, se não atendido, a execução do ato impugnado, comunicando a decisão à Câmara dos Deputados e ao Senado Federal".

Alternativa "c". Na forma do art. 17, da Lei nº 13.303/16, os membros do Conselho de Administração e os indicados para os cargos de diretor, inclusive presidente, diretor-geral e diretor-presidente, serão escolhidos entre cidadãos de reputação ilibada e de notório conhecimento, obedecidos os critérios discriminados nos incisos. Tratam-se, assim, de membros não submetidos ao regime estatutário, que não dependem de concurso público para o exercício dos correspondentes cargos.

Alternativa "d" (responde a alternativa "e"). Os dirigentes de sociedades de economia mista **enquadram-se no conceito de agentes públicos** para fins de cometimento de ato de improbidade administrativa, nos exatos termos da Lei nº 8.429/92 e, também, responde por infração disciplinar.

Alternativa correta: letra "b".

---

53. (FCC - Analista Judiciário - Oficial de Just. Avaliador Federal - TRT 2/2018) A criação de uma sociedade de economia mista por um ente político, para prestação de serviço público de sua titularidade, expressa

a) organização administrativa sob a forma de desconcentração, tendo em vista que outra pessoa jurídica, ainda que com personalidade jurídica de direito público, desempenhará as atividades típicas da Administração pública.

b) a possibilidade de incidência do regime jurídico de direito público para as pessoas jurídicas de direito privado integrantes da Administração pública, com exceção da incidência de normas e princípios aplicáveis à Administração central, como a obrigatoriedade de submissão a concurso público para contratação de servidores, porque não serão submetidos a regime estatutário.

c) a transferência de competências para pessoas jurídicas com personalidade jurídica própria, autônomas e desprovidas de relação hierárquica ou de tutela com o ente que as instituiu.

d) organização administrativa do ente público estruturada de forma desconcentrada, abrangendo delegação de competências para órgãos administrativos e pessoas jurídicas com personalidade jurídica própria.

e) forma descentralizada de organização administrativa, na qual pessoas jurídicas são instituídas para integrar a Administração indireta do ente federado e desempenhar as atribuições especificadas nos atos institutivos, originalmente de atribuição da Administração central.

COMENTÁRIO

✪ **Nota do Autor:** A **descentralização** é plenamente admitida na organização administrativa brasileira, assim entendida como a **distribuição externa de competências**, em que há a **pessoa jurídica política e a pessoa jurídica que recebeu a atribuição para o desempenho de atividade administrativa.** A administração indireta é, portanto, manifestação do fenômeno da **descentralização.**

Alternativa "a" (responde as alternativas "d" e "e"). Tanto a desconcentração quanto a descentralização promovem a distribuição de competências. Todavia, na **descentralização a distribuição é externa**, de uma pessoa jurídica para outra e, por sua vez, na **desconcentração a distribuição é interna**, dentro da mesma pessoa jurídica. A descentralização pode ser política (realizada diretamente pela Constituição Federal, com o que cada ente federado possui **capacidade política)** ou **administrativa** (as pessoas políticas, com base na competência política que receberam, distribuem competências para outras pessoas jurídicas. A descentralização administrativa pode ser **subdividida** em: a) **territorial ou geográfica**: cria-se **uma pessoa jurídica de direito público, com área geográfica delimitada e com capacidade administrativa genérica** (exemplo: territórios federais); b) **por serviços, funcional ou técnica**: a pessoa política **cria outra pessoa jurídica, de direito público ou de direito privado, para exercer determinada atividade** (exemplos: autarquia, fundação pública, empresa pública, sociedade de economia mista); c) **por colaboração**: a **pessoa política transfere a execução de um serviço público para uma empresa do setor privado** (exemplo: concessionárias de serviço público).

Alternativa "b". As empresas públicas e as sociedades de economia mista podem ser exploradoras de atividade econômica ou prestadoras de serviço público. Em ambos os casos, trata-se de pessoa jurídica de direito privado, isto é, o regime jurídico é o previsto no direito privado, todavia, com as derrogações feitas pelo direito público. Ou seja, na verdade, há um regime híbrido, com normas de direito privado e normas de direito público e a harmonização entre essas normas é diferente conforme se trate de exploradora de atividade econômica ou de prestadora de serviço público, pois naquela a maior incidência é de normas de direito privado e nesta predominam as normas de direito público. Assim, mesmo sendo aplicável o regime trabalhista, há necessidade de ingresso por concurso

Alternativa "c". Em se tratando de entidades da administração indireta, tais quais as **sociedades de economia mista**, não há que se falar em **subordinação** com os órgãos e pessoas políticas que compõem a **administração direta.** Na verdade, as pessoas administrativas estão sujeitas ao chamado **controle de finalidade** por parte da administração direta, havendo uma relação de **vinculação**, mas não de subordinação.

Alternativa correta: letra "e".

---

54. (FCC - Analista Judiciário - Oficial de Just. Avaliador Federal - TRT 2/2018) A repartição de competências constitucionalmente estabelecida entre os entes federados

a) impede a delegação da execução de serviços públicos entre os diversos entes políticos, bem como destes para as pessoas jurídicas que integram a Administração indireta.

b) não impede a celebração de consórcio público, este que se consubstancia em outra pessoa jurídica à qual pode ser atribuída a execução de serviço público de competência de um dos convenentes.

c) possibilita a delegação de titularidade dos serviços públicos entre os diversos entes federados, desde que se preste à execução direta das referidas utilidades.

d) comporta delegação da execução de serviços públicos para a iniciativa privada, desde que em caráter não oneroso e para prestação mediante regime jurídico de direito público.

e) contempla a titularidade dos serviços públicos atribuídos a cada um dos entes, não sendo admitida a delegação da execução daqueles à pessoas jurídicas de direito privado que integram a Administração indireta.

COMENTÁRIO

Alternativa "a" (responde as alternativas "b" e "c"). É plenamente possível a delegação da execução de serviços públicos entre os entes federados. Neste exato sentido, a Lei nº 11.107/05 criou nova espécie de pessoa jurídica da Administração Pública: os consórcios públicos, que **visam à realização de objetivos de interesse comum da União, dos Estados, Distrito Federal e Municípios, promovendo uma gestão associada, com fundamento do no art. 241 da Constituição Federal. O dispositivo constitucional em questão** estabelece que a União, os Estados, o DF e os Municípios, por meio de lei, disciplinarão sobre os consórcios públicos e os convênios de cooperação entre os entes federados, inclusive autorizando a gestão associada de serviços públicos, bem como a transferência total ou parcial de encargos, serviços, pessoal e bens essenciais à continuidade dos serviços transferidos, sendo a Lei nº 11.107/05 norma geral sobre o tema. Assim, nos limites da legislação e da Constituição Federal, plenamente possível a constituição de consórcio público, ao qual pode ser atribuída a execução de serviço público de competência de um dos convenentes.

Alternativa "d" (responde a alternativa "e"). É possível a delegação de serviços públicos a pessoas jurídicas de direito privado, seja da própria Administração Pública (normalmente, essa espécie é chamada de outorga) – por meio de descentralização às empresas estatais, por exemplo – seja da iniciativa privada, como ocorre na concessão de serviços públicos, por exemplo.

Alternativa correta: letra "b".

55. (FCC – Analista Judiciário – Área Judiciária – TRT 6/2018) De acordo com a Lei nº 13.019/2014,

a) qualquer organização da sociedade civil pode celebrar parceria com a Administração pública, podendo se materializar mediante convênio ou contrato.

b) as entidades da sociedade civil devem ser qualificadas como organizações sociais para celebrarem parcerias regidas por esse diploma legal com os entes públicos quando envolverem o repasse de recursos financeiros.

c) as parcerias firmadas entre poder público e entidades da sociedade civil regidas por esse diploma legal dependem da previsão de repasse de recursos financeiros para realização das atividades.

d) os instrumentos de parceria previstos nesse diploma legal se destinam a disciplinar a realização de atividades de interesse público e recíproco, nem todos envolvendo o repasse de recursos financeiros em favor da organização da sociedade civil.

e) a celebração de acordos ou termos de cooperação com entidades da sociedade civil configura hipótese expressa de dispensa de licitação, diferentemente do termo de fomento, que exige a realização de um chamamento para escolha da organização que melhor desempenhará as atividades de interesse público.

COMENTÁRIO

✪ **Nota do Autor:** A Lei nº 13.019/2014 – conhecida como Marco Regulatório das Organizações da Sociedade Civil – estabelece o regime jurídico das parcerias entre a administração pública e as entidades do terceiro setor, em regime de mútua cooperação, para a consecução de finalidades de interesse público e recíproco, além de definir as diretrizes para a política de fomento, colaboração e de cooperação com referidas organizações.

Alternativa "a". Como destacado, a instrumentalização das parcerias previstas na Lei nº 13.019/2014 se dá por meio de **termo de colaboração, termo de fomento** ou **acordo de cooperação,** e não via contratos e convênios, como destacado no enunciado.

Alternativa "b". Inexiste qualquer previsão legal nesse sentido, sendo que, em verdade, as **organizações sociais** são regidas pela Lei nº 9.637/98, de tal modo que as exigências da Lei nº 13.019/14 não se aplicam a referidas entidades, consoante art. 3º, III, do Marco Regulatório.

Alternativa "c" (responde a alternativa "d"). São 3 (três) os principais instrumentos de parceria previstos no diploma legal: **termo de colaboração, termo de fomento** e **acordo de cooperação**, sendo que este último é definido, na forma do art. 2º, VII-A, como o "instrumento por meio do qual são formalizadas as parcerias estabelecidas pela administração pública com organizações da sociedade civil para a consecução de finalidades de interesse público e recíproco **que não envolvam a transferência de recursos financeiros**".

Alternativa "e". Dentre as hipóteses de dispensa e inexigibilidade de chamamento público, previstas no art. 30 e 31 da Lei nº 13.019/14, **não se verifica a realização de acordo de cooperação**, diferentemente do quanto mencionado na alternativa em questão.

Alternativa correta: letra "d".

---

56. (FCC - Analista Judiciário - Oficial de Just. Avaliador Federal - TRT 6/2018) A criação de uma empresa estatal deve

a) observar a legislação civil e comercial aplicável à criação de empresas, exceto com relação ao capital, que nos primeiros seis meses deve pertencer integralmente ao ente público que a criou.

b) ser precedida de autorização legislativa, o que a predicará com regime jurídico de direito público, inclusive quanto a seus bens e obrigatoriedade de submissão a licitação para todos os ajustes e contratos que celebrar.

c) ser autorizada em audiência pública a ser realizada para o setor econômico em que vai atuar, de forma a serem colhidas eventuais impugnações quanto à concorrência desleal.

d) observar a legislação aplicável para instituição de empresas privadas, sem prejuízo de ter sido previamente autorizada em lei, podendo ser prestadora de serviços públicos ou exploradora de atividade econômica.

e) ser feita por meio de lei, da qual constarão, como anexo, os atos constitutivos que deverão ser levados a registro para regular funcionamento, e deverão prever o setor de atuação e o regime jurídico de exploração da atividade.

COMENTÁRIO

✪ **Nota do Autor:** A empresa pública é espécie das chamadas **empresas estatais**. Para serem criadas, é necessária **autorização por lei específica**.

Alternativa "a". A **empresa pública** possui **capital integralmente público**, durante toda a sua existência, enquanto a **sociedade de economia mista** – como o próprio nome sugere – **tem capital misto**: público e privado.

Alternativa "b". A **personalidade jurídica das empresas estatais** é sempre de **direito privado**, independentemente de serem prestadoras de serviço público ou exploradoras de atividade econômica.

Alternativa "c" (responde as alternativas "d" e "e"). As **empresas públicas**, como a ECT (Empresa Brasileira de Correios e Telégrafos), são pessoas jurídicas de direito privado, que integram a administração pública indireta, cuja criação é autorizada por lei, com autonomia administrativa e patrimônio próprios, que prestam serviços públicos ou exploram atividade econômica. As **sociedades de economia mista**, por seu turno, são sociedades anônimas com capital misto que possuem personalidade jurídica de **direito privado**, cuja criação é **autorizada por lei**, com autonomia administrativa e patrimônio próprio, que prestam serviço público ou exploram atividade econômica.

Alternativa correta: letra "d".

---

57. (FCC - Analista Judiciário - Área administrativa - TRT 11/2017) Considere:

I. Não gozam de autonomia administrativa nem financeira.

II. Estão sujeitos à subordinação e ao controle hierárquico de uma chefia.

III. São considerados, dentre outras hipóteses, órgãos de comando.

IV. Entram nessa categoria as Secretarias de Estado.

Os órgãos públicos, quanto à posição estatal, classificam-se em independentes, autônomos, superiores e subalternos. No que concerne aos órgãos públicos superiores, está correto o que se afirma APENAS em

a) III e IV.

b) III.

c) I, II e III.

d) I e II.

e) II e IV.

COMENTÁRIOS

✪ **Nota do Autor:** Os órgãos públicos podem ser classificados a partir de diversos critérios: quanto à esfera de ação (centrais ou locais); quanto à posição estatal (autônomos, independentes, superiores e subalternos); quanto à estrutura (simples, ou unitários, e compostos); quanto à composição (singulares e coletivos) e quanto às funções (ativos, consultivos ou de controle).

Item I. Correto. Os órgãos públicos superiores estão subordinados aos órgãos autônomos e independentes, possuindo certo poder de direção. Todavia, **não têm autonomia administrativa nem financeira.** São exemplos de órgãos superiores os **gabinetes** e as **coordenadorias.**

Item II. Correto. Estão sujeitos à subordinação e ao controle hierárquico de chefia, pois os órgãos públicos superiores estão subordinados aos autônomos e independentes.

Item III. Correto. Os órgãos superiores, a despeito de subordinados aos autônomos e independentes, **têm poder de direção**. Assim, podem ser considerados órgãos de comando.

Item IV. Errado. As Secretarias de Estado são exemplos de órgãos autônomos, que estão situados abaixo dos órgãos independentes, estes que representam as funções principais do Estado. Outros exemplos de órgãos autônomos são os Ministérios.

Alternativa correta: letra "c". Estão corretos os itens I, II e III.

---

58. (FGV – Analista Judiciário – Área Judiciária – TRT 12/2017) Em relação ao regime jurídico das empresas estatais, de acordo com o ordenamento jurídico e a doutrina de Direito Administrativo, as empresas públicas e as sociedades de economia mista:

a) integram a Administração Indireta, ostentando personalidade jurídica de direito público, e são criadas com a finalidade de prestar serviços públicos ou exploração de determinadas atividades econômicas de interesse da sociedade;
b) têm seus empregados regidos pela Consolidação das Leis do Trabalho, com vínculo empregatício por meio de relação contratual de emprego, mas se submetem a algumas restrições aplicáveis aos servidores públicos em geral;
c) remuneram seus empregados com vencimentos, proventos, pensões ou outra espécie remuneratória, incluídas as vantagens pessoais ou de qualquer outra natureza, que não podem exceder, em qualquer caso, o subsídio mensal, em espécie, dos Ministros do Supremo Tribunal Federal;
d) têm seu pessoal contratado mediante prévio concurso público de provas ou de provas e títulos, mas não se aplica a vedação constitucional de acumulação de cargos e empregos públicos a seus agentes;
e) concedem a estabilidade constitucional a seus empregados aprovados mediante concurso público após três anos de efetivo exercício, que somente poderão perder o emprego em virtude de sentença judicial transitada em julgado ou processo administrativo em que lhe seja assegurada ampla defesa.

COMENTÁRIOS

✪ **Nota do Autor:** A empresa pública e a sociedade de economia mista são espécies das **empresas estatais**. Como características comuns, destacam-se o fato de **integrarem a administração indireta, possuírem personalidade de direito privado, patrimônio próprio e autonomia administrativa.** Além disso, a criação delas é **autorizada por lei específica** e a sua atuação, necessariamente, volta-se ou à **exploração de atividade econômica** ou à **prestação de serviço público.**

Alternativa "b" (responde a alternativa "d"). De fato, as empresas públicas e as sociedades de economia mista podem ser exploradoras de atividade econômica ou prestadoras de serviço público e, em ambos os casos, são pessoas jurídicas de direito privado, isto é, o regime jurídico é o previsto no direito privado, todavia, com as derrogações feitas pelo direito público. Ou seja, trata-se, na verdade, de regime híbrido, com normas de direito privado e normas de direito público e a harmonização entre essas normas é diferente conforme se trate de exploradora de atividade econômica ou de prestadora de serviço público, pois naquela a maior incidência é de normas de direito privado e nesta predominam as normas de direito público. Neste sentido, por exemplo, os funcionários das empresas públicas e das sociedades de economia mista são **empregados públicos**, espécie do gênero agente administrativo (no qual se incluem os estatutários), quer dizer, possuem vínculo funcional com a Administração Pública. Todavia, o vínculo não é estatutário e, sim, contratual. O ingresso deve ser feito por concurso público e, em regra, é proibida a acumulação do emprego público com outro cargo, emprego ou função pública, mas devem ingressar, em regra, por concurso público.

Alternativa "a". As empresas estatais são **pessoas jurídicas de direito privado.**

Alternativa "c". As empresas estatais remuneram seus empregados por meio de salário e, quanto à aplicação do teto remuneratório, receberam tratamento peculiar, pois, nos termos do art. 37, § 9º, só devem se submeter ao teto constitucional quando "receberem recursos da União, dos Estados, do Distrito Federal ou dos Municípios para pagamento de despesas de pessoal ou de custeio em geral"; são as chamadas empresas estatais dependentes.

Alternativa "e". A estabilidade é uma garantia constitucional destinada aos servidores ocupantes de cargo efetivo que tenham três anos de efetivo exercício e após avaliação especial de desempenho por comissão instituída para essa finalidade, nos moldes do art. 41..De acordo com o posicionamento manifestado nas decisões do STF, a estabilidade só se estende aos empregados celetistas da administração direta, autarquias e fundações públicas que ingressaram no serviço público antes da Emenda 19/98. Assim, os **empregados de empresa pública ou sociedade de economia mista não possuem direito à estabilidade, nem antes nem depois da Emenda nº 19/98.**

Alternativa correta: letra "b"

59. (FCC – Analista Judiciário – Área Administrativa – TRT 24/2017) Quanto à estrutura, os órgãos públicos podem ser classificados em simples, também denominados de unitários, e compostos. Acerca do tema, considere:

I. São constituídos por um único centro de atribuições.

II. Possuem subdivisões internas.

III. São exemplos de tais órgãos, as Secretarias de Estado.

IV. São exemplos de tais órgãos, os Ministérios.

No que concerne às características e exemplos de órgãos simples ou unitários, está correto o que se afirma APENAS em

a) I e IV.

b) I e II.

c) II e III.

d) IV.

e) I.

COMENTÁRIOS

✪ **Nota do Autor:** O órgão público é um centro de competências cuja atuação é imputada à pessoa jurídica. Assim, os órgãos públicos não são, *de per si*, capazes de adquirir direitos e obrigações. Para fins didáticos, diz-se que, tal qual ocorre no corpo humano, ***os órgãos não têm sobrevida fora do corpo***, traduzido, no Direito Administrativo, pela pessoa política instituidora dos órgãos. Disso decorre que o órgão público não tem personalidade jurídica, pois é parte integrante de uma pessoa jurídica política ou administrativa e, portanto, de forma alguma, se confunde com esta.

Item I. Correto. São singulares (unipessoais) os órgãos públicos cuja atuação é realizada de acordo com a decisão de um único agente. Pode haver subdivisões e outros agentes no órgão, mas que exercem, tão somente, funções auxiliares. Exemplos: Presidência da República, Governadorias dos Estados e Prefeituras Municipais. Por outro lado, são compostos os órgãos públicos que podem ser subdivididos em outros órgãos, até se chegar a um órgão que não mais se subdivide.

Item II. Errado. Os órgãos simples **não** podem ser divididos em outros órgãos.

Item III. Errado. As Secretarias de Estado são exemplos de órgãos públicos compostos, uma vez que possível a sua subdivisão em outros órgãos.

Item IV. Errado. Os Ministérios, de igual modo, são exemplos de órgãos públicos compostos, uma vez que possível a sua subdivisão em outros órgãos.

Alternativa correta: letra "e". Está correto o item I.

3. AGENTES PÚBLICOS: DISPOSIÇÕES CONSTITUCIONAIS

▸ CF, arts. 37 a 41

60. (FUMARC – Analista Judiciário – Área Judiciária – TRT 3/2022) O direito de greve, conforme o estado atual da matéria, é garantido:

a) aos empregados e aos servidores públicos civis.

b) apenas aos empregados da iniciativa privada.

c) apenas aos empregados públicos ou privados.

d) com a sujeição da matéria, em regra, à competência da Justiça Comum.

e) independentemente da manutenção de serviços essenciais.

COMENTÁRIO

✪ **Nota do Autor:** Os servidores públicos também têm direitos sociais assegurados. Entretanto, pela **peculiaridade do regime estatutário, nem todos os direitos garantidos aos trabalhadores do setor privado podem ser estendidos a eles.**

Alternativa "a" (responde as demais alternativas). O direito de greve está assegurado aos servidores públicos civis no art. 37, VII, da Constituição Federal. Todavia, esse dispositivo estabelece que "o direito de greve será exercido nos termos e nos limites definidos em lei específica". Trata-se, dessa forma, de norma de eficácia limitada, sendo necessária lei regulamentadora para que possa ser concretizado. Entretanto, a mencionada lei ainda não surgiu e a consequência disso, na posição tradicional do Supremo Tribunal Federal, era no sentido da impossibilidade da realização de greve enquanto não editada a lei. Mas, no ano de 2007, a Corte Suprema – que, em julgamentos anteriores somente reconhecia a mora – julgou os Mandados de Injunção nºs 670, 708 e 712 e, além de reconhecer a mora, autorizou a realização de greve, com base na Lei nº 7.783/89, no que couber, tendo sido atribuído efeito *erga omnes* às decisões. No MI 708, o Ministro Gilmar Mendes ressaltou que a mora legislativa já havia sido declarada várias vezes e que a "permanência dessa situação de ausência de regulamentação do direito de greve dos servidores públicos civis passa a invocar, para si, os riscos de consolidação de uma típica omissão judicial" e, por isso, decidiu-se pela aplicabilidade da Lei nº 7.783/89 enquanto não houver a lei regulamentadora exigida pelo texto constitucional. Neste sentido, o direito de greve é garantido aos empregados e aos servidores públicos civil, ressalvada a necessária manutenção dos serviços essenciais. O Supremo Tribunal Federal, no julgamento do ARE nº 654.432, destacou que o exercício do direito de greve, sob qualquer forma ou modalidade, é vedado aos policiais civis e a todos os servidores públicos que atuem diretamente na área de segurança pública. Neste mesmo sentido, no julgamento da ADIn nº 4.857, a Corte entendeu que as medidas previstas no Decreto 7.777/2012, que visam garantir a continuidade das atividades durante greves, paralisações ou operações de retardamento de procedimentos administrativos promovidas por servidores federais, somente se aplicam a atividades e serviços públicos essenciais.

Alternativa correta: letra "a".

---

61. (Cespe – Técnico Judiciário – Área Administrativa – TRT 8/2022) Segundo prescreve o texto constitucional, o prazo de validade do concurso público será de

a) dois anos, não podendo ser prorrogado.

b) dois anos, prorrogável apenas uma vez, por igual período.

c) até dois anos, podendo ser prorrogado, por períodos iguais ou não.

d) dois anos, podendo ser prorrogado, por períodos iguais ou não.

COMENTÁRIO

✪ **Nota do Autor:** Nos termos do art. 37, I, da Constituição Federal, os cargos, empregos e funções públicas são acessíveis a todos os brasileiros que preencham os requisitos estabelecidos em lei, bem como aos estrangeiros, na forma da lei.

Alternativa correta: letra "b" (responde as demais alternativas). Na forma do art. 37, II, da Constituição Federal, a regra é que a investidura em cargo ou emprego público depende de aprovação prévia em concurso público, ressalvadas as nomeações para cargo em comissão, declarado em lei de livre nomeação e exoneração. O concurso pode ser de provas, ou de provas e títulos, e nunca somente de títulos, a depender da natureza e complexidade do cargo ou emprego. O prazo de validade do concurso é de **até dois anos, prorrogável por igual período**, na forma do art. 37, III, da CF.

---

62. (FCC – Técnico Judiciário – Área Administrativa – TRT 9/2022) Estevão Caprichoso foi convidado para assumir a posição de diretor estatutário em um banco estatal, constituído na forma de sociedade de economia mista federal e que independe de recursos do tesouro para pagamento de pessoal e para despesas de custeio em geral. A propósito do regime jurídico de tal posição, Estevão

a) deve firmar contrato de trabalho, regido pela CLT, como qualquer outro empregado da empresa, segundo jurisprudência consolidada.

b) está submetido às normas da Lei nº 8.112/1990.

c) deverá ser obrigatoriamente um empregado de carreira da empresa estatal.

d) não estará submetido ao teto remuneratório previsto no inciso xi do art. 37 da Constituição Federal de 1988.

e) deve ser brasileiro nato, para que possa tomar posse.

COMENTÁRIO

Alternativa "a". O diretor estatutário de uma sociedade de economia mista federal **não** precisa firmar contrato de trabalho, regido pela CLT, uma vez que, sendo estatutário, é regido pelas regras constantes do correspondente documento societário.

Alternativa "b". A Lei nº 8.112/90 institui o Regime Jurídico dos Servidores Públicos Civis da União, das autarquias, inclusive as em regime especial, e das fundações públicas federais, **não se estendendo às sociedades de economia mista e empresas públicas.**

Alternativa "c". Pelo contrário, é perfeitamente possível que um diretor de empresa estatal **não** seja empregado de carreira da indigitada pessoa jurídica.

Alternativa "d". Em relação à aplicação do limite remuneratório, o comando constitucional determina que seja aplicável a todas as esferas da federação, englobando os poderes executivo, legislativo e judiciário, incluindo a administração direta e indireta. Todavia, as sociedades de economia mista, as empresas públicas e suas subsidiárias receberam tratamento peculiar, pois, nos termos do art. 37, § 9º, só devem se submeter ao teto constitucional quando "receberem recursos da União, dos Estados, do Distrito Federal ou dos Municípios para pagamento de despesas de pessoal ou de custeio em geral.

Alternativa "e". O art. 37, I, da Constituição Federal estabelece que "os cargos, empregos e funções públicas são acessíveis aos brasileiros que preencham os requisitos estabelecidos em lei, assim como aos estrangeiros, na forma da lei". Assim, não há obrigatoriedade de um diretor estatutário de sociedade de economia mista ser brasileiro nato.

Alternativa correta: letra "d".

---

63. (FGV – Analista Judiciário – Área Judiciária – TRT 13/2022) Fernando, servidor público estável ocupante do cargo de Analista Judiciário do Tribunal Regional do Trabalho da Região, atualmente exerce o cargo de Diretor do Departamento de Licitação do TRT. Sua melhor assessora, Antônia, servidora ocupante de cargo exclusivamente em comissão, completará 75 anos de idade no próximo mês. De acordo com a jurisprudência do Supremo Tribunal Federal, Antônia

a) não será obrigada a se aposentar ao completar 75 anos, pois os servidores ocupantes de cargo exclusivamente em comissão não se submetem à regra da aposentadoria compulsória prevista no texto constitucional, que atinge apenas os ocupantes de cargo de provimento efetivo.
b) será aposentada compulsoriamente ao completar 75 anos, pois todos os servidores públicos, incluídos os ocupantes de cargos efetivos e cargos exclusivamente em comissão, se submetem à regra da aposentadoria compulsória prevista no texto constitucional, exceto os servidores contratados temporariamente.
c) será aposentada compulsoriamente ao completar 75 anos, pois todos os servidores públicos, incluídos os ocupantes de cargos efetivos, de cargos exclusivamente em comissão e temporários, se submetem à regra da aposentadoria compulsória prevista no texto constitucional.
d) não será obrigada a se aposentar ao completar 75 anos, pois, apesar de em regra se aplicar aos servidores ocupantes de cargo exclusivamente em comissão a obrigatoriedade de aposentadoria compulsória prevista no texto constitucional, excepcionalmente, por necessidade do serviço, o presidente do TRT pode autorizar o prosseguimento do vínculo funcional.
e) não será obrigada a se aposentar ao completar 75 anos, pois, apesar de em regra se aplicar aos servidores ocupantes de cargo exclusivamente em comissão a obrigatoriedade de aposentadoria compulsória prevista no texto constitucional, excepcionalmente, por necessidade do serviço, o Tribunal de Contas da União pode autorizar o prosseguimento do vínculo funcional.

COMENTÁRIO

✪ **Nota do Autor:** Na forma do art. 40, §1º, II, da Constituição Federal, o servidor abrangido pelo regime próprio de previdência social será aposentado compulsoriamente, com proventos proporcionais ao tempo de contribuição, aos 70 (setenta) anos de idade, ou aos 75 (setenta e cinco) anos de idade, na forma de lei complementar.

Alternativa "a" (responde as demais alternativas). O Supremo Tribunal Federal, no julgamento do Recurso Extraordinário nº 786.540, fixou a tese de que os servidores ocupantes de cargo exclusivamente em comissão não se submetem à regra da aposentadoria compulsória prevista no art. 40, § 1º, II, da Constituição Federal, a qual atinge apenas os ocupantes de cargo de provimento efetivo, inexistindo, também, qualquer idade limite para fins de nomeação a cargo em comissão. Neste sentido, ressalvados impedimentos de ordem infraconstitucional, não há óbice constitucional a que o servidor efetivo aposentado compulsoriamente permaneça no cargo comissionado que já desempenhava ou a que seja nomeado para cargo de livre nomeação e exoneração, uma vez que não se trata de continuidade ou criação de vínculo efetivo com a Administração.

Alternativa correta: letra "a".

64. (FCC – Analista Judiciário – Área Judiciária – TRT 14/2022) Nos termos da Constituição Federal, invalidada por sentença judicial a demissão do servidor estável, será ele reintegrado, e o eventual ocupante da vaga, se estável, reconduzido ao cargo de origem,

a) com direito a indenização ou aproveitado em outro cargo, não podendo ser posto em disponibilidade, sob pena de ferir a estabilidade prevista constitucionalmente.
b) com direito a indenização, aproveitado em outro cargo ou posto em disponibilidade com remuneração proporcional ao tempo de serviço.
c) sem direito a indenização, aproveitado em outro cargo ou posto em disponibilidade com remuneração integral.
d) com direito a indenização, aproveitado em outro cargo ou posto em disponibilidade com remuneração integral.
e) sem direito a indenização, aproveitado em outro cargo ou posto em disponibilidade com remuneração proporcional ao tempo de serviço.

COMENTÁRIO

✪ **Nota do Autor:** Nos termos do art. 41 da Constituição Federal, são requisitos para a aquisição da estabilidade: a) cargo de provimento efetivo e b) três anos de efetivo exercício e c) avaliação de desempenho por comissão. De acordo com o dispositivo constitucional mencionado, o servidor estável somente perderá o cargo: a) em virtude de sentença judicial transitada em julgado; b) mediante processo administrativo, assegurada a ampla defesa; c) mediante procedimento de avaliação de desempenho, nos termos de lei complementar, assegurada a ampla defesa.

Alternativa "e" (responde as demais alternativas). O art. 41, §2º, da Constituição Federal, estabelece que "invalidada por sentença judicial a demissão do servidor estável, será ele reintegrado, e o eventual ocupante da vaga, se estável, reconduzido ao cargo de origem, sem direito a indenização, aproveitado em outro cargo ou posto em disponibilidade com remuneração proporcional ao tempo de serviço".

Alternativa correta: letra "e".

65. (FGV – Técnico Judiciário – Área Administrativa – TRT 16/2022) Pedro, recém-empossado Prefeito do Município Alfa, consultou sua assessoria a respeito da possibilidade de nomear o seu amigo Jonas, pessoa com sólida formação científica na área urbanística e que não ocupava nenhum cargo público, para exercer uma função de confiança no âmbito da Secretaria Municipal de Urbanismo.

A assessoria respondeu corretamente que a referida nomeação

a) é possível, já que as funções de confiança são franqueadas aos ocupantes de cargo efetivo e de cargo em comissão, bem como àqueles que não ocupam cargo público.

b) não é possível, pois Jonas não ocupa cargo efetivo ou cargo em comissão no âmbito da Administração Pública, o que configura requisito indispensável.

c) não é possível, pois Jonas não ocupa um cargo efetivo no âmbito da Administração Pública, o que configura requisito indispensável.

d) é possível, considerando que a função de confiança a ser desempenhada é de caráter técnico.

e) somente é possível se Jonas for previamente escolhido em processo seletivo simplificado.

COMENTÁRIO

Alternativa "c" (responde as demais alternativas). Consoante o art. 37, V, da Constituição Federal, "as funções de confiança, exercidas exclusivamente por servidores ocupantes de cargo efetivo, e os cargos em comissão, a serem preenchidos por servidores de carreira nos casos, condições e percentuais mínimos previstos em lei, destinam-se apenas às atribuições de direção, chefia e assessoramento". Desse modo, **as funções de confiança somente podem ser exercidas por quem já é ocupante de cargo efetivo.** Não é preferência, é exigência. Para cargo em comissão é que pode haver a nomeação de pessoa que não é servidor de carreira, desde que dentro do limite estabelecido em lei. Em qualquer caso, é necessário destacar a Súmula Vinculante nº 13, pela qual está proibida a nomeação para cargo em comissão do cônjuge ou companheiro e dos parentes, em linha reta, colateral e por afinidade, até o 3º grau, inclusive, da autoridade nomeante ou de servidor que já é ocupante de cargo em comissão na mesma pessoa jurídica.

Alternativa correta: letra "c".

66. (FCC – Analista Judiciário – Oficial de Justiça Avaliador Federal – TRT 22/2022) O teto remuneratório dos servidores públicos previstos no inciso XI do art. 37 da Constituição Federal de 1988

a) não é autoaplicável, dependendo de legislação de cada um dos entes da Federação para ser executado.

b) é inaplicável a certos ocupantes de emprego na Administração Indireta.

c) é aplicável apenas aos agentes políticos e servidores públicos que recebam sua remuneração por meio de subsídios.

d) deve ser aplicado sobre a somatória das remunerações, em caso de acumulação regular de cargos, empregos ou funções públicas.

e) corresponde, para todos os servidores dos Estados e do Distrito Federal, ao subsídio de Desembargador.

COMENTÁRIO

Alternativa "a" (responde a alternativa "e"). De acordo com a Constituição, o **teto remuneratório**, o limite máximo aplicável a qualquer agente público é o **subsídio do Ministro do Supremo Tribunal Federal**, que é fixado por **lei de iniciativa do próprio tribunal**. O teto é aplicável na esfera federal, estadual, distrital e municipal, e abrange todas as espécies remuneratórias (remuneração, subsídio, proventos de aposentadoria), incluindo, até mesmo, as vantagens pessoais, como, por exemplo, quinquênios e incorporações. A **exceção**, estabelecida no texto constitucional, é o **recebimento de verba indenizatória prevista em lei** (art. 37, §11). Vale destacar, ainda, que o art. 37, IX, estabelece a existência de subtetos nos Estados, no DF e nos Municípios. Nos Estados: a) no **Poder Executivo**, o limite é o **subsídio do Governador**; b) no **Poder Legislativo**, o limite é o **subsídio dos deputados estaduais**; c) no **Poder Judiciário**, é o **subsídio dos Desembargadores do Tribunal de Justiça.** Nos Municípios é o subsídio do Prefeito.

Alternativa "b". Em relação à aplicação do limite remuneratório, o comando constitucional determina que seja aplicável a todas as esferas da federação, englobando os poderes executivo, legislativo e judiciário, incluindo a administração direta e indireta. Todavia, as sociedades de economia mista, as empresas públicas e suas subsidiárias receberam tratamento peculiar, pois, nos termos do art. 37, § 9º, só devem se submeter ao teto constitucional quando "receberem recursos da União, dos Estados, do Distrito Federal ou dos Municípios para pagamento de despesas de pessoal ou de custeio em geral".

Alternativa "c". O **teto remuneratório** aplica-se aos agentes públicos que recebam remuneração por meio de subsídios ou de vencimentos. O **subsídio** é o pagamento de uma única parcela, sem subdivisões. É a forma mais transparente para se fiscalizar e, por isso, a Constituição Federal determina, no art. 39, § 4º, que é a forma obrigatoriamente adotada para se remunerar os agentes políticos e algumas carreiras de servidores como os Advogados da União, os Procuradores da Fazenda Nacional, os Defensores Públicos, os Procuradores do Estado, os policiais. No **vencimento**, contudo, para além da parcela principal, é possível o recebimento de verbas outras, como **gratificações** e **adicionais**, que aumentam a remuneração percebida pelo agente público.

Alternativa "d". De acordo com o entendimento do Supremo Tribunal Federal, proferido no julgamento do Recurso Extraordinário nº 612.975, nas situações jurídicas em que a Constituição Federal autoriza a acumulação de cargos, o teto remuneratório é considerado em relação à remuneração de cada um deles, e não ao somatório do que recebido.

Alternativa correta: letra "b".

---

67. (FCC – Técnico Judiciário – Área Administrativa – TRT 6/2018) Aprovado em concurso público para provimento de cargo junto à Autarquia federal W, João não chegou a ser investido, pois não apresentou o diploma universitário exigido, nos termos da Lei e do edital, para comprovar, no momento da posse, o nível de escolaridade mínimo necessário para o exercício do referido cargo. Inconformado, recorreu ao judiciário. A ação deve ser julgada

a) procedente, pois a aprovação em concurso público gera direito adquirido à nomeação e dispensa a comprovação de outros requisitos para investidura.

b) procedente, pois a comprovação do nível de escolaridade exigido para o cargo deve ser feita no momento da inscrição no concurso, sob pena de preclusão consumativa.

c) improcedente, pois João não preencheu requisito básico para investidura no cargo, a despeito de sua aprovação em concurso público.

d) improcedente apenas se João tiver sido aprovado fora do número de vagas disponibilizadas no edital, hipótese em que não há direto subjetivo à nomeação.

e) improcedente, pois João não tem habilitação legal para o exercício do cargo para o qual foi aprovado em concurso público, mas a Administração poderá nomeá-lo para exercer cargo diverso, com requisito menor de escolaridade, em razão do princípio da eficiência.

COMENTÁRIO

✪ **Nota do Autor:** O **ato de se prover o cargo público** é chamado de **provimento**. Por meio dele, o cargo deixa de ser vago e passa a ser provido. Ocorre tanto nos cargos efetivos quanto nos cargos em comissão e, assim, há o provimento efetivo e o provimento em comissão. Há, ainda, outra divisão: provimento **originário e derivado.** Naquele, a investidura no cargo integrante de determinada carreira é feita pela primeira vez, de modo inaugural e, ao contrário, no provimento derivado, a investidura é decorrente.

Alternativa "c" (responde as demais alternativas). Conforme a Súmula 266 do STJ, o "diploma ou habilitação legal para o exercício do cargo deve ser exigido na posse e não na inscrição para o concurso público". Divulgado e homologado o resultado do concurso, há a nomeação dos aprovados e, depois, a posse. A exigência de comprovação dos requisitos não se dá quando da nomeação, mas sim no momento da posse. Desse modo, não reunindo o candidato os requisitos básicos para investidura no cargo, **ainda que aprovado em concurso público**, não tem direito à posse e, por conseguinte, ao exercício do cargo público em questão.

Alternativa correta: letra "c".

---

68. (FCC – Analista Judiciário – Área Administrativa – TRT 6/2018) Cargos e empregos públicos recebem da Constituição Federal de 1998 o tratamento de unidades autônomas de atribuições, para o desempenho das quais

a) é exigida a aprovação em concurso público de provas ou de provas e títulos, regra de caráter absoluto, não sujeita a exceções.

b) é exigida a aprovação em concurso público de provas ou de provas e títulos, ressalvadas as nomeações para cargo em comissão declarado em lei de livre nomeação e exoneração e as contratações por tempo determinado, previstas em lei, para atender à necessidade temporária de excepcional interesse público.

c) é exigida a aprovação em concurso público de provas ou de provas e títulos, inclusive para as contratações por tempo determinado e para as nomeações para cargo em comissão.

d) não é exigida a aprovação em concurso público de provas ou de provas e títulos, mas em processo seletivo simplificado, em razão da constitucionalização dos princípios da razoabilidade e eficiência na gestão da coisa pública.

e) é exigida a aprovação em concurso público de provas ou de provas e títulos para a primeira investidura, não o sendo para as demais, em que o acesso se dá por concurso interno.

COMENTÁRIO

✪ **Nota do Autor:** O concurso público é forma de manifestação efetiva do princípio da impessoalidade, indispensável na atuação administrativa e, nesse sentido, deve haver a possibilidade de participação no certame de todos os que preencham os requisitos do edital, sendo "inconstitucional o veto não motivado à participação de candidato a concurso público", de acordo com a Súmula 684 do STF.

Alternativa "b" (responde as demais alternativas). A forma de acesso ao cargo público dependerá da espécie de cargo de que se trata. Na forma do art. 37, II, da Constituição Federal, a regra é que a investidura em cargo ou emprego público depende de aprovação prévia em concurso público, ressalvadas as nomeações para cargo em comissão, declarado em lei de livre nomeação e exoneração. O concurso pode ser de provas, ou de provas e títulos, e nunca somente de títulos, a depender da natureza e complexidade do cargo ou emprego. A contratação temporária, por seu turno, está prevista no art. 37, IX, da Constituição Federal, o qual determina que "a lei estabelecerá os casos de contratação por tempo determinado para atender à necessidade temporária de excepcional interesse público". Assim, cabe à lei de cada ente federativo regulamentar a contratação temporária e, na esfera federal, essa lei é a Lei nº 8.745/93. Não há a realização de concurso público, devendo haver, apenas, processo seletivo; quer dizer, deve existir alguma forma de seleção dos candidatos interessados como a análise de currículo ou entrevista.

Alternativa correta: letra "b".

---

69. (FCC - Analista Judiciário - Área Administrativa - TRT 6/2018) Integram o universo de agentes alcançados pelo teto remuneratório constitucional, previsto no artigo 37, XI, da Constituição Federal, os servidores públicos ocupantes de cargos,

a) funções e empregos públicos na Administração direta, autárquica e fundacional, excluídos os membros de Poderes e os detentores de mandato eletivo, assim como os empregados de empresas públicas e sociedades de economia mista dependentes.

b) funções e empregos públicos na Administração direta e na Administração indireta, excluídos os empregados de empresas públicas e sociedades de economia mista.

c) funções e empregos públicos na Administração direta, excluídos, para essa finalidade, os servidores (sentido lato) da Administração indireta.

d) funções e empregos públicos na Administração direta, autárquica e fundacional, os membros de quaisquer dos Poderes da União, dos Estados, do Distrito federal e dos Municípios, os detentores de mandato eletivo e os demais agentes políticos, assim como os empregados de empresas públicas e sociedades de economia mista e subsidiárias dependentes.

e) na Administração direta e na Administração indireta, excluídos os detentores de funções e empregos públicos, da Administração direta ou indireta.

COMENTÁRIO

✪ **Nota do Autor:** De acordo com a clássica definição de agentes públicos, estes são "todas as pessoas físicas incumbidas, definitiva ou transitoriamente, do exercício de alguma função estatal"[11]. Assim, a expressão é ampla e há diferentes espécies de agentes públicos.

Alternativa "d" (responde as demais alternativas). De acordo com o art. 37, XI, da Constituição Federal, "remuneração e o subsídio dos ocupantes de cargos, funções e empregos públicos da administração direta, autárquica e fundacional, dos membros de qualquer dos Poderes da União, dos Estados, do Distrito Federal e dos Municípios, dos detentores de mandato eletivo e dos demais agentes políticos e os proventos, pensões ou outra espécie remuneratória, percebidos cumulativamente ou não, incluídas as vantagens pessoais ou de qualquer outra natureza, não poderão exceder o subsídio mensal, em espécie, dos Ministros do Supremo Tribunal Federal". É importante destacar, neste sentido, teto é aplicável na esfera federal, estadual, distrital e municipal e abrange todas as espécies remuneratórias (remuneração, subsídio, proventos de aposentadoria), incluindo até as vantagens pessoais, como quinquênios e incorporações. A **exceção**, estabelecida no texto constitucional, é o **recebimento de verba indenizatória prevista em lei** (art. 37, §11). Enfim, ressalta-se que o teto remuneratório somente é aplicável às empresas públicas e às sociedades de economia mista que receberem recursos da pessoa política a que estão vinculadas para o pagamento das despesas de pessoal ou para custeio em geral (estatais dependentes), conforme estabelece o art. 37, § 9º, da Constituição Federal. Portanto, se uma empresa estatal não receber recursos para tais gastos, mantendo-se com sua própria atividade, não haverá incidência de teto para a remuneração dos empregados públicos.

Alternativa correta: letra "d".

---

70. (FGV - Analista Judiciário - Oficial de Just. Avaliador - TRT 12/2017) O serviço público está submetido ao regime jurídico de direito público, razão pela qual é regido por alguns princípios, dentre eles o da continuidade, que traduz a ideia da prestação ininterrupta da atividade administrativa e dos serviços prestados à coletividade.

Para harmonizar tal princípio da continuidade com o direito à greve, de acordo com o Supremo Tribunal Federal:

---

11. MEIRELLES, Hely Lopes. *Direito administrativo brasileiro*. 36. ed. São Paulo: Malheiros, 2010. p. 75. Original sem destaque.

a) os servidores públicos civis e militares não têm direito de greve nem de sindicalização, para evitar prejuízos aos particulares que dependem das atividades e serviços públicos prestados pelo poder público ou seus delegados;

b) o direito de greve do servidor público civil está previsto na Constituição da República em norma de eficácia limitada e, até que seja editada lei específica regulamentando a matéria, aplica-se a lei geral de greve (Lei nº 7.783/89);

c) os servidores públicos civis e militares não podem exercer o direito de greve enquanto não for editada lei complementar que regulamente a matéria, eis que o texto constitucional dispõe sobre a questão em norma de eficácia contida;

d) a Administração Pública, em qualquer caso relacionado ao direito de greve de servidores públicos, não pode proceder ao desconto dos dias de paralisação para não esvaziar tal direito previsto na Constituição;

e) os servidores públicos civis grevistas devem ter suas remunerações descontadas nos dias de paralisação, diante da ilicitude de toda atividade grevista, vedados os pagamentos posteriores decorrentes de acordos de compensação.

COMENTÁRIOS

✪ **Nota do Autor:** Recomenda-se a leitura dos Mandados de Injunção nºs 670, 708 e 712, pois são julgados paradigmáticos do STF a respeito do direito de greve do servidor público.

Alternativa "b" (responde, também, a alternativa "c"). O **direito de greve** é um **direito fundamental garantido pela Constituição Federal**. Em relação aos servidores públicos civis, o direito de greve está assegurado no art. 37, VII, da Constituição Federal, ao estabelecer que "o direito de greve será exercido nos termos e nos limites definidos em lei específica". Trata-se, dessa forma, de norma de eficácia limitada, sendo necessária lei ordinária regulamentadora para que possa ser concretizado. Entretanto, a mencionada lei ainda não surgiu e, na posição atualmente adotada pela Suprema Corte, **o direito de greve dos servidores depende de lei para ser exercido, mas, considerando a mora do legislador em fazê-lo, até que a lei venha a existir, fica autorizado o exercício do direito de greve pelos servidores públicos, usando, para tanto, a lei da iniciativa privada, no que couber.**

Alternativa "a". Além do direito de greve, "é garantido ao servidor público civil o direito à livre associação sindical" (art. 37, VI, CF).

Alternativa "d" (responde, também, a alternativa "e"). Quanto ao desconto da remuneração no caso do exercício do direito de greve, o STF, no RE 693.456, fixou a seguinte tese de repercussão geral: "A administração pública deve proceder ao desconto dos dias de paralisação decorrentes do exercício do direito de greve pelos servidores públicos, em virtude da suspensão do vínculo funcional que dela decorre, permitida a compensação em caso de acordo. O desconto será, contudo, incabível se ficar demonstrado que a greve foi provocada por conduta ilícita do Poder Público".

Alternativa correta: letra "b"

4. REGIME JURÍDICO DOS SERVIDORES PÚBLICOS CIVIS FEDERAIS: LEI Nº 8.112/90

▸ CF, arts. 37 a 41

▸ Lei nº 8.112/90

71. (FCC – Analista Judiciário – Área Administrativa – TRT 11/2024) Um servidor estável do Tribunal Regional do Trabalho da 12º Região teve sua demissão invalidada por decisão administrativa. Nesse caso, a Lei nº 8.112/1990 prevê a reinvestidura desse servidor estável no cargo anteriormente ocupado, ou no cargo resultante de sua transformação. Todavia, o cargo anterior foi extinto. Nesse caso hipotético, a referida norma estabelece que esse servidor

a) será exonerado.

b) ficará em disponibilidade.

c) passará por processo de readaptação.

d) será nomeado para um cargo em comissão de provimento externo.

e) será transferido.

COMENTÁRIO

Alternativa "b" (responde as demais alternativas). A **reintegração** é a reinvestidura do servidor no cargo antes ocupado quando sua demissão for anulada por decisão administrativa ou judicial, tendo direito ao ressarcimento de remuneração e vantagens não percebidas, nos termos do art. 28, da Lei nº 8.112/90. **Se o cargo foi extinto, o servidor reintegrado fica em disponibilidade**; se o cargo estiver provido, seu ocupante volta ao cargo de origem ou é aproveitado em outro cargo ou posto em disponibilidade.

Alternativa correta: letra "b".

72. (FCC – Analista Judiciário – Área Administrativa – TRT 11/2024) A Lei nº 8.112/1990 especifica que o conjunto de atribuições e responsabilidades previstas na estrutura organizacional que devem ser cometidas a um servidor é denominado

a) quadro, cuja divisão far-se-á mediante distribuição dos cargos públicos por unidade administrativa.
b) cargo público, cujo provimento far-se-á mediante ato do Presidente da República para todos os casos.
c) cargo público, cujo provimento far-se-á mediante ato da autoridade competente de cada Poder.
d) carreira, cuja promoção far-se-á mediante ato do Presidente da República para todos os casos.
e) carreira, cuja promoção far-se-á mediante ato da autoridade competente de cada Poder.

COMENTÁRIO

Alternativa "c" (responde as demais alternativas). Eis a redação do art. 3º, *caput*, da Lei nº 8.112/90, pelo qual "cargo público é o conjunto de atribuições e responsabilidades previstas na estrutura organizacional que devem ser cometidas a um servidor".

Alternativa correta: letra "c".

---

73. (FCC – Analista Judiciário – Área Judiciária – TRT 17/2023) Um servidor ocupante de cargo em comissão foi nomeado para ter exercício, interinamente, em outro cargo de confiança, com prejuízo das atribuições do que ocupava, e optou pela remuneração do cargo anterior durante o período da interinidade. Esse fato contraria o disposto na Lei nº 8.112/1990, pois

a) deveria ser sem prejuízo das atribuições do que atualmente ocupa.
b) o servidor ocupante de um cargo em comissão não poderia ser nomeado a outro cargo de confiança.
c) o servidor ocupante não poderia optar pela remuneração do cargo anterior.
d) essa nova nomeação não poderia ser de forma interina.
e) a nova nomeação em outro cargo de confiança dependeria de aprovação em concurso de provas ou provas e títulos.

COMENTÁRIO

Alternativa "a" (responde as demais alternativas). Na exata forma do que disciplina o parágrafo único do art. 9º, da Lei, "o servidor ocupante de cargo em comissão ou de natureza especial poderá ser nomeado para ter exercício, interinamente, em outro cargo de confiança, **sem prejuízo das atribuições do que atualmente ocupa**, hipótese em que deverá optar pela remuneração de um deles durante o período da interinidade".

Alternativa correta: letra "a".

---

74. (FCC – Analista Judiciário – Área Judiciária – TRT 17/2023) A Lei nº 8.112/1990 prevê licença por motivo de doença em pessoa da família, que poderá ser concedida a cada período de doze meses, incluídas as prorrogações, por até

a) 60 dias, consecutivos ou não, mantida a remuneração do servidor, e por até 180 dias, consecutivos ou não, sem remuneração.
b) 90 dias, consecutivos ou não, mantida a remuneração do servidor, e por até 180 dias, consecutivos ou não, sem remuneração.
c) 60 dias, consecutivos ou não, mantida a remuneração do servidor, e por até 120 dias, consecutivos ou não, sem remuneração.
d) 90 dias, consecutivos ou não, mantida a remuneração do servidor, e por até 120 dias, consecutivos ou não, sem remuneração.
e) 60 dias, consecutivos ou não, mantida a remuneração do servidor, e por até 90 dias, consecutivos ou não, sem remuneração.

COMENTÁRIO

✪ **Nota do Autor:** Na forma do art. 83, *caput*, da Lei nº 8.112/90, "poderá ser concedida licença ao servidor por motivo de doença do cônjuge ou companheiro, dos pais, dos filhos, do padrasto ou madrasta e enteado, ou dependente que viva a suas expensas e conste do seu assentamento funcional, mediante comprovação por perícia médica oficial".

Alternativa "e" (responde as demais alternativas). Nos termos do art. 83, §2º, da Lei nº 8.112/90, a licença por motivo de doença em pessoa da família, incluídas as prorrogações, poderá ser concedida a cada período de doze meses nas seguintes condições: I – por até 60 (sessenta) dias, consecutivos ou não, mantida a remuneração do servidor; e II – por até 90 (noventa) dias, consecutivos ou não, sem remuneração.

Alternativa correta: letra "e".

---

75. (FCC – Analista Judiciário – Área Judiciária – TRT 17/2023) Analise as assertivas abaixo.

I. Serão assegurados transporte e diárias ao servidor convocado para prestar depoimento fora da sede de sua repartição, na condição de testemunha, denunciado ou indiciado.

II. Diante do princípio da verdade real, a alegação de injustiça da penalidade constitui fundamento suficiente para a revisão do processo administrativo disciplinar.

III. O prazo para a conclusão do processo disciplinar não excederá 30 dias, contados da data de publicação do ato que constituir a comissão, admitida a sua prorrogação por igual prazo, quando as circunstâncias o exigirem.

IV. Não poderá participar de comissão de sindicância ou de inquérito, cônjuge, companheiro ou parente do acusado, consanguíneo ou afim, em linha reta ou colateral, até o quarto grau.

V. O servidor que responder a processo disciplinar só poderá ser exonerado a pedido, ou aposentado voluntariamente, após a conclusão do processo e o cumprimento da penalidade, acaso aplicada.

De acordo com o que estabelece a Lei no 8.112/1990, sobre o processo administrativo disciplinar, está correto o que se afirma APENAS em

a) I e V.

b) II e III.

c) IV e V.

d) I, III e IV.

e) II e IV.

COMENTÁRIO

Alternativa "a" (responde as demais alternativas). Estão corretos os itens I e V.

Item I. Correto. Nos termos do art. 173, I, da Lei, serão assegurados transporte e diárias ao servidor convocado para prestar depoimento fora da sede de sua repartição, na condição de testemunha, denunciado ou indiciado.

Item II. Errado. O art. 176, da Lei, estabelece que "a simples alegação de injustiça da penalidade **não** constitui fundamento para a revisão, que requer elementos novos, ainda não apreciados no processo originário".

Item III. Errado. O prazo para a conclusão do processo disciplinar não excederá **60 (sessenta) dias**, contados da data de publicação do ato que constituir a comissão, admitida a sua prorrogação por igual prazo, quando as circunstâncias o exigirem, na forma do art. 152, *caput*, da Lei.

Item IV. Errado. Não poderá participar de comissão de sindicância ou de inquérito, cônjuge, companheiro ou parente do acusado, consanguíneo ou afim, em linha reta ou colateral, até o **terceiro** grau, nos termos do art. 149, §2º, da Lei.

Item V. Correto. Eis, precisamente, a redação do art. 172, *caput*, da Lei, pelo qual "o servidor que responder a processo disciplinar só poderá ser exonerado a pedido, ou aposentado voluntariamente, após a conclusão do processo e o cumprimento da penalidade, acaso aplicada".

Alternativa correta: letra "a".

---

76. (FCC – Analista Judiciário – Área Judiciária – TRT 17/2023) De acordo com o que estabelece a Lei nº 8.112/1990, sobre as férias dos servidores públicos,

a) é permitido o desconto de faltas justificadas no período de férias.

b) estas poderão ser parceladas em, no máximo, duas etapas, desde que assim requeridas pelo servidor, e no interesse da administração pública.

c) o pagamento de sua remuneração será efetuado até 5 dias antes do início do respectivo período.

d) o servidor que opera direta e permanentemente com Raios X ou substâncias radioativas gozará 30 dias consecutivos de férias, por semestre de atividade profissional, proibida em qualquer hipótese a acumulação.

e) estas somente poderão ser interrompidas por motivo de calamidade pública, comoção interna, convocação para júri, serviço militar ou eleitoral, ou por necessidade do serviço declarada pela autoridade máxima do órgão ou entidade.

COMENTÁRIO

Alternativa "a". Pelo contrário, nos termos do art. 77, §2º, da Lei, é vedado levar à conta de férias qualquer falta ao serviço.

Alternativa "b". As férias poderão ser parceladas em até três etapas, desde que assim requeridas pelo servidor, e no interesse da administração pública, na forma do art. 77, §3º, da Lei.

Alternativa "c". O pagamento da remuneração das férias será efetuado até **2 (dois)** dias antes do início do respectivo período, consoante o que disciplina o art. 78, *caput*, da Lei.

Alternativa "d". O servidor que opera direta e permanentemente com Raios X ou substâncias radioativas gozará **20 (vinte)** dias consecutivos de férias, por semestre de atividade profissional, proibida em qualquer hipótese a acumulação, nos termos do art. 79, da Lei.

Alternativa "e". Eis, precisamente, a redação do art. 80, *caput*, da Lei, pelo qual "as érias somente poderão ser interrompidas por motivo de calamidade pública, comoção interna, convocação para júri, serviço militar ou eleitoral, ou por necessidade do serviço declarada pela autoridade máxima do órgão ou entidade".

Alternativa correta: letra "e".

---

77. (FCC – Analista Judiciário – Área Administrativa – TRT 18/2023) Dentre as formas de provimento dos cargos públicos, nos termos do que prevê a Lei federal nº 8.112/1990, a

a) readaptação configura reingresso do servidor nos quadros da Administração Pública, em virtude de desaposentação.

b) reversão configura reingresso do servidor nos quadros da Administração Pública, em virtude de decisão judicial que tenha anulado sua anterior demissão.

c) reintegração tem lugar no caso de servidor estável previamente demitido, quando a demissão tiver sido invalidada administrativa ou judicialmente.

d) recondução configura reinvestidura do servidor nos quadros da Administração Pública, em virtude de desaposentação ou de reintegração do ocupante anterior.

e) readaptação tem lugar somente quando o servidor tiver experimentado limitação física que o impeça de realizar suas anteriores funções, impondo-se, na inexistência de cargo vago, a disponibilidade do servidor, com integral remuneração.

COMENTÁRIO

Alternativa "a" (responde a alternativa "e"). A **readaptação** é destinada ao **servidor que passou a sofrer de limitação em sua capacidade física ou mental** e, em razão disso, **não é mais capaz de desempenhar as atribuições inerentes ao cargo que ocupa**, nos termos do art. 24 da Lei. Ou seja, a readaptação não tem lugar somente quando se tratar de limitação física, sendo plenamente possível a aplicação do instituto para limitações de ordem mental.

Alternativa "b". A **reversão** é o **retorno do aposentado à ativa** e pode ocorrer quando o servidor tenha se aposentado por invalidez ou voluntariamente, como prevê o art. 25. O aposentado **voltará para o mesmo cargo ou para cargo resultante de sua transformação**.

Alternativa "c". A **reintegração** é a reinvestidura do servidor no cargo antes ocupado quando sua demissão for anulada por decisão administrativa ou judicial, tendo direito ao ressarcimento de remuneração e vantagens não percebidas, nos termos do art. 28, da Lei. Se o cargo foi extinto, o servidor reintegrado fica em disponibilidade; se o cargo estiver provido, seu ocupante volta ao cargo de origem ou é aproveitado em outro cargo ou posto em disponibilidade.

Alternativa "d". A **recondução** é o **retorno do servidor estável ao cargo anteriormente ocupado** e ocorre quando o servidor for inabilitado no estágio probatório de outro cargo ou quando o anterior ocupante do cargo é reintegrado, nos termos do art. 29 da Lei nº 8.112/90.

Alternativa correta: letra "c".

---

78. (FCC - Analista Judiciário - Área Administrativa - TRT 18/2023) Nos termos constantes da Lei nº 8.112/1990, o retorno à atividade de servidor mediante aproveitamento tem como condição que esse servidor

a) esteja em disponibilidade.

b) seja novamente aprovado em concurso público.

c) não tenha sido apenado com advertência.

d) tenha se aposentado.

e) trabalhe em sede diversa do novo cargo.

COMENTÁRIO

Alternativa "a" (responde as demais alternativas). O art. 30, da Lei, estabelece que "o retorno à atividade de servidor em disponibilidade far-se-á mediante aproveitamento obrigatório em cargo de atribuições e vencimentos compatíveis com o anteriormente ocupado". Assim, a condição para que o servidor retorne à atividade mediante aproveitamento é que este **esteja em disponibilidade.**

Alternativa correta: letra "a".

---

79. (FCC - Analista Judiciário - Área Administrativa - TRT 18/2023) A Lei nº 8.112/1990 que dispõe sobre o regime jurídico dos servidores públicos civis da União, das autarquias e das fundações públicas federais estabelece que

a) o gozo dos direitos políticos e a idade mínima de vinte e um anos são requisitos básicos para investidura em cargo público.

b) o direito das pessoas portadoras de deficiência de se inscrever em concurso público para provimento de cargo é absoluto e independe da compatibilidade das atribuições com a deficiência de que são portadoras.

c) a investidura em cargo público ocorrerá com a nomeação.

d) a investidura em cargo público independe de aptidão física.

e) a nomeação e a promoção são formas de provimento de cargo público.

COMENTÁRIO

Alternativa "a" (responde a alternativa "d"). Na forma do art. 5º, *caput*, da Lei nº 8.112/90, são requisitos básicos para investidura em cargo público: I – a nacionalidade brasileira; II – o gozo dos direitos políticos; III – a quitação com as obrigações militares e eleitorais; IV – o nível de escolaridade exigido para o exercício do cargo; V – **a idade mínima de dezoito anos**; e VI – aptidão física e mental.

Alternativa "b". Nos termos do mesmo art. 5º, §2º, às portadoras de deficiência é assegurado o direito de se inscrever em concurso público para provimento de cargo **cujas atribuições sejam compatíveis com a deficiência de que são portadoras**; para tais pessoas serão reservadas até 20% (vinte por cento) das vagas oferecidas no concurso.

Alternativa "c". A investidura em cargo público ocorrerá com a **posse**, consoante art. 7º, da Lei.

Alternativa "e". O ato de se prover o cargo público é chamado de **provimento**. Por meio dele, o cargo deixa de ser vago e passa a ser provido. Ocorre tanto nos cargos efetivos quanto nos cargos em comissão e, assim, há o provimento efetivo e o provimento em comissão. Nos termos do art. 8º da Lei nº 8.112/90, são formas de provimento: a) **nomeação**; b) **promoção**; c) readaptação; d) reversão; e) aproveitamento; f) recondução; g) reintegração.

Alternativa correta: letra "e".

---

80. (FCC – Analista Judiciário – Área Judiciária – TRT 18/2023) Nos termos da Lei nº 8.112/1990,

a) a remoção do servidor está condicionada à mudança de sede.

b) a redistribuição é processo previsto para cargos de provimento efetivo e em comissão.

c) o servidor estável inabilitado em estágio probatório relativo a outro cargo será submetido à recondução ao cargo anteriormente ocupado, desde que não provido.

d) a reintegração é a reinvestidura do servidor estável ou em estágio probatório.

e) a reversão é o processo que alcança servidores ativos e aposentados.

COMENTÁRIO

Alternativa "a". A **remoção** é o deslocamento do servidor, a pedido ou de ofício, no âmbito do mesmo quadro, **com ou sem mudança de sede**, na exata forma do art. 36, *caput*, da Lei.

Alternativa "b". A **redistribuição**, nos termos do art. 37, é o **deslocamento do cargo efetivo (e não em comissão), provido ou vago, para outro órgão ou entidade do mesmo Poder**. Aqui, é o **cargo que vai** e, se estiver ocupado, **leva o servidor junto**. A redistribuição **só ocorre de ofício** e é feita para ajustar a lotação e a força de trabalho às necessidades do serviço.

Alternativa "c". A **recondução** é o retorno do servidor estável ao cargo anteriormente ocupado e ocorre quando o servidor for inabilitado no estágio probatório de outro cargo ou quando o anterior ocupante do cargo é reintegrado, nos termos do art. 29 da Lei nº 8.112/90.

Alternativa "d". A reintegração é a reinvestidura do servidor **estável** no cargo antes ocupado quando sua demissão foi anulada por decisão administrativa ou judicial, tendo direito ao ressarcimento de remuneração e vantagens não percebidas (art. 28). Se o cargo foi extinto, o servidor reintegrado fica em disponibilidade; se o cargo estiver provido, seu ocupante volta ao cargo de origem ou é aproveitado em outro cargo ou posto em disponibilidade.

Alternativa "e". A **reversão** é o retorno à atividade de servidor aposentado. Pode dar-se quando, por junta médica oficial, forem declarados insubsistentes os motivos da aposentadoria ou, ainda, no **interesse da administração**. A reversão far-se-á no **mesmo cargo** ou no cargo resultante de sua transformação (art. 25, § 1º da Lei nº 8.112/90).

Alternativa correta: letra "e".

---

81. (FCC – Analista Judiciário – Área Judiciária – TRT 18/2023) Considere o seguinte histórico, referente a servidor no mesmo município:

- data da publicação do ato de provimento: 10/3/2022.
- data da posse: 20/3/2022.
- data da entrada em exercício: 30/5/2022.

Nos termos constantes da Lei nº 8.112/1990, há ilegalidade, uma vez que

a) a data da posse não tem como referência a data da publicação do ato de provimento.

b) a posse deve ocorrer no prazo de quinze dias contados da publicação do ato de provimento.

c) a posse e a entrada em exercício devem ocorrer na mesma data.

d) a entrada em exercício independe da data da posse.

e) é de quinze dias o prazo para o servidor empossado em cargo público entrar em exercício, contados da data da posse.

COMENTÁRIO

Alternativa "a" (responde a alternativa "b"). A posse ocorrerá no prazo de **trinta dias** contados da publicação do ato de provimento, nos termos do art. 13, §1º, da Lei.

Alternativa "e" (responde as alternativas "c" e "d"). É de quinze dias o prazo para o servidor empossado em cargo público entrar em exercício, contados da data da posse, na forma do que disciplina o art. 15, §1º, da Lei.

Alternativa correta: letra "e".

---

82. (FCC – Analista Judiciário – Área Administrativa – TRT 12/2023) Um servidor estável do Tribunal Regional do Trabalho da 12ª Região teve sua demissão invalidada por decisão administrativa. Nesse caso, a Lei nº 8.112/1990 prevê a reinvestidura desse servidor estável no cargo anteriormente ocupado, ou no cargo resultante de sua transformação. Todavia, o cargo anterior foi extinto. Nesse caso hipotético, a referida norma estabelece que esse servidor

a) será exonerado.
b) ficará em disponibilidade.
c) passará por processo de readaptação.
d) será nomeado para um cargo em comissão de provimento externo.
e) será transferido.

COMENTÁRIO

Alternativa "b" (responde as demais alternativas). A **reintegração** (art. 28) é o **retorno do servidor estável cuja demissão fora anulada**, judicial ou administrativamente. É uma forma de provimento derivado em cargo público. Quando o servidor ilegalmente demitido voltar, tem direito ao seu cargo e se estiver provido, o ocupante, se estável, será reconduzido ao cargo de origem, sem direito à indenização ou aproveitado em outro cargo ou **posto em disponibilidade com remuneração proporcional ao tempo de serviço.**

Alternativa correta: letra "b".

---

83. (FCC – Analista Judiciário – Área Administrativa – TRT 12/2023) A Lei nº 8.112/1990 especifica que o conjunto de atribuições e responsabilidades previstas na estrutura organizacional que devem ser cometidas a um servidor é denominado

a) quadro, cuja divisão far-se-á mediante distribuição dos cargos públicos por unidade administrativa.
b) cargo público, cujo provimento far-se-á mediante ato do Presidente da República para todos os casos.
c) cargo público, cujo provimento far-se-á mediante ato da autoridade competente de cada Poder.
d) carreira, cuja promoção far-se-á mediante ato do Presidente da República para todos os casos.
e) carreira, cuja promoção far-se-á mediante ato da autoridade competente de cada Poder.

COMENTÁRIO

Alternativa "c" (responde as demais alternativas). Na exata forma do art. 3º, *caput*, da Lei, "cargo público é o conjunto de atribuições e responsabilidades previstas na estrutura organizacional que devem ser cometidas a um servidor". Neste mesmo sentido, o art. 6º, estabelece que "o provimento dos cargos públicos far-se-á mediante ato da autoridade competente de cada Poder".

Alternativa correta: letra "c".

---

84. (FCC – Analista Judiciário – Área Administrativa – TRT 12/2023) Ronaldo e servidor publico federal e está em débito com o erário. Se Ronaldo for demitido, terá determinado prazo para quitar o débito, tendo em vista que a não quitação no prazo previsto em lei implicará sua inscrição em dívida ativa. Nos termos da Lei nº 8.112/1990, o prazo em questão é de

a) 60 dias.
b) 90 dias.
c) 120 dias.
d) 6 dias.
e) 1 ano.

COMENTÁRIO

Alternativa "a" (responde as demais alternativas). O art. 47, *caput*, da Lei, estabelece que "o servidor em débito com o erário, que for demitido, exonerado ou que tiver sua aposentadoria ou disponibilidade cassada, terá o prazo de **sessenta dias** para quitar o débito", sob pena de ser inscrito em dívida ativa, na forma do parágrafo único.

Alternativa correta: letra "a".

---

85. (FCC – Analista Judiciário – Área Judiciária – TRT 12/2023) Considere que, Márcia, servidora pública federal, ocupante de cargo efetivo, obteve licença por motivo de doença em pessoa da família e pretende exercer atividade remunerada durante o período da licença narrada. Já sua colega Jéssica, também servidora pública federal, ocupante de cargo efetivo, está em estágio probatório e pretende obter licença para tratar de interesses particulares pelo prazo consecutivo de 4 anos, sem remuneração. Nos termos da Lei nº 8.112/1990, Márcia

a) poderá exercer atividade remunerada durante o período de sua licença; e Jéssica não terá direito à licença pretendida, tendo em vista que está em estágio probatório, embora os demais requisitos descritos estejam em observância ao texto legal.
b) poderá exercer atividade remunerada durante o período de sua licença; e Jéssica terá direito à licença pretendida, uma vez que presentes os requisitos legais para tanto.
c) não poderá exercer atividade remunerada durante o período de sua licença; e Jéssica terá direito à licença pretendida, uma vez que presentes os requisitos legais.
d) não poderá exercer atividade remunerada durante o período de sua licença; e Jéssica não terá direito à licença pretendida, tendo em vista que está em estágio probatório, além de ser uma licença concedida pelo prazo máximo de 3 anos consecutivos.
e) poderá exercer atividade remunerada durante o período de sua licença; e Jéssica não terá direito à licença pretendida, pois, embora tal licença possa ser concedida ao servidor em estágio probatório, o seu prazo máximo é de 2 anos consecutivos.

COMENTÁRIO

Alternativa "d" (responde as demais alternativas). O art. 81, §3º, da Lei, é taxativo ao proibir aos servidores em licença por motivo de doença em pessoa da família o exercício de atividade remunerada. Assim, Márcia **não** poderá exercer atividade remunerada durante o período de sua licença. Quanto à segunda parte do enunciado, o art. 91, *caput*, estabelece que "a critério da Administração, poderão ser concedidas ao **servidor ocupante de cargo efetivo, desde que não esteja em estágio probatório,** licenças para o trato de assuntos particulares pelo **prazo de até três anos consecutivos**, sem remuneração". Nesse sentido, Jéssica não terá direito à licença pretendida, tendo em vista que está em estágio probatório.

Alternativa correta: letra "d".

---

86. (FCC – Analista Judiciário – Área Judiciária – TRT 12/2023) Nos termos previstos na Lei nº 8.112/1990, considere os seguintes fatos:

Servidor A: Sofreu limitações em sua capacidade física, verificada em inspeção médica, e foi investido em cargo de atribuições e responsabilidades compatíveis com sua nova condição.

Servidor B: Estava aposentado, mas precisou retornar à atividade por interesse da Administração.

Servidor C: Já era servidor estável, foi aprovado em concurso para outro cargo no mesmo órgão, mas foi inabilitado no estágio probatório e retornou ao cargo anteriormente ocupado.

Esses servidores passaram, correta e respectivamente, pelos processos de

a) readaptação, reversão e recondução.
b) aproveitamento, reintegração reversão.
c) readaptação, reintegração recondução.
d) aproveitamento, reversão recondução.
e) readaptação, reversão e reintegração.

COMENTÁRIO

Alternativa "a" (responde as demais alternativas). A **readaptação** (art. 24) é a investidura do servidor em cargo de atribuições e responsabilidades compatíveis com a limitação que tenha sofrido em sua capacidade física ou mental verificada em inspeção médica. A **reversão** (art. 25) é o retorno à atividade do servidor aposentado por invalidez ou voluntariamente. Por outro lado, a **recondução** (art. 29) é o retorno do servidor estável ao cargo anteriormente ocupado, em razão de inabilitação em estágio probatório relativo a outro cargo ou da reintegração do anterior ocupante.

Alternativa correta: letra "a".

---

87. (FCC – Analista Judiciário – Área Judiciária – TRT 12/2023) A Lei nº 8.112/1990 define que servidor é a pessoa

a) aprovada em concurso público de provas e títulos.
b) nomeada para provimento em cargo público.
c) legalmente investida em cargo público.
d) nomeada, em caráter efetivo, para cargo de confiança vago.
e) designada para provimento de cargo de confiança vago, salvo na condição de interino

COMENTÁRIO

Alternativa "c" (responde as demais alternativas). O art. 2º, da Lei, estabelece que **servidor é a pessoa investida em cargo público.**

Alternativa correta: letra "c".

---

88. (FCC – Analista Judiciário – Área Judiciária Oficial de Justiça – TRT 12/2023) Manoel, servidor público federal, utilizou-se do direito de petição previsto na Lei nº 8.112/1990 e formulou requerimento dirigido à autoridade competente para decidi-lo. em defesa de seu direito. Sendo proferida a primeira decisão, pelo indeferimento do requerimento,

a) cabe pedido de reconsideração à autoridade que houver proferido a decisão, podendo ser renovado uma única vez.
b) cabe pedido de reconsideração à autoridade imediatamente superior à prolatora da decisão, o qual poderá ser renovado uma única vez.
c) não cabe pedido de reconsideração, devendo Manoel ingressar exclusivamente com recurso administrativo.
d) cabe pedido de reconsideração à autoridade Imediatamente superior à prolatora da decisão, não podendo ser renovado.
e) cabe pedido de reconsideração à autoridade que houver proferido a decisão, não podendo ser renovado.

COMENTÁRIO

Alternativa "e" (responde as demais alternativas). O art. 104, da Lei, destaca que "é assegurado ao servidor o direito de requerer aos Poderes Públicos, em defesa de direito ou interesse legítimo". Neste sentido, o art. 106 determina que "cabe pedido de reconsideração à autoridade que houver expedido o ato ou proferido a primeira decisão, não podendo ser renovado".

Alternativa correta: letra "e".

89. (FCC – Analista Judiciário – Área Judiciária – TRT 21/2023) Otelo, servidor público federal titular de cargo efetivo, foi acusado em processo administrativo disciplinar de utilizar computador do Ministério onde trabalhava para armazenar e difundir vídeos pornográficos envolvendo crianças e adolescentes, acusação que resultou em sua demissão. Dias após a publicação do ato demissional, Otelo cometeu suicídio, sem deixar quaisquer familiares ou dependentes. Cinco anos após a morte de Otelo, Iago, seu colega de repartição, também titular de cargo efetivo, encaminha ao Ministro de Estado uma carta em que confessa ter invadido o computador utilizado por Otelo sem o seu conhecimento e que era responsável pela prática da infração atribuída ao colega falecido, apresentando provas documentais da conduta confessada. Diante da situação acima narrada e à luz da Lei nº 8.112/1990 (Regime Jurídico dos Servidores Públicos Civis da União, das autarquias e das fundações públicas federais) deve-se concluir que

a) a confissão de Iago resultará em sua demissão sumária, sendo desnecessária a instauração de processo administrativo disciplinar.
b) não será possível a revisão póstuma da penalidade aplicada a Otelo, visto que essa deve ser requerida por pessoa da família.
c) a pretensão punitiva da Administração em relação a Iago encontra-se prescrita, pois a lei preconiza que a prescrição começa a correr da data da ocorrência da infração, sendo que os fatos ocorreram há mais de cinco anos.
d) não será possível a revisão póstuma da penalidade aplicada a Otelo, visto que o prazo para anular o ato demissional prescreve em cinco anos, de forma fatal e improrrogável.
e) a Administração deverá instaurar de ofício o processo de revisão da punição a Otelo, sendo que, caso conclua pela veracidade da confissão de Iago, deverá anular o ato demissional.

COMENTÁRIO

Alternativa "a". Não é possível aplicar a penalidade de **demissão** sem a instauração de **processo administrativo disciplinar**, na forma do art. 148, da Lei.

Alternativa "b". De fato, o art. 174, §1º, da Lei, estabelece que "em caso de falecimento, ausência ou desaparecimento do servidor, qualquer pessoa da família poderá requerer a revisão do processo". Todavia, é plenamente possível que a Administração Pública, **de ofício**, revise o processo disciplinar que culminou na demissão do servidor.

Alternativa "c". Pelo contrário, o art. 142, §1º, da Lei, fixa que o prazo de prescrição começa a correr da data em que o fato se tornou conhecido.

Alternativa "e" (responde a alternativa "d"). O art. 174, *caput*, da Lei, determina que "o processo disciplinar poderá ser revisto, **a qualquer tempo**, a pedido ou de ofício, quando se aduzirem fatos novos ou circunstâncias suscetíveis de justificar a inocência do punido ou a inadequação da penalidade aplicada". Nos termos do art. 182, "julgada procedente a revisão, será declarada sem efeito a penalidade aplicada, restabelecendo-se todos os direitos do servidor, exceto em relação à destituição do cargo em comissão, que será convertida em exoneração". Assim, em última instância, plenamente possível a anulação do ato demissional do servidor, mesmo já falecido.

Alternativa correta: letra "d".

---

90. (FCC – Técnico Judiciário – Área Administrativa – TRT 12/2023) A Lei nº 8.112/1990 veda ao servidor, em estágio probatório, a concessão de licença

a) para o serviço militar.
b) para atividade política.
c) para tratar de interesses particulares.
d) por motivo de doença em pessoa da família.
e) por motivo de afastamento do cônjuge ou companheiro.

COMENTÁRIO

Alternativa "c" (responde as demais alternativas). O art. 91, *caput*, da Lei nº 8.112/90, estabelece que "a critério da Administração, poderão ser concedidas ao servidor ocupante de cargo efetivo, **desde que não esteja em estágio probatório**, licenças para o trato de assuntos particulares pelo prazo de até três anos consecutivos, sem remuneração". Trata-se da única das licenças mencionadas nas alternativas que **não** se aplica aos servidores em estágio probatório

Alternativa correta: letra "c".

---

91. (FCC – Técnico Judiciário – Área Administrativa – TRT 12/2023) Nos termos previstos na Lei nº 8.112/1990, considere que o recebimento de adicional se deve da seguinte forma:

Servidor 1: Pelo exercício de atividades insalubres, perigosas ou penosas.

Servidor 2: Pela prestação de serviço extraordinário.

Servidor 3: Pelo serviço noturno prestado em horário compreendido entre 22 horas de um dia e 5 horas do dia seguinte.

Nenhum servidor poderá perceber, mensalmente, a título de remuneração, importância superior à soma dos valores percebidos como remuneração, em espécie, a qualquer título, no âmbito dos respectivos Poderes, pelos Ministros de Estado, por membros do Congresso Nacional e Ministros do Supremo Tribunal Federal. Todavia, esse mesmo ordenamento legal prevê que são excluídas desse teto de remuneração as vantagens recebidas pelo(s) servidor(es)

a) 1, 2 e 3.
b) 2 e 3, apenas.
c) 1 e 3, apenas.
d) 2, apenas.
e) 1 e 2, apenas.

COMENTÁRIO

Alternativa "a" (responde as demais alternativas). O art. 61, da Lei, estabelece que "além do vencimento e das vantagens previstas nesta Lei, serão deferidos aos servidores as seguintes retribuições, gratificações e adicionais: I – retribuição pelo exercício de função de direção, chefia e assessoramento; II – gratificação natalina; IV – **adicional pelo exercício de atividades insalubres, perigosas ou penosas; V – adicional pela prestação de serviço extraordinário; VI – adicional noturno**; VII – adicional de férias; VIII – outros, relativos ao local ou à natureza do trabalho; IX – gratificação por encargo de curso ou concurso". No mesmo sentido, o art. 42, parágrafo único, da Lei, determina que "excluem-se do teto de remuneração as vantagens previstas nos incisos II a VII do art. 61".

Alternativa correta: letra "a".

---

92. (CEBRASPE – Técnico Judiciário – TRT 8/2023) Servidor público federal se ausentou uma única vez do serviço durante o expediente, sem prévia autorização do chefe imediato, por isso, recebeu a pena de advertência.

A ação disciplinar referente à situação hipotética apresentada prescreve em

a) 5 anos.
b) 90 dias.
c) 2 anos.
d) 1 ano.
e) 180 dias.

COMENTÁRIO

Alternativa "e" (responde as demais alternativas). O art. 142, *caput*, da Lei, estabelece que a ação disciplinar prescreverá: I – em 5 (cinco) anos, quanto às infrações puníveis com demissão, cassação de aposentadoria ou disponibilidade e destituição de cargo em comissão; II – em 2 (dois) anos, quanto à suspensão; **III – em 180 (cento e oitenta) dias, quanto à advertência.**

Alternativa correta: letra "e".

---

93. (CEBRASPE – Técnico Judiciário – TRT 8/2023) Na hipótese de determinado servidor público federal estável retornar ao cargo anteriormente ocupado em decorrência de inabilitação em estágio probatório relativo a outro cargo, ocorre provimento de cargo público denominado

a) readaptação.
b) reversão.
c) recondução.
d) aproveitamento.
e) reintegração.

COMENTÁRIO

Alternativa "a". A **readaptação** é destinada ao servidor que passou a sofrer de **limitação** em sua capacidade física ou mental e, em razão disso, não é capaz de desempenhar as atribuições inerentes ao cargo que ocupa, conforme verificado em inspeção médica, e assim, será investido em outro **cargo com atribuições e responsabilidade compatíveis** com suas limitações e desde que o novo cargo seja de atribuições afins e seja respeitada a equivalência de vencimentos, o nível de escolaridade e a habilitação exigida, consoante o art. 24 da Lei nº 8.112/90.

Alternativa "b". A **reversão** é o retorno à atividade de servidor aposentado. Pode dar-se quando, por junta médica oficial, forem declarados insubsistentes os motivos da aposentadoria ou, ainda, no **interesse da administração.** A reversão far-se-á no **mesmo cargo** ou no cargo resultante de sua transformação (art. 25, § 1º da Lei nº 8.112/90).

Alternativa "c". A **recondução** é o **retorno do servidor estável ao cargo anteriormente ocupado** e ocorre quando o servidor for inabilitado no estágio probatório de outro cargo ou quando o anterior ocupante do cargo é reintegrado, nos termos do art. 29.

Alternativa "d". O **aproveitamento** é o **retorno do servidor que está em disponibilidade** e o cargo em que será aproveitado deverá ter vencimentos e atribuições compatíveis com o anteriormente ocupado, conforme o art. 30 da Lei nº 8.112/90.

Alternativa "e". A **reintegração** é a reinvestidura do servidor no cargo antes ocupado quando sua demissão for anulada por decisão administrativa ou judicial, tendo direito ao ressarcimento de remuneração e vantagens não percebidas. Se o cargo foi extinto, o servidor reintegrado fica em disponibilidade; se o cargo estiver provido, seu ocupante volta ao cargo de origem ou é aproveitado em outro cargo ou posto em disponibilidade.

Alternativa correta: letra "c".

94. (FCC – Analista Judiciário – Área Judiciária – TRT 14/2023) Nos termos dispostos na Lei no 8.112/1990, o deslocamento de cargo de provimento efetivo, ocupado ou vago no âmbito do quadro geral de pessoal, para outro órgão ou entidade do mesmo Poder é denominado

a) remoção.
b) readaptação.
c) reaproveitamento.
d) aproveitamento.
e) redistribuição.

COMENTÁRIO

Alternativa "a". A **remoção** é o deslocamento do servidor, **a pedido ou de ofício**, no âmbito do mesmo quadro, com ou sem mudança de sede. Caso ocorra de ofício, a remoção se dará no **interesse da Administração**. Porém, se a remoção for feita a pedido do servidor, poderá se dar: a) **a critério da Administração**; ou b) **para outra localidade,** independentemente do interesse da Administração: – para acompanhar cônjuge ou companheiro, também servidor público civil ou militar, de qualquer dos Poderes da União, dos Estados, do Distrito Federal e dos Municípios, que foi deslocado no interesse da Administração; – por motivo de saúde do servidor, cônjuge, companheiro ou dependente que viva às suas expensas e conste do seu assentamento funcional, condicionada à comprovação por junta médica oficial; – em virtude de processo seletivo promovido, na hipótese em que o número de interessados for superior ao número de vagas, de acordo com normas preestabelecidas pelo órgão ou entidade em que aqueles estejam lotados (art. 36 da Lei 8.112/90).

Alternativa "b". A **readaptação** é destinada ao servidor que passou a sofrer de **limitação** em sua capacidade física ou mental e, em razão disso, não é capaz de desempenhar as atribuições inerentes ao cargo que ocupa, conforme verificado em inspeção médica, e assim, será investido em outro **cargo com atribuições e responsabilidade compatíveis** com suas limitações e desde que o novo cargo seja de atribuições afins e seja respeitada a equivalência de vencimentos, o nível de escolaridade e a habilitação exigida, consoante o art. 24 da Lei nº 8.112/90.

Alternativa "c". Inexiste o instituto do **reaproveitamento** na Lei nº 8.112/90.

Alternativa "d". O **aproveitamento** é o **retorno do servidor que está em disponibilidade** e o cargo em que será aproveitado deverá ter vencimentos e atribuições compatíveis com o anteriormente ocupado, conforme o art. 30 da Lei nº 8.112/90.

Alternativa "e". A **redistribuição,** nos termos do art. 37 da Lei nº 8.112/90, é o **deslocamento do cargo efetivo,** provido ou vago, para outro órgão ou entidade do mesmo Poder. De acordo o dispositivo legal mencionado, devem ser observados os seguintes preceitos: interesse da administração; equivalência de vencimentos; manutenção da essência das atribuições do cargo; vinculação entre os graus de responsabilidade e complexidade das atividades; mesmo nível de escolaridade, especialidade ou habilitação profissional; compatibilidade entre as atribuições do cargo e as finalidades institucionais do órgão ou entidade. A redistribuição só ocorre de ofício e é feita para ajustar a lotação e a força de trabalho às necessidades do serviço, inclusive nos casos de reorganização, extinção ou criação de órgão ou entidade.

Alternativa correta: letra "e".

95. (FCC – Analista Judiciário – Área Judiciária – TRT 14/2023) Nos termos dispostos na Lei nº 8.112/1990:

a) A licença concedida dentro de sessenta dias do término de outra da mesma espécie será considerada ilegal.
b) A licença por motivo de doença em pessoa da família poderá ser concedida, incluídas as prorrogações, por até noventa dias, consecutivos ou não, mantida a remuneração do servidor.
c) A licença por motivo de afastamento do cônjuge será por prazo indeterminado e sem remuneração.
d) Concluído o serviço militar, o servidor terá até trinta dias com remuneração para reassumir o exercício do cargo.
e) O servidor terá direito à licença, com remuneração, durante o período que mediar entre a sua escolha em convenção partidária, como candidato a cargo eletivo, e a véspera do registro de sua candidatura perante a Justiça Eleitoral.

COMENTÁRIO

Alternativa "a". O art. 82, da Lei, estabelece que "a licença concedida dentro de 60 (sessenta) dias do término de outra da mesma espécie será considerada como prorrogação".

Alternativa "b". Nos termos do art. 83, §2º, da Lei, a licença por motivo de doença em pessoa da família poderá ser concedida, incluídas as prorrogações: I – por até 60 (sessenta) dias, consecutivos ou não, mantida a remuneração do servidor; e II – por até 90 (noventa) dias, consecutivos ou não, sem remuneração.

Alternativa "c". O art. 84, *caput*, da Lei, determina que "poderá ser concedida licença ao servidor para acompanhar cônjuge ou companheiro que foi deslocado para outro ponto do território nacional, para o exterior ou para o exercício de mandato eletivo dos

Poderes Executivo e Legislativo". Na forma do §1º, do mesmo artigo, a licença será por prazo indeterminado e sem remuneração.

Alternativa "d". Concluído o serviço militar, o servidor terá até trinta dias **sem** remuneração para reassumir o exercício do cargo, consoante art. 85, parágrafo único, da Lei.

Alternativa "e". servidor terá direito à licença, **sem remuneração**, durante o período que mediar entre a sua escolha em convenção partidária, como candidato a cargo eletivo, e a véspera do registro de sua candidatura perante a Justiça Eleitoral, na exata forma do art. 86, *caput*, da Lei.

Alternativa correta: letra "c".

---

96. (FCC – Analista Judiciário – Área Judiciária – TRT 14/2023) João, servidor público federal, faltou ao serviço, sem causa justificada, por sessenta dias, interpoladamente, durante o período de doze meses. Nos termos da Lei nº 8.112/1990, a conduta de João está sujeita à penalidade de

a) advertência.
b) suspensão por inassiduidade habitual.
c) demissão por inassiduidade habitual.
d) suspensão por abandono de cargo.
e) demissão por abandono de cargo.

COMENTÁRIO

Alternativa "c" (responde as demais alternativas). A **pena de demissão** está prevista no artigo 132 da Lei 8.112/1990 e aplica-se nas seguintes hipóteses: crime contra a administração pública; abandono de cargo; **inassiduidade habitual**; improbidade administrativa; incontinência pública e conduta escandalosa, na repartição; insubordinação grave em serviço; ofensa física, em serviço, a servidor ou a particular, salvo em legítima defesa própria ou de outrem; aplicação irregular de dinheiros públicos; revelação de segredo do qual se apropriou em razão do cargo; lesão aos cofres públicos e dilapidação do patrimônio nacional; corrupção; acumulação ilegal de cargos, empregos ou funções públicas. Nos termos do art. 139, da Lei, "entende-se por **inassiduidade habitual a falta ao serviço, sem causa justificada, por sessenta dias, interpoladamente, durante o período de doze meses**".

Alternativa correta: letra "c".

---

97. (FCC – Analista Judiciário – Área Judiciária – TRT 14/2023) Nos termos da Constituição Federal, invalidada por sentença judicial a demissão do servidor estável, será ele reintegrado, e o eventual ocupante da vaga, se estável, reconduzido ao cargo de origem,

a) com direito a indenização ou aproveitado em outro cargo, não podendo ser posto em disponibilidade, sob pena de ferir a estabilidade prevista constitucionalmente
b) com direito a indenização, aproveitado em outro cargo ou posto em disponibilidade com remuneração proporcional ao tempo de serviço.
c) sem direito a indenização, aproveitado em outro cargo ou posto em disponibilidade com remuneração integral.
d) com direito a indenização, aproveitado em outro cargo ou posto em disponibilidade com remuneração integral.
e) sem direito a indenização, aproveitado em outro cargo ou posto em disponibilidade com remuneração proporcional ao tempo de serviço.

COMENTÁRIO

Alternativa "e" (responde as demais alternativas). A **reintegração** é a reinvestidura do servidor no cargo antes ocupado quando sua demissão for anulada por decisão administrativa ou judicial, tendo direito ao ressarcimento de remuneração e vantagens não percebidas. Na exata forma do art. 28, §2º, da Lei, "encontrando-se provido o cargo, o seu eventual ocupante será reconduzido ao cargo de origem, sem direito à indenização ou aproveitado em outro cargo, ou, ainda, posto em disponibilidade".

Alternativa correta: letra "e".

---

98. (CEBRASPE– Técnico Judiciário TRT8/2023) Na hipótese de determinado servidor público federal estável retornar ao cargo anteriormente ocupado em decorrência de inabilitação em estágio probatório relativo a outro cargo, ocorre provimento de cargo público denominado

a) readaptação.
b) reversão.
c) recondução.
d) aproveitamento.
e) reintegração.

COMENTÁRIO

✪ **Nota do Autor:** No art. 8º da Lei nº 8.112/90, as **formas de provimento** são: a) nomeação; b) **promoção**; c) readaptação; d) reversão; e) aproveitamento; f) recondução; g) reintegração. A ascensão e a transferência constavam nos incisos III e IV daquele artigo, mas foram revogados pela Lei nº 9.527/97. Mesmo antes da revogação, o Supremo Tribunal Federal já as considerava inconstitucionais porque com a adoção no texto constitucional do acesso aos cargos públicos via concurso público, somente as hipóteses constantes da própria Constituição legitimam a dispensa do certame.

Alternativa "a". A **readaptação** é destinada ao **servidor que passou a sofrer de limitação em sua capacidade física ou mental** e, em razão disso, **não é capaz de desempenhar as atribuições inerentes ao cargo que ocupa**, conforme verificado em inspeção médica, nos termos do art. 24 da Lei nº 8.112/90. Nesse caso, o servidor é readaptado, é investido em outro cargo com atribuições e responsabilidade compatíveis com suas limitações.

Alternativa "b". A **reversão** é **retorno do aposentado à ativa** e pode ocorrer quando o servidor tenha se aposentado por invalidez ou voluntariamente. Desse modo, de acordo com o art. 25 da Lei, a reversão pode se dar **de ofício** ou **a pedido**.

Alternativa "c". A **recondução** é o retorno do servidor estável ao cargo anteriormente ocupado e decorrerá da inabilitação em estágio probatório relativo a outro cargo e da reintegração do anterior ocupante, na forma do art. 29, da Lei.

Alternativa "d". O **aproveitamento** é o **retorno do servidor que está em disponibilidade** e o cargo em que será aproveitado deverá ter vencimentos e atribuições compatíveis com o anteriormente ocupado, conforme o art. 30 da Lei nº 8.112/90.

Alternativa "e". A **reintegração** é o **retorno do servidor demitido** cuja demissão foi anulada judicial ou administrativamente, com o ressarcimento de todas as vantagens, e está prevista no texto constitucional no art. 41, § 2º e no art. 28 da Lei nº 8.112/90.

Alternativa correta: letra "c".

---

99. (CEBRASPE- Técnico Judiciário TRT8/2023) Servidor público federal se ausentou uma única vez do serviço durante o expediente, sem prévia autorização do chefe imediato, por isso, recebeu a pena de advertência. A ação disciplinar referente à situação hipotética apresentada prescreve em

a) 5 anos.

b) 90 dias.

c) 2 anos.

d) 1 ano.

e) 180 dias.

COMENTÁRIO

✪ **Nota do Autor:** A apuração de infração disciplinar pode se dar por meio de **sindicância** ou de **processo administrativo disciplinar**. Independentemente da nomenclatura usada, qualquer apuração administrativa que dela, por si só, possa decorrer a possível aplicação de penalidade ao servidor, **somente será válida se forem assegurados o contraditório e a ampla defesa**, consoante ao art. 5º, LV, da Constituição Federal.

Alternativa correta: letra "e" (responde as demais alternativas). Na forma do art. 142, da Lei nº 8.112/90, a ação disciplinar prescreverá "I – em 5 (cinco) anos, quanto às infrações puníveis com demissão, cassação de aposentadoria ou disponibilidade e destituição de cargo em comissão; II – em 2 (dois) anos, quanto à suspensão; III – em 180 (cento e oitenta) dias, quanto à advertência". Nos termos do art. 117, I, da Lei, ao servidor é proibido "ausentar-se do serviço durante o expediente, sem prévia autorização do chefe imediato", conduta essa que é punida com a pena de **advertência**, conforme previsto no art. 129, da Lei.

---

100. (FCC – Analista Judiciário – Área Judiciária – TRT 17/2023) A Lei nº 8.112/1990 estabelece que *o conjunto de atribuições e responsabilidades previstas na estrutura organizacional que devem ser cometidas a um servidor* é denominado

a) função.

b) comissionamento.

c) cargo público.

d) prestação de serviço público.

e) provimento.

COMENTÁRIO

✪ **Nota do Autor:** A Lei nº 8.112/90 institui Regime Jurídico dos Servidores Públicos Civis da União, das autarquias, inclusive as em regime especial, e das fundações públicas federais.

Alternativa "c" (responde as demais alternativas). Trata-se da literalidade do art. 3º, *caput*, da Lei nº 8.112/90, pelo qual "cargo público é o conjunto de atribuições e responsabilidades previstas na estrutura organizacional que devem ser cometidas a um servidor".

Alternativa correta: letra "c".

---

101. (FCC – Analista Judiciário – Área Judiciária – TRT 17/2023) Um servidor ocupante de cargo em comissão foi nomeado para ter exercício, interinamente, em outro cargo de confiança, com prejuízo das atribuições do que ocupava, e optou pela remuneração do cargo anterior durante o período da interinidade. Esse fato contraria o disposto na Lei nº 8.112/1990, pois

a) deveria ser sem prejuízo das atribuições do que atualmente ocupa.

b) o servidor ocupante de um cargo em comissão não poderia ser nomeado a outro cargo de confiança.

c) o servidor ocupante não poderia optar pela remuneração do cargo anterior.

d) essa nova nomeação não poderia ser de forma interina.

e) a nova nomeação em outro cargo de confiança dependeria de aprovação em concurso de provas ou provas e títulos.

COMENTÁRIO

✪ **Nota do Autor:** Nos termos do art. 10, *caput*, da Lei, em regra "a nomeação para cargo de carreira ou cargo isolado de provimento efetivo depende de prévia habilitação em concurso público de provas ou de provas e títulos, obedecidos a ordem de classificação e o prazo de sua validade". Ocorre que existem algumas exceções à regra do concurso público, como, por exemplo, os cargos em comissão.

Alternativa "a" (responde as demais alternativas). O parágrafo único do art. 9º, estabelece que "o servidor ocupante de cargo em comissão ou de natureza especial poderá ser nomeado para ter exercício, interinamente, em outro cargo de confiança, **sem prejuízo das atribuições do que atualmente ocupa**, hipótese em que deverá optar pela remuneração de um deles durante o período da interinidade".

Alternativa correta: letra "a".

---

102. (FCC – Analista Judiciário – Área Judiciária – TRT 17/2023) A Lei nº 8.112/1990 prevê licença por motivo de doença em pessoa da família, que poderá ser concedida a cada período de doze meses, incluídas as prorrogações, por até

a) 60 dias, consecutivos ou não, mantida a remuneração do servidor, e por até 180 dias, consecutivos ou não, sem remuneração.

b) 90 dias, consecutivos ou não, mantida a remuneração do servidor, e por até 180 dias, consecutivos ou não, sem remuneração.

c) 60 dias, consecutivos ou não, mantida a remuneração do servidor, e por até 120 dias, consecutivos ou não, sem remuneração.

d) 90 dias, consecutivos ou não, mantida a remuneração do servidor, e por até 120 dias, consecutivos ou não, sem remuneração.

e) 60 dias, consecutivos ou não, mantida a remuneração do servidor, e por até 90 dias, consecutivos ou não, sem remuneração.

COMENTÁRIO

✪ **Nota do Autor:** O art. 83, *caput*, da Lei nº 8.112/90, confere o direito ao servidor de ser concedida licença ao servidor por motivo de doença do cônjuge ou companheiro, dos pais, dos filhos, do padrasto ou madrasta e enteado, ou dependente que viva a suas expensas e conste do seu assentamento funcional, mediante comprovação por perícia médica oficial.

Alternativa "e" (responde as demais alternativas). A **licença por motivo de doença em pessoa da família** poderá, na forma do art. 83, §2º, da Lei, poderá ser concedida a cada período de doze meses, incluídas as prorrogações, nas seguintes condições: i) por até 60 (sessenta) dias, consecutivos ou não, mantida a remuneração do servidor; e ii) por até 90 (noventa) dias, consecutivos ou não, sem remuneração.

Alternativa correta: letra "e".

---

103. (FCC – Analista Judiciário – Área Judiciária – TRT 17/2023) Analise as assertivas abaixo.

I. Serão assegurados transporte e diárias ao servidor convocado para prestar depoimento fora da sede de sua repartição, na condição de testemunha, denunciado ou indiciado.

II. Diante do princípio da verdade real, a alegação de injustiça da penalidade constitui fundamento suficiente para a revisão do processo administrativo disciplinar.

III. O prazo para a conclusão do processo disciplinar não excederá 30 dias, contados da data de publicação do ato que constituir a comissão, admitida a sua prorrogação por igual prazo, quando as circunstâncias o exigirem.

IV. Não poderá participar de comissão de sindicância ou de inquérito, cônjuge, companheiro ou parente do acusado, consanguíneo ou afim, em linha reta ou colateral, até o quarto grau.

V. O servidor que responder a processo disciplinar só poderá ser exonerado a pedido, ou aposentado voluntariamente, após a conclusão do processo e o cumprimento da penalidade, acaso aplicada.

De acordo com o que estabelece a Lei no 8.112/1990, sobre o processo administrativo disciplinar, está correto o que se afirma APENAS em

a) I e V.

b) II e III.

c) IV e V.

d) I, III e IV.

e) II e IV.

COMENTÁRIO

Alternativa "a" (responde as demais alternativas). Estão corretos os itens I e V.

Item I. Correto. Na forma do art. 173, I, da Lei nº 8.112/90, serão assegurados transportes e diárias "ao servidor convocado para prestar depoimento fora da sede de sua repartição, na condição de testemunha, denunciado ou indiciado".

Item II. Errado. Pelo contrário, o art. 176, da Lei, estabelece que "a simples alegação de injustiça da penalidade **não** constitui fundamento para a revisão, que requer elementos novos, ainda não apreciados no processo originário".

Item III. Errado. Nos termos do art. 152, *caput*, da Lei, "O prazo para a conclusão do processo disciplinar não excederá **60 (sessenta) dias**, contados da data de publicação do ato que constituir a comissão, admitida a sua prorrogação por igual prazo, quando as circunstâncias o exigirem".

Item IV. Errado. O art. 148, §2º, da Lei, estabelece que "não poderá participar de comissão de sindicância ou de inquérito, cônjuge, companheiro ou parente do acusado, consanguíneo ou afim, em linha reta ou colateral, **até o terceiro grau**".

Item V. Correto. Eis a literalidade do art. 172, *caput*, da Lei, pelo qual "o servidor que responder a processo disciplinar só poderá ser exonerado a pedido, ou aposentado voluntariamente, após a conclusão do processo e o cumprimento da penalidade, acaso aplicada".

Alternativa correta: letra "a".

---

104. (FCC – Analista Judiciário – Área Judiciária – TRT 17/2023) De acordo com o que estabelece a Lei nº 8.112/1990, sobre as férias dos servidores públicos,

a) é permitido o desconto de faltas justificadas no período de férias.

b) estas poderão ser parceladas em, no máximo, duas etapas, desde que assim requeridas pelo servidor, e no interesse da administração pública.

c) o pagamento de sua remuneração será efetuado até 5 dias antes do início do respectivo período.

d) o servidor que opera direta e permanentemente com Raios X ou substâncias radioativas gozará 30 dias consecutivos de férias, por semestre de atividade profissional, proibida em qualquer hipótese a acumulação.

e) estas somente poderão ser interrompidas por motivo de calamidade pública, comoção interna, convocação para júri, serviço militar ou eleitoral, ou por necessidade do serviço declarada pela autoridade máxima do órgão ou entidade.

COMENTÁRIO

✪ **Nota do Autor:** O art. 77, *caput*, da Lei nº 8.112/90, estabelece que "o servidor fará jus a trinta dias de férias, que podem ser acumuladas, até o máximo de dois períodos, no caso de necessidade do serviço, ressalvadas as hipóteses em que haja legislação específica".

Alternativa "a". O §2º, do art. 77, determina que "é **vedado** levar à conta de férias qualquer falta ao serviço".

Alternativa "b". Eis a literalidade do §3º, do art. 77, pelo qual "as férias poderão ser parceladas em até **três etapas**, desde que assim requeridas pelo servidor, e no interesse da administração pública".

Alternativa "c". Nos termos do art. 78, *caput*, da Lei, "o pagamento da remuneração das férias será efetuado até 2 (dois) dias antes do início do respectivo período".

Alternativa "d". Na redação do art. 79, *caput*, da Lei, "o servidor que opera direta e permanentemente com Raios X ou substâncias radioativas **gozará 20 (vinte) dias consecutivos de férias**, por semestre de atividade profissional, proibida em qualquer hipótese a acumulação".

Alternativa "e". Trata-se da literalidade do art. 80, *caput*, da Lei, pelo qual "as férias somente poderão ser interrompidas por motivo de calamidade pública, comoção interna, convocação para júri, serviço militar ou eleitoral, ou por necessidade do serviço declarada pela autoridade máxima do órgão ou entidade".

Alternativa correta: letra "e".

---

105. (FCC – Analista Judiciário – Área Administrativa – TRT 18/2023) Nos termos constantes da Lei nº 8.112/1990, o retorno à atividade de servidor mediante aproveitamento tem como condição que esse servidor

a) esteja em disponibilidade.

b) seja novamente aprovado em concurso público.

c) não tenha sido apenado com advertência.

d) tenha se aposentado.

e) trabalhe em sede diversa do novo cargo.

COMENTÁRIO

✪ **Nota do Autor:** Uma das formas de provimento de cargo público é, nos termos do art. 8º, VIII, da Lei, o **aproveitamento.**

Alternativa "a" (responde as demais alternativas). O art. 30, *caput*, da Lei nº 8.112/90, estabelece que "o retorno à atividade de **servidor em disponibilidade** far-se-á mediante aproveitamento obrigatório em cargo de atribuições e vencimentos compatíveis com o anteriormente ocupado".

Alternativa correta: letra "a".

---

106. (FCC – Analista Judiciário – Área Administrativa – TRT 18/2023) Dentre as formas de provimento dos cargos públicos, nos termos do que prevê a Lei federal nº 8.112/1990, a

a) readaptação configura reingresso do servidor nos quadros da Administração Pública, em virtude de desaposentação.

b) reversão configura reingresso do servidor nos quadros da Administração Pública, em virtude de decisão judicial que tenha anulado sua anterior demissão.

c) reintegração tem lugar no caso de servidor estável previamente demitido, quando a demissão tiver sido invalidada administrativa ou judicialmente.

d) recondução configura reinvestidura do servidor nos quadros da Administração Pública, em virtude de desaposentação ou de reintegração do ocupante anterior.

e) readaptação tem lugar somente quando o servidor tiver experimentado limitação física que o impeça de realizar suas anteriores funções, impondo-se, na inexistência de cargo vago, a disponibilidade do servidor, com integral remuneração.

COMENTÁRIO

✪ **Nota do Autor:** No art. 8º da Lei nº 8.112/90, as **formas de provimento** são: a) nomeação; b) promoção; c) readaptação; d) reversão; e) aproveitamento; f) recondução; g) reintegração. A ascensão e a transferência constavam nos incisos III e IV daquele artigo, mas foram revogados pela Lei nº 9.527/97. Mesmo antes da revogação, o Supremo Tribunal Federal já as considerava inconstitucionais porque com a adoção no texto constitucional do acesso aos cargos públicos via concurso público, somente as hipóteses constantes da própria Constituição legitimam a dispensa do certame.

Alternativa "a" (responde a alternativa "e"). A **readaptação** é destinada ao **servidor que passou a sofrer de limitação em sua capacidade física ou mental** e, em razão disso, **não é capaz de desempenhar as atribuições inerentes ao cargo que ocupa**, conforme verificado em inspeção médica, nos termos do art. 24 da Lei nº 8.112/90. Nesse caso, o servidor é readaptado, é investido em outro cargo com atribuições e responsabilidade compatíveis com suas limitações.

Alternativa "b". A **reversão** é **retorno do aposentado à ativa** e pode ocorrer quando o servidor tenha se aposentado por invalidez ou voluntariamente. Desse modo, de acordo com o art. 25 da Lei, a reversão pode se dar **de ofício** ou **a pedido**.

Alternativa "c". A **reintegração** é o **retorno do servidor demitido** cuja demissão foi anulada judicial ou administrativamente, com o ressarcimento de todas as vantagens, e está prevista no texto constitucional no art. 41, § 2º e no art. 28 da Lei nº 8.112/90.

Alternativa "d". A **recondução** é o retorno do servidor estável ao cargo anteriormente ocupado e decorrerá da inabilitação em estágio probatório relativo a outro cargo e da reintegração do anterior ocupante, na forma do art. 29, da Lei nº 8.112/90.

Alternativa correta: letra "c".

107. (FCC – Analista Judiciário – Área Administrativa – TRT 18/2023) A Lei nº 8.112/1990 que dispõe sobre o regime jurídico dos servidores públicos civis da União, das autarquias e das fundações públicas federais estabelece que

a) o gozo dos direitos políticos e a idade mínima de vinte e um anos são requisitos básicos para investidura em cargo público.

b) o direito das pessoas portadoras de deficiência de se inscrever em concurso público para provimento de cargo é absoluto e independe da compatibilidade das atribuições com a deficiência de que são portadoras.

c) a investidura em cargo público ocorrerá com a nomeação.

d) a investidura em cargo público independe de aptidão física.

e) a nomeação e a promoção são formas de provimento de cargo público.

COMENTÁRIO

Alternativa "a" (responde a alternativa "d"). Consoante art. 3º, parágrafo único, da Lei, " os cargos públicos, acessíveis a **todos os brasileiros**, são criados por lei, com denominação própria e vencimento pago pelos cofres públicos, para provimento em caráter efetivo ou em comissão". Ademais, de maneira específica, o art. 5º estabelece que são requisitos básicos para investidura em cargo público: I – a nacionalidade brasileira; II – o gozo dos direitos políticos; III – a quitação com as obrigações militares e eleitorais; IV – o nível de escolaridade exigido para o exercício do cargo; V – a **idade mínima de dezoito anos**; VI – **aptidão física e mental**.

Alternativa "b". O art. 5º, §2º, da Lei, estabelece que "às pessoas portadoras de deficiência é assegurado o direito de se inscrever em concurso público para provimento de cargo **cujas atribuições sejam compatíveis com a deficiência de que são portadoras**; para tais pessoas serão reservadas até 20% (vinte por cento) das vagas oferecidas no concurso".

Alternativa "c". A investidura em cargo público ocorrerá com a **posse**, nos termos do art. 7º da Lei.

Alternativa "e". No art. 8º da Lei nº 8.112/90, as **formas de provimento** são: **a) nomeação; b) promoção**; c) readaptação; d) reversão; e) aproveitamento; f) recondução; g) reintegração. A ascensão e a transferência constavam nos incisos III e IV daquele artigo, mas foram revogados pela Lei nº 9.527/97. Mesmo antes da revogação, o Supremo Tribunal

Federal já as considerava inconstitucionais porque com a adoção no texto constitucional do acesso aos cargos públicos via concurso público, somente as hipóteses constantes da própria Constituição legitimam a dispensa do certame.

Alternativa correta: letra "e".

108. (FCC – Analista Judiciário – TRT 18/2023) Considere o seguinte histórico, referente a servidor no mesmo município:

- data da publicação do ato de provimento: 10/3/2022.
- data da posse: 20/3/2022.
- data da entrada em exercício: 30/5/2022.

Nos termos constantes da Lei nº 8.112/1990, há ilegalidade, uma vez que:

a) a data da posse não tem como referência a data da publicação do ato de provimento.

b) a posse deve ocorrer no prazo de quinze dias contados da publicação do ato de provimento.

c) a posse e a entrada em exercício devem ocorrer na mesma data.

d) a entrada em exercício independe da data da posse.

e) é de quinze dias o prazo para o servidor empossado em cargo público entrar em exercício, contados da data da posse.

COMENTÁRIO

Alternativa "a" (responde a alternativa "b"). Nos termos do art. 13, §1º, da Lei, "a posse ocorrerá no prazo de trinta dias contados da publicação do ato de provimento".

Alternativa "e" (responde as alternativas "c" e "d"). Na exata forma do que disciplina o art. 15, §1º, da Lei nº 8.112/90, "é de quinze dias o prazo para o servidor empossado em cargo público entrar em exercício, contados da data da posse".

Alternativa correta: letra "e".

109. (FCC – Analista Judiciário – TRT 18/2023) Nos termos da Lei nº 8.112/1990,

a) a remoção do servidor está condicionada à mudança de sede.

b) a redistribuição é processo previsto para cargos de provimento efetivo e em comissão.

c) o servidor estável inabilitado em estágio probatório relativo a outro cargo será submetido à recondução ao cargo anteriormente ocupado, desde que não provido.

d) a reintegração é a reinvestidura do servidor estável ou em estágio probatório.

e) a reversão é o processo que alcança servidores ativos e aposentados.

COMENTÁRIO

Alternativa "a". A **remoção** é o deslocamento do servidor, **a pedido ou de ofício**, no âmbito do mesmo quadro, com ou sem mudança de sede. Caso ocorra de ofício, a remoção se dará no **interesse da Administração**. Porém, se a remoção for feita a pedido do servidor, poderá se dar: a) **a critério da Administração**; ou b) **para outra localidade,** independentemente do interesse da Administração: – para acompanhar cônjuge ou companheiro, também servidor público civil ou militar, de qualquer dos Poderes da União, dos Estados, do Distrito Federal e dos Municípios, que foi deslocado no interesse da Administração; – por motivo de saúde do servidor, cônjuge, companheiro ou dependente que viva às suas expensas e conste do seu assentamento funcional, condicionada à comprovação por junta médica oficial; – em virtude de processo seletivo promovido, na hipótese em que o número de interessados for superior ao número de vagas, de acordo com normas preestabelecidas pelo órgão ou entidade em que aqueles estejam lotados (art. 36 da Lei 8.112/90).

Alternativa "b". A **redistribuição**, nos termos do art. 37 da Lei nº 8.112/90, é o **deslocamento do cargo efetivo,** provido ou vago, para outro órgão ou entidade do mesmo Poder.

Alternativa "c". A **recondução** é o **retorno do servidor estável ao cargo anteriormente ocupado** e ocorre quando o servidor for inabilitado no estágio probatório de outro cargo ou quando o anterior ocupante do cargo é reintegrado, nos termos do art. 29 da Lei nº 8.112/90.

Alternativa "d". A **reintegração é o retorno do servidor demitido cuja demissão foi anulada judicial ou administrativamente**. Está prevista no texto constitucional no art. 41, § 2º e no art. 28, da Lei nº 8.112/90.

Alternativa "e". A **reversão** é **retorno do aposentado à ativa** e pode ocorrer quando o servidor tenha se aposentado por invalidez ou voluntariamente. Desse modo, de acordo com o art. 25 da Lei, a reversão pode se dar **de ofício** ou **a pedido**.

Alternativa correta: letra "c".

110. (FCC – Técnico Judiciário – TRT 18/2023) De acordo com o regime estabelecido pela Lei nº 8.112/1990, caso determinado cargo público seja extinto, ao servidor efetivo estável que esteja ocupando o referido cargo aplica-se o instituto da

a) disponibilidade, com aproveitamento obrigatório em cargo de atribuições e vencimentos compatíveis com o anteriormente ocupado.

b) requisição, podendo ser convocado para desempenhar as mesmas atribuições em órgãos ou entidades de outros poderes, mediante cessão.

c) readaptação, com participação compulsória em programas de formação ou cursos de capacitação que o habilitem a desempenhar atribuições de maior complexidade.

d) reversão em extranumerário, podendo optar pela aposentadoria com proventos proporcionais ao tempo de contribuição.

e) redistribuição, ficando o servidor autorizado a desempenhar as atribuições do cargo de origem em outra lotação, sem acréscimo da remuneração original.

COMENTÁRIO

Alternativa "a". Na exata forma do que preconiza o art. 30, *caput*, da Lei, "o retorno à atividade de servidor em **disponibilidade** far-se-á mediante **aproveitamento obrigatório em cargo de atribuições e vencimentos compatíveis com o anteriormente ocupado**". Vale destacar, ainda, o conteúdo do art. 28, §1º, da Lei, que determina que "na hipótese de o cargo ter sido extinto, o servidor ficará em disponibilidade, observado o disposto nos arts. 30 e 31". Desse modo, caso determinado cargo público seja extinto, ao servidor efetivo estável que esteja ocupando o referido cargo aplica-se o instituto da disponibilidade.

Alternativa "b". Inexiste o instituto da **requisição** na Lei nº 8.112/90.

Alternativa "c". A **readaptação** é destinada ao servidor que passou a sofrer de **limitação** em sua capacidade física ou mental e, em razão disso, não é capaz de desempenhar as atribuições inerentes ao cargo que ocupa, conforme verificado em inspeção médica, e assim, será investido em outro **cargo com atribuições e responsabilidade compatíveis** com suas limitações e desde que o novo cargo seja de atribuições afins e seja respeitada a equivalência de vencimentos, o nível de escolaridade e a habilitação exigida, consoante o art. 24 da Lei nº 8.112/90.

Alternativa "d". A **reversão** é o **retorno do aposentado à ativa** e pode ocorrer quando o servidor tenha se aposentado por invalidez ou voluntariamente, como prevê o art. 25. O aposentado **voltará para o mesmo cargo ou para cargo resultante de sua transformação.**

Alternativa "e". A **redistribuição**, nos termos do art. 37 da Lei nº 8.112/90, é o **deslocamento do cargo efetivo**, provido ou vago, para outro órgão ou entidade do mesmo Poder. De acordo o dispositivo legal mencionado, devem ser observados os seguintes preceitos: interesse da administração; equivalência de vencimentos; manutenção da essência das atribuições do cargo; vinculação entre os graus de responsabilidade e complexidade das atividades; mesmo nível de escolaridade, especialidade ou habilitação profissional; compatibilidade entre as atribuições do cargo e as finalidades institucionais do órgão ou entidade. A redistribuição a redistribuição só ocorre de ofício e é feita para ajustar a lotação e a força de trabalho às necessidades do serviço, inclusive nos casos de reorganização, extinção ou criação de órgão ou entidade.

Alternativa correta: letra "a".

---

111. (FCC – Técnico Judiciário – TRT 18/2023) A Lei nº 8.112/1990 estabelece que, ao entrar em exercício, a aptidão e a capacidade do servidor nomeado para cargo de provimento efetivo serão objeto de avaliação para o desempenho do cargo. Essa avaliação é definida como

a) exercício de cargo probatório.

b) interstício probatório.

c) tempo probatório.

d) estágio probatório.

e) teste probatório.

COMENTÁRIO

✪ **Nota do Autor:** Na exata forma do que disciplina o art. 20, *caput*, da Lei, "ao entrar em exercício, o servidor nomeado para cargo de provimento efetivo ficará sujeito a estágio probatório por período de 24 (vinte e quatro) meses, durante o qual a sua aptidão e capacidade serão objeto de avaliação para o desempenho do cargo, observados os seguinte fatores: I – assiduidade; II – disciplina; III – capacidade de iniciativa; IV – produtividade e V – responsabilidade".

Alternativa "d" (responde as demais alternativas). O **estágio probatório** é o **período de prova** no qual há **avaliação** para aferir se o servidor possui **aptidão e capacidade para o desempenho das atribuições de determinado cargo**. Nos termos do art. 20, § 2º, da Lei nº 8.112/90, caso o **servidor não seja aprovado no estágio probatório**, se for **estável**, será **reconduzido** ao cargo anteriormente ocupado e, por outro lado, se **não for estável**, será **exonerado.** Como a questão trata de servidor que acabou de entrar no serviço público, não há que se falar em estabilidade, motivo pelo qual deve ser **exonerado.**

Alternativa correta: letra "d".

---

112. (FCC – Técnico Judiciário – TRT 18/2023) Nos termos da Lei nº 8.112/1990, dentre outros, são exemplos de situações das quais decorrem vacância do cargo público os casos de

a) exoneração e aproveitamento.

b) promoção e readaptação.

c) demissão e disponibilidade.
d) aposentadoria e recondução.
e) falecimento e reintegração.

COMENTÁRIO

✪ **Nota do Autor:** De acordo com o art. 33 da Lei nº 8.112/1990, a vacância ocorre com a: a) exoneração; b) demissão; c) **promoção**; d) **readaptação;** e) aposentadoria; f) posse em outro cargo inacumulável; g) falecimento. Dessas, a **promoção e a readaptação são, simultaneamente, formas de provimento e vacância, pois, quando ocorrem, há a vacância do cargo anterior e o provimento do novo cargo.**

Alternativa correta: letra "b" (responde as demais alternativas). A vacância é o desligamento do servidor. Conforme o art. 33, a vacância decorre da exoneração (em regra é a pedido do servidor, mas pode se dar de ofício quando toma posse e não entra em exercício e quando, não sendo estável, é reprovado no estágio probatório); demissão (é pena, punição); promoção; readaptação (a promoção e a readaptação são, ao mesmo tempo, formas de provimento e de vacância, pois o servidor deixa um cargo e passa a ocupar outro); aposentadoria (pode ser voluntária, compulsória ou por invalidez); posse em outro cargo inacumulável; falecimento.

Alternativa correta: letra "b".

---

113. (FUMARC – Analista Judiciário – Área Judiciária – TRT 3/2022) Analise as afirmativas e assinale a que estiver CORRETA:

a) As vantagens pecuniárias não serão computadas, para efeito de concessão de quaisquer outros acréscimos pecuniários ulteriores, sob o mesmo título ou idêntico fundamento.
b) As indenizações se incorporam ao vencimento ou provento para qualquer efeito.
c) É assegurado ao servidor o direito de requerer aos Poderes Públicos, em defesa de direito ou interesse legítimo, desde que o faça por meio de representação de classe.
d) É assegurado ao servidor o direito de requerer em defesa de direito ou interesse legítimo, desde que o faça perante sua própria organização administrativa.
e) O direito de requerer a autoridades em defesa de seus interesses legítimos é conferido ao servidor apenas se findo o exercício.

COMENTÁRIO

Alternativa "a". Eis, precisamente, a redação do art. 50, da Lei nº 8.112/90, pelo qual "as vantagens pecuniárias não serão computadas, nem acumuladas, para efeito de concessão de quaisquer outros acréscimos pecuniários ulteriores, sob o mesmo título ou idêntico fundamento".

Alternativa "b". Pelo contrário, nos termos do art. 49, §1º, da Lei, "as indenizações **não** se incorporam ao vencimento ou provento para qualquer efeito".

Alternativa "c" (responde as alternativas "d" e "e"). O art. 104, da Lei, estabelece que "é assegurado ao servidor o direito de requerer aos Poderes Públicos, em defesa de direito ou interesse legítimo", **sem qualquer menção à necessidade de representação de classe** para tanto. O art. 105, em continuidade, determina que "o requerimento será dirigido à **autoridade competente para decidi-lo** e encaminhado por intermédio daquela a que estiver imediatamente subordinado o requerente", de tal modo que o direito **não** se restringe aos servidores que não estejam mais em exercício.

Alternativa correta: letra "a".

---

114. (FUMARC – Analista Judiciário – Área Judiciária – TRT 3/2022) Acerca da possibilidade de retirar documento da repartição onde atua, é CORRETO afirmar:

a) É permitido que o servidor público o retire, desde que os documentos sejam afetos às suas funções.
b) É prerrogativa do servidor.
c) É proibido que o servidor o faça em qualquer hipótese.
d) É proibido que o servidor o retire, sem prévia anuência da autoridade competente.
e) Somente pode ser feito por titulares de cargos de direção.

COMENTÁRIO

✪ **Nota do Autor:** O art. 117 da Lei nº 8.112/90 elenca as proibições a que se sujeita o servidor público federal e sua leitura atenta é indispensável para a realização de provas que cobram o assunto.

Alternativa "d" (responde as demais alternativas). Na exata forma do que determina o art. 117, II, da Lei nº 8.112/90, ao servidor é proibido "retirar, sem prévia anuência da autoridade competente, qualquer documento ou objeto da repartição".

Alternativa correta: letra "d".

---

115. (FUMARC – Analista Judiciário – Área Judiciária – TRT 3/2022) O ato de imposição da penalidade a servidor público

a) dispensa motivação.
b) é irrecorrível,
c) mencionará a causa da punição e os fundamentos legais, a critério da autoridade competente.

d) mencionará apenas o fundamento legal da sanção.

e) mencionará sempre o fundamento legal e a causa da sanção disciplinar.

COMENTÁRIO

✪ **Nota do Autor:** O art. 128, *caput*, da Lei nº 8.112/90, estabelece que "na aplicação das penalidades serão consideradas a natureza e a gravidade da infração cometida, os danos que dela provierem para o serviço público, as circunstâncias agravantes ou atenuantes e os antecedentes funcionais".

Alternativa "e" (responde as demais alternativas). O ato de imposição da penalidade **mencionará sempre o fundamento legal e a causa da sanção disciplinar**, nos exatos termos do que disciplina o art. 128, parágrafo único, da Lei.

Alternativa correta: letra "e".

---

116. (FUMARC – Analista Judiciário – Área Judiciária – TRT 3/2022) Acerca da advertência no regime do servidor público federal, é correto afirmar:

a) Deve ser aplicada por escrito.

b) Dispensa a defesa prévia.

c) Não é penalidade.

d) Pode ser aplicada verbalmente.

e) Tem efeito apenas instrutivo.

COMENTÁRIO

Alternativa "a" (responde a alternativa "d"). Na forma do art. 129, da Lei nº 8.112/90, "a advertência será **aplicada por escrito**, nos casos de violação de proibição constante do art. 117, incisos I a VIII e XIX, e de inobservância de dever funcional previsto em lei, regulamentação ou norma interna, que não justifique imposição de penalidade mais grave".

Alternativa "b". A apuração de infração disciplinar pode se dar por meio de **sindicância** ou de **processo administrativo disciplinar**. Independentemente da nomenclatura usada, qualquer apuração administrativa que dela, por si só, possa decorrer a possível aplicação de penalidade ao servidor, **somente será válida se forem assegurados o contraditório e a ampla defesa**, consoante ao art. 5º, LV, da Constituição Federal.

Alternativa "c" (responde a alternativa "e"). A instauração de processo administrativo disciplinar pressupõe o cometimento de uma infração disciplinar, passível de punição com uma das penalidades previstas no art. 127 da Lei nº 8.112/90, que são: a) advertência; b) suspensão; c) multa; d) demissão; e) cassação de aposentadoria; f) destituição em cargo de comissão; g) destituição de função de confiança. Assim, **não há que se falar em efeito apenas instrutivo** da **advertência**, na medida em que se trata, formalmente, de uma penalidade eventualmente imposta aos servidores públicos.

Alternativa correta: letra "a".

---

117. (FUMARC – Técnico Judiciário – TRT 3/2022) A ajuda de custo paga ao servidor é espécie de

a) adicional.

b) gratificação.

c) indenização.

d) premiação.

e) vencimento.

COMENTÁRIO

✪ **Nota do Autor:** Na exata forma do art. 53, *caput*, da Lei nº 8.112/90, "a ajuda de custo destina-se a compensar as despesas de instalação do servidor que, no interesse do serviço, passar a ter exercício em nova sede, com mudança de domicílio em caráter permanente, vedado o duplo pagamento de indenização, a qualquer tempo, no caso de o cônjuge ou companheiro que detenha também a condição de servidor, vier a ter exercício na mesma sede".

Alternativa "c" (responde as demais alternativas). O art. 51, da Lei, estabelece que constituem **indenizações** ao servidor: i) **ajuda de custo**; ii) diárias; iii) transporte e iv) auxílio-moradia. É importante não confundir as modalidades de indenizações com as de gratificações e adicionais que, na forma do art. 61, da Lei, são os seguintes: i) retribuição pelo exercício de função de direção, chefia e assessoramento; ii) gratificação natalina; iv) adicional pelo exercício de atividades insalubres, perigosas ou penosas; v) adicional pela prestação de serviço extraordinário; vi) adicional noturno; vii) adicional de férias; viii) outros, relativos ao local ou à natureza do trabalho; ix) gratificação por encargo de curso ou concurso.

Alternativa correta: letra "c".

---

118. (Cespe – Técnico Judiciário – Área Administrativa – TRT 8/2022) Na hipótese de determinado servidor público federal estável retornar ao cargo anteriormente ocupado em decorrência de inabilitação em estágio probatório relativo a outro cargo, ocorre provimento de cargo público denominado

a) readaptação.

b) reversão.

c) recondução.

d) aproveitamento.

e) reintegração.

COMENTÁRIO

✪ **Nota do Autor:** No art. 8º da Lei nº 8.112/90, as **formas de provimento** são: a) nomeação; b) **promoção**; c) readaptação; d) **reversão**; e) **aproveitamento**; f) **recondução**; g) reintegração. A ascensão e a transferência constavam nos incisos III e IV daquele artigo, mas foram revogados pela Lei nº 9.527/97. Mesmo antes da revogação, o Supremo Tribunal Federal já as considerava inconstitucionais porque com a adoção no texto constitucional do acesso aos cargos públicos via concurso público, somente as hipóteses constantes da própria Constituição legitimam a dispensa do certame.

Alternativa "a". A **readaptação** é destinada ao **servidor que passou a sofrer de limitação em sua capacidade física ou mental** e, em razão disso, **não é mais capaz de desempenhar as atribuições inerentes ao cargo que ocupa**, nos termos do art. 24 da Lei nº 8.112/90.

Alternativa "b". A **reversão** é o **retorno do aposentado à ativa** e pode ocorrer quando o servidor tenha se aposentado por invalidez ou voluntariamente, como prevê o art. 25. O aposentado **voltará para o mesmo cargo ou para cargo resultante de sua transformação.**

Alternativa "c". A **recondução** é o **retorno do servidor estável ao cargo anteriormente ocupado** e ocorre quando o servidor for inabilitado no estágio probatório de outro cargo ou quando o anterior ocupante do cargo é reintegrado, nos termos do art. 29, da Lei.

Alternativa "d". O **aproveitamento** é o retorno do servidor que está em disponibilidade e o cargo em que será aproveitado deverá ter vencimentos e atribuições compatíveis com o anteriormente ocupado (art. 30 da Lei nº 8.112/90).

Alternativa "e". A **reintegração** é a reinvestidura do servidor no cargo antes ocupado quando sua demissão for anulada por decisão administrativa ou judicial, tendo direito ao ressarcimento de remuneração e vantagens não percebidas. Se o cargo foi extinto, o servidor reintegrado fica em disponibilidade; se o cargo estiver provido, seu ocupante volta ao cargo de origem ou é aproveitado em outro cargo ou posto em disponibilidade.

Alternativa correta: letra "c".

---

119. (Cespe – Técnico Judiciário – Área Administrativa – TRT 8/2022) Servidor público federal se ausentou uma única vez do serviço durante o expediente, sem prévia autorização do chefe imediato, por isso, recebeu a pena de advertência.

A ação disciplinar referente à situação hipotética apresentada prescreve em

a) 5 anos.
b) 90 dias.
c) 2 anos.
d) 1 ano.
e) 180 dias.

COMENTÁRIO

✪ **Nota do Autor:** Na forma do art. 117, I, da Lei nº 8.112/90, ao servidor é proibido ausentar-se do serviço durante o expediente, sem prévia autorização do chefe imediato. Na leitura conjunta do dispositivo com o art. 129, da Lei, verifica-se que a penalidade a ser aplicada, no caso narrado no enunciado, é, de fato a **advertência.**

Alternativa "e" (responde as demais alternativas). Na forma do art. 142, III, da Lei nº 8.112/90, a ação disciplinar prescreverá em **180 dias**, quanto à pena de advertência. Pelo § 1º infere-se, ainda, que o prazo de prescrição começa a correr da data em que o fato se tornou conhecido. Assim, portanto, no caso narrado na questão, eventual ação disciplinar não pode ser instaurada, uma vez que se encontra prescrita.

Alternativa correta: letra "e".

---

120. (FCC – Técnico Judiciário – Área Administrativa – TRT 9/2022) A propósito do regime disciplinar dos servidores públicos, a Lei nº 8.112/1990 dispõe que:

a) extinta a punibilidade pela prescrição, serão cancelados todos os registros nos assentamentos individuais do servidor.
b) é possível o afastamento cautelar do servidor, para garantia da apuração, por prazo improrrogável de 60 dias, durante o qual receberá 2/3 dos vencimentos.
c) o servidor que responder a processo disciplinar só poderá ser exonerado a pedido, ou aposentado voluntariamente, após a conclusão do processo e o cumprimento da penalidade, acaso aplicada.
d) dentre as sanções disciplinares aplicáveis aos servidores públicos titulares de cargo efetivo que tenham alcançado a estabilidade está a aposentadoria compulsória com proventos proporcionais ao tempo de serviço.
e) a sanção de "demissão a bem do serviço público" será aplicada quando a conduta infracional for capitulada também como crime.

COMENTÁRIO

Alternativa "a". O art. 170, da Lei, estabelece que "extinta a punibilidade pela prescrição, a autoridade julgadora determinará o **registro do fato** nos assentamentos individuais do servidor".

Alternativa "b". O art. 147, *caput*, da Lei, estabelece que "como medida cautelar e a fim de que o servidor não venha a influir na apuração da irregularidade, a autoridade instauradora do processo disciplinar poderá determinar o seu afastamento do exercício do cargo, pelo prazo de até 60 (sessenta) dias, **sem prejuízo da remuneração**". O parágrafo único do mesmo dispositivo estabelece a possibilidade de o prazo de afastamento ser prorrogado uma vez, por igual período.

Alternativa "c". Trata-se da literalidade do art. 172, *caput*, da Lei, pelo qual "o servidor que responder a processo disciplinar só poderá ser exonerado a pedido, ou aposentado voluntariamente, após a conclusão do processo e o cumprimento da penalidade, acaso aplicada".

Alternativa "d". A instauração de processo administrativo disciplinar pressupõe o cometimento de uma infração disciplinar, passível de punição com uma das penalidades previstas no art. 127 da Lei nº 8.112/90, que são: a) advertência; b) suspensão; c) multa; d) demissão; e) cassação de aposentadoria; f) destituição em cargo de comissão; g) destituição de função de confiança. Não há que se falar, assim, em **aposentadoria compulsória** nem, tampouco, em **demissão a bem do serviço público**, como penalidades prevista na Lei nº 8.112/90.

Alternativa correta: letra "c".

---

121. (FGV – Analista Judiciário – Área Judiciária – TRT 13/2022) Daniel, servidor público estável ocupante do cargo de Analista Judiciário do Tribunal Regional do Trabalho da Região, foi aprovado em concurso público para o cargo de Auditor Federal. Ocorre que Daniel não foi habilitado no estágio probatório relativo ao cargo de Auditor, de maneira que ocorreu seu retorno ao cargo de Analista Judiciário do TRT anteriormente ocupado, por meio da forma de provimento derivada prevista na Lei n° 8.112/90 chamada

a) reintegração.

b) aproveitamento.

c) recondução.

d) readaptação.

e) redistribuição.

COMENTÁRIO

Alternativa "a". A **reintegração** é o **retorno do servidor demitido** cuja demissão foi anulada judicial ou administrativamente, com o ressarcimento de todas as vantagens, e está prevista no texto constitucional no art. 41, § 2º e no art. 28 da Lei nº 8.112/90.

Alternativa "b". O **aproveitamento** é o retorno do servidor que está em disponibilidade e o cargo em que será aproveitado deverá ter vencimentos e atribuições compatíveis com o anteriormente ocupado (art. 30 da Lei nº 8.112/90).

Alternativa "c". A **recondução** é o **retorno do servidor estável ao cargo anteriormente ocupado** e ocorre quando o servidor for inabilitado no estágio probatório de outro cargo ou quando o anterior ocupante do cargo é reintegrado, nos termos do art. 29 da Lei nº 8.112/90.

Alternativa "d". A **readaptação** é destinada ao **servidor que passou a sofrer de limitação em sua capacidade física ou mental** e, em razão disso, **não é capaz de desempenhar as atribuições inerentes ao cargo que ocupa**, conforme verificado em inspeção médica, nos termos do art. 24 da Lei nº 8.112/90. Nesse caso, o servidor é readaptado, é investido em outro cargo com atribuições e responsabilidade compatíveis com suas limitações.

Alternativa "e". A **redistribuição**, nos termos do art. 37 da Lei nº 8.112/90, é o **deslocamento do cargo efetivo**, provido ou vago, para outro órgão ou entidade do mesmo Poder. De acordo o dispositivo legal mencionado, devem ser observados os seguintes preceitos: interesse da administração; equivalência de vencimentos; manutenção da essência das atribuições do cargo; vinculação entre os graus de responsabilidade e complexidade das atividades; mesmo nível de escolaridade, especialidade ou habilitação profissional; compatibilidade entre as atribuições do cargo e as finalidades institucionais do órgão ou entidade.

Alternativa correta: letra "c".

---

122. (FCC – Analista Judiciário – Área Judiciária – TRT 14/2022) Nos termos dispostos na Lei no 8.112/1990, o deslocamento de cargo de provimento efetivo, ocupado ou vago no âmbito do quadro geral de pessoal, para outro órgão ou entidade do mesmo Poder é denominado

a) remoção.

b) readaptação.

c) reaproveitamento.

d) aproveitamento.

e) redistribuição.

COMENTÁRIO

Alternativa "a". A **remoção** é o deslocamento do servidor, **a pedido ou de ofício**, no âmbito do mesmo quadro, com ou sem mudança de sede. Caso ocorra de ofício, a remoção se dará no **interesse da Administração.** Porém, se a remoção for feita a pedido do servidor, poderá se dar: a) **a critério da Administração;**

ou b) **para outra localidade,** independentemente do interesse da Administração: – para acompanhar cônjuge ou companheiro, também servidor público civil ou militar, de qualquer dos Poderes da União, dos Estados, do Distrito Federal e dos Municípios, que foi deslocado no interesse da Administração; – por motivo de saúde do servidor, cônjuge, companheiro ou dependente que viva às suas expensas e conste do seu assentamento funcional, condicionada à comprovação por junta médica oficial; – em virtude de processo seletivo promovido, na hipótese em que o número de interessados for superior ao número de vagas, de acordo com normas preestabelecidas pelo órgão ou entidade em que aqueles estejam lotados (art. 36 da Lei 8.112/90).

Alternativa "b". A **readaptação** é destinada ao **servidor que passou a sofrer de limitação em sua capacidade física ou mental** e, em razão disso, **não é capaz de desempenhar as atribuições inerentes ao cargo que ocupa**, conforme verificado em inspeção médica, nos termos do art. 24 da Lei nº 8.112/90. Nesse caso, o servidor é readaptado, é investido em outro cargo com atribuições e responsabilidade compatíveis com suas limitações.

Alternativa "c". O **reaproveitamento** não é modalidade de provimento prevista na Lei nº 8.112/90.

Alternativa "d". O **aproveitamento** é o **retorno do servidor que está em disponibilidade** e o cargo em que será aproveitado deverá ter vencimentos e atribuições compatíveis com o anteriormente ocupado, conforme o art. 30 da Lei nº 8.112/90.

Alternativa "e". A **redistribuição**, na forma do art. 37, *caput*, da Lei, é o deslocamento de cargo de provimento efetivo, ocupado ou vago no âmbito do quadro geral de pessoal, para outro órgão ou entidade do mesmo Poder, com prévia apreciação do órgão central do SIPEC, observados os seguintes preceitos: I – interesse da administração; II – equivalência de vencimentos; III – manutenção da essência das atribuições do cargo; IV – vinculação entre os graus de responsabilidade e complexidade das atividades; V – mesmo nível de escolaridade, especialidade ou habilitação profissional; VI – compatibilidade entre as atribuições do cargo e as finalidades institucionais do órgão ou entidade.

Alternativa correta: letra "e".

---

123. (FCC – Analista Judiciário – Área Judiciária – TRT 14/2022) Nos termos dispostos na Lei nº 8.112/1990:

a) A licença concedida dentro de sessenta dias do término de outra da mesma espécie será considerada ilegal.

b) A licença por motivo de doença em pessoa da família poderá ser concedida, incluídas as prorrogações, por até noventa dias, consecutivos ou não, mantida a remuneração do servidor.

c) A licença por motivo de afastamento do cônjuge será por prazo indeterminado e sem remuneração.

d) Concluído o serviço militar, o servidor terá até trinta dias com remuneração para reassumir o exercício do cargo.

e) O servidor terá direito à licença, com remuneração, durante o período que mediar entre a sua escolha em convenção partidária, como candidato a cargo eletivo, e a véspera do registro de sua candidatura perante a Justiça Eleitoral.

COMENTÁRIO

Alternativa "a". Nos termos do art. 82, da Lei, "a licença concedida dentro de sessenta dias do término de outra da mesma espécie será considerada **prorrogação**".

Alternativa "b". A licença por motivo de doença em pessoa da família poderá ser concedida, incluídas as prorrogações, por até **sessenta** dias, consecutivos ou não, mantida a remuneração do servidor ou por até noventa dias, consecutivos ou não, sem remuneração (art. 83, §2º, da Lei).

Alternativa "c". Na forma do art. 84, *caput*, da Lei, "poderá ser concedida licença ao servidor para acompanhar cônjuge ou companheiro que foi deslocado para outro ponto do território nacional, para o exterior ou para o exercício de mandato eletivo dos Poderes Executivo e Legislativo", destacando-se, nos termos do §1º, que "a licença será por prazo indeterminado e sem remuneração".

Alternativa "d". Concluído o serviço militar, o servidor terá até 30 (trinta) dias sem remuneração para reassumir o exercício do cargo (art. 85, parágrafo único, da Lei).

Alternativa "e". Estabelece o art. 86, *caput*, da Lei, que "o servidor terá direito a licença, sem remuneração, durante o período que mediar entre a sua escolha em convenção partidária, como candidato a cargo eletivo, e a véspera do registro de sua candidatura perante a Justiça Eleitoral".

Alternativa correta: letra "c".

---

124. (FCC – Analista Judiciário – Área Judiciária – TRT 14/2022) João, servidor público federal, faltou ao serviço, sem causa justificada, por sessenta dias, interpoladamente, durante o período de doze meses. Nos termos da Lei nº 8.112/1990, a conduta de João está sujeita à penalidade de

a) advertência.

b) suspensão por inassiduidade habitual.

c) demissão por inassiduidade habitual.

d) suspensão por abandono de cargo.

e) demissão por abandono de cargo.

COMENTÁRIO

Alternativa "c" (responde as demais alternativas). O art. 132, III, da Lei, estabelece que a demissão será aplicada no caso de inassiduidade habitual. Neste sentido, o art. 139, da Lei, tem a seguinte redação: "entende-se por inassiduidade habitual a falta ao serviço, sem causa justificada, por sessenta dias, interpoladamente, durante o período de doze meses".

Alternativa correta: letra "c".

---

125. (FCC – Analista Judiciário – Área Judiciária – TRT 16/2022) Fernando, servidor público federal ocupante do cargo de Analista Judiciário do Tribunal Regional do Trabalho da Região, praticou incontinência pública e conduta escandalosa na repartição. Após regular processo administrativo disciplinar, de acordo com a Lei n° 8.112/1990, Fernando está sujeito à sanção de

a) demissão, a ser aplicada pelo Presidente do TRT da Região.

b) demissão, a ser aplicada pelo Presidente da República.

c) suspensão de até 90 (noventa), a ser aplicada pelo Presidente da República.

d) suspensão de até 90 (noventa), a ser aplicada pelo Presidente do TRT da Yº Região.

e) advertência, a ser aplicada pelo Corregedor-Geral do TRT da Região.

COMENTÁRIO

Alternativa "a" (responde as demais alternativas). A **pena de demissão** está prevista no artigo 132 da Lei nº 8.112/1990 e aplica-se nas seguintes hipóteses: crime contra a administração pública; abandono de cargo; inassiduidade habitual; improbidade administrativa; **incontinência pública e conduta escandalosa, na repartição**; insubordinação grave em serviço; ofensa física, em serviço, a servidor ou a particular, salvo em legítima defesa própria ou de outrem; aplicação irregular de dinheiros públicos; revelação de segredo do qual se apropriou em razão do cargo; lesão aos cofres públicos e dilapidação do patrimônio nacional; corrupção; acumulação ilegal de cargos, empregos ou funções públicas. A ação disciplinar para tais infrações prescreverá em cinco anos, contados da data em que o fato se tornou conhecido. Na forma do art. 167, §3º combinado com o art. 141, I, em se tratando de pena de demissão, a penalidade será aplicada "pelo Presidente da República, pelos **Presidentes** das Casas do Poder Legislativo e **dos Tribunais Federais** e pelo Procurador-Geral da República", de tal modo que o Presidente do TRT da Região será o responsável em aplicar a penalidade de demissão.

Alternativa correta: letra "a".

---

126. (FCC – Analista Judiciário – Área Judiciária – TRT 16/2022) Júlio, servidor público federal ocupante de cargo de provimento efetivo, decidiu requerer a sua remoção, no âmbito do mesmo quadro, para a atuação em outra estrutura orgânica, com mudança de sede.

À luz do regime jurídico dos servidores públicos civis da União, é correto afirmar que a remoção referida por Júlio é

a) incompatível com o referido regime, pois somente é admitida a remoção de ofício, não a pedido.

b) incompatível com o referido regime, pois somente é admitida a remoção caso não haja mudança de sede.

c) compatível com o referido regime, mas somente se dá no interesse da Administração, qualquer que seja o motivo invocado pelo servidor.

d) compatível com o referido regime, sendo possível que, em certas circunstâncias, deva ser promovida independentemente do interesse da Administração.

e) compatível com o referido regime, mas somente se dá a critério da Administração, o que significa dizer que está sujeita a um juízo de conveniência e oportunidade.

COMENTÁRIO

Alternativa "d" (responde as demais alternativas). A **remoção** é o deslocamento do servidor, a pedido ou de ofício, no âmbito do mesmo quadro, com ou sem mudança de sede. Caso ocorra de ofício, a remoção se dará no interesse da Administração. Porém, se a **remoção** for feita a pedido do servidor, poderá se dar: a) **a critério da Administração**; ou b) para outra localidade, **independentemente do interesse da Administração**: – para acompanhar cônjuge ou companheiro, também servidor público civil ou militar, de qualquer dos Poderes da União, dos Estados, do Distrito Federal e dos Municípios, que foi deslocado no interesse da Administração; – por motivo de saúde do servidor, cônjuge, companheiro ou dependente que viva às suas expensas e conste do seu assentamento funcional, condicionada à comprovação por junta médica oficial; – em virtude de processo seletivo promovido, na hipótese em que o número de interessados for superior ao número de vagas, de acordo com normas preestabelecidas pelo órgão ou entidade em que aqueles estejam lotados.

Alternativa correta: letra "d".

127. (FCC – Analista Judiciário – Área Judiciária – TRT 17/2022) De acordo com o que estabelece a Lei nº 8.112/1990, sobre as férias dos servidores públicos,

a) é permitido o desconto de faltas justificadas no período de férias.

b) estas poderão ser parceladas em, no máximo, duas etapas, desde que assim requeridas pelo servidor, e no interesse da administração pública.

c) o pagamento de sua remuneração será efetuado até 5 dias antes do início do respectivo período.

d) o servidor que opera direta e permanentemente com Raios X ou substâncias radioativas gozará 30 dias consecutivos de férias, por semestre de atividade profissional, proibida em qualquer hipótese a acumulação.

e) estas somente poderão ser interrompidas por motivo de calamidade pública, comoção interna, convocação para júri, serviço militar ou eleitoral, ou por necessidade do serviço declarada pela autoridade máxima do órgão ou entidade.

COMENTÁRIO

Alternativa "a". Inexiste qualquer previsão neste sentido no âmbito da Lei nº 8.112/90, de tal modo que **não** é permitido o desconto de faltas justificadas no período de férias.

Alternativa "b". Nos termos do art.77, 3º, da Lei, "as férias poderão ser parceladas em até três etapas, desde que assim requeridas pelo servidor, e no interesse da administração pública".

Alternativa "c". Eis o *caput* do art. 78, da Lei: "o pagamento da remuneração das férias será efetuado até 2 (dois) dias antes do início do respectivo período".

Alternativa "d". O servidor que opera direta e permanentemente com Raios X ou substâncias radioativas gozará 20 (vinte) dias consecutivos de férias, por semestre de atividade profissional, proibida em qualquer hipótese a acumulação, na exata forma do art. 79, da Lei.

Alternativa "e". De acordo com o art. 80, *caput*, da Lei, "as férias somente poderão ser interrompidas por motivo de calamidade pública, comoção interna, convocação para júri, serviço militar ou eleitoral, ou por necessidade do serviço declarada pela autoridade máxima do órgão ou entidade".

Alternativa correta: letra "e".

128. (FCC – Analista Judiciário – Área Judiciária – TRT 17/2022) Analise as assertivas abaixo.

I. Serão assegurados transporte e diárias ao servidor convocado para prestar depoimento fora da sede de sua repartição, na condição de testemunha, denunciado ou indiciado.

II. Diante do princípio da verdade real, a alegação de injustiça da penalidade constitui fundamento suficiente para a revisão do processo administrativo disciplinar.

III. O prazo para a conclusão do processo disciplinar não excederá 30 dias, contados da data de publicação do ato que constituir a comissão, admitida a sua prorrogação por igual prazo, quando as circunstâncias o exigirem.

IV. Não poderá participar de comissão de sindicância ou de inquérito, cônjuge, companheiro ou parente do acusado, consanguíneo ou afim, em linha reta ou colateral, até o quarto grau.

V. O servidor que responder a processo disciplinar só poderá ser exonerado a pedido, ou aposentado voluntariamente, após a conclusão do processo e o cumprimento da penalidade, acaso aplicada.

De acordo com o que estabelece a Lei nº 8.112/1990, sobre o processo administrativo disciplinar, está correto o que se afirma

APENAS em

a) I e V.

b) II e III.

c) IV e V.

d) I, III e IV.

e) II e IV.

COMENTÁRIO

Alternativa "a" (responde as demais alternativas). Estão corretos os itens I e V.

Item I. Correto. Nos termos do art. 173, I, da Lei nº 8.112/90, serão assegurados transporte e diárias "ao servidor convocado para prestar depoimento fora da sede de sua repartição, na condição de testemunha, denunciado ou indiciado".

Item II. Errado. O art. 176, da Lei, estabelece que "a simples alegação de injustiça da penalidade não constitui fundamento para a revisão, que requer elementos novos, ainda não apreciados no processo originário".

Item III. Errado. Na forma do art. 152, *caput*, da Lei, "o prazo para a conclusão do processo disciplinar não excederá 60 (sessenta) dias, contados da data de publicação do ato que constituir a comissão, admitida a sua prorrogação por igual prazo, quando as circunstâncias o exigirem".

Item IV. Errado. Não poderá participar de comissão de sindicância ou de inquérito, cônjuge, companheiro ou parente do acusado, consanguíneo ou afim, em linha reta ou colateral, até o terceiro grau, nos termos do art. 149, §2º.

Item V. Correto. Eis a literalidade do art. 172, *caput*, da Lei, pelo qual "o servidor que responder a processo disciplinar só poderá ser exonerado a pedido, ou aposentado voluntariamente, após a conclusão do processo e o cumprimento da penalidade, acaso aplicada".

Alternativa correta: letra "a".

---

129. (FCC – Analista Judiciário – Oficial de Justiça Avaliador Federal – TRT 17/2022) De acordo com o que estabelece a Lei nº 8.112/1990 sobre as penalidades aplicáveis aos servidores públicos decorrentes de violação das proibições, no regime disciplinar:

a) A suspensão será aplicada em caso de reincidência das faltas punidas com advertência e de violação das demais proibições que não tipifiquem infração sujeita a penalidade de demissão, não podendo exceder de 60 dias.

b) A penalidade de suspensão terá seu registro cancelado, após o decurso de 3 anos de efetivo exercício, se o servidor não houver, nesse período, praticado nova infração disciplinar.

c) Na aplicação das penalidades serão consideradas a natureza e a gravidade da infração cometida e os danos que dela provierem para o serviço público, sendo vedado, contudo, a consideração dos antecedentes funcionais do servidor.

d) Será punido com suspensão de até 15 dias o servidor que, injustificadamente, recusar-se a ser submetido a inspeção médica determinada pela autoridade competente, cessando os efeitos da penalidade uma vez cumprida a determinação.

e) O ato de imposição da penalidade mencionará sempre a causa da sanção disciplinar, sendo desnecessária, contudo, a indicação da fundamentação legal.

COMENTÁRIO

Alternativa "a". Nos termos do art. 130, *caput*, da Lei, "a suspensão será aplicada em caso de reincidência das faltas punidas com advertência e de violação das demais proibições que não tipifiquem infração sujeita a penalidade de demissão, não podendo exceder de **90 (noventa) dias**".

Alternativa "b". De acordo com o art. 131, *caput*, da Lei, "as penalidades de advertência e de suspensão terão seus registros cancelados, após o decurso de 3 (três) e 5 (cinco) anos de efetivo exercício, respectivamente, se o servidor não houver, nesse período, praticado nova infração disciplinar".

Alternativa "c". Eis a literalidade do art. 128, *caput*, da Lei, pelo qual "na aplicação das penalidades serão consideradas a natureza e a gravidade da infração cometida, os danos que dela provierem para o serviço público, as circunstâncias agravantes ou atenuantes e os antecedentes funcionais".

Alternativa "d". Na exata forma do art. 130, §1º, da Lei, "será punido com suspensão de até 15 (quinze) dias o servidor que, injustificadamente, recusar-se a ser submetido a inspeção médica determinada pela autoridade competente, cessando os efeitos da penalidade uma vez cumprida a determinação".

Alternativa "e". Pelo contrário, o art. 128, parágrafo único, estabelece que "o ato de imposição da penalidade mencionará sempre o fundamento legal e a causa da sanção disciplinar".

Alternativa correta: letra "d".

---

130. (FCC – Analista Judiciário – Oficial de Justiça Avaliador Federal – TRT 17/2022) Amanda é servidora pública federal, ocupante de cargo efetivo. Em conformidade com a Lei nº 8.112/1990, por ocasião do falecimento do seu enteado, Amanda poderá ausentar-se do serviço, sem qualquer prejuízo, por até

a) 4 dias consecutivos.

b) 5 dias consecutivos.

c) 3 dias consecutivos.

d) 7 dias consecutivos.

e) 8 dias consecutivos.

COMENTÁRIO

Alternativa "e" (responde as demais alternativas). Na exata forma do art. 97, III, *b*, da Lei, sem qualquer prejuízo, poderá o servidor ausentar-se do serviço por 8 (oito) dias consecutivos em razão de falecimento do cônjuge, companheiro, pais, madrasta ou padrasto, filhos, enteados, menor sob guarda ou tutela e irmãos.

Alternativa correta: letra "e".

---

131. (FCC – Analista Judiciário – Oficial de Justiça Avaliador Federal – TRT 17/2022) Como medida cautelar e a fim de que o servidor não venha a influir na apuração da irregularidade, a autoridade instauradora do processo disciplinar poderá determinar o seu afastamento do exercício do cargo, pelo prazo de até I dias, II prejuízo da remuneração. O afastamento poderá ser prorrogado III, findo o qual cessarão os seus efeitos, ainda que não concluído o processo.

Conforme estabelece a Lei nº 8.112/1990, sobre o processo administrativo disciplinar, preenchem, correta e respectivamente, as lacunas I, II e III:

a) 90 – sem – pelo prazo de 15 dias

b) 30 – com – pelo prazo de 20 dias

c) 60 – sem – por igual prazo

d) 60 – com – pelo prazo de 30 dias

e) 30 – sem – pelo dobro do prazo

COMENTÁRIO

Alternativa "c" (responde as demais alternativas). Nos termos do art. 147, *caput*, da Lei, "como medida cautelar e a fim de que o servidor não venha a influir na apuração da irregularidade, a autoridade instauradora do processo disciplinar poderá determinar o seu afastamento do exercício do cargo, pelo prazo de até 60 (sessenta) dias, sem prejuízo da remuneração". O parágrafo único, em complemento, estabelece que "o afastamento poderá ser prorrogado por igual prazo, findo o qual cessarão os seus efeitos, ainda que não concluído o processo".

Alternativa correta: letra "c".

---

132. (FCC – Técnico Judiciário – Área Administrativa – TRT 17/2022) A posse, nos casos de provimento de cargo por nomeação, ocorrerá no prazo de I dias contados da publicação do ato de provimento. É de II dias o prazo para o servidor empossado em cargo público entrar em exercício, contados da data da posse. Será submetida à homologação da autoridade competente, III meses antes de findo o período do estágio probatório, a avaliação do desempenho do servidor, realizada por comissão constituída para essa finalidade, de acordo com o que dispuser a lei ou o regulamento da respectiva carreira ou cargo.

Conforme estabelece a Lei nº 8.112/1990, que dispõe sobre o regime jurídico dos servidores públicos civis da União, das autarquias e das fundações públicas federais, as lacunas I, II e III devem ser preenchidas, correta e respectivamente, por:

a) 15 - 30 2

b) 15 - - 15 - 6

c) 30 - - 15 - 4

d) 30 - 30 3

e) 30 - 15 3

COMENTÁRIO

Alternativa "c" (responde as demais alternativas). A **posse** ocorrerá no prazo de trinta dias contados da publicação do ato de provimento (art. 13, §1º, da Lei), sendo de **quinze** dias o prazo para o servidor empossado em cargo público entrar em exercício, contados da data da posse (art. 15, §1º). Ao entrar em exercício, o servidor nomeado para cargo de provimento efetivo ficará sujeito a estágio probatório por período de 24 (vinte e quatro) meses, durante o qual a sua aptidão e capacidade serão objeto de avaliação para o desempenho do cargo, destacando-se que **4 (quatro) meses** antes de findo o período do estágio probatório, será submetida à homologação da autoridade competente a avaliação do desempenho do servidor, realizada por comissão constituída para essa finalidade, de acordo com o que dispuser a lei ou o regulamento da respectiva carreira ou cargo (art. 20, §1º).

Alternativa correta: letra "c".

---

133. (FCC – Técnico Judiciário – Área Administrativa – TRT 17/2022) O adicional 1 será devido aos servidores em exercício em zonas de fronteira ou em localidades cujas condições de vida o justifiquem, nos termos, condições e limites fixados em regulamento.

De acordo com o que estabelece a Lei nº 8.112/1990, considerando apenas as informações fornecidas, a lacuna 1 deve ser preenchida corretamente por:

a) de atividade penosa

b) de insalubridade

c) de periculosidade

d) por serviço extraordinário

e) noturno

COMENTÁRIO

Alternativa "a". Na exata literalidade do art. 71, da Lei, "o adicional de **atividade penosa** será devido aos servidores em exercício em zonas de fronteira ou em localidades cujas condições de vida o justifiquem, nos termos, condições e limites fixados em regulamento".

Alternativa "b" (responde a alternativa "c"). Nos termos do art. 68, *caput*, "os servidores que trabalhem com habitualidade em locais insalubres ou em contato permanente com substâncias tóxicas, radioativas ou com risco de vida, fazem jus a um adicional sobre o vencimento do cargo efetivo", quais sejam, adicionais de insalubridade e periculosidade.

Alternativa "d". O art. 73, da Lei, estabelece que "o serviço extraordinário será remunerado com acréscimo de 50% (cinqüenta por cento) em relação à hora normal de trabalho".

Alternativa "e". Eis o que dispõe o art. 75, da Lei, pelo qual "o serviço noturno, prestado em horário compreendido entre 22 (vinte e duas) horas de um dia e 5 (cinco) horas do dia seguinte, terá o valor-hora acrescido de 25% (vinte e cinco por cento), computando-se cada hora como cinqüenta e dois minutos e trinta segundos".

Alternativa correta: letra "a".

---

134. (FCC – Técnico Judiciário – Área Administrativa – TRT 17/2022) Alessandra é servidora pública federal, ocupante de cargo efetivo. Em conformidade com a Lei nº 8.112/1990, por ocasião do seu casamento, Alessandra poderá ausentar-se do serviço, sem qualquer prejuízo, por até

a) 3 dias consecutivos.

b) 5 dias consecutivos.

c) 8 dias consecutivos.

d) 7 dias consecutivos.

e) 4 dias consecutivos.

COMENTÁRIO

Alternativa "c" (responde as demais alternativas). Na exata forma do art. 97, III, *a* da Lei, sem qualquer prejuízo, poderá o servidor ausentar-se do serviço por 8 (oito) dias consecutivos em razão de casamento.

Alternativa correta: letra "c".

---

135. (FCC – Técnico Judiciário – Área Administrativa – TRT 17/2022) De acordo com o que estabelece a Lei nº 8.112/1990, o processo administrativo disciplinar da sindicância poderá resultar:

I. no arquivamento do processo disciplinar.

II. na aplicação da penalidade de advertência.

III. na aplicação da penalidade de suspensão por até 60 dias.

IV. na aplicação da penalidade de demissão.

V. na instauração de processo disciplinar.

Está correto o que se afirma APENAS em

a) I, II e V.

b) I, II e III.

c) III e IV.

d) II e III.

e) I, IV e V.

COMENTÁRIO

Alternativa "a" (responde as demais alternativas). A sindicância é um meio célere para apuração de infrações praticadas por servidores públicos, sendo que sua conclusão poderá resultar em: a) arquivamento do processo; b) aplicação das penalidades de advertência ou de suspensão por até 30 dias; c) instrução do PAD (processo administrativo disciplinar), caso seja caso de aplicar uma penalidade mais grave, como por exemplo, a perda do cargo. A sindicância não é uma etapa necessária para o PAD. O PAD poderá ser iniciado independentemente da existência de uma sindicância.

Alternativa correta: letra "a".

---

136. (FCC – Analista Judiciário – Área Judiciária – TRT 23/2022) De acordo com o que dispõe a Lei nº 8.112/1990,

a) o servidor que fizer jus aos adicionais de insalubridade e de periculosidade deverá optar por um deles.

b) o direito ao adicional de insalubridade ou periculosidade permanece, ainda que haja a eliminação das condições ou dos riscos que deram causa à sua concessão.

c) somente será permitido serviço extraordinário para atender a situações excepcionais e temporárias, respeitado o limite máximo de 4 horas por jornada.

d) a gratificação por encargo de curso ou concurso se incorpora ao vencimento ou salário do servidor para todos os efeitos e deverá ser utilizada como base de cálculo para todas as outras vantagens, inclusive para fins de cálculo dos proventos da aposentadoria e pensões.

e) o servidor fará jus a trinta dias de férias, que poderão ser parceladas em até quatro etapas, desde que assim requeridas pelo servidor, e no interesse da administração pública.

COMENTÁRIO

Alternativa "a". Na forma do art. 68, §1º, da Lei, "o servidor que fizer jus aos adicionais de insalubridade e de periculosidade deverá optar por um deles".

Alternativa "b". Pelo contrário, nos termos do art. 68, §2º, "o direito ao adicional de insalubridade ou periculosidade cessa com a eliminação das condições ou dos riscos que deram causa a sua concessão".

Alternativa "c". Nos termos do art. 74, da Lei, "somente será permitido serviço extraordinário para atender a situações excepcionais e temporárias, respeitado o limite máximo de **2 (duas) horas** por jornada".

Alternativa "d". De acordo com o art. 76, §3º, da Lei, "a Gratificação por Encargo de Curso ou Concurso **não** se incorpora ao vencimento ou salário do servidor para qualquer efeito e não poderá ser utilizada como base de cálculo para quaisquer outras vantagens, inclusive para fins de cálculo dos proventos da aposentadoria e das pensões".

Alternativa "e". De fato, o servidor fará jus a trinta dias de férias, que poderão ser parceladas em até **3 (três)** etapas, desde que assim requeridas pelo servidor, e no interesse da administração pública (art. 77, §3º).

Alternativa correta: letra "a".

---

137. (FCC – Analista Judiciário – Oficial de Justiça Avaliador Federal – TRT 23/2022) De acordo com o que dispõe a Lei nº 8.112/1990,

a) as indenizações se incorporam ao vencimento ou provento para todos os efeitos.

b) o servidor perderá a remuneração do dia em que faltar ao serviço, com ou sem motivo justificado.

c) o servidor em débito com o erário, que for demitido, exonerado ou que tiver sua aposentadoria ou disponibilidade cassada, terá o prazo de 90 dias para quitar o débito.

d) não será concedida ajuda de custo ao servidor que se afastar do cargo, ou reassumi-lo, em virtude de mandato eletivo.

e) a ajuda de custo é calculada sobre a remuneração do servidor, conforme se dispuser em regulamento, não podendo exceder a importância correspondente a 2 meses.

COMENTÁRIO

Alternativa "a". Nos termos do art. 49, §1º, da Lei, "as indenizações **não** se incorporam ao vencimento ou provento para qualquer efeito".

Alternativa "b". Pelo contrário, o servidor perderá a remuneração do dia em que faltar ao serviço **apenas se a falta for injustificada** (art. 44, I, da Lei).

Alternativa "c". Na forma do art. 47, *caput*, da Lei, "o servidor em débito com o erário, que for demitido, exonerado ou que tiver sua aposentadoria ou disponibilidade cassada, terá o prazo de **sessenta** dias para quitar o débito".

Alternativa "d". Eis a literalidade do art. 55, da Lei, pelo qual "não será concedida ajuda de custo ao servidor que se afastar do cargo, ou reassumi-lo, em virtude de mandato eletivo".

Alternativa "e". A ajuda de custo é calculada sobre a remuneração do servidor, conforme se dispuser em regulamento, não podendo exceder a importância correspondente a **3 (três)** meses, na forma do art. 54, da Lei.

Alternativa correta: letra "d".

---

138. (FCC – Analista Judiciário – Oficial de Justiça Avaliador Federal – TRT 23/2022) Diante do que dispõe a Lei nº 8.112/1990, considere:

I. Marisa, servidora estável, volta a ocupar o cargo do qual era titular, após ser reprovada no estágio probatório do cargo para o qual foi recentemente nomeada.

II. Gilberto, após decisão judicial que invalidou sua demissão, pois constatou a ilegalidade do ato que a provocou, retorna ao cargo que anteriormente ocupava no serviço público.

III. Judite, servidora pública, retorna ao exercício de seu cargo após a perícia médica oficial constatar que deixaram de existir os motivos que a levaram a se aposentar por invalidez.

As formas de provimento acima descritas são, respectivamente:

a) reversão, recondução e reintegração.

b) reintegração, reversão e recondução.

c) recondução, reintegração e reversão.

d) recondução, reversão e reintegração.

e) reintegração, recondução e reversão.

COMENTÁRIO

Alternativa "c" (responde as demais alternativas). A **recondução** ocorre quando o servidor que ocupava o cargo do reintegrando tem o direito de ser reconduzido ao seu cargo de origem. É uma forma de provimento previsto no art. 41, §2º da Constituição Federal e art. 29 da Lei nº 8.112/90. A **reintegração,** por seu turno, ocorre pela reinvestidura do servidor estável no cargo anteriormente ocupado, ou no cargo resultante de sua transformação, quando invalidada a sua demissão por decisão administrativa ou judicial, com o ressarcimento de todas as vantagens (art. 28 da Lei nº 8.112/90). Enfim, a **reversão** é o retorno à atividade de servidor aposentado por invalidez, quando junta médica oficial declarar insubsistentes os motivos da aposentadoria, ou no interesse da Administração, desde que preenchidos os requisitos legais (art. 25 da Lei nº 8.112/90).

Alternativa correta: letra "c".

---

139. (AOCP – Técnico Judiciário – Área Administrativa – TRT 1/2018) De acordo com a Lei nº 8.112/1990, que dispõe sobre o regime jurídico dos servidores públicos federais, analise as assertivas e assinale a alternativa que apontas as corretas.

I. Considera-se inassiduidade habitual a falta ao serviço, sem causa justificada, por 60 (sessenta) dias, interpoladamente, durante o período de 12 (doze) meses.

II. O prazo para conclusão da sindicância não excederá 30 (trinta) dias, podendo ser prorrogado por igual período, a critério da autoridade superior.

III. No tocante à advertência, a respectiva ação disciplinar prescreve em 2 (dois) anos da data em que o fato se tornou conhecido.

IV. A responsabilidade administrativa do servidor será afastada no caso de absolvição criminal por falta de provas.

a) Apenas I e II.

b) Apenas II e IV.

c) Apenas I, II e III.

d) Apenas I, III e IV.

e) Apenas II, III e IV.

COMENTÁRIO

✪ **Nota do Autor:** O regime disciplinar dos servidores públicos federais elenca os deveres, as proibições, as penalidades e as responsabilidades atinentes a referidos agentes. A matéria está disciplinada nos artigos 116 a 142 da Lei nº 8.112/90.

Item I. Correto. Nos termos do art. 139, da Lei nº 8.112/90, "entende-se por **inassiduidade habitual a falta ao serviço, sem causa justificada, por sessenta dias, interpoladamente, durante o período de doze meses**".

Item II. Correto. A apuração de infração administrativa pode ser feita por meio da sindicância e do processo administrativo disciplinar. Os **prazos para a conclusão** dessas formas de apuração são diferentes, conforme os artigos 133, § 7º, 145, parágrafo único, e 152, caput: a) **sindicância**: **30** dias, prorrogáveis por mais **30** dias; b) **processo administrativo** disciplinar (rito **ordinário**): **60** dias, prorrogáveis por **60** dias; c) **processo administrativo** disciplinar (rito **sumário**): **30** dias, prorrogáveis por mais **15** dias.

Item III. Errado. Na forma do art. 142, III, a ação disciplinar prescreverá em **180 dias**, quanto à pena de advertência. Pelo § 1º infere-se, ainda, que o prazo de prescrição começa a correr da data em que o fato se tornou conhecido.

Item IV. Errado. No sistema brasileiro, vigora a regra da independência de instâncias e, desse modo, é possível a cumulação de penalidades nas esferas civil, administrativa e penal, sem que haja a configuração do bis in idem. Por exemplo, um servidor que, valendo-se do cargo, desvie dinheiro público que estava em sua posse poderá ser demitido administrativamente, condenado criminalmente pelo crime de peculato e, ainda, poderá ser condenado por improbidade administrativa. Nesse sentido, estabelece o art. 125 da Lei nº 8.112/90 que as sanções civis, penais e administrativas poderão cumular-se, sendo independentes entre si. Entretanto, o art. 126 do Estatuto determina que a responsabilidade administrativa do servidor seja afastada no caso de absolvição criminal que negue a existência do fato ou sua autoria e, na mesma esteira, há o art. 945 do Código Civil em relação à responsabilidade civil. Assim, não basta ser absolvido, pois a absolvição deve ter como fundamento a negativa de autoria e a inexistência do fato, **não sendo suficiente a absolvição por falta de provas.**

Alternativa correta: letra "a".

---

140. (FCC – Técnico Judiciário – Área Administrativa – TRT 2/2018) Suponha que determinado servidor público federal tenha solicitado licença para tratar de interesses particulares, a qual, contudo, restou negada pela Administração. Entre os possíveis motivos legalmente previstos para negativa, nos termos disciplinados pela Lei nº 8.112/1990, se insere(m):

I. Estar o servidor no curso de estágio probatório.

II. Ser o servidor ocupante exclusivamente de cargo em comissão.

III. Razões de conveniência da Administração.

Está correto o que se afirma em

a) I, II e III.

b) II, apenas.

c) II e III, apenas.

d) I e III, apenas.

e) I e II, apenas.

COMENTÁRIO

✪ **Nota do Autor:** A **licença para tratar de interesses particulares**, prevista no art. 91, da Lei nº 8.112/90, pode ser concedida ao servidor **ocupante de cargo efetivo, desde que não esteja em estágio probatório, por até três anos consecutivos, sem remuneração.**

Item I. Correto. Como destacado, a **licença para tratar de assuntos particulares** não pode ser concedida para servidores públicos em **estágio probatório.**

Item II. Correto. A **licença para tratar de assuntos particulares** não pode ser concedida para agentes públicos ocupantes de **cargo em comissão**, sendo indispensável que o servidor ocupe **cargo efetivo.**

Item III. Correto. A licença em questão é concedida, a critério da Administração, de tal modo que se **não se entender conveniente e oportuna a concessão de referida licença**, a Administração Pública não é obrigada a concedê-la. Trata-se de **ato discricionário.**

Alternativa correta: letra "a".

---

141. (FCC – Técnico Judiciário – Área Administrativa – TRT 6/2018) A Lei nº 8.112/1990 estabelece o Regime Jurídico dos Servidores Públicos

a) Civis e Militares da União e de suas autarquias, excluídas as de regime especial, e das fundações, públicas, federais e privadas.

b) Federais, da Administração pública direta, não abrangendo os servidores públicos da Administração indireta, mesmo que autárquica.

c) Civis e Militares da União, das autarquias, inclusive as de regime especial, e das fundações públicas federais.

d) Civis da União, das autarquias, inclusive as de regime especial, e das fundações públicas federais.

e) Federais, da Administração pública direta e indireta, abrangendo os empregados das empresas estatais e fundações públicas.

COMENTÁRIO

✪ **Nota do Autor:** Por força do art. 39, caput, da Constituição Federal, foi estabelecido o regime jurídico único e, em âmbito federal, adotou-se o regime estatutário para a administração direta, autarquias e fundações públicas federais.

Alternativa "d" (responde as demais alternativas). Na exata forma do art. 1º, da Lei nº 8.112/90, o diploma em questão "(...) institui o Regime Jurídico dos Servidores Públicos Civis da União, das autarquias, inclusive as em regime especial, e das fundações públicas federais".

Alternativa correta: letra "d".

142. (FCC – Técnico Judiciário – Área Administrativa – TRT 11/2017) Flora é servidora pública federal e, por preencher os requisitos legais, foi recentemente, promovida. Sua promoção foi concedida em 10 de outubro de 2016 e, um mês depois, ou seja, em 10 de novembro de 2016, ocorreu a publicação do ato de promoção. Nos termos da Lei nº 8.112/1990, a promoção

a) não interrompe o tempo de exercício, que será contado no novo posicionamento na carreira a partir de 10 de novembro de 2016.

b) interrompe o tempo de exercício, sendo contado no novo posicionamento na carreira a partir de 10 de outubro de 2016.

c) não interrompe o tempo de exercício, que será contado no novo posicionamento na carreira a partir de 10 de outubro de 2016.

d) interrompe o tempo de exercício, sendo contado no novo posicionamento na carreira a partir de 10 de novembro de 2016.

e) interrompe o tempo de exercício, sendo contado no novo posicionamento na carreira a partir de 01 de novembro de 2016, ou seja, no primeiro dia do mês seguinte à promoção.

COMENTÁRIOS

✪ **Nota do Autor:** a promoção é "a forma de provimento pela qual o servidor passa para cargo de maior grau de responsabilidade e maior complexidade de atribuições, dentro da carreira a que pertence"[12] Trata-se de uma forma de provimento peculiar – junto com a readaptação –, eis que estas são, **simultaneamente, formas de provimento e vacância, pois, quando ocorrem, há a vacância do cargo anterior e o provimento do novo cargo.**

Alternativa "a" (responde as demais alternativas). A ***promoção não interrompe*** o tempo de exercício, que é contado no novo posicionamento na carreira a partir da **data de publica**ção do ato que promover o servidor (art. 17).

Alternativa correta: letra "a"

12. DI PIETRO, Maria Sylvia Zanella. *Direito administrativo*. 25. ed. São Paulo: Atlas, 2012. p. 660.

143. (FGV – Técnico Judiciário – Área Administrativa – TRT 12/2017) Bruno, ocupante estável do cargo de Técnico Judiciário do Tribunal Regional do Trabalho de Santa Catarina, pretende participar de programa de pós-graduação stricto sensu (mestrado) na Universidade de Brasília. Ocorre que, diante da carga horária do curso, não é possível que a participação ocorra simultaneamente com o exercício do cargo ou mediante compensação de horário. De acordo com a Lei nº 8.112/90, Bruno:

a) poderá, no interesse do próprio servidor, afastar-se do exercício das funções de seu cargo efetivo, sem qualquer remuneração, para frequentar o curso pretendido, caso preenchidos os demais requisitos legais;

b) poderá, no interesse da Administração, afastar-se do exercício das funções de seu cargo efetivo, sem qualquer remuneração, para frequentar o curso pretendido, caso preenchidos os demais requisitos legais;

c) poderá, no interesse da Administração, afastar-se do exercício das funções de seu cargo efetivo, com a respectiva remuneração, para frequentar o curso pretendido, caso preenchidos os demais requisitos legais;

d) não poderá afastar-se do exercício das funções, pois tal afastamento apenas seria possível se houvesse compatibilidade do horário do curso com sua jornada de trabalho ou possibilidade de compensação de horário;

e) não poderá afastar-se do exercício das funções, diante da ausência de norma dispondo sobre afastamento para participação em programa de pós-graduação stricto sensu no país, mas pode requerer licença para tratar de interesses particulares.

COMENTÁRIOS

✪ **Nota do Autor:** recomenda-se a leitura atenta dos artigos 100 a 103, da Lei nº 8.112/90, pois há afastamentos que são considerados como de efetivo exercício e, por outro lado, há situações em que o tempo será considerado apenas para efeitos de aposentadoria e disponibilidade.

Alternativa "c" (responde as demais alternativas). O **afastamento para participação em programa de pós-graduação stricto sensu no País** está previsto no art. 96-A, da Lei nº 8.112/90. É **remunerado** e é **concedido, a critério da Administração,** desde que a participação do servidor em programa de pós-graduação *stricto sensu* em instituição de ensino superior no País não possa ocorrer simultaneamente com o exercício do cargo ou mediante compensação de horário. Exige-se para os programas de mestrado e doutorado que o servidor seja **titular de cargo**

efetivo no órgão ou entidade, respectivamente, há três e quatro anos, que não tenha se afastado por licença para tratar de assuntos particulares ou para gozo de licença para capacitação ou que não tenha já se afastado para frequentar programa de pós-graduação stricto sensu nos dois anos anteriores. Após o término do afastamento, o servidor deve permanecer no exercício de suas funções pelo mesmo período em que esteve afastado, caso contrário terá que ressarcir os gastos realizados, o que, também, ocorrerá se não obtiver o título (mestre ou doutor), salvo comprovada força maior ou caso fortuito. Portanto, Bruno, caso preencha todos os requisitos, poderá usufruir do afastamento legal, caso seja interesse da Administração.

Alternativa correta: letra "c"

---

144. (FGV – Técnico Judiciário – Área Administrativa – TRT 12/2017) O Presidente do Tribunal de Justiça do Estado de Santa Catarina enviou ofício ao Presidente do Tribunal Regional do Trabalho da 12ª Região, solicitando a cessão de Rodrigo, ocupante estável do cargo efetivo de Técnico Judiciário daquele TRT, para exercer cargo em comissão na Justiça Estadual.

De acordo com as disposições legais que regem a matéria, em especial a Lei n° 8.112/90, o pleito:

a) não pode ser deferido, eis que o servidor está vinculado ao órgão de origem para o qual prestou concurso público, somente podendo ser afastado nas hipóteses legais, dentre as quais não se inclui o caso em tela;

b) não pode ser deferido, em regra, para que se atenda à Lei de Responsabilidade Fiscal e o limite de gasto com pessoal, com exceção dos casos de permuta, em que o órgão cessionário também cede um servidor para compensação;

c) pode ser deferido, mediante ato discricionário do Presidente do TRT, e o ônus da remuneração do agente será do órgão cessionário, isto é, Tribunal de Justiça Estadual;

d) pode ser deferido, mediante ato discricionário do Presidente do TRT, e o ônus da remuneração do agente será do órgão cedente de origem, isto é, Justiça do Trabalho;

e) deve ser deferido, eis que se trata de ato administrativo vinculado, e o ônus da remuneração do agente recairá necessariamente sobre órgão cessionário, isto é, Tribunal de Justiça Estadual.

COMENTÁRIOS

Alternativa "c" (responde as demais alternativas). Conforme artigo 93, da Lei nº 8.112/90, o **servidor poderá ser cedido para ter exercício em outro órgão ou entidade** dos Poderes da União, dos Estados, ou do Distrito Federal e dos Municípios para **exercício de cargo em comissão ou função de confiança.** Sendo a cessão para órgãos ou entidades dos Estados, do Distrito Federal ou dos Municípios, **o ônus da remuneração será do órgão ou entidade cessionária,** mantido o ônus para o cedente nos demais casos. Trata-se de ato **discricionário** da Administração Pública.

Alternativa correta: letra "c"

---

145. (FCC – Técnico Judiciário – Área Administrativa – TRT 24/2017) Claudia e Joana são servidoras públicas federais, tendo praticado faltas disciplinares no exercício de suas atribuições. Claudia faltou ao serviço, sem causa justificada, por sessenta dias, interpoladamente, durante o período de doze meses. Joana, de histórico exemplar vez que nunca sofrera qualquer penalidade administrativa, opôs resistência injustificada à execução de determinado serviço. Cumpre salientar que ambas as servidoras ainda não foram processadas administrativamente embora a Administração já tenha conhecimento dos fatos praticados. Nos termos da Lei nº 8.112/1990, as ações disciplinares relativas às infrações praticadas pelas servidoras prescreverão em

a) 5 anos e 2 anos, respectivamente, contados tais prazos a partir da data em que os fatos se tornaram conhecidos pela Administração.

b) 2 anos e 180 dias, respectivamente, contados tais prazos a partir da data em que os fatos se tornaram conhecidos pela Administração.

c) 5 anos e 180 dias, respectivamente, contados tais prazos a partir da data em que os fatos se tornaram conhecidos pela Administração.

d) 2 anos, contado tal prazo da data em que praticadas as condutas.

e) 5 anos, contado tal prazo da data em que praticadas as condutas.

COMENTÁRIOS

✪ **Nota do Autor:** Nos termos do art. 139, da Lei, nº 8.112/90, "entende-se por **inassiduidade habitual a falta ao serviço, sem causa justificada, por sessenta dias, interpoladamente, durante o período de doze meses**". Referida prática é punível com demissão, consoante art. 132, III, do mesmo diploma normativo. Ademais, de acordo com o art. 129, c/c art. 117 da Lei 8.112/90, será aplicada advertência escrita na hipótese de inobservância de dever funcional previsto em lei, regulamentação ou norma interna, que não justifique imposição de penalidade mais grave, além dos seguintes casos: ausentar-se do serviço durante o expediente, sem prévia autorização do chefe imediato; retirar, sem prévia anuência da autoridade competente, qualquer documento ou objeto da repartição; recusar fé a documentos públicos; **opor resistência injustificada ao andamento de documento e pro-**

cesso ou execução de serviço; promover manifestação de apreço ou desapreço no recinto da repartição; cometer a pessoa estranha à repartição, fora dos casos previstos em lei, o desempenho de atribuição que seja de sua responsabilidade ou de seu subordinado; coagir ou aliciar subordinados no sentido de filiarem-se a associação profissional ou sindical, ou a partido político; manter sob sua chefia imediata, em cargo ou função de confiança, cônjuge, companheiro ou parente até o segundo grau civil; recusar-se a atualizar seus dados cadastrais quando solicitado. Assim, as condutas praticadas pelas servidoras são, respectivamente, puníveis com **demissão** e **advertência.**

Alternativa "c" (responde as demais alternativas). Os prazos de ***prescrição das ações disciplinares*** estão previstos no art. 142 da Lei nº 8.112/90. Quanto à suspensão, tal prazo é de 2 anos; já quanto à advertência, o prazo é de 180 dias. Ademais, quanto às infrações puníveis com demissão, cassação de aposentadoria ou disponibilidade e destituição de cargo em comissão, o prazo é de 5 anos. Tais prazos são sempre contados da data em que o fato se tornou conhecido. Destaca-se, ainda, que se a infração disciplinar também for tipificada como crime, será aplicado o prazo de prescrição previsto na lei penal. Portanto, as ações disciplinares prescreverão em 5 anos (demissão), em relação a Cláudia, e em 180 dias (advertência) quanto a Joana.

Alternativa correta: letra "c"

---

146. (FCC - Técnico Judiciário - Área Administrativa - TRT 24/2017) Luciana, servidora pública federal, faltou justificadamente ao serviço em razão de forte enchente que atingiu local próximo à sua residência, impedindo-a de se deslocar até seu local de seu trabalho. Nos termos da Lei nº 8.112/1990, a falta de Luciana

a) poderá ser compensada a critério da chefia imediata, mas não será considerada como efetivo exercício.

b) poderá ser compensada a critério da chefia imediata, sendo assim considerada como efetivo exercício.

c) não poderá ser compensada, haja vista a natureza da falta.

d) poderá ser compensada a critério da chefia mediata e não será considerada como efetivo exercício.

e) poderá ser compensada a critério da chefia mediata, sendo assim considerada como efetivo exercício.

COMENTÁRIOS

✪ **Nota do autor:** A compensação de horários é admitida pela Lei nº 8.112/90. Neste sentido, por exemplo, o art. 44 prevê as hipóteses em que o servidor perderá a remuneração e o inciso II prevê a compensação de horário em razão de atraso no ingresso ou de saída antecipada.

Alternativa "b" (responde as demais alternativas). As faltas justificadas decorrentes de caso fortuito ou de força maior poderão ser compensadas a critério da chefia imediata, sendo assim consideradas como efetivo exercício, nos termos do art. 44, parágrafo único, da Lei. Desse modo, como a servidora faltou em razão de forte enchente (força maior), a **sua falta poderá ser compensada a critério da chefia (atividade discricionária), sendo, neste caso, assim considerada como efetivo exercício.**

Alternativa correta: letra "b"

---

147. (AOCP - Analista Judiciário - Área Administrativa - TRT 1/2018) Nos termos da Lei nº 8.112/1990, que dispõe acerca do regime jurídico dos servidores públicos federais, o servidor que procede de forma desidiosa, omitindo-se quanto a atos de fiscalização e de supervisão que deveria praticar de ofício, de forma reiterada, está sujeito a penalidade disciplinar de

a) advertência.

b) suspensão de até 30 (trinta) dias.

c) suspensão de até 90 (noventa) dias.

d) demissão.

e) remoção.

COMENTÁRIO

✪ **Nota do Autor:** A questão exige conhecimento das consequências das penalidades que podem ser aplicadas ao servidor público, previstas no art. 127 da Lei nº 8.112/1990, que são: a) advertência; b) suspensão; c) multa; d) demissão; e) cassação de aposentadoria e disponibilidade; f) **destituição de cargo em comissão**; g) destituição de função de confiança.

Alternativa "d" (responde as demais alternativas). A pena para o servidor que proceder de forma desidiosa é a de **demissão**, na forma do art. 117, XV, da Lei nº 8.112/90.

Alternativa correta: letra "d".

---

148. (FCC - Analista Judiciário - Área Administrativa - TRT 15/2018) Um servidor da Administração direta federal foi convidado para ocupar cargo em comissão na Administração indireta estadual, como superintendente da autarquia responsável por ditar a política ambiental, inclusive realizar os licenciamentos naquela unidade federativa. O ente interessado na cessão do servidor formalizou o pedido e o servidor apresentou a seu superior pedido de afastamento, que

a) não poderá ser deferido, considerando que os pedidos de afastamento para ocupar cargo em comissão somente podem ser acolhidos dentro da mesma esfera da Administração.
b) não poderá ser acolhido porque os pedidos de afastamento somente podem ser deferidos para ocupar cargo em comissão no âmbito da Administração direta.
c) poderá ser deferido, ficando a remuneração do servidor a cargo do ente cessionário.
d) poderá ser deferido, mantendo-se o ônus da remuneração para a Administração pública cedente, considerando o dever de colaboração entre os entes federados.
e) será ou não deferido, conforme decisão discricionária da autoridade competente, cabendo ao servidor optar pela remuneração na Administração pública cedente ou cessionária.

COMENTÁRIO

Alternativa "c" (responde as demais alternativas). Conforme artigo 93, da Lei nº 8.112/90, o **servidor poderá ser cedido para ter exercício em outro órgão ou entidade** dos Poderes da União, dos Estados, ou do Distrito Federal e dos Municípios para **exercício de cargo em comissão ou função de confiança.** Sendo a cessão para órgãos ou entidades dos Estados, do Distrito Federal ou dos Municípios, **o ônus da remuneração será do órgão ou entidade cessionária,** mantido o ônus para o cedente nos demais casos.

Alternativa correta: letra "c".

---

149. (FCC – Analista Judiciário – Área administrativa – TRT 11/2017) Zeus é servidor público titular de cargo efetivo no Tribunal há cinco anos, incluído, nesse lapso temporal, o período de estágio probatório. Zeus pretende afastar-se de seu cargo para a realização de programa de pós-doutorado. Hércules é servidor público titular de cargo efetivo no mesmo Tribunal há três anos e meio, incluído, nesse lapso temporal, o período de estágio probatório e pretende afastar-se de seu cargo para a realização de programa de doutorado. Nos termos da Lei nº 8.112/1990 e, desde que preenchidos os demais requisitos legais, poderão afastar-se, com a respectiva remuneração,

a) ambos os servidores.
b) apenas Zeus, pois o afastamento pretendido por Hércules exige que o servidor seja titular de cargo efetivo há pelo menos quatro anos, incluído o período de estágio probatório.
c) apenas Hércules, pois o afastamento pretendido por Zeus exige que o servidor seja titular de cargo efetivo há pelo menos seis anos, incluído o período de estágio probatório.
d) nenhum dos servidores.
e) apenas Zeus, pois o afastamento pretendido por Hércules exige que o servidor seja titular de cargo efetivo há pelo menos cinco anos, incluído o período de estágio probatório.

COMENTÁRIOS

✪ **Nota do Autor:** De acordo com o art. 102, IV, da Lei nº 8.112/90, é considerado como de efetivo exercício o afastamento para participar de "programa de treinamento regularmente instituído ou em programa de pós-graduação stricto sensu no País, conforme dispuser o regulamento".

Alternativa "b" (responde as demais alternativas). O **afastamento para participação em programa de pós-graduação stricto sensu no País** está previsto no art. 96-A, da Lei nº 8.112/90. É **remunerado** e é **concedido, a critério da Administração,** desde que a participação do servidor em programa de pós-graduação stricto sensu em instituição de ensino superior no País não possa ocorrer simultaneamente com o exercício do cargo ou mediante compensação de horário. Exige-se para os programas de mestrado e doutorado que o servidor seja **titular de cargo efetivo** no órgão ou entidade, respectivamente, há três e quatro anos, que não tenha se afastado por licença para tratar de assuntos particulares ou para gozo de licença para capacitação ou que não tenha já se afastado para frequentar programa de pós-graduação stricto sensu nos dois anos anteriores. Após o término do afastamento, o servidor deve permanecer no exercício de suas funções pelo mesmo período em que esteve afastado, caso contrário terá que ressarcir os gastos realizados, o que, também, ocorrerá se não obtiver o título (mestre ou doutor), salvo comprovada força maior ou caso fortuito. Assim, na situação narrada no enunciado, apenas Zeus poderá pleitear o afastamento, tendo em vista o lapso temporal necessário – de 4 (quatro) anos de efetivo exercício, incluído estágio probatório – previsto em lei,

Alternativa correta: letra "b"

---

150. (FCC – Analista Judiciário – Área administrativa – TRT 11/2017) Apolo, Analista do Tribunal, exerceu seu direito de petição em defesa de interesse legítimo, observando os comandos da Lei nº 8.112/1990. Seu requerimento foi indeferido, razão pela qual ingressou com pedido de reconsideração. Sendo provido o pedido de reconsideração, os efeitos dessa decisão

a) não retroagem, isto é, os efeitos serão *ex tunc*; no entanto, será garantida indenização pelos prejuízos eventualmente sofridos.

b) não retroagem, produzindo efeitos ex nunc.

c) retroagirão à data da decisão que foi objeto do pedido de reconsideração.

d) retroagirão à data em que exercido o direito de petição.

e) retroagirão à data do ato impugnado.

COMENTÁRIOS

✪ **Nota do Autor:** O **direito de petição** está assegurado ao servidor pelo art. 104 e seguintes, da Lei nº 8.112/90, sendo certo que caberá **recurso** do indeferimento do **pedido de reconsideração**, como também das decisões sobre os recursos sucessivamente interpostos.

Alternativa "e" (responde as demais alternativas). Para se valer do direito de petição, o servidor deverá se valer de requerimento dirigido a autoridade competente para decidir (é endereçado a quem decidirá), mas que deve ser encaminhado por meio do superior imediato do requerente (art. 105). A autoridade tem o prazo de trinta dias para decidir sobre o requerimento (art. 106, parágrafo único). É possível, também, o servidor interpor, no prazo de trinta dias (art. 108), pedido de reconsideração em face da autoridade que expediu o ato ou proferiu a primeira decisão (art. 106, caput), não podendo ser renovado e, ainda, tem a disposição o recurso, que pode ser interposto nos casos de indeferimento do pedido de reconsideração e contra as decisões sobre os recursos sucessivamente interpostos (art. 107). Nos termos do art. 109, parágrafo único, no caso de provimento do pedido de reconsideração ou do recurso, os efeitos da decisão **retroagem à data do ato impugnado** (***ex tunc***), como se tivesse sido deferido desde o início.

Alternativa correta: letra "e"

151. (FCC - Analista Judiciário - Área Judiciária - TRT 11/2017) Joana, servidora pública federal, detentora de cargo efetivo em determinado órgão do Poder Judiciário, será redistribuída para outro órgão, de acordo com as disposições previstas na Lei nº 8.112/1990. Nesse caso, a redistribuição

a) seria admissível ainda que Joana não fosse detentora de cargo efetivo, mas sim de cargo em comissão, dada a paridade aplicável às modalidades de cargos.

b) não exige a manutenção da essência das atribuições do cargo.

c) exige apreciação do órgão central do SIPEC, que será prévia à redistribuição ou posterior, dependendo da urgência.

d) deverá ocorrer obrigatoriamente para outro órgão do Poder Judiciário.

e) dar-se-á no interesse da Administração ou do servidor, conforme os demais requisitos aplicáveis ao caso concreto.

COMENTÁRIOS

Alternativa "d" (responde as demais alternativas). A ***redistribuição,*** nos termos do art. 37 da Lei nº 8.112/90, é o ***deslocamento do cargo efetivo,*** provido ou vago, **para outro órgão ou entidade do mesmo Poder**. De acordo o dispositivo legal mencionado, devem ser observados os seguintes preceitos: interesse da administração; equivalência de vencimentos; manutenção da essência das atribuições do cargo; vinculação entre os graus de responsabilidade e complexidade das atividades; mesmo nível de escolaridade, especialidade ou habilitação profissional; compatibilidade entre as atribuições do cargo e as finalidades institucionais do órgão ou entidade. A redistribuição só ocorre de ofício e é feita para ajustar a lotação e a força de trabalho às necessidades do serviço, inclusive nos casos de reorganização, extinção ou criação de órgão ou entidade.

Alternativa correta: letra "d"

152. (FCC - Analista Judiciário - Oficial de Just. Avaliador - TRT 11/2017) Maria, servidora estável, sofreu penalidade de demissão em janeiro de 2013. A pena foi invalidada por decisão judicial transitada em julgado em janeiro de 2016. Ocorre que o cargo de Maria, que é servidora pública federal, encontra-se provido pela servidora Joaquina. Nesse caso, conforme preceitua a Lei nº 8.112/1990, Maria será

a) reintegrada ao seu cargo, sendo ressarcida de todas as vantagens referentes ao período em que ficou fora do serviço público.

b) aproveitada em outro cargo com atribuições e vencimentos compatíveis com o anterior.

c) colocada em disponibilidade, com direito de receber todos os vencimentos e vantagens inerentes ao cargo, até que seja providenciada a recolocação de Joaquina.

d) reintegrada ao seu cargo, sendo ressarcida apenas dos vencimentos referentes ao período em que ficou fora do serviço público.

e) redistribuída, sendo observados os requisitos legais de tal instituto, como por exemplo, a equivalência de vencimentos.

COMENTÁRIOS

✪ **Nota do Autor:** Nos termos do art. 8º da Lei 8.112/1990, as ***formas de provimento*** são: a) nomeação; b) promoção; ***c) readaptação***; d) reversão; e) aproveitamento; f) recondução; ***g) reintegração. A nomeação*** é a única forma de provimento originário, e as demais são derivadas.

Alternativa "a" (responde as demais alternativas). A **reintegração** é, na forma do art. 28, da Lei nº 8.112/90, a reinvestidura do servidor no cargo antes ocupado quando sua demissão for anulada por decisão administrativa ou judicial, **tendo direito ao ressarcimento de remuneração e vantagens não percebidas.** Se o cargo foi extinto, o servidor reintegrado fica em disponibilidade; se o cargo estiver provido, seu ocupante volta ao cargo de origem ou é aproveitado em outro cargo ou posto em disponibilidade. Assim, na situação narrada no enunciado, Maria voltará ao cargo anteriormente ocupado e Joaquina, por seu turno, voltará ao seu cargo de origem, será aproveitada em outro cargo ou, então, posta em disponibilidade.

Alternativa correta: letra "a"

---

153. (FGV - Analista Judiciário - Área Administrativa - TRT 12/2017) Alfa, Analista Judiciário do Tribunal Regional do Trabalho de determinada região, utilizou, pelo período de seis meses, materiais de informática da Vara do Trabalho onde estava lotado, em serviços e atividades particulares, para ajudar sua irmã, que estava montando uma empresa de propaganda e marketing. De acordo com o regime disciplinar estabelecido na Lei n° 8.112/90, após regular processo administrativo disciplinar, Alfa está sujeito à pena de:

a) demissão, aplicada pelo Presidente do TRT;

b) suspensão até 180 dias, aplicada pelo Presidente do TRT;

c) suspensão até 90 dias, aplicada pelo Corregedor do TRT;

d) suspensão até 90 dias, aplicada pelo Presidente do TRT;

e) advertência, aplicada pelo Corregedor do TRT.

COMENTÁRIOS

✪ **Nota do Autor:** É essencial ao candidato que conheça bem as hipóteses descritas nos artigos 116 e 117 da Lei nº 8.112/90, pois consistem, respectivamente, nos deveres e proibições dos servidores públicos federais, assuntos que são muito exigidos nas provas, ou isoladamente ou no contexto das penalidades. Neste sentido, é proibido, ao servidor, utilizar pessoal ou recursos materiais da repartição em serviços ou atividades particulares, na forma do art. 117, XVI, da Lei nº 8.112/90.

Alternativa "a" (responde as demais alternativas). As penalidades que podem ser aplicadas ao servidor público estão previstas no art. 127 da Lei nº 8.112/1990 e são: a) advertência; b) suspensão; c) multa; d) demissão; e) cassação de aposentadoria e disponibilidade; f) ***destituição de cargo em comissão***; g) destituição de função de confiança. Com a pena de demissão, o servidor titular de cargo efetivo é desligado compulsoriamente da Administração Pública. As hipóteses de cabimento estão arroladas no art. 117, IX a XVI e no art. 132, I a XII, da Lei nº 8.112/90. Quanto à competência para aplicação de penalidade, deve ser observado o disposto no art. 141 e, nos termos desse dispositivo legal, quando se tratar de demissão e cassação de aposentadoria ou disponibilidade, caberá ao Presidente da República, aos Presidentes das Casas do Poder Legislativo e dos Tribunais Federais e ao Procurador-Geral da República. Já, quando a pena for de suspensão superior a 30 dias, a competência será das autoridades administrativas de hierarquia imediatamente inferior às anteriormente mencionadas. Se a suspensão for inferior a 30 dias, a competência para aplicação da sanção é do chefe da repartição e outras autoridades, na forma dos respectivos regimentos ou regulamentos. Como a situação narrada no enunciado configura proibição prevista, justamente, no art. 117, XVI, da Lei, **será, no caso, aplicada pena de demissão, pelo Presidente do TRT.**

Alternativa correta: letra "a"

---

154. (FGV - Analista Judiciário - Oficial de Just. Avaliador - TRT 12/2017) Alex é Oficial de Justiça do Tribunal Regional do Trabalho de Santa Catarina, lotado na Vara do Trabalho de Navegantes, cidade onde mora com sua esposa Francisca. Francisca também é servidora pública federal e acabou de ser deslocada, no interesse da Administração, de Navegantes para Chapecó. Assim sendo, Alex requereu sua remoção para acompanhar seu cônjuge, independentemente do interesse da Administração. No caso em tela, de acordo com a Lei n° 8.112/90, Alex:

a) tem mera expectativa de direito à remoção pleiteada, que irá se concretizar de acordo com critério discricionário da Administração;

b) tem direito subjetivo à remoção pleiteada, que constitui ato administrativo vinculado;

c) tem direito público subjetivo de ser reintegrado no primeiro cargo que vagar em comarca próxima a Chapecó;

d) não tem direito subjetivo à remoção pleiteada, eis que a Administração Pública deve aferir no caso concreto o melhor atendimento ao interesse público;

e) não tem direito subjetivo à remoção pleiteada, mas tem direito a ser aproveitado em cargo de atribuições compatíveis com o anteriormente ocupado.

COMENTÁRIOS

Alternativa "b" (responde as demais alternativas). Conforme art. 36 da Lei nº 8.112/90, a **remoção é o deslocamento do servidor, a pedido ou de**

ofício, no âmbito do mesmo quadro, com ou sem mudança de sede.. Na hipótese de remoção a pedido do servidor, em regra, sua concessão ocorrerá a critério da Administração, ou seja, a análise se dará de forma discricionária. ; Entretanto, a remoção a pedido se dará ***independentemente do interesse da Administração*** quando for: a) **para acompanhar cônjuge ou companheiro, também servidor público civil ou militar, de qualquer dos Poderes da União, dos Estados, do Distrito Federal e dos Municípios, que foi deslocado no interesse da Administração**; b) por motivo de saúde do servidor, cônjuge, companheiro ou dependente que viva às suas expensas e conste do seu assentamento funcional, condicionada à comprovação por junta médica oficial; c) em virtude de processo seletivo promovido, na hipótese em que o número de interessados for superior ao número de vagas, de acordo com normas preestabelecidas pelo órgão ou entidade em que aqueles estejam lotados. Nestes casos, o pedido de servidor público **será, necessariamente, deferido** (atividade **vinculada** da Administração), de tal modo que na situação narrada no enunciado, Alex **tem direito subjetivo à remoção pleiteada.**

Alternativa correta: letra "b"

---

155. (FCC - Analista Judiciário - Área Administrativa - TRT 24/2017) Caroline, servidora pública federal, sofreu penalidade de demissão após a conclusão de processo disciplinar. No entanto, pretende a revisão da decisão proferida, haja vista a existência de fatos novos, supervenientes ao julgamento e que comprovam a inadequação da penalidade aplicada. Para tanto, Caroline pleiteou a revisão do processo disciplinar. Nos termos da Lei nº 8.112/1990, o processo revisional

a) será julgado pela mesma autoridade que aplicou a penalidade.

b) correrá nos mesmos autos do processo disciplinar originário.

c) será julgado no prazo máximo de quinze dias contados do recebimento do processo.

d) traz o ônus da prova compartilhado, ou seja, cabe à requerente e à Administração pública angariar elementos para evidenciar a inadequação da penalidade aplicada.

e) não terá comissão para a condução do feito, ao contrário do que existe no processo disciplinar em que é constituída comissão composta por três servidores estáveis.

COMENTÁRIOS

✪ **Nota do Autor:** a revisão do processo disciplinar está regulada nos artigos 174 a 182 da Lei nº 8.112/90. Não é um recurso e não há prazo para ser requerida. De acordo com o art. 174, da Lei, o processo disciplinar poderá ser revisto, a qualquer tempo, **a pedido ou de ofício, quando se aduzirem fatos novos ou circunstâncias suscetíveis de justificar a inocência do punido ou a inadequação da penalidade aplicada.** Assim, a simples alegação de injustiça da penalidade **não** constitui fundamento para a revisão, que requer elementos novos, ainda não apreciados no processo originário (art. 176).

Alternativa "a" (responde as alternativas "c", "d" e "e"). O julgamento de admissibilidade é feito pelo Ministro ou autoridade equivalente e, uma vez admitida a revisão, será constituída comissão revisora, que terá o prazo de sessenta dias para concluir o processo. Durante o processo revisional, ao contrário do que ocorre no processo administrativo disciplinar, o ônus da prova é do servidor. Após o encerramento do trabalho da comissão, **a autoridade administrativa que aplicou a penalidade é a competente para julgar a revisão**, no prazo de vinte dias, podendo, inclusive, neste prazo, determinar a realização de diligências.

Alternativa "b". A revisão do processo administrativo disciplinar corre em autos separados.

Alternativa correta: letra "a"

---

156. (FCC - Analista Judiciário - Área Administrativa - TRT 24/2017) Francisco é Analista Judiciário de determinado Tribunal Regional do Trabalho e, em maio desse ano, pretende sair de férias, haja vista que terá preenchido os requisitos legais para tanto. A propósito do tema e nos termos da Lei nº 8.112/1990,

a) admite-se levar à conta de férias as faltas ao serviço, justificadas e não justificadas.

b) Francisco fará jus a trinta dias de férias, que podem ser acumuladas, até o máximo de dois períodos, no caso de necessidade do serviço, ressalvadas as hipóteses em que haja legislação específica.

c) as férias não poderão ser parceladas, sendo obrigatório o gozo do período inteiro das férias sob pena de responsabilidade do servidor.

d) as férias não podem ser interrompidas, salvo única e exclusivamente por motivo de necessidade do serviço declarada pela autoridade máxima do órgão ou entidade.

e) admite-se o gozo de férias antes de completado o primeiro período aquisitivo, isto é, antes de doze meses de exercício, iniciando-se novo período aquisitivo a partir do término do gozo das férias.

COMENTÁRIOS

Alternativa "b". Preceitua o art. 77, *caput*, da Lei nº 8.112/90, que o servidor fará jus a trinta dias de férias, que podem ser acumuladas, até o máximo de dois períodos, no caso de necessidade do serviço, ressalvadas as hipóteses em que haja legislação específica.

Alternativa "a". É vedado levar à conta de férias qualquer falta ao serviço (art. 77, §2º).

Alternativa "c". Conforme o art. 77, §3º, da Lei nº 8.112/90, **as férias podem ser parceladas em até três etapas** desde que o servidor requeira e seja interesse da Administração.

Alternativa "d". As férias do servidor podem ser interrompidas nas seguintes hipóteses: motivo de calamidade pública, comoção interna, convocação para júri, serviço militar ou eleitoral, ou por necessidade do serviço declarada pela autoridade máxima do órgão ou entidade.

Alternativa "e". O primeiro período aquisitivo dá-se após doze meses de exercício, não se admitindo o gozo de férias antes de completado referido lapso temporal.

Alternativa correta: letra "b".

---

157. (FCC – Analista Judiciário – Área Judiciária – TRT 24/2017) Adriana, servidora pública federal, deverá ter exercício em outro Município em razão de ter sido removida. Nos termos da Lei nº 8.112/1990, o prazo para Adriana retomar efetivamente o desempenho das atribuições de seu cargo, considerando que não pretende declinar de tal prazo, e que não está de licença ou gozando de afastamento será, contado da publicação do ato, de, no mínimo,

a) dez e, no máximo, trinta dias, incluído nesse prazo o tempo necessário para o deslocamento para a nova sede.

b) cinco e, no máximo, sessenta dias, excluído desse prazo o tempo necessário para o deslocamento para a nova sede.

c) cinco e, no máximo, trinta dias, excluído desse prazo o tempo necessário para o deslocamento para a nova sede.

d) dez e, no máximo, sessenta dias, incluído nesse prazo o tempo necessário para o deslocamento para a nova sede.

e) dez e, no máximo, noventa dias, incluído nesse prazo o tempo necessário para o deslocamento para a nova sede.

COMENTÁRIOS

Alternativa "a" (responde as demais alternativas). Conforme regra expressa do art. 18, da Lei nº 8.112/90, o servidor que deva ter ***exercício em outro município*** em razão de ter sido removido, redistribuído, cedido ou posto em exercício provisório terá, ***no mínimo, dez e, no máximo, trinta dias de prazo***, contados da publicação do ato, para a ***retomada*** do efetivo desempenho das ***atribuições do cargo***, incluído nesse prazo o tempo necessário para o deslocamento para a nova sede.

Alternativa correta: letra "a"

5. CARREIRAS DO PODER JUDICIÁRIO DA UNIÃO (LEI Nº 11.416/2006)

▸ Lei nº 11.416/06

---

158. (Cespe – Técnico Administrativo – Área Administrativa – TRT 8/2013) A respeito da Lei nº 11.416/2006, que dispõe sobre as carreiras dos servidores do Poder Judiciário da União, assinale a opção correta.

a) Para fins de identificação funcional, aos ocupantes do cargo da carreira de técnico judiciário – área administrativa cujas atribuições estejam relacionadas às funções de segurança é conferida a denominação de inspetor de segurança judiciária.

b) As funções comissionadas de natureza gerencial em que haja poder de decisão devem ser exercidas por servidores com formação superior.

c) As carreiras de analista judiciário, técnico judiciário e auxiliar técnico integram os quadros de pessoal efetivo do Poder Judiciário da União.

d) O adicional de qualificação não será considerado no cálculo dos proventos e das pensões.

e) É possível o recebimento do adicional de qualificação por técnico judiciário que tenha apresentado certificado de curso de especialização em área de interesse do órgão do Poder Judiciário da União em que esteja lotado.

COMENTÁRIOS

Alternativa correta: letra "E". Nos termos do art. 14, *caput*, da Lei nº 11.416/2006, "é instituído o Adicional de Qualificação – AQ destinado aos servidores das Carreiras dos Quadros de Pessoal do Poder Judiciário, em razão dos conhecimentos adicionais adquiridos em ações de treinamento, títulos, diplomas ou certificados de cursos de pós-graduação, em sentido amplo ou estrito, em áreas de interesse dos órgãos do Poder Judiciário a serem estabelecidas em regulamento".

Alternativa "A". Na forma do art. 4º, § 2º, da Lei, Inspetor é denominação destinada aos ocupantes do cargo de Analista Judiciário cujas atribuições estejam relacionadas às funções de segurança e, por sua vez, Agente de Segurança Judiciária aos ocupantes do cargo de Técnico Judiciário com atribuições pertinentes às funções de segurança.

Alternativa "B". Consoante art. 5º, § 2º, "as funções comissionadas de natureza gerencial serão exercidas **preferencialmente** por servidores com formação superior".

Alternativa "C". As carreiras de analista judiciário, técnico judiciário e **auxiliar judiciário** integram os quadros de pessoal efetivo do Poder Judiciário da União, nos termos dos incisos do art. 2º, da Lei.

Alternativa "D". Na forma do art. 14, § 5º, o adicional será considerado no cálculo dos proventos e das pensões, desde que o título ou o diploma sejam anteriores à data da inativação, ressalvando-se o adicional por ações de treinamento.

---

159. (Cespe – Técnico Administrativo – Área Administrativa – TRT 8/2013) Ainda sobre a Lei n.º 11.416/2006, assinale a opção correta.

a) A remuneração dos cargos em comissão é composta pelo vencimento básico do cargo e pela gratificação judiciária.

b) Devem ser enquadrados na especialidade de oficial de justiça avaliador federal os ocupantes do cargo de analista judiciário – área administrativa cujas atribuições estejam relacionadas com a execução de mandados e atos processuais de natureza externa, na forma estabelecida pela legislação processual civil, penal, trabalhista e demais leis especiais.

c) A progressão funcional é a movimentação do servidor do último padrão de uma classe para o primeiro padrão da classe seguinte.

d) O TRT da 8.a Região, órgão integrante do Poder Judiciário da União, é autorizado a transformar, sem aumento de despesa, no âmbito de suas competências, as funções comissionadas de seu quadro de pessoal, vedada a transformação de função em cargo.

e) Na elaboração dos regulamentos de que trata a lei em questão, não é possível contar com a participação de entidades sindicais.

COMENTÁRIOS

✪ **Nota do autor:** Nos termos do art. 24, *caput*, da Lei, "os órgãos do Poder Judiciário da União fixarão em ato próprio a lotação dos cargos efetivos, das funções comissionadas e dos cargos em comissão nas unidades componentes de sua estrutura".

Alternativa correta: letra "D". Na forma do parágrafo único, do mesmo art. 24, "Os órgãos de que trata este art. ficam autorizados a transformar, sem aumento de despesa, no âmbito de suas competências, as funções comissionadas e os cargos em comissão de seu quadro de pessoal, vedada a transformação de função em cargo ou vice-versa".

Alternativa "A". A alternativa refere-se à remuneração do cargo de provimento efetivo. Em relação ao cargo em comissão, no que se refere à remuneração do cargo em comissão, há duas maneiras de o servidor receber, quais sejam, ou o servidor recebe a remuneração de seu cargo efetivo acrescida de 65% do valor da remuneração do cargo em comissão ou ele recebe, integralmente, a remuneração referente ao cargo em comissão (art. 18).

Alternativa "B". O art. 4º, § 1º, da Lei, estabelece que os ocupantes do cargo de Analista Judiciário – **área judiciária**, e não área administrativa como consta da alternativa, cujas atribuições estejam relacionadas com a execução de mandados e atos processuais de natureza externa, na forma estabelecida pela legislação processual civil, penal, trabalhista e demais leis especiais, serão enquadrados na especialidade de Oficial de Justiça Avaliador Federal.

Alternativa "C". Na forma do art. 9º, § 1º, da Lei, a progressão funcional é a movimentação do servidor de um padrão para o seguinte **dentro de uma mesma classe,** e não para a classe seguinte, observado o interstício de um ano, sob os critérios fixados em regulamento e de acordo com o resultado de avaliação formal de desempenho. A movimentação do último padrão de uma classe para o primeiro padrão da classe seguinte é a promoção.

Alternativa "E". Estabelece o art. 27, da Lei, que "a elaboração dos regulamentos de que trata esta Lei pode contar com a participação das entidades sindicais".

---

160. (Cespe – Analista Judiciário – Área Administrativa – TRT 8/2013) Com base no que dispõe a lei que trata das carreiras dos servidores do Poder Judiciário da União, assinale a opção correta.

a) O denominado adicional de qualificação é devido ao servidor a partir do ato de deferimento do pedido pela chefia imediata.

b) Observados os requisitos legais, é assegurado ao servidor designado para o exercício de função comissionada o recebimento da gratificação de atividade externa.

c) É vedada a remoção de servidor da justiça militar para a justiça do trabalho.

d) No que se refere à progressão funcional, não se exige o interstício de um ano entre a movimentação de um padrão para o outro; em se tratando de promoção do servidor, é indispensável que seja observado o interstício de um ano em relação à progressão funcional imediatamente anterior.

e) O servidor das carreiras dos quadros de pessoal do Poder Judiciário que, cedido para órgão da

União para ocupar cargo em comissão, optar pela remuneração do aludido cargo não poderá perceber a gratificação judiciária durante o período de afastamento.

COMENTÁRIOS

✪ **Nota do autor:** a banca atribuiu como correta a alternativa "E", mas, na verdade, a correta é a letra "C". O gabarito oficial deveria ter sido alterado.

Alternativa correta: letra "C". Na forma do art. 20, da Lei, "para efeito da aplicação do art. 36 da Lei no 8.112, de 11 de dezembro de 1990, conceitua-se como Quadro a estrutura de cada Justiça Especializada, podendo haver remoção, nos termos da lei, no âmbito da Justiça Federal, da Justiça do Trabalho, da Justiça Eleitoral e da Justiça Militar". Considerando o disposto no art. 1º da Lei nº 11.416/06, não há apenas um quadro de pessoal para todo o Poder Judiciário da União, mas, na verdade, há quadros de pessoal e, assim, um servidor do Quadro de Pessoal de um dos ramos não pode ser removido para outro, mas é possível a remoção dentro de cada um. Portanto, um servidor da Justiça Militar não pode ser removido para a Justiça do Trabalho.

Alternativa "A". O art. 15, § 3º, da Lei, "o adicional de qualificação será devido a partir do dia da apresentação do título, diploma ou certificado".

Alternativa "B". Consoante art. 16, § 2º, da Lei, é vedada a percepção da Gratificação de Atividade Externa – GAE pelo servidor designado para o exercício de função comissionada ou nomeado para cargo em comissão.

Alternativa "D". Na forma do art. 9º, § 1º, da Lei, "a progressão funcional é a movimentação do servidor de um padrão para o seguinte dentro de uma mesma classe, **observado o interstício de um ano**, sob os critérios fixados em regulamento e de acordo com o resultado de avaliação formal de desempenho". E, conforme § 2º, do mesmo dispositivo, "A promoção é a movimentação do servidor do último padrão de uma classe para o primeiro padrão da classe seguinte, **observado o interstício de um ano** em relação à progressão funcional imediatamente anterior, dependendo, cumulativamente, do resultado de avaliação formal de desempenho e da participação em curso de aperfeiçoamento oferecido, preferencialmente, pelo órgão, na forma prevista em regulamento". Portanto, em ambas – promoção e progressão funcional – há a exigência de um ano de interstício.

Alternativa "E". Caso o servidor seja cedido para outro órgão, não poderá receber a GAJ, salvo se a cessão for para outro órgão da União e optar pela remuneração do cargo efetivo (art. 13, § 3º).

6. PODERES ADMINISTRATIVOS

- CTN, art. 78
- Lei nº 9.873/99
- CF, art. 84, VI

161. (FCC – Analista Judiciário – Área Administrativa – TRT 11/2024) No que concerne aos poderes da Administração, tem-se que o poder disciplinar

a) atinge aqueles que possuem vínculo jurídico com a Administração, como, por exemplo, os que com ela contratam, não se restringindo aos servidores.

b) constitui a prerrogativa de ordenar a ação dos agentes públicos, somente extravasando às limites da organização administrativa em caso de calamidade pública.

c) incide apenas em face daqueles que possuam vínculo funcional com a Administração, constituindo derivação do poder hierárquico.

d) manifesta-se mediante atuação de caráter vinculado, não sendo sua aplicação *in concreto* dotada de qualquer traço de discricionariedade.

e) atinge todos os administrados, sendo expressão da supremacia do interesse público e autorizando a aplicação de sanções nos limites fixados em lei.

COMENTÁRIO

Alternativa "a" (responde as alternativas "c" e "e"). O **poder disciplinar é a prerrogativa pela qual a Administração apura as infrações e aplica as penalidades ao infrator**, que pode ser um servidor público ou particular sujeito à disciplina administrativa, como um estudante de escola pública[13].

Alternativa "b". A prerrogativa de ordenar a ação dos agentes públicos é característica do **poder hierárquico**, que é uma ferramenta de grande valia para a Administração porque possibilita a concatenação de suas ações em busca da satisfação do interesse público. Por ele, tem-se a organização, a estruturação, criando-se uma **relação de coordenação e subordinação** entre os diversos órgãos criados. É com base na hierarquia que se pode **avocar, delegar, ordenar, controlar e corrigir.**

Alternativa "d". Prevalece o entendimento de que o poder disciplinar é vinculado, ou seja, uma vez tendo conhecimento da infração, a Administração não pode escolher entre aplicar, ou não a pena. A discricionariedade existe limitadamente em alguns

13 DI PIETRO, Maria Sylvia Zanella. *Direito administrativo*. 23 ed. São Paulo: Atlas, 2010. p. 94.

aspectos da aplicação das sanções. Considerando que os estatutos dos servidores na definição das infrações funcionais não estabelecem regras rígidas como as quais se impõem na esfera criminal, não há a definição de um verbo, o que muitas vezes gera para o Administrador Público um juízo de valor no reconhecimento do ilícito.

Alternativa correta: letra "a".

162. (FCC – Analista Judiciário – Área Administrativa – TRT 11/2024) Discricionariedade, autoexecutoriedade e coercibilidade são atributos do poder

a) regulamentar.
b) normativo.
c) de polícia.
d) hierárquico.
e) disciplinar.

COMENTÁRIO

Alternativa "c" (responde as demais alternativas). Os atributos ou características do poder de polícia são **a discricionariedade, a autoexecutoriedade e a coercibilidade**. Em regra, a atividade de polícia administrativa é **discricionária**, havendo liberdade de escolha do administrador em relação ao momento de atuação, à forma de atuação e, às vezes, até no que se refere a qual sanção aplicar. Todavia, nem sempre há discricionariedade e o poder de polícia pode ser manifestação administrativa vinculada, como são exemplos a licença para dirigir e a licença para construir. A **autoexecutoriedade** aponta que a Administração Pública pode praticar diretamente os atos afetos à polícia administrativa, não necessitando recorrer ao Poder Judiciário. Assim, a Administração não precisa de ordem judicial para multar, interditar, apreender e demais medidas de polícia, devendo tal prerrogativa, obviamente, ser compatibilizada com a inviolabilidade do domicílio consagrada no texto constitucional. A **coercibilidade** é a prerrogativa que a Administração tem de **impor ao administrado o cumprimento de medida de polícia administrativa**, isto é, o ato de polícia é impositivo, coercitivo para o destinatário.

Alternativa correta: letra "c".

163. (FCC – Analista Judiciário – Área Judiciária – TRT 17/2023) De acordo com o que leciona a doutrina sobre os poderes da Administração Pública,

a) o poder normativo manifesta-se exclusivamente pela edição de decretos regulamentares.
b) a proibição pela Administração Pública de circulação de cidadãos em via pública após determinado horário é, em tese, uma manifestação do poder disciplinar.
c) o poder hierárquico é o poder atribuído à Administração para aplicar sanções administrativas aos seus agentes pela prática de infrações de caráter funcional, abrangendo sanções administrativas, como a advertência, a multa, a suspensão e a demissão.
d) o poder de polícia pode se dar tanto pela prática de atos específicos, de efeitos concretos, quanto pela edição de atos normativos abstratos, de alcance generalizado.
e) não há hierarquia entre os órgãos e agentes no âmbito interno da administração direta do Poder Executivo, tampouco, entre órgãos e agentes no âmbito interno de uma autarquia, no âmbito do poder hierárquico.

COMENTÁRIO

Alternativa "a". O **poder normativo** permite à Administração editar normas gerais e abstratas, observador os princípios da legalidade e as regras de competência. O poder regulamentar é espécie do poder normativo, conferindo ao Chefe do Executivo a prerrogativa de editar atos gerais e abstratos, complementares à lei, sem inovar, de forma original, a ordem jurídica. **Normalmente**, se manifesta pela expedição de decretos executivos destinados a explicitar, aclarar, explicar a lei para que possa ser posta em prática, e essa possibilidade de regulamentação não é privativa do Chefe do Poder Executivo, pois o Judiciário (provimentos, resoluções) e o Legislativo (regimento) também podem regulamentar as leis, mas a regulamentação não é tão extensa quanto à feita pelo Poder Executivo. Existem, portanto, outras formas de manifestação do **poder normativo.**

Alternativa "b". A proibição pela Administração Pública de circulação de cidadãos em via pública após determinado horário é, em tese, uma manifestação do **poder de polícia.**

Alternativa "c". O poder **disciplinar** é o poder atribuído à Administração para aplicar sanções administrativas aos seus agentes pela prática de infrações de caráter funcional, abrangendo sanções administrativas, como a advertência, a multa, a suspensão e a demissão.

Alternativa "d". O poder de polícia admite duas interpretações distintas: em **sentido amplo**, consiste no conjunto de medidas adotadas tanto pelo Poder Executivo quanto pelo Poder Legislativo para condicionar a liberdade e a propriedade e, em **sentido estrito**, restringe-se ao âmbito infralegal como decretos, regulamentos, licenças, autorizações. Ainda, no caso do poder de polícia em sentido estrito, a manifestação do Poder Público pode ser por meio de atos normativos ou por meio de atos concretos, ou seja, tanto pode ser praticado ato com conteúdo geral, abstrato, como é o caso dos decretos e dos regulamentos, quanto pode praticar ato destinado a pessoas determinadas como é o caso da multa ou da licença. Dessa maneira, é possível condicionar o exercício de determinado direito, impondo um comportamento tanto por ato normativo quanto por ato concreto.

Alternativa "e". O poder **hierárquico** é o poder "de que dispõe o Executivo para distribuir e escalonar as funções de seus órgãos, ordenar e rever a atuação de seus agentes, estabelecendo a relação de subordinação entre os servidores do seu quadro de pessoal"[14]. Por meio dele, ocorre a organização, a estruturação e **cria-se uma relação de coordenação e subordinação** entre os diversos órgãos criados, dentro da mesma pessoa jurídica. Cria-se uma **relação de hierarquia** e, com isso, o superior, por exemplo, pode dar ordens ao subordinado e este, por sua vez, tem o dever de obediência (salvo se for ordem manifestamente ilegal). **Somente existe hierarquia dentro da mesma pessoa jurídica**, entre seus diversos órgãos. Por outro lado, as pessoas da administração indireta (autarquias, fundações públicas, empresas públicas e sociedades de economia mista) são criadas pelas pessoas da administração direta (União, Estados, Distrito Federal e Municípios) e possuem personalidade jurídica e autonomia administrativa, mas não são independentes, pois as entidades criadas se submetem ao controle administrativo feito pela entidade criadora. Esse controle é chamado de controle de finalidade (supervisão ministerial, na esfera federal), pelo qual há vinculação entre uma pessoa da administração indireta e a administração direta e nunca subordinação.

Alternativa correta: letra "d".

---

164. (FCC – Analista Judiciário – Área Judiciária – TRT 18/2023) A apreensão de documentos pertencentes à pessoa jurídica, por agentes da Administração Pública durante ação de fiscalização de estabelecimentos em determinado segmento,

a) é expressão do princípio da eficiência, que, em razão de expressa previsão constitucional e de seu status hierarquicamente superior, prescinde de fundamento legal para o respectivo exercício.

b) depende de expressa autorização judicial, diante da natureza cautelar da medida, o que excederia os limites da ação fiscalizatória disciplinar da Administração Pública

c) configura exercício do poder disciplinar, que submete não apenas os servidores públicos à autoridade administrativa, mas também os administrados à tutela estatal.

d) é manifestação do poder normativo da Administração Pública, que pode editar atos normativos originários para fundamentar a adoção de ações e medidas cautelares repressivas em face dos administrados.

e) configura legítima atuação do poder de polícia administrativa, que não dispensa a observância do contraditório em favor da empresa, admitido, contudo, de forma justificada, o diferimento desse exercício.

COMENTÁRIO

Alternativa "a". O **princípio da eficiência** aplica-se a toda a Administração Pública, mas a apreensão de documentos pertencentes à pessoa jurídica é clara manifestação do **poder de polícia.**

Alternativa "c". O **poder disciplinar é a prerrogativa pela qual a Administração apura as infrações e aplica as penalidades ao infrator**, que pode ser um servidor público ou particular sujeito à disciplina administrativa, como um estudante de escola pública[15]. Não se trata, assim, a apreensão de bens, de manifestação do **poder disciplinar.**

Alternativa "d". O **poder normativo** permite à Administração editar normas gerais e abstratas, observador os princípios da legalidade e as regras de competência – ou seja, **não** é possível a adoção de normas originárias, tendo em vista a aplicação do **princípio da legalidade**. O poder regulamentar é espécie do poder normativo, conferindo ao Chefe do Executivo a prerrogativa de editar atos gerais e abstratos, complementares à lei, sem inovar, de forma original, a ordem jurídica.

Alternativa "e" (responde a alternativa "b"). A **autoexecutoriedade** é um dos atributos do **poder de polícia**, assim entendido como a "**faculdade de que dispões a Administração Pública para condicionar e restringir o uso e gozo de bens, atividades e direitos individuais, em benefício da coletividade ou do próprio Estado**"[16]. Pela autoexecutoriedade, para a satisfação do interesse público, a Administração **pode praticar diretamente os atos afetos à polícia administrativa, não necessitando recorrer para o Poder Judiciário para tanto**. Assim, não precisa a Administração de ordem judicial para multar, interditar, apreender e realizar as demais medidas de polícia. Todavia, a **autoexecutoriedade só existe quando prevista em lei ou quando se tratar de situação de urgência,** não se fazendo, pois, presente em todas as medidas de polícia. Em

---

14. MEIRELLES, Hely Lopes. *Direito administrativo brasileiro.* 36. ed.São Paulo: Malheiros, 2010. p. 124.

15 DI PIETRO, Maria Sylvia Zanella. *Direito administrativo.* 23 ed. São Paulo: Atlas, 2010. p. 94.

16 MEIRELLES, Hely Lopes. *Direito administrativo brasileiro.* 36 ed. São Paulo: Malheiros, 2010. p. 134.

relação à multa, por exemplo, **existe autoexecutoriedade na sua imposição, mas não há quando de sua cobrança**, se houver resistência do administrado, devendo a Administração, nesse caso, valer-se da competente ação de execução fiscal.

165. (FCC – Analista Judiciário – Área Judiciária – TRT 17/2023) De acordo com o que leciona a doutrina sobre os poderes da Administração Pública,

a) o poder normativo manifesta-se exclusivamente pela edição de decretos regulamentares.
b) a proibição pela Administração Pública de circulação de cidadãos em via pública após determinado horário é, em tese, uma manifestação do poder disciplinar.
c) o poder hierárquico é o poder atribuído à Administração para aplicar sanções administrativas aos seus agentes pela prática de infrações de caráter funcional, abrangendo sanções administrativas, como a advertência, a multa, a suspensão e a demissão.
d) o poder de polícia pode se dar tanto pela prática de atos específicos, de efeitos concretos, quanto pela edição de atos normativos abstratos, de alcance generalizado.
e) não há hierarquia entre os órgãos e agentes no âmbito interno da administração direta do Poder Executivo, tampouco, entre órgãos e agentes no âmbito interno de uma autarquia, no âmbito do poder hierárquico.

COMENTÁRIO

✪ **Nota do Autor:** Para que seja possível a materialização das medidas administrativas necessárias a consecução do interesse público, a Administração dispõe dos chamados poderes administrativos, ou seja, instrumentos, ferramentas, mecanismos indispensáveis para esse agir. Os **poderes administrativos** são **as prerrogativas à disposição da Administração destinadas à viabilização do interesse público.**

Alternativa "a". De fato, em regra, o **poder normativo** se materializa por meio de **decreto**, mas há **outras formas** de expressão como as **resoluções, as portarias, as instruções, os regimentos,** destacando-se que tais atos possuem alcance restrito aos limites de atuação do órgão e não têm a mesma natureza dos regulamentos expedidos pelo Chefes do Executivo. Além disso, é possível também a manifestação do poder normativo por meio do decreto autônomo, previsto no art. 84, VI, da Constituição Federal.

Alternativa "b". A proibição pela Administração Pública de circulação de cidadãos em via pública após determinado horário é, em tese, uma manifestação do **poder de polícia.**

Alternativa "c" (responde a alternativa "e"). O poder **disciplinar** é o poder atribuído à Administração para aplicar sanções administrativas aos seus agentes pela prática de infrações de caráter funcional, abrangendo sanções administrativas, como a advertência, a multa, a suspensão e a demissão. O **poder hierárquico** é a prerrogativa que a Administração Pública tem de se organizar para buscar o interesse público e, para isso, desconcentra competências, isto é, distribui internamente competência entre seus diversos órgãos, escalonando-os, hierarquizando-os. Com isso, cria-se uma **relação de hierarquia** entre os órgãos, pelo que os subordinados têm o dever de obediência aos superiores. Assim, dessa organização administrativa decorrem vários poderes, dentre os quais: o de editar atos normativos, o de dar ordens aos subordinados, o de controlar, coordenar e corrigir a atividade dos órgãos inferiores, o de avocar atribuições (desde que não sejam de competência exclusiva do órgão subordinado), o de delegar atribuições (que não lhes sejam privativas), dentre outras. Hierarquia somente existe dentro da mesma pessoa jurídica e, assim, está presente tanto entre os órgãos e agentes no âmbito interno da administração direta do Poder Executivo quanto entre órgãos e agentes no âmbito interno de uma autarquia e, na verdade, não há hierarquia entre a autarquia e a administração direta.

Alternativa "d". Conforme Hely Lopes Meirelles, o poder de polícia é definido como a **"faculdade de que dispõe a Administração Pública para condicionar e restringir o uso e gozo de bens, atividades e direitos individuais, em benefício da coletividade ou do próprio Estado"**[17]. Pode-se, assim, afirmar que o poder de polícia é uma atividade administrativa consistente em **intervir no exercício de direitos e liberdades individuais, impondo restrições e condições para que o interesse particular não cause prejuízo ao interesse público.** O poder de polícia manifesta-se de diferentes formas, com o **poder de polícia administrativa incidindo sobre bens, direitos e atividades,** ao passo que **a polícia judiciária e da polícia de manutenção da ordem pública atua sobre pessoas, individual ou indiscriminadamente.** Neste sentido, é plenamente possível que se externalize por meio da prática de atos específicos, de efeitos concretos, quanto pela edição de atos normativos abstratos, de alcance generalizado.

Alternativa correta: letra "d".

166. (FCC – Analista Judiciário – Área Judiciária – TRT 5/2022) No que concerne aos poderes inerentes

17 MEIRELLES, Hely Lopes. *Direito administrativo brasileiro*. 36 ed. São Paulo: Malheiros, 2010. p. 134.

à atuação da Administração pública, tem-se que o poder disciplinar

a) não se confunde com o poder hierárquico, eis que somente este último autoriza a aplicação de penalidades no âmbito administrativo que prescindam de provimento judicial.
b) incide apenas em relações de natureza funcional, autorizando a aplicação de sanções administrativas tão somente a servidores e empregados públicos.
c) confere à Administração a prerrogativa de aplicação de sanções a particulares a ela ligados por vínculo de natureza contratual, além das aplicáveis na esfera funcional.
d) autoriza a imposição de limitações a atividades econômicas desempenhadas por particulares, na forma da lei, em prol do interesse da coletividade.
e) é dotado de autoexecutoriedade, autorizando, em situações de risco de lesão ao interesse público, a prática de medidas dotadas de coercibilidade em face dos administrados.

COMENTÁRIO

Alternativa "c" (responde as alternativas "a" e "b"). O **poder disciplinar é a prerrogativa pela qual a Administração apura as infrações e aplica as penalidades ao infrator**, que pode ser um servidor público ou particular sujeito à disciplina administrativa, como um estudante de escola pública[18]. Assim, é plenamente possível que, no âmbito do poder disciplinar, sejam aplicadas penalidades no âmbito administrativo.

Alternativa "d". Tal descrição refere-se ao **poder de polícia**, que é uma atividade administrativa consistente em **intervir no exercício de direitos e liberdades individuais, impondo restrições e condições para que o interesse particular não cause prejuízo ao interesse público**, bem como **obrigações de fazer e de não fazer.**

Alternativa "e". A **autoexecutoriedade** é um dos atributos do **poder de polícia**, mas não do **poder disciplinar.**

Alternativa correta: letra "c".

167. (FCC – Analista Judiciário – Área Judiciária – TRT 14/2022) Maria é policial federal e foi condenada por crime de abuso de autoridade, pois deixou injustificadamente de comunicar prisão em flagrante à autoridade judiciária no prazo legal. Nos termos da Lei de abuso de autoridade (Lei nº 13.869/2019), a perda do cargo público

a) constitui um dos efeitos da condenação, sendo sua incidência imediata e automática, isto é, independe de reincidência e de declaração expressa ou motivada na sentença.
b) constitui um dos efeitos da condenação, condicionada à ocorrência de reincidência em crime de abuso de autoridade e não é automática, devendo ser declarada motivadamente na sentença.
c) não constitui efeito da condenação por crime de abuso de autoridade.
d) constitui um dos efeitos da condenação, condicionada à ocorrência de reincidência em crime de abuso de autoridade, não sendo necessário que seja declarada motivadamente na sentença.
e) constitui um dos efeitos da condenação, sendo sua incidência imediata, isto é, independe de reincidência, no entanto, necessita estar expressa e motivada na sentença.

COMENTÁRIO

✪ **Nota do Autor:** A Lei nº 13.869/2019 trata dos crimes de abuso de autoridade, cometidos por agente público, servidor ou não, que, no exercício de suas funções ou a pretexto de exercê-las, abuse do poder que lhe tenha sido atribuído.

Alternativa "b" (responde as demais alternativas). Na forma do art. 4º, III, da Lei, um dos efeitos de eventual condenação é, precisamente, a perda do cargo, do mandato ou da função pública. Ocorre que o parágrafo único, do mesmo dispositivo, estabelece que os efeitos previstos no inciso III (e, de igual modo, no inciso II, qual seja, inabilitação para o exercício de cargo, mandato ou função pública, pelo período de 1 (um) a 5 (cinco) anos), são condicionados à ocorrência de reincidência em crime de abuso de autoridade e não são automáticos, devendo ser declarados motivadamente na sentença.

Alternativa correta: letra "b".

168. (FCC – Analista Judiciário – Oficial de Justiça Avaliador Federal – TRT 17/2022) De acordo com o que estabelece a Lei nº 13.869/2019, que dispõe sobre os crimes de abuso de autoridade,

a) dentre as penas restritivas de direitos substitutivas das privativas de liberdade previstas nessa lei está a proibição de exercer funções de natureza policial ou militar no Município em que tiver sido praticado o crime e naquele em que residir ou trabalhar a vítima, pelo prazo de 1 a 3 anos.
b) para os efeitos dessa lei, não são considerados servidores públicos os membros do Poder Judiciário e do Ministério Público, por estarem sujeitos a regramento jurídico próprio.

18 DI PIETRO, Maria Sylvia Zanella. *Direito administrativo*. 23 ed. São Paulo: Atlas, 2010. p. 94.

c) as condutas descritas nessa lei constituem crime de abuso de autoridade quando praticadas pelo agente com a finalidade específica de prejudicar outrem ou beneficiar a si mesmo ou a terceiro, ou, ainda, por mero capricho ou satisfação pessoal.

d) não faz coisa julgada em âmbito cível, assim como no administrativo-disciplinar, a sentença penal que reconhecer ter sido o ato praticado em estado de necessidade, em legítima defesa, em estrito cumprimento de dever legal ou no exercício regular de direito.

e) as responsabilidades civil e administrativa dependem da responsabilidade criminal; contudo; é possível o questionamento acerca da existência ou da autoria do fato, ainda que essas questões tenham sido decididas no juízo criminal.

COMENTÁRIO

Alternativa "a". Nos termos do art. 5º, *caput*, da Lei, as penas restritivas de direitos substitutivas das privativas de liberdade previstas nesta Lei são i) prestação de serviços à comunidade ou a entidades públicas e ii) suspensão do exercício do cargo, da função ou do mandato, pelo prazo de 1 (um) a 6 (seis) meses, com a perda dos vencimentos e das vantagens.

Alternativa "b". O art. 2º, *caput*, da Lei estabelece que é sujeito ativo do crime de abuso de autoridade qualquer agente público, servidor ou não, da administração direta, indireta ou fundacional de qualquer dos Poderes da União, dos Estados, do Distrito Federal, dos Municípios e de Território, compreendendo, na forma dos incisos IV e V, membros do Poder Judiciário e do Ministério Público.

Alternativa "c". Eis a literalidade do art. 1º, §1º, da Lei, pelo qual "as condutas descritas nesta Lei constituem crime de abuso de autoridade quando praticadas pelo agente com a finalidade específica de prejudicar outrem ou beneficiar a si mesmo ou a terceiro, ou, ainda, por mero capricho ou satisfação pessoal".

Alterativa "d". Pelo contrário, **faz** coisa julgada em âmbito cível, assim como no administrativo-disciplinar, a sentença penal que reconhecer ter sido o ato praticado em estado de necessidade, em legítima defesa, em estrito cumprimento de dever legal ou no exercício regular de direito, nos exatos termos do art. 8º, *caput*, da Lei.

Alternativa "e". Na exata forma do que disciplina o art. 7º, da Lei, as responsabilidades civil e administrativa são independentes da criminal, não se podendo mais questionar sobre a existência ou a autoria do fato quando essas questões tenham sido decididas no juízo criminal.

Alternativa correta: letra "c".

169. (FCC – Analista Judiciário – Oficial de Justiça Avaliador Federal – TRT 22/2022) De acordo com a Lei nº 13.869/2019, que dispõe sobre os crimes de abuso de autoridade,

a) admite-se a modalidade culposa do delito, no caso de demora demasiada no exame de processo, em prejuízo de réu preso.

b) agentes honoríficos não podem ser sujeitos ativos dos crimes previstos na lei.

c) a pena de perda do cargo, do mandato ou da função pública somente é aplicável em caso de reincidência em crime de abuso de autoridade.

d) caso haja aplicação concomitante de pena de suspensão do exercício do cargo público na esfera penal e na esfera administrativa, prevalecerá a pena de maior extensão.

e) as únicas situações de influência da decisão criminal na esfera civil e administrativa dizem respeito às questões relativas à existência ou à autoria do fato delituoso, quando decididas no juízo criminal.

COMENTÁRIO

Alternativa "a". Não há tal previsão na legislação. O art. 37, *caput*, tipifica como crime "demorar demasiada e injustificadamente no exame de processo de que tenha requerido vista em órgão colegiado, com o intuito de procrastinar seu andamento ou retardar o julgamento.

Alternativa "b". O art. 2º, *caput*, estabelece que é sujeito ativo do crime de abuso de autoridade qualquer agente público, servidor ou não, da administração direta, indireta ou fundacional de qualquer dos Poderes da União, dos Estados, do Distrito Federal, dos Municípios e de Território. Nos termos do parágrafo único, do mesmo dispositivo, "reputa-se agente público, para os efeitos desta Lei, todo aquele que exerce, ainda que transitoriamente ou sem remuneração, por eleição, nomeação, designação, contratação ou qualquer outra forma de investidura ou vínculo, mandato, cargo, emprego ou função em órgão ou entidade abrangidos pelo *caput* deste artigo". Desse modo, os agentes honoríficos **podem** ser sujeitos ativos dos crimes previstos na lei.

Alternativa "c". Na forma do art. 4º, III, da Lei, um dos efeitos de eventual condenação é, precisamente, a perda do cargo, do mandato ou da função pública. Ocorre que o parágrafo único, do mesmo dispositivo, estabelece que os efeitos previstos no inciso III (e, de igual modo, no inciso II, qual seja, inabilitação para o exercício de cargo, mandato ou função pública, pelo período de 1 (um) a 5 (cinco) anos), são condicionados à ocorrência de reincidência em crime de abuso de autoridade e não são automáticos, devendo ser declarados motivadamente na sentença.

Alternativa "d". O parágrafo único do art. 5º, da Lei, estabelece que as penas restritivas de direitos podem ser aplicadas autônoma ou **cumulativamente.**

Alternativa "e". Na exata forma do que disciplina o art. 7º, da Lei, as responsabilidades civil e administrativa são independentes da criminal, não se podendo mais questionar sobre a existência ou a autoria do fato quando essas questões tenham sido decididas no juízo criminal.

Alternativa correta: letra "c".

---

170. (FCC – Analista Judiciário – Oficial de Justiça Avaliador Federal – TRT 9/2022) Considere que uma empresa de vigilância contratada por órgão da Administração pública tenha cometido reiteradas falhas na execução do objeto contratual, deixando as instalações públicas desprotegidas em várias ocasiões, sendo que, em razão de uma dessas falhas, foram furtados equipamentos eletrônicos, ensejando prejuízos de grande monta. Nesse contexto, a Administração pode atuar com base no poder

a) hierárquico, aplicando, de ofício, medidas corretivas fundamentadas na condição de supremacia do Estado em face do particular contratado.

b) disciplinar, aplicando sanções contratuais mediante procedimento próprio, eis que tal poder não se restringe àqueles que possuem vínculo funcional com a Administração.

c) de polícia, adotando medidas de intervenção na atividade da empresa, dada a ocorrência de prejuízo à Administração.

d) regulamentar, aplicando as penalidades previstas em ato normativo próprio, independentemente de previsão contratual.

e) de tutela, apenando a empresa com base nas cláusulas exorbitantes próprias dos contratos administrativos.

COMENTÁRIO

Alternativa "a". O **poder hierárquico** é uma ferramenta de grande valia para a Administração porque possibilita a concatenação de suas ações em busca da satisfação do interesse público. Por ele, tem-se a organização, a estruturação, criando-se uma **relação de coordenação e subordinação** entre os diversos órgãos criados. É com base na hierarquia que se pode **avocar, delegar, ordenar, controlar, corrigir e aplicar sanções.**

Alternativa "b". O **poder disciplinar é a prerrogativa pela qual a Administração apura as infrações e aplica as penalidades ao infrator**, que pode ser um servidor público ou particular sujeito à disciplina administrativa, como um estudante de escola pública[19].

Alternativa "c". Pode-se afirmar que o poder de polícia é uma atividade administrativa consistente em **intervir no exercício de direitos e liberdades individuais, impondo restrições e condições para que o interesse particular não cause prejuízo ao interesse público.**

Alternativa "d". O **poder regulamentar** é espécie do poder normativo, conferindo ao Chefe do Executivo a prerrogativa de editar atos gerais e abstratos, complementares à lei, sem inovar, de forma original, a ordem jurídica. Normalmente, manifesta-se pela expedição de decretos executivos destinados a explicitar, aclarar, explicar a lei para que possa ser posta em prática, e essa possibilidade de regulamentação não é privativa do Chefe do Poder Executivo, pois o Judiciário (provimentos, resoluções) *e* o Legislativo (regimento) também podem regulamentar as leis, mas a regulamentação não é tão extensa quanto à feita pelo Poder Executivo.

Alternativa "e". Não há, na doutrina, menção ao **poder de tutela**, destacando-se ser esta, em verdade, **princípio da Administração Pública.**

Alternativa correta: letra "b".

---

171. (FCC – Técnico Judiciário – Área Administrativa – TRT 9/2022) Em visita a uma empresa, um Auditor-Fiscal do Trabalho verificou que havia indícios de fraudes relacionadas aos recolhimentos das contribuições obrigatórias a cargo do empregador, promovendo a apreensão dos livros e documentos necessários à apuração da situação e lavrando o auto de apreensão e guarda respectivo. A propósito de tal medida, trata-se

a) de aplicação de medida atípica, porém sustentada pela discricionariedade que caracteriza o poder regulamentar da Administração.

b) de exercício regular de medida de polícia de natureza autoexecutória, com finalidade de acautelar a apuração administrativa.

c) da aplicação irregular de sanção de polícia, pois deveria ter sido precedida de notificação da empresa, para exercício de defesa prévia.

d) de atuação abusiva do agente público, visto que tal apreensão deveria ter sido precedida por pedido de busca e apreensão dirigido à autoridade judicial.

e) de medida coercitiva regularmente aplicada, baseada nos princípios de aplicação do poder disciplinar da Administração.

---

19 DI PIETRO, Maria Sylvia Zanella. *Direito administrativo*. 23 ed. São Paulo: Atlas, 2010. p. 94.

COMENTÁRIO

Alternativa "a". Como já destacado, o **poder regulamentar** é espécie do poder normativo, conferindo ao Chefe do Executivo a prerrogativa de editar atos gerais e abstratos, complementares à lei, sem inovar, de forma original, a ordem jurídica. Não guarda qualquer relação com a conduta descrita no enunciado.

Alternativa "b" (responde as alternativas "c" e "d"). Conforme Hely Lopes Meirelles, o poder de polícia é definido como a "**faculdade de que dispõe a Administração Pública para condicionar e restringir o uso e gozo de bens, atividades e direitos individuais, em benefício da coletividade ou do próprio Estado**"[20]. Pode-se, assim, afirmar que o poder de polícia é uma atividade administrativa consistente em **intervir no exercício de direitos e liberdades individuais, impondo restrições e condições para que o interesse particular não cause prejuízo ao interesse público**. Nesse sentido, um dos atributos do poder de polícia é a **autoexecutoriedade**, assim entendida como a "**faculdade de que dispões a Administração Pública para condicionar e restringir o uso e gozo de bens, atividades e direitos individuais, em benefício da coletividade ou do próprio Estado**"[21]. Pela autoexecutoriedade, para a satisfação do interesse público, a Administração **pode praticar diretamente os atos afetos à polícia administrativa, não necessitando recorrer para o Poder Judiciário para tanto.** Assim, não precisa a Administração de ordem judicial para multar, interditar, apreender e realizar as demais medidas de polícia. Neste sentido, na hipótese narrada no enunciado, não era necessário que a conduta do agente público fosse precedida de notificação da empresa, para exercício de defesa prévia.

Alternativa "e". O **poder disciplinar é a prerrogativa pela qual a Administração apura as infrações e aplica as penalidades ao infrator**, que pode ser um servidor público ou particular sujeito à disciplina administrativa, como um estudante de escola pública[22].

Alternativa correta: letra "b".

---

172. (FGV - 2022 - Analista Judiciário - TRT 13/2022) O açougue Alfa praticou infração administrativa por violação a normas de defesa do consumidor e vigilância sanitária, em razão de a exposição à venda de produtos impróprios ao consumo. Agentes da vigilância sanitária realizaram inspeção no local e o PROCON, mediante regular processo administrativo, aplicou licitamente a sanção administrativa de multa prevista em lei à sociedade empresária do açougue Alfa. No caso em tela, de acordo com a doutrina de Direito Administrativo, a aplicação da multa decorre do poder da administração pública denominado poder

a) hierárquico.

b) disciplinar.

c) de polícia.

d) de saúde pública.

e) de defesa do consumidor.

COMENTÁRIO

Alternativa "a". O **poder hierárquico** é uma ferramenta de grande valia para a Administração porque possibilita a concatenação de suas ações em busca da satisfação do interesse público. Por ele, tem-se a organização, a estruturação, criando-se uma **relação de coordenação e subordinação** entre os diversos órgãos criados. É com base na hierarquia que se pode **avocar, delegar, ordenar, controlar, corrigir e aplicar sanções.**

Alternativa "b". O **poder disciplinar é a prerrogativa pela qual a Administração apura as infrações e aplica as penalidades ao infrator**, que pode ser um servidor público ou particular sujeito à disciplina administrativa, como um estudante de escola pública[23].

Alternativa "c". Conforme Hely Lopes Meirelles, o poder de polícia é definido como a "**faculdade de que dispõe a Administração Pública para condicionar e restringir o uso e gozo de bens, atividades e direitos individuais, em benefício da coletividade ou do próprio Estado**"[24]. Pode-se, assim, afirmar que o poder de polícia é uma atividade administrativa consistente em **intervir no exercício de direitos e liberdades individuais, impondo restrições e condições para que o interesse particular não cause prejuízo ao interesse público.**

Alternativa "d" (responde a alternativa "e"). A saúde pública e a defesa do consumidor não são poderes e, na verdade, representam a finalidade pública específica que pode. Os poderes administrativos são ferramentas que a Administração Pública tem a seu dispor para a concretização do interesse público e, desse modo, obrigatoriamente deve usá-las sempre que necessário, não se admitindo que sejam renunciados.

Alternativa correta: letra "c".

---

20 MEIRELLES, Hely Lopes. *Direito administrativo brasileiro*. 36 ed. São Paulo: Malheiros, 2010. p. 134.

21 MEIRELLES, Hely Lopes. *Direito administrativo brasileiro*. 36 ed. São Paulo: Malheiros, 2010. p. 134.

22 DI PIETRO, Maria Sylvia Zanella. *Direito administrativo*. 23 ed. São Paulo: Atlas, 2010. p. 94.

23 DI PIETRO, Maria Sylvia Zanella. *Direito administrativo*. 23 ed. São Paulo: Atlas, 2010. p. 94.

24 MEIRELLES, Hely Lopes. *Direito administrativo brasileiro*. 36 ed. São Paulo: Malheiros, 2010. p. 134.

173. (FCC – Técnico Judiciário – Área Administrativa – TRT 14/2022) Quando o Poder Público interfere na órbita do interesse privado para salvaguardar o interesse público, restringindo direitos individuais, atua no exercício do poder

a) de polícia.

b) hierárquico.

c) regulamentar.

d) disciplinar.

e) estritamente vinculado

COMENTÁRIO

Alternativa "a". Conforme Hely Lopes Meirelles, o poder de polícia é definido como a "**faculdade de que dispõe a Administração Pública para condicionar e restringir o uso e gozo de bens, atividades e direitos individuais, em benefício da coletividade ou do próprio Estado**"[25]. Pode-se, assim, afirmar que o poder de polícia é uma atividade administrativa consistente em **intervir no exercício de direitos e liberdades individuais, impondo restrições e condições para que o interesse particular não cause prejuízo ao interesse público.**

Alternativa "b". O **poder hierárquico** é uma ferramenta de grande valia para a Administração porque possibilita a concatenação de suas ações em busca da satisfação do interesse público. Por ele, tem-se a organização, a estruturação, criando-se uma **relação de coordenação e subordinação** entre os diversos órgãos criados. É com base na hierarquia que se pode **avocar, delegar, ordenar, controlar, corrigir e aplicar sanções.**

Alternativa "c". O **poder regulamentar** é espécie do poder normativo, conferindo ao Chefe do Executivo a prerrogativa de editar atos gerais e abstratos, complementares à lei, sem inovar, de forma original, a ordem jurídica. Normalmente, manifesta-se pela expedição de decretos executivos destinados a explicitar, aclarar, explicar a lei para que possa ser posta em prática, e essa possibilidade de regulamentação não é privativa do Chefe do Poder Executivo, pois o Judiciário (provimentos, resoluções) *e* o Legislativo (regimento) também podem regulamentar as leis, mas a regulamentação não é tão extensa quanto à feita pelo Poder Executivo.

Alternativa "d". O **poder disciplinar é a prerrogativa pela qual a Administração apura as infrações e aplica as penalidades ao infrator**, que pode ser um servidor público ou particular sujeito à disciplina administrativa, como um estudante de escola pública[26].

Alternativa "e". O **poder vinculado** é aquele que a lei "confere à Administração Pública para a prática de ato de sua competência, determinando os elementos e requisitos necessários a sua formalização"[27]. Assim, **não há margem de escolha para o administrador público**, que fica obrigado ao estrito cumprimento do comando legal, situação que se enquadra, precisamente, na hipótese narrada na questão.

Alternativa correta: letra a".

174. (FCC – Analista Judiciário – Área Judiciária – TRT 17/2022) De acordo com o que leciona a doutrina sobre os poderes da Administração Pública,

a) o poder normativo manifesta-se exclusivamente pela edição de decretos regulamentares.

b) a proibição pela Administração Pública de circulação de cidadãos em via pública após determinado horário é, em tese, uma manifestação do poder disciplinar.

c) o poder hierárquico é o poder atribuído à Administração para aplicar sanções administrativas aos seus agentes pela prática de infrações de caráter funcional, abrangendo sanções administrativas, como a advertência, a multa, a suspensão e a demissão.

d) o poder de polícia pode se dar tanto pela prática de atos específicos, de efeitos concretos, quanto pela edição de atos normativos abstratos, de alcance generalizado.

e) não há hierarquia entre os órgãos e agentes no âmbito interno da administração direta do Poder Executivo, tampouco, entre órgãos e agentes no âmbito interno de uma autarquia, no âmbito do poder hierárquico.

COMENTÁRIO

Alternativa "a". Quanto ao exercício do poder regulamentar pela Administração Pública há o decreto executivo ou regulamentar que representa a atividade administrativa de explicar fielmente o conteúdo da lei para a sua execução, mas também existe o decreto autônomo, que tem previsão no art. 84, VI, da Constituição Federal, e por ele o Presidente da República pode dispor sobre a Administração Pública federal, desde que não acarreta aumento de despesa, criação ou extinção de órgãos públicos e a extinção de cargos públicos providos.

25 MEIRELLES, Hely Lopes. *Direito administrativo brasileiro*. 36 ed. São Paulo: Malheiros, 2010. p. 134.

26 DI PIETRO, Maria Sylvia Zanella. *Direito administrativo*. 23 ed. São Paulo: Atlas, 2010. p. 94.

27 MEIRELLES, Hely Lopes. *Direito administrativo brasileiro*. 36 ed. São Paulo: Malheiros, 2010. p. 120.

Alternativa "b". A proibição pela Administração Pública de circulação de cidadãos em via pública após determinado horário é uma manifestação do **poder de polícia.**

Alternativa "c" (responde a alternativa "e"). O **poder hierárquico** pode ser definido como aquele "de que dispõe o Executivo para **distribuir e escalonar as funções de seus órgãos, ordenar e rever a atuação de seus agentes, estabelecendo a relação de subordinação entre os servidores de seu quadro de pessoal**"[28].. A alternativa faz menção ao **poder disciplinar.**

Alternativa "d". Os atos administrativos de polícia podem ser: ***atos normativos gerais,*** onde a Administração expede atos gerais e abstratos restringindo o uso, gozo e disposição da propriedade por parte dos administrados para o fim de ajustá-las ao interesse público; ***atos concretos ou individuais,*** são atos que recaem sobre a liberdade de um indivíduo ou sobre uma propriedade específica; ***atos de fiscalização:*** manifestações que previnem e acautelam possíveis danos que podem decorrer da ação dos administrados.

Alternativa correta: letra "d".

---

175. (FCC – Técnico Judiciário – Área Administrativa – TRT 17/2022) Acerca dos poderes da Administração Pública,

a) o poder de polícia, ainda que seja essencialmente discricionário, está sob controle de legalidade do Poder Judiciário.
b) o poder regulamentar do Poder Executivo é autónomo e não está sujeito a controle do Legislativo e do Judiciário.
c) o poder hierárquico é aquele usado pela administração para punir servidores e particulares sujeitos às regras administrativas.
d) entre a administração indireta e os entes federativos que as instituíram há a presença de subordinação hierárquica.
e) o poder discricionário é aquele de que dispõe a administração para a prática de atos administrativos em que é mínima ou inexistente a sua liberdade de atuação.

COMENTÁRIO

Alternativa "a". O **poder de polícia** pode ser entendido como a faculdade de que dispõe a administração pública para condicionar e restringir o uso e gozo de bens, atividades e direitos individuais, em benefício da coletividade ou do próprio Estado[29]. De fato, são atributos de tal poder: a **discricionariedade** (a lei concede ao administrador a possibilidade de decidir o momento, as circunstâncias para o exercício da atividade; todavia, esse poder também pode se manifestar de forma vinculada); a **autoexecutoriedade** (o ato será executado diretamente pela Administração, não carecendo de provimento judicial para tornar-se apto); e **coercibilidade** (ao particular a decisão administrativa sempre será cogente, obrigatória, admitindo o emprego de força para seu cumprimento). A razão de existir o poder de polícia é a preservação do interesse público em face de atividade particular nociva e, desse modo, sua atuação deve ser na medida necessária para tanto e, obviamente, deve haver o respeito aos direitos fundamentais. Em especial, tem-se, no princípio da razoabilidade (ou da proporcionalidade ampla), importantíssima forma de controle da atividade realizada, pois, para que a medida de polícia administrativa escolhida seja considerada razoável, dever ser adequada, necessária e proporcional. Assim, as atividades adotadas no âmbito do **poder de polícia** estão, naturalmente, sob o controle de legalidade do Poder Judiciário.

Alternativa "b". Na clássica definição de Hely Lopes Meirelles, o poder regulamentar é a "**faculdade de que dispõem os Chefes de Executivo (Presidente da República, Governadores e Prefeitos) de explicar a lei para sua correta execução, ou de expedir decretos autônomos sobre matéria de sua competência ainda não disciplinada em lei**"[30]. Está sujeito ao controle do Legislativo e do Judiciário, na medida em que, por exemplo, caso haja exorbitância regulamentadora, de acordo com o art. 49, V da Constituição Federal, é competência exclusiva do Congresso Nacional sustar o ato administrativo que exorbite do poder regulamentar.

Alternativa "c". O **poder disciplinar** é aquele usado pela administração para apurar infrações e aplicar penalidades a servidores e particulares sujeitos às regras administrativas.

Alternativa "d". Entre a administração indireta e os entes federativos que as instituíram **não** há a presença de subordinação hierárquica, mas apenas de **vinculação.**

Alternativa "e". O **poder vinculado** é aquele de que dispõe a administração para a prática de atos administrativos em que é mínima ou inexistente a sua liberdade de atuação. O **poder discricionário, por seu turno,** é o concedido à Administração Pública

---

28 MEIRELLES, Hely Lopes. *Direito administrativo brasileiro.* 36 ed. São Paulo: Malheiros, 2010. p. 121.

29. MEIRELLES, Hely Lopes. *Direito administrativo brasileiro.* 36. ed.São Paulo: Malheiros, 2010. p. 134.

30. *Direito administrativo brasileiro.* 36. ed.São Paulo: Malheiros, 2010. p. 130. Original sem destaque.

para a prática de determinados atos administrativos com **liberdade na valoração do juízo de conveniência e oportunidade**. Em outras palavras, trata-se de prerrogativa conferida à Administração Pública de fazer opções, de escolher, de analisar se é oportuno, se é conveniente, segundo o interesse público, a prática de determinado ato.

Alternativa correta: letra "a".

---

176. (FCC – Técnico Judiciário – Área Administrativa – TRT 17/2022) De acordo com o que disciplina o ordenamento jurídico, a doutrina e, ainda, o entendimento dos tribunais superiores acerca do poder de polícia,

a) os atos administrativos decorrentes do poder de polícia gozam, em regra, do atributo da exigibilidade, haja vista a administração depender da intervenção do Poder Judiciário para torná-los efetivos.

b) se o apossamento do espaço urbano público ocorre ilegalmente, incumbe exclusivamente ao administrado fazer a imediata demolição da construção irregular e a desocupação de bem turbado ou esbulhado.

c) prescreve em três anos a ação punitiva da Administração Pública Federal, direta e indireta, no exercício do poder de polícia, objetivando apurar infração à legislação em vigor, contados da data da prática do ato ou, no caso de infração permanente ou continuada, do dia em que tiver cessado.

d) é constitucional a delegação do poder de polícia, por meio de lei, a pessoas jurídicas de direito privado integrantes da Administração Pública indireta de capital social majoritariamente público que prestem exclusivamente serviço público de atuação própria do Estado e em regime não concorrencial.

e) há a extrapolação do poder de polícia nas situações em que a Administração Pública estabelece a proibição e a comercialização de determinados produtos, por ferir a livre concorrência.

COMENTÁRIO

Alternativa "a". A Administração Pública pode, no exercício do poder de polícia, se valer de **meios de coação**, sejam eles diretos ou indiretos, tudo à luz da **supremacia do interesse público.** Referida aplicação dá-se em âmbito do atributo da **autoexecutoriedade**, típico do **poder de polícia.** A autoexecutoriedade aponta para o fato de que a Administração Pública, para satisfazer o interesse público, **pode praticar diretamente os atos afetos à polícia administrativa, não necessitando recorrer ao Poder Judiciário para tanto.** Porém, alguns autores subdividem a autoexecutoriedade em exigibilidade e executoriedade. A exigibilidade resulta da "possibilidade que tem a Administração de tomar **decisões executórias**, ou seja, decisões que dispensam a Administração de dirigir-se **preliminarmente** ao juiz para impor a obrigação ao administrado"[31].

Alternativa "b". Se o apossamento do espaço urbano público ocorre ilegalmente, **não é permitido** as medidas reativas imediatas cabem ao Poder Público e não aos administrados.

Alternativa "c". Na esfera federal, a Lei nº 9.874/99 estabelece o prazo prescricional para a ação punitiva pela administração federal e, em seu art. 1º, determina que a prescrição ocorre em cinco anos para apurar "infração à legislação em vigor, contados da data da prática do ato ou, no caso de infração permanente ou continuada, do dia em que tiver cessado".

Alternativa "d". No Recurso Extraordinário nº 633.782, o STF fixou a tese de que é constitucional a delegação do poder de polícia, por meio de lei, a pessoas jurídicas de direito privado integrantes da Administração Pública indireta de capital social majoritariamente público que prestem exclusivamente serviço público de atuação própria do Estado e em regime não concorrencial.

Alternativa "e". O **poder de polícia** pode ser entendido como a faculdade de que dispõe a administração pública para condicionar e restringir o uso e gozo de bens, atividades e direitos individuais, em benefício da coletividade ou do próprio Estado[32]. Assim, não há que se falar em extrapolação do poder de polícia nas situações em que a Administração Pública estabelece a proibição e a comercialização de determinados produtos.

Alternativa correta: letra "d".

---

177. (FCC – Técnico Judiciário – Área Judiciária – TRT 15/2018) O Princípio da Separação de Poderes é compatível com a atribuição de poder normativo ao Executivo, tendo em vista que no exercício dessas funções,

a) as autoridades devem praticar atos que produzam efeitos internos à Administração pública, não disciplinando as relações individuais dos administrados.

b) os usuários não podem ser instados a seguir as ordens e regras emanadas da Administração pública, considerando que somente a lei pode ter caráter autônomo.

---

31 DI PIETRO, Maria Sylvia Zanella. *Direito administrativo*. 23 ed. São Paulo: Atlas, 2010. p. 111.

32. MEIRELLES, Hely Lopes. *Direito administrativo brasileiro*. 36. ed.São Paulo: Malheiros, 2010. p. 134.

c) a Administração pública deve respeitar a repartição constitucional de competências, somente podendo editar atos normativos de caráter geral e abstratos nos casos expressamente autorizados ou diante de lacunas legislativas.

d) a edição de decretos deverá observar os limites expressamente estabelecidos na Constituição para implicar caráter autônomo às suas disposições.

e) as disposições de cunho regulamentar não podem ter conteúdo inovatório, devendo ser homologadas pelo órgão legislador competente para a expedição do diploma regulamentado.

COMENTÁRIO

Alternativa "d" (responde as demais alternativas). O **poder regulamentar** é espécie do **poder normativo**, conferindo ao Chefe do Executivo a prerrogativa de editar atos gerais e abstratos, complementares à lei, sem inovar, de forma original, a ordem jurídica. Normalmente, manifesta-se pela **expedição de decretos executivos destinados a explicitar, aclarar, explicar a lei para que possa ser posta em prática, inclusive aos administrados**, e essa possibilidade de regulamentação não é privativa do Chefe do Poder Executivo, pois o Judiciário (provimentos, resoluções) e o Legislativo (regimento) também podem regulamentar as leis, mas a regulamentação não é tão extensa quanto à feita pelo Poder Executivo. Nesse sentido, o **decreto autônomo,** previsto no art. 84, VI, da Constituição Federal atribui ao Presidente da República a competência para dispor, mediante decreto, sobre a administração federal, desde que não implique aumento de despesa, não faça a criação ou extinção de órgão público e nem a extinção de cargo público provido (por decreto, pode extinguir cargo vago). Os governadores e prefeitos também dispõem dessa competência, desde que haja previsão, respectivamente, nas constituições estaduais e leis orgânicas.

Alternativa correta: letra "d"

---

178. (FCC - Técnico Judiciário - Área Administrativa - TRT 2/2018) Constitui exemplo de atuação da Administração pública fundada no exercício do poder de polícia:

a) Interdição e demolição de construção com risco de desabamento.

b) Permissão de uso de imóvel público para particular que se responsabilize por sua guarda.

c) Declaração de inidoneidade à particular que fraudou procedimento licitatório.

d) Concessão de serviço público à exploração privada, sujeito às normas fixadas pelo poder concedente.

e) Aplicação de penalidade a servidor público, observado o devido processo legal e o contraditório.

COMENTÁRIO

Alternativa "a" (responde as demais alternativas). O **poder de polícia** pode ser definido como a **"faculdade de que dispõe a Administração Pública para condicionar e restringir o uso e gozo de bens, atividades, e direitos individuais, em benefício da coletividade ou do próprio Estado"**[33]. Desse modo, a **interdição e demolição de construção com risco de desabamento** é típica manifestação da aplicação do poder de polícia.

Alternativa correta: letra "a".

---

179. (FCC - Analista Judiciário - Área Judiciária - TRT 15/2018) A Polícia Militar de um estado da federação organizou uma operação de fiscalização para controle de embriaguez na condução de veículos automotores. Para além das questões criminais possivelmente envolvidas, diante dos motoristas que se mostraram em desacordo com os níveis de álcool permitidos para a condução de veículos, aferidos mediante uso de instrumento específico (bafômetro), os agentes apreenderam os veículos, bem como autuaram e lavraram autos de infração e imposição de multas. Essa atuação

a) dependeria de prévio processo administrativo, com respeito ao contraditório e ampla defesa, sendo vedada a apreensão e a imposição de multa previamente à nomeação de defensor público para o motorista.

b) configura exercício do poder de polícia pela Administração pública, que está autorizada a adotar medidas acautelatórias da ordem e da segurança, diferindo o exercício do direito de defesa pelo motorista.

c) é uma das formas de exercício do poder hierárquico exercido pela corporação militar, que o possui em caráter originário, não sendo limitado pelo Poder Executivo.

d) pode ter se dado com base no poder disciplinar, considerando que essa é uma característica intrínseca da atuação da Polícia Militar, independentemente de fundamento normativo.

e) caracteriza um procedimento de polícia para a Corporação da Polícia Militar, que inclui polícia administrativa e polícia judiciária.

---

33. MEIRELLES, Hely Lopes. *Direito administrativo brasileiro*. 36 ed. São Paulo: Malheiros, 2010. p. 134.

COMENTÁRIO

Alternativa "a". O **poder de polícia**, por exemplo, tem como uma de suas características a **autoexecutoriedade** – que aponta que a Administração Pública pode praticar diretamente os atos afetos à polícia administrativa, não necessitando recorrer ao Poder Judiciário. Assim, no caso concreto, perfeitamente possível a apreensão dos veículos e imposição de multa, mesmo que sem qualquer intervenção do Poder Judiciário.

Alternativa "b". Conforme Hely Lopes Meirelles, o poder de polícia é definido como a **"faculdade de que dispõe a Administração Pública para condicionar e restringir o uso e gozo de bens, atividades e direitos individuais, em benefício da coletividade ou do próprio Estado"**[34]. Pode-se, assim, afirmar que o poder de polícia é uma atividade administrativa consistente em **intervir no exercício de direitos e liberdades individuais, impondo restrições e condições para que o interesse particular não cause prejuízo ao interesse público.** Nesse sentido, um dos atributos do poder de polícia é a **autoexecutoriedade,** assim entendida como a **"faculdade de que dispões a Administração Pública para condicionar e restringir o uso e gozo de bens, atividades e direitos individuais, em benefício da coletividade ou do próprio Estado"**[35]. Pela autoexecutoriedade, para a satisfação do interesse público, a Administração **pode praticar diretamente os atos afetos à polícia administrativa, não necessitando recorrer para o Poder Judiciário para tanto.** Assim, não precisa a Administração de ordem judicial para multar, interditar, apreender e realizar as demais medidas de polícia. Todavia, a **autoexecutoriedade só existe quando prevista em lei ou quando se tratar de situação de urgência,** não se fazendo, pois, presente em todas as medidas de polícia. Não se tolhe o administrado do seu direito de defesa, mas ocorre o seu diferimento.

Alternativa "c". O **poder hierárquico** é uma ferramenta de grande valia para a Administração porque possibilita a concatenação de suas ações em busca da satisfação do interesse público. Por ele, tem-se a organização, a estruturação, criando-se uma **relação de coordenação e subordinação** entre os diversos órgãos criados.

Alternativa "d". O **poder disciplinar é a prerrogativa pela qual a Administração apura as infrações e aplica as penalidades ao infrator**, que pode ser um servidor público ou particular sujeito à disciplina administrativa, como um estudante de escola pública, por exemplo. A penalidade administrativa, desse modo, tem como objeto as infrações relacionadas ao serviço, aplicando-se, portanto, apenas a um agente público ou a um particular juridicamente relacionado com a Administração.

Alternativa "e". O **poder de polícia administrativa incide sobre bens, direitos e atividades,** ao passo que **a polícia judiciária e da polícia de manutenção da ordem pública atua sobre pessoas, individual ou indiscriminadamente.** Ainda, nota-se que a polícia judiciária atua a partir de um ilícito penal, enquanto a polícia administrativa atua, preventivamente ou repressivamente, a partir de um ilícito administrativo.

Alternativa correta: letra "b".

---

180. (FCC – Analista Judiciário – Área Judiciária – TRT 2/2018) A edição de um decreto pelo Chefe do Executivo instituindo proibição de circulação de veículos por determinado perímetro da cidade

a) encontra fundamento no poder regulamentar, porque este se presta a suprir lacunas legais.
b) insere-se dentre as atribuições inerentes ao poder hierárquico, considerando a supremacia do interesse público sobre o particular, que permite a limitação da liberdade dos administrados, em prol da coletividade.
c) configura expressão do poder disciplinar, posto que se presta a pacificar as relações entre a Administração pública e os administrados.
d) excede os limites do poder regulamentar, na medida em que inova o ordenamento jurídico ao estabelecer nova restrição a direitos sem que conste haver o devido fundamento em lei.
e) excede os limites do poder de polícia, tendo em vista que esta atuação se presta apenas a imposição de obrigações, não sendo admitido o estabelecimento de limitação ou restrição a direitos dos administrados.

COMENTÁRIO

Alternativa "a" (responde a alternativa "d"). O **poder regulamentar** é espécie do poder normativo, conferindo ao Chefe do Executivo a prerrogativa de editar atos gerais e abstratos, complementares à lei, **sem inovar, de forma original, a ordem jurídica.** Neste sentido, o decreto mencionado no enunciado **claramente excede os limites do poder regulamentar,** uma vez que não há, no hipotético ordenamento jurídico, **qualquer lei que estabeleça a proibição de circulação de veículos.** Vale destacar que, normalmente, o poder regulamentar manifesta-se pela expedição de decretos executivos destinados a explicitar, aclarar, explicar a lei para que possa ser

---

34. MEIRELLES, Hely Lopes. *Direito administrativo brasileiro*. 36 ed. São Paulo: Malheiros, 2010. p. 134.

35. MEIRELLES, Hely Lopes. *Direito administrativo brasileiro*. 36 ed. São Paulo: Malheiros, 2010. p. 134.

posta em prática, e essa possibilidade de regulamentação não é privativa do Chefe do Poder Executivo, pois o Judiciário (provimentos, resoluções) *e* o Legislativo (regimento) também podem regulamentar as leis.

Alternativa "b". O **poder hierárquico** é uma ferramenta de grande valia para a Administração porque possibilita a concatenação de suas ações em busca da satisfação do interesse público. Por ele, tem-se a organização, a estruturação, criando-se uma **relação de coordenação e subordinação** entre os diversos órgãos criados. É com base na hierarquia que se pode **avocar, delegar, ordenar, controlar, corrigir e aplicar sanções.** Não guarda qualquer relação com a situação hipotética do enunciado, portanto.

Alternativa "c". O **poder disciplinar é a prerrogativa pela qual a Administração apura as infrações e aplica as penalidades ao infrator**, que pode ser um servidor público ou particular sujeito à disciplina administrativa, como um estudante de escola pública[36].

Alternativa "e". Pode-se afirmar que o poder de polícia é uma atividade administrativa consistente em **intervir no exercício de direitos e liberdades individuais, impondo restrições e condições para que o interesse particular não cause prejuízo ao interesse público**. Assim, plenamente possível, pelo **poder de polícia**, que a Administração Pública imponha, de modo unilateral, limitação ou restrição a direitos dos administrados

---

181. (FCC - Analista Judiciário - Oficial de Just. Avaliador Federal - TRT 6/2018) Na execução de suas funções executivas, a Administração pública é dotada de algumas prerrogativas, com amparo legal, que lhe permitem a adoção de uma série de medidas e atos para consecução das finalidades de interesse público. Configura expressão de algumas dessas prerrogativas

a) o poder de polícia, que lhe permite limitar direitos individuais sempre que a atividade fiscalizada for criminosa.

b) o poder regulamentar, que é expressamente previsto constitucionalmente dentre as competências legislativas, possuindo matérias próprias de incidência.

c) o poder de polícia, que admite a adoção de medidas repressivas e urgentes para impedir danos ou riscos à coletividade, cabendo ao destinatário daquelas defender-se após a prática desses atos.

d) a edição de decretos pelo Chefe do Poder Executivo, que se insere no poder regulamentar, somente podendo se prestar a explicitar o conteúdo de leis já editadas, para sua melhor aplicação.

e) o poder de polícia e o poder regulamentar, que são autônomos, ou seja, encontram fundamento em competências próprias da Administração pública, prescindindo de previsão ou autorização legal.

COMENTÁRIO

Nota do Autor: Os **poderes administrativos são as prerrogativas à disposição da Administração destinadas à viabilização do interesse público.**

Alternativa "a". A apuração de práticas criminosas **não é própria da polícia administrativa**, mas inerente à polícia de segurança pública, objeto de estudo do Direito Penal e do Direito Processual Penal.

Alternativa "b". Para Maria Sylvia Zanella Di Pietro, o **poder regulamentar é espécie do poder normativo da Administração Pública**, ou seja, é um tipo, uma das formas pela qual se expressa a função normativa da Administração Pública, e o poder regulamentar, assim entendido, **é privativo do Chefe do Executivo** e se materializa por meio de **decreto**, mas há **outras formas** de expressão do poder normativo como as **resoluções, as portarias, as instruções, os regimentos,** mas esses atos possuem alcance restrito aos limites de atuação do órgão e não têm a mesma natureza dos regulamentos expedidos pelo Chefes do Executivo[37]. Materializa-se, assim, por meio de ato administrativo e o Poder Legislativo também pode exercer essa competência, porém não guarda relação com as competências legislativas, próprias da atividade típica daquele poder.

Alternativa "c". O **poder de polícia** pode ser definido como a "**faculdade de que dispõe a Administração Pública para condicionar e restringir o uso e gozo de bens, atividades, e direitos individuais, em benefício da coletividade ou do próprio Estado"**[38].. Pela autoexecutoriedade, para a satisfação do interesse público, a Administração **pode praticar diretamente os atos afetos à polícia administrativa, não necessitando recorrer para o Poder Judiciário para tanto.** Assim, ao destinatário do ato de poder de polícia cabe defender-se após a prática de tais atos.

Alternativa "d". A manifestação típica do poder regulamentar é o decreto ou regulamento executivo

---

36. DI PIETRO, Maria Sylvia Zanella. *Direito administrativo*. 23 ed. São Paulo: Atlas, 2010. p. 94.

37. *Direito administrativo*. 23. ed. São Paulo: Atlas, 2010. p. 90 e 93

38. MEIRELLES, Hely Lopes. *Direito administrativo brasileiro*. 36 ed. São Paulo: Malheiros, 2010. p. 134.

ou de execução, que tem por finalidade regulamentar, explicar uma lei para que esta possa ser fielmente cumprida. Essa atividade de regulamentação tem como limite a própria lei, pois a Constituição Federal estabelece, no art. 84, VI, que é competência do Presidente da República "expedir decretos e regulamentos para sua fiel execução", bem como, no art. 49, V, atribui competência ao Congresso Nacional para sustar os atos normativos que exorbitem do poder regulamentar.

Alternativa "e". A Administração Pública, como um todo, deve agir de acordo com a lei e, ainda, não pode contrariá-la, de acordo com o princípio da legalidade. Especialmente, em se tratando de poder de polícia, pelo qual são impostas limitações à liberdade dos administrados, não pode ser aceito que isso seja feito por meio de ato administrativo sem fundamento legal.

Alternativa correta: letra "c".

7. ATO ADMINISTRATIVO

- Lei nº 9.784/99, arts. 11 a 17, 50, 53, 54 e 55
- Lei nº 4.717/65, art. 2º

---

182. (FCC – Analista Judiciário – Área Administrativa – TRT 11/2024) Quanto aos vícios verificados em face dos atos administrativos, tem-se que aqueles relativos

a) ao objeto não são, em regra, passíveis de saneamento, cabendo convalidação apenas quando produzirem efeitos em face de terceiros.

b) ao motivo podem ser sanados, com a devida correção ou complementação, cabendo a convalidação do ato.

c) à finalidade são considerados insanáveis, não havendo possibilidade de convalidação de ato praticado com desvio de finalidade.

d) à competência são sempre passíveis de saneamento, mediante ratificação da autoridade competente.

e) à forma são, em regra, passíveis de saneamento, convalidando-se o ato exclusivamente com efeitos *ex nunc*.

COMENTÁRIO

Alternativa "c" (responde as demais alternativas). A convalidação é o suprimento da invalidade de determinado ato administrativo, que opera efeitos *ex tunc*. Para que haja a convalidação, contudo, é necessário que o vício do ato seja **sanável**. Os elementos do ato administrativo são a competência ("quem?"), a finalidade ("para que?"), o motivo ("por quê?"), a forma ("como?") e o objeto ("o quê?") e qualquer um deles pode apresentar vício. Todavia, apenas pode ser considerado sanável o vício nos elementos competência e forma e, mesmo assim, quando não se tratar de situação peremptoriamente estabelecida em lei, porque se for hipótese de competência exclusiva ou de solenidade essencial não é possível a convalidação. Por outro lado, não há como se convalidar o ato administrativo quando o vício se situar nos elementos finalidade (ou é pública ou não é), motivo (ou existiu ou não) e objeto (ou é conforme a lei ou não). Os vícios podem ser: **relativos ao sujeito,** que se subdivide em vício de incompetência (usurpação de função, excesso de poder e função "de fato") e de incapacidade (impedimento e suspeição); **relativos ao objeto** (proibido por lei, diverso do previsto na lei, impossível, imoral e incerto em relação aos destinatários, às coisas, ao tempo, ao lugar); **quanto ao motivo** (inexistência ou falsidade de motivo); **relativos à finalidade** (desvio de finalidade). É a esta última hipótese que se refere a questão. Afinal, o desvio de finalidade é definido pela Lei nº 4.717/65 como aquele que se verifica quando o "agente pratica o ato visando a fim diverso daquele previsto, explícita ou implicitamente, na regra de competência" (art. 2º, parágrafo único, "e").

Alternativa correta: letra "c".

---

183. (FCC – Analista Judiciário – Área Administrativa – TRT 12/2023) Um servidor público sofreu punição disciplinar sem que tenha praticado qualquer falta funcional, ou seja, a autoridade responsável aplicou-lhe a penalidade por questões pessoais. Diante do vício de finalidade narrado, tal ato administrativo

a) deverá ser anulado, com efeitos *ex nunc*.

b) comporta revogação, com efeitos *ex nunc*.

c) admite convalidação, com efeitos retroativos.

d) comporta revogação, com efeitos *ex nunc*

e) deverá ser anulado, com efeitos *ex tunc*.

COMENTÁRIO

Alternativa "e" (responde as demais alternativas). Os vícios dos atos administrativos podem ser: **relativos ao sujeito,** que se subdivide em vício de incompetência (usurpação de função, excesso de poder e função "de fato") e de incapacidade (impedimento e suspeição); **relativos ao objeto** (proibido por lei, diverso do previsto na lei, impossível, imoral e incerto em relação aos destinatários, às coisas, ao tempo, ao lugar); **quanto ao motivo** (inexistência ou falsidade de motivo); **relativos à finalidade** (desvio de finalidade). É a esta última hipótese que se refere a questão. Afinal, o desvio de finalidade é definido pela Lei nº 4.717/65 como aquele que se verifica quando o "agente pratica o ato visando a fim diverso daquele previsto, explícita ou implicitamente, na regra de competência" (art. 2º, parágrafo único, "e"). Os atos administrativos praticados com desvio de finalidade **não podem ser consolidados** e, assim, devem ser objeto de **anulação**, que é a é a extinção de um ato administrativo por razões de **ilegalidade.** O ato tem vício em um dos seus elementos. Como a anulação é realizada para se extinguir ato administrativo eivado de vício, quando é feito o ato anulatório apenas se está reconhecendo um vício que já maculava o ato desde sua feitura e, por isso, os efeitos da anulação, quase sempre, voltam no tempo de modo a atingir o ato no nascedouro, isto é, os efeitos são, em regra, *ex* ***tunc.***

Alternativa correta: letra "e".

---

184. (FCC – Analista Judiciário – Área Administrativa – TRT 18/2023) Quanto aos atributos e elementos do ato administrativo e respectiva relação com a existência e validade,

a) a presunção de legitimidade que informa todos os atos administrativos não afasta a possibilidade de controle judicial em relação a eventuais vícios de legalidade, como no caso de ato proferido por autoridade incompetente.

b) a imperatividade dos atos administrativos enseja medidas de autoexecutoriedade e, em razão da natureza discricionária, não admite controle judicial, apenas autotutela por parte da Administração Pública.

c) a exigibilidade dos atos administrativos guarda relação direta com a forma, estando presente apenas nos atos vinculados que, como tal, encontram todos os seus requisitos de validade elencados na lei.

d) vício relativo ao motivo, ou seja, quanto aos pressupostos fáticos do ato, pode ser objeto de controle judicial, sem prejuízo da possibilidade de convalidação.

e) o objeto do ato administrativo pode ser discricionário ou vinculado, sendo que somente os atos discricionários que apresentem vícios poderão ser convalidados.

COMENTÁRIO

Alternativa "a". A **presunção de legitimidade** está intimamente relacionada com o princípio da legalidade, pois se a atuação administrativa deve se dar de acordo com a lei e com o Direito, **presume-se que todo ato administrativo praticado seja legal.** São efeitos da **presunção de legitimidade**: a) **o ato pode ser praticado imediatamente**; b) **produz efeitos até que seja retirado da esfera jurídica**; c) **inversão do ônus da prova**; d) **o Judiciário não pode apreciar de ofício o vício do ato.** Tal presunção, contudo, é **relativa** (***iuris tantum***), e admite prova em contrário, de tal modo que plenamente possível o controle judicial em relação a eventuais vícios de legalidade, como no caso de ato proferido por autoridade incompetente.

Alternativa "b". A **imperatividade** significa que o ato administrativo é impositivo, obrigatório ao administrado, quer dizer, a Administração não necessita da concordância do destinatário para que o ato seja praticado. Decorre da prerrogativa que a Administração tem de praticar atos que interferem na esfera jurídica de terceiros, constituindo-os em obrigação, em razão do que Renato Alessi chama de poder extroverso[39]. Não está presente em todos os atos, mas apenas naqueles que impõem obrigações e, desse modo, não existe nos atos negociais (licença, autorização, etc.), nem nos enunciativos (parecer, certidão, etc.). O atributo da **imperatividade**, todavia, admite controle judicial.

Alternativa "c". A **autoexecutoriedade** é a característica pela qual a Administração Pública não necessita recorrer ao Poder Judiciário para praticar os atos administrativos, pois pode fazê-lo com seus próprios meios. Esse atributo somente está presente quando prevista em lei ou quando se tratar de situação de urgência. Importante registrar que Celso Antônio Bandeira de Mello desdobra esse atributo em dois: exigibilidade e executoriedade. Pela exigibilidade, a Administração pode exigir do administrado o cumprimento da obrigação que lhe foi imposta e, pela executoriedade, pode compeli-lo materialmente a fazê-lo, ou seja, "pela exigibilidade pode-se induzir à obediência, pela executoriedade pode-se compelir, constranger fisicamente"[40]. A **coercibilidade**, assim, não guarda relação direta com a forma do ato administrativo.

Alternativa "d". O controle judicial é controle de natureza **externa** e, quanto a sua extensão, é um controle de **legalidade** ou **legitimidade**, não sendo permitida ao Poder Judiciário a ingerência no mérito do ato administrativo, ou seja, sobre a conveniência e a oportunidade, como se dá, por exemplo, **na análise do motivo do ato administrativo**. Entretanto, há decisões judiciais reconhecendo a possibilidade do controle judicial investir no **mérito** (ou seja, quando há **discricionariedade**), desde que tenha como parâmetro a legalidade do ato, ou seja, "o Judiciário não examina o mérito dos atos da Administração a partir de considerações sobre sua oportunidade ou conve-

---

39 MELLO, Celso Antônio Bandeira de. Curso de direito administrativo. 27. ed. São Paulo: Malheiros, 2010. p. 419.

40 Curso de direito administrativo. 27. ed. São Paulo: Malheiros, 2010. p. 420.

niência, mas sim relativamente à sua conformação com os princípios constitucionais(...)"[41].

Alternativa "e". É o elemento motivo que identifica se o ato é vinculado ou discricionário, mas em qualquer um dos casos, admite-se o controle jurisdicional. Ademais, vícios no elemento **objeto** não são sanáveis, de tal modo que não é possível a convalidação nesta hipótese.

Alternativa correta: letra "a".

---

185. (FCC – Analista Judiciário – Área Judiciária – TRT 18/2023) Considerando a natureza jurídica dos atos administrativos e a competência para sua edição,

a) somente autoridades integrantes da Administração Pública podem proferi-los, na medida em que representam ou veiculam manifestação de vontade do Poder Executivo.

b) somente os atos vinculados editados com vício de competência podem ser convalidados, não se admitindo convalidação de atos de natureza discricionária.

c) são proferidos pelas autoridades indicadas pela legislação, não se admitindo convalidação de atos discricionários ou vinculados.

d) podem ser editados por agentes públicos integrantes da estrutura da Administração Pública, mas também por integrantes do Poder Judiciário, quando no exercício de funções executivas típicas.

e) os atos praticados com vício de forma ou de procedimento admitem convalidação, o que não se aplica ao vício de competência, porque insanável.

COMENTÁRIO

Alternativa "d" (responde as alternativas "a" e "c"). Os **atos administrativos** podem ser editados no âmbito da **função administrativa** que, a rigor é exercida por agentes públicos integrantes da estrutura do Poder Executivo, mas também por integrantes do Poder Judiciário e do Poder Legislativo, quando no exercício de funções executivas típicas.

Alternativa "b" (responde a alternativa "e"). A convalidação é o suprimento da invalidade de determinado ato administrativo, que opera efeitos *ex tunc*. Para que haja a convalidação, contudo, é necessário que o vício do ato seja **sanável**. Os elementos do ato administrativo são a competência ("quem?"), a finalidade ("para que?"), o motivo ("por quê?"), a forma ("como?") e o objeto ("o quê?") e qualquer um deles pode apresentar vício. Todavia, apenas pode ser considerado sanável o vício nos elementos competência e forma e, mesmo assim, quando não se tratar de situação peremptoriamente estabelecida em lei, porque se for hipótese de competência exclusiva ou de solenidade essencial não é possível a convalidação. Por outro lado, não há como se convalidar o ato administrativo quando o vício se situar nos elementos finalidade (ou é pública ou não é), motivo (ou existiu ou não) e objeto (ou é conforme a lei ou não). Os vícios podem ser: **relativos ao sujeito,** que se subdivide em vício de incompetência (usurpação de função, excesso de poder e função "de fato") e de incapacidade (impedimento e suspeição); **relativos ao objeto** (proibido por lei, diverso do previsto na lei, impossível, imoral e incerto em relação aos destinatários, às coisas, ao tempo, ao lugar); **quanto ao motivo** (inexistência ou falsidade de motivo); **relativos à finalidade** (desvio de finalidade).

Alternativa correta: letra "d".

---

186. (FCC – Analista Judiciário – Contabilidade – TRT 18/2023) Pedro, servidor que ingressou recentemente em órgão administrativo encarregado de conceder licença de edificação, expediu alvará para construção de um galpão, verificando, posteriormente, que a competência para tanto seria de seu superior hierárquico. Diante de tal situação, caberá a

a) anulação do ato e a sua substituição por outro hígido, praticado pela autoridade competente, dado seu caráter discricionário.

b) declaração de nulidade do ato, eis que vício de competência não é passível de saneamento.

c) convalidação do ato pela autoridade competente, desde que presentes os requisitos legais para a concessão da licença, eis que se trata de ato vinculado.

d) manutenção do ato, desde que o particular esteja de boa-fé e não tenha induzido a autoridade a erro, vedada a anulação ou revogação pela Administração.

e) homologação do ato pelo superior hierárquico, com produção de efeitos apenas a partir do ato homologatório, dado seu caráter discricionário.

COMENTÁRIO

Alternativa "c" (responde as demais alternativas). A convalidação é o suprimento da invalidade de determinado ato administrativo, que opera efeitos *ex tunc*. Para que haja a convalidação, contudo, é necessário que o vício do ato seja **sanável**. Os elementos do ato administrativo são a competência ("quem?"), a finalidade ("para que?"), o motivo ("por quê?"), a forma ("como?") e o objeto ("o quê?") e qualquer um deles pode apresentar vício. Todavia, apenas pode ser considerado sanável o vício nos elementos competência e forma e, mesmo assim, quando não se tra-

---

41. CUNHA JÚNIOR, Dirley da. *Curso de direito administrativo*. 8 ed. Salvador: Juspodivm, 2009. p. 642.

tar de situação peremptoriamente estabelecida em lei, porque se for hipótese de competência exclusiva ou de solenidade essencial não é possível a convalidação. Por outro lado, não há como se convalidar o ato administrativo quando o vício se situar nos elementos finalidade (ou é pública ou não é), motivo (ou existiu ou não) e objeto (ou é conforme a lei ou não). No caso narrado no enunciado, **é dever da Administração Pública promover a convalidação do ato administrativo**, uma vez que o vício identificado está no elemento competência, mas não se trata de competência exclusiva. Com relação à **licença**, esta é **definitiva e vinculada** como se vê no caso da licença para dirigir, situação em que a autoridade administrativa não analisa se há conveniência e oportunidade para sua concessão, mas apenas verifica se os requisitos legais estão presentes e, estando, deve concedê-la e, ainda, o destinatário somente terá essa licença extinta se descumprir as condições legais.

Alternativa correta: letra "c".

---

187. (FCC – Analista Judiciário – Área Judiciária – TRT 21/2023) Pedro, servidor público que atua em órgão da Administração, se deu conta de que havia emitido autorização de uso de um bem público, quando, pela normatização vigente, a competência para a prática do ato seria de seu superior, embora, no passado, já tenha recebido delegação para a prática de atos de tal natureza. Ciente da situação, o particular interessado solicitou a regularização do referido ato administrativo, o que

a) é mandatório com base na teoria da aparência, desde que o particular comprove que não houve erro grosseiro no endereçamento do pedido.
b) é juridicamente possível, porém demanda um juízo de conveniência e oportunidade do detentor da competência, eis que se trata de ato discricionário.
c) constitui direito do particular, com base no princípio da confiança legitima, salvo se comprovado dolo ou má-fé.
d) assegura a convalidação do ato, mediante ratificação, não sendo possível, contudo, a manutenção dos efeitos do ato praticado pela autoridade incompetente.
e) afigura-se juridicamente inviável, eis que vícios de competência não são passíveis de saneamento, devendo o particular iniciar novo procedimento, autônomo, perante a autoridade competente.

COMENTÁRIO

Alternativa "b" (responde as demais alternativas). A convalidação é o suprimento da invalidade de determinado ato administrativo, que opera efeitos *ex tunc*. Para que haja a convalidação, contudo, é necessário que o vício do ato seja **sanável**. Os elementos do ato administrativo são a competência ("quem?"), a finalidade ("para que?"), o motivo ("por quê?"), a forma ("como?") e o objeto ("o quê?") e qualquer um deles pode apresentar vício. Todavia, apenas pode ser considerado sanável o vício nos elementos competência e forma e, mesmo assim, quando não se tratar de situação peremptoriamente estabelecida em lei, porque se for hipótese de competência exclusiva ou de solenidade essencial não é possível a convalidação. Por outro lado, não há como se convalidar o ato administrativo quando o vício se situar nos elementos finalidade (ou é pública ou não é), motivo (ou existiu ou não) e objeto (ou é conforme a lei ou não). No caso narrado no enunciado, **é dever da Administração Pública buscar a convalidação do ato administrativo**, uma vez que o vício identificado está no elemento competência, mas não se trata de competência exclusiva. Todavia, em se tratando de **ato administrativo discricionário**, é perfeitamente possível que a autoridade competente opte pela sua não continuidade, por razões de conveniência e oportunidade.

Alternativa correta: letra "b".

---

188. (FCC – Analista Judiciário – Área Judiciária – TRT 14/2023) Considere a seguinte situação hipotética: Carlos é servidor público federal do Tribunal Regional do Trabalho. Joaquim, superior hierárquico de Carlos, concedeu-lhe, em 10 de agosto de 2022, afastamento para servir a outro órgão, pelo período de dois meses. Findo o período narrado, Joaquim manifestou sua intenção de revogar o ato administrativo de afastamento por razões de conveniência e oportunidade. A revogação

a) não será possível, porque a revogação não se justifica por razões de conveniência e oportunidade; destina-se a invalidar direitos adquiridos.
b) será possível, desde que o ato de afastamento apresente algum vício de legalidade.
c) não será possível, uma vez que a revogação produz efeitos ex tunc.
d) será possível, desde que o ato de afastamento seja válido, podendo ser efetivada não só por Joaquim, como pelo Poder Judiciário.
e) não será possível, pois o ato já exauriu os seus efeitos .

COMENTÁRIO

Alternativa "e" (responde as demais alternativas). A **revogação** é a **extinção de ato administrativo válido ou de seus efeitos por razões de conveniência e oportunidade**, em face do interesse público, ou seja, em dado momento, um ato administrativo, de natureza discricionária, foi praticado porque a autoridade administrativa entendeu que isso era conveniente e oportuno, mas em momento posterior, esse juízo de valoração é alterado e o que era conveniente e oportuno passa a ser inconveniente e inoportuno, cabendo sua extinção pela revogação. São **irrevogáveis**: a) **atos vinculados**; b) **atos que integram um procedimento administrativo**; c) **atos que já exauriram seus efeitos**; d) **meros atos administrativos**; e) **atos que geraram direitos adquiridos**, nos termos da Súmula 473, do STF.

Alternativa correta: letra "e".

---

189. (FCC – Analista Judiciário – Área Administrativa – TRT 18/2023) Quanto aos atributos e elementos do ato administrativo e respectiva relação com a existência e validade,

a) a presunção de legitimidade que informa todos os atos administrativos não afasta a possibilidade de controle judicial em relação a eventuais vícios de legalidade, como no caso de ato proferido por autoridade incompetente.

b) a imperatividade dos atos administrativos enseja medidas de autoexecutoriedade e, em razão da natureza discricionária, não admite controle judicial, apenas autotutela por parte da Administração Pública.

c) a exigibilidade dos atos administrativos guarda relação direta com a forma, estando presente apenas nos atos vinculados que, como tal, encontram todos os seus requisitos de validade elencados na lei.

d) o vício relativo ao motivo, ou seja, quanto aos pressupostos fáticos do ato, pode ser objeto de controle judicial, sem prejuízo da possibilidade de convalidação.

e) o objeto do ato administrativo pode ser discricionário ou vinculado, sendo que somente os atos discricionários que apresentem vícios poderão ser convalidados.

COMENTÁRIO

✪ **Nota do Autor:** Os atributos dos atos administrativos são (**PIA**): a) **presunção de legitimidade**, pela qual se presume que todo ato administrativo praticado seja legal; b) **imperatividade**, que significa que o ato administrativo é impositivo, obrigatório ao administrado, ou seja, a Administração não necessita da concordância do destinatário para que o ato seja praticado; c) **autoexecutoriedade**, pela qual a Administração pode executar o ato administrativo por seus próprios meios, sem necessidade de atuação do Poder Judiciário para tanto.

Alternativa "a". A **presunção de legitimidade** está intimamente relacionada com o princípio da legalidade, pois se a atuação administrativa deve se dar de acordo com a lei e com o Direito, **presume-se que todo ato administrativo praticado seja legal.** São efeitos da **presunção de legitimidade**: a) **o ato pode ser praticado imediatamente**; b) **produz efeitos até que seja retirado da esfera jurídica**; c) **inversão do ônus da prova**; d) **o Judiciário não pode apreciar de ofício o vício do ato.** Tal presunção, contudo, é **relativa (*iuris tantum*)**, e admite prova em contrário, sendo perfeitamente possível o **controle judicial** neste sentido.

Alternativa "b". A **imperatividade** significa que o ato administrativo é impositivo, obrigatório ao administrado, quer dizer, a Administração não necessita da concordância do destinatário para que o ato seja praticado. Decorre da prerrogativa que a Administração tem de praticar atos que interferem na esfera jurídica de terceiros, constituindo-os em obrigação, em razão do que Renato Alessi chama de poder extroverso[42]. Não está presente em todos os atos, mas apenas naqueles que impõem obrigações e, desse modo, não existe nos atos negociais (licença, autorização, etc.), nem nos enunciativos (parecer, certidão, etc.). É perfeitamente possível o **controle judicial** a fim de verificar se não houve abusos por parte da Administração Pública.

Alternativa "c". A **autoexecutoriedade** é a característica pela qual a Administração Pública não necessita recorrer ao Poder Judiciário para praticar os atos administrativos, pois pode fazê-lo com seus próprios meios. Esse atributo somente está presente quando prevista em lei ou quando se tratar de situação de urgência. Importante registrar que Celso Antônio Bandeira de Mello desdobra esse atributo em dois: exigibilidade e executoriedade. Pela exigibilidade, a Administração pode exigir do administrado o cumprimento da obrigação que lhe foi imposta e, pela executoriedade, pode compeli-lo materialmente a fazê-lo, ou seja, "pela exigibilidade pode-se induzir à obediência, pela executoriedade pode-se compelir, constranger fisicamente"[43].

Alternativa "d". Em face do princípio da segurança jurídica, deve se preferir a convalidação à anulação, mas, para tanto, o ato deve conter vício sanável e do ato convalidatório não pode decorrer prejuízo para o interesse público nem para terceiros. Quer dizer, nessa situação, não se deve anular e, sim, convalidar. De maneira específica à administração federal, há o art. 55 da Lei nº 9.784/99 estabelecendo que em "decisão na qual se evidencie não acarretarem

---

42 MELLO, Celso Antônio Bandeira de. *Curso de direito administrativo*. 27. ed. São Paulo: Malheiros, 2010. p. 419.

43 MELLO, Celso Antônio Bandeira de. *Curso de direito administrativo*. 27. ed. São Paulo: Malheiros, 2010. p. 420.

lesão ao interesse público nem prejuízo a terceiros, os atos que apresentarem defeitos sanáveis poderão ser convalidados pela própria Administração". São **insanáveis** os defeitos nos elementos **objeto, finalidade e motivo** – sendo sanáveis quando verificados nos elementos **competência** e **forma**, salvo se se tratar de **competência exclusiva** ou **forma essencial** do ato administrativo praticado -, de tal modo que **nulo e impossível de convalidação o ato administrativo com vício no motivo.**

Alternativa "e". De fato, o elemento objeto ou conteúdo pode ser vinculado ou discricionário porque acompanha o motivo. Em relação à convalidação, pode ocorrer tanto nos atos vinculados quanto nos discricionários porque diz respeito à legalidade e não ao mérito, porém somente é possível convalidar se não decorrer prejuízo para a Administração ou para terceiro e se o vício for sanável, o que somente ocorre quando estiver no elemento competência, e não for competência exclusiva, ou no elemento forma, desde que não se trate de forma essencial. Portanto, não se admite a convalidação quando o vício estiver no elemento objeto.

Alternativa correta: letra "a".

---

190. (FCC – Analista Judiciário – TRT 18/2023) Após a concessão de uma licença em favor de determinado particular, a Administração Pública constatou que o interessado não preenchia integralmente os requisitos legais necessários para tanto. Considerando a natureza do vício identificado e, independentemente do tempo decorrido entre a constatação do mesmo e a concessão da licença, a descrição fática indica se tratar de hipótese de

a) revisão do ato administrativo, mediante intimação do interessado para apresentação de requerimento de retificação da licença.

b) vício de legalidade, que dá lugar à anulação do ato, passível, portanto, de controle judicial.

c) revogação do ato administrativo, precedida de intimação do interessado, vedada a revisão judicial da licença, em razão do poder de autotutela da Administração Pública.

d) anulação do ato administrativo, precedida de intimação do interessado, vedada a revisão judicial da licença, em razão do poder de autotutela da Administração Pública.

e) vício de legalidade, que dá lugar à revogação do ato e que, portanto, admite controle judicial para suprir a decisão da Administração Pública.

COMENTÁRIO

Alternativa "a". Quanto à extinção dos atos administrativos, é necessária que se faça uma reavaliação de um ato já praticado, ou seja, que se revise, em sentido amplo, ato anterior e, dependendo dessa análise, pode ser necessário anular, se houver vício e não for possível convalidar, e revogar, se a sua manutenção não for mais de interesse público. Todavia, não há a figura da revisão propriamente dita.

Alternativa "b" (responde a alternativa "e"). A **anulação** é a extinção de um ato administrativo por razões de **ilegalidade.** O ato tem **vício em um dos seus elementos.** A competência para anular é da própria Administração ou do Poder Judiciário. No primeiro caso, a atuação (da Administração) pode ser tanto **espontânea,** quanto **provocada.**

Alternativa "c". A revogação é a extinção do ato administrativo por **razões de conveniência e oportunidade** e, portanto, por ser discricionária, a competência para revogar é **privativa da Administração Pública.** O Poder Judiciário pode revogar os seus próprios atos administrativos, mas, quando o faz, exerce atividade administrativa e não jurisdicional.

Alternativa "d" . Em razão do princípio da autotutela, a Administração Pública deve cuidar dos atos por ela praticados e, assim, deve anulá-los ou pode revogá-los. Quando o ato administrativo contiver um vício, a Administração deve anulá-lo, caso não seja possível a convalidação, e pode revogá-lo por motivo de conveniência e oportunidade, respeitando-se os direitos adquiridos e, em ambos os casos, sujeitando-se, se houver provocação, ao controle judicial, conforme a Súmula 473 do Supremo Tribunal Federal.

Alternativa correta: letra "b".

---

191. (FCC – Técnico Judiciário – TRT 18/2023) Quando constatado que as razões de fato ou de direito consignadas para a prática de determinado ato administrativo são falsas, tem-se

a) vício de motivo, sendo cabível a invalidação administrativa ou judicial do ato, ainda que se trate de ato discricionário.

b) vício de finalidade, não passível de invalidação em sede judicial, salvo em se tratando de ato vinculado.

c) ato jurídico inexistente, dada a ausência de um de seus elementos constitutivos essenciais.

d) vício meramente formal, descabendo invalidação na medida em que o motivo é elemento extrínseco ao ato.

e) a obrigação de convalidação do ato pela autoridade superior, no exercício da autotutela administrativa, com a correção da falha identificada.

COMENTÁRIO

Alternativa "a" (responde as demais alternativas). O **motivo** é um dos elementos dos atos administrativos. É o **pressuposto, a razão, a situação de fato ou de direito cuja ocorrência auto-**

riza ou determina a prática do ato. É que o leva o administrador a praticar o ato. O **"porquê"** do ato realizado. Pela **teoria dos motivos determinantes,** não importa se deve ou não haver a **motivação – demonstração do motivo, por escrito** – do ato administrativo, pois o administrador fica **vinculado aos motivos declarados para a prática do ato.** Quer dizer, mesmo que se trate de situação em que não havia obrigação de motivar, **uma vez feita a motivação ou motivo declarado existiu e é verdadeiro ou o ato é nulo.** Por exemplo, o ocupante de cargo em comissão pode ser exonerado a qualquer tempo, e a autoridade não precisa expor o motivo. Se, contudo, em determinado caso justifica-se a exoneração pela ausência de verba e, em seguida, outro servidor é nomeado, o ato é invalido porque o motivo alegado é falso. Isso, inclusive, pode ser apreciado pelo Poder Judiciário porque o ato somente é válido se todos os seus elementos estiverem em conformidade com o direito. É o elemento motivo que identifica se o ato é vinculado ou discricionário, mas em qualquer um dos casos, admite-se o controle jurisdicional.

Alternativa correta: letra "a".

---

192. (FCC – Analista Judiciário – Área Judiciária – TRT 14/2022) Considere a seguinte situação hipotética: Carlos é servidor público federal do Tribunal Regional do Trabalho. Joaquim, superior hierárquico de Carlos, concedeu-lhe, em 10 de agosto de 2022, afastamento para servir a outro órgão, pelo período de dois meses. Findo o período narrado, Joaquim manifestou sua intenção de revogar o ato administrativo de afastamento por razões de conveniência e oportunidade. A revogação

a) não será possível, porque a revogação não se justifica por razões de conveniência e oportunidade; destina-se a invalidar direitos adquiridos.

b) será possível, desde que o ato de afastamento apresente algum vício de legalidade.

c) não será possível, uma vez que a revogação produz efeitos ex tunc.

d) será possível, desde que o ato de afastamento seja válido, podendo ser efetivada não só por Joaquim, como pelo Poder Judiciário.

e) não será possível, pois o ato já exauriu os seus efeitos .

COMENTÁRIO

✪ **Nota do Autor:** Na forma do art. 93, *caput,* da Lei nº 8.112/90, "o servidor poderá ser cedido para ter exercício em outro órgão ou entidade dos Poderes da União, dos Estados, ou do Distrito Federal e dos Municípios, nas seguintes hipóteses: I – para exercício de cargo em comissão ou função de confiança; II – em casos previstos em leis específicas.

Alternativa "e" (responde as demais alternativas). A **revogação** é a **extinção do ato administrativo válido ou de seus efeitos por razões de conveniência e oportunidade**, em face do interesse público, ou seja, em dado momento, um ato administrativo, de natureza discricionária, foi praticado porque a autoridade administrativa entendeu que isso era conveniente e oportuno, mas em momento posterior, esse juízo de valoração é alterado e o que era conveniente e oportuno passa a ser inconveniente e inoportuno, cabendo sua extinção pela revogação. São **irrevogáveis**: a) **atos vinculados**; b) **atos que integram um procedimento administrativo**; c) **atos que já exauriram seus efeitos**; d) **meros atos administrativos**; e) **atos que geraram direitos adquiridos**, nos termos da Súmula 473, do STF.

Alternativa correta: letra "e".

---

193. (FCC – Analista Judiciário – Área Judiciária – TRT 5/2022) Quando determinado ato administrativo discricionário apresenta vício em relação ao motivo consignado pela autoridade para fundamentar sua edição,

a) poderá ser revogado com base em novo juízo de conveniência e oportunidade, sendo passível de anulação apenas se constatado motivo contrário à lei ou aos princípios que regem a Administração.

b) constata-se desvio de finalidade passível de controle pelo Poder Judiciário, que poderá sanar o vício mediante provimento jurisdicional para evitar a anulação do ato.

c) poderá ser mantido, pois o motivo corresponde a requisito de forma e não a elemento essencial do ato, de modo que sua inexistência não representa falha que enseje anulação.

d) poderá ser anulado judicialmente com base na Teoria dos Motivos Determinantes, quando verificada a inexistência ou falsidade das razões de fato ou de direito consignadas.

e) somente poderá ser anulado em sede administrativa, com base na autotutela da Administração, vedada a anulação em sede judicial.

COMENTÁRIO

Alternativa "a" (responde a alternativa "e"). A **anulação** é a extinção de um ato administrativo por razões de **ilegalidade.** O ato tem **vício em um dos seus elementos.** A competência para anular é da **própria Administração ou do Poder Judiciário**. No primeiro caso, a atuação (da Administração) pode ser tanto **espontânea,** quanto **provocada.** Assim, quando se estiver diante de vício, a extinção do ato administrativo deve se dar por **anulação.**

Alternativa "b". O **desvio de poder ou desvio de finalidade** é definido pela Lei nº 4.717/65 como aquele que se verifica quando o agente pratica o ato visado com fim diverso daquele previsto, explícita ou implicitamente, na regra de competência (art. 2º, parágrafo único, "e"). Assim, o agente desvia-se ou afasta-se da finalidade que deveria atingir para alcançar resultado diverso, não amparado pela lei. Trata-se, portanto, de vício no elemento **finalidade.**

Alternativa "c". O defeito de um ato administrativo será sanável, isto é, passível de convalidação, quando estiver nos elementos **competência ou forma,** desde que não seja **competência exclusiva ou forma essencial.** Nesse caso, portanto, diferentemente de quando o vício estiver nos elementos **motivo, finalidade ou objeto,** o ato não será imediatamente considerado nulo, sendo passível de convalidação.

Alternativa "d". O **motivo** é um dos elementos dos atos administrativos. É o **pressuposto, a razão, a situação de fato ou de direito cuja ocorrência autoriza ou determina a prática do ato.** É que o leva o administrador a praticar o ato. O **"porquê"** do ato realizado. Pela **teoria dos motivos determinantes**, não importa se deve ou não haver a **motivação - demonstração do motivo, por escrito** - do ato administrativo, pois o administrador fica **vinculado aos motivos declarados para a prática do ato.** Quer dizer, mesmo que se trate de situação em que não havia obrigação de motivar, **uma vez feita a motivação ou motivo declarado existiu e é verdadeiro ou o ato é nulo.**

Alternativa correta: letra "d".

---

194. (Cespe – Técnico Judiciário – Área Administrativa – TRT 8/2022) Conforme o texto constitucional, a sustação de atos normativos editados pelo Poder Executivo que exorbitem do poder regulamentar é competência

a) exclusiva do Poder Judiciário.
b) exclusiva do Senado Federal.
c) privativa do Congresso Nacional, podendo haver delegação.
d) exclusiva do Congresso Nacional.
e) privativa da Câmara dos Deputados, podendo haver delegação.

COMENTÁRIO

Alternativa "d" (responde as demais alternativas). Nos termos do art. 49, V, da Constituição Federal, é da competência exclusiva do Congresso Nacional "sustar os atos normativos do Poder Executivo que exorbitem do poder regulamentar ou dos limites de delegação legislativa".

Alternativa correta: letra "d".

---

195. (FCC – Analista Judiciário – Oficial de Justiça Avaliador Federal – TRT 9/2022) Suponha que determinado agente público tenha expedido licença para instalação de estabelecimento comercial, dada a constatação de cumprimento de todos os requisitos legais e normativos aplicáveis. Posteriormente, verificou-se que referido agente não detinha competência para expedição do ato, o qual estava na alçada decisória de autoridade superior e, por não se tratar de competência exclusiva, seria passível de delegação ou avocação. O ato em questão

a) é passível de convalidação (ratificação) pela autoridade que detém a competência legal para a sua prática.
b) deve ser revogado pela autoridade que o praticou, eis que, em razão de seu caráter discricionário, não comporta convalidação em sentido estrito.
c) deve ser anulado pela autoridade que detém competência para sua prática, desde que mantidos os efeitos produzidos até a anulação.
d) é nulo, não sendo passível de convalidação em razão da ocorrência de vício insanável (usurpação de competência).
e) é anulável, porém produz efeitos enquanto não declarado inválido judicialmente, descabendo a anulação em sede administrativa.

COMENTÁRIO

Alternativa "a" (responde as demais alternativas). A convalidação é o suprimento da invalidade de determinado ato administrativo, que opera efeitos *ex tunc*. Para que haja a convalidação, contudo, é necessário que o vício do ato seja **sanável**, o que ocorre quando estiver nos elementos **motivo, finalidade ou objeto**, ou, ainda, **nos elementos competência ou forma, desde que não se trate de competência exclusiva ou forma essencial ao ato.** Assim, por se tratar, a situação narrada no enunciado, de vício no **elemento competência**, mas não de **competência exclusiva**, é mesmo caso de convalidação.

Alternativa correta: letra "a".

---

196. (FCC – Analista Judiciário – Área Judiciária – TRT 9/2022) O representante legal de empresa privada que pretendia iniciar atividades em determinado município protocolou, em órgão estadual, requerimento conjunto de licenciamento urbanístico e licenciamento ambiental para as operações. O agente estadual, recentemente classificado na unidade, analisou o pleito e, ao final, deferiu o pedido e providenciou a emissão das respectivas licenças. Ocorre que posteriormente, em sede de correição, o superior hierárquico do agente identificou que a competência para a licença urbanística solicitada era municipal, cabendo ao Estado, naquele caso, somente a competência ambiental.

Diante dos fatos apresentados, a licença urbanística

a) poderá ser revogada pelo superior hierárquico, diante do vício de competência.
b) deverá ser convalidada pela autoridade municipal, em razão da teoria da aparência.
c) apresenta vício de legalidade insanável, considerando que emitida por autoridade incompetente, integrante de outro ente federativo.
d) é válida e regular, considerando que se trata de ato vinculado.
e) deve ser revogada, caso a autoridade competente constate o não preenchimento dos requisitos legais necessários para a emissão.

COMENTÁRIO

Alternativa "c" (responde as demais alternativas). Em face do princípio da segurança jurídica, deve se preferir a convalidação à anulação, mas, para tanto, o ato deve conter vício sanável e do ato convalidatório não pode decorrer prejuízo para o interesse público nem para terceiros. Quer dizer, nessa situação, não se deve anular e, sim, convalidar. De maneira específica à administração federal, há o art. 55 da Lei nº 9.784/99 estabelecendo que em "decisão na qual se evidencie não acarretarem lesão ao interesse público nem prejuízo a terceiros, os atos que apresentarem defeitos sanáveis poderão ser convalidados pela própria Administração". São **insanáveis** os defeitos nos elementos **objeto, finalidade e motivo** – sendo sanáveis quando verificados nos elementos **competência** e **forma**, salvo se se tratar de **competência exclusiva** ou **forma essencial** do ato administrativo praticado. Como a hipótese narrada no enunciado faz referência a uma **competência exclusiva** – necessariamente que a autoridade que deveria emanar o ato é de ente federativo distinto – **não há que se falar em convalidação**, devendo o ato em questão ser objeto de **anulação.**

Alternativa correta: letra "c".

---

197. (FCC – Técnico Judiciário – Área Administrativa – TRT 14/2022) A anulação de ato administrativo

a) é de competência exclusiva da Administração pública, não podendo ser efetivada pelo Poder Judiciário.
b) produz efeitos ex nunc, ou seja, retroativos à data em que foi emitido.
c) corresponde ao desfazimento do ato por razões de ilegalidade.
d) depende de provocação do interessado.
e) corresponde ao processo de que se vale a Administração pública para aproveitar atos administrativos com vícios superáveis, de forma a confirmá-los no todo ou em parte.

COMENTÁRIO

Alternativa "a" (responde à alternativa "d"). A competência para anular é da própria Administração, **de ofício** ou a pedido, ou do Poder Judiciário, sempre mediante provocação do interessado.

Alternativa "b". Os efeitos da anulação voltam no tempo de modo a atingir o ato no nascedouro, isto é, os efeitos são *ex tunc*.

Alternativa "c". A **anulação** é a extinção do ato administrativo por razões de ilegalidade. Neste caso, o ato possui algum vício que o contamina e, não sendo passível a convalidação, deve haver a sua invalidação.

Alternativa "e". A convalidação é o suprimento da invalidade de determinado ato administrativo, que opera efeitos *ex tunc*, ou seja, **retroativos à data da edição do ato tido como irregular.** Para que haja a convalidação, contudo, é necessário que o vício do ato seja **sanável**, o que ocorre quando estiver nos elementos **competência ou forma, desde que não se trate de competência exclusiva ou forma essencial ao ato.**

Alternativa correta: letra "c".

---

198. (FCC – Técnico Judiciário – Área Administrativa – TRT 22/2022) Lucas era responsável pela gestão de um contrato administrativo referente à prestação de serviços de limpeza de caráter contínuo em um órgão público federal. Ao reexaminar o respectivo processo administrativo, deu-se conta de que ele próprio havia, dentro de sua competência legal, aprovado uma apostila de reajustamento dos valores contratuais com erro na fórmula de cálculo, o que iria resultar em prejuízo para a empresa prestadora do serviço.

Diante de tal situação, Lucas, na qualidade de gestor, deverá

a) manter o ato como está, pois o princípio da supremacia do interesse público justifica a manutenção da vantagem obtida pela Administração, sem contestação pela empresa contratada.
b) representar ao superior hierárquico, para que este anule o apostilamento do reajuste, em observância do princípio da hierarquia.
c) promover a anulação do referido ato administrativo, com base no princípio da autotutela.
d) revogar o ato administrativo em questão, com base no princípio da discricionariedade.
e) promover a cassação do referido ato administrativo, com base no princípio da boa-fé.

COMENTÁRIO

✪ **Nota do Autor:** Nos termos da Súmula 473 do STF, representativa do princípio da autotutela, a "administração pode anular seus próprios atos, quando eivados de vícios que os tornam ilegais, **porque deles não se originam direitos**; ou revogá-los, por motivo de conveniência ou oportunidade, respeitados os direitos adquiridos, e ressalvada, em todos os casos, a apreciação judicial".

Alternativa "c" (responde as alternativas "a" e "b"). A **anulação** é a extinção do ato administrativo por razões de ilegalidade. Neste caso, o ato possui algum vício que o contamina e, não sendo passível a convalidação, deve haver a sua invalidação. Os efeitos da anulação voltam no tempo de modo a atingir o ato no nascedouro, isto é, os efeitos são *ex tunc*. A competência para anular é da própria Administração, de ofício ou a pedido, ou do Poder Judiciário. Importante lembrar que a anulação pode ser feita em qualquer tipo de ato administrativo (discricionário, vinculado, etc.). Assim, como são verificados vícios que tornam ilegal o ato administrativo, pode-se afirmar que, não havendo análise do mérito, **há um juízo de legalidade**. Não há necessidade de que o ato administrativo seja anulado pelo superior hierárquico à autoridade que o praticou, podendo, este mesmo, proceder à anulação do ato administrativo.

Alternativa "d". A **revogação** é a extinção de ato administrativo válido ou de seus efeitos por **razões de conveniência e oportunidade**, em face do interesse público. Assim, tendo em vista que a **revogação** tem por objeto um **ato administrativo válido**, extinto apenas por motivo de interesse público, seus **efeitos da revogação não retroagem, ou seja, são *ex nunc*.** Havendo análise da **conveniência e oportunidade** do ato administrativo, a revogação investe-se em seu **mérito**. Apenas a própria Administração tem competência para revogar os seus atos. A **revogação não é a modalidade de extinção do ato administrativo adequada quando se está diante de um vício de legalidade.**

Alternativa "e". A **cassação** é a extinção do ato administrativo que se dá quando o destinatário do ato descumpre condição a que estava obrigado para se beneficiar dos efeitos do ato em questão.

Alternativa correta: letra "c".

---

199. (FCC – Técnico Judiciário – Área Administrativa – TRT 22/2022) Diversos Estados brasileiros passaram a produzir legislação de combate ao trabalho análogo à escravidão, determinando que as empresas que sejam condenadas pela prática percam o seu registro de contribuinte estadual, ficando assim impedidas de operar no território estadual. À luz da teoria dos atos administrativos, o cancelamento do registro deve ser classificado como um ato de

a) caducidade.
b) confisco.
c) encampação.
d) cassação.
e) expropriação.

COMENTÁRIO

✪ **Nota do Autor:** O ato administrativo é espécie do gênero ato jurídico, regido pelo direito público, do qual irá se valer o Estado ou quem age em seu nome, para exprimir, de forma unilateral, uma declaração de vontade, fundada na lei e voltada ao desempenho de funções administrativas na gestão do interesse coletivo. Como qualquer outro ato jurídico, os atos administrativos produzem seus efeitos e são extintos em determinado momento. Segundo a doutrina a extinção dos atos administrativos pode ocorrer de cinco formas distintas a saber: **i) normal ou natural; ii) subjetiva, iii) objetiva; iv) por manifestação da vontade do particular (renúncia e recusa)** e, **v) por manifestação da vontade de Administração (caducidade, cassação, anulação e a revogação).** A questão versa, basicamente, sobre estas últimas hipóteses.

Alternativa "a". A **caducidade** é uma forma de **extinção do ato administrativo** em que ocorre a retirada do ato administrativo quando sobrevier uma norma jurídica que torna inadmissível a situação do administrado antes permitida e outorgada pelo ato precedente. Trata-se de uma ilegalidade superveniente não imputada à atuação do administrado. Essa modalidade extintiva tem incidência somente nos atos discricionários e precários, que não garantem direitos subjetivos aos particulares – diferentemente do que ocorre com os atos vinculados que gera direito adquirido.

Alternativa "b". Inexiste tal modalidade de extinção do ato administrativo na doutrina e na legislação de regência.

Alternativa "c". A **encampação** é modalidade de extinção do **contrato de concessão de serviço público,** mas não de **atos administrativos.**

Alternativa "d". A **cassação** é a extinção do ato administrativo que se dá quando o destinatário do ato descumpre condição a que estava obrigado para se beneficiar dos efeitos do ato em questão. Assim, no caso de empresas que sejam condenadas pela prática de trabalho análogo à escravidão, ao perderem o seu registro de contribuinte estadual, há ocorrência do instituto da **cassação.**

Alternativa "e". A **expropriação** é instituto que guarda relação com a **intervenção do Estado na propriedade**, não se tratando de modalidade de extinção dos atos administrativos.

Alternativa correta: letra "d".

200. (FCC – Analista Judiciário – Área Judiciária – TRT 23/2022) Rodrigo, servidor público ocupante de cargo de confiança, nomeado livremente pelo seu superior hierárquico, foi dispensado do cargo que ocupava, sob a alegação de que constantemente chegava atrasado e que faltava com frequência, sem apresentar qualquer justificativa. Rodrigo, contudo, após obter, junto ao departamento pessoal, os controles de frequência em que comprovava que ele nunca havia faltado ou chegado atrasado ao trabalho, pretende invalidar o ato de sua exoneração. Diante da situação hipotética acima descrita,

a) a exoneração de Rodrigo foi válida, pois ocorrida dentro da esfera de discricionariedade e do poder de tutela exercido por seu superior hierárquico.
b) não há nada que Rodrigo possa fazer, haja vista que, por ser ocupante de cargo de confiança, sua exoneração pode se dar adnutum, ou seja, pela simples vontade de seu superior hierárquico.
c) tendo em vista a consumação do ato de exoneração, Rodrigo não mais poderá se insurgir contra os motivos apresentados pelo seu superior hierárquico.
d) o ato de exoneração de Rodrigo é inválido, tendo em vista que qualquer processo de exoneração, ainda que para os cargos de confiança, deverá ser precedido de um processo administrativo.
(E) Rodrigo poderá se valer da teoria dos motivos determinantes para invalidar o ato de sua exoneração.

COMENTÁRIO

Alternativa "e" (responde as demais alternativas). O **motivo** é um dos elementos dos atos administrativos. É o **pressuposto, a razão, a situação de fato ou de direito cuja ocorrência autoriza ou determina a prática do ato.** É que o leva o administrador a praticar o ato. O **"porquê"** do ato realizado. Pela **teoria dos motivos determinantes**, não importa se deve ou não haver a **motivação – demonstração do motivo, por escrito** – do ato administrativo, pois o administrador fica **vinculado aos motivos declarados para a prática do ato.** Quer dizer, mesmo que se trate de situação em que não havia obrigação de motivar, **uma vez feita a motivação ou motivo declarado existiu e é verdadeiro ou o ato é nulo.** Por exemplo, o ocupante de cargo em comissão pode ser exonerado a qualquer tempo, e a autoridade não precisa expor o motivo. Se, contudo, em determinado caso justifica-se a exoneração por uma determinada razão que se mostra inverdadeira, o ato é invalido porque o motivo alegado é falso. Isso, inclusive, pode ser apreciado pelo Poder Judiciário porque o ato somente é válido se todos os seus elementos estiverem em conformidade com o direito. É o elemento motivo que identifica se o ato é vinculado ou discricionário, mas em qualquer um dos casos, admite-se o controle jurisdicional.

Alternativa correta: letra "e".

201. (AOCP – Técnico Judiciário – Área Administrativa – TRT 1/2018) Referente aos atos administrativos, assinale a alternativa correta.

a) Atos de gestão são os praticados pela Administração Pública com todas as prerrogativas e privilégios de autoridade, como os atos de polícia.
b) Atos complexos são os que decorrem da declaração de vontade de um único órgão, desde que este seja colegiado.
c) Ato composto é o que resulta da manifestação de dois ou mais órgãos, em que a vontade de um é instrumental em relação a de outro, que edita o ato principal.
d) Os atos que apresentarem defeitos sanáveis, estes entendidos por vícios na forma e no motivo, poderão ser convalidados pela própria Administração, desde que não acarretem lesão ao interesse público ou prejuízo a terceiros.
e) Prevalece na doutrina que os meros atos administrativos, como certidões e atestados, são suscetíveis de revogação pela Administração.

COMENTÁRIO

✪ **Nota do Autor:** O ato administrativo é "toda manifestação unilateral de vontade da Administração Pública que, agindo nessa qualidade, tenha por fim imediato adquirir, resguarda, transferir, modificar, extinguir e declarar direitos, ou impor obrigações aos administrados ou a si própria"[44].

Alternativa "a". Atos de gestão são regulados pelo direito privado, como o caso da emissão de um cheque pela Administração Pública. Não se revestem, assim, das prerrogativas e características inerentes aos **atos administrativos.**

Alternativa "b" (responde a alternativa "c"). Os atos administrativos, quanto à formação da vontade, podem ser classificados em simples, complexos e compostos. O ato simples é aquele em que a formação da vontade decorre de um órgão só. O ato complexo decorre da manifestação de vontade de dois ou mais órgãos, ou seja, há a soma das vontades de mais de um órgão para que seja possível a formação de um ato único, como é exemplo o decreto emitido pelo Presidente da República, pois, nos termos do art. 87, parágrafo único, I, da Constituição Federal, ele

44. MEIRELLES, Hely Lopes. *Direito administrativo brasileiro.* 36 ed. São Paulo: Malheiros, 2010. p. 153.

deve ser referendado pelo Ministro de Estado (há um ato só – o decreto – e dois órgãos – a Presidência da República e o Ministério). Já os atos compostos são dois atos e não um só, pois aqui não há dois órgãos se unindo e formando um só ato, mas existem dois atos, sendo um principal e outro acessório, constituindo-se este em pressuposto ou complemento daquele como, por exemplo, se dá na nomeação do Procurador-Geral da República em que é necessário o ato acessório – que é a aprovação do nome no Senado – para que seja praticado o ato principal – que é a nomeação pelo Presidente da República[45].

Alternativa "d". De maneira específica à administração federal, há o art. 55 da Lei nº 9.784/99 estabelecendo que em "decisão na qual se evidencie não acarretarem lesão ao interesse público nem prejuízo a terceiros, os atos que apresentarem defeitos sanáveis poderão ser convalidados pela própria Administração". Ocorre que é **insanável** o vício quando estiver nos elementos **competência** ou **forma** e se tratar de **competência exclusiva** ou **forma essencial** do ato administrativo praticado.

Alternativa "e". Os **atos discricionários** são passíveis de revogação. São, contudo, irrevogáveis, os **atos vinculados**, os **atos que integram um procedimento administrativo**, os **atos que já exauriram seus efeitos** e os **atos enunciativos** (como certidões e atestados).

Alternativa correta: letra "c".

45. Quanto à classificação dos atos administrativos em relação à formação da vontade, a forma como foi cobrada nessa questão é a mais usual nas provas, adotando-se a divisão dos atos em simples, complexos e compostos, em concordância com a posição de Maria Sylvia Zanella Di Pietro (*Direito administrativo*. 23. ed. São Paulo: Atlas, 2010. p.222-223), de Hely Lopes Meirelles (*Direito administrativo brasileiro*. 36. ed. São Paulo: Malheiros, 2010. p.175-176). Todavia, é importante registrar que há posições divergentes e, também, podem ser cobradas. Nesse sentido, José dos Santos Carvalho Filho (*Manual de direito administrativo*. 19. ed. Rio de Janeiro: Lumen Juris, 2008, p. 120-121, nota 94) afirma que o exemplo da nomeação do Procurador-Geral parece se enquadrar na classificação de ato complexo. Por outro lado, registre-se que Celso Antônio Bandeira de Mello (*Curso de direito administrativo*. 27. ed. São Paulo: Malheiros, 2010. p. 427-428) e Diógenes Gasparini (*Direito administrativo*. 13. ed. São Paulo: Saraiva, 2008, p. 83) apenas fazem a subdivisão em atos simples e complexos, não admitindo a existência de atos compostos e, portanto, para eles, o exemplo acima é de ato complexo e não de ato composto.

202. (FCC – Técnico Judiciário – Área Administrativa – TRT 2/2018) Suponha que determinada autoridade pública tenha concedido a particular permissão de uso de "box" em um Mercado Municipal. Posteriormente, foi constatado que a autoridade que praticou o ato não detinha a competência legal e tampouco houve delegação para a sua prática. Diante de tal situação, o ato em questão

a) é nulo, devendo ser revogado administrativa ou judicialmente.

b) é passível de convalidação pela autoridade competente.

c) pode ser mantido, pela mesma autoridade, se verificado o interesse público na sua edição.

d) não é passível de ratificação, dado o seu caráter discricionário, sendo nulo de pleno direito.

e) ostenta vício de competência, insanável por se tratar de ato vinculado, cuja competência é sempre indelegável.

COMENTÁRIO

✪ **Nota do Autor:** Na esfera federal, a Lei nº 9.784/99 dispôs sobre a competência no processo administrativo federal e, no art. 13 estabelece que a delegação é proibida quando o objeto for a edição de atos de caráter normativo, a decisão de recursos administrativos e as matérias de competência exclusiva do órgão ou autoridade. Por seu turno, a "convalidação é o **suprimento da invalidade de um ato** com efeitos retroativos"[46]. Por força do princípio da segurança jurídica, deve se preferir a convalidação à anulação, mas, para tanto, o vício deve ser sanável.

Alternativa "b" (responde as demais alternativas). Para que haja a convalidação, contudo, é necessário que o vício do ato seja **sanável**, o que ocorre quando estiver nos elementos **motivo, finalidade ou objeto**, ou, ainda, **nos elementos competência ou forma, desde que não se trate de competência exclusiva ou forma essencial ao ato.** Desse modo, **não havendo que se falar em competência exclusiva** da autoridade que emitiu o ato administrativo em questão, **o ato é passível de convalidação pela autoridade competente.**

Alternativa correta: letra "b".

203. (FCC – Técnico Judiciário – Área Administrativa – TRT 6/2018) Um particular interessado em obter porte de arma solicitou à Administração consentimento para tanto. Nesta hipótese, a manifesta-

46. MELLO, Celso Antônio Bandeira de. *Curso de direito administrativo*. 27. ed. São Paulo: Malheiros, 2010. p. 473.

ção positiva da Administração, que demanda análise de aspectos subjetivos do requerente, consistirá em um ato administrativo

a) unilateral e vinculado, que faculta o uso, sem restrições, quando o particular preencher as condições objetivas necessárias e previstas em lei.
b) vinculado, de natureza bilateral, que se denomina licença.
c) discricionário e precário, que se denomina licença e se fundamenta no poder disciplinar.
d) discricionário, mas não precário, bilateral, podendo denominar-se licença ou autorização, indistintamente.
e) unilateral, discricionário e precário, que se denomina autorização.

COMENTÁRIO

Alternativa "e" (responde as demais alternativas). A **autorização** é **precária e discricionária** e, por ela, a Administração Pública autoriza a realização de determinada atividade ou o uso de determinado bem público, no **interesse predominante do particular,** e, da mesma forma, se em certo momento passar a entender que não é mais conveniente e oportuna, pode revogar a autorização.

Alternativa correta: letra "e".

---

204. (FCC – Técnico Judiciário – Área Judiciária – TRT 15/2018) São imprescindíveis ao ato administrativo, dentre seus elementos e atributos,

a) sujeito e autoexecutoriedade.
b) finalidade e autoexecutoriedade.
c) motivação e presunção de veracidade.
d) presunção de veracidade e forma solene.
e) objeto e presunção de veracidade.

COMENTÁRIO

Alternativa "e" (responde as demais alternativas). Os elementos do ato administrativo são a competência ("quem?"), a finalidade ("para quê?"), o motivo (por quê?"), a forma ("como?) e o objeto ("o quê?"). Enfim, os atributos dos atos administrativos são as características que lhe são inerentes. A doutrina especifica, em geral, três atributos dos atos administrativos: **presunção de legitimidade e de veracidade**, **imperatividade** e a **autoexecutoriedade.**

---

205. (FCC – Técnico Judiciário – Área Administrativa – TRT 6/2018) Considere hipoteticamente um ato administrativo exarado por autoridade incompetente. Em relação aos denominados atributos dos atos administrativos, o referido ato

a) não produzirá efeitos, tampouco obrigará terceiros, independentemente da sua invalidação, ante o princípio que desobriga o cumprimento de ordens manifestamente ilegais.
b) não produzirá efeitos, tampouco obrigará terceiros, independentemente da sua invalidação, o que se denomina imperatividade.
c) produzirá efeitos e deverá ser cumprido, a menos que decretada, pelo Poder Judiciário, sua invalidade, sendo vedada a autotutela na hipótese, o que se denomina executoriedade.
d) produzirá efeitos e deverá ser cumprido, enquanto não decretada, pela própria Administração ou pelo Poder Judiciário, sua invalidade, o que se denomina presunção de legitimidade ou veracidade.
e) produzirá efeitos e deverá ser cumprido, enquanto não decretada, pela própria Administração ou pelo Poder Judiciário, sua invalidade, o que se denomina autoexecutoriedade.

COMENTÁRIO

✪ **Nota do Autor:** Em razão do regime peculiar a que estão sujeitos os atos administrativos, são apontadas como sendo suas **características (PIA): a) presunção de legitimidade,** intimamente relacionada com o princípio da legalidade, pois se a atuação administrativa deve se dar de acordo com a lei e com o direito, **presume-se que todo ato administrativo seja legal; b) imperatividade**, que significa que o **ato administrativo é impositivo, obrigatório ao administrado**, sendo que a Administração não precisa da concordância do administrado para que o ato seja praticado; **c) autoexecutoriedade**, pela qual a Administração pode **executar o ato administrativo por seus próprios meios**, sem necessidade de atuação do Poder Judiciário.

Alternativa "a" (responde a alternativa "d"). A presunção de legitimidade é uma decorrência lógica do princípio da legalidade, pois se a Administração deve agir em conformidade com o direito, presume-se que todos os atos por ela praticados sejam legais e verdadeiros, por isso a veracidade. Dentre seus efeitos há a inversão do ônus da prova e a produção de efeitos do ato até que seja retirado da ordem jurídica

Alternativa "b". A **imperatividade** significa que o **ato administrativo é impositivo, obrigatório ao administrado**, quer dizer, a Administração não necessita da concordância do destinatário para que o ato seja praticado.

Alternativa "c" (responde a alternativa "e"). Pela **autoexecutoriedade**, a Administração Pública pode **executar o ato administrativo** sem necessidade de atuação do Poder Judiciário. Não precisa a Administração de ordem judicial para multar, interditar e apreender, por exemplo.

Alternativa correta: letra "d".

206. (FCC – Técnico Judiciário – Área Administrativa – TRT 11/2017) Rodrigo é servidor público federal e chefe de determinada repartição pública. Rodrigo indeferiu as férias pleiteadas por um de seus subordinados, o servidor José, alegando escassez de pessoal na repartição. No entanto, José comprovou que há excesso de servidores na repartição pública. No caso narrado,

a) há vício de motivo no ato administrativo.

b) o ato deve, obrigatoriamente, permanecer no mundo jurídico, vez que sequer exigia fundamentação.

c) inexiste vício no ato administrativo, no entanto, o ato comporta revogação.

d) o ato praticado por Rodrigo encontra-se viciado, no entanto, não admite anulação, haja vista a discricionariedade administrativa na hipótese.

e) o objeto do ato administrativo encontra-se viciado.

COMENTÁRIOS

✪ **Nota do Autor:** os elementos do ato administrativo são a competência ("quem?"), a finalidade ("para quê?"), o motivo (por quê?"), a forma ("como?) e o objeto ("o quê?").

Alternativa "a" (responde as alternativas "b" e "c"). Motivo é o elemento do ato administrativo, é o pressuposto de fato ou de direito, **o que levou à prática do ato.** No caso narrado, há claro vício no elemento **motivo** do ato, pois não estava presente o pressuposto de fato e de direito necessário para a prática do ato e, nessa hipótese, como há vício, a maneira de extinguir o ato é por meio da anulação, pois o vício no elemento **motivo** não admite convalidação. Diz-se que o **elemento motivo é viciado** quando o motivo alegado inexistir, for falso ou for incorretamente qualificado. Na situação narrada, verifica-se que Rodrigo alegou escassez de pessoal na repartição, tendo sido comprovado, por José, que há excesso de servidores, ou seja, **provou-se que o motivo alegado foi falso.**

Alternativa "d". A **anulação** é a **extinção do ato administrativo por razões de ilegalidade.** Nesse caso, o ato possui algum vício que o contamina e, não sendo possível a convalidação, **deve** haver sua invalidação. É irrelevante o fato de se tratar ou não de competência discricionária porque tanto os atos vinculados quanto os discricionários podem ser anulados.

Alternativa "e". O **objeto** é o **"efeito jurídico imediato que o ato produz"**[47], isto é, corresponde ao **conteúdo do ato.** Representa **"o que"** foi feito.

Alternativa correta: letra "a"

47. DI PIETRO, Maria Sylvia Zanella. *Direito administrativo*. 23 ed. São Paulo: Atlas, 2010. p. 206.

207. (FGV – Técnico Judiciário – Área Administrativa – TRT 12/2017) José, Técnico Judiciário do Tribunal Regional do Trabalho de Santa Catarina, ocupante do cargo em comissão de supervisor do departamento de recursos humanos do Tribunal, praticou ato administrativo que era de competência do diretor daquele departamento. De acordo com a doutrina de Direito Administrativo e a Lei nº 9.784/99, o ato praticado por José:

a) deve ser anulado pela autoridade competente, eis que vícios de competência são insanáveis, com efeitos ex tunc, pelo princípio da segurança jurídica e para evitar prejuízos a terceiros;

b) deve ser anulado pela autoridade competente, pois se trata de ato vinculado em razão do vício de competência, que não admite retificação, devendo atender ao princípio da legalidade e observar o interesse público;

c) deve ser anulado pela autoridade competente, pois se trata de matéria de ordem pública, regida por normas cogentes que não admitem a retificação do ato por parte do agente que deveria originalmente tê-lo praticado;

d) pode ser convalidado pela autoridade competente, por meio da ratificação do ato, caso entenda conveniente e oportuno, desde que sanável o vício e não haja prejuízos a terceiros, bem como seja atendido o interesse público;

e) pode ser convalidado pela autoridade competente, por meio da prática de novo ato que substitua o anterior, com efeitos ex nunc, sendo tal aproveitamento um ato vinculado, cuja prática é obrigatória pelo agente superior.

COMENTÁRIOS

Alternativa "d" (responde as demais alternativas). A convalidação é o suprimento da invalidade de determinado ato administrativo, que opera efeitos *ex tunc*. Para que haja a convalidação, contudo, é necessário que o vício do ato seja **sanável**, o que ocorre quando estiver nos elementos **competência ou forma, desde que não se trate de competência exclusiva ou forma essencial ao ato.** Ademais, o art. 55 da Lei nº 9.784/99 estabelece que, no caso de vício sanável e não haja prejuízo ao interesse público nem lesão a terceiros, poderá haver a convalidação. Portanto, na hipótese descrita, admite-se a convalidação, desde que não se trate de competência exclusiva e que do ato sanatório não decorra prejuízo.

Alternativa correta: letra "d"

208. (FCC – Analista Judiciário – Oficial de Just. Avaliador Federal – TRT 15/2018) Praticam atos administrativos que geram efeitos externos, como manifestações de vontade da Administração pública, dentre outros,

a) as sociedades que integram a Administração indireta, sejam empresas públicas ou sociedades de economia mista, na realização de todas as suas atividades, fins ou meios.
b) os órgãos e agentes integrantes da Administração direta, não alcançando os entes integrantes da Administração indireta, dada a independência e autonomia de que foram dotados.
c) os órgãos da Administração direta e as pessoas jurídicas de direito privado para as quais tenham sido delegados poderes e atribuições para tanto, de forma expressa.
d) os dirigentes de organizações sociais e consórcios públicos, dada a natureza jurídica de direito público das referidas pessoas jurídicas.
e) as organizações sociais, no que se refere às atividades dirigidas a saúde e educação, na qualidade de serviços públicos exclusivos e típicos.

COMENTÁRIO

Alternativa "c" (responde as demais alternativas). Os **atos administrativos externos** ou de **efeitos externos**, (classificação referente ao alcance dos atos administrativos) são aqueles possuem um alcance mais abrangente, de forma a atingir os seus efeitos sobre os administrados, contratantes em determinados casos especiais para os próprios servidores. Ainda assim, são considerados **atos administrativos**, que podem ser definidos como aqueles em que há manifestação ou declaração da Administração Pública, que age nessa qualidade, ou mesmo de particulares no exercício de prerrogativas públicas, que tenha por fim imediato a produção de efeitos jurídicos determinados, em conformidade com o interesse público e sob o predomínio do regime público. Neste sentido, podem ser praticados por órgãos da Administração direta, por pessoas jurídicas de direito público e até por pessoas jurídicas de direito privado, desde que tenham sido delegados poderes e atribuições para tanto, sejam elas integrantes da Administração indireta ou não.

Alternativa correta: letra "c".

---

209. (FCC – Analista Judiciário – Área Administrativa – TRT 15/2018) Uma autarquia responsável pela execução de serviços rodoviários concedeu uma gratificação para determinado segmento de servidores. Um pequeno grupo de servidores de outro setor da autarquia requereu administrativamente a concessão da mesma gratificação. O servidor que apreciou o pleito estava substituindo a autoridade competente e entendeu por dar provimento ao requerimento. Findas as férias da autoridade competente, esta retornou às suas funções e identificou a decisão de seu substituto. Constatado que contrariava a legislação vigente,

a) a autoridade competente deverá anular a decisão proferida, tendo em vista o vício de legalidade verificado, como expressão do poder de revisão dos atos administrativos.
b) a autoridade competente deverá identificar se será melhor para os usuários do serviço que a decisão seja anulada, podendo, em caso negativo, convalidar o ato administrativo.
c) o ato administrativo proferido será necessariamente submetido à análise revisional da autoridade competente, porque provisório, assim como todos os demais de conteúdo decisório proferidos pelo substituto, para anulação ou convalidação.
d) caberá a revogação da decisão proferida, tendo em vista que os atos administrativos de cunho constitutivo somente podem ser proferidos pela autoridade titular do cargo competente.
e) a revisão do ato administrativo deverá ser requerida por meio judicial, tendo em vista que a autoridade que o proferiu era competente na ocasião.

COMENTÁRIO

Alternativa "a" (responde as alternativas "c", "d" e "e"). A Administração Pública **não depende**, para anular seu próprio ato eivado de nulidade, de se socorrer ao **Poder Judiciário**, pois com base no poder de autotutela sobre seus próprios atos, a anulação de um ato administrativo viciado e ilegal poderá ser feita pela própria Administração Pública. A **autotutela** é uma das prerrogativas que possui a Administração Pública para que reveja seus próprios atos, sendo que a revisão poderá ser ampla, alcançando aspectos de legalidade e mérito, conforme bem tratado pelas Súmulas nº 346 e 473, ambas do STF.

Alternativa "b". A convalidação é o suprimento da invalidade de determinado ato administrativo, que opera efeitos *ex tunc*. Para que haja a convalidação, contudo, é necessário que o vício do ato seja **sanável**, o que ocorre quando estiver nos elementos **motivo, finalidade ou objeto**, ou, ainda, **nos elementos competência ou forma, desde que não se trate de competência exclusiva ou forma essencial ao ato.** Neste sentido, no caso concreto, **não era possível a convalidação do ato.**

Alternativa correta: letra "a".

---

210. (AOCP – Analista Judiciário – Área Administrativa – TRT 1/2018) "Ato administrativo unilateral e vinculado pelo qual a Administração faculta àquele que preencha os requisitos legais o exercício de uma atividade" (Di Pietro, Maria Sylvia Zanella. Direito administrativo. 30.ed. Rev., atual. e ampl. – Rio de Janeiro: Forense, 2017.)

O trecho acima faz referência a que espécie de ato administrativo?

a) Admissão.
b) Licença.
c) Autorização.
d) Permissão.
e) Aprovação.

COMENTÁRIO

✪ **Nota do Autor:** Os **atos negociais** são aqueles em que há a concordância de vontades entre a Administração Pública e o particular. A Administração pratica o ato porque o particular fez requerimento nesse sentido, mas não é um contrato e sim uma **manifestação unilateral** de vontade (que coincide com a do particular) e, portanto, é um ato administrativo. Tais atos podem ser **precários** (quando sujeitos a revogação a qualquer tempo), **definitivos** (não podem ser extintos a qualquer tempo, mas, por exemplo, se houver vício), **discricionários** e **vinculados.** Dentre as várias modalidades de atos negociais, as mais cobradas nas provas são a licença, a autorização e a permissão e, normalmente, exige-se que o examinando saiba as diferenças entre elas.

Alternativa "a". A **admissão** é ato **unilateral e vinculado** pelo qual a Administração faculta a determinada pessoa a inclusão em estabelecimento estatal para o gozo de um certo serviço público.

Alternativa "b". A **licença** é **definitiva e vinculada** como se vê no caso da licença para dirigir, situação em que a autoridade administrativa não analisa se há conveniência e oportunidade para sua concessão, mas apenas verifica se os requisitos legais estão presentes e, estando, deve concedê-la e, ainda, o destinatário somente terá essa licença extinta se descumprir as condições legais.

Alternativa "c". A **autorização** é **precária e discricionária** e, por ela, a Administração Pública autoriza a realização de determinada atividade ou o uso de determinado bem público, no **interesse predominante do particular,** podendo tal autorização ser revogada a qualquer tempo.

Alternativa "d". A **permissão** é, de igual modo, **discricionária e precária** e, por meio dela, a Administração permite que o particular execute serviços de interesse coletivo ou use bens públicos, mas nesta o **interesse é predominantemente público.**

Alternativa "e". A **aprovação** é ato **unilateral e discricionário** pelo qual a Administração Pública faculta a prática de determinado ato jurídico (prévia) ou, então, manifesta a sua concordância sobre ato já ocorrido (*a posteriori*).

Alternativa correta: letra "b".

---

211. (FCC – Analista Judiciário – Oficial de Just. Avaliador Federal – TRT 6/2018) Um servidor apresentou requerimento para que lhe fossem concedidas, em pecúnia, as licenças-prêmio a que fazia jus, com base em legislação recém-aprovada pelo ente público cujo quadro integrava. Durante o prazo para apresentação de recurso administrativo contra a decisão que indeferiu o requerimento, a Administração pública

a) não poderá rever a decisão administrativa, tendo em vista que o processo administrativo depende de provocação do interessado.
b) pode revogar a decisão de ofício, nos casos de ilegalidade expressa.
c) pode anular a decisão proferida, de ofício, no caso de constatar que estava eivada de ilegalidade.
d) deve intimar o interessado para que informe se irá apresentar recurso e, diante da negativa, poderá exercer seu poder de revisão dos atos administrativos.
e) pode rever a decisão de ofício, desde que tenha sido apresentado recurso pelo interessado, ainda que não tenha invocado a ilegalidade.

COMENTÁRIO

✪ **Nota do Autor:** A **anulação de ato administrativo** é verdadeira obrigação da Administração Pública, quando esta tiver ciência de qualquer ilegalidade insanável, que eive, de modo definitivo, o ato administrativo em comento.

Alternativa "c" (responde as demais alternativas). A **anulação** é a **extinção de um ato administrativo por razões de ilegalidade.** O ato tem **vício em um dos seus elementos.** A **competência para anular é** tanto da **própria Administração,** de ofício ou a pedido, quanto **do Poder Judiciário,** mediante provocação. Outrossim, pela aplicação do princípio da **autotutela**, uma vez verificado o vício, é **dever da Administração** promover sua anulação, não sendo ato discricionário.

Alternativa correta: letra "c".

---

212. (FCC – Analista Judiciário – Área Judiciária – TRT 11/2017) Melinda, servidora pública, praticou ato administrativo com vício de competência. Cumpre salientar que a hipótese não trata de competência outorgada com exclusividade pela lei, mas o ato administrativo competia a servidor público diverso. Em razão do ocorrido, determinado particular impugnou expressamente o ato em razão do vício de competência. Nesse caso, o ato

a) não comporta convalidação, pois o vício narrado não admite tal instituto.

b) comporta convalidação que, na hipótese, dar-se-á com efeitos ex tunc.

c) não comporta convalidação, em razão da impugnação feita pelo particular.

d) comporta convalidação que, na hipótese, dar-se-á com efeitos ex nunc.

e) comporta exclusivamente a aplicação do instituto da revogação, com efeitos ex tunc.

COMENTÁRIOS

Alternativa "c" (responde as demais alternativas). A convalidação é o suprimento da invalidade de determinado ato administrativo, que opera efeitos *ex tunc*. Para que haja a convalidação, contudo, é necessário que o vício do ato seja **sanável**, o que ocorre quando estiver nos elementos **competência ou forma, desde que não se trate de competência exclusiva ou forma essencial ao ato.** Assim, são insanáveis os vícios quando estiverem nos elementos finalidade, motivo e objeto e, dessa maneira, não é admitida a convalidação. Além disso, outra situação em que impossível a convalidação de ato administrativo é, justamente, a presente na alternativa correta: **quando o vício é impugnado, seja administrativa ou judicialmente.**

Alternativa correta: letra "c"

---

213. (FCC – Analista Judiciário – Oficial de Just. Avaliador – TRT 11/2017) Considere a seguinte situação hipotética: o Prefeito de determinado Município de Roraima concedeu autorização para atividade de extração de areia de importante lago situado no Município. Cumpre salientar que o ato administrativo preencheu todos os requisitos legais, bem como foi praticado quando estavam presentes condições fáticas que não violavam o interesse público. Ocorre que, posteriormente, a atividade consentida veio a criar malefícios à natureza. No caso narrado, o ato administrativo emanado pelo Prefeito poderá ser

a) mantido incólume no mundo jurídico, haja vista que a nova circunstância fática não gera consequências ao ato já praticado.

b) anulado pela Administração pública ou pelo Judiciário, com efeitos ex tunc.

c) anulado apenas pelo Poder Judiciário e com efeitos ex nunc.

d) convalidado, com efeitos ex tunc.

e) revogado, com efeitos ex nunc.

COMENTÁRIOS

✪ **Nota do Autor: d**entre as formas de extinção do ato administrativo, as mais cobradas nas provas são a anulação e a revogação, requerendo uma atenção especial.

Alternativa "e" (responde a alternativa "a"). A revogação é a extinção do ato administrativo válido ou de seus efeitos por razões de conveniência e oportunidade, em face do interesse público. Trata-se, portanto, de **medida discricionária** da Administração Pública, que pode, a seu critério – e com vistas ao interesse público –, revogar determinado ato administrativo. A revogação, portanto, é a extinção de ato administrativo válido por razões de conveniência e oportunidade em face do interesse público, ou seja, em dado momento um ato administrativo, de natureza discricionária, foi praticado porque a autoridade administrativa entendeu que isso era conveniente e oportuno, mas em momento posterior, esse juízo de valoração é alterado e o que era conveniente e oportuno passa a ser inconveniente e inoportuno, cabendo sua extinção pela revogação. Como não há vício no ato e ele, quando da revogação, era perfeitamente válido, os efeitos do ato revogador somente se operam da revogação em diante, ou seja, *ex nunc*.

Alternativa "b" (responde a alternativa "c). A anulação é a extinção do ato administrativo por razões de ilegalidade. Neste caso, o ato possui algum vício que o contamina e, não sendo passível a convalidação, deve haver a sua invalidação, com produção de efeitos ex tunc.

Alternativa "e". A convalidação é o suprimento da invalidade de determinado ato administrativo, que opera efeitos *ex tunc*. Ou seja: pressupõe a existência de um vício no ato, o que não se verifica no enunciado da questão.

Alternativa correta: letra "e"

---

214. (FGV – Analista Judiciário – Oficial de Just. Avaliador – TRT 12/2017) João foi nomeado e empossado no cargo de Oficial de Justiça do Tribunal Regional do Trabalho de Santa Catarina. Após um ano em exercício das funções públicas inerentes ao cargo e mediante regular processo administrativo, foi declarada a nulidade de seu ato de nomeação, por vícios insanáveis consistentes em burla pelo servidor às regras do concurso público. Os atos praticados por João na Vara do Trabalho onde estava lotado, como certidões por ele expedidas, serão:

a) igualmente declarados nulos, pois a anulação de seu ato de investidura por burla às regras do concurso público opera efeitos ex tunc, isto é, retroage à data de origem do ato, aniquilando todos os efeitos produzidos;

b) igualmente declarados nulos, pois a nulidade absoluta no caso decorre de norma cogente e opera efeitos ex nunc, ou seja, retroage à data da prática do ato ilícito, a partir da qual nenhum efeito poderá ser convalidado;

c) válidos, eis que a anulação de seu ato de investidura opera efeitos ex tunc, isto é, produz efeitos a partir da data da decisão administrativa que declarou a nulidade, não retroagindo à data de origem do ato;

d) válidos, pois, pela teoria da aparência, a nomeação de servidor com burla às regras do concurso público é nula, mas os atos por ele praticados são válidos, em atenção ao princípio da segurança jurídica e para resguardar os terceiros interessados de boa-fé;

e) válidos, desde que haja decisão jurisdicional determinando e especificando quais atos devem ser convalidados, com escopo de aproveitar os atos por ele praticados para atender aos princípios da eficiência e celeridade.

COMENTÁRIOS

✪ **Nota do Autor:** a **anulação** é a **extinção do ato administrativo por razões de ilegalidade**. Nesse caso, o ato possui algum vício que o contamina e, não sendo possível a convalidação, deve haver sua invalidação. A **competência** para anular é da **própria Administração,** de ofício ou a pedido, e do **Poder Judiciário**, mediante provocação.

Alternativa "d" (responde as demais alternativas). Um dos sentidos do **princípio da impessoalidade – em relação à própria Administração** – significa que não é o agente público, enquanto pessoa física, que pratica o ato administrativo, pois, na verdade, quem o faz é a pessoa jurídica à qual pertence o órgão em que o servidor está lotado. **O ato administrativo é atribuído, imputado, à pessoa jurídica**. Nesse sentido, ocorre com os atos realizados pelo funcionário de fato, permitindo a manutenção de seus efeitos quanto aos terceiros de boa-fé, pois o funcionário de fato é aquele que está irregularmente investido no cargo, isto é, possui vício na sua investidura, mas por outro lado, aparenta ser servidor (princípio da aparência) e pratica atos administrativos normalmente. Tais atos, todavia, são imputados, atribuídos, à pessoa jurídica, à qual pertence o órgão público em que o servidor está lotado e, assim, **os terceiros de boa-fé não serão prejudicados**.

Alternativa correta: letra "d"

215. (FCC – Analista Judiciário – Área Administrativa – TRT 24/2017) Considere:

I. O atributo da presunção de legitimidade dos atos administrativos depende de lei expressa.

II. A imperatividade significa que os atos administrativos são cogentes, obrigando a todos quantos se encontrem em seu círculo de incidência, ainda que o objetivo por ele alcançado contrarie interesses privados.

III. Em alguns atos administrativos, como as permissões e autorizações, está ausente o cunho coercitivo.

IV. A presunção de legitimidade dos atos administrativos é *juris et de jure*, ou seja, presunção relativa.

No que concerne aos atributos dos atos administrativos, está correto o que se afirma APENAS em

a) I, II e IV.

b) III e IV.

c) II e III.

d) I e III.

e) II.

COMENTÁRIOS

Item I. Errado. A **presunção de legitimidade** está intimamente relacionada com o princípio da legalidade, pois se a atuação administrativa deve se dar de acordo com a lei e com o Direito, **presume-se que todo ato administrativo praticado seja legal.** São efeitos da **presunção de legitimidade**: a) **o ato pode ser praticado imediatamente**; b) **produz efeitos até que seja retirado da esfera jurídica**; c) **inversão do ônus da prova**; d) **o Judiciário não pode apreciar de ofício o vício do ato. A presunção de legitimidade não depende de lei expressa, justamente por ser decorrência direta do princípio da legalidade.**

Item II. Correto. A **imperatividade** significa que o **ato administrativo é impositivo, obrigatório ao administrado**, quer dizer, a Administração não necessita da concordância do destinatário para que o ato seja praticado.

Item III. Correto. A imperatividade não está presente em todos os atos, mas apenas naqueles que impõem obrigações aos administrados e, desse modo, não existe nos atos negociais (licença, autorização, etc.), nem nos enunciativos (parecer, certidão etc.).

Item IV. Errado. A presunção de legitimidade dos atos administrativos é *juris tantum*, ou seja, presunção relativa, que admite prova em contrário.

Alternativa correta: letra "c". Estão corretos os itens II e III.

216. (FCC – Analista Judiciário – Oficial de Just. Avaliador – TRT 24/2017) A convalidação dos atos administrativos

a) destina-se, entre outros, a atos administrativos com vício de motivo.

b) não pode ser feita por quem não pertença aos quadros da Administração pública.

c) destina-se a atos válidos.

d) tem efeitos retroativos.

e) não pode ser inviabilizada pela ocorrência do fenômeno da prescrição.

COMENTÁRIOS

Alternativa "d". A convalidação é o suprimento da invalidade de determinado ato administrativo, **com efeitos retroativos,** que opera, assim, efeitos *ex tunc*. Para que haja a convalidação, contudo, é necessário que o vício do ato seja **sanável**, o que ocorre quando estiver nos elementos **competência ou forma, desde que não se trate de competência exclusiva ou forma essencial ao ato.**

Alternativa "a". Quando o vício do ato estiver nos elementos finalidade, motivo e objeto, é considerado insanável e, assim, não se admite a convalidação.

Alternativa "b". A convalidação, em regra, deve ser feita pela Administração Pública. Todavia, há hipóteses de particulares investidos em funções públicas que podem editar atos administrativos e convalidá--los.

Alternativa "c". A **convalidação** destina-se a atos inválidos, passíveis de anulação. Assim, os atos válidos não podem ser convalidados.

Alternativa "e". Normalmente, as leis reguladoras dos processos administrativos em cada ente federativo estabelecem prazo decadencial para a anulação de ato administrativo, em face do princípio da segurança jurídica. Dessa forma, após esse prazo não pode a Administração anular o ato, cabendo, apenas, a anulação judicial, se não houver ocorrido a prescrição.

Alternativa correta: letra "d".

---

217. (FCC – Analista Judiciário – Área Administrativa – TRT 24/2017) Manoel, servidor público e chefe de determinada repartição, emitiu certidão de dados funcionais a seu subordinado, o servidor Pedro. Passados alguns dias da prática do ato administrativo, Manoel decide revogá-lo por razões de conveniência e oportunidade. Cumpre salientar que o mencionado ato não continha vício de ilegalidade. A propósito dos fatos narrados, a revogação está

a) incorreta, pois somente caberia tal instituto se feito pela autoridade máxima do órgão ou entidade a que pertence Manoel.

b) incorreta, pois somente caberia tal instituto se houvesse a concordância do servidor Pedro.

c) correta.

d) incorreta, porque o instituto adequado ao caso é a anulação.

e) incorreta, porque certidão é ato administrativo que não comporta tal instituto.

COMENTÁRIOS

Alternativa "e" (responde as demais alternativas). A **revogação** é a extinção de ato administrativo válido ou de seus efeitos por **razões de conveniência e oportunidade**, em face do interesse público. Assim, tendo em vista que a **revogação** tem por objeto um **ato administrativo válido**, extinto apenas por motivo de interesse público, seus **efeitos da revogação não retroagem, ou seja, são *ex nunc*.** São irrevogáveis os **atos vinculados**, os **atos que integram um procedimento administrativo**, os **atos que já exauriram seus efeitos** e os **atos enunciativos**. Neste sentido, os atos administrativos enunciativos são os atos pelos quais a Administração Pública certifica ou atesta um fato ou emite uma opinião sobre determinado assunto. Não há manifestação de vontade. Exemplos: certidão, atestado e o parecer. Por isso, não é cabível a revogação na situação descrita na questão.

Alternativa correta: letra "e"

---

218. (FCC – Analista Judiciário – Área Judiciária – TRT 24/2017) Fabio, servidor público federal e chefe de determinada repartição, concedeu licença a seu subordinado Gilmar, pelo período de um mês, para tratar de interesses particulares. No último dia da licença em curso, Fabio decide revogá-la por razões de conveniência e oportunidade. A propósito dos fatos, é correto afirmar que a revogação

a) não é possível, pois o ato já exauriu seus efeitos.

b) não é possível, pois apenas o superior de Fabio poderia assim o fazer.

c) é possível, em razão da discricionariedade administrativa e da possibilidade de ocorrer com efeitos ex tunc.

d) não é possível, pois somente caberia o instituto da revogação se houvesse algum vício no ato administrativo.

e) é possível, desde que haja a concordância expressa de Gilmar.

COMENTÁRIOS

Alternativa "a" (responde as demais alternativas). Não são todos os atos administrativos que comportam a revogação e, assim, não são revogáveis os atos vinculados (não há juízo de conveniência e oportunidade quando de sua prática), os atos que integram um procedimento administrativo (ou revoga o procedimento inteiro ou não, pois a cada ato novo ocorre a preclusão quanto ao anterior), os atos que já exauriram seus efeitos (por exemplo, não é possível revogar licença para tratar de interesse particular após o seu término), os meros atos administrativos (certidões, atestados, pois a lei estabelece seus efeitos) e os atos que geraram direitos adquiridos (nos termos da Súmula 473, do Supremo Tribunal Federal).

Alternativa correta: letra "a"

8. PROCESSO ADMINISTRATIVO FEDERAL: LEI Nº 9.784/99

▸ Lei nº 9.784/99

219. (FCC – Analista Judiciário – Área Administrativa – TRT 12/2023) Nos termos da Lei nº 9.784/1999, que regula o processo administrativo no âmbito da Administração Pública Federal, considere:

I. Inexistindo disposição específica, os atos do órgão ou autoridade responsável pelo processo e dos administrados que dele participem devem ser praticados no prazo de cinco dias, salve motivo de força maior. O aludido prazo poderá ser dilatado até trinta dias, mediante comprovada justificação.

II. Os atos do processo administrativo devem realizar-se obrigatoriamente na sede do órgão, sob pena de afronta aos direitos dos administrados de acompanharem o exercício da atividade administrativa.

III. Sendo concluídos depois do horário normal de funcionamento da repartição na qual tramitar o processo os atos já iniciados, cujo adiamento prejudique o curso regular do procedimento ou cause dano ao interessado ou à Administração.

Está correto o que se afirma APENAS em

a) I e II.

b) III.

c) I e III.

d) I.

e) II.

COMENTÁRIO

Alternativa "b". Está correto o item III.

Item I. Errado. Quanto aos prazos previstos na lei, **quando não houver disposição específica em contrário**, os atos do órgão ou autoridade responsável pelo processo e dos administrados que dele participem devem ser praticados no **prazo de cinco dias**, salvo motivo de força maior, podendo ser dilatado até o dobro, mediante justificativa comprovada, na forma do art. 24, da Lei.

Item II. Errado. Os atos do processo administrativo devem realizar-se **preferencialmente** na sede do órgão, cientificando-se o interessado se outro for o local de sua realização, nos termos do art. 25, da Lei.

Item III. Correto. Trata-se da literal redação do art. 23, parágrafo único, da Lei.

Alternativa correta: letra "b".

220. (FCC – Analista Judiciário – Área Judiciária – TRT 12/2023) Um órgão administrativo e seu titular desejam delegar parte da sua competência a outro órgão hierarquicamente subordinado ao primeiro, por conveniência e em razão de circunstâncias de índole técnica. Nos termos da Lei nº 9.784/1999, que regula O processo administrativo no âmbito da Administração Pública Federal,

a) em se tratando de decisões de recursos administrativos, podem as mesmas serem objeto de delegação, haja vista expressa disposição legal nesse sentido.

b) o ato de delegação é revogável a qualquer tempo pela autoridade delegante.

c) o ato de delegação especificará as matérias e poderes transferidos, os limites da atuação do delegado, a duração e os objetivos da delegação, não podendo, todavia, conter ressalva de exercício da atribuição delegada.

d) as decisões adotadas por delegação devem mencionar explicitamente esta qualidade e considerar-se-ão editadas pela autoridade delegante.

e) o ato de delegação e sua revogação não necessitam de publicação em meio oficial, mas devem ser formalizados em regular processo administrativo, de forma a garantir a observância ao princípio da legalidade, e conferir transparência aos atos administrativos.

COMENTÁRIO

Alternativa "a". A delegação está regulada nos artigos 12 a 14 da Lei nº 9.784/99 e, nos termos do art. 13 da Lei nº 9.784/99, a **delegação é proibida** quando o objeto for a edição de **atos de caráter normativo**, a **decisão de recursos administrativos** e as **matérias de competência exclusiva** do órgão ou autoridade.

Alternativa "b" (responde as alternativas "c", "d" e "e"). O ato de delegação deve ser **publicado no diário oficial**, bem como o ato de revogação, **já que é revogável a qualquer tempo**, nos termos do art. 14 (ao contrário do que consta na alternativa "c"), cujo § 1º ainda determina que "ato de delegação especificará as matérias e poderes transferidos, os limites da atuação do delegado, a duração e os objetivos da delegação e o recurso cabível, **podendo conter ressalva de exercício da atribuição delegada**" e, também, seu § 3º estabelece que as "decisões adotadas por delegação devem mencionar explicitamente esta qualidade e considerar-se-ão editadas pelo **delegado**".

Alternativa correta: letra "b".

221. (FCC – Analista Judiciário – Área Judiciária Oficial de Justiça – TRT 12/2023) Considere duas situações hipotéticas distintas: Marta, servidora pública federal arguiu a suspeição de José, autoridade responsável pela condução de processo administrativo federal instaurado contra ela e outros servidores públicos. Marta alegou que José possui amizade íntima com um dos interessados. Já em outro processo administrativo federal. Carlos, autoridade responsável pela condução do feito, detinha interesse direto na matéria, e omitiu-se no dever de comunicar seu impedimento. Nos termos da Lei nº 9.784/1998, o indeferimento da alegação de suspeição

a) não admite recurso, e a omissão do dever de comunicar o impedimento constitui falta grave, para efeitos disciplinares.
b) admite recurso, sem efeito suspensivo; e a omissão do dever de comunicar o impedimento constitui falta grave, para efeitos disciplinares.
c) admite recurso, com efeito suspensivo; e a omissão do dever de comunicar o impedimento não constitui falta administrativa, mas sujeita o agente a sanções de caráter cível e criminal.
d) não admite recurso: e a omissão do dever de comunicar o impedimento não constitui falta administrativa, mas sujeita o agente a sanções de caráter cível e criminal.
e) admite recurso, com efeito suspensivo; e a omissão do dever de comunicar o impedimento constitui falta grave, para efeitos disciplinares.

COMENTÁRIO

Alternativa "b" (responde as demais alternativas). Os artigos 18 a 20, da Lei, podem ser apontados como exemplos de dispositivos legais destinados à tutela do princípio da impessoalidade, pois regulam os casos de impedimento e suspeição no processo administrativo federal. Nos termos do art. 19, parágrafo único, da Lei, "a **omissão do dever de comunicar o impedimento constitui falta grave**, para efeitos disciplinares". Poderá ser arguida a **suspeição** de autoridade ou servidor que tenha amizade íntima ou inimizade notória com alguns dos interessados ou com os respectivos cônjuges, companheiros, parentes e afins até o terceiro grau (art. 21). Em caso de indeferimento, será sim possível a interposição de **recurso**, o qual não terá efeito suspensivo (art. 22). Os recursos administrativos, via de regra, não são dotados de efeito suspensivo, exceto se houver previsão legal em contrário. Entretanto, **de ofício ou a pedido da parte interessada**, a autoridade recorrida ou imediatamente superior pode **conceder efeito suspensivo, se houver justo receio de prejuízo de difícil ou incerta reparação** decorrente da plena execução da decisão administrativa anteriormente tomada, na exata forma como prevê o art. 61 da Lei. Trata-se da **aplicação da tutela preventiva no processo administrativo.**

Alternativa correta: letra "b".

222. (FCC – Analista Judiciário – Área Judiciária – TRT 18/2023) A conclusão da instrução do processo administrativo regido pela Lei federal nº 9.784/1999

a) enseja a faculdade de a Administração proferir decisão sobre o objeto do processo ou, alternativamente, sobrestar o trâmite do feito por até 90 dias, independentemente de oitiva do interessado ou de justificativa.
b) pode autorizar a tomada de decisão coordenada, caso, por exemplo, seja necessária a participação de 3 ou mais órgãos da Administração e não se trate de processo sancionador.
c) obriga a Administração a proferir decisão no prazo de 30 dias, sob pena de se considerar deferido o pleito, reconhecido o direito ou afastada a infração disciplinar imputada ao interessado.
d) permite que, nos casos de processos disciplinares, a Administração solicite a participação de outras autoridades hierarquicamente superiores, para deliberação mediante decisão coordenada.
e) dá lugar à fase decisória do processo, na qual a autoridade competente profere decisão ou, mediante justificativa, delega este ato a outros órgãos ou setores integrantes da mesma estrutura administrativa, para que seja adotada a chamada decisão coordenada.

COMENTÁRIO

Alternativa "a" (responde as alternativas "c" e "e"). Na forma do art. 49, da Lei, "concluída a instrução de processo administrativo, a Administração tem o **prazo de até trinta dias para decidir**, salvo prorrogação por igual período expressamente motivada". Não há que se falar, portanto, em sobrestamento do feito nem, tampouco, em deferimento automático do pleito.

Alternativa "b" (responde a alternativa "d"). O art. 49-A, da Lei, estabelece que "no âmbito da Administração Pública federal, as decisões administrativas que exijam a participação de 3 (três) ou mais setores, órgãos ou entidades poderão ser tomadas mediante decisão coordenada, sempre que: I – for justificável pela relevância da matéria; e II – houver discordância que prejudique a celeridade do processo administrativo decisório". O §6º, do mesmo dispositivo, destaca não ser possível a decisão coordenada aos processos administrativos relacionados ao poder sancionador.

Alternativa correta: letra "b".

223. (FCC – Analista Judiciário – Área Judiciária – TRT 17/2023) Conforme estabelece a Lei nº 9.784/1999, que dispõe sobre o processo administrativo no âmbito da Administração Pública Federal,

a) não se aplica a decisão coordenada aos processos administrativos de licitação.

b) uma vez iniciado o processo administrativo, o interessado não poderá mais desistir total ou parcialmente do pedido formulado ou, ainda, renunciar a direitos, ainda que disponíveis.

c) o direito da Administração de anular os atos administrativos de que decorram efeitos favoráveis para os destinatários decai em dois anos, contados da data em que foram praticados, salvo comprovada má-fé.

d) o comparecimento espontâneo do administrado não supre a irregularidade da intimação feita sem a observância das prescrições legais.

e) é vedada a autenticação de documentos exigidos em cópia pelo órgão administrativo.

COMENTÁRIO

Alternativa "a". O art. 49, §6º, da Lei, destaca que não se aplica a decisão coordenada aos processos administrativos: I – de licitação; II – relacionados ao poder sancionador; ou III – em que estejam envolvidas autoridades de Poderes distintos.

Alternativa "b". Nos termos do art. 51, *caput*, da Lei, "o interessado poderá, mediante manifestação escrita, desistir total ou parcialmente do pedido formulado ou, ainda, renunciar a direitos disponíveis".

Alternativa "c". Na forma do art. 54, *caput*, da Lei, direito da Administração de anular os atos administrativos de que decorram efeitos favoráveis para os destinatários decai em **cinco** anos, contados da data em que foram praticados, salvo comprovada má-fé.

Alternativa "d". O comparecimento espontâneo do administrado **supre** a irregularidade da intimação feita sem a observância das prescrições legais, nos termos do art. 26, §5º, da Lei.

Alternativa "e". A autenticação de documentos exigidos em cópia poderá ser feita pelo órgão administrativo, na forma do art. 22, §3º, da lei.

Alternativa correta: letra "a".

224. (FCC – Analista Judiciário – Área Judiciária Oficial de Justiça – TRT 18/2023) O processo administrativo disciplinado pela Lei federal nº 9.784/1999 é regido por princípios e norteado por critérios, constantes expressa ou implicitamente do texto legal, dentre os quais se destaca a

a) formalidade, devendo os atos que integram o procedimento ser praticados com estrita observância de forma e momento, a exemplo da juntada de documentos pelo interessado, que deve ser realizada em ato único, assim que intimado para tal.

b) observância da ampla defesa e do contraditório ao interessado, não se lhe podendo recusar a produção de provas antes de a decisão ser proferida, exceto nos casos em que se caracterizarem ilícitas, impertinentes, desnecessárias ou protelatórias.

c) inércia, considerando que o processo administrativo somente se impulsiona por ato do interessado ou de seu superior hierárquico, ao qual interessa a conclusão da apuração, sendo vedada a movimentação de ofício pela autoridade instrutora.

d) necessidade de o interessado ser representado por advogado durante toda a tramitação processual, o que, em razão da despesa que acarreta, impede a cobrança de custas e despesas processuais ou permite a compensação entre os valores.

e) oficialidade, cabendo à autoridade instrutora a prática dos atos necessários à elucidação dos fatos imputados ao interessado, não cabendo a este a prática de atos e requerimentos diretos no processo.

COMENTÁRIO

Alternativa "a". No **processo administrativo**, aplica-se o princípio da **informalidade** ou **obediência à forma**, segundo o qual o processo **não deve se submeter a formas rígidas**, exceto se houver exigência legal expressa nesse sentido.

Alternativa "b". O princípio da **ampla defesa** é aplicável em qualquer tipo de processo que envolva situações de litígio ou o poder sancionatório do Estado[48]. Impõe, nos processos administrativos, a observância dos "direitos à comunicação, à apresentação de alegações finais, à produção de provas e à interposição de recursos, nos processos de que possam resultar sanções e nas situações de litígios" como, por exemplo, prescreve o art. 2º, parágrafo único, inciso X, da Lei nº 9.784/99, que regula o processo administrativo no âmbito da Administração Pública federal. Em consonância com o direito constitucional à **ampla defesa**, o art. 3º, III, assegura ao administrado o direito de "formular alegações e apresentar documentos antes da decisão, os quais serão, necessariamente, objeto de consideração pelo órgão competente". Assim, **não é possível** recusar a produção de provas antes de a decisão ser proferida, exceto nos

48 DI PIETRO, Maria Sylvia Zanella. *Direito administrativo*. 21 ed. São Paulo: Atlas, 2008. p. 597.

casos em que se caracterizarem ilícitas, impertinentes, desnecessárias ou protelatórias.

Alternativa "c" (responde a alternativa "e"). A impulsão de ofício não é um critério vedado, pois o processo administrativo, de acordo com o disposto no art. 2º, parágrafo único, XII, da Lei nº 9.784/99, é impulsionado de ofício, sem prejuízo da atuação dos interessados. É o **princípio da oficialidade**, pelo qual a Administração pode de ofício iniciar o processo, impulsioná-lo, instruí-lo e revisá-lo.

Alternativa "d". A assistência de advogado não é obrigatória para o administrado, pois o art. 3º, IV, determina que é direito do administrado "fazer-se assistir, **facultativamente**, por advogado, salvo quando obrigatória a representação, por força de lei". Ainda, há a Súmula vinculante nº 5, a qual estabelece que a "falta de defesa técnica por advogado no processo administrativo disciplinar não ofende a Constituição".

Alternativa correta: letra "b".

---

225. (FCC – Analista Judiciário – Área Administrativa – TRT 21/2023) Considere que a Administração pretenda Invalidar ato administrativo que concedeu benefício a particular, por ter identificado equivoco nos fatos consignados no reconhecimento do pedido. De acordo com o procedimento estabelecido na Lei nº 9.784/1999, que regula o processo administrativo,

a) deverá anular o ato, independentemente do tempo decorrido desde sua prática, salvo se o mesmo não produzir efeitos pecuniários.
b) deverá proceder à anulação do ato, decaindo de tal direito caso decorridos mais de 5 anos de sua prática, salvo comprovada má-fé.
c) somente estará impedida de convalidar o ato se identificada má-fé do beneficiário e, havendo indícios de tal circunstância, deverá Instaurar procedimento para a revogação com direito ao contraditório.
d) poderá revogar o ato ou convalidá-lo, ponderando eventuais razões de conveniência e oportunidade para sua manutenção.
e) deverá recorrer à via Judicial, caso se trate de ato vinculado, somente sendo passíveis de autotutela os atos de natureza discricionária.

COMENTÁRIO

Alternativa "b" (responde a alternativa "a"). A Administração Pública federal, nos termos do artigo 54, da Lei nº 9.784/99, tem o **prazo decadencial de cinco anos** para anular os atos administrativos com **efeitos favoráveis ao destinatário, desde que não haja má-fé**.

Alternativa "c" (responde as alternativas "d" e "e". A **anulação** é a extinção do ato administrativo por razões de ilegalidade. Neste caso, o ato possui algum vício que o contamina e, não sendo passível a convalidação, deve haver a sua invalidação. Como, no caso, tem-se ato administrativo eivado de vício, quando é feito o ato anulatório, apenas se está reconhecendo um vício que já maculava o ato desde sua feitura e, por isso, os efeitos da anulação voltam no tempo de modo a atingir o ato no nascedouro, isto é, os efeitos são *ex tunc*. A competência para anular é da própria Administração, de ofício ou a pedido e **do Poder Judiciário**, mediante controle judicial. Em se tratando de vício de legalidade, portanto, **não há que se falar em revogação.**

Alternativa correta: letra "b".

---

226. (FCC – Analista Judiciário – Área Judiciária – TRT 14/2023) No âmbito da Administração pública federal, as decisões administrativas que exijam a participação de três ou mais setores, órgãos ou entidades poderão ser tomadas mediante decisão coordenada, desde que respeitados todos os requisitos legais. Nos termos da Lei nº 9.784/1999, que regula o processo administrativo no âmbito da Administração pública federal, a decisão coordenada

a) se aplica, dentre outros, a processos administrativos em que estejam envolvidas autoridades de Poderes distintos.
b) obedecerá aos princípios da legalidade, da eficiência e da transparência, com utilização, sempre que necessário, da simplificação do procedimento e da desconcentração das instâncias decisórias.
c) exclui a responsabilidade originária de cada órgão ou autoridade envolvida.
d) não se aplica a processos administrativos relacionados ao poder sancionador.
e) não admite a participação de interessados, ou seja, não permite que titulares de direitos ou interesses que possam ser afetados pela decisão habilitem-se a participar da decisão coordenada, ainda que na qualidade de ouvintes.

COMENTÁRIO

Alternativa "b". Nos termos do art. 49-A, §5º, da Lei, "a decisão coordenada obedecerá aos princípios da legalidade, da eficiência e da transparência, com utilização, sempre que necessário, da simplificação do procedimento e da **concentração** das instâncias decisórias".

Alternativa "c". Pelo contrário, a decisão coordenada não exclui a responsabilidade originária de cada órgão ou autoridade envolvida, consoante art. 49-A, §4º, da Lei.

Alternativa "d" (responde a alternativa "a"). O art. 49, §6º, da Lei, destaca que não se aplica a decisão coordenada aos processos administrativos: I – de licitação; II – relacionados ao poder sancionador; ou III – em que estejam envolvidas autoridades de Poderes distintos.

Alternativa "e". Ao revés, o art. 49-B, da Lei, destaca que "poderão habilitar-se a participar da decisão coordenada, na qualidade de ouvintes, os interessados de que trata o art. 9º desta Lei", que são, justamente, I – pessoas físicas ou jurídicas que o iniciem como titulares de direitos ou interesses individuais ou no exercício do direito de representação; II – aqueles que, sem terem iniciado o processo, têm direitos ou interesses que possam ser afetados pela decisão a ser adotada; III – as organizações e associações representativas, no tocante a direitos e interesses coletivos; e IV – as pessoas ou as associações legalmente constituídas quanto a direitos ou interesses difusos.

Alternativa correta: letra "d".

---

227. (FCC – Analista Judiciário – Área Judiciária – TRT 17/2023) Conforme estabelece a Lei nº 9.784/1999, que dispõe sobre o processo administrativo no âmbito da Administração Pública Federal,

a) não se aplica a decisão coordenada aos processos administrativos de licitação.

b) uma vez iniciado o processo administrativo, o interessado não poderá mais desistir total ou parcialmente do pedido formulado ou, ainda, renunciar a direitos, ainda que disponíveis.

c) o direito da Administração de anular os atos administrativos de que decorram efeitos favoráveis para os destinatários decai em dois anos, contados da data em que foram praticados, salvo comprovada má-fé.

d) o comparecimento espontâneo do administrado não supre a irregularidade da intimação feita sem a observância das prescrições legais.

e) é vedada a autenticação de documentos exigidos em cópia pelo órgão administrativo.

COMENTÁRIO

Alternativa "a". A **decisão coordenada** foi inserida na Lei nº 9.784/99 pela Lei nº 14.210/2021. Neste sentido o art. 49-A, em seu §6º, estabelece que não se aplica a decisão coordenada aos processos administrativos: I – de licitação; II – relacionados ao poder sancionador e III – em que estejam envolvidas autoridades de Poderes distintos.

Alternativa "b". Na forma do art. 51, *caput*, da Lei, "o interessado poderá, mediante manifestação escrita, desistir total ou parcialmente do pedido formulado ou, ainda, renunciar a direitos disponíveis".

Alternativa "c". O direito da Administração de anular os atos administrativos de que decorram efeitos favoráveis para os destinatários decai em **cinco** anos, contados da data em que foram praticados, salvo comprovada má-fé, nos exatos termos do art. 54, *caput*.

Alternativa "d". A literalidade do art. 26, §5º, da Lei, estabelece que "as intimações serão nulas quando feitas sem observância das prescrições legais, mas o comparecimento do administrado supre sua falta ou irregularidade".

Alternativa "e". Consoante art. 22, §3º, da Lei, "a autenticação de documentos exigidos em cópia poderá ser feita pelo órgão administrativo".

Alternativa correta: letra "a".

---

228. (FCC – Analista Judiciário – TRT 18/2023) O processo administrativo disciplinado pela Lei federal nº 9.784/1999 é regido por princípios e norteado por critérios, constantes expressa ou implicitamente do texto legal, dentre os quais se destaca a

a) formalidade, devendo os atos que integram o procedimento ser praticados com estrita observância de forma e momento, a exemplo da juntada de documentos pelo interessado, que deve ser realizada em ato único, assim que intimado para tal.

b) observância da ampla defesa e do contraditório ao interessado, não se lhe podendo recusar a produção de provas antes de a decisão ser proferida, exceto nos casos em que se caracterizarem ilícitas, impertinentes, desnecessárias ou protelatórias.

c) inércia, considerando que o processo administrativo somente se impulsiona por ato do interessado ou de seu superior hierárquico, ao qual interessa a conclusão da apuração, sendo vedada a movimentação de ofício pela autoridade instrutora.

d) necessidade de o interessado ser representado por advogado durante toda a tramitação processual, o que, em razão da despesa que acarreta, impede a cobrança de custas e despesas processuais ou permite a compensação entre os valores.

e) oficialidade, cabendo à autoridade instrutora a prática dos atos necessários à elucidação dos fatos imputados ao interessado, não cabendo a este a prática de atos e requerimentos diretos no processo.

COMENTÁRIO

✪ **Nota do Autor:** A questão exige conhecimento de parte dos princípios do processo administrativo. Importante destacar que os princípios do processo administrativo subdividem-se em expressos – elencados no art. 2º da Lei nº 9.784/1999 – que são, especificamente, os da **legalidade, finalidade, moti-**

vação, razoabilidade, proporcionalidade, moralidade, ampla defesa, contraditório, segurança jurídica, interesse público e eficiência e, ainda, em implícitos, apontados pela doutrina como os da **oficialidade, informalidade, verdade material, gratuidade e pluralidade de instâncias.**

Alternativa "a". O **princípio do formalismo moderado**, aplicável aos processos administrativos, não significa ausência de forma, mas que o processo administrativo **não deve se submeter a formas rígidas,** exceto se houver exigência legal expressa.

Alternativa "b". No **processo administrativo vigora o princípio da ampla defesa**, aliás, imprescindível no Estado Democrático. Dentre os direitos inerentes à ampla defesa estão o caráter prévio da defesa, o direito de cópias, o direito a informação em geral, direito de recurso e o **direito à defesa técnica** nos processos administrativos. Este último direito é objeto de constantes discussões na doutrina e jurisprudência. O reconhecimento da necessidade da defesa técnica no processo administrativo ganhou força com a edição da Súmula nº 434 do STJ. Posteriormente, o posicionamento foi alterado com a edição da Súmula Vinculante nº 5 do STF, reconhecendo que o advogado é **dispensável** no processo disciplinar. Neste sentido, ao interessado é dado o direito de produzir provas antes de a decisão ser proferida, exceto nos casos em que se caracterizarem ilícitas, impertinentes, desnecessárias ou protelatórias.

Alternativa "c" (responde a alternativa "e"). O **princípio da oficialidade**, em âmbito administrativo, não tem significado igual ao que lhe é dado no processo judicial, em que cabe ao juiz movimentar o processo tão somente após provocação das partes. No processo administrativo, o princípio da oficialidade representa a possibilidade da Administração Pública, **de ofício**, dar início ao processo administrativo, impulsioná-lo, instruí-lo e revisá-lo.

Alternativa "d". Consoante art. 2º, parágrafo único, V, da Lei nº 9.784/99, nos processos administrativos será observada a "proibição de cobrança de despesas processuais, ressalvadas as previstas em lei". Nessa esteira, importa destacar a Súmula Vinculante nº 21 que preceitua ser "inconstitucional a exigência de depósito ou arrolamento prévios de dinheiro ou bens para admissibilidade de recurso administrativo". Apesar da **Súmula nº 343 do STJ** dispor que é obrigatória a presença de advogado em todas as fases do processo administrativo disciplinar, o STF já decidiu de forma reiterada que a falta de advogado no processo administrativo disciplinar **não ofende a Constituição**, constante tal entendimento na **Súmula Vinculante nº 5 do STF.**

Alternativa correta: letra "b".

---

229. (FCC – Analista Judiciário – Área Judiciária – TRT 5/2022) O instituto da decisão coordenada, na forma disciplinada pela Lei nº 9.784/1999, que regula o processo administrativo no âmbito federal, aplica-se a decisões administrativas

a) que exijam a participação de 3 (três) ou mais setores, órgãos ou entidades do mesmo Poder, em matéria relevante e cuja discordância prejudique a celeridade do processo, vedada em procedimentos licitatórios e sancionatórios.
b) produzidas de forma conjunta pelo Poder Executivo e Legislativo, em matéria de competência comum, podendo também incluir o Poder Judiciário desde que não se trate de atividade jurisdicional.
c) quando for recomendável uma tomada de decisão única, de forma a excluir a responsabilidade original de cada órgão ou autoridade, especialmente em matéria de alta complexidade.
d) quando se tratar de ato jurídico complexo, cujos efeitos apenas se performam com a confirmação ou ratificação do ato originário por autoridade superior.
e) em se tratando de conselhos ou outros órgãos colegiados em que a decisão é resultado de processo de deliberação coletiva dos integrantes.

COMENTÁRIO

Alternativa "a" (responde as alternativas "b", "d" e "e"). Na forma do art. 49-A, *caput*, da Lei nº 9.784/99, "no âmbito da Administração Pública federal, as decisões administrativas que exijam a participação de 3 (três) ou mais setores, órgãos ou entidades poderão ser tomadas mediante decisão coordenada, sempre que: I – for justificável por relevância da matéria e; II – houver discordância que prejudique a celeridade do processo administrativo decisório". Vale destacar que, nos termos do §6º, não se aplica a decisão coordenada aos processos administrativos de licitação, relacionados ao poder sancionador ou em que estejam envolvidas autoridades de Poderes distintos.

Alternativa "c". Nos exatos termos do art. 49-A, §4º, "a decisão coordenada não exclui a responsabilidade originária de cada órgão ou autoridade envolvida".

Alternativa correta: letra "a".

---

230. (FCC – Técnico Judiciário – Área Administrativa – TRT 9/2022) A propósito das formalidades relativas ao processo administrativo, a Lei nº 9.784/1999 estatui que

a) nos processos acusatórios, a defesa técnica por advogado é obrigatória.
b) a intimação realizada sem observância das prescrições legais deve ser refeita, ainda que haja comparecimento espontâneo do administrado.

c) a autenticação de documentos exigidos em cópia poderá ser feita pelo próprio órgão administrativo.

d) os atos do processo devem realizar-se exclusivamente na sede do órgão administrativo que o conduz.

e) o reconhecimento de firma deve ser sempre exigido, salvo se houver dispensa legal.

COMENTÁRIO

Alternativa "a". Na forma do art. 3º, IV, da Lei, o administrado tem o direito de "fazer-se assistir, **facultativamente**, por advogado, salvo quando obrigatória a representação, por força de lei". Neste mesmo sentido é a Súmula Vinculante nº 5 do STF, reconhecendo que o advogado é **dispensável** no processo disciplinar.

Alternativa "b". Eis o conteúdo do art. 26, §5º, da Lei, pelo qual "as intimações serão nulas quando feitas sem observância das prescrições legais, mas o comparecimento do administrado supre sua falta ou irregularidade".

Alternativa "c". Nos exatos termos do art. 22, §3º, da Lei, "a autenticação de documentos exigidos em cópia poderá ser feita pelo próprio órgão administrativo". Trata-se da aplicação do princípio do **formalismo moderado**, que não significa ausência de forma, mas que o processo administrativo **não deve se submeter a formas rígidas,** exceto se houver exigência legal expressa

Alternativa "d". Os atos do processo devem realizar-se preferencialmente na sede do órgão, cientificando-se o interessado se outro for o local de realização, nos termos do art. 25.

Alternativa "e". Consoante art. 22, §2º, da Lei, salvo imposição legal, o reconhecimento de firma somente será exigido quando houver dúvida de autenticidade.

Alternativa correta: letra "c".

---

231. (FGV – Analista Judiciário – Área Judiciária – TRT 13/2022) Ronaldo e Roberto, ambos ocupantes do cargo de Analista Judiciário do Tribunal Regional do Trabalho da Região, são casados. Ronaldo é o servidor competente que conduz determinado processo administrativo, em cujo curso foi arrolado Roberto, na qualidade de testemunha. Ao tomar conhecimento do arrolamento de Roberto como testemunha, à luz da Lei nº 9.784/99, o servidor Ronaldo deverá

a) comunicar o fato à autoridade competente, abstendo-se de atuar no feito, em razão de seu impedimento, sob pena de cometer falta grave disciplinar.

b) dar regular prosseguimento ao processo administrativo, eis que não se aplicam as hipóteses de impedimento e suspeição, pois Ronaldo também é servidor público efetivo.

c) proceder à delegação de sua competência para conduzir o processo em favor de autoridade hierarquicamente superior, sob pena de nulidade do feito e falta disciplinar leve.

d) comunicar o fato à autoridade competente, abstendo-se de atuar no feito, em razão de sua suspeição, sob pena de cometer falta disciplinar leve.

e) prosseguir atuando no feito, haja vista que não se aplicam as hipóteses de impedimento e suspeição, que são exclusivas dos processos judiciais.

COMENTÁRIO

✪ **Nota do Autor:** Na exata forma do art. 18, da Lei, é impedido de atuar em processo administrativo o servidor ou autoridade que: I – tenha interesse direto ou indireto na matéria; II – tenha participado ou venha a participar como perito, testemunha ou representante, ou se tais situações ocorrem quanto ao cônjuge, companheiro ou parente e afins até o terceiro grau; III – esteja litigando judicial ou administrativamente com o interessado ou respectivo cônjuge ou companheiro.

Alternativa "a" (responde as demais alternativas). Nos termos do art. 19, *caput*, da Lei, "a autoridade ou servidor que incorrer em impedimento deve comunicar o fato à autoridade competente, abstendo-se de atuar". É de se destacar, ainda, que a omissão do dever de comunicar o impedimento constitui falta grave, para efeitos disciplinares, na forma do parágrafo único, do mesmo dispositivo.

Alternativa correta: letra "a".

---

232. (FCC – Analista Judiciário – Área Judiciária – TRT 14/2022) No âmbito da Administração pública federal, as decisões administrativas que exijam a participação de três ou mais setores, órgãos ou entidades poderão ser tomadas mediante decisão coordenada, desde que respeitados todos os requisitos legais. Nos termos da Lei nº 9.784/1999, que regula o processo administrativo no âmbito da Administração pública federal, a decisão coordenada

a) se aplica, dentre outros, a processos administrativos em que estejam envolvidas autoridades de Poderes distintos.

b) obedecerá aos princípios da legalidade, da eficiência e da transparência, com utilização, sempre que necessário, da simplificação do procedimento e da desconcentração das instâncias decisórias.

c) exclui a responsabilidade originária de cada órgão ou autoridade envolvida.

d) não se aplica a processos administrativos relacionados ao poder sancionador.

e) não admite a participação de interessados, ou seja, não permite que titulares de direitos ou interesses que possam ser afetados pela decisão habilitem-se a participar da decisão coordenada, ainda que na qualidade de ouvintes.

COMENTÁRIO

Alternativa "a" (responde, também, a alternativa "d"). A **decisão coordenada** foi inserida na Lei nº 9.784/99 pela Lei nº 14.210/2021. Neste sentido o art. 49-A, em seu §6º, estabelece que não se aplica a decisão coordenada aos processos administrativos: I – de licitação; II – relacionados ao poder sancionador e III – em que estejam envolvidas autoridades de Poderes distintos.

Alternativa "b". Nos termos do art. 49-A, §5º, da Lei, a decisão coordenada obedecerá aos princípios da legalidade, da eficiência e da transparência, com utilização, sempre que necessário, da simplificação do procedimento e da **concentração** das instâncias decisórias.

Alternativa "c". Eis a literalidade do §4º, do art. 49-A, pelo qual a decisão coordenada não exclui a responsabilidade originária de cada órgão ou autoridade envolvida.

Alternativa "e". O art. 49-B, *caput*, da Lei, admite a participação de interessados, ou seja, permite que titulares de direitos ou interesses que possam ser afetados pela decisão habilitem-se a participar da decisão coordenada, ainda que na qualidade de ouvintes.

Alternativa correta: letra "d".

---

233. (FCC – Analista Judiciário – Área Judiciária – TRT 16/2022) De acordo com a Lei n° 9.784/1999, que trata do processo administrativo federal, a motivação deve ser explícita, clara e congruente,

a) podendo consistir em declaração de concordância com fundamentos de anteriores pareceres, informações, decisões ou propostas, que, neste caso, serão parte integrante do ato, configurando o que a doutrina denomina de motivação aliunde.

b) não podendo consistir em declaração de concordância com fundamentos de anteriores pareceres, informações, decisões ou propostas, para se evitar, segundo a doutrina, denominada reformatio in pejus.

c) podendo consistir em declaração de concordância com fundamentos de anteriores pareceres, informações, decisões ou propostas, que, neste caso, contudo, não serão parte integrante do ato, configurando o que a doutrina denomina de motivação per relationem.

d) não podendo consistir em declaração de concordância com fundamentos de anteriores pareceres, informações, decisões ou propostas, para se evitar, segundo a doutrina, o chamado efeito ex nunc.

e) podendo consistir em declaração de concordância com fundamentos de anteriores pareceres, informações, decisões ou propostas, que, neste caso, serão parte integrante do ato, configurando o que a doutrina denomina de teoria dos motivos determinantes.

COMENTÁRIO

✪ **Nota do Autor:** O art. 50, *caput*, da Lei nº 9.784/99, estabelece que "os atos administrativos deverão ser motivados, com indicação dos fatos e dos fundamentos jurídicos, quando: I – neguem, limitem ou afetem direitos ou interesses; II – imponham ou agravem deveres, encargos ou sanções; III – decidam processos administrativos de concurso ou seleção pública; IV – dispensem ou declarem a inexigibilidade de processo licitatório; V – decidam recursos administrativos; VI – decorram de reexame de ofício; VII – deixem de aplicar jurisprudência firmada sobre a questão ou discrepem de pareceres, laudos, propostas e relatórios oficiais; VIII – importem anulação, revogação, suspensão ou convalidação de ato administrativo.

Alternativa a" (responde as demais alternativas). Nos termos do art. 50, §1º, da Lei, "a motivação deve ser explícita, clara e congruente, podendo consistir em declaração de concordância com fundamentos de anteriores pareceres, informações, decisões ou propostas, que, neste caso, serão parte integrante do ato". É importante destacar que a **teoria dos motivos determinantes** trata de outra questão, na medida em que, de acordo com seu postulado, não importa se deve ou não haver a **motivação – demonstração do motivo, por escrito** – do ato administrativo, pois o administrador fica **vinculado aos motivos declarados para a prática do ato.** Quer dizer, mesmo que se trate de situação em que não havia obrigação de motivar, **uma vez feita a motivação ou motivo declarado existiu e é verdadeiro ou o ato é nulo.**

Alternativa correta: letra "a".

---

234. (FCC – Analista Judiciário – Oficial de Justiça Avaliador Federal – TRT 17/2022) Conforme estabelece a Lei nº 9.784/1999, que dispõe sobre o processo administrativo no âmbito da Administração Pública Federal,

a) devem ser objeto de intimação os atos do processo que resultem para o interessado em imposição de deveres, ônus, sanções ou restrição ao exercício de direitos e atividades e os atos de outra natureza, de seu interesse.

b) os atos do processo administrativo não dependem de forma determinada; contudo, será sempre exigido o reconhecimento de firma de seus documentos.

c) inexistindo disposição específica, os atos do órgão ou autoridade responsável pelo processo e dos administrados que dele participem devem ser praticados no prazo máximo de 48 horas, salvo motivo de força maior.

d) no caso de interessados indeterminados, desconhecidos ou com domicílio indefinido, a intimação deve ser efetuada por meio de oficial de justiça.

e) o desatendimento da intimação importa o reconhecimento da verdade dos fatos e, ainda, a renúncia a direito pelo administrado.

COMENTÁRIO

Alternativa "a". Eis a literalidade do art. 28, da Lei, pelo qual, "devem ser objeto de intimação os atos do processo que resultem para o interessado em imposição de deveres, ônus, sanções ou restrição ao exercício de direitos e atividades e os atos de outra natureza, de seu interesse".

Alternativa "b". Consoante art. 22, §2º, da Lei, salvo imposição legal, o reconhecimento de firma **somente** será exigido quando houver dúvida de autenticidade.

Alternativa "c". Inexistindo disposição específica, os atos do órgão ou autoridade responsável pelo processo e dos administrados que dele participem devem ser praticados no **prazo de cinco dias**, salvo motivo de força maior, nos termos do art. 24, *caput*, da Lei.

Alternativa "d". Na forma do art. 26, §4º, da Lei, "no caso de interessados indeterminados, desconhecidos ou com domicílio indefinido, a intimação deve ser efetuada por meio de **publicação oficial**".

Alternativa "e". Pelo contrário, de acordo com o art. 27, *caput*, da Lei, "o desatendimento da intimação não importa o reconhecimento da verdade dos fatos, nem a renúncia a direito pelo administrado".

Alternativa correta: letra "a".

---

235. (FCC – Técnico Judiciário – Área Administrativa – TRT 17/2022) Os interessados serão intimados de prova ou diligência ordenada, com antecedência mínima de I dias úteis, mencionando- se data, hora e local de realização. Encerrada a instrução, o interessado terá o direito de manifestar-se no prazo máximo de II dias, salvo se outro prazo for legalmente fixado. Concluída a instrução de processo administrativo, a Administração tem o prazo de até III dias para decidir, salvo prorrogação por igual período expressamente motivada.

Conforme estabelece a Lei nº 9.784/1999, que dispõe sobre o processo administrativo no âmbito da Administração Pública Federal, as lacunas I, II e III devem ser preenchidas, correta e respectivamente, por:

a) 10 - 5 - 15

b) 3 - 10 - 30

c) 5 - 15 - 20

d) 5 - 10 - 60

e) 3 - 5 30

COMENTÁRIO

Alternativa "b" (responde as demais alternativas). Na forma do art. 41, da Lei, "os interessados serão intimados de prova ou diligência ordenada, com antecedência mínima de **três dias úteis**, mencionando-se data, hora e local de realização". Em continuidade, o art. 44, estabelece que "encerrada a instrução, o interessado terá o direito de manifestar-se no prazo máximo de **dez dias**, salvo se outro prazo for legalmente fixado". Enfim, ´nos termos do art. 49, "concluída a instrução de processo administrativo, a Administração tem o prazo de até **trinta dias** para decidir, salvo prorrogação por igual período expressamente motivada".

Alternativa correta: letra "b"

---

236. (FCC – Técnico Judiciário – Área Administrativa – TRT 22/2022) A propósito das regras de competência, a Lei de Processo Administrativo Federal (Lei nº 9.784/1999) estatui que

a) a delegação somente se dá entre órgãos e agentes hierarquicamente relacionados.

b) inexistindo competência legal específica, o processo administrativo deverá ser iniciado perante a máxima autoridade do órgão.

c) a avocação é baseada no princípio hierárquico e independe de motivação.

d) o ato de delegação é de natureza interna e independe de publicação.

e) as decisões adotadas por delegação devem mencionar explicitamente esta qualidade e considerar-se-ão editadas pelo delegado.

COMENTÁRIO

Alternativa "a". O art. 12, *caput*, da Lei, estabelece que "um órgão administrativo e seu titular poderão, se não houver impedimento legal, delegar parte da sua competência a outros órgãos ou titulares, **ainda que estes não lhe sejam hierarquicamente subordinados**, quando for conveniente, em razão de circunstâncias de índole técnica, social, econômica, jurídica ou territorial".

Alternativa "b". Inexistindo competência legal específica, o processo administrativo deverá ser iniciado perante a autoridade **de menor grau hierárquico** para decidir, nos termos do art. 17, da Lei.

Alternativa "c". O art. 15, da Lei, estabelece que "será permitida, em caráter excepcional e por **motivos relevantes devidamente justificados**, a avocação temporária de competência atribuída a órgão hierarquicamente inferior".

Alternativa "d". Pelo contrário, nos termos do art. 14, *caput*, da Lei, "o ato de delegação e sua revogação deverão ser publicados no meio oficial", o qual especificará as matérias e poderes transferidos, os limites da atuação do delegado, a duração e os objetivos da delegação e o recurso cabível, podendo conter ressalva de exercício da atribuição delegada (§1º).

Alternativa "e". Eis a literalidade do art. 14, §3º, da Lei, pelo qual "as decisões adotadas por delegação devem mencionar explicitamente esta qualidade e considerar-se-ão editadas pelo delegado".

Alternativa correta: letra "e".

---

237. (FCC – Analista Judiciário – Área Judiciária – TRT 23/2022) No processo administrativo no âmbito da Administração Pública Federal (Lei nº 9.784/1999), a lei estabelece que:

a) inexistindo disposição específica, os atos do órgão ou autoridade responsável pelo processo e dos administrados que dele participem devem ser praticados no prazo máximo de 48 horas, salvo motivo de força maior.

b) é impedido de atuar em processo administrativo o servidor ou autoridade que tenha amizade íntima ou inimizade notória com algum dos interessados ou com os respectivos cônjuges, companheiros, parentes e afins até o terceiro grau.

(C) os atos do processo administrativo devem ser produzidos por escrito, em vernáculo, com a data e o local de sua realização e a assinatura da autoridade responsável.

d) pode ser arguida a suspeição de autoridade ou servidor que esteja litigando judicial ou administrativamente com o interessado ou respectivo cônjuge ou companheiro.

e) o indeferimento de alegação de suspeição poderá ser objeto de recurso, com efeito suspensivo.

COMENTÁRIO

Alternativa "a". Inexistindo disposição específica, os atos do órgão ou autoridade responsável pelo processo e dos administrados que dele participem devem ser praticados no **prazo de cinco dias**, salvo motivo de força maior, nos termos do art. 24, *caput*, da Lei.

Alternativa "b" (responde a alternativa "d"). Na exata forma do art. 18, da Lei, é impedido de atuar em processo administrativo o servidor ou autoridade que: I – tenha interesse direto ou indireto na matéria; II – tenha participado ou venha a participar como perito, testemunha ou representante, ou se tais situações ocorrem quanto ao cônjuge, companheiro ou parente e afins até o terceiro grau; III – **esteja litigando judicial ou administrativamente com o interessado ou respectivo cônjuge ou companheiro.** O art. 20, por seu turno, estabelece que "pode ser arguida a **suspeição** de autoridade ou servidor que tenha amizade íntima ou inimizade notória com algum dos interessados ou com os respectivos cônjuges, companheiros, parentes e afins até o terceiro grau".

Alternativa "c". Nos termos do art. 22, §1º, da Lei, "os atos do processo devem ser produzidos por escrito, em vernáculo, com a data e o local de sua realização e a assinatura da autoridade responsável";

Alternativa "e". O art. 21, da Lei, fixa que "o indeferimento de alegação de suspeição poderá ser objeto de recurso, sem efeito suspensivo".

Alternativa correta: letra "c".

---

238. (AOCP – Técnico Judiciário – Área Administrativa – TRT 1/2018) Assinale a alternativa correta conforme a Lei nº 9.784/1999, a qual regula o processo administrativo no âmbito da Administração Pública Federal.

a) As matérias de competência privativa da autoridade não podem ser objeto de delegação.

b) Inexistindo disposição específica, os atos da autoridade responsável pelo processo devem ser praticados no prazo de 10 (dez) dias, salvo motivo de força maior.

c) Cabe recurso, com efeito suspensivo, do indeferimento da alegação de suspeição.

d) Concluída a instrução do processo administrativo, a Administração tem o prazo de até 45 (quarenta e cinco) dias para decidir, salvo prorrogação expressamente motivada.

e) A intimação do interessado deve respeitar a antecedência mínima de 3 (três) dias úteis quanto à data de comparecimento.

COMENTÁRIO

Alternativa "a". Nos termos do art. 13 da Lei nº 9.784/99, a delegação é proibida quando o objeto for a edição de atos de caráter normativo, a decisão de recursos administrativos e as matérias de competência **exclusiva** do órgão ou autoridade, e não privativa, como mencionado na alternativa.

Alternativa "b". Inexistindo disposição específica, os atos da autoridade responsável pelo processo devem ser praticados no prazo de 5 (cinco) dias, salvo motivo de força maior, de acordo com o art. 24, *caput*, da Lei.

Alternativa "c". Nos termos do art. 21, da Lei, o indeferimento de alegação de suspeição poderá ser objeto de recurso, sem efeito suspensivo.

Alternativa "d". Concluída a instrução do processo administrativo, a Administração tem o prazo de até 30 (trinta) dias para decidir, salvo prorrogação expressamente motivada, consoante art. 49, da Lei nº 9.784/99.

Alternativa "e". A intimação do interessado no processo administrativo federal pode ser determinada pelo órgão no qual tramita o processo, para ciência de decisão ou efetivação de diligências, conforme o art. 26, caput, da Lei nº 9.784/99. Todavia, no § 2º do mesmo artigo, há a determinação de que a intimação deve observar a antecedência mínima de três dias úteis (e não três horas como constou na questão) à data de comparecimento.

Alternativa correta: letra "e".

---

239. (AOCP – Analista Judiciário – Área Administrativa – TRT 1/2018) No tocante à instrução do processo administrativo federal (Lei nº 9.784/1999), assinale a alternativa correta.

a) Quando deva ser obrigatoriamente ouvido um órgão consultivo, o parecer deverá ser emitido no prazo máximo de 15 (quinze) dias, salvo norma especial ou comprovada necessidade de maior prazo.

b) O comparecimento à consulta pública confere, por si, a condição de interessado do processo, outorgando o direito de obter da Administração resposta fundamentada sobre o caso.

c) Somente podem ser recusadas sem a devida fundamentação as provas propostas pelos interessados quando forem ilícitas, impertinentes, desnecessárias ou protelatórias.

d) Encerrada a instrução, o interessado terá o direito de manifestar-se no prazo máximo de 20 (vinte) dias, salvo se outro prazo for legalmente fixado.

e) Se um parecer obrigatório e não vinculante deixar de ser emitido no prazo fixado, o processo não terá seguimento até a respectiva apresentação, responsabilizando-se quem der causa ao atraso.

COMENTÁRIO

Alternativa "a" (responde a alternativa "e"). A instrução do processo destina-se a **averiguar e comprovar os dados necessários** à tomada de decisão (art. 29, da Lei nº 9.784/99). Se houver a **obrigatoriedade** de ser ouvido **órgão consultivo**, por meio de parecer, o prazo é de **quinze dias**, no máximo, salvo norma especial ou comprovada necessidade de maior prazo. No caso da não apresentação no prazo fixado: o processo não terá seguimento até a respectiva apresentação, se o parecer era obrigatório e vinculante; porém, se era obrigatório e não vinculante poderá prosseguir e ser decidido com sua dispensa, responsabilizando-se o servidor omisso.

Alternativa "b". Na forma do art. 31, §2º, da Lei, "o comparecimento à consulta pública não confere, por si, a condição de interessado do processo, mas confere o direito de obter da Administração resposta fundamentada, que poderá ser comum a todas as alegações substancialmente iguais".

Alternativa "c". Somente podem ser recusadas, **mediante decisão fundamentada,** as provas propostas pelos interessados quando forem ilícitas, impertinentes, desnecessárias ou protelatórias, nos termos do art. 38, §2º, da Lei.

Alternativa "d". De acordo com o art. 44, da Lei, encerrada a instrução, o interessado terá o direito de manifestar-se no prazo máximo de 10 (dez) dias, salvo se outro prazo for legalmente fixado.

Alternativa correta: letra "a".

---

240. (FCC – Técnico Judiciário – Área Administrativa – TRT 24/2017) Considere as seguintes assertivas concernentes à Lei nº 9.784/1999, que regula o processo administrativo no âmbito da Administração pública federal:

i. As disposições da Lei nº 9.784/1999 também se aplicam ao Poder Judiciário, quando no exercício de função administrativa.

ii. A Lei nº 9.784/1999 traz o conceito de "entidade", definindo-a como a unidade de atuação que pode ou não ter personalidade jurídica.

iii. O administrado poderá optar por não prestar informações que lhes são solicitadas, tratando-se tal postura de um de seus direitos, expressamente previsto na Lei nº 9.784/1999.

iv. Um dos critérios a serem observados nos processos administrativos regidos pela Lei nº 9.784/1999 é a indicação dos pressupostos fáticos que tenham determinado a decisão, não se exigindo a indicação de pressupostos de direito, justamente pela informalidade e objetividade que vigora em tais processos administrativos.

Está correto o que se afirma APENAS em

a) iii e iv.

b) ii e iii.

c) i e iv.

d) i, ii e iii.

e) i.

COMENTÁRIOS

✪ **Nota do Autor:** O **processo** é "a relação jurídica integrada por algumas pessoas, que nela exercem várias atividades direcionadas para determinado fim"[49].

Item I. Correto. Na forma do art. 1º, a Lei estabelece normas básicas sobre o processo administrativo no âmbito da Administração Federal direta e indireta, visando, em especial, à proteção dos direitos dos administrados e ao melhor cumprimento dos fins da Administração. No § 1º, consta que os preceitos da Lei se aplicam, de igual modo, **aos órgãos dos Poderes Legislativo e Judiciário da União**, quando no desempenho de função administrativa.

Item II. Errado. O art. 1º, § 2º, define que o órgão é a unidade de atuação integrante da estrutura da Administração direta e da estrutura da Administração indireta e, portanto, sem personalidade jurídica, bem como que **entidade é a unidade de atuação dotada de personalidade jurídica.**

Item III. Errado. A alternativa está errada porque é dever administrado prestar as informações que lhe forem solicitadas pela Administração, nos termos do art. 4º, IV, da Lei.

Item IV. Errado. O princípio da motivação corresponde à demonstração, por escrito, dos motivos, dos pressupostos de fato e de direito, que levaram o administrador a praticar o ato administrativo. Está previsto expressamente no art. 2º, parágrafo único, VII, da Lei nº 9.784/99, ao estabelecer como critério, no processo administrativo federal, a "indicação dos pressupostos de fato e de direito que determinarem a decisão".

Alternativa correta: letra "e". Apenas o item I está correto.

---

241. (AOCP - Analista Judiciário - Área Administrativa - TRT 1/2018) No tocante à instrução do processo administrativo federal (Lei n° 9.784/1999), assinale a alternativa correta.

a) Quando deva ser obrigatoriamente ouvido um órgão consultivo, o parecer deverá ser emitido no prazo máximo de 15 (quinze) dias, salvo norma especial ou comprovada necessidade de maior prazo.

b) O comparecimento à consulta pública confere, por si, a condição de interessado do processo, outorgando o direito de obter da Administração resposta fundamentada sobre o caso.

c) Somente podem ser recusadas sem a devida fundamentação as provas propostas pelos interessados quando forem ilícitas, impertinentes, desnecessárias ou protelatórias.

d) Encerrada a instrução, o interessado terá o direito de manifestar-se no prazo máximo de 20 (vinte) dias, salvo se outro prazo for legalmente fixado.

e) Se um parecer obrigatório e não vinculante deixar de ser emitido no prazo fixado, o processo não terá seguimento até a respectiva apresentação, responsabilizando-se quem der causa ao atraso.

COMENTÁRIO

Alternativa "a" (responde a alternativa "e"). A instrução do processo destina-se a **averiguar e comprovar os dados necessários** à tomada de decisão (art. 29, da Lei nº 9.784/99). Se houver a **obrigatoriedade** de ser ouvido **órgão consultivo**, por meio de parecer, o prazo é de **quinze dias**, no máximo, salvo norma especial ou comprovada necessidade de maior prazo. No caso da não apresentação no prazo fixado: o processo não terá seguimento até a respectiva apresentação, se o parecer era obrigatório e vinculante; porém, se era obrigatório e não vinculante poderá prosseguir e ser decidido com sua dispensa, responsabilizando-se o servidor omisso.

Alternativa "b". Na forma do art. 31, §2º, da Lei, "o comparecimento à consulta pública não confere, por si, a condição de interessado do processo, mas confere o direito de obter da Administração resposta fundamentada, que poderá ser comum a todas as alegações substancialmente iguais".

Alternativa "c". Somente podem ser recusadas, **mediante decisão fundamentada,** as provas propostas pelos interessados quando forem ilícitas, impertinentes, desnecessárias ou protelatórias, nos termos do art. 38, §2º, da Lei.

Alternativa "d". De acordo com o art. 44, da Lei, encerrada a instrução, o interessado terá o direito de manifestar-se no prazo máximo de 10 (dez) dias, salvo se outro prazo for legalmente fixado.

Alternativa correta: letra "a".

---

242. (FCC - Analista Judiciário - Área Administrativa - TRT 2/2018) No que concerne à competência das autoridades administrativas e sua delegação, nos termos disciplinados pela Lei Federal nº 9.784, de 1999, que disciplina o processo administrativo no âmbito da Administração Pública Federal, tem-se que

a) a delegação somente é admitida para órgão hierarquicamente subordinado àquele detentor da competência legal.

b) não é admissível a delegação de competência para decisão de recursos administrativos.

---

49. CARVALHO FILHO, José dos Santos. *Manual de direito administrativo*. 26. ed. São Paulo: Atlas, 2013. p. 970-971.

c) admite-se a delegação para a edição de atos normativos, desde que não gerem efeitos perante terceiros.

d) a avocação de competência de órgão hierarquicamente inferior é sempre cabível, independentemente de ato específico.

e) não é passível de delegação a competência exclusiva, salvo para a prática de atos declaratórios.

COMENTÁRIO

✪ **Nota do Autor:** Mediante a delegação, quem é competente delega, transfere parte de sua competência para outro servidor. A delegação está regulada nos artigos 12 a 14 da Lei nº 9.784/99.

Alternativa "a". Estabelece o art. 12, *caput*, da Lei que um órgão administrativo e seu titular poderão, se não houver impedimento legal, delegar parte da sua competência a outros órgãos ou titulares, **ainda que estes não lhe sejam hierarquicamente subordinados**, quando for conveniente, em razão de circunstâncias de índole técnica, social, econômica, jurídica ou territorial.

Alternativa "b" (responde as alternativas "c" e "e"). Nos termos do art. 13 da Lei nº 9.784/99, a delegação é proibida quando o objeto for a edição de atos de caráter normativo, **a decisão de recursos administrativos e as matérias de competência exclusiva do órgão ou autoridade,** não havendo qualquer flexibilização quanto à prática de atos declaratórios.

Alternativa "d". Na forma do art. 15, da Lei, será permitida, **em caráter excepcional e por motivos relevantes devidamente justificados**, a avocação temporária de competência atribuída a órgão hierarquicamente inferior.

Alternativa correta: letra "b".

---

243. (FCC – Analista Judiciário – Área Administrativa – TRT 15/2018) Diferentemente do processo judicial, cujo procedimento é exaustivamente descrito em lei, o processo administrativo regido pela Lei nº 9.784/1999

a) admite a utilização de provas obtidas por meios ilícitos, tendo em vista que importa a apuração da verdade real.

b) admite a utilização de provas obtidas por meios ilícitos, desde que se observe, no trâmite do processo, o direito de defesa e o contraditório do servidor ao qual se imputa a conduta antijurídica.

c) pode ser impulsionado de ofício, salvo no que se refere à fase de instrução, que depende de especificação de provas pela Administração pública e pelo acusado.

d) pode se movimentar de ofício, inexistindo a mesma formalidade do processo judicial, não sendo imprescindível a presença de advogado para defesa técnica do servidor ao qual se imputa conduta antijurídica.

e) prevê a realização de apenas uma audiência, dita una, que concentra as fases de conciliação, instrução e decisão.

COMENTÁRIO

✪ **Nota do Autor:** A questão exige conhecimento de parte dos princípios do processo administrativo. Importante destacar que os princípios do processo administrativo subdividem-se em expressos – elencados no art. 2º da Lei nº 9.784/1999 – que são, especificamente, os da **legalidade, finalidade, motivação, razoabilidade, proporcionalidade, moralidade, ampla defesa, contraditório, segurança jurídica, interesse público e eficiência** e, ainda, em implícitos, apontados pela doutrina como os da **oficialidade, informalidade, verdade material, gratuidade e pluralidade de instâncias.**

Alternativa "a" (responde a alternativa "b"). Na esteira do estatuído no art. 5º, LVI, da Constituição Federal, o art. 38, § 2º, da Lei nº 9.784/99 não se admite o uso de prova ilícita. Neste sentido, o dispositivo legal destaca que somente podem ser recusadas, **mediante decisão fundamentada,** as provas propostas pelos interessados quando forem ilícitas, impertinentes, desnecessárias ou protelatórias.

Alternativa "c" (responde a alternativa "d"). O princípio da oficialidade, em âmbito administrativo, não tem significado igual ao que lhe é dado no processo judicial, em que cabe ao juiz movimentar o processo tão somente após provocação das partes. No processo administrativo, o princípio da oficialidade representa a possibilidade da Administração Pública, **de ofício**, dar início ao processo administrativo, impulsioná-lo, instruí-lo e revisá-lo. Está previsto no art. 2º, parágrafo único, XIII, da Lei nº 9.784/99.

Alternativa "e". Inexiste previsão na Lei nº 9.784/99 acerca de conciliação e a instrução não precisa ser realizada em ato único. Por fim, a decisão é proferida pela autoridade competente, após o encerramento da instrução..

Alternativa correta: letra "d".

---

244. (FCC – Analista Judiciário – Área Judiciária – TRT 11/2017) Mauro, servidor público federal, responsável por determinado processo administrativo de âmbito federal, deve, de acordo com a Lei nº 9.784/1999, praticar ato no prazo de cinco dias, quando inexistir disposição legal específica, bem como quando inexistir motivo de força maior que justifiquem prazo diverso. De acordo com a mesma Lei, o referido prazo

a) pode ser dilatado até o dobro, mediante comprovada justificação.
b) não comporta dilatação.
c) pode ser dilatado até o triplo, não sendo necessária justificação para tanto.
d) pode ser dilatado até o dobro, não sendo necessária justificação para tanto.
e) pode ser dilatado para o prazo máximo de trinta dias, mediante comprovada justificação.

COMENTÁRIOS

✪ **Nota do Autor:** a questão trata do prazo residual previsto no art. 24 da Lei nº 9.784/1999.

Alternativa "a" (responde as demais alternativas). Quanto aos prazos previstos na lei, **quando não houver disposição específica em contrário**, os atos do órgão ou autoridade responsável pelo processo e dos administrados que dele participem devem ser praticados no **prazo de cinco dias**, salvo motivo de força maior, podendo ser dilatado até o dobro, mediante justificativa comprovada.

Alternativa correta: letra "a"

---

245. (FCC – Analista Judiciário – Oficial de Just. Avaliador – TRT 11/2017) Rúbia e Nefertite são partes interessadas em um mesmo processo administrativo de âmbito federal. Em determinado momento, Rúbia formulou, por meio de manifestação escrita, pedido de desistência total do pedido formulado. A propósito do tema e, nos termos do que preceitua a Lei nº 9.784/1999, é correto afirmar que

a) o processo administrativo será obrigatoriamente extinto.
b) a desistência atingirá somente Rúbia.
c) a desistência de Rúbia também poderia ser feita verbalmente, haja vista a informalidade que vigora no processo administrativo.
d) a desistência não pode ser total, devendo ser parcial, vez que apenas a Administração pública tem o poder de extinguir integralmente o feito.
e) a desistência de Rúbia somente será admissível se decorrer de fatos supervenientes, isto é, que surgiram após a instauração do processo administrativo.

COMENTÁRIOS

Alternativa "b" (responde as demais alternativas). O processo administrativo, nos termos do art. 5º da Lei, pode ser iniciado de **ofício** ou **a requerimento** de interessado que deve apresentar, no mínimo, os dados exigidos no art. 6º da Lei e, ainda, ser feita por **escrito** – salvo os casos em que seja admitida a **solicitação oral**. O interessado que tenha provocado a instauração de processo administrativo pode **desistir do pedido** feito, **total ou parcialmente**, além de poder **renunciar a direitos disponíveis.** No caso de haver **vários interessados**, a **desistência ou renúncia só atinge quem a fez**. Mesmo tendo havido a desistência ou a renúncia, nos termos do art. 51 da Lei, a **Administração pode prosseguir com o processo.**

Alternativa correta: letra "b"

---

246. (FCC – Analista Judiciário – Área Administrativa – TRT 20/2016) Em determinado processo administrativo, de âmbito federal, a parte interessada, Ana Lúcia, possui domicílio incerto e, por falha na tramitação do processo, deixou de ser intimada. No entanto, posteriormente, Ana Lúcia compareceu espontaneamente ao processo. Nos termos da Lei nº 9.784/1999,

a) o comparecimento de Ana Lúcia não supre a falta de intimação, mas é garantido o direito de ampla defesa à Ana Lucia.
b) a ausência de intimação importa nulidade insanável, razão pela qual o processo deverá ser extinto.
c) o comparecimento de Ana Lúcia supre a falta de intimação.
d) o desatendimento da intimação importa o reconhecimento da verdade dos fatos.
e) a intimação deveria ter sido efetuada por telegrama, por ser a forma adequada de intimação nas situações de domicílio incerto.

COMENTÁRIOS

Alternativa "c" (responde as demais alternativas). De acordo com o artigo 26 da Lei nº 9.784/99 (Lei do Processo Administrativo Federal), caberá ao ***órgão perante o qual tramita o processo administrativo intimar o interessado*** para ciência de decisão ou efetivação de diligências. Os requisitos de tal intimação estão previstos no § 1º do referido dispositivo. São eles: a identificação do intimado e nome do órgão ou entidade administrativa; finalidade da intimação; data, hora e local em que deve comparecer; se o intimado deve comparecer pessoalmente, ou fazer-se representar; informação da continuidade do processo independentemente do seu comparecimento e indicação dos fatos e fundamentos legais pertinentes. Na forma do art. 26, §5º, caso a intimação seja feita sem as observâncias legais, será nula, **mas o comparecimento do administrado supre sua falta ou irregularidade.**

Alternativa correta: letra "c"

9. LICITAÇÃO E CONTRATO ADMINISTRATIVO

- CF, art. 22, XXVII
- CF, art. 37, XXI
- CF, art. 173
- Lei nº 14.133/2021

247. (FCC – Analista Judiciário – Área Administrativa – TRT 11/2024) A Lei de Licitações (Lei nº 14.133/2021) prevê a possibilidade de pregão para

a) seleção de leiloeiro oficial.
b) serviço especial de engenharia.
c) inovação tecnológica ou técnica.
d) serviço técnico intelectual.
e) elaboração de projeto executivo.

COMENTÁRIO

Nota do Autor: Nos termos do art. 6º, XLI, da Lei, o pregão é a modalidade de licitação obrigatória para aquisição de bens e serviços comuns, cujo critério de julgamento poderá ser o de menor preço ou o de maior desconto.

Alternativa "a" (responde as demais alternativas). O art. 31, §1º, da Lei, ao disciplinar sobre a possibilidade de o leilão ser cometido a leiloeiro oficial, destaca que "se optar pela realização de leilão por intermédio de leiloeiro oficial, a Administração deverá selecioná-lo mediante credenciamento ou licitação na modalidade pregão e adotar o critério de julgamento de maior desconto para as comissões a serem cobradas, utilizados como parâmetro máximo os percentuais definidos na lei que regula a referida profissão e observados os valores dos bens a serem leiloados".

Alternativa correta: letra "a".

248. (FCC – Analista Judiciário – Área Administrativa – TRT 11/2024) De acordo com o regime estabelecido pela Lei nº 14.133/2021, a revogação de um procedimento licitatório em curso

a) constitui prerrogativa da Administração, que possui discricionariedade para revogar o certame caso não conte com número satisfatório de licitantes.
b) é admitida em razão de fato superveniente devidamente comprovado, assegurada prévia manifestação dos interessados.
c) é expressamente vedada, salvo em razão da constatação de vícios ou de condições que impeçam a ampla competitividade.
d) somente é juridicamente possível caso ainda não revelados os preços ofertados pelos licitantes, sob pena de violação do sigilo das propostas.
e) somente é possível em caso de perecimento do objeto ou inviabilidade de contratação nos termos descritos no edital.

COMENTÁRIO

✪ **Nota do Autor:** O art. 71, *caput*, da Lei, estabelece que encerradas as fases de julgamento e habilitação, e exauridos os recursos administrativos, o processo licitatório será encaminhado à autoridade superior, que poderá: I – determinar o retorno dos autos para saneamento de irregularidades; II – revogar a licitação por motivo de conveniência e oportunidade; III – proceder à anulação da licitação, de ofício ou mediante provocação de terceiros, sempre que presente ilegalidade insanável; IV – adjudicar o objeto e homologar a licitação.

Alternativa "b" (responde as demais alternativas). Conforme determina o art. 71, §2º, da Lei, "o motivo determinante para a revogação do processo licitatório deverá ser resultante de fato superveniente devidamente comprovado". É relevante destacar, ainda, que o §3º do mesmo dispositivo estabelece que "nos casos de anulação e revogação, deverá ser assegurada a prévia manifestação dos interessados".

Alternativa correta: letra "b".

249. (FCC – Analista Judiciário – Área Administrativa – TRT 11/2024) A norma vigente, no campo dos procedimentos licitatórios, permite que o prazo de contratação, nos ajustes em que a Administração seja usuária de serviço público oferecido em regime de monopólio, desde que comprovada, a cada exercício financeiro, a existência de créditos orçamentários vinculados à contratação, seja

a) exatamente 72 meses.
b) indeterminado.
c) até 10 anos.
d) de no máximo 5 anos.
e) de no mínimo 4 anos.

COMENTÁRIO

✪ **Nota do Autor:** Em regra, na forma do art. 105, da Lei nº 14.133/2021, "a **duração dos contratos regidos por esta Lei será a prevista em edital**, e deverão ser observadas, no momento da contratação e a cada exercício financeiro, a disponibilidade de créditos orçamentários, bem como a previsão no plano plurianual, quando ultrapassar 1 (um) exercício financeiro".

Alternativa "b" (responde as demais alternativas). Excepcionalmente, em se tratando de contratações em que a Administração seja usuária de serviço público oferecido em regime de monopólio, nos termos do art. 109, da Lei, "a Administração poderá estabelecer a vigência por prazo indeterminado nos contratos em que seja usuária de serviço público oferecido em regime de monopólio, desde que comprovada, a cada exercício financeiro, a existência de créditos orçamentários vinculados à contratação".

Alternativa correta: letra "b".

---

250. (FCC – Analista Judiciário – Área Administrativa – TRT 11/2024) Considere que no curso da execução de uma obra pública de construção de um viaduto, a Administração tenha constatado a necessidade de alteração das especificações do projeto, para melhor atender à necessidade de fluidez de tráfego na região, com a inclusão de faixa adicional para caminhões e veículos pesados. Determinou, assim, a incorporação das obras decorrentes da alteração do projeto ao contrato celebrado com a construtora, tendo a mesma manifestado oposição às alterações e alegado violação ao instrumento convocatório. A conduta da Administração

a) somente encontra respaldo na legislação de regência se configurado erro de projeto executivo, o qual, se imputável à contratada, afasta o direito a reequilíbrio econômico-financeiro do contrato.

b) não encontra amparo na legislação, demandando a prévia anuência da contratada, eis que somente afigura-se cabível alterações unilaterais em razão de álea extraordinária, caso fortuito ou força maior.

c) somente será juridicamente válida se importar majorações qualitativas ou quantitativas ao objeto contratado no limite máximo de 25% do valor original do contrato, atualizado monetariamente.

d) encontra amparo na legislação, que autoriza a alteração unilateral quando necessária a alteração do projeto para melhor adequação técnica, mediante recomposição do equilíbrio econômico-financeiro do contrato.

e) será juridicamente válida apenas se comprovada razões de interesse público supervenientes e se os acréscimos não ultrapassarem 50% do valor original do contrato, devidamente atualizado.

COMENTÁRIO

✪ **Nota do Autor:** A possibilidade de **alteração unilateral do contrato administrativo** é espécie de **cláusula exorbitante** que foi mantida na Lei nº 14.133/2021.

Alternativa "d" (responde as demais alternativas). O art. 124, *caput*, I, da Lei nº 14.133/2021, estabelece que "os contratos regidos por esta Lei poderão ser alterados, com as devidas justificativas, nos seguintes casos: I – **unilateralmente** pela Administração: a) quando houver modificação do projeto ou das especificações, **para melhor adequação técnica a seus objetivos**; b) quando for necessária a modificação do valor contratual em decorrência de acréscimo ou diminuição quantitativa de seu objeto, nos limites permitidos por esta Lei. Vale destacar que, nos termos do art. 125, "(...) o contratado será obrigado a aceitar, nas mesmas condições contratuais, acréscimos ou supressões de até 25% (vinte e cinco por cento) do valor inicial atualizado do contrato que se fizerem nas obras, nos serviços ou nas compras, e, no caso de reforma de edifício ou de equipamento, o limite para os acréscimos será de 50% (cinquenta por cento).

Alternativa correta: letra "d".

---

251. (FCC – Analista Judiciário – Área Administrativa – TRT 12/2023) Determinada Prefeitura realizará licitação na modalidade leilão e tal certame será efetuado por intermédio de leiloeiro oficial. Nos termos da Lei nº 14.133/2021, esse leiloeiro devera ser selecionado pela Administração mediante credenciamento ou licitação, cumpridos os requisitos legais, na modalidade

a) tomada de pregos.

b) concorrência.

c) convite.

d) concurso.

e) pregão.

COMENTÁRIO

Alternativa "e" (responde as demais alternativas). O art. 31, §1º, da Lei, ao disciplinar sobre a possibilidade de o leilão ser cometido a leiloeiro oficial, destaca que "se optar pela realização de leilão por intermédio de leiloeiro oficial, **a Administração deverá selecioná-lo mediante credenciamento ou licitação na modalidade pregão** e adotar o critério de julgamento de maior desconto para as comissões a serem cobradas, utilizados como parâmetro máximo os percentuais definidos na lei que regula a referida profissão e observados os valores dos bens a serem leiloados".

Alternativa correta: letra "e".

---

252. (FCC – Analista Judiciário – Área Judiciária – TRT 12/2023) Nos termos da Lei nº 14.133/2021, na modalidade licitatória diálogo competitivo será observada, dentre outras, a seguinte disposição:

a) O diálogo competitivo será conduzido por comissão de contratação composta de, pelo menos, 3 servidores efetivos ou empregados públicos pertencentes aos quadros permanentes da Administração, vedada a contratação de profissionais para assessoramento técnico da comissão.

b) Os critérios empregados para pré-seleção dos licitantes deverão ser previstos em edital, não sendo admitidos todos os interessados que preencherem os requisitos objetivos estabelecidos, mas sim um número fixo dentre eles, sob pena de tornar inviável a realização da licitação.

c) A Administração poderá revelar a outros licitantes as soluções propostas por um dos licitantes, independentemente de seu consentimento, haja vista a publicidade norteadora do certame.

d) A Administração definirá a proposta vencedora de acordo com critérios divulgados ao final da fase competitiva, assegurada a contratação mais vantajosa como resultado.

e) A Administração apresentará, por ocasião da divulgação do edital em sítio eletrônico oficial, suas necessidades e as exigências já definidas e estabelecerá prazo mínimo de 25 dias úteis para manifestação de interesse na participação da licitação.

COMENTÁRIO

Alternativa "a". O art. 32, §1º, XI, da Lei, estabelece que "o diálogo competitivo será conduzido por comissão de contratação composta de pelo menos 3 (três) servidores efetivos ou empregados públicos pertencentes aos quadros permanentes da Administração, **admitida** a contratação de profissionais para assessoramento técnico da comissão".

Alternativa "b". Nos termos do art. 32, §1º, II, da Lei, "os critérios empregados para pré-seleção dos licitantes deverão ser previstos em edital, **e serão admitidos todos os interessados que preencherem os requisitos objetivos estabelecidos**".

Alternativa "c". Consoante art. 32, §1º, IV, "a Administração não poderá revelar a outros licitantes as soluções propostas ou as informações sigilosas comunicadas por um licitante sem o seu consentimento".

Alternativa "d". A Administração definirá a proposta vencedora de acordo com critérios divulgados no **início da fase competitiva**, assegurada a contratação mais vantajosa como resultado, nos termos do art. 32, §1º, X, da Lei.

Alternativa "e". Eis a redação do art. 32, §1º, I, da Lei, pelo qual "a Administração apresentará, por ocasião da divulgação do edital em sítio eletrônico oficial, suas necessidades e as exigências já definidas e estabelecerá prazo mínimo de 25 (vinte e cinco) dias úteis para manifestação de interesse na participação da licitação".

Alternativa correta: letra "e".

253. (FCC – Analista Judiciário – Área Judiciária Oficial de Justiça – TRT 12/2023) A empresa X sagrou-se vencedora de procedimento licitatório e, ao ser convocada regularmente pela Administração Pública para assinatura do contrato dentro do prazo e nas condições estabelecidas no edital de licitação, recusou-se injustificadamente. Em razão disso, a Administração passou a convocar os licitantes remanescentes, na ordem de classificação. Nos termos da Lei nº 14.133/2021,

a) É vedado à Administração, em qualquer hipótese, convocar licitantes remanescentes para negociação, na ordem de classificação, com vistas à obtenção de preço melhor, acima do preço ofertado pela empresa X.

b) a Administração não poderá adjudicar ou celebrar o contrato nas condições ofertadas pelos licitantes remanescentes, ainda que atendida a ordem classificatória, quando frustrada negociação de melhor condição.

c) a empresa X não estará sujeita a qualquer penalidade, todavia sofrerá a imediata perda da garantia de proposta em favor do órgão ou entidade licitante.

d) a recusa injustificada da empresa X caracteriza descumprimento total da obrigação assumida, e a sujeitará às penalidades legalmente estabelecidas e à imediata perda da garantia de proposta em favor do órgão ou entidade Licitante.

e) a empresa X não estará sujeita a qualquer penalidade, inclusive, não perderá a garantia de proposta em favor do órgão ou entidade licitante, devendo a Administração socorrer-se do Judiciário para o ressarcimento de eventuais danos que lhe tenham sido causados em decorrência dos fatos.

COMENTÁRIO

Alternativa "a" (responde a alternativa "b"). Na forma do art. 90, §2º, da Lei nº 14.133/2021, "será facultado à Administração, quando o convocado não assinar o termo de contrato ou não aceitar ou não retirar o instrumento equivalente no prazo e nas condições estabelecidas, convocar os licitantes remanescentes, na ordem de classificação, para a celebração do contrato nas condições propostas pelo licitante vencedor".

Alternativa "d" (responde as alternativas "c" e "e"). O §5º, do já mencionado art. 90, destaca que "a recusa injustificada do adjudicatário em assinar o contrato ou em aceitar ou retirar o instrumento equivalente no prazo estabelecido pela Administração caracterizará o descumprimento total da obrigação assumida e o sujeitará às penalidades legalmente estabelecidas e à imediata perda da garantia de proposta em favor do órgão ou entidade licitante".

Alternativa correta: letra "d".

254. (FCC – Analista Judiciário – Área Administrativa – TRT 18/2023) Iniciado procedimento de licitação para contratação de serviços de engenharia para reforma de imóvel pertencente a ente público, foi constatado que seria mais vantajoso alienar o imóvel e, com o produto da venda, adquirir novo bem, mais adequado às atuais necessidades da Administração Pública.

Pretendendo a Administração seguir essa orientação,

a) poderá revogar a licitação e dar início a instrução de novo processo, para fins de alienação onerosa do imóvel, o que, nos termos da Lei federal nº 14.133/2021, se dará mediante leilão.

b) deverá anular a licitação em curso, considerando que se alterou o contexto fático que motivava o certame, configurando vício de legalidade, desde que ainda não tenha ocorrido a fase de apresentação de propostas.

c) deverá revogar a licitação, considerando que se alterou o contexto fático que motivava o certame, configurando vício de legalidade, desde que ainda não tenha ocorrido a fase de apresentação de propostas.

d) deverá retificar o edital de licitação para incluir a alternativa de alienação onerosa do imóvel, desde que fique clara a preferência entre os objetos do certame e que, nos termos da Lei federal nº 14.133/2021, siga a modalidade de concorrência.

e) poderá retificar o edital para que o procedimento passe a seguir o rito do diálogo competitivo, permitindo interlocução com os licitantes, a fim de apurar o melhor resultado para a Administração, reforma ou venda, evitando o risco de se verificar licitação deserta para uma ou outra situação.

COMENTÁRIO

Alternativa "a" (responde as demais alternativas). É perfeitamente possível a revogação do procedimento licitatório, por razões de conveniência e oportunidade, **resultante de fato superveniente devidamente comprovado** (art. 71, §2º, da Lei nº 14.133/2021). Não há que se falar, na hipótese narrada no enunciado, em **anulação** da licitação, uma vez que não está presente ilegalidade insanável. Em se tratando de alienação de imóvel de titularidade da Administração Pública, aplica-se o disposto no art. 76, I, da Lei, pelo qual a alienação de bens da Administração Pública, subordinada à existência de interesse público devidamente justificado, será precedida de avaliação e "tratando-se de bens imóveis, inclusive os pertencentes às autarquias e às fundações, exigirá autorização legislativa e **dependerá de licitação na modalidade leilão** (...)".

Alternativa correta: letra "a".

255. (FCC – Analista Judiciário – Contabilidade – TRT 18/2023) Em situação em que se afigure viável e vantajosa para a Administração a realização de contratações simultâneas, paralelas, não excludentes e em condições padronizadas, será cabível, de acordo com a disciplina estabelecida pela Lei nº 14.133/2021,

a) dispensa de licitação, com adoção de sistema de registro de preços.

b) realização de diálogo competitivo entre interessados pré-qualificados.

c) licitação na modalidade pregão, com a contratação dos três melhores classificados.

d) procedimento de leilão, com abertura de envelopes seguida de lances em viva voz.

e) credenciamento, mediante processo administrativo de chamamento público.

COMENTÁRIO

✪ **Nota do Autor:** O **credenciamento** é, na forma do art. 6º, XLIII, da Lei, o processo administrativo de chamamento público em que a Administração Pública convoca interessados em prestar serviços ou fornecer bens para que, preenchidos os requisitos necessários, se credenciem no órgão ou na entidade para executar o objeto quando convocados.

Alternativa "e" (responde as demais alternativas). O art. 79, da Lei, estabelece que o credenciamento poderá ser usado nas seguintes hipóteses de contratação: I – **paralela e não excludente**: caso em que é viável e vantajosa para a Administração a realização de contratações simultâneas em **condições padronizadas**; II – com seleção a critério de terceiros: caso em que a seleção do contratado está a cargo do beneficiário direto da prestação; III – em mercados fluidos: caso em que a flutuação constante do valor da prestação e das condições de contratação inviabiliza a seleção de agente por meio de processo de licitação.

Alternativa correta: letra "e".

256. (FCC – Analista Judiciário – Área Administrativa – TRT 21/2023) Considere que no curso da execução de um contrato administrativo para construção de um viaduto, regido pela Lei Federal nº 14.133/2021, a Administração contratante tenha identificado a necessidade de alterar o método construtivo em relação àquele previsto no projeto básico disponibilizado juntamente com o edital da licitação. Ocorre que a alteração da metodologia ensejará custos adicionais, não previstos no momento da formulação das propostas e não cobertos pelo contrato assinado. Diante de tal situação, a Administração

a) poderá alterar unilateralmente o contrato, desde que os custos decorrentes da alteração da metodologia não ultrapassem 50% do valor original do contrato, devidamente atualizado, ou mediante acordo com o contratado.

b) poderá alterar o contrato para adequação da metodologia de execução, prescindindo da concordância do contratado, porém vedada qualquer medida que importe majoração do valor originalmente contratado a título de reequilíbrio econômico financeiro.

c) deverá rescindir o contrato e promover a subsequente adequação do projeto básico e objeto, realizando nova licitação. Já que se afigura vedada a alteração da forma de execução de contrato já licitado e assinado.

d) possui a prerrogativa de alterar unilateralmente o contrato, promovendo o reequilíbrio da equação econômico-financeira e, caso Identificada falha de projeto, tem o dever de proceder à apuração de responsabilidades e adotar medidas para o ressarcimento dos custos suportados.

e) somente poderá alterar o objeto do contrato firmado para adequação do projeto e da metodologia de execução se contar com a concordância do contratado, mediante aditamento contratual com a necessária recomposição dos custos unitários.

COMENTÁRIO

Alternativa "b" (responde a alternativa "e"). É possível a alteração do contrato administrativo, por acordo entre as partes, quando necessária a modificação do regime de execução da obra ou do serviço, bem como do modo de fornecimento, em face de verificação técnica da inaplicabilidade dos termos contratuais originários (art. 124, II, *b*, da Lei).

Alternativa "d" (responde alternativas "a" e "c"). O art. 124, *caput*, I, da Lei nº 14.133/2021, estabelece que "os contratos regidos por esta Lei poderão ser alterados, com as devidas justificativas, nos seguintes casos: I – **unilateralmente** pela Administração: a) quando houver modificação do projeto ou das especificações, **para melhor adequação técnica a seus objetivos**; b) quando for necessária a modificação do valor contratual em decorrência de acréscimo ou diminuição quantitativa de seu objeto, nos limites permitidos por esta Lei. Vale destacar que, nos termos do art. 125, "(...) o contratado será obrigado a aceitar, nas mesmas condições contratuais, acréscimos ou supressões de até 25% (vinte e cinco por cento) do valor inicial atualizado do contrato que se fizerem nas obras, nos serviços ou nas compras, e, no caso de reforma de edifício ou de equipamento, o limite para os acréscimos será de 50% (cinquenta por cento). O §1º, do art. 124, estabelece que "se forem decorrentes de falhas de projeto, as alterações de contratos de obras e serviços de engenharia ensejarão apuração de responsabilidade do responsável técnico e adoção das providências necessárias para o ressarcimento dos danos causados à Administração".

Alternativa correta: letra "d".

---

257. (FCC – Analista Judiciário – Área Administrativa – TRT 21/2023) Suponha que a Administração pretenda adquirir computadores e impressoras para substituir tais itens em vários órgãos públicos. Contudo, considerando que alguns dos órgãos passam por reformas e não dispõem de local com segurança adequada para estocar os equipamentos, surgiu dúvida de como proceder à aquisição de forma mais eficiente e econômica. Além disso, estando já no final do ano, praticamente não há recursos orçamentários disponíveis. Nesse cenário, cogita-se utilizar sistema de registro de preços,

a) o que não soluciona totalmente o problema, eis que, embora permita compras futuras, a preço fixado no momento do registro, demanda a reserva de dotação orçamentária no ato de adesão.

b) tendo em vista que permite obter descontos em Itens padronizados, porém pode não ser a melhor solução, pois pressupõe a aquisição em até 90 dias da ata de registro de preços.

c) eis que a adesão ao sistema garante a aquisição imediata do bem, diferindo o correspondente pagamento, bem como a entrega, pelo prazo 1 ano, prorrogável uma única vez.

d) contudo a opção afigura-se Inadequada, eis que o sistema de registro de preços vincula os órgãos que aderirem, tomando a aquisição obrigatória no prazo de até 1 ano.

e) dado que viabiliza compras futuras com economia de escala e sem necessidade de reserva de dotação orçamentaria, que somente é requerida no momento da aquisição.

COMENTÁRIO

Alternativa "b" (responde a alternativa "d"). O art. 84, da Lei nº 14.133/2021, estabelece que "o prazo de vigência da ata de registro de preços será de 1 (um) ano e poderá ser prorrogado, por igual período, desde que comprovado o preço vantajoso". Não há que se falar, contudo, em **aquisição obrigatória** durante esse período.

Alternativa "c". O sistema de registro de preços é, na forma do art. 78, IV, da Lei, um **procedimento auxiliar das licitações e contratações**, não havendo que se falar, portanto, em aquisição imediata do bem, que deverá observar os procedimentos licitatórios previstos na legislação de regência.

Alternativa "e" (responde a alternativa "a"). O **sistema de registro de preços** é o conjunto de procedimentos para realização, mediante contratação direta ou licitação nas modalidades pregão ou concorrência, de registro formal de preços relativos a prestação de serviços, a obras e a aquisição e locação de bens para **contratações futuras.** No mais, em se tratando do **sistema de registro de preços**, não há necessidade de sucessivas reservas de dotação orçamentária, o que somente é feito no momento da aquisição.

Alternativa correta: letra "e".

---

258. (CEBRASPE – Técnico Judiciário – TRT 8/2023) Nos procedimentos adotados em um processo licitatório,

a) os valores de uma licitação nacional poderão ser expressos em dólar para garantir a viabilidade do certame, caso o processo seja de longa duração.

b) o agente administrativo do órgão licitante poderá se responsabilizar pela autenticação de cópia de documento, quando for apresentado o original.

c) os atos serão preferencialmente manuais, sendo digitalizados apenas ao final do processo.

d) os documentos poderão ser produzidos por áudio, com a identificação do responsável.

e) os atos praticados são restritos aos participantes da licitação.

COMENTÁRIO

Alternativa "a". Pelo contrário, em regra, no processo licitatório, os valores, os preços e os custos utilizados terão como expressão monetária a moeda corrente nacional (art. 12, II), da Lei, ressalvado o disposto no art. 52, da Lei, que trata das licitações internacionais, que é a licitação processada em território nacional na qual é admitida a participação de licitantes estrangeiros, com a possibilidade de cotação de preços em moeda estrangeira, ou licitação na qual o objeto contratual pode ou deve ser executado no todo ou em parte em território estrangeiro.

Alternativa "b". Nos termos do art. 12, IV, da Lei, "a prova de autenticidade de cópia de documento público ou particular poderá ser feita perante agente da Administração, mediante apresentação de original ou de declaração de autenticidade por advogado, sob sua responsabilidade pessoal".

Alternativa "c". Os atos serão preferencialmente digitais, de forma a permitir que sejam produzidos, comunicados, armazenados e validados por meio eletrônico, nos termos do art. 12, VI.

Alternativa "d". Os documentos serão produzidos por escrito, com data e local de sua realização e assinatura dos responsáveis, na forma do art. 12, I.

Alternativa "e". Em regra, nos termos do art. 13, *caput*, da Lei, "os atos praticados no processo licitatório são públicos, ressalvadas as hipóteses de informações cujo sigilo seja imprescindível à segurança da sociedade e do Estado, na forma da lei".

Alternativa correta: letra "b".

---

259. (CEBRASPE – Técnico Judiciário – TRT 8/2023) A licitação utilizada exclusivamente para a celebração de contrato de eficiência é do tipo

a) melhor técnica ou conteúdo artístico.

b) menor preço.

c) maior desconto.

d) técnica e preço.

e) maior retorno econômico.

COMENTÁRIO

✪ **Nota do Autor:** O **contrato de eficiência é aquele** cujo objeto é a prestação de serviços, que pode incluir a realização de obras e o fornecimento de bens, com o objetivo de proporcionar economia ao contratante, na forma de redução de despesas correntes, remunerado o contratado com base em percentual da economia gerada (art. 6º, LIII, da Lei).

Alternativa "e" (responde as demais alternativas). Nos exatos termos do art. 39, *caput*, da Lei, "o julgamento por **maior retorno econômico**, utilizado exclusivamente para a **celebração de contrato de eficiência**, considerará a maior economia para a Administração, e a remuneração deverá ser fixada em percentual que incidirá de forma proporcional à economia efetivamente obtida na execução do contrato".

Alternativa correta: letra "e".

---

260. (CEBRASPE– Técnico Judiciário TRT8/2023) A licitação utilizada exclusivamente para a celebração de contrato de eficiência é do tipo

a) melhor técnica ou conteúdo artístico.

b) menor preço.

c) maior desconto.

d) técnica e preço.

e) maior retorno econômico.

COMENTÁRIO

✪ **Nota do Autor:** Nos termos do art. 6º, LII, da Lei, o **contrato de eficiência** é aquele cujo objeto é a prestação de serviços, que pode incluir a realização de obras e o fornecimento de bens, com o objetivo de proporcionar economia ao contratante, na forma de redução de despesas correntes, remunerado o contratado com base em percentual da economia gerada.

Alternativa "e" (responde as demais alternativas). O art. 39, *caput*, da Lei, estabelece que "o **jul-**

gamento por maior retorno econômico, utilizado exclusivamente para a **celebração de contrato de eficiência**, considerará a maior economia para a Administração, e a remuneração deverá ser fixada em percentual que incidirá de forma proporcional à economia efetivamente obtida na execução do contrato".

Alternativa correta: letra "e".

261. (CEBRASPE – Técnico Judiciário TRT8/2023) Nos procedimentos adotados em um processo licitatório,

a) os valores de uma licitação nacional poderão ser expressos em dólar para garantir a viabilidade do certame, caso o processo seja de longa duração.
b) o agente administrativo do órgão licitante poderá se responsabilizar pela autenticação de cópia de documento, quando for apresentado o original.
c) os atos serão preferencialmente manuais, sendo digitalizados apenas ao final do processo.
d) os documentos poderão ser produzidos por áudio, com a identificação do responsável.
e) os atos praticados são restritos aos participantes da licitação.

COMENTÁRIO

Alternativa "a". Na exata forma do que disciplina o art. 12, II, da Lei, no processo licitatório, "os valores, os preços e os custos utilizados terão como expressão monetária a **moeda corrente nacional**, ressalvado o disposto no art. 52 dessa Lei". Excepcionalmente, apenas nas **licitações de âmbito internacional**, "quando for permitido ao licitante estrangeiro cotar preço em moeda estrangeira, o licitante brasileiro igualmente poderá fazê-lo" (art. 52, §1º, da Lei).

Alternativa "b". O art. 12, IV, da Lei, estabelece que "a prova de autenticidade de cópia de documento público ou particular poderá ser feita perante agente da Administração, mediante apresentação de original ou de declaração de autenticidade por advogado, sob sua responsabilidade pessoal".

Alternativa "c". Pelo contrário, "os atos serão preferencialmente digitais, de forma a permitir que sejam produzidos, comunicados, armazenados e validados por meio eletrônico" (art. 12, VI).

Alternativa "d". Consoante art. 12, I, da Lei, "os documentos serão produzidos por escrito, com data e local de sua realização e assinatura dos responsáveis".

Alternativa "e". Os atos praticados no processo licitatório são públicos, ressalvadas as hipóteses de informações cujo sigilo seja imprescindível à segurança da sociedade e do Estado, na forma da lei, nos exatos termos do art. 13, *caput*, da Lei.

Alternativa correta: letra "b".

262. (FCC – Analista Judiciário – Área Administrativa – TRT 18/2023) Iniciado procedimento de licitação para contratação de serviços de engenharia para reforma de imóvel pertencente a ente público, foi constatado que seria mais vantajoso alienar o imóvel e, com o produto da venda, adquirir novo bem, mais adequado às atuais necessidades da Administração Pública.

Pretendendo a Administração seguir essa orientação,

a) poderá revogar a licitação e dar início a instrução de novo processo, para fins de alienação onerosa do imóvel, o que, nos termos da Lei federal nº 14.133/2021, se dará mediante leilão.
b) deverá anular a licitação em curso, considerando que se alterou o contexto fático que motivava o certame, configurando vício de legalidade, desde que ainda não tenha ocorrido a fase de apresentação de propostas.
c) deverá revogar a licitação, considerando que se alterou o contexto fático que motivava o certame, configurando vício de legalidade, desde que ainda não tenha ocorrido a fase de apresentação de propostas.
d) deverá retificar o edital de licitação para incluir a alternativa de alienação onerosa do imóvel, desde que fique clara a preferência entre os objetos do certame e que, nos termos da Lei federal nº 14.133/2021, siga a modalidade de concorrência.
e) poderá retificar o edital para que o procedimento passe a seguir o rito do diálogo competitivo, permitindo interlocução com os licitantes, a fim de apurar o melhor resultado para a Administração, reforma ou venda, evitando o risco de se verificar licitação deserta para uma ou outra situação.

COMENTÁRIO

Alternativa "a" (responde as alternativas "c" e "d"). Nos termos do art. 71, II, da Lei, encerradas as fases de julgamento e habilitação, e exauridos os recursos administrativos, o processo licitatório será encaminhado à autoridade superior, que poderá revogar a licitação por motivo de conveniência e oportunidade. O §2º, do mesmo dispositivo, estabelece que o motivo determinante para a revogação do processo licitatório deverá ser resultante de fato superveniente devidamente comprovado. Com isso, caso seja constatado que seria mais vantajoso alienar o imóvel e, com o produto da venda, adquirir novo bem, perfeitamente possível que seja revogada a licitação e que sejam iniciados os procedimentos para a venda do imóvel. Em se tratando de bens imóveis, na forma do art. 76, I, da Lei, será exigida autorização legislativa e **licitação na modalidade leilão**, além de outros requisitos previstos na legislação.

Alternativa "b". O art. 71, III, da Lei, estabelece a obrigatoriedade de proceder à anulação da licitação, de ofício ou mediante provocação de terceiros, sempre que presente ilegalidade insanável. Nesse sentido, o §1º determina que ao pronunciar a nulidade, a autoridade indicará expressamente os atos com vícios insanáveis, tornando sem efeito todos os subsequentes que deles dependam, e dará ensejo à apuração de responsabilidade de quem lhes tenha dado causa.

Alternativa correta: letra "a".

---

263. (FCC – Técnico Judiciário – Área Administrativa – TRT 18/2023) Suponha que o Estado pretenda adquirir um imóvel para instalação de delegacia de polícia em determinada área que vem registrando aumento dos índices de criminalidade. Demonstrou que o referido imóvel apresenta condições específicas de localização e de instalações justificadoras da escolha. Outrossim, apresentou avaliação prévia do bem, do seu estado de conservação, dos custos de adaptações imprescindíveis às necessidades de utilização, e do prazo de amortização dos investimentos. De acordo com as disposições da Lei nº 14.133/2021, a aquisição

a) independe de licitação, esta que só é exigida para alienação de bens imóveis integrantes do património público e não para sua aquisição.
b) prescinde de licitação, configurando inexigibilidade se demonstrada a singularidade do imóvel e evidenciada a vantagem para a Administração, além de certificada a inexistência de imóveis públicos que atendam ao objeto.
c) poderá ocorrer com dispensa de licitação, bastando a comprovação de compatibilidade de preço com os praticados no mercado e adequação do imóvel aos fins colimados pela Administração.
d) poderá ocorrer somente mediante desapropriação, precedida da edição de decreto de utilidade ou necessidade pública.
e) depende de prévia licitação, na modalidade leilão ou concorrência, não havendo hipótese legal de dispensa ou inexigibilidade em função das características indicadas.

COMENTÁRIO

Alternativa "b" (responde as demais alternativas). Nos termos do art. 74, V, da Lei, é inexigível a licitação quando inviável a competição, em especial nos casos de aquisição ou locação de imóvel cujas características de instalações e de localização tornem necessária sua escolha. Para viabilizar a contratação, nos termos do §5º do mesmo artigo, devem ser observados os seguintes requisitos: I – avaliação prévia do bem, do seu estado de conservação, dos custos de adaptações, quando imprescindíveis às necessidades de utilização, e do prazo de amortização dos investimentos; II – certificação da inexistência de imóveis públicos vagos e disponíveis que atendam ao objeto; e III – justificativas que demonstrem a singularidade do imóvel a ser comprado ou locado pela Administração e que evidenciem vantagem para ela.

Alternativa correta: letra "b".

---

264. (FUMARC – Técnico Judiciário – TRT 3/2022) Para realizar compras, o Poder Judiciário deve seguir:

a) a Lei Geral de Licitação e Contratos.
b) Lei própria e diversa da aplicável a outros órgãos de Estado.
c) o Código Civil.
d) o Regimento Interno de cada Tribunal.
e) Portaria da Presidência de cada Tribunal.

COMENTÁRIO

Alternativa "a" (responde as demais alternativas). O art. 1º, *caput*, da Lei nº 14.133/2021, estabelece que "esta Lei estabelece normas gerais de licitação e contratação para as Administrações Públicas diretas, autárquicas e fundacionais da União, dos Estados, do Distrito Federal e dos Municípios, e abrange I – **os órgãos dos Poderes Legislativo e Judiciário da União, dos Estados e do Distrito Federal** e os órgãos do Poder Legislativo dos Municípios, quando no desempenho de função administrativa; II – os fundos especiais e as demais entidades controladas direta ou indiretamente pela Administração Pública. Assim, para realizar compras, o Poder Judiciário deve obediência, naturalmente, à Lei Geral de Licitação e Contratos.

Alternativa correta: letra "a".

---

265. (FCC – Analista Judiciário – Área Judiciária – TRT 4/2022) De acordo com o que estabelece a Lei nº 14.133/2021 (nova Lei de Licitações),

a) é dispensável a licitação para aquisição de materiais, de equipamentos ou de gêneros ou contratação de serviços que só possam ser fornecidos por produtor, empresa ou representante comercial exclusivos.
b) é inexigível a licitação quando inviável a competição, em especial nos casos de contratação de serviços técnicos especializados de natureza predominantemente intelectual com profissionais ou empresas de notória especialização, incluindo os serviços de publicidade e divulgação.
c) na hipótese de contratação direta indevida ocorrida com dolo, culpa, fraude ou erro grosseiro, o contratado e o agente público responsável res-

ponderão subsidiariamente pelo dano causado ao erário, sem prejuízo de outras sanções legais cabíveis.

d) é dispensável a licitação para contratação que mantenha todas as condições definidas em edital de licitação realizada há menos de dois anos, quando se verificar que naquela licitação não surgiram licitantes interessados ou não foram apresentadas propostas válidas.

e) é dispensável a licitação para a aquisição, por pessoa jurídica de direito público interno, de bens produzidos ou serviços prestados por órgão ou entidade que integrem a Administração pública e que tenham sido criados para esse fim.

COMENTÁRIO

✪ **Nota do Autor:** As hipóteses de **dispensa** e **inexigibilidade** de licitação são objeto dos mais variados concursos público desde o advento da antiga Lei de Licitações (Lei nº 8.666/93), recente e definitivamente revogada pela Lei nº 14.133/2021.

Alternativa "a". É **inexigível** a licitação para aquisição de materiais, de equipamentos ou de gêneros ou contratação de serviços que só possam ser fornecidos por produtor, empresa ou representante comercial exclusivos (art. 74, I, da Lei).

Alternativa "b". De fato, é inexigível a licitação quando inviável a competição, em especial nos casos de contratação de serviços técnicos especializados de natureza predominantemente intelectual com profissionais ou empresas de notória especialização, **vedada, contudo, a inexigibilidade para serviços de publicidade e divulgação.** (art. 74, III, da Lei).

Alternativa "c". Eis a literalidade do art. 73, *caput*, da Lei, pelo qual "na hipótese de contratação direta indevida ocorrida com dolo, fraude ou erro grosseiro, o contratado e o agente público responsável responderão **solidariamente** pelo dano causado ao erário, sem prejuízo de outras sanções legais cabíveis".

Alternativa "d". É, de fato, dispensável a licitação para contratação que mantenha todas as condições definidas em edital de licitação realizada há, contudo, menos de **1 (um) ano**, quando se verificar que naquela licitação não surgiram licitantes interessados ou não foram apresentadas propostas válidas (art. 75, III, *a*).

Alternativa "e". Esta é, precisamente, a redação do art. 75, IX, da Lei, pelo qual é dispensável a licitação para a aquisição, por pessoa jurídica de direito público interno, de bens produzidos ou serviços prestados por órgão ou entidade que integrem a Administração Pública e que tenham sido criados para esse fim específico, desde que o preço contratado seja compatível com o praticado no mercado.

Alternativa correta: letra "e".

---

266. (Cespe – Analista Judiciário – Área Judiciária – TRT 8/2022) Conforme as definições contidas na Lei n.º 14.133/2021 (Lei de Licitações e Contratos Administrativos), a contratação integrada é o regime de contratação

a) de obras e serviços de engenharia em que o contratado é responsável por elaborar e desenvolver os projetos básico e executivo, executar as obras e os serviços, fornecer bens ou prestar serviços especiais e realizar as operações necessárias e suficientes para a entrega final do objeto.

b) de obras e serviços de engenharia em que o contratado é responsável por elaborar e desenvolver somente o projeto executivo, executar as obras e os serviços, fornecer bens ou prestar serviços especiais e realizar as operações necessárias e suficientes para a entrega final do objeto.

c) de empreendimento em integralidade, compreendida a totalidade das etapas de obras, serviços e instalações necessárias, sob inteira responsabilidade do contratado, em que não está compreendida a elaboração dos projetos básico e executivo.

d) da execução de obra ou de serviço por preço certo de unidades determinadas.

e) da execução de obra ou de serviço por preço certo e total.

COMENTÁRIO

Alternativa "a". O art. 6º, XXXII, da Lei, define **contratação integrada** como o "regime de contratação de obras e serviços de engenharia em que o contratado é responsável por elaborar e desenvolver os projetos básico e executivo, executar obras e serviços de engenharia, fornecer bens ou prestar serviços especiais e realizar montagem, teste, pré-operação e as demais operações necessárias e suficientes para a entrega final do objeto".

Alternativa "b". Trata-se da definição de **contratação semi-integrada** (art. 6º, XXXIII, da Lei).

Alternativa "c". Trata-se da definição da **empreitada integral** (art. 6º, XXX, da Lei).

Alternativa "d". Trata-se da definição de **empreitada por preço unitário** (art. 6º, XXVIII, da Lei).

Alternativa "e". Trata-se da definição de **empreitada por preço global** (art. 6º, XXIX, da Lei).

Alternativa correta: letra "a".

---

267. (FGV – 2022 – Analista Judiciário – TRT 13/2022) O Tribunal Regional do Trabalho da Yª Região pretende proceder à contratação de serviços técnicos especializados de treinamento e aperfeiçoamento de pessoal, de natureza predominantemente intelectual com empresa de notória especialização. De acordo com a Lei nº 14.133/2021, observadas as formalidades legais, a contratação

a) deve necessariamente ser precedida de licitação, na modalidade diálogo competitivo.
b) deve necessariamente ser precedida de licitação, na modalidade pregão ou concorrência, de acordo com o valor da contratação.
c) deve necessariamente ser precedida de licitação, em qualquer modalidade compatível com o valor da contratação.
d) pode ser objeto de dispensa de licitação, por expressa autorização legal.
e) pode ser objeto de inexigibilidade de licitação, por expressa autorização legal.

COMENTÁRIO

✪ **Nota do Autor:** Na exata forma do que disciplina o art. 6º, XVIII, serviços técnicos especializados de natureza predominantemente intelectual são aqueles realizados em trabalhos relativos a a) estudos técnicos, planejamentos, projetos básicos e projetos executivos; b) pareceres, perícias e avaliações em geral; c) assessorias e consultorias técnicas e auditorias financeiras e tributárias; d) fiscalização, supervisão e gerenciamento de obras e serviços; e) patrocínio ou defesa de causas judiciais e administrativas; f) treinamento e aperfeiçoamento de pessoal; g) restauração de obras de arte e de bens de valor histórico; h) controles de qualidade e tecnológico, análises, testes e ensaios de campo e laboratoriais, instrumentação e monitoramento de parâmetros específicos de obras e do meio ambiente e demais serviços de engenharia que se enquadrem na definição deste inciso.

Alternativa "e" (responde as demais alternativas). O art. 74, III, da Lei nº 14.133/2021, estabelece que é inexigível a licitação quando inviável a competição, em especial nos casos de contratação dos seguintes serviços técnicos especializados de natureza predominantemente intelectual com profissionais ou empresas de notória especialização, vedada a inexigibilidade para serviços de publicidade e divulgação.

Alternativa correta: letra "e".

---

268. (FCC – Técnico Judiciário – Área Administrativa – TRT 14/2022) A Lei nº 14.133/2021 traz expressamente em seu texto os princípios a serem observados nas licitações públicas. O princípio que implica na vedação à concentração de atribuições em um único sujeito e a exigência do fracionamento do exercício de funções mais suscetíveis a riscos entre uma multiplicidade de agentes públicos, de modo a reduzir a possibilidade de ocultação de erros e de ocorrência de fraudes na respectiva contratação denomina-se

a) razoabilidade.
b) competitividade.
c) julgamento objetivo.
d) julgamento nacional sustentável.
e) segregação de funções.

COMENTÁRIO

✪ **Nota do Autor:** Nos termos do art. 5º, da Lei nº 14.133/2021, "na aplicação desta Lei, serão observados os princípios da legalidade, da impessoalidade, da moralidade, da publicidade, da eficiência, do interesse público, da probidade administrativa, da igualdade, do planejamento, da transparência, da eficácia, da segregação de funções, da motivação, da vinculação ao edital, do julgamento objetivo, da segurança jurídica, da razoabilidade, da competitividade, da proporcionalidade, da celeridade, da economicidade e do desenvolvimento nacional sustentável (...)".

Alternativa "e" (responde as demais alternativas). Pelo **princípio da segregação de funções**, em regra, as funções de autorização, aprovação, execução, controle e contabilização de todos os atos relacionados a determinado procedimento licitatório **devem ser descentralizados entre diferentes autoridades**. Trata-se de um sistema do ordenamento jurídico que visa prevenir eventuais falhas e fraudes, bem como evitar possíveis conflitos de interesses nas contratações públicas.

Alternativa correta: letra "e".

---

269. (FCC – Técnico Judiciário – Área Administrativa – TRT 14/2022) Nos termos da Lei nº 14.133/2021, o leilão

a) deve ter seu edital divulgado exclusivamente em um sítio eletrônico oficial, não podendo ser adotado outro meio complementar de divulgação em razão de vedação expressa nesse sentido.
b) não constitui modalidade licitatória prevista nessa lei.
c) exigirá registro cadastral prévio.
d) terá fase de habilitação.
e) deverá ser homologado assim que concluída a fase de lances, superada a fase recursal e efetivado o pagamento pelo licitante vencedor, na forma definida no edital.

COMENTÁRIO

✪ **Nota do Autor:** Na forma do art. 6º, XL, da Lei, leilão é a "modalidade de licitação para alienação de bens imóveis ou de bens móveis inservíveis ou legalmente apreendidos a quem oferecer o maior lance".

Alternativa "a". Pelo contrário, na medida em que, nos termos do art. 30, §3º, da Lei, "além da divulgação no sítio eletrônico oficial, o edital do leilão será afixado em local de ampla circulação de pessoas na sede da Administração e poderá, ainda, ser divulgado por outros meios necessários para ampliar a publicidade e a competitividade da licitação".

Alternativa "b". O art. 28, da Lei, estabelece que são modalidades de licitação: i) pregão; ii) concorrência; iii) concurso; iv) **leilão**; diálogo competitivo.

Alternativa "e" (responde as alternativas "c" e "d"). Na forma do art. 31, §4º, da Lei, "o leilão **não** exigirá registro cadastral prévio, **não** terá fase de habilitação e deverá ser homologado assim que concluída a fase de lances, superada a fase recursal e efetivado o pagamento pelo licitante vencedor, na forma definida no edital".

Alternativa correta: letra "e".

---

270. (FCC – Técnico Judiciário – Área Administrativa – TRT 14/2022) Considere as situações hipotéticas abaixo.

I. O Estado do Acre pretende contratar profissional do setor artístico, diretamente ou por meio de empresário exclusivo, consagrado pela crítica especializada e pela opinião pública.

II. O Município de Rio Branco realizou licitação para a contratação de obra pública; no entanto, não surgiram licitantes interessados. Ocorre que o ente municipal ainda deseja contratar a obra pública, mantendo todas as condições definidas no edital da citada licitação, ocorrida há menos de 1 ano.

Nos termos da Lei nº 14.133/2021:

a) será dispensável a licitação em ambas as hipóteses.
b) será inexigível a licitação na hipótese I, e dispensável a licitação na hipótese II.
c) deverá ser realizada licitação em ambas as hipóteses.
d) será inexigível a licitação em ambas as hipóteses.
e) será dispensável a licitação na hipótese I, e inexigível a licitação na hipótese II.

COMENTÁRIO

Alternativa "b" (responde as demais alternativas). Na exata forma do art. 74, II, da Lei é inexigível a licitação quando inviável a competição, em especial nos casos de contratação de profissional do setor artístico, diretamente ou por meio de empresário exclusivo, desde que consagrado pela crítica especializada ou pela opinião pública. Em continuidade, é dispensável a licitação para contratação que mantenha todas as condições definidas em edital de licitação realizada há, contudo, menos de **1 (um) ano**, quando se verificar que naquela licitação não surgiram licitantes interessados ou não foram apresentadas propostas válidas (art. 75, III, *a*, da Lei).

Alternativa correta: letra "b".

---

271. (FCC – Analista Judiciário – Área Judiciária – TRT 16/2022) Em meados de 2022, o Tribunal Regional do Trabalho da Região, após regular procedimento licitatório, contratou a sociedade empresária Gama para realizar determinadas obras. De acordo com a regra geral do texto da Lei nº 14.133/2021, o recebimento provisório do objeto do contrato será feito

a) por servidor designado pela autoridade competente, mediante termo técnico que comprove o atendimento das exigências do edital de licitação e do contrato.
b) pelo responsável por seu acompanhamento e fiscalização, mediante termo detalhado, quando verificado o cumprimento das exigências de caráter técnico.
c) pelo responsável por seu acompanhamento e fiscalização, de forma sumária, com verificação posterior da conformidade do material com as exigências contratuais.
d) por comissão, composta por três servidores, designada pela autoridade competente mediante termo detalhado que comprove o atendimento das exigências contratuais.
e) por comissão, composta por cinco servidores, designada pela autoridade competente mediante termo técnico que comprove o atendimento das exigências do edital do certame e do contrato.

COMENTÁRIO

Alternativa "b" (responde as demais alternativas). Nos termos do art. 140, *caput*, da Lei, o objeto do contrato será recebido, em se tratando de obras e serviços: a) **provisoriamente, pelo responsável por seu acompanhamento e fiscalização, mediante termo detalhado, quando verificado o cumprimento das exigências de caráter técnico**; b) definitivamente, por servidor ou comissão designada pela autoridade competente, mediante termo detalhado que comprove o atendimento das exigências contratuais. Em se tratando de compras, o objeto será recebido a) provisoriamente, de forma sumária, pelo responsável por seu acompanhamento e fiscalização, com verificação posterior da conformidade do material com as exigências contratuais; b) definitivamente, por servidor ou comissão designada pela autoridade competente, mediante termo detalhado que comprove o atendimento das exigências contratuais.

Alternativa correta: letra "b".

272. (FCC – Analista Judiciário – Área Judiciária – TRT 16/2022) Determinado órgão da Administração Pública, ao identificar a necessidade de ser realizada a contratação de serviços de engenharia, concluiu que a melhor opção, entre aquelas oferecidas pela Lei n° 14.133/2021, era a contratação semi- integrada.

Nesse caso, além de serem atendidos os demais requisitos estabelecidos pela ordem jurídica, é correto afirmar que o contratado deve

a) a partir do projeto básico, elaborar e desenvolver o projeto executivo, executar o serviço e praticar as demais operações necessárias e suficientes à sua entrega final.
b) prestar os serviços contratados em sua integralidade, de modo que o contratante possa fruir os respectivos benefícios sem qualquer atividade complementar.
c) praticar todos os atos de individualização do objeto do ajuste, executar o serviço e praticar as demais operações necessárias e suficientes à entrega final do objeto.
d) prestar os serviços necessários para pequenos trabalhos por preço certo, com ou sem o fornecimento de materiais.
e) fornecer o serviço contratado e responsabilizar-se pela sua manutenção durante tempo determinado.

COMENTÁRIO

Alternativa "a" (responde as alternativas "c" e "e"). A **contratação semi-integrada**, nos termos do art. 6º, XXXIII, da Lei, é o regime de contratação de obras e serviços de engenharia em que o contratado é responsável por elaborar e desenvolver o projeto executivo, executar obras e serviços de engenharia, fornecer bens ou prestar serviços especiais e realizar montagem, teste, pré-operação e as demais operações necessárias e suficientes para a entrega final do objeto. Da análise do dispositivo imediatamente anterior (inciso XXXII), que trata da **contratação integrada**, verifica-se que a única diferença conceitual reside no fato de que **aquela não contempla a elaboração de projeto básico**, de tal modo que na **contratação semi-integrada**, é a partir deste documento (que já está estruturado), que o contratado elabora e desenvolve o projeto executivo, executa o serviço e praticar as demais operações necessárias e suficientes à sua entrega final.

Alternativa "b". Na **empreitada integral**, há contratação de empreendimento em sua integralidade, compreendida a totalidade das etapas de obras, serviços e instalações necessárias, sob inteira responsabilidade do contratado até sua entrega ao contratante em condições de entrada em operação, com características adequadas às finalidades para as quais foi contratado e atendidos os requisitos técnicos e legais para sua utilização com segurança estrutural e operacional.

Alternativa "d". Trata-se da **contratação por tarefa**, regime de contratação de mão de obra para pequenos trabalhos por preço certo, com ou sem fornecimento de materiais (art. 6º, XXXI).

Alternativa correta: letra "a".

273. (FCC – Técnico Judiciário – Área Administrativa – TRT 17/2022) De acordo com o que estabelece a Lei de Licitações e Contratos Administrativos (Lei n° 14.133/2021),

a) ao declarar a nulidade do contrato, a autoridade, com vistas à continuidade da atividade administrativa, poderá decidir que ela só tenha eficácia em momento futuro, suficiente para efetuar nova contratação, por prazo de até dois anos.
b) tendo em vista a indisponibilidade do interesse público, nas contratações regidas por essa lei, é vedada a utilização de meios alternativos de prevenção e resolução de controvérsias.
c) é vedada aos Estados, ao Distrito Federal e aos Municípios a aplicação de regulamentos editados pela União para execução dessa lei.
d) dos atos da Administração decorrentes da aplicação dessa lei cabe recurso, no prazo de 5 dias úteis, contado da data de intimação, em face de anulação ou revogação da licitação.
e) a apreciação do recurso apresentado contra o ato da Administração relativo do julgamento das propostas dar-se-á em fase única.

COMENTÁRIO

Alternativa "a". Ao declarar a nulidade do contrato, a autoridade, com vistas à continuidade da atividade administrativa, poderá decidir que ela só tenha eficácia em momento futuro, suficiente para efetuar nova contratação, **por prazo de até 6 (seis) meses, prorrogável uma única vez**, nos termos do art. 148, §2º, da Lei.

Alternativa "b". Pelo contrário, o art. 151, *caput*, da Lei, estabelece que "nas contratações regidas por esta Lei, poderão ser utilizados meios alternativos de prevenção e resolução de controvérsias, notadamente a conciliação, a mediação, o comitê de resolução de disputas e a arbitragem".

Alternativa "c". O art. 187, da Lei, é expresso em possibilitar aos Estados, ao Distrito Federal e aos Municípios a aplicação de regulamentos editados pela União para execução da Lei.

Alternativa "d". Dos atos da Administração decorrentes da aplicação dessa lei cabe recurso, no prazo de 3 (três) dias úteis, contado da data de intimação, em face de anulação ou revogação da licitação (art. 165, I, *d*).

Alternativa "e". De fato, o art. 165, §1º, da Lei estabelece que com relação ao recurso apresentado em face de julgamento das propostas ou ato de habilitação ou inabilitação de licitante, a **correspondente apreciação dar-se-á em fase única**.

Alternativa correta: letra "e".

---

274. (FCC – Analista Judiciário – Área Judiciária – TRT 23/2022) De acordo com o que estabelece a Lei de Licitações e Contratos Administrativos (Lei nº 14.133/2021),

a) o edital poderá, na forma disposta em regulamento, exigir que percentual mínimo da mão de obra responsável pela execução do objeto da contratação seja constituído por mulheres vítimas de violência doméstica e oriundos ou egressos do sistema prisional.

b) a Administração poderá convocar, com antecedência mínima de 30 dias úteis, audiência pública exclusivamente presencial, sobre licitação que pretenda realizar, com disponibilização prévia de informações pertinentes, inclusive de estudo técnico preliminar e elementos do edital de licitação, e com possibilidade de manifestação de todos os interessados.

c) se optar pela realização de leilão por intermédio de leiloeiro oficial, a Administração deverá selecioná-lo por meio de concurso público e adotar o critério de julgamento de maior capacidade técnica, utilizados como parâmetro os critérios definidos na lei que regula a referida profissão e observados os valores dos bens a serem leiloados.

d) na execução indireta de obras e serviços de engenharia, são admitidos os regimes de empreitada integral, por preço unitário ou global, sendo vedados os regimes de contratação por tarefa e contratação semi-integrada.

e) em razão do princípio da eficiência e da continuidade do serviço público, dispensa-se, para a execução de cada etapa, a conclusão e a aprovação, pela autoridade competente, dos trabalhos relativos às etapas anteriores, postergando-se tais avaliações para o final da obra integralmente apresentada.

COMENTÁRIO

Alternativa "a". Na forma do art. 25, §9º, da Le, "o edital poderá, na forma disposta em regulamento, exigir que percentual mínimo da mão de obra responsável pela execução do objeto da contratação seja constituído por: I – mulheres vítimas de violência doméstica; II – oriundos ou egressos do sistema prisional.

Alternativa "b". A Administração poderá convocar, com antecedência mínima de **8 (oito) dias úteis**, audiência pública, presencial ou **a distância**, na forma eletrônica, sobre licitação que pretenda realizar, com disponibilização prévia de informações pertinentes, inclusive de estudo técnico preliminar e elementos do edital de licitação, e com possibilidade de manifestação de todos os interessados, nos termos do art. 21, *caput*, da Lei.

Alternativa "c". O art. 31, §1º, da Lei, estabelece que "se optar pela realização de leilão por intermédio de leiloeiro oficial, a Administração deverá selecioná-lo mediante **credenciamento ou licitação na modalidade pregão** e adotar o critério de julgamento de **maior desconto** para as comissões a serem cobradas, utilizados como parâmetro máximo os percentuais definidos na lei que regula a referida profissão e observados os valores dos bens a serem leiloados".

Alternativa "d". Nos termos do art. 46, da Lei, na execução indireta de obras e serviços de engenharia, são admitidos os seguintes regimes: I – empreitada por preço unitário; II – empreitada por preço global; III – empreitada integral; IV – contratação por tarefa; V – contratação integrada; VI – contratação semi-integrada; VII – fornecimento e prestação de serviço associado.

Alternativa "e". Pelo contrário, o art. 46, §6º, da Lei, estabelece que, no âmbito da execução indireta de obras e serviços de engenharia, "a execução de cada etapa será obrigatoriamente precedida da conclusão e da aprovação, pela autoridade competente, dos trabalhos relativos às etapas anteriores".

Alternativa correta: letra "a".

---

275. (IBFC – Analista Judiciário – TJ/MG/2022) Conforme a Lei de Licitações e Contratos Administrativos (Lei nº 14.133/2021), na modalidade de licitação denominada diálogo competitivo, serão observadas as seguintes disposições, <u>exceto</u>:

a) a divulgação de informações de modo discriminatório que possa implicar vantagem para algum licitante será vedada

b) a Administração apresentará, por ocasião da divulgação do edital em sítio eletrônico oficial, suas necessidades e as exigências já definidas e estabelecerá prazo mínimo de 30 (trinta) dias úteis para manifestação de interesse na participação da licitação

c) o edital poderá prever a realização de fases sucessivas, caso em que cada fase poderá restringir as soluções ou as propostas a serem discutidas

d) a fase de diálogo poderá ser mantida até que a Administração, em decisão fundamentada, identifique a solução ou as soluções que atendam às suas necessidades

e) os critérios empregados para pré-seleção dos licitantes deverão ser previstos em edital, e serão admitidos todos os interessados que preencherem os requisitos objetivos estabelecidos

COMENTÁRIO

✪ **Nota do Autor:** O **diálogo competitivo** foi criado pela Lei nº 14.133/2021, e pode ser definido como a modalidade de licitação para contratação de obras, serviços e compras em que a Administração Pública realiza diálogos com licitantes previamente selecionados mediante critérios objetivos, com o intuito de desenvolver uma ou mais alternativas capazes de atender às suas necessidades, devendo os licitantes apresentar proposta final após o encerramento dos diálogos.

Alternativa "b" (responde as demais alternativas). O procedimento especial do diálogo competitivo está detalhado no §1º do art. 32 e será desenvolvido em duas fases, a de diálogo e a competitiva.

Na fase de diálogo, a Administração divulgará edital, destinado à pré-seleção dos licitantes, contendo quais são as suas necessidades e exigências e haverá um **prazo mínimo de 25 dias úteis** para manifestação de quem tiver interesse em participar e, conforme os critérios constantes do edital, a Administração fará a pré-seleção e serão admitidos todos os interessados que preencherem os requisitos objetivos estabelecidos. Feita a pré-seleção, ocorrerão os diálogos, que são reuniões com os licitantes selecionados para que sejam apresentadas à Administração soluções e propostas para que ela consiga atender suas necessidades. Há determinação legal no sentido de é vedado à Administração divulgar informações de modo discriminatório, que possa implicar vantagem para algum licitante ou revelar soluções propostas ou informações sigilosas comunicadas por um licitante, sem seu consentimento. Pode o edital prever que os diálogos serão feitos em fases sucessivas, caso em que poderá ser feita restrição a quais soluções ou propostas serão discutidas em cada uma delas. Todas as reuniões devem ser registradas em ata e gravadas em áudio e vídeo. A etapa de diálogo poderá ser mantida até que a Administração, em decisão fundamentada, identifique qual ou quais as soluções que atendem às suas necessidades, quando essa fase termina.

Na fase competitiva, há a divulgação de novo edital pela Administração especificando a solução que atenda às suas necessidades e os critérios objetivos a serem utilizados para seleção da proposta mais vantajosa e abrir prazo, não inferior a 60 dias úteis, para todos os licitantes pré-selecionados na fase anterior apresentarem suas propostas. Apresentadas as propostas, a Administração definirá qual a proposta mais vantajosa, conforme os critérios que foram divulgados no edital de início da fase competitiva.

Alternativa correta: letra "b".

276. Questões elaboradas pelo autor

276.01. Analise as assertivas abaixo sobre os objetivos do processo licitatório, segundo a Lei nº 14.133/2021:

I – assegurar tratamento isonômico entre os licitantes, bem como a justa competição;

II – assegurar a seleção da proposta apta a gerar o resultado de contratação mais vantajoso para a Administração Pública, salvo no que se refere ao ciclo de vida do objeto;

III – evitar contratações com sobrepreço ou com preços manifestamente inexequíveis e superfaturamento na execução dos contratos;

IV – incentivar a inovação e o desenvolvimento nacional sustentável.

Assinale a alternativa correta:

a) Os itens I, III e IV estão corretos;

b) Os itens I, II e III estão corretos;

c) Apenas o item IV está correto;

d) Todos os itens estão corretos.

COMENTÁRIO

Item I. Nos termos do art. 11, II, é objetivo do processo licitatório: assegurar tratamento isonômico entre os licitantes, bem como a justa competição.

Item II. Ao contrário do afirmado, objetiva-se assegurar a seleção da proposta apta a gerar o resultado de contratação mais vantajoso para a Administração Pública, inclusive no que se refere ao ciclo de vida do objeto (art. 11, I).

Item III. Constitui objetivo do processo licitatório, conforme o inciso III do art. 11, evitar contratações com sobrepreço ou com preços manifestamente inexequíveis e superfaturamento na execução dos contratos.

Item IV. Estabelece o art. 11, IV, que é objetivo: incentivar a inovação e o desenvolvimento nacional sustentável.

Alternativa correta: letra "a". Estão corretos os itens I, III e IV.

276.02. Sobre o sistema de registro de preços, assinale a alternativa correta:

a) É vedado o uso do sistema de registro de preços para a contratação de serviços de engenharia.

b) A ata de registro de preços tem vigência de 2 anos, não podendo ser prorrogada.
c) A existência de preços registrados implica compromisso de fornecimento nas condições estabelecidas e obriga a Administração, mas não obriga a Administração a contratar.
d) Faculta-se aos órgãos e entidades da Administração Pública Federal a adesão à ata de registro de preços gerenciada por órgão ou entidade estadual, distrital ou municipal.

COMENTÁRIO

Alternativa "a". Nos termos do art. 82 § 5º, o sistema de registro de preços poderá ser usado para a contratação de bens e serviços, inclusive de obras e serviços de engenharia.

Alternativa "b". O prazo de vigência da ata de registro de preços será de 1 ano e poderá ser prorrogado, por igual período, desde que comprovado o preço vantajoso, conforme o art. 84.

Alternativa "c". Nesse sentido é o art. 83 da Lei nº 14.133/2021: a existência de preços registrados implicará compromisso de fornecimento nas condições estabelecidas, mas não obrigará a Administração a contratar, facultada a realização de licitação específica para a aquisição pretendida, desde que devidamente motivada.

Alternativa "d". Na verdade, o §8º do art. 86 veda aos órgãos e entidades da Administração Pública federal a adesão à ata de registro de preços gerenciada por órgão ou entidade estadual, distrital ou municipal.

Alternativa correta: letra "d".

276.03. Sobre os critérios de julgamento, assinale a alternativa incorreta:

a) O julgamento das propostas será realizado, apenas, pelos critérios menor preço, de melhor técnica, de técnica e preço e de maior lance ou oferta;
b) O julgamento por menor preço ou maior desconto e, quando couber, por técnica e preço considerará o menor dispêndio para a Administração, atendidos os parâmetros mínimos de qualidade definidos no edital de licitação.
c) O julgamento por técnica e preço considerará a maior pontuação obtida a partir da ponderação, segundo fatores objetivos previstos no edital, das notas atribuídas aos aspectos de técnica e de preço da proposta.
d) O julgamento por maior retorno econômico, utilizado exclusivamente para a celebração de contrato de eficiência, considerará a maior economia para a Administração, e a remuneração deverá ser fixada em percentual que incidirá de forma proporcional à economia efetivamente obtida na execução do contrato.

COMENTÁRIO

Alternativa "a". O conteúdo da alternativa está incorreto porque, nos termos do art. 33, "caput", da Lei nº 14.133/2021, o julgamento das propostas será realizado de acordo com os seguintes critérios: "I – menor preço; II – maior desconto; III – melhor técnica ou conteúdo artístico; IV – técnica e preço; V – maior lance, no caso de leilão; VI – maior retorno econômico.".

Alternativa "b". O conteúdo repete integralmente o contido no "caput" do art. 34, da Nova Lei de Licitações: Art. 34. O julgamento por menor preço ou maior desconto e, quando couber, por técnica e preço considerará o menor dispêndio para a Administração, atendidos os parâmetros mínimos de qualidade definidos no edital de licitação.

Alternativa "c". É o que determina o art. 36 da lei: "O julgamento por técnica e preço considerará a maior pontuação obtida a partir da ponderação, segundo fatores objetivos previstos no edital, das notas atribuídas aos aspectos de técnica e de preço da proposta".

Alternativa "d". Não há erro no conteúdo da assertiva, pois reproduz na íntegra o "caput" do art. 39: "Art. 39. O julgamento por maior retorno econômico, utilizado exclusivamente para a celebração de contrato de eficiência, considerará a maior economia para a Administração, e a remuneração deverá ser fixada em percentual que incidirá de forma proporcional à economia efetivamente obtida na execução do contrato.

Alternativa correta: letra "a".

276.04. Sobre os casos de inexigibilidade e dispensa de licitação, assinale a alternativa correta:

a) É inexigível a licitação quando inviável a competição para aquisição de objetos que devam ou possam ser contratados por meio de credenciamento;
b) É dispensável a licitação para contratação que envolva valores inferiores a R$ 176.000,00, no caso de obras e serviços de engenharia ou de serviços de manutenção de veículos automotores;
c) É dispensável a licitação para contratação que envolva valores inferiores a R$ 33.000,00, no caso de outros serviços e compras;
d) É dispensável a licitação que tenha por objeto produtos para pesquisa e desenvolvimento, limitada a contratação, no caso de obras e serviços de engenharia, ao valor de R$ 150.000,00.

COMENTÁRIO

Alternativa "a". A licitação é inexigível quando a competição for inviável e o art. 74 arrola as situações exemplificativas em que isso ocorre e uma delas é no caso de "objetos que devam ou possam ser contratados por meio de credenciamento", conforme o inciso IV daquele artigo.

Alternativa "b" (responde, também, a alternativa "c"). Com a Nova Lei, os valores para dispensa de licitação passaram a ser: a) valor inferior a R$ 100.000,00: obras e serviços de engenharia ou serviços de manutenção de veículos automotores; b) valor inferior a R$ 50.000,00, no caso de serviços e compras. ATENÇÃO! Entretanto, nos termos do art. 182, os valores serão atualizados anualmente e, em cumprimento a isso, o Decreto 10.922/2021, publicado em 31/12/2021, realizou a atualização e, atualmente, os valores para dispensa que estão em vigor são: a) valor inferior a R$ 108.040,82: obras e serviços de engenharia ou serviços de manutenção de veículos automotores; b) valor inferior a R$ 54.020,41, no caso de serviços e compras.

Alternativa "d". Nos termos do art. 75, IV, "c", a licitação é dispensável quando tiver por objeto produtos para pesquisa e desenvolvimento, limitada a contratação, no caso de obras e serviços de engenharia, ao valor de R$ 324.122,46, conforme a atualização promovida pelo Decreto 10.922/2021.

Alternativa correta: letra "a".

276.05. Sobre procedimentos auxiliares, assinale a alternativa incorreta:

a) São procedimentos auxiliares das licitações e das contratações: credenciamento, pré-qualificação, procedimento de manifestação de interesse, sistema de registro de preços e registro cadastral;

b) A Administração poderá solicitar à iniciativa privada, mediante procedimento aberto de manifestação de interesse a ser iniciado com a publicação de edital de chamamento público, a propositura e a realização de estudos, investigações, levantamentos e projetos de soluções inovadoras que contribuam com questões de relevância pública, na forma de regulamento.

c) O prazo de vigência da ata de registro de preços será de 2 anos e poderá ser prorrogado, por igual período, desde que comprovado o preço vantajoso.

d) O sistema de registro cadastral unificado será público e deverá ser amplamente divulgado e estar permanentemente aberto aos interessados, e será obrigatória a realização de chamamento público pela internet, no mínimo anualmente, para atualização dos registros existentes e para ingresso de novos interessados.

COMENTÁRIO

Alternativa "a". Nos termos do art. 78, da Nova Lei de Licitações, são procedimentos auxiliares o credenciamento, a pré-qualificação, o procedimento de manifestação de interesse, o sistema de registro de preços e o registro cadastral.

Alternativa "b". O procedimento de manifestação de interesse está previsto no art. 81 da Lei nº 14.133/2021, deve ter início com a publicação de edital de chamamento público e, por meio dele, a Administração poderá solicitar à iniciativa privada a propositura e a realização de estudos, investigações, levantamentos e projetos de soluções inovadoras que contribuam com questões de relevância pública, na forma de regulamento.

Alternativa "c". A alternativa está errada porque, conforme o art. 84 da Lei nº 14.133/2021, o prazo de vigência da ata de registro de preços será de 1 ano e poderá ser prorrogado, por igual período, desde que comprovado o preço vantajoso.

Alternativa "d". De acordo com o art. 87 da Nova Lei de Licitações, os órgãos e entidades da Administração Pública deverão utilizar o sistema de registro cadastral unificado disponível no Portal Nacional de Contratações Públicas (PNCP), para efeito de cadastro unificado de licitantes, na forma disposta em regulamento. E esse sistema, nos termos do §1º desse dispositivo, será público e deverá ser amplamente divulgado e estar permanentemente aberto aos interessados, e será obrigatória a realização de chamamento público pela internet, no mínimo anualmente, para atualização dos registros existentes e para ingresso de novos interessados.

Alternativa correta: letra "c".

276.06. O instrumento de contrato é obrigatório, salvo nas seguintes hipóteses:

a) dispensa de licitação, em qualquer caso, quando então poderá ser substituído por outra forma, inclusive verbal;

b) dispensa de licitação em razão do valor, quando então poderá ser substituído por contrato verbal;

c) dispensa de licitação em razão do valor, quando poderá ser substituído por outro instrumento hábil, a exemplo da carta-contrato ou nota de empenho de despesa;

d) a lei não permite a substituição do instrumento de contrato, não havendo exceções.

COMENTÁRIO

Alternativa "c" (responde às demais alternativas). O instrumento de contrato, em regra, é obrigatório. Entretanto, pode ser substituído, consoante previsão contida no art. 95, por outro instrumento hábil, como carta-contrato, nota de empenho de despesa, autorização de compra ou ordem de execução de serviço, nas seguintes hipóteses: I – dispensa de licitação em razão de valor; II – compras com entrega imediata e integral dos bens adquiridos e dos quais não resultem obrigações futuras, inclusive quanto a assistência técnica, independentemente de seu valor.

Alternativa correta: letra "c".

276.07. O regime recursal previsto na Lei nº 14.133/21 estabelece que:

a) os recursos têm efeitos suspensivos, exceto quando anular a licitação;
b) excepcionalmente os recursos terão efeitos suspensivos, devendo a decisão ser expressa nesse sentido;
c) o recurso será dirigido à autoridade competente para proferir a decisão recursal;
d) o recurso e o pedido de reconsideração terão efeito suspensivo.

COMENTÁRIO

Alternativa "d" (responde às demais alternativas). Conforme estabelece o art. 168 da Lei nº 14.133/2021, o recurso e o pedido de reconsideração terão efeito suspensivo do ato ou da decisão recorrida até que sobrevenha decisão final da autoridade competente.

Alternativa correta: letra "d".

10. SERVIÇOS PÚBLICOS

- CF, arts. 21, 23, 25, 30 e 32, § 1º
- CF, art. 175
- Lei nº 8.987/95
- Lei nº 11.079/04

277. (FCC – Analista Judiciário – Área Administrativa – TRT 11/2024) Considere que o Estado pretenda conceder à iniciativa privada a exploração de determinada rodovia pelo prazo de 32 anos, de forma que o privado assuma, também, a obrigação de efetuar a duplicação de determinados trechos, além de ficar responsável pela manutenção e operação da malha concedida. Considerando que, segundo as projeções, a receita auferida com a cobrança de pedágio não seria suficiente para a realização dos investimentos demandados, da ordem de R$ 20 milhões (valor do contrato), tal pretensão afigura-se juridicamente

a) inviável, em face da combinação de objetos diversos — obras, operação e manutenção – o que, de acordo com a jurisprudência dos órgãos de controle, restringe injustificadamente o universo de potenciais competidores.
b) possível, em tese, na forma de concessão comum, mediante prévia autorização legislativa, e desde que a contraprestação pecuniária a cargo do poder concedente seja inferior a 70% da receita total da concessionária.
c) viável, desde que adotada a modalidade concessão administrativa, que permite o aporte de recursos públicos para assegurar a cobertura dos investimentos e custos operacionais que excedam a receita tarifária.
d) possível, em tese, mediante celebração de uma concessão patrocinada, arcando o parceiro público com o pagamento de contraprestação pecuniária como forma de complementação da receita tarifária.
e) inviável, eis que extrapola o prazo máximo admitido por lei para concessões comuns e parcerias público-privadas, além de não observar o piso mínimo de investimento necessário para essa última modalidade.

COMENTÁRIO

Alternativa "d" (responde as demais alternativas). A denominada parceria público-privada é, na verdade, uma **modalidade especial de concessão de serviço público**, que se subdivide em duas espécies, a concessão patrocinada e a concessão comum. A **concessão patrocinada**, nos termos do art. 2º, § 1º, da Lei nº 11.079/04, é "a concessão de serviços públicos ou de obras públicas de que trata a Lei nº 8.987, de 13 de fevereiro de 1995, quando envolver, adicionalmente à tarifa cobrada dos usuários contraprestação pecuniária do parceiro público ao parceiro privado", quer dizer, é uma concessão de serviços públicos que se distingue da regra geral em razão da remuneração da empresa prestadora de serviços públicos ter origem tanto nas tarifas que os usuários pagarão quanto em parcela paga pelo Poder Público. Na forma do art. 2º, §4º, I, da Lei nº 11.079/04, é vedada a celebração de contrato de parceria público-privada cujo período de prestação do serviço seja inferior a 5 (cinco) anos e, no mesmo sentido, o art. 5º, I, fixa que "o prazo de vigência do contrato, compatível com a amortização dos investimentos realizados, não inferior a 5 (cinco), nem superior a 35 (trinta e cinco) anos, incluindo eventual prorrogação".

Alternativa correta: letra "d".

278. (FCC – Analista Judiciário/Área Judiciária – TRT 11/2024) Consiste direito dos usuários de serviço público assegurado na Lei nº 13.460/2017 a

a) instituição de Serviços de Informação ao Cidadão com autonomia administrativa.
b) realização de Conferências trienais para aprovação e gestão do serviço público.

c) participação nos órgãos de gestão das concessionárias de serviços públicos.

d) criação de ouvidoria com indicação de ouvidor externo pela sociedade civil.

e) implementação de conselhos de usuários como órgão consultivo.

COMENTÁRIO

Alternativa "e" (responde as demais alternativas). O art. 18 e subsequentes da Lei nº 13.460/2017 trata dos **conselhos de usuários**, órgãos consultivos dotados de uma série de atribuições. O art. 18, *caput*, estabelece que "sem prejuízo de outras formas previstas na legislação, a participação dos usuários no acompanhamento da prestação e na avaliação dos serviços públicos será feita por meio de conselhos de usuários". Trata-se, portanto, de um direito dos usuários de serviço público, assegurado na legislação de regência. Os outros órgãos e institutos mencionados no enunciado **não** constam da Lei nº 13.460/2017.

Alternativa correta: letra "e".

---

279. (FCC – Analista Judiciário – Área Judiciária – TRT 12/2023) A respeito dos direitos dos usuários de serviços públicos, previstos na Lei nº 8.987/1995, que dispõe sobre o regime jurídico de concessão e permissão da prestação de serviços públicos, considere:

I. Constitui direito dos usuários de serviços públicos, dentre outros, o de receber do poder concedente e da concessionária informações para a defesa de interesses individuais ou coletivos.

II. As concessionárias de serviços públicos, de direito público e privado, nos Estados e no Distrito Federal, são obrigadas a oferecer ao consumidor e ao usuário, dentro do mês de vencimento, o mínimo de cinco datas opcionais para escolherem os dias de vencimento de seus débitos.

III. Constitui direito dos usuários de serviços públicos, dentre outros, o de obter e utilizar o serviço, com liberdade de escolha entre vários prestadores de serviços, quando for o caso, observadas as normas do poder concedente.

Está correto o que se afirma APENAS em

a) III.

b) II e III.

c) I e III.

d) I.

e) II.

COMENTÁRIO

Alternativa "c" (responde as demais alternativas). Estão corretos os itens I e III.

Item I. Correto. O art. 7º, II, da Lei, estabelece que são direitos dos usuários "receber do poder concedente e da concessionária informações para a defesa de interesses individuais ou coletivos".

Item II. Errado. Na forma do art. 7º-A, da Lei, "as concessionárias de serviços públicos, de direito público e privado, nos Estados e no Distrito Federal, são obrigadas a oferecer ao consumidor e ao usuário, dentro do mês de vencimento, **o mínimo de seis datas opcionais** para escolherem os dias de vencimento de seus débitos".

Item III. Correto. Eis a redação do art. 7º, III, da Lei, pela qual são direitos dos usuários "obter e utilizar o serviço, com liberdade de escolha entre vários prestadores de serviços, quando for o caso, observadas as normas do poder concedente".

Alternativa correta: letra "c".

---

280. (FCC – Analista Judiciário – Área Judiciária Oficial de Justiça – TRT 12/2023) Nos termos da Lei nº 11.079/2004, que institui normas gerais para licitação e contratação de parceria público-privada no âmbito da Administração Pública, considere:

I. Concessão patrocinada é a concessão de serviços públicos ou de obras públicas de que trata a Lei nº 8.987/1995, quando envolver, adicionalmente à tarifa cobrada dos usuários, contraprestação pecuniária do parceiro público ao parceiro privado.

II. Admite-se a celebração de contrato de parceria público-privada cujo valor do contrato seja de nove milhões de reais.

III. Dentre as cláusulas do contrato de parceria público-privada está a repartição de riscos entre as partes, inclusive os referentes a caso fortuito, força maior, fato do príncipe e área econômica extraordinária.

IV. Fica vedado à Administração Pública ser titular da maioria do capital votante da sociedade de propósito específico. Tal vedação, no entanto, não se aplica à eventual aquisição da maioria do capital votante da Sociedade de propósito especifico por instituição financeira controlada pelo Poder Público em caso de inadimplemento de contratos de financiamento.

Está correto o que se afirma APENAS em

a) I, III e IV.

b) I e II.

c) III e IV.

d) I, II e III.

e) II e IV.

COMENTÁRIO

Alternativa "a" (responde as demais alternativas). Estão corretos os itens I, III e IV.

Item I. Correto. Eis, precisamente, a redação do art. 2º, §1º, da Lei, pela qual "concessão patrocinada é a concessão de serviços públicos ou de obras públicas de que trata a Lei nº 8.987/1995, quando envolver, adicionalmente à tarifa cobrada dos usuários, contraprestação pecuniária do parceiro público ao parceiro privado".

Item II. Errado. Na forma do art. 2º, §4º, I, é vedada a celebração de contrato de parceria público-privada cujo valor do contrato seja **inferior a R$ 10.000.000,00 (dez milhões de reais).**

Item III. Correto. O art. 5º, III, estabelece que o contrato de parceria público-privada deve prever "a repartição de riscos entre as partes, inclusive os referentes a caso fortuito, força maior, fato do príncipe e álea econômica extraordinária".

Item IV. Correto. O art. 9º, §§4º e 5º, da Lei, estabelece a vedação da Administração Pública ser titular da maioria do capital votante das sociedades de propósito específico, não se aplicando tal proibição à eventual aquisição da maioria do capital votante da sociedade de propósito específico por instituição financeira controlada pelo Poder Público em caso de inadimplemento de contratos de financiamento.

Alternativa correta: letra "a".

---

281. (FCC – Analista Judiciário – Área Judiciária Oficial de Justiça – TRT 12/2023) Nos termos da Lei nº 8.987/1995, que dispõe sobre o regime de concessão e permissão da prestação de serviços públicos, a reversão no advento do termo contratual

a) Far-se-à com a indenização das parcelas dos investimentos vinculados a bens reversíveis, amortizados ou depreciados, e que tenham sido realizados com o objetivo de garantir exclusivamente a atualidade do serviço concedido.

b) não exigirá qualquer tipo de indenização à concessionária, tendo em vista que esta já recuperou, ao longo do contrato de concessão, todos os investimentos despendidos.

c) far-se-á com a indenização das parcelas dos investimentos vinculados a bens reversíveis, já amortizados. e que tenham sido realizados com o objetivo de garantir a continuidade e atualidade do serviço concedido.

d) far-se-á com a indenização das parcelas dos investimentos vinculados a bens reversíveis, ainda não amortizados ou depreciados, que tenham sido realizados com o objetivo de garantir a continuidade e atualidade do serviço concedido.

e) far-se-á com a indenização das parcelas dos investimentos vinculados a bens reversíveis depreciados, e que tenham sido realizados com o objetivo de garantir exclusivamente a continuidade do serviço concedido.

COMENTÁRIO

✪ **Nota do Autor:** A **reversão** é a "**passagem ao poder concedente dos bens do concessionário aplicados ao serviço, uma vez extinta a concessão**"[50] e, assim, não se trata de uma forma de extinção, mas de consequência dela, isto é, **só há reversão se houver extinção.**

Alternativa "d" (responde as demais alternativas). O art. 36, da Lei nº 8.987/95, estabelece que "a reversão no advento do termo contratual far-se-á com a indenização das parcelas dos investimentos vinculados a bens reversíveis, **ainda não amortizados ou depreciados**, que tenham sido realizados com o objetivo de garantir a continuidade e atualidade do serviço concedido".

Alternativa correta: letra "d".

---

282. (FCC – Analista Judiciário – Área Judiciária – TRT 18/2023) A contratação de uma parceria público-privada impõe à Administração Pública a observância de critérios previstos na Lei federal nº 11.079/2004, além de lhe facultar a previsão de disposições específicas, de forma que

a) a vigência contratual seja obrigatoriamente superior a 20 anos, como forma de garantir a amortização dos investimentos realizados pelo parceiro privado, com exceção dos contratos de concessão administrativa nos quais não haja previsão de aporte de recursos públicos, os quais podem ter vigência por prazo inferior.

b) seja prevista, no contrato firmado, a repartição de riscos entre as partes, inclusive com tratamento sobre caso fortuito e força maior, inexistindo vedação para que estes sejam integralmente assumidos pelo parceiro público, sendo justificada a escolha.

c) seja facultada a previsão contratual de exigência de garantias, a serem prestadas pelo parceiro privado e pelo parceiro público, proporcional aos valores envolvidos para a execução do contrato e para a realização dos aportes de recursos públicos.

d) haja tratamento, no edital de licitação e no respectivo contrato, sobre a repartição de riscos

---

50 MELLO, Celso Antônio Bandeira de. *Curso de direito administrativo*. 27 ed. São Paulo: Malheiros, 2010. p. 752.

entre as partes, não se admitindo integral assunção de responsabilidade pela Administração Pública, com exceção daqueles atinentes a caso fortuito e força maior, que não podem ser trespassados ao parceiro privado, em razão de disposição legal expressa.

e) seja permitido à Administração Pública a realização de aporte de recursos exclusivamente para fins de aquisição de bens reversíveis, na medida em que referidos ativos serão transferidos ao poder concedente quando da extinção do contrato.

COMENTÁRIO

Alternativa "a". O art. 5º, I, da Lei nº 11.079/2004, ao tratar das cláusulas que devem constar do contrato de parceria público-privada, estabelece que "o prazo de vigência do contrato, compatível com a amortização dos investimentos realizados, não inferior a 5 (cinco), nem superior a 35 (trinta e cinco) anos, incluindo eventual prorrogação". Desse modo, não é necessário que a vigência contratual seja obrigatoriamente superior a 20 anos.

Alternativa "b" (responde a alternativa "d"). O art. 5º, III, da Lei, estabelece que o contrato de parceria público-privada deve prever "a repartição de riscos entre as partes, inclusive os referentes a caso fortuito, força maior, fato do príncipe e álea econômica extraordinária".

Alternativa "c". A prestação de garantias **não** se trata de faculdade, mas de **obrigação legal**, nos termos, por exemplo, do art. 5º, VIII, da Lei.

Alternativa "e". O art. 6º, §2º, da Lei, estabelece que "o contrato **poderá** prever o aporte de recursos em favor do parceiro privado para a realização de obras e aquisição de bens reversíveis (...), desde que autorizado no edital de licitação, se contratos novos, ou em lei específica, se contratos celebrados até 8 de agosto de 2012"..

Alternativa correta: letra "b".

---

283. (FCC - Analista Judiciário - Contabilidade - TRT 18/2023) Suponha que o Estado pretenda realizar a duplicação de pistas de uma rodovia, transferindo tal encargo à concessionária privada juntamente com as atividades de operação e manutenção da referida malha rodoviária, pelo prazo de 30 anos, e autorizando a cobrança de pedágio dos usuários. Ocorre que os estudos demonstraram que a receita tarifária não seria suficiente para fazer frente à integralidade dos investimentos e retorno financeiro ao concessionário. Diante de tal constatação e considerando a legislação de regência, afigura-se juridicamente viável para a situação narrada a celebração de concessão

a) de serviços precedida de obras, podendo o concessionário ser remunerado por desempenho, a título de complemento público da receita tarifária, no limite anual de R$ 10 milhões.

b) administrativa, com aporte de recursos do Estado ao capital da sociedade de propósito específico instituída para explorar o serviço, limitado a R$ 10 milhões e não podendo ultrapassar 49% do respectivo capital social.

c) comum, com pagamento pelo Estado de complemento à receita tarifária, no limite necessário para a realização dos investimentos em bens reversíveis e no ritmo da execução físico-financeira das obras.

d) patrocinada, com o pagamento de contraprestação pecuniária pelo Estado em complemento à receita tarifária, desde que o valor do contrato seja de, no mínimo, R$ 10 milhões.

e) patrocinada ou administrativa, a depender do volume de investimentos envolvido, que não pode ser inferior a R$ 10 milhões anuais, com pagamento de contraprestação pecuniária (patrocinada) ou aporte de recursos (administrativa).

COMENTÁRIO

Alternativa "d" (responde as demais alternativas). A denominada parceria público-privada é, na verdade, uma **modalidade especial de concessão de serviço público**, que se subdivide em duas espécies, a concessão patrocinada e a concessão comum. A **concessão patrocinada**, nos termos do art. 2º, § 1º, da Lei nº 11.079/04, é "a concessão de serviços públicos ou de obras públicas de que trata a Lei nº 8.987, de 13 de fevereiro de 1995, quando envolver, adicionalmente à tarifa cobrada dos usuários contraprestação pecuniária do parceiro público ao parceiro privado", quer dizer, é uma concessão de serviços públicos que se distingue da regra geral em razão da remuneração da empresa prestadora de serviços públicos ter origem tanto nas tarifas que os usuários pagarão quanto em parcela paga pelo Poder Público. Já, a **concessão administrativa**, conforme o § 2º do mesmo artigo, define a concessão administrativa como o "o contrato de prestação de serviços de que a Administração Pública seja a usuária direta ou indireta, ainda que envolva execução de obra ou fornecimento e instalação de bens". Nessa última modalidade, não há tarifas a serem pagas pelos usuários, e a contraprestação devida ao parceiro privado será feita somente pelo Poder Público. Desse modo, a duplicação de pistas de uma rodovia, transferindo tal encargo à concessionária privada juntamente com as atividades de operação e manutenção da referida malha rodoviária **pode ser feitas por meio de contrato de concessão patrocinada**, em que a empresa privada receberá sua remuneração das tarifas dos usuários e, também, da contraprestação paga pelo poder concedente. Vale destacar, neste ponto, que na forma do art. 2º, §4º, I, é vedada a celebração de contrato de parceria público-privada cujo valor do contrato seja **inferior a R$ 10.000.000,00 (dez milhões de reais).** Por outro lado, são exemplos de atividade que podem ser objeto de contrato de concessão administrativa, conforme Alexandre Santos de Aragão[51], serviços econômicos em que o Estado resolva não cobrar tarifa (ex.: rodovia em região pobre), serviços públicos sociais (ex.: educação, saúde), atividades preparatórias ou de auxílio ao poder de polícia (ex.: hotelaria em presídio, serviço de remoção de veículos estacionados irregularmente) e atividades internas da Administração (ex.: construção e operação de restaurantes e creches para os servidores públicos).

Alternativa correta: letra "d".

---

284. (FCC – Analista Judiciário – Área Judiciária Oficial de Justiça – TRT 18/2023) A remuneração do parceiro privado, nos contratos de parceria público-privada, regidos pela Lei federal nº 11.079/2004 e de concessão de serviço público (concessão comum), regidos pela Lei federal nº 8.987/1995, apresenta relevantes distinções, em especial porque

a) a remuneração do parceiro privado deve, nos contratos de concessão administrativa, obrigatoriamente, envolver a cobrança de tarifa diretamente do usuário do serviço público, adicionalmente à contraprestação devida nos contratos de concessão patrocinada e de concessão comum.

b) os contratos de concessão comum permitem a previsão de aporte de recursos públicos em favor do concessionário como forma de remuneração pela prestação dos serviços, diferentemente do que acontece nos contratos de parceria público-privada, em que essa verba fica restrita à parcela de obras e aquisição de bens reversíveis.

c) os contratos de parceria público-privada contemplam o pagamento de contraprestação pelo parceiro público ao parceiro privado, enquanto nas concessões comuns o concessionário deve se remunerar por meio da exploração do serviço público, mediante cobrança de tarifa.

d) somente os contratos de concessão comum admitem a cobrança de tarifa diretamente do usuário do serviço público, não havendo previsão para tanto nos contratos de parceria público-privada, em que a repartição de riscos é premissa para a celebração do vínculo entre as partes.

e) tanto os contratos de parceria público-privada, quanto os de concessão comum, exigem a prestação de garantia pelo poder público, de forma que o delegatário do serviço público, responsável integralmente pelos investimentos, não fique destituído da devida remuneração contratual.

COMENTÁRIO

Alternativa "a". O art. 2º, § 2º, da Lei nº 11.079/2004, define a concessão administrativa como o "o contrato de prestação de serviços de que a Administração Pública seja a usuária direta ou indireta, ainda que envolva execução de obra ou fornecimento e instalação de bens". Nessa modalidade, não há tarifas a serem pagas pelos usuários, e a contraprestação devida ao parceiro privado será feita somente pelo Poder Público.

Alternativa "b". Pelo contrário, a **concessão de serviço público** é a delegação de sua prestação, feita pelo poder concedente, mediante licitação, na modalidade concorrência ou diálogo competitivo, a pessoa jurídica ou consórcio de empresas que demonstre capacidade para seu desempenho, **por sua conta e risco** e por prazo determinado. Não há que se falar, nesta modalidade de contrato, em **aporte financeiro realizado pela Administração Pública.**

Alternativa "c" (responde a alternativa "d"). A denominada parceria público-privada é, na verdade, uma **modalidade especial de concessão de serviço público**, que se subdivide em duas espécies, a concessão patrocinada e a concessão comum. A **concessão patrocinada**, nos termos do art. 2º, § 1º, da Lei nº 11.079/04, é "a concessão de serviços públicos ou de obras públicas de que trata a Lei nº 8.987, de 13 de fevereiro de 1995, quando envolver, adicionalmente à tarifa cobrada dos usuários contraprestação pecuniária do parceiro público ao parceiro privado", quer dizer, é uma concessão de serviços públicos que se distingue da regra geral em razão da remuneração da empresa prestadora de serviços públicos ter origem tanto nas tarifas que os usuários pagarão quanto em parcela paga pelo Poder Público.

Alternativa "e". Pelo contrário, – tanto os contratos de parceria público-privada, quanto os de concessão comum, exigem, em certas hipóteses, a prestação de garantia **pela concessionária do serviço público.**

Alternativa correta: letra "c".

---

285. (FCC – Analista Judiciário – TRT 18/2023) A remuneração do parceiro privado, nos contratos de parceria público-privada, regidos pela Lei federal nº 11.079/2004 e de concessão de serviço público (concessão comum), regidos pela Lei federal nº 8.987/1995, apresenta relevantes distinções, em especial porque

---

51. Curso de direito administrativo. Rio de Janeiro: Forense, 2012. p. 429.

a) a remuneração do parceiro privado deve, nos contratos de concessão administrativa, obrigatoriamente, envolver a cobrança de tarifa diretamente do usuário do serviço público, adicionalmente à contraprestação devida nos contratos de concessão patrocinada e de concessão comum.

b) os contratos de concessão comum permitem a previsão de aporte de recursos públicos em favor do concessionário como forma de remuneração pela prestação dos serviços, diferentemente do que acontece nos contratos de parceria público-privada, em que essa verba fica restrita à parcela de obras e aquisição de bens reversíveis.

c) os contratos de parceria público-privada contemplam o pagamento de contraprestação pelo parceiro público ao parceiro privado, enquanto nas concessões comuns o concessionário deve se remunerar por meio da exploração do serviço público, mediante cobrança de tarifa.

d) somente os contratos de concessão comum admitem a cobrança de tarifa diretamente do usuário do serviço público, não havendo previsão para tanto nos contratos de parceria público-privada, em que a repartição de riscos é premissa para a celebração do vínculo entre as partes.

e) tanto os contratos de parceria público-privada, quanto os de concessão comum, exigem a prestação de garantia pelo poder público, de forma que o delegatário do serviço público, responsável integralmente pelos investimentos, não fique destituído da devida remuneração contratual.

COMENTÁRIO

Alternativa "a". A **concessão administrativa** é o contrato de prestação de serviços de que a Administração Pública seja a usuária direta ou indireta, ainda que envolva execução de obra ou fornecimento e instalação de bens. **Não há remuneração do parceiro privado pelo usuário** e somente existe a contraprestação do Poder Público. Está prevista na Lei nº 11.079/04.

Alternativa "b". Os contratos de concessão comum **não** permitem a previsão de aporte de recursos públicos em favor do concessionário como forma de remuneração pela prestação dos serviços.

Alternativa "c" (responde a alternativa "d"). A **concessão de serviço público** é o contrato administrativo por meio do qual a Administração Pública delega a terceiro a "execução de um serviço público, para que o execute em seu próprio nome, por sua conta e risco, assegurando-lhe a remuneração mediante tarifa paga pelo usuário ou outra forma de remuneração decorrente da exploração do serviço"[52]. A denominada parceria público-privada é, na verdade, uma **modalidade especial de concessão de serviço público**, que se subdivide em duas espécies, a concessão patrocinada e a concessão comum. A **concessão patrocinada**, nos termos do art. 2º, § 1º, da Lei nº 11.079/04, é "a concessão de serviços públicos ou de obras públicas de que trata a Lei nº 8.987, de 13 de fevereiro de 1995, quando envolver, adicionalmente à tarifa cobrada dos usuários contraprestação pecuniária do parceiro público ao parceiro privado", quer dizer, é uma concessão de serviços públicos que se distingue da regra geral em razão da remuneração da empresa prestadora de serviços públicos ter origem tanto nas tarifas que os usuários pagarão quanto em parcela paga pelo Poder Público. Já, a **concessão administrativa**, conforme o § 2º do mesmo artigo, define a concessão administrativa como o "o contrato de prestação de serviços de que a Administração Pública seja a usuária direta ou indireta, ainda que envolva execução de obra ou fornecimento e instalação de bens". Nessa última modalidade, não há tarifas a serem pagas pelos usuários, e a contraprestação devida ao parceiro privado será feita somente pelo Poder Público.

Alternativa "e". Apenas a Lei nº 11.079/2004 prevê a possibilidade de a Administração Pública outorgar garantia em favor dos concessionários.

Alternativa correta: letra "c".

---

286. (FCC – Analista Judiciário – Área Judiciária – TRT 5/2022) Considere que o Estado pretenda celebrar um contrato de parceria público-privada, nos termos da Lei nº 11.079/2004, para que o parceiro privado realize obras de melhoria em determinada rodovia, incluindo duplicação de pistas, e também assuma as atividades operacionais e de manutenção, mediante cobrança de pedágio dos usuários. De acordo com a legislação de regência, deverá considerar, entre outros aspectos,

a) a inviabilidade de operação da rodovia pelo parceiro privado, já que o contrato de PPP somente admite a realização de obras ou a prestação de serviços, vedada a conjugação de tais escopos.

b) a impossibilidade de cobrança de tarifa dos usuários na modalidade concessão patrocinada, apenas sendo viável na concessão comum em que a exploração do serviço é transferida ao concessionário.

c) a possibilidade de pagamento de contraprestação pecuniária pelo parceiro público, em se tratando de concessão patrocinada, com a necessidade de autorização legal, caso mais de 70%

---

52 DI PIETRO, Maria Sylvia Zanella. *Direito administrativo.* 23 ed. São Paulo: Atlas, 2010. p. 294.

(setenta por cento) da remuneração do parceiro privado seja paga pela Administração pública.

d) o cabimento de concessão administrativa, tendo o Estado como usuário indireto, responsável pelo pagamento de contraprestação, sendo os usuários diretos apenas aqueles que pagarão tarifa ao parceiro privado.

e) a impossibilidade de pagamento de qualquer contraprestação pecuniária ou aporte de recursos pelo parceiro público antes de finalizada a integralidade dos investimentos a cargo do parceiro privado.

COMENTÁRIO

Alternativa "c" (responde as demais alternativas). A **concessão patrocinada**, nos termos do art. 2º, § 1º, da Lei nº 11.079/04, é "a concessão de serviços públicos ou de obras públicas de que trata a Lei nº 8.987, de 13 de fevereiro de 1995, quando envolver, adicionalmente à tarifa cobrada dos usuários contraprestação pecuniária do parceiro público ao parceiro privado", quer dizer, é uma concessão de serviços públicos que se distingue da regra geral em razão da remuneração da empresa prestadora de serviços públicos ter origem tanto nas tarifas que os usuários pagarão quanto em parcela paga pelo Poder Público. É importante destacar que, na forma do art. 10, §3º, da Lei, "as concessões patrocinadas em que mais de 70% (setenta por cento) da remuneração do parceiro privado for paga pela Administração Pública dependerão de autorização legislativa específica".

Alternativa correta: letra "c".

287. (Cespe – Analista Judiciário – Área Judiciária – TRT 8/2022) À luz da Lei n.° 8.987/1995, que trata da concessão de serviços públicos, assinale a opção correta acerca das condições para a participação de empresas em consórcio na licitação que antecede o contrato de concessão.

a) As empresas consorciadas deverão comprovar a formalização de compromisso de constituição do consórcio de forma pública, motivo por que é prescindível a comprovação de subscrição das empresas consorciadas.

b) É vedada a participação de empresas consorciadas na mesma licitação, por meio de mais de um consórcio ou isoladamente.

c) Antes da celebração do contrato com o poder concedente, o consórcio deverá ser constituído em empresa.

d) Será exigida apenas da empresa líder do consórcio a apresentação de documentos que demonstrem a regularidade jurídica e fiscal da empresa.

e) A empresa líder do consórcio é a responsável perante o poder concedente pelo cumprimento do contrato de concessão, sem prejuízo da responsabilidade subsidiária das demais consorciadas.

COMENTÁRIO

Alternativa "a". O art. 19, I, da Lei nº 8.987/95, estabelece que, quando permitida, na licitação, a participação de empresas em consórcio, observar-se-ão as seguintes normas, dentre elas, a "comprovação de compromisso, público ou particular, de constituição de consórcio, **subscrito pelas consorciadas**".

Alternativa "b". Eis, precisamente, o que se depreende da redação do art.19, IV, da Lei, em que há "impedimento de participação de empresas consorciadas na mesma licitação, por intermédio de mais de um consórcio ou isoladamente".

Alternativa "c". O art. 19, §1º, da Lei, estabelece que "o licitante vencedor fica obrigado a promover, antes da celebração do contrato, **a constituição e registro do consórcio** (...)", não se tratando, contudo, de empresa.

Alternativa "d". Os documentos que demonstrem a regularidade jurídica e fiscal **devem ser apresentados por cada consorciado**, nos termos do art. 19, III, da Lei.

Alternativa "e". A empresa líder do consórcio é a responsável perante o poder concedente pelo cumprimento do contrato de concessão, sem prejuízo da responsabilidade **solidária** das demais consorciadas (art. 19, §2º, da Lei).

Alternativa correta: letra "b".

288. (FCC – Analista Judiciário – Oficial de Justiça Avaliador Federal – TRT 9/2022) A prestação de serviços públicos por particulares mediante regime de concessão

a) difere da mera permissão, pela presença de prévio procedimento licitatório, o qual não é exigido para outorga de permissão de exploração do serviço público.

b) pressupõe vínculo contratual com prazo determinado para sua exploração, não ensejando, contudo, a transferência da titularidade do serviço ao concessionário.

c) transfere a gestão integral do serviço, que passa a ser explorado por conta e risco do concessionário em regime estritamente privado, de acordo com as regras de mercado.

d) assegura à concessionária prerrogativa para modificar unilateralmente a tarifa inicialmente fixada pelo poder concedente de modo a assegurar a rentabilidade de seus investimentos.

e) demanda autorização legislativa, prévio procedimento licitatório, e prazo máximo de 30 anos, vedadas prorrogações do prazo contratual que extrapolem tal limite.

COMENTÁRIO

Alternativa "a". O art. 2º, IV, da Lei nº 8.987/95, define a permissão como "a delegação, a título precário, **mediante licitação**, da prestação de serviços públicos, feita pelo poder concedente à pessoa física ou jurídica que demonstre capacidade para seu desempenho, por sua conta e risco". Formaliza-se por meio de contrato de adesão, nos termos do art. 40.

Alternativa "b" (responde a alternativa "c"). A **concessão de serviço público** é o contrato administrativo por meio do qual a Administração Pública delega a terceiro a "execução de um serviço público, para que o execute em seu próprio nome, por sua conta e risco, assegurando-lhe a remuneração mediante tarifa paga pelo usuário ou outra forma de remuneração decorrente da exploração do serviço"[53]. Está assim definido no art. 2º, II, da Lei nº 8.987/95, como "a delegação de sua prestação, feita pelo poder concedente, mediante licitação, na modalidade concorrência ou diálogo competitivo, a pessoa jurídica ou consórcio de empresas que demonstre capacidade para seu desempenho, por sua conta e risco e por prazo determinado". A afirmação de que a concessão e transfere a titularidade de um serviço público está incorreta, porque, na verdade, a titularidade continua sendo do Poder Público e o que é transferido, apenas, é a execução da atividade. Uma empresa privada que vence licitação e assina o contrato de concessão de serviço público, tornando-se uma concessionária de serviço público não passa a ser a titular do serviço público, pois este pertence ao Estado, que, por isso, deve fiscalizar e acompanhar a prestação do serviço pela concessionária.

Alternativa "d". A Administração Pública pode, à luz da Lei nº 14.133/2021, **promover alterações unilaterais nos contratos administrativos**, mas tal prerrogativa não se estende às concessionárias de serviço público. De todo modo, nos termos do art. 9º, §4º, da Lei nº 8.987/95, "em havendo alteração unilateral do contrato que afete o seu inicial equilíbrio econômico-financeiro, o poder concedente deverá restabelecê-lo, concomitantemente à alteração".

Alternativa "e". As **concessões de serviço público**, em regra, **não dependem de autorização legislativa** (exceção ao disposto no art. 10, §3º, da Lei nº 11.079/2004). No mais, a limitação temporal a que alude a Lei nº 11.079/2004 é de **35 (trinta e cinco) anos** (art. 5º, I).

Alternativa correta: letra b".

53 DI PIETRO, Maria Sylvia Zanella. *Direito administrativo*. 23 ed. São Paulo: Atlas, 2010. p. 294.

---

289. (FCC – Analista Judiciário – Área Judiciária – TRT 9/2022) A tarifa, nos contratos de delegação de serviço público, tem a natureza de

a) remuneração do parceiro privado porque, somada a receitas alternativas e acessórias contratualmente previstas, se prestam a remunerar o concessionário nos contratos regidos pela Lei nº 8.987/1995.

b) remuneração do concessionário, aplicável nas parcerias público-privadas, nas modalidades concessão administrativa e concessão patrocinada.

c) aporte do poder concedente nos contratos de parceria público-privada, destinado a remunerar os investimentos em bens reversíveis.

d) remuneração e mecanismo preferencial de reequilíbrio econômico-financeiro dos contratos de concessão, independente do regime legal, em especial nas concessões administrativas e nas concessões de uso, em que não há grande variedade de receitas alternativas disponíveis.

e) aporte, cabível no início da execução contratual e durante a fase de implantação, e de indenização, quando no decorrer do período remanescente, se prestando a compensar o concessionário pelos investimentos em prol do serviço público.

COMENTÁRIO

Alternativa "a" (responde as demais alternativas). Nos termos do art. 2º, II, da Lei nº 8.987/95, **concessão de serviço público** é a delegação de sua prestação, feita pelo poder concedente, mediante licitação, na modalidade concorrência ou diálogo competitivo, a pessoa jurídica ou consórcio de empresas que demonstre capacidade para seu desempenho, por sua conta e risco e por prazo determinado. Trata-se de contrato administrativo por meio do qual a Administração Pública delega a terceiro a "execução de um serviço público, para que o execute em seu próprio nome, por sua conta e risco, assegurando-lhe a remuneração mediante **tarifa paga pelo usuário** ou outra forma de remuneração decorrente da exploração do serviço"[54]. Assim, em regra, a tarifa se presta a atender à remuneração do parceiro privado porque, somada a receitas alternativas e acessórias contratualmente previstas, se prestam a remunerar o concessionário nos contratos regidos pela Lei nº 8.987/1995.

Alternativa correta: letra "a".

---

290. (FCC – Técnico Judiciário – Área Administrativa – TRT 14/2022) No que concerne aos serviços públicos, o reconhecimento de prerrogativas para a

54 DI PIETRO, Maria Sylvia Zanella. *Direito administrativo*. 23 ed. São Paulo: Atlas, 2010. p. 294.

Administração, como, por exemplo, o uso compulsório dos recursos humanos e materiais da empresa contratada, quando esta interromper a disponibilização de serviços essenciais aos usuários, constitui uma das consequências do princípio da

a) modicidade.
b) mutabilidade do regime jurídico.
c) igualdade dos usuários.
d) continuidade do serviço público.
e) atualidade.

COMENTÁRIO

✪ **Nota do Autor:** Os princípios específicos do serviço público são apontados pela doutrina, havendo, inclusive, previsão expressa na Lei nº 8.987/95, no art. 6º, o qual deve ser lido com atenção.

Alternativa "a". Pela **modicidade das tarifas**, não é possível haver tarifa de serviço público com preço exorbitante, pois as tarifas devem ser módicas, razoáveis e, ainda, dependendo do serviço deve haver a consideração da condição financeira do usuário para, inclusive, a instituição de subsídios.

Alternativa "b". A **mutabilidade** é característica dos contratos administrativos em geral e, também, nos contratos de concessão de serviço público e por ela o regime jurídico do contrato administrativo pode ser alterado para se adaptar ao interesse público como, por exemplo, em razão do fato do príncipe ou do fato da administração.

Alternativa "c". O princípio da **generalidade ou igualdade dos usuários** é indispensável ao serviço público e é consectário da impessoalidade, pois o serviço público deve ser prestado de maneira geral, ampla, de forma a se atingir a amplitude dos usuários, ou seja, todos os usuários que estejam em situação semelhante devem receber a mesma forma de tratamento.

Alternativa "d". No § 1º do art. 6º, da Lei, há a definição de serviço adequado: "o que satisfaz as condições de regularidade, continuidade, eficiência, segurança, atualidade, generalidade, cortesia na sua prestação e modicidade das tarifas". Nesse sentido, a doutrina costuma apontar como princípios do serviço público a continuidade do serviço público, a modicidade das tarifas, a generalidade ou igualdade dos usuários, a mutabilidade do regime jurídico e a cortesia. Pelo princípio da **continuidade do serviço público**, o serviço público não pode parar. Não é possível a interrupção do serviço público e tal princípio serve, inclusive, para que se faça a ponderação entre ele e o direito à greve dos servidores públicos. Ainda, excepcionalmente, nos termos da Lei nº 8.987/95, art. 6º, § 1º, pode haver a interrupção do serviço público em caso de emergência ou, após prévio aviso, por motivo de ordem técnica ou de segurança das instalações e por motivo de inadimplência do usuário. Também, nessa lei há a previsão de que a Administração Pública, para evitar a interrupção do serviço público, pode intervir na concessão de serviços públicos e, caso não solucionado o problema, pode extinguir a concessão e realizar a ocupação das instalações necessárias á prestação do serviço público.

Alternativa "e". O **princípio da atualidade** impõe que os serviços públicos sejam adequados ao momento presente, sob pena de ficarem defasados. Com base nele, o serviço público deve ser constantemente aperfeiçoado.

Alternativa correta: letra "d".

---

291. (FCC – Analista Judiciário – Área Judiciária – TRT 17/2022) De acordo com o que disciplina o ordenamento jurídico a respeito das concessões de serviços públicos,

a) a empresa líder do consórcio é a responsável perante o poder concedente pelo cumprimento do contrato de concessão, afastando-se, assim, a responsabilidade solidária das demais consorciadas.
b) as concessionárias de serviços públicos, de direito público e privado, nos Estados e no Distrito Federal, são obrigadas a oferecer ao consumidor e ao usuário, dentro do mês de vencimento, o mínimo de quatro datas opcionais para escolherem os dias de vencimento de seus débitos.
c) considerar-se-á desclassificada a proposta de licitação de concessão de serviço público que, para sua viabilização, necessite de vantagens ou subsídios que não estejam previamente autorizados em lei e à disposição de todos os concorrentes.
d) o contrato de concessão não poderá prever o emprego de mecanismos privados para resolução de disputas decorrentes ou relacionadas ao contrato, incluindo-se, na proibição, a arbitragem.
e) as contratações, inclusive de mão de obra, feitas pela concessionária serão regidas pelas disposições de direito público, estabelecendo-se relações jurídicas entre os terceiros contratados pela concessionária e o poder concedente.

COMENTÁRIO

✪ **Nota do Autor:** Nos termos do art. 2º, II, da Lei nº 8.987/95, concessão de serviço público é a delegação de sua prestação, feita pelo poder concedente, mediante licitação, na modalidade concorrência ou diálogo competitivo, a pessoa jurídica ou consórcio de empresas que demonstre capacidade para seu desempenho, por sua conta e risco e por prazo determinado.

Alternativa "a". O art. 19, §2º, da Lei nº 8.987/95, estabelece que "a empresa líder do consórcio é a responsável perante o poder concedente pelo cumprimento do contrato de concessão, **sem prejuízo da responsabilidade solidária das demais consorciadas**".

Alternativa "b". Eis a redação do art. 7º-A, *caput*, da Lei nº 8.987/95, pelo qual "as concessionárias de serviços públicos, de direito público e privado, nos Estados e no Distrito Federal, são obrigadas a oferecer ao consumidor e ao usuário, dentro do mês de vencimento, o mínimo de **seis datas opcionais** para escolherem os dias de vencimento de seus débitos".

Alternativa "c". Nos exatos termos do art. 17, *caput*, da Lei, "considerar-se-á desclassificada a proposta que, para sua viabilização, necessite de vantagens ou subsídios que não estejam previamente autorizados em lei e à disposição de todos os concorrentes".

Alternativa "d". Na forma do art. 23-A, da Lei, "o contrato de concessão poderá prever o emprego de mecanismos privados para resolução de disputas decorrentes ou relacionadas ao contrato, inclusive a arbitragem, a ser realizada no Brasil e em língua portuguesa, nos termos da Lei nº 9.307/96".

Alternativa "e". Na literalidade do parágrafo único do art. 31, da Lei, "as contratações, inclusive de mão-de-obra, feitas pela concessionária serão regidas pelas disposições de direito privado e pela legislação trabalhista, não se estabelecendo qualquer relação entre os terceiros contratados pela concessionária e o poder concedente".

Alternativa correta: letra "c".

---

292. (FCC – Analista Judiciário – Oficial de Justiça Avaliador Federal – TRT 22/2022) Trata-se de forma de delegação de serviço público por prazo certo e caráter não precário, compatível com a cobrança de tarifa ao usuário:

I. Concessão de serviço público.

II. Concessão administrativa.

III. Concessão patrocinada.

IV. Permissão de serviço público.

Está correto o que se afirma APENAS em

a) III e IV.

b) I e II.

c) II e III.

d) I e III.

e) II e IV.

COMENTÁRIO

Alternativa "d" (responde as demais alternativas). Estão corretos os itens I e III.

Item I. Correto. Nos termos do art. 2º, II, da Lei nº 8.987/95, **concessão de serviço público** é a delegação de sua prestação, feita pelo poder concedente, mediante licitação, na modalidade concorrência ou diálogo competitivo, a pessoa jurídica ou consórcio de empresas que demonstre capacidade para seu desempenho, por sua conta e risco e por prazo determinado. Trata-se de contrato administrativo por meio do qual a Administração Pública delega a terceiro a "execução de um serviço público, para que o execute em seu próprio nome, por sua conta e risco, assegurando-lhe a remuneração mediante tarifa paga pelo usuário ou outra forma de remuneração decorrente da exploração do serviço"[55].

Item II. Errado. A **concessão administrativa**, conforme o § 2º do mesmo artigo, define a concessão administrativa como o "o contrato de prestação de serviços de que a Administração Pública seja a usuária direta ou indireta, ainda que envolva execução de obra ou fornecimento e instalação de bens". Nessa última modalidade, não há tarifas a serem pagas pelos usuários, e a contraprestação devida ao parceiro privado será feita somente pelo Poder Público.

Item III. Correto. A **concessão patrocinada**, nos termos do art. 2º, § 1º, da Lei nº 11.079/04, é "a concessão de serviços públicos ou de obras públicas de que trata a Lei nº 8.987, de 13 de fevereiro de 1995, quando envolver, adicionalmente à tarifa cobrada dos usuários contraprestação pecuniária do parceiro público ao parceiro privado", quer dizer, é uma concessão de serviços públicos que se distingue da regra geral em razão da remuneração da empresa prestadora de serviços públicos ter origem tanto nas tarifas que os usuários pagarão quanto em parcela paga pelo Poder Público.

Item IV. Errado. O art. 2º, IV, da Lei nº 8.987/95, define a permissão como "a delegação, **a título precário, mediante licitação**, da prestação de serviços públicos, feita pelo poder concedente à pessoa física ou jurídica que demonstre capacidade para seu desempenho, por sua conta e risco". Formaliza-se por meio de contrato de adesão, nos termos do art. 40.

Alternativa correta: letra "d".

---

293. (FCC – Analista Judiciário – Área Administrativa – TRT 2/2018) Tendo o Poder Público decido transferir a prestação de serviço público de transporte de passageiros a empresa privada, optou por fazê-lo mediante permissão e não por concessão, o que significa que

a) a exploração se dará por conta e risco do permissionário, mediante cobrança de tarifa do usuário.

---

55 DI PIETRO, Maria Sylvia Zanella. *Direito administrativo*. 23 ed. São Paulo: Atlas, 2010. p. 294.

b) está dispensado o prévio procedimento licitatório para seleção das empresas permissionárias.

c) se trata de serviço público não exclusivo, passível de exploração privada por autorização administrativa.

d) a exploração não poderá ultrapassar o prazo de 2 anos, prorrogável, justificadamente, por igual período.

e) será transferida a titularidade do serviço ao permissionário, para sua exploração mediante cobrança de taxa.

COMENTÁRIO

Alternativa "a". Para além da comumente adotada concessão de serviço público, outra maneira de se transferir a execução de serviço público é, de fato, a **permissão de serviço público**, que é "a delegação, a título precário, mediante licitação, da prestação de serviços públicos, feita pelo poder concedente à pessoa física ou jurídica que demonstre capacidade para seu desempenho, **por sua conta e risco**", na forma do art. 2º, IV, da Lei nº 8.987/95. A **permissão de serviço público,** anteriormente tida como ato administrativo discricionário e precário, é considerada como um contrato nos moldes da concessão e, nesse sentido, a argumentação é de que o art. 175, parágrafo único, I, da Constituição Federal assim dispôs, pois, ao tratar do regime das concessionárias e permissionárias de serviço público, estabelece, indistintamente, que a lei disporá sobre o caráter especial do contrato. Assim, a permissão, na verdade, teria a natureza de **contato de adesão,** conforme art. 40 da Lei nº 8.987/95.

Alternativa "b". O procedimento licitatório é indispensável na seleção de empresas permissionários de serviço público.

Alternativa "c". Diferentemente da permissão de serviço público, a **autorização** é **ato unilateral, discricionário e precário** de que o Poder Público se vale para tornar possível o **desempenho de certa atividade de interesse público pelo particular**. Não se trata, portanto, de **contrato administrativo,** mas de ato administrativo unilateral, discricionário e precário.

Alternativa "d". Inexiste referida limitação temporal na legislação de regência e o prazo será definido pela Administração e constará do edital e contrato.

Alternativa "e".A titularidade do serviço continua sendo do Poder Público e o que é transferido, apenas, é a execução da atividade, de tal modo que o Estado, titular do serviço público, deve fiscalizar e acompanhar a prestação do serviço pela permissionária.

Alternativa correta: letra "a".

294. (FCC – Analista Judiciário – Área Administrativa – TRT 6/2018) Considere:

I. Delegação, pelo ente titular, da titularidade e da prestação de serviço público à pessoa jurídica ou consórcio de empresas.

II. Delegação, pelo ente titular, da prestação de serviço público à pessoa jurídica ou consórcio de empresas.

III. Formalização mediante contrato, precedida de licitação, na modalidade concorrência.

IV. Fiscalização pelo poder concedente responsável pela delegação, com a cooperação dos usuários.

No que concerne às concessões de serviços públicos regidas pela Lei nº 8.987/1995, está correto o que se afirma APENAS em

a) I, II e III.

b) I, II, e IV.

c) II, III e IV.

d) III e IV.

e) I e III.

COMENTÁRIO

Item I. Errado. Afirmações no sentido de que a concessão transfere a titularidade de um serviço público a quem aceitar prestá-lo estão incorretas, porque, na verdade, **a titularidade continua sendo do Poder Público e o que é transferido, apenas, é a execução da atividade**. Por exemplo, uma empresa privada que vence licitação e assina o contrato de concessão de serviço público, tornando-se uma concessionária de serviço público não passa a ser a titular do serviço público, pois este pertence ao Estado, que, por isso, deve fiscalizar e acompanhar a prestação do serviço pela concessionária.

Itens II e III. Corretos. Considera-se concessão de serviço público a delegação de sua prestação, feita pelo poder concedente, mediante licitação, na modalidade de concorrência ou diálogo competitivo, à pessoa jurídica ou consórcio de empresas que demonstre capacidade para seu desempenho, por sua conta e risco e por prazo determinado, conforme previsto no **art. 2º, inc. II, da Lei nº 8.987/95. Atenção!** Quando da realização da prova a modalidade prevista era somente a concorrência, porém com a Lei nº 14.133/2021 (Nova Lei de Licitações) acrescentou o diálogo competitivo.

Item IV. Correto. Como destacado, **a titularidade continua sendo do Poder Público e o que é transferido, apenas, é a execução da atividade**, de tal modo que o Estado, titular do serviço público, deve fiscalizar e acompanhar a prestação do serviço pela concessionária.

Alternativa correta: letra "c".

295. (AOCP – Analista Judiciário – Oficial de Just. Avaliador Federal – TRT 1/2018) Analise as assertivas e assinale a alternativa que aponta a(s) correta(s). Conforme a Lei n° 11.079/2004, é vedada a celebração de contrato de parceria público-privada:

I. em que as obrigações pecuniárias contraídas pela Administração Pública sejam garantidas por intermédio da contratação de seguro-garantia com companhia seguradora não controlada pelo Poder Público.

II. cujo período de prestação do serviço seja inferior a 5 (cinco) anos, bem como que não preveja a repartição de riscos entre as partes, dispensado, nesse último caso, os referentes a caso fortuito e força maior.

III. que tenha como objeto único o fornecimento de mão-de-obra, o fornecimento e instalação de equipamentos ou a execução de obra pública.

IV. cujo valor do contrato seja inferior a R$ 10.000.000,00 (dez milhões de reais), bem como nos casos em que o prazo de vigência do contrato seja superior a 30 (trinta) anos, incluindo eventual prorrogação.

a) Apenas III.
b) Apenas I e III.
c) Apenas I e IV.
d) Apenas II e III.
e) Apenas II e IV.

COMENTÁRIO

✪ **Nota do Autor:** A Parceria Público-Privada (PPP), modalidade especial de concessão de serviço público, é regulada pela Lei nº 11.079/04.

Item I. Errado. O art. 8º, III, da Lei, estabelece que as obrigações pecuniárias contraídas pela Administração Pública em contrato de parceria público-privada poderão ser garantidas mediante "contratação de seguro-garantia com as companhias seguradoras que não sejam controladas pelo Poder Público".

Item II. Errado. De fato, é vedada a celebração de parceria público-privada cujo período de prestação do serviço seja inferior a 5 (cinco) anos (art. 2º, §4º, II). Todavia, o art. 5º, III, da Lei, estabelece que as cláusulas do contrato devem prever "a repartição de riscos entre as partes, inclusive os referentes a caso fortuito, força maior, fato do príncipe e álea econômica extraordinária".

Item III. Correto. Estabelece o art. 2º, §4º, III, que é vedada a celebração de parceria público-privada "que tenha como objeto único o fornecimento de mão-de-obra, o fornecimento e instalação de equipamentos ou a execução de obra pública".

Item IV. Errado. O prazo de vigência da parceria público-privada **não pode ser superior aos 35 (trinta e cinco) anos**, incluindo eventual prorrogação, na exata forma do art. 5º, I, da Lei.

Alternativa correta: letra "a".

296. (AOCP – Analista Judiciário – Área Judiciária – TRT 1/2018) Acerca da Lei n° 8.987/1995, que dispõe a respeito do regime de concessão e permissão da prestação de serviços públicos, bem como em relação à jurisprudência dos Tribunais Superiores sobre a temática dos serviços públicos, assinale a alternativa correta.

a) As concessões comuns são caracterizadas pela circunstância de que o concessionário recebe, do poder concedente, determinada contraprestação pecuniária.

b) As tarifas não poderão ser diferenciadas em função das características técnicas e dos custos específicos provenientes do atendimento aos distintos segmentos de usuários.

c) O corte no fornecimento de energia elétrica somente pode recair sobre o imóvel que originou o débito, e não sobre outra unidade de consumo do usuário inadimplente.

d) A transferência de concessão ou do controle societário da concessionária, sem prévia anuência do poder concedente, implicará a rescisão da concessão.

e) É ilegítimo o corte no fornecimento de serviços públicos essenciais quando inadimplente pessoa jurídica de direito público.

COMENTÁRIO

Alternativa "a". As concessões comuns são caracterizadas pela circunstância de que o concessionário **não** recebe do poder concedente determinada contraprestação pecuniária. A **parceria público-privada**, que é uma **modalidade especial de concessão de serviço público**, que tem a mencionada característica.

Alternativa "b". O art. 13, da Lei nº 8.987/95, prevê, expressamente, que as tarifas "poderão ser diferenciadas em função das características técnicas e dos custos específicos provenientes do atendimento aos distintos segmentos de usuários".

Alternativa "c". O corte no fornecimento de energia elétrica somente pode recair sobre o imóvel que originou o débito, e não sobre outra unidade de consumo do usuário inadimplente. Neste exato sentido, é o REsp nº 777.180-Pr, julgado pelo Superior Tribunal de Justiça.

Alternativa "d". Estabelece o art. 27, da Lei, que "a transferência de concessão ou do controle societário da concessionária sem prévia anuência do poder concedente implicará a caducidade da concessão". Inclusive, cabe ressaltar que o STF, na ADI 2946, considerou constitucional esse dispositivo.

Alternativa "e". É perfeitamente **legítimo** o corte no fornecimento de serviços públicos essenciais quando inadimplente pessoa jurídica de direito público. Neste sentido, por exemplo, é o AgRg no AG 1.329.795-CE, julgado pelo Superior Tribunal de Justiça.

Alternativa correta: letra "c".

---

297. (FCC – Analista Judiciário – Área Judiciária – TRT 15/2018) A reversibilidade dos bens utilizados para a prestação dos serviços públicos pela iniciativa privada, mediante concessão regida pela Lei nº 8.987/1995, caracteriza-se

a) pelo retorno dos bens afetados ao serviço público ao patrimônio do poder concedente, em razão do custo de aquisição dos mesmos ter sido suportado por recursos públicos mediante aporte.

b) pela necessidade ou não da continuidade da utilização dos referidos bens para a prestação dos serviços públicos, não havendo que se falar em indenização pela aquisição ou não amortização, tendo em vista que a concessão regida pela Lei nº 8.987/1995 se presta por conta e risco da concessionária.

c) pela exigência de que os bens adquiridos pela concessionária sejam de titularidade do poder concedente desde o início da vigência do contrato, sendo vedado ao privado que o registro ou a contabilização do ativo sejam feitos em sua titularidade, sob pena de irreversibilidade material.

d) pela afetação dos bens ao serviço público prestado, ensejando o retorno dos mesmos à propriedade do poder concedente ao término da concessão, para permitir a continuidade da prestação, direta ou mediante nova delegação à iniciativa privada.

e) pelo conjunto de bens adquiridos pelo concessionário de serviço público ao longo da concessão contratada, sendo obrigatória a indenização pelo valor dos mesmos ao término da concessão, corrigidos monetariamente desde a data em que ingressaram no patrimônio do privado.

COMENTÁRIO

Alternativa "d" (responde as demais alternativas). A **reversão** é a passagem dos bens do concessionário aplicados ao serviço ao Poder Concedente, uma vez extinta a concessão. Assim, não se trata de forma de extinção, mas de consequência dela: só há reversão se houver extinção da concessão. Neste exato sentido, o art. 35, §1º, da Lei nº 8.987/95 estabelece que "extinta a concessão, retornam ao poder concedente todos os bens reversíveis, direitos e privilégios transferidos ao concessionário conforme previsto no edital e estabelecido no contrato".

Alternativa correta: letra "d".

---

298. (FCC – Analista Judiciário – Área administrativa – TRT 11/2017) A educação básica obrigatória, inclusive para os que não tiveram essa oportunidade na idade própria, e o transporte coletivo urbano aos maiores de 65 anos de idade são medidas destinadas a amparar grupos de pessoas em situação de hipossuficiência e constituem exemplos de aplicação de importante princípio dos serviços públicos. Trata-se do princípio denominado

a) continuidade

b) publicidade.

c) modicidade.

d) cortesia.

e) controle.

COMENTÁRIOS

✪ **Nota do Autor:** no § 1º do art. 6º, da Lei nº 8.987/95, há a definição de serviço adequado: "o que satisfaz as condições de regularidade, continuidade, eficiência, segurança, atualidade, generalidade, cortesia na sua prestação e modicidade das tarifas". Nesse sentido, a doutrina costuma apontar como princípios do serviço público a continuidade do serviço público, a modicidade das tarifas, a generalidade ou igualdade dos usuários, a mutabilidade do regime jurídico e a cortesia.

Alternativa "c". A modicidade das tarifas significa que não é possível haver tarifa de serviço público com preço exorbitante, pois as tarifas devem ser módicas, razoáveis e, ainda, dependendo do serviço deve haver a consideração da condição financeira do usuário para, inclusive, a instituição de subsídios, como ocorre, por exemplo, no transporte coletivo urbano aos maiores de 65 anos de idade.

Alternativa "a". Pelo princípio da **continuidade do serviço público**, o serviço público não pode parar e deve ser executado de forma ininterrupta.

Alternativa "b". Aplicam-se aos serviços públicos os princípios gerais da Administração Pública, consignados no art. 37 da Constituição Federal, quais seja, o da legalidade, impessoalidade, moralidade, publicidade e eficiência. Além disso, como destacado, são apontados como **princípios específicos dos serviços públicos**: a) **continuidade do serviço público**, b) **modicidade das tarifas**, c) **generalidade ou igualdade dos usuários**, d) mutabilidade do regime jurídico.

Alternativa "d". Pelo princípio da cortesia, o usuário do serviço público deve ser tratado de forma polida, cordial.

Alternativa "e". Não há previsão do **princípio do controle** na Lei nº 8.987/95. O que se pode destacar a esse respeito é que o serviço público é **incumbência do Poder Público**, conforme expressa determinação do art. 175 da Constituição Federal. Esse artigo admite a possibilidade de delegação da execução do serviço público a terceiros. Todavia, transfere-se apenas a execução, pois a titularidade do serviço continua sendo do Estado e a este cabe a sua regulamentação e o seu controle. Quer dizer, mesmo que seja feita opção para que determinado serviço público passe a ser executado por um particular é **dever** do Estado estabelecer as diretrizes, a forma de execução e, também, fiscalizar, controlar o desenvolvimento da atividade, de maneira que a população tenha acesso a um serviço público eficiente.

Alternativa correta: letra "c".

---

299. (FGV – Analista Judiciário – Área Judiciária – TRT 12/2017) Concessão de serviço público é a transferência da prestação de serviços públicos para particulares, feita pelo poder concedente, mediante licitação, na modalidade de concorrência, à pessoa jurídica ou consórcio de empresas que demonstre capacidade para seu desempenho, por sua conta e risco e por prazo determinado.

De acordo com a Lei n° 8.987/95, ocorre extinção do contrato de concessão por encampação quando:

a) a concessionária perder as condições econômicas, técnicas ou operacionais para manter a adequada prestação do serviço concedido, conforme apurado em processo administrativo, assegurado o direito de ampla defesa;
b) o contrato de concessão for rescindido por iniciativa da concessionária, no caso de descumprimento das normas contratuais pelo poder concedente, mediante ação judicial especialmente intentada para esse fim;
c) o serviço estiver sendo prestado de forma inadequada ou deficiente e a concessionária não atender à intimação do poder concedente no sentido de regularizar a prestação do serviço;
d) a concessionária paralisar o serviço ou concorrer para tanto, por violação ao princípio da continuidade do serviço público, ressalvadas as hipóteses decorrentes de caso fortuito ou força maior;
e) o poder concedente retomar o serviço, durante o prazo da concessão, por motivo de interesse público, mediante lei autorizativa específica e após prévio pagamento da indenização à concessionária.

COMENTÁRIOS

Alternativa "e". A ***encampação*** ou ***resgate*** ocorre quando poder concedente ***retoma o serviço*** da concessionária, ***durante o prazo de concessão, por motivo de interesse público, mediante lei autorizativa e específica e após prévio pagamento de indenização***, nos termos do art. 37 da Lei.

Alternativa "a". Quando a concessionária perder as condições econômicas, técnicas ou operacionais para manter a adequada prestação do serviço concedido, conforme apurado em processo administrativo, assegurado o direito de ampla defesa, estar-se-á diante de hipótese de **caducidade**, na forma do art. 38, §1º, IV, da Lei nº 8.987/95. A ***caducidade ou decadência*** ocorre quando o poder concedente, ante a inadimplência da concessionária, ***retoma o serviço concedido, durante o prazo da concessão***, justamente nos termos do art. 38, da Lei nº 8.987/1995.

Alternativa "b". O contrato de concessão pode ser rescindido por iniciativa da concessionária em caso de inadimplência do poder concedente, nos termos do art. 39 da Lei. Para tanto, contudo, necessária se faz a ***intervenção judicial***, destacando-se que a concessionária não poderá interromper ou paralisar os serviços por ela prestados até que sobrevenha ***decisão judicial transitada em julgado.***

Alternativa "c". Quando o serviço estiver sendo prestado de forma inadequada ou deficiente e a concessionária não atender à intimação do poder concedente no sentido de regularizar a prestação do serviço, estar-se-á diante de hipótese de **caducidade**, na forma do art. 38, §1º, VI, da Lei nº 8.987/95.

Alternativa "d". Quando a concessionária paralisar o serviço ou concorrer para tanto, por violação ao princípio da continuidade do serviço público, ressalvadas as hipóteses decorrentes de caso fortuito ou força maior, estar-se-á diante de hipótese de **caducidade**, na forma do art. 38, §1º, III, da Lei nº 8.987/95.

Alternativa correta: letra "e".

11. RESPONSABILIDADE EXTRACONTRATUAL DO ESTADO

▸ CF, art. 37, § 6º

---

300. (FCC – Analista Judiciário – Área Administrativa – TRT 11/2024) Considere que concessionária de serviços de transporte de passageiros sobre trilhos esteja sendo acionada por usuário, que pleiteia indenização por lesões sofridas em função de acidente ocorrido na via férrea, alegando falha no sistema de sinalização. A responsabilidade da referida concessionária

a) é subsidiária em relação à do poder concedente, e somente se configura se demonstrada falha na prestação do serviço.
b) é de natureza subjetiva, demandando a comprovação de negligência da concessionária, cujo ônus é do demandante.
c) depende da comprovação de dolo ou culpa de seus agentes, nos moldes do direito privado, não sendo equiparada à responsabilidade administrativa.
d) é solidária à responsabilidade objetiva da Administração, esta que responde prioritariamente pelos danos causados aos usuários.
e) é de natureza objetiva, bastando a demonstração do nexo de causalidade, e ante a ausência de excludentes de responsabilização, como caso fortuito e culpa exclusiva da vítima.

COMENTÁRIO

Alternativa "e" (responde as demais alternativas). A responsabilidade objetiva prevista no art. 37, §6º, da Constituição Federal aplica-se a todas as **pessoas jurídicas de direito privado prestadoras de serviço público** – como são as concessionárias de serviço público – que respondem integralmente pelos danos que seus agentes, nessa qualidade, causarem a terceiros, usuários e não usuários de serviço público, respondendo o Estado de forma subsidiária, caso a concessionária não tenha condições de suportar o prejuízo.

Alternativa correta: letra "e".

---

301. (FCC – Analista Judiciário – Área Judiciária – TRT 17/2023) De acordo com a jurisprudência dos Tribunais Superiores sobre a responsabilidade civil do Estado,

a) é subjetiva a Responsabilidade Civil do Estado em relação a profissional da imprensa ferido por agentes policiais durante cobertura jornalística, em manifestações em que haja tumulto ou conflitos entre policiais e manifestantes.
b) a queda de passageiro em via férrea de metrô, ainda que em decorrência de mal súbito, enseja o dever de reparação do dano por parte da concessionária de serviço público, haja vista que não houve adoção, por parte do transportador, de tecnologia moderna para impedir o evento.
c) caracteriza-se, nos termos da Constituição Federal, a responsabilidade civil objetiva do Estado por danos decorrentes de crime praticado por pessoa foragida do sistema prisional, ainda que não demonstrado o nexo causal direto entre o momento da fuga e a conduta praticada.
d) prescrevem em 20 anos as ações indenizatórias por danos morais e materiais decorrentes de atos de perseguição política com violação de direitos fundamentais ocorridos durante o regime militar.
e) a responsabilização objetiva do Estado em caso de morte de detento somente ocorre quando houver inobservância do dever específico de proteção previsto na Constituição Federal.

COMENTÁRIO

Alternativa "a". É objetiva a Responsabilidade Civil do Estado em relação a profissional da imprensa ferido por agentes policiais durante cobertura jornalística, em manifestações em que haja tumulto ou conflitos entre policiais e manifestantes. Neste sentido, é o Recurso Extraordinário nº 1.209.429.

Alternativa "b". Considera-se fortuito externo a queda de passageiro em via férrea de metrô, por decorrência de mal súbito, não ensejando o dever de reparação do dano por parte da concessionária de serviço público, mesmo considerando que não houve adoção, por parte do transportador, de tecnologia moderna para impedir o trágico evento. Neste sentido, é o Recurso Especial nº 1.936.743.

Alternativa "c". Pelo contrário, o Supremo Tribunal Federal (STF) decidiu que, no caso de danos decorrentes de crime praticado por pessoa foragida do sistema prisional, só é caracterizada a responsabilidade civil objetiva do Estado (artigo 37, parágrafo 6º, da Constituição Federal) quando for demonstrado o nexo causal entre o momento da fuga e o delito. Neste sentido, é o Recurso Extraordinário nº 608.880.

Alternativa "d". São imprescritíveis as ações indenizatórias por danos morais e materiais decorrentes de atos de perseguição política com violação de direitos fundamentais ocorridos durante o regime militar, nos termos da Súmula nº 647, do Superior Tribunal de Justiça.

Alternativa "e". Na exata forma do quanto decidido no Recurso Extraordinário nº 841.526, o Supremo Tribunal Federal decidiu que a responsabilização objetiva do Estado em caso de morte de detento somente ocorre quando houver inobservância do dever específico de proteção previsto no art. 5º, inciso XLIX, da Constituição Federal.

Alternativa correta: letra "e".

---

302. (FCC – Analista Judiciário – Área Administrativa – TRT 18/2023) Um servidor público ocupante de cargo efetivo colidiu, enquanto conduzia viatura oficial, com outro veículo, de passeio, de propriedade e conduzido por particular. Apurados os fatos e as circunstâncias, foi constatado que o servidor estava transitando em velocidade bastante superior à permitida, justificando a conduta na necessidade de cumprir horário agendado para compromisso oficial. Em razão do ocorrido, o servidor

a) poderá ser responsabilizado civilmente pelos danos causados na viatura pública e no veículo particular, não se admitindo responsabilidade administrativa concomitante, em razão da natureza dos danos ocorridos.

b) poderá responder por infração disciplinar, sem prejuízo de ser responsabilizado nas esferas criminal e civil, esta última em regresso, não se vislumbrando, pela descrição dos fatos, elemento subjetivo dolo suficiente para caracterização de ato de improbidade.

c) deverá responder disciplinarmente por sua conduta, não se caracterizando responsabilidade civil individual do agente público em razão de se encontrar, o mesmo, em serviço.

d) deverá responder em todas as esferas pela conduta reprovável, civil, criminal, administrativa e de improbidade, esta última na modalidade de ato que causa prejuízo ao erário, que prescinde da demonstração de dolo específico.

e) se submeterá à apuração administrativo-disciplinar, mediante instauração de processo disciplinar, precedido de sindicância, e se demonstrados culpa ou dolo do servidor naquela esfera terá lugar a responsabilização nos âmbitos civil e criminal.

COMENTÁRIO

Alternativa "b" (responde as demais alternativas). Por um mesmo fato, é perfeitamente possível que um agente público seja responsabilizado no âmbito disciplinar, criminal e cível. A responsabilidade administrativa e criminal do agente público causador do dano é subjetiva, uma vez que depende da comprovação da culpa *lato sensu*. Por seu turno, a responsabilidade extracontratual do Estado é objetiva e independe da existência de dolo ou culpa *stricto sensu*. Vale destacar, ademais, que na forma do art. 37, §6º, da Constituição Federal, o agente público, no âmbito cível, responderá apenas em eventual ação de regresso proposta pela Administração Pública, se identificados culpa ou dolo na prática do evento danoso. Enfim, desde as recentes alterações legislativas, não há mais ato de improbidade administrativa de natureza culposa, de tal modo que, a princípio, não se vislumbra, pela descrição dos fatos, elemento subjetivo dolo suficiente para caracterização de ato de improbidade.

Alternativa correta: letra "b".

---

303. (FCC – Analista Judiciário – Contabilidade – TRT 18/2023) Considere que determinado cidadão tenha tido sua residência danificada quando da realização de obras em via pública, realizadas por empresa concessionária de serviços públicos de saneamento para reparos de rede coletora de esgoto. A responsabilidade da concessionária pelos prejuízos sofridos pelo cidadão

a) é de natureza objetiva, demandando a demonstração do nexo de causalidade entre a conduta do agente e o dano, bem como a ausência de excludentes de responsabilização.

b) demanda a comprovação de negligência, imperícia ou imprudência do agente e a correlação da conduta com os danos sofridos.

c) é de natureza subsidiária, cabendo o prévio acionamento do poder público, na qualidade de poder concedente dos serviços.

d) é solidária à do poder concedente, ambas de natureza subjetiva, dependendo da comprovação de culpa nos termos do Direito Civil.

e) demanda a prévia responsabilização do agente causador do dano, podendo ocorrer a responsabilização direta da concessionária caso comprovada falha de fiscalização.

COMENTÁRIO

Alternativa "a" (responde as alternativas "c" e "d"). A responsabilidade objetiva prevista no art. 37, §6º, da Constituição Federal aplica-se a todas as **pessoas jurídicas de direito privado prestadoras de serviço público** – como são as concessionárias de serviço público – que respondem integralmente pelos danos que seus agentes, nessa qualidade, causarem a terceiros, usuários e não usuários de serviço público, **respondendo o Estado de forma subsidiária, caso a concessionária não tenha condições de suportar o prejuízo.** Assim à luz da **teoria do risco administrativo**, aplicável à realidade brasileira, a responsabilização do Estado se dá de maneira objetiva, sendo necessária, apenas, a demonstração do dano e que este fora causado por agente público. Não se confunde com a teoria do risco integral, porque a teoria do risco administrativo apenas dispensa a vítima de demonstrar o dolo ou a culpa do agente público, mas a Administração Pública poderá demonstrar que a vítima foi a causadora do dano e ficar imune à indenização ou ter, ao menos, a redução do valor e, por outro lado, no caso de risco integral, a Administração deve indenizar todo e qualquer dano sofrido pelo administrado, ainda que causado por culpa ou dolo da vítima[56]. São consideradas causas excludentes da responsabilidade objetiva do Estado a força maior e a culpa exclusiva da vítima.

---

56. MEIRELLES, Hely Lopes. *Direito administrativo brasileiro*. 36. ed. São Paulo: Malheiros, 2010. p. 682-683.

Alternativa "b". Não é necessária a demonstração da culpa *lato sensu* (negligência, imprudência e imperícia) para a configuração da responsabilidade objetiva.

Alternativa "e". A **responsabilidade do Estado é objetiva** e, assim, não há a necessidade de demonstração de dolo ou culpa para que a vítima seja indenizada, bastando a comprovação do dano e do nexo de causalidade entre este e a conduta estatal. Em relação ao **servidor**, sua **responsabilidade** é de natureza **subjetiva**, pois somente será responsabilizado se agiu com dolo ou culpa. Desse modo, o **Estado responde perante a vítima e, caso haja dolo ou culpa, volta-se contra o servidor, por meio de ação regressiva.** Ainda, em relação à responsabilidade do servidor, o Supremo Tribunal Federal, conforme RE 327.904 e 470.996, decidiu pela impossibilidade de se acionar diretamente o agente público, pois o art. 37, § 6º, da Constituição estabelece dupla garantia: uma, em favor do particular (promover ação indenizatória em face de pessoa jurídica) e, outra, em benefício do servidor (somente responde civil e administrativamente perante a pessoa jurídica a que estiver vinculado).

Alternativa correta: letra "a".

---

304. (FCC – Analista Judiciário – Área Judiciária – TRT 21/2023) Considere que tenha ocorrido acidente com trem de passageiros em linha operada por uma concessionária privada, resultando em ferimentos graves em alguns ocupantes. A concessionária negou-se a indenizar os passageiros pelos danos sofridos no acidente, afirmando que não houve comprovação de culpa de seus agentes e que a responsabilização deveria recair sobre o Poder Concedente. Diante de tal cenário,

a) a concessionária, dada sua natureza de pessoa jurídica de direito privado, responde pelos danos nos termos da legislação civil, inexistindo, por outro lado, responsabilidade extracontratual do poder público quando delega a prestação dos serviços.

b) está correto o entendimento da concessionária, eis que apenas o titular do serviço, pessoa jurídica de direito público, responde objetivamente pelos danos decorrentes da prestação direta ou por terceiros, e a concessionária somente será responsável em caso de comprovação de culpa.

c) a concessionária possui responsabilidade objetiva, que independe de comprovação de culpa, demandando comprovação de nexo de causalidade e ausência de excludentes de responsabilização, respondendo o Poder Concedente apenas em caráter subsidiário.

d) tanto o poder concedente como a concessionária poderão ser responsabilizados pelos danos, sempre em caráter solidário, se não houver comprovação de caso fortuito, força maior ou culpa exclusiva de terceiros.

e) trata-se de hipótese de responsabilidade subjetiva, que recai sobre o poder concedente ou, subsidiariamente, sobre a concessionária e seus agentes, condicionada à comprovação do nexo de causalidade e da culpabilidade de cada qual.

COMENTÁRIO

Alternativa "c" (responde as demais alternativas). A responsabilidade objetiva prevista no art. 37, §6º, da Constituição Federal aplica-se a todas as **pessoas jurídicas de direito privado prestadoras de serviço público** – como são as concessionárias de serviço público – que respondem integralmente pelos danos que seus agentes, nessa qualidade, causarem a terceiros, usuários e não usuários de serviço público, **respondendo o Estado de forma subsidiária, caso a concessionária não tenha condições de suportar o prejuízo.** Assim, **não é necessária a demonstração do elemento culpa,** sendo suficientes a comprovação de nexo de causalidade e ausência de excludentes de responsabilização.

Alternativa correta: letra "c".

---

305. (FCC – Analista Judiciário – Área Judiciária – TRT 4/2022) De acordo com o que estabelece a doutrina, o ordenamento jurídico, e, ainda, o entendimento do Supremo Tribunal Federal e do Superior Tribunal de Justiça, sobre a responsabilidade civil estatal,

a) a condenação do Estado ao pagamento de indenização em face da ocorrência de erro judiciário implica mudança automática na decisão judicial.

b) o Estado responde subjetivamente pelos danos causados por policiais a repórter fotográfico na cobertura de manifestação pública, desde que o profissional tenha respeitado as advertências sobre o acesso a áreas de risco.

c) o Estado responde por danos decorrentes de crime praticado por presidiário foragido, independentemente da comprovação do nexo causal direto entre o momento da fuga e a conduta praticada.

d) o Estado responde, objetivamente, pelos atos dos tabeliães e registradores oficiais que, no exercício de suas funções, causem dano a terceiros, assentado o dever de regresso contra o responsável, nos casos de dolo ou culpa, sob pena de improbidade administrativa.

e) as ações que visam discutir a responsabilidade civil do Estado prescrevem em 10 anos.

COMENTÁRIO

Alternativa "a". A regra é que o Estado não responde por danos causados pelos atos judiciais, com exceção do erro judiciário e da prisão além do tempo da condenação (art. 5º, LXXV, CF). Entretanto, mesmo quando houver a condenação do Estado a reparar o dano, isso não implica mudança na decisão judicial, em razão da proteção à coisa julgada..

Alternativa "b". O Estado responde **objetivamente** pelos danos causados por policiais a repórter fotográfico na cobertura de manifestação pública, desde que o profissional tenha respeitado as advertências sobre o acesso a áreas de risco. Neste sentido, é o Recurso Extraordinário nº 1.209.429, recentemente julgado pelo Supremo Tribunal Federal.

Alternativa "c". No julgamento do Recurso Extraordinário nº 608.880, o Supremo Tribunal federal decidiu que, no caso de danos decorrentes de crime praticado por pessoa foragida do sistema prisional, só é caracterizada a responsabilidade civil objetiva do Estado quando for demonstrado o nexo causal entre o momento da fuga e o delito.

Alternativa "d". De fato, o Estado responde, objetivamente, pelos atos dos tabeliães e registradores oficiais que, no exercício de suas funções, causem dano a terceiros, assentado o dever de regresso contra o responsável, nos casos de dolo ou culpa, sob pena de improbidade administrativa. Neste sentido é o Recurso Extraordinário nº 842.846, julgado pelo Supremo Tribunal Federal.

Alternativa "e". As ações que visam discutir a responsabilidade civil do Estado prescrevem em **5 (cinco)** anos.

Alternativa correta: letra "d".

---

306. (FCC – Técnico Judiciário – Área Administrativa – TRT 9/2022) A lei brasileira contempla a responsabilidade estatal com base na chamada "teoria do risco integral", que afasta as excludentes de responsabilidade, na hipótese de danos causados por

a) conduta médica inadequada em hospital público.
b) acidente em instalação nuclear.
c) detento evadido de estabelecimento prisional.
d) enchente, em razão da falha na limpeza de galerias de escoamento pluvial.
e) desabamento de obra pública.

COMENTÁRIO

✪ **Nota do Autor:** O Brasil adotou a **teoria do risco administrativo**, uma vez que, muito embora seja objetiva a responsabilidade do Estado, são admitidas excludentes em razão de caso fortuito ou força maior, culpa exclusiva da vítima e culpa exclusiva de terceiro, o que não ocorre na **teoria do risco integral.**

Alternativa "b" (responde as demais alternativas). A teoria do risco integral é admitida no ordenamento jurídico brasileiro em situações excepcionais: a) nos acidentes de trabalho; b) indenização coberta pelo seguro obrigatório para automóvel; c) atentado terroristas em aeronave; d) dano ambiental; e) **danos nucleares**. Segundo explica NOHARA, as atividades nucleares se submetem a um regime de responsabilidade objetiva próprio, sustentado através de tratados e convenções internacionais firmados sobre o assunto, bem como a legislação infraconstitucional, que segue normativas de Direito Internacional abarcadas pelo ordenamento jurídico brasileiro e pela Constituição Federal. Trata-se, segundo a referida autora, de uma **responsabilidade objetiva peculiar**, pois seu regime jurídico situa-se em um posicionamento intermediário entre a teoria do risco integral e o risco administrativo, possuindo, assim, características que lhes são próprias (NOHARA, p. 799).

Alternativa correta: letra "b".

---

307. (FCC – Analista Judiciário – Área Judiciária – TRT 16/2022) Após briga com seu vizinho, João foi atingido por três disparos de arma de fogo feitos por Leonardo e foi levado ao hospital público do Estado Alfa. João foi operado e, no dia seguinte, Leonardo entrou no hospital, passou pela recepção, na qual não havia qualquer funcionário ou vigilante, se dirigiu ao quarto onde João se recuperava da cirurgia e efetuou mais dois disparos, fugindo em seguida. Não havia qualquer médico no hospital naquele momento, e João morreu após grave hemorragia. Os filhos de João ajuizaram ação indenizatória em face do Estado Alfa, alegando e comprovando inexistência de vigilância, cuidados mínimos de segurança e médico de plantão por parte do hospital. No caso em tela, de acordo com a jurisprudência atual do Superior Tribunal de Justiça, a pretensão indenizatória dos filhos de João

a) não merece prosperar, diante da falta de nexo causal, por se tratar de caso fortuito.
b) não merece prosperar, diante da falta de nexo causal, por se tratar de fato exclusivo de terceiro.
c) não merece prosperar, diante da falta de nexo causal, por se tratar de fato imprevisível.
d) merece prosperar, diante da responsabilidade civil objetiva do Estado Alfa.
e) merece prosperar, diante da responsabilidade civil subjetiva do Estado Alfa.

COMENTÁRIO

Alternativa "d" (responde as demais alternativas). De acordo com entendimento do Superior Tribunal de Justiça, no julgamento do Recurso Especial nº 1.708.325, o hospital que deixa de fornecer o mínimo serviço de segurança, contribuindo de forma determinante e específica para homicídio praticado em suas dependências, responde objetivamente pela conduta omissiva. Na análise do caso concreto, os Ministros concluíram que a conduta do hospital que deixa de fornecer o mínimo serviço de segurança e, por conseguinte, despreza o dever de zelar pela incolumidade física dos pacientes, contribuiu de forma determinante e específica para o homicídio praticado em suas dependências, afastando-se a alegação da excludente de ilicitude, qual seja, fato de terceiro.

Alternativa correta: letra "d".

---

308. (FCC – Analista Judiciário – Área Judiciária – TRT 17/2022) De acordo com a jurisprudência dos Tribunais Superiores sobre a responsabilidade civil do Estado,

a) é subjetiva a Responsabilidade Civil do Estado em relação a profissional da imprensa ferido por agentes policiais durante cobertura jornalística, em manifestações em que haja tumulto ou conflitos entre policiais e manifestantes.

b) a queda de passageiro em via férrea de metrô, ainda que em decorrência de mal súbito, enseja o dever de reparação do dano por parte da concessionária de serviço público, haja vista que não houve adoção, por parte do transportador, de tecnologia moderna para impedir o evento.

c) caracteriza-se, nos termos da Constituição Federal, a responsabilidade civil objetiva do Estado por danos decorrentes de crime praticado por pessoa foragida do sistema prisional, ainda que não demonstrado o nexo causal direto entre o momento da fuga e a conduta praticada.

d) prescrevem em 20 anos as ações indenizatórias por danos morais e materiais decorrentes de atos de perseguição política com violação de direitos fundamentais ocorridos durante o regime militar.

e) a responsabilização objetiva do Estado em caso de morte de detento somente ocorre quando houver inobservância do dever específico de proteção previsto na Constituição Federal.

COMENTÁRIO

✪ **Nota do Autor:** O art. 37, § 6º, da Constituição Federal estabelece que as "pessoas jurídicas de direito público e as de direito privado prestadoras de serviços públicos responderão pelos danos que seus agentes, nessa qualidade, causarem a terceiros, assegurado o direito de regresso contra o responsável nos casos de dolo ou culpa". Assim, para haver a responsabilização do Estado não é necessária a perquirição do elemento subjetivo da conduta do agente público, isto é, não é preciso indagar se este agiu com dolo ou culpa, cuidando-se de indagação irrelevante para que o Estado seja obrigado a indenizar a vítima do dano, porque, para tanto, basta o nexo causal entre a conduta do agente e o prejuízo dela decorrente. Entretanto, situação diferente se revela em relação ao agente público, pois a pessoa estatal tem o direito de regresso apenas quando houve a conduta dolosa ou culposa, quer dizer, o agente público só responderá, perante a Administração Pública, se agiu com dolo ou culpa.

Alternativa "a". É **objetiva** a responsabilidade Civil do Estado em relação a profissional da imprensa ferido por agentes policiais durante cobertura jornalística, em manifestações em que haja tumulto ou conflitos entre policiais e manifestantes, desde que o profissional tenha respeitado as advertências sobre o acesso a áreas de risco. Neste exato sentido é o Recurso Extraordinário nº 1.209.429, julgado pelo Supremo Tribunal Federal.

Alternativa "b". Pelo contrário, considera-se fortuito externo a queda de passageiro em via férrea de metrô, por decorrência de mal súbito, não ensejando o dever de reparação do dano por parte da concessionária de serviço público, mesmo considerando que não houve adoção, por parte do transportador, de tecnologia moderna para impedir o trágico evento, no entendimento do Superior Tribunal de Justiça no julgamento do Recurso Especial nº 1.936.743.

Alternativa "c". Conforme decidido pelo Supremo Tribunal Federal, no julgamento do Recurso Extraordinário nº 608.880, não se caracteriza, nos termos do art. 37, §6º, da Constituição Federal, a responsabilidade civil objetiva do Estado por danos decorrentes de crime praticado por pessoa foragida do sistema prisional, exceto quando demonstrado o nexo causal direto entre o momento da fuga e a conduta praticada. .

Alternativa "d". São imprescritíveis as ações indenizatórias por danos morais e materiais decorrentes de atos de perseguição política com violação de direitos fundamentais ocorridos durante o regime militar, nos exatos termos da Súmula nº 647, do Superior Tribunal de Justiça.

Alternativa "e". No julgamento do Recurso Extraordinário nº 841.526, o Supremo Tribunal Federal fixou entendimento de que a responsabilização objetiva do Estado em caso de morte de detento somente ocorre quando houver inobservância do dever específico de proteção previsto no art. 5º, inciso XLIX, da Constituição Federal.

Alternativa correta: letra: "e".

---

309. (FCC – Analista Judiciário – Oficial de Justiça Avaliador Federal – TRT 23/2022) Adilson, funcionário da concessionária prestadora do serviço público de fornecimento de energia elétrica, realizava reparo na rede de fiação de um poste situado na via pública, quando, por descuido, deixou cair uma das ferramentas que trazia consigo, vindo a atingir Marilda que caminhava pelo calçamento. Marilda teve traumatismo craniano e ficou internada no hospital por 45 dias. Diante da situação hipotética acima descrita, em conformidade com a Constituição Federal,

a) a responsabilidade é exclusiva de Adilson, tendo em vista o seu comportamento negligente no manuseio das ferramentas que trazia consigo.
b) haverá responsabilidade da concessionária, com base em sua responsabilidade civil objetiva, sendo desnecessária a comprovação de dolo ou culpa de Adilson.
c) não há que falar em qualquer responsabilização no caso em questão, tendo em vista a ausência de intenção de Adilson de lesionar Marilda, bem como a imprudência desta em caminhar pelo calçamento sem notar a existência do trabalho de reparo que ali ocorria.
d) o Estado poderá ser responsabilizado por ser o poder concedente da prestação de serviços, sendo, ainda, imprescindível a comprovação de dolo ou culpa de Adilson.
e) a responsabilidade é inicialmente de Adilson, na modalidade objetiva, que, poderá, inclusive, exercer o direito de regresso, caso condenado, em face da concessionária prestadora do serviço público.

COMENTÁRIO

Alternativa "a" (responde a alternativa "e"). A doutrina é divergente quanto à possibilidade de o agente causador do dano poder ser acionado diretamente pela vítima. Entretanto, a posição do **Supremo Tribunal Federal** (RE 327.904) é no sentido da **impossibilidade** de se acionar diretamente o agente público, pois o art. 37, §6º, da Constituição estabelece **dupla garantia: uma em favor do particular** assegurando-lhe o direito de promover ação indenizatória em face da pessoa jurídica de direito público ou de direito privado prestadora de serviço público e, **outra, e benefício do servidor**, que apenas responde civil e administrativamente perante a pessoa jurídica a que estiver vinculado.

Alternativa "b" (responde as alternativas "c" e "d"). A responsabilidade objetiva prevista no art. 37, §6º, da Constituição Federal aplica-se a todas as **pessoas jurídicas de direito privado prestadoras de serviço público,** que respondem integralmente pelos danos que seus agentes, nessa qualidade, causarem a terceiros, usuários e não usuários de serviço público, respondendo o Estado de forma subsidiária, caso a concessionária não tenha condições de suportar o prejuízo. Para a caracterização da responsabilidade da **concessionária**, não é necessária a comprovação de culpa ou dolo do agente, requisito esse que será indispensável, contudo, caso haja o exercício do **direito de regresso** em face do colaborador.

Alternativa correta: letra "b".

310. (FCC – Técnico Judiciário – Área Judiciária – TRT 15/2018) A responsabilidade do Estado pode se dar em razão da celebração de contratos, no que se refere ao contratado, e extracontratualmente,

a) pelos danos que seus agentes causarem a terceiros, não sendo necessário a demonstração de culpa ou dolo, mas sim do nexo de causalidade entre a conduta dos servidores e os danos sofridos.
b) pelos danos comissivos que os agentes e prestadores de serviços públicos causarem a terceiros, desde que demonstrado o dolo na conduta vedada pela Constituição Federal.
c) pelas ações ilícitas cometidas pelos agentes públicos, não sendo necessário demonstrar o nexo de causalidade, apenas o prejuízo sofrido, de forma inequívoca.
d) pela modalidade subjetiva, que somente autoriza a responsabilidade subjetiva se vier a ser comprovado o dolo ou a culpa do agente público.
e) pelos danos causados ao patrimônio das vítimas, no caso de danos dessa natureza, que prescindem de comprovação de culpa e nexo causal.

COMENTÁRIO

Alternativa "a" (responde as demais alternativas). O art. 37, §6º da Constituição Federal estabelece que "as pessoas jurídicas de direito público e as de direito privado prestadoras de serviço público responderão pelos danos que seus agentes, nessa qualidade, causarem a terceiros, assegurado o direito de regresso contra o responsável nos casos de dolo ou culpa". Verifica-se que, no dispositivo, existe a exigência de dolo ou culpa para responsabilização dos agentes públicos o que não ocorre em relação às pessoas jurídicas mencionadas, donde se conclui que a **responsabilidade extracontratual do Estado brasileiro é objetiva.** Assim, verificados a conduta danosa, o prejuízo à vítima e o nexo de causalidade – e, por fim, a não incidência em uma das hipóteses de exclusão da responsabilidade –, a Administração Pública tem o dever de indenizar a vítima da lesão suportada.

Alternativa correta: letra "a".

311. (FCC – Analista Judiciário – Área Administrativa – TRT 2/2018) Suponha que determinado cidadão tenha sofrido ferimentos enquanto aguardava uma audiência em um prédio do Poder Judiciário, ocasionados por um servidor que buscava conter um tumulto que se formou no local em razão de protestos de determinada categoria de funcionários públicos. Referido cidadão buscou a responsabilização civil do Estado pelos danos sofridos. De acordo com o que predica a teoria do risco administrativo, o Estado

a) possui responsabilidade objetiva pelos danos sofridos pelo cidadão, descabendo qualquer excludente de responsabilidade, como força maior, culpa da vítima ou de terceiros.

b) apenas responde pelos danos causados em caráter comprovadamente doloso ou culposo pelos seus agentes, assegurado o direito de regresso contra o agressor.

c) não responde pelos danos causados, salvo se comprovada omissão no dever de fiscalizar a prestação do serviço público envolvido e suas condições de segurança.

d) possui responsabilidade subjetiva pelos danos sofridos pelo cidadão, a quem compete comprovar o nexo de causalidade e a culpa anônima do serviço.

e) pode ser responsabilizado, independentemente de culpa ou dolo de seus agentes, excluindo-se tal responsabilidade se comprovada culpa de terceiros.

COMENTÁRIO

✪ **Nota do Autor:** O Brasil adotou a **teoria do risco administrativo**, uma vez que, muito embora seja objetiva a responsabilidade do Estado, são admitidas excludentes em razão de caso fortuito ou força maior, culpa exclusiva da vítima e culpa exclusiva de terceiro.

Alternativa "e" (responde as demais alternativas). O art. 37, §6º, da Constituição Federal estabelece que as "pessoas jurídicas de direito público e as de **direito privado prestadoras de serviços públicos** responderão pelos danos que seus agentes, nessa qualidade, causarem a terceiros, assegurado o direito de regresso contra o responsável nos casos de dolo ou culpa". Neste sentido, conforme destaca Maria Sylvia Zanella Di Pietro[57], para que haja a responsabilidade objetiva do Estado é necessário que: a) o ato danoso seja praticado por agente de pessoa jurídica de direito público ou de pessoa jurídica de direito privado prestadora de serviço público (entidade da administração indireta que explore atividade econômica está excluída da responsabilidade objetiva e se submete à responsabilidade subjetiva); b) seja causado dano a terceiro; c) que o agente público aja nessa qualidade (inclui os agentes políticos, administrativos ou particulares em colaboração com a Administração). Assim, em matéria de responsabilidade objetiva, para haver a responsabilização estatal não é necessária a perquirição do elemento subjetivo, isto é, não é preciso indagar se o agente agiu com dolo ou culpa, cuidando-se de indagação irrelevante para que o Estado seja obrigado a indenizar a vítima do dano. Isto é, o Estado responde de forma objetiva, independentemente se houve dolo ou culpa do servidor, bastando para sua responsabilização o nexo causal entre a conduta do agente e o prejuízo dela decorrente. Entretanto, situação diferente se revela em relação ao agente público, pois a pessoa estatal tem o direito de regresso apenas quando houve a conduta dolosa ou culposa, quer dizer, o agente público só responderá, perante a Administração Pública, se agiu com dolo ou culpa. No entanto, admitem-se as seguintes causas **excludentes** da responsabilidade objetiva: **força maior ou caso fortuito, culpa exclusiva da vítima e culpa exclusiva de terceiros.**

Alternativa correta: letra "e".

---

312. (AOCP – Analista Judiciário – Oficial de Just. Avaliador Federal – TRT 1/2018) Assinale a alternativa correta no tocante à responsabilidade extracontratual do Estado.

a) O marco histórico do início das teorias publicistas foi o caso Blanco, ocorrido em 1873 na França, a partir do qual interpretou- se que a responsabilidade do Estado não pode reger-se pelos princípios do Código Civil.

b) De acordo com a teoria civilista da culpa, admitia-se a responsabilidade civil do Estado quando decorrente de atos de império, haja visto ser ato de autoridade, e a afastava no tocante aos atos de gestão.

c) Segundo a jurisprudência, o Estado é civilmente responsável pela morte de detento no interior de estabelecimento prisional, com base na teoria do risco integral.

d) O Estado não pode ser responsabilizado por atos do Poder Legislativo na sua função legislativa, ainda que a lei venha a ser declarada inconstitucional em sede de controle concentrado de constitucionalidade.

e) Conforme entendimento do Superior Tribunal de Justiça, ao dano ambiental aplica-se a teoria do risco administrativo.

COMENTÁRIO

Alternativa "a". Foi de grande relevância a contribuição da jurisprudência do Conselho de Estado na

57. *Direito administrativo*. 23. ed. São Paulo: Atlas, 2010. p. 649-650.

França para o direito administrativo brasileiro. Emblemático é o caso Blanco em 1873, no qual a menina Agnès Blanco, ao atravessar uma rua na cidade de Bordeaux, foi atropelada por uma vagonete da Cia. Nacional de Manufatura do Fumo, tendo seu pai ingressado com ação civil de indenização sustentando que o Estado é responsável pelos danos causados a terceiros, em razão da conduta de seus agentes. Houve conflito de competência entre a jurisdição administrativa e a comum e o Tribunal de Conflitos decidiu que cabia ao tribunal administrativo porque se cuidava de apreciar a responsabilidade decorrente do funcionamento do serviço público e que essa responsabilidade não poderia ser regida pelo direito civil e sim por regras especiais. Com isso, começaram a surgir as teorias publicistas como a teoria da culpa do serviço e a teoria do risco (administrativo e integral)[58], ambas acolhidas pelo direito administrativo brasileiro.

Alternativa "b". Pela **teoria da culpa administrativa** ou **culpa do serviço**, não importa indagar sobre o dolo ou culpa do agente público, pois o que interessa é a culpa do serviço (*faute du service*) e não a culpa individual do agente. Ocorre a **culpa do serviço** quando o serviço é **inexistente** (e deveria existir) ou **funciona inadequadamente** ou **funciona atrasado.** José dos Santos Carvalho Filho lembra que, pela teoria da culpa administrativa, cabia ao lesado provar o elemento culpa[59]. Cuida-se de **responsabilidade subjetiva**, portanto.

Alternativa "c". Na responsabilidade por omissão não há como, objetivamente, fazer a conexão entre a conduta do Estado e o dano causado, pois **não há conduta estatal**. O Estado será responsabilizado quando tinha o **dever de agir** para impedir o resultado e não atuou e, por isso, será necessário demonstrar a falha na atuação. Em regra, haverá o reconhecimento da **responsabilidade subjetiva** do Estado por culpa anônima, em razão da ***faute du service***, isto é, da **culpa do serviço**. Todavia, quando a omissão caracterizar violação a dever específico, o STF vem entendendo que existe responsabilidade objetiva, como é o caso da morte de detento como, por exemplo, a tese de repercussão geral fixada no RE 841.526: "em caso de inobservância do seu dever específico de proteção previsto no artigo 5º, inciso XLIX, da Constituição Federal, o Estado é responsável pela morte do detento". Aplica-se, no caso, a teoria do risco administrativo.

58. DI PIETRO, Maria Sylvia Zanella. *Direito administrativo*. 23. ed. São Paulo: Atlas, 2010. p. 645.

59. *Manual de direito administrativo*. 19 ed. Rio de Janeiro: Lumen Juris, 2008. p. 495.

Alternativa "d". Em **regra**, o Estado **não responde** pelos danos causados pelo exercício da função legislativa, porque a lei é por natureza abstrata e geral e, em tese, corporifica o interesse público. Entretanto, **excepcionalmente**, o Estado será **responsabilizado** por ato decorrente da atividade legislativa quando se tratar de: **a) lei declarada inconstitucional**: exige-se declaração de inconstitucionalidade pelo STF; **b) lei de efeito concreto**: materialmente se trata de ato administrativo; **c) omissão** no poder de legislar e regulamentar.

Alternativa "e". Conforme entendimento do Superior Tribunal de Justiça, ao dano ambiental aplica-se a teoria do risco **integral**. Neste sentido, por exemplo, é o REsp nº 1.612.887.

Alternativa correta: letra "a".

---

313. (FCC – Analista Judiciário – Área Administrativa – TRT 2/2018) Suponha que determinado cidadão tenha sofrido ferimentos enquanto aguardava uma audiência em um prédio do Poder Judiciário, ocasionados por um servidor que buscava conter um tumulto que se formou no local em razão de protestos de determinada categoria de funcionários públicos. Referido cidadão buscou a responsabilização civil do Estado pelos danos sofridos. De acordo com o que predica a teoria do risco administrativo, o Estado

a) possui responsabilidade objetiva pelos danos sofridos pelo cidadão, descabendo qualquer excludente de responsabilidade, como força maior, culpa da vítima ou de terceiros.

b) apenas responde pelos danos causados em caráter comprovadamente doloso ou culposo pelos seus agentes, assegurado o direito de regresso contra o agressor.

c) não responde pelos danos causados, salvo se comprovada omissão no dever de fiscalizar a prestação do serviço público envolvido e suas condições de segurança.

d) possui responsabilidade subjetiva pelos danos sofridos pelo cidadão, a quem compete comprovar o nexo de causalidade e a culpa anônima do serviço.

e) pode ser responsabilizado, independentemente de culpa ou dolo de seus agentes, excluindo-se tal responsabilidade se comprovada culpa de terceiros.

COMENTÁRIO

✪ **Nota do Autor:** O Brasil adotou a **teoria do risco administrativo**, uma vez que, muito embora seja objetiva a responsabilidade do Estado, são admitidas excludentes em razão de caso fortuito ou força maior, culpa exclusiva da vítima e culpa exclusiva de terceiro.

Alternativa "e" (responde as demais alternativas). O art. 37, §6º, da Constituição Federal estabelece que as "pessoas jurídicas de direito público e as de **direito privado prestadoras de serviços públicos** responderão pelos danos que seus agentes, nessa qualidade, causarem a terceiros, assegurado o direito de regresso contra o responsável nos casos de dolo ou culpa". Neste sentido, conforme destaca Maria Sylvia Zanella Di Pietro[60], para que haja a responsabilidade objetiva do Estado é necessário que: a) o ato danoso seja praticado por agente de pessoa jurídica de direito público ou de pessoa jurídica de direito privado prestadora de serviço público (entidade da administração indireta que explore atividade econômica está excluída da responsabilidade objetiva e se submete à responsabilidade subjetiva); b) seja causado dano a terceiro; c) que o agente público aja nessa qualidade (inclui os agentes políticos, administrativos ou particulares em colaboração com a Administração). Assim, em matéria de responsabilidade objetiva, para haver a responsabilização estatal não é necessária a perquirição do elemento subjetivo, isto é, não é preciso indagar se o agente agiu com dolo ou culpa, cuidando-se de indagação irrelevante para que o Estado seja obrigado a indenizar a vítima do dano. Isto é, o Estado responde de forma objetiva, independentemente se houve dolo ou culpa do servidor, bastando para sua responsabilização o nexo causal entre a conduta do agente e o prejuízo dela decorrente. Entretanto, situação diferente se revela em relação ao agente público, pois a pessoa estatal tem o direito de regresso apenas quando houve a conduta dolosa ou culposa, quer dizer, o agente público só responderá, perante a Administração Pública, se agiu com dolo ou culpa. No entanto, admitem-se as seguintes causas **excludentes** da responsabilidade objetiva: **força maior ou caso fortuito, culpa exclusiva da vítima e culpa exclusiva de terceiros.**

Alternativa correta: letra "e".

---

314. (FCC – Analista Judiciário – Área Administrativa – TRT 6/2018) Dano comprovadamente causado a terceiro por concessionária de serviço público em razão do funcionamento inadequado do serviço prestado, implica responsabilidade

a) do poder concedente, titular do serviço, não do concessionário, por ser pessoa jurídica de direito privado.

b) da concessionária de serviço público, que está autorizada a acionar, em ação de regresso, o Poder Público, em razão da titularidade do serviço.

c) do preposto da concessionária que tenha atuado com culpa ou dolo, não da pessoa jurídica, em razão do princípio da separação patrimonial entre a pessoa jurídica e seus integrantes.

d) da concessionária de serviço público, que está autorizada, em caso de dolo ou culpa, a mover ação de regresso contra o causador do evento danoso.

e) do poder concedente, por culpa in eligendo, hipótese em que a concessionária não poderá ser diretamente responsabilizada pelo prejudicado, pois responde contratualmente.

COMENTÁRIO

✪ **Nota do Autor:** Deve-se ficar atento, pois não é privilégio das pessoas da Administração Pública a responsabilidade objetiva e, por outro lado, nem todas as pessoas administrativas a ela se submetem.

Alternativa "d". A responsabilidade objetiva prevista no art. 37, §6º, da Constituição Federal aplica-se a todas as **pessoas jurídicas de direito privado prestadoras de serviço público,** que respondem integralmente pelos danos que seus agentes, nessa qualidade, causarem a terceiros, usuários e não usuários de serviço público, respondendo o Estado de forma subsidiária, caso a concessionária não tenha condições de suportar o prejuízo. O Supremo Tribunal Federal consolidou entendimento no julgamento do Recurso Extraordinário nº 591874/MS, decidindo que a responsabilidade extracontratual das concessionárias de serviço público é **objetiva,** em relação aos **usuários** e aos **não usuários** do serviço. No caso, reconheceu-se a responsabilidade de empresa de transporte coletivo em indenizar ciclista morto em acidente com um de seus ônibus, já que não houve a exclusão do nexo de causalidade em razão da culpa exclusiva da vítima ou força maior. Neste sentido, de igual modo, se verificada culpa ou dolo do responsável pelo evento danoso, é plenamente possível que a própria concessionária mova a competente ação de regresso.

Alternativa correta: letra "d".

---

315. (FCC – Analista Judiciário – Oficial de Just. Avaliador Federal – TRT 6/2018) Numa ação ajuizada por um particular em face do Município em razão de supostos danos causados em seu imóvel, vizinho a uma escola municipal, em virtude de uma reforma naquelas instalações que teria ensejado a queda do muro, caberá ao autor demonstrar

a) a negligência dos agentes públicos na conservação das dependências da escola, configurando culpa.

b) o nexo de causalidade entre os danos que foram causados ao seu imóvel e a queda do muro, decorrente da reforma.

60. *Direito administrativo*. 23. ed. São Paulo: Atlas, 2010. p. 649-650.

c) o dolo dos agentes públicos na realização da reforma, sem preocupação com a qualidade da execução dos trabalhos.

d) a prova dos danos intencionalmente causados ao autor, bem como os lucros cessantes.

e) que não se tratou de hipótese de força maior ou de culpa concorrente da vítima, o que excluiria a responsabilidade do Município.

COMENTÁRIO

Alternativa "a" (responde as alternativas "b", "c" e "d"). Em matéria de responsabilidade objetiva, para haver a responsabilização estatal não é necessária a perquirição do elemento subjetivo, isto é, não é preciso indagar se o agente agiu com dolo ou culpa, cuidando-se de indagação irrelevante para que o Estado seja obrigado a indenizar a vítima do dano. Isto é, o Estado responde de forma objetiva, independentemente se houve dolo ou culpa do servidor, bastando para sua responsabilização o nexo causal entre a conduta do agente e o prejuízo dela decorrente. Desse modo, no caso narrado na alternativa, para que haja a responsabilização do Estado, suficiente que se restem demonstrados **nexo de causalidade** e a queda do muro (**prejuízo**).

Alternativa "e". Quando verificada a **culpa exclusiva da vítima**, a responsabilidade do Estado é afastada. Caso exista culpa concorrente entre a vítima e o Estado, haverá redução do valor da indenização a ser fixada, e não a exclusão da responsabilidade do Estado.

Alternativa correta: letra "b".

---

316. (FCC – Analista Judiciário – Oficial de Just. Avaliador Federal – TRT 15/2018) Quando uma decisão judicial entender por impor a um ente público responsabilidade objetiva integral, ou responsabilidade objetiva pura, significa que

a) o ente público responsabilizado não pode alegar as chamadas excludentes de responsabilidade para se eximir do dever de indenização.

b) o agente público já teve sua culpa demonstrada, de forma que a responsabilização do Estado se dará em litisconsórcio necessário com o servidor.

c) não houve comprovação de culpa ou dolo, mas em razão da gravidade dos fatos, o empregador deve responder pelos atos de seus empregados.

d) é admissível apenas a alegação das chamadas excludentes de responsabilidade, não sendo possível questionar nenhuma das alegações feitas.

e) não se poderá discutir preço ou legalidade formal no referido processo, tendo em vista que o poder público remanescerá responsável pela integralidade dos prejuízos causados.

COMENTÁRIO

✪ **Nota do Autor:** Pela **teoria do risco**, a responsabilização do Estado se dá de maneira objetiva, sendo necessária, apenas, a demonstração do dano e que este fora causado por agente público, ou seja, basta a ação estatal, o dano e o nexo de causalidade.

Alternativa "a" (responde as demais alternativas). Na **teoria do risco integral**, não são admitidas excludentes de responsabilidade, e o Estado deve indenizar todo e qualquer dano sofrido pelo administrado, ainda que causado por culpa ou dolo da vítima[61]. Há divergência na doutrina se há, ou não, **aplicação no Brasil da teoria do risco integral**, mas há quem sustente que, excepcionalmente, admite-se a aplicação da teoria do risco integral e, normalmente, apontam como exemplos o dano causado por **acidente nuclear** (art. 21, XXIII, "d", CF) e os danos decorrentes de **atos terroristas, atos de guerra ou de eventos correlatos, contra aeronaves de empresas brasileiras**, nos termos da Lei nº 10.309/01 e da Lei nº 10.744/03. No caso da teoria do risco integral há a responsabilidade objetiva integral e, no caso decisão judicial que imponha a um ente público responsabilidade objetiva pura, o ente público responsabilizado não poderá se valer de excludentes de responsabilidade.

Alternativa correta: letra "a".

12. CONTROLE DA ADMINISTRAÇÃO PÚBLICA

- CF, art. 5º LXVIII, LXIX, LXX, LXXI, LXXII, LXIII e LXXVII
- CF, arts. 50 e 58
- CF, arts. 70, 71 e 74
- CF, art. 103
- CF, art. 129, II
- Lei nº 12.016/09
- Lei nº 7.347/85
- Lei nº 4.717/65

---

317. (FUMARC – Analista Judiciário – Área Judiciária – TRT 3/2022) Cabe mandado de segurança em face de ato dirigente de empresa pública ou sociedade de economia mista praticado em

a) atos comerciais.

b) poder diretivo em geral.

c) processo seletivo ou licitação.

---

61. MEIRELLES, Hely Lopes. *Direito administrativo*. 36 ed. São Paulo: Malheiros, 2010. p. 682-683.

d) qualquer matéria, desde que seja prestadora de serviço público.

e) qualquer matéria.

COMENTÁRIO

✪ **Nota do Autor:** O **mandado de segurança** está previsto no art. 5º, LXIX, da Constituição Federal, em cuja redação assegura-se a concessão desse remédio constitucional "para proteger direito líquido e certo, não amparado por habeas corpus ou habeas data, quando o responsável pela ilegalidade ou abuso de poder for autoridade pública ou agente de pessoa jurídica no exercício de atribuições do Poder Público". Trata-se de **meio de controle judicial.**

Alternativa "a". O art. 1º, §2º, da Lei nº 12.016/2009 estabelece que "não cabe mandado de segurança contra os atos de gestão comercial praticados pelos administradores de empresas públicas, de sociedade de economia mista e de concessionárias de serviço público".

Alternativa "b". Em regra, os atos de poder diretivo das empresas estatais não são sindicáveis judicialmente porque se limitam a dispor sobre questões internas de indigitadas pessoas jurídicas, mas se exorbitarem e atingirem direitos individuais e coletivos poderão ser apreciados pelo Poder Judiciário[62].

Alternativa "c" (responde as alternativas "d" e "e"). Como já destacado, o mandado de segurança está previsto no art. 5º, LXIX da Constituição Federal, em cuja redação assegura-se a concessão desse remédio constitucional para **proteger direito líquido e certo,** não amparado por *habeas corpus* ou *habeas data*, quando o **responsável pela ilegalidade ou abuso de poder for autoridade pública ou agente de pessoa jurídica no exercício de atribuições do Poder Público.** Assim, o MS somente pode ser utilizado quando se tratar de **direito líquido e certo,** que corresponde ao direito que pode ser comprovado de plano, sendo possível reconhecê-lo no momento da impetração pelas provas existentes. Outrossim, insta destacar, o ***mandamus* pode ser impetrado contra ato de dirigente de estabelecimento de ensino privado, ou ato de administrador de concessionária de serviço público (salvo os atos de gestão comercial), já que estes, apesar de particulares, são investidos em verdadeiras funções públicas,** conforme o art. 1º, §§ 1º e 2º, da Lei nº 12.016/09. Assim, questões relacionadas a processo seletivo e licitação no âmbito das empresas estatais, se se tratar de violação de direito líquido e certo, poderão ser objeto de mandado de segurança.

Alternativa correta: letra "c".

62 DI PIETRO, Maria Sylvia Zanella. *Direito administrativo*. 23. ed. São Paulo: Atlas, 2010. p. 749.

318. (Cespe - Técnico Judiciário - Área Administrativa - TRT 8/2022) Mandado de segurança que impugne portaria editada por ministro de Estado deverá ser processado e julgado, originalmente,

a) na vara do trabalho de 1º grau.

b) no Tribunal Regional do Trabalho.

c) no Tribunal Superior do Trabalho.

d) no Superior Tribunal de Justiça.

e) no Tribunal Regional Federal.

COMENTÁRIO

Alternativa "d" (responde as demais alternativas). Nos termos do art. 105, I, *b*, da Constituição Federal, compete ao **Superior Tribunal de Justiça** processar e julgar, originariamente, os mandados de segurança e os ***habeas data*** contra ato de Ministro de Estado, dos Comandantes da Marinha, do Exército e da Aeronáutica ou do próprio Tribunal.

Alternativa correta: letra "d".

319. (FGV - Analista Judiciário - Área Judiciária - TRT 13/2022) Carlos, Analista Judiciário do Tribunal Regional do Trabalho da Região, requereu sua aposentadoria, por entender que preencheu os requisitos legais para tal.

Em matéria de controle da Administração Pública e com base no entendimento do Supremo Tribunal Federal, o ato de concessão inicial de aposentadoria de Carlos deve ter sua legalidade apreciada pelo(a)

a) Tribunal Superior do Trabalho, órgão do Poder Judiciário, sem necessidade de prévios contraditório e ampla defesa, sendo certo que, em atenção aos princípios da segurança jurídica e da confiança legítima, o TST está sujeito ao prazo de 5 anos para o julgamento da legalidade do ato de concessão inicial de aposentadoria de Carlos, a contar da chegada do processo ao Tribunal.

b) Tribunal Superior do Trabalho, órgão do Poder Judiciário, com necessidade de prévios contraditório e ampla defesa, sendo certo que, em atenção aos princípios da supremacia do interesse público e pela natureza de prestação continuada dos proventos de aposentadoria, o TST não está sujeito a qualquer prazo o julgamento da legalidade do ato de concessão inicial de aposentadoria de Carlos.

c) Controladoria Geral da União, órgão auxiliar do Poder Judiciário, com necessidade de prévios contraditório e ampla defesa, sendo certo que, em atenção aos princípios da supremacia do interesse público e pela natureza de prestação continuada dos proventos de aposentadoria, a CGU não está sujeita a qualquer prazo o julgamento da legalidade do ato de concessão inicial de aposentadoria de Carlos.

d) Tribunal de Contas da União, órgão auxiliar do Poder Legislativo, sem necessidade de prévios contraditório e ampla defesa, sendo certo que, em atenção aos princípios da segurança jurídica e da confiança legítima, o TCU está sujeito ao prazo de 5 anos para o julgamento da legalidade do ato de concessão inicial de aposentadoria de Carlos, a contar da chegada do processo à Corte de Contas.

e) Tribunal de Contas da União, órgão auxiliar do Poder Legislativo, com necessidade de prévios contraditório e ampla defesa, sendo certo que, em atenção aos princípios da supremacia do interesse público e pela natureza de prestação continuada dos proventos de aposentadoria, o TCU não está sujeito a qualquer prazo o julgamento da legalidade do ato de concessão inicial de aposentadoria de Carlos.

COMENTÁRIO

✪ **Nota do Autor:** Na forma do art. 71, caput, da Constituição Federal, o **controle financeiro externo**, a cargo do Congresso Nacional, será exercido com o **auxílio do Tribunal de Contas da União.** Entretanto, os tribunais de contas revestem-se de **natureza de órgãos constitucionais dotados de autonomia administrativa e financeira**, sem qualquer relação de subordinação com os Poderes Executivo, Legislativo e Judiciário. Nas palavras de Alexandre de Moraes, o Tribunal de Contas da União é um "órgão auxiliar e de orientação do Poder Legislativo, **embora a ele não subordinado**, praticando atos de natureza administrativa, concernentes, basicamente, à fiscalização"[63].

Alternativa "d" (responde as demais alternativas). Ao Tribunal de Contas da União, dentre outros, compete "apreciar, para fins de registro, a legalidade dos atos de admissão de pessoal, a qualquer título, na administração direta e indireta, incluídas as fundações instituídas e mantidas pelo Poder Público, excetuadas as nomeações para cargo de provimento em comissão, bem como **a das concessões de aposentadoria, reformas e pensões, ressalvadas as melhorias posteriores que não alterem o fundamento legal do ato concessório"**. Desse modo, na esfera federal, o órgão ou entidade administrativa concede ao servidor a aposentadoria e, posteriormente, esse ato deve ser analisado pelo TCU e a este cabe decidir se a concessão é legal ou não. Por isso, o STF decidiu que o **ato de aposentadoria configura ato administrativo complexo**, aperfeiçoando-se somente com o **registro** perante o TCU e, de acordo com o fixado na Súmula Vinculante nº 3, em se tratando de concessão de aposentadoria, o ato inicial será analisado pelo TCU, **sem necessidade de serem assegurados o contraditório e a ampla defesa** ao interessado. Todavia, o STF, no RE nº 636.553 (tema nº 445), fixou a seguinte tese de repercussão geral: "Em atenção aos princípios da segurança jurídica e da confiança legítima, os Tribunais de Contas estão sujeitos ao prazo de 5 anos para o julgamento da legalidade do ato de concessão inicial de aposentadoria, reforma ou pensão, a contar da chegada do processo à respectiva Corte de Contas".

Alternativa correta: letra "d".

---

320. (FCC - Analista Judiciário - Área Administrativa - TRT 6/2018) Considere os itens:

I. Ato vinculado;

II. Ato discricionário.

No que concerne aos itens apresentados,

a) ambos se submetem a controle interno e externo, este exercido tanto pelo Poder Legislativo, por meio do Tribunal de Contas, como pelo Poder Judiciário.

b) o item I submete-se a controle interno e externo; o item II a controle interno apenas, que é denominado autotutela.

c) ambos se submetem a controle externo e interno, sendo o controle interno de menor amplitude e extensão que o externo, pois limitado a questões de conveniência e oportunidade.

d) o item I submete-se a controle externo; o item II não, pois os atos discricionários, por envolverem juízo de conveniência e oportunidade, afastam o controle de legalidade pelo Poder Judiciário.

e) o item II submete-se a controle externo; o item I não, pois os atos vinculados, por envolverem juízo de conveniência e oportunidade, afastam o controle de legalidade pelo Poder Judiciário.

COMENTÁRIO

Alternativa "a". De fato, tanto os atos **vinculados** como os de natureza **discricionária** estão sujeitos ao controle interno, de cada um dos Poderes, e externo, este exercido tanto pelo Poder Legislativo quanto pelo próprio Poder Judiciário. O controle judicial é controle de natureza **externa** e, quanto a sua extensão, é um controle de **legalidade** ou **legitimidade**, não sendo permitido ao Poder Judiciário a ingerência no mérito do ato administrativo, podendo abranger tanto atos vinculados quanto discricionários - **sempre restrito à análise de legalidade**.

---

63 *Constituição do Brasil interpretada e legislação constitucional*. 6 ed. São Paulo: Atlas, 2006. p. 1249-1259.

Alternativa "b" (responde a alternativa "d"). Como destacado, no que se refere à legalidade, mesmo os atos discricionários estão sujeitos ao controle judicial, de natureza externo.

Alternativa "c". O "**controle administrativo** é um **autocontrole** dentro da Administração Pública"[64]. É "o poder de fiscalização e correção que a Administração (em sentido amplo) exerce sobre sua própria atuação, sob os aspectos de legalidade e mérito, por iniciativa própria ou mediante provocação"[65]. Decorre principalmente do poder de **autotutela.**

Alternativa "e". Os atos **vinculados** não estão relacionados à conveniência e oportunidade, mas os **atos discricionários.** De todo modo, no que se refere ao controle de legalidade, tanto atos vinculados quanto discricionários estão sujeitos à confirmação/anulação pelo Poder Judiciário.

---

321. (AOCP – Analista Judiciário – Oficial de Just. Avaliador Federal – TRT 1/2018) A respeito do controle da Administração Pública, assinale a alternativa correta.

a) No processo de revisão, no âmbito da Administração Federal, é admitida a reformatio in pejus, desde que haja a possibilidade de manifestação prévia do recorrente.

b) Contra omissão ou ato da administração pública, o uso da reclamação só será admitido após o esgotamento da segunda instância administrativa.

c) O sistema francês é marcado pela dualidade de jurisdição, tendo em vista que, ao lado do Poder Judiciário, o ordenamento contempla uma Justiça Administrativa competente para dirimir conflitos de interesse envolvendo a Administração Pública.

d) O controle ministerial exercido pelos Ministérios sobre os órgãos de sua estrutura administrativa caracteriza controle interno por vinculação.

e) É constitucional a exigência de depósito ou arrolamento prévio de dinheiros ou bens para admissibilidade de recurso administrativo.

COMENTÁRIO

Alternativa "a". A **revisão administrativa** pode ser **feita a qualquer tempo, a pedido ou de ofício,** quando **surgirem fatos novos ou circunstâncias relevantes** suscetíveis de justificar a inadequação da sanção aplicada. De forma diferente do que ocorre no processo administrativo, na **revisão não é possível agravar** a situação do administrado, nos termos do art. 65, da Lei nº 9.784/99.

Alternativa "b". Na forma do art. 103-B, da Constituição Federal, "do ato administrativo ou decisão judicial que contrariar a súmula aplicável ou que indevidamente a aplicar, caberá reclamação ao Supremo Tribunal Federal que, julgando-a procedente, anulará o ato administrativo ou cassará a decisão judicial reclamada, e determinará que outra seja proferida com ou sem a aplicação da súmula, conforme o caso". Nos termos do art. 7º, §1º, § 1º Contra omissão ou ato da administração pública, o uso da reclamação só será admitido após esgotamento das vias administrativas.

Alternativa "c". De fato, o sistema francês adota a dualidade jurisdicional – que já foi praticada no Brasil nos tempos de Império, diga-se. Assim, ao lado do Poder Judiciário, o ordenamento contempla uma Justiça Administrativa competente para dirimir conflitos de interesse envolvendo a Administração Pública.

Alternativa "d". O controle ministerial exercido pelos Ministérios sobre os órgãos de sua estrutura administrativa caracteriza controle interno por **subordinação.**

Alternativa "e". Conforme determinação do art. 2º, XI, da Lei nº 9.784/99, **é proibida a cobrança de despesas processuais, exceto se houver lei específica.** Em relação aos recursos administrativos, há a **Súmula Vinculante nº 21** determinando que é "inconstitucional a exigência de depósito ou arrolamento prévios de dinheiro ou bens para a admissibilidade de recurso administrativo".

Alternativa correta: letra "c".

---

322. (FCC – Analista Judiciário – Área Judiciária – TRT 15/2018) O controle dos atos administrativos, quando exercido pelos Tribunais de Contas, se exterioriza por meio da edição de

a) decisões administrativas, com natureza de ato administrativo, nos processos de tomadas de contas, podendo servir como título executivo para as multas impostas aos responsáveis.

b) decisões jurisdicionais nos processos de verificações de licitações e auditorias de contratações, na medida em que devem julgar referidos atos regulares ou irregulares.

c) decisões de cunho administrativo, cujo conteúdo analisa os aspectos de legalidade dos atos e contratos celebrados pela Administração pública, vedada ingerência nos aspectos discricionários.

d) atos administrativos de natureza decisória, passíveis de revisão pelo próprio juízo emissor ou pelo Judiciário até o trânsito em julgado.

---

64. FAGUNDES, Miguel Seabra. *O controle dos atos administrativos pelo poder judiciário*. 8. ed. atualizada por Gustavo Binenbojm. Rio de Janeiro: Forense, 2010. p. 126. Original sem destaque.

65. DI PIETRO, Maria Sylvia Zanella. *Direito administrativo*. 23. ed. São Paulo: Atlas, 2010. p. 730.

e) atos administrativos, quando não tiverem conteúdo condenatório e atos sancionatórios, quando impuserem sanções, inadmitida revisão, sob pena de ofensa ao princípio da Separação de Poderes, pois se trata do órgão de controle do Judiciário e do Executivo.

COMENTÁRIO

Alternativa "a" (responde as demais alternativas). Na forma do art. 71, caput, da Constituição Federal, o **controle financeiro externo**, a cargo do Congresso Nacional, será exercido com o **auxílio do Tribunal de Contas da União.** Entretanto, os tribunais de contas revestem-se de **natureza de órgãos constitucionais dotados de autonomia administrativa e financeira**, sem qualquer relação de subordinação com os Poderes Executivo, Legislativo e Judiciário. Nas palavras de Alexandre de Moraes, o Tribunal de Contas da União é um "órgão auxiliar e de orientação do Poder Legislativo, **embora a ele não subordinado**, praticando atos de natureza administrativa, concernentes, basicamente, à fiscalização"[66]. Nos termos do art. 71, § 3º, da Constituição Federal, "as decisões do Tribunal de que resulte imputação de débito ou multa terão eficácia de título executivo", sendo possível, portanto, a inscrição dos valores correspondentes em Dívida Ativa.

Alternativa correta: letra "a".

323. (FCC - Analista Judiciário - Área Judiciária - TRT 15/2018) Determinada comissão de licitação divulgou a classificação das propostas apresentadas em determinado procedimento. O licitante classificado em segundo lugar, convicto de que o primeiro colocado apresentou proposta inexequível,

a) deverá apresentar recurso administrativo contra a decisão da comissão de licitação, ouvindo-se o primeiro colocado em contraditório, para então ser apreciado o recurso.

b) poderá impetrar mandado de segurança contra ato do presidente da comissão de licitação, em razão da proposta inexequível, não sendo obrigatória prévia apresentação de recurso administrativo.

c) poderá impetrar mandado de segurança contra ato do licitante classificado em 1º lugar, comprovando, de plano, a inexequibilidade da proposta apresentada.

d) deverá aguardar a homologação da licitação para recorrer da decisão final da comissão de licitação ou para impetrar Mandado de Segurança contra a autoridade imediatamente superior.

e) poderá apresentar impugnação junto ao Tribunal de Contas para que este determine a desclassificação da proposta inexequível, sob pena de perder a anulação da licitação.

COMENTÁRIO

Alternativa "b" (responde as demais alternativas). O **mandado de segurança** está previsto no art. 5º, LXIX, da Constituição Federal, em cuja redação assegura-se a concessão desse remédio constitucional "para proteger direito líquido e certo, não amparado por habeas corpus ou habeas data, quando o responsável pela ilegalidade ou abuso de poder for autoridade pública ou agente de pessoa jurídica no exercício de atribuições do Poder Público". Trata-se de **meio de controle judicial.** O **mandado de segurança** deve ser impetrado contra ato da **autoridade coatora** que, no caso, é o Presidente da Comissão de Licitação que ratificou a suposta proposta inexequível do classificado em primeiro lugar em indigitada licitação. O art. 5º da Lei nº 12.016/09 **veda** a concessão de mandado de segurança em alguns casos e, entre eles, está o ato do qual caiba **recurso administrativo com efeito suspensivo, independentemente de caução**, de tal modo que plenamente cabível a impetração de mandado de segurança **se não houver efeito suspensivo em eventual recurso administrativo interposto.**

Alternativa correta: letra "b".

324. (FCC - Analista Judiciário - Oficial de Just. Avaliador Federal - TRT 2/2018) Um administrado apresentou requerimento de expedição de licença à Administração pública, instruído nos termos das exigências legais pertinentes. A autoridade competente pela expedição da licença, em que pese reconhecer a completude da instrução do pedido, indeferiu o pleito, fundamentando sua decisão no excessivo número de licenças outorgadas no último trimestre, o que, segundo entendeu, não seria aderente às políticas públicas da Administração pública. O requerente, inconformado com a decisão,

a) deverá recorrer administrativamente da decisão, obrigatoriamente requerendo a reconsideração do indeferimento, considerando que não houve deficiência de instrução documental.

b) poderá impugnar a decisão judicialmente, desde que o faça dentro do prazo estabelecido para apresentação do competente recurso administrativo.

c) poderá impetrar mandado de segurança contra a decisão da autoridade que indeferiu a licença,

66. *Constituição do Brasil interpretada e legislação constitucional.* 6 ed. São Paulo: Atlas, 2006. p. 1249-1259.

considerando que se trata de ato administrativo vinculado, não havendo fundamento legal para sua negativa diante do preenchimento dos requisitos legais para expedição.

d) deverá ajuizar ação judicial para pleitear o deferimento da licença, considerando que os atos administrativos fundados em razões de conveniência e oportunidade não comportam recurso, somente pedido de reconsideração.

e) poderá exigir a revogação da decisão, administrativa ou judicialmente, tendo em vista que não havia previsão legal para negativa da expedição do ato diante do preenchimento dos requisitos legais.

COMENTÁRIO

✪ **Nota do Autor:** A **licença** é ato administrativo **vinculado e definitivo** pelo qual a Administração **manifesta a anuência ao exercício** pelo particular de **determinada atividade.** Dessa forma, se preenchidos os requisitos, a licença deverá ser concedida (vinculada) e não poderá ser revogada a qualquer tempo.

Alternativa "c" (responde as demais alternativas). O **controle judicial** é o "exercido privativamente pelos órgãos do Poder Judiciário sobre os atos administrativos do Executivo, do Legislativo e do próprio Judiciário quando realiza atividade administrativa". Trata-se de controle de natureza **externa** e, quanto a sua extensão, é um controle de **legalidade** ou **legitimidade**, não sendo permitido ao Judiciário a ingerência no mérito do ato administrativo, ou seja, sobre a conveniência e a oportunidade. Assim, já que a licença é atividade **vinculada** da Administração Pública, preenchidos os requisitos, a licença deverá ser concedida. Nesse caso, o controle do Poder Judiciário não extrapola os limites da legalidade, sendo **possível a concessão da medida pleiteada, por meio de mandado de segurança,** previsto no art. 5º, LXIX, da Constituição Federal, em cuja redação assegura-se a concessão desse remédio constitucional "para proteger direito líquido e certo, não amparado por habeas corpus ou habeas data, quando o responsável pela ilegalidade ou abuso de poder for autoridade pública ou agente de pessoa jurídica no exercício de atribuições do Poder Público".

Alternativa correta: letra "c".

---

325. (FCC - Analista Judiciário - Área Administrativa - TRT 2/2018) Os atos administrativos discricionários são passíveis de controle judicial no que concerne

a) exclusivamente a eventual desvio de finalidade, quando evidenciado que a Administração praticou o ato visando a fim ilícito.

b) às condições de conveniência e oportunidade para sua prática, com base nos princípios aplicáveis à Administração Pública.

c) ao seu mérito, avaliando-se a aderência do mesmo ao interesse público que justificou a sua edição e às finalidades colimadas.

d) a vícios de legalidade, o que inclui também a avaliação da inexistência ou falsidade dos motivos declinados pela Administração para a edição do ato.

e) apenas a vícios de competência, cuja convalidação poderá ser feita, contudo, mediante ratificação administrativa ou judicial.

COMENTÁRIO

✪ **Nota do Autor:** O **controle judicial** é o "exercido privativamente pelos órgãos do Poder Judiciário sobre os atos administrativos do Executivo, do Legislativo e do próprio Judiciário quando realiza atividade administrativa".

Alternativa "d" (responde as demais alternativas). O controle judicial é controle de natureza **externa** e, quanto a sua extensão, é um controle de **legalidade** ou **legitimidade**, não sendo permitido ao Poder Judiciário interferir no mérito do ato administrativo, ou seja, sobre a conveniência e a oportunidade. Entretanto, há algumas decisões judiciais reconhecendo a possibilidade de o controle judicial investir no **mérito**, desde que tenha como parâmetro a legalidade do ato, ou seja, "o Judiciário não examina o mérito dos atos da Administração a partir de considerações sobre a sua oportunidade ou conveniência, mas sim relativamente à sua conformação com os princípios constitucionais (...)"[67]. Assim, sendo possível o controle judicial para análise de **vícios de legalidade**, pode o Poder Judiciário **avaliar** se os elementos **vinculados** dos atos administrativos estão alinhados com os princípios constitucionais a serem observados pela Administração Pública.

Alternativa correta: letra "d".

---

326. (FCC - Analista Judiciário - Área Administrativa - TRT 15/2018) Os princípios da legalidade, moralidade, eficiência, dentre outros, informam a atuação da Administração pública, servindo também de parâmetro para o controle de seus atos. O Tribunal de Contas, no exercício desse controle, fiscaliza os atos da Administração pública sob o prisma da

---

67. CUNHA JUNIOR, Dirley da. *Curso de direito administrativo*. 8 ed. Salvador: Juspodivm, 2009. p. 642.

a) legalidade, exclusivamente, considerando que não lhe é dado analisar as razões de mérito dos atos e contratos celebrados.
b) supremacia do interesse público, pois a atuação da Administração pública, quando diante dos interesses privados, sempre se sobrepõe, o que lhe permite a adoção de medidas e realização de atos não expressamente previstos em lei ou contrato.
c) moralidade e legalidade, não lhe sendo permitido, contudo, nenhuma atuação para suspender atos praticados pela Administração pública.
d) economicidade dos atos e negócios praticados pela Administração pública, o que envolve análise de mérito, ainda que devam ser respeitados os parâmetros do que constitui essencialmente o juízo discricionário legítimo.
e) discricionariedade, diante da existência de vícios de legalidade, o que possibilita a sustação de atos praticados pela Administração pública, independentemente dos resultados obtidos.

COMENTÁRIO

✪ **Nota do Autor:** Na forma do art. 71, caput, da Constituição Federal, o **controle financeiro externo**, a cargo do Congresso Nacional, será exercido com o **auxílio do Tribunal de Contas da União.** Entretanto, os tribunais de contas revestem-se da **natureza de órgãos constitucionais dotados de autonomia administrativa e financeira**, sem qualquer relação de subordinação com os Poderes Executivo, Legislativo e Judiciário. Nas palavras de Alexandre de Moraes, o Tribunal de Contas da União é um "órgão auxiliar e de orientação do Poder Legislativo, **embora a ele não subordinado**, praticando atos de natureza administrativa, concernentes, basicamente, à fiscalização"[68].

Alternativa "d" (responde as demais alternativas). Nos termos do art. 70 da Constituição Federal, a "fiscalização contábil, financeira, orçamentária, operacional e patrimonial da União e das entidades da administração direta e indireta, quanto à legalidade, legitimidade, economicidade, aplicação das subvenções e renúncia de receitas, será exercida pelo Congresso Nacional, mediante controle externo, e pelo sistema de controle interno de cada Poder". É o denominado controle financeiro, o qual, de acordo com o dispositivo constitucional, é de competência, na esfera federal, do Congresso Nacional. Entretanto, haverá o auxílio do Tribunal de Contas da União, que é um órgão independente, ou seja, não está subordinado ao Congresso Nacional e, assim, suas decisões não passíveis de recurso para o Congresso Nacional e, por outro lado, enfatiza-se que o TCU não integra o Poder Judiciário. Notadamente, pela **economicidade**, verifica-se se foi obtida a melhor proposta para a efetuação da denominada despesa pública, ou seja, se a pessoa administrativa/órgão público procedeu da maneira mais econômica possível na aplicação dos recursos públicos, atendendo à adequada relação de custo-benefício. Assim, compete ao Poder Legislativo – com o auxílio do correspondente Tribunal de Contas – realizar o exame da observância do princípio da economicidade pelos entes estatais.

Alternativa correta: letra "d".

68. *Constituição do Brasil interpretada e legislação constitucional*. 6 ed. São Paulo: Atlas, 2006. p. 1249-1259.

13. IMPROBIDADE ADMINISTRATIVA: LEI Nº 8.429/92

- CF, art. 37, §§ 4º e 5º
- Lei 8.429/92

327. (FCC – Analista Judiciário – Área Administrativa – TRT 12/2023) Nos termos da Lei de Improbidade Administrativa (Lei nº 8.429/1992 com redação dada pela Lei nº 14.230/2021), a mera nomeação ou indicação política por parte dos detentores de mandatos eletivos,

a) não configurará improbidade administrativa, sendo necessária a aferição de dolo, que poderá ser específico ou genérico, isto é, bastará a vontade de praticar a conduta típica, mesmo que ausente finalidade ilícita por parte do agente.
b) configurará improbidade administrativa, não se exigindo qualquer outro requisito legal.
c) não configurara improbidade administrativa, independentemente da aferição de qualquer outra circunstância, vez que a Lei de Improbidade prevê expressamente tal conduta como atípica.
d) configurará improbidade administrativa se demonstrada a ocorrência de lesão aos cofres públicos, pois na hipótese narrada, a Lei de Improbidade exige prejuízo ao erário, independentemente da demonstração do elemento subjetivo, isto é, de dolo ou culpa na conduta do agente.
e) não configurará improbidade administrativa, sendo necessária a aferição de dolo com finalidade ilícita por parte do agente.

COMENTÁRIO

Alternativa "e" (responde as demais alternativas). Na exata forma do quanto disciplinado no art. 11, §5º, da Lei nº 8.429/92, "não se configurará improbidade a mera nomeação ou indicação política por parte dos detentores de mandatos eletivos, sendo necessária a aferição de dolo com finalidade ilícita por parte do agente".

Alternativa correta: letra "e".

328. (FCC – Analista Judiciário – Área Judiciária – TRT 12/2023) Nos termos da Lei de Improbidade Administrativa (Lei nº 8.429/1992, com redação dada pela Lei nº 14.230/2021),

a) será nula a decisão de mérito total ou parcial da ação de improbidade administrativa que, dentre outra hipótese, condenar o requerido por tipo diverso daquele definido na petição inicial.
b) a decisão judicial que converte a ação de improbidade administrativa em ação civil pública é irrecorrível, por expressa disposição legal nesse sentido.
c) ao réu será assegurado o direito de ser interrogado sobre os fatos de que trata a ação de improbidade; no entanto, o seu silêncio poderá implicar confissão.
d) aplica-se na ação de improbidade administrativa o reexame obrigatório da sentença de improcedência ou de extinção sem resolução de mérito.
e) havendo a possibilidade de solução consensual, poderão as partes requerer ao juiz a interrupção do prazo para a contestação, pelo prazo máximo de 30 dias.

COMENTÁRIO

Alternativa "a". Nos termos do art. 17, §10-F, "será nula a decisão de mérito total ou parcial da ação de improbidade administrativa que: I – condenar o requerido por tipo diverso daquele definido na petição inicial; II – condenar o requerido sem a produção das provas por ele tempestivamente especificadas".

Alternativa "b". Da decisão que converter a ação de improbidade em ação civil pública **caberá agravo de instrumento** (art. 17, §17, da Lei).

Alternativa "c". Nos termos do art. 17, §18, ao réu será assegurado o direito de ser interrogado sobre os fatos de que trata a ação, e a sua recusa ou o **seu silêncio não implicarão confissão.**

Alternativa "d". Pelo contrário, não se aplicam na ação de improbidade administrativa o reexame obrigatório da sentença de improcedência ou de extinção sem resolução de mérito (art. 17, §19, IV, da Lei).

Alternativa "e". Havendo a possibilidade de solução consensual, poderão as partes requerer ao juiz a interrupção do prazo para a contestação, por prazo não superior a 90 (noventa) dias (art. 17, §10-A).

Alternativa correta: letra "a".

329. (FCC – Analista Judiciário – Área Judiciária Oficial de Justiça – TRT 12/2023) Considere a seguinte situação hipotética:

Em janeiro de 2023, Caio, Secretário Municipal de determinado Município catarinense foi processado por improbidade administrativa. Na petição inicial, foi-lhe imputada a prática de ato ímprobo que causa prejuízo ao erário. No curso do processo, Caio veio a falecer e seu filho Jonas, único herdeiro e sucessor, foi habilitado e inserido no polo passivo da ação. Nos termos da lei de Improbidade Administrativa (Lei nº 8.429/1992, com redação dada pela Lei nº 14230/2021). Caso a ação seja julgada procedente, Jonas

a) estará sujeito apenas à obrigação de reparar o dano ao erário, até o limite do valor da herança ou do patrimônio transferido.
b) estará sujeito a todas as sanções previstas na Lei de improbidade, até o limite do valor da herança ou do patrimônio transferido.
c) estará sujeito apenas à obrigação de reparar o dano ao erário e ao pagamento de multa civil, independentemente do valor da herança ou do patrimônio transferido.
d) não estará sujeito a nenhuma das sanções previstas na Lei de Improbidade Administrativa, vez que possuem caráter personalíssimo.
e) estará sujeito à obrigação de reparar o dano ao erário, à multa civil, ambos até o limite do valor de herança ou do patrimônio transferido, bem como à proibição de controlar com o poder público ou de receber benefícios ou incentivos fiscais ou creditícios, direta ou indiretamente, ainda que por intermédio de pessoa jurídica da qual seja sócio majoritário, pelo prazo não superior a 12 anos.

COMENTÁRIO

Alternativa "a" (responde as demais alternativas). Nos termos do art. 8º, da Lei, "o sucessor ou o herdeiro daquele que causar dano ao erário ou que se enriquecer ilicitamente estão sujeitos apenas à obrigação de repará-lo até o limite do valor da herança ou do patrimônio transferido".

Alternativa correta: letra "a".

330. (FCC – Analista Judiciário – Área Judiciária – TRT 17/2023) A prática de ato de improbidade administrativa que atente contra os princípios da administração pública cuja ação ou omissão dolosa viole os deveres de honestidade, de imparcialidade e de legalidade, independentemente do ressarcimento integral do dano patrimonial, se efetivo, e das sanções penais comuns e de responsabilidade, civis e administrativas previstas na legislação específica, sujeitará o responsável ao pagamento de multa civil de até I vezes o valor da remuneração percebida pelo agente e proibição de contratar com o poder público ou de receber benefícios ou incentivos fiscais ou creditícios, direta ou indiretamente, ainda que por intermédio de pessoa jurídica da qual seja sócio majoritário, pelo prazo não superior a II anos. Conforme estabelece a Lei nº 8.429/1992, as lacunas I e II devem ser preenchidas, correta e respectivamente, por:

a) 12 – 6
b) 24 – 4
c) 10 – 8
d) 5 – 2
e) 15 – 5

COMENTÁRIO

Alternativa "b" (responde as demais alternativas). Nos exatos termos do quanto disciplina o art. 12, III, da Lei, na hipótese de **atos de improbidade que atentam contra os princípios da Administração Pública cuja ação ou omissão dolosa que viole os deveres de honestidade, de imparcialidade e de legalidade, independentemente do ressarcimento integral do dano patrimonial, se efetivo, e das sanções penais comuns e de responsabilidade, civis e administrativas previstas na legislação específica,** aplicam-se as seguintes penalidades: pagamento de multa civil de **até 24 (vinte e quatro) vezes** o valor da remuneração percebida pelo agente e proibição de contratar com o poder público ou de receber benefícios ou incentivos fiscais ou creditícios, direta ou indiretamente, ainda que por intermédio de pessoa jurídica da qual seja sócio majoritário, pelo prazo não superior a **4 (quatro) anos**.

Alternativa correta: letra "b".

331. (FCC – Analista Judiciário – Área Judiciária – TRT 18/2023) Dentre as alterações introduzidas pela Lei federal nº 14.230/2021, na Lei federal nº 8.429/92, destaca-se a

a) expressa previsão da responsabilização solidária dos representantes legais das pessoas jurídicas, quando a estas forem imputados atos de improbidade.
b) extensão da responsabilização solidária aos sucessores, herdeiros e outros beneficiados pelo ato de improbidade praticado, desde que seja demonstrada dolo ou culpa do sujeito ativo principal.
c) expressa exigência do elemento subjetivo dolo para extensão das disposições da lei aos particulares que induzirem ou concorrerem para a prática de ato de improbidade, ainda que não se enquadrem no conceito de agente público.
d) exclusão da previsão de responsabilização de pessoas jurídicas, restringindo-se os efeitos da lei aos limites da participação dos respectivos representantes legais, em razão da exigência do aspecto volitivo dolo.
e) exclusão da previsão de responsabilidade dos servidores públicos que não detenham vínculo funcional em razão de cargo efetivo ou emprego público.

COMENTÁRIO

Alternativa "a" (responde a alternativa "d"0. Inexiste qualquer previsão de responsabilização solidária dos representantes legais das pessoas jurídicas, quando a estas forem imputados atos de improbidade. Vale destacar que, nos termos do art. 3º, §2º, da Lei, "as sanções desta Lei não se aplicarão à pessoa jurídica, caso o ato de improbidade administrativa seja também sancionado como ato lesivo à administração pública de que trata a Lei nº 12.846, de 1º de agosto de 2013".

Alternativa "b". Na forma do art. 8º, da Lei, "o sucessor ou o herdeiro daquele que causar dano ao erário ou que se enriquecer ilicitamente estão sujeitos apenas à obrigação de repará-lo até o limite do valor da herança ou do patrimônio transferido".

Alternativa "c". De fato, antes do advento da Lei nº 14.230/2021, eram admitidos **atos de improbidade administrativa que causam prejuízo ao erário na modalidade culposa**, o que foi modificado por aquela Lei. Neste sentido, o art. 10, *caput*, passou a prever a seguinte redação: "constitui ato de improbidade administrativa que causa lesão ao erário qualquer ação ou omissão dolosa, que enseje, efetiva e comprovadamente, perda patrimonial, desvio, apropriação, malbaratamento ou dilapidação dos bens ou haveres das entidades referidas no art. 1º desta Lei, e notadamente (...)". Assim, desde o advento da Lei nº 14.230/2021, há expressa exigência do elemento subjetivo dolo para extensão das disposições da lei àqueles que praticarem ato de improbidade administrativa.

Alternativa "e". Pelo contrário, o art. 2º, da Lei, estabelece que "para os efeitos desta Lei, consideram-se agente público o agente político, o servidor público e todo aquele que exerce, **ainda que transitoriamente ou sem remuneração**, por eleição, nomeação, designação, contratação ou qualquer outra forma de investidura ou vínculo, mandato, cargo, emprego ou função nas entidades referidas no art. 1º desta Lei".

Alternativa correta: letra "c".

332. (FCC – Analista Judiciário – Área Judiciária Oficial de Justiça – TRT 18/2023) No que se refere às penas passíveis de serem aplicadas em decorrência da caracterização de ato de improbidade, na forma da Lei federal nº 8.429/1992, a

a) responsabilização pelo integral ressarcimento do prejuízo causado ao erário absorve a possibilidade de imputação de outras sanções ou penalidades, com exceção da apuração de infração disciplinar para os agentes públicos.

b) perda da função pública somente é passível de imposição, em caráter cumulativo com outras penalidades, aos agentes públicos que tenham praticado ato de improbidade que importem em enriquecimento ilícito, em sua modalidade dolosa.

c) imposição da pena de perda de bens ou de valores acrescidos ilicitamente ao patrimônio não afasta a possibilidade de cominação de multa, esta que também pode ser aplicada nos casos em que não se caracterize dano ao erário ou enriquecimento ilícito.

d) imposição de multa deve guardar relação com o prejuízo ao erário apurado ou com o acréscimo patrimonial indevido, razão pela qual não se mostra factível nos atos de improbidade que atentam contra os princípios da Administração Pública.

e) cominação da pena de ressarcimento do dano causado ao erário pode ser imposta cumulativamente à pessoa jurídica responsável pelo ato de improbidade e aos seus representantes legais, sendo a imposição de multa restrita às pessoas jurídicas.

COMENTÁRIO

Alternativa "a". Pelo contrário, o art. 12, da Lei, estabelece que **independentemente do ressarcimento integral do dano patrimonial**, está o responsável pelo ato de improbidade sujeito às cominações previstas nos incisos, que podem ser aplicadas isolada ou cumulativamente, de acordo com a gravidade do fato.

Alternativa "b". A **perda da função pública** é aplicada aos agentes públicos que tenham praticado ato de improbidade que **cause prejuízo ao erário** ou **importe enriquecimento ilícito.**

Alternativa "c" (responde a alternativa "d"). Como destacado, **independentemente do ressarcimento integral do dano patrimonial**, está o responsável pelo ato de improbidade sujeito às cominações previstas nos incisos, que podem ser aplicadas isolada ou cumulativamente, de acordo com a gravidade do fato. Na forma do art. 12, III, da Lei, **em se tratando de ato de improbidade administrativa que atente contra os princípios da Administração Pública,** aplicáveis as seguintes penalidades: **pagamento de multa civil de até 24 (vinte e quatro) vezes o valor da remuneração percebida pelo agente** e proibição de contratar com o poder público ou de receber benefícios ou incentivos fiscais ou creditícios, direta ou indiretamente, ainda que por intermédio de pessoa jurídica da qual seja sócio majoritário, pelo prazo não superior a 4 (quatro) anos.

Alternativa "e". A imposição de multa não está restrita às pessoas jurídicas, podendo ser aplicada às pessoas listadas nos arts. 2º e 3º, da Lei.

Alternativa correta: letra "c".

333. (FCC – Analista Judiciário – Área Administrativa – TRT 21/2023) Determinado profissional liberal firmou um contrato com empresa pública para prestação de serviços de consultoria, sendo, que, posteriormente, restou evidenciado tratar-se de simulação de prestação de serviços e pagamento de propina a agentes públicos, ensejando, também, vantagem pecuniária para os diretores da empresa pública. De acordo com as disposições da Lei de Improbidade Administrativa (Lei nº 8.429/1992 com redação dada pela Lei nº 14.230/2021),

a) todos os agentes públicos que participaram do processo de contratação poderão ser responsabilizados por ato de improbidade, independentemente de comprovação de dolo, desde que verificada correlação entre a conduta comissiva ou omissiva e o prejuízo sofrido pela Administração.

b) a caracterização das condutas como ato de improbidade demanda a comprovação de prejuízo à Administração e enriquecimento ilícito do agente, aliada a dolo ou culpa grave e somente alcança agentes públicos e particulares a esses equiparados na forma da lei.

c) desde que evidenciado o dolo dos agentes, caracterizado pela vontade livre e consciente de obter o resultado ilícito, os diretores da empresa pública responderão por ato de Improbidade, assim como os particulares que tenham Induzido ou concorrido dolosamente.

d) não obstante a patente ilicitude da conduta, os agentes mencionados não estão sujeitos à Lei de Improbidade, na medida em que a mesma aplica-se em relação a ilícitos perpetrados apenas em face de pessoas jurídicas de direito público.

e) apenas os diretores da empresa pública e outros agentes públicos que tenham se beneficiado da conduta ilícita estarão sujeitos à penalização por ato de improbidade, sendo os agentes privados responsabilizados na forma da legislação penal e civil.

COMENTÁRIO

Alternativa "a" (responde a alternativa "b"). Antes do advento da Lei nº 14.230/2021, eram admitidos **atos de improbidade administrativa que causam prejuízo ao erário na modalidade culposa**, o que foi modificado por aquela Lei. Neste sentido, o art. 10, *caput*, passou a prever a seguinte redação: "constitui ato de improbidade administrativa que causa lesão ao erário qualquer ação ou omissão dolosa, que enseje, efetiva e comprovadamente, perda patrimonial, desvio, apropriação, malbaratamento ou dilapidação dos bens ou haveres das entidades referidas no art. 1º desta Lei, e notadamente (...)". Assim, desde o advento da Lei nº 14.230/2021, há expressa exigência do elemento subjetivo dolo para extensão das disposições da lei àqueles que praticarem ato de improbidade administrativa. Vale destacar que para além de atos de improbidade administrativa que causam prejuízo ao erário e importam em enriquecimento ilícito, há aqueles que **atentam contra os princípios da Administração Pública.**

Alternativa "c". (responde as alternativas "d" e "e") O art. 1º, §2º, da Lei, estabelece que "considera-se dolo a vontade livre e consciente de alcançar o resultado ilícito tipificado nos arts. 9º, 10 e 11 desta Lei, não bastando a voluntariedade do agente". Neste sentido, o art. 3º, *caput*, determina que "as disposições desta Lei são aplicáveis, no que couber, àquele que, mesmo não sendo agente público, induza ou concorra dolosamente para a prática do ato de improbidade". Vale destacar, ainda, que o art. 2º, da Lei, estabelece que "para os efeitos desta Lei, consideram-se agente público o agente político, o servidor público e todo aquele que exerce, **ainda que transitoriamente ou sem remuneração**, por eleição, nomeação, designação, contratação ou qualquer outra forma de investidura ou vínculo, mandato, cargo, emprego ou função nas entidades referidas no art. 1º desta Lei".

Alternativa correta: letra "c".

---

334. (FCC – Analista Judiciário – Área Judiciária – TRT 14/2023) O Ministério Público do Estado de Rondônia pretende ajuizar ação de improbidade administrativa contra dois agentes públicos e, para tanto, deve ater-se ao prazo prescricional pertinente. Nos termos da Lei nº 8.429/1992 com redação dada pela Lei nº 14.230/2021, a ação para a aplicação das sanções previstas na Lei de Improbidade prescreve em

a) cinco anos, contados a partir da ocorrência do fato ou, no caso de infrações permanentes, do dia em que cessou a permanência.

b) cinco anos, contados a partir do término do exercício de mandato, cargo em comissão ou função de confiança.

c) quatro anos, contados a partir da ciência inequívoca do fato pelo legitimado ativo para a demanda, ou, no caso de infrações permanentes, do dia em que cessou a permanência.

d) oito anos, contados a partir da ocorrência do fato ou, no caso de infrações permanentes, do dia em que cessou a permanência.

e) oito anos, contados a partir do término do exercício de mandato, cargo em comissão ou função de confiança.

COMENTÁRIO

Alternativa "d" (responde as demais alternativas). O art. 23, *caput*, da Lei nº 8.429/92, estabelece que "a ação para a aplicação das sanções previstas nesta Lei prescreve em **8 (oito) anos, contados a partir da ocorrência do fato ou, no caso de infrações permanentes, do dia em que cessou a permanência".**

Alternativa correta: letra "d".

---

335. (FCC – Analista Judiciário – TRT 18/2023) No que se refere às penas passíveis de serem aplicadas em decorrência da caracterização de ato de improbidade, na forma da Lei federal nº 8.429/1992, a

a) responsabilização pelo integral ressarcimento do prejuízo causado ao erário absorve a possibilidade de imputação de outras sanções ou penalidades, com exceção da apuração de infração disciplinar para os agentes públicos.

b) perda da função pública somente é passível de imposição, em caráter cumulativo com outras penalidades, aos agentes públicos que tenham praticado ato de improbidade que importem em enriquecimento ilícito, em sua modalidade dolosa.

c) imposição da pena de perda de bens ou de valores acrescidos ilicitamente ao patrimônio não afasta a possibilidade de cominação de multa, esta que também pode ser aplicada nos casos em que não se caracterize dano ao erário ou enriquecimento ilícito.

d) imposição de multa deve guardar relação com o prejuízo ao erário apurado ou com o acréscimo patrimonial indevido, razão pela qual não se mostra factível nos atos de improbidade que atentam contra os princípios da Administração Pública.

e) cominação da pena de ressarcimento do dano causado ao erário pode ser imposta cumulativamente à pessoa jurídica responsável pelo ato de improbidade e aos seus representantes legais, sendo a imposição de multa restrita às pessoas jurídicas.

COMENTÁRIO

✪ **Nota do Autor:** A Lei nº 8.429/92 passou por substanciais alterações promovidas pela Lei nº 14.230/2021.

Alternativa "a". Na exata forma do art. 12, *caput*, da Lei, "independentemente do ressarcimento integral do dano patrimonial, se efetivo, e das sanções penais comuns e de responsabilidade, civis e administrativas previstas na legislação específica (...)", está o responsável pelo ato de improbidade sujeito a uma série de cominações e penalidades.

Alternativa "b". A **perda da função pública** pode ser aplicada quando verificados atos que importam enriquecimento ilícito ou que causem prejuízo ao erário.

Alternativa "c" (responde a alternativa "d"). Tanto nos atos de improbidade que importam enriquecimento ilícito quanto nos que causam prejuízo ao erário é possível aplicação da penalidade de perda dos bens ou valores acrescidos ilicitamente ao patrimônio, além de multa civil equivalente ao valor do acréscimo patrimonial ou do prejuízo causado ao erário, respectivamente. Vale destacar, enfim, que quanto aos **atos de improbidade que contrariam princípio da Administração Pública**, possível, de igual modo, aplicação da penalidade de multa civil de até 24 (vinte e quatro) vezes o valor da remuneração percebida pelo agente.

Alternativa "e". Nos termos do §1º do art. 3º, os sócios, os cotistas, os diretores e os colaboradores de pessoa jurídica de direito privado não respondem pelo ato de improbidade que venha a ser imputado à pessoa jurídica, salvo se, comprovadamente, houver participação e benefícios diretos, caso em que responderão nos limites da sua participação. Dessa maneira, é possível nessa hipótese a responsabilização tanto da pessoa jurídica quanto dos seus sócios e, nesse sentido, a pena de multa pode ser aplicada a ambos.

Alternativa correta: letra "c".

---

336. (FCC – Técnico Judiciário – TRT 18/2023) Suponha que determinado servidor público esteja sendo acusado da prática de ato de improbidade por conduta que causou prejuízo à Administração, perpetrada já sob o regime da Lei nº 14.230/2021, que alterou a Lei nº 8.429/1992. A conduta em questão

a) será considerada ato de improbidade, desde que presentes os elementos de tipificação como crime contra a Administração Pública, dada a comunicabilidade de instâncias.

b) caracterizará ato de improbidade, se for de natureza comissiva, dolosa ou culposa, não mais sendo admitida a capitulação de condutas omissivas como ato de improbidade.

c) não será suficiente para configurar ato de improbidade, ainda que dolosa, sendo necessária a comprovação de enriquecimento ilícito do agente.

d) depende da prévia condenação do agente público em processo administrativo disciplinar para, a partir da delimitação de sua culpabilidade, ser enquadrada como ato de improbidade.

e) somente poderá ser capitulada como ato de improbidade se presente o elemento subjetivo dolo, não sendo assim capituladas condutas meramente culposas.

COMENTÁRIO

Alternativa "a" (responde a alternativa "d"). Pelo contrário, é plenamente possível o reconhecimento de ato de improbidade administrativa mesmo que não se trate de crime contra a Administração Pública, exceto se a sentença criminal concluir pela inexistência da conduta ou pela negativa da autoria. No mesmo sentido, por conta da **independência das instâncias**, não é necessária prévia condenação do agente público em processo administrativo disciplinar para, a partir da delimitação de sua culpabilidade, ser enquadrada como ato de improbidade.

Alternativa "e" (responde as alternativas "b" e "c"). Na atual redação do art. 11, *caput*, da Lei, alterada pela Lei nº 14.230/2021, "constitui ato de improbidade administrativa que atenta contra os princípios da administração pública a **ação ou omissão dolosa** que viole os deveres de honestidade, de imparcialidade e de legalidade (...)", caracterizada por uma das condutas descritas nos incisos. Assim, de fato, não são capituladas condutas meramente culposas.

Alternativa correta: letra "e".

---

337. (Cespe – Analista Judiciário – Área Judiciária – TRT 8/2022) De acordo com a Lei n.º 8.429/1992 (Lei de Improbidade Administrativa) e alterações, assinale a opção que corresponde a uma das sanções possíveis de serem aplicadas ao ato ímprobo que configure prejuízo ao erário.

a) perda dos valores acrescidos ilicitamente ao patrimônio do agente, acréscimo este que é presumido quando configurado prejuízo ao erário

b) proibição de contratar com o poder público por prazo não superior a catorze anos

c) multa civil de até vinte e quatro vezes o valor da remuneração percebida pelo agente

d) suspensão dos direitos políticos por até doze anos

e) perda da função pública, ainda que o agente possua vínculo diferente do que possuía à época da prática do ato ímprobo

COMENTÁRIO

Alternativa "d" (responde as demais alternativas). As penalidades aplicáveis àqueles que praticam atos de improbidade administrativa que causam prejuízo ao erário são, nos termos do art. 12, II, da Lei, as seguintes: perda dos bens ou valores acrescidos ilicitamente ao patrimônio, se concorrer esta circunstância, perda da função pública, **suspensão dos direitos políticos até 12 (doze) anos**, pagamento de multa civil equivalente ao valor do dano e proibição de contratar com o poder público ou de receber benefícios ou incentivos fiscais ou creditícios, direta ou indiretamente, ainda que por intermédio de pessoa jurídica da qual seja sócio majoritário, pelo prazo não superior a 12 (doze) anos.

Alternativa correta: letra "d".

---

338. (FCC – Técnico Judiciário – Área Administrativa – TRT 9/2022) Para que se aplique a responsabilidade por conduta ímproba, nos termos da Lei nº 8.429/1992, é imprescindível que

a) haja vontade livre e consciente de alcançar o resultado ilícito tipificado na lei.

b) não haja transcorrido o prazo prescricional de 5 anos, contados a partir da data do fato.

c) a conduta esteja tipificada na lei penal.

d) a conduta seja praticada com dolo ou culpa grave.

e) o agente seja servidor público no exercício de seu cargo ou função.

COMENTÁRIO

Alternativa "a" (responde a alternativa "d"). Desde o advento da Lei nº 14.230/2021, que alterou substancialmente as disposições da Lei nº 8.429/92, **não há mais atos de improbidade culposos** (o que era admitido quanto aos atos que causam prejuízo ao erário), de tal modo que é imprescindível, para que se aplique a responsabilidade por conduta ímproba que haja vontade livre e consciente de alcançar o resultado ilícito tipificado na lei.

Alternativa "b". A ação para aplicação das sanções previstas na Lei nº 8.429/92 prescreve em **8 (oito) anos**, contados a partir da ocorrência do fato ou, no caso de infrações permanentes, do dia em que cessou a permanência (art. 23, *caput*).

Alternativa "c". Dada a independência de instâncias, **não** é necessário que a conduta esteja tipificada na lei penal para que seja apurada eventual responsabilidade por ato de improbidade administrativa.

Alternativa "e". O art. 3º, *caput*, da Lei, estabelece que as disposições da Lei são aplicáveis, no que couber, àquele que, mesmo não sendo agente público, induza ou concorra dolosamente para a prática do ato de improbidade.

Alternativa correta: letra "a".

---

339. (FGV – Analista Judiciário – Área Judiciária – TRT 13/2022) A Lei de Improbidade Administrativa estabelece que a posse e o exercício de agente público ficam condicionados à apresentação de declaração de imposto de renda e proventos de qualquer natureza, que tenha sido apresentada à Secretaria Especial da Receita Federal do Brasil, a fim de ser arquivada no serviço de pessoal competente.

Nesse contexto, de acordo com a atual redação da Lei nº 8.429/92, a citada declaração de bens

a) não será, em regra, atualizada periodicamente, salvo determinação discricionária da autoridade competente.

b) não será, em regra, atualizada periodicamente, salvo se o agente público vier a responder a processo administrativo disciplinar.

c) será atualizada a cada cinco anos e na data em que o agente público deixar o exercício do mandato, do cargo, do emprego ou da função.

d) será atualizada anualmente, sem necessidade de atualização na data em que o agente público deixar o exercício do mandato, do cargo, do emprego ou da função.

e) será atualizada anualmente e na data em que o agente público deixar o exercício do mandato, do cargo, do emprego ou da função.

COMENTÁRIO

✪ **Nota do Autor:** O art. 13, *caput*, da Lei, estabelece que "a posse e o exercício de agente público ficam condicionados à apresentação de declaração de imposto de renda e proventos de qualquer natureza, que tenha sido apresentada à Secretaria Especial da Receita Federal do Brasil, a fim de ser arquivada no serviço de pessoal competente".

Alternativa "e" (responde as demais alternativas). O §2º, do mesmo art. 13, estabelece que a declaração de bens "(...) será atualizada anualmente e na data em que o agente público deixar o exercício do mandato, do cargo, do emprego ou da função.".

Alternativa correta: letra "e".

---

340. (FCC – Analista Judiciário – Área Judiciária – TRT 14/2022) O Ministério Público do Estado de Rondônia pretende ajuizar ação de improbidade administrativa contra dois agentes públicos e, para tanto, deve ater-se ao prazo prescricional pertinente. Nos termos da Lei nº 8.429/1992 com redação dada pela Lei nº 14.230/2021, a ação para a aplicação das sanções previstas na Lei de Improbidade prescreve em

a) cinco anos, contados a partir da ocorrência do fato ou, no caso de infrações permanentes, do dia em que cessou a permanência.

b) cinco anos, contados a partir do término do exercício de mandato, cargo em comissão ou função de confiança.
c) quatro anos, contados a partir da ciência inequívoca do fato pelo legitimado ativo para a demanda, ou, no caso de infrações permanentes, do dia em que cessou a permanência.
d) oito anos, contados a partir da ocorrência do fato ou, no caso de infrações permanentes, do dia em que cessou a permanência.
e) oito anos, contados a partir do término do exercício de mandato, cargo em comissão ou função de confiança.

COMENTÁRIO

Alternativa "d" (responde as demais alternativas). Nos exatos termos do art. 23, *caput*, da Lei nº 8.429/92, "a ação para a aplicação das sanções previstas nesta Lei prescreve em 8 (oito) anos, **contados a partir da ocorrência do fato ou, no caso de infrações permanentes, do dia em que cessou a permanência**".

Alternativa correta: letra "d".

---

341. (FCC – Analista Judiciário – Área Judiciária – TRT 16/2022) Inês, estudiosa do direito administrativo, questionou sua professora a respeito da possibilidade, ou não, de uma pessoa jurídica ser considerada sujeito ativo do ato de improbidade administrativa.

À luz dos balizamentos estabelecidos na Lei n° 8.429/1992, Inês foi corretamente esclarecida no sentido de que a pessoa jurídica

a) somente pode figurar como terceiro caso tenha concorrido ou se beneficiado do ato, não como sujeito ativo.
b) somente pode figurar como sujeito ativo, em caráter sequencial, caso um dos seus dirigentes seja previamente condenado pela prática do ato.
c) pode figurar como sujeito ativo, desde que solicitada e deferida a desconsideração inversa da personalidade jurídica, considerando o ato praticado pelo seu sujeito ativo.
d) pode figurar como sujeito ativo se recebeu recursos de origem pública, ao celebrar, com a administração pública, convênio, contrato de repasse, contrato de gestão ou ajuste equivalente.
e) sempre figurará como sujeito ativo do ato quando tiver celebrado contrato administrativo com a administração pública ou mesmo ajuste que caracterize convergência de interesses entre ambos.

COMENTÁRIO

Alternativa "d" (responde as demais alternativas). O art. 2º, parágrafo único, da Lei é expresso em destacar que, "no que se refere a recursos de origem pública, sujeita-se às sanções previstas nesta Lei o particular, pessoa física ou jurídica, que celebra com a administração pública convênio, contrato de repasse, contrato de gestão, termo de parceria, termo de cooperação ou ajuste administrativo equivalente". Assim, é perfeitamente possível que uma pessoa jurídica seja considerada sujeito ativo do ato de improbidade administrativa, desde que observadas as condições destacadas no dispositivo.

Alternativa correta: letra "d".

---

342. (FCC – Analista Judiciário – Área Judiciária – TRT 16/2022) O Ministério Público Federal (MPF) instaurou inquérito civil para apurar a prática de ato de improbidade administrativa doloso, que teria sido cometido pelo agente público João, ocorrido em agosto de 2022, que causou prejuízo ao erário da União em decorrência de superfaturamento em licitação na ordem de trezentos mil reais. Ao final das investigações, o advogado de João propôs ao MPF a celebração de um acordo de não persecução civil (ANPC), para evitar o ajuizamento de ação de improbidade com possibilidade de condenação de seu cliente a sanções mais gravosas.

Preenchidos os requisitos legais, em tese, é possível a celebração do acordo de não persecução civil e, de acordo com a atual redação da Lei n° 8.429/92,

a) deve ocorrer a reversão ao MPF da vantagem indevida obtida com o superfaturamento, no prazo de até 60 (sessenta) dias após a homologação do acordo, permitido o parcelamento.
b) não deve ocorrer homologação judicial, porque se trata de acordo celebrado antes do ajuizamento da ação de improbidade administrativa.
c) não é possível a celebração do ANPC antes do ajuizamento da ação de improbidade, pois o acordo somente pode ser celebrado no curso da ação de improbidade.
d) deve ocorrer homologação judicial do acordo e não há necessidade de aprovação do ANPC pelo órgão do Ministério Público competente para apreciar as promoções de arquivamento de inquéritos civis.
e) deve ser realizada a oitiva do Tribunal de Contas competente, para fins de apuração do valor do dano a ser ressarcido, e a Corte de Contas se manifestará, com indicação dos parâmetros utilizados, no prazo de 90 (noventa) dias.

COMENTÁRIO

✪ **Nota do autor:** a alternativa foi considerada correta com base na literalidade do texto legal, porém esse dispositivo está com eficácia suspensa em razão de decisão proferida em ação direta de inconstitucionalidade, conforme será apontado.

Alternativa "a". De fato, os objetivos da celebração de acordo de não persecução civil (art. 17-B, da Lei) são o integral ressarcimento do dano e a reversão à pessoa jurídica lesada da vantagem indevida obtida, ainda que oriunda de agentes privados. Todavia, não há previsão do prazo assinalado para que a reversão ocorra.

Alternativa "b" (responde a alternativa "d"). O §1º, do art. 17-B, estabelece que a celebração do acordo dependerá, cumulativamente: I – da oitiva do ente federativo lesado, em momento anterior ou posterior à propositura da ação; II – de aprovação, no prazo de até 60 (sessenta) dias, pelo órgão do Ministério Público competente para apreciar as promoções de arquivamento de inquéritos civis, se anterior ao ajuizamento da ação; **III – de homologação judicial, independentemente de o acordo ocorrer antes ou depois do ajuizamento da ação de improbidade administrativa.**

Alternativa "c". Nos termos do art. 17-B, §4º, da Lei, "o acordo a que se refere o *caput* deste artigo poderá ser celebrado no curso da investigação de apuração do ilícito, no curso da ação de improbidade ou no momento da execução da sentença condenatória".

Alternativa "e". Eis a redação do art. 17-B, §3º, pelo qual "para fins de apuração do valor do dano a ser ressarcido, deverá ser realizada a oitiva do Tribunal de Contas competente, que se manifestará, com indicação dos parâmetros utilizados, no prazo de 90 (noventa) dias". **Entretanto, Na ADI 7236, o Min. Alexandre de Moraes deferiu medida cautelar para suspender a eficácia desse dispositivo.**

Alternativa correta: letra "e". Desatualizada.

---

343. (FCC – Analista Judiciário – Área Judiciária – TRT 17/2023) A prática de ato de improbidade administrativa que atente contra os princípios da administração pública cuja ação ou omissão dolosa viole os deveres de honestidade, de imparcialidade e de legalidade, independentemente do ressarcimento integral do dano patrimonial, se efetivo, e das sanções penais comuns e de responsabilidade, civis e administrativas previstas na legislação específica, sujeitará o responsável ao pagamento de multa civil de até I vezes o valor da remuneração percebida pelo agente e proibição de contratar com o poder público ou de receber benefícios ou incentivos fiscais ou creditícios, direta ou indiretamente, ainda que por intermédio de pessoa jurídica da qual seja sócio majoritário, pelo prazo não superior a II anos. Conforme estabelece a Lei nº 8.429/1992, as lacunas I e II devem ser preenchidas, correta e respectivamente, por:

a) 12 – 6
b) 24 – 4
c) 10 – 8
d) 5 – 2
e) 15 – 5

COMENTÁRIO

Nota do Autor: O art. 11, da Lei nº 8.429/92, lista as condutas que constituem atos de improbidade administrativa que atentam contra os princípios da administração pública, violadoras dos deveres de honestidade, de imparcialidade e de legalidade.

Alternativa "b" (responde as demais alternativas). Em se tratando de ato de improbidade que atenta contra os princípios da Administração Pública, aplicam-se, nos termos do art. 12, III, da Lei, as seguintes penalidades: pagamento de multa civil de até 24 (vinte e quatro) vezes o valor da remuneração percebida pelo agente e proibição de contratar com o poder público ou de receber benefícios ou incentivos fiscais ou creditícios, direta ou indiretamente, ainda que por intermédio de pessoa jurídica da qual seja sócio majoritário, pelo prazo não superior a 4 (quatro) anos.

Alternativa correta: letra "b".

---

344. (FCC – Analista Judiciário – Área Judiciária – TRT 23/2022) De acordo com o que dispõe a Lei de Improbidade Administrativa (Lei nº 8.429/1992),

a) os atos de improbidade que atentem contra os princípios da administração pública exigem lesividade relevante ao bem jurídico tutelado para serem passíveis de sancionamento e, ainda, dependem do reconhecimento da produção de danos ao erário e de enriquecimento ilícito dos agentes públicos.

b) constitui ato de improbidade administrativa que atenta contra os princípios da administração pública a ação ou omissão dolosa que viole os deveres de honestidade, de imparcialidade e de legalidade, caracterizada, inclusive, pelo descumprimento de normas relativas à celebração, fiscalização e aprovação de contas de parcerias firmadas pela administração pública com entidades privadas.

c) o sucessor ou o herdeiro daquele que causar danos ao erário ou que se enriquecer ilicitamente estão sujeitos à obrigação de repará-lo integralmente, independentemente do limite do valor da herança ou do patrimônio transferido.

d) os sócios, os cotistas, os diretores e os colaboradores de pessoa jurídica de direito privado respondem pelo ato de improbidade que venha a ser imputado à pessoa jurídica, ainda que não demonstrada sua efetiva participação ou, ainda, o efetivo recebimento de benefícios diretos.

e) na responsabilização da pessoa jurídica por improbidade administrativa, deverão ser considerados apenas os efeitos econômicos das sanções, de modo a inviabilizar a manutenção de suas atividades.

COMENTÁRIO

Alternativa "a". Os atos de improbidade que atentem contra os princípios da administração pública exigem lesividade relevante ao bem jurídico tutelado para serem passíveis de sancionamento e **independem** do reconhecimento da produção de danos ao erário e de enriquecimento ilícito dos agentes públicos, na exata forma do art. 11, §4º, da Lei.

Alternativa "b". Constitui ato de improbidade administrativa que atenta contra os princípios da administração pública a ação ou omissão dolosa que viole os deveres de honestidade, de imparcialidade e de legalidade, caracterizada pela conduta de descumprir as normas relativas à celebração, fiscalização e aprovação de contas de parcerias firmadas pela administração pública com entidades privadas (art. 11, VIII, da Lei).

Alternativa "c". De acordo com o art. 8º, da Lei, "o sucessor ou o herdeiro daquele que causar dano ao erário ou que se enriquecer ilicitamente estão sujeitos apenas à obrigação de repará-lo **até o limite do valor da herança ou do patrimônio transferido**".

Alternativa "d". Pelo contrário, o §1º, do art. 3º, estabelece que "os sócios, os cotistas, os diretores e os colaboradores de pessoa jurídica de direito privado **não** respondem pelo ato de improbidade que venha a ser imputado à pessoa jurídica, salvo se, comprovadamente, houver participação e benefícios diretos, caso em que responderão nos limites da sua participação".

Alternativa "e". Na responsabilização da pessoa jurídica, deverão ser considerados os efeitos econômicos e sociais das sanções, de modo a viabilizar a manutenção de suas atividades (art. 12, §3º, da Lei).

Alternativa correta: letra "b".

---

345. (FCC – Técnico Judiciário – Área Administrativa – TRT 6/2018) Superintendente de Autarquia estadual X concedeu à empresa de turismo Y licença para que realizasse transporte fretado de passageiros, dispensando-a, no mesmo ato, em razão de relação de amizade próxima com o seu diretor, do pagamento da taxa exigida para o exercício do poder de polícia em questão. Ao assim proceder, o referido agente público

a) praticou ato de improbidade administrativa, que, no entanto, não é punível, em razão da sua natureza, com perda da função pública e suspensão dos direitos políticos.

b) não praticou ato de improbidade, pois a licença é ato administrativo vinculado, razão por que, preenchidos os requisitos para concessão, não poderia negá-la.

c) praticou ato de improbidade administrativa que causa lesão ao erário, punível, inclusive, com perda da função pública e suspensão dos direitos políticos.

d) não praticou ato de improbidade, pois a Lei nº 8.429/1992 tem seu campo de incidência restrito aos servidores públicos da Administração pública direta.

e) praticou ato de improbidade administrativa que causa lesão ao erário, punível, exclusivamente, com a perda da função pública e suspensão dos direitos políticos.

COMENTÁRIO

✪ **Nota do Autor:** De acordo com o art. 10, *caput*, da Lei nº 8.429/92, constitui ato de improbidade administrativa que causa lesão ao erário qualquer ação ou omissão dolosa, que enseje, efetiva e comprovadamente, perda patrimonial, desvio, apropriação, malbaratamento ou dilapidação dos bens ou haveres das entidades referidas no art. 1º desta Lei (...)". Neste sentido, pode ser destacado o inciso X de referido artigo, que estabelece ser **ato de improbidade administrativa que causa lesão ao erário** "agir ilicitamente na arrecadação de tributo ou de renda, bem como no que diz respeito à conservação do patrimônio público".

Alternativa "c" (responde as demais alternativas). Na forma do art. 12, II, da Lei, os atos de improbidade administrativa que causam lesão ao erário são punidos com as seguintes sanções: " perda dos bens ou valores acrescidos ilicitamente ao patrimônio, se concorrer esta circunstância, perda da função pública, suspensão dos direitos políticos até 12 (doze) anos, pagamento de multa civil equivalente ao valor do dano e proibição de contratar com o poder público ou de receber benefícios ou incentivos fiscais ou creditícios, direta ou indiretamente, ainda que por intermédio de pessoa jurídica da qual seja sócio majoritário, pelo prazo não superior a 12 (doze) anos".

Alternativa correta: letra "c".

---

346. (FCC – Técnico Judiciário – Área Judiciária – TRT 15/2018) Marcia estagiava no gabinete do desembargador de determinado Tribunal. Auxiliava o assessor na inclusão dos votos nos processos e no sistema de acompanhamento de processos, razão pela qual recebia aqueles documentos antes de se tornarem públicos. Passado certo tempo desde o início do estágio, passou a adulterar algumas decisões a pedido de interessados, recebendo, para tanto, remuneração significativa. A conduta de Marcia

a) enseja responsabilidade civil, administrativa e criminal, não podendo, contudo, incidir em ato de improbidade, pois não se trata de ocupante de cargo, emprego ou função públicos.
b) configura ato de improbidade na modalidade que causa prejuízo ao erário, sendo elemento subjetivo necessário a existência de dolo.
c) tipifica infração disciplinar, dado o vínculo funcional existente com o Tribunal, de caráter estatutário, ainda que em caráter temporário.
d) tipifica ato de improbidade, na modalidade que gera enriquecimento ilícito, considerando-se demonstrada a conduta dolos\a.
e) dispensa prova de dolo, considerando que os atos de improbidade são tipificados mediante conduta culposa e prova de prejuízo ao erário.

COMENTÁRIO

✪ **Nota do Autor:** O art. 9º, *caput*, da Lei, estabelece que "constitui ato de improbidade administrativa importando enriquecimento ilícito auferir, mediante a prática de ato doloso, qualquer tipo de vantagem patrimonial indevida em razão do exercício de cargo, de mandato, de função, de emprego ou de atividade nas entidades referidas no art. 1º desta Lei (...)".

Alternativa "d" (responde as demais alternativas). A conduta perpetrada pelo agente público, no caso, enquadra-se na proibição prevista no inciso I, do art. 9º, pelo qual constitui ato de improbidade administrativa "receber, para si ou para outrem, dinheiro, bem móvel ou imóvel, ou qualquer outra vantagem econômica, direta ou indireta, a título de comissão, percentagem, gratificação ou presente de quem tenha interesse, direto ou indireto, que possa ser atingido ou amparado por ação ou omissão decorrente das atribuições do agente público". Com as mudanças promovidas pela Lei nº 14.230/2021, só existe ato de improbidade na modalidade dolosa, considerando-se "dolo a vontade livre e consciente de alcançar o resultado ilícito tipificado nos arts. 9º, 10 e 11 desta Lei, não bastando a voluntariedade do agente".

Alternativa correta: letra "d".

---

347. (FCC – Técnico Judiciário – Área Administrativa – TRT 24/2017) Onofre, auditor fiscal da Receita Federal, recebeu vantagem econômica para tolerar a prática de contrabando, razão pela qual foi processado por improbidade administrativa. Nos termos da Lei nº 8.429/1992, a conduta de Onofre insere-se expressamente na modalidade de ato de improbidade administrativa

a) causador de prejuízo ao erário, não sendo necessária a efetiva ocorrência de prejuízo ao erário para que reste configurado o ato ímprobo.
b) causador de prejuízo ao erário, sendo necessário, dentre outros elementos, a conduta dolosa para a configuração do ato ímprobo.
c) que atenta contra os princípios da Administração pública, sendo necessário, dentre outros elementos, conduta meramente culposa para a configuração do ato ímprobo.
d) que importa enriquecimento ilícito, sendo necessário, dentre outros elementos, a conduta dolosa para a configuração do ato ímprobo.
e) que importa enriquecimento ilícito, sendo necessário, dentre outros elementos, conduta meramente culposa para a configuração do ato ímprobo.

COMENTÁRIOS

Alternativa "d" (responde as demais alternativas). Os atos de improbidade que importam enriquecimento ilícito, conforme o art. 9º da Lei nº 8.429/92, são aqueles em que o agente **aufere, mediante a prática de ato doloso, qualquer tipo de vantagem patrimonial indevida em razão do exercício de cargo, de mandato, de função, de emprego ou de atividade nas entidades referidas no art. 1º desta Lei.** O rol previsto é **meramente exemplificativo** e, em seu inciso V, prevê ser ato de improbidade que importa enriquecimento ilícito "**receber vantagem econômica de qualquer natureza, direta ou indireta, para tolerar a exploração ou a prática de jogos de azar, de lenocínio, de narcotráfico, de contrabando, de usura ou de qualquer outra atividade ilícita, ou aceitar promessa de tal vantagem.** Neste sentido, importa destacar que somente há ato de improbidade administrativa se houver dolo, compreendido como a vontade livre e consciente de alcançar o resultado ilícito, não bastando a mera voluntariedade (art. 1º, §2º). Desse modo, para a configuração do ato praticado por Onofre, é indispensável que este tenha agido dolosamente.

Alternativa correta: letra "d"

---

348. (FCC – Analista Judiciário – Área Administrativa – TRT 15/2018) É característica comum aos servidores ocupantes de cargos públicos efetivos e de empregos públicos:

a) a necessidade de processo administrativo disciplinar e fundadas razões para exoneração do serviço público.
b) a submissão a prévio concurso público de provas ou de provas e títulos e a necessidade de estágio probatório para estabilização no cargo e no emprego.

c) a necessidade de se submeter a estágio probatório, reduzido em um ano no caso de empregos públicos junto à Administração indireta.

d) enquadramento no conceito de agente público para fins de tipificação de ato de improbidade.

e) responsabilidade pessoal e objetiva por danos causados a terceiros em razão do exercício de suas funções públicas.

COMENTÁRIO

Alternativa "a". A exoneração não é pena disciplinar e pode se dar a pedido ou de ofício, em situações excepcionais e, portanto, não há processo disciplinar.

Alternativa "b" (responde, também, a alternativa "c"). De fato, como o enunciado menciona "efetivo", é necessária a prévia aprovação em concurso público, porém o empregado público não tem direito à estabilidade conferida pelo art. 41 da CF, não se submetendo a estágio probatório.

Alternativa "d". Nos termos do art. 2º da Lei nº 8.429/1992, "consideram-se agente público o agente político, o servidor público e todo aquele que exerce, ainda que transitoriamente ou sem remuneração, por eleição, nomeação, designação, contratação ou qualquer outra forma de investidura ou vínculo, mandato, cargo, emprego ou função nas entidades" mencionadas no art. 1º daquela lei. Portanto, é indiferente ser ocupante de cargo público ou de emprego público para o fim de responsabilização por improbidade administrativa porque ambos são considerados agentes públicos e, assim, podem ser responsabilizados

Alternativa "e". Por força do art. 37, §6º, da Constituição Federal, o agente público somente responde de forma subjetiva, ou seja, quando agir com dolo ou culpa, e regressiva, quer dizer, responderá perante o ente público.

Alternativa correta: letra "d".

349. (AOCP – Analista Judiciário – Área Administrativa – TRT 1/2018) A respeito da Lei de Improbidade Administrativa (Lei nº 8.429/1992), analise as assertivas e assinale a alternativa que aponta as corretas.

I. O agente público que frustra a licitude de concurso público está sujeito às cominações dos atos de improbidade administrativa que atentam contra os princípios da Administração Pública.

II. Será punido, com pena de suspensão, o agente público que se recusar a prestar declaração dos bens dentro do prazo determinado.

III. A perda da função pública e a suspensão dos direitos políticos só se efetivam com o trânsito em julgado da sentença condenatória.

IV. A aplicação das sanções previstas nesta Lei independe da aprovação ou rejeição das contas pelo Tribunal de Contas.

a) Apenas I e IV.

b) Apenas II e III.

c) Apenas I, II e III.

d) Apenas I, III e IV.

e) Apenas II, III e IV.

COMENTÁRIO

Item I. A redação do inciso V do art. 11, quando da realização da prova, era mais ampla quanto à responsabilização no caso da conduta de frustrar a licitude de concurso público e, por isso, foi considerada correta à época. Todavia, atualmente, está incompleta porque a nova redação do mencionado dispositivo estabelece que a conduta deve ser praticada "com vistas à obtenção de benefício próprio, direto ou indireto, ou de terceiros".

Item II. Errado. A apresentação da declaração de imposto de renda e proventos de qualquer natureza, que tenha sido apresentada à Secretaria Especial da Receita Federal do Brasil, é condição para que este tome posse e entre em exercício, bem como essa declaração será anualmente atualizada e caso o agente se recuse a prestar a declaração de bens no prazo determinado ou a prestar de maneira falsa, será punido **com a pena de demissão**, sem prejuízo das demais sanções cabíveis.

Item III. Correto. Nos termos do art. 20, *caput*, da Lei nº 8.429/92, as penas de perda da função pública e de suspensão dos direitos políticos dependem do trânsito em julgado da decisão condenatória para serem aplicadas.

Item IV. Correto. Nos termos do art. 21 da Lei, a aplicação das sanções previstas nesta lei independe: I – da efetiva ocorrência de dano ao patrimônio público, salvo quanto à pena de ressarcimento e das hipóteses de ato de improbidade que cause prejuízo ao Erário; II – da aprovação ou rejeição das contas pelo órgão de controle interno ou pelo Tribunal ou Conselho de Contas..

Alternativa correta: letra "d' (questão desatualizada).

350. (FCC – Analista Judiciário – Área Administrativa – TRT 24/2017) Maria prestou concurso para cargo em empresa pública prestadora de serviços públicos, tendo sido aprovada e regularmente empossada ao cargo no ano de 2015. Maria

a) é considerada agente público para fins de incidência das sanções previstas na Lei de Improbidade Administrativa.

b) submete-se obrigatoriamente ao regime estatutário do servidor público, sendo, no entanto, o vínculo jurídico entre ela e a empresa pública de natureza contratual.

c) não terá direito de exigir motivação em eventual ato de demissão.

d) poderá acumular seu emprego com cargos ou funções públicas, não lhe sendo aplicável a proibição de acumulação prevista na Constituição Federal.

e) está sujeita a todas as normas aplicáveis aos servidores públicos das autarquias, sem qualquer exceção.

COMENTÁRIOS

Alternativa "a". O **sujeito ativo** do ato de improbidade pode ser (artigos 2º e 3º): a) **agente público**: o agente político, o servidor público e todo aquele que exerce, ainda que transitoriamente ou sem remuneração, por eleição, nomeação, designação, contratação ou qualquer outra forma de investidura ou vínculo, mandato, cargo, emprego ou função nas entidades referidas no art. 1º da Lei 8.429/1992; b) **terceiro** que induza ou concorra dolosamente para a prática do ato de improbidade. No caso descrito, Maria exerce sua atividade em empresa pública, pessoa jurídica integrante da administração indireta, e, assim, é considerada agente público para fins de responsabilização por improbidade administrativa.

Alternativa "b". Maria foi aprovada e admitida para emprego público em empresa pública, que é pessoa jurídica de direito privado integrante da administração indireta. Nesse caso, o regime funcional é o trabalhista, de natureza contratual, sendo incompatível com o regime estatutário. Aliás, teria andado melhor o examinador se tivesse constado no enunciado que Maria "prestou concurso para emprego público" e que foi regularmente admitida em determinada data e não como constou.

Alternativa "c". Maria poderá exigir a motivação de eventual ato de demissão porque o STF decidiu, no RE 589.998, com repercussão geral reconhecida, referente a Empresa de Correios e Telégrafos, que "I – Os empregados públicos não fazem jus à estabilidade prevista no art. 41 da CF, salvo aqueles admitidos em período anterior ao advento da EC nº 19/1998. Precedentes. II – Em atenção, no entanto, aos princípios da impessoalidade e isonomia, que regem a admissão por concurso público, a dispensa do empregado de empresas públicas e sociedades de economia mista que prestam serviços públicos deve ser motivada, assegurando-se, assim, que tais princípios, observados no momento daquela admissão, sejam também respeitados por ocasião da dispensa. III – A motivação do ato de dispensa, assim, visa a resguardar o empregado de uma possível quebra do postulado da impessoalidade por parte do agente estatal investido do poder de demitir. IV – Recurso extraordinário parcialmente provido para afastar a aplicação, ao caso, do art. 41 da CF, exigindo-se, entretanto, a motivação para legitimar a rescisão unilateral do contrato de trabalho".

Alternativa "d". A acumulação remunerada de cargos públicos, em regra, é vedada, salvo as exceções previstas no inciso XVI do art. 37, prevendo, expressamente, o inciso XVII do mesmo artigo que "a proibição de acumular estende-se a empregos e funções e abrange autarquias, fundações, empresas públicas, sociedades de economia mista, suas subsidiárias, e sociedades controladas, direta ou indiretamente, pelo poder público".

Alternativa "e". O regime a que Maria está submetida é o trabalhista ou celetista, porém há a incidência de algumas normas de direito público como a exigência de concurso público, a proibição de acumular, entre outros. Entretanto, no resto são aplicadas as normas previstas na legislação trabalhista. Dessa forma, algumas normas aplicáveis aos servidores de autarquias também se aplicam a Maria, mas não todas.

Alternativa correta: letra "a".

14. INTERVENÇÃO DO ESTADO NA PROPRIEDADE PRIVADA

- CF, artigos 5º, XXIV, 22, II, 182, 184 a 186, 216, § 1º, 21, 23, 25, 30 e 32, § 1º
- Lei Complementar nº 76/93
- Lei nº 8.257/91
- Lei nº 4.132/64
- Decreto-Lei nº 3.365/41
- Decreto-Lei nº 25/37

351. (FCC – Analista Judiciário – Área Judiciária – TRT 21/2023) Sobre a desapropriação, o Decreto-lei nº 3.365/1942, que estabelece normas gerais sobre o instituto, em sua redação vigente preceitua:

a) É dispensada a autorização legislativa para desapropriação de bem de outro ente federativo, desde que seja realizado acordo entre os entes envolvidos, com fixação das respectivas responsabilidades financeiras relativas às indenizações.

b) Em razão do princípio da indisponibilidade do interesse público, não se poderá empregar arbitragem nos processos de desapropriação.

c) A concordância escrita do expropriado com a imissão na posse do bem pelo expropriante implica renúncia ao seu direito de questionar o preço ofertado em juízo.

d) A desapropriação deverá efetivar-se mediante acordo ou intentar-se judicialmente, dentro de cinco anos, contados da data da expedição do respectivo decreto e findos os quais este caducará definitivamente, sem possibilidade de renovação.

e) O expropriante poderá constituir servidões, que não serão indenizáveis.

COMENTÁRIO

Alternativa "a". Em regra, na forma do art. 2º, §2º, do Decreto-Lei, "será exigida autorização legislativa para a desapropriação dos bens de domínio dos Estados, dos Municípios e do Distrito Federal pela União e dos bens de domínio dos Municípios pelos Estados". O §2º-A, todavia, estabelece que "será dispensada a autorização legislativa a que se refere o § 2º quando a desapropriação for realizada mediante acordo entre os entes federativos, no qual serão fixadas as respectivas responsabilidades financeiras quanto ao pagamento das indenizações correspondentes".

Alternativa "b". Pelo contrário, na forma do art. 10-B, do Decreto-Lei, é perfeitamente possível a **opção pela mediação ou pela via arbitral**.

Alternativa "c". O art. 34-A, *caput*, do Decreto-Lei, estabelece que "a concordância escrita do expropriado não implica renúncia ao seu direito de questionar o preço ofertado em juízo".

Alternativa "d". De fato, o art. 10, *caput*, do Decreto-Lei, fixa que "a desapropriação deverá efetivar-se mediante acordo ou intentar-se judicialmente, dentro de cinco anos, contados da data da expedição do respectivo decreto e findos os quais este caducará". Ocorre que o fim do dispositivo estabelece que, "neste caso, somente decorrido um ano, poderá ser o mesmo bem objeto de nova declaração".

Alternativa "e". Eis a redação do art. 40, do Decreto-Lei, pelo qual "o expropriante poderá constituir servidões, mediante indenização na forma desta lei".

Alternativa correta: letra "a".

---

352. (FCC – Analista Judiciário – Área Judiciária – TRT 6/2018) A instalação de um laboratório de análises clínicas por um Estado da Federação vem encontrando dificuldades na escolha da alternativa de localização disponível. Havendo a definição da melhor região para tanto,

a) deverá o Estado licitar a aquisição de um imóvel, indicando as características necessárias para instalar as atividades, não sendo possível, no entanto, especificar a região.

b) poderá o Estado desapropriar o imóvel que melhor atenda as necessidades da atividade a ser desenvolvida no local, mediante justa e prévia indenização.

c) deverá o Estado adquirir o imóvel onerosamente diretamente de seu proprietário, negócio jurídico que deverá se formalizar contratualmente, mediante vontade das duas partes, vedada expropriação pelo Estado.

d) deverá o Estado desapropriar o terreno que melhor atender as características essenciais ao atingimento da finalidade, inexistindo previsão legal para aquisição direta de bens imóveis por entes públicos.

e) poderá o Estado comprar o terreno mediante dispensa de licitação, não sendo permitido ao proprietário discutir o preço ou o momento da desocupação.

COMENTÁRIO

✪ **Nota do Autor:** *A* **desapropriação** é a mais drástica forma de intervenção do Estado na propriedade particular e consiste na **retirada compulsória, pelo Estado, de certo bem, por necessidade ou utilidade pública ou por interesse social.**

Alternativa "b" (responde as demais alternativas). O **art. 5º, XXIV**, da Constituição Federal determina que o procedimento da desapropriação será previsto em lei e que poderá ocorrer "por necessidade ou utilidade pública, ou por interesse social, mediante justa e prévia indenização em dinheiro, ressalvados os casos previstos" no próprio texto constitucional. Neste sentido, a **desapropriação** *é a mais drástica forma de intervenção do Estado na propriedade particular e consiste na* **retirada compulsória, pelo Estado, de certo bem, por necessidade ou utilidade pública ou por interesse social.** Com isso, o adquire, originariamente, para si ou para outrem, mediante prévia e justa indenização em dinheiro, salvo nos casos em que a própria Constituição enumera, em que o pagamento é feito com títulos da dívida pública (art. 182, § 4º, III) ou dívida agrária (art. 184).[69] Veja-se, portanto, que seus pressupostos são necessidade ou utilidade pública ou interesse social e não é uma medida transitória, pois retira a propriedade dos seus donos.

Alternativa correta: letra "b".

---

353. (Cespe – Analista Judiciário – Área Judiciária – Oficial de Justiça Avaliador – TRT8/2016) Assinale a opção que indica a modalidade interventiva do Estado na propriedade que tenha como características natureza jurídica de direito real, incidência sobre bem imóvel, caráter de definitividade, indenização

---

69. GASPARINI, Diógenes. Direito administrativo. 13 ed. São Paulo: Saraiva, 2008. p. 816.

prévia e condicionada à existência de prejuízo e constituição mediante acordo ou decisão judicial.

a) servidão administrativa
b) ocupação temporária
c) desapropriação
d) requisição
e) tombamento

COMENTÁRIOS

✪ **Nota do Autor:** há várias formas de intervenção do Estado na propriedade privada, mas, levando-se em conta a natureza e os efeitos, a intervenção pode ser classificada em: a) **restritiva**, em que o Estado apenas **restringe o uso da propriedade, sem retirá-la do proprietário** e b) **supressiva**, em que ocorre a **supressão da propriedade**.

Alternativa correta: letra "a". A ***servidão administrativa*** é o "***direito real público*** que autoriza o Poder Público a usar a propriedade imóvel para permitir a execução de obras e serviços de interesse coletivo[70]. ***Não se retira a propriedade de seu titular***, mas este é obrigado a consentir que seu imóvel seja usado em prol de um serviço público ou bem afetado a fim de utilidade pública. Tem como característica a ***perpetuidade***, ou seja, durará enquanto for necessário ao interesse público e, ainda, o fato do proprietário do bem **receber indenização** pela instituição da servidão administrativa.

Alternativa "b". A **ocupação temporária** é a "**utilização transitória**, remunerada ou gratuita, de **bens** particulares pelo Poder Público para a **execução** de obras, serviços ou atividades públicas de interesse público"[71].

Alternativa "c". A desapropriação é a mais drástica forma de intervenção do Estado na propriedade particular, pois retira o bem do proprietário. É uma forma originária de aquisição de propriedade.

Alternativa "d". A requisição administrativa é a "**utilização coativa de bens ou serviços particulares** pelo Poder Público por ato de execução imediata e direta da autoridade requisitante e **indenização ulterior**, para atendimento de **necessidades coletivas** urgentes e transitórias"[72].

Alternativa "e". O **tombamento** é o procedimento administrativo adotado pelo Poder Público para impor restrições parciais sobre os bens que, por interesse público, devam ser conservados, por estarem vinculados a fatos memoráveis da história ou por seu excepcional valor arqueológico ou etnológico, bibliográfico ou artístico.

15. BENS PÚBLICOS

354. (FCC - Analista Judiciário - Área Judiciária - TRT 2/2018) O regime jurídico aplicável aos imóveis públicos se presta à proteção dos mesmos, especialmente porque estes devem se destinar ao atingimento do interesse público e à prestação de utilidades em favor dos administrados. Nesse sentido, dentre as prerrogativas e proteções impostas aos bens públicos,

a) a inalienabilidade não permite venda ou doação de bens de uso comum do povo, de bens especiais ou de bens dominicais, independentemente de o titular integrar a Administração pública direta ou indireta.
b) a impenhorabilidade impede que os bens públicos sejam compulsoriamente penhorados, admitindo essa garantia apenas quando em caráter voluntário por parte da Administração pública.
c) a inalienabilidade protege os bens públicos afetados a uma finalidade pública, inclusive aqueles pertencentes a autarquias.
d) não se incluem os bens pertencentes às autarquias, salvo quando expressamente previstos em lei.
e) não se inclui a inalienabilidade dos bens de uso especial, tendo em vista que somente os bens de uso comum do povo são indisponíveis.

COMENTÁRIO

✪ **Nota do Autor:** Os bens públicos submetem-se a regime jurídico peculiar, diferente do aplicado aos bens particulares e, da análise desse regime, é possível extrair como características a **inalienabilidade**, a **impenhorabilidade**, a **imprescritibilidade** e a **não onerabilidade.**

Alternativa "a" (responde as alternativas "c" e "e"). Quanto à inalienabilidade, os bens públicos, em regra, não podem ser alienados, pois são bens fora do comércio, salvo se houver a desafetação. Pela afetação, o bem público dominical passa a ser bem público de uso especial e, nessa condição, é inalienável por determinação expressa do art. 100 do Código Civil e, de outro lado, com a desafetação passa para a categoria dominial e, portanto, pode ser alienado. Desse modo, **podem ser alienados os bens dominicais - que estejam desafetados, portanto**, desde que observadas as formalidades legais. Neste sentido, a **desafetação é a retirada da destinação da**

70. CARVALHO FILHO, José dos Santos. *Manual de direito administrativo*. 19. ed. Rio de Janeiro: Lumen Juris, 2008. p. 691.

71. MEIRELLES, Hely Lopes. *Direito administrativo brasileiro*. 36 ed. São Paulo: Malheiros, 2010. p. 662.

72. MEIRELLES, Hely Lopes. *Direito administrativo brasileiro*. 36 ed. São Paulo: Malheiros, 2010. p. 660.

finalidade pública que fora dada anteriormente a um bem público. Com a incidência do instituto da desafetação, o bem público muda de categoria. Assim, um bem de uso especial, por exemplo, após a desafetação, passa a ser um **bem dominical e, dessa fora, pode ser alienado,** observando-se as disposições legais.

Alternativa "b". Os bens públicos não podem ser penhorados, não importando se são de uso comum do povo, de uso especial ou dominicais, pois a impenhorabilidade decorre do art. 100 da Constituição.

Alternativa "d". A autarquia é pessoa jurídica de direito público, integrante da Administração Pública, submetendo-se ao regime de direito público e, portanto, **não há dúvidas de que os bens das autarquias são, para todos os fins, considerados bens públicos.**

Alternativa correta: letra "c".

Direito Administrativo

Leandro Bortoleto

✦ DICAS

1. CONCEITO E FONTES DO DIREITO ADMINISTRATIVO

O direito administrativo é o "conjunto harmônico de princípios jurídicos que regem os órgãos, os agentes e as atividades públicas tendentes a realizar concreta, direta e imediatamente os fins desejados pelo Estado"[1].

- A principal fonte do direito administrativo é a lei, mas deve ser concebida em sentido amplo, isto é, abrange todos os atos legislativos. Nesse sentido, além das leis ordinárias, complementares e delegadas, inclui, ainda, as medidas provisórias, os decretos legislativos, as resoluções legislativas, a Constituição Federal, as Emendas à Constituição, as Constituições estaduais, a Lei Orgânica do Distrito Federal e as Leis Orgânicas dos Municípios. São as chamadas fontes primárias. De todos os atos legislativos apontados, por óbvio, a Constituição Federal é a principal fonte, na qual há diversos dispositivos aplicados ao direito administrativo (por exemplo, art. 5º, 21, 23, 37).
- A jurisprudência em regra, é dotada de caráter orientador, mas há casos em que tem força vinculante. Exemplos: as decisões proferidas pelo STF na ação direta de inconstitucionalidade, na ação declaratória de constitucionalidade (CF, art. 102, § 2º) e a súmula vinculante.
- **Art. 22 da LINDB (Lei nº 13.655/2018)**: o art. 22 da LINDB determina que sejam considerados os obstáculos e dificuldades do gestor e as exigências das políticas públicas na interpretação das normas sobre gestão pública, sem prejuízo dos direitos dos administrados. Tal disposição, segundo Irene Patrícia Nohara[2], trata do primado da realidade, que não pode servir, todavia, para obstar a realização do direito, mas sim ser aplicado para que se considere a "circunstância contextual de exigência de cumprimento da determinação contida no texto normativo".

2. REGIME JURÍDICO ADMINISTRATIVO

Os ***princípios são normas*** e vinculam a Administração Pública. STF (RE 579.951): a vedação do "nepotismo não depende de lei formal para coibir a prática. Proibição que decorre diretamente dos princípios contidos no art. 37, *caput*, da Constituição Federal".

- O ***regime jurídico administrativo é o conjunto de princípios*** que confere ***prerrogativas*** e impõe ***sujeições*** à Administração Pública. É a interação de dois polos opostos. Por isso, o uso das expressões bipolaridade do direito administrativo[3] ou binômio[4] do direito administrativo.
- Síntese dos princípios da Administração Pública[5]:

PRINCÍPIOS DA ADMINISTRAÇÃO PÚBLICA	
Supremacia do interesse público	• prerrogativa • interesse público prevalece sobre privado • interesse público primário
Indisponibilidade do interesse público	• sujeição • interesse público é indisponível
Legalidade	• atuação de acordo com a lei e o direito • esfera pública: não vigora autonomia da vontade

---

1. *Direito administrativo brasileiro.* 36. ed.São Paulo: Malheiros, 2010. p. 40.
2. NOHARA, Irene Patrícia. *LINDB*: Lei de Introdução às Normas do Direito Brasileiro, hermenêutica e novos Parâmetros ao Direito Público. Curitiba: Juruá, 2018.
3. DI PIETRO, Maria Sylvia Zanella. *Direito administrativo*. 25. ed. São Paulo: Atlas, 2012. p. 62.
4. Fernando Garrido Fala apud Celso Antônio Bandeira de Mello (*Curso de direito administrativo*. 27. ed. São Paulo: Malheiros, 2010. p. 56).
5. BORTOLETO, Leandro. *Direito administrativo*. Salvador: Juspodivm, 2012. p. 50.

Impessoalidade	• busca da finalidade pública • atos imputados à Administração: imputação • proibição de promoção pessoal
Moralidade	• honestidade, boa-fé, lealdade, padrões morais e éticos
Publicidade	• transparência; publicação dos atos administrativos
Eficiência	• rendimento; atuação eficiente; organização eficiente
Continuidade do serviço público	• serviço público não pode parar • Exceções: poderá ser interrompido quando baseado em razões de ordem técnica ou segurança das instalações e na hipótese de inadimplência do usuário (neste caso, a interrupção não poderá ter início na sexta-feira, sábado ou domingo, nem feriado ou dia anterior ao feriado, conforme art. 6º, §4º
Autotutela	• administração anula e revoga seus próprios atos
Tutela ou controle	• administração direta controla finalidade da administração indireta
Especialidade	• criação de pessoa específica para atuação específica
Presunção de legitimidade	• regra: ato administrativo é legal • produz efeitos até ser extinto
Controle judicial dos atos administrativos	• sistema de jurisdição única
Segurança jurídica	• aspecto objetivo: princípio da segurança jurídica. Tentativa de preservação do ato. Nova interpretação não retroage • aspecto subjetivo: princípio da proteção à confiança. Expectativa do administrado de que Administração respeitará os atos por ela praticados. • Os arts. 23, 24, 26 e 30 da LINDB (inseridos pela Lei nº 13.655/2018) reforçam a necessidade de se buscar a segurança jurídica no âmbito da Administração Pública.
Motivação ou fundamentação	• indicação dos pressupostos de fato e direito • A motivação deverá demonstrar a necessidade e adequação da medida imposta ou da invalidação do ato, contrato, ajuste, processo ou norma administrativa, indicando se a alternativa encontrada é superior às demais alternativas (art. 20, LINDB).
Razoabilidade	• meios devem ser adequados aos fins do ato • utilidade, necessidade, proporcionalidade • O art. 21 da LINDB, inserido pela Lei nº 13.655/2018, trata da aplicação da razoabilidade nos impactos da decisão administrativa[6] ao estabelecer que a decisão que invalidar ato, contrato, ajuste, processo ou norma administrativa, deverá indicar suas consequências jurídicas e administrativas, de modo expresso.
Hierarquia	• coordenação, organização, delegação, avocação

LINDB – Lei de Introdução às Normas do Direito Brasileiro.

- A LINDB é uma norma de sobredireito e tem por objetivo regulamentar outras normas.
- No ano de 2018, a Lei nº 13.655/2018 inseriu os arts. 20 a 30 à LINDB, tratando de temas relacionados ao Direito Administrativo. Dentre eles, podem ser destacados:
- Art. 20: prevê que nas esferas administrativa, controladora e judicial não se decidirá com base em valores jurídicos abstratos, devendo ser consideradas as consequências da decisão.
- Art. 21: trata da aplicação da razoabilidade nos impactos da decisão administrativa ao estabelecer que a decisão que invalidar ato, contrato, ajuste, processo ou norma administrativa, deverá indicar suas consequências jurídicas e administrativas, de modo expresso. Esta decisão deverá indicar as condições para que a regularização ocorra de forma proporcional e equânime, não se podendo impor ônus ou perdas anormais ou excessivos.

---

6. NOHARA, Irene Patrícia. *LINDB*: Lei de Introdução às Normas do Direito Brasileiro, hermenêutica e novos Parâmetros ao Direito Público. Curitiba: Juruá, 2018.

- Art. 22: determina que sejam considerados os obstáculos e dificuldades do gestor e as exigências das políticas públicas na interpretação das normas sobre gestão pública, sem prejuízo dos direitos dos administrados.
- A mencionada lei também trouxe alterações que visam assegurar maior segurança jurídica aos administrados ao dispor, por exemplo:
  - sobre a previsão de regime de transição quando a decisão administrativa, controladora ou judicial estabelecer nova interpretação ou orientação sobre norma de conteúdo indeterminado (art. 23, LINDB).
  - que a revisão nas esferas administrativa, controladora ou judicial quanto à validade do ato, contrato, ajuste, processo ou norma administrativa cuja produção já houver completado, levará em conta as orientações gerais da época, sendo vedada a declaração de invalidade de situações plenamente constituídas, com base em mudança de orientação geral posterior (art. 24, LINDB).
  - sobre a possibilidade de celebrar compromisso com os interessados, observada a legislação aplicável, para eliminar irregularidade, incerteza jurídica ou situação contenciosa na aplicação do direito público (art. 26, LINDB).
  - a atuação das autoridades públicas para aumentar a segurança jurídica na aplicação das normas, por regulamentos, súmulas administrativas e respostas a consultas, de caráter vinculante (art. 30, LINDB).

Lei de Acesso à Informação (Lei nº 12.527/2011)

Dispõe sobre os **procedimentos** a serem observados pela União, Estados, Distrito Federal e Municípios com o fim de **garantir o acesso a informações** previsto no inciso XXXIII do art. 5º, no inciso II do § 3º do art. 37 e no § 2º do art. 216 da Constituição Federal.

Lei é aplicável:

a) órgãos públicos integrantes da administração direta dos Poderes Executivo, Legislativo, incluindo as Cortes de Contas, e Judiciário e do Ministério Público;

b) autarquias, às fundações públicas, as empresas públicas, as sociedades de economia mista e demais entidades controladas direta ou indiretamente pela União, Estados, Distrito Federal e Municípios.

c) No que couber, às entidades privadas sem fins lucrativos que recebam, para realização de ações de interesse público, recursos públicos diretamente do orçamento ou mediante subvenções sociais, contrato de gestão, termo de parceria, convênios, acordo, ajustes ou outros instrumentos congêneres. Publicidade só quanto à parcela dos recursos públicos recebidos e à sua destinação (sem prejuízo das prestações de contas a que estejam legalmente obrigadas).

Procedimentos previstos na Lei (art. 3º):

- destinam-se a assegurar o direito fundamental de acesso à informação e devem ser executados em conformidade com os princípios básicos da administração pública
- devem seguir as seguintes **diretrizes**:

  I - observância da publicidade como preceito geral e do sigilo como exceção;

  II - divulgação de informações de interesse público, independentemente de solicitações;

  III - utilização de meios de comunicação viabilizados pela tecnologia da informação;

  IV - fomento ao desenvolvimento da cultura de transparência na administração pública;

  V - desenvolvimento do controle social da administração pública.

Acesso à informação **compreende**, entre outros, **o direito de** (art. 7º):

I - **orientação** sobre os **procedimentos** para a consecução de acesso, bem como sobre o **local** onde poderá ser encontrada ou obtida a informação almejada;

II - **informação contida** em registros ou documentos, produzidos ou acumulados por seus órgãos ou entidades, recolhidos ou não a arquivos públicos;

III - **informação produzida ou custodiada** por pessoa física ou entidade privada decorrente de qualquer vínculo com seus órgãos ou entidades, mesmo que esse vínculo já tenha cessado;

IV - **informação primária**, íntegra, autêntica e atualizada;

V - **informação sobre atividades exercidas** pelos órgãos e entidades, inclusive as relativas à sua política, organização e serviços;

VI - **informação pertinente à administração** do patrimônio público, **utilização** de recursos públicos, licitação, contratos administrativos; e

VII - **informação relativa**:

a) à implementação, acompanhamento e resultados dos programas, projetos e ações dos órgãos e entidades públicas, bem como metas e indicadores propostos;

b) ao resultado de inspeções, auditorias, prestações e tomadas de contas realizadas pelos órgãos de controle interno e externo, incluindo prestações de contas relativas a exercícios anteriores.

Acesso à informação não compreende: as informações referentes a projetos de pesquisa e desenvolvimento científicos ou tecnológicos cujo **sigilo** seja **imprescindível** à segurança da sociedade e do Estado (art. 7º, § 1º).

Negado o **acesso integral** à informação por ser ela parcialmente sigilosa: é **assegurado o acesso à parte não sigilosa** por meio de certidão, extrato ou cópia com ocultação da parte sob sigilo. **Negativa de acesso** às informações, **não fundamentada**: sujeitará o responsável a medidas disciplinares, nos termos do art. 32 (art. 7º, § 4º)

São consideradas **imprescindíveis à segurança da sociedade ou do Estado** e, portanto, passíveis de **classificação** as informações cuja divulgação ou **acesso irrestrito possam (art. 23)**:

I – pôr em risco a **defesa** e a **soberania** nacionais ou a **integridade** do território nacional;

II – prejudicar ou pôr em risco a condução de **negociações** ou as **relações internacionais** do País, ou as que tenham sido fornecidas em caráter sigiloso por outros Estados e organismos internacionais;

III – pôr em risco a **vida**, a **segurança** ou a **saúde** da população;

IV – oferecer elevado risco à **estabilidade financeira**, econômica ou monetária do País;

V – prejudicar ou causar risco a **planos** ou **operações** estratégicos das **Forças Armadas**;

VI – prejudicar ou causar risco a **projetos** de **pesquisa** e **desenvolvimento** científico ou tecnológico, assim como a **sistemas, bens, instalações** ou áreas de **interesse estratégico** nacional;

VII – pôr em risco a **segurança** de **instituições** ou de **altas autoridades** nacionais ou estrangeiras e seus **familiares**; ou

VIII – comprometer **atividades de inteligência**, bem como de **investigação** ou **fiscalização** em andamento, relacionadas com a prevenção ou repressão de infrações.

A informação em poder dos órgãos e entidades públicas, conforme o **teor** e a **imprescindibilidade** à segurança da sociedade ou do Estado, pode ser classificada como **ultrassecreta**, **secreta** ou **reservada** (art. 24).

A partir da **data de produção da informação**, começam a correr os **prazos máximos de restrição** de acesso, conforme a classificação:

I – **ultrassecreta: 25 anos**;

II – **secreta: 15 anos**;

III – **reservada: 5 anos.**

Informações que puderem colocar em risco a segurança do Presidente e Vice-Presidente da República e respectivos cônjuges e filhos(as): são classificadas como **reservadas** e ficam sob sigilo até o **término do mandato** em exercício ou do último mandato, em caso de reeleição.

Informações Pessoais

O tratamento das informações pessoais deve ser feito de forma transparente e com respeito à intimidade, vida privada, honra e imagem das pessoas, bem como às liberdades e garantias individuais (art. 31).

O acesso a informações pessoais, relativas à intimidade, vida privada, honra e imagem:

I – terão seu acesso restrito, independentemente de classificação de sigilo e pelo prazo máximo de 100 (cem) anos a contar da sua data de produção, a agentes públicos legalmente autorizados e à pessoa a que elas se referirem; e

II – poderão ter autorizada sua divulgação ou acesso por terceiros diante de previsão legal ou consentimento expresso da pessoa a que elas se referirem. Não se exige o consentimento quando as informações forem necessárias:

a) à prevenção e diagnóstico médico, quando a pessoa estiver física ou legalmente incapaz, e para utilização única e exclusivamente para o tratamento médico;

b) à realização de estatísticas e pesquisas científicas de evidente interesse público ou geral, previstos em lei, sendo vedada a identificação da pessoa a que as informações se referirem;

c) ao cumprimento de ordem judicial;

d) à defesa de direitos humanos; ou

e) à proteção do interesse público e geral preponderante.

Quem tiver acesso a informações pessoais será responsabilizado por seu uso indevido.

A restrição de acesso à informação relativa à vida privada, honra e imagem de pessoa não poderá ser invocada com o intuito de prejudicar processo de apuração de irregularidades em que o titular das informações estiver envolvido, bem como em ações voltadas para a recuperação de fatos históricos de maior relevância.

Responsabilidades

São **condutas ilícitas** que ensejam responsabilidade do agente público ou militar (art. 32):

I – recusar-se a fornecer informação requerida nos termos desta Lei, retardar deliberadamente o seu fornecimento ou fornecê-la intencionalmente de forma incorreta, incompleta ou imprecisa;

II – utilizar indevidamente, bem como subtrair, destruir, inutilizar, desfigurar, alterar ou ocultar, total ou parcialmente, informação que se encontre sob sua guarda ou a que tenha acesso ou conhecimento em razão do exercício das atribuições de cargo, emprego ou função pública;

III – agir com dolo ou má-fé na análise das solicitações de acesso à informação;

IV – divulgar ou permitir a divulgação ou acessar ou permitir acesso indevido à informação sigilosa ou informação pessoal;

V – impor sigilo à informação para obter proveito pessoal ou de terceiro, ou para fins de ocultação de ato ilegal cometido por si ou por outrem;

VI – ocultar da revisão de autoridade superior competente informação sigilosa para beneficiar a si ou a outrem, ou em prejuízo de terceiros; e

VII – destruir ou subtrair, por qualquer meio, documentos concernentes a possíveis violações de direitos humanos por parte de agentes do Estado.

Essas condutas, desde que atendido o princípio do contraditório, da ampla defesa e do devido processo legal, serão consideradas:

I – para fins dos regulamentos disciplinares das Forças Armadas, transgressões militares médias ou graves, segundo os critérios neles estabelecidos, desde que não tipificadas em Lei como crime ou contravenção penal; ou

II – para fins do disposto na Lei nº 8.112, de 11 de dezembro de 1990, e suas alterações, infrações administrativas, que deverão ser apenadas, no mínimo, com suspensão, segundo os critérios nela estabelecidos.

O militar ou o agente público, caso seja praticada uma dessas condutas, poderá, também, responder por improbidade administrativa.

No caso de pessoa física ou entidade privada que detiver informações em virtude de vínculo de qualquer natureza com o poder público e deixar de observar o disposto na Lei de Acesso à Informação, as sanções aplicáveis são:

I – advertência;

II – multa.

III – rescisão do vínculo com o poder público;

IV – suspensão temporária de participar em licitação e impedimento de contratar com a administração pública por prazo não superior a 2 (dois) anos; e

V – declaração de inidoneidade para licitar ou contratar com a administração pública, até que seja promovida a reabilitação perante a própria autoridade que aplicou a penalidade

LGPD – Lei Geral de Proteção de Dados (Lei nº 13.709/2018): tratamento de dados pessoais pelo Poder Público

A Lei Geral de Proteção de Dados tem por objetivo proteger os direitos fundamentais de liberdade, de privacidade e o livre desenvolvimento da personalidade da pessoa natural, nos termos do seu art. 1º e aplica-se à União, aos Estados, ao Distrito Federal e aos Municípios.

A LGPD tem como fundamentos (art. 2º):

a) o respeito à privacidade;

b) a autodeterminação informativa;

c) a liberdade de expressão, de informação, de comunicação e de opinião;

d) a inviolabilidade da intimidade, da honra e da imagem;

e) o desenvolvimento econômico e tecnológico e a inovação;

f) a livre iniciativa, a livre concorrência e a defesa do consumidor; e

g) os direitos humanos, o livre desenvolvimento da personalidade, a dignidade e o exercício da cidadania pelas pessoas naturais.

É aplicável a qualquer operação de tratamento realizada por pessoa natural ou jurídica de direito público ou privado, independentemente do meio, do país de sua sede ou do país onde estejam localizados os dados, desde que (art. 3º):

a) a operação de tratamento seja realizada no território nacional;

b) a atividade de tratamento tenha por objetivo a oferta ou o fornecimento de dados ou serviços ou o tratamento de dados de indivíduos localizados no território nacional; ou

c) os dados pessoais objeto do tratamento tenham sido coletados no território nacional.

Aliás, consideram-se coletados no território nacional os dados pessoais cujo titular nele se encontre no momento da coleta (§1º, art. 3º).

Nos termos da LGPD, tratamento de dados é toda operação realizada com dados pessoais, como as que se referem a coleta, produção, recepção, classificação, utilização, acesso, reprodução, transmissão, distribuição, processamento, arquivamento, armazenamento, eliminação, avaliação ou controle da informação, modificação, comunicação, transferência, difusão ou extração (art. 5º, X).

Conforme a LGPD, o tratamento de dados pessoais, como regra, exige consentimento pelo titular. Não pode haver coleta de dados sem prévio consentimento do titular. No entanto, **o tratamento e uso compartilhado realizado pela Administração Pública, necessários à execução de políticas públicas** previstas em leis e regulamentos ou respaldadas em contratos, convênios ou congêneres (art. 7º, III) **pode ser realizado sem consentimento específico**, devendo o titular ser informado sobre o tratamento de seus dados.

Por sua vez, o tratamento de dados pessoais de acesso público deve considerar a finalidade, a boa-fé e o interesse público que justificaram sua disponibilização (art. 7º, §3º), sendo dispensado também o consentimento quando o próprio titular tornar os dados manifestamente públicos, resguardados, no entanto, seus direitos e os princípios previstos na LGPD (art. 7º, §4º).

O **tratamento de dados pessoais pelas pessoas jurídicas de direito público deverá ser realizado para o atendimento de sua finalidade pública**, devendo observar dois **requisitos** (art. 23):

a) sejam informadas as hipóteses em que, no exercício de suas competências, realizam o tratamento de dados pessoais, fornecendo informações claras e atualizadas sobre a previsão legal, a finalidade, os procedimentos e as práticas utilizadas para a execução dessas atividades, em veículos de fácil acesso, preferencialmente em seus sítios eletrônicos; e

b) seja indicado um encarregado quando realizarem operações de tratamento de dados pessoais, nos termos do art. 39 da LGPD.

Aliás, poderá o **Poder Público realizar compartilhamento interno, dentro da própria Administração Pública**, com o objetivo de:

a) execução de políticas públicas;

b) prestação de serviços públicos

c) descentralização da atividade pública

d) disseminação e ao acesso das informações pelo público em geral.

Entretanto, é **vedado o compartilhamento externo de dados**, isto é, veda-se ao Poder Público transferir às entidades privadas os dados pessoais que constem de bases a que tenha acesso, **exceto** (art. 26, §1º):

a) em casos de execução descentralizada da atividade pública que exija a transferência exclusivamente para esse fim específico e determinado, observando a Lei de Acesso à Informação;

b) nos casos em que os dados forem acessíveis publicamente;

c) quando houver previsão em lei ou a transferência for respaldada por contratos, convênios ou instrumentos congêneres; ou

d) na hipótese de a transferência objetivar exclusivamente a prevenção de fraudes e irregularidades, ou proteger e resguardar a segurança e a integridade do titular dos dados, desde que vedado o tratamento para outras finalidades.

Por fim, as **empresas públicas e sociedades de economia mista** que atuam no mercado em regime de concorrência terão o mesmo tratamento dado às pessoas jurídicas de direito privado particulares. Por sua vez, se tais entidades estiverem operacionalizando políticas públicas e no âmbito da execução delas, terão o mesmo tratamento dispensado aos órgãos e às entidades do Poder Público (art. 24).

3. ADMINISTRAÇÃO PÚBLICA E TERCEIRO SETOR

- ***Função administrativa***: exercida pelo Poder Executivo, de forma típica, e pelo Poder Legislativo e pelo Poder Judiciário, de maneira atípica.
- ***Administração Pública***: conjunto de pessoas jurídicas, órgãos públicos e agentes públicos que realizam a atividade administrativa, consistente em serviços públicos, fomento, polícia administrativa e intervenção.
- Administração Pública em ***sentido amplo***: engloba a atividade política e a atividade administrativa, incluindo tanto os órgãos governamentais quanto os órgãos administrativos. Administração Pública em ***sentido estrito***: corresponde, exclusivamente, à função administrativa exercida pelos órgãos administrativos. Subdivide-se em: a) ***sentido subjetivo***, formal ou orgânico (conjunto de pessoas jurídicas, órgãos públicos e agentes públicos que realizam a atividade administrativa; quem faz a atividade administrativa); b) ***sentido objetivo***, material ou funcional (é a atividade administrativa, que compreende o serviço público, a polícia administrativa, o fomento e a intervenção; o que é realizado).

- Há várias formas de desempenho da atividade administrativa[7]:

FORMAS DE DESEMPENHO DA ATIVIDADE ADMINISTRATIVA	
Concentrada (concentração)	• atividade é realizada por um único órgão • pessoa jurídica sem divisão interna
Desconcentrada (desconcentração)	• atividade é realizada por vários órgãos • pessoa jurídica com divisão interna • distribuição interna de competência
Centralizada (centralização)	• atividade é realizada diretamente pela pessoa política, por meio de seus órgãos
Descentralizada (descentralização)	• atividade é realizada por outra pessoa jurídica • distribuição externa de competência

No que tange à descentralização, não há unanimidade na classificação das suas espécies, mas a mais usual é a descrita por Maria Sylvia Zanella Di Pietro[8]:

a) **descentralização política**: realizada diretamente pela Constituição Federal e cada ente federado possui **capacidade política**, com fonte direta no texto constitucional. Também é chamada de **descentralização vertical.**

b) **descentralização administrativa**: as **atribuições** da pessoa jurídica não surgem diretamente da Constituição, mas **são distribuídas pelo ente federado**, quer dizer, a União, os Estados, o Distrito Federal e os Municípios, com base na competência política que receberam, distribuem competências para outras pessoas jurídicas. A descentralização administrativa pode ser **subdividida** em:

- **territorial ou geográfica**: é **criada uma pessoa jurídica de direito público, com área geográfica delimitada e com capacidade administrativa genérica**; são exemplos, no Brasil, os territórios federais[9];
- **por serviços, funcional ou técnica**: a pessoa política **cria outra pessoa jurídica, de direito público ou de direito privado, para exercer determinada atividade.** São exemplos as autarquias, as fundações públicas, as empresas públicas, as sociedades de economia mista e os consórcios públicos. É essa descentralização que **dá origem à administração indireta;**
- **por colaboração**: a **pessoa política transfere a execução de um serviço público para uma pessoa jurídica de direito privado já existente, que, em razão disso, torna-se concessionária de serviço público ou permissionária de serviço público. Elas não passam a integrar a Administração Pública** indireta do ente político titular do serviço público.

ADMINISTRAÇÃO DIRETA

Administração direta: conjunto de órgãos que compõem a pessoa política. Também é conhecida como **administração centralizada.**

Órgãos Públicos: são "**centros de competência instituídos para o desempenho de funções estatais, através de seus agentes, cuja atuação é imputada à pessoa jurídica a que pertencem"**[10].

Classificação dos órgãos públicos:

a) **Quanto à posição estatal ou hierarquia**:
- **independentes** (representam as funções principais do Estado; não estão subordinados a nenhum outro);
- **autônomos** (estão **situados abaixo dos órgãos independentes;** possuem autonomia administrativa, financeira e técnica);
- **superiores** (subordinados aos autônomos e independentes; possuem poder de direção, mas não têm autonomia administrativa nem financeira);
- **subalternos** (**possuem pequeno poder de decisão;** atividades de execução).

b) **Quanto à estrutura**:
- **simples** (não se subdividem em outros);
- **compostos**: (subdividem-se em outros órgãos).

c) **Quanto à atuação funcional ou composição**:
- **singulares ou unipessoais** (a atuação do órgão é realizada de acordo com a decisão de um único agente);

7 BORTOLETO, Leandro. *Direito administrativo*. Salvador: Juspodivm, 2012. p. 69.

8. *Direito administrativo*. 23. ed. São Paulo: Atlas, 2010. p. 56.

9. Atualmente, não há territórios federais no país, mas podem ser criados, conforme o art. 18 da Constituição Federal. No passado, eram territórios: Fernando de Noronha, Amapá, Rondônia e Roraima.

10. MEIRELLES, Hely Lopes. *Direito administrativo brasileiro*. 36. ed. São Paulo: Malheiros, 2010. p. 68.

– **coletivos ou pluripessoais** (a atuação do órgão é decidida por vários agentes).

d) Quanto à esfera de atuação:

– **centrais** (atuam em toda a área territorial da pessoa);

– **locais** (atuam apenas em parte do território da pessoa que integram).

São **características dos órgãos públicos:**

a) criação e extinção por lei;

b) resultado da desconcentração;

c) despersonalizados;

d) não possuem patrimônio próprio;

e) não possuem capacidade processual;

f) alguns órgãos podem ser parte em processo para defesa de prerrogativa;

g) podem celebrar contrato de desempenho (Lei nº 13.934/2019);

h) devem ser inscritos no CNPJ.

- Quanto ao contrato de desempenho, a Lei nº 13.934/2019 o conceitua como: "o acordo celebrado entre o órgão ou entidade supervisora e o órgão ou entidade supervisionada, por meio de seus administradores, para o estabelecimento de metas de desempenho do supervisionado, com os respectivos prazos de execução e indicadores de qualidade, tendo como contrapartida a concessão de flexibilidades ou autonomias especiais." Seu objetivo fundamental consiste em promover a melhoria do desempenho do supervisionado, visando, especialmente (art. 5º da Lei nº 13.934/2019):

- I – aperfeiçoar o acompanhamento e o controle de resultados da gestão pública, mediante instrumento caracterizado por consensualidade, objetividade, responsabilidade e transparência;

- II – compatibilizar as atividades do supervisionado com as políticas públicas e os programas governamentais;

- III – facilitar o controle social sobre a atividade administrativa;

- IV – estabelecer indicadores objetivos para o controle de resultados e o aperfeiçoamento das relações de cooperação e supervisão;

- V – fixar a responsabilidade de dirigentes quanto aos resultados;

- VI – promover o desenvolvimento e a implantação de modelos de gestão flexíveis, vinculados ao desempenho e propiciadores de envolvimento efetivo dos agentes e dos dirigentes na obtenção de melhorias contínuas da qualidade dos serviços prestados à comunidade.

- ***Administração indireta***: conjunto das pessoas administrativas, com personalidade de direito público ou de direito privado, patrimônio próprio e autonomia administrativa, vinculadas à administração direta, criadas para o desempenho de determinada atividade administrativa.

Características comuns às pessoas da administração indireta:

a) possuem personalidade jurídica;

b) possuem patrimônio próprio;

c) possuem autonomia administrativa;

d) submetem-se a controle da administração direta;

e) dependem de Lei para serem criadas;

f) desempenham atividade administrativa específica.

Autarquia	• lei cria; • personalidade de direito público; • atividade típica do Estado.
Fundação Pública	• lei cria (personalidade de direito público) e lei autoriza (personalidade de direito privado); • atividade não exclusiva do Estado (interesse público).
Sociedade de economia mista e Empresa Pública	• lei autoriza; • personalidade de direito privado; • prestação de serviço público ou exploração de atividade econômica.

Regime de direito público: aplicável à pessoa da administração direta, às autarquias e às fundações públicas de direito público. Características:

a) em regra, deve haver realização de concurso público (art. 37, II, da Constituição Federal);

b) em regra, é vedada a acumulação remunerada de cargos, empregos e funções públicas;

c) em regra, deve realizar licitação;

d) celebração de contratos administrativos;

e) prática de atos administrativos;

f) bens públicos: impenhoráveis, imprescritíveis e relativamente inalienáveis;

g) existe imunidade tributária recíproca; (nos termos do art. 150, VI, "a", da CF, na redação dada pela EC 132/2023, é extensiva às autarquias e às fundações instituídas e mantidas pelo poder público e à **empresa pública prestadora de serviço postal**, no que se refere ao patrimônio, à renda e aos serviços vinculados a suas finalidades essenciais ou às delas decorrentes)

h) prescrição quinquenal das dívidas, em conformidade com o art. 1º do Decreto 20.910/32;

i) cobrança dos débitos por meio de execução fiscal, nos termos da Lei nº 6.830/80;

j) responsabilidade objetiva pelos danos causados; direito de regresso contra o servidor que causou o prejuízo, se houve dolo ou culpa;

k) privilégios processuais (ex: prazo em dobro; art. 183 CPC);

l) controle pelo Tribunal de Contas;

m) obediência às normas orçamentárias.

Regime de direito privado: aplicável às empresas públicas, sociedades de economia mista e fundações públicas de direito privado. Na verdade, trata-se de regime híbrido, pois não são aplicadas as normas do direito privado na íntegra, em razão da aplicação obrigatória de algumas normas de direito público. Por exemplo, o pessoal é celetista, mas o ingresso, em regra, é por concurso público e, salvo as exceções constitucionais, não pode haver a acumulação remunerada de cargo, emprego ou função pública.

AUTARQUIA: pessoa jurídica de direito público, integrante da administração indireta, criada diretamente pela Lei para o desempenho de atividade típica da Administração Pública.

Definição do Decreto-Lei 200/67 (art. 5º, I): autarquia é o "serviço autônomo, criado por lei, com personalidade jurídica, patrimônio e receita próprios, para executar atividades típicas da Administração Pública, que requeiram, para seu melhor funcionamento, gestão administrativa e financeira descentralizada".

Autarquia em regime especial: autarquia com autonomia maior do que a normalmente existente. Em regra, há uma redução do controle político por parte da administração direta, resultando no aumento da autonomia administrativa, por exemplo, quando houver previsão legal de impossibilidade de livre exoneração do dirigente da autarquia por parte do chefe do Executivo (em regra, nas agências reguladoras).

Conselhos Profissionais

Conforme decisão proferida no STF, na ADI 3026/DF, a OAB não é entidade da administração indireta federal; é uma entidade *sui generis*, um serviço público independente.

Também: no RE 1.182.189, o STF fixou a seguinte tese de repercussão geral (Tema 1054): "O Conselho Federal e os Conselhos Seccionais da Ordem dos Advogados do Brasil não estão obrigados a prestar contas ao Tribunal de Contas da União nem a qualquer outra entidade externa.

Demais conselhos: apesar de tradicionalmente considerados como autarquias, os conselhos profissionais não se submetem na íntegra ao regime de direito público próprio daquelas entidades. Nesse sentido, na ADC 36, o STF, decidiu-se que os conselhos profissionais são, na verdade, espécie *sui generis* de pessoa jurídica de direito público não estatal e, assim, entendeu-se que não necessitam seguir a exigência do regime jurídico único para seu pessoal. Ainda nesse sentido, cumpre destacar que não são todas as prerrogativas próprias das autarquias que lhe são outorgadas e, dessa forma, no STF foi fixada a tese no RE 938.877: "Os pagamentos devidos, em razão de pronunciamento judicial, pelos Conselhos de Fiscalização não se submetem ao regime de precatórios".

AGÊNCIA REGULADORA

- Pessoa da administração indireta, com personalidade de direito público, que exerce a regulação, o controle administrativo, a fiscalização, a disciplina sobre a prestação de um determinado serviço público ou a realização de alguma atividade econômica.
- Estão sendo criadas como autarquias em regime especial.
- Maior autonomia; controle político mitigado
- Lei nº 13.848/2019: dispõe "sobre a gestão, a organização, o processo decisório e o controle social das agências reguladoras" e, entre outras, modificou a **Lei nº 9.986/00**, que regula a gestão de recursos humanos dessas pessoas jurídicas, configurando-se, assim, o **marco regulatório das agências reguladoras federais. federais**.
- A Lei nº 13.848/2019 estabelece que são características das agências reguladoras (art. 3º):

Autonomia funcional;
• Autonomia decisória;
• Autonomia administrativa;
• Autonomia financeira;
• Investidura a termo de seus dirigentes e estabilidade durante os mandatos.

Ainda nos termos da Lei, caracterizam a autonomia administrativa (art. 2º):

I – solicitar diretamente ao Ministério da Economia:

a) autorização para a realização de concursos públicos;

b) provimento dos cargos autorizados em lei para seu quadro de pessoal, observada a disponibilidade orçamentária;

c) alterações no respectivo quadro de pessoal, fundamentadas em estudos de dimensionamento, bem como alterações nos planos de carreira de seus servidores;

II – conceder diárias e passagens em deslocamentos nacionais e internacionais e autorizar afastamentos do País a servidores da agência;

III – celebrar contratos administrativos e prorrogar contratos em vigor relativos a atividades de custeio, independentemente do valor.

- As atividades da agência reguladora devem se dar com observância entre os meios e fins , sendo vedada a imposição de obrigações restrições e sanções superiores às necessárias, ou seja, sua atuação deverá ser proporcional, devendo motivar suas decisões, inclusive a respeito da edição ou não de atos normativos.
- A adoção e propostas de alteração de atos normativos de interesse geral dos agentes econômicos, consumidores ou usuários dos serviços prestados serão precedidas de Análise de Impacto Regulatório, que conterá informações e dados sobre os efeitos do ato normativo.
- O processo de decisão da agência, no tocante à regulação, terá caráter colegiado.
- As minutas e as propostas de alteração de atos normativos de interesse geral dos agentes econômicos, consumidores ou usuários dos serviços prestados serão objeto de consulta pública, que ocorrerá previamente à tomada de decisão pelo conselho diretor ou pela diretoria colegiada. Por ela, a sociedade é consultada por meio do envio de críticas, sugestões e contribuições por quaisquer interessados sobre proposta de norma regulatória aplicável ao setor de atuação da agência (art. 9º).
- Ainda, a agência reguladora, por decisão colegiada, poderá convocar audiência pública para formação do juízo e tomada de decisão sobre matéria considerada relevante (art. 10).
- Possuem grande autonomia em relação à administração direta. Na esfera federal, seus dirigentes são nomeados pelo Presidente da República, após aprovação do nome pelo Senado, têm mandato fixo de 5 anos, sendo vedada a recondução dos diretores após o final do mandato e somente perderão o cargo no caso de renúncia, de decisão judicial transitada em julgado ou de processo administrativo disciplinar. Não ocorre a exoneração ad nutum. Com isso, o controle político exercido sobre a agência é bem diminuto porque o Presidente da República, mesmo se estiver descontente com o presidente de determinada agência, não poderá simplesmente exonerá-lo e substituí-lo. Não há hierarquia ou subordinação em relação à administração direta. Está submetida ao controle administrativo de finalidade, de tutela administrativa.
- Haverá, em cada agência reguladora, 1 ouvidor, que atuará sem subordinação hierárquica, sendo vedada a acumulação com outras funções. São suas atribuições: zelar pela qualidade e pela tempestividade dos serviços prestados pela agência; acompanhar o processo interno de apuração de denúncias e reclamações dos interessados contra a atuação da agência; elaborar relatório anual de ouvidoria sobre as atividades da agência.

O controle externo das agências federais será executado pelo Congresso Nacional, com auxílio do TCU, devendo a agência elaborar relatório anual circunstanciado de suas atividades, nos termos do art. 15 da Lei nº 13.848/2019.

FUNDAÇÃO PÚBLICA: é a pessoa jurídica de direito público ou de direito privado, com autonomia administrativa e que tem como substrato o patrimônio – próprio –, que é criada por Lei específica ou cuja criação é por ela autorizada, com área de atuação de interesse público, não exclusiva da Administração Pública, definida em Lei complementar.

> STF (RE nº 716.378): "1. A qualificação de uma fundação instituída pelo Estado como sujeita ao regime público ou privado depende (i) do estatuto de sua criação ou autorização e (ii) das atividades por ela prestadas. As atividades de conteúdo econômico e as passíveis de delegação, quando definidas como objetos de dada fundação, ainda que essa seja instituída ou mantida pelo Poder público, podem-se submeter ao regime jurídico de direito privado. 2. A estabilidade especial do art. 19 do ADCT não se estende aos empregados das fundações públicas de direito privado, aplicando-se tão somente aos servidores das pessoas jurídicas de direito público".

- ***Agência executiva***: é uma qualificação, um título, que é dado a uma autarquia ou a uma fundação pública. São requisitos (art. 51 da Lei nº 9.649/98) a existência de plano estratégico de reestruturação e de desenvolvimento institucional em andamento e a celebração de contrato de gestão (ou de desempenho, conforme Lei nº 13.934/2019) com o ministério supervisor. A qualificação se dá por ato do Presidente da República.

Lei 13.303/16 (estatuto das estatais) "estatuto jurídico da empresa pública, da sociedade de economia mista e de suas subsidiárias, abrangendo toda e qualquer empresa pública e sociedade de economia mista da União, dos Estados, do Distrito Federal e dos Municípios que explore atividade econômica de produção ou comercialização de bens ou de prestação de serviços, ainda que a atividade econômica esteja sujeita ao regime de monopólio da União ou seja de prestação de serviços públicos" (art. 1º, *caput*).

Exploração de atividade econômica pelo Estado será exercida por meio de empresa pública, de sociedade de economia mista e de suas subsidiárias. Lei precisa indicar de forma clara a presença de relevante interesse coletivo ou imperativo de segurança nacional, nos termos do caput do art. 173 da Constituição Federal.

Depende de autorização legal: criação de empresa pública ou de sociedade de economia mista; criação de suas subsidiárias; participação de qualquer delas em empresa privada, cujo objeto social deve estar relacionado ao da investidora.

Empresa pública (art. 3º): entidade dotada de personalidade jurídica de direito privado, com criação autorizada por lei e com patrimônio próprio, cujo capital social é integralmente detido pela União, pelos Estados, pelo Distrito Federal ou pelos Municípios. Podem participar no capital social outras pessoas jurídicas de direito público interno, bem como as entidades da administração indireta da União, dos Estados, do Distrito Federal e dos Municípios, desde que pessoas jurídicas de direito público interno, bem como de entidades da administração indireta da União, dos Estados, do Distrito Federal e dos Municípios.

Sociedade de economia mista (art. 4º): entidade dotada de personalidade jurídica de direito privado, com criação autorizada por lei, sob a forma de sociedade anônima, cujas ações com direito a voto pertençam em sua maioria à União, aos Estados, ao Distrito Federal, aos Municípios ou a entidade da administração indireta.

Diferenças entre empresa pública e sociedade de economia mista:

- **Capital:** empresa pública possui capital integralmente público; sociedade de economia mista tem capital misto: público e privado.
- **Forma de organização**: sociedade de economia mista adotará, sempre, a forma de sociedade anônima e empresa pública pode adotar qualquer forma empresarial. Na área federal, o Decreto nº 8.945/16, em seu art. 11, prevê que as empresas públicas federais adotarão, **preferencialmente**, a forma de sociedade na anônima, o que será obrigatório para suas subsidiárias.
- **Foro competente**: somente há diferença na esfera federal. As ações em que a empresa federal for autora, ré, assistente ou oponente serão julgadas na justiça federal, o que não ocorre com a sociedade de economia mista federal, que tem como foro a justiça estadual.

Reforma Tributária incluiu expressamente no art. 150, VI, "a", que a imunidade tributária destinada à União, aos Estados e ao Distrito Federal é extensiva à empresa pública prestadora de serviço postal, no que se refere ao patrimônio, à renda e aos serviços vinculados a suas finalidades essenciais ou às delas decorrentes, conforme o §2º do art. 150, na redação dada pela EC 132/2023:

RE 601392 (tese de repercussão geral): "Os serviços prestados pela Empresa Brasileira de Correios e Telégrafos – ECT, inclusive aqueles em que a empresa não age em regime de monopólio, estão abrangidos pela imunidade tributária recíproca (CF, art. 150, VI,a e §§ 2º e 3º)".

RE 599628: (tese de repercussão geral) "Sociedades de economia mista que desenvolvem atividade econômica em regime concorrencial não se beneficiam do regime de precatórios, previsto no art. 100 da Constituição da República."

RE 852302: "As sociedades de economia mista prestadoras de serviço público de atuação própria do Estado e de natureza não concorrencial submetem-se ao regime de precatório."

ADPF 387: "É aplicável o regime dos precatórios às sociedades de economia mista prestadoras de serviço público próprio do Estado e de natureza não concorrencial".

ADPF 588/PB: "Os recursos públicos vinculados ao orçamento de estatais prestadoras de serviço público essencial, em regime não concorrencial e sem intuito lucrativo primário não podem ser bloqueados ou sequestrados por decisão judicial para pagamento de verbas trabalhistas, em virtude do disposto no art. 100 da CF/1988, e dos princípios da legalidade orçamentária (art. 167, VI, da CF), da separação dos poderes (arts. 2º, 60, § 4º, III, da CF) e da eficiência da administração pública (art. 37, 'caput', da CF)".

RE 627051 (tese de repercussão geral): "Não incide o ICMS sobre o serviço de transporte de encomendas realizado pela Empresa Brasileira de Correios e Telégrafos – ECT, tendo em vista a imunidade recíproca prevista no art. 150, VI, a, da Constituição Federal."

RE 638315 (tese de repercussão geral): "A Empresa Brasileira de Infraestrutura

Aeroportuária – INFRAERO, empresa pública prestadora de serviço público, faz jus à imunidade recíproca prevista no art. 150, VI, a, da Constituição Federal."

RE 773992 (tese de repercussão geral): "A imunidade tributária recíproca reconhecida à Empresa Brasileira de Correios e Telégrafos — ECT alcança o IPTU incidente sobre imóveis de sua propriedade e por ela utilizados, não se podendo estabelecer, a priori, nenhuma distinção entre os imóveis afetados ao serviço postal e aqueles afetados à atividade econômica."

RE 594015 (tese de repercussão geral): "A imunidade recíproca, prevista no art. 150, VI, a, da Constituição não se estende a empresa privada arrendatária de imóvel público, quando seja ela exploradora de atividade econômica com fins lucrativos. Nessa hipótese é constitucional a cobrança do IPTU pelo Município".

RE 130054 (tese de repercussão geral): "As empresas públicas e as sociedades de economia mista delegatárias de serviços públicos essenciais, que não distribuam lucros a acionistas privados nem ofereçam risco ao equilíbrio concorrencial, são beneficiárias da imunidade tributária recíproca prevista no artigo 150, VI, a, da Constituição Federal, independentemente de cobrança de tarifa como contraprestação do serviço".

STF 556: "É competente a justiça comum para julgar as causas em que é parte sociedade de economia mista".

STF 517: "As sociedades de economia mista só têm foro na Justiça Federal, quando a União intervém como assistente ou opoente"

STJ 525: "A Câmara de Vereadores não possui personalidade jurídica, apenas personalidade judiciária, somente podendo demandar em juízo para defender os seus direitos institucionais".

STJ 324: "Compete à Justiça Federal processar e julgar ações de que participa a Fundação Habitacional do Exército, equiparada à entidade autárquica federal, supervisionada pelo Ministério do Exército."

STJ 150: "Compete a justiça federal decidir sobre a existência de interesse jurídico que justifique a presença, no processo, da união, suas autarquias ou empresas públicas".

- ***CONSÓRCIO PÚBLICO***

  Está regulado pela Lei nº 11.107/05. Tratase de uma nova pessoa administrativa que surge da união entre pessoas políticas (União, Estados, Distrito Federal e Municípios).

  Criação do consórcio público:

  1 – Em um primeiro momento, há o **protocolo de intenções**, que é uma espécie de ajuste preliminar entre as pessoas políticas, no qual há a definição do objeto do consórcio, quais são seus participantes, qual sua duração, qual a forma de eleição do representante legal.

  2 – Depois, o **protocolo** de intenções deve ser **publicado na imprensa oficial** e, na sequência, ele deve ser **ratificado por Lei** em cada um dos entes consorciados.

  3 – Após a celebração do **contrato de consórcio**.

  4 – **Apenas na hipótese de ser pessoa jurídica de direito privado**, deverá haver o **registro no órgão competente.**

Personalidade jurídica: **consórcio público** poderá ter **personalidade de direito público (associação pública;** conhecido como **autarquia interfederativa ou autarquia multifederada)** ou de **direito privado**. Em ambos os casos deve observar as normas de direito público no que concerne à realização de licitação, à celebração de contratos, à prestação de contas e à admissão de pessoal, que será regido pela CLT (art. 6º, §2º da Lei nº 11.107/2005).

"Para a celebração dos convênios de que trata o caput deste artigo, as exigências legais de regularidade aplicar-se-ão ao próprio consórcio público envolvido, e não aos entes federativos nele consorciados" (Art. 14).

Contrato de consórcio: formaliza a **constituição** do consórcio.

Contrato de rateio: formaliza a **entrega de recursos** dos entes consorciados para o consórcio. . Será formalizado em cada exercício financeiro, e seu prazo de vigência não será superior ao das dotações que o suportam, salvo no caso de contratos que tenham por objeto exclusivamente projetos consistentes em programas e ações contemplados em plano plurianual (art. 8º, §1º da Lei nº 11.107/2005).

Contrato de programa: constante do art. 2º, XVI, do Decreto 6.017/07 , é o "instrumento pelo qual devem ser constituídas e reguladas as obrigações que um ente da Federação, inclusive sua administração indireta, tenha para com outro ente da Federação, ou para com consórcio público, no âmbito da prestação de serviços públicos por meio de cooperação federativa".

Extinção do contrato de consórcio: dependerá de instrumento aprovado pela assembleia geral, ratificado mediante lei por **todos os entes consorciados (art. 12).**

Alteração do contrato de consórcio: dependerá de instrumento aprovado pela assembleia geral, ratificado mediante lei pela **maioria dos entes consorciados (art. 12-A).**

ADMINISTRAÇÃO PÚBLICA	
ADMINISTRAÇÃO INDIRETA	**ADMINISTRAÇÃO DIRETA**
Conjunto das pessoas administrativas, com personalidade de direito público ou de direito privado, patrimônio próprio e autonomia administrativa, vinculadas à administração direta, criadas para o desempenho de determinada atividade administrativa	Conjunto dos órgãos públicos que integram as pessoas jurídicas políticas
	Pessoas jurídicas de direito público
	União, Estados, Distrito Federal e Municípios
Autarquia: direito público Agência reguladora: autarquia em regime especial Agência Executiva: autarquia que recebeu a qualificação (contrato de gestão)	–
Fundação Pública: direito público ou direito privado Agência Executiva: fundação pública que recebeu a qualificação (contrato de desempenho)	
Empresa Pública: direito privado; prestadora de serviço público ou exploradora de atividade econômica	
Sociedade de Economia Mista: direito privado; prestadora de serviço público ou exploradora de atividade econômica	
Consórcio Público: direito público (associação pública) ou direito privado	

TERCEIRO SETOR

- Marco regulatório: Lei 13.019/14. Disposições da nova lei não se aplicam às organizações sociais, reguladas pela Lei nº 9.637/98, nos termos do art. 3º, III. Quanto às organizações da sociedade civil, objeto da Lei nº 9.790/99, as disposições aplicam-se, no que couber.

  Parcerias são formalizadas:

  a) **quando houver transferência de recursos: termo de colaboração** (para a realização de atividades de interesse público propostas pela Administração Pública, nos termos do art. 16) e por **termo de fomento** (para a realização de atividades de interesse público propostas pela organização da sociedade civil, conforme o art. 17); em ambos os casos: exigência de escolha da entidade do Terceiro Setor por meio de um processo seletivo denominado Chamamento Público, salvo as exceções previstas em lei;

  b) **quando não houver transferência de recursos: acordo de cooperação.**

- ***Organização social (OS)* e *Organização da Sociedade Civil de Interesse Público (Oscip)***: são entidades civis sem fins lucrativos, integrantes do setor privado, que recebem a qualificação do Poder Público. Oscip: deve estar em funcionamento regular há, no mínimo, 3 anos.
- ***Não podem ser qualificadas como Oscip*** (art. 2º da Lei nº 9.790/1999)*:*

  a) sociedades comerciais;

  b) sindicatos, associações de classe ou de representação de categoria profissional;

  c) instituições religiosas ou voltadas para a disseminação de credos, cultos, práticas e visões devocionais e confessionais;

  d) organizações partidárias e assemelhadas, inclusive suas fundações;

  e) entidades de benefício mútuo destinadas a proporcionar bens ou serviços a um círculo restrito de associados ou sócios;

  f) entidades e empresas que comercializam planos de saúde e assemelhados;

  g) instituições hospitalares privadas não gratuitas e suas mantenedoras;

  h) escolas privadas dedicadas ao ensino formal não gratuito e suas mantenedoras;

  i) organizações sociais;

  j) cooperativas;

  k) fundações públicas;

  l) fundações, sociedades civis ou associações de direito privado criadas por órgão público ou por fundações públicas;

  m) organizações creditícias que tenham qualquer tipo de vinculação com o sistema financeiro nacional a que se refere o art. 192 da Constituição Federal.

  Atenção! Nos termos do parágrafo único do art. 2º da Lei, incluído pela Lei nº 13.999/2020, "não constituem impedimento à qualificação como Organização da Sociedade Civil de Interesse Público as operações destinadas a microcrédito realizadas com instituições financeiras na forma de recebimento de repasses, venda de operações realizadas ou atuação como mandatárias".

- Diferenças entre OS e Oscip: a) a OS opera a absorção de determinada atividade que o Estado esteja fazendo e, com frequência, leva à extinção do órgão público que realizava a mesma atividade e, por outro lado, a Oscip representa verdadeira parceria e não há extinção de órgãos; b) a outorga da qualificação é ato discricionário na OS e ato vinculado na Oscip; c) o vínculo na OS é contrato de gestão e na Oscip é termo de parceria; d) na OS, há exigência de que tenha a presença de representantes do poder público no órgão de administração, o que não ocorre com a Oscip; e) no caso de desqualificação, os bens adquiridos com recursos públicos serão revertidos ao Poder Público, no caso da OS e, se for Oscip, será transferida à outra Oscip, de preferência, na mesma área de atuação.
- **Organizações gestoras de fundos patrimoniais:** No ano de 2019, foi editada a Lei nº 13.800, que trata das organizações gestoras de fundos patrimoniais. Segundo a lei, referidos fundos serão geridos e administrados por organização gestora de fundos patrimoniais, instituição privada sem fins lucrativos, "instituída na forma de associação ou de fundação privada com o intuito de atuar exclusivamente para um fundo na captação e na gestão das doações oriundas de pessoas físicas e jurídicas e do patrimônio constituído" (art. 2º, II).

TERCEIRO SETOR
pessoas jurídicas de direito privado, sem fins lucrativos, pertencentes ao setor privado, que desenvolvem atividade de interesse público. Marco regulatório (Lei nº 13.019/14): parcerias firmadas por: a) termo de fomento ou por termo de colaboração, quando envolverem transferência de recursos financeiros; entidades são escolhidas por meio de chamamento público, exceto os casos de dispensa e inexigibilidade; b) acordo de cooperação, quando não envolver transferência de recursos financeiros.
Serviço social autônomo
Entidade de apoio
Organização Social (OS) Vínculo jurídico com a administração direta: contrato de gestão
Organização da Sociedade Civil de Interesse Público (Oscip) Vínculo jurídico com a administração direta: termo de parceria

4. AGENTES PÚBLICOS: DISPOSIÇÕES CONSTITUCIONAIS

CONCEITO E CLASSIFICAÇÃO

São agentes públicos "todas as pessoas físicas incumbidas, definitiva ou transitoriamente, do exercício de alguma função estatal"[11].

Classificação (**H**ely Lopes Meirelles): agentes públicos subdividem-se em agentes políticos, agentes administrativos, agentes honoríficos, agentes delegados e agentes credenciados:

a) **agentes políticos**: são aqueles que representam as funções típicas estatais de legislar, julgar e administrar; exercem atribuições previstas na Constituição Federal. Aliás, o próprio texto constitucional disciplina os principais direitos e deveres dos agentes políticos, que é complementado por normas específicas, pois não se sujeitam ao regime jurídico previsto para os servidores públicos em geral. Possuem liberdade funcional. São exemplos: Senador, Deputado federal, Deputado estadual, Vereador, Presidente da República, Governador, Prefeito, Ministro, secretário de Estado, secretário municipal, membros da magistratura (Juiz, Desembargador, Ministro... não se aplica aos servidores do Poder Judiciário), membros do Ministério Público (Promotor de Justiça, Procurador de Justiça, Procurador da República, Procurador do Trabalho... não se aplica aos servidores do Ministério Público), membros dos Tribunais de Contas (Conselheiros e Ministros)[12], representantes diplomáticos.

---

11. MEIRELLES, Hely Lopes. *Direito administrativo brasileiro*. 36. ed. São Paulo: Malheiros, 2010. p. 75. Original sem destaque.
12. Há divergência na doutrina sobre a inclusão dos magistrados, membros do Ministério Público e dos Tribunais de Contas na categoria de agentes políticos. Incluindo-os nessa categoria, há Hely Lopes Meirelles (*Direito administrativo brasileiro*. 36. ed.São Paulo: Malheiros, 2010. p. 79) e, por outro lado, excluindo-os está Celso Antônio Bandeira de Mello (*Curso de direito administrativo*. 27. ed. São Paulo: Malheiros, 2010. p. 247-248) e José dos Santos Carvalho Filho (*Manual de direito administrativo*. 19. ed. Rio de Janeiro: Lumen Juris, 2008. p. 532), por exemplo. Todavia, no RE 228977/SP, **o STF decidiu que "os magistrados enquadram-se na espécie agente político, investidos para o exercício de atribuições constitucionais, sendo dotados de plena liberdade funcional de suas funções, com prerrogativas próprias e legislação específica" já fez referência aos magistrados na condição de agentes políticos , o que se aplica aos membros do Ministério Público e, por outro lado, considerou, na Rcl 6702 MC-Agr, o cargo de Conselheiro do Tribunal de Contas do Paraná, "à primeira vista, de natureza administrativa"**.

b) **agentes administrativos:** são as pessoas que possuem uma relação funcional com a Administração Pública. São aquelas que, de maneira geral, possuem uma relação empregatícia na esfera pública, sujeitos à hierarquia funcional. Exercem função de apoio aos agentes políticos. Nessa categoria estão:
   - os **servidores públicos propriamente ditos**: ocupantes de cargo efetivo ou de cargo em comissão; são regidos por leis específicas, denominadas estatutos e, por isso, são chamados de estatutários;
   - os **empregados públicos**: são aqueles regidos pela Consolidação das Leis Trabalhistas (CLT) e, assim, chamados de celetistas;
   - os servidores **temporários**: são aqueles que exercem função temporária na Administração Pública, submetidos à legislação específica e que são contratados para atender à necessidade temporária de excepcional interesse público.

c) **agentes honoríficos**: são as pessoas convocadas para prestar determinado serviço para a Administração Pública, de maneira temporária e, normalmente, sem remuneração, em razão de sua honorabilidade, de sua idoneidade. São exemplos o mesário e o jurado.

d) **agentes delegados**: são particulares que possuem atribuição de executar, por sua conta e risco, um serviço público ou uma atividade de interesse público, sob fiscalização estatal e de acordo com as normas estabelecidas pelo Estado. São os concessionários e permissionários de serviço público, os registradores de imóveis, os tabeliães, os notários, os tradutores públicos, os leiloeiros.

e) **agentes credenciados**: são as pessoas que recebem a atribuição de representar a Administração Pública em determinado evento ou de praticar certa atividade. Por exemplo, um pesquisador ou um empresário representando o Brasil em algum evento internacional.

CARGO PÚBLICO, EMPREGO PÚBLICO E FUNÇÃO PÚBLICA

Cargos públicos: "são as mais simples e indivisíveis unidades de competência a serem expressadas por um agente, previstas em número certo, com denominação própria, retribuídas por pessoas jurídicas de Direito Público e criadas por lei, salvo quando concernentes aos serviços auxiliares do Legislativo, caso em que se criam por resolução, da Câmara ou do Senado, conforme se trate de serviços de uma ou de outra destas Casas"[13].

Empregos públicos são "núcleos de encargos de trabalho permanentes a serem preenchidos por agentes contratados para desempenhá-los, sob regime trabalhista"[14]. A relação de emprego público tem natureza contratual (a estatutária tem natureza legal).

Função pública: conjunto de atribuições desvinculadas de cargo ou emprego, ao qual se dá o nome de função, que pode ser de duas espécies: a função exercida por servidores temporários e a função de direção, chefia e assessoramento (função de confiança), atribuída a servidores titulares de cargo efetivo[15].

PROVIMENTO E VACÂNCIA

Formas de provimento

Ato de se prover o cargo público é chamado de provimento. Por meio dele, o cargo deixa de ser vago e passa a ser provido. Ocorre tanto nos cargos efetivos quanto nos cargos em comissão e, assim, há o **provimento efetivo** (deve haver prévia aprovação em concurso público) e o **provimento em comissão** (livre nomeação e exoneração, vedado o nepotismo).

Em relação ao provimento, ainda, há o **provimento originário** e o **provimento derivado**. Naquele, a investidura no cargo integrante de determinada carreira é feita pela primeira vez, de modo inaugural e, ao contrário, no provimento derivado, a investidura é decorrente, ou seja, só é possível ocorrer uma das formas de provimento derivado se o servidor já for ocupante de cargo. Só há provimento derivado se antes houve o provimento originário.

Vacância

É a situação de desprovimento do cargo público, ou seja, este passa da condição de provido para vago.

DISPOSIÇÕES CONSTITUCIONAIS APLICÁVEIS AOS AGENTES PÚBLICOS

- ***Regime jurídico único***: STF (ADI 2135): foi deferida medida liminar para suspender a eficácia do art. 39, *caput*, da Constituição, por vício formal na aprovação da Emenda nº 19/98, com efeitos *ex nunc*, "subsistindo a legislação editada nos termos da emenda declarada suspensa", mantendo-se, "assim, o então vigente *caput* do art. 39, que tratava do regime jurídico único, incompatível com a figura do emprego público".

13. MELLO, Celso Antônio Bandeira de. *Curso de direito administrativo*. 27. ed. São Paulo: Malheiros, 2010. p. 254.

14. MELLO, Celso Antônio Bandeira de. *Curso de direito administrativo*. 27. ed. São Paulo: Malheiros, 2010. p. 256.

15. DI PIETRO, Maria Sylvia Zanella. *Direito administrativo*. 23. ed. São Paulo: Atlas, 2010. p. 519-520.

- Em ação destinada a analisar a inconstitucionalidade de leis complementares de âmbito estadual, que criaram milhares de empregos públicos na Universidade de São Paulo, o Min. Alexandre de Moraes, acompanhado pela maioria dos ministros do STF, entendeu que a CF não excluiu a possibilidade de adoção do regime de emprego público para autarquias. Assim, o art. 39 deveria ser interpretado no sentido de que caberia a cada ente federativo estipular o regime jurídico de seus servidores, escolhendo entre o estatutário ou celetista, tratando-se, pois, de norma de eficácia limitada (ADI 5.615/SP).
- Cronologia do regime jurídico único:

REGIME JURÍDICO ÚNICO								
05/10/1988		**12/12/1990**		**04/06/1998**		**23/02/2000**		**02/08/2007**
CF, art. 39, *caput*		Lei nº 8.112		EC 19, art. 39, *caput*		Lei nº 9.962		ADI 2135
Regime Jurídico Único	➔	RJU Servidores federais	➔	Fim Regime Jurídico Único	➔	Emprego Público União, aut. e fund.	➔	retorno do Regime Jurídico Único

RE 960.429 (Tema 992): Compete à Justiça Comum processar e julgar controvérsias relacionadas à fase pré-contratual de seleção e de admissão de pessoal e eventual nulidade do certame em face da Administração Pública, direta e indireta, nas hipóteses em que adotado o regime celetista de contratação de pessoas, salvo quando a sentença de mérito tiver sido proferida antes de 6 de junho de 2018, situação em que, até o trânsito em julgado e a sua execução, a competência continuará a ser da Justiça do Trabalho.

RE 1.288.440 (Tema 1143): "A Justiça Comum é competente para julgar ação ajuizada por servidor celetista contra o Poder Público, em que se pleiteia parcela de natureza administrativa".

INGRESSO

Brasileiro, desde que preencha os **requisitos estabelecidos em Lei** e, também, o estrangeiro, na forma da Lei (art. 37, I, da Constituição Federal).

Súmula Vinculante nº 44: "só por Lei se pode sujeitar a exame psicotécnico a habilitação de candidato a cargo público".

Súmula 683 STF: "O limite de idade para a inscrição em concurso público só se legitima em face do art.7º, XXX, da Constituição, quando possa ser justificado pela natureza das atribuições do cargo a ser preenchido."

- Síntese sobre concurso público[9]:

CONCURSO PÚBLICO	
Regra: realização para provimento de cargo efetivo	
Exceção: não realização	- ***Contratação temporária***: necessidade temporária e excepcional interesse público
	- ***Cargo em comissão***: existência de lei declarando de livre nomeação e exoneração; atribuições de direção, de chefia e de assessoramento Pode ser ocupado por ocupante de cargo efetivo (lei definirá casos, condições e percentuais) e por não ocupante. Função de confiança: só ocupante de cargo efetivo
	- ***Agentes públicos de saúde e agentes de combate a endemias***
Prazo de validade: até 2 anos, prorrogável, uma vez, por igual período	
Pode ser de ***provas ou de provas e títulos***: natureza e complexidade do cargo	
Reserva de vagas para deficientes: lei definirá percentual. No âmbito federal, o tema é regulado pelo Decreto nº 9.508/2018.	
Segundo a Lei nº 13.872/2019, "Fica assegurado à mãe o direito de amamentar seus filhos de até 6 (seis) meses de idade durante a realização de provas ou de etapas avaliatórias em concursos públicos na administração pública direta e indireta dos Poderes da União, mediante prévia solicitação à instituição organizadora". Lei nº 13.656/2018: são isentos de pagamento das inscrições em concursos públicos: (i) os candidatos que pertençam a família inscrita no CadÚnico, cuja renda familiar mensal per capita seja inferior ou igual a meio salário-mínimo nacional; (ii) os candidatos doadores de medula óssea em entidades reconhecidas pelo Ministério da Saúde.	

- O candidato aprovado em concurso possui ***direito subjetivo à nomeação*** ou apenas expectativa de direito?
- Do cotejo das diversas decisões do STJ e da tese fixada pelo STF nos dois julgados paradigmáticos (RE 598.099 e RE 837.311), é possível afirmar que **há o direito subjetivo à nomeação do candidato aprovado em concurso público**:
  a) quando for aprovado dentro do número de vagas previsto no edital, exceto se surgir, após a publicação do edital, situação imprevisível e de extrema gravidade que justifique, mediante decisão motivada, a não nomeação dos candidatos por não haver medida menos gravosa a ser adotada;
  b) quando for aprovado fora do número de vagas previsto no edital E surgirem novas vagas ou for aberto novo certame durante o prazo de validade do concurso anterior E houver preterição arbitrária e imotivada por parte da Administração (candidato deve demonstrar, de forma cabal, comportamento tácito ou expresso do Poder Público demonstrando a necessidade de nomeação como, por exemplo, a ocorrência de cessão de servidores de outros órgãos públicos);
  c) quando for preterido na nomeação por inobservância da ordem de classificação, mesmo que esteja fora do número de vagas previsto no edital.
- **STF** (RE 630.733) **Tese de repercussão geral**: "Inexiste direito dos candidatos em concurso público à prova de segunda chamada nos testes de aptidão física, salvo contrária disposição editalícia, em razão de circunstâncias pessoais, ainda que de caráter fisiológico ou de força maior, mantida a validade das provas de segunda chamada realizadas até 15/5/2013, em nome da segurança jurídica".
- **Súmula 684** do STF: "É inconstitucional o veto não motivado à participação de candidato a concurso público".
- **STF** (RE 898.450): **Tese de repercussão geral**: "Editais de concurso público não podem estabelecer restrição a pessoas com tatuagem, salvo situações excepcionais, em razão de conteúdo que viole valores constitucionais".
- **STF** (RE 560900/DF): **Tese de repercussão geral**: "Sem previsão constitucionalmente adequada e instituída por lei, não é legítima a cláusula de edital de concurso público que restrinja a participação de candidato pelo simples fato de responder a inquérito ou ação penal".

  STF (RE 1.282.553) "A suspensão dos direitos políticos prevista no artigo 15 inciso III da Constituição Federal – condenação criminal transitada em julgado enquanto durarem seus efeitos – não impede a nomeação e posse de candidato aprovado em concurso público, desde que não incompatível com a infração penal praticada, em respeito aos princípios da dignidade da pessoa humana e do valor social do trabalho (Constituição Federal, artigo 1°, incisos III e IV) e do dever do Estado em proporcionar as condições necessárias para harmônica integração social do condenado, objetivo principal da execução penal, nos termos do artigo 1° da Lei de Execuções Penais (Lei 7.210/84). O início do efetivo exercício do cargo ficará condicionado ao regime da pena ou à decisão judicial do Juízo de Execuções, que analisará a compatibilidade de horários".
- **STF** (RE 635.739) **Tese de repercussão geral**: "É constitucional a regra inserida no edital de concurso público, denominada cláusula de barreira, com o intuito de selecionar apenas os candidatos mais bem classificados para prosseguir no certame".
- **STF** (RE 630733 DF) **Tese de repercussão geral**: "Os candidatos em concurso público não têm direito à prova de segunda chamada nos testes de aptidão física em razão de circunstâncias pessoais, ainda que de caráter fisiológico ou de força maior, salvo se houver previsão no edital permitindo essa possibilidade." (fixada em 15/05/2013).
- **STF** (RE 1058333 PR) **Tese de repercussão geral**: "É constitucional a remarcação do teste de aptidão física de candidata que esteja grávida à época de sua realização, independentemente da previsão expressa em edital do concurso" (fixada em 21/11/2018).
- **STF** (ADC 41/DF) Reserva de vagas. Tese fixada: "É constitucional a reserva de 20% das vagas oferecidas nos concursos públicos para provimento de cargos efetivos e empregos públicos no âmbito da administração pública direta e indireta".
- **STJ Súmula 377**: "O portador de visão monocular tem direito de concorrer, em concurso público, às vagas reservadas aos deficientes".

  Lei 14.126/21 (art. 1º): Fica a visão monocular classificada como deficiência sensorial, do tipo visual, para todos os efeitos legais.

  Lei nº 14.768/23 (art. 1º): considera-se "deficiência auditiva a limitação de longo prazo da audição, unilateral total ou bilateral parcial ou total, a qual, em interação com uma ou mais barreiras, obstrui a participação plena e efetiva da pessoa na sociedade, em igualdade de condições com as demais pessoas."

CARGO EM COMISSÃO

É aquele declarado em Lei de livre nomeação e exoneração e destina-se às atribuições de direção, chefia e assessoramento.

STF (RE 1041210) **Tese de repercussão geral**: "a) A criação de cargos em comissão somente se justifica para o exercício de funções de direção, chefia e assessoramento, não se prestando ao desempenho de atividades burocráticas, técnicas ou operacionais; b) tal criação deve pressupor a necessária relação de confiança entre a autoridade nomeante e o servidor nomeado; c) o número de cargos comissionados criados deve guardar proporcionalidade com a necessidade que eles visam suprir e com o número de servidores ocupantes de cargos efetivos no ente federativo que os criar; e d) as atribuições dos cargos em comissão devem estar descritas, de forma clara e objetiva, na própria lei que os instituir".

Súmula Vinculante nº 13: "A nomeação de cônjuge, companheiro ou parente em linha reta, colateral ou por afinidade, até o terceiro grau, inclusive, da autoridade nomeante ou de servidor da mesma pessoa jurídica investido em cargo de direção, chefia ou assessoramento, para o exercício de cargo em comissão ou de confiança ou, ainda, de função gratificada na administração pública direta e indireta em qualquer dos poderes da União, dos Estados, do Distrito Federal e dos Municípios, compreendido o ajuste mediante designações recíprocas, viola a Constituição Federal".

STF: Rcl 6.650-MC-Agr/PR: vedação da Súmula Vinculante nº 13 não se estende aos cargos em comissão de natureza política, sendo restrita a cargos em comissão de natureza administrativa. Exceção: nomeação de parente para o cargo em comissão com a manifesta intenção de fraudar a Lei como ocorre, por exemplo, nas hipóteses de nomeação decorrente de "comprovada troca de favores ou de evidente inaptidão do nomeado para seu exercício" (RE 825.862).

Cargo em comissão e função de confiança: cargo em comissão pode haver a nomeação de pessoa que é servidora de carreira (nos casos, condições e percentuais mínimos previstos em lei) e de quem não é (ocupante exclusivamente de cargo em comissão); função de confiança somente pode ser exercida por quem já é titular de cargo efetivo.

STF (RE 786540) **Tese de repercussão geral**: "1. Os servidores ocupantes de cargo exclusivamente em comissão não se submetem à regra da aposentadoria compulsória prevista no art. 40, § 1º, II, da Constituição Federal, a qual atinge apenas os ocupantes de cargo de provimento efetivo, inexistindo, também, qualquer idade limite para fins de nomeação a cargo em comissão;2. Ressalvados impedimentos de ordem infraconstitucional, não há óbice constitucional a que o servidor efetivo aposentado compulsoriamente permaneça no cargo comissionado que já desempenhava ou a que seja nomeado para cargo de livre nomeação e exoneração, uma vez que não se trata de continuidade ou criação de vínculo efetivo com a Administração".

LIMITES REMUNERATÓRIOS

- Sistematização dos limites remuneratórios[16]:

LIMITES REMUNERATÓRIOS		
TETO → subsídio dos Ministros do Supremo Tribunal Federal		
SUBTETOS	***ESTADOS E DISTRITO FEDERAL***	***Poder Executivo*** → subsídio do Governador
		Poder Legislativo → subsídio dos Deputados Estaduais e Distritais (máximo de 75% do subsídio do Deputado Federal)
		Poder Judiciário → subsídio dos Desembargadores do Tribunal de Justiça (90,25% do STF)
SUBTETOS	***ESTADOS E DISTRITO FEDERAL***	• aplicável aos membros do Ministério Público, Procuradores e Defensores Públicos • não se aplica aos magistrados estaduais, de acordo com o STF • Estados e DF podem adotar como subteto único este previsto para o Poder Judiciário, desde que haja alteração da Constituição Estadual ou da Lei Orgânica
	MUNICÍPIOS	Subsídio do Prefeito • Vereadores: regra própria (art. 29, VI, CF) • Procuradores Municipais: Subsídio de Desembargador do Tribunal de Justiça – 90,25% do STF (STF. Plenário. RE 663696 MG, julgado em 28/02/2019).

- ADI 6584/DF: Em referida ADI, o Plenário do STF, por maioria, decidiu que o teto constitucional remuneratório não incide sobre os salários pagos por empresas públicas e sociedades de economia mista e suas subsidiárias quando não receberem recursos da Fazenda Pública.
- **STF** (RE 675.978) **Tese de repercussão geral**: "Subtraído o montante que exceder o teto e subteto previsto no artigo 37, inciso XI, da Constituição Federal, tem-se o valor que vale como base para o Imposto de Renda e para a contribuição previdenciária".

---

16 BORTOLETO, Leandro. *Direito administrativo*. Salvador: Juspodivm, 2012. p. 147.

Tese de repercussão geral (REs 602043 e 612975) "Nos casos autorizados, constitucionalmente, de acumulação de cargos, empregos e funções, a incidência do artigo 37, inciso XI, da Constituição Federal, pressupõe consideração de cada um dos vínculos formalizados, afastada a observância do teto remuneratório quanto ao somatório dos ganhos do agente público".

Tese de repercussão geral (RE 663696) "A expressão "Procuradores", contida na parte final do inciso XI do art. 37 da Constituição da República, compreende os Procuradores Municipais, uma vez que estes se inserem nas funções essenciais à Justiça, estando, portanto, submetidos ao teto de noventa inteiros e vinte e cinco centésimos por cento do subsídio mensal, em espécie, dos Ministros do Supremo Tribunal Federal".

Na **ADI 6257**, em 18/01/2020, o Min. Dias Toffoli deferiu, *ad referendum* do Plenário, medida cautelar para "dar interpretação conforme ao inciso XI do art. 37, da Constituição Federal, no tópico em que a norma estabelece subteto, para suspender qualquer interpretação e aplicação do subteto aos professores e pesquisadores das universidades estaduais, prevalecendo, assim, como teto único das universidades no país, os subsídios dos Ministros do Supremo Tribunal Federal".

ADI 3854 e 4014: As ADI 3854 e 4014 foram julgadas procedentes, por maioria de votos, para declarar inconstitucional o subteto dos juízes estaduais diferente do teto remuneratório da magistratura federal, por ofensa ao caráter nacional da estrutura judiciária brasileira. Segundo a Constituição Federal e Resoluções do CNJ, o subteto dos juízes estaduais corresponde a 90,25% dos vencimentos dos ministros do STF, e já no ano de 2007, o Plenário havia impedido sua aplicação, para determinar que o teto corresponde ao valor de subsídio dos membros do STF.

Tese de repercussão geral (RE 602.584) "Ocorrida a morte do instituidor da pensão em momento posterior ao da Emenda Constitucional 19/1998, o teto constitucional previsto no inciso XI do artigo 37 da Constituição Federal incide sobre o somatório de remuneração ou provento e a pensão recebida por servidor".

STF (ADI 6436) – "É inconstitucional lei que equipara, vincula ou referencia espécies remuneratórias devidas a cargos e carreiras distintos, especialmente quando pretendida a vinculação ou a equiparação entre servidores de Poderes e níveis federativos diferentes."

ACUMULAÇÃO

- Sistematização da acumulação remunerada de cargos públicos[17]:

<table>
<tr><th colspan="2">ACUMULAÇÃO DE CARGOS, EMPREGOS E FUNÇÕES PÚBLICAS</th></tr>
<tr><td colspan="2">Cargo, função ou emprego público x Cargo, função ou emprego público</td></tr>
<tr><td>REGRA
Proibição de acumulação remunerada</td><td>EXCEÇÕES
Compatibilidade de horários
+
Dois cargos de professor
ou
Um cargo de professor com outro técnico ou científico
ou
Dois cargos ou empregos privativos de profissionais de saúde, com profissões regulamentadas
Obs: deve-se ressaltar que, com a EC nº 101/2019 estabeleceu-se que o militar do Estado e DF também poderá cumular seu cargo com:
a) Um cargo de professor;
b) Cargo da saúde com profissão regulamentada;
c) Com outro cargo técnico e científico.
Atenção! Para os militares das Forças Armadas, só é possível a cumulação com outro cargo na área da saúde (art. 142, §3º, VIII da CF).</td></tr>
<tr><td colspan="2">Cargo, função ou emprego público x Mandato eletivo</td></tr>
<tr><td>Vereador</td><td>Horários compatíveis:
Acumulação
Horários não compatíveis:
Afastamento e escolha da remuneração</td></tr>
<tr><td>Prefeito e Vice-Prefeito</td><td>Afastamento e escolha da remuneração</td></tr>
</table>

17 BORTOLETO, Leandro. *Direito administrativo*. Salvador: Juspodivm, 2012. p. 106.

Presidente da República e Vice, Governador e Vice, Deputados federais, estaduais e distritais e Senadores	Afastamento, sem escolha da remuneração
Proventos x Cargo, função ou emprego público	
REGRA Proibição	***EXCEÇÕES*** • Cargo em comissão • Cargo eletivo • Cargos acumuláveis
Proventos x Proventos	
REGRA Proibição	***EXCEÇÃO*** Proventos decorrentes de cargos acumuláveis

DIREITOS SOCIAIS DO SERVIDOR PÚBLICO

- São ***direitos sociais do servidor público***: a) salário mínimo; b) garantia de salário nunca inferior ao mínimo, para os que percebem remuneração variável; c) décimo terceiro; d) remuneração do trabalho noturno superior à do diurno; e) salário-família; f) duração do trabalho normal não superior a oito horas diárias e quarenta e quatro semanais; g) repouso semanal remunerado; h) remuneração do serviço extraordinário superior, no mínimo, em 50% à do normal; i) férias anuais remuneradas com, pelo menos, um terço a mais do que o salário normal; j) licença à gestante (120 dias); k) licença-paternidade; l) proteção do mercado de trabalho da mulher; m) redução dos riscos inerentes ao trabalho, por meio de normas de saúde, higiene e segurança; n) proibição de diferença de salários, de exercício de funções e de critério de admissão por motivo de sexo, idade, cor ou estado civil.
- ***Licença-gestante***: ***Licença-gestante***: **RE 778.889**: "Os prazos da licença-adotante não podem ser inferiores aos prazos da licença-gestante, o mesmo valendo para as respectivas prorrogações. Em relação à licença-adotante, não é possível fixar prazos diversos em função da idade da criança adotada."

  ADI 6.327: o STF conferiu interpretação conforme "ao artigo 392, §1º, da CLT, assim como ao artigo 71 da Lei n.º 8.213/91 e, por arrastamento, ao artigo 93 do seu Regulamento (Decreto n.º 3.048/99), de modo a se considerar como termo inicial da licença-maternidade e do respectivo salário-maternidade a alta hospitalar do recém-nascido e/ou de sua mãe, o que ocorrer por último, prorrogando-se em todo o período os benefícios, quando o período de internação exceder as duas semanas previstas no art. 392, §2º, da CLT, e no art. 93, §3º, do Decreto n.º 3.048/99". Apesar da decisão referir-se às empregadas celetistas, deve ser aplicado às estatutárias e não a literalidade da previsão contida no §2º do art. 207 da Lei nº 8.112/1990.

  RE 842.844: "A trabalhadora gestante tem direito ao gozo de licença maternidade e à estabilidade provisória, independentemente do regime jurídico aplicado, se contratual ou administrativo, ainda que ocupe cargo em comissão ou seja contratada por tempo determinado".

  Licença-paternidade: **ADO 20**: "1. Existe omissão inconstitucional relativamente à edição da lei regulamentadora da licença-paternidade, prevista no art. 7º, XIX, da Constituição. 2. Fica estabelecido o prazo de 18 meses para o Congresso Nacional sanar a omissão apontada, contados da publicação da ata de julgamento. 3. Não sobrevindo a lei regulamentadora no prazo acima estabelecido, caberá a este Tribunal fixar o período da licença paternidade".

  RE 1.348.854: "À luz do art. 227 da CF, que confere proteção integral da criança com absoluta prioridade e do princípio da paternidade responsável, a licença maternidade, prevista no art. 7º, XVIII, da CF/88 e regulamentada pelo art. 207 da Lei 8.112/1990, estende-se ao pai genitor monoparental.
- ***Direito de greve***: STF (MI 670, 708 e 712): o direito de greve dos servidores públicos civis depende de lei para poder ser exercido, mas, em razão da inércia do legislador em produzir a lei, até que sobrevenha tal norma, fica autorizado o exercício do direito de greve pelos servidores públicos, usando, para tanto, a lei da iniciativa privada (Lei nº 7.783/89), no que couber. Todavia, essa situação é provisória, isto é, uma vez que a lei regulamentadora do art. 37, VII da Constituição Federal entre em vigor, o direito de greve dos servidores públicos não poderá mais ser aplicada a lei da iniciativa privada. O dispositivo constitucional referente ao direito de greve dos servidores aplica-se, em regra, a todas as categorias de servidores, com exceção dos militares, cujo exercício de greve é vedado e, dessa forma, não é considerado norma de eficácia plena para nenhuma categoria, inclusive para os servidores das carreiras de Estado. Aliás, em face do princípio da continuidade do serviço público, restou decidido

no MI 708 que pode ser imposto regime de greve mais severo quando se tratar de serviços ou atividades essenciais, nos moldes dos artigos 9º a 11 da Lei nº 7.783/89. Em específico quanto aos policiais civis, na Rcl 6568/SP, que tinha como objeto preservar a competência do Tribunal de Justiça do Estado de São Paulo para dirimir o dissídio referente à greve dos policiais civis, o Min. Eros Grau sustentou a relativização do direito de greve, por não ser absoluto e que "servidores que exercem atividades relacionadas à manutenção da ordem pública e à segurança pública, à administração da Justiça – aí os integrados nas chamadas carreiras de Estado, que exercem atividades indelegáveis, inclusive as de exação tributária – e à saúde pública" sejam privados do direito de greve. Inclusive, no caso dos policiais civis, foi suscitada a questão de ser um movimento armado e não pacífico. Entretanto, a questão não era objeto do processo e, por isso, alguns Ministros não quiseram se posicionar, mas, expressamente, manifestaram-se acompanhando o relator, o Min. Cezar Peluso e o Min. Gilmar Mendes.

- **Tese de repercussão geral (RE 693456):** "A administração pública deve proceder ao desconto dos dias de paralisação decorrentes do exercício do direito de greve pelos servidores públicos, em virtude da suspensão do vínculo funcional que dela decorre, permitida a compensação em caso de acordo. O desconto será, contudo, incabível se ficar demonstrado que a greve foi provocada por conduta ilícita do Poder Público".
- **Greve de policiais civis: Tese de repercussão geral (ARE 654432):** "(1) o exercício do direito de greve, sob qualquer forma ou modalidade, é vedado aos policiais civis e a todos os servidores públicos que atuem diretamente na área de segurança pública. (2) É obrigatória a participação do Poder Público em mediação instaurada pelos órgãos classistas das carreiras de segurança pública, nos termos do artigo 165 do Código de Processo Civil, para vocalização dos interesses da categoria". Justiça competente: Tese de repercussão geral (RE 846854): "A justiça comum, federal ou estadual, é competente para julgar a abusividade de greve de servidores públicos celetistas da Administração pública direta, autarquias e fundações públicas."
- **Justiça competente:** Tese de repercussão geral (RE 846854): "A justiça comum, federal ou estadual, é competente para julgar a abusividade de greve de servidores públicos celetistas da Administração pública direta, autarquias e fundações públicas."

ESTABILIDADE

Requisitos para a aquisição da estabilidade (art. 41, CF):

a) cargo de provimento efetivo
b) três anos de efetivo exercício e
c) avaliação de desempenho por comissão instituída para essa finalidade.

Servidor estável **somente perderá o cargo**:

a) em virtude de sentença judicial transitada em julgado;
b) mediante processo administrativo, assegurada a ampla defesa;
c) mediante procedimento de avaliação de desempenho, nos termos de Lei complementar, assegurada a ampla defesa.
d) conforme o art. 169, § 4º, em razão de excesso de despesa.

Reintegração e recondução

> Art. 37, § 2º Invalidada por sentença judicial a demissão do servidor estável, será ele reintegrado, e o eventual ocupante da vaga, se estável, reconduzido ao cargo de origem, sem direito a indenização, aproveitado em outro cargo ou posto em disponibilidade com remuneração proporcional ao tempo de serviço.
>
> § 3º Extinto o cargo ou declarada a sua desnecessidade, o servidor estável ficará em disponibilidade, com remuneração proporcional ao tempo de serviço, até seu adequado aproveitamento em outro cargo.

Dispensa de empregado público e motivação

> "As empresas públicas e as sociedades de economia mista, sejam elas prestadoras de serviço público ou exploradoras de atividade econômica, ainda que em regime concorrencial, têm o dever jurídico de motivar, em ato formal, a demissão de seus empregados concursados, não se exigindo processo administrativo. Tal motivação deve consistir em fundamento razoável, não se exigindo, porém, que se enquadre nas hipóteses de justa causa da legislação trabalhista" (RE 688267).

REGIME PRÓPRIO DE PREVIDÊNCIA SOCIAL

- É o regime destinado aos servidores titulares de cargo efetivo. Nesse regime, é proibida a existência de critérios diferentes para a concessão de aposentadoria, exceto, nos termos definidos em leis complementares, conforme o art. 40, § 4º, no caso de:

a) servidores com deficiência, em relação aos quais poderão ser estabelecidos, por lei complementar do respectivo ente federativo, idade e tempo de contribuição diferenciados;

b) servidores ocupantes do cargo de agente penitenciário, de agente socioeducativo ou de policial os órgãos de que tratam o inciso IV do caput do art. 51, o inciso XIII do caput do art. 52 e os incisos I a IV do caput do art. 144 (policiais da Câmara e do Senado, policiais federais, policiais rodoviários federais, policiais ferroviários federais e policiais civis), em relação aos quais poderão ser estabelecidos, por lei complementar do respectivo ente federativo, idade e tempo de contribuição diferenciados;

c) servidores cujas atividades sejam exercidas com efetiva exposição a agentes químicos, físicos e biológicos prejudiciais à saúde, ou associação desses agentes, vedada a caracterização por categoria profissional ou ocupação, em relação aos quais poderão ser estabelecidos, por lei complementar do respectivo ente federativo, idade e tempo de contribuição diferenciados;

d) professores, que terão idade mínima reduzida em 5 (cinco) anos em relação às idades decorrentes da aplicação do disposto no inciso III do § 1º do art. 40 da CF/88, desde que comprovem tempo de efetivo exercício das funções de magistério na educação infantil e no ensino fundamental e médio fixado em lei complementar do respectivo ente federativo.

- ***Pensão por morte***:

a) **Servidor federal**: equivalente a 50% do valor da aposentadoria recebida pelo segurado ou servidor ou daquela a que teria direito se fosse aposentado por incapacidade permanente à data do óbito, acrescida de 10% por dependente, até o máximo de 100% (art. 23 da EC nº 103/2019);

b) **Servidor estadual, distrital ou municipal**: aplicam-se as normas constitucionais e infraconstitucionais anteriores à data de entrada em vigor da EC nº 103/2019, enquanto não promovidas alterações na legislação interna relacionada ao respectivo regime próprio de previdência social (Antes da EC nº 103/2019, a CF 88 estabelecia para a pensão: até o valor do limite do regime geral de previdência, a pensão será integral. Se a remuneração ou os proventos do servidor eram superiores ao limite mencionado, a pensão não terá valor integral, pois corresponderá, na verdade, ao valor total até o limite, mais 70% do valor que exceder o limite).

- ***Contribuição:*** União, Estados, DF e Municípios instituirão, por lei, contribuições para custeio de regime próprio de previdência social, cobradas dos servidores ativos, dos aposentados e dos pensionistas, que poderão ter alíquotas progressivas, de acordo com o valor base de contribuição e proventos (art. 149, §1º da CF/88).

- ***Abono de permanência***: servidor titular de cargo efetivo que tenha completado as exigências para aposentadoria voluntária e que opte em permanecer em serviço **poderá** fazer jus a um abono de permanência equivalente, no máximo, ao valor de sua contribuição previdenciária, até completar a idade para aposentadoria compulsória, observados os critérios estabelecidos em lei (art. 40, §19 da CF/88).

- **Salário-maternidade e afastamentos por incapacidade**: serão pagos diretamente pelo ente federativo e não correrão à conta do RPPS ao qual o servidor se vincula (art. 9º da EC nº 103/2019).

- **Cálculo dos proventos de aposentadoria:** As regras para cálculo de proventos de aposentadoria serão disciplinadas em lei do respectivo ente federativo (art. 40, §3º)**. Servidores federais:** Até que lei discipline o cálculo dos benefícios do RPPS da União e do RGPS, será utilizada a média aritmética simples dos salários de contribuição e das remunerações adotadas como base para as contribuições, inclusive das atividades militares de que tratam os arts. 42 e 142 da CF/88, correspondentes a **100%** do período contributivo, desde julho de 1994 (art. 26 da EC nº 103/2019).

- **Valores dos proventos de aposentadoria:** não poderão ser inferiores ao valor mínimo a que se refere o § 2º do art. 201 ou superiores ao limite máximo estabelecido para o Regime Geral de Previdência Social, observado o disposto nos §§ 14 a 16 (art. 40, §2º da CF/88).

- Sistematização da aposentadoria pelo regime próprio:

<table>
<tr><th colspan="3">APOSENTADORIA PELO REGIME PRÓPRIO</th></tr>
<tr><td>Por incapacidade permanente para o trabalho</td><td colspan="2">• no cargo em que estiver investido, quando insuscetível de readaptação, hipótese em que será obrigatória a realização de avaliações periódicas para verificação da continuidade das condições que ensejaram a concessão da aposentadoria, na forma de lei do respectivo ente federativo (art. 40, §1º, I da CF/88). Readaptação (art. 37, §13): o servidor público titular de cargo efetivo poderá ser readaptado para exercício de cargo cujas atribuições e responsabilidades sejam compatíveis com a limitação que tenha sofrido em sua capacidade física ou mental, enquanto permanecer nesta condição, desde que possua a habilitação e o nível de escolaridade exigidos para o cargo de destino, mantida a remuneração do cargo de origem. Valor do benefício: a) servidor federal: até que lei discipline o cálculo dos benefícios do regime próprio de previdência social da União, o valor corresponderá a 60% da média aritmética de 100% das contribuições, com acréscimo de 2% para cada ano de contribuição que exceder o tempo de 20 anos de contribuição; o valor do benefício será de 100% da média, quando decorrer de acidente de trabalho, de doença profissional e de doença do trabalho</td></tr>
<tr><td>Compulsória</td><td colspan="2">• proventos proporcionais
• 70 ou 75 anos, nos termos de lei complementar. Lei Complementar nº 152/15: 75 anos para I – os servidores titulares de cargos efetivos da União, dos Estados, do Distrito Federal e dos Municípios, incluídas suas autarquias e fundações; II – os membros do Poder Judiciário; III – os membros do Ministério Público; IV – os membros das Defensorias Públicas; V – os membros dos Tribunais e dos Conselhos de Contas.</td></tr>
<tr><td rowspan="3">Voluntária</td><td colspan="2">• União:
a) 62 anos, se mulher;
b) 65 anos, se homem.
Até que entre em vigor lei federal, os servidores federais serão aposentados após 25 anos de contribuição, desde que cumpridos:
a) 10 anos de efetivo exercício no serviço público;
b) 5 anos no cargo efetivo em que for concedida a aposentadoria.
Estados e Municípios:
– idade mínima estabelecida mediante emenda às respectivas Constituições e Leis Orgânicas, observados o tempo de contribuição e os demais requisitos estabelecidos em lei complementar do respectivo ente federativo.
– enquanto não promovidas alterações na legislação interna relacionada ao respectivo regime próprio de previdência social, aplicam-se às aposentadorias dos servidores dos Estados, do Distrito Federal e dos Municípios as normas constitucionais e infraconstitucionais anteriores à data de entrada em vigor antes da EC nº 103/2019.
Antes da EC nº 103/2019, CF 88 estabelecia:</td></tr>
<tr><td>Integral:
Homem
10 anos de serviço público, e
5 anos no cargo, e
35 anos de contribuição, e
60 anos de idade</td><td>
Mulher
10 anos de serviço público, e
5 anos no cargo, e
30 anos de contribuição, e
55 anos de idade</td></tr>
<tr><td>Integral proporcional:
Homem
10 anos de serviço público, e
5 anos no cargo, e
65 anos de idade</td><td>Mulher
10 anos de serviço público, e
5 anos no cargo, e
60 anos de idade</td></tr>
</table>

<table>
<tr><th colspan="2">APOSENTADORIA PELO REGIME PRÓPRIO</th></tr>
<tr><td>*Aposentadoria especial*</td><td>

• Regra: vedada a adoção de requisitos ou critérios diferenciados para concessão de benefícios em RPPS.
• Exceção: art. 40, §§4º-A, 4º-B, 4º-C e 5º da CF/88:
a) servidores com deficiência, previamente submetidos à avaliação biopsicossocial realizada por equipe multiprofissional e interdisciplinar; a eles, poderão ser estabelecidos, por lei complementar do respectivo ente federativo, idade e tempo de contribuição diferenciados. **Servidores federais**: desde que cumpridos, no caso do servidor, o tempo mínimo de 10 (dez) anos de efetivo exercício no serviço público e de 5 (cinco) anos no cargo efetivo em que for concedida a aposentadoria, será concedida na forma da Lei Complementar nº 142, de 8 de maio de 2013, inclusive quanto aos critérios de cálculo dos benefícios (art. 22 da EC nº 103/2019).
b) ocupantes do cargo de agente penitenciário, de agente socioeducativo ou de policial dos órgãos de que tratam o inciso IV do caput do art. 51, o inciso XIII do caput do art. 52 e os incisos I a IV do caput do art. 144; a eles, poderão ser estabelecidos, por lei complementar do respectivo ente federativo, idade e tempo de contribuição diferenciados. **Servidores federais**: até que entre em vigor lei federal que discipline os benefícios do regime próprio de previdência social dos servidores da União, policiais civis do Distrito Federal, policiais da Câmara dos Deputados e do Senado Federal, policiais federais, policiais rodoviários federais, policiais ferroviários federais, agentes federais penitenciários ou socioeducativos aposentar-se-ão aos 55 (cinquenta e cinco) anos de idade, com 30 (trinta) anos de contribuição e 25 (vinte e cinco) anos de efetivo exercício em cargo dessas carreiras, para ambos os sexos (art. 10, §2º, I da EC nº 103/2019).
c) servidores cujas atividades sejam exercidas com efetiva exposição a agentes químicos, físicos e biológicos prejudiciais à saúde, ou associação desses agentes, vedada a caracterização por categoria profissional ou ocupação; a eles, poderão ser estabelecidos, por lei complementar do respectivo ente federativo, idade e tempo de contribuição diferenciados. **Servidores federais**: até que entre em vigor lei federal que discipline os benefícios do regime próprio de previdência social dos servidores da União: aos 60 (sessenta) anos de idade, com 25 (vinte e cinco) anos de efetiva exposição e contribuição, 10 (dez) anos de efetivo exercício de serviço público e 5 (cinco) anos no cargo efetivo em que for concedida a aposentadoria (art. 10, §2º, II da EC nº 103/2019).
Servidores estaduais, distritais e municipais: Aplicam-se às aposentadorias dos servidores dos Estados, do Distrito Federal e dos Municípios as normas constitucionais e infraconstitucionais anteriores à data de entrada em vigor da EC 103/2019, enquanto não promovidas alterações na legislação interna relacionada ao respectivo regime próprio de previdência social (art. 10, §7º e art. 22)
d) **Professores**: terão as idades exigidas reduzidas em 5 anos, ou seja, 57 anos, se mulher e 60 anos, se homem, desde que comprovem tempo de efetivo exercício das funções de magistério na educação infantil e no ensino fundamental e médio fixado em lei complementar do respectivo ente federativo (art. 40, §5º da CF/88 – com redação dada pela EC nº 103/2019).
Servidores federais: até que entre em vigor lei federal que discipline os benefícios do regime próprio de previdência social dos servidores da União: aos 60 (sessenta) anos de idade, se homem, aos 57 (cinquenta e sete) anos, se mulher, com 25 (vinte e cinco) anos de contribuição exclusivamente em efetivo exercício das funções de magistério na educação infantil e no ensino fundamental e médio, 10 (dez) anos de efetivo exercício de serviço público e 5 (cinco) anos no cargo efetivo em que for concedida a aposentadoria, para ambos os sexos (art. 10, §2º, III da EC nº 103/2019).
Servidores estaduais, distritais e municipais: aplicam-se às aposentadorias dos servidores dos Estados, do Distrito Federal e dos Municípios as normas constitucionais e infraconstitucionais anteriores à data de entrada em vigor desta Emenda Constitucional, enquanto não promovidas alterações na legislação interna relacionada ao respectivo regime próprio de previdência social. Antes da EC nº 103/2019, CF 88 estabelecia:
• requisitos estabelecidos na Constituição
• tempo exclusivo no magistério: infantil, fundamental e médio

</td></tr>
</table>

APOSENTADORIA PELO REGIME PRÓPRIO		
	Homem	**Mulher**
	10 anos de serviço público, e	10 anos de serviço público, e
	5 anos no cargo, e	5 anos no cargo, e
	30 anos de contribuição, e	25 anos de contribuição, e
	55 anos de idade	50 anos de idade

5. REGIME JURÍDICO DOS SERVIDORES PÚBLICOS

O regime estatutário ou legal* é aquele em que *o conjunto de regras reguladoras do servidor com a Administração está inserido em lei específica, conhecidas como estatuto.

- É ***o regime próprio das pessoas jurídicas de direito público***, assim, é admitido na administração direta, nas autarquias e nas fundações com regime de direito público.
- ***Não há uma lei só, um estatuto único. Pelo contrário, há diversas leis e, portanto, vários estatutos,*** pois cabe a cada ente político legislar a respeito, ou seja, cada Município e cada Estado podem ter os seus.
- Na esfera federal, o estatuto dos servidores públicos civis federais está previsto na ***Lei nº 8.112/90***.
- ***Provimento*** é o ato de se prover o cargo público. Pode ser originário (a investidura no cargo é feita pela primeira vez) ou derivado (investidura decorrente; servidor já era ocupante de cargo).

5.1. LEI Nº 8.112/90

- ***Requisitos*** para investidura (art. 5º):
  a) ser brasileiro;
  b) estar no gozo dos direitos políticos;
  c) estar adimplente com as obrigações militares e eleitorais;
  d) ter o nível de escolaridade exigido para o exercício do cargo;
  e) ter a idade mínima de dezoito anos;
  f) estar em aptas condições física e mental.
- É frequente a cobrança das formas de provimento derivado nas provas.
- ***Posse:*** com ela ***materializa-se*** a ***investidura*** do servidor no cargo.
- A posse pode ocorrer ***mediante procuração específica*** (art. 13, § 3º), depende de ***prévia inspeção médica oficial*** (art. 14; é necessária a aptidão física e mental para a posse).
- No ***ato*** da ***posse*** deve ser apresentada ***declaração de bens e valores*** que formam seu patrimônio e a declaração de exercício ou não de outro cargo, emprego ou função pública (art. 13, § 5º).
- ***Prazo*** para a ***posse: trinta dias***, contados da publicação do ato de provimento (art. 13, § 1º).
- Nomeado ***não toma posse*** no prazo: ***ato de provimento será tornado sem efeito***, pois ainda não era servidor para ser exonerado.
- ***Exercício***: desempenho efetivo das atribuições do cargo.
- ***Prazo para exercício***: ***quinze dias,*** contados da data da posse.
- Servidor ***não entra em exercício*** no prazo***:*** será ***exonerado*** de ofício.
- ***Estágio probatório***: lei prevê 24 meses, mas para STF é de 3 anos (STA 269, STA 290 e AI 754.802-DF).
- Sistematização das licenças e afastamentos em relação ao servidor em estágio probatório[18]:

SERVIDOR EM ESTÁGIO PROBATÓRIO – Licenças e Afastamentos	
PERMITIDO	*PROIBIDO*
• para o serviço militar (não suspende) • para exercício de mandato eletivo (não suspende) • para estudo ou missão no exterior (não suspende)	• para capacitação • para tratar de interesses particulares • para desempenho de mandato classista
• para servir a outro órgão ou entidade (só cargo de nível elevado; não suspende) • por motivo de doença em pessoa da família (suspende) • por motivo de afastamento do cônjuge ou companheiro (suspende) • para atividade política (suspende) • para servir em organismo internacional de que o Brasil participe ou com o qual coopere (suspende) • participação em curso de formação (suspende)	• para participação em programa de pós-graduação *stricto sensu* no País

18. BORTOLETO, Leandro. *Direito administrativo*. 2. ed. Salvador: Juspodivm, 2013. p. 200.

- Sistematização das formas de provimento derivado[19]:

PROVIMENTO DERIVADO: principais formas
Readaptação → investidura em outro cargo com atribuições e responsabilidade → compatíveis com as limitações do servidor
Aproveitamento → volta à ativa do servidor em disponibilidade
Reversão → volta do aposentado
Reintegração → volta do demitido
Recondução → volta ao cargo anterior

- Remoção (art. 36): ***deslocamento do servidor***, a pedido ou de ofício, no âmbito do mesmo quadro, ***com ou sem mudança de sede.***
- Remoção pode ocorrer ***de ofício ou a pedido*** do servidor.
- Hipóteses em que a ***Administração não pode recusar*** o pedido de remoção do servidor (art. 36, III):
  a) para ***acompanhar cônjuge ou companheiro***, também servidor público civil ou militar, de qualquer dos Poderes da União, dos Estados, do Distrito Federal e dos Municípios, que foi deslocado no interesse da Administração[20];
  b) por ***motivo de saúde*** do servidor, cônjuge, companheiro ou dependente que viva às suas expensas e conste do seu assentamento funcional, condicionada à comprovação por junta médica oficial;
  c) em virtude de ***processo seletivo*** promovido, na hipótese em que o número de interessados for superior ao número de vagas, de acordo com normas preestabelecidas pelo órgão ou entidade em que aqueles estejam lotados.
- ***Vantagens***: servidor pode receber indenizações, gratificações e adicionais.
- Sistematização das ***indenizações***[21]:

Ajuda de custo	• Deslocamento definitivo, no interesse da Administração • Valor em regulamento: máximo 3 remunerações servidor não se desloca: devolução em 30 dias
Diária	• Deslocamento transitório • Valor em regulamento: é ½ diária quando não houver pernoite fora da sede ou quando a União custear por outros meios • Servidor não se desloca: devolução em 5 dias
Indenização de transporte	• Uso de meio próprio de locomoção para execução de serviço externo, por força das atribuições do cargo • Valor em regulamento
Auxílio-moradia	• Servidor deslocado para ocupar alto cargo em comissão e demais requisitos do Art. 60-B • Valor: o que for menor: ou 25% do subsídio de Ministro ou 25% da remuneração do cargo ocupado. Independentemente do valor do cargo, assegura-se até R$ 1.800,00

- Sistematização das ***gratificações*** e ***adicionais***[22]:

GRATIFICAÇÕES E ADICIONAIS	
Retribuição pelo exercício de função de direção, chefia e assessoramento	- Servidor que ocupa cargo em comissão ou exerce → função comissionada
Gratificação natalina	- 13º
Adicionais pelo exercício de atividades insalubres, perigosas ou penosas	- Adicional de insalubridade: local insalubre ou em: → contato permanente com substâncias tóxicas - Adicional de periculosidade: permanente risco de vida

19. BORTOLETO, Leandro. *Direito administrativo.* 2. ed. Salvador: Juspodivm, 2013. p. 205.
20. Corroborando o dispositivo supramencionado, o STJ decidiu no EREsp 1.247.360 RJ que o servidor federal somente tem direito à remoção prevista no artigo 36, § único, III, "a", da Lei 8.112/90, caso seu cônjuge/ companheiro, também servidor, tenha sido deslocado de ofício, no interesse da administração. Assim, se o cônjuge foi removido a pedido, ao outro não assiste o direito à remoção com base neste dispositivo.
21. BORTOLETO, Leandro. *Direito administrativo.* Salvador: Juspodivm, 2012. p. 212.
22. BORTOLETO, Leandro. *Direito administrativo.* Salvador: Juspodivm, 2012. p. 214.

Adicionais pelo exercício de atividades insalubres, perigosas ou penosas	- Se tiver direito aos dois, tem que escolher um - Adicional de penosidade: zona de fronteira ou → localidade cujas condições de vida o justifiquem - Percentual: regulamento
Adicional por serviço extraordinário	- Hora extra - 50% sobre o valor da hora normal - Máximo de 2h por jornada
Adicional noturno	- Trabalho das 22h às 5h - Hora, nesse período, é 52min30s - 25% sobre o valor da hora normal - Se for o caso, incide sobre a remuneração com o → adicional por serviço extraordinário

Adicional de férias	- 1/3 sobre a remuneração do período de férias
Gratificação por encargo de curso ou concurso	- Fazer as atividades do art. 76-A, fora do horário → de trabalho ou com compensação - Máximo: 120h anuais (exceção: + 120h)

- ***Licenças e afastamentos*** assegurados ao servidor (artigos 86 a 96-A e 202 a 214): a) licença por motivo de doença em pessoa da família; b) licença por motivo de afastamento do cônjuge ou companheiro; c) licença para o serviço militar; d) licença para atividade política; e) licença para capacitação; f) licença para tratar de interesses particulares; g) licença para desempenho de mandato classista; h) licença para tratamento de saúde; i) licença à gestante, à adotante e licença-paternidade; j) licença por acidente em serviço; k) afastamento para servir a outro órgão ou entidade; l) afastamento para exercício de mandato eletivo; m) afastamento para estudo ou missão no exterior; n) afastamento para participação em programa de pós-graduação *stricto sensu* no País.

- Sistematização da licença para atividade política:

DURAÇÃO DA LICENÇA						
Convenção partidária	➔	Registro Justiça Eleitoral	➔	Eleições	➔	10º dia após as eleições
Não remunerada				Remunerada		
REMUNERAÇÃO						

- Sistematização da contagem do tempo de serviço[23]:

TEMPO DE SERVIÇO	
Efetivo exercício	*Somente para aposentadoria e disponibilidade*
• tempo de serviço público federal (conta para todos os fins) • exercício de cargo em comissão ou equivalente, em órgão ou entidade dos Poderes da União, dos Estados, Municípios e Distrito Federal (cessão de servidor federal) • exercício de cargo ou função de governo ou administração, em qualquer parte do território nacional, por nomeação do Presidente da República	• tempo de serviço público prestado aos Estados, Municípios e Distrito Federal • tempo de serviço em atividade privada, vinculada à Previdência Social
• serviço militar federal (Forças Armadas; conta para todos os fins)	• tempo de serviço relativo a tiro de guerra

23. BORTOLETO, Leandro. *Direito administrativo.* 2. ed. Salvador: Juspodivm, 2013. p. 223/224.

TEMPO DE SERVIÇO	
Efetivo exercício	*Somente para aposentadoria e disponibilidade*
• desempenho de mandato eletivo federal, estadual, municipal ou do Distrito Federal, exceto para promoção por merecimento	• desempenho de mandato eletivo federal, estadual, municipal ou distrital, anterior ao ingresso no serviço público federal
• licença para tratamento da própria saúde, até o limite de vinte e quatro meses, cumulativo ao longo do tempo de serviço público prestado à União, em cargo de provimento efetivo	• licença para tratamento da própria saúde, além do limite de vinte e quatro meses, cumulativo ao longo do tempo de serviço público prestado à União, em cargo de provimento efetivo
• licença para tratamento de saúde de pessoal da família do servidor, com remuneração, até trinta dias, em período de doze meses	• licença para tratamento de saúde de pessoal da família do servidor, com remuneração, que exceder a trinta dias, em período de 12 doze meses
• ausências do art. 97 (alistamento eleitoral, doação de sangue, casamento, etc.) • férias • participação em programa de treinamento ou em programa de pós-graduação *stricto sensu* no País • júri e outros serviços obrigatórios por lei • missão ou estudo no exterior, quando autorizado o afastamento • licença à gestante, à adotante e à paternidade • licença para o desempenho de mandato classista ou participação de gerência ou administração em sociedade cooperativa constituída por servidores para prestar serviços a seus membros, exceto para efeito de promoção por merecimento • licença por motivo de acidente em serviço ou doença profissional • licença para capacitação • licença por convocação para o serviço militar • deslocamento para a nova sede (período de trânsito para o servidor que deva ter exercício em outro Município por ter sido removido, redistribuído, requisitado, cedido ou posto em exercício provisório) • participação em competição desportiva nacional ou convocação para integrar representação desportiva nacional, no País ou no exterior • afastamento para servir em organismo internacional de que o Brasil participe ou com o qual coopere	• licença para atividade política, com remuneração (do registro da candidatura na Justiça Eleitoral até dez dias após as eleições)

- ***Direito de petição*** do servidor ***prescreve*** em (art. 110): a) em ***cinco anos***, quanto aos atos de demissão e de cassação de aposentadoria ou disponibilidade, ou que afetem interesse patrimonial e créditos resultantes das relações de trabalho; b) em ***cento e vinte dias***, nos demais casos, salvo se houver outro prazo fixado em lei.
- Os artigos 116 e 117 devem ser lidos várias vezes. São muito importantes porque descrevem os deveres e proibições dos servidores e a definição das penas é correlacionada com esses dispositivos legais.
- ***Responsabilidades***: as ***sanções*** penais, administrativas e civis podem ***cumular-se***, pois são independentes entre si. ***Exceção***: quando na esfera penal o servidor for ***absolvido*** em razão da ***inexistência do fato*** ou da ***negativa de autoria*** (art. 126).
- As ***penas*** que podem ser aplicadas ao servidor são (art. 127): a) advertência; b) suspensão; c) multa; d) demissão; e) cassação de aposentadoria e disponibilidade; f) destituição de cargo em comissão; g) destituição de função de confiança.

- ***Advertência:*** tem cabimento, conforme o art. 129, quando se tratar de ***violação dos deveres funcionais*** constantes do art. 117, I a VIII e XIX, ou quando houver a ***inobservância de dever funcional*** previsto em lei, regulamento ou norma interna, e não haja justificativa para a aplicação de pena mais grave.
- ***Suspensão*** é cabível (art. 130):
  - ***a)*** quando houver reincidência de falta punida com advertência;
  - ***b)*** nos casos de violação das proibições que não sejam punidas com demissão, isto é, nas situações previstas no art. 117, XVII e XVIII;
  - ***c)*** quando o servidor se recusar, injustificadamente, a se submeter a inspeção médica determinada pela autoridade competente (a partir do momento que se submeter a inspeção, cessam os efeitos da pena).
- ***Suspensão*** pode, a critério do administrador, ser ***substituída por multa*** no valor equivalente a ***50% por dia*** da remuneração do servidor e este continua a trabalhar.
- ***Demissão***: hipóteses de ***cabimento***:
  - a) **Art. 117, IX a XVI**: *"IX – valer-se do cargo para lograr proveito pessoal ou de outrem, em detrimento da dignidade da função pública; X – participar de gerência ou administração de sociedade privada, personificada ou não personificada, exercer o comércio, exceto na qualidade de acionista, cotista ou comanditário; XI – atuar, como procurador ou intermediário, junto a repartições públicas, salvo quando se tratar de benefícios previdenciários ou assistenciais de parentes até o segundo grau, e de cônjuge ou companheiro; XII – receber propina, comissão, presente ou vantagem de qualquer espécie, em razão de suas atribuições; XIII – aceitar comissão, emprego ou pensão de estado estrangeiro; XIV – praticar usura sob qualquer de suas formas; XV – proceder de forma desidiosa; XVI – utilizar pessoal ou recursos materiais da repartição em serviços ou atividades particulares";*
  - *b)* **Art. 132, I a XII: "***I – crime contra a administração pública; II – abandono de cargo; III – inassiduidade habitual; IV – improbidade administrativa; V – incontinência pública e conduta escandalosa, na repartição; VI – insubordinação grave em serviço; VII – ofensa física, em serviço, a servidor ou a particular, salvo em legítima defesa própria ou de outrem; VIII – aplicação irregular de dinheiros públicos; IX – revelação de segredo do qual se apropriou em razão do cargo; X – lesão aos cofres públicos e dilapidação do patrimônio nacional; XI – corrupção; XII – acumulação ilegal de cargos, empregos ou funções públicas.*
- Sistematização da pena de demissão[24]:

DEMISSÃO
Somente após 5 anos pode retornar ao serviço público federal
• valer-se do cargo para lograr proveito pessoal ou de outrem, em detrimento da dignidade da função pública • atuar, como procurador ou intermediário, junto a repartições públicas, salvo quando se tratar de benefícios previdenciários ou assistenciais de parentes até o segundo grau, e de cônjuge ou companheiro
Não pode mais retornar ao serviço público federal
• crime contra a Administração Pública Atenção! Na ADI nº 2.975 entendeu-se pela inconstitucionalidade do parágrafo único do art. 137 da Lei nº 8.112/1990
Não pode mais retornar ao serviço público federal **Indisponibilidade dos bens** **Ressarcimento ao erário**
• improbidade administrativa • aplicação irregular de dinheiros públicos • lesão aos cofres públicos e dilapidação do patrimônio nacional • corrupção Atenção! Na ADI nº 2.975 entendeu-se pela inconstitucionalidade do parágrafo único do art. 137 da Lei nº 8.112/1990
Demais casos: sem restrição de retorno ao serviço público federal
• abandono de cargo • inassiduidade habitual • incontinência pública e conduta escandalosa, na repartição • insubordinação grave em serviço • ofensa física, em serviço, a servidor ou a particular, salvo em legítima defesa própria ou de outrem • revelação de segredo do qual se apropriou em razão do cargo • acumulação ilegal de cargos, empregos ou funções públicas • participar de gerência ou administração de sociedade privada, personificada ou não personificada, exercer o comércio, exceto na qualidade de acionista, cotista ou comanditário

24. BORTOLETO, Leandro. *Direito administrativo*. Salvador: Juspodivm, 2012. p. 233.

DEMISSÃO
• recebimento de propina, comissão, presente ou vantagem de qualquer espécie, em razão de suas atribuições • aceitação de comissão, emprego ou pensão de Estado estrangeiro • prática de usura sob qualquer de suas formas • procedimento desidioso • utilização pessoal ou recursos materiais da repartição em serviços ou atividades particulares

Em 22 de setembro de 2021, foi aprovada nova súmula do STJ, de nº 650, *in verbis*: "A autoridade administrativa não dispõe de discricionariedade para aplicar ao servidor pena diversa de demissão quando caraterizadas as hipóteses previstas no artigo 132 da Lei 8.112/1990.

Súmula 651 do STJ: Compete à autoridade administrativa aplicar a servidor público a pena de demissão em razão da prática de improbidade administrativa, independentemente de prévia condenação, por autoridade judiciária, à perda da função pública.

- **ADI 2.975:** Para o STF, a previsão contida no parágrafo único do art. 137 da Lei nº 8.112/1990 é inconstitucional por violar o art. 5º, XLVII, "b" da CF/88, pois impõe penalidade de caráter perpétuo. Assim, apesar de a norma constitucional se referir à sanção penal, sua extensão às sanções administrativas é possível, tendo em vista o vínculo entre as esferas, decorrente do poder sancionatório estatal. Exemplo disso é a impossibilidade de imposição de sanções administrativas mais graves do que as penas aplicadas pela prática de crimes, tendo em vista os conceitos da subsidiariedade e da intervenção penal mínima. Nessa senda, o STF possui jurisprudência (RE 154.134/SP) no sentido da não aplicação de penalidade administrativa de "inabilitação permanente para o exercício de cargos de administração ou gerência de instituição financeira". Com base no exposto, o Plenário, por maioria, decidiu pela inconstitucionalidade do parágrafo único do art. 137 da Lei nº 8.112/1990, comunicando ao Congresso para que delibere acerca do prazo para proibição de retorno ao cargo público nos casos acima.
- ***Ação disciplinar*** prescreve: a) se a infração administrativa também for crime, no prazo previsto na lei penal; b) se a infração administrativa não for crime: em 5 anos, para as infrações puníveis com demissão, cassação de aposentadoria ou disponibilidade e destituição de cargo em comissão; em 2 anos, para os casos de suspensão; em 180 dias para a advertência.
- STJ: "O prazo prescricional previsto na lei penal se aplica às infrações disciplinares também capituladas como crime independentemente da apuração criminal da conduta do servidor. Para se aplicar a regra do § 2º do art. 142 da Lei nº 8.112/90 não se exige que o fato esteja sendo apurado na esfera penal (não se exige que tenha havido oferecimento de denúncia ou instauração de inquérito policial). Se a infração disciplinar praticada for, em tese, também crime, deve ser aplicado o prazo prescricional previsto na legislação penal independentemente de qualquer outra exigência". (1ª Seção. MS 20.857-DF, Rel. Min. Napoleão Nunes Maia Filho, Rel. Acd. Min. Og Fernandes, julgado em 22/05/2019 – Info 651).
- STJ: Desde que devidamente motivada e com amparo em investigação ou sindicância, é possível a instauração de processo administrativo disciplinar com base em denúncia anônima, em face do poder-dever de autotutela imposto à Administração (Súmula nº 611).
- STJ: "A portaria de instauração do processo administrativo disciplinar prescinde da exposição detalhada dos fatos a serem apurados" (Súmula nº 641).

  STJ: "A autoridade administrativa não dispõe de discricionariedade para aplicar ao servidor pena diversa de demissão quando caraterizadas as hipóteses previstas no artigo 132 da Lei 8.112/1990 (Súmula nº 650)
- Sistematização das formas de apuração de infração disciplinar[25]:

APURAÇÃO DE INFRAÇÃO DISCIPLINAR	
Infração punida com	*Meio de apuração*
Advertência Suspensão ≤ 30 dias	Sindicância ou Processo administrativo disciplinar
Suspensão > 30 dias Demissão Cassação de aposentadoria ou disponibilidade Destituição de cargo em comissão	Processo administrativo disciplinar

- Processo administrativo: rito ordinário e rito sumário.
- ***Rito ordinário*** do processo administrativo disciplinar[26]:

25. BORTOLETO, Leandro. *Direito administrativo*. 2. ed. Salvador: Juspodivm, 2013. p. 239.
26. BORTOLETO, Leandro. *Direito administrativo*. 2. ed. Salvador: Juspodivm, 2013. p. 243.

<table>
<tr><th colspan="4">PROCESSO ADMINISTRATIVO DISCIPLINAR:
Rito Ordinário</th></tr>
<tr><td rowspan="2">Instauração</td><td colspan="3">Publicação do ato de constituição da comissão disciplinar
Comissão ➔ 3 servidores estáveis</td></tr>
<tr><td>Consequências</td><td colspan="2">• (60 dias + 60 dias)
• possibilidade de afastamento temporário do servidor
• impossibilidade de aposentadoria voluntária ou exoneração a pedido do servidor</td></tr>
<tr><td rowspan="3">Inquérito Administrativo</td><td>Instrução</td><td colspan="2">• Produção de provas: testemunhas, perícias, acareações, interrogatório do servidor e demais diligências
• Indiciação: se for o caso, após análise das provas</td></tr>
<tr><td colspan="2">Citação</td><td>• por mandado
ou
• por edital</td></tr>
<tr><td>Defesa</td><td>Prazo</td><td>• 10 dias ➔ 1 indiciado
• 20 dias ➔ + de 1 indiciado (comum)
• 15 dias ➔ citação por edital</td></tr>
<tr><td rowspan="2">Inquérito Administrativo</td><td>Defesa</td><td>Defesa não apresentada no prazo</td><td>• servidor nomeado defensor dativo
• devolução do prazo</td></tr>
<tr><td>Relatório</td><td>Conteúdo</td><td>• resumo das principais peças
• menção às provas
• conclusão (inocência ou responsabilidade)
• indicação do dispositivo legal</td></tr>
</table>

<table>
<tr><td rowspan="3">Julgamento</td><td>• Prazo</td><td>➔ 20 dias
➔ inobservância: não gera nulidade; se ocorrer a prescrição autoridade será responsabilizada</td></tr>
<tr><td>• Competência</td><td>➔ Art. 141; se autoridade instauradora não tiver competência, deve encaminhar os autos à competente</td></tr>
<tr><td>• Relatório da Comissão Disciplinar</td><td>➔ Regra: deve ser acatado
➔ Exceção: pode ser refutado se, motivadamente, for demonstrado que é contrário à prova dos autos</td></tr>
<tr><td colspan="3">PRAZO PARA CONCLUSÃO: 60 dias + 60 dias = 120 dias. Conforme STF e STJ, não está incluído prazo para julgamento (20 dias), totalizando 140 dias.
Súmula nº 635 do STJ: "Os prazos prescricionais previstos no artigo 142 da Lei 8.112/1990 iniciam-se na data em que a autoridade competente para a abertura do procedimento administrativo toma conhecimento do fato, interrompem-se com o primeiro ato de instauração válido – sindicância de caráter punitivo ou processo disciplinar – e voltam a fluir por inteiro, após decorridos 140 dias desde a interrupção."</td></tr>
</table>

- ***Revisão*** do processo administrativo disciplinar: ***pode se dar de ofício ou a requerimento*** do servidor (em caso de falecimento, ausência ou desaparecimento do servidor, qualquer pessoa da família poderá fazê-lo) e não há prazo, mas devem ser cumpridos os seguintes ***requisitos***: ***fato novo ou circunstância suscetível de justificar a inocência do punido ou a inadequação da penalidade aplicada*** (art. 174).
- Seguridade social: é ***dever da União manter Plano de Seguridade Social para o servidor e sua família*** (art. 183).
- ***Benefícios do Plano de Seguridade Social***. O rol de benefícios dos regimes próprios de previdência social fica limitado às aposentadorias e à pensão por morte (art. 9º, §2º da EC nº 103/2019). **ATENÇÃO!** No caso de afastamentos por incapacidade temporária para o trabalho e salário-maternidade, o pagamento será feito diretamente pelo ente federativo e não correrá à conta do RPPS ao qual o servidor se vincula (art. 9º, §3º da EC nº 103/2019).
- **PENSÃO:**
  - **Valor:** o valor da pensão por morte concedida a dependente do servidor federal passou a ser regido pelo disposto na EC nº 103/2019 e será equivalente a:
    - uma cota familiar de 50% do valor da

aposentadoria recebida pelo segurado ou servidor ou daquela a que teria direito se fosse aposentado por incapacidade permanente na data do óbito, acrescida de cotas de 10 pontos percentuais por dependente, até o máximo de 100%. **ATENÇÃO!** As cotas por dependente cessarão com a perda dessa qualidade e não serão reversíveis aos demais dependentes, preservado o valor de 100% da pensão por morte quando o número de dependentes remanescente for igual ou superior a 5.

- **dependente inválido:** I – 100% da aposentadoria recebida pelo segurado ou servidor ou daquela a que teria direito se fosse aposentado por incapacidade permanente na data do óbito, até o limite máximo de benefícios do Regime Geral de Previdência Social; e II – uma cota familiar de 50% acrescida de cotas de 10 pontos percentuais por dependente, até o máximo de 100%, para o valor que supere o limite máximo de benefícios do Regime Geral de Previdência Social. **ATENÇÃO!** Quando não houver mais dependente inválido ou com deficiência intelectual, mental ou grave, o valor da pensão será recalculado na forma do disposto acima.

ATENÇÃO! O tempo de duração da pensão por morte e das cotas individuais por dependente até a perda dessa qualidade, o rol de dependentes e sua qualificação e as condições necessárias para enquadramento serão aqueles estabelecidos na Lei nº 8.213, de 24 de julho de 1991 (art. 23, §4º da EC nº 103/2019).

– **Beneficiários da pensão:** o rol de dependentes e sua qualificação, assim como as condições necessárias para enquadramento serão aqueles estabelecidos pela Lei nº 8.213/1991, que traz as regras do RGPS. São eles (art. 16 da Lei nº 8.213/1991):

I - o cônjuge, a companheira, o companheiro e o filho não emancipado, de qualquer condição, menor de 21 (vinte e um) anos ou inválido ou que tenha deficiência intelectual ou mental ou deficiência grave;

II - os pais;

III - o irmão não emancipado, de qualquer condição, menor de 21 (vinte e um) anos ou inválido ou que tenha deficiência intelectual ou mental ou deficiência grave;

ATENÇÃO! Segundo o art. 23, §6º da EC nº 103/2019, "equiparam-se a filho, para fins de recebimento da pensão por morte, exclusivamente o enteado e o menor tutelado, desde que comprovada a dependência econômica".

– **Perda da qualidade de beneficiário:** O tempo de duração da pensão por morte e das cotas individuais por dependente até a perda dessa qualidade também seguirá o estabelecido pela Lei nº 8.213/1991 (art. 77, §2º da Lei nº 8.213/1991):

- pela morte do pensionista;
- para o filho, a pessoa a ele equiparada ou o irmão, de ambos os sexos, ao completar vinte e um anos de idade, salvo se for inválido ou tiver deficiência intelectual ou mental ou deficiência grave;
- para filho ou irmão inválido, pela cessação da invalidez;
- para filho ou irmão que tenha deficiência intelectual ou mental ou deficiência grave, pelo afastamento da deficiência, nos termos do regulamento;
- para cônjuge ou companheiro:

a) se inválido ou com deficiência, pela cessação da invalidez ou pelo afastamento da deficiência, respeitados os períodos mínimos;

b) em 4 meses, se o óbito ocorrer sem que o segurado tenha vertido 18 contribuições mensais ou se o casamento ou a união estável tiverem sido iniciados em menos de 2 anos antes do óbito do segurado;

c) transcorridos os seguintes períodos, estabelecidos de acordo com a idade do beneficiário na data de óbito do segurado, se o óbito ocorrer depois de vertidas 18 contribuições mensais e pelo menos 2 anos após o início do casamento ou da união estável: (ATENÇÃO! Nos termos do §3º do art. 222 da Lei nº 8.112/1990, os períodos constantes do art. 222, VII, "b", podem ser atualizados e, com base nesse dispositivo, a Portaria nº 424, de 29/12/2020, do Ministério da Economia, elevou a idade para a pensão vitalícia de 44 para 45 anos):

1) 3 anos, com menos de 22 anos de idade;

2) 6 anos, entre 22 e 27 anos de idade;

3) 10 anos, entre 28 e 30 anos de idade;

4) 15 anos, entre 31 e 41 anos de idade;

5) 20 anos, entre 42 e 44 anos de idade;
6) vitalícia, com 45 ou mais anos de idade.

Com o advento da MP nº 871/2019, convertida na Lei nº 13.846/2019 a pensão por morte será devida ao conjunto dos dependentes do segurado a contar **da data** (art. 219). **ATENÇÃO!** Referida disposição é idêntica à estabelecida pelo art. 74 da Lei nº 8.213/1991:

a) do óbito, quando requerida em até 180 após o óbito, para os filhos menores de 16 (dezesseis) anos, ou em até 90 dias após o óbito, para os demais dependentes;
b) do **requerimento**, quando requerida após o prazo previsto acima; ou
c) da **decisão judicial**, na hipótese de morte presumida.

6. LEI Nº 11.416/06: CARREIRAS DOS SERVIDORES DO PODER JUDICIÁRIO DA UNIÃO

- Não há apenas um **quadro de pessoal** para todo o Poder Judiciário da União, mas, na verdade, **há quadros de pessoal (art. 1º).**

  Considera-se como **Quadro** a estrutura de **cada Justiça Especializada:**

  a) o Quadro de Pessoal da Justiça Federal;
  b) o Quadro de Pessoal da Justiça do Trabalho;
  c) o Quadro de Pessoal da Justiça Eleitoral;
  d) o Quadro de Pessoal da Justiça Militar.

- **Progressão funcional x promoção** (art. 9º):

  a) progressão funcional: "**movimentação do servidor de um padrão para o seguinte dentro de uma mesma classe**, observado o interstício de um ano, sob os critérios fixados em regulamento e de acordo com o resultado de avaliação formal de desempenho";
  b) promoção: "**movimentação do servidor do último padrão de uma classe para o primeiro padrão da classe seguinte**, observado o interstício de um ano em relação à progressão funcional imediatamente anterior, dependendo, cumulativamente, do resultado de avaliação formal de desempenho e da participação em curso de aperfeiçoamento oferecido, preferencialmente, pelo órgão, na forma prevista em regulamento**"**.

- **Classes e padrões:** os cargos de cada uma das carreiras são estruturados em classes e padrões, bem como são divididos em áreas de atividade (art. 3º). São três classes (A, B e C) e cada uma delas é subdividida em cinco níveis. Assim, a carreiras de Analista Judiciário, de Técnico Judiciário e de Auxiliar Judiciário têm como cargo inicial o que se situa na Classe A, Padrão 1, depois seguem os Padrões 2, 3, 4 e 5 e, após, muda-se para a Classe para B, continuando a sequência numérica dos Padrões, ou seja, Classe B, Padrões 6, 7, 8, 9 e 10 e, por fim, Classe C, Padrões 11, 12 e 13 (último nível da carreira).

- **Atribuições** (art. 4º): devem ser descritas em regulamento, observando-se que:

  a) **Carreira de Analista Judiciário**: as atribuições são "atividades de planejamento; organização; coordenação; supervisão técnica; assessoramento; estudo; pesquisa; elaboração de laudos, pareceres ou informações e execução de tarefas de elevado grau de complexidade". Dentro da Carreira de Analista Judiciário, há o cargo de Analista Judiciário, Área Judiciária, Especialidade Oficial de Justiça Avaliador Federal e suas atribuições são a "execução de mandados e atos processuais de natureza externa, na forma estabelecida pela legislação processual civil, penal, trabalhista e demais leis especiais". O cargo da Carreira de Analista Judiciário, Área Administrativa que tenha como atribuições as funções de segurança, para fins de identificação funcional, é denominado Inspetor de Segurança Judiciária.
  b) **Carreira de Técnico Judiciário**: são atribuições a execução de tarefas de suporte técnico e administrativo, e o cargo de Técnico Judiciário, Área Administrativa, que desempenhe funções de segurança, é denominado Agente de Segurança Judiciária, para fins de identificação funcional.
  c) **Carreira de Auxiliar Judiciário**: são atribuições as atividades básicas de apoio operacional.

7. PODERES ADMINISTRATIVOS

São as prerrogativas à disposição da Administração destinadas à viabilização do interesse público.

PODER VINCULADO (OU REGRADO): é aquele que a lei "confere à Administração Pública para a prática de ato de sua competência, determinando os elementos e requisitos necessários a sua formalização"[27]. Na verdade, não se trata de prerrogativa à disposição da Administração e, sim, uma restrição, uma obrigação de atuação em conformidade com a lei. De fato,

---

27. MEIRELLES, Hely Lopes. *Direito administrativo brasileiro*. 36. ed.São Paulo: Malheiros, 2010. p. 120. Essa definição é cobrada de maneira literal, com frequência, nas provas.

é mais uma exigência de comportamento do que um poder.

PODER DISCRICIONÁRIO: prerrogativa conferida à Administração Pública de fazer opções, de escolher, de analisar se é oportuno, se é conveniente, segundo o interesse público, a prática de determinado ato.

Quando existe a discricionariedade:

a) quando a lei expressamente prever;

b) quando a lei utilizar conceitos jurídicos indeterminados (boa-fé, moralidade, decoro, bons costumes...). Tal poder pode sofrer limitação em face do princípio da razoabilidade.

PODER HIERÁRQUICO: o de que dispõe o Executivo para distribuir e escalonar as funções de seus órgãos, ordenar e rever a atuação de seus agentes, estabelecendo a relação de subordinação entre os servidores do seu quadro de pessoal"[28].

É típico da função administrativa, mas não é exclusivo do Executivo e faz parte dos Poderes Legislativo e Judiciário, na função atípica de administrar. É com base na **hierarquia** que se pode **avocar, delegar, ordenar, controlar, corrigir e aplicar sanções**.

Delegação: é a transferência de parte das atribuições feita por quem era originariamente competente.

Avocação: o superior, que não era competente, chama para si parcela de competência legalmente atribuída a subordinado seu.

PODER DISCIPLINAR: é a prerrogativa pela qual a Administração apura as infrações e aplica as penalidades ao infrator, que pode ser um servidor público ou particular sujeito à disciplina administrativa, como um estudante de escola pública[29].

***Diferenças entre poder disciplinar e ius puniendi*:**

1) Penalidade administrativa: objeto as infrações relacionadas ao serviço; dirige-se a um agente público ou a um particular juridicamente relacionado com a administração.

   - Sanção penal: dirigida a qualquer infrator da lei penal e não pode ser aplicada por órgão administrativo, sendo privativa da atuação judicial.

2) Esfera administrativa: tipicidade afrouxada (nem todas as infrações são previstas de forma detalhada; conceitos jurídicos indeterminados).

   - Esfera penal: tipicidade rígida

PODER REGULAMENTAR

Para Maria Sylvia Zanella Di Pietro, é espécie do poder normativo da Administração Pública, ou seja, é um tipo, uma das formas pela qual se expressa a função normativa da Administração Pública, e o poder regulamentar, assim entendido, é privativo do Chefe do Executivo e se materializa por meio de decreto, mas há outras formas de expressão do poder normativo como as resoluções, as portarias, as instruções, os regimentos, mas esses atos possuem alcance restrito aos limites de atuação do órgão e não têm a mesma natureza dos regulamentos expedidos pelos Chefes do Executivo[30].

Regulamento executivo: é ato administrativo que explica, detalha a lei para seu fiel cumprimento; é ato normativo secundário, não podendo criar direitos e obrigações (apenas as acessórias ou derivadas).

Regulamento autônomo: é ato normativo, infralegal, que pode inovar na ordem jurídica; tem seu fundamento diretamente estabelecido no texto constitucional; trata de matéria não constante em lei. Art. 84, VI, da Constituição Federal.

Por esse dispositivo constitucional, o Presidente da República tem competência para dispor, mediante decreto, sobre a administração federal, desde que não implique aumento de despesa, não faça a criação ou extinção de órgão público e nem a extinção de cargo público provido (por decreto, pode extinguir cargo vago). Os Governadores e Prefeitos também dispõem dessa competência, desde que haja previsão, respectivamente, nas Constituições estaduais e leis orgânicas.

Regulamentação técnica ou regulamento autorizado: manifesta-se, por exemplo, na função normativa exercida pelas agências reguladoras, as quais recebem a função de regular por meio da deslegalização de parte da matéria.

Deslegalização ou delegificação: a lei delega a função de criar norma a respeito de assuntos técnicos a órgãos administrativos. Fala-se, também, em discricionariedade técnica, porque a lei estabelece parâmetros, diretrizes para que, em nível administrativo, seja feita a complementação da lei, com conteúdo técnico.

- ***PODER DE POLÍCIA***

  "faculdade de que dispõe a administração pública para condicionar e restringir o uso e gozo de bens, atividades e direitos individuais, em benefício da coletividade ou do próprio Estado"[31].

---

28. MEIRELLES, Hely Lopes. *Direito administrativo brasileiro*. 36. ed. São Paulo: Malheiros, 2010. p. 124.
29. DI PIETRO, Maria Sylvia Zanella. *Direito administrativo*. 23. ed. São Paulo: Atlas, 2010. p. 94.
30. MEIRELLES, Hely Lopes. *Direito administrativo*. 25. ed. São Paulo: Atlas, 2012. p. 91 e 94.
31 MEIRELLES, Hely Lopes. *Direito administrativo brasileiro*. 36. ed. São Paulo: Malheiros, 2010. p. 134.

- ***Poder de polícia em sentido amplo e em sentido estrito***: ***sentido amplo***: engloba tanto os atos legislativos quanto os atos administrativos; ***sentido estrito***: é uma atividade administrativa e, assim, só pode ser exercida na função administrativa e não na função legislativa.

  Polícia administrativa e polícia de judiciária

  Polícia administrativa: o foco é a limitação a uma liberdade, ao exercício de um direito para que não seja exercido de forma nociva ao interesse público. Regulada pelas normas de direito administrativo.

  Polícia judiciária: o objetivo é a responsabilização do infrator. Regulada pelas normas de direito processual penal.

  STF (RE 658570) fixou **tese de repercussão geral**: "é constitucional a atribuição às guardas municipais do exercício de poder de polícia de trânsito, inclusive para imposição de sanções administrativas legalmente previstas".

- **Atributos do poder de polícia:**
  - discricionariedade: em regra é discricionário, mas pode ser vinculado também. Licença: vinculado. Autorização: discricionário.
  - autoexecutoriedade: Administração pode praticar diretamente os atos afetos à polícia administrativa, não necessitando recorrer ao Poder Judiciário.
  - coercibilidade: ato de polícia administrativa é impositivo, coercitivo para o destinatário.

- ***Ciclo de polícia***: ordem de polícia, consentimento de polícia, fiscalização de polícia, sanção de polícia.

- O STF, no RE 633782/MG (Informativo nº 996), fixou a seguinte tese de repercussão geral: "É constitucional a delegação do poder de polícia, por meio de lei, a pessoas jurídicas de direito privado integrantes da Administração Pública indireta de capital social majoritariamente público que prestem exclusivamente serviço público de atuação própria do Estado e em regime não concorrencial". Segundo o decidido, o regime jurídico híbrido das estatais prestadoras de serviço público em regime de monopólio é compatível com a delegação, pois a incidência de normas de direito público em relação às entidades da Administração indireta tem condão de as aproximar do regime de direito público. Em resumo, os atos de consentimento, fiscalização e aplicação de sanções podem ser delegados a estatais com regime jurídico próximo ao aplicável à Fazenda Pública.

- **Prescrição**: Lei 9.873/99 (esfera federal): prescreve "em cinco anos a ação punitiva da Administração Pública Federal, direta e indireta, no exercício do poder de polícia, objetivando apurar infração à legislação em vigor, contados da data da prática do ato ou, no caso de infração permanente ou continuada, do dia em que tiver cessado". Se o fato objeto da ação punitiva também for crime, o prazo de prescrição será o previsto na Lei penal.

  No caso dos Estados e Municípios, **quando não existir legislação local específica**, o prazo prescricional para as ações administrativas punitivas "é quinquenal, conforme previsto no art. 1º do Decreto n. 20.910/32, sendo inaplicáveis as disposições contidas na Lei n. 9.873/99, cuja incidência limita-se à Administração Pública Federal Direta e Indireta" (Tese STJ AgInt no REsp 1409267/PR, 2ª Turma, AgRg no REsp 1513771/PR, 1ª Turma).

- Sistematização do abuso de poder[32]:

ABUSO DE PODER	
Uso dos poderes administrativos contrariando o regime jurídico administrativo • Forma comissiva ou omissiva	
Espécies	
Excesso de poder	***Desvio de poder***
Atua fora dos limites da competência	Atua dentro dos limites da competência, mas com finalidade diversa daquela com que deveria atuar

Lei do Abuso de Autoridade (Lei nº 13.869/2019)

32. BORTOLETO, Leandro. *Direito administrativo*. Salvador: Juspodivm, 2012. p. 300.

Efeitos da condenação (art. 4º):

a) **tornar certa a obrigação de indenizar** o dano causado pelo crime, devendo o juiz, a requerimento do ofendido, fixar na sentença o valor mínimo para reparação dos danos causados pela infração, considerando os prejuízos por ele sofridos;

b) a **inabilitação para o exercício de cargo, mandato ou função pública**, pelo período de 1 (um) a 5 (cinco) anos;

c) a **perda do cargo, do mandato ou da função pública.**

Os dois últimos **efeitos (inabilitação e perda) não são automáticos**, são **condicionados à reincidência em crime de abuso de autoridade** e devem ser **declarados motivadamente** na sentença pelo juiz.

> Art. 5º: prevê as **penas restritivas de direito substitutivas** das penas privativas de liberdade e uma delas é a **suspensão do exercício do cargo, da função ou do mandato** e pode ter duração de 1 a 6 meses, com a perda dos vencimentos e das vantagens.

8. ATO ADMINISTRATIVO

- Fato produz efeito jurídico no direito administrativo: fato administrativo
- Fato não produz efeito jurídico no direito administrativo: fato da administração
- Ato da Administração: abrange todos os atos praticados no exercício da função administrativa. Nessa categoria estão:
  a) atos de direito privado;
  b) atos materiais (são os fatos administrativos);
  c) atos políticos;
  d) atos administrativos.

CONCEITO

Ato administrativo é "toda manifestação unilateral de vontade da Administração Pública que, agindo nessa qualidade, tenha por fim imediato adquirir, resguardar, transferir, modificar, extinguir e declarar direitos, ou impor obrigações aos administrados ou a si própria"[33].

Ato administrativo:

a) o regime jurídico é sempre o de **direito público**;

b) o ato é uma **manifestação**, uma declaração jurídica **unilateral**;

c) é ato **infralegal**;

d) submete-se ao **controle** administrativo e judicial.

- Sistematização dos elementos do ato administrativo[34]:

<table>
<tr><th colspan="2">ELEMENTOS OU REQUISITOS DO ATO ADMINISTRATIVO</th></tr>
<tr><th colspan="2">Posição tradicional (usualmente cobrada nas provas)</th></tr>
<tr><td colspan="2">Competência ou Sujeito: Quem? Conjunto de atribuições administrativas do servidor.
Finalidade: Para quê? Resultado mediato almejado com a prática do ato.
Forma: Como? Exteriorização do ato. Maneira pela qual o ato se apresenta.
Motivo ou Causa: Por quê? Pressuposto de fato e de direito cuja ocorrência autoriza ou determina a prática do ato.
Objeto ou Conteúdo: O quê? Resultado imediato pretendido com a prática do ato</td></tr>
<tr><th colspan="2">Posição de Celso Antônio Bandeira de Mello (requisitos)</th></tr>
<tr><td colspan="2">Motivo do ato x Motivo legal: motivo legal é a previsão abstrata de uma situação fática e motivo do ato é a própria situação material. Ambos têm que coincidir.
Motivo x móvel: motivo é a situação objetiva, real, empírica; é a realidade objetiva, externa ao agente; móvel é a representação subjetiva, psicológica, interna do agente; móvel é a vontade do agente.
Objeto x Conteúdo: não são sinônimos. Objeto sobre o que o ato incide. Conteúdo é o próprio ato em essência; é interno ao ato, já o objeto é externo ao ato.
Causa: Não é sinônimo de motivo. É a correlação lógica entre o motivo do ato administrativo e seu conteúdo, em vista da finalidade pública. É a relação lógica entre motivo e o conteúdo do ato, em função da finalidade pública.</td></tr>
<tr><th colspan="2">Sistematização dos requisitos do ato (Celso Antônio)</th></tr>
<tr><td>ELEMENTOS</td><td>• Conteúdo
• Forma</td></tr>
</table>

33. MEIRELLES, Hely Lopes. *Direito administrativo brasileiro*. 36. ed. São Paulo: Malheiros, 2010. p. 153.

34. Quanto à posição de Celso Antônio Bandeira de Mello: *Curso de direito administrativo*. 27. ed. São Paulo: Malheiros, 2010. p. 393-412.

PRESSUPOSTOS	• De existência	• Objeto • Pertinência da função administrativa
	• De validade	• Sujeito competente (pressuposto subjetivo) • Motivo (pressuposto objetivo) • Requisitos procedimentais • Finalidade Pública (pressuposto teleológico) • Causa (pressuposto lógico) • Formalização (pressuposto formalístico)

- Consequência do ***silêncio administrativo***: a) se houver lei a respeito: previsão legal; b) se não houver lei a respeito: competência discricionária: exigência de decisão motivada; competência vinculada: exigência da prática do ato.
- Sistematização dos atributos do ato administrativo[35]:

ATRIBUTOS OU CARACTERÍSTICAS DO ATO ADMINISTRATIVO	
PRESUNÇÃO DE LEGITIMIDADE	• presunção de que todo ato administrativo praticado está de acordo com a lei • pode ser praticado imediatamente • produz efeitos até que seja anulado • ônus da prova do interessado • nulidade só é apreciada a pedido pelo Judiciário • existe em todos os atos administrativos
IMPERATIVIDADE	• ato administrativo é imposto ao destinatário • não está presente em todos os atos administrativos
AUTOEXECUTORIEDADE	• Administração executa o ato por seus próprios meios • não existe em todos os atos administrativos: só em urgência ou se previsto em lei

35. BORTOLETO, Leandro. *Direito administrativo*. Salvador: Juspodivm, 2012. p. 334.

- Sistematização da classificação dos atos administrativos:

CLASSIFICAÇÃO DOS ATOS ADMINISTRATIVOS	
Quanto ao destinatário	***geral*** ➔ sem destinatário definido; fim normativo
	individual ➔ com destinatário definido
Quanto ao alcance	***interno*** ➔ efeitos somente dentro da Administração
	externo ➔ efeitos para fora da Administração
Quanto ao objeto	***império*** ➔ posição de superioridade
	gestão ➔ posição de igualdade
	expediente ➔ rotina interna; sem poder decisório
Quanto ao regramento	***vinculado*** ➔ não pode escolher no caso concreto
	discricionário ➔ pode escolher no caso concreto
Quanto à formação da vontade	***simples*** ➔ vontade de um órgão só
	complexo ➔ vontade de dois órgãos e um ato só
	composto ➔ dois órgãos e dois atos (principal e acessório)
Quanto ao conteúdo	***constitutivo*** ➔ cria situação jurídica individual
	extintivo ➔ encerra situação jurídica individual
	declaratório ➔ declara situação já existente
	alienativo ➔ transfere bens ou direitos
	modificativo ➔ altera situação jurídica, sem encerrá-la
	abdicativo ➔ renúncia a um direito
Quanto à eficácia	***válido*** ➔ em conformidade com o direito
	nulo ➔ vício insanável
	anulável ➔ vício sanável
	inexistente ➔ parece ato, mas não é
Quanto à exequibilidade	***perfeito*** ➔ completou ciclo de formação
	imperfeito ➔ não completou ciclo de formação
	pendente ➔ não está apto para produzir efeitos
	consumado ➔ já produziu seus efeitos; definitivo

PERFEIÇÃO, VALIDADE E EFICÁCIA DO ATO ADMINISTRATIVO

- **Perfeição** diz respeito ao processo de formação do ato:
  - perfeito: ocorreram todas as fases de formação
  - imperfeito: não ocorreram todas as fases de formação
- **Validade** refere-se à verificação da conformidade do ato com a lei
  - válido: está de acordo com o direito
  - inválido: não está em conformidade com o direito
- **Eficácia** é a possibilidade, atual e imediata, de produção dos efeitos típicos do ato
  - eficaz: está disponível para a produção de seus efeitos típicos
  - ineficaz: não está disponível para a produção de seus efeitos típicos

ATOS ADMINISTRATIVOS NULOS E ANULÁVEIS:

- Nulidade absoluta: quando o vício for insanável
- Nulidade relativa: quando o vício for sanável
- Administração pode decretar de ofício a nulidade (absoluta ou relativa), por força do princípio da autotutela
  - Ato válido é aquele que possui todos os elementos de validade, ou seja, é praticado por autoridade competente e em obediência aos demais requisitos (finalidade, forma, motivo e objeto).
  - Ato nulo é o ato que tem vício insanável, isto é, há ausência ou defeito em um dos seus elementos, especialmente nos elementos motivo, finalidade e objeto, porque o vício de um desses requisitos não é passível de convalidação.
  - Ato anulável é aquele que tem vício sanável quanto ao elemento competência ou quanto à forma.
  - Ato inexistente é aquele que aparenta ser ato, mas não é. A situação mais comum é a usurpação de função.

VÍCIOS DO ATO ADMINISTRATIVO.

Lei nº 4.717/65: Art. 2º São nulos os atos lesivos ao patrimônio das entidades mencionadas no artigo anterior, nos casos de:

a) incompetência;

b) vício de forma;

c) ilegalidade do objeto;

d) inexistência dos motivos;

e) desvio de finalidade.

Parágrafo único. Para a conceituação dos casos de nulidade observar-se-ão as seguintes normas:

a) a incompetência fica caracterizada quando o ato não se incluir nas atribuições legais do agente que o praticou;

b) o vício de forma consiste na omissão ou na observância incompleta ou irregular de formalidades indispensáveis à existência ou seriedade do ato;

c) a ilegalidade do objeto ocorre quando o resultado do ato importa em violação de lei, regulamento ou outro ato normativo;

d) a inexistência dos motivos se verifica quando a matéria de fato ou de direito, em que se fundamenta o ato, é materialmente inexistente ou juridicamente inadequada ao resultado obtido;

e) o desvio de finalidade se verifica quando o agente pratica o ato visando a fim diverso daquele previsto, explícita ou implicitamente, na regra de competência.

EXTINÇÃO DO ATO ADMINISTRATIVO

O ato administrativo extingue-se[36]:

a) pelo cumprimento dos seus efeitos: é a extinção natural do ato e ocorre quando este encerrou a produção dos seus efeitos. Pode ocorrer nas seguintes hipóteses:

- **esgotamento do conteúdo jurídico**: seus efeitos fluem ao longo do prazo previsto. Exemplo: o ato que concede férias ou licença para o servidor é extinto quando há o término das férias ou da licença.
- **execução material**: quando realizado o ato material determinado pelo ato administrativo. Exemplo: o ato que ordena a demolição de prédio que ameaça ruir é extinto com a execução da ordem.
- **implemento de condição resolutiva ou termo final**: quando acontece o evento previsto no próprio ato (se estiver previsto na lei, como próprio do ato, é esgotamento do conteúdo jurídico) para sua extinção. Exemplo: permissão para derivar água de um rio, se este não baixar aquém de certo limite.

b) pelo desaparecimento do sujeito ou do objeto: quando o sujeito ou o objeto da relação jurídica, que o ato constitui, deixa de existir. Exemplo: incêndio destrói imóvel objeto de permissão ou morte do motorista extingue licença para dirigir.

36. MELLO, Celso Antônio Bandeira de. *Curso de direito administrativo*. 27. ed. São Paulo: Malheiros, 2010. p. 446-447.

c) **pela retirada do ato**: é praticado outro ato retirando, extinguindo o anterior. São espécies:
   - **cassação**: o destinatário do ato **descumpre condição a que estava obrigado** pelo ato para se beneficiar de seus efeitos. Exemplo: cassação de licença ambiental de posto de combustível por passar a desrespeitar as exigências quanto ao armazenamento de combustível.
   - **caducidade**: **nova norma** jurídica **proíbe situação antes permitida** e que é objeto do ato. É o caso de ato permitindo a exploração de atividade comercial em área pública e, posteriormente, a Lei de zoneamento urbano é alterada e a região onde a área se localiza passa a ser de ocupação estritamente residencial.
   - **contraposição ou derrubada**: **novo ato** é praticado, com fundamento em competência diversa, cujos **efeitos são contrapostos** ao anterior. Exemplo: o ato de demissão de servidor produz efeitos opostos aos causados pelo ato de nomeação.
   - **revogação** é a extinção do ato administrativo por razões de interesse público (conveniência e oportunidade).
   - **anulação:** extinção do ato administrativo em razão de ilegalidade.

d) pela **renúncia**: o **beneficiário** do ato **renuncia à situação jurídica** por ele implementada. Exemplo: exoneração de servidor, a pedido.

- Sistematização da anulação e da revogação do ato administrativo[37]:

ANULAÇÃO	REVOGAÇÃO
Ilegalidade	interesse público (conveniência e oportunidade)
ex tunc (ato restritivo) *ex nunc* (ato ampliativo e boa-fé)	*ex nunc*
Poder Judiciário e Administração	somente a Administração
qualquer ato (vinculado e discricionário)	atos irrevogáveis: • vinculados • integrantes de procedimento • enunciativos • geraram direito adquirido

37. BORTOLETO, Leandro. *Direito administrativo*. Salvador: Juspodivm, 2012. p. 347.

- ***Cnvalidação:*** o ***suprimento da invalidade de um ato*** com efeitos retroativos"[38]. Convalidar é ***tornar válido um ato inválido***, por meio de outro ato que supre ***vício sanável***, com efeitos ***ex tunc*** (retroagem).

9. PROCESSO ADMINISTRATIVO

- ***Princípios do processo administrativo:***
  - oficialidade;
  - informalidade (ou obediência à forma);
  - verdade material;
  - gratuidade;
  - pluralidade de instâncias.
- ***Princípios do processo administrativo: Processo x procedimento:*** O ***processo*** é "a relação jurídica integrada por algumas pessoas, que nela exercem várias atividades direcionadas para determinado fim"[39]e, por sua vez, o ***procedimento*** é a "sucessão de atos preparatórios que devem obrigatoriamente preceder a prática de ato final"[40]. Procedimento relaciona-se com movimento, dinâmica; é o rito, a sequência em que os atos devem ser praticados, com um objetivo final. Ambos são intrinsecamente relacionados, pois "todo processo demanda um procedimento – que é a tramitação dos atos – da mesma forma que todo procedimento só tem existência se houver o respectivo processo – este indicando a relação jurídica firmada entre aqueles que dele participam"[41].
- Há diversas espécies de processo administrativo e estes se desenvolvem em todas as esferas da Federação e, por isso, devem ser legalmente disciplinados em cada uma delas.
- Na esfera federal, há a Lei nº 9.784/99 que, conforme sua ementa, "regula o processo administrativo no âmbito da Administração Pública Federal". É uma lei de aplicação em âmbito federal, de forma subsidiária se houver lei específica para determinado processo administrativo e de forma integral se não existir lei dispondo de maneira específica sobre certo processo administrativo na

38. MELLO, Celso Antônio Bandeira de. *Curso de direito administrativo*. 27. ed. São Paulo: Malheiros, 2010. p. 473.
39. CARVALHO FILHO, José dos Santos. *Manual de direito administrativo*. 19. ed. Rio de Janeiro: Lumen Juris, 2008. p. 862.
40. DI PIETRO, Maria Sylvia Zanella. *Direito administrativo*. 23. ed. São Paulo: Atlas, 2010. p. 623.
41. CARVALHO FILHO, José dos Santos. *Manual de direito administrativo*. 19. ed. Rio de Janeiro: Lumen Juris, 2008. p. 863.

esfera federal. Nesse sentido, a Súmula nº 633 do STJ: "A Lei 9.784/1999, especialmente no que diz respeito ao prazo decadencial para a revisão de atos administrativos no âmbito da Administração Pública federal, pode ser aplicada, de forma subsidiária, aos estados e municípios, se inexistente norma local e específica que regule a matéria."

- A Lei nº 9.784/99 é uma norma na qual foram positivados diversos posicionamentos consagrados na doutrina e na jurisprudência e, apesar de ser de aplicação na esfera federal, serve como parâmetro para as legislações estaduais e municipais sobre processo administrativo. Nesse sentido, por exemplo, merecem destaque as disposições sobre a delegação de competência, a motivação do ato administrativo e o prazo decadencial para a anulação do ato.

9.1. LEI Nº 9.784/99

- ***Princípios expressos*** do processo administrativo (art. 2º): legalidade, finalidade, motivação, razoabilidade, proporcionalidade, moralidade, ampla defesa, contraditório, segurança jurídica, interesse público, eficiência.
- ***Critérios*** a serem seguidos (são os conteúdos dos princípios; art. 2º, parágrafo único): atuação conforme a lei e o direito; atendimento a fins de interesse geral, vedada a renúncia total ou parcial de poderes ou competências, salvo autorização em lei; objetividade no atendimento do interesse público, vedada a promoção pessoal de agentes ou autoridades; atuação segundo padrões éticos de probidade, decoro e boa-fé; divulgação oficial dos atos administrativos, ressalvadas as hipóteses de sigilo previstas na Constituição; adequação entre meios e fins, vedada a imposição de obrigações, restrições e sanções em medida superior àquelas estritamente necessárias ao atendimento do interesse público; indicação dos pressupostos de fato e de direito que determinarem a decisão; observância das formalidades essenciais à garantia dos direitos dos administrados; adoção de formas simples, suficientes para propiciar adequado grau de certeza, segurança e respeito aos direitos dos administrados; garantia dos direitos à comunicação, à apresentação de alegações finais, à produção de provas e à interposição de recursos, nos processos de que possam resultar sanções e nas situações de litígio; proibição de cobrança de despesas processuais, ressalvadas as previstas em lei; impulsão, de ofício, do processo administrativo, sem prejuízo da atuação dos interessados; interpretação da norma administrativa da forma que melhor garanta o atendimento do fim público a que se dirige, vedada aplicação retroativa de nova interpretação.
- ***Prioridade*** na tramitação do processo administrativo (art. 69-A): a) pessoa com idade igual ou superior a 60 anos; b) pessoa portadora de deficiência, física ou mental; c) pessoa portadora de doença grave, como tuberculose ativa, esclerose múltipla, neoplasia maligna, hanseníase, paralisia irreversível e incapacitante, cardiopatia grave, doença de Parkinson, espondiloartrose anquilosante, nefropatia grave, hepatopatia grave, estados avançados da doença de Paget (osteíte deformante), contaminação por radiação, síndrome de imunodeficiência adquirida, ou qualquer outra, com base em conclusão da medicina especializada, mesmo que a doença tenha sido contraída após o início do processo.
- Sistematização da delegação de competência[42]:

<table>
<tr><th colspan="4">DELEGAÇÃO</th></tr>
<tr><th colspan="4">É a transferência de parte das atribuições feita por quem era originariamente competente</th></tr>
<tr><td rowspan="3">A delegação pode ser feita</td><td colspan="3">• se houver ou não subordinação hierárquica
• só parcialmente (não pode delegar integralmente a competência)
• com ressalva quanto à atribuição delegada</td></tr>
<tr><td rowspan="2">• quando</td><td colspan="2">– não houver impedimento legal</td></tr>
<tr><td>– for conveniente em razão de circunstâncias de índole</td><td>– técnica
– social
– econômica
– jurídica
– territorial</td></tr>
<tr><td>A delegação não pode ser feita em relação</td><td colspan="3">• à edição de atos de caráter normativo
• à decisão de recursos administrativos
• às matérias de competência exclusiva do órgão ou autoridade</td></tr>
</table>

42. BORTOLETO, Leandro. *Direito administrativo*. Salvador: Juspodivm, 2012. p. 373.

<table>
<tr><td rowspan="3">O ato de delegação</td><td colspan="2">• deve ser publicado no meio oficial</td></tr>
<tr><td>• deve especificar</td><td>– as matérias transferidas
– os poderes transferidos
– os limites da atuação do delegado
– a duração da delegação
– os objetivos da delegação
– o recurso cabível</td></tr>
<tr><td colspan="2">• é revogável a qualquer tempo (ato de revogação deve ser publicado no meio oficial)</td></tr>
<tr><td>As decisões adotadas por delegação</td><td colspan="2">- devem mencionar explicitamente esta qualidade
- consideram-se editadas pelo delegado (este responderá em caso de irregularidade)</td></tr>
</table>

- ***Avocação de competência***: o superior, que não era competente, chama para si parcela de competência legalmente atribuída a subordinado seu. Deve ser temporária e deve ser feita em caráter excepcional, por motivos relevantes devidamente justificados.
- **Dever de decidir**: a Administração tem o dever de explicitamente emitir decisão nos processos administrativos e sobre solicitações ou reclamações, em matéria de sua competência (art. 48). E o art. 49 determina que a Administração, após a conclusão da instrução do processo administrativo, tem o prazo de até 30 dias para decidir, salvo prorrogação por igual período expressamente motivada.
- **Decisão coordenada**: considera-se decisão coordenada a instância de natureza interinstitucional ou intersetorial que atua de forma compartilhada com a finalidade de simplificar o processo administrativo mediante participação concomitante de todas as autoridades e agentes decisórios e dos responsáveis pela instrução técnico-jurídica, observada a natureza do objeto e a compatibilidade do procedimento e de sua formalização com a legislação pertinente (art. 49-A, §1º).

  As decisões administrativas, no âmbito da Administração Pública Federal, que exijam participação de 3 ou mais setores, órgãos ou entidades poderão ser tomadas mediante decisão coordenada quando: a) for justificável pela relevância da matéria; b) houver discordância que prejudique a celeridade do processo administrativo decisório (art. 49-A, caput). Entretanto, a decisão coordenada não se aplica a processos administrativos: i) de licitação; ii) relacionados ao poder sancionador; iii) em que estejam envolvidas autoridades de Poderes distintos (art. 49-A, caput e §6º).
- ***Recurso administrativo***: interposição no prazo de dez dias, em razão de legalidade e mérito. São legitimados: a) titulares de direitos e interesses que forem parte no processo; b) aqueles cujos direitos ou interesses forem indiretamente afetados pela decisão recorrida; c) as organizações e associações representativas, no tocante a direitos e interesses coletivos; d) os cidadãos ou associações, quanto a direitos ou interesses difusos.
- Se o recorrente alegar violação de enunciado da súmula vinculante, a autoridade competente para decidir explicitará as razões da aplicabilidade ou inaplicabilidade da súmula, conforme o caso (art. 64-A).

10. LICITAÇÃO E CONTRATO ADMINISTRATIVO

Atenção! Lei nº 8.666/1993 (Lei Geral de Licitações), Lei nº 10.520/2002 (Lei do Pregão) e os arts. 1º ao 47-A da Lei nº 12.462/2011 (Lei do RDC) foram revogados em 30/12/2023 e, assim, o foco será direcionado às principais previsões contidas na Lei nº 14.133/2021.

Todavia, é importante lembrar que, mesmo após a revogação das leis 8.666/1993, 10.520/2002 e 12.462/2011 (arts. 1º a 47-A), há previsão de ultratividade dessas normas porque, se houve a opção pela licitação ser regida por aquelas leis, o contrato administrativo decorrente será por elas regido durante toda a sua vigência (art. 191, parágrafo único), da mesma forma que os contratos assinados antes do início da vigência da Lei nº 14.133/21 seguem sendo regidos pelas leis revogadas até a sua extinção (art. 190).

- **Licitação** é o processo administrativo instaurado pela Administração Pública, consistente na disputa igualitária entre os interessados em celebrar contrato com ela, para a escolha da proposta que permita a melhor contratação em face do interesse público.
- **Âmbito de aplicação:** a Lei traz normas gerais para as Administrações Públicas diretas, autárquicas e fundacionais da União, Estados, DF e Municípios, abrangendo:

  I – os órgãos dos Poderes Legislativo e Judiciário da União, dos Estados e do Distrito Federal e os órgãos do Poder Legislativo dos Municípios, quando no desempenho de função administrativa;

  II – os fundos especiais e as demais entidades controladas direta ou indiretamente pela Administração Pública.

- **Atenção!** A Lei nº 14.133/2021 estabelece, de forma expressa, que não são abrangidas pela lei as empresas públicas, sociedades de economia mista e suas subsidiárias, regidas pela Lei nº 13.303. As disposições penais, inseridas pelo art. 178 do novo marco legal, entretanto, aplicam-se às estatais.
- **Serviço de publicidade**: licitação regulada pela Lei nº 12.232/10. A Lei nº 14.133/2021 será aplicada de forma complementar.
- **Aplicação subsidiária da Nova Lei**: nos termos do art. 186, aplicam-se as disposições da Lei nº 14.133/2021, de forma subsidiária, à Lei nº 8.987/1995 (Lei geral de concessões), à Lei nº 11.079/2004 (Lei das PPP) e à Lei nº 12.232 (serviços de publicidade).
- **Objeto da licitação (art. 2º, Lei nº 14.133/21):** a) alienação e concessão de direito real de uso de bens; b) compra, inclusive por encomenda; c) locação; d) concessão e permissão de uso de bens públicos; e) prestação de serviços, inclusive os técnico-profissionais especializados; f) obras e serviços de arquitetura e engenharia; g) contratações de tecnologia da informação e de comunicação.
- **Princípios da licitação (art. 5º):** a) legalidade; b) impessoalidade; c) moralidade; d) publicidade; e) eficiência; f) interesse público; g) probidade administrativa; h) igualdade; i) planejamento; j) transparência; k) eficácia; l) segregação de funções; m) motivação; n) vinculação ao edital; o) julgamento objetivo; p) segurança jurídica; q) razoabilidade; r) competitividade; s) proporcionalidade; t) celeridade; u) economicidade; v) desenvolvimento nacional sustentável; x) disposições da Lei de Introdução às Normas do Direito Brasileiro.
- **Publicidade diferida:** A regra é que o processo licitatório seja público, excepcionada nos casos de informações cujo sigilo seja imprescindível à segurança da sociedade e do Estado. Mas, nos termos do art. 13, parágrafo único, a publicidade poderá ser diferida quanto ao conteúdo das propostas, até a abertura e quanto ao orçamento da Administração, desde que justificado, sem prejuízo da divulgação do detalhamento dos quantitativos e demais informações necessárias para a elaboração das propostas, devendo-se apontar que o sigilo não prevalecerá para os órgãos de controle interno e externo (art. 24).
- **Margem de preferência e participação de ME e EPP**:

a) margem de preferência (art. 26):

- pode ser instituída para bens manufaturados e para serviços nacionais que atendam às normas técnicas brasileiras: será definida mediante decisão fundamentada pelo Chefe do Executivo federal;
- pode ser instituída para bens reciclados, recicláveis ou biodegradáveis, conforme regulamento;
  - poderá ser de até 10% sobre o preço dos bens e serviços que não se enquadrem nos dois casos citados;
  - poderá ser estendida a bens manufaturados e serviços originários dos Estados Partes do Mercosul, desde que haja reciprocidade prevista em acordo internacional aprovado pelo Congresso e ratificado pelo Presidente;
  - para bens manufaturados nacionais e serviços nacionais resultantes de desenvolvimento e inovação tecnológica no País, definidos conforme regulamento do Poder Executivo federal, a margem de preferência poderá ser de até 20%;
- **Atenção!** A margem não se aplica aos bens manufaturados nacionais e aos serviços nacionais se a capacidade de produção desses bens ou de prestação desses serviços no País for inferior:
- à quantidade a ser adquirida ou contratada; ou
- aos quantitativos fixados em razão do parcelamento do objeto, quando for o caso.

b) ***Tratamento diferenciado*** para microempresa e empresa de pequeno porte nas licitações (Lei Complementar nº 123/06). Benefícios:

- preferência em caso de empate (art. 44 da LC 123/06);
- exigência de regularidade fiscal e trabalhista somente para fins de assinatura do contrato (art. 42);
- tratamento diferenciado e simplificado nas contratações públicas (art. 47 e 48): • abertura de licitações só para participação de ME e EPP, para contratações de até R$ 80.000, 00; • possibilidade de exigência ao licitante para que faça a subcontratação de ME e EPP; • deverá estabelecer cota de até 25% do objeto, no caso de bens divisíveis. Esse tratamento diferenciado não é possível quando (art. 49): • não houver no mínimo três fornecedores sendo microempresa ou empresa de pequeno porte; • quando não for vantajoso ou representar prejuízo para a Administração; • quando a licitação for dispensável ou inexigível, excetuando-se as dispensas tratadas pelos incisos I e II do art. 24 da mesma Lei (dispensa em razão do valor), nas quais a compra deverá ser feita preferencialmente de microempresas e empresas de pequeno porte.
- **Atenção!** A obtenção dos benefícios em questão se limita às microempresas e empresas de

pequeno porte que, no ano-calendário de realização da licitação ainda não tenham celebrado contratos com a Administração, cujos valores, somados, superem a receita bruta máxima admitida para enquadramento como empresa de pequeno porte (R$ 4.800.000,00, nos termos do art. 3º, II da LC nº 123/2006). Para tanto, deverá o órgão ou entidade exigir do licitante, declaração de observância desse limite na contratação (art. 4º, §2º da NLLC). Ademais, as disposições contidas nos arts. 42 a 49 da LC nº 123/2006 não se aplicam no caso de licitação para aquisição de bens ou contratação de serviços em geral, ao item cujo valor estimado for superior à receita bruta máxima admitida para fins de enquadramento como empresa de pequeno porte e no caso de contratação de obras e serviços de engenharia, às licitações cujo valor estimado for superior à receita bruta máxima admitida para fins de enquadramento como empresa de pequeno porte (art. 4º, §1º da NLLC).

- **Agente de contratação ou pregoeiro (art. 8º):** A condução da licitação será efetuada por **agente de contratação** ou pregoeiro (no caso de pregão), designado pela autoridade competente entre **servidores efetivos ou empregados públicos permanentes** da Administração Pública, que terá como atribuições: tomar decisões, acompanhar o trâmite da licitação, dar impulso ao procedimento licitatório e executar atividades necessárias ao bom andamento do certame, até sua homologação.
- **Comissão de licitação:** No caso de licitação que envolva bens ou serviços especiais, observados os requisitos preferenciais e obrigatórios acima mencionados, o agente de contratação **poderá ser substituído por comissão de contratação** formada por, no mínimo, 3 membros, que responderão solidariamente pelos atos praticados pela comissão, salvo se o membro expressar posição individual divergente fundamentada e registrada em ata lavrada na reunião em que a decisão foi tomada. (art. 8º).
- **São objetivos da licitação (art. 11):** a) assegurar a seleção da proposta apta a gerar o resultado de contratação mais vantajoso para a Administração, inclusive no que se refere ao ciclo de vida do objeto; b) assegurar tratamento isonômico entre os licitantes, bem como a justa competição; c) evitar contratações com sobrepreço ou com preços manifestamente inexequíveis e superfaturamento na execução dos contratos; d) incentivar a inovação e o desenvolvimento nacional sustentável.
- **Fases do processo licitatório (art. 17): a)** preparatória; b) de divulgação do edital de licitação; c) de apresentação de propostas e lances, quando for o caso; d) de julgamento; e) de habilitação; f) recursal; g) de homologação.
- **Atenção!** A fase de habilitação, mediante decisão motivada com explicação dos benefícios dela decorrentes, poderá antecipar a fase de apresentação das propostas e julgamento.

HABILITAÇÃO

A fase de habilitação é destinada para a Administração comprovar que o interessado preenche todas as condições exigidas no edital. Se preenchidas, estará habilitado e, por outro lado, não preenchendo as exigências será inabilitado e, nesse caso, será excluído do processo licitatório.

De acordo com o art. 62, na fase de habilitação será verificado o conjunto de informações e documentos necessários e suficientes para demonstrar a capacidade do licitante em realizar o objeto e divide-se em: a) jurídica; b) técnica; c) fiscal, social e trabalhista; d) econômico-financeira.

Habilitação fiscal, social e trabalhista

Já a habilitação fiscal, social e trabalhista será aferida pela verificação dos seguintes requisitos (art. 68):

a) inscrição no Cadastro de Pessoas Físicas (CPF) ou no Cadastro Nacional da Pessoa Jurídica (CNPJ);

b) inscrição no cadastro de contribuintes estadual e/ou municipal, se houver, relativo ao domicílio ou sede do licitante, pertinente ao seu ramo de atividade e compatível com o objeto contratual;

c) regularidade perante a Fazenda federal, estadual e/ou municipal do domicílio ou sede do licitante, ou outra equivalente, na forma da lei;

d) a regularidade relativa à Seguridade Social e ao FGTS, que demonstre cumprimento dos encargos sociais instituídos por lei;

e) regularidade perante a Justiça do Trabalho;

f) cumprimento do disposto no inciso XXXIII do art. 7º da Constituição Federal, que prevê a proibição de trabalho noturno, perigoso ou insalubre a menores de 16 anos, salvo na condição de aprendiz a maiores de 14 anos.

Esses documentos poderão ser substituídos ou supridos por outros que sejam aptos a comprovar a regularidade do licitante, inclusive por meio eletrônico e, em relação à comprovação de regularidade perante a Fazenda, Seguridade Social, FGTS e perante a Justiça do Trabalho, se dará dos termos da lei específica.

Habilitação econômico-financeira

Esse aspecto da habilitação tem por objetivo demonstrar a aptidão econômica do licitante para cumprir obrigações decorrentes do futuro contrato, devendo ser comprovada de forma objetiva, por coeficientes e índices econômicos previstos no edital, devidamente justificados na licitação, restrita à apresentação dos seguintes documentos:

a) balanço patrimonial, demonstração de resultado de exercício e demais demonstrações contábeis dos últimos 2 exercícios sociais, sendo que cada exercício social tem a duração de 1 ano. Tais documentos se limitam ao último exercício no caso de a pessoa jurídica ter sido constituída há menos de 2 anos (art. 69, §6º).

b) certidão negativa de feitos sobre falência, expedida pelo distribuidor da sede do licitante.

- **Fase preparatória:** caracterizada pelo planejamento da licitação, compreendendo, por exemplo: a) descrição da necessidade fundamentada em estudo técnico; b) definição do objeto para o atendimento da necessidade, por meio de termo de referência, anteprojeto, projeto básico ou executivo, conforme o caso; c) definição das condições de execução e pagamento, das garantias exigidas e ofertadas e das condições de recebimento; d) orçamento estimado; e) elaboração do edital; f) elaboração da minuta de contrato, quando necessária; g) regime de fornecimento; h) modalidade de licitação; i) exposição de motivos das condições estabelecidas no edital, como exigência de qualificação técnica, qualificação econômico-financeira, entre outros; j) análise dos riscos; k) motivação sobre o momento da divulgação do orçamento da licitação.
- **Edital: conteúdo do edital** (art. 25), obrigatoriamente:
  a) o objeto da licitação;
  b) as regras relativas à:
- convocação;
- julgamento;
- habilitação;
- recursos;
- penalidades;
- fiscalização;
- gestão do contrato;
- entrega do objeto; e
- condições de pagamento.
- Todos os elementos do edital, incluídos minuta de contrato, termos de referência, anteprojeto, projetos e outros anexos, deverão ser divulgados em sítio eletrônico oficial na mesma data de divulgação do edital, sem necessidade de registro ou de identificação para acesso.
- **Atenção!** Desde que estudo técnico preliminar demonstre a inexistência de prejuízos à competitividade, o edital poderá prever a utilização de mão de obra, materiais, tecnologias e matérias-primas existentes no local da execução, conservação e operação do bem, serviço ou obra.
- O edital de licitação poderá prever a responsabilidade do contratado pela obtenção de licença ambiental e realização da desapropriação autorizada pelo poder público.
- O índice de reajustamento de preço deverá estar previsto no edital, independentemente do prazo de duração do contrato, com data-base vinculada à data do orçamento estimado e com a possibilidade de ser estabelecido mais de um índice específico ou setorial.
- **Modalidades de licitação:**

a) concorrência: modalidade de licitação para contratação de bens e serviços especiais e de obras e serviços comuns e especiais de engenharia, cujo critério de julgamento poderá ser: • menor preço; • melhor técnica ou conteúdo artístico; • técnica e preço; • maior retorno econômico; • maior desconto.

b) pregão: modalidade de licitação obrigatória para aquisição de bens e serviços comuns (inclusive de engenharia), cujo critério de julgamento poderá ser o de menor preço ou o de maior desconto.

- **Atenção!** Bens e serviços comuns: aqueles cujos padrões de desempenho e qualidade possam ser objetivamente definidos pelo edital, por meio de especificações usuais no mercado (art. 6º, XIII).

c) concurso: modalidade de licitação para escolha de trabalho técnico, científico ou artístico, cujo critério de julgamento será o de melhor técnica ou conteúdo artístico, e para concessão de prêmio ou remuneração ao vencedor.

d) leilão: modalidade de licitação para alienação de bens imóveis ou de bens móveis inservíveis ou legalmente apreendidos a quem oferecer o maior lance. Poderá ser cometido a leiloeiro oficial ou a servidor designado pela autoridade competente.

e) diálogo competitivo: modalidade de licitação para contratação de obras, serviços e compras em que a Administração Pública realiza diálogos com licitantes previamente selecionados mediante critérios objetivos, com o intuito de desenvolver uma ou mais alternativas capazes de atender às suas necessidades, devendo os licitantes apresentar proposta final após o encerramento dos diálogos.

Atenção! Note que na NLLC, foram extintas as modalidades de convite e tomada de preços e há a previsão do diálogo competitivo como nova modalidade.

- **Critérios de julgamento:** a) menor preço: a proposta com o menor preço é a vencedora; b) **maior desconto:** considera o menor dispêndio à Administração; c) melhor técnica ou conteúdo artístico: o objetivo é um produto ou serviço de melhor qualidade; d) técnica e preço: almeja-se um produto de qualidade com bom preço; e) maior lance, quando se tratar de leilão: para os casos de **alienação de bens**; f) **maior retorno econômico**: utilizado na celebração do contrato de eficiência, considerando a maior economia à Administração.
- **Itens de consumo de qualidade comum (art. 20):** os itens de consumo deverão ser de qualidade comum, não superior à necessária para os fins a que se destinam, vedada a aquisição de artigos de luxo.
- **Fase externa: a) divulgação do edital de licitação; b) apresentação de propostas; c) julgamento; d) habilitação; d) recursal; e) homologação.**
- **Prazo para apresentação das propostas:**

PRAZO PARA APRESENTAÇÃO DE PROPOSTAS E LANCES – LEI Nº14.133/21	
8 dias úteis	Aquisição de bens, quanto o critério de julgamento for: – menor preço; ou maior desconto;
15 dias úteis	Aquisição de bens nas demais hipóteses
10 dias úteis	Contratação de serviços comuns e obras e serviços comuns de engenharia, quando o critério de julgamento for: – menor preço; ou – maior desconto;
25 dias úteis	Contratação de serviços especiais e obras e serviços especiais de engenharia, quando o critério de julgamento for: – menor preço; – maior desconto;
60 dias úteis	Contratação de obras e serviços quando o regime de execução for: – contratação integrada
35 dias úteis	Contratação de obras e serviços quando o regime de execução for: – contratação semi-integrada; ou – quando não ocorrer nenhuma das hipóteses anteriores sobre contratação de obras e serviços (que são os casos de 10, 25 e 60 dias úteis acima mencionados);

PRAZO PARA APRESENTAÇÃO DE PROPOSTAS E LANCES – LEI Nº14.133/21	
15 dias úteis	Quando o critério de julgamento for: – maior lance;
35 dias úteis	Quando o critério de julgamento for: – melhor técnica; – a melhor combinação de técnica e preço; – melhor conteúdo artístico.

- Mediante decisão fundamentada, os prazos previstos no quadro acima poderão ser reduzidos até a metade nas licitações realizadas pelo Ministério da Saúde, no âmbito do SUS.
- Indicação de marcas ou modelos (art. 41): A Administração poderá, excepcionalmente, indicar marcas ou modelos, desde que justificado: em decorrência da necessidade de padronização do objeto; em decorrência da necessidade de manter a compatibilidade com plataformas e padrões já adotados pela Administração; quando determinada marca ou modelo comercializados por mais de um fornecedor forem os únicos capazes de atender às necessidades do contratante; quando a descrição do objeto a ser licitado puder ser mais bem compreendida pela identificação de determinada marca ou determinado modelo aptos a servir apenas como referência.
- **Regimes de execução de obras e serviços de engenharia:** a) empreitada por preço unitário; b) empreitada por preço global; c) empreitada integral; d) contratação por tarefa; e) contratação integrada; f) contratação semi-integrada; g) fornecimento e prestação de serviço associado.
- **Apresentação das propostas e modos de disputa (art. 56):**
  - **a)** **aberto**, momento em que os licitantes apresentarão suas propostas por lances públicos e sucessivos, de forma crescente (do menor para o maior) ou decrescente (do maior para o menor): sua utilização será vedada quando adotado o critério de julgamento de técnica e preço.
  - **b)** **fechado**, quando as propostas permanecerão em sigilo até a data e hora designada para sua divulgação: sua utilização de forma isolada será vedada quando adotados os critérios de julgamento de menor preço ou maior desconto.
- Após a definição da melhor proposta, se a diferença em relação à proposta classificada em segundo lugar for de, pelo menos 5% (cinco por cento), a Administração poderá admitir o reinício

da disputa aberta, nos termos estabelecidos no instrumento convocatório, para a definição das demais colocações (art. 56, §4º).

- **Critérios de desempate (art. 60)**: a) disputa final; b) avaliação do desempenho contratual prévio dos licitantes; c) desenvolvimento de ações de equidade entre homens e mulheres no ambiente de trabalho; d) desenvolvimento de programa de integridade pelo licitante.
- Caso o empate persista, assegura-se preferência, **sucessivamente**, a bens e serviços produzidos e prestados: empresas estabelecidas no território do Estado ou do Distrito Federal do órgão ou entidade da Administração Pública estadual ou distrital licitante ou, no caso de licitação realizada por órgão ou entidade de Município, no território do Estado em que este se localize; empresas brasileiras; empresas que invistam em pesquisa e no desenvolvimento de tecnologia no País; empresas que comprovem a prática de mitigação, nos termos da Lei nº 12.187, de 29 de dezembro de 2009.
- **Encerramento da licitação (art. 71):** encerradas as fases da licitação de julgamento e habilitação, e exauridos os recursos administrativos, o processo será encaminhado à autoridade superior, que poderá: a) determinar o retorno dos autos para saneamento de irregularidades; b) revogar a licitação por motivo de conveniência e oportunidade superveniente e devidamente comprovado; c) proceder à anulação da licitação, quando presente irregularidade insanável; d) adjudicar o objeto e homologar a licitação.
- **Contratação direta (art. 72):** casos de dispensa e inexigibilidade. Deve ser instruído com os seguintes documentos: a) documento de formalização de demanda e, se for o caso, estudo técnico preliminar, análise de riscos, termo de referência, projeto básico ou projeto executivo; b) estimativa de despesa; c) parecer jurídico e pareceres técnicos, se for o caso, que demonstrem o atendimento dos requisitos exigidos; d) demonstração da compatibilidade da previsão de recursos orçamentários com o compromisso a ser assumido; e) comprovação de que o contratado preenche os requisitos de habilitação e qualificação mínima necessária; f) razão da escolha do contratado; g) justificativa de preço; h) autorização da autoridade competente.
- **Dispensa de licitação** é uma opção legal, pois os interessados poderiam competir. As hipóteses de dispensa são taxativas. a) Licitação dispensada: ocorre nas alienações de bens. A lei determina a não realização da licitação (art. 76); b) licitação dispensável: a lei faculta ao administrador realizar ou não a licitação (art. 75).
- **Com a Nova Lei, os valores para dispensa de licitação passaram a ser: a) valor inferior a R$ 100.000,00: obras e serviços de engenharia ou serviços de manutenção de veículos automotores; b) valor inferior a R$ 50.000,00, no caso de serviços e compras. ATENÇÃO! Entretanto, nos termos do art. 182, os valores serão atualizados anualmente e, atualmente, em razão do Decreto 11.871/2023 os valores para dispensa que estão em vigor são: a) valor inferior a R$ 119.812,02: obras e serviços de engenharia ou serviços de manutenção de veículos automotores; b) valor inferior a R$ 59.906,02, no caso de serviços e compras.**

  Demais hipóteses do art. 75 nas quais a licitação é dispensável: III – para contratação que mantenha todas as condições definidas em edital de licitação realizada há menos de 1 (um) ano, quando se verificar que naquela licitação: a) não surgiram licitantes interessados ou não foram apresentadas propostas válidas; b) as propostas apresentadas consignaram preços manifestamente superiores aos praticados no mercado ou incompatíveis com os fixados pelos órgãos oficiais competentes; IV – para contratação que tenha por objeto: a) bens, componentes ou peças de origem nacional ou estrangeira necessários à manutenção de equipamentos, a serem adquiridos do fornecedor original desses equipamentos durante o período de garantia técnica, quando essa condição de exclusividade for indispensável para a vigência da garantia; b) bens, serviços, alienações ou obras, nos termos de acordo internacional específico aprovado pelo Congresso Nacional, quando as condições ofertadas forem manifestamente vantajosas para a Administração; c) produtos para pesquisa e desenvolvimento, limitada a contratação, no caso de obras e serviços de engenharia, ao valor de R$ 300.000,00 (atualmente, R$ 359.436,08, em razão do Decreto 11.871/2023); d) transferência de tecnologia ou licenciamento de direito de uso ou de exploração de criação protegida, nas contratações realizadas por instituição científica, tecnológica e de inovação (ICT) pública ou por agência de fomento, desde que demonstrada vantagem para a Administração; e) hortifrutigranjeiros, pães e outros gêneros perecíveis, no período necessário para a realização dos processos licitatórios correspondentes, hipótese em que a contratação será realizada diretamente com base no preço do dia; f) bens ou serviços produzidos ou prestados no País que envolvam, cumulativamente, alta complexidade tecnológica e defesa nacional;

g) materiais de uso das Forças Armadas, com exceção de materiais de uso pessoal e administrativo, quando houver necessidade de manter a padronização requerida pela estrutura de apoio logístico dos meios navais, aéreos e terrestres, mediante autorização por ato do comandante da força militar; h) bens e serviços para atendimento dos contingentes militares das forças singulares brasileiras empregadas em operações de paz no exterior, hipótese em que a contratação deverá ser justificada quanto ao preço e à escolha do fornecedor ou executante e ratificada pelo comandante da força militar; i) abastecimento ou suprimento de efetivos militares em estada eventual de curta duração em portos, aeroportos ou localidades diferentes de suas sedes, por motivo de movimentação operacional ou de adestramento; j) coleta, processamento e comercialização de resíduos sólidos urbanos recicláveis ou reutilizáveis, em áreas com sistema de coleta seletiva de lixo, realizados por associações ou cooperativas formadas exclusivamente de pessoas físicas de baixa renda reconhecidas pelo poder público como catadores de materiais recicláveis, com o uso de equipamentos compatíveis com as normas técnicas, ambientais e de saúde pública; k) aquisição ou restauração de obras de arte e objetos históricos, de autenticidade certificada, desde que inerente às finalidades do órgão ou com elas compatível; l) serviços especializados ou aquisição ou locação de equipamentos destinados ao rastreamento e à obtenção de provas previstas nos incisos II e V do caput do art. 3º da Lei nº 12.850, de 2 de agosto de 2013, quando houver necessidade justificada de manutenção de sigilo sobre a investigação; m) aquisição de medicamentos destinados exclusivamente ao tratamento de doenças raras definidas pelo Ministério da Saúde; V – para contratação com vistas ao cumprimento do disposto nos arts. 3º, 3º-A, 4º, 5º e 20 da Lei nº 10.973, de 2 de dezembro de 2004, observados os princípios gerais de contratação constantes da referida Lei; VI – para contratação que possa acarretar comprometimento da segurança nacional, nos casos estabelecidos pelo Ministro de Estado da Defesa, mediante demanda dos comandos das Forças Armadas ou dos demais ministérios; VII – nos casos de guerra, estado de defesa, estado de sítio, intervenção federal ou de grave perturbação da ordem; VIII – nos casos de emergência ou de calamidade pública, quando caracterizada urgência de atendimento de situação que possa ocasionar prejuízo ou comprometer a continuidade dos serviços públicos ou a segurança de pessoas, obras, serviços, equipamentos e outros bens, públicos ou particulares, e somente para aquisição dos bens necessários ao atendimento da situação emergencial ou calamitosa e para as parcelas de obras e serviços que possam ser concluídas no prazo máximo de 1 (um) ano, contado da data de ocorrência da emergência ou da calamidade, vedadas a prorrogação dos respectivos contratos e a recontratação de empresa já contratada com base no disposto neste inciso; IX – para a aquisição, por pessoa jurídica de direito público interno, de bens produzidos ou serviços prestados por órgão ou entidade que integrem a Administração Pública e que tenham sido criados para esse fim específico, desde que o preço contratado seja compatível com o praticado no mercado; X – quando a União tiver que intervir no domínio econômico para regular preços ou normalizar o abastecimento; XI – para celebração de contrato de programa com ente federativo ou com entidade de sua Administração Pública indireta que envolva prestação de serviços públicos de forma associada nos termos autorizados em contrato de consórcio público ou em convênio de cooperação; XII – para contratação em que houver transferência de tecnologia de produtos estratégicos para o Sistema Único de Saúde (SUS), conforme elencados em ato da direção nacional do SUS, inclusive por ocasião da aquisição desses produtos durante as etapas de absorção tecnológica, e em valores compatíveis com aqueles definidos no instrumento firmado para a transferência de tecnologia; XIII – para contratação de profissionais para compor a comissão de avaliação de critérios de técnica, quando se tratar de profissional técnico de notória especialização; XIV – para contratação de associação de pessoas com deficiência, sem fins lucrativos e de comprovada idoneidade, por órgão ou entidade da Administração Pública, para a prestação de serviços, desde que o preço contratado seja compatível com o praticado no mercado e os serviços contratados sejam prestados exclusivamente por pessoas com deficiência; XV – para contratação de instituição brasileira que tenha por finalidade estatutária apoiar, captar e executar atividades de ensino, pesquisa, extensão, desenvolvimento institucional, científico e tecnológico e estímulo à inovação, inclusive para gerir administrativa e financeiramente essas atividades, ou para contratação de instituição

dedicada à recuperação social da pessoa presa, desde que o contratado tenha inquestionável reputação ética e profissional e não tenha fins lucrativos; XVI – para aquisição, por pessoa jurídica de direito público interno, de insumos estratégicos para a saúde produzidos por fundação que, regimental ou estatutariamente, tenha por finalidade apoiar órgão da Administração Pública direta, sua autarquia ou fundação em projetos de ensino, pesquisa, extensão, desenvolvimento institucional, científico e tecnológico e de estímulo à inovação, inclusive na gestão administrativa e financeira necessária à execução desses projetos, ou em parcerias que envolvam transferência de tecnologia de produtos estratégicos para o SUS, nos termos do inciso XII deste caput, e que tenha sido criada para esse fim específico em data anterior à entrada em vigor desta Lei, desde que o preço contratado seja compatível com o praticado no mercado; (Redação dada pela Lei nº 14.628, de 2023) XVII – para contratação de entidades privadas sem fins lucrativos para a implementação de cisternas ou outras tecnologias sociais de acesso à água para consumo humano e produção de alimentos, a fim de beneficiar as famílias rurais de baixa renda atingidas pela seca ou pela falta regular de água; e (Incluído pela Lei nº 14.628, de 2023); XVIII – para contratação de entidades privadas sem fins lucrativos, para a implementação do Programa Cozinha Solidária, que tem como finalidade fornecer alimentação gratuita preferencialmente à população em situação de vulnerabilidade e risco social, incluída a população em situação de rua, com vistas à promoção de políticas de segurança alimentar e nutricional e de assistência social e à efetivação de direitos sociais, dignidade humana, resgate social e melhoria da qualidade de vida.

- O candidato deve ficar atento às questões nas provas, pois podem ser enumerados casos para que sejam identificadas quais hipóteses são de licitação dispensável e quais são de licitação dispensada (a dica é que dispensada é usada para os casos de alienação), ou, na maioria das vezes, o examinador não quer saber a diferença entre elas, mas sim se determinada situação é caso de dispensa ou de inexigibilidade).

- **Requisitos para a alienação de imóvel** da Administração Pública (art. 76):

  a) interesse público justificado;

  b) avaliação prévia;

  c) autorização legislativa;

  d) licitação, na modalidade leilão (exceto se for caso de licitação dispensada)[43].

- Sistematização das hipóteses de dispensa de licitação em razão do valor (atualizados, conforme o Decreto 11.871/2023)[44]:

DISPENSA EM RAZÃO DO PEQUENO VALOR	
Administração direta Autarquia Fundação pública	Valores inferiores a R$ 59.906,02 serviços e compras
	Valores inferiores a R$ 119.812,02 obras e serviços de engenharia ou serviços de manutenção de veículos automotores
Autarquia qualificada como agência executiva Fundação pública qualificada como agência executiva Consórcio público	Valores inferiores a R$ 119.812,02 outros serviços e compras
	Valores inferiores a R$ 239.624,04 obras e serviços de engenharia

- **Inexigibilidade de licitação (art. 74): as hipóteses são exemplificativas, ocorrendo quando inviável a competição, em especial para:** a) aquisição de materiais, de equipamentos ou de gêneros ou contratação de serviços que só possam ser fornecidos por produtor, empresa ou representante comercial exclusivos; b) contratação de profissional do setor artístico, diretamente ou por meio de empresário exclusivo, desde que consagrado pela crítica especializada ou pela opinião pública; c) contratação de serviços técnicos especializados de natureza predominantemente intelectual com profissionais ou empresas de notória especialização, vedada a inexigibilidade para serviços de publicidade e divulgação (a lei arrola quais serviços): d) objetos que devam ou possam ser contratados por meio de credenciamento; e) aquisição ou locação de imóvel cujas características de instalações e de localização tornem necessária sua escolha.

43. No caso de imóvel da União, ainda, há a necessidade de autorização do Presidente da República (art. 23, Lei nº 9.636/98).
44. BORTOLETO, Leandro. *Direito administrativo*. Salvador: Juspodivm, 2012. p. 416.

> Nos termos do art. 3º-A da Lei nº 8.906/1994 (Estatuto da OAB), alterada pela Lei nº 14.039/2020, "os serviços profissionais de advogado são, por sua natureza, técnicos e singulares, quando comprovada sua notória especialização, nos termos da lei." Por sua vez, "considera-se **notória especialização** o profissional ou a sociedade de advogados cujo conceito no campo de sua especialidade, decorrente de desempenho anterior, estudos, experiências, publicações, organização, aparelhamento, equipe técnica ou de outros requisitos relacionados com suas atividades, permita inferir que o seu trabalho é essencial e indiscutivelmente o mais adequado à plena satisfação do objeto do contrato."

- **Procedimentos auxiliares (art. 78):** credenciamento, pré-qualificação, procedimento de manifestação de interesse, sistema de registro de preços, registro cadastral.
- **Nulidade da licitação:** Em regra, não gera obrigação de indenizar, exceto quanto ao que o contratado houver executado até a data em que ela for declarada e por outros prejuízos regularmente comprovados, contanto que não lhe seja imputável, promovendo-se a responsabilidade de quem lhe deu causa (art. 149).
- Com a nova Lei de Licitações, a nulidade somente será reconhecida na hipótese em que se revelar medida de interesse público, que será aferido mediante avaliação de diversos critérios, a exemplo, entre outros, dos riscos sociais, ambientais e à segurança da população local decorrentes do atraso na fruição dos benefícios do objeto contratado (art. 147).
- Verificado que o reconhecimento da nulidade se revela medida de interesse público, sua declaração operará com efeitos:
  - **a) retroativos (regra);**
  - **b) não retroativos** (caso impossível retornar à situação anterior, hipótese que será resolvido em perdas e danos);
  - **c) pro futuro** (com vistas à continuidade da atividade administrativa, pelo prazo de até 6 meses, prorrogável uma única vez).

Anulação na Nova Lei de Licitações
Requisitos para anulação: • Ilegalidade + interesse público Efeitos da anulação: • *Ex tunc* (retroativos) • *Ex nunc* (não retroativos, resolvendo em perdas e danos) • *Pro futuro* (para frente, em prazo suficiente para nova contratação – até 6 meses, prorrogável uma vez)

- **Revogação da licitação:** é possível por motivo de conveniência e oportunidade resultante de fato superveniente devidamente comprovado (art. 71, II e §2º).
- Recurso é admitido nos casos de (art. 165, I): a) ato que defira ou indefira pedido de pré-qualificação de interessado ou de inscrição em registro cadastral, sua alteração ou cancelamento; b) julgamento das propostas; c) ato de habilitação ou inabilitação de licitante; d) anulação ou revogação da licitação; e) extinção do contrato, quando determinada por ato unilateral e escrito da Administração.
- **Prazo para interposição do recurso (art. 165, I):** a) três dias úteis.
- **Pedido de reconsideração (art. 165, II):** prazo de três dias úteis, de ato contra o qual não caiba recurso hierárquico.
- **Contrato administrativo:** é o "ajuste que a Administração Pública, agindo nessa qualidade, firma com particular ou outra entidade administrativa para a consecução de objetivos de interesse público, nas condições estabelecidas pela própria Administração"[45]. Regulam-se pelas suas cláusulas e pelos preceitos de direito público, sendo a eles aplicado, de forma supletiva, os princípios da teoria geral dos contratos e as disposições de direito privado (art. 89).
- **Características do contrato administrativo[46]:** a) presença da Administração Pública como Poder Público; b) finalidade pública; c) natureza de contrato de adesão; d) natureza *intuitu personae* (pessoalidade); e) obediência à forma prescrita em lei; f) procedimento legal; g) mutabilidade; h) presença de cláusulas exorbitantes; i) controle e fiscalização do contrato administrativo; j) retomada do objeto; k) aplicação de penalidades (advertência, multa, suspensão temporária, declaração de inidoneidade).
- **Cláusulas exorbitantes:** são cláusulas inexistentes no direito privado e, por isso, extrapolam, exorbitam o direito privado, concedendo prerrogativas à Administração ao colocá-la em posição de superioridade em relação ao contratado. As principais cláusulas exorbitantes são: a) modificação unilateral; b) extinção unilateral; c) ocupação provisória; d) aplicação de sanções; e) fiscalização de execução do contrato (art. 104).

---

45. MEIRELLES, Hely Lopes. *Licitação e contrato administrativo*. 15. ed. São Paulo: Malheiros, 2010. p. 247.
46. DI PIETRO, Maria Sylvia Zanella. *Direito administrativo*. 25. ed. São Paulo: Atlas, 2012. p. 269.

- **Divulgação do contrato no PNCP (Portal Nacional de Contratações Públicas) (art. 94):** 20 dias úteis da assinatura, no caso de licitação e 10 dias úteis da assinatura no caso de contratação direta. Referida publicação se trata de condição de eficácia do contrato e respectivos aditamentos. No caso de urgência, os contratos terão eficácia a partir de sua assinatura, devendo ser publicados nos prazos citados, sob pena de nulidade.
- **Instrumento contratual (art. 95): o instrumento de contrato é obrigatório,** salvo nas seguintes hipóteses, em que a Administração poderá substituí-lo por outro instrumento hábil, como carta-contrato, nota de empenho de despesa, autorização de compra ou ordem de execução de serviço: a) dispensa de licitação em razão de valor; b) compras com entrega imediata e integral dos bens adquiridos e dos quais não resultem obrigações futuras, inclusive quanto a assistência técnica, independentemente de seu valor.
- **Contrato verbal:** é nulo e de nenhum efeito o contrato verbal com a Administração, salvo o de pequenas compras ou o de prestação de serviços de pronto pagamento, assim entendidos aqueles de valor não superior a R$ 11.981,20 (art. 95, §2º da Lei 14.133/2021 e Decreto 11.871/2023.
- Garantias (art. 96): a) caução em dinheiro ou em títulos da dívida pública; b) seguro-garantia; c) fiança bancária; d) título de capitalização custeado por pagamento único, com resgate pelo valor total.
- Limites das garantias contratuais: a) no máximo, 5% do valor inicial do contrato, nas contratações de obras, serviços e fornecimentos (art. 98); b) no máximo, 10% do valor inicial do contrato, desde que justificada mediante análise da complexidade técnica e dos riscos envolvidos (art. 98); c) no máximo, 30% do valor inicial do contrato, nas contratações de obras e serviços de engenharia de grande vulto, com previsão legal da modalidade seguro-garantia (art. 99), contendo a cláusula de retomada prevista no art.101. d) detalhes: nos casos de contratos que impliquem a entrega de bens pela Administração, dos quais o contratado ficará depositário, o valor desses bens deverá ser acrescido ao valor da garantia (art. 101); nas contratações de serviços e fornecimentos contínuos com vigência superior a 1 ano, assim como nas subsequentes prorrogações, será utilizado o valor anual do contrato para definição e aplicação dos percentuais para fins de garantia.

- Duração dos contratos:

<table>
<tr><th colspan="2">DURAÇÃO DOS CONTRATOS</th></tr>
<tr><td colspan="2">REGRA GERAL (art. 105)
Prazo previsto no edital
– Observância da disponibilidade orçamentária:
a) no momento da contratação; e b) a cada exercício financeiro
– Se prazo for superior a um ano, deve haver previsão no plano plurianual</td></tr>
<tr><th colspan="2">SITUAÇÕES ESPECÍFICAS</th></tr>
<tr><td>Contratos de serviços e fornecimentos contínuos (art. 106)</td><td>Até 5 anos
(pode ser prorrogado, sucessivamente, até o máximo de 10 anos)</td></tr>
</table>

Contratação de (art. 108): a) **bens ou serviços** produzidos ou prestados no País que envolvam, cumulativamente, **alta complexidade tecnológica e defesa nacional**; b) **materiais de uso das Forças Armadas**, com exceção de materiais de uso pessoal e administrativo, quando houver necessidade de manter a padronização requerida pela estrutura de apoio logístico dos meios navais, aéreos e terrestres, mediante autorização por ato do comandante da força militar; c) para **contratação** com vistas ao cumprimento do disposto nos arts. 3º, 3º-A, 4º, 5º e 20 da **Lei nº 10.973**, de 2 de dezembro de 2004, observados os princípios gerais de contratação constantes da referida Lei; c) para contratação que possa acarretar **comprometimento da segurança nacional**, nos casos estabelecidos pelo Ministro de Estado da Defesa, mediante demanda dos comandos das Forças Armadas ou dos demais ministérios; d) para contratação em que houver **transferência de tecnologia de produtos estratégicos para SUS**, conforme elencados em ato da direção nacional do SUS, inclusive por ocasião da aquisição desses produtos durante as etapas de absorção tecnológica, e em valores compatíveis com aqueles definidos no instrumento firmado para a transferência de tecnologia; e) **para aquisição, por pessoa jurídica de direito público interno, de insumos estratégicos para a saúde** produzidos por fundação que, regimental ou estatutariamente, tenha por finalidade apoiar órgão da Administração Pública direta, sua autarquia ou fundação em projetos de ensino, pesquisa, extensão, desenvolvimento institucional, científico e tecnológico e de estímulo à inovação, inclusive na gestão administrativa e financeira necessária à execução desses projetos, ou em parcerias que envolvam transferência de tecnologia de produtos estratégicos para o SUS, nos termos do inciso XII do caput do art. 75, e que tenha sido criada para esse fim específico em data anterior à entrada em vigor desta Lei, desde que o preço contratado seja compatível com o praticado no mercado.	**Até 10 anos**
Contrato (art. 110) a) Que **gere receita**; e b) De **eficiência**, que gere economia para a Administração	– **Até 10 anos**, nos contratos **sem investimento** – **Até 35 anos**, nos contratos **com investimento**
Contrato sob o regime de **fornecimento e prestação de serviço associado** (art. 113)	Soma do a) **Prazo** do **fornecimento inicial ou entrega da obra** + b) **Prazo** do **serviço de operação e manutenção** (limitado a **5 anos**) – **Prorrogação**: por **até 10 anos**
Contratos de **operação continuada de sistemas estruturantes de tecnologia da informação** (art. 114)	**Até 15 anos**
Contratos em que Administração seja **usuária de serviço público oferecido em regime de monopólio** (art. 109)	**Prazo indeterminado**
Contratos por **escopo** (art. 111)	Prazo definido no **edital** **Prorrogação automática** até a conclusão do objeto

- **Exceção do contrato não cumprido (*exceptio non adimpleti contractus*):** é muito usada na esfera privada e, por ela, se um dos contratantes não cumpre o pactuado o outro pode se recusar a cumprir o que lhe cabe, conforme o art. 477 do Código Civil. Por outro lado, nos contratos administrativos, essa regra não é aplicada integralmente, em razão dos princípios da continuidade dos serviços públicos e da supremacia do interesse público, sendo possível a exceção do contrato não cumprido, mas de forma mitigada. Se for contrato de concessão de serviço público, há entendimento de que não pode ser invocada, em razão do princípio da continuidade do serviço público. O art. 137, §2º, IV, prevê como causa de extinção do contrato o atraso superior a dois meses do pagamento ou parcelas de pagamento devidos pela Administração por despesas de obras, serviços ou fornecimento, podendo o contratado optar pela suspensão de suas obrigações até que a situação seja normalizada.
- **Hipóteses de alteração unilateral do contrato administrativo (art. 124, I):** a) quando houver modificação do projeto ou das especificações, para melhor adequação técnica aos seus objetivos (modificação qualitativa); b) quando necessária a modificação do valor contratual em decorrência de acréscimo ou diminuição quantitativa de seu objeto, nos seguintes limites (modificação quantitativa):
  - até 25% do valor inicial atualizado do contrato para acréscimos e supressões feitas nas obras, serviços ou compras;
  - até 50% do valor inicial atualizado do contrato para acréscimos no caso de reforma de edifício ou equipamento (se for supressão, o limite é de 25%).
  - Por acordo entre as partes, é possível a redução do valor contratual além do limite de 25%, mas não é possível o acréscimo.
  - Não é possível a alteração de nenhuma cláusula econômico-financeira e monetária do contrato sem a concordância do contratado (art. 104, § 1º), e, toda vez, que a Administração alterar unilateralmente o contrato deverá haver a revisão das cláusulas econômico-financeiras para que seja mantido o equilíbrio econômico-financeiro do contrato (art. 104, § 2º).
- **Hipóteses de extinção do contrato (137):** a) não cumprimento ou cumprimento irregular de normas editalícias ou de cláusulas contratuais, de especificações, de projetos ou de prazos; b) desatendimento das determinações regulares emitidas pela autoridade designada para acompanhar e fiscalizar sua execução ou por autoridade superior; c) alteração social ou modificação da finalidade ou da estrutura da empresa que restrinja sua capacidade de concluir o contrato; d) decretação de falência ou de insolvência civil, dissolução da sociedade ou falecimento do contratado; e) caso fortuito ou força maior, regularmente comprovados, impeditivos da execução do contrato; f) atraso na obtenção da licença ambiental, ou impossibilidade de obtê-la, ou alteração substancial do anteprojeto que dela resultar, ainda que obtida no prazo previsto; g) atraso na liberação das áreas sujeitas a desapropriação, a desocupação ou a servidão administrativa, ou impossibilidade de liberação dessas áreas; h) razões de interesse público, justificadas pela autoridade máxima do órgão ou da entidade contratante; i) não cumprimento das obrigações relativas à reserva de cargos prevista em lei, bem como em outras normas específicas, para pessoa com deficiência, para reabilitado da Previdência Social ou para aprendiz.
- **Responsabilidade do contratado.** O contratado é responsável: a) pelos danos causados diretamente à Administração ou a terceiros, decorrentes de sua culpa ou dolo na execução do contrato, não excluindo ou reduzindo essa responsabilidade a fiscalização ou o acompanhamento pelo órgão interessado (art. 120). Não é possível a alegação de *culpa in vigilando* da Administração; b) pelos encargos trabalhistas, previdenciários, fiscais e comerciais resultantes da execução do contrato (art. 121); c) mesmo após o recebimento do objeto pela Administração (art. 140, § 2º):
  - civilmente pela solidez e segurança da obra ou do serviço;
  - ético-profissional pela perfeita execução do contrato.
  - STF (ADC 16): decidiu que o § 1º do art. 71 da Lei nº 8.666/93 é constitucional e, assim, é vedada a aplicação de responsabilidade subsidiária à Administração Pública de forma automática, apenas pela constatação de inadimplemento dos direitos trabalhistas pela empresa contratada. Por outro lado, foi decidido que, como a Administração Pública tem o dever de licitar e fiscalizar de forma eficaz a execução do contrato, inclusive quanto ao adimplemento de direitos trabalhistas, se verificada, no caso concreto, a omissão da Administração no seu dever de fiscalizar, é possível "a imputação de responsabilidade subsidiária à Administração Pública por *culpa in eligendo* ou *in vigilando*". Este entendimento pode ser aplicado à nova Lei de Licitações e Contratos, uma vez que houve continuidade normativa do dispositivo no §1º do art. 121 da nova legislação.

- **A Administração**, nos termos do art. 121, §2º, exclusivamente "nas contratações de serviços contínuos com regime de dedicação exclusiva de mão de obra, a Administração responderá solidariamente pelos encargos previdenciários e subsidiariamente pelos encargos trabalhistas se comprovada falha na fiscalização do cumprimento das obrigações do contratado". Nesse tipo de contrato, para exercer essa fiscalização quanto ao cumprimento das obrigações trabalhistas, o §3º do art. 121 estabelece que a Administração, conforme previsão no edital ou no contrato, poderá, entre outras medidas: I – exigir caução, fiança bancária ou contratação de seguro-garantia com cobertura para verbas rescisórias inadimplidas; II – condicionar o pagamento à comprovação de quitação das obrigações trabalhistas vencidas relativas ao contrato; III – efetuar o depósito de valores em conta vinculada; IV – em caso de inadimplemento, efetuar diretamente o pagamento das verbas trabalhistas, que serão deduzidas do pagamento devido ao contratado; V – estabelecer que os valores destinados a férias, a décimo terceiro salário, a ausências legais e a verbas rescisórias dos empregados do contratado que participarem da execução dos serviços contratados serão pagos pelo contratante ao contratado somente na ocorrência do fato gerador".

Teoria da imprevisão

- **Fato do príncipe** é toda determinação estatal, positiva ou negativa, geral, imprevista e imprevisível, que onera substancialmente a execução do contrato administrativo ou impede sua execução.
- **Fato da Administração** é toda ação ou omissão estatal que incide de forma direta sobre o contrato, onerando-o ou impedindo sua execução.
- **Caso fortuito ou força maior:** se referem a **situações imprevisíveis e inevitáveis** que, ao ocorrerem, tornam extremamente **onerosa a execução do contrato** – autorizando sua alteração, por acordo entre as partes, para a recomposição do equilíbrio econômico-financeiro – ou tornam **impossível a sua execução**, permitindo a rescisão contratual sem culpa do contratado.
- **Interferências imprevisíveis:** ocorrências materiais não imaginadas pelas partes quando da celebração do contrato, mas que são descobertas após o início de sua execução como, por exemplo, é o encontro de terreno rochoso não esperado para o local[47].

- **Recebimento do objeto: em regra**, o **recebimento é subdivido** em provisório e definitivo (art. 140):

a) **recebimento provisório:**
   - **quanto a obras e serviços**: realizado pelo responsável por seu acompanhamento e fiscalização, mediante termo detalhado, quando verificado o cumprimento das exigências de caráter técnico;
   - **quanto às compras**: de forma sumária, pelo responsável por seu acompanhamento e fiscalização, com verificação posterior da conformidade do material com as exigências contratuais;

b) **recebimento definitivo:** • **quanto a obras e serviços**: realizado por servidor ou comissão designada pela autoridade competente, mediante termo detalhado que comprove o atendimento das exigências contratuais; • **quanto às compras**: realizado por servidor ou comissão designada pela autoridade competente, mediante termo detalhado que comprove o atendimento das exigências contratuais.

- **Meios alternativos de solução de conflitos (art. 151):** nas contratações regidas pela nova legislação, poderão ser utilizados meios alternativos de prevenção e resolução de controvérsias, notadamente a conciliação, a mediação, o comitê de resolução de disputas e a arbitragem. Atenção! Os meios alternativos se aplicam às controvérsias relacionadas a direitos patrimoniais disponíveis, como as questões relacionadas ao restabelecimento do equilíbrio econômico-financeiro do contrato, ao inadimplemento de obrigações contratuais por quaisquer das partes e ao cálculo de indenizações.
- **Sanções administrativas (art. 156):**

a) Advertência:
   - A Lei prevê que a advertência será aplicada exclusivamente na hipótese de inexecução parcial do objeto, quando não se justificar a imposição de pena mais grave.

b) Multa:
   - Limites mínimo de 0,5% e máximo 30% do valor da contratação.
   - Aplicável cumulativamente com qualquer das outras sanções.
   - Interessado será intimado para apresentar defesa no prazo de 15 dias úteis, contados da data da intimação

c) Impedimento de licitar ou contratar:
   - Aplicável quando a conduta não justificar penalidade mais grave, nos seguintes

---

47 MEIRELLES, Hely Lopes. ***Direito administrativo brasileiro***. 43. ed.São Paulo: Malheiros, 2018.

casos: dar causa à inexecução parcial do contrato que cause grave dano à Administração, ao funcionamento dos serviços públicos ou ao interesse coletivo; dar causa à inexecução total do contrato; deixar de entregar a documentação exigida para o certame; não manter a proposta, salvo em decorrência de fato superveniente devidamente justificado; não celebrar o contrato ou não entregar a documentação exigida para a contratação, quando convocado dentro do prazo de validade de sua proposta; ensejar o retardamento da execução ou da entrega do objeto da licitação sem motivo justificado.

- Impedirá o responsável de licitar ou contratar no âmbito da Administração Pública direta e indireta **do ente federativo que tiver aplicado a sanção.**
- Prazo **máximo** de 3 anos.
- A aplicação desta penalidade deverá ser precedida da instauração de processo de responsabilização, a ser conduzida por 2 ou mais servidores estáveis, que avaliará fatos e circunstâncias.
- Não havendo servidores estatutários, a comissão será formada por 2 ou mais empregados públicos pertencentes aos quadros permanentes, preferencialmente com, no mínimo, 3 anos de tempo de serviço no órgão ou entidade.
- Prazo de defesa: 15 dias úteis, da intimação. Deverá apresentar defesa escrita e especificar as provas que pretende produzir.

d) Declaração de inidoneidade para licitar ou contratar:

- Aplicável: I)às condutas elencadas no art. 155, VIII a XII (apresentar declaração ou documentação falsa exigida para o certame ou prestar declaração falsa durante a licitação ou a execução do contrato; fraudar a licitação ou praticar ato fraudulento na execução do contrato; comportar-se de modo inidôneo ou cometer fraude de qualquer natureza; praticar atos ilícitos com vistas a frustrar os objetivos da licitação; praticar ato lesivo previsto no art. 5º da Lei nº 12.846, de 1º de agosto de 2013); II) e aos casos em que se justificar penalidade mais grave do que o impedimento de licitar e contratar;
- Impedirá o responsável de licitar ou contratar no âmbito da Administração Pública direta e indireta **de todos os entes federativos.**
- Prazo **mínimo** de 3 anos e **máximo** de 6 anos.
- A aplicação desta penalidade deverá ser precedida da instauração de processo de responsabilização, a ser conduzida por 2 ou mais servidores estáveis, que avaliará fatos e circunstâncias.
- Não havendo servidores estatutários, a comissão será formada por 2 ou mais empregados públicos pertencentes aos quadros permanentes, preferencialmente com, no mínimo, 3 anos de tempo de serviço no órgão ou entidade.
- Prazo de defesa: 15 dias úteis, da intimação. Deverá apresentar defesa escrita e especificar as provas que pretende produzir.

Atenção! As penalidades de advertência, impedimento de licitar e contratar e declaração de inidoneidade, poderão ser cumuladas com a pena de multa (art. 156, §7º).

10.1. LICITAÇÃO E CONTRATO ADMINISTRATIVO NA LEI DAS ESTATAIS (LEI Nº 13.303/2016)

- **Atenção!** A Lei nº 14.133/2021, que traz o novo regime jurídico das licitações e contratos administrativos, não se aplica às estatais, que continuam regidas pela Lei nº 13.303/2016.
- **Lei nº 13.303/16 (estatuto das estatais):** 1) nos artigos 28 a 84 dispõe sobre as licitações e as contratações feitas pelas empresas públicas e sociedades de economia mista e às suas subsidiárias, que explorem atividade econômica de produção ou comercialização de bens ou de prestação de serviços, ainda que a atividade econômica esteja sujeita ao regime de monopólio da união ou seja de prestação de serviços públicos; 2) Os contratos com terceiros destinados à prestação de serviços às empresas públicas e às sociedades de economia mista, **inclusive de engenharia e de publicidade, à aquisição e à locação de bens, à alienação de bens e ativos integrantes do respectivo patrimônio ou à execução de obras a serem integradas a esse patrimônio, bem como à implementação de ônus real sobre tais bens**, serão precedidos de licitação nos termos da Lei 13.303/16, ressalvadas as hipóteses de dispensa e inexigibilidade (art. 28); 3) A Lei nº 13.303/16 aplica-se às empresas públicas e às sociedades de economia mista constituídas após o início da vigência da lei (01/07/2016). Em relação às que já existiam nessa data, prevê o prazo de adaptação de 24 meses. Os procedimentos licitatórios e os

contratos administrativos celebrados até o final desse prazo permanecem regidos pela legislação anterior.

- **Dispensa e inexigibilidade:** os casos de dispensa e inexigibilidade estão previstos nos artigos 29 e 30, respectivamente, da Lei nº 13.303/16.
- **Alienação** (Lei nº 13.303/16): **a alienação de bens por empresas públicas e por sociedades de economia mista** será precedida de: **I – avaliação formal do bem contemplado**, ressalvadas as hipóteses previstas nos incisos XVI a XVIII do art. 29 (XVI – na transferência de bens a órgãos e entidades da administração pública, inclusive quando efetivada mediante permuta; XVII – na doação de bens móveis para fins e usos de interesse social, após avaliação de sua oportunidade e conveniência socioeconômica relativamente à escolha de outra forma de alienação; XVIII – na compra e venda de ações, de títulos de crédito e de dívida e de bens que produzam ou comercializem); **II – licitação**, exceto: a) quando executarem a comercialização, prestação ou execução, de forma direta, de produtos, serviços ou obras especificamente relacionados com seus respectivos objetos sociais; b) nos casos em que a escolha do parceiro esteja associada a suas características particulares, vinculada a oportunidades de negócio definidas e específicas, justificada a inviabilidade de procedimento competitivo.

DISPENSA EM RAZÃO DO PEQUENO VALOR ESTATAIS (LEI Nº 13.303/16)	
Obras e serviços de engenharia	Outros serviços e compras
Até R$ 100.000,00	Até R$ 50.000,00
Atenção! Esses **valores podem ser alterados**, para refletir a variação de custos, **por deliberação do Conselho de Administração** da empresa pública ou sociedade de economia mista, **admitindo-se valores diferenciados para cada sociedade.**	

- **Pregão**: é a modalidade a ser adotada de forma preferencial (art. 32, V).
- **Prazo para apresentação de propostas ou lances: art. 39 da Lei nº 13.303/2016.**

PRAZO PARA APRESENTAÇÃO DE PROPOSTAS OU LANCES (LEI Nº 13.303/16: art. 39)	
5 dias úteis	Aquisição de bens, quanto o critério de julgamento for: – menor preço; ou – maior desconto;
10 dias úteis	Aquisição de bens nas demais hipóteses
15 dias úteis	Contratação de obras e serviços, quando o critério de julgamento for: – menor preço; ou – maior desconto;
30 dias úteis	Contratação de obras e serviços nas demais hipóteses
45 dias úteis	Quando o critério de julgamento for: – melhor técnica; – a melhor combinação de técnica e preço;
45 dias úteis	Para licitação em que haja: – contratação semi-integrada; ou – contratação integrada.

- **Recurso. Regra: fase recursal única**; momento de apresentação de recurso: **5 dias úteis após a fase de habilitação. Exceção**: Se houver **inversão nas fases** do procedimento licitatório, haverá **dois momentos** de apresentação de recurso: a) **5 dias úteis após a habilitação**; b) **5 dias úteis após o encerramento da fase de verificação** de efetividade dos lances ou propostas.
- **Não há alteração unilateral do contrato administrativo.** Pode ser alterado, por acordo (art. 81):
  - I. quando houver modificação do projeto ou das especificações, para melhor adequação técnica aos seus objetivos;
  - II. quando necessária a modificação do valor contratual em decorrência de acréscimo ou diminuição quantitativa de seu objeto, nos limites permitidos por esta Lei;
  - III. quando conveniente a substituição da garantia de execução;
  - IV. quando necessária a modificação do regime de execução da obra ou serviço, bem como do modo de fornecimento, em face de verificação técnica da inaplicabilidade dos termos contratuais originários;
  - V. quando necessária a modificação da forma de pagamento, por imposição de circunstâncias supervenientes, mantido o valor inicial atualizado, vedada a antecipação do pagamento, com relação ao cronograma financeiro fixado, sem a correspondente contraprestação de fornecimento de bens ou execução de obra ou serviço;

VI. para restabelecer a relação que as partes pactuaram inicialmente entre os encargos do contratado e a retribuição da administração para a justa remuneração da obra, serviço ou fornecimento, objetivando a manutenção do equilíbrio econômico-financeiro inicial do contrato, na hipótese de sobrevirem fatos imprevisíveis, ou previsíveis porém de consequências incalculáveis, retardadores ou impeditivos da execução do ajustado, ou, ainda, em caso de força maior, caso fortuito ou fato do príncipe, configurando álea econômica extraordinária e extracontratual.

Obs.: O contratado poderá aceitar, nas mesmas condições contratuais, os acréscimos ou supressões que se fizerem nas obras, serviços ou compras, até 25% (vinte e cinco por cento) do valor inicial atualizado do contrato, e, no caso particular de reforma de edifício ou de equipamento, até o limite de 50% (cinquenta por cento) para os seus acréscimos.

11. SERVIÇOS PÚBLICOS

- Deve ser feita a leitura dos artigos 21, 23, 25, 30 e 32, § 1º, da Constituição Federal, quanto à competência para o serviço público.
- ***Conceito*** de serviço público: ***critérios***: a) critério subjetivo ou orgânico (é serviço público a atividade desempenhada pelo Poder Público); b) critério objetivo ou material (é a atividade destinada a satisfazer as necessidades coletivas); c) critério formal (é a atividade desenvolvida pela Administração Pública sob o regime de direito público).
- ***Conceito*** de serviço público: é "todo aquele prestado pela Administração ou por seus delegados, sob normas e controles estatais, para satisfazer necessidades essenciais ou secundárias da coletividade ou simples conveniências do Estado"[48].
- **Conceito legal de serviço público**: "atividade administrativa ou de prestação direta ou indireta de bens ou serviços à população, exercida por órgão ou entidade da administração pública", nos termos do seu art. 2º, II, da Lei nº 13.460/2017.
- Sistematização da classificação e dos princípios do serviço público[49]:

SERVIÇO PÚBLICO: classificação e princípios	
CLASSIFICAÇÃO	
Quanto à essencialidade	• serviço público propriamente dito • serviço de utilidade pública
Quanto à adequação	• serviço próprio • serviço impróprio
Quanto à finalidade	• serviço administrativo • serviço industrial
Quanto aos destinatários	• serviço *uti universi* • serviço *uti singuli*
PRINCÍPIOS	
Continuidade do serviço público	serviço público não pode parar segundo o art. 6º da Lei nº 8.987/1995, não caracteriza a descontinuidade do serviço público a interrupção em situação de emergência ou aviso prévio motivada por razões de ordem técnica ou por inadimplemento do usuário. No caso de inadimplemento, a interrupção não poderá ter início na sexta-feira, sábado ou domingo, nem em feriado ou dia anterior a feriado.
Modicidade das tarifas	tarifas módicas, razoáveis
Generalidade	usuários devem receber o mesmo tratamento
Mutabilidade	Administração pode alterar, unilateralmente, regime de execução do serviço público

- **Princípios previstos na Lei nº 13.460/2017**: o art. 4º prevê, expressamente, a obediência aos princípios "da regularidade, continuidade, efetividade, segurança, atualidade, generalidade, transparência e cortesia". Inclusive, de maneira detalhada, no art. 5º ao estabelecer que o usuário tem direito à adequada prestação dos serviços, elenca diretrizes, padrões de comportamento, que dão contorno aos princípios a serem observados na execução dos serviços públicos, que são os seguintes: "I – urbanidade, respeito, acessibilidade e cortesia no atendimento aos usuários; II – presunção de boa-fé do usuário; III – atendimento por ordem de chegada, ressalvados casos de urgência e aqueles em que houver possibilidade de agendamento, asseguradas as prioridades legais às pessoas com deficiência, às pessoas idosas, às gestantes, às lac-

---

48. MEIRELLES, Hely Lopes. *Direito administrativo brasileiro*. 36. ed.São Paulo: Malheiros, 2010. p. 350.
49. BORTOLETO, Leandro. *Direito administrativo*. Salvador: Juspodivm, 2012. p. 514.

tantes e às pessoas acompanhadas por crianças de colo; IV – adequação entre meios e fins, vedada a imposição de exigências, obrigações, restrições e sanções não previstas na legislação; V – igualdade no tratamento aos usuários, vedado qualquer tipo de discriminação; VI – cumprimento de prazos e normas procedimentais; VII – definição, publicidade e observância de horários e normas compatíveis com o bom atendimento ao usuário; VIII – adoção de medidas visando a proteção à saúde e a segurança dos usuários; IX – autenticação de documentos pelo próprio agente público, à vista dos originais apresentados pelo usuário, vedada a exigência de reconhecimento de firma, salvo em caso de dúvida de autenticidade; X – manutenção de instalações salubres, seguras, sinalizadas, acessíveis e adequadas ao serviço e ao atendimento; XI – eliminação de formalidades e de exigências cujo custo econômico ou social seja superior ao risco envolvido; XII – observância dos códigos de ética ou de conduta aplicáveis às várias categorias de agentes públicos; XIII – aplicação de soluções tecnológicas que visem a simplificar processos e procedimentos de atendimento ao usuário e a propiciar melhores condições para o compartilhamento das informações; XIV – utilização de linguagem simples e compreensível, evitando o uso de siglas, jargões e estrangeirismos; e XV – vedação da exigência de nova prova sobre fato já comprovado em documentação válida apresentada; XVI – comunicação prévia ao consumidor de que o serviço será desligado em virtude de inadimplemento, bem como do dia a partir do qual será realizado o desligamento, necessariamente durante horário comercial.".

- **Competência para prestação do serviço público**

SERVIÇO PÚBLICO: competência	
UNIÃO (exemplos de competência exclusiva; art. 21)	a) garantia da defesa nacional; b) autorização e fiscalização da produção e do comércio de material bélico; c) emissão de moeda; d) serviço postal e correio aéreo nacional; e) telecomunicações; f) radiodifusão; g) energia elétrica e aproveitamento energético dos cursos de água; h) navegação aérea e aeroespacial; i) infraestrutura aeroportuária; j) transporte ferroviário e aquaviário entre portos brasileiros e fronteiras nacionais, ou que transponham os limites de Estado ou Território; k) transporte rodoviário interestadual e internacional de passageiros; l) portos marítimos, fluviais e lacustres; m) organizar e manter o Poder Judiciário, o Ministério Público do Distrito Federal e dos Territórios e a Defensoria Pública dos Territórios; n) organizar e manter a polícia civil, a polícia penal, a polícia militar e o corpo de bombeiros militar do Distrito Federal, bem como prestar assistência financeira ao Distrito Federal para a execução de serviços públicos, por meio de fundo próprio; o) serviços oficiais de estatística, geografia, geologia e cartografia de âmbito nacional; p) classificação, para efeito indicativo, de diversões públicas e de programas de rádio e televisão; q) defesa permanente contra as calamidades públicas, especialmente as secas e as inundações; r) instituição de diretrizes para o desenvolvimento urbano, inclusive habitação, saneamento básico, transportes urbanos e sistema nacional de viação; s) polícia marítima, aeroportuária e de fronteiras; t) serviços nucleares; u) inspeção do trabalho; v) organizar e fiscalizar a proteção e o tratamento de dados pessoais, nos termos da lei.

SERVIÇO PÚBLICO: competência	
ESTADOS (art. 25)	a) competência remanescente; b) exploração e distribuição dos serviços de gás canalizado; c) instituição de regiões metropolitanas, aglomerações urbanas e microrregiões.
DISTRITO FEDERAL (art. 32)	Competência dos Estados + competência dos Municípios
MUNICÍPIOS (art. 30)	a) serviços de interesse local (ex.; transporte coletivo municipal, serviço funerário); b) criação, organização e supressão de distritos; c) promoção do adequado ordenamento territorial; d) manutenção, com a cooperação técnica e financeira da União e do Estado, de programas de educação infantil e ensino fundamental e de serviços de atendimento à saúde da população; e) proteção do patrimônio histórico-cultural local.
COMUM (art. 23)	a) conservação do patrimônio público; b) saúde, assistência pública, proteção e garantia das pessoas portadoras de deficiência; c) proteção dos documentos, das obras e de outros bens de valor histórico, artístico e cultural, dos monumentos, das paisagens naturais notáveis e dos sítios arqueológicos; d) impedimento da evasão, da destruição e da descaracterização de obras de arte e de outros bens de valor histórico, artístico ou cultural; e) acesso à cultura, à educação e à ciência, à tecnologia, à pesquisa e à inovação; f) proteção do meio ambiente e combate à poluição em qualquer de suas formas; g) preservação das florestas, da fauna e da flora; h) fomento à produção agropecuária e organização do abastecimento alimentar; i) programas de construção de moradias e melhoria das condições habitacionais e de saneamento básico; j) combate às causas da pobreza e aos fatores de marginalização; k) registro, acompanhamento e fiscalização das concessões de direitos de pesquisa e exploração de recursos hídricos e minerais em seus territórios; l) política de educação para a segurança do trânsito.

CF, Art. 175. Incumbe ao Poder Público, na forma da lei, diretamente ou sob regime de concessão ou permissão, **sempre através de licitação**, a prestação de serviços públicos.

Parágrafo único. A Lei disporá sobre:

I – o regime das empresas concessionárias e permissionárias de serviços públicos, o caráter especial de seu contrato e de sua prorrogação, bem como as condições de caducidade, fiscalização e rescisão da concessão ou permissão;

II – os direitos dos usuários;

III – política tarifária;

IV – a obrigação de manter serviço adequado.

Atenção! Decisões do STF específicas sobre transporte coletivo e sobre transporte terrestre interestadual e internacional de passageiros:

RE 1.001.104: Salvo situações excepcionais, devidamente comprovadas, serviço público de transporte coletivo pressupõe prévia licitação

ADI 5549: (...) "4. A previsão constitucional de prestação do TRIIP por meio de autorização (Art. 21, XI, "e") afasta a incidência do artigo 175 da Constituição Federal, que impõe prévio procedimento licitatório especificamente às modalidades de outorga que pressupõem a excludência em razão da contratação pela Administração com determinado particular."

Formas de prestação do serviço público

É possível, dependendo do serviço, que a sua execução seja transferida para outra pessoa, quando houver autorização constitucional ou legal. Na primeira hipótese - execução por seus próprios meios - há a **forma centralizada** e, na segunda, tem-se a **forma descentralizada**.

Nessa última, ocorre a denominada **descentralização administrativa**, a qual pode ser feita, em relação aos serviços públicos, de duas formas, quais sejam, a **descentralização por serviços** e a **descentralização por colaboração**. Na primeira, a pessoa política cria (ou autoriza a criação) outra pessoa jurídica para a execução de determinada atividade administrativa (pessoa da administração indireta) e, na segunda, a execução do serviço público é transferida para uma pessoa do setor privado[50]. No primeiro caso, tem-se a **outorga** e, no segundo, a **delegação**.

A **outorga** se opera mediante **lei**, pois esta é necessária para a criação ou a autorização de criação de entidade da administração indireta para a prestação de serviços públicos.

Por sua vez, na **delegação**, a transferência da execução do serviço é feita mediante **contrato** ou **ato** administrativo. A delegação pode ser feita por meio da **concessão**, da **permissão** e da **autorização**.

Concessão de serviço público é o contrato administrativo por meio do qual a Administração Pública delega a terceiro a "execução de um serviço público, para que o execute em seu próprio nome, por sua conta e risco, assegurando-lhe a remuneração mediante tarifa paga pelo usuário ou outra forma de remuneração decorrente da exploração do serviço"[51].

Deveres dos usuários (art. 7º, IV, V e VI):

a) **levar ao conhecimento** do poder público e da concessionária as **irregularidades** de que tenham conhecimento, referentes ao serviço prestado;

b) **comunicar** às autoridades competentes os **atos ilícitos** praticados pela concessionária na prestação do serviço;

c) **contribuir** para a permanência das **boas condições** dos bens públicos por meio dos quais lhes são prestados os serviços.

Direitos dos usuários (art. 7º, I, II e III e art. 7º- A):

a) receber **serviço adequado** (é o serviço que satisfaz as condições de regularidade, continuidade, eficiência, segurança, atualidade, generalidade, cortesia na sua prestação e modicidade das tarifas, conforme art. 6º, § 1º);

b) receber do poder concedente e da concessionária **informações** para a **defesa** de interesses individuais ou coletivos;

c) obter e utilizar o serviço, com liberdade de **escolha** entre vários **prestadores** de serviços, quando for o caso, observadas as normas do poder concedente.

d) **escolher** entre, no mínimo, **seis datas**, dentro do mês de vencimento, para o dia de vencimento de seus débitos.

Importante lembrar que, nos termos do art. 1º, §3º, da Lei nº 13.460/17 , esse diploma normativo, conhecido como Código de Defesa dos Usuários de Serviço Público possui aplicação subsidiária em relação aos serviços prestados por particular e, dessa maneira, além da aplicação do Código de Defesa do Consumidor (Lei nº 8.078/90), dos direitos expressamente consagrados na Lei nº 8.987/95, os usuários de serviços públicos executados por concessionários e permissionários de serviços públicos podem invocar, de forma subsidiária, os direitos elencados no art. 6º da Lei nº 13.460/17.

Licitação para concessão e permissão de serviço público (artigos 14 a 22, Lei nº 8.987/95):

a) possibilidade de o edital prever a inversão das fases de habilitação e julgamento (art. 18-A);

b) critérios usados para julgar a licitação (art. 15):
   - menor valor da tarifa do serviço público a ser prestado;
   - maior oferta, nos casos de pagamento ao poder concedente pela outorga da concessão;
   - melhor proposta técnica, com preço fixado no edital;
   - melhor oferta de pagamento pela outorga após qualificação de propostas técnicas. Os critérios podem ser assim combinados:
   - menor valor da tarifa e maior oferta pela outorga;
   - menor valor da tarifa e melhor oferta pela outorga, após qualificação das propostas técnicas;
   - menor valor da tarifa e melhor técnica;
   - maior oferta pela outorga e melhor técnica.

Modalidade de licitação: concorrência ou diálogo competitivo.

Cláusulas essenciais do contrato de concessão; são as relativas (art. 23):

I – ao objeto, à área e ao prazo da concessão;

II – ao modo, forma e condições de prestação do serviço;

50. Para maiores detalhes sobre a descentralização e suas espécies, ver capítulo 2, item 1.2.

51. DI PIETRO, Maria Sylvia Zanella. *Direito administrativo*. 25. ed. São Paulo: Atlas, 2012. p. 302.

III – aos critérios, indicadores, fórmulas e parâmetros definidores da qualidade do serviço;

IV – ao preço do serviço e aos critérios e procedimentos para o reajuste e a revisão das tarifas;

V – aos direitos, garantias e obrigações do poder concedente e da concessionária, inclusive os relacionados às previsíveis necessidades de futura alteração e expansão do serviço e consequente modernização, aperfeiçoamento e ampliação dos equipamentos e das instalações;

VI – aos direitos e deveres dos usuários para obtenção e utilização do serviço;

VII – à forma de fiscalização das instalações, dos equipamentos, dos métodos e práticas de execução do serviço, bem como a indicação dos órgãos competentes para exercê-la;

VIII – às penalidades contratuais e administrativas a que se sujeita a concessionária e sua forma de aplicação;

IX – aos casos de extinção da concessão;

X – aos bens reversíveis;

XI – aos critérios para o cálculo e a forma de pagamento das indenizações devidas à concessionária, quando for o caso;

XII – às condições para prorrogação do contrato;

XIII – à obrigatoriedade, forma e periodicidade da prestação de contas da concessionária ao poder concedente;

XIV – à exigência da publicação de demonstrações financeiras periódicas da concessionária; e

XV – ao foro e ao modo amigável de solução das divergências contratuais.

No caso de contratos relativos à concessão de serviço público precedido da execução de obra pública, adicionalmente, deverá haver a previsão

I – dos cronogramas físico-financeiros de execução das obras vinculadas à concessão; e

II –da garantia do fiel cumprimento, pela concessionária, das obrigações relativas às obras vinculadas à concessão.

O contrato de concessão poderá prever o emprego de mecanismos privados para resolução de disputas decorrentes ou relacionadas ao contrato, inclusive a arbitragem, a ser realizada no Brasil e em língua portuguesa (art. 23-A)

Encargos do poder concedente (art. 29):

a) regulamentar o serviço concedido e fiscalizar permanentemente a sua prestação;

b) aplicar as penalidades regulamentares e contratuais;

c) intervir na prestação do serviço, nos casos e condições previstos em lei;

d) extinguir a concessão, nos casos previstos nesta Lei e na forma prevista no contrato;

e) homologar reajustes e proceder à revisão das tarifas na forma desta Lei, das normas pertinentes e do contrato;

f) cumprir e fazer cumprir as disposições regulamentares do serviço e as cláusulas contratuais da concessão;

g) zelar pela boa qualidade do serviço, receber, apurar e solucionar queixas e reclamações dos usuários, que serão cientificados, em até trinta dias, das providências tomadas;

h) declarar de utilidade pública os bens necessários à execução do serviço ou obra pública, promovendo as desapropriações, diretamente ou mediante outorga de poderes à concessionária, caso em que será desta a responsabilidade pelas indenizações cabíveis;

i) declarar de necessidade ou utilidade pública, para fins de instituição de servidão administrativa, os bens necessários à execução de serviço ou obra pública, promovendo-a diretamente ou mediante outorga de poderes à concessionária, caso em que será desta a responsabilidade pelas indenizações cabíveis;

j) estimular o aumento da qualidade, produtividade, preservação do meio ambiente e conservação;

k) incentivar a competitividade;

l) estimular a formação de associações de usuários para defesa de interesses relativos ao serviço.

Encargos da concessionária são (art. 31):

a) prestar serviço adequado, na forma prevista nesta lei, nas normas técnicas aplicáveis e no contrato;

b) manter em dia o inventário e o registro dos bens vinculados à concessão;

c) prestar contas da gestão do serviço ao poder concedente e aos usuários, nos termos definidos no contrato;

d) cumprir e fazer cumprir as normas do serviço e as cláusulas contratuais da concessão;

e) permitir aos encarregados da fiscalização livre acesso, em qualquer época, às obras, aos equipamentos e às instalações integrantes do serviço, bem como a seus registros contábeis;

f) promover as desapropriações e constituir servidões autorizadas pelo poder concedente, conforme previsto no edital e no contrato;

g) zelar pela integridade dos bens vinculados à prestação do serviço, bem como segurá-los adequadamente;

h) captar, aplicar e gerir os recursos financeiros necessários à prestação do serviço.

A declaração de utilidade pública de imóvel para desapropriação e a declaração de necessidade ou utilidade pública para fins de servidão são sempre encargos do poder concedente. Já, a promoção da desapropriação e a instituição da servidão podem ser feitas tanto pelo poder concedente quanto pela concessionária. No entanto, esta somente poderá fazê-los quando autorizada pelo poder concedente e desde que exista previsão no edital e no contrato, cabendo à concessionária, nesses casos, a responsabilidade pelas indenizações cabíveis.

Extinção da concessão (art. 35):

a) advento do termo contratual;
b) encampação ou resgate (o poder concedente retoma o serviço da concessionária, durante o prazo da concessão, por motivo de interesse público, mediante Lei autorizativa específica e após prévio pagamento de indenização);
c) caducidade ou decadência (o poder concedente retoma o serviço da concessionária, durante o prazo da concessão, em razão da inadimplência da concessionária);
d) rescisão;
e) anulação;
f) falência ou extinção da concessionária de serviço público.

A caducidade pode ser declarada quando (art. 38, §1º):

I – o serviço estiver sendo prestado de forma inadequada ou deficiente, tendo por base as normas, critérios, indicadores e parâmetros definidores da qualidade do serviço;

II – a concessionária descumprir cláusulas contratuais ou disposições legais ou regulamentares concernentes à concessão;

III – a concessionária paralisar o serviço ou concorrer para tanto, ressalvadas as hipóteses decorrentes de caso fortuito ou força maior;

IV – a concessionária perder as condições econômicas, técnicas ou operacionais para manter a adequada prestação do serviço concedido;

V – a concessionária não cumprir as penalidades impostas por infrações, nos devidos prazos;

VI – a concessionária não atender a intimação do poder concedente no sentido de regularizar a prestação do serviço; e

VII – a concessionária não atender a intimação do poder concedente para, em 180 (cento e oitenta) dias, apresentar a documentação relativa a regularidade fiscal, no curso da concessão, na forma do art. 29 da Lei nº 8.666, de 21 de junho de 1993[52].

Reversão não é forma de extinção da concessão, mas é consequência dela, pois consiste na transferência dos bens do concessionário afetados ao serviço para o poder concedente, no final da concessão.

PARCERIA PÚBLICO-PRIVADA é um contrato de concessão e tem duas modalidades (art. 2º):

a) concessão patrocinada: é a concessão de serviços públicos ou de obras públicas de que trata a Lei no 8.987, de 13 de fevereiro de 1995, quando envolver, adicionalmente à tarifa cobrada dos usuários contraprestação pecuniária do parceiro público ao parceiro privado;
b) concessão administrativa: é o contrato de prestação de serviços de que a Administração Pública seja a usuária direta ou indireta, ainda que envolva execução de obra ou fornecimento e instalação de bens.

É **vedada a celebração de contrato de parceria público-privada** Lei 11.079/04 (art. 2º, § 4º):

a) cujo valor do contrato seja inferior a R$ 10.000.000,00;
b) cujo período de prestação do serviço seja inferior a cinco anos; ou
c) que tenha como objeto único o fornecimento de mão de obra, o fornecimento e instalação de equipamentos ou a execução de obra pública.

A contratação na modalidade PPP será precedida de licitação na modalidade concorrência ou diálogo competitivo.

CONTRATOS DE PARCERIA PÚBLICO-PRIVADA

Cláusulas

> "Art. 5º As cláusulas dos contratos de parceria público-privada atenderão ao disposto no art. 23 da Lei nº 8.987, de 13 de fevereiro de 1995, no que couber, devendo também prever:
>
> I – o prazo de vigência do contrato, compatível com a amortização dos investimentos realizados, não inferior a 5 (cinco), nem superior a 35 (trinta e cinco) anos, incluindo eventual prorrogação;
>
> II – as penalidades aplicáveis à Administração Pública e ao parceiro privado em caso de inadimplemento contratual, fixa-

52 A Lei nº 8.666/1993 foi revogada e, agora, a remissão deve ser feita à Lei nº 14.133/2021, por força de seu artigo 189.

das sempre de forma proporcional à gravidade da falta cometida, e às obrigações assumidas;

III – a repartição de riscos entre as partes, inclusive os referentes a caso fortuito, força maior, fato do príncipe e álea econômica extraordinária;

IV – as formas de remuneração e de atualização dos valores contratuais;

V – os mecanismos para a preservação da atualidade da prestação dos serviços;

VI – os fatos que caracterizem a inadimplência pecuniária do parceiro público, os modos e o prazo de regularização e, quando houver, a forma de acionamento da garantia;

VII – os critérios objetivos de avaliação do desempenho do parceiro privado;

VIII – a prestação, pelo parceiro privado, de garantias de execução suficientes e compatíveis com os ônus e riscos envolvidos, observados os limites dos §§ 3º e 5º do art. 56 da Lei nº 8.666, de 21 de junho de 1993[53], e, no que se refere às concessões patrocinadas, o disposto no inciso XV do art. 18 da Lei nº 8.987, de 13 de fevereiro de 1995 ;

IX – o compartilhamento com a Administração Pública de ganhos econômicos efetivos do parceiro privado decorrentes da redução do risco de crédito dos financiamentos utilizados pelo parceiro privado;

X – a realização de vistoria dos bens reversíveis, podendo o parceiro público reter os pagamentos ao parceiro privado, no valor necessário para reparar as irregularidades eventualmente detectadas.

XI – o cronograma e os marcos para o repasse ao parceiro privado das parcelas do aporte de recursos, na fase de investimentos do projeto e/ou após a disponibilização dos serviços, sempre que verificada a hipótese do § 2º do art. 6º desta Lei.

§ 1º As cláusulas contratuais de atualização automática de valores baseadas em índices e fórmulas matemáticas, quando houver, serão aplicadas sem necessidade de homologação pela Administração Pública, exceto se esta publicar, na imprensa oficial, onde houver, até o prazo de 15 (quinze) dias após apresentação da fatura, razões fundamentadas nesta Lei ou no contrato para a rejeição da atualização.

§ 2º Os contratos poderão prever adicionalmente:

I – os requisitos e condições em que o parceiro público autorizará a transferência do controle ou a administração temporária da sociedade de propósito específico aos seus financiadores e garantidores com quem não mantenha vínculo societário direto, com o objetivo de promover a sua reestruturação financeira e assegurar a continuidade da prestação dos serviços, não se aplicando para este efeito o previsto no inciso I do parágrafo único do art. 27 da Lei nº 8.987, de 13 de fevereiro de 1995;

II – a possibilidade de emissão de empenho em nome dos financiadores do projeto em relação às obrigações pecuniárias da Administração Pública;

III – a legitimidade dos financiadores do projeto para receber indenizações por extinção antecipada do contrato, bem como pagamentos efetuados pelos fundos e empresas estatais garantidores de parcerias público-privadas."

Contraprestação pecuniária e aporte. Requisitos.

- A contraprestação da Administração Pública nos contratos de parceria público-privada poderá ser feita por (art. 6º da Lei nº 11.079/2004):
  a) ordem bancária;
  b) cessão de créditos não tributários;
  c) outorga de direitos em face da Administração Pública;
  d) outorga de direitos sobre bens públicos dominicais;
  e) outros meios admitidos em lei.
- **Aporte:** O contrato poderá prever o aporte de recursos em favor do parceiro privado para a realização de obras e aquisição de bens reversíveis, desde que autorizado no edital de licitação, se contratos novos, ou em lei específica, se contratos celebrados até 8 de agosto de 2012.

Regime de garantias. Atividades delegáveis e indelegáveis por meio de parcerias.

Art. 8º da Lei nº 11.079/04: As obrigações pecuniárias contraídas pela Administração Pública em contrato de parceria público-privada poderão ser garantidas mediante:

53 A Lei nº 8.666/1993 foi revogada e, agora, a remissão deve ser feita à Lei nº 14.133/2021, por força de seu artigo 189.

I – vinculação de receitas, observado o disposto no inciso IV do art. 167 da Constituição Federal ;

II – instituição ou utilização de fundos especiais previstos em lei;

III – contratação de seguro-garantia com as companhias seguradoras que não sejam controladas pelo Poder Público;

IV – garantia prestada por organismos internacionais ou instituições financeiras;

V – garantias prestadas por fundo garantidor ou empresa estatal criada para essa finalidade;

VI – outros mecanismos admitidos em lei.

- **Indelegabilidade:** nos termos do art. 4º, III da Lei nº 11.079/04, não poderão ser delegadas as funções de regulação, jurisdicional, do exercício do poder de polícia e de outras atividades exclusivas do Estado.

PERMISSÃO é formalizada por meio de contrato de adesão, mas tem como características a precariedade e a revogabilidade unilateral (art. 40, Lei nº 8.987/95).

Diferenças legais entre concessão e permissão (art. 2º):

a) a concessão deve adotar a modalidade concorrência, e a permissão pode adotar outra modalidade licitatória;

b) a concessão somente pode ser feita com pessoa jurídica ou com consórcio de empresas, e a permissão pode ser realizada com pessoa jurídica e com pessoa física.

12. RESPONSABILIDADE EXTRACONTRATUAL DO ESTADO

- Sistematização das teorias sobre a responsabilidade extracontratual do Estado[54,55]

<table>
<tr><th colspan="5">Teorias sobre a responsabilidade extracontratual do Estado</th></tr>
<tr><td>Teoria da irresponsabilidade</td><td colspan="4">• Estado não responde
• teoria regaliana ou regalista</td></tr>
<tr><td rowspan="3">Teorias civilistas</td><td colspan="2" rowspan="2">teoria dos atos de império e atos de gestão</td><td colspan="2">atos de gestão ➔ responde</td></tr>
<tr><td colspan="2">atos de império ➔ não responde</td></tr>
<tr><td colspan="2">teoria da culpa civil</td><td colspan="2">• responsabilidade subjetiva
• dolo ou culpa do agente</td></tr>
<tr><td rowspan="3">Teorias publicistas</td><td colspan="2">teoria da culpa administrativa
(culpa do serviço; culpa anônima)</td><td>culpa do serviço</td><td>• responsabilidade subjetiva
• não funciona
• funciona mal
• funcional atrasado</td></tr>
<tr><td rowspan="2">teoria do risco</td><td rowspan="2">ação estatal
+
dano
+
nexo de causalidade</td><td>risco administrativo</td><td>admite excludentes</td></tr>
<tr><td>risco integral</td><td>não admite excludentes</td></tr>
</table>

54 BORTOLETO, Leandro. *Direito administrativo*. Salvador: Juspodivm, 2012. p. 580.

55 BORTOLETO, Leandro. *Direito administrativo*. Salvador: Juspodivm, 2012. p. 587.

- Sistematização da responsabilidade extracontratual no Estado brasileiro[47]:

<table>
<tr><th colspan="2">RESPONSABILIDADE CIVIL DO ESTADO BRASILEIRO</th></tr>
<tr><td colspan="2">• Pessoas de direito público
• Pessoas de direito privado prestadoras de serviço público (terceiro usuário e não usuário do serviço)</td></tr>
<tr><th colspan="2">RESPONSABILIDADE POR AÇÃO</th></tr>
<tr><td>Responsabilidade Objetiva</td><td>• teoria do risco administrativo
• teoria do risco integral (para alguns) ➔ dano nuclear e ato terrorista contra aeronave</td></tr>
<tr><td colspan="2">Comportamento lícito ou ilícito de agente público nessa qualidade
+
Dano
+
Nexo de causalidade</td></tr>
<tr><td>Excludentes da responsabilidade objetiva</td><td>• caso fortuito ou força maior
• culpa exclusiva da vítima
• culpa exclusiva de terceiro</td></tr>
<tr><th colspan="2">RESPONSABILIDADE POR OMISSÃO</th></tr>
<tr><td colspan="2">Omissão genérica: responsabilidade subjetiva
Teoria da culpa administrativa ou da culpa do serviço
Omissão específica: responsabilidade objetiva
Teoria do risco administrativo (STF)</td></tr>
<tr><td colspan="2">Omissão
+
Dever de agir
+
Fato da natureza ou comportamento material de terceiro
+
Dano
+
Nexo entre dano e omissão</td></tr>
</table>

Quando a omissão caracterizar violação a dever específico, o STF vem entendendo que existe responsabilidade objetiva.

- STF (RE nº 1.209.429/SP) Tese de repercussão geral: "É objetiva a Responsabilidade Civil do Estado em relação a profissional da imprensa ferido por agentes policiais durante cobertura jornalística, em manifestações em que haja tumulto ou conflitos entre policiais e manifestantes. Cabe a excludente da responsabilidade da culpa exclusiva da vítima, nas hipóteses em que o profissional de imprensa descumprir ostensiva e clara advertência sobre acesso a áreas delimitadas, em que haja grave risco à sua integridade física."
- Morte de detento: RE 841.526: STF fixou a seguinte tese de repercussão geral: "em caso de inobservância do seu dever específico de proteção previsto no artigo 5º, inciso XLIX, da Constituição Federal, o Estado é responsável pela morte do detento".
- RE 591874/MS: Supremo Tribunal Federal decidiu que a responsabilidade extracontratual das pessoas jurídicas de direito privado prestadoras de serviço público é objetiva em relação aos ***usuários*** e aos ***não usuários*** do serviço.
- STF (RE 327.904 e RE 470.996): impossibilidade de o agente público causador do dano ser acionado diretamente pela vítima. CF (art. 37, § 6º) estabelece ***dupla garantia***: ***uma, em favor do particular*** assegurando-lhe o direito de promover ação indenizatória em face de pessoa jurídica de direito público ou de pessoa jurídica de direito privado prestadora de serviço público e, ***outra, em benefício do servidor***, que apenas responde civil e administrativamente perante a pessoa jurídica a que estiver vinculado; Nesse sentido, o tema de nº 940 do STF (julgado com repercussão geral): "A teor do disposto no art. 37, § 6º, da Constituição Federal, a ação por danos causados por agente público deve ser ajuizada contra o Estado ou a pessoa jurídica de direito privado prestadora de serviço público, sendo parte ilegítima para a ação o autor do ato, assegurado o direito de regresso contra o responsável nos casos de dolo ou culpa".
- STJ (REsp 1.163.652/PE, AgRg no REsp 1.149.194/AM, EREsp 313.886/RN): em se tratando de responsabilidade civil do Estado, a denunciação da lide é facultativa e não obrigatória. Todavia, o "cabimento da denunciação depende da ausência de violação dos princípios da celeridade e da economia processual, o que implica a valoração a ser realizada pelo magistrado em cada caso concreto" (Resp 975.799/DF).
- STF (RE 842846/RJ): "O Estado responde, objetivamente, pelos atos dos tabeliães e registradores oficiais que, no exercício de suas funções, causem dano a terceiros, assentado o dever de regresso contra o responsável, nos casos de dolo ou culpa, sob pena de improbidade administrativa."
- RE 138.861: "Para que fique caracterizada a responsabilidade civil do Estado por danos decorrentes do comércio de fogos de artifício, é neces-

sário que exista a violação de um dever jurídico específico de agir, que ocorrerá quando for concedida a licença para funcionamento sem as cautelas legais ou quando for de conhecimento do poder público eventuais irregularidades praticadas pelo particular".

- STJ Súmula nº 652: "A responsabilidade da administração por dano ao meio ambiente decorrente de sua omissão no dever de fiscalização é de caráter solidário, mas de execução subsidiária".
- RE 580.252: "Considerando que é dever do Estado, imposto pelo sistema normativo, manter em seus presídios os padrões mínimos de humanidade previstos no ordenamento jurídico, é de sua responsabilidade, nos termos do art. 37, § 6º da Constituição, a obrigação de ressarcir os danos, inclusive morais, comprovadamente causados aos detentos em decorrência da falta ou insuficiência das condições legais de encarceramento."• RE 608.880 (Tema 362): "Nos termos do artigo 37, § 6º, da Constituição Federal, não se caracteriza a responsabilidade civil objetiva do Estado por danos decorrentes de crime praticado por pessoa foragida do sistema prisional, quando não demonstrado o nexo causal direto entre o momento da fuga e a conduta praticada".
- Prescrição: o prazo para interposição de ação de indenização em face do Estado é de ***5 anos***, nos termos do art. 1º do Decreto nº 20.910/32.

13. CONTROLE DA ADMINISTRAÇÃO PÚBLICA

O controle da Administração Pública é "**o conjunto de mecanismos jurídicos e administrativos por meio dos quais se exerce o poder de fiscalização e de revisão da atividade administrativa em qualquer das esferas de Poder**"[56].

Espécies de controle**:**

a) quanto à origem ou localização:
- interno
- externo;

b) quanto ao momento:
- prévio ou preventivo (*a priori*)
- concomitante
- posterior ou subsequente;

c) quanto ao aspecto controlado:
- legalidade
- mérito;

d) quanto à amplitude ou fundamento:
- hierárquico ou por subordinação;
- finalístico ou por vinculação;

e) quanto à iniciativa:
- de ofício
- provocado.

CONTROLE ADMINISTRATIVO

Controle administrativo

O "controle administrativo é um **autocontrole** dentro da Administração Pública"[57]. É "o poder de fiscalização e correção que a Administração Pública (em sentido amplo) exerce sobre sua própria atuação, sob os aspectos de legalidade e mérito, por iniciativa própria ou mediante provocação"[58].

Recurso administrativo: todo meio apto para provocar o reexame de ato ou decisão administrativa. Modalidades de recurso administrativo[59]:

a) **representação administrativa**: é o meio pelo qual o administrado denuncia, formalmente, irregularidades ou abuso de poder no seio da Administração;

b) **reclamação administrativa**: é a forma usada pelo administrado para se opor aos atos da Administração que afetem seus direitos ou interesses;

c) **pedido de reconsideração**: é o requerimento de reexame de ato ou decisão administrativa, dirigido à mesma autoridade que expediu o ato ou decidiu;

d) **recurso hierárquico**: é o requerimento de reexame de ato ou decisão administrativa, dirigido a autoridade superior à que expediu o ato ou decidiu. Pode ser:

- **recurso hierárquico próprio**: dirigido a autoridade hierarquicamente superior dentro do mesmo órgão em que o ato foi praticado. Por ser consequência da hierarquia, não depende da previsão legal;
- **recurso hierárquico impróprio**: é o que se "dirige a autoridade ou órgão estranho à repartição que expediu o ato recorrido, mas com competência julgadora expressa, como ocorre com os *tribunais administrativos* e

---

56. CARVALHO FILHO, José dos Santos. *Manual de direito administrativo*. 19. ed. Rio de Janeiro: Lumen Juris, 2008. p. 836.

57. FAGUNDES, Miguel Seabra. *O controle dos atos administrativos pelo poder judiciário*. 8. ed. atualizada por Gustavo Binenbojm. Rio de Janeiro: Forense, 2010. p. 126. Original sem destaque.

58. DI PIETRO, Maria Sylvia Zanella. *Direito administrativo*. 23. ed. São Paulo: Atlas, 2010. p. 730.

59. MEIRELLES, Hely Lopes. *Direito administrativo brasileiro*. 36. ed.São Paulo: Malheiros, 2010. p. 710-714.

com os *chefes* do Executivo federal, estadual e municipal"[60]. É um recurso que não se dirige a autoridade hierarquicamente superior, mas sim a autoridade de outro órgão, sem relação hierárquica com o que proferiu o ato como, por exemplo, recurso, na esfera federal, contra ato de dirigente de autarquia para o Ministério a que estiver vinculada ou para o Presidente da República. Em razão da inexistência de hierarquia, somente é admissível quando houver previsão expressa em lei.

e) **revisão**: é o meio usado pelo servidor para requerer o reexame de punição que lhe foi imposta quando houver fato novo capaz de inocentá-lo ou de demonstrar a inadequação da penalidade aplicada.

CONTROLE LEGISLATIVO

Controle legislativo abrange o controle político e o controle financeiro.

Controle financeiro: a "fiscalização contábil, financeira, orçamentária, operacional e patrimonial da União e das entidades da administração direta e indireta, quanto à legalidade, legitimidade, economicidade, aplicação das subvenções e renúncia de receitas, será exercida pelo Congresso Nacional, mediante controle externo, e pelo sistema de controle interno de cada Poder" (CF, art. 70). **Subdivide-se em controle interno e externo.**

Controle interno: os Poderes Executivo, Legislativo e Judiciário deverão manter, de forma integrada, sistema de controle interno, com a finalidade de: a) "avaliar o cumprimento das metas previstas no plano plurianual, a execução dos programas de governo e dos orçamentos da União" (inciso I); b) "comprovar a legalidade e avaliar os resultados, quanto à eficácia e eficiência, da gestão orçamentária, financeira e patrimonial nos órgãos e entidades da administração federal, bem como da aplicação de recursos públicos por entidades de direito privado" (inciso II); c) "exercer o controle das operações de crédito, avais e garantias, bem como dos direitos e haveres da União" (inciso III); d) "apoiar o controle externo no exercício de sua missão institucional" (inciso IV).

Controle externo: exercido pelo Congresso Nacional, com o auxílio do Tribunal de Contas da União (TCU).

O TCU é um órgão independente. Não está subordinado ao Congresso Nacional e não integra o Poder Judiciário.

60. MEIRELLES, Hely Lopes. *Direito administrativo brasileiro.* 36. ed.São Paulo: Malheiros, 2010. p. 713.

Competência do TCU: art. 71 da Constituição Federal:

> Art. 71. O controle externo, a cargo do Congresso Nacional, será exercido com o auxílio do Tribunal de Contas da União, ao qual compete:
>
> I – apreciar as contas prestadas anualmente pelo Presidente da República, mediante parecer prévio que deverá ser elaborado em sessenta dias a contar de seu recebimento;
>
> II – julgar as contas dos administradores e demais responsáveis por dinheiros, bens e valores públicos da administração direta e indireta, incluídas as fundações e sociedades instituídas e mantidas pelo Poder Público federal, e as contas daqueles que derem causa a perda, extravio ou outra irregularidade de que resulte prejuízo ao erário público;
>
> III – apreciar, para fins de registro, a legalidade dos atos de admissão de pessoal, a qualquer título, na administração direta e indireta, incluídas as fundações instituídas e mantidas pelo Poder Público, excetuadas as nomeações para cargo de provimento em comissão, bem como a das concessões de aposentadorias, reformas e pensões, ressalvadas as melhorias posteriores que não alterem o fundamento legal do ato concessório;
>
> IV – realizar, por iniciativa própria, da Câmara dos Deputados, do Senado Federal, de Comissão técnica ou de inquérito, inspeções e auditorias de natureza contábil, financeira, orçamentária, operacional e patrimonial, nas unidades administrativas dos Poderes Legislativo, Executivo e Judiciário, e demais entidades referidas no inciso II;
>
> V – fiscalizar as contas nacionais das empresas supranacionais de cujo capital social a União participe, de forma direta ou indireta, nos termos do tratado constitutivo;
>
> VI – fiscalizar a aplicação de quaisquer recursos repassados pela União mediante convênio, acordo, ajuste ou outros instrumentos congêneres, a Estado, ao Distrito Federal ou a Município;
>
> VII – prestar as informações solicitadas pelo Congresso Nacional, por qualquer de suas Casas, ou por qualquer das respectivas Comissões, sobre a fiscalização contá-

bil, financeira, orçamentária, operacional e patrimonial e sobre resultados de auditorias e inspeções realizadas;

VIII – aplicar aos responsáveis, em caso de ilegalidade de despesa ou irregularidade de contas, as sanções previstas em lei, que estabelecerá, entre outras cominações, multa proporcional ao dano causado ao erário;

IX – assinar prazo para que o órgão ou entidade adote as providências necessárias ao exato cumprimento da lei, se verificada ilegalidade;

X – sustar, se não atendido, a execução do ato impugnado, comunicando a decisão à Câmara dos Deputados e ao Senado Federal;

XI – representar ao Poder competente sobre irregularidades ou abusos apurados.

§ 1º No caso de contrato, o ato de sustação será adotado diretamente pelo Congresso Nacional, que solicitará, de imediato, ao Poder Executivo as medidas cabíveis.

§ 2º Se o Congresso Nacional ou o Poder Executivo, no prazo de noventa dias, não efetivar as medidas previstas no parágrafo anterior, o Tribunal decidirá a respeito.

§ 3º As decisões do Tribunal de que resulte imputação de débito ou multa terão eficácia de título executivo.

§ 4º O Tribunal encaminhará ao Congresso Nacional, trimestral e anualmente, relatório de suas atividades.

Decisões do TCU: as "decisões do Tribunal de que resulte imputação de débito ou multa terão eficácia de título executivo" (art. 71, § 3º).

STF (RE 510.034-AgR; AI 826.676-AgR): a cobrança da dívida em juízo deve ser feita pelo ente público beneficiário da condenação, por intermédio de seus procuradores.

STF (MS 24.997): o "ato de aposentadoria configura ato administrativo complexo, aperfeiçoando-se somente com o registro perante o Tribunal de Contas. Submetido à condição resolutiva, não se operam os efeitos da decadência antes da vontade final da Administração".

Súmula Vinculante nº 3: "Nos processos perante o Tribunal de Contas da União asseguram-se o contraditório e a ampla defesa quando da decisão puder resultar anulação ou revogação de ato administrativo que beneficie o interessado, excetuada a apreciação da legalidade do ato de concessão inicial de aposentadoria, reforma e pensão".

STF (RE 636.553): "Em atenção aos princípios da segurança jurídica e da confiança legítima, os Tribunais de Contas estão sujeitos ao prazo de cinco anos para o julgamento da legalidade do ato de concessão inicial de aposentado-ria, reforma ou pensão a contar da chegada do processo à respectiva Corte de contas."

CONTROLE JUDICIAL

Controle judicial

O controle judicial é o "exercido privativamente pelos órgãos do Poder Judiciário sobre os atos administrativos do Executivo, do Legislativo e do próprio Judiciário quando realiza atividade administrativa"[61].

Sistemas de controle jurisdicional do ato administrativo:

a) **sistema do contencioso administrativo ou sistema francês**: o controle dos atos administrativos é realizado, de maneira definitiva, por tribunais administrativos;

b) **sistema de jurisdição única ou sistema inglês**: há somente uma jurisdição e, assim, o controle dos atos administrativos, de maneira definitiva, é feito pelo Poder Judiciário (é o adotado no Brasil, pois o art. 5º, XXXV da Constituição Federal estabelece que nenhuma lesão ou ameaça a direito será excluída da apreciação do Poder Judiciário).

14. IMPROBIDADE ADMINISTRATIVA: LEI Nº 8.429/92

Lei 8.429/92

- **Sistema de Responsabilização por Ato de Improbidade:** tem por finalidade a probidade na organização do Estado e no exercício de suas funções, como forma de assegurar a integridade do patrimônio público e social (art. 1º, *caput*).
- **Ato de improbidade**
- Nos termos do art. 1º da Lei, são atos de improbidade as condutas **dolosas** especificadas nos arts. 9º, 10 e 11, ressalvados tipos previstos em leis especiais. Nos termos do §2º, não basta a mera voluntariedade e, para tanto, considera-se dolo

61. MEIRELLES, Hely Lopes. *Direito administrativo brasileiro*. 36. ed. São Paulo: Malheiros, 2010. p. 744.

a vontade livre e consciente de alcançar o resultado ilícito tipificado previsto nos artigos mencionados.

- **Não configura improbidade administrativa:** a) o **mero exercício** da função ou desempenho de competências públicas, sem comprovação de ato doloso com fim ilícito, afasta a responsabilidade por ato de improbidade administrativa; b) **divergência interpretativa** da lei, se baseada em jurisprudência, ainda que não pacificada (art. 1º, §8º): **ATENÇÃO!** Na ADI 7236, o Min. Alexandre de Moraes deferiu medida cautelar e **suspendeu a eficácia** desse dispositivo; c) a ilegalidade sem a presença de dolo que a qualifique (art. 16, §1º)

> **Atenção!** Já pelo primeiro artigo da lei é possível vislumbrar uma das principais alterações promovidas, qual seja, a necessidade da presença de dolo para a configuração de improbidade administrativa. Lembre-se de que, pela redação anterior, admitia-se a modalidade culposa para os atos de improbidade administrativa que causassem prejuízo ao erário.

Nesse sentido, o STF decidiu, no ARE 843989, que: "1) É necessária a comprovação de responsabilidade subjetiva para a tipificação dos atos de improbidade administrativa, exigindo-se – nos artigos 9º, 10 e 11 da LIA – a presença do elemento subjetivo – DOLO (...)"

- **Direito administrativo sancionador:** aplicam-se ao sistema de improbidade tratado na lei, os princípios constitucionais do Direito Administrativo sancionador, tais quais: devido processo legal, contraditório e ampla defesa, legalidade.
- **Sujeito passivo:** a) Administração direta; b) Administração indireta; c) Entidade Privada que receba subvenção, benefício ou incentivo, fiscal, creditício, de entes públicos ou governamentais (art. 1º, § 6º); d) entidade privada para cuja criação ou custeio o erário haja concorrido ou concorra no seu patrimônio ou receita atual, limitado o ressarcimento de prejuízos, nesse caso, à repercussão do ilícito sobre a contribuição dos cofres públicos (art. 1º, §7º).
- ***Sujeito ativo*** do ato de improbidade (artigos 2º e 3º): a) agente público: agente político, servidor público, e aquele que exerce ainda que transitoriamente ou sem remuneração, por eleição, nomeação, designação, contratação ou qualquer outra forma de investidura ou vínculo, mandato, cargo, emprego ou função nas entidades do art. 1º da Lei; b) terceiro que induza ou concorra **dolosamente** para a prática do ato de improbidade.
- **Recursos de origem pública**: sujeita-se às sanções previstas na Lei 8.429/92, o particular, pessoa física ou jurídica, que celebra com a administração pública convênio, contrato de repasse, contrato de gestão, termo de parceria, termo de cooperação ou ajuste administrativo equivalente.

> **Atenção! Art. 3º da LIA**
>
> 1- sócios, cotistas, diretores e colaboradores de pessoa jurídica de direito privado não respondem por ato de improbidade imputado à pessoa jurídica, **salvo** se comprovada sua participação e benefícios, respondendo na medida da participação.
>
> 2- sanções da Lei não se aplicam à pessoa jurídica, caso o ato de improbidade seja sancionado como lesivo à Administração Pública de que trata a lei anticorrupção (Lei nº 12.846/2013).

- **Responsabilidade sucessória** (art. 8º): a) sucessor ou herdeiro: reparação até o limite do valor da herança ou do patrimônio transferido; b) também se aplica à alteração contratual, transformação, incorporação, fusão ou cisão societária: no caso de fusão e incorporação, a responsabilidade será restrita à obrigação de reparação integral do dano, até o limite do patrimônio transferido, não se aplicando as demais sanções, salvo simulação ou fraude, devidamente comprovados.
- ***Modalidades*** de atos de improbidade:
- **<u>É indispensável a leitura dos artigos 9º, 10, 11 e 12 da Lei nº 8.429/92.</u>**

  a) atos que ***importam enriquecimento ilícito*** (art. 9º): são aqueles em que o agente aufere, **dolosamente**, vantagem patrimonial indevida em razão do exercício do cargo, mandato, função, emprego ou atividade nas entidades do art. 1º;

  b) atos que ***causam prejuízo ao erário*** (art. 10); causa prejuízo ao erário "qualquer ação ou omissão **dolosa**, que enseje, efetiva e comprovadamente, perda patrimonial, desvio, apropriação, malbaratamento ou dilapidação dos bens ou haveres das entidades referidas no art. 1º";

> **Atenção!** Nos termos do art. 10, §1º, caso a inobservância da lei ou regulamento não implicar perda patrimonial efetiva, não haverá imposição de ressarcimento, vedado o enriquecimento sem causa das entidades do art. 1º da LIA.

STF 843989: "(...) **2) A norma benéfica da Lei 14.230/2021 – revogação da modalidade culposa do ato de improbidade administrativa -, é IRRETROATIVA, em virtude do artigo 5º, inciso XXXVI, da Constituição Federal, não tendo incidência em relação à eficácia da coisa**

julgada; nem tampouco durante o processo de execução das penas e seus incidentes; 3) A nova Lei 14.230/2021 aplica-se aos atos de improbidade administrativa culposos praticados na vigência do texto anterior da lei, porém sem condenação transitada em julgado, em virtude da revogação expressa do texto anterior; devendo o juízo competente analisar eventual dolo por parte do agente (...)";

c) atos que ***atentam contra os princípios da Administração Pública (art. 11)***: a ação ou omissão **dolosa** que viole os deveres de honestidade, de imparcialidade e de legalidade;

Atenção! Com a nova redação do art. 11 da Lei de Improbidade Administrativa, o rol das condutas que caracterizam os atos que violam os princípios da Administração Pública passou a ser taxativo. Os demais (art. 9º e 10) são exemplificativos.

Atenção! a) só se configura como ato de improbidade, quando comprovado que a conduta do agente se deu para fins de obtenção de proveito ou benefício indevido para si ou para outra pessoa ou entidade (art. 11, §§1º e 2º) e isso se aplica a todas as modalidades de ato de improbidade;

- **Nepotismo:** a) configura ato de improbidade que viola os princípios da Administração Pública "nomear cônjuge, companheiro ou parente em linha reta, colateral ou por afinidade, até o terceiro grau, inclusive, da autoridade nomeante ou de servidor da mesma pessoa jurídica investido em cargo de direção, chefia ou assessoramento, para o exercício de cargo em comissão ou de confiança ou, ainda, de função gratificada na administração pública direta e indireta em qualquer dos Poderes da União, dos Estados, do Distrito Federal e dos Municípios, compreendido o ajuste mediante designações recíprocas"; **porém, não configura improbidade a mera nomeação ou indicação política** pelos detentores de mandato eletivo, sendo necessária a aferição de dolo com finalidade ilícita pelo agente (art. 11, §5º).

- Sistematização das sanções previstas para os atos de improbidade administrativa:

Sanções – Lei de Improbidade Administrativa

- Podem ser aplicadas isolada ou cumulativamente
- Independem da efetiva ocorrência de dano ao erário, salvo quanto à pena de ressarcimento e às condutas do art. 10 da Lei e da aprovação ou rejeição de contas pelo órgão de controle interno ou Tribunal de Contas.
- Independentemente do ressarcimento integral do dano patrimonial, se efetivo, e das sanções penais comuns e de responsabilidade, civis e administrativas previstas na legislação específica, está o responsável sujeito:

Atos que importam enriquecimento ilícito	***Atos que causam lesão ao erário***	***Atos que atentam contra os princípios da Administração***
Perda da função pública	Perda da função pública	-
Suspensão dos direitos políticos: até 14 anos	Suspensão dos direitos políticos: até 12 anos	
Multa civil: equivalente ao acréscimo patrimonial	Multa civil: equivalente ao valor do dano	Multa civil: até 24x valor da remuneração
Proibição de celebrar contrato com o Poder Público ou de receber benefícios ou incentivos fiscais ou creditícios: Até 14 anos	Proibição de celebrar contrato com o Poder Público ou de receber benefícios ou incentivos fiscais ou creditícios: Até 12 anos	Proibição de celebrar contrato com o Poder Público ou de receber benefícios ou incentivos fiscais ou creditícios: Até 4 anos
Perda dos bens ou valores acrescidos indevidamente	Perda dos bens ou valores acrescidos indevidamente, se ocorreu	-

- **Perda da função pública:** somente terá cabimento no caso de **enriquecimento ilícito e prejuízo ao erário** e atinge, apenas, o vínculo de mesma qualidade e natureza que o agente detinha na época do cometimento da infração. Pode o magistrado, no caso de **enriquecimento ilícito,** de forma excepcional, estendê-

-la aos demais vínculos, consideradas as circunstâncias do caso e a gravidade da infração (art. 12, §1º). Entretanto, Na ADI 7236, o Min. Alexandre de Moraes deferiu medida cautelar e **suspendeu a eficácia** desse dispositivo e, com isso, a perda da função pública pode ocorrer "independentemente da função ocupada no momento da condenação com trânsito em julgado".

- **Suspensão dos direitos políticos**: • somente terá cabimento no caso de enriquecimento ilícito e prejuízo ao erário; • só se efetiva com o trânsito em julgado da sentença condenatória (art. 20); • para efeitos de contagem do prazo da sanção de suspensão dos direitos políticos, computar-se-á retroativamente o intervalo de tempo entre a decisão colegiada e o trânsito em julgado da sentença condenatória (art. 12, §10): na ADI 7236, o Min. Alexandre de Moraes deferiu medida cautelar e **suspendeu a eficácia** desse dispositivo (§10).
- **Multa:** pode ser aumentada até o dobro, se o juiz considerar que, em razão da situação econômica do réu, o cálculo é ineficaz para reprovação e prevenção do ato de improbidade (art. 12, §2º).
- **Responsabilização da pessoa jurídica:** devem se considerar os efeitos econômicos e sociais das sanções, a fim de viabilizar a manutenção de suas atividades (art. 12, §3º).
- Sanções apenas poderão ser executadas após o **trânsito em julgado da sentença condenatória** (art. 12, §9º).

Indisponibilidade de bens:

- Pedido em caráter antecedente ou incidente, deferido mediante demonstração de perigo de dano irreparável ou de risco ao resultado útil do processo, desde que o juiz se convença da probabilidade da ocorrência dos atos descritos na inicial, após oitiva do réu em 5 dias (art. 16, §3º).
- A indisponibilidade poderá ser decretada sem a oitiva prévia do réu, quando o contraditório prévio puder, comprovadamente, frustrar a efetividade da medida ou houver outras circunstâncias que recomendem a proteção liminar (art. 16, §4º).
- Havendo mais de um réu, a somatória dos valores não poderá superar o montante indicado na inicial como dano ao erário ou como enriquecimento ilícito (art. 16, §5º).
- Indisponibilidade recairá sobre bens que assegurem o integral ressarcimento do dano ao erário, sem incidir sobre os valores eventualmente aplicados a título de multa civil ou sobre acréscimo patrimonial decorrente de atividade lícita (art. 16, §10).
- **Indisponibilidade de bens de terceiro:** depende de sua efetiva concorrência para os atos. Quando se tratar de pessoa jurídica, deverá haver a instauração do incidente de desconsideração da personalidade jurídica, processado na forma da lei processual (art. 16, §7º).
- **Vedações**: a) decretação de indisponibilidade até 40 salários mínimos depositados em caderneta de poupança, outras aplicações financeiras ou conta-corrente (art. 16, §13); b) decretação de indisponibilidade do bem de família, salvo se comprovado que o imóvel seja fruto de vantagem patrimonial indevida (art. 16, §14).
- **Rito (art. 17):**
- ***Legitimidade ativa*** para propor ação: De acordo com a redação do art. 17, dada pela Lei nº 14.230/2021, somente o Ministério Público poderia propor a ação de improbidade e a pessoa jurídica interessada deveria ser intimada para, caso queira, intervir no processo. Porém, nas **ADIs 7042 e 7043**, o STF decidiu, por maioria: " (a) declarar a inconstitucionalidade parcial, sem redução de texto, do caput e dos §§ 6º-A e 10-C do art. 17, assim como do caput e dos §§ 5º e 7º do art. 17-B, da Lei 8.429/1992, na redação dada pela Lei 14.230/2021, de modo a **restabelecer a existência de legitimidade ativa concorrente e disjuntiva entre o Ministério Público e as pessoas jurídicas interessadas para a propositura da ação por ato de improbidade administrativa e para a celebração de acordos de não persecução civil".** Na mesma ação, decidiu o STF: "(b) declarar a inconstitucionalidade parcial, com redução de texto, do § 20 do art. 17 da Lei 8.429/1992, incluído pela Lei 14.230/2021, no sentido de que **não existe "obrigatoriedade de defesa judicial"; havendo, porém, a possibilidade dos órgãos da Advocacia Pública autorizarem a realização dessa representação judicial, por parte da assessoria jurídica que emitiu o parecer atestando a legalidade prévia**"
- Procedimento comum previsto no CPC, salvo o disposto na Lei.
- **Local de propositura da ação:** onde ocorrer o dano ou da pessoa prejudicada.

> Nos termos do decidido pelo STF, na Pet 3240/ DF: **Não há foro por prerrogativa de função** nas ações de improbidade administrativa contra agentes políticos. Para a Corte, o foro por prerrogativa é restrito às ações penais comuns, conforme previsão Constitucional, não se estendendo às ações de improbidade administrativa, cuja natureza é civil. Não obstante a inserção do art. 17-D na Lei de Improbidade Administrativa, que expressamente prevê que a ação de improbidade não é ação civil e que se trata de ação repressiva, de natureza sancionatória e destinada à aplicação de sanções de caráter pessoal, esse entendimento da Suprema Corte não teria porque deixar de ser aplicado porque o foro por prerrogativa de função tem lugar em ações penais.

- Estando a petição inicial em forma, o juiz mandará autuá-la e ordenará a **citação** dos requeridos para que contestem no prazo comum de 30 dias, iniciado na forma do art. 231 do CPC.
- Se houver a possibilidade de solução consensual, poderão as partes requerer ao juiz a interrupção do prazo para a contestação, por prazo não superior a 90 dias (art. 17, §10-A).
- Oferecida a contestação e, se for o caso, ouvido o autor, o juiz: a) procederá ao julgamento conforme o estado do processo, observada a eventual inexistência manifesta do ato de improbidade; b) poderá desmembrar o litisconsórcio, com vistas a otimizar a instrução processual (art. 17, §10-B).
- Após a réplica do Ministério Público, o juiz proferirá decisão, indicando com precisão a tipificação do ato de improbidade administrativa imputável ao réu, vedada a modificação do fato principal e a capitulação legal dada pelo autor (art. 17, §10-C).
- Proferida a decisão, as partes serão intimadas a especificar as provas que pretendem produzir (art. 17, §10-E).
- Será nula a decisão de mérito, total ou parcial, que: a) condenar o requerido por tipo diverso do definido na petição inicial; b) condenar o requerido sem produção das provas por ele especificadas (art. 17, §10-F).
- Verificada a inexistência do ato de improbidade, o juiz julgará a demanda improcedente, a qualquer tempo (art. 17, §11).

ATENÇÃO! Na ação de improbidade: a) o direito tem o direito de ser interrogado sobre os fatos de que trata a ação, e a sua recusa ou o seu silêncio não implicarão confissão (art. 10, §18); b) não se aplicam: I – a presunção de veracidade dos fatos alegados pelo autor em caso de revelia; II – a imposição de ônus da prova ao réu, na forma dos §§ 1º e 2º do art. 373 do CPC; III – o ajuizamento de mais de uma ação de improbidade administrativa pelo mesmo fato, competindo ao Conselho Nacional do Ministério Público dirimir conflitos de atribuições entre membros de Ministérios Públicos distintos; IV – o reexame obrigatório da sentença de improcedência ou de extinção sem resolução de mérito.

Acordo de não persecução civil (art. 17-B)

- A lei previa somente a possibilidade da celebração do acordo pelo Ministério Público, porém essa exclusividade não tem mais aplicação porque nas ADIs 7042 e 7043.
- Possível a celebração, desde que advenham os seguintes resultados:
  a) integral ressarcimento do dano;
  b) reversão à pessoa jurídica lesada da vantagem indevida obtida, ainda que oriunda de agentes privados.
- A celebração do acordo dependerá, **cumulativamente**:
  a) da oitiva do ente federativo lesado, em momento anterior ou posterior à propositura da ação. Em face da decisão do STF nas ADIs 7042 e 7043, essa previsão fica restrita à hipótese de o autor da ação ser o Ministério Público, destacando-se que se o Ministério Público não for o autor participará do processo como fiscal da lei;
  b) da aprovação, no prazo de até 60 dias, pelo órgão do MP competente para apreciar as promoções de arquivamento de inquéritos civis, se anterior ao ajuizamento da ação. Diante da decisão do STF nas ADIs mencionadas anteriormente, essa previsão só se aplica se o autor for o Ministério Público;
  c) de homologação judicial, independentemente de o acordo ocorrer antes ou depois do ajuizamento da ação de improbidade administrativa.
- Para apuração do valor do dano, o Tribunal de Contas competente deverá ser ouvido em 90 dias, indicando os parâmetros utilizados em sua manifestação (§3º): **ATENÇÃO**! Na ADI 7236, o Min. Alexandre de Moraes deferiu medida cautelar para **suspender a eficácia** desse dispositivo!
- **Momento:** outro ponto que era objeto de dúvidas, antes da edição da Lei, dizia respeito ao momento para a celebração do acordo de não persecução civil. Pela nova redação legal, o acordo poderá ser celebrado no curso da investigação de apuração do ilícito, no curso da ação de improbidade ou no momento de execução da sentença condenatória.
- **Descumprimento:** descumprido o acordo, o investigado ficará impedido de celebrar novo pelo período de 5 anos, contado do conhecimento do MP do efetivo descumprimento.

Uso de colaboração premiada na ação de improbidade

ARE 1.175.650/PR (Tema 1.043 RG): "É constitucional a utilização da colaboração premiada, nos termos da Lei 12.850/2013, no âmbito civil, em ação civil pública por ato de improbidade administrativa movida pelo Ministério Público, observando-se as seguintes diretrizes:

(1) Realizado o acordo de colaboração premiada, serão remetidos ao juiz, para análise, o res-

pectivo termo, as declarações do colaborador e cópia da investigação, devendo o juiz ouvir sigilosamente o colaborador, acompanhado de seu defensor, oportunidade em que analisará os seguintes aspectos na homologação: regularidade, legalidade e voluntariedade da manifestação de vontade, especialmente nos casos em que o colaborador está ou esteve sob efeito de medidas cautelares, nos termos dos §§ 6º e 7º do artigo 4º da referida Lei 12.850/2013;

(2) As declarações do agente colaborador, desacompanhadas de outros elementos de prova, são insuficientes para o início da ação civil por ato de improbidade;

(3) A obrigação de ressarcimento do dano causado ao erário pelo agente colaborador deve ser integral, não podendo ser objeto de transação ou acordo, sendo válida a negociação em torno do modo e das condições para a indenização;

(4) O acordo de colaboração deve ser celebrado pelo Ministério Público, com a interveniência da pessoa jurídica interessada e devidamente homologado pela autoridade judicial;

(5) Os acordos já firmados somente pelo Ministério Público ficam preservados até a data deste julgamento, desde que haja previsão de total ressarcimento do dano, tenham sido devidamente homologados em Juízo e regularmente cumpridos pelo beneficiado."

Ação de improbidade x Ação civil

- Nos termos do art. 17-D da LIA, a ação de improbidade é repressiva, de caráter sancionatório, destinando-se à aplicação de sanções de caráter pessoal previstas na Lei. Difere-se, portanto, da ação civil e é vedado o seu ajuizamento para controle da legalidade de políticas públicas e para proteção do patrimônio público e social, do meio ambiente e outros interesses difusos, coletivos e individuais homogêneos.

Sentença

- Sentença que julgar procedente a ação fundamentada nos arts. 9º e 10 da Lei (art. 18): condenará ao ressarcimento dos danos e à perda ou reversão dos bens e valores ilicitamente adquiridos, conforme o caso, em favor da pessoa jurídica prejudicada pelo ilícito.
- Para apuração do valor: serão descontados os serviços efetivamente prestados.
- Parcelamento: o juiz poderá autorizar o parcelamento em até 48 parcelas mensais se o réu demonstrar incapacidade de saldar o débito decorrente da condenação.

Afastamento do agente público

- Autoridade judicial poderá determinar o afastamento do agente público do exercício do cargo, emprego ou função, sem prejuízo da remuneração, quando a medida for necessária à instrução processual ou para evitar a prática de novos ilícitos, pelo período de 90 dias, prorrogáveis uma vez por igual período (art. 20).
- **Sentenças civis e penais:** produzirão efeitos em relação à improbidade quando concluírem pela inexistência de conduta ou negativa de autoria (art. 21, §3º).
- **Absolvição criminal**: ação que discuta os mesmos fatos, confirmada por decisão colegiada, impede o trâmite da ação de improbidade, comunicando-se os fundamentos da absolvição previstos no art. 386 do CPP (art. 21, §4º). ATENÇÃO! Na ADI 7236, o Min. Alexandre de Moraes deferiu medida cautelar para **suspender a eficácia** desse dispositivo!
- **Sanções aplicadas em outras esferas:** devem ser compensadas com as aplicadas por esta lei (art. 21, §5º).

Prescrição (art. 23)

- **8 anos,** contados da ocorrência do fato ou, no caso de infrações permanentes, no dia em que cessou a permanência.
- **Suspensão da prescrição:** instauração de inquérito civil ou processo administrativo para apuração dos ilícitos suspende o curso do prazo prescricional pelo prazo máximo de 180 dias corridos, recomeçando a correr após a sua conclusão ou, caso não concluído, esgotado o prazo de suspensão.
- **Interrupção do prazo prescricional (art. 23, §4º):**
  a) Ajuizamento da ação de improbidade administrativa;
  b) publicação da sentença condenatória;
  c) publicação da decisão ou acórdão de TJ ou TRF que confirma sentença condenatória ou reforma sentença de improcedência;
  d) publicação da decisão ou acórdão do STJ que confirma acórdão condenatório ou reforma acórdão de improcedência;
  e) publicação de decisão ou acórdão do STF que confirma acórdão condenatório ou reforma acórdão de improcedência.
- Interrompida a prescrição, o prazo recomeça do dia de interrupção, pela metade do prazo de 8 anos.

  STF 843989: "(...) **4) O novo regime prescricional previsto na Lei 14.230/2021 é IRRETROATIVO,**

aplicando-se os novos marcos temporais a partir da publicação da lei"

- **Capacitação:** dever do poder público oferecer contínua capacitação aos agentes públicos e políticos que atuem com prevenção e repressão de atos de improbidade administrativa (art. 23-A).

Custas e honorários (art. 23-B)

- Não haverá adiamento de custas, preparo, emolumentos, honorários periciais e quaisquer outras despesas nas ações e acordos regidos pela lei.
- No caso de procedência da ação, as custas e demais despesas processuais serão pagas ao final.
- Havendo má-fé, haverá condenação em honorários sucumbenciais.

Improbidade e partidos políticos (art. 23-C). "Os atos que ensejem enriquecimento ilícito, perda patrimonial, desvio, apropriação, malbaratamento ou dilapidação de recursos públicos dos partidos políticos, ou de suas fundações, serão responsabilizados nos termos da Lei nº 9.096, de 19 de setembro de 1995". ATENÇÃO! NA ADI 7236, o Min. Alexandre de Moraes deferiu medida cautelar para dar interpretação conforme a esse dispositivo "no sentido de que os atos que ensejem enriquecimento ilícito, perda patrimonial, desvio, apropriação, malbaratamento ou dilapidação de recursos públicos dos partidos políticos, ou de suas fundações, poderão ser responsabilizados nos termos da Lei 9.096/1995, **mas sem prejuízo da incidência da Lei de Improbidade Administrativa**".

STF ADIs 7042 e 7043: "O Tribunal, por maioria, julgou parcialmente procedentes os pedidos formulados na ação direta para: (a) declarar a inconstitucionalidade parcial, sem redução de texto, do caput e dos §§ 6º-A e 10-C do art. 17, assim como do caput e dos §§ 5º e 7º do art. 17-B, da Lei 8.429/1992, na redação dada pela Lei 14.230/2021, de modo a restabelecer a existência de legitimidade ativa concorrente e disjuntiva entre o Ministério Público e as pessoas jurídicas interessadas para a propositura da ação por ato de improbidade administrativa e para a celebração de acordos de não persecução civil; (b) declarar a inconstitucionalidade parcial, com redução de texto, do § 20 do art. 17 da Lei 8.429/1992, incluído pela Lei 14.230/2021, no sentido de que não existe "obrigatoriedade de defesa judicial"; havendo, porém, a possibilidade dos órgãos da Advocacia Pública autorizarem a realização dessa representação judicial, por parte da assessoria jurídica que emitiu o parecer atestando a legalidade prévia".

STF ARE 843989 (Tema 1199): "1) É necessária a comprovação de responsabilidade subjetiva para a tipificação dos atos de improbidade administrativa, exigindo-se – nos artigos 9º, 10 e 11 da LIA – a presença do elemento subjetivo – DOLO; 2) A norma benéfica da Lei 14.230/2021 – revogação da modalidade culposa do ato de improbidade administrativa -, é IRRETROATIVA, em virtude do artigo 5º, inciso XXXVI, da Constituição Federal, não tendo incidência em relação à eficácia da coisa julgada; nem tampouco durante o processo de execução das penas e seus incidentes; 3) A nova Lei 14.230/2021 aplica-se aos atos de improbidade administrativa culposos praticados na vigência do texto anterior da lei, porém sem condenação transitada em julgado, em virtude da revogação expressa do texto anterior; devendo o juízo competente analisar eventual dolo por parte do agente; 4) O novo regime prescricional previsto na Lei 14.230/2021 é IRRETROATIVO, aplicando-se os novos marcos temporais a partir da publicação da lei""

15. INTERVENÇÃO DO ESTADO NA PROPRIEDADE PRIVADA

- Na Constituição de 1988, no art. 5º, XXII, o direito à propriedade privada está previsto como direito fundamental e, da mesma forma, assegura-se, no inciso XXIII do mesmo artigo, que a propriedade tenha uma função social, podendo, inclusive, haver a expropriação do proprietário que não cumprir tal exigência, nos termos do inciso XXIV.
- Intervenção pode ser:
  - a) **restritiva:** o Estado apenas restringe o uso da propriedade, sem retirá-la do proprietário, podendo fazê-lo por meio das seguintes espécies:
    - limitações administrativas;
    - servidão administrativa;
    - requisição administrativa;
    - ocupação temporária;
    - tombamento;
  - b) **intervenção supressiva:** ocorre a supressão da propriedade (o Estado retira a propriedade de seu titular):
    - desapropriação.
    - **Limitações administrativas:** determinações gerais, que condicionam o exercício do direito de propriedade em face do bem comum, pelas quais proprietários indeterminados são constituídos em obrigações positivas, negativas ou permissivas.

- **Servidão administrativa:** Administração Pública impõe um ônus real de uso sobre a propriedade particular. Não se retira a propriedade de seu titular, mas este é obrigado a consentir que seu imóvel (coisa serviente) seja usado em prol de um serviço público ou de um bem afetado a fim de utilidade pública (coisa dominante).
- **Requisição administrativa:** é o uso coativo e imediato de bens e serviços privados pelo Estado, para atendimento de necessidades coletivas urgentes e transitórias. Vale destacar que, recentemente, a requisição administrativa foi objeto da Lei nº 13.979/2020, que autoriza a utilização de referida modalidade de intervenção do Estado no âmbito da pandemia de Covid-19. Neste sentido, o art. 3º, VII, autoriza as autoridades públicas a proceder à "requisição de bens e serviços de pessoas naturais e jurídicas, hipótese em que será garantido o pagamento posterior de indenização justa".
- **Ocupação temporária:** uso provisório de bens privados pelo Estado para a execução de obras, serviços ou atividades públicas ou de interesse público.
- **Tombamento:** procedimento administrativo adotado pelo Poder Público para impor restrições parciais sobre os bens que, por interesse público, devam ser conservados, por estarem vinculados a fatos memoráveis da história ou por seu excepcional valor arqueológico ou etnológico, bibliográfico ou artístico.

- Efeitos do tombamento (Decreto-Lei nº 25/37):

a) alienação: se o bem tombado é público, torna-se inalienável e se for privado, pode ser alienado. ATENÇÃO! Com a entrada em vigor do Novo CPC, o direito de preferência da União, Estados e Municípios (§3º, art. 892, CPC) somente existe nas alienações judiciais, pois houve a revogação do art. 22 do Decreto-Lei nº 25/37;

b) conservação: o bem tombado não pode ser, sob pena de multa 50% do dano causado (se for bem público, autoridade responsável pela infração incorrerá pessoalmente na multa):

- destruído, demolido ou mutilado;

- reparado, pintado ou restaurado, sem prévia autorização do Iphan;

c) vigilância: os bens tombados ficam sujeitos à vigilância permanente do Iphan, pelo que:

- poderá inspecioná-lo quando julgar conveniente;

- o proprietário ou responsável não pode criar obstáculos à inspeção, sob pena de multa, elevada ao dobro em caso de reincidência;

d) saída do país: o bem tombado não pode sair do país, exceto se for por curto prazo, sem transferência de domínio e para fim de intercâmbio cultural, a juízo do Conselho Consultivo do Iphan;

e) extravio ou furto: proprietário deve comunicar ao Iphan, no prazo de 5 dias, sob pena de multa de 10% sobre o valor da coisa;

f) vizinhança: não pode, sem autorização do Iphan, na vizinhança, fazer construção que impeça ou reduza a visibilidade do bem tombado, nem nela colocar anúncios ou cartazes, sob pena de ser determinada a destruição da obra ou retirada do objeto, impondo-se multa de 50% do valor do objeto.

- **Desapropriação** é "o procedimento administrativo pelo qual o Estado, compulsoriamente, retira de alguém certo bem, por necessidade ou utilidade pública ou por interesse social e o adquire, originariamente, para si ou para outrem, mediante prévia e justa indenização, paga em dinheiro, salvo os casos que a própria Constituição enumera, em que o pagamento é feito com títulos da dívida pública (art.182, § 4º, III) ou da dívida agrária (art.184)[62].
- A desapropriação é forma originária de aquisição da propriedade.
- Pressupostos necessários para a desapropriação (art. 5º, XXIV, CF):

a) necessidade pública: situações de emergência, as quais necessitam, para serem resolvidas, da transferência urgente do bem particular para o Poder Público;

b) utilidade pública: é conveniente a transferência dos bens, mas não é imprescindível. Com a publicação da Lei nº 13.867/2019, na desapropriação por utilidade pública e antes do ajuizamento da ação, o Poder Público poderá notificar o particular e lhe apresentar oferta de indenização, com prazo para manifestação em 15 dias. Nesse prazo, o particular poderá optar pela mediação ou arbitragem, cabendo à Administração Pública avaliar a conveniência e oportunidade em sua realização.

c) interesse social: necessidade de distribuição da propriedade em benefício da coletividade ou de categorias sociais merecedoras de amparo estatal.

---

62. GASPARINI, Diógenes. *Direito administrativo*. 13. ed. São Paulo: Saraiva, 2008. p. 816.

- **Podem promover a desapropriação, mediante autorização expressa constante de lei ou contrato:**

  I – os concessionários, inclusive aqueles contratados nos termos da Lei nº 11.079/2004 Lei das PPPs);

  II – as entidades públicas;

  III – as entidades que exerçam funções delegadas do poder público; e

  IV – as autorizatárias para a exploração de ferrovias como atividade econômica.
- Regra: indenização prévia e em dinheiro. Exceções:
  a) desapropriação urbanística sancionatória (art. 182, § 4º): indenização será feita mediante títulos da dívida pública de emissão previamente aprovada pelo Senado Federal, com prazo de resgate de até dez anos, em parcelas anuais, iguais e sucessivas, assegurados o valor real da indenização e os juros legais;
  b) desapropriação por interesse social para fins de reforma agrária (art. 184): indenização será paga em títulos da dívida agrária, com cláusula de preservação do valor real, resgatáveis no prazo de até vinte anos, a partir do segundo ano de sua emissão, e cuja utilização será definida em lei, exceto quanto às benfeitorias úteis e necessárias, que serão indenizadas em dinheiro;
  c) expropriação de terras em que haja cultura ilegal de planta psicotrópica ou exploração de trabalho escravo, na forma da lei: é um confisco e, assim, não há indenização.
- Retrocessão: direito do proprietário cujo imóvel fora expropriado de exigir o retorno do bem ao seu patrimônio em razão de não lhe ter sido dado o destino previsto. Esse desvio de finalidade no uso do bem desapropriado é chamado de tredestinação (ou tresdestinação) e se subdivide em lícita (o desvio é de uma finalidade pública para outra finalidade pública) e ilícita (o desvio é de uma finalidade pública para finalidade particular).
- Jurisprudência: só há direito à retrocessão quando se tratar de tredestinação ilícita.

16. BENS PÚBLICOS

- Conceito legal (art. 98, Código Civil): são "públicos os bens do domínio nacional pertencentes às pessoas jurídicas de direito público interno; todos os outros são particulares, seja qual for a pessoa a que pertencerem".
- Divergência doutrinária: para uns, são somente os pertencentes às pessoas jurídicas de ***direito público (adotam o conceito legal); para outros, são*** os que pertencem às pessoas jurídicas de ***direito público*** e aqueles que, mesmo não pertencendo a essas pessoas, estejam ***afetados à prestação de serviço público***. Entretanto, a maioria da doutrina concorda que os ***bens*** das ***pessoas administrativas*** com personalidade de ***direito privado*** (empresa pública, sociedade de economia mista, fundações públicas com personalidade de direito privado, os consórcios públicos com personalidade jurídica de direito privado) ***vinculados à prestação de serviço público não podem ser penhorados***, em face do princípio da continuidade do serviço público.
- STF (RE 393032/MG e a ACO 958/DF): em relação à Empresa Brasileira de Correios e Telégrafos (ECT), foi decido que as disposições do art. 173, §§ 1º e 2º da CF (equiparação às empresas privadas e proibição de extensão de benefícios fiscais não aplicáveis ao setor privado) somente se aplicam às empresas públicas e sociedades de economia mista exploradoras de atividade econômica e, assim, em diversas ações (execuções trabalhistas e tributárias) considerou-se a ECT como prestadora de serviços públicos e, dessa forma, seus bens são impenhoráveis e possui imunidade tributária recíproca quanto aos bens usados para a prestação do serviço, tendo havido a recepção pela Constituição Federal do art. 12 do Decreto-Lei nº 509/69.
- STF (RE 852302/AL): "As sociedades de economia mista prestadoras de serviço público de atuação própria do Estado e de natureza não concorrencial submetem-se ao regime de precatório."
- STF (RE 599628/DF): "Sociedades de economia mista que desenvolvem atividade econômica em regime concorrencial não se beneficiam do regime de precatórios, previsto no art. 100 da Constituição da República."
- Sistematização da classificação dos bens públicos[63]:

CLASSIFICAÇÃO DOS BENS PÚBLICOS	
Quanto à titularidade	• federais • estaduais • distritais • municipais

63. BORTOLETO, Leandro. *Direito administrativo*. Salvador: Juspodivm, 2012. p. 543.

Quanto à destinação	• uso comum do povo com finalidade pública geral (uso de todos; afetado) • uso especial com finalidade pública específica (afetado) • dominicais sem finalidade pública específica (desafetado)
Quanto à disponibilidade	• indisponíveis por natureza não têm natureza patrimonial • patrimoniais indisponíveis têm natureza patrimonial e estão afetados • patrimoniais disponíveis têm natureza patrimonial e estão afetados

- **inalienabilidade**: em regra, os bens públicos são inalienáveis. Os bens públicos de uso comum do povo e de uso especial são inalienáveis enquanto conservarem essa condição (art. 100, Código Civil); os bens dominicais podem ser alienados, obedecidos os requisitos legais (art. 101, Código Civil). **Alienação**: além da desafetação, conforme o art. 17 da Lei nº 8.666/93, deve haver interesse público demonstrado, avaliação prévia, licitação e, se for imóvel da administração direta, autarquia e fundação pública, deve haver autorização legislativa. No mesmo sentido é a previsão do art. 76 da Lei nº 14.133/2021.
- **impenhorabilidade**: bens públicos não podem ser penhorados.
- STF (AI 553.712): vem sendo admitido o bloqueio de valores em contas públicas para cumprimento de liminar com o objetivo de garantir o fornecimento gratuito de medicamento a pessoa hipossuficiente.
- **imprescritibilidade**: bens públicos não podem ser objeto de usucapião, inclusive, quanto aos bens dominicais (Súmula nº 340 do Supremo Tribunal Federal: desde "a vigência do Código Civil, os bens dominicais, como os demais bens públicos, não podem ser adquiridos por usucapião").

  Reforçando a característica da imprescritibilidade do bem público, foi editada a Súmula nº 619 do STJ, que estabelece: "A ocupação indevida de bem público configura mera detenção, de natureza precária, insuscetível de retenção ou indenização por acessões e benfeitorias".
- **não onerabilidade:** bem público não pode ser dado em garantia para o credor no caso de inadimplemento da obrigação.
- Reforçando a característica da imprescritibilidade do bem público, foi editada a Súmula nº 619 do STJ, que estabelece: "A ocupação indevida de bem público configura mera detenção, de natureza precária, insuscetível de retenção ou indenização por acessões e benfeitorias".
- **STF (ADPF nº 588/PB):** "Os recursos públicos vinculados ao orçamento de estatais prestadoras de serviço público essencial, em regime não concorrencial e sem intuito lucrativo primário não podem ser bloqueados ou sequestrados por decisão judicial para pagamento de verbas trabalhistas, em virtude do disposto no art. 100 da CF/1988, e dos princípios da legalidade orçamentária (art. 167, VI, da CF), da separação dos poderes (arts. 2º, 60, § 4º, III, da CF) e da eficiência da administração pública (art. 37, 'caput', da CF)".
- A afetação ou consagração é a atribuição de destinação pública específica a determinado bem e, de outra forma, a desafetação ou desconsagração é a retirada da destinação de finalidade pública que fora dada a um bem público. Com a afetação, o bem desafetado torna-se afetado e, com a desafetação, o bem afetado passa a ser desafetado. A falta de uso do bem não pode ser considerada desafetação tácita.
- STF (AI 553.712): vem sendo admitido o bloqueio de valores em contas públicas para cumprimento de liminar com o objetivo de garantir o fornecimento gratuito de medicamento a pessoa hipossuficiente.
- Súmula nº 340 (STF): desde "a vigência do Código Civil, os bens dominicais, como os demais bens públicos, não podem ser adquiridos por usucapião".
- **Súmula nº 619 (STJ)**: "A ocupação indevida de bem público configura mera detenção, de natureza precária, insuscetível de retenção ou indenização por acessões e benfeitorias.
- **Uso comum e uso especial do bem público.** O uso comum de um bem público ocorre quando ele é utilizado pelas pessoas em geral, sem distinção entre os usuários e sem necessidade de autorização específica para tanto, e o uso especial de bem público se verifica quando o administrado se sujeita a regras específicas, ao consentimento do Poder Público ou ao pagamento pelo uso.
- O uso especial, quando é destinado a pessoas determinadas, mediante instrumento jurídico formal, é chamado de uso privativo ou uso especial privativo.
- Instrumentos de formalização de uso privativo de bem público: autorização de uso; permissão de uso; concessão de uso; concessão de direito real de uso; cessão de uso.

✦ SÚMULAS APLICÁVEIS

✦ STF

PRINCÍPIOS DA ADMINISTRAÇÃO PÚBLICA

- **STF 636**: "Não cabe recurso extraordinário por contrariedade ao princípio constitucional da legalidade, quando a sua verificação pressuponha rever a interpretação dada a normas infraconstitucionais pela decisão recorrida".

SERVIDOR PÚBLICO

- ***Súmula vinculante 33:*** "Aplicam-se ao servidor público, no que couber, as regras do Regime Geral de Previdência Social sobre aposentadoria especial de que trata o artigo 40, parágrafo 4º, inciso III, da Constituição Federal, até edição de lei complementar específica".
- ***Súmula vinculante 21*** – É inconstitucional a exigência de depósito ou arrolamento prévios de dinheiro ou bens para admissibilidade de recurso administrativo.
- ***Súmula vinculante 5*** – A falta de defesa técnica por advogado no processo administrativo disciplinar não ofende a Constituição.
- ***Súmula vinculante 3*** – Nos processos perante o Tribunal de Contas da União asseguram-se o contraditório e a ampla defesa quando da decisão puder resultar anulação ou revogação de ato administrativo que beneficie o interessado, excetuada a apreciação da legalidade do ato de concessão inicial de aposentadoria, reforma e pensão.
- ***STF 21*** – Funcionário em estágio probatório não pode ser exonerado nem demitido sem inquérito ou sem as formalidades legais de apuração de sua capacidade.
- ***STF 20*** – É necessário processo administrativo, com ampla defesa, para demissão de funcionário admitido por concurso.
- ***STF 19*** – É inadmissível segunda punição de servidor público, baseada no mesmo processo em que se fundou a primeira.
- ***STF 18*** – Pela falta residual, não compreendida na absolvição pelo juízo criminal, é admissível a punição administrativa do servidor público.

CONCURSO PÚBLICO

- ***Súmula vinculante 44*** – "Só por lei se pode sujeitar a exame psicotécnico a habilitação de candidato a cargo público".
- ***Súmula vinculante 43*** – "É inconstitucional toda modalidade de provimento que propicie ao servidor investir-se, sem prévia aprovação em concurso público destinado ao seu provimento, em cargo que não integra a carreira na qual anteriormente investido".
- ***STF 684*** – É inconstitucional o veto não motivado à participação de candidato a concurso público.
- ***STF 683*** – O limite de idade para a inscrição em concurso público só se legitima em face do art. 7º, XXX, da Constituição, quando possa ser justificado pela natureza das atribuições do cargo a ser preenchido.
- ***STF 17*** – A nomeação de funcionário sem concurso pode ser desfeita antes da posse.
- ***STF 16*** – Funcionário nomeado por concurso tem direito a posse.
- ***STF 15*** – Dentro do prazo de validade do concurso, o candidato aprovado tem o direito a nomeação, quando o cargo for preenchido sem observância da classificação.

DEMISSÃO

- ***STF 25*** – A nomeação a termo não impede a livre demissão, pelo Presidente da República, de ocupante de cargo dirigente de autarquia.
- ***STF 8*** – Diretor de sociedade de economia mista pode ser destituído no curso do mandato.

DISPONIBILIDADE

- ***STF 39*** – À falta de lei, funcionário em disponibilidade não pode exigir, judicialmente, o seu aproveitamento, que fica subordinado ao critério de conveniência da Administração.
- ***STF 22*** – O estágio probatório não protege o funcionário contra a extinção do cargo.

REMUNERAÇÃO

- **SÚMULA VINCULANTE Nº 55:** O direito ao auxílio-alimentação não se estende aos servidores inativos.
- **SÚMULA VINCULANTE Nº 42**: É inconstitucional a vinculação do reajuste de vencimentos de servidores estaduais ou municipais a índices federais de correção monetária.
- **SÚMULA VINCULANTE nº 37:** Não cabe ao Poder Judiciário, que não tem função legislativa, aumentar vencimentos de servidores públicos sob o fundamento de isonomia.
- ***Súmula Vinculante 20*** – A Gratificação de Desempenho de Atividade Técnico-Administrativa – GDATA, instituída pela Lei nº 10.404/2002, deve ser deferida aos inativos nos valores correspondentes a 37,5 (trinta e sete vírgula cinco) pontos no período de fevereiro a maio de 2002 e, nos termos do art. 5º, parágrafo único, da Lei

nº 10.404/2002, no período de junho de 2002 até a conclusão dos efeitos do último ciclo de avaliação a que se refere o art. 1º da Medida Provisória nº 198/2004, a partir da qual passa a ser de 60 (sessenta) pontos.

- ***Súmula Vinculante 16*** – Os artigos 7º, IV, e 39, § 3º (redação da EC 19/98), da Constituição, referem-se ao total da remuneração percebida pelo servidor público.
- ***Súmula Vinculante 15*** – O cálculo de gratificações e outras vantagens do servidor público não incide sobre o abono utilizado para se atingir o salário mínimo.
- ***Súmula vinculante 6*** – Não viola a constituição o estabelecimento de remuneração inferior ao salário mínimo para as praças prestadoras de serviço militar inicial.
- ***Súmula Vinculante 4*** – Salvo os casos previstos na Constituição Federal, o salário mínimo não pode ser usado como indexador de base de cálculo de vantagem de servidor público ou de empregado, nem ser substituído por decisão judicial.
- ***STF 682*** – Não ofende a Constituição a correção monetária no pagamento com atraso dos vencimentos de servidores públicos.
- ***STF 672*** – O reajuste de 28,86%, concedido aos servidores militares pelas leis 8.622/93 e 8.627/93, estende-se aos servidores civis do Poder Executivo, observadas as eventuais compensações decorrentes dos reajustes diferenciados concedidos pelos mesmos diplomas legais.
- ***STF 671*** – Os servidores públicos e os trabalhadores em geral têm direito, no que concerne à URP de abril/maio de 1988, apenas ao valor correspondente a 7/30 de 16,19% sobre os vencimentos e salários pertinentes aos meses de abril e maio de 1988, não cumulativamente, devidamente corrigido até o efetivo pagamento.
- ***STF 359*** – Ressalvada a revisão prevista em lei, os proventos da inatividade regulam-se pela lei vigente ao tempo em que o militar, ou o servidor civil, reuniu os requisitos necessários.
- ***STF 339*** – Não cabe ao Poder Judiciário, que não tem função legislativa, aumentar vencimentos de servidores públicos sob fundamento de isonomia.

TEMPO DE SERVIÇO

- ***STF 726*** – Para efeito de aposentadoria especial de professores, não se computa o tempo de serviço prestado fora da sala de aula. ***Atenção:*** em 29/10/2008, o STF, por maioria, no julgamento da ADI 3.772, decidiu que a atividade de magistério não é restrita ao trabalho em sala de aula e que dela fazem parte as funções de direção, coordenação e assessoramento pedagógico, desde que exercidas, em estabelecimentos de ensino básico, por professores de carreira, excluídos os especialistas em educação.
- ***STF 567*** – A Constituição, ao assegurar, no § 3º, do art. 102, a contagem integral do tempo de serviço público federal, estadual ou municipal para os efeitos de aposentadoria e disponibilidade não proíbe à União, aos Estados e aos Municípios mandarem contar, mediante lei, para efeito diverso, tempo de serviço prestado a outra pessoa de direito público interno.

VITALICIEDADE

- ***STF 47*** – Reitor de universidade não é livremente demissível pelo Presidente da República durante o prazo de sua investidura.
- ***STF 46*** – Desmembramento de serventia de justiça não viola o princípio de vitaliciedade do serventuário.
- ***STF 36*** – Servidor vitalício está sujeito a aposentadoria compulsória, em razão da idade.

NOMEAÇÃO PARA CARGO EM COMISSÃO (NEPOTISMO)

- ***Súmula Vinculante 13*** – A nomeação de cônjuge, companheiro ou parente em linha reta, colateral ou por afinidade, até o terceiro grau, inclusive, da autoridade nomeante ou de servidor da mesma pessoa jurídica, investido em cargo de direção, chefia ou assessoramento, para o exercício de cargo em comissão ou de confiança, ou, ainda, de função gratificada na Administração Pública direta e indireta, em qualquer dos Poderes da União, dos Estados, do Distrito Federal e dos municípios, compreendido o ajuste mediante designações recíprocas, viola a Constituição Federal.

PODER DE POLÍCIA

- ***Súmula Vinculante 49*** – Ofende o princípio da livre concorrência lei municipal que impede a instalação de estabelecimentos comerciais do mesmo ramo em determinada área.
- ***STF 645*** – É competente o município para fixar o horário de funcionamento de estabelecimento comercial.
- ***STF 419*** – Os municípios têm competência para regular o horário do comércio local, desde que não infrinjam leis estaduais ou federais válidas.
- ***STF 397*** – O poder de polícia da Câmara dos Deputados e do Senado Federal, em caso de crime cometido nas suas dependências, com-

preende, consoante o regimento, a prisão em flagrante do acusado e a realização do inquérito.

ATO ADMINISTRATIVO

- ***STF 473*** – A administração pode anular seus próprios atos, quando eivados de vícios que os tornam ilegais, porque deles não se originam direitos; ou revogá-los, por motivo de conveniência ou oportunidade, respeitados os direitos adquiridos, e ressalvada, em todos os casos, a apreciação judicial.
- ***STF 346*** – A Administração Pública pode declarar a nulidade dos seus próprios atos.

BENS PÚBLICOS

- ***STF 650*** – Os incisos I e XI do art. 20 da Constituição Federal não alcançam terras de aldeamentos extintos, ainda que ocupadas por indígenas em passado remoto.
- ***STF 480*** – Pertencem ao domínio e administração da União, nos termos dos artigos 4º, IV, e 186, da Constituição Federal de 1967, as terras ocupadas por silvícolas.
- ***STF 479*** – As margens dos rios navegáveis são domínio público, insuscetíveis de expropriação e, por isso mesmo, excluídas de indenização.
- ***STF 477*** – As concessões de terras devolutas situadas na faixa de fronteira, feitas pelos Estados, autorizam, apenas, o uso, permanecendo o domínio com a União, ainda que se mantenha inerte ou tolerante, em relação aos possuidores.

DESAPROPRIAÇÃO

- ***STF 652*** – Não contraria a Constituição o art. 15, § 1º, do DL. 3.365/41 (Lei da Desapropriação por Utilidade Pública).
- ***STF 618*** – Na desapropriação, direta ou indireta, a taxa dos juros compensatórios é de 12% (doze por cento) ao ano.
- ***STF 617*** – A base de cálculo dos honorários de advogado em desapropriação é a diferença entre a oferta e a indenização, corrigidas ambas monetariamente.
- ***STF 561*** – Em desapropriação, é devida a correção monetária até a data do efetivo pagamento da indenização, devendo proceder-se à atualização do cálculo, ainda que por mais de uma vez.
- ***STF 476*** – Desapropriadas as ações de uma sociedade, o poder desapropriante, imitido na posse, pode exercer, desde logo, todos os direitos inerentes aos respectivos títulos.
- ***STF 475*** – A Lei 4.686, de 21.06.1965, tem aplicação imediata aos processos em curso, inclusive em grau de recurso extraordinário.
- ***STF 416*** – Pela demora no pagamento do preço da desapropriação não cabe indenização complementar além dos juros.
- ***STF 378*** – Na indenização por desapropriação incluem-se honorários do advogado do expropriado.
- ***STF 164*** – No processo de desapropriação, são devidos juros compensatórios desde a antecipada imissão de posse, ordenada pelo juiz, por motivo de urgência.
- ***STF 157*** – É necessária prévia autorização do Presidente da República para desapropriação, pelos Estados, de empresa de energia elétrica.
- ***STF 23*** – Verificados os pressupostos legais para o licenciamento da obra, não o impede a declaração de utilidade pública para desapropriação do imóvel, mas o valor da obra não se incluirá na indenização, quando a desapropriação for efetivada.

✦ STJ

PRINCÍPIOS DA ADMINISTRAÇÃO PÚBLICA

- ***STJ 615:*** Não pode ocorrer ou permanecer a inscrição do município em cadastros restritivos fundada em irregularidades na gestão anterior quando, na gestão sucessora, são tomadas as providências cabíveis à reparação dos danos eventualmente cometidos.

SERVIDOR PÚBLICO

- ***STJ 651*** "Compete à autoridade administrativa aplicar a servidor público a pena de demissão em razão da prática de improbidade administrativa, independentemente de prévia condenação, por autoridade judiciária, à perda da função pública."
- ***STJ 650*** – "A autoridade administrativa não dispõe de discricionariedade para aplicar ao servidor pena diversa de demissão quando caraterizadas as hipóteses previstas no artigo 132 da Lei 8.112/1990."
- ***STJ 601*** – O Ministério Público tem legitimidade ativa para atuar na defesa de direitos difusos, coletivos e individuais homogêneos dos consumidores, ainda que decorrentes da prestação de serviço público.
- ***STJ 378*** – Reconhecido o desvio de função, o servidor faz jus às diferenças salariais decorrentes.
- ***STJ 218*** – Compete à justiça dos estados processar e julgar ação de servidor estadual decorrente de direitos e vantagens estatutárias no exercício de cargo em comissão.

- ***STJ 173*** – Compete à justiça federal processar e julgar o pedido de reintegração em cargo público federal, ainda que o servidor tenha sido dispensado antes da instituição do Regime Jurídico Único.
- ***STJ 170*** – Compete ao juízo onde primeiro for intentada a ação envolvendo acumulação de pedidos, trabalhista e estatutário, decidi-la nos limites da sua jurisdição, sem prejuízo do ajuizamento de nova causa, com o pedido remanescente, no juízo próprio.
- ***STJ 137*** – Compete à justiça comum estadual processar e julgar ação de servidor público municipal, pleiteando direitos relativos ao vínculo estatutário.
- ***STJ 97*** – Compete à justiça do trabalho processar e julgar reclamação de servidor público relativamente a vantagens trabalhistas anteriores à instituição do Regime Jurídico Único.
- ***STJ 635***: "Os prazos prescricionais previstos no artigo 142 da Lei 8.112/1990 iniciam-se na data em que a autoridade competente para a abertura do procedimento administrativo toma conhecimento do fato, interrompem-se com o primeiro ato de instauração válido – sindicância de caráter punitivo ou processo disciplinar – e voltam a fluir por inteiro, após decorridos 140 dias desde a interrupção."

CONCURSO PÚBLICO

- ***STJ 377*** – O portador de visão monocular tem direito de concorrer, em concurso público, às vagas reservadas aos deficientes.
- ***STJ 266*** – O diploma ou habilitação legal para o exercício do cargo deve ser exigido na posse e não na inscrição para o concurso público.

PROCESSO ADMINISTRATIVO

- ***STJ 467*** – Prescreve em cinco anos, contados do término do processo administrativo, a pretensão da Administração Pública de promover a execução da multa por infração ambiental.
- ***STJ 373*** – É ilegítima a exigência de depósito prévio para admissibilidade de recurso administrativo.
- ***STJ 591*** – É permitida a prova emprestada no processo administrativo disciplinar, desde que devidamente autorizada pelo juízo competente e respeitados o contraditório e a ampla defesa.
- ***STJ 592*** – O excesso de prazo para a conclusão do processo administrativo disciplinar só causa nulidade se houver demonstração de prejuízo à defesa.
- ***STJ 611*** – Desde que devidamente motivada e com amparo em investigação ou sindicância, é possível a instauração de processo administrativo disciplinar com base em denúncia anônima, em face do poder-dever de autotutela imposto à Administração
- ***STJ 633***- "A Lei 9.784/1999, especialmente no que diz respeito ao prazo decadencial para a revisão de atos administrativos no âmbito da Administração Pública federal, pode ser aplicada, de forma subsidiária, aos estados e municípios, se inexistente norma local e específica que regule a matéria."
- ***STJ 641*** – A portaria de instauração do processo administrativo disciplinar prescinde da exposição detalhada dos fatos a serem apurados.

BENS PÚBLICOS

- ***STJ 619*** – A ocupação indevida de bem público configura mera detenção, de natureza precária, insuscetível de retenção ou indenização por acessões e benfeitorias.
- ***STJ 496*** – Os registros de propriedade particular de imóveis situados em terrenos de marinha não são oponíveis à União.
- ***STJ 238*** – A avaliação da indenização devida ao proprietário do solo, em razão de alvará de pesquisa mineral, é processada no juízo estadual da situação do imóvel.
- ***STJ 103*** – Incluem-se entre os imóveis funcionais que podem ser vendidos os administrados pelas Forças Armadas e ocupados pelos servidores civis.

RESPONSABILIDADE CIVIL DO ESTADO

- ***STJ 634.*** "São imprescritíveis as ações indenizatórias por danos morais e materiais decorrentes de atos de perseguição política com violação de direitos fundamentais ocorridos durante o regime militar."
- ***STJ 652:*** "A responsabilidade civil da Administração Pública por danos ao meio ambiente, decorrente de sua omissão no dever de fiscalização, é de caráter solidário, mas de execução subsidiária."

IMPROBIDADE

- ***STJ 634:*** "Ao particular aplica-se o mesmo regime prescricional previsto na Lei de Improbidade Administrativa para o agente público."

INTERVENÇÃO DO ESTADO NA PROPRIEDADE PRIVADA

DESAPROPRIAÇÃO

- ***STF 652*** – Não contraria a Constituição o art. 15, § 1º, do DL. 3.365/41 (Lei da Desapropriação por Utilidade Pública).

- ***STF 618*** – Na desapropriação, direta ou indireta, a taxa dos juros compensatórios é de 12% (doze por cento) ao ano.
- ***STF 617*** – A base de cálculo dos honorários de advogado em desapropriação é a diferença entre a oferta e a indenização, corrigidas ambas monetariamente.
- ***STF 561*** – Em desapropriação, é devida a correção monetária até a data do efetivo pagamento da indenização, devendo proceder-se à atualização do cálculo, ainda que por mais de uma vez.
- ***STF 476*** – Desapropriadas as ações de uma sociedade, o poder desapropriante, imitido na posse, pode exercer, desde logo, todos os direitos inerentes aos respectivos títulos.
- ***STF 475*** – A Lei 4.686, de 21.06.1965, tem aplicação imediata aos processos em curso, inclusive em grau de recurso extraordinário.
- ***STF 416*** – Pela demora no pagamento do preço da desapropriação não cabe indenização complementar além dos juros.
- ***STF 378*** – Na indenização por desapropriação incluem-se honorários do advogado do expropriado.
- ***STF 164*** – No processo de desapropriação, são devidos juros compensatórios desde a antecipada imissão de posse, ordenada pelo juiz, por motivo de urgência.
- ***STF 157*** – É necessária prévia autorização do Presidente da República para desapropriação, pelos Estados, de empresa de energia elétrica.
- ***STF 23*** – Verificados os pressupostos legais para o licenciamento da obra, não o impede a declaração de utilidade pública para desapropriação do imóvel, mas o valor da obra não se incluirá na indenização, quando a desapropriação for efetivada.
- ***STJ 408*** – Nas ações de desapropriação, os juros compensatórios incidentes após a Medida Provisória nº 1.577, de 11.6.1997, devem ser fixados em 6% ao ano até 13.9.2001, e, a partir de então, em 12% ao ano, na forma da Súmula nº 618 do Supremo Tribunal Federal.
- ***STJ 354*** – A invasão do imóvel é causa de suspensão do processo expropriatório para fins de reforma agrária.
- ***STJ 141*** – Os honorários de advogado em desapropriação direta são calculados sobre a diferença entre a indenização e a oferta, corrigidas monetariamente.
- ***STJ 131*** – Nas ações de desapropriação incluem-se no cálculo da verba advocatícia as parcelas relativas aos juros compensatórios e moratórios, devidamente corrigidas.
- ***STJ 114*** – Os juros compensatórios, na desapropriação indireta, incidem a partir da ocupação, calculados sobre o valor da indenização, corrigido monetariamente.
- ***STJ 113*** – Os juros compensatórios, na desapropriação direta, incidem a partir da imissão na posse, calculados sobre o valor da indenização, corrigido monetariamente.
- ***STJ 102*** – A incidência dos juros moratórios sobre os compensatórios, nas ações expropriatórias, não constitui anatocismo vedado em lei.
- ***STJ 70*** – Os juros moratórios, na desapropriação direta ou indireta, contam-se desde o trânsito em julgado da sentença.
- ***STJ 69*** – Na desapropriação direta, os juros compensatórios são devidos desde a antecipada imissão na posse e, na desapropriação indireta, a partir da efetiva ocupação do imóvel.
- ***STJ 67*** – Na desapropriação, cabe a atualização monetária, ainda que por mais de uma vez, independente do decurso de prazo superior a um ano entre o cálculo e o efetivo pagamento da indenização.
- ***STJ 56*** – Na desapropriação para instituir servidão administrativa são devidos os juros compensatórios pela limitação de uso da propriedade.
- ***STJ 12*** – Em desapropriação, são cumuláveis juros compensatórios e moratórios.

Direito Penal

Danilo da Cunha Sousa

TABELA DE INCIDÊNCIA DE QUESTÕES

Distribuição das questões organizada por ordem didática de assuntos		
Assunto	**Número de Questões**	**peso**
1. PARTE GERAL	4	13,33%
2. PARTE ESPECIAL	16	53,33%
3. LEGISLAÇÃO EXTRAVAGANTE	10	33,33%
Total	**30**	**100%**

Direito Penal

Danilo da Cunha Sousa

✦ QUESTÕES

1. PARTE GERAL

01. (Cespe – Analista Judiciário – Área Judiciária – TRT 8/2013) Acerca do crime e da imputabilidade penal, assinale a opção correta, de acordo com o Código Penal.

a) A pena poderá ser agravada em razão de circunstância relevante, anterior ou posterior ao crime, ainda que tal possibilidade não seja prevista expressamente em lei.

b) O desconhecimento da lei é circunstância que atenua a pena, conforme expressa previsão legal.

c) Na hipótese de desistência voluntária, em que o agente, por vontade própria, desiste de prosseguir na execução do crime, a pena será reduzida na proporção prevista em lei.

d) O arrependimento posterior é causa de redução da pena prevista para o crime de roubo, se a reparação voluntária do dano ocorrer até o recebimento da denúncia.

e) O erro quanto à pessoa contra a qual o crime é praticado pode isentar a pena, considerando-se, nesse caso, as qualidades da vítima real, e não as da pessoa contra a qual o agente queria praticar o crime.

COMENTÁRIOS

✪ **Nota do autor:** as circunstâncias agravantes e atenuantes são levadas em consideração na segunda fase de aplicação da pena.

Alternativa "a": em se tratando de causas de aumento e de circunstâncias agravantes, devem elas seguir o princípio da **reserva legal**, motivo pelo qual não há possibilidade de se reconhecer circunstância não prevista em lei.

Alternativa "b": sob pena de afetar a efetividade da lei, ninguém pode alegar desconhecimento da lei para se ver livre da responsabilidade penal. Porém, demonstrada essa circunstância, haverá incidência da atenuante genérica nos termos do art. 65, II, CP).

Alternativa "c": no caso de desistência voluntária, em que o agente deixa de prosseguir na execução do crime por ato de sua vontade, ele responderá apenas pelos atos já praticados (art. 15, CP). Assim, se ele inicia o homicídio, mas desiste de prosseguir na sua execução, responde por lesões corporais provocadas.

Alternativa "d": o arrependimento posterior ocorre em crimes praticados **sem** violência ou grave ameaça à pessoa (art. 16, CP), logo não pode ser causa de diminuição de pena no crime de roubo, em que a subtração é mediante violência ou grave ameaça (art. 157, CP).

Alternativa "e": o erro quanto à pessoa incide sobre circunstância secundária do tipo penal, motivo pelo qual o agente não é isento de pena. Nessa circunstância, deve ele se valer das condições pessoais da vítima virtual, não da pessoa efetivamente atingida pela sua conduta (art. 20, § 3º, CP).

ALTERNATIVA CORRETA: "B".

02. (Cespe – Analista Judiciário – Área Judiciária – TRT 8/2013) No que diz respeito à lei penal, assinale a opção correta.

a) Lei posterior não se aplica a fatos anteriores já decididos por sentença condenatória transitada em julgado, em respeito absoluto e irrestrito à coisa julgada.

b) Pela lei brasileira, o território nacional estende-se a aeronaves e embarcações brasileiras, mercantes ou de propriedade privada, onde quer que se encontrem.

c) Preenchidos os requisitos legais, é possível que a lei penal brasileira seja aplicada ao estrangeiro que cometa crime fora do território nacional, sendo a vítima brasileira.

d) No que se refere ao tempo do crime, adota-se, no Código Penal brasileiro, a teoria do resultado.

e) A lei excepcional, cessadas as circunstâncias que a determinaram, deixa de ser aplicável ao fato ocorrido durante sua vigência.

COMENTÁRIOS

✪ **Nota do autor:** em regra, a lei brasileira só se aplica aos fatos ocorridos no território nacional. Porém, o art. 7º, CP, traz as hipóteses de extraterritorialidade, em que o fato tenha ocorrido no exterior, mas se aplica a lei penal brasileira de acordo com os critérios nele estabelecidos.

Alternativa "a": em regra, a lei penal não retroage, salvo se for para beneficiar o réu, ainda que haja o trânsito em julgado da sentença penal condenatória (art. 2º, parágrafo único, CP).

Alternativa "b": em se tratando de aeronaves e embarcações brasileiras, **mercantes ou de propriedade privada**, a lei penal brasileira só se aplica se elas se acharem, respectivamente, no **espaço aéreo correspondente** ou **em alto-mar** (art. 5º, § 1º, CP).

Alternativa "c": o princípio da extraterritorialidade passiva se aplica caso a vítima seja brasileira e desde que presentes os requisitos do art. 7º, §§ 2º e 3º, CP.

Alternativa "d": em relação ao tempo do crime, a lei penal brasileira adotou a **teria da atividade**, considerando-se crime o momento da ação ou omissão (art. 4º, CP).

Alternativa "e": a lei excepcional é dotada de ultra-atividade, sendo aplicada aos fatos ocorridos durante a sua vigência, mesmo que cessado as circunstâncias que a determinaram (art. 3º, CP).

ALTERNATIVA CORRETA: "C".

---

03. (Cespe – Analista Judiciário – Área Judiciária – Oficial de Justiça – TRT 8/2013) Em relação aos crimes contra a incolumidade pública e o instituto da ação penal, assinale a opção correta.

a) Não caracteriza renúncia ao direito de queixa, durante o curso da ação penal privada, o recebimento pelo ofendido de indenização pelo dano causado pelo crime.

b) A perempção extingue a punibilidade do agente na ação penal pública e na privada.

c) Exerce o curandeirismo a pessoa que anuncia cura por meio secreto ou infalível.

d) A pessoa que exerce a profissão de farmacêutico, sem autorização legal, incide em charlatanismo.

e) É isenta de pena a conduta de quem pratica, gratuitamente, a medicina, ainda que exceda os limites de autorização legal.

COMENTÁRIOS

Alternativa "a": A renúncia à queixa pode ser tácita ou explícita. É tácita se o ofendido tomar medida que demonstre que ele não mais pretende que siga a ação penal. É o caso da vítima que se casa com seu caluniador. O recebimento de indenização, inclusive, decorrente de acordo entre as partes, não implica renúncia tácita ao direito de queixa por disposição legal (art. 104, parágrafo único, CP).

Alternativa "b": A perempção é causa extintiva da punibilidade em crimes de ação penal privada e decorre da inércia do querelante. Na ação pública, vige o princípio da indisponibilidade e, portanto, o MP não se pode quedar inerte.

Alternativa "c": Curandeirismo é o crime em que o agente atua I – prescrevendo, ministrando ou aplicando, habitualmente, qualquer substância; II – usando gestos, palavras ou qualquer outro meio; III – fazendo diagnósticos:

Alternativa "d": Essa pessoa comete o crime de exercício ilegal de arte farmacêutica (art. 282, CP).

Alternativa "e": Essa pessoa comete o crime de exercício ilegal da medicina (art. 282, CP).

ALTERNATIVA CORRETA: "A".

---

04. (Cespe – Analista Judiciário – Área Judiciária – TRT 8/2013) Em relação aos crimes contra a incolumidade pública e o instituto da ação penal, assinale a opção correta.

a) A pessoa que exerce a profissão de farmacêutico, sem autorização legal, incide em charlatanismo.

b) É isenta de pena a conduta de quem pratica, gratuitamente, a medicina, ainda que exceda os limites de autorização legal.

c) Não caracteriza renúncia ao direito de queixa, durante o curso da ação penal privada, o recebimento pelo ofendido de indenização pelo dano causado pelo crime.

d) A perempção extingue a punibilidade do agente na ação penal pública e na privada.

e) Exerce o curandeirismo a pessoa que anuncia cura por meio secreto ou infalível.

COMENTÁRIOS

✪ **Nota do autor:** Por meio da renúncia, o ofendido abre mão de oferecer a queixa-crime, o que implica extinção da punibilidade do agente (art. 107, V, CP).

Alternativa "a": no charlatanismo, o agente apresenta um meio de cura secreto e infalível, ciente de que não é verdade (art. 283, CP). Assim, se a pessoa simplesmente exerce a função de farmacêutico sem autorização legal, comete o crime de exercício ilegal da medicina, arte dentária ou **farmacêutica** (art. 282, CP).

Alternativa "b": o exercício da medicina sem autorização legal ou **excedendo os limites estabelecidos em lei** configura crime de exercício ilegal da medicina. Assim, quem exerce a profissão de forma gratuitamente, excedendo as hipóteses previstas em lei, comete o crime do art. 282, CP).

Alternativa "c": o crime, além da responsabilidade penal, implica o dever de o agente indenizar a vítima pelos danos materiais e morais causados. As responsabilidades civil e penal são **independentes**, de modo que o recebimento de indenização pelos prejuízos não pode ser interpretado como renúncia ao direito de queixa-crime (art. 104, parágrafo único, CP).

Alternativa "d: a perempção é uma forma de extinção da punibilidade exclusiva da **ação penal privada** e ocorre nas hipóteses em que o querelante deixa de dar a devida continuidade à ação, deixando por exemplo de pedir a condenação do réu em sede de alegações finais.

Alternativa "e": no charlatanismo, o agente apresenta um meio de cura secreto e infalível, ciente de que não é verdade (art. 283, CP). No curandeirismo, a conduta é mais grave porque, nele, o agente por meio de uma das condutas previstas nos incisos I a III, do art. 284, CP), efetivamente prática aquilo que vende como um modo de cura.

ALTERNATIVA CORRETA: "C".

2. PARTE ESPECIAL

05. (FCC – 2023 – TRT 12 – Técnico Judiciário – Agente de Polícia Judicial) Considere os seguintes tipos penais praticados contra a Administração Pública:

Tipos penais

1. Desobediência
2. Resistência
3. Corrupção passiva
4. Corrupção ativa
5. Concussão

Ação

a. Solicitar ou receber, para si ou para outrem, direta ou indiretamente, ainda que fora da função ou antes de assumi-la, mas em razão dela, vantagem indevida, ou aceitar promessa de tal vantagem.

b. Exigir, para si ou para outrem, direta ou indiretamente, ainda que fora da função ou antes de assumi-la, mas em razão dela, vantagem indevida.

c. Opor-se à execução de ato legal, mediante violência ou ameaça a funcionário competente para executá-lo ou a quem lhe esteja prestando auxílio.

d. Desobedecer a ordem legal de funcionário público.

e. Oferecer ou prometer vantagem indevida a funcionário público, para determiná-lo a praticar, omitir ou retardar ato de ofício.

A correta correlação entre o tipo penal e a sua ação é:

a) – 1-d – 2-a – 3-b – 4-e – 5-c.
b) – 1-a – 2-c – 3-d – 4-e – 5-b.
c) – 1-d – 2-c – 3-a – 4-e – 5-b.
d) – 1-d – 2-b – 3-a – 4-e – 5-c.
e) – 1e – 2-c – 3-a – 4-d – 5-b.

COMENTÁRIOS

Alternativa "a": 1-d – **2-c** – **3-a** – 4-e – 5-b.

Alternativa "b": 1-d – 2-c – **3-a** – 4-e – 5-b.

Alternativa "c": 1-d – 2-c – 3-a – 4-e – 5-b.

1. **Desobediência:** Desobedecer a ordem legal de funcionário público (art. 330, CP);
2. **Resistência:** Opor-se à execução de ato legal, mediante violência ou ameaça a funcionário competente para executá-lo ou a quem lhe esteja prestando auxílio (art. 329, CP).
3. **Corrupção passiva:** Solicitar ou receber, para si ou para outrem, direta ou indiretamente, ainda que fora da função ou antes de assumi-la, mas em razão dela, vantagem indevida, ou aceitar promessa de tal vantagem (art. 317, CP).
4. **Corrupção ativa:** Oferecer ou prometer vantagem indevida a funcionário público, para determiná-lo a praticar, omitir ou retardar ato de ofício (art. 333, CP).
5. **Concussão:** Exigir, para si ou para outrem, direta ou indiretamente, ainda que fora da função ou antes de assumi-la, mas em razão dela, vantagem indevida (art. 316, CP).

Alternativa "d": 1-d – **2-c** – 3-a – 4-e – 5-b.

Alternativa "e": 1-d – 2-c – 3-a – 4-e – 5-b.

ALTERNATIVA CORRETA: "C".

06. (FCC – 2023 – TRT 12 – Técnico Judiciário – Agente de Polícia Judicial) Considere, hipoteticamente, que Haroldo, ocupante de cargo de Chefia de um Tribunal Regional do Trabalho, autoridade competente para responsabilização de subordinado, por indulgência, deixou de responsabilizar subordinado que cometeu infração no exercício do cargo. Nesse caso, a hipótese se amolda ao tipo penal de

a) – condescendência criminosa.
b) – violência arbitrária.
c) – excesso de exação.
d) – prevaricação.
e) – advocacia administrativa.

COMENTÁRIOS

Alternativa "a": Condescendência criminal: Deixar o funcionário (no caso, se trata de funcionário público, lotado no TRT), por indulgência, de responsabilizar subordinado que cometeu infração no exercício do cargo ou, quando lhe falte competência, não levar o fato ao conhecimento da autoridade competente (art. 320, CP).

Alternativa "b": Violência arbitrária: Praticar violência, no exercício de função ou a pretexto de exercê-la (art. 322, CP – Há entendimento de que esse tipo penal foi revogado tacitamente pelas Leis que preveem crimes de abuso de autoridade).

Alternativa "c": Excesso de exação: Se o funcionário exige tributo ou contribuição social que sabe ou deveria saber indevido, ou, quando devido, emprega na cobrança meio vexatório ou gravoso, que a lei não autoriza (art. 316, § 1º, CP).

Alternativa "d": Prevaricação: Retardar ou deixar de praticar, indevidamente, ato de ofício, ou praticá-lo contra disposição expressa de lei, para satisfazer interesse ou sentimento pessoal (art. 319, CP).

Alternativa "e": Advocacia administrativa: Patrocinar, direta ou indiretamente, interesse privado perante a administração pública, valendo-se da qualidade de funcionário (art. 321, CP).

ALTERNATIVA CORRETA: "A".

---

07. (FGV – Analista Judiciário – Área Judiciária – TRT 13/2022) Tibério resolve adulterar sua Carteira de Trabalho e Previdência Social, de modo a averbar que teria iniciado a trabalhar um ano antes no seu primeiro vínculo empregatício, com vistas a antecipar sua aposentadoria, quando for o caso. A conduta de Tibério é considerada

a) crime de falsificação de documento particular.
b) crime de falsificação de documento público.
c) atípica porque ainda não pleiteou a aposentadoria junto ao INSS.
d) crime de falsidade ideológica, prevista no artigo 299 do Código Penal.
e) crime de uso de documento falso.

COMENTÁRIOS

Alternativa "a": Tibério cometeu o crime de falsidade de documento público, pois a CTPS é emitida por entidade pública

Alternativa "b": Trata-se da figura equiparada de crime de falsidade material previsto no art. 297, § 3º, II, CP, pois Tibério inseriu na Carteira de Trabalho e Previdência Social do empregado ou em documento que deva produzir efeito perante a previdência social, declaração falsa ou diversa da que deveria ter sido escrita.

Alternativa "c": O crime de falsidade material é formal, de modo que não se exige que produza os efeitos jurídicos desejados pelo falsificador.

Alternativa "d": Sob o ponto de vista técnico, haveria crime de falsidade ideológica, pois Tibério inseriu em sua CTPS fato juridicamente relevante que inexistiu. Mas, por opção de política criminal, o legislador resolveu por equiparar tal conduta ao crime de falsidade material.

Alternativa "e": Tibério não fez o uso do documento falso.

ALTERNATIVA CORRETA: "B".

---

08. (FGV – Analista Judiciário – Área Judiciária – TRT 13/2022) Dr. Tíndaro é médico e tem o sonho de adquirir um carro importado zero quilômetro. Ante sua dificuldade em materializar rapidamente seu sonho de consumo, resolve, em alguns casos, expedir atestados médicos para os pacientes que o procuram para indevidamente abonar falta ao serviço, mediante uma taxa de R$50,00 por atestado falso expedido. O esquema do Dr. Tíndaro foi descoberto antes da obtenção do numerário total para a aquisição do veículo.

Em relação à conduta do Dr. Tíndaro, é correto afirmar que

a) é atípica porque não conseguiu obter todo o dinheiro que planejava auferir com a conduta.
b) configura crime de falsidade de atestado médico, apenas com pena de reclusão.
c) configura crime de falsidade de atestado médico, apenas com pena de detenção.
d) configura crime de falsidade de atestado médico com pena de detenção e multa.
e) configura crime de falsidade de atestado médico com pena de reclusão e multa.

COMENTÁRIOS

Alternativa "a": Houve crime, porque existiu violação ao objeto jurídico tutelado pela norma penal do art. 302, CP: a fé pública.

Alternativa "b": Houve crime de falsidade de atestado médico, o qual é punido com detenção.

Alternativa "c": Além da detenção, também se aplica a pena de multa, pois Tíndaro cometeu o crime com o fim de lucro (art. 302, parágrafo único, CP).

Alternativa "d": Na figura simples, o crime de falsidade de atestado médico é punido com pena de detenção apenas. Mas, quando é cometido com finalidade de lucro, aplica-se também a multa (art. 302, parágrafo único, CP).

Alternativa "e": Aplicam-se as penas de detenção e multa.

ALTERNATIVA CORRETA: "D".

---

09. (FGV – Analista Judiciário – Área Judiciária – TRT 13/2022) Jonathan, sujeito violento, proprietário de uma pizzaria de relativo sucesso na rua de maior sucesso em João Pessoa, fica revoltado com a inauguração de outra pizzaria na mesma rua. Sua revolta aumenta quando diversos artistas começam a frequentar o estabelecimento concorrente. Não se contendo, atravessa a rua, procura o proprietário do estabelecimento, Matheus, e o constrange determinando que feche seu estabelecimento em alguns dias sob a ameaça de quebrar o imóvel e machucar os clientes que estiverem ali presentes, o que deixa Matheus muito preocupado e amedrontado.

Em relação à conduta de Jonathan, é correto afirmar que

a) é atípica, porque apenas proferiu palavras.
b) configura crime de frustração de direito assegurado por lei trabalhista.
c) configura crime de atentado contra a liberdade de contrato de trabalho e boicotagem violenta.
d) configura crime de atentado contra a liberdade de trabalho.
e) é atípica, porque só configuraria crime se o estabelecimento fosse efetivamente fechado.

COMENTÁRIOS

Alternativa "a": Houve crime, porque as palavras proferidas configuraram grave ameaça, o que é suficiente para a tipificação da conduta no crime do art. 197, CP.

Alternativa "b": No crime de frustração de direito assegurado em lei trabalhista (art. 203, CP), o sujeito passivo é o titular de direito previsto em legislação dessa natureza, podendo ser o empregado ou o empregador. No caso, Matheus não tinha essa qualidade específica.

Alternativa "c": No crime de atentado contra a liberdade de contrato de trabalho e boicotagem violenta (art. 198, CP), a violência ou a grave ameaça tem como fim constranger alguém a celebrar contrato de trabalho, ou a não fornecer a outrem ou não adquirir de outrem matéria-prima ou produto industrial ou agrícola (art. 198, CP).

Alternativa "d": Houve crime de atentado contra a liberdade de trabalho, pois a conduta do agente teve como finalidade constranger alguém a abrir ou fechar o seu estabelecimento de trabalho (art. 197, II, CP).

Alternativa "e": Há entendimento de que o crime em tela se consuma com a efetivação do constrangimento, ainda que não tenha havido efetivamente a cessação da liberdade (posição adotada pela banca). Porém, a entendimento de que só há o crime, se houve a efetiva cessação da liberdade, o que, no caso, exigiria o fechamento do estabelecimento comercial.

ALTERNATIVA CORRETA: "D".

---

10. (FGV – Analista Judiciária – Área Judiciária – TRT 13/2022) Determinada categoria profissional não tem sindicato. Existe uma associação criada por profissionais desta categoria para a defesa de interesses comuns. Jeferson se desliga dessa associação e cria uma nova associação que objetiva reunir profissionais da referida categoria. Em seguida, passa a enviar correspondência para os associados da primeira entidade sugerindo que abandonem a mesma e ingressem naquela que ele (Jeferson) criou. A conduta de Jeferson

a) é atípica.
b) configura crime de frustração de direito assegurado por lei trabalhista.
c) configura crime de aliciamento de trabalhadores de um local para outro do território nacional.
d) configura crime de atentado contra a liberdade de trabalho.
e) configura crime de atentado contra a liberdade de associação.

COMENTÁRIOS

Alternativa "a": A conduta é atípica, porque não houve constrangimento, mediante violência ou grave ameaça, mas apenas uma sugestão para que as pessoas se desfiliação da associação profissional e se associassem à nova.

Alternativa "b": Não houve o crime do art. 203, CP, porque não se empregou fraude ou violência, tampouco houve frustração de lei trabalhista.

Alternativa "c": No crime do art. 207, CP, o sujeito ativo alicia (atrai) trabalhadores, com o fim de levá-los de uma para outra localidade do território nacional.

Alternativa "d": No crime do art. 197, CP, exige-se o emprego de violência ou grave ameaça.

Alternativa "e": Constranger alguém, **mediante violência ou grave ameaça**, a participar ou deixar de participar de determinado sindicato ou associação profissional (art. 199, CP). Vê-se que, nesse crime, se exige violência ou grave ameaça, sendo que, no caso, houve mera sugestão.

ALTERNATIVA CORRETA: "A".

11. (FGV – Analista Judiciário – Área Judiciária – TRT 13/2022) Antônio é funcionário de uma empresa de calçados. A empresa desconta de seu salário o valor correspondente à contribuição previdenciária do empregado, mas não realiza o referido recolhimento. Antônio indaga Paulo, sócio da empresa, sobre a conduta, e Paulo responde que tal conduta era para melhorar o fluxo de caixa da empresa e apresentar ao banco um saldo melhor para obter financiamento e renovar o parque industrial da referida empresa. O sócio da empresa aduziu que os recolhimentos estavam apenas sendo recolhidos com atraso de seis meses. Antônio diligencia junto ao INSS e descobre que a parcela relativa à sua contribuição, deduzida de seu salário, não é recolhida há dois anos. A situação caracteriza

a) crime de apropriação indébita, artigo 168 do Código Penal.
b) crime de apropriação indébita previdenciária.
c) conduta atípica.
d) crime de falsidade ideológica, prevista no artigo 299 do Código Penal.
e) crime de uso de documento falso.

COMENTÁRIOS

Alternativa "a": O tipo especial do art. 168-A, CP, em que o objeto material do crime é a contribuição previdenciária, afasta a regra geral do crime de apropriação indébita, previsto no art. 168, CP.

Alternativa "b": Houve crime de apropriação indébita previdenciária, pois o empregador deixou de repassar à previdência social as contribuições recolhidas dos contribuintes, no prazo e forma legal ou convencional.

Alternativa "c": Houve crime de apropriação indébita previdenciária.

Alternativa "d": No crime do art. 299, CP, o agente omite, em documento público ou particular, declaração que dele devia constar, ou nele insere ou faz inserir declaração falsa ou diversa da que devia ser escrita, com o fim de prejudicar direito, criar obrigação ou alterar a verdade sobre fato juridicamente relevante. No caso, o agente efetivamente não destinou à previdência a contribuição de seu empregado, o que configura o crime do art. 168-A, CP.

Alternativa "e": Não houve uso de documento falso.

ALTERNATIVA CORRETA: "B".

12. (FCC – Analista Judiciário – Área Judiciária – TRT 16/2022) Insatisfeito com sua remuneração e carga horária de trabalho como empregado da "empresa X", Bernardo convence seus colegas de trabalho a iniciarem uma greve regular. Na hipótese, ao ser questionado se é correto afirmar que Bernardo cometeu crime(s) de atentado contra a liberdade de trabalho, previsto(s) no art. 197, do CP, você deve responder, corretamente, que

a) não, Bernardo não cometeu crime de atentado contra a liberdade de trabalho, previsto no art. 197, do CP, uma vez que o tipo penal exige, para sua caracterização, o emprego de violência ou grave ameaça para forçar alguém a aderir ao movimento.
b) sim, Bernardo cometeu crime de atentado contra a liberdade de trabalho, previsto no art. 197, do CP, visto que, ao convencer seus pares, Bernardo violou a liberdade de trabalho de seus colegas.
c) não, Bernardo agiu em estado de necessidade, que é uma excludente da ilicitude, prevista no art. 23, I c/c art. 24, do CP.
d) não, Bernardo não cometeu crime de atentado contra a liberdade de trabalho, previsto no art. 197, do CP, uma vez que não logrou êxito em convencer seus pares a aderirem ao movimento de greve.
e) sim, Bernardo cometeu crimes de atentado contra a liberdade de trabalho, em concurso formal, nos termos do art. 197, na forma do art. 70, ambos do CP.

COMENTÁRIOS

Alternativa "a": O tipo penal do art. 197, CP, exige que haja constrangimento à vítima, mediante violência ou grave ameaça.

Alternativa "b": Se houve convencimento a participação de greve, Bernardo exerceu regularmente o direito de greve, garantido constitucionalmente.

Alternativa "c": Não há estado de necessidade, pois não se configura o exigido perigo atual (art. 24, CP).

Alternativa "d": Não houve o crime do art. 197, CP, primeiro porque Bernardo não se valeu de violência ou grave ameaça. Depois, porque exerceu regularmente o direito de greve.

Alternativa "e": Se houvesse violência ou grave ameaça, haveria o concurso formal de crimes, pois Bernardo teria constrangido mais de uma pessoa, com uma única conduta.

ALTERNATIVA CORRETA: "A".

---

13. (FCC – Analista Judiciário – Área Judiciária – TRT 16/2022) Em 05 de junho de 2022, Mariana entrou em um restaurante estilo "self-service" e apoiou sua bolsa em uma cadeira. Enquanto conversava distraidamente com seu marido, José, Mariana esqueceu sua bolsa aberta. Diogo, outro cliente que estava no estabelecimento, terminou o almoço, levantou-se de onde estava sentado e foi em direção ao caixa para efetuar o pagamento da conta. Nesse momento, Diogo percebeu a bolsa de Mariana aberta e, sorrateiramente, pegou o aparelho celular dela. Logo em seguida, Mariana e José deram falta do aparelho e iniciaram a procura no local, tendo José visto Diogo na fila do caixa com o celular de Mariana. Imediatamente, José interpelou Diogo e restou comprovado que se tratava realmente do celular de Mariana.

De acordo com jurisprudência consolidada dos Tribunais Superiores, em relação à conduta de Diogo, pode-se afirmar que

a) praticou o crime de roubo consumado, previsto no art. 157, caput, do CP.
b) praticou o crime de furto, na sua forma tentada, previsto no art. 155, caput, c/c art. 14, II, ambos do CP.
c) praticou o crime de roubo, na sua forma tentada, previsto no art. 157, caput c/c art. 14, II, ambos do CP.
d) praticou o crime de furto consumado, previsto no art. 155, caput, do CP.
e) praticou o crime de apropriação indébita, previsto no art. 168, caput, do CP.

COMENTÁRIOS

Alternativa "a": Não houve crime de roubo (art. 157, CP), pois Diogo não se valeu de violência ou grave ameaça contra a pessoa.

Alternativa "b": Houve consumação do crime de furto, pois Diogo teve a posse do bem, ainda que por breve tempo.

Alternativa "c": Não houve crime de roubo (art. 157, CP), pois Diogo não se valeu de violência ou grave ameaça contra a pessoa. Além disso, houve a posse do bem, ainda que por breve tempo, o que tornaria o roubo consumado.

Alternativa "d": Consuma-se o crime de furto com a posse de fato da res furtiva, ainda que por breve espaço de tempo e seguida de perseguição ao agente, sendo prescindível a posse mansa e pacífica ou desvigiada (Tese firmada no Tema 934 dos Recursos Repetitivos do STJ).

Alternativa "e": Não houve o crime de apropriação indébita (art. 168, CP), porque Diogo não tinha a posse lícita do bem e, depois, inverteu o *animus* e passou a agir como dono fosse. No caso, Diogo subtraiu o celular, o que configura crime de furto.

ALTERNATIVA CORRETA: "D".

---

14. (FCC – Analista Judiciário – Área Judiciária – TRT 16/2022) Durante regular manifestação, os empregados Daniel e Júlio participavam de um ato de greve com mais 10 pessoas, todos trabalhadores da "empresa X".

Em um dado momento, policiais que estavam no local para garantir a segurança do ato, abordaram Daniel e Júlio, e constataram que este último portava um canivete no bolso. Conduzidos à Delegacia, Daniel e Júlio foram indiciados pelo crime de paralização de trabalho, seguida de violência ou perturbação da ordem, em concurso de pessoas, na forma do art. 200 c/c art. 29, caput, ambos do CP. Sobre essa situação, assinale a afirmativa correta.

a) Daniel e Júlio praticaram o crime de paralização de trabalho, seguida de violência ou perturbação da ordem, em concurso de pessoas, nos moldes do art. 200 c/c art. 29, caput, ambos do CP, visto que estavam juntos e em conluio no ato de greve, portando um deles arma branca, com flagrante intenção de perturbação da ordem.
b) Daniel não cometeu crime. Entretanto, Júlio praticou o crime de paralização de trabalho, seguida de violência ou perturbação da ordem, nos moldes do art. 200, do CP, visto que estava em ato de greve, portando arma branca, com flagrante intenção de perturbação da ordem.
c) Todos os 10 empregados, Daniel e Júlio cometeram o crime de paralização de trabalho, seguida de violência ou perturbação da ordem, previsto no art. 200, do CP. O concurso de, pelo menos, três empregados é elementar do tipo penal previsto no art. 200, do CP, não incidindo portanto a figura do art. 29, caput do CP.
d) Daniel e Júlio cometeram o crime de paralização de trabalho, seguida de violência ou perturbação da ordem, previsto no art. 200, do CP, sem a incidência da figura do art. 29, caput do CP. Isso porque o concurso de, pelo menos, três empregados é elementar do tipo penal previsto no art. 200, do CP, não incidindo portanto a figura do art. 29, caput do CP.
e) Não houve crime de paralização de trabalho, seguida de violência ou perturbação da ordem, tendo em vista que o simples porte de arma branca no bolso durante a manifestação de greve não configura a violência prevista no Art. 200, do CP.

COMENTÁRIOS

Alternativa "a": O tipo penal do art. 200, CP, exige a prática de violência, o que não se configura com o simples porte de arma branca.

Alternativa "b": O crime do art. 200, CP, é classificado como material e exige ofensa à integridade física de alguém ou a destruição patrimonial de alguém, o que não ocorreu com o simples porte de arma branca.

Alternativa "c": O art. 200, CP, exige o concurso de no mínimo três pessoas. Mas, no caso, não houve violência contra alguém ou coisa, o que torna a conduta atípica.

Alternativa "d": O art. 200, CP, exige o concurso de no mínimo três pessoas. Mas, no caso, não houve violência contra alguém ou coisa, o que torna a conduta atípica.

Alternativa "e": O art. 200, CP, exige que haja a prática de violência contra pessoa ou contra coisa, o que não ocorreu no caso em tela, pois o agente apenas portava uma arma branca.

ALTERNATIVA CORRETA: "E".

---

15. (FCC – Analista Judiciário – Área Judiciária – TRT 16/2022) Renato foi ao supermercado fazer compras para abastecer sua residência. Enquanto colocava as sacolas com os produtos adquiridos na mala de seu automóvel, foi surpreendido por José que, apontando-lhe uma arma de fogo, exigiu que Renato lhe entregasse o relógio. Surpreso e sem saber se a arma era de fato verdadeira, Renato acabou por entregar seu relógio a José. De posse do bem, José foi embora caminhando normalmente, certo de que Renato nada faria por conta da arma que empunhava. Ocorre que Renato, exímio lutador de artes marciais, seguiu José, conseguindo detê-lo logo na saída do estabelecimento, logrando êxito em recuperar seu relógio, bem como desarmar o audacioso elemento. Registrada a ocorrência em sede policial, a arma restou periciada e comprovada a sua potencialidade lesiva.

Acerca da hipótese, é correto afirmar que José responderá por

a) furto por arrebatamento, na forma do art. 155, caput, do CP.
b) roubo com aumento de pena pelo emprego de arma de fogo, na forma do art. 157, §2°-A, I, do CP.
c) roubo simples, na forma do art. 157, caput, do CP.
d) roubo com aumento de pena pelo emprego de arma de fogo, na forma tentada, nos termos do art. 157, §2°-A, I c/c art. 14, II, ambos do CP.
e) furto, na forma do art. 155, caput do CP.

COMENTÁRIOS

Alternativa "a": Houve crime de roubo, pois José se valeu de grave ameaça, mediante o uso de arma de fogo.

Alternativa "b": Houve o emprego de grave ameaça, o que configura o crime de roubo (art. 157, CP). O uso de arma de fogo faz incidir a causa de aumento de pena do § 2°-A. CP.

Alternativa "c": O uso de arma de fogo faz incidir a causa de aumento de pena do § 2°-A. CP.

Alternativa "d": De acordo com a jurisprudência do STJ, consuma-se o crime de roubo com a inversão da posse do bem, mediante emprego de violência ou grave ameaça, ainda que por breve tempo e em seguida a perseguição imediata ao agente e recuperação da coisa roubada, sendo prescindível a posse mansa e pacífica ou desvigiada (TEMA 916-STJ).

Alternativa "e": Houve crime de roubo, pois José se valeu de grave ameaça, mediante o uso de arma de fogo.

ALTERNATIVA CORRETA: "B".

---

16. (Cespe – Analista Judiciário – Área Judiciária – Oficial de Justiça Avaliador – TRT8/2016) Em relação aos crimes contra a organização do trabalho, assinale a opção correta.

a) Para a configuração do crime de participação de abandono coletivo de trabalho com violência contra a pessoa, é indispensável o concurso de pelo menos três empregados.
b) Consiste em infração penal violadora da liberdade individual, e não em crime contra a organização do trabalho, a conduta do agente que impede alguém de se desligar de serviços de qualquer natureza, mediante a retenção de seus documentos pessoais.
c) No crime de aliciamento de trabalhadores de um local para outro do território nacional, o recrutador que não assegurar condições de retorno do trabalhador ao local de origem estará sujeito a causa específica de aumento de pena.
d) O Código Penal prevê, para todos os crimes contra a organização do trabalho, como causa de aumento de pena o fato de a vítima ser menor de dezoito anos de idade, idosa, gestante, indígena ou portadora de deficiência física ou mental.
e) Processam-se esses crimes por ação penal pública incondicionada, estando o autor de qualquer um deles sujeito à pena de detenção, além da pena correspondente à violência empregada, quando for o caso.

COMENTÁRIOS

Alternativa "a": Para que se considere coletivo o abandono de trabalho é indispensável o concurso de, pelo menos, três empregados (art. 200, parágrafo único, CP). Trata-se de crime de concurso necessário.

Alternativa "b": trata-se de conduta equiparada ao crime de frustração de direito assegurado por lei trabalhista, que é crime contra a organização do trabalho (art. 203, § 1º, II, CP).

Alternativa "c": No crime de aliciamento de trabalhadores de um local para outro do território nacional, o recrutador que não assegurar condições de retorno do trabalhador ao local de origem estará sujeito à mesma pena do aliciador (art. 207, § 1º, CP).

Alternativa "d": O Código Penal prevê, para os crimes de frustração de direito assegurado por lei trabalhista e aliciamento de trabalhadores de um local para outro do território nacional (arts. 203 e 207, CP), como causa de aumento de pena o fato de a vítima ser menor de dezoito anos de idade, idosa, gestante, indígena ou portadora de deficiência física ou mental

Alternativa "e": Processam-se esses crimes por ação penal pública incondicionada, estando o autor desses crimes sujeito à pena de detenção, exceto, no crime de invasão de estabelecimento industrial, comercial ou agrícola e sabotagem, cuja pena é de reclusão, além da pena correspondente à violência empregada, quando for o caso.

ALTERNATIVA CORRETA: "A".

---

17. (Cespe – Analista Judiciário – Área Judiciária – Oficial de Justiça Avaliador – TRT8/2016) Com relação ao crime de redução a condição análoga à de escravo, assinale a opção correta.

a) Não é possível que tal crime seja praticado na forma tentada, uma vez que o tipo penal prevê a habitualidade da conduta do agente.

b) Caso a conduta seja praticada contra criança, adolescente, pessoa idosa ou pessoa portadora de deficiência física ou mental, haverá causa específica de aumento de pena.

c) A tipificação da conduta, no caso desse crime, está vinculada à submissão da vítima a trabalhos forçados ou jornada exaustiva.

d) O bem jurídico protegido é a liberdade individual da vítima, que se vê impedida de exercer seu direito de ir e vir, não se tratando de crime contra a organização do trabalho.

e) Esse crime classifica-se como crime comum, visto que não se exige, para a sua configuração, característica específica do sujeito ativo, mas apenas do sujeito passivo, que é sempre o trabalhador.

COMENTÁRIOS

Alternativa "a": é possível que tal crime seja praticado na forma tentada. Trata-se de crime permanente, cuja consumação se estende no tempo. É possível a tentativa, pois as condutas podem ser fracionadas.

Alternativa "b": Caso a conduta seja praticada contra criança e adolescente ou por motivo de preconceito de raça, cor, etnia, religião ou origem.

Alternativa "c": A tipificação da conduta, no caso desse crime, pode ocorrer em caso de submissão da vítima a trabalhos forçados ou jornada exaustiva, bem como sujeitando-a a condições degradantes de trabalho, quer restringindo, por qualquer meio, sua locomoção em razão de dívida contraída com o empregador ou preposto.

Alternativa "d": ao contrário do que se possa parecer à primeira vista, o crime de redução à condição análoga a de escravo protege a liberdade individual, porque previsto no art. 149, CP (Parte Especial, Título I e Capítulo VI, CP).

Alternativa "e": trata-se de crime comum, que não exige qualquer qualidade especial do sujeito ativo, bem como do sujeito passivo.

ALTERNATIVA CORRETA: "D".

---

18. (Cespe – Analista Judiciário – Área Judiciária – Oficial de Justiça Avaliador – TRT8/2016) Caracteriza falsificação de documento particular a alteração de

a) testamento particular.

b) ações de sociedade comercial.

c) título ao portador ou transmissível por endosso.

d) nota fiscal.

e) livros mercantis.

COMENTÁRIOS

Alternativa "a": o testamento particular é equiparado a documento público para fins penais (art. 297, § 2º, CP).

Alternativa "b": as ações de sociedade comercial são equiparadas a documento público para fins penais (art. 297, § 2º, CP).

Alternativa "c": o título ao portador ou transmissível por endosso é documento público para fins penais (art. 297, § 2º, CP).

Alternativa "d": a nota fiscal é um documento emitido por particular e, sequer para fins penais, é equiparada a documento público.

Alternativa "e": os livros mercantis são equiparados a documento público para fins penais (art. 297, § 2º, CP).

ALTERNATIVA CORRETA: "D".

19. (Cespe – Analista Judiciário – Área Judiciária – Oficial de Justiça Avaliador – TRT8/2016) Em relação aos crimes contra a administração da justiça, assinale a opção correta.

a) É atípica a conduta do agente que faz justiça pelas próprias mãos sem o emprego de violência ou com o objetivo de satisfazer pretensão legítima.

b) A configuração do crime de exploração de prestígio depende de a conduta do agente incluir a alegação ou a insinuação de que o dinheiro ou a utilidade também se destina ao juiz, jurado, órgão do Ministério Público, funcionário de justiça, perito, tradutor, intérprete ou testemunha.

c) O agente que acusa a si mesmo, perante a autoridade, de ter cometido infração penal que não ocorreu pratica o crime de comunicação falsa de crime.

d) Em se tratando do crime de falso testemunho, o agente que se retrata ainda durante o processo no qual testemunhou faz jus a causa de diminuição de pena.

e) É isento de pena, ainda que pratique o crime de favorecimento pessoal, o ascendente, o descendente, o cônjuge ou o irmão de criminoso que o auxilia a fugir da ação da autoridade policial.

COMENTÁRIOS

Alternativa "a": É crime de exercício arbitrário das próprias razões a conduta do agente que faz justiça pelas próprias mãos sem o emprego de violência ou com o objetivo de satisfazer pretensão legítima (art. 350, CC).

Alternativa "b": à configuração do crime de exploração de prestígio, basta que a conduta do agente indique vá influenciar o juiz, jurado, órgão do Ministério Público, funcionário de justiça, perito, tradutor, intérprete ou testemunha. O dinheiro se destina ao autor do crime, não aos agentes do processo (art. 357, CP).

Alternativa "c": O agente que acusa a si mesmo, perante a autoridade, de ter cometido crime que não ocorreu pratica o crime de autoacusação falsa (art. 341, CP).

Alternativa "d": Em se tratando do crime de falso testemunho, o agente que se retrata ainda durante o processo no qual testemunhou deixa de ser punido, pois o falso deixa de ser considerado crime (art. 342, § 2º, CP).

Alternativa "e": por questões humanitárias e por não se exigir conduta diversa, tem-se isenção de pena ao ascendente, descendente, cônjuge ou irmão que auxilie o autor do crime a fugir à ação da autoridade policial (art. 348, § 2º, CP).

ALTERNATIVA CORRETA: "E".

20. (Cespe – Analista Judiciário – Área Judiciária – Oficial de Justiça Avaliador – TRT8/2016) Oficial de justiça que solicita determinada quantia em dinheiro a advogado, para deixar de cumprir diligência de que estava incumbido, comete o crime de

a) tráfico de influência.

b) concussão.

c) prevaricação.

d) corrupção ativa.

e) corrupção passiva.

COMENTÁRIOS

Alternativa "a": no crime de tráfico de influência, o particular solicita vantagem para influenciar funcionário público no exercício da função (art. 322, CP).

Alternativa "b": na concussão, o funcionário público não solicita apenas, mas exige a vantagem indevida (art. 316, CP).

Alternativa "c": na prevaricação, o funcionário público pratica ou deixa de praticar o ato em razão de interesse ou sentimento pessoa (art. 319, CP).

Alternativa "d": a corrupção ativa é crime praticado por particular, em que o agente oferece ou promete vantagem indevida a funcionário público, para determiná-lo a praticar, omitir ou retardar ato de ofício (art. 333, CP).

Alternativa "e": o oficial de justiça que, enquanto funcionário público, solicitar quantia em dinheiro, em razão do cargo que ocupa, comete o crime de corrupção passiva (art. 317, CP).

ALTERNATIVA CORRETA: "E".

3. LEGISLAÇÃO EXTRAVAGANTE

21. (FCC – 2023 – TRT 12 – Técnico Judiciário – Agente de Polícia Judicial) Para os fins da Lei nº 9.099/1995, consideram-se infrações penais de menor potencial ofensivo,

a) as contravenções penais e os crimes a que a lei comine pena máxima não superior a 4 anos, cumulada ou não com multa.

b) as contravenções penais e os crimes a que a lei comine pena máxima não superior a 3 anos, cumulada ou não com multa.

c) somente as contravenções penais a que a lei comine pena máxima não superior a 2 anos, cumulada ou não com multa.

d) as contravenções penais e os crimes a que a lei comine pena máxima não superior a 2 anos, cumulada ou não com multa.

e) somente os crimes a que a lei comine pena máxima não superior a 2 anos, cumulada ou não com multa.

COMENTÁRIOS

Alternativa "a": para ser considerado infração de menor potencial ofensivo, quando se trata de crime, a pena máxima não pode ser superior a dois anos, cumulada ou não com multa.

Alternativa "b": para ser considerado infração de menor potencial ofensivo, quando se trata de crime, a pena máxima não pode ser superior a dois anos, cumulada ou não com multa.

Alternativa "c": são consideradas infrações de menor potencial ofensivo quaisquer contravenções penais, independentemente da quantidade de pena prevista em lei, bem como os crimes com pena máxima não superior a dois anos, cumulada ou não com multa.

Alternativa "d": Consideram-se infrações penais de menor potencial ofensivo, para os efeitos desta Lei, as contravenções penais e os crimes a que a lei comine pena máxima não superior a 2 (dois) anos, cumulada ou não com multa (art. 61, Lei n. 9.099/95).

Alternativa "e": Qualquer contravenção penal é também considerada infração penal de menor potencial ofensivo.

ALTERNATIVA CORRETA: "D".

---

22. (FCC – 2023 – TRT 12 – Técnico Judiciário – Agente de Polícia Judicial) De acordo com a Lei nº 13.869/2019, que versa sobre o abuso de autoridade, a sentença penal que reconhecer ter sido o ato praticado em estado de necessidade, em legítima defesa, em estrito cumprimento de dever legal ou no exercício regular de direito, em âmbito cível assim como no administrativo-disciplinar,

a) não faz coisa julgada no âmbito administrativo-disciplinar, mas faz coisa Julgada no âmbito cível; assim, deve-se prosseguir com a instrução do processo administrativo-disciplinar.
b) faz coisa julgada no âmbito administrativo-disciplinar, a sentença que reconhecer ter sido o ato praticado em legítima defesa, mas não em estrito cumprimento de dever legal ou no exercício regular de direito, mas não faz coisa julgada no âmbito cível.
c) faz coisa julgada.
d) não faz coisa julgada no âmbito cível e administrativo-disciplinar, pois são independentes; assim, deve-se prosseguir com a instrução de ambos os processos.
e) não faz coisa julgada no âmbito cível, mas faz coisa Julgada no âmbito administrativo-disciplinar; assim, deve-se prosseguir com a instrução do processo cível.

COMENTÁRIOS

Alternativa "a": A sentença penal que reconhece qualquer exclusão de ilicitude faz coisa julgada nos âmbitos cível e administrativo-disciplinar.

Alternativa "b": A sentença penal que reconhece qualquer exclusão de ilicitude faz coisa julgada nos âmbitos cível e administrativo-disciplinar.

Alternativa "c": Faz coisa julgada em âmbito cível, assim como no administrativo-disciplinar, a sentença penal que reconhecer ter sido o ato praticado em estado de necessidade, em legítima defesa, em estrito cumprimento de dever legal ou no exercício regular de direito (art. 8º, Lei de Crime de Abuso de Autoridade).

Alternativa "d": A sentença penal que reconhece qualquer exclusão de ilicitude faz coisa julgada nos âmbitos cível e administrativo-disciplinar.

Alternativa "e": A sentença penal que reconhece qualquer exclusão de ilicitude faz coisa julgada nos âmbitos cível e administrativo-disciplinar.

ALTERNATIVA CORRETA: "C".

---

23. (FCC – 2023 – TRT 12 – Oficial de Justiça) Sobre a Lei nº 13.8689/2019, que dispõe sobre os crimes de abuso de autoridade,

a) a divergência na Interpretação de lei ou na avaliação de fatos e provas poderá configurar abuso de autoridade se a conduta do agente se amoldar a um dos tipos penais.
b) perda do cargo, do mandato ou da função pública são efeitos automáticos da condenação por crime de abuso de autoridade, sendo desnecessária declarar motivadamente na sentença, não pressupondo reincidência especifica do agente.
c) a sentença penal que reconheceu ter sido o ato praticado em estrito cumprimento de dever legal faz coisa julgada em âmbito cível, assim como no administrativo disciplinar.
d) não poderá ser sujeito ativo do crime de abuso de autoridade o agente público que não seja servidor público, ainda que integre os quadros da administração direta, indireta ou fundacional de qualquer dos Poderes da União, dos Estados, do Distrito Federal, dos Municípios e de Território.
e) as responsabilidades civil e administrativa são independentes da criminal, e poderá ser questionada a existência do fato ou a autoria mesmo quando essas questões tenham sido decididas no juízo criminal.

COMENTÁRIOS

Alternativa "a": A divergência na interpretação de lei ou na avaliação de fatos e provas não configura abuso de autoridade (art. 1º, Lei de Crimes de Abuso de Autoridade).

Alternativa "b": A perda do cargo, do mandato ou da função pública são condicionados à ocorrência de reincidência em crime de abuso de autoridade e não são automáticos, devendo ser declarados motivadamente na sentença (art. 4º, parágrafo único, Lei de Crimes de Abuso de Autoridade).

Alternativa "c": Faz coisa julgada em âmbito cível, assim como no administrativo-disciplinar, a sentença penal que reconhecer ter sido o ato praticado em estado de necessidade, em legítima defesa, em estrito cumprimento de dever legal ou no exercício regular de direito (art. 8º, Lei de Crimes de Abuso de Autoridade).

Alternativa "d": É sujeito ativo do crime de abuso de autoridade qualquer agente público, servidor ou não, da administração direta, indireta ou fundacional de qualquer dos Poderes da União, dos Estados, do Distrito Federal, dos Municípios e de Território (art. 2º, Lei de Crimes de Abuso de Autoridade).

Alternativa "e": As responsabilidades civil e administrativa são independentes da criminal, não se podendo mais questionar sobre a existência ou a autoria do fato quando essas questões tenham sido decididas no juízo criminal (art. 7º, Lei de Crimes de Abuso de Autoridade).

ALTERNATIVA CORRETA: "C".

---

24. (FCC - 2023 - TRT 12 - Analista Judiciário - Área Judiciária) No que concerne aos crimes previstos na Lei de Abuso de Autoridade (Lei nº 13.869/2019), além da prestação de serviço à comunidade ou a entidades públicas, outra pena restritiva de direitos substitutiva das privativas de liberdade prevista no referido Diploma Legal é a suspensão do exercício do cargo, da função ou do mandato, pelo prazo de

a) 1 a 6 meses, com a perda dos vencimentos e das vantagens, que poderá ser aplicada autônoma ou cumulativamente à prestação de serviço à comunidade ou a entidades públicas.

b) 6 meses a 1 ano, com a perda dos vencimentos e das vantagens, que poderá ser aplicada autônoma ou cumulativamente à prestação de serviço à comunidade ou a entidades públicas.

c) 1a 6meses, com a perda dos vencimentos e das vantagens, que não poderá ser aplicada cumulativamente à prestação de serviço à comunidade ou a entidades públicas.

d) 6 meses a 1 ano, com a perda dos vencimentos e das vantagens, que não poderá ser aplicada cumulativamente à prestação de serviço à comunidade ou a entidades públicas.

e) 6 meses a 1ano, com a perda dos vencimentos e das vantagens, que deverá ser aplicada de forma cumulativa à prestação de serviço à comunidade ou a entidades públicas.

COMENTÁRIOS

Alternativa "a": As penas restritivas de direitos substitutivas das privativas de liberdade previstas na Lei de Abuso de Autoridades (art. 5º) são: prestação de serviços à comunidade ou a entidades públicas; suspensão do exercício do cargo, da função ou do mandato, pelo prazo de 1 (um) a 6 (seis) meses, com a perda dos vencimentos e das vantagens. Essas penas podem ser aplicadas autônoma ou cumulativamente.

Alternativa "b": A pena de suspensão do exercício do cargo, da função ou do mandato, é pelo prazo de **1 (um) a 6 (seis)** meses, com a perda dos vencimentos e das vantagens.

Alternativa "c": As penas restritivas de direito previstas na Lei de Abuso de Autoridade podem ser aplicadas **autônoma ou cumulativamente.**

Alternativa "d": A pena de suspensão do exercício do cargo, da função ou do mandato, é pelo prazo de **1 (um) a 6 (seis)** meses, com a perda dos vencimentos e das vantagens. Essa pena pode ser aplicada autônoma ou cumulativamente com a pena de prestação de serviços à comunidade ou a entidades públicas.

Alternativa "e": A pena de suspensão do exercício do cargo, da função ou do mandato, é pelo prazo de **1 (um) a 6 (seis)** meses, com a perda dos vencimentos e das vantagens. Essa pena pode ser aplicada autônoma ou cumulativamente com a pena de prestação de serviços à comunidade ou a entidades públicas.

ALTERNATIVA CORRETA: "A".

---

25. (FCC - 2023 - TRT 12 - Analista Judiciário - Área Administrativa) Nos termos da Lei nº 13.869/2019 {Lei de Abuso de Autoridade), considere:

I. A Lei de Abuso de Autoridade define os crimes de abuso de autoridade, cometidos por agente público, servidor ou não, que, no exercício de suas funções ou a pretexto de exercê-las, abuse do poder que lhe tenha sido atribuído.

II. As notícias de crimes previstos na Lei de Abuso de Autoridade que descreverem falta funcional prescindem de remessa a autoridade competente para eventual apuração, sob pena de *bis in idem*.

III. Os crimes previstos na Lei de Abuso de Autoridade são de ação penal pública incondicionada. No entanto, admite-se ação penal privada subsidiária se a ação penal pública não for intentada no prazo legal, devendo ser exercida no prazo de 6 meses, contado da data em que se esgotar o prazo para o oferecimento da denúncia.

Está correto o que se afirma APENAS em

a) III.

b) I e II.

c) I e III.

d) I.

e) II.

COMENTÁRIOS

Item "I": A Lei n. 13.869/2019, em seu art. 1º, define os crimes de abuso de autoridade, cometidos por agente público, servidor ou não, que, no exercício de suas funções ou a pretexto de exercê-las, abuse do poder que lhe tenha sido atribuído.

Item "II": As notícias de crimes previstos nesta Lei que descreverem falta funcional serão informadas à autoridade competente com vistas à apuração (art. 6º, parágrafo único, Lei n. 13.869/2019).

Item "III": Dada a relevância do bem jurídico tutelado, os crimes de abuso de autoridade são de ação penal pública incondicionada. Em caso de inércia do Ministério Público, cabe ação penal privada subsidiária da pública no prazo de seis meses, contado da data em que se esgotar o prazo para oferecimento da denúncia (art. 3º Lei n. 13.869/2019).

ALTERNATIVA CORRETA: "C".

---

26. (FCC – 2023 – TRT 18 – Técnico Judiciário – Agente de polícia Judicial) Nos termos da Lei nº 13.869/2019 (Lei de Abuso de Autoridade), a sentença penal faz coisa julgada em âmbito cível e no âmbito administrativo disciplinar, se reconhecer ter sido o ato praticado em:

I. estado de necessidade.

II. legítima defesa.

III. estrito cumprimento de dever legal.

IV. exercício regular de direito.

Está correto o que se afirma em

a) II e III, apenas.

b) I, II, III e IV.

c) I e II, apenas.

d) I e IV, apenas.

e) III e IV, apenas.

COMENTÁRIOS

Item "I": Faz coisa julgada em âmbito cível, assim como no administrativo-disciplinar, a sentença penal que reconhecer ter sido o ato praticado em **estado de necessidade**, em legítima defesa, em estrito cumprimento de dever legal ou no exercício regular de direito (art. 8º, Lei de Abuso de Autoridade).

Item "II": Faz coisa julgada em âmbito cível, assim como no administrativo-disciplinar, a sentença penal que reconhecer ter sido o ato praticado em estado de necessidade, em **legítima defesa**, em estrito cumprimento de dever legal ou no exercício regular de direito (art. 8º, Lei de Abuso de Autoridade).

Item "III": Faz coisa julgada em âmbito cível, assim como no administrativo-disciplinar, a sentença penal que reconhecer ter sido o ato praticado em estado de necessidade, em legítima defesa, em **estrito cumprimento de dever legal** ou no exercício regular de direito (art. 8º, Lei de Abuso de Autoridade).

Item "IV": Faz coisa julgada em âmbito cível, assim como no administrativo-disciplinar, a sentença penal que reconhecer ter sido o ato praticado em estado de necessidade, em legítima defesa, em estrito cumprimento de dever legal ou no **exercício regular de direito** (art. 8º, Lei de Abuso de Autoridade).

ALTERNATIVA CORRETA: "B".

---

27. (FCC – 2023 – TRT 12 – Técnico Judiciário – Agente de Polícia Judicial) Nos termos da Lei nº 7.716/1989, se o crime de injuriar alguém, ofendendo-lhe a dignidade ou o decoro, em razão de raça, cor, etnia ou procedência nacional, for praticado mediante concurso de duas ou mais pessoas, no tocante ao aumento da pena, a pena é aumentada

a) de dois terços.

b) de metade.

c) de quarta parte.

d) de um terço.

e) até o dobro.

COMENTÁRIOS

Alternativa "a": A causa de aumento é de metade.

Alternativa "b": A pena é aumentada de metade se o crime for cometido mediante concurso de 2 (duas) ou mais pessoas (art. 2º-A, parágrafo único, Lei n. 7.716/1989).

Alternativa "c": A causa de aumento é de metade.

Alternativa "d": A causa de aumento é de metade.

Alternativa "e": A causa de aumento é de metade.

ALTERNATIVA CORRETA: "B".

---

28. (FCC – 2023 – TRT 18 – Técnico Judiciário – Agente de polícia Judicial) A Lei nº 7.716/1989 define os crimes resultantes de preconceito de raça ou de cor. Constituem efeitos da condenação a perda do cargo ou função pública, para o servidor público, e a suspensão do funcionamento do estabelecimento particular, por prazo não superior a

a) 3 meses.

b) 2 meses.

c) 1 mês.

d) 7 dias.

e) 15 dias.

COMENTÁRIOS

Alternativa "a": Constitui efeito da condenação a perda do cargo ou função pública, para o servidor público, e a suspensão do funcionamento do estabelecimento particular por prazo não superior a três meses (art. 16, Lei n. 7.716/1989).

Alternativa "b": O prazo de suspensão não pode ser superior a três meses;

Alternativa "c": O prazo de suspensão não pode ser superior a três meses;

Alternativa "d": O prazo de suspensão não pode ser superior a três meses;

Alternativa "e": O prazo de suspensão não pode ser superior a três meses;

ALTERNATIVA CORRETA: "A".

---

29. (Cespe – Analista Judiciário – Área Judiciária – Oficial de Justiça Avaliador – TRT8/2016) Com base na legislação penal, assinale a opção correta.

a) A representação prevista na lei que trata dos crimes de abuso de autoridade é mera notícia do fato criminoso, inexistindo condição de procedibilidade para a instauração da ação penal.

b) É facultado ao juiz determinar a cassação da licença de funcionamento do estabelecimento onde se verifique a submissão de criança ou adolescente à prostituição ou à exploração sexual, sem prejuízo das demais penas previstas para o crime.

c) A perda do cargo ou função pública constitui efeito automático da condenação do servidor público acusado da prática de crimes resultantes de preconceito de raça ou cor.

d) A coabitação entre os sujeitos ativo e passivo é condição necessária para a aplicação da Lei Maria da Penha no âmbito das relações íntimas de afeto.

e) É crime hospedar em hotel, pensão, motel ou congênere criança ou adolescente desacompanhado dos pais ou responsável, ou sem autorização escrita destes ou da autoridade judiciária.

COMENTÁRIOS

Alternativa "a": os crimes de abuso de autoridade são de ação penal pública incondicionada, independe de representação processual da vítima para que o Ministério Público ofereça a denúncia. O termo representação da Antiga Lei de Abuso de Autoridade era ato de comunicação sobre o ato abusivo.

Alternativa "b": Constitui efeito obrigatório da condenação pelo crime do art. 244-A, do ECA, a cassação da licença de localização e de funcionamento do estabelecimento.

Alternativa "c": a Lei nº 7.716/19, no art. 16, estabelece que é efeito da condenação a perda do cargo pelo servidor público, mas não é efeito obrigatório, devendo juiz fundamentar a decisão apontando a incompatibilidade de o agente se manter no serviço público.

Alternativa "d": não se faz necessária a coabitação entre vítima e ofensor, devendo haver relação familiar ou relação íntima de afeto (art. 5º, I, II e III, Lei nº11.340/06).

Alternativa "e": É infração administrativa hospedar em hotel, pensão, motel ou congênere criança ou adolescente desacompanhado dos pais ou responsável, ou sem autorização escrita destes ou da autoridade judiciária (art. 250, ECA).

ALTERNATIVA CORRETA: "A".

---

30. (Cespe – Analista Judiciário – Área Judiciária – Oficial de Justiça Avaliador – TRT8/2016) Com base no que dispõe a Constituição Federal de 1988 quanto ao direito penal, assinale a opção correta.

a) Não se permitem penas de caráter perpétuo, de trabalhos forçados, de banimento, cruéis ou de morte, salvo esta última em caso de guerra declarada.

b) Por ser uma pena pecuniária, a multa pode ser, nos termos da lei, estendida aos sucessores e contra eles executada, até o limite do valor do patrimônio transferido.

c) A escolha do estabelecimento onde o agente cumprirá pena restritiva de liberdade depende de aspectos como periculosidade do delito, aptidão para o trabalho, idade, escolaridade e sexo do apenado.

d) É permitida a extradição do brasileiro naturalizado que pratique, após a naturalização, crime comum ou crime de tráfico ilícito de entorpecentes e drogas afins.

e) Constituem crimes inafiançáveis e imprescritíveis o racismo, a tortura, o tráfico ilícito de entorpecentes e drogas afins, o terrorismo e os definidos como crimes hediondos.

COMENTÁRIOS

Alternativa "a": as penas devem ter caráter humanitário, motivo pelo qual não se admitem penas de caráter perpétuo, de trabalhos forçados, de banimento, cruéis ou de morte, salvo esta última em caso de guerra declarada (art. 5º, XLVII, CF/88)

Alternativa "b": a multa é uma sanção penal e, portanto, não pode passar à pessoa dos herdeiros, pelo princípio da intranscendência (art. 5º, XLV, CF/88).

Alternativa "c": a pena privativa de direito será cumprida em estabelecimentos distintos, de acordo com a natureza do delito, a idade e o sexo do apenado (art. 5º, XLVIII, CF/88).

Alternativa "d": É permitida a extradição do brasileiro naturalizado que pratique, crime comum, **antes da naturalização**, ou crime de tráfico ilícito de entorpecentes e drogas afins, na forma da lei (art. 5º, LI, CF/88).

Alternativa "e": Constituem crimes inafiançáveis e insuscetíveis de graça ou anistia o racismo, a tortura, o tráfico ilícito de entorpecentes e drogas afins, o terrorismo e os definidos como crimes hediondos (art. 5º, XLIII, CF/88).

ALTERNATIVA CORRETA: "A".

Direito Penal

Danilo da Cunha Sousa

✦ DICAS

1. PRINCÍPIOS PENAIS E CONSTITUCIONAIS

- A concepção moderna de Direito Penal o conceitua como conjunto de normas que visam limitar a pretensão punitiva do Estado em favor dos direitos e garantias do acusado.
- A Constituição Federal estabeleceu um rol de direitos e garantias de natureza penal.
- **Princípio da reserva legal e da anterioridade**: não há crime sem lei anterior que o defina, nem pena sem prévia cominação legal.
- **Princípio da irretroatividade da norma penal**: a lei penal não retroagirá, salvo para beneficiar o réu;
- **Inafiançabilidade do crime de racismo**: a prática do racismo constitui crime inafiançável e imprescritível, sujeito à pena de reclusão, nos termos da lei;
- **Crimes Hediondos**: a lei considerará crimes inafiançáveis e insuscetíveis de graça ou anistia a prática da tortura, o tráfico ilícito de entorpecentes e drogas afins, o terrorismo e os definidos como crimes hediondos, por eles respondendo os mandantes, os executores e os que, podendo evitá-los, se omitirem.
- **Inafiançabilidade dos crimes contra a ordem constitucional e o Estado Democrático**: constitui crime inafiançável e imprescritível a ação de grupos armados, civis ou militares, contra a ordem constitucional e o Estado Democrático;
- **Princípio da intranscendência da pena**: nenhuma pena passará da pessoa do condenado, podendo a obrigação de reparar o dano e a decretação do perdimento de bens ser, nos termos da lei, estendidas aos sucessores e contra eles executadas, até o limite do valor do patrimônio transferido;
- **Princípio da individualização da pena**: a lei regulará a individualização da pena e adotará, entre outras, as seguintes: a) privação ou restrição da liberdade; b) perda de bens; c) multa; d) prestação social alternativa; e) suspensão ou interdição de direitos.
- **Princípio da vedação das penas cruéis ou humanitário**: não haverá penas: a) de morte, salvo em caso de guerra declarada, nos termos do art. 84, XIX. CF; b) de caráter perpétuo; c) de trabalhos forçados; d) de banimento; e) cruéis.
- **Princípio da individualização da execução da pena**: a pena será cumprida em estabelecimentos distintos, de acordo com a natureza do delito, a idade e o sexo do apenado.
- **Princípio da integridade física e moral do preso**: é assegurado aos presos o respeito à integridade física e moral.
- **Princípio da integridade física e moral da presa**: às presidiárias serão asseguradas condições para que possam permanecer com seus filhos durante o período de amamentação.

2. INTERPRETAÇÃO E INTEGRAÇÃO DA LEI PENAL

- A **norma penal incriminadora**, como implica restrição do direito de liberdade de ir e vir, deve ser interpretada **restritivamente**.
- **Interpretação extensiva:** busca o verdadeiro alcance da norma. O intérprete analisa um caso, a norma que regula esse caso, e procura entender qual o alcance e a elasticidade dela. A jurisprudência do STJ é no sentido de que não é admitida no direito brasileiro em face do princípio da reserva legal.
- **Interpretação analógica:** é autorizada pelo próprio legislador que, de início, estabelece a casuística e, em seguida, estabelece cláusula aberta. Exemplo: mediante paga ou promessa de recompensa, ou por **outro motivo torpe** (art. 121, § 2º, I, CP).

2.1. ANALOGIA

- Analogia é o método de **integração da norma**, em que se aplica, a uma hipótese não regulada por lei, a legislação de um caso semelhante.

- **Analogia em norma penal incriminadora ou *in malam partem***: é aquela aplicada em desfavor do réu. É **vedada em matéria penal**.
- **Analogia *in bonam partem***: é aquela aplicada em favor do réu. É **admitida em matéria penal**.
- Por exemplo: não é punido o aborto praticado por médico com o consentimento da gestante, se a gravidez for resultado de estupro. Se, em um local remoto em que não haja médico, não será punido o aborto praticado por uma enfermeira, se presentes os demais requisitos.

3. CONFLITO APARENTE DE NORMAS PENAIS

- **Conflito aparente de normas**: a um fato concreto aplica-se uma única norma. Pode ocorrer que, aparentemente, mais de uma lei pode ser aplicada a um fato, o que deve ser resolvido pelas técnicas de resolução do conflito.

Princípios	Características
Especialidade	Há uma norma especial que afasta a aplicação geral. Especial é a norma que reúne todos os elementos da norma geral, acrescidos de alguns outros denominados especializantes.
Subsidiariedade	A norma subsidiária afasta a aplicação da norma principal, ambas a tutelar o mesmo bem jurídico. Essa relação se revela pela análise do fato concreto
Consunção	A norma definidora de um crime é meio necessário ou fase normal de preparação ou execução de outro crime. Tem-se o fato anterior ou posterior impunível, porque fase preparatória ou consequência lógica para a realização do crime.

4. APLICAÇÃO DA LEI PENAL

4.1. A LEI PENAL NO TEMPO E NO ESPAÇO

- Princípio da **irretroatividade da norma penal:** a norma penal não retroage, exceto para beneficiar o réu.
- A qualquer tempo, mesmo depois de condenação transitada em julgado a sentença penal condenatória ou já extinta a punibilidade por qualquer motivo, inclusive, cumprimento de pena, a norma penal mais benéfica é aplicada.
- ***Abolitio criminis***: a norma deixa de considerar determinado fato como crime. Nesse caso, aplica-se a nova norma aos fatos ocorridos antes do início de sua vigência.
- Mas, não se aplica a lei penal posterior mais gravosa. Assim, se norma superveniente prevê penas mais severas a determinada conduta, não se aplica aos fatos ocorridos no passado, havendo ultratividade da norma penal mais benéfica, apesar de revogada.
- Exceções: **lei excepcional ou temporária**, embora decorrido o período de sua duração ou cessadas as circunstâncias que a determinaram, aplica-se ao fato praticado durante sua vigência.
- **Exemplo**: durante a guerra, promulga-se lei que incrimina o desperdício de água potável. Encerrado o evento excepcional, essa lei deixa de ter vigência e tal conduta deixa de ser considerada crime. Mesmo assim, por ser considerada lei excepcional, essa norma penal goza de ultratividade, apesar de ser norma penal mais gravosa.
- **Princípio da territorialidade:** se aplica a lei brasileira aos crimes cometidos no território nacional, ou seja, o espaço territorial em que o Brasil é soberano.

EXTENSÃO DO TERRITÓRIO NACIONAL	*i.* as embarcações e aeronaves brasileiras, de natureza pública ou a serviço do governo brasileiro, em qualquer lugar que se encontre; *ii.* as embarcações e aeronaves brasileiras, de natureza mercantil ou privada, que se achem respectivamente em alto-mar ou no espaço aéreo correspondente; *iii.* aeronaves e embarcações estrangeiras de propriedade privada, se estiverem sobre o território nacional, em aeroporto ou porto, ou no espaço aéreo ou marítimo (art. 5º, §§ 1º e 2º, do Código Penal).

- **Atenção**: se um crime é cometido em embarcação estrangeira particular, quando está em porto nacional, como o de Santos, aplica-se a lei brasileira por força do princípio da territorialidade, pois tal embarcação é considerada extensão do território nacional. Não se trata de aplicação do princípio da extraterritorialidade.
- **Princípio da extraterritorialidade**: em razão de determinadas circunstâncias, como de pessoas envolvidas ou dos bens jurídicos atingidos, aplica-se a lei brasileira, ainda que o fato tenha

acontecido no exterior (art. 7º do Código Penal). É o caso de homicídio contra o Presidente da República praticado no exterior.

4.2. TEMPO E LUGAR DO CRIME

- **Tempo do crime:** art. 4º do Código Penal: adotou a teoria da **atividade**: considera-se praticado o crime no momento da ação ou da omissão, ainda que seja outro o do resultado.
- Se o agente tem 17 anos no dia em que atirou na vítima, que só veio a falecer dois meses depois, quando o autor do fato já completou 18 anos, este não responde penalmente.
- **Lugar do crime**: art. 6º do Código Penal: adotou a teoria da **ubiquidade:** considera-se praticado o crime no lugar em que ocorreu a ação ou omissão, no todo ou em parte, bem como onde se produziu ou deveria produzir o resultado.

4.3. LEI PENAL EXCEPCIONAL, ESPECIAL E TEMPORÁRIA

- **Lei excepcional:** é aquela adotada em razão de um fato extraordinário, como a guerra ou terremoto.
- **Lei temporária**: é aquela adotada durante período de tempo determinado.
- **Lei especial:** é a norma penal não prevista no Código Penal, como os crimes eleitorais do Código Eleitoral.

4.4. TERRITORIALIDADE E EXTRATERRITORIALIDADE DA LEI PENAL

A aplicação da lei penal está relacionada à soberania do Estado e, portanto, incide aos limites de seu território.

Excepcionalmente, a lei penal brasileira se aplica a fatos ocorridos no exterior.

Espécies	Características	Hipóteses	Condições
Extraterritorialidade incondicionada	A lei brasileira se aplica aos fatos praticados no exterior, independentemente de qualquer condição	os crimes: a) contra a vida ou a liberdade do Presidente da República; b) contra o patrimônio ou a fé pública da União, do Distrito Federal, de Estado, de Território, de Município, de empresa pública, sociedade de economia mista, autarquia ou fundação instituída pelo Poder Público; c) contra a administração pública, por quem está a seu serviço; d) de genocídio, quando o agente for brasileiro ou domiciliado no Brasil.	INEXISTEM
Extraterritorialidade condicionada	A aplicação da lei brasileira depende do concurso de diversas condições	I – os crimes: a) que, por tratado ou convenção, o Brasil se obrigou a reprimir; b) praticados por brasileiro; c) praticados em aeronaves ou embarcações brasileiras, mercantes ou de propriedade privada, quando em território estrangeiro e aí não sejam julgados. II- crime cometido por estrangeiro contra brasileiro fora do Brasil	a) entrar o agente no território nacional; b) ser o fato punível também no país em que foi praticado; c) estar o crime incluído entre aqueles pelos quais a lei brasileira autoriza a extradição; d) não ter sido o agente absolvido no estrangeiro ou não ter aí cumprido a pena; e) não ter sido o agente perdoado no estrangeiro ou, por outro motivo, não estar extinta a punibilidade, segundo a lei mais favorável.

4.5. PENA CUMPRIDA NO ESTRANGEIRO

- **Pena cumprida no estrangeiro**: é causa de **detração penal**: porque atenua a pena imposta no Brasil pelo mesmo crime, quando diversas, ou nela é computada, quando idênticas.

4.6. TRANSFERÊNCIA DE EXECUÇÃO DE PENA

- **Nenhum brasileiro será extraditado**, salvo o naturalizado, em caso de crime comum, praticado antes da naturalização, ou de comprovado envolvimento em tráfico ilícito de entorpecentes e drogas afins, na forma da lei (art. 5º, LI, CF/88).
- Se um brasileiro nato for condenado por cometer crime na Itália, por exemplo, e estiver em território brasileiro, não poderá ser extraditado. Mas, a Itália poderá requerer que a pena seja cumprida no Brasil.

Requisitos para o cumprimento de pena	a) hipóteses em que couber solicitação de extradição executória; b) observado o princípio do *non bis in idem*; c) o condenado em território estrangeiro for nacional ou tiver residência habitual ou vínculo pessoal no Brasil; d) a sentença tiver transitado em julgado; e) a duração da condenação a cumprir ou que restar para cumprir for de, pelo menos, 1 (um) ano, na data de apresentação do pedido ao Estado da condenação; f) o fato que originou a condenação constituir infração penal perante a lei de ambas as partes; e g) houver tratado ou promessa de reciprocidade; h) respeitado o que determina o CP.

4.7. IRRETROATIVIDADE DA LEI PENAL

- A irretroatividade da norma penal é uma garantia constitucional: **a lei penal não retroagirá, salvo para beneficiar o réu**.
- Assim, não retroagem as normas que instituem crime, aumentam pena, criam causa de aumento de pena, etc.
- Retroagem as normas que deixam de considerar crime um determinado fato (*abolitio criminis*), diminuem pena, alteram pena de reclusão por detenção, etc.

5. TEORIA DO DELITO

- **Conceito analítico:** crime é fato **típico, antijurídico e culpável.** Embora, haja entendimento de que crime é fato típico e antijurídico, sendo a culpabilidade elemento que incide sobre a reprovabilidade da pessoa, não do fato.
- **Crimes Comuns**: É o que pode ser praticado por qualquer pessoa (lesão corporal, estelionato, furto).
- **Crimes Próprios**: São aqueles que exigem ser o agente portador de uma capacidade ou qualidade especial.
- **Crime de Mão Própria**: Distinguem-se dos delitos próprios porque estes não são suscetíveis de ser cometidos por um número limitado de pessoas, que podem, no entanto, valer-se de outras para executá-los, enquanto nos delitos de mão própria – embora passíveis de serem cometidos por qualquer pessoa – ninguém os pratica por intermédio de outrem.
- **Crimes Materiais**: Há necessidade de um resultado externo à ação, descrito na lei, e que se destaca lógica e cronologicamente da conduta.
- **Crimes Formais**: Não há necessidade de realização daquilo que é pretendido pelo agente, e o resultado jurídico previsto no tipo ocorre ao mesmo tempo em que se desenrola a conduta. A lei antecipa o resultado no tipo; por isso, são chamados crimes de conduta antecipada.
- **Crimes de Mera Conduta**: A Lei não exige qualquer resultado naturalístico, contentando-se com a ação ou omissão do agente. Não sendo relevante o resultado material, há uma ofensa (de dano ou de perigo) presumida pela lei diante da prática da conduta.
- **Crimes Comissivos**: São os que exigem, segundo o tipo penal objetivo, em princípio, uma atividade positiva do agente, um fazer. Na rixa (art. 137) será o "participar"; no furto (art. 155) o "subtrair" etc.
- **Crimes Omissivos**: São os que objetivamente são descritos com uma conduta negativa, de não fazer o que a lei determina, consistindo a omissão na transgressão da norma jurídica e não sendo necessário qualquer resultado naturalístico. Ex: Não prestar assistência a uma pessoa ferida (omissão de socorro, art. 135).
- **Crimes Comissivos por Omissão**: A omissão consiste na transgressão do dever jurídico de impedir o resultado, praticando-se o crime que, abstratamente, é comissivo. Ex: Mãe que deixa de amamentar ou cuidar do filho causando-lhe a morte.
- **Crimes Instantâneos**: É aquele que, uma vez consumado, está encerrado, a consumação não se prolonga. Isso não quer dizer que a ação seja

rápida, mas que a consumação ocorre em determinado momento e não mais prossegue. Ex: Homicídio.

- **Crimes Permanentes**: A consumação se prolonga no tempo, dependente da ação do sujeito ativo. Ex: Cárcere privado (art. 148).
- **Crimes Instantâneos de Efeitos Permanentes**: Ocorrem quando, consumada a infração em dado momento, os efeitos permanecem, independentemente da vontade do sujeito ativo. Na bigamia (art. 235), não é possível aos agentes desfazer o segundo casamento.

ESCOLAS DA TEORIA GERAL DO CRIME	SÍNTESE
NATURALISMO OU CLASSICISMO	Tem como principal teórico **von Liszt**. Busca fundamento no positivismo jurídico, em que se afastam considerações éticas, sociais, políticas ou filosóficas, com subordinação exclusiva ao Direito Positivo. A conduta é o comportamento corporal (ação) que produz resultado no mundo exterior. O tipo penal e antijuridicidade são objetivos. Já a culpabilidade é subjetiva, pois, nela se situam o dolo e a culpa. Tem dificuldades em explicar os crimes omissivos, culposos, formais, de mera conduta e tentados.
NEOKANTISMO OU NEOCLASSICISMO	Tem como principais teóricos **Radbruch** e **Sauer**. Não é uma ruptura completa com o positivismo, mas busca superar o pensamento meramente formal e introduzir elementos valorativos (axiológicos) e finalísticos (teleológicos) do Direito. O tipo penal passa a ter elementos normativos (conteúdo de valor) e subjetivos. A antijuridicidade deixa de ser meramente formal, exigindo-se efetiva lesão ao bem jurídico tutelado (antijuridicidade material). Já a culpabilidade continua subjetiva, pois, nela se situam o dolo e a culpa, mas se acrescenta a reprovabilidade. Tem dificuldades em explicar os crimes omissivos, formais, de mera conduta e tentados.

ESCOLAS DA TEORIA GERAL DO CRIME	SÍNTESE
FINALISMO	Tem como principal teórico **Welzel**. Rompe em definitivo com o positivismo. **A ação humana** é **exercício de atividade final**. A conduta é voltada a uma finalidade previsível pelo saber humano. Com o finalismo o dolo e a culpa são deslocados para o tipo penal do injusto, enquanto a culpabilidade passa a ser meramente objetiva, consistindo em juízo de reprovabilidade. As grandes contribuições do finalismo foram introduzir a finalidade da conduta e representação (previsibilidade) do resultado, como elementos do injusto e concepção mais adequada dos tipos penais, principalmente, na distinção entre tipo culposo e tipo doloso.
FUNCIONALISMO DUALISTA	Tem como principal teórico **Roxin**. O Direito Penal não pode ser reduzido a questões meramente ontológicas, sendo que é produto de escolhas de políticas criminais, não só sob o ponto de vista da escolha dos bens jurídicos a serem tutelados por ele, como ainda como limitação constitucional do poder punitivo estatal, priorizando-se valores e princípios garantistas. À finalidade da conduta, somam-se critérios de **imputação objetiva**, em que se investiga se a conduta representa ou não uma realização típica de um **risco permitido**.
FUNCIONALISMO MONISTA	Tem como principal teórico **Jakobs**. Diferencia-se do funcionalismo dualista, porque este busca limitações fora do sistema penal, enquanto o monista defende que o sistema penal tem seus limites internamente, sem parâmetros em outras áreas do conhecimento jurídico. Para Jakobs, devem ser afastadas valorações não normativas-penais, sendo o Direito Penal

ESCOLAS DA TEORIA GERAL DO CRIME	SÍNTESE
FUNCIONALISMO MONISTA	um sistema fechado, o que dificulta qualquer tentativa de limitação do poder punitivo estatal, deixando de lado a tutela dos reais interesses da sociedade, para dar ênfase a interesses meramente simbólicos. Ressalta a função da pena, como mecanismo de defesa de valores da sociedade. Àqueles que negam a existência do ordenamento jurídico e do próprio Estado, como terroristas, não se merece qualquer tutela do sistema penal.

5.1. TEORIA DO TIPO. O FATO TÍPICO E SEUS ELEMENTOS

- **Fato típico**: é o fato descrito na norma penal como crime.

São elementos do fato típico	
	a) Conduta;
	b) Resultado;
	c) Nexo de causalidade;
	d) Tipicidade.

5.1.1. CONDUTA

- **Conduta**: é o comportamento humano, comissivo ou omissivo, voltado para a prática de um fato definido em lei como típico.
- **Elementos objetivos da conduta**: é a descrição da conduta pelo tipo penal. Há crimes comissivos e crimes omissivos.
- **Crimes comissivos**: descreve uma ação, uma conduta positiva. Exemplo: Provocar aborto com o consentimento da gestante.
- **Crimes omissivos**: descreve uma omissão, uma conduta negativa. Exemplo: Calar a verdade como testemunha.
- **Crimes omissivos próprios**: o fato típico é uma omissão. Por exemplo, crime de omissão de socorro.
- **Crimes omissivos impróprios**: o fato típico é uma conduta positiva, mas o resultado pode ser obtido por omissão, como, no caso, de homicídio, em que o salva-vidas deixa a vítima se afogar deliberadamente.
- Nos crimes omissivos impróprios, a conduta só é relevante para o Direito Penal, se o agente **podia e tinha o dever de evitar o resultado.**

Dever evitar o resultado em crimes omissivos	
	a) tenha por lei obrigação de cuidado, proteção ou vigilância;
	b) de outra forma, assumiu a responsabilidade de impedir o resultado;
	c) com seu comportamento anterior, criou o risco da ocorrência do resultado.

- **Elemento subjetivo do tipo penal**: se refere à vontade do agente. No direito penal contemporâneo, veda-se a responsabilidade penal objetiva. Só são relevantes ao direito penal as condutas culposas: dolo ou culpa em sentido estrito.
- De acordo com a teoria finalista, o **dolo** e a **culpa** são elementos da conduta.

Teorias do dolo	
	• **teoria da vontade:** há dolo direto quando há vontade consciente de querer praticar a infração penal;
	• **teoria da representação:** o agente prevê o resultado como possível e ainda assim opta por continuar a conduta (esta teoria abrange tanto o dolo eventual quanto a culpa consciente).
	• **teoria do consentimento ou assentimento:** há dolo quando o agente prevê o resultado como possível e ainda assim continua na prática assumindo o risco de produzi-lo.

- **Dolo direto**: é a vontade de, por meio de conduta, produzir o resultado previsto em lei como crime. Teoria da vontade.
- **Dolo eventual**: o agente não tem como finalidade a produção do resultado, mas, diante de sua conduta, assume o risco de produzi-lo, sem se importar que ele advenha. Teoria do assentimento.
- **Culpa**: é a conduta do agente que por **imprudência, negligência** ou **imperícia** produz o resultado.
- **Culpa inconsciente:** objetivamente, é previsível que a conduta vai produzir o resultado típico. Mas, em decorrência de imprudência, imperícia ou negligência, subjetivamente, o agente não prevê a produção do resultado.
- **Culpa consciente**: o agente prevê o advento do resultado típico, mas, mesmo assim, continua em sua conduta.

Dolo eventual	Culpa consciente
O agente prevê o resultado e assume o risco de produzi-lo, pouco se importando que ele advenha	O agente prevê o resultado, mas acredita sinceramente que pode evitá-lo

- **Crime preterdoloso:** preverem uma conduta inicial dolosa e um resultado adicional culposo, que justifica o agravamento da sanção.
- Exemplo: lesão corporal seguida de morte. O dolo do agente era praticar lesão corporal, mas por culpa sua a vítima falece.
- **Crime progressivo** é aquele realizado mediante um único ato ou atos que compõem único contexto. Em outras palavras, ocorre quando o agente, para alcançar um resultado mais grave, passa necessariamente por uma conduta inicial que produz um evento menos grave.
- Exemplo: para provocar o homicídio (crime mais grave), é preciso que o agente provoque lesão corporal (crime menos grave).
- A **progressão criminosa** é aquela realizada mediante dois atos, dois movimentos, ou seja, quando o agente inicia um comportamento que configura um crime menos grave, porém, ainda dentro do mesmo *inter criminis*, resolve praticar uma infração mais grave, que pressupõe a primeira.
- **Exemplo:** inicialmente, o agente visa apenas cometer crime de lesão corporal e depois muda seu intento e comete crime de homicídio, respondendo por este.

5.1.2. RELAÇÃO DE CAUSALIDADE. TEORIAS. IMPUTAÇÃO OBJETIVA

- Nexo causal é o vínculo existente entre a conduta do agente e o resultado por ela produzido.

Teorias	• **da equivalência das condições ou equivalência dos antecedentes ou *conditio sine que non***: quaisquer das condutas que compõem a totalidade dos antecedentes é causa do resultado; • **da causalidade adequada:** considera causa do evento apenas a ação ou omissão do agente apta e idônea a gerar o resultado; • **imputação objetiva**: para que uma conduta seja considerada causa do resultado é preciso que: 1) o agente tenha, com sua ação ou omissão, criado, realmente, um risco não tolerado nem permitido ao bem jurídico; ou 2) que o resultado não fosse ocorrer de qualquer forma, ou; 3) que a vítima não tenha contribuído com sua atitude irresponsável ou dado seu consentimento para a ocorrência do resultado.

- O CP adotou a teoria da conditio *sine qua non*, cujo problema é a possibilidade de regresso ao infinito para se determinador um evento como causa.
- Esse problema é resolvido pelo **processo de eliminação hipotética de Thyrén**: no campo mental da cogitação e suposições, o aplicador deve proceder a eliminação da conduta do sujeito ativo para concluir pela persistência ou desaparecimento do resultado. Persistindo o resultado não é causa, desaparecendo é causa.
- Nexo causal é o vínculo existente entre a conduta do agente e o resultado por ela produzido.
- O CP adotou a teoria da *conditio sine qua non*, cujo problema é a possibilidade de regresso ao infinito para se determinar um evento como causa.
- Esse problema é resolvido pelo **processo de eliminação hipotética**: no campo mental da cogitação e suposições, o aplicador deve proceder à eliminação da conduta do sujeito ativo para concluir pela persistência ou desaparecimento do resultado. Persistindo o resultado não é causa, desaparecendo é causa.
- No art. 13, § 1º, CP, que cuida de **superveniência de causa independente,** adotou-se a **teoria da causalidade adequada**.
- **Concausas:** concurso de fatores (preexistentes, concomitantes ou supervenientes) que, paralelamente ao comportamento do agente, são capazes de modificar o curso natural do resultado.

Concausas	Momento	Nexo de causalidade
Absolutamente independente	Preexistente Concomitante Superveniente	Há rompimento
Relativamente independente	Preexistente Concomitante	Não há rompimento
Relativamente independente	Superveniente	Há rompimento, se o evento posterior não se encontra na linha evolutiva esperada pela conduta do agente. Não há rompimento, se o evento posterior se encontra na linha evolutiva esperada pela conduta do agente.

5.1.3. TIPICIDADE

- Tipicidade é a subsunção (adequada) da conduta praticada pela pessoa em um tipo penal.
- A conduta só será punível se houver tipicidade formal e tipicidade material.
- **Tipicidade formal:** é a adequação da conduta ao tipo penal descrito na norma.
- **Tipicidade material:** é a conduta relevante penalmente que efetivamente violam o objeto jurídico tutelado pela norma penal.

Excluem a tipicidade	a) **PRINCÍPIO DA LESIVIDADE** – a conduta que não provoca sequer ameaça de lesão ao bem jurídico; b) **PRINCÍPIO DA INSIGNIFICÂNCIA**: a conduta que provoca uma lesão irrelevante ao bem jurídico; c) **PRINCÍPIO DA ADEQUAÇÃO SOCIAL**: a conduta que é socialmente adequada. Exemplo: furar a orelha de um bebê. d) **PRINCÍPIO DA ALTERIDADE:** a conduta que não lesa bens jurídicos de terceiros. Exemplo: o suicídio, a prostituição, a autolesão, destruição de coisa própria.

- **Requisitos do princípio da insignificância segundo o STF**: a) mínima ofensividade da conduta; b) a ausência de periculosidade social da ação; c) o reduzido grau de reprovabilidade do comportamento; d) a inexpressividade da lesão jurídica.

  "O princípio da insignificância é aplicável ao crime de contrabando de cigarros quando a quantidade apreendida não ultrapassar 1.000 (mil) maços, seja pela diminuta reprovabilidade da conduta, seja pela necessidade de se dar efetividade à repressão ao contrabando de vulto, excetuada a hipótese de reiteração da conduta, circunstância apta a indicar maior reprovabilidade e periculosidade social da ação" (Tese n. 1.143 – STJ).

  "Na espécie, trata-se de situação que não atrai a incidência excepcional do princípio da insignificância, uma vez que, apesar do valor da res furtiva não superar o percentual de 10% (dez por cento) do salário mínimo vigente à época dos fatos – 12 (doze) frascos de desodorante no valor total de R$ 127,00 (cento e vinte e sete reais), o recorrente é reincidente específico na prática de crime doloso contra o patrimônio, além disso ostenta outras anotações recentes, conforme consta na sentença e nas Certidões de Antecedentes Criminais acostadas aos autos, o que afasta o reduzido grau de reprovabilidade da conduta, não sendo possível do princípio da bagatela, demonstrando a reprovabilidade da conduta." (STJ – AgRg no REsp 1970812/SP).

6. ANTIJURICIDADE

- **Ilicitude**: a conduta do agente é contrária ao direito.
- **Excludentes de ilicitude ou de antijuricidade**: a conduta do agente é típica, ou seja, se "encaixa" em um fato descrito como crime pela lei. Mas há uma circunstância, no caso concreto, que torne essa conduta **lícita,** o que faz com que ele não responda penalmente por tal fato.
- **São excludentes de ilicitude**: legítima defesa, estado de necessidade, estrito cumprimento do dever legal e exercício regular de um direito (arts. 23 a 25 do Código Penal).
- **Legítima defesa**: Entende-se em legítima defesa quem, usando moderadamente dos meios necessários, repele injusta agressão, atual ou iminente, a direito seu ou de outrem.

Requisitos da legítima defesa	• Uso moderado; • Meios necessários; • Contra agressão atual e iminente; • Defesa de direito seu ou de outrem.

- **Legítima defesa putativa**: ocorre no caso em que o agente, por erro, reage a agressão inexistente. Há, no caso, erro de permissão e, como não há potencial consciência de ilicitude, há exclusão de culpabilidade.
- **Legítima defesa sucessiva**: ocorre no caso em que o agente reage ao excesso culposo ou doloso de quem, incialmente, se defendia contra ele. Exemplo: "A" agride "B" que, incialmente, se defende legitimamente. "B", na continuidade de sua conduta, por excesso, desfere um golpe de faca contra "A", que, legitimamente, reage a "B", quebrando-lhe o braço, no qual estava a faca.
- **Legítima defesa de legítima defesa**: é logicamente impossível, pois um dos requisitos da legítima defesa é que a agressão seja injusta. Ora, se a agressão decorre de exercício de legítima defesa, não se pode ter que ela seja injusta. Admite-se a legítima defesa contra agressão decorrente de legítima defesa putativa.
- **O Pacote Anticrime acrescentou o parágrafo único ao art. 25, CP, que estabelece que "considera-se também em legítima defesa o agente de segurança pública que repele agressão**

ou risco de agressão a vítima mantida refém durante a prática de crimes".

- **Estado de necessidade**: Considera-se em estado de necessidade quem pratica o fato para salvar de perigo atual, que não provocou por sua vontade, nem podia de outro modo evitar, direito próprio ou alheio, cujo sacrifício, nas circunstâncias, não era razoável exigir-se.
- **Distinção entre legítima defesa e estado de necessidade**: em ambos, há uma reação a uma agressão ao bem jurídico. No entanto, na legítima defesa, a reação se volta contra a pessoa autora da agressão injusta, enquanto, no estado de necessidade, em regra, a reação se dá contra um objeto (um carro, um cão etc.), cujo titular não ocasionou o perigo intencionalmente. Excepcionalmente, a reação no estado de necessidade se volta contra uma pessoa, cuja conduta é lícita, porque, se fosse ilícita, haveria legítima defesa.
- **Estrito cumprimento do dever legal**: compreende as normas e princípios relativos à atuação de quem, sob comando legal, pratica conduta descrita em um tipo legal.
- Exemplo: o soldado do corpo de bombeiros que destrói a parede de uma casa (tipo do dano) para salvar a vítima. É uma conduta típica, porém lícita.
- **Exercício regular de direito**: compreende ações do cidadão comum autorizadas pela existência de direito definido em lei e condicionadas a regularidade do exercício desse direito.
- Exemplo: o proprietário que imediatamente afasta com as próprias mãos a turbação à posse do imóvel. No caso, a conduta é típica (exercício arbitrário das próprias razões), mas é lícita, porque abrigado pelo Direito Civil.

6.1. CULPABILIDADE

- **Culpabilidade**: é o juízo de reprovação que recai sobre a pessoa que cometeu um fato típico e antijurídico.
- **Excludentes de culpabilidade**: o agente comete um fato típico e antijurídico, mas, diante de uma situação que justifique a sua conduta, deixa de ser punido.
- Por exemplo, uma pessoa de quinze anos mata outra pessoa. Seu fato é típico (art. 121 do Código Penal), ilícito (não agiu em legítima defesa ou outra excludente de ilicitude), mas há uma circunstância que impede a aplicação da sanção penal, qual seja a menoridade.
- **Requisitos da culpabilidade**: imputabilidade (no que se inclui a maioridade), potencial consciência da ilicitude do fato e exigibilidade de conduta diversa.
- **Imputabilidade**: é a possibilidade jurídica de alguém ser responsabilizado penalmente.
- **O MENOR DE DEZOITO ANOS É INIMPUTÁVEL.**
- Outro fator de inimputabilidade é a doença mental, que, conforme o grau, pode tornar o agente inimputável ou imputável.

Situação pessoal do agente	Característica	Sanção penal
Imputável	**Inteiramente capaz** de entender o caráter ilícito do fato e de se autodeterminar	Pena.
Semi-imputável	**Parcialmente incapaz** de entender o caráter ilícito do fato e de se autodeterminar	Medida de segurança ou pena reduzida.
Inimputável	**Inteiramente incapaz** de entender o caráter ilícito do fato e de se autodeterminar	Medida de segurança.

EMBRIAGUEZ	CONSEQUÊNCIA
Voluntária	Não exclui a imputabilidade penal
Culposa	Não exclui a imputabilidade penal
Caso fortuito ou força maior – completa	A pessoa é considerada **inimputável**
Caso fortuito ou força maior – incompleta	A pessoa é considerada **semi-imputável**
Preordenada (a pessoa se coloca na situação de embriaguez para "ter coragem" de cometer o crime).	Não exclui a imputabilidade penal e incide a agravante do art. 61, II, l, do CP.

- **Inexigibilidade de conduta diversa**: exclui a culpabilidade, porque não se podia exigir do agente outra conduta que não fosse aquela que adotou.
- **Potencial consciência da ilicitude:** o agente tem que ter consciência de que a sua conduta é ilícita.
- **Erro de proibição:** o agente atua de modo a imaginar que está presente uma causa excludente de ilicitude, mas que em verdade não existe, como a legítima defesa putativa. Aqui a exclui a culpabilidade, porque o agente atua sem a potencial consciência da ilicitude.

6.2. CONDIÇÕES OBJETIVAS DE PUNIBILIDADE E ESCUSAS ABSOLUTÓRIAS

- **Condições objetivas de punibilidade:** são circunstâncias que não são elementos do tipo penal, mas que são pressupostos da punibilidade. Ou seja, sem elas, não há a possibilidade jurídica de aplicação ou execução da pena.
- Exemplo de **condição objetiva de punibilidade:** Art. 7º, § 2º, b e c, do CP.
- **Escusas absolutórias:** também conhecidas como imunidade absolutas, são circunstâncias de caráter pessoal, referente a laços familiares ou afetivos entre os envolvidos, que por razões de política criminal, o legislador houve por bem afastar a punibilidade.
- **Exemplos de escusas absolutórias:** art. 181, I e II, CP.

6.3. CONSUMAÇÃO E TENTATIVA. DESISTÊNCIA VOLUNTÁRIA E ARREPENDIMENTO EFICAZ. ARREPENDIMENTO POSTERIOR. CRIME IMPOSSÍVEL

- *Iter criminis*: é o caminho percorrido para que o crime se considere consumado.
- A conduta passa a ser relevante penalmente a partir dos atos executivos, quando o agente pratica os verbos-núcleos do tipo, como o início da subtração no furto.
- Se todos os elementos do tipo penal ocorrerem, há consumação.

INSTITUTO	DEFINIÇÃO	CONSEQUÊNCIA
TENTATIVA	o agente inicia a execução do crime, que não se consuma por **circunstâncias alheias** à **sua vontade**, como na hipótese de o agente atirar como a vítima, mas erra os tiros, ou, se acerta, esta é salva por terceiros	salvo disposição em contrário, **a pena** é **reduzida de um a dois terços.** Uma disposição em contrário: crime de evasão mediante violência contra a pessoa (art. 352 do CP), em que a tentativa de fuga mediante violência é punida com a mesma pena da fuga consumada.
DESISTÊNCIA VOLUNTÁRIA	o agente inicia a execução do crime, que não se consuma por vontade dele próprio. Por exemplo, a pessoa coloca a mão no bolso da vítima para furtar sua carteira, mas antes de ter a posse desta desiste de consumar a subtração por vontade sua.	o agente responde apenas pelos atos que já havia praticado.
ARREPENDIMENTO EFICAZ	O agente voluntariamente impede a produção do resultado.	Idem.
ARREPENDIMENTO POSTERIOR	o crime já se consumou, porém, o sujeito ativo, voluntariamente, repara o dano sofrido pela vítima. É o que ocorre no caso do furtador que devolve o dinheiro à vítima.	a pena é reduzida de um a dois terços.

- No crime impossível, o agente pratica atos de execução, mas jamais conseguiria consumar o crime por ineficácia absoluta do meio por ele empregado ou absoluta impropriedade do objeto.
- Exemplos: ineficácia absoluta do meio: ministrar farinha ao invés de veneno à vítima; absoluta impropriedade do objeto: esfaquear uma pessoa que já está morta.

7. ERRO

- **Erro de tipo:** incide sobre uma das elementares do tipo penal. O agente que age em erro de tipo não responde pelo crime, pois se exclui o dolo, salvo se houver previsão de tipo culposo para a conduta.
- **Descriminantes putativas:** As descriminantes putativas ocorrem nas hipóteses, em que o agente acredita estar amparado por uma causa legal de exclusão da antijuridicidade (descriminante) que não existe (putativa).
- O agente tem na mente que há um fato que lhe permite agir, por exemplo, em legítima defesa, mas esse fato não existe.
- Se o erro for invencível, exclui-se o dolo e a culpa.
- Se o erro for vencível, exclui-se o dolo, mas mantém-se a culpa. É a chamada **culpa imprópria.**
- **Erro determinado por terceiro:** é o erro provocado por terceiro, que induz o agente a atuar com erro.
- Nesse caso, o terceiro responde pelo crime cometido.
- **Erro sobre pessoa ou erro *in persona***: o agente com sua conduta criminosa visa certa pessoa,

mas por erro de representação, acredita ser aquela em que efetivamente deseja atingir.

- Trata-se de erro acidental e, com isso, não são excluídos o dolo e a culpa, respondendo o agente pela sua conduta.
- Por exemplo, o agente mata "A" pensando que se trata de "B". Responde o agente pelo crime de homicídio, como se a vítima fosse "B".
- **Erro de proibição**: exclui a potencial consciência da ilicitude. Portanto, o fato é típico e antijurídico, mas, se o erro for escusável, o agente é isento de pena.
- O agente atua com vontade, ou seja, dolo, portanto o primeiro requisito do fato típico punível encontra-se superado. A solução da questão se dará na culpabilidade. Esta não há, uma vez que se pratica o fato por erro quanto a antijuridicidade de sua conduta, não tem a potencial consciência da ilicitude.
- **Erro de tipo permissivo:** O Prof. Luiz Flávio Gomes salienta que se trata de uma espécie sui generis de erro, posto que não pode ser tratado como erro de tipo, já que nesse, a finalidade é a exclusão do dolo, o que não acontece em tais circunstâncias. Para o autor, o erro de tipo permissivo traz em seu bojo a fusão das consequências previstas para o erro de tipo e o erro de proibição.
- **Erro de tipo permissivo**: a) quando o erro é inevitável, impõe-se a isenção da pena, como se dá no erro de proibição; b) quando o erro se mostra vencível (evitável) ao agente será imposta a pena correspondente ao crime culposo, como ocorre nos casos de erro de tipo.

8. DO CONCURSO DE PESSOAS

- O concurso de pessoas ocorre nas hipóteses em que duas ou mais pessoas contribuem para a produção do resultado previsto em lei como crime.

Teorias do concurso de agentes	**a) Teoria monista:** dois ou mais agentes praticam condutas distintas e produzem um único resultado. Há somente um delito e cada um dos agentes respondem por esse mesmo crime. **b) Teoria dualista:** dois ou mais agentes praticam condutas diversas e produzem um único resultado. Mas, coautores e partícipes respondem por delitos diferentes. **c) Teoria pluralista:** dois ou mais agentes praticam condutas diversas, ainda que produzam um único resultado, respondem por delitos distintos.

- **No concurso de pessoas**, o Código Penal adotou a **teoria monista**. Assim, a pessoa que entra no imóvel (autor) responde pelo crime de furto, assim como aquele que ficou na rua a vigiar a chegada de terceiros (partícipe).
- Excepcionalmente, aplica-se a **teoria pluralista**. É o que ocorre no caso de disciplina do aborto, em que a gestante que pratica o aborto voluntariamente responde pelo tipo penal do art. 124, CP, enquanto o terceiro que provoca o mesmo aborto responde pelo crime do art. 126, CP.
- Em atendimento ao princípio constitucional da **individualização da pena,** cada um dos coautores e partícipes terão a pena aplicada na medida proporcional à sua contribuição para o evento.
- A participação ocorre nas hipóteses em que o sujeito ativo do crime não prática um dos verbos-núcleos do tipo penal, mas concorre de qualquer forma para a sua consumação por meio de **instigação, indução** ou **auxílio.**
- A punição do partícipe é explicada pela teoria da acessoriedade, ou seja, sua conduta é acessória à do autor do fato.
- No Brasil, se adotou o princípio da acessoriedade limitada.

Teoria da acessoriedade	Característica
Mínima	Basta que o autor tenha praticado uma conduta típica
Limitada	Basta que o autor tenha praticado uma conduta típica e antijurídica
Extrema	O autor deve ter praticado uma conduta típica, antijurídica e culpável

9. PENAS

- **Conceito de pena:** a imposição da perda ou diminuição de um bem jurídico, prevista em lei e aplicada pelo órgão judiciário, a quem praticou ilícito penal.
- A história da pena se confunde com a própria do Direito Penal como exposto acima.

Teoria ou Finalidades da pena	• **Retributiva:** a pena é uma resposta do Estado àquele que viola a norma penal; • **Preventiva:** a pena é exemplo para que outros não cometam a infração (prevenção geral), bem como o próprio autor do crime não reincida (prevenção especial); • **Ressocializadora:** durante a execução da pena, deve-se dar condições ao condenado de retornar à vida em sociedade.

- **Pena privativa de liberdade:** é a pena que implica restrição da liberdade de ir e vir e deve ser cumprida no sistema de reclusão ou detenção.

Sistema	Formas de Regime Inicial
Reclusão	Fechado, semiaberto e aberto.
Detenção	Semiaberto e aberto.

- **No sistema de reclusão,** o agente inicia o cumprimento de pena pelo regime aberto, semiaberto ou fechado.
- **No sistema de detenção,** o agente inicia o cumprimento de pena pelo regime aberto ou semiaberto, admitindo-se, porém, a **regressão** de regime semiaberto para o fechado.

Regime	Local de cumprimento	A quem é destinado
Fechado	Estabelecimento de segurança máxima ou média	**Reincidente** e primário com pena superior a 8 anos
Semiaberto	Colônia agrícola ou industrial ou estabelecimento similar	**Primário** com pena superior a quatro e não exceda oito anos
Aberto	Casa de albergado ou estabelecimento adequado	**Primário** com pena igual ou inferior a quatro anos.

- De acordo com a lei**,** quem comete **crime hediondo** o regime **inicial** para cumprimento de pena é o **fechado.** Mas, o STF, ao julgar o HC n. 111.840/ES, assentou que inexiste a obrigatoriedade do regime inicial fechado para os condenados por crimes hediondos e equiparados, determinando, também nesses casos, a observância do disposto no art. 33, §§ 2º e 3º, do Código Penal.
- "É admissível a adoção do regime prisional semiaberto aos reincidentes condenados a pena igual ou inferior a quatro anos se favoráveis as circunstâncias judiciais" (Súmula 269, STJ).
- Na sentença penal condenatória, o juiz fixa o regime inicial de cumprimento de pena. Mas, durante a execução, o agente está sujeito à **progressão ou regressão de regime.**
- **Pena restritiva de direitos:** são autônomas e substituem a pena privativa de liberdade, se presentes os requisitos legais do art. 44 do CP.

Espécies de pena restritiva de direitos	• prestação pecuniária; • perda de bens e valores; • limitação de fim de semana. • prestação de serviço à comunidade ou a entidades públicas; • interdição temporária de direitos; • limitação de fim de semana.
Requisitos para a aplicação de penas restritivas de direitos	• aplicada pena privativa de liberdade não superior a quatro anos e o crime não for cometido com violência ou grave ameaça à pessoa ou, qualquer que seja a pena aplicada, se o crime for culposo; • o réu não for reincidente em crime doloso; • a culpabilidade, os antecedentes, a conduta social e a personalidade do condenado, bem como os motivos e as circunstâncias indicarem que essa substituição seja suficiente.

- **O reincidente** pode ser beneficiado com pena restritiva de direitos, se **não for reincidente específico** (ou seja, não for condenado pelo mesmo crime da condenação anterior) e se a medida for socialmente recomendável.
- **Multa:** espécie de sanção penal sanção de caráter patrimonial, que se subsume na diminuição do patrimônio do condenado através de uma prestação em dinheiro.
- A pena de multa é aplicada em dias-multa. O valor do dia-multa será fixado pelo juiz não podendo ser inferior a um trigésimo do maior salário-mínimo mensal vigente ao tempo do fato, nem superior a 5 (cinco) vezes esse salário.
- O não pagamento da multa **jamais** será convertido em pena privativa de liberdade.
- O inadimplemento da pena de multa, após cumprida a pena privativa de liberdade ou restritiva de direitos, não obsta a extinção da punibilidade, ante a alegada hipossuficiência do condenado, salvo se diversamente entender o juiz competente, em decisão suficientemente motivada, que indique concretamente a possibilidade de pagamento da sanção pecuniária (Tese 931 – STJ).
- Seguindo orientação do STF, o Pacote Anticrime deixou claro que a execução da pena de multa deve seguir o procedimento de execução fiscal, mas o juízo competente é o da execução penal, com legitimidade do Ministério Público para atuar no feito.
- **Cominação da pena** é a pena prevista em lei, fixada pelo legislador.
- Consiste no preceito secundário da norma penal. Exemplo: reclusão, de seis a vinte anos (art. 121, *caput,* CP).
- **Aplicação da pena** é a pena imposta pelo legislador.

- O CP, no art. 68, adotou a teoria trifásica de aplicação da pena: 1ª fase (circunstâncias judiciais), 2ª fase (agravantes e atenuantes genéricas) e 3ª fase (causas especiais de aumento e diminuição de pena).
- Circunstância atenuante genérica não pode conduzir à redução da pena abaixo do mínimo legal (Tema 158/STF).
- Na primeira e na segunda fase de aplicação da pena, o juiz não pode extrapolar o mínimo, nem o máximo da pena privativa de liberdade previstos no tipo penal, em abstrato.
- É possível, na segunda fase da dosimetria da pena, a compensação integral da atenuante da confissão espontânea com a agravante da reincidência, seja ela específica ou não. Todavia, nos casos de multirreincidência, deve ser reconhecida a preponderância da agravante prevista no art. 61, I, do Código Penal, sendo admissível a sua compensação proporcional com a atenuante da confissão espontânea, em estrito atendimento aos princípios da individualização da pena e da proporcionalidade (**TEMA 585 DE RECURSOS REPETITIVOS DO STJ**).
- Condenações criminais transitadas em julgado, não consideradas para caracterizar a reincidência, somente podem ser valoradas, na primeira fase da dosimetria, a título de antecedentes criminais, não se admitindo sua utilização para desabonar a personalidade ou a conduta social do agente. (**TEMA 1077 DE RECURSOS REPETITIVOS DO STJ**).
- A reincidência específica como único fundamento só justifica o agravamento da pena em fração mais gravosa que 1/6 em casos excepcionais e mediante detalhada fundamentação baseada em dados concretos do caso (**TEMA 1077 DE RECURSOS REPETITIVOS DO STJ**).
- Na terceira fase, em caso de diminuição de pena, ela pode ser fixada aquém do mínimo legal.
- Na terceira fase, em caso de aumento de pena, ela pode ser fixada além do mínimo legal.

Instituto	Conceito
Circunstâncias judiciais	Estão enumeradas no art. 59 do CP e devem ser valoradas pelo juiz para aplicação da pena-base
Agravantes Genéricas	Previstas nos arts. 61 e 62 do CP, são levadas em consideração pelo Juiz na 2ª fase para aumentar a pena
Atenuantes Genéricas	Previstas nos arts. 65 e 66 do CP, são levadas em consideração pelo juiz na 2ª fase para diminuir a pena
Causas especiais de aumento de pena	Previstas na Parte Geral e Especial, aumentam a pena em fração determinada por lei (art. 155, § 1º, CP)
Causa especiais de diminuição de pena	Previstas na Parte Geral e Especial, diminuem a pena em fração determinada por lei (art. 14, p.u., CP)
Qualificadoras	Circunstâncias mais graves que fazem com que o legislador preveja pena mais grave (art. 155, § 4º, CP)
Privilégios	Circunstâncias menos graves que fazem com que o legislador preveja pena mais branda (art. 155, § 2º, CP)

- **Concurso de crimes**: acontece quando o agente comete mais de um crime mediante uma ou mais ação ou omissão. No direito brasileiro, por questões de política criminal, cada forma de concurso tem uma maneira distinta no sistema de aplicação e cálculo das penas.

Instituto	Requisitos	Penas
Concurso material	Duas ou mais condutas produzem dois ou mais resultados	Cúmulo material (as penas são somadas)
Concurso formal perfeito ou próprio	Uma única conduta produz dois ou mais resultados	Cúmulo formal (considera-se apenas uma pena, a mais alta ou uma delas se iguais, acrescida de 1/6 a 1/2)
Concurso formal imperfeito ou impróprio	Uma única conduta produz dois ou mais resultados, que eram queridos pelo agente (desígnios autônomos)	Cúmulo material (as penas são somadas)

Instituto	Requisitos	Penas
Crime continuado	Duas ou mais condutas produzem dois ou mais resultados, referentes a crimes de mesma espécie, valendo-se os agentes das mesmas condições de lugar, tempo, maneira de execução e outros semelhantes.	Cúmulo formal (considera-se apenas uma pena, a mais alta ou uma delas se iguais, acrescida de 1/6 a 2/3).
Crime continuado específico	Duas ou mais condutas produzem dois ou mais resultados, referentes a crimes de mesma espécie, dolosos contra vítimas diferentes, cometidos mediante violência ou grave ameaça, valendo-se os agentes das mesmas condições de lugar, tempo, maneira de execução e outros semelhantes.	Considera-se uma única pena, a maior ou uma delas se idênticas, até o triplo.

- **Suspensão condicional da pena** é conhecida como *sursis* e implica na imposição de medidas restritivas de direitos e na suspensão da execução da pena privativa de liberdade durante o período de prova, findo o qual, sem revogação do benefício, há extinção de punibilidade.

Pressupostos	I – o condenado **não seja reincidente** em crime doloso; II – a culpabilidade, os antecedentes, a conduta social e personalidade do agente, bem como os motivos e as circunstâncias autorizem a concessão do benefício; III – Não seja indicada ou cabível a substituição prevista no art. 44 deste Código.

- Se a condenação anterior for a pena de multa, é possível o *sursis*.

Espécies de *sursis*	• **Simples**: **condições estabelecidas pelo juiz** + no primeiro ano do prazo, deverá o condenado **prestar serviços à comunidade** ou submeter-se à **limitação de fim de semana** (art. 78, *caput*, e § 1º, CP). • **Especial**: em caso de reparação do dano ou na impossibilidade de fazê-lo e condições judiciais favoráveis: **condições estabelecidas pelo juiz** + a) proibição de frequentar determinados lugares; b) proibição de ausentar-se da comarca onde reside, sem autorização do juiz; comparecimento pessoal e obrigatório a juízo, mensalmente, para informar e justificar suas atividades (art. 78, *caput* e § 2º, CP).

- ***Sursis* etário:** concedido ao condenado **maior de setenta anos.**
- ***Sursis* humanitário:** concedido ao condenado por razões de saúde que justifiquem.

Regra geral	Regra do sursis etário e humanitário
• Condenação por pena privativa de liberdade não superior a **dois anos;** • Período de prova de **dois a quatro anos.**	• Condenação por pena privativa de liberdade não superior a **quatro anos**; • Período de prova de **quatro a seis anos.**

Revogação do *sursis*	Hipóteses
Obrigatória	• é condenado, em sentença irrecorrível, por crime doloso; • frustra, embora solvente, a execução de pena de multa ou não efetua, sem motivo justificado, a reparação do dano; • descumpre a condição de, no primeiro ano do prazo, prestar serviços à comunidade ou submeter-se à limitação de fim de semana.
Facultativa	• se o condenado descumpre qualquer outra condição imposta; • ou é irrecorrivelmente condenado, por crime culposo ou por contravenção, a pena privativa de liberdade ou restritiva de direitos

- **Livramento condicional** é benefício concedido ao condenado que preencher algumas condições, pelo qual **se antecipa** a liberdade daquele que cumpre pena privativa liberdade.

Requisitos	• Condenação **igual ou superior a dois anos**; • Cumprida **mais de um terço** da pena se o condenado **não for reincidente em crime doloso** e tiver **bons antecedentes**; • Cumprida **mais da metade** se o condenado for **reincidente em crime doloso**; • Comprovado: **a) bom comportamento durante a execução da pena;** **b) não cometimento de falta grave nos últimos 12 (doze) meses;** **c) bom desempenho no trabalho que lhe foi atribuído; e** **d) aptidão para prover a própria subsistência mediante trabalho honesto;** • Tenha **reparado**, salvo efetiva impossibilidade de fazê-lo, **o dano causado pela infração.**

Hipóteses específicas	Condições especiais
• Condenado por **crime doloso**, cometido com **violência ou grave ameaça** à pessoa	• Constatação de condições pessoais que façam presumir que o **liberado não voltará a delinquir.**
• Condenação por **crime hediondo, prática da tortura e terrorismo**, se o apenado não for reincidente específico em crimes dessa natureza.	• **Não reincidente específico nesses crimes**: cumprido **mais de dois terços da pena;** • **Reincidente específico nesses crimes: VEDADO** o livramento condicional.
• **arts. 33, caput e § 1º** (tráfico de drogas), **e 34** (associação para o tráfico) **a 37 da Lei de Drogas.**	• **Não reincidente específico nesses crimes**: após o cumprimento de **dois terços da pena;** • **Reincidente específico nesses crimes: VEDADO** o livramento condicional.

Revogação do livramento condicional	Hipóteses
Obrigatória	• se o liberado vem a ser **condenado a pena privativa de liberdade, em sentença irrecorrível**: a) por crime cometido durante a vigência do benefício; b) por crime anterior, observado o disposto no art. 84 do Código Penal.
Facultativa	• se o liberado deixar de cumprir qualquer das obrigações constantes da sentença; • ou for irrecorrivelmente condenado, por crime ou contravenção, a pena que não seja privativa de liberdade.

- O tempo de cumprimento das penas privativas de liberdade não pode ser superior a **40 (anos) anos (art. 75, CP).**
- Unificação de pena: incidente na execução da pena, em que se somam todas as penas a que o sentenciado foi condenado.
- Para efeitos de benefícios, como o livramento condicional e a progressão de regime, leva-se em consideração o total da pena após unificação, mesmo que a soma seja superior a quarenta anos.
- A unificação de penas não enseja a alteração da data-base para concessão de novos benefícios executórios (Tese n. 1006, STJ).

10. EFEITOS DA CONDENAÇÃO

Espécies	Efeitos
Penais	a) **Direto:** cumprimento da pena imposta; b) **Indireto:** consequências provocadas pela condenação, tais como a reincidência, os maus antecedentes, a revogação de algum benefício etc.
Extrapenais	a) **Genéricos, obrigatórios e automáticos:** **a.1)** tornar certa a **obrigação de indenizar o dano** causado pelo crime;

Extrapenais	**a.2) perda em favor da União,** ressalvado o direito da vítima e do terceiro de boa-fé, dos instrumentos do crime, quando ilícitos, do produto do delito e do proveito auferido pelo agente com a prática criminosa. **b) específicos, facultativos para o juiz e necessitam constar da sentença para valer:** **b.1) a perda de cargo, função pública ou mandato eletivo,** quando aplicada pena privativa de liberdade igual ou superior a um ano, nos crimes cometidos com abuso de poder ou violação de dever para com a administração pública, bem como quando aplicada pena de prisão superior a quatro anos em qualquer caso;
Espécies	**Efeitos**
Extrapenais	**b.2) a incapacidade para o exercício do poder familiar, da tutela ou da curatela nos crimes dolosos sujeitos à pena de reclu-são cometidos contra outrem igualmente titular do mesmo poder familiar, contra fi-lho, filha ou outro descendente ou contra tutelado ou curatelado;** **b.3) a inabilitação para dirigir veículos** quando usado para o cometimento de delito doloso.

- A Lei nº 13.715/2018, modificou o ECA com o fim de estabelecer no art. 23, § 2º, que A condenação criminal do pai ou da mãe não implicará a destituição do poder familiar, exceto na hipótese de condenação por crime doloso sujeito à pena de reclusão contra outrem igualmente titular do mesmo poder familiar ou contra filho, filha ou outro descendente.
- A mesma Lei nº 13.715/2018, estabeleceu como efeito da sentença penal condenatória a perda do poder familiar das seguintes hipóteses do art. 1.638, parágrafo único, do CC.

Crime contra outrem igualmente titular do mesmo poder familiar	Crime contra filho, filha ou outro descendente
a) homicídio, feminicídio ou lesão corporal de natureza grave ou seguida de morte, quando se tratar de crime doloso envolvendo violência doméstica e familiar ou menosprezo ou discriminação à condição de mulher; b) estupro ou outro crime contra a dignidade sexual sujeito à pena de reclusão	a) homicídio, feminicídio ou lesão corporal de natureza grave ou seguida de morte, quando se tratar de crime doloso envolvendo violência doméstica e familiar ou menosprezo ou discriminação à condição de mulher; b) estupro, estupro de vulnerável ou outro crime contra a dignidade sexual sujeito à pena de reclusão."

10.1. DO CONFISCO ALARGADO

- Trata-se de inovação trazida pelo Pacote Anticrime que visa afetar **o proveito econômico do crime.**
- Por esse instituto, **são equiparados a produto ou proveito do crime os bens correspondentes à diferença entre o valor do patrimônio do condenado e aquele que seja compatível com seu rendimento lícito.**
- **Esses bens que excedem o patrimônio do autor do fato, ainda que não demonstrado cabalmente que sejam produto ou proveito do crime, ficam sujeitos ao confisco.**

Pressupostos	condenação por infrações às quais a lei comine pena máxima superior a 6 (seis) anos de reclusão, Incompatibilidade do patrimônio com a renda lícita do autor do crime

- **O confisco deve seguir o contraditório e a ampla defesa:** pedido expresso do Ministério Público no oferecimento da denúncia; possibilidade de o denunciado demonstrar a compatibilidade do patrimônio com sua renda lícita; sentença fundamentada demonstrando o quanto o patrimônio excede à renda lícita do agente

11. MEDIDAS DE SEGURANÇA E EXECUÇÃO DAS MEDIDAS DE SEGURANÇA

- São duas as medidas de segurança: **internação** em hospital de tratamento psiquiátrico e **atendimento ambulatorial**, reservados, respectivamente, para condenados por crimes apenados com reclusão e detenção.

- Na internação de inimputável, o prazo é **indeterminado**, perdurando enquanto for constatada a periculosidade do agente, fixando-se **um prazo mínimo de um a três anos**, ao final do qual se realizará exame para aferição de **periculosidade do agente**.
- Observada a cessação de periculosidade o agente é colocado em liberdade, mas se, no prazo de um ano, praticar ato que indique que se mantém a periculosidade, a medida de segurança é restabelecida.
- O STJ e o STF firmaram jurisprudência no sentido de que o prazo máximo de internação é de **trinta anos**. Trata-se de aplicação do princípio da isonomia, pois esse é o limite de pena reservado ao imputável.
- Em caso de semi-imputável, há duas possibilidades: aplicação de **pena reduzida** de um a dois terços ou, necessitando o condenado de especial tratamento curativo, a pena privativa de liberdade pode ser substituída pela **internação**, ou **tratamento ambulatorial**, pelo prazo mínimo de um a três anos.

12. CAUSAS DE EXTINTIVAS DE PUNIBILIDADE

- A punibilidade é a possibilidade jurídica do Estado de aplicar sanção penal ao infrator da norma penal.
- Tem-se por extinta a punibilidade, quando um fato previsto em lei torna impossível a aplicação da sanção penal.
- **Morte:** no direito penal brasileiro, aplica-se o princípio da intranscedência da responsabilidade penal, ou seja, somente o autor do fato pode ser punido pelo crime.
- Se a extinção da punibilidade do agente for declarada com base em **certidão de** óbito **falsa**, essa decisão judicial pode ser revista, segundo entendimento jurisprudencial predominante.
- **Anistia:** é estabelecida por **lei**, que tem efeito retroativo, fazendo que se apaguem os efeitos penais do crime. Relacionada, geralmente, a crimes políticos.
- **Graça:** é concedida pelo Presidente da República, mediante provocação do interessado, e é direcionada a uma pessoa específica.
- **Indulto:** é concedida espontaneamente pelo Presidente da República e tem caráter generalizado, destinada a um grupo de sentenciados com características próprias.
- ***Abolitio criminis:*** uma lei deixa de considerar determinado fato como criminoso. É o que ocorreu com o adultério, que deixou de ser considerado crime pela Lei nº 11.106/2005. Como se trata de norma penal mais benéfica, retroage para beneficiar o agente, extinguindo a sua punibilidade.
- **Decadência** é a extinção da punibilidade decorrente da perda de direito de ação, já que o ofendido se mantém inerte e não oferece representação, no caso de ação penal pública condicionada à representação, ou queixa-crime, no caso de ação penal privada.
- Em regra, o prazo decadencial é de **seis meses** depois que se tem conhecimento de quem foi o **autor do crime**.
- **Perempção:** é a extinção da punibilidade decorrente da inércia do querelante (ofendido) na ação penal privada nos termos do art. 60, CPP.
- **Perdão judicial:** a faculdade concedida ao juiz de comprovada a prática de uma infração penal, deixar de aplicar a pena imposta pela lei, em face de justificadas circunstâncias excepcionais.
- No perdão judicial, a lei prevê que as consequências do crime já são suficientemente graves que a pena se torna desnecessária, como pode ocorrer no homicídio culposo em que a vítima é filha do autor.
- A concessão do perdão judicial depende da análise do caso concreto.
- A sentença concessiva de perdão judicial é declaratória da extinção da punibilidade, não subsistindo qualquer efeito condenatório (Súmula 18, STJ).

12.1. DA PRESCRIÇÃO

- **Prescrição** é a extinção da punibilidade decorrente da inércia estatal que não exerce sua pretensão punitiva, que ocorre antes da sentença penal condenatória transitada em julgado, ou executória, que ocorre depois da sentença penal condenatória transitada em julgado.

Espécie	Forma de contagem	Termo Inicial	Efeitos	Modo de Ocorrência
Pretensão punitiva propriamente dita	Pega-se o máximo da pena prevista em lei	Em regra, o dia que se consumou o crime.	Apagam-se todas as consequências penais do crime, obstando desde a instauração de Inquérito Policial até a prolação de sentença penal condenatória.	Transcurso do prazo prescricional sem que tenha ocorrido um fator que o suspenda ou interrompa.
Superveniente ou intercorrente	Pega-se a pena em concreto estabelecido na sentença.	Publicação da sentença peal condenatória.	Apagam-se todas as consequências penais do crime, tirando o efeito da sentença penal condenatória, já prolatada, mas não transitada em julgado.	Transcurso do prazo prescricional entre a publicação da sentença e a intimação do réu ou a publicação da sentença e o julgamento do recurso da defesa.
Retroativa	Pega-se a pena em concreto estabelecido na sentença.	Publicação da sentença peal condenatória.	Apagam-se todas as consequências penais do crime, tirando o efeito da sentença penal condenatória, já prolatada, mas não transitada em julgado.	Conta-se para trás os eventos que suspendem ou interrompem o prazo prescricional
Executória	Pega-se a pena fixada na sentença ou acórdão condenatório transitado em julgado	Trânsito em julgado da sentença condenatória para a acusação	Impede a aplicação da pena, mas permanecem os demais efeitos penais, como reincidência, e extrapenais, como indenizatória.	Transcurso do prazo prescricional para o início ou a continuação da execução da pena

- A prescrição, depois da sentença condenatória com trânsito em julgado para a acusação ou depois de improvido seu recurso, regula-se pela pena aplicada, não podendo, em nenhuma hipótese, ter por termo inicial data anterior à da denúncia ou queixa.
- Termos iniciais para a contagem do prazo prescricional antes do trânsito em julgado da sentença penal condenatória:

Regra Geral	Data de Consumação do Crime
Tentativa	Dia em que Cessou a Atividade Criminosa
Crimes Permanentes	Dia em que Cessou a Permanência
Bigamia e falsidades de Registro Público	Dia em que o fato se tornou conhecido
Crimes contra a dignidade sexual de crianças e adolescente	Data em que a vítima completar 18 anos, salvo se a ação penal já fora proposta.
A partir da vigência da Lei nº 14.344/2022	Nos crimes contra a dignidade sexual ou que envolvam violência contra a criança e o adolescente, previstos neste Código ou em legislação especial, da data em que a vítima completar 18 (dezoito) anos, salvo se a esse tempo já houver sido proposta a ação penal.

Causas de Redução do prazo prescricional à metade	a) menor de vinte e um anos na DATA DO CRIME b) maior de 70 amos na DATA DA SENTENÇA

Prescrição da pena de Multa	a) Dois anos: se a multa for a única pena aplicada ou cominada. b) Mesmo prazo da pena privativa de liberdade: se a multa for cominada ou aplicada cumulativamente com a pena privativa de liberdade.

Causas impeditivas da prescrição	I – enquanto não resolvida, em outro processo, questão de que dependa o reconhecimento da existência do crime; II – enquanto o agente cumpre pena no exterior; III – na pendência de embargos de declaração ou de recursos aos Tribunais Superiores, quando inadmissíveis; e IV – enquanto não cumprido ou não rescindido o acordo de não persecução penal.

Causas interruptivas da prescrição	I – pelo recebimento da denúncia ou da queixa; II – pela pronúncia; III – pela decisão confirmatória da pronúncia; IV – pela publicação da sentença ou acórdão condenatórios recorríveis; V – pelo início ou continuação do cumprimento da pena; VI – pela reincidência.

- **TEMA 1100 – STJ:** O acórdão condenatório de que trata o inciso IV do art. 117 do Código Penal interrompe a prescrição, inclusive quando confirmatório de sentença condenatória, seja mantendo, reduzindo ou aumentando a pena anteriormente imposta.
- Nos crimes conexos, que sejam objeto do mesmo processo, estende-se aos demais a interrupção relativa a qualquer deles.
- No caso de concurso de crimes, a extinção da punibilidade incidirá sobre a pena de cada um, isoladamente.

13. CRIMES EM ESPÉCIE

13.1. CRIMES CONTRA A PESSOA

- Apenas os crimes dolosos contra a vida são submetidos ao Tribunal do Júri: **homicídio doloso, induzimento instigação ou auxílio ao suicídio, infanticídio e aborto.**
- É possível a realização de **Tribunal do Júri na Justiça Federal**, se o crime for cometido em detrimento de bens, serviços ou interesse da União ou de suas entidades autárquicas ou empresas públicas.
- Por exemplo, é de competência da Justiça Federal o julgamento de homicídio doloso contra Policial Rodoviário Federal no exercício de suas funções.
- Os crimes de latrocínio (roubo seguido de morte) e genocídio (homicídio com a intenção de extinção de uma raça, credo ou cultura) **não são** crimes contra a vida.
- A Lei nº 13.491/2017 alterou o Código Penal Militar com o fim de estabelecer que o Militar das **Forças Armadas** que cometa crime doloso contra a vida de civil será julgado pela **JUSTIÇA MILITAR DA UNIÃO**, afastando-se a competência do Tribunal do Júri, se praticado nos contextos abaixo descritos.

cumprimento de atribuições que lhes forem estabelecidas pelo Presidente da República ou pelo Ministro de Estado da Defesa	ação que envolva a segurança de instituição militar ou de missão militar, mesmo que não beligerante;	atividade de natureza militar, de operação de paz, de garantia da lei e da ordem ou de atribuição subsidiária, realizadas em conformidade com o disposto no art. 142 da Constituição Federal e na forma dos seguintes diplomas legais: a) Código Brasileiro de Aeronáutica; b) Lei Complementar no 97/99; c) Código de Processo Penal Militar; e d) Código Eleitoral.

- A Lei nº 13.491/2017 manteve a competência do Tribunal do Júri caso o crime doloso contra civil seja cometido por **Militar Estadual**, como policial militar, ainda que presentes os mesmos requisitos acima apontados.

HOMICÍDIO

- **Homicídio** é o crime em que o agente mata alguém.
- Tutela-se no crime de homicídio a vida extrauterina. De acordo com o STJ, iniciado o trabalho de parto, é o caso de se falar em homicídio ou infanticídio, conforme o caso, não necessidade de comprovação de respiração do nascituro, pois há outas formas de comprovar o nascimento com vida" (HC n. 228.998/MG).
- **Consumação:** evento morte: no direito brasileiro, o parâmetro a ser seguido é o momento da morte encefálica nos termos da Lei nº 9.437/97.
- No **homicídio privilegiado**, o juiz deve reduzir a pena de um sexto a um terço (art. 121, § 1º, do Código Penal.
- A eutanásia pode configurar homicídio privilegiado.

Requisitos do homicídio privilegiado: basta a presença de um deles (a, b ou c) para a configuração do privilégio	a) Se o agente comete o crime impelido por motivo de relevante valor social: levam-se em consideração valores relevantes para a comunidade, com o patriotismo, a paz pública, etc. Por exemplo: assassinato do traidor da pátria. b) Se o agente comete o crime impelido por motivo de relevante valor moral: levam-se em consideração valores relevantes individuais: eutanásia. c) Se o agente comete o crime sob o domínio de violenta emoção, logo em seguida a injusta provocação da vítima: o agente está dominado, não meramente influenciado, pela injusta provocação da vítima.

- **Homicídio qualificado**: os patamares da pena prevista para o crime são maiores (pena: reclusão de 12 a 30 anos), em decorrência de circunstâncias objetivas e subjetivas, consideradas mais graves pelo legislador (art. 121, § 2º, CP).
- O homicídio qualificado é tido como hediondo pela Lei nº 8.072/90.

Qualificadoras subjetivas	Qualificadoras objetivas
Mediante paga ou promessa de recompensa ou por outro motivo torpe.	Com emprego de veneno, fogo, explosivo, asfixia, tortura ou outro meio insidioso ou cruel, ou de que possa resultar perigo comum
Por motivo fútil.	À traição, de emboscada, ou mediante dissolução ou outro recurso que dificulte ou torne impossível a defesa do ofendido.
Para assegurar a execução, a ocultação, a impunidade ou vantagem de outro crime.	Contra autoridade ou agente descrito nos arts. 142 e 144 da Constituição Federal, integrantes do sistema prisional e da Força Nacional de Segurança Pública, no exercício da função ou em decorrência dela, ou contra seu cônjuge, companheiro ou parente consanguíneo até terceiro grau, em razão dessa condição
--------	Contra menor de 14 anos

- **Feminicídio:** é o homicídio praticado contra mulher em razão dessa condição, ou seja, em razão do gênero.

Condições para reconhecimento de feminicídio	I – violência doméstica e familiar; II – menosprezo ou discriminação à condição de mulher.

- A jurisprudência do STJ é no sentido de que o feminicídio é qualificadora de **natureza objetiva e, portanto, pode ser cumulado com o motivo fútil ou torpe.**
- "(...) IV – Ressalta-se, ainda, que "esta Corte possui o entendimento segundo o qual as qualificadoras do motivo torpe e do feminicídio não possuem a mesma natureza, sendo certo que a primeira tem caráter subjetivo, ao passo que a segunda é objetiva, não havendo, assim, qualquer óbice à sua imputação simultânea" (HC n. 430.222/MG, Quinta Turma, Rel. Min. Jorge Mussi, DJe 22/3/2018, grifei). V – In casu, como bem destacado pela Corte de origem "diferentemente do alegado pela defesa, a qualificadora do feminicídio possui natureza objetiva, na medida em que está relacionada à condição de gênero feminino, enquanto a qualificadora do motivo fútil é de natureza subjetiva, pois diz respeito à pessoa do agente" (fl. 439). Portanto, inexiste constrangimento legal a ser sanado no caso dos autos." (STJ – AgRg no HC 822149 / SC).
- A vítima pode ser mulher, homossexual ou heterossexual, ou transexual, pois não se trata de identidade de sexo biológico, mas questão de gênero.
- Não se aplica em caso de homossexuais masculinos.
- Admite-se o **homicídio privilegiado-qualificado**, se a qualificadora decorrer de motivo objetivo. Assim, impelido por motivo de relevante valor social, o agente mata a vítima por meio de asfixia.
- De acordo com a jurisprudência do STF, o homicídio privilegiado-qualificado **não é considerado hediondo, pois não consta do rol taxativo do art. 1º da Lei nº 8.072/90.**

As causas de aumento de pena no homicídio doloso vêm sendo objeto de sucessivas alterações pelo legislador, como resposta a fatos graves de repercussão social, o que implica falta de boa técnica legislativa.

Assim, por vezes, deve-se evitar o chamado *bis in idem*. Por exemplo, caso de vítima de feminicídio maior de sessenta anos. No caso, se aplica apenas a causa de aumento do art. 121, § 7º II, CP, afastando-se a incidência da causa de aumento do art. 121, § 4º, parte final do CP.

Causas de aumento de pena no Homicídio doloso: a pena é aumentada de **um terço** (art. 121, § 4º, parte final, CP):	I- se o crime é praticado contra pessoa menor **de 14 (quatorze).** PS: em relação ao fato de a vítima ser menor de 14 anos, há duas correntes: a) não há mais incidência dessa causa de diminuição de pena, porque haveria "bis in idem" ante a nova qualificadora do art. 121, IX, CP; b) aplica-se a causa de aumento de pena, se há outra qualificadora, no caso concreto, além da causa etária (por exemplo, vítima menor de quatorze anos e crime praticado por envenenamento. Nesse caso, o uso do veneno serve como qualificadora, enquanto a idade menor de 14 anos serve como causa de aumento). II – Crime praticado por maior de 60 (sessenta) anos.

Causa de aumento de pena no Feminicídio: a pena é aumentada de **um terço até a metade** (art. 121, § 7º, CP):	I – durante a **gestação** ou nos **3 (três) meses posteriores ao parto;** II – contra pessoa **maior de 60 (sessenta) anos**, com **deficiência** ou portadora de **doenças degenerativas** que acarretem condição **limitante** ou de **vulnerabilidade física ou mental**; III – na **presença** física ou virtual de **descendente** ou de **ascendente da vítima**; IV – em **descumprimento** das **medidas protetivas de urgência** previstas Lei Maria da Penha.

Contra **menor de 14 anos** é aumentada de (art. 121, § 2º-B, CP)	I – **um terço até a metade** se a vítima é pessoa com **deficiência ou com doença** que implique o aumento de sua vulnerabilidade; II dois terços se o autor é **ascendente, padrasto ou madrasta, tio, irmão, cônjuge, companheiro, tutor, curador, preceptor ou empregador** da vítima ou por qualquer outro título tiver **autoridade** sobre ela. III – 2/3 (dois terços) se o crime for praticado em instituição de educação básica pública ou privada

A pena é aumentada de **um terço até a metade** (art. 121, § 6º, CP):	se o crime for praticado **por milícia privada,** sob o pretexto de prestação de serviço de segurança, **ou por grupo de extermínio.**

- No **homicídio culposo**, o agente provoca a morte da vítima em decorrência de inobservância do dever de cuidado, caracterizada pela imprudência, imperícia ou negligência (art. 121, § 3º, CP).
- Admite-se o perdão judicial no crime de homicídio culposo, como ocorre na hipótese em que um pai negligente acaba por causar a morte de seu próprio filho.
- O homicídio culposo na direção de veículo automotor caracteriza o crime do art. 302 do Código de Trânsito Brasileiro.

Causa de aumento de pena no Homicídio culposo: a pena é aumentada de **um terço** (art. 121, § 4º, parte inicial, CP):	se o crime resulta de **inobservância de regra** técnica de profissão, arte ou ofício; ou se o agente **deixa de prestar imediato socorro** à vítima, **não procura diminuir as consequências** do seu ato, ou **foge** para evitar prisão em flagrante.

INDUZIMENTO, INSTIGAÇÃO OU AUXÍLIO A SUICÍDIO OU A AUTOMUTILAÇÃO

- O suicídio e automutilação, por si sós, não são crime.
- Pune-se aquela pessoa que **induz** (incutir na vítima o desejo de se suicidar ou automutilar), **instiga** (reforça na vítima o desejo de se suicidar ou automutilar) ou **auxilia** (ajuda a vítima materialmente a se suicidar ou automutilar) (art. 122, CP – crime de induzimento, instigação ou auxílio ao suicídio).
- Trata-se de **tipo misto alternativo**. Assim, se o agente induz, instiga e auxilia a vítima, responde por crime único.
- No crime de induzimento, instigação ou auxílio ao suicídio, na redação original, só haveria punição se houvesse lesão corporal de natureza grave ou morte. Com a redação conferida pela Lei nº 13.968/2019, não se exige nenhum resultado lesivo. Assim, a existência de ou não de lesão e, em existindo se é de natureza leve, grave ou gravíssima, ou se houve morte, só interessa para fins de aplicação da pena.

- Portanto, se do induzimento, da instigação e do auxílio, **não resultar lesão ou resultar lesão leve**, aplica-se a pena do art. 122, "caput", CP: reclusão, de 6 (seis) meses a 2 (dois) anos. A diferença da pena entre a inexistência de lesão e a existência de lesão leve vai ser levada no momento de aplicação da pena, na fase do art. 59, CP (circunstâncias judiciais), pois a consequência do crime com lesão leve é mais grave do que a sem lesão.
- Se da automutilação ou da tentativa de suicídio resulta **lesão corporal de natureza grave ou gravíssima**, aplica-se a pena do art. 122, § 1º, CP: reclusão, de 1 (um) a 3 (três) anos (exceto nos caso do art. 122, § 6º, CP – vide comentário abaixo). A diferença da pena entre a lesão grave e a gravíssima vai ser levada no momento de aplicação da pena, na fase do art. 59, CP (circunstâncias judiciais), pois a consequência do crime com lesão gravíssima é mais grave do que a lesão grave.
- Se o suicídio se consuma ou se da automutilação resulta **morte**:, aplica-se a pena do art. 122, § 2º, CP: reclusão, de 2 (dois) a 6 (seis) anos (exceto nos caso do art. 122, § 7º, CP – vide comentário abaixo).
- Atualmente, admite-se a tentativa em crimes dessa natureza.

A PENA É DUPLICADA	I – se o crime é praticado por motivo egoístico, torpe ou fútil (art. 122, § 3º, I, CP). II – se a vítima é menor ou tem diminuída, por qualquer causa, a capacidade de resistência (art. 122, § 3º, II, CP). III – se o autor é líder, coordenador ou administrador de grupo, de comunidade ou de rede virtual, ou por estes é responsável (art. 122, § 5º, CP).

- A pena é **aumentada <u>até</u> o dobro** se a conduta é realizada por **meio da rede de computadores, de rede social ou transmitida em tempo real**.
- **Tipo subsidiário**: não há aplicação do art. 122. § 1º, CP, se houver resultado **lesão corporal de natureza gravíssima**, caso em que se aplicam as penas do art. 129, § 2º, CP (lesão corporal gravíssima); não há aplicação do art. 122, § 2º, se houver resultado **morte**, caso em que se aplicam as penas do art. 121 do CP (homicídio).

Isso ocorre nos seguintes casos em que a vítima (art. 122, §§ 6º e 7º, CP)	a) É menor de 14 (quatorze) anos; b) por enfermidade ou deficiência mental, não tem o necessário discernimento para a prática do ato, c) por qualquer outra causa, não pode oferecer resistência

- O crime de induzimento, instigação ou auxílio a suicídio ou a automutilação realizados por meio da rede de computadores, de rede social ou transmitidos em tempo real (art. 122, caput e § 4º) passou a ser considerado hediondo pela Lei n. 14.811/2024.

INFANTICÍDIO

- No infanticídio (art. 123, CP), **a mãe**, em **estado puerperal**, provoca a morte do filho, **durante ou logo após o parto**.
- **Atenção:** o infanticídio é norma especial em relação ao homicídio, já que o sujeito ativo é a **mãe da vítima influenciada pelo estado puerperal,** ocorrendo a conduta durante ou logo após o parto.
- Se o **pai** da criança ou qualquer outra pessoa induzir, instigar ou auxiliar a mãe a cometer o crime, responde também por **infanticídio**, em decorrência da comunicação das elementares do tipo ao partícipe (art. 30, CP).

ABORTO

- Nos crimes de aborto (arts. 124 a 126, CP), a morte da vítima ocorre durante a gestação, ou seja, tutela-se a vida intrauterina.

Formas criminosas de aborto	Aborto provocado pela gestante ou com seu consentimento – art. 124, CP.
	Aborto provocado por terceiro sem o consentimento da gestante – art. 125, CP.
	Aborto provocado por terceiro com o consentimento da gestante – art. 126, CP.

- No aborto provocado por terceiro com o consentimento da gestante, há exceção à teoria monista, pois a gestante responde pelo tipo penal do art. 124, enquanto o terceiro responde pelo art. 126, ambos do CP.

- O namorado que induz a namorada a praticar o aborto em uma clínica clandestina responde pelo tipo penal do art. 124, CP (Aborto provocado pela gestante ou com seu consentimento), como **partícipe.**
- **Dissentimento presumido:** grávida não é maior de 14 anos ou é alienada ou débil mental, presume-se que não pode dar consentimento válido para realização do aborto. Dessa forma, a conduta dela não pode ser considerada típica (não responde a adolescente nessa condição por ato infracional), enquanto o autor do fato responde pelo crime do art. 126, CP.
- Permite-se o aborto praticado por médico no caso de risco de morte para a gestante, de gravidez resultante de estupro e de gravidez de feto anencefálico.
- Se o aborto for praticado por outra pessoa que não seja médico, o agente responde pelo crime, exceto, no caso de risco de morte para a gestante, se presentes os requisitos do estado de necessidade.

LESÃO CORPORAL

A. **Lesão corporal dolosa**

- A integridade física também é um bem jurídico tutelado constitucional e penalmente, motivo pelo qual há o crime de lesão corporal.

Leve	Grave	Gravíssima
Residual	Incapacidade para ocupações habituais por mais de 30 dias	Incapacidade permanente para o trabalho
–	Perigo de vida	Enfermidade incurável
–	Debilidade permanente de membro, sentido ou função	Perda ou inutilização de membro, sentido ou função
–	Aceleração de Parto	Deformidade permanente
–	–	Aborto.

- No crime de lesão corporal gravíssima em decorrência do aborto, há um crime preterdoloso, já que o agente tinha o dolo de provocar a lesão corporal, enquanto resultado aborto decorre de conduta culposa.
- No crime de lesão corporal seguida de morte, há um crime preterdoloso, já que o agente tinha o dolo de provocar a lesão corporal, enquanto resultado morte decorre de conduta culposa.

Causa de diminuição de pena na lesão corporal dolosa privilegiada	Se o agente comete o crime impelido por **motivo de relevante valor social ou moral ou sob o domínio de violenta emoção**, logo **em seguida a injusta provocação da vítima**, o juiz pode reduzir a pena de **um sexto a um terço**.

Causa de aumento de pena: **Aumenta-se a pena de 1/3 (um terço) se**	I – o crime é praticado contra pessoa menor de 14 (quatorze) ou maior de 60 (sessenta) anos; II – o crime for praticado por milícia privada, sob o pretexto de prestação de serviço de segurança, ou por grupo de extermínio.

B. **Lesão corporal dolosa no ambiente doméstico**

A Lei Maria da Penha alterou o art. 129, § 9º, do Código Penal, a fim de estabelecer caso de qualificadora no caso de crime de lesão corporal **leve** no âmbito doméstico e familiar.

A pena no caso de violência doméstica em caso de lesão corporal leve passa a ser de: detenção, de 3 (três) meses a 3 (três) anos.

A incidência do art. 129, § 9º, CP, ocorre independentemente se a vítima for mulher ou homem, pois o tipo penal não faz essa distinção.

Para incidência do art. 129, § 9º, o agente deve-se valer de uma das condições a seguir para a prática da violência.

Para fins do art. 129, § 9º, CP, ocorre violência doméstica, se o crime for praticado contra.	a) ascendente, descendente e irmão: não se exige nesse caso a coabitação, mas apenas a existência do grau de parentesco (Nucci); b) cônjuges ou companheiros; c) com quem o autor do fato convive ou tenha convivido; d) relações domésticas, de coabitação ou de hospitalidade.

No caso de lesão corporal de **natureza grave e gravíssima**, bem como no caso de **lesão corpo-**

ral seguida de morte, as circunstâncias do art. 129, § 9º, CP, não são qualificadoras, mas causas de aumento de pena: aumenta-se a pena em 1/3 (um terço).

Se, presentes as circunstâncias do art. 129, § 9º, CP, e sendo a vítima **portadora de deficiência**, a pena é aumentada de 1/3.

C. **Lesão corporal contra autoridade**

Se a lesão for praticada contra autoridade ou agente descrito nos arts. 142 e 144 da Constituição Federal, integrantes do sistema prisional e da Força Nacional de Segurança Pública, no exercício da função ou em decorrência dela, ou contra seu cônjuge, companheiro ou parente consanguíneo até terceiro grau, em razão dessa condição, a pena é aumentada de um a dois terços.

D. **Lesão corporal contra mulher**

Presentes os requisitos do feminicídio, há a qualificadora do art. 129, § 13, CP: Se a lesão for praticada contra a mulher, por razões da condição do sexo feminino, nos termos do § 2º-A do art. 121 deste Código: reclusão, de 1 (um) a 4 (quatro anos).

A qualificadora do art. 121, § 13, CP, se aplica apenas no caso de lesão corporal leve, pois as penas dos crimes de lesão corporal grave, gravíssima e seguida de morte são maiores do que a prevista no art. 129, § 13, CP.

O art. 121, § 13, CP, a vítima deve ser mulher. Trata-se de violência de gênero, conforme o disposto no crime de feminicídio.

Se, ao mesmo tempo, houver uma das circunstâncias do art. 129, § 9º, e uma das condições do art. 129, § 13, CP, aplica-se a qualificadora desse parágrafo, servindo as causas do art. 129, § 9º, como circunstância judicial desfavorável (art. 59, CP) ou circunstância agravante (art. 61, CP).

E. **Lesão corporal culposa**

Na lesão corporal culposa, o resultado é provocado por imprudência, negligência ou imperícia.

A gravidade da lesão não serve como qualificadora ou causa de aumento de pena, mas pode o juiz levar em consideração como circunstância judicial desfavorável (consequências do crime).

Caso a lesão corporal seja provocada na direção de veículo automotor, trata-se de crime previsto no art. 303, CTB.

Na lesão corporal culposa, admite-se o perdão judicial.

CRIMES CONTRA A HONRA

- A honra é um direito da personalidade assegurado pela Constituição Federal, pelo Pacto de San José da Costa Rica, bem como na legislação infraconstitucional, como o Código Penal, o Código Civil e o Código Eleitoral.
- **Honra subjetiva:** refere-se à autoestima, ao conceito que a própria pessoa tem de si mesmo.
- **Honra objetiva:** refere-se ao conceito que a pessoa tem no meio social em que vive.
- Para a configuração de um dos crimes contra a honra (calúnia, difamação e injúria) é indispensável que o agente tenha o propósito de ofender (**elemento subjetivo especial do tipo**).
- Se a ofensa tem motivação eleitoral, trata-se de um dos crimes contra a honra previstos no Código Eleitoral.
- O STF declarou que a Lei de Imprensa não foi recepcionada pela CF/88, motivo pelo qual se a ofensa se der por meio de veículo de comunicação, a conduta do agente se subsume em uma das figuras dos arts. 138 a 140, CP.
- Imunidade parlamentar é uma causa de exclusão da **tipicidade material.** Para as declarações ofensivas feitas no recinto do Parlamento, a inviolabilidade é absoluta. Para as declarações feitas fora do Parlamento, como à imprensa, deverá haver um nexo entre as declarações e a atividade parlamentar, podendo, assim, ser afastada a imunidade em caso de abuso.
- Pessoa jurídica pode ser vítima de calúnia (imputação falsa de crime ambiental) e difamação, mas não pode ser vítima de furto.
- **Calúnia**: imputação falsa de um **crime** a uma pessoa.
- Criança, adolescentes e doentes mentais podem ser vítimas de **calúnia**, pois, apesar de serem inimputáveis, podem praticar **fato definido como crime**, como o é o ato infracional praticado por criança e adolescente.
- A calúnia contra os mortos é punível, porém, as vítimas são os familiares do *de cujos*.

Pessoa jurídica pode ser vítima de calúnia?	Doutrina: pode ser vítima de calúnia, quando lhe imputado falsamente crime ambiental e contra a ordem econômica. Não pode em relação a outros crimes. STF e STJ: não pode. Pessoa jurídica pode ser vítima de difamação, mas não de calúnia (porque pessoa jurídica não comete crime) e injúria (honra subjetiva é exclusiva de pessoa física).

- Não há calúnia se a imputação se referir a **contravenção penal**.

- Na calúnia, admite-se, em regra, **a exceção da verdade**, meio de defesa em que o agente visa demonstrar que a imputação que fez é verdadeira.

Não se admite a exceção de verdade no crime de calúnia	a) Se o crime imputado for de ação privada, o ofendido não foi condenado por sentença irrecorrível; b) Se o ofendido for Presidente da República ou Chefe de Governo Estrangeiro; c) Se o ofendido foi absolvido por sentença transitada em julgado.

- Exceção de notoriedade: trata-se de figura prevista no art. 523 do Código de Processo Penal. Fato notório é aquele que todas ou muitas pessoas têm conhecimento. Assim, sendo o fato notório, não haverá calúnia, pois é verdadeira a imputação.
- O crime de calúnia praticado por meio de internet se consuma no local em que se encontra o responsável pela veiculação e divulgação do fato ofensivo.
- A denunciação caluniosa, em que se ofende a Administração da Justiça, por ser mais ampla, absorve a calúnia.
- Assim, a imputação falsa sobre o mesmo fato criminoso feita à Autoridade Policial, que, por causa dela, instaura Inquérito Policial, configura crime de denunciação caluniosa, não se falando em calúnia.
- **Difamação:** é a imputação recai sobre fato desonroso, fato esse que não é considerado crime.
- A imputação pode ser falsa ou verdadeira, que se consuma a difamação.
- Na difamação, a exceção de verdade só se admite se o ofendido for funcionário público e a ofensa se referir a essa qualidade.
- Se o ofendido for Presidente da República, considerado funcionário público para efeitos penais, não se admite a exceção de verdade em caso de difamação, dada a vedação expressa no crime de calúnia.
- No caso da difamação, acolhida a exceção de verdade, o fato permanece típico, porém, reconhece-se a excludente da ilicitude do **exercício regular de um direito.**
- **Na injúria,** o agente atribui à vítima uma qualidade desfavorável, um atributo negativo, a provocar abalo em sua autoestima.
- A injúria ocorre quando a vítima toma conhecimento da ofensa.

Perdão judicial na injúria	Quando houve provocação injusta pelo ofendido; No caso de retorsão imediata a uma outra injúria

- A **injúria** real: a ofensa é provocada mediante violência ou vias de fato, como, por exemplo, dar um tapa no rosto da vítima.
- No caso de haver produção de lesões corporais, haverá soma da pena da injúria com a da lesão corporal.
- Antes da Lei nº 14.532/2023, o crime de injúria racial estava previsto no art. 140, § 3º, CP, ao lado da injúria em razão de religião, da idade e o fato de a pessoa ser portadora de deficiência.
- Com a Lei nº 14.532/2023, o art. 140, § 3º, CP, passou a tratar apenas da injúria consiste na utilização de elementos referentes a religião ou à condição de pessoa idosa ou com deficiência. A pena prevista nesse parágrafo é de reclusão, de 1 (um) a 3 (três) anos, e multa. Trata-se forma qualificada do crime de injúria.
- Por sua vez, o chamado crime de injúria racial foi transferido para o novo art. 2º-A, da Lei nº 7.716/1989 (Lei de Racismo), conforme se vê em comentários a essa Lei.

Calúnia	Difamação	Injúria
Imputação de fato determinado.	Imputação de fato determinado.	Atribuição de uma qualidade negativa.
Fato definido como crime.	Fato ofensivo à reputação da vítima, não definido como crime.	Qualidade ofensiva à dignidade ou decoro da vítima.
Imputação é falsa	É irrelevante que a imputação seja falsa.	É irrelevante que a imputação seja falsa.
Ofensa à honra objetiva.	Ofensa à honra objetiva.	Ofensa à honra subjetiva.
Em regra, admite a exceção de verdade.	Em regra, **não** admite a exceção de verdade.	Não admite a exceção de verdade.

- Não há crime de injúria ou difamação: I – a ofensa irrogada em juízo, na discussão da causa, pela parte ou por seu procurador; II – a opinião desfavorável da crítica literária, artística ou científica, salvo quando inequívoca a intenção de injuriar ou difamar; III – o conceito desfavorável emitido por funcionário público, em apreciação ou informação que preste no cumprimento de dever do ofício.

CRIMES CONTRA A LIBERDADE PESSOAL

Constrangimento ilegal

- Ninguém será obrigado a fazer ou deixar de fazer alguma coisa senão em virtude de lei (art. 5º, II, CF/88). É essa garantia constitucional que se tutela com o crime de **constrangimento ilegal** (art. 146, CP).
- Constranger significa forçar alguém a fazer alguma coisa ou deixar de fazer alguma coisa.
- No crime de constrangimento ilegal, o agente se vale de **violência, grave ameaça ou qualquer outro meio** (como embriagar a vítima) para reduzir a capacidade da vítima para que esta pratique ou deixe de praticar ato a que não está obrigado por lei.
- Elemento subjetivo: **dolo.** Não existe a forma culposa.
- Causas de aumento da pena ao dobro: crime praticado por **mais de três pessoas** reunidas ou há emprego de **armas.**
- Se o constrangimento ilegal for cometido mediante violência, à pena do art. 146, CP, soma-se a pena correspondente da violência (como lesão corporal).

Não caracteriza constrangimento ilegal, se o constrangimento visa	I – **intervenção médica ou cirúrgica**, sem o consentimento do paciente ou de seu representante legal, se justificada por **iminente perigo de vida;** II – **impedir suicídio**.

INTIMIDAÇÃO SISTEMÁTICA (BULLYING)

- **art. 146-A, CP:** Intimidar sistematicamente, individualmente ou em grupo, mediante violência física ou psicológica, uma ou mais pessoas, de modo intencional e repetitivo, sem motivação evidente, por meio de atos de intimidação, de humilhação ou de discriminação ou de ações verbais, morais, sexuais, sociais, psicológicas, físicas, materiais ou virtuais.
- Trata-se de inovação trazida pela Lei n. 14.811/2024.
- O verbo-núcleo do tipo penal é **intimidar**, ou seja, causar medo, pavor ou apreensão; amedrontar, assustar.
- o crime pode ser cometido por uma só pessoa ou em grupo. Nesse caso, o juiz pode levar em consideração como circunstância judicial desfavorável o fato de o crime ser cometido em grupo.
- **Elemento normativo do tipo:** sistematicamente. Isso implica que a conduta do agente seja reiterada, devendo o juiz, no caso concreto, analisar se houve essa reiteração suficiente para causar a intimidação à vítima.

  Pena – multa, se a conduta não constituir crime mais grave.

  FORMA QUALIFICADA: Intimidação sistemática virtual (cyberbullying): Se a conduta é realizada por meio da rede de computadores, de rede social, de aplicativos, de jogos on-line ou por qualquer outro meio ou ambiente digital, ou transmitida em tempo real: reclusão, de 2 (dois) anos a 4 (quatro) anos, e multa, se a conduta não constituir crime mais grave.

AMEAÇA

- No crime de **ameaça**, o mal prometido deve ser injusto e grave.
- O Mal deve ser nocivo, grave, sério e verossímil.
- O simples temor reverencial não configura o crime do art. 147, CP.
- O crime de ameaça depende de **representação** do ofendido para o início da ação penal, inclusive, no caso de violência doméstica contra a mulher.
- Meios de realizar a ameaça: **escrito, palavras, gestos ou qualquer outra meio simbólico.**
- O crime de ameaça pode ser absorvido por outro se ela for meio de praticar tal conduta, como ocorre no roubo.

PERSEGUIÇÃO

- Art. 147-A. Perseguir alguém, reiteradamente e por qualquer meio, ameaçando-lhe a integridade física ou psicológica, restringindo-lhe a capacidade de locomoção ou, de qualquer forma, invadindo ou perturbando sua esfera de liberdade ou privacidade.
- Trata-se do crime de stalking.
- "Perseguir" significa ir ao encalço, atormentar, importunar, aborrecer, de modo a ofender a liberdade e a privacidade da vítima.

Causas de aumento de pena	I – contra criança, adolescente ou pessoa idosa; II – contra mulher por razões da condição de sexo feminino, nos termos do § 2º-A do art. 121 deste Código; III – mediante concurso de 2 (duas) ou mais pessoas ou com o emprego de arma.

- As penas desse crime se aplicam cumulativamente com as da violência. Assim, se houver lesão corporal, o agente responde em concurso com o art. 129, CP.
- A ação penal é pública condicionada à representação.

VIOLÊNCIA PSICOLÓGICA CONTRA A MULHER

- art. 147-B, CP: Causar dano emocional à mulher que a prejudique e perturbe seu pleno desenvolvimento ou que vise a degradar ou a controlar suas ações, comportamentos, crenças e decisões, mediante ameaça, constrangimento, humilhação, manipulação, isolamento, chantagem, ridicularização, limitação do direito de ir e vir ou qualquer outro meio que cause prejuízo à sua saúde psicológica e autodeterminação
- A violência psicológica consiste em ameaça, constrangimento, humilhação, manipulação, isolamento, vigilância constante, perseguição contumaz e insultos.
- A violência psicológica contra a mulher já era prevista na Lei Maria da Penha, mas não consistia em um tipo penal.
- Esse crime tem natureza subsidiária, pois só tem incidência, se o fato não constituir crime mais grave.

SEQUESTRO E CÁRCERE PRIVADO

- A diferença entre **sequestro e cárcere privado** é doutrinária: no primeiro, a restrição de liberdade é menor, como a pessoa que é colocada em uma fazenda de onde não consegue sair; enquanto no segundo a segregação é maior como no caso em que uma pessoa é colocada em um cubículo de uma casa.

Qualificadoras no crime de cárcere privado e sequestro	I – se a vítima é ascendente, descendente, cônjuge ou companheiro do agente ou maior de 60 (sessenta) anos; II – se o crime é praticado mediante internação da vítima em casa de saúde ou hospital; III – se a privação da liberdade dura mais de quinze dias. IV – se o crime é praticado contra menor de 18 (dezoito) anos; V – se o crime é praticado com fins libidinosos.

- A consumação do crime de sequestro ou cárcere privado se consuma no momento em que a vítima é privada da liberdade.
- Com isso, se a finalidade for libidinosa, a consumação se dá ainda que não se pratique o ato libidinoso, basta a privação de liberdade.
- O crime de sequestro e cárcere privado cometido contra menor de 18 (dezoito) anos (art. 148, § 1º, inciso IV) passou a ser considerado hediondo pela Lei n. 14.811/2024.

REDUÇÃO À CONDIÇÃO ANÁLOGA A DE ESCRAVO

- O crime de **redução à condição análoga a de escravo** consiste na submissão de uma pessoa a uma de forma degradante, sem respeito a seus direitos mínimos inerentes à condição humana.
- Na escravidão dos negros africanos na América, exigia-se que o escravo fosse comercializado. Nesse crime, a **comercialização não se faz necessária**. Basta que a pessoa seja colocada em condição degradante e se vê aprisionada a outra.
- **Condutas:**
  a) Submeter a vítima a **trabalhos forçados**: o trabalhador, mediante alguma forma de coerção, é submetido a trabalho contra a sua vontade;
  b) Submeter a vítima a **jornada exaustiva**: o empregador exige, impõe ao trabalhador a jornada extra de trabalho em desacordo com a legislação trabalhista sem o pagamento de verbas devidas;
  © Sujeitar o trabalhador a **condições degradantes de trabalho:** o trabalhador é submetido a condições humilhantes de trabalho, que mais o aproximam de escravo do que homem livre. O juiz vai analisar no caso concreto se as condições são degradantes, tomando por base, inclusive, mas não exclusivamente, a legislação trabalhista;
  d) **Restringir**, por qualquer meio, **sua locomoção** em razão de **dívida contraída com o empregador ou preposto:** o trabalhador tem a sua liberdade cerceada pelo empregador em razão de dívida contraída. Exemplo clássico: o empregador tem uma mercearia dentro da Fazenda e obriga que o trabalhador compre dele produtos a preços aviltantes. Contraída a dívida, o trabalhador fica impedido de sair da fazenda, enquanto não a pagar;
  e) **Cercear o uso** de qualquer **meio de transporte** por parte do trabalhador, com o fim de **retê-lo no local de trabalho:** tutela-se a livre opção do trabalhador de usar meios de transporte para se ausentar do local de trabalho. Geralmente, ocorre em fazendas distantes de grandes centros urbanos, em que o empregador torne inviável o deslocamento do empregado ao retirar do local meios de transporte.;

f) **Manter vigilância ostensiva** no local de trabalho com o fim de **reter o trabalhador no local de trabalho:** o uso de vigilantes armados por si só não configura o crime, como ocorre em bancos. O crime se configurar se a manutenção dessa vigilância tem como finalidade de reter o trabalhador no local de trabalho.

g) **Apoderar-se de documentos ou objetos pessoais** do trabalhador, com o fim de **retê-lo no local de trabalho:** nesse crime a retenção de documentos do trabalhador, qualquer que seja ele, não só a CTPS, visa impedir que ele deixe o local de trabalho. Também ocorre se o emprego reter objetos pessoais doo trabalhador, como utensílios domésticos, instrumentos de trabalho.

- De acordo com recentes decisões do STJ e do STF, crime de redução à condição análoga a de escravo, além de atingir a dignidade da pessoa humana, viola a organização do trabalho, motivo pelo qual a competência para o seu julgamento é da Justiça Federal (art. 109, V-A e VI, CF/88).

Causas de aumento de pena (1/2), se o crime é cometido	I – contra **criança ou adolescente**; II – por motivo de **preconceito de raça, cor, etnia, religião ou origem**.

Tráfico de pessoas: visa tutelar a liberdade da pessoa de permanecer no local em que escolher de acordo com a sua conveniência.

Condutas criminosas (tipo penal misto alternativo): basta que o agente cometa um dos verbos. Se cometer mais de um deles, responderá por um único crime. Por exemplo: compra e aloja a mesma vítima	Agenciar; Aliciar; Recrutar; Transportar; Transferir; Comprar; Alojar; Acolher pessoa

Meios de praticar o crime	Grave ameaça; Violência; Coação; Fraude ou; Abuso

Finalidade especial: elemento subjetivo específico –I – remover-lhe **órgãos, tecidos ou partes do corpo**; –I – submetê-la a **trabalho em condições análogas à de escravo**; I–I – submetê-la a qualquer **tipo de servidão**; –V – **adoção ilegal**; ou–V – **exploração sexual**

Causas especiais de aumento de pena–I – o crime for cometido por **funcionário público** no exercício de suas funções ou a pretexto de exercê-las; –I – o crime for cometido contra **criança, adolescente** ou pessoa **idosa** ou com **deficiência**; I–I – o agente se prevalecer de relações de **parentesco, domésticas, de coabitação, de hospitalidade, de dependência econômica, de autoridade ou de superioridade hierárquica inerente ao exercício de emprego, cargo ou função**; ou –V – a vítima do tráfico de pessoas for **retirada do território nacional**.

- O crime de tráfico de pessoas cometido contra criança ou adolescente (art. 149-A, caput, incisos I a V, e § 1º, inciso II) passou a ser considerado hediondo pela Lei n. 14.811/2024.

13.2. DOS CRIMES CONTRA O PATRIMÔNIO

- Nos crimes contra o patrimônio, tutelam-se a propriedade e a posse da vítima sobre um bem.

FURTO

- **Furto**: o agente subtrai coisa alheia móvel pertencente a outrem.
- Ladrão que furta ladrão comete crime de furto, mas a vítima continua sendo o proprietário ou o possuidor originário.
- Objeto material: coisa corporal com valor patrimonial.
- Coisa de valor sentimental: há entendimento da doutrina majoritária no sentido de que pode ocorrer crime de furto.
- A subtração de cheque em branco não configura crime de furto por falta de valor econômico. Mas, se o agente que subtraiu o cheque o preenche e o faz circular, comete crime de estelionato.
- A coisa deve pertencer a uma terceira pessoa.
- A coisa abandonada, portanto, não pode ser objeto de furto.
- Se o agente subtrair coisa própria que está em poder de terceiro, pode cometer crime de exercício arbitrário das próprias razões (art. 346, CP) ou furto de coisa comum (art. 156, CP).
- Furto de uso: figura atípica. Requisitos: subtração de coisa infungível, intenção de uso momentâ-

neo e devolução imediata do bem no mesmo estágio de conservação.

- **TEMA 934 DE RECURSOS REPETITIVOS DO STJ:** O Plenário do Supremo Tribunal Federal, superando a controvérsia em torno do tema, consolidou a adoção da teoria da *apprehensio* (ou *amotio*), segundo a qual se considera **consumado o delito de furto quando, cessada a clandestinidade, o agente detenha a posse de fato sobre o bem, ainda que seja possível à vítima retomá-lo, por ato seu ou de terceiro, em virtude de perseguição imediata**. Desde então, o tema encontra-se pacificado na jurisprudência dos Tribunais Superiores.
- **TEMA 924 DE RECURSOS REPETITIVOS DO STJ:** o fato de a loja ser equipada com aparelhos de vigilância, como câmeras, alarmes, por si só, não caracteriza o crime impossível, já que, mesmo sistemas de segurança mais avançados são falíveis.
- **TEMA 1205 DE RECURSOS REPETITIVOS DO STJ:** A restituição imediata e integral do bem furtado não constitui, por si só, motivo suficiente para a incidência do princípio da insignificância.
- **Furto noturno: art. 155, § 1º, CP:** praticado durante o repouso noturno, que deve ser analisado de acordo com os usos e costumes do lugar. O repouso noturno no campo é diferente do repouso noturno de uma grande cidade.

TEMA 1144 DO STJ: trata de questões relacionadas ao art. 155, § 1º, CP	1. Nos termos do § 1º do art. 155 do Código Penal, se o crime de furto é praticado durante o repouso noturno, a pena será aumentada de um terço. 2. O repouso noturno compreende o período em que a população se recolhe para descansar, devendo o julgador atentar-se às características do caso concreto. 3. A situação de repouso está configurada quando presente a condição de sossego/tranquilidade do período da noite, caso em que, em razão da diminuição ou precariedade de vigilância dos bens, ou, ainda, da menor capacidade de resistência da vítima, facilita-se a concretização do crime. 4. São irrelevantes os fatos das vítimas estarem ou não dormindo no momento do crime, ou o local de sua ocorrência, em estabelecimento comercial, via pública, residência desabitada ou em veículos, bastando que o furto ocorra, obrigatoriamente, à noite e em situação de repouso.

Furto Privilegiado (art. 155, § 2º, CP)		
	Requisitos	**Criminoso primário** **Pequeno valor da coisa subtraída**
	Consequência	**Substituição da pena de reclusão por detenção;** **Diminuir a pena de um sexto a dois terços ou** **Aplicar somente a pena de multa**

- Há um escalonamento para se diferenciar o furto privilegiado do furto em que incide o princípio da insignificância. No primeiro caso, trata-se de coisa com pequeno valor (até um salário mínimo); no segundo, o valor do bem é insignificante a ponto de não ser ofendido o patrimônio da vítima da subtração.
- **Furto qualificado – art. 155, § 4º, CP:** são circunstâncias que fazem com que o preceito penal secundário seja elevado: pena – **reclusão de 02 a 08 anos e multa.**

QUALIFICADORA	CARACTERÍSTICAS
Destruição ou rompimento de obstáculo	O agente pratica uma violência contra uma coisa que protege o bem a ser subtraído: corta a cerca elétrica da casa. Exige perícia.
Com abuso de confiança	Há uma relação de confiança entre vítima e agente que facilita a subtração. A simples relação empregatícia não significa, por si só, que o empregador tenha confiança em relação ao empregado, para fins penais.
Mediante fraude	O agente utiliza um ardil para diminuir a vigilância da vítima sobre o bem e, assim, ter mais facilidade para subtrair a coisa.
Escalada	O agente entra no local em que está o bem por meio anormal e esforço imediato. Por exemplo, escalar o muro da casa.
Destreza	O agente usa uma especial habilidade para subtrair o bem, como na subtração de uma carteira do bolso da calça da vítima sem que ela perceba a ação do agente.

QUALIFICADORA	CARACTERÍSTICAS
Chave falsa	Uso de instrumento para fazer vezes de chave verdadeira, como mixa, gazua, arame, alicate.
Concurso de pessoas	Duas ou mais pessoas participam da execução do crime, seja como autores, seja como partícipes.
Veículo automotor que venha a ser transportado de um estado para outro ou para o exterior	O veículo é transportado de um Estado da Federação para outro (de SP para MG) ou para o exterior (do Brasil para o Paraguai)
Subtração for de semovente domesticável de produção, ainda que abatido ou dividido em partes no local da subtração.	Exemplo de semovente domesticável: gado. Pena de dois a cinco anos
Se houver emprego de explosivo ou de artefato análogo que cause perigo comum	A pena é de reclusão de 4 (quatro) a 10 (dez) anos e multa. Trata-se de qualificadora introduzida pela Lei nº 13.654/2018. Visa o combate a furto de agências bancárias. O uso de explosivo deve causar perigo comum, ou seja, atingir de alguma forma, outros bens da coletividade, não só da agência bancária.

- **A pena é de reclusão, de quatro a oito anos, e multa, se o furto mediante fraude é cometido por meio de dispositivo eletrônico ou informático, conectado ou não à rede de computadores, com ou sem a violação de mecanismo de segurança ou a utilização de programa malicioso, ou por qualquer outro meio fraudulento análogo.**

Causas de aumento de pena no crime de furto mediante fraude eletrônica	I - aumenta-se de 1/3 (um terço) a 2/3 (dois terços), se o crime é praticado mediante a utilização de servidor mantido fora do território nacional; II - aumenta-se de 1/3 (um terço) ao dobro, se o crime é praticado contra pessoa idosa ou vulnerável.

- **TEMA 561 DE RECURSOS REPETITIVOS DO STJ: Possibilidade de reconhecimento do furto privilegiado-qualificado**: Consoante entendimento pacificado pelo julgamento do EREsp. 842.425/RS, de que relator o eminente Ministro Og Fernandes, afigura-se absolutamente "possível o reconhecimento do privilégio previsto no § 2º do art. 155 do Código Penal nos casos de furto qualificado (CP, art. 155, § 4º)", máxime se presente qualificadora de ordem objetiva, a primariedade do réu e, também, o pequeno valor da res furtiva.
- **TEMA 1087 DE RECURSOS REPETITIVOS DO STJ: Impossibilidade de reconhecimento do furto noturno-qualificado**: A causa de aumento prevista no § 1º do art. 155 do Código Penal (prática do crime de furto no período noturno) não incide no crime de furto na sua forma qualificada (§ 4º).

ROUBO

- **Roubo Próprio (art. 157, *caput*, CP)**: o agente subtrai coisa alheia móvel pertencente a outrem com o emprego de violência ou grave ameaça ou qualquer outra forma de redução de vigilância da vítima (violência imprópria).
- **TEMA 916 DE RECURSOS REPETITIVOS DO STJ:** Consuma-se o crime de roubo com a inversão da posse do bem, mediante emprego de violência ou grave ameaça, ainda que por breve tempo e em seguida a perseguição imediata ao agente e recuperação da coisa roubada, sendo prescindível a posse mansa e pacífica ou desvigiada.
- **TEMA 1171 DE RECURSOS REPETITIVOS DO STJ:** A utilização de simulacro de arma configura a elementar grave ameaça do tipo penal do roubo, subsumindo à hipótese legal que veda a substituição da pena.
- **TEMA 1192 DE RECURSOS REPETITIVOS DO STJ:** O crime de roubo, praticado mediante uma única ação contra vítimas diferentes e em um mesmo contexto fático, configura o concurso formal de crimes e não um crime único, quando violados patrimônios distintos.
- **Roubo Impróprio (art. 157, § 1º, CP):** depois de subtrair o bem, para assegurar a posse e/ou impunidade, o agente pratica violência ou grave ameaça contra a vítima.
- **Roubo majorado (art. 157, § 2º, CP):** circunstância que faz o juiz aumentar a pena do agente de um terço até metade.

Circunstância	Característica
Concurso de duas ou mais pessoas	Duas ou mais pessoas participam da execução do crime, seja como autores, seja como partícipes.
A vítima está em transporte de valores	Como por exemplo, carros fortes.
Veículo automotor que venha a ser transportado de um estado para outro ou para o exterior	O veículo é transportado de um Estado da Federação para outro (de SP para MG) ou para o exterior (do Brasil para o Paraguai)
Restrição de liberdade da vítima	A restrição de liberdade da vítima deve se dar por um tempo juridicamente relevante e deve ser para executar o crime ou garantir a fuga
Se a subtração for de substâncias explosivas ou de acessórios que, conjunta ou isoladamente, possibilitem sua fabricação, montagem ou emprego	Aqui o objeto material do crime de roubo, ou seja, a coisa subtraída é substâncias explosivas ou acessórios para tal fim.
Se a violência ou grave ameaça é exercida com o emprego de arma branca	Trata-se de inovação trazida pela Lei Anticrime. Em sua redação originária o CP apenas se valia da expressão arma, no que estavam englobadas armas branca e de fogo. Com a Lei n. 13.654/2018, não se permitia mais a agravante no uso de arma branca. Houve reformatio in mellus e, com isso a norma penal retroagia. Com o Pacote Anticrime, a arma branca voltou a ser causa de aumento de pena, mas se aplicando apenas aos casos ocorridos após a sua vigência. No período entre a Lei nº 13.654/2018 e o início de vigência do Pacote Anticrime (Lei n. 13.964/2019), o emprego do uso de arma branca no crime de roubo poderia ser considerado circunstância judicial desfavorável, na fase do art. 59, CP (Tema 1110 – STJ).

- **Roubo majorado (art. 157, § 2º-A, CP):** circunstância que faz o juiz aumentar a pena do agente de 2/3: Trata-se de parágrafo introduzido pela Lei nº 13.654/2018.

Circunstância	Característica
se a violência ou ameaça é exercida com emprego de arma de fogo	Trata-se de inovação trazida pela Lei n. 13.654/2018. Essa norma não retroage aos crimes cometidos antes da vigência dessa Lei, pois se trata de norma penal mais grave. Com isso, a tais crimes, aplica-se a majorante, mas na fração de pena do art. 157, § 2º, CP.
se há destruição ou rompimento de obstáculo mediante o emprego de explosivo ou de artefato análogo que cause perigo comum	No caso dessa causa de aumento de pena, o agente se vale de explosivos para rompimento de obstáculo à subtração. Há incidência apenas se o uso dos explosivos cause aumento de pena.

Roubo majorado (art. 157, § 2º-B, CP): Se a violência ou grave ameaça é exercida com emprego de arma de fogo de uso restrito ou proibido, aplica-se em dobro a pena prevista no caput deste artigo.

- **Roubo qualificado: da violência empregada resulta lesão corporal de natureza grave ou morte (latrocínio).**
- **A Lei nº 13.654/2018 alterou o § 3º do art. 157, do CP, apenas para desmembrá-lo em dois incisos e para aumentar a pena do roubo seguido de lesão corporal.**

Qualificadora	Pena
Lesão corporal grave	**7 a 18 anos e multa**
Morte	**20 a 30 anos e multa**

- O latrocínio consiste na subtração do bem, bem como, no mesmo contexto, na morte da vítima, que pode se dar pela forma culposa ou pela forma dolosa.

SUBTRAÇÃO	MORTE	LATROCÍNIO
Consumada	Consumada	Consumado
Consumada	Tentada	Tentado
Tentado	Consumada	Consumado
Tentada	Tentada	Tentado

- Se há mais de uma morte, porém, um único patrimônio é subtraído, a jurisprudência do STF é no sentido de que há **um único crime de latrocínio**. O STJ entendia que havia concurso formal de crimes, mas se rendeu ao entendimento do STF (STJ – AgRg no AREsp 2.119.185-RS – Inf. 789).

EXTORSÃO

- **Extorsão (art. 158, CP)**: mediante violência ou grave ameaça, o agente constrange alguém a fazer algo, como que obtém vantagem econômica.
- Na **extorsão**, a vítima é constrangida a fazer, tolerar que se faça ou deixar de fazer alguma coisa, mediante violência ou grave ameaça, tendo o sujeito ativo do crime a finalidade de obter, para si ou para outrem, indevida vantagem econômica.
- A diferença fundamental entre roubo e extorsão se encontra **na necessidade de participação ativa** da vítima para que o agente obtenha a vantagem patrimonial.
- No roubo, a coisa desejada pelo agente está à mão e a subtração independe da colaboração da vítima. Na extorsão, a conduta ativa da vítima é imprescindível para que o sujeito ativo do crime obtenha a indevida vantagem econômica.

EXTORSÃO MEDIANTE SEQUESTRO

- **Extorsão mediante sequestro (art. 159, CP)**: a obtenção da vantagem econômica é obtida por meio da restrição de liberdade da vítima.
- Trata-se de crime complexo, pois o sequestro, por si só, é uma infração autônoma e que, praticado com o fim de obter indevida vantagem, configura o tipo penal do art. 159, CP.
- É também crime formal, pois se consuma mesmo que não haja obtenção da indevida vantagem econômica, o que vem a ser mero exaurimento da conduta.

Formas qualificadas (art. 159, § 1º, CP)	Característica
O sequestro dura mais de vinte e quatro horas	A privação de liberdade traz fortes abalos emocionais à vítima, muitas vezes confinadas em locais insalubres, sem notícias de parentes e o medo de desfecho trágico, o que justifica a qualificadora em tela
O sequestrado é menor de dezoito anos ou maior de sessenta	A vulnerabilidade das pessoas menores de dezoito e maiores de sessenta anos exige maior reprimenda. Essa circunstância deve ser abrangida pelo dolo do agente, que sabia ou devia saber de sua existência.
Crime cometido por bando ou quadrilha	Com a Lei nº 12.850/2013, o *nomen criminis* passou a ser associação criminosa, sendo necessário que, pelo menos, **três pessoas** estejam associadas com o fim específico de praticar crimes. Ou seja, não basta o mero concurso de três pessoas a praticar o sequestro, mas se exige a estabilidade da associação voltada à prática de crimes

APROPRIAÇÃO INDÉBITA

- **Apropriação Indébita (art. 168, CP)**: a posse do bem é obtida licitamente pelo agente, que, no entanto, passa a ter a coisa como sua ilicitamente. Há uma inversão da vontade do agente.
- **Mero descumprimento contratual** não configura o crime de apropriação indébita. Trata-se de mero ilícito civil.

Causas de aumento de pena	Depósito necessário: se refere ao depósito que se faz em ocasião de **calamidade pública** (art. 647, II, CC).
	Tutor, curador, síndico liquidatário, inventariante, testamenteiro ou depositário judicial: em decorrência da elevada função que exercem recebem bens de terceiros e devem devolvê-los.
	Em razão de ofício, emprego ou profissão: a pessoa recebe o bem em razão da profissão e, se não o devolver, responde pela apropriação indébita com causa de aumento de pena.

APROPRIAÇÃO PREVIDENCIÁRIA

- **Crime de apropriação indébita previdenciária**: CP, art. 168-A. No crime de apropriação indébita previdenciária, basta que o agente deixe de recolher a contribuição aos cofres da Previdência Social.
- Não é necessário que o agente vise fraudar a Previdência Social, ou que reverta o dinheiro apropriado em proveito próprio (o chamado *animus rem sibi habendi*) (STJ – 5.ª T. – REsp. 629.091 – Rel. Arnaldo Esteves Lima – DJU 24.04.2006).

- **TEMA 1166 – STJ:** O crime de apropriação indébita previdenciária, previsto no art. 168-A, § 1.º, inciso I, do Código Penal, possui natureza de delito material, que só se consuma com a constituição definitiva, na via administrativa, do crédito tributário, consoante o disposto na Súmula Vinculante n. 24 do Supremo Tribunal Federal.

ESTELIONATO

- **Estelionato (art. 171, CP)**: o agente obtém a vantagem patrimonial em detrimento do prejuízo da vítima, induzida ou mantida em erro, em decorrência de ardil.

Meios de indução ou manutenção em erro	Características
Artifício	É astúcia, esperteza, manobra que implica engenhosidade. Ex: o agente se faz passar como representante de uma entidade caridade respeitada na comunidade e induz o ofendido a fazer doação que, desde o início, tem a intenção de tê-la para si
Ardil	É também artifício, esperteza, embora na forma de armadilha, cilada ou estratagema. Ex: o agente prepara um local como sendo agência de veículos, vende automóvel à vítima, recebe o dinheiro, mas, antes de entregá-lo, desaparece com o dinheiro obtido.
Qualquer outro meio fraudulento	Trata-se de interpretação analógica

ESTELIONATO ELETRÔNICO: A pena é de reclusão, de quatro a oito anos, e multa, se a fraude é cometida com a utilização de informações fornecidas pela vítima ou por terceiro induzido a erro por meio de redes sociais, contatos telefônicos ou envio de correio eletrônico fraudulento, ou por qualquer outro meio fraudulento análogo.

Causas de aumento de pena no crime de estelionato eletrônico	a) considerada a relevância do resultado gravoso, aumenta-se de 1/3 (um terço) a 2/3 (dois terços), se o crime é praticado mediante a utilização de servidor mantido fora do território nacional;

CAUSA DE AUMENTO DE PENA: o estelionato é cometido em detrimento de entidade de direito público ou de instituto de economia popular, assistência social ou beneficência.

- A forma mais comum dessa modalidade de estelionato é o chamado estelionato previdenciário, praticado contra o INSS.
- Crime de estelionato previdenciário: CP, art. 171, § 3º. Não raro a Previdência Social é vítima de fraude por meio da qual uma pessoa passa a receber benefícios previdenciários.
- Classificação do estelionato previdenciário de acordo com o Prof. Rogério Sanches Cunha

Crime Permanente: caso o fraudador seja o próprio beneficiário, pois se compreende a obtenção da vantagem como produto de reiteração de condutas baseada no ato fraudulento cometido pelo próprio agente.
Instantâneo de efeitos permanentes: caso a conduta fraudulenta seja praticada em favor de terceiro que receberá o benefício indevido. Neste caso, o agente comete apenas uma conduta, da qual outra pessoa se beneficia reiteradamente (razão dos efeitos permanentes).
Continuado: caso alguém permaneça recebendo o benefício que, devido na origem, deveria ter cessado em virtude da morte do beneficiário. Em virtude das mesmas circunstâncias de tempo, local e modo de execução, considera-se como se uma obtenção de vantagem fosse continuação de outra.

- A pena aumenta-se de 1/3 (um terço) ao dobro, se o crime é cometido contra pessoa idosa ou vulnerável, considerada a relevância do resultado gravoso.

  Ação penal no crime de estelionato: redação do Pacote Anticrime:

  Regra: ação penal pública condicionada à representação.

  Exceções: ação penal pública incondicionada: se a vítima for: I – a Administração Pública, direta ou indireta; II – criança ou adolescente; III – pessoa com deficiência mental; ou IV – maior de 70 (setenta) anos de idade ou incapaz.

  Retroatividade da norma que estabelece a ação penal pública condicionada à representação:

  A Lei n. 13.964/2019, que conferiu à ação penal na hipótese de delito de estelionato (art. 171 do Código Penal) a natureza de ação penal pública condicionada à representação da vítima, cuja representação passou a ser exigida como condição de procedibilidade, não retroage para atingir as ações penais já instauradas (Terceira Seção do STJ, HC n. 610.201/SP).

RECEPTAÇÃO

- **Receptação própria**: o agente, adquire, recebe, transporta, conduz ou oculta, para si ou para outrem, coisa que **sabe ser produto de crime.**
- **Receptação imprópria:** o agente influencia para que terceiro, de boa-fé, a adquira, receba ou oculte a coisa que ele, sujeito ativo do crime, sabe ser produto de crime.
- **Receptação qualificada:** trata-se de crime próprio, porque o agente deve ter uma qualidade especial: comerciante, ainda que irregular ou clandestino, ou empresário.
- **Elemento subjetivo:** no tipo penal da receptação qualificação, o legislador usa a seguinte expressão: coisa que **deve saber** ser produto de crime.
- Houve entendimento de que o único dolo a incidir nesse crime seria o dolo indireto, sendo que, se o agente soubesse a origem espúria do bem, haveria crime de receptação do art. 180, *caput*, CP.
- Porém, o entendimento majoritário é no sentido de que no art. 180, § 1º, CP, também, se admite o dolo direto, ou seja, se o agente sabia a origem espúria do bem, haverá o crime de receptação qualificada.
- Ressalte-se: o elemento do tipo que torna o art. 180, § 1º, CP, especial em relação ao art. 180, *caput*, CP, é o fato de que o primeiro é **crime próprio**, pois exige-se do sujeito ativo qualidade especial, qual seja, que ele seja **comerciante ou empresário** e que o crime tenha sido cometido no exercício de tais atividades,

RECEPTAÇÃO DE ANIMAL

- Com a Lei nº 13.330/2016, passou-se a ter o seguinte tipo penal: adquirir, receber, transportar, conduzir, ocultar, terem depósito ou vender, **com a finalidade de produção ou de comercialização, semovente domesticável de produção**, ainda que abatido ou dividido em partes, que deve saber ser produto de crime (art. 180, CP).
- Veja-se que o novo tipo penal exige uma finalidade especial do agente: **produção ou comercialização.**
- Caso a pessoa cometa um dos verbos do tipo, mas visa o consumo pessoal, sua conduta não incide no novo tipo penal, podendo ser o crime de receptação comum (art. 180-A, CP).
- Além disso, o objeto material: deve ser semovente domesticável de produção, como, por exemplo, o gado.

ESCUSAS ABSOLUTÓRIAS

- **Escusa absolutória**: há isenção de pena, apesar da conduta do agente ser típica.

Isenção de pena nos crimes contra o patrimônio	**I – do cônjuge, na constância da sociedade conjugal;** **II – de ascendente ou descendente, seja o parentesco legítimo ou ilegítimo, seja civil ou natural.**

Somente se procede mediante representação, se o crime previsto neste título é cometido em prejuízo	**I – do cônjuge desquitado ou judicialmente separado;** **II – de irmão, legítimo ou ilegítimo;** **III – de tio ou sobrinho, com quem o agente coabita.**

Não se aplicam os arts. 181 e 182, CP	**I – se o crime é de roubo ou de extorsão, ou, em geral, quando haja emprego de grave ameaça ou violência à pessoa;** **II – ao estranho que participa do crime.** **III – se o crime é praticado contra pessoa com idade igual ou superior a 60 (sessenta) anos..**

13.3. CRIMES CONTRA A ORGANIZAÇÃO DO TRABALHO

- Os crimes contra a organização do trabalho visam tutelar a **dignidade do trabalhador nas relações de trabalho**, seja sob o aspecto individual, seja sob o aspecto coletivo.
- Se o crime contra a organização do trabalho atingir o **interesse coletivo**, a competência é da **Justiça Federal.** Contudo, se atingir apenas o **interesse individual** do trabalhador ou do empregador, haverá competência da **Justiça Estadual**.
- **Atentado contra a liberdade de trabalho** (art. 197, CP): trata-se de constranger a vítima, mediante grave ameaça ou violência, a fazer ou deixar de fazer alguma coisa relacionada ao livre exercício do trabalho, seja na qualidade de trabalhador (art. 197, I, CP), seja na qualidade de empregador (art. 197, II, CP).
- **Atentado contra a liberdade de contrato de trabalho e boicotagem violenta** (art. 198, CP): trata-se de constranger a vítima, mediante grave

ameaça ou violência, a fazer ou deixar de fazer alguma coisa relacionada ao livre exercício de celebração do contrato de trabalho (art. 198, primeira parte, CP), ou de impedir que a pessoa desenvolva livremente a atividade industrial ou agrícola (art. 198, segunda parte, CP).

- **Atentado contra a liberdade de associação** (art. 199, CP): trata-se de constranger a vítima, mediante grave ameaça ou violência, a se associar ou deixar de se associar a um determinado sindicato ou associação profissional.
- **Participação de trabalho, seguida de violência ou perturbação da ordem** (art. 200, CP): trata-se do exercício do *lockout*, suspensão do trabalho pelo empregador, e da greve de trabalhadores, promovida por meio de violência contra pessoa ou coisa. Como o tipo penal tem como verbo-núcleo "participar", exige-se que haja multiplicidade de pessoas a participar da paralisação, pelo menos três.
- **Paralisação de trabalho de interesse coletivo** (art. 201, CP): trata-se do exercício do *lockout*, suspensão do trabalho pelo empregador, e da greve de trabalhadores, em que há interrupção de obra pública ou serviço de interesse público. Nesse caso, há abuso do direito de greve e, portanto, deve-se analisar o tipo penal à luz da Lei de Greve (Lei nº 7.783/89). Também, se exige a participação de pelo menos três pessoas.
- **Invasão de estabelecimento industrial, comercial ou agrícola. Sabotagem** (art. 202, CP): a invasão ou a sabotagem (danificação do estabelecimento ou das coisas que ele guarnece) deve ser feita com a finalidade de impedir ou embaraçar o curso normal do trabalho.
- **Frustração de direito assegurado por lei trabalhista** (art. 203, CP): mais uma vez, a incidência da norma penal depende da conjugação com interpretação da legislação trabalhista, constitucional ou inconstitucional. Deve haver o dolo por parte do agente, sendo que o simples inadimplemento com as normas trabalhistas não implica incidência do tipo penal.
- No parágrafo primeiro, o agente não se vale de simples fraude, como no caput, mas de coação. Estranhamento, contudo, as penas previstas são as mesmas.
- Causa especial de pena: vítima menor de dezoito anos, idosa, gestante, indígena ou portadora de deficiência física ou mental.
- **Frustração da lei sobre a nacionalização do trabalho** (art. 204, CP): trata-se de norma penal em branco, porque as regras sobre nacionalização do trabalho são previstas em legislação do trabalho.
- **Exercício de atividade com infração de decisão administrativa** (art. 205, CP): o livre exercício da profissão é garantia constitucional, porém, a lei pode condicionar e limitar esse direito. Algumas profissões estão sujeitas ao controle administrativo, como, por exemplo, de seus conselhos, como o CRECI, CREA, CRM, etc., que podem impor sanções aos seus associados, como a suspensão da atividade. A inobservância dessa suspensão pode acarretar na subsunção da conduta ao crime do art. 205, CP, desde que seja feita de forma habitual.
- **Aliciamento para fim de emigração** (art. 206, CP): nesse crime, o sujeito ativo recruta (alicia, atrai), mediante fraude (falsas promessas), trabalhadores (no mínimo dois) para levá-los ao exterior.
- **Aliciamento de trabalhadores de um local para outro do território nacional** (art. 207, CP): nesse crime, o sujeito ativo alicia (recruta, atrai) trabalhadores (no mínimo dois) com o fim de levá-los de uma localidade para outra do território nacional. No caso, há violação não só a liberdade trabalhista, como ainda da liberdade de locomoção, dos sujeitos passivos do crime, que se deslocam de seu Estado de origem para outro.
- Causas especiais de aumento de pena (art. 207, CP): qualidade especial da vítima: menor de dezoito anos, idosa, gestante, indígena ou portadora de deficiência física ou mental.

13.4. CRIMES CONTRA A DIGNIDADE SEXUAL

- A Lei nº 12.015/09 provocou radical mudança no tratamento dado aos crimes sexuais. Antes se tutelavam os costumes. Agora, se tutela a dignidade sexual, ou seja, o desenvolvimento sadio da sexualidade.

ESTUPRO

- Com a nova sistemática, o crime de estupro (art. 213, CP) pode ter como sujeitos passivos **homens e mulheres**.
- Para a caracterização do crime de estupro é indispensável que a haja o dissenso por parte da vítima, ou seja, que ela não concorde com a relação sexual que só acontece em decorrência de **violência** ou **grave ameaça**.
- Consuma-se o estupro com a conjunção carnal (coito vaginal) ou com qualquer outra modalidade de ato libidinoso, como o coito anal, o sexo oral, o toque em regiões erógenas como o pênis, os seios, a própria vagina, etc.
- O condenado por estupro e atentado violento ao pudor, praticados no mesmo contexto fático

e contra a mesma vítima, tem direito à aplicação retroativa da Lei 12.015/2009, de modo a ser reconhecida a ocorrência de crime único, devendo a prática de ato libidinoso diverso da conjunção carnal ser valorada na aplicação da pena-base referente ao crime de estupro (Informativo 543 do STJ).

- Recurso especial representativo de controvérsia provido para declarar a natureza hedionda dos crimes de estupro e atentado violento ao pudor praticados antes da edição da Lei nº 12.015/09, independentemente que tenham resultado lesões corporais de natureza grave ou morte. Acórdão sujeito ao regime do art. 543-C do CPC e da Resolução STJ 08/2008 (**TESE 581 DE RECURSOS REPETITIVOS DO STJ**).
- Estupro qualificado:

Art. 213, § 1º, CP: reclusão de 8 a 12 anos	• Se da conduta resulta **lesão corporal de natureza grave**. • Se a vítima é menor de 18 anos ou maior de 14 anos.
Art. 213, § 2º, CP: reclusão de 12 a 30 anos	• Se da conduta resulta morte.

ASSÉDIO SEXUAL

- **Assédio Sexual:** Trata-se de crime **próprio** porque o sujeito ativo deve ser superior hierárquico à vítima em relação de trabalho, seja no setor privado, seja no setor público.
- Não configura o crime se a relação hierárquica for de outra natureza, como familiar, de ordem religiosa ou entre professor ou aluno.

Registro não autorizado da intimidade sexual

- **Produzir, fotografar, filmar ou registrar, por qualquer meio, conteúdo com cena de nudez ou ato sexual ou libidinoso de caráter íntimo e privado sem autorização dos participantes.**
- **Elemento normativo do tipo penal: sem autorização dos participantes.**

ESTUPRO DE VULNERÁVEL

- No crime de estupro de vulnerável (art. 217-A, CP), **não são necessárias** a violência ou **grave ameaça**. Isso porque o legislador presume que as vítimas não têm capacidade de discernimento sobre o consentimento na realização do sexo. **Trata-se de presunção absoluta**.
- Contudo, o STJ vem mitigando o caráter absoluto dessa presunção, como no caso de casamento entre a vítima e o acusado, do qual resulte filiação.

Vulneráveis para fins sexuais	• Menor de **14 anos;** • Portador de **enfermidade ou deficiência mental**, não tem o necessário discernimento para a prática do ato; • Por qualquer **outra causa, não pode oferecer resistência**: como por exemplo, a vítima que está em completo estado de embriaguez.

- **TEMA nº 918 do Recursos Repetitivos do STJ:** Para a caracterização do crime de estupro de vulnerável previsto no art. 217-A, caput, do Código Penal, basta que o agente tenha conjunção carnal ou pratique qualquer ato libidinoso com pessoa menor de 14 anos. O consentimento da vítima, sua eventual experiência sexual anterior ou a existência de relacionamento amoroso entre o agente e a vítima não afastam a ocorrência do crime.

  Esse Tema 919 dos Recursos repetitivos do STJ ratifica o disposto no art. 217-A, § 5º, CP.
- **TEMA nº 1121 do Recursos Repetitivos do STJ:** Presente o dolo específico de satisfazer à lascívia, própria ou de terceiro, a prática de ato libidinoso com menor de 14 anos configura o crime de estupro de vulnerável (art. 217-A do CP), independentemente da ligeireza ou da superficialidade da conduta, não sendo possível a desclassificação para o delito de importunação sexual (art. 215-A do CP).
- **TEMA nº 1202 do Recursos Repetitivos do STJ:** No crime de estupro de vulnerável, é possível a aplicação da fração máxima de majoração prevista no art. 71, caput, do Código Penal, ainda que não haja a delimitação precisa do número de atos sexuais praticados, desde que o longo período de tempo e a recorrência das condutas permita concluir que houve 7 (sete) ou mais repetições.
- **Corrupção de menores:** para fins sexuais, o crime de corrupção de menores passou a ser previsto nos arts. 218-A e 218-B do CP.
- **Satisfação de lascívia mediante presença de criança ou adolescente (art. 218-A, CP):** o adolescente apenas presencia o ato sexual do autor ou de terceiro, com o fim de satisfazer a lasciva desses. **Trata-se de crime formal**: não é necessária a efetiva corrupção da criança ou adolescente.
- **Favorecimento da prostituição ou de outra forma de exploração sexual de criança ou adolescente ou de vulnerável. (art. 218-B, CP): Submeter**, **induzir** ou **atrair** à **prostituição** ou outra forma de **exploração sexual** alguém **menor de 18 anos** ou que, por enfermidade ou deficiência mental, **não tem o necessário discer-**

nimento para a prática do ato, facilitá-la, impedir ou **dificultar** que a abandone.

- na primeira parte do tipo penal, o agente introduz a vítima no mundo da prostituição, enquanto que na segunda parte ele impede ou dificulta que ela saia desse mundo.
- Trata-se de tipo penal misto alternativo, em que a prática de duas ou mais condutas implica reconhecimento de um único crime.
- O cliente de prostituição não comete crime, exceto se mantém conjunção carnal ou outro ato libidinoso com **menor de 18 anos e menor de 14 anos**, ciente dessa situação e que ela se encontre em estado de exploração sexual (art. 318-B, § 2º, I, CP).
- **ação penal:** Nos crimes do art. 213 a 218-B, CP, a ação penal é **pública condicionada** à representação.
- Exceção: a ação penal é pública **incondicionada** nos casos em que a vítima: a. é menor de dezoito anos de idade; b. é vulnerável nos termos do art. 217-A, CP.
- **LENOCÍNIO (arts. 227 e 228, CP)**: é a prestação de apoio, assistência e incentivo à vida voluptuosa de outra pessoa, dela tirando proveito. É o cafetão, rufião ou proxeneta.
- **Mediação para servir a lasciva de outrem (art. 227, CP):** o agente induz a vítima a satisfazer a lasciva de outrem. Para Nucci, se a vítima é adulta, esse tipo penal fere o princípio da intervenção mínima, pois não se viola a dignidade sexual de adulto incentivá-lo, sem qualquer ameaça ou violência, a praticar ato sexual consentido com outrem.
- **Finalidade de lucro:** aplica-se também a pena de multa.
- **Favorecimento de prostituição ou outra forma de exploração sexual (art. 228, CP):** o agente induz, atrai, impede ou dificulta que a vítima saia da prostituição ou outra forma de exploração sexual.
- Se a vítima for menor de 18 anos, aplica-se o tipo penal do art. 218-B, Código Penal, já se for maior de 18 anos, aplica-se o art. 228, CP.
- Não é necessário que o agente vise lucro, mas se tiver esse intento, além da pena privativa de liberdade,

13.4.1. NOVIDADES TRAZIDAS PELA LEI Nº 13.718/2018

a) Crime de importunação sexual

- Foi revogado o art. 61 da Lei de Contravenções Penais e importunação sexual passou a ser considerado crime, tipificado no art. 215-A, CP: Praticar contra alguém e **sem a sua anuência** ato libidinoso com o objetivo de satisfazer a própria lascívia ou a de terceiro.
- Assim, como no estupro, a vítima não dá anuência para a prática de ato libidinoso , mas, no estupro, o agente se vale de grave ameaça ou violência para a prática do ato libidinoso, enquanto que, no novo crime, o agente não se vale desses meios.
- Exemplo: o sujeito ativo se masturba nas proximidades da vítima, sem que a vítima consinta e ejacula no corpo dela.
- Se a vítima for vulnerável nos termos do art. 217-A, CP, a conduta incide neste artigo (não no art. 215-A, CP), pois a Lei nº 13.718/2018 positivou o entendimento jurisprudencial que, neste crime, é irrelevante que a vítima tenha consentido com o ato ou que já tenha praticado ato libidinoso anteriormente (art. 217, § 5º, CPb) Crime de Divulgação de cena de estupro ou de cena de estupro de vulnerável, de cena de sexo ou de pornografia
- A Lei nº 13.718/2018 introduziu o art. 218-C ao CP: Oferecer, trocar, disponibilizar, transmitir, vender ou expor à venda, distribuir, publicar ou divulgar, por qualquer meio – inclusive por meio de comunicação de massa ou sistema de informática ou telemática -, fotografia, vídeo ou outro registro audiovisual que contenha cena de estupro ou de estupro de vulnerável ou que faça apologia ou induza a sua prática, ou, sem o consentimento da vítima, cena de sexo, nudez ou pornografia.

Objeto material	cena de estupro cena de estupro de vulnerável cena que faça apologia ou induza a sua prática cena de sexo, nudez ou pornografia, sem o consentimento da vítima

- Se as cenas envolverem criança e adolescente, pode-se configurar os crimes previstos no art. 241 e 241-A, ECA, conforme a conduta.

c) Irrelevância do consentimento e da experiência sexual no estupro de vulnerável: art. 217-A, CP: trata-se de norma penal explicativa que vem a positivar o entendimento consolidado na doutrina e na jurisprudência.

d) Natureza da ação penal: todos os crimes contra a liberdade sexual e crimes sexuais contra vulnerável passam a ser considerados de **ação penal pública incondicionada** (art. 225, CP).

e) Causas de aumento de pena: art. 226, CP.

Inciso	Quantum de aumento	Circunstância
I	¼ da pena	se o crime é cometido com o concurso de duas ou mais pessoas: esse inciso se aplica a todos os crimes contra a dignidade sexual, exceto estupro e estupro de vulnerável.
II	½ da pena	II – de metade, se o agente é ascendente, padrasto ou madrasta, tio, irmão, cônjuge, companheiro, tutor, curador, preceptor ou empregador da vítima ou por qualquer outro título tiver autoridade sobre ela; (Redação dada pela Lei nº 13.718, de 2018)
IV	1/3 a 2/3 da pena	Estupro coletivo: mediante concurso de dois ou mais agentes
IV	1/3 a 2/3 da pena	Estupro corretivo: para controlar o comportamento social ou sexual da vítima.

13.5. CRIMES CONTRA A PAZ PÚBLICA

- Incitação ao crime: a conduta deve ser pública, ou seja, na presença de várias pessoas que tenham acesso livre ao evento. Pode ser feito por qualquer meio de discursos, orais ou escritos. A incitação deve se referir a um crime determinado e individualizado, como, por exemplo, o agente que instiga as pessoas a matarem uma pessoa.

  Incorre na mesma pena quem incita, publicamente, animosidade entre as Forças Armadas, ou delas contra os poderes constitucionais, as instituições civis ou a sociedade. Trata-se de inovação trazida pela Lei nº 14.107/2021, que trata dos crimes contra o Estado Democrático de Direito.
- Apologia ao crime: o autor faz elogios a um crime ou ao autor do crime, porque o cometeu. O elogio deve ser com o objetivo de atingir número indeterminado de pessoas com o intuito de propagá-la.
- Associação criminosa: o tipo penal exige que a associação seja composta por no mínimo três pessoas. Portanto, se trata de crime plurissubsistente. Para a caracterização do crime, é necessário que os agentes devam estar associados com o fim específico de cometer crimes.
- Milícia privada: As milícias privadas são um fenômeno social em que ela atua em substituição ao Estado, controlando a vida da comunidade por meio de extorsões e coações, interferindo na prestação de serviços, como de água, energia, gás GLP, sinais de TV a cabo, etc. Com o crescimento desse fenômeno, a Lei nº 12.720/2012 acrescentou ao art. 288-A, CP em que se tipificou: Constituir, organizar, integrar, manter ou custear organização paramilitar, milícia particular, grupo ou esquadrão com a finalidade de praticar qualquer dos crimes previstos neste Código.

13.6. DOS CRIMES CONTRA A FÉ PÚBLICA

- Nos crimes contra a fé-pública, tutela-se a presunção de veracidade que se emana dos documentos.

Requisitos dos crimes de falsidade	Imitação da verdade; Dano Potencial Dolo

- **Moeda falsa (art. 289, CP):** consiste na fabricação de moeda falsa ou alteração do valor de moeda verdadeira.
- A moeda pode ser **metálica ou papel-moeda, nacional ou estrangeira.**
- A competência para o julgamento do crime é da **Justiça Federal.**
- É atípica a conduta de falsificar moeda que já saiu de circulação, como o cruzeiro ou cruzado.
- **Moeda falsa privilegiada (art. 289, § 2º, CP):** inicialmente, a pessoa recebe a moeda de boa-fé, sem saber da falsidade. No entanto, ao tomar conhecimento de que se trata de moeda falsa, a coloca em circulação.
- **Moeda falsa qualificada (art. 289, § 3º, CP):** trata-se de crime **próprio**, pois o sujeito ativo sempre será **funcionário público ou diretor, gerente, ou fiscal de banco de emissão que fabrica emite ou autoriza a fabricação ou emissão:**
- **Moeda falsa qualificada por equiparação (art. 289, § 4º, CP): funcionário público ou diretor, gerente, ou fiscal de banco de emissão** desvia e faz circular moeda, cuja **circulação não estava ainda autorizada**. Vê-se que a moeda não é falsa, mas sua circulação ainda não é permitida.
- **Petrechos para falsificação de moedas (art. 291, CP):** trata-se de um tipo penal **subsidiário**, pois, se o agente usa o maquinário e fabrica moeda falsa, responde apenas pelo tipo de crime de moeda falsa (art. 290, CP).

- **Falsificação de papéis públicos (art. 293, CP):** conceito de papel público: são os de feitura atribuída privativamente à administração do Estado ou a entidade de direito público cujos objetivos particulares são realizados no interesse da coletividade e que se ajustam ao programa funcional do Poder Público (Júlio Fabbrini Mirabete. *Manual de Direito Penal*. v. 3. p. 223).
- Há inúmeros papéis públicos, mas o crime só se caracterizará se a falsidade recair sobre um daqueles enumerados pelo art. 293, CP, tais como: estampilha, papel selado, papel de crédito público, etc..
- Quem falsifica vale postal incide na figura penal prevista no art. 47 da Lei nº 6.538/78, que revogou tacitamente o art. 293, III, CP.
- **Falsidade documental.**

Requisitos de um documento	**Forma escrita;** **Valor probatório;** **Autor certo;** **Expressão de um fato ou manifestação de vontade**

Não são considerados documentos
Escrito a lápis
Fotografias isoladas
Não são considerados documentos
Fotocópia não autenticada
Falsificação grosseira, facilmente perceptível

- **Falsidade material:** (arts. 297 a 298, CP) o documento ou parte dele é falso em sua estrutura. Significa formar um documento materialmente ou alterá-lo. Por exemplo, uma gráfica produz espelho de CNH ou alguém rasura o contrato.
- **Falsidade de documento público:** (art. 297, CP). Documento público: é o elaborado por funcionário público no desempenho de suas funções: escritura pública, RG, CPF, CTPS, alvará judicial, etc.
- **Documentos públicos por equiparação:** emanado de entidade paraestatal, título ao portador ou transmissível por endosso, ações da sociedade comercial, os livros mercantis e o testamento particular.
- **O particular** pode ser sujeito ativo do crime de falsidade de documento público, se fazer um documento que deveria ser elaborado por funcionário público ou adultera um documento público.
- **Causa de aumento de pena:** se o funcionário público for o autor da falsificação e se valer de sua função para cometer o crime (art. 297, § 1º, CP).
- **Crimes de falsidade de documentos relativos à Previdência Social:** art. 297, §§ 3º e 4º, CP: na verdade, seria falsidade ideológica, já que o que é falso é o conteúdo do documento, o fato que expressa. Mas, por falta de técnica de legislador, foi incluído no art. 297, tendo as mesmas penas deste, portanto.
- **Falsidade de documento particular:** (art. 298, CP): documento particular tem conceito residual, ou seja, é aquele que não é elaborado por funcionário público no exercício de suas funções ou não é equiparado pela lei.
- Em caso de documento público, a **Justiça Federal** será competente se o documento público for emanado de entidade ligada á União; se o documento for particular, a **justiça Federal** será competente, se a intenção do autor era causar prejuízo à União.
- A cópia autenticada de um documento particular continua particular. No entanto, se a falsificação recair precisamente sobre a autenticação, haverá falsificação de documento público.
- **Falsidade Ideológica:** (art. 299, CP) o documento é materialmente verdadeiro, emanado de quem tenha legitimidade para fazê-lo, mas o conteúdo que expressa é falso.

Condutas da falsidade ideológica	**Comissivas:**	**Inserir declaração falsa ou desvio da que devia constar;** **Fazer inserir declaração falsa ou diversa da que deveria constar**
	Omissivas	**Omitir declaração que deveria constar**

- Na falsidade ideológica, o documento pode ser público ou particular, conforme o art. 299, CP. Porém, a pena é maior se for público.
- O autor do documento pode não responder pelo crime, se não for ciente da declaração falsa. Por exemplo, "A" passou uma informação falsa a um funcionário público que produz uma certidão com esses dados falsos, sem saber desse fato. Somente, "A" responde pelo crime.
- Somente haverá crime de falsidade ideológica se o autor agir com um fim especial: **prejudicar direito, criar obrigação ou alterar a verdade sobre fato juridicamente relevante.**

- Na falsidade material, é **imprescindível o exame de corpo de delito;** enquanto falsidade ideológica não pode ser provado por perícia, já que, nesse caso, o documento é materialmente verdadeiro.

Falsidade Material	Falsidade Ideológica
Fabricação de espelho de RG em uma gráfica não autorizada para emiti-lo	Funcionário Público tem um espelho de RG verdadeiro em suas mãos e, com atribuição passa a preenchê-lo, acrescentando dados falsos
Particular tem espelho em branco de um RG verdadeiro e o preenche com dados falsos ou mesmo verdadeiro	Particular fornece dados inverídicos ao funcionário público que tem atribuição para emitir RG

- **Uso de documento falso:** (art. 304, CP): Fazer uso de um dos documentos falsos na forma dos arts. 297 a 302, CP.
- Trata-se de um tipo penal **remitido**, uma vez que faz referência a outros tipos penais para a sua configuração.
- Posição majoritária: **aquele que falsifica um documento e depois faz uso dele, só responde pelo crime de falsidade**. De acordo com essa corrente, o uso de documento falso, material ou formalmente, seria mero *post factum* impunível.
- Policiais em cumprimento de mandado de busca e apreensão domiciliar encontram o documento em uma gaveta, não há crime de uso de documento falso, pois não foi a pessoa que o apresentou, que dele fez uso.
- **Exceção:** Em uma *blitz* policial, o condutor se recusa a apresentar a **CNH**, que é falsa. Os policiais, então, fazem a busca e encontram o documento no interior do porta-luvas. Nesse caso, há crime de uso de documento público, uma vez que a **CNH** é **documento de porte obrigatório** pelos motoristas (art. 159, § 1º, CTB).
- **Finalidade especial:** fazer prova de fato relevante juridicamente.
- **Supressão de documento público**: (art. 305, CP): **destruição, supressão ou ocultação** de um documento público ou particular.
- **Falsa identidade**: (art. 307, CP): o agente não usa um documento falso, mas se identifica falsamente. Ou seja, mente em relação a um elemento de identificação, como nome, estado civil, sexo, idade, filiação, nacionalidade, etc.
- **Finalidade específica**: obter alguma vantagem ou causar prejuízo a terceiros.
- O Supremo Tribunal Federal, ao examinar o RE 640.139/DF, cuja repercussão geral foi reconhecida, entendeu que o **princípio constitucional da autodefesa não alcança aquele que atribui falsa identidade perante autoridade policial** com o objetivo de ocultar maus antecedentes, sendo, portanto, **típica a conduta praticada pelo agente. No mesmo sentido, a Tese n. 646 dos Recursos Repetitivos do STJ.**
- **Adulteração de sinal de veículo automotor:** (art. 311, CP): trata-se de falsificação de numeração de chassi, de placas, de motor, de câmbio e qualquer outro dado de identificação de veículo.
- Para o Superior Tribunal de Justiça, é típica a conduta de adulterar a placa de veículo automotor mediante a colocação de **fita adesiva**
- **Causa de Aumento** de pena: Se o agente comete o crime no exercício da função pública ou em razão dela, a pena é aumentada de um terço.

Condutas equiparadas	I – o funcionário público que contribui para o licenciamento ou registro do veículo remarcado ou adulterado, fornecendo indevidamente material ou informação oficial; II – aquele que adquire, recebe, transporta, oculta, mantém em depósito, fabrica, fornece, a título oneroso ou gratuito, possui ou guarda maquinismo, aparelho, instrumento ou objeto especialmente destinado à falsificação e/ou adulteração de que trata o caput deste artigo; ou III – aquele que adquire, recebe, transporta, conduz, oculta, mantém em depósito, desmonta, monta, remonta, vende, expõe à venda, ou de qualquer forma utiliza, em proveito próprio ou alheio, veículo automotor, elétrico, híbrido, de reboque, semirreboque ou suas combinações ou partes, com número de chassi ou monobloco, placa de identificação ou qualquer sinal identificador veicular que devesse saber estar adulterado ou remarcado.

- **Qualificadora**: Praticar as condutas descritas nos itens II e III do quaro acima no exercício de atividade comercial ou industrial.
- Equipara-se a atividade comercial qualquer forma de comércio irregular ou clandestino, inclusive aquele exercido em residência

ART. 311-A, CP, FRAUDES EM CERTAMES DE INTERESSE PÚBLICO

- Conduta criminosa: **Utilizar** ou **divulgar**, indevidamente, com o fim de beneficiar a si ou a outrem, ou de comprometer a credibilidade do certame, conteúdo sigiloso dos certames públicos a seguir enumerados.
- Condutas equiparadas: quem **permite ou facilita**, por qualquer meio, o acesso de pessoas não autorizadas às informações mencionadas.

Certames	I - concurso público; II - avaliação ou exame públicos; III - processo seletivo para ingresso no ensino superior; IV - exame ou processo seletivo previstos em lei.

- **Finalidade especial:** beneficiar a si ou a outrem, ou de comprometer a credibilidade do certame.
- Exemplo: alguém divulga as questões ou o gabarito do concurso antes de sua realização.
- A partir desse tipo penal, a chamada "cola", como a eletrônica, passou a ser considerada crime.
- Trata-se de crime formal, pois não se exige o efetivo benefício ou prejuízo à credibilidade do certame. Basta a conduta que vise um ou outro objetivo. Se houver o dano, há a qualificadora.

13.7. DOS CRIMES CONTRA A ADMINISTRAÇÃO PÚBLICA

- **Princípio da insignificância em crimes contra a Administração Pública: Súmula 599 do STJ: não se aplica o princípio da insignificância em crimes contra a Administração Pública.**
- Porém, o próprio STJ já afastou a incidência dessa Súmula em caso concreto, como no caso em que o prejuízo da Administração de aproximadamente R$ 25,00.
- Incide o princípio da insignificância aos crimes tributários federais e de descaminho quando o débito tributário verificado não ultrapassar o limite de R$ 20.000,00 (vinte mil reais), a teor do disposto no art. 20 da Lei n. 10.522/2002, com as atualizações efetivadas pelas Portarias 75 e 130, ambas do Ministério da Fazenda. (Tema Respetitivo 157 - STJ).

Conceito de Funcionário Público (art. 327, CP).

- Para fins penais, há um conceito de funcionário público próprio, previsto no art. 327 do Código Penal. Conceito esse que não se limita aos crimes previstos no Código, mas se estende à legislação extravagante, como a Lei nº 8.137/1990.
- O conceito abarca quem exerce transitoriamente ou sem remuneração cargo, emprego ou função. É o caso dos jurados do Tribunal do Júri.
- O modo de investidura no serviço público é indiferente. Pode ser por meio de concurso público (servidor de carreira), de eleição (prefeitos, vereadores, vice-prefeitos etc.) ou de livre nomeação (Ministros de Estado).
- Não importa se se trata de agente político (como membro de um dos Poderes ou do Ministério Público), servidor público estatutário, celetista ou ocupante de função pública.
- Estagiário no serviço público: é considerado funcionário público para efeitos penais (STJ - RHC 21951/MT - Rel. Min. Félix Fisher. DJ. 02/09/2008).
- Para fins penais: o art. 327, *caput*, do Código Penal, se aplica tanto às hipóteses em que o funcionário público é autor do crime (por exemplo, concussão, excesso de exação, corrupção passiva), quanto às hipóteses em que é vítima ao lado do Estado, da infração penal (por exemplo, desacato, desobediência e resistência). (STJ - HC nº 52.989/AC, Rel. Min. Félix Fisher, DJ. 23/05/2006)
- Funcionário público por equiparação: Art. 327, § 1º, do Código Penal.
- A expressão entidade paraestatal do art. 327, § 1º, do Código Penal, deve ser interpretada ampliativamente e deve abranger: autarquias, fundações públicas, sociedades de economia mista, empresas públicas, entidades do sistema S (SESI, SENAI, SENAC) etc.
- São equiparados a funcionários públicos os empregados das pessoas jurídicas de direito privado que mantêm contratos de concessão, permissão, autorização e convênios com o Poder Público, desde que o objeto desse contrato seja uma atividade típica da Administração Pública, como a prestação de serviços de saúde por uma Santa Casa.

II. Crimes contra Administração Pública praticados por funcionário público contra a Administração Pública em Geral

- Todos os crimes previstos entre o art. 312 e o art. 326, CP, são **crimes próprios**, ou seja, o autor do crime deve ser **funcionário público** na forma do art. 327, CP.
- **O particular** pode praticar tais crimes, desde que em concurso de agentes com o funcionário público.
- **Causa especial de aumento de pena:** funcionário público ocupante de **cargos em comissão ou de função de direção ou assessoramento.**

ARTS. 312 E 313, CP, PECULATO

- **Peculato** (arts. 312 e 313 do Código Penal). Peculato é um crime praticado por funcionário público e que visa tutelar o patrimônio da Administração e, excepcionalmente, atinge um bem particular, quando este está sob a posse ou a detenção da Administração Pública.

PECULATO DOLOSO	Peculato-apropriação Peculato-desvio Peculato-furto
PECULATO CULPOSO	

- **Peculato-apropriação**: art. 312, *caput*, 1ª parte, do Código Penal: o funcionário público, em razão da função que ocupa, tem **a posse lícita do bem público, mas passa a agir como se dono fosse do bem.** Por exemplo, o funcionário público tem a posse do computador em que trabalha e, então, resolvitevá-lo para casa, dele se apropriando.
- **Peculato-desvio**: art. 312, *caput*, 2ª parte: o funcionário público, em razão da função que ocupa, tem a posse lícita do bem público, mas desvia a sua aplicação em proveito próprio ou alheio. Por exemplo, há uma verba destinada ao pagamento pela construção da praça pública.
- **Prefeito Municipal**: não há crime de peculato, mas crime próprio, previsto no Decreto-Lei nº 201/1967 – que cuida dos crimes de responsabilidade de prefeitos.
- **Peculato-furto**: art. 312, § 1º, do Código Penal: o funcionário público, valendo-se das facilidades de sua função, subtrai (furta) ou concorre (auxilia, induz ou instigue) outrem a subtrair, para si ou para outrem, o bem da Administração Pública ou que esteja sob sua posse ou detenção.
- Nesse caso, o bem não está na posse ou detenção do funcionário-público (como ocorre no peculato-apropriação). Por exemplo, o segurança de um Banco estatal subtrai o dinheiro do caixa da agência, em que trabalha.
- **Peculato mediante erro de outrem**: agindo em erro, um particular entrega à Administração Pública um bem de expressão econômica, o funcionário público percebe o erro, mas mantém o particular nesse estado, e, ainda, se apropria do bem.
- Exemplo: agindo em erro, o particular paga R$ 2.000,00 (dois mil reais), relativa a uma multa administrativa, quando o valor seria de R$ 1.000,00 (mil reais). O funcionário público percebe o erro, mas mantém o particular dessa forma, e se apropria dos R$ 1.000,00 (mil reais).
- **Peculato culposo**: Art. 312, § 2º, do Código Penal: o agente age com culpa (negligência, imprudência ou imperícia), e, de sua conduta culposa, uma terceira pessoa se aproveita para praticar um crime contra a Administração Pública, como um furto ou um peculato, etc.

Reparação do dano no peculato culposo	Antes da sentença irrecorrível: extinção da punibilidade; Depois da sentença irrecorrível: Reduz de metade a pena imposta

- **NO PECULATO DOLOSO, APLICA-SE A REGRA DO ARREPENDIMENTO POSTERIOR (ART. 16, CP)**
- **Penas nos crimes de peculato.**

Peculato apropriação, desvio e furto	Pena – reclusão, de dois a doze anos, e multa.
Peculato culposo	Pena – detenção, de três meses a um ano.
Peculato mediante erro de outro	Pena – reclusão, de um a quatro anos, e multa.

ART. 313-A, CP, INSERÇÃO DE DADOS FALSOS EM SISTEMA DE INFORMAÇÕES

- Conduta criminosa: **Inserir** ou **facilitar** o funcionário autorizado a inserção de dados falsos, **alterar** ou **excluir** indevidamente dados corretos nos sistemas informatizados ou bancos de dados da Administração Pública com o fim de obter vantagem indevida para si ou para outrem ou para causar dano.
- Há doutrinadores que denominam esse crime de **peculato virtual**, pois a conduta do agente se assemelha ao peculato-estelionato, já que, por meio de ardil (falsificação dos sistemas de informática ou do banco de dados) ele visa obter vantagem indevida ou causar dano.
- O objeto jurídico desse crime é a fidelidade e integridade do sistema de informática e de bancos de dados da Administração Pública.
- **Finalidade especial do agente** de obter vantagem indevida para si ou para outrem ou de causar dano.
- **Consumação:** trata-se de **crime formal**, cuja consumação se dá no momento em que o agente inseri ou facilita a inserção de dados falsos ou altera ou exclui indevidamente os dados corretos, **mesmo que não obtenha a vantagem indevida para si ou para outrem** ou **cause danos.**

- **Pena:** reclusão, de 2 (dois) a 12 (doze) anos, e multa.

ART. 313-B, CP, MODIFICAÇÃO OU ALTERAÇÃO NÃO AUTORIZADA DE SISTEMA DE INFORMAÇÕES

- Conduta criminosa: **Modificar** ou **alterar** o funcionário sistema de informações ou programa de informática sem autorização ou solicitação de autoridade competente.
- Tutela-se o sistema de informações ou o sistema de informática da administração pública.

ART. 313-A, CP	ART. 313-B, CP
O agente não ingressa no sistema operacionavitaa-*are*), mas apenas falsifica os arquivos do programa.	O agente altera a própria programação, de modo a modificar o meio e modo de geração e criação de arquivos e dados.

- Não se exige obtenção de vantagem indevida ou prejuízo à administração.
- **Pena:** detenção, de três meses a dois anos, e multa.
- Caso haja prejuízo à Administração Pública ou ao administrado, **há causa de aumento de pena de um terço até a metade da pena.**

ART. 314, CP, EXTRAVIO, SONEGAÇÃO OU INUTILIZAÇÃO DE LIVRO OU DOCUMENTO

- Conduta criminosa: **Extraviar** livro oficial ou qualquer documento, de que tem a guarda em razão do cargo; sonegá-lo ou inutilizá-lo, total ou parcialmente.
- Livro Oficial pertence à Administração Pública, como, por exemplo, o livro de rol de culpados do Tribunal do Júri. O documento pode ser particular.
- Em ambas as hipóteses, o funcionário público tem a guarda em razão da função.
- **Pena: reclusão, de um a quatro anos, se o fato não constitui crime mais grave.**

ART. 315, CP, EMPREGO IRREGULAR DE VERBAS OU RENDAS PÚBLICAS

- Conduta criminosa: **Dar** às verbas ou rendas públicas aplicação diversa da estabelecida em lei.
- O sujeito ativo do presente crime, além de ser funcionário público, tem que ter a atribuição de destinar verbas ou rendas públicas.
- Algumas verbas públicas têm destinação vinculada em lei. Assim, o agente que, ao invés de aplicar a verba destinada à saúde, a aplica na educação.
- O Prefeito Municipal que pratica essa conduta incide no crime previsto no art. 1º, III, Decreto-Lei nº 201/1967
- **Pena: detenção, de um a três meses, ou multa.**

ART. 316, CP, CONCUSSÃO

- Conduta criminosa: **Exigir**, para si ou para outrem, direta ou indiretamente, ainda que fora da função ou antes de assumi-la, mas em razão dela, vantagem indevida.
- **Concussão**: O funcionário público, faz uma exigência ao particular, em que há uma **ameaça**, ao menos implicitamente, para receber vantagem indevida.
- Exemplo: o agente florestal **exige** do poluidor uma quantia em dinheiro para si, para deixar de aplicar a multa.
- O agente deve se valer da condição de funcionário público, que sequer pode ainda não estar a exercer, como no caso de nomeado, mas não empossado, ou se já aposentado.
- O crime se consuma com a **exigência**, independentemente da efetiva vantagem pretendida pelo agente. Trata-se de crime formal.
- A vantagem pode ser econômica ou de outra natureza, mas sempre tem que ser **vantagem indevida.**
- A vantagem pode ser em favor do próprio funcionário público ou de terceiro.
- **Pena – reclusão, de 2 (dois) a 12 (doze) anos, e multa. (Redação dada pela Lei nº 13.964, de 2019)**

ART. 316, §§ 1º E 2º, CP, EXCESSO DE EXAÇÃO

- Conduta criminosa: Se o funcionário **exige** tributo ou contribuição social que **sabe ou deveria saber indevido**, ou, **quando devido**, emprega na cobrança meio **vexatório ou gravoso**, que a lei não autoriza
- **Excesso de exação**: art. 316, § 1º, do Código Penal: Crime relacionado à cobrança de tributos.
- Há duas figuras. Na primeira delas, o funcionário sabe ou devia saber que o tributo é indevido, mas mesmo assim exige o seu pagamento.
- Na segunda delas, o tributo é devido, mas o funcionário público expõe o devedor a uma cobrança vexatória ou gravosa, por meio não previsto em lei.
- A cobrança de tributo não deixa de ser meio invasivo, mas está delimitada nos termos da lei.

O crime ocorre se o funcionário aplica meio vexatório não previsto em lei.

- **Pena: reclusão, de 3 (três) a 8 (oito) anos, e multa.**
- Há modalidade especial de excesso de exação previsto: art. 316, § 2º, do Código Penal: o funcionário público desvia a quantia recebida indevidamente **em proveito próprio ou alheio.**
- **Pena: reclusão, de dois a doze anos, e multa.**

ART. 317, CP, CORRUPÇÃO PASSIVA

- Conduta criminosa: **Solicitar** ou **receber**, para si ou para outrem, direta ou indiretamente, ainda que fora da função ou antes de assumi-la, mas em razão dela, vantagem indevida, ou **aceitar** promessa de tal vantagem.
- **Corrupção passiva**: o funcionário público solicita, recebe ou aceita promessa de vantagem indevida.
- Na concussão, o agente **exige** a vantagem indevida, enquanto, na corrupção passiva, há mera **solicitação.**
- Não é necessário que o funcionário público receba a vantagem indevida, basta que solicite ou aceite a promessa de recompensa, para a configuração do crime de corrupção passiva, já que se trata de **crime formal.**
- O agente deve se valer da condição de funcionário público, que sequer pode ainda não estar a exercer, como no caso de nomeado, mas não empossado, ou se já aposentado.
- O crime se consuma com a **solicitação ou aceitação**, independentemente da efetiva vantagem pretendida pelo agente. Trata-se de crime formal.
- A vantagem pode ser econômica ou de outra natureza, mas sempre tem que ser **vantagem indevida.**
- A vantagem pode ser em favor do próprio funcionário público, como particular.
- **Pena: reclusão, de 2 (dois) a 12 (doze) anos, e multa.**
- **Causa de aumento de pena:** art. 317, § 1º, CP: A pena é aumentada de **um terço**, se, em consequência da vantagem ou promessa, o funcionário **retarda ou deixa de praticar** qualquer **ato de ofício** ou o **pratica infringindo dever funcional.**
- **Corrupção privilegiada:** art. 317, § 2º, CP: Se o funcionário **pratica, deixa de praticar ou retarda ato de ofício**, com infração de dever funcional, cedendo a **pedido ou influência de outrem.**
- Na corrupção privilegiada, o funcionário público não solicita, recebe vantagem indevida ou aceita promessa de indevida vantagem. Ele age em desconformidade com a lei ao atender a pedido ou influência de outrem.
- **Pena: detenção, de três meses a um ano, ou multa.**

ART. 319, CP, PREVARICAÇÃO

- Conduta criminosa: **Retardar** ou **deixar de praticar**, indevidamente, ato de ofício, ou praticá-lo contra disposição expressa de lei, para satisfazer interesse ou sentimento pessoal.
- **Prevaricação**: se o funcionário público agir de forma contrária ao que determina a lei, comete crime de prevaricação, desde que vise a satisfazer interesse ou sentimento pessoal.
- No caso de dúvida ou erro na interpretação da lei, o funcionário público não responde por prevaricação.
- Além de querer não observar o que estabelece em lei, o funcionário público age **para satisfazer interesse ou sentimento pessoal**, como o ódio, a afeição, a teimosia, o capricho, a contemplação, benefício patrimonial indireto, etc.
- **Pena: detenção, de três meses a um ano, e multa.**

ART. 319-A, CP, PREVARICAÇÃO IMPRÓPRIA OU ESPECIAL

- Conduta criminosa: **Deixar** o Diretor de Penitenciária e/ou agente público, de **cumprir seu dever** de vedar ao preso o acesso a aparelho telefônico, de rádio ou similar, que permita a comunicação com outros presos ou com o ambiente externo.
- Além da qualidade de funcionário público, o autor do crime deve ser **DIRETOR DE PENITENCIÁRIA e/ou agente público** que tenha a atribuição de impedir a comunicação de pessoas presas.
- Trata-se de crime omissivo próprio, pois a conduta descrita no tipo penal é negativa: deixar de....
- O preso pode se comunicar com o mundo exterior, como por exemplo, visitas, cartas, mas não pode por telefone e, diante de vários casos de telefone celular no interior dos presídios, cuja entrada decorria de conduta de agentes penitenciários, houve por bem o legislador a prever o crime em tela.
- Para a configuração do crime, basta que haja a entrada dos objetos descritos no tipo penal no interior do presídio, não é preciso que o preso use o aparelho. Essa entrada deve decorrer da omissão dolosa do agente público.
- **Pena: detenção, de 3 (três) meses a 1 (um) ano.**

ART. 320, CP, CONDESCENDÊNCIA CRIMINOSA

- Conduta criminosa: **Deixar** o funcionário, por indulgência, **de responsabilizar** subordinado que cometeu infração no exercício do cargo ou, quando lhe falte competência, não levar o fato ao conhecimento da autoridade competente.
- **Condescendência criminosa:** art. 320, CP: o superior hierárquico, por indulgência, deixa de tomar as medidas legais cabíveis contra o funcionário público subordinado que cometeu uma infração administrativa.
- **Indulgência:** piedade, clemência, é o motivo que leva o autor a não punir o funcionário público faltoso.
- **Pena: detenção, de quinze dias a um mês, ou multa.**

ART. 321, CP, ADVOCACIA ADMINISTRATIVA

- Conduta criminosa: **Patrocinar**, direta ou indiretamente, interesse privado perante a administração pública, valendo-se da qualidade de funcionário.
- Patrocinar significa defender, advogar.
- Nesse crime, o funcionário público defende perante a Administração interesse de um particular.
- **Pena: detenção, de um a três meses, ou multa.**
- **Pena: detenção, de três meses a um ano, além da multa,** se o interesse é ilegítimo, como cancelamento de imposto que é devido.

ART. 323 CP, ABANDONO DE FUNÇÃO

- Conduta criminosa: **Abandonar** cargo público, fora dos casos permitidos em lei.
- Abandonar significa renunciar, afastar-se, retirar-se, do cargo por **tempo relevante** e em hipótese **não autorizada em lei.**
- Não se configura o crime, se o abandono for por causa autorizada em lei, como férias, licenças, etc.
- Não precisa de haver prejuízo concreto à Administração Pública, se ocorrer a forma qualificada com pena mais gravosa.
- Também, há pena mais gravosa, se o abandono for em região de fronteira, dado os interesses de proteger a soberania do Estado nessas regiões, como Polícia Federal e Receita Federal.
- **Pena: detenção, de quinze dias a um mês, ou multa.**
- **Pena: detenção, de três meses a um ano, e multa,** se do abandono houver prejuízo para a Administração Pública.
- **Pena: detenção, de um a três anos, e multa**, se o abandono ocorrer em região de fronteira.

ART. 324, CP, EXERCÍCIO FUNCIONAL ILEGALMENTE ANTECIPADO OU PROLONGADO

- Conduta criminosa: **Entrar** no exercício de função pública antes de satisfeitas as exigências legais**, ou continuar a exercê-la**, sem autorização, depois de saber oficialmente que foi exonerado, removido, substituído ou suspenso:
- Nesse crime, o agente entra em exercício antes de tomar posse ou continua em exercício mesmo depois de exonerado, removido, substituído ou suspenso.
- **Pena: detenção, de quinze dias a um mês, ou multa.**

ART. 325, CP, VIOLAÇÃO DE SIGILO FUNCIONAL

- Conduta criminosa: **Revelar** fato de que tem ciência em razão do cargo e que deva permanecer em segredo, ou **facilitar-lhe** a revelação.
- Nesse crime, deve haver perigo ao interesse público protegido pelo segredo para a configuração do crime.
- A consumação ocorre quando o terceiro toma conhecimento do fato que estava sob segredo.

Condutas equiparadas	I – permite ou facilita, mediante atribuição, fornecimento e empréstimo de senha ou qualquer outra forma, o acesso de pessoas não autorizadas a sistemas de informações ou banco de dados da Administração Pública; II – se utiliza, indevidamente, do acesso restrito.

- Pena: detenção, de seis meses a dois anos, ou multa, se o fato não constitui crime mais grave.
- Pena: reclusão, de 2 (dois) a 6 (seis) anos, e multa, e da quebra do sigilo, houver dano à Administração Pública.
- **III. Dos crimes praticados por particulares contra Administração em Geral**

ART. 328, CP, USURPAÇÃO DE FUNÇÃO PÚBLICA

- Conduta criminosa: **Usurpar** o exercício de função pública.
- Usurpar: o autor do crime pratica ato público como se fosse funcionário público.
- O funcionário público que pratica ato que não é de sua atribuição, mas de outro funcionário, comete o crime de usurpação.

- **Pena: detenção, de três meses a dois anos, e multa.**
- **Pena: reclusão, de dois a cinco anos, e multa.** Se do fato, o autor do crime obtém vantagem. Não só vantagem de natureza patrimonial, como de outra natureza. Essa vantagem pode ser devida ou indevida.

ART. 329, CP, RESISTÊNCIA

- Conduta criminosa: **Opor-se** à execução de ato legal, mediante violência ou ameaça a funcionário competente para executá-lo ou a quem lhe esteja prestando auxílio.
- **Resistência**: Para a caracterização do crime de resistência, o sujeito ativo deve se voltar contra **ato legal** da Administração Pública, isto é, ato praticado formal e materialmente nos termos da lei.
- O agente deve resistir mediante **violência ou grave ameaça.**
- O ato de resistência deve ser voltado contra **o funcionário público competente** para a sua prática ou contra **o particular** que, por ventura, o esteja a **auxiliá-lo.**
- Exemplo: o funcionário da empresa pública de fornecimento de água vai cortar o fornecimento por falta de pagamento, mas o particular resiste mediante violência ou grave ameaça.
- O crime se consuma mesmo que o ato administrativo seja realizado.
- Caso o ato não se realize, há uma qualificadora.
- **Pena: detenção, de dois meses a dois anos.**
- **Pena: reclusão, de um a três anos.** Se o ato, em razão da resistência, não se executa:

ART. 330, CP, DESOBEDIÊNCIA

- Conduta criminosa: **Desobedecer** a ordem legal de funcionário público.
- **Desobediência**: O particular deixa de cumprir uma ordem legal, emanada de funcionário público que tenha competência para dar tal ordem.
- Pode o funcionário público praticar crime de desobediência, desde que não se dê em descumprimento hierarquia interna, hipótese em que não há o crime em tela, podendo configurar mera infração administrativa ou, no máximo, prevaricação (STJ – ROHC nº 12.780/MS. Rel. Min. Félix Fisher. DJ. 27.05.2003).
- Na desobediência, **não há violência ou grave ameaça.**
- **TEMA 1060 – STJ:** A desobediência à ordem legal de parada, emanada por agentes públicos em contexto de policiamento ostensivo, para a prevenção e repressão de crimes, constitui conduta penalmente típica, prevista no art. 330 do Código Penal Brasileiro.
- **Pena: detenção, de quinze dias a seis meses, e multa.**

ART. 331, CP, DESACATO

- Conduta criminosa: **Desacatar** funcionário público no exercício da função ou em razão dela
- **Desacato:** o agente, por qualquer meio, como palavras ou gestos ou escritos, humilha, ofende, desprestigia o funcionário público no exercício ou em função dela.
- O que se tutela é a dignidade da função pública, ou seja, há crime ainda que o servidor não se sinta ofendido subjetivamente.
- Se a ofensa for feita ao funcionário público ausente, haverá crime de injúria qualificada.
- A discussão exaltada entre o particular e o funcionário público **não** tipifica o crime de desacato (STJ – REsp. 13.946/PR. Rel. Min. Cid Flaquer Scartezzini. DJ. 24.06.1992).
- O Supremo Tribunal Federal declarou inconstitucional o art. 7º, § 2º, do Estatuto da Ordem dos Advogados do Brasil (Lei nº 8.906/1994), que tornava imune o advogado que cometia desacato no exercício de sua função (ADI nº 1127/DF. Rel. Original. Min. Marco Aurélio. Rel. para Acórdão. Min. Ricardo Lewandowski. DJ. 17.05.2006).
- O STJ firmou entendimento de que o crime de desacato não ofende o direito à liberdade expressão, consagrado no Pacto de San José da Costa Rica.
- **Pena: detenção, de seis meses a dois anos, ou multa.**

ART. 332, CP, TRÁFICO DE INFLUÊNCIA

- Conduta criminosa: **Solicitar, exigir, cobrar ou obter,** para si ou para outrem, vantagem ou promessa de vantagem, a pretexto de influir em ato praticado por funcionário público no exercício da função.
- O autor do fato pode ter ou não qualquer influência sobre o funcionário público, que o crime se consuma.
- Na verdade, essa suposta influência é mero pretexto para o agente obter a indevida vantagem, que pode ser patrimonial ou de outra natureza.

- Trata-se de crime formal, que se consuma no momento em que o agente pratica um dos verbos da conduta típica.
- Não precisa que o agente peça a influência ao funcionário público.
- **Pena: reclusão, de 2 (dois) a 5 (cinco) anos, e multa.**
- **Causa de aumento de pena:** A pena é aumentada da **metade**, se o agente **alega ou insinua** que a vantagem é também destinada ao funcionário.
- Para a incidência da causa de aumento, não é preciso que o funcionário público esteja de fato em conluio com o autor do fato. Basto alegação ou insinuação nesse sentido.

ART. 333, CP, CORRUPÇÃO ATIVA

- Conduta criminosa: **Oferecer** ou **prometer** vantagem indevida a funcionário público, para determiná-lo a praticar, omitir ou retardar ato de ofício.
- **Corrupção ativa**: o particular oferece ou promete a vantagem indevida comete crime.
- Trata-se de exceção à teoria monista, pois o funcionário público responde por corrupção passiva, enquanto o particular por corrupção ativa.

Corrupção ativa	Corrupção passiva
-------------------	Solicitar
Oferecer	Receber
Prometer	Aceitar promessa.

- **Atenção**: se o funcionário público tomar a iniciativa e solicitar a vantagem econômica, o particular **não** responde por corrupção ativa, mesmo que efetue o pagamento.
- **Finalidade específica:** o oferecimento ou a promessa de vantagem indevida tem o fim específico de determinar o funcionário público a praticar, omitir ou retardar ato de ofício.
- Trata-se de **crime formal**, Basta o oferecimento ou a promessa. Independe que o funcionário público deixe de praticar o ato de ofício.
- **Pena: reclusão, de 2 (dois) a 12 (doze) anos, e multa.**
- **Causa de aumento de pena:** A pena é aumentada de **um terço**, se, em razão da vantagem ou promessa, o funcionário **retarda ou omite ato de ofício**, ou **o pratica infringindo dever funcional.**
- Incide a causa de aumento de pena, se, em decorrência do oferecimento ou promessa, o funcionário público toma conduta contrária ao seu dever legal.

ART. 334, CP, DESCAMINHO

- Conduta criminosa: Iludir, no todo ou em parte, o pagamento de direito ou imposto devido pela entrada, pela saída ou pelo consumo de mercadoria.
- No crime de descaminho, a mercadoria tem origem lícita, mas o agente toma conduta que visa não pagar direito ou imposto devido pela entrada, saída ou consumo da mercadoria.
- A jurisprudência do STF admite a aplicação do princípio da insignificância em crime de descaminho, cujo valor de tributo não arrecado seja inferior a vinte mil reais. Porém, mesmo que o valor seja inferior a tal montante fica inviável o reconhecimento da insignificância ante outras circunstâncias, como a habitualidade delitiva (AgRg no REsp 1.679.396/SC. Rel. Min. Félix Fischer. DJ. 12/12/2017)

  TEMA 933 – STJ: Quando o falso se exaure no descaminho, sem mais potencialidade lesiva, é por este absorvido, como crime-fim, condição que não se altera por ser menor a pena a este cominada.

  Pena: reclusão, de 1 (um) a 4 (quatro) anos.

ART. 334-A, CP, CONTRABANDO

- Conduta criminosa: Importar ou exportar mercadoria proibida.
- Trata-se de norma penal em branco, pois o conceito de mercadoria proibida advém de outro ato normativo.
- Em regra, não cabe aplicação do princípio da insignificância em crime de contrabando.

  Pena: reclusão, de 2 (dois) a 5 (cinco) anos.

ART. 336, CP, INUTILIZAÇÃO DE EDITAL OU DE SINAL

- Conduta criminosa: **Rasgar** ou, de qualquer forma, **inutilizar ou conspurcar** edital afixado por ordem de funcionário público**; violar** ou **inutilizar** selo ou sinal empregado, por determinação legal ou por ordem de funcionário público, para identificar ou cerrar qualquer objeto.
- A Administração Pública pode fixar editais em lugares públicos, como, por exemplo, editais de citação em processos.
- Pode também colocar seus sinais em outros lugares, como, para interdição de estabelecimento comercial.

- Esses editais ou selos que são objeto material do crime.
- **Pena: detenção, de um mês a um ano, ou multa.**

ART. 337, CP, SUBTRAÇÃO OU INUTILIZAÇÃO DE LIVRO OU DOCUMENTO

- Conduta criminosa: **Subtrair,** ou **inutilizar,** total ou parcialmente, livro oficial, processo ou documento confiado à custódia de funcionário, em razão de ofício, ou de particular em serviço público.
- Na subtração, não basta que o livro oficial seja tirado do lugar. É preciso que o agente tome a coisa para si, a leve consigo, tome posse do livro.
- Na inutilização, não basta o simples risco ou a simples rasura, o livro deve se tornar inútil, não podendo mais ser usado para o seu devido fim.
- **Pena: reclusão, de dois a cinco anos, se o fato não constitui crime mais grave.**

IV. Crimes contra Administração da Justiça

- Os crimes desse capítulo tutelam a correta prestação jurisdicional.

ART. 339, CP, DENUNCIAÇÃO CALUNIOSA

Conduta criminosa: **Dar causa** à instauração de inquérito policial, de procedimento investigatório criminal, de processo judicial, de processo administrativo disciplinar, de inquérito civil ou de ação de improbidade administrativa contra alguém, imputando-lhe crime, infração ético-disciplinar ou ato ímprobo de que o sabe inocente.

Procedimentos	inquérito policial,
	procedimento investigatório criminal,
	processo judicial,
	processo administrativo disciplinar,
	inquérito civil ou;
	ação de improbidade administrativa

- O crime se consuma com o início das investigações, mesmo que não haja inquérito policial formalmente instaurado.
- O crime ocorre se o fato não ocorreu e o agente, além de mentir quanto ao fato, imputa a alguém a autoria.
- O crime ocorre se o fato ocorreu e o agente imputa falsamente a alguém a autoria.
- O envio de carta anônima dando notícia de um crime e apontando falsamente a autoria delitiva configura crime de denunciação caluniosa, se a partir dela se iniciam as investigações.
- **Pena: reclusão, de dois a oito anos, e multa.**
- **Causa de aumento de pena:** A pena é aumentada de **sexta parte,** se o agente se serve de **anonimato** ou **de nome suposto.**
- **Causa de diminuição de pena:** A pena é diminuída de **metade, se** a imputação é de prática de **contravenção.**

ART. 340, CP, COMUNICAÇÃO FALSA DE CRIME

- Conduta criminosa: **Provocar** a ação de autoridade, comunicando-lhe a ocorrência de crime ou de contravenção que sabe não se ter verificado.
- Nesse crime, o agente não imputa o fato a alguém, mas comunica à autoridade policial que houve um **crime ou contravenção penal, que não ocorreu.**
- O crime não está na simples comunicação, mas no momento em que autoridade inicia qualquer ato de investigação, ainda que não inquérito policial, se tem a consumação do crime.
- **Pena: detenção, de um a seis meses, ou multa.**

ART. 341, CP, AUTOACUSAÇÃO FALSA

- Conduta criminosa: **Acusar-se,** perante a autoridade, de crime inexistente ou praticado por outrem.
- Nesse caso, o agente se acusa falsamente como autor de um **crime**, que não ocorreu, se ocorreu, foi praticado por outra pessoa.
- **Pena: detenção, de três meses a dois anos, ou multa.**

ART. 342, CP, FALSO TESTEMUNHO OU FALSA PERÍCIA

- Conduta criminosa: **Fazer** afirmação falsa, ou **negar** ou **calar** a verdade como testemunha, perito, contador, tradutor ou intérprete em processo judicial, ou administrativo, inquérito policial, ou em juízo arbitral.
- **Falso testemunho:** se o falso é cometido no cumprimento de carta precatória, o Juízo deprecado é o competente para o julgamento do crime, pois o crime se consumou nesse local.

Sujeitos ativos	Testemunha; Perito; Contador; Tradutor; Intérprete

- O Superior Tribunal de Justiça firmou compreensão de que, apesar do crime de falso testemunho ser de mão própria, pode haver a participação do advogado no seu consentimento;
- Se a vítima mentir em Juízo, **não** comete crime de falso testemunho.
- Condutas comissivas: **Fazer** a afirmação falsa ou **negar** a verdade.
- Conduta omissiva: **Calar** a verdade.
- Fato juridicamente relevante: só o crime se o falso recair sobre fato relevante para o deslinde da causa. Se o fato for irrele-vante para a formação de convencimento da Autoridade Policial ou Judicial, não há potencialidade lesiva à Administração da Justiça.
- É pacífico o entendimento de que o crime de falso testemunho é formal, consumando-se no momento em que é feita a afirmação falsa sobre fato juridicamente relevante.
- Se o falso é cometido no cumprimento de carta precatória, o Juízo deprecado é o competente para o julgamento do crime, pois o crime se consumou nesse local.
- **Pena: reclusão, de 2 (dois) a 4 (quatro) anos, e multa.**
- **Causa de aumento de pena:** As penas aumentam-se de **um sexto a um terço,** se o crime é praticado **mediante suborno** ou se cometido com o fim de obter prova destinada a produzir efeito em **processo penal**, ou em **processo civil** em que for parte **entidade da administração pública direta ou indireta.**
- **Retratação:** o fato deixa de ser punível se, **antes da sentença no processo em que ocorreu o ilícito**, o agente se retrata ou declara a verdade.

ART. 343, CP, CORRUPÇÃO ATIVA DE TESTEMUNHA OU PERITO

- Conduta criminosa**: Dar, oferecer ou prometer** dinheiro ou qualquer outra vantagem a testemunha, perito, contador, tradutor ou intérprete, para fazer afirmação falsa, negar ou calar a verdade em depoimento, perícia, cálculos, tradução ou interpretação.
- A vantagem pode ser econômica ou de outra natureza.
- Não é preciso que a testemunha ou outro destinatário receba a vantagem basta que haja oferecimento ou promessa.
- Finalidade especial: a corrupção é para fazer afirmação falsa, negar ou calar a verdade em depoimento, perícia, cálculos, tradução ou interpretação.
- **Pena: reclusão, de três a quatro anos, e multa.**
- **Causa de aumento de pena:** As penas aumentam-se de **um sexto a um terço,** se o crime é cometido com o fim de obter prova destinada a produzir efeito **em processo penal** ou **em processo civil** em que for parte entidade da **administração pública direta ou indireta.**

ART. 344, CP, COAÇÃO NO CURSO DO PROCESSO

- Conduta criminosa**: Usar** de violência ou grave ameaça**,** com o fim de favorecer interesse próprio ou alheio, contra autoridade, parte, ou qualquer outra pessoa que funciona ou é chamada a intervir em processo judicial, policial ou administrativo, ou em juízo arbitral.
- Meio de coação: **violência ou grave ameaça.**
- Finalidade especial: **favorecer interesse próprio ou alheio**

<table>
<tr><td rowspan="3">Vítimas</td><td>Autoridade;</td></tr>
<tr><td>Parte;</td></tr>
<tr><td>Qualquer outra pessoa que funciona ou é chamada a intervir</td></tr>
</table>

- **Pena: reclusão, de um a quatro anos, e multa, além da pena correspondente à violência.**

  A pena aumenta-se de 1/3 (um terço) até a metade se o processo envolver crime contra a dignidade sexual.

ART. 345, CP, EXERCÍCIO ARBITRÁRIO DAS PRÓPRIAS RAZÕES

- Conduta criminosa**: Fazer** justiça pelas próprias mãos, para satisfazer pretensão, embora legítima, salvo quando a lei o permite.
- O Estado tem o monopólio da prestação jurisdicional, só ele faz a Justiça.
- Então, ninguém pode fazer Justiça pelas próprias mãos, ainda que sua pretensão seja legítima.
- Por vezes, a lei autoriza que a pessoa defenda sua pretensão sem necessidade de buscar a tutela jurisdicional.
- Exemplo: O possuidor turbado, ou esbulhado, poderá manter-se ou restituir-se **por sua própria força**, contanto que o **faça logo**; os atos de defesa, ou de desforço, não podem ir além do indispensável à manutenção, ou restituição da posse (art. 1.2010, § 1°, CP)..
- **Pena: detenção, de quinze dias a um mês, ou multa, além da pena correspondente à violência.**

- **Ação penal:** em regra, se procede **mediante queixa** (ação penal privada). Se houver violência, a ação penal é pública incondicionada.

ART. 346, CP, SUBTRAÇÃO, SUPRESSÃO OU DANIFICAÇÃO DE COISA PRÓPRIA NO LEGÍTIMO PODER DE TERCEIRO

- Conduta criminosa: **Tirar, suprimir, destruir ou danificar** coisa própria, que se acha em poder de terceiro por determinação judicial ou convenção.
- Mais uma vez, o Estado tutela o monopólio da prestação jurisdicional.
- O bem pertence ao agente, mas por decisão judicial ou contrato, tal bem está na posse de outra pessoa. O dano então tira, suprimi, destrói ou danifica tal bem.
- **Pena: detenção, de seis meses a dois anos, e multa.**

ART. 347, CP, FRAUDE PROCESSUAL

- Conduta criminosa: **Inovar** artificiosamente, na pendência de processo civil ou administrativo, o estado de lugar, de coisa ou de pessoa, com o fim de induzir a erro o juiz ou o perito.

Tipo penal	a) a conduta consiste em **inovar** (mudar, alterar), b) **artificiosamente** (mediante artifício ou ardil); c) o estado de **lugar**, de **coisa** ou de **pessoa**; d) com o **fim** de **induzir a erro ou juiz ou o perito.**

- **Pena: detenção, de três meses a dois anos, e multa.**
- **Causa de aumento de pena:** Se a inovação se destina a produzir efeito em **processo penal**, ainda que **não iniciado**, as penas aplicam-se em **dobro.**

Inovação artificial em processo civil ou administrativo	Inovação artificial em processo penal
O processo já **deve ter se iniciado (pendência)**	A inovação pode ocorrer mesmo antes de iniciado o processo

ART. 357, CP, EXPLORAÇÃO DE PRESTÍGIO

- Conduta criminosa: **Solicitar ou receber** dinheiro ou qualquer outra utilidade, a pretexto de influir em juiz, jurado, órgão do Ministério Público, funcionário de justiça, perito, tradutor, intérprete ou testemunha:
- Esse crime se assemelha ao de tráfico de influência a diferença é que a suposta influência vai recair sobre **juiz, jurado, órgão do Ministério Público, funcionário de justiça, perito, tradutor, intérprete ou testemunha.**
- **Pena: reclusão, de um a cinco anos, e multa.**
- **Causa de aumento de pena:** As penas aumentam-se de **um terço,** se o agente alega ou insinua que o dinheiro ou utilidade também se destina a qualquer das pessoas referidas neste artigo.

ART. 359, CP, DESOBEDIÊNCIA A DECISÃO JUDICIAL SOBRE PERDA OU SUSPENSÃO DE DIREITO

- Conduta criminosa: **Exercer** função, atividade, direito, autoridade ou múnus, de que foi suspenso ou privado por decisão judicial.
- Há ordem judicial que proíbe ou suspende a pessoa de praticar função atividade, direito, autoridade ou múnus.
- O crime ocorre caso o agente desobedece a essa ordem judicial.
- **Pena: detenção, de três meses a dois anos, ou multa.**

IV. CRIMES EM LICITAÇÕES E CONTRATOS ADMINISTRATIVOS

Os crimes em licitações e contratos administrativos são todos dolosos e de ação penal pública incondicionada.

Nesses crimes, a pena de multa cominada aos crimes previstos neste Capítulo seguirá a metodologia de cálculo prevista neste Código e não poderá ser inferior a 2% (dois por cento) do valor do contrato licitado ou celebrado com contratação direta.

ART. 337-E, CP, CONTRATAÇÃO DIRETA ILEGAL

- Conduta criminosa: **Admitir, possibilitar ou dar causa à contratação direta fora das hipóteses previstas em lei.**
- Em regra, os contratos administrativos são precedidos de processo licitatório. Apenas, excepcionalmente, a lei autoriza contratação sem licitação. Caso haja a contratação sem licitação fora das hipóteses legais, haverá crime em tela.
- **Pena: reclusão, de 4 (quatro) a 8 (oito) anos, e multa.**

ART. 337-F, CP, FRUSTRAÇÃO DO CARÁTER COMPETITIVO DE LICITAÇÃO

- Conduta criminosa: **Frustrar ou fraudar, com o intuito de obter para si ou para outrem vantagem decorrente da adjudicação do objeto da**

licitação, o caráter competitivo do processo licitatório

- A norma penal exige o elemento subjetivo do injusto, qual seja, que o agente vise obter para si ou para outrem vantagem decorrente de adjudicação de **objeto da licitação, o caráter competitivo do processo licitatório**
- **Pena: reclusão, de 4 (quatro) a 8 (oito) anos, e multa.**

ART. 337-G, CP, PATROCÍNIO DE CONTRATAÇÃO INDEVIDA

- Conduta criminosa: **Patrocinar, direta ou indiretamente, interesse privado perante a Administração Pública, dando causa à instauração de licitação ou à celebração de contrato cuja invalidação vier a ser decretada pelo Poder Judiciário**
- Trata-se de norma especial que afasta o crime de advocacia administrativa no âmbito de processo licitatório.
- Tem-se uma condição objetiva de punibilidade: que o contrato seja invalidado por decisão do Poder Judiciário. Não há crime se a própria Administração Pública reconhecer a invalidade.
- **Pena: reclusão, de 6 (seis) meses a 3 (três) anos, e multa.**

ART. 337-H, CP, MODIFICAÇÃO OU PAGAMENTO IRREGULAR EM CONTRATO ADMINISTRATIVO

- Conduta criminosa: **Admitir, possibilitar ou dar causa a qualquer modificação ou vantagem, inclusive prorrogação contratual, em favor do contratado, durante a execução dos contratos celebrados com a Administração Pública, sem autorização em lei, no edital da licitação ou nos respectivos instrumentos contratuais, ou, ainda, pagar fatura com preterição da ordem cronológica de sua exigibilidade:**
- É comum na Administração Pública os aditamentos aos contratos administrativos. No caso, há crime se esse aditamento se der fora das previsões legais e das normas do edital e do contrato.
- **Pena: reclusão, de 4 (quatro) anos a 8 (oito) anos, e multa.**

ART. 337-I, CP, PERTURBAÇÃO DE PROCESSO LICITATÓRIO

- Conduta criminosa: **Impedir, perturbar ou fraudar a realização de qualquer ato de processo licitatório:**
- O processo licitatório é escalonado e há crime caso haja perturbação em qualquer uma de suas etapas.
- **Pena: detenção, de 6 (seis) meses a 3 (três) anos, e multa.**

ART. 337-J, CP, VIOLAÇÃO DE SIGILO EM LICITAÇÃO

- Conduta criminosa: **Devassar o sigilo de proposta apresentada em processo licitatório ou proporcionar a terceiro o ensejo de devassá-lo.**
- O processo licitatório tem suas fases sigilosas para se garantir a paridade entre os licitantes. Se, por qualquer meio, há quebra desse sigilo, há o crime em tela.
- **Pena: detenção, de 2 (dois) anos a 3 (três) anos, e multa.**

ART. 337-K, CP, AFASTAMENTO DE LICITANTE

- Conduta criminosa: **Afastar ou tentar afastar licitante por meio de violência, grave ameaça, fraude ou oferecimento de vantagem de qualquer tipo:**
- No crime em tela, a tentativa é punida da mesma forma que a consumação.
- No caso de violência, o agente reponde em concurso com o resultado dela, como lesão corporal.
- **Pena: detenção, de 2 (dois) anos a 3 (três) anos, e multa.**

ART. 337-L, CP, FRAUDE EM LICITAÇÃO OU CONTRATO

- Conduta criminosa: **Fraudar, em prejuízo da Administração Pública, licitação ou contrato dela decorrente.**

FORMAS DE FRAUDE:

I – entrega de mercadoria ou prestação de serviços com qualidade ou em quantidade diversas das previstas no edital ou nos instrumentos contratuais:

II – fornecimento, como verdadeira ou perfeita, de mercadoria falsificada, deteriorada, inservível para consumo ou com prazo de validade vencido

III – entrega de uma mercadoria por outra

IV – alteração da substância, qualidade ou quantidade da mercadoria ou do serviço fornecido

V – qualquer meio fraudulento que torne injustamente mais onerosa para a Administração Pública a proposta ou a execução do contrato:

- **Pena: reclusão, de 4 (quatro) anos a 8 (oito) anos, e multa.**

ART. 337-M, CP, CONTRATAÇÃO INIDÔNEA

- Conduta criminosa: **Admitir à licitação empresa ou profissional declarado inidôneo:**
- **Pena: reclusão, de 1 (um) ano a 3 (três) anos, e multa**
- Incide na mesma pena do caput deste artigo aquele que, declarado inidôneo, venha a participar de licitação e, na mesma pena do § 1º deste artigo, aquele que, declarado inidôneo, venha a contratar com a Administração Pública.
- Conduta criminosa: **Celebrar contrato com empresa ou profissional declarado inidôneo:**
- **Pena: reclusão, de 3 (três) anos a 6 (seis) anos, e multa.**
- Há a sanção no processo licitatório da inidoneidade, quando o contratante viola regras do contrato licitatório. Há crime se o agente contratar com pessoa já declarada inidônea.

ART. 337-N, CP, IMPEDIMENTO INDEVIDO

- Conduta criminosa: **Obstar, impedir ou dificultar injustamente a inscrição de qualquer interessado nos registros cadastrais ou promover indevidamente a alteração, a suspensão ou o cancelamento de registro do inscrito:**
- **Pena:** reclusão, de 6 (seis) meses a 2 (dois) anos, e multa.
- os requisitos para a participação de qualquer pessoa no processo licitatório devem ser devidamente motivados e, assim, requisitos que não atendam ao interesse público devem ser considerados injustos. Havendo o crime em tela, em caso de injusta restrição.

ART. 337-O, CP, OMISSÃO GRAVE DE DADO OU DE INFORMAÇÃO POR PROJETISTA

- Conduta criminosa: **Omitir, modificar ou entregar à Administração Pública levantamento cadastral ou condição de contorno em relevante dissonância com a realidade, em frustração ao caráter competitivo da licitação ou em detrimento da seleção da proposta mais vantajosa para a Administração Pública, em contratação para a elaboração de projeto básico, projeto executivo ou anteprojeto, em diálogo competitivo ou em procedimento de manifestação de interesse.**
- **Pena:** reclusão, de 6 (seis) meses a 3 (três) anos, e multa.
- Causa de aumento de pena: Se o crime é praticado com o fim de obter benefício, direto ou indireto, próprio ou de outrem, aplica-se em dobro a pena.

ART. 337-P, CP, PENA DE MULTA

A pena de multa cominada aos crimes tratados anteriormente seguirá a metodologia de cálculo prevista no Código Penal e não poderá ser inferior a 2% (dois por cento) do valor do contrato licitado ou celebrado com contratação direta.

V- DOS CRIMES CONTRA O ESTADO DEMOCRÁTICO DE DIREITO

dos crimes contra a Soberania Nacional

Tutela-se nos crimes a seguir a soberania nacional, que é um dos fundamentos da República Federativa do Brasil (art. 1º, I, CF/88).

ART. 359-I, CP, ATENTADO À SOBERANIA

- Conduta criminosa: **Negociar com governo ou grupo estrangeiro, ou seus agentes, com o fim de provocar atos típicos de guerra contra o País ou invadi-lo:**
- Finalidade especial: **provocar atos típicos de guerra contra o País ou invadi-lo.**
- **Pena:** reclusão, de 3 (três) a 8 (oito) anos.
- Causa de aumento de pena: Aumenta-se a pena de metade até o dobro, se declarada guerra em decorrência das condutas previstas no caput deste artigo.
- Qualificadora: Se o agente participa de operação bélica com o fim de submeter o território nacional, ou parte dele, ao domínio ou à soberania de outro país:
- **Pena:** reclusão, de 4 (quatro) a 12 (doze) anos.

ART. 359-J, CP, ATENTADO À INTEGRIDADE NACIONAL

- Conduta criminosa: **Praticar violência ou grave ameaça com a finalidade de desmembrar parte do território nacional para constituir país independente:**
- Objeto jurídico: **a integralidade do território nacional.**
- **Pena:** reclusão, de 2 (dois) a 6 (seis) anos, além da pena correspondente à violência.

ART. 359-K, CP, ESPIONAGEM

- Conduta criminosa: **Entregar a governo estrangeiro, a seus agentes, ou a organização criminosa estrangeira, em desacordo com determinação legal ou regulamentar, documento**

ou informação classificados como secretos ou ultrassecretos nos termos da lei, cuja revelação possa colocar em perigo a preservação da ordem constitucional ou a soberania nacional:

- Figura equiparada: **quem presta auxílio a espião, conhecendo essa circunstância, para subtraí-lo à ação da autoridade pública.**
- **Pena:** reclusão, de 6 (seis) a 15 (quinze) anos.
- Forma privilegiada: Facilitar a prática de qualquer dos crimes previstos neste artigo mediante atribuição, fornecimento ou empréstimo de senha, ou de qualquer outra forma de acesso de pessoas não autorizadas a sistemas de informações:
- **Pena:** detenção, de 1 (um) a 4 (quatro) anos.
- Excludente de tipicidade: a entrega ou a publicação de informações ou de documentos com o fim de expor a prática de crime ou a violação de direitos humanos.

dos crimes contra as Instituições democráticas

- Objeto jurídico: nos crimes a seguir, tutela-se a própria ordem constitucional democrática, instituída pela Constituição Federal de 1988.
- A regularidade do Estado Democrático de Direito é tão fundamental que basta a mera tentativa para a configuração dos tipos penais.

ART. 359-L, CP, ABOLIÇÃO VIOLENTA DO ESTADO DEMOCRÁTICO DE DIREITO

- Conduta criminosa: **Tentar, com emprego de violência ou grave ameaça, abolir o Estado Democrático de Direito, impedindo ou restringindo o exercício dos poderes constitucionais:**
- Colocar em risco o regular funcionamento de qualquer dos Poderes da República, mediante violência ou grave ameaça, é crime contra o Estado Democrático de Direito.
- **Pena:** reclusão, de 4 (quatro) a 8 (oito) anos, além da pena correspondente à violência.

ART. 359-M, CP, GOLPE DE ESTADO

- Conduta criminosa: **Tentar depor, por meio de violência ou grave ameaça, o governo legitimamente constituído:**
- **O respeito à soberania popular, expressa nas urnas, é tutelado no presente tipo penal, de modo que se garanta o cumprimento do mandato do titular do poder regularmente empossado.**
- **Pena:** reclusão, de 4 (quatro) a 12 (doze) anos, além da pena correspondente à violência.

dos crimes contra o funcionamento das instituições democráticas eleitorais.

Objeto jurídico: o devido processo eleitoral é uma garantia de todos os cidadãos.

ART. 359-N, CP, INTERRUPÇÃO DO PROCESSO ELEITORAL

- Conduta criminosa: **Impedir ou perturbar a eleição ou a aferição de seu resultado, mediante violação indevida de mecanismos de segurança do sistema eletrônico de votação estabelecido pela Justiça Eleitoral:**
- Objeto material: **as urnas eletrônicas.**
- **Pena:** reclusão, de 3 (três) a 6 (seis) anos, e multa.

ART. 359-P, CP, VIOLÊNCIA POLÍTICA

- Conduta criminosa: **Restringir, impedir ou dificultar, com emprego de violência física, sexual ou psicológica, o exercício de direitos políticos a qualquer pessoa em razão de seu sexo, raça, cor, etnia, religião ou procedência nacional:**
- Objeto jurídico: **direitos políticos: de ser votado e de votar.**
- Meio: **emprego de violência física, sexual ou psicológica.**
- **Pena:** reclusão, de 3 (três) a 6 (seis) anos, e multa, além da pena correspondente à violência.

dos crimes contra o funcionamento dos serviços essenciais

ART. 359-R, CP, SABOTAGEM

- Conduta criminosa: **Destruir ou inutilizar meios de comunicação ao público, estabelecimentos, instalações ou serviços destinados à defesa nacional, com o fim de abolir o Estado Democrático de Direito:**
- Não se pode confundir o crime de sabotagem do art. 202 com o do art. 359-S, ambos do CP. No primeiro caso, a sabotagem se dá no contexto de violação à organização do trabalho, de forma restrita, enquanto, no segundo, tem-se ameaça ao próprio Estado Democrático de Direito.
- **Pena:** reclusão, de 2 (dois) a 8 (oito) anos.

ART. 359-T, CP, DISPOSIÇÕES COMUNS

Não constitui crime a manifestação crítica aos poderes constitucionais nem a atividade jornalística ou a reivindicação de direitos e garantias constitucionais por meio de passeatas, de reuniões, de greves, de aglomerações ou de qualquer outra forma de manifestação política com propósitos sociais.

14. LEGISLAÇÃO EXTRAVAGANTE

14.1. CRIMES AMBIENTAIS

- Meio ambiente é o conjunto de condições, leis, influências, alterações e interações de ordem física, química e biológica que permite, abriga e rege a vida em todas essas formas.
- Os crimes ambientais podem ser cometidos por pessoas naturais e jurídicas.
- A pessoa jurídica pode responder pela prática de crime ambiental, mesmo que não sejam identificadas pessoas físicas que a compõem, como diretores etc. (STF – RE 548181).
- O baixo grau de instrução ou escolaridade do agente não exclui o crime, mas é atenuante genérica.
- Nos crimes ambientais de menor potencial ofensivo, se admite a transação penal, desde que haja prévia composição do dano ambiental, salvo em caso de comprovada impossibilidade.
- Praticar ato de abuso, maus-tratos, ferir ou mutilar animais silvestres, domésticos ou domesticados, nativos ou exóticos constitui crime. É o que ocorre nas **brigas de galo**.
- Para efeitos da norma penal-ambiental, considera-se pesca todo ato tendente de retirar grupos de **peixe, crustáceos, moluscos e vegetais hidróbios.**
- A mera **utilização** de floresta considerada área de preservação permanente constitui crime, se não observadas normas de proteção ambiental.
- Destruir **plantas de ornamentação** de logradouros públicos e em propriedade privada constitui crime ambiental.

14.2. CRIMES HEDIONDOS

- Trata-se de mandado de criminalização da Constituição Federal a previsão legal de crimes hediondos (art. 5º, XLIII, CF/88).
- Crimes equiparados a hediondos – previsão mínima da CF/88: **a tortura, o tráfico ilícito de entorpecentes e drogas afins e o terrorismo.**
- O Brasil adotou o critério legal para definição de crimes hediondos: rol taxativo previsto no art. 1º da Lei nº 8.072/90.

Rol de crimes hediondos atualizado pela Lei Anticrime	I – homicídio (art. 121), quando praticado em atividade típica de grupo de extermínio, ainda que cometido por um só agente, e homicídio qualificado (art. 121, § 2º, incisos I, II, III, IV, V, VI, VII e VIII);
Rol de crimes hediondos atualizado pela Lei Anticrime	I-A – lesão corporal dolosa de natureza gravíssima (art. 129, § 2o) e lesão corporal seguida de morte (art. 129, § 3o), quando praticadas contra autoridade ou agente descrito nos arts. 142 e 144 da Constituição Federal, integrantes do sistema prisional e da Força Nacional de Segurança Pública, no exercício da função ou em decorrência dela, ou contra seu cônjuge, companheiro ou parente consanguíneo até terceiro grau, em razão dessa condição; II – roubo: a) circunstanciado pela restrição de liberdade da vítima (art. 157, § 2º, inciso V); b) circunstanciado pelo emprego de arma de fogo (art. 157, § 2º-A, inciso I) ou pelo emprego de arma de fogo de uso proibido ou restrito (art. 157, § 2º-B); c) qualificado pelo resultado lesão corporal grave ou morte (art. 157, § 3º); III – extorsão qualificada pela restrição da liberdade da vítima, ocorrência de lesão corporal ou morte (art. 158, § 3º); IV – extorsão mediante sequestro e na forma qualificada (art. 159, caput, e §§ 1º, 2º e 3º); V – estupro (art. 213, caput e §§ 1º e 2º); VI – estupro de vulnerável (art. 217-A, caput e §§ 1º, 2º, 3º e 4º); VII – epidemia com resultado morte (art. 267, § 1º); VII-B – falsificação, corrupção, adulteração ou alteração de produto destinado a fins terapêuticos ou medicinais (art. 273, caput e § 1º, § 1º-A e § 1º-B, com a redação dada pela Lei no 9.677, de 2 de julho de 1998). VIII – favorecimento da prostituição ou de outra forma de exploração sexual de criança ou adolescente ou de vulnerável (art. 218-B, caput, e §§ 1º e 2º). IX – furto qualificado pelo emprego de explosivo ou de artefato análogo que cause perigo comum (art. 155, § 4º-A). X – induzimento, instigação ou auxílio a suicídio ou a automutilação realizados por meio da rede de computadores, de rede social ou transmitidos em tempo real (art. 122, caput e § 4º);

Rol de crimes hediondos atualizado pela Lei Anticrime	XI – sequestro e cárcere privado cometido contra menor de 18 (dezoito) anos (art. 148, § 1º, inciso IV); XII – tráfico de pessoas cometido contra criança ou adolescente (art. 149-A, caput, incisos I a V, e § 1º, inciso II).

Consideram-se também hediondos, tentados ou consumados:	I – o crime de genocídio, previsto nos arts. 1º, 2º e 3º da Lei nº 2.889, de 1º de outubro de 1956; II – o crime de posse ou porte ilegal de arma de fogo de uso proibido, previsto no art. 16 da Lei nº 10.826, de 22 de dezembro de 2003; III – o crime de comércio ilegal de armas de fogo, previsto no art. 17 da Lei nº 10.826, de 22 de dezembro de 2003; IV – o crime de tráfico internacional de arma de fogo, acessório ou munição, previsto no art. 18 da Lei nº 10.826, de 22 de dezembro de 2003; V – o crime de organização criminosa, quando direcionado à prática de crime hediondo ou equiparado VI – os crimes previstos no Código Penal Militar, que apresentem identidade com os crimes previstos no art. 1º da Lei de Crimes Hediondos. VII – os crimes previstos no § 1º do art. 240 e no art. 241-B da Lei nº 8.069, de 13 de julho de 1990 (Estatuto da Criança e do Adolescente)."

- Os crimes de estupro e atentado violento ao pudor praticados antes da edição da Lei nº 12.015/2009, ainda que em sua forma simples, configuram modalidades de crime hediondo (Tese n. 581, STJ).

Consequências mais gravosas em caso de crime hediondo ou equiparado	I – Prazo de progressão de regime: a) 40% (quarenta por cento) da pena, se o apenado for condenado pela prática de crime hediondo ou equiparado, se for primário; b) 50% (cinquenta por cento) da pena, se o apenado for: a) condenado pela prática de crime hediondo ou equiparado, com resultado morte, se for primário, vedado o livramento condicional; b) condenado por exercer o comando, individual ou coletivo, de organização criminosa estruturada para a prática de crime hediondo ou equiparado; c – 60% (sessenta por cento) da pena, se o apenado for reincidente na prática de crime hediondo ou equiparado; d – 70% (setenta por cento) da pena, se o apenado for reincidente em crime hediondo ou equiparado com resultado morte, vedado o livramento condicional. II – Não terá direito à saída temporária a que se refere o caput deste artigo o condenado que cumpre pena por praticar crime hediondo com resultado morte. III – Prazo da prisão temporária: 30 dias com possibilidade de prorrogação; IV – Forma qualificada de associação criminosa: pena de três anos a seis anos de reclusão; V – Inaplicabilidade de concessão de anistia, graça e indulto; VI – Regime inicial fechado (Mas, de acordo com a jurisprudência, é possível a fixação de regime prisional diferente do fechado para o início do cumprimento de pena imposta ao condenado por tráfico de drogas. O STF declarou a inconstitucionalidade do § 1º do art. 2º da Lei n. 8.072/1990, com redação dada pela Lei n. 11.464/2007, afastando a obrigatoriedade do regime inicial fechado para os condenados por crimes hediondos e por aqueles a eles equiparados, como é o caso do tráfico de drogas. Precedentes citados do STF: HC 111.247-MG, DJe 12/4/2012; HC 111.840-ES, DJe 2/2/2012 ; do STJ: HC 118.776-RS, DJe 23/8/2010, e HC 196.199-RS, DJe 14/4/2011. EREsp 1.285.631-SP, Rel. Min. Sebastião Reis Junior, julgado em 24/10/2012.

- No julgamento do HC n. 111.840, o STF declarou a inconstitucionalidade do art. 2º, § 1º, da Lei de Crime Hediondos, que determina a obrigatoriedade do regime inicial fechado para condenado por crime hediondo ou equiparado, por violação ao princípio constitucional de individualização da pena. Com efeito, presentes os requisitos legais, pode ser fixado regime inicial semiaberto ou mesmo aberto. A imposição de regime inicial fechado impõe fundamentação idônea.

- É reconhecida a retroatividade do patamar estabelecido no art. 112, V, da Lei n. 13.964/2019, àqueles apenados que, embora tenham cometido crime hediondo ou equiparado sem resultado morte, não sejam reincidentes em delito de natureza semelhante (Tese n. 1084 – STJ).
- Tendo em vista a legalidade e a taxatividade da norma penal (art. 5º, XXXIX, CF), a alteração promovida pela Lei 13.964/2019 no art. 112 da LEP não autoriza a incidência do percentual de 60% (inc. VII) aos condenados reincidentes não específicos para o fim de progressão de regime. Diante da omissão legislativa, impõe-se a analogia in bonam partem, para aplicação, inclusive retroativa, do inciso V do artigo 112 (lapso temporal de 40%) ao condenado por crime hediondo ou equiparado sem resultado morte reincidente não específico (STF, Tese n. 1169).

14.3. LEI DE LAVAGEM DE DINHEIRO

- Trata-se da Lei nº 9.613/98.
- Consiste a lavagem de dinheiro nos atos de ocultar ou dissimular a natureza, origem, localização, disposição, movimentação ou propriedade de bens, direitos ou valores provenientes, direta ou indiretamente, de **infração penal.**
- O crime de lavagem de dinheiro exige uma infração penal antecedente, cujo produto será o objeto da lavagem.
- Com a Lei nº 12.683/2012, a infração penal antecedente pode ser **crime ou contravenção penal.**
- Causas especiais de aumento de pena: crime de lavagem de dinheiro praticado de forma habitual ou por crime organizado.
- Para a apuração do crime de lavagem de dinheiro, admite-se a utilização da ação controlada e da infiltração de agentes (Inovação trazida pela Lei Anticrime).

14.4. LEI DE TORTURA

- Tortura é um crime equiparado a hediondo, consistente, em síntese, no emprego de grave ameaça ou violência, que cause sofrimento físico ou mental à vítima.
- No Brasil, o funcionário público e o particular podem ser sujeito ativo do crime de tortura.
- Tortura imprópria: art. 1º, § 2º, da Lei de Tortura – **OMISSÃO DO AGENTE,** que tinha o dever de evitá-la ou puni-la.
- Crime qualificado: se da tortura resulta **morte ou lesões corporais graves ou gravíssimas.**
- **Princípio da extraterritorialidade incondicionada:** aplicação da lei brasileira, ainda que o fato tenha acontecido no exterior, mas se a vítima é brasileira ou se o agente se encontrar em local sob jurisdição brasileira.

14.5. LEI DE DROGAS

- A Lei nº 11.343/06 trouxe dois sistemas de repressão bem diferentes para quem porta a droga para consumo pessoal e para quem promove o tráfico de drogas.
- Para quem visa o consumo próprio, a Lei prevê apenas penas restritivas de direito: advertência sobre os efeitos das drogas; prestação de serviços à comunidade e medida educativa de comparecimento a programa ou curso educativo.
- As penas de prestação de serviços à comunidade e medida educativa de comparecimento a programa ou curso educativo são pelo período de cinco meses, salvo se a pessoa for reincidente, quando a pena será de dez meses.
- Para determinar se a droga destinava-se a consumo pessoal, o juiz atenderá à natureza e à quantidade da substância apreendida, ao local e às condições em que se desenvolveu a ação, às circunstâncias sociais e pessoais, bem como à conduta e aos antecedentes do agente.
- Prescrevem em 2 (dois) anos a imposição e a execução das penas do crime do art. 28 da Lei nº 11.343/06.
- Já para o crime de tráfico de drogas, equiparado a hediondo, são reservadas penas privativas de liberdade e de multa bem mais elevadas.
- No crime de tráfico, a intenção do agente é disseminar a droga a terceiras pessoas, ainda que gratuitamente.
- Oferecer droga, eventualmente e sem objetivo de lucro, a pessoa de seu relacionamento, para juntos a consumirem é o crime previsto no art. 33, § 3º, Lei nº 11.343/06.
- Causa de diminuição de pena: o agente seja primário, de bons antecedentes, não se dedique às atividades criminosas nem integre organização criminosa.

  TEMA 169 DOS RECURSOS REPETITIVOS DO STF: I – É inadmissível a aplicação da causa de diminuição prevista no art. 33, § 4º, da Lei 11.343/2006 à pena relativa à condenação por crime cometido na vigência da Lei 6.368/1976; II – Não é possível a conjugação de partes mais benéficas das referidas normas, para criar-se uma terceira lei, sob pena de violação aos princípios da legalidade e da separação de Poderes; III – O juiz, contudo, deverá, no caso concreto, avaliar qual das mencionadas leis é mais favorável ao réu e aplicá-la em sua integralidade.

TEMA 191 DOS RECURSOS REPETITIVOS DO STJ: É cabível a aplicação retroativa da Lei n. 11.343/2006, desde que o resultado da incidência das suas disposições, na íntegra, seja mais favorável ao réu do que o advindo da utilização da Lei 6.368/76, sendo vedada a combinação de leis.

- TEMA 600 DOS RECURSOS REPETITIVOS DO STJ: O Supremo Tribunal Federal, no recente julgamento do HC 118.533/MS, firmou entendimento de que apenas as modalidades de tráfico ilícito de drogas definidas no art. 33, caput e § 1°, da Lei nº 11.343/2006 seriam equiparadas aos crimes hediondos, enquanto referido delito na modalidade privilegiada apresentaria "contornos mais benignos, menos gravosos, notadamente porque são relevados o envolvimento ocasional do agente com o delito, a não reincidência, a ausência de maus antecedentes e a inexistência de vínculo com organização criminosa."
- TEMA 1139 DOS RECURSOS REPETITIVOS DO STJ: É vedada a utilização de inquéritos e/ou ações penais em curso para impedir a aplicação do art. 33, § 4.º, da Lei n. 11.343/06."
- No crime de associação para o tráfico de drogas, se exige estabilidade na conduta de duas ou mais pessoas voltadas para o mesmo fim, qual seja o tráfico de drogas.
- Médico, farmacêutico ou enfermeiro podem praticar o crime próprio do art. 38 da Lei nº 11.343/06.
- O art. 40 da Lei de Drogas prevê causas de aumento de pena de um sexto a dois terços, tai como:
- A infração tiver sido cometida nas dependências ou imediações de estabelecimentos prisionais, de ensino ou hospitalares, de sedes de entidades estudantis, sociais, culturais, recreativas, esportivas, ou beneficentes, de locais de trabalho coletivo, de recintos onde se realizem espetáculos ou diversões de qualquer natureza, de serviços de tratamento de dependentes de drogas ou de reinserção social, de unidades militares ou policiais ou em transportes públicos.
- Sua prática envolver ou visar a atingir criança ou adolescente ou a quem tenha, por qualquer motivo, diminuída ou suprimida a capacidade de entendimento e determinação.
- TEMA 1052 DOS RECURSOS REPETITIVOS DO STJ: Para ensejar a aplicação de causa de aumento de pena prevista no art. 40, VI, da Lei n. 11.343/2006 ou a condenação pela prática do crime previsto no art. 244-B da Lei n. 8.069/1990, a qualificação do menor, constante do boletim de ocorrência, deve trazer dados indicativos de consulta a documento hábil – como o número do documento de identidade, do CPF ou de outro registro formal, tal como a certidão de nascimento
- É pacífico na jurisprudência do STF e do STJ a inconstitucionalidade do art. 44 da Lei de Drogas no ponto em que veda a concessão de liberdade e a conversão das penas em restritivas de direitos para o crime de tráfico

14.6. ESTATUTO DA CRIANÇA E DO ADOLESCENTE

- Considera-se ato infracional a conduta descrita como **crime ou contravenção penal** praticada por criança e adolescente.
- A criança que cometer ato infracional será submetida a medias protetivas do art. 101, ECA.
- O adolescente que comete ato infracional está submetido a **medida socioeducativa e/ou protetiva.**
- Os crimes do ECA têm como objetividade jurídica a tutela dos direitos e garantias fundamentais da criança e do adolescente.
- O crime de corrupção de menores do ECA é classificado como formal e, portanto, é indiferente que o menor seja efetivamente corrompido ou que tenha passagens anteriores por atos infracionais (Tema 221 dos Recursos Repetitivos do STJ).
- Para ensejar a aplicação de causa de aumento de pena prevista no art. 40, VI, da Lei n. 11.343/2006 ou a condenação pela prática do crime previsto no art. 244-B da Lei n. 8.069/1990, a qualificação do menor, constante do boletim de ocorrência, deve trazer dados indicativos de consulta a documento hábil – como o número do documento de identidade, do CPF ou de outro registro formal, tal como a certidão de nascimento. (Tema 1052 dos Recursos Repetitivos do STJ).
- A superveniência da maioridade penal não interfere na apuração de ato infracional nem na aplicabilidade de medida socioeducativa em curso, inclusive na liberdade assistida, enquanto não atingida a idade de 21 anos. (Tema 992 dos Recursos Repetitivos do STJ).
- Os tipos penais trazidos nos arts. 241-A e 241-B do Estatuto da Criança e do Adolescente são autônomos, com verbos e condutas distintas, sendo que o crime do art. 241-B não configura fase normal, tampouco meio de execução para o crime do art. 241-A, o que possibilita o reconhe-

cimento de concurso material de crimes. (Tema 1168v dos Recursos Repetitivos do STJ).

14.7. ESTATUTO DO DESARMAMENTO

1 – **Posse irregular de arma de fogo de uso permitido (art. 12, ED):** Possuir ou manter sob sua guarda arma de fogo, acessório ou munição, de uso permitido, **em desacordo com determinação legal ou regulamentar, no interior de sua residência ou dependência desta, ou, ainda no seu local de trabalho**, desde que seja o titular ou o responsável legal do estabelecimento ou empresa.

- **Trata-se de crime de perigo abstrato e de mera conduta e, portanto, segundo a jurisprudência dos Tribunais Superiores:**
  a) É **irrelevante** que haja **dano ou efetivo perigo** da posse de arma em desacordo com determinação legal;
  b) Não é necessária a realização de laudo pericial para a configuração do tipo penal. Porém, se este for feito e ficar demonstrado que a arma de fogo é ineficaz para o uso, a conduta é atípica.
  c) A arma de fogo de uso permitido **desmuniciada** não afasta os crimes de posse ou porte de arma de fogo.
  d) Princípio da insignificância: "A Sexta Turma do Superior Tribunal de Justiça, alinhando-se ao Supremo Tribunal Federal, tem entendido pela **possibilidade da aplicação do princípio da insignificância** aos crimes previstos na Lei nº 10.826/03, a despeito de serem delitos de mera conduta, afastando, assim, a tipicidade material, quando **evidenciada flagrante desproporcionalidade da resposta penal**. 2. Ainda que formalmente típica, a apreensão de apenas **5 munições na residência do réu, desacompanhada de arma de fogo, é desprovida de lesividade ao bem jurídico tutelado** (STJ – AgRg. no AREsp. N. 1.269.446/SP. Rel. Min. Nefi Cordeiro. DJ. 27/11/2018).
- Decreto nº 9.685, de 15 janeiro de 2019: trata-se de Decreto editado pelo Poder Executivo para regulamentar a posse de armas de fogo.
- Esse decreto não revogou o art. 12 do ED, pois decreto não revoga lei. Não houve abolitio criminis. Continua sendo crime a posse de arma de fogo em desacordo com determinação legal ou regulamentar.
- A norma do art. 12 do ED é norma penal em branco, pois a ocorrência do crime depende de complementação: desobediência ao que determina a lei ou o regulamento. Esse regulamento é o Decreto 5.123/2004, que foi modificado pelo Decreto n. 9.685/2019, com a finalidade de diminuir as exigências para a posse de arma de fogo.
- Um dos efeitos do Decreto n. 9.685/2019 foi a renovação automática dos registros de arma de fogo concedidos antes da sua publicação. Aqueles que estavam com o registro vencido, em tese, se fossem flagrados na posse de arma de fogo, poderiam incidir no art. 12 do ED. Porém, com a edição do Decreto n. 9.685/2019, os registros foram renovados e a situação regularizada. **Nesses casos específicos**, houve *abolitio criminis* com retroatividade da norma para beneficiar o réu.

  Tema 650 – STF: É incabível a aplicação retroativa do art. 30 da Lei 10.826/2003, inserido pela Medida Provisória 417/2008, para extinguir a punibilidade do delito de posse de arma de fogo de uso permitido cometido antes da sua entrada em vigor.

2 – **Omissão de cautela (art. 13, ED):** Deixar de observar as cautelas necessárias para impedir que **menor de 18 (dezoito) anos ou pessoa portadora de deficiência mental** se apodere de arma de fogo que esteja sob sua posse ou que seja de sua propriedade:

- **Trata-se de crime de omissivo próprio, porque a conduta descrita no tipo penal é omissiva: "Deixar de...".**
- **Trata-se de crime doloso.**
- **Elemento normativo do tipo: cautelas necessárias. O juiz no caso concreto vai analisar se o sujeito ativo deixou de observar os cuidados necessários que se espera do homem médio na guarda da arma em local que há menor de dezoito anos ou portador de doença mental.**
- **De acordo com a doutrina, trata-se de crime de perigo concreto, devendo o menor de dezoito anos ou o deficiente mental se apodere da arma em decorrência da omissão de cautela.**

3 – **Porte ilegal de arma de fogo de uso permitido (art. 14, ED):** Portar, deter, adquirir, fornecer, receber, ter em depósito, transportar, ceder, ainda que gratuitamente, emprestar, remeter, empregar, manter sob guarda ou ocultar arma de fogo, acessório ou munição, de uso permitido, sem autorização e em desacordo com determinação legal ou regulamentar.

- **Trata-se de crime com as mesmas características do art. 12, ED, com diferença que, no art. 14, ED, o agente pratica o crime fora de sua residência ou dependência desta, ou, ainda fora do seu local de trabalho, desde que seja o titular ou o responsável legal do estabelecimento ou empresa.**

Posse de arma de fogo	Porte de arma de fogo
Conduta em manter no interior de **residência** (ou dependência desta) ou no **local de trabalho** a arma de fogo	Pressupõe que a arma de fogo esteja fora da residência ou local de trabalho

- Se o agente mantém a arma de fogo em seu local de trabalho, mas não é o titular ou o responsável legal do estabelecimento ou da empresa, responde pelo crime do art. 14, ED.
- Diante das mesmas características do crime do art. 12, ED (crime de perigo abstrato e de mera conduta), aplicam-se as mesmas disposições da jurisprudência dos Tribunais Superiores, enumeradas nos itens a, b, c e d, comentadas no art. 12, ED, acima.
- art. 14, parágrafo único, ED: o crime do art. 14, ED é inafiançável. Mas, na ADI n. 3.112, o STF declarou inconstitucional, pois não há previsão expressa nesse sentido na CF. Portanto, se trata de crime afiançável.

4 – Disparo de arma de fogo (art. 15, ED): Disparar arma de fogo ou acionar munição em lugar habitado ou em suas adjacências, em via pública ou em direção a ela, desde que essa conduta não tenha como finalidade a prática de outro crime.

- **Crime subsidiário:** só o crime do art. 15, ED, se a conduta não tenha como finalidade a prática de outro crime (art. 15, Estatuto do Desarmamento). Assim, quem dispara em via pública para matar alguém responde apenas pelo **crime de homicídio.**
- **art. 15, parágrafo único, ED: o crime do art. 15, ED é inafiançável. Mas, na ADI n. 3.112, o STF declarou inconstitucional, pois não há previsão expressa nesse sentido na CF. Portanto, se trata de crime afiançável.**

5 – Posse ou porte ilegal de arma de fogo de uso restrito (art. 16, ED): Possuir, deter, portar, adquirir, fornecer, receber, ter em depósito, transportar, ceder, ainda que gratuitamente, emprestar, remeter, empregar, manter sob sua guarda ou ocultar **arma de fogo, acessório ou munição de uso restrito**, sem autorização e em desacordo com determinação legal ou regulamentar.

- **Objeto material:** arma de fogo, acessório ou munição de **uso proibido ou restrito**. Ao contrário dos crimes dos arts. 12 e 14, em que o objeto material é o de **uso permitido**.
- **Pune-se tanto a posse, quanto o porte de arma de fogo de uso restrito ou proibido. Pode o juiz levar em conta a diferença no momento de aplicação da pena.**
- **Formas equiparadas: art. 16, § 1º, ED: exemplo: arma de fogo de uso permitido que esteja com numeração, marca ou qualquer outro sinal de identificação raspado, suprimido ou adulterado (art. 16, § 1º, IV, ED – redação dada pela Lei Anticrime).**
- **Forma qualificada: art. 16, § 2º, ED: Se as condutas descritas no caput e no § 1º deste artigo envolverem arma de fogo de uso proibido, a pena é de reclusão, de 4 (quatro) a 12 (doze) anos.**

  Tema 596 DOS RECURSOS RETITIVOS DO STJ: É típica a conduta de possuir arma de fogo de uso permitido com numeração, marca ou qualquer outro sinal de identificação raspado, suprimido ou adulterado, praticada após 23/10/2005, pois, em relação a esse delito, a abolitio criminis temporária cessou nessa data, termo final da prorrogação dos prazos previstos na redação original dos arts. 30 e 32 da Lei n. 10.826/2003.

6 – Comércio ilegal de arma de fogo (art. 17, ED): Adquirir, alugar, receber, transportar, conduzir, ocultar, ter em depósito, desmontar, montar, remontar, adulterar, vender, expor à venda, ou de qualquer forma utilizar, **em proveito próprio ou alheio, no exercício de atividade comercial ou industrial**, arma de fogo, acessório ou munição, sem autorização ou em desacordo com determinação legal ou regulamentar.

- **É permitida a comercialização de arma de fogo no território brasileiro, pois o art. 35, ED, que proibia tal atividade, foi rejeitado pela população em referendo.**
- **O crime ocorre se a comercialização é feita em desacordo com a determinação legal ou regulamentar.**
- **Trata-se de crime próprio, porque o sujeito ativo deve ser comerciante ou industrial, cujo objeto da atividade seja a comercialização ou industrialização de arma de fogo.**
- **Figura equiparada ao comércio ou indústria de arma de fogo: qualquer forma de prestação de serviços, fabricação ou comércio irregular ou clandestino, inclusive o exercido em residência.**
- **Trata-se de crime de perigo abstrato e de mera conduta.**

7 – Tráfico internacional de arma de fogo (art. 18, ED): Importar, exportar, favorecer a entrada ou saída do território nacional, a qualquer título, de arma de fogo, acessório ou munição, sem autorização da autoridade competente.

- **Nesse artigo, há atividade comercial, mas há tráfico internacional.**

- **Competência para julgamento: Justiça Federal.**

8 – **Causas de aumento de pena (art. 19, ED):** Nos crimes previstos nos **arts. 17 e 18** (comércio ilegal de arma de fogo e tráfico internacional de arma de fogo), a pena é aumentada da metade se a arma de fogo, acessório ou munição forem de uso proibido ou restrito.

9 – **Causas de aumento de pena (art. 19, ED):** Nos crimes previstos nos **arts. 14, 15, 16, 17 e 18** (Porte ilegal de arma de fogo de uso permitido, Disparo de arma de fogo, Posse ou porte ilegal de arma de fogo de uso restrito comércio ilegal de arma de fogo e tráfico internacional de arma de fogo), a pena é aumentada da metade se forem praticados por integrante dos órgãos e empresas referidas nos arts. 6o, 7o e 8o desta Lei.

10 – **Prisão preventiva obrigatória (art. 21, ED):** Os crimes previstos nos **arts. 16, 17 e 18** (Posse ou porte ilegal de arma de fogo de uso restrito comércio ilegal de arma de fogo e tráfico internacional de arma de fogo) são insuscetíveis de liberdade provisória. O STF declarou **inconstitucional** esse dispositivo na ADI **n. 3.112.**

14.8. LEI MARIA DA PENHA

Configura violência doméstica e familiar contra a mulher aquela que é decorrente do gênero, praticadas:	no âmbito da unidade doméstica, compreendida como o espaço de convívio permanente de pessoas, com ou sem vínculo familiar, inclusive as esporadicamente agregadas.
	no âmbito da família, compreendida como a comunidade formada por indivíduos que são ou se consideram aparentados, unidos por laços naturais, por afinidade ou por vontade expressa.
	no âmbito da família, compreendida como a comunidade formada por indivíduos que são ou se consideram aparentados, unidos por laços naturais, por afinidade ou por vontade expressa.

- Configura violência contra a mulher, ensejando a aplicação da Lei nº 11.340/2006, a agressão cometida por **ex-namorado que não se conformou com o fim de relação de namoro**, restando demonstrado nos autos o nexo causal entre a conduta agressiva do agente e a relação de intimidade que existia com a vítima.

> **TEMA 177 DOS RECURSOS REPETITIVOS DO STJ:**
> **2.** Assim, a tese fixada passa a ser a seguinte: a ação penal nos crimes de lesão corporal leve cometidos em detrimento da mulher, no âmbito doméstico e familiar, é pública **incondicionada** (Redação conferida em 10/05/2017)..

> **TEMA 983 DOS RECURSOS REPETITIVOS DO STJ:**
> Nos casos de violência contra a mulher praticados no âmbito doméstico e familiar, é possível a fixação de valor mínimo indenizatório a título de dano moral, desde que haja pedido expresso da acusação ou da parte ofendida, ainda que não especificada a quantia, e independentemente de instrução probatória.

- **Súmula 600:** Para a configuração da violência doméstica e familiar prevista no artigo 5º da Lei n. 11.340/2006 (Lei Maria da Penha) não se exige a coabitação entre autor e vítima.
- **Súmula 589**: É inaplicável o princípio da insignificância nos crimes ou contravenções penais praticados contra a mulher no âmbito das relações domésticas.
- **Súmula 588:** A prática de crime ou contravenção penal contra a mulher com violência ou grave ameaça no ambiente doméstico impossibilita a substituição da pena privativa de liberdade por restritiva de direitos.
- A Lei nº 13.641/2018 acrescentou o crime de descumprimento de decisão judicial que defere medidas protetivas de urgência previstas na Lei Maria da Penha (art. 24-A).
- A medida descumprida pode ter sido deferida por Juízo Criminal ou Cível.
- O crime é afiançável, mas a fiança só pode ser fixada por Juiz
- A aplicação da pena do crime não exclui outras.

Inovações trazidas pela Lei n.13.827/2019 (art. 12-A da Lei Maria da Penha)

Hipótese de violência	Consequência	Autoridade competente
risco atual ou iminente à vida ou à integridade física da mulher em situação de violência doméstica e familiar, ou de seus dependentes	O agressor será imediatamente afastado do lar, domicílio ou local de convivência com a ofendida	I – pela autoridade judicial; II – pelo delegado de polícia, quando o Município não for sede de comarca; ou III – pelo policial, quando o Município não for sede de comarca e não houver delegado disponível no momento da denúncia.

- Se a medida for aplicada por Autoridade Policial ou por policial, o juiz será comunicado no prazo máximo de 24 (vinte e quatro) horas e decidirá, em igual prazo, sobre a manutenção ou a revogação da medida aplicada, devendo dar ciência ao Ministério Público concomitantemente.
- Nos casos de risco à integridade física da ofendida ou à efetividade da medida protetiva de urgência, não será concedida liberdade provisória ao preso.

14.9. LEI DE CRIME ORGANIZADO

- **Crime Organizado:** é o fenômeno social, criminológico e político, caracterizado pela extrema periculosidade e dificuldade no combate a tal crime pelas forças do Estado, motivo pelo qual implica ameaça ou lesão a direitos fundamentais e essenciais da pessoa, individualmente e coletivamente, tais como, a democracia, a paz, a vida, o patrimônio e, até mesmo, o futuro do planeta (distribuição do meio ambiente.
- **Organização criminosa**: conceituação normativa decorrente da necessidade se observar o princípio da reserva legal e apurar-se a responsabilidade penal dos seus integrantes.
- A Lei nº 12.850/2013 considera **organização criminosa a associação de 4 (quatro) ou mais pessoas** estruturalmente **ordenada** e caracterizada pela **divisão de tarefas**, ainda que informalmente, com objetivo de obter, direta ou indiretamente, **vantagem de qualquer natureza**, mediante a prática de **infrações penais cujas penas máximas sejam superiores a 4 (quatro) anos**, ou que sejam de **caráter transnacional**.
- O crime é **promover, constituir, financiar ou integrar, pessoalmente ou por interposta pessoa**, organização criminosa.
- Com o objetivo de preservar a persecução penal de organização criminosa, a mesma pena é cominada a quem embaraçar a investigação de organização criminosa.
- **Causa de aumento de pena:** se há uso de arma de fogo pela organização criminosa (até a metade).
- **Circunstância agravante:** ser o líder da organização criminosa, ainda que não participe de atos de execução.

Causas de aumento de pena (1/6 a 2/3)
I – se há participação de criança ou adolescente;
II- se há concurso de funcionário público, valendo-se a organização criminosa dessa condição para a prática de infração penal
III- se o produto ou proveito da infração penal destinar-se, no todo ou em parte, ao exterior;
IV – se a organização criminosa mantém conexão com outras organizações criminosas independentes;
V – se as circunstâncias do fato evidenciarem a transnacionalidade da organização

- Os demais tipos penais previstos na Lei nº 12.850/2013 visam tutelar os meios de obtenção de prova específicos da referida Lei.

Meio de Prova tutelado	Crime
Colaboração premiada	Revelar a identidade, fotografar ou filmar o colaborador, sem sua prévia autorização por escrito
Colaboração premiada	Imputar falsamente, sob pretexto de colaboração com a Justiça, a prática de infração penal a pessoa que sabe ser inocente, ou revelar informações sobre a estrutura de organização criminosa que sabe inverídicas:
Ação controlada e infiltração de agentes	Descumprir determinação de sigilo das investigações que envolvam a ação controlada e a infiltração de agentes.
Fornecimento de dados em geral	Recusar ou omitir dados cadastrais, registros, documentos e informações requisitadas pelo juiz, Ministério Público ou delegado de polícia, no curso de investigação ou do processo

Jurisprudência do STJ: Colaboração premiada. Encontro fortuito de provas. Autoridade com prerrogativa de foro. Competência para homologação do acordo. Teoria do juiz aparente. A homologação de acordo de colaboração premiada por juiz de primeiro grau de jurisdição, que mencione autoridade com prerrogativa de foro no STJ, não traduz em usurpação de competência desta Corte Superior. (Informativo 612).

Jurisprudência do STJ: Colaboração premiada. Encontro fortuito de provas. Autoridade com prerrogativa de foro. Remessa imediata dos autos ao foro prevalente. Inexistência. Usurpação de competência. Caracterização. Informativo 612.

- Conclusão: pode o Juiz de Primeiro Grau homologar a colaboração premiada, se nela houver encontro fortuito de provas relativo a autoridade com prerrogativa de foro. Mas, uma vez, encontradas tais provas, os autos devem ser enviados ao Tribunal competente imediatamente, sob pena de usurpação de competência;
- Na colaboração premiada, as tratativas são efetuadas pela Autoridade Policial ou pelo Ministério Público, cabendo ao Juiz apenas zelar pela legalidade da medida, a qual, se constatada, permite a sua homologação.
- Ação controlada: há retardamento da intervenção da Autoridade Policial em ato criminoso da organização criminosa para que tal intervenção se dê em momento mais oportuno para as investigações. Independe de autorização judicial prévia, mas deve a autoridade policial responsável enviar relatório circunstanciado da conduta.
- Infiltração de agentes: um agente policial é infiltrado na organização criminosa. Depende de prévia autorização judicial e manifestação do Ministério Público, depois de representação circunstanciada da Autoridade Policial responsável.
- Na sistemática da Lei nº 12.850/2013, o agente infiltrado não responde por eventual crime que tenha que cometer, isento de pena por inexigibilidade de conduta diversa de acordo com o caso em concreto.
- O procedimento judicial para apuração de organização criminosa a ser adotado é o ordinário previsto no CPP.
- Se o réu estiver preso, o prazo para conclusão do procedimento é de 120 dias, prorrogáveis em até igual período.

14.10. CÓDIGO DE TRÂNSITO BRASILEIRO

- Os crimes do Código de Trânsito Brasileiro (CTB) são aqueles praticados na condução de **veículo automotor em via pública**.
- **Veículo automotor**: todo veículo a motor de propulsão que circule por seus próprios meios, e que serve normalmente para o transporte viário de pessoas e coisas, ou para a tração viária de veículos utilizados para o transporte de pessoas e coisas. O termo compreende os veículos conectados a uma linha elétrica e que não circulam sobre trilhos (ônibus elétrico).
- **Via pública**: superfície por onde transitam veículos, pessoas e animais, compreendendo a pista, a calçada, o acostamento, ilha e canteiro central.
- Não comete o crime se o fato ocorreu dentro de uma garagem, ou no interior de um jardim particular, ou em um rio, no mar, etc.
- **Homicídio culposo na direção de veículo automotor:** previsto no art. 302 do CTB, trata-se do homicídio causado pelo agente na direção de veículo automotor, em decorrência de negligência, imprudência ou imperícia.
- Interessante questão surge no que se refere ao homicídio ocorrido em ambiente de disputas de automóveis não autorizadas (**rachas ou pegas**): admissível, em crimes de homicídio na direção de veículo automotor, o reconhecimento do dolo eventual, a depender das circunstâncias concretas da conduta.

Causas de aumento de pena no crime de homicídio do CTB	• não possuir Permissão para Dirigir ou Carteira de Habilitação; • praticá-lo em faixa de pedestres ou na calçada; • deixar de prestar socorro, quando possível fazê-lo sem risco pessoal, à vítima do acidente; • no exercício de sua profissão ou atividade, estiver conduzindo veículo de transporte de passageiros

Formas qualificadas: Se o agente conduz o veículo automotor	• com capacidade psicomotora alterada em razão da **influência de álcool ou de outra substância psicoativa** que determine dependência: é necessário que a ingestão de álcool ou droga tenha provocado alteração da capacidade psicomotora; • participa, em via, de corrida, disputa ou competição automobilística ou ainda de exibição ou demonstração de perícia em manobra de veículo automotor, não autorizada pela autoridade competente: é a hipótese do **racha** em que foi reconhecida modalidade culposa e a incidência do CTB, não dolosa.

- **Lesão corporal culposa na direção de veículo automotor:** trata-se do crime de lesão corporal culposa praticada na direção de veículo automotor (art. 303, CTB).
- Incidem nesse tipo penal as causas de aumento de pena do crime de homicídio culposo na direção de veículo automotor.
- Mas, não incide as formas qualificadas.
- Ação penal: em regra, a ação penal é pública condicionada à representação porque incide a Lei nº 9.099/95.
- Será de ação penal pública incondicionada nos seguintes casos do art. 291, CTB, se o agente: I – sob a influência de álcool ou qualquer outra substância psicoativa que determine dependên-

cia; II – participando, em via pública, de corrida, disputa ou competição automobilística, de exibição ou demonstração de perícia em manobra de veículo automotor, não autorizada pela autoridade competente; III – transitando em velocidade superior à máxima permitida para a via em 50 km/h (cinquenta quilômetros por hora).

- **Omissão de socorro na direção de veículo automotor:** no art. 304, CTB, pune-se o crime de omissão de socorro praticado pelo condutor do veículo que causou acidente em que houve vítima.
- Se quem não presta o socorro é o condutor que não causou o acidente ou se não é o condutor do veículo, como o passageiro ou um pedestre, o agente responde pelo crime do art. 135, CP.
- Se houver crime de homicídio culposo na direção de veículo automotor e omissão de socorro: o agente responde apenas pelo crime do art. 302, § 1º, III, CTB, sem incidência do art. 304, CTB, sob pena de bis in idem.
- **Fuga de responsabilidade civil ou penal:** art. 305, CTB: Afastar-se o condutor do veículo do local do sinistro, para fugir à responsabilidade penal ou civil que lhe possa ser atribuída.
- **TEMA 907/STF:** "A regra que prevê o crime do art. 305 do Código de Trânsito Brasileiro (Lei nº 9.503/97) é constitucional, posto não infirmar o princípio da não incriminação, garantido o direito ao silêncio e ressalvadas as hipóteses de exclusão da tipicidade e da antijuridicidade."• **Embriaguez ao volante:** O crime do art. 306, CTB, incide no caso de conduzir veículo automotor com capacidade psicomotora alterada em razão da influência de álcool ou de outra substância psicoativa que determine dependência.

Caracterização da embriaguez	• Concentração igual ou superior a 6 decigramas de álcool por litro de sangue ou igual ou superior a 0,3 miligrama de álcool por litro de ar alveolar; ou • Sinais que indiquem, na forma disciplinada pelo Contran, alteração da capacidade psicomotora.

- tema 447 – STJ: O tipo penal do art. 306 do Código de Trânsito Brasileiro é formado, entre outros, por um elemento objetivo, de natureza exata, que não permite a aplicação de critérios subjetivos de interpretação, qual seja, o índice de 6 decigramas de álcool por litro de sangue. O grau de embriaguez é elementar objetiva do tipo, não configurando a conduta típica o exercício da atividade em qualquer outra concentração inferior àquela determinada pela lei, emanada do Congresso Nacional. O decreto regulamentador, podendo elencar quaisquer meios de prova que considerasse hábeis à tipicidade da conduta, tratou especificamente de 2 (dois) exames por métodos técnicos e científicos que poderiam ser realizados em aparelhos homologados pelo CONTRAN, quais sejam, o exame de sangue e o etilômetro.
- **art. 310, CTB**: Permitir, confiar ou entregar a direção de veículo automotor a pessoa não habilitada, com habilitação cassada ou com o direito de dirigir suspenso, ou, ainda, a quem, por seu estado de saúde, física ou mental, ou por embriaguez, não esteja em condições de conduzi-lo com segurança.
- **tema 901 – STJ:** É de perigo abstrato o crime previsto no art. 310 do Código de Trânsito Brasileiro. Assim, não é exigível, para o aperfeiçoamento do crime, a ocorrência de lesão ou de perigo de dano concreto na conduta de quem permite, confia ou entrega a direção de veículo automotor a pessoa não habilitada, com habilitação cassada ou com o direito de dirigir suspenso, ou ainda a quem, por seu estado de saúde, física ou mental, ou por embriaguez, não esteja em condições de conduzi-lo com segurança.

14.11. CRIMES CONTRA A ORDEM TRIBUTÁRIA

- A Lei nº 8.137/90 regulamentou os crimes contra a ordem tributária, econômica e relações de consumo.
- No capítulo I dessa lei, cuida-se dos crimes contra a ordem tributária em duas seções: Seção I dos crimes praticados por particulares; Seção II dos crimes praticados por funcionários públicos.
- Em que pese o edital do concurso de Auditor Fiscal de 2009 tenha exigido do candidato apenas os crimes da Seção II, traça-se brevíssimo comentário sobre os crimes praticados por particulares.
- Previstos nos arts. 1º e 2º, da Lei nº 8137/90, os crimes praticados por particulares contra ordem tributária se caracterizam pela sonegação fiscal dolosa praticada pelo contribuinte.
- Para a caracterização das condutas previstas no art. 1º, I a IV, da Lei nº 8.137/90, faz-se imprescindível o lançamento tributário definitivo (Súmula Vinculante nº 24 do Supremo Tribunal Federal).
- A jurisprudência do STJ é no sentido de que o **pagamento** integral do tributo, incluindo, acessórios, acarreta a extinção da punibilidade, mesmo que tal pagamento seja feito depois do trânsito em julgado da sentença penal condenatória pelo crime contra a ordem tributária (Info nº 611).
- O parcelamento do débito tributário **não é causa de extinção de punibilidade**, mas de suspensão da pretensão punitiva estatal. Somente depois de se ter o pagamento integral do débito é que se extingue a punibilidade.

CONDUTAS POR MEIO DAS QUAIS A PESSOA PRATICA A SONEGAÇÃO FISCAL
Omitir informação, ou prestar declaração falsa às autoridades fazendárias
Fraudar a fiscalização tributária, inserindo elementos inexatos, ou omitindo operação de qualquer natureza, em documento ou livro exigido pela lei fiscal
Falsificar ou alterar nota fiscal, fatura, duplicata, nota de venda, ou qualquer outro documento relativo à operação tributável
Elaborar, distribuir, fornecer, emitir ou utilizar documento que saiba ou deva saber falso ou inexato
Negar ou deixar de fornecer, quando obrigatório, nota fiscal ou documento equivalente, relativa a venda de mercadoria ou prestação de serviço, efetivamente realizada, ou fornecê-la em desacordo com a legislação

14.12. LEI DE EXECUÇÃO PENAL

Direitos e Garantias Fundamentais da Execução Penal
Individualização da pena (art. 5º, XLVI, CF/88)
Vedação de penas cruéis, desumanas e perpétuas (art. 5º, XLVII, CF)
Cumprimento da pena em estabelecimentos prisionais distintos, de acordo com a natureza do delito, a idade e o sexo do apenado (art. 5º, XLVIII, CF/88).
Respeito à integridade física e moral do preso (art. 5º, XLIX, CF/88)
Às presidiárias, serão asseguradas condições para que possam permanecer com seus filhos durante o período de amamentação

- **Identificação de perfil genético:** os condenados por crime praticado, **dolosamente, com violência de natureza grave contra pessoa, ou por qualquer dos crimes hediondos ou equiparados a hediondo**, serão submetidos, obrigatoriamente, à identificação do perfil genético, mediante extração de DNA – ácido desoxirribonucleico, por técnica adequada e indolor.
- Constitui falta grave a recusa do condenado em submeter-se ao procedimento de identificação do perfil genético (Lei Anticrime).
- O processo de execução penal se inicia de ofício pelo Juiz, mediante expedição ode guia de recolhimento, não existindo a citação do condenado.
- **Penitenciária**: destinada ao condenado definitivamente ao cumprimento de pena em regime fechado. O preso deve ser acomodado isoladamente nas celas;
- **Colônia agrícola, industrial ou similar**: destinado ao condenado ao cumprimento de pena em regime semiaberto. É possível a acomodação coletiva;
- **Casa do albergado**: destinada ao condenado ao regime aberto. Deve se localizar no perímetro urbano e sem mecanismos que impeçam a fuga do preso, pois o regime aberto pressupõe a responsabilidade do condenado;
- **Centro de observação**: destinado à realização de exames gerais e criminológicos.
- **Hospital de custódia e tratamento psiquiátrico**: destinado ao cumprimento de pena de internação e ambulatorial ao inimputável ou semi-imputável.
- **Cadeia Pública:** destinada aos presos provisórios, devendo haver uma em cada comarca. Assim, os presos provisórios devem ficar separados dos definitivos.
- **Não se admite a progressão por salto**, que consiste na progressão do regime fechado para o aberto sem passagem pelo semiaberto.

Prazos para progressão de regime (art. 112, LEP)	I – 16% (dezesseis por cento) da pena, se o apenado for primário e o crime tiver sido cometido sem violência à pessoa ou grave ameaça;
	II – 20% (vinte por cento) da pena, se o apenado for reincidente em crime cometido sem violência à pessoa ou grave ameaça;
	III – 25% (vinte e cinco por cento) da pena, se o apenado for primário e o crime tiver sido cometido com violência à pessoa ou grave ameaça;
	IV – 30% (trinta por cento) da pena, se o apenado for reincidente em crime cometido com violência à pessoa ou grave ameaça;
	V – 40% (quarenta por cento) da pena, se o apenado for condenado pela prática de crime hediondo ou equiparado, se for primário;
	VI – 50% (cinquenta por cento) da pena, se o apenado for: a) condenado pela prática de crime hediondo ou equiparado, com resultado morte, se for primário, vedado o livramento condicional; b) condenado por exercer o comando, individual ou coletivo, de organização criminosa estruturada para a prática de crime hediondo ou equiparado; ou c) condenado pela prática do crime de constituição de milícia privada;
	VII – 60% (sessenta por cento) da pena, se o apenado for reincidente na prática de crime hediondo ou equiparado;
	VIII – 70% (setenta por cento) da pena, se o apenado for reincidente em crime hediondo ou equiparado com resultado morte, vedado o livramento condicional.

- Em todos os casos, o apenado só terá direito à progressão de regime se ostentar boa conduta carcerária, comprovada pelo diretor do estabelecimento, respeitadas as normas que vedam a progressão (Lei Anticrime).
- O cometimento de falta grave durante a execução da pena privativa de liberdade interrompe o prazo para a obtenção da progressão no regime de cumprimento da pena, caso em que o reinício da contagem do requisito objetivo terá como base a pena remanescente.
- **Não se admite a progressão por salto**, que consiste na progressão do regime fechado para o aberto sem passagem pelo semiaberto.
- **TEMA 20 DE RECURSOS REPETITIVOS DO STJ:** É lícito ao Juiz estabelecer condições especiais para a concessão do regime aberto, em complementação daquelas previstas na LEP (art. 115, da LEP), mas não poderá adotar a esse título nenhum efeito já classificado como pena substitutiva (art. 44 do CPB), porque aí ocorreria o indesejável bis in idem, importando na aplicação de dúplice sanção.
- A regressão ocorre nas hipóteses em que o condenado comete **fato definido como crime doloso ou falta grave.**
- Há uma graduação de faltas em **leve, média e grave**. As duas primeiras são previstas em legislação local, enquanto as graves são aquelas enumeradas taxativamente no art. 50 da LEP.
- O reconhecimento de falta grave decorrente do cometimento de fato definido como crime doloso no cumprimento da pena prescinde do trânsito em julgado de sentença penal condenatória no processo penal instaurado para apuração do fato (Tese n. 655, STJ).
- Para o reconhecimento da prática de falta disciplinar, no âmbito da execução penal, é imprescindível a instauração de procedimento administrativo pelo diretor do estabelecimento prisional, assegurado o direito de defesa, a ser realizado por advogado constituído ou defensor público nomeado. (Tese n. 652, STJ).
- 1. A prática de falta grave interrompe o prazo para a progressão de regime, acarretando a modificação da data-base e o início de nova contagem do lapso necessário para o preenchimento do requisito objetivo. 2. Em se tratando de livramento condicional, não ocorre a interrupção do prazo pela prática de falta grave. Aplicação da Súmula 441/STJ. 3. Também não é interrompido automaticamente o prazo pela falta grave no que diz respeito à comutação de pena ou indulto, mas a sua concessão deverá observar o cumprimento dos requisitos previstos no decreto presidencial pelo qual foram instituídos. (Tese n. 709, STJ).
- A prática de fato previsto como crime doloso constitui falta grave e, quando ocasionar subversão da ordem ou disciplina internas, sujeitará o preso provisório, ou condenado, nacional ou estrangeiro, sem prejuízo da sanção penal, ao regime disciplinar diferenciado.
- O RDD tem as seguintes características: I – **duração máxima de até 2 (dois) anos**, sem prejuízo de repetição da sanção por nova falta grave de mesma espécie; II – recolhimento em **cela individual**; III – **visitas quinzenais, de 2 (duas) pessoas por vez**, a serem realizadas em instalações equipadas para **impedir o contato físico e a passagem de objetos**, por pessoa da família ou, no caso de terceiro, autorizado judicialmente, com duração de 2 (duas) horas; IV – direito do preso à **saída da cela por 2 (duas) horas diárias** para banho de sol, em grupos de até 4 (quatro) presos, desde que não haja contato com presos do mesmo grupo criminoso; V – **entrevistas sempre monitoradas**, exceto aquelas com seu defensor, em instalações equipadas para impedir o contato físico e a passagem de objetos, salvo expressa autorização judicial em contrário; VI – fiscalização do **conteúdo da correspondência**; VII – participação em audiências judiciais preferencialmente por **videoconferência**, garantindo-se a participação do defensor no mesmo ambiente do preso (Redação dada pela Lei Anticrime).

Cabimento do RDD de acordo com a Lei Anticrime	I – prática de fato previsto como crime doloso constitui falta grave e, quando ocasionar subversão da ordem ou disciplina internas; II – presos que apresentem alto risco para a ordem e a segurança do estabelecimento penal ou da sociedade; III – presos sob os quais recaiam fundadas suspeitas de envolvimento ou participação, a qualquer título, em organização criminosa, associação criminosa ou milícia privada, independentemente da prática de falta grave.

Remição: direito do condenado de abreviar o tempo imposto em sua sentença penal, pode ocorrer mediante trabalho, estudo e, de forma mais recente, pela leitura. Remição pelo Trabalho	A remição por meio do trabalho está prevista na Lei de Execução Penal, garantindo um dia de pena a menos a cada três dias de trabalho. A remição pelo trabalho é um direito de quem cumpre a pena em regime fechado ou semiaberto. Em maio de 2015, a 3ª Seção do Superior Tribunal de Justiça (STJ) pacificou o entendimento de que o trabalho externo pode ser contado para remir a pena de condenados à prisão, e não apenas o trabalho exercido dentro do ambiente carcerário.
Remição pelo Estudo	De acordo com a legislação em vigor, o condenado que cumpre a pena em regime fechado ou semiaberto pode remir um dia de pena a cada 12 horas de frequência escolar, caracterizada por atividade de ensino fundamental, médio, inclusive profissionalizante, superior, ou ainda de requalificação profissional. De acordo com a Recomendação n. 44 do CNJ, para fins de remição por estudo, deve ser considerado o número de horas correspondente à efetiva participação do apenado nas atividades educacionais, independentemente de aproveitamento, exceto quando o condenado for autorizado a estudar fora do estabelecimento penal. Neste caso, o preso tem que comprovar, mensalmente, por meio de autoridade educacional competente, tanto a frequência, quanto o aproveitamento escolar.
Remição pela Leitura	A possibilidade de remir a pena por meio da leitura já é realidade em diversos presídios do país. De acordo com a Recomendação n. 44 do CNJ, deve ser estimulada a remição pela leitura como forma de atividade complementar, especialmente para apenados aos quais não sejam assegurados os direitos ao trabalho, educação e qualificação profissional. Para isso, há necessidade de elaboração de um projeto por parte da autoridade penitenciária estadual ou federal visando a remição pela leitura, assegurando, entre outros critérios, que a participação do preso seja voluntária e que exista um acervo de livros dentro da unidade penitenciária. Segundo a norma, o preso deve ter o prazo de 22 a 30 dias para a leitura de uma obra, apresentando ao final do período uma resenha a respeito do assunto, que deverá ser avaliada pela comissão organizadora do projeto. Cada obra lida possibilita a remição de quatro dias de pena, com o limite de doze obras por ano, ou seja, no máximo 48 dias de remição por leitura a cada doze meses.

Jurisprudência do STJ: Esta Corte Superior de Justiça possui entendimento, com fulcro no art. 126 da Lei de Execução Penal, que a remição da pena pelo trabalho somente é possível aos condenados que cumprem pena em regime fechado ou semiaberto. Precedentes. III – No regime aberto, o referido benefício somente é conferido, conforme disciplinado no parágrafo 6º do mesmo dispositivo, se há frequência em curso de ensino regular ou de educação profissional **(STJ – HC nº 413.132/RS. Rel. Min. Félix Fischer. DJ. 27/02/2018).**

- **É possível a remição de parte do tempo de execução da pena quando o condenado, em regime fechado ou semiaberto, desempenha atividade laborativa extramuros (Tese n. 917 dos Recursos Repetitivos do STJ).**
- **Desvio ou excesso de execução**: incidente instaurado para adequação da execução aos exatos termos da sentença ou da previsão legal. O desvio se caracteriza pela destinação diversa da finalidade da pena, enquanto o excesso pela aplicação abusiva do previsto em lei.
- **Saída temporária:** concedida ao preso que cumpre pena em regime semiaberto, como parte do processo do retorno ao convívio social. É concedida, geralmente, em datas comemorativas como Natal, dia das mães e dos pais. O juiz pode determinar que o preso em saída temporária seja submetido ao **monitoramento eletrônico.**

Teses do STJ sobre saída temporária	Primeira tese: É recomendável que cada autorização de saída temporária do preso seja precedida de decisão judicial motivada. Entretanto, se a apreciação individual do pedido estiver, por deficiência exclusiva do aparato estatal, a interferir no direito subjetivo do apenado e no escopo ressocializador da pena, deve ser reconhecida, excepcionalmente, a possibilidade de fixação de calendário anual de saídas temporárias por ato judicial único, observadas as hipóteses de revogação automática do art. 125 da LEP. Segunda tese: O calendário prévio das saídas temporárias deverá ser fixado, obrigatoriamente, pelo Juízo das Execuções, não se lhe permitindo delegar à autoridade prisional a escolha das datas específicas nas quais o apenado irá usufruir os benefícios. Inteligência da Súmula n. 520 do STJ. Terceira tese: Respeitado o limite anual de 35 dias, estabelecido pelo art. 124 da LEP, é cabível a concessão de maior número de autorizações de curta duração. Quarta tese: As autorizações de saída temporária para visita à família e para participação em atividades que concorram para o retorno ao convívio social, se limitadas a cinco vezes durante o ano, deverão observar o prazo mínimo de 45 dias de intervalo entre uma e outra. Na hipótese de maior número de saídas temporárias de curta duração, já intercaladas durante os doze meses do ano e muitas vezes sem pernoite, não se exige o intervalo previsto no art. 124, § 3°, da LEP.

- Toda e qualquer decisão do Juízo das execuções é impugnável por agravo em execução, sem prejuízo da possibilidade de manejo de habeas corpus e mandado de segurança.
- O STF firmou entendimento no sentido de que, mesmo, a multa sendo dívida de valor, a execução deve ser promovida pelo MP, titular da ação penal pública. A legitimidade da Fazenda Pública é subsidiária, só surge em caso de inércia do MP.

14.13. LEI Nº 7.716/1989 E SUAS ALTERAÇÕES (CRIMES RESULTANTES DE PRECONCEITOS DE RAÇA OU DE COR)

- A prática do **racismo** constitui **crime inafiançável e imprescritível**, sujeito à pena de reclusão, nos termos da lei (art. 5º, XLII, CF/88).
- Para efeitos penais, considera-se racismo a discriminação ou preconceito de **raça, cor, etnia, religião ou procedência nacional.**
- Como já apontado nos comentários aos crimes contra a honra, após a Lei n. 14.532/2023, o chamado crime de injúria racial foi transferido para o novo art. 2º-A, da Lei nº 7.716/1989 (Lei de Racismo).
- Essa modificação se deve ao fato de que o legislador, tal como já entendia o STF, estabelecer que o crime de injúria racial tem a mesma natureza dos demais crimes de racismo, motivo pelo qual também é IMPRESCRITÍVEL E INAFIANÇÁVEL.
- No novo crime de injúria racial (ART. 2º-A, Lei de Racismo), há ofensa pessoal que se refere a raça, cor, etnia ou procedência nacional: Injuriar alguém, ofendendo-lhe a dignidade ou o decoro, em razão de raça, cor, etnia ou procedência nacional.
- O crime de racismo, por sua vez, está previsto no art. 20 da Lei nº 7.716/1989: Praticar, induzir ou incitar a discriminação ou preconceito de raça, cor, etnia, religião ou procedência nacional.
- A diferença entre o art. 2º-A e o art. 20, ambos da Lei da Lei nº 7.716/1898, é que a discriminação do primeiro tem caráter individual, enquanto no segundo a discriminação atinge uma coletividade de pessoas.
- Causa de aumento de pena no crime do art. 2º-A, Lei n. 7.716/1989: A pena é aumentada de metade se o crime for cometido mediante concurso de 2 (duas) ou mais pessoas.
- Qualificadoras do crime do art. 20, Lei n. 7.716/1989:
  a) Fabricar, comercializar, distribuir ou veicular símbolos, emblemas, ornamentos, distintivos ou propaganda que utilizem a cruz suástica ou gamada, para fins de divulgação do nazismo: reclusão de dois a cinco anos e multa.
  b) for cometido por intermédio dos meios de comunicação social, de publicação em redes sociais, da rede mundial de computadores ou de publicação de qualquer natureza: reclusão de dois a cinco anos e multa.
  c) for cometido no contexto de atividades esportivas, religiosas, artísticas ou culturais destinadas ao público: reclusão, de 2 (dois) a 5 (cinco) anos, e proibição de frequência, por

3 (três) anos, a locais destinados a práticas esportivas, artísticas ou culturais destinadas ao público, conforme o caso.

- Figura equiparada ao 20 da Lei n. 7.716/1989: obstar, impedir ou empregar violência contra quaisquer manifestações ou práticas religiosas. Nesse caso, a pena do crime de racismo será somada à pena correspondente à eventual violência.
- Os crimes previstos nos arts. 2º-A e 20 da Lei n. 7.716/1989 terão as penas aumentadas de 1/3 (um terço) até a metade, quando praticados por funcionário público, conforme definição prevista no Código Penal, no exercício de suas funções ou a pretexto de exercê-las.
- Na interpretação da Lei nº 7.716/1989, o juiz deve considerar como discriminatória qualquer atitude ou tratamento dado à pessoa ou a grupos minoritários que cause constrangimento, humilhação, vergonha, medo ou exposição indevida, e que usualmente não se dispensaria a outros grupos em razão da cor, etnia, religião ou procedência.
- No julgamento da Ação Direta de Inconstitucionalidade por Omissão nº 4733/DF, o STF reconheceu que o Legislativo está em mora em não prever crimes homofóbicos e, por isso, determinou a aplicação da Lei n. 7.716/1989 para esses fatos, enquanto não houver legislação a respeito.
- "Em conclusão de julgamento, o Plenário, por maioria, julgou procedentes os pedidos formulados em ação direta de inconstitucionalidade por omissão (ADO) e em mandado de injunção (MI) para reconhecer a mora do Congresso Nacional em editar lei que criminalize os atos de homofobia e transfobia. Determinou, também, até que seja colmatada essa lacuna legislativa, a aplicação da Lei 7.716/1989 (que define os crimes resultantes de preconceito de raça ou de cor) às condutas de discriminação por orientação sexual ou identidade de gênero, com efeitos prospectivos e mediante subsunção" (STF – Informativo 944).

14.14. NOVA LEI DE ABUSO DE AUTORIDADE

- A Lei n. 13.869/2019 tem como escopo a regulamentação dos crimes de abuso de autoridade, adaptando a matéria à Constituição Federal de 1988.
- O abuso de autoridade ocorre, quando o agente público comete o excesso de poder (extrapola os limites de sua competência legal) ou o desvio de poder (desvio da finalidade legal).
- Os crimes de abuso de autoridade só ocorrem se o sujeito ativo agir com DOLO.
- Em regra, também se exige a finalidade especial do agente consistente em: a) prejudicar outrem; ou b) beneficiar a si mesmo ou a terceiro; ou c) por mero capricho ou satisfação pessoal.
- Não configura crime de abuso de autoridade a divergência na interpretação de lei ou na avaliação de fatos e provas não configura abuso de autoridade. Tem-se aqui a vedação de punição ao chamado crime de hermenêutica.
- Sujeito ativo: agente público, servidor ou não, que, no exercício de suas funções ou a pretexto de exercê-las, abuse do poder que lhe tenha sido atribuído.
- No art. 2º, parágrafo único, da Lei de Abuso de Autoridade, há norma penal explicativa, da qual se extrai o conceito de agente público para fins da Lei de Abuso de Autoridade: todo aquele que exerce, ainda que transitoriamente ou sem remuneração, por eleição, nomeação, designação, contratação ou qualquer outra forma de investidura ou vínculo, mandato, cargo, emprego ou função em órgão ou entidade da "administração direta, indireta ou fundacional de qualquer dos Poderes da União, dos Estados, do Distrito Federal, dos Municípios e de Território".

Rol exemplificativo de agentes públicos da Lei de Abuso de Autoridade	I – servidores públicos e militares ou pessoas a eles equiparadas; II – membros do Poder Legislativo; III – membros do Poder Executivo; IV – membros do Poder Judiciário; V – membros do Ministério Público; VI – membros dos tribunais ou conselhos de contas.

- Os crimes de abuso de autoridade são próprios, porque se exige a qualidade de agente público do sujeito ativo, mas o particular pode responder pelo crime em tela, se em concurso de agentes com agente público.
- Sujeitos passivo: o Estado e a pessoa física ou jurídica, diretamente atingida pela conduta do agente público.
- A ação penal nos crimes de abuso de autoridade é pública incondicionada, sem prejuízo da possibilidade de haver ação penal privada subsidiária da pública, em caso de inércia do Ministério Público.

Efeitos extrapenais da sentença penal condenatória por crime de abuso de autoridade	Tornar certa a obrigação de indenizar o dano causado pelo crime	O juiz pode fixar na sentença o valor da indenização, desde que haja requerimento feito pela vítima. Nada impede que esta busque a reparação em ação cível.
	a inabilitação para o exercício de cargo, mandato ou função pública, pelo período de 1 (um) a 5 (cinco) anos	Esses efeitos são condicionados à ocorrência de reincidência em crime de abuso de autoridade e não são automáticos, devendo ser declarados motivadamente na sentença.
	a perda do cargo, do mandato ou da função pública.	

- A Lei nº 13.869/2019 traz espécies de penas restritivas de direitos a serem aplicadas em crimes de abuso de autoridade. Com isso, não se aplicam nesses crimes as penas restritivas de direitos previstas no art. 44 do Código Penal.

Penas restritivas de direitos (substitutivas da privativa de liberdade)	I – prestação de serviços à comunidade ou a entidades públicas; II – suspensão do exercício do cargo, da função ou do mandato, pelo prazo de 1 (um) a 6 (seis) meses, com a perda dos vencimentos e das vantagens;

- A responsabilidade penal é independente das responsabilidades civil e administrativa do agente público que cometera o crime de abuso de autoridade.
- Mas, a sentença penal absolutória faz efeitos nas esferas cível e administrativo se tiver como fundamento: a prova da inexistência do fato; estar provado que o acusado não concorreu para a infração penal; há certeza sobre a existência de excludente de ilicitude real ou excludente de culpabilidade.
- O procedimento para apuração dos crimes de abuso de autoridade é de acordo com o que determina o CPP, sem prejuízo de aplicação do disposto na Lei n. 9.099/95 (Lei de Juizado Especial).

✦ SÚMULAS APLICÁVEIS

STF

Aplicação da lei penal

- **STF 711.** A lei penal mais grave aplica-se ao crime continuado ou ao crime permanente, se a sua vigência é anterior à cessação da continuidade ou da permanência.

Pena

- **STF Vinculante 26.** Para efeito de progressão de regime no cumprimento de pena por crime hediondo, ou equiparado, o juízo da execução observará a inconstitucionalidade do art. 2º da Lei nº 8.072, de 25 de julho de 1990, sem prejuízo de avaliar se o condenado preenche, ou não, os requisitos objetivos e subjetivos do benefício, podendo determinar, para tal fim, de modo fundamentado, a realização de exame criminológico.
- **STF 499.** Não obsta a concessão do "sursis" condenação anterior a pena de multa.
- **STF 716.** Admite-se a progressão de regime de cumprimento da pena ou a aplicação imediata de regime menos severo nela determinada, antes do trânsito em julgado da sentença condenatória.
- **STF 717.** Não impede a progressão de regime de execução da pena, fixada em sentença não transitada em julgado, o fato de o réu se encontrar em prisão especial.
- **STF 718.** A opinião do julgador sobre a gravidade em abstrato do crime não constitui motivação idônea para a imposição de regime mais severo do que o permitido segundo a pena aplicada.
- **STF 719.** A imposição do regime de cumprimento mais severo do que a pena aplicada permitir exige motivação idônea.

Prescrição

- **STF 146.** A prescrição da ação penal regula-se pela pena concretizada na sentença, quando não há recurso da acusação.
- **STF 497.** Quando se tratar de crime continuado, a prescrição regula-se pela pena imposta na sentença, não se computando o acréscimo decorrente da continuação.
- **STF 592.** Nos crimes falimentares, aplicam-se as causas interruptivas da prescrição, previstas no Código Penal.

Tipificação penal

- **STF Vinculante 24.** Não se tipifica crime material contra a ordem tributária, previsto no art. 1º, incisos I a IV, da Lei nº 8.137/90, antes do lançamento definitivo do tributo.

- **STF 145.** Não há crime, quando a preparação do flagrante pela polícia torna impossível a sua consumação.
- **STF 246.** Comprovado não ter havido fraude, não se configura o crime de emissão de cheque sem fundos.
- **STF 610.** Há crime de latrocínio, quando o homicídio se consuma, ainda que não se realize o agente a subtração de bens da vítima.
- **STF 720.** O art. 309 do Código de Trânsito Brasileiro, que reclama decorra do fato perigo de dano, derrogou o art. 32 da Lei das Contravenções Penais no tocante à direção sem habilitação em vias terrestres. STJ 17. Quando o falso se exaure no estelionato, sem mais potencialidade lesiva, é por este absorvido.

Execução penal

- **STF Vinculante 9.** O disposto no artigo 127 da Lei nº 7.210/1984 (Lei de Execução Penal) foi recebido pela ordem constitucional vigente, e não se lhe aplica o limite temporal previsto no caput do artigo 58.
- **STF 611.** Transitada em julgado a sentença condenatória, compete ao juízo das execuções a aplicação de lei mais benigna.
- **STF 715.** A pena unificada para atender ao limite de trinta anos de cumprimento, determinado pelo art. 75 do Código Penal, não é considerada para a concessão de outros benefícios, como o livramento condicional ou regime mais favorável de execução

STJ

APLICAÇÃO DA LEI PENAL

- **STJ 501.** É cabível a aplicação retroativa da Lei nº 11.343/2006, desde que o resultado da incidência das suas disposições, na íntegra, seja mais favorável ao réu do que o advindo da aplicação da Lei nº 6.368/1976, sendo vedada a combinação de leis.

Extinção da punibilidade

- **STJ 18.** A sentença concessiva do perdão judicial é declaratória da extinção da punibilidade, não subsistindo qualquer efeito condenatório.
- **STJ 438.** É inadmissível a extinção da punibilidade pela prescrição da pretensão punitiva com fundamento em pena hipotética, independentemente da existência ou sorte do processo penal.

Pena

- **STJ 74.** Para efeitos penais, o reconhecimento da menoridade do réu requer prova por documento hábil.
- **STJ 171.** Cominadas cumulativamente, em lei especial, penas privativas de liberdade e pecuniária, é defeso a substituição da prisão por multa.
- **STJ 231.** A incidência da circunstância atenuante não pode conduzir à redução da pena abaixo do mínimo legal.
- **STJ 241.** A reincidência penal não pode ser considerada como circunstância agravante e, simultaneamente, como circunstância judicial.
- **STJ 269.** É admissível a adoção do regime prisional semiaberto aos reincidentes condenados a pena igual ou inferior a quatro anos se favoráveis as circunstâncias judiciais.
- **STJ 440.** Fixada a pena-base no mínimo legal, é vedado o estabelecimento de regime prisional mais gravoso do que o cabível em razão da sanção imposta, com base apenas na gravidade abstrata do delito.
- **STJ 442.** É inadmissível aplicar, no furto qualificado, pelo concurso de agentes, a majorante do roubo.
- **STJ 443.** O aumento na terceira fase de aplicação da pena no crime de roubo circunstanciado exige fundamentação concreta, não sendo suficiente para a sua exasperação a mera indicação do número de majorantes.
- **STJ 444.** É vedada a utilização de inquéritos policiais e ações penais em curso para agravar a pena-base.
- **STJ 493.** É inadmissível a fixação de pena substitutiva (art. 44 do CP) como condição especial ao regime aberto.
- **STJ 607.** A majorante do tráfico transnacional de drogas (art. 40, I, da Lei n. 11.343/2006) configura-se com a prova da destinação internacional das drogas, ainda que não consumada a transposição de fronteiras.
- STJ 631. A incidência da atenuante da confissão espontânea no crime de tráfico ilícito de entorpecentes exige o reconhecimento da traficância pelo acusado, não bastando a mera admissão da posse ou propriedade para uso próprio.
- **STJ 636.** A folha de antecedentes criminais é documento suficiente a comprovar os maus antecedentes e a reincidência.
- **STJ 659.** A fração de aumento em razão da prática de crime continuado deve ser fixada de acordo com o número de delitos cometidos, aplicando-se 1/6 pela prática de duas infrações, 1/5 para três, 1/4 para quatro, 1/3 para cinco, 1/2 para seis e 2/3 para sete ou mais infrações..

Prescrição

- **STJ 191.** A pronúncia é causa interruptiva da prescrição, ainda que o Tribunal do Júri venha a desclassificar o crime.

- **STJ 220**. A reincidência não influi no prazo da prescrição da pretensão punitiva.
- **STJ 338**. A prescrição penal é aplicável nas medidas socioeducativas.
- **STJ 415**. O período de suspensão do prazo prescricional é regulado pelo máximo da pena cominada.

Tipificação penal

- **STJ 24**. Aplica-se ao crime de estelionato em que figure como vítima entidade autárquica da Previdência Social a qualificadora do § 3º do art. 171 do Código Penal.
- **STJ 51**. A punição do intermediador, no jogo do bicho, independe da identificação do "apostador" ou do "banqueiro".
- **STJ 73**. A utilização de papel moeda grosseiramente falsificado configura, em tese, o crime de estelionato, da competência da justiça estadual.
- **STJ 96**. O crime de extorsão consuma-se independentemente da obtenção da vantagem indevida.
- **STJ 500**. A configuração do crime do art. 244-B do ECA independe da prova da efetiva corrupção do menor, por se tratar de delito formal.
- **STJ 502**. Presentes a materialidade e a autoria, afigura-se típica, em relação ao crime previsto no art. 184, § 2º, do CP, a conduta de expor à venda CDs e DVDs "piratas".
- **STJ 511.** É possível o reconhecimento do privilégio previsto no § 2º do art. 155 do CP nos casos de crime de furto qualificado, se estiverem presentes a primariedade do agente, o pequeno valor da coisa e a qualificadora for de ordem objetiva.
- **STJ 606.** Não se aplica o princípio da insignificância a casos de transmissão clandestina de sinal de internet via radiofrequência, que caracteriza o fato típico previsto no art. 183 da Lei n. 9.472/1997• **STJ 645.** O crime de fraude à licitação é formal, e sua consumação prescinde da comprovação do prejuízo ou da obtenção de vantagem.
- **STJ 658.** O crime de apropriação indébita tributária pode ocorrer tanto em operações próprias, como em razão de substituição tributária.
- **STJ 664.** É inaplicável a consunção entre o delito de embriaguez ao volante e o de condução de veículo automotor sem habilitação. (TERCEIRA SEÇÃO, julgado em 8/11/2023, DJe de 13/11/2023)

Execução penal

- **STJ 40**. Para obtenção dos benefícios de saída temporária e trabalho externo, considera-se o tempo de cumprimento da pena no regime fechado.
- **STJ 192**. Compete ao juízo das execuções penais do estado a execução das penas impostas a sentenciados pela justiça federal, militar ou eleitoral, quando recolhidos a estabelecimentos sujeitos à administração estadual.
- **STJ 341**. A frequência a curso de ensino formal é causa de remição de parte do tempo de execução de pena sob regime fechado ou semiaberto.
- **STJ 439**. Admite-se o exame criminológico pelas peculiaridades do caso, desde que em decisão motivada.
- **STJ 441**. A falta grave não interrompe o prazo para obtenção de livramento condicional.
- **STJ 471**. Os condenados por crimes hediondos ou assemelhados cometidos antes da vigência da Lei nº 11.464/2007 sujeitam-se ao disposto no art. 112 da Lei nº 7.210/1984 (Lei de Execução Penal) para a progressão de regime prisional.
- **STJ 491**. É inadmissível a chamada progressão "per saltum" de regime prisional.
- **STJ 617**. A ausência de suspensão ou revogação do livramento condicional antes do término do período de prova enseja a extinção da punibilidade pelo integral cumprimento da pena.
- **STJ 631.** O indulto extingue os efeitos primários da condenação (pretensão executória), mas não atinge os efeitos secundários, penais ou extrapenais.
- **STJ 639.** Não fere o contraditório e o devido processo decisão que, sem ouvida prévia da defesa, determine transferência ou permanência de custodiado em estabelecimento penitenciário federal.
- **STJ 643.** A execução da pena restritiva de direitos depende do trânsito em julgado da condenação.
- **STJ 660.** A posse, pelo apenado, de aparelho celular ou de seus componentes essenciais constitui falta grave.
- **STJ 661.** A falta grave prescinde da perícia do celular apreendido ou de seus componentes essenciais.
- **STJ 662.** Para a prorrogação do prazo de permanência no sistema penitenciário federal, é prescindível a ocorrência de fato novo; basta constar, em decisão fundamentada, a persistência dos motivos que ensejaram a transferência inicial do preso.

Estatuto do Desarmamento

- **STJ 513**. A 'abolitio criminis' temporária prevista na Lei nº 10.826/2003 aplica-se ao crime de posse de arma de fogo de uso permitido com numeração, marca ou qualquer outro sinal de identificação raspado, suprimido ou adulterado, praticado somente até 23/10/2005.

Direito Previdenciário

Adriana Menezes

TABELA DE INCIDÊNCIA DE QUESTÕES

Distribuição das questões organizada por ordem didática de assuntos		
Questões	**Número de Questões**	**Peso**
1. SEGURIDADE SOCIAL – CONCEITO E EVOLUÇÃO	7	9,09%
2. PRINCÍPIOS CONSTITUCIONAIS DA SEGURIDADE SOCIAL	3	3,90%
3. BENEFICIÁRIOS DO REGIME GERAL DE PREVIDÊNCIA SOCIAL – SEGURADOS E DEPENDENTES	10	12,99%
4. BENEFÍCIOS PREVIDENCIÁRIOS	19	24,68%
5. FINANCIAMENTO DA SEGURIDADE SOCIAL – REGRAS GERAIS	1	1,30%
6. SALÁRIO DE CONTRIBUIÇÃO	3	3,90%
7. CONTRIBUIÇÃO DOS SEGURADOS	2	2,60%
8. CONTRIBUIÇÃO DAS EMPRESAS	3	3,90%
9. PREVIDÊNCIA DO SERVIDOR PÚBLICO E BENEFÍCIOS PREVIDENCIÁRIOS DOS SERVIDORES PÚBLICOS FEDERAIS	6	7,79%
10. PREVIDÊNCIA COMPLEMENTAR E REGIME DE PREVIDÊNCIA COMPLEMENTAR DOS SERVIDORES PÚBLICOS FEDERAIS	23	29,87%
Total	**77**	**100%**

Direito Previdenciário

Adriana Menezes

✦ QUESTÕES

1. SEGURIDADE SOCIAL – CONCEITO E EVOLUÇÃO

- CF, título VIII, capítulo II, seções I a IV.
- Arts. 194 ao 204 da CF.
- Art. 40 da CF

01. (FCC – Analista Judiciário/Área Administrativa – TRT 21/2023) Fernanda e Jurandir estão estudando o ponto sobre Assistência Social e, de acordo com a Lei nº 8.212/1991,

a) a organização da Assistência Social obedecerá às diretrizes de descentralização político-administrativa.

b) na Assistência Social, a União Federal centraliza a coordenação dos programas, a distribuição dos recursos, bem como a execução dos programas, não havendo descentralização político-administrativa aos Estados, Municípios e às entidades beneficentes de assistência social.

c) são objetivos da Assistência Social a proteção à família e à maternidade, excluindo-se a proteção à infância e à velhice, que serão objeto de outros ramos da Seguridade Social.

d) não está prevista a participação da população na formulação e controle das ações em todos os níveis.

e) são objetivos da Assistência Social a proteção à família, à maternidade e à infância, excluindo-se a proteção à velhice, que será objeto de outros ramos da Seguridade Social.

COMENTÁRIOS

Alternativa correta: "A". Conforme dispõe o caput do art. 204 da Constituição Federal:

> *As ações governamentais na área da assistência social serão realizadas com recursos do orçamento da seguridade social, previstos no art. 195, além de outras fontes, e organizadas com base nas seguintes diretrizes:*
>
> *I – descentralização político-administrativa, cabendo a coordenação e as normas gerais à esfera federal e a coordenação e a execução dos respectivos programas às esferas estadual e municipal, bem como a entidades beneficentes e de assistência social;*
>
> *II – participação da população, por meio de organizações representativas, na formulação das políticas e no controle das ações em todos os níveis.*

Alternativa "B": incorreta. Na Assistência Social, cabe à União a coordenação e as normas gerais e a coordenação e a execução dos programas assistenciais cabe aos Estados e Municípios, bem como a entidades beneficentes e de assistência social.

Alternativa "C": incorreta. A Assistência Social tem por objetivo a proteção à família, à maternidade, à infância, à adolescência e à velhice (art. 203, CF). Proteção à infância e à velhice são objetivos da Assistência Social.

Alternativa "D": incorreta. As ações governamentais na área da assistência social são organizadas com base na participação da população, por meio de organizações representativas, na formulação das políticas e no controle das ações em todos os níveis.

Alternativa "E": incorreta. A proteção à velhice também é um dos objetivos da Assistência Social. A Assistência Social tem por objetivo a proteção à família, à maternidade, à infância, à adolescência e à velhice (art. 203, CF).

Alternativa correta: "A".

02. (FCC – Analista Judiciário – Área Judiciária – TRT 16ª Região/2014) Terá direito ao recebimento de um salário-mínimo mensal, conforme dispuser a lei,

a) a pessoa com deficiência e o idoso que comprovem não possuir meios de prover à própria manutenção ou de tê-la provida por sua família, desde que contribuam à seguridade social.

b) a pessoa com deficiência e o idoso que comprovem não possuir meios de prover à própria manutenção ou de tê-la provida por sua família, independentemente de contribuição à seguridade social.

c) apenas a pessoa com deficiência, que comprove não possuir meios de prover à própria manutenção ou de tê-la provida por sua família, desde que contribua à seguridade social.

d) apenas o idoso, que comprove não possuir meios de prover à própria manutenção ou de tê-la provida por sua família, desde que contribua à seguridade social.

e) apenas a pessoa com deficiência, que comprove não possuir meios de prover à própria manutenção, mesmo que sua família possa provê-la, independentemente de contribuição à seguridade social.

COMENTÁRIOS

Alternativa correta: "B". O art. 203, inciso V, da Constituição Federal assegura o benefício assistencial no valor de um salário mínimo à pessoa idosa e à pessoa portadora de deficiência que comprovem não possuir meios de prover a própria manutenção ou de tê-la provida por sua família, conforme dispuser a lei.

Como se trata de um benefício assistencial, não há exigência de que o beneficiário contribua para a seguridade social. O próprio art. 203, *caput,* da Constituição Federal dispõe que assistência social será prestada a quem dela necessitar, independentemente de contribuição à seguridade social.

As demais assertivas estão incorretas porque afirmam que há a necessidade de contribuição à seguridade social e/ou restringem o benefício a apenas ao idoso ou ao deficiente.

Alternativa correta: "B".

03. (FCC – Analista Judiciário – Oficial de Justiça Avaliador – TRT 2ª Região/2014) – O Sistema Único de Saúde deve ser financiado.

a) exclusivamente, com recursos do orçamento da seguridade social e da União.

b) entre outras fontes, mediante aplicação de recursos mínimos estaduais, distritais e municipais derivados dos seus impostos e da repartição constitucional de receitas tributárias.

c) por recursos provenientes das contribuições sociais das empresas incidentes sobre a folha de pagamentos e dos trabalhadores e demais segurados da previdência social.

d) entre outras fontes, por contribuições diretas dos cidadãos usuários do sistema.

e) mediante aplicação de recursos mínimos estaduais e municipais derivados de suas receitas não tributárias, dada a vedação constitucional da vinculação de receitas de impostos a fundos e despesas.

COMENTÁRIOS

✪ **Nota da autora:** as ações e serviços públicos de saúde integram uma rede regionalizada e hierarquizada e constituem um sistema único – SUS.

Alternativa correta: "B". De acordo com o que dispõe o art. 198, § 1º, da Constituição Federal, o sistema único de saúde será financiado, nos termos do art. 195, com recursos do orçamento da seguridade social, da União, dos Estados, do Distrito Federal e dos Municípios, além de outras fontes.

O art. 198, § 2º, incisos II e III da Constituição Federal dispõe que o Distrito Federal e os Municípios aplicarão, anualmente, em ações e serviços públicos de saúde recursos mínimos derivados da aplicação de percentuais sobre o produto da arrecadação de seus impostos e dos impostos recebidos, por transferência, da União e dos Estados. Os percentuais mínimos a serem aplicados em ações serviços públicos de saúde pelos Estados, pelo Distrito Federal e pelos municípios estão determinados pela Lei Complementar nº 141/2012, a saber:

- os Estados deverão aplicar anualmente, **no mínimo, 12% (doze por cento)** dos recursos arrecadados com os impostos estaduais e com os repasses obtidos com os impostos de renda, IPI e Fundo de Participação dos Estados, deduzidas as parcelas que forem transferidas aos respectivos municípios;
- os municípios deverão aplicar anualmente, **no mínimo, 15% (quinze por cento)** dos recursos arrecadados com os impostos municipais e com os repasses obtidos dos impostos da União e dos Estados e o Fundo de Participação dos Municípios.
- No caso da União, com a alteração trazida pela Emenda Constitucional nº 86/2015, restou determinado pelo art. 198, §2º, inciso I, que os recursos mínimos a serem aplicados em ações e serviços públicos de saúde, serão calculados sobre a receita corrente líquida do respectivo exercí-

cio financeiro, não podendo ser inferior a 15% (quinze por cento).

Alternativa "A": incorreta. O SUS, conforme já mencionado anteriormente, será financiado com recursos do orçamento da seguridade social, da União, dos Estados, do Distrito Federal e dos Municípios, além de outras fontes.

Alternativa "C": incorreta. As contribuições sociais das empresas incidentes sobre a folha de pagamentos e dos trabalhadores e demais segurados da previdência social, previstas, respectivamente no art. 195, incisos I, "a" e II, da Constituição Federal, são chamadas de **contribuições previdenciárias**. Recebem essa denominação porque seus recursos **somente** poderão ser utilizados para realização de despesas do **pagamento de benefícios** do regime geral de previdência social. Assim, não será possível a utilização dos recursos de tais contribuições para o financiamento do SUS, conforme vedação expressa prevista no art. 167, XI, da Constituição Federal.

Alternativa "D": incorreta. As ações e serviços públicos de saúde serão prestados, **independentemente de contribuição à seguridade social.** Não se pode exigir dos cidadãos usuários do sistema único de saúde qualquer contribuição para que tenham direito aos serviços e ações públicos de saúde.

Alternativa "E": incorreta. No caso das ações e serviços públicos de saúde, a própria Constituição Federal excepciona a aplicação do art. 167, IV, que veda a vinculação de receita de imposto a órgão, fundo ou despesa. Como já explicado acima, há a determinação constitucional de se aplicar recursos mínimos da receita tributária para financiamento do SUS pelos Estados, Distrito Federal e Municípios.

Alternativa correta: "B".

---

04. (FCC - Analista Judiciário - Área Judiciária - TRT 2ª Região/2014) As ações e serviços públicos de saúde constituem um sistema único, organizado de acordo com diretrizes determinadas. Dentre elas, está

a) o caráter contributivo e de filiação obrigatória.

b) a promoção da integração ao mercado de trabalho.

c) a centralização, com direção única no Governo Federal.

d) a observância de critérios que preservem o equilíbrio financeiro e atuarial.

e) o atendimento integral, com prioridade para as atividades preventivas.

COMENTÁRIOS

Alternativa correta: "E". É o que dispõe o art. 198, II, da Constituição Federal. As diretrizes traçadas pela Constituição Federal são:

- descentralização, com direção única em cada esfera de governo;
- atendimento integral, com prioridade para as atividades preventivas, sem prejuízo dos serviços assistenciais;
- participação da comunidade.

Alternativa "A": incorreta. Caráter contributivo e filiação obrigatória são características do sistema de previdência social, trazidas pelo art. 201 da Constituição Federal. Friso que a saúde é prestada pelo poder público, **independentemente de contribuição à seguridade social.**

Alternativa "B": incorreta. A promoção da integração ao mercado de trabalho é objetivo imposto à assistência social, conforme se vê no disposto no art. 203, III, da Constituição Federal.

Alternativa "C": incorreta. O erro da afirmativa está em dispor que há centralização das ações e serviços públicos de saúde. Na verdade, o que reza o art. 198, da Constituição Federal é que o SUS terá como diretriz a descentralização, com direção única em cada esfera de governo.

Alternativa "D": incorreta. A imposição de observar critérios que preservem o equilíbrio financeiro e atuarial é para ser cumprida pela previdência social e não pela saúde, conforme se verifica pelo disposto no art. 201, *caput*, da Constituição Federal.

Alternativa correta: "E".

---

05. (FCC - Analista Judiciário - Área Judiciária - Oficial de Justiça - TRT 16ª Região/2014) - Patrícia é professora universitária em uma instituição privada no estado do Maranhão. Casada há cinco anos com Gustavo, após diversas tentativas, finalmente conseguiu engravidar. A proteção à maternidade da gestante Patrícia, observados critérios que preservem o equilíbrio financeiro e atuarial, será atendida, nos termos da lei, pela

a) assistência social, organizada sob a forma de regime geral, independentemente de filiação e de contribuição à seguridade social.

b) previdência social, organizada sob a forma de regime especial próprio de servidores públicos, de caráter contributivo e de filiação facultativa.

c) previdência social, organizada sob a forma de regime geral, independentemente de filiação e de contribuição à seguridade social.

d) previdência social, organizada sob a forma de regime geral, de caráter contributivo e de filiação obrigatória.

e) previdência social, organizada sob a forma de regime especial próprio de servidores públicos, independentemente de filiação e de contribuição à seguridade social.

COMENTÁRIOS

✪ **Nota da autora:** inicialmente, há que se registrar que Patrícia é segurada da previdência social, na condição de empregada e, portanto, deverá se submeter às diretrizes traçadas pelo art. 201 da Constituição Federal. A previdência social será organizada sob a forma de regime geral, terá caráter contributivo e filiação obrigatória.

Alternativa correta: "D". Os critérios que preservem o equilíbrio financeiro e atuarial foram determinados para observância da previdência social, bem como a proteção à maternidade, especialmente à gestante.

Como Patrícia é gestante e empregada, ela terá amparo da previdência social, organizada sob a forma de regime geral, de caráter contributivo e de filiação obrigatória.

Alternativa "A": errada. A assistência social **não é** organizada sob a forma de regime geral, embora seja prestada independentemente de filiação e de contribuição à seguridade social.

Alternativa "B": errada. No caso a Patrícia, pode-se afirmar que o amparo será dado pela previdência social, organizada sob a forma do regime geral, de caráter contributivo e filiação obrigatória. Patrícia não é servidora pública abrangida por regime próprio de previdência social.

E não é demais registrar que o regime próprio de previdência dos servidores públicos tem caráter contributivo e **filiação obrigatória.**

Alternativas "C" e "E": erradas. A previdência social que ampara Patrícia é organizada sob a forma do regime geral, tem caráter contributivo e filiação obrigatória.

Alternativa correta: "D".

---

06. (FCC – Analista Judiciário – Área Judiciária – TRT 5ª Região/2013) Considere as afirmações:

I. No âmbito do Direito Previdenciário, as expressões "seguridade social" e "assistência social" são sinônimas puras, revelando sistemas idênticos, que são universalizados, contributivos e contam com a participação obrigatória da União, de empregadores e empregados.

II. Em Direito Previdenciário, torna-se possível a solução de controvérsias mediante aplicação da equidade, de que é exemplo a concessão de salário-maternidade para o segurado homem que, em relação homoafetiva, adota criança.

III. As normas internacionais entre organismos estrangeiros e o Brasil, tais como tratados, acordos ou convenções, quando versem sobre matéria previdenciária, devem ser interpretados como lei especial, nos termos do art. 85-A, da Lei no 8212/1991.

IV. Previdência Social engloba um conceito amplo, universal, sendo em verdade o gênero da qual são espécies a assistência social, a saúde e a seguridade social.

Está correto o que se afirma APENAS em

a) I, II e III.
b) II e IV.
c) II e III.
d) III e IV.
e) I, III e IV.

COMENTÁRIOS

Alternativa correta: "C". As afirmativas II e III estão corretas.

A afirmativa II está correta. A equidade é uma das formas de integração da norma previdenciária. A sua utilização propiciou a concessão de salário-maternidade para o segurado homem que, em relação homoafetiva, adota criança.

No entanto, com o advento da Lei nº 12.873/2013, já é possível que o segurado homem seja beneficiado com o salário-maternidade nos casos de adoção e guarda judicial para fins de adoção.

A afirmativa III está correta. É transcrição pura do art. 85-A da Lei nº 8.212/91.

A afirmativa I está incorreta. No âmbito do Direito Previdenciário, as expressões "seguridade social" e "assistência social" **não são** sinônimas puras. A seguridade social, segundo dispõe o art. 194, *caput*, da Constituição Federal constitui um conjunto integrado de ações de iniciativa dos Poderes Públicos e da sociedade destinadas a assegurar os direitos à saúde, à previdência e à assistência social. Dos três subsistemas – saúde, previdência e assistência social – o único que é contributivo é a previdência social.

A afirmativa IV está incorreta. Na verdade, é a seguridade social que se apresenta como gênero da qual são espécies a assistência social, a saúde e a previdência social.

Alternativa correta: "C".

---

07. (Cespe – Analista Judiciário – Área Administrativa – TRT 8ª Região/2013) – Acerca da evolução histórica do direito previdenciário brasileiro, assinale a opção correta.

a) Ocorreram inúmeras modificações na organização administrativa previdenciária brasileira ao longo de seu desenvolvimento, tais como a transformação do Fundo de Assistência e Previdência do Trabalhador Rural em INPS e, em seguida, mediante a CF, a transformação deste em INSS.

b) O ordenamento jurídico brasileiro coexistiu com inúmeros regimes previdenciários específicos até a edição do Decreto-lei n.° 72/1966, mediante o qual foram unificados os institutos de aposentadorias e centralizada a organização previdenciária no INPS.

c) O Decreto Legislativo n.° 4.682/1923, também conhecido como Lei Eloy Chaves, é considerado um marco do direito previdenciário brasileiro, devido ao fato de, por meio dele, ter sido criado o Ministério da Previdência e Assistência Social.

d) Ao longo de décadas, o Estado brasileiro deixou de concedeu diversos direitos sociais a seus cidadãos, tendo sido instituídos benefícios previdenciários ao trabalhador apenas com a promulgação da CF.

e) A Constituição Federal de 1934 é considerada retrocedente quanto à proteção ao trabalhador, haja vista terem sido dela excluídos os benefícios de proteção à maternidade e os provenientes de acidente de trabalho.

COMENTÁRIOS

Alternativa correta: "B". Em 21/11/1966, o Decreto-Lei nº 72 unificou os diversos Institutos de Aposentadoria e Pensões, criando o INPS.

O Decreto-Lei nº 72/1966 entrou em vigor no dia 01 de janeiro de 1967, como se pode verificar pelo disposto no art. 46:

"O presente decreto-lei entrará em vigor no primeiro dia do segundo mês seguinte ao de sua publicação."

O INPS constituía órgão de administração indireta da União, com personalidade jurídica de natureza autárquica e gozava, em toda sua plenitude, inclusive no que se refere a seus bens, serviços e ações, das regalias, privilégios e imunidades da União.

A alternativa "A" está incorreta. Como acima mencionado o INPS foi instituído em 1966, unificando os diversos institutos de aposentadorias e pensões (IAP). Em 1990, foi criado o Instituto Nacional do Seguro Social (INSS), com a fusão do INPS e do IAPAS.

A alternativa "C" está incorreta. A Lei Eloy Chaves, é considerada um marco do direito previdenciário brasileiro por ser o primeiro texto normativo a instituir, oficialmente, no Brasil, a Previdência Social, com a criação de caixas de aposentadorias e pensões para os ferroviários. Nesse modelo, havia contribuições dos trabalhadores e dos empregadores, com direito à aposentadoria para o segurado e pensão por morte do segurado para os dependentes.

A alternativa "D" está incorreta. Antes de mesmo da previdência social integrar o texto das constituições brasileiras, havia normas que contemplavam benefícios previdenciários aos trabalhadores brasileiros. Veja o resumo da evolução da seguridade social nas DICAS DE ESTUDO.

A alternativa "E" está incorreta. Na Constituição de 1934 foi que, pela primeira vez, utilizou-se da expressão "previdência" sem o adjetivo "social" que veio aparecer somente na CF de 1946, já com a tríplice previsão da base de financiamento, a cargo da União, dos empregados e empregadores.

Alternativa correta: "B".

2. PRINCÍPIOS CONSTITUCIONAIS DA SEGURIDADE SOCIAL

- Constituição Federal
- Art. 194, parágrafo único
- Art. 195
- Art. 196

08. (FCC – Analista Judiciário – Área Judiciária – TRT 16/2022) Um dos princípios constitucionais da Seguridade Social é o caráter democrático e descentralizado da gestão administrativa. Neste sentido, tem-se que o CNPS (Conselho Nacional de Previdência Social)

a) é quinquipartite, tendo representantes dos trabalhadores, dos empregadores, dos aposentados, do Ministério Público e do governo nos órgãos colegiados.

b) tem apenas representantes do Governo.

c) é bipartite, tendo a participação dos trabalhadores e do governo nos órgãos colegiados.

d) é quadripartite, tendo a participação dos trabalhadores, dos empregadores, dos aposentados e do Governo nos órgãos colegiados.

e) é tripartite, tendo a participação dos trabalhadores, dos empregadores e dos aposentados nos órgãos colegiados.

COMENTÁRIOS

Alternativa correta: "D". O princípio do caráter democrático e descentralizado da gestão da seguridade social deriva dos princípios superiores atinentes à origem democrática do poder e à participação popular.

Nesse caso, reza o art. 194, parágrafo único, VII da CF/88, *o caráter democrático e descentralizado da administração, mediante gestão quadripartite, com participação dos trabalhadores, dos empregadores, dos aposentados e do Governo nos órgãos colegiados.*

Significa dizer que os diversos órgãos colegiados que compõem a estrutura da seguridade social terão a participação de segmentos da sociedade representados pelo governo, pelos empregadores, pelos empregados e pelos aposentados.

Verifica-se a aplicação deste princípio na criação e organização, por exemplo, do Conselho Nacional de Previdência Social, do Conselho de Recursos da Previdência Social, do Conselho Nacional de Assistência Social. A administração desses órgãos conta com a participação de representantes da sociedade – trabalhadores, empregadores e aposentados – e do governo, conforme preceitua a Constituição Federal.

09. (Cespe – Analista Judiciário – Área Judiciária – TRT 8ª Região/2016) – Com base na Constituição Federal de 1988 (CF) e na Lei Orgânica da Seguridade Social, assinale a opção correta.

a) Os direitos sociais do cidadão brasileiro previstos na CF não incluem o direito à alimentação e ao transporte.

b) Os princípios da seguridade social incluem a irredutibilidade do valor dos benefícios.

c) O aviso prévio de, no mínimo, quarenta e cinco dias é um direito garantido aos trabalhadores urbanos que tenham prestado serviços na mesma empresa.

d) O valor da renda mensal dos benefícios não inferior a meio salário-mínimo aplica-se aos benefícios que substituam o salário de contribuição ou o rendimento do trabalho do segurado.

e) No âmbito federal, a base de financiamento da seguridade social está centralizada nas contribuições sociais dos empregadores domésticos.

COMENTÁRIOS

Alternativa "A": incorreta. Os direitos sociais são assegurados pelo art. 6º, da Constituição Federal:

> *São direitos sociais a educação, a saúde, a alimentação, o trabalho, a moradia, o transporte, o lazer, a segurança, a previdência social, a proteção à maternidade e à infância, a assistência aos desamparados, na forma desta Constituição.*

Alimentação e transporte são direitos sociais assegurados pela Constituição Federal.

Alternativa correta: "B". A Constituição Federal de 1988 elenca os princípios da seguridade social, principalmente, no art. 194, parágrafo único, quando os chama de objetivos a serem observados pelo poder público na organização do sistema, *in verbis*:

> *Compete ao Poder Público, nos termos da lei, organizar a seguridade social, com base nos seguintes objetivos:*
>
> *I – universalidade da cobertura e o atendimento;*
>
> *II – uniformidade e equivalência dos benefícios e serviços às populações urbanas e rurais;*
>
> *II – seletividade e distributividade na prestação dos benefícios e serviços;*
>
> *IV – irredutibilidade do valor dos benefícios;*
>
> *V – equidade na forma de participação no custeio;*
>
> *VI – diversidade da base de financiamento, identificando-se, em rubricas contábeis específicas para cada área, as receitas e as despesas vinculadas a ações de saúde, previdência e assistência social, preservado o caráter contributivo da previdência social;*
>
> *VII – caráter democrático e descentralizado da administração, mediante gestão quadripartite, com participação dos trabalhadores, dos empregadores, dos aposentados e do Governo nos órgãos colegiados.*

O princípio da irredutibilidade do valor dos benefícios preceitua que haverá nenhuma redução efetiva dos valores nominais dos benefícios.

No entanto, há que se atentar para o fato de que os benefícios previdenciários não podem sofrer redução real. Devem ser reajustados para preservar-lhes o poder aquisitivo, conforme determina o §4º do art. 201 da Constituição Federal.

Alternativa "C": incorreta. Conforme dispõe o inciso XXI do art. 7º, da Constituição Federal:

> *Art. 7º São direitos dos trabalhadores urbanos e rurais, além de outros que visem à melhoria de sua condição social:*
>
> ...
>
> *XXI – aviso prévio proporcional ao tempo de serviço, sendo no mínimo de trinta dias, nos termos da lei;*

Os trabalhadores **urbanos e rurais** têm direito ao aviso prévio proporcional ao tempo de serviço, nos termos da lei, **sendo no mínimo de 30 dias.**

Alternativa "D": incorreta. Na verdade, há que se observar o princípio do valor mínimo preconizado no art. 201, §2º, da Constituição Federal:

"Nenhum benefício que substitua o salário de contribuição ou o rendimento do trabalho do segurado terá valor mensal inferior ao salário-mínimo."

Alternativa "E": incorreta. A seguridade social, no âmbito federal, não tem seu orçamento centralizado em uma só fonte de receita. A contribuição social dos empregadores domésticos é apenas uma das fontes de receita da seguridade social. Veja o que dispõe o art. 11, da Lei nº 8.212/91:

> *Art. 11. No âmbito federal, o orçamento da Seguridade Social é composto das seguintes receitas:*
>
> *I – receitas da União;*
>
> *II – receitas das contribuições sociais;*

III – receitas de outras fontes.

Parágrafo único. Constituem contribuições sociais:

a) as das empresas, incidentes sobre a remuneração paga ou creditada aos segurados a seu serviço;

b) as dos empregadores domésticos;

c) as dos trabalhadores, incidentes sobre o seu salário de contribuição;

d) as das empresas, incidentes sobre faturamento e lucro;

e) as incidentes sobre a receita de concursos de prognósticos.

Alternativa correta: "B".

---

10. (Cespe – Analista Judiciário – Área Judiciária – TRT 10ª Região/2013) – Com base nas disposições emanadas do direito previdenciário, julgue o item abaixo.

O princípio do caráter democrático da administração da seguridade social preconiza que sua gestão será quadripartite, com a participação da União, dos estados, dos municípios e do Distrito Federal.

COMENTÁRIOS

O item está incorreto. Reza o art. 194, parágrafo único, inciso VII, da CF/88, que a seguridade social será organizada segundo "o caráter democrático e descentralizado da administração, mediante gestão quadripartite, com participação dos trabalhadores, dos empregadores, dos aposentados e do Governo nos órgãos colegiados". Significa dizer que os diversos órgãos colegiados que compõem a estrutura da Seguridade Social terão **a participação** de segmentos da sociedade representada **pelo governo, pelos empregadores, pelos empregados e pelos aposentados.** Assim, a gestão quadripartite contempla a participação dos empregadores, empregados, aposentados e governo nos órgãos colegiados da seguridade social.

3. BENEFICIÁRIOS DO REGIME GERAL DE PREVIDÊNCIA SOCIAL – SEGURADOS E DEPENDENTES

- Lei nº 8.212/91: arts. 12, 13 e 14.
- Lei nº 8.213/91: arts. 11, 12, 13, 15, 16 e 17.
- Decreto nº 3.048/99: arts. 9º, 10,11, 13, 14,16 ao 24.

✪ **Nota da autora:** Com a reforma da previdência social trazida por meio da Emenda Constitucional n. 103/2019, os benefícios de auxílio-doença e de aposentadoria por invalidez, passaram a ser chamados, respectivamente, de auxílio por incapacidade temporária e aposentadoria por incapacidade permanente.

Embora em algumas questões consta a denominação anterior à reforma previdenciária de 2019, utilizamos os novos termos ao elaborar os comentários.

---

11. (FCC – Analista Judiciário – Área Judiciária – TRT 15/2018) Considere as situações hipotéticas abaixo.

I. Cleide está cumprindo pena de reclusão pela prática do crime de homicídio qualificado.

II. Duda deixou de exercer atividade remunerada abrangida pela Previdência Social.

III. Firmina está passando por dificuldades financeiras e deixou de contribuir para a Previdência Social na qualidade de segurada facultativa.

De acordo com o Decreto no 3.048/1999, Cleide, Duda e Firmina manterão a qualidade de seguradas, independentemente de contribuições, respectivamente, até

a) doze meses após o livramento; doze meses após a cessação das contribuições e doze meses após a cessação das contribuições.

b) seis meses após o livramento; doze meses após a cessação das contribuições e doze meses após a cessação das contribuições.

c) doze meses após o livramento; doze meses após a cessação das contribuições e seis meses após a cessação das contribuições.

d) seis meses após o livramento; seis meses após a cessação das contribuições e seis meses após a cessação das contribuições.

e) doze meses após o livramento; seis meses após a cessação das contribuições e seis meses após a cessação das contribuições.

COMENTÁRIOS

O candidato terá que analisar o período de graça de cada segurado. Vamos lá.

Cleide manterá a qualidade de segurada por até 12 meses após o livramento.

Duda manterá a qualidade de segurada por até 12 meses após a cessação das contribuições. Como Firmina é segurada facultativa e cessou suas contribuições, manterá a qualidade de segurada por até 6 meses após a cessação das contribuições.

A alternativa que traz corretamente os períodos de graça é a 'C'.

Alternativa correta: "C".

12. (FCC – Analista Judiciário – Área Judiciária – TRT 6/2018) Júlio, auxiliar de produção da Empresa Fios Especiais Ltda., foi injustamente dispensado, recebendo devidamente suas verbas rescisórias. Nesse caso, Júlio

a) manterá sua qualidade de segurado da Previdência Social, independentemente de contribuições, até doze meses após a cessação das contribuições.
b) manterá sua qualidade de segurado da Previdência Social, independentemente de contribuições, até dezoito meses após a cessação das contribuições.
c) não manterá sua qualidade de segurado da Previdência Social após o término do recebimento das parcelas do Seguro-desemprego.
d) manterá sua qualidade de segurado da Previdência Social, independentemente de contribuições, até seis meses após a cessação das contribuições.
e) não manterá sua qualidade de segurado da Previdência Social, mesmo recebendo as parcelas do Seguro-desemprego.

COMENTÁRIOS

Observe que o tema perda e manutenção da qualidade de segurado é muito recorrente nas provas de concursos.

No caso, Júlio foi demitido e supõe-se que deixou de contribuir para a previdência social.

Como não há informação de que Júlio tenha mais de 120 contribuições, nem que teve seu desemprego registrado no órgão competente do Ministério do Trabalho e Previdência, pode-se afirmar que Júlio manterá a qualidade de segurado por até 12 meses, independentemente de contribuições, após cessas as contribuições, conforme se depreende do disposto no inciso II do art. 15 da Lei nº 8.213/91.

Alternativa correta: "A".

13. (FCC – Analista Judiciário – Área Judiciária – TRT 6/2018) Ricardo exerce a função de ensacador de cacau e, nesta condição, é considerado

a) autônomo e segurado facultativo da Previdência Social.
b) trabalhador avulso e segurado facultativo da Previdência Social.
c) trabalhador eventual e segurado obrigatório da Previdência Social.
d) trabalhador eventual e segurado especial da Previdência Social.
e) trabalhador avulso e segurado obrigatório da Previdência Social.

COMENTÁRIOS

Essa questão é interessante porque o candidato poderia resolvê-la apenas com os conceitos de segurado obrigatório e facultativo.

Segurado facultativo não exerce atividade remunerada, portanto, não teria como aceitar 'trabalhador e segurado facultativo'. Com isso, estariam eliminadas as alternativas 'A' e 'B'.

Alternativa "C": errada. São segurados obrigatórios da Previdência Social: empregado, empregado doméstico, trabalhador avulso, contribuinte individual e especial.

A alternativa 'D' está errada porque o segurado especial não é aquele que exerce trabalha eventualmente.

Alternativa "E": correta. O trabalhador avulso presta serviço, de caráter eventual, a empresa urbana ou rural, com intermediação obrigatória do sindicato ou do órgão gestor de mão de obra. As atividades exercidas estão taxativamente listadas no Decreto n. 3.048/99 e, dentre elas, a de ensacador de cacau.

Alternativa correta: "E".

14. (FCC – Analista Judiciário – Oficial de Justiça Avaliador – TRT 2ª Região/2014 – adaptada) – Mantém a qualidade de segurado, independentemente de contribuições,

a) por no máximo 36 meses, quem está em gozo de benefício por incapacidade de prestação continuada.
b) até 48 meses após a cessação das contribuições, o segurado obrigatório.
c) até 18 meses após a cessação das contribuições, o segurado facultativo.
d) até 3 meses após o livramento, o segurado detido ou recluso.
e) sem limite de prazo, quem está em gozo de benefício, exceto de auxílio-acidente

COMENTÁRIOS

Alternativa correta: "E". As hipóteses em que o segurado mantém o vínculo com a previdência social, independentemente de contribuições estão previstas no art. 15 da Lei nº 8.213/91.

Enquanto o segurado estiver em gozo de benefício previdenciário, exceto de auxílio-acidente, ele mantém a qualidade de segurado, conservando seus direitos perante a previdência social.

Alternativa "A": incorreta. Se o segurado está em gozo de benefício por incapacidade ou qualquer outro benefício da previdência social, exceto de auxílio-acidente, na condição de segurado, ele mantém o vínculo com a previdência social, sem limite de prazo.

Alternativa "B": incorreta. O segurado obrigatório mantém a qualidade de segurado **até 12 meses** após a cessação das contribuições, conforme se verifica pelo disposto no art. 15, II, da Lei nº 8.213/91.

Alternativa "C": incorreta. O segurado facultativo mantém a qualidade de segurado **até 06 meses** após a cessação das contribuições, conforme se verifica pelo disposto no art. 15, VI, da Lei nº 8.213/91.

Alternativa "D": incorreta. O segurado **detido ou recluso** mantém a qualidade de segurado até 12 meses após o livramento, conforme se verifica pelo disposto no art. 15, IV, da Lei nº 8.213/91.

PERÍODOS DE GRAÇA – MANUTENÇÃO DA QUALIDADE DE SEGURADO	
Até 3 meses	• após o licenciamento, o segurado incorporado às Forças Armadas para prestar serviço militar.
Até 6 meses	• após a cessação das contribuições, no caso do segurado facultativo.
Até 12 meses	• após a cessação das contribuições para os segurados obrigatórios;
	• após a cessação dos benefícios por incapacidade para todos os tipos de segurados;
	• após a cessação da segregação, do segurado acometido de doença de segregação compulsória;
	• após o livramento condicional.
Sem limite de prazo	• quando estiver em gozo de benefício, exceto de auxílio-acidente.
1. Pode ter acréscimo de 12 meses quando tiver mais de 120 contribuições ininterruptas que não acarretem a perda da qualidade de segurado.	
2. Pode ter acréscimo de 12 meses quando o empregado estiver desempregado de forma involuntária e comprovar tal situação por meio de registro no órgão do Ministério do Trabalho e Previdência ou outros meios admitidos em direito.	
3. O INSS entende que o acréscimo de 12 meses ao período de graça quando o segurado comprovar a situação de desemprego é aplicado, inclusive, ao contribuinte individual (Instrução Normativa INSS n. 128/2022, art. 184, §§5º e 10).	

15. (FCC – Analista Judiciário – Área Judiciária – TRT 2ª Região/2014) – São beneficiários dos segurados no regime geral, na condição de dependentes,[1]

a) o fundo de amparo ao trabalhador, se não houver nenhum herdeiro necessário.

b) o cônjuge, a companheira, o companheiro e o filho não emancipado menor de 21 anos ou inválido.

c) os pais e avós do segurado, como ascendentes.

d) as pessoas designadas pelo segurado, desde que não haja cônjuges ou filhos.

e) os tios e primos de sangue do segurado, se forem pessoas com deficiência.

COMENTÁRIOS

✪ **Nota da autora:** os dependentes do Regime Geral de Previdência Social (RGPS) estão elencados no art. 16 da Lei nº 8.213/91 e divididos em 03 classes, a saber:

Dependentes	**1ª classe**	cônjuge, companheiro (a) e filho não emancipado de qualquer condição, menor de 21 anos ou inválido ou que tenha deficiência intelectual ou mental ou deficiência grave.
	2ª classe	os pais;
	3ª classe	**o irmão não emancipado,** de qualquer condição, menor de 21 (vinte e um) anos ou inválido ou que tenha deficiência intelectual ou mental ou deficiência grave.

Alternativa correta: "B". O cônjuge, a companheira, o companheiro e o filho não emancipado menor de 21 anos ou inválido são dependentes de 1ª classe, conforme se verifica pelo quadro acima.

As demais alternativas estão erradas, uma vez que as pessoas ali mencionadas não se enquadram

1. Posição adotada pelo STJ e pela TNU. Súmula nº 27 da TNU: "A ausência de registro em órgão do Ministério do Trabalho não impede a comprovação do desemprego por outros meios admitidos em Direito."

entre aquelas elencadas no art. 16 da Lei nº 8.213/91. Confira o quadro acima.

16. (FCC - Analista Judiciário - Área Judiciária - TRT 15ª Região/2013) - É segurado obrigatório, no Regime Geral da Previdência Social, como empregado:

a) o exercente de mandato eletivo federal, estadual ou municipal, desde que não vinculado a regime próprio de previdência social.

b) aquele que presta serviço de natureza contínua a pessoa ou família, no âmbito residencial desta, em atividades sem fins lucrativos.

c) aquele que presta serviço de natureza urbana ou rural à empresa, em caráter não eventual, sob sua subordinação e mediante remuneração, excluídos quaisquer diretores.

d) o servidor público ocupante de cargo em comissão, com vínculo efetivo com a União, autarquias e fundações públicas federais.

e) o ministro de confissão religiosa e o membro de instituto de vida consagrada, de congregação ou de ordem religiosa.

COMENTÁRIOS

Alternativa correta: "A". É o que prevê o art. 11, inciso I, "j", da Lei nº 8.213/91. Chamo a atenção do leitor para observar que somente se o exercente de mandato eletivo não tiver amparado por regime próprio de previdência é que ele vai se enquadrar como segurado empregado no RGPS.

Alternativa "B": incorreta. Aquele que presta serviço de natureza contínua a pessoa ou família, no âmbito residencial desta, em atividades sem fins lucrativos é segurado do RGPS na qualidade de empregado doméstico.

De acordo com a Lei Complementar nº 150/2015, empregado doméstico é aquele que presta serviços de forma contínua, subordinada, onerosa e pessoal e de finalidade não lucrativa à pessoa ou à família, no âmbito residencial destas, por mais de 02 (dois) dias por semana.

Alternativa "C": incorreta. Nessa assertiva, o erro está em excluir os diretores. Isso porque os diretores empregados continuam vinculados ao RGPS como empregado.

Alternativa "D": incorreta. Somente o servidor público que ocupa, exclusivamente, cargo em comissão, sem vínculo efetivo com a União, autarquias e fundações públicas federais poderá ser enquadrado como segurado empregado no RGPS. Quando há vínculo efetivo com a União, os Estados e o Distrito Federal, mesmo que o servidor ocupe cargo em comissão, estará vinculado ao regime próprio de previdência social.

Alternativa "E": incorreta. O ministro de confissão religiosa e o membro de instituto de vida consagrada, de congregação ou de ordem religiosa são segurados obrigatórios do RGPS na qualidade de contribuintes individuais.

Alternativa correta: "A".

17. (FCC - Analista Judiciário - Área Judiciária - TRT 5ª Região/2013) - Genésio, residente em Salvador, passou a integrar, pela primeira vez, o Regime Geral da Previdência Social, na condição de segurado, quando se empregou em empresa privada da área de hotelaria, no mês de novembro de 2004. Desde janeiro de 2011, adoecido, goza de auxílio-doença previdenciário. A manutenção de sua condição de segurado

a) é imprescritível, preclui, mas, enquanto perdurar o benefício, estará interrompida a decadência.

b) perdurará por no máximo 22 (vinte e dois) meses, quando ele estiver sem remuneração.

c) não ultrapassará 12 (doze) meses, enquanto perdurar sua segregação, em razão de ter sido acometido por doença de segregação compulsória.

d) durará somente seis meses, contados da cessação das contribuições.

e) permanecerá intacta, enquanto Genésio estiver no gozo do benefício previdenciário.

COMENTÁRIOS

Alternativa correta: "E". O segurado permanece vinculado à previdência social, sem limite de prazo, quando estiver em gozo de benefício previdenciário, exceto de auxílio-acidente Como Genésio, está em gozo de auxílio por incapacidade temporária (antigo auxílio-doença), a sua condição de segurado está garantida.

Confira o quadro resumo:

PERÍODOS DE GRAÇA – MANUTENÇÃO DA QUALIDADE DE SEGURADO	
Até 3 meses	• após o licenciamento, o segurado incorporado às Forças Armadas para prestar serviço militar.
Até 6 meses	• após a cessação das contribuições, no caso do segurado facultativo.
Até 12 meses	• após a cessação das contribuições para os segurados obrigatórios;
	• após a cessação dos benefícios por incapacidade para todos os tipos de segurados;
	• após a cessação da segregação, do segurado acometido de doença de segregação compulsória;
	• após o livramento condicional;
Sem limite de prazo	• quando estiver em gozo de benefício, exceto de auxílio-acidente,
1. Pode ter acréscimo de 12 meses quando tiver mais de 120 contribuições ininterruptas que não acarretem a perda da qualidade de segurado. 2. Pode ter acréscimo de 12 meses quando o empregado estiver desempregado de forma involuntária e comprovar tal situação por meio de registro no órgão do Ministério do Trabalho e Previdência ou outros meios admitidos em direito. 3. O INSS entende que o acréscimo de 12 meses ao período de graça quando o segurado comprovar a situação de desemprego é aplicado, inclusive, ao contribuinte individual (Instrução Normativa INSS n. 128/2022, art. 184, §§5º e 10).	

18. (Cespe – Analista Judiciário – Área Judiciária– TRT 10ª Região/2013) Cada um dos itens a seguir apresenta uma situação hipotética, seguida de uma assertiva a ser julgada com base nas disposições do direito previdenciário.

18.01. Marcelo, que é segurado especial da seguridade social, por ser, na forma da legislação especial, considerado pequeno produtor rural, foi eleito dirigente do sindicato representativo dos pequenos produtores rurais. Nessa situação, Marcelo passará a ser segurado na condição de contribuinte individual.

COMENTÁRIOS

A assertiva está errada. O fato de o segurado especial passar a ser dirigente de sindicato representativo dos pequenos produtores rurais, não descaracteriza a condição de segurado especial. Veja o que dispõe o art. 11, § 9º, IV, da Lei nº 8.213/91:

> *Art. 11. (...)*
>
> *§ 9º – Não é segurado especial o membro de grupo familiar que possuir outra fonte de rendimento,* **exceto** *se decorrente de: (...)*
>
> *IV – exercício de mandato eletivo de dirigente sindical de organização da categoria de trabalhadores rurais.*

Assim, continuará Marcelo ser qualificado como segurado especial no RGPS, embora exerça mandato eletivo como dirigente sindical representativo dos pequenos produtores rurais.

19. (Cespe – Analista Judiciário – Área Judiciária– TRT 10ª Região/2013) Cada um dos itens a seguir apresenta uma situação hipotética, seguida de uma assertiva a ser julgada com base nas disposições do direito previdenciário.

Jorge é sócio-gerente de sociedade limitada e recebe remuneração em decorrência dessa função e do trabalho que desempenha. Nessa situação, Jorge é considerado contribuinte individual da previdência social, e, como tal, não faz jus ao benefício denominado salário-família, em observância ao princípio da distributividade que rege a seguridade social.

COMENTÁRIOS

A assertiva está correta. O sócio de sociedade de responsabilidade limitada é enquadrado no RGPS como segurado obrigatório na qualidade de contribuinte individual. Não terá Jorge direito ao benefício do salário-família, uma vez que este benefício somente é concedido aos empregados, empregados domésticos[2] e trabalhadores avulsos de baixa renda que possuem filhos menores de 14 anos ou inválidos.

20. (Cespe – Analista Judiciário – Área Judiciária– TRT 10ª Região/2013) Cada um dos itens a seguir apresenta uma situação hipotética, seguida de uma

2. O direito ao salário-família para os empregados domésticos foi regulamentado pela Lei Complementar nº 150/2015 que trouxe nova redação ao art. 65 da Lei nº 8.213/91.

assertiva a ser julgada com base nas disposições do direito previdenciário.

José, com dezesseis anos de idade, não emancipado, vive às expensas de seu irmão mais velho, João, que é segurado da previdência social. Nessa situação, José é considerado beneficiário do regime geral da previdência social, na condição de dependente de João.

COMENTÁRIOS

Assertiva correta. O irmão menor de 21 anos não emancipado, de qualquer condição, ou inválido ou que tenha deficiência intelectual ou mental ou deficiência grave, enquadra-se na 3ª classe de dependentes do RGPS. Os dependentes de 3ª classe precisam comprovar dependência econômica em relação ao segurado. No caso apresentado, sendo José menor de 21 anos e comprovando a dependência econômica em relação ao irmão, poderá ser enquadrado como dependente no RGPS.

4. BENEFÍCIOS PREVIDENCIÁRIOS

- Lei nº 8.213/91: arts. 18 e 24 ao 86.
- Decreto nº 3.048/99: arts. 25 ao 119.

21. (FCC – Analista Judiciário/Área Administrativa – TRT 21/2023) Quanto ao salário-família, nos termos da Lei nº 8.213/1991, considere:

I. Será devido, mensalmente, ao segurado empregado. Inclusive o doméstico, e ao segurado trabalhador avulso, na proporção do respectivo número de filhos e equiparados.

II. São equiparados ao filho o enteado e o menor tutelado, mediante declaração do segurado e desde que comprovada a dependência econômica.

III. Receberão o valor da cota do salário-família, de acordo com sua remuneração mensal, apenas quem tiver filhos ou equiparados de até 14 anos de idade, não havendo outra possibilidade para seu recebimento.

Está correto o que se afirma em

a) I, apenas.

b) I e II, apenas.

c) III, apenas.

d) I, II e III.

e) II e III, apenas.

COMENTÁRIOS

Alternativa correta: "B". Está correto o que se afirma em I e II, apenas.

Item I: correto. O benefício do salário-família é devido apenas aos segurados empregado, empregado doméstico e trabalhador avulso. O salário-família passou a ser devido ao empregado doméstico com a vigência da Lei Complementar nº 150/2015 que alterou a redação do artigo 65 da Lei nº 8.213/91:

> *Art. 65. O salário-família será devido, mensalmente, ao segurado empregado, inclusive o doméstico, e ao segurado trabalhador avulso, na proporção do respectivo número de filhos ou equiparados nos termos do § 2º do art. 16 desta Lei, observado o disposto no art. 66...*

Item II: correto. Equiparam-se a filho o enteado e o menor tutelado, mediante declaração do segurado e desde que comprovada a dependência econômica. Com o advento da EC n. 103/2019, basta que seja comprovada a dependência econômica.

Decreto n. 3.048/99:

> *Art. 81. O salário-família é devido, mensalmente, ao segurado empregado, inclusive o doméstico, e ao trabalhador avulso com salário de contribuição inferior ou igual a R$ 1.425,56 (mil quatrocentos e vinte e cinco reais e cinquenta e seis centavos), na proporção do respectivo número de filhos ou de enteados e de menores tutelados, desde que comprovada a dependência econômica dos dois últimos nos termos do disposto no art. 16, observado o disposto no art. 83.* (Redação dada pelo Decreto nº 10.410, de 2020)

Item III: errado. Receberão o valor da cota do salário-família, de acordo com sua remuneração mensal, o empregado, o empregado doméstico e o trabalhador avulso que forem considerados de baixa renda e tiverem filhos ou equiparados de até 14 anos de idade, ou inválidos de qualquer idade.

Alternativa correta: "B".

22. (FCC – Analista Judiciário – Medicina do Trabalho – TRT 18/2023) O auxílio-acidente é um benefício

a) de natureza indenizatória pago ao segurado do INSS que, em decorrência de acidente de trabalho, apresente sequela permanente que reduza sua capacidade para o trabalho e que o impeça de continuar trabalhando.

b) por acidente de trabalho devido ao segurado que ficar incapacitado para o seu trabalho ou para sua atividade habitual por mais de quinze dias consecutivos, conforme definido em avaliação médico-pericial.

c) de natureza indenizatória pago ao segurado do INSS que, em decorrência de acidente de qualquer natureza, apresente sequela permanente que reduza sua capacidade para o trabalho, não o impedindo de continuar trabalhando após sua concessão.

d) devido ao indivíduo que deve ter a qualidade de segurado à época do acidente e ter um período de carência de 12 meses.

e) devido ao segurado empregado urbano ou rural ou ao contribuinte individual depois de um período de carência de 6 meses.

COMENTÁRIOS

Alternativa correta: "C". O auxílio-acidente é um benefício previdenciário de natureza indenizatória, devido ao empregado, ao empregado doméstico, ao trabalhador avulso e ao segurado especial quando, após a consolidação das lesões decorrentes de acidente de qualquer natureza, resultar sequela definitiva que implique redução da capacidade para o trabalho que habitualmente exercia.

O recebimento do auxílio-acidente não impede que o segurado continue trabalhando. O auxílio-acidente cessará quando for lhe concedida qualquer aposentadoria ou emitida certidão de tempo de contribuição (CTC).

Alternativa "A": errada. O acidente responsável por gerar auxílio-acidente não precisa ser, necessariamente, acidente do trabalho. O segurado tem condições de voltar a trabalhar.

Alternativa "B": errada. O caso apresentado na assertiva trata de auxílio por incapacidade temporária decorrente de acidente do trabalho. O auxilio-acidente não é benefício por incapacidade.

Alternativa "D": errada. O auxílio-acidente é devido, inclusive, quando o acidente ocorrer no período de graça, mas não exige carência mínima de contribuições.

Alternativa "E": errada. O auxílio-acidente é devido ao empregado, ao empregado doméstico, ao trabalhador avulso e ao segurado especial. Não têm direito ao auxílio-acidente os segurados contribuinte individual e facultativo. O auxílio-acidente não exige carência de contribuições.

Alternativa correta: "C".

---

23. (FCC – Analista Judiciário/Área Administrativa – TRT 21/2023) Amanda é empregada doméstica e deu à luz seu primeiro filho. Na data, registravam-se doze contribuições para o Regime Geral da Previdência Social. Nesse caso, de acordo com a Lei nº 8.213/1991, para o recebimento do salário-maternidade:

a) Amanda já cumpriu o período de carência de 6 meses, razão pela qual receberá o benefício.

b) não há previsão regal de recebimento deste benefício para as empregadas domésticas.

c) Amanda já cumpriu o período de carência de 12 meses, razão pela qual receberá o benefício.

d) não há período de carência para a empregada doméstica, razão pela qual Amanda receberá o benefício.

e) Amanda só teria direito ao benefício se tivesse contribuído com 18 parcelas, que é o período de carência.

COMENTÁRIOS

✪ **Nota da autora:** O salário-maternidade é um benefício que isenta de carência as seguradas empregada, empregada doméstica e trabalhadora avulsa. Exigia carência de 10 contribuições para as seguradas contribuinte individual, facultativa e especial.

No entanto, o STF declarou a inconstitucionalidade da norma que exigia carência de 10 meses de contribuição para a concessão do salário-maternidade para as trabalhadoras autônomas (contribuintes individuais), para as trabalhadoras rurais (seguradas especiais) e para as contribuintes facultativas. Para os ministros, a exigência de cumprimento de carência apenas para algumas categorias de trabalhadoras viola o princípio da isonomia (ADI 2110 e 2111, DJ 21/03/2024).

Desse modo, salário-maternidade para qualquer categoria de segurado não exige carência mínima de contribuições.

Alternativa correta: "D", considerando a legislação em vigor.

---

24. (FCC – Analista Judiciário – Área Judiciária – TRT 16/2022) Pedro estava em seu horário de almoço e alimentava-se no refeitório da empresa. Ao levantar e se dirigir ao balcão para deixar sua bandeja, Pedro escorregou, porque o chão estava molhado, e teve violenta queda, machucando-se e quebrando o prato e a bandeja que conduzia.

Diante dos fatos narrados e da Lei previdenciária, assinale a afirmativa correta.

a) O evento não foi acidente do trabalho porque Pedro não estava trabalhando, e sim no horário de refeição.

b) O acidente do trabalho somente ficará caracterizado se Pedro não se recuperar em 15 dias consecutivos.

c) Houve acidente do trabalho e a empresa deverá emitir CAT até o 1° dia útil seguinte ao evento, sob pena de multa.

d) Uma vez que a desatenção foi de Pedro, não se caracteriza acidente do Trabalho e o empregado deverá arcar com o prejuízo material que causou à empresa.

e) Em 24 horas a empresa terá de emitir a CAT e a autoridade policial deverá ser convocada para instaurar inquérito.

COMENTÁRIOS

Alternativa correta: "C". O evento caracteriza acidente do trabalho. Ocorreu no exercício do trabalho e causou lesão ao trabalhador. A empresa deve fazer a comunicação do acidente do trabalho até o 1º dia útil seguinte ao da sua ocorrência. É o que determina o art. 22 da Lei n. 8.213/91.

Alternativa "A": incorreta. O caso configura acidente do trabalho por equiparação. O fato de o empregado estar no horário de refeição não afasta a natureza acidentária do evento. A Lei de Benefícios dispõe que "nos períodos destinados a refeição ou descanso, ou por ocasião da satisfação de outras necessidades fisiológicas, no local do trabalho ou durante este, o empregado é considerado no exercício do trabalho".

Alternativa "B": incorreta. Para se caracterizar acidente do trabalho não se exige tempo para recuperação. Basta que ocorra lesão corporal ou perturbação funcional que cause a morte ou a perda ou redução, permanente ou temporária, da capacidade para o trabalho.

Alternativa "D": incorreta. O empregado não deverá arcar com o prejuízo material que causou à empresa (quebra do prato e da bandeja).

Alternativa "E": incorreta. A empresa deverá emitir a CAT até o 1º dia útil seguinte ao da ocorrência do acidente do trabalho. É o que determina o art. 22 da Lei n. 8.213/91.

Alternativa correta: "C".

---

25. (FCC – Analista Judiciário – Oficial de Just. Avaliador Federal – TRT 2/2018) De acordo com a Lei nº 8.213/1991, o valor da aposentadoria por invalidez do segurado que necessitar da assistência permanente de outra pessoa será acrescido de

a) 30%, acréscimo este que cessará com a morte do aposentado, não sendo incorporável ao valor da pensão.

b) 25%, acréscimo este que não cessará com a morte do aposentado, sendo incorporável ao valor da pensão.

c) 30%, ainda que o valor da aposentadoria atinja o limite máximo legal.

d) 25%, ainda que o valor da aposentadoria atinja o limite máximo legal.

e) 15%, acréscimo este que não cessará com a morte do aposentado, sendo incorporável ao valor da pensão.

COMENTÁRIOS

✪ **Nota da autora:** com a reforma da previdência social trazida pela Emenda Constitucional nº 103/2019, a aposentadoria por invalidez passou a ser chamada de aposentadoria por incapacidade permanente.

O aposentado por incapacidade permanente que necessitar da assistência permanente de outra pessoa tem direito de um acréscimo de 25% no valor da aposentadoria, conforme dispõe o art. 45 da Lei nº 8.213/91. Esse acréscimo será devido ainda que o valor da aposentadoria atinja o limite máximo legal e cessará com a morte do segurado, não sendo incorporável ao valor da pensão. A soma do valor da aposentadoria por incapacidade permanente (por invalidez) com o acréscimo de 25% poderá ultrapassar o teto máximo estabelecido para os benefícios do RGPS.

Alternativa correta: "D".

---

26. (FCC – Analista Judiciário – Área Judiciária – TRT 2/2018) Marcelo está preso em regime fechado pela prática de crime de homicídio qualificado. Sua esposa, Vilma, está preocupada com as despesas de sua família. Assim, resolve obter informações a respeito do auxílio-reclusão, previsto na Lei no 8.213/1991, verificando que esse benefício será devido aos dependentes do segurado recolhido à prisão, respeitados os requisitos legais,

a) limitado a 50% do salário-de-benefício.

b) nas mesmas condições da aposentadoria por invalidez.

c) nas mesmas condições da aposentadoria por tempo de serviço.

d) nas mesmas condições da pensão por morte.

e) limitado a 30% do salário-de-benefício.

COMENTÁRIOS

✪ **Nota da autora:** de acordo com o disposto no art. 80 da Lei nº 8.213/91:

> *Art. 80. O auxílio-reclusão, cumprida a carência prevista no inciso IV do **caput** do art. 25 desta Lei, será devido, nas condições da pensão por morte, aos dependentes do segurado de baixa renda recolhido à prisão em regime fechado que não receber remuneração da empresa nem estiver em gozo de auxílio-doença, de pensão por morte, de salário-maternidade, de aposentadoria ou de abono de permanência em serviço.*

Alternativa "A": incorreta. O valor do auxílio-reclusão é de 01 salário mínimo.

Alternativa "B": incorreta. O auxílio-reclusão é devido nas mesmas condições da pensão por morte.

Alternativa "C": incorreta. O auxílio-reclusão é devido nas mesmas condições da pensão por morte

Alternativa "D": correta. O auxílio-reclusão é devido nas mesmas condições da pensão por morte, conforme dispõe o art. 80, caput, da Lei nº 8.213/91.

Alternativa "E": incorreta. O valor do auxílio-reclusão é de 01 salário mínimo.

Alternativa correta: "D".

---

27. (FCC – Analista Judiciário – Área Judiciária – TRT 2/2018) Fábia, segurada aposentada da Previdência Social, faleceu há 38 dias. Exatamente no 36o dia após o seu óbito, Breno, seu dependente, requereu o benefício previdenciário da pensão por morte. Giselda, segurada da Previdência Social, ainda não aposentada, faleceu há 120 dias. Exatamente no 97º dia após o seu falecimento, Cleide, sua dependente, requereu o benefício previdenciário da pensão por morte. Neste caso, nos termos da Lei no 8.213/1991, o benefício previdenciário da pensão por morte será devido

a) para Breno e Cleide, a contar da data do óbito e da data do requerimento, respectivamente.
b) para Breno e Cleide, a contar da data do óbito.
c) para Breno e Cleide, a contar da data do requerimento e da data do óbito, respectivamente.
d) para Breno e Cleide, a contar da data do requerimento.
e) apenas para Breno, a contar da data do requerimento.

COMENTÁRIOS

✪ **Nota da autora:** nos termos da legislação previdenciária vigente, a pensão por morte será devida:

- a partir da data do óbito, se requerida em até 180 dias do óbito, para os filhos menores de 16 anos;
- a partir da data do óbito, se requerida em até 90 dias do óbito, para os demais dependentes;
- a partir da data da entrada do requerimento, se requerida após os prazos acima descritos.

Alternativa "A": correta. Breno requereu a pensão por morte no 36º dia após o óbito da segurada e terá direito ao benefício a partir da data do óbito.

Cleide requereu a pensão por morte no 97º dia do falecimento de Giselda e, portanto, terá direito ao benefício somente a partir da data do requerimento.

Alternativa correta: "A".

---

28. Alternativa correta: "A".(FGV – Analista Judiciário – Área Judiciária – TRT 12/2017) – Reginaldo trabalha desde janeiro de 2017 numa casa de família como motorista particular, e possui dois filhos saudáveis com idades de 12 e 16 anos.

Considerando que Reginaldo recebe 1 salário-mínimo por mês, é correto afirmar, à luz da legislação previdenciária, que:

a) o empregado em questão tem direito a duas cotas do salário-família, cujo pagamento é condicionado à apresentação das certidões de nascimento dos filhos;
b) a faixa salarial de Reginaldo não o credencia ao recebimento do salário-família;
c) Reginaldo tem direito a duas cotas do salário-família, cujo pagamento é condicionado à apresentação das certidões de nascimento dos filhos, dos atestados de vacinação obrigatória anuais e de comprovação de frequência escolar;
d) o referido empregado só tem direito a uma cota do salário-família, cujo pagamento é condicionado apenas à apresentação da certidão de nascimento do filho de 12 anos;
e) por ser tecnicamente empregado doméstico, Reginaldo não tem direito à percepção de salário-família.

COMENTÁRIOS

✪ **Nota da autora:** o benefício do salário-família passou a ser devido ao empregado doméstico com a vigência da Lei Complementar nº 150/2015 que alterou a redação dos artigos 65 e 67 da Lei nº 8.213/91:

> *Art. 65. O salário-família será devido, mensalmente, ao segurado empregado, inclusive o doméstico, e ao segurado trabalhador avulso, na proporção do respectivo número de filhos ou equiparados nos termos do § 2º do art. 16 desta Lei, observado o disposto no art. 66.*
>
> *Parágrafo único. O aposentado por invalidez ou por idade e os demais aposentados com 65 (sessenta e cinco) anos ou mais de idade, se do sexo masculino, ou 60 (sessenta) anos ou mais, se do feminino, terão direito ao salário-família, pago juntamente com a aposentadoria.*
>
> *Art. 67. O pagamento do salário-família é condicionado à apresentação da certidão de nascimento do filho ou da documentação relativa ao equiparado ou ao inválido, e à apresentação anual de atestado de vacinação obrigatória e de comprovação de frequência à escola do filho ou equiparado, nos termos do regulamento.*
>
> *Parágrafo único. O empregado doméstico deve apresentar apenas a certidão de nascimento referida no caput.*

Alternativa correta: "D". Reginaldo terá direito a uma cota do salário-família por possuir filho menor de 14 anos e ser um segurado de baixa renda.

O salário-família é um benefício previdenciário concedido aos segurados empregado, empregado doméstico e trabalhador avulso de baixa renda e que possuírem filhos menores de 14 anos ou inválidos de qualquer idade, conforme dispõe o art. 66 da Lei nº 8.213/91.

Para a pessoa ser considerada de baixa renda, o salário de contribuição do segurado deve ser igual ou inferior a R$ 1.819,26 (um mil oitocentos e dezenove reais e noventa e vinte e seis centavos), conforme Portaria Interministerial MPS/MF nº 02/2024.

No caso de Reginaldo, o salário-família será pago em razão dele possuir um filho de 12 anos e receber apenas 01 salário mínimo (baixa renda). Para receber o benefício, é necessário que ele apresente ao seu empregador doméstico apenas a certidão de nascimento do filho. O empregador efetuará o pagamento do benefício e descontará o valor pago na guia de recolhimento das contribuições previdenciárias.

Alternativa "A": incorreta. Reginaldo não terá direito a duas cotas de salário-família porque ele não possui 02 filhos menores de 14 anos. Um de seus filhos tem 16 anos de idade e não é inválido, o que faz com que, em relação a este, não tenha direito de receber cota de salário-família.

Alternativa "B": incorreta. O salário-família é concedido para os segurados de baixa renda. Considera-se baixa renda para fins de recebimento do salário-família o salário de contribuição igual ou inferior a R$ 1.819,26 (um mil oitocentos e dezenove reais e noventa e vinte e seis centavos), conforme Portaria Interministerial MPS/MF nº 02/2024.

Alternativa "C": incorreta. Como já mencionado, Reginaldo tem direito apenas a uma cota de salário-família. Como empregado doméstico deverá apresentar somente a certidão de nascimento de seu filho menor de 14 anos.

A exigência de apresentação das certidões de nascimento dos filhos, dos atestados de vacinação obrigatória anuais e de comprovação de frequência escolar se faz para os segurados empregado e trabalhador avulso. O empregado doméstico, volta-se a dizer, só precisa apresentar ao empregador a certidão de nascimento do filho.

Alternativa "E": incorreta. O empregado doméstico de baixa renda e que possui filho menor de 14 anos ou inválido tem direito a receber o benefício de salário-família.

Alternativa correta: "D".

---

29. (Cespe – Analista Judiciário – Área Judiciária – TRT 8ª Região/2016) – Assinale a opção correta com base na Lei n.º 8.213/1991, que dispõe sobre os planos de benefícios da previdência social.

a) O cidadão que estiver em gozo de benefício manterá a qualidade de segurado pelo período equivalente ao seu tempo de contribuição.

b) O acidente sofrido pelo segurado que esteja fora do local e do horário de trabalho não se caracteriza como acidente de trabalho quando esse segurado estiver em viagem de estudo financiada pela empresa.

c) A concessão da pensão por morte e o auxílio-reclusão são assegurados após o cumprimento do período de carência estabelecido por lei.

d) O Conselho Nacional de Previdência Social é composto por igual número de representantes dos trabalhadores em atividade e representantes do governo federal.

e) A previdência social abrange o regime geral de previdência social e o regime facultativo complementar de previdência social.

COMENTÁRIOS

✪ **Nota da autora:** a questão apresenta alternativas de diversos assuntos da matéria previdenciária. Foi inserida no capítulo dos benefícios em razão do enunciado requerer do candidato conhecimento sobre o plano de benefícios da previdência social.

Alternativa correta: "E". É o que se depreende do disposto no art. 9º da Lei nº 8.213/91.

Alternativa "A": incorreta. O segurado que estiver em gozo de benefício mantém-se vinculado ao RGPS, sem limite de prazo, exceto se estiver em gozo de auxílio-acidente. É o que determina o art. 15, inciso I, da Lei nº 8.213/91.

Alternativa "B": incorreta. O acidente sofrido pelo segurado que esteja fora do local e do horário de trabalho caracteriza-se como acidente de trabalho quando esse segurado estiver em viagem de estudo financiada pela empresa. É o que está disposto no art. 21, inciso IV, "c", da Lei nº 8.213/91:

> *Art. 21. Equiparam-se também ao acidente do trabalho, para efeitos desta Lei:*
>
> ...
>
> *IV – o acidente sofrido pelo segurado ainda que fora do local e horário de trabalho:*
>
> ...
>
> *c) em viagem a serviço da empresa, inclusive para estudo quando financiada por esta dentro de seus planos para melhor capacitação da mão de obra, independentemente do meio de locomoção utilizado, inclusive veículo de propriedade do segurado;*

Alternativa "C": incorreta. O benefício de pensão por morte não exige o cumprimento da carência mínima de contribuições à previdência social. Já o auxílio-reclusão passou a exigir carência mínima de 24 contribuições mensais para prisão a partir de 18/01/2019.

Alternativa "D": incorreta.

O CNPS é órgão vinculado ao Ministério da Previdência Social.

O Conselho Nacional de Previdência Social é composto por **15 (quinze) membros**, entre representantes do Governo Federal e da Sociedade Civil. Este Conselho tem como membros:

- **06 (seis) representantes do Governo;**
- **09 (nove) representantes da sociedade civil, sendo 03 representantes dos trabalhadores em atividade, 03 representantes dos aposentados e pensionistas e 03 representantes dos empregadores.**

Alternativa correta: "E".

---

30. (Cespe – Analista Judiciário – Área Judiciária – TRT 8ª Região/2016) – A respeito do auxílio-doença e do salário-maternidade, assinale a opção correta.

a) O salário-maternidade deverá ser concedido, pelo período de noventa dias, ao segurado ou à segurada da previdência social que adotar uma criança com até um ano de idade.

b) Durante os primeiros quinze dias consecutivos ao do afastamento da atividade por motivo de doença, a empresa deverá pagar ao segurado empregado 50% do salário.

c) A empresa deverá encaminhar o empregado à perícia médica da previdência social para exame nas situações em que a incapacidade do empregado ultrapassar dez dias.

d) O segurado em gozo de auxílio-doença que estiver em processo de reabilitação profissional terá o benefício suspenso até que seja avaliado e considerado habilitado, ou não, para o desempenho de nova atividade de trabalho.

e) O INSS poderá, sem ônus para os segurados, firmar contratos ou acordos de cooperação técnica com órgãos e entidades públicos ou que integrem o SUS para a realização de perícia médica nas situações em que o órgão ou setor próprio competente estiver impossibilitado de realizá-la.

COMENTÁRIOS

Alternativa "A": incorreta. Nos casos de adoção ou de guarda judicial para fins de adoção de criança, o salário-maternidade será devido pelo prazo de **120 dias, independentemente da idade da criança.**

Alternativa "B": incorreta. Dispõe o art. 59, §3º, da Lei nº 8.213/91 que "durante os primeiros quinze dias consecutivos ao do afastamento da atividade por motivo de doença, incumbirá à empresa pagar ao segurado empregado o seu salário integral.".

Alternativa "C": incorreta. O auxílio por incapacidade temporária é um benefício por incapacidade, devido ao segurado que ficar incapacitado para o exercício do trabalho ou de suas atividades habituais por mais de 15 dias consecutivos.

Assim, a empresa deverá encaminhar seu empregado à perícia médica da previdência social somente quando a incapacidade ultrapassar 15 dias. Durante os 15 primeiros dias consecutivos de afastamento por motivo de incapacidade a empresa é responsável por pagar ao segurado empregado o seu salário integral.

Alternativa "D": incorreta. O segurado em gozo de auxílio por incapacidade temporária que estiver em processo de reabilitação profissional não poderá ter o seu benefício suspenso. O benefício não poderá ser cessado até que seja dado o segurado como habilitado para o desempenho de nova atividade que lhe garanta subsistência ou, quando considerado não recuperável, for aposentado por invalidez.

Alternativa "E": incorreta, considerando a legislação atual. O §5º do art. 60 da Lei nº 8.213/91 foi revogado pela Lei nº 13.846/2019.

Todas as alternativas estão incorretas.

---

31. (FCC – Analista Judiciário – Área Judiciária – TRT 16ª Região/2014) – Paulo, após filiar-se ao Regime Geral de Previdência Social, foi acometido de doença especificada em lista elaborada pelos Ministérios da Saúde e do Trabalho e da Previdência Social, de acordo com os critérios de deformação. Paulo, então, requereu à Previdência, o auxílio-doença. Referido benefício será concedido

a) respeitada a carência de 10 (dez) contribuições mensais.

b) respeitada a carência de 12 (doze) contribuições mensais.

c) respeitada a carência de 180 (cento e oitenta) contribuições mensais.

d) independente de carência.

e) respeitado o período de carência correspondente ao número de contribuições realizadas a partir do momento em que a doença foi adquirida.

COMENTÁRIOS

✪ **Nota da autora:** a concessão do auxílio por incapacidade temporária (antes, auxílio-doença) está sujeita, em regra, ao cumprimento da carência de 12 contribuições mensais.

Essa regra é abrandada quando a incapacidade decorrer de acidente de qualquer natureza ou causa, de doença profissional ou do trabalho e de doenças ou afecções graves especificadas em lista elaborada pelos Ministérios da Saúde e da Previdência Social, atualizada a cada 03 (três) anos, de acordo com os critérios de estigma, deformação, mutilação, deficiência ou outro fator que lhe confira especificidade e gravidade que mereçam tratamento particularizado.

Alternativa correta: "D". Como Paulo foi acometido de doença especificada em lista elaborada pelos Ministérios da Saúde e da Previdência Social, de acordo com os critérios de deformação, não precisará cumprir carência mínima de contribuições mensais para ter concedido o benefício de auxílio por incapacidade temporária.

---

32. (FCC – Analista Judiciário – Área Judiciária – TRT 16ª Região/2014) – Airton, filiado ao Regime Geral de Previdência Social, recebeu durante o ano auxílio-reclusão. Dessa forma, a ele o abono anual

a) é devido, calculado, no que couber, da mesma forma que o Descanso Semanal Remunerado dos trabalhadores, tendo por base o valor médio da renda mensal do benefício do mês de dezembro do referido ano.

b) não é devido, pois o mesmo cabe apenas a quem recebeu, durante o ano, auxílio-doença e aposentadoria.

c) é devido, calculado, no que couber, da mesma forma que o Descanso Semanal Remunerado dos trabalhadores, tendo por base o valor da hora mensal trabalhada.

d) não é devido, pois o mesmo cabe apenas a quem recebeu, durante o ano, aposentadoria.

e) é devido, calculado, no que couber, da mesma forma que a Gratificação de Natal dos trabalhadores, tendo por base o valor da renda mensal do benefício do mês de dezembro do referido ano.

COMENTÁRIOS

Com a determinação contida no art. 120, § 1º, do Decreto nº 3.048/99, conclui-se que as **alternativas "A" e "C" são incorretas.**

Alternativa "B" e "D" estão incorretas. O abono anual será devido ao segurado e ao dependente que, durante o ano, recebeu auxílio por incapacidade temporária, auxílio-acidente, aposentadoria, salário-maternidade, pensão por morte e auxílio-reclusão.

Alternativa "E": correta. É o que dispõe o art. 120, § 1º do Decreto nº 3.048/99 (Regulamento da Previdência Social – RPS).

Alternativa correta: "E".

---

33. (FCC – Analista Judiciário – Área Judiciária – TRT 2ª Região/2014) – A renda mensal inicial do auxílio-doença, no regime geral, consistirá num percentual, aplicado sobre o salário de benefício do segurado, correspondente a

a) 80%.

b) 50%.

c) 100%, menos o valor da alíquota cabível de contribuição previdenciária.

d) 91%.

e) 70%, mais 1% a cada grupo de 12 contribuições vertidas ao sistema, limitado a 100%.

COMENTÁRIOS

Alternativa correta: "D". A renda mensal inicial do auxílio por incapacidade temporária corresponde a 91% do salário de benefício.

Importante registrar que foi incluído o §10 no art. 29, da Lei nº 8.213/91, limitando o valor do auxílio por incapacidade temporária na média aritmética simples dos últimos doze salários de contribuição, inclusive no caso de remuneração variável, ou, se não alcançado o número de doze, na média aritmética simples dos salários de contribuição existentes.

Assim, embora a renda mensal inicial do auxílio por incapacidade temporária continue a ser 91% do salário de benefício, o valor do benefício não poderá exceder a média aritmética simples dos últimos doze salários de contribuição, inclusive no caso de remuneração variável, ou, se não alcançado o número de doze, a média aritmética simples dos salários de contribuição existentes.

Veja os benefícios que têm sua renda mensal inicial calculada com base no salário de benefício:

Benefício	Renda mensal inicial – RMI (% do salário de benefício – SB)
Auxílio por incapacidade temporária	91% do salário de benefício (91% SB)
Auxílio-acidente	50% do salário de benefício (50% SB)
Aposentadoria por incapacidade permanente acidentária	100% do salário de benefício (100% SB)

Benefício	Renda mensal inicial – RMI (% do salário de benefício – SB)
Aposentadoria por incapacidade permanente não acidentária	60% do salário de benefício (SB), acrescido de 2% para cada ano que exceder: – 20 anos de contribuição, se homem; – 15 anos de contribuição, se mulher.
Aposentadoria programada e aposentadoria programada do professor	60% do salário de benefício (SB), acrescido de 2% para cada ano que exceder: – 20 anos de contribuição, se homem; – 15 anos de contribuição, se mulher.
Aposentadoria especial	**– quando exige 20 ou 25 anos de contribuição:** 60% do salário de benefício, acrescido de 2% para cada ano que exceder 20 anos de contribuição, se homem e 15 anos de contribuição, se mulher.
	– quando exige 15 anos de contribuição: 60% do salário de benefício, acrescido de 2% para cada ano que exceder 15 anos de contribuição, se homem ou mulher.
Aposentadoria por idade do trabalhador rural e do garimpeiro que exerce a atividade em regime de economia familiar.	70% do salário de benefício, mais 1% para cada grupo de 12 contribuições mensais até o máximo de 30%, totalizando, no máximo, 100% do salário de benefício. Para o segurado especial = 01 salário mínimo.
Aposentadoria do segurado com deficiência	Por tempo de contribuição= 100% do salário de benefício.
	Por idade = 70% do salário de benefício, mais 1% para cada ano de contribuição até o máximo de 30%, totalizando, no máximo, 100% do salário de benefício.

34. (Cespe – Analista Judiciário – Área Judiciária – TRT 17ª Região/2013) – Julgue os itens seguintes, relativos aos benefícios do regime geral de previdência social.

34.01. Considere que um indivíduo, antes de aderir ao regime geral de previdência social, estivesse enfermo de uma moléstia incapacitante para o trabalho. Nessa situação, se não tiver havido posterior progressão ou agravamento da enfermidade, tal doença não dará a esse indivíduo o direito de obter a aposentadoria por invalidez.

COMENTÁRIOS

A assertiva está correta. De acordo com que dispõe o § 2º do art. 42 da Lei nº 8.213/91, a doença ou lesão de que o segurado já era portador ao filiar-se ao RGPS não lhe conferirá direito à aposentadoria por incapacidade permanente (antes, por invalidez), salvo quando a incapacidade sobrevier por motivo de progressão ou agravamento dessa doença ou lesão.

Esse mesmo entendimento é adotado para a análise de pedido de auxílio por incapacidade temporária.

35. (FCC – Analista Judiciário – Oficial de Justiça Avaliador – TRT 5ª Região/2013) – Dorival voltava, com seu chapéu de palha, de Maracangalha, depois da primeira entrega de bicicleta, que fazia, após sua contratação como empregado da empresa Anália Entregas Rápidas Ltda, quando sofreu acidente na estrada, em razão da chuva fininha que caía. Considerando que as consequências do acidente o afastarão do trabalho por 4 meses, é certo afirmar que ele

a) não terá direito ao auxílio-doença acidentário, porque contratado há menos de seis meses, não fazendo, por isso, jus ao benefício.
b) receberá o auxílio-doença acidentário, porque, mesmo contratado há menos de seis meses, encontrava-se ainda no período de graça relativo a seu último emprego, de que fora demitido sete meses antes do acidente.
c) não terá direito ao auxílio-doença acidentário, mas terá ao previdenciário, devido aos segurados que ainda não cumpriram a carência mínima para o primeiro.
d) gozará do auxílio-doença acidentário, já que esse benefício não exige carência.

e) gozará do auxílio-acidente, já que não foi sua a culpa pelo evento danoso e para esse benefício a Lei não exige carência.

COMENTÁRIOS

✪ **Nota da autora:** inicialmente, temos que analisar o acidente sofrido por Dorival a fim de caracterizá-lo ou não como acidente do trabalho. Pelo que foi narrado na questão, podemos afirmar que Dorival sofreu um acidente do trabalho, com fundamento no art. 21, inciso IV, da Lei nº 8.213/91. O acidente ocorreu quando ele realizava serviço sob a autoridade da empresa.

Com a reforma da previdência social em 13/11/2019, o auxílio-doença passou a ser chamado de auxílio por incapacidade temporária e, a aposentadoria por invalidez, de aposentadoria por incapacidade permanente.

Alternativa correta: "D". Dorival, em razão do acidente sofrido, vai ficar afastado por 04 meses. O acidente sofrido é caracterizado como acidente do trabalho. A incapacidade, decorrente do acidente do trabalho de Dorival, é superior a 15 dias consecutivos. Logo, há o preenchimento de todas as condições para que lhe seja concedido o auxílio por incapacidade temporária acidentário.

Vejamos:

- Dorival é segurado do RGPS;
- há incapacidade para o exercício de seu trabalho por mais de 15 dias consecutivos;
- a incapacidade decorreu de acidente do trabalho, caracterizando o benefício de natureza acidentária;
- não há necessidade de cumprir carência mínima de contribuições, uma vez que a incapacidade decorreu de acidente do trabalho. A lei previdenciária isenta do cumprimento de carência quando o segurado é acometido de incapacidade decorrente de acidente de qualquer natureza ou causa.

Alternativa "A": incorreta. O auxílio por incapacidade temporária acidentário, bem como o auxílio por incapacidade temporária decorrente de acidente de qualquer natureza ou causa, não exigem carência mínima de contribuições à previdência social. Assim, não há que se falar da necessidade de haver, pelo menos, seis meses de contrato de trabalho para o gozo do benefício por incapacidade.

Alternativa "B": incorreta. Há que se registrar, inicialmente, que a questão não relatou nada a respeito do último emprego de Dorival. Portanto, o candidato deve se ater ao que foi narrado na questão, não podendo fazer suposições. E, Dorival vai receber auxílio por incapacidade temporária porque preencheu as condições previstas em lei, conforme acima comentado.

Alternativa "C": incorreta. A classificação em auxílio por incapacidade temporária acidentário ou não acidentário se dá em razão de ter o primeiro como fato gerador um acidente do trabalho e, o segundo qualquer evento que não seja acidente do trabalho, podendo mesmo ser acidente de qualquer natureza. Agora, tanto o auxílio por incapacidade temporária acidentário quanto o previdenciário decorrente de acidente, não exigem carência mínima de contribuições.

Alternativa "E": incorreta. Embora o auxílio-acidente não exija carência mínima de contribuições à previdência social, ele não será concedido porque não houve a produção de sequelas irreversíveis que diminuíssem a capacidade de trabalho de Dorival.

Alternativa correta: "D".

---

36. (FCC – Analista Judiciário – Oficial de Justiça Avaliador – TRT 5ª Região/2013) – Pedro, Chico, Nino e Zeca, pescadores, saíram em noite de tempo ruim, para trabalhar e buscar peixe bom. Pedro retornou sozinho, dizendo que era verdade o alerta de sua mãe "com um tempo desses não se sai, quem vai pro mar, não vem". Chico, Nino e Zeca jamais voltaram. O corpo de Chico foi encontrado dois dias depois, na praia; sua esposa, diligente, após sete dias de luto, requereu a pensão por morte. O corpo de Nino foi encontrado trinta dias depois da noite fatídica, no barranco de um rio, que fica próximo da praia; seus filhos, chamados de outras paragens, primeiro cuidaram de enterrar o pai, cumpriram o luto de dez dias, e, só então, fizeram o requerimento do benefício da pensão por morte. A família de Zeca não conseguiu enterrá-lo, porque ele nunca foi encontrado. Sob orientação de Margareth, amiga da família, ajuizaram uma ação declaratória de morte presumida, que ainda se encontra em andamento. Nesse quadro, é correto dizer que a pensão por morte aos dependentes de Chico, Nino e Zeca é devida, respectivamente, desde,

a) o óbito; o requerimento; a data fixada para a morte, pela sentença declaratória.

b) o óbito; o óbito; o trânsito em julgado da sentença declaratória de morte presumida.

c) sessenta dias depois do requerimento; trinta dias depois do requerimento; trinta dias depois do trânsito em julgado da decisão na ação declaratória.

d) o requerimento; o óbito; a data fixada para a morte, pela sentença declaratória.

e) o óbito; o requerimento; o requerimento.

COMENTÁRIOS

✪ **Nota da autora:** no caso de pensão por morte, os fatos geradores são o óbito ou a morte presumida, declarada judicialmente.

A pensão por morte é devida aos dependentes a contar da data:

- do óbito, quando requerida em até 180 dias do óbito, para os filhos menores de 16anos e, em até 90 dias do óbito para os demais dependentes;
- do requerimento, quando superados os prazos acima;
- da decisão judicial, no caso de morte presumida.

Alternativa correta: "A", considerando a legislação vigente à época da realização do concurso.

Todavia, aplicando-se a Lei de Benefícios vigente à época da publicação desta edição, não há alternativa correta.

Chico faleceu e sua esposa procedeu ao requerimento da pensão por morte após 07 dias do luto. Nesse caso, como o requerimento foi realizado antes de ultrapassar o prazo de 90 dias do óbito, a pensão por morte será devida a contar do óbito.

No caso de Nino, seu corpo foi encontrado morto 30 dias após o acidente no mar. Os filhos fizeram o requerimento da pensão por morte após decorridos mais de 30 dias da data do óbito. Portanto, a pensão por morte seria devida aos dependentes partir da data do requerimento, considerando a legislação vigente à data em que foi aplicada a questão.

No entanto, se a questão fosse aplicada agora, o benefício seria devido desde a data do óbito porque o requerimento foi feito antes de decorridos 180 dias da data do óbito

No caso da questão, Zeca desapareceu, tendo a família ajuizado ação declaratória de morte presumida.

A família de Zeca não teve a sorte de encontrar seu corpo e teve que ajuizar uma ação declaratória de morte presumida que está em andamento. Não teve, ainda, a sentença que declara a morte presumida de Zeca. Nesse caso, a pensão por morte será devida aos dependentes a contar da data da decisão judicial que declarar a morte presumida de Zeca.

Considerando a legislação vigente até o fechamento desta obra, todas as alternativas estão erradas.

37. (FCC – Analista Judiciário – Oficial de Justiça Avaliador – TRT 5ª Região/2013) – Os segurados e dependentes da Previdência Social farão jus ao abono anual, se receberem os benefícios I e a forma de cálculo do abono será: II:

As lacunas I e II são preenchidas, correta e respectivamente, por:

a) I. auxílio-doença, auxílio-acidente ou aposentadoria, pensão por morte, salário-maternidade ou auxílio-reclusão; II. no que couber, da mesma forma que se calcula a Gratificação de Natal dos trabalhadores, tendo por base o valor da renda mensal do benefício do mês de dezembro de cada ano.

b) I. auxílio-doença, auxílio-acidente ou aposentadoria, pensão por morte ou auxílio-reclusão; II. no que couber, da mesma forma que se calcula a Gratificação de Natal dos trabalhadores, tendo por base o valor da renda média anual do benefício.

c) I. auxílio-doença, auxílio-acidente ou aposentadoria, pensão por morte ou auxílio-reclusão; II. no que couber, da mesma forma que se calcula a Gratificação de Natal dos trabalhadores, tendo por base o valor da renda mensal do benefício do mês de dezembro de cada ano.

d) I. auxílio-doença, auxílio-acidente ou aposentadoria, salário-maternidade, pensão por morte ou auxílio-reclusão; II. no que couber, da mesma forma que se calcula a Gratificação de Natal dos trabalhadores, tendo por base o valor da renda mensal do benefício do mês de janeiro de cada ano.

e) I. auxílio-doença, auxílio-acidente ou aposentadoria, pensão por morte ou auxílio-reclusão; II. no que couber, da mesma forma que se calcula a Gratificação de Natal dos trabalhadores, tendo por base o valor da renda mensal do benefício do mês de novembro de cada ano.

COMENTÁRIOS

✪ **Nota da autora:** a questão exige um pouco mais de cuidado do candidato para que ele possa identificar quais seriam os termos adequados para preencher as lacunas I e II. Ela trata do abono anual que é a gratificação natalina que os beneficiários do RGPS têm direito por terem recebido, durante o ano, benefício de:

- auxílio por incapacidade temporária (antigo auxílio-doença);
- auxílio-acidente;
- aposentadorias;
- salário-maternidade;
- pensão por morte;
- auxílio-reclusão.

O abono anual será calculado, no que couber, da mesma forma que a Gratificação de Natal dos trabalhadores, tendo por base o valor da renda mensal do benefício do mês de dezembro de cada ano.

Alternativa correta: "C" pela banca examinadora, vez que considerou o que está disposto no art. 40, da Lei nº 8.213/91.

No entanto, a **alternativa "A" é a mais correta** porque segue o que dispõe o art. 120, do Decreto nº 3.048/99. **O salário-maternidade dará direito, também, ao abono anual.**

---

38. (FCC - Analista Judiciário - Oficial de Justiça Avaliador - TRT 5ª Região/2013) - Zélia é empregada doméstica. Trabalhou, registrada como tal, durante 20 (vinte) meses, até 31 de março de 2013, quando foi demitida sem justa causa. Engravidou em maio do mesmo ano. Por ocasião do nascimento de seu filho Lucas, no Hospital Sagrada Família, em Salvador, previsto para o mês de fevereiro de 2014, ela

a) ainda estará no gozo de garantia de emprego, assegurado pelo art. 10, II, b, do Ato das Disposições Constitucionais Transitórias.

b) receberá indenização pelo salário-maternidade, já que não poderá gozá-lo, em razão da demissão sem justa causa.

c) receberá integralmente o salário-maternidade, já que para esse benefício não há carência, a condição de empregado ativo é irrelevante e ela se encontra no período de graça, mantida a condição de segurada.

d) metade do salário-maternidade será suportado pelo empregador, em razão da demissão sem justa causa, enquanto a outra parcela será paga pela Previdência Social.

e) não receberá qualquer valor, eis que para gozo do benefício previdenciário do salário-maternidade é imprescindível a condição de atividade que, no caso do segurado obrigatório, corresponde à manutenção do vínculo de emprego.

COMENTÁRIOS

✪ **Nota da autora:** a questão exige uma análise da qualidade de segurada e do benefício de salário-maternidade.

Alternativa correta: "C". Inicialmente, tem que ser analisada a condição de segurada de Zélia no momento em que ocorrer o parto. Como ela foi demitida em março de 2013, mantém seu vínculo com a previdência social por até 12 meses após a cessação das contribuições. Portanto, em fevereiro de 2014, Zélia é considerada segurada do RGPS, conservando seus direitos de receber benefícios previdenciários.

O parto é um dos eventos que gera direito ao salário-maternidade e, no caso de empregada, empregada doméstica e trabalhadora avulsa, não se exige carência mínima de contribuições. No caso de Zélia, empregada doméstica, não há carência mínima de contribuições exigida.

Assim, Zélia preenche todos os requisitos para receber o salário-maternidade:

- qualidade de segurada;
- ocorrência de parto;
- isenção de carência.

Alternativa "A": incorreta. Zélia **não** estará no gozo de garantia de emprego, assegurado pelo art. 10, II, b, do Ato das Disposições Constitucionais Transitórias. Ela engravidou após a demissão por justa causa.

Alternativa "B": incorreta. Zélia terá direito ao salário-maternidade, sim. Ela engravidou após a demissão e terá o parto no período que se mantém, ainda, vinculada ao RGPS (período de graça).

Alternativa "D": incorreta. O salário-maternidade de Zélia será pago integralmente pela Previdência Social. O empregador não tem qualquer obrigação, visto que quando houve a demissão sem justa causa de Zélia, ela não se encontrava gestante.

Alternativa "E": incorreta. No caso de Zélia, ela conservava a condição de segurada, ainda que no período de graça, tendo direito aos benefícios do RGPS. O fato de não manter o vínculo empregatício não impede que o benefício lhe seja pago.

---

39. (Cespe - Analista Judiciário - Área Judiciária - TRT 10ª Região/2013) - Cada um dos itens a seguir apresenta uma situação hipotética, seguida de uma assertiva a ser julgada com base nas disposições do direito previdenciário.

- Pedro, segurado da previdência social, foi dado como incapaz e insuscetível de reabilitação para o exercício de atividade que lhe garanta a subsistência. Nessa situação, tendo sido cumprida a carência exigida, Pedro terá direito à aposentadoria por invalidez após o gozo de, no mínimo, dois anos de auxílio-doença.

COMENTÁRIOS

✪ **Nota da autora:** a aposentadoria por incapacidade permanente é concedida a todo segurado que, após cumprida a carência mínima exigida, quando for o caso, estando ou não em gozo de auxílio por incapacidade temporária, estiver incapaz e insuscetível de reabilitação para o exercício de qualquer atividade que lhe garanta a subsistência.

A assertiva está incorreta. A aposentadoria por incapacidade permanente não precisa, necessariamente, ser precedida do gozo de auxílio por incapacidade temporária. Não há na legislação previdenciária qualquer determinação no sentido de que para ter direito à aposentadoria por incapacidade permanente é necessário gozar do benefício de auxílio por incapacidade temporária por um determinado período. A aposentadoria por incapacidade permanente pode ser concedida mesmo sem ter o segurado recebido auxílio por incapacidade temporária, bastando que tenham sido preenchidos os requisitos exigidos pela lei previdenciária.

5. FINANCIAMENTO DA SEGURIDADE SOCIAL – REGRAS GERAIS

▸ Constituição Federal: arts.: 165, 167 e 195.

▸ Lei nº 8.212/91: arts. 8º ao 11; 16 ao 19; 26 e 27.

40. (FCC – Analista Judiciário – Oficial de Justiça Avaliador – TRT 2ª Região/2014) – Incide contribuição para a seguridade social sobre

a) quaisquer pagamentos feitos por empresas a seus empregados.

b) receita ou faturamento de entidades beneficentes de assistência social.

c) bens alienados em hasta pública na justiça do trabalho.

d) exportação de bens ou serviços ao exterior.

e) folha de salários e demais rendimentos de trabalho das empresas, pagos ou creditados, a qualquer título, à pessoa física que lhe preste serviços, mesmo sem vínculo empregatício.

COMENTÁRIOS

✪ **Nota da autora:** a seguridade social será financiada, diretamente, com recursos provenientes das contribuições sociais instituídas pela União, conforme disposto no art. 195 da Constituição Federal.

<table>
<tr><td rowspan="7">Das Contribuições Sociais de Financiamento da Seguridade Social
(art. 195, CF)</td><td rowspan="3">• Do empregador, da empresa e da entidade a ela equiparada (art. 195, I, CF)</td><td>Sobre a folha de salário e demais rendimentos pagos ou creditados, a qualquer título, à pessoa física que lhe preste serviço, mesmo sem vínculo empregatício (art. 195, I, "a", CF).</td></tr>
<tr><td>Sobre a receita ou faturamento (art. 195, I, "b", CF)</td></tr>
<tr><td>Sobre o lucro (art. 195, I, "c", CF)</td></tr>
<tr><td>• Do trabalhador e dos demais segurados do Regime Geral de Previdência Social (art. 195, II, CF)</td><td rowspan="3">–</td></tr>
<tr><td>• Sobre a receita de concursos de prognósticos (art. 195, III, CF)</td></tr>
<tr><td>• Do importador de bens ou serviços do exterior, ou de quem a lei a ele equiparar (art. 195, IV, CF).</td></tr>
<tr><td>• Sobre bens e serviços, nos termos de lei complementar (art. 195, V, CF)</td><td></td></tr>
</table>

Alternativa correta: "E". As empresas, as entidades equiparadas a ela, na forma da lei e os empregadores estão sujeitos à contribuição prevista no art. 195, I, "a", da Constituição Federal, conforme quadro acima.

Alternativa "A": incorreta. Não é qualquer pagamento feito por empresas a seus empregados que terá incidência de contribuição para a seguridade social. A Lei nº 8.212/91, que trata do custeio da seguridade social, elenca no § 9º do art. 28, as parcelas que não terão incidência de contribuição, ainda que pagas, devidas ou creditadas às pessoas que prestam serviços às empresas.

Alternativa "B": incorreta. As entidades beneficentes de assistência social que atendam às exigências estabelecidas em lei **são isentas de contribuição para a seguridade social.** É o que reza o art. 195, § 7º, da Constituição Federal.

Alternativa "C": incorreta. Não há previsão legal para a incidência de contribuição para a seguridade social sobre os bens alienados em hasta pública na justiça do trabalho.

Alternativa "D": incorreta. Não há incidência de contribuição para a seguridade social sobre a exportação de bens ou serviços ao exterior. Até mesmo porque o art. 149, § 2º, da Constituição Federal veda a incidência de contribuição social sobre as receitas decorrentes de exportação. **No entanto, há contribuição para a seguridade social do importador de bens ou serviços do exterior,** conforme dispõe o art. 195, IV, da Constituição Federal.

Alternativa correta: "E".

6. SALÁRIO DE CONTRIBUIÇÃO

▸ Lei nº 8.212/91: art. 28.

▸ Decreto nº 3.048/00: art. 214.

41. (FGV – Analista Judiciário – Área Judiciária – TRT 13/2022) O chamado salário-de-contribuição constitui a base de cálculo tributária para a contribuição previdenciária devida pelo trabalhador. Diante disso, à luz do Art. 28 da Lei 8.212/1991, assinale a opção que apresenta valores que integram o salário-de-contribuição para fins de incidência desta contribuição de seguridade social.

a) Diárias para viagens.

b) Gratificação natalina.

c) Parcela recebida a título de vale-transporte.

d) Ajuda de custo, em parcela única, recebida exclusivamente em decorrência de mudança de local de trabalho do empregado.

e) Abono do PIS/PASEP.

COMENTÁRIOS

Alternativa correta: B. O décimo-terceiro salário (gratificação natalina) integra o salário-de-contribuição, exceto para o cálculo de benefício, na forma estabelecida em regulamento.

Alternativa "A": incorreta. Diárias de viagem não integram o conceito de salário de contribuição. Mesmo que seu valor ultrapasse 50% da remuneração, não sofre incidência de contribuição previdenciária.

Alternativa "C": incorreta. Parcela de vale-transporte, paga em pecúnia ou não, não integra o conceito de salário de contribuição e, portanto, não sofre incidência de contribuição previdenciária.

Alternativa "D": incorreta. Conforme dispõe o art. 28, §9º, alínea g, da Lei nº 8.212/91, não integra o salário de contribuição a ajuda de custo, em parcela única, recebida exclusivamente em decorrência de mudança de local de trabalho do empregado, na forma do art. 470 da CLT.

Alternativa "E": incorreta. Abono do PIS/PASEP não integra o salário de contribuição, conforme dispõe o art. 28, §9º, alínea l, da Lei nº 8.212/91.

Alternativa correta: B

42. (FCC – Analista Judiciário – Área Judiciária – TRT 6/2018) De acordo com a reforma trabalhista, NÃO integram a remuneração do empregado não constituindo bases de incidência de encargos trabalhista e previdenciário, entre outros:

a) as gratificações de função e o auxílio-alimentação, vedado o seu pagamento em dinheiro.

b) as gorjetas e as ajudas de custo com valor maior do que cinquenta por cento da remuneração mensal.

c) as gratificações legais e o auxílio-alimentação, mesmo que pago em dinheiro.

d) ajudas de custo limitadas a cinquenta por cento da remuneração mensal e o auxílio-alimentação, vedado o seu pagamento em dinheiro.

e) as diárias para viagem e as ajudas de custo com valor maior do que cinquenta por cento da remuneração mensal.

COMENTÁRIOS

✪ **Nota da autora:** sugiro ao leitor consultar a tabela de salário de contribuição constante nas DICAS DE ESTUDO.

As ajudas de custo e as diárias de viagem não integram o salário de contribuição independentemente do seu valor.

Alternativa correta: "D". As ajudas de custo, independentemente do valor, não integram o conceito de salário de contribuição. O auxílio-alimentação, vedado o seu pagamento em dinheiro, não sofre incidência de contribuição previdenciária.

Alternativa "A": incorreta. As gratificações de função integram o conceito de salário de contribuição.

Alternativa "B": incorreta. As gorjetas integram o conceito de salário de contribuição. As ajudas de custo, independentemente do valor, não integram o conceito de salário de contribuição.

Alternativa "C": incorreta. O auxílio-alimentação quando pago em dinheiro integra o conceito de salário de contribuição.

Alternativa "E": incorreta. As diárias de viagem e as ajudas de custo, independentemente do seu valor, não integram o salário de contribuição.

Alternativa correta: "D"

43. (FCC – Analista Judiciário – Área Judiciária – TRT 15ª Região/2013) – Integra o salário-de-contribuição, devendo incidir contribuições previdenciárias:

a) o auxílio-doença e o auxílio-acidente pagos pela previdência social a empregados, nos termos e limites legais.

b) a parcela "in natura" recebida de acordo com os programas de alimentação aprovados pelo Ministério do Trabalho e Emprego.

c) a parcela recebida a título de vale-transporte, na forma da legislação própria.

d) a ajuda de custo, em parcela única, recebida exclusivamente em decorrência de mudança de local de trabalho do empregado.

e) a importância paga ao empregado a título de complementação ao valor do auxílio-doença, quando este direito não seja extensivo à totalidade dos empregados.

COMENTÁRIOS

✪ **Nota da autora:** sugiro ao leitor consultar a tabela de salário de contribuição constante nas DICAS DE ESTUDO.

Alternativa correta: "E". Se a importância paga ao empregado a título de complementação ao valor do auxílio por incapacidade temporária, for extensiva à totalidade dos empregados, não haverá incidência de contribuição previdenciária. Caso contrário, integrará o conceito de salário de contribuição.

Alternativa "A": incorreta. Os benefícios do regime geral de previdência social são excluídos do conceito de salário de contribuição, com exceção do salário-maternidade. É o que dispõe o art. 28, § 9º, alínea "a", da Lei nº 8.212/91.

Alternativa "B": incorreta. A parcela "in natura" recebida de acordo com os programas de alimentação aprovados pelo Ministério do Trabalho e Previdência **não** integra o conceito de salário de contribuição. Com o advento da Reforma Trabalhista, trazida pela Lei nº 13.467/2017, o auxílio-alimentação, desde que não pago em dinheiro, não integra o conceito de salário de contribuição.

Alternativa "C": incorreta. A parcela recebida a título de vale-transporte, na forma da legislação própria não é considerada salário de contribuição. Vale registrar que, o vale-transporte ainda que pago em dinheiro, não sofre a incidência de contribuição previdenciária.

Alternativa "D": incorreta. Sobre a ajuda de custo, em parcela única, recebida exclusivamente em decorrência de mudança de local de trabalho do empregado não há incidência de contribuição previdenciária.

Alternativa correta: "E".

7. CONTRIBUIÇÃO DOS SEGURADOS

- Lei nº 8.212/91: arts. 20, 21, 25 e 25-A
- Decreto nº 3.048/99: arts. 198, 199,199-A e 200.

44. (FGV – Analista Judiciário – Oficial de Just. Avaliador – TRT 12/2017) – Castilho aposentou-se pelo INSS por tempo de contribuição, com provento de 1 salário-mínimo mensal, mas depois de algum tempo resolveu retornar à ativa. Conseguiu um novo emprego no comércio de Florianópolis (SC), com salário contratado correspondente a 2 mínimos nacionais. Diante desse caso concreto, é correto afirmar que:

a) a pessoa em questão terá desconto de INSS da aposentadoria e do salário na ativa;

b) por já ser jubilado, Castilho não precisará recolher INSS da aposentadoria nem do salário recebido junto ao novo empregador;

c) Castilho terá de recolher INSS sobre o salário que recebe na ativa;

d) se o INSS descobrir que Castilho tem novo emprego, deverá suspender a sua aposentadoria;

e) o contrato é proibido, pois já sendo aposentado, Castilho não poderia voltar à atividade remunerada.

COMENTÁRIOS

✪ **Nota da autora: é importante frisar que o aposentado pelo RGPS poderá voltar a exercer atividade remunerada, sem prejuízo do recebimento de sua aposentadoria.**

O único caso que acarretará o cancelamento do pagamento da aposentadoria é quando o segurado tiver aposentadoria especial e retornar a exercer atividades em condições especiais. Veja o que dispõe o parágrafo único do art. 69 do Decreto nº 3.048/99:

> *O segurado que retornar ao exercício de atividade ou operação que o sujeite aos riscos e agentes nocivos constantes do Anexo IV, ou nele permanecer, na mesma ou em outra empresa, qualquer que seja a forma de prestação do serviço ou categoria de segurado, será imediatamente notificado da cessação do pagamento de sua aposentadoria especial, no prazo de sessenta dias contado da data de emissão da notificação, salvo comprovação, nesse prazo, de que o exercício dessa atividade ou operação foi encerrado.*

Alternativa correta: "C". Castilho poderá receber sua aposentadoria e seu salário pelo exercício da nota atividade.

A contribuição previdenciária incidirá apenas sobre o salário que recebe na ativa, por força do disposto no §4º do art. 12, da Lei nº 8.212/91:

> *§ 4º O aposentado pelo Regime Geral de Previdência Social-RGPS que estiver exercendo ou que voltar a exercer atividade abrangida por este Regime é segurado obrigatório em relação a essa atividade, ficando sujeito às contribuições de que trata esta Lei, para fins de custeio da Seguridade Social.*

Não haverá incidência sobre os proventos de aposentadoria de Castilho porque o art. 195, II, da Constituição Federal veda a incidência de contribuição social sobre aposentadoria e pensão concedidas pelo RGPS.

Alternativa "A": incorreta. Como já mencionado, não haverá incidência de contribuição social sobre a aposentadoria de Castilho, por força da vedação do art. 195, II, da Constituição Federal.

Alternativa "B": incorreta. Castilho terá descontada a contribuição previdenciária apenas de seu salário. O fato de ser aposentado não o exime da obrigação da contribuição incidente sobre a remuneração em relação à nova atividade exercida. Não há incidência, no entanto, de contribuição previdenciária sobre os proventos de aposentadoria.

Alternativa "D": incorreta. Poderá Castilho receber sua aposentadoria e sua remuneração em relação à nova atividade exercida.

O único óbice de cumular os proventos de aposentadoria e nova remuneração é quando se tem aposentadoria especial e o segurado volta a exercer atividades em condições especiais que prejudiquem sua saúde ou integridade física. Nesse caso, terá cessado o pagamento da aposentadoria especial.

Como Castilho é aposentado por tempo de contribuição, não há qualquer empecilho que ele cumule aposentadoria e salário.

Alternativa "E": incorreta. O aposentado pelo RGPS pode continuar ou voltar a exercer atividade remunerada. Não há vedação constitucional ou legal que o impeça de continuar a exercer atividade remunerada abrangida pelo RGPS.

Alternativa correta: "C".

---

45. (Cespe – Analista Judiciário – Área Administrativa – TRT 8ª Região/2013) – A respeito do custeio do RGPS, assinale a opção correta.

a) a alíquota de contribuição do segurado contribuinte individual a título de custeio da previdência social é de 12% sobre todos os valores recebidos a título de serviços prestados a terceiros.

b) para efeito de custeio da previdência social, integra o salário-de-contribuição do segurado empregado a importância recebida a título de incentivo à demissão.

c) a contribuição dos trabalhadores para o custeio da previdência é isonômica, sendo as alíquotas de contribuição igualitárias para todas as espécies de segurados.

d) para efeito de incidência da alíquota de contribuição para o custeio do RGPS, considera-se salário-de-contribuição do empregado doméstico a remuneração registrada na CTPS, observadas as normas a serem estabelecidas em regulamento para a comprovação do vínculo empregatício e do valor da remuneração.

e) o trabalhador que presta serviço de natureza urbana ou rural a empresa privada, em caráter não eventual e mediante subordinação, não participa do custeio do RGPS.

COMENTÁRIOS

✪ **Nota da autora:** o salário de contribuição é a base de cálculo das contribuições previdenciárias dos segurados empregado, trabalhador avulso, empregado doméstico, contribuinte individual e facultativo. O conceito previsto para cada categoria de segurado do RGPS está previsto no art. 28 da Lei nº 8.212/91.

Alternativa correta: "D". É o que se depreende do disposto no art. 28, inciso II, da Lei nº 8.212/91.

Alternativa "A": incorreta. A alíquota de contribuição do segurado contribuinte individual a título de custeio da previdência social é de **20%** sobre o seu salário de contribuição. O salário de contribuição do contribuinte individual é definido como sendo a remuneração auferida em uma ou mais empresas ou pelo exercício de sua atividade por conta própria, durante o mês, observado o limite máximo estabelecido pela Previdência Social.

Quando o contribuinte individual optar pelo regime de inclusão previdenciária, sua contribuição será de 11% sobre o valor de 01 salário mínimo. Nesse caso, terá excluído o seu direito à antiga aposentadoria por tempo de contribuição.

Alternativa "B": incorreta. A importância recebida a título de incentivo à demissão não é parcela integrante do conceito de salário de contribuição do empregado, conforme dispõe o art. 28, § 9º, "e", item 5, da Lei nº 8.212/91.

Alternativa "C": incorreta. A contribuição dos trabalhadores para o custeio da previdência social apresenta diferenciação quanto às alíquotas e ao conceito de salário de contribuição. Basta conferir os arts. 20 e 21 da Lei nº 8.212/91. Confira, também, nas DICAS DE ESTUDO, as contribuições dos segurados.

Alternativa "E": incorreta. O trabalhador que presta serviço de natureza urbana ou rural a empresa, em caráter não eventual e mediante subordinação, participa do custeio do RGPS, na condição de empregado.

Com a reforma trabalhista, trazida pela Lei nº 13.467/2017, importante chamar a atenção do leitor para o que dispõe o art. 442-B da CLT:

> *Art. 442-B. A contratação do autônomo, cumpridas por este todas as formalidades legais, com ou sem exclusividade, de forma contínua ou não, afasta a qualidade de*

empregado prevista no art. 3º desta Consolidação.

Alternativa correta: "D".

8. CONTRIBUIÇÃO DAS EMPRESAS

- Lei nº 8.212/91: arts. 22 ao 43.
- Decreto nº 3.048/99: arts. 201 ao 225.

---

46. (FGV – Analista Judiciário – Área Judiciária – TRT 13/2022) José, membro integrante da entidade religiosa XYZ, é ministro de confissão religiosa nessa entidade e dela recebe uma prebenda (auxílio para a subsistência do ministro), no valor de R$ 7.000,00, para seu sustento e de sua família. Diante desse cenário, assinale a afirmativa correta.

a) Não incide Imposto sobre a Renda da Pessoa Física Retido na Fonte sobre tais valores pagos a José, em razão da imunidade tributária religiosa que abarca o Imposto sobre a Renda.

b) José, por ser ministro de confissão religiosa, goza de isenção tributária sobre tais valores recebidos em razão do exercício do ministério religioso.

c) A entidade religiosa XYZ, por previsão legal, não está obrigada a recolher a contribuição patronal, destinada à Seguridade Social, sobre tais valores pagos a José.

d) A alíquota de contribuição previdenciária de José será de quinze por cento sobre o respectivo salário-de-contribuição.

e) José é considerado contribuinte da contribuição previdenciária na condição de segurado facultativo da previdência social.

COMENTÁRIOS

Alternativa correta: "C". O valor que José recebe não é considerado remuneração para fins de incidência da contribuição da entidade equiparada à empresa (entidade religiosa XYZ) pelo que se tem do disposto no art. 22, §§ 13 e 14 da Lei n. 8.212/91:

> *§ 13. Não se considera como remuneração direta ou indireta, para os efeitos desta Lei, os valores despendidos pelas entidades religiosas e instituições de ensino vocacional com ministro de confissão religiosa, membros de instituto de vida consagrada, de congregação ou de ordem religiosa em face do seu mister religioso ou para sua subsistência desde que fornecidos em condições que independam da natureza e da quantidade do trabalho executado.*
>
> *§ 14. Para efeito de interpretação do § 13 deste artigo:*
>
> *I – os critérios informadores dos valores despendidos pelas entidades religiosas e instituições de ensino vocacional aos ministros de confissão religiosa, membros de vida consagrada, de congregação ou de ordem religiosa não são taxativos e sim exemplificativos;*
>
> *II – os valores despendidos, ainda que pagos de forma e montante diferenciados, em pecúnia ou a título de ajuda de custo de moradia, transporte, formação educacional, vinculados exclusivamente à atividade religiosa não configuram remuneração direta ou indireta.*

No caso de José, a entidade religiosa XYZ lhe pagar o valor de R$7.000,00 para seu sustento e de sua família, não sendo considerado, portanto, remuneração direta ou indireta.

Como a contribuição da empresa incide sobre o total da remuneração paga ou creditada, no decorrer do mês, ao contribuinte que lhe presta serviço e, não sendo remuneração a parcela recebida por José, não está obrigada a entidade religiosa recolher a contribuição patronal, destinada à seguridade social.

Alternativa "A": incorreta. A imunidade religiosa não se estende à remuneração dos ministros de confissão religiosa.

Alternativa "B": incorreta. Não há isenção tributária em razão de ser ministro de confissão religiosa.

Alternativa "D": incorreta. José, na condição de ministro de confissão religiosa, é segurado obrigatório do RGPS, como contribuinte individual. A alíquota da contribuição previdenciária do contribuinte individual é de 20% e incidirá sobre o seu salário de contribuição (totalidade da remuneração auferida pela prestação de serviço ou pelo exercício da atividade por conta própria).

Alternativa "E": incorreta. José é segurado obrigatório na categoria de contribuinte individual por ser ministro de confissão religiosa.

Alternativa correta: "C".

---

47. (FGV – Analista Judiciário – Área Judiciária – TRT 12/2017) – Priscila ajuizou reclamação trabalhista contra a empresa Floresta do Sul S.A. postulando o reconhecimento de vínculo empregatício que alega ter durado 3 meses e o pagamento de vários direitos lesados. Em audiência, as partes entabularam acordo para pagamento de R$1.000,00, sem reconhecimento de vínculo empregatício e sem indicação da natureza da parcela paga. O acordo proposto foi homologado judicialmente nesses termos. Quanto à contribuição previdenciária que, nesse caso, deverá ser realizada por cada parte, é correto afirmar que:

a) cada litigante recolherá 31% do valor que foi objeto do acordo;

b) não havendo reconhecimento de vínculo empregatício no acordo, não se pagará INSS;

c) Priscila será considerada contribuinte facultativa, e só recolherá INSS se desejar computar aquele prazo para a sua aposentadoria;

d) a ré, por se tratar de sociedade anônima, fica isenta do recolhimento do INSS;

e) a autora recolherá 11% e a empresa tomadora, 20%.

COMENTÁRIOS

✪ **Nota da autora: a** Justiça do Trabalho executará, de ofício, as contribuições sociais das empresas, incidentes sobre a folha de salários e demais rendimentos pagos ou creditados a qualquer título a pessoas que lhe prestam serviço e as contribuições dos segurados, e seus acréscimos legais, relativas ao objeto da condenação constante das sentenças que proferir e dos acordos que homologar.

Alternativa correta: "E". Priscila será enquadrada como segurada contribuinte individual do RGPS. Ela prestou serviço à empresa, sem ter o vínculo empregatício reconhecido. Para a Previdência Social, Priscila é enquadrada como segurada obrigatória, na condição de contribuinte individual.

Quando o contribuinte individual presta serviço à empresa, como é o caso de Priscila, terá sua contribuição retida pelo tomador de serviços, à alíquota de 11% sobre o salário de contribuição, observado o limite máximo imposto pela Portaria Interministerial do Ministério do Trabalho e Previdência e do Ministério da Economia.

A empresa tomadora de serviço, como contribuinte previdenciário, deverá recolher 20% sobre a remuneração do contribuinte individual que lhe prestar serviço.

No caso da questão, a contribuição de Priscila será de 11% sobre o valor total do acordo (remuneração recebida) e a empresa recolherá 20% o total do acordo.

Alternativa "A": incorreta, conforme explicação acima.

Alternativa "B": incorreta. Embora não tenha havido o reconhecimento do vínculo empregatício, o acordo demonstra que houve a prestação remunerada do serviço que é fato gerador de contribuição previdenciária, conforme dispõe o art. 43, §§ 1º e 2º, da Lei nº 8.212/91:

> *"Art. 43. Nas ações trabalhistas de que resultar o pagamento de direitos sujeitos à incidência de contribuição previdenciária, o juiz, sob pena de responsabilidade, determinará o imediato recolhimento das importâncias devidas à Seguridade Social.*
>
> *§ 1º Nas sentenças judiciais ou nos acordos homologados em que não figurarem, discriminadamente, as parcelas legais relativas às contribuições sociais, estas incidirão sobre o valor total apurado em liquidação de sentença ou sobre o valor do acordo homologado.*
>
> *§ 2º Considera-se ocorrido o fato gerador das contribuições sociais na data da prestação do serviço."*

Houve a prestação remunerada do serviço por uma pessoa física que se enquadra como contribuinte individual. A pessoa física é contribuinte e a empresa tomadora, também.

Alternativa "C": incorreta. Priscila é enquadrada como segurada obrigatória na qualidade de contribuinte individual. Como tal, será contribuinte da seguridade social.

Alternativa "D": incorreta. Não há isenção de contribuições previdenciárias para as empresas tomadoras de serviços de contribuintes individuais que se constituem sob a forma de sociedades anônimas.

---

48. (FCC – Analista Judiciário – Área Judiciária – TRT 5ª Região/2013) – Considerando que as empresas Todos-os-Santos Indústria e Comércio, Soteropolitano Hotel de Turismo e o Banco MMC, que atuam como indústria de transformação, hotelaria e banco comercial, com graus de risco grave, médio e leve, respectivamente, é certo dizer que sua contribuição para seguridade social e para financiamento do benefício da aposentadoria especial, previstas no art. 22, I e II, da lei no 8.212/91 (somente em relação aos segurados empregados), será, respectivamente, de

a) 20% + 3%; 20% + 2%; e 20% + 2,5% + 1%.

b) 20%; 20%; 22,5%.

c) 15% + 3%; 15% + 2,5% + 1 %; e 15% + 1%.

d) 20%; 21%; 22,5%.

e) 20% + 1%; 20% + 2%; 20% + 2,5%.

COMENTÁRIOS

Alternativa correta: "A". A questão trata das contribuições das empresas incidentes sobre a remuneração dos empregados e trabalhadores avulsos, previstas no art. 22 da Lei nº 8.212/91. Veja o quadro abaixo:

CONTRIBUIÇÕES SOCIAIS PREVIDENCIÁRIAS DAS EMPRESAS EM RELAÇÃO AOS EMPREGADOS E TRABALHADORES AVULSOS A SEU SERVIÇO		
Contribuição	**Alíquota**	**Base de Cálculo**
Folha de salários e demais rendimentos	20%*	o total das remunerações pagas, devidas ou creditadas a qualquer título, durante o mês, aos segurados empregados e trabalhadores avulsos que lhe prestem serviços, destinadas a retribuir o trabalho, qualquer que seja a sua forma, inclusive as gorjetas, os ganhos habituais sob a forma de utilidades e os adiantamentos decorrentes de reajuste salarial, quer pelos serviços efetivamente prestados, quer pelo tempo à disposição do empregador ou tomador de serviços, nos termos da lei ou do contrato ou, ainda, de convenção ou acordo coletivo de trabalho ou sentença normativa.
SAT/GILRAT – segundo o grau de risco da empresa decorrente dos riscos ambientais do trabalho. O percentual de alíquota da contribuição é aplicando, considerando-se a atividade preponderante da empresa.	1% – risco leve 2% – risco médio 3% – risco grave	Remunerações pagas, devidas ou creditadas a qualquer título, no decorrer do mês, ao segurado empregado e trabalhador avulso.
* No caso de banco comercial há um acréscimo de 2,5% na alíquota de 20%.		

As empresas relacionadas pelo examinador possuem risco de acidente do trabalho grave, médio e leve, respectivamente. As alíquotas a serem aplicadas, portanto, deverão ser de 3%, 2% e 1% sobre a remuneração dos empregados, em obediência ao que dispõe o art. 22, III, da Lei nº 8.212/91.

No caso da contribuição básica das empresas, incidente nos termos do art. 22, I, da Lei nº 8.212/91, alíquota a ser aplicada é de 20% e 22,5%, em se tratando de instituições financeiras.

Assim, as alíquotas das contribuições das empresas relacionadas na questão, incidentes sobre a remuneração de seus empregados, são:

- **Todos-os-Santos Indústria e Comércio: 20% e 3% (risco grave)**
- **Soteropolitano Hotel de Turismo: 20% e 2% (risco médio)**
- **Banco MMC: 22,5% (20% acrescido de 2,5%) e 1% (risco leve).**

Alternativa correta: "A".

9. PREVIDÊNCIA DO SERVIDOR PÚBLICO E BENEFÍCIOS PREVIDENCIÁRIOS DOS SERVIDORES PÚBLICOS FEDERAIS

- Constituição Federal: art. 40
- Lei nº 8.112/90: arts: 183 ao 229
- Lei nº 9.717/1998

49. (FCC – Analista Judiciário – Área Judiciária – TRT 15/2018) De acordo com a Lei no 9.717/1998, os regimes próprios de previdência social dos servidores públicos da União, dos Estados, do Distrito Federal e dos Municípios, dos militares dos Estados e do Distrito Federal deverão ser organizados, baseados em normas gerais de contabilidade e atuária, de modo a garantir o seu equilíbrio financeiro e atuarial, observados determinados critérios, dentre eles

a) registro contábil geral das contribuições de cada servidor e dos entes estatais, conforme diretrizes específicas e individuais preestabelecidas.

b) realização de avaliação atuarial inicial e em cada balanço, no início e término, utilizando-se parâmetros específicos, para a organização do plano de custeio e benefícios, vedada a revisão.

c) cobertura de um número mínimo de segurados, de modo que os regimes possam garantir diretamente a totalidade dos riscos cobertos no plano de benefícios, preservando o equilíbrio atuarial com a necessidade de resseguro, conforme parâmetros gerais.

d) identificação e consolidação em demonstrativos financeiros e orçamentários das principais despesas fixas com pessoal inativo civil, militar e pensionistas, excetuando-se os encargos incidentes sobre os proventos e pensões pagos.

e) cobertura exclusiva a servidores públicos titulares de cargos efetivos e a militares, e a seus respectivos dependentes, de cada ente estatal, vedado o pagamento de benefícios, mediante convênios ou consórcios entre Estados, entre Estados e Municípios e entre Municípios.

COMENTÁRIOS

✪ **Nota da autora:** a Constituição Federal teve seu art. 40 alterado pela Emenda Constitucional n. 103/2019 que trouxe a última reforma previdenciária.

Nos termos do §22 do art. 40, lei complementar federal estabelecerá, para os regimes próprios de previdência social, normas gerais de organização, de funcionamento e de responsabilidade em sua gestão,

Até que seja editada essa lei complementar, continua a Lei nº 9.717/98 válida para dispor sobre normas gerais para os regimes próprios de previdência social, observadas as regras da Constituição Federal.

A questão é resolvida com a aplicação do art. 1º da Lei n. 9.717/98.

Alternativa "A": incorreta. O registro contábil das contribuições de cada servidor e dos entes estatais deve ser individualizado, conforme diretrizes gerais.

Alternativa "B": incorreta. O correto é: a realização de avaliação atuarial inicial e em cada balanço utilizando-se parâmetros gerais, para a organização e revisão do plano de custeio e benefício.

Alternativa "C": incorreta. Um dos critérios é a cobertura de um número mínimo de segurados, de modo que os regimes possam garantir diretamente a totalidade dos riscos cobertos no plano de benefícios, preservando o equilíbrio atuarial **sem** necessidade de resseguro, conforme parâmetros gerais

Alternativa "D": incorreta. O correto é a identificação e consolidação em demonstrativos financeiros e orçamentários das principais despesas fixas com pessoal inativo civil, militar e pensionistas, bem como dos encargos incidentes sobre os proventos e pensões pagos;

Alternativa "E": correta. É o que dispõe o inciso V do art. 1º da Lei nº 9.717/98.

Alternativa correta: "E".

50. (FCC – Analista Judiciário – Área Judiciária – TRT 2ª Região/2014) – Sobre os proventos de aposentadoria e pensão dos servidores públicos vinculados a regimes próprios de previdência social,

a) incidem contribuições previdenciárias, independentemente de quaisquer valores de referência do regime geral.
b) incide ordinariamente contribuição sobre o valor que supere o teto do regime geral, em percentual igual ao que incide sobre a remuneração dos servidores em atividade.
c) não podem incidir contribuições sociais.
d) incide ordinariamente contribuição sobre o valor que supere o dobro do teto do regime geral.
e) incide contribuição sobre o valor que supere o teto do regime geral, quando o beneficiário for portador de doença incapacitante.

COMENTÁRIOS

✪ **Nota da autora:** os regimes próprios de previdência social possuem caráter contributivo e solidário, mediante contribuição do ente público, dos servidores ativos, dos aposentados e dos pensionistas, devendo observar critérios que preservem o equilíbrio financeiro e atuarial.

Alternativa "A": incorreta. A contribuição para o regime próprio de previdência social dos servidores públicos ocupantes de cargo efetivo incidirá sobre a parcela dos proventos de aposentadoria e pensão, **que superar o limite estabelecido para os benefícios do RGPS.**

Com a reforma previdenciária trazida pela Emenda Constitucional n. 103/2019, o §1º-A do art. 149 da Constituição Federal poderá a contribuição previdenciária dos aposentados e dos pensionistas ao regime próprio de previdência social incidir sobre o valor dos proventos de aposentadoria e de pensões que supere o salário mínimo.

Alternativa "B": correta. De acordo com o que dispõe o art. 40, § 18, da Constituição Federal, incidirá contribuição sobre os proventos de aposentadorias e pensões concedidas pelo regime próprio de previdência social que superem o limite máximo estabelecido para os benefícios do regime geral de previdência social, com percentual igual ao estabelecido para os servidores titulares de cargos efetivos.

Alternativa "C": incorreta. O art. 40, *caput*, da Constituição Federal determina que os regimes próprios de previdência social serão custeados, **inclusive com contribuição dos servidores aposentados e dos pensionistas.**

No entanto, é cabe registrar que, relativamente aos benefícios de aposentadoria e pensão por morte pagos pelo RGPS, não haverá incidência de contribuição social por força do disposto no art. 195, II, da Constituição Federal.

Alternativas "D" e "E" estão incorretas. A contribuição incidente sobre os proventos de aposentadorias e pensões concedidas pelo regime próprio de previdência social **incidirá** sobre o valor que superar o limite máximo estabelecido para os benefícios do regime geral de previdência social Regra de acordo com os termos do ar. 40 da Constituição Federal, já atualizado com a Emenda Constitucional n. 103/2019.

Alternativa correta: "B".

51. (FCC – Analista Judiciário – Área Judiciária – TRT 2ª Região/2014) – Uma vez criados por lei do ente federativo, vinculam-se aos regimes próprios de previdência social os servidores

a) requisitados para o serviço eleitoral pela Justiça respectiva.
b) empregados temporários na Administração direta e indireta da União.
c) ocupantes exclusivamente de cargos comissionados da União, Estados e Municípios da Administração direta.
d) ocupantes de cargos efetivos de autarquias da União, Estados e Municípios.
e) empregados de empresas públicas da União, Estados e Municípios.

COMENTÁRIOS

Alternativa "A": incorreta. Os servidores requisitados para o serviço eleitoral não são servidores efetivos, não se sujeitando, portanto, ao regime próprio de previdência social.

Alternativa "B": incorreta. Os empregados temporários na Administração direita e indireta da União são segurados obrigatórios do RGPS, na condição de empregados.

Alternativa "C": incorreta. Os ocupantes, exclusivamente, de cargo em comissão, são enquadrados como segurados obrigatórios do RGPS, na condição de empregado.

Alternativa "D": correta. Os regimes de previdência complementar instituídos por lei pela União, pelos Estados, pelo Distrito Federal e pelos Municípios **apenas atingirão seus servidores titulares de cargo efetivo.** Nesse caso, o ente federativo poderá fixar para o valor das aposentadorias e pensões a serem concedidas pelo regime próprio de previdência, o limite máximo estabelecido para os benefícios do regime geral de previdência social (RGPS).

No caso apresentado, somente os ocupantes de cargos efetivos de autarquias da União, Estados e Municípios poderão vincular-se aos respectivos regimes próprios de previdência social.

Alternativa "E": incorreta. Os empregados de empresas públicas são regidos pela CLT e segurados obrigatórios do RGPS, na condição de empregados.

Alternativa correta: "D".

52. (FCC – Analista Judiciário – Área Judiciária – TRT 5ª Região/2013) – Sobre o limite máximo de aposentadorias ou pensões, no regime próprio de previdência dos servidores titulares de cargo efetivo do Município, é correto afirmar que

a) é lícita a fixação do mesmo valor máximo dos benefícios do INSS, desde que a Lei Municipal institua regime de previdência complementar àqueles servidores.
b) nos regimes próprios instituídos por Decreto Municipal, é lítico fixar o mesmo valor máximo de benefício do Regime Geral da Previdência.
c) o valor teto do benefício pago pelo INSS não pode servir de limite aos benefícios municipais, ainda que a Lei Municipal assim o estabeleça.
d) apenas se a lei extinguir o regime próprio de Previdência Municipal é que as aposentadorias e pensões poderão atingir o limite máximo do benefício do Regime Geral da Previdência.
e) sempre deve ser igual ao valor pago no Regime Geral da Previdência, independentemente de regramento mediante Lei Municipal.

COMENTÁRIOS

✪ **Nota da autora:** a possibilidade de limitar o valor dos proventos de aposentadoria e pensão dos regimes próprios de previdência dos servidores públicos ao valor máximo estabelecido para os benefícios do regime geral de previdência social está autorizada pelo art. 40, § 14, da CF. Essa limitação somente pode ser realizada se a União, os Estados, o Distrito Federal e os Municípios instituírem regime de previdência complementar para os seus respectivos servidores titulares de cargo efetivo e atingirá os servidores que ingressarem após essa instituição.

Com a Emenda Constitucional nº 103/2019, a criação do regime de previdência complementar para os servidores públicos efetivos amparados por regime próprio de previdência social passou a ser obrigatória, nos termos da nova redação do §14 do art. 40 da Constituição Federal:

> *A União, os Estados, o Distrito Federal e os Municípios instituirão, por lei de iniciativa do respectivo Poder Executivo, regime de previdência complementar para servidores públicos ocupantes de cargo efetivo, observado o limite máximo dos benefícios do Regime Geral de Previdência Social para o valor das aposentadorias e das pensões em regime próprio de previdência social, ressalvado o disposto no § 16.*

Alternativa "A": correta. Conforme já mencionada na nota acima, a fixação do mesmo valor máximo estabelecido para os benefícios do INSS para as aposentadorias e pensões do regime próprio de previdência dos servidores públicos titulares de cargo efetivo somente é autorizada se tiver sido instituído o regime de previdência complementar para esses servidores.

Alternativa "B": incorreta. O regime próprio de previdência dos servidores públicos, titulares de cargo efetivo, deve ser instituído por lei.

Alternativa "C": incorreta. Veja a explicação da alternativa "A".

Alternativa "D": incorreta. Se a lei extinguir o regime próprio de previdência dos servidores públicos, estes passarão a ser segurados do RGPS. Nessa condição, seus benefícios terão a limitação imposta pelo RGPS. Mas, enquanto segurados do RPPS do município, terão seus proventos de aposentadoria e pensão limitados ao valor teto fixado pelo INSS, caso tenha sido instituído o regime de previdência complementar para os servidores públicos.

Alternativa "E": incorreta. A limitação do valor dos proventos de aposentadoria e pensão dos servidores públicos titulares de cargo efetivo, somente será possível, atendendo ao disposto no art. 40, § 14, da CF.

Alternativa correta: "A".

---

53. (FCC – Analista Judiciário – Área Judiciária – TRT 5ª Região/2013) – Segundo a Lei nº 9.717/1998, a organização dos regimes próprios de Previdência Social dos servidores públicos da União, dos Estados, do Distrito Federal e dos Municípios, dos militares dos Estados e do Distrito Federal, baseada em normas gerais de contabilidade e atuária, de modo a garantir o seu equilíbrio financeiro e atuarial, NÃO deverá observar o seguinte critério:

a) Registro contábil individualizado das contribuições de cada servidor e dos entes estatais, conforme diretrizes gerais.

b) Vedação de inclusão nos benefícios, para efeito de percepção destes, do abono de permanência de que tratam o § 19 do art. 40 da Constituição Federal, o § 5º do art. 2º e o § 1º do art. 3º da Emenda Constitucional nº 41, de 19 de dezembro de 2003.

c) Vedação de inclusão nos benefícios, para efeito de percepção destes, de parcelas remuneratórias pagas em decorrência de local de trabalho, de função de confiança ou de cargo em comissão, ainda que tais parcelas integrem a remuneração de contribuição do servidor que se aposentar com fundamento no art. 40 da Constituição Federal.

d) Realização de avaliação atuarial inicial e em cada balanço utilizando-se parâmetros gerais, para a organização e revisão do plano de custeio e benefícios.

e) Cobertura de um número mínimo de segurados, de modo que os regimes possam garantir diretamente a totalidade dos riscos cobertos no plano de benefícios, preservando o equilíbrio atuarial sem necessidade de resseguro, conforme parâmetros gerais.

COMENTÁRIOS

✪ **Nota da autora:** a Lei nº 9.717/98 dispõe sobre regras gerais para a organização e o funcionamento dos regimes próprios de previdência social dos servidores públicos da União, dos Estados, do Distrito Federal e dos Municípios, dos militares dos Estados e do Distrito Federal. Os critérios a que se refere o examinador estão dispostos no art. 1º, da Lei nº 9.717/98, a saber:

> *I – realização de avaliação atuarial inicial e em cada balanço utilizando-se parâmetros gerais, para a organização e revisão do plano de custeio e benefícios;*
>
> *II – financiamento mediante recursos provenientes da União, dos Estados, do Distrito Federal e dos Municípios e das contribuições do pessoal civil e militar, ativo, inativo e dos pensionistas, para os seus respectivos regimes;*
>
> *III – as contribuições e os recursos vinculados ao Fundo Previdenciário da União, dos Estados, do Distrito Federal e dos Municípios e as contribuições do pessoal civil e militar, ativo, inativo, e dos pensionistas, somente poderão ser utilizadas para pagamento de benefícios previdenciários dos respectivos regimes, ressalvadas as despesas administrativas estabelecidas no art. 6º, inciso VIII, desta Lei, observado os limites de gastos estabelecidos em parâmetros gerais;*
>
> *IV – cobertura de um número mínimo de segurados, de modo que os regimes possam garantir diretamente a totalidade dos riscos cobertos no plano de benefícios, preservando o equilíbrio atuarial sem necessidade de resseguro, conforme parâmetros gerais;*
>
> *V – cobertura exclusiva a servidores públicos titulares de cargos efetivos e a militares, e a seus respectivos dependentes, de cada ente estatal, vedado o pagamento de benefícios, mediante convênios ou consórcios entre Estados, entre Estados e Municípios e entre Municípios;*
>
> *VI – pleno acesso dos segurados às informações relativas à gestão do regime e participação de representantes dos servidores públicos e dos militares, ativos e inativos, nos colegiados e instâncias de decisão em que os seus interesses sejam objeto de discussão e deliberação;*
>
> *VII – registro contábil individualizado das contribuições de cada servidor e dos entes estatais, conforme diretrizes gerais;*

VIII – identificação e consolidação em demonstrativos financeiros e orçamentários de todas as despesas fixas e variáveis com pessoal inativo civil, militar e pensionistas, bem como dos encargos incidentes sobre os proventos e pensões pagos;

IX – sujeição às inspeções e auditorias de natureza atuarial, contábil, financeira, orçamentária e patrimonial dos órgãos de controle interno e externo.

X – vedação de inclusão nos benefícios, para efeito de percepção destes, de parcelas remuneratórias pagas em decorrência de local de trabalho, de função de confiança ou de cargo em comissão, exceto quando tais parcelas integrarem a remuneração de contribuição do servidor que se aposentar com fundamento no art. 40 da Constituição Federal, respeitado, em qualquer hipótese, o limite previsto no § 2º do citado art. ;

XI – vedação de inclusão nos benefícios, para efeito de percepção destes, do abono de permanência de que tratam o § 19 do art. 40 da Constituição Federal, o § 5º do art. 2º e o § 1º do art. 3º da Emenda Constitucional nº 41, de 19 de dezembro de 2003.

Alternativa correta: "C". O candidato tem que identificar qual das assertivas não traz o critério a ser observado pelos regimes próprios de previdência social no que diz respeito à garantia do equilíbrio financeiro e atuarial.

Na verdade, o critério a ser observado é a vedação de inclusão nos benefícios, para efeito de percepção destes, de parcelas remuneratórias pagas em decorrência de local de trabalho, de função de confiança ou de cargo em comissão, exceto quando tais parcelas integrarem a remuneração de contribuição do servidor que se aposentar com fundamento no art. 40 da Constituição Federal. É o que determina o art. 1º, inciso X, da Lei nº 9.717/98.

As demais alternativas trazem os critérios dispostos no art. 1º, incisos VII, XI, I e IV, da Lei nº 9.717/98.

Alternativa correta: "C".

---

54. (Cespe – Analista Judiciário – Área Judiciária – TRT 8ª Região/2013) – Com base nas normas constitucionais que versam sobre o regime de previdência e sobre a aposentadoria do servidor público titular de cargo efetivo, assinale a opção correta.

a) A União, os estados, o Distrito Federal e os municípios poderão instituir regime de previdência complementar para os seus respectivos servidores titulares de cargo efetivo, podendo a esse regime aderir apenas os servidores que tiverem ingressado no serviço público após a data da publicação de seu ato de instituição.

b) Segundo a jurisprudência do STF, o regime especial de aposentadoria do professor fixado na Constituição Federal de 1988 deve ser estendido aos professores de carreira que exerçam, em estabelecimentos de ensino básico, as funções de direção, coordenação e assessoramento pedagógico.

c) Não incide contribuição sobre os proventos de aposentadoria e pensão concedidos pelo regime de previdência dos servidores públicos de cargo efetivo.

d) É vedada a percepção de mais de uma aposentadoria à conta do regime de previdência dos servidores públicos titulares de cargo efetivo.

e) A aposentadoria dos servidores públicos pode ocorrer em virtude de invalidez permanente; compulsoriamente, aos setenta anos de idade; ou voluntariamente, desde que cumpridos os requisitos exigidos, não havendo previsão legal de qualquer espécie de aposentadoria especial para esses servidores.

COMENTÁRIOS

Alternativa "B": correta. O STF traduziu esse entendimento no julgamento da ADI 3.772/DF que coaduna com o entendimento, também, trazido pelo art. 67 da Lei nº 9.394/1996, *in verbis:*

> *são consideradas funções de magistério as exercidas por professores e especialistas em educação no desempenho de atividades educativas, quando exercidas em estabelecimento de educação básica em seus diversos níveis e modalidades, incluídas, além do exercício da docência, as de direção de unidade escolar e as de coordenação e assessoramento pedagógico.*

Alternativa "A": incorreta. A União, os estados, o Distrito Federal e os municípios deverão instituir regime de previdência complementar para os seus respectivos servidores titulares de cargo efetivo, podendo a esse regime aderir, TAMBÉM, os servidores que tiverem ingressado no serviço público anteriormente à data da publicação de seu ato de instituição.

No entanto, os servidores que ingressarem no serviço público antes da instituição do regime de previdência complementar só vão se submeter às novas regras se fizerem expressa opção e terão o valor de seus benefícios de aposentadoria e pensões limitados ao valor máximo estabelecido para os benefícios do regime geral de previdência social – RGPS.

Alternativa "C": incorreta. A Constituição Federal em seu art. 40 dispõe que aos servidores titulares de cargos efetivos da União, dos Estados, do Distrito Federal e dos Municípios, incluídas suas autarquias e fundações, é assegurado o regime de previdência de caráter contributivo e solidário, mediante contribuição do respectivo ente público, dos servidores ativos, dos aposentados e dos pensionistas. Nesse caso, a exigência de contribuição previdenciária alcançará os aposentados e pensionistas, cuja base de cálculo será o valor que exceder o valor máximo estabelecido para os benefícios do RGPS.

Alternativa "D": incorreta. O art. 40, § 6º, da Constituição Federal, com nova redação dada pela Emenda Constitucional nº 103/2019 dispõe que, ressalvadas as aposentadorias decorrentes dos cargos acumuláveis na forma da Constituição, é vedada a percepção de mais de uma aposentadoria à conta de regime próprio de previdência social, aplicando-se outras vedações, regras e condições para a acumulação de benefícios previdenciários estabelecidos no Regime Geral de Previdência Social. Vale dizer, é possível ter mais de uma aposentadoria no mesmo regime próprio de previdência social, caso o servidor exerça cargos acumuláveis permitidos pela Constituição Federal.

Alternativa "E": incorreta. O erro na assertiva está em dizer que não há previsão de aposentadoria especial para os servidores públicos. Na verdade, a Constituição Federal assegura aposentadoria especial aos servidores públicos que exercem atividades sob efetiva exposição a agentes químicos, físicos e biológicos prejudiciais à saúde ou a associação desses agentes. A Constituição Federal exige, porém, que haja uma lei complementar para dispor sobre esse tipo de aposentadoria. Como essa lei complementar ainda não foi editada, o STF vem decidindo nos mandados de injunção, impetrados pelos servidores que se sentem prejudicados com a omissão do legislador, pela aplicação das regras dispostas no RGPS para a concessão de aposentadoria especial ao servidor[3]. Para a Suprema Corte, enquanto não for editada lei complementar, os servidores públicos terão direito à aposentadoria especial na forma prevista no RGPS.

No caso dos servidores públicos efetivos da União, incluídas suas autarquias e fundações, a Emenda Constitucional passou a exigir o preenchimento cumulativo de 25 anos de contribuição sob efetiva exposição a agentes químicos, físicos e biológicos prejudiciais à saúde ou a associação desses agentes, 60 anos de idade, 10 anos de efetivo exercício no serviço público e 05 anos no cargo efetivo em que se der a aposentadoria.

3. MI 758 de 01.07.2008.

Importante registrar o enunciado da súmula vinculante do STF nº 33:

> *Aplicam-se ao servidor público, no que couber, as regras do Regime Geral de Previdência Social sobre aposentadoria especial de que trata o art. 40, parágrafo 4º, inciso III, da Constituição Federal, até edição de lei complementar específica.*

10. PREVIDÊNCIA COMPLEMENTAR E REGIME DE PREVIDÊNCIA COMPLEMENTAR DOS SERVIDORES PÚBLICOS FEDERAIS

- Constituição Federal: art. 202
- Lei Complementar nº 109/2001
- Lei Complementar nº 108/2001
- Lei nº 12.618/2012
- Decreto nº 7.808/2012

55. (FCC – Analista Judiciário/Área Administrativa – TRT 21/2023) Maria está estudando para um concurso público e, ao deparar-se com a Lei Complementar nº 108/2001, que dispõe sobre a relação entre a União, os Estados, o Distrito Federal e os Municípios, suas autarquias, fundações, sociedades de economia mista e outras entidades públicas e suas respectivas entidades fechadas de previdência complementar, verificou que no tocante à estrutura organizacional das entidades de previdência complementar, a mesma é constituída de:

a) conselho deliberativo, conselho jurídico e diretoria-executiva.
b) conselho jurídico, conselho contábil e diretoria-executiva.
c) conselho fiscal e diretoria-executiva, somente.
d) conselho deliberativo e conselho fiscal, somente.
e) conselho deliberativo, conselho fiscal e diretoria-executiva.

COMENTÁRIOS

Alternativa correta: "E". As entidades fechadas de previdência complementar deverão manter estrutura mínima composta por conselho deliberativo, conselho fiscal e diretoria-executiva.

Lei Complementar nº 108/2001

> *Art. 9º A estrutura organizacional das entidades de previdência complementar a que se refere esta Lei Complementar é constituída de conselho deliberativo, conselho fiscal e diretoria-executiva.*

Alternativa correta: "E".

56. (FCC – Analista Judiciário – Área Judiciária – TRT 6/2018) No tocante aos Planos de Benefícios de Entidades Abertas do Regime de Previdência Complementar, implantado pela Lei Complementar no 108/2001, considere:

I. Os planos de benefícios poderão ser individuais, quando acessíveis a quaisquer pessoas físicas ou coletivos, quando tenham por objetivo garantir benefícios previdenciários a pessoas físicas vinculadas, direta ou indiretamente, a uma pessoa jurídica contratante.

II. O plano coletivo não poderá ser contratado por várias pessoas jurídicas.

III. É vedada à entidade aberta a contratação de plano coletivo com pessoa jurídica cujo objetivo principal seja estipular, em nome de terceiros, planos de benefícios coletivos.

Está correto o que se afirma em

a) II e III, apenas.

b) I e III, apenas.

c) I, II e III.

d) II, apenas.

e) I, apenas.

COMENTÁRIOS

Item I: correto. É o dispõe o art. 26, incisos I e II da Lei Complementar nº 109/2001.

Item II: errado. O plano coletivo de benefícios das entidades abertas de previdência complementar poderá ser contratado por uma ou várias pessoas jurídicas. É o que dispõe o §1º do art. 26 da Lei Complementar nº 109/2001.

Item III: correto. É o que está disposto no §6º do art. 26 da Lei Complementar nº 109/2001.

Alternativa correta: "B". Está correto o que se afirma apenas em I e III.

Alternativa correta: "B".

57. (FCC – Analista Judiciário – Área Judiciária – TRT 6/2018) No tocante aos Planos de Benefícios de Entidades Abertas do Regime de Previdência Complementar, implantado pela Lei Complementar no 108/2001, considere:

I. Os planos de benefícios poderão ser individuais, quando acessíveis a quaisquer pessoas físicas ou coletivos, quando tenham por objetivo garantir benefícios previdenciários a pessoas físicas vinculadas, direta ou indiretamente, a uma pessoa jurídica contratante.

II. O plano coletivo não poderá ser contratado por várias pessoas jurídicas.

III. É vedada à entidade aberta a contratação de plano coletivo com pessoa jurídica cujo objetivo principal seja estipular, em nome de terceiros, planos de benefícios coletivos.

Está correto o que se afirma em

a) II e III, apenas.

b) I e III, apenas.

c) I, II e III.

d) II, apenas.

e) I, apenas.

COMENTÁRIOS

Item I: correto. É o dispõe o art. 26, incisos I e II da Lei Complementar nº 109/2001.

Item II: errado. O plano coletivo de benefícios das entidades abertas de previdência complementar poderá ser contratado por uma ou várias pessoas jurídicas. É o que dispõe o §1º do art. 26 da Lei Complementar nº 109/2001.

Item III: correto. É o que está disposto no §6º do art. 26 da Lei Complementar nº 109/2001.

Alternativa correta: "B". Está correto o que se afirma apenas em I e III.

Alternativa correta: "B".

58. (FCC – Analista Judiciário – Oficial de Just. Avaliador Federal – TRT 15/2018) De acordo com a Lei Complementar n0 109/2001, as entidades de previdência complementar constituirão reservas técnicas, provisões e fundos, de conformidade com os critérios e normas fixados pelo órgão regulador e fiscalizador, sendo que a aplicação desses recursos será feita conforme diretrizes estabelecidas pelo Conselho Monetário Nacional, sendo

a) vedado o estabelecimento de aplicações compulsórias, mas são permitidos limites mínimos de aplicação.

b) vedado o estabelecimento de aplicações compulsórias ou limites mínimos de aplicação.

c) permitido o estabelecimento de aplicações compulsórias ou limites mínimos de aplicação.

d) permitido o estabelecimento de aplicações compulsórias, mas vedada a estipulação de quaisquer limites mínimos de aplicação.

e) permitido o estabelecimento de aplicações compulsórias, mas vedada a estipulação de limites mínimos de aplicação que ultrapassem 30% do valor total desses recursos.

COMENTÁRIOS

Alternativa correta: "B". Confira o que dispõe o art. 9º da Lei Complementar nº 109/2001:

> *Art. 9º As entidades de previdência complementar constituirão reservas técnicas, provisões e fundos, de conformidade com os critérios e normas fixados pelo órgão regulador e fiscalizador.*
>
> *§ 1º A aplicação dos recursos correspondentes às reservas, às provisões e aos fundos de que trata o caput será feita conforme diretrizes estabelecidas pelo Conselho Monetário Nacional.*
>
> *§ 2º* **É vedado o estabelecimento de aplicações compulsórias ou limites mínimos de aplicação.** *(grifo nosso).*

Alternativa correta: "B".

---

59. (FCC - Analista Judiciário - Oficial de Just. Avaliador Federal - TRT 15/2018) De acordo com a Lei Complementar nº 109/2001, que dispõe sobre o Regime de Previdência Complementar, com relação à portabilidade do direito acumulado pelo participante para outro plano, quando efetuado para entidade aberta, somente será admitido quando a integralidade dos recursos financeiros correspondentes ao direito acumulado do participante for utilizada para a contratação de renda mensal vitalícia ou por prazo determinado, cujo prazo mínimo não poderá ser inferior ao período em que a respectiva reserva foi constituída, limitado ao mínimo de quinze anos, observadas as normas estabelecidas pelo órgão regulador e fiscalizador. Neste caso, o direito acumulado corresponde

a) às reservas constituídas pelo participante ou à reserva matemática, o que lhe for mais favorável.

b) às reservas constituídas pelo participante ou à reserva sócio-fiscal, o que lhe for mais favorável.

c) às reservas constituídas pelo participante, obrigatoriamente.

d) à reserva matemática, obrigatoriamente.

e) à reserva sócio-fiscal, obrigatoriamente.

COMENTÁRIOS

Alternativa correta: "A". É o que dispõe o parágrafo único do art. 15 da Lei Complementar nº 109/2001:

> *Art. 15. Para efeito do disposto no inciso II do caput do artigo anterior, fica estabelecido que:*
>
> *I – a portabilidade não caracteriza resgate; e*
>
> *II – é vedado que os recursos financeiros correspondentes transitem pelos participantes dos planos de benefícios, sob qualquer forma.*
>
> *Parágrafo único. O direito acumulado corresponde às reservas constituídas pelo participante ou à reserva matemática, o que lhe for mais favorável.*

---

60. (FCC - Analista Judiciário - Oficial de Just. Avaliador Federal - TRT 15/2018) De acordo com a Lei Complementar nº 108/2001, que dispõe sobre a relação entre a União, os Estados, o Distrito Federal e os Municípios, suas autarquias, fundações, sociedades de economia mista e outras entidades públicas e suas respectivas entidades fechadas de previdência complementar e dá outras providências, ao Conselho Deliberativo compete a definição de diversas matérias, sendo que deverá ser aprovada pelo patrocinador a definição da seguinte matéria:

a) gestão de investimentos e plano de aplicação de recursos.

b) política geral de administração da entidade e de seus planos de benefícios.

c) alteração de estatuto e regulamentos dos planos de benefícios.

d) nomeação e exoneração dos membros da diretoria-executiva.

e) contratação de auditor independente atuário e avaliador de gestão.

COMENTÁRIOS

Confira o que dispõe o art. 13 da Lei Complementar nº 108/2001:

> *Ao conselho deliberativo compete a definição das seguintes matérias:*
>
> *I – política geral de administração da entidade e de seus planos de benefícios;*
>
> *II – alteração de estatuto e regulamentos dos planos de benefícios, bem como a implantação e a extinção deles e a retirada de patrocinador;*
>
> *III – gestão de investimentos e plano de aplicação de recursos;*
>
> *IV – autorizar investimentos que envolvam valores iguais ou superiores a cinco por cento dos recursos garantidores;*
>
> *V – contratação de auditor independente atuário e avaliador de gestão, observadas as disposições regulamentares aplicáveis;*
>
> *VI – nomeação e exoneração dos membros da diretoria-executiva; e*
>
> *VII – exame, em grau de recurso, das decisões da diretoria-executiva.*
>
> *Parágrafo único. A definição das matérias previstas no inciso II deverá ser aprovada pelo patrocinador.*

Alternativa correta: "C". A definição da alteração do estatuto e regulamentos dos planos de benefícios, bem como a implantação e a extinção deles e a retirada de patrocinador é da competência do conselho deliberativo. No entanto, a definição dessas matérias deverá ser aprovada pelo patrocinador.

As demais alternativas trazem matérias da competência do conselho deliberativo, mas não precisam da aprovação do patrocinador.

Alternativa correta: "C".

---

61. (FCC – Analista Judiciário – Oficial de Just. Avaliador Federal – TRT 15/2018) Segundo a Lei no 12.618/2012, os membros dos conselhos deliberativos e dos conselhos fiscais das entidades fechadas serão designados

a) pelos Presidentes da Câmara dos Deputados e do Senado Federal e por ato conjunto dos Presidentes da República e do Supremo Tribunal Federal, respectivamente.

b) pelos Presidentes da República e do Supremo Tribunal Federal e por ato conjunto dos Presidentes da Câmara dos Deputados e do Senado Federal, respectivamente.

c) pelos Presidentes da República e do Supremo Tribunal Federal e por ato do Presidente do Congresso Nacional, respectivamente.

d) pelo Presidente da República e por ato do Presidente do Congresso Nacional, respectivamente.

e) pelo Presidente do Supremo Tribunal Federal e por ato do Presidente do Senado Federal, respectivamente.

COMENTÁRIOS

O art. 5º, §3º, da Lei nº 12.618/2012, dispõe:

> *Os membros dos conselhos deliberativos e dos conselhos fiscais das entidades fechadas serão designados pelos Presidentes da República e do Supremo Tribunal Federal e por ato conjunto dos Presidentes da Câmara dos Deputados e do Senado Federal, respectivamente.*

Trata-se das Fundações Funpresp-Exe, Funpresp-Jud e Funpresp-Leg.

Alternativa correta: "B".

---

62. (FCC – Analista Judiciário – Oficial de Just. Avaliador Federal – TRT 15/2018) De acordo com a Lei nº 12.618/2012, a Fundação de Previdência Complementar do Servidor Público Federal do Poder Judiciário (Funpresp-Jud), para os servidores públicos titulares de cargo efetivo e para os membros do Poder Judiciário, é estruturada na forma de fundação de natureza

a) pública, com personalidade jurídica de direito público, gozando somente de autonomia administrativa.

b) pública, com personalidade jurídica de direito privado, gozando de autonomia administrativa, financeira e gerencial.

c) privada, com personalidade jurídica de direito privado, gozando de autonomia administrativa, financeira e gerencial.

d) pública, com personalidade jurídica de direito público, gozando somente de autonomia financeira e administrativa.

e) privada, com personalidade jurídica de direito privado, gozando de autonomia administrativa, negocial, financeira e jurídica.

COMENTÁRIOS

Com a finalidade de administrar e executar os planos de benefícios de caráter previdenciário, o art. 4º da Lei nº 12.618/2012 autorizou a União criar as seguintes entidades fechadas de previdência complementar:

- **a Funpresp – Exe:** Fundação de Previdência Complementar do Servidor Público Federal do Poder Executivo, para os servidores públicos titulares de cargo efetivo do Poder Executivo, por meio de ato do Presidente da República;
- **a Funpresp – Leg:** Fundação de Previdência Complementar do Servidor Público Federal do Poder Legislativo, para os servidores públicos titulares de cargo efetivo do Poder Legislativo e do Tribunal de Contas da União, por meio de ato conjunto dos Presidentes da Câmara dos Deputados e do Senado Federal;
- **a Funpresp – Jud:** Fundação de Previdência Complementar do Servidor Público do Poder Judiciário, para os servidores públicos titulares de cargo efetivo e membros do Poder Judiciário, por meio de ato do Presidente do Supremo Tribunal Federal.

De acordo com o §1º do art. 4º da Lei nº 12.618/2012,

> *A Funpresp-Exe, a Funpresp-Leg e a Funpresp-Jud serão estruturadas na forma de fundação, de natureza pública, com personalidade jurídica de direito privado, gozarão de autonomia administrativa, financeira e gerencial e terão sede e foro no Distrito Federal.*

A Funpresp-Exe já foi criada por meio do Decreto nº 7.808/2012 e contempla os servidores públicos do Executivo Federal.

A Funpresp-Jud foi instituída por meio da Resolução nº 96 do Supremo Tribunal Federal, sendo a entidade fechada de previdência complementar para os servidores públicos federais, titulares de cargo efetivo do Poder Judiciário.

A Funpresp-Leg que seria a entidade fechada de previdência complementar para os servidores públicos federais do Poder Legislativo e membros do Tribunal de Contas da União não foi criada até o momento. Os servidores do Legislativo Federal por meio de convênio podem aderir à Funpresp-Exe.

Alternativa correta: "B".

---

63. (FCC – Analista Judiciário – Oficial de Just. Avaliador Federal – TRT 15/2018) Os planos de benefícios das entidades de que trata a Lei Complementar no 108/2001

a) possuem carência mínima de trinta e seis contribuições mensais a plano de benefícios e cessação do vínculo com o patrocinador, para se tornar elegível a um benefício de prestação que seja programada e continuada.
b) possuem carência mínima de trinta contribuições mensais a plano de benefícios, sem cessação do vínculo com o patrocinador, para se tornar elegível a um benefício de prestação que seja programada e continuada.
c) não possuem carência mínima de contribuições a plano de benefícios e cessação do vínculo com o patrocinador, para se tornar elegível a um benefício de prestação que seja programada e continuada.
d) possuem carência mínima de trinta e seis contribuições mensais a plano de benefícios, sem cessação do vínculo com o patrocinador, para se tornar elegível a um benefício de prestação que seja programada e continuada.
e) possuem carência mínima de sessenta contribuições mensais a plano de benefícios e cessação do vínculo com o patrocinador, para se tornar elegível a um benefício de prestação que seja programada e continuada.

COMENTÁRIOS

O inciso I do art. 3º da Lei Complementar nº 108/2001. dispõe:

> *Art. 3º Observado o disposto no artigo anterior, os planos de benefícios das entidades de que trata esta Lei Complementar atenderão às seguintes regras:*
>
> *I – carência mínima de sessenta contribuições mensais a plano de benefícios e cessação do vínculo com o patrocinador, para se tornar elegível a um benefício de prestação que seja programada e continuada; e*
>
> *II – concessão de benefício pelo regime de previdência ao qual o participante esteja filiado por intermédio de seu patrocinador, quando se tratar de plano na modalidade benefício definido, instituído depois da publicação desta Lei Complementar.*
>
> *Parágrafo único. Os reajustes dos benefícios em manutenção serão efetuados de acordo com critérios estabelecidos nos regulamentos dos planos de benefícios, vedado o repasse de ganhos de produtividade, abono e vantagens de qualquer natureza para tais benefícios.*

Alternativa correta: "E".

---

64. (FCC – Analista Judiciário – Oficial de Just. Avaliador Federal – TRT 15/2018) De acordo com a Lei Complementar no 109/2001, o resultado superavitário dos planos de benefícios das entidades fechadas, ao final do exercício, satisfeitas as exigências regulamentares relativas aos mencionados planos, será destinado à constituição de reserva de contingência, para garantia de benefícios, até o limite de vinte e cinco por cento do valor das reservas matemáticas. A NÃO utilização da reserva especial por

a) três exercícios consecutivos determinará a extinção compulsória do plano de benefícios da entidade.
b) três exercícios consecutivos determinará a revisão obrigatória do plano de benefícios da entidade.
c) três exercícios consecutivos determinará o rateio obrigatório do excedente aos participantes e assistidos.
d) dois exercícios consecutivos determinará a revisão obrigatória do plano de benefícios da entidade.
e) dois exercícios consecutivos determinará o rateio obrigatório do excedente aos participantes e assistidos.

COMENTÁRIOS

A Lei Complementar nº 109/2001 dispõe sobre o regime de previdência complementar. Conforme o disposto no art. 20:

> *O resultado superavitário dos planos de benefícios das entidades fechadas, ao final do exercício, satisfeitas as exigências regulamentares relativas aos mencionados planos, será destinado à constituição de reserva de contingência, para garantia de benefícios, até o limite de vinte e cinco por cento do valor das reservas matemáticas.*
>
> *§ 1º Constituída a reserva de contingência, com os valores excedentes será constituída*

reserva especial para revisão do plano de benefícios.

§ 2º **A não utilização da reserva especial por três exercícios consecutivos determinará a revisão obrigatória do plano de benefícios da entidade.**

§ 3º Se a revisão do plano de benefícios implicar redução de contribuições, deverá ser levada em consideração a proporção existente entre as contribuições dos patrocinadores e dos participantes, inclusive dos assistidos.

Alternativa correta: "B".

---

65. (FCC - Analista Judiciário - Área Judiciária - TRT 2/2018) Segundo a Lei no 12.618/2012, que dispõe sobre o Regime de Previdência Complementar para os Servidores Públicos Federais, no caso da Funpresp-Leg, as propostas de aprovação do estatuto de adesão de novos patrocinadores e de instituição de planos devem estar acompanhadas de manifestação favorável

a) das Mesas Diretoras da Câmara dos Deputados e do Senado Federal.

b) do Presidente do Senado Federal, exclusivamente.

c) do Presidente do Congresso Nacional, exclusivamente.

d) do Presidente do Tribunal de Contas da União.

e) da Mesa Diretora do Senado Federal, exclusivamente.

COMENTÁRIOS

É importante destacar o que dispõem os §§ 2º ao 4º do art. 19 da Lei nº 12.618/2012:

§ 2º No caso da Funpresp-Exe, as propostas de aprovação do estatuto, de adesão de novos patrocinadores e de instituição de planos devem estar acompanhadas de manifestação favorável do Ministério do Planejamento, Orçamento e Gestão e do Ministério da Fazenda.

§ 3º No caso da Funpresp-Leg, as propostas de aprovação do estatuto, de adesão de novos patrocinadores e de instituição de planos devem estar acompanhadas de manifestação favorável das Mesas Diretoras da Câmara dos Deputados e do Senado Federal.

§ 4º No caso da Funpresp-Jud, as propostas de aprovação do estatuto, de adesão de novos patrocinadores e de instituição de planos devem estar acompanhadas de manifestação favorável.

Assim, no caso da Funpresp-Leg, as propostas de aprovação do estatuto de adesão de novos patrocinadores e de instituição de planos devem estar acompanhadas de manifestação favorável das Mesas Diretoras da Câmara dos Deputados e do Senado Federal.

Alternativa correta: "A".

---

66. (FCC - Analista Judiciário - Área Judiciária - TRT 2/2018) De acordo com a Lei Complementar no 108/2001, que dispõe sobre a relação entre a União, os Estados, o Distrito Federal e os Municípios, suas autarquias, fundações, sociedades de economia mista e outras entidades públicas e suas respectivas entidades fechadas de previdência complementar, o mandato dos membros do conselho fiscal será de quatro anos, vedada a recondução, sendo que a renovação dos mandatos dos conselheiros deverá obedecer ao critério de proporcionalidade, de forma que se processe parcialmente a cada dois anos. Assim, em regra, o conselho deliberativo deverá renovar

a) quatro de seus membros a cada dois anos e o conselho fiscal dois membros com a mesma periodicidade.

b) dois de seus membros a cada dois anos e o conselho fiscal três membros com a mesma periodicidade.

c) três de seus membros a cada dois anos e o conselho fiscal dois membros com a mesma periodicidade.

d) um de seus membros a cada ano e o conselho fiscal também.

e) três de seus membros a cada dois anos e o conselho fiscal também.

COMENTÁRIOS

As entidades fechadas de previdência complementar deverão manter estrutura mínima composta por conselho deliberativo, conselho fiscal e diretoria-executiva.

A composição do conselho deliberativo, integrado por no máximo 06 membros, será paritária entre representantes dos participantes e assistidos e dos patrocinadores, cabendo a estes a indicação do conselheiro presidente, que terá, além do seu, o voto de qualidade.

O mandato dos membros do conselho deliberativo será de 04 anos, com garantia de estabilidade, permitida uma recondução.

A composição do conselho fiscal, integrado por no máximo 04 membros, será paritária entre representantes de patrocinadores e de participantes e assistidos, cabendo a estes a indicação do conselheiro presidente, que terá, além do seu, o voto de qualidade.

O mandato dos membros do conselho fiscal será de 04 anos, vedada a recondução.

A renovação dos mandatos dos conselheiros deverá obedecer ao critério de proporcionalidade, de forma que se processe parcialmente a cada dois anos.

O conselho deliberativo deverá renovar 03 de seus membros a cada 02 anos e o conselho fiscal 02 membros com a mesma periodicidade.

É o que dispõe o §2º do art. 17 da Lei Complementar nº 108/2001.

Alternativa correta: "C".

---

67. (FCC – Analista Judiciário – Área Judiciária – TRT 2/2018) De acordo com a Lei Complementar no 109/2001, que dispõe sobre o Regime de Previdência Complementar, com relação às Entidades Fechadas de Previdência Complementar, considere:

I. As entidades fechadas organizar-se-ão sob a forma de fundação ou sociedade civil, sem fins lucrativos.

II. Dependerão de prévia e expressa autorização do órgão regulador e fiscalizador as operações de fusão, cisão, incorporação ou qualquer outra forma de reorganização societária, relativas às entidades fechadas.

III. As entidades fechadas deverão manter estrutura mínima composta por conselho consultivo, conselho administrativo e diretoria-executiva.

IV. Na composição dos conselhos deliberativo e fiscal das entidades qualificadas como multipatrocinadas, deverá ser considerado o número de participantes vinculados a cada patrocinador ou instituidor, bem como o montante dos respectivos patrimônios.

Está correto o que se afirma APENAS em

a) III e IV.

b) I, II e IV.

c) I e II.

d) I e III.

e) II, III e IV.

COMENTÁRIOS

Item I: correto. É o que dispõe o §1º do art. 31 da Lei Complementar nº 109/2001.

Item II: correto. É o que dispõe o inciso II do art. 33 da Lei Complementar nº 109/2001.

Item III: incorreto. As entidades fechadas de previdência complementar deverão manter estrutura mínima composta por conselho deliberativo, conselho fiscal e diretoria-executiva. É o que dispõe o *caput* do art. 35 da Lei Complementar nº 109/2001.

Item IV: correto. É o que dispõe §2º do art. 35 da Lei Complementar nº 109/2001.

Os itens I, II e IV estão corretos.

Alternativa correta: "B".

---

68. (FCC – Analista Judiciário – Oficial de Justiça Avaliador – TRT 2ª Região/2014) – Por previsão constitucional, o regime de previdência privada, além de facultativo, é baseado

a) na constituição de reservas que garantam o benefício contratado.

b) no pacto de gerações, de modo que os trabalhadores hoje em atividade financiam os benefícios dos inativos e pensionistas atuais.

c) na capitalização ou repartição, segundo a livre vontade das partes contratantes, diante da autonomia privada que marca o setor.

d) por paralelismo, na mesma estrutura e organização dadas por lei ao regime geral de previdência social, do qual é complementar.

e) na capacidade econômica das empresas patrocinadoras dos planos de benefícios.

COMENTÁRIOS

Alternativa correta: "A". Veja o que prevê o *caput* do art. 202, da Constituição Federal:

> *O regime de previdência privada, de caráter complementar e organizado de forma autônoma em relação ao regime geral de previdência social, será facultativo, baseado na constituição de reservas que garantam o benefício contratado, e regulado por lei complementar.*

---

69. (Cespe – Analista Judiciário – Área Judiciária – TRT 17ª Região/2013) – Julgue os itens que se seguem, acerca do regime de previdência complementar (Lei Complementar n.º 109/2001).

69.01. – Os planos de benefícios devem prever, entre outros institutos, a portabilidade do direito acumulado pelo participante para outro plano.

COMENTÁRIOS

A assertiva está correta. Portabilidade do direito acumulado pelo participante para outro plano é a possibilidade do participante transferir os recursos financeiros correspondentes a seu direito ao benefício de uma entidade de previdência para outra, fechada ou mesmo aberta.

É importante registrar que a portabilidade somente poderá acontecer na hipótese de cessação do vínculo empregatício do participante com o patrocinador. Caso o participante ainda continue vinculado ao patrocinador, não poderá se valer da portabilidade dos recursos para outra entidade de previdência complementar.

70. (Cespe – Analista Judiciário – Oficial de Justiça Avaliador – TRT 17ª Região/2013) – As entidades de previdência complementar podem, na forma da lei, contratar operações de resseguro para garantir compromissos assumidos junto aos participantes e assistidos de planos de benefícios.

COMENTÁRIOS

✪ **Nota da autora:** a Lei Complementar nº 109/2001 dispõe sobre o regime de previdência complementar.

A assertiva está correta. É o que dispõe o art. 11 da Lei Complementar nº 109/2001, *in verbis:*

> *Art. 11. Para assegurar compromissos assumidos junto aos participantes e assistidos de planos de benefícios, as entidades de previdência complementar poderão contratar operações de resseguro, por iniciativa própria ou por determinação do órgão regulador e fiscalizador, observados o regulamento do respectivo plano e demais disposições legais e regulamentares.*
>
> *Parágrafo único. Fica facultada às entidades fechadas a garantia referida no caput por meio de fundo de solvência, a ser instituído na forma da lei.*

71. (Cespe – Analista Judiciário – Área Judiciária – TRT 17ª Região/2013) – No que se refere à previdência complementar privada, julgue o item abaixo.

71.01. Os municípios, sempre que oportuno, podem aportar recursos a entidades de previdência privada de caráter complementar.

COMENTÁRIOS

O item está errado.

É vedado à União, aos Estados, ao Distrito Federal e aos Municípios, suas autarquias, fundações, empresas públicas, sociedades de economia mista e outras entidades públicas o aporte de recursos a entidades de previdência privada de caráter complementar, **salvo na condição de patrocinador.**

É o que dispõe o art. 202, § 3º da Constituição Federal, *in verbis*:

> *Art. 202 – § 3º É vedado o aporte de recursos à entidade de previdência privada pela União, Estados, Distrito Federal e Municípios, suas autarquias, fundações, empresas públicas, sociedades de economia mista e outras entidades públicas, salvo na qualidade de patrocinador, situação na qual, em hipótese alguma, sua contribuição normal poderá exceder a do segurado.*

Essa determinação encontra-se, também, respaldada pelo contido no art. 5º da Lei Complementar nº 108/2001.

Conforme dispõe, também, o art. 6º, § 1º da Lei Complementar nº 108/2001, a contribuição normal do patrocinador não poderá, em hipótese alguma, exceder a do participante. E o patrocinador não poderá assumir encargos adicionais para o financiamento dos planos de benefícios, além daqueles previstos nos respectivos planos de custeio.

Assim, não poderá o Município, sempre que oportuno, aportar recursos a entidades de previdência complementar. Esse aporte poderá acontecer quando o município for o patrocinador desse plano de previdência privada, devendo observar que, em hipótese nenhuma, sua contribuição normal poderá exceder a do segurado.

72. (FCC – Analista Judiciário – Oficial de Justiça Avaliador – TRT 15ª Região/2013) – Ressalvados os planos em extinção, patrocinadores de planos de benefícios de entidades fechadas têm o dever de oferecê-los:

a) apenas aos empregados subordinados, mas a todos eles, ainda que seus salários sejam inferiores ao teto de benefícios fixado para o regime geral de previdência social.
b) apenas aos empregados subordinados, mas desde que seus salários sejam superiores ao teto de benefícios fixado para o regime geral de previdência social.
c) a empregados, gerentes, diretores, conselheiros ocupantes de cargo eletivo e outros dirigentes, desde que ganhem acima do teto de benefícios fixado para o regime geral.
d) apenas aos empregados, gerentes e diretores que sejam considerados elegíveis ao plano, segundo critérios uniformes e não-discriminatórios objetivamente fixados em regulamento.
e) a todos os empregados, gerentes, diretores, conselheiros ocupantes de cargo eletivo e outros dirigentes.

COMENTÁRIOS

✪ **Nota da autora:** as Entidades Fechadas de Previdência Complementar (EFPC), também denominadas **Fundos de Pensão**, são entidades **sem fins lucrativos**, tendo por objetivo instituir e operar planos de benefícios de caráter previdenciário, complementar, **acessíveis exclusivamente** a empregados de uma empresa ou grupo de empresas, aos servidores da União, Estados, DF e Municípios e aos associados ou membros de entidades de caráter profissional, classista ou setorial.

Alternativa correta: "E". Conforme dispõe o art. 31 da Lei Complementar nº 109/2001 que trata das normas aplicáveis à previdência complementar, as entidades fechadas são aquelas acessíveis, na forma regulamentada pelo órgão regulador e fiscalizador, exclusivamente:

> *I – aos empregados de uma empresa ou grupo de empresas e aos servidores da União, dos Estados, do Distrito Federal e dos Municípios, entes denominados patrocinadores; e*
>
> *II – aos associados ou membros de pessoas jurídicas de caráter profissional, classista ou setorial, denominadas instituidores.*

---

73. (FCC – Analista Judiciário – Área Judiciária – TRT 15ª Região/2013) – Quanto à relação entre empresas estatais e as respectivas entidades de previdência complementar, a contribuição normal do patrocinador para plano de benefícios

a) será, no mínimo, igual à do participante.

b) será, no máximo, o dobro da do participante.

c) em hipótese alguma, excederá a do participante.

d) deverá obedecer aos limites fixados por lei complementar da respectiva entidade federativa.

e) em hipótese alguma, excederá o volume da contribuição do participante ao regime público.

COMENTÁRIOS

✪ **Nota da autora:** é vedado à União, aos Estados, ao Distrito Federal e aos Municípios, suas autarquias, fundações, **empresas públicas**, sociedades de economia mista e outras entidades públicas o aporte de recursos a entidades de previdência privada de caráter complementar**, salvo na condição de patrocinador.** A contribuição na condição de patrocinador de plano de previdência complementar, em nenhuma hipótese, poderá exceder a do segurado.

Alternativa correta: "C". É o que dispõe o art. 202, § 3º da Constituição Federal, *in verbis:*

> *Art. 202 – § 3º É vedado o aporte de recursos à entidade de previdência privada pela União, Estados, Distrito Federal e Municípios, suas autarquias, fundações, empresas públicas, sociedades de economia mista e outras entidades públicas, salvo na qualidade de patrocinador, situação na qual, em hipótese alguma, sua contribuição normal poderá exceder a do segurado.*

Essa determinação encontra-se, também, respaldada pelo contido no art. 5º da Lei Complementar nº 108/2001.

Conforme dispõe, também, o art. 6º, § 1º da Lei Complementar nº 108/2001, a contribuição normal do patrocinador não poderá, em hipótese alguma, exceder a do participante. E o patrocinador não poderá assumir encargos adicionais para o financiamento dos planos de benefícios, além daqueles previstos nos respectivos planos de custeio.

---

74. (Cespe – Analista Judiciário – Área Administrativa – TRT 8ª Região/2013) – No que se refere à previdência complementar do serviço público, assinale a opção correta.

a) Nas entidades fechadas de previdência complementar, é admissível a portabilidade do direito acumulado pelo participante para outro plano, sem que esse fato implique resgate.

b) Os planos ou entidades fechados de previdência complementar que se tornarem deficitários serão equacionados, necessariamente, por aporte financeiro oriundo do ente público ao qual estejam vinculados os participantes do respectivo regime de previdência complementar.

c) A Lei Complementar n.º 109/2001 veda às entidades de previdência complementar a contratação de operações de resseguro para resguardar os interesses dos seus participantes e assistidos.

d) A União, os estados e o DF, assim como suas autarquias, fundações e empresas públicas, participam diretamente do custeio do regime complementar do serviço público, alocando aporte de recursos no percentual de 20% sobre os proventos dos servidores que aderirem ao regime complementar de previdência.

e) Os principais objetivos do regime de previdência complementar dos servidores públicos da União, operado por entidades de previdência complementar de natureza pública, por intermédio de fundação criada com tal finalidade, são instituir e executar planos de benefícios de caráter previdenciário a todos os servidores da União.

COMENTÁRIOS

Alternativa "A": correta. Poderá o participante transferir os recursos financeiros correspondentes a seu direito ao benefício de uma entidade de previdência para outra, fechada ou mesmo aberta. Isso se chama portabilidade.

É importante registrar que a portabilidade somente poderá acontecer na hipótese de cessação do vínculo empregatício do participante com o patrocinador. Caso o participante ainda continue vinculado ao patrocinador, não poderá se valer da portabilidade dos recursos para outra entidade de previdência complementar.

A portabilidade não significa resgate.

Alternativa "B": incorreta. É que, como já mencionado em questões anteriores, a CF veda o aporte de recursos pelos entes públicos às entidades de previdência privada, **salvo** na condição de patrocinador (art. 202, § 3º, CF).

Alternativa "C": incorreta. O art. 11 da Lei Complementar nº 109/2001 prevê que as entidades de previdência complementar poderão contratar operações de resseguro, por iniciativa própria ou por determinação do órgão regulador e fiscalizador, observados o regulamento do respectivo plano e demais disposições legais e regulamentares, para assegurar compromissos assumidos junto aos participantes e assistidos de planos de benefícios.

Alternativa "D": incorreta. A contribuição dos entes públicos para o plano de previdência complementar dos seus servidores ocupantes de cargo efetivo não poderá exceder a do participante. No caso da previdência complementar instituída pela União para seus servidores, a alíquota da contribuição do patrocinador (União) será igual à do participante (servidor) e não poderá exceder o percentual de 8,5%.

Alternativa "E": incorreta. As entidades fechadas de previdência complementar criadas para os servidores públicos federais têm a finalidade de administrar e executar planos de benefícios de caráter previdenciário nos termos das Leis Complementares nos 108 e 109, de 29 de maio de 2001(apenas previdência complementar). O regime criado atingirá os servidores que aderirem ao plano, sendo a adesão facultativa.

Alternativa correta: "A".

---

75. (Cespe – Analista Judiciário – Área Judiciária – TRT 10ª Região/2013) – Cada um dos itens a seguir apresenta uma situação hipotética, seguida de uma assertiva a ser julgada com base nas disposições do direito previdenciário.

75.01. Marina, servidora pública federal ocupante de cargo efetivo, é participante de plano de benefícios de entidade fechada patrocinado pela União. Nessa situação, além das contribuições mensais normais, o plano poderá prever que Marina realize facultativamente aporte de recursos sem a contrapartida da União.

COMENTÁRIOS

✪ **Nota da autora:** o plano de previdência complementar para os servidores públicos federais foi instituído pela Lei nº 12.618/2012. Mas, é bom ressaltar que este plano deve observar o disposto na Lei Complementar nº 108/2001 que regula a relação dos entes políticos, suas autarquias, fundações, sociedades de economia mista e empresas controladas direta e indiretamente, enquanto patrocinadores de entidade fechada de previdência complementar. Assim, o candidato deve ficar atento às disposições da Lei Complementar nº 108/2001 e da Lei nº 12.618/2012.

A assertiva está correta. O plano de custeio das entidades fechadas de previdência complementar tratado pela Lei nº 12.618/12 discriminará o percentual da contribuição do participante (no caso, a servidora) e do patrocinador (União), conforme o caso, para cada um dos benefícios previstos no plano de benefícios, devendo observar o disposto no art. 6º da Lei Complementar nº 108/2001, *in verbis:*

> *o custeio dos planos de benefícios será responsabilidade do patrocinador e dos participantes, inclusive dos assistidos.*
>
> *§ 1º A contribuição normal do patrocinador para plano de benefícios, em hipótese alguma, excederá a do participante, observado o disposto no art. 5º da Emenda Constitucional nº 20, de 15 de dezembro de 1998 e as regras específicas emanadas do órgão regulador e fiscalizador.*
>
> *§ 2º* **Além das contribuições normais, os planos poderão prever o aporte de recursos pelos participantes, a título de contribuição facultativa, sem contrapartida do patrocinador.** *§ 3º É vedado ao patrocinador assumir encargos adicionais para o financiamento dos planos de benefícios, além daqueles previstos nos respectivos planos de custeio. (negrito nosso).*

No caso, é importante frisar que o patrocinador público não poderá efetuar aportes adicionais de recursos, sendo permitidos somente aportes extraordinários pelos participantes.

---

76. (Cespe – Analista Judiciário – Área Judiciária – TRT 10ª Região/2013) Amaral, que é servidor público federal ocupante de cargo efetivo, participa de plano de benefícios de entidade fechada patrocinado pela União. Nessa situação, para que Amaral se torne elegível a um benefício de prestação continuada, terá de ter cumprido o prazo de carência mínima de sessenta contribuições mensais.

COMENTÁRIOS

✪ **Nota da autora:** como já explicado na questão anterior, os planos de previdência complementar instituídos pelos entes políticos, suas autarquias, fundações, sociedades de economia mista e empresas controladas direta e indiretamente devem observar o disposto na Lei Complementar nº 108/2001. O Plano de Previdência Complementar fechada instituído pela União através da Lei nº 12.618/2012 deve observar o que determina a LC nº 108/2001.

A assertiva está correta. Segundo o disposto no art. 3º, inciso I da Lei Complementar nº 108/2001, os planos de benefícios das entidades fechadas de previdência complementar, cujos patrocinadores sejam a União, os Estados, o Distrito Federal ou os Municípios, suas autarquias, fundações, empresas públicas e sociedades de economia mista, deverão atender à seguinte regra: **carência mínima de sessenta contribuições mensais** a plano de benefícios e cessação do vínculo com o patrocinador, para se tornar elegível a um benefício de prestação que seja programada e continuada.

---

77. (Cespe– Analista Judiciário – Área Judiciária – TRT 10ª Região/2013) – Felipe, que é participante de plano de benefícios de entidades fechadas, em 2012 teve seu contrato de trabalho extinto com o patrocinador de seu plano de benefícios, não tendo sido cumpridos os requisitos de elegibilidade para a aquisição do direito ao benefício pleno. Nessa situação, Felipe não terá direito ao recebimento do benefício proporcional diferido.

COMENTÁRIOS

✪ **Nota da autora:** o caso trazido na assertiva a ser analisada não trata de servidor público, mas de um participante de plano de benefícios de entidade fechada de previdência complementar. Por isso, o candidato deve estar atento às disposições trazidas pela Lei Complementar nº 109/2001.

A assertiva está errada. O participante de plano de previdência complementar fechada poderá ter o benefício proporcional diferido, em razão da cessação do vínculo empregatício com o patrocinador ou associativo com o instituidor antes da aquisição do direito ao benefício pleno. Nesse caso, o participante que deixar de ser empregado ou servidor do patrocinador ou associado do instituidor poderá optar por receber um benefício, no futuro, de renda programada, de acordo com as normas estabelecidas pelo plano de benefícios. Para isso, tem que ter cumprido as exigências mínimas para a obtenção do benefício. É o que determina o art. 14, inciso I, da Lei Complementar nº 109/2001.

✦ DICAS

✪ **Nota da autora:** nas dicas de estudo para os concursos dos TRTs, procuramos abordar todos os temas contidos nos diversos editais. Não escolhemos colocar apenas os tópicos relativos às questões que já foram objeto das últimas provas, mas, também, outros assuntos que estão sendo requeridos nos últimos editais dos concursos.

Assim, abordamos os tópicos relacionados às questões trazidas, bem como os demais assuntos que a matéria de Direito Previdenciário trata e que poderão ser, no futuro próximo, objeto de questões de prova.

1. SEGURIDADE SOCIAL – CONCEITO E EVOLUÇÃO

- Apresenta-se, aqui, o histórico da evolução da Previdência Social no Brasil:

1543	Exemplos mais antigos da proteção social brasileira – santas casas.
1808	Montepio para a guarda pessoal de D. João VI.
1824	A Constituição do Império tratou dos socorros públicos.
1835	Criação do **MONGERAL**, Montepio Geral dos Servidores do Estado.
1891	A Constituição de 1891 foi a primeira a conter a expressão "aposentadoria", que era concedida a funcionários públicos, em caso de invalidez permanente.
1923	**Ainda sob a égide da Constituição de 1891, foi editada a Lei Eloy Chaves (Decreto-Legislativo nº 4.682, de 24/01/1923), que criou caixas de aposentadorias e pensões para os ferroviários, por empresa.** Apesar de não ser o primeiro diploma legal sobre o assunto securitário (já havia o Decreto-Legislativo nº 3.724/19 sobre o seguro obrigatório de acidentes do trabalho), devido ao desenvolvimento posterior da previdência e à estrutura interna da "lei" Eloy Chaves, ficou esta conhecida como o **marco inicial da Previdência Social.**
1926/28	A Lei nº 5.109, de 20.12.1926, estendeu o regime da Lei Eloy Chaves aos portuários e marítimos; e pela Lei nº 5.485 de 30.06.1928, ele foi estendido ao pessoal das empresas de serviços telegráficos e radiotelegráficos.
1930	Criação do Ministério do Trabalho.
1933	Criação do primeiro IAP (Instituto de Aposentadorias e Pensões). O Instituto de Aposentadoria e Pensão dos Marítimos (IAPM) foi criado por meio do Decreto nº22.872 de 29.06.1933. OsS IAPs atendiam às categorias de trabalhadores. Esses IAPs vão até a década de 50.
1934	A Constituição de 1934 foi a primeira a estabelecer a forma tríplice da fonte de custeio previdenciária, com contribuições do Estado, do empregador e do empregado. Foi, também, a primeira Constituição a utilizar a palavra "Previdência", sem o adjetivo "social".
1937	A Constituição de 1937 não traz novidades, a não ser o uso da palavra "seguro social" como sinônimo de previdência social.
1946	A Constituição de 1946 foi a primeira a utilizar a expressão "previdência social", substituindo a expressão "seguro social".
1960	A Lei nº 3.807, de 26/08/1960, unificou toda a legislação securitária e ficou conhecida como a Lei Orgânica da Previdência Social (LOPS).
1963	Instituição do Fundo de Assistência e Previdência do Trabalhador Rural (FUNRURAL), instituído pela Lei nº 4.214, de 02.03.1963.
1965	Ainda na CF/46, foi incluído, em 1965, parágrafo proibindo a prestação de benefício sem a correspondente fonte de custeio.
1966	**Institutos de Aposentadorias e Pensões (IAPs) foram unificados no Instituto Nacional da Previdência Social (INPS), por meio do Decreto-Lei nº 72, de 21.11.1966.**

1967	A Lei nº 5.316, de 14.09.1967, integrou o seguro de acidentes de trabalho à previdência social, fazendo assim desaparecer este seguro como ramo à parte.
1971	A Lei Complementar nº 11, de 25.05.1971, instituiu o Programa de Assistência ao Trabalhador Rural (PRORURAL), de natureza assistencial, cujo principal benefício era a aposentadoria por velhice, após 65 anos de idade, equivalente a 50% do salário-mínimo de maior valor no País.
1977	A Lei nº 6.439/77 institui o SINPAS (Sistema Nacional de Previdência e Assistência Social). Faziam parte dele: o INPS (Previdência Social), o INAMPS (Assistência Médica), o IAPAS (arrecadação, cobrança e fiscalização das contribuições previdenciárias), a CEME (Central de Medicamentos), a LBA (Legião Brasileira de Assistência), a FUNABEM (Fundação Nacional do bem-estar do menor) e a DATAPREV (Empresa Pública de Processamento de Dados da Previdência Social).
1988	A Constituição de 1988 tratou, **pela primeira vez no Brasil,** da Seguridade Social, entendida como um conjunto integrado de ações de iniciativa dos Poderes Públicos e da sociedade destinado a assegurar os direitos à Saúde, à Previdência e à Assistência Social.
1990	O SINPAS foi extinto em 1990. A Lei nº 8.029, de 12/04/1990, criou **o INSS (Instituto Nacional do SEGURO SOCIAL),** autarquia federal, vinculada ao atual Ministério da Previdência Social, por meio da fusão do INPS com o IAPAS. Nesse mesmo ano, foi aprovada a Lei Orgânica da Saúde (Lei nº 8.080/91) que criou o SUS (Sistema Único de Saúde).
1991	Lei nº 8.212 (Plano de Custeio e Organização da Seguridade Social) e Lei nº 8.213 (Plano de Benefícios da Previdência Social).
1999	Decreto nº 3.048/99. Regulamento das Leis nº 8.212 e 8.213, ambas de 1991.
Emenda Constitucional nº 20/98	1ª Reforma da Previdência, transformando aposentadoria por tempo de serviço em aposentadoria por tempo de contribuição. Trouxe, também, regras de transição para as aposentadorias do RGPS e do servidor público.
Emenda Constitucional nº 41/03	2ª Reforma da Previdência, mudando regras de aposentadoria do servidor, com o fim da integralidade e da paridade. Permite, agora, a instituição de contribuição social para o custeio de regime próprio de previdência social dos servidores públicos, sobre aposentadorias e pensões. O custeio do regime próprio de previdência social dos servidores públicos virá, também, da contribuição de inativos e pensionistas.
Lei nº 11457/07	A Secretaria da Receita Federal passa a ter a denominação de **Secretaria da Receita Federal do Brasil (SRFB),** com a atribuição, **a partir de maio/07,** de fiscalizar, arrecadar e cobrar as contribuições previdenciárias. A partir de maio de 2007, o INSS não mais tem atribuição de arrecadar, fiscalizar e cobrar as contribuições previdenciárias. Terá a atribuição de conceder, manter e revisar os benefícios previdenciários do Regime Geral de Previdência Social (RGPS). Os créditos das contribuições previdenciárias pertencem à União.
Lei nº 12.618/12	A União, em observância ao disposto no art. 40, § 14 da Constituição Federal, instituiu o Plano de Previdência Complementar para os servidores públicos federais, titulares de cargo efetivo.
Decreto nº 7.808/12	Foi criada a Fundação de Previdência Complementar do Servidor Público Federal do Poder Executivo (Funpresp-Exe). Esse plano contempla, ainda, servidores públicos do Poder Legislativo Federal e do Tribunal de Contas da União, em razão do convênio de adesão à Funspresp-Exe.
Resolução do STF nº 496/2012	Foi criada a Fundação de Previdência Complementar do Servidor Público Federal do Poder Judiciário (Funpresp-Jud). A aprovação do Plano pela PREVIC deu-se em 14/10/13.

Lei Complementar nº 142/2013	Regulamenta a concessão de aposentadoria para pessoa portadora com deficiência segurada do RGPS.
Lei nº 13.146/2015	Instituiu a Lei Brasileira de Inclusão da Pessoa com Deficiência (Estatuto da Pessoa com Deficiência).
Lei Complementar nº 152/2015	Regulamenta a aposentadoria compulsória dos servidores públicos aos 75 anos de idade.
Emenda Constitucional nº 103/2019	Reforma Previdenciária. Trouxe a aposentadoria programada que exige do segurado, cumulativamente, idade e tempo de contribuição. Modificou a forma de cálculo das aposentadorias e pensão por morte. Novas regras de aposentadoria e pensão por morte para servidores públicos.

- A Constituição Federal de 1988, pela primeira vez, trouxe o conceito de seguridade social. Conforme dispõe o art. 194, *caput* da CF, a Seguridade Social compreende um conjunto integrado de ações de iniciativa dos poderes públicos e da sociedade destinadas a assegurar os direitos à saúde, previdência e assistência social.
- Compete privativamente à União legislar sobre seguridade social.
- Lei complementar da União poderá autorizar os Estados e o Distrito Federal a legislar sobre questões de seguridade social.
- Não são todos os direitos sociais que são assegurados pelo sistema de seguridade social. Apenas os direitos à saúde, previdência e assistência social.
- A Saúde é um direito garantido a todos e dever do Estado. Será prestada independentemente de contribuição à seguridade social.
- As ações e serviços públicos de saúde integram uma rede regionalizada e hierarquizada e constituem um sistema único, organizado de acordo com as seguintes diretrizes: descentralização, com direção única em cada esfera de governo; atendimento integral, com prioridade para as atividades preventivas, sem prejuízo dos serviços assistenciais; e participação da comunidade.
- Em relação às ações judiciais para o fornecimento de medicamentos pela rede pública de saúde, o STJ entende que a substituição de um medicamento por outro para tratar a mesma doença não constitui novo pedido, pois os objetos imediatos e mediatos não foram alterados: a requerente busca provimento jurisdicional que condene o Estado a fornecer medicamentos, para tratar as sequelas de moléstia que lhe sucedeu, com vistas à manutenção de sua saúde para garantia de uma vida digna.
- As instituições privadas poderão participar de forma complementar do SUS, segundo diretrizes deste, mediante contrato de direito público ou convênio, tendo preferência as entidades filantrópicas e as sem fins lucrativos.
- A Constituição Federal determina que a União, os Estados, o Distrito Federal e os Municípios devam aplicar, anualmente, recursos mínimos em ações e serviços públicos de saúde.
- Os recursos mínimos a serem aplicados anualmente em ações e serviços públicos de saúde pela União serão calculados sobre a receita corrente líquida do respectivo exercício financeiro, não podendo ser inferior a 15% (quinze por cento).
- Os percentuais mínimos sobre a arrecadação tributária que devem ser aplicados pelos Estados, Distrito Federal e Municípios em ações e serviços públicos de saúde são estabelecidos por lei complementar que será reavaliada pelo menos a cada cinco anos. Os percentuais mínimos estão fixados na Lei Complementar nº 141/2012.
- O vencimento dos agentes comunitários de saúde e dos agentes de combate às endemias fica sob responsabilidade da União, e cabe aos Estados, ao Distrito Federal e aos Municípios estabelecer, além de outros consectários e vantagens, incentivos, auxílios, gratificações e indenizações, a fim de valorizar o trabalho desses profissionais.
- Os recursos destinados ao pagamento do vencimento dos agentes comunitários de saúde e dos agentes de combate às endemias serão consignados no orçamento geral da União com dotação própria e exclusiva.
- O vencimento dos agentes comunitários de saúde e dos agentes de combate às endemias não será inferior a 2 (dois) salários mínimos, repassados pela União aos Municípios, aos Estados e ao Distrito Federal.
- Os agentes comunitários de saúde e os agentes de combate às endemias terão também, em razão dos riscos inerentes às funções desempenhadas, aposentadoria especial e, somado aos seus vencimentos, adicional de insalubridade.
- Os recursos financeiros repassados pela União aos Estados, ao Distrito Federal e aos Municípios para pagamento do vencimento ou de qualquer outra vantagem dos agentes comunitários de saúde e dos agentes de combate às endemias não serão objeto de inclusão no cálculo para fins do limite de despesa com pessoal.

- A Assistência Social é um dos subsistemas da Seguridade Social, mas não será prestada a todos, como é o caso da Saúde. A Assistência Social será prestada a quem dela necessitar, independentemente de contribuição à seguridade social.
- **Objetivos da Assistência Social**

  Para o enfrentamento da pobreza, a assistência social realiza-se de forma integrada às políticas setoriais, garantindo mínimos sociais e provimento de condições para atender contingências sociais e promovendo a universalização dos direitos sociais.

  I – a proteção social, que visa à garantia da vida, à redução de danos e à prevenção da incidência de riscos, especialmente:

  a) a proteção à família, à maternidade, à infância, à adolescência e à velhice;

  b) o amparo às crianças e aos adolescentes carentes;

  c) a promoção da integração ao mercado de trabalho;

  d) a habilitação e reabilitação das pessoas com deficiência e a promoção de sua integração à vida comunitária; e

  e) a garantia de 1 (um) salário-mínimo de benefício mensal à pessoa com deficiência e à pessoa idosa que comprovem não possuir meios de prover a própria manutenção ou de tê-la provida por sua família.

  II – a vigilância socioassistencial, que visa a analisar territorialmente a capacidade protetiva das famílias e nela a ocorrência de vulnerabilidades, de ameaças, de vitimizações e danos;

  III – a defesa de direitos, que visa a garantir o pleno acesso aos direitos no conjunto das provisões socio-assistenciais.
- **Diretrizes da Assistência Social:**

  I – **descentralização** político-administrativa para os Estados, o Distrito Federal e os Municípios, e comando único das ações em cada esfera de governo;

  II – **participação da população,** por meio de organizações representativas, na formulação das políticas e no controle das ações em todos os níveis;

  III – **primazia da responsabilidade do Estado** na condução da política de assistência social em cada esfera de governo.
- A gestão das ações na área de assistência social ficará organizada sob a forma de sistema descentralizado e participativo, denominado Sistema Único de Assistência Social (SUAS), com os seguintes objetivos:

  I. consolidar a gestão compartilhada, o cofinanciamento e a cooperação técnica entre os entes federativos que, de modo articulado, operam a proteção social não contributiva;

  II. integrar a rede pública e privada de serviços, programas, projetos e benefícios de assistência social;

  III. estabelecer as responsabilidades dos entes federativos na organização, regulação, manutenção e expansão das ações de assistência social;

  IV. definir os níveis de gestão, respeitadas as diversidades regionais e municipais;

  V. implementar a gestão do trabalho e a educação permanente na assistência social;

  VI. estabelecer a gestão integrada de serviços e benefícios; e

  VII. afiançar a vigilância socioassistencial e a garantia de direitos.
- As ações ofertadas no âmbito do SUAS têm por objetivo a proteção à família, à maternidade, à infância, à adolescência e à velhice e, como base de organização, o território. O SUAS é integrado pelos entes federativos, pelos respectivos conselhos de assistência social e pelas entidades e organizações de assistência social abrangidas pela LOAS.
- **Proteção social básica:** conjunto de serviços, programas, projetos e benefícios da assistência social que visa a prevenir situações de vulnerabilidade e risco social por meio do desenvolvimento de potencialidades e aquisições e do fortalecimento de vínculos familiares e comunitários;
- **Proteção social especial:** conjunto de serviços, programas e projetos que tem por objetivo contribuir para a reconstrução de vínculos familiares e comunitários, a defesa de direito, o fortalecimento das potencialidades e aquisições e a proteção de famílias e indivíduos para o enfrentamento das situações de violação de direitos.
- As proteções sociais, básica e especial, serão ofertadas precipuamente no Centro de Referência de Assistência Social (Cras) e no Centro de Referência Especializado de Assistência Social (Creas), respectivamente, e pelas entidades sem fins lucrativos de assistência social.
- Os Cras e os Creas são unidades públicas estatais instituídas no âmbito do Suas, que possuem interface com as demais políticas públicas e articulam, coordenam e ofertam os serviços, programas, projetos e benefícios da assistência social.
- **O Cras é a unidade pública municipal,** de base territorial, localizada em áreas com maiores índices de vulnerabilidade e risco social, destinada à articulação dos serviços socioassistenciais no seu território de abrangência e à prestação de servi-

ços, programas e projetos socioassistenciais de proteção social básica às famílias.

- **O Creas é a unidade pública de abrangência e gestão municipal, estadual ou regional,** destinada à prestação de serviços a indivíduos e famílias que se encontram em situação de risco pessoal ou social, por violação de direitos ou contingência, que demandam intervenções especializadas da proteção social especial.
- A Constituição Federal assegura à pessoa portadora de deficiência e ao idoso, que comprovem não possuir meios de prover a própria manutenção ou de tê-la provida por sua família, o benefício assistencial no valor de um salário mínimo, desde que atendam aos requisitos dispostos na lei. Nesse caso, os requisitos vão estar dispostos em lei ordinária, no caso, a Lei nº 8.742/93.
- Os Estados e o Distrito Federal poderão vincular até 0,5% de sua receita tributária líquida a programa de apoio à inclusão e promoção social. No entanto, é vedada a aplicação destes recursos no pagamento de despesas com pessoal e encargos sociais, de serviço da dívida ou de qualquer despesa corrente não vinculada aos investimentos ou ações socais apoiadas.
- A Previdência Social será organizada sob a forma do Regime Geral de Previdência Social, de caráter contributivo e de filiação obrigatória, observados critérios que preservem o equilíbrio financeiro e atuarial.
- O regime geral de previdência social (RGPS) utiliza o modelo de repartição simples.
- O regime de repartição simples flui do princípio da solidariedade, daí ser chamado, inclusive, de regime da solidariedade. As contribuições oriundas dos contribuintes em atividade vão custear as prestações dos beneficiários atuais. Não há acumulação de reservas para serem utilizadas no futuro, uma vez que todas as contribuições recolhidas formarão recursos a serem utilizados para o pagamento dos benefícios daquele ano.

A Previdência Social atenderá:

I – cobertura dos eventos de incapacidade temporária ou permanente para o trabalho e idade avançada;

II – proteção à maternidade, especialmente à gestante;

III – proteção ao trabalhador em situação de desemprego involuntário;

IV – salário-família e auxílio-reclusão para os dependentes dos segurados de baixa renda;

V – pensão por morte do segurado, homem ou mulher, ao cônjuge ou companheiro e dependentes.

- Aos servidores titulares de cargos efetivos da União, dos Estados, do Distrito Federal e dos Municípios, incluídas suas autarquias e fundações, é assegurado regime de previdência de caráter contributivo e solidário, mediante contribuição do respectivo ente público, dos servidores ativos e inativos e dos pensionistas, observados critérios que preservem o equilíbrio financeiro e atuarial.
- Vedada a instituição de novos regimes próprios de previdência social, lei complementar federal estabelecerá, para os que já existam, normas gerais de organização, de funcionamento e de responsabilidade em sua gestão.
- Os servidores públicos titulares apenas de cargos em comissão são segurados do RGPS, sempre. Também são filiados obrigatórios do RGPS os agentes que trabalham para a Administração Pública submetidos ao regime da CLT e os temporários (contratados por tempo determinado para atenderem a necessidade temporária de excepcional interesse público, na forma do art. 37, IX, da CF). Não vão ser amparados pelo regime próprio de previdência social dos servidores públicos.
- Tem-se, ainda, a possibilidade da Previdência de natureza complementar e facultativa como forma de aumentar a renda do trabalhador. No entanto, segundo o art. 202 da CF, essa proteção é de natureza complementar e não obriga a pessoa física dela participar.
- O regime de previdência privada, firmado pelo art. 202 da Constituição Federal, tem caráter complementar, é organizado de forma autônoma em relação ao regime geral de previdência social e será facultativo, baseado na constituição de reservas que garantam o benefício contratado, além de regulado por lei complementar.
- No Brasil, os regimes de previdência privada adotam o regime de capitalização, não havendo em se falar de solidariedade.
- No regime de capitalização, a ideia fundamental é a formação de reservas de capital que possam garantir as prestações previdenciárias futuras aos beneficiários. As contribuições previdenciárias são acumuladas em fundos de pensões ou em contas específicas e aplicadas no mercado financeiro e em outros ativos ao longo da vida ativa do segurado. Quando o segurado passa para a inatividade, terá de volta o que contribuiu acrescido dos rendimentos do capital, tudo mediante regras estabelecidas pelas normas que regem o sistema de previdência organizada sob o regime de capitalização.

SEGURIDADE SOCIAL (ARTS. 194/204, CF)		
Previdência Social	**Assistência Social**	**Saúde**
Organizada sob a forma do Regime Geral de Previdência Social;	Será prestada a quem dela necessitar;	Direito de todos e dever do Estado;
Caráter contributivo;	Independe de contribuição para a Seguridade Social;	Independe de contribuição para a Seguridade Social.
Filiação obrigatória (art. 201, CF);	Será financiada com recursos do orçamento da Seguridade Social, além de outras fontes. (arts. 203 e 204, CF);	Integra uma rede regionalizada e hierarquizada e constitui um sistema único – SUS (arts. 196 a 200, CF)
Previdência Complementar de natureza facultativa (art. 202, CF).	Gestão das ações na área de assistência social organizada sob a forma de sistema descentralizado e participativo, denominado Sistema Único de Assistência Social (SUAS).	–

2. PRINCÍPIOS CONSTITUCIONAIS

- O art. 194, parágrafo único, da Constituição Federal elenca os objetivos a serem perseguidos na organização da Seguridade Social. São entendidos como verdadeiros princípios constitucionais da seguridade social.
- O **princípio da universalidade da cobertura e do atendimento** visa cobrir todas as espécies de infortúnios sociais que possam ocorrer e atender a todos os residentes no Brasil, em termos de benefícios e serviços da Seguridade Social.
- O **princípio da uniformidade e equivalência dos benefícios e serviços às populações urbanas e rurais** ordena que as populações urbana e rural devam possuir os mesmos direitos a título de seguridade social. Os segurados e dependentes urbanos e rurais devem ter o mesmo tratamento.
- O **princípio da seletividade** propicia ao legislador estudar as carências sociais, priorizando-as em relação às demais, viabilizando a promoção da Seguridade Social factível. Cobrem-se as necessidades mais essenciais e planeja-se, para o futuro, a cobertura das demais, visando alcançar a Seguridade Social ideal. **A distributividade** consagra que, após cada pessoa ter contribuído com o que podia, dá-se a cada um de acordo com suas necessidades.
- Como exemplos da aplicação concreta do princípio da seletividade e distributividade na prestação dos benefícios e serviços da seguridade social podem ser citados os benefícios salário-família e auxílio-reclusão. O salário-família é concedido aos segurados empregado, empregado doméstico e trabalhador avulso de baixa renda que possuem filho até 14 anos de idade ou inválido de qualquer idade. O auxílio-reclusão é concedido aos dependentes de segurado de baixa renda recolhido à prisão em regime fechado.
- O **princípio da irredutibilidade do valor dos benefícios** preceitua que haverá nenhuma redução efetiva dos valores nominais dos benefícios. Não poderá, também, sofrer redução real o benefício da previdência social, nos termos do art. 201, § 4º, CF.
- **Não é possível a vinculação do valor dos benefícios ao número de salários mínimos.** O reajuste dos benefícios previdenciários é feito mediante a aplicação do INPC.

  Tema 996, STF: *Não encontra amparo no Texto Constitucional revisão de benefício previdenciário pelo valor nominal do salário mínimo.*
- **O princípio da equidade na forma de participação do custeio da seguridade social** está intimamente atrelado aos preceitos da igualdade e da capacidade contributiva. Aqueles contribuintes que apresentarem maior capacidade contributiva para o sistema da Seguridade Social arcarão com uma parcela maior de contribuição.
- Com base nesse princípio, vê-se a aplicação de alíquotas ou bases de cálculo diferenciadas para as contribuições sociais das empresas em razão da atividade econômica, do uso intensivo de mão de obra, do porte da empresa e das condições estruturais do mercado de trabalho (art. 195, § 9º, CF).
- O **princípio da diversidade de financiamento** traz que a base de financiamento do sistema de seguridade social não se concentrará em uma só fonte de tributação, atingindo, em contrapartida, o maior número de pessoas capazes de contribuir e a maior constância de entradas. Isso pode ser verificado pelo disposto no art. 195 da Constituição Federal, que elenca a forma de financiamento da seguridade social de forma direta e indireta

por toda a sociedade. Determina que se deve identificar, em rubricas contábeis específicas para cada área, as receitas e as despesas vinculadas a ações de saúde, previdência e assistência social, preservado o caráter contributivo da previdência social.

- O **princípio da gestão democrática e descentralizada da seguridade social** deriva dos princípios superiores atinentes à origem democrática do poder e à participação popular. A Seguridade Social terá caráter democrático e descentralizado na administração, mediante gestão quadripartite, com participação dos trabalhadores, dos empregadores, dos aposentados e do Governo nos órgãos colegiados.
- O **princípio da solidariedade contributiva** está previsto no art. 195 da Constituição Federal, que preceitua que a sociedade, de forma direta ou indireta, será responsável pelo financiamento do Sistema de Seguridade Social, visto que o orçamento será composto pelos recursos provenientes dos orçamentos dos próprios entes federativos e por todas as contribuições sociais criadas pela União para custear o sistema. O princípio da solidariedade justifica a compulsoriedade do recolhimento das contribuições sociais de financiamento da seguridade social.
- Nenhum benefício ou serviço da seguridade social poderá ser criado, estendido ou majorado sem a correspondente fonte de custeio total. Esse é o **princípio da pré-existência do custeio, da precedência do custeio ou da contrapartida** (art. 195, § 5º, CF).
- **Princípio da proibição da proteção insuficiente:** visa assegurar um patamar mínimo existencial, que resguarde a dignidade da pessoa humana, sem olvidar a magnitude dos interesses coletivos.
- **Princípio da dignidade da pessoa humana, mínimo existencial:** a dignidade humana é um valor moral prévio à própria organização social, uma qualidade imanente dos seres humanos que os coloca como destinatários de respeito e merecedores de igual atenção por parte do Estado e de seus semelhantes, de tal forma que não percam a possibilidade de exercer autonomia. A dignidade pressupõe consideração pela vida e pela integridade do ser humano, garantias de presença de condições básicas para uma existência na qual se possa exercer a liberdade e receber respeito como pessoa dotada de razão.
- **Princípios da Previdência Social**
- A previdência é um direito social e fundamental assegurado pela Constituição Federal.
- Ela deve ter uma configuração mínima de garantia da dignidade da pessoa humana de modo a lhe garantir condições mínimas de sobrevivência.
- Os benefícios dos segurados devem ter um valor mínimo que possa garantir à manutenção do segurado em casos de infortúnios sociais. Deve ser garantido ao beneficiário o mínimo existencial.
- **Princípio da proibição do retrocesso social:** para alguns doutrinadores esse princípio é aplicado à Previdência Social que veda a redução da proteção previdenciária a fim de que seja preservado o mínimo existencial dos segurados.

  A vedação ao retrocesso social é mais uma característica geral dos direitos fundamentais, visando impedir o desfazimento de avanços sociais.
- **Princípio da reserva do possível:** os benefícios devem ser concedidos para garantir o mínimo existencial dos segurados, atrelado às possibilidades orçamentárias.

  Conclui-se que, para além dessa configuração mínima, a proteção previdenciária depende da reserva das disponibilidades orçamentárias do Estado.
- Não haverá incidência de contribuição social sobre os valores de aposentadoria e pensão pagos pelo regime geral de previdência social (RGPS). Trata-se de **imunidade tributária.**
- Os salários de contribuição utilizados para o cálculo da renda mensal dos benefícios previdenciários deverão ser corrigidos monetariamente. **Trata-se do princípio da recomposição monetária dos benefícios.**
- Nenhum benefício previdenciário que substitua o salário de contribuição ou o rendimento do trabalho do segurado terá valor inferior ao salário-mínimo. **Trata-se do princípio do valor mínimo.**
- É assegurado o reajustamento dos benefícios previdenciários para preservar-lhes, em caráter permanente, o valor real, conforme critérios definidos em lei. **Trata-se do princípio da preservação do valor real dos benefícios previdenciários.**
- O valor dos benefícios previdenciários não está vinculado ao número de salários-mínimos.
- Os ganhos habituais do empregado, a qualquer título, serão incorporados ao salário para efeito de contribuição previdenciária e consequente repercussão em benefícios, na forma da lei.

QUADRO RESUMO

Princípios da Seguridade Social (art. 194, parágrafo único, CF)	• universalidade da cobertura e do atendimento (Art.194, parágrafo único, I, CF) • uniformidade e equivalência dos benefícios e serviços às populações urbanas e rurais (Art.194, parágrafo único, II, CF) • seletividade e distributividade dos benefícios e serviços. (Art.194, parágrafo único, III, CF) • irredutibilidade do valor dos benefícios. (Art.194, parágrafo único, IV, CF) • equidade na forma de participação no custeio. (Art.194, parágrafo único, V, CF) • diversidade da base de financiamento. (Art.194, parágrafo único, VI, CF) • da gestão democrática e descentralizada da seguridade social (Art.194, parágrafo único, VII, CF)
Outros Princípios da Seguridade Social	• Solidariedade (Art. 3º, I, CF) • Solidariedade contributiva (Art. 195, CF) • Pré-existência de custeio ou contrapartida (Art. 195, § 5º, CF)
Alguns Princípios da Previdência Social	• da recomposição monetária (Art. 201, § 3º da CF) • do valor mínimo (Art. 201, § 2º, CF) • da preservação do valor real dos benefícios (Art. 201, § 4º, CF) • da universalidade de participação nos planos previdenciários (art. 2º, Lei nº 8.213/91)

3. CONSELHOS

3.1. CONSELHO NACIONAL DE PREVIDÊNCIA SOCIAL (CNPS)

- O Conselho Nacional de Previdência Social (CNPS) demonstra a aplicação do princípio constitucional do caráter democrático e descentralizado na organização da seguridade social, previsto no art. 194, parágrafo único, inciso VII, da Constituição Federal.
- O Conselho Nacional de Previdência Social – CNPS é órgão superior de deliberação colegiada cuja competência está delineada no art. 4º da Lei nº 8.213/91.
- O CNPS é composto por 15 membros entre representantes do Governo e da sociedade civil. São:

COMPOSIÇÃO DO CNPS	
15 membros entre representantes dos quais:	
6 do Governo	**9 da sociedade civil dos quais:** • 3 dos aposentados e dos pensionistas; • 3 dos trabalhadores em atividade; • 3 dos empregadores.

- Os membros do CNPS e seus respectivos suplentes serão nomeados pelo Presidente da República, tendo os representantes titulares da sociedade civil mandato de 2 (dois) anos, podendo ser reconduzidos, de imediato, uma única vez.
- Os representantes dos trabalhadores em atividade, dos aposentados, dos empregadores e seus respectivos suplentes serão indicados pelas centrais sindicais e confederações nacionais.
- O CNP reunir-se-á, ordinariamente, uma vez por mês, por convocação de seu Presidente, não podendo ser adiada a reunião por mais de 15 (quinze) dias se houver requerimento nesse sentido da maioria dos conselheiros.
- Poderá ser convocada reunião extraordinária por seu Presidente ou a requerimento de um terço de seus membros, conforme dispuser o regimento interno do CNPS.
- As ausências ao trabalho dos representantes dos trabalhadores em atividade, decorrentes das atividades do Conselho, serão abonadas, computando-se como jornada efetivamente trabalhada para todos os fins e efeitos legais.
- Aos membros do CNPS, enquanto representantes dos trabalhadores em atividade, titulares e suplentes, é assegurada a estabilidade no emprego, da nomeação até um ano após o término do mandato de representação, somente podendo ser demitidos por motivo de falta grave, regularmente comprovada através de processo judicial.
- É competência do CNPS:
  1) estabelecer diretrizes gerais e apreciar as decisões de políticas aplicáveis à Previdência Social;
  2) participar, acompanhar e avaliar sistematicamente a gestão previdenciária;
  3) apreciar e aprovar os planos e programas da Previdência Social;
  4) apreciar e aprovar as propostas orçamentárias da Previdência Social, antes de sua consolidação na proposta orçamentária da Seguridade Social;

5) acompanhar e apreciar, através de relatórios gerenciais por ele definidos, a execução dos planos, programas e orçamentos no âmbito da Previdência Social;
6) acompanhar a aplicação da legislação pertinente à Previdência Social;
7) apreciar a prestação de contas anual a ser remetida ao Tribunal de Contas da União, podendo, se for necessário, contratar auditoria externa;
8) estabelecer os valores mínimos em litígio, acima dos quais será exigida a anuência prévia do Procurador-Geral ou do Presidente do INSS para formalização de desistência ou transigência judiciais;
9) elaborar e aprovar seu regimento interno.

3.2. CONSELHO NACIONAL DE ASSISTÊNCIA SOCIAL (CNAS)

- O Conselho Nacional de Assistência Social é órgão superior de deliberação colegiada, vinculado à estrutura do órgão da Administração Pública Federal responsável pela coordenação da Política Nacional de Assistência Social.
- O CNAS é composto por 18 membros e respectivos suplentes, cujos nomes são indicados ao órgão da Administração Pública Federal responsável pela coordenação da Política Nacional de Assistência Social. São:

COMPOSIÇÃO DO CNAS	
18 membros entre representantes dos quais:	
9 representantes governamentais, incluindo 1 (um) representante dos Estados e 1 (um) dos Municípios.	9 da sociedade civil dentre representantes dos usuários ou de organizações de usuários, das entidades e organizações de assistência social e dos trabalhadores do setor, escolhidos em foro próprio sob fiscalização do Ministério Público Federal.

- Os membros do CNAS serão nomeados pelo Presidente da República, com mandato de 2 (dois) anos, permitida uma única recondução por igual período.
- O CNAS é presidido por um de seus integrantes, eleito dentre seus membros, para mandato de 01 (um) ano, permitida uma única recondução por igual período.
- A competência do CNAS está delineada no art. 18 da Lei nº 8.742/93.

3.3. CONSELHO DE RECURSOS DA PREVIDÊNCIA SOCIAL (CRPS)

- O Conselho de Recursos da Previdência Social – CRPS é um órgão colegiado integrante da estrutura do Ministério da Previdência Social, atuando como revisor das decisões administrativas do INSS nos processos de interesse dos beneficiários.
- O Conselho de Recursos da Previdência Social é composto por:

I. **Juntas de Recursos** com a competência para julgar, em primeira instância:

a) os recursos das decisões proferidas pelo INSS nos processos de interesse de seus beneficiários, exceto os recursos das decisões constantes de parecer conclusivo quanto à incapacidade laboral e à caracterização da invalidez do dependente;

b) os recursos das decisões proferidas pelo INSS relacionados à comprovação de atividade rural de segurado especial de que trata o art. art. 38-B da Lei nº 8.213, de 1991, ou às demais informações relacionadas ao CNIS de que trata o art. 29-A da referida Lei

c) os recursos de decisões relacionadas à compensação financeira de que trata a Lei nº 9.796, de 5 de maio de 1999;

d) as contestações relativas à atribuição do FAP aos estabelecimentos da empresa; e

e) os recursos relacionados aos processos sobre irregularidades verificadas em procedimento de supervisão e de fiscalização nos regimes próprios de previdência social e aos processos sobre apuração de responsabilidade por infração às disposições da Lei nº 9.717, de 1998;

II. **Câmaras de Julgamento** com a competência para julgar, em segunda instância, os recursos interpostos contra as decisões proferidas pelas Juntas de Recursos;

III. **Conselho Pleno** com a competência para uniformizar a jurisprudência previdenciária mediante enunciados, podendo ter outras competências definidas no Regimento Interno do Conselho de Recursos da Previdência Social.

- O Conselho de Recursos da Previdência Social é presidido por representante do Governo, com notório conhecimento da legislação previdenciária, nomeado pelo Ministro do Trabalho e Previdência Social.

- As Juntas de Recursos e as Câmaras de Julgamento, presididas por representantes do Governo Federal, são integradas por 04 conselheiros em cada turma, nomeados pelo Ministro do Trabalho e Previdência, com a seguinte composição:

  I – para os órgãos com competência para processar e julgar as contestações ou os recursos das decisões proferidas pelo INSS nos processos de interesse de seus beneficiários; relativos à atribuição, pelo Ministério da Economia, do FAP aos estabelecimentos das empresas; e das decisões proferidas pelo INSS relacionados à comprovação de atividade rural de segurado especial ou às demais informações relacionadas ao CNIS:

  a) dois representantes do Governo federal;

  b) um representante das empresas; e

  c) um representante dos trabalhadores.

  II – para os órgãos com competência para processar e julgar os recursos das decisões relacionadas à compensação financeira de que trata a Lei nº 9.796, de 1999; e os recursos relacionados aos processos sobre irregularidades verificadas em procedimento de supervisão e de fiscalização nos regimes próprios de previdência social e aos processos sobre apuração de responsabilidade por infração às disposições da Lei nº 9.717, de 1998:

  a) dois representantes do Governo federal;

  b) um representante dos entes federativos; e

  c) um representante dos servidores públicos.

- Os representantes do Governo federal são escolhidos entre servidores federais, preferencialmente do Ministério do Trabalho e Previdência ou do INSS, ou de outro órgão da administração pública federal, estadual, municipal ou distrital, com graduação em Direito, os quais prestarão serviços exclusivos ao CRPS, sem prejuízo dos direitos e vantagens percebidos no cargo de origem.

- O mandato dos conselheiros do CRPS é de 03 anos, permitida a recondução.

4. A PREVIDÊNCIA SOCIAL E O REGIME GERAL DE PREVIDÊNCIA SOCIAL (RGPS)

- É da competência concorrente da União, dos Estados, do Distrito Federal, nos termos do art. 24, XII, da Constituição Federal, legislar sobre previdência social.

- A Previdência Social será organizada sob a forma de regime geral, terá caráter contributivo e de filiação obrigatória, observados os critérios que preservem o equilíbrio financeiro e atuarial.

- A Previdência Social atenderá:

  I - cobertura dos eventos de incapacidade temporária ou permanente para o trabalho e idade avançada;

  II - proteção à maternidade, especialmente à gestante;

  III - proteção ao trabalhador em situação de desemprego involuntário;

  IV - salário-família e auxílio-reclusão para os dependentes dos segurados de baixa renda;

  V - pensão por morte do segurado, homem ou mulher, ao cônjuge ou companheiro e dependentes.

- É vedada a adoção de requisitos ou critérios diferenciados para a concessão de benefícios, ressalvada, nos termos de lei complementar, a possibilidade de previsão de idade e tempo de contribuição distintos da regra geral para concessão de aposentadoria exclusivamente em favor dos segurados:

  - com deficiência, previamente submetidos a avaliação biopsicossocial realizada por equipe multiprofissional e interdisciplinar;
  - cujas atividades sejam exercidas com efetiva exposição a agentes químicos, físicos e biológicos prejudiciais à saúde, ou associação desses agentes, vedada a caracterização por categoria profissional ou ocupação.

- É vedada a filiação ao regime geral de previdência social, na qualidade de segurado facultativo, de pessoa participante de regime próprio de previdência.

- A gratificação natalina dos aposentados e pensionistas terá por base o valor dos proventos do mês de dezembro de cada ano.

- Para fins de aposentadoria, é assegurada a contagem recíproca do tempo de contribuição entre o Regime Geral de Previdência Social e os regimes próprios de previdência social, e destes entre si, observada a compensação financeira, de acordo com os critérios estabelecidos em lei.

- O tempo de serviço militar exercido nas atividades de que tratam os arts. 42, 142 e 143 e o tempo de contribuição ao Regime Geral de Previdência Social ou a regime próprio de previdência social terão contagem recíproca para fins de inativação militar ou aposentadoria, e a compensação financeira será devida entre as receitas de contribuição referentes aos militares e as receitas de contribuição aos demais regimes.

- Lei complementar poderá disciplinar a cobertura de benefícios não programados, inclusive os decorrentes de acidente do trabalho, a ser atendida concorrentemente pelo Regime Geral de Previdência Social e pelo setor privado.

- Os ganhos habituais do empregado, a qualquer título, serão incorporados ao salário para efeito de contribuição previdenciária e consequente repercussão em benefícios, nos casos e na forma da lei.
- Lei instituirá sistema especial de inclusão previdenciária, com alíquotas diferenciadas, para atender aos trabalhadores de baixa renda, inclusive os que se encontram em situação de informalidade, e àqueles sem renda própria que se dediquem exclusivamente ao trabalho doméstico no âmbito de sua residência, desde que pertencentes a famílias de baixa renda.
- Para amparar os servidores públicos ocupantes de cargos efetivos, a União, os Estados, o Distrito Federal e os Municípios criaram um regime próprio de previdência social.
- A instituição de Regime Próprio de Previdência Social (RPPS) é feita por lei do respectivo ente federativo (União, Estado, Distrito Federal, Município).
- Vedada a instituição de novos regimes próprios de previdência social, lei complementar federal estabelecerá, para os que já existam, normas gerais de organização, de funcionamento e de responsabilidade em sua gestão.
- Os servidores públicos titulares apenas de cargos em comissão são segurados do RGPS, sempre. Também são filiados obrigatórios do RGPS os agentes que trabalham para a Administração Pública submetidos ao regime da CLT e os temporários (contratados por tempo determinado para atenderem a necessidade temporária de excepcional interesse público, na forma do art. 37, IX, da CF). Não vão ser amparados pelo regime próprio de previdência social dos servidores públicos.
- Tem-se, ainda, a possibilidade da Previdência de natureza complementar e facultativa como forma de aumentar a renda do trabalhador. No entanto, segundo dispõe o art. 202 da CF, essa proteção é de natureza complementar e não obriga a pessoa física dela participar.
- O regime de previdência privada, firmado pelo art. 202 da Constituição Federal, tem caráter complementar, é organizado de forma autônoma em relação ao regime geral de previdência social e será facultativo, baseado na constituição de reservas que garantam o benefício contratado, além de regulado por lei complementar.
- No Brasil, os regimes de previdência privada adotam o regime de capitalização, não havendo em se falar de solidariedade.
- No regime de capitalização, a ideia fundamental é a formação de reservas de capital que possam garantir as prestações previdenciárias futuras aos beneficiários. As contribuições previdenciárias são acumuladas em fundos de pensões ou em contas específicas e aplicadas no mercado financeiro e em outros ativos ao longo da vida ativa do segurado. Quando o segurado passa para a inatividade, terá de volta o que contribuiu acrescido dos rendimentos do capital, tudo mediante regras estabelecidas pelas normas que regem o sistema de previdência organizada sob o regime de capitalização.
- A lei complementar assegurará ao participante de planos de benefícios de entidades de previdência privada o pleno acesso às informações relativas à gestão de seus respectivos planos.
- As contribuições do empregador, os benefícios e as condições contratuais previstas nos estatutos, regulamentos e planos de benefícios das entidades de previdência privada não integram o contrato de trabalho dos participantes, assim como, à exceção dos benefícios concedidos, não integram a remuneração dos participantes, nos termos da lei.
- É vedado o aporte de recursos a entidade de previdência privada pela União, Estados, Distrito Federal e Municípios, suas autarquias, fundações, empresas públicas, sociedades de economia mista e outras entidades públicas, salvo na qualidade de patrocinador, situação na qual, em hipótese alguma, sua contribuição normal poderá exceder a do segurado.
- Lei complementar disciplinará a relação entre a União, Estados, Distrito Federal ou Municípios, inclusive suas autarquias, fundações, sociedades de economia mista e empresas controladas direta ou indiretamente, enquanto patrocinadores de planos de benefícios previdenciários, e as entidades de previdência complementar. Essa lei será aplicada, no que couber, às empresas privadas permissionárias ou concessionárias de prestação de serviços públicos, quando patrocinadoras de planos de benefícios em entidades de previdência complementar.
- Lei complementar estabelecerá os requisitos para a designação dos membros das diretorias das entidades fechadas de previdência complementar instituídas pelos patrocinadores e disciplinará a inserção dos participantes nos colegiados e instâncias de decisão em que seus interesses sejam objeto de discussão e deliberação.

5. OS BENEFICIÁRIOS DO REGIME GERAL DE PREVIDÊNCIA SOCIAL

- Segundo o disposto no art. 201 da Constituição Federal, a Previdência Social será organizada sob a forma do Regime Geral de Previdência Social. Terá caráter contributivo e filiação obrigatória.
- O Regime Geral de Previdência Social (RGPS) foi instituído pela Lei nº 8.213/91 e tem como beneficiários (credores das prestações previdenciárias) os segurados e os dependentes.

RELAÇÃO PREVIDENCIÁRIA:

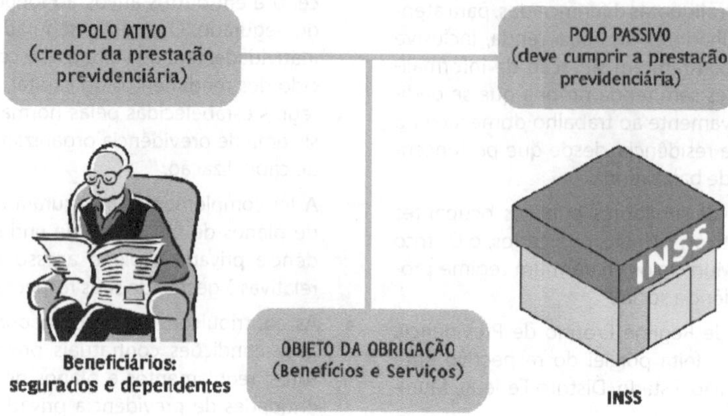

- Os segurados do regime geral de previdência social (RGPS) são divididos em segurados obrigatórios e facultativos.
- O segurado obrigatório é a pessoa física que vai exercer, **de forma lícita,** atividade remunerada abrangida pelo RGPS. Sua filiação está ligada ao exercício da atividade remunerada e é obrigatória.
- Os segurados obrigatórios estão qualificados em cinco categorias: empregado, empregado doméstico, trabalhador avulso, contribuinte individual e segurado especial.

Segurados Obrigatórios:	• Empregado • Empregado doméstico • Trabalhador Avulso • Contribuinte Individual • Especial

- Os segurados empregados estão elencados nos art. 11, I, da Lei nº 8.213/91.
- Entre outros, são **empregados**:
  - o menor aprendiz e o aprendiz;
  - o exercente de mandado eletivo municipal, estadual ou federal, desde que não amparado por regime próprio de previdência social;
  - o servidor que ocupa exclusivamente cargo em comissão na União, nos Estados, do Distrito Federal e nos Municípios, incluídas suas autarquias e fundações.
  - o brasileiro civil que trabalha para a União, no exterior, em organismos oficiais brasileiros ou internacionais dos quais o Brasil seja membro efetivo, ainda que lá domiciliado e contratado, salvo se segurado na forma da legislação vigente do país do domicílio;
  - aquele que presta serviço no Brasil a missão diplomática ou a repartição consular de carreira estrangeira e a órgãos a elas subordinados, ou a membros dessas missões e repartições, excluídos o não brasileiro sem residência permanente no Brasil e o brasileiro amparado pela legislação previdenciária do país da respectiva missão diplomática ou repartição consular;
  - aquele contratado como trabalhador intermitente para a prestação de serviços, com subordinação, de forma não contínua, com alternância de períodos de prestação de serviços e de inatividade, em conformidade com o disposto no § 3º do art. 443 da CLT.
- Características do segurado **empregado doméstico**:

Empregado doméstico:	• Aquele que presta serviços de forma contínua, subordinada, onerosa e pessoal e de finalidade não lucrativa à pessoa ou à família, no âmbito residencial destas, por mais de 2 (dois) dias por semana.

- O **trabalhador avulso** presta serviço de natureza eventual a uma ou mais empresas e não precisa ser sindicalizado. Veja as principais características:

Trabalhador avulso:	• Trabalho de caráter eventual, sem vínculo empregatício. • Presta serviços para empresas urbanas ou rurais. • A intermediação obrigatória é feita pelo sindicato (avulso não portuário) ou órgão gestor de mão de obra – OGMO (avulso portuário). • NÃO precisa ser sindicalizado. • A lista de atividades do trabalhador avulso constantes no Decreto nº 3.048/99 é TAXATIVA. • Conforme dispõe o art. 7º, XXXIV, da CF, são garantidos ao trabalhador avulso os direitos trabalhistas assegurados aos empregados.

- O **segurado especial** vai exercer, individualmente ou em regime de economia familiar, atividade agropecuária, pesqueira, extrativista vegetal ou de seringueiro, conforme tabela abaixo.
- O segurado especial não precisa ser proprietário do imóvel rural onde exerce suas atividades. Pode ser meeiro, parceiro, arrendatário rural, usufrutuário, comodatário, etc. Não precisa, também, morar no imóvel rural. Ele pode residir em aglomerado urbano próximo ao imóvel rural.
- Veja a tabela abaixo:

ENQUADRAMENTO COMO SEGURADO ESPECIAL			
Condição	Produtor que seja: proprietário, usufrutuário, possuidor, assentado, parceiro, meeiro, outorgados, comodatário ou arrendatário rurais.		Pescador artesanal ou assemelhado.
Atividade explorada	Agropecuária	Seringueiro ou extrativista vegetal, que exerça suas atividades nos termos da Lei nº 9.985, de 18 de julho de 2000, e faça dessas atividades o principal meio de vida.	Que faça da pesca profissão habitual ou principal meio de vida. Pode utilizar embarcação com arqueação bruta igual ou inferior a 20).
Limitação da área explorada	Até quatro módulos fiscais, independentemente da região do país.	Sem limitação de área.	Sem limitação de área.
Extensão do enquadramento	Ao cônjuge ou companheiro, bem como filho maior de 16 anos de idade ou a este equiparado, do segurado enquadrado nas situações mencionadas anteriormente que, comprovadamente, tenham **participação ativa nas atividades rurais ou pesqueiras artesanais, respectivamente, do grupo familiar.**		

- O pescador artesanal é aquela pessoa física que, individualmente ou em regime de economia familiar, faz da pesca sua profissão habitual ou meio principal de vida desde que:

  – não utilize embarcação ou;

  – utilize embarcação de pequeno porte (com arqueação bruta igual ou menor a 20).
- Assemelha-se ao pescador artesanal aquele que realiza atividade de apoio à pesca artesanal, exercendo trabalhos de confecção e de reparos de artes e petrechos de pesca e de reparos em embarcações de pequeno porte ou atuando no processamento do produto da pesca artesanal.
- O segurado especial poderá contratar empregados ou contribuintes individuais à razão de, no máximo, 120 pessoas por dia no mesmo ano civil, em períodos corridos ou intercalados, ou, ainda, por tempo equivalente em horas de trabalho, à razão de 08 horas por dia e 44 horas por semana, hipóteses em que períodos de afastamento em decorrência de percepção de auxílio por incapacidade temporária não serão computados. Caso o limite legal seja superado, o segurado especial deixará de ser assim considerado e será qualificado como contribuinte individual.
- O segurado especial poderá exercer certas atividades sem que, com isso, perca a condição de especial. Veja a tabela abaixo:

ATIVIDADE PERMITIDA	CONDIÇÕES
Outorga de imóvel rural	• Por meio de contrato escrito de parceria, meação ou comodato de até 50% de imóvel rural cuja área total não seja superior a 4 módulos fiscais; • desde que outorgante e outorgado continuem a exercer a respectiva atividade, individualmente ou em regime de economia familiar.
Turismo, inclusive hospedagem rústica	• Na propriedade rural; • por não mais de 120 (cento e vinte) dias ao ano.
Participação em plano de previdência complementar	• Instituído por entidade classista a que seja associado; • em razão da condição de trabalhador rural ou de produtor rural em regime de economia familiar.
Programa assistencial oficial de governo	• Ser beneficiário; ou • fazer parte de grupo familiar em que algum componente seja beneficiário.
Beneficiamento ou industrialização artesanal	• Utilizado pelo próprio grupo familiar, na exploração da atividade; • considera-se processo de beneficiamento ou industrialização artesanal aquele realizado diretamente pelo próprio produtor rural, pessoa física, desde que não esteja sujeito à incidência do Imposto Sobre Produtos Industrializados – IPI.
Associação	• Em cooperativa agropecuária ou de crédito rural.
Sociedade empresária, sociedade simples, como empresário individual ou como titular de empresa individual de responsabilidade limitada, considerada microempresa.	• o objeto da sociedade deve ser agrícola, agroindustrial ou agroturístico; • o segurado deve manter o exercício de sua atividade rural como segurado especial; • a pessoa jurídica deve ser composta apenas de segurados de igual natureza (especiais) e sediar-se no mesmo município ou em município limítrofe àquele em que eles desenvolvam suas atividades.
Atividade sujeita à incidência de IPI sobre os produtos das atividades desenvolvidas.	• desde que seja a atividade desenvolvida nos moldes das sociedades descritas na coluna acima.
Participação em programas e ações de pagamento por serviços ambientais	• nos termos da Lei nº 14.119/2021.

O segurado especial poderá exercer certas atividades sem que, com isso, perca a condição de especial. Veja a tabela a seguir:

Outras fontes de rendimento permitidas ao segurado especial.	• benefício de pensão por morte, auxílio-acidente ou auxílio-reclusão, cujo valor não supere o do menor benefício de prestação continuada da Previdência Social; • benefício concedido ao segurado qualificado como segurado especial, independentemente do valor; • exercício de mandato eletivo de dirigente sindical de organização da categoria de trabalhadores rurais; • exercício de mandato de vereador do Município em que desenvolve a atividade rural ou de dirigente de cooperativa rural constituída, exclusivamente, por segurados especiais, observado o disposto no § 13 do art. 12 da Lei no 8.212, de 24 de julho de 1991; • atividade artesanal desenvolvida com matéria-prima produzida pelo respectivo grupo familiar, podendo ser utilizada matéria-prima de outra origem, desde que a renda mensal obtida na atividade não exceda ao menor benefício de prestação continuada da Previdência Social; e • atividade artística, desde que em valor mensal inferior ao menor benefício de prestação continuada da Previdência Social. • Sociedade empresária, sociedade simples, como empresário individual ou como titular de empresa individual de responsabilidade limitada, considerada microempresa, observando: – o objeto da sociedade deve ser agrícola, agroindustrial ou agroturístico; – o segurado deve manter o exercício de sua atividade rural como segurado especial – a pessoa jurídica deve ser composta apenas de segurados de igual natureza (especiais) e estar sediada no mesmo município ou em município limítrofe àquele em que eles desenvolvam suas atividades. • Atividade sujeita à incidência de IPI sobre os produtos das atividades desenvolvidas, desde que seja a atividade desenvolvida nos moldes das sociedades descritas acima.

- O segurado especial poderá ter sua inscrição *post mortem*.
- Os contribuintes individuais estão elencados no art. 11, V, da Lei nº 8.213/91.
- Entre outros contribuintes individuais estão:
  - o ministro de confissão religiosa;
  - o síndico de condomínio que recebe remuneração ou mesmo que seja isento da taxa condominial pelo encargo assumido;
  - desde que receba remuneração decorrente de trabalho na empresa:
    a) o empresário individual e o titular de empresa individual de responsabilidade limitada, urbana ou rural;
    b o diretor não empregado e o membro de conselho de administração de sociedade anônima;
    c) o sócio de sociedade em nome coletivo; e
    d) o sócio solidário, o sócio gerente, o sócio cotista e o administrador, quanto a este último, quando não for empregado em sociedade limitada, urbana ou rural.
  - o brasileiro civil que trabalha no exterior para organismo oficial internacional do qual o Brasil é membro efetivo, ainda que lá domiciliado e contratado, salvo quando coberto por regime próprio de previdência social;
  - aquele que exerce atividade agropecuária, proprietário ou não, em área superior a 04 módulos fiscais;
  - aquele que exerce atividade agropecuária, proprietário ou não, em área inferior ou igual 04 módulos fiscais, com ajuda de prepostos ou empregados permanentes;
  - aquele que exerce atividade por conta própria;
  - o garimpeiro;
  - o microempreendedor individual (MEI).
- O segurado facultativo é a pessoa física que não se enquadra na qualidade de segurado obrigatório do RGPS, tampouco figura como segurado obrigatório de regime próprio de previdência social e que, por vontade própria, filia-se ao RGPS a fim de obter proteção previdenciária do Estado. Sua filiação poderá ocorrer para maiores de 16 anos, com a inscrição e o pagamento da primeira contribuição, sem atraso, à Previdência Social.

Segurado facultativo	a pessoa tem que ter mais de 16 anos;
	não pode ser segurado obrigatório do RGPS ou de qualquer RPPS;
	a sua filiação se dá por ato volitivo (de vontade) com sua inscrição e o pagamento da primeira contribuição previdenciária sem atraso.

- Como exemplos de segurados facultativos, podemos citar:
- aquele que se dedica exclusivamente ao trabalho doméstico no âmbito da sua residência (dona de casa);
- o síndico de condomínio, quando não remunerado;
- o estudante;
- o brasileiro que acompanha cônjuge que presta serviço no exterior;
- o presidiário;
- aquele que deixou de ser segurado obrigatório da previdência social.
- Todo aquele que exercer, concomitantemente, mais de uma atividade remunerada sujeita ao RGPS é obrigatoriamente filiado em relação a cada uma delas.
- O dirigente sindical mantém, durante o exercício do mandato eletivo, o mesmo enquadramento no RGPS de antes da investidura.
- O aposentado pelo RGPS que estiver exercendo ou que voltar a exercer atividade abrangida pelo RGPS é segurado obrigatório em relação a essa atividade, ficando sujeito às contribuições de que trata a Lei nº 8.212/91, para fins de custeio da Seguridade Social.
- O Plano de Benefícios do Regime Geral, criado pela Lei nº 8.213/91, permite que o segurado, mesmo sem estar contribuindo para o RGPS, permaneça na qualidade de segurado por certo período. Esse período em que o segurado permanece vinculado ao RGPS mesmo sem estar contribuindo denomina-se período de graça. Período de graça porque nesse lapso de tempo ele não contribui, mas é considerado segurado do RGPS com direitos relativos às prestações e serviços que a previdência social oferece.
- O segurado mantém-se vinculado ao Regime Geral de Previdência Social, independentemente de contribuições:

PERÍODOS DE GRAÇA – MANUTENÇÃO DA QUALIDADE DE SEGURADO	
Até 3 meses:	após o licenciamento, o segurado incorporado às Forças Armadas para prestar serviço militar.
Até 6 meses:	após a cessação das contribuições, no caso do segurado facultativo.
Até 12 meses:	cessação das contribuições para os segurados obrigatórios1;2; cessação dos benefícios por incapacidade para todos os tipos de segurados1; cessação da segregação, do segurado acometido de doença de segregação compulsória; após o livramento condicional.
Sem limite de prazo	Quando o segurado estiver em gozo de benefício previdenciário, exceto de auxílio-acidente.
1. Pode ter acréscimo de 12 meses quando tiver mais de 120 contribuições ininterruptas que não acarretem a perda da qualidade de segurado. 2. Pode ter acréscimo de 12 meses quando o empregado estiver desempregado de forma involuntária e comprovar tal situação por meio do Ministério do Trabalho e Previdência. A jurisprudência aceita para comprovar a situação de desemprego outros meios admitidos em direito (súmula nº 27, TNU). 3. O INSS entende que o acréscimo de 12 meses ao período de graça quando o segurado comprovar a situação de desemprego é aplicado, inclusive, ao contribuinte individual (Instrução Normativa INSS n. 128/2022, art. 184, §§5º e 10).	

- Os dependentes do RGPS são divididos em três classes dispostas no art. 16 da Lei nº 8.213/91, conforme tabela abaixo:

Dependentes	**1ª Classe:**	cônjuge, companheiro (a) e filho não emancipado de qualquer condição, menor de 21 anos ou inválido ou que **tenha deficiência intelectual ou mental ou deficiência grave.**
	2ª Classe:	os pais.
Dependentes	**3ª Classe:**	**o irmão não emancipado**, de qualquer condição, menor de 21 (vinte e um) anos ou inválido ou que **tenha deficiência intelectual ou mental ou deficiência grave.**

- O companheiro ou a companheira do mesmo sexo do segurado inscrito no RGPS integra o rol dos dependentes e, desde que comprovada a união estável, concorre para fins de pensão por morte e de auxílio-reclusão com os dependentes de 1ª classe. A dependência, no caso, é presumida.
- Se na separação judicial, no divórcio ou na dissolução da união estável, restou determinado direito à pensão alimentícia, ex-cônjuges, ex-companheiros e ex-companheiras continuam como dependentes do segurado do RGPS, concorrendo para fins de pensão por morte e de auxílio-reclusão com os dependentes de 1ª classe.
- Na separação de fato, ex-cônjuges, ex-companheiros e ex-companheiras somente figuram como dependentes de 1ª classe se comprovarem dependência econômica.
- Posição do STF quanto à existência de união estável, concubinato e casamento:
- É incompatível com a Constituição Federal o reconhecimento de direitos previdenciários (pensão por morte) à pessoa que manteve, durante longo período e com aparência familiar, união com outra casada, porquanto o concubinato não se equipara, para fins de proteção estatal, às uniões afetivas resultantes do casamento e da união estável (Tema 526).
- *A preexistência de casamento ou de união estável de um dos conviventes, ressalvada a exceção do artigo 1723, §1° do Código Civil, impede o reconhecimento de novo vínculo referente ao mesmo período, inclusive para fins previdenciários, em virtude da consagração do dever de fidelidade e da monogamia pelo ordenamento jurídico-constitucional brasileiro.* (Tema 529).
- Os dependentes pertencentes à mesma classe vão concorrer em igualdade de condições, tendo o benefício dividido em partes iguais entre eles.

- A existência de dependente de uma classe superior exclui o direito dos dependentes pertencentes às classes seguintes.
- A dependência econômica dos dependentes de 1ª classe em relação ao segurado é presumida, e a dos demais deve ser comprovada.
- O enteado e o menor tutelado equiparam-se ao filho mediante declaração do segurado e desde que comprovada a dependência econômica na forma estabelecida no Regulamento.
- A lei previdenciária não prevê o **menor sob guarda** como integrante do rol de dependentes do RGPS.
- No entanto, o STF, ao julgar a ADI 4.878 assegurou o direito do menor sob guarda à pensão por morte. O Tribunal, por maioria, julgou procedente a ação, de modo a conferir interpretação conforme ao § 2º do art. 16 da Lei 8.213/1991, para contemplar, em seu âmbito de proteção, o "menor sob guarda". A decisão tem efeitos para períodos até 13/11/2019.
- A condição de filho inválido deve ser atestada pela perícia médica da previdência social.
- O filho e o irmão com deficiência deverão passar por avaliação biopsicossocial por meio de equipe multiprofissional e interdisciplinar.
- **O cônjuge, o companheiro e a companheira terão direito ao benefício de pensão por morte:**
- **por 04 meses**, caso o segurado não tenha 18 contribuições mensais **ou** o casamento ou a união estável tiverem sido iniciados há menos de 2 (dois) anos do óbito do segurado.
- **Essa regra não é aplicada em caso de morte por acidente de qualquer natureza, doença profissional ou do trabalho.**
- **pelo prazo estabelecido na tabela abaixo**, caso o segurado tenha 18 ou mais contribuições mensais **e** o casamento ou a união estável tiverem sido iniciados há, pelo menos, 02 anos da data do óbito.
- **Essa regra, também, é aplicada nos casos em que a morte decorrer de acidente de qualquer natureza ou causa, mesmo que não tenha o segurado 18 ou mais contribuições e o casamento ou a união estável tenha sido iniciado há menos de 02 anos da data do óbito do segurado.**

Idade x do cônjuge, companheiro ou companheira, em anos (E(x))	Duração do benefício de pensão por morte (em anos)
menor que 22	3
entre 22 e 27	6
entre 28 e 30	10
entre 31 e 41	15
entre 42 e 44	20
45 anos ou mais	Vitalícia

- A idade do cônjuge, companheiro ou companheira na data do óbito do segurado vai determinar por quanto tempo lhes será paga a pensão por morte.
  - até a cessação da invalidez ou o afastamento da deficiência, se forem inválidos ou com deficiência, respeitados os períodos mínimos de 04 meses ou da tabela acima.
- Em relação à perda da condição de dependente, veja a tabela abaixo:

<table>
<tr>
<td>Perda da qualidade de dependente</td>
<td>para o cônjuge, companheiro ou companheira:</td>
<td>
a) por decurso de prazo:
- após 04 meses, se não tiver o segurado, pelo menos, 18 contribuições mensais OU se o casamento ou a união estável tiverem sido iniciados há menos de 02 anos da data óbito/reclusão do segurado;
- após 03, 06, 10, 15, 20 anos ou de forma vitalícia, conforme tabela já demonstrada acima, se o segurado tiver 18 ou mais contribuições E o casamento ou a união estável tiverem sido iniciados há, pelo menos, 02 anos da data do óbito/reclusão do segurado OU
• mesmo não tendo 18 ou mais contribuições e, no mínimo, 02 anos de casamento ou união estável, se o segurado falecer em razão de acidente de qualquer natureza ou causa ou doença profissional ou do trabalho.
b) pela cessação da invalidez ou pelo afastamento da deficiência, respeitados os períodos mínimos descrito na letra "a".
• pela separação judicial ou divórcio sem direito à prestação de alimentos.
</td>
</tr>
</table>

Perda da qualidade de dependente		
	para o filho, pessoa a ele equiparada ou irmão, de ambos os sexos:	• Ao completar 21 anos de idade, salvo se for inválido ou com deficiência
	para o filho ou equiparado e o irmão inválidos:	• Com a cessação da invalidez
	para os pais:	• Quando vierem a falecer.
	para todos os dependentes:	• Quando vierem a falecer. • Com a perda da qualidade de segurado do qual eles eram dependentes.

Filiação e Inscrição

- A **filiação** é o vínculo jurídico estabelecido entre o segurado e o Regime Geral de Previdência Social. É, conforme dispõe o art. 20 do Decreto nº 3.048/99, "o vínculo que se estabelece entre pessoas que contribuem para a previdência social e esta, do qual decorrem direitos e obrigações."
- A filiação dos segurados obrigatórios na previdência social decorre automaticamente do exercício de atividade remunerada. Ela está intimamente ligada ao exercício da atividade remunerada.
- A filiação do segurado facultativo se dá somente após a sua inscrição no RGPS e o pagamento da primeira contribuição previdenciária sem atraso.
- A **inscrição** é o cadastramento do segurado ou do dependente perante o regime previdenciário. É o ato pelo qual o segurado é cadastrado no RGPS por meio de comprovação de dados pessoais e outros elementos necessários e úteis à sua caracterização.
- No caso do segurado **empregado**, a inscrição é feita por meio da formalização do contrato de trabalho e, a partir da obrigatoriedade do uso do Sistema de Escrituração Digital das Obrigações Fiscais, Previdenciárias e Trabalhistas – eSocial, instituído pelo Decreto nº 8.373, de 11 de dezembro de 2014, ou do sistema que venha a substituí-lo, por meio do registro contratual eletrônico realizado nesse Sistema.
- O **trabalhador avulso** tem sua inscrição pelo cadastramento e pelo registro no órgão gestor de mão de obra, no caso de trabalhador portuário, ou no sindicato, no caso de trabalhador não portuário, e a partir da obrigatoriedade do uso do eSocial, ou do sistema que venha a substituí-lo, por meio do cadastramento e do registro eletrônico realizado nesse Sistema.
- O **empregado doméstico** terá sua inscrição feita pelo empregador doméstico por meio do sistema eSocial.
- O **contribuinte individual** será inscrito no RGPS:
  a) por ato próprio, por meio do cadastramento de informações para identificação e reconhecimento da atividade, hipótese em que o Instituto Nacional do Seguro Social – INSS poderá solicitar a apresentação de documento que comprove o exercício da atividade declarada;
  b) pela cooperativa de trabalho ou pela pessoa jurídica a quem preste serviço, no caso de cooperados ou contratados, respectivamente, se ainda não inscritos no RGPS; e
  c) pelo MEI, por meio do sítio eletrônico do Portal do Empreendedor.
- Não se admite a inscrição post mortem do contribuinte individual, uma vez que sua filiação é condicionada ao pagamento tempestivo da contribuição previdenciária.
- A inscrição do **segurado especial** será feita de forma a vinculá-lo ao respectivo grupo familiar e conterá, além das informações pessoais, a identificação da propriedade em que desenvolve a atividade e a que título, se nela reside ou o Município onde reside e, quando for o caso, a identificação e inscrição da pessoa responsável pelo grupo familiar.
- O segurado especial integrante de grupo familiar que não seja proprietário ou dono do imóvel rural em que desenvolve sua atividade deverá informar, no ato da inscrição, conforme o caso, o nome do parceiro ou meeiro outorgante, arrendador, comodante ou assemelhado.
- O segurado especial pode ter sua inscrição *post mortem*.
- O **segurado facultativo** promoverá sua inscrição por meio dos canais de atendimento, com a apresentação de documento de identidade e declaração expressa de que não exerce atividade que o enquadre na categoria de segurado obrigatório.
- Não pode haver a inscrição *post mortem* do segurado facultativo.

- A inscrição dos **dependentes** no RGPS só é feita no momento em que eles forem requerer o seu benefício.
- A condição do dependente inválido ou com deficiência intelectual, mental ou grave poderá ser reconhecida previamente ao óbito do segurado e, quando necessário, ser reavaliada quando da concessão do benefício.
- ***A partir de 13 de novembro de 2019, para fins de aquisição e manutenção da qualidade de segurado, de carência, de tempo de contribuição e de cálculo do salário de benefício exigidos para o reconhecimento do direito aos benefícios do RGPS e para fins de contagem recíproca, **somente serão consideradas as competências cujo salário de contribuição tenha valor igual ou superior ao limite mínimo estabelecido pela Previdência Social (igual ou maior do que 01 salário mínimo).**

6. ACIDENTE DO TRABALHO

- O **acidente do trabalho TÍPICO** é o que ocorre pelo exercício do trabalho a serviço da empresa ou de empregador doméstico ou pelo exercício do trabalho dos segurados especiais, provocando lesão corporal ou perturbação funcional que cause a morte ou a perda ou redução, permanente ou temporária, da capacidade para o trabalho.
- O acidente do trabalho somente contempla os segurados empregado, **inclusive o doméstico,** trabalhador avulso e o segurado especial. Daí, conclui-se que somente empregados, empregados domésticos, trabalhadores avulsos e segurados especiais poderão ter seus benefícios caracterizados como de natureza acidentária.
- A Lei nº 8.213/91 estendeu o conceito de acidente do trabalho, considerando como tal as doenças profissionais e do trabalho. Essas doenças são deflagradas em virtude da atividade laborativa desempenhada pelo indivíduo. São os chamados **acidentes ATÍPICOS.**
- A **doença profissional** é aquela produzida ou desencadeada pelo exercício do trabalho peculiar a determinada atividade e constante da respectiva relação elaborada pelo Ministério da Previdência Social-MPS. É chamada de tecnopatia.
- A **doença do trabalho** é aquela adquirida ou desencadeada em função de condições especiais em que o trabalho é realizado e com ele se relacione diretamente, constante da relação elaborada pelo MPS. É chamada de mesopatia.

Não são consideradas doenças do trabalho:	a doença degenerativa;
	a doença inerente ao grupo etário;
	a doença que não produza incapacidade laborativa;
	a doença endêmica adquirida por segurado habitante de região em que ela se desenvolva, salvo comprovação de que é resultante de exposição ou contato direto determinado pela natureza do trabalho.

- Além dos acidentes do trabalho típicos e atípicos, a Lei nº 8.213/91 elenca situações que são equiparadas ao acidente do trabalho. É o que se chama de **ACIDENTES POR EQUIPARAÇÃO**, trazidos pelo art. 21 da Lei.
- A perícia médica do INSS considerará caracterizada a natureza acidentária da incapacidade quando constatar ocorrência de nexo técnico epidemiológico entre o trabalho e o agravo decorrente da relação entre a atividade da empresa ou do empregado doméstico e a entidade mórbida motivadora da incapacidade elencada na Classificação Internacional de Doenças (CID), em conformidade com o que dispuser o regulamento.
- O nexo técnico epidemiológico previdenciário (NTEP) **não** gera uma presunção absoluta de que a motivação determinante da inaptidão laboral decorre da atividade exercida pela empresa.
- A empresa ou o empregador doméstico poderão requerer a não aplicação do nexo técnico epidemiológico, de cuja decisão caberá recurso com efeito suspensivo, da empresa, do empregador doméstico ou do segurado, ao Conselho de Recursos da Previdência Social (CRPS).
- A empresa é responsável pela adoção e uso de medidas coletivas e individuais de proteção e segurança da saúde do trabalhador. É seu dever prestar informações pormenorizadas sobre os riscos da operação e do produto a manipular.
- Constitui contravenção penal, punível com multa, a empresa deixar de cumprir as normas de segurança e higiene do trabalho.
- A empresa ou o empregador doméstico deverão comunicar à Previdência Social a ocorrência de acidente de trabalho através da CAT (Comunicação de Acidente do Trabalho):

– até o primeiro dia útil seguinte ao da sua ocorrência;

– imediatamente no caso de morte à autoridade competente.

- Na falta de comunicação por parte da empresa, poderão formalizar a CAT o próprio acidentado, seus dependentes, a entidade sindical competente, o médico que o assistiu ou qualquer autoridade pública. Estas pessoas não estão sujeitas aos prazos previstos para as empresas para a entrega da CAT.
- O dia do acidente, no caso de doença profissional ou do trabalho, será considerado como sendo a data do início da incapacidade laborativa para o exercício da atividade habitual, ou o dia da segregação compulsória, ou o dia em que for realizado o diagnóstico, valendo para este efeito o que ocorrer primeiro.
- O segurado que sofreu acidente do trabalho tem garantida, pelo prazo mínimo de doze meses, a manutenção do seu contrato de trabalho na empresa, após a cessação do auxílio-doença acidentário, independentemente de percepção de auxílio-acidente.
- O reconhecimento do acidente do trabalho e, por conseguinte, a concessão de um benefício previdenciário de natureza, também, acidentária gera consequências importantes que merecem ser destacadas:

– na concessão dos benefícios de auxílio por incapacidade temporária e de aposentadoria por incapacidade permanente quando a incapacidade decorrer de acidente do trabalho, doença profissional ou doença do trabalho, não se exigirá do segurado a carência mínima de contribuições para a Previdência Social. O cumprimento da carência, nesse caso, é dispensado;

– o segurado que receber auxílio por incapacidade temporária acidentário terá mantido o seu contrato de trabalho, pelo prazo mínimo de doze meses, após a cessação do referido benefício, mesmo que venha receber auxílio-acidente;

– o empregador do segurado em gozo de auxílio por incapacidade temporária acidentário está obrigado a depositar a importância de título de FGTS na conta do empregado, conforme determina o disposto no art. 15, § 15 da Lei nº 8.036/90;

– o evento do acidente do trabalho será considerado na estatística da empresa para fins de majoração da contribuição do SAT/RAT em até 100%, conforme dispõe o art. 10 da Lei nº 10.666/2003;

– as ações judiciais propostas em face do INSS que discutem acerca dos benefícios acidentários (em razão de acidente do trabalho) serão processadas e julgadas pela Justiça Estadual.

- Nos casos de negligência quanto às normas padrão de segurança e higiene do trabalho indicados para a proteção individual e coletiva, a Previdência Social proporá ação regressiva contra os responsáveis.
- O pagamento, pela Previdência Social, das prestações por acidente do trabalho não exclui a responsabilidade civil da empresa ou de outrem.

Segurados sujeitos a acidentes de trabalho	• Empregado. • Empregado doméstico, após a publicação da Lei Complementar nº 150/2015. • Trabalhador avulso. • Segurado especial.
Acidente do Trabalho	• **Acidente típico:** Acidente pelo exercício do trabalho. (Art. 19, Lei nº 8.213/91) • **Acidente Atípico:** decorrente de doenças ocupacionais. (Art. 20, Lei nº 8.213/91) • **Acidente por equiparação:** O legislador equipara o evento ao acidente do trabalho. (Art. 21, Lei nº 8.213/91)
Doenças ocupacionais	• **Doenças profissionais:** produzidas ou desencadeadas pelo exercício do trabalho. Também chamadas de tecnopatias, ergopatias ou idiopatias. • **Doenças do trabalho:** adquiridas ou desencadeadas em função de condições especiais em que o trabalho é realizado. Chamadas de mesopatias.

7. DOS BENEFÍCIOS E SERVIÇOS PREVIDENCIÁRIOS

- O Regime Geral de Previdência Social (RGPS) compreende prestações expressas em benefícios e serviços.

- **QUADRO DOS BENEFÍCIOS E SERVIÇOS**

- No atual Plano de Benefícios da Previdência Social (PBPS), os benefícios previdenciários em espécie são distribuídos em função da titularidade ativa, na respectiva relação jurídica de direito previdenciário, conforme tabela abaixo. Os serviços são prestados para segurados e dependentes, sem distinção.

<table>
<tr><th colspan="3">Prestações do RGPS</th></tr>
<tr><td rowspan="2">Benefícios</td><td>Para os segurados</td><td>• Auxílio por incapacidade temporária
• Auxílio-acidente
• Aposentadoria por incapacidade permanente
• Aposentadoria programada
• Aposentadoria programada do professor
• Aposentadoria especial
• Aposentadorias da pessoa com deficiência (por idade e por tempo de contribuição)
• Aposentadoria por idade do trabalhador rural e do garimpeiro que exerce atividade em regime de economia familiar
• Salário-família
• Salário-maternidade</td></tr>
<tr><td>Para os dependentes</td><td>• Auxílio-reclusão
• Pensão por morte</td></tr>
<tr><td>Serviços</td><td>Para os segurados e dependentes</td><td>• Reabilitação profissional
• Serviço social</td></tr>
</table>

- **BENEFÍCIOS QUE EXIGEM CARÊNCIA MÍNIMA DE CONTRIBUIÇÕES À PREVIDÊNCIA SOCIAL:**

<table>
<tr><th></th><th>Benefícios</th><th>contribuições mensais</th></tr>
<tr><td rowspan="6">COM CARÊNCIA – ART. 25 DA LEI Nº 8.213/91</td><td>Auxílio por incapacidade temporária</td><td>12</td></tr>
<tr><td>aposentadoria por incapacidade permanente</td><td>12</td></tr>
<tr><td>Auxílio-reclusão</td><td>24</td></tr>
<tr><td>aposentadoria programada e aposentadoria programada do professor</td><td>180</td></tr>
<tr><td>aposentadoria por idade do trabalhador rural e do garimpeiro que exerce atividade em regime de economia familiar</td><td>180</td></tr>
<tr><td>aposentadoria especial e aposentadoria do segurado com deficiência</td><td>180</td></tr>
</table>

- **BENEFÍCIOS QUE NÃO EXIGEM CARÊNCIA MÍNIMA DE CONTRIBUIÇÕES À PREVIDÊNCIA SOCIAL:**

Prestações previdenciárias que não exigem CARÊNCIA MÍNIMA de contribuições – Art. 25 e 26 da Lei nº 8.213/91	• Pensão por morte;
	• Auxílio-acidente e salário-família;
	• Auxílio por incapacidade temporária e aposentadoria por incapacidade permanente nos casos de acidente de qualquer natureza ou causa e de doença profissional ou do trabalho e de doenças e afecções especificadas em lista elaborada pelos Ministérios da Saúde e da Previdência Social, atualizada a cada 3 (três) anos, de acordo com os critérios de estigma, deformação, mutilação, deficiência ou outro fator que lhe confira especificidade e gravidade que mereçam tratamento particularizado;
	• Salário-maternidade para todas as categorias de segurados (ADI 2110[1]);
	• Serviço social e reabilitação profissional.

- **SALÁRIO DE BENEFÍCIO**
- É base de cálculo dos benefícios previdenciários, com exceção do salário-família, salário-maternidade, pensão por morte e auxílio-reclusão.
- Consiste no resultado da média aritmética simples dos salários de contribuição e das remunerações adotadas como base para contribuições a regime próprio de previdência social ou como base para contribuições decorrentes das atividades militares de que tratam os art. 42 e art. 142 da Constituição, considerados para a concessão do benefício, atualizados monetariamente, correspondentes a 100% (cem por cento) do período contributivo desde a competência julho de 1994 ou desde o início da contribuição, se posterior a essa competência.
- O salário de benefício não poderá ter valor inferior ao mínimo estabelecido pela previdência social (01 salário-mínimo) e nem superior ao teto fixado por Portaria Interministerial MPS/MF[2].
- No cálculo do valor da renda mensal do benefício, inclusive o decorrente de acidente do trabalho, serão computados:

I - para o segurado empregado, inclusive o doméstico, e o trabalhador avulso, os salários de contribuição referentes aos meses de contribuições devidas, ainda que não recolhidas pela empresa ou pelo empregador doméstico, sem prejuízo da respectiva cobrança e da aplicação das penalidades cabíveis;

II - para o segurado empregado, inclusive o doméstico, o trabalhador avulso e o segurado especial, o valor mensal do auxílio-acidente, considerado como salário de contribuição para fins de concessão de qualquer aposentadoria;

III - para os demais segurados, os salários de contribuição referentes aos meses de contribuições efetivamente recolhidas.

- **RENDA MENSAL INICIAL**

Benefícios	Renda Mensal Inicial
Auxílio por incapacidade temporária	91% do salário de benefício. O valor do auxílio por incapacidade temporária não poderá exceder a média dos últimos 12 salários de contribuição ou, se não houver 12, a média dos salários de contribuição existentes.
Auxílio-acidente	50% do salário de benefício.
Aposentadoria por incapacidade permanente	**Acidentária** = 100% do salário de benefício. **Não acidentária** = 60% do salário de benefício, acrescido de 2% para cada ano que exceder: - 20 anos de contribuição, se homem; - 15 anos de contribuição, se mulher.
Aposentadoria programada e programada do professor	60% do salário de benefício, acrescido de 2% para cada ano que exceder: - 20 anos de contribuição, se homem; - 15 anos de contribuição, se mulher.

1 STF julgou inconstitucional o inciso III do art. 25 da Lei n. 8.213/91, culminando na isenção de carência para todas as seguradas.

2. R$ 7.786,02 (sete mil setecentos e oitenta reais e dois centavos) para o ano de 2024, conforme Portaria Interministerial MPS/MF nº 02/2024.

Benefícios	Renda Mensal Inicial
Aposentadoria especial	**- quando exige 20 ou 25 anos de contribuição:** 60% do salário de benefício, acrescido de 2% para cada ano que exceder 20 anos de contribuição, se homem e 15 anos de contribuição, se mulher. **- quando exige 15 anos de contribuição:** 60% do salário de benefício, acrescido de 2% para cada ano que exceder 15 anos de contribuição, se homem ou mulher.
Aposentadoria por idade do trabalhador rural e do garimpeiro que exerce atividade em regime de economia familiar	70% do salário de benefício, mais 1% para cada grupo de 12 contribuições mensais até o máximo de 30%, totalizando, no máximo, 100% do salário de benefício. Para o segurado especial = 01 salário mínimo.

- **REAJUSTAMENTO E REVISÃO DOS BENEFÍCIOS**
- Os reajustamentos dos benefícios visam à garantia da manutenção do seu valor real, permitindo a preservação do poder aquisitivo, considerando os períodos de intenso processo inflacionário verificado no país.
- O valor dos benefícios em manutenção será reajustado, anualmente, na mesma data do reajuste do salário mínimo, pro rata, de acordo com suas respectivas datas de início ou do último reajustamento, com base no Índice Nacional de Preços ao Consumidor (INPC), apurado pela Fundação Instituto Brasileiro de Geografia e Estatística (IBGE).
- Não restou assegurada a vinculação do valor do benefício previdenciário ao número de salários mínimos. Foi dado ao legislador ordinário fixar os índices de reajustamento, somente.
- Não encontra amparo no Texto Constitucional revisão de benefício previdenciário pelo valor nominal do salário-mínimo (Tema 996, STF).

AUXÍLIO POR INCAPACIDADE TEMPORÁRIA (ANTIGO AUXÍLIO-DOENÇA)	
Beneficiários	Todos os segurados.
Requisitos	1) Incapacidade para o exercício do trabalho ou atividades habituais por mais de 15 dias consecutivos. Necessidade de perícia médica a cargo da perícia médica federal. * Não será devido auxílio por incapacidade temporária ao segurado que se filiar ao Regime Geral de Previdência Social já portador da doença ou da lesão invocá-la como causa para o benefício, salvo quando a incapacidade sobrevier por motivo de progressão ou agravamento dessa doença ou lesão. 2) Estar na qualidade de segurado na data de início da incapacidade. 3) Cumprimento da carência mínima de contribuições, quando exigida, até o início da incapacidade. * Não é devido quando o segurado estiver preso em regime fechado.
Carência	– 12 contribuições mensais, exceto se a incapacidade decorrer de: – acidente de qualquer natureza ou causa ou – doenças ou afecções especificadas em lista elaborada pelos Ministérios da Saúde e da Previdência Social, segundo os critérios de estigma, deformação, mutilação, deficiência ou outro fator que lhe confira especificidade e gravidade que mereçam tratamento particularizado. No caso do segurado especial, a carência é de 12 meses de efetivo exercício efetivo na atividade rural, ainda que de forma descontínua, imediatamente anteriores à data do requerimento do benefício. As condições de isenção do cumprimento de carência são aplicadas, também, ao segurado especial. No caso de perda da qualidade de segurado, para efeito de carência, o segurado deverá contar, a partir da nova filiação à Previdência Social, com a metade do período de carência exigido.

AUXÍLIO POR INCAPACIDADE TEMPORÁRIA (ANTIGO AUXÍLIO-DOENÇA)	
Salário de benefício (SB)	Média aritmética simples dos salários de contribuição e das remunerações adotadas como base para contribuições a regime próprio de previdência social ou como base para contribuições decorrentes das atividades militares de que tratam os art. 42 e art. 142 da Constituição, considerados para a concessão do benefício, atualizados monetariamente, correspondentes a 100% do período contributivo desde a competência julho de 1994 ou desde o início da contribuição, se posterior a essa competência.
Renda mensal inicial (RMI)	91% do salário de benefício. O valor do auxílio por incapacidade temporária não poderá ser exceder a média aritmética simples dos últimos doze salários de contribuição, inclusive no caso de remuneração variável, ou, se não alcançado o número de doze, a média aritmética simples dos salários de contribuição existentes.
Data de início do benefício (DIB)	• **para o empregado:** - a partir do 16º dia do afastamento, se requerido o benefício até 30 dias da data do afastamento; - a partir da data da entrada do requerimento, se entre o afastamento e a data de entrada do requerimento houver mais de 30 dias. • **para os demais segurados, incluídos o empregado com contrato de trabalho intermitente e o empregado doméstico:** - a partir da data do início da incapacidade, se requerido dentro de 30 dias do início da incapacidade; - da data da entrada do requerimento, se requerido após 30 dias do início da incapacidade.
Divisão do auxílio por incapacidade temporária em acidentário ou não acidentário ou previdenciário	**Acidentário**= incapacidade decorre de acidente do trabalho, doença do trabalho ou doença profissional. Após a cessação do auxílio por incapacidade temporária acidentário o segurado mantém pelo prazo mínimo de doze meses o contrato de trabalho, independentemente do recebimento de auxílio-acidente. **Não acidentário ou Previdenciário** = incapacidade decorre de outros eventos exceto acidente do trabalho.
Suspensão do benefício	- Quando não comparecer à perícia médica ou à convocação do INSS ou recusar ao tratamento de reabilitação profissional. - Quando o segurado for recolhido à prisão em regime fechado pelo prazo máximo de 60 dias.
Cessação do benefício	• quando cessar a incapacidade; • quando transformar-se em aposentadoria por incapacidade permanente; • quando conceder auxílio-acidente. • quando o segurado falecer. • quando a prisão do segurado, em regime fechado, superar o prazo de 60 dias. • Sempre que possível, o ato de concessão ou de reativação de auxílio por incapacidade temporária, judicial ou administrativo, deverá fixar o prazo estimado para a duração do benefício. • Na ausência de fixação do prazo de cessação do benefício, ele cessará após 120 dias, contado da data de concessão ou de reativação, exceto se o segurado requerer a sua prorrogação junto ao INSS ou estiver em processo de reabilitação profissional.
Não pode acumular com	• Aposentadorias, • salário-maternidade, • auxílio-acidente quando as causas forem idênticas, • BPC – LOAS, • auxílio-inclusão; • seguro-desemprego

AUXÍLIO POR INCAPACIDADE TEMPORÁRIA (ANTIGO AUXÍLIO-DOENÇA)	
Pontos importantes	• O empregado em gozo de auxílio por incapacidade temporária terá seu contrato de trabalho suspenso. • O segurado que durante o gozo do auxílio por incapacidade temporária vier a exercer atividade que lhe garanta subsistência **poderá** ter o benefício cancelado a partir do retorno à atividade. • Caso o segurado, durante o gozo do auxílio por incapacidade temporária, venha a exercer atividade diversa daquela que gerou o benefício, deverá ser verificada a incapacidade para cada uma das atividades exercidas. • O segurado em gozo de auxílio por incapacidade temporária, insuscetível de recuperação para sua atividade habitual, deverá submeter-se a processo de reabilitação profissional. • O auxílio por incapacidade temporária será mantido até que o segurado seja considerado reabilitado para o desempenho de atividade que lhe garanta a subsistência ou, quando considerado não recuperável, for aposentado por incapacidade permanente.

AUXÍLIO-ACIDENTE	
Beneficiários	Empregado, empregado doméstico, trabalhador avulso e segurado especial.
Natureza jurídica	**Caráter indenizatório** por redução na capacidade para o trabalho.
Requisitos	Consolidação das lesões decorrentes de acidente de qualquer natureza, resultando em sequela definitiva que, a exemplo das situações discriminadas no Anexo III do Decreto 3.048/99, implique redução da capacidade para o trabalho que o segurado habitualmente exercia. A perda da audição, em qualquer grau, somente proporcionará a concessão do auxílio-acidente, quando, além do reconhecimento de causalidade entre o trabalho e a doença, resultar, comprovadamente, na redução ou perda da capacidade para o trabalho que habitualmente exercia.
Carência	Não exige carência mínima de contribuições.
Renda mensal inicial (RMI)	50% do salário de benefício. Pode ter valor inferior a 01 salário mínimo. Não é substituto do rendimento do trabalho ou do salário de contribuição.
Data de início do benefício (DIB)	- Dia seguinte ao da cessação do auxílio por incapacidade temporária; - data do requerimento administrativo se não houver sido precedido de auxílio por incapacidade temporária. **STJ, Tema 862:** O termo inicial do auxílio-acidente deve recair no dia seguinte ao da cessação do auxílio-doença que lhe deu origem, conforme determina o art. 86, § 2º, da Lei 8.213/91, observando-se a prescrição quinquenal da Súmula 85/STJ.
Classificação em auxílio-acidente acidentário e previdenciário	**Acidentário** = a perda parcial da capacidade laborativa, decorre de acidente do trabalho (típico, atípico ou por equiparação). **Previdenciário ou não acidentário** = a perda parcial da capacidade laborativa, decorre de acidente de qualquer natureza. A causa não é acidente do trabalho.
Suspensão do benefício	Em caso de retornar incapacidade temporária cuja causa seja a mesma que originou o auxílio-acidente. Em caso de recusa: - prestar a exame médico quando convocado, - participar do processo de reabilitação profissional.
Cessação do benefício	• com a concessão de qualquer aposentadoria ao segurado; • com a morte do segurado; • com a emissão da certidão de tempo de contribuição para contagem do tempo de contribuição em regime próprio de previdência social.

<table>
<tr><th colspan="2">AUXÍLIO POR INCAPACIDADE TEMPORÁRIA (ANTIGO AUXÍLIO-DOENÇA)</th></tr>
<tr><td>Não pode acumular com</td><td>• aposentadorias;
• auxílio-acidente (pode optar pelo mais vantajoso);
• auxílio por incapacidade temporária quando as causas forem idênticas;
• BPC – LOAS.</td></tr>
<tr><td>Pontos importantes</td><td>A percepção de salário, salário-maternidade ou seguro-desemprego não impede o recebimento do auxílio-acidente.
Pode ser concedido ainda que o segurado esteja desempregado, desde que o acidente ocorra em época que o indivíduo esteja na condição de segurado do RGPS.</td></tr>
</table>

<table>
<tr><th colspan="2">APOSENTADORIA POR INCAPACIDADE PERMANENTE (ANTES, APOSENTADORIA POR INVALIDEZ)</th></tr>
<tr><td>Beneficiários</td><td>Todos os segurados</td></tr>
<tr><td>Requisitos</td><td>Incapacidade permanente para o exercício do trabalho e insuscetível de reabilitação para o exercício de atividade que lhe garanta a subsistência;
– necessidade de perícia médica a cargo da Perícia Médica Federal.
– qualidade de segurado na data de início da incapacidade;
– cumprimento da carência mínima de contribuições, quando exigida, até o início da incapacidade.</td></tr>
<tr><td>Carência</td><td>12 contribuições mensais, EXCETO:
– no caso da causa ter sido acidente de qualquer natureza ou causa ou
– nos casos de segurado que, após filiar-se ao RGPS, for acometido de alguma das doenças e afecções especificadas em lista elaborada pelos Ministérios da Saúde e da Previdência Social, atualizada a cada 3 (três) anos, de acordo com os critérios de estigma, deformação, mutilação, deficiência ou outro fator que lhe confira especificidade e gravidade que mereçam tratamento particularizado.
No caso de perda da qualidade de segurado, para efeito de carência, o segurado deverá contar, a partir da nova filiação à Previdência Social, com metade do período de carência exigido.</td></tr>
<tr><td rowspan="3">Renda mensal inicial (RMI)</td><td>Aposentadoria acidentária = 100% do salário de benefício.</td></tr>
<tr><td>Aposentadoria não acidentária = 60% do salário de benefício acrescido de 2% para cada ano que exceder:
- 20 anos de contribuição, se homem
- 15 anos de contribuição, se mulher.</td></tr>
<tr><td>O valor da aposentadoria por incapacidade permanente do segurado que necessitar da assistência permanente de outra pessoa será acrescido de 25% (auxílio-acompanhante) e poderá ultrapassar o valor máximo estabelecido para os benefícios do RGPS.</td></tr>
<tr><td>Data de início do benefício (DIB)</td><td>• Se for concedida pela transformação do auxílio por incapacidade temporária: a partir do dia seguinte ao da cessação do auxílio por incapacidade temporária;
• Se for concedida de imediato:
– para o empregado, exceto o doméstico e o empregado com contrato intermitente: a partir do 16º dia do afastamento, se requerido o benefício até o 30º dia do afastamento;
– para os demais segurados: a partir da data do início da incapacidade, se requerido o benefício até o 30º dia do afastamento;
– para todos os segurados: a partir da data do requerimento, quando requerido após o 30º dia do afastamento.</td></tr>
<tr><td>Dividida em acidentária ou previdenciária</td><td>Acidentária= incapacidade decorre de acidente do trabalho
Previdenciária ou não acidentária = incapacidade não decorre de acidente do trabalho. Decorre de outros eventos, exceto o acidente do trabalho.</td></tr>
</table>

APOSENTADORIA POR INCAPACIDADE PERMANENTE (ANTES, APOSENTADORIA POR INVALIDEZ)	
Suspensão do benefício	Quando não comparecer à perícia médica ou à convocação do INSS ou recusar ao tratamento de reabilitação profissional. O segurado aposentado por incapacidade permanente poderá ser convocado a qualquer momento para avaliação das condições que ensejaram o afastamento ou a aposentadoria, concedida judicial ou administrativamente[11]. O aposentado por incapacidade permanente que não tenha retornado à atividade estará isento do exame médico pericial periódico: I – após completar 55 anos ou mais de idade e quando decorridos 15 anos da data da concessão da aposentadoria por invalidez ou do auxílio por incapacidade temporária que a precedeu; ou II – após completar 60 anos de idade
Cessação do benefício	• quando cessa a incapacidade; • quando o segurado falece; • quando o segurado retorna voluntariamente à atividade.
Não pode acumular com	• auxílio por incapacidade temporária; • auxílio-acidente; • salário-maternidade; • outra aposentadoria do RGPS; • BPC – LOAS; • auxílio-inclusão; • seguro-desemprego.

Mensalidade de recuperação	
Situação do aposentado por invalidez que se recuperar total ou parcialmente	**Procedimento**
I – Se a recuperação for total para o exercício de trabalho que o segurado habitualmente exercia e ocorrer dentro de 5 (cinco) anos, contados da data do início da aposentadoria por incapacidade permanente ou do auxílio por incapacidade temporária que a antecedeu sem interrupção.	a) Para o segurado empregado que tiver direito de retornar à empresa: o benefício será cessado imediatamente. b) Para os demais segurados: o benefício somente será cessado após tantos meses quantos forem os anos de duração do auxílio por incapacidade temporária e da aposentadoria por incapacidade permanente.
II – Se a recuperação for parcial em qualquer época, ou for total após cinco anos do afastamento, ou ainda quando o segurado for declarado apto para o exercício de trabalho diverso do qual habitualmente exercia.	Para todos os segurados será paga a aposentadoria por incapacidade permanente: • nos primeiros 6 meses no seu valor integral; • do 7º ao 12º mês pelo valor com redução de 50%; • do 13º ao 18º mês pelo valor com redução de 75%; • após o 18º mês cessará definitivamente.

APOSENTADORIA PROGRAMADA (IDADE + TEMPO DE CONTRIBUIÇÃO)		
Beneficiários	Todos os segurados do RGPS.	
Requisitos	**Homem:**	**65** anos de idade.
		20 anos de contribuição
		O tempo mínimo de contribuição poderá ser alterado por lei ordinária.
	Mulher:	**62** anos de idade.
		15 anos de contribuição
		O tempo mínimo de contribuição poderá ser alterado por lei ordinária.

Carência	180 contribuições mensais.
Salário de Benefício (SB)	Média aritmética simples dos salários de contribuição correspondentes a 100% do período contributivo, desde a competência de julho de 1994 ou desde o início das contribuições se posterior a essa competência. * Poderão ser excluídas do cálculo da média dos salários de contribuição e das remunerações adotadas como base para contribuições a regime próprio de previdência social ou como base para contribuições decorrentes das atividades militares de que tratam os art. 42 e art. 142 da Constituição, utilizado para definição do salário de benefício, as contribuições que resultem em redução do valor do benefício. * A exclusão das contribuições não altera o direito à aposentadoria previamente reconhecido, desde que mantida a quantidade de contribuições equivalente ao período de carência e observado o tempo mínimo de contribuição necessário à elegibilidade da aposentadoria requerida. * É vedada a utilização das contribuições excluídas para qualquer finalidade, inclusive para: I – o acréscimo do percentual da renda mensal; II – a averbação em outro regime previdenciário. • Para o segurado filiado à Previdência Social até julho de 1994, no cálculo do salário de benefício das aposentadorias, exceto a aposentadoria por incapacidade permanente, o divisor considerado no cálculo da média dos salários de contribuição não poderá ser inferior a 108 meses.
Renda mensal inicial (RMI)	60% do salário de benefício, acrescido de 2% para cada ano que exceder: - 20 anos de contribuição, se homem; - 15 anos de contribuição, se mulher.
Data de início do benefício (DIB)	• para o empregado, **incluído** o doméstico: - a partir da data do desligamento do emprego, quando requerida até 90 dias do desligamento; - a partir da data do requerimento, quando requerido após o 90º dia do desligamento do emprego ou quando não se desligar do emprego. • para os demais segurados: - a partir da data do requerimento da aposentadoria.
Cessação do benefício	Com a morte do segurado.
Não pode acumular com	• auxílio por incapacidade temporária; • auxílio-acidente; • outra aposentadoria do RGPS; • auxílio-inclusão; • BPC – LOAS; • seguro-desemprego.
Pontos importantes	• Pode o segurado retornar à atividade remunerada sem perder o benefício da aposentadoria e deverá contribuir em relação à nova atividade. • O aposentado que retornar a exercer atividade terá direito ao salário-maternidade em relação à nova atividade. • A concessão de aposentadoria requerida a partir de 14 de novembro de 2019 com utilização de tempo de contribuição decorrente de cargo, emprego ou função pública acarretará o rompimento do vínculo que gerou o referido tempo de contribuição.

APOSENTADORIA PROGRAMADA DO PROFESSOR DE MAGISTÉRIO NA EDUCAÇÃO INFANTIL, NO ENSINO FUNDAMENTAL E MÉDIO (IDADE + TEMPO DE CONTRIBUIÇÃO)	
Beneficiário	Professor que se dedica exclusivamente tempo de efetivo exercício em função de magistério na educação infantil, no ensino fundamental ou no ensino médio.
Requisitos	- Professor: 60 anos de idade - Professora: 57 anos de idade - 25 anos de contribuição no exercício do magistério na educação infantil, no ensino fundamental ou no ensino médio para ambos os sexos. O tempo mínimo de contribuição poderá ser alterado por lei complementar.

Carência	180 contribuições mensais.
Salário de Benefício (SB)	Média aritmética simples dos salários de contribuição correspondentes a 100% do período contributivo, desde a competência de julho de 1994 ou desde o início das contribuições se posterior a essa competência. * Poderão ser excluídas do cálculo da média dos salários de contribuição e das remunerações adotadas como base para contribuições a regime próprio de previdência social ou como base para contribuições decorrentes das atividades militares de que tratam os art. 42 e art. 142 da Constituição, utilizado para definição do salário de benefício, as contribuições que resultem em redução do valor do benefício. * A exclusão das contribuições não altera o direito à aposentadoria previamente reconhecido, desde que mantida a quantidade de contribuições equivalente ao período de carência e observado o tempo mínimo de contribuição necessário à elegibilidade da aposentadoria requerida. * É vedada a utilização das contribuições excluídas para qualquer finalidade, inclusive para: I – o acréscimo do percentual da renda mensal; II – a averbação em outro regime previdenciário. • Para o segurado filiado à Previdência Social até julho de 1994, no cálculo do salário de benefício das aposentadorias, exceto a aposentadoria por incapacidade permanente, o divisor considerado no cálculo da média dos salários de contribuição não poderá ser inferior a 108 meses.
Renda mensal inicial (RMI)	60% do salário de benefício, acrescido de 2% para cada ano que exceder: - 20 anos de contribuição, se homem; - 15 anos de contribuição, se mulher.
Data de início do benefício (DIB)	• para o empregado: - a partir da data do desligamento do emprego, quando requerida até 90 dias do desligamento; - a partir da data do requerimento, quando requerido após o 90º dia do desligamento do emprego ou quando não se desligar do emprego.
Cessação do benefício	Com a morte do segurado.
Não pode acumular com	• auxílio por incapacidade temporária; • auxílio-acidente; • outra aposentadoria do RGPS; • auxílio-inclusão; • BPC – LOAS; • seguro-desemprego.
Pontos importantes	• Essa regra não é aplicada ao professor que se dedica ao magistério do ensino superior. • Pode o segurado retornar à atividade remunerada sem perder o benefício da aposentadoria e deverá contribuir em relação à nova atividade. • O aposentado que retornar a exercer atividade terá direito ao salário-maternidade em relação à nova atividade.

APOSENTADORIA DA PESSOA COM DEFICIÊNCIA	
Beneficiários	**Os segurados com deficiência** – impedimento de longo prazo de natureza física, mental, intelectual ou sensorial, o qual com interação com diversas barreiras pode obstruir sua participação plena e efetiva na sociedade em igualdade de condições com as demais pessoas.
Tipos de aposentadorias	Aposentadoria por tempo de contribuição. Aposentadoria por idade.

<table>
<tr><th rowspan="5">Requisitos -aposentadoria por tempo de contribuição</th><th rowspan="2">Grau de deficiência</th><th colspan="2">Tempo de contribuição</th></tr>
<tr><th>Homem</th><th>Mulher</th></tr>
<tr><td>Leve</td><td>33 anos de contribuição</td><td>28 anos de contribuição</td></tr>
<tr><td>Moderada</td><td>29 anos de contribuição</td><td>24 anos de contribuição</td></tr>
<tr><td>Grave</td><td>25 anos de contribuição</td><td>20 anos de contribuição</td></tr>
<tr><td>Requisitos -aposentadoria por idade</td><td colspan="3">Homem – 60 anos de idade
Mulher – 55 anos de idade
Idade mínima exigida para todos os graus de deficiência.
15 anos de contribuição na condição de pessoa com deficiência.</td></tr>
<tr><td>Carência</td><td colspan="3">180 contribuições mensais.</td></tr>
<tr><td>Salário de benefício (SB)</td><td colspan="3">Média aritmética simples dos salários de contribuição correspondentes a 100% do período contributivo, desde julho de 1994 ou desde o início das contribuições, se posterior a essa competência.
• Para o segurado filiado à Previdência Social até julho de 1994, no cálculo do salário de benefício das aposentadorias, exceto a aposentadoria por incapacidade permanente, o divisor considerado no cálculo da média dos salários de contribuição não poderá ser inferior a 108 meses.</td></tr>
<tr><td>Renda mensal inicial (RMI)</td><td colspan="3">• 100% do salário de benefício, no caso de aposentadoria por tempo de contribuição.
• 70% do salário de benefício, acrescido de 1% para cada grupo de 12 contribuições, não podendo esse acréscimo ultrapassar o total de 30%, no caso de aposentadoria por idade.</td></tr>
<tr><td rowspan="2">Data de início do benefício (DIB)</td><td>Para o empregado, incluído o doméstico:</td><td colspan="2">• a partir da data do desligamento do emprego, quando requerido até 90 dias do desligamento.
• a partir da data do requerimento, quando requerido após o 90º dia do desligamento do emprego ou quando não se desligar do emprego.</td></tr>
<tr><td>Para os demais segurados:</td><td colspan="2">a partir da data do requerimento da aposentadoria.</td></tr>
<tr><td>Cessação do benefício</td><td colspan="3">Com a morte do segurado.</td></tr>
<tr><td>Pontos importantes</td><td colspan="3">• O segurado será previamente submetido a avaliação biopsicossocial realizada por equipe multiprofissional e interdisciplinar.
• A comprovação de tempo de contribuição de segurado com deficiência em período anterior à entrada em vigor da Lei Complementar nº 142/13 não será admitida por meio de prova exclusivamente testemunhal.
• O segurado com deficiência poderá escolher a aposentadoria que lhe for mais vantajosa, atendidos os requisitos para tal.</td></tr>
</table>

<table>
<tr><th colspan="3">APOSENTADORIA ESPECIAL</th></tr>
<tr><td rowspan="5">Requisitos</td><td colspan="2">Empregado, trabalhador avulso, cooperado de cooperativa de trabalho, cooperado de cooperativa de produção.</td></tr>
<tr><th>Idade mínima</th><th>Exposição efetiva a agentes químicos, físicos ou biológicos prejudiciais à saúde, ou a associação desses por</th></tr>
<tr><td>55 anos</td><td>15 anos de contribuição</td></tr>
<tr><td>58 anos</td><td>20 anos de contribuição</td></tr>
<tr><td>60 anos</td><td>25 anos de contribuição</td></tr>
</table>

<table>
<tr><td>Carência</td><td colspan="2">180 contribuições mensais.</td></tr>
<tr><td>Salário de benefício (SB)</td><td colspan="2">Média aritmética simples dos salários de contribuição correspondentes a 100% do período contributivo, desde julho de 1994 ou desde o início das contribuições, se posterior a essa competência.</td></tr>
<tr><td>Renda mensal inicial (RMI)</td><td>Agente que exige 20 ou 25 anos de efetiva exposição:</td><td>• 60% da média aritmética dos salários de contribuição do segurado, atualizados monetariamente, correspondentes a 100% (cem por cento) do período contributivo desde a competência julho de 1994 ou desde o início da contribuição, se posterior a essa competência;
• com acréscimo de 2% para cada ano de contribuição que exceder o tempo de:
- 20 (vinte) anos de contribuição, se homem, e
- 15 (vinte) anos de contribuição, se mulher.</td></tr>
<tr><td>Renda mensal inicial (RMI)</td><td>Agente que exige 15 anos de efetiva exposição:</td><td>• 60% da média aritmética dos salários de contribuição do segurado, atualizados monetariamente, correspondentes a 100% (cem por cento) do período contributivo desde a competência julho de 1994 ou desde o início da contribuição, se posterior àquela competência;
• com acréscimo de 2% para cada ano de contribuição que exceder o tempo de 15 (vinte) anos de contribuição, se homem ou mulher.</td></tr>
<tr><td rowspan="2">Data de início do benefício (DIB)</td><td>Para o empregado</td><td>• a partir da data do desligamento do emprego, quando requerido até 90 dias do desligamento;
• a partir da data do requerimento, quando requerido após o 90º dia do desligamento do emprego ou quando não se desligar do emprego.</td></tr>
<tr><td>Para os demais segurados (trabalhador avulso e cooperados do trabalho e de produção):</td><td>• a partir da data do requerimento da aposentadoria.</td></tr>
<tr><td>Cessação do benefício</td><td colspan="2">• Com a morte do segurado.
• Quando o segurado aposentado retornar ao trabalho que o exponha a agentes prejudiciais à saúde.
➢ Não precisa ser a mesma condição especial anteriormente exposta, mas, sim, qualquer condição especial de trabalho na mesma ou outra empresa e sob qualquer forma de prestação de serviço ou categoria de segurado.
➢ O segurado será imediatamente notificado da cessação do pagamento de sua aposentadoria, no prazo de 60 dias contados da data da emissão da notificação.</td></tr>
<tr><td>Não pode acumular com</td><td colspan="2">• auxílio por incapacidade temporária;
• auxílio-acidente;
• outra aposentadoria do RGPS;
• BPC – LOAS;
• auxílio-inclusão;
• seguro-desemprego.</td></tr>
<tr><td>Pontos importantes</td><td colspan="2">• Caso o segurado retorne a exercer atividade remunerada, sem que seja em condições especiais, não perderá o benefício da aposentadoria especial, devendo contribuir novamente para a Previdência Social em relação à nova atividade remunerada.
• A empresa deverá elaborar e manter atualizado o perfil profissiográfico previdenciário (PPP), ou o documento eletrônico que venha a substituí-lo, no qual deverão ser contempladas as atividades desenvolvidas durante o período laboral, garantido ao trabalhador o acesso às informações nele contidas, sob pena de sujeição à multa.
• Não é possível converter tempo especial em tempo comum quando cumprido após 13/11/2019.</td></tr>
</table>

<table>
<tr><th colspan="2">SALÁRIO-FAMÍLIA</th></tr>
<tr><td>Beneficiários</td><td>Segurados:
• empregado, empregado doméstico, trabalhador avulso de baixa renda;
• empregado, empregado doméstico e trabalhador avulso em gozo de auxílio por incapacidade temporária ou aposentadoria por incapacidade permanente
• trabalhador rural aposentado por idade aos 60 anos, se homem, ou 55 anos, se mulher,
• demais aposentados, desde que empregados, empregados domésticos ou trabalhadores avulsos, maiores de 65 anos, homem, e de 60 anos, mulher.</td></tr>
<tr><td>Carência</td><td>Não há carência mínima de contribuições.</td></tr>
<tr><td>Requisitos</td><td>• possuir baixa renda = salário de contribuição igual ou inferior ao fixado por Portaria Interministerial*.
• ter filhos menores ou equiparados até 14 anos de idade ou inválidos.</td></tr>
<tr><td>Data de início do benefício – DIB</td><td>• A partir da apresentação da certidão de nascimento do filho ou da documentação do equiparado a filho e atestado de vacinação obrigatória para filho ou equiparado de até 06 anos e frequência escolar a partir dos 04 anos de idade.
• No caso de invalidez de filho ou equiparado maior de 14 anos, deve ser feita perícia médica a cargo da Perícia Médica Federal.
• O empregado doméstico somente deverá apresentar a certidão de nascimento do filho ou a documentação do equiparado ao filho.</td></tr>
<tr><td>Suspensão do benefício</td><td>• Na falta da entrega da renovação da documentação exigida para a concessão do benefício.</td></tr>
<tr><td>Cessação do benefício</td><td>• por morte do filho ou equiparado, a contar do mês seguinte ao do óbito,
• quando o filho ou equiparada completar 14 anos de idade, salvo se inválido, a contar do mês seguinte ao da data do aniversário,
• pela recuperação da capacidade do filho ou equiparado, a contar do mês seguinte ao da cessação da incapacidade ou
• pelo desemprego do segurado.</td></tr>
<tr><td>Outras questões</td><td>• Quando mãe e pai são, ambos, segurados do RGPS e preencherem os requisitos do benefício, será pago salário-família para os dois, pai e mãe.
• As cotas do salário-família serão pagas pela empresa ou pelo empregador doméstico, mensalmente, junto com o salário, efetivando-se a compensação quando do recolhimento das contribuições, conforme dispuser o Regulamento.
• A empresa ou o empregador doméstico conservarão durante 05 (cinco) anos os comprovantes de pagamento e as cópias das certidões correspondentes para exame pela fiscalização.
• Quando o pagamento do salário não for mensal, o salário-família será pago juntamente com o último pagamento relativo ao mês.
• O salário-família devido ao trabalhador avulso poderá ser recebido pelo sindicato de classe respectivo, que se incumbirá de elaborar as folhas correspondentes e de distribuí-lo.</td></tr>
<tr><td colspan="2">* O valor da cota do salário-família por filho ou equiparado de qualquer condição, até 14 (quatorze) anos de idade, ou inválido de qualquer idade, a partir de 1º de janeiro de 2024, é de R$62,04 (sessenta e dois reais e quatro centavos) para o segurado com remuneração mensal não superior a R$ 1.819,26 (um mil oitocentos e dezenove reais e vinte e seis centavos).</td></tr>
</table>

<table>
<tr><th colspan="2">SALÁRIO-MATERNIDADE</th></tr>
<tr><td>Beneficiárias</td><td>Todos os segurados e seguradas que preencherem os requisitos legais.
Súmula 657, STJ: Atendidos os requisitos de segurada especial no RGPS e do período de carência, a indígena menor de 16 anos faz jus ao salário-maternidade.</td></tr>
</table>

<table>
<tr><td>Requisitos</td><td>

• Parto, inclusive de natimorto.
• Adoção ou guarda judicial para fins de adoção de crianças. Nesse caso, o benefício poderá ser pago ao segurado ou à segurada. Não se pode pagar o benefício para ambos os segurados, no caso de adoção da mesma criança.
• Aborto não criminoso.
• Falecimento de segurado ou de segurada, cônjuge, ou companheiro que fazia jus ao salário-maternidade (salário-maternidade complementar).
• Afastamento da empregada gestante e lactante do trabalho por não poder exercer atividades em condições insalubres (super salário-maternidade).</td></tr>
<tr><td>Carência</td><td>O STF declarou a inconstitucionalidade da norma que exigia das trabalhadoras autônomas (contribuintes individuais), das trabalhadoras rurais (seguradas especiais) e das contribuintes facultativas a carência de 10 meses de contribuição para a concessão do salário-maternidade.
Para os ministros, a exigência de cumprimento de carência apenas para algumas categorias de trabalhadoras viola o princípio da isonomia (ADI 2110 e 2111, DJ 21/03/2024).
Desse modo, salário-maternidade para qualquer categoria de segurado não exige carência mínima de contribuições.</td></tr>
<tr><td>Período de recebimento</td><td>• Parto = 120 dias, podendo iniciar 28 dias antes do parto.
• Aborto não criminoso = duas semanas.
• Adoção ou guarda judicial para fins de adoção = 120 dias, independentemente da idade da criança.
• Falecimento da segurada ou do segurado no período da licença-maternidade = período restante entre a data do óbito e o último dia do término do salário-maternidade originário.
• ADI 6327 – prorrogação do salário-maternidade necessidade de prorrogar o benefício no caso de internação do recém-nascido ou da mãe, considerando como termo inicial da licença-maternidade e do respectivo salário-maternidade a alta hospitalar do recém-nascido e/ou de sua mãe, o que ocorrer por último.</td></tr>
<tr><td>Renda mensal inicial – valor</td><td>• Para o empregado = valor da última remuneração, limitado ao teto do ministro do STF.
• Para empregado com contrato intermitente = média aritmética simples das remunerações apuradas no período referente aos 12 meses que antecederem o parto, a adoção ou a obtenção da guarda para fins de adoção. Na hipótese de empregos intermitentes concomitantes, a média aritmética será calculada em relação a todos os empregos e será pago somente 01salário-maternidade.
• Para o trabalhador avulso = remuneração equivalente a um mês de trabalho, limitado ao teto do ministro do STF;
• Para o empregado doméstico = o último salário de contribuição, sujeito ao limite máximo correspondente;
• Para o contribuinte individual, facultativo (a) e desempregado(a) = 1/12 da soma dos últimos 12 salários de contribuição apurados em período não superior a quinze meses, limitado o valor ao teto máximo do salário de contribuição. Não poderá ser pago em valor inferior ao salário mínimo,
• Para o segurado especial = um salário mínimo.
• Para o cônjuge ou companheiro sobrevivente seguem-se as regras acima, considerando os salários de contribuição do segurado sobrevivente*.</td></tr>
<tr><td>Data de início do benefício (DIB)</td><td>• No caso de parto = 28 dias antes do parto OU a partir do dia do parto.
• Nos casos de aborto não criminoso e adoção = a partir da data do requerimento.
• No caso de segurado cônjuge ou companheiro(a) sobrevivente do segurado falecido que fazia jus ao salário-maternidade = data do óbito do(a) segurado(a), desde que requerido até o último dia previsto para o término do salário-maternidade originário.</td></tr>
</table>

Não pode acumular com	• Auxílio por incapacidade temporária; • aposentadoria por incapacidade permanente; • BPC – LOAS; • seguro-desemprego.
Responsável pelo pagamento	– para as empregadas, no caso de parto= a empresa pagará o benefício e será reembolsada do valor no momento do recolhimento de suas contribuições previdenciárias; – para as empregadas do MEI ou com contrato intermitente, em todos os casos = o pagamento é feito diretamente pela Previdência Social; – para todos os segurados em razão dos demais fatos geradores, incluindo as empregadas = o pagamento é feito diretamente pela Previdência Social; – super salário-maternidade = pagamento pela empresa com direito à compensação dos valores com as contribuições previdenciárias a pagar.
Pontos importantes	• Caso, no parto, ocorra nascimento de natimorto, haverá pagamento de salário-maternidade. • Se houver nascimento de um ou mais filhos, será pago apenas um salário-maternidade. • Se a mãe biológica, segurada do RGPS, tiver recebido salário-maternidade, não há óbice para conceder o benefício ao segurado ou segurada adotante. • O salário-maternidade não pode ser acumulado com benefício por incapacidade (auxílio por incapacidade temporária e aposentadoria por incapacidade permanente). • Para que o cônjuge ou companheiro tenha direito ao salário-maternidade após o falecimento do segurado ou da segurada é necessário que ele seja segurado do RGPS e se afaste do trabalho ou das atividades desempenhadas para cuidar do filho. • A licença-maternidade de 120 dias pode ser prorrogada por mais 60 dias na hipótese de adesão da empresa ao Programa Empresa Cidadã nos termos da Lei nº 11.770/2008.
Cessação do benefício	• No caso de parto = após 120 dias do início do benefício; • no caso de aborto não criminoso = após duas semanas; • no caso de adoção ou guarda judicial para fins de adoção de criança = após 120 dias do início do benefício; • no caso de salário-maternidade remanescente = após último dia do término previsto para o salário-maternidade originário.
Jurisprudência	• **ADI 6327** – prorrogação do salário-maternidade necessidade de prorrogar o benefício no caso de internação do recém-nascido ou da mãe, considerando como termo inicial da licença-maternidade e do respectivo salário-maternidade a alta hospitalar do recém-nascido e/ou de sua mãe, o que ocorrer por último. • **ADI 2110** – "É inconstitucional – por violar os princípios da isonomia, da razoabilidade e da proteção constitucional à maternidade – o período de carência (10 contribuições mensais) para a concessão do benefício de salário-maternidade exigido para algumas categorias de seguradas (Lei nº 8.213/1991, arts. 25, III, e 26, VI)."

Salário-maternidade complementar ou remanescente – Arts. 71-B e 71-C da Lei nº 8.213/91	
Contemplados	Cônjuge ou companheiro de segurado ou segurada que venha a falecer no período de licença-maternidade.
Requisitos	Falecimento da segurada ou segurado que fizer jus ao recebimento do salário-maternidade.
	Cônjuge ou companheiro sobrevivente deverá ser, também, segurado da Previdência Social.
	Cônjuge ou companheiro deverá se afastar do seu trabalho ou da atividade desempenhada para cuidar do filho.
Requerimento	Até o último dia do prazo previsto para o término do salário-maternidade originário.

Período de recebimento	Entre a data do óbito da segurada e o último dia do término do salário-maternidade originário
Renda mensal do benefício	As regras são as mesmas que são previstas para as seguradas, mas a remuneração ou o salário de contribuição a ser considerado será a do segurado sobrevivente.

PENSÃO POR MORTE	
Beneficiários	• Dependentes. • Dependentes da 1ª classe não precisam comprovar dependência econômica. • Equiparam-se ao filho, o menor sob tutela e o enteado, desde que comprovada dependência econômica em relação ao segurado. • **Tema 526, STF:** É incompatível com a Constituição Federal o reconhecimento de direitos previdenciários (pensão por morte) à pessoa que manteve, durante longo período e com aparência familiar, união com outra casada, porquanto o concubinato não se equipara, para fins de proteção estatal, às uniões afetivas resultantes do casamento e da união estável. • **Tema 529, STF:** A preexistência de casamento ou de união estável de um dos conviventes, ressalvada a exceção do artigo 1.723, § 1º, do Código Civil, impede o reconhecimento de novo vínculo referente ao mesmo período, inclusive para fins previdenciários, em virtude da consagração do dever de fidelidade e da monogamia pelo ordenamento jurídico-constitucional brasileiro.
Requisitos	• Óbito do segurado; • morte presumida declarada por decisão judicial.
Carência	• Não há carência mínima de contribuições exigida para qualquer dependente. • É devida para cônjuge/companheiro(a) ainda que tiver menos de 02 anos de casamento/união estável na data do óbito.
Renda mensal inicial (RMI)	**Regra geral:** • uma cota de 50% do valor da aposentadoria que o segurado recebia ou daquela a que teria direito se estivesse aposentado por incapacidade permanente na data de seu óbito, • acrescida de 10% por dependente até o máximo de 100%. **Quando houver algum dependente inválido, com deficiência mental, intelectual ou grave:** • 100% do valor da aposentadoria que o segurado recebia ou daquela a que teria direito se estivesse aposentado por incapacidade permanente na data de seu óbito. • **ADI 7051** – Julga constitucional a nova forma de cálculo da pensão por morte trazida pela Emenda Constitucional n. 103/2019.
Benefício devido a partir de	• Data do óbito, quando requerido em até 180 dias deste, para filhos menores de 16 anos. • Data do óbito, quando requerido em até 90 dias deste, para os demais dependentes. • Data do requerimento, quando superados os prazos acima mencionados. • Data da decisão judicial: quando se tratar de morte presumida.
Suspensão do benefício	• Quando o pensionista inválido não comparecer à perícia médica ou à convocação do INSS ou não se submeter ao processo de reabilitação profissional quando prescrito pela previdência social. O pensionista inválido que não tenha retornado à atividade estará isento do exame médico pericial periódico após completar 60 anos de idade.
Cessação do benefício	• **pela morte do pensionista;** • **ao completar 21 anos,** o filho, pessoa a ele equiparada ou irmão, salvo se inválido ou com deficiência intelectual ou mental ou com deficiência grave; • **pela cessação da invalidez** do filho ou do irmão inválido; • **pelo afastamento da deficiência** do filho ou do irmão com deficiência;

Cessação do benefício	• **pela adoção do filho que recebia pensão por morte dos pais biológicos, exceto** se for adotado pelo cônjuge ou companheiro(a) do outro(a). • **para o cônjuge, o companheiro ou a companheira**: **a) por decurso de prazo:** - após 04 meses, se **não tiver** o segurado, pelo menos, 18 contribuições mensais ou se o casamento ou a união estável tiverem sido iniciados há menos de 02 anos da data do óbito do segurado, salvo se a morte decorrer de acidente de qualquer natureza ou doença profissional ou do trabalho; - após 03, 06, 10, 15, 20 anos ou de forma vitalícia, conforme tabela já demonstrada, se o segurado **tiver** 18 ou mais contribuições e o casamento ou a união estável tiverem sido iniciados há, pelo menos, 02 anos da data do óbito do segurado ou se a morte decorrer de acidente de qualquer natureza ou doença profissional ou do trabalho. b) **pela cessação da invalidez**, respeitados os períodos mínimos descritos na letra "a".
Não se acumula com	• outra pensão de cônjuge/companheiro(a), podendo optar pela mais vantajosa; • auxílio-inclusão; • BPC – LOAS.
Pontos importantes	• Perde o direito à pensão por morte o condenado criminalmente por sentença transitada em julgado, como autor, coautor ou partícipe de homicídio doloso, ou de tentativa desse crime, cometido contra a pessoa do segurado, ressalvados os absolutamente incapazes e os inimputáveis. • O cônjuge, o companheiro ou a companheira, perderá a pensão por morte se, comprovada, a qualquer tempo, simulação ou fraude no casamento ou na união estável, ou a formalização desses com o fim exclusivo de constituir benefício previdenciário, apuradas em processo judicial no qual será assegurado o direito ao contraditório e à ampla defesa. • O exercício de atividade remunerada, inclusive na condição de microempreendedor individual, não impede a concessão ou manutenção da parte individual da pensão do dependente com deficiência intelectual ou mental ou com deficiência grave. • A pensão não se acumula com pensão deixada por cônjuge ou companheira, dando-se o direito à opção pela mais vantajosa. • O casamento do(a) cônjuge ou do(a) companheiro(a) após a concessão do benefício não faz cessar a pensão por morte. • O recebimento de pensão por morte não impede o pagamento de seguro-desemprego quando o dependente tiver direito. • Segundo entendimento do STJ (súmula 336), a mulher que renunciou aos alimentos na separação judicial ou divórcio, poderá ter direito à pensão por morte, se comprovada a dependência econômica superveniente.
Jurisprudência	• **Tema 526, STF** – *É incompatível com a Constituição Federal o reconhecimento de direitos previdenciários (pensão por morte) à pessoa que manteve, durante longo período e com aparência familiar, união com outra casada, porquanto o concubinato não se equipara, para fins de proteção estatal, às uniões afetivas resultantes do casamento e da união estável.* • **STJ, súmula 336** – A *mulher que renunciou aos alimentos na separação judicial ou divórcio, poderá ter direito à pensão por morte, se comprovada a dependência econômica superveniente.* • **STJ, súmula 340:** A lei aplicável à concessão de pensão previdenciária por morte é aquela vigente na data do óbito do segurado. • **STJ, súmula 416:** É devida a pensão por morte aos dependentes do segurado que, apesar de ter perdido essa qualidade, preencheu os requisitos legais para a obtenção de aposentadoria até a data do seu óbito.

AUXÍLIO-RECLUSÃO	
Beneficiários	• Dependentes. • Dependentes da 1ª classe não precisam comprovar dependência econômica. • Equiparam-se ao filho, o menor sob tutela e o enteado, desde que comprovada dependência econômica em relação ao segurado.
Requisitos	1) Recolhimento do segurado à prisão para cumprir pena em regime fechado. 2) Não pode o segurado estar recebendo auxílio por incapacidade temporária, salário-maternidade, pensão por morte, aposentadorias, abono de permanência em serviço ou remuneração de empresa. 3) Baixa renda= média dos salários de contribuição nos 12 meses anteriores à data da prisão de valor igual ou menor que R$ 1.819,26 em 2024 – (Portaria MPS/MF nº 02/2024). – Pode ser concedido quando a prisão for provisória. – O cumprimento de pena em prisão domiciliar não impede o recebimento do benefício de auxílio-reclusão pelo(s) dependente(s) se o regime previsto for o fechado. – Não cabe em caso de cumprimento de pena em regime semiaberto ou aberto. – Não cabe no caso de prisão civil.
Carência	• **24 contribuições mensais.**
Renda mensal inicial – RMI	• 01 salário mínimo.
Data de início do benefício – DIB	• Data do recolhimento à prisão, quando requerido em até 180 dias após esta para os filhos menores de 16 anos. • Data do recolhimento à prisão, quando requerido em até 90 dias após esta para os demais dependentes. • Data do requerimento, quando superados os prazos acima mencionados.
Suspensão do benefício	• Em caso de fuga. • No caso de o dependente não apresentar o atestado trimestral emitido pela autoridade competente. • No caso de o segurado deixar a prisão por livramento condicional ou para cumprir pena em regime semiaberto ou aberto.
Cessação do benefício	• No caso de fuga (IN INS n. 128/2022) • Quando o dependente perde essa qualidade de beneficiário; • quando o segurado passa a receber aposentadoria; • quando o segurado morre; • na data da soltura; • **pela morte do beneficiário;** • **ao completar 21 anos,** o filho, pessoa a ele equiparada ou irmão, salvo se inválido ou com deficiência intelectual, mental ou grave; • **pela cessação da invalidez** do filho ou do irmão inválido; • **pela adoção do filho que recebia pensão por morte dos pais biológicos, exceto** se for adotado pelo cônjuge ou companheiro(a) do outro(a). • **para o cônjuge, o companheiro ou a companheira**: **a) por decurso de prazo:** - após 04 meses, se **não tiver** o segurado, pelo menos, 18 contribuições mensais ou se o casamento ou a união estável tiverem sido iniciados há menos de 02 anos da data da reclusão do segurado; - após 03, 06, 10, 15, 20 anos, conforme tabela já demonstrada, se o segurado **tiver** 18 ou mais contribuições e o casamento ou a união estável tiverem sido iniciados há, pelo menos, 02 anos da data da reclusão do segurado. b) **pela cessação da invalidez**, respeitados os períodos mínimos descritos na letra "a". - Esses períodos de gozo do auxílio-reclusão serão observados, desde que não haja, ANTES, outra causa de cessação do benefício.
Pontos importantes	• Equipara-se à condição de recolhido à prisão a situação do maior de 16 e menor de 18 anos que se encontre internado em estabelecimento educacional ou congênere, sob custódia do Juizado da Infância e da Juventude, desde que, obviamente, segurado do RGPS. • O exercício de atividade remunerada, inclusive na condição de microempreendedor individual, não impede a concessão ou manutenção da parte individual da pensão do dependente com deficiência intelectual ou mental ou com deficiência grave.

- O abono anual é o valor devido ao segurado e ao dependente que, durante o ano, recebeu benefício previdenciário. Todo beneficiário que recebeu, durante o ano, auxílio por incapacidade temporária, auxílio-acidente, aposentadoria, salário-maternidade, pensão por morte ou auxílio-reclusão terá direito de receber o chamado abono anual que será calculado da mesma forma que a gratificação natalina dos trabalhadores. É o valor equivalente "ao 13° salário" pago pelo INSS aos beneficiários do RGPS. Será calculado, da mesma forma que a Gratificação de Natal dos trabalhadores, tendo por base o valor da renda mensal do benefício do mês de dezembro de cada ano. Imperioso chamar a atenção do leitor de que o benefício assistencial pago à pessoa idosa e ao deficiente não gera direito ao recebimento de abono anual.
- Benefícios que **não** podem ser recebidos conjuntamente:

Benefícios que não podem ser recebidos conjuntamente	• auxílio por incapacidade temporária e aposentadoria; • auxílio por incapacidade temporária e auxílio-acidente quando a causa for a mesma para ambos os benefícios; • salário-maternidade e benefícios por incapacidade; • mais de uma aposentadoria no RGPS; • aposentadoria e abono de permanência em serviço; • mais de um auxílio-acidente, podendo optar pelo mais vantajoso; • mais de uma pensão deixada por cônjuge ou companheiro, ressalvado o direito de opção pela mais vantajosa. • salário-maternidade para segurados quando adotantes da mesma criança. Somente um deles poderá receber. • benefícios da seguridade social e BPC-LOAS, exceto assistência médica e pensão especial de natureza indenizatória; • auxílio-acidente e BPC-LOAS; • auxílio-inclusão com benefícios por incapacidade, aposentadoria, pensões, seguro-desemprego e BPC-LOAS.

- Os serviços assegurados pelo RGPS são o serviço social e a reabilitação profissional.
- As ações profissionais do serviço social do INSS visam esclarecer o usuário sobre seus direitos sociais e os meios de exercê-los, possibilitando a solução de problemas dentro ou fora do contexto previdenciário.
- A reabilitação profissional visa proporcionar aos beneficiários, incapacitados parcial ou totalmente para o trabalho, em caráter obrigatório, independentemente de carência, e às pessoas portadoras de deficiência, os meios indicados para proporcionar o reingresso no mercado de trabalho e no contexto em que vivem.
- A reabilitação profissional compreende:
  a) o fornecimento de aparelho de prótese, órtese e instrumentos de auxílio para locomoção quando a perda ou redução da capacidade funcional puder ser atenuada por seu uso e dos equipamentos necessários à habilitação e reabilitação social e profissional;
  b) a reparação ou a substituição dos aparelhos mencionados no inciso anterior, desgastados pelo uso normal ou por ocorrência estranha à vontade do beneficiário;
  c) o transporte do acidentado do trabalho, quando necessário.
- Toda empresa com 100 ou mais empregados está obrigada a preencher 2 a 5% de seus cargos com beneficiários reabilitados ou pessoas portadoras de deficiência, habilitadas, na seguinte proporção:

Número de empregados	% obrigatória de reabilitados ou portadores de deficiência
de 100 a 200	2%
de 201 a 500	3%
de 501 a 1000	4%
acima de 1000	5%

- A dispensa de pessoa com deficiência ou de beneficiário reabilitado da Previdência Social ao final de contrato por prazo determinado de mais de 90 (noventa) dias e a dispensa imotivada em contrato por prazo indeterminado somente poderão ocorrer após a contratação de outro trabalhador com deficiência ou beneficiário reabilitado da Previdência Social.

8. SEGURO-DESEMPREGO[1]

- É devido seguro-desemprego ao trabalhador:

A) dispensado sem justa causa;

B) cujo contrato de trabalho foi suspenso em virtude de participação em curso ou programa de qualificação oferecido pelo empregador;

C) pescador profissional durante o período em que a pesca é proibida devido à procriação das espécies;

D) resgatado da condição análoga à de escravidão.

- É devido seguro-desemprego ao empregado doméstico que, vinculado ao FGTS, for demitido sem justa causa, no valor de um salário mínimo por 03 meses.
- Requisitos para a obtenção do seguro-desemprego
- EMPREGADO:

I. ter recebido salários de pessoa jurídica ou pessoa física a ela equiparada:

A) pelo menos 12 (doze) meses nos últimos 18 (dezoito) meses imediatamente anteriores à data da dispensa, quando da primeira solicitação;

B) pelo menos 09 (nove) meses nos últimos 12 (doze) meses imediatamente anteriores à data da dispensa, quando da segunda solicitação; e

C) a cada um dos seis meses imediatamente anteriores à data da dispensa quando das demais solicitações;

II. não estar em gozo de qualquer benefício previdenciário de prestação continuada, previsto no Regulamento dos Benefícios da Previdência Social, excetuado o auxílio-acidente e o auxílio suplementar previstos na Lei nº 6.367, de 19 de outubro de 1976, bem como o abono de permanência em serviço previsto na Lei nº 5.890, de 8 de junho de 1973, a pensão por morte e o auxílio-reclusão;

III. não estar em gozo do auxílio-desemprego; e

IV. não possuir renda própria de qualquer natureza suficiente à sua manutenção e de sua família.

V. matrícula e frequência, quando aplicável, nos termos do regulamento, em curso de formação inicial e continuada ou de qualificação profissional habilitado pelo Ministério da Educação, nos termos do art. 18 da Lei no 12.513, de 26 de outubro de 2011, ofertado por meio da Bolsa-Formação Trabalhador concedida no âmbito do Programa Nacional de Acesso ao Ensino Técnico e Emprego (Pronatec), instituído pela Lei no 12.513, de 26 de outubro de 2011, ou de vagas gratuitas na rede de educação profissional e tecnológica.

1. Considerando as alterações trazidas pela Lei nº 13.134/2015.

- PESCADOR ARTESANAL[2]

I. Ter registro como Pescador Profissional, categoria artesanal, devidamente atualizado no Registro Geral da Pesca – RGP –, emitido pelo Ministério da Pesca e Aquicultura, com antecedência mínima de 01 ano, contados da data do requerimento do benefício;

II. apresentar ao INSS cópia do documento fiscal de venda do pescado a empresa adquirente, consumidora ou consignatária da produção, em que conste, além do registro da operação realizada, o valor da respectiva contribuição previdenciária ou comprovante do recolhimento da contribuição previdenciária, caso tenha comercializado sua produção a pessoa física;

V. não estar em gozo de benefício de nenhum benefício decorrente de programa de transferência de renda com condicionalidades ou de benefício de prestação continuada da Assistência Social ou da Previdência Social, , exceto pensão por morte, auxílio-acidente e transferências de renda de que tratam o *parágrafo único do art. 6º* e o *inciso VI do **caput** do art. 203 da Constituição Federal*[3] e o ***caput*** e o *§ 1º do art. 1º da Lei nº 10.835, de 8 de janeiro de 2004*[4].

VI. comprovar o exercício profissional da atividade de pesca artesanal objeto do defeso e que se dedicou à pesca, em caráter ininterrupto, durante o período compreendido entre o defeso anterior e o em curso, ou nos doze meses imediatamente anteriores ao do defeso em curso, o que for menor o defeso anterior e o em curso; e

VII. não ter outra fonte de renda diversa da decorrente da atividade pesqueira.

- O pescador profissional artesanal não fará jus a mais de um benefício de seguro-desemprego no mesmo ano decorrente de defesos relativos a espécies distintas.
- O INSS, no ato da habilitação ao benefício, deverá verificar a condição de segurado pescador artesanal e o pagamento da contribuição previdenciária, nos últimos doze meses imediatamente anteriores ao requerimento do benefício ou desde o último período de defeso até o requerimento do benefício, o que for menor.

2. Considerando as alterações trazidas pela Lei nº 13.134/2015.

3 Transferências de renda para reduzir a situação de vulnerabilidade socioeconômica de famílias em situação de pobreza ou de extrema pobreza.

4 Renda básica de cidadania.

- O INSS deverá divulgar mensalmente lista com todos os beneficiários que estão em gozo do seguro-desemprego no período de defeso, detalhados por localidade, nome, endereço e número e data de inscrição no RGP.
- **EMPREGADO DOMÉSTICO**
- O empregado doméstico dispensado sem justa causa, a partir de junho de 2001, deverá comprovar:

- ter trabalhado como empregado doméstico pelo menos 15 meses, nos últimos 24 meses;
- estar inscrito como Contribuinte Individual da Previdência Social e em dia com as contribuições;
- não estar recebendo nenhum benefício da Previdência Social, como aposentadoria e auxílio-doença, exceto auxílio-acidente, pensão por morte e auxílio-reclusão;
- não possuir renda própria para seu sustento e de sua família;
- ter, no mínimo, 15 recolhimentos no FGTS, como empregado doméstico.
- Com a redação nova do parágrafo único do art. 7º da Constituição Federal, trazida pela Emenda Constitucional nº 72/2013, o empregado doméstico passou a ter o direito ao depósito de FGTS e seguro-desemprego. A regulamentação desse direito somente veio anos depois com a publicação da Lei Complementar nº 150/2015.

- O seguro-desemprego poderá ser suspenso:

- admissão do trabalhador em novo emprego;
- início de percepção de benefício d prestação continuada da Previdência Social, exceto auxílio-acidente, auxílio-suplementar e abono de permanência em serviço;
- início de percepção de auxílio-desemprego.

- **TRABALHADOR RESGATADO**
- Há a possibilidade de recebimento do seguro-desemprego no caso de empregado resgatado de regime de trabalho forçado ou da condição análoga à escravidão.
- O trabalhador que vier a ser identificado como submetido a regime de trabalho forçado ou reduzido a condição análoga à de escravo, em decorrência de ação de fiscalização do Ministério do Trabalho e Emprego será dessa situação resgatado e terá direito à percepção de três parcelas de seguro-desemprego no valor de 01 (um) salário mínimo cada.

  São requisitos para o recebimento do benefício para os empregados resgatados do regime de **trabalho escravo**:

  o comprovar o resgate do regime de trabalho escravo ou da condição análoga à escravidão;

  o não receber nenhum benefício da Previdência Social, exceto auxílio-acidente e pensão por morte;

  o não possuir renda própria para seu sustento e de sua família;

  o pedido realizado até 90 dias após o resgate.

- Será vedado o recebimento do mesmo benefício, em situação similar, nos 12 (doze) meses seguintes à percepção da última parcela.
- **HIPÓTESES DE SUSPENSÃO DO SEGURO-DESEMPREBO:**

  ➢ admissão do trabalhador em novo emprego;

  ➢ início de percepção de benefício de prestação continuada da Previdência Social, exceto o auxílio-acidente, o auxílio suplementar e o abono de permanência em serviço;

  ➢ início de percepção de auxílio-desemprego;

  ➢ recusa injustificada por parte do trabalhador desempregado em participar de ações de recolocação de emprego, conforme regulamentação do Codefat.

- **HIPÓTESES DE CANCELAMENTO DO SEGURO-DESEMPREGO:**

- recusa, por parte do trabalhador desempregado, de outro emprego condizente com sua qualificação e remuneração anterior;
- por comprovação de falsidade na prestação das informações necessárias à habilitação;
- por comprovação de fraude visando à percepção indevida do benefício do seguro-desemprego ou
- por morte do segurado.

- É vedado o recebimento conjunto do seguro-desemprego com qualquer benefício de prestação continuada da Previdência Social, EXCETO:
- Pensão por morte
- Auxílio-reclusão
- Auxílio-acidente
- Auxílio suplementar
- Abono de permanência de serviço

<table>
<tr><td rowspan="2">Prazo mínimo para ter direito ao Seguro – desemprego</td><td>Empregados –
1ª solicitação: pelo menos 12 meses nos últimos 18 meses imediatamente anteriores à data da dispensa;
2ª solicitação pelo menos 09 meses nos últimos 12 meses imediatamente anteriores à data da dispensa;
Demais solicitações: a cada um dos 06 meses imediatamente anteriores à data da dispensa.</td></tr>
<tr><td>Empregados Domésticos: período mínimo de trabalho de 15 meses nos últimos 24 meses contados da dispensa sem justa causa.</td></tr>
</table>

- Inscreve-se na competência material da Justiça do Trabalho a lide entre empregado e empregador tendo por objeto indenização pelo não fornecimento das guias do seguro-desemprego.

9. DA DECADÊNCIA E PRESCRIÇÃO EM RELAÇÃO AOS BENEFÍCIOS PREVIDENCIÁRIOS

- O direito ao benefício previdenciário não decai nem prescreve.
- **É de dez anos o prazo de decadência** de todo e qualquer direito ou ação do segurado ou beneficiário para a revisão do ato de concessão de benefício, a contar do dia primeiro do mês seguinte ao do recebimento da primeira prestação ou, quando for o caso, do dia em que tomar conhecimento da decisão indeferitória definitiva no âmbito administrativo.
- **Prescreve em cinco anos**, a contar da data em que deveriam ter sido pagas, toda e qualquer ação para haver prestações vencidas ou quaisquer restituições ou diferenças devidas pela Previdência Social, salvo o direito dos menores, incapazes e ausentes, na forma do Código Civil.

10. FINANCIAMENTO DA SEGURIDADE SOCIAL – PARTE CONSTITUCIONAL

- As contribuições sociais que vão financiar a Seguridade Social ostentam natureza jurídica tributária.
- Observe o quadro esquematizado a respeito das contribuições da Seguridade Social que tem a União competência para instituir através de lei ordinária ou medida provisória:

Das Contribuições Sociais de Financiamento da Seguridade Social (art. 195, CF)	Do empregador, da empresa e da entidade a ela equiparada (art. 195, I, CF): • Sobre a folha de salário e demais rendimentos pagos ou creditados, a qualquer título, à pessoa física que lhe preste serviço, mesmo sem vínculo empregatício (art. 195, I, a, CF). • Sobre a receita ou faturamento (art. 195, I, b, CF) • Sobre o lucro (art. 195, I, c, CF)
	Do trabalhador e dos demais segurados do Regime Geral de Previdência Social (art. 195, II, CF)
	Sobre a receita de concursos de prognósticos (art. 195, III, CF)
	Do importador de bens ou serviços do exterior, ou de quem a lei a ele equiparar (art. 195, IV, CF). Sobre bens e serviços, nos termos de lei complementar (art. 195, V, CF)

- A União poderá, ainda, criar novas contribuições sociais além daquelas que já se encontram previstas no texto constitucional. Trata-se, no caso, da competência residual tributária e, por isso, as novas contribuições sócias são, muitas vezes, chamadas, de contribuições residuais da Seguridade Social.
- Para melhor compreensão, as contribuições residuais da seguridade social devem ser criadas, observando o disposto no art. 195, § 4º da CF:

Nova contribuição da Seguridade Social deve observar (art. 195, § 4º, CF)	Ser criada por lei complementar
	Ser não cumulativa
	Não ter fato gerador ou base de cálculo das contribuições sociais já discriminadas na CF.

- Todas as contribuições sociais de financiamento da Seguridade Social devem respeitar o **princípio da noventena ou do prazo nonagesimal.** Suas cobranças somente serão legítimas após decorridos noventa dias após a publicação da lei que as instituiu ou as modificou.
- As contribuições sociais de financiamento da Seguridade Social não precisam respeitar o princípio da anterioridade comum. Assim, não é preciso aguardar o exercício financeiro seguinte para que sejam cobradas quando da sua instituição ou majoração.
- É possível a **diferenciação de alíquota** das contribuições das empresas sobre a folha de pagamento e demais rendimentos, sobre a receita e sobre o lucro, em razão da atividade econômica, da utilização intensiva de mão de obra, do porte da empresa ou da condição estrutural do mercado de trabalho (art. 195, § 9º, CF).
- É possível a **diferenciação de base de cálculo somente** das contribuições das empresas sobre a receita e sobre o lucro, em razão da atividade econômica, da utilização intensiva de mão de obra, do porte da empresa ou da condição estrutural do mercado de trabalho (art. 195, § 9º, CF).
- A pessoa jurídica em débito com o sistema da Seguridade Social não poderá contratar com o Poder Público, nem dele receber benefícios ou incentivos fiscais ou creditícios (art. 195, § 3º, CF).

- São isentas de contribuição para a seguridade social as entidades beneficentes de assistência social que atendam às exigências estabelecidas em lei. Trata-se de imunidade tributária por ser regramento constitucional.
- Os proventos de pensão e aposentadorias concedidos pelo RGPS não terão incidência de contribuição social.
- No âmbito federal, o orçamento da seguridade social é composto das seguintes receitas:

Orçamento da Seguridade Social	**Receitas da União**	Recursos adicionais do orçamento fiscal, fixados na Lei Orçamentária Anual.
	Receitas das contribuições sociais	– das empresas, incidentes sobre a remuneração paga ou creditada aos segurados a seu serviço;
		– dos empregadores domésticos;
		– dos segurados e trabalhadores sobre o seu salário de contribuição;
		– das empresas sobre o lucro e sobre a receita ou o faturamento;
		– incidentes sobre a receita de concursos de prognósticos;
		– do importador ou a quem a lei o equiparar;
		– sobre bens e serviços, nos termos de lei complementar.
Orçamento da Seguridade Social	**Receitas de outras fontes**	As multas, a atualização monetária e os juros moratórios;
		A remuneração recebida por serviços de arrecadação, fiscalização e cobrança prestados a terceiros;
		As receitas provenientes de prestação de outros serviços e de fornecimento ou arrendamento de bens;
		As demais receitas patrimoniais, industriais e financeiras;
		As doações, legados, subvenções e outras receitas eventuais;
		50% (cinquenta por cento) dos valores obtidos e aplicados na forma do parágrafo único do art. 243 da Constituição Federal;
		40% (quarenta por cento) do resultado dos leilões dos bens apreendidos pelo Departamento da Receita Federal;
		Outras receitas previstas em legislação específica.

11. SALÁRIO DE CONTRIBUIÇÃO

- Salário de contribuição é a expressão que quantifica a base de cálculo da contribuição previdenciária dos segurados da previdência social. É a base de cálculo da contribuição previdenciária dos segurados, à exceção do segurado especial.
- Veja o quadro abaixo acerca do conceito de salário de contribuição para cada tipo de segurado do RGPS:

SEGURADO	SALÁRIO DE CONTRIBUIÇÃO
Empregado e Trabalhador Avulso	A remuneração auferida em uma ou mais empresas, assim entendida a totalidade dos rendimentos pagos, devidos ou creditados a qualquer título, durante o mês, destinados a retribuir o trabalho, qualquer que seja a sua forma, inclusive as gorjetas, os ganhos habituais sob a forma de utilidades e os adiantamentos decorrentes de reajuste salarial, quer pelos serviços efetivamente prestados, quer pelo tempo à disposição do empregador ou tomador de serviços nos termos da lei ou do contrato ou, ainda, de convenção ou acordo coletivo de trabalho ou sentença normativa.
Empregado Doméstico	A remuneração registrada na Carteira de Trabalho e Previdência Social, observadas as normas a serem estabelecidas em regulamento para comprovação do vínculo empregatício e do valor da remuneração.
Contribuinte Individual	A remuneração auferida em uma ou mais empresas ou pelo exercício de sua atividade por conta própria, durante o mês, observado o limite máximo estabelecido por Portaria Interministerial dos Ministérios da Previdência Social e da Fazenda*.
Segurado Facultativo	O valor por ele declarado, observado os limites mínimo e máximo estabelecido por Portaria Interministerial dos Ministérios da Previdência Social da Fazenda**.

SEGURADO	SALÁRIO DE CONTRIBUIÇÃO
*. Limite máximo de R$ 7.786,02 (. Valor reajustado pela Portaria do Interministerial MPS/MF nº 02/2024. **.A partir de 1º de janeiro de 2024, o salário de contribuição não poderá ser inferior a R$ 1.412,00 (nem superior a R$ 7.786,02. Valor reajustado pela Portaria Interministerial MPS/MF nº 02/2024.	

- Limites mínimos do salário de contribuição:
  - **Para empregado, empregado doméstico e trabalhador avulso** = o piso salarial legal ou normativo da categoria ou, inexistindo este, ao salário mínimo, tomado no seu valor mensal, diário ou horário, conforme o ajustado e o tempo de trabalho efetivo durante o mês.
  - **Para o contribuinte individual e o segurado facultativo** = o salário mínimo no seu valor mensal.
- **Limite máximo do salário de contribuição**:
  - Valor fixado por Portaria Interministerial – Ministérios da Previdência Social e da Fazenda;
  - Mesmo valor para todos os segurados;
  - Reajustado na mesma data e com mesmo índice do reajustamento dos benefícios previdenciários – INPC.
- O segurado especial contribui sobre o valor da receita bruta da comercialização da produção e, não sobre o salário de contribuição.
- O 13º salário é considerado salário de contribuição e, sobre ele, em qualquer hipótese, recairá a contribuição previdenciária. Haverá a incidência da contribuição previdenciária sobre a parcela do 13º salário quando ele for pago no curso do contrato do trabalho ou, mesmo, sobre o 13º salário proporcional pago no momento do desligamento do emprego.
- O 13º salário não integra o cálculo do salário de benefício.
- Salário-maternidade é salário de contribuição, para fins somente da contribuição do segurado.
- **STF julgou inconstitucional a contribuição do empregador sobre o salário-maternidade (Tema 72).**
- Incide contribuição previdenciária sobre os valores pagos a título de salário-paternidade.
- A verba relativa a "quebra de caixa" possui natureza salarial e sobre ela incide contribuição previdenciária[5].
- Observe a tabela a seguir acerca das parcelas integrantes e não integrantes do salário de contribuição, de forma exemplificativa:

Parcelas pagas, devidas ou creditadas, de acordo com a legislação	SALÁRIO DE CONTRIBUIÇÃO	
	SIM	NÃO
Salário	X	
Horas extras	X	
Comissões e percentagens	X	
Gorjetas	X	
Gratificações legais	X	
Adicional de insalubridade e de periculosidade	X	
Adicional noturno	X	
Adicional de tempo de serviço	X	
Adicional de transferência	X	
Adicional de quebra de caixa	X	
Férias gozadas	X	
Adicional de 1/3 sobre as férias gozadas	X[1]	
Férias indenizadas		X
Adicional de 1/3 sobre as férias indenizadas		X
13º salário	X	
13º salário proporcional	X	
13º salário referente a 1/12 do aviso prévio indenizado	X	
Aviso prévio trabalhado	X	
Aviso prévio indenizado		X
Gratificações de desempenho pagas habitualmente	X	
Diárias para viagens		X
Participação nos lucros ou resultados		X[2]
Distribuição de lucros e dividendos		X
Salário-maternidade	X[3]	
Licença-paternidade	X[4]	
Aposentadorias e pensões pagas pelo RGPS		X[5]

5. EREsp 1.467.095-PR, Rel. Min. Mauro Campbell Marques, Rel. para acórdão Min. Og Fernandes, por maioria, julgado em 10/5/2017, DJe 6/9/2017 (Informativo STJ nº 610).

Parcelas pagas, devidas ou creditadas, de acordo com a legislação	SALÁRIO DE CONTRIBUIÇÃO	
	SIM	NÃO
Benefícios pagos pelo RGPS, exceto salário-maternidade		X[6]
Vale-transporte ainda que pago em dinheiro		X[7]
Auxílio-alimentação, vedado o seu pagamento em dinheiro		X
Auxílio-alimentação pago em dinheiro	X[8]	
Valor descontado do empregado para custeio de vale-alimentação e vale-transporte	X[9]	
Auxílio-creche e reembolso babá		X
Previdência privada complementar: valor das contribuições pago pela pessoa jurídica, desde que disponível à totalidade dos empregados e dos dirigentes da empresa.		X
O valor relativo à assistência prestada por serviço médico ou odontológico, próprio da empresa ou por ela conveniado, inclusive o reembolso de despesas com medicamentos, óculos, aparelhos ortopédicos, próteses, órteses, despesas médico-hospitalares e outras similares.		X
Complemento de auxílio-doença, desde que extensivo à totalidade dos empregados da empresa		X
Plano de educação		X
Bolsa de estágios		X
Bolsa de estudos		X
Pró-labore dos sócios	X	
Pagamento de multa sobre o FGTS em caso de demissão		X
Ajuda de custo para mudança paga em única parcela		X
Seguro de vida em grupo		X
Abono do PIS		X
Programa de demissão voluntária		X
Direitos autorais		X
Valores despendidos com ministros de confissão religiosa		X
Vale-cultura		X

Parcelas pagas, devidas ou creditadas, de acordo com a legislação	SALÁRIO DE CONTRIBUIÇÃO	
	SIM	NÃO
Abonos e prêmios, ainda que pagos habitualmente.		X[10]
Bolsa-atleta		X
Indenização pela supressão de intervalo intrajornada		X
Stock Option		X
Licença-prêmio indenizada		X

1. STF julgou o tema 985, fixando a tese de que é legítima a incidência de contribuição social sobre o valor satisfeito a título de terço constitucional de férias.

2. Se a distribuição dos lucros não estiver de acordo com a legislação específica, haverá incidência da contribuição previdenciária. Se o pagamento de PLR for feito em periodicidade inferior a um trimestre civil e mais de duas vezes no mesmo ano, os valores serão considerados parcelas integrantes do salário de contribuição.

3. STF ao julgar, em sede de repercussão geral, o tema 72, considerou inconstitucional a contribuição do empregador sobre o salário-maternidade. Receita Federal entende que permanece a legitimidade da contribuição do segurado sobre o salário-maternidade.

4. Com o julgamento do REsp1.230.957-RS (Rel. Min. Mauro Campbell Marques, julgado em 26/2/2014. Informativo nº 536), entendeu-se que incide contribuição previdenciária a cargo da empresa sobre os valores pagos a título de licença-paternidade. Tema 740, julgado em sede de recurso repetitivo.

5. Há imunidade tributária (art. 195, II, CF).

6. Receita Federal entende que permanece a legitimidade da contribuição do segurado sobre o salário-maternidade.

7. Segundo entendimento do STF e Súmula nº 60 da AGU, o vale-transporte, mesmo pago em dinheiro, não terá incidência de contribuição previdenciária. O Regulamento da Previdência Social se curvou a esse entendimento.

8. Tema 1164, STJ, recursos repetitivos

9. REsp 2.033.904-RS, entendimento firmado pelo STJ.

10. Consideram-se prêmios as liberalidades concedidas pelo empregador em forma de bens, serviços ou valor em dinheiro a empregado ou a grupo de empregados, em razão de desempenho superior ao ordinariamente esperado no exercício de suas atividades.

- Não se considera como remuneração direta ou indireta, os valores despendidos pelas entidades religiosas e instituições de ensino vocacional com ministro de confissão religiosa, membros de instituto de vida consagrada, de congregação ou de ordem religiosa em face do seu mister ou para sua subsistência desde que fornecidos em condições que independam da natureza e da quantidade do trabalho executado. (art. 22, § 13 da Lei nº 8.212/91).

12. DA CONTRIBUIÇÃO DOS SEGURADOS

- A contribuição dos segurados empregado, empregado doméstico e trabalhador avulso é calculada por meio da aplicação da alíquota correspondente, de forma progressiva, sobre o seu salário de contribuição.
- Confira a tabela com valores atualizados a partir de 01 de janeiro de 2022, pela Portaria Interministerial MTP/ME nº 12/2022:
- Na tabela que se segue, estão colocadas as faixas do salário de contribuição e as alíquotas incidentes. X e Y são valores que sofrem reajuste anual pelo mesmo índice de reajustamento dos benefícios previdenciários – INPC:

Salário de contribuição (R$)	Alíquota para fins de contribuição previdenciária
até 01 salário mínimo	7,50%
Acima de 01 salário mínimo até X	9,00%
Acima de X até Y	12,00%
Acima de Y até até o limite máximo do salário de contribuição estabelecido pelos Ministérios da Previdência Social e da Fazenda	14,00%

- Os empregados, os empregados domésticos e trabalhadores avulsos não têm a obrigação de recolher suas contribuições previdenciárias diretamente à União, embora sejam contribuintes. A contribuição será descontada (retida) pelos empregadores ou tomadores de serviços que ficarão com a responsabilidade de repassar aos cofres da União. Gozam de presunção de recolhimento das contribuições previdenciárias.
- A contribuição do contribuinte individual incide sobre o seu salário de contribuição de acordo com o quadro abaixo:

CONTRIBUINTE INDIVIDUAL	ALÍQUOTA	RESPONSÁVEL PELO RECOLHIMENTO
Contribuinte Individual que presta serviços por conta própria	20%*	Contribuinte individual
Contribuinte Individual que presta serviços a outro contribuinte individual equiparado a empresa ou a produtor rural ou a missão diplomática e repartição consular de carreira estrangeira.	20%	Contribuinte individual
Contribuinte individual que opta pelo regime especial de inclusão previdenciária (base de cálculo = 01 salário-mínimo).	11%	Contribuinte individual
Contribuinte Individual que presta serviços às empresas em geral	11%**	Contribuição a ser DESCONTADA (retida) pela EMPRESA.
Contribuinte Individual que presta serviços à entidade beneficente e assistência social isenta das contribuições sociais	20%	Contribuição a ser DESCONTADA (retida) pela ENTIDADE BENEFICIENTE.
MEI – Microempreendedor Individual (base de cálculo = 01 salário-mínimo)	5%	Recolhimento próprio

*. * A base de cálculo da contribuição previdenciária do transportador rodoviário autônomo é de 20% sobre o valor total do frete ou do valor do serviço prestado.

**.O contribuinte individual que for contratado por pessoa jurídica obrigada a proceder à arrecadação e ao recolhimento da contribuição por ele devida, cuja remuneração recebida ou creditada no mês, por serviços prestados a ela, for inferior ao limite mínimo do salário de contribuição, é obrigado a complementar a sua contribuição mensal, diretamente, mediante a aplicação da alíquota de 20% sobre o valor resultante da seguinte diferença: (01 salário mínimo – Remuneração mensal).

- O contribuinte individual que optar por recolher 11% sobre o limite mínimo mensal do salário de contribuição (01 salário mínimo) fica excluído do direito ao benefício de aposentadoria por tempo de contribuição. Não poderá, também, utilizar esse tempo para contagem recíproca de tempo de contribuição. É a opção pelo regime simplificado previdenciário.
- A contribuição do segurado facultativo será de 20% sobre o seu salário de contribuição. O segurado poderá escolher, a cada mês, o valor do seu salário de contribuição, observando apenas que não poderá ser inferior ao valor do salário-mínimo nem superior ao valor máximo[6] fixado em Portaria Interministerial dos Ministérios da Previdência Social e da Fazenda.
- Caso o segurado facultativo seja de baixa renda terá uma alíquota menor a título de contribuição, devendo observar a tabela abaixo:

Contribuição do segurado facultativo	Alíquota/base de cálculo
Contribuição básica	20% sobre o salário de contribuição declarado por ele, observados os limites mínimo e máximo estabelecidos por Portaria Interministerial.
Segurado facultativo que opta pelo regime especial de inclusão previdenciária	11% sobre o valor mínimo do salário de contribuição (01 salário mínimo).
Segurado facultativo sem renda própria que se dedica exclusivamente ao trabalho doméstico no âmbito de sua residência pertencente à família de baixa renda (até 02 salários-mínimos) e inscrito no cadastro único do Governo Federal	5% o valor mínimo do salário de contribuição (01 salário-mínimo).

- O segurado facultativo que optar por recolher 11% ou 5% sobre o limite mínimo mensal do salário de contribuição (01 salário mínimo) fica excluído do direito ao benefício de aposentadoria por tempo de contribuição. Não poderá, também, utilizar esse tempo para contagem recíproca de tempo de contribuição. É a opção pelo regime simplificado previdenciário.
- A contribuição do segurado especial será de **1,3% sobre a receita bruta, proveniente da comercialização da sua produção**: 1,2% e 0,1% a título de SAT.
- O segurado especial poderá, facultativamente, recolher nos moldes do contribuinte individual. O exercício desta faculdade não o exime da obrigatoriedade da contribuição sobre a comercialização da produção.
- Além da contribuição de 1,3% sobre a receita bruta proveniente da comercialização da produção, o segurado especial pagará um acréscimo de 0,2% para o SENAR (Serviço Nacional de Aprendizagem Rural). Este acréscimo de contribuição não se enquadra como de custeio da seguridade social, não sendo, portanto, objeto do nosso estudo.

13. DA CONTRIBUIÇÃO DAS EMPRESAS E DO EMPREGADOR DOMÉSTICO

Contribuição Previdenciária do empregador doméstico	8% x salário de contribuição do empregado doméstico.	Contribuição patronal
	0,8% x salário de contribuição empregado doméstico.	Contribuição patronal para financiamento do seguro contra acidentes de trabalho

- Para o Direito Previdenciário empresa é conceituada como "a firma individual ou sociedade que assume o risco da atividade econômica urbana e rural, com **fins lucrativos ou não**, bem como os órgãos e entidades da administração pública direta, indireta e fundacional".
- Equiparam-se a empresa, o contribuinte individual e a pessoa física na condição de proprietário ou dono de obra de construção civil, em relação a segurado que lhe presta serviço, bem como a cooperativa, a associação ou a entidade de qualquer natureza ou finalidade, a missão diplomática e a repartição consular de carreira estrangeiras.

6. Limite de R$ 7.786,02 para o ano de 2024.

Em relação às contribuições previdenciárias das empresas, em geral, veja a tabela a seguir: CONTRIBUIÇÕES SOCIAIS PREVIDENCIÁRIAS DAS EMPRESAS EM GERAL		
Contribuição	**Alíquota**	**Base de Cálculo**
Folha de salários e demais rendimentos	20%*	Remunerações pagas, devidas ou creditadas, a qualquer título, no decorrer do mês, aos segurados empregados e trabalhadores avulsos.
Remunerações pagas a Contribuintes Individuais.	20%*	Remunerações ou retribuições pagas, devidas ou creditadas no decorrer do mês ao segurado contribuinte individual.
SAT/GILRAT – segundo o grau de risco da empresa decorrente dos riscos ambientais de trabalho**.	1% – leve 2% – médio 3% – grave	Remunerações pagas, devidas ou creditadas a qualquer título, no decorrer do mês, ao segurado empregado e trabalhador avulso.
Adicional de SAT/GILRAT – Empresas que possuem segurados expostos a condições de trabalho que ensejam a concessão do benefício aposentadoria especial.	12% – 15 anos de contribuição 9% – 20 anos de contribuição 6% – 25 anos de contribuição	Remunerações pagas, devidas ou creditadas, a qualquer título, no decorrer do mês, aos segurados expostos a riscos que ensejem a concessão de aposentadoria especial após quinze, vinte ou vinte e cincos anos de contribuição.
*. No caso de instituições financeiras a alíquota da contribuição é de 22,5%. **.Essa contribuição poderá ter sua alíquota diminuída em até 50% ou aumentada em até 100% dependendo do enquadramento da empresa no FAP (fator acidentário de prevenção).		

- *É constitucional a previsão legal de diferenciação de alíquotas em relação às contribuições previdenciárias incidentes sobre a folha de salários de instituições financeiras ou de entidades a elas legalmente equiparáveis, após a edição da Ec 20/98* (RE 598572 - 30/03/2016).
- Na contratação de serviços de transporte rodoviário de carga ou de passageiro, de serviços prestados com a utilização de trator, máquina de terraplenagem, colheitadeira e assemelhados, a base de cálculo da contribuição da empresa corresponde a 20% (vinte por cento) do valor da nota fiscal, fatura ou recibo, quando esses serviços forem prestados por condutor autônomo de veículo rodoviário, auxiliar de condutor autônomo de veículo rodoviário, bem como por operador de máquinas.
- Veja o quadro elucidativo abaixo acerca da contribuição do produtor rural pessoa física como entidade equiparada à empresa:

Discriminação da contribuição do produtor rural pessoa física	Alíquota
Parcela básica sobre a comercialização da produção rural	1,2 %
Contribuição para o SAT	0,1%
SENAR sobre a comercialização da produção rural	0,2%
Contribuição sobre a remuneração de contribuintes individuais contratados	20%

- O produtor rural pessoa física poderá optar por contribuir na forma acima ou na forma dos incisos I e II do **caput** do art. 22 da Lei nº 8.212/91, manifestando sua opção mediante o pagamento da contribuição incidente sobre a folha de salários relativa a janeiro de cada ano, ou à primeira competência subsequente ao início da atividade rural, e será irretratável para todo o ano-calendário.
- Veja o quadro das contribuições previdenciárias da pessoa jurídica que se dedica exclusivamente à atividade rural e das agroindústrias[7]:

7. Não recolhem sobre a receita bruta da comercialização da produção as cooperativas, as agroindústrias que se dedicam à carcinicultura, psicultura, suinocultura e avicultura e ao florestamento e reflorestamento (empresas fabricantes de papel).

Discriminação da contribuição do produtor rural pessoa jurídica	Alíquota
Parcela básica sobre a comercialização da produção rural	2,5 %
SAT/GILRAT sobre a comercialização da produção rural	0,1%
SENAR sobre a comercialização da produção rural	0,25%
Contribuição sobre a remuneração de contribuintes individuais contratados	20%

- A contribuição para o SENAR, não é contribuição para o financiamento da seguridade social. Trata-se de contribuição social de terceiros.

<table>
<tr><th colspan="4">COOPERATIVAS DE PRODUÇÃO</th></tr>
<tr><th colspan="3">Discriminação da contribuição das cooperativas de produção</th><th>Alíquota</th></tr>
<tr><td colspan="3">Remuneração básica dos cooperados</td><td>20 %</td></tr>
<tr><td rowspan="3">Adicional de aposentadoria especial dos cooperados quando expostos a condições especiais de trabalho</td><td rowspan="3">Tempo de contribuição</td><td>15 anos</td><td>12%</td></tr>
<tr><td>20 anos</td><td>9%</td></tr>
<tr><td>25 anos</td><td>6%</td></tr>
<tr><td colspan="3">Contribuição básica sobre a remuneração dos empregados</td><td>20%</td></tr>
<tr><td colspan="3">SAT/GILRAT sobre a remuneração dos empregados</td><td>1%, 2% ou 3%</td></tr>
<tr><td colspan="3">Remuneração sobre os contribuintes individuais não cooperados</td><td>20%</td></tr>
</table>

<table>
<tr><th colspan="4">COOPERATIVAS DE TRABALHO</th></tr>
<tr><th colspan="3">Discriminação da contribuição da cooperativa de trabalho</th><th>Alíquota</th></tr>
<tr><td colspan="3">Remuneração básica dos cooperados</td><td>Não há</td></tr>
<tr><td rowspan="3">Adicional de aposentadoria especial dos cooperados de trabalho expostos a condições especiais de trabalho</td><td rowspan="3">Tempo de contribuição</td><td>15 anos</td><td rowspan="2">Não há</td></tr>
<tr><td>20 anos</td></tr>
<tr><td>25 anos</td><td>Não há</td></tr>
<tr><td colspan="3">Contribuição básica sobre a remuneração dos empregados</td><td>20%</td></tr>
<tr><td colspan="3">SAT/GILRAT sobre a remuneração dos empregados</td><td>1%, 2% ou 3%</td></tr>
<tr><td colspan="3">Remuneração sobre os contribuintes individuais não cooperados</td><td>20%</td></tr>
</table>

<table>
<tr><th colspan="2">AGROINDÚSTRIAS</th></tr>
<tr><th>Discriminação da contribuição das agroindústrias</th><th>Alíquota</th></tr>
<tr><td>Parcela básica sobre a comercialização da produção rural</td><td>2,5 %</td></tr>
<tr><td>SAT/GILRAT sobre a comercialização da produção rural</td><td>0,1%</td></tr>
<tr><td>SENAR sobre a comercialização da produção rural</td><td>0,25%</td></tr>
<tr><td>Contribuição sobre a remuneração de contribuintes individuais contratados</td><td>20%</td></tr>
</table>

<table>
<tr><th colspan="3">CONTRIBUIÇÃO DO MICROEMPREENDEDOR INDIVIDUAL (MEI)</th></tr>
<tr><td rowspan="3">Contribuição Previdenciária do MEI com empregado</td><td colspan="2">Resultado da apuração das seguintes parcelas</td></tr>
<tr><td>3% x remuneração paga ao empregado</td><td>Patronal</td></tr>
<tr><td>5% sobre o valor de 01 (um) salário mínimo</td><td>Contribuição própria</td></tr>
</table>

- Nas sentenças judiciais ou nos acordos homologados na Justiça do Trabalho, em que não figurarem, discriminadamente, as parcelas legais relativas às contribuições sociais, estas incidirão sobre o valor do acordo homologado.
- O fato gerador das contribuições socais ocorre na data da prestação do serviço.

14. DAS OBRIGAÇÕES ACESSÓRIAS

- As obrigações acessórias são obrigações positivas (de fazer) ou negativas (de não fazer) no interesse da arrecadação ou fiscalização dos tributos.
- O descumprimento da obrigação acessória está sujeito à imposição de multa.
- A empresa deve preparar a folha de pagamento mensal da remuneração paga, devida ou creditada a todos os segurados a seu serviço, de forma coletiva por estabelecimento, por obra de construção civil e por tomador de serviços, com a correspondente totalização e resumo geral.
- A empresa é obrigada a lançar mensalmente em títulos próprios de sua contabilidade, de forma discriminada, os fatos geradores de todas as contribuições sociais a cargo da empresa, as contribuições sociais previdenciárias descontadas dos segurados, as decorrentes de sub-rogação, as retenções e os totais recolhidos.
- Estão as empresas obrigadas a prestar à Secretaria da Receita Federal do Brasil todas as informações cadastrais, financeiras e contábeis de interesse da mesma, na forma por ela estabelecida, bem como os esclarecimentos necessários à fiscalização.
- A empresa é obrigada a inscrever no RGPS os segurados empregados e os trabalhadores avulsos a seu serviço, bem como os contribuintes individuais que lhe prestarem serviços.
- A empresa é obrigada a arrecadar a contribuição previdenciária a cargo dos segurados empregados, trabalhadores avulsos e contribuintes individuais que lhe prestam serviços e repassar aos cofres da União.
- A empresa que contratar serviço através de cessão de mão de obra deverá reter 11% do valor da nota fiscal ou fatura de serviço emitida a título de contribuição previdenciária da empresa contratada.
- A empresa é obrigada a comunicar, mensalmente, aos empregados, por intermédio de documento a ser definido em regulamento, os valores recolhidos sobre o total de sua remuneração ao INSS.
- A empresa deverá elaborar e manter atualizado o perfil profissiográfico previdenciário (PPP) do trabalhador, contemplando as atividades desenvolvidas durante o período laboral, documento que a ele deverá ser fornecido, por cópia autêntica, sob pena de sujeição às sanções previstas na legislação aplicável.
- O Município e o Distrito Federal, por intermédio do órgão competente, têm a obrigação de fornecer mensalmente à Secretaria da Receita Federal do Brasil, relação de alvarás para construção civil e documentos de "habite-se" concedidos.
- A empresa é obrigada a matricular a obra de construção civil executada sob sua responsabilidade, dentro do prazo de trinta dias contados do início da execução.
- O Titular do Cartório de Registro Civil de Pessoas Naturais fica obrigado a remeter ao INSS, em até 01 (um) dia útil, pelo Sistema Nacional de Informações de Registro Civil (Sirc) ou por outro meio que venha a substituí-lo, a relação dos nascimentos, dos natimortos, dos casamentos, dos óbitos, das averbações, das anotações e das retificações registradas na serventia. Para os Municípios que não dispõem de provedor de conexão à internet ou de qualquer meio de acesso à internet, fica autorizada a remessa da relação em até 5 (cinco) dias úteis.
- A empresa é obrigada a matricular a obra de construção civil executada sob sua responsabilidade, dentro do prazo de trinta dias contados do início da execução.
- É de responsabilidade do empregador o arquivamento de documentos comprobatórios do cumprimento das obrigações fiscais, trabalhistas e previdenciárias, enquanto essas não prescreverem.
- O empregador doméstico tem a obrigação de inscrever seu empregado perante a Previdência Social, recolher as contribuições previdenciárias a seu cargo e de seus empregados, no documento único de arrecadação (SIMPLES DOMÉSTICO).
- O empregador doméstico fornecerá, mensalmente, ao empregado doméstico cópia do documento único de arrecadação (SIMPLES DOMÉSTICO).
- O empregador efetuará o recolhimento da contribuição previdenciária e o depósito do Fundo de Garantia do Tempo de Serviço, na forma da lei, com base nos valores pagos no período mensal e fornecerá ao empregado comprovante do cumprimento dessas obrigações.

15. DOS PRAZOS DE RECOLHIMENTO DAS CONTRIBUIÇÕES PREVIDENCIÁRIAS

- Veja os quadros a seguir acerca dos prazos de recolhimento das contribuições previdenciárias:

PRAZO DE RECOLHIMENTO	CONTRIBUIÇÕES
Até o **dia 20** do mês seguinte ao da competência, ou até o dia útil imediatamente anterior se não houver expediente bancário no dia 20 do mês.	As contribuições a cargo da empresa incidentes sobre a remuneração de segurado empregado, trabalhador avulso e contribuinte individual.
	As retenções de 11% sobre o valor dos serviços contidos em nota fiscal prestados mediante cessão de mão de obra ou empreitada.
	As contribuições incidentes sobre a comercialização da produção rural adquirida de produtor rural, pessoa física, ou segurado especial.
	A contribuição de 5% incidente sobre patrocínio, licenciamento de uso de marcas e símbolos, publicidade, propaganda e transmissão de espetáculos descontadas pelas empresas das associações desportivas que mantêm equipe profissional de futebol.
	As contribuições descontadas dos segurados empregados e trabalhadores avulsos e contribuintes individuais.
	As contribuições descontadas do contribuinte individual pela empresa (inclusive as descontadas do cooperado pela cooperativa de trabalho). A contribuição do microempreendedor individual (MEI) como segurado e como empregador
Até **2 dias úteis** após a realização do evento.	A contribuição de 5% incidente sobre a receita bruta de espetáculos desportivos a ser recolhida pelo promotor do espetáculo relativa à associação desportiva que mantém equipe profissional de futebol.
Dia **15** do mês seguinte ao da competência, prorrogando-se para o dia útil imediatamente posterior quando não houver expediente bancário no dia 15 do mês.	As contribuições do contribuinte individual, quando recolhidas pelo próprio segurado; As contribuições do segurado facultativo.
Até o dia **20 de dezembro**, antecipando-se para o dia útil imediatamente anterior quando não houver expediente bancário naquele dia.	A contribuição incidente sobre o valor do 13º salário a ser paga pelas empresas. No caso de rescisão de contrato de trabalho, as contribuições devidas serão recolhidas no dia 20 do mês seguinte ao da rescisão, computando-se em separado a parcela referente ao 13º salário.
Até o **dia 20** do mês subsequente ao da competência.	A contribuição do produtor rural pessoa física, cota patronal e de seus empregados. A contribuição do segurado especial (1,3% sobre a receita bruta da comercialização da sua produção) e a de seus empregados, caso tenha.
Até o vigésimo dia do mês subsequente ao da competência, ou no dia útil imediatamente **anterior** quando não houver expediente bancário no dia20 do mês.	**O segurado especial**, quando tiver a obrigação de recolher a sua própria contribuição (parte patronal correspondente a 1,3% da receita bruta da comercialização da produção) e as contribuições retidas das pessoas que lhes prestaram serviço durante o mês.
Até o dia 20 do mês seguinte ao da competência, antecipando-se pra o dia útil imediatamente anterior se não houver expediente bancária no dia 20 do mês.	Contribuição do empregador doméstico e de seu empregado.

- As contribuições previdenciárias que não forem pagas dentro do prazo previsto pela legislação tributária, acarretam para os responsáveis à imposição de multa e juros de mora, incidentes sobre o valor principal devido:

MULTA DE MORA	• Alíquota: 0,33% ao dia • Base para Incidência: Valor da contribuição devido • Temo Inicial: 1º dia subsequente ao do vencimento do prazo previsto para o pagamento da contribuição • Termo Final: Dia em que ocorrer o seu pagamento • Limite Máximo: 20%

E

Juros de mora	=	Juros de SELIC (A contar do 1º dia do mês subsequente ao dia do vencimento)	+	1% (Mês do pagamento)

16. DAS OUTRAS RECEITAS DA SEGURIDADE SOCIAL

- No âmbito federal, o orçamento da Seguridade Social é composto das seguintes receitas:

1) receitas da União;
2) receitas das contribuições sociais;
3) receitas de outras fontes.

- A contribuição da União é constituída por recursos adicionais do Orçamento Fiscal que estão fixados na Lei Orçamentária Anual.
- A contribuição da União é constituída por recursos adicionais do Orçamento Fiscal que estão fixados na Lei Orçamentária Anual.
- Algumas fontes de receita para a seguridade social que merecem destaque:
- multas, juros moratórios, atualização monetária;
- 40% (quarenta por cento) do resultado dos leilões dos bens apreendidos pela Secretaria da Receita Federal do Brasil;
- 50% (cinquenta por cento) dos valores obtidos e aplicados na forma do parágrafo único do art. 243 da Constituição Federal;
- 45% do valor do DPVAT destinado ao Sistema Único de Saúde - SUS - para custeio da assistência médico-hospitalar dos segurados vitimados em acidentes de trânsito.

17. DA RESPONSABILIDADE SOLIDÁRIA

- A responsabilidade solidária passiva tributária não comporta benefício de ordem.
- O proprietário, o incorporador, o dono da obra ou condômino da unidade imobiliária, qualquer que seja a forma de contratação da construção, reforma ou acréscimo, são solidários com o construtor, e estes com a subempreiteira, pelo cumprimento das obrigações para com a Seguridade Social.
- As empresas que integram grupo econômico de qualquer natureza respondem solidariamente pelas obrigações previdenciárias
- Os produtores rurais integrantes do consórcio simplificado de produtores rurais respondem, também, solidariamente pelas obrigações previdenciárias do consórcio.
- O operador portuário e o órgão gestor de mão de obra são solidariamente responsáveis pelo pagamento das contribuições previdenciárias e demais obrigações, inclusive as acessórias, devidas à Seguridade Social, arrecadadas pela SRFB, relativamente à requisição de mão de obra de trabalhador avulso.
- Não se pode deixar de registrar, no momento, a situação dos sócios das empresas de responsabilidade limitada e do titular de firma individual em relação aos débitos da seguridade social. Previa a Lei nº 8.620/93, em seu art.13, que esses sócios eram solidariamente responsáveis pelos débitos da seguridade social. O STJ, no entanto, afastava a aplicação desse artigo, sob a argumentação de que o instituto da solidariedade é matéria afeta à lei complementar. Em 2008, o art. 13 da Lei nº 6.820/93 foi revogado pela Medida Provisória nº 449/2008, convertida na Lei nº 11.941/09. E, mais tarde, o próprio STJ editou a súmula nº 430: "o inadimplemento da obrigação tributária pela sociedade não gera, por si só, a responsabilidade solidária do sócio-gerente". Também o Supremo Tribunal Federal pronunciou pela inconstitucionalidade do referido artigo, ao julgar o RE 562.276/PR. Entendeu o STF ser inconstitucional o art. 13 da Lei nº 8.620/93 por ofender o art. 146, III, b, da Constituição Federal.

18. DA DECADÊNCIA E PRESCRIÇÃO DAS CONTRIBUIÇÕES DA SEGURIDADE SOCIAL

- O prazo de decadência para a constituição do crédito das contribuições da seguridade social é de 05 anos.
- Para que a Secretaria da Receita Federal do Brasil (SRFB) possa vir a constituir os créditos relativos a tais contribuições, deve-se observar o prazo de 05 anos contados a partir:
- do primeiro dia do exercício seguinte àquele em que o crédito poderia ser constituído;
- da data em que se tornar definitiva a decisão que houver anulado, por vício formal, a constituição de crédito anteriormente efetuada.
- O prazo prescricional a ser observado para a cobrança das contribuições da seguridade social

é de 05 anos contados da data da constituição definitiva do crédito.

- Em relação às contribuições da seguridade social aplicam-se os prazos de decadência e prescrição dispostos no Código Tributário Nacional (CTN).

19. BENEFÍCIO DE PRESTAÇÃO CONTINUADA DA ASSISTÊNCIA SOCIAL – BPC-LOAS

- O benefício de prestação continuada da Assistência Social não carece de contribuição prévia do beneficiário para sua obtenção, bastando a comprovação da condição de necessitado exigida pela lei.
- Não é um benefício previdenciário.
- Não gera direito à pensão por morte, tampouco abono anual.
- A sua concessão é feita pelo INSS, dada a delegação a esta autarquia federal da responsabilidade pela operacionalização do BPC-LOAS pelo Decreto n. 6.214/2007.
- A legitimidade passiva nas ações em que o indivíduo venha a reivindicar o benefício assistencial é do INSS, segundo entendimento pacificado pelo STJ.

BENEFÍCIO ASSISTENCIAL DE PRESTAÇÃO CONTINUADA – BPC-LOAS	
Beneficiários	• Pessoa Idosa com 65 anos ou mais • Pessoa com deficiência
Requisitos para a pessoa idosa	• ter 65 anos ou mais • apresentar renda per capita familiar inferior ou igual a 1/4 do salário-mínimo, podendo em determinados casos, chegar até ½ salário mínimo (art. 20-B, LOAS); • Inscrição no Cadastro de Pessoas Físicas (CPF) e no Cadastro Único para Programas Sociais do Governo Federal – CadÚnico.
Requisitos para a pessoa com deficiência	• ter impedimento de longo prazo de natureza física, mental, intelectual ou sensorial, o qual, em interação com diversas barreiras, pode obstruir sua participação plena e efetiva na sociedade em igualdade de condições com as demais pessoas; • apresentar renda per capita familiar inferior ou igual a 1/4 do salário mínimo, podendo em determinados casos, chegar até ½ salário mínimo (art. 20-B, LOAS); • Inscrição no Cadastro de Pessoas Físicas (CPF) e no Cadastro Único para Programas Sociais do Governo Federal – CadÚnico.
Critérios a serem observados para que a renda per capita familiar mensal seja de até ½ salário-mínimo	I – o grau da deficiência; II – a dependência de terceiros para o desempenho de atividades básicas da vida diária; e III – o comprometimento do orçamento do núcleo familiar exclusivamente com gastos médicos, com tratamentos de saúde, com fraldas, com alimentos especiais e com medicamentos da pessoa idosa ou da pessoa com deficiência não disponibilizados gratuitamente pelo SUS, ou com serviços não prestados pelo Suas, desde que comprovadamente necessários à preservação da saúde e da vida.
Não integra o cálculo da renda per capita familiar	• benefício previdenciário da pessoa idosa com 65 anos ou mais de idade com valor inferior ou igual a 01 salário mínimo; • benefício previdenciário da pessoa com deficiência idade com valor inferior ou igual a 01 salário mínimo; • BPC-LOAS da pessoa idosa e da pessoa com deficiência; • remuneração decorrente de contrato de aprendizagem; • bolsa de estágio supervisionado; • benefícios e auxílios assistenciais de natureza eventual e temporária; • valores oriundos de programas sociais de transferência de renda; • pensão especial de natureza indenizatória e benefícios de assistência médica; • rendas de natureza eventual ou sazonal; • valores recebidos a título de auxílio financeiro temporário ou de indenização por danos sofridos em decorrência de rompimento e colapso de barragens.

Carência	• Assistência Social independe de contribuição à seguridade social.
Renda mensal	• Um salário mínimo.
Data de início do benefício – DIB	• data da entrada do requerimento.
Suspensão do benefício	I – identificação de irregularidade na concessão ou manutenção do benefício; II – não inscrição no CadÚnico após o fim do prazo estabelecido em ato do Ministro de Estado da Cidadania; III – não agendamento da reavaliação da deficiência até a data limite estabelecida em convocação; IV – identificação de inconsistências ou insuficiências cadastrais que afetem a avaliação da elegibilidade do beneficiário para fins de manutenção do benefício, conforme o disposto em ato do Ministro de Estado da Cidadania; V – identificação de outras irregularidades. • Quando a pessoa com deficiência vier a exercer atividade remunerada, inclusive na condição de microempreendedor individual, salvo se for contrato de aprendizagem. • Em caso de contrato de aprendizagem com a PCD, a suspensão do benefício só ocorrerá após decorridos 02 anos. Assim, durante os primeiros 02 anos poderá a PCD receber BPC-LOAS e a remuneração do contrato de aprendizagem.
Cessação do benefício	I – nas hipóteses de óbito, de morte presumida ou de ausência do beneficiário, na forma da lei; II – quando o beneficiário, o seu representante legal ou o seu procurador não interpuser recurso ao CRPS no prazo de trinta dias, contado da suspensão do benefício; ou III – quando o recurso ao CRPS não for provido.
Revisão do benefício	• A cada 02 (dois) anos • O beneficiário em gozo de benefício de prestação continuada concedido judicial ou administrativamente poderá ser convocado para avaliação das condições que ensejaram sua concessão ou manutenção, sendo-lhe exigida a presença dos requisitos previstos na LOAS e no regulamento.
Não pode acumular com	➢ qualquer outro no âmbito da seguridade social ou de outro regime, salvo os • da assistência médica; • da pensão especial de natureza indenizatória, • transferências de renda com objetivo de reduzir a vulnerabilidade socioeconômica de famílias em situação de pobreza ou de extrema pobreza; • benefício disposto no **caput** e no § 1º do art. 1º da Lei nº 10.835/2004 (renda da cidadania).
Pontos importantes	• A condição de acolhimento em instituições de longa permanência ou asilos não impede que a pessoa idosa ou a pessoa com deficiência recebam o benefício. • O benefício de prestação continuada poderá ser devido a mais de um membro da mesma família enquanto atendidos os requisitos exigidos na LOAS. • O BPC-LOAS poderá ser concedido a estrangeiro com residência regular no Brasil, desde que atenda aos requisitos da LOAS.

AUXÍLIO-INCLUSÃO	
Beneficiários	- pessoa com deficiência moderada ou grave.
Requisitos	I – receba o BPC-LOAS e passe a exercer atividade com remuneração limitada a 2 (dois) salários-mínimos e que enquadre o beneficiário como segurado obrigatório do RGPS ou como filiado a regime próprio de previdência social da União, dos Estados, do Distrito Federal ou dos Municípios; II – tenha inscrição atualizada no CadÚnico no momento do requerimento do auxílio-inclusão; III – tenha inscrição regular no CPF; e

Requisitos	IV – atenda aos critérios de manutenção do benefício de prestação continuada, incluídos os critérios relativos à renda familiar mensal per capita exigida para o acesso ao benefício (desconsideradas as remunerações obtidas pelo requerente em decorrência de exercício de atividade laboral, desde que o total recebido no mês seja igual ou inferior a 2 salários mínimos, e as rendas oriundas dos rendimentos decorrentes de estágio supervisionado e de aprendizagem). **OU** I – que tenha recebido o BPC-LOAS nos 5 (cinco) anos imediatamente anteriores ao exercício da atividade remunerada; e II – que tenha tido o benefício suspenso pelo exercício da atividade remunerada (art. 21-A, LOAS).
Valor	50% do valor do BPC-LOAS (1/2 salário mínimo).
Data do início do benefício	A partir da data do requerimento.
Não se acumula com	➤ BPC-LOAS; ➤ aposentadoria, ➤ pensões ➤ benefícios por incapacidade pagos por qualquer regime de previdência social; ➤ seguro-desemprego.
Pontos importantes	– O valor do auxílio-inclusão percebido por um membro da família não será considerado no cálculo da renda familiar mensal per capita para fins de concessão e de manutenção de outro auxílio-inclusão no âmbito do mesmo grupo familiar. – O valor do auxílio-inclusão e o da remuneração do beneficiário do auxílio-inclusão no valor total de até 02 salários mínimos percebidos por um membro da família não serão considerados no cálculo da renda familiar mensal per capita para fins de manutenção do BPC-LOAS concedido anteriormente a outra pessoa do mesmo grupo familiar. – Os eventuais débitos do beneficiário decorrentes de recebimento irregular do BPC--LOAS ou do auxílio-inclusão poderão ser consignados no valor mensal desses benefícios.

20. PREVIDÊNCIA DO SERVIDOR PÚBLICO

- O regime próprio de previdência social dos servidores titulares de cargos efetivos terá caráter contributivo e solidário, mediante contribuição do respectivo ente federativo, de servidores ativos, de aposentados e de pensionistas, observados critérios que preservem o equilíbrio financeiro e atuarial.
- A instituição de Regime Próprio de Previdência Social (RPPS) é feita por lei do respectivo ente federativo (União, Estado, Distrito Federal, Município). A União tem competência para a edição de normas gerais sob a matéria.
- Após a reforma da previdência social em novembro/2019 restou vedada a criação de novos regimes próprios de previdência social.
- Apenas servidores públicos ocupantes de cargo efetivo podem ser amparados por regime próprio de previdência social. Caso o ente federativo não tenha criado seu regime próprio de previdência social, seus servidores serão amparados pelo RGPS.
- O rol de benefícios dos regimes próprios de previdência social **fica limitado às aposentadorias e à pensão por morte.**
- Os afastamentos por incapacidade temporária para o trabalho e o salário-maternidade serão pagos diretamente pelo ente federativo e não correrão à conta do regime próprio de previdência social ao qual o servidor se vincula.
- Os servidores titulares apenas de cargos em comissão são segurados do RGPS, sempre. Também são filiados obrigatórios do RGPS os agentes que trabalham para a Administração Pública submetidos ao regime da CLT e os temporários (contratados por tempo determinado para atenderem a necessidade temporária de excepcional interesse público, na forma do art. 37, IX, da CF).
- Os entes federativos não podem adotar mais de um regime previdenciário para seus servidores.

REGIME PRÓPRIO DE PREVIDÊNCIA DOS SERVIDORES PÚBLICOS	Foram instituídos por **lei** do respectivo **ente da Federação** para amparar os servidores ocupantes de cargo público efetivo. Caráter contributivo e solidário, mediante contribuição do respectivo ente público, dos servidores ativos e inativos e dos pensionistas, observados critérios que preservem o equilíbrio financeiro e atuarial. O rol de benefícios dos regimes próprios de previdência social **fica limitado às aposentadorias e à pensão por morte.**

- **As regras para cálculo de proventos de aposentadoria serão disciplinadas em lei do respectivo ente federativo.**
- O servidor público de um mesmo regime próprio de previdência, não poderá ter mais de uma aposentadoria, salvo se os cargos ocupados forem acumuláveis.
- O servidor público será **aposentado por incapacidade permanente para o trabalho**, no cargo em que estiver investido, quando insuscetível de readaptação, hipótese em que será obrigatória a realização de avaliações periódicas para verificação da continuidade das condições que ensejaram a concessão da aposentadoria, na forma de lei do respectivo ente federativo.

APOSENTADORIA POR INCAPACIDADE PERMANENTE – SERVIDOR PÚBLICO FEDERAL VALOR	
APOSENTADORIA POR INCAPACIDADE PERMANENTE NÃO ACIDENTÁRIA (decorrente de evento que NÃO seja considerado acidente do trabalho, doença profissional ou doença do trabalho)	**60%** da média aritmética dos salários de contribuição e das remunerações adotados como base para contribuições a regime próprio de previdência social e ao RGPS, ou como base para contribuições decorrentes das atividades militares de quem tratam os arts. 42 e 142 da Constituição Federal, atualizados monetariamente, correspondentes a 100% do período contributivo desde a competência julho de 1994 ou desde o início da contribuição, se posterior a essa competência; • com acréscimo de 2% para cada ano de contribuição que exceder o tempo de 20 (vinte) anos de contribuição, para homens e mulheres.
APOSENTADORIA POR INCAPACIDADE PERMANENTE ACIDENTÁRIA (decorrente de acidente do trabalho, doença profissional ou doença do trabalho)	**100%** da média aritmética dos salários de contribuição e das remunerações adotados como base para contribuições a regime próprio de previdência social e ao RGPS, ou como base para contribuições decorrentes das atividades militares de quem tratam os arts. 42 e 142 da Constituição Federal, atualizados monetariamente, correspondentes a 100% do período contributivo desde a competência julho de 1994 ou desde o início da contribuição, se posterior a essa competência.

- No **âmbito da União**, o servidor público se aposentará voluntariamente aos 62 anos de idade, se mulher, e aos 65 anos de idade, se homem, e, no âmbito dos Estados, do Distrito Federal e dos Municípios, na idade mínima estabelecida mediante emenda às respectivas Constituições e Leis Orgânicas, observados o tempo de contribuição e os demais requisitos estabelecidos em lei complementar do respectivo ente federativo.

APOSENTADORIA VOLUNTÁRIA – SERVIDOR PÚBLICO FEDERAL REGRA GERAL (idade + tempo de contribuição)	
Idade mínima	**65 anos, se homem**
	62 anos, se mulher
Tempo mínimo de contribuição	**25 anos de contribuição**
Tempo mínimo de efetivo exercício no serviço público	**10 anos**
Tempo de exercício no cargo efetivo em que se dará a aposentadoria	**05 anos**

APOSENTADORIA VOLUNTÁRIA – SERVIDOR PÚBLICO FEDERAL PROFESSOR DA EDUCAÇÃO INFANTIL OU DO ENSINO FUNDAMENTAL OU DO ENSINO MÉDIO (idade + tempo de contribuição)	
Idade mínima	**60 anos, se homem** **57 anos, se mulher**
Tempo de contribuição de efetivo exercício de magistério da educação infantil ou do ensino fundamental ou do ensino médio	**25 anos de contribuição**
Tempo mínimo de efetivo exercício no serviço público	**10 anos**
Tempo de exercício no cargo efetivo em que se dará a aposentadoria	**05 anos**

- Poderão ser estabelecidos por lei complementar do respectivo ente federativo idade e tempo de contribuição diferenciados para aposentadoria de servidores com deficiência, previamente submetidos a avaliação biopsicossocial realizada por equipe multiprofissional e interdisciplinar.

SERVIDOR PÚBLICO FEDERAL COM DEFICIÊNCIA APOSENTADORIA POR TEMPO DE CONTRIBUIÇÃO		TEMPO DE CONTRIBUIÇÃO	
		Homem	**Mulher**
Grau de deficiência	**Grave**	**25 anos**	**20 anos**
	Moderada	**29 anos**	**24 anos**
	Leve	**33 anos**	**28 anos**
- 10 anos de efetivo exercício no serviço público e **- 05 anos no cargo efetivo em que se dará a aposentadoria.**			

SERVIDOR PÚBLICO FEDERAL COM DEFICIÊNCIA APOSENTADORIA POR IDADE		
IDADE	**Homem**	**60 anos**
	Mulher	**55 anos**
DEMAIS REQUISITOS	**Homem e mulher**	
	- 10 anos de efetivo exercício no serviço público, **- 05 anos no cargo efetivo em que se dará a aposentadoria,** **- Carência mínima de 15 anos de contribuição na condição de pessoa com deficiência.**	

- Poderão ser estabelecidos por lei complementar do respectivo ente federativo idade e tempo de contribuição diferenciados para aposentadoria de ocupantes do cargo de agente penitenciário, de agente socioeducativo ou de policial civil.

SERVIDOR PÚBLICO FEDERAL APOSENTADORIA DO POLICIAL			
Servidores Públicos Federais	**Requisitos – homem e mulher**		
	Idade mínima	**Tempo de contribuição**	**Tempo de efetivo exercício nas carreiras policiais**
- agente penitenciário, **- agente socioeducativo,** **- policial federal,** **- policial rodoviário federal,** **- policial ferroviário federal,** **- policial legislativo da Câmara Federal,** **- policial legislativo do Senado Federal.**	**55 anos**	**30 anos**	**25 anos**

- Poderão ser estabelecidos por lei complementar do respectivo ente federativo idade e tempo de contribuição diferenciados para aposentadoria de servidores cujas atividades sejam exercidas com efetiva exposição a agentes químicos, físicos e biológicos prejudiciais à saúde, ou associação desses agentes, vedada a caracterização por categoria profissional ou ocupação.

SERVIDOR PÚBLICO FEDERAL APOSENTADORIA ESPECIAL efetiva exposição a agentes químicos, físicos ou biológicos prejudiciais à saúde ou a associação desses agentes			
Idade	**Tempo de efetiva exposição aos agentes prejudiciais à saúde**	**Tempo efetivo de exercício no serviço público**	**Tempo no cargo efetivo em que se dará a aposentadoria**
60 anos	**25 anos de contribuição**	**10 anos**	**05 anos**

- A aposentadoria compulsória dos servidores públicos ocorrerá aos 75 anos de idade, na forma de Lei Complementar nº 152/2015, com proventos proporcionais ao tempo de contribuição, sem exigir tempo mínimo de contribuição.
- O servidor titular de cargo efetivo que tenha completado as exigências para a aposentadoria voluntária e que opte por permanecer em atividade **poderá fazer jus a um abono de permanência equivalente, no máximo, ao valor da sua contribuição previdenciária,** até completar a idade para aposentadoria compulsória.
- O benefício de **pensão por morte** será concedido nos termos de lei do respectivo ente federativo, a qual tratará de forma diferenciada a hipótese de morte dos servidores policiais, agentes penitenciários e socioeducativos, decorrente de agressão sofrida no exercício ou em razão da função.
- A pensão por morte de servidor público poderá ser paga em valor inferior a 01 salário-mínimo quando o dependente tiver outra fonte formal de renda.
- A **pensão por morte do servidor público federal** terá o valor equivalente a:
  - uma **cota de 50%** do valor da aposentadoria que o servidor recebia ou daquela a que teria direito se estivesse aposentado por incapacidade permanente na data de seu óbito,
  - **acrescido de 10%** por dependente até o máximo de 100%.
- Caso exista dependente inválido ou com deficiência mental, intelectual ou grave no conjunto de dependentes habilitados, o valor do benefício será equivalente a:
  - **100%** do valor da aposentadoria recebida pelo servidor ou daquela a que teria direito se estivesse aposentado por incapacidade permanente na data do óbito, até o limite máximo de benefícios do RGPS e
  - **uma cota familiar de 50% acrescida de cotas de 10% por dependente**, até o máximo de 100%, para o valor que superar o limite máximo de benefícios do RGPS.
- Para o custeio do regime próprio de previdência dos servidores efetivos, os entes instituirão, por meio de lei, contribuições cobradas dos servidores ativos, dos aposentados e dos pensionistas, que **poderão ter alíquotas progressivas de acordo com o valor da base de contribuição ou dos proventos de aposentadoria e de pensões.**
- Os Estados, o Distrito Federal e os Municípios **não poderão estabelecer alíquota inferior à da contribuição dos servidores da União, exceto** se demonstrado que o respectivo regime próprio de previdência social não possui déficit atuarial a ser equacionado, hipótese em que a alíquota não poderá ser inferior às alíquotas aplicáveis ao Regime Geral de Previdência Social.
- Quando houver déficit atuarial, a contribuição ordinária dos aposentados e pensionistas poderá incidir sobre o valor dos proventos de aposentadoria e de pensões que supere o valor do salário-mínimo.
- No caso da União, já foram adotadas as alíquotas progressivas para a contribuição do servidor efetivo, dos aposentados e pensionistas do regime próprio de previdência social:
- A alíquota da contribuição previdenciária será de 14% (quatorze por cento). Essa alíquota será reduzida ou aumentada, considerando o valor da base de contribuição ou do benefício recebido, de acordo com os seguintes parâmetros[8]:

8. Valores para 2024, nos termos da Portaria Interministerial MPS/MF n. 02/2024.

BASE DE CONTRIBUIÇÃO (R$)	ALÍQUOTA PROGRESSIVA INCIDINDO SOBRE A FAIXA DE VALORES
até 1.412,00	7,5%
de 1,412,01 até 2.666,68	9%
de 2.666,69 até 4.000,03	12%
de 4.000,04 até 7.786,02	14%
de 7.786,03 até 13.333,48	14,5%
de 13.333,49 até 26.666,94	16,5%
de 26.666,94 até 52.000,04	19%
acima de 52.000,04	22%

CONTRIBUIÇÃO SOCIAL DO SERVIDOR PÚBLICO ATIVO PARA O RPPS DA UNIÃO	
14%, com redução ou majoração incidentes sobre a	**Quando o servidor tiver ingressado no serviço público**
totalidade da base de contribuição.	até a data da vigência do regime de previdência complementar para os servidores públicos federais titulares de cargo efetivo e **não tiver optado por aderir a ele.**
parcela da base de contribuição que não exceder o limite máximo estabelecido para os benefícios do RGPS.	até a data da vigência do regime de previdência complementar para os servidores públicos federais titulares de cargo efetivo e **tiver optado por aderir a ele.**
parcela da base de contribuição que não exceder o limite máximo estabelecido para os benefícios do RGPS.	a partir da data da vigência do regime de previdência complementar para os servidores públicos federais titulares de cargo efetivo, **independentemente de adesão a ele.**

- A exigência de contribuição previdenciária alcançará os aposentados e pensionistas, cuja base de cálculo será o valor que excede o valor máximo estabelecido para os benefícios do RGPS. O percentual da contribuição (alíquota) será o mesmo para os dois grupos de inativos e pensionistas, sendo esse percentual igual ao estabelecido para os servidores em atividade.

- A alíquota de contribuição de 14%, com a redução ou a majoração, será devida pelos aposentados e pensionistas de quaisquer dos Poderes da União, incluídas suas entidades autárquicas e suas fundações, e incidirá **sobre o valor da parcela dos proventos de aposentadoria e de pensões que supere o limite máximo estabelecido para os benefícios do Regime Geral de Previdência Social, hipótese em que será considerada a totalidade do valor do benefício para fins de definição das alíquotas aplicáveis.**

21. PREVIDÊNCIA COMPLEMENTAR

- O regime de previdência privada complementar é de natureza facultativa e organizado de forma autônoma em relação ao Regime Geral de Previdência Social.
- A previdência privada objetiva complementar a proteção oferecida pela previdência pública, por meio de organização autônoma e da adoção do regime de financiamento por capitalização, bem como contribuir para o fomento da poupança nacional.
- As entidades de previdência privada são constituídas sob a forma de fundação privada, sociedade civil (entidades fechadas) ou sociedade anônima (entidades abertas).
- A previdência complementar privada é regulada por lei complementar. A Lei Complementar nº 109/2001 traz as regras gerais aplicáveis para a previdência complementar nas áreas privada e pública. Já a Lei Complementar nº 108/2001 regula as relações jurídicas entre as entidades da Administração Pública com as entidades fechadas de previdência complementar, os chamados fundos de pensão.
- Assim, em relação aos planos de previdência para os servidores públicos devem ser observadas as regras dispostas nas Leis Complementares 108 e 109, ambas de 2001.
- A previdência complementar aberta é acessível a qualquer pessoa e a entidade será constituída sob a forma de sociedade anônima sempre.
- **Os planos de benefícios, regido pela Lei Complementar nº109/2001** deverão prever os seguintes institutos:

  I. **benefício proporcional diferido**, em razão da cessação do vínculo empregatício com o patrocinador ou associativo com o instituidor antes da aquisição do direito ao benefício pleno, a ser concedido quando cumpridos os requisitos de elegibilidade;

  II. **portabilidade** do direito acumulado pelo participante para outro plano;

III. **resgate** da totalidade das contribuições vertidas ao plano pelo participante, descontadas as parcelas do custeio administrativo, na forma regulamentada; e

IV. faculdade de o participante manter o valor de sua contribuição e a do patrocinador, no caso de perda parcial ou total da remuneração recebida, para assegurar a percepção dos benefícios nos níveis correspondentes àquela remuneração ou em outros definidos em normas regulamentares **(autopatrocínio)**.

- Os planos de benefícios instituídos por entidades abertas poderão ser:

  I - individuais, quando acessíveis a quaisquer pessoas físicas; ou

  II - coletivos, quando tenham por objetivo garantir benefícios previdenciários a pessoas físicas vinculadas, direta ou indiretamente, a uma pessoa jurídica contratante.

- Observados os conceitos, a forma, as condições e os critérios fixados pelo órgão regulador, é assegurado aos participantes o direito à portabilidade, inclusive para plano de benefício de entidade fechada, e ao resgate de recursos das reservas técnicas, provisões e fundos, total ou parcialmente.
- A entidade de previdência complementar fechada é constituída sob a forma de fundação ou sociedade civil, sem finalidade lucrativa. Vai contemplar grupos fechados como empregados de empresas, servidores dos entes federativos, associados ou membros de pessoas jurídicas de caráter profissional, setorial ou classista.
- **PATROCINADORES** são as empresas e os entes federativos que instituem plano de previdência fechada para seus empregados ou servidores.
- **INSTITUIDORAS** são as associações que instituem plano de previdência fechada para seus membros associados.
- A pessoa física que aderir ao plano de benefício de previdência privada é denominada **PARTICIPANTE.**
- O participante ou seu beneficiário em gozo de benefício de prestação continuada é chamado de **ASSISTIDO.**
- É vedado o aporte de recursos à entidade de previdência privada pela União, Estados, Distrito Federal e Municípios, suas autarquias, fundações, empresas públicas, sociedades de economia mista e outras entidades públicas**, salvo** na condição de patrocinador, situação na qual, em hipótese alguma, sua contribuição normal poderá exceder a do segurado.
- As entidades fechadas de previdência complementar gozarão da imunidade de impostos sobre patrimônio, renda e serviços, prevista no art. 150, VI, "c' da Constituição Federal, somente quando não exigirem contribuição dos beneficiários do plano.
- As entidades fechadas devem ser organizadas sob a forma de fundação ou sociedade civil, **sem fins lucrativos.**
- As entidades de previdência complementar fechada têm como **órgão regulador** o Conselho Nacional de Previdência Complementar (CNPC) e, como **órgão fiscalizador,** a Superintendência Nacional de Previdência Complementar (PREVIC).
- A Superintendência Nacional de Previdência Complementar (PREVIC), autarquia federal vinculada ao Ministério da Previdência Social, foi criada pela Lei nº 12.154/2009, dotada de autonomia administrativa, financeira, com patrimônio próprio e responsável pela:
  - fiscalização, autorização para constituição e funcionamento de planos de benefícios e de entidades fechadas de previdência;
  - apuração e julgamento das infrações, bem como da aplicação das penalidades;
  - promoção da mediação e conciliação dos interesses dos fundos de pensão, dos patrocinadores e dos participantes e assistidos.
- Ainda dentro da regulamentação dos entes fechados de previdência complementar, têm-se:
  - O Conselho Nacional de Previdência Complementar (CNPC) é o novo órgão com a função de regular o regime de previdência complementar operado pelas entidades fechadas de previdência complementar, nova denominação do Conselho de Gestão da Previdência Complementar;
  - a Câmara de Recursos da Previdência Complementar (CRPC) funciona como instância recursal e de julgamento das decisões relativas às penalidades aplicadas pela PREVIC.
- A CRPC, órgão colegiado, que aprecia e julga os recursos interpostos contra decisões da Diretoria Colegiada da Superintendência Nacional de Previdência Complementar (Previc) referentes a autos de infração e aos lançamentos tributários da Taxa de Fiscalização e Controle da Previdência Complementar (Tafic).
- Os auditores fiscais da Secretaria da Receita Federal do Brasil têm atribuição de fiscalizar as entidades de previdência complementar fechada.
- As entidades fechadas não poderão solicitar concordata e não estão sujeitas a falência, mas somente a liquidação extrajudicial.

- A liquidação extrajudicial será decretada quando reconhecida a inviabilidade de recuperação da entidade de previdência complementar ou pela ausência de condição para seu funcionamento.
- Prescreve em cinco anos o direito a prestações não pagas nem reclamadas na época própria, resguardados os direitos dos menores dependentes, dos incapazes ou dos ausentes, na forma do Código Civil.

22. O PLANO DE PREVIDÊNCIA COMPLEMENTAR DOS SERVIDORES PÚBLICOS FEDERAIS

- A Constituição Federal determina que a União, os Estados, o Distrito Federal e os Municípios instituam regime de previdência complementar para seus servidores.
- Nesse caso, poderão fixar o valor das aposentadorias e pensões pagas pelo seu regime próprio de previdência social ao valor do limite máximo estabelecido para os benefícios do regime geral de previdência social – RGPS.
- A União instituiu o Plano de Previdência Complementar para os servidores públicos federais, titulares de cargo efetivo, suas autarquias e fundações, inclusive para os membros do Poder Judiciário, do Ministério Público da União e do Tribunal de Contas da União, através da Lei nº 12.618 de 30 de abril de 2012.

REGIME DE PREVIDÊNCIA COMPLEMENTAR DOS SERVIDORES PÚBLICOS FEDERAIS	Instituído por meio da Lei nº 12.618/2012.
	Para os servidores públicos titulares de cargo efetivo da União, suas autarquias e fundações, inclusive para os membros do Poder Judiciário, do Ministério Público da União e do Tribunal de Contas da União.
	A União passa a poder aplicar o limite máximo estabelecido para os benefícios do regime geral de previdência social (RGPS) às aposentadorias e pensões concedidas pelo seu regime próprio de previdência aos servidores que ingressarem no serviço público a partir do início da vigência do regime de previdência complementar.

- Com a finalidade de administrar e executar os planos de benefícios de caráter previdenciário, o art. 4º da Lei nº 12.618/2012 autorizou a União criar as seguintes entidades fechadas de previdência complementar:

FUNPRESP-EXE: Fundação de Previdência Complementar do Servidor Público Federal do Poder Executivo, para os servidores públicos titulares de cargo efetivo do Poder Executivo, por meio de ato do Presidente da República. Instituída por meio do Decreto nº 7.808/2012. O plano contempla, ainda, os servidores públicos do Poder Legislativo Federal e do Tribunal de Contas da União, em razão do convênio de adesão à Funpresp-Exe.
FUNPRESP-JUD: Fundação de Previdência Complementar do Servidor Público do Poder Judiciário, para os servidores públicos titulares de cargo efetivo e membros do Poder Judiciário, por meio de ato do Presidente do Supremo Tribunal Federal. Criada por meio da Resolução nº 496 do STF.
FUNPRESP-LEG: Fundação de Previdência Complementar do Servidor Público Federal do Poder Legislativo, para os servidores públicos titulares de cargo efetivo do Poder Legislativo e do Tribunal de Contas da União, por meio de ato conjunto dos Presidentes da Câmara dos Deputados e do Senado Federal. Não foi, ainda, instituída.

ESTRUTURA ORGANIZACIONAL DAS ENTIDADES DE PREVIDÊNCIA COMPLEMENTAR DA UNIÃO	**Conselho Deliberativo:** composição paritária, integrado por 06 (seis) membros. Os membros do conselho deliberativo das entidades fechadas serão designados pelos Presidentes da República e do Supremo Tribunal Federal e por ato conjunto dos Presidentes da Câmara dos Deputados e do Senado Federal, respectivamente. A presidência do conselho deliberativo será exercida pelos membros indicados pelos patrocinadores, na forma prevista no estatuto das entidades fechadas de previdência complementar.

ESTRUTURA ORGANIZACIONAL DAS ENTIDADES DE PREVIDÊNCIA COMPLEMENTAR DA UNIÃO	**Conselho Fiscal:** composição paritária, integrado por 04 (quatro) membros. Os membros do conselho fiscal das entidades fechadas serão designados pelos Presidentes da República e do Supremo Tribunal Federal e por ato conjunto dos Presidentes da Câmara dos Deputados e do Senado Federal, respectivamente. A presidência será exercida pelos membros indicados pelos participantes e assistidos, na forma prevista no estatuto das entidades fechadas de previdência complementar.
	Diretoria Executiva: composta, no máximo, por 04 membros, nomeados pelos conselhos deliberativos das entidades fechadas de previdência complementar.

- A adesão ao plano de previdência complementar para os servidores federais é facultativa tanto para os aqueles que já haviam ingressado no serviço público antes da aprovação do plano de previdência complementar, quanto para os novos servidores.
- Os servidores públicos titulares de cargo efetivo da União, suas autarquias e fundações, inclusive os membros do Poder Judiciário, do Ministério Público da União e do Tribunal de Contas da União, com remuneração superior ao limite máximo estabelecido para os benefícios do Regime Geral de Previdência Social, que venham a ingressar no serviço público a partir do início da vigência do regime de previdência complementar da União, serão automaticamente inscritos no respectivo plano de previdência complementar desde a data de entrada em exercício.
- Esses servidores participantes poderão requerer, a qualquer tempo, o cancelamento de sua inscrição, nos termos do regulamento do plano de benefícios.
- Na hipótese de o cancelamento ser requerido no prazo de até noventa dias da data da inscrição, fica assegurado o direito à restituição integral das contribuições vertidas, a ser paga em até sessenta dias do pedido de cancelamento, corrigidas monetariamente.
- No atual panorama, tem-se 03 (três) situações:

1) **Servidores que ingressarem no serviço público a partir da vigência do regime de previdência complementar instituído pela Lei nº 12.618/12:** esses servidores terão seus benefícios de aposentadoria e pensão concedidos pelo regime próprio de previdência da União, limitado o seu valor até o valor máximo estabelecido para os benefícios do RGPS, independentemente de sua adesão ao plano de benefício de previdência complementar.
2) **Servidores que ingressaram no serviço público até a data anterior ao início da vigência do regime de previdência complementar, que nele tenham permanecido sem perda do vínculo efetivo e venham optar por participar do regime de previdência complementar instituído pela Lei nº 12.618/12.** terão seus benefícios de aposentadoria e pensão concedidos pelo regime próprio de previdência da União, limitado o seu valor até o teto estabelecido para os benefícios do regime geral de previdência social. Terão, ainda, o direito a um benefício especial contemplado pela Lei nº 12.618/12.

- O benefício especial será pago, pelo órgão competente da União, ao servidor público por ocasião da concessão de aposentadoria, inclusive por invalidez, ou pensão por morte pelo regime próprio de previdência da União, enquanto perdurar o benefício pago por esse regime, inclusive junto com a gratificação natalina.

3) **Servidores que ingressaram no serviço público até a data anterior ao início da vigência do regime de previdência complementar, que nele tenham permanecido sem perda do vínculo efetivo e que não optaram por participar do regime de previdência complementar instituído pela Lei nº 12.618/12:** esses servidores terão seus benefícios de aposentadoria e pensão calculados na forma disposta no art. 40 da Constituição Federal e na Emenda Constitucional nº 103/2019.

- Para melhor entendimento acerca da situação dos servidores públicos efetivos quanto ao regime de previdência complementar veja a tabela abaixo:

Regime de Previdência Complementar dos Servidores Públicos Federais	
Servidores que ingressaram no serviço público antes da data do início da vigência do regime de previdência complementar – Lei nº 12.618/2012	Servidores que ingressarem no serviço público a partir da data do início da vigência do regime de previdência complementar – Lei nº 12.618/2012

Regime de Previdência Complementar dos Servidores Públicos Federais	
Só se submeterão ao teto máximo dos benefícios do RGPS e ao regime complementar por expressa opção. **Com a opção pelo regime de previdência complementar terão:** – benefícios de aposentadoria e pensão por morte pagos pelo regime próprio de previdência social, com valores limitados ao teto máximo do RGPS; – direito ao pagamento de benefício especial; – direito ao benefício de previdência complementar.	Seus benefícios estarão obrigatoriamente submetidos ao limite máximo estabelecido para os benefícios do RGPS. Poderão optar por ingressar no regime de previdência complementar. Mas, se não aderirem, continuam sendo obrigatoriamente submetidos à limitação dos seus benefícios de aposentadoria e pensão por morte ao teto do RGPS. **Com a opção pelo regime de previdência complementar terão**: – benefícios pagos pelo regime próprio de previdência social, com valores limitados ao teto máximo do RGPS; – direito ao benefício de previdência complementar.

23. CRIMES PREVIDENCIÁRIOS

23.1. CRIME DE APROPRIAÇÃO INDÉBITA PREVIDENCIÁRIA

Crime previsto no art. 168-A do Código Penal:

"Deixar de repassar à previdência social as contribuições recolhidas dos contribuintes, no prazo e forma legal ou convencional:

Pena – reclusão, de 2 (dois) a 5 (cinco) anos, e multa.

§ 1º Nas mesmas penas incorre quem deixar de:

I – recolher, no prazo legal, contribuição ou outra importância destinada à previdência social que tenha sido descontada de pagamento efetuado a segurados, a terceiros ou arrecadada do público;

II – recolher contribuições devidas à previdência social que tenham integrado despesas contábeis ou custos relativos à venda de produtos ou à prestação de serviços;

III – pagar benefício devido a segurado, quando as respectivas cotas ou valores já tiverem sido reembolsados à empresa pela previdência social.

§ 2º É extinta a punibilidade se o agente, espontaneamente, declara, confessa e efetua o pagamento das contribuições, importâncias ou valores e presta as informações devidas à previdência social, na forma definida em lei ou regulamento, antes do início da ação fiscal.

§ 3º É facultado ao juiz deixar de aplicar a pena ou aplicar somente a multa se o agente for primário e de bons antecedentes, desde que:

I – tenha promovido, após o início da ação fiscal e antes de oferecida a denúncia, o pagamento da contribuição social previdenciária, inclusive acessórios; ou

II – o valor das contribuições devidas, inclusive acessórios, seja igual ou inferior àquele estabelecido pela previdência social, administrativamente, como sendo o mínimo para o ajuizamento de suas execuções fiscais."

- **Extinção da punibilidade:** exige-se que o agente, espontaneamente, declare, confesse e efetue o pagamento das contribuições, importâncias ou valores e preste as informações devidas à Previdência Social, **antes do início da ação fiscal.**
- **Perdão judicial:** o juiz poderá aplicar apenas a pena de multa ou não aplicar pena alguma, nos casos em que o **agente seja primário e de bons antecedentes,** e:

  a) tenha promovido, após o início da ação fiscal e antes de oferecida a denúncia, o pagamento da contribuição social previdenciária, inclusive acessórios. Essa hipótese resta, hoje, sem aplicação, diante do entendimento que o pagamento a qualquer tempo extingue a punibilidade do crime, ou

  b) se o valor das contribuições devidas, inclusive acessórios, seja igual ou inferior àquele estabelecido pela Previdência Social[9], administrativamente, como sendo o mínimo para o ajuizamento de suas execuções fiscais

23.2. CRIME DE SONEGAÇÃO PREVIDENCIÁRIA

- Previsto no art. 337-A do Código Penal:

  "Suprimir ou reduzir contribuição social previdenciária e qualquer acessório, mediante as seguintes condutas:

9. Como a administração das contribuições sociais estão a cargo da Secretaria da Receita Federal do Brasil, há que se observar os valores estabelecidos pela SRFB ou pelo Ministério da Fazenda para o ajuizamento de suas execuções fiscais.

I – omitir de folha de pagamento da empresa ou de documento de informações previsto pela legislação previdenciária segurados empregado, empresário, trabalhador avulso ou trabalhador autônomo ou a este equiparado que lhe prestem serviços;

II – deixar de lançar mensalmente nos títulos próprios da contabilidade da empresa as quantias descontadas dos segurados ou as devidas pelo empregador ou pelo tomador de serviços;

III – omitir, total ou parcialmente, receitas ou lucros auferidos, remunerações pagas ou creditadas e demais fatos geradores de contribuições sociais previdenciárias:

Pena – reclusão, de 2 (dois) a 5 (cinco) anos, e multa.

§ 1º É extinta a punibilidade se o agente, espontaneamente, declara e confessa as contribuições, importâncias ou valores e presta as informações devidas à previdência social, na forma definida em lei ou regulamento, antes do início da ação fiscal.

§ 2º É facultado ao juiz deixar de aplicar a pena ou aplicar somente a de multa se o agente for primário e de bons antecedentes, desde que:

I – (VETADO)

II – o valor das contribuições devidas, inclusive acessórios, seja igual ou inferior àquele estabelecido pela previdência social, administrativamente, como sendo o mínimo para o ajuizamento de suas execuções fiscais.

§ 3º Se o empregador não é pessoa jurídica e sua folha de pagamento mensal não ultrapassa a R$6.873,82 (seis mil oitocentos e setenta e três reais e oitenta e dois centavos) – Portaria Interministerial MPS/MF nº 02/2024, **o juiz poderá reduzir a pena de um terço até a metade ou aplicar apenas a de multa.**

§ 4º O valor a que se refere o parágrafo anterior será reajustado nas mesmas datas e nos mesmos índices do reajuste dos benefícios da previdência social."

- **Extinção da punibilidade:** exige-se que o agente, espontaneamente, declare, confesse as contribuições, importâncias ou valores e preste as informações devidas à Previdência Social[10], **antes do início da ação fiscal.**

- **Perdão judicial:** o juiz poderá aplicar apenas a pena de multa ou não aplicar pena alguma, no caso em que o **agente seja primário e de bons antecedentes** e se o valor das contribuições devidas, inclusive acessórios, seja igual ou inferior àquele estabelecido pela Previdência Social[11], administrativamente, como sendo o mínimo para o ajuizamento de suas execuções fiscais.

- **Causa de diminuição de pena:** o juiz poderá reduzir a pena de um terço até a metade ou aplicar apenas a pena de multa quando o empregador não for pessoa jurídica e sua folha de pagamento mensal não ultrapassar R$6.873,82 (seis mil oitocentos e setenta e três reais e oitenta e dois centavos)[12].

23.3. ESTELIONATO PREVIDENCIÁRIO

- Previsto no art. 171, § 3º do Código Penal:

  Obter*, para si ou para outrem,* ***vantagem ilícita,*** *em prejuízo alheio, induzindo ou mantendo alguém em erro, mediante artifício, ardil, ou qualquer outro meio fraudulento:*

  Pena – reclusão, de 1 (um) a 5 (cinco) anos, e multa. (...)

  § 3º ***A pena aumenta-se de um terço, se o crime é cometido em detrimento de entidade de direito público ou de instituto de economia popular, assistência social ou beneficência*** *(negrito meu)..*

23.4. FALSIFICAÇÃO DE DOCUMENTAÇÃO PREVIDENCIÁRIA

Previsto nos §§ 3º e 4º do art. 297 do Código Penal:

Falsificar, no todo ou em parte, documento público, ou alterar documento público verdadeiro:

Pena – reclusão, de 2 (dois) a 6 (seis) anos, e multa.

§ 1º Se o agente é funcionário público, e comete o crime prevalecendo-se do cargo, aumenta-se a pena de sexta parte.

§ 2º Para os efeitos penais, equiparam-se a documento público o emanado de entidade paraestatal, o título ao portador ou trans-

10. Como a administração das contribuições sociais estão a cargo da Secretaria da Receita Federal do Brasil, o agente deverá proceder à confissão à SRFB.

11. Como a administração das contribuições sociais estão a cargo da Secretaria da Receita Federal do Brasil, há que se observar os valores estabelecidos pela SRFB ou pelo Ministério da Fazenda para o ajuizamento de suas execuções fiscais.

12. Valor atualizado pela Portaria Interministerial MPS/MF nº 02/2024.

missível por endosso, as ações de sociedade comercial, os livros mercantis e o testamento particular.

§ 3º Nas mesmas penas incorre quem insere ou faz inserir:

I – na folha de pagamento ou em documento de informações que seja destinado a fazer prova perante a previdência social, pessoa que não possua a qualidade de segurado obrigatório;

II – na Carteira de Trabalho e Previdência Social do empregado ou em documento que deva produzir efeito perante a previdência social, declaração falsa ou diversa da que deveria ter sido escrita;

III – em documento contábil ou em qualquer outro documento relacionado com as obrigações da empresa perante a previdência social, declaração falsa ou diversa da que deveria ter constado.

§ 4º Nas mesmas penas incorre quem omite, nos documentos mencionados no § 3º, nome do segurado e seus dados pessoais, a remuneração, a vigência do contrato de trabalho ou de prestação de serviços.

- Destaque o fato de que se o agente falsificar o documento para cometimento de estelionato, só responderá por estelionato, conforme entendimento que se extrai da **Súmula 17 do STJ:**

"Quando o falso se exaure no estelionato, sem potencialidade lesiva, é por este absorvido."

23.5. INSERÇÃO DE DADOS FALSOS EM SISTEMA DE INFORMAÇÕES

Previsto no art. 313-A do Código Penal, *in verbis:*

"Inserir ou facilitar, o funcionário autorizado*, a inserção de dados falsos, alterar ou excluir indevidamente dados corretos nos sistemas informatizados ou bancos de dados da Administração Pública* ***com o fim de obter vantagem indevida para si ou para outrem ou para causar dano."***

- **Pena** – reclusão, de 2 (dois) a 12 (doze) anos, e multa
- **Dolo específico:** o agente visa obter vantagem indevida para si ou para outrem ou para causar dano.
- Neste particular, é interessante registrar o novo conceito de funcionário público trazido pelo art. 327, § 1º do Código Penal:

"Considera-se funcionário público, para os efeitos penais, quem, embora transitoriamente ou sem remuneração, exerce cargo, emprego ou função pública.

§ 1º Equipara-se a funcionário público quem exerce cargo, emprego ou função em entidade paraestatal, e quem trabalha para empresa prestadora de serviço contratada ou conveniada para a execução de atividade típica da Administração Pública."

23.6. MODIFICAÇÃO OU ALTERAÇÃO NÃO AUTORIZADA DE SISTEMA DE INFORMAÇÕES

Previsto no art. 313-B do Código Penal, *in verbis:*

"Modificar ou alterar, o funcionário, sistema de informações ou programa de informática sem autorização ou solicitação de autoridade competente: (Incluído pela Lei nº 9.983, de 2000)

Pena – detenção, de 3 (três) meses a 2 (dois) anos, e multa. (Incluído pela Lei nº 9.983, de 2000)

Parágrafo único. As penas são aumentadas de um terço até a metade se da modificação ou alteração resulta dano para a Administração Pública ou para o administrado."

- **Causa de aumento de pena:** se da modificação ou alteração resultar dano para a Administração Pública ou para o administrado, a pena é aumentada de um terço até a metade.

✦ SÚMULAS APLICÁVEIS

1. DOS SEGURADOS DA PREVIDÊNCIA SOCIAL

1.1. EMPREGADOS

- **TNU 31** – A anotação na CTPS decorrente de sentença trabalhista homologatória constitui início de prova material para fins previdenciários.
- **TNU 27** – A ausência de registro em órgão do ministério do trabalho não impede a comprovação do desemprego por outros meios admitidos em direito.
- **TNU 18** – Para fins previdenciários, o cômputo do tempo de serviço prestado como aluno-aprendiz exige a comprovação de que, durante o período de aprendizado, houve simultaneamente: (i) retribuição consubstanciada em prestação pecuniária ou em auxílios materiais; (ii) à conta do Orçamento; (iii) a título de contraprestação por labor; (iv) na execução de bens e serviços destinados a terceiros.

1.2. SEGURADOS ESPECIAIS

- **STJ 577** – É possível reconhecer o tempo de serviço rural anterior ao documento mais antigo apresentado, desde que aparado em convincente prova testemunhal colhida sob o contraditório.
- **STJ 272** – O trabalhador rural, na condição de segurado especial, sujeito à contribuição obrigatória sobre a produção rural comercializada, somente faz jus à aposentadoria por tempo de serviço, se recolher contribuições facultativas.
- **STJ 149** – A prova exclusivamente testemunhal não basta à comprovação da atividade rurícola, para efeito da obtenção de benefício previdenciário.
- **TNU 76** – A averbação de tempo de serviço rural não contributivo não permite majorar o coeficiente de cálculo da renda mensal inicial de aposentadoria por idade previsto no art. 50 da Lei nº 8.213/91.
- **TNU 46** – O exercício de atividade urbana intercalada não impede a concessão de benefício previdenciário de trabalhador rural, condição que deve ser analisada no caso concreto.
- **TNU 41** – A circunstância de um dos integrantes do núcleo familiar desempenhar atividade urbana não implica, por si só, a descaracterização do trabalhador rural como segurado especial, condição que deve ser analisada no caso concreto.
- **TNU 34** – Para fins de comprovação do tempo de labor rural, o início de prova material deve ser contemporâneo à época dos fatos a provar.
- **TNU 30** – Tratando-se de demanda previdenciária, o fato de o imóvel ser superior ao módulo rural não afasta, por si só, a qualificação de seu proprietário como segurado especial, desde que comprovada, nos autos, a sua exploração em regime de economia familiar.
- **TNU 24** – O tempo de serviço do segurado trabalhador rural anterior ao advento da Lei nº 8.213/91, sem o recolhimento de contribuições previdenciárias, pode ser considerado para a concessão de benefício previdenciário do Regime Geral de Previdência Social (RGPS), exceto para efeito de carência, conforme a regra do art. 55, § 2º, da Lei nº 8.213/91
- **TNU 14** – Para a concessão de aposentadoria rural por idade, não se exige que o início de prova material, corresponda a todo o período equivalente à carência do benefício.
- **TNU 10** – O tempo de serviço rural anterior à vigência da Lei nº 8.213/91 pode ser utilizado para fins de contagem recíproca, assim entendida aquela que soma tempo de atividade privada, rural ou urbana, ao de serviço público estatutário, desde que sejam recolhidas as respectivas contribuições previdenciárias.
- **TNU 06** – A certidão de casamento ou outro documento idôneo que evidencie a condição de trabalhador rural do cônjuge constitui início razoável de prova material da atividade rurícola
- **TNU 05** – A prestação de serviço rural por menor de 12 a 14 anos, até o advento da Lei 8.213, de 24 de julho de 1991, devidamente comprovada, pode ser reconhecida para fins previdenciários.

1.3. SEGURADOS CONTRIBUINTES INDIVIDUAIS

- **STF 466** – Não é inconstitucional a inclusão de sócios e administradores de sociedades e titulares de firmas individuais como contribuintes obrigatórios da previdência social.
- **TNU 62** – O segurado contribuinte individual pode obter reconhecimento de atividade especial para fins previdenciários, desde que consiga comprovar exposição a agentes nocivos à saúde ou à integridade física.
- **TNU 52** – Para fins de concessão de pensão por morte, é incabível a regularização do recolhimento de contribuições de segurado contribuinte individual posteriormente a seu óbito, exceto quando as contribuições devam ser arrecadadas por empresa tomadora de serviços.

2. DOS DEPENDENTES DO REGIME GERAL DE PREVIDÊNCIA SOCIAL

- **STJ 416** – É devida a pensão por morte aos dependentes do segurado que, apesar de ter perdido essa qualidade, preencheu os requisitos legais para a obtenção de aposentadoria até a data do seu óbito.
- **STJ 336** – A mulher que renunciou aos alimentos na separação judicial tem direito à pensão previdenciária por morte do ex-marido, comprovada a necessidade econômica superveniente.
- **TNU 37** – A pensão por morte, devida ao filho até os 21 anos de idade, não se prorroga pela pendência do curso universitário.
- **TNU 04** – Não há direito adquirido à condição de dependente de pessoa designada, quando o falecimento do segurado deu-se após o advento da Lei 9.032/95.

3. DOS BENEFÍCIOS PREVIDENCIÁRIOS

3.1. AUXÍLIO POR INCAPACIDADE TEMPORÁRIA

- **STJ 146** – O segurado, vítima de novo infortúnio, faz jus a um único benefício somado ao salário-de-contribuição vigente no dia do acidente.

- **STJ 44** – A definição, em ato regulamentar, de grau mínimo de disacusia, não exclui, por si só, a concessão do benefício previdenciário.
- **TNU 78** – Comprovado que o requerente de benefício é portador do vírus HIV, cabe ao julgador verificar as condições pessoais, sociais, econômicas e culturais, de forma a analisar a incapacidade em sentido amplo, em face da elevada estigmatização social da doença.
- **TNU 77** – O julgador não é obrigado a analisar as condições pessoais e sociais quando não reconhecer a incapacidade do requerente para a sua atividade habitual.
- **TNU 73** – O tempo de gozo de auxílio-doença ou de aposentadoria por invalidez não decorrentes de acidente de trabalho só pode ser computado como tempo de contribuição ou para fins de carência quando intercalado entre períodos nos quais houve recolhimento de contribuições para a previdência social.
- **TNU 72** – É possível o recebimento de benefício por incapacidade durante período em que houve exercício de atividade remunerada quando comprovado que o segurado estava incapaz para as atividades habituais na época em que trabalhou.
- **TNU 53** – Não há direito a auxílio-doença ou a aposentadoria por invalidez quando a incapacidade para o trabalho é preexistente ao reingresso do segurado no Regime Geral de Previdência Social.
- **TST 440 – Auxílio-doença acidentário. Aposentadoria por invalidez. Suspensão do contrato de trabalho. Reconhecimento do direito à manutenção de plano de saúde ou de assistência médica.** Assegura-se o direito à manutenção de plano de saúde, ou de assistência médica, oferecido pela empresa ao empregado, não obstante suspenso o contrato de trabalho em virtude de auxílio-doença acidentário ou de aposentadoria por invalidez.
- **TST 378 – Estabilidade provisória. Acidente do trabalho. Art. 118 da Lei nº 8. 213/1991. Constitucionalidade. Pressupostos.** I – É constitucional o art. 118 da Lei n. 8.213/91 que assegura o direito à estabilidade provisória por período de 12 meses após a cessação do auxílio-doença ao empregado acidentado. II – São pressupostos para a concessão da estabilidade o afastamento superior a 15 dias e a consequente percepção do auxílio-doença acidentário, salvo se constatada, após a dispensa, doença profissional que guarde relação de causalidade com a execução do contrato de emprego. III – O empregado submetido a contrato de trabalho por tempo determinado goza da garantia provisória de emprego, decorrente de acidente de trabalho, prevista no art. 118 da Lei n. 8. 213/1991.
- **TST 371 – Aviso-prévio indenizado. Efeitos. Superveniência de auxílio-doença no curso deste.** A projeção do contrato de trabalho para o futuro, pela concessão do aviso-prévio indenizado, tem efeitos limitados às vantagens econômicas obtidas no período de pré-aviso, ou seja, salários, reflexos e verbas rescisórias. No caso de concessão de auxílio-doença no curso do aviso-prévio, todavia, só se concretizam os efeitos da dispensa depois de expirado o benefício previdenciário.
- **TSTOJ n. 375 da SDI – I – Auxílio-doença. Aposentadoria por invalidez. Suspensão do contrato de trabalho. Prescrição. Contagem.** A suspensão do contrato de trabalho, em virtude da percepção do auxílio-doença ou da aposentadoria por invalidez, não impede a fluência da prescrição quinquenal, ressalvada a hipótese de absoluta impossibilidade de acesso ao Judiciário
- **TST OJ n. 41 da SDI – I – Estabilidade. Instrumento normativo. Vigência. Eficácia.** Preenchidos todos os pressupostos para a aquisição de estabilidade decorrente de acidente ou doença profissional, ainda durante a vigência do instrumento normativo, goza o empregado de estabilidade mesmo após o término da vigência deste.
- **TST OJ n. 31 da SDC – Estabilidade do acidentado. Acordo homologado. Prevalência. Impossibilidade. Violação do art. 118 da lei nº 8. 213/91.** Não é possível a prevalência de acordo sobre legislação vigente, quando ele é menos benéfico do que a própria lei, porquanto o caráter imperativo dessa última restringe o campo de atuação da vontade das partes.

3.2. AUXÍLIO-ACIDENTE

- **STJ 507** – A acumulação de auxílio-acidente com aposentadoria pressupõe que a lesão incapacitante e a aposentadoria sejam anteriores a 11/11/97, observado o critério do art. 23 da lei 8.213/91 para definição do momento da lesão nos casos de doença profissional ou do trabalho.
- **TNU 89** – Não há direito à concessão de benefício de auxílio-acidente quando, após consolidação das lesões decorrentes de acidente de qualquer natureza, resultarem seqüelas que não reduzem a capacidade laborativa habitual nem sequer demandam dispêndio de maior esforço na execução da atividade habitual.
- **TNU 88** – A existência de limitação, ainda que leve, para o desempenho da atividade para o trabalho habitual enseja a concessão do benefício

de auxílio-acidente, em observância a tese fixada sob o Tema 416 do Superior Tribunal de Justiça.

3.3. APOSENTADORIA POR INCAPACIDADE PERMANENTE

- **STJ 576** – Ausente requerimento administrativo no INSS, o termo inicial para a implantação da aposentadoria por invalidez concedida judicialmente será a data da citação válida.
- **TNU 78** – Comprovado que o requerente de benefício é portador do vírus HIV, cabe ao julgador verificar as condições pessoais, sociais, econômicas e culturais, de forma a analisar a incapacidade em sentido amplo, em face da elevada estigmatização social da doença.
- **TNU 77** – O julgador não é obrigado a analisar as condições pessoais e sociais quando não reconhecer a incapacidade do requerente para a sua atividade habitual.
- **TNU 73** – O tempo de gozo de auxílio-doença ou de aposentadoria por invalidez não decorrentes de acidente de trabalho só pode ser computado como tempo de contribuição ou para fins de carência quando intercalado entre períodos nos quais houve recolhimento de contribuições para a previdência social.
- **TNU 72** – É possível o recebimento de benefício por incapacidade durante período em que houve exercício de atividade remunerada quando comprovado que o segurado estava incapaz para as atividades habituais na época em que trabalhou.
- **TNU 47** – Uma vez reconhecida a incapacidade parcial para o trabalho, o juiz deve analisar as condições pessoais e sociais do segurado para a concessão de aposentadoria por invalidez.
- **TNU 36** – Não há vedação legal à cumulação da pensão por morte de trabalhador rural com o benefício da aposentadoria por invalidez, por apresentarem pressupostos fáticos e fatos geradores distintos.
- **TST 440 – Auxílio-doença acidentário. Aposentadoria por invalidez. Suspensão do contrato de trabalho. Reconhecimento do direito à manutenção de plano de saúde ou de assistência médica.** Assegura-se o direito à manutenção de plano de saúde, ou de assistência médica, oferecido pela empresa ao empregado, não obstante suspenso o contrato de trabalho em virtude de auxílio-doença acidentário ou de aposentadoria por invalidez.
- **TST 160 – Aposentadoria por invalidez.** Cancelada a aposentadoria por invalidez, mesmo após cinco anos, o trabalhador terá direito de retornar ao emprego, facultado, porém, ao empregador, indenizá-lo na forma da lei.
- **TST OJ n. 375 da SDI – I – Auxílio-doença. Aposentadoria por invalidez. Suspensão do contrato de trabalho. Prescrição. Contagem.** A suspensão do contrato de trabalho, em virtude da percepção do auxílio-doença ou da aposentadoria por invalidez, não impede a fluência da prescrição quinquenal, ressalvada a hipótese de absoluta impossibilidade de acesso ao Judiciário.

3.4. APOSENTADORIAS VOLUNTÁRIAS

- **TNU 76** – A averbação de tempo de serviço rural não contributivo não permite majorar o coeficiente de cálculo da renda mensal inicial de aposentadoria por idade previsto no art. 50 da Lei nº 8.213/91.
- **TNU 75** – A Carteira de Trabalho e Previdência Social (CTPS) em relação à qual não se aponta defeito formal que lhe comprometa a fidedignidade goza de presunção relativa de veracidade, formando prova suficiente de tempo de serviço para fins previdenciários, ainda que a anotação de vínculo de emprego não conste no Cadastro Nacional de Informações Sociais (CNIS).
- **TNU 54** – Para a concessão de aposentadoria por idade de trabalhador rural, o tempo de exercício de atividade equivalente à carência deve ser aferido no período imediatamente anterior ao requerimento administrativo ou à data do implemento da idade mínima.
- **TNU 44** – Para efeito de aposentadoria por idade urbana a tabela progressiva de carência prevista no art. 142 da Lei 8.213/91 deve ser aplicada em função do ano em que o segurado completa a idade mínima para a concessão do benefício, ainda que o período de carência só seja preenchido posteriormente.
- **TNU 33** – Quando o segurado houver preenchido os requisitos legais para concessão da aposentadoria por tempo de serviço na data do requerimento administrativo, esta data será o termo inicial da concessão do benefício.
- **TNU 14** – Para a concessão de aposentadoria rural por idade, não se exige que o início de prova material, corresponda a todo o período equivalente à carência do benefício.
- **TST OJ nº 361 da SDI – I. Aposentadoria espontânea. Unicidade do Contrato de trabalho. Multa de 40% do FGTS sobre todo o período** -- A aposentadoria espontânea não é causa de extinção do contrato de trabalho se o empregado permanece prestando serviços ao empregador após a jubilação. Assim, por ocasião da sua dispensa imotivada, o empregado tem direito à multa de 40% do FGTS sobre a totalidade dos depósitos efetuados no curso do pacto laboral.

3.5. APOSENTADORIA ESPECIAL

- **TNU 87** – A eficácia do EPI não obsta o reconhecimento de atividade especial exercida antes de 03/12/1998, data de início da vigência da MP 1.729/98, convertida na Lei n. 9.732/98.
- **TNU 85** – É possível a conversão de tempo comum em especial de período(s) anterior(es) ao advento da Lei nº 9.032/95 (que alterou a redação do §3º do art. 57 da Lei nº 8.213/91), desde que todas as condições legais para a concessão do benefício pleiteado tenham sido atendidas antes da publicação da referida lei, independentemente da data de entrada do requerimento (DER).
- **TNU 82** – O código 1.3.2 do quadro anexo ao Decreto n.º 53.831/64, além dos profissionais da área da saúde, contempla os trabalhadores que exercem atividades de serviços gerais em limpeza e higienização de ambientes hospitalares.
- **TNU 71** – O mero contato do pedreiro com o cimento não caracteriza condição especial de trabalho para fins previdenciários.
- **TNU 70** – A atividade de tratorista pode ser equiparada à de motorista de caminhão para fins de reconhecimento de atividade especial mediante enquadramento por categoria profissional.
- **TNU 68** – O laudo pericial não contemporâneo ao período trabalhado é apto à comprovação da atividade especial do segurado.
- **TNU 55** – A conversão do tempo de atividade especial em comum deve ocorrer com aplicação do fator multiplicativo em vigor na data da concessão da aposentadoria.
- **TNU 50** – É possível a conversão do tempo de serviço especial em comum do trabalho prestado em qualquer período.
- **TNU 49** – Para reconhecimento de condição especial de trabalho antes de 29/4/1995, a exposição a agentes nocivos à saúde ou à integridade física não precisa ocorrer de forma permanente.
- **TNU 09** – O uso de Equipamento de Proteção Individual (EPI), ainda que elimine a insalubridade, no caso de exposição a ruído, não descaracteriza o tempo de serviço especial prestado.

3.6. SALÁRIO-FAMÍLIA

- **TST 344 – Salário-família. Trabalhador rural.** O salário-família é devido aos trabalhadores rurais somente após a vigência da Lei nº 8. 213/91.
- **TST 254 – Salário-família. Termo inicial da obrigação.** O termo inicial do direito ao salário-família coincide com a prova da filiação. Se feita em juízo, corresponde à data de ajuizamento do pedido, salvo se comprovado que anteriormente o empregador se recusara a receber a respectiva certidão.

3.7. SALÁRIO-MATERNIDADE

- **STJ 657:** Atendidos os requisitos de segurada especial no RGPS e do período de carência, a indígena menor de 16 anos faz jus ao salário-maternidade.
- **TNU 45** – O salário-maternidade deve receber correção monetária desde a época do parto, independentemente da data do requerimento administrativo.
- **TST 15: Justificação – Ausência no Trabalho – Doença – Atestado Médico.** A justificação da ausência do empregado motivada por doença, para a percepção do salário-enfermidade e da remuneração do repouso semanal, deve observar a ordem preferencial dos atestados médicos, estabelecida em lei.
- **TST OJ n. 44 da SDI – I – Gestante. Salário-maternidade.** É devido o salário-maternidade, de 120 dias, desde a promulgação da CF/1988, ficando a cargo do empregador o pagamento do período acrescido pela Carta.
- **TST OJ n. 30 da SDC – Estabilidade da gestante. Renúncia ou transação de direitos constitucionais. Impossibilidade.** Nos termos do art. 10, II, "B", do ADCT, a proteção à maternidade foi erigida à hierarquia constitucional, pois retirou do âmbito do direito potestativo do empregador a possibilidade de despedir arbitrariamente a empregada em estado gravídico. Portanto, a teor do art. 9º, da CLT, torna-se nula de pleno direito a cláusula que estabelece a possibilidade de renúncia ou transação, pela gestante, das garantias referentes à manutenção do emprego e salário.

3.8. PENSÃO POR MORTE

- **STF 613** – Os dependentes de trabalhador rural não têm direito a pensão previdenciária, se o óbito ocorreu anteriormente à vigência da Lei Complementar 11/71.
- **STJ 416** – É devida a pensão por morte aos dependentes do segurado que, apesar de ter perdido essa qualidade, preencheu os requisitos legais para a obtenção de aposentadoria até a data do seu óbito.
- **STJ 663** – A pensão por morte de servidor público federal pode ser concedida ao filho inválido de qualquer idade, desde que a invalidez seja anterior ao óbito.
- **STJ 340** – A lei aplicável à concessão de pensão previdenciária por morte é aquela vigente na data do óbito do segurado.

- **STJ 336** – A mulher que renunciou aos alimentos na separação judicial tem direito à pensão previdenciária por morte do ex-marido, comprovada a necessidade econômica superveniente.
- **TNU 63** – A comprovação de união estável para efeito de concessão de pensão por morte prescinde de início de prova material.
- **TNU 52** – Para fins de concessão de pensão por morte, é incabível a regularização do recolhimento de contribuições de segurado contribuinte individual posteriormente a seu óbito, exceto quando as contribuições devam ser arrecadadas por empresa tomadora de serviços.
- **TNU 37** – A pensão por morte, devida ao filho até os 21 anos de idade, não se prorroga pela pendência do curso universitário.
- **TNU 36** – Não há vedação legal à cumulação da pensão por morte de trabalhador rural com o benefício da aposentadoria por invalidez, por apresentarem pressupostos fáticos e fatos geradores distintos.

3.9. OUTRAS SÚMULAS SOBRE BENEFÍCIOS E AÇÕES PREVIDENCIÁRIAS

- **STF 689** – O segurado pode ajuizar ação contra a instituição previdenciária perante o juízo federal do seu domicílio ou nas varas federais da capital do estado-membro.
- **STF 688** – É legítima a incidência da contribuição previdenciária sobre o 13º salário.
- **STF 687** – A revisão de que trata o art. 58 do ADCT não se aplica aos benefícios previdenciários concedidos após a promulgação da Constituição de 1988.
- **STJ 577** – É possível reconhecer o tempo de serviço rural anterior ao documento mais antigo apresentado, desde que amparado em convincente prova testemunhal colhida sob o contraditório.
- **STJ 483** – O INSS não está obrigado a efetuar depósito prévio do preparo por gozar das prerrogativas e privilégios da Fazenda.
- **STJ 456** – É incabível a correção monetária dos salários de contribuição considerados no cálculo do salário de benefício de auxílio-doença, aposentadoria por invalidez, pensão ou auxílio-reclusão concedidos antes da vigência da CF/1988.
- **STJ 242** – Cabe ação declaratória para reconhecimento de tempo de serviço para fins previdenciários.
- **STJ 204** – Os juros de mora nas ações relativas a benefícios previdenciários incidem a partir da citação válida.
- **STJ 178** – O INSS não goza de isenção do pagamento de custas e emolumentos, nas ações acidentárias e de benefícios, propostas na justiça estadual.
- **STJ 175** – Descabe o depósito prévio nas ações rescisórias propostas pelo INSS.
- **STJ 148** – Os débitos relativos a benefício previdenciário, vencidos e cobrados em juízo após a vigência da Lei nº 6.899/1981, devem ser corrigidos monetariamente na forma prevista nesse diploma legal.
- **STJ 110** – A isenção do pagamento de honorários advocatícios, nas ações acidentárias, é restrita ao segurado.
- **TNU 81** – A impugnação de ato de indeferimento, cessação ou cancelamento de benefício previdenciário não se submete a qualquer prazo extintivo, seja em relação à revisão desses atos, seja em relação ao fundo de direito.
- **TNU 74** – O prazo de prescrição fica suspenso pela formulação de requerimento administrativo e volta a correr pelo saldo remanescente após a ciência da decisão administrativa final.
- **TNU 48** – Para fins de concessão do benefício assistencial de prestação continuada, o conceito de pessoa com deficiência, que não se confunde necessariamente com situação de incapacidade laborativa, exige a configuração de impedimento de longo prazo com duração mínima de 2 (dois) anos, a ser aferido no caso concreto, desde o início do impedimento até a data prevista para a sua cessação.
- **TNU 27**– A ausência de registro em órgão do Ministério do Trabalho não impede a comprovação do desemprego por outros meios admitidos em Direito.
- **TST 392 – DANO MORAL E MATERIAL. RELAÇÃO DE TRABALHO. COMPETÊNCIA DA JUSTIÇA DO TRABALHO (redação alterada na sessão do Tribunal Pleno realizada em 27.10.2015)** – Nos termos do art. 114, inc. VI, da Constituição da República, a Justiça do Trabalho é competente para processar e julgar ações de indenização por dano moral e material, decorrentes da relação de trabalho, inclusive as oriundas de acidente de trabalho e doenças a ele equiparadas, ainda que propostas pelos dependentes ou sucessores do trabalhador falecido.
- **TST OJ nº 421 da SDI - I. Honorários advocatícios. Ação de indenização por danos morais e materiais decorrentes de acidente de trabalho ou de doença profissional. ajuizamento perante a Justiça comum antes da promulgação da Emenda Constitucional nº 45/2004. Posterior remessa dos autos à Justiça do Trabalho. art. 20**

do CPC. Incidência. A condenação em honorários advocatícios nos autos de ação de indenização por danos morais e materiais decorrentes de acidente de trabalho ou de doença profissional, remetida à Justiça do Trabalho após ajuizamento na Justiça comum, antes da vigência da Emenda Constitucional nº 45/2004, decorre da mera sucumbência, nos termos do art. 20 do CPC, não se sujeitando aos requisitos da Lei nº 5.584/1970.

4. DO FINANCIAMENTO DA SEGURIDADE SOCIAL

4.1. DAS CONTRIBUIÇÕES SOCIAIS

- **STF – Súmula Vinculante nº 53 –** A competência da Justiça do Trabalho prevista no art. 114, VIII, da Constituição Federal alcança a execução de ofício das contribuições previdenciárias relativas ao objeto da condenação constante das sentenças que proferir e acordos por ela homologados.
- **STF – Súmula Vinculante nº 50** – Norma legal que altera o prazo de recolhimento de obrigação tributária não se sujeita ao princípio da anterioridade.
- **STF 659** – É legítima a cobrança da COFINS, do PIS e do FINSOCIAL sobre as operações relativas a energia elétrica, serviços de telecomunicações, derivados de petróleo, combustíveis e minerais do país.
- **STJ 666** – A legitimidade passiva, em demandas que visam à restituição de contribuições de terceiros, está vinculada à capacidade tributária ativa; assim, nas hipóteses em que as entidades terceiras são meras destinatárias das contribuições, não possuem elas legitimidade ad causam para figurar no polo passivo, juntamente com a União.
- **STJ 516** – A contribuição de intervenção no domínio econômico para o Incra (Decreto-Lei n. 1.110/1970), devida por empregadores rurais e urbanos, não foi extinta pelas Leis ns. 7.787/1989, 8.212/1991 e 8.213/1991, não podendo ser compensada com a contribuição ao INSS.
- **STJ 508 – A** *i*senção da Cofins concedida pelo art. 6º, II, da LC 70/91 às sociedades civis de prestação de serviços profissionais foi revogada pelo art. 56 da lei 9.430/96.
- **STJ 468** – A base de cálculo do PIS, até a edição da MP n. 1.212/1995, era o faturamento ocorrido no sexto mês anterior ao do fato gerador.
- **STJ 423** – A Contribuição para Financiamento da Seguridade Social – COFINS incide sobre as receitas provenientes das operações de locação de bens móveis.
- **TST 454. COMPETÊNCIA DA JUSTIÇA DO TRABALHO. EXECUÇÃO DE OFÍCIO. CONTRIBUIÇÃO SOCIAL REFERENTE AO SEGURO DE ACIDENTE DE TRABALHO (SAT). ARTS. 114, VIII, E 195, I, "A", DA CONSTITUIÇÃO DA REPÚBLICA.** (conversão da Orientação Jurisprudencial nº 414 da SBDI-1) Compete à Justiça do Trabalho a execução, de ofício, da contribuição referente ao Seguro de Acidente de Trabalho (SAT), que tem natureza de contribuição para a seguridade social (arts. 114, VIII, e 195, I, "A", da CF), pois se destina ao financiamento de benefícios relativos à incapacidade do empregado decorrente de infortúnio no trabalho (arts. 11 e 22 da Lei nº 8.212/1991).

4.2. DO SALÁRIO DE CONTRIBUIÇÃO

- **STF 688** – É legítima a incidência da contribuição previdenciária sobre o 13º salário.
- **STF 241** – A contribuição previdenciária incide sobre o abono incorporado ao salário.
- **STJ 458** – A contribuição previdenciária incide sobre a comissão paga ao corretor de seguros.
- **STJ 456** – É incabível a correção monetária dos salários-de-contribuição considerados no cálculo do salário-de-benefício de auxílio-doença, aposentadoria por invalidez, pensão ou auxílio-reclusão concedidos antes da vigência da CF/1988.
- **STJ 310** – O Auxílio-creche não integra o salário-de-contribuição.
- **TNU 67** – O auxílio-alimentação recebido em pecúnia por segurado filiado ao Regime Geral da Previdência Social integra o salário-de-contribuição e sujeita-se à incidência de contribuição previdenciária.
- **TST 367. Utilidades "in natura". Habitação. Energia elétrica. Veículo. Cigarro. Não integração ao salário.** I – A habitação, a energia elétrica e o veículo fornecidos pelo empregador ao empregado, quando indispensáveis para a realização do trabalho, não têm natureza salarial, ainda que, no caso de veículo, seja ele utilizado pelo empregado também em atividades particulares. II – O cigarro não se considera salário-utilidade em face de sua nocividade à saúde.
- **TST. 354. Gorjetas. Natureza jurídica. Repercussões.** As gorjetas, cobradas pelo empregador na nota de serviço ou oferecidas espontaneamente pelos clientes, integram a remuneração do empregado, não servindo de base de cálculo para as parcelas de aviso-prévio, adicional noturno, horas extras e repouso semanal remunerado.
- **TST 318 – Diárias. Base de cálculo para sua Integração no salário.** Tratando-se de empregado mensalista, a integração das diárias no salá-

rio deve ser feita tomando – se por base o salário mensal por ele percebido e não o valor do dia de salário, somente sendo devida a referida integração quando o valor das diárias, no mês, for superior à metade do salário mensal.

- **TST 247 – Quebra de caixa. Natureza jurídica.** A parcela paga aos bancários sob a denominação "quebra de caixa" possui natureza salarial, integrando o salário do prestador de serviços, para todos os efeitos legais.
- **TST 241 – Salário-utilidade. Alimentação.** O vale refeição, fornecido por força do contrato de trabalho, tem caráter salarial, integrando a remuneração do empregado para todos os efeitos legais.
- **TST 203 – Gratificação por tempo de serviço. Natureza salarial.** A gratificação por tempo de serviço integra o salário para todos os efeitos legais.
- **TST 139 – Adicional de insalubridade.** Enquanto percebido, o adicional de insalubridade integra a remuneração para todos os efeitos legais.
- **TST 101 – Diárias de viagem. Salário.** Integram o salário, pelo seu valor total e para efeitos indenizatórios, as diárias de viagem que excedam a 50% (cinquenta por cento) do salário do empregado, enquanto perdurarem as viagens.
- **TST 139 – Adicional de insalubridade.** Enquanto percebido, o adicional de insalubridade integra a remuneração para todos os efeitos legais.
- **TST OJ n. 413 da SDI – I – Auxílio-alimentação. Alteração da natureza jurídica. Norma coletiva ou adesão ao PAT. (DEJT divulgado em 14, 15 e 16. 02. 2012).** A pactuação em norma coletiva conferindo caráter indenizatório à verba "auxílio--alimentação" ou a adesão posterior do empregador ao Programa de Alimentação do Trabalhador – PAT – não altera a natureza salarial da parcela, instituída anteriormente, para aqueles empregados que, habitualmente, já percebiam o benefício, a teor das Súmulas nos 51, I, e 241 do TST.
- **TST OJ n. 354 da SDI – I – Não concessão ou redução. Natureza salarial.** Possui natureza salarial a parcela prevista no art. 71, § 4º, da CLT, com redação introduzida pela Lei n. 8. 923, de 27 de junho de 1994, quando não concedido ou reduzido pelo empregador o intervalo mínimo intrajornada para repouso e alimentação, repercutindo, assim, no cálculo de outras parcelas salariais.
- **TST OJ n. 133 da SDI – I – Ajuda alimentação. PAT. Lei nº 6. 321/76. Não integração ao salário.** A ajuda-alimentação fornecida por empresa participante do programa de alimentação ao trabalhador, instituído pela Lei nº 6. 321/76, não tem caráter salarial. Portanto, não integra o salário para nenhum efeito legal.
- **TST OJ n. 123 da SDI – I – Bancários. Ajuda alimentação.** A ajuda alimentação prevista em norma coletiva em decorrência de prestação de horas extras tem natureza indenizatória e, por isso, não integra o salário do empregado bancário.

4.3. DA CONTRIBUIÇÃO DAS EMPRESAS

- **STJ 584** – As sociedades corretoras de seguros, que não se confundem com as sociedades de valores mobiliários ou com os agentes autônomos de seguro privado, estão fora do rol de entidades constantes do art. 22, § 1º, da Lei n. 8.212/1991, não se sujeitando à majoração da alíquota da Cofins prevista no art. 18 da Lei n. 10.684/2003.
- **STJ 425** – A retenção da contribuição para a seguridade social pelo tomador do serviço não se aplica às empresas optantes pelo Simples.
- **STJ 360** – O benefício da denúncia espontânea não se aplica aos tributos lançados por homologação regularmente declarados, mas pagos a destempo.
- **STJ 351** – A alíquota de contribuição para o Seguro de Acidente do Trabalho (SAT) é aferida pelo grau de risco desenvolvido em cada empresa, individualizada pelo seu CNPJ, ou pelo grau de risco da atividade preponderante quando houver apenas um registro.
- **TST – Súmula nº 454** – Competência da Justiça do Trabalho. Execução de ofício. Contribuição social referente ao seguro de acidente de trabalho (SAT). Arts. 114, VIII, e 195, I, "a", da Constituição da República. **(conversão da Orientação Jurisprudencial nº 414 da SBDI-1)** – Compete à Justiça do Trabalho a execução, de ofício, da contribuição referente ao Seguro de Acidente de Trabalho (SAT), que tem natureza de contribuição para a seguridade social (arts. 114, VIII, e 195, I, "a", da CF), pois se destina ao financiamento de benefícios relativos à incapacidade do empregado decorrente de infortúnio no trabalho (arts. 11 e 22 da Lei nº 8.212/1991).
- **TST – 401 AÇÃO RESCISÓRIA. DESCONTOS LEGAIS. FASE DE EXECUÇÃO. SENTENÇA EXEQUENDA OMISSA. INEXISTÊNCIA DE OFENSA À COISA JULGADA** (conversão da Orientação Jurisprudencial nº 81 da SBDI-II) – Res. 137/2005 – DJ 22, 23 e 24.08.2005 – Os descontos previdenciários e fiscais devem ser efetuados pelo juízo executório, ainda que a sentença exequenda tenha sido omissa sobre a questão, dado o caráter de ordem pública ostentado pela norma que

os disciplina. A ofensa à coisa julgada somente poderá ser caracterizada na hipótese de o título exequendo, expressamente, afastar a dedução dos valores a título de imposto de renda e de contribuição previdenciária. (ex-OJ nº 81 da SBDI-II – inserida em 13.03.2002)

- **TST 368 –Descontos previdenciários. Imposto de Renda. Competência. Responsabilidade pelo recolhimento. Forma de cálculo. Fato gerador.**

  I – A Justiça do Trabalho é competente para determinar o recolhimento das contribuições fiscais. A competência da Justiça do Trabalho, quanto à execução das contribuições previdenciárias, limita-se às sentenças condenatórias em pecúnia que proferir e aos valores, objeto de acordo homologado, que integrem o salário de contribuição.

  II – É do empregador a responsabilidade pelo recolhimento das contribuições previdenciárias e fiscais, resultantes de crédito do empregado oriundo de condenação judicial. A culpa do empregador pelo inadimplemento das verbas remuneratórias, contudo, não exime a responsabilidade do empregado pelos pagamentos do imposto de renda devido e da contribuição previdenciária que recaia sobre sua quota-parte.

  III – Os descontos previdenciários relativos à contribuição do empregado, no caso de ações trabalhistas, devem ser calculados mês a mês, de conformidade com o art. 276, § 4º, do Decreto n º 3.048/1999 que regulamentou a Lei nº 8.212/1991, aplicando-se as alíquotas previstas no art. 198, observado o limite máximo do salário de contribuição.

  IV – Considera-se fato gerador das contribuições previdenciárias decorrentes de créditos trabalhistas reconhecidos ou homologados em juízo, para os serviços prestados até 4.3.2009, inclusive, o efetivo pagamento das verbas, configurando-se a mora a partir do dia dois do mês seguinte ao da liquidação (art. 276, "caput", do Decreto nº 3.048/1999). Eficácia não retroativa da alteração legislativa promovida pela Medida Provisória nº 449/2008, posterior mente convertida na Lei nº 11.941/2009, que deu nova redação ao art. 43 da Lei nº 8.212/91.

  V – Para o labor realizado a partir de 5.3.2009, considera-se fato gerador das contribuições previdenciárias decorrentes de créditos trabalhistas reconhecidos ou homologados em juízo a data da efetiva prestação dos serviços. Sobre as contribuições previdenciárias não recolhidas a partir da prestação dos serviços incidem juros de mora e, uma vez apurados os créditos previdenciários, aplica-se multa a partir do exaurimento do prazo de citação para pagamento, se descumprida a obrigação, observado o limite legal de 20% (art. 61, § 2º, da Lei nº 9.430/96).

  VI – O imposto de renda decorrente de crédito do empregado recebido acumulada mente deve ser calculado sobre o montante dos rendimentos pagos, mediante a utilização de tabela progressiva resultante da multiplicação da quantidade de meses a que se refiram os rendimentos pelos valores constantes da tabela progressiva mensal correspondente ao mês do recebimento ou crédito, nos termos do art. 12-A da Lei nº 7.713, de 22/12/1988, com a redação conferida pela Lei nº 13.149/2015, observado o procedimento previsto nas Instruções Normativas da Receita Federal do Brasil.

- **TST OJ nº 398 da SDI – I. Contribuição previdenciária. Acordo homologado em juízo sem reconhecimento de vínculo de emprego. Contribuinte individual. Recolhimento da alíquota de 20% a cargo do tomador e 11% a cargo do prestador de serviços.** Nos acordos homologados em juízo em que não haja o reconhecimento de vínculo empregatício, é devido o recolhimento da contribuição previdenciária, mediante a alíquota de 20% a cargo do tomador de serviços e de 11% por parte do prestador de serviços, na qualidade de contribuinte individual, sobre o valor total do acordo, respeitado o teto de contribuição. Inteligência do § 4º do art. 30 e do inciso III do art. 22, todos da Lei nº 8.212, de 24.07.1991.

- **TST OJ nº 368 da SDI – I. Descontos previdenciários. Acordo homologado em juízo. Inexistência de vínculo empregatício. Parcelas indenizatórias. Ausência de discriminação. Incidência sobre o valor total.** É devida a incidência das contribuições para a Previdência Social sobre o valor total do acordo homologado em juízo, independentemente do reconhecimento de vínculo de emprego, desde que não haja discriminação das parcelas sujeitas à incidência da contribuição previdenciária, conforme parágrafo único do art. 43 da Lei nº 8.212, de 24.07.1991, e do art. 195, I, "A", da CF/1988.

5. DAS OBRIGAÇÕES ACESSÓRIAS

- **STF 439** – Estão sujeitos à fiscalização tributária ou previdenciária quaisquer livros comerciais, limitado o exame aos pontos objeto da investigação.

- **STJ 352** – A obtenção ou a renovação do Certificado de Entidade Beneficente de Assistência Social (Cebas) não exime a entidade do cumprimento dos requisitos legais supervenientes.

6. DA CERTIDÃO NEGATIVA DE DÉBITO

- **STJ 446** – Declarado e não pago o débito tributário pelo contribuinte, é legítima a recusa de expedição de certidão negativa ou positiva com efeito de negativa.

7. DA DECADÊNCIA E PRESCRIÇÃO DAS CONTRIBUIÇÕES DA SEGURIDADE SOCIAL

- **STF – Súmula Vinculante n. 8** – São inconstitucionais o parágrafo único do art. 5º do Decreto-Lei nº 1.569/1977 e os art. s 45 e 46 da Lei nº 8.212/1991, que tratam de prescrição e decadência de crédito tributário.

8. BENEFÍCIO DE PRESTAÇÃO CONTINUADA DA ASSISTÊNCIA SOCIAL – BPC-LOAS

- **TNU 80** – Nos pedidos de benefício de prestação continuada (LOAS), tendo em vista o advento da Lei 12.470/11, para adequada valoração dos fatores ambientais, sociais, econômicos e pessoais que impactam na participação da pessoa com deficiência na sociedade, é necessária a realização de avaliação social por assistente social ou outras providências aptas a revelar a efetiva condição vivida no meio social pelo requerente.
- **TNU 79** – Nas ações em que se postula benefício assistencial, é necessária a comprovação das condições socioeconômicas do autor por laudo de assistente social, por auto de constatação lavrado por oficial de justiça ou, sendo inviabilizados os referidos meios, por prova testemunhal.
- **TNU 48** – Para fins de concessão do benefício assistencial de prestação continuada, o conceito de pessoa com deficiência, que não se confunde necessariamente com situação de incapacidade laborativa, exige a configuração de impedimento de longo prazo com duração mínima de 2 (dois) anos, a ser aferido no caso concreto, desde o início do impedimento até a data prevista para a sua cessação.
- **TNU 29** – Para os efeitos do art. 20, § 2º, da Lei n. 8.742, de 1993, incapacidade para a vida independente não é só aquela que impede as atividades mais elementares da pessoa, mas também a impossibilita de prover ao próprio sustento.
- **TNU 22** – Se a prova pericial realizada em juízo dá conta de que a incapacidade já existia na data do requerimento administrativo, esta é o termo inicial do benefício assistencial.

9. PREVIDÊNCIA DO SERVIDOR PÚBLICO

- **STF – Súmula Vinculante nº 55** – O direito ao auxílio-alimentação não se estende aos servidores inativos.
- **STF – Súmula Vinculante nº 44** – Só por lei se pode sujeitar a exame psicotécnico a habilitação de candidato a cargo público.
- **STF – Súmula Vinculante nº 43** – É inconstitucional toda modalidade de provimento que propicie ao servidor investir-se, sem prévia aprovação em concurso público destinado ao seu provimento, em cargo que não integra a carreira na qual anteriormente investido.
- **STF – Súmula Vinculante nº 42** – É inconstitucional a vinculação do reajuste de vencimentos de servidores estaduais ou municipais a índices federais de correção monetária.
- **STF – Súmula Vinculante nº 39** – Compete privativamente à União legislar sobre vencimentos dos membros das polícias civil e militar e do corpo de bombeiros militar do Distrito Federal.
- **STF – Súmula Vinculante nº 37** – Não cabe ao poder judiciário, que não tem função legislativa, aumentar vencimentos de servidores públicos sob o fundamento de isonomia.
- **Súmula Vinculante nº 33** – Aplicam-se ao servidor público, no que couber, as regras do Regime Geral de Previdência Social sobre aposentadoria especial de que trata o art. 40, parágrafo 4º, inciso III, da Constituição Federal, até edição de lei complementar específica.
- **STJ 663** –A pensão por morte de servidor público federal pode ser concedida ao filho inválido de qualquer idade, desde que a invalidez seja anterior ao óbito.
- **TNU 66** – O servidor público ex-celetista que trabalhava sob condições especiais antes de migrar para o regime estatutário tem direito adquirido à conversão do tempo de atividade especial em tempo comum com o devido acréscimo legal, para efeito de contagem recíproca no regime previdenciário próprio dos servidores públicos.

10. PREVIDÊNCIA COMPLEMENTAR

- **STJ 590** – Constitui acréscimo patrimonial a atrair a incidência do imposto de renda, em caso de liquidação de entidade de previdência privada, a quantia que couber a cada participante, por rateio do patrimônio, superior ao valor das respectivas contribuições à entidade em liquidação, devidamente atualizadas e corrigidas.
- **STJ 505** – a competência para processar e julgar as demandas que têm por objeto obrigações

decorrentes dos contratos de planos de previdência privada firmados com a fundação rede ferroviária de seguridade social – REFER é da justiça estadual.

- **STJ 427** – A ação de cobrança de diferenças de valores de complementação de aposentadoria prescreve em cinco anos contados da data do pagamento.
- **STJ 291** – A ação de cobrança de parcelas de complementação de aposentadoria pela previdência privada prescreve em cinco anos.
- **STJ 290** – Nos planos de previdência privada, não cabe ao beneficiário a devolução da contribuição efetuada pelo patrocinador.
- **STJ 289** – A restituição das parcelas pagas a plano de previdência privada deve ser objeto de correção plena, por índice que recomponha a efetiva desvalorização da moeda.
- **TST 288 – Complementação dos proventos da aposentadoria.** A complementação dos proventos da aposentadoria é regida pelas normas em vigor na data da admissão do empregado, observando-se as alterações posteriores desde que mais favoráveis ao beneficiário do direito.
- **TST 97 – Aposentadoria. Complementação.** Instituída complementação de aposentadoria por ato da empresa, expressamente dependente de regulamentação, as condições desta devem ser observadas como parte integrante da norma.
- **TST 92 – Aposentadoria.** O direito à complementação de aposentadoria, criado pela empresa, com requisitos próprios, não se altera pela instituição de benefício previdenciário por órgão oficial.
- **TST 87 – Previdência privada.** Se o empregado, ou seu beneficiário, já recebeu da instituição previdenciária privada, criada pela empresa, vantagem equivalente, é cabível a dedução de seu valor do benefício a que faz jus por norma regulamentar anterior.
- **TST 52 – Tempo de serviço.** O adicional de tempo de serviço (quinquênio) é devido, nas condições estabelecidas no art. 19 da Lei nº 4. 345, de 26. 06. 1964, aos contratados sob o regime da CLT, pela empresa a que se refere a mencionada lei, inclusive para o fim de complementação de aposentadoria.
- **TST OJ n. 276 da SDI – I – Ação declaratória.** Complementação de aposentadoria. É incabível ação declaratória visando a declarar direito à complementação de aposentadoria, se ainda não atendidos os requisitos necessários à aquisição do direito, seja por via regulamentar, ou por acordo coletivo.
- **TST OJ nº 129 da SDI – I – Prescrição. Complementação da pensão e auxílio funeral.** A prescrição extintiva para pleitear judicialmente o pagamento da complementação de pensão e do auxílio-funeral é de 2 anos, contados a partir do óbito do empregado.

11. SEGURO-DESEMPREGO

- **TST 389 – Seguro-desemprego. Competência da Justiça do Trabalho. Direito à indenização por não liberação de guias** I – Inscreve-se na competência material da Justiça do Trabalho a lide entre empregado e empregador tendo por objeto indenização pelo não-fornecimento das guias do seguro-desemprego. II – O não-fornecimento pelo empregador da guia necessária para o recebimento do seguro-desemprego dá origem ao direito à indenização.

12. CRIMES PREVIDENCIÁRIOS

- **STF – Súmula Vinculante nº 24** – Não se tipifica crime material contra a ordem tributária, previsto no art. 1º, incisos I a IV, da Lei nº 8.137/90, antes do lançamento definitivo do tributo.
- **STF 711** – A lei penal mais grave aplica-se ao crime continuado ou ao crime permanente, se a sua vigência é anterior à cessação da continuidade ou da permanência.
- **STJ 24** – Aplica-se ao crime de estelionato, em que figure como vítima entidade autárquica da previdência social, a qualificadora do § 3º, do art. 171 do código penal.
- **STJ 17** – Quando o falso se exaure no estelionato, sem mais potencialidade lesiva, e por este absorvido.

Matemática

Marcelo Sbicca
Marcos Alexandre Bosso

TABELA DE INCIDÊNCIA DE QUESTÕES

Distribuição das questões organizada por ordem didática de assuntos		
Assunto	**Número de Questões**	**Peso**
1. NÚMEROS, OPERAÇÕES E EXPRESSÕES MATEMÁTICAS	28	15,30%
2. MÉDIA	12	6,56%
3. PROPORCIONALIDADE	36	19,67%
4. EQUAÇÕES E SISTEMA DE EQUAÇÕES	20	10,93%
5. PORCENTAGEM	29	15,85%
6. ANÁLISE COMBINATÓRIA	5	2,73%
7. PROBABILIDADE	6	3,28%
8. VELOCIDADE	4	2,19%
9. PROBLEMAS MATEMÁTICOS	36	19,67%
10. NOÇÕES DE ESTATÍSTICA	4	2,19%
Total	**183**	**100%**

Matemática

Marcelo Sbicca e
Marcos Alexandre Bosso

✦ QUESTÕES

1. NÚMEROS, OPERAÇÕES E EXPRESSÕES MATEMÁTICAS

01. (FCC – Analista Judiciário – Área Administrativa – TRT 12ªR –2023) Na conta armada da figura, cada letra representa um algarismo e letras diferentes representam algarismos diferentes.

```
  XWYM
+ XWKM
------
 KMYXM
```

O valor de X+Y+W+M+K é

a) 9

b) 8

c) 10

d) 15

e) 12

COMENTÁRIOS

Poderíamos perfeitamente classificar essa questão no capítulo de lógica, entretanto, face à sua estrutura, está aqui entre as operações matemáticas.

Como trata-se de uma adição, iniciaremos pela unidade, pois há somente um número que somado a ele mesmo tem como resultado o próprio número, este é o número zero.

Unidade: M = 0	+ XWY0 XWK0 K0YX0

A partir de agora a lógica entra em ação. Para a posição das dezenas são várias opções, então, vamos verificar se existem outras possibilidades.

Veja a posição do milhar "X + X = 0", e ainda, observe que sobe uma unidade porque restou o algarismo K à esquerda.

Neste caso podemos afirmar que o valor do algarismo X é igual a 5, e consequentemente o valor de K é igual a 1.

Milhar: X = 5	+ 5WY0 5W10 10Y50

Outras posições com as letras X e K foram substituídas pelos respectivos valores.

Agora a soma da posição das dezenas ficou mais simples.

Dezena: Y = 4	+ 5W40 5W10 10450

Ficou fácil, o valor de W, posição das centenas, é igual a 2.

Centena: W = 2	+ 5240 5210 10450

Resposta: O valor de "X+Y+W+M+K", "5 + 4 + 2 + 0 + 1" é igual a 12.

Gabarito: E

02. (FCC – Técnico Judiciário – Área Administrativa – TRT 12ªR –2023) A diferença entre a soma dos dez primeiros múltiplos de 10 e a soma dos dez primeiros múltiplos de 9 é

a) 18

b) 60

c) 9

d) 55

e) 35

COMENTÁRIOS

Podemos pensar nas somas dos múltiplos ou mesmo em progressão aritmética, entretanto, em casos como este, considerando ainda a pressão por estar fazendo a prova de sua vida, siga pelo caminho mais básico.

Uma vez que precisamos da diferença, façamos uma a um em relação aos múltiplos.

Múltiplos de 10	Múltiplos de 9	Diferença
10	9	1
20	18	2
30	27	3

Entendeu o raciocínio?

Então, o nosso trabalho é fazer a soma das diferenças.

Soma (S) das diferença	S = 1+2+3+4+5+6+7+8+9+10 S = 55

Respostas: A diferença solicitada é igual a 55.

Gabarito: D

03. (FCC – Técnico Judiciário – Área Administrativa – TRT 18ªR – 2023) Em cada um de 35 cartões em branco, João escreveu ou o número 3 ou o número 4. Ao final, somou os 35 números escritos e percebeu que a soma era par e múltiplo de 17. O valor da soma é

A) 102

B) 136

C) 170

D) 204

E) 68

COMENTÁRIOS

Observe a parte inicial do enunciado: "*Em cada um de 35 cartões em branco, João escreveu ou o número 3 ou o número 4*". Pois bem, não dá pra imaginar que faremos várias tentativas de somatórios entre os números 3 e 4, para depois selecionar somente os resultados pares para, então, testar se são múltiplos de 17. Realmente, não parece um caminho producente.

Talvez a seleção de múltiplos de 17! Parece uma opção um pouco melhor, não é mesmo?

Tendo isso em vista, por que a indicação do somatórios de 35 números 3 ou 4?

Simplesmente para testar sua habilidade lógica. Por exemplo, nesse caso, vamos definir o menor e o maior resultado possível para a soma do João.

Hipótese	Somatório	Conclusão
35 cartões com o número 3	35 . 3 = 105	105 é o <u>menor</u> resultado possível para a soma de João
35 cartões com o número 4	35 . 4 = 140	140 é o <u>maior</u> resultado possível para a soma de João

Sequer chegamos ao final da resolução e já sabemos qual a alternativa correta.

Se não fosse a ajuda das alternativas e tivéssemos que seguir com a resolução, parece mais óbvio trabalhar com os múltiplos de 17.

Porém, mesmo assim, não precisamos de uma lista completa desses múltiplos, seria muito preciosismo. Faremos alguns poucos produtos até chegar no intervalo entre 105 e 140.

O produto mais simples, sem dúvidas, é a multiplicação por 10, igual a 170, que está acima do limite superior. Então, vamos tentar o produto de 17 por 8.

Múltiplo de 17 (multiplicado por 8)	17 . 8 = 136
Múltiplo de 17 (multiplicado por 7)	17 . 7 = 119

No intervalo entre 105 e 140 são dois múltiplos de 14, desses, apenas um é par.

Resposta: A soma de João é igual a 136.

Gabarito: B

04. (FCC – Técnico Judiciário – TRT 18ªR – 2023) A expressão em que é possível trocar "5" por "3" sem alterar o resultado é

a) (5+5+5+5) / 5 – 5

b) (5+5+5–5) / 5

c) 5 + 5 – 5

d) (5+5) / 5 . 5

e) (5+5–5) . 5

COMENTÁRIOS

Alguma dúvida quanto a ir direto às alternativas e testar uma a uma? Mesmo porque, com atenção, as operações são feitas de cabeça.

A	B	C	D	E
(5+5+5+5) / 5 – 5 20 / 5 – 5 4 – 5 -1	(5+5+5–5) / 5 10 / 5 2	5 + 5 – 5 5	(5+5) / 5 . 5 10 / 5 . 5 2 . 5 10	(5+5–5) . 5 5 . 5 25
(3+3+3+3) / 3 – 3 12 / 3 – 3 4 – 3 1	(3+3+3–3) / 3 6 / 3 2	3 + 3 – 3 3	(3+3) / 3 . 3 6 / 3 . 3 2 . 3 6	(3+3–3) . 3 3 . 3 9

Resposta: Na expressão (5+5+5–5) / 5, a troca do "5" pelo "3" não altera o resultado.

Gabarito: B

---

05. (FCC – Técnico Judiciário – Área Administrativa – TRT 18ªR – 2023) Dado que $16^n + 16^n + 16^n + 16^n = 2^{2022}$, o valor de n é

A) 1010

B) 1011

C) 505

D) 4020

E) 504

COMENTÁRIOS

Muita atenção!! A regra de conservar a base e somar os expoentes é válida para a multiplicação de números exponenciais e aqui estamos falando de adição.

Dada a expressão	$16^n + 16^n + 16^n + 16^n = 2^{2022}$

Uma vez que o resultado da operação tem base 2, buscaremos transformar a expressão em multiplicação, assim teremos:

Resolução passo a passo	$16^n + 16^n + 16^n + 16^n = 2^{2022}$ $4 . 16^n = 2^{2022}$
Converter os fatores para base 2	$2^2 . (2^4)^n = 2^{2022}$
Propriedade potência da potência	$2^2 . 2^{4 . n} = 2^{2022}$

Passamos a trabalhar com a multiplicação de potencias de mesma base, inclusive, como nosso objetivo é conhecer o valor de n, podemos descartar a base e trabalhar somente com os expoentes. Claro, observando a propriedade "manter a base e somar os expoentes".

Somar os expoentes	2 + (4 . n) = 2022 4n = 2022 – 2 N = 2020/4 n = 505

Resposta: O valor de n é igual a 505

Gabarito: C

---

06. (FCC – Técnico Judiciário – TRT 18ªR – 2023) João escreveu todos os números de 4 algarismos usando os mesmos algarismos do número 2023, com a mesma frequência. A maior diferença entre dois números escritos por João é

a) 1197

b) 1188

c) 990

d) 1298

e) 1288

COMENTÁRIOS

Para a maior diferença precisamos dos números que ficam nos extremos. Serão o maior e o menor número escrito por João com os algarismos 0, 2, 2 e 3.

Menor número	2023
Maior número	3220

Uma simples operação de subtração (3220 – 2023) e temos a maior diferença igual a 1197.

<u>Observação</u>: A formação 0223 não deve ser considerada porque teríamos um número de três algarismos (223) e não de quatro algarismos conforme a regra do enunciado.

Resposta: A maior diferença entre dois números escritos por João é igual a 1197.

Gabarito: A

---

07. (FCC – Técnico Judiciário – TRT 18ªR – 2023) No diagrama, os três quadradinhos centrais devem ser preenchidos com números de modo que a soma dos três primeiros números seja 100, a soma dos três números centrais seja 200 e a soma dos três últimos números seja 300.

20				140

O valor que ocupará o quadradinho central é

a) 30

b) 120

c) 40

d) 110

e) 60

COMENTÁRIOS

A contextualização apresentada parece valorizar o Raciocínio Lógico, entretanto, o predomínio é da Matemática.

Enunciado	Considere	Equações
... a soma dos três primeiros números seja 100, a soma dos três números centrais seja 200 e a soma dos três últimos números seja 300.	20 | a | b | c | 140	20 + a + b = 100 a + b + c = 200 b + c + 140 = 300

Apresentaremos dois caminhos, ambos são formas de resolver sistemas de equações.

Método da Substituição	20 + a + b = 100 a + b = 80
Substituir o valor "a + b" na segunda equação	a + b + c = 200 80 + c = 200 c = 120
Calcular o valor de b	b + c + 140 = 300 b + 120 + 140 = 300 b = 40

Ou

Método da Soma	a + b + c = 200 20 + a + b = 100
Multiplicar a segunda equação por (-1) e somar as duas primeiras.	a + b + c = 200 -a – b – 20 = -100 c – 20 = 100 c = 120
Calcular o valor de b	b + c + 140 = 300 b + 120 + 140 = 300 b = 40

Resposta: O valor que ocupará o quadradinho central é igual a 40

Gabarito: C

08. (FCC – Analista Judiciário – Área Administrativa– TRT Rª18 – 2023) O dobro do quadrado da metade de um número positivo vale 8. O número é:

a) 6

b) 8

c) 4

d) 5

e) 2

COMENTÁRIOS

Transcrever o enunciado em linguagem matemática.

Enunciado	Linguagem Matemática
O dobro do quadrado da metade de um número positivo vale 8.	$2 . (x/2)^2 = 8$

Iniciaremos pela resolução dos parênteses.

Resolver a equação	$2 . (x/2)^2 = 8$ $2 . x^2/4 = 8$ $2x^2/4 = 8$ $2x^2 = 32$ $x^2 = 16$ $x = \sqrt{16}$ $x = 4$

Resposta: O número que responde a equação é igual a 4.

Gabarito: C

09. (FCC – Técnico Judiciário – TRT 18ªR – 2023) Os números inteiros positivos x, y e z são tais que xy = 12, yz = 28 e xz = 21. A expressão x – y + z vale:

a) 9

b) 6

c) 14

d) 11

e) 8

COMENTÁRIOS

Não teria como a questão ser mais objetiva. Foram dadas três equações nas quais existem três incógnitas.

$$xy = 12$$
$$yz = 28$$
$$xz = 21$$

A primeira ideia de solução é isolar os termos da equação (ou equações) e substituir em outra.

Isolar x e z nas primeiras equações	Substituir na terceira
$xy = 12 \rightarrow x = 12/y$ $yz = 28 \rightarrow z = 28/y$	$xz = 21$ $12/y \cdot 28/y = 21$ $12 \cdot 28 = 21y^2$ $336 / 21 = y^2$ $y = \sqrt{16}$ $y = 4$

As incógnitas x e z ficaram isoladas nas primeiras duas equações e seus valores serão substituídos na terceira equação. É a maneira de resolver duas ou mais equações que é denominada Método da Substituição.

Encontramos o valor de y e, para as demais incógnitas, novas substituições.

Valor de x	$x = 12/y$ $x = 12/4$ $x = 3$
Valor de z	$z = 28/y$ $z = 28/4$ $z = 7$

Resposta: A expressão $x - y + z$ equivale a $3 - 4 + 7$ e é igual a 6.

✪ **Nota dos autores:** Trata de Resolução Matemática, sem grandes dificuldades, talvez a divisão "336 / 21" seja a parte mais complicada, mas também sem maiores dificuldades, apenas requer alguns segundos na operação.

Mesmo assim, vamos voltar ao início e conversar um pouco mais sobre a questão.

Dados:

$$xy = 12$$
$$yz = 28$$
$$xz = 21$$

Atenção ao que foi dito sobre as incógnitas: "*Os números inteiros positivos x, y e z*". Sendo números inteiros e positivos, os produtos são quase que intuitivos.

Por exemplo:

xy = 12	Opções: 1 e 2 2 e 6 3 e 4

Para não ficar dúvidas:

xz = 21	Opções: 1 e 21 3 e 7

No último quadro, uma das opções pode ser descartada porque o valor 21 inviabiliza as outras equações. Portanto, dos quadros acima restam:

xy = 12	3 e 4
xz = 21	3 e 7

Logo:

- $xy = 12 \rightarrow 3 \cdot 4 = 12$
- $yz = 28 \rightarrow 4 \cdot 7 = 28$
- $xz = 21 \rightarrow 3 \cdot 7 = 21$

Sendo: $x = 3$, $y = 4$ e $z = 7$.

Apesar de a explicação consumir tempo e várias linhas escritas, o candidato que estiver com maturidade lógico-matemática resolverá questões como esta de maneira rápida e assertiva.

Gabarito: B

---

10. (FCC – Analista Judiciário – TRT 18ªR – 2023) O valor da expressão

$(1/3)^{-1} + (2/3)^{-1} + (3/3)^{-1} + (4/3)^{-1}$ é:

a) $(5/2)^2$

b) $(2/5)^2$

c) $(5/3)^{-1}$

d) $(5/3)^2$

e) $(3/5)^2$

COMENTÁRIOS

A regra para tratar frações com expoente negativo nos orienta a inverter o número e, assim, o mesmo expoente passa a ser positivo.

Expressão	$(1/3)^{-1} + (2/3)^{-1} + (3/3)^{-1} + (4/3)^{-1}$ $(3/1)^1 + (3/2)^1 + (3/3)^1 + (3/4)^1$

Com todos os expoentes positivos, e sendo igual a 1, basta eliminá-los e seguir como uma soma normal de frações.

Expressão	$(3/1) + (3/2) + (3/3) + (3/4)$ $(36/12) + (18/12) + (12/12) + (9/12)$ $(36 + 18 + 12 + 9)/12$ $75/12$ $25/4$

Voltando para potência.

Expressão	$25/4$ $(5/2)^2$

Resposta: O valor da expressão dada é igual a $(5/2)^2$.

Gabarito: A

---

11. (FCC – Analista Judiciário – TRT 22ªR – 2022) Na soma abaixo, letras iguais representam algarismos iguais e letras diferentes representam algarismos diferentes.

```
      X
  +   X
    Y Y
  -----
  Z Z Z
```

O valor de X é

a) 4.
b) 5.
c) 6.
d) 7.
e) 3.

COMENTÁRIOS

Vamos nos valer do método "Tentativa e Erro" que, na verdade não tem nada de método.

Claro que não meus amigos! Estamos trabalhando para domar qualquer tipo de questão ou a maioria delas.

Então, o que fazer?

Primeiro, observe a coluna da centena.

X + X Y Y Z Z Z ↗	Não há algarismos na coluna das centenas, logo, ele virá da coluna anterior (dezenas)

Uma vez que existe apenas um algarismo na coluna das dezenas, não tem como passar para a centena outro algarismo senão o 1. Daí a certeza de que z é igual a 1, assim, Z Z Z = 1 1 1.

1 X + X Y Y 1 1 1	O resultado da segunda coluna (dezenas) é igual a 11.

Para chegar a 11 na coluna das dezenas é necessário que y seja igual a 9 e tenha passado 2 da coluna das unidades.

1 2 X + X 9 9 1 1 1	O resultado da coluna à direita (unidades) é igual a 21.

Então x é igual a 6.

1 2 6 + 6 9 9 1 1 1	X = 6 Y = 9 Z = 1

O examinador perguntou qual o valor de X porque é o último a ser revelado.

Resposta: O valor de X é igual a 6.

Gabarito: C

12. (FCC – Analista Judiciário – Área Judiciária – TRT 17ªR – 2022) Os sete quadradinhos da figura abaixo formam três linhas sendo uma horizontal e duas verticais. Os números de 1 a 7 devem ser escritos, um em cada quadradinho, de forma que as somas dos três números de cada linha sejam iguais.

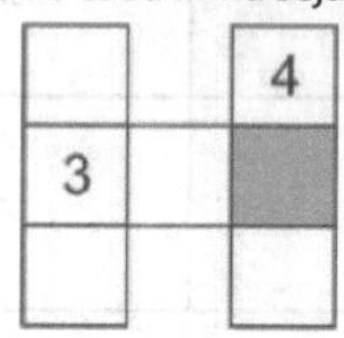

Os números 3 e 4 já foram escritos. O número que deve ser colocado no quadradinho cinza é

A) 2
B) 5
C) 1
D) 6
E) 7

COMENTÁRIOS

A questão está pautada basicamente na operação mais simples da matemática, a adição.

São três linhas, duas na vertical e uma na horizontal cujas somas são iguais.

Face às igualdades, poderíamos formular equações matemáticas e resolver a questão de maneira formal, entretanto, esse é um daqueles casos nos quais as tentativas são mais eficazes, claro, com um mínimo de lógica.

Por exemplo, vamos considerar os valores extremos, 1 e 7, na mesma linha.

Soma primeira coluna igual a 11	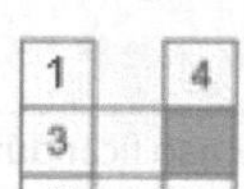

Considerar, também, valores menores, 1 e 2, bem como os maiores, 6 e 7, em linhas separadas.

Soma primeira coluna igual a 11	1 4 3 6 2 7 5

Com um pouco de lógica a tentativa torna-se mais assertiva.

Resposta: No quadro cinza deve ser colocado o número 2.

Gabarito: A

---

13. (FCC – Analista Judiciário – Área Judiciária – TRT 5ªR – 2022) Em um congresso com 384 participantes presentes verificou-se que 1/4 dos presentes tomavam café só com açúcar, 5/8 dos presentes tomavam café com açúcar e leite, e 1/16 dos presentes tomavam café só com leite. O número dos demais congressistas presentes que tomavam café "puro", sem açúcar e sem leite, é

A) 56

B) 42

C) 32

D) 40

*E) 24

COMENTÁRIOS

✪ **Nota dos autores:** O enunciado está fundamentado em frações que demonstram tratar-se de operações de divisão. Além disso, as frações guardam algumas características, como por exemplo, as operações entre elas.

A informação conhecida revela a participação de 384 congressistas dos quais:

- 1/4 tomavam café com açúcar;
- 5/8 tomavam café com açúcar e leite;
- 1/16 tomavam café só com leite.

Uma vez que todas as frações referem-se a partes de um mesmo universo, podemos somá-las.

Soma (S) de frações	S = 1/4 + 5/8 + 1/16
mmc = 16	S = (4 + 10 + 1) / 16 S = 15/16

A soma das frações equivale à quantidade de congressistas que tomava, café acompanhado de açúcar ou leite ou ambos. A diferença para completar um inteiro, igual a 1/16, é a parte dos congressistas que tomavam café puro.

Congressistas que tomavam café puro (P)	P = 1/16 . 384 P = 384/16 P = 24

Resposta: O número dos demais congressistas presentes que tomavam café "puro", sem açúcar e sem leite, é igual a 24.

Gabarito: E

---

14. (FGV – TRT PB 13ª Região – Técnico Judiciário – 2022) O valor da expressão

$$\frac{1-2+3-4+5-6+\cdots+2019-2020+2021-2022}{2023-2022+2021-2020+\cdots+7-6+5-4+3-2}$$

é

A) 1.

B) −1.

C) −1011/1012.

D) 1011/1012.

E) −1012/1011.

COMENTÁRIOS

✪ **Nota dos autores:** Certamente, uma parte considerável dos candidatos que realizaram a prova TRT PB pulou esta questão, simplesmente por associar algo grandioso com alto grau de dificuldade.

Vocês verão que não é bem assim. Uma tentativa, até que com pouco esforço, é suficiente para identificar uma sequência, tanto no numerador como no denominador, e a partir daí, vale a sua prática com os números e operações matemáticas.

Os sinais são alternados, soma e subtração, razão pela qual nos leva a fazer as primeiras observações em pares.

Numerador: (1 – 2) + (3 – 4) + (5 – 6)	1 – 2 = -1 3 – 4 = -1 5 – 6 = -1

Se, a cada par, o resultado é igual a -1 e de 2022 números existem 1011 pares, o somatório será igual a -1011.

Vamos seguir com o mesmo raciocínio em relação ao denominador.

Denominador: (2023 – 2022) + (2021 – 2020) + (2019 – 2018)	2023 – 2022 = 1 2021 – 2020 = 1 2019 – 2018 = 1

Novamente, a cada par de elementos da sequência, o resultado se repete, sempre igual a 1. Uma vez que a sequência tem 2022 elementos, a quantidade de pares é igual a 1011, portanto, o somatório dos resultados de cada par é igual a 1011.

Recordando

Para saber quantos elementos tem uma sequência numérica (2023, 2022, 2020, 2019, ..., 4, 3, 2), subtraia o menor número do maior e acrescente uma unidade.

2023 – 2 + 1 = 2022.

Economizamos muitas somas e subtrações para encontrar os valores da razão, resta apenas a divisão.

Divisão	$\frac{-1011}{1011} = -1$

Agora, outro caminho com um pouco mais de lógica e ainda pensando em pares por causa da sequência soma e subtração.

2 elementos	$\frac{1-2}{3-2} = -1$
4 elementos	$\frac{1-2+3-4}{5-4+3-2} = -1$
6 elementos	$\frac{1-2+3-4+5-6}{7-6+5-4+3-2} = -1$

Portanto, mantidas as sequências no numerador e denominador e sendo pares as quantidades de elementos, o resultado sempre será o mesmo, igual a -1.

Uma regra que levaremos desta questão: Expressões grandes, normalmente não devem ser resolvidas integralmente, sempre haverá um caminho lógico, um pulo do gato, que leve mais rápido à resposta.

Resposta: O valor da expressão é igual a -1.

Gabarito: B

---

15. (FGV – Analista Judiciário – TRT 13ªR – 2022) O valor da expressão numérica

$$\frac{2^{2022} - 2^{2021} - 2^{2020} + 2^{2019}}{2^{2020} - 2^{2019}}$$

é:

A) 5.

B) 4.

C) 3.

D) 2.

E) 1.

COMENTÁRIOS

Nessa questão não há atalhos. Para a questão valem os conhecimentos sobre operações básica, fração e exponenciação.

Faremos a resolução passo a passo para que você não perca nenhum detalhe, principalmente na parte inicial da resolução.

Dada a expressão	$\frac{2^{2022} - 2^{2021} - 2^{2020} + 2^{2019}}{2^{2020} - 2^{2019}}$
Igualar os expoentes	$\frac{(2^3 . 2^{2019}) - (2^2 . 2^{2019}) - (2 . 2^{2019}) + (2^{2019})}{(2 . 2^{2019}) - (2^{2019})}$

Por ora não há que se falar em simplificação entre numerador e denominador, face às operações de soma e subtração, razão pela qual colocamos em evidência a parte repetida em todas as parcelas.

Colocar 2^{2019} em evidência	$\frac{2^{2019}(2^3 - 2^2 - 2 + 1)}{2^{2019}(2 - 1)}$

A expressão passou a apresentar multiplicação e divisão. Situação em que se permite a simplificação.

Simplificar 2^{2019}	$\frac{(2^3 - 2^2 - 2 + 1)}{(2 - 1)}$
Seguem operações básicas	$\frac{8 - 4 - 2 + 1}{1}$ 3

Resposta: O valor da expressão é igual a 3.

Gabarito: C

---

16. (FCC – TRT BA 5ª Região – Técnico Judiciário – 2022) Um centro de distribuição recebeu 600 unidades de um produto A, 420 unidades de um produto B e 460 unidades de um produto C. As unidades dos produtos A, B e C foram embaladas em caixas com 12, 6 e 4 unidades, respectivamente. Em seguida foram montados kits com uma caixa do produto A, uma caixa do produto B e duas caixas do produto C. O número total de caixas restantes após a formação dos kits é

A) 26

B) 32

C) 45

D) 48

E) 35

COMENTÁRIOS

Seguindo o roteiro proposto no enunciado, com algumas divisões, adições e subtrações chegamos ao resultado sem muita dificuldade.

O centro de distribuição recebeu os produtos conforme descreve.

Recebeu 600 unidades de um produto A, 420 unidades de um produto B e 460 unidades de um produto C.	A = 600 B = 420 C = 460

Estes produtos estão acondicionados em caixas.

As unidades dos produtos A, B e C foram embaladas em caixas com 12, 6 e 4 unidades, respectivamente.	A = 600/12 = 50 B = 420/6 = 70 C = 460/4 = 115

Então, os kits.

Em seguida foram montados kits com uma caixa do produto A, uma caixa do produto B e duas caixas do produto C.	A = 600/12 = 50 → 50 B = 420/6 = 70 → 50 C = 460/4 = 115 → 100

A quantidade máxima de kits montados é 50 e neles estão 50 caixas do produto A, 50 do produto B e 100 do produto C.

Restaram 20 caixas do produto B e outras 15 do produto C.

Resposta: O número total de caixas restantes após a formação dos kits é 35.

Gabarito: E

---

17. (FGV – Analista Judiciário – TRT 13ªR – 2022) A soma de 2 números naturais é 22253. Um dos números é divisível por 10 e se retirarmos o algarismo das unidades desse número obtém-se o outro número. A diferença entre o maior e o menor número é:

A) 13222.

B) 14644.

C) 15876.

D) 17732.

E) 18207.

COMENTÁRIOS

✪ **Nota dos autores:** O pulo do gato está na interpretação e estruturação daquilo que nos informa o enunciado.

São dois números com as seguintes características.

Enunciado	Interpretação
Um dos números é divisível por 10 e se retirarmos o algarismo das unidades desse número obtém-se o outro número.	abcd0 abcd

O primeiro dos dois números termina em zero porque é divisível por 10.

Soma	a b c d 0 a b c d 22253

Substituir os valores a partir das unidades.	a b c 3 0 a b c 3 2 2 2 5 3	a b 2 3 0 a b 2 3 2 2 2 5 3	2 0 2 3 0 2 0 2 3 2 2 2 5 3

Para finalizar, a diferença entre 20230 e 2023, igual a 18207.

Resposta: A diferença entre o maior e o menor número é igual a 18207.

Gabarito: E

---

18. (FCC – TRT AL 19ª Região – Analista Judiciário – 2022) O valor da expressão $(\sqrt{169} \div (2^4 - 3)) \times 2^5 \div 4$ é:

A) 2

B) 22

C) 1

D) 24

E) 23

COMENTÁRIOS

A expressão aborda quase que a totalidade das operações básicas da matemática.

Expressão Matemática	$(\sqrt{169} \div (2^4 - 3)) \times 2^5 \div 4$ $(13 \div (16 - 3)) \times 2^5 \div 4$

A radiciação comumente é calculada por meio da fatoração. Para as provas, valem as tentativas, erros e acertos.

Raiz quadrada de 169	10 . 10 = 100 15 . 15 = 225 12 . 12 = 144 13 . 13 = 169

Quantos menos aleatórias forem as tentativas, mais rápido vai encontrar a resposta.

De volta à expressão matemática.

Resolver os parênteses	$(13 \div (16 - 3)) \times 2^5 \div 4$ $(13 \div 13) \times 2^5 \div 4$ $1 \times 2^5 \div 2^2$

O número 1 é elemento neutro da multiplicação, portanto, pode ser excluído. E, não só pela facilidade, mas também para manter o padrão das alternativas, converteremos o número 4 em potência.

Divisão de potência de mesma base	$2^5 \div 2^2$ 2^{5-2} 2^3

Resposta: O valor da expressão é igual a 2^3.

Gabarito: E

19. (FGV – Analista Judiciário – TRT 13ªR – 2022) Um número inteiro positivo é chamado de "quadrado perfeito" quando ele é o quadrado de um número inteiro positivo. Por exemplo, 16 é um quadrado perfeito pois é igual a 4^2. O número de quadrados perfeitos maiores do que 100 e menores do que 2023 é:

A) 28.

B) 34.

C) 42.

D) 44.

E) 48.

COMENTÁRIOS

O que é Quadrado Perfeito?

O autor da questão define como: "*Um número inteiro positivo é chamado de "quadrado perfeito" quando ele é o quadrado de um número inteiro positivo*".

✪ **Nota dos autores:** Posto que o quadrado (expoente 2) está intrinsicamente relacionado com a raiz quadrada, vale considerar também a definição:

Número inteiro e positivo (número natural) cuja raiz quadrada traz como resultado outro número inteiro de positivo.

Exemplos:

Quadrados perfeitos	1, 4, 9, 16, 25, 36, 49, 64.
Confirmação	$\sqrt{1} = 1$, $\sqrt{4} = 2$, $\sqrt{9} = 3$, $\sqrt{16} = 4$, $\sqrt{25} = 5$, $\sqrt{36} = 6$, $\sqrt{49} = 7$, $\sqrt{64} = 8$.

Pensando na exponenciação, segundo a definição apresentada pelo autor, uma maneira fácil de listar os quadrados perfeitos decorre do que o próprio nome diz, expoente quadrado.

- $1^2 = 1 . 1 = \mathbf{1}$
- $2^2 = 2 . 2 = \mathbf{4}$
- $3^2 = 3 . 3 = \mathbf{9}$
- $4^2 = 4 . 4 = \mathbf{16}$

Entendida a dinâmica do quadrado perfeito, vamos pensar na forma de identificar os quadrados perfeitos entre 100 e 2023, afinal, o objetivo é responder a questão.

O número 100 é um quadrado perfeito porque sua raiz é igual a 10 (número inteiro e positivo). E quanto ao número 2023, é um quadrado perfeito?

O caminho natural é por meio da fatoração, entretanto, e que nenhum professor de matemática nos escute, vamos tentar alguns quadrados fáceis, algo como quadrado de 10 igual a 100, quadrado de 20 igual a 400.

Teste de quadrados	$40^2 = 40 . 40 = 1600$ $50^2 = 50 . 50 = 2500$
Procuramos algo intermediário	$45^2 = 45 . 45 = 2025$

Pronto, e nem precisamos saber qual o quadrado perfeito. Sabendo que 45 ao quadrado é igual a 2023 e nosso limite é 2023, basta considerar que 44 elevado a segunda potência resulta em um quadrado perfeito dentro do nosso limite.

Logo, os quadrados perfeitos serão os resultados de $11^2, 12^2, ..., 44^2$.

Quantidade (Q) de quadrados perfeitos entre 100 e 2023	$Q = 44 - 11 + 1$ $Q = 34$

Observação: como os extremos fazem parte da lista, faz-se a diferença entre o maior e o menor e acrescenta uma unidade.

Resposta: O número de quadrados perfeitos maiores do que 100 e menores do que 2023 é igual a 34.

Gabarito: B

20. (FGV – Técnico Judiciário – Área Administrativa – TRT 16ªR – 2022) N é o menor número que é múltiplo de 5 e de 7, e é maior que 800.

A soma dos algarismos de N é

A) 11.

B) 12.

C) 13.

D) 14.

E) 15.

COMENTÁRIOS

Os múltiplos de um número é o conjunto dos resultados do produto deste com todos os números naturais (números inteiros e positivos).

Tudo bem, múltiplos não são novidade. Também não é novidade a identificação dos múltiplos de 5, aqueles finalizados por algarismos zero ou cinco.

Múltiplos de 5 maiores que 800.	800, 805, 810, 815, 820, 825, 830, ...

E, quais são os múltiplos de 7?

✪ **Nota dos autores:** Existe sim uma regra para confirmar se um número é múltiplo de 7, regra de divisibilidade, porém, desaconselhamos sua utilização.

Para sanar a curiosidade, são divisíveis por 7 os números que atendem a regra: Multiplicar por 2 o último algarismo do número. Subtrair este valor do número inicial sem o último algarismo, o resultado deve ser múltiplo de 7.

Vamos testar o número 800.

Multiplicar por 2 o último algarismo do número.	0 . 2 = 0
Subtrair este valor do número inicial sem o último algarismo.	80 – 0 = 80

80 não é divisível por 7, logo, o número 800 não é divisível por 7, consequentemente, não é múltiplo de 7.

Ainda sobre a regra, caso não seja possível saber se o resultado da subtração é divisível por 7, repete-se a regra, no caso, testaremos o número 80

Multiplicar por 2 o último algarismo do número.	0 . 2 = 0
Subtrair este valor do número inicial sem o último algarismo.	8 – 0 = 8

Afinal, por que desconsiderar a regra da divisibilidade por 7?

Porque sua necessidade é muito rara e, quando surgir, como aqui, uma ou poucas operações de divisão resolvem nosso problema.

Divisão 800 por 7.

800 | 7 7 114 10 30 2	Atenção ao resto da operação, igual a 2

Nessa divisão existe resto, portanto, está confirmado: não é múltiplo de 7. Mas, subtraindo duas unidades (resto da operação) do número inicial, teremos um múltiplo de 7. O número 798 (800 – 2 = 798) é múltiplo de 7.

Múltiplos de 5 maiores que 800.	800, **805**, 810, 815, 820, 825, 830, ...
Múltiplos de 7 maiores que 798	798, **805**, 812, 819, 826, 833, ...

O número procurado, primeiro múltiplo de 5 e 7 maior que 800 é o número 805.

Resposta: A soma dos algarismos do número 805 é igual a 13.

Gabarito: C

21. (FGV – Técnico Judiciário – TRT 16ªR – 2022) O valor da expressão numérica

$$\frac{2^3 + 2^4 + 2^5 + 2^6 + 2^7 + 2^8}{3^3 + 3^4 + 3^5 + 3^6}$$

é:

A) 2/3.

B) 4/7.

C) 5/11.

D) 7/15.

E) 8/17.

COMENTÁRIOS

Expressão Matemática	$\frac{2^3 + 2^4 + 2^5 + 2^6 + 2^7 + 2^8}{3^3 + 3^4 + 3^5 + 3^6}$
Igualar os expoentes	$\frac{2^3(1 + 2 + 2^2 + 2^3 + 2^4 + 2^5)}{3^3(1 + 3 + 3^2 + 3^3)}$

Conservamos o menor expoente e colocamos em evidência.

Fazer as operações	$\frac{8(1 + 2 + 4 + 8 + 16 + 32)}{27(1 + 3 + 9 + 27)}$ $\frac{8(63)}{27(40)}$
Simplificar	$\frac{63}{27(5)}$ $\frac{7}{3(5)}$
Resolver o denominador	$\frac{7}{15}$

Resposta: O valor da expressão dada no enunciado é igual a 7/15.

Gabarito: D

22. (FCC – Analista Judiciário – Oficial de Justiça Avaliador Federal – TRT 9ªR – 2022) Dizemos que um quadriculado preenchido com números reais é mágico, se obtemos sempre o mesmo resultado quando somamos os números de uma linha, ou de uma coluna ou de uma diagonal. O resultado de uma dessas somas chama-se número mágico. O número mágico do quadriculado abaixo, parcialmente preenchido, é 1,5.

		0,6
	0,5	
		0,8

O valor que deve ser colocado no quadradinho cinza é

A) 0,4.

B) 0,3.

C) 0,9.

D) 0,2.

E) 0,7.

COMENTÁRIOS

O objetivo é preencher os quadrados de tal forma que a soma de cada linha, cada coluna e cada diagonal seja igual a 1,5.

Problema a ser resolvido apenas com operações básicas matemáticas.

- Terceira coluna e as duas diagonais.

São conhecidos dois valores, logo, calculando a diferença para o valor 1,5 completamos estas três sequências.

0,2		0,6
	0,5	**0,1**
0,4		0,8

Terceira linha.

0,2		0,6
	0,5	0,1
0,4	**0,3**	0,8

Esta é a resposta para a questão. Entretanto, não custa deixar o quadriculado completo.

0,2	0,7	0,6
0,9	0,5	0,1
0,4	**0,3**	0,8

Resposta: O valor que deve ser colocado no quadradinho cinza é igual a 0,3.

Gabarito: B

23. (FCC – Analista Judiciário – Oficial de Justiça Avaliador Federal – TRT 9ªR – 2022) Os preços dos bilhetes para uma peça de teatro são diferentes para professores e para alunos. O bilhete de professor custa R$ 35,00 e o bilhete de aluno custa 3/7 do preço do bilhete de professor. O valor total gasto, em reais, com as entradas para uma peça de teatro de um grupo de 91 alunos e 6 professores é

A) 1.775,00.

B) 1.375,00.

C) 1.175,00.

D) 1.575,00.

E) 1.975,00.

COMENTÁRIOS

A contextualização é clara, o grupo de professores e alunos tem custo diferenciado para ingressar no teatro. Nosso trabalho resume-se em realizar as operações matemáticas.

O bilhete de professor custa R$ 35,00 e o bilhete de aluno custa 3/7 do preço do bilhete de professor.	Professor = 35,00 Aluno = 3/7 . 35,00 Aluno = (3 . 35) / 7 Aluno = 15,00

Conhecendo os valores dos ingressos, seguimos.

Grupo de 91 alunos e 6 professores.	Professor = 35,00 . 6 Professor = 210,00 Aluno = 15,00 . 91 Aluno = 1.365,00

Resposta: O valor total gasto com as entradas para uma peça de teatro do grupo é de R$ 1.575,00.

Gabarito: D

24. (FCC – Analista Judiciário – Área Administrativa – TRT 24ªR – 2017) Francisco verificou que havia x pastas em um diretório. Ele abriu 1/3 dessas pastas, deixou as restantes fechadas e foi embora. Geraldo encontra as pastas como Francisco havia deixado, abre 5/7 das pastas que ainda estavam fechadas e foi embora. Humberto observa a situação das pastas após a intervenção de Geraldo, fecha 7/34 das pastas que encontrou abertas e abre metade das pastas que encontrou fechadas. Após a intervenção de Humberto, a fração, das x pastas, que ficaram abertas é igual a

A) 31/42

B) 5/34

C) 13/21

D) 15/34

E) 9/21

COMENTÁRIOS

O relato é que as pastas do diretório são abertas em sequência e em quantidades representadas por frações.

Francisco verificou que havia x pastas em um diretório. Ele abriu 1/3 dessas pastas, deixou as restantes fechadas e foi embora.

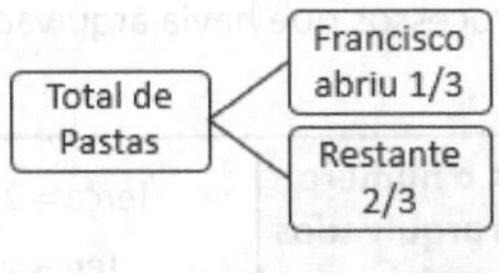

Geraldo encontra as pastas como Francisco havia deixado, abre 5/7 das pastas que ainda estavam fechadas e foi embora.

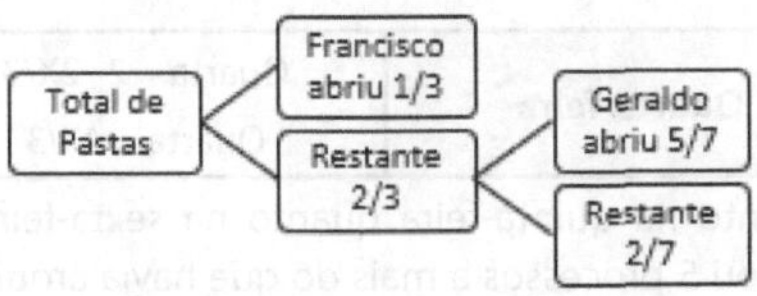

Humberto observa a situação das pastas após a intervenção de Geraldo, fecha 7/34 das pastas que encontrou abertas e abre metade das pastas que encontrou fechadas.

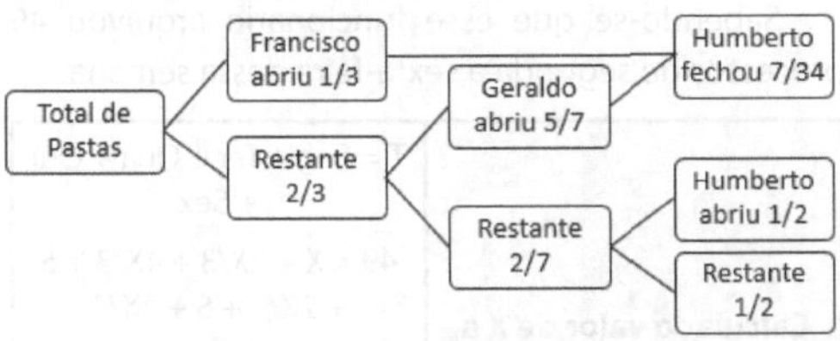

Humberto promoveu duas ações, na primeira ele fechou parte das pastas que encontravam-se abertas. Também, abriu parte das pastas que estavam fechadas.

Na primeira parte, as pastas fechadas por Humberto devem ser tratadas com atenção porque o percentual de fechamento de pastas incide sobre o total das pastas abertas (marcado com a circunferência). E mais, não são as pastas que ele fechou que nos interessam, mas sim as que permaneceram abertas.

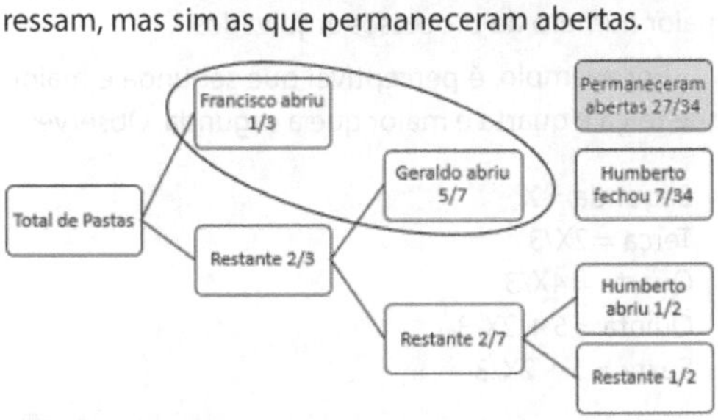

Pastas abertas por Francisco	1/3
Pastas abertas por Geraldo	2/3 . 5/7 = 10/21

Acima as frações de pastas abertas e prontas para o somatório.

Total de pastas abertas	1/3 + 10/21 = 17/21
Pastas que Humberto deixou abertas 27/34	17/21 . 27/34 (17 . 27)/(21 . 34) (1 . 9)/(7 . 2) 9/14

Com esta primeira ação de Humberto, permaneceram abertas 9/14 de pastas (guarde este número).

A outra parte da ação de Humberto foi abrir uma fração das pastas que estavam fechadas.

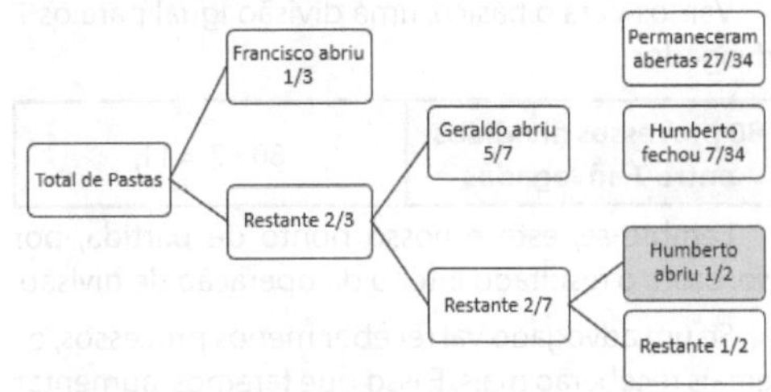

A sequência aponta fração sobre fração, então há necessidade de multiplicação.

Pastas abertas por Humberto	2/3 . 2/7 . 1/2 (2 . 2 . 1)/(3 . 7 . 2) 4/42 2/21

Chegamos à segunda fração de pastas abertas que é igual a 2/21. Resta o somatório com aquela quantidade apurada anteriormente igual a 9/14.

Total de pastas abertas	9/14 + 2/21 (27 + 4)/42 31/42

Resposta: A fração, das x pastas, que ficaram abertas é igual a 31/42.

Gabarito: A

25. (FGV – Técnico Judiciário – Área Administrativa – TRT 12ªR – 2017) Um funcionário do tribunal dividiu os 80 processos que necessitavam de revisão entre sete advogados. Seis deles receberam a mesma quantidade de processos para rever e o último advogado, o mais jovem deles, recebeu um número menor de processos do que cada um dos outros, porém maior que 5.

O número de processos que o advogado mais jovem recebeu foi:

A) 7;

B) 8;

C) 9;

D) 10;

E) 11.

COMENTÁRIOS

Foram apresentadas três informações.

1. 80 processos serão divididos entre 7 advogados.
2. 6 recebem a mesma quantidade e 1 recebe menos processos.
3. A quantidade menor de processos é maior que 5.

Precisamos de uma referência que funcione como ponto de partida e, na hora da prova, não dá para pensar muito.

Vamos para o básico, uma divisão igual para os 7 advogados.

80 processos divididos entre 7 advogados	80 / 7 = 11,

Lembre-se, este é nosso ponto de partida, por isso, basta o resultado inteiro da operação de divisão.

Se um advogado vai receber menos processos, os demais receberão mais. É isso que faremos, aumentar a quantidade e temos como referência, a quantidade igual a 11.

Hipótese: 6 advogados recebem 12 processos	12 . 6 = 72

Deu certo, pois neste caso o advogado mais novo ficaria responsável por revisar 8 processos (80 – 72 = 8).

Resposta: O número de processos que o advogado mais jovem recebeu foi 8.

Gabarito: B

---

26. (FCC – Técnico Judiciário – Área Administrativa – TRT 24ªR - 2017) Um funcionário arquivou certo número de processos ao longo dos cinco dias úteis de trabalho de uma semana. Na terça-feira ele arquivou 2/3 do número de processos que havia arquivado na segunda-feira. Na quarta-feira ele arquivou o dobro do que havia arquivado na terça-feira. Tanto na quinta-feira quanto na sexta-feira ele arquivou 5 processos a mais do que havia arquivado na terça-feira. Sabendo-se que esse funcionário arquivou 49 processos de segunda a sexta-feira dessa semana, a soma do número de processos arquivados por ele nos três dias da semana em que arquivou mais processos foi igual a

A) 32

B) 41

C) 31

D) 34

E) 38

COMENTÁRIOS

Reescreveremos todas as informações dadas textualmente em números e operações.

Um funcionário arquivou certo número de processos ao longo dos cinco dias úteis de trabalho de uma semana. Na terça-feira ele arquivou 2/3 do número de processos que havia arquivado na segunda-feira.

Considere X o número de processos arquivados na segunda-feira.	Terça = 2/3 de X Terça = 2X/3

Na quarta-feira ele arquivou o dobro do que havia arquivado na terça-feira.

Quarta-feira	Quarta = 2 . 2X/3 Quarta = 4X/3

Tanto na quinta-feira quanto na sexta-feira ele arquivou 5 processos a mais do que havia arquivado na terça-feira.

Quita e Sexta-feira	Quinta = 5 + 2X/3 Sexta = 5 + 2X/3

Sabendo-se que esse funcionário arquivou 49 processos de segunda a sexta-feira dessa semana.

Calcular o valor de X a partir do total (T) arquivado na semana.	T = Seg + Ter + Qua + Qui + Sex 49 = X + 2X/3 + 4X/3 + 5 + 2X/3 + 5 + 2X/3 147 = 3X + 2X + 4X + 15 + 2X = 15 + 2X 147 – 30 = 13X X = 117/13 X = 9

✪ **Nota dos autores:** Com o valor de X podemos calcular a quantidade arquivada em cada dia da semana, o que é desnecessário se estivermos pensando em encontrar os três dias nos quais houve maior número de processos arquivados.

Por exemplo, é perceptível que segunda é maior que terça e quarta é maior que a segunda. Observe:

- Segunda = X
- Terça = 2X/3
- Quarta = 4X/3
- Quinta = 5 + 2X/3
- Sexta = 5 + 2X/3

Segunda é maior que terça porque na terça a quantidade arquivada é uma parcela de X (uma parcela do número arquivado na segunda).

Quarta é maior que a segunda porque o numerador da fração é maior que o denominador, logo, a quantidade é maior que o valor de X (quantidade da segunda).

Se quarta tem o maior número de processos arquivados (comparado com a segunda e terça) vejamos os valores para quarta e quinta.

Quarta	Quinta
Quarta = 4X/3 Quarta = (4 . 9)/3 Quarta = 12	Quinta = 5 + 2X/3 Quinta = 5 + (2 . 9)/3 Quinta = 5 + 6 Quinta = 11

Apesar da quantidade arquivada na quinta ser menor que a quantidade de quarta, ainda assim é maior que da segunda cuja quantidade foi X (igual a 9).

Soma (S) das três maiores quantidades	S = Qua + Qui + Sex S = 12 + 11 + 11 S = 34

Resposta: A soma do número de processos arquivados nos três dias da semana em que arquivou-se mais processos foi igual a 34.

Gabarito: D

27. (FCC – Técnico Judiciário – Área Administrativa – TRT 11ªR – 2017) Do seu salário líquido Raimundo separa 1/3 para pagar os gastos com moradia. Para alimentação Raimundo separa 2/5 do restante do dinheiro. Exatamente 1/3 do que restou, após os gastos com moradia e alimentação, Raimundo deposita em uma conta de investimento que, nesse mês, recebeu como depósito a quantia de R$ 780,00. Nesse mês, a quantia do salário que Raimundo separou para moradia e alimentação, somadas, foi igual a

A) R$ 3.820,00.

B) R$ 3.240,00.

C) R$ 3.730,00.

D) R$ 3.510,00.

E) R$ 3.190,00.

COMENTÁRIOS

Ao perceber a existência de fração incidente sobre outra fração, e para evitar confusão durante a resolução, o melhor a fazer é mapear as destinações do salário do Raimundo.

Do seu salário líquido Raimundo separa 1/3 para pagar os gastos com moradia.

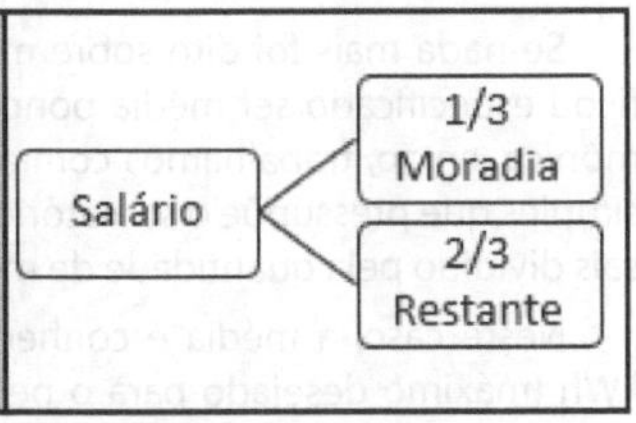

A informação sobre a destinação seguinte, também em fração, incide sobre a fração anterior.

Para alimentação Raimundo separa 2/5 do restante do dinheiro.

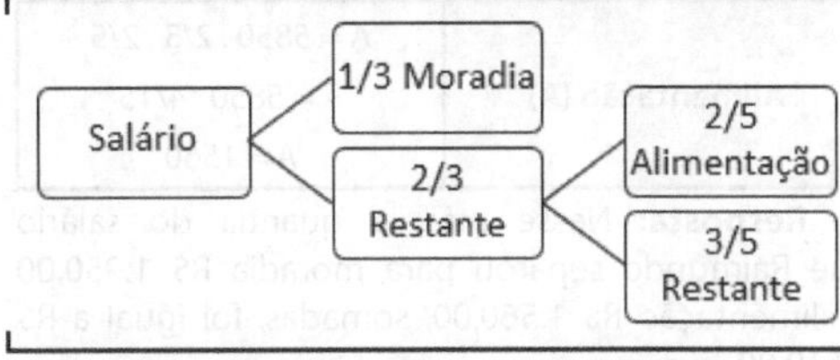

Na sequência, outra fação sobre fração.

Exatamente 1/3 do que restou, após os gastos com moradia e alimentação, Raimundo deposita em uma conta de investimento.

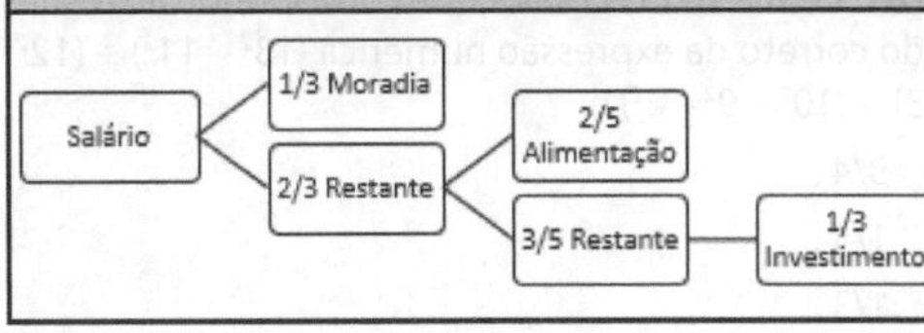

O examinador completa dizendo que em determinado mês o depósito na conta de investimento foi de R$ 780,00.

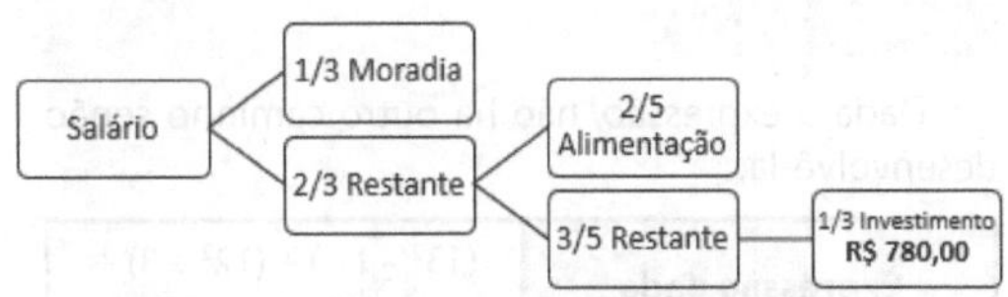

Com as informações organizadas, passamos ao comando da questão para confirmar o que é necessário calcular.

Nesse mês, a quantia do salário que Raimundo separou para moradia e alimentação.

São necessários os valores de moradia e alimentação.

Moradia (M)	M = Salário . 1/3
Alimentação (A)	A = Salário . 2/3 . 2/5

Salário é um valor comum aos dois cálculos apresentados e, por ora, não conhecido. Portanto, vamos a ele.

Salário (S)	S . 2/3 . 3/5 . 1/3 = 780,00 S . 6/45 = 780,00 6S = 780,00 . 45 S = 130,00 . 45 S = 5.850,00

Repare que todas as equações foram retiradas do mapeamento do salário do Raimundo.

Enfim, conhecendo o salário do Raimundo, vamos às despesas com moradia e alimentação.

Moradia (M)	M = 5850 . 1/3 M = 1950
Alimentação (A)	A = 5850 . 2/3 . 2/5 A = 5850 . 4/15 A = 1560

Resposta: Nesse mês, a quantia do salário que Raimundo separou para moradia R$ 1.950,00 e alimentação R$ 1.560,00, somadas, foi igual a R$ 3.510,00.

Gabarito: D

28. (FCC – Técnico Judiciário – Área Administrativa – TRT 11ªR – 2017) O valor que corresponde ao resultado correto da expressão numérica $(13^2 - 11^2) \div (12^2 \div 3) \div (10^2 - 9^2 - 4^2)$ é

A) 3/4.

B) 1/5.

C) 1/3.

D) 2/5.

E) 1/4.

COMENTÁRIOS

Dada a expressão, não há outro caminho senão desenvolvê-la.

Expressão dada	$(13^2 - 11^2) \div (12^2 \div 3) \div (10^2 - 9^2 - 4^2)$

✪ **Nota dos autores:** Para os primeiros parênteses, além da resolução tradicional, cabe a fatoração.

Modelo: Diferença de Quadrados	Resolução
$(x^2 - y^2) = (x + y)(x - y)$	$(13^2 - 11^2)$ $(13 + 11)(13 - 11)$ 24 . 2 48

Mais fácil!! Concordam?

Para o restante da expressão, seguirmos a ordem e faremos as operações.

Expressão dada	$(13^2 - 11^2) \div (12^2 \div 3) \div (10^2 - 9^2 - 4^2)$ $48 \div (144 \div 3) \div (100 - 81 - 16)$ $48 \div 48 \div 3$

E agora, posso resolver as operações independentemente da ordem?

Não. Se as operações têm a mesma hierarquia, duas divisões, e não há limitadores como os parênteses, a resolução acompanha a ordem em que aparecem.

Faça o teste e verá que os resultados são diferentes.

Expressão dada	$48 \div 48 \div 3$ $1 \div 3$ 1/3

Resposta: O valor da expressão é 1/3.

Gabarito: C

2. MÉDIA

2.1. MÉDIA ARITMÉTICA SIMPLES

29. (FCC – Técnico Judiciário – Área Administrativa – TRT 18ªR – 2023) Uma residência apresentou os seguintes consumos de energia elétrica, em kWh, nos últimos meses de 2022: 611 em julho, 574 em agosto, 599 em setembro, 596 em outubro e 556 em novembro. Os moradores da residência desejam que o consumo médio do segundo semestre de 2022 não supere 580 kWh. Para que a meta seja alcançada o consumo no mês de dezembro de 2022 deve ser, no máximo, de

A) 533 kWh

B) 612 kWh

C) 544 kWh

D) 588 kWh

E) 573 kWh

COMENTÁRIOS

A leitura da parte inicial da questão não revela o que realmente vamos calcular, mas uma coisa é certa, os dados são interessantes e devem ser destacados e a maneira mais fácil para isso é grifar.

Os dados a serem grifados são:

Consumo nos últimos meses de 2022:	Julho = 611 Agosto = 574 Setembro = 599 Outubro = 596 Novembro = 556

Imediatamente após a série de consumos, julho a novembro, a leitura revela que estamos falando de média a qual não deve superar 580 kWh.

Se nada mais foi dito sobre média, ou seja, não ficou especificado ser média ponderada, média harmônica, então, trabalhamos com a média aritmética simples que pressupõe o somatório dos valores mensais dividido pela quantidade de meses.

Neste caso, a média é conhecida e igual a 580 kWh (máximo desejado para o período), entretanto, nos valemos da fórmula para definir o valor limite para o mês de dezembro (D).

Calcular a média (aritmética simples)	Média = (J + A + S + O + N + D) / 6 580 = (611 + 574 + 599 + 596 + 556 + D) / 6 580 = (2936 + D) / 6 580 . 6 = 2936 + D D = 3480 − 2936 D = 544

Resposta: Para que a meta seja alcançada o consumo no mês de dezembro de 2022 deve ser, no máximo, de

Gabarito: C

30. (FCC – Analista Judiciário – Área Judiciária – TRT 12ªR –2023) O quadro a seguir mostra os preços dos sucos praticados pelo estabelecimento XYZ.

Preços dos Sucos	
Laranja	#####
Uva	R$ 15,50
Maçã	#####
Abacaxi	R$ 13,00
Acerola	#####
Melancia	R$ 12,50
Maracujá	R$ 16,00

Se o preço médio dos sucos de laranja, acerola e maçã é R$ 16,00, então o preço médio dos sucos desse estabelecimento, em R$, é

A) 15,50

B) 15,00

C) 14,50

D) 13,50

E) 14,00

COMENTÁRIOS

Apesar dos preços dos sucos de laranja, acerola e maçã não necessariamente serem iguais ao valor médio, este pode ser utilizado como referência para calcular o preço médio de todos os sucos do estabelecimento.

Preços dos Sucos	
Laranja	R$ 16,00
Uva	R$ 15,50
Maça	R$ 16,00
Abacaxi	R$ 13,00
Acerola	R$ 16,00
Melancia	R$ 12,50
Maracujá	R$ 16,00
Total	**R$ 105,00**

O somatório está descrito acima, resta a divisão pela número de sabores de suco.

Preço médio dos sucos (S)	S = 105.00 / 7 S = R$ 15,00

Dificuldade mínima, apenas um treino leve de soma e divisão.

Resposta: O preço médio dos sucos desse estabelecimento é de R$ 15,00.

Gabarito: B

31. (FCC – Analista Judiciário – Área Administrativa– TRT Rª18 – 2023) Seja x um número positivo. Se a média aritmética de $(x + 1)^2$ e $(x – 1)^2$ é igual a 10, então o valor de x é:

A) 3

B) 5

C) 2

D) 6

E) 4

COMENTÁRIOS

A média de dois números é a soma deles divido por dois.

Média Aritmética	$[(x + 1)^2 + (x − 1)^2] / 2 = 10$
Produto Notável	$[(x^2 + 2x + 1) + (x^2 – 2x + 1)] / 2 = 10$
Resolver a equação	$2x^2 + 2 = 20$ $2x^2 = 18$ $x^2 = 9$ $x = \sqrt{9}$ $x = 3$

Resposta: O valor de x é igual a 3.

Gabarito: A

32. (FCC – TRT MT 23ª Região – Técnico Judiciário – 2022) Para que um time de basquete, com 5 jogadores, possa se inscrever em um torneio juvenil, a idade média dos jogadores, no momento da inscrição, deve ser estritamente menor do que 15 anos. Quatro amigos com idades 13, 14, 14 e 16 anos querem se inscrever nesse torneio e precisam de mais um jogador. A idade máxima do jogador que vai completar o time é

A) 17

B) 18

C) 16

D) 19

E) 15

COMENTÁRIOS

Aplicação direta da fórmula da média aritmética simples.

Média Aritmética Simples (M)	M = Soma Idades / Quant. Jogadores 15 = (13+14+14+16+X) / 5 15 . 5 = 57 + X X = 75 – 57 X = 18

Se o último jogador tiver 18 anos, a idade média do time será igual a 15 e **MUITA** atenção, a questão fala *"a idade média dos jogadores, no momento da inscrição, deve ser estritamente **menor** do que 15 anos".*

Resposta: A idade máxima do jogador que vai completar o time deve ser de 17 anos.

Gabarito: A

33. (FCC – Analista Judiciário – Área Judiciária – TRT 23ªR – 2022) Alberto, Bruno e Carlos são motoristas de caminhões e realizam juntos, em média, 14 viagens por mês. Bruno faz o dobro do número de viagens que Alberto faz e metade do número de viagens que Carlos faz. O número de viagens que Alberto realiza por mês é igual a

A) 8

B) 6

C) 7

D) 4

E) 14

COMENTÁRIOS

Vamos averiguar o que temos para trabalhar.

Enunciado	Dados de Interesse
Alberto, Bruno e Carlos são motoristas de caminhões e realizam juntos, em média, 14 viagens por mês.	Média = 14 viagens/ mês

A Média é o que vai dominar a questão e, paralelamente, equações e operações matemáticas.

Enunciado	Dados de Interesse
Bruno faz o dobro do número de viagens que Alberto faz e metade do número de viagens que Carlos faz.	B = 2A B = C/2

Onde:

- A = Alberto
- B = Bruno
- C = Carlos

As equações têm em comum a quantidade de viagens de Bruno (B), razão pela qual isolamos as outras incógnitas para que tenhamos uma equação, da média, em função de (B).

Isolar A e C	B = 2A → A = B/2 B = C/2 → C = 2B

Substituir na equação da média.

Média (M)	M = (A + B + C) / 3 14 = (B/2 + B + 2B) / 3 42 = B/2 + B + 2B
mmc = 2	84 = B + 2B + 4B 84 = 7B B = 12

Partimos para o cálculo do número de viagens de Alberto (resposta para a questão).

Viagens de Alberto	A = B/2 A = 12/2 A = 6

Resposta: O número de viagens que Alberto realiza por mês é igual a 6.

Gabarito: B

34. (FCC – TRT BA 5ª Região – Analista Judiciário – 2022) Na tabela, temos o registro do número semanal de livros novos recebidos pela biblioteca.

Sem 1	Sem 2	Sem 3	Sem 4	Sem 5	Sem 6	Sem 7	Sem 8
15	8	12	?	?	30	26	35

Sabe-se que a média semanal de recebimento de livros é de 21 livros; no entanto, os números correspondentes às semanas 4 e 5 foram perdidos. A informação que foi recuperada é que o número de livros recebidos na semana 5 é 10% superior ao número da semana 4. Na semana 5 foram recebidos:

A) 12 livros.

B) 15 livros.

C) 19 livros.

D) 22 livros.

E) 25 livros.

COMENTÁRIOS

A representação matemática sobre as semanas 4 e 5 é o ponto de partida.

Enunciado	Dados de Interesse
A informação que foi recuperada é que o número de livros recebidos na semana 5 é 10% superior ao número da semana 4.	Sem 4 = X Sem 5 = 1,1X

Tudo pronto para iniciar a fórmula da média.

Média Semanal (M)	M = S1 + S2 + S3 + S4 + S5 + S6 + S7 + S8 / 8 21 = 126 + 2,1X / 8 21 . 8 = 126 + 2,1X 168 – 126 = 2,1X X = 42 / 2,1 X = 20

Conclusão:

Livros recebidos na semana 4 é igual a 20.

Livros recebidos na semana 5 é igual a 22 (acréscimo de 10% sobre a semana anterior).

Resposta: Na semana 5 foram recebidos 22 livros.

Gabarito: D

35. (FCC – Analista Judiciário – Área Judiciária – TRT 17ªR – 2022) Em uma confraternização, doze amigas comeram, em média, 1,5 brigadeiro. Nenhuma delas comeu mais do que dois brigadeiros, nenhuma delas compartilhou um brigadeiro e duas delas só comeram salgados. O número de meninas que comeram dois brigadeiros é

A) 5

B) 6

C) 7

D) 4

E) 8

COMENTÁRIOS

As doze amigas, na confraternização, comeram em média 1,5 brigadeiro. Nenhuma comeu mais que dois brigadeiros e duas delas não comeram nenhum.

Conclusões	Total brigadeiros = 12 . 1,5 = 18 2 amigas = zero brigadeiros 10 amigas = 18 brigadeiros

Deixamos a matemática de lado porque a lógica salta aos olhos.

Se cada uma das 10 amigas comeu pelo menos 1 brigadeiro cada, restam outros 8 brigadeiros. Considerando que nenhuma comeu mais do que dois brigadeiros, oito amigas comeram 2 brigadeiros cada.

Ou seja:

- 2 amigas = 0 brigadeiro cada.
- 2 amigas = 1 brigadeiro cada.
- 8 amigas = 2 brigadeiros cada.

Resposta: 8 amigas comeram dois brigadeiros cada.

Gabarito: E

2.2. MÉDIA PONDERADA

36. (FCC – Analista Judiciário – Área Administrativa – TRT 12ªR –2023) O salário de Marcos em janeiro de 2022 era R$ 3.500,00. A partir de maio de 2022, o salário de Marcos foi reajustado em 10% e, a partir de outubro de 2022, o salário de Marcos foi novamente reajustado em 6%. O salário médio mensal de Marcos em 2022 foi, aproximadamente, de

A) R$3.795,10

B) R$ 4.081,52

C) R$ 3.850,00

D) R$3.791,08

E) R$ 3.900,35

COMENTÁRIOS

Em rápida análise e sem perder tempo verificamos que a questão trata de multiplicar o salário de Marcos em janeiro pelos fatores correspondentes a 10% e 6%, e dos aumentos consecutivos em maio e outubro de 2022.

Lembre-se, o fator de multiplicação é o percentual acrescido de uma unidade equivalente ao valor inicial.

- Para 10% o fator é igual a 1,1.
- Para 6% o fator é igual a 1,06.

Reajuste de salário em maio (M)	M = 3.500,00 . 1,1 M = 3.850,00
Reajuste de salário em outubro (O)	O = 3.850,00 . 1,06 O = 4.081,00

Portanto, o salário de Marcos foi, de janeiro a abril, quatro meses, de R$ 3.500,00. Os cinco meses seguintes, até setembro, o salário foi de R$ 3.850,00. Para os 3 últimos meses do ano, Marcos recebeu um salário de R$ 4.081,00.

A média do ano leva em consideração as quantidades de meses, ou seja, média ponderada simples.

Média Anual (A)

$$A = \frac{(3500\ .\ 4) + (3850\ .\ 5) + (4081\ .\ 3)}{4 + 5 + 3}$$

$$A = \frac{45493}{12}$$

$$A = 3.791,08$$

Parece que o examinador estava testando a habilidade do candidato em efetuar operações básicas matemática.

Resposta: O salário médio mensal de Marcos em 2022 foi de R$ 3.791,08.

Gabarito: D

37. (FCC – Técnico Judiciário – Área Administrativa – TRT 12ªR –2023) Em um restaurante, a entrada custa R$ 24,00, o prato principal custa R$ 46,00 e a sobremesa R$ 20,00. De segunda a quinta-feira, a entrada tem um desconto de 50% e a sobremesa tem um desconto de 10%. Nas sextas, sábados e domingos, não há descontos. O valor médio semanal gasto por uma pessoa que almoça todos os dias nesse restaurante, e que sempre pede o menu completo, é

A) R$ 79,00

B) R$ 83,00

C) R$ 82,00

D) R$ 81,00

E) R$ 78,00

COMENTÁRIOS

As informações são objetivas, restando a nós calcular os valores, seus descontos em alguns dias da semana e, por fim, calcular a média para uma pessoal que frequenta o restaurante todos os dias da semana.

Os valores normais são:

- Entrada = R$ 24,00
- Prato principal = R$ 46,00
- Sobremesa = R$ 20,00

Para o período de segunda a quinta o restaurante oferece desconto para a entrada e a sobremesa.

Para descontos percentuais aplicamos o fator de redução.

Prato	Valor	Fator Redução	Valor com Desconto
Entrada	24,00	1 – 0,5 = 0,5	24,00 . 0,5 = 12,00
Sobremesa	20,00	1 – 0,1 = 0,9	20,00 . 0,9 = 18,00

Conhecemos os valores com desconto, passamos aos gastos ao longo da semana.

Dias da Semana	Entrada	Prato Principal	Sobremesa	Total
Segunda a quinta	12,00	46,00	18,00	76,00
Sexta, sábado e domingo	24,00	46,00	20,00	90,00

Seguimos com a média ponderada.

Valor médio do almoço (A)	$A = \frac{(76 . 4) + (90 . 3)}{4 + 3}$ $A = \frac{304 + 270}{7}$ $A = \frac{574}{7}$ $A = 82$

Resposta: O valor médio semanal gasto por uma pessoa que almoça todos os dias nesse restaurante é de R$ 82,00.

Gabarito: C

38. (FCC – Técnico Judiciário – Área Administrativa – TRT 18ªR – 2023) Na disciplina de matemática, o critério de avaliação é a média ponderada das notas em três provas, sendo que a terceira tem peso 2 e as demais têm peso 1 cada uma. Na segunda prova, a nota de Pedro foi 50% maior do que a nota de sua primeira prova. Já na terceira prova, Pedro tirou 1 ponto a mais do que em sua segunda prova. Sabendo-se que a média ponderada de Pedro na disciplina de matemática foi 6, a nota da primeira prova foi

A) 7

B) 6

C) 5

D) 4

E) 3

COMENTÁRIOS

Sabemos tratar-se de média ponderada entre três notas das provas de Pedro com pesos 1 para as provas 1 e 2 e peso 2 para a prova 3.

Ainda, foi-nos informado que:

Enunciado	Observação
Na segunda prova, a nota de Pedro foi 50% maior do que a nota de sua primeira prova.	Prova 1 = X1 Prova 2 = 1,5 . X1

A referência para a nota da prova 2 é a prova anterior que, por não conhecermos a nota, definimos como X1, consequentemente, a nota da segunda prova é o produto da nota da primeira por 1,5 (fator de multiplicação para o aumento percentual).

Enunciado	Observação
Já na terceira prova, Pedro tirou 1 ponto a mais do que em sua segunda prova.	Prova 3 = (1,5 . X1) + 1

Por fim, temos a informação de que a média ponderada foi igual a 6 e pede-se a nota da primeira prova.

Considere:

- Mp = Média ponderada
- X1, X2 e X3 = Notas das provas
- P1, P2 e P3 = Peso de cada prova

Média Ponderada (Mp)

$$Mp = \frac{X1 . P1 + X2 . P2 + X3 . P3}{P1 + P2 + P3}$$

$$6 = \frac{(X1 . 1) + (1{,}5X1 . 1) + (1{,}5X1 + 1) . 2}{1 + 1 + 2}$$

$$6 = \frac{X1 + 1{,}5X1 + 3X1 + 2}{4}$$

$$6 . 4 = 5{,}5X1 + 2$$

$$5{,}5X1 = 24 - 2$$

$$X1 = 22/5{,}5$$

$$X1 = 4$$

Resposta: A nota da primeira prova de Pedro foi 4.

Gabarito: D

39. (FCC – Analista Judiciário – TRT 18ªR – 2023) Em uma turma de 60 alunos, 10 foram reprovados. Sabendo-se que a média dos alunos aprovados foi 8,5 e a média dos alunos reprovados foi de 3,4, a média da turma foi:

a) 8,35
b) 7,65
c) 7,95
d) 6,95
e) 7,05

COMENTÁRIOS

✪ **Nota dos autores:** A média é uma boa medida para resumir um grupo de medidas e fazer comparações entre dois ou mais grupos, apesar da possibilidade de distorções quando não associada à outras medidas.

Falando de média aritmética simples, elas não podem simplesmente serem somadas umas às outras, ou mesmo, na maioria dos casos, extrair a média de um grupo de outras médias.

A média das médias, como no caso desta questão, deve levar em conta o peso de cada uma delas, portanto, passamos a falar de média ponderada.

Sabemos que, dos 60 alunos:

- 10 foram reprovados.
- 50 foram aprovados.

E que as suas médias foram:

- 3,4 dos reprovados.
- 8,5 dos aprovados.

Os valores são assim aplicados na fórmula:

- X1 = 3,4
- X2 = 8,5
- P1 = 10
- P2 = 50

Média Ponderada (Mp)

$$Mp = \frac{X1 . P1 + X2 . P2}{P1 + P2}$$

$$Mp = \frac{3{,}4 . 10 + 8{,}5 . 50}{10 + 50}$$

$$Mp = \frac{34 + 425}{60}$$

$$Mp = \frac{459}{60}$$

$$Mp = 7{,}65$$

Resposta: O turma obteve média 7,65.

Gabarito: B

40. (FCC – TRT MT 23ª Região – Analista Judiciário – 2022) Uma escola de ensino médio possui 30 alunos e 5 professores. A idade média dos alunos é de 16 anos e a dos professores é de 34 anos. Um professor acaba de ser contratado e a idade média dessas 36 pessoas passou a ser de 19 anos. A idade do novo professor é:

A) 56 anos.
B) 26 anos.
C) 35 anos.
D) 40 anos.
E) 34 anos.

COMENTÁRIOS

Escola de ensino médio:

- 30 alunos com idade média de 16 anos;
- 5 professores com idade média de 34 anos.

Com a contratação do novo professor, a idade média geral passa a 19 anos.

Para a idade média do grupo de professores e estudantes, cabe a média ponderada.

Média Ponderada (Mp)	$Mp = \frac{X1 . P1 + X2 . P2}{P1 + P2}$ $Mp = \frac{16 . 30 + 34 . 5}{30 + 5}$

Perceba que a média da idade dos alunos, igual a 16, representa o conjunto de 30 alunos. Essa a razão de utilizar peso 30. Mesmo raciocínio para a idade dos professores.

Acima temos apenas a explicação, porque o faremos é agregar ao cálculo o professor contratado (X).

Onde:

- Quantidade de professores = 6 (5 + 1).
- A idade média dos alunos e professores (36 pessoas) é igual a 19.

Média Ponderada (Mp) dos alunos e professores
$Mp = \frac{(X1 . P1) + (X2 . P2) + X}{P1 + P2 + 1}$ $19 = \frac{16 . 30 + 34 . 5 + X}{35 + 1}$ $19 = \frac{480 + 170 + X}{36}$ $684 = 480 + 170 + X$ $X = 34$

A idade média do novo professor é 34 anos, significa dizer que dos professores permanece inalterada, igual a 34 anos.

Resposta: O novo professor tem 34 anos.

Gabarito: E

3. PROPORCIONALIDADE

3.1. MMC E MDC

41. (FCC – TRT PR 9ª Região – Analista Judiciário – 2022) Em uma escola de basquete há 40 rapazes e 32 moças. Para um treino a professora quer formar grupos com todos os rapazes e moças. Os grupos deverão ter a mesma composição em relação ao número de moças e de rapazes. O maior número de grupos com essas condições é:

A) 8.

B) 16.

C) 6.

D) 4.

E) 2.

COMENTÁRIOS

São apresentados dois grupos com quantidades distintas de elementos, no caso, alunos da escola de basquete, 40 rapazes e 32 moças.

Essa primeira parte é inquestionável, simplesmente apresentação de dados.

Seguem as regras para a formação de grupos.

Para um treino a professora quer formar grupos com todos os rapazes e moças.	Equivale dizer que não haverá sobras.
Os grupos deverão ter a mesma composição em relação ao número de moças e de rapazes.	Todos os grupos terão quantidades iguais de rapazes e quantidades iguais de moças.

Resumindo, as quantidades de rapazes e moças serão dispostas em grupos de tal sorte que as quantidades de grupos formados por rapazes seja igual à quantidade de grupos formados por moças. Está descrito o máximo divisor comum, ou mdc.

Máximo divisor comum – mdc		
	40, 32	2 ←
	20, 16	2 ←
	10, 8	2 ←
	5, 4	2
	5, 2	2
	5, 1	5
	1,1	2 . 2 . 2 = 8

Lembre-se que para o mdc faz-se a fatoração e multiplica apenas os fatores que dividiram ambos concomitantemente (identificados pelas setas).

Consigo formar no máximo 8 grupo e em cada um deles terá 5 rapazes (40/8 = 5) e quatro moças (32/8 = 4)

Resposta: Nessas condições, 8 será o maior número de grupos.

Gabarito: A

42. (FCC – TRT AL 19ª Região – Técnico Judiciário – 2022) Maria quer cortar uma corda em 6 pedaços de mesmo tamanho e marca os pontos onde deverá efetuar os cortes. José quer cortar a mesma corda em 8 pedaços de mesmo tamanho e também marca os pontos onde a corda deve ser cortada. Carlos corta a corda em todos os pontos marcados por Maria e José. O número de pedaços de corda resultante é:

A) 11

B) 13

C) 10

D) 12

E) 9

COMENTÁRIOS

A medida da corta a ser cortada por Maria e José não é conhecida e, com o objetivo de facilitar a resolução, atribuiremos uma medida hipotética com divisibilidade comum às quantidade de pedaços. O melhor caminho é por meio do mmc.

Mínimo Múltiplo Comum entre 6 e 8	6, 8 | 2 3, 4 | 2 3, 2 | 2 3, 1 | 3 1, 1 | $2^3 . 3 = 24$

Os pontos de corte de uma corda com 24 unidades de medidas, que seja metro, serão número inteiros.

6 partes	8 partes
24/6 = 4	24/8 = 3
(4, 8, 12, 16, 20 e 24)	(3, 6, 9, 12, 15, 18, 21 e 24)

✪ **Nota dos autores:** Vamos entender o comando da questão, que é parte importante da resolução. Foi dito que:

- *Carlos corta a corda em todos os pontos marcados por Maria e José.*
- Os cortes foram efetuados por Carlos em todos os pontos marcados por Maria e José. Atenção para a medida 12 (comum a ambos) e a medida 24 por ser o extremo da corda.

Pontos de corte	(3, 4, 6, 8, 9, 12, 15, 16, 18, 20 e 21)

Contamos 11 pontos de corte o que resulta em 12 pedaços de corda.

Resposta: O número de pedaços de corda resultante é igual a 12.

Gabarito: D

43. (FCC – Analista Judiciário – Oficial de Justiça Avaliador Federal – TRT 9ªR – 2022) Luciana é professora de italiano e dá aula de 14 em 14 dias, Domingos é professor de espanhol e dá aulas de 4 em 4 dias, e Ana é professora de francês e dá aulas de 7 em 7 dias. Os três dão aulas na mesma escola de línguas. Sabendo que deram aula no dia 29 de junho de 2022, a próxima data em que se encontrarão na escola para dar aula é

A) 24 de julho de 2022.

B) 20 de julho de 2022.

C) 03 de agosto de 2022.

D) 10 de agosto de 2022.

E) 27 de julho de 2022.

COMENTÁRIOS

A questão concilia a compreensão matemática acerca de coincidência de múltiplos cuja resolução envolve o mínimo múltiplo comum, assim como a contagem de dias no calendário.

Na primeira parte, considerando a frequência de aula dos professores:

- *Luciana é professora de italiano e dá aula de 14 em 14 dias;*
- *Domingos é professor de espanhol e dá aulas de 4 em 4 dias;*
- *Ana é professora de francês e dá aulas de 7 em 7 dias.*

Para encontrar o dia mais próximo, calculamos o mínimo múltiplo comum em relação a frequência de aulas de cada um dos três professores.

mmc entre 14, 4 e 7	14, 4, 7 | 2 7, 2, 7 | 2 7, 1, 7 | 7 1, 1, 1 | $2^2 . 7 = 28$

Para a segunda parte, observar o calendário e contar 28 dias para frente.

- Junho tem 30 dias.
- Se o último dia no qual houve a coincidência de aulas foi em 29 de junho de 2022, resta apenas um dia para completar o mês.
- Mais 27 dias.
- Dos 28 dias o primeiro encerra o mês de junho, restam outros 27 dias no mês de julho, portanto, 27 de julho de 2022.

Resposta: próxima data em que se encontrarão na escola para dar aula é 27 de julho de 2022.

Gabarito: E

3.2. DIVISIBILIDADE

44. (FCC – TRT BA 5ª Região – Técnico Judiciário – 2022) Uma doação de 506 quilos de alimentos deve ser distribuída igualmente por um número par de famílias, de forma que atenda o maior número possível de famílias e que cada uma receba mais do que 5 quilos de alimentos. A soma do número de famílias atendidas e a quantidade de alimentos que cada família recebeu é:

A) 57

B) 46

C) 32

D) 63

E) 54

COMENTÁRIOS

Há necessidade de dividir a quantidade 506 em quantidades iguais sem que sobre restos e seguindo as regras de divisibilidade a partir do 5, teremos as situações a seguir:

- Divisível por 6: Deve ser divisível tanto por 2 quanto por 3.
- 506 não é divisível por 3 porque a soma dos algarismos, igual a 11, não é divisível por 3, portanto, não é divisível por 6.
- Divisível por 7: Selecionar o último algarismos e multiplicar por 2, subtrair este do número restante (número sem o último algarismo). O resultado deve ser divisível por 7.
- "50 – (6 . 2) = 38". 38 não é divisível por 7, portanto, 506 não é divisível por 7.
- Divisível por 8: Os três últimos algarismos devem ser iguais a 000 ou divisível por 8.
- Neste caso não há outra coisa a fazer senão testar a divisibilidade 506/8. O resultado não é exato. 506 não é divisível por 8.
- Divisível por 9: A soma dos algarismos deve ser divisível por 9.
- A soma dos algarismos de 506 é igual a 11, não é divisível por 9.
- Divisível por 10: Números terminados em zero.
- 506 não é divisível por 10.
- Divisível por 11: A diferença da soma das posições ímpares e da soma das posições pares deve ser divisível por 11.
- (5 + 6) – (0) = 11. A diferença é igual a 11, portanto, sim, é divisível por 11.

Resta saber se vai dividir para um número par de famílias.

Dividir em partes de 11 kg cada	506 / 11 = 46

Resposta: A soma do número de famílias atendidas, igual a 46, e a quantidade de alimentos que cada família recebeu, 11 kg, é igual a 57(46+11).

Gabarito: A

---

45. (FCC – Analista Judiciário – Área Judiciária – TRT 9ªR – 2022) Em uma loja há entre 30 e 50 troféus em miniatura. A funcionária da loja agrupou-os de 5 a 5 e sobrou-lhe um troféu. Depois, agrupou-os de 3 a 3 e não sobrou nenhum troféu. O número exato de troféus na loja é:

A) 41

B) 39

C) 36

D) 48

E) 42

COMENTÁRIOS

A simplicidade do problema possibilita listar todas as opções conforme a regra definida no enunciado.

Em uma loja há entre 30 e 50 troféus em miniatura. A funcionária da loja agrupou-os de 5 a 5 e sobrou-lhe um troféu.	Possíveis quantidades: 31, 36, 41 e 46

Aproveitamos os múltiplos de 5 (terminados em zero e cinco) acrescidos em uma unidade no intervalo entre 30 e 50.

Depois, agrupou-os de 3 a 3 e não sobrou nenhum troféu.	Testar as quantidades identificadas anteriormente: ~~31~~, 36, ~~41~~ e 46

O único divisível por 3 (soma dos algarismos é divisível por 3) é o 36.

Resposta: O número exato de troféus na loja é 36.

Gabarito: C

---

46. (FCC – TRT ES 17ª Região – Analista Judiciário – 2022) Os números de 1 a 9 devem ser escritos no quadriculado 3×3 da figura, sem repetições, de forma que o produto dos três números de cada linha e de cada coluna seja igual ao número indicado. Por exemplo, o produto dos três números da primeira linha deve resultar em 70 e o produto dos três números da primeira coluna deve ser 64.

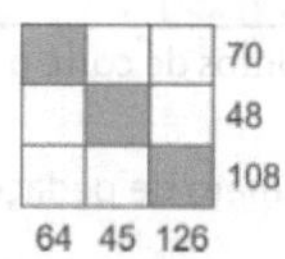

A soma dos números que devem ser colocados nos quadradinhos pintados de cinza é

A) 12

B) 6

C) 9

D) 16

E) 15

COMENTÁRIOS

O que vai ajudar muito nesta questão são as regras de divisibilidade, fatoração dos produtos e um pouco de lógica. Por exemplo: primeira linha e primeira coluna.

- 1ª linha: Divisores de 70 = 2, 5, 7.
- 1ª coluna: Divisores de 64 = 2, 4, 8.

A coincidência do divisor 2 nos leva a acreditar que este número preenche o cruzamento da primeira linha com primeira coluna.

Aproveitando que estamos na primeira linha, cujo produto é igual a 70, é a única divisível por 5. Em relação às colunas, na segunda coluna o 45 também é o único divisível por 5. Concluímos que o número 5 cabe na primeira linha com segunda coluna.

Primeira Linha x Primeira Coluna

Primeira Linha x Segunda Coluna

2	5		70
			48
			108
64	45	126	

Logo, completa a primeira linha o número 7.

Olhe para a segunda coluna, divisores de 45 são poucos e o número 3 é um deles. Acontece que ao colocar o número 3, seria necessário outro número 3 para que o produto seja igual a 45.

Outra opção para a segunda coluna são os número 1 e 9 e nessa ordem porque o maior deles fica na terceira linha cujo produto também é maior.

Segunda Coluna

2	5	7	70
	1		48
	9		108
64	45	126	

Seguimos com os divisores para a segunda linha.

- 2ª linha: Divisores de 48 = 2, 3, 4, 6, 8.

Obrigatoriamente, para os dois espaços da segunda linha, teremos os números 6 e 8.

Vale destacar se colocarmos o número 6 na primeira coluna não chegaremos no produto 64, logo, a segunda linha completa será: 8, 1 e 6.

Segunda Coluna

2	5	7	70
8	1	6	48
	9		108
64	45	126	

Poucas operações entre produto e quociente bastam para fechar o quadro.

Segunda Coluna

2	5	7	70
8	1	6	48
4	9	3	108
64	45	126	

Resposta: A soma dos números que devem ser colocados nos quadradinhos pintados de cinza, 2, 1 e 3 é igual a 6.

Gabarito: B

3.3. REGRA DE TRÊS

47. (FCC – Analista Judiciário – Área Administrativa– TRT 18ªR – 2023) Um elevador pode carregar, no máximo, 12 adultos ou, equivalentemente, 20 crianças. O número máximo de crianças que podem subir nesse elevador com 9 adultos é:

A) 9

B) 6

C) 7

D) 8

E) 5

COMENTÁRIOS

A proporção entre adultos e crianças é de 12 para 20.

Estão no elevador 9 adultos, portanto, resta espaço equivalente a 3 adultos.

Equivalência	Regra de Três
12 → 20 3 → x	12x = 3 . 20 x = 60/12 x = 5

Resposta: Podem subir, no máximo, 5 crianças no elevador.

Gabarito: E

48. (FCC – Técnico Judiciário – Área Administrativa – TRT 22ªR – 2022) Alberto trabalha em uma empresa que paga R$ 20,00 por hora trabalhada. Quando a semana tem cinco dias úteis, ele trabalha 6 horas por dia, mas quando a semana tem quatro dias úteis ele redistribui, igualmente entre os quatro dias, o total de horas necessárias para receber o mesmo valor semanal. O número de horas diárias trabalhadas por Alberto em uma semana de quatro dias é:

a) Sete horas.

B) Sete horas e quarenta e cinco minutos.

C) Seis horas.

D) Sete horas e trinta minutos.

E) Sete horas e quinze minutos.

COMENTÁRIOS

Provavelmente você identificou na parte inicial que a remuneração por hora trabalhada é de R$ 20,00. Tudo bem, até porque falamos por diversas vezes quanto à importância de grifar os dados à medida que lemos o enunciado. Enfim, o valor pago por hora é um dado a ser descartado.

Enunciado	Relação
Quando a semana tem cinco dias úteis, ele trabalha 6 horas por dia, mas quando a semana tem quatro dias úteis ele redistribui, igualmente entre os quatro dias, o total de horas necessárias para receber o mesmo valor semanal.	5 dias úteis está para 6 horas por dia, assim como 4 dias úteis está para X horas por dia.

Lembre-se, mesmo sendo a regra de três simples a nossa forma de resolver a questão, primeiro devemos verificar se a proporcionalidade é direta ou inversa.

Ao reduzirmos o número de dias úteis, torna-se necessário trabalhar mais horas por dia para fecharmos a semana com a mesma remuneração, logo, a relação é inversamente proporcional.

Relação	Inverter os valores de uma grandeza	Multiplicação Cruzada
5 dias → 6 horas 4 dias → X horas	5 dias → **X horas** 4 dias → **6 horas**	4X = 5 . 6 X = 30 / 4 X = 7,5

O resultado 7,5 corresponde às horas a serem trabalhadas por dia na semana de 4 dias úteis. E você sabe, 7,5 horas corresponde a 7h e 30min.

A transformação de horas em minutos requer a multiplicação por 60. O produto de 0,5 horas por 60 é igual a 30 minutos.

Resposta: O número de horas diárias trabalhadas por Alberto em uma semana de quatro dias é igual a 7 horas e 30 minutos.

Gabarito: D

---

49. (FGV – Técnico Judiciário – TRT 13ªR – 2022) Dois barbeiros barbeiam 6 homens em 1 hora. Três barbeiros barbeiam 3 homens em

A) 45 minutos.

B) 40 minutos.

C) 30 minutos.

D) 20 minutos.

E) 15 minutos.

COMENTÁRIOS

O examinador foi bastante breve no enunciado, vamos reescrever os dados de maneira a facilitar a visualização.

Quantidade de Barbeiros	Homens Barbeados	Tempo (Horas)
2	6	1
3	3	X

Ajustar o quadro para minutos seguindo o padrão das alternativas.

Quantidade de Barbeiros	Homens Barbeados	Tempo (Minutos)
2	6	60
3	3	X

Parece tudo muito simples, não é?... Aguarde!

Analisar se as relações são direta ou inversamente proporcionais.

Comparação de grandezas, duas a duas, em relação àquela que contém a incógnita X.

Esse é o padrão para a resolução da regra de três composta, mesmo porque, em quase todas as questões de concursos públicos, as grandezas estão em função daquela que tem a incógnita.

Isso não é comum, razão pela qual os professores relevam este detalhe.

O mais correto é o seguinte entendimento.

As grandezas estão em função da quantidade de pessoas barbeadas. Barbeiros barbeiam homens e gastam tempo para barbear homens. A grandeza "Homens Barbeados" é resultado da ação dos barbeiros e é resultado da decorrência do tempo, logo, é o referencial para verificar a proporcionalidade direta e inversa.

À frente, você também verá que "Homens Barbeados" define a coluna a ficar isolada.

- "Quantidade de Barbeiros" em relação ao "Homens Barbeados". O aumento na quantidade daquele implica maior quantidade de pessoas barbeadas. Relação direta (setas apontadas para mesma direção).

Quantidade de Barbeiros	Homens Barbeados	Tempo (Minutos)
↑	↑	

- "Tempo" em relação ao "Homens Barbeados". Quanto maior o tempo, maior será a quantidade de pessoas barbeadas. Relação direta (setas no mesmo sentido).

Quantidade de Barbeiros	Homens Barbeados	Tempo (Minutos)
↑	↑	↑

Alterar as posições das grandezas inversamente proporcionais.

Não se aplica. Todas as setas estão apontadas na mesma direção.

Isolar a coluna referencial e fazer o produto das demais.

Novamente, a referência é a coluna "Homens Barbeados", mantê-la isolada e fazer o produto das outras duas.

Produto	Manter (Homens Barbeados)
2 . 60	6
3 . X	3

Resolver como uma regra de três simples.

Resolver demanda por multiplicação cruzada. Ou melhor, se fizermos as simplificações neste momento a resolução torna-se ainda mais simples.

Produto	Homens Barbeados
2 . 60 20	6
3 . X	3

Caso queira, pode simplificar ainda mais, sempre em linha reta (coluna ou linha).

Multiplicação Cruzada	6X = (2 . 20) . 3 X = 120 / 6 X = 20

Resposta: Três barbeiros barbeiam 3 homens em 20 minutos.

Gabarito: D

---

50. (FCC – Analista Judiciário – Área Judiciária – TRT 9ªR – 2022) Em um determinado prédio, uma equipe de pintores pinta um apartamento em 4 dias e outra, em 6 dias. Supondo que as equipes consigam trabalhar em conjunto, mantendo o mesmo ritmo, o número de dias que elas precisam para pintar 10 apartamentos é

A) 24

B) 22

C) 25

D) 23

E) 26

COMENTÁRIOS

Situação interessante e é muito importante saber como tratá-la.

- *Em um determinado prédio, uma equipe de pintores pinta um apartamento em 4 dias e outra, em 6 dias.*

✪ **Nota dos autores:** Está claro que uma equipe é mais rápida que a outra, a primeira pinta um apartamento e 4 dias enquanto a segunda faz o mesmo trabalho em 6 dias. E quando as duas equipes trabalham juntas, como somamos as produtividades de períodos diferentes?

É simples (guardem essa informação), trabalhe com a produtividade unitária, no caso, qual a parcela do apartamento que cada equipe pinta na unidade de tempo.

Em um determinado prédio, uma equipe de pintores pinta um apartamento em 4 dias e outra, em 6 dias.	Equipe 1 = 1/4 por dia Equipe 2 = 1/6 por dia

Identificamos as equipes como 1 e 2 com as respectivas produtividades diárias. Agora sim a soma é possível.

Produtividade diárias (PD) das duas equipes	PD = 1/4 + 1/6 PD = (3 + 2) / 12 PD = 5/12

Se em um dia as duas equipes pintam 5/12 de um apartamento, mantendo a proporção, para 10 apartamentos lançamos mão da regra de três.

Relação	Multiplicação Cruzada
1 dia → 5/12 apartamento X dias → 10 apartamentos	5X/12 = 10 5X = 120 X = 120/5 X = 24

Resposta: São necessários 24 dias para as duas equipes juntas pintarem 10 apartamentos.

Gabarito: A

---

51. (FCC – Analista Judiciário – TRT 19ªR – 2022) Um acampamento de férias tinha suprimentos para 150 crianças por 60 dias. Após 20 dias, 50 crianças a mais chegaram no acampamento. O restante de suprimentos é suficiente para atender às 200 crianças por, no máximo,

A) 30 dias.

B) 20 dias.

C) 15 dias.

D) 35 dias.

E) 25 dias.

COMENTÁRIOS

Passo a passo da regra de três composta.

- **Posicionar as grandezas em linhas e colunas**

Suprimento	Crianças	Dias
1	150	60
2/3	200	X

Professores, não entendi o quadro acima!

Suprimento: Adotamos 1 (uma) quantidade de suprimento (1 saco, 1 caixa, 1 fardo). Decorridos 20 dias (1/3 de 60 dias), restam 2/3 da quantidade inicial do suprimento.

Crianças: Eram 150, passados 20 dias, chegaram outras 50. No segundo momento, são 200 crianças a serem alimentadas diariamente.

Dias: A quantidade de suprimento era suficiente para 60 dias e irrelevante seria subtrair 20 desses 60 dias.

A chegada de mais crianças altera a quantidade de suprimento consumida diariamente e, consequentemente, não havendo reposição, o suprimento acabará em menos dias. É exatamente essa quantidade de dias que vamos descobrir.

- **Analisar se as relações são direta ou inversamente proporcionais**

"Suprimento" e "Dias". Mais suprimento, mais dias de alimentação. Relação direta.

"Crianças" e "Dias". Mais crianças, a alimentação dura menos dias. Relação inversa.

Suprimento	Crianças	Dias
↑	↓	↑

- **Alterar as posições das grandezas inversamente proporcionais**

Suprimento	Crianças	Dias
1	**200**	60
2/3	**150**	X

- **Isolar a coluna na qual se encontra a variável e fazer o produto das demais**

Suprimento x Crianças	Dias
1 . 200	60
2/3 . 150	X

Facilite seu trabalho fazendo as simplificações.

Suprimento x Crianças	Dias
1 . 1	3
2/3 . 15	X

- **Resolver como uma regra de três simples**

Multiplicação Cruzada	1X = (2/3 . 15) 3 X = 10 . 3 X = 30

Resposta: O restante de suprimentos é suficiente para atender às 200 crianças por, no máximo, 30 dias.

Gabarito: A

52. (FCC – TRT BA 5ª Região – Técnico Judiciário – 2022) Um grupo de 6 pessoas, em que todas trabalham no mesmo ritmo, realiza uma certa tarefa em cinco dias se cada uma delas trabalhar 2 horas por dia. Para fazer a mesma tarefa, duas dessas pessoas trabalharam inicialmente 4 horas por dia durante cinco dias, e nesse momento, uma delas desistiu. A outra, mantendo a mesma carga de trabalho de 4 horas por dia, deverá terminar a tarefa em:

A) 4 dias.

B) 5 dias.

C) 6 dias.

D) 7 dias.

E) 8 dias.

COMENTÁRIOS

Com pouco tempo de treino você resolverá questões como esta sem sequer checar o passo a passo.

- **Organizar as grandezas em linhas e colunas**

Pessoas	Dias	Tempo (horas por dia)
6	5	2
2	X	4

Não sairemos do lugar sem antes saber quantos dias as duas pessoas realizam a mesma tarefa trabalhando 4 horas por dia.

- **Verificar as relações direta ou inversamente proporcionais**

Aumentar o número de "pessoas" significa menos "dias" para concluir a tarefa. Relação inversa.

Aumentar o "tempo" de trabalho diário resulta em menos "dias" para concluir a tarefa. Relação inversa.

Pessoas	Dias	Tempo (horas por dia)
↑	↓	↑

Em relação à quantidade de "dias" trabalhados, as outras duas grandezas tem relação inversa.

- **Alterar as posições das grandezas inversamente proporcionais**

Pessoas	Dias	Tempo (horas por dia)
6	**X**	2
2	**5**	4

- **Isolar a coluna na qual se encontra a variável e fazer o produto das demais**

Pessoas x Tempo	Dias
~~6 . 2~~ 3	X
~~2 . 4~~ 2	5

- **Resolver como uma regra de três simples**

Após as simplificações, multiplicação cruzada.

Multiplicação Cruzada	2X = 3 . 5 X = 15 . 2 X = 7,5

A tarefa estaria finalizada em 7 dias e meio. Entretanto, passados 5 dias um trabalhador desistiu, o que vai alterar o tempo restante para finalizar a tarefa.

Restam 2 dias e meio e, como a força de trabalho foi reduzida pela metade, o tempo para entregar a tarefa será dobrado, ou seja 5 dias.

Tudo bem que a relação, metade e dobrou, foi tranquila, mas seria um caso de regra de três simples.

Pessoas	Dias
2	2,5
1	X

Relação inversa.

Pessoas	Dias
1	2,5
2	X

Multiplicação cruzada

Dias restantes	X = 2 . 2,5 X = 5

Resposta: Depois do 5º dia, um único trabalhador deverá terminar a tarefa em 5 dias.

Gabarito: B

53. (FCC – Analista Judiciário – Área Judiciária – TRT 4ªR – 2022) Uma loja costuma contratar costureiras de acordo com as encomendas que recebe. O dono da loja sabe que, em 4 dias, 15 costureiras fazem 18 cortinas, trabalhando juntas e no mesmo ritmo. Ele recebeu uma encomenda de 120 cortinas para serem entregues em 16 dias. Para entregar essa encomenda no prazo estipulado, o número mínimo de costureiras que ele precisa contratar é

A) 18
B) 22
C) 25
D) 24
E) 30

COMENTÁRIOS

O dono da loja sabe que:

Dias	Costureiras	Cortinas
4	15	18

Ele recebeu uma encomenda de:

Dias	Costureiras	Cortinas
4	15	18
16	?	120

- **Verificar as relações direta ou inversamente proporcionais**

"Dias" e "Costureiras" têm relação inversa pois o aumento de uma grandeza implica a redução da outra para completar o mesmo trabalho.

Entre "Costureiras" e "Cortinas" a relação é direta visto que o aumento de uma resulta no aumento da outra grandeza.

Dias	Costureiras	Cortinas
↑	↓	↓

- **Alterar as posições das grandezas inversamente proporcionais**

Dias	Costureiras	Cortinas
16	15	18
4	X	120

- **Isolar a coluna na qual se encontra a variável e fazer o produto das demais**

Dias x Cortinas	Costureiras
16 . 18	15
4 . 120	X

Lembre-se das simplificações (em linha reta). Isso facilita muito.

Dias x Cortinas	Costureiras
1 . 1	5
1 . 5	X

- **Resolver como uma regra de três simples**

Multiplicação Cruzada	X = 5 . 5 X = 25

Resposta: Ele precisa contratar 25 costureiras no mínimo.

Gabarito: C

54. (FCC – Analista Judiciário – Área Judiciária – TRT 11ªR – 2017) A altura máxima, em metros, que um guindaste é capaz de içar uma carga é inversamente proporcional ao peso dessa carga, em toneladas. Sabe-se que esse guindaste iça uma carga de 2,4 toneladas a uma altura máxima de 8,5 metros. Sendo assim, se a altura máxima que o guindaste consegue içar uma carga é de 12 metros, o peso máximo da carga, que pode ser içada a essa altura, é igual a 1 tonelada e

A) 500 kg.

B) 800 kg.

C) 600 kg.

D) 900 kg.

E) 700 kg.

COMENTÁRIOS

Estamos falando proporcionalidade inversa entre altura máxima e peso de carga para um guindaste conforme o quadro a seguir.

Carga em Toneladas	Altura Máxima em Metros
2,4	8,5
X	12

Sendo inversamente proporcional, alteramos a posição dos valores de uma das grandezas.

Carga em Toneladas	Altura Máxima em Metros
X	8,5
2,4	12

E resolvemos a regra de três.

Multiplicação Cruzada	12X = 2,4 . 8,5 12X = 20,4 X = 1,7

Para a altura de 12 metros, o guindaste consegue içar uma carga de até 1,7 tonelada.

Resposta: Os decimais da capacidade de carga é igual a 0,7 tonelada ou 700 quilos.

Gabarito: E

3.4. RAZÃO

55. (FCC – Analista Judiciário – Área Judiciária – TRT 14ªR – 2022) Em um treino de cobrança de penalidades, cada um dos 18 jogadores de um time chutou um mesmo número de vezes. Após o treino, um levantamento mostrou que a razão entre o número de cobranças convertidas em gol e o número de cobranças não convertidas em gol foi de 5 para 7. Esse levantamento também mostrou que, se não forem considerados os chutes e gols marcados pelo artilheiro do time, a razão passa a ser de 7 para 10. Se nesse treino o artilheiro fez 22 gols, o número total de gols feitos no treino, incluindo os do artilheiro, foi

A) 210.

B) 300.

C) 270.

D) 240.

E) 330.

COMENTÁRIOS

Conhecemos a razão entre cobranças de pênaltis convertidos e não convertidos.

Razão entre o número de cobranças convertidas (C) em gol e o número de cobranças não convertidas (N) em gol foi de 5 para 7.	C/N = 5/7

Vale ressaltar que a quantidade C, gols convertidos, mais a quantidade N, gols não convertidos é igual ao total de chutes a gol.

Cada um dos 18 jogadores de um time chutou um mesmo número de vezes.	Total chutes = 18x

Onde:

- x = Quantidade de chutes de cada jogador.

Logo:

Vale a igualdade.	C + N = 18x

Na sequência, o enunciado nos informa que a razão fica alterada quando retirados os chutes do artilheiro. Desses chutes, ele converteu 22 dos pênaltis cobrados.

- A razão passa a ser de 7 para 10.

Razão	Igualdade
(C – 22)/n = 7/10	(C – 22) + n = 17x

Onde:

- n = Gols não convertidos (sem os chutes do artilheiro).
- 17x = Total de chutes (sem os chutes do artilheiro).

Para que não haja confusão, vamos listar as equações formuladas:

- C/N = 5/7
- C + N = 18x
- (C – 22)/n = 7/10
- (C – 22) + n = 17x

As incógnitas C e x são comuns a todas as equações enquanto N e n não. Essa é a razão de isolarmos estas duas últimas e realizarmos a substituição.

Isolar N	C/N = 5/7 N = 7C/5
Substituir N na outra equação	C + N = 18x C + (7C/5) = 18x 5C + 7C = 90x 4C = 30x 2C = 15x

O mesmo raciocínio para n.

Isolar n	(C – 22)/n = 7/10 7n = 10C – 220 n = (10C – 220) / 7
Substituir n na outra equação	(C – 22) + n = 17x C – 22 + ((10C – 220) / 7) = 17x 7C – 154 +10C – 220 = 119x 17C – 374 = 119x C – 22 = 7x

Restaram duas equações e duas incógnitas. Esse novo sistema de equações para o qual isolamos a incógnita (x), visa calcular o número de gols totais convertidos (C).

Isolar x	2C = 15x x = 2C/15
Substituir x na outra equação	C – 22 = 7x C – 22 = 7(2C/15) C – 22 = 14C/15 15C – 330 = 14C C = 330

Resposta: Foram 330 gols feitos no treino, incluindo os do artilheiro.

Gabarito: E

56. (FCC – TRT PR 9ª Região – Técnico Judiciário – 2022) Em relação às frações 7/15, 8/21, 2/5 tem-se que

A) 7/15 < 2/5 < 8/21.

B) 2/5 < 7/15 < 8/21.

C) 8/21 < 7/15< 2/5.

D) 2/5 < 8/21 < 7/15.

E) 8/21 < 2/5 < 7/15.

COMENTÁRIOS

A comparação entre razões, ou fração no caso, é direta quando:

- **Os denominadores são iguais.**

  Este é o caso mais simples, se as frações têm mesmo denominador, será maior aquela com maior numerador.

- **Os numeradores são iguais.**

  Não deixa de ser simples, se as frações têm mesmo numerador, será maior aquela com menor denominador.

- **Numeradores e denominadores diferentes entre si.**

  É a situação que, para resolver, temos três caminhos que podem ser considerados.

Resolução 1

A fração representa uma das quatro operações básicas matemáticas. Aí o caminho é pôr em prática nossos conhecimentos quanto à divisão.

Fazer as divisões e comparar os quocientes		
7/15 = 0,467	8/21 = 0,381	2/5 = 0,4

Resolução 2

Mais recomendados quando os denominadores têm maior possibilidade de divisores. Igualar os denominadores por meio do mínimo múltiplo comum – mmc.

Mínimo Múltiplo Comum – mmc Entre 12, 21 e 5	15, 21, 5 5, 7, 5 1, 7, 1 1, 1, 1	3 5 7 3 . 5 . 7 = 105

Os denominadores ficam todos iguais a 105 e, para os numeradores, dividir 105 pelo denominador e multiplicar pelo numerador de cada fração.

Frações com mesmo denominador		
$\frac{105/15.7}{105} = \frac{49}{105}$	$\frac{105/21.8}{105} = \frac{40}{105}$	$\frac{105/5.2}{105} = \frac{42}{105}$

Resolução 3

Para comparações de frações duas a duas, não é o nosso caso. Multiplicar o denominador da fração pelo numerador da outra e vice versa.

$\frac{7}{15} \nwarrow \frac{8}{21}$	**1ª fração** 21 . 7 = 147	O resultado da multiplicação é atribuído à fração para onde a seta aponta.
$\frac{7}{15} \nearrow \frac{8}{21}$	**2ª fração** 15 . 8 = 120	

A primeira fração é maior que a segunda.

Como disse, o método é recomendado para comparar duas frações. Neste caso seria mais trabalhoso porque faríamos três comparações.

Resposta: A fração 7/15 é a maior, seguida por 2/5 e a menor é 8/21.

As alternativas listam as frações da menor para a maior, cuidado!

Gabarito: E

57. (FGV – TRT PB 13ª Região – Técnico Judiciário – 2022) Considere as frações:

a = 5/6; b = 7/9; c = 13/18.

Colocando essas frações em ordem crescente a sequência correta é

A) a < b < c.

B) b < a < c.

C) b < c < a.

D) c < a < b.

E) c < b < a.

COMENTÁRIOS

Vamos igualar os denominadores por meio do mínimo múltiplo comum, este igual a 18.

Encontraremos uma fração equivalente para cada uma delas dividindo o mmc pelo denominador e multiplicando pelo numerador da fração original.

Frações com mesmo denominador		
$\frac{18/6 . 5}{18} = \frac{15}{18}$	$\frac{18/9 . 7}{18} = \frac{14}{18}$	$\frac{13}{18}$

Resposta: Em ordem crescente, a sequência é: c = 13/18, b = 7/9, a = 5/6.

Gabarito: E

58. (FCC – Técnico Judiciário – Área Administrativa – TRT 22ªR – 2022) Uma empresa de construção possui 48 funcionários divididos igualmente em 4 setores. No setor da Engenharia, 2/3 são formados em Engenharia Civil sendo metade desses mulheres. No setor de Contabilidade todos os funcionários são homens, no setor de Administração 1/4 dos funcionários são mulheres e, finalmente, no setor de Arquitetura, metade são mulheres. No máximo, o número de mulheres dentre os 48 funcionários é

A) 31.

B) 17.

C) 25.

D) 13.

E) 12.

COMENTÁRIOS

A empresa tem 48 funcionários divididos igualmente entre os quatro setores.

Sabe-se também que:

No setor da Engenharia, 2/3 são formados em Engenharia Civil sendo metade desses mulheres.

2/3 de 12 funcionários é igual a 8.

Resolver a fração	2/3 de 12 2/3 . 12 24/3 8

Desses 8 funcionários, metade são mulheres. Assim dizendo, são 4 mulheres, 4 homens e os últimos 4 não dá pra identificar o gênero.

Setor	Funcionários	Eng. Civil	Mulheres	Homens
Engenharia	8 de 12	8	4	4

No setor de Contabilidade todos os funcionários são homens.

Setor	Funcionários	Eng. Civil	Mulheres	Homens
Engenharia	8 de 12	8	4	4
Contabilidade	12	- o -	0	12

No setor de Administração 1/4 dos funcionários são mulheres.

Resolver a fração	1/4 de 12 1/4 . 12 12/4 3

1/4 de 12 funcionários é igual a 3.

Setor	Funcionários	Eng. Civil	Mulheres	Homens
Engenharia	8 de 12	8	4	4
Contabilidade	12	- o -	0	12
Administração	12	- o -	3	9

No setor de Arquitetura, metade são mulheres.

Setor	Funcionários	Eng. Civil	Mulheres	Homens
Engenharia	8 de 12	8	4	4
Contabilidade	12	- o -	0	12
Administração	12	- o -	3	9
Arquitetura	12	- o -	6	6

Repare como uma boa leitura, interpretação e organização dos dados são importantes. Finalizamos a leitura e a resolução está praticamente pronta.

Setor	Funcionários	Eng. Civil	Mulheres	Homens
Engenharia	8 de 12	8	4	4
Contabilidade	12	- o -	0	12
Administração	12	- o -	3	9
Arquitetura	12	- o -	6	6
Total	**44 de 48**		**13**	**31**

Dos 48 funcionários, sabemos que 13 são mulheres, 31 são homens. Restam outros 4 funcionários que tanto podem ser mulheres como homens.

Na melhor das hipóteses e objetivando o maior número possível de mulheres, os últimos 4 funcionários seriam mulheres, totalizando 17 funcionárias.

Resposta: No máximo, o número de mulheres dentre os 48 funcionários é igual a 17.

Gabarito: B

59. (FCC – TRT PR 9ª Região – Analista Judiciário – 2022) Uma estante contém 30 livros, que têm capa comum ou capa dura. Destes, 8 são livros de capa comum e são escritos em português. Apenas 20% dos livros são de capa dura e 1/3 destes são escritos em inglês. O número de livros escritos em português é, no máximo,

A) 4.

B) 12.

C) 10.

D) 6.

E) 8.

COMENTÁRIOS

Uma estante contém 30 livros, que têm capa comum ou capa dura. Destes, 8 são livros de capa comum e são escritos em português.

	Capa Comum	Capa Dura	
Português	8		
			30 livros

Apenas 20% dos livros são de capa dura e 1/3 destes são escritos em inglês.

20% de 30 é igual a 0,2 . 30 = 6 livros de capa dura.

1/3 de 6 é igual a 6/3 = 2 livros escritos em inglês.

	Capa Comum	Capa Dura	
Português	8		
Inglês		2	
		6	30 livros

Completar o quadro.

	Capa Comum	Capa Dura	
Português	8		
Inglês	16	2	18
	24	6	30 livros

Seguindo a sequência lógica/necessária, chegamos na posição acima, daí concluímos serem 12 livros escritos em português.

	Capa Comum	Capa Dura	
Português	8	4	**12**
Inglês	16	2	18
	24	6	30 livros

Resposta: O número de livros escritos em português é igual a 12.

Gabarito: B

60. (FCC – Técnico Judiciário – Área Administrativa – TRT 14ªR – 2022) Um professor possui vários livros, uma parte em inglês e a outra em português, sendo a razão entre o número de livros em inglês e o número de livros em português igual a 2/7. Esse professor trocou 120 livros que tinha em inglês por 90 outros livros, sendo 56 em português e os demais em inglês. Após a troca, a razão entre o número de livros em inglês e o número de livros em português desse professor passou a ser de 9/40. Agora, o número de livros que ele possui é

A) 1974

B) 2037

C) 2016

D) 1995

E) 2058

COMENTÁRIOS

A informação inicial é sobre a razão, ou proporção, entre as quantidades de livros em inglês e português.

Enunciado	Razão
Um professor possui vários livros, uma parte em inglês e a outra em português, sendo a razão entre o número de livros em inglês e o número de livros em português igual a 2/7.	I/P = 2/7 I = P(2/7)

Onde: Livros em Inglês (I) = 2 e livros em Português (P) = 7.

Enunciado	Razão
Esse professor trocou 120 livros que tinha em inglês por 90 outros livros, sendo 56 em português e os demais em inglês.	I – 120 + 34 P + 56
Após a troca, a razão entre o número de livros em inglês e o número de livros em português desse professor passou a ser de 9/40.	(I – 86)/(P + 56) = 9/40 40I – 3440 = 9P + 504

São duas equações e duas incógnitas, um sistema de equações.

Substituir o valor de (I) na segunda equação	40I – 3440 = 9P + 504 40P(2/7) – 3440 = 9P + 504 80P/7 – 3440 = 9P + 504
mmc = 7	80P – 24080 = 63P + 3528 17P = 27608 P = 1624

Conhecido a quantidade de livros em português (P), calculamos a quantidade em inglês (I).

Quantidade de livros em inglês	I = P(2/7) I = 1624 (2/7) I = 464

Vale destacar que as quantidades P e I são iniciais, antes da troca de livros. Após a troca essas quantidades passaram para:

Após a troca de livros	I' = I – 86 = 464 – 86 = 378 P' = P + 56 = 1624 + 56 = 1680

Resposta: Após a troca o total de livros passou a 2058.

Gabarito: E

61. (FCC – Analista Judiciário – TRT 9ªR – 2022) O valor da soma

$$\frac{1}{2022^{-2}+1}+\frac{1}{2022^{-1}+1}+\frac{1}{2022^{0}+1}+\frac{1}{2022^{1}+1}+\frac{1}{2022^{2}+1}$$

é

A) 7/2.

B) 9/2.

C) 3/2.

D) 5/2.

E) 1/2.

COMENTÁRIOS

Cada uma das parcelas da soma é uma razão e estas, por sua vez, são semelhantes, à exceção do expoente que aparece nos denominadores. Ainda que exista diferença nos expoentes, há uma lógica: (-2, -1, 0, 1, 2).

Essas são as premissas pra gente pensar explorar a questão.

Que tal fazer a soma por partes?

Por exemplo, as duas frações dos extremos, primeira e última.

Soma de frações	$\frac{1}{2022^{-2}+1}+\frac{1}{2022^{2}+1}$

Antes de fazer a soma, vamos tratar a primeira fração.

Desenvolver a frações (expoente negativo)	$\frac{1}{2022^{-2}+1}=\frac{1}{\frac{1}{2022^2}+1}=$
Substituir 1 por fração equivalente (ou mmc = 2022²)	$\frac{1}{\frac{1}{2022^2}+\frac{2022^2}{2022^2}}=\frac{1}{\frac{1+2022^2}{2022^2}}=$
Divisão de frações vira multiplicação	$1\,.\,\frac{2022^2}{1+2022^2}=\frac{2022^2}{1+2022^2}$

Tratamos a fração e agora ela retorna para a soma.

Soma de frações	$\frac{1}{2022^{-2}+1}+\frac{1}{2022^{2}+1}=$ $\frac{2022^2}{1+2022^2}+\frac{1}{2022^2+1}=$ $\frac{2022^2+1}{2022^2+1}=1$

Não foi realizada nenhuma operação em relação à exponenciação, apenas aplicamos regras pertinentes às frações.

Se você retornar ao início dessa fase, na qual tratamos a fração, vai reparar que não há nenhuma novidade apensar da forma e do número 2022 ao quadrado, serem, no primeiro momento, assustadores.

Para frente a resolução torna-se ainda mais fácil.

Vamos fazer a soma de outras duas frações.

Soma de frações	$\frac{1}{2022^{-1}+1}+\frac{1}{2022^{1}+1}=1$

Pronto, resolvido.

Como explicado, o que vale não é a exponenciação, mas sim as regras em relação às frações, logo, nenhuma novidade em relação à soma anterior.

Resta uma última fração, vejamos:

Desenvolver a fração	$\frac{1}{2022^0+1}=\frac{1}{1+1}=\frac{1}{2}$

Também nenhum problema.

Recapitulando:

Soma de frações	$\frac{1}{2022^{-2}+1}+\frac{1}{2022^2+1}=1$
Soma de frações	$\frac{1}{2022^{-1}+1}+\frac{1}{2022^1+1}=1$
Fração	$\frac{1}{2022^0+1}=\frac{1}{1+1}=\frac{1}{2}$

Acima e em partes estão todas as frações cujo somatório é:

Somatório	$1+1+\frac{1}{2}=$ $\frac{2+2+1}{2}=$ $\frac{5}{2}$

Resposta: A soma das frações é igual a 5/2.

Gabarito: D

62. (FGV – Técnico Judiciário – TRT 13ªR – 2022) Em uma reunião de condomínio, há jovens com até 21 anos, adultos com mais de 21 e menos de 60 anos, e idosos com 60 anos ou mais. Para cada 2 jovens há 5 adultos e para cada 7 adultos há 3 idosos. A razão entre o número de jovens e o número total de pessoas presentes a essa reunião é

A) 2/15.

B) 7/15.

C) 3/14.

D) 2/17.

E) 7/32.

COMENTÁRIOS

Analisar o enunciado.

Enunciado	Observação
Em uma reunião de condomínio, há jovens com até 21 anos, adultos com mais de 21 e menos de 60 anos, e idosos com 60 anos ou mais.	Jovens = J Adultos = A Idosos = I

Proporções.

Enunciado	Razão
Para cada 2 jovens há 5 adultos e para cada 7 adultos há 3 idosos.	J/A = 2/5 A/I = 7/3

Para facilitar, utilizaremos o mínimo múltiplo comum para adultos (A), igual a 35 (5*7), porque está presente nas duas razões.

Ajuste das razões	J/A = 2/5 = 14/35 A/I = 7/3 = 35/15

Admitimos a hipótese de quantidades:

- Jovens (J) = 14
- Adultos (A) = 35
- Idosos (I) = 15

Esta estratégia facilita para encontrarmos a razão solicitada.

Razão entre jovens (J) e total (T) de participantes na reunião	J/T = 14/(14 + 35 + 15) J/T = 14/64 J/T = 7/32

Resposta: A razão entre o número de jovens e o número total de pessoas presentes nessa reunião é igual a 7/32.

Gabarito: E

63. (FGV – 2022 – Analista Judiciário – TRT 13ªR – 2022) Sobre 4 grandezas X, Y, Z e W sabe-se que:

- A razão de W para X é 4:3
- A razão de Y para Z é 3:2
- A razão de Z para X é 1:6

A razão de X+Y para Z+W é:

A) 5:6

B) 4:7

C) 3:5

D) 6:11

E) 8:11

COMENTÁRIOS

Dadas as razões:

- W para X = 4:3
- Y para Z = 3:2
- Z para X = 1:6

Vamos ajustar a terceira razão utilizando a segunda como referência, para isso, vamos igualar o valor de Z multiplicando a terceira razão por 2.

Ajuste da terceira razão	Y/Z = 3/2 Z/X = 1/6 = 2/12

Vamos ajustar a razão proporcional para a primeira delas em relação ao X.

Ajuste da primeira razão	W/X = 4/3 = 16/12 Y/Z = 3/2 Z/X = 2/12

Assim, hipoteticamente, as quantidades são:

- W = 16
- X = 12
- Y = 3
- Z = 2

Para finalizar.

Razão de X+Y para Z+W	(X+Y)/(Z+W) = (12+3)/(2+16) (X+Y)/(Z+W) = 15/18 (X+Y)/(Z+W) = 5/6

Resposta: A razão de X+Y para Z+W é igual a 5/6 ou 5:6.

Gabarito: A

64. (FGV – Analista Judiciário – TRT 16ªR – 2022) Michael coleciona moedas brasileiras, americanas e francesas. Para cada 3 moedas americanas Michael tem 7 moedas brasileiras e para cada 5 moedas brasileiras, ele tem 2 francesas. Com relação às moedas de Michael, a razão entre a quantidade de moedas brasileiras e a quantidade de moedas não brasileiras é igual a

A) 7/5.

B) 12/7.

C) 25/19.

D) 30/23.

E) 35/29.

COMENTÁRIOS

Forma mencionadas as seguintes razões.

Enunciado	Razão
Para cada 3 moedas americanas Michael tem 7 moedas brasileiras e para cada 5 moedas brasileiras, ele tem 2 francesas.	A/B = 3/7 B/F = 5/2

Onde:

- B = Moedas brasileiras
- A = Moedas americanas
- F = Moedas francesas

Vamos construir razões proporcionais às apresentadas tendo como referência a proporção de moedas brasileiras, assim, faremos 7*5=35 e para mantermos a razão, multiplicamos também as demais moedas.

Razões proporcionais	A/B = 3/7 = 15/35 B/F = 5/2 = 35/14

Como resultado, teremos as seguintes quantidades:

- B = 35
- A = 15
- F = 14

Assim:

Razão entre moedas brasileiras (B) e não brasileiras (N)	B/N = 35/(15 + 14) B/N = 35/29

Resposta: A razão entre a quantidade de moedas brasileiras e a quantidade de moedas não brasileiras é igual a 35/29.

Gabarito: E

3.5. PROPORÇÃO

65. (Cespe/Cebraspe – Técnico Judiciário – TRT 8ªR – 2022) Os estudantes de determinado colégio foram todos convocados para o pátio central. Na chegada foram entregues três bandeiras para cada um dos meninos e cinco bandeiras para cada uma das meninas e assim todas as bandeiras foram distribuídas. Em seguida, todas essas bandeiras foram recolhidas e verificou-se que elas poderiam ser redistribuídas da seguinte maneira: duas bandeiras para cada uma das meninas e quatro bandeiras para cada um dos meninos. Com base nessa situação hipotética, assinale a opção correta.

A) O número de meninas corresponde a 50% do total de estudantes.

B) O número de meninos corresponde a 75% do total de estudantes.

C) O número de meninos é igual a 1/3 do número de meninas.

D) O número de meninas é igual a 5/2 do número de meninos.

E) O número de meninos é igual à metade do número de meninas.

COMENTÁRIOS

De acordo com o enunciado, foram dois momentos distintos nos quais houve a distribuição de bandeiras, no primeiro:

Enunciado	Observação
Na chegada foram entregues três bandeiras para cada um dos meninos e cinco bandeiras para cada uma das meninas e assim todas as bandeiras foram distribuídas.	Meninos = 3 bandeiras cada Meninas = 5 bandeiras cada

Após, no segundo momento:

Enunciado	Observação
Em seguida, todas essas bandeiras foram recolhidas e verificou-se que elas poderiam ser redistribuídas da seguinte maneira: duas bandeiras para cada uma das meninas e quatro bandeiras para cada um dos meninos.	Meninos = 4 bandeiras cada Meninas = 2 bandeiras cada

Nos dois momentos as quantidades de estudantes são iguais, portanto a igualdade.

Soma dos meninos (H) e meninas (M) nos dois momentos	3H + 5M = 4H + 2M

A bem da verdade, cada termo da equação é o somatório das bandeiras e não de estudantes, mas, o que vale é a proporção.

Desenvolver a equação	3H + 5M = 4H + 2M 5M – 2M = 4H – 3H 3M = H

De cada 4 estudantes, 3 são meninos e 1 menina ou 3/4 meninos e 1/4 menina ou 0,75 meninos e 0,25 meninas ou, por fim, 75% meninos e 25% meninas.

Resposta: O número de meninos corresponde a 75% do total de estudantes.

Gabarito: B

66. (FCC – Analista Judiciário – TRT 22ªR – 2022) Com 2 tiras de papel de mesma largura e comprimento é possível formar uma tira de 80 cm de comprimento, sendo que as tiras ficam superpostas 10 cm. Para formar uma tira de 76 cm de comprimento, com essas duas tiras, a proporção de uma tira que ficará sobreposta é

A) 7/80.
B) 7/40.
C) 11/80.
D) 28/45.
E) 14/45.

COMENTÁRIOS

✪ **Nota dos autores:** Questão simples de fácil resolução, se bem elaborada e, entenda por bem elaborada como bem desenhada.

É isso mesmo, faça o desenho daquilo que está dito no enunciado. Você pode pular esta fase e responder corretamente a questão, mas existe uma chance grande de equívoco nos centímetros de sobreposição.

- Com 2 tiras de papel de mesma largura e comprimento é possível formar uma tira de 80 cm de comprimento, sendo que as tiras ficam superpostas 10 cm.

O examinador fala em tira de papel, o que nos leva a pensar em algo com maior comprimento de que largura. Apesar de indiferente para a questão, vamos desenhar conforme descrito, tira de mesma largura e comprimento.

Formada tira de 80 centímetros com sobreposição de 10 centímetros.	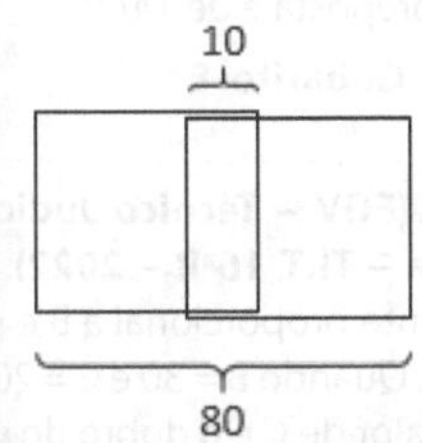

Subtraído 10 centímetros dos 80, restam 70 divididos em duas partes de 35 centímetros cada.

Formada tira de 80 centímetros com sobreposição de 10 centímetros.	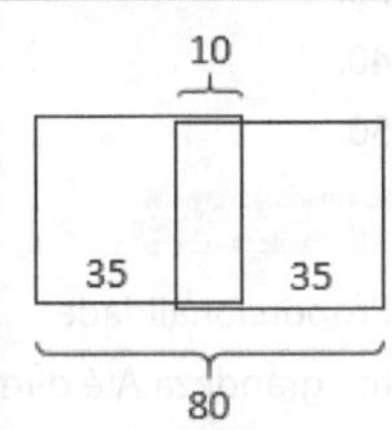
Cada uma das duas tiras são quadradas e tem lados igual a 45 centímetros	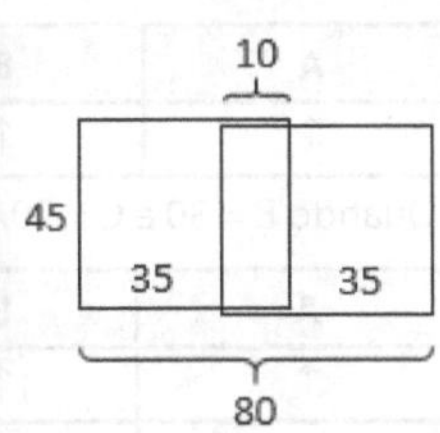

- Para formar uma tira de 76 cm de comprimento, com essas duas tiras

Com as mesmas duas tiras de lados iguais a 45 cm faremos uma tira de 76 centímetros.

A tira tem 76 centímetros com parte sobreposta.

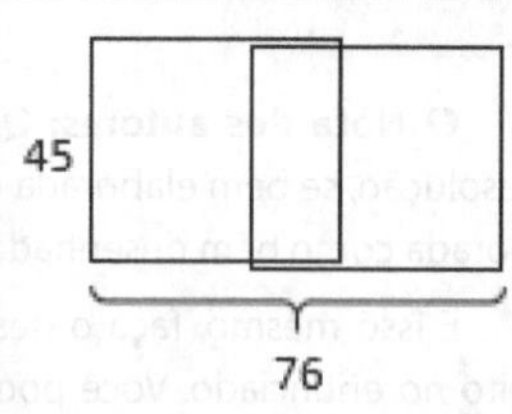

A parte sobreposta corresponde a diferença 90 cm (soma das duas tiras) e a medida final igual a 76 cm.

Cada tira tem 45 cm dos quais 14 estão sobrepostos.

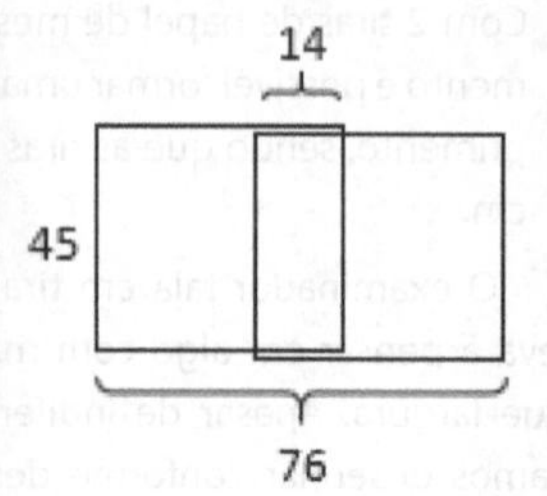

Resposta: a proporção de uma tira que ficará sobreposta é de 14/45.

Gabarito: E

---

67. (FGV – Técnico Judiciário – Área Administrativa – TRT 16ªR – 2022) Uma grandeza A é diretamente proporcional a B e inversamente proporcional a C. Quando B = 30 e C = 20, o valor de A é 60. Quando o valor de C é o dobro do valor de B, o valor de A é

A) 10.

B) 20.

C) 30.

D) 40.

E) 50.

COMENTÁRIOS

Proporcionalidade.

- Uma grandeza A é diretamente proporcional a B e inversamente proporcional a C.

A	B	C
↑	↑	↓

- Quando B = 30 e C = 20, o valor de A é 60.

A	B	C
↑	↑	↓
60	30	20

- Quando o valor de C é o dobro do valor de B, o valor de A é

O enunciado está bem resumido e a informação acaba gerando alguma dúvida, entretanto, o trecho simplesmente diz para considerar o valor de C igual a 60 (o dobro de B que é igual a 30).

A ↑	C ↓
60	20
X	60

Mudamos o valor de uma das grandezas porque a razão é inversa.

A ↑	C ↓
60	60
X	20

A disposição e valores das grandezas dispensa qualquer operação. O valor de X é igual a 20.

Resposta: O valor da grandeza A é igual a 20.

Gabarito: B

3.6. DIVISÃO PROPORCIONAL

---

68. (FCC – Técnico Judiciário – Área Administrativa – TRT 14ªR – 2022) Sete netos, todos com idades diferentes entre si, devem dividir a quantia de R$ 4.664,00 da seguinte maneira: o neto mais novo deve receber três oitavos dessa quantia e, do que sobrar, o mais velho deve receber um quinto. Finalmente a quantia que ainda restar deve ser igualmente distribuída entre os demais netos. André não é o neto mais novo, nem é o neto mais velho, e a diferença entre as quantias recebidas pelo neto mais velho e André é

A) R$ 111,50

B) R$ 116,60

C) R$ 124,40

D) R$ 128,50

E) R$ 132,50

COMENTÁRIOS

A questão cobra o conhecimento de operação com fração, mas, principalmente, a lógica pra estruturar as informações dadas para, a partir delas, montar as expressões matemáticas e chegar à resposta.

Enunciado	Dados
Sete netos, todos com idades diferentes entre si, devem dividir a quantia de R$ 4.664,00 da seguinte maneira:	Netos = 7 Dividir = 4.664,00

O valor de R$ 4.664,00 será dividido entre os 7 netos de acordo com as regras:

- O neto mais novo deve receber três oitavos dessa quantia e, do que sobrar, o mais velho deve receber um quinto.

De acordo com a descrição do texto, a melhor forma de transformar a linguagem escrita para a forma visualmente observável, é por meio do fluxograma.

- ***Finalmente a quantia que ainda restar deve ser igualmente distribuída entre os demais netos.***

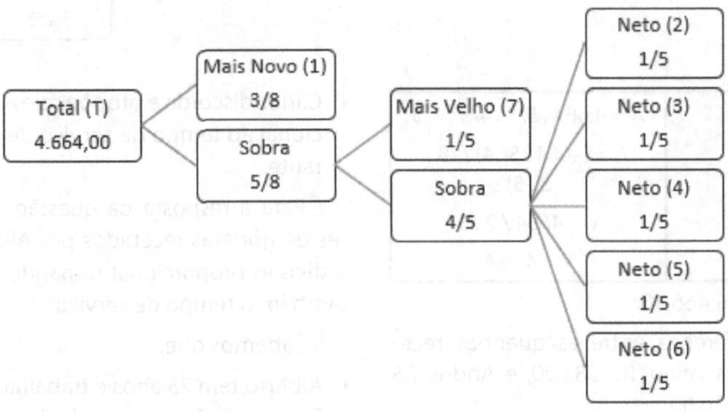

- ***André não é o neto mais novo, nem é o neto mais velho.***

Qualquer das posições identificadas como neto (2) até neto (6) representa o neto André.

E, para a resolução da questão, precisamos dos valores recebidos pelo neto mais velho e por André, o que faremos por meio de equações que montaremos a partir do fluxograma.

Para o valor recebido pelo neto mais velho (V) considere:

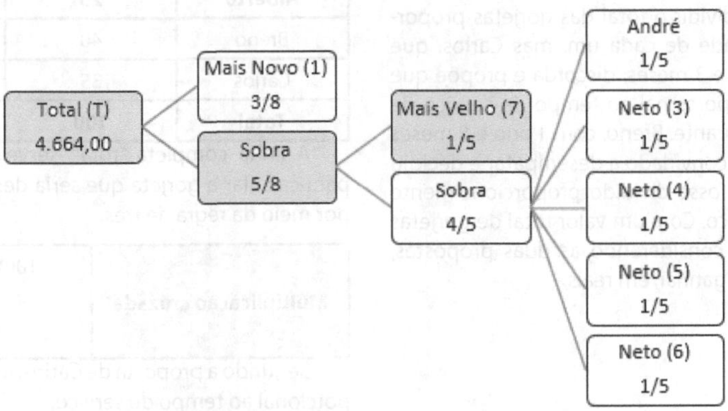

Mais velho (V)	V = 4.664 . 5/8 . 1/5 V = (4664 . 5) / (8 . 5) V = 4664 / 8 V = 583

Ao neto mais velho coube a quantia de R$ 583,00.

Em relação a André, a equação é resultado da sequência identificada no fluxograma.

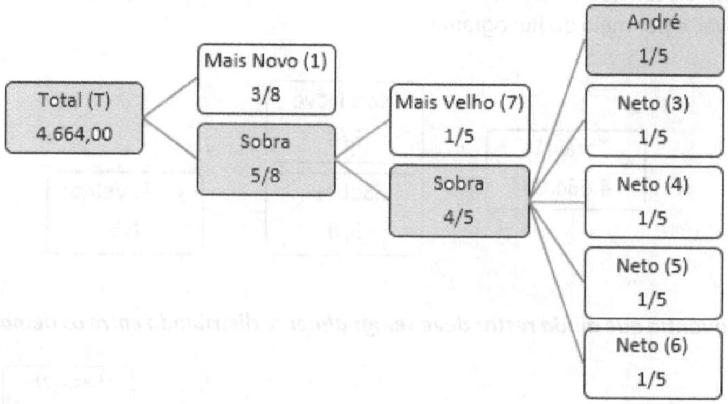

André (A)	A = 4.664 . 5/8 . 4/5 . 1/5 A = (4664 . 5 . 4) / (8 . 5 . 5) V = 4664 / 2 . 5 V = 466,4

André recebeu R$ 466,40.

Resposta: A diferença entre as quantias recebidas pelo neto mais velho, R$ 583,00, e André, R$ 466,40, é igual a R$ 116,60.

Gabarito: B

---

69. (FCC – Técnico Judiciário – TRT 22ªR – 2022) Alberto tem 25 anos, Breno 40 anos e Carlos 35 anos. Os três trabalham como garçons em um restaurante e decidiram dividir entre eles o valor total das gorjetas. Alberto, que trabalha no restaurante há apenas 5 meses, propôs dividir o total das gorjetas proporcionalmente à idade de cada um, mas Carlos, que trabalha há 1 ano e 3 meses, discorda e propõe que a divisão seja proporcional ao tempo de serviço de cada um no restaurante. Breno, com 1 ano e 8 meses no restaurante foi convidado a desempatar e decidiu que o valor total fosse dividido proporcionalmente ao tempo de serviço. Com um valor total de gorjetas de R$ 1.200,00 e considerando as duas propostas, Alberto deixou de ganhar, em reais,

A) 100,00.

B) 250,00.

C) 30,00.

D) 150,00.

E) 300,00.

COMENTÁRIOS

Os três garçons do restaurante resolvem dividir as gorjetas por meio das possíveis regras:

- Alberto propôs dividir o total das gorjetas proporcionalmente à idade de cada um.
- Carlos discorda e propõe que a divisão seja proporcional ao tempo de serviço de cada um no restaurante.

Para a resposta da questão o foco são os valores de gorjetas recebidos por Alberto, logo, faremos a divisão proporcional tomando por base a idade e também o tempo de serviço.

Sabemos que:

- Alberto tem 25 anos e trabalha a 5 meses.
- Breno tem 40 anos e trabalha 1 ano e 8 meses.
- Carlos tem 35 anos e 1 ano e três meses.
- Valor total de gorjetas de R$ 1.200,00.

Seguindo a proposta do próprio Alberto, proporcional à idade, temos:

Garçom	Idade	Gorjeta
Alberto	**25**	**X**
Breno	40	
Carlos	35	
Total	**100**	**1.200,00**

A linha completa "total" serve como referência para calcular a gorjeta que seria destinada a Alberto por meio da regra de três.

Multiplicação cruzada	100X = 25 . 1200 X = 25 . 12 X = 300

Segundo a proposta de Carlos, a divisão seria proporcional ao tempo de serviço.

Garçom	Tempo Serviço (meses)	Gorjeta
Alberto	**5**	**X**
Breno	20	
Carlos	15	
Total	**40**	**1.200,00**

Novamente a linha completa "total" serve como referência para calcular a gorjeta que seria destinada a Alberto por meio da regra de três.

Multiplicação cruzada	40X = 5 . 1200 X = 5 . 30 X = 150

Concluímos que o recebimento de Alberto quando considerada a proporção idade seria de R$ 300,00 e quando a proporção tempo de serviço seria de R$ 150,00.

Resposta: Considerando a distribuição das gorjetas pela proposta de Carlos, Alberto deixou de ganhar o valor de R$ 150,00.

Gabarito: D

70. (FGV – Analista Judiciário – Área Judiciária – TRT 13ªR – 2022) Uma distribuidora de produtos químicos recebeu 1600 litros de certo composto e deve distribuir toda essa quantidade entre 5 laboratórios em partes proporcionais aos números 3, 4, 5, 6 e 7.

O laboratório que receber a menor quantidade receberá

A) 190 litros.

B) 192 litros.

C) 194 litros.

D) 196 litros.

E) 198 litros.

COMENTÁRIOS

Os 1600 litros de composto serão divididos entre 5 laboratórios em partes proporcionais aos números 3, 4, 5, 6 e 7.

Laboratórios	Proporção	Composto
A	**3**	**X**
B	4	
C	5	
D	6	
E	7	
Total	**25**	**1600**

Recebe menos o laboratório com menor proporção. Logo, usamos as linhas da proporção 3 e "Total".

Multiplicação cruzada	25X = 3 . 1600 X = 4800 / 25 X = 192

Resposta: O laboratório que receber a menor quantidade receberá 192 litros.

Gabarito: B

71. FCC – Analista Judiciário – TRT 23ªR – 2022) Em um processo de partilha de herança entre Ana, Beatriz e Clara, ficou decidido que os valores recebidos serão diretamente proporcionais às suas respectivas idades. Sabe-se que Ana tem o triplo da idade de Clara que, por sua vez, tem a metade da idade de Beatriz. Clara receberá 100 mil reais. O valor total da herança é de:

A) R$ 700.000,00

B) R$ 400.000,00

C) R$ 600.000,00

D) R$ 900.000,00

E) R$ 500.000,00

COMENTÁRIOS

A resolução do problema divide-se em duas fases a serem tratadas simultaneamente, são elas: definir as idades das herdeiras e os valores da herança.

Sobre as herdeiras:

- Ana – Triplo da idade de Clara.
- Beatriz.
- Clara – Metade da idade de Beatriz – Receberá 100 mil reais.

Segue a estrutura para a divisão proporcional em relação às idades das herdeiras.

Herdeiras	Idades	Herança
Ana	3X	
Beatriz	2X	
Clara	X	100.000
Total	6X	H

Vamos entender o quadro acima.

- **Ana – Triplo da idade de Clara**
- Consideramos a idade de Clara igual a X e de Ana o triplo disso, ou seja, 3X.
- **Clara – Metade da idade de Beatriz – Receberá 100 mil reais**
- A idade de Clara definimos como X e por ser a metade da idade de Beatriz ou, de modo inverso, Beatriz tem o dobro da idade de Clara, logo, 2X.
- E o valor informado de 100 mil que coube a Clara como sua parte na herança.

Para calcular o valor total da herança (H), basta uma única regra de três com as seguintes informações:

Herdeiras	Idades	Herança
Clara	X	100.000
Total	6X	H

Regra de três.

Multiplicação cruzada	H . X = 6X . 100.000 H = (6X . 100000) / X H = 600.000

Resposta: O valor total da herança é de R$ 600.000,00

Gabarito: C

---

72. (FCC – Analista Judiciário – TRT 14ªR – 2022) Os 3 primeiros colocados de uma corrida de rua dividiram um prêmio de R$ 7.685,00. O valor individual recebido foi calculado por meio de divisão em partes inversamente proporcionais ao tempo de corrida de cada corredor. O terceiro colocado, corredor que fez o maior tempo, recebeu R$ 2.030,00 e o tempo do segundo colocado corresponde a sete sextos do tempo do vencedor da corrida. O valor recebido pelo vencedor dessa corrida foi

A) R$ 3.010,00

B) R$ 3.080,00

C) R$ 3.045,00

D) R$ 3.066,00

E) R$ 3.031,00

COMENTÁRIOS

✪ **Nota dos autores:** O detalhe é a divisão inversamente proporcional, isso faz muita diferença.

A divisão será de um prêmio de R$ 7.685,00 para três corredores inversamente proporcional ao tempo de corrida de cada um deles.

Preparar a resolução segue a mesma sistemática como se fosse uma divisão proporcional normal.

Corredores	Tempo	Prêmio
Terceiro colocado		R$ 2.030,00
Segundo colocado	7/6	
Primeiro colocado	1	
Total		**R$ 7.685,00**

Segundo a informação, *"o tempo do segundo colocado corresponde a sete sextos do tempo do vencedor da corrida"*, adotamos uma unidade de tempo para o primeiro colocado e 7/6 para o segundo.

Também, eliminamos o terceiro colocado da tabela. Para isso, reduzimos do valor total da premiação a parte que coube a ele.

Prêmios para o segundo e primeiro colocados	R$ 7.685,00 – R$ 2.030,00 R$ 5.655,00

Ficamos com:

Corredores	Tempo	Prêmio
Segundo colocado	7/6	
Primeiro colocado	1	
Total		**R$ 5.655,00**

Agora o detalhe, para divisão inversamente proporcional, inverter os números que servem de referência para a divisão.

- Inverso de 7/6 = 6/7.
- Inverso de 1 = 1.

Corredores	Tempo	Prêmio
Segundo colocado	6/7	
Primeiro colocado	1	
Total		**R$ 5.655,00**

Pausa para fazer a soma das frações.

Soma (S) de frações	S = 6/7 + 1 S = (6 + 7) / 7 S = 13/7

Completar o quadro com o somatório da coluna "Tempo".

Corredores	Tempo	Prêmio
Segundo colocado	6/7	
Primeiro colocado	1	
Total	**13/7**	**R$ 5.655,00**

Agora eliminamos a linha correspondente ao segundo colocado porque o que nos interessa é a premiação do vencedor da corrida.

Corredores	Tempo	Prêmio
Primeiro colocado (P)	1	P
Total	**13/7**	**R$ 5.655,00**

Segue a regra de três.

Multiplicação cruzada	13/7 . P = 5655 P = 5655 / (13/7) P = 5655 . 7 / 13 P = 39585 / 13 P = 3.045,00

Resposta: O valor recebido pelo vencedor dessa corrida foi de R$ 3.045,00.

Gabarito: C

73. (FGV – Técnico Judiciário – Área Administrativa – TRT 16ªR – 2022) Uma empresa de engenharia está realizando as obras X, Y e Z. Foram comprados 360 sacos de cimento que deverão ser repartidos entre as obras X, Y e Z em partes proporcionais aos números 4, 7 e 9, respectivamente. O número de sacos de cimento que a obra Y receberá é

A) 108.

B) 112.

C) 120.

D) 126.

E) 144.

COMENTÁRIOS

Organizar as informações.

Obras	Proporção	Comento (sacos)
X	4	
Y	7	
Z	9	
Total	**20**	**360**

A partir da última linha, "Total", e por meio da regra de três, é possível calcular a quantidade de sacos de cimento a serem destinados a qualquer obra.

Como nos interessa somente a quantidade destinada à obra Y, descartamos as outras linhas.

Obras	Proporção	Comento (sacos)
Y	7	X
Total	**20**	**360**

Regra de três.

Multiplicação cruzada	$20 \cdot X = 7 \cdot 360$ $X = 7 \cdot 18$ $X = 126$

Resposta: O número de sacos de cimento que a obra Y receberá é igual a 126.

Gabarito: D

74. (FCC – Analista Judiciário – Área Judiciária – TRT 16ªR – 2022) Um terreno de 1280 m² foi dividido em 3 partes, proporcionais aos números: 2, 5/2 e 7/2. A área da maior parte, em m², é

A) 400.

B) 440.

C) 480.

D) 520.

E) 560.

COMENTÁRIOS

Para a divisão proporcional, vamos estruturar as informações dadas.

Partes	Proporção	Terreno em m²
A	2	
B	5/2	
C	7/2	
Total		**1280**

Soma de fração com mesmo denominador, conserva o denominador e soma os numeradores. Lembre-se que 2 = 4/2.

Partes	Proporção	Terreno em m²
A	4/2	
B	5/2	
C	7/2	
Total	**16/2**	**1280**

Uma vez que todos os valores de uma coluna tem divisores iguais, é possível simplificar.

Partes	Proporção	Terreno em m²
A	4	
B	5	
C	7	
Total	**16**	**1280**

Ainda, como somente a maior parte nos interessa, eliminamos as linhas das duas partes menores.

Partes	Proporção	Terreno em m²
C	7	X
Total	**16**	**1280**

Regra de três.

Multiplicação cruzada	$16 \cdot X = 7 \cdot 1280$ $X = 7 \cdot 1280 / 16$ $X = 560$

Resposta: A área que ficou com a maior parte tem 560 m².

Gabarito: E

75. (FCC – Analista Judiciário – Tecnologia Informação – TRT 24ªR – 2017) Um bônus de R$ 47.600,00 foi distribuído, a três funcionários de uma empresa, em partes diretamente proporcionais às respectivas idades. Sabendo que as idades são 23, 35 e 54 anos, a diferença, em reais, entre o valor daquele que recebeu mais e o valor daquele que recebeu menos, é

A) 16650

B) 8925

C) 12745

D) 13175

E) 9850

COMENTÁRIOS

✪ **Nota dos autores:** A palavra chave é: "distribuído (...) em partes diretamente proporcionais".

Pronto, é uma divisão proporcional cuja resolução sugerimos fazê-la por meio da regra de três tão logo esteja com os dados devidamente organizados.

Funcionários	Idades	Distribuído
Primeiro	23	
Segundo	35	
Terceiro	54	
Total	**112**	**47.600,00**

A linha completa, "total", é a referência para junto com qualquer outra encontrar os valores distribuídos a cada funcionários.

Para o maior valor, sendo a divisão diretamente proporcional, vale a maior idade.

Funcionários	Idades	Distribuído
Terceiro (T)	54	T
Total	**112**	**47.600,00**

Regra de três.

Multiplicação Cruzada	$112T = 47600 \,.\, 54$ $T = 425 \,.\, 54$ $T = 22950$

O funcionário para o qual coube a maior parcela recebeu R$ 22.950,00.

Para o menor valor distribuído, vale a menor idade.

Funcionários	Idades	Distribuído
Primeiro (P)	23	P
Total	**112**	**47.600,00**

Regra de três.

Multiplicação Cruzada	$112P = 47600 \,.\, 23$ $T = 425 \,.\, 23$ $T = 9775$

O menor valor distribuído é de R$ 9.775,00 e a diferença entre o maior e o menor é igual a R$ 13.175,00.

Resposta: A diferença entre o valor daquele que recebeu mais e o valor daquele que recebeu menos, é de 13175.

Gabarito: D

76. (FCC – Analista Judiciário – Área Judiciária – TRT 11ªR – 2017) José Souza, Paulo Almeida e Claudio Prinot são três funcionários que têm que realizar, no total para os três, 72 tarefas diariamente. Cada dia eles escolhem um critério diferente para repartir as tarefas. Por exemplo, no dia de ontem eles decidiram que as 72 tarefas seriam divididas entre eles diretamente proporcional às consoantes do sobrenome de cada um. Sendo assim, ontem Paulo Almeida teve que realizar o total de tarefas igual a

A) 15.

B) 12.

C) 18.

D) 9.

E) 24.

COMENTÁRIOS

Faremos a divisão proporcional de acordo com as quantidades de consoantes dos sobrenomes dos três funcionários.

- José **S**ou**z**a = 2 consoantes.
- Paulo A**lm**ei**d**a = 3 consoantes.
- Claudio **Pr**i**n**o**t** = 4 consoantes.

As quantidades de consoantes equivalem às proporções de tarefas a serem realizadas por cada um.

Funcionários	Proporção	Tarefas
José Souza	2	
Paulo Almeida	3	
Claudio Prinot	4	
Total	**9**	**72**

Uma vez que precisamos apenas da quantidade de tarefas destinadas ao Paulo, faremos apenas este cálculo.

Funcionários	Proporção	Tarefas
Paulo Almeida	3	P
Total	**9**	**72**

Calcular por meio da regra de três.

Multiplicar em cruz	$9P = 3 \,.\, 72$ $P = (3 \,.\, 72)/9$ $P = 3 \,.\, 8$ $P = 24$

Resposta: Paulo Almeida teve que realizar 24 tarefas.

Gabarito: E

4. EQUAÇÕES E SISTEMA DE EQUAÇÕES

4.1. EQUAÇÕES

77. (FCC – Técnico Judiciário – Área Administrativa – TRT 18ªR – 2023) Quatro barras de chocolate custam R$ 46,50 a mais do que uma barra. O preço de duas barras de chocolate é

A) R$ 30,00

B) R$ 32,00

C) R$ 33,50

D) R$ 33,00

E) R$ 31,00

COMENTÁRIOS

Questão simples e boa para praticar a formatação da equação e sua resolução.

Enunciado	Equação
Quatro barras de chocolate custam R$ 46,50 a mais do que uma barra.	4x = 46,5 + x

A equação representa fielmente o que a questão nos oferece na linguagem escrita.

- Quatro barras de chocolate = 4x
- Custam R$ 46,50 a mais que uma barra = 46,5 + x

Onde "x" equivale à barra de chocolate.

A equação matemática com uma incógnita é resolvida diretamente.

Resolver a equação	4x = 46,5 + x 4x – x = 46,5 3x = 46,5 x = 46,5 / 3 x = 15,5

Resposta: O preço de duas barras de chocolate, R$ 15,50 x 2, é igual a R$ 31,00.

Gabarito: E

78. (FCC – Analista Judiciário – Área Judiciária – TRT 12ªR –2023) Sabe-se que 15% da metade de um número mais 80% do dobro desse mesmo número vale 36. A igualdade que equivale a essa afirmação é

a) 0,15 . 0,5x + 0,80x = 36

b) 0,90x + 0,80x = 36

c) 0,75x+ 1,60x= 36

d) 0,15 . 0,5x + 1,60x = 18

e) 0,15 . 0,25x + 0,80x= 18

COMENTÁRIOS

A afirmação do examinador, conforme ele mesmo diz, é a equivalência escrita de uma equação matemática, a qual escreveremos a seguir, passo a passo.

Sabe-se que 15% da metade de um número	15% (x/2)

Melhor trabalhar com o padrão das alternativas, então:

Sabe-se que 15% da metade de um número	0,15 . 0,5x
Mais 80% do dobro desse mesmo número	0,15 . 0,5x + 0,8 . 2x
Vale 36	0,15 . 0,5x + 0,8 . 2x = 36

Não encontramos a alternativa correta. Que tal simplificar.

Simplificar por 2	0,15 . 0,25x + 0,8 . x = 18

Vixi, agora não entendi nada! Por que alguns valores foram divididos por 2 e outros não?

Simples, porque o que define os termos no primeira lado da igualdade é a adição. Veja a simplificação no detalhe.

Simplificar por 2	$\frac{0,15\,.\,0,5x + 0,8\,.\,2x}{2} = \frac{36}{2}$ $\frac{0,15\,.\,0,5x}{2} + \frac{0,8\,.\,2x}{2} = \frac{36}{2}$ $0,15\,.\,0,25x + 0,8x = 18$

Resposta: A igualdade que equivale a essa afirmação é "0,15 . 0,25x + 0,80x= 18".

Gabarito: E

79. (FCC – Analista Judiciário – Área Judiciária – TRT 17ªR – 2023) Ana, Beto, Clara, Diva e Edu disputam uma maratona de matemática. Para cada problema respondido corretamente ganham 1 ponto e se errarem nada ganham. A soma dos pontos recebidos pelos cinco participantes é 75. A diferença de pontos entre Ana e Beto é 2, mas não necessariamente nessa ordem, a diferença de pontos entre Beto e Clara é 3, mas não necessariamente nessa ordem, a diferença entre Clara e Diva é 4 e entre Diva e Edu é 9. Sabe-se que Edu teve a maior pontuação e Diva a menor pontuação dentre os cinco. A soma das pontuações obtidas por Ana e Beto é

A) 31

B) 24

C) 32

D) 36

E) 33

COMENTÁRIOS

Problemas respondidos corretamente pelos maratonistas correspondem a um ponto e:

Enunciado	Valor de tabela (X)
A soma dos pontos recebidos pelos cinco participantes é 75.	A + B + C + D + E = 75

Onde:

- A corresponde aos pontos recebidos por Ana, B por Beto, C por Clara, D por Diva e E por Edu.

Enunciado	Valor de tabela (X)
A diferença de pontos entre Ana e Beto é 2, mas não necessariamente nessa ordem, a diferença de pontos entre Beto e Clara é 3, mas não necessariamente nessa ordem, a diferença entre Clara e Diva é 4 e entre Diva e Edu é 9.	A – B = |2| B – C = |3| C – D = 4 D – E = 9

Os resultados das duas primeiras diferencias estão em módulo porque o enunciado diz "não necessariamente nessa ordem", porém, cabe uma correção em relação à última diferença.

- Sabe-se que Edu teve a maior pontuação e Diva a menor pontuação.
- Se Edu obteve a maior pontuação, a diferença correta é E – D = 9.

Sabemos que a maior pontuação foi do Edu (E) e a menor da Diva (igual a E – 9).

Vamos fazer as relações todas em função de E (maior pontuação).

Pontuação	E = E D = E – 9

Sobre a pontuação da Clara sabemos que a diferença em relação a Diva é igual a 4.

Clara em função de Edu (maior pontuação)	C – D = 4 C – (E – 9) = 4 C = E – 5

Então:

Pontuação	E = E C = E – 5 D = E – 9

A pontuação de Beto abre duas possibilidades.

Beto em função de Edu (maior pontuação) C = E – 5	B – C = |3| B –(E – 5) = |3| B' = E – 5 + 3 B' = E – 2
	B'' = E – 5 – 3 B'' = E – 8

Na ordem decrescente de pontuação.

Pontuação	E = E B = E – 2 C = E – 5 D = E – 9	E = E C = E – 5 B = E – 8 D = E – 9

A diferença entre Ana e Beto vai gerar duas opções para cada uma das duas acima.

Ana em função de Edu (maior pontuação) B = E – 2	A – B = |2| A –(E – 2) = |2| A' = E + 2 – 2 A' = E
	A'' = E – 2 – 2 A'' = E – 4

A primeira delas descartamos porque a opção indica pontuação de Ana igual a de Edu.

Ana em função de Edu (maior pontuação) B = E – 8	A – B = |2| A –(E – 8) = |2| A' = E + 2 – 8 A' = E – 6
	A'' = E – 2 – 8 A'' = E – 10

Descartamos a segunda opção porque a pontuação de Ana seria menor que a da Diva.

Pontuação	E = E B = E – 2 A = E – 4 C = E – 5 D = E – 9	E = E C = E – 5 A = E – 6 B = E – 8 D = E – 9

Vejamos a equação inicial

A + B + C + D + E = 75	A + B + C + D + E = 75 5E = 75 + 20 E = 19	A + B + C + D + E = 75 5E = 75 + 28 E = 20,6

A maior pontuação foi de 19 pontos. De acordo com o sistema de pontuação, um ponto para cada reposta correta, não seria possível 20,6.

Fazer as substituição para A + B.

Somatório A e B (X)	A + B = X (E – 4) + (E – 2) = X 15 + 17 = X X = 32

Resposta: A soma das pontuações obtidas por Ana e Beto é igual a 32.

Gabarito: C

---

80. (FCC – Analista Judiciário – TRT 18ªR – 2023) Sabe-se que 10% da metade de um número mais 80% do dobro desse mesmo número vale 33. Esse número é:

A) 21
B) 12
C) 20
D) 14
E) 18

COMENTÁRIOS

Tipo de questão que a Fundação Carlos Chagas vem repetindo com frequência. É a descrição literal de uma equação matemática.

Sabe-se que 10% da metade de um número	10% (X/2)
mais 80% do dobro desse mesmo número	10% (X/2) + 80% (2X)
vale 33	10% (X/2) + 80% (2X) = 33

Nosso trabalho é desenvolver a equação. E não se preocupe com os percentuais, uma possibilidade é a apresentação decimal.

Equação Matemática	10% (X/2) + 80% (2X) = 33 0,1 (X/2) + 0,8 (2X) = 33 0,1X/2 + 1,6X = 33 0,1X + 3,2X = 66 3,3X = 66 X = 20

Resposta: O número X é igual a 20.

Gabarito: C

---

81. (FCC – Analista Judiciário – Área Judiciária – TRT 9ªR – 2022) Em um dia, Marta, sua mãe e seu pai fizeram ao todo 32 ligações de um celular. Marta fez 5 ligações e sua mãe fez o dobro do número de ligações que seu pai fez. O número de ligações que a mãe de Marta fez foi

A) 20.
B) 9.
C) 10.
D) 18.
E) 27.

COMENTÁRIOS

A conversão da informação escrita em linguagem numérica vai te conduzir automaticamente para a resposta.

Em um dia, Marta, sua mãe e seu pai fizeram ao todo 32 ligações de um celular.	Total = 32

Seguindo o enunciado.

Marta fez 5 ligações e sua mãe fez o dobro do número de ligações que seu pai fez.	Marta = 5 Mãe = 2X Pai = X

A quantidade de ligações efetivadas pelo pai de Marta, chamamos de X e o dobro dessa quantidade são as ligações realizadas pela sua mãe.

Uma única equação resulta do conjunto das informações acima.

Total de ligações	Total = Marta + Mãe + Pai 32 = 5 + 2X + X 27 = 3X X = 27/3 X = 9

Para atender o comando da questão:

Ligações da mãe de Marta	Mãe = 2X Mãe = 2 . 9 Mãe = 18

Resposta: O número de ligações que a mãe de Marta fez foi igual a 18.

Gabarito: D

---

82. (FCC – Analista Judiciário – TRT 23ªR – 2022) Hugo e Luís são gêmeos e foram passear com sua tia Elisa. Sabe-se que 3/5 da soma das idades dos três é igual à idade de Elisa, que é 14 anos mais velha que os meninos. A idade de Elisa é

A) 28
B) 21
C) 18
D) 35
E) 25

COMENTÁRIOS

A partir do enunciado montamos equações.

Enunciado	Observação
Hugo e Luís são gêmeos e foram passear com sua tia Elisa. Sabe-se que 3/5 da soma das idades dos três é igual à idade de Elisa, que é 14 anos mais velha que os meninos.	H = L (H + L + E) . 3/5 = E E = H + 14 E = L + 14

Onde:

- H = Hugo
- L = Luís
- E = Elisa

Vencida a fase da transcrição do contexto em equações, segue-se apenas matemática.

Isolar H e L	E = H + 14 → H = E – 14 E = L + 14 → L = E – 14

Substituir na segunda equação para que tenha uma única incógnita.

Substituir H e L	(H + L + E) . 3/5 = E ((E – 14)+(E – 14)+E) . 3/5 = E (3E – 28) . 3/5 = E 9E/5 – 84/5 = E 9E – 84 = 5E 4E = 84 E = 21

Elisa tem 21 anos (resposta da questão) e os gêmeos 14 a menos, 7 anos cada.

Resposta: A idade de Elisa é igual a 21.

Gabarito: B

83. (FCC – Técnico Judiciário – Área Administrativa – TRT 17ªR – 2022) Quando Pedro nasceu, sua avó tinha 48 anos. Hoje Pedro faz aniversário e está completando 1/3 da idade de sua avó. A soma das idades dos dois hoje é

A) 72

B) 96

C) 100

D) 84

E) 86

Comentários

Existem dois marcos temporais em que as idades de Pedro são comparadas com de sua avó. A primeira é no momento do nascimento de Pedro.

Quando Pedro ***(P)*** *nasceu, sua avó* ***(A)*** *tinha 48 anos.*	A = P + 48

É certo que a avó é 48 anos mais velha que Pedro.

No segundo marco temporal, no dia de hoje:

Hoje Pedro faz aniversário e está completando 1/3 da idade de sua avó.	P = 1/3 . A P = A/3

O sistema de equações está montado e com as duas incógnitas isoladas, uma em cada equação. Cabe seguirmos com a substituição.

Substituir o valor de A na segunda equação	P = A/3 P = (P + 48)/3 3P = P + 48 2P = 48 P = 24

Pedro tem 24 anos da data de hoje e sua avó 48 a mais que sua idade, ou 72 anos.

Resposta: A soma das idades dos dois hoje é igual a 96.

Gabarito: B

84. (FCC – Analista Judiciário – Área Judiciária – TRT 23ªR – 2022) Um número positivo N é subtraído do seu dobro. Em seguida, o mesmo número N é subtraído de seu triplo. O produto das duas diferenças é 32. O número N é:

A) 2

B) 5

C) 4

D) 6

E) 3

COMENTÁRIOS

O enunciado parece confuso até que seja feita uma leitura atenta do texto.

Enunciado	Equação
Um número positivo N é subtraído do seu dobro.	N – 2N
Em seguida, o mesmo número N é subtraído de seu triplo.	N – 3N
O produto das duas diferenças é 32.	(N – 2N) . (N – 3N) = 32

Aplicamos uma das propriedades da multiplicação.

Distributiva	(N – 2N) . (N – 3N) = 32 $N^2 – 3N^2 – 2N^2 + 6N^2 = 32$

Resolver a equação	$2N^2 = 32$ $N^2 = 16$ $N = \sqrt{16}$ $N = 4$

Resposta: O número N é igual a 4.

Gabarito: C

85. (FGV – Técnico Judiciário – TRT 13ªR – 2022) Em certa cidade, os taxis cobram R$ 4,80 de valor inicial (bandeirada) mais R$ 2,40 por quilômetro rodado. Nessa cidade, Hugo fez um percurso de táxi, sem paradas, e pagou R$ 36,00 pela corrida. O número de quilômetros que Hugo percorreu foi

A) 10,5.

B) 12.

C) 13.

D) 14,5.

E) 15.

COMENTÁRIOS

Seguem os detalhes sobre a cobrança de corridas de taxis.

Enunciado	Equação
Os taxis cobram R$ 4,80 de valor inicial (bandeirada) mais R$ 2,40 por quilômetro rodado.	$C = 4{,}80 + 2{,}40 \cdot k$

Onde:

- C = Valor total da corrida.
- k = Quilômetros rodados.

Para o percurso cujo valor total foi de R$ 36,00, temos:

Quilômetros rodados	$C = 4{,}80 + 2{,}40 \cdot k$ $36{,}00 = 4{,}80 + 2{,}40 \cdot k$ $2{,}4k = 31{,}2$ $k = 13$

Resposta: Hugo percorreu 13 quilômetros.

Gabarito: C

86. (FCC – Analista Judiciário – TRT 17ª R – 2022) Júlia tinha que adicionar 26 ao número que já estava em sua calculadora, mas apertou o sinal de subtração e obteve -14. O número que deveria ter obtido é

A) 36

B) 30

C) 12

D) 38

E) 42

COMENTÁRIOS

Realizar diretamente as simples operações bastariam, entretanto, vamos treinar a montagem das equações.

Enunciado	Equação
Júlia tinha que adicionar 26 ao número que já estava em sua calculadora,	$X + 26 = ?$
Mas apertou o sinal de subtração e obteve -14.	$X - 26 = -14$

Apenas uma incógnita.

Calcular o valor de X	$X - 26 = 14$ $X = -14 + 26$ $X = 12$

A operação correta seria:

Resultado correto	$X + 26 = ?$ $12 + 26 = 38$

Resposta: O número que deveria ter obtido é 38.

Gabarito: D

87. (FCC – Analista Judiciário – Área Judiciária – TRT 17ªR – 2022) Marcos desconta um cheque de R$ 2.700,00 em um banco e pede ao caixa que lhe dê um certo número de notas de R$ 10,00 mais 20 vezes esse número em notas de R$ 20,00 e o restante em notas de R$ 50,00. O número de notas de R$ 50,00 que Marcos recebe é

A) 12

B) 11

C) 10

D) 13

E) 14

COMENTÁRIOS

Vejamos como ficou a troca do cheque de Marcos.

Enunciado	Equação
Marcos desconta um cheque de R$ 2.700,00 em um banco e pede ao caixa que lhe dê um certo número de notas de R$ 10,00 mais 20 vezes esse número em notas de R$ 20,00 e o restante em notas de R$ 50,00.	$10{,}00x + 20{,}00\,(20x) + 50y = 2700$

Onde:

- x = Quantidade de notas de R$ 10,00 (e referência para a quantidade de notas de R$ 20,00).
- y = Quantidade de notas de R$50,00.

Bem, são duas incógnitas e apenas uma equação. O que fazer?

Testar valores para a quantidade x com algum critério mínimo.

Ajustado a equação	10,00x + 20,00 (20x) + 50y = 2700 10,00x + 20,00 (20x) – 2700 = -50y

O resultado do primeiro termo deve ser um número múltiplo de 50.

Se x = 1	10 + 400 – 2700 410 – 2700 2290

Observe que a quantidade de notas de R$ 10,00 tem influência direta entre o resultado ser ou não múltiplo de 50. Essa é a razão de testar x = 5.

Se x = 5	10,00x + 20,00 (20x) – 2700 50 + 2000 – 2700 -650

Sim, é possível quando o número de notas de R$ 10,00 é igual a 5.

Quantidade de notas de R$ 50,00	-650 = -50y y = -650 / -50 y = 13

Resposta: Marcos recebeu 13 notas de R$ 50,00.

Gabarito: D

88. (FCC – Analista Judiciário – Oficial de Justiça Avaliador Federal – TRT 9ªR – 2022) Um número inteiro positivo, N, somado ao seu dobro é igual à sua metade mais 10. O valor de N é

A) 4.

B) 2.

C) 10.

D) 6.

E) 8.

COMENTÁRIOS

O enunciado descreve uma equação sem qualquer entrelinhas.

Um número inteiro positivo, N, somado ao seu dobro	N + 2N
é igual à sua metade mais 10.	N + 2N = N/2 + 10

Basta desenvolver a equação.

Valor de N	N + 2N = N/2 + 10 3N = N/2 + 10 6N = N + 20 5N = 20 N = 4

Resposta: O valor de N é 4.

Gabarito: A

89. (FCC – Técnico Judiciário – Área Administrativa – TRT 11ªR – 2017) Na festa de fim de ano de uma empresa estavam presentes X pessoas. Para agradar os participantes foram encomendados docinhos especiais. A ideia era dar 7 docinhos para cada pessoa presente, mas verificou-se que faltariam 19 docinhos. Se fossem dados 6 docinhos para cada pessoa, sobrariam 98 docinhos. O número de docinhos que haviam sido encomendados para essa festa era igual a

A) 800.

B) 750.

C) 600.

D) 950.

E) 100.

COMENTÁRIOS

São muitas as questões cuja interpretação e tradução do que se lê em números ou equações é suficiente para entregar pronta a resolução.

Na prática, vamos, passo a passo, enfrentar o enunciado da questão.

*Na festa de fim de ano de uma empresa estavam presentes **X** pessoas.*	X = Total de pessoas

Apenas a denominação X para a quantidade de pessoas presentes na festa de final de ano.

Para agradar os participantes foram encomendados docinhos especiais. A ideia era dar 7 docinhos para cada pessoa presente, mas verificou-se que faltariam 19 docinhos.	T = 7X – 19

Onde:

- T = Total de doces.
- X = Quantidade de pessoas.

Contextualizando, ao multiplicar a quantidade de docinhos (X) por 7 e subtrair aqueles que faltaram, igual a 19, chegamos ao total de docinhos. Isto é o que foi dito no enunciado e transformado na equação, no quadro acima.

Na sequência do enunciado.

Se fossem dados 6 docinhos para cada pessoa, sobrariam 98 docinhos.	$T = 6X + 98$

Aqui a quantidade de docinhos por pessoas é igual a 6 e sobraram 98, por isso, mais 98 na equação.

Vejam que o valor total (T) de docinhos não se altera e, por ser o ponto comum entre as duas equações, podemos iguais as expressões de ambas as equações

T = 7X – 19 **T = 6X + 98**	$7X - 19 = 6X + 98$ $7X - 6X = 98 + 19$ $X = 117$

Para o total de docinhos, substituir o valor de X em qualquer das equações montadas.

Total de docinhos	$T = 6X + 98$ $T = (6 . 117) + 98$ $T = 702 + 98$ $T = 800$

Resposta: O número de docinhos encomendados para essa festa foi igual a 800.

Gabarito: A

4.2. SISTEMA DE EQUAÇÕES

90. (FCC – Analista Judiciário – TRT 18ªR – 2023) Dois números diferentes são escolhidos do conjunto {1, 2, 3, 4, 5, 6, 7, 8, 9}. Em relação aos dois números escolhidos, sabe-se que a soma deles é igual ao produto deles menos 2 e que a diferença entre eles é 2. A soma dos dois números escolhidos é:

A) 4

B) 8

C) 14

D) 6

E) 10

COMENTÁRIOS

O examinador coloca o conjunto de números naturais de 1 a 9, provavelmente pensando que o candidato vai usá-los nas tentativas de acertar os dois números escolhidos.

Trilhando o conhecimento matemático, chegaremos aos dois números sem maiores problemas.

Considere os dois números escolhidos x e y.

Sabe-se que a soma deles é igual ao produto deles menos 2	$x + y = xy - 2$
E que a diferença entre eles é 2	$x - y = 2$ $x = 2 + y$

Está pronto o sistema de equações.

Substituir o valor de x	$x + y = xy - 2$ $2 + y + y = (2 + y)y - 2$ $2 + 2y = 2y + y^2 - 2$ $2 = y^2 - 2$ $y^2 = 4$ $y = \sqrt{4}$ $y = 2$

Valor da outra incógnita.

Valor de x	$x = 2 + y$ $x = 2 + 2$ $x = 4$

Resposta: A soma dos dois números escolhidos, 4 e 2, é igual a 6.

Gabarito: D

91. (FCC – Técnico Judiciário – Área Administrativa – TRT 9ªR – 2022) Um aplicativo de entrega de comida apresenta apenas três opções de gorjeta aos clientes: R$ 5,00, R$ 1,00 ou não dar gorjeta. Amarildo concluiu 20 entregas em um determinado dia de trabalho em que recebeu um total de R$ 68,00 em gorjetas. Sabendo que em apenas 4 dessas entregas não recebeu gorjeta, o número de entregas em que recebeu R$ 1,00 de gorjeta, nesse dia, foi

A) 6

B) 7

C) 4

D) 3

E) 5

COMENTÁRIOS

O aplicativo de entrega de comida dispões de opções de gorjetas.

Enunciado	Opções de Gorjeta
Apresenta apenas três opções de gorjeta aos clientes: R$ 5,00, R$ 1,00 ou não dar gorjeta.	R$ 0,00 R$ 1,00 R$ 5,00

Sobre as entregas do Amarildo, foi dito:

Enunciado	Opções de Gorjeta
Concluiu 20 entregas em um determinado dia de trabalho em que recebeu um total de R$ 68,00 em gorjetas.	$A + B + C = 20$ $0A + 1B + 5C = 68$
Sabendo que em apenas 4 dessas entregas não recebeu gorjeta.	$A = 4$ $B + C = 16$

Onde:

- A = Quantidade de entregas cuja gorjeta foi igual a zero.
- B = Quantidade de entregas cuja gorjeta foi igual a R$ 1,00.
- C = Quantidade de entregas cuja gorjeta foi igual a R$ 5,00.

A quantidade de entregas em que Amarildo não recebeu gorjetas pode ser excluída das equações, então, passamos a trabalhar com duas equações.

Equações	$B + C = 16$ $1B + 5C = 68$

Diante de um sistema de equações com duas incógnitas, a resolução mais praticada é por meio do método da substituição.

Isolar uma incógnita	$B + C = 16$ $C = 16 - B$

Observação: Precisamos da quantidade de gorjetas recebidas de R$ 1,00, incógnita B, para responder a questão, por isso isolamos a outra incógnita referente à gorjeta de R$ 5,00.

Substituir o valor de C na outra equação	$1B + 5C = 68$ $1B + 5(16 - B) = 68$ $1B + 80 - 5B = 68$ $-4B = 68 - 80$ $4B = 12$ $B = 3$

Resposta: Amarildo recebeu R$ 1,00 de gorjeta, nesse dia, em 3 entregas.

Gabarito: D

---

92. (FCC – Analista Judiciário – TRT 5ªR – 2022) Aldo e Beto têm, juntos, 235 figurinhas. Aldo tem 25 figurinhas a mais do que o dobro do número de figurinhas de Beto. A diferença entre o número de figurinhas de Aldo e de Beto é

A) 100

B) 125

C) 85

D) 105

E) 95

COMENTÁRIOS

Enredo comum e cobrado com frequência nas provas de concursos públicos.

Enunciado	Equação
Aldo e Beto têm, juntos, 235 figurinhas.	$A + B = 235$

Considere:

- A = Quantidade de figurinhas de Aldo.
- B = Quantidade de figurinhas de Beto.

Enunciado	Equação
Aldo tem 25 figurinhas a mais do que o dobro do número de figurinhas de Beto.	$A = 25 + 2B$

Sistema de equações a ser resolvido pelo método da substituição.

Substituir o valor de A na primeira equação	$A + B = 235$ $25 + 2B + B = 235$ $3B = 210$ $B = 70$
Valor de A	$A + B = 235$ $A = 235 - 70$ $A = 165$

Resposta: *A diferença entre o número de figurinhas de Aldo, igual a 165, e de Beto, igual a 70, é igual a 95.*

Gabarito: E

---

93. (FCC – Analista Judiciário – Área Judiciária – TRT 17ªR – 2022) Em um exame com 30 questões, cada uma delas é considerada correta ou incorreta. O número de respostas corretas dadas por um candidato que fez esse exame foi 50% maior do que o número de respostas incorretas. O número de questões corretas desse candidato é

A) 24

B) 12

C) 20

D) 18

E) 21

COMENTÁRIOS

A leitura e compreensão do enunciado são importantes para a correta identificação dos dados fornecidos.

Enunciado	Equação
Em um exame com 30 questões, cada uma delas é considerada correta ou incorreta.	C + I = 30

Onde:

- C = Quantidade de questões respondidas corretamente.
- I = Quantidade de questões respondidas incorretamente.

Mesmo que simples, o primeiro trecho traduz-se em uma equação matemática com grande chance de fazer parte da resolução da questão.

Seguimos com a leitura do enunciado.

Enunciado	Equação
O número de respostas corretas dadas por um candidato que fez esse exame foi 50% maior do que o número de respostas incorretas.	C = I + 0,5I C = 1,5I

São duas equações e duas incógnitas, um sistema de equações cuja resolução faremos pelo método da substituição.

É interessante isolar o termo que não fará parte da resposta, no caso, a quantidade de questões respondidas incorretamente (I).

Isolar a incógnita I	C + I = 30 I = 30 – C
Substituir o valor de (I) na outra equação	C = 1,5 (30 – C) C = 45 – 1,5C 2,5C = 45 C = 18

Poderíamos substituir o valor de C, questões respondidas corretamente, em qualquer das equações para achar a quantidade de questões respondidas incorretamente (operação possível de realizar mentalmente), mas é desnecessário.

Resposta: O candidato respondeu 18 questões corretamente.

Gabarito: D

---

94. (FCC – Analista Judiciário – Área Judiciária – TRT 5ªR – 2022) Numa eleição em que concorreram quatro candidatos e que contou com 963 votantes, o candidato vencedor teve 53 votos a mais do que o segundo classificado, 79 votos a mais do que o terceiro e 105 votos a mais do que o quarto classificado. A soma do número de votos do vencedor com o número de votos do perdedor é

A) 468
B) 495
C) 547
D) 300
E) 416

COMENTÁRIOS

Enunciado	Equação
Numa eleição em que concorreram quatro candidatos e que contou com 963 votantes	A + B + C + D = 963

Onde:

- A = Vencedor
- B = Vice
- C = Terceiro classificado
- D = Quarto classificado

Enunciado	Equação
O candidato vencedor teve 53 votos a mais do que o segundo classificado, 79 votos a mais do que o terceiro e 105 votos a mais do que o quarto classificado.	A = B + 53 ou B = A – 53 A = C + 79 ou C = A – 79 A = D + 105 ou D = A – 105

No quadro acima foram isoladas as incógnitas B, D e D.

Substituir os valores de B, C e D	A + B + C + D = 963 A + (A – 53) + (A – 79) + (A – 105) = 963 4A – 237 = 963 A = 1200 / 4 A = 300

Somar os votos do vencedor e do perdedor.

Soma (S) A e D	S = A + D S = 300 + (A – 105) S = 300 + (300 – 105) S = 495

Resposta: A soma do número de votos do vencedor com o número de votos do perdedor é igual a 495.

Apesar de chegarmos a uma resposta correta, a questão foi anulada pela banca, provavelmente pela falta de clareza no enunciado. O uso do termo "perdedor", no caso para o quarto classificado, pode ser entendido como qualquer um que não o vencedor.

Gabarito: Anulada

95. (FCC – Analista Judiciário – TRT 5ªR – 2022) A produção de 864 veículos de uma fábrica foi planejada de forma que os números de veículos brancos e de veículos cinza produzidos fossem, respectivamente, o triplo e o quíntuplo do número de veículos pretos produzidos. O número de veículos pretos produzidos deve ser

A) 96

B) 105

C) 121

D) 130

E) 136

COMENTÁRIOS

A fábrica produz veículos nas cores branco, cinza e preto, conforme as seguintes regras:

Enunciado	Equação
A produção de 864 veículos de uma fábrica	B + C + P = 864
Foi planejada de forma que os números de veículos brancos e de veículos cinza produzidos fossem, respectivamente, o triplo e o quíntuplo do número de veículos pretos produzidos.	B = 3P C = 5P

Onde:

- B = Quantidade de veículos brancos.
- C = Quantidade de veículos cinzas.
- P = Quantidade de veículos pretos.

O examinador entregou a questão praticamente pronta.

Substituir os valores de B e C na primeira equação	B + C + P = 864 3P + 5P + P = 864 9P = 864 P = 96

Resposta: A fábrica deve produzir 96 veículos pretos.

Gabarito: A

96. (FCC – Técnico Judiciário – TRT 19ª R – 2022) Pedro e Marco resolveram juntos uma prova com 30 questões. Para cada 2 questões que Pedro resolveu, Marco resolveu 3. A diferença entre o número de questões resolvidas por Marco e o número de questões resolvidas por Pedro foi de

A) 6

B) 8

C) 12

D) 10

E) 9

COMENTÁRIOS

Uma prova foi resolvida por Pedro (P) e Marcos (M).

Enunciado	Equação
Pedro e Marco resolveram juntos uma prova com 30 questões.	P + M = 30
Para cada 2 questões que Pedro resolveu, Marco resolveu 3.	2P = 3M

Resolver o sistema de equações.

Isolar uma das incógnitas	P + M = 30 P = 30 – M
Substituir o valor de P na outra equação	2P = 3M 2(30 – M) = 3M 60 – 2M = 3M 5M = 60 M = 12

A quantidade resolvida por Pedro é a diferença para completar as 30 questões, igual a 18.

Resposta: A diferença entre o número de questões resolvidas por Marco (igual a 12) e o número de questões resolvidas por Pedro (igual a 18) foi de 6.

Gabarito: A

5. PORCENTAGEM

97. (FCC – Analista Judiciário – Área Administrativa– TRT 18ªR – 2023) João trabalhou de janeiro a junho do ano X2 em uma empresa e recebeu no período um salário mensal médio de R$ 8.000,00. Os salários em janeiro e fevereiro foram iguais, mas em março o valor do salário teve um acréscimo de 10%, permanecendo esse valor até junho. O valor do salário de João em janeiro do ano X2 foi de:

A) R$ 7.000,00

B) R$ 7.200,00

C) R$ 7.700,00

D) R$ 7.800,00

E) R$ 7.500,00

COMENTÁRIOS

A ideia, conforme estamos acostumados, é trabalhar cada trecho do enunciado iniciando pelo salário médio de João no primeiro semestre de X2.

Enunciado	Média (M)
João trabalhou de janeiro a junho do ano X2 em uma empresa e recebeu no período um salário mensal médio de R$ 8.000,00.	M = 8.000,00

Os salários desses seis meses não foram iguais.

Enunciado	Média (M)
Os salários em janeiro e fevereiro foram iguais, mas em março o valor do salário teve um acréscimo de 10%, permanecendo esse valor até junho.	Jan e Fev = X Mar, Abr, Mai, Jun e Jul = 1,1X

Tanto o salário de janeiro como o de fevereiro são iguais e, para representá-los, igualamos a X. Para os demais quatro meses, o valor X multiplicado pelo fator 1,1 que representa o acréscimo de 10%.

O valor de X será calculado por meio da fórmula da média que tem valor conhecido e igual a R$ 8.000,00. Lembrando que são 2 meses igual a X e outros 4 meses igual a 1,1X.

Média (M)	M = (2X + 4(1,1X)) / 6 8000 = (2X + 4,4X) / 6 8000 . 6 = 6,4X X = 48000 / 6,4 X = 7.500

Resposta: João recebeu, em janeiro do ano X2, o salário de R$ 7.500,00.

Gabarito: E

98. (FCC – Técnico Judiciário – Área Administrativa – TRT 18ªR – 2023) O aluguel do apartamento em que João mora custa R$ 1.300,00 por mês acrescido do valor de R$ 400,00, que corresponde às despesas do condomínio. João foi notificado que, a partir do próximo mês, o aluguel terá um reajuste de 5% e o valor do condomínio terá um reajuste de 13,5%. O acréscimo nas despesas de João com aluguel e condomínio no próximo mês será de:

A) 10,50%

B) 7,00%

C) 6,00%

D) 12,50%

E) 9,25%

COMENTÁRIOS

João tem duas despesas com o apartamento, aluguel e condomínio, e cada uma delas com um índice de reajuste diferente.

Vejamos o reajuste de cada despesa aplicando o índice específico de reajuste.

Reajuste do Aluguel	Aluguel = 1300 Índice = 5%	1300 . 5% 1300 . 0,05 65
Reajuste do Condomínio	Condomínio = 400 Índice = 13,5%	400 . 13,5% 400 . 0,135 54

Os reajustes percentuais sobre determinado valor podem ser calculados separadamente. O valor a ser reajustado e somado ao principal ou por meio do fator de multiplicação cujo resultado contempla tanto o principal como o valor do reajuste.

Se aplicássemos o fator de multiplicação nos cálculos para o aluguel e condomínio do João, multiplicaríamos por 1,05 e 1,135 respectivamente.

A decisão entre calcular separadamente ou por meio do fator de multiplicação vai depender, principalmente, do resultado que você pretende obter ou o que a questão solicita. No caso, o interesse é o percentual de acréscimo, logo, desnecessário o valor final. Essa foi a razão pela qual optamos pelo cálculo apenas do valor do reajuste.

Para o percentual que buscamos, são necessários:

- Valor inicial das despesas = 1.700,00 (aluguel e condomínio).
- Valor do reajuste = 119,00 (sobre aluguel e condomínio).

Percentual de Reajuste (R)	R = 119/1700 R = 0,07

Resposta: O acréscimo nas despesas de João com aluguel e condomínio foi de 0,07 ou 7%.

Gabarito: B

99. (FCC – Analista Judiciário – Área Administrativa– TRT 18ªR – 2023) Três candidatos A, B e C receberam um total de 400 votos em uma eleição em que 25% dos eleitores era do sexo feminino. Cada um dos três candidatos recebeu 1/3 do total de votos dos eleitores do sexo masculino. O candidato A recebeu 40% dos votos femininos; o candidato B obteve 10 votos a mais do que o candidato C. O total de votos do candidato menos votado foi:

A) 135

B) 125

C) 140

D) 150

E) 145

COMENTÁRIOS

Inicialmente, antes da resolução propriamente dita, devemos entender e retirar do enunciado as informações disponibilizadas.

- Três candidatos A, B e C receberam um total de 400 votos em uma eleição em uma eleição em que 25% dos eleitores eram do sexo feminino.

A partir desse trecho formulamos duas equações.

- A + B + C = 400
- Mulheres = 400 . 25% = 400 . 0,25 = 100

Para continuar de maneira que o visual seja um facilitador para o entendimento e desenvolvimento do raciocínio, colocamos as informações em tabela.

	A	B	C	Total
Mulheres				100
Homens				
Total				400

Outras informações do enunciado.

- Cada um dos três candidatos recebeu 1/3 do total de votos dos eleitores do sexo masculino.
- Por dedução, a partir do quadro anterior, a quantidade de votos dos eleitores masculinos é igual a 300 e cada terço dessa quantidade é igual a 100.

	A	B	C	Total
Mulheres				100
Homens	100	100	100	300
Total				400

- O candidato A recebeu 40% dos votos femininos; o candidato B obteve 10 votos a mais do que o candidato C.
- A recebeu 40 votos e os outros 60 foram divididos entre os candidatos B e C. Como B recebeu 10 a mais que C, eles receberam 35 e 25 respectivamente.

	A	B	C	Total
Mulheres	40	35	25	100
Homens	100	100	100	300
Total				400

Resta o somatório de cada candidato.

	A	B	C	Total
Mulheres	40	35	25	100
Homens	100	100	100	300
Total	140	135	125	400

Resposta: C foi o candidato menos votado e recebeu 125 votos.

Gabarito: B

100. (FCC – Analista Judiciário – TRT 18ªR – 2023) Um professor observou que em sua disciplina 70% dos alunos foram aprovados sem necessidade de fazer a prova de recuperação. Na prova de recuperação, ele verificou que compareceram apenas 90% dos reprovados na primeira avaliação e que todos os que compareceram foram aprovados. Sabendo-se que 3 alunos foram reprovados na disciplina, o total de alunos nessa disciplina era:

A) 80

B) 100

C) 70

D) 200

E) 120

COMENTÁRIOS

Questão para ser resolvida passo a passo, diagramando cada informação.

Um professor observou que em sua disciplina 70% dos alunos foram aprovados sem necessidade de fazer a prova de recuperação.

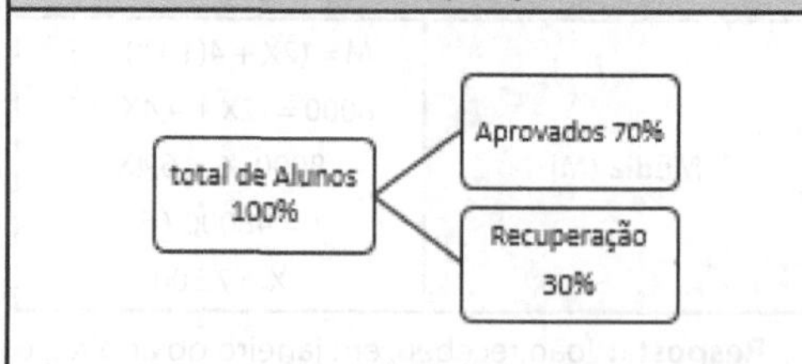

Conhecendo o percentual de alunos aprovados, 70%, é certo que o restante, 30%, ficaram em recuperação.

Na prova de recuperação, ele verificou que compareceram apenas 90% dos reprovados na primeira avaliação e que todos os que compareceram foram aprovados.

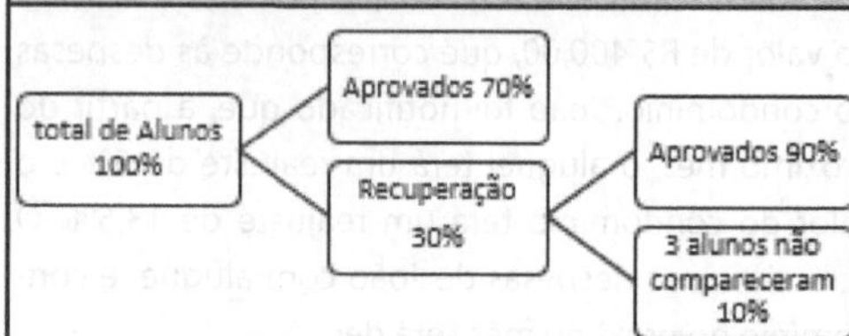

A única quantidade de alunos, base para montar a equação matemática, refere-se ao não comparecimento na prova de recuperação. A equação segue a linha do diagrama até chegar na quantidade desses alunos.

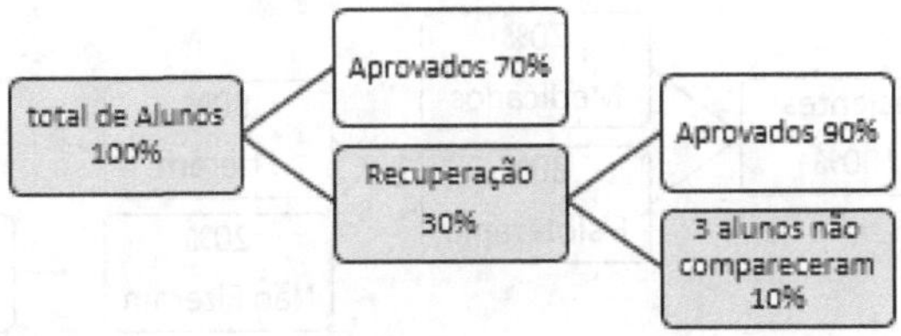

Total de Alunos 100% = x	$100\%x \,.\, 30\% \,.\, 10\% = 3$ $x \,.\, 0{,}3 \,.\, 0{,}1 = 3$ $0{,}03x = 3$ $x = 3/0{,}03$ $x = 300/3$ $x = 100$

Resposta: O total de alunos nessa disciplina era igual a 100.

Gabarito: B

---

101. (FCC – Analista Judiciário – Área Administrativa – TRT 12ªR –2023) Um ortopedista observou que 70% de seus pacientes pararam de sentir dor sem remédios e não precisaram de fisioterapia, O restante recebeu indicação de fisioterapia. Ele também observou que apenas 80% de seus pacientes com indicação de fisioterapia compareceram ao tratamento e que todos tiveram melhora em seu quadro de dor. Sabendo-se que 6 desses pacientes não fizeram fisioterapia, o total de pacientes observados pelo ortopedista foi

A) 120

B) 80

C) 100

D) 70

E) 200

COMENTÁRIOS

A observação do ortopedista agrupa os pacientes, e seus respectivos percentuais, com e sem indicação de fisioterapia, além de separar os que realmente participaram e os que não participaram da fisioterapia.

Para facilitar, vamos demonstrar os percentuais em fluxograma. Vale destacar que o nível de detalhamento é maior por questão didática, porém, na prova você resolverá a questão de maneira bem resumida para economizar tempo.

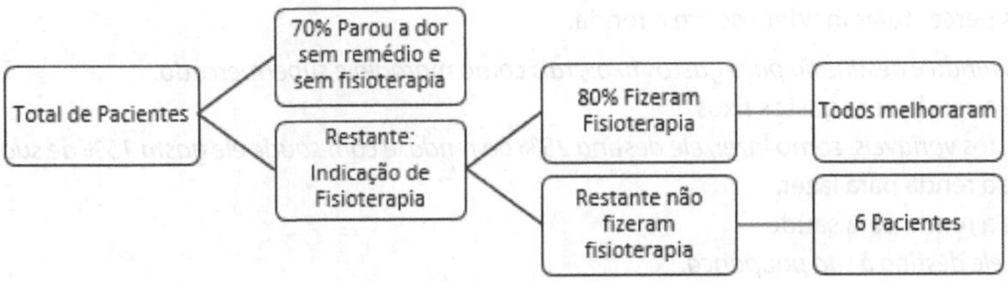

Um exemplo de forma resumida para a prova seria algo assim, também podemos abreviar os nomes dos grupo para simplificar ainda mais e economizar tempo:

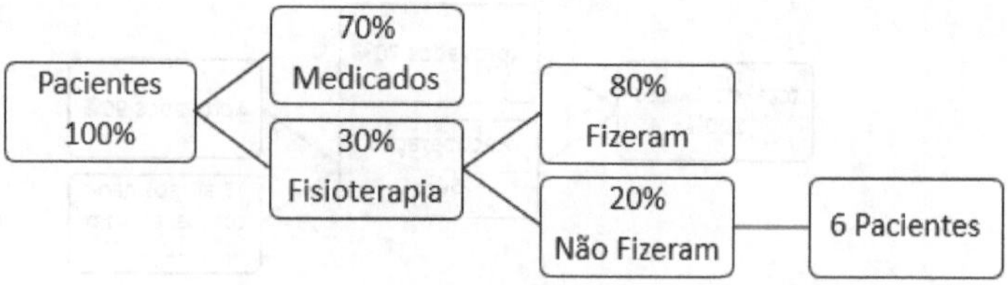

Como referência para quantidade de pacientes, utilizaremos aqueles indicados para a fisioterapia, que entretanto não a fizeram.

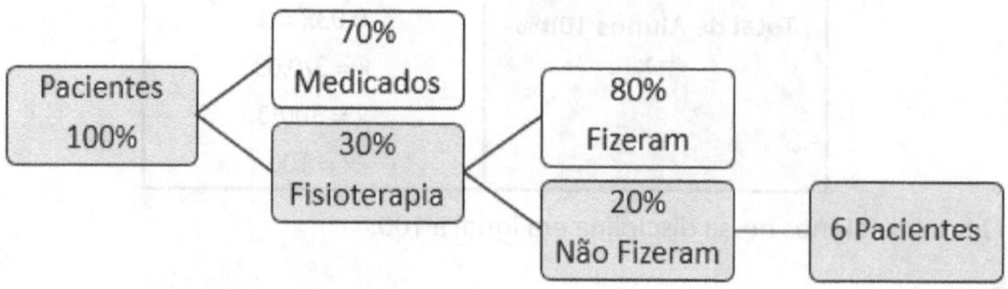

Então transformamos a sequência marcada em equação matemática para calcular o total de pacientes (P).

Total de Pacientes (P)	100% P . 30% . 20% = 6 1P . 0,3 . 0,2 = 6 0,06P = 6 P = 6 / 0,06 P = 100

Resposta: O total de pacientes observados pelo ortopedista foi de 100.

Gabarito: C

---

102. (FCC – Analista Judiciário – TRT 18ªR – 2023) Abelardo gasta sua renda mensal da seguinte maneira: metade da renda é destinada para gastos fixos, tais como moradia e supermercado. Para os gastos variáveis, como lazer, ele destina 25% da renda, e com saúde ele gasta 15% de sua renda. O restante ele destina à sua poupança. Se no mês de novembro Abelardo poupou R$ 1.200,00, sua renda nesse mês foi de

A) R$ 12.000,00

B) R$ 6.000,00

C) R$ 24.000,00

D) R$ 8.000,00

E) R$ 10.000,00

COMENTÁRIOS

Todos os percentuais incidem sobre a renda.

- *Metade da renda é destinada para gastos fixos, tais como moradia e supermercado.*
- 50% sobre a renda para gastos fixos.
- *Para os gastos variáveis, como lazer, ele destina 25% da renda, e com saúde ele gasta 15% de sua renda.*
- 25% sobre a renda para lazer.
- 15% sobre a renda para saúde.
- *O restante ele destina à sua poupança.*
- 10% sobre a renda para poupança.

A soma dos percentuais (50%, 25% e 15%) é permitida porque a referência é a mesma. Para poupança coube a diferença para completar 100%.

Se no mês de novembro restaram R$ 1.200,00 para poupança, o que equivale a 10%, a dedução é imediata, sua renda foi de R$ 12.000,00.

Não fosse pelo percentual que permitiu o cálculo mental, o caminho seria a regra de três.

Proporção	Multiplicação Cruzada
10% → 1200 100% → X	10X = 100 . 1200 X = (100 . 1200)/10 X = 12000

Resposta: A renda de Abelardo no mês de novembro foi de R$ 12.000,00.

Gabarito: A

103. (FCC – Analista Judiciário – TRT 18ªR – 2023) João recebeu um aumento de 2% em sua remuneração semanal e Maria, que ganhava o dobro de João antes do aumento de 2%, recebeu um aumento de 10% em sua remuneração semanal. A soma das duas remunerações semanais após os respectivos aumentos é de R$ 3.220,00. O valor da remuneração semanal de João antes do aumento era de

A) R$ 780,00

B) R$ 720,00

C) R$ 1.360,00

D) R$ 1.200,00

E) R$ 1.000,00

COMENTÁRIOS

O resumo do que foi dito no enunciado está no quadro abaixo.

	Renda Anterior	% de reajuste	Renda Atual
João	X	2%	102% de X
Maria	2X	10%	110% de 2X
Total			3.220,00

Foi-nos solicitada a renda anterior de João, a qual denominamos X. E notem como o quadro acima, que não apresenta nada além do que está disposto no enunciado, facilita encontrar o caminho até a resposta.

A coluna de interesse é aquela que tem o valor total.

Equação Matemática	102% . X + 110% . 2X = 3.220,00 1,02X + 1,1 . 2X = 3.220,00 1,02X + 2,2X = 3.220,00 3,22X = 3.220,00 X = 1.000,00

Resposta: O valor da remuneração semanal de João antes do aumento era de R$ 1.000,00.

Gabarito: E

104. (FCC – Analista Judiciário – TRT 18ªR – 2023) João pediu emprestado R$ 1.000,00 a serem pagos em 30 dias com acréscimo de 10%, mas como pagou antes do prazo recebeu desconto de 5% sobre o valor que deveria pagar. O valor pago pelo empréstimo foi de:

A) R$ 1.105,00

B) R$ 1.005,00

C) R$ 1.045,00

D) R$ 1.255,00

E) R$ 1.095,00

COMENTÁRIOS

O valor de partida referente ao empréstimo feito por João é um número fácil de ser trabalhado e sobre ele incidem dois percentuais, um de acréscimo outro de decréscimo.

A descrição com relativa simplicidade do valor e dos percentuais justifica a aplicação direta sem utilização dos fatores de multiplicação, tanto para aumento como para redução dos percentuais.

Resolução pela forma direta.

Empréstimo	Acréscimo 10%	Valor Devido
R$ 1.000,00	1.000,00 . 10% 1.000,00 . 0,1 100,00	1.000,00 + 100,00 1.100,00

A referência sobre a qual aplica-se o percentual de desconto não é o valor inicial tomado emprestado, mas sim o tamanho da dívida se quitada em 30 dias.

Valor Devido	Desconto 5%	Valor Devido
R$ 1.100,00	1.100,00 . 5% 1.100,00 . 0,05 55,00	1.100,00 – 55,00 1.045,00

Caso prefira utilizar o fator de multiplicação, o que aconselhamos, porque a sua prova pode apresentar uma sequência com vários acréscimos ou decréscimos percentuais e não apenas dois. Segue a resolução;

- Fator de acréscimo 10% = 100% + 10% = 1,1
- Fator de decréscimo 5% = 100% + 5% = 0,95

Valor Pago (P)	P = 1000 . 1,1 . 0,95 P = 1045

Resposta: O valor pago pelo empréstimo foi de R$ 1.045,00.

Gabarito: C

105. (FGV – Técnico Judiciário – Área Administrativa – TRT 16ªR – 2022) No ano de 2020, uma empresa que vende caixas de fósforos anunciou a redução do número de palitos de cada caixa de 240 palitos para 200 palitos e incluiu a informação de que a redução foi de 40 fósforos ou 20%.

A informação contida no rótulo da caixa de fósforos

A) está correta.

B) está errada, porque a redução foi de 40%.

C) está errada, porque a redução foi de, aproximadamente, 22,5%.

D) está errada, porque a redução foi de, aproximadamente, 16,7%%.

E) está errada, porque a redução foi de, aproximadamente, 83,3%.

COMENTÁRIOS

A informação da empresa: *"redução foi de 40 fósforos ou 20%"*.

Em relação à quantidade, valor absoluto, não há o que questionar, entretanto, o percentual tem que considerar a base sobre a qual incidirá e, apesar da empresa não mencionar explicitamente, entendemos que o percentual de redução aplica-se à quantidade original.

Então, pela informação percentual temos:

Redução de 20%	240 fósforos – 20% (de 240) 240 – 0,2 . 240 240 – 48 192

Concluímos que a informação não condiz com a realidade. O percentual correto seria:

Relação quantidade de fósforos	240 fósforos → 100% 40 fósforos → x%
Percentual de Redução	240x = 100 . 40 x = 4000 / 240 x = 16,67

A redução de 40 fósforos equivale a 16,67% em relação à quantidade que havia anteriormente na caixa.

Resposta: A informação contida no rótulo da caixa de fósforos está errada porque a redução foi de, aproximadamente, 16,7%

Gabarito: D

106. (FCC – Analista Judiciário – Área Judiciária – TRT 4ªR – 2022) Os bens do Sr. João foram partilhados após sua morte. Os custos processuais corresponderam a 10% do valor total dos bens. Após os custos, a partilha foi feita de modo que a esposa do Sr. João ficou com metade do saldo e a outra metade foi repartida igualmente entre os três filhos do casal. A parte de cada um dos filhos, em relação ao valor total dos bens antes dos custos, corresponde a

A) 20%

B) 15%

C) 10%

D) 12,5%

E) 17,5%

COMENTÁRIOS

Para a maioria das questões acerca de porcentagem que incide sobre um valor não informado, onde o que importa não é o valor, mas sim os percentuais, vale pensar na possibilidade de utilizar números, melhor ainda, tratar o valor desconhecido como sendo igual a 100.

Na partilha do Sr. João, o valor dos bens equivale a 100 unidades de valor.

Os custos processuais corresponderam a 10% do valor total dos bens.	Custos Proces. = 100 . 10% Custos Proces. = 100 . 0,1 Custos Proces. = 10

Do total de 100 unidades de valor, 90 cabem à esposa e aos filhos.

Após os custos, a partilha foi feita de modo que a esposa do Sr. João ficou com metade do saldo	Esposa = 90 . 50% Esposa = 45
e a outra metade foi repartida igualmente entre os três filhos do casal.	Cada Filho = (90 . 50%) /3 Cada Filho = 45 / 3 Cada Filho = 15

Uma vez que definimos o valor total dos bens partilhados igual a 100 e nosso objetivo é o percentual que coube a cada filho em relação a este valor inicial, ou seja, base 100, o valor equivale ao percentual procurado.

Resposta: A parte de cada um dos filhos, em relação ao valor total dos bens antes dos custos, corresponde a 15%.

Gabarito: B

107. (FCC – Analista Judiciário – Área Judiciária – TRT 9ªR – 2022) Leonor tem uma caixa com 600 botões. Nessa caixa, 2/5 dos botões são brancos e 150 botões são amarelos. Dos restantes, 1/3 são vermelhos e 2/3 são azuis. Leonor vendeu 5% dos botões brancos, 10% dos amarelos e 20% dos vermelhos.

Após a venda, o número de botões que restou na caixa foi

A) 559.

B) 571.

C) 535.

D) 544.

E) 569.

COMENTÁRIOS

✪ **Nota dos autores:** A sutileza do enunciado está na expressão "dos restantes", isso muda a referência sobre a qual são aplicadas as frações. Sendo assim, vale à pena esquematizar a distribuição das cores dos 600 botões.

Leonor tem uma caixa com 600 botões. Nessa caixa, 2/5 dos botões são brancos e 150 botões são amarelos.	Brancos = 2/5 . 600 = 240 Amarelos = 150

A partir daí o ponto de referência muda.

Dos restantes, 1/3 são vermelhos e 2/3 são azuis.

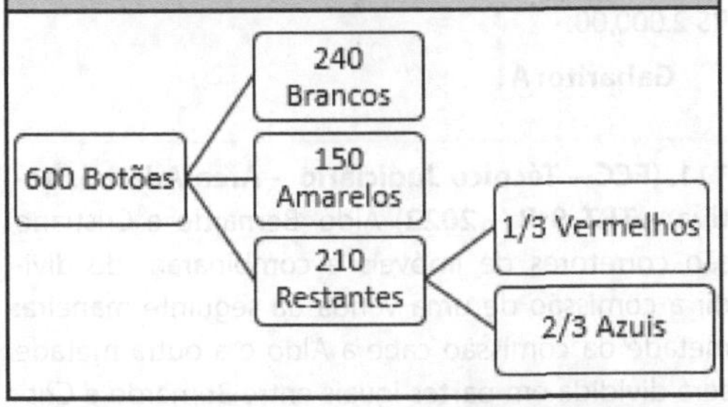

Ou seja, a quantidade de botões vermelhos corresponde a 1/3 de 210, igual a 70 botões. Os outros 2/3, igual a 140, é a quantidade de botões azuis.

Vários desses botões foram vendidos.

Leonor vendeu 5% dos botões brancos, 10% dos amarelos e 20% dos vermelhos.	Brancos = 240 . 0,95 = 228 Amarelos = 150 . 0,9 = 135 Vermelhos = 70 . 0,8 = 56

Além dos botões acima (228 + 135 + 56), restaram também outros 140 botões azuis.

Resposta: Após a venda, restaram 559 botões na caixa.

Gabarito: A

108. (FCC – Analista Judiciário – Área Judiciária – TRT 14ªR – 2022) Um produto foi oferecido com 12% de desconto sobre o preço de tabela. Um cliente pediu que o preço de tabela fosse reduzido em R$ 85 e, só depois, fosse dado o desconto de 12%. Com a proposta aceita, o cliente pagou R$ 715 no produto. O preço de tabela desse produto está compreendido entre

A) R$ 852 e R$ 901.

B) R$ 902 e R$ 951.

C) R$ 1.052 e R$ 1.101.

D) R$ 1.002 e R$ 1.051.

E) R$ 952 e R$ 1.001.

COMENTÁRIOS

O enunciado descreve exatamente uma equação matemática, o trabalho é fazer a conversão daquilo que se lê em números.

Enunciado	Valor de tabela (X)
Um cliente pediu que o preço de tabela (X) fosse reduzido em R$ 85 e, só depois, fosse dado o desconto de 12%. Com a proposta aceita, o cliente pagou R$ 715 no produto.	(X – 85) . 0,88 = 715

Observe que o desconto de 12% está na equação como fator de multiplicação (100% – 12% = 88% = 0,88).

Daí, resolvemos a equação.

Valor de X	(X – 85) . 0,88 = 715 0,88X – 74,80 = 715 0,88X = 789,8 X = 897,50

Resposta: O preço de tabela do produto é igual a R$ 897,50.

Gabarito: A

109. (FCC – Analista Judiciário – TRT 14ªR – 2022) Uma dívida de R$ 81.400,00 foi negociada para ser paga em duas parcelas, a primeira no momento da assinatura do acordo e a segunda 30 dias depois. Sobre a segunda parcela incidirão juros de 3,5% sobre o saldo devedor. Após decidido o valor a ser pago no momento da assinatura do acordo, constatou-se que as parcelas seriam iguais, valores esses iguais a

a) R$ 42.000,00

b) R$ 41.400,00

c) R$ 41.800,00

d) R$ 40.700,00

e) R$ 42.100,00

COMENTÁRIOS

O assunto é específico, matemática financeira, e descreve o pagamento em duas parcelas iguais, uma à vista e a outra 30 dias após, sendo que os juros incidem apenas sobre esta segunda parcela.

A proposta de resolução passa por colocar as duas parcelas no mesmo momento.

Parcelas	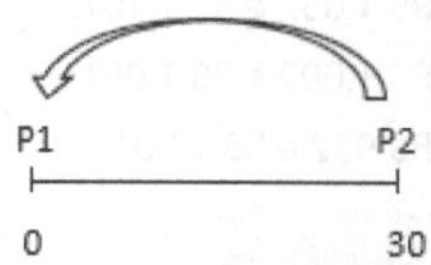

Ao trazer a segunda parcela, P2, para a data zero, descontamos os juros do período. o somatório das duas parcelas é igual a R$ 81.400,00.

Para o retorno de P2 para a data zero, faremos a divisão por 1,035 (fator: 100% do capital + 3,5% dos juros), então estaremos diante de uma equação.

Equação: Parcelas no tempo zero	$P1 + P2/1{,}035 = 81400$
mmc = 1,035	$1{,}035P1 + P2 = 81400 \, . \, 1{,}035$
Para não confundir, considerar: P1 = P2 = P	$2{,}035P = 82249$ $P = 82249 / 2{,}035$ $P = 41400$

Professor, no lugar da <u>divisão por 1,035</u> é possível <u>multiplicar por 0,965</u> (100% – 3,5% = 96,5%)?

Não, porque o produto por 0,965 está considerando como base o tempo "30 dias", ou seja, o índice de juros está sendo aplicado sobre o momento futuro, quando o correto e incidir sobre o valor no tempo zero.

Resposta: A dívida vai ser paga em duas parcelas iguais de R$ 41.400,00.

Gabarito: B

---

110. (FCC – Técnico Judiciário – Área Administrativa – TRT 9ªR – 2022) João e Gilberto são muito amigos. Quando Gilberto pediu um empréstimo sem juros a João, este concordou e deu-lhe 25% do que tinha na poupança. Gilberto já pagou 80% do valor emprestado e ainda faltam R$ 100,00. Antes de emprestar o dinheiro a Gilberto, o saldo da poupança de João, em reais, era

A) 2.000,00.

B) 500,00.

C) 3.000,00.

D) 3.500,00.

E) 5.000,00.

COMENTÁRIOS

A primeira relação refere-se a quantia que João retira da poupança, 25% do saldo existente.

Do valor emprestado a Gilberto, 80% está pago, logo, o restante R$ 100,00 refere-se ao percentual de 20%.

Dispomos de material para uma regra de três.

Valor que João emprestou a Gilberto	20% → R$ 100,00 100% → x
Multiplicação cruzada	$20x = 100 \, . \, 100$ $x = 100 \, . \, 5$ $x = 500$

Conhecido o valor do empréstimo, passamos para o saldo inicial da poupança de João.

Saldo da poupança de João	25% → R$ 500,00 100% → x
Multiplicação cruzada	$25x = 500 \, . \, 100$ $x = 500 \, . \, 4$ $x = 2000$

Resposta: Antes de emprestar o dinheiro a Gilberto, o saldo da poupança de João, em reais, era de R$ 2.000,00.

Gabarito: A

---

111. (FCC – Técnico Judiciário – Área Administrativa – TRT 9ªR – 2022) Aldo, Bernardo e Cristiano são corretores de imóveis e combinaram de dividir a comissão de uma venda da seguinte maneira: metade da comissão cabe a Aldo e a outra metade será dividida em partes iguais entre Bernardo e Cristiano. A comissão total

A) 12.000,00.

B) 8.100,00.

C) 3.000,00.

D) 7.500,00.

E) 1.000,00.

COMENTÁRIOS

Para a divisão da comissão e valor a ser destinado a Bernardo, uma única equação satisfaz, considerando que do total da comissão, 25% é a parte que cabe a ele.

Comissão de Bernardo (B)	$B = (4\% \, . \, 810000) \, . \, 25\%$ $B = (0{,}04 \, . \, 810000) \, . \, 0{,}25$ $B = 32400 \, . \, 0{,}25$ $B = 8100$

Resposta: A comissão de Bernardo será de R$ 8.100,00.

Gabarito: B

112. (FCC – Analista Judiciário – TRT 22ªR – 2022) Dois jogadores resolveram participar do seguinte jogo: lançam uma moeda e cada um aposta R$ 10,00 em uma das faces da moeda. Quem acertar a face que aparece em um determinado lançamento recebe 85% do valor total apostado e o restante será doado para um hospital de caridade. Os apostadores doaram R$ 21,00 para o hospital. O número de vezes que os jogadores lançaram a moeda foi

A) 7.

B) 9.

C) 14.

D) 8.

E) 4.

COMENTÁRIOS

Faremos o caminho inverso porque o valor da doação é conhecido, igual a R$ 21,00, e sabemos que refere-se a 15% sobre o valor de cada rodada do jogo.

Valor doado e valor total apostado	15% → R$ 21,00 100% → x
Multiplicação Cruzada	15x = 21 . 100 x = 2100 / 15 x = 140

Foram apostados R$ 140,00 e desses, 85% retornou aos apostadores conforme suas apostas acertadas e 15% foram doações.

Considerando o total de R$ 140,00, entendemos a ocorrência de 7 lançamentos sendo, para cada lançamento a aposta de R$ 20,00 (cada jogador apostou R$ 10,00).

Resposta: Os jogadores lançaram a moeda 7 vezes.

Gabarito: A

113. (FCC – Analista Judiciário – TRT 9ªR – 2022) Em 2018, um museu registrou um público de 10,2 milhões de visitantes. Relativamente ao ano de 2017, registrou-se um aumento de 25% no número de visitantes. O número de pessoas que visitaram esse museu no ano de 2017 foi

A) 7.966.000.

B) 8.160.000.

C) 7.860.000.

D) 7.960.000.

E) 8.166.000.

COMENTÁRIOS

A questão informa o público visitante de determinado museu no ano de 2018:

- 10,2 milhões.

O enunciado segue dizendo que para chegar a este número de visitantes, sobre o ano anterior, 2017, houve um aumento de 25%.

Importante prestar atenção no percentual de aumento de visitantes, este deve incidir sobre o ano de 2017 e não sobre o número de visitantes conhecido, 10,2 milhões, de 2018.

Se a base para a aplicação do índice de aumento percentual é o ano de 2017, podemos dizer que o número de visitantes de 2017 corresponde a 100% e do ano seguinte, 2018, corresponde a 125%, ou seja, houve um acréscimo de 25%.

Entendida esta relação, seguimos com a resolução por meio da regra de três.

Ano	Percentual	Visitantes
2017	100	X
2018	125	10,2 milhões

Outra opção seria, no lugar de 100%, usar 25%. Neste caso estaríamos calculando apenas o número de visitantes acrescido de um ano para o outro.

Multiplicação Cruzada	125x = 10,2 . 100 x = 1020 / 125 x = 8,16

O valor de x, igual a 8,16 milhões, é o número de visitantes de 2017.

Resposta: O número de pessoas que visitaram esse museu no ano de 2017 foi de 8.160.000.

Gabarito: B

114. (FGV – Técnico Judiciário – TRT 13ªR – 2022) Zuleide pagou uma conta atrasada com 5% de multa. O valor total, com a multa incluída, foi de R$ 294,00. O valor da multa foi de

A) R$ 14,00.

B) R$ 14,70.

C) R$ 15,20.

D) R$ 15,80.

E) R$ 16,40.

COMENTÁRIOS

O valor pago por Zuleide corresponde a 100% da conta acrescido de 5% de multa, logo, o que ela pagou, R$ 294,00, corresponde ao somatório desses percentuais.

Valor total pago e valor da multa	105% → R$ 294,00 5% → x
Multiplicação Cruzada	105x = 5 . 294 x = 1470 / 105 x = 14

Resposta: O valor da multa foi de R$ 14,00.

Gabarito: A

---

115. (FGV – 2022 – Analista Judiciário – TRT 13ªR – 2022) Flávio é engenheiro e seu salário é constituído de duas partes: 60% do valor bruto referem-se ao trabalho de escritório e 40%, pelas visitas às obras. Flávio foi promovido; com isso, a parte do seu salário referente a visitas às obras teve aumento de 100%, mas a outra parte permaneceu igual. Sobre o novo salário, a parte relativa ao trabalho de escritório representa, aproximadamente,

A) 37%.

B) 39%.

C) 41%.

D) 43%.

E) 45%.

COMENTÁRIOS

Salário do engenheiro Flávio, conforme descrição no enunciado é de:

Seu salário é constituído de duas partes: 60% do valor bruto referem-se ao trabalho de escritório e 40%, pelas visitas às obras.	Escritório = 60% Obras = 40%

Facilite seu trabalho considerando um valor para o salário de Flávio, por exemplo, R$ 100,00.

Salário de Flávio	Constituição do Salário	Reajuste	Novo Salário
R$ 100,00	Escritório = $ 60,00 Obras = $ 40,00	Escritório = $ 0,00 Obras = $ 40,00	Escritório = $ 60,00 Obras = $ 80,00

O que fizemos foi criar um salário hipotético para Flávio que inicialmente era de R$ 100,00 e, após o reajuste, passou a R$ 140,00.

Este recurso, de atribuir valores quando só existem indicações em percentuais é uma forma interessante de resolver a questão e que o candidato pode lançar mão.

Então, o novo salário, hipotético, de Flávio é de R$ 140,00 e a parcela referente ao trabalho de escritório é de R$ 60,00 cujo percentual calculamos a seguir:

Percentual (P) do trabalho de escritório	P = 60 / 140 P = 0,428

A questão fala em resultado aproximado, então, cabe arredondamento.

Resposta: Sobre o novo salário, a parte relativa ao trabalho de escritório representa corresponde a 42,8%, arredondando, 43%.

Gabarito: D

---

116. (FCC – Técnico Judiciário – TRT 23ªRegião – 2022) Carlos tem uma caixa com bolinhas de gude. O primo de Carlos perdeu quatro bolinhas de gude que estavam na caixa. Carlos verificou que o total de bolinhas da caixa se reduziu a 90% do que ele tinha na caixa. Nessas condições, é correto afirmar que o número de bolinhas na caixa antes da perda era

A) 40

B) 60

C) 80

D) 32

E) 44

COMENTÁRIOS

Em outras palavras, 4 bolinhas de gude foram perdidas e a caixa passou a ter 90% do total original de bolinhas.

Ora, se 4 bolinhas equivalem a 10%, a caixa completa tinha 40 bolinhas de gude.

Resposta: O número de bolinhas na caixa antes da perda era igual a 40.

Gabarito: A

---

117. (FCC – Analista Judiciário – Área Judiciária – TRT 23ªR – 2022) Uma fábrica de ovos de Páscoa vende seus ovos para dois distribuidores e também os vende diretamente. Ao Distribuidor 1 oferece 40% de desconto no preço normal, ao Distribuidor 2 oferece 30% de desconto no preço normal e, nas vendas diretas, cobra o preço integral (sem desconto). A tabela a seguir mostra o número de unidades vendidas no ano passado.

Distribuidor 1	*Distribuidor 2*	*Venda Direta*
10 000 unidades	*12 000 unidades*	*5 000 unidades*

Se a receita total da fábrica no ano passado foi de R$ 1.746.000,00, então o preço normal de um ovo de Páscoa dessa fábrica é:

A) R$ 90,00

B) R$ 95,00

C) R$ 92,00

D) R$ 100,00

E) R$ 85,00

COMENTÁRIOS

A fábrica de ovos de páscoa vende seus produtos por meio de distribuidores e venda direta ao consumidor a preços diferentes.

- Venda direta = X.
- Distribuidor 1 = 0,6X.
- Distribuidor 2 = 0,7X.

O preço normal de cada ovo de páscoa é igual a X, valor para as vendas diretas. Para os distribuidores 1 e 2 as vendas são com desconto de 40% e 30% respectivamente.

Quando aplicados os descontos, o valor de venda é a diferença entre o preço normal e o desconto, para o Distribuidor 1, por exemplo, 100% – 40% = 60% ou 0,6. Por isso chegamos ao preço de venda 0,6X.

O faturamento é resultado do produto das quantidades pelos valores unitários. Como não dispomos do valor normal do produto, inclusive é esse nosso objetivo, partimos do faturamento anual da fábrica para chegar no valor de cada ovo de páscoa.

Distribuidor 1	*Distribuidor 2*	*Venda Direta*
10 000 unidades	*12 000 unidades*	*5 000 unidades*

Acima as quantidades de unidades vendidas apresentadas no enunciado.

Considere:

- F = 1.746.000,00 = Faturamento Anual.
- D1 e D2 = Unidades vendidas aos distribuidores.

Faturamento Anual	(D1 . 0,6X) + (D2 . 0,7X) + (VD . X) = F (10000 . 0,6X)+(12000 . 0,7X)+(5000 . X) = 1746000 6000X + 8400X + 5000X = 1746000
Simplificar (por 1000)	6X + 8,4X + 5X = 1746 19,4X = 1746 X = 1746/19,4 X = 90

Resposta: O preço normal de um ovo de Páscoa da fábrica é R$ 90,00.

Gabarito: A

118. (FCC – Analista Judiciário – Área Judiciária – TRT 16ªR – 2022) Em um grupo de P pessoas, 54% são mulheres e as demais pessoas são homens. Trinta mulheres deixam o grupo e trinta novos homens passam a fazer parte do mesmo. Nesse novo grupo, os homens representam 61%. o valor de P é

A) 200.

B) 220.

C) 240.

D) 250.

E) 260.

COMENTÁRIOS

Temos a seguinte formação do grupo.

Enunciado	Conclusão
Em um grupo de P pessoas, 54% são mulheres e as demais pessoas são homens.	Mulheres (M) = 54% de P = 0,54P Homens (H) = 46% de P = 0,46P

Do grupo original saíram 30 mulheres e entraram 30 homens. A quantidade P não alterou, apenas os percentuais de mulheres e homens.

- Percentual de homens passou a ser de 61%.
- Percentual de mulheres passou a ser de 39%.

As diferenças de percentuais, antes e depois, dos homens e das mulheres correspondem às quantidades alteradas.

30 mulheres equivalem a 15% de P **(54% – 39% = 15%)**	0,15P = 30 P = x

Note que a quantidade de homens alterou na mesma proporção (61% – 46% = 15%) visto serem 30 homens tal qual a quantidade de mulheres.

Resolvendo a proporcionalidade acima chegaremos ao total de pessoas (P) do grupo. Ainda poderíamos usar a proporcionalidade para obter as quantidades separadamente:

- Quantidades de mulheres antes e após as alterações.
- Quantidades de homens antes e após as alterações.

Sigamos com a regra de três.

Pessoas (P) do grupo	0,15x = 30 . 1 x = 30/0,15 x = 200

O grupo é formado por 200 pessoas.

Resposta: O valor de P é 200.

Gabarito: A

119. (FCC – Analista Judiciário – Área Judiciária – TRT 16ªR – 2022) Certo supermercado anunciou a promoção que se vê na foto a seguir:

Esse desconto foi de, aproximadamente,

A) 15%.

B) 1,5%.

C) 0,15%.

D) 0,015%.

E) 0,0015%.

COMENTÁRIOS

Face às alternativas, apesar do percentual, o examinador está simplesmente cobrando a habilidade em fazer a operação básica da matemática: Divisão.

- Valor do Whisky = 189,90
- Valor do desconto = 0,27 (189,90 – 189,63)

Percentual de Desconto (D)	D = 0,27 / 189,90 D = 0,0015

Resposta: O percentual de desconto é de, aproximadamente, 0,0015 ou 0,15%.

Gabarito: C

---

120. (FGV – Técnico Judiciário – Área Administrativa – TRT 16ªR – 2022) Uma jarra está totalmente cheia de suco de laranja. Um quinto do conteúdo da jarra é colocado em uma caneca e o restante é dividido igualmente por 5 xícaras.

Em relação à capacidade total da jarra, o conteúdo colocado em cada xícara corresponde a

A) 20%.

B) 18%.

C) 16%.

D) 15%.

E) 12%.

COMENTÁRIOS

O suco de laranja foi assim distribuído:

Enunciado	Conclusão
Um quinto do conteúdo da jarra é colocado em uma caneca.	1/5 = 0,2 = 20%
O restante é dividido igualmente por 5 xícaras.	80% / 5 = 16%

Resposta: O conteúdo colocado em cada xícara corresponde a 16% da capacidade total da jarra.

Gabarito: C

---

121. (FCC – Analista Judiciário – Área Judiciária – TRT 5ªR – 2022) Na assembleia geral de um clube estavam presentes 60% dos associados. Uma proposta da diretoria foi aprovada por 55% dos presentes. Em relação ao total de associados, o número de votos favoráveis à proposta da diretoria corresponde a

A) 59% do total de associados.

B) 33% do total de associados.

C) 36% do total de associados.

D) 45% do total de associados.

E) 47% do total de associados.

COMENTÁRIOS

Nos casos de porcentagem de porcentagem o resultado final é o produto das partes.

Na assembleia geral de um clube estavam presentes 60% dos associados. Uma proposta da diretoria foi aprovada por 55% dos presentes.

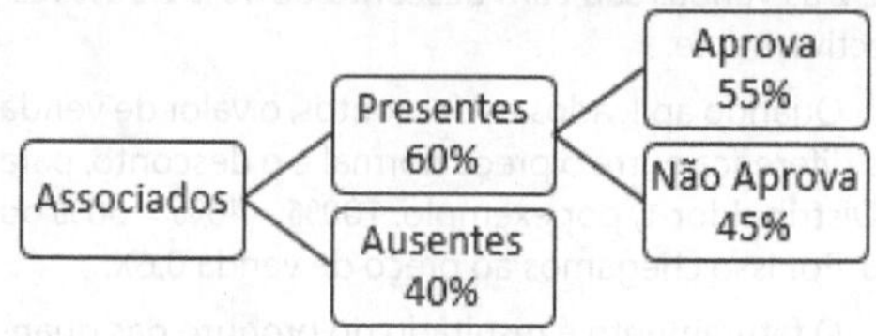

O entendimento é flagrante quando colocamos em fluxograma.

Seguir o fluxo e fazer o produto das partes

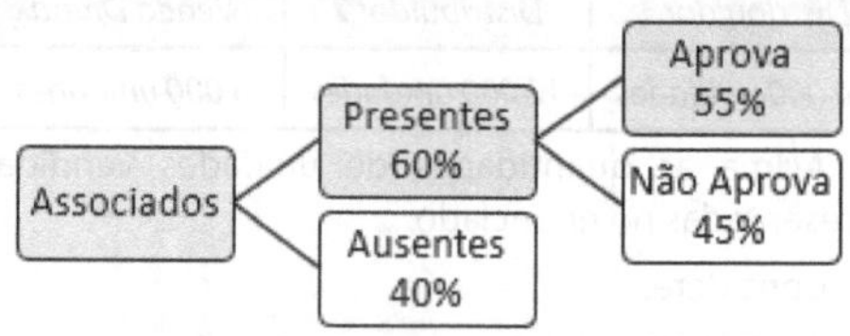

O percentual de associados que votaram pela aprovação da proposta foi de:

Percentual de Aprovação (A)	A = 60% . 55% A = 0,6 . 0,55 A = 0,33

Resposta: Em relação ao total de associados, o número de votos favoráveis à proposta da diretoria corresponde a 0,33 ou 33%.

Gabarito: A

---

122. (FCC – Analista Judiciário – TRT 5ªR – 2022) Em uma prestação de contas registrou-se que foram gastos 35% do total do orçamento na primeira semana, 20% da quantia restante na segunda semana e 25% do que ainda havia em caixa na terceira semana. Após esse último registro, verificou-se que restavam R$ 4.875,00 em caixa. O valor do orçamento inicial era de

A) R$ 10.000,00

B) R$ 12.500,00

C) R$ 14.000,00

D) R$ 15.500,00

E) R$ 17.000,00

COMENTÁRIOS

Percentuais de gastos sucedem-se semana a semana formando um fluxo de gastos.

Em uma prestação de contas registrou-se que foram gastos 35% do total do orçamento na primeira semana.

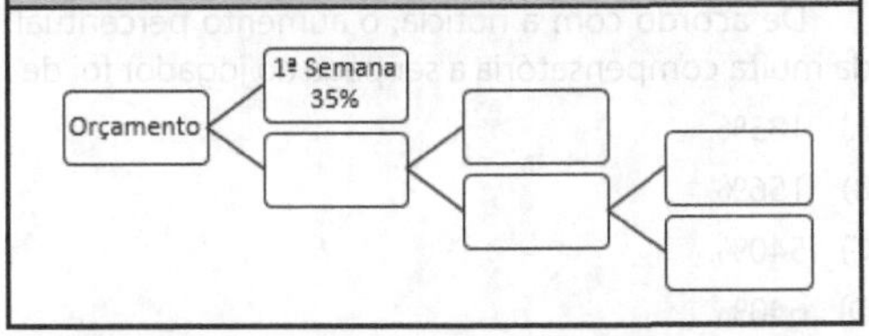

Seguem os gastos na segunda semana.

20% da quantia restante na segunda semana.

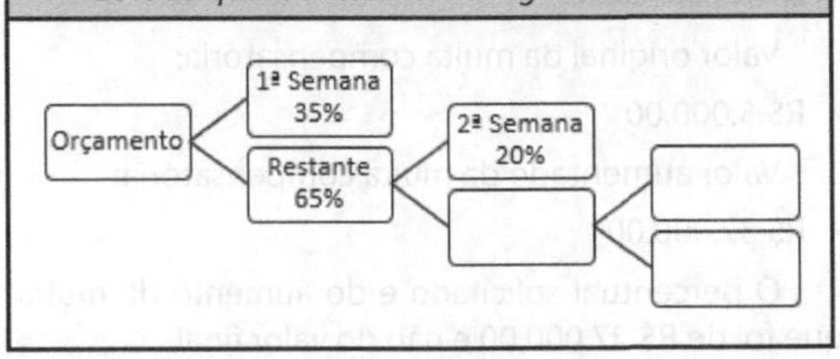

E os gastos na semana seguinte.

25% do que ainda havia em caixa na terceira semana.

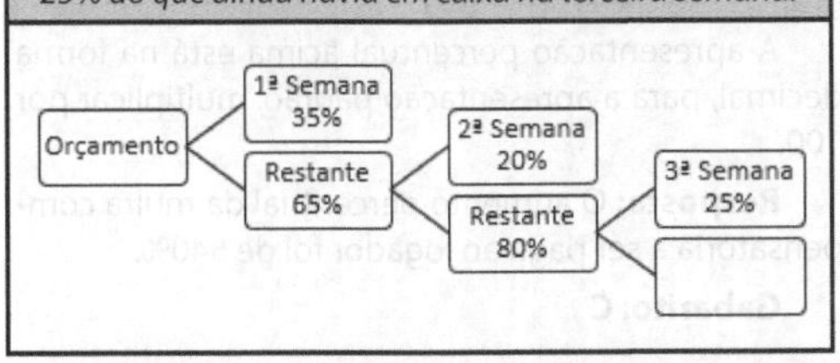

Ainda restou uma sobra em caixa.

Após esse último registro, verificou-se que restavam R$ 4.875,00 em caixa.

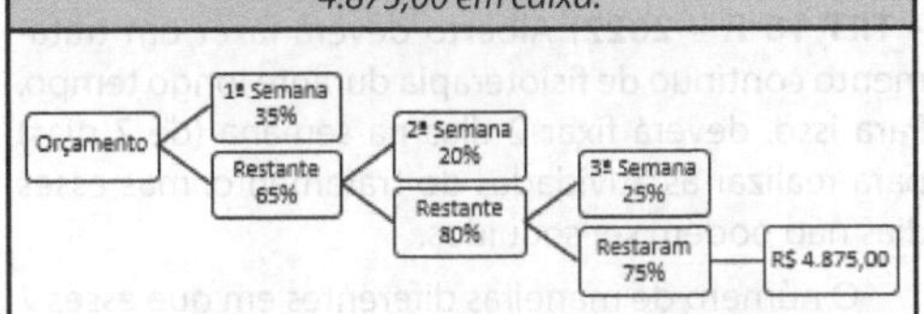

O orçamento inicial é o produto das partes do fluxo até o valor restante, que é a única referência em valor.

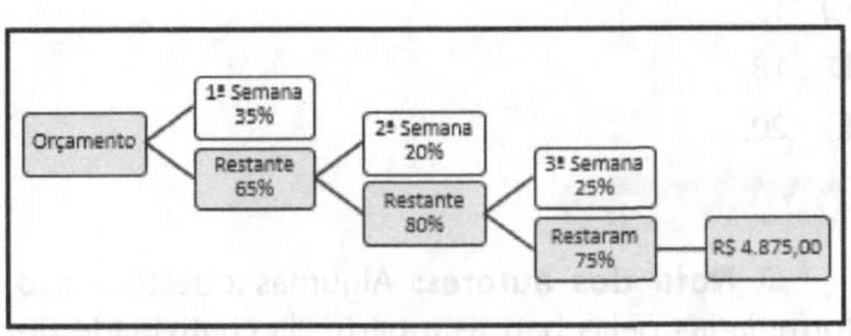

Traduzindo em equação:

Orçamento Inicial (X)	X . 65% . 80% . 75% = 4875 X . 0,65 . 0,8 . 0,75 = 4875 0,39X = 4875 X = 4875/0,39 X = 12500

Resposta: O valor do orçamento inicial era de R$ 12.500,00.

Gabarito: B

123. (FCC – Técnico Judiciário – TRT 5ªR – 2022) Quantidades iguais de soluções de álcool etílico, uma a 70% e outra a 50%, foram misturadas, obtendo uma nova solução. Obteremos uma nova solução e álcool a:

A) 55%

B) 60%

C) 65%

D) 70%

E) 75%

COMENTÁRIOS

Imagine a hipótese em que temos 2 embalagens de 1 litro, sendo uma de solução de álcool etílico a 70% e a outra a 50%.

Ao juntar as duas embalagens passamos a ter 2 litros cujo percentual de álcool etílico passa de:

- 70% em 1 litro para 35% em 2 litros.
- 50% em 1 litro para 25% em 2 litros.

A nova solução passa a 60% de álcool etílico.

O que fizemos nada mais é senão a média aritmética simples entre os percentuais das soluções, 70% e 50%, igual a 60%.

Resposta: Obteremos uma nova solução de álcool a 60%.

Gabarito: B

124. (FCC – Analista Judiciário – TRT 17ªR – 2022) Alberto e mais quatro amigos recebem um salário médio mensal de R$ 6.000,00. A partir do próximo mês apenas Alberto recebeu um aumento de 10% e, com isso, a nova média salarial do grupo passou a ser R$ 6.180,00. O salário de Alberto, em reais, antes do aumento era de

A) 8.900,00

B) 12.000,00

C) 9.900,00

D) 9.000,00

E) 8.000,00

COMENTÁRIOS

O assunto principal é média e, conjuntamente, trabalhamos com percentual.

Inicialmente, temos a média dos salários de Alberto e seus quatro amigos.

Alberto e mais quatro amigos recebem um salário médio mensal de R$ 6.000,00.	(A + 4X)/5 = 6000

Onde:

- A = Salário de Alberto.
- X = Salário dos quatro amigos.

O salário de Alberto foi reajustado o que provocou o aumento da média.

A partir do próximo mês apenas Alberto recebeu um aumento de 10% e, com isso, a nova média salarial do grupo passou a ser R$ 6.180,00.	(1,1A + 4X)/5 = 6180

O salário de Alberto está multiplicado pelo fator 1,1 considerando o aumento percentual de 10% sobre seu salário.

São duas equações, logo, um sistema de equações.

Isolar 4X	(A + 4X)/5 = 6000 A + 4X = 6000 . 5 4X = 30000 – A

Poderíamos isolar apenas a incógnita X, porém, há repetição de 4X na outra equação, essa a razão de manter a constante 4.

Substituir o valor de 4X	(1,1A + 4X)/5 = 6180 (1,1A + 30000 – A)/5 = 6180 0,1A + 30000 = 6180 . 5 0,1A = 30900 – 30000 A = 900 / 0,1 A = 9000

Lembre-se, definimos "A" como sendo o salário inicial de Alberto, portanto, resposta para a questão. Entretanto, o examinador poderia questionar qual o novo salário de Alberto ou mesmo o valor do reajuste.

Resposta: O salário de Alberto antes do aumento era de R$ 9.000,00.

Gabarito: D

125. (FCC – Técnico Judiciário – Área Judiciária – TRT 15ªR – 2018) Em uma situação hipotética, um Tribunal julgou procedente o recurso de um jogador profissional que atua num clube do interior paulista, e manteve o reconhecimento da unicidade contratual no período de 5/8/2013 a 22/9/2015, desconsiderando, assim, a dispensa ocorrida em 27/7/2015. A decisão colegiada também aumentou de R$ 5 mil para R$ 32 mil a multa compensatória a ser paga pelo clube ao jogador, pela dispensa imotivada. (Adaptado de: http://portal.trt15.jus.br/. Acessado em: 29/03/18)

De acordo com a notícia, o aumento percentual da multa compensatória a ser paga ao jogador foi de

A) 185%.

B) 156%.

C) 540%.

D) 640%.

E) 590%.

COMENTÁRIOS

Valor original da multa compensatória:

- R$ 5.000,00

Valor aumentado da multa compensatória:

- R$ 32.000,00

O percentual solicitado é do aumento da multa que foi de R$ 27.000,00 e não do valor final.

Percentual de Aumento (P)	P = 27000 / 5000 P = 5,4

A apresentação percentual acima está na forma decimal, para a apresentação padrão, multiplicar por 100.

Resposta: O aumento percentual da multa compensatória a ser paga ao jogador foi de 540%.

Gabarito: C

6. ANÁLISE COMBINATÓRIA

126. (FCC – Analista Judiciário – Área Judiciária – TRT 16ªR – 2022) Alberto deverá fazer um tratamento contínuo de fisioterapia durante longo tempo. Para isso, deverá fixar 2 dias na semana (de 7 dias) para realizar as atividades do tratamento, mas esses dias não podem ser seguidos.

O número de maneiras diferentes em que esses 2 dias podem ser fixados é igual a

A) 12.

B) 14.

C) 15.

D) 18.

E) 20.

COMENTÁRIOS

✪ **Nota dos autores:** Algumas questões são formuladas pelas bancas a partir da criatividade do examinador e, para algumas delas, até sugerimos a resolução na prática, algo como se nós estivéssemos passando pelo problema em detrimento da utilização de equações ou fórmulas prontas.

Para esta questão, cabe a resolução a ser tratada na prática. Entretanto, é um tema específico, cobrado em provas de concurso e, pode ter certeza, a grande maioria será resolvida por meio de fórmulas (resolução formal).

Nem é preciso lembrar que estamos na fase de estudos, razão pela qual faremos duas resoluções distintas.

Primeiro esquematizando os dias da semana e marcando dois dias para a fisioterapia.

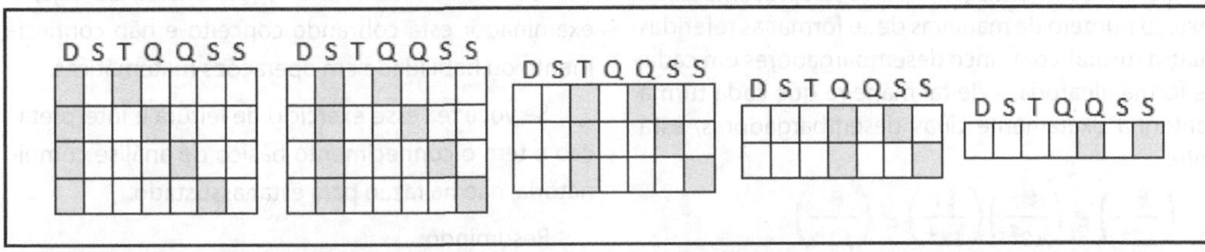

Ou seja, foi reproduzida todas as 14 situações possíveis.

Uma coisa é certa, a quantidade de respostas corretas para a questão provavelmente foi grande, e se você acertar estará nivelado com grande parte dos candidatos. O melhor é estar preparado para questões que cobram mais do concursando aí sim acertar a questão te coloca na frente de muitos.

Por tudo isso, vale aprender e praticar não só a análise combinatória como os demais itens do seu edital.

Agora muita atenção porque o problema requer, mais o entendimento das fases da resolução do que a aplicação propriamente dita da análise combinatória.

A análise geral revela a combinação de dois dias em um total de sete.

Estamos falando de combinação porque a ordem não importa, tanto faz dizer que as fisioterapias serão as segundas e quintas como dizer que serão as quintas e segundas. Começamos, então, pela combinação de 7 elementos tomados 2 a 2.

Combinação de 7 tomado de 2	C(7,2) = (7 . 6) / (1 . 2) C(7,2) = 21

Este número corresponde ao total de possibilidades de combinar dois dias em uma semana de sete dias. Acontece que existe uma restrição, os dias de fisioterapia não podem ser consecutivos.

Calcularemos as possibilidades de dias consecutivos e faremos a subtração do total de possibilidades, igual a 21.

A possibilidade de dias consecutivos é o mesmo que selecionar dois dias e transformá-los e um único dia.

Contar dois dias como se fosse um.	D S T Q Q S S

Por exemplo, terça e quarta é um único dia e a semana passa a ter 6 dias. A combinação de 6 elementos tomado 1 a 1, revela a quantidade de posições que esses dias consecutivos podem ocupar.

Combinação de 6 tomado de 1	C(6,1) = 6 / 1 C(6,1) = 6

Dissemos para prestar atenção nas fases da resolução. Ainda não acabamos.

Nesse formato a quantidade de posições consecutivas não considerou o último dia da semana, sábado, com o primeiro dia da semana seguinte, domingo.

Concluímos que além das 6 possibilidades de dias consecutivos em uma semana, também há necessidade de considerar uma possibilidade a mais, último dia de uma semana com o primeiro da semana seguinte.

Total (T) de possibilidades de Alberto marcar fisioterapia.	T = 21 – 6 – 1 T = 14

Perceberam que a análise combinatória foi mais trabalhosa que o formato "desenho". Agora, imagine se os números da questão fosse maiores, por exemplo 8 dias de fisioterapia em um mês de 30 dias, que tamanho ficaria seu "desenho".

Resposta: O número de maneiras diferentes que Alberto pode marcar a fisioterapia é igual a 14.

Gabarito: B

---

127. (Cespe/Cebraspe – Técnico Judiciário – TRT 8ªR – 2022) Texto

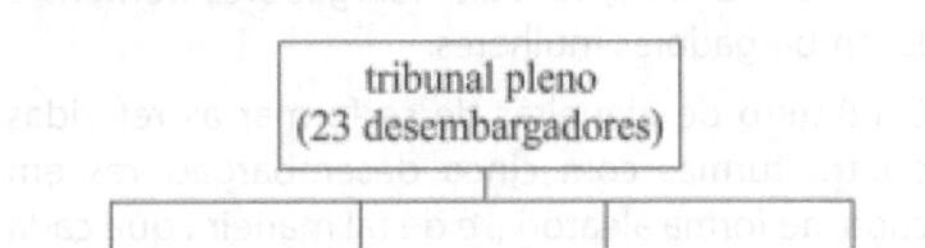

O Tribunal Regional do Trabalho de determinada região é composto de 23 desembargadores, sendo que três são escolhidos como presidente, vice-presidente e corregedor regional e os demais 20 desembargadores são distribuídos em quatro turmas. Dentre esses 20 desembargadores que são distribuídos nas quatro turmas, exatamente 12 são homens.

Com base na situação hipotética apresentada no texto, o número de maneiras de se formar as referidas quatro turmas com cinco desembargadores em cada, de forma aleatória, e de tal maneira que cada turma contenha exatamente duas desembargadoras, está entre

A) $\left(\frac{8!}{12^4}\right) e \left(\frac{8!}{12^8}\right)\left(\frac{8!}{12^4}\right) e \left(\frac{8!}{12^8}\right)$

B) $\left(\frac{8!}{12^8}\right) e \left(\frac{12!}{12^8}\right)\left(\frac{8!}{12^8}\right) e \left(\frac{12!}{12^8}\right)$

C) $\left(\frac{12!}{12^8}\right) e \left(\frac{12!\,8!}{12^8}\right)\left(\frac{12!}{12^8}\right) e \left(\frac{12!\,8!}{12^8}\right)$

D) $\left(\frac{12!\,8!}{12^8}\right) e \left(\frac{(12!)^2\,8!}{12^8}\right)$
$\left(\frac{12!\,8!}{12^8}\right) e \left(\frac{(12!)^2\,8!}{12^8}\right)$

E) $\left(\frac{(12!)^2\,8!}{12^8}\right) e \left(\frac{(12!)^2\,(8!)^2}{12^8}\right)$
$\left(\frac{(12!)^2\,8!}{12^8}\right) e \left(\frac{(12!)^2\,(8!)^2}{12^8}\right)$

COMENTÁRIOS

Assustado?

Deixe o temor de lado e resolva a questão, conforme repetimos diversas vezes, passo a passo.

- O Tribunal Regional do Trabalho de determinada região é composto de 23 desembargadores, sendo que três são escolhidos como presidente, vice-presidente e corregedor regional e os demais 20 desembargadores são distribuídos em quatro turmas.

São 23 desembargadores, porém, o que nos interessa são os 20 a serem distribuídos entre as quatro turmas.

- Dentre esses 20 desembargadores que são distribuídos nas quatro turmas, exatamente 12 são homens.

Muito relevante, 12 desembargadores homens e 8 desembargadoras mulheres.

- O número de maneiras de se formar as referidas quatro turmas com cinco desembargadores em cada, de forma aleatória, e de tal maneira que cada turma contenha exatamente duas desembargadoras

Nosso objetivo é quantificar as possibilidades de montar as quatro turmas atendendo a restrição de que em cada uma delas contenha 3 desembargadores e 2 desembargadoras.

✪ **Nota dos autores:** Acrescenta-se ao exposto o que se observa em relação às alternativas: não são números absolutos, mas sim referências, ou seja, o examinador está cobrando conceito e não conhecimento ou habilidade em operações matemáticas.

Se você fez esse exercício de leitura e interpretação e tem o conhecimento básico de análise combinatória, não há razão para estar assustado.

Resumindo:

- 20 desembargadores: 12 homens e 8 mulheres.
- 4 turmas com 3 homens e 2 mulheres em cada.

Possibilidades para a 1ª Turma	C(12,3) . C(8,2) $\frac{12.11.10}{1.2.3} = \frac{8.7}{1.2}$ $\frac{12.11.\,10.8.7}{12}$

Observações:

1. Trata-se de combinação porque a ordem dos elementos não importa.
2. Possibilidades de 3 desembargadores de um total de 12, logo, C(12,3).
3. Possibilidades de 2 desembargadoras de um total de 8, logo, C(8,2).
4. Cada possibilidade de 3 desembargadores deve combinar com cada uma das possibilidades de 2 desembargadoras, logo, o produto das duas combinações.
5. Conforme estamos acostumados, utilizamos a forma "amigável" para as combinações.

Possibilidades para a 2ª Turma	C(9,3) . C(6,2) $\frac{9.8.7}{1.2.3} = \frac{6.5}{1.2}$ $\frac{9.8.\,7.6.5}{12}$

Observações:

1. Para a 2ª turma restaram 9 desembargadores, logo, C(9,3).
2. Das 8 desembargadoras restaram 6, logo, C(6,2).

Possibilidades para a 3ª Turma	$C(6,3) \cdot C(4,2)$ $\frac{6.5.4}{1.2.3} = \frac{4.3}{1.2}$ $\frac{6.5.4.4.3}{12}$

Para a 4ª turma, uma vez que estamos falando em combinação na qual a ordem não interessa, então, a possibilidade é única e contempla os desembargadores não selecionados para as turmas anteriores.

Ainda é necessário associar as turmas entre si, pois cada formação de uma turma combina com todas as possíveis formações das demais turmas, ou seja, produto entre elas.

Possibilidades de formar as 4 turmas
$\frac{12.11.10.8.7}{12} \cdot \frac{9.8.7.6.5}{12} \cdot \frac{6.5.4.4.3}{12} =$
$\frac{12.11.10.9.8.7.6.5.4.3.4.8.7.6.5}{12^3}$

O denominador está no formato de apresentação semelhante às alternativas. Quanto ao numerador, foi ajustada a ordem para entender que existe o fatorial de 12, basta alterar um algarismo 4 pelo produto 2 por 2.

Possibilidades de formar as 4 turmas	$\frac{12!.2.8.7.6.5}{12^3}$

Pronto, não há necessidade de mais operações, somente comparar com as alternativas.

Alternativa C	Possibilidades para as 4 turmas
$\left(\frac{12!}{12^3}\right)$ e $\left(\frac{12!\ 8!}{12^3}\right)$	$\frac{12!.2.8.7.6.5}{12^3}$

Na representação que encontramos não completam os produtos para formar o fatorial de 8, mas será um valor próximo disso e está exatamente entre os valores representados na alternativa C.

Resposta: O número de diferentes maneiras de formar as 4 turmas está entre $\left(\frac{12!}{12^3}\right)$ e $\left(\frac{12!\ 8!}{12^3}\right)$.

Gabarito: C

128. (Cespe – Técnico Judiciário – Área Administrativa – TRT 8ªR – 2022) Entre seis técnicos judiciários de determinado tribunal, três serão escolhidos para compor uma comissão e os outros três serão designados como suplentes.

Nessa situação hipotética, considerando-se que os seis técnicos judiciários sejam igualmente capazes, a quantidade de maneiras em que a distribuição dos técnicos poderá ser feita é igual a

A) 18.

B) 20.

C) 216.

D) 720.

E) 729.

COMENTÁRIOS

Dados da questão:

- 6 Técnicos
  - o 3 da comissão
  - o 3 suplentes da comissão

A ordem não importa, o que nos leva a aplicar combinação para composição da comissão.

✪ **Nota dos autores:** O detalhe é que não há que se falar em combinação para composição de suplentes, pois para qualquer situação que considere 3 técnicos para a comissão os outros 3 técnicos serão todos suplentes.

Comissão. Combinação de 6 elementos tomados 3 a 3	$C(6,3) = \frac{6.5.4}{1.2.3}$ $C(6,3) = 5.4$ $C(6,3) = 20$

Resposta: Os técnicos poderão ser distribuídos de 20 maneiras distintas para compor a comissão e ou suplência.

Gabarito: B

129. (FCC – Analista Judiciário Oficial Avaliador – TRF 4ªR – 2019) Em um concurso com 5 vagas, os candidatos aprovados serão alocados, cada um, em um dos municípios A, B, C, D ou E. O primeiro colocado foi designado para o município A. O número de possíveis alocações dos outros candidatos aprovados é

A) 120

B) 24

C) 30

D) 6

E) 4

COMENTÁRIOS

Este é um caso que resolvemos por meio da permutação cujas etapas (denominação dada na teoria acima) aqui traduz-se em municípios.

Em um concurso com 5 vagas, os candidatos aprovados serão alocados, cada um, em um dos municípios A, B, C, D ou E.	___ x ___ x ___ x ___ x ___ A B C D E

Definidas as etapas, seguimos com a quantificação de possibilidades para cada uma delas, lembrando que as restrições são tratadas com antecedência.

No caso, a restrição é:

O primeiro colocado foi designado para o município A.	1 x ___ x ___ x ___ x ___ A B C D E

Qualquer dos outros 4 candidatos aprovados podem escolher o município B, após, restam 3 candidatos possíveis para o município C, na escolha para o município D são apenas dois candidatos e, finalmente, 1 candidato para o município E.

Total de possibilidades de cada etapa	1 x 4 x 3 x 2 x 1 A B C D E

O produto das possibilidades individualizadas por etapas é a quantidade total possível para alocar os 5 candidatos nos 5 municípios.

Total (T) de possibilidades	T = 1 . 4 . 3 . 2 . 1 T = 24

Resposta: O número de possíveis alocações dos outros candidatos aprovados é igual a 24.

Gabarito: B

---

130. (FCC – Analista Judiciário – Área Administrativa – TRT 15ªR – 2018) Um condomínio residencial com 12 apartamentos, cada um ocupado com apenas uma pessoa, pretende formar uma comissão para fazer uma auditoria de suas contas. Ficou decidido que essa comissão deve ter 2, 3, 4 ou 5 pessoas. Além disso, há exatamente 6 apartamentos cujos moradores declararam que não desejam participar da comissão; os demais não se opõem à participação. Dessa forma, a quantidade de possibilidades para a composição dessa comissão é

A) 56.

B) 120.

C) 15.

D) 84.

E) 67.

COMENTÁRIOS

✪ **Nota dos autores:** O problema reporta-se à análise combinatória e, como estamos falando de comissão, entendemos que a ordem dos componentes do grupo não importa, por essa razão, o caminho será a combinação.

- Um condomínio residencial com 12 apartamentos, cada um ocupado com apenas uma pessoa, pretende formar uma comissão para fazer uma auditoria de suas contas (...) Além disso, há exatamente 6 apartamentos cujos moradores declararam que não desejam participar da comissão.

Logo, partimos de 6 elementos para formar as comissões.

- Ficou decidido que essa comissão deve ter 2, 3, 4 ou 5 pessoas.

Implica dizer que serão quatro combinações.

Combinação de 6 tomados 2 a 2	C(6,2) = (6 . 5) / (1 . 2) C(6,2) = 15

Apesar da não necessidade do algarismo 1 no denominador da fração, ele está lá para seguir a regra fácil de resolver combinação (veja detalhes no item DICAS).

Combinação de 6 tomados 3 a 3	C(6,3) = (6 . 5 . 4) / (1 . 2 . 3) C(6,2) = 20
Combinação de 6 tomados 4 a 4	C(6,4) = (6 . 5) / (1 . 2) C(6,4) = 15
Combinação de 6 tomados 5 a 5	C(6,5) = 6 / 1 C(6,5) = 6

Uma vez que a comissão pode ser formada por um número variável de participantes, de 2 a 5, somamos as quantidades de cada uma dessas possibilidades.

Resposta: A quantidade de possibilidades para a composição dessa comissão (15 + 20 + 15 + 6) é igual a 56.

Gabarito: A

7. PROBABILIDADE

---

131. (FGV – Analista Judiciário – TRT 16ªR – 2022) Na sala 1 há 12 alunos do sexo masculino e 8 do feminino; na sala 2 há 10 alunos do sexo masculino e 9 do feminino. Um aluno da sala 1 é aleatoriamente escolhido e conduzido à sala 2. Em seguida, um aluno da sala 2, já com o sorteado na sala 1 incluído, é aleatoriamente escolhido. A probabilidade de que o aluno sorteado na sala 2 seja do sexo feminino é igual a

A) 0,42.

B) 0,47.

C) 0,50.

D) 0,53.

E) 0,55.

COMENTÁRIOS

Para chegar na probabilidade solicitada, antes analisaremos a probabilidade da retirada de um aluno da primeira sala.

Como são dois momentos de probabilidade, o esquema vai demostrar com mais precisão a nossa explicação sobre o roteiro da resolução.

Sabemos que:

- Sala 1
  - o 12 Homens
  - o 8 Mulheres
- Sala 2
  - o 10 Homens
  - o 9 Mulheres

A questão propõe:

- Um aluno da sala 1 é aleatoriamente escolhido e conduzido à sala 2.

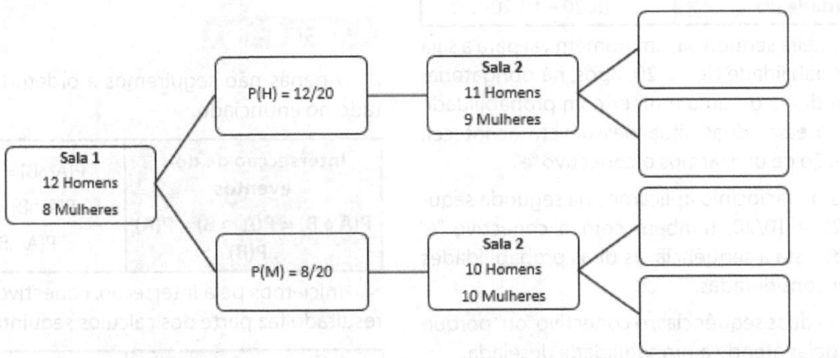

A retirada de um aluno aleatoriamente da sala um tanto pode ser um homem como uma mulher e as probabilidades, 12/20 e 8/20, respectivamente.

O esquema detalha as duas situações e como estaria composta a sala 2 em cada uma delas.

Outra retirada aleatória, agora da sala 2.

- Em seguida, um aluno da sala 2, já com o sorteado na sala 1 incluído, é aleatoriamente escolhido.

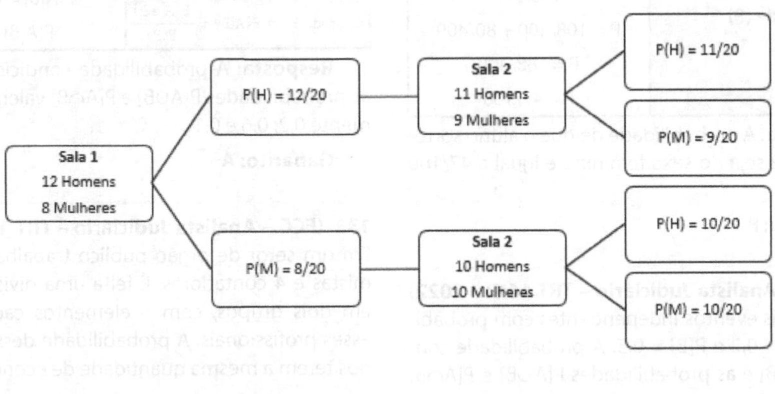

O esquema está completo com a segunda escolha aleatória de um aluno. Precisamos da probabilidade de que, na segunda escolha, seja uma aluna (mulher).

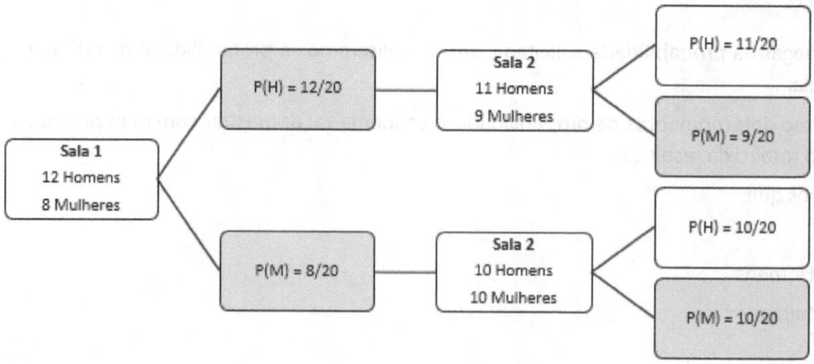

Vamos interpretar as sequências marcadas, a escolha aleatória inicial e que seja uma mulher na segunda escolha, como:

Equação para a Probabilidade (P)	P = (12/20 e 9/20) ou (8/20 e 10/20)

Na primeira sequência, um homem vai para a sala 2 com probabilidade de 12/20, após, há obrigatoriamente a retirada de uma mulher com probabilidade 9/20. Então essas duas situações devem acontecer, está é a razão de utilizarmos o conectivo "e".

O mesmo raciocínio aplicamos na segunda sequência, 8/20 e 10/20, também com o conectivo "e" pois, sendo esta a sequência, as duas probabilidades devem ser consideradas.

Entre as duas sequências, o conectivo "ou" porque qualquer delas atende a probabilidade desejada.

Pela regra:

- e = Multiplicação.
- ou = Adição.

Equação para a Probabilidade (P)	P = (12/20 e 9/20) ou (8/20 e 10/20) P = (12/20 . 9/20) + (8/20 . 10/20) P = 108/400 + 80/400 P = 188/400 P = 47/100

Resposta: A probabilidade de que o aluno sorteado na sala 2 seja do sexo feminino é igual a 47/100 ou 47%.

Gabarito: B

132. (FGV – Analista Judiciário – TRT 16ªR – 2022) A e B são dois eventos independentes com probabilidades P[A] = 0,2 e P[B] = 0,5. A probabilidade condicional P[A|B] e as probabilidades P[A∪B] e P[A∩B] valem respectivamente

A) 0,2; 0,6; 0,1.

B) 0,1; 0,6; 0,2.

C) 0,2; 0,3; 0,1.

D) 0,2; 0,5; 0,1.

E) 0,1; 0,6; 0,1.

COMENTÁRIOS

Apenas não seguiremos a ordem tal qual solicitado no enunciado.

Intersecção de dois eventos **P(A e B) = P(A ∩ B) = P(A) . P(B)**	P[A∩B] = P[A] . P[B] P[A∩B] = 0,2 . 0,5 P[A∩B] = 0,1

Iniciamos pela interseção, conectivo "e", porque o resultado faz parte dos cálculos seguintes.

União de dois eventos **P(A ou B) = P(A ∪ B) = P(A) + P(B) – P(A e B)**	P[A∪B] = P[A] + P[B] – P[A∩B] P[A∪B] = 0,2 + 0,5 – 0,1 P[A∪B] = 0,6

Por fim, a probabilidade condicional.

Probabilidade Condicional $P(A \text{ dado } B) = P(A\|B) = \frac{P(A \text{ e } B)}{P(B)}$	P[A|B] = P[A∩B] / P[B] P[A|B] = 0,1 / 0,5 P[A|B] = 0,2

Resposta: A probabilidade condicional P[A|B] e as probabilidades P[A∪B] e P[A∩B] valem respectivamente 0,2; 0,6 e 0,1.

Gabarito: A

133. (FCC – Analista Judiciário – TRT 17ªR – 2022) Em um setor de órgão público trabalham 6 economistas e 4 contadores. É feita uma divisão aleatória em dois grupos, com 5 elementos cada um, com esses profissionais. A probabilidade desses dois grupos terem a mesma quantidade de economistas é de

A) 3/5

B) 4/7

C) 1/2

D) 2/3

E) 10/21

COMENTÁRIOS

Os profissionais de determinado setor serão divididos em dois grupos e nos foi solicitada a probabilidade de que cada grupo tenha a mesma quantidade de economistas.

✪ **Nota dos autores:** É importante saber o que é pedido quando o assunto é probabilidade, porque é exatamente esta informação vai compor a fórmula da probabilidade (numerador da razão).

Sabendo o número que buscamos, vejamos os dados da questão.

- Servidores públicos:
  - o 6 Economistas e
  - o 4 Contadores.

Para montar um grupo com 5 servidores sendo 3 economistas e 2 contadores (a ordem não importa) trabalhamos com a combinação.

Número de Grupos possíveis com 3 economistas.	$C(6{,}3) = \frac{6\,.\,5\,.\,4}{1\,.\,2\,.\,3}$ $C(6{,}3) = 5\,.\,4$ $C(6{,}3) = 20$
Número de Grupos possíveis com 2 contadores.	$C(4{,}2) = \frac{4\,.\,3}{1\,.\,2}$ $C(4{,}2) = 2\,.\,3$ $C(4{,}2) = 6$

Uma vez que cada possibilidade de 3 economistas combina cada uma das possibilidades de 2 contadores, cabe p produto de ambos. O total de possibilidades de interesse é: 20 . 6 = 120.

E para o total de possibilidades dos grupos, faremos a combinação de 10 servidores tomados 5 a 5.

Total de possibilidade de formar grupos com 5 servidores	$C(10{,}5) = \frac{10\,.\,9\,.\,8\,.\,7\,.\,6}{1\,.\,2\,.\,3\,.\,4\,.\,5}$ $C(10{,}5) = 9\,.\,2\,.\,7\,.\,2$ $C(10{,}5) = 252$

Seguimos com o cálculo da probabilidade propriamente dita.

Probabilidade (P)	$P = \frac{C(6{,}3)\,.\,C(4{,}2)}{C(10{,}5)}$ $P = \frac{120}{252}$ $P = \frac{10}{21}$

Resposta: A probabilidade desses dois grupos terem 3 economistas cada é de 10/21.

Gabarito: E

134. (FGV – Analista Judiciário – TRT 13ªR – 2022) Numa empresa há seis gerentes e quatro superintendentes. Se quatro dessas pessoas forem selecionadas ao acaso para formar uma comissão de quatro membros, a probabilidade de que dois gerentes e dois superintendentes sejam escolhidos é aproximadamente igual a

A) 0,43.

B) 0,50.

C) 0,54.

D) 0,59.

E) 0,63.

COMENTÁRIOS

O enunciado da questão divide-se em três partes, a primeira são dados sobre a empresa.

Numa empresa há seis gerentes e quatro superintendentes.	6 gerentes 4 superintendentes

A segunda parte comunica a formação de uma comissão.

Se quatro dessas pessoas forem selecionadas ao acaso para formar uma comissão de quatro membros	Seleção aleatória de 4 pessoas

Finaliza questionando sobre probabilidade.

A probabilidade de que dois gerentes e dois superintendentes sejam escolhidos	Escolha de 2 gerentes e 2 superintendentes.

Para a probabilidade necessitamos do número total de possibilidades de formar a comissão de 4 pessoas e em quantas dessas possibilidades estarão presentes exatamente 2 gerentes e 2 superintendentes.

Para o total de possibilidades, uma combinação visto que a ordem não importa, de 10 elementos tomados 4 a 4.

Total de possibilidade de formar comissão com 4 pessoas	$C(10{,}4) = \frac{10\,.\,9\,.\,8\,.\,7}{1\,.\,2\,.\,3\,.\,4}$ $C(10{,}4) = 5\,.\,3\,.\,2\,.\,7$ $C(10{,}4) = 210$

Para as possíveis participações de 2 gerentes e 2 superintendentes, o produto da combinação de ambas.

Comissões possíveis com 2 gerentes.	$C(6,2) = \frac{6 . 5}{1 . 2}$ $C(6,2) = 15$
Comissões possíveis com 2 superintendentes.	$C(4,2) = \frac{4 . 3}{1 . 2}$ $C(4,2) = 6$

Conhecidas as quantidades de comissões possíveis e desejáveis, passamos à probabilidade.

Probabilidade (P)	$P = \frac{C(6,2) . C(4,2)}{C(10,4)}$ $P = \frac{15 . 6}{210}$ $P = \frac{3}{7}$ $P = 0,428$

Resposta: A probabilidade de que dois gerentes e dois superintendentes sejam escolhidos é aproximadamente igual a 0,43 ou 43%.

Gabarito: A

---

135. (FGV – Analista Judiciário – TRT 13ªR – 2022) Se escolhemos ao acaso um número de três algarismos, a probabilidade de que seus três algarismos sejam distintos é igual a

A) 46%.

B) 50%.

C) 60%.

D) 72%.

E) 78%.

COMENTÁRIOS

Utilizamos o princípio fundamental da contagem para a quantidade de números com 3 algarismos.

Número total (T) de três algarismos	$\underline{9} \times \underline{10} \times \underline{10}$	T = 9 . 10 . 10 T = 900

Para a primeira posição não foi considerado o zero, apenas os algarismos de 1 a 9.

Agora a contagem de possibilidades com números distintos (sem repetição).

Número de três algarismos distintos (D)	$\underline{9} \times \underline{9} \times \underline{8}$	D = 9 . 9 . 8 D = 648

Observações:

- Posição das centenas: Algarismos de 1 a 9, excluído o zero. São 9 possibilidades.
- Posição das dezenas: Acrescenta-se o zero e exclui uma unidade para não repetir o algarismo selecionado para a centena. São 9 possibilidades.
- Posição das unidades. Exclui duas unidades para não repetir os algarismos selecionados para a centena e para a dezena. São 8 possibilidades.

Segue a probabilidade.

Probabilidade (P)	$P = \frac{\text{Números Distintos}}{\text{Total de Possibilidades}}$ $P = \frac{648}{900}$ $P = \frac{54}{75}$ $P = 0,72$

Resposta: A probabilidade de escolher um número com três algarismos distintos é igual a 0,72 ou 72%.

Gabarito: D

---

136. (FCC – Analista Judiciário – TRT 23ªR – 2022) Uma ação na Bolsa de Valores pode, em determinado dia de pregão (negociação), ter variação positiva ou negativa, exclusivamente. Suponha que nunca ocorre variação negativa em dois pregões sucessivos, mas se em certo pregão houve variação positiva, no pregão seguinte a probabilidade de variação positiva é igual à de ser negativa. Em uma semana sem feriados ou suspensão de negociações na Bolsa, houve variação negativa na segunda-feira. A probabilidade de ocorrer variação positiva na quinta-feira é

A) 1/4

B) 2/3

C) 3/4

D) 3/5

E) 1/3

COMENTÁRIOS

O problema limita as variações dos pregões da Bolsa de Valores em positiva e negativa, além disso, sugere não haver variações negativas em dias consecutivos e que, após variação positiva, as chances são iguais de nova variação positiva ou negativa.

Estabelecidas as premissas, entramos no problema proposto.

- *Em uma semana sem feriados ou suspensão de negociações na Bolsa, houve variação negativa na segunda-feira. A probabilidade de ocorrer variação positiva na quinta-feira é*

Dada as características do problema, o esquema é um bom caminho.

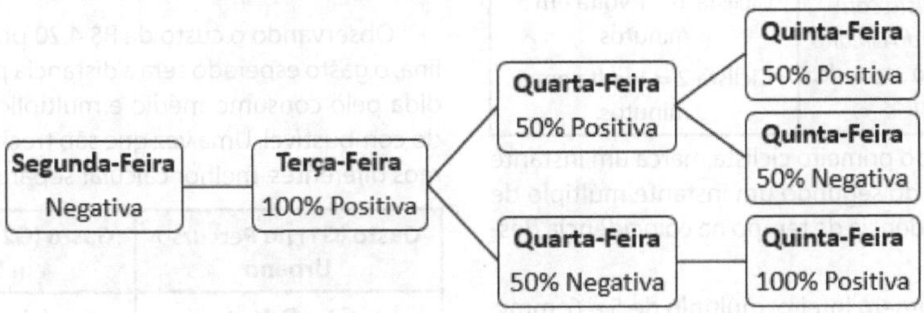

São duas as situações quando, na quinta-feira, a Bolsa de Valores apresenta variação positiva.

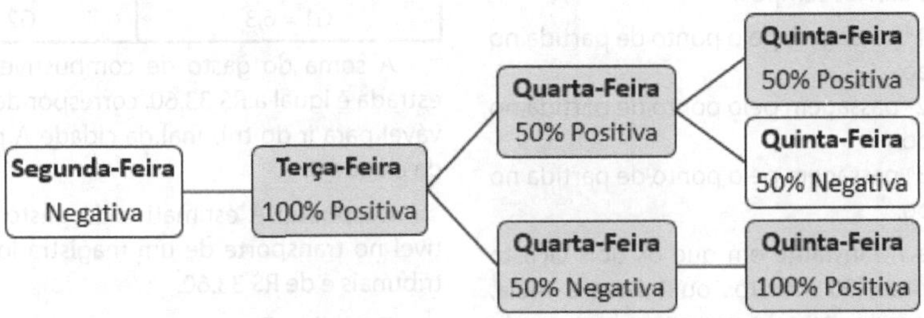

O que se reflete na equação considerando a regra do "e" e do "ou". Lembrando que "e" interpretamos como multiplicação e "ou" como adição.

Equação para a Probabilidade (P)	P = (100% e 50% e 50%) ou (100% e 50% e 100%) P = (1 0,5 . 0,5) + (1 0,5 e 1) P = 0,25 + 0,5 P = 0,75

Resposta: A probabilidade de ocorrer variação positiva na quinta-feira é igual a 0,75 ou 75% ou 3/4.

Gabarito: C

8. VELOCIDADE

137. (FCC – Técnico Judiciário – TRT 5ªR – 2022) Dois ciclistas partem de um mesmo ponto para percorrer o mesmo circuito. O primeiro ciclista completa uma volta do circuito em 5 minutos e o segundo, em 6 minutos. Se eles derem voltas no circuito durante 1 hora e meia, passarão pelo ponto de partida ao mesmo tempo somente

A) uma vez.

B) duas vezes.

C) três vezes.

D) quatro vezes.

E) cinco vezes.

COMENTÁRIOS

Apesar de a questão tratar de movimento e tempo, a resolução está centrada no mínimo múltiplo comum.

Os dois ciclistas partem do mesmo ponto no mesmo instante.

O primeiro ciclista completa uma volta do circuito em 5 minutos e o segundo, em 6 minutos.	Ciclista 1 = 1 volta em 5 minutos Ciclista 2 = 1 volta em 6 minutos

Cada volta do primeiro ciclista marca um instante múltiplo de 5 e do segundo um instante múltiplo de 6. Haverá coincidência de tempo na coincidência desses múltiplos.

O menor número inteiro, múltiplo de 5 e 6, mmc, é igual a 30. Portanto, a cada 30 minutos os ciclistas passam pelo ponto de partida ao mesmo tempo.

Após a partida, nos tempos:

- 30 minutos: 1ª passagem pelo ponto de partida no mesmo tempo.
- 60 minutos: 2ª passagem pelo ponto de partida no mesmo tempo.
- 90 minutos: 3ª passagem pelo ponto de partida no mesmo tempo.

Exatamente no instante em que os dois ciclista encerram as voltas, 90 minutos ou 1 hora e meia, estarão completando a terceira passagem juntos pelo ponto inicial.

Resposta: Em 1 hora e meia, passarão 3 vezes pelo ponto de partida ao mesmo tempo.

Gabarito: C

---

138. (FCC – Técnico Judiciário Área Administrativa – TRT 15ªR – 2019) O consumo de combustível de um veículo utilizado no transporte de magistrados é de 8 km por litro de gasolina em uso urbano, e de 12 km por litro de gasolina com uso em estrada. No percurso entre os tribunais das cidades A e B, que estão a 90 km um do outro, 12 km são de trecho urbano e o restante é de trecho em estrada. Ao custo de R$ 4,20 por litro de gasolina, uma boa estimativa do gasto com combustível no transporte de um magistrado entre esses dois tribunais é de

A) R$ 44,10.

B) R$ 37,80.

C) R$ 31,50.

D) R$ 39,90.

E) R$ 33,60.

COMENTÁRIOS

Consumo do veículo:

Uso Urbano	Uso em Estrada
8 km por litro de gasolina	12 km por litro de gasolina

O percurso entre as cidades A e B, que estão a 90 km um do outro:

- 12 km são de trecho urbano.
- 78 km são de trecho em estrada.

Observando o custo de R$ 4,20 por litro de gasolina, o gasto esperado será a distância percorrida, dividida pelo consumo médio e multiplicado pelo valor do combustível. Uma vez que são trechos com consumos diferentes, melhor calcular separadamente.

Gasto (G1) no Percurso Urbano	Gasto (G2) no Percurso em Estrada
G1 = D/M . $ G1 = 12/8 . 4,2 G1 = 1,5 . 4,2 G1 = 6,3	G1 = D/M . $ G1 = 78/12 . 4,2 G2 = 6,5 . 4,2 G2 = 27,3

A soma do gasto de combustível urbano e na estrada é igual a R$ 33,60, corresponde ao gasto provável para ir do tribunal da cidade A para o tribunal da cidade B.

Resposta: A estimativa do gasto com combustível no transporte de um magistrado entre os dois tribunais é de R$ 33,60.

Gabarito: E

---

139. (FCC – Técnico Judiciário – TRT 24ªR – 2017) Uma avenida que possui 7 km de extensão teve o seu limite máximo de velocidade alterado de 50 km/h para 60 km/h. Levando-se em consideração apenas a extensão da avenida e veículos trafegando nas velocidades máximas permitidas, com a alteração do limite máximo permitido de velocidade, o tempo para percorrer a extensão total da avenida diminuiu em

A) 2 minutos e 45 segundos.

B) minuto e 8 segundos.

C) 1 minuto e 40 segundos.

D) 2 minutos e 40 segundos.

E) 1 minuto e 24 segundos.

COMENTÁRIOS

A fórmula para velocidade é essencial e suficiente para a resolução do problema proposto pela FCC.

Velocidade	V = D/t

Onde:

- V = Velocidade.
- D = Distância.
- t = Tempo.

Considerando as velocidades da avenida, a anterior de 50 km/h e a atual de 60 km/h, bem como a distância percorrida, basta inseri-las na fórmula.

Tempo para a velocidade de 50 km/h	Tempo para a velocidade de 60 km/h
V = D / t 50 = 7 / t t = 7 / 50	V = D / t 60 = 7 / t t = 7 / 60

Aqui é importante uma pausa na resolução para um comentário sobre operações em relação a tempo.

Observe que a operação "t = 7 / 50" tem como resultado o valor 0,14. Tal valor e dado em horas e, para a continuidade da questão, deve ser convertido em minutos (multiplicar por 60) e segundos (multiplicar por 60).

Minutos: Multiplicar o valor decimal por 60.	Min = 0,14 . 60 Min = 8,4

A parte inteira são os minutos e o decimal converte-se em segundos.

Segundos: Multiplicados o valor decimal por 60.	Seg = 0,4 . 60 Seg = 24

Pronto calculamos os segundos e temos o tempo gasto: 8 minutos e 24 segundos.

Repetimos a operação para 60 km/h (nova velocidade máxima da avenida).

Tempo para velocidade de 60 km/h	t = 7 / 60 t = 0,11667
Multiplicar a parte decimal para calcular os minutos	Min = 0,11667 . 60 Min = 7

Portanto, o tempo gasto para o percurso era de 8 minutos e 24 segundos e passou a ser transposto em 7 minutos.

Resposta: O tempo para percorrer a extensão total da avenida diminuiu em 1 minuto e 24 segundos.

Gabarito: E

140. (FCC – Técnico Judiciário – TRT 11ªR – 2017) Um ciclista cumpriu seu trajeto de treinamento com uma velocidade média de 20 km/h e um tempo de 6 horas e 24 minutos. No dia seguinte, ao voltar, o ciclista cumpriu o mesmo trajeto em exatamente 8 horas. Nesse dia sua velocidade média caiu, em relação ao treinamento do dia anterior, um valor igual a

A) 7 km/h.

B) 4 km/h.

C) 6 km/h.

D) 1,5 km/h.

E) 3 km/h.

COMENTÁRIOS

Primeiro trajeto do ciclista.

- *Um ciclista cumpriu seu trajeto de treinamento com uma velocidade média de 20 km/h e um tempo de 6 horas e 24 minutos.*

São conhecidos a velocidade e o tempo. Cabe a nós calcular a distância.

Atenção para o detalhe das unidades de medidas distintas, horas e minutos. Muita atenção porque isso é recorrente.

Para contornar o problema, transformamos os 24 minutos em horas, ou 24/60 = 0,4. Logo, o tempo gasto pelo ciclista para completar o trajeto foi de 6,4 horas.

Distância do trajeto	V = D/t D = V . t D = 20 . 6,4 D = 128

Conhecida a distância do percurso, avançamos para o segundo trajeto.

- *No dia seguinte, ao voltar, o ciclista cumpriu o mesmo trajeto em exatamente 8 horas.*

Velocidade média no segundo trajeto	V = D/t V = 128/8 V = 16

O ciclista cumpriu o trajeto, no segundo dia, com velocidade média de 16 km por hora.

Resposta: Nesse dia sua velocidade média caiu em 4 km por hora em relação ao treinamento do dia anterior.

Gabarito: B

9. PROBLEMAS MATEMÁTICOS

141. (FCC – Técnico Judiciário – TRT 18ªR – 2023) Em uma eleição para a direção do Centro Acadêmico, os 5 candidatos obtiveram números distintos de votos. De um total de 36 votos, o candidato vencedor teve 12 votos e o candidato que recebeu menos votos teve 4. O número de votos do candidato que ficou em segundo lugar foi

A) 9 ou 10

B) 8

C) 10

D) 7 ou 8

E) 8 ou 9

COMENTÁRIOS

✪ **Nota dos autores:** A questão não traz nada de muito elaborado, colhendo os dados do enunciado e atendendo as restrições impostas, a resolução surge com naturalidade e chegamos à resposta sem grandes problemas.

Enunciado	Observação
Em uma eleição para a direção do Centro Acadêmico, os 5 candidatos obtiveram números distintos de votos.	5 candidatos Número distintos de votos

Nada de relevante por ora, apenas dados.

Enunciado	Observação
De um total de 36 votos, o candidato vencedor teve 12 votos e o candidato que recebeu menos votos teve 4.	Total = 36 votos Vencedor = 12 votos Menos votos = 4 votos

Fazendo uma conta simples, de 36 subtraindo os votos que foram para o vencedor, 12, e aqueles que foram para o último colocado, 4, restam 20 votos.

Sem problemas até aí não é mesmo?

Esses 20 votos restantes são divididos entre os candidatos que ficaram com a segunda, a terceira e quarta colocação. Para estas posições e lembrando da restrição de que os números de votos são distintos, cabem as duas hipóteses.

Lembre-se, também, que estas posições intermediárias receberam mais votos que o menos votado e menos votos que o mais votado.

Hipótese 1	Hipótese 2
1º colocado = 12 votos	1º colocado = 12 votos
2º colocado = 9 votos	**2º colocado = 8 votos**
3º colocado = 6 votos	3º colocado = 7 votos
4º colocado = 5 votos	4º colocado = 5 votos
5º colocado = 4 votos	5º colocado = 4 votos

Para distribuir 20 votos nas posições intermediárias, sem repetição, são possíveis apenas as duas situações acima.

Resposta: O número de votos do candidato que ficou em segundo lugar foi 8 ou 9 votos.

Gabarito: E

---

142. (FCC – Analista Judiciário – Área Administrativa– TRT 18ªR – 2023) Em um condomínio, as casas são numeradas com números de 4 algarismos. Os dois primeiros identificam a rua e os demais, a casa. Por exemplo, 0315 é o número da casa 15 que fica na rua 03. A numeração das ruas é sequencial, começando com a rua 01, e, em cada rua, a numeração das casas é sequencial, começando com a casa 01. Na rua principal, que é também a rua 01, há 30 casas e nas demais ruas há 20 casas em cada uma. Se o condomínio tem, ao todo, 20 ruas, o número de algarismos 3 necessários para numerar todas as casas é

A) 82

B) 80

C) 92

D) 90

E) 100

COMENTÁRIOS

O texto é quase que em sua íntegra a explicação da forma como as casas são numeradas. As informações a serem consideradas são:

- Rua 01 tem 30 casas.
- Demais ruas têm 20 casas cada.
- São 20 ruas no total.

Vamos separar as numerações de ruas e de casas e começamos pelas ruas.

Ruas	Algarismo 3	Quantidade de 3 das Ruas
01, 02, 03, ..., 13, ..., 20	03 e 13 Cada um repete-se 20 vezes	Algarismos = 20 . 2 Algarismos = 40

Acima são os dois primeiros algarismos da numeração das casas que identificam as ruas. A seguir, os dois últimos algarismos que identificam as casas.

A primeira rua tem 30 casas.

Rua 01	Algarismo 3	Quantidade de 3 das Casas
01, 02, 03, ..., 13, ..., 23, , 30	03, 13, 23 e 30	Algarismos = 4

As outras 19 ruas têm 20 casas cada.

Rua 02 a 19	Algarismo 3	Quantidade de 3 das Casas
01, 02, 03, ..., 13, ..., 20	03 e 13 Cada um repete-se 19 vezes	Algarismos = 19 . 2 Algarismos = 38

Resposta: São necessários 82 algarismos 3 para numerar todas as casas.

Gabarito: A

---

143. (FCC – Analista Judiciário – Área Judiciária – TRT 12ªR –2023) Uma pesquisa sobre preferência entre três canais de TV a cabo, A, B e C, foi feita com 400 respondentes. Dos participantes da pesquisa,

30% eram do sexo feminino. O canal A é preferido por 35% dos homens e o canal B é preferido por metade dos homens. O canal A recebeu 35% dos votos femininos. Entre as mulheres, o canal B obteve 10 votos a mais do que o canal C. Nessa pesquisa, a ordem de preferência dos canais pesquisados, do mais preferido ao menos preferido, é

A) A C, B.

B) A, B, C.

C) B, A, C.

D) B, C, A.

E) C, B, A.

COMENTÁRIOS

Temos aqui o cruzamento de duas informações: canais da TV a cabo e sexo das pessoas entrevistadas. Esse tipo de questão nos remete à análise por meio de tabela com cruzamento de linhas e colunas.

- *Uma pesquisa sobre preferência entre três canais de TV a cabo, A, B e C, foi feita com 400 respondentes. Dos participantes da pesquisa, 30% eram do sexo feminino.*

Separamos um primeiro trecho para formatação da tabela, inclusive, considerando a quantidade de participantes do sexo feminino, correspondente a 30%, e consequentemente a quantidade de participantes do sexo masculino.

	Feminino	Masculino	Total
Canal A			
Canal B			
Canal C			
Total	30% = 120	70% = 280	400

A sequência do texto informa:

- *O canal A é preferido por 35% dos homens e o canal B é preferido por metade dos homens. O canal A recebeu 35% dos votos femininos.*

	Feminino	Masculino	Total
Canal A	35% = 42	35% = 98	
Canal B		50% = 140	
Canal C			
Total	30% = 120	70% = 280	400

- *Entre as mulheres, o canal B obteve 10 votos a mais do que o canal C.*

Dos 120 participantes do sexo feminino, 42 preferem o canal A, restando outras 78 mulheres. Uma vez que o canal B obteve 10 votos a mais que C, dividimos 72 por 2, acrescentamos 5 unidades para B e subtraímos 5 unidades para C.

	Feminino	Masculino	Total
Canal A	35% = 42	35% = 98	
Canal B	44	50% = 140	
Canal C	34		
Total	30% = 120	70% = 280	400

Preenchemos a coluna das preferências masculinas.

	Feminino	Masculino	Total
Canal A	35% = 42	35% = 98	140
Canal B	44	50% = 140	184
Canal C	34	42	76
Total	30% = 120	70% = 280	400

Resposta: A ordem de preferência dos canais pesquisados, do mais preferido ao menos preferido, é Canal B, Canal A e Canal C.

Gabarito: C

---

144. (FCC – Analista Judiciário – Área Judiciária – TRT 12ªR –2023) Os convites para uma festa de formatura são numerados com quatro algarismos. Os dois primeiros identificam o formando e os demais algarismos identificam cada convidado do formando. Por exemplo, 0315 é o 15º convite adquirido pelo formando 03. Se há 20 formandos e cada um vai adquirir, pelo menos, 1 convite e, no máximo, 20 convites, o número máximo de algarismos 4 que serão impressos será

A) 36

B) 40

C) 48

D) 44

E) 32

COMENTÁRIOS

A numeração dos convites de formatura segue a seguinte regra:

- *Os dois primeiros (algarismos) identificam o formando e os demais algarismos identificam cada convidado do formando.*

Para contagem, serão utilizados 4 algarismos. Sendo 20 formandos e o número máximo de convidados por formando é, também, igual a 20. Consideramos inicialmente dois grandes grupos: Formandos e convidados para fazermos a contagem de algarismos 4.

<u>Primeiro grupo</u>: Formandos. São os dois primeiros algarismos dos números dos convites, imaginando a quantidade máxima de convidados.

Quantidade de algarismos 4 relacionados aos formandos	Formando nº 04: 20 convites para seus 20 convidados, são 20 algarismos "4". Formando nº 14: 20 convites para seus 20 convidados, são 20 algarismos "4".

Para os dois primeiros algarismos, o número 4 será impresso, no máximo, 40 vezes.

Segundo grupo: Convidados. São os dois algarismos finais dos números dos convites.

Quantidade de algarismos 4 relacionados aos convidados	Cada formando terá os convidados 04 e 14, logo, como são 20 formandos, temos outros 40 algarismos "4"

Os convidados 04 e 14 repetem-se para cada um dos 20 formandos, então fazendo 20 vezes 2, temos que o resultado é igual a 40.

Somando estas 40 impressões do algarismo 4 com as outras 40 impressões anteriores, haverá, no máximo, 80 algarismos 4 impressos nos convites.

Resposta: O número máximo de algarismos 4 que serão impressos será 80.

Gabarito Inicial: D (Questão Anulada)

---

145. (FCC – Analista Judiciário – Área Judiciária – TRT 12ªR –2023) Um juiz começa a ler um processo com 361 páginas em uma segunda-feira. De segunda a quinta-feira, ele lê 27 páginas por dia; na sexta-feira, ele lê 30 páginas; e, no sábado, 20 páginas. Aos domingos, ele não lê processos. Sabendo-se que a leitura foi feita de segunda a sábado em semanas consecutivas, o juiz precisou de

A) 3 terças-feiras.

B) 2 segundas-feiras.

C) 3 sábados.

D) 3 sextas-feiras.

E) 3 quintas-feiras.

COMENTÁRIOS

A cada período de segunda a sábado forma-se um ciclo de leitura que se repete até que o juiz finalize o processo.

Segunda	Terça	Quarta	Quinta	Sexta	Sábado
27	27	27	27	30	20

Por esta metodologia de leitura, o juiz lê 158 páginas por semana.

Trabalharemos com a divisão, o quociente será a quantidade de ciclos completos de leitura e o resto serão as folhas restantes a serem lidas na última semana.

Divisão de 361 por 158	Quociente = 2 Resto = 45

Estas últimas 45 páginas serão assim lidas:

Segunda	Terça	Quarta	Quinta	Sexta	Sábado
27	18				

Portanto, concluímos que o juiz precisou de duas semanas completas acrescido de uma segunda e de uma terça-feira.

Resposta: O juiz precisou de 3 terças-feiras.

Gabarito: A

---

146. (FCC – Técnico Judiciário – Área Administrativa – TRT 12ªR –2023) Mario, Nicolas e Otávio têm juntos 15 carrinhos. Otávio é quem tem menos carrinhos e Mário tem um carrinho a mais do que Nicolas. Todos possuem pelo menos um carrinho. E correto afirmar que

A) Otávio tem 3 carrinhos.

B) Otávio tem um número par de carrinhos.

C) Nicolas tem cinco carrinhos.

D) Nicolas tem um número impar de carrinhos.

E) Mário tem 6 carrinhos.

COMENTÁRIOS

As informações foram apresentadas de tal forma que acabam possibilitando mais de uma configuração de carrinhos entre as três pessoas.

Mario Um a mais que Nicolas	Nicolas Um a menos que Mario	Otávio Menos Carrinhos	Total
7	6	2	15
6	5	4	15

Sendo mais preciso, temos duas opções de quantidades de carrinhos entre as três pessoas. Daí, a alternativa correta será aquela que não apresentar inconsistência em nenhuma das duas possibilidades.

Resposta: Otávio tem um número par de carrinhos, ou 2 ou 4.

Gabarito: B

---

147. (FCC – Técnico Judiciário – Área Administrativa – TRT 12ªR –2023) Em um programa de perguntas e respostas, os participantes começam com R$ 1.000,00 e devem responder 10 perguntas. Cada vez que o participante acerta, ele recebe R$ 100,00 e, cada vez que erra, ele perde R$ 100,00. Maria finalizou sua participação com R$ 1.400,00. O número de questões que ela acertou foi

A) 8

B) 5

C) 4

D) 6

E) 7

COMENTÁRIOS

A questão exige uma carga mínima de raciocínio, por essa razão, nossa resolução será bem direta.

Maria iniciou o programa com R$ 1.000,00 e acertou pelo menos 4 questões para chegar a R$ 1.400,00.

Sendo 4 questões certas, restam outras 6 cujo resultado deve zerar a premiação, ou seja, são 3 questões certas e 3 questões erradas.

Resposta: Maria acertou 7 questões no programa de perguntas e respostas.

Gabarito: E

---

148. (FCC – Analista Judiciário – Área Judiciária – TRT 14ªR – 2022) Marta e Nilson brincam da seguinte maneira. Marta sempre começa e escolhe um número inteiro maior ou igual a 1 e menor do que 10000. Em seguida, Nilson multiplica esse número por 4, 7 ou 9. Depois, Marta multiplica o produto obtido por Nilson por 4, 7 ou 9 e, assim, sucessivamente, cada um, na sua vez, multiplica o produto obtido na multiplicação anterior por 4, 7 ou 9. Ganha o jogo quem obtém um produto maior do que 10000. Existem vários números que Marta pode escolher para começar o jogo e garantir que ganhará. Entre esses números estão

A) 4, 7 e 9.

B) 6, 8 e 32.

C) 8, 29 e 278.

D) 12, 33 e 333.

E) 19, 81 e 350.

COMENTÁRIOS

O jogo consiste na escolha de um número natural a ser multiplicado sucessivamente por 4, 7 ou 9. Cada jogador faz uma multiplicação e passa a vez para o outro, vence quem ultrapassar 10000.

Para garantir a vitória é preciso dominar a sequência de números e faremos isso analisando as possibilidades de traz para frente.

Dividir 10000 por 9	1111,1 Arredondando = 1112

Marta precisa evitar passar para Nilson o número 1112 ou superior porque significaria a vitória dele. Note que o número 1111 quando multiplicado pelo maior opção, 9, é igual a 9999, ou seja, quem vence o jogo é o jogador seguinte.

E como fazer para forçar Nilson a passar a vez entregando o número 1112 ou maior?

Recorrendo novamente à divisão, entretanto, por 4.

Dividir 1112 por 4	278

Se Marta escolher 278 para iniciar o jogo, as opções de Nilson seriam:

- 278 . 4 = 1112
- 278 . 7 = 1946
- 278 . 9 = 2502

Para qualquer dos resultados possíveis que Nilson, passaria para Marta, ela venceria o jogo com a próxima multiplicação.

- **Conclusão 1**
- Para vencer, Marta deve iniciar o jogo com qualquer número entre 278 e 1111.

Repetimos o raciocínio acima.

Dividir 278 por 9	30,8 Arredondando = 31

Ou seja, Basta que Marta inicie o jogo com qualquer número menor que 31.

Se Marta iniciar o jogo com o número 30, por exemplo, as opções de Nilson seriam:

- 30 . 4 = 120
- 30 . 7 = 210
- 30 . 9 = 270

Para qualquer opção escolhida por Nilson (120, 210 ou 270), Marta consegue devolver a Nilson um número entre 278 e 1111. Na sequência do jogo ela sempre vence.

- **Conclusão 2**
- Marta iniciar o jogo com qualquer número entre 1 e 30.

Resposta: Marta pode escolher qualquer número entre 1 e 30 ou entre 278 e 1111 para garantir sua vitória no jogo.

Gabarito: C

---

149. (FCC – Técnico Judiciário – TRT 22ªR – 2022) Considere dois números distintos, tais que a soma desses dois números é igual ao dobro do produto desses dois números e que um dos números é o dobro do outro. O valor do maior número é

A) 1/2.

B) 1/4.

C) 3/2.

D) 5/2.

E) 2/4.

COMENTÁRIOS

O examinador economizou nas palavras, mesmo assim conseguiu atingir o objetivo, deixar o concursando um tanto quanto confuso.

✪ **Nota dos autores:** Antes de prosseguir, de pronto são descartadas as alternativas A e E, pois trata-se do mesmo valor.

Vez ou outra, em questões de exatas, você pode ficar sem saber o que fazer no primeiro momento. Não se preocupe e não fique nervoso, principalmente no dia da prova, isso é normal.

Caso isso aconteça, leia o enunciado com atenção, trecho por trecho e sublinhe as informações importantes.

Enunciado	Observação
Considere dois números distintos	X e Y
tais que a soma desses dois números é igual ao dobro do produto desses dois números	S = X + Y P = X . Y S = 2P
e que um dos números é o dobro do outro.	X = 2Y

No quadro anterior, coluna da direita, está reproduzido exatamente o que apresenta o enunciado na linguagem matemática. O passo seguinte será ajustar as expressões.

Substituir os valores de soma (S) e do produto (P)	S = 2P X + Y = 2(X . Y) X + Y = 2XY

Feitas as substituições, chegamos a duas equações e duas incógnitas.

Considerar o valor de X	Substituir em:
X = 2Y	X + Y = 2XY 2Y + Y = 2(2Y)Y 3Y = 4Y² 3/4 = Y²/Y Y = 3/4

Vamos ao valor de X

Substituir o valor de Y	X = 2(3/4) X = 6/4 X = 3/2

Conhecendo os valores de X e Y, comparando-os, concluímos que 3/2 é maior que 3/4, logo, o número denominado X é o maior.

Resposta: O valor do maior número é igual a 3/2.

Gabarito: C

150. (FCC – Analista Judiciário – Área Judiciária – TRT 22ªR – 2022) Um prédio possui vários andares, e em cada andar há a mesma quantidade de apartamentos. Se houver k apartamentos por andar, então os apartamentos do 1o andar são numerados de 1 a k, os apartamentos do 2o andar são numerados de k + 1 a 2k e assim por diante. Se Maria mora no apartamento 18 que está no 3o andar e Bruno mora no apartamento 50 do 7o andar, o número de apartamentos por andar é

A) 6.

B) 7.

C) 9.

D) 8.

E) 5.

COMENTÁRIOS

Diferente daquilo que conhecemos na prática sobre numeração dos apartamentos, para este prédio o autor da questão propôs uma regra bastante singular.

Tendo em mente que estamos falando de um prédio de vários andares e que em cada um deles tem o mesmo número de apartamentos, vejamos os demais dados que estão a nosso dispor.

Enunciado	Observação
Se houver k apartamentos por andar, ...	k = Quantidade de apartamentos por andar

Até aí bem fácil. O interessante vem na sequência.

Enunciado	Numeração dos Apartamentos
os apartamentos do 1º andar são numerados de 1 a k, os apartamentos do 2º andar são numerados de k + 1 a 2k e assim por diante.	1º andar → 1 a k 2º andar → K + 1 a 2K

Dada a descrição, inferimos que a numeração é uma sequência, por exemplo, imagina serem <u>4 apartamentos por andar (e isso é apenas uma hipótese)</u>.

1º andar	2º andar	3º andar
1 a k 1 a 4	K + 1 a 2K 4+1 a 2(4) 5 a 8	2K + 1 a 3K 2(4)+1 a 3(4) 9 a 12

Observando nosso exemplo hipotético, percebemos que o último número de apartamento de cada andar será um múltiplo da quantidade de apartamento por andar, conforme tabela abaixo.

Andares	Apartamentos por andar			
	5	6	7	8
1º andar	Até 5	Até 6	Até 7	Até 8
2º andar	Até 10	Até 12	Até 14	Até 16
3º andar	Até 15	Até 18	Até 21	Até 24
...				
6º andar	Até 30	Até 36	Até 42	Até 48
7º andar	Até 35	Até 42	Até 49	Até 56

Associado com a continuidade do texto do enunciado.

- Se Maria mora no apartamento 18 que está no 3º andar:
- De acordo com a tabela, são possibilidades 6, 7 ou 8 apartamento por andar
- 6 apartamentos por andar: de 13 a 18.
- 7 apartamentos por andar: de 15 a 21.
- 8 apartamentos por andar: de 17 a 24.
- e Bruno mora no apartamento 50 do 7º andar:
- Só é possível a opção de 8 apartamentos por andar: de 49 a 56

Se você não teve essa percepção, sem problemas, avançamos desenvolvendo a resolução passo a passo.

De volta à enunciado, parte final, temos: *"Se Maria mora no apartamento 18 que está no 3º andar"*. Sem muita preocupação com critérios, vejamos as possibilidades.

6 apartamentos por andar:

- 1º andar: 1 a 6;
- 2º andar: 7 a 12;
- 3º andar: 13 a 18.

7 apartamentos por andar:

- 1º andar: 1 a 7;
- 2º andar: 8 a 14;
- 3º andar: 14 a 21.

8 apartamentos por andar:

- 1º andar: 1 a 8;
- 2º andar: 9 a 16;
- 3º andar: 17 a 24.

Ainda não é possível definir quantos são os apartamentos por andar, sabemos que está entre 6 e 8 unidades.

Finalmente, considerando a parte final do enunciado, *"Bruno mora no apartamento 50 do 7º andar"*.

Bem, como estamos entre as quantidades 6, 7 ou 8 de apartamentos por andar, e por trata-se de um andar mais alto, vejamos a regra definida pelo autor da questão e vamos direto ao 7º andar.

7º andar (6 apartamentos por andar) k = 6	6K + 1 a 7K 6(6) + 1 a 7(6) 37 a 42
7º andar (7 apartamentos por andar) k = 7	6K + 1 a 7K 6(7) + 1 a 7(7) 42 a 49
7º andar (8 apartamentos por andar) k = 8	6K + 1 a 7K 6(8) + 1 a 7(8) 48 a 56

Se Bruno mora no 7º andar, apartamento 50, por certo o prédio tem 8 apartamentos por andar.

Resposta: O número de apartamentos por andar é igual a 8.

Gabarito: D

---

151. (FCC – Analista Judiciário – TRT 9ªR – 2022) O técnico deverá escolher 11 dentre 14 jogadoras para iniciar uma partida de futebol feminino. No vestiário há apenas meninas com 18, 19, 20, 21 e 22 anos. O número de meninas com 18 e com 20 anos é o mesmo e o número daquelas que têm 19 anos é 3 vezes o número das com 18 anos. Existem 3 meninas de 21 anos e só uma delas irá jogar. Uma das que tem 18 anos está machucada e não vai jogar e a única jogadora que tem 22 anos também é a única goleira. A soma das idades das 11 jogadoras que entrarão em campo é

a) 216.

b) 219.

c) 215.

d) 218.

e) 217.

COMENTÁRIOS

O cuidado maior está em não confundir os números que indicam quantidades de jogadoras com o número representativo de suas idades.

Nada obstante, faremos a análise, como de costume, desde o início do enunciado.

Enunciado	Dados Relevantes
O técnico deverá escolher 11 dentre 14 jogadoras para iniciar uma partida de futebol feminino.	Total de jogadoras = 14 Iniciar a partida = 11

Então, seguem as informações, conforme dito anteriormente, sobre quantidades e idades das jogadoras.

Enunciado	Dados Relevantes
No vestiário há apenas meninas com 18, 19, 20, 21 e 22 anos. O número de meninas com 18 e com 20 anos é o mesmo e o número daquelas que têm 19 anos é 3 vezes o número das com 18 anos.	Possíveis idades = 18, 19, 20, 21 e 22. 18 anos = quant. X 20 anos = quant. X 19 anos = quant. 3X

Intencionalmente e para evitar a confusão, as informações foram identificadas por "anos" e "quant." (quantidade). Além disso, uma conclusão bem interessante em relação ao valor de X.

- X = 1, logo, uma atleta de 18 anos, uma de 20 e três de 19. Total 5 atletas.
- X = 2, logo, duas atletas de 18 anos, duas de 20 e seis de 19. Total 10 atletas.
- X = 3, logo, três atletas de 18 anos, três de 20 e nove de 19. Total 15 atletas.

De antemão, podemos afirmar que X (quantidade de atletas de 18 anos e também as de 20 anos) é igual a 1 ou igual a 2.

Enunciado	Dados Relevantes
Existem 3 meninas de 21 anos e só uma delas irá jogar.	21 anos = quant. 3 (uma iniciará a partida)

Extraímos da última informação que duas atletas de 21 estão entre as três que não iniciarão a partida.

Enunciado	Dados Relevantes
Uma das que tem 18 anos está machucada e não vai jogar e a única jogadora que tem 22 anos também é a única goleira.	Uma de 18 anos não iniciará a partida. 22 anos = quant. 1

Fazendo associações com o que foi dito anteriormente, resolvemos a questão.

Primeiro as quantidades de atletas por idade.

- 18 anos = quant. X
- 20 anos = quant. X
- 19 anos = quant. 3X
- 21 anos = quant. 3
- 22 anos = quant. 1

Sendo 4 atletas a soma das que têm 21 e 22 anos, restando outras 10, inferimos que X é igual a 2.

- X = 2, logo, duas atletas de 18 anos, duas de 20 e seis de 19. 10 atletas.

Total de Atletas	Iniciarão a Partida
18 anos = quant. X = 2 20 anos = quant. X = 2 19 anos = quant. 3X = 6 21 anos = quant. 3 22 anos = quant. 1	18 anos = quant. 1 20 anos = quant. 2 19 anos = quant. 6 21 anos = quant. 1 22 anos = quant. 1

Uma das atletas de 18 está machucada e não vai iniciar a partida e, outras duas de 21 anos também não.

Somatório das Idades (S)	S = 18+(2 . 20)+(6 . 19)+21+22 S = 18 + 40 + 114 + 21 + 22 S = 215

Resposta: A soma das idades das 11 jogadoras que entrarão em campo é igual a 215.

Gabarito: C

152. (Cespe/Cebraspe – Analista Judiciário – Área Judiciária – TRT 8ªR – 2022) Como os processos jurídicos são costumeiramente compostos de centenas de páginas e estudos indicam que mudar levemente a tonalidade das páginas pode facilitar a leitura, tomou-se uma decisão de que todo processo de determinado órgão será organizado de modo que as primeiras 25 páginas tenham fundo branco, as 20 seguintes tenham fundo bege, as 15 seguintes tenham fundo verde claro, com o referido procedimento sendo repetido de modo que as 25 páginas seguintes tenham fundo branco e assim sucessivamente.

Se um processo de 400 páginas já tiver sido organizado conforme esse procedimento,

A) a página 67 terá ficado com fundo bege e a página 97 terá ficado com fundo branco.

B) a página 117 terá ficado com fundo verde claro e a página 142 terá ficado com fundo bege.

C) a página 330 terá ficado fundo verde claro e a página 390 terá ficado fundo bege.

D) a página 156 terá ficado fundo bege e a página 230 terá ficado fundo verde claro.

E) a página 280 terá ficado com fundo branco e a página 317 terá ficado com fundo verde claro.

COMENTÁRIOS

A contextualização inicial é preâmbulo daquilo que vai ser a organização das folhas dos processos jurídicos: "*as primeiras 25 páginas tenham fundo branco, as 20 seguintes tenham fundo bege, as 15 seguintes tenham fundo verde claro, com o referido procedimento sendo repetido de modo que as 25 páginas seguintes tenham fundo branco e assim sucessivamente*", ou seja, fica configura a seguinte sequência:

- 25 páginas brancas;
- 20 páginas bege;
- 15 páginas verde claro.

Portando, para cada ciclo de 60 páginas, as <u>páginas de 01 a 25 são brancas</u>, as <u>de 26 a 45 são bege</u> e as <u>de 46 a 60 são verde claro</u>.

Considerando a divisão de qualquer número de páginas (alternativas) por 60 e comparando o resto dessa operação com aqueles do ciclo inicial, encontramos a cor do fundo da página procurada.

Por outro lado e face ao número limitado em 400 páginas, fica mais fácil a sequência e, consequentemente, as cores dos fundos de páginas para, então, verificar as páginas apontadas nas alternativas.

	01 a 60	61 a 120	121 a 180	181 a 240	241 a 300	301 a 360	361 a 400
Branca	01 a 25						
Bege	26 a 45						
Verde	46 a 60						

O quadro acima é uma representação da sequência de cores para auxiliar na análise das alternativas.

a) a página 67 terá ficado com fundo bege e a página 97 terá ficado com fundo branco.

	01 a 60	61 a 120
Branca	01 a 25	61 a 85
Bege	26 a 45	86 a 105
Verde	46 a 60	

Para novos números de páginas basta o acréscimo de 60 unidades em relação ao número da coluna anterior.

A página 67 tem fundo branco e a 97 fundo bege.

b) a página 117 terá ficado com fundo verde claro e a página 142 terá ficado com fundo bege.

	01 a 60	61 a 120	121 a 180
Branca	01 a 25		121 a 145
Bege	26 a 45		
Verde	46 a 60	106 a 120	

A página 117 tem fundo verde claro e a 142 fundo branco.

c) a página 330 terá ficado fundo verde claro e a página 390 terá ficado fundo bege.

	01 a 60	61 a 120	121 a 180	181 a 240	241 a 300	301 a 360	361 a 400
Branca	01 a 25						
Bege	26 a 45					326 a 345	386 a 400
Verde	46 a 60						

Para cinco colunas à frente da primeira, acréscimos de 300 unidade (5 . 60 = 300).

As páginas 330 e 390 tem fundo bege.

d) a página 156 terá ficado fundo bege e a página 230 terá ficado fundo verde claro.

	01 a 60	61 a 120	121 a 180	181 a 240
Branca	01 a 25			
Bege	26 a 45		146 a 165	
Verde	46 a 60			226 a 240

A página 156 tem fundo bege e a 230 fundo verde claro.

Alternativa correta.

e) a página 280 terá ficado com fundo branco e a página 317 terá ficado com fundo verde claro.

	01 a 60	61 a 120	121 a 180	181 a 240	241 a 300	301 a 360
Branca	01 a 25					301 a 325
Bege	26 a 45				266 a 285	
Verde	46 a 60					

A página 280 tem fundo bege e a 317 fundo branco.

Caso prefira fazer operações de divisão, veja como seria para a alternativa D.

Página 156	O resto da divisão 156 por 60 é de 36	Branca de 01 a 25 Bege de 26 a 45 Verde de 46 a 60
Página 230	O resto da divisão 230 por 60 é de 50	

Os restos das operações, 36 e 50, correspondem às cores bege e verde claro.

Gabarito: D

---

153. (FCC – Analista Judiciário – Área Judiciária – TRT 22ªR – 2022) Moedas de 1 real, 50 centavos e 10 centavos foram guardadas em três gavetas. Sabe-se que na primeira gaveta há 6 moedas totalizando 1 real e na segunda gaveta o valor total é de 50 centavos. Existem 10 moedas de 10 centavos e pelo menos uma de 1 real. Se nas três gavetas há apenas 3 reais, o número total de moedas é

A) 10.

B) 15.

C) 13.

D) 17.

E) 20.

COMENTÁRIOS

Sabemos que as moedas são de 1 real, 50 centavos e 10 centavos e, em relação às gavetas:

Gaveta 1	Gaveta 2	Gaveta 3
6 moedas = R$ 1,00	R$ 0,50	

Além disso, sabemos que:

- Existem 10 moedas de 10 centavos e pelo menos uma de 1 real.
- Nas três gavetas há apenas 3 reais,

Chegamos a dois resultados lógicos com análise preliminar, primeiro, a única composição de moedas na primeira gaveta é 1 moeda de 50 centavos e outras 5 moedas de 10 centavos. Segundo, a terceira gaveta totaliza R$ 1,50.

Gaveta 1	Gaveta 2	Gaveta 3
1 moeda de R$ 0,50 5 moedas de R$ 0,10		
6 moedas = R$ 1,00	R$ 0,50	R$ 1,50

Olhando para a tabela, agora mais completa, e vinculando à informação de que existe pelo menos 1 moeda de 1 real, é certo que tal moeda está na terceira gaveta.

Gaveta 1	Gaveta 2	Gaveta 3
1 moeda de R$ 0,50 5 moedas de R$ 0,10		1 moeda de R$ 1,00
6 moedas = R$ 1,00	R$ 0,50	R$ 1,50

A informação não utilizada diz que existem 10 moedas de 10 centavos. Na tabela acima estão alocadas 5 delas, as outras cinco, independentemente de serem colocadas na gaveta 2 ou gaveta 3, completa o valor da gaveta. Para a outra gaveta, uma única moeda de 50 centavos.

Gaveta 1	Gaveta 2	Gaveta 3
1 moeda de R$ 0,50 5 moedas de R$ 0,10	5 moedas de R$ 0,10	1 moeda de R$ 1,00 1 moeda de R$ 0,50
6 moedas = R$ 1,00	5 moedas = R$ 0,50	2 moedas = R$ 1,50

Resposta: Nas três gavetas existem 13 moedas.

Gabarito: C

154. (FCC – Técnico Judiciário – Área Administrativa – TRT 22ªR – 2022) João tem três cachorros que nasceram em abril. Em maio de 2022, João somou as idades dos cachorros e seus anos de nascimento. A soma de João é igual a

A) 6066.

B) 4044.

C) 2022.

D) 8088.

E) 1011.

COMENTÁRIOS

Atenção aos detalhes, o primeiro deles é quanto ao nascimento dos cachorros, todos em abril (ano não informado) e decorrido determinado tempo, estamos em maio de 2022.

Por ora não sabemos quanto tempo passou do nascimento dos cachorros até a data em que João faz o somatório.

Por falar em somatório, João somou as idades dos cachorros e os anos de nascimento.

Imaginando que os 3 cachorros nasceram neste mesmo ano de 2022. Neste caso, não completaram o primeiro ano de vida, daí:

Somatório (S) de anos de nascimento e idades	S = 2022 + 2022 + 2022 + 0 + 0 + 0 S = 6066

Estranho, será que é só isso?

✪ **Nota dos autores:** Agora que temos o gabarito oficial da banca, tudo bem, estamos com a resposta correta. Entretanto, imagino que no dia da prova a questão, de tão fácil, acabe provocando dúvidas quanto a alguma informação que tenha passado despercebidamente.

A primeira sugestão é manter a confiança em si mesmo, responder a questão a seguir a diante.

Ainda ficou em dúvida, então, olhe para as alternativa. Felizmente, neste caso, qualquer delas está longe da realidade.

As alternativas B, C e E trazem valores muito baixos, os anos de nascimento deveriam ser bem menores e não é possível João ter cachorros nascidos há tantos anos assim.

De forma contrária, a alternativa D traz valor alto para o somatório, necessitaria de idades muito avançadas para cada cachorro.

Portanto, mesmo sem fazer contas, dá para descartar qualquer alternativa exceto a alternativa A.

Resposta: A soma de João é igual a 6066.

Gabarito: A

155. (FCC – TRT PI 22ª Região – Analista Judiciário – 2022) Em um salão de festas há mesas com 4 lugares e com 6 lugares, com pelo menos uma mesa com 6 lugares. O salão comporta 56 convidados sentados. O maior número possível de mesas com 4 lugares é

A) 2.

B) 11.

C) 5.

D) 8.

E) 7.

COMENTÁRIOS

O nosso objetivo é colocar no salão de festas o maior número possível de mesas de 4 lugares, em detrimento das mesas de 6 lugares, até o limite de 56 convidados sentados, lembrando que pelo menos uma mesa deve comportar 6 pessoas.

O fato de ter mencionado o limite de convidados implica dizer que somados os lugares de todas as mesas, teremos 56 assentos.

Vamos lá, que tal começar pela mesa de 6 lugares.

1 mesa de 6 lugares	Do limite de 56 convidados, restam 50 lugares.

Imaginando outras 12 mesas de 4 lugares totalizamos 48 lugares, dois a menos que o limite do salão, logo, ao tirar uma mesa de 4 lugares e no lugar colocar outra de 6 lugares teremos exatamente o limite do salão.

2 mesas de 6 lugares **11 mesas de 4 lugares**	2 x 6 = 12 11 x 4 = 44 Total = 56 assentos

Pronto, resolvido rapidamente mais uma questão acerca de números e operações básicas de matemática com uma dose facilitadora de lógica.

Resposta: O maior número possível é de 11 mesas com 4 lugares.

Gabarito: B

156. (FGV – Técnico Judiciário – TRT 13ªR – 2022) Laura coleciona figurinhas. Ontem ela arrumou suas figurinhas em montinhos de 6 figurinhas cada e não faltou nem sobrou figurinha alguma. Hoje ela fez uma nova arrumação com as mesmas figurinhas, dessa vez em montinhos de 10 figurinhas cada um e também não faltou nem sobrou figurinha alguma. O número mínimo de figurinhas que Laura pode ter é M. A soma dos algarismos de M é

A) 2.

B) 3.

C) 4.

D) 5.

E) 6.

COMENTÁRIOS

Estamos falando de múltiplos de números naturais.

Enunciado	Observação
Ontem ela arrumou suas figurinhas em montinhos de 6 figurinhas cada e não faltou nem sobrou figurinha alguma.	O total de figurinhas será um múltiplo de 6. (6, 12, 18, 24, 30, ...).
Hoje ela fez uma nova arrumação com as mesmas figurinhas, dessa vez em montinhos de 10 figurinhas cada um e também não faltou nem sobrou figurinha alguma.	O total de figurinhas será um múltiplo de 10. (10, 20, 30, 40, 50, ...).

Apenas com as observações geradas a partir do enunciado chegamos ao menor número possível de figurinhas de Laura, igual a 30.

Entretanto, não podemos deixar de comentar que descrevemos o conceito de mínimo múltiplo comum – mmc, em outras palavras, o mmc é o menor múltiplo (número inteiro) comum a dois ou mais números.

Apesar da não necessidade por ora, é interessante, por exemplo, para casos com mais do que dois números. Então, veja como resolver por meio da fatoração.

mmc entre os números 6 e 10	6, 10 3, 5 1, 5 1, 1	2 3 5 2 . 3 . 5 = 30

Resposta: O número mínimo de figurinhas que Laura pode ter é 30 e a soma dos algarismos é igual a 3 (3 + 0 = 3).

Gabarito: B

157. (FGV – Analista Judiciário – TRT 13ªR – 2022) Carlos considera que um número é agradável quando a soma dos seus algarismos é 7 ou múltiplo de 7. Por exemplo, o ano de 2005 foi agradável pois 2 + 0 + 0 + 5 = 7, e o de 2039 será também, pois 2 + 0 + 3 + 9 = 14.

Por esse critério, o número de anos agradáveis do século XX foi igual a:

A) 7.

B) 10.

C) 11.

D) 13.

E) 14.

COMENTÁRIOS

Mesmo que você tenha uma boa memória, não vai recordar ter estudado, ao longo dos ensinos fundamental e médio, o somatório de algarismos, ainda mais cujo resultado seja igual a 7 ou múltiplo de 7 ou de outro número qualquer. Não se lembra porque não está no currículo padrão do ensino de matemática.

Diria mais, não faz parte do conteúdo dos livros específicos para concursos nem, tão pouco, é ensinado nas aulas de cursos preparatórios para concurso.

Por tudo isso e considerando que outras questões diferentes aparecerão, a depender da criatividade do examinador, sugerimos, diante de casos semelhantes, fazer o básico, principalmente entender o que se pede.

Enunciado	Observação
Carlos considera que um número é agradável quando a soma dos seus algarismos é 7 ou múltiplo de 7. ... *Por esse critério, o número de anos agradáveis do século XX foi igual a*	Somar algarismos dos anos do século XX. Contar aqueles cuja soma é igual a 7 ou múltiplo de 7.

Lembrando que o século XX inicia-se no ano de 1901 e termina no ano 2000. Portanto, exceto o ano 2000, os demais sempre começam por 19 e a soma dos algarismos é igual a 10.

Por óbvio, não haverá soma de algarismos igual a 7, por isso partimos da soma 14.

Anos cuja soma dos algarismos é igual a 14	1904 1913 1922 1931 1940	5 possibilidades
Anos cuja soma dos algarismos é igual a 21	1929 1938 1947 1956 1965 1974 1983 1992	8 possibilidades
Anos cuja soma dos algarismos é igual a 28	1999	1 possibilidade

Tranquilamente resolvemos de maneira prática sem qualquer conhecimento específico da matemática. É o exemplo perfeito para o que denominamos Problema Lógico-matemático.

Resposta: o número de anos agradáveis do século XX foi igual a 14.

Gabarito: E

---

158. (FCC – Analista Judiciário – Área Judiciária – TRT 23ªR – 2022) Uma sequência numérica é uma lista ordenada de números. Em algumas sequências, a obtenção dos termos segue alguma regra bem definida. Considere as duas sequências descritas a seguir:

- Sequência 1: o primeiro termo é igual a 10 e qualquer outro termo, a partir do segundo, é igual ao anterior acrescido de duas unidades.
- Sequência 2: o primeiro termo é igual a 1, o segundo termo é igual a 3 e qualquer outro termo, a partir do terceiro, é igual à soma dos dois termos anteriores.

O menor número que aparece nas duas sequências é:

A) 14

B) 12

C) 20

D) 18

E) 16

COMENTÁRIOS

São duas definições apresentadas.

Progressão Aritmética	*Sequência 1: o primeiro termo é igual a 10 e qualquer outro termo, a partir do segundo, é igual ao anterior acrescido de duas unidades.*

A segunda um pouco menos conhecida.

Sequência Fibonacci	*Sequência 2: o primeiro termo é igual a 1, o segundo termo é igual a 3 e qualquer outro termo, a partir do terceiro, é igual à soma dos dois termos anteriores.*

A sequência 2 é semelhante à sequência de Fibonacci no que diz respeito à regra: soma de dois termos anteriores, porém, na Fibonacci, os termos iniciais são 1 e 1.

Sobre a sequência ou sucessão Fibonacci é dito que:

- Segue padrão divino.
- Sequência de números inteiros e infinita.
- Utilizada no mercado financeiro, teoria dos jogos, configurações biológicas, ciência da computação e outros.
- Demonstra a ordem presente na estrutura da realidade.
- Desenho de quadrados em espiral perfeita.

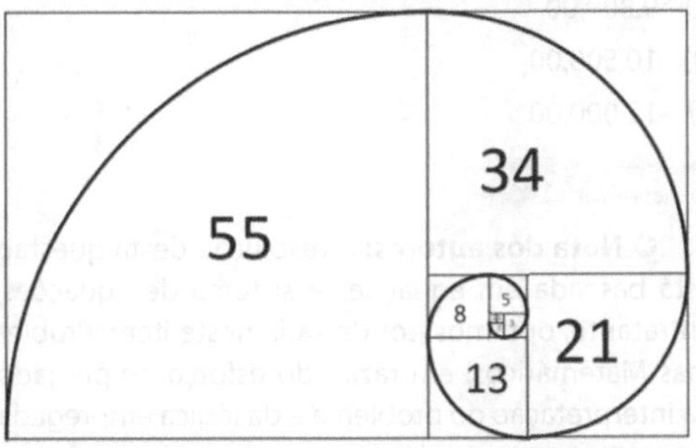

Paremos por aqui, estamos perdendo o foco.

Mais que teoria, é melhor e mais fácil listar os primeiros números de cada sequência e procurar a primeira coincidência.

Sequência 1. Primeiro termo = 10 e razão = 2	10, 12, 14, 16, **18**, 20, ...
Sequência 2. Primeiro e segundo termos = 1 e 3	1, 3, 4, 7, 11, **18**, 29, ...

Resposta: O menor número que aparece nas duas sequências é o 18.

Gabarito: D

159. (FCC – Analista Judiciário – TRT 23ªR – 2022) Um dado com 6 faces numeradas de 1 a 6 foi lançado 4 vezes e o valor observado no segundo lançamento foi igual ao valor do primeiro lançamento. Sabendo-se que a soma dos valores desses 4 lançamentos foi 9 e que o valor do segundo lançamento menos o valor do terceiro lançamento foi igual ao valor do quarto lançamento, o primeiro lançamento foi

A) 3

B) 1

C) 4

D) 2

E) 6

COMENTÁRIOS

Estamos diante de quatro lançamentos de um dado.

Enunciado	Observação
Um dado com 6 faces numeradas de 1 a 6 foi lançado 4 vezes e o valor observado no segundo lançamento foi igual ao valor do primeiro lançamento.	Lançamentos = 4 Lançamento 1 (A) = Lançamento 2 (B)

Ainda sobre os quatro lançamentos seguintes.

Enunciado	Observação
Sabendo-se que a soma dos valores desses 4 lançamentos foi 9 e que o valor do segundo lançamento menos o valor do terceiro lançamento foi igual ao valor do quarto lançamento.	A + B + C + D = 9 B – C = D

Sabemos que:

- A = B
- A + B + C + D = 9
- B – C = D

A segunda equação é uma referência para a resolução porque é a única que tem valor. Seguem as substituições

Substituir os valores de A e D	A + B + C + D = 9 (B) + B + C + (B – C) = 9
Resolver a equação	3B + C – C = 9 3B = 9 B = 3

Se B é igual a 3, então A também é igual a 3.

Resposta: O primeiro lançamento foi igual a 3.

Gabarito: A

✪ **Nota dos autores:** Considerando os dados fornecidos, não é possível identificar os valores de C e D, terceiro e quarto lançamentos. Sabemos apenas que os valores são 1 e 2 e independe da ordem, tanto faz serem de C e D ou de D e C.

160. (FCC – Técnico Judiciário – Área Administrativa – TRT 17ªR – 2022) Ana, André e Abel são trigêmeos e têm um irmão 5 anos mais novo. Das alternativas a seguir, a única que poderia ser a soma das idades dos 4 irmãos é

A) 26

B) 18

C) 22

D) 27

E) 24

COMENTÁRIOS

Você está fazendo sua prova e chegou nesta questão e, convenhamos, a estrutura proposta é bem simples. Então, nada de perder tempo com equações e números múltiplos, seja prático, no máximo uma tabela.

Irmão	Ana, André e Abel	Soma das Idades
0	5 . 3 = 15	15
1	6 . 3 = 18	19
2	7 . 3 = 23	23

Se foi esse o caminho escolhido, já dá pra perceber que a soma das idades aumenta de 4 em 4 unidades, logo, as somas possíveis são: 27, 31, 35 e por aí vai.

Resposta: A soma das idades dos quatro irmãos é igual a 27.

Gabarito: D

161. (FCC – Técnico Judiciário – Área Administrativa – TRT 17ªR – 2022) Há 20 alunos em uma classe, entre meninas e meninos. O professor distribui 41 lápis entre as meninas. Cada menina recebe o mesmo número de lápis e sobram 2 lápis. Se há mais meninas do que meninos, o número de meninos na turma é

A) 7

B) 9

C) 11

D) 13

E) 5

COMENTÁRIOS

Resumindo, sabemos que:

- 20 alunos (meninos e meninas).
- 41 lápis distribuídos igualmente entre as meninas e sobram 2.
- Existem mais meninas que meninos.

Se restaram 2 lápis quando distribuídos em quantidades iguais só para as meninas, então:

39 lápis para as meninas	39/3 = 13 39/13 = 3

A quantidade de meninas é igual a 3 ou 13.

Sabemos que são mais meninas que meninos, o que nos leva a concluir que são 13 meninas e 7 meninos.

Resposta: O número de meninos na sala é igual a 7.

Gabarito: A

162. (FCC – Técnico Judiciário – TRT 5ªR – 2022) Ana e Marcos têm uma despesa mensal de R$ 2.000,00 cada um e o salário de Ana é 5/6 do salário de Marcos. Ana economiza mensalmente 80% do que Marcos consegue economizar. O salário de Marcos, em reais, é:

A) 5.200,00

B) 7.400,00

C) 9.300,00

D) 10.500,00

E) 12.000,00

COMENTÁRIOS

✪ **Nota dos autores:** A resolução desta questão está baseada em equações e sistema de equações, entretanto, optamos por deixá-la neste item, Problemas Matemáticos, em razão do esforço empregado na interpretação do problema e da lógica empregada para estruturar a resolução.

Ultrapassada esta parte inicial, a resolução segue o caminho natural para os problemas que envolvem sistemas de equação.

Então, vamos ao enfrentamento da fase preliminar.

Organizando as informações, iniciando pelas despesas.

- Despesa mensal de Ana = R$ 2.000,00
- Despesa mensal de Marcos = R$ 2.000,00

Em relação ao salários.

- Salário de Marcos = X
- Salário de Ana = 5/6 de X

E a informação que será nosso ponto de partida: *"Ana economiza mensalmente 80% do que Marcos consegue economizar"*.

Marcos e Ana conseguem economizar a parcela restante dos seus salários após pagar as despesas.

Economia de Marcos (M)	M = X – 2000
Economia de Ana (A)	A = 5X/6 – 2000

Uma vez que Ana economiza o correspondente a 80% da economia de Marcos, temos:

Economia de Ana (A)	A = 0,8M

Tratadas as informações que nos foram disponibilizadas, chegamos a três equações. Aproveitando que duas delas são referências a "A", faremos a igualdade

Se "A = 5X/6 – 2000" e "A = 0,8M", então:	5X/6 – 2000 = 0,8M 5X – 12000 = 4,8M

A primeira equação refere-se à economia de Marcos (M), substituir nesta última.

Salário de Marcos (X)	$5X - 12000 = 4{,}8M$ $5X - 12000 = 4{,}8\ (X - 2000)$ $5X - 12000 = 4{,}8X - 9600$ $0{,}2X = 2400$ $X = 12000$

Resposta: O salário de Marcos é de R$ 12.000,00.

Gabarito: E

---

163. (FCC – Analista Judiciário – TRT 19ªR – 2022) Cada quadradinho da figura deve ser preenchido com um número de tal forma que a soma de todos os cinco números seja 35 e a soma dos três primeiros seja 22. Dois quadradinhos já foram preenchidos.

3			(cinza)	4

O número que deve aparecer no quadradinho cinza é:

A) 12

B) 7

C) 9

D) 8

E) 10

COMENTÁRIOS

A diferença entre a soma dos cinco números, 35, e a soma dos três primeiros, 22, é igual a 13, que corresponde a soma dos últimos dois números.

Uma vez que já existe o número 4, o outro é igual a 9.

Parece que o examinador pensou em outra resolução e acabou entregando a questão de graça.

Resposta: No quadradinho cinza deve aparecer o número 9.

Gabarito: C

---

164. (FGV – Técnico Judiciário – TRT 13ªR – 2022) As notas das provas de um curso são números inteiros de 0 a 10. Vicente fez as três provas desse curso, não tirou nenhuma nota inferior a 5 e a soma das notas dessas provas foi 23. Colocando as notas em ordem decrescente, o número de maneiras que a sequência das notas pode ter ocorrido é

A) 4.

B) 5.

C) 6.

D) 7.

E) 8.

COMENTÁRIOS

As notas tiradas por Vicente em três provas de determinado concurso têm como características:

- Igual ou maiores que 5.
- A soma das três notas é igual a 23.
- Devem ser listadas em ordem decrescente.

Dada as características, é fazer no braço mesmo.

Possíveis notas das três provas	$10 + 8 + 5 = 23$ $10 + 7 + 6 = 23$ $9 + 8 + 6 = 23$

Seguimos as informações conhecidas e optamos, neste primeiro momento, não repetir notas. Optamos porque nada foi dito sobre poder ou não repetir notas. Enfim, não há alternativa para essa opção.

Resta-nos testar as repetições.

Possíveis notas das três provas	$10 + 8 + 5 = 23$ $10 + 7 + 6 = 23$ $9 + 8 + 6 = 23$ $9 + 9 + 5 = 23$ $9 + 7 + 7 = 23$ $8 + 8 + 7 = 23$

Resposta: Em ordem decrescente, são 6 as maneiras que a sequência das notas pode ter ocorrido.

Gabarito: C

---

165. (FCC – Analista Judiciário – TRT 19ªR – 2022) Considere ABC e DEF, dois números inteiros entre 100 e 999, formados pelos algarismos A, B, C e D, E e F. Os seis algarismos são distintos. Sabendo-se que D = 2C, o menor valor possível para a soma dos dois números é:

A) 597

B) 537

C) 546

D) 301

E) 447

COMENTÁRIOS

A chave para resolver o problema é exatamente o que foi questionado: "*Sabendo-se que D = 2C, o menor valor possível para a soma dos dois números é*".

Levando em conta, principalmente, a menor soma, a ideia é tentar números a partir de 100.

- 100: Algarismos repetidos.
- 101: Algarismos repetidos.
- 102: Os algarismos são distintos, é uma opção.

Teste para 102	A = 1 B = 0 C = 2

Existe uma observação entre os algarismos C e D.

Sabendo-se que D = 2C	D = 2C D = 2 . 2 D = 4

Conhecemos um dos algarismos do segundo número, os demais são:

Número DEF	D = 4 E = 3 F = 5

Usamos os menores algarismos não repetidos.

Soma (S)	S = ABC + DEF S = 102 + 435 S = 537

Resposta: O menor valor possível para a soma dos dois números é 537.

Gabarito: B

166. (FCC – Técnico Judiciário – TRT 19ªR – 2022) O número inteiro x, quando dividido por 6, tem resto 3. O resto da divisão de 4x por 6 é:

A) 4

B) 0

C) 2

D) 1

E) 3

COMENTÁRIOS

Os dois número são divididos por 6 (x por 6 e 4x por 6), sendo, no primeiro, resto igual a 3. Significa dizer que o resto também está sendo multiplicado por 4, logo, 3 . 4 = 12 e doze é divisível por seis.

Conclusão, a nova operação de divisão sempre terá resto igual a zero.

Se quiser comprovar, vamos lá.

Qual o número inteiro que ao dividir por 6 tem resto 3?

Poderia ser qualquer múltiplo de 6 acrescido de 3 unidades.

- 6 . 1 + 3 = 9
- 6 . 2 + 3 = 15
- 6 . 3 + 3 = 21
- 6 . 4 + 3 = 27

E assim por diante.

Valores viáveis de "x"	Valores de "4x"	Resto da divisão "4x/6"
9	36	0
15	60	0
21	84	0
27	108	0

Resposta: O resto da divisão de 4x por 6 é igual a zero.

Gabarito: B

167. (FCC – Técnico Judiciário – TRT 19ªR – 2022) Em uma tira de papel está escrito o número 7632591953. Dois cortes verticais são feitos na tira de forma a se obter 3 números. A menor soma possível dos 3 números obtidos é:

a) 5288

b) 2675

c) 4307

d) 2375

e) 2975

COMENTÁRIOS

Partimos de um número dado.

Em uma tira de papel está escrito o número 7632591953.	7.632.591.953

O número tem 10 dígitos e se partido em três partes, pensando em menores valores, serão duas centenas e um milhar.

Ainda pensando em menor valor, o algarismo que ocupa a casa milhar deve ser o menor possível.

Divisão dos números com menor milhar	763 + 259 + 1.953

Para outras possibilidades de cortes teríamos os números 7 mil ou 2 mil, logo, 1953 é o menor deles.

Soma (S)	S = 763 + 259 + 1.953 S = 2975

Resposta: A menor soma possível dos 3 números obtidos é 2975.

Gabarito: E

168. (FCC – Analista Judiciário – Área Judiciária – TRT 4ªR – 2022) Em uma empresa há 360 funcionários, metade homens, metade mulheres. Sabe-se que 45% dos funcionários têm Ensino Médio completo como maior grau de escolaridade, os demais têm Ensino Superior completo. Dentre os funcionários homens, 95 têm Ensino Superior completo. O número de mulheres que têm Ensino Médio completo como maior grau de escolaridade é

A) 77

B) 81

C) 79

D) 78

E) 80

COMENTÁRIOS

Que tal organizar os dados em planilha?

- *Em uma empresa há 360 funcionários, metade homens, metade mulheres.*

	Homens	Mulheres	Total
Total	**180**	**180**	**360**

- *Sabe-se que 45% dos funcionários têm Ensino Médio completo como maior grau de escolaridade, os demais têm Ensino Superior completo.*

	Homens	Mulheres	Total
Ensino Médio – 45%			**162**
Ensino Superior			
Total	**180**	**180**	**360**

- *Dentre os funcionários homens, 95 têm Ensino Superior completo.*

	Homens	Mulheres	Total
Ensino Médio – 45%			**162**
Ensino Superior	95		
Total	**180**	**180**	**360**

Acima estão planilhados os dados fornecidos, os demais resultam de operações simples, adição e subtração.

	Homens	Mulheres	Total
Ensino Médio – 45%	85	77	**162**
Ensino Superior	95	103	**198**
Total	**180**	**180**	**360**

Resposta: O número de mulheres que têm Ensino Médio completo como maior grau de escolaridade é igual a 77.

Gabarito: A

---

169. (FCC – Analista Judiciário – Área Judiciária – TRT 9ªR – 2022) Em um clube há 5 turmas de Pilates. Os números de homens e de mulheres em cada turma estão na tabela:

Turma	*Homens*	*Mulheres*
1	*20*	*10*
2	*12*	*18*
3	*17*	*13*
4	*12*	*18*
5	*14*	*16*

A direção do clube decidiu que cada turma tenha o mesmo número de homens e de mulheres, mas sem alterar o número total de alunos na turma. Para isso, alguns alunos devem trocar de turma. O número mínimo de alunos que devem trocar de turma é:

A) 12.

B) 14.

C) 20.

D) 18.

E) 16.

COMENTÁRIOS

Observando a tabela e fazendo poucos cálculos mentais, entendemos que cada uma das 5 turmas tem 30 alunos. Quanto ao total de homens e total de mulheres, talvez seja uma operação a ser colocada na ponta do lápis.

Turma	Homens	Mulheres
1	20	10
2	12	18
3	17	13
4	12	18
5	14	16
Total	**75**	**75**

Ou seja, cada turma deverá ficar com 15 homens e 15 mulheres. Para isso são necessárias as seguintes alterações:

- 5 homens saem da turma 1.
- 2 homens saem da turma 3

Estes 7 associados serão alocados nas turmas 2, 4 e 5.

- 3 mulheres saem da turma 2.

- 3 mulheres saem da turma 4.
- 1 mulher sai da turma 5.

As mulheres que saíram dessas turmas serão alocadas nas turmas 1 e 3.

Somando as alterações, 5 + 2 + 3 + 3 + 1, chegamos no total de 14 mudanças de homens e mulheres entre turmas.

Resposta: O número mínimo de alunos que devem trocar de turma é igual a 14.

Gabarito: B

170. (FCC – Analista Judiciário – Área Judiciária – TRT 9ªR – 2022) Em uma gráfica, o preço de confecção de um convite depende da quantidade a ser impressa, como mostra a tabela:

Quantidade	*Preço por unidade*
1 a 49	*R$ 4,00*
50 ou mais	*R$ 3,20*

A menor quantidade de convites para a qual é mais barato solicitar a confecção de 50 convites é:

A) 39.

B) 31.

C) 44.

D) 45.

E) 41.

COMENTÁRIOS

Para ter direito ao preço menor, R$ 3,20 por convite, é necessário comprar 50 unidades. A partir dessa quantidade, montamos a equação que aponta a quantidade de convites, com valor unitário de R$ 4,00, que iguala ao total anterior.

Totais iguais para valores unitários diferentes	50 . 3,20 = X . 4 4X = 160 X = 40

Entende X como a quantidade de convites ao preço de R$ 4,00.

A aquisição de 40 convites, preço maior, tem custo total igual a aquisição de 50 convites pelo preço menor.

Com o acréscimo de uma unidade, na compra de 41 convites, o valor será maior que a compra de 50 convites.

Resposta: A menor quantidade de convites para a qual é mais barato solicitar a confecção de 50 convites é de 41.

Gabarito: E

171. (FCC – Analista Judiciário – Oficial de Justiça Avaliador Federal – TRT 9ªR – 2022) João distribuiu 300 reais entre seus netos Antonio, Bernardo e Carlos do seguinte modo: deu, sucessivamente, 1 real a Antonio, 2 reais a Bernardo, 3 reais a Carlos, 4 reais a Antonio, 5 reais a Bernardo, 6 reais a Carlos e continuou seguindo esse padrão até que o dinheiro fosse totalmente distribuído. O valor que coube a Bernardo foi de

A) 108 reais.

B) 92 reais.

C) 100 reais.

D) 102 reais.

E) 104 reais.

COMENTÁRIOS

Este é um belo exemplo de questão criativa cuja resolução depende de entender a regra anunciada pelo examinador.

- *João distribuiu 300 reais entre seus netos Antonio, Bernardo e Carlos do seguinte modo: deu, sucessivamente, 1 real a Antonio, 2 reais a Bernardo, 3 reais a Carlos, 4 reais a Antonio, 5 reais a Bernardo, 6 reais a Carlos e continuou seguindo esse padrão até que o dinheiro fosse totalmente distribuído.*

Netos	Antonio	Bernardo	Carlos	Total
1ª Rodada	1,00	2,00	3,00	6,00
2ª Rodada	4,00	5,00	6,00	15,00
...				
Total				300,00

Uma primeira equação é elementar.

Antonio (A), Bernardo (B) e Carlos (C)	A + B + C = 300

Outra equação pode ser extraída da análise do quadro anterior. Pensando nos valores destinados a Bernardo, tanto na 1ª como na 2ª rodada, também na soma delas, sempre é a média. Confira:

Bernardo (B) é igual a média entre os netos	B = 6/3 = 2 B = 15/3 = 5 B = 21/3 = 7

Com este entendimento, o problema está solucionado.

Bernardo (B)	B = (A + B + C) / 3 B = 300 / 3 B = 100

Vale ressaltar que esta linha de raciocínio vale apenas para determinar o valor que coube ao Bernardo.

Resposta: O valor que coube a Bernardo foi de R$ 100,00

Gabarito: C

---

172. (FCC – Analista Judiciário – Oficial de Justiça Avaliador Federal – TRT 9ªR – 2022) Um professor foi convidado a elaborar um determinado número de questões para uma prova e realizou a tarefa em três dias. No primeiro dia ele elaborou metade das questões solicitadas, no segundo dia elaborou metade das questões restantes e finalmente, no terceiro dia, elaborou 4 questões. O número total de questões solicitadas ao professor foi

A) 15.
B) 20.
C) 16.
D) 8.
E) 24.

COMENTÁRIOS

✪ **Nota dos autores:** A questão não requer conhecimento aprofundado da matemática, talvez por isso o candidato resolva com menor grau de atenção, aumentando a possibilidade de errar e perder pontos.

Para ser certeiro, faça um esboço, pelo menos, do que nos informa o enunciado.

- *Um professor foi convidado a elaborar um determinado número de questões para uma prova e realizou a tarefa em três dias. No primeiro dia ele elaborou metade das questões solicitadas.*

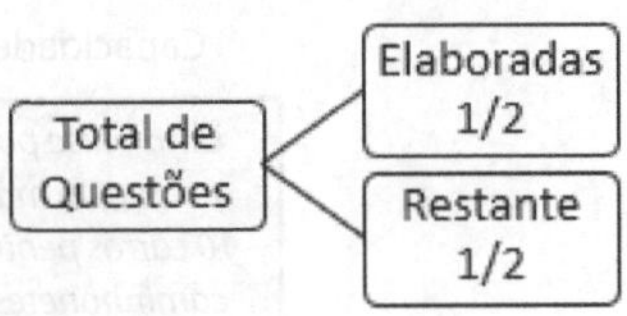

- *No segundo dia elaborou metade das questões restantes.*

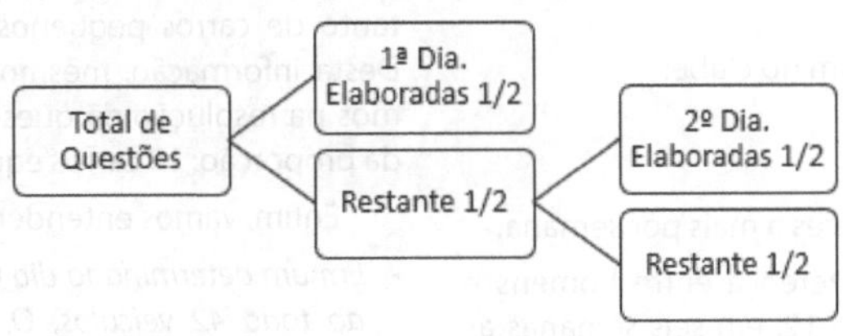

- *No terceiro dia, elaborou 4 questões.*

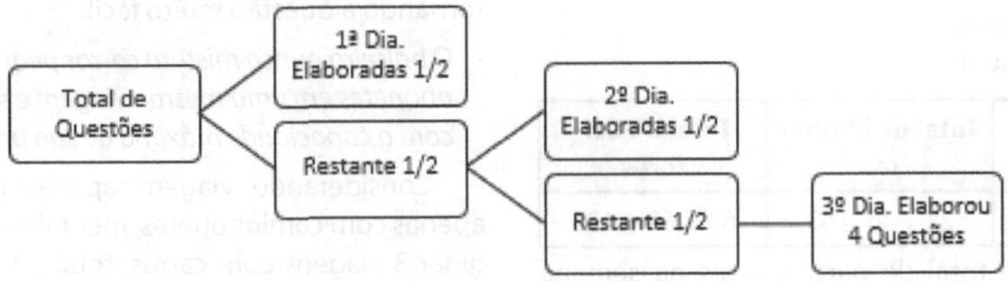

Diante do que temos, vamos propor duas resoluções. A primeira por meio de equação matemática.

Total de Questões (T)	T . 1/2 . 1/2 = 4 T / 4 = 4 T = 4 . 4 T = 16

Outra possibilidade é por meio da estrutura montada a partir do enunciado.

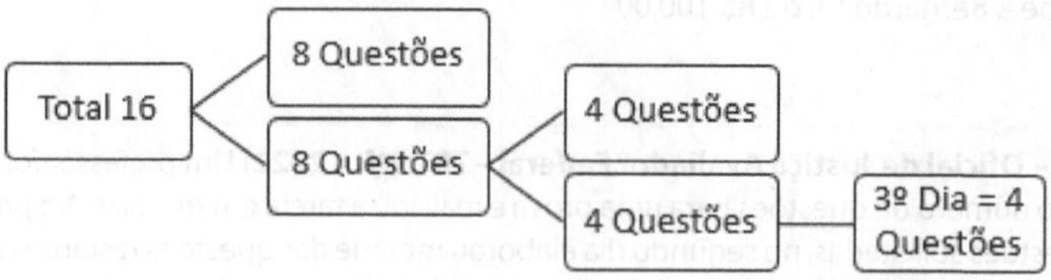

Resposta: O número total de questões solicitadas ao professor foi 16.

Gabarito: C

---

173. (FCC – Técnico Judiciário – Área Administrativa – TRT 4ªR – 2022) Em um clube de leitura há 66 participantes sendo 39 homens e 27 mulheres. A cada semana 4 novos homens e 6 novas mulheres se unem ao clube. O total de participantes na semana em que o número de homens se iguala ao número de mulheres é:

A) 126

B) 136

C) 146

D) 96

E) 116

COMENTÁRIOS

Participam do clube de leitura:

- 39 homens.
- 27 mulheres

A cada semana ingressam no clube:

- 4 homens.
- 6 mulheres

Ou seja, são duas mulheres a mais por semana.

Considerando que a diferença entre homens e mulheres, 39 e 27, é igual a 12, em seis semanas as quantidades se igualam.

Em seis semanas uniram-se ao clube:

- 4 . 6 = 24 homens.
- 6 . 6 = 36 mulheres

Total de Homens	Total de Mulheres	Total de Leitores
39 + 24 = 63	27 + 36 = 63	63 + 63 = 126

Resposta: O total de participantes na semana em que o número de homens se iguala ao número de mulheres é de 126.

Gabarito: A

---

174. (FCC – Técnico Judiciário – Área Administrativa – TRT 4ªR – 2022) Uma balsa pode transportar, no máximo, ou 10 carros pequenos ou 6 caminhonetes em uma viagem. O balseiro nunca mistura carros pequenos com caminhonetes em uma mesma viagem e só faz a travessia com a capacidade máxima de sua balsa. Em um determinado dia fez 5 viagens e transportou ao todo 42 veículos. O número de caminhonetes transportadas nesse dia foi

A) 24

B) 12

C) 30

D) 18

E) 36

COMENTÁRIOS

Capacidade máxima de transporte da balsa.

Uma balsa pode transportar, no máximo, ou 10 carros pequenos ou 6 caminhonetes em uma viagem.	Carros = 10 Caminhonetes = 6

Acima estão descritas as quantidades máximas tanto de carros pequenos como de caminhonetes. Desta informação, mesmo sem saber se a utilizaremos na resolução da questão, inferimos a existência da proporção: 10 carros equivalem a 6 caminhonetes.

Enfim, vamos entender o comando da questão.

- *Em um determinado dia fez 5 viagens e transportou ao todo 42 veículos. O número de caminhonetes transportadas.*

Antes mesmo disso, outra informação que acaba tornando a questão muito fácil.

- *O balseiro nunca mistura carros pequenos com caminhonetes em uma mesma viagem e só faz a travessia com a capacidade máxima de sua balsa.*

Considerando viagens apenas com carros ou apenas com caminhonetes, mentalmente dá pra imaginar 3 viagens com carros, total 30 carros, e outras 2 viagens com caminhonetes, total 12 caminhonetes.

Tudo bem, questão resolvida, mas como seria a resolução algébrica?

Para isso, vamos admitir:

- P = Quantidade de viagens apenas com carros pequenos.
- C = Quantidade de viagens com caminhonetes.

Daí a equação:

Total de viagens	$5 = P + C$ $P = 5 - C$

✪ **Nota dos autores:** O fato de isolar a incógnita P (viagens com carros pequenos) é porque precisamos calcular a quantidade referente à incógnita C (viagens com caminhonetes).

Lembra daquela proporção que evidenciamos no início da resolução, pois bem, vamos utilizá-lo para uma segunda equação.

Total de veículos em 5 viagens	$42 = 10P + 6C$

Então, substituir o valor de P.

Desenvolver a equação	$42 = 10P + 6C$ $42 = 10(5 - C) + 6C$ $42 = 50 - 10C + 6C$ $4C = 8$ $C = 2$

Como dito acima, C é a quantidade de viagens com caminhonetes e se cada viagem leva 6 desse veículo, entendemos serem 12 o total transportado.

Resposta: O número de caminhonetes transportadas nesse dia foi 12.

Gabarito: B

---

175. (FCC – Técnico Judiciário – Área Administrativa – TRT 4ªR – 2022) Cada um dos amigos de Ana somou os algarismos de seu dia e mês de aniversário, escreveu em um cartão e entregou a Ana. Por exemplo, se um amigo nasceu em 28 de abril, ele somou 2 + 8 + 0 + 4 = 14. Em seguida, Ana somou os números de todos os cartões e obteve 35. Todos os amigos de Ana fazem aniversário em datas diferentes. O número máximo de amigos que Ana pode ter é:

A) 12

B) 11

C) 14

D) 15

E) 13

COMENTÁRIOS

Estabelecida a regra para transformar dia e mês em um único número que os representa, para uma maior quantidade de amigos, os dias e meses devem ser os menores possíveis sem repetição, por exemplo, para o dia 1º de janeiro a soma é igual a 2 (0 + 1 + 0 + 1).

Não se esqueçam que outros dias e meses com algarismos cuja soma é baixa, dia 10, dia 20, mês 10, mês 11. E para não passar nenhuma data despercebida, faça uma relação dos menores números tanto para dias como para meses.

- Dias com soma igual a 1: 01 e 10.
- Dias com soma igual a 2: 02, 11 e 20.
- Meses com soma igual a 1: 01 e 10.
- Meses com soma igual a 2: 02, 11.

Portanto, é seguir a lógica, fazer o somatório e resolver na ponta do lápis.

Nº de Amigas	Aniversário	Soma Algarismos	Soma Acumulada
01	01/01	2	2
02	10/01	2	4
03	01/10	2	6
04	10/10	2	8
05	01/02	3	11
06	02/01	3	14
07	10/02	3	17
08	02/10	3	20
09	01/11	3	23
10	11/01	3	26
11	11/10	3	29
12	20/01	3	32
13	20/10	3	35

Resposta: O número máximo de amigos que Ana pode ter é igual a 13.

Gabarito: E

---

176. (FCC – Técnico Judiciário – Área Administrativa – TRT 17ªR – 2022) Um número foi pintado em cada uma das seis faces de um cubo de tal modo que todas as somas dos números que estão em faces opostas fossem iguais. Cinco dos números pintados são: 5, 6, 9, 11 e 14. O número pintado na sexta face é

A) 15

B) 16

C) 20

D) 12

E) 13

COMENTÁRIOS

Para obtermos somas iguais, combinar os extremos é um bom ponto de partida.

- 5 + 14 = 19

Entretanto, não conseguimos outras combinações com o mesmo somatório. Vamos para uma segunda tentativa.

- 6 + 14 = 20
- 9 + 11 = 20

Faltou o par para o número 5, ou seja, 15.

Resposta: 15 é o número pintado na sexta face.

Gabarito: A

10. NOÇÕES DE ESTATÍSTICA

10.1. MEDIDAS DE POSIÇÃO

177. (FCC – Técnico Judiciário – TRT 5ªR – 2022) Numa prova com dez questões, a pontuação na correção de cada questão pode variar entre 0 e 10 pontos. A média dos pontos obtidos por um estudante nas 6 primeiras questões é 6,5. A pontuação média nas quatro últimas questões para que ele atinja um total de 71 pontos na prova deverá ser:

A) 7
B) 7,5
C) 8
D) 8,5
E) 9

COMENTÁRIOS

É isso mesmo que você está pensando, estamos falando de média em estatística, tal qual vimos em outro item. Percebemos a diferença quando avançamos em estatística e trabalhamos com média para distribuição de frequência até chegar no estudo de esperança. Essa parte avançada não nos interessa, vamos focar no nosso objetivo que é, por enquanto, nada mais nada menos que média aritmética simples.

Sabemos que:

- A média dos pontos obtidos por um estudante nas 6 primeiras questões é 6,5.

Precisamos pensar, não em 6 questões, mas em 10 cujo somatório das notas atinja 71 pontos.

Uma opção é excluir a pontuação das 6 primeiras questões. Isso é simples, se a média de pontos dessas questões é igual a 6,5, basta multiplicar 6 por 6,5, assim chegamos à pontuação que é igual a 39.

Para 71 faltam 32 pontos.

Média (M) das 4 últimas questões	M = (Somatório das 4 questões) / 4 M = 32 / 4 M = 8

Resposta: A pontuação média nas quatro últimas questões para que ele atinja um total de 71 pontos na prova deverá ser 8.

Gabarito: C

178. (FCC – Analista Judiciário – TRT 23ªR – 2022) Considere os 10 valores listados a seguir: 19; 20; 20; 21; 21; 24; 25; 31; 34; 35

Podemos afirmar corretamente que

A) os valores modais estão abaixo da mediana.
B) a mediana é menor que 20.
C) o valor da amplitude é maior que o valor da mediana.
D) o valor da amplitude e da mediana coincidem.
E) a média supera 26.

COMENTÁRIOS

As observações foram apresentadas em rol e, para estes valores, vamos calcular a média, a mediana, a moda e a amplitude, medidas apontadas nas alternativas.

- Média
- Somatório dos valores observados dividido pelo número de observações.

Média (M)	M = (19+20+20+21+21+24+25+31+34+35) / 10 M = 250 / 10 M = 25

- Mediana
- Valor que divide o rol em duas partes iguais. Como são dois valores centrais, calculamos a média aritmética entre eles.

Mediana (Me)	Me = (21+24) / 2 Me = 45 / 2 Me = 22,5

- Moda
- Valor com maior repetição. No caso, bimodal porque apresenta duas modas.

Moda (Mo)	Mo = 20 Mo = 21

- Amplitude
- Diferença entre o maior e o menor valor.

Amplitude (h)	h = 35 – 19 h = 16

Resposta: Os valores modais, 20 e 21, estão abaixo da mediana, 22,5.

Gabarito: A

179. (FCC – Técnico Judiciário – TRT 5ªR – 2022) Uma pesquisa de opinião realizada em sete cidades obteve os números de manifestações favoráveis a um produto dados pela tabela a seguir.

Cidade A	Cidade B	Cidade C	Cidade D	Cidade E	Cidade F	Cidade G
65	42	87	91	34	53	62

A diferença entre a média e a mediana desse conjunto de dados é:

A) 0
B) 3
C) 8
D) 10
E) 15

COMENTÁRIOS

A nossa primeira ação diante de um rol de dados, quando necessário, é colocá-los em ordem, seja crescente ou decrescente.

Rol em ordem crescente	34, 42, 53, 62, 65, 87, 91

Estamos prontos para os cálculos.

- Média
- Somatório das avaliações de cada cidade dividido pelo total de cidades.

Média (M)	M = (34+42+53+62+65+87+91) / 7 M = 434 / 7 M = 62

- Mediana
- Por ser um número ímpar de cidades, um único valor divide o rol em duas partes iguais.

Mediana (Me)	Me = 62

Resposta: Não há diferença entre a média e a mediana.

Gabarito: A

180. (FCC – Analista Judiciário – TRT 5ªR – 2022) O número de solicitações mensais feitas no primeiro semestre ao departamento de Recursos Humanos foram 32, 27, 36, 42, 32 e 53. Com base nessas informações, podemos corretamente afirmar que:

A) A moda desse conjunto é 32 e é maior do que a média.
B) A moda desse conjunto é 54 e é menor do que a média.
C) A moda desse conjunto é 32 e a média é 37.
D) A moda desse conjunto é 41 e a média é 38.
E) A moda desse conjunto é 32 e a média é 41.

COMENTÁRIOS

Apesar de não haver interferência no resultado da questão, acostume-se a ordenar o rol de observações

Rol disponibilizado	Rol em ordem crescente
32, 27, 36, 42, 32 e 53	27, 32, 32, 36, 42 e 53

Encontramos a Moda visualmente, que é a observação com maior repetição, igual a 32.

- Média
- Total de solicitações dividido pelo número de meses.

Média (M)	M = (27 + 32 + 32 + 36 + 42 + 53) / 6 M = 222 / 6 M = 37

Resposta: A moda do conjunto é 32 e a média é 37.

Gabarito: C

10.2. MEDIDAS DE DISPERSÃO

181. (FCC – Técnico Judiciário – TRT 18ªR – 2023) Em uma pesquisa, observou-se cinco pessoas com idades dadas por 5, 10, 15, 20 e 55 anos. É correto afirmar:

A) A média das idades é maior do que a mediana das idades.
B) A mediana das idades é maior do que a amplitude das idades.
C) O desvio médio das idades é 15.
D) A média das idades do mais novo com o mais velho é igual à amplitude das cinco idades.
E) Excluindo o mais novo e o mais velho, a média das três idades restantes é maior do que a média das cinco idades.

COMENTÁRIOS

Além das medidas de posição mais conhecidas, média e mediana, a questão traz outras duas bem conhecidas, amplitude e desvio médio, classificadas como medidas de dispersão.

Vale lembrar que é necessário conhecer a média para depois calcular o desvio médio, então, vamos calcular um a um.

- Média.

Média (M)	M = (5 + 10 + 15 + 25 + 55) / 5 M = 110 / 5 M = 22

- Mediana, valor que divide as observações ao meio.

Mediana (Me)	Me = 15

A média é maior que a mediana, a alternativa "a" está correta, mas como estamos estudando, vamos em frente.

- Amplitude, diferença entre os valores maior e o menor.

Amplitude (h)	h = 55 – 5 h = 50

- Desvio médio, diferenças em torno da média.

Antes mesmo de fazer uso da fórmula, faremos um quadro auxiliar com as diferenças absolutas (modular) em relação à média.

Idades (X)	$\lvert X_i - \mu \rvert, \mu = 22$
5	17
10	12
15	7
25	3
55	33
Total	**72**

Assim a aplicação da fórmula fica facilitada.

Desvio Médio	$dm = \frac{\sum \lvert X_i - \mu \rvert}{n}$ $dm = \frac{72}{5}$ $dm = 14,4$

Para finalizar, considerações sobre duas alternativas.

d) A média das idades do mais novo com o mais velho é igual à amplitude das cinco idades.

A média das idades do mais novo e do mais velho, 5 e 55, respectivamente, é igual a 30 (desnecessário fórmula) e é menor que a amplitude total, igual a 50.

e) Excluindo o mais novo e o mais velho, a média das três idades restantes é maior do que a média das cinco idades.

A maior idade tem diferença grande em relação às anteriores que se apresentam de forma mais agrupadas. Por essa razão, ele tem maior influência em aumentar a média.

Se retirada a maior idade, mesmo junto com a retirada da menor idade, essa influência deixa de existir e a média será menor que a original.

Resposta: A média das idades, igual a 22, é maior do que a mediana das idades, igual a 15.

Gabarito: A

182. (FCC – Analista Judiciário – TRT 23ªR – 2022) Alberto, seu pai e seu avô têm hoje 21, 52 e 73 anos de vida, respectivamente. Podemos afirmar corretamente que a

A) média das idades hoje é igual à média das idades há dois anos.

B) mediana das idades hoje é a mesma mediana das idades de dois anos atrás.

C) variância das idades hoje é a mesma de dois anos atrás.

D) variância das idades era menor há dois anos do que a variância das idades hoje.

E) idade média hoje coincide com a idade do pai de Alberto.

COMENTÁRIOS

As alternativas estão fundamentadas nas propriedades das medidas de posição e dispersão. Vejamos cada uma delas.

a) média das idades hoje é igual à média das idades há dois anos.

Propriedade da média: A soma ou subtração de uma constante à todos os valores da variável, vai alterar a média na mesma intensidade.

Considerando dois anos atrás, da idade de cada um (Alberto, seu pai e seu avô) foi subtraída a constante 2, ou seja, a média igualmente será subtraída em 2 unidades.

Alternativa errada;

b) mediana das idades hoje é a mesma mediana das idades de dois anos atrás.

Propriedade da mediana: A soma ou subtração de uma constante à todos os valores da variável, vai alterar a mediana na mesma intensidade.

A mediana será subtraída em 2 unidades.

Alternativa errada.

c) variância das idades hoje é a mesma de dois anos atrás.

Propriedade da variância: A soma ou subtração de uma constante à todos os valores da variável, não vai alterar a variância.

Independentemente de ser hoje, há dois anos ou 5 anos pra frete, a variância das idades de Alberto, seu pai e seu avô permanece inalterada.

Alternativa correta.

d) variância das idades era menor há dois anos do que a variância das idades hoje.

Não há alteração na variância, portanto, não há que se falar em variação dessa medida.

Alternativa errada.

e) idade média hoje coincide com a idade do pai de Alberto.

A média das idades hoje é igual a 48,6 (21+52+73 / 3), diferente da idade do pai de Alberto.

Alternativa errada.

Gabarito: C

---

183. (FCC – Analista Judiciário – Área Administrativa – TRT 18ªR – 2023) Sabendo-se que o desvio padrão de X é 9, a variância de 3X + 12 é:

A) 729

B) 81

C) 39

D) 873

E) 741

COMENTÁRIOS

Questão para ser respondida utilizando as propriedades da variância.

Propriedades da variância	Var (X + a) = Var (X) Var (aX) = a^2 Var (X)

Onde:

- a = Valor constante.

Significa dizer que ao adicionar uma constante aos valores da variável X, a variância permanece inalterada. E, se multiplicarmos os valores da variável X por uma constante, a variância será multiplicada por esta constante ao quadrado.

Na questão.

Variável X	DP (X) = 9 Var (X) = 9^2 = 81

Este é um conceito básico, variância é o quadrado do desvio padrão.

Em relação à variável X, existe a ação de duas constante "3X + 12": 3 que multiplica todos os valores de X e adição de 12 unidades a todos os valores de X.

Dado que a adição de uma constante aos valores da variável não provoca alteração na variância, esta operação é desconsiderada.

Produto da variável X por 3	Var (aX) = a^2 Var (X) Var (3X) = 3^2 . 81 Var (3X) = 9 . 81 Var (3X) = 729

Resposta: A variância de 3X + 12 é igual a 729.

Gabarito: A

Matemática

Marcelo Sbicca e
Marcos Alexandre Bosso

✦ DICAS

1. NÚMEROS, OPERAÇÕES E EXPRESSÕES MATEMÁTICAS

Vamos nos restringir àquilo que não faz parte do conhecimento comum, a potenciação.

Uma das operações da matemática, a potenciação ou exponenciação, implica multiplicar a base (número real), por ela mesma, tantas vezes quanto for o valor da potência.

Lembre-se
• $x^1 = x$
• $x^0 = 1$ (Obs.: $0^0=1$, por convenção)
• $1^x = 1$

Multiplicação e divisão de potencias.

Nos casos da multiplicação, a potência do produto é igual ao produto das potências. A mesma regra vale para a divisão, ou seja, a potência do quociente é igual ao quociente das potências.

Ficou complicada a explicação? Então, veja como vai clarear bastante com a exemplificação.

A potência do produto é igual ao produto das potências.	$(a \,.\, b)^x = a^x \,.\, b^x$
A potência do quociente é igual ao quociente das potências.	$(a / b)^x = a^x / b^x$

Propriedades da potenciação.

Propriedade	Regra	Exemplo
Multiplicação de potências com mesma base.	Manter a base e somar os expoentes.	$a^x \,.\, a^y = a^{(x+y)}$
Divisão de potências com mesma base.	Manter a base e subtrair os expoentes.	$a^x / a^y = a^{(x-y)}$
Potência da potência.	Manter a base e multiplicar os expoentes.	$(a^x)^y = a^{x \,.\, y}$

Observe a potenciação a seguir.

a^{x^y}	Não se trata de potência da potência. Nesse caso, primeiro calcula-se "x" elevado à potência "y" para, na sequência, calcular a potenciação da base "a".

2. FATORAÇÃO DE POLINÔMIOS

Não se preocupe com o nome, o objetivo é conhecer algumas expressões matemáticas e saber como desenvolvê-las de maneira a facilitar suas operações.

Diferença de quadrados	$x^2 - y^2 = (x + y) \,.\, (x - y)$

Acima, da esquerda para direita leva o nome de fatoração e no caminho inverso, da direita para a esquerda, simplesmente multiplicação.

Fator comum	$xA + xB - xC = x \,.\, (A + B - C)$
Exemplo	$12x + 8y - 16z = 4\,(3x + 2y - 4z)$

3. PRODUTOS NOTÁVEIS

O conhecimento, mesmo que básico, acerca dos produtos notáveis pode garantir alguns pontos preciosos na sua prova.

Quadrado da soma	$(x + y)^2 = x^2 + 2xy + y^2$

Lembra da época do ensino fundamental e ensino médio a famosa sentença "quadrado do primeiro, mais duas vezes o primeiro vezes o segundo, mais o quadrado do segundo".

Se está fresco em sua memória, ótimo. Só não esqueça como se faz em relação à diferença.

Quadrado da diferença	$(x - y)^2 = x^2 - 2xy + y^2$

"Quadrado do primeiro, **menos** duas vezes o primeiro vezes o segundo, mais o quadrado do segundo".

4. RAZÃO E PROPORÇÃO

- **Razão**

A razão é o quociente entre dois números que tem por finalidade a comparação relativa entre eles. Ao fazer a divisão de uma grandeza por outra, na mesma unidade de medida, o resultado indica o quanto a primeira representa em relação à segunda.

Razão A em relação a B.	$\frac{A}{B}$

Por hipótese, supomos A igual a 120 e B igual a 80.

Razão A em relação a B.	$\frac{A}{B} = \frac{120}{80} = 1,5$

Significa dizer que A equivale a uma vez e meia de B. Ainda, a quantidade A representa 150% da quantidade B.

- **Proporção**

A igualdade entre duas frações é a chamada proporção.

$\frac{A}{B} = \frac{C}{D}$	A razão "A para B" é equivalente à razão "C para D", ou seja, as razões (frações) são proporcionais.

Regra de Três

- **Regra de três simples**

Usando um termo mais técnico, denominamos a regra de três por "quarta proporcional", onde são conhecidos três valores de uma sequência com quatro (um dos valores é a incógnita) e, mantida a proporção, descobrimos o quarto valor.

Proporção.	$\frac{a}{b} = \frac{c}{X}$

Para resolver e achar o valor de X, procedemos à multiplicação em cruz.

Resolução.	$\frac{a}{b} = \frac{c}{X}$ $aX = bc$ $X = \frac{bc}{a}$

Relação diretamente proporcional:

A proporção é direta quando são comparadas duas grandezas e a variação de uma provoca uma variação proporcional a da outra no mesmo sentido.

Esta análise é importante para a resolução da regra de três pois, apesar de não ter implicação alguma quando a relação é direta, é bom saber se não é caso de uma relação inversa, antes de efetivamente resolvê-la.

Relação inversamente proporcional:

Diferente da proporção direta, na relação inversa há variação em sentidos contrários entre as grandezas comparadas.

Por exemplo, uma pessoa dedica meia hora por dia para fazer a leitura de um determinado livro e, assim, a leitura estará concluída em 12 dias. Se essa mesma pessoa passar a dedicar três horas por dia, vai acabar a leitura do livro em um prazo menor. Desta forma, aumenta-se o tempo diário de leitura e o prazo para o término do livro será reduzido (o aumento de uma grandeza provoca a redução da outra).

Ao resolvermos problemas de regra de três em que a relação seja inversamente proporcional, é necessária a alteração da posição dos valores de uma das grandezas.

Horas por dia	Dias para conclusão
1/2 ou 0,5	12
3	X

Como a relação é inversamente proporcional, faz-se a inversão das posições dos valores de uma das grandezas.

Horas por dia	Dias para conclusão
3	12
0,5	X

Após a alteração (Horas por dia), a resolução é feita normalmente com a multiplicação cruzada.

Multiplicação em cruz.	$3X = 0,5 \,.\, 12$ $X = 6/3$ $X = 2$

Conclui-se que passando o tempo de leitura diária de meia hora para três horas, o livro será lido em dois dias.

- **Regra de três composta**

Para a resolução dos problemas que apresentam mais de duas grandezas lança-se mão da regra de três composta, cuja resolução segue a seguinte regra:

- Posicionar as grandezas em linhas e colunas.
- Analisar se as relações são direta ou inversamente proporcionais.
- Alterar as posições das grandezas inversamente proporcionais.
- Isolar a coluna na qual se encontra a variável e fazer o produto das demais.
- Resolver como uma regra de três simples.

Exemplo: A linha de produção de uma indústria, trabalhando 12 horas por dia, durante 5 dias da semana e é capaz de produzir 60 máquinas. Se a indústria passar a trabalhar 7 dias na semana, qual será a carga horária de trabalho para produzir 140 máquinas?

- Posicionar as grandezas em linhas e colunas.

Horas por dia	Dias trabalhados	Quantidade de máquinas
12	5	60
X	7	140

- Analisar se as relações são direta ou inversamente proporcionais.

A análise da proporcionalidade das grandezas é feita duas a duas. Compara-se aquela que contém a variável X com cada uma das demais.

"Horas por dia" em relação a "Dias trabalhados".

Quando comparamos duas grandezas, as demais são consideradas constantes, assim, na comparação de "Horas por dia" e "Dias trabalhados", a terceira deve ser ignorada (como se a "Quantidade de máquinas" permanecesse inalterada).

Imaginando o aumento das horas de trabalho por dia, para produzir a mesma quantidade de máquinas, os dias de trabalho serão reduzidos. Nesse caso a relação é inversamente proporcional (aumento das "Horas por dia" e redução dos "Dias trabalhados"). A situação é representada pelas setas apontadas em sentidos contrários.

Horas por dia	Dias trabalhados	Quantidade de máquinas
↑	↓	

"Horas por dia" em relação à "Quantidade de máquinas".

Agora, os "Dias trabalhados", que não faz parte da relação, deve ser considerado uma grandeza fixa.

Aumentando as horas de trabalho diário, durante o mesmo período de dias, a quantidade de máquinas produzidas também será proporcionalmente aumentada. A relação entre "Horas por dia" e "Quantidade de máquinas" é diretamente proporcional (setas apontadas no mesmo sentido).

Horas por dia	Dias trabalhados	Quantidade de máquinas
↑	↓	↑

- Alterar as posições das grandezas inversamente proporcionais.

No caso, altera-se a posição dos valores da grandeza "Dias trabalhados" (tem a seta invertida). O mesmo resultado será obtido caso a alteração das posições seja feita conjuntamente nas grandezas "Horas por dia" e "Quantidade de máquinas".

Horas por dia	Dias trabalhados	Quantidade de máquinas
12	7	60
X	5	140

- Isolar a coluna na qual se encontra a variável e fazer o produto das demais.

Horas por dia	Produto: "Dias trabalhados" por "Quantidade de máquinas"
12	7 . 60
X	5 . 140

- Resolver como uma regra de três simples.

Multiplicação cruzada.	(7 . 60) X = 12 (5 . 140) X = 8400 / 420 X = 20

Resposta: São necessárias 20 horas de trabalho por dia para produzir 140 máquinas em 7 dias.

> **IMPORTANTE**
>
> Tanto para a regra de três simples como para a composta, lembre-se de analisar se as grandezas são direta ou inversamente proporcionais.

5. DIVISÃO PROPORCIONAL

A divisão proporcional é uma aplicabilidade do que foi visto no item anterior, razão e proporção, e utiliza a regra de três para a resolução.

Exemplo: Dividir 6.000 unidades para A, B e C de forma diretamente proporcional a 13, 15 e 12, respectivamente.

Quando a divisão for diretamente proporcional, construa um quadro (linhas e colunas) com as informações conhecidas e resolva por meio da regra de três.

	Proporção	Quantidade
A	13	?
B	15	?
C	12	?
Total	**40**	**6000**

A última linha, "Total", serve de referência, uma vez que são conhecidos os valores totais para a "Quantidade" e para "Proporção". Então, por ser uma linha considerada completa, comparamos com as demais, uma a uma, e resolvemos por meio da regra de três.

Por exemplo, para A, ignoramos as linhas relativas à B e C.

	Proporção	**Quantidade**
A	13	?
Total	40	6000

Efetivar o cálculo com a multiplicação cruzada.

Cálculo.	40 . A = 13 . 6000 A = 78000 / 40 A = 1.950

Repetimos o mesmo procedimento, se precisarmos calcular os valores de B e C.

- **Divisão inversamente proporcional**

As questões deixam claro quando a divisão deve ser feita de forma direta ou inversamente proporcional. Sendo inversamente proporcional, construímos a estrutura inicial, quadro com linhas e colunas, e transformamos os números relativos à "proporção" em seus inversos.

Exemplo: Dividir 3.400 unidades para A, B e C de forma inversamente proporcional a 5, 10 e 25, respectivamente.

A planilha inicial é a mesma.

	Proporção	**Quantidade**
A	5	?
B	10	?
C	25	?
Total		**3400**

Então, transformamos os números que indicam a proporção em seus inversos.

	Proporção	**Quantidade**
A	**1/5**	?
B	**1/10**	?
C	**1/25**	?
Total		**3400**

O total da coluna "Proporção" é o somatório das frações.

Total.	1/5 + 1/10 + 1/25= 17/50

Observação: A soma de frações faz-se com o auxílio do m.m.c.

	Proporção	**Quantidade**
A	1/5	?
B	1/10	?
C	1/25	?
Total	**17/50**	**3400**

Seguimos com a regra de três.

Para o cálculo da quantidade que cabe a A, faremos:

	Proporção	**Quantidade**
A	1/5	?
Total	17/50	3400

Efetivamos o cálculo com a multiplicação cruzada.

Cálculo.	17/50 . A = 1/5 . 3400 17/50 A = 680 A = 680 . 50/17 A = 2000

Repetimos o procedimento para calcular as quantidades de B e C.

Observe que a maior quantidade destina-se àquele que tem menor proporção.

A, B e C têm proporções 5, 10 e 25, respectivamente. Feita a divisão inversamente proporcional, coube a A 2.000 unidades, à B 1.000 unidades e a C 400 unidades.

6. EQUAÇÃO DE 2º GRAU

A característica da equação do segundo grau é a existência do expoente 2 em uma das variáveis.

Esse tipo de equação, representada por "$ax^2 + bx + c = 0$", tem no máximo duas raízes (valores de x) e a forma de resolução largamente utilizada é por meio do método de *Bhaskara*.

Fórmula de *Bhaskara*	$x = \frac{-b \pm \sqrt{\Delta}}{2 \cdot a}$ ou $x = \frac{-b \pm \sqrt{b^2 - 4ac}}{2 \cdot a}$
Discriminante	$\Delta = b^2 - 4ac$

- **Discriminante (Δ = Delta) igual à zero**

Determinar a solução da seguinte equação do 2º grau: $x^2 + 8x + 16 = 0$.

Definir o valor do discriminante (delta).	$\Delta = b^2 - 4ac$ $\Delta = 8^2 - 4(1)(16)$ $\Delta = 64 - 64$ $\Delta = 0$
Desenvolver a fórmula para x.	$x = \frac{-b \pm \sqrt{\Delta}}{2.a}$ $x = \frac{-(8) \pm \sqrt{0}}{2.1}$ $x = \frac{-8 \pm 0}{2}$

As duas raízes são iguais.

Calcular a raiz x'.	$x' = \frac{-8 + 0}{2}$ $x' = -4$
Calcular a raiz x".	$x'' = \frac{-8 - 0}{2}$ $x'' = -4$

Resposta: A única possibilidade para a resolução da equação é: x = -4.

- **Discriminante negativo**

Calcule o conjunto solução da equação: $10x^2 + 6x + 1 = 0$

Definir o valor do discriminante (delta).	$\Delta = b^2 - 4ac$ $\Delta = 6^2 - 4(10)(1)$ $\Delta = 36 - 40$ $\Delta = -4$

A equação de 2º grau que tem discriminante menor que zero, isto é, valor negativo, não possui raiz que pertença ao conjunto dos números reais.

<u>Resumo dos discriminantes:</u>

Δ > 0	Duas raízes reais e diferentes.
Δ = 0	Duas raízes reais e iguais.
Δ < 0	Nenhuma raiz real.

- **Relação entre coeficientes e raízes**

Uma opção para resolver a equação de 2º grau, sem nos valermos da fórmula de *Bhaskara*, é por meio da relação de soma e multiplicação das raízes.

Soma das raízes x' e x":	$S = \frac{-b}{a}$
Produto das raízes x' e x":	$P = \frac{c}{a}$

Exemplos: Calcular o valor de x para a equação: $x^2 - 10x + 24 = 0$

Soma das raízes x' e x":	$S = \frac{-b}{a} = \frac{-(-10)}{1} = 10$
Produto das raízes x' e x":	$P = \frac{c}{a} = \frac{24}{1} = 24$

Sabemos que a soma dos dois possíveis valores para x é igual a 10 e que o produto desses mesmos dois valores é igual a 24. Logo, as raízes são:

Possíveis produtos	Soma	Satisfaz
1 x 24 = 24	1 + 24 = 25	não
2 x 12 = 24	2 + 12 = 14	não
3 x 8 = 24	3 + 8 = 11	não
4 x 6 = 24	4 + 6 = 10	sim

Resposta: As raízes para a equação são iguais a 4 e 6.

7. ANÁLISE COMBINATÓRIA

- **Permutação**

A permutação revela a quantidade de sequências distintas em que os elementos de determinado conjunto podem ser ordenados. É representado pelo fatorial "P(x) = x!". Por exemplo: quantas são as diferentes possibilidades de cinco pessoas se acomodarem em um carro com cinco lugares.

Permutação P(x) = x!	P(x) = x! P(5) = 5! P(5) = 5 . 4 . 3 . 2 . 1 = 120

- **Arranjo e combinação**

Arranjo e combinação serão adotados quando os agrupamentos possuírem quantidades diferentes de elementos em relação ao grupo inicial. Exemplo: agrupamentos possíveis no jogo da megasena. O conjunto inicial tem 60 elementos e os agrupamentos serão feitos de seis em seis elementos.

Para distinguir se deve ser utilizado o arranjo ou a combinação, invertemos a posição dos elementos que formam o subconjunto e verificamos se o resultado é um conjunto diferente. Caso o resultado <u>alterar o conjunto e formar outro novo, então resolvemos por arranjo</u>. Se o <u>conjunto continuar igual, resolveremos por **com**binação</u>.

Exemplo: considere uma classe com 10 alunos. A partir desse grupo, vamos formar uma comissão com três alunos para representar a classe ou formar uma chapa com três alunos para disputar as eleições do diretório acadêmico, sendo um o presidente, o outro, secretário e o último, tesoureiro.

A Comissão com três alunos: Ângela, Bernardo e Cilmara. Alterando a ordem dos integrantes da comissão, a comissão permanece a mesma. Trata-se de combinação. C(10,3) = 120.

Chapa com três alunos: Ângela (presidente), Bernardo (secretário) e Cilmara (tesoureira). Alterando a ordem, é formado um novo grupo: Bernardo (presidente), Cilmara (secretária) e Ângela (tesoureira). Trata-se de arranjo A(10,3) = 720.

Fórmulas:

Arranjo	Combinação
$A(n,p) = \frac{n!}{(n-p)!}$	$C(n,p) = \frac{n!}{p!\,(n-p)!}$
A = Arranjo C = Combinação n = Total de elementos p = Quantidade de elementos do agrupamento.	

Para a prova, **resolução rápida:**

- **Arranjo**

Multiplica-se n por seus subsequentes subtraídos de uma unidade, tantas vezes quanto for o valor de p.	A(5,3) = 5 . 4 . 3 A(5,4) = 5 . 4 . 3 . 2 A(6,2) = 6 . 5

- **Combinação**

Compara-se "p – n" com "p", aquele que for menor será a quantidade de fatores a serem multiplicados tanto no numerador quanto no denominador. No numerador multiplica-se n pelos seus antecedentes (subtração de uma unidade a cada fator). No denominador multiplica-se 1 por seus subsequentes (adição de uma unidade a cada fator).	$C(5,3) = \frac{5 . 4}{1 . 2}$ $C(9,4) = \frac{9 . 8 . 7 . 6}{1 . 2 . 3 . 4}$ $C(6,2) = \frac{6 . 5}{1 . 2}$

8. PROBABILIDADE

- **Conceitos Básicos**

Experimento aleatório: São experimentos que, sob a mesma condição, podem apresentar diferentes resultados a cada ocorrência. Exemplo: lançamento de um dado.

Espaço amostral: É o conjunto de todos os possíveis resultados de um experimento. Exemplo: para o lançamento de um dado, o espaço amostral será: S = {1, 2, 3, 4, 5, 6}.

Evento: É um subconjunto do espaço amostral, ou seja, cada ocorrência. Exemplo: o resultado após o lançamento do dado.

Eventos independentes: Dois eventos são independentes se a ocorrência ou não ocorrência de um evento não afeta a probabilidade do outro evento acontecer. Exemplo: São lançados dois dados, um vermelho e outro branco, o resultado obtido pelo vermelho independe do resultado obtido pelo branco.

Situações excludentes: Eventos mutuamente exclusivos ou, simplesmente, situações excludentes são aquelas cuja ocorrência de uma elimina a possibilidade de ocorrência da outra. A soma das probabilidades de ocorrência das situações excludentes, quando forem complementares, será igual a 1 ou 100%.

- **Probabilidade**

Fórmula.	$P = \frac{\text{Eventos Favoráveis}}{\text{Total de eventos}}$

- **Probabilidade da união de dois eventos**

Quando uma questão referir-se a dois eventos, conectados entre si pela partícula "ou". Por exemplo: Uma questão apresenta vários dados e ao final pergunta: Qual a probabilidade da ocorrência do evento A ou do evento B? Resolvemos esse tipo de questão com a fórmula:

Fórmula.	P(A ou B) = P(A ∪ B) = P(A) + P(B) – P(A e B)

- **Probabilidade da ocorrência simultânea de dois eventos**

Observe parte da fórmula anterior: P(A e B). Trata-se da probabilidade de ocorrência simultânea dos eventos A e B. Caso os eventos A e B sejam eventos independentes, então a probabilidade de ocorrência de A e B, ao mesmo tempo, será encontrada pelo produto das probabilidades individuais.

Fórmula.	P(A e B) = P(A ∩ B) = P(A) . P(B)

Caso os eventos sejam dependentes, a probabilidade do evento A e do evento B será igual à probabilidade de A.

Fórmula.	P(A e B) = P(A ∩ B) = P(A)

9. VELOCIDADE

A fórmula para velocidade associada com uma dose de interpretação, raciocínio e algumas operações básicas são suficientes para vencer este tipo de questão.

Velocidade	V = D/t

Onde:

- V = Velocidade.
- D = Distância.
- t = Tempo.

Importante manter atenção às unidades de medida, devemos usar sempre as mesmas.

10. ESTATÍSTICA – MEDIDAS RESUMO

- **Medidas de Posição**

Média

Para sua prova, nada de aprofundar na estatística. Média é tratada tal qual na matemática, aritmética simples.

Média para rol	$\overline{X} = \dfrac{X_1 + X_2 + \cdots + X_n}{n}$

Onde:

- $\overline{X}$ = Média.
- X = Valores observados.
- n = quantidade de observações.

Mediana

Mediana é exatamente o centro das observações. Não se esqueça que o rol de observações deve estar ordenado.

Se a quantidade de observações for um número ímpar, haverá exatamente um elemento central.

Observação: Subscrito, entre parênteses, é o indicativo da posição central, ou seja, X é o valor central das observações.

Mediana para rol (para n ímpar)	$Md = X_{\left(\frac{n+1}{2}\right)}$

Se a quantidade de observações for um número par, haverá dois elementos centrais, então apura-se a média entre eles.

Mediana para rol (para n par)	$Md = \dfrac{X_{(n/2)} + X_{((n/2)+1)}}{2}$

Moda

Simplesmente o elemento com maior número de repetições.

- **Medidas de Dispersão**

Amplitude

Diferença entre a observação de maior valor e a observação de menor valor.

Amplitude	$h = X_{max} - X_{min}$

Desvio Médio

Média das diferenças absolutas de cada observação em relação à média.

Amplitude	$dm = \dfrac{\sum \lvert X_i - \mu \rvert}{n}$

Onde:

- dm = Desvio médio
- X = Valor de cada uma das observações.
- μ = Média
- n = quantidade de observações

Variância

Sutil diferença se comparado com o desvio médio.

Variância é a média dos quadrados das diferenças de cada observação em relação à média.

Variância (Var) Populacional	$\sigma^2 = \dfrac{\sum (X_i - \mu)^2}{n}$
Variância (Var) Amostral	$S^2 = \dfrac{\sum (X_i - \overline{X})^2}{n-1}$

Desvio Padrão

O desvio padrão é a raiz quadrada da variância.

Desvio Padrão (DP) Populacional	$\sigma = \sqrt{\dfrac{\sum (X_i - \mu)^2}{n}}$
Desvio Padrão (DP) Amostral	$S = \sqrt{\dfrac{\sum (X_i - \overline{X})^2}{n-1}}$

Propriedades

Sobre as medidas de dispersão, variância e desvio padrão, o mais provável é a cobrança das propriedades do que a aplicação das fórmulas.

Seguem algumas propriedades simples, porém com grande potencial para auxiliá-lo na resolução de questões.

	Média	**Desvio Padrão**	**Variância**
Quando os valores da variável são somados (subtraídos) a uma constante	Soma (subtrai) a mesma constante	Inalterado	Inalterado
Os valores da variável são multiplicados (divididos) por uma constante	Multiplica (divide) pela mesma constante	Multiplica (divide) pela mesma constante (módulo)	Multiplica (divide) pelo quadrado da constante

A propriedade para a média foi incluída aqui, junto com as medidas de dispersão por questão didática. Então, seguindo a linha de raciocínio, temos as seguintes situações: Na primeira, um valor constante é somado ou subtraído a todos os valores observados da variável de interesse. Na segunda situação, um valor constante é multiplicado ou dividido por cada valor observado da variável de interesse.

A partir dessas operações, o quadro mostra qual a implicação nos valores das medidas de média, desvio padrão e variância.

Gestão de Pessoas

Cristiana Duran

TABELA DE INCIDÊNCIA DE QUESTÕES

Distribuição das questões organizada por ordem didática de assuntos		
Questões	**Número de Questões**	**Peso**
1. EVOLUÇÃO DO PENSAMENTO ADMINISTRATIVO E DOS MODELOS DE GESTÃO DE PESSOAS	5	5,49%
2. MUDANÇA ORGANIZACIONAL	5	5,49%
3. ESTRUTURA ORGANIZACIONAL	2	2,20%
4. CONCEITOS INICIAIS EM GESTÃO DE PESSOAS	4	4,40%
5. GRUPOS E EQUIPES	3	3,30%
6. MOTIVAÇÃO	10	10,99%
7. LIDERANÇA	5	5,49%
8. GESTÃO DE CONFLITOS	1	1,10%
9. COMUNICAÇÃO	4	4,40%
10. TOMADA DE DECISÃO	4	4,40%
11. CLIMA E CULTURA	7	7,69%
12. ANÁLISE E DESCRIÇÃO DE CARGOS E RECRUTAMENTO E SELEÇÃO	4	4,40%
13. GESTÃO DE DESEMPENHO	15	16,48%
14. GESTÃO POR COMPETÊNCIAS	6	6,59%
15. GESTÃO ESTRATÉGICA E PLANEJAMENTO ESTRATÉGICO	14	15,38%
16. TREINAMENTO, DESENVOLVIMENTO E EDUCAÇÃO – TD&E	1	1,10%
17. GESTÃO DO CONHECIMENTO	1	1,10%
Total	**91**	**100%**

Gestão de Pessoas

Cristiana Duran

✦ QUESTÕES

1. EVOLUÇÃO DO PENSAMENTO ADMINISTRATIVO E DOS MODELOS DE GESTÃO DE PESSOAS

01. (FCC – Analista Judiciário – Área Administrativa – TRT 11/2024) Os elementos que compõem o modelo de gestão de pessoas vão muito além das práticas normalizadas em RH. Os objetivos e parâmetros dos processos de gestão de pessoas classificam-se em

a) introdução, manutenção e aproveitamento.

b) inserção, aproveitamento e interatividade.

c) movimentação, alternância e comprometimento.

d) alternância, comprometimento e valorização.

e) movimentação, desenvolvimento e valorização.

COMENTÁRIOS

Alternativa correta: "E". Os objetivos e parâmetros dos processos de gestão de pessoas, segundo Dutra, classificam-se em: movimentação, desenvolvimento e valorização (Dutra et al., 2017). Enquanto Chiavenato "enxerga" as políticas de gestão de pessoas classificadas em provisão, aplicação, manutenção, desenvolvimento e monitoração, Dutra traz esse agrupamento pela visão de processos, organizando-os em apenas três grupos: movimentação, desenvolvimento e valorização.

a) Movimentação: inclui captação, internalização, transferências, promoções, expatriação e recolocação.

b) Desenvolvimento: capacitação, carreira e desempenho.

c) Valorização: remuneração, premiação, serviços e facilidades.

02. (FCC – Analista Judiciário – Área Administrativa – TRT 11/2017) Na Era da Informação, a administração de recursos humanos cedeu lugar a uma nova abordagem, a Gestão de Pessoas, onde as pessoas são vistas como

a) recursos da organização.

b) fornecedoras de conhecimento e competências.

c) fornecedoras de mão de obra.

d) previsíveis e flexíveis.

e) dependentes da organização.

COMENTÁRIOS

✪ **Nota do autor:** Há uma classificação proposta por Fischer (2002) que traz a evolução dos modelos de gestão de pessoas. Essa classificação inclui os seguintes modelos: departamento pessoal, comportamento humano, gestão estratégica de pessoas e gestão de pessoas por competências. Essa é uma abordagem que mostra muito claramente como saímos de "recursos humanos" para "gestão de pessoas".

Alternativa correta: "B". Quando pensamos nessa mudança da área de gestão de pessoas, trazemos embutida toda essa mudança de paradigma. Antigamente, quando a abordagem de recursos humanos estava presente, ela representava muito bem o pensamento vigente a respeito das pessoas no trabalho: elas eram recursos. Recursos a serem administrados, assim como o dinheiro, os materiais etc. Posteriormente foi sendo compreendido que as pessoas não eram recursos. Gosto de pensar (e dizer isso em aula) da seguinte forma: todas as organizações possuem uma mesma estrutura, que são pessoas + processos de trabalho + produtos ou serviços (o que entregam ao cliente). Processos de trabalho e produtos ou serviços podem ser facilmente copiados. Você pode ir até uma empresa ver como "acontece" e implementar igual na sua empresa, ou ainda, ver o que entregam e copiar também. O que não pode ser copiado? PESSOAS. Então, o que diferencia uma organização de outra: pessoas. Cada uma é diferente da outra, possui complexidades e modelos mentais diferentes. E foi compreendendo isso que as organizações começaram a entender que sua função não era administrar o "recurso", mas gerir um "capital intelectual". Dependendo da competência e do conhecimento da pessoa, a organização poderia ganhar muito! Portanto, isso contava! Assim surgiu a ideia de pessoas como fornecedoras de conhecimento e competências.

---

03. (FCC – Analista Judiciário – Área Administrativa – TRT 7/2017) O objetivo dos estudos de Hawthorne, que deram origem à Escola das Relações Humanas, era

a) determinar, por meio de métodos científicos, a tarefa ideal a ser desempenhada pelo operário conforme o seu perfil.
b) promover melhores condições de trabalho para os operários nas fábricas.
c) demonstrar o impacto das condições físicas do local de trabalho na produtividade dos operários.
d) identificar o tipo de estrutura formal da empresa capaz de contribuir para a qualidade de vida dos trabalhadores.

COMENTÁRIOS

✪ **Nota do autor:** A questão aborda a Teoria das Relações Humanas, de Elton Mayo, que foi descrita a partir da Experiência de Howthorne (1927-1932). A finalidade era determinar a relação entre a intensidade da iluminação e a eficiência dos operários, medida pela produção. Essa experiência foi realizada na fábrica da Western Eletric Company, em Chicago, no bairro de Howthorne. Apesar de o intuito inicial ser apenas o de medir o impacto da iluminação na produtividade, logo o estudo foi estendido a outras condições físicas do local de trabalho, além de estudar a fadiga, os acidentes no trabalho e a rotação de pessoal (turnover). Por fim, os pesquisadores perceberam que independentemente da intensidade da iluminação, a produção permanecia alterada para mais, ou seja, muito alta; e isso se deu não pelas variáveis físicas do ambiente, mas pela presença deles no local, sugerindo que os fatores sociais tinham forte impacto na produtividade.

Alternativa correta: "C". Como dito nos comentários, o objetivo da experiência foi de demonstrar o impacto das condições físicas do local de trabalho na produtividade.

---

04. (FCC – Analista Judiciário – Área Administrativa – TST/2017) O modelo de aprendizagem organizacional, que tem por foco o comportamento, predicando que o mesmo pode ser observado e modificado, não aborda aquisição de conceitos e solução de problemas, mas sim as relações entre os estímulos e as consequências. Esse modelo é conhecido como

a) Interativo.
b) Empírico.
c) Behaviorista.
d) Reativo.
e) Pragmatista.

COMENTÁRIOS

Alternativa correta: "C". A questão aborda o modelo Behaviorista, uma teoria de processo relacionada, na área de gestão de pessoas, à motivação. As teorias motivacionais classificam-se basicamente em teorias de processo e teorias de conteúdo, sendo que as primeiras explicam o processo motivacional (o "como) e as segundas, o "que" motiva as pessoas. O Behaviorismo, de Skinner, compreende o comportamento como inserido em uma cadeia de eventos, antecedido por um estímulo e tendo como consequência, uma resposta. Entretanto, Skinner entendeu que essa cadeia estímulo – comportamento – consequência não era tão simples. Foi quando percebeu que as consequências "operavam" no ambiente, determinando ou não a continuidade daquele comportamento, ou seja, a consequência é que vai determinar o comportamento, se reforçá-lo ou não. É o chamado "fortalecimento operante", pois apresentado um comportamento e, em seguida, um reforço a ele, este será fortalecido. Nesse contexto, há outro conceito importante: Lei do Efeito. Elaborada por Thorndike, essa Lei descreve o entendimento de que a pessoa tende a repetir aquele comportamento que foi acompanhado de consequências favoráveis. Assim, é o efeito do comportamento (consequência) que o determina (mantém).

---

05. (CEBRASPE – Técnico Judiciário – Área Administrativa – TRT 7/2017) A gestão de pessoas no setor público tem passado por mudanças para atender aos novos requisitos impostos pelas transformações organizacionais e de ambiente próprias da era da informação. Nesse contexto, observa-se uma nova tendência, que considera as pessoas

a) ativos que devem ser organizados de forma hierárquica.
b) fatores de produção sujeitos a regulamentos rígidos e pré-estabelecidos.
c) recursos que devem ser administrados e coordenados.

d) seres humanos proativos com conhecimentos e capital intelectual próprios.

COMENTÁRIOS

Alternativa correta: "D". Essa foi a grande mudança que foi consagrada com a mudança do termo "recursos humanos" para "gestão de pessoas". As pessoas deixaram de ser vistas como recursos a serrem administrados e passaram a ser vistas como seres humanos, proativos, capazes, com conhecimentos e capital intelectual próprios.

2. MUDANÇA ORGANIZACIONAL

06. (FCC – Analista Judiciário – Área Administrativa – TRT 2/2018) O Desenvolvimento Organizacional (DO) constitui uma área distinta no âmbito da ciência organizacional, e concentra-se na mudança planejada e controlada das organizações nas direções almejadas. Condições favoráveis para o sucesso de uma iniciativa de Desenvolvimento Organizacional incluem

a) reconhecimento, pelo alto escalão, de que não existem problemas, e apoio às possíveis resistências.

b) avaliação dos resultados e os sucessos iniciais no programa de Desenvolvimento Organizacional.

c) posicionamento firme e baixa disponibilidade de escuta ativa diante de obstáculos.

d) revisão dos resultados no longo prazo e a manutenção rigorosa do planejamento estabelecido.

e) ajustes que evitem mudanças estruturais e que respeitem os processos e status quo das pessoas.

COMENTÁRIOS

Alternativa correta: "B". Letra A está incorreta. Se não for reconhecido que há problemas, não haverá motivo para mudar. Letra C está incorreta. É preciso alta disponibilidade de escuta ativa diante de obstáculos, pois quem trabalha naquele lugar, com aquela tarefa, sabe mais sobre o problema do que quem está ali para diagnosticá-lo; além disso, é preciso um posicionamento mais flexível, capaz de escutar o que os funcionários têm a dizer e implementar o que for possível e viável. Letra D está incorreta. A revisão dos resultados ocorre em longo prazo, mas há uma retroação muito forte sobre o diagnóstico inicial, uma vez que quando ele é feito, ainda não se conhecem os problemas que surgirão após a implementação da mudança; o diagnóstico e o planejamento podem ser alterados completamente. Letra E está incorreta. Mudanças estruturais podem ser realizadas. É um dos tipos de mudança existentes.

07. (FCC – Analista Judiciário – Área Administrativa – TRT 15/2018) O processo de mudança nas organizações corresponde à transição de uma situação para outra, envolvendo, a depender da intensidade, transformação, ruptura e perturbação. Segundo o estudioso Kurt Lewin, o processo de mudança envolve o denominado "recongelamento", que consiste

a) na dificuldade enfrentada na etapa inicial do processo de mudança, decorrente de práticas e concepções arraigadas.

b) na etapa final do processo de mudança, na qual ocorre a incorporação das novas ideias e a estabilização dos novos comportamentos.

c) no desafio apresentado na etapa intermediária do processo de mudança, quando há tendência de retomada de comportamentos anteriores.

d) na resistência individual e psicológica dos agentes passivos da mudança, que pode impedir o sucesso do processo.

e) no movimento coletivo, explícito ou subliminar, que ocorre após a consolidação da mudança e tende a conduzir à situação antecedente.

COMENTÁRIOS

Alternativa correta: "B". Letra A está incorreta, porque recongelamento é etapa final. A etapa inicial é o descongelamento, que consiste em tornar tão óbvia a necessidade de mudança, a ponto de o indivíduo, o grupo ou a organização poderem facilmente vê-la e aceitá-la. Letra C está incorreta, porque não é etapa intermediária. Letra D está incorreta porque resistência à mudança não é etapa do D.O. Letra E está incorreta, porque não tende a conduzir à situação antecedente.

08. (FCC – Analista Judiciário – Área Administrativa – TRT 11/2017) Quando os responsáveis pela mudança delineiam modelos do que a organização deveria ser em comparação com o que é, enquanto aqueles cujas ações serão afetadas estudam, avaliam e criticam o modelo de mudança para recomendar alterações baseadas em seu próprio discernimento e compreensão, a empresa está fazendo uso de uma estratégia de mudança, denominada

a) convencional.

b) evolucionária.

c) revolucionária.

d) humanista.

e) desenvolvimento sistemático.

COMENTÁRIOS

Alternativa correta: "E". Segundo Chiavenato (2000)[1], as organizações devem possuir estruturas orgânicas adaptáveis e capazes de resolver problemas. Para tanto, há o Desenvolvimento Organizacional – DO, que pode ser feito por meio de três tipos de estratégias de mudança: mudança evolucionária, mudança revolucionária e desenvolvimento sistemático. Os autores do D.O. adotam o desenvolvimento sistemático, em que os responsáveis pela mudança delineiam modelos do que a organização deveria ser em comparação com o que é, enquanto aqueles cujas ações serão afetadas estudam, avaliam e criticam o modelo de mudança para recomendar alterações baseadas em seu próprio discernimento e compreensão. As mudanças resultantes são traduzidas por apoio e compromisso e não por resistência ou ressentimentos.

---

09. (FCC – Analista Judiciário – Área Administrativa – TRT 24/2017) O processo de Desenvolvimento Organizacional é composto de etapas sucessivas, tendo início a partir da colheita e análise de dados, partindo para sua intepretação e diagnóstico, para se chegar à fase de intervenção, que corresponde à implementação. Nesta última etapa, os agentes de mudança possuem à sua disposição diversas técnicas, direcionadas para cada membro da organização, individualmente, para equipes ou grupos, para relações intergrupais e para a organização como um todo. Constitui exemplo de técnica apropriada para o desenvolvimento do indivíduo:

a) retroação de dados.
b) consultoria de procedimentos.
c) reuniões de confrontação.
d) treinamento da sensibilidade.
e) ajustes que evitem mudanças estruturais e que respeitem os processos e status quo das pessoas.

COMENTÁRIOS

Alternativa correta: "D". Letra A está incorreta. Retroação de dados é técnica de intervenção para a organização como um todo. Letra B está incorreta. Consultoria de procedimentos é técnica de intervenção para equipes ou grupos. Letra C está incorreta. Reuniões de confrontação é técnica para relações intergrupais. E letra E está incorreta, porque o D.O. visa a implementar mudanças e não a evitá-las.

---

10. (FCC – Analista Judiciário – Área Administrativa – TRT 21/2017) A mudança é um aspecto da inovação nas organizações abordado de forma central no âmbito do desenvolvimento organizacional. As ações de desenvolvimento organizacional relacionadas com os processos de mudança englobam, por exemplo, a retroação de dados, que corresponde

a) ao descongelamento, assim entendido como a fase inicial do processo de mudança, no qual as antigas práticas são abandonadas.
b) à denominada análise transacional, que visa ao autodiagnóstico das relações interpessoais presentes no processo.
c) a uma técnica de mudança de comportamento que proporciona aprendizagem de novos dados a respeito de si mesmo, do grupo ou da dinâmica de toda a organização.
d) ao recongelamento, ou etapa final do processo de mudança, no qual ocorre a integralização e estabilização das mudanças.
e) ao diagnóstico preliminar à implementação do processo de mudança, efetuado pela aplicação de um questionário para identificar os principais erros da organização.

COMENTÁRIOS

Alternativa correta: "C". Retroação de dados é uma técnica de intervenção para a organização como um todo; visa a mudança de comportamento que parte do princípio de que quanto mais dados cognitivos o indivíduo recebe, maior será a sua possibilidade de organizá-los e agir criativamente.

3. ESTRUTURA ORGANIZACIONAL

---

11. (FCC – Analista Judiciário – Área Administrativa – TRT 11/2024) O processo decisório relaciona-se com os três níveis organizacionais de gestão, quando considerados os graus de níveis de decisão. Nesse contexto, as decisões proferidas pela alta cúpula de Administração são identificadas como

a) definitivas.
b) referenciais.
c) estratégicas.
d) táticas.
e) operacionais.

COMENTÁRIOS

Alternativa correta: "C". Com a compreensão de que a estrutura organizacional é sempre enxergada em três níveis – estratégico, tático e operacional – fica fácil concluir que a alta cúpula da administração atua no nível estratégico, pois composta pelos dirigentes e diretores da organização e é o nível onde se tomam as decisões mais importantes da organização, pois envolvem a organização como um todo.

1. Chiavenato (2000).

12. (FGV – Técnico Judiciário – Área Administrativa – TRT 12/2017) Em um órgão público, as decisões são concentradas nos níveis mais altos da hierarquia. A direção do órgão gostaria de promover a descentralização das decisões como forma de incentivar a autonomia e a responsabilização dos gerentes. No entanto, a centralização das decisões apresenta vantagens em relação à descentralização, tais como:

a) torna o processo decisório mais ágil e flexível;

b) estimula a aprendizagem dos gerentes médios;

c) gera decisões mais consistentes com os objetivos globais da organização;

d) reduz os custos e o tempo de implementação das decisões;

e) facilita o fluxo de informações e a comunicação organizacional.

COMENTÁRIOS

✪ **Nota do autor:** A questão aborda as vantagens e desvantagens da centralização e da descentralização.

Alternativa correta: "C". As decisões centralizadas são mais consistentes com os objetivos empresariais globais.

Alternativa "A": incorreta. Na centralização o processo de tomada de decisão é mais lento do que na descentralização.

Alternativa "B": incorreta. Se os gerentes médios não tomam as decisões, não experimentam essa responsabilidade, que, de fato, poderia ensinar-lhes bastante sobre gestão.

Alternativa "D": incorreta. Decisões centralizadas provocam demoras e maior custo operacional.

Alternativa "E": incorreta. Dificulta o fluxo e informações e aumenta a possibilidade de distorções e erros no processo, já que envolve um número maior de pessoas na comunicação.

4. CONCEITOS INICIAIS EM GESTÃO DE PESSOAS

13. (FCC – Analista Judiciário – Área Administrativa – TRT 21/2023) A evolução dos modelos de gestão de pessoas ao longo dos anos indica um movimento de descentralização em que a denominada função de *staff* corresponde

a) às atribuições de assessoria e consultoria do órgão central de RH, que orienta e apoia os gestores que detêm a autoridade de linha em relação às suas equipes.

b) ao papel de controle e normalização anteriormente detido com exclusividade pelo órgão central de RH e que passa a ser compartilhado com áreas operacionais da organização.

c) à atividade de gerenciamento de pessoal, de cunho operacional, remanescente em setores da organização inicialmente não vocacionados para atuação estratégica.

d) ao papel dos gerentes e gestores de projetos, que possuem a responsabilidade de gerenciar e apoiar os recursos humanos que lhes sejam alocados.

e) ao apoio de consultorias externas especializadas ou pessoal terceirizado para atividades de gestão de RH, ficando a cargo da equipe interna apenas as funções estratégicas e normativas.

COMENTÁRIOS

✪ **Nota do autor:** A compreensão da denominada função de "staff" precisa vir acompanhada da compreensão de algumas estruturas organizacionais, porque tem uma ligação direta com um dos modelos. Quando encontramos uma organização com uma estrutura de departamentalização linear-funcional, ou seja, há uma estrutura funcional (por funções), onde as unidades são "agrupadas" pela função que realizam: financeiro, marketing, jurídico etc. e há, também, as unidades de assessoria (não são unidades subordinadas hierarquicamente como as outras e possuem papel de suporte técnico, verificamos a presença da chamada função de "staff" ou "estafe".

Há unidades que podem ter os dois papeis e uma delas é a área de gestão de pessoas. Isso porque além de ser atividade de linha – é um departamento com gestor e seus subordinados, que executa os processos de gestão de pessoas da organização – ainda funciona como "staff" (assessoria) das outras áreas, pois os gerentes de linha vão se utilizar desses serviços em suas unidades para obterem ajuda para gerir as pessoas. Por que é "staff"? Porque a área de gestão de pessoas aplica as técnicas, mas quanto à equipe de um outro gestor, a decisão final é dele.

Alternativa correta: "A". A questão explica o que é a denominada "função de staff", que corresponde às atribuições de assessoria e consultoria do órgão central de RH, que orienta e apoia os gestores que detêm, por fim, a autoridade de linha em relação às suas equipes. Atividade de linha = atividade de gestor que está na "linha gerencial" dentro da hierarquia da organização. Função de "staff" = exerce a "função" de dar assessoria e consultoria dentro da organização a outras áreas. Um pensamento aqui que facilita a compreensão: pense que as pessoas que trabalham na área de gestão de pessoas não "fazem" a gestão de todas as pessoas da organização. O gestor faz a gestão da própria equipe e isso é "atividade de linha". Buscar ajuda da área de gestão de pessoas para selecionar alguém, obter treinamento, buscar orientação e ajuda etc., é uma "função de estafe" da área de gestão de pessoas, que não vai gerir àquela equipe que está com problemas, mas vai dar o suporte técnico para solucionar a questão.

---

14. (FCC – Analista Judiciário – Área Administrativa – TRT 2/2018) As tarefas de Gestão de Pessoas mudaram com o tempo. Hoje, elas são desempenhadas nas organizações por dois grupos de executivos: de um lado os gerentes de linha que estão envolvidos diretamente nas atividades de gestão de pessoas por serem responsáveis pela utilização eficaz de seus subordinados e, de outro, os especialistas em gestão de pessoas que atuam como

a) consultores internos.
b) assessores de linha.
c) analistas técnicos.
d) agentes de controle de qualidade.
e) fiscais da conduta de liderança.

COMENTÁRIOS

✪ **Nota do autor:** questão que a diferenciação entre atividade de linha e função de staff.

Alternativa correta: "A". Os especialistas em gestão de pessoas, que trabalham na área de gestão de pessoas, atuam como uma consultoria interna, uma assessoria. Independentemente do nível que requerer o trabalho do especialista, ele atenderá, fornecendo as diretrizes e orientações pertinentes e típicas do especialista.

Alternativa "B": incorreta. É uma assessoria, mas não apenas de linha. Atende a todos da organização.

Alternativa "C: incorreta. Não são analistas técnicos. Eles funcionam como staff para a organização.

Alternativa "D" e "E": incorretas. Em nada se relacionam com agentes de controle de qualidade, nem com fiscais da conduta de liderança. Esse último nem existe.

---

15. (FCC – Analista Judiciário – Área Administrativa – TST/2017) Suponha que determinada organização paute seu planejamento de RH utilizando o modelo baseado em segmento de cargos. De acordo com tal opção, a referida organização deverá adotar, como condição necessária para o modelo,

a) o conceito de que as necessidades de pessoal são variáveis, condicionadas à procura estimada do produto.
b) a elaboração de mapas de substituição e organogramas de encarreiramento para organizar a força de trabalho.
c) a realização da análise histórica do fluxo de pessoal, consistente nas entradas e saídas para uma predição de curto e longo prazo.
d) a escolha de um fator estratégico, cujas variações afetam proporcionalmente as necessidades de pessoal.
e) a análise do desempenho individual de cada funcionário, para identificar os que podem ser desligados ou substituídos em situações contingenciais.

COMENTÁRIOS

✪ **Nota do autor:** essa questão aborda os modelos de planejamento de RH conforme Chiavenato. Existem cinco: Modelo baseado na procura estimada do produto; modelo baseado em segmentos de cargos, modelo de substituição de postos-chave, modelo baseado no fluxo do pessoal e modelo de planejamento operacional integrado.

Alternativa correta: "D". No modelo baseado em segmentos de cargos, há uma projeção dos níveis futuros de mão de obra para cada área funcional, correlacionando-os com o fator estratégico correspondente.

Alternativa "A": incorreta. O item corresponde ao modelo baseado na procura estimada do produto.

Alternativa "B": incorreta. O item corresponde ao modelo de substituição de postos-chave.

Alternativa "C": incorreta. O item corresponde ao modelo baseado no fluxo de pessoal.

Alternativa "E": incorreta. O item não corresponde com exatidão a nenhum dos modelos de Chiavenato, porém, se aproxima da ideia trazida pelo modelo de substituição de postos-chave.

---

16. (FCC – Analista Judiciário – Área Administrativa – TRT 11/2017) Do ponto de vista de provisão de insumos humanos, o planejamento operacional integrado leva em conta quatro fatores ou variáveis intervenientes: o volume de produção planejado pela organização; mudanças tecnológicas dentro da organização que alterem a produtividade pessoal; condições de oferta e procura no mercado e comportamento da clientela; e

a) desempenho de cada colaborador.
b) fluxo das pessoas para dentro, através e para fora da organização.
c) planejamento de carreiras dentro da organização.
d) processos de reengenharia.
e) previsão de vendas e lançamento de produtos/serviços.

COMENTÁRIOS

✪ **Nota do autor:** A questão cobra a classificação de Chiavenato (2010) sobre os modelos de planejamento de gestão de pessoas.

Alternativa correta: "C". Conforme Chiavenato (2010), há cinco modelos de planejamento de gestão de pessoas. Um deles é o modelo de planejamento operacional integrado, que é um modelo mais amplo e abrangente em relação aos outros. Do ponto de vista de provisão de insumos humanos, esse modelo leva em conta quatro fatores ou variáveis intervenientes:

a) Volume de produção planejado pela organização.
b) Mudanças tecnológicas dentro da organização que alterem a produtividade do pessoal.
c) Condições de oferta e procura no mercado e comportamento da clientela.
d) Planejamento de carreiras dentro da organização.

Importante ressaltar que do ponto de vista do fluxo interno, o planejamento operacional integrado leva em conta a composição mutável da força de trabalho da organização, acompanhando as entradas e saídas de pessoas, bem como a sua movimentação dentro da organização. Na prática, esse é um modelo sistêmico e um pouco mais abrangente de planejamento operacional de pessoal, que permite um diagnóstico razoável para a tomada de decisões sobre a força de trabalho.

5. GRUPOS E EQUIPES

17. (FCC – Analista Judiciário – Área Apoio Especializado – Arquitetura – TRT 11/2017) Um grupo de funcionários de uma empresa passa a ser uma equipe quando existe definição

a) de conflitos; divisão de objetivos e metas; ajustes de funções; resolução de interesses; definição da organização das férias e comunicação dos vínculos com outras equipes.
b) de comunicação; divisão de percepção organizacional; ajustes de formação; resolução de imagem pessoal; definição de autoproteção e limitação da flexibilidade.
c) de objetivos e metas; divisão de papéis e funções; sinergia positiva; alto grau de conformidade e indicação de que há uma liderança que permite apoio e coesão entre os membros.
d) hierárquica; divisão de objetivos; ajustes organizacionais; resolução de comentários e definição de liderança e de avaliação das fragilidades.
e) organizacional; divisão de conflitos, ajustes de funções; resolução de comunicação e definição da cooperação e de possibilidades de vínculo com outras equipes.

COMENTÁRIOS

Alternativa correta: "C". Quando as pessoas se reúnem em torno de um mesmo objetivo, e se engajam na realização disso, aproveitando o que há de melhor em cada um, estamos diante de uma equipe. A alternativa C traduz isso da melhor maneira.

Alternativas incorretas: As demais alternativas trazem características que não se coadunam com uma equipe ou mesmo são inexistentes.

18. (FGV – Técnico Judiciário – Área Administrativa – TRT 12/2017) Uma agência do governo designou uma equipe de analistas para se reunirem algumas horas por semana para discutirem formas de melhorar a qualidade, a eficiência, os processos e os métodos de trabalho. O tipo de equipe mais adequado para esse contexto é a:

a) de conflitos; divisão de objetivos e metas; ajustes de funções; resolução de interesses; definição da organização das férias e comunicação dos vínculos com outras equipes.
b) de comunicação; divisão de percepção organizacional; ajustes de formação; resolução de imagem pessoal; definição de autoproteção e limitação da flexibilidade.
c) de objetivos e metas; divisão de papéis e funções; sinergia positiva; alto grau de conformidade e indicação de que há uma liderança que permite apoio e coesão entre os membros.
d) hierárquica; divisão de objetivos; ajustes organizacionais; resolução de comentários e definição de liderança e de avaliação das fragilidades.
e) organizacional; divisão de conflitos, ajustes de funções; resolução de comunicação e definição da cooperação e de possibilidades de vínculo com outras equipes.

COMENTÁRIOS

Alternativa correta: "A". Se é para resolver problemas específicos, a literatura indica a formação de equipes de resolução de problemas. O foco do trabalho será esse. A equipe autogerenciada é aquela composta por pessoas altamente treinadas para desempenhar um conjunto de tarefas interdependentes dentro de uma unidade de trabalho, que tomam decisões em consenso e resolvem os problemas, não havendo um único líder. Equipes virtuais são aquelas que se utilizam das novas tecnologias de comunicação para interação entre seus membros que se encontram dispersos em diferentes locais, ao invés de se encontrarem pessoalmente. Equipes multifuncionais são as formadas por pessoas de diferentes funções dentro da organização, mas de mesmo nível hierárquico, tornando o trabalho mais rápido, já que parte das cadeias de comando é eliminada. "Equipe processual" não é uma classificação de equipe validada pela literatura da área de gestão de pessoas.

19. (FGV – Analista Judiciário – Área Administrativa – TRT 12/2017) Para a criação de equipes eficazes é preciso que se considerem variáveis de contexto, de composição e de processos da equipe. É uma variável de processos da equipe, fortemente relacionada ao seu desempenho:

a) nível de conflito;
b) liderança;
c) tamanho da equipe;
d) alocação adequada de papéis;
e) sistemas de avaliação de desempenho.

COMENTÁRIOS

Alternativa correta: "A". Manter um nível razoável de conflito é bom e até necessário ao desenvolvimento de uma equipe. Portanto, olhar para o nível de conflito da equipe é parte do processo de equipe que compõe uma equipe eficaz. Para Robbins, os componentes básicos para a criação de equipes são: projeto de trabalho (autonomia, variedade de habilidades, identidade das tarefas e importância das tarefas); composição da equipe (habilidade, personalidade, papeis e diversidade, tamanho, flexibilidade e preferência por trabalho em equipe); contexto (recursos adequados, liderança e estrutura, e sistemas de avaliação de desempenho e recompensas); e processos da equipe (propósito comum, metas específicas, eficiência de equipe – acreditar que terão sucesso –, nível de conflito – controlado –, e "folga social" reduzida).

6. MOTIVAÇÃO

20. (FCC – Analista Judiciário – Área Administrativa – TRT 2/2018) A hipótese central da teoria de motivação de Abraham Maslow é a existência de

a) motivos adquiridos por meio da aprendizagem.
b) comportamentos direcionados a obtenção de recompensas.
c) comportamentos direcionados a evitar punições.
d) esforço contínuo para liberação de tensão.
e) uma hierarquia das necessidades humanas.

COMENTÁRIOS

✪ **Nota do autor:** A Teoria mais conhecida e cobrada dentro de "motivação" é esta. A teoria de Maslow é disposta numa pirâmide que demonstra a hierarquia das necessidades humanas. Começa da base até o topo e as necessidades vão se alterando conforme vão sendo supridas.

Alternativa correta: "E". Hierarquia das necessidades humanas é a opção que descreve a teoria de Maslow. Nenhuma outra opção se relaciona com a Teoria de Maslow.

21. (FCC – Analista Judiciário – Área Administrativa – TRT 15/2018) De acordo com a Teoria Bifatorial, desenvolvida por Herzberg para buscar explicar os elementos que envolvem a satisfação no trabalho, os denominados fatores higiênicos

a) estão relacionados à insatisfação no trabalho, sendo administrados pela empresa e extrínsecos à motivação do funcionário.
b) são intrínsecos à satisfação dos indivíduos em geral, induzindo o processo de motivação no trabalho.
c) não repercutem na satisfação ou insatisfação do indivíduo, sendo neutros do ponto de vista da motivação.
d) são fatores indutores do processo motivacional, correspondendo às recompensas diretas por comportamentos ou ações desejadas.
e) representam forças antagônicas à motivação, devendo ser neutralizados pelo reforço positivo e evitados mediante punição.

COMENTÁRIOS

✪ **Nota do autor:** A Teoria dos dois fatores ou teoria bifatorial de Herzberg descreve a motivação a partir de duas perspectivas: fatores higiênicos e fatores motivacionais. Os higiênicos não motivam, mas se não atendidos levam à insatisfação. Estão ligados ao ambiente, ao contexto, mas não ao conteúdo do trabalho. Em contrapartida, os motivacionais estão ligados ao conteúdo do trabalho e são motivadores. Assim, se atendidos, motivam, mas se não atendidos não levam à insatisfação. Levam à falta de motivação, apatia, perda do sentido do trabalho.

Alternativa correta: "A". Após a explicação, ficou claro que os fatores higiênicos se relacionam à insatisfação e não à motivação. São extrínsecos, portanto, e controlados (administrados) pela empresa. Dizem respeito ao ambiente, às condições de trabalho, salário, relações com o supervisor etc.

Alternativa "B": incorreta. Higiênicos são extrínsecos, não intrínsecos. Também não induzem o processo de motivação.

Alternativa "C": incorreta. Os higiênicos repercutem diretamente na insatisfação no trabalho, caso não sejam atendidos.

Alternativa "D": incorreta. Os higiênicos não se relacionam com o processo motivacional em si. Isso acontece com os fatores motivacionais.

Alternativa "E": incorreta. Também não são forças antagônicas à motivação. São apenas fatores diferentes, que controlam diferentes processos.

---

22. (FCC – Analista Judiciário – Área Administrativa – TRT 6/2018) O fenômeno da motivação tem sido estudado sob diferentes enfoques e, nesse sentido, uma das possíveis categorizações das denominadas teorias motivacionais apresenta a divisão entre teorias de conteúdo e teorias de processo, as quais abordam, respectivamente,

a) a motivação propriamente dita, entendida como uma qualidade inata; os estímulos motivacionais, entendidos como insumos necessários, porém não suficientes, para a motivação.
b) aquilo em que consiste a motivação para cada indivíduo, com ênfase nos valores e crenças; aquilo em que consiste a motivação para o grupo e como induzi-la, com ênfase nas dinâmicas.
c) as condições precedentes para a motivação do indivíduo, a exemplo dos aspectos psicológicos; os métodos aplicáveis para induzir ou fomentar a motivação, a exemplo do treinamento de sensitividade.
d) os fatores que motivam o indivíduo, a exemplo dos ligados à subsistência; os processos cognitivos que influenciam a motivação, a exemplo do reforço positivo.
e) os componentes estáticos da motivação, como valência e instrumentalidade; os componentes dinâmicos da motivação, como propósito e resiliência.

COMENTÁRIOS

✪ **Nota do autor:** As teorias que dissertam sobre a motivação classificam-se, basicamente, em duas grandes vertentes: teorias de processo e teorias de conteúdo.

Alternativa correta: "D". As teorias de processo explicam o processo motivacional e respondem, portanto, COMO a motivação ocorre, enquanto as teorias de conteúdo explicam O QUE motiva uma pessoa no trabalho. Portanto, quando entendemos os fatores que motivam o indivíduo, estamos falando DO QUE motiva – teorias de conteúdo – e quando entendemos os processos cognitivos que influenciam, explicamos COMO a motivação ocorre – teorias de processo.

Alternativa "A": incorreta. O item organizou o entendimento em "motivação propriamente dita" e "estímulos motivacionais". Não é essa a diferença entre os tipos de teorias.

Alternativa "B": incorreta. O item organizou o entendimento em "o que motiva um indivíduo" e "o que motiva um grupo". Já sabemos que ambas falam de teorias de conteúdo e não traduzem a diferenciação entre teorias de conteúdo e teorias de processo.

Alternativa "C": incorreta. Explicação baseada em "condições precedentes" e "métodos", o que também não explica a diferença entre os tipos de teorias motivacionais.

Alternativa "E": incorreta. "Componentes estáticos" e "componentes dinâmicos" também não representam a diferença entre as teorias.

---

23. (FCC – Analista Judiciário – Área Administrativa – TRT 11/2017) Ao longo do tempo, diferentes teorias se sucederam para explicar, sob diferentes abordagens, o fenômeno da motivação. Entre elas, a Teoria de Campo, desenvolvida por Kurt Lewin, segundo a qual

a) o comportamento é função ou resultado da interação entre a pessoa e o ambiente que a rodeia.
b) o reforço negativo é capaz de fortalecer uma reação quando remove um estímulo aversivo.
c) o comportamento humano é sempre orientado para resultados, o que se denomina instrumentalidade.
d) existe uma hierarquia de necessidades individuais a serem satisfeitas que pautam o comportamento dos indivíduos.
e) cabe diferenciar os fatores motivacionais intrínsecos, daqueles insatisfacientes, que são, em sua maioria, extrínsecos.

COMENTÁRIOS

Alternativa correta: "A". Kurt Lewin foi o precursor das dinâmicas de grupo e dos estudos dos comportamentos grupais. Ele influenciou diversas áreas da psicologia e da administração. Uma de suas mais importantes teorias é a Teoria de Campo. Nela, toda pessoa é compreendida dentro de seu campo psicológico, pelo qual as pessoas interpretam e compreendem o mundo à sua volta. A partir dessa ideia, o comportamento humano é resultado da interação da pessoa com o ambiente.

Alternativa "B": incorreta. Reforço negativo relaciona-se com o Behaviorismo, não com a Teoria de Campo.

Alternativa "C": incorreta. O "modelo do comportamento" que é o modelo mais simples para explicar o processo motivacional; afirma que todo comportamento é motivado, pois a motivação sempre possui um objetivo, não existindo comportamento "aleatório".

Alternativa "D": incorreta. Hierarquia de necessidades é Teoria da Hierarquia de Necessidades de Maslow.

Alternativa "E": incorreta. A explicação refere-se à Teoria Bifatorial de Herzberg.

---

24. (FCC – Analista Judiciário – Área Administrativa – TRT 11/2017) Entre as diversas teorias que buscam explicar a dinâmica da motivação, algumas são classificadas como de conteúdo, sendo mais estáticas e descritivas, procurando explicar o que motiva o indivíduo. De outro lado, aquelas classificadas como teorias de processo procuram explicar como se dá o processo de motivação, tal como a Teoria

a) do Reforço, de Skinner, segundo a qual o reforço negativo é representado pela remoção de um evento punitivo.
b) Bifatorial, de Herzberg, segundo a qual existem fatores individuais e ambientais que impulsionam a motivação.
c) X e Y, de McGregor, que preconiza a prevalência de características inatas no desencadeamento do processo motivacional.
d) ERC, de Clayton Alderfer, de acordo com a qual a recompensa financeira é o fator de maior peso para desencadear a motivação, porém não prevalente na sua manutenção.
e) das Necessidades Adquiridas, de David McClelland, que apresenta uma pirâmide das necessidades que geram motivação, na base da qual estão as ligadas à sobrevivência.

COMENTÁRIOS

Alternativa correta: "A". Dentre as teorias citadas nos itens da questão, a única teoria de processo, ou seja, que explica COMO a motivação se dá, é a teoria do reforço (Behaviorismo) de Skinner. Todas as outras são de conteúdo.

---

25. (FCC – Analista Judiciário – Área Administrativa – TRT 24/2017) Uma das classificações feitas pela literatura para distinguir as diversas teorias sobre a motivação no ambiente organizacional, corresponde às Teorias de Conteúdo, que procuram explicar

a) precipuamente o grau de correlação entre as recompensas oferecidas e a motivação para a sua consecução.
b) os processos cognitivos do indivíduo, que influenciam seu comportamento e geram motivação.
c) apenas os elementos objetivos que compõem a motivação, como salários e benefícios.
d) os componentes da motivação comuns aos diferentes grupos sociais, e não os fatores individuais.
e) quais fatores motivam as pessoas, dentro do indivíduo ou do ambiente que o envolve.

COMENTÁRIOS

Alternativa correta: "E". As teorias motivacionais dividem-se em teorias de conteúdo e de processo. As de conteúdo explicam O QUE motiva as pessoas e não o processo motivacional em si. Então, procuram explicar QUAIS fatores (o que) motivam as pessoas, dentro do indivíduo ou do ambiente que o envolve.

---

26. (FGV – Técnico Judiciário – Área Administrativa – TRT 12/2017) Em uma reunião para definição de metas de desempenho individual para 2018, um funcionário declarou ao chefe: "Quero mostrar que dou conta de atribuições complexas; gosto de metas desafiadoras e quero ser o melhor membro da equipe". De acordo com as teorias de motivação, o funcionário apresenta, como necessidade predominante:

a) afiliação;
b) poder;
c) controle;
d) realização;
e) reforço.

COMENTÁRIOS

Alternativa correta: "D". Alcançar metas desafiadoras é bem típico da teoria da motivação para a realização de McClelland. Há três necessidades – realização, afiliação e poder – e a necessidade de realização descreve essa vontade de realizar algo difícil, de se realizar, de lutar pelo sucesso.

Alternativa "A": incorreta. Afiliação é necessidade da teoria das necessidades adquiridas, em que a pessoa valoriza mais as relações humanas do que a sua própria realização.

Alternativa "B": incorreta. Reflete o desejo de influenciar, ensinar e encorajar os outros a se realizarem.

Alternativa "C": incorreta. Não há descrição de "controle" como necessidade.

Alternativa "E": incorreta. Reforço é ligado ao Behaviorismo de Skinner.

---

27. (CEBRASPE – Analista Judiciário – Área Administrativa – TRT 7/2017) A motivação depende do esforço despendido pelo empregado para atingir um resultado e do valor atribuído por ele a esse resultado. Essa premissa se refere à teoria motivacional denominada teoria

a) afiliação;
b) poder;
c) controle;
d) realização;
e) reforço.

COMENTÁRIOS

Alternativa correta: "B". A teoria da expectativa explica que a motivação é o produto da Valência X Expectativa X Instrumentalidade, sendo que "esforço despendido pelo empregado para atingir um resultado" é a Expectativa e "o valor atribuído por ele a esse resultado" é a Valência.

28. (FCC – Técnico Judiciário – Área Administrativa – TRT 21/2017) A motivação é um dos temas que tem merecido estudo dada sua relevância no âmbito das organizações para a consecução dos seus objetivos. Entre as diferentes teorias que buscam explicar o tema, destaca-se a preconizada por Abraham Maslow, conhecida como teoria da hierarquia das necessidades humanas, a qual

a) considera que cada indivíduo possui necessidades e expectativas próprias e que somente serão motivados se identificada e observada a hierarquia entre as mesmas.
b) ranqueia as necessidades humanas em forma piramidal, tendo em sua base aquelas que necessitam ser primeiramente atendidas, tais como as fisiológicas, ligadas à sobrevivência do indivíduo.
c) elenca as necessidades consideradas universais para o ser humano e aponta a correlação entre cada necessidade e o aspecto motivacional por ela ativado.
d) propõe um diagnóstico do grupo que se pretende motivar para identificar e atender às necessidades contingenciais correspondentes, que podem variar de acordo com o ambiente.
e) preconiza que as necessidades mais básicas não interferem na motivação, sendo necessário, para ativar o estágio motivacional, acessar as de nível superior, tais como autorrealização.

COMENTÁRIOS

Alternativa correta: "B". Conforme a Teoria de Maslow, as necessidades são dispostas em uma pirâmide, tendo na base, as primárias, e no topo, as secundárias. A primeira (mais básica de todas) é a fisiológica.

29. (FCC – Analista Judiciário – Área Administrativa – TST/2017) Diversas teorias procuram explicar o fenômeno da motivação no ambiente de trabalho. Os estudos sobre o tema apontam que, aliada a outros fatores como habilidades individuais e suporte organizacional, a motivação é determinante para o desempenho almejado. Dada a importância do tema, vários autores passaram a estudar o fenômeno da motivação, entre os quais destaca-se Clayton Alderfer, que propôs a Teoria ERC, a qual, entre outros aspectos, sustenta que existe(m)

a) uma hierarquia clara entre as necessidades humanas, de forma que, enquanto não satisfeita uma necessidade primária não é possível ativar uma necessidade inferior.
b) 3 fatores essenciais para a motivação, consistentes nas seguintes necessidades: existencial; de relacionamento e de crescimento.
c) 3 principais fatores que evocam o processo motivacional: valência (valor da recompensa.); instrumentalidade e expectativa.
d) apenas 2 aspectos que são determinantes na geração de motivação: reforço positivo (recompensa.) e reforço negativo (punições e desincentivos).
e) 3 diferentes vetores que orientam a motivação: realização pessoal; afiliação (relacionamento) e poder (influência sobre o grupo).

COMENTÁRIOS

Alternativa correta: "B". A Teoria ERC de Alderfer descreve exatamente estas três necessidades: existência (ou existencial), de relacionamento e de crescimento. Basta gravar pelo nome da teoria, que já traz a primeira letra de cada necessidade. Portanto, letra "B".

7. LIDERANÇA

30. (FCC – Analista Judiciário – Área Administrativa – TRT 15/2018) Os estudos sobre o tema da liderança desenvolvidos por acadêmicos da Universidade de Ohio na década de 1940 apontaram duas categorias de liderança, a partir de diferentes dimensões do comportamento do líder, sendo uma delas:

a) Consideração, que representa a forma como o líder planeja e executa as tarefas, conduzindo os liderados para a realização das metas estabelecidas.
b) Estrutura de iniciação, que corresponde ao grau em que o líder consegue definir e estruturar o próprio papel e o dos liderados para o atingimento dos objetivos organizacionais.
c) Recurso cognitivo, que se traduz no poder de persuasão do líder em relação aos liderados, utilizado em prol do interesse da organização.
d) Valência, que é a medida de valor atribuída pelo líder a cada um dos liderados de acordo com o retorno obtido.

e) Carisma, que é um atributo pessoal e intransferível de todo líder eficaz e que conduz aos resultados almejados.

COMENTÁRIOS

✪ **Nota do autor:** Na pesquisa de Ohio, no final da década de 1940, os pesquisadores buscaram identificar dimensões independentes do comportamento do líder e chegaram às seguintes: estrutura de iniciação, que aponta o grau em que um líder é capaz de definir e estruturar o próprio papel e o de seus funcionários na busca pelo alcance dos objetivos da organização; e consideração, que aponta o grau em que um líder é capaz de manter relacionamentos no trabalho, caracterizados por confiança mútua, respeito às ideias dos funcionários e cuidado com os sentimentos deles.

Alternativa correta: "B". Estrutura de iniciação, que corresponde a essa estrutura que o líder definiu sobre seu próprio papel e o dos liderados para que alcancem os objetivos organizacionais.

Alternativa "A": incorreta. Consideração é a estrutura de iniciação, ou seja, o grau em que o líder é capaz de manter relacionamentos de confiança e consideração com seus liderados no trabalho. A questão trouxe a definição de estrutura de iniciação.

Alternativa "C": incorreta. Teoria do Recurso Cognitivo analisa o impacto do estresse sobre o desempenho do líder e acredita que um líder que sofre forte tensão terá dificuldades em pensar lógica e analiticamente, mas quando ele tem maior experiência e inteligência, saberá lidar melhor com essas situações.

Alternativa "D": incorreta. Valência faz parte da Teoria das Expectativas de Vroom e constitui-se no valor que uma pessoa dá à recompensa por determinado desempenho, fazendo parte do "cálculo" motivacional. Portanto, teoria sobre motivação e não sobre liderança.

Alternativa "E": incorreta. Carisma é usado pela Teoria Carismática para explicar a influência de um líder sobre seus liderados. Para essa teoria, os seguidores atribuem capacidades heroicas ou extraordinárias aos líderes quando observam determinados comportamentos deles, atribuídos ao carisma.

---

31. (FCC – Analista Judiciário – Área Administrativa – TRT 11/2018) O tema da liderança nas organizações tem sido objeto de estudo na literatura e apresenta diferentes abordagens, dentre elas, as denominadas teorias situacionais, as quais apontam, entre outros preceitos:

a) a importância da ênfase na produção e nas tarefas, relativizando o papel das características pessoais do líder.

b) que a liderança é uma condição inata das pessoas, passível de transmissão apenas em situações peculiares.

c) a possibilidade do desenvolvimento de traços de personalidade ligados às tarefas, sendo inviável desenvolver aqueles ligados à gestão.

d) o líder deve agir de acordo com as contingências e situações apresentadas pelo ambiente.

e) que fatores exógenos não influenciam o comportamento do líder autêntico, eis que este deve sempre ter o domínio da equipe.

COMENTÁRIOS

✪ **Nota do autor:** As teorias situacionais ou contingenciais são aquelas que consideram a liderança a partir do contexto, da situação em que a pessoa está exercendo esse papel.

Alternativa correta: "D". A abordagem contingencial considera que o líder se ajusta a determinada situação, variando o exercício de sua liderança conforme variar o contexto.

Alternativa "A": incorreta. A teoria bidimensional foi resultado dos estudos da Universidade de Michigan e apenas descreve o comportamento do líder, como um líder voltado para os funcionários ou voltado para produção. Portanto, representa teoria comportamento (que descreve o comportamento do líder), mas não contingencial, porque não fala nada sobre o contexto em que o líder vai apresentar cada tipo de comportamento.

Alternativa "B": incorreta. Liderança como condição inata é a descrição da teoria dos traços, que considerava que o líder nascia líder, porque apresentava os "traços de personalidade da liderança".

Alternativa "C": incorreta. Aqui a alternativa misturou teoria dos traços com teoria comportamental. Se a questão busca uma explicação para teoria contingencial, então essa alternativa está errada.

Alternativa "E": incorreta. A alternativa vai de encontro ao que dizem as teorias contingenciais, pois desconsidera os fatores exógenos sobre o comportamento do líder. Pelo contrário! Nas teorias contingenciais, o comportamento do líder é fortemente influenciado pelo contexto, pelo ambiente.

---

32. (FCC – Analista Judiciário – Área Judiciária – TRT 11/2017) Os estudos sobre liderança desenvolvidos pela Universidade de Ohio nos anos de 1940, buscaram identificar dimensões independentes do comportamento do líder, descrevendo duas categorias de liderança, que são:

a) diretiva e colaborativa.

b) democrática e autocrática.

c) autocentrada e cooperativa.

d) ênfase nas pessoas e ênfase na produção.

e) estrutura de iniciação e consideração.

COMENTÁRIOS

Alternativa correta: "E". Na pesquisa de Ohio, no final da década de 1940, os pesquisadores buscaram identificar dimensões independentes do comportamento do líder e chegaram às seguintes: estrutura de iniciação, que aponta o grau em que um líder é capaz de definir e estruturar o próprio papel e o de seus funcionários na busca pelo alcance dos objetivos da organização; e consideração, que aponta o grau em que um líder é capaz de manter relacionamentos no trabalho, caracterizados por confiança mútua, respeito às ideias dos funcionários e cuidado com os sentimentos deles. É preciso ter cuidado porque a pesquisa de Michigan é que terminou por definir o comportamento do líder como ou voltado para pessoas ou voltado para produção (letra "D").

---

33. (FCC - Analista Judiciário - Área Administrativa - TRT 24/2017) Os estudos sobre liderança contemplam as denominadas Teorias Situacionais, entre as quais o Modelo de Fiedler, segundo o qual

a) a liderança deve ser baseada na troca, cabendo ao líder participativo o atendimento das necessidades dos subordinados.

b) a eficácia da liderança depende da adequação do estilo do líder com o grau de maturidade dos subordinados.

c) a liderança deve ser diretiva, cabendo ao líder deixar claro o que espera dos subordinados, propondo ações claras e objetivas.

d) a eficácia gerencial está atrelada à manipulação correta da situação e não ao estilo ou personalidade do líder.

e) o desempenho eficaz do grupo depende da combinação adequada entre o estilo de liderança do líder com os subordinados e o grau em que a situação dá o controle e a influência para o líder.

COMENTÁRIOS

Alternativa correta: "E". Para Fiedler, o desempenho eficaz do grupo depende da combinação adequada entre o estilo de interação do líder com seus subordinados e o grau em que a situação dá controle e influência para o líder.

Alternativa "A": incorreta. Liderança transacional é aquela que se baseia apenas na troca.

Alternativa "B": incorreta. É na liderança situacional de Hersey e Blanchard que o líder considera o grau de maturidade do liderado e adequa sua liderança, tornando-a mais eficaz de acordo com a situação.

Alternativa "C": incorreta. Esse é um aspecto presente nos estilos de liderança descritos na liderança situacional de Hersey e Blanchard.

Alternativa "D": incorreta. Não há manipulação da situação pelo líder. Há uma adequação do líder à situação.

---

34. (FGV - Técnico Judiciário - Área Administrativa - TRT 12/2017) Nem todos os administradores são líderes e nem todos os líderes são administradores. Liderança e administração são dois termos próximos, mas que costumam ser confundidos. A liderança é melhor definida da seguinte forma:

a) ordem, consistência e direção por meio de planejamento;

b) capacidade de influenciar pessoas para atingir metas;

c) cargo de direção em uma organização;

d) referência técnica ou autoridade no assunto;

e) capacidade de agradar os funcionários e manter um bom clima organizacional.

COMENTÁRIOS

Alternativa correta: "B". Não restam dúvidas: liderança relaciona-se profundamente com a influência exercida por alguém. E não é só isso. É preciso ter um elo entre essa influência e os objetivos. Então, é a capacidade de influenciar pessoas para atingir metas. Ter o cargo de direção em uma organização (letra "C") não torna essa pessoa líder, a torna "chefe". Ser uma referência técnica ou autoridade no assunto (letra "D") é uma base de poder que a pessoa pode ter, porém não é a única. Então, a pessoa pode liderar com base nessa referência, mas o que a torna um líder é a sua capacidade de influenciar pessoas com a finalidade de que alcancem um objetivo, seja com base em sua autoridade em um assunto ou com base em outras referências. Capacidade de agradar pessoas e manter um bom clima não torna ninguém líder (letra "E"). É bom, mas é só uma base de "troca". Na maioria das vezes, pessoas que tentam agradar e manter um bom clima não influenciam, pelo contrário, viram "reféns" da opinião alheia. E "ordem, consistência e direção por meio de planejamento" (letra "A") é mais uma descrição de tarefa do que descrição de liderança.

8. GESTÃO DE CONFLITOS

---

35. (FCC - Analista Judiciário - Área Apoio Especializado - Arquitetura - TRT 15/2018) A aplicação da abordagem estrutural para gestão de conflitos prioriza

a) a adoção de medidas contundentes no episódio de conflito, incluindo o afastamento dos agentes envolvidos.
b) a intervenção antes da instalação do conflito, atuando sobre condições preexistentes que predispõem à sua ocorrência.
c) a intervenção de uma terceira parte, externa à organização, como forma de intermediar o conflito.
d) o enfrentamento dos aspectos intrínsecos do conflito, de natureza pessoal, ligados ao clima organizacional.
e) o tratamento dos aspectos extrínsecos ao conflito, como a cultura dominante na organização, utilizando-os como elementos neutralizadores.

COMENTÁRIOS

✪ **Nota do autor:** Abordagens quanto à gestão de conflitos são formas de administrar o conflito e variam conforme o tipo de conflito existente. Podem ser: abordagem estrutural, abordagem de processo ou abordagem mista.

Alternativa correta: "B". Na abordagem estrutural, a ideia é que o conflito surge quando há diferentes percepções acerca das condições, dos recursos ou da interdependência da tarefa. Mexendo nesses elementos – estruturais – controla-se o conflito.

Alternativa "A": incorreta. A intervenção específica sobre o conflito é o que configura a abordagem de processo, não a abordagem estrutural.

Alternativa "C": incorreta. Chamar uma terceira parte é característico da abordagem de processo.

Alternativa "D": incorreta. É característico da abordagem de processo.

Alternativa "E": incorreta. Inexiste técnica de gestão de conflito que parta da mudança cultural para resolução de um conflito.

9. COMUNICAÇÃO

36. (FCC – Técnico Judiciário – Área Administrativa – TRT 2/2018) Entre as atividades inerentes à atuação do administrador, insere-se a de direção ou coordenação, que envolve, necessariamente, a comunicação. Nesse contexto, o mecanismo que constitui uma forma simples para coordenar as atividades da organização, podendo ser formal ou informal, pautado pela comunicação entre os responsáveis pelas atividades para obter o equilíbrio entre as quantidades, tempos de produção e direções a serem seguidas, denomina-se

a) ajuste espontâneo.
b) matriz de responsabilidades.
c) diagrama de Pareto.
d) condução forçada.
e) planejamento tático.

COMENTÁRIOS

Alternativa correta: "A". Esse ajuste se pauta pela comunicação entre os responsáveis pelas atividades, em busca de equilíbrio, seja na definição de quantidades, seja no tempo de produção, ou, ainda, na direção a ser seguida. É uma contribuição voluntária entre os responsáveis, que pode ser formal ou informal.

37. (FGV – Analista Judiciário – Área Administrativa – TRT 12/2017) Um dos maiores problemas organizacionais é a comunicação. Sabendo disso, o novo gestor pretende escolher um canal rico de comunicação para comunicar seu plano de gestão. Em relação à riqueza de informação dos canais de comunicação, um dos canais menos ricos de informação é o(a):

a) videoconferência;
b) voicemail;
c) discurso ao vivo;
d) memorando;
e) discussão online.

COMENTÁRIOS

Alternativa correta: "D". A questão pede o MENOS rico. A comunicação escrita é mais "pobre" que a comunicação falada. Sendo ao vivo ou por canais que permitem interação, a falada ainda é mais rica que a escrita. Assim, dentre os canais trazidos pela questão, o mais pobre (menos rico) é o memorando, e o mais rico é o discurso ao vivo.

38. (FCC – Analista Judiciário – Área Administrativa – TRT 3/2015) Dificilmente o processo de comunicação ocorre sem problemas. Entre a mensagem "tal como é enviada" e a mensagem "tal como é recebida", existem barreiras que fazem com que a mensagem enviada e a recebida sejam diferentes entre si. O sistema cognitivo é considerado uma barreira à comunicação. São elementos cognitivos:

a) omissão e sobrecarga.
b) consonância e dissonância.
c) transmissor e receptor.
d) codificador e decodificador.
e) ruído e falsa percepção.

COMENTÁRIOS

✪ **Nota do autor:** A questão trata da comunicação dentro das organizações. Conforme Robbins (2002), as barreiras à comunicação são as perturbações indesejáveis que tendem a deturpar, distorcer e alterar, de maneira imprevisível, as mensagens transmitidas.

✪ **Alternativa correta: "B".** Essa questão não está bem elaborada, pois o sistema cognitivo, em si, não é uma barreira à comunicação. A dissonância, sim. Isso porque o sistema cognitivo é o sistema ligado aos nossos conhecimentos, nossas percepções. Consonância significa que a presunção da organização a respeito de seu ambiente é confirmada na prática e no cotidiano. Ao selecionar e perceber o ambiente, as pessoas normalmente procuram reduzir a dissonância e manter a consonância. Dissonância é, portanto, a incoerência entre o que se pensa a respeito de algo e o que a pessoa constata sobre ele. Portanto, estamos nos referindo a ideias pré-concebidas. Isso é barreira psicológica à comunicação eficaz. Mas o que o item pergunta é: quais são os elementos cognitivos? Então, correta a letra "B".

Assertiva A: omissão e sobrecarga são barreiras à comunicação eficaz. Estão relacionadas às barreiras organizacionais na comunicação, que são: barreiras pessoais (as pessoas podem facilitar ou dificultar as comunicações), barreiras administrativas ou burocráticas (decorrem da forma como as organizações atuam e processam suas informações), excesso de informação (sobrecarga) e informações incompletas (distorções e omissões).

Assertiva C: transmissor e receptor são os agentes da comunicação. Transmissor é quem está transmitindo a mensagem e receptor, quem a está recebendo.

Assertiva D: codificador e decodificador são os canais pelos quais a mensagem está sendo enviada e recebida. Por exemplo, se a mensagem está sendo enviada por mensagem eletrônica (e-mail), o programa de e-mail é o canal que faz a codificação (conversão de uma mensagem de comunicação em um formato simbólico) e a decodificação (compreensão dos símbolos da mensagem de forma que o receptor a entenda).

Assertiva E: ruído e falsa percepção são agentes que atrapalham a eficácia da comunicação, ou seja, são barreiras.

39. (FCC – Analista Judiciário – Área Administrativa – TRT 3/2015) As configurações estruturais dos grupos de trabalho diferem quanto à forma de trocar informações e as características dos membros da rede. Considere as configurações de redes de comunicação abaixo.

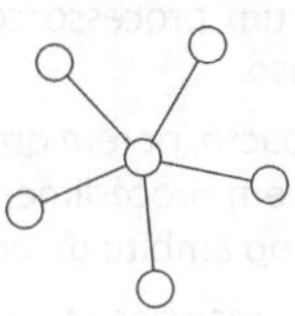

I

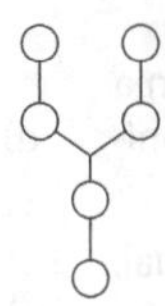

II

III

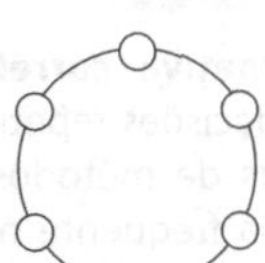

IV

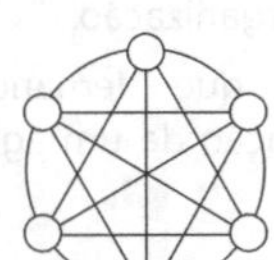

V

Possui mais velocidade de intercâmbio de informações a que consta em

a) I.

b) II.

c) III.

d) IV.

e) V.

COMENTÁRIOS

✪ **Nota do autor:** A questão suscita o conhecimento acerca das redes de comunicação. As redes podem ser formais ou informais, centralizadas ou descentralizadas. Todas as redes apresentadas na questão são redes formais. Os números I, II e III são centralizadas, enquanto IV e V são redes descentralizadas, pois não possuem uma pessoa pela qual a comunicação necessariamente deve passar. Tipos: I – roda, II – em Y, III – cadeia, IV – círculo e V – completamente conectada (ou todos os canais).

Alternativa correta: "A". Essa é uma questão polêmica, porque na prática, quanto menos elos a comunicação tiver que passar, mais rápida ela será. Robbins (2002) afirma, numa comparação entre roda, cadeia e completamente conectada, que a velocidade será igualmente rápida nos tipos roda e completamente conectada, enquanto na cadeia, a velocidade é moderada. Então, é questão que cabe recurso. Para que vocês saibam outras informações a respeito das redes de comunicação conforme Robbins (2002, p. 283):

Critério	Cadeia	Roda	Completamente conectada
Velocidade	Moderada	Rápida	Rápida
Acurácia	Alta	Alta	Moderada
Emergência de um líder	Moderada	Alta	Nenhuma
Satisfação dos membros	Moderada	Baixa	Alta

10. TOMADA DE DECISÃO

40. (FCC – Analista Judiciário – Área Judiciária – TRT 15/2018) Entre os diferentes tipos de decisões tomadas no âmbito de uma organização, existem aquelas classificadas pela literatura como "não programadas", aplicáveis a situações

a) vivenciadas no dia a dia da organização, mas que demandam, para sua solução, a adoção de um processo intuitivo.

b) não rotineiras, cuja resolução não é viável com a mera utilização do acervo de soluções disponíveis na organização.

c) que não comportam uma solução individual, demandando um processo coletivo de construção de consenso.

d) de grande impacto, porém que comportam solução com base em procedimentos sistematizados e já utilizados no âmbito da organização.

e) exógenas à organização e que demandam, para sua solução, da intervenção de um agente externo.

COMENTÁRIOS

Alternativa correta: "B". Decisões não programadas são decisões novas e não estruturadas para as quais não há um método determinado para a abordagem do problema. Resultam de situações inéditas e inesperadas, as quais geralmente representam decisões únicas e complexas, cujo resultado não se encontra previamente descrito.

41. (FCC – Analista Judiciário – Área Judiciária – TRT 11/2017) Entre os diferentes tipos de decisões tomadas no âmbito de uma organização, existem aquelas classificadas pela literatura como "não programadas", aplicáveis a situações

a) vivenciadas no dia a dia da organização, mas que demandam, para sua solução, a adoção de um processo intuitivo.

b) não rotineiras, cuja resolução não é viável com a mera utilização do acervo de soluções disponíveis na organização.

c) que não comportam uma solução individual, demandando um processo coletivo de construção de consenso.

d) de grande impacto, porém que comportam solução com base em procedimentos sistematizados e já utilizados no âmbito da organização.

e) exógenas à organização e que demandam, para sua solução, da intervenção de um agente externo.

COMENTÁRIOS

Alternativa correta: "A". Decisões programadas são decisões repetitivas e rotineiras oriundas de resultados de métodos criados sobre situações de ocorrência frequente nas organizações. Encontram-se inseridas nos processos organizacionais e possuem respostas objetivamente corretas, podendo ser resolvidas pela utilização de regras, políticas ou resultados de computações numéricas simples. Diante desse tipo de decisão há um procedimento ou estrutura clara para se chegar ao resultado correto.

42. (FCC – Analista Judiciário – Área Administrativa – TRT 24/2017) A teoria sustentada por Herbert Simon para explicar o processo decisório no âmbito das organizações, aponta, entre outros aspectos, dois tipos de decisões:

a) as previsíveis, que refletem o comportamento padrão da organização; e as inovadoras, tomadas em um ambiente de mudança comportamental.
b) as autocráticas, tomadas pelo gestor sem participação dos envolvidos; e as participativas, decorrentes de processo de construção coletiva.
c) as consensuais, que refletem o consenso na organização; e as individuais, tomadas pelo responsável pela solução de um problema isolado.
d) as programadas, tomadas por meio de um conjunto de normas preestabelecidas; e as não programadas, que não comportam soluções padronizadas.
e) as autônomas, construídas dentro da própria organização; e as consultivas, que envolvem a participação de agentes externos à organização.

COMENTÁRIOS

Alternativa correta: "D". Basta lembrar-se dos conceitos: programadas – rotineiras, repetitivas, resultado de métodos já criados a partir de situações que ocorrem com frequência na organização; não programadas – novas, não estruturadas, para as quais não há um método determinado para abordar o problema, portanto são inéditas.

---

43. (FCC – Analista Judiciário – Área Administrativa – TST/2017) A atuação do gestor envolve, a todo momento, a tomada de decisões. De acordo com Herbert Simon, a própria organização é concebida como um sistema de decisões. Para o autor, o tipo de decisão que resolve problemas que já foram enfrentados antes e, para cuja resolução, basta aplicar um curso de ação que já faz parte do acervo da organização, corresponde às decisões

a) de segundo nível, tomadas pelos escalões operacionais da organização, que se contrapõem às de primeiro nível, estas últimas de natureza estratégica.
b) previsíveis, que não demandam do gestor esforço de atuação, mas apenas um mero diagnóstico, que se contrapõem às decisões de gestão propriamente ditas.
c) programadas, que se contrapõem às não programadas, estas últimas preparadas uma a uma para atacar problemas que as soluções padronizadas não conseguem resolver.
d) sistematizadas, tais como os algoritmos, que não envolvem escolha pelo gestor, que se contrapõem às individualizadas, que demandam uma escolha efetiva.
e) simuladas, baseadas em modelos padronizados, que se contrapõem às decisões reais, que envolvem uma escolha efetiva entre diferentes alternativas fáticas.

COMENTÁRIOS

Alternativa correta: "C". Basta lembrar-se que programadas são as rotineiras, repetitivas, resultado de métodos já criados a partir de situações que ocorrem com frequência na organização.

11. CLIMA E CULTURA

---

44. (FCC – Analista Judiciário – Área Administrativa – TRT 11/2024) Cultura organizacional e clima organizacional relacionam-se, respectivamente, com

a) crenças e valores da empresa – ao sentimento dos colaboradores em relação ao ambiente de trabalho.
b) ações coordenadas dentre os agentes de uma empresa buscando um fim comum — objetivos indicados pela empresa para a execução das ações de seus colaboradores.
c) objetivos buscados pela empresa — ação coordenada dentre os agentes da empresa na busca desses objetivos.
d) sentimento dos colaboradores em relação ao ambiente de trabalho — crenças e valores da empresa.
e) valores praticados pelos agentes de uma empresa — crenças e valores da empresa.

COMENTÁRIOS

Alternativa correta: "A". Enquanto cultura organizacional é um sistema compartilhado de significados dentro de uma organização, o qual determina, em grande parte, como os funcionários agem e pode ser conceituado como o conjunto de hábitos e crenças, estabelecido através de normas, valores, atitudes e expectativas compartilhados por todos os membros da organização, o clima organizacional é a demonstração de como o conjunto de valores e crenças da organização (cultura) é percebido e assimilado pelo grupo. É, portanto, uma avaliação de até que ponto as expectativas das pessoas estão sendo atendidas dentro da organização. Assim, cultura se relaciona com crenças e valores internalizados por aqueles participantes da organização, enquanto o clima é mais uma reação das pessoas, o sentimento delas com relação ao trabalho, naquele momento.

---

45. (FCC – Analista Judiciário – Área Administrativa – Contabilidade – TRT 2/2018) O conjunto de hábitos e crenças estabelecidos por normas, valores, atitudes e expectativas, compartilhado por todos os membros da organização, refere-se à definição de

a) cultura organizacional.
b) clima organizacional.

c) gestão organizacional.

d) estratégia organizacional.

e) socialização organizacional.

COMENTÁRIOS

Alternativa correta: "A". Sem dúvidas, o conceito de cultura é o que abarca as crenças e hábitos advindos de todos os principais elementos da organização: normas, valores, atitudes, expectativas... e quando isso é compartilhado por todos os membros, passa a fazer parte da cultura do lugar.

---

46. (FCC – Analista Judiciário – Área Administrativa – TRT 15/2018) No que concerne aos atributos e elementos da cultura e do clima organizacional, tem-se que

a) a cultura é de mais difícil modificação, porém possui artefatos observáveis, como, por exemplo, os padrões utilizados nas instalações da organização.

b) o clima é um aspecto do comportamento organizacional de difícil aferição, não sendo possível identificá-lo com o uso de ferramentas de pesquisa.

c) a cultura é fortemente influenciada por fatores sociais e psicológicos dos integrantes da organização, e o clima exclusivamente por fatores do ambiente externo.

d) a cultura é exógena à organização, própria do ambiente em que atua, enquanto o clima é endógeno e de difícil modificação.

e) o clima constitui um elemento precursor da cultura na organização, influenciando a sua formação e modificação.

COMENTÁRIOS

Alternativa correta: "A". Comparada ao clima, a cultura organizacional é mais difícil de ser modificada (mas não é impossível). Entretanto, quando olhamos para os níveis da cultura, vemos que o primeiro, mais "externo", são os artefatos, que são produtos, serviços, prédios, instalações, tecnologia e padrões de comportamento das pessoas, ou seja, tudo aquilo que facilmente "vemos" numa organização. Esses são facilmente modificáveis.

Alternativa "B": incorreta. O clima não é de difícil aferição. Como é resultado da percepção das pessoas, basta uma pesquisa que pergunte o que a pessoa acha sobre aquele aspecto organizacional.

Alternativa "C": incorreta. O clima não possui exclusivamente fatores externos. Pelo contrário. É fruto da percepção das pessoas que trabalham na organização de como as coisas acontecem, de como percebem o tratamento que recebem da organização etc.

Alternativa "D": incorreta. A cultura não é exógena. Ela é completamente intrínseca! Cada organização possui a sua e ela reflete aqueles valores compartilhados pelas pessoas que nela trabalham. E o clima não é de difícil modificação. Muitas vezes o clima muda rapidamente, pois algum fator relacional mudou.

Alternativa "E": incorreta. Seria o contrário. A cultura é um elemento precursor do clima, influenciando sua formação e modificação.

---

47. (FCC – Técnico Judiciário – Área Administrativa – TRT 21/2017) Considere, abaixo, as diferenças comumente apontadas pelos doutrinadores entre cultura e clima organizacional:

I. O clima é passível de avaliação, representando percepções, opiniões e sentimentos, enquanto a cultura contempla aspectos como valores e crenças.

II. O clima, por sua natureza psicológica, é mais enraizado na organização, sendo assim de mais difícil modificação que a cultura.

III. A cultura apresenta aspectos apenas formais e fechados, enquanto o clima apresenta apenas aspectos informais e abertos.

Está correto o que consta APENAS em

a) III.

b) I e II.

c) II.

d) II e III.

e) I.

COMENTÁRIOS

Alternativa correta: "E". Apenas o item I está correto.

Item I: correto. Enquanto cultura envolve um sistema de significados compartilhados por pessoas de uma mesma organização (seus valores, seus pressupostos mais básicos), o clima refere-se à percepção das pessoas sobre a organização, sobre como são tratadas, sobre como se desenvolvem os relacionamentos etc. Então, não estaria errado afirmar que a cultura também é passível de avaliação, ok? Porém o item está verdadeiro: o clima é passível de avaliação, representando percepções, opiniões e sentimentos enquanto a cultura contempla aspectos como valores e crenças.

Item "II": incorreto. A cultura, por ser esse "sistema de significados" compartilhado é que é mais enraizada, diz sobre crenças e valores. O clima muda com muita facilidade e traduz a percepção das pessoas sobre como são tratadas, como está o trabalho etc.

Item "III": incorreto. Não é isso que diferencia clima e cultura. Cultura diz de significados compartilhados que definem comportamentos; clima é mais percepção, como as pessoas "sentem" o ambiente de trabalho.

---

48. (FCC – Analista Judiciário – Área Administrativa – TRT 11/2017) A cultura organizacional constitui um fenômeno estudado por diversos autores, estreitamente ligado à própria identidade da organização e à forma como ela é vista por seus integrantes e pela sociedade. Os autores costumam apontar, entre os aspectos, mais facilmente perceptíveis da cultura de uma organização

a) o clima organizacional.
b) os ritos de degradação.
c) a osmose geográfica.
d) a ideologia.
e) os artefatos observáveis.

COMENTÁRIOS

✪ **Nota do autor:** A questão cobra o entendimento dos níveis de uma cultura organizacional. São três: artefatos, valores compartilhados e pressuposições básicas (ou pressupostos básicos).

Alternativa correta: "E". Artefatos são as coisas que vemos, o que ouvimos e sentimentos quando conhecemos uma organização. Incluem: produtos, serviços, prédios, instalações, tecnologia e padrões de comportamento. Assim, são os aspectos mais facilmente perceptíveis da cultura de uma organização.

---

49. (FCC – Analista Judiciário – Área Administrativa – TRT 24/2017) A cultura organizacional contempla o conjunto de valores e crenças que mantêm unidos os membros da organização e, por outro lado, produz perante a sociedade, através do conjunto de percepções, o que chamamos de imagem corporativa. Entre os níveis fundamentais da cultura apontados pela literatura, estão os denominados Pressupostos Básicos, que correspondem

a) aos valores da organização, traduzidos na filosofia e ideologia adotadas.
b) aos aspectos formais e abertos da cultura organizacional.
c) à moldura normativa da organização, que contempla os comportamentos esperados e os reprováveis.
d) aos símbolos e ícones representativos da organização, facilmente observáveis.
e) à camada mais profunda da cultura, composta por crenças, percepções e sentimentos.

COMENTÁRIOS

Alternativa correta: "E". Olhando para os níveis da cultura organizacional, fica fácil saber que os pressupostos básicos é o mais profundo, mais arraigado, mais escamoteado e mais difícil de mudar. Isso porque nele residem as crenças, percepções, sentimentos e valores mais profundos.

Alternativa "A": incorreta. Esse item pode confundir e acredito que não tenha ficado com a melhor redação. O que torna o item errado é o "adotadas", porque parece algo formal que foi implementado na organização. E, na verdade, a cultura não é assim. É algo que surge espontaneamente, influenciado por diversas coisas, mas o mais importante é que é compartilhado por todos ou pela grande maioria da organização. Dessa forma, não são valores "adotados", mas compartilhados.

Alternativa "B": incorreta. Não são formais. Até possui aspectos mais formais, dentro de artefatos... mas a essência da cultura está em seus pressupostos básicos, que são informais e fechados.

Alternativa "C": incorreta. Os pressupostos não correspondem à moldura normativa (às regras formais) da organização.

Alternativa "D": incorreta. Símbolos e ícones observáveis são pertencentes aos artefatos e não aos pressupostos básicos.

---

50. (FCC – Analista Judiciário – Área Administrativa – TRT 11/2017) Para mudar a cultura e o clima organizacionais, a organização precisa ter capacidade inovadora, ou seja: adaptabilidade, senso de identidade, perspectiva exata do meio ambiente e integração entre os participantes. A adaptabilidade é a capacidade de

a) investigar, diagnosticar e compreender de forma realista o contexto organizacional.
b) conhecer e compreender o passado e o presente da organização e de compartilhar essas informações por toda hierarquia.
c) resolver problemas e de reagir de maneira flexível às exigências mutáveis e inconstantes do meio ambiente.
d) estimular o funcionamento orgânico e integrado entre a organização e o meio ambiente, aceitando e estimulando as diferenças.
e) transição de uma situação para outra diferente ou a passagem de um estado para outro.

COMENTÁRIOS

✪ **Nota do autor:** A questão trata dos requisitos descritos por Chiavenato (2010a)[2] da chamada "capa-

---

2. Chiavenato, I. (2010a).

cidade inovadora" das organizações. Para ele, a capacidade inovadora envolve: adaptabilidade, senso de identidade, perspectiva exata do meio ambiente e integração entre os participantes.

Alternativa correta: "C". A questão explica, no enunciado, o que é ter "capacidade inovadora". A partir disso, pergunta sobre adaptabilidade. Assim, devemos procurar, nas alternativas, palavras que explicam o termo conforme a teoria. A letra "C" fala em reagir de maneira flexível às exigências mutáveis, ou seja, fala em AÇÃO de se adaptar ao ambiente. Logo, é a alternativa correta.

Alternativa "A": incorreta. A letra "A" fala em investigar, diagnosticar e compreender o contexto. A adaptabilidade exige, além disso, ação, no sentido de realizar mudanças.

Alternativa "B": incorreta. A letra "B" fala em conhecer o passado e o presente e compartilhar essas informações. Isso não é suficiente para ser adaptável. É preciso ação para mudar.

Alternativa "D": incorreta. A letra "D" fala em aceitar e estimular as diferenças. Isso é importante, mas não diz da adaptabilidade.

Alternativa "E": incorreta. A letra "E" fala em transição de uma situação para outra diferente. A adaptabilidade não se confunde com transição. A transição envolve sempre duas realidades ou estados diferentes, é algo mais drástico. Já a adaptabilidade pode envolver um mesmo estado com realidades diferentes.

12. ANÁLISE E DESCRIÇÃO DE CARGOS E RECRUTAMENTO E SELEÇÃO

51. (FCC – Analista Judiciário – Área Administrativa – TRT 21/2023) Considere que, em um processo de seleção de pessoal, o responsável pretenda valer-se de ferramentas para a identificação de perfil profissiográfico para a posição a ser preenchida. Para tanto, poderá utilizar

a) requisição de pessoal, aplicável quando não é possível a seleção externa e busca, na própria organização, do profissional mais apto possível para o cargo.
b) Incidentes críticos, que correspondem ao mapeamento de seleções malsucedidas, buscando evitar novos equívocos.
c) hipótese de trabalho, que resulta em uma previsão aproximada do conteúdo do cargo, sendo útil quando se trate de cargo novo na organização.
d) descrição do cargo, que corresponde ao levantamento dos aspectos extrínsecos do cargo, em especial as habilidades exigidas para o ocupante.
e) análise do cargo, consistente na Identificação dos aspectos intrínsecos do cargo: tarefas, atribuições e responsabilidades Inerentes à posição.

COMENTÁRIOS

Alternativa correta: "C". Quando vamos iniciar um processo seletivo, fazemos um perfil profissiográfico para a posição a ser preenchida, ou seja, levantamos o que o profissional precisa apresentar para desempenhar as atividades. Aqui já podemos perceber a seleção "como um processo de comparação", porque vai comparar as exigências do cargo (características daquele cargo, o que o cargo exige que seu ocupante tenha para exercê-lo bem) com as características do candidato (conjunto de conhecimentos, habilidades e atitudes que cada candidato apresenta na hora da seleção). As exigências do cargo podem ser obtidas a partir de diferentes fontes: descrição e análise do cargo, técnica dos incidentes críticos, requisição de empregado, análise de mercado e hipótese de trabalho. A hipótese de trabalho é uma previsão do que se "acha" que o novo ocupante deve fazer e é uma alternativa viável quando nenhuma das outras opções serve e quando o cargo é "novo", ou seja, não se sabe exatamente quais são os requisitos do cargo porque o cargo acabou de ser criado.

Alternativa "A" incorreta: Requisição de pessoal ou de empregado são dados de requisição de pessoal solicitados pelo chefe imediato, descrevendo as características comportamentais e as competências necessárias. É uma descrição feita pelo próprio gestor que possui a vaga em sua equipe. Não tem qualquer relação com a impossibilidade de seleção externa. É apenas uma fonte de informação que vem do próprio gestor.

Alternativa "B" incorreta: Técnica de incidentes críticos é uma anotação sistemática e criteriosa dos chefes imediatos a respeito dos fatos e comportamentos dos ocupantes do cargo que tiveram melhor ou pior desempenho no trabalho. Assim, pode-se ressaltaras características desejáveis e indesejáveis que serão investigadas na seleção para futuros ocupantes do cargo. Não tem qualquer relação com seleções anteriores.

Alternativa "D" incorreta: Descrição de cargo é o processo que consiste em enumerar as tarefas ou atribuições que compõem um cargo e que o tornam distinto de todos os outros cargos existentes na organização. Especificamente, a descrição cuida dos aspectos intrínsecos do cargo e é o detalhamento das atribuições ou tarefas do cargo (o que o ocupante faz), a periodicidade da execução (quando faz), os métodos empregados para a execução dessas atribuições ou tarefas (como faz) e os objetivos do cargo (porque faz). Portanto, incorreta porque são aspectos intrínsecos do cargo e não extrínsecos.

Alternativa "E" incorreta: Análise de cargos corresponde à análise dos aspectos extrínsecos ao cargo. Ela busca os requisitos impostos ao ocupante do cargo, pois pretende estudar e determinar os requisitos qualificativos, as responsabilidades envolvidas e as condições exigidas pelo cargo para seu desempenho adequado. Incorreta, assim, porque são os aspectos extrínsecos e não intrínsecos como diz o item.

---

52. (FCC – Analista Judiciário – Área Administrativa – TRT 12/2023) Uma etapa fundamental para a gestão de pessoas em uma organização é a denominada análise de cargos, que corresponde

a) ao processo de realinhamento das funções, que se inicia a partir de um mapeamento dos objetivos estratégicos da organização.

b) ao detalhamento do que o cargo exige do seu ocupante em termos de conhecimento, habilidades e capacidades para o adequado desempenho das atribuições do referido cargo.

c) ao cotejo entre as atribuições formais do cargo e as tarefas efetivamente desempenhadas pelos seus ocupantes, detectando eventuais desvios e inadequações.

d) à identificação das tarefas e responsabilidades próprias do cargo, considerando as responsabilidades, atribuições e competências conferidas a posição.

e) a identificação das lacunas ou *"gaps"* de competências no âmbito da organização e que demandam treinamento e aprimoramento dos colaboradores.

COMENTÁRIOS

Alternativa correta: "B". Como explicado na questão anterior, a análise de cargos corresponde à análise dos aspectos extrínsecos ao cargo. Ela busca os requisitos impostos ao ocupante do cargo, pois pretende estudar e determinar os requisitos qualificativos, as responsabilidades envolvidas e as condições exigidas pelo cargo para seu desempenho adequado. Incorreta, assim, porque são os aspectos extrínsecos e não intrínsecos como diz o item. Portanto, letra "b" é a correta.

---

53. (FCC – Técnico Judiciário – Área Administrativa – TRT 15/2018) No que concerne aos conceitos de análise de cargos, recrutamento e seleção no âmbito das organizações, tem-se que:

I. A seleção constitui uma etapa prévia ao recrutamento, por meio da qual são identificados os melhores candidatos para o cargo disponível.

II. O recrutamento é um procedimento externo à organização, normalmente utilizado para novas contratações, enquanto a seleção é interna, voltada a promoções dos que já integram a organização.

III. A análise é feita a partir da descrição do cargo, procurando determinar os requisitos físicos e mentais que seu ocupante deve possuir.

Está correto o que consta APENAS de

a) II.

b) I e III.

c) I e II.

d) III.

e) I.

COMENTÁRIOS

Alternativa correta: "D". Somente o item III está correto.

Item I: incorreto. O recrutamento é que precede à seleção. Primeiro os candidatos são atraídos para a organização. Depois, participam do processo seletivo.

Item II: incorreto. Recrutamento não é procedimento externo enquanto seleção é interno. Não é isso que os difere. A diferença reside na natureza de cada processo. Recrutar é chamar. Então, é receber currículos, atrair pessoas interessadas na vaga. Depois, faz-se a seleção, ou seja, a escolha, dentre os candidatos.

Item III: correto. Análise está ligada aos aspectos extrínsecos ao cargo, ou seja, descreve requisitos ao ocupante. É composta de: requisitos mentais, requisitos físicos, responsabilidades envolvidas e condições de trabalho. A descrição do cargo, por sua vez, é a enumeração das tarefas ou atribuições do cargo, que o diferem dos outros cargos da organização.

---

54. (FCC – Analista Judiciário – Área Administrativa – TRT 15/2018) Ao detalhar as especificações e os requisitos necessários que o ocupante de um determinado cargo deve possuir para o desempenho da função, tais como grau de instrução e habilidades físicas, corresponde à atividade de:

a) recrutamento de candidatos.

b) descrição do cargo.

c) análise do cargo.

d) processo seletivo.

e) mapeamento de tarefa.

COMENTÁRIOS

Alternativa correta: "C". É a análise que descreve os aspectos extrínsecos ao cargo, ou seja, descreve requisitos ao ocupante, tais como: requisitos mentais, requisitos físicos, responsabilidades envolvidas e condições de trabalho. A descrição do cargo é a enumeração das tarefas ou atribuições do cargo, que o diferem dos outros cargos da organização.

13. GESTÃO DE DESEMPENHO

55. (FCC – Analista Judiciário – Área Administrativa – TRT 21/2023) Em um processo de gestão de desempenho, podem ocorrer distorções no processo de avaliação de desempenho dos colaboradores, entre os quais o denominado "efeito HORN", que se apresenta

a) com excessivo apego do avaliador por comportamentos recentes ou extremos do avaliado, levando em conta apenas os dados de sua memória (subjetivos) e não aspectos objetivos e mensuráveis.

b) como uma forma corrompida de avaliação, em que vínculos pessoais e Interesses do próprio avaliador maculam os resultados apresentados.

c) na forma de comportamento leniente do avaliador, que não aplica de forma acurada os métodos de avaliação, distorcendo os resultados obtidos.

d) como extrapolação de uma avaliação extremamente positiva de uma característica do avaliado para o resultado final da avaliação, desconsiderando ou anulando os pontos negativos do avaliado.

e) com o nivelamento da avaliação a partir de um aspecto negativo do avaliado, ou seja, uma generalização da avaliação negativa de um determinado aspecto para todos os demais.

COMENTÁRIOS

Alternativa correta: "E". O efeito halo ou efeito de estereotipação ocorre quando o avaliador dá a um indivíduo a mesma classificação em todas as dimensões (todos os fatores), apesar das diferenças de desempenho apresentadas. Isso significa dizer que, para aquela pessoa, houve uma generalização de sua avaliação – ou tudo bom, ou tudo ruim, ou tudo mediano – por causa de alguma característica que ela apresenta. Por isso o nome "estereotipação", pois é resultado de um "rótulo" dado à pessoa avaliada. Importante destacar que alguns autores "subdividem" o efeito halo pela generalização positiva ou negativa. Assim, efeito Halo seria a generalização positiva, ou seja, quando o avaliador avalia todos os fatores como positivos apenas porque gosta de uma característica que a pessoa tem e efeito Horn seria a generalização negativa.

56. (FCC – Analista Judiciário – Área Administrativa – TRT 12/2023) Considere que uma organização esteja aplicando avaliação de desempenho de seus colaboradores com base na metodologia Escolha Forçada, o que significa que

a) haverá um conjunto de frases para cada bloco de avaliação, devendo o avaliador escolher, obrigatoriamente, uma frase mais pertinente para cada avaliado.

b) o avaliador deverá indicar, para cada item avaliado, os aspectos especialmente positivos e negativos do avaliado, destacando os que são mais recorrentes.

c) os avaliados deverão escolher, entre seus pares, um representante para atuar em conjunto com avaliador independente, o qual ficará encarregado de mediar o processo avaliatório.

d) a avaliação deverá apontar, obrigatoriamente, os elegíveis para desligamentos e os elegíveis para promoções e posições de comando.

COMENTÁRIOS

Alternativa correta: "A". O método da Escolha Forçada ou distribuição forçada visa a avaliar o desempenho por meio de frases descritivas de alternativas de tipos de desempenho individual. O avaliador deve escolher forçosamente apenas uma ou duas que mais se aplicam ao desempenho do empregado avaliado. Portanto, correta a letra "a".

Alternativa "B" incorreta: A alternativa descreve o método dos incidentes críticos.

Alternativas "C" e "D" incorretas: As alternativas não descrevem nenhum método tradicional ou moderno de avaliação de desempenho conhecido.

57. (FCC – Analista Judiciário – Área Administrativa – TRT 6/2018) Dentre os métodos consagrados de avaliação de desempenho mais contemporâneos, tem-se a avaliação 360° ou circular

a) baseada na indicação, pelo avaliador, de aspectos excepcionalmente positivos e negativos do avaliado.

b) que contempla a autoavaliação como componente necessário do processo avaliatório.

c) ranqueando os componentes da equipe de acordo com a posição no universo total de avaliados.

d) que sustenta que a avaliação é um processo falho por natureza, razão pela qual deve ser cotejada com outros referenciais de mercado.

e) baseada em avaliações externas, realizadas por consultores especializados, com independência em relação aos avaliados e seus superiores.

COMENTÁRIOS

Alternativa correta: "B". A avaliação 360° contempla a autoavaliação como componente necessário do processo avaliativo. Isso porque busca o máximo de perspectivas possíveis, vindas de todos aqueles que, no trabalho, têm algum contato com o profissional que está sendo avaliado.

Alternativa "A": incorreta. A avaliação 360º não descreve exatamente o que se avalia; o nome advém da consideração das fontes avaliativas, independentemente do tipo de avaliação utilizada.

Alternativa "C": incorreta. Não há ranqueamento e comparação com o todo.

Alternativa "D": incorreta. O descrito no item não tem qualquer relação com a avaliação 360º.

Alternativa "E": incorreta. Ela considera, sim, avaliações externas, mas não necessariamente se baseia nisso; e as avaliações externas são de pessoas que mantém contato com o avaliado, como clientes atendidos por eles ou fornecedores que mantém contato com ele no trabalho.

---

58. (AOCP – Analista Judiciário – Área Administrativa – TRT 1/2018) Na atuação de suas atividades, você é submetido à avaliação e desempenho. Se nesse processo de sua avaliação no trabalho participarem o seu chefe, seus colegas, seus subordinados e também os fornecedores e os clientes, enfim, participarem todas as pessoas que mantêm alguma interação com você, qual será o método de avaliação desenvolvido?

a) Avaliação pela equipe.
b) Avaliação para cima.
c) Avaliação pela comissão.
d) Avaliação 360 graus.
e) Avaliação auto-suficiente.

COMENTÁRIOS

Alternativa correta: "D". Essa é a essência da avaliação 360º: obter avaliação de diferentes fontes, com diferentes perspectivas, incluindo a autoavaliação, avaliação do chefe, dos subordinados, dos pares, clientes e fornecedores, enfim, qualquer um que tenha contato com o avaliado e possa ter observado seu desempenho no trabalho.

---

59. (FCC – Analista Judiciário – Área Judiciária – Oficial de Justiça Avaliador Federal – TRT 15/2018) Os métodos de Avaliação de desempenho: Pesquisa de Campo, Incidentes Críticos, Frases Descritivas e Escalas Gráficas são métodos com ênfase no

a) baixo desempenho.
b) presente.
c) futuro.
d) passado.
e) desempenho destacado.

COMENTÁRIOS

Alternativa correta: "D". Todos os métodos de avaliação de desempenho vão avaliar o desempenho apresentado. Dessa maneira, dão ênfase ao passado. Se o que ocorrer for uma avaliação de potencial, por exemplo, o foco é no futuro, mas não estamos mais falando de desempenho e sim de potencial, do que a pessoa pode vir a apresentar e desenvolver futuramente. A avaliação de desempenho é uma apreciação sistemática do desempenho de cada pessoa no cargo.

---

60. (FCC – Analista Judiciário – Área Judiciária – Oficial de Justiça Avaliador Federal – TRT 15/2018) Considere que determinada entidade da Administração tenha contratado uma consultoria especializada para avaliação de desempenho de seus integrantes. O consultor propôs a aplicação da metodologia conhecida como Pesquisa de Campo. Contudo, os gestores da organização optaram pela adoção do método denominado Escala Gráfica. Tal decisão reflete uma opção

a) pela precisão, eis que a Escala Gráfica reduz significativamente os erros e desvios de avaliação, como o denominado efeito halo.
b) por um método mais simples e de fácil execução, em detrimento de outro mais completo, porém de execução mais longa e complexa.
c) por um método mais personalizado e aderente aos objetivos estratégicos da organização, bastante similar à Avaliação Participativa por Objetivos.
d) por maior abrangência, eis que o método escolhido envolve a participação de todos os que interagem com o avaliado, mediante entrevistas individuais.
e) pela autoavaliação, que é o diferencial do método de Escala Gráfica, além do acompanhamento da evolução do avaliado.

COMENTÁRIOS

Alternativa correta: "B". Escala gráfica é o método mais comum e mais utilizado nas organizações. É simples de aplicar, de responder e de analisar. Já a pesquisa de campo, apesar de permitir uma análise muito mais profunda, é extremamente demorado e muito mais complexo, além de exigir um custo operacional muito maior.

---

61. (FCC – Analista Judiciário – Área Apoio Especializado – Arquitetura – TRT 15/2018) Considere que determinada organização pretenda adotar, para avaliação do desempenho de seus integrantes, metodologia de avaliação de fácil aplicação e que considere, como fator determinante, os aspectos extremos do comportamento e atuação dos avaliados, negativos e positivos. A metodologia adequada para atingir os fins colimados é:

a) Avaliação 360°.
b) Comparação binária.
c) Escolha forçada.
d) Incidentes Críticos.
e) Pesquisa de campo.

COMENTÁRIOS

Alternativa correta: "D". Como o próprio nome diz, é o método dos incidentes críticos que avalia os comportamentos observados que se destacam positiva ou negativamente.

62. (FCC – Técnico Judiciário – Área Administrativa – TRT 15/2018) Suponha que determinado gestor público pretenda avaliar o desempenho de sua equipe de servidores, valendo-se de alguma das metodologias comumente utilizadas na iniciativa privada. Seu principal objetivo é que cada servidor promova uma autoavaliação e que também seja avaliado por todos os demais agentes com os quais se relaciona, e não apenas por seus superiores. A metodologia que mais se adequa a tal objetivo é

a) Comparação Binária.
b) Incidentes Críticos.
c) Avaliação 360°, também denominada Circular.
d) Gestão por Competências.
e) *Balanced scorecard* (BSC).

COMENTÁRIOS

Alternativa correta: "C". Essa é a essência da avaliação 360º: obter avaliação de diferentes fontes, com diferentes perspectivas, incluindo a autoavaliação, avaliação do chefe, dos subordinados, dos pares, clientes e fornecedores, enfim, qualquer um que tenha contato com o avaliado e possa ter observado seu desempenho no trabalho.

63. (FCC – Analista Judiciário – Área Judiciária – TRT 11/2017) Considere que determinado órgão integrante da Administração pública pretenda implementar uma política de valorização de pessoal baseada na meritocracia, utilizando, como ferramenta, a avaliação de desempenho. Para tanto, pretende privilegiar, entre as metodologias disponíveis, a que contemple a autoavaliação e também permita que o avaliado receba feedbacks (retornos) de todas as pessoas com as quais se relaciona. A metodologia mais adequada para o escopo pretendido seria a

a) APPO – Avaliação Participativa por Objetivos.
b) Comparação Binária.
c) Pesquisa de Campo.
d) Avaliação 360º.
e) Lista de Verificação.

COMENTÁRIOS

Alternativa correta: "D". Sabemos que é a avaliação 360º que obtém diferentes perspectivas de diferentes fontes, incluindo a autoavaliação, a avaliação do chefe, dos subordinados, dos pares, clientes e fornecedores, enfim, qualquer um que tenha contato com o avaliado e possa ter observado seu desempenho no trabalho.

64. (FCC – Analista Judiciário – Área Judiciária – Oficial de Justiça Avaliador Federal – TRT 11/2017) Suponha que determinada organização pública tenha implantado, como uma das práticas de gestão de pessoas, avaliação de desempenho para fins de evolução funcional. Ocorre que, em determinado setor, percebeu-se no avaliador uma tendência de generalização de um aspecto negativo do desempenho do avaliado para todos os demais quesitos sob avaliação, nivelando o julgamento para baixo. Tal distorção

a) é típica do setor público, denominada tendência central.
b) costuma ser mais recorrente no setor privado, induzida pelo excesso de rigor.
c) é denominada recenticidade, podendo ocorrer tanto no setor público como no privado.
d) é denominada leniência, derivando da falta de comprometimento do avaliador.
e) pode ocorrer tanto no setor público como no privado, sendo conhecida como efeito halo.

COMENTÁRIOS

Alternativa correta: "E". Erros de avaliação são variáveis que interferem na avaliação e que podem deturpar os resultados. O efeito halo ou efeito de estereotipação ocorre quando o avaliador dá a um indivíduo a mesma classificação em todas as dimensões (todos os fatores), apesar das diferenças de desempenho apresentadas. É uma generalização dos itens avaliativos de um mesmo avaliado. É como dar um "rótulo" e avaliar todos os itens da pessoa da mesma maneira, independentemente do conteúdo do item. Quando a generalização é com todos os avaliados, aí dizemos que é erro de distribuição e não efeito halo.

65. (FCC – Analista Judiciário – Área Administrativa – TRT 24/2017) Entre os métodos tradicionais de avaliação de desempenho, se inclui o denominado Escolha Forçada, de acordo com o qual são

a) identificadas as deficiências de desempenho do avaliado e oferecidas a este algumas alternativas de aprimoramento, cabendo a escolha de ao menos uma.

b) registrados os aspectos do comportamento do avaliado considerados extremos pelo avaliador, tanto negativos como positivos.

c) comparados dois avaliados de cada vez, com a escolha daquele que é considerado pelo avaliador como o melhor para cada um dos aspectos requeridos.

d) utilizados blocos de frases, devendo o avaliador escolher, obrigatoriamente em cada bloco, a frase que melhor se aplica ao avaliado.

e) considerados todos os aspectos do desempenho do avaliado, elegendo-se, em cada etapa, a faceta a ser pontuada.

COMENTÁRIOS

Alternativa correta: "D". Se falar que o avaliador tem que, forçosamente, escolher uma frase que descreve o desempenho, estamos falando da Escolha Forçada. Caso tenham apenas blocos de frases descrevendo o desempenho, mas o avaliador possa deixar em branco, pular etc., aí é o método das frases descritivas.

66. (FGV – Técnico Judiciário – Área Administrativa – TRT 12/2017) Os processos de avaliação de desempenho humano são sujeitos a distorções que podem impedir que eles atinjam a eficácia pretendida. Um dos problemas mais comuns ocorre quando a avaliação do funcionário em determinado item influencia sua avaliação nos demais – ou seja, se o avaliado recebe do avaliador "bom" em determinado item da avaliação, recebe "bom" nos demais itens. Essa distorção é conhecida como:

a) efeito halo;

b) tendência central;

c) padronização de resultados;

d) efeito de proximidade;

e) pressão inflacionista.

COMENTÁRIOS

Alternativa correta: "A". Erros de avaliação são variáveis que interferem na avaliação e que podem deturpar os resultados. O efeito halo ou efeito de estereotipação ocorre quando o avaliador dá a um indivíduo a mesma classificação em todas as dimensões (todos os fatores), apesar das diferenças de desempenho apresentadas.

67. (FGV – Técnico Judiciário – Área Administrativa – TRT 12/2017) A gerente de recursos humanos de uma fábrica de médio porte quer implantar um método de avaliação de desempenho para o pessoal da área operacional ("chão de fábrica"). A gerente quer um método que seja de fácil utilização, permita comparar os resultados dos funcionários e possibilite fácil retroação de dados aos avaliados. Tendo isso em vista, um método adequado seria:

a) escolha forçada;

b) administração participativa por objetivos;

c) incidentes críticos;

d) pesquisa de campo;

e) escalas gráficas.

COMENTÁRIOS

Alternativa correta: "E". Escala gráfica é o método mais comum e mais utilizado nas organizações. É simples de aplicar, de responder e de analisar.

68. (FCC – Técnico Judiciário – Área Administrativa – TRT 21/2017) Entre as metodologias consagradas de avaliação de desempenho, existem aquelas executadas a partir de medidas objetivas e, de outro lado, as baseadas em critérios subjetivos, que envolvem a percepção do avaliador. As que contemplam peso relevante no papel do avaliador possuem, como ponto NEGATIVO, a possibilidade de distorções, como, por exemplo,

a) efeito halo, ou tendência à generalização, que ocorre quando o avaliador nivela o julgamento do avaliado ao da média do grupo.

b) leniência, quando o avaliador apresenta-se muito rigoroso, maximizando os erros do avaliado.

c) recenticidade, quando o avaliador leva em conta aspectos pessoais, de predileção ou persecutórios, no resultado apresentado.

d) tendência central, quando o avaliador, por medo de errar ou se comprometer, apresenta resultados sempre medianos e nunca muito bons ou muito ruins em relação aos avaliados.

e) equidade, quando o avaliador projeta aspectos próprios, ou que apenas ele julga relevantes, na execução das avaliações, levando a distorções que colocam todos os avaliados em um mesmo patamar.

COMENTÁRIOS

Alternativa correta: "D". O erro de tendência central é um erro de distribuição (ocorre para todo o grupo avaliado pelo mesmo chefe). Pode ser: a) decorrentes de leniência (ele avalia todo mundo bem, para ficar bem com todo mundo); b) decorrentes de severidade (há um excesso de rigor em todas as avaliações, sendo todas muito ruins, com notas baixas); e de tendência central (que avalia todo mundo de forma mediana). A avaliação de tendência central é uma forma de não se comprometer ou medo de errar).

Alternativa "A": incorreta. Efeito halo é uma generalização, mas não uma comparação com o grupo. É uma generalização em uma única avaliação; uma rotulação do comportamento de uma pessoa específica.

Alternativa "B": incorreta. Leniência é o contrário. É quando o avaliador avalia todo mundo muito bem.

Alternativa "C": incorreta. Recenticidade tem a ver com algo recente. Assim, o avaliador leva em consideração algo que aconteceu um pouco antes do momento da avaliação, deixando de considerar o desempenho do avaliado em todo o período avaliativo.

Alternativa "E": incorreta. Colocar todos os avaliados em um mesmo patamar é erro de distribuição e não equidade.

---

69. (FCC – Técnico Judiciário – Área Administrativa – TRT 21/2017) Suponha que determinada entidade integrante da Administração pretenda avaliar o desempenho de seus membros, utilizando metodologia de avaliação de fácil aplicação. Entre as disponíveis, optou por metodologia que contempla o registro de aspectos de comportamento considerados extremos: excepcionalmente positivos ou negativos. Trata-se de método denominado,

a) Incidentes Críticos.

b) Avaliação Bipolar.

c) Escolha Forçada.

d) Comparação Binária.

e) Balanced Scorecard– BSC.

COMENTÁRIOS

Alternativa correta: "A". Como o próprio nome diz, é o método dos incidentes críticos que avalia os comportamentos observados que se destacam positiva ou negativamente.

14. GESTÃO POR COMPETÊNCIAS

---

70. (FCC – Analista Judiciário – Área Administrativa – TRT 6/2018) Suponha que determinada entidade integrante da Administração indireta do Estado, com personalidade jurídica de direito privado, pretenda aplicar preceitos de gestão por competências para obter melhorias na qualidade dos serviços desempenhados. Para tanto, iniciou processo de mapeamento de competências, com base nos referidos preceitos, o que significa que está

a) buscando, no mercado, os profissionais mais adequados e capacitados para o desempenho de suas atividades.

b) identificando as competências técnicas e comportamentais necessárias para cada uma das posições da referida entidade.

c) avaliando o desempenho dos seus empregados, para identificar os mais preparados e aptos para posições gerenciais e de comando.

d) implementando processo de promoção ou progressão por mérito, com base na pontuação atribuída em função das competências detidas pelos empregados.

e) construindo uma matriz de forças e fraquezas da organização, em função das competências disponíveis, e dos desafios e oportunidades que demandam aquelas ainda não disponíveis.

COMENTÁRIOS

Alternativa correta: "B". Mapeamento das competências é a fase em que ocorre a identificação das competências dos colaboradores e o levantamento do gap (lacuna) entre as competências esperadas deles e as que eles realmente possuem.

Alternativa "A": incorreta. Essa busca no mercado pelas competências necessárias acontece após o mapeamento. Não há como saber quais são as competências necessárias e onde consegui-las (se por treinamento ou por seleção), sem antes saber o que é preciso para a organização alcançar seus objetivos e o que ela já possui.

Alternativa "C": incorreta. Avaliação de desempenho é uma fonte do mapeamento de competências, mas não a única. Não é, portanto, a mesma coisa.

Alternativa "D": incorreta. Processos de promoção e progressão podem decorrer de um bom mapeamento, mas não estão nem perto de serem a mesma coisa.

Alternativa "E": incorreta. Matriz de forças e fraquezas faz parte do planejamento estratégico. Ele será também uma fonte, mas não define o mapeamento.

---

71. (FCC – Analista Judiciário – Área Administrativa – TRT 2/2018) Quando o treinamento é baseado em competências, ele se baseia na lacuna existente entre as competências disponíveis e existentes e as competências necessárias

a) à direção da empresa, à área de recursos humanos ou à liderança.

b) à sociedade, ao grupo social ou à pessoa.

c) ao mercado, aos clientes em potencial ou ao cliente da empresa.

d) à organização, à unidade organizacional ou ao trabalho da pessoa.

e) ao mundo globalizado, ao mercado de trabalho, ao segmento de atuação da empresa.

COMENTÁRIOS

Alternativa correta: "D". O objetivo da gestão por competências é gerir a organização de modo que as competências que ela possui a leve a alcançar seus objetivos estratégicos. Isso significa que a competência será o elo entre as pessoas que trabalham na organização e a própria organização.

---

72. (FCC - Analista Judiciário - Área Administrativa - TRT 11/2017) Suponha que determinada entidade integrante da Administração pretenda implementar mecanismos de gestão por competências, utilizando-se dos conceitos e práticas correspondentes. Nesse contexto, iniciou identificando, a partir dos conhecimentos e habilidades requeridos para cada cargo, as competências necessárias para o seu desempenho e, paralelamente, aquelas efetivamente disponíveis na organização. Tal conduta se mostra

a) correta, correspondendo ao denominado mapeamento de competências que aponta as lacunas a serem preenchidas.

b) equivocada, já que essa etapa, conhecida como gerenciamento de lacunas, é a fase final da metodologia.

c) correta, desde que realizada concomitantemente com a prospecção das competências disponíveis no mercado.

d) equivocada, pois a identificação das competências disponíveis é que determina o desenho dos cargos.

e) correta, correspondendo ao denominado gerenciamento de escopo, identificando as deficiências a serem superadas.

COMENTÁRIOS

Alternativa correta: "A". Isso representa o mapeamento das competências e a respectiva identificação dos gaps. Quando identificou os conhecimentos e habilidades requeridos para o cargo, mapeou O QUE QUERIA. Depois, identificou aquelas efetivamente disponíveis na organização, ou seja, O QUE TINHA. A partir disso, basta realizar as comparações e perceber os gaps e planejar como serão superados.

---

73. (FCC - Analista Judiciário - Área Administrativa - TRT 11/2017) Uma das etapas relevantes para implementação da gestão por competências consiste no mapeamento de competências. Entre o rol de instrumentos preconizados pela literatura para a realização desse mapeamento se inclui o grupo focal, utilizado

a) como sucedâneo das entrevistas individuais, na forma de uma entrevista coletiva onde o entrevistador atua como moderador.

b) para substituir a análise documental, tornando mais dinâmico o processo de identificação dos objetivos institucionais.

c) como técnica de pesquisa, voltada à identificação das competências relevantes dentro de determinado contexto.

d) para identificação das atribuições de cada cargo ou função, constituindo insumo fundamental para identificação das competências propriamente ditas.

e) na forma de questionário, para segregar as competências técnicas, apartando-as das comportamentais e situacionais.

COMENTÁRIOS

Alternativa correta: "A". O grupo focal é também conhecido como entrevista coletiva. Aqui o entrevistador atua como moderador, estimulando e coordenando a discussão dos participantes a respeito de determinado tema, a fim de obter os dados desejados. É uma alternativa (substituto) às entrevistas individuais.

---

74. (FCC - Analista Judiciário - Área Administrativa - TRT 24/2017) Considere que determinada organização pretenda adotar o modelo de gestão por competências e tenha iniciado o referido processo com a seleção dos melhores profissionais disponíveis no mercado para ocuparem posições estratégicas. Com isso, objetiva a disseminação das competências individuais desses profissionais por toda a organização. A abordagem adotada

a) corresponde ao denominado mapeamento de competências, por meio do qual a organização pode também melhor definir as atribuições de cada cargo.

b) não se coaduna com o modelo de gestão por competências, cuja primeira etapa consiste em identificar as competências técnicas e comportamentais necessárias para cada uma das atividades.

c) mostra-se equivocada, pois a gestão por competências não se aplica ao alto escalão das organizações, mas apenas aos cargos que requerem competências técnicas.

d) encontra-se superada, eis que atualmente são adotados instrumentos mais modernos de seleção de competências, como o grupo focal.

e) é pertinente, desde que adotada, na etapa seguinte, o mapeamento das lacunas existentes na organização entre as competências adquiridas na seleção e aquelas anteriormente disponíveis na organização.

COMENTÁRIOS

Alternativa correta: "B". Primeiro é importante entender que a organização precisa levantar o GAP de competências, ou seja, identificar os conhecimentos e habilidades requeridos para os cargos (mapeou O QUE QUER), depois identificar aquelas competências efetivamente disponíveis na organização (O QUE TEM). A partir disso é que a organização irá realizar as comparações e perceber os gaps para depois planejar como serão superados. Selecionar profissionais no mercado sem essa orientação não se alinha com a gestão por competências.

---

75. (FCC – Técnico Judiciário – Área Administrativa – TRT 21/2017) Suponha que determinada empresa, integrante da Administração pública federal, que atua no mercado em regime de competição, pretenda implementar metodologia de gestão de pessoas por competências. Para tanto, uma das etapas fundamentais que referida empresa precisa aplicar corresponde a

a) instituição de programas de desligamento incentivado para redução do quadro e otimização da mão de obra remanescente.
b) indicação das lacunas (gaps) entre a posição atualmente ocupada pela empresa no mercado concorrencial e aquela que almeja atingir.
c) mapeamento das competências existentes em outras empresas potencialmente competidoras e captação de especialistas.
d) treinamento dos gerentes ou líderes da empresa para aplicação dos métodos de gestão de Tecnologia da Informação – TI próprios dessa metodologia.
e) identificação das competências técnicas e comportamentais necessárias para a realização das atividades executadas em cada um dos postos de trabalho de entidade.

COMENTÁRIOS

Alternativa correta: "E". É importante identificar as competências necessárias. Isso é parte do mapeamento.

Alternativa "A": incorreta. Programas de desligamento não se relacionam com a implementação da gestão por competências.

Alternativa "B": incorreta. A lacuna ou gap de competência não é o que o item traz de conceito. É a diferença entre as competências necessárias e as que tem.

Alternativa "C": incorreta. Não se mapeia competências de outras organizações.

Alternativa "D": incorreta. Métodos de gestão de TI não se correlacionam com a implementação da gestão de pessoas por competências.

15. GESTÃO ESTRATÉGICA E PLANEJAMENTO ESTRATÉGICO

---

76. (FCC – Técnico Judiciário – Área Administrativa – TRT 2/2018) Suponha que determinada empresa pública esteja realizando um processo de planejamento estratégico utilizando como metodologia o Balanced Scorecard (BSC). Isso significa que, na fase denominada diagnóstico institucional,

a) efetuará a análise externa das forças e fraquezas da instituição, realizando o mapeamento das competências existentes na organização.
b) avaliará a missão da empresa, tal como estabelecida na lei que a instituiu, e irá ajustá-la aos cenários identificados para sua atuação no curto e médio prazo.
c) realizará a análise interna dos desafios e oportunidades da empresa, tomando por base, exclusivamente, a perspectiva econômica.
d) definirá a visão da empresa, olhando para o futuro e identificando a forma que espera que a mesma seja reconhecida por colaboradores, clientes e pela sociedade.
e) definirá os valores que devem orientar a atuação da empresa, com o estabelecimento de indicadores que tomem por base a tradução em metas financeiras ou sociais desses valores.

COMENTÁRIOS

Alternativa correta: "D". O diagnóstico organizacional primeiro levanta toda essa intenção estratégica da organização, que define missão, visão, valores etc. Visão é esse olhar para o futuro, definindo que a organização quer ser, como quer ser reconhecida futuramente.

Alternativas "A" e "C": incorretas. A análise externa e interna faz parte da parte diagnóstica, e utiliza-se da Matriz SWOT.

Alternativa "B": incorreta. A missão de uma organização não é definida por lei. Apenas descreve a essência da organização, sua razão de existir.

Alternativa "E": incorreta. Indicadores farão parte dos objetivos estratégicos e não dos valores.

77. (FCC – Analista Judiciário – Apoio Especializado – Arquitetura – TRT 15/2018) O Balanced scorecard (BSC) é uma metodologia bastante difundida e utilizada no planejamento estratégico de instituições privadas e também públicas. Uma de suas etapas relevantes é a definição de missão da instituição que

a) procura explicar com clareza a razão de existência da organização, expressando sua essência.

b) não se aplica, contudo, às instituições públicas, cuja missão institucional está prevista em lei.

c) traduz o consenso dos seus membros sobre o futuro almejado pela organização, representado pelas metas fixadas.

d) decorre da avaliação dos cenários, com projeções de futuros potenciais em relação aos quais a organização deve se posicionar.

e) se aplica às organizações públicas, tendo sua correlação, no que tange às instituições privadas, com a etapa de definição de metas de resultado.

COMENTÁRIOS

Alternativa correta: "A". Missão é essência da organização, é a descrição de sua razão de existir, do porquê de sua existência. Portanto, não há dúvidas na resposta: letra "A".

Alternativas "B": incorreta. Não existe descrição de missão em lei.

Alternativas "C": incorreta. Não é sobre o futuro, nem representa metas.

Alternativa "D": incorreta. Não decorre de avaliação de cenários, com projeções futuras.

Alternativa "E": incorreta. Não se relaciona com metas. Tanto organizações públicas como privadas devem definir sua missão, sua visão, seus valores. Não há diferenciação entre elas quanto a esses aspectos.

78. (FCC – Analista Judiciário – Área Administrativa – TRT 15/2018) Considere que uma entidade integrante da Administração indireta tenha iniciado a aplicação da metodologia Balanced scorecard (BSC) no bojo da estruturação de seu planejamento estratégico. Nesse contexto, deverá

a) definir a missão da entidade, ou seja, o seu objetivo de excelência, representado por metas de curto, médio e longo prazo.

b) identificar, em uma análise interna, as forças e fraquezas da entidade e, analisando o cenário externo, também os desafios e oportunidades que se apresentam.

c) identificar a visão da organização, que é a forma como a mesma é percebida por aqueles que com ela interagem no cenário externo.

d) proceder a um diagnóstico das competências necessárias para o atingimento das metas fixadas, que correspondem à visão de organização.

e) instituir indicadores de desempenho para identificar o cumprimento da missão da entidade, estabelecida a partir da visão de seus integrantes.

COMENTÁRIOS

Alternativa correta: "B". Na etapa diagnóstica do planejamento estratégico, a organização deverá analisar forças, fraquezas, oportunidades e ameaças e, para isso, pode se utilizar da Matriz SWOT.

Alternativas "A": incorreta. De fato, irá definir a missão, só que ela não é representada por metas. Não há metas na missão. Ela apenas declara a essência da organização.

Alternativas "C": incorreta. Visão organizacional diz respeito ao futuro, de como ela quer ser vista daqui algum tempo.

Alternativa "D": incorreta. Diagnóstico de competências é mapeamento de competências e não visão.

Alternativa "E": incorreta. Então, seria instituir indicadores para identificar o cumprimento dos objetivos estratégicos a partir da visão, e não o cumprimento da missão. A missão é a descrição do que a empresa já é, para quê ela existe.

79. (FCC – Analista Judiciário – Área Administrativa – TRT 6/2018) Para analisar os riscos de um projeto, um Analista especializado em Tecnologia da Informação começou identificando os pontos fortes e fracos da organização. Em seguida, identificou as oportunidades do projeto resultantes dos pontos fortes, assim como as ameaças decorrentes dos pontos fracos. Por fim, analisou o grau com que os pontos fortes da organização compensavam as ameaças e as oportunidades que poderiam superar os pontos fracos. Esse Analista utilizou o método da análise

a) SWOT.

b) Monte Carlo.

c) GUT.

d) RICE.

e) DELPHI.

COMENTÁRIOS

Alternativa correta: "A". Bastou falar em pontos fortes e pontos fracos, oportunidades e ameaças... que você já sabe que estamos tratando da Matriz SWOT.

Alternativa "B": incorreta. Método Monte Carlo diz respeito a uma das técnicas de modelagem e de análise no âmbito da análise quantitativa de riscos de projeto.

Alternativa "C": incorreta. Matriz GUT é uma técnica de priorização de problemas, tarefas ou projetos. GUT é uma sigla e significa: Gravidade, Urgência e Tendência.

Alternativa "D": incorreta. RICE é uma sigla em inglês e pode ser assim compreendida: R – Reach (alcance), I – Impact (impacto), C – Confidence (confiança) e E – Effort (esforço). Assim como a técnica GUT é uma forma de priorizar tarefas e projetos.

Alternativa "E": incorreta. DELPHI é uma das técnicas de apoio ao processo decisório.

---

80. (FCC – Analista Judiciário – Área Administrativa – TRT 2/2018) As metodologias consagradas para implementação de planejamento estratégico no âmbito das organizações públicas e privadas contemplam, como etapa relevante, o denominado diagnóstico institucional, muitas vezes utilizando como ferramenta a Matriz SWOT, que procura identificar

a) as ações de longo prazo, correspondentes à missão da organização, e as de curto prazo, representativas dos cenários identificados.

b) os processos de trabalho necessários para a consecução dos resultados almejados em função dos valores institucionais identificados no mapeamento correspondente.

c) a visão de futuro da organização, correspondente à sua essência e razão de ser, e que faz parte do quadro de indicadores estabelecido nesta etapa.

d) internamente, as forças e fraquezas da organização e, externamente, os desafios e oportunidades existentes no cenário em que se insere.

e) os projetos estratégicos da organização e as competências existentes para realizá-los, encadeados em uma representação gráfica na forma de fluxograma.

COMENTÁRIOS

Alternativa correta: "D". Matriz SWOT é uma técnica de análise estratégica que considera as forças (S – *Strenghts*), as fraquezas (W – *Weaknesses*), oportunidades (O – *Opportunities*) e as ameaças (T – *Threats*) de uma organização.

Alternativa "A": incorreta. Não se verificam ações na Matriz SWOT.

Alternativa "B": incorreta. Também não se levanta processos de trabalho necessários. Não se detalha tanto nesse momento.

Alternativa "C": incorreta. Visão de futuro é definida antes.

Alternativa "E": incorreta. Projetos e competências são definidos em outro momento. Não fazem parte da Matriz SWOT.

---

81. (FCC – Analista Judiciário – Área Administrativa – TRT 2/2018) Em um processo de gerenciamento de riscos, a utilização da matriz SWOT é adequada para

a) construção de um diagrama de causa e efeito onde, por meio da apresentação gráfica em forma de espinha de peixe, possa conhecer os aspectos que devem ser eliminados para evitar o efeito negativo.

b) realizar uma análise de ambientes internos e externos, onde consideram-se os pontos fortes, pontos fracos, oportunidades e ameaças na elaboração de estratégias para otimização do desempenho dos sistemas de segurança.

c) planejar ações de segurança por meio da priorização que considera a gravidade, urgência e tendência dos itens envolvidos no problema em análise.

d) construção de cronogramas que considerem os espaços (spaces), trabalhos (work), opções (options) e treinamentos (training) de segurança para minimização dos riscos.

e) desenhar processos por meio do relacionamento de passos e atividades no sentido de otimizar os caminhos e eliminar riscos.

COMENTÁRIOS

Alternativa correta: "B". Matriz SWOT é uma técnica de análise estratégica que considera as forças e as fraquezas (pontos fortes e fracos), que representam fatores internos à organização e as oportunidades e ameaças que representam os fatores externos de uma organização.

Alternativa "A": incorreta. Diagrama de causa e efeito é o Diagrama de Ishikawa ou Espinha de Peixe. É uma ferramenta utilizada na identificação de problemas (causas e efeitos), na gestão da qualidade.

Alternativa "C": incorreta. Aqui a questão traz a chamada Matriz GUT: gravidade, urgência e tendência.

Alternativa "D": incorreta. Cronogramas é ferramenta de planejamento de tarefas baseada no tempo, que ajuda a manter a organização das atividades e alcançar metas. A depender do tipo de cronograma utilizado, pode considerar espaço, trabalhos, opções e treinamentos.

Alternativa "E": incorreta. A descrição refere-se ao mapeamento de processos.

---

82. (FCC – Analista Judiciário – Área Administrativa – TRT 6/2018) Considere que determinada sociedade de economia mista esteja na fase inicial de implementação de seu planejamento estratégico, mais precisamente na definição da "missão" da entidade, o que significa, de acordo com a conceituação apresentada pela literatura,

a) os futuros potenciais da entidade, com análise de variáveis internas e externas que impactam sua atuação.
b) o projeto de futuro da entidade, ou seja, quais os objetivos estratégicos a serem perseguidos.
c) a expressão da essência da entidade, de seus propósitos, ou, mais precisamente, da sua própria razão de existir.
d) os princípios, crenças e padrões que orientam a atuação da entidade e o comportamento de seus colaboradores.
e) as forças e fraquezas da organização, bem como os desafios e oportunidades identificados.

COMENTÁRIOS

Alternativa correta: "C". Falou em "missão" temos que ter em mente que se trata da essência da organização, de sua razão de existir.

Alternativa "A": incorreta. Futuro potencial a partir de análise interna e externa já estamos falando de diagnóstico organizacional.

Alternativa "B": incorreta. Projeto de futuro se relaciona mais com visão da organização.

Alternativa "D": incorreta. Princípios, crenças e padrões dizem da cultura da organização.

Alternativa "E": incorreta. Forças e fraquezas e oportunidades e desafios é da matriz SWOT, ou seja, do diagnóstico organizacional.

---

83. (FCC – Analista Judiciário – Área Administrativa – TRT 2/2018) O planejamento estratégico de gestão de pessoas refere-se à maneira como a função de Gestão de Pessoas pode contribuir para o alcance dos objetivos organizacionais e, simultaneamente,

a) estimular e cocriar a cultura organizacional.
b) favorecer e incentivar o alcance dos objetivos individuais dos funcionários.
c) contribuir e participar de temas voltados para a perenidade da empresa.
d) favorecer e estimular a prática dos processos de qualidade.
e) incentivar e contribuir para ampliar a participação dos clientes no processo produtivo.

COMENTÁRIOS

Alternativa correta: "B". O planejamento estratégico de gestão de pessoas alinha os objetivos organizacionais e individuais. Dessa maneira, as pessoas alcançam os objetivos da organização, sem deixar de se realizarem pessoalmente.

Alternativa "A": incorreta. Não há estímulo da cultura no planejamento estratégico.

Alternativa "C": incorreta. A ideia do planejamento estratégico de gestão de pessoas é evitar o conflito entre os objetivos individuais e organizacionais, fazendo com que as pessoas se comprometam pessoalmente com a organização. O planejamento estratégico da organização é que visa a favorecer contribuir para a perenidade da empresa.

Alternativa "D": incorreta. Não há relação com a prática de processos de qualidade.

Alternativa "E": incorreta. Não há relação com a participação dos clientes no processo produtivo.

---

84. (FCC – Analista Judiciário – Área Apoio Especializado – Estatística – TRT 14/2018) A aplicação do *Balanced Scorecard* (BSC), como metodologia no planejamento estratégico das organizações, contempla os mapas estratégicos, os quais têm por escopo precípuo a

a) definição da missão da organização, ou seja, da forma como pretende ser vista no futuro, bem como da sua visão e dos seus valores, que são a essência ou razão de ser da organização.
b) visualização das relações de causa e efeito entre os objetivos estratégicos da organização e as perspectivas do BSC (financeira, dos clientes, dos processos internos e do aprendizado).
c) análise do ambiente interno e externo da organização, com a projeção de diferentes cenários para identificação das estratégias de atuação e ações correspondentes.
d) identificação das forças e fraquezas existentes na organização e dos desafios e oportunidades que a ela se apresentam, representadas em uma matriz específica na forma de mapa.
e) definição das metas de curto, médio e longo prazo da organização e dos indicadores de desempenho que poderão aferir o atingimento das mesmas.

COMENTÁRIOS

Alternativa correta: "B". O mapa estratégico, construído com a metodologia BSC, vai trazer as quatro perspectivas e a relação entre os objetivos de cada uma delas.

Alternativa "A": incorreta. Missão não é a forma como a organização pretende ser vista no futuro. Isso é visão. Ademais, não faz parte da etapa do uso dos mapas, mas de etapa anterior.

Alternativas "C" e "D": incorretas. Análise do ambiente interno e externo é etapa anterior à criação dos mapas e é feita com uso da Matriz SWOT.

Alternativa "E": incorreta. O BSC realmente contribui para traduzir as metas de longo prazo (estratégicas) em metas e indicadores de médio e curto prazos (táticas e operacionais). A questão é que isso não é escopo precípuo dos mapas estratégicos, pois o desdobramento de metas não é feito por meio do mapa.

---

85. (CEBRASPE – Analista Judiciário – Área Administrativa – TRT 7/2017) Entre os elementos avaliados na matriz SWOT, estão

a) as forças, que são variáveis ambientais desfavoráveis.
b) as forças, que são variáveis ambientais favoráveis.
c) as fraquezas, que são variáveis internas desfavoráveis.
d) as oportunidades, que são variáveis internas favoráveis.

COMENTÁRIOS

Alternativa correta: "C". Basta lembrarmos que Matriz SWOT levanta forças e fraquezas da própria organização, portanto, variáveis internas; e ameaças e oportunidades que estão fora da organização, portanto, variáveis ambientais. Dessa maneira, fraquezas são variáveis internas desfavoráveis.

Alternativa "A": incorreta. Forças são variáveis internas e não ambientais; também não são desfavoráveis, mas favoráveis.

Alternativa "B": incorreta. Forças são variáveis internas.

Alternativa "D": incorreta. Oportunidades são variáveis externas, ambientais.

---

86. (FCC – Analista Judiciário – Área Administrativa – TST/2017) Suponha que determinada organização esteja no curso de um processo de planejamento estratégico, utilizando, como metodologia, o Balanced Scorecard – BSC e se situe na etapa de diagnóstico institucional, realizando, assim, análise interna e também do ambiente externo, significando que, em tal momento

a) está sendo definida a missão da organização, que corresponde, de um lado, à sua razão de ser e, de outro, aos seus objetivos futuros.
b) estão sendo identificados, de um lado, os valores da organização e, de outro, os cenários com os quais deve se defrontar.
c) são identificados os pontos fortes e fracos da organização, bem como as ameaças e oportunidades.
d) está sendo estruturado o mapa estratégico da organização, que engloba sua visão de futuro e as variáveis estratégicas.
e) são definidas as melhores práticas de gestão com base em experiências de sucesso de outras organizações tidas como benchmarking.

COMENTÁRIOS

Alternativa correta: "C". Diagnóstico organizacional com análise interna e externa, fica claro que estamos falando da Matriz SWOT, que levanta pontos fortes e fracos, além de ameaças e oportunidades,

Alternativa "A": incorreta. Definição de missão e de visão não é diagnóstico.

Alternativa "B": incorreta. Valores e cenários não representam as variáveis internas e externas.

Alternativa "D": incorreta. Mapa estratégico, com visão, missão... não é etapa de diagnóstico.

Alternativa "E": incorreta. Melhores práticas não fazem parte do diagnóstico organizacional.

---

87. (FCC – Analista Judiciário – Área Administrativa – TRT 11/2017) A visão de uma organização estabelece

a) o propósito orientador para as atividades da empresa e para aglutinar os esforços de seus membros, clarificando e comunicando sua estratégia comercial.
b) uma crença básica sobre o que se pode ou não fazer, sobre o que é ou não importante para a organização como as pessoas e os clientes, e aquilo que seus dirigentes acreditam.
c) os objetivos essenciais do negócio e está geralmente focalizada fora da empresa, ou seja, no atendimento a demandas da sociedade, do mercado ou do cliente.
d) uma identidade comum quanto aos propósitos da organização para o futuro, a fim de orientar o comportamento dos seus membros quanto ao destino que a organização deseja construir e realizar.
e) a filosofia da organização, que é geralmente formulada por seus fundadores ou criadores por meio de sua comunicação, comportamentos e ações que balizam suas respostas às necessidades do ambiente interno.

COMENTÁRIOS

Alternativa correta: "D". É a alternativa que trata da "VISÃO". Veja que fala em "identidade comum quanto aos propósitos" e "destino que a organização deseja construir e realizar". Esses questionamentos são respondidos com a pergunta "onde queremos chegar?".

Alternativa "A": incorreta. Fala em "propósito orientador para as atividades da empresa", ou seja, se correlaciona ao conceito mais amplo de missão.

Alternativa "B": incorreta. Fala em "crença básica". Portanto, refere-se a princípios ou valores.

Alternativa "C": incorreta. Fala em "objetivos essenciais do negócio", significando, portanto, algo que está relacionado à missão da organização.

Alternativa "E": incorreta. Fala em "filosofia da organização", ou seja, "para que ela exista". Logo, se vincula ao conceito de missão.

---

88. (FCC – Técnico Judiciário – Área Administrativa – TRT 21/2017) Os conceitos de missão e visão de uma organização, comumente utilizados na etapa de diagnóstico institucional em diferentes metodologias de planejamento estratégico e de gestão, correspondem, respectivamente,

a) ao cenário externo, consistente em ameaças e oportunidades; ao cenário interno, consistente nas forças e fraquezas da organização.

b) à percepção interna, dos integrantes da organização, sobre seus principais atributos; à percepção externa, dos clientes e da sociedade, sobre as características da organização.

c) às metas de curto prazo estabelecidas para a organização; às metas e objetivos de longo prazo, ligados à perenidade da organização.

d) aos objetivos estratégicos da organização, representados por indicadores; às metas representativas dos resultados pretendidos pela organização.

e) à razão de existir da organização, contemplando sua essência e seus propósitos; ao futuro almejado pela organização, contemplando a forma como pretende ser reconhecida.

COMENTÁRIOS

Alternativa correta: "E". Enquanto missão se relaciona com a "essência", a razão de existir de uma organização, a visão se relaciona com o futuro que a organização almeja, com o que ela quer ser.

Alternativa "A": incorreta. Cenários fazem parte do planejamento estratégico, mas não definem missão nem visão.

Alternativa "B": incorreta. Percepção das pessoas se relaciona mais ao clima ou à avaliação que outras pessoas (de fora) fazem da organização, ou seja, está ligada mais intrinsecamente ao diagnóstico organizacional do que à sua missão ou visão.

Alternativa "C": incorreta. Metas são uma forma de medir o alcance dos objetivos e não de definir a organização ou sua visão de futuro.

Alternativa "D": incorreta. Missão e visão também não representam os objetivos.

---

89. (FGV – Técnico Judiciário – Área Administrativa – TRT 12/2017) A XYZ é uma empresa do ramo editorial que atua no mercado há cerca de dez anos. A empresa construiu uma sólida posição no mercado e atrai investimentos e reinvestimentos de acionistas diversos, cuja expectativa é obter excelente retorno sobre o capital investido. Devido a seu porte médio, a XYZ constitui uma única Unidade Estratégica de Negócio (UEN). A empresa está implantando o balanced scorecard como ferramenta de gestão, e o diretor financeiro precisa identificar uma medida adequada para o tema estratégico "redução de custos/melhoria da produtividade". Na situação descrita, seria uma medida adequada:

a) receita por funcionário;

b) taxa de redução de custos;

c) percentual de receita gerado por novos produtos;

d) retorno sobre o patrimônio líquido;

e) aumento da taxa de vendas por segmento.

COMENTÁRIOS

Alternativa correta: "B". A questão pede a medida. Quando falamos de medida, isso significa tratarmos de dados numéricos. Se a medida que se quer é para redução de custos e melhoria da produtividade, uma medida viável é uma taxa de redução de custos. O ideal é que se tenha uma meta atrelada, ou seja, X% de redução na taxa de redução de custos, que será medida de uma forma específica (criar a fórmula que medirá essa taxa).

Alternativa "A": incorreta. Receita por funcionário não prediz redução de custos.

Alternativa "C": incorreta. Percentual de receita gerado por novos produtos não prediz redução de custos.

Alternativa "D": incorreta. Retorno sobre o patrimônio líquido não prediz redução de custos. Pode até considerar a redução dos custos para saber o retorno sobre o patrimônio, mas não será só isso que será usado para medir o retorno.

Alternativa "E": incorreta. Aumento de taxa de vendas não prediz redução de custos.

16. TREINAMENTO, DESENVOLVIMENTO E EDUCAÇÃO – TD&E

---

90. (FGV – Técnico Judiciário – Área Administrativa – TRT 12/2017) Dificilmente o novo empregado ingressa na organização com todas as competências necessárias. E com o decorrer do tempo, novas competências podem ser importantes. Enquanto o treinamento está mais focalizado na capacitação de curto prazo, o desenvolvimento é mais orientado para ampliar as habilidades dos indivíduos no médio ou longo prazo. Após o levantamento de necessidades de treinamento, geralmente é elaborado um programa e, após sua implementação, o treinamento é avaliado. Em relação à avaliação de treinamento, é correto afirmar que:

a) a avaliação de reação é a forma de avaliação mais complexa e com maior impacto na organização;

b) a avaliação de aprendizagem mensura quanto a organização aprendeu com o treinamento;

c) a avaliação de aprendizagem verifica se a organização teve eficácia no treinamento;

d) a avaliação de reação mensura a satisfação dos participantes quanto à experiência do treinamento;

e) para saber se o treinamento atingiu seu objetivo, é feita a avaliação por escalas gráficas.

COMENTÁRIOS

Alternativa correta: "D". Avaliação de reação é o primeiro nível avaliado e mensura a satisfação dos participantes com relação ao treinamento ministrado.

Alternativa "A": incorreta. Avaliação de reação é a mais simples.

Alternativa "B": incorreta. Avaliação de aprendizagem avalia o quanto a pessoa aprendeu com o treinamento, e não a organização.

Alternativa "C": incorreta. Avaliação de aprendizagem avalia o quanto a pessoa aprendeu com o treinamento.

Alternativa "E": incorreta. Avaliação por escalas gráficas é utilizada mais para avaliação de desempenho. Ela também é muito utilizada na avaliação de reação. Porém, para saber se o treinamento atingiu seu objetivo, descrevemos o nível de avaliação e não o tipo de avaliação que pode ser feito.

17. GESTÃO DO CONHECIMENTO

91. (FGV - Analista Judiciário - Área Administrativa - TRT 12/2017) Cada vez mais as empresas trabalham com dados, informações e conhecimentos. Uma organização cria e utiliza conhecimento transformando-o de tácito em explícito e vice-versa. Um dos 4 modos de conversão do conhecimento é:

a) Socialização, que transforma conhecimento tácito em conhecimento tácito.

b) Externalização, que transforma conhecimento tácito em conhecimento explícito.

c) Combinação, que transforma conhecimento explícito em conhecimento explícito.

d) Internalização, que transforma conhecimento explícito em conhecimento tácito.

e) Socialização que transforma conhecimento explícito em conhecimento tácito.

COMENTÁRIOS

✪ **Nota do autor:** A Teoria mais conhecida dentro da Gestão do Conhecimento é a Teoria da Criação do Conhecimento, de Nonaka e Takeuchi (1997). O modelo dinâmico da criação do conhecimento está ancorado no pressuposto crítico de que o conhecimento humano é criado e expandido por meio da interação social entre o conhecimento tácito e o conhecimento explícito, o qual é denominado "conversão do conhecimento", que pode ocorrer de quatro maneiras: socialização, externalização, combinação e internalização.

Alternativa correta: "C". Socialização: de tácito para tácito; Externalização: de tácito para explícito; Combinação: de explícito para explícito; e Internalização: de explícito para tácito.

✦ REFERÊNCIAS UTILIZADAS

- Alday, H.E. O planejamento estratégico dentro do conceito de administração estratégica. Revista FAE, 3 (2), p. 9-16. Mai-Ago, 2000.
- Bispo, C. A. Um novo modelo de pesquisa de clima organizacional. Revista Produção, 16 (2), p. 258-273. Mai-Ago, 2006.
- Brandão, Hugo Pena; Bahry, Carla Patrícia. Gestão por Competências: métodos e técnicas para mapeamento de competências. Revista do Serviço Público – RSP, Brasília, v. 56, n. 2, 179-194, 2005.
- Brandão, H.P.; Guimarães, T.A. Gestão de competências e gestão de desempenho: tecnologias distintas ou instrumentos de um mesmo constructo? Revista de Administração de Empresas – RAE, v. 41, n. 1, p. 8-15, 2001.
- Carbone, Pedro Paulo; Brandão, Hugo Pena; Leite, João Batista Diniz; Vilhena, Rosa Maria de Paula. Gestão por competências e gestão do conhecimento. 2. ed. Rio de Janeiro: FGV, 2006.
- Chiavenato, I. Teoria Geral da Administração. Vol. II. São Paulo: McGrawHill do Brasil, 2000.
- Chiavenato, I. Gestão de pessoas e o novo papel dos recursos humanos nas organizações. 2ed. 7reimp. Rio de Janeiro: Elsevier, 2004.
- Chiavenato, I. Gestão de pessoas: o novo papal dos recursos humanos nas organizações. Rio de Janeiro: Elsevier, 2010.
- Chiavenato, I. Comportamento Organizacional: a dinâmica do sucesso das organizações. 2ª ed. Rio de Janeiro: Elsevier, 2010a.
- Duran, C. Gestão de Pessoas - Coleção Concursos Públicos. Bahia: Editora Juspodivm, 2016.
- Duran, C. Gestão de Pessoas - Coleção Concursos Públicos. 2ª ed. Bahia: Editora Juspodivm, 2019.
- Dutra, J.S. Gestão de Pessoas. São Paulo: Atlas, 2008.
- Leme, R. Avaliação de Desempenho com foco em competência. Rio de Janeiro: Qualitymark. 2009.
- Marras, J. P.; Tose, M.G. Avaliação de Desempenho Humano. Rio de Janeiro: Elsevier, 2012.
- Moscovici, Fela. Competência interpessoal no desenvolvimento de gestores. RAE – Rev. Adm. Emp. Rio de Janeiro. Abr/Jun, 1981. V. 21, n. 2, p. 17-25.
- Nonaka, H.; Takeuchi, I. Gestão do Conhecimento. Porto Alegre: Bookman, 2008.
- Oliveira, D.P.R. Teoria Geral da Administração: uma abordagem prática. São Paulo: Ed. Atlas, 2008.
- Robbins, Stephen. Comportamento organizacional. Tradução técnica: Reynaldo Marcondes. 9. ed. São Paulo: Prentice Hall, 2002.

✦ DICAS

1. GESTÃO DE PESSOAS – EVOLUÇÃO DO PENSAMENTO ADMINISTRATIVO E DOS MODELOS DE GESTÃO DE PESSOAS

- **Administração Científica – Taylor**

Frederick W. Taylor desenvolveu estudos visando a racionalização do trabalho e concluiu que deveria ser estabelecido um sistema organizacional com aplicação de métodos científicos à administração. Criou, assim a chamada "Administração Científica". O objetivo era eliminar o desperdício na produção e aumentar os níveis de produtividade. Sua gerência científica partia do pressuposto de que ao trabalhador cabia apenas executar o que a gerência definia. À gerência cabia definir, antecipadamente, que atividades e em quais equipamentos deveriam ser desenvolvidas as tarefas. Para obter a colaboração dos empregados, Taylor utilizou-se de planos de incentivo salarial, pois acreditava que somente o salário era motivador (ideia de "homem econômico"). O salário era baseado num tempo-padrão, objetivando o máximo de eficiência. O trabalho simples e repetitivo era enfatizado pelo desenho dos cargos e salários, pela padronização das condições de trabalho e pela rotinização das tarefas. Os princípios da administração científica eram: seleção científica o trabalhador, tempo padrão, plano de incentivo salarial, trabalho em conjunto, gerentes planejam e operários executam, divisão do trabalho, supervisão e ênfase na eficiência.

- **Teoria Clássica – Fayol**

Defendia que a administração era um processo de tomar decisões agrupadas em cinco categorias, chamadas funções. Cada uma delas um processo em si. Chamada Escola do Processo Administrativo, ou ainda, Escola de Chefes, define não apenas o processo administrativo, mas também o próprio papel dos gerentes em termos dessas funções ou processos. Para ele, a administração é função distinta das demais funções da empresa como finanças, produção e distribuição; e compreende as seguintes funções: planejamento, organização, comando, coordenação e controle, que constituem o chamado Processo Administrativo (diferente do Processo Administrativo do Direito Administrativo!).

- **Teoria das Relações Humanas – Elton Mayo**

A ideia central desta teoria foi a transferência da ênfase colocada na tarefa e na estrutura organizacional para a ênfase nas pessoas que trabalham ou participam das organizações. Surgiu partir da Experiência de Howthorne, que questionou os postuladas da Teoria Clássica e trouxe as relações no trabalho ao debate. A experiência, que durou 5 anos, começou querendo determinar a relação existente entre as condições físicas do local de trabalho, mais especialmente a intensidade da iluminação, na produtividade de trabalhadores fabris. Por fim, os pesquisadores acabaram percebendo que a produtividade se mantinha alta, independentemente da iluminação, o que fez com que descobrissem que era a presença deles que influenciava positivamente a produtividade. Os pressupostos dessa abordagem são: integração e comportamento sociais (problemas emocionais ou desajustes nas relações influenciam no desempenho), participação nas decisões (trabalhador é ser pensante e pode participar das decisões), homem social (deixa o paradigma de homem econômico para trás e reconhece a importância do reconhecimento e da participação social para o trabalho), e conteúdo do trabalho (as tarefas devem ser estimulantes, incentivando o trabalhador a se interessar pela produtividade e qualidade do que desenvolve).

- **Teoria Neoclássica**

Chamada também de Escola Operacional, Escola do Processo Administrativo ou Abordagem Universalista da Administração, tem como principais autores: Peter F. Drucker, Willian Newman, Ernest Dale, Ralph C. Davis, Louis Allen e George Terry. A teoria nasceu da necessidade de se utilizarem os conceitos válidos e relevantes da Teoria Clássica (Fayol), retirando-os dos exageros e distorções típicos de qualquer teoria pioneira e reunindo-os com outros conceitos igualmente válidos e relevantes oferecidos por outras teorias administrativas. Suas características são: ênfase na prática da administração; reafirmação relativa dos postulados clássicos; ênfase nos princípios clássicos da Administração; ênfase nos resultados e objetivos; e ecletismo aberto e receptivo dos conceitos. Peter Drucker, seu principal expoente, lançou, em 1954, o livro "The Practice of Management", caracterizando a chamada Administração por Objetivos – APO pela primeira vez, tirando o foco das atividades "meio" para os objetivos ou finalidades da organização.

- **Abordagem Estruturalista**

  Surgiu como reação à crueldade, ao nepotismo e aos julgamentos tendenciosos e parciais, típicos das práticas administrativas desumanas e injustas do início da Revolução Industrial. Saiu do enfoque intraorganizacional das teorias administrativas anteriores para dar enfoque ao interorganizacional. É uma abordagem composta pela Teoria da Burocracia (ênfase na estrutura) e pela Teoria Estruturalista (ênfase na estrutura, nas pessoas e no ambiente). A Teoria da Burocracia, de Max Weber, preocupava-se essencialmente com a racionalidade das organizações, enquanto a Teoria Estruturalista, de Amitai Etzioni, aproximou-se mais da Teoria das Relações Humanas, sendo um desdobramento da Teoria da Burocracia, porém com uma visão crítica da organização formal, tentando eliminar distorções e limitações do modelo burocrático. Assim, ampliou o estudo das interações entre os grupos sociais (da Teoria das Relações Humanas) para o estudo das interações entre as organizações sociais, conceituando das chamadas Organizações Complexas.

- **Mudança nos modelos de gestão de pessoas:** quando falamos dos modelos de gestão de pessoas, temos autores que classificam essas mudanças, cada um conforme sua própria perspectiva. Esquematicamente, podemos organizar tais visões ao longo do tempo da seguinte forma:

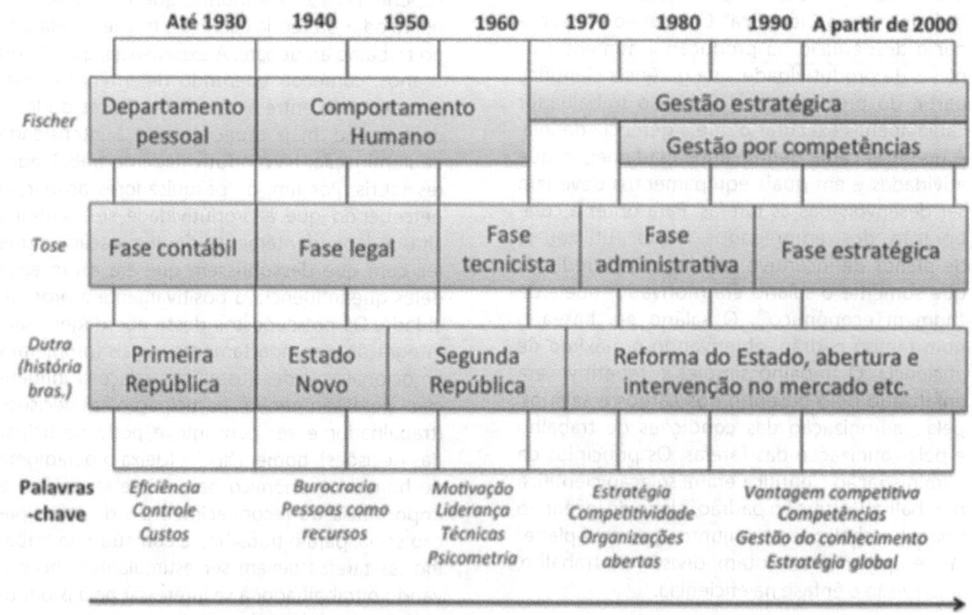

- Apesar de, administrativamente, termos passado por toda essa evolução teórica e ainda carregarmos muito das influências, no dia a dia, de cada teoria estudada, hoje as organizações atuam de maneira mais estratégica, buscando alinhar as políticas e práticas de gestão de pessoas àquelas definidas para toda a organização. Dutra (2008) indicou que para a construção de um modelo de gestão de pessoas, devemos considerar:

  a) Papel das pessoas: as pessoas estão tomando para si a responsabilidade pela gestão de carreira e cobrando da empresa condições objetivas de desenvolvimento profissional;

  b) Papel das empresas: as empresas devem criar o espaço, estimular o desenvolvimento e oferecer suporte e condições para a mútua satisfação das expectativas e necessidades. Para que isso ocorra, á preciso estar em constante interação com as pessoas, para impulsionar, por meio delas, sua competitividade, mediante mútuo comprometimento.

Nesse sentido, os processos de gestão de pessoas podem ser compreendidos conforme a seguinte classificação (Dutra, 2017):

a) Movimentação: inclui captação, internalização, transferências, promoções, expatriação e recolocação.
b) Desenvolvimento: capacitação, carreira e desempenho.
c) Valorização: remuneração, premiação, serviços e facilidades.

Vejam que Dutra possui uma perspectiva diferente de Chiavenato. Enquanto Dutra entende que os objetivos e parâmetros dos processos de gestão de pessoas classificam-se em três "grandes processos" – movimentação, desenvolvimento e valorização – Chiavenato agrega os processos sob a perspectiva de políticas ou subsistemas obtendo a seguinte classificação:

- Provisão (ou suprimento): recrutamento, seleção, integração e ambientação;
- Aplicação: desenho organizacional, desenho de cargos, análise de cargos, descrição de cargos, orientação de pessoas e avaliação de desempenho;
- Manutenção: administração de salários, plano de benefícios sociais, higiene e segurança no trabalho, relações sindicais, gestão da cultura organizacional e gestão do clima organizacional.
- Desenvolvimento: treinamento de pessoas, desenvolvimento de pessoas, gestão do conhecimento, gestão de competências, programas de mudanças, programas de comunicação e programas de consonância.
- Monitoração: administração de banco de dados, auditorias, sistemas de informações gerenciais.

2. GESTÃO DE PESSOAS – MUDANÇA ORGANIZACIONAL

- **Mudança Organizacional:** Importante destacar que o processo de mudança organizacional foi inicialmente descrito por Kurt Lewin e, mais tarde, modificado por Edgard Schein. Numa visão macro, visa a aplicar os conhecimentos da teoria comportamental, num esforço de longo prazo, para melhorar a capacidade de uma organização de lidar com mudanças do seu ambiente externo e aumentar as suas capacidades para resolver problemas internos. Esse processo – mudança organizacional – implica em três etapas:

1. **Descongelamento:** tornar tão óbvia a necessidade de mudança, a ponto de o indivíduo, o grupo ou a organização poderem facilmente vê-la e aceitá-la.
2. **Mudança:** indicar um agente de mudança treinado para atuar como facilitador desse processo junto aos indivíduos, aos grupos e à organização. É ele quem lidera ou guia o processo de mudança na organização.
3. **Recongelamento:** transformar em regra geral o novo padrão de comportamento, utilizando-se de mecanismos de apoio ou reforço.

De forma geral, a mudança passa por colheita e análise de dados, interpretação dos dados e diagnóstico organizacional, ação de intervenção (implementação) e, por fim, avaliação, que pode alterar o diagnóstico, retroagindo e reiniciando esse ciclo. O sucesso inicial do programa de D.O. serve de experiência motivadora para a implementação de novas mudanças, ajudando os agentes de mudança no trabalho de quebrar as resistências às mudanças organizacionais.

Os agentes de mudança podem se utilizar das seguintes técnicas de intervenção (Chiavenato, 1998):

1. **Técnicas de intervenção para indivíduos:** a principal técnica para essa condição é chamada de **treinamento da sensitividade ou da sensibilidade**. É uma modalidade de dinâmica de grupo destinada a reeducar o comportamento humano e melhorar as relações sociais. É realizado por meio de grupos chamados "T-groups" (grupos de treinamento que recebem nomes como *learning groups*, grupos de encontro, grupos autoanalíticos), que têm por volta de dez participantes que são orientados em laboratório (sala de aula ou área isolada) por um psicólogo a fim de aumentar sua sensibilidade quanto às suas habilidades de relacionamento interpessoal. Em várias reuniões, os participantes diagnosticam e experimentam o seu comportamento em grupo, atuando como sujeitos e experimentadores ao mesmo tempo e recebendo assessoria de um psicólogo.

2. **Técnicas de intervenção para duas ou mais pessoas:** é o DO bilateral ou de relações interpessoais. A **Análise Transacional (AT)** é a técnica mais conhecida e visa ao autodiagnóstico das relações interpessoais. É destinada a indivíduos e não a grupos, pois analisa as transações e o conteúdo das comunicações entre as pessoas. Ela ensina as pessoas a enviarem mensagens claras e ágeis e darem respostas naturais e razoáveis, reduzindo os hábitos destrutivos de comunicação – os chamados "jogos" – nos quais o significado das mensagens fica obscurecido. O objetivo é fazer com que

as pessoas reconheçam o contexto de suas comunicações para torná-las mais abertas e honestas e endereçar as suas mensagens.

3. **Técnicas de intervenção para equipes ou grupos:** as duas principais técnicas de DO para equipes ou grupos são a consultoria de procedimentos e o desenvolvimento de equipes.

   a. **Consultoria de procedimentos ou consultoria de processos** é uma técnica que utiliza equipes coordenadas por um consultor interno ou externo. O consultor promove intervenções nas equipes para torná-las mais sensíveis aos seus processos internos de estabelecer metas e objetivos, participação, de sentimentos, liderança, tomada de decisões, confiança e criatividade. O consultor trabalha com os membros da equipe para ajudá-los a compreender a dinâmica de suas relações de trabalho em situações de grupo ou equipe, a mudar os meios com os quais eles trabalham juntos e a desenvolver o diagnóstico e as habilidades de solução de problemas que eles necessitam para poder aumentar sua eficácia.

   b. **Desenvolvimento de equipes** é uma técnica de alteração comportamental na qual grupos de pessoas de vários níveis e áreas reúnem-se sob a coordenação de um consultor e criticam-se mutuamente, procurando um ponto de encontro em que a colaboração seja mais frutífera, eliminando-se as barreiras interpessoais de comunicação através do esclarecimento e compreensão das suas causas. Cada equipe autoavalia seu desempenho e comportamento através de determinadas variáveis. O trabalho em equipe elimina as diferenças hierárquicas e os interesses específicos de cada departamento, proporcionando uma predisposição sadia para a criatividade e a inovação.

4. **Técnicas de intervenção para relações intergrupais:** a principal técnica de DO para as relações intergrupais é a técnica das **reuniões de confrontação**, que é uma técnica de alteração comportamental a partir da atuação de um consultor interno ou externo (chamado terceira parte), como moderador. Dois grupos antagônicos em conflito (por desconfiança recíproca, discordância, antagonismo, hostilidade etc.) podem ser tratados através de reuniões de confrontação, nas quais cada grupo se autoavalia, bem como avalia o comportamento do outro, como se fosse colocado de frente a um espelho.

5. **Técnicas de intervenção para a organização como um todo:** a principal técnica de DO para toda a organização é a **retroação de dados** ou feedback de dados, ou ainda técnica de levantamento e suprimento de informações, que é uma técnica de mudança de comportamento que parte do princípio de que quanto mais dados cognitivos o indivíduo recebe, maior será a sua possibilidade de organizar os dados e agir criativamente.

- O **Desenvolvimento Organizacional – D.O.** é uma resposta das organizações às mudanças, ou seja, um esforço que objetiva mudar atitudes, comportamentos e suas próprias estruturas, de forma que possam se adaptar melhor às exigências que surgem no mundo globalizado. Quando estudamos D.O. estudamos, essencialmente, a mudança organizacional planejada pela organização. Segundo Chiavenato (2000)[1], as organizações devem possuir estruturas orgânicas adaptáveis e capazes de resolver problemas. Para tanto, o Desenvolvimento Organizacional – DO pode ser feito por meio de três tipos de estratégias de mudança:

1. **Mudança evolucionária:** quando a mudança é pequena, lenta e dentro dos limites das expectativas. Há uma tendência de se repetir a reforçar soluções que foram eficientes no passado e de se abandonar soluções fracas e deficientes, sem provocar maiores resistências.
2. **Mudança revolucionária:** quando a mudança é rápida, intensa, brutal e rompe ou destrói os arranjos do status quo. A mudança revolucionária transgride e rejeita antigas expectativas e introduz expectativas totalmente novas. As mudanças revolucionárias são súbitas e causadoras de impacto.
3. **Desenvolvimento sistemático:** os responsáveis pela mudança delineiam modelos do que a organização deveria ser em comparação com o que é, enquanto aqueles cujas ações serão afetadas estudam, avaliam e criticam o modelo de mudança para recomendar alterações baseadas em seu próprio discernimento e compreensão. As mudanças resultantes traduzem-se por apoio e compromisso e não por resistência ou ressentimentos.

- **Mudança planejada** pode ser definida como o projeto e a implementação deliberados de uma inovação estrutural, de uma política ou objetivo, ou de uma mudança na filosofia, no clima ou no estilo gerencial[2].
- As mudanças organizacionais podem ser radicais (revoluções) ou incrementais (pequenas mudanças ao longo do tempo).

---

1. Chiavenato (2000).
2. Andrade e Amboni (2009).

Segundo Chiavenato (2008) a mudança organizacional promovida pelo D.O. pode ser:

a. **Mudança estrutural:** que afeta a estrutura organizacional, os órgãos (divisões ou departamentos que podem ser fundidos, criados, eliminados ou terceirizados por meio de novos parceiros), as redes de informações internas e externas, os níveis hierárquicos e as alterações no esquema de diferenciação X integração existente.

b. **Mudança na tecnologia:** afeta máquinas, equipamentos, instalações, processos organizacionais etc. Envolve a maneira pela qual a empresa executa suas tarefas e produz seus produtos e serviços.

c. **Mudança no produto ou serviço:** afeta os resultados ou saídas da organização.

d. **Mudança cultural:** mudança nas pessoas, em seus comportamentos, atitudes, expectativas, aspirações e necessidades.

3. GESTÃO DE PESSOAS – ESTRUTURA ORGANIZACIONAL

- **Estrutura organizacional:** a divisão do trabalho fez com que as organizações passassem a ser entendidas em três níveis administrativos que compõem o aparato necessário para dirigir a execução das tarefas e operações (Chiavenato, 2006). São eles:
  - Nível institucional / organizacional / estratégico: composto por dirigentes e diretores da organização. É nesse nível que ocorre o planejamento das ações globais (planejamento estratégico) da organização, que são, de forma geral, de longo prazo. "É o que consolida a interação entre os aspectos internos ou controláveis e os aspectos externos ou não controláveis das organizações" (Oliveira, 2008), ou seja, é desse "topo" que partem as ações organizacionais diante dos desafios externos à organização. Abrange a visão da empresa como uma totalidade.
  - Nível intermediário / do meio de campo / gerencial / tático / departamental: composto pelos gerentes dos departamentos organizacionais. Nesse nível, o planejamento é tático e suas ações são de médio e longo prazo. "É o que trabalha com determinada área de resultado e não com a toda a organização" (Oliveira, 2008). Abrange cada departamento da empresa.
  - Nível operacional / individual: composto por supervisores que administram a execução das tarefas e operações da empresa ou pelo próprio corpo funcional da organização. Aqui, o planejamento é individual, focal e as ações são de curto prazo. "É o que formaliza, principalmente através de documentos escritos, os processos administrativos estabelecidos para o desenvolvimento das organizações" (Oliveira, 2008).
- **Departamentalização:** é o agrupamento (combinação) adequado das atividades necessárias à organização em departamentos específicos. Existem vários tipos e cada um apresenta características, vantagens e limitações que irão influenciar nas decisões quanto às escolhas de alternativas de departamentalização. Vasconcellos e Hemsley (1986) defendem uma classificação das estruturas organizacionais em tradicionais e inovativas. Segundo esses autores, estruturas tradicionais adaptam-se bem às empresas que desenvolvem atividades repetitivas atuando em ambientes estáveis, enquanto as estruturas inovativas são uma solução para ambientes organizacionais complexos. As características de cada uma podem ser resumidas no seguinte quadro:

ESTRUTURAS TRADICIONAIS	ESTRUTURAS INOVATIVAS
Alto nível de formalização	Baixo nível de formalização
Unidade de comando	Multiplicidade de comando
Especialização elevada	Diversificação elevada (pouca especialização)
Comunicação vertical	Comunicação horizontal e vertical
Utilização de formas tradicionais de departamentalização	Utilização de formas avançadas de departamentalização

Percebemos que as estruturas inovativas absorveram conceitos mais modernos de gestão e incorporaram, assim, a descentralização das decisões, a comunicação por várias fontes, dentre outras características das organizações contemporâneas. Uma das diferenças entre as estruturas, diz respeito à forma de departamentalização. Isso significa representar, por meio do organograma, qual(ais) o(s) critério(s) utilizado(s) por aquela organização para realizar a divisão do trabalho.

a) **Formas tradicionais de departamentalização**

1) **Funcional (ou burocracia funcional):** consiste no agrupamento das atividades e tarefas de acordo com as funções principais desenvolvidas dentro da empresa. Leva em conta a especialização técnica dos ocupantes dos cargos e seus conhecimentos. É a forma

de departamentalização mais utilizada pelas empresas, por ser muito racional. É indicada para circunstâncias estáveis e de pouca mudança, e para organizações que tenham poucas linhas de produtos ou serviços, que normalmente permanecem inalterados por longo tempo. Portanto, é aquela em que se encontra uma chefia para cada função, de modo que os subalternos exercem mais de uma função e ficam sob o comando de mais de um chefe.

2) **Linear-Funcional (linear-staff, assessoria, estado-maior ou hierárquico-consultivo):** possui como característica básica a manutenção da unidade de comando, sem tirar o poder de decisão dos órgãos de linha. Possui a mesma estrutura da departamentalização funcional, adicionando-se um (ou vários) órgão de assessoria, cujos objetivos são, dentre outros: pesquisar, estudar, processar análises e fornecer aconselhamentos. É o modelo de estrutura em que a(s) unidades(s) diretiva(s) conta(m) com uma unidade especial (órgão ou pessoa-staff). O staff deve ser independente em sua atuação, contando com a liberdade de opinião. O staff deve servir de apoio (assessoria) e para fornecer recomendações.

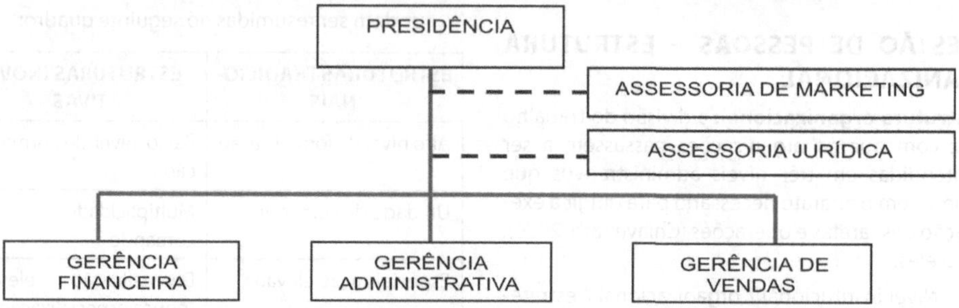

3) **Departamentalização geográfica (ou territorial):** geralmente utilizada em empresas que são territorialmente dispersas. Nesse tipo de departamentalização, as atividades que se realizam em um determinado território devem ser agrupadas. Leva em conta, portanto, o local onde se encontra a fábrica, empresa ou filial.

4) **Departamentalização por processo (ou por fases do processo de produção):** frequentemente utilizada nas empresas industriais, nos níveis mais baixos da estrutura organizacional das áreas produtivas ou de operações. Aqui, divide-se a estrutura em subsistemas que representam diferentes passos ou fases de um processo. Esse tipo de departamentalização considera a maneira pela qual são executados os serviços ou processos para conseguir a meta ou o objetivo específico.

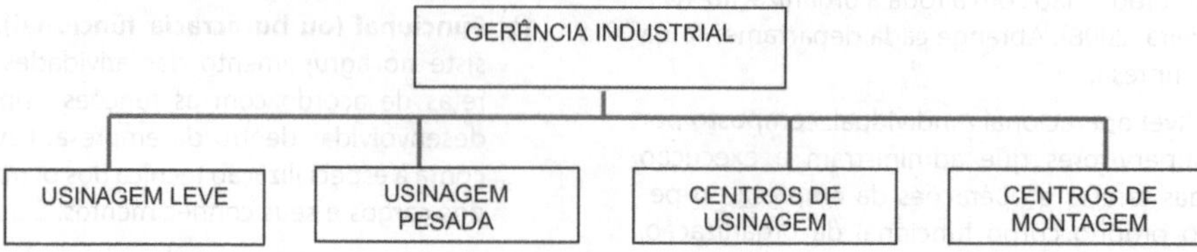

5) **Departamentalização por produto ou serviço:** agrupa na mesma unidade as pessoas que lidam com um mesmo produto, linha de produtos ou serviços. Leva em conta a subdivisão por produto ou serviço fabricado ou oferecido. As partes que compõem o todo são formadas por equipes altamente especializadas e que podem se responsabilizar por todo o fluxo do processo fabril e até pelos resultados finais, incluindo a sua comercialização. É muito usada em empresas que têm produtos diferentes e que representam um volume importante.

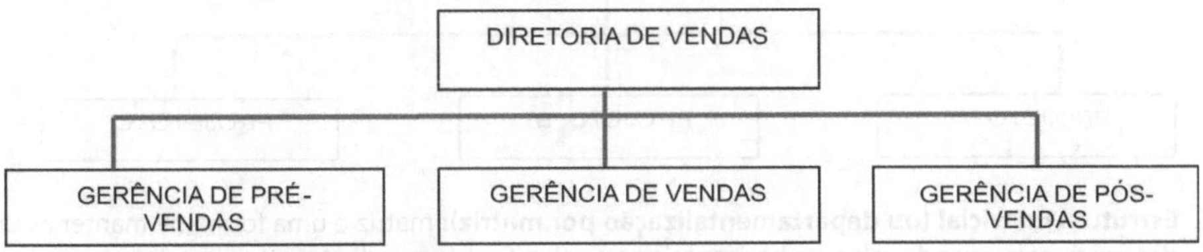

6) **Departamentalização por cliente:** divide as unidades organizacionais para que cada uma delas possa servir a um diferente cliente. Leva em conta as especificidades dos clientes, agrupando-os em equipes de dedicação exclusiva.

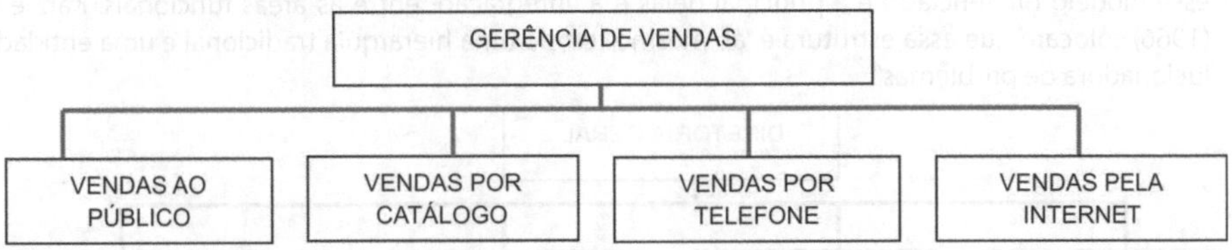

7) **Comissional ou colegiada:** esse tipo possui um "pool" de diretores ou membros que deliberam sobre os assuntos mais relevantes da empresa ou algum assunto específico. Usualmente são denominados conselhos, comitês, juntas, comissões, colegiados etc.

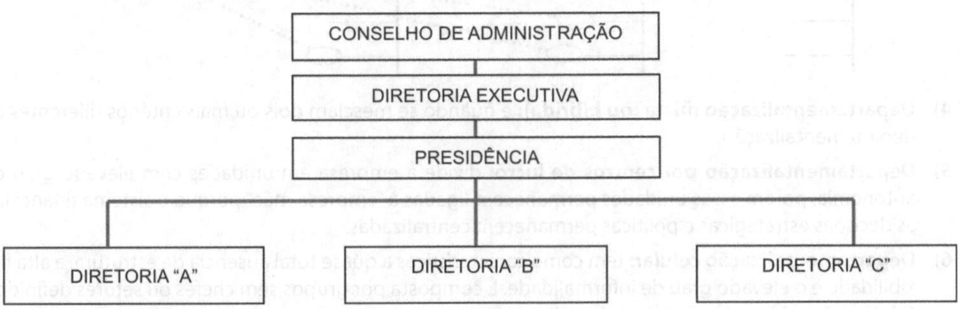

b) **Formas avançadas (inovadoras / modernas) de departamentalização:**

1) **Departamentalização pela amplitude de controle (ou por quantidade):** leva em conta o tamanho da equipe que está sob o comando de um gerente. Esse tipo de decisão é tomada, em geral, quando há grandes quantidades de trabalhadores numa mesma seção.

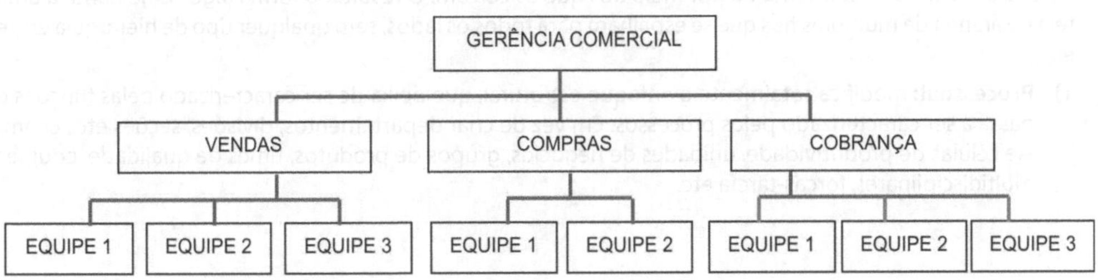

2) **Departamentalização por projetos:** as pessoas são agrupadas de acordo com o projeto no qual estão envolvidas no momento. As atividades e as pessoas recebem atribuições temporárias. O gerente de projetos é o responsável pela realização de todo o projeto ou de uma parte dele. Terminada a tarefa, as pessoas que nela trabalharam são designadas para outros departamentos ou outros projetos.

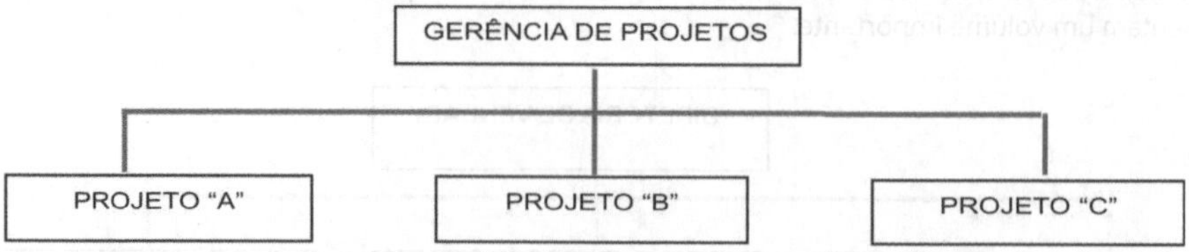

3) **Estrutura matricial (ou departamentalização por matriz):** matriz é uma forma de manter as unidades funcionais, criando relações horizontais entre elas. Essa forma de departamentalização é o resultado da utilização simultânea de dois ou mais tipos de departamentalização sobre o mesmo grupo de pessoas e, normalmente, possui duas formas de autoridade: a funcional (vinda dos gerentes funcionais, representada pelas linhas contínuas) e a de projeto (linhas tracejadas). Algumas características tornam esse modelo diferenciado e a principal delas é a "integração" entre as áreas funcionais. Katz e Kahn (1966) colocam que essa estrutura é "ao mesmo tempo uma hierarquia tradicional e uma entidade solucionadora de problemas".

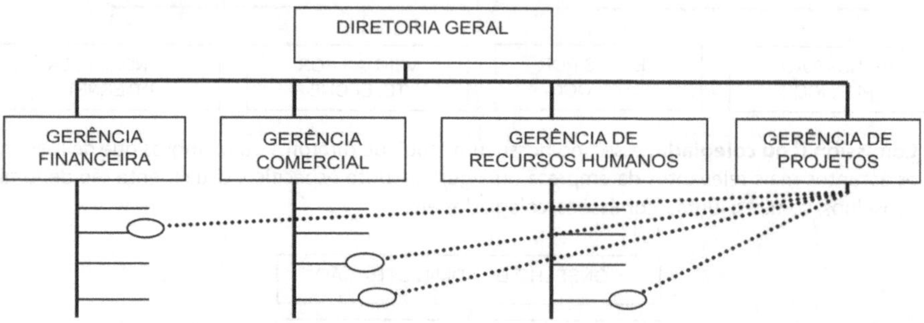

4) **Departamentalização mista (ou híbrida):** é quando se mesclam dois ou mais critérios diferentes de departamentalização.

5) **Departamentalização por centros de lucro:** divide a empresa em unidades com elevado grau de autonomia, porém essas unidades permanecem ligadas à "empresa mãe" porque o sistema financeiro, as decisões estratégicas e políticas permanecem centralizadas.

6) **Departamentalização celular:** tem como características a quase total ausência de estrutura, a alta flexibilidade e o elevado grau de informalidade. É composta por grupos sem chefes ou setores definidos. O líder é definido pelas características da tarefa.

c) **Formas Pós-modernas de departamentalização**

São estruturas dinâmicas e altamente mutáveis, que se adaptam com rapidez e facilidade ao mercado consumidor, oferecendo resultados e soluções corretas, com a agilidade que os clientes requerem. Essas estruturas se organizam horizontalmente e/ou em rede (as chamadas *network structure*) e o agrupamento de pessoas é feito diretamente ou por meio dos que os cercam. O resultado forma algo semelhante a uma teia de aranha de múltiplos fios que se espalham para todos os lados, sem qualquer tipo de hierarquia entre eles.

1) **Processual:** modifica totalmente o enfoque estrutural, que deixa de ser caracterizado pelas funções e passa a ser caracterizado pelos processos. Em vez de criar departamentos, divisões, seções etc., criam-se células de produtividade, unidades de negócios, grupos de produtos, times de qualidade, equipes multidisciplinares, forças-tarefa etc.

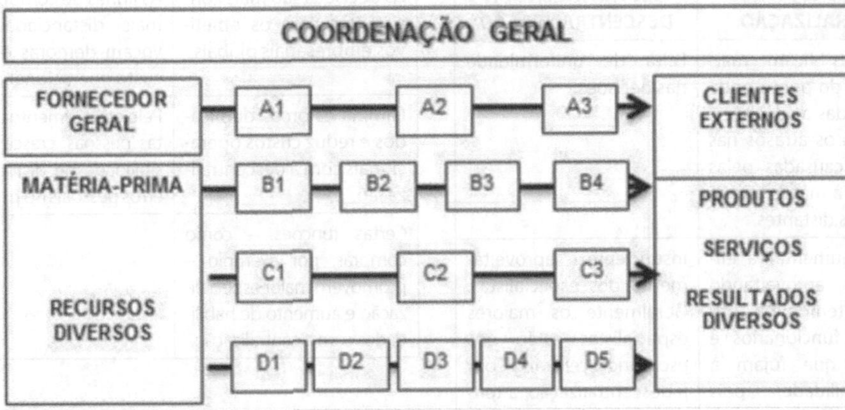

2) **Integrada:** traz a proposta da substituição da hierarquia por uma rede de relacionamentos ou comunicações. Sem desrespeitar a interdependência entre os diversos negócios da empresa, essa estrutura exige grande integração entre as partes envolvidas e seus colaboradores, clientes, parceiros e, inclusive, outras empresas por meio do "c-business". É o c-business que define as práticas e as tecnologias necessárias para as empresas fisicamente remotas trabalharem em projetos comuns compartilhando informações. A operacionalização desse tipo de estrutura se apoia nas Tecnologias da Informação – TI, mais especificamente nos sistemas integrados de gestão empresarial e nas ferramentas de apoio à decisão, que otimizam e integram os processos internos e externos da organização, disponibilizando informações para subsidiar tomadas de decisão mais precisas. Exemplo: estrutura em rede.

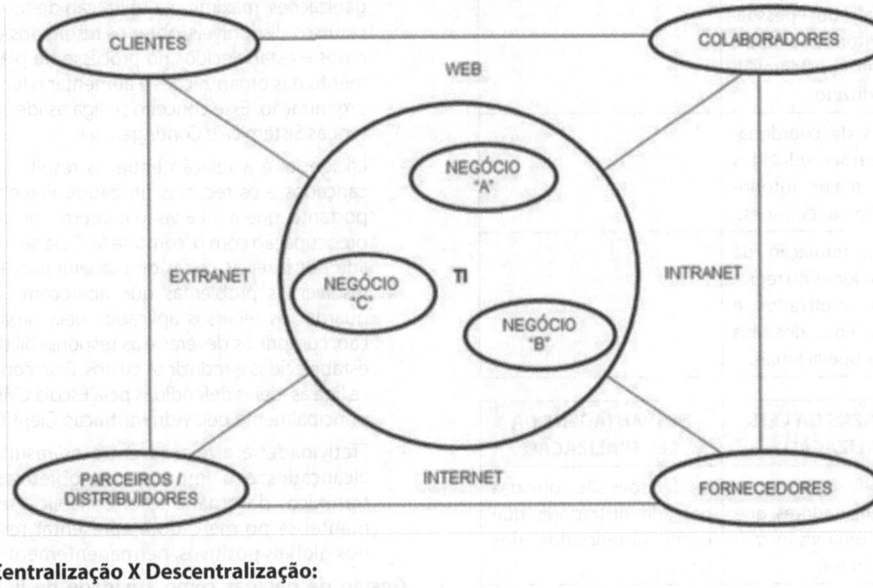

- **Centralização X Descentralização:**
  Centralização: tomada de decisão centralizada; o topo da hierarquia organizacional toma as principais decisões e o restante deve aguardar para agir.

  Descentralização: os níveis mais abaixo na hierarquia organizacional possuem mais autonomia para tomar decisões.

VANTAGENS DA DESCENTRALIZAÇÃO	DESVANTAGENS DA DESCENTRALIZAÇÃO
Os chefes ficam mais próximos do ponto onde são tomadas as decisões. Isso corta os atrasos nas decisões causadas pelas consultas à matriz ou aos superiores distantes.	Falta de uniformidade nas decisões.
Permite aumentar a eficiência aproveitando melhor o tempo e a aptidão dos funcionários e evitando que fujam à responsabilidade, pois seria mais fácil recorrer à matriz ou ao chefe.	Insuficiente aproveitamento dos especialistas. Geralmente os maiores especialistas estão nos escritórios centrais. Com a descentralização, a tendência é pensar que já não se necessita da assessoria da matriz.
Com redução de volume e complexidade, permite melhorar a qualidade das decisões, aliviando os chefes principais do excesso de trabalho decisório.	Falta de equipe apropriada ou de funcionários no campo de atividades (é difícil ter pessoal preparado em todos os lugares onde serão tomadas as decisões).
A quantia e os gastos com "papelada" do pessoal dos escritórios centrais podem ser consideravelmente reduzidos.	
Os gastos de coordenação podem ser reduzidos devido à maior autonomia para tomar decisões.	
Permite a formação de executivos locais ou regionais mais motivados e mais conscientes dos seus resultados operacionais.	

VANTAGENS DA CENTRALIZAÇÃO	DESVANTAGENS DA CENTRALIZAÇÃO
As decisões são tomadas por administradores que possuem uma visão global da empresa.	As decisões são tomadas por administradores que estão distanciados dos fatos.
Tomadores de decisão situados no topo são geralmente mais bem treinados do que os que estão nos níveis mais baixos.	Tomadores de decisão situados no topo raramente têm contato com as pessoas e situações envolvidas.
As decisões são mais consistentes com os objetivos empresariais globais	As linhas de comunicação mais distanciadas provocam demoras e maior custo operacional.
Elimina esforços duplicados e reduz custos operacionais com a descentralização.	Pelo envolvimento de muitas pessoas, cresce a possibilidade de distorções e erros pessoais no processo.
Certas funções – como compras, por exemplo – promovem maior especialização e aumento de habilidades com a centralização.	

4. GESTÃO DE PESSOAS – CONCEITOS INICIAIS EM GESTÃO DE PESSOAS

- **Eficiência x Eficácia x Efetividade:**
  - Eficácia: é a relação entre os objetivos alcançados e os resultados pretendidos. É um olhar "para fora", uma "visão externa", pois a preocupação aqui não se dá com o "como", mas com "o que". Consolida-se por fazer as coisas certas (o que é preciso fazer), produzir alternativas criativas para as várias situações que ocorrerem nas organizações, maximizar a utilização de todos os recursos disponíveis, obter os resultados esperados e estabelecidos no processo de planejamento das organizações e aumentar o lucro da organização. Esse conceito se liga às ideias das teorias Sistêmica e Contingencial;
  - Eficiência: é a relação entre os resultados alcançados e os recursos utilizados. Percebe-se, portanto, que aqui a visão é interna, ou seja, a preocupação com o "como se faz". Ela se consolida por fazer as coisas de maneira adequada, resolver os problemas que aparecem, salvaguardar os recursos aplicados pela organização, cumprir os deveres e as responsabilidades estabelecidas e reduzir os custos. Esse conceito se liga às ideias defendidas pela Escola Clássica, principalmente pela Administração Científica;
  - Efetividade: é a relação entre os resultados alcançados e o impacto nos objetivos estratégicos da organização. Consolida-se por manter-se no mercado e apresentar resultados globais positivos, permanentemente.
- **Gestão de pessoas como atividade de linha e função de staff (ou estafe):** A forma como uma organização se estrutura, pode variar. O mais comum é encontrarmos a departamentalização linear-funcional, onde há a estrutura funcional (por funções, onde as unidades organizacionais repre-

sentam uma função organizacional: financeiro, marketing, administrativo, jurídico, comercial etc.) e há o estafe (ou staff) que são os órgãos de assessoria. Gestão de pessoas é função de estafe. Nesse caso, gerir pessoas é compreendido como atividade gerencial, ou seja, os gestores são responsáveis pela gestão de suas equipes e contam com o suporte técnico da equipe da área de gestão de pessoas (staff) para isso. Exemplo: precisa selecionar alguém para compor a equipe. A equipe da área de gestão de pessoas realiza os procedimentos (técnicos) de seleção (aplicação de testes, de provas, dinâmicas de grupo, entrevistas...), mas a escolha final é do gestor da área que solicitou a seleção (é ele que decide quem será selecionado).

- **Políticas de gestão de pessoas:** Conforme Dutra (2002)[3], **políticas** são "princípios e diretrizes que balizam decisões e comportamentos da organização, e das pessoas em sua relação com a organização". Quando as políticas de gestão de pessoas são descritas adequadamente, podem aprimorar as técnicas de gestão de pessoas, levar à aplicação de princípios mais sadios de administração, reter o capital humano mais valioso, dentre outras vantagens.

  A principal classificação das políticas de gestão de pessoas, é a que as organiza da seguinte forma:

  a) Políticas de provisão (suprimento/"agregar") – representam a porta de entrada para a organização e, portanto, dizem respeito a onde recrutar, em que condições, quais critérios serão utilizados para selecionar uma pessoa e como integrar o novo colaborador à organização.

  b) Políticas de aplicação – são políticas que irão determinar os requisitos básicos das atividades das pessoas na organização, para orientá-las e acompanhar seus desempenhos, ou seja, definem os procedimentos de desenho organizacional e de cargos, análise e descrição de cargos, orientação das pessoas e avaliação de desempenho.

  c) Políticas de manutenção – são políticas elaboradas para reter os talentos humanos nas organizações, criando condições físicas e psicológicas satisfatórias, ou seja, definem os procedimentos de administração de salários, plano de benefícios sociais, higiene e segurança no trabalho e relações sindicais. A administração da cultura e do clima organizacional também são definidas pelas políticas de manutenção.

  d) Políticas de desenvolvimento – são políticas que definem regras para capacitar e incrementar o desenvolvimento das pessoas, ou seja, vão definir os procedimentos de treinamento e desenvolvimento, gestão do conhecimento e gestão de competências, programas de mudanças e programas de comunicação e consonância.

  e) Políticas de monitoração – são políticas que definem como mediar a atuação da empresa e como usar essas informações de forma útil. Funcionam, desta forma, como base para descrever procedimentos de banco de dados, auditorias e sistemas de informações gerenciais.

Esquematicamente, podemos compreender as políticas de gestão de pessoas e suas atividades relacionadas da seguinte forma:

PROVISÃO (OU SUPRIMENTO)	APLICAÇÃO	MANUTENÇÃO	DESENVOLVIMENTO	MONITORAÇÃO
• Recrutamento • Seleção • Integração • Ambientação	• Desenho organizacional • Desenho de cargos • Análise de cargos • Descrição de cargos • Orientação de pessoas • Avaliação de desempenho	• Administração de salários • Plano de benefícios sociais • Higiene e segurança no trabalho • Relações sindicais • Gestão da cultura organizacional • Gestão do clima organizacional	• Treinamento de pessoas • Desenvolvimento de pessoas • Gestão do conhecimento • Gestão de competências • Programas de mudanças • Programas de comunicação • Programas de consonância	• Administração de banco de dados • Auditorias • Sistemas de informações gerenciais

Importante: quando você leu o início das explicações de gestão de pessoas, no tópico sobre "modelos de gestão de pessoas", viu que enquanto Chiavenato organiza, esquematicamente, as políticas de gestão de pessoas por meio desses cinco macrogrupos, Dutra compreende os objetivos e parâmetros dos processos de gestão de pessoas em três grupos: movimentação, desenvolvimento e valorização. Leia mais detalhes naquele tópico, pois essa classificação tem sido bastante cobrada nas provas de concursos mais recentes.

- **Modelos de planejamento conforme Chiavenato (2010)[4]:**

1. Modelo baseado na procura estimada do produto: relaciona o número de pessoas (colaboradores) com o volume de procura do produto (ou serviço) da organização. É influenciada por variações na produtividade, tecnologia, disponibilidade interna e externa de recursos financeiros e disponibilidade de pessoas na organização. Não considera imprevistos relacionados aos concorrentes, clientes, colaboradores, matéria-prima etc.;
2. Modelo baseado em segmentos de cargos: projeta os níveis futuros de mão de obra para cada área funcional, correlacionando-os com o fator estratégico correspondente. Suas limitações são similares ao modelo baseado na procura estimada do produto;
3. Modelo de substituição de postos-chave: projeta, de forma visual, as futuras substituições nos cargos do quadro funcional da organização. Em suma, trata-se de uma representação visual de quem substitui quem na eventualidade de alguma vaga futura dentro da organização. A montagem do sistema requer um organograma com informações fornecidas pelo sistema de informação gerencial. Cada retângulo do organograma apresenta o nome do funcionário com algumas informações para tomada de decisão. Cada funcionário é classificado em três alternativas de promovabilidade:

   A: Funcionário pronto para promoção imediata;

   B: Funcionário que requer maior experiência no cargo atual;

   C: Funcionário com substituto já preparado.
4. Modelo baseado no fluxo do pessoal: baseado nas informações passadas de pessoas que deixam a organização e que são promovidas, permitindo predizer quantas pessoas deverão ser admitidas para manter a estabilidade. É muito útil na análise das consequências do plano de carreiras, quando a organização adota uma política consistente nesse sentido. O modelo é limitado por ser apenas quantitativo;
5. Modelo de planejamento operacional integrado: é um modelo mais amplo e abrangente em relação aos anteriores. Do ponto de vista de provisão de insumos humanos, o planejamento operacional integrado leva em conta quatro fatores ou variáveis intervenientes, a saber:

   a. Volume de produção planejado pela organização.

   b. Mudanças tecnológicas dentro da organização que alterem a produtividade do pessoal.

   c. Condições de oferta e procura no mercado e comportamento da clientela.

   d. Planejamento de carreiras dentro da organização.

   Importante ressaltar que do ponto de vista do fluxo interno, o planejamento operacional integrado leva em conta a composição mutável da força de trabalho da organização, acompanhando as entradas e saídas de pessoas, bem como a sua movimentação dentro da organização. Na prática, esse é um modelo sistêmico e um pouco mais abrangente de planejamento operacional de pessoal que permite um diagnóstico razoável para a tomada de decisões sobre a força de trabalho.

5. GESTÃO DE PESSOAS – GRUPOS E EQUIPES

- **Grupo**, de forma geral, se forma quando dois ou mais indivíduos interdependentes e interativos se juntam visando a obtenção de um determinado objetivo.
- **Equipe**, por outro lado, significa compartilhar uma direção comum.

Apesar de ter um conceito parecido com o de grupo, não significam a mesma coisa. O grupo interage principalmente com o intuito de compartilhar informações e tomar decisões que ajudarão cada membro a agir dentro de sua área de responsabilidade. Aqui, o empenho de seus integrantes é a soma das contribuições individuais. Já a equipe de trabalho gera sinergia positiva por meio de um esforço coordenado. Dessa maneira, seus esforços individuais resultam num nível de desempenho superior à soma de suas contribuições individuais.

---

3. Dutra (2002).
4. Chiavenato, I. *Gestão de pessoas: o novo papel dos recursos humanos nas organizações*. Rio de Janeiro: Elsevier, 2010.

GRUPOS DE TRABALHO		EQUIPES DE TRABALHO
Esforço predominantemente individual	**ESFORÇO**	Esforço individual e coletivo, coordenado
Responsabilidade por resultados individuais	**RESPONSABILIDADE**	Responsabilidade compartilhada pelos resultados globais
Objetivo de trabalho individual com interação restrita a compartilhar informações e tomar decisões que ajudem cada um individualmente	**OBJETIVO**	Objetivo de trabalho compartilhado, específico, ainda que também possuam metas individuais
Unidades de trabalho dependentes	**GRAU DE INDEPENDÊNCIA**	Unidades de trabalho semiautônomas ou autônomas
Sinergia neutra (às vezes negativa)	**SINERGIA**	Sinergia positiva
Aleatórias e variadas	**HABILIDADES**	Complementares
É resultado da soma das contribuições individuais	**DESEMPENHO**	É maior que a soma das contribuições individuais
Formados naturalmente (afinidades)	**FORMAÇÃO**	São instituídas

Diferenças entre grupos e equipes de trabalho (Duran, 2019)

- **Tipos de equipes (os mais conhecidos):**
  1. Equipes funcionais: reúnem um gerente e seus subordinados.
  2. Equipes funcionais cruzadas: compostas por várias pessoas de diferentes áreas da empresa e são formadas para alcançar um objetivo específico por meio de um "mix" de competências. Quase sempre são designadas (formadas pela própria organização).
  3. Equipes de projetos: formadas especialmente para desenhar/entregar um novo produto ou serviço. As pessoas são escolhidas por conta de suas habilidades e sabem que, ao final, essa equipe irá se desfazer.
  4. Equipes de força-tarefa: designadas para resolverem imediatamente um problema (e não para inovarem, criando um produto ou serviço).
  5. Equipes de solução de problemas: compostas de cinco a 12 funcionários horistas do mesmo departamento que se reúnem para discutir melhorias. Portanto, são focadas em dar soluções a problemas específicos da organização. Muitas vezes não possuem autonomia para implementar as mudanças sugeridas. Uma outra formatação dessas equipes que surgiu na década de 80 foram os círculos de qualidade, que eram equipes compostas por oito a dez funcionários e supervisores compartilhando uma área de responsabilidade.
  6. Equipes de melhorias de processos: grupos de pessoas experientes vindas de diferentes departamentos, geralmente designados, com o intuito de discutir e propor melhorias para os processos da organização.
  7. Equipes autodirigidas ou autogerenciadas: compostas por pessoas altamente treinadas para desempenhar um conjunto de tarefas interdependentes dentro de uma unidade de trabalho. Os membros tomam decisões em consenso (têm autonomia) e resolvem os problemas. Não há um único líder. Todos reportam-se a um coordenador que é fonte de apoio e de recursos.
  8. Equipes multifuncionais: formadas por pessoas de diferentes funções dentro da organização, mas de mesmo nível hierárquico. O trabalho torna-se mais rápido e horizontal, pois uma parte das cadeias de comando é eliminada.
  9. Equipes eficazes: é definida por três critérios: a) resultado produtivo; b) satisfação pessoal; e c) comprometimento. O elemento fundamental desse tipo de equipe é o compromisso (real) com um objetivo comum.
  10. Pseudoequipe: aqui há a definição de um trabalho, mas não há a preocupação com o coletivo, prevalecendo a individualidade dos membros. Lembre-se de que "pseudo" é prefixo que indica algo cujo teor é "falso", "o que não é verdadeiro". Portanto, uma pseudoequipe não é uma equipe de verdade.
  11. Equipes de alto desempenho: caracterizam-se por objetivos claros, compromisso unificado, boa comunicação, confiança mútua, liderança eficaz, apoio externo e interno, habilidades de negociação e outras relevantes. São aquelas que superam os padrões e

limites convencionais e surpreendem pelos resultados que conseguem obter.

6. GESTÃO DE PESSOAS – MOTIVAÇÃO

- O termo motivação pode nos fazer pensar em diferentes significados. O que se sabe é que a motivação é específica, ou seja, não existe um "estado geral" de motivação. As pessoas normalmente estão motivadas para uma coisa ou outra, mas não para tudo. E isso é o suficiente para que, no âmbito organizacional, tal expressão gere tanta "agitação".
- As teorias que dissertam sobre a motivação **classificam-se**, basicamente, em duas grandes vertentes: A. As *teorias de processo* que explicam COMO acontece a motivação; e B. As *teorias de conteúdo*, que descrevem O QUE motiva o homem, quais os motivos que o levam a agir de uma dada maneira.
- **Teorias de processo:** modelo do comportamento; modelo de expectância (Vromm); teoria do aprendizado social (Rotter); behaviorismo (Skinner); teoria da equidade (Adams); teoria do estabelecimento de objetivos ou fixação de objetivos (Locke & Latham); teoria da avaliação cognitiva (Deci & Ryan); teoria de campo (Kurt Lewin).
- **Teorias de conteúdo:** hierarquia das necessidades (Maslow); teoria dos dois fatores ou bifatorial (Herzberg); teoria X e Y (McGregor); Teoria Z (Ouchi); teoria da motivação para a realização ou das necessidades adquiridas (McClelland & Atkinson); e teoria ERC (Alderfer).

TEORIAS DE PROCESSO:

- **Modelo do Comportamento:** é o modelo mais simples para explicar o processo motivacional. Afirma que uma pessoa recebe um estímulo, que pode ser interno ou externo, e em função desse estímulo, passa a perseguir um objetivo. Assim, todo comportamento é "motivado", ou seja, a motivação possui um objetivo e todo comportamento acontece em busca desses objetivos, não existindo comportamento aleatório ou euforia. Essa "busca motivada" pode ser impedida por barreiras, que são a frustração, a ansiedade e a dúvida ou conflito. Em suma, todos nós somos motivados por objetivos e essa relação é consequência de algum estímulo. Basicamente, o comportamento é uma relação de causa e efeito.
- **Modelo de Expectância o Teoria da Expectativa (Vroom):** o diferencial aqui é a descoberta de que a motivação de cada um é diferenciada. Para Vroom, três relações importantes explicam o processo motivacional:
- Valência: relação entre recompensa e metas pessoais; grau de atração da recompensa. É único para cada pessoa, pois resulta de suas experiências, além de mudar com o tempo.
- Instrumentalidade: relação entre desempenho e recompensa ou relação de compensação. É o grau em que cada indivíduo acredita que determinado nível de desempenho vai levá-lo à obtenção de um restado desejado, a percepção de que a obtenção de um resultado específico está ligada a uma compensação efetiva.
- Expectativa ou Expectância: probabilidade subjetiva; relação entre esforço e desempenho. É a expectativa que cada pessoa tem de poder obter cada resultado, uma medida em termos de probabilidade. Se a pessoa não enxerga a possibilidade de que um esforço específico a leve a alcançar o resultado que deseja, sua expectância será zero. Por outro lado, se acredita que consegue, então a expectância pode ter valor 1.

Em suma, para que uma pessoa esteja motivada ela precisa, simultaneamente:

- Atribuir valor à compensação advinda de fazer essa coisa;
- Acreditar que fazendo essa coisa receberá a compensação que espera; e
- Acreditar que tem condições, que é capaz de fazer essa coisa.

Motivação é o produto dessas três relações: Motivação = Valência X Instrumentalidade X Expectância

- **Behaviorismo (B. F. Skinner):** formulou conceitos importantes, como o de "condicionamento operante" que explicam o comportamento das pessoas. Condicionamento refere-se a algo condicional, a uma história passada. O condicionamento operante inovou com a ideia de controle presente nas consequências do comportamento. Isso significa que o comportamento é modelado, determinado por suas consequências, positivas ou negativas. Assim, um dado comportamento que leva a alguma satisfação (é reforçado positivamente), tende a se repetir. Da mesma forma, um comportamento que leva à insatisfação (sendo punido ou extinto) tende a ser diminuído ou interrompido. Nesse sentido, percebemos a existência da "Lei do Efeito". Essa lei, elaborada por Thorndike, descreve o entendimento de que a pessoa tende a repetir aquele comportamento que foi acompanhado de consequências favoráveis. Assim, é o efeito do comportamento (consequência) que o determina (e o mantém).
- **Teoria da Equidade (J. S. Adams):** a equidade pode ser definida como uma relação entre a contribuição que o indivíduo dá ao seu trabalho (esforço ou habilidade) e as recompensas que recebe (pagamento ou promoções), comparada

com as recompensas que outros recebem por contribuições semelhantes. De forma geral, a teoria traz a proporção como fator determinante da motivação, sendo essa o resultado de uma avaliação subjetiva feita por cada um no contexto de trabalho.

- Relação individual de proporção: indivíduo compara a proporção entre seu esforço e sua recompensa. "É justo o que recebo por quanto eu trabalho?".
- Relação do indivíduo com o grupo de trabalho: indivíduo compara a proporção de seu esforço-recompensa com o esforço-recompensa de seus colegas. "É justo o que ganho comparado ao que meus colegas, que fazem trabalho semelhante, ganham?".
- Relação do indivíduo com outros no mercado de trabalho: indivíduo compara a proporção de seu esforço-recompensa na organização onde trabalho com o esforço-recompensa de outras pessoas com o mesmo cargo em outras organizações. "É justo o que ganho comparado ao que pagam no mercado de trabalho a pessoas que fazem o mesmo que eu?".

Aqui, é a proporcionalidade das recompensas (justiça) que determina o comportamento e a motivação das pessoas. São descritos dois tipos de justiça: de distribuição, que é o foco da teoria; e a justiça de processo, que é percebida no processo utilizado para determinar a distribuição das recompensas. Enquanto a justiça de distribuição tem forte influência sobre a satisfação do funcionário, a de processo afeta o comprometimento do funcionário com a organização, a confiança em seu chefe e sua intenção de se demitir.

- **Teoria de Campo (Kurt Lewin)** defende que o comportamento humano é dependente de dois fatores:
- Derivado da totalidade dos fatos coexistentes no ambiente onde a pessoa desenvolve suas atividades;
- Esses fatos e eventos apresentam um campo dinâmico de forças nos quais fatos ou eventos têm uma inter-relação com os demais, influenciando e sendo influenciados por eles.

O campo dinâmico é chamado de "**campo psicológico**", que é o próprio espaço de vida que contém a pessoa e seu ambiente psicológico. Esse campo psicológico é o que a pessoa interpreta a si e ao mundo externo. A interpretação subjetiva que cada pessoa faz acerca das outras pessoas, das coisas e dos fenômenos em que cada momento constituem o seu ambiente traduzem-se em **valências**, ou seja, tomam um determinado valor. A valência será positiva quando atraem e vão ao encontro das necessidades do indivíduo e sua satisfação; e negativa quando podem ou sugerem causar algum dano ou prejuízo. Assim, a primeira atrai e a segunda repulsa, criando nessa situação uma força, um vetor. Um vetor tende a criar a "locomoção" em certa direção.

Essa teoria explica porque mesmo um objeto pode ser visto e interpretado de modo diferente por cada pessoa. A conclusão é de que o indivíduo se comporta de acordo com suas percepções e não de acordo com a realidade; ele reage conforme àquilo que é confortável ou não com suas cognições.

Princípios da Teoria de Campo:

- O comportamento é uma função de campo que acontece na altura em que o comportamento decorre;
- A análise começa com a situação como um todo, a partir da qual são diferenciadas as partes componentes;
- Uma pessoa numa situação real pode ser representada de forma matemática.

TEORIAS DE CONTEÚDO:

- **Teoria da Hierarquia das Necessidades de Maslow** é a mais conhecida e cobrada em prova de concurso. Descreve que as necessidades humanas são dispostas em uma hierarquia de importância e influenciação e que nos motivamos quando buscamos algo para saciar essas necessidades. À medida que satisfazemos algumas necessidades mais básicas, outras mais elevadas ou complexas passam a "dominar" nosso comportamento. Vejamos a pirâmide da hierarquia de necessidades:

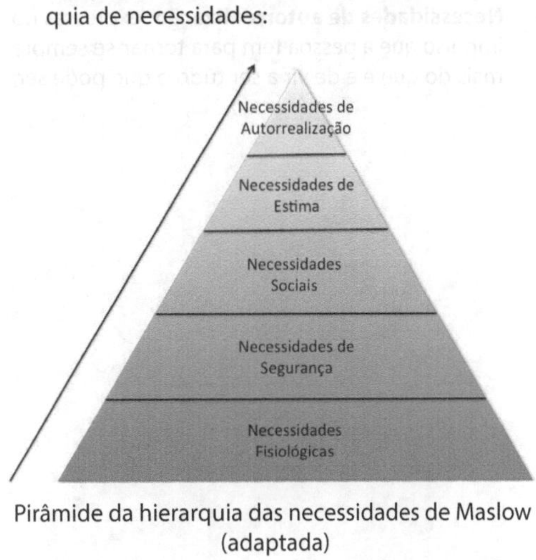

Pirâmide da hierarquia das necessidades de Maslow (adaptada)

Andrade e Amboni (2011) – Teoria Geral da Administração, p. 123

- **Necessidades fisiológicas:** são necessidades mais básicas, ligadas à sobrevivência e à preservação da espécie; âmbito geral: ar, comida, repouso, abrigo etc.; no trabalho, temos: intervalos de descanso, conforto físico, horário de trabalho razoável, dentre outros; meios de satisfação dessa necessidade: alimento, repouso, abrigo, sexo, flexibilidade de horário, artefatos de qualidade, local de trabalho limpo etc.
- **Necessidades de segurança:** são necessidades ligadas à segurança do indivíduo; âmbito geral: proteção contra o perigo ou privação; no trabalho: condições de trabalho, remuneração e benefícios, estabilidade etc.; meios de satisfação dessa necessidade: segurança do ambiente, proteção contra o perigo, regularidade no recebimento do pagamento, estabilidade no emprego etc.
- **Necessidades sociais:** ligadas às trocas nas relações interpessoais; âmbito geral: amizade, inclusão em grupos etc.; no trabalho: amizade, bom relacionamento com colegas, interação com clientes, gerente amigável etc.; meios de satisfação: manutenção dos relacionamentos, amizades, aceitação, afeição, compreensão e consideração.
- **Necessidades de estima:** ligadas à relação do indivíduo consigo mesmo, com a maneira pela qual o indivíduo se vê e se avalia; âmbito geral: reputação, reconhecimento, autorrespeito, amor etc.; no trabalho: responsabilidade por resultados, orgulho e reconhecimento, promoções; meios de satisfação: satisfação do ego, orgulho, status e prestígio, autorrespeito, reconhecimento, confiança, progresso, apreciação, admiração dos colegas.
- **Necessidades de autorrealização:** expressas no impulso que a pessoa tem para tornar-se sempre mais do que é e de vir a ser tudo o que pode ser; âmbito geral: realização do potencial, utilização plena dos talentos individuais etc.; no trabalho: trabalho criativo e desafiante, diversidade e autonomia, participação nas decisões; meios de satisfação: autorrealização, autodesenvolvimento, excelência pessoal, competência, expertise.

Maslow classificou, ainda, as necessidades em dois grandes níveis: primárias (inferiores ou de baixo nível) e secundárias (superiores ou de alto nível). As primárias, que incluem as necessidades fisiológicas e as de segurança, possuem um ciclo de saciação-privação muito rápido, não são exclusivas do homem e são saciadas por aspectos extrínsecos. Nas necessidades secundárias, o ciclo de saciação-privação é mais lento. Essas necessidades são exclusivas do homem e são aspectos intrínsecos que as suprem.

- **Teoria dos dois fatores ou Teoria Bifatorial (F. Herzberg)** descreve a relação homem-trabalho, tendo dois fatores que influenciam o comportamento humano no trabalho: os fatores higiênicos e os fatores motivacionais.
- **Fatores Higiênicos (ou insatisfacientes):** ligados a aspectos que cercam o trabalho, mas não fazem parte dele. São fatores "extrínsecos" ao próprio trabalho, fora do controle dos empregados, condições controladas pela empresa e que circundam o indivíduo. Exemplos: supervisão, salário, relação com os colegas, políticas empresariais de administração de pessoas, condições físicas e segurança no trabalho etc. Se ATENDIDOS não levam à satisfação, mas se NÃO ATENDIDOS, levam à insatisfação.
- **Fatores Motivacionais (ou satisfacientes):** ligados a aspectos do conteúdo e da natureza do trabalho. São "intrínsecos". Se ATENDIDOS levam à satisfação, porém se NÃO ATENDIDOS não levam à insatisfação, mas à falta de entusiasmo, apatia e perda de sentido do trabalho.

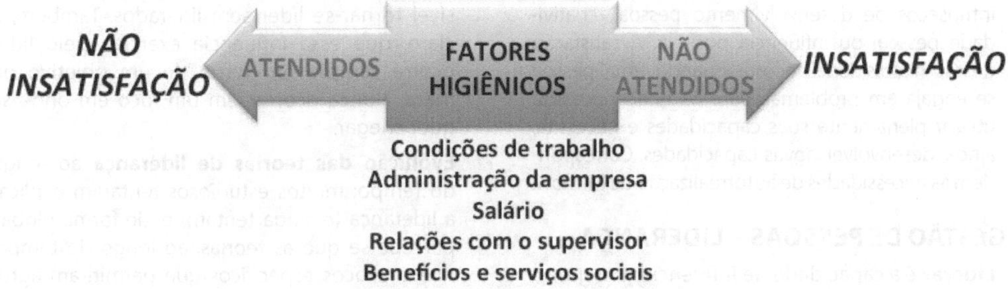

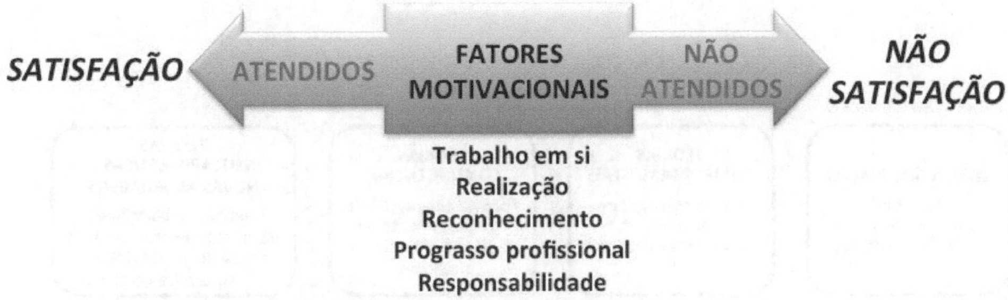

Continuum dos fatores higiênicos e motivacionais (adaptado)

Chiavenato (2003) – Introdução à Teoria Geral da Administração, p. 334

- **Teoria da Motivação para a Realização ou Teoria das Necessidades Adquiridas (McClelland e Atkinson)** descreve três necessidades que expressam uma gama de características. Afirmam que as pessoas são movidas mais por uma necessidade do que por outra. Todas têm as três necessidades, que são aprendidas com a experiência, mas se diferem nos graus em que tais necessidades se apresentam.
- Necessidade de realização: buscam o sucesso segundo um padrão internalizado de excelência. Querem se realizar, lutar por esse sucesso.
- Necessidade de afiliação: valorizam as relações humanas muito mais do que a realização. Preferem atividades que envolvam outras pessoas e investem mais tempo mantendo as relações sociais.
- Necessidade de poder: reflete o desejo de influenciar, treinar, ensinar ou encorajar os outros a concretizarem suas realizações. Vontade de controlar ou influenciar direta ou indiretamente as pessoas. Há um lado positivo (foco na realização coletiva – "poder institucional") e um negativo (se eu ganhar, você perde – "poder pessoal").
- **Teoria ERC (Alderfer)** também descrita em termos de necessidades: existência, relacionamento e crescimento (em inglês é ERG – existence, relatedness e growth). Essa teoria defende que se houver frustração nas necessidades altas, será necessário retornar às necessidades inferiores. A frustração pode levar à regressão e a uma necessidade de nível mais baixo. Aqui, múltiplas necessidades operam em conjunto como motivadoras, o que a diferencia da Hierarquia de Maslow. Dois são os aspectos principais da teoria:

  Mas de uma necessidade pode funcionar ao mesmo tempo sobre o comportamento humano;

  Se uma necessidade de ordem elevada permanece insatisfeita, aumenta o desejo de satisfazer uma de ordem inferior.
- Necessidades de existência: representam os requisitos materiais básicos, fundamentais, e os fatores de benefício no local de trabalho. Incluem todas as necessidades psicológicas e materiais das pessoas. Comparando com a teoria de Maslow, correspondem às necessidades fisiológicas e de segurança.
- Necessidades de relacionamento: abarcam o desejo de se manter importantes relações interpessoais, com compartilhamento mútuo de ideias e sentimentos. São as necessidades sociais e de estima de Maslow.

- Necessidades de crescimento: significam anseios intrínsecos de desenvolvimento pessoal, criatividade pessoal ou influência positiva. A satisfação dessas necessidades ocorre quando uma pessoa se engaja em problemas para os quais necessita utilizar plenamente suas capacidades e necessita, ainda, desenvolver novas capacidades. Correspondem às necessidades de autorrealização de Maslow.

7. GESTÃO DE PESSOAS – LIDERANÇA

- **Liderar** é a capacidade de influenciar um grupo em direção ao alcance de objetivos. Liderar é, portanto, um fenômeno grupal, pois é impossível tornar-se líder sem liderados. Também, é claro, que essa influência exercida pelo líder ocorre sempre em torno de um objetivo ou meta. Nunca ocorre sem um foco em onde se quer chegar.
- **Evolução das teorias de liderança** ao longo do tempo: muitos estudiosos tentaram explicar a liderança (e ainda tentam) e, de forma global, percebe-se que as teorias, ao longo do tempo, tiveram focos específicos que permitiram agrupá-las num *continuum* evolutivo.

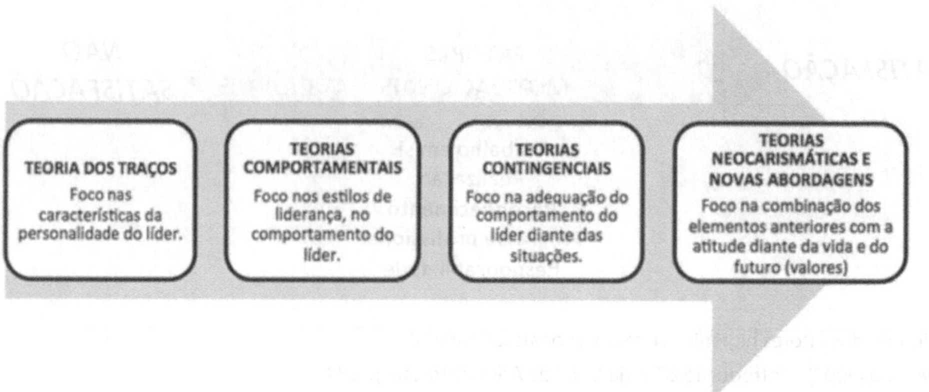

Evolução das abordagens sobre liderança[5]

a) **Teoria dos Traços de Liderança:** essas primeiras explicações buscaram nas disposições inatas seus fundamentos, ou seja, admitia-se que os líderes já nasciam líderes, prontos, com traços específicos em suas personalidades que os distinguiam dos liderados.

b) **Teorias do Comportamento de Liderança (comportamentais):** levaram em conta o que tinha de singular no comportamento dos líderes. Significava admitir, portanto, que a liderança poderia ser aprendida. Teorias: Teoria Clássica (Kurt Lewin – Universidade de Iowa); Estudos da Universidade de Ohio – Stogdill e Coons; Estudos da Universidade de Michigan – Likert, Sistemas gerenciais de Likert ou Sistema 4 de Likert; Teoria do Grid Gerencial de Blake e Mouton; Estudos Escandinavos.

- **Teoria Clássica da Liderança (Kurt Lewin):** Na década de 1930, Kurt Lewin orientou dois pesquisadores – Rauph White e Ronald Lippitt – numa pesquisa que envolvia três grupos de crianças submetidas a diferentes lideranças: autocrática, democrática e liberal (laissez faire). Posteriormente, e a partir desses estudos, elaboraram uma teoria que viria a se chamar Os Três Estilos de White e Lippitt ou Estilos Clássicos de Liderança. A Teoria Clássica dispõe, portanto, de três estilos ou comportamentos de liderança:

1. Estilo autocrático: baseia-se numa liderança que tende a centralizar a autoridade. O líder dita os métodos de trabalho, limita a participação dos funcionários, toma todas as decisões sozinho, sem qualquer consulta ou consideração dos subordinados e define o trabalho de todos.
2. Estilo democrático: tende a envolver os funcionários nas tomadas de decisão. O líder delega autoridade, encoraja a participação em decidir os métodos de trabalho e objetivos e usa o feedback como uma oportunidade para treinar os funcionários. No estilo democrático, o líder ainda pode ser:
   a. Consultivo: busca opiniões e ouve as preocupações e assuntos dos funcionários, mas toma a decisão final sozinho;
   b. Participativo: permite que os funcionários tenham algo a dizer sobre o que é decidido. As decisões são tomadas pelo grupo com orientações do líder.

5. Duran (2016), p.249.

3. Estilo laissez-faire ou liberal: o líder concede aos funcionários total liberdade para que tomem decisões e completem seus trabalhos da maneira que acharem correto. Ele somente proporciona os materiais necessários e responde às perguntas.

- Na **pesquisa de Ohio**, no final da década de 1940, os pesquisadores buscaram identificar dimensões independentes do comportamento do líder e chegaram às seguintes: estrutura de iniciação, que aponta o grau em que um líder é capaz de definir e estruturar o próprio papel e o de seus funcionários na busca pelo alcance dos objetivos da organização; e consideração, que aponta o grau em que um líder é capaz de manter relacionamentos no trabalho, caracterizados por confiança mútua, respeito às ideias dos funcionários e cuidado com os sentimentos deles.
- Na **pesquisa de Michigan**, liderada por Likert, os resultados apontaram para duas dimensões comportamentais do líder, sendo criada uma teoria bidimensional: líderes voltados para os funcionários e líderes voltados para as tarefas ou a produção. Os líderes voltados para os funcionários são aqueles que enfatizam os relacionamentos interpessoais, têm interesse pessoal nas necessidades de seus liderados e aceitam as diferenças individuais entre os membros. Já os líderes voltados para a produção enfatizam os aspectos técnicos e de tarefas do cargo, preocupam-se principalmente com a realização das tarefas de seus grupos e consideram os membros do grupo como um meio para aquele fim. Esses líderes preocupam-se excessivamente com o trabalho, as metas e os recursos disponíveis.

c) **Teorias Contingenciais da Liderança:** Modelo de Fiedler; Teoria Caminho-Meta; Teoria da Liderança Situacional de Hersey e Blanchard; Estilos de liderança de Daniel Goleman; Teoria 3-D da Eficácia Gerencial de Reddin; *Continuum* de liderança de Tannembaum & Schmidt.

- **Modelo de Fiedler:** para ele, o desempenho eficaz do grupo depende da combinação adequada entre o estilo de interação do líder com seus subordinados e o grau em que a situação dá controle e influência para o líder. Nesse sentido, isolou três critérios situacionais a serem considerados:
  a) Relações dos membros com os líderes (líder-liderado);
  b) Estrutura da tarefa – se são ou não estruturadas, se possuem metas e meios claros a serem alcançados;
  c) Poder de posição – poder formal disponível na organização para o líder (advém do cargo que ele exerce).
- **Teoria Caminho-Meta (Robert House):** A principal ideia dessa teoria é a de que o líder será aceito pelos liderados como líder quando estes o olharem como fonte de satisfação, imediata ou futura. Dessa forma, o líder deve auxiliar seus liderados a alcançarem seus objetivos, orientando-os e apoiando-os para garantir que esses objetivos sejam compatíveis com os organizacionais. Robert House, autor dessa teoria, descreveu quatro tipos de líderes com base em seus comportamentos:
  1. **Líder diretivo:** deixa claro o que espera de seus liderados, organiza e proporciona diretrizes claras e objetivas sobre como as tarefas deverão ser realizadas.
  2. **Líder apoiador:** é receptivo e sensível às necessidades dos liderados. Ele atua com cordialidade, fazendo com que o clima de trabalho seja o mais amistoso possível.
  3. **Líder participativo:** antes de tomar decisões, consulta seus liderados. É semelhante ao democrático-consultivo da liderança clássica.
  4. **Líder orientado para a conquista ou voltado para a realização:** estabelece desafios e espera que os liderados demonstrem seus desempenhos máximos.

d) **Abordagens Emergentes da Liderança e Teorias Neocarismáticas:** Liderança Carismática; Liderança Visionária; Liderança Transacional; Liderança Transformacional; Liderança autêntica; Liderança Baseada em Valores.

Liderança Carismática: líder é capaz de fazer com que seus liderados lhe atribuam capacidades heroicas ou extraordinárias de liderança, com base em seu carisma.

Liderança Visionária: vai além do carisma; o líder, aqui, possui a capacidade de criar e articular uma visão de futuro realista, atrativa e acreditável para a organização ou unidade organizacional.

Liderança Transacional: é baseada na troca; o liderado apresenta seu desempenho e atinge os resultados e, em troca, o líder dispõe de benefícios.

Liderança Transformacional: os liderados são inspirados a transcenderem seus próprios papeis, causando um efeito profundo e um impacto gigantesco na organização.

8. GESTÃO DE PESSOAS – GESTÃO DE CONFLITOS

- **Conflito** é um processo que tem início quando uma das partes percebe que a outra afeta ou pode afetar negativamente alguma coisa que a primeira acha importante.

- **Níveis de gravidade do conflito:**
  - **a. Percebido:** é um conflito latente, onde as partes percebem existir potencialmente um conflito por terem objetivos antagônicos. Ele ainda não está expresso e nem mesmo as pessoas o percebem claramente, mas sabem que "ali existe uma tensão".
  - **b. Experenciado ou emergente:** é um conflito velado, dissimulado, oculto e não manifestado externamente, porém provoca sentimentos de hostilidade, raiva, medo e descrédito. Aqui, o conflito já existe, mas as partes envolvidas não o manifestaram diretamente. Também são chamados de emergentes porque são conflitos que têm potencial para crescer se um procedimento de resolução não for logo implementado.
  - **c. Manifesto:** é o conflito aberto, expresso, manifestado pelo comportamento de interferência passiva ou ativa por uma das partes. O conflito existe e é escancarado. As partes tentam intervir uma no trabalho da outra.
- **Abordagens quanto à gestão de conflitos:** são formas de administrar os conflitos e elas variam conforme o tipo de conflito que se pretende resolver (Chiavenato, 2006):
  1. **Abordagem estrutural:** com base na ideia de que o conflito surge das percepções criadas pelas condições de diferenciação, de recursos limitados e escassos e de interdependência, se houver uma modificação desses elementos, as percepções e o conflito resultante poderão ser controlados. Então, nessa abordagem, o gestor pode:
     - minimizar as diferenças entre os grupos identificando objetivos que possam ser compartilhados ou reagrupando os indivíduos (rodízio) de maneira que os grupos conflitantes se tornem parte de uma unidade maior;
     - interferir nos recursos compartilhados utilizando os sistemas de recompensas formais da organização;
     - reduzir a interdependência e as oportunidades de interferência, separando os grupos física e estruturalmente.
  2. **Abordagem de processo:** procura reduzir os conflitos por meio da modificação do processo, ou seja, é uma intervenção específica no episódio do conflito. Pode ser utilizada por uma das partes do conflito, por pessoas de fora ou por um terceiro (consultor). Ela acontece de três diferentes maneiras:
     - desativação ou desescalonização do conflito pelo encorajamento de comportamentos menos conflitantes;
     - reunião de confrontação entre as partes, onde ocorre uma reunião face a face para exteriorizar as emoções, discutir e identificar as áreas de conflito e localizar soluções do tipo ganha-ganha;
     - colaboração, ou seja, colocar as partes para trabalharem juntas para solucionar problemas, identificando soluções do tipo ganha-ganha ou interativas capazes de conjugar os objetivos de ambas as partes.

     Nessa abordagem, os autores fazem uma correlação direta entre a maneira de abordar o conflito e a gravidade do conflito. Essa correlação ocorre da seguinte forma:

ABORDAGEM DE PROCESSO	NÍVEIS DE GRAVIDADE DO CONFLITO
Desativação do conflito	Conflito percebido
Reunião de confrontação	Conflito experenciado
Colaboração	Conflito manifesto

  3. **Abordagem mista:** administra o conflito tanto com aspectos estruturais como processuais. Inclui intervenções sobre a situação estrutural e sobre o episódio conflitivo. Há duas maneiras de realizar esse tipo de abordagem:
     - influenciar o processo de conflito por meios estruturais, como, por exemplo, a adoção de regras para resolução de conflitos;
     - criar "terceiras partes" (papéis integradores) dentro da empresa de modo que estejam disponíveis a qualquer momento para ajudar na solução do tipo ganha-ganha dos conflitos que surgirem. Essas partes exercem "papéis de ligação" entre as outras que estão em conflito.

  Sendo assim, podemos sintetizar as abordagens no seguinte quadro:

ABORDAGEM ESTRUTURAL	ABORDAGEM DE PROCESSO	ABORDAGEM MISTA
Fixação de objetivos comuns Sistemas de recompensas grupais Reagrupamento de pessoas	Desativação do conflito Confrontação direta Colaboração	Definição de regras e regulamentos Formação de grupos e equipes de trabalho Papéis de ligação (integradores)

9. GESTÃO DE PESSOAS – COMUNICAÇÃO ORGANIZACIONAL

- **Processo de comunicação:** Conforme Robbins (2002), a comunicação é a transferência de significados de uma pessoa para outra e, por meio dessa transferência, as informações e ideias são transmitidas. Além disso, a mensagem precisa ser compreendida, mais do que somente transmitir um significado.

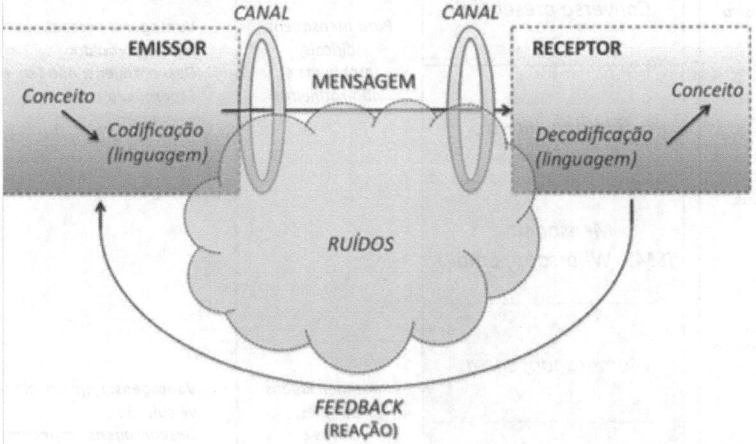

Um modelo básico de comunicação (adaptado)

Shannon e Weaver (1948) citados por Quinn et al. (2012) – Competências gerenciais, p.56

Inicialmente, o emissor escolhe o canal que transmitirá a sua mensagem, codificando-a e enviando-a. A mensagem viaja pelo canal e, ao chegar ao destino, é decodificada pelo receptor. O elo final do processo de comunicação é a reação do receptor ou "círculo de feedback".

- **Comunicação e redes de comunicação:** É o conjunto de canais e meios de comunicação estabelecido de forma consciente e deliberada. As **redes de comunicação formais** explicam como a comunicação flui dentro de uma organização. Elas podem ser centralizadas ou descentralizadas. As redes centralizadas de comunicação se caracterizam pelas diferentes habilidades de seus membros em obter e passar informações. Nelas, há uma pessoa pela qual a comunicação passará sempre, ou seja, a informação flui por meio de um pivô ou pessoa "central" indicada pelo "X" nas figuras. As redes centralizadas mais conhecidas são: roda, cadeia e em "y". Nas redes descentralizadas, cada membro possui oportunidades iguais de participar do processo de comunicação organizacional. As mais conhecidas são: em círculo e completamente conectada (todos os canais). A **comunicação informal (ou rede de rumores)** baseia-se nas relações sociais internas da organização e é uma forma mais rápida de atender a demandas mais urgentes e instáveis. Na maioria das organizações há várias vias de comunicação informal, pois os empregados são geralmente livres para trocar informações uns com os outros como parte de seu trabalho.
- **Ajuste espontâneo:** importante quando falamos de estrutura formal e informal de comunicação. Esse ajuste se pauta pela comunicação entre os responsáveis pelas atividades, em busca de equilíbrio, seja na definição de quantidades, seja no tempo de produção, ou, ainda, na direção a ser seguida. É uma contribuição voluntária entre os responsáveis, que pode ser formal ou informal.
- **Barreiras à comunicação eficaz (males à comunicação):** as barreiras à comunicação são as perturbações indesejáveis que tendem a deturpar, distorcer e alterar, de maneira imprevisível, as mensagens transmitidas. Elas podem ser de diferentes tipos, pois existem diversas classificações: mecânicas/físicas (barulho no ambiente, por exemplo), fisiológicas (surdez, por exemplo), semânticas (não falar a língua do receptor, por exemplo), psicológicas (ter um preconceito a respeito do emissor, por exemplo).
- **Riqueza do canal de comunicação:** sabe-se que quanto mais próximo, pessoal e informal, maior a riqueza do canal, pois é possível perceber detalhes da comunicação, compreender as mensagens não verbais etc. Quanto mais formal, mais "seca" a comunicação. Consequentemente, mais pobre o canal. Observem a figura a seguir a respeito do tema:

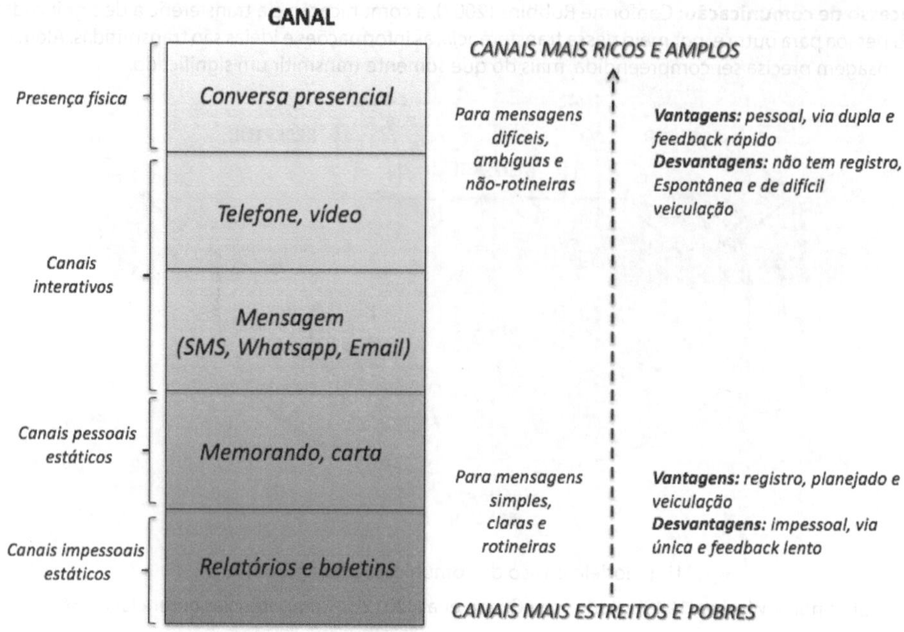

Amplitude e riqueza dos canais de comunicação (adaptado)
Robbins (2002) – Comportamento organizacional, p. 287

10. GESTÃO DE PESSOAS – TOMADA DE DECISÃO

- **Tomada de decisão:** pode ser descrita como o ato de identificar e selecionar um curso de ação para lidar com um problema específico.
- **Teoria das Decisões:** Hebert Simon criou uma teoria que define e detalha um processo de tomada de decisão de forma **racional**. Isso significa que essa tomada de decisão leva em conta escolhas consistentes, com maximização de valor, dentro de certos limites. Essa teoria explica o comportamento humano nas organizações partindo da ideia de que as organizações são **sistemas complexos de decisões**. Assim, a atividade administrativa de uma organização é um processo decisório e consiste no isolamento de certos elementos nas decisões dos membros da organização, no estabelecimento de métodos rotineiros para selecionar alternativas, na determinação desses elementos e na sua comunicação aos outros processos por ele afetados. Para Simon, há dois tipos distintos de decisão:
- **Programadas ou rotineiras**: decisões repetitivas e rotineiras oriundas de resultados de métodos criados sobre situações de ocorrência frequente nas organizações. Encontram-se inseridas nos processos organizacionais e possuem respostas objetivamente corretas, podendo ser resolvidas pela utilização de regras, políticas ou resultados de computações numéricas simples. Diante desse tipo de decisão há um procedimento ou estrutura clara para se chegar ao resultado correto.
- **Não programadas ou não rotineiras**: decisões novas e não estruturadas para as quais não há um método determinado para a abordagem do problema. Resultam de situações inéditas e inesperadas, as quais geralmente representam decisões únicas e complexas, cujo resultado não se encontra previamente descrito.
- **Modelo racional de decisão (Racionalidade Ilimitada**: uma decisão racional é aquela baseada completamente em informações e não em sentimentos, emoções ou crenças infundadas sobre a situação e as escolhas que ela requer. Pressupõe, ainda, uma ordem lógica: se uma regra for criada,

explicando os passos que devem ser seguidos, todos os problemas serão resolvidos. No geral, é composta de três etapas:

1. O relacionamento de todas as possíveis estratégias que poderão ser adotadas (a estratégia representa o conjunto de decisões que determinam o comportamento a ser seguido num determinado período de tempo);
2. A determinação de todas as consequências decorrentes da adoção de cada estratégia;
3. A avaliação comparativa de cada grupo de consequências e escolha de uma alternativa entre várias disponíveis, a partir de valores pessoais e organizacionais.

A escolha indica a preferência por um conjunto de consequências.

- **Modelo (ou Teoria) da Racionalidade Limitada:** sabemos que é impossível prever "todas" as possíveis decisões e "todas" as possíveis consequências. Pensando nisso, Simon reformulou esse modelo e o propôs sob o termo "Racionalidade Limitada". Isso significa que o tomador de decisões não terá acesso a todas as informações necessárias e não será possível saber qual a melhor alternativa de comportamento ou estratégia a ser selecionada e implementada. Para realizar todas as etapas do modelo ilimitado citadas, o indivíduo é limitado na sua racionalidade. Para ele, o comportamento real não alcança a racionalidade objetiva (a melhor escolha), pois o indivíduo é limitado e influenciado, muitas vezes, por sua capacidade física, pelos seus valores e pela extensão de seus conhecimentos. Simon criou o conceito de *satisficing* para descrever o fato de que as pessoas, via de regra, não tomam decisões ótimas, mas decisões que as satisfaçam e sejam suficientes.

11. GESTÃO DE PESSOAS – CLIMA E CULTURA

Cultura organizacional é um sistema compartilhado de significados dentro de uma organização, o qual determina, em grande parte, como os funcionários agem. É o conjunto de hábitos e crenças, estabelecido através de normas, valores, atitudes e expectativas compartilhados por todos os membros da organização[6].

- Principais **elementos da cultura organizacional:**
  - Histórias: são contos e passagens sobre o fundador da companhia, lembranças sobre dificuldades ou eventos especiais, regras de conduta, corte e realocação de funcionários, acertos e erros do passado, que ancoram o presente no passado e explicam a legitimação das práticas atuais.
  - Rituais (ritos) e cerimônias: são sequências repetitivas de atividades que expressam e reforçam os valores principais da organização. São praticados, portanto, com o intuito de perpetuar, dia a dia, os valores organizacionais e tornar a cultura mais coesa.
  - Mitos: são figuras imaginárias, geralmente oriundas da interpretação de fatos não concretos e que são utilizadas para reforçar crenças organizacionais com o intuito de manter certos valores históricos.
  - Tabus: têm a função de orientar comportamentos e atitudes, principalmente enfocando questões de proibição ou de coisas que não são bem-vistas ou não são permitidas.
  - Símbolos materiais: a arquitetura do edifício, as salas e as mesas, o tamanho e o arranjo físico dos escritórios constituem símbolos materiais que definem o grau de igualdade ou diferenciação entre as pessoas e o tipo de comportamento desejado pela organização. Os símbolos materiais constituem a comunicação não verbal.
  - Linguagem: é o meio utilizado para identificar membros de uma cultura ou subcultura. Ao aprender a linguagem utilizada e os jargões próprios do grupo, o membro confirma a aceitação da cultura e ajuda a preservá-la. Também a maneira como se vestem e os documentos utilizados constituem formas de as pessoas expressarem a cultura organizacional.
  - Heróis: são modelos de papéis que personificam o sistema de valores culturais que definem o conceito de sucesso na organização, estabelecendo um padrão de desempenho e motivando os integrantes da empresa.
- ***Camadas (níveis) da cultura organizacional:*** Toda cultura tem seus aspectos mais visíveis e outros mais profundos, obscuros. Schein (Chiavenato, 2004) descreveu esses níveis culturais da seguinte forma:

6. Chiavenato (2004).

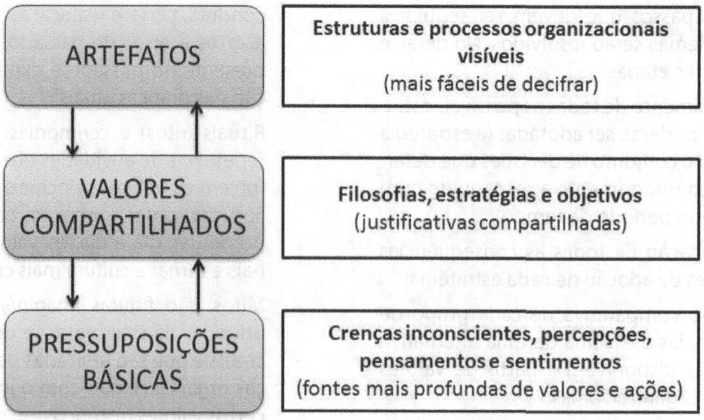

Os três níveis da cultura organizacional

Chiavenato (2004) – Gestão de Pessoas, p. 168

- Artefatos: são as coisas que cada um vê, ouve e sente quando se depara com uma organização cuja cultura não é familiar. Incluem produtos, serviços, prédios e instalações, tecnologia e os padrões de comportamento dos membros de uma organização. São todas as coisas ou eventos que se pode indicar visual ou auditivamente. Cuidado! Importante: Alguns autores descrevem a cultura em quatro níveis, "dividindo" esse primeiro nível em dois: "artefatos" que seriam apenas as coisas palpáveis de forma geral como prédios, produtos e serviços e "padrões de comportamento" que incluiriam comportamentos visíveis dentro da organização e os fluxos de trabalho: tarefas, processos de trabalho, normas e regulamentos.
- Valores Compartilhados: são valores que se tornam importantes para as pessoas e que definem as razões pelas quais elas fazem o que fazem. Funcionam como justificativas aceitas por todos os membros e são, em muitas organizações, originalmente criados pelos seus fundadores. Esses valores e crenças incluem o que as pessoas dizem ou fazem cotidianamente, filosofias, estratégias e objetivos.
- Pressuposições Básicas (ou pressupostos básicos): são as crenças inconscientes, percepções, sentimentos e pressuposições dominantes em que os membros da organização acreditam. A cultura prescreve "a maneira certa de fazer as coisas" adotada na organização muitas vezes por meio de pressuposições que não estão escritas e nem sequer são verbalizadas na organização. São crenças inconscientes, percepções e sentimentos, concepção da natureza humana e pressuposições predominantes.

- ***A cultura como um iceberg***: a cultura consiste em padrões explícitos e implícitos de comportamentos adquiridos e transmitidos ao longo do tempo que constituem uma característica própria de cada empresa[7]. Dessa forma, ela pode ser compreendida em um nível visível e outro invisível, como um iceberg. No nível visível estão os padrões e estilos de comportamento dos empregados. São os aspectos formais e abertos da organização. No nível invisível estão os valores compartilhados e crenças que permanecem durante um longo tempo. São os aspectos informais e ocultos, sendo mais difíceis de mudar do que os aspectos do nível visível.

Clima organizacional é a demonstração de como o conjunto de valores e crenças da organização (cultura) é percebido e assimilado pelo grupo. É uma avaliação de até que ponto as expectativas das pessoas estão sendo atendidas dentro da organização.

a) Clima Organizacional Cognitivo (racional, não emocional):

- Descritivo

- Abrange a organização/grupo

b) Clima Psicológico:

- Afetivo/emocional

- Avaliativo

- Abrange o indivíduo

7. Chiavenato (1996) citado por Lima e Albano (2002).

- ***A pesquisa de clima organizacional***: "é uma ferramenta objetiva e segura, isenta de comprometimento coma situação atual, em busca de problemas reais na gestão dos Recursos Humanos. A análise, o diagnóstico e as sugestões, proporcionados pela pesquisa, são valiosos instrumentos par ao sucesso de programas voltados para a melhoria da qualidade, aumento da produtividade e adoção de políticas internas" e é por meio dela que é possível medir o nível de relacionamento entre os funcionários e a empresa[8]. Conforme Luz (2003), os *Objetivos da Pesquisa de Clima* são:
  1. Criar canal de comunicação direta entre os colaboradores e a direção da organização, onde possam manifestar suas opiniões com garantia do anonimato;
  2. Permitir melhoria do clima organizacional onde for constatado o maior grau de insatisfação no ambiente de trabalho;
  3. Identificar, avaliar e monitorar o impacto das intervenções contempladas na Pesquisa de Clima Organizacional no decorrer do tempo;
  4. Criar meio, junto aos colaboradores, para o aperfeiçoamento da comunicação.

  Capacidade Inovadora das organizações: Chiavenato (2010)[9], destaca que toda organização é um sistema complexo com características próprias da sua cultura e clima organizacional. Para mudá-la, é necessário possuir o que ele chama de **capacidade inovadora**, composta por quatro requisitos:
  - **Adaptabilidade:** a capacidade de resolver problemas e de reagir de maneira flexível às exigências mutáveis e inconstantes do meio ambiente. Para ser adaptável, a organização deve ser flexível, para poder adaptar e integrar novas atividades; e ser receptiva e transparente a novas ideias, venham elas de dentro ou de fora da organização.
  - **Senso de identidade:** o conhecimento e a compreensão do passado e do presente da organização, e a compreensão e o compartilhamento dos seus objetivos por todos os participantes. No DO não há lugar para alienação do empregado, mas para o comprometimento do participante.
  - **Perspectiva exata do meio ambiente:** a percepção realista e a capacidade de investigar, diagnosticar e compreender o meio ambiente.
  - **Integração entre os participantes:** para que a organização possa se comportar como um todo orgânico e integrado.

12. GESTÃO DE PESSOAS – ANÁLISE E DESCRIÇÃO DE CARGOS E RECRUTAMENTO E SELEÇÃO

- **Descrição e Análise de Cargos:** constituem um método utilizado para descrever tanto os diferentes tipos de trabalho quanto as características humanas necessárias para o desenvolvimento das atividades. **DESCRIÇÃO** é o processo que consiste em enumerar as tarefas ou atribuições que compõem um cargo e que o tornam distinto de todos os outros cargos existentes na organização. Especificamente, a descrição cuida dos aspectos intrínsecos do cargo e é o detalhamento das atribuições ou tarefas do cargo (o que o ocupante faz), a periodicidade da execução (quando faz), os métodos empregados para a execução dessas atribuições ou tarefas (como faz) e os objetivos do cargo (porquê faz). **ANÁLISE** são os aspectos extrínsecos ao cargo. Ela busca os requisitos impostos ao ocupante do cargo, pois pretende estudar e determinar os requisitos qualificativos, as responsabilidades envolvidas e as condições exigidas pelo cargo para seu desempenho adequado. Sua estrutura envolve:
  a) Requisitos mentais: instrução, experiência profissional, aptidões e iniciativa.
  b) Requisitos físicos: esforço físico, concentração visual e destreza.
  c) Responsabilidades envolvidas: supervisão, material, dinheiro, títulos, contatos internos e externos e informações confidenciais.
  d) Condições de trabalho: ambiente de trabalho e riscos.
- **Recrutamento:** recrutar é exercer atividades de atração, de chamamento. É atrair pessoas para que se tenha como escolher (selecionar). Portanto, o recrutamento antecede a seleção e compreende um conjunto de técnicas que visam convidar as pessoas para participarem de uma seleção naquela organização.
- **Seleção:** é a busca do candidato mais adequado, dentre os recrutados pela empresa, para ocupar os cargos existentes, visando manter e aumentar a eficiência e o desempenho do pessoal, bem como a eficácia da organização.

13. GESTÃO DE PESSOAS – GESTÃO DE DESEMPENHO

- A **gestão de desempenho** envolve não só a avaliação do desempenho, mas todo o ciclo para que

8. Bispo, C. A. *Um novo modelo de pesquisa de clima organizacional*. Revista Produção, 16 (2), p. 258-273. Mai-Ago, 2006.
9. Chiavenato (2010a).

ela ocorra. A avaliação de desempenho é apenas uma etapa da gestão do desempenho.

- De forma geral, pode-se conceituar a **avaliação de desempenho** como "uma apreciação sistemática do desempenho de cada pessoa no cargo". Dessa forma, a avaliação de desempenho não é um fim em si mesma. É um meio, uma ferramenta para melhorar os resultados da gestão de pessoas na organização. Por meio dela percebem-se os pontos fortes, as falhas e o que se pode estabelecer de ações de melhoria.
- **Métodos de avaliação de desempenho:** descrevem como os dados da avaliação de desempenho podem ser obtidos. Alguns têm foco sobre o formato do instrumento, outros sobre o público-alvo, outros, ainda, sobre a metodologia. Enfim, são vários os métodos e nem sempre eles são excludentes entre si.

Métodos Tradicionais	Métodos Modernos
– Escala Gráfica – Lista de Verificação – Escolha Forçada – Frases Descritivas – Incidentes Críticos – Pesquisa de Campo – Comparação aos Pares	– 360º ou Circular – Avaliação Participativa Por Objetivos (APPO) – Avaliação de Competência – Avaliação de Competência e Resultados – Avaliação de Potencial – *Balanced Scorecard*

– **Método da Escala Gráfica:** é o método mais comum e mais utilizado nas organizações. Seu foco é sobre o formato em que o formulário é elaborado. Nele, cada fator de desempenho (item que será avaliado) é definido com uma descrição sumária, simples e objetiva e é dimensionado para retratar, desde um desempenho fraco ou insatisfatório até um desempenho ótimo ou excelente (níveis incrementais), ou seja, ele terá uma escala de satisfação que servirá como referência para avaliar cada item de desempenho. Dentre as vantagens, tem-se que é de fácil entendimento, dá pouco trabalho no registro e é simples aplicação, além de dar uma visão integra da e resumida dos fatores de avaliação. Dentre as desvantagens: inflexibilidade ao avaliador; sujeito a distorções e interferências do avaliador, como por exemplo o efeito halo; tende a rotinizar e bitolar os resultados; necessita de procedimentos matemáticos e estatísticos para apuração; tende a resultados condescendentes ou exigentes para todos.

– **Método da Escolha Forçada (ou distribuição forçada):** visa a avaliar o desempenho por meio de frases descritivas de alternativas de tipos de desempenho individual. O avaliador deve escolher forçosamente apenas uma ou duas que mais se aplicam ao desempenho do empregado avaliado.

– **Método da Pesquisa de Campo:** são entrevistas com o superior imediato, através das quais se avalia o desempenho dos seus subordinados. Possui a vantagem de permitir que o supervisor visualize o conteúdo dos cargos sob sua responsabilidade, proporciona um relacionamento proveitoso com o especialista em gestão de pessoas, permite uma avaliação profunda, imparcial e objetiva. Por outro lado, possui custo operacional elevado e torna o processo extremamente demorado.

– **Método dos Incidentes Críticos:** o supervisor imediato observa e registra os fatos excepcionalmente positivos e negativos do desempenho de seus subordinados. As exceções positivas devem ser realçadas e mais utilizadas, enquanto as exceções negativas devem ser corrigidas e eliminadas. O comportamento que não se destaca positiva ou negativamente não entra na avaliação.

– **Método da Comparação aos Pares (ou Comparação Binária):** compara dois a dois empregados de cada vez e anota na coluna da direita o nome daquele que apresentou melhor desempenho ou fator de avaliação.

– **Método das Frases Descritivas:** É diferente da escolha forçada apenas por não exigir obrigatoriedade na escolha de frases. Por permitir a não marcação (deixar em branco) "é como a escolha forçada, só que sem ser forçada".

– **Avaliação 360º ou Circular (múltiplas fontes ou avaliação em rede):** mais adequado a ambientes democráticos e participativos, se preocupa tanto com os cenários internos à organização quanto com os externos. Trata-se de um modelo em que o avaliado é o foco de todos que com ele têm algum contato, além da autoavaliação: subordinados, superiores, pares, clientes internos e externos, fornecedores etc. Caracteriza-se pelo compartilhamento de feedbacks com quem executou o trabalho por parte das pessoas diretamente afetadas pelos resultados produzidos.

- **Perspectivas básicas de avaliação de desempenho com foco em competências**[10]**:**
- Perspectiva técnica: considera as competências técnicas essenciais para uma determinada função e permite analisar se os funcionários e/ou colaboradores possuem de fato essas competên-

---

10. Leme, R. *Avaliação de Desempenho com foco em competência*. Rio de Janeiro: Qualitymark. 2009.

cias. São todas as habilidades e conhecimentos que uma pessoa precisa ter para desempenhar com sucesso sua função.

- Perspectiva comportamental: trata de uma lista de indicadores de competências que traduz a conduta do comportamento ideal desejado e necessário para que a organização possa agir alinhada à sua missão, à sua visão, aos seus valores e à sua estratégia. Essa perspectiva possui foco na criatividade, relacionamento interpessoal, relacionamento intrapessoal, comunicação e liderança.
- Perspectiva de resultados: de forma geral, o que é avaliado nessa perspectiva são interesses estratégicos da organização, que são os objetivos. Popularmente, costumamos chamar esses objetivos de "metas a serem alcançadas", e o produto do esforço despendido é o "resultado da meta".
- Perspectiva de complexidade: essa perspectiva tem o objetivo de mensurar como o colaborador desempenha sua função em relação à complexidade que ela exige. Normalmente, as descrições das funções possuem um título parecido com "Responsabilidades", "Atribuições", "Tarefas", ou "Atividades".

  Quanto ao resultado do trabalho de uma pessoa, há aspectos diretamente relacionados, tais como o índice de retrabalho e a satisfação de seus clientes.

- **Erros de avaliação de desempenho:** São variáveis que interferem na avaliação e que podem deturpar os resultados. Os mais comuns são:
  1. **Efeito halo ou efeito de estereotipação:** ocorre quando o avaliador dá a um indivíduo a mesma classificação em todas as dimensões (todos os fatores), apesar das diferenças de desempenho apresentadas. Isso significa dizer que, para aquela pessoa, houve uma generalização de sua avaliação – ou tudo bom, ou tudo ruim, ou tudo mediano – por causa de alguma característica que ela apresenta. Por isso o nome "estereotipação", pois é resultado de um "rótulo" dado à pessoa avaliada.

     Importante: alguns autores "subdividem" o efeito halo pela generalização positiva ou negativa. Efeito Halo seria a generalização positiva, ou seja, quando o avaliador avalia todos os fatores como positivos apenas porque gosta de uma característica que a pessoa tem. Efeito Horn seria a generalização negativa.
  2. **Erros de distribuição:** ocorrem quando o avaliador tende a classificar todas as pessoas da mesma forma. São erros percebidos quando se comparam várias avaliações de pessoas diferentes realizadas pelo mesmo avaliador (chefe). Portanto, não é uma generalização do comportamento de uma só pessoa, mas uma postura do avaliador diante das avaliações que faz, independentemente da pessoa que está sendo avaliada. Podem ser:
     a) decorrentes de tolerância (de leniência ou de complacência): todas as avaliações são realizadas de forma mais favorável. O avaliador, portanto, avalia todo mundo bem;
     b) decorrentes de severidade (excesso de rigor): todas as avaliações com a dimensão mais desfavorável (as avaliações de todo mundo são muito ruins);
     c) de tendência à intermediação (erro de tendência central): todos os avaliados recebem classificação mediana. Concentra a avaliação no ponto médio da escala, não se comprometendo muito com a gestão do desempenho, nem com as pessoas ou, ainda, pode ser resultado do medo de errar.
  3. **Atitudes inconscientes:** é quando o avaliador:
     a) julga sob a impressão de uma qualidade (assemelhando-se ao efeito halo);
     b) baseia-se em acontecimentos recentes, esquecendo-se de pontuar situações que ocorreram há mais tempo (chamado recenticidade, falta de memória ou prevalência da proximidade);
     c) leva em conta características pessoais extra-cargo (valores e atitudes fora do trabalho);
     d) supervaloriza as qualidades potenciais confundindo desempenho com potencial.

- **Desempenho Organizacional:**
- **Indicadores de desempenho:** A capacidade de se medir o desempenho é um dos fatores de sucesso para as organizações e por isso é tão importante fazê-lo. Dentre as formas de se realizar essa medida, a mais utilizada é por meio de indicadores. **Indicador** é um padrão estabelecido utilizado para avaliar resultados. Ele pode ser de capacidade (quantidade), qualidade, tempo e/ou custo.
- **Indicadores de benchmarking:** essa técnica traduz a ideia da procura por melhores práticas no mercado a fim de se obter vantagem competitiva ao implementá-las na própria organização. Exemplos: absenteísmo, *turnover* e acidentes de trabalho.

14. GESTÃO DE PESSOAS – GESTÃO POR COMPETÊNCIAS

- A **gestão por competências** é uma alternativa aos modelos tradicionalmente utilizados pelas organizações. Seu pressuposto é de que o domínio de certas competências – as raras, valiosas e difíceis de serem desenvolvidas – confere à organização um desempenho superior ao de seus concorrentes.
- Há duas correntes quanto à definição do que é **competência**:
  - Primeira corrente: a competência é vista como um estoque de qualificações (conhecimentos, habilidades e atitudes) que credencia a pessoa a exercer determinado trabalho;
  - Segunda corrente: a competência relaciona-se não com um conjunto de qualificações do indivíduo, mas sim com as realizações da pessoa em determinado contexto, ou seja, com aquilo que ela produz ou realiza no trabalho.
- **Competências humanas** são, numa clara definição, combinações sinérgicas de conhecimentos, habilidades e atitudes (C.H.A.), expressas pelo desempenho profissional dentro de determinado contexto organizacional, que agregam valor a pessoas e organizações.
  - *Conhecimentos*: são informações que, ao serem reconhecidas e integradas pelo indivíduo em sua memória, causam impacto sobre seu julgamento ou comportamento. Representam o saber acumulado.
  - *Habilidades*: relacionam-se com a aplicação produtiva do conhecimento, ou seja, com a capacidade da pessoa de instaurar conhecimentos armazenados em sua memória e utilizá-los em uma ação. De acordo com Gagné e cols. (1988), podem ser intelectuais (envolvem processos mentais de organização e reorganização de informações) ou motoras / manipulativas (exigem coordenação neuromuscular). Representam, assim, um saber fazer.
  - *Atitudes*: são aspectos sociais e afetivos relacionados ao trabalho. Referem-se a um sentimento ou à predisposição da pessoa que determina a sua conduta. De forma geral, representam um querer fazer.
- **Classificação das competências humanas** – As competências humanas (ou individuais) podem ser:
  - Competências técnicas: têm como base o conhecimento adquirido na formação profissional adequada à função exercida e continuamente atualizada.
  - Competências comportamentais: fazem parte das habilidades sociais que exigem atitudes adequadas para lidar com situações do dia-a-dia.
  - Competências transversais: são as competências comuns a um conjunto de pessoas na organização. São transversais porque perpassam as diferentes formações e/ou especificidades das atividades exercidas pelas pessoas.
  - Competências interpessoais: representam a habilidade de lidar eficazmente com as relações interpessoais, ou seja, de lidar com as outras pessoas de forma adequada às necessidades de cada um e às exigências da situação. Elas se compõem pela percepção (que precisa ser treinada por bastante tempo para uma visão acurada da situação) e pela habilidade propriamente dita (que engloba várias outras habilidades, dentre as quais flexibilidade perceptiva e comportamental, ou seja, ver ângulos diferentes ou aspectos diferentes da mesma situação e atuar de forma inovadora como alternativa de ação).
  - Competências gerenciais: estão ligadas aos gestores (diretores, gerentes, chefes etc.). Podem ser entendidas como a faculdade de mobilizar diversos recursos cognitivos (saberes, informações, habilidades e inteligências) para, com eficácia e pertinência, enfrentar e solucionar uma série de situações ou de problemas relacionados com a gestão de uma empresa.
- **Etapas ou fases da gestão por competências** – Para que o modelo de gestão por competências seja implantado em alguma organização, algumas fases (passos ou etapas) são sugeridos pela literatura especializada na área para que se obtenha o sucesso:

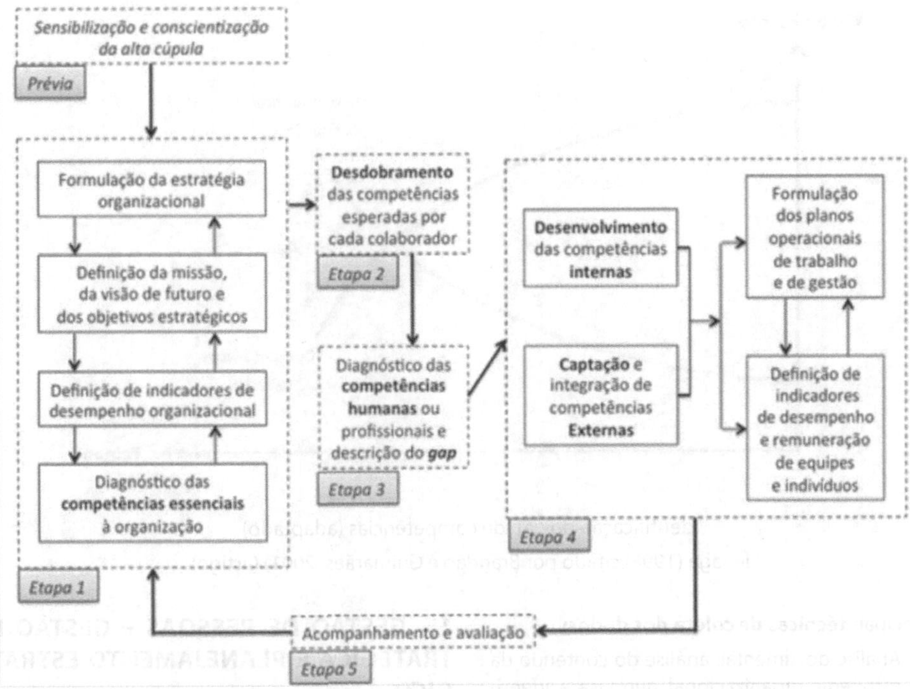

Modelo de gestão por competências (adaptado por Cristiana Duran)
Guimarães et a. (2001), citados por Carbone et al. (2006) – Gestão por competências e gestão do conhecimento – p.50

A) **Etapa prévia:** sensibilização e conscientização da alta cúpula;

B) **Definição das competências organizacionais essenciais:** As competências organizacionais essenciais devem ser definidas pela alta administração da organização, tendo a área de gestão de pessoas como *staff*. Esse é um processo contínuo que se inicia com a formulação da estratégia da organização, etapa em que são descritas a missão, a visão de futuro e os objetivos estratégicos. Em seguida, em razão dos objetivos, seria possível definir indicadores de desempenho no nível corporativo e de metas, assim como identificar as competências necessárias para concretizar o desempenho esperado.

C) **Desdobramento das competências ao nível individual:** É a fase em que ocorre a descrição das competências esperadas por cada colaborador com base nas competências organizacionais.

D) **Mapeamento das competências:** É a fase em que ocorre a identificação das competências dos colaboradores e o levantamento do gap (lacuna) entre as competências esperadas deles e as que eles realmente possuem.

O passo inicial do mapeamento consiste em identificar as competências (organizacionais e profissionais) necessárias à consecução dos objetivos da organização. Isso é feito, normalmente, por uma pesquisa documental, com análise do conteúdo da missão, da visão, dos objetivos e de outros documentos relativos à estratégia organizacional. Depois, ocorre a coleta de dados com pessoas-chave da organização para comparação com o que foi analisado nos documentos da estratégia. Feita toda a coleta de dados, parte-se para a análise dos conteúdos em busca das competências profissionais consideradas relevantes. É importante, também, a frequência com que cada competência é mencionada nas entrevistas, visto que esse é um indicativo de sua relevância. Além da identificação das competências necessárias à realização da estratégia, é importante ainda inventariar as competências internas já disponíveis na organização para que seja possível a identificação da lacuna (gap) entre aquelas necessárias e as já existentes. Tudo isso é refletido pelo modelo proposto por Ienaga (1998), que pode ser assim expresso:

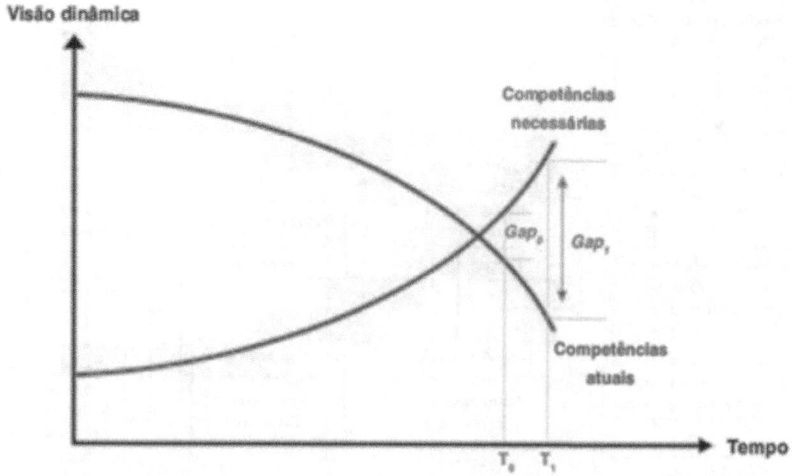

Identificação do gap de competências (adaptado)
Ienaga (1998) citado por Brandão e Guimarães, 2001) (artigo)

- Principais **técnicas de coleta dos dados:**
  - Análise documental: análise do conteúdo da estratégia organizacional que visa a identificar categorias, descrever objetivamente o conteúdo de mensagens e identificar indicadores que permitam fazer inferências a respeito de competências relevantes para a concretização dos objetivos da organização;
  - Observação: é uma análise detalhada das competências relevantes ao trabalho das pessoas;
  - Grupo focal (*focus group* ou entrevista coletiva): é uma alternativa às entrevistas individuais. Aqui, o entrevistador atua como moderador, estimulando e coordenando a discussão dos participantes a respeito de determinado tema, a fim de obter os dados desejados;
  - Questionário: é a técnica mais utilizada para mapear competências. Sua formatação requer a aplicação prévia de uma ou mais técnicas (análise documental, observação e/ou entrevista) para que sejam identificados elementos que o comporão.

E) **Programas de desenvolvimento de competências:** O planejamento, formalizado pelo Plano Individual de Desenvolvimento – PDI, serve para eliminar ou diminuir os gaps. Nessa etapa, ocorre o planejamento e a execução de ações que busquem suprir essa lacuna de competências encontrada.

F) **Avaliação e acompanhamento:** Um período depois dos programas ocorrerem, avalia-se novamente como estão os gaps. Então inicia-se um novo o ciclo.

15. GESTÃO DE PESSOAS – GESTÃO ESTRATÉGICA E PLANEJAMENTO ESTRATÉGICO

- Conceber a gestão de pessoas como gestão estratégica de pessoas é adotar um modelo de gestão. Há uma classificação que trata dos seguintes modelos de gestão de pessoas: instrumental, político e estratégico.
  - O modelo instrumental concebe a gestão de pessoas como uma questão técnica, sustentada na racionalidade de meios e fins. O foco é direcionado para o ajuste do desempenho individual e grupal às expectativas da organização. Esse modelo entende que todo conflito é disfuncional, ou seja, possui impacto essencialmente negativo e deve ser evitado. Assim, as decisões são centralizadas (são tomadas nos níveis mais elevados da organização). O papel da gestão de pessoas é de definir políticas, objetivos e ações necessárias para responder de forma mais adequada às exigências do ambiente. Pensando nisso, a ênfase recai sobre o resultado, e sobre a dimensão técnica (descrição de cargos, recrutamento, seleção, qualificação, avaliação de desempenho).
  - O modelo político tem como principal diferença em relação ao modelo anterior, a noção de conflito. Os conflitos, aqui, são vistos como fundamentais nos processos de gestão de pessoas. As pessoas são vistas como atores (políticos) que buscam a concretização de seus interesses. E a organização, portanto, é

vista como uma arena, onde a construção de consenso ocorre por meio da ação política de vários grupos. O papel da gestão de pessoas está relacionado às políticas e práticas consideradas negociáveis e contingenciais e a ênfase está na solução negociada de conflitos de interesses por meio da participação (definição de políticas e práticas de gestão de pessoas contingenciais, mutáveis).

   - O modelo estratégico busca o equilíbrio entre pessoas e organizações. A meta é o alinhamento das práticas e funções da área de GP aos objetivos estratégicos da organização. A ênfase é dada ao alinhamento entre objetivos organizacionais e as políticas e práticas de gestão de pessoas (a atuação na área de gestão de pessoas é ampla, envolvendo todos os processos organizacionais.

- **Intenção estratégica – Planejamento estratégico:**

  É o conhecimento da essência da organização e representa a reunião e o conhecimento de todos os seus recursos internos, capacidades e habilidades, para cumprir suas metas no ambiente competitivo. É essa intenção que torna o caminho "único" para todos da organização, fazendo com que acreditem em seu produto ou serviço e o defenda. O planejamento estratégico é o responsável por transformar essa intenção estratégica em ação. Partindo dessa ideia, a primeira ação do planejamento estratégico é, a partir da intenção estratégica da organização, refletir e responder as seguintes questões: Qual é o negócio dessa organização? Como ele será no futuro? O que é importante para essa organização? A quem interessa chegar a esses resultados? Quem são os públicos estratégicos da organização? Quais os clientes e o que eles consideram valioso na organização, em seus produtos e serviços? Quais serão os resultados esperados da organização? Responder a essas perguntas, nos traz as definições de:

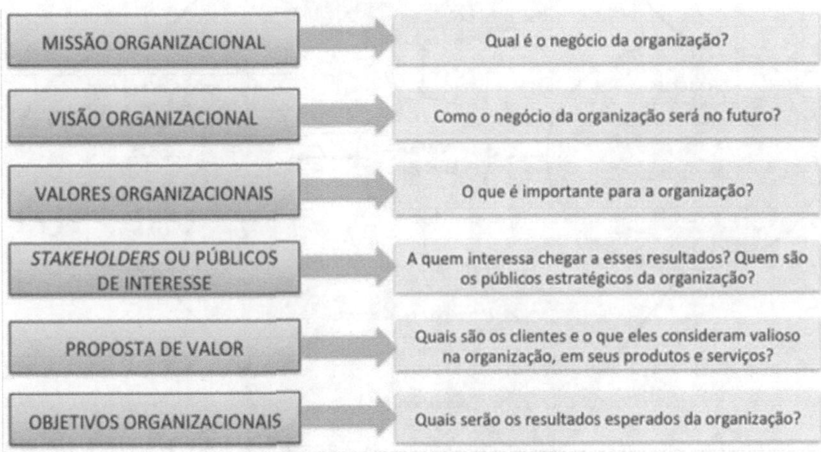

Aspectos da intenção estratégica[11]

- **Metodologia Balanced Scorecard – BSC:**

Desenvolvida por Robert Kaplan e David Norton, de Harvard, o BSC é uma filosofia prática e inovadora de gestão do desempenho das empresas e organizações. O objetivo é permitir uma gestão eficaz do desempenho organizacional, baseando-se na visão da estratégia da empresa e traduzindo-a em indicadores de desempenho. Um dos motivos do sucesso do BSC em todo o mundo é o fato de que ele procura fornecer a visão de conjunto dos fatores críticos de sucesso das organizações.

Ao contrário dos métodos de gestão tradicionais, que se baseiam apenas nos indicadores financeiros, o BSC permite sustentar a estratégia da empresa com indicadores financeiros (tangíveis) e não financeiros (intangíveis).

---

11. Duran, C. Gestão de Pessoas – Coleção Concursos Públicos. Bahia: Editora Juspodivm, 2016.

É uma abordagem estratégica de longo prazo, sustentada num sistema de gestão, comunicação e medição do desempenho, cuja implementação permite criar uma visão partilhada dos objetivos a atingir em todos os níveis organizacionais. Isso porque, normalmente, os objetivos organizacionais acabam por ser conflitantes entre si (qualidade versus custos, competitividade versus aumento de preços etc.). O BSC visa harmonizar e balancear esses objetivos, com foco no equilíbrio organizacional.

Essa metodologia permite que os gerentes olhem para o negócio sob quatro importantes perspectivas integradas, obtendo, desse modo, uma visão holística da organização. Tais perspectivas fornecem respostas para quatro perguntas básicas para a gestão:

- Como os clientes nos veem? Representa a PERSPECTIVA DO CLIENTE.
- Em que devemos nos superar? Representa a PERSPECTIVA INTERNA.
- Nós podemos continuar a melhorar e criar valor? Representa a perspectiva da INOVAÇÃO E DO APRENDIZADO.
- Como nós somos vistos pelos acionistas? Representa a PERSPECTIVA FINANCEIRA.

A partir dessas quatro perspectivas, o BSC direciona a organização para o seu sucesso no futuro, definindo quais os objetivos a atingir e medindo seu desempenho.

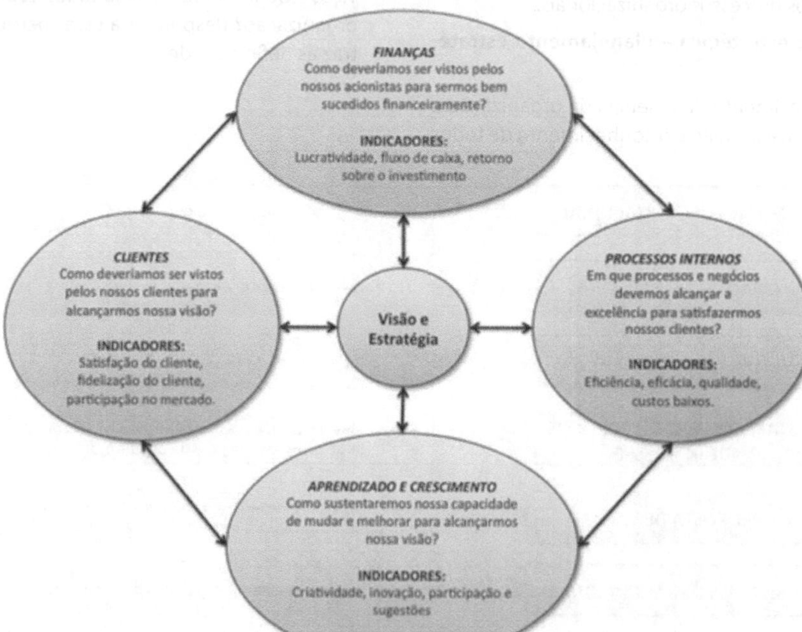

O Balanced Scorecard (adaptado)[12]

Kaplan e Norton (1997) – A estratégia em ação, p.10

Definidas as perspectivas, serão construídos os mapas estratégicos, que considerarão, ainda:

1. **Temas estratégicos:** refletem o foco de atuação, representando o conjunto de objetivos estratégicos correlatos em cada uma das perspectivas.
2. **Objetivos (estratégicos):** demonstram os alvos a serem alcançados, interligados, estabelecendo entre si relações de causa e efeito. Criam valor para cada Tema por meio da tradução da estratégia.
3. **Indicadores:** são medidas que representam ou quantificam objetos ou situações, de acordo com re-

12. O nome original da figura é "O *Balanced Scorecard* fornece a estrutura necessária para a tradução da estratégia em termos operacionais". Fonte original do livro: "Robert S. Kaplan e David P. Norton, 'Using the *Balanced Scorecard* as a Strategic Management System', Harvard Business Review (Janeiro-Fevereiro de 1996): 76."

gras. Apresentam uma relação de causa e efeito entre indicadores financeiros e não financeiros. Para cada objetivo deve ser criado pelo menos um indicador.

4. **Metas:** são desdobramentos dos objetivos, quantificados para um determinado período.
5. **Iniciativas estratégicas ou ações/planos:** são associadas às metas fixadas, formadas por um conjunto de projetos e programas de duração finita, fora das atividades operacionais e rotineiras da organização.

- **Matriz SWOT:**

SWOT é uma sigla que representa as seguintes palavras em inglês: Strenghts (forças), Weaknesses (fraquezas), Opportunities (oportunidades) e Threats (ameaças). Matriz SWOT ou matriz de análise estratégica é uma técnica que auxilia na análise sistêmica mediante a ponderação das interações forças e fraquezas com oportunidades e ameaças. No Brasil, encontramos essa técnica renomeada como FOFA (forças, oportunidades, fraquezas e ameaças).

Essa matriz surgiu com a Escola do Design, que trazia a formulação de estratégia como um modelo capaz de adequar e equilibrar a organização entre suas capacidades internas e suas possibilidades externas. Capacidades internas são os fatores endógenos, como forças e fraquezas e possibilidades externas são fatores exógenos, como as oportunidades e ameaças.

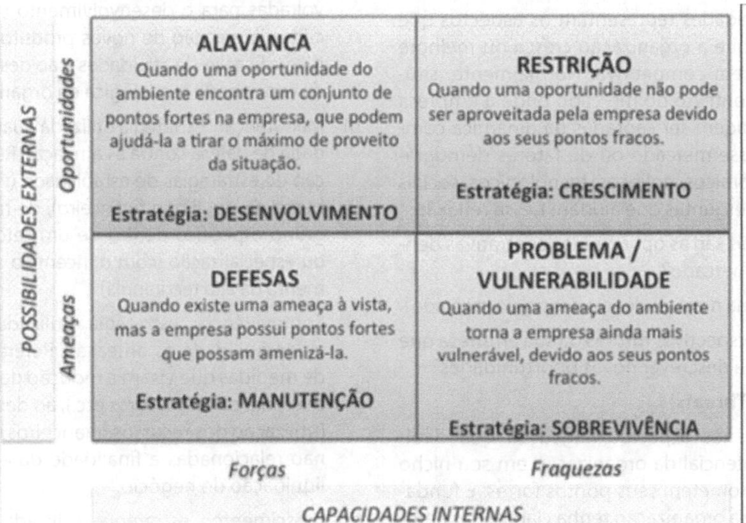

Matriz da análise estratégica (adaptada)
Teixeira et al. (2005) – Gestão estratégica de pessoas, p.31 e Tifany e Peterson (2000) – Planejamento estratégico – p.146.

Capacidades internas:

- **Forças (Strenghts)**

Pode ser representada por recursos, infraestrutura, habilidades, *market share*, patentes, capital humano, além de outras competências distintas existentes nos diversos níveis hierárquicos. Martins (2007) dispôs de exemplos de perguntas que, ao serem respondidas, podem revelar os pontos fortes da organização. São elas:

- Quais setores têm as melhores margens de contribuição?
- Quais são os melhores funcionários?
- Quais são os nossos diferenciais perante o mercado?
- Qual o nosso diferencial no gerenciamento de pessoas?
- Qual a vantagem estrutural que nós temos?

- **Fraquezas (Weaknesses)**

  Representam os pontos negativos da organização e são importantes serem descobertas e reveladas, pois, caso não sejam tratadas adequadamente, tendem a se acumular ao longo do tempo, dificultando o gerenciamento e o cumprimento das estratégias traçadas. Alguns questionamentos que podem ajudar a descobrir essas fraquezas são:

- Existem operações ou procedimentos que podem ser melhorados?
- No que ou por que seus concorrentes operam melhor que a sua organização?
- Existe algo inoperante de que sua empresa deveria estar ciente?

Possibilidades externas:

- **Oportunidades (Opportunities)**

  As oportunidades representam os aspectos que permitem que a organização cresça ou melhore sua vantagem competitiva. Normalmente, situam-se no contexto do mercado onde a empresa já atua e podem ser captadas da dinâmica competitiva desse mercado ou de fatores demográficos, econômicos, políticos, tecnológicos, sociais ou legais. Perguntas que ajudam nessa reflexão:

- Onde e quais são as oportunidades atrativas dentro do seu mercado?
- Existe alguma nova tendência dentro do mercado?
- Quais as perspectivas futuras da sua empresa que possam vir a descrever novas oportunidades?

- **Ameaças (Threats)**

  Referem-se aos aspectos negativos que diminuem o potencial da organização em seu nicho e/ou comprometem seus pontos fortes. É fundamental que a organização tenha clareza das ameaças para anulá-las, coibi-las ou diminuí-las ou, ainda, se preparar para enfrentá-las. Perguntas que podem ajudar a descobrir as ameaças:

- O que seu concorrente está fazendo que está suprimindo seu desenvolvimento organizacional?
- Existe alguma mudança na demanda do consumidor que pede novas exigências de seus produtos e serviços?
- As mudanças tecnológicas estão afetando sua posição dentro do mercado?

  De forma geral, percebe-se que com essa Matriz é possível caracterizar:

- as potencialidades de atuação ofensiva da organização;
- a capacidade defensiva da organização;
- a restrição de sua atuação ofensiva;
- as vulnerabilidades ou problemas;
- as ameaças à organização.

Assim, é possível identificar, para cada cenário analisado, as oportunidades mais atrativas, as ameaças com maior potencial de impacto, as forças mais atuantes e as fraquezas mais prejudiciais. A matriz fornece subsídios relevantes para a formulação de estratégias com maior potencial de eficácia, na medida que prioriza os quadrantes e fatores mais importantes.

A utilização dessa matriz é feita de forma integrada, ou seja, são descobertas as forças, as fraquezas, as oportunidades e as ameaças e a interpretação desses elementos é feita de forma conjugada. A combinação pode resultar nas estratégias descritas a seguir:

a) Desenvolvimento: estratégia utilizada quando há potencial para aproveitar as oportunidades. Denomina-se área prospectiva. Refere-se às estratégias voltadas para o desenvolvimento de novos mercados, à geração de novos produtos e serviços, à diversificação de atividades e ao desenvolvimento da capacidade tecnológica da organização.

b) Manutenção: estratégia utilizada quando há capacidade de defesa contra as ameaças. Refere-se à adoção de estratégias de estabilidade (voltadas para a busca do equilíbrio financeiro), de nicho (foco em grupo específico dentro de um setor econômico) ou especialização (com o incentivo ao desenvolvimento da alta tecnologia).

c) Sobrevivência: estratégia utilizada quando há vulnerabilidade às ameaças. Refere-se à adoção de medidas que visam à redução de custos (água, telefone, colaboradores etc.), ao desinvestimento (utilização dos recursos financeiros em atividades não relacionadas à finalidade da empresa) ou à liquidação do negócio;

d) Crescimento: estratégia utilizada quando há debilidade para aproveitar as oportunidades (a empresa busca crescer para poder aproveitar as oportunidades). Refere-se às estratégias voltadas para a inovação, a internacionalização e para a formação de Joint Ventures.

16. GESTÃO DE PESSOAS – TREINAMENTO, DESENVOLVIMENTO E EDUCAÇÃO – TD&E

- **Treinamento:** meio para adequar cada pessoa a seu cargo, com vistas ao alcance dos objetivos da organização.
- **Desenvolvimento:** aperfeiçoa o homem para uma carreira dentro da profissão. O objetivo é dotar uma pessoa de conhecimentos que transcendem àqueles presentes nas suas ocupações atuais, de modo que ela assuma no médio prazo atribuições mais complexas ou numerosas.

TREINAMENTO	DESENVOLVIMENTO
Presente	Futuro
Foco nas tarefas atuais	Foco nas tarefas futuras
Melhoria ou capacitação das atividades atuais no cargo	Desenvolve competências futuras

- **Etapas do Treinamento:**
  1. **FASE 1 – Levantamento (ou Diagnóstico) de Necessidades de Treinamento – LNT ou DNT:** É a busca de gaps (lacunas) na organização, feita por meio de uma pesquisa que ocorre em três níveis: organizacional, de tarefas e individual. Os indicadores de necessidade de treinamento podem ser: a priori (ou preventivos), que são eventos que quando executados gerarão a necessidade de treinamento. Exemplos: expansão e admissões, redução de funcionários, substituições, modernização da empresa, etc.; e a posteriori (ou corretivos), que refletem problemas ocorridos por falta de treinamento, tais como: problemas de produção (baixa qualidade, baixa produtividade, equipamentos e instalações etc.), problemas de pessoal (relações deficientes, excesso de queixas, falta de cooperação etc.).
  2. **FASE 2 – Planejamento das Atividades de Treinamento:** processo desenvolvido com base no diagnóstico que objetiva proporcionar, com máxima eficácia possível, o desencadeamento das ações necessárias para o alcance dos objetivos pretendidos. O resultado do planejamento são os projetos e planos. Enquanto os projetos abordam os aspectos mais administrativos de um treinamento, o plano reflete os aspectos pedagógicos.
  3. **FASE 3 – Execução do Treinamento:** É a realização da ação educacional, a transferência de conhecimentos, habilidades e atitudes do instrutor para o aprendiz.
  4. **FASE 4 – Avaliação do treinamento:** inclui investigações feitas antes, durante e depois da ação educacional. Envolve qualquer tentativa de obter informações sobre os efeitos de um programa de treinamento e de determinar o valor do treinamento à luz dessas informações. É a partir dela que se pode saber se o treinamento atingiu (ou não) seus objetivos. O modelo mais utilizado e conhecido para avaliar treinamento é o Modelo de Hamblin (1978), baseado no de Kirckpatrick (1975), que avalia o treinamento em 5 (cinco) níveis:
     a. **Avaliação de Reação:** mensura a receptividade, a satisfação dos treinandos em relação ao treinamento, ao instrutor e aos recursos.
     b. **Avaliação de Aprendizagem (ou de retenção):** verifica o alcance dos objetivos instrucionais, ou seja, em que medida o participante aprendeu o que foi proposto (aquisição dos CHAs – conhecimentos, habilidades e atitudes).
     c. **Avaliação Comportamental (mudança de comportamento ou comportamento no cargo):** não ocorre logo após o treinamento, pois verifica a melhoria do desempenho no trabalho como resultante da aplicação das competências desenvolvidas (se a pessoa transferiu ou aplicou o que aprendeu no seu trabalho).
     d. **Avaliação de Resultados (mudança na organização)*:** avalia as contribuições da aprendizagem para mudanças organizacionais em termos de melhorias na eficiência e na eficácia organizacional.
     e. **Valor Final:** focaliza a produção ou o serviço prestado pela organização, o que demanda realizar uma comparação entre os custos e os benefícios do treinamento.

  Kirckpatrick descreveu apenas quatro níveis, não falando de "valor final". Foi Hamblin que destrinchou o quarto nível (resultados) em dois, criando o quinto nível. Ele queria distinguir as mudanças na maneira como a organização funciona das mudanças que ocorrem na medida em que a organização alcança seus objetivos.

17. GESTÃO DE PESSOAS – GESTÃO DO CONHECIMENTO

- **Teoria da Criação do Conhecimento (Nonaka e Takeuchi).** A Teoria mais conhecida dentro da Gestão do Conhecimento é a Teoria da Criação do Conhecimento, de Nonaka e Takeuchi (1997). Para eles, a criação de conhecimento se dá na troca de ideias entre as pessoas, considerando as dimensões epistemológica (transformação do conhecimento tácito em explícito e vice-versa) e ontológica (conhecimento individual transforma-se em grupal, depois organizacional, depois interorganizacional e novamente individual...).

  O modelo dinâmico da criação do conhecimento está ancorado no pressuposto crítico de que o conhecimento humano é criado e expandido por meio da interação social entre o conhecimento tácito e o conhecimento explícito, o qual é denominado "conversão do conhecimento". Esse processo é considerado, pelos autores, "dinâmico, interativo e espiralado".

Existem quatro modos de conversão de conhecimento:

a) Socialização: de tácito para tácito;
b) Externalização: de tácito para explícito;
c) Combinação: de explícito para explícito;
d) Internalização: de explícito para tácito

Esse ciclo, que congrega os quatro modos de conversão de conhecimento, ficou conhecido como modelo SECI ou espiral SECI (que reúne as primeiras letras de cada um dos modos de conversão):

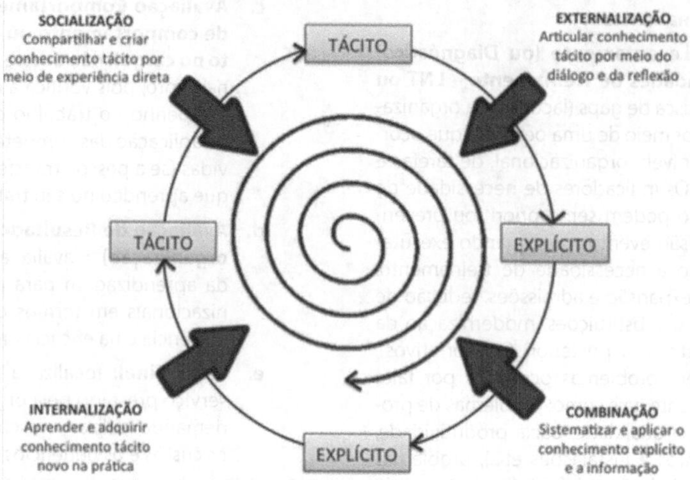

Processo SECI (adaptado)
Nonaka e Takeuchi (2008) – Gestão do conhecimento, p.24

A combinação das dimensões, considerando a espiral do conhecimento, pode ser visualizada na seguinte figura:

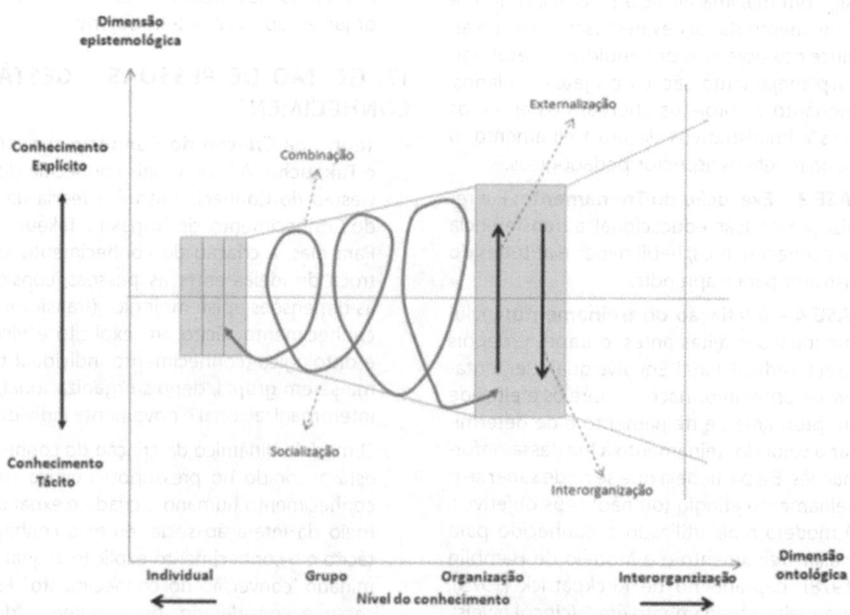

Espiral da criação do conhecimento organizacional
Nonaka e Takeuchi (2008) – Gestão do conhecimento, p.70

Noções de Administração Financeira e Orçamentária

Marcelo Adriano Ferreira

TABELA DE INCIDÊNCIA DE QUESTÕES

Distribuição das questões organizada por ordem didática de assuntos		
Assunto	**Número de Questões**	**Peso**
1. ESPÉCIES/TÉCNICAS ORÇAMENTÁRIAS/ORÇAMENTO PROGRAMA	6	8,00%
2. INSTRUMENTOS ORÇAMENTÁRIOS (PPA, LDO E LOA)	14	18,67%
3. CRÉDITOS ADICIONAIS	6	8,00%
4. PRINCÍPIOS ORÇAMENTÁRIOS	9	12,00%
5. RECEITA PÚBLICA E CLASSIFICAÇÕES ORÇAMENTÁRIAS	7	9,33%
6. DESPESA PÚBLICA E CLASSIFICAÇÕES ORÇAMENTÁRIAS	15	20,00%
7. SUPRIMENTO DE FUNDOS/REGIME DE ADIANTAMENTO	1	1,33%
8. RESTOS A PAGAR (RESÍDUOS PASSIVOS) E DESPESAS DE EXERCÍCIOS ANTERIORES	2	2,67%
9. DÍVIDA FLUTUANTE E FUNDADA	1	1,33%
10. LEI DE RESPONSABILIDADE FISCAL	12	16,00%
11. SISTEMA DE INFORMAÇÕES ORÇAMENTÁRIAS E DE PLANEJAMENTO/SIAFI	2	2,67%
Total	**75**	**100%**

Noções de Administração Financeira e Orçamentária

Marcelo Adriano Ferreira

Dominar AFO (Administração Financeira e Orçamentária) tem se apresentado como um grande diferencial nos concursos em que é essa disciplina exigida. Isso porque muitos alunos a enxergam como uma disciplina difícil e, mesmo antes de conhecê-la, abandonam-na.

Quando essa disciplina é exigida em um concurso, normalmente, não há tempo hábil para aprendê-la depois do edital aberto, fazendo com que o aluno perca pontos valiosos.

Por outro lado, para aqueles que resolvem enfrentar os desafios de aprender essa disciplina com antecedência, surge então uma grande surpresa: AFO é uma disciplina de fácil assimilação. Em realidade, o grau de dificuldade encontra-se em razão de sua extensão. Ao aprender essa disciplina, os alunos passam a ter, então, uma vantagem competitiva em relação a aqueles que resolvem abrir mão dela, pois, quem decide aprender de última hora para um determinado edital, acaba não se aprofundando o suficiente, não tendo conhecimento necessário para ser aprovado.

Este trabalho visa, justamente, compilar em forma de questões comentadas e com dicas, grande parte dos tópicos que foram abordados nos concursos para os cargos de Analista e Técnico de TRTs nos últimos anos. Além das questões comentadas, apresenta também um rol de dicas dos principais tópicos exigidos em provas, o que torna possível analisar como a banca costuma cobrar o conteúdo.

Fique atento, pois, a nomenclatura dos editais pode se apresentar de diversas formas como, por exemplo, Administração Financeira Orçamentária, Orçamento Público e Finanças ou até mesmo Finanças Públicas.

Aproveite esse "revisaço" que poderá auxiliá-lo na preparação para qualquer certame para Técnico ou Analista da Justiça do Trabalho, trazendo as dicas que você precisa para acertar as questões.

Bons estudos

✦ QUESTÕES

1. ESPÉCIES/TÉCNICAS ORÇAMENTÁRIAS/ORÇAMENTO PROGRAMA

01. (CEBRASPE – 2023 – TRT 8 – Técnico Judiciário) Tendo em vista que a ação planejada do Estado, quer na manutenção de suas atividades, quer na execução de seus projetos, materializa-se por meio do orçamento público, julgue os itens seguintes.

I. O orçamento-programa é aquele que discrimina as despesas segundo sua natureza, dando ênfase aos fins, de modo a demonstrar em que e para que o governo gastará e quem será o responsável pela execução de seus programas.

II. O chamado orçamento equilibrado assegura a igualdade entre os gastos públicos e a receita pública como método para garantir a equidade do sistema econômico, mesmo diante da existência de déficits públicos.

III. O orçamento tradicional engloba os propósitos, os objetivos e as metas para os quais a administração solicita os recursos necessários, identificando os custos dos programas propostos para alcançar tais objetivos.

Assinale a opção correta.

a) Apenas o item I está certo.

b) Apenas o item III está certo.

c) Apenas os itens I e II estão certos.

d) Apenas os itens II e III estão certos.

e) Todos os itens estão certos.

COMENTÁRIOS

✪ **Nota do autor:** O orçamento público é uma ferramenta essencial para o planejamento e a gestão das finanças governamentais. Existem diferentes tipos de orçamento, cada um com suas características. Cada tipo de orçamento tem suas vantagens e desvantagens, e a escolha do modelo adequado depende das características e das necessidades específicas de cada governo e da sociedade que ele representa.

Alternativa correta: letra "a".

I – CERTO. O orçamento-programa é aquele que descreve as despesas de acordo com sua natureza, enfatizando os objetivos, para demonstrar em que e para que o governo gastará e quem será responsável pela execução de seus programas.

II – ERRADO. O princípio do orçamento equilibrado busca garantir a igualdade entre os gastos públicos e a receita pública como método para assegurar a estabilidade do sistema econômico. No entanto, este princípio pode ser flexibilizado em momentos de recessão econômica.

III – ERRADO. O orçamento-programa abrange os propósitos, objetivos e metas para os quais a administração solicita os recursos necessários, identificando os custos dos programas propostos para alcançar tais objetivos. No orçamento tradicional, a ênfase estava na natureza contábil, registrando receitas e despesas sem mencionar explicitamente objetivos ou metas a serem alcançados.

---

02. (CESPE – TJ TRT8/TRT 8/Administrativa/2016) Assinale a opção correta que apresenta o tipo de orçamento moderno, que enfatiza a vinculação entre planejamento e orçamento e o estabelecimento de metas e objetivos.

a) orçamento participativo

b) orçamento de desempenho ou por realização

c) orçamento tradicional

d) orçamento de base zero

e) orçamento-programa

COMENTÁRIOS

✪ **Nota do autor:** as questões que versam sobre as características claras e incontestáveis de cada espécie de orçamento são, certamente, as questões mais fáceis e abundantes sobre esse tema. Referem-se às características mais conhecidas e de cunho mais genérico. Essas questões tanto podem fazer afirmações com relação às espécies de orçamento, quanto podem fazer comparações entre elas.

Alternativa correta: letra "e". Concepção mais moderna de orçamento, o Orçamento-Programa tem cunho gerencial, sendo uma das principais características que traz efetividade a esse tipo de orçamento. É a vinculação necessária entre o que foi planejado e o que é executado, estabelecendo metas e objetivos. Isso quer dizer que o gestor só pode realizar, como regra, se estiver previsto e da forma como está previsto, gerando causa de responsabilização a quebra dessa regra.

O Orçamento Programa é um orçamento moderno, em contraponto ao clássico, e uma de suas características mais marcantes é a existência de um planejamento vinculado à execução.

Alternativa "a": Orçamento Participativo têm como uma de suas principais características, a participação popular direta na definição de investimentos a serem realizados pela Administração Pública por ocasião da elaboração do Orçamento Público.

Esse tipo de orçamento constitui-se em processo que envolve a comunidade em sentido mais amplo que o da representação política formal, no tocante à elaboração orçamentária, com vistas à identificação dos problemas e na busca de soluções para a referida comunidade.

Alternativa "b": Orçamento de Desempenho ou por Realização, também denominado Orçamento Funcional, é um processo orçamentário que se caracteriza por apresentar duas dimensões: o objetivo do gasto e um programa de trabalho contendo as ações a serem desenvolvidas. Apesar de se constituir em um documento que apresenta uma ênfase no objetivo do gasto público, ele não se constitui instrumento de planejamento efetivo, onde a avaliação dos resultados é realizada com ênfase na eficácia e não na eficiência, cujo controle dá ênfase às realizações físicas. Não há vinculação entre planejamento e execução e seu foco está em que o governo faz.

Alternativa "c": Orçamento Tradicional ou Clássico é um documento orçamentário elaborado com um fim básico de controle, sem objetivos específicos traçados, não havendo uma preocupação com o planejamento que visasse a solucionar problemas públicos. A grande finalidade é o controle das atividades governamentais cuja elaboração levava em consideração, principalmente, os aspectos políticos, contábeis e financeiros. Tem como característica ser um documento simples com mera previsão de receitas e autorização para realização de despesas, classificando-as segundo o objeto de gasto, distribuindo-as pelos diversos órgãos, para o período a que se referisse. O foco do Orçamento Clássico é o objeto do gasto, o que o governo compra.

Alternativa "d": o Orçamento de Base Zero é uma técnica utilizada para a confecção de orçamento que consiste, basicamente, em uma análise crítica, em cada novo período, de todos os recursos solicitados pelos órgãos governamentais e no questionamento acerca das reais necessidades de cada área, não havendo compromisso com qualquer montante inicial de dotação, não há direito adquirido.

---

03. (FCC – Analista Judiciário – Área Administrativa – TRT 9/2015) A avaliação de resultados com ênfase na eficácia e não na eficiência é uma característica do orçamento

a) clássico.
b) base zero.
c) funcional.
d) programa.
e) incremental.

COMENTÁRIOS

✪ **Nota do autor:** as questões relacionadas a este tema, normalmente se referem às características e diferenciações entre cada espécie de orçamento, ora elencando afirmações sobre um determinado tipo de orçamento, ora fazendo comparações entre eles. O nível de dificuldade pode variar conforme o examinador cite características muito específicas, refletindo, em muitos casos, a opinião de determinado autor.

Alternativa correta: letra "c". Orçamento de Desempenho é o processo orçamentário que se caracteriza por apresentar duas dimensões: o objeto de gasto e um programa de trabalho, contendo as ações desenvolvidas, porém, sem vinculação entre planejamento e execução. Toda a ênfase reside no desempenho organizacional, sendo também conhecido como orçamento funcional. Assim, entendendo que a eficácia focaliza o fim (resultados, metas e objetivos a serem alcançados), chega-se a conclusão que este tipo de orçamento, busca o desempenho organizacional ao apresentar resultados, tendo como foco o que o governo faz, daí advém a afirmação do examinador.

Alternativa "a": incorreta. No orçamento clássico não há planejamento, sendo assim, não há preocupação com resultado algum, no que tange ao atendimento de necessidades públicas.

Alternativa "b": incorreta. O orçamento em base zero foca na eficiência, funcionando com uma verdadeira auditoria de desempenho a cada nova elaboração, onde não há "direitos adquiridos" em relação a alocações de recursos de exercícios passados. Tudo sempre recomeçando em "base zero".

Alternativa "d": incorreta. Inovação em relação ao orçamento de desempenho, o orçamento programa é uma concepção gerencial de Orçamento Público, um programa de trabalho. Ele se configura em plano governamental no qual são especificadas as proposições concretas do que se pretende realizar durante o período de gestão a que o orçamento se refira, focado na eficiência do gasto.

Alternativa "e": incorreta. O incrementalismo na elaboração dos orçamentos públicos está associado à inércia, no sentido de que há uma tendência em manter-se em execução o que já foi introduzido. Os novos programas têm, então, de competir com os preexistentes para romper a barreira da escassez de recursos.

Ainda sobre esta alternativa, diferente do orçamento em base zero, o orçamento incremental é feito através de ajustes marginais nos seus itens de receita e despesa, ou seja, é como se houvesse um direito adquirido da despesa prevista no processo orçamentário anterior, sendo somente ajustados os valores à realidade do novo processo orçamentário.

---

04. (CESPE – Analista Judiciário – Área Administrativa – TRT 8/2016) Acerca do orçamento-programa, assinale a opção correta.

a) A adoção do orçamento-programa no Brasil não representou grandes avanços em relação aos sistemas orçamentários anteriores, devido à ausência de indicadores para medição de resultado dos programas.
b) O orçamento-programa tem como um de seus objetivos incrementar financeiramente o orçamento de um exercício para o outro.
c) Um orçamento cuja ênfase esteja voltada mais às realizações de um governo do que às suas aquisições possui características de orçamento-programa.
d) No orçamento-programa, as decisões orçamentárias estão diretamente relacionadas às necessidades financeiras dos entes da administração pública.
e) O principal critério de classificação orçamentária previsto no orçamento-programa corresponde às unidades administrativas.

COMENTÁRIOS

✪ **Nota do autor:** Sendo uma inovação em relação ao orçamento de desempenho, o orçamento programa é a mais moderna técnica de elaboração orçamentária. Considerado uma concepção gerencial de Orçamento Público e um programa de trabalho, ele se configura em plano governamental, no qual, são especificadas as proposições concretas do que se pretende realizar durante o período de gestão a que o orçamento se refira.

Alternativa correta: letra "c": Uma de suas principais diferenças em relação às outras concepções orçamentárias está no fato de o orçamento programa se configurar como um efetivo elo entre o planejamento e as ações executivas da Administração Pública, cuja ênfase é a consecução de objetivos e metas onde são considerados os custos dos programas de ação e classificados a partir do ponto de vista funcional-programático. Assim, dar ênfase às realizações de um governo é uma das características de Orçamento-Programa. Fique atento que essa característica está mais ligada ao Orçamento de Realizações.

Alternativa "a": apesar de ser citado por mandamentos anteriores, a adoção do Orçamento Programa, no Brasil, se deu somente após a publicação do Decreto Federal nº. 2.829/98. Foi com ele que houve efetiva adoção do orçamento programa no Brasil, ao menos no nível federal. Esse decreto disciplinou a elaboração do PPA 2000-2003 e dos Orçamentos da União daquele período, sendo o modelo adotado a partir de então.

No art. 2º o decreto descreveu o conteúdo de cada programa:

I. Objetivo;

II. Órgão responsável;

III. Valor global;

IV. Prazo de conclusão;

V. Fonte de financiamento;

VI. Indicador que quantifique a situação que o programa tenha por fim modificar;

VII. Metas correspondentes aos bens e serviços necessários para atingir o objetivo;

VIII. Ações não integrantes do orçamento geral da união necessárias à consecução do objetivo;

IX. Regionalização das metas por estado.

Alternativa "b": O objetivo do Orçamento Programa é propiciar uma finalidade para o gasto público, qual seja, atender efetivamente as necessidades pública por intermédio de uma ação devidamente planejada onde o foco é o "objetivo do gasto" e não o objeto, com a devida vinculação entre ação e planejamento. O orçamento Tradicional, que tem como foco o objeto do gasto, utiliza como técnica de alocação de recursos o incrementalíssimo, é feito através de ajustes marginais nos seus itens de receita e despesa, ou seja, é como se houvesse um direito adquirido da despesa prevista no processo orçamentário anterior, sendo somente ajustados os valores à realidade do novo processo orçamentário.

Alternativa "d": No orçamento-programa, as decisões orçamentárias estão diretamente relacionadas ao atendimento de necessidades públicas definida nos programas de trabalho.

Alternativa "e": O principal critério de classificação orçamentária previsto no orçamento-programa é a funcional programática.

05. (FCC – AJ TRT16/TRT 16/Administrativa/2014) O quadro abaixo exibe as substanciais diferenças entre o Orçamento-Programa e o Orçamento-Tradicional:

	ORÇAMENTO-PROGRAMA	ORCAMENTO-TRADICIONAL
I, Finalidade	Ênfase no que o Governo compra, nas coisas por ele adquiridas.	Ênfase nas ações que o Governo realiza e nos meios reais que utiliza.
II. Relação com o Planejamento	Constitui-se em um dos instrumentos do Planejamento.	Normalmente não reflete ações planejadas.
III. Identificação de Objetos	Compatibiliza os objetivos e as metas com os planos de curto e médio prazo.	Compatibiliza os objetivos e as metas com os planos de médio e longo prazo.
IV. Processo de Elaboração	Base em diretrizes e prioridades. Estimativa real de recursos e cálculo real das necessidades.	Revisa todos os percentuais dos Quantitativos Financeiros anteriores para a Receita e Despesa.
V. Forma de Controle	Ênfase no controle financeiro legal e formal.	Ênfase nas realizações físicas.

As diferenças estão retratadas corretamente APENAS em

a) II, III e V.

b) I, II e IV.

c) I e III.

d) II, IV e V.

e) II e IV.

COMENTÁRIOS

✪ **Nota do autor:** questões que pedem diferenciações entre as espécies de orçamentos são comuns. Normalmente envolvem comparações entre o Orçamento Programa e Orçamento Tradicional, por serem contrapontos no que tange a filosofias e método de elaboração. Em regra, tudo que for "bom" é Orçamento Programa e tudo que for "ruim" é Orçamento Tradicional.

Vejamos cada item:

Item I: incorreto. Orçamento Tradicional dá ênfase ao que o governo compra (objeto do gasto) enquanto o Orçamento Programa dá ênfase no Objetivo do Gasto.

Item II: correto. Orçamento Programa é um efetivo instrumento de planejamento, já o Orçamento Tradicional não passa de uma relação de despesas e receitas, ou seja um instrumento para controle contábil.

Item III: incorreto. Nesse item foi invertida a forma de identificação de objetivos. O Orçamento Programa busca definição de objetivos estratégicos de longo prazo, enquanto que o Orçamento Tradicional está voltado, em regra, para o exercício financeiro.

Item IV: correto. Por ter como base o objetivo do gasto, o Orçamento Programa é considerado uma concepção gerencial de orçamento, um programa de trabalho, ele se configura em plano governamental no qual são especificadas as proposições concretas do que se pretende realizar durante o período de gestão a que o orçamento se refira. Em sua elaboração o gestor leva em consideração as diretrizes e prioridades da Administração e, como se espera um resultado real e sustentável das ações estatais, são feitas estimativas reais das necessidades a serem atendidas e os objetivos propostos. O Orçamento Tradicional é elaborado de forma incremental alocando-se recursos para o exercício seguinte com base nas despesas do exercício atual, realizando incrementos marginais conforme se projeta a receita para o exercício seguinte.

Item V: incorreto. No Orçamento Tradicional o controle político da execução orçamentária limita-se a verificação da honestidade dos agentes e do cumprimento das metas financeiras, visando, precipuamente, o equilíbrio, onde o rigor formal se sobressai. Já o processo de elaboração do Orçamento Programa leva em consideração a finalidade do gasto, ou seja, o objetivo da despesa. Não se despreza o equilíbrio, já que todos os custos dos programas são levados em consideração, porém, tais gastos são planejados com a determinação prévia de diretrizes, objetivos, metas e prioridades. Para atingir suas finalidades, o controle é finalístico.

Alternativa correta: letra "e" (responde todas as outras).

---

06. (FCC – TJ TRT6/TRT 6/Administrativa/Segurança/2012) A evolução do orçamento vem sendo gradativa, deixando de ser tradicional, cuja função principal era propiciar o controle sobre as finanças públicas e visualizar receita × despesas, e passando para o orçamento de

a) práticas econômicas.

b) práticas contábeis.

c) ação exclusiva.

d) desempenho.

e) gastos.

COMENTÁRIOS

✪ **Nota do autor:** dentre os três tipos de orçamento (Tradicional, de Desempenho e Programa) o de Desempenho é o mais difícil de identificar em questões de prova, por aglutinar algumas das características dos outros dois. Assim fique atento para que não haja confusão, principalmente em relação ao Orçamento Programa.

Alternativa correta: letra "d" (responde todas as outras). O Orçamento de Desempenho é uma grande evolução em relação ao Orçamento Tradicional por conter um programa de trabalho e ter ênfase no objetivo do gasto público, mas não constitui um efetivo instrumento de planejamento por não haver vinculação entre planejamento e execução.

2. INSTRUMENTOS ORÇAMENTÁRIOS (PPA, LDO E LOA)

---

07. (CEBRASPE – 2023 – TRT 8 – Técnico Judiciário) Acerca do ciclo orçamentário no Brasil e de aspectos relativos ao plano plurianual (PPA), à lei de diretrizes orçamentárias (LDO) e à lei orçamentária anual (LOA), assinale a opção correta.

a) Durante o ciclo orçamentário, os projetos de lei relativos ao PPA, às diretrizes orçamentárias, ao orçamento anual e aos créditos adicionais serão apreciados exclusivamente pela Câmara dos Deputados, com consulta ao Senado Federal, por meio da comissão mista permanente de senadores e deputados, e a anuência do sistema de justiça ao relatório final.

b) O PPA, em consonância com as metas e prioridades da LDO, estabelece as receitas e despesas que integram a LOA.

c) A LDO, que orienta a elaboração da LOA, compreende as metas e prioridades da administração pública, bem como estabelece as diretrizes da política fiscal, de acordo com a trajetória da dívida pública.

d) A LOA estima a receita disponível e a despesa para o orçamento do ano seguinte, distribuindo os recursos para cada um dos programas e ações do orçamento fiscal e da seguridade social, enquanto o PPA estabelece a alocação das despesas do orçamento de investimentos.

e) O PPA marca o início do ciclo orçamentário, com o planejamento das contas públicas para o período de quatro anos, entrando em vigor no primeiro dia do mandato do chefe do Poder Executivo e encerrando-se no último dia desse mandato, servindo como guia para a elaboração da LOA em cada ano de governo.

COMENTÁRIOS

✪ **Nota do autor: Questão com base na Constituição Federal.** O orçamento público é um instrumento fundamental estabelecido pela Constituição Federal de 1988, que define as diretrizes e os procedimentos para sua elaboração e execução.

Alternativa correta: letra "c". Art. 165.

> § 2º A lei de diretrizes orçamentárias compreenderá as metas e prioridades da administração pública federal, estabelecerá as diretrizes de política fiscal e respectivas metas, em consonância com trajetória sustentável da dívida pública, orientará a elaboração da lei orçamentária anual, disporá sobre as alterações na legislação tributária e estabelecerá a política de aplicação das agências financeiras oficiais de fomento.

Alternativa "a": Art. 166. Os projetos de lei relativos ao plano plurianual, às diretrizes orçamentárias, ao orçamento anual e aos créditos adicionais **serão apreciados pelas duas Casas do Congresso Nacional**, na forma do regimento comum.

Alternativa "b": Art. 165.

> § 1º A lei que instituir o plano plurianual estabelecerá, de forma regionalizada, as diretrizes, objetivos e metas da administração pública federal para as despesas de capital e outras delas decorrentes e para as relativas aos programas de duração continuada.

Alternativa "d": Art. 165.

> § 5º A lei orçamentária anual compreenderá:
>
> I – o orçamento fiscal referente aos Poderes da União, seus fundos, órgãos e entidades da administração direta e indireta, inclusive fundações instituídas e mantidas pelo Poder Público;
>
> II – o orçamento de investimento das empresas em que a União, direta ou indiretamente, detenha a maioria do capital social com direito a voto;
>
> III – o orçamento da seguridade social, abrangendo todas as entidades e órgãos a ela vinculados, da administração direta ou indireta, bem como os fundos e fundações instituídos e mantidos pelo Poder Público.
>
> § 6º O projeto de lei orçamentária será acompanhado de demonstrativo regionalizado do efeito, sobre as receitas e despesas, decorrente de isenções, anistias, remissões, subsídios e benefícios de natureza financeira, tributária e creditícia.
>
> § 7º Os orçamentos previstos no § 5º, I e II, deste artigo, compatibilizados com o plano plurianual, terão entre suas funções a de reduzir desigualdades inter-regionais, segundo critério populacional.

Alternativa "e": Art. 35 do ADCT

> § 2º Até a entrada em vigor da lei complementar a que se refere o art. 165, § 9º, I e II, serão obedecidas as seguintes normas:
>
> I – o projeto do plano plurianual, **para vigência até o final do primeiro exercício financeiro do mandato presidencial subsequente**, será encaminhado até quatro meses antes do encerramento do primeiro exercício financeiro e devolvido para sanção até o encerramento da sessão legislativa;

---

08. (FCC – 2023 – TRT 21 – Analista Judiciário/Área Administrativa) De acordo com a Lei Complementar Federal nº 101/2000, a respeito das diretrizes sobre o planejamento:

a) O Anexo de Metas Fiscais, que integrará o projeto da Lei de Diretrizes Orçamentárias, conterá demonstrativo de estimativa e compensação da renúncia de receita.
b) O projeto da Lei de Diretrizes Orçamentárias conterá reserva de contingência.
c) A Lei Orçamentária Anual tem o condão de dispor sobre o equilíbrio entre receitas e despesas.
d) O Anexo de Riscos Fiscais, que acompanha a Lei de Diretrizes Orçamentárias, deve estabelecer as metas anuais, em valores correntes e constantes, relativas a receitas, despesas, resultados nominal e primário e montante da dívida pública.
e) As normas relativas ao controle de custos e avaliação de resultados dos programas financiados com recursos dos orçamentos comporão o texto do Plano Plurianual.

COMENTÁRIOS

✪ **Nota do autor: questão totalmente baseada na "letra" da lei.** A Lei de Responsabilidade Fiscal (LRF), formalmente conhecida como Lei Complementar nº 101, foi promulgada em 4 de maio de 2000, com o objetivo de estabelecer normas de finanças públicas voltadas para a responsabilidade na gestão fiscal. A LRF é um marco na administração pública brasileira, promovendo a transparência, o equilíbrio das contas públicas e a responsabilidade na gestão dos recursos.

Alternativa correta: letra "a". Art. 4º. § 1º Integrará o projeto de lei de diretrizes orçamentárias Anexo de Metas Fiscais, em que serão estabelecidas metas anuais, em valores correntes e constantes, relativas a receitas, despesas, resultados nominal e primário e montante da dívida pública, para o exercício a que se referirem e para os dois seguintes.(Vide ADI 7064)

> § 2º O Anexo conterá, ainda:
>
> [...]
>
> V – demonstrativo da estimativa e compensação da renúncia de receita e da margem de expansão das despesas obrigatórias de caráter continuado.

Alternativa "b": O projeto da LEI ORÇAMENTÁRIA ANUAL conterá reserva de contingência.

Alternativa "c": A LEI DE DIRETRIZES ORÇAMENTÁRIA tem o condão de dispor sobre o equilíbrio entre receitas e despesas.

Alternativa "d": O Anexo de METAS Fiscais, que acompanha a Lei de Diretrizes Orçamentárias, deve estabelecer as metas anuais, em valores correntes e constantes, relativas a receitas, despesas, resultados nominal e primário e montante da dívida pública.

Alternativa "e": As normas relativas ao controle de custos e avaliação de resultados dos programas financiados com recursos dos orçamentos comporão o texto da LEI DE DIRETRIZES ORÇAMENTÁRIAS.

---

09. (FCC – 2023 – TRT 21 – Analista Judiciário/Área Administrativa) Com base nas disposições sobre orçamento contidas na Constituição Federal de 1988, é INCORRETO afirmar:

a) As emendas ao projeto de lei do orçamento anual devem indicar os recursos necessários para atendê-las, não sendo permitida a indicação de recursos provenientes de transferências tributárias constitucionais para Estados.

b) É permitido Inserir no projeto de lei orçamentária autorização para contratação de operação de crédito por antecipação de receita orçamentária.

c) O demonstrativo regionalizado do efeito, sobre as despesas e receitas, decorrente de isenções, anistias, remissões, subsidias e beneficias de natureza financeira, tributária e creditícia deve acompanhar o projeto de lei orçamentária.

d) A lei de diretrizes orçamentárias possui, como uma de suas funções, dispor sobre as alterações na legislação tributária.

e) Os orçamentos fiscal e da seguridade social, compatibilizados com o plano plurianual, terão entre suas funções a de reduzir desigualdades inter-regionais, segundo critério populacional.

COMENTÁRIOS

✪ **Nota do autor:** A Constituição Federal de 1988 estabelece um sistema integrado de leis orçamentárias que regulamenta a elaboração e a execução do orçamento público no Brasil. As principais são PPA, LDO e LOA. Todas as alter nativas com base na Constituição Federal.

Alternativa correta: letra "e". Errada.

Art. 165. Leis de iniciativa do Poder Executivo estabelecerão:

> I – o plano plurianual;
>
> II – as diretrizes orçamentárias;
>
> III – os orçamentos anuais.
>
> [...]
>
> § 7º Os orçamentos previstos no § 5º, I e II, deste artigo, compatibilizados com o plano plurianual, terão entre suas funções a de reduzir desigualdades inter-regionais, segundo critério populacional.

Alternativa "a": certo. Art. 166.

> § 3º As emendas ao PROJETO de lei do orçamento anual (PLOA) ou aos projetos que o modifiquem somente podem ser aprovadas caso:
>
> I – sejam compatíveis com o plano plurianual e com a lei de diretrizes orçamentárias;
>
> II – indiquem os recursos necessários, admitidos apenas os provenientes de anulação de despesa, excluídas as que incidam sobre:
>
> a) dotações para pessoal e seus encargos;
>
> b) serviço da dívida;
>
> c) transferências tributárias constitucionais para Estados, Municípios e Distrito Federal;

Alternativa "b": certo. Art. 165. § 8º A lei orçamentária anual não conterá dispositivo estranho à previsão da receita e à fixação da despesa, não se incluindo na proibição a autorização para abertura de créditos suplementares e contratação de operações de crédito, ainda que por antecipação de receita, nos termos da lei.

Alternativa "c": certo. Art. 165. § 6º O projeto de lei orçamentária será acompanhado de demonstrativo regionalizado do efeito, sobre as receitas e despesas, decorrente de isenções, anistias, remissões, subsídios e benefícios de natureza financeira, tributária e creditícia.

Alternativa "d": certo. Art. 165. § 2º A lei de diretrizes orçamentárias compreenderá as metas e prioridades da administração pública federal, estabelecerá as diretrizes de política fiscal e respectivas metas, em consonância com trajetória sustentável da dívida pública, orientará a elaboração da lei orçamentária anual, disporá sobre as alterações na legislação tributária e estabelecerá a política de aplicação das agências financeiras oficiais de fomento.

---

10. (FCC - 2018 - TRT - 15ª Região (SP) - Técnico Judiciário - Área Administrativa) Um projeto de lei orçamentária teve tramitação pelo Poder Legislativo, ocasião em que foram apresentadas três emendas parlamentares:

I. A primeira indicou recurso proveniente de anulação de despesa destinada a serviços da dívida.

II. A segunda indicou recurso proveniente de anulação de despesa relacionada a dotação para encargos de pessoal.

III. A terceira indicou recurso proveniente de anulação de despesa para construção de escola de ensino fundamental.

De acordo com a Constituição Federal, está em condições de ser aprovado o que consta APENAS de

a) I.

b) I e III.

c) II.

d) II e III.

e) III.

COMENTÁRIOS

✪ **Nota do autor:** questão com base na Constituição.

> Art. 166
>
> § 3º As emendas ao projeto de lei do orçamento anual ou aos projetos que o modifiquem somente podem ser aprovadas caso:
>
> I – sejam compatíveis com o plano plurianual e com a lei de diretrizes orçamentárias;
>
> II – indiquem os recursos necessários, admitidos apenas os provenientes de anulação de despesa, excluídas as que incidam sobre:
>
> a) dotações para pessoal e seus encargos;
>
> b) serviço da dívida;
>
> c) transferências tributárias constitucionais para Estados, Municípios e Distrito Federal; ou
>
> III – sejam relacionadas:
>
> a) com a correção de erros ou omissões; ou
>
> b) com os dispositivos do texto do projeto de lei.

Diante do texto constitucional, a única indicação que não contrariou o texto Constitucional foi a descrita no item III.

"ALTERNATIVA CORRETA: letra "E"

---

11. (FCC - 2018 - TRT - 15ª Região (SP) - Técnico Judiciário - Área Administrativa) A Constituição Federal traz vários dispositivos que regulam o processo orçamentário da Administração, dentre os quais consta que

a) a assunção de obrigações que exceda o crédito orçamentário correspondente deverá ser objeto de crédito adicional extraordinário aberto até o encerramento do exercício.

b) não é necessária a prévia autorização legislativa na transposição de recursos de uma categoria de programação para outra no âmbito de ciência, tecnologia e inovação, com o objetivo de viabilizar os resultados de projetos restritos a essas funções.

c) a autorização específica nas respectivas leis de diretrizes orçamentárias e leis orçamentárias anuais é requisito exigido pela Constituição Federal a investimento cuja execução adentre 3 exercícios financeiros.

d) as despesas decorrentes de guerra ou comoção interna deverão ser atendidas por crédito adicional especial, cuja finalidade é dar suporte a despesas para as quais não haja dotação orçamentária específica.

e) a lei orçamentária anual compreenderá o orçamento fiscal dos Poderes da União, enquanto lei específica tratará do orçamento da seguridade social, abrangendo todas as entidades e órgãos a ela vinculados.

COMENTÁRIOS

(A) **Errado.** Art. 167. São vedados:

> II – a realização de despesas ou a assunção de obrigações diretas que excedam os créditos orçamentários ou adicionais;

(B) **Certo.** Art. 167. São vedados:

> VI – a transposição, o remanejamento ou a transferência de recursos de uma categoria de programação para outra ou de um órgão para outro, sem prévia autorização legislativa;

(C) **Errado.** Art. 167

> § 1º Nenhum investimento cuja execução ultrapasse um exercício financeiro poderá ser iniciado sem prévia inclusão no plano plurianual, ou sem lei que autorize a inclusão, sob pena de crime de responsabilidade.

(D) **Errado.** Art. 167

> § 3º A abertura de crédito extraordinário somente será admitida para atender a despesas imprevisíveis e urgentes, como as decorrentes de guerra, comoção interna ou calamidade pública, observado o disposto no art. 62.

(E) **Errado.** Art. 165

> § 5º A lei orçamentária anual compreenderá:
>
> I – o orçamento fiscal referente aos Poderes da União, seus fundos, órgãos e entidades da administração direta e indireta, inclusive fundações instituídas e mantidas pelo Poder Público;
>
> II – o orçamento de investimento das empresas em que a União, direta ou indiretamente, detenha a maioria do capital social com direito a voto;
>
> III – o orçamento da seguridade social, abrangendo todas as entidades e órgãos a ela vinculados, da administração direta ou indireta, bem como os fundos e fundações instituídos e mantidos pelo Poder Público.
>
> Atenção às inovações constitucionais:
>
> [...]
>
> § 14. A lei orçamentária anual poderá conter previsões de despesas para exercícios seguintes, com a especificação dos investimentos plurianuais e daqueles em andamento.
>
> [...]
>
> § 16. As leis de que trata este artigo devem observar, no que couber, os resultados do monitoramento e da avaliação das políticas públicas previstos no § 16 do art. 37 desta Constituição.

"ALTERNATIVA CORRETA: letra "B"

---

12. (FCC – Técnico Judiciário – Área Administrativa – TRT 14/2016) Segundo a Constituição Federal, um dos instrumentos de planejamento é o Plano Plurianual – PPA. No âmbito da União o Plano Plurianual

a) será apreciado pelas duas Casas do Congresso Nacional e terá vigência de dois anos, iniciando-se no primeiro e terceiro ano de mandato do chefe do Poder Executivo.

b) será apreciado pelas duas Casas do Congresso Nacional e terá vigência de quatro anos, iniciando-se, no segundo ano de mandato do chefe do Poder Executivo.

c) será apreciado, apenas, pela Câmara dos Deputados, com vigência de quatro anos, iniciando-se, no segundo ano de mandato do chefe do Poder Executivo.

d) o encaminhamento do projeto de lei do PPA ao Legislativo é de iniciativa exclusiva do Ministro do Planejamento, orçamento e gestão, com vigência de quatro anos.

e) terá vigência de quatro anos, iniciando-se no primeiro ano do mandato do chefe do Poder Executivo.

COMENTÁRIOS

✪ **Nota do autor:** Assim como a anterior, é também uma inovação da Constituição Federal de 1988. O Plano Plurianual é uma estratégia de médio prazo da Administração Pública, sendo instrumento de programação governamental, idealizado como guia plurianual para as autorizações orçamentárias (anuais).

Alternativa correta: letra "b". Apreciado pelas duas casas do congresso nacional (art. 166) e terá vigência de quatro anos, iniciando-se, no segundo ano de mandato do chefe do Poder Executivo (inciso I do § 2º do art. 35 do ADCT).

Alternativa "a": será apreciado pelas duas Casas do Congresso Nacional e terá vigência de dois anos **quatro anos**, iniciando-se no primeiro e terceiro **segundo** ano de mandato do chefe do Poder Executivo.

Alternativa "c": segundo o art. 166 da Constituição Federal, os projetos de lei relativos ao Plano Plurianual, às diretrizes orçamentárias, ao orçamento anual e aos créditos adicionais serão apreciados pelas duas Casas do Congresso Nacional, na forma do regimento comum.

Alternativa "d": segundo a Constituição Federal (art. 84, inc. XXIII e parágrafo único do mesmo artigo), a iniciativa privativa e indelegável dos instrumentos orçamentários, dentre eles o PPA, é do chefe do poder Executivo e não do ministro do planejamento, como afirma a questão.

Alternativa "e": a vigência do PPA não coincide com a do Chefe do Poder Executivo, isso porque ele será elaborado no primeiro ano de mandato para viger no segundo, estendendo-se até o primeiro ano de mandato subsequente. Ou seja, sabendo que o mandato presidencial é de quatro anos, o PPA vigorará por três anos do mandato em que é elaborado, e por mais um ano no subsequente.

13. (FCC – Técnico Judiciário – Área Administrativa – TRT 14/2016) Na Lei Orçamentária Anual do Estado do Rio de Pedras, para o exercício de 2016, consta dotação orçamentária para investimento no valor de R$ 23.500.000. Segundo a Lei de Responsabilidade Fiscal – LRF, a lei orçamentária não consignará dotação para investimento com duração superior a um exercício financeiro que NÃO

a) esteja previsto na Lei de Diretrizes Orçamentárias ou em lei que autorize a sua inclusão.
b) seja compatível com a previsão da arrecadação das receitas que os atenderá.
c) esteja previsto no anexo de metas fiscais.
d) seja compatível com as metas de arrecadação e com as prioridades da administração.
e) esteja previsto no plano plurianual ou em lei que autorize a sua inclusão.

COMENTÁRIOS

✪ **Nota do autor:** Visando privilegiar o planejamento, o gestor deve estar atento à realização do que foi efetivamente planejado. Não que se tenha, necessariamente, a obrigação de realizar tudo que se planejou, mas, como regra, não poderá fazer o que não está no plano. Esta é uma das principais caraterísticas do orçamento-programa.

Alternativa correta: letra "e". Para garantia da execução, conforme o que foi planejado, existe determinação na LRF, que a lei orçamentária não consignará dotação para investimento com duração superior a um exercício financeiro que não esteja previsto no plano plurianual ou em lei que autorize a sua inclusão, sob pena de crime de responsabilidade.

> LRF
>
> Art. 5
>
> § 5º A lei orçamentária não consignará dotação para investimento com duração superior a um exercício financeiro que não esteja previsto no plano plurianual ou em lei que autorize a sua inclusão.
>
> Constituição Federal
>
> Art. 165
>
> § 12. Integrará a lei de diretrizes orçamentárias, para o exercício a que se refere e, pelo menos, para os 2 (dois) exercícios subsequentes, anexo com previsão de agregados fiscais e a proporção dos recursos para investimentos que serão alocados na lei orçamentária anual para a continuidade daqueles em andamento. (Incluído pela Emenda Constitucional nº 102, de 2019) (Produção de efeito)

14. (CESPE – Analista Judiciário – Área Administrativa – TRT 8/2016) No tocante às diretrizes constitucionais pertinentes ao plano plurianual (PPA) e à lei de diretrizes orçamentárias (LDO), assinale a opção correta.

a) Os valores que possam vir a desequilibrar as contas públicas, a exemplo dos passivos contingentes, assim como as ações e programas necessários para saná-los, devem constar no PPA.
b) Os riscos fiscais — anexados à LDO — são classificados em riscos orçamentários e riscos da dívida; a restituição de tributos superior aos valores previstos é um exemplo de riscos da dívida.
c) A avaliação dos custos dos serviços públicos prestados é inviabilizada pela ausência de normas relativas ao controle de custos dos programas, seja na LOA, LDO ou PPA.
d) De acordo com os dispositivos legais, o desenvolvimento do projeto de lei do PPA pelo governo federal deve considerar a plenitude dos estados e municípios para que se atenda ao quesito da regionalização dos programas.
e) O chefe do Poder Executivo exercerá seu primeiro ano de mandato executando programas e ações de governo de seu antecessor, visto que o PPA a que ele se reporta foi desenvolvido pela equipe do gestor governamental anterior.

COMENTÁRIOS

✪ **Nota do autor:** O PPA e a LDO são instrumentos de planejamento governamental. O PPA é considerado um plano de intenções do governante para as transformações programadas para um período de quatro anos. Com ele, o chefe do Poder Executivo (presidente, governador e prefeito) projeta as transformações que ele deseja que ocorram no respectivo ente federativo (União, estados, Distrito Federal e municípios) durante este período, buscando sempre o atendimento das necessidades públicas. Já a LDO é o plano tático de curto prazo da Administração Pública, sendo, assim como o PPA, uma grande inovação em matéria orçamentária criada pela Constituição Federal, cujas atribuições foram reforçadas pela Lei de Responsabilidade Fiscal.

Alternativa correta: letra "e". Segundo o Inciso I do § 2 do Art. 35 do ADCT, o projeto do Plano Plurianual, para vigência até o final do primeiro exercício financeiro do mandato presidencial subsequente, será encaminhado até quatro meses antes do encerramento do primeiro exercício financeiro e, devolvido para sanção, até o encerramento da sessão legislativa. Como visto, a vigência do PPA não coincide com a do Chefe do Poder Executivo, isso se dá, porque ele será elaborado no primeiro ano de mandato para viger no segundo, estendendo-se até o primeiro ano de mandato subsequente. Ou seja, sabendo que o mandato presidencial é de quatro anos, o PPA vigorara por três anos do mandato em que é elaborado, e por mais um ano no subsequente. Preserva-se assim, a continuidade dos serviços públicos, ao não deixar à mercê das conveniências políticas, a interrupção de um programa importante para a população, que poderia se dar, em função da troca das facções que se encontram no poder, sem que houvesse, ao menos, um exame por parte do poder legislativo para alteração da lei do Plano Plurianual. Assim, o Plano Plurianual (PPA) garante minimamente a continuidade de ações de um governo para o governo seguinte.

Alternativa "a": em realidade, a lei que deve dispor sobre os mecanismos relacionados ao equilíbrio orçamentário é a LDO

> LRF
>
> Art. 4º A lei de diretrizes orçamentárias atenderá o disposto no § 2º do art. 165 da Constituição e:
>
> I – disporá também sobre:
>
> (A) equilíbrio entre receitas e despesas;

Alternativa "b": Segundo o § 3º do art. 4º da LRF, a lei de diretrizes orçamentárias conterá Anexo de Riscos Fiscais, onde serão avaliados os passivos contingentes e outros riscos capazes de afetar as contas públicas, informando as providências a serem tomadas, caso se concretizem. A restituição de tributos superior aos valores previstos é **<u>um exemplo de riscos fiscais</u>**.

Alternativa "c": Conforme determina a LRF (*Art. 4º, I, "e"*) a lei de diretrizes orçamentárias atenderá o disposto no § 2o do art. 165 da Constituição e disporá também sobre normas relativas ao controle de custos e à avaliação dos resultados dos programas financiados com recursos dos orçamentos.

Alternativa "d": A texto constitucional determina que o PPA estabelecerá, de forma REGIONALIZADA, as diretrizes, objetivos e metas da Administração Pública. Assim, para que as desigualdades regionais sejam combatidas de forma mais eficiente, é útil a apresentação do PPA com a regionalização de suas proposições, uma vez que os impactos esperados podem ser vistos de forma mais clara, proporcionando um melhor planejamento e controle. Não há consideração da plenitude dos outros entes federativos, já que as esferas orçamentárias são independentes, ou seja, cada ente terá seu PPA, sua LDO e Sua LOA, estando a União livre para implementar programas de cunho federal, mesmo que de forma regional, ou seja abrangendo, por exemplo, somente alguns estados ou parte deles.

15. (CESPE – Analista Judiciário – Área Administrativa – TRT 8/2016) Considerando que a lei orçamentária anual (LOA) compreende a discriminação da receita e da despesa, assinale a opção correta.

a) Ao aprovar a LOA, o Poder Legislativo autoriza que o Poder Executivo aplique os recursos financeiros em gastos necessários à manutenção dos serviços públicos ao longo do exercício financeiro, o qual não coincide com o ano civil.

b) Por previsão constitucional, a própria LOA poderá conter autorização para contratação de operações de crédito por antecipação de receita orçamentária.

c) A LOA prevê as despesas para o decurso do exercício financeiro e, após aprovada, garante aos entes públicos que suas necessidades de recursos financeiros serão plenamente atendidas.

d) Conforme dispositivo legal, a LOA compreende o orçamento de investimento das estatais, limitado às empresas em que a União detenha, de forma direta, a maioria do capital social.

e) O início de programas ou projetos não inclusos na LOA poderá se realizar mediante a comprovação da existência de recursos financeiros acima daqueles previstos na execução do orçamento.

COMENTÁRIOS

✪ **Nota do autor:** A LOA, Lei Orçamentária Anual é o orçamento propriamente dito. É o instrumento de efetiva execução orçamentária, voltado para a previsão de receitas e fixação de despesas. É o planejamento operacional de curto prazo da Administração Pública, executando aquilo que foi planejado no PPA e estabelecido como meta e prioridade na LDO. Isso não quer dizer que não haja planejamento na LOA, ao contrário; porém esse planejamento é de curto prazo e de cunho operacional, devendo obedecer a uma dupla subordinação: ao PPA e à LDO.

Alternativa correta: letra "b". É uma exceção ao princípio da exclusividade que veda a inserção na LOA de matéria estranha à previsão da receita e fixação da despesa, porem comportando exceções na forma de duas autorizações, para abertura de crédito suplementar e realização de operações de crédito, inclusive por antecipação e receita.

> Constituição Federal
>
> Art. 165.
>
> (...)
>
> § 8º A lei orçamentária anual não conterá dispositivo estranho à previsão da receita e à fixação da despesa, não se incluindo na proibição a autorização para abertura de créditos suplementares e contratação

de operações de crédito, ainda que por antecipação de receita, nos termos da lei.

Alternativa "a": Ao aprovar a LOA, o Poder Legislativo autoriza que o Poder Executivo aplique os recursos financeiros em gastos necessários à manutenção dos serviços públicos ao longo do exercício financeiro, o qual coincide com o ano civil.

> Lei 4320/64
>
> Art. 34. O exercício financeiro coincidirá com o ano civil.

Alternativa "c": A LOA representa uma autorização parlamentar para o gasto governamental. A concretização da despesa depende, em regra, de uma série de fatores, dentre os principais, a arrecadação da receita que garanta recursos financeiros. Não há como gastar se não houver arrecadação. Assim, realmente a LOA prevê as despesas para o decurso do exercício financeiro **mas**, após aprovada, **não garante aos entes públicos que suas necessidades de recursos financeiros serão atendidas**, pois isso depende que todas as condicionantes sejam atendidas, como a arrecadação da receita prevista, por exemplo.

Alternativa "d": Segundo o § 5º do art. 165 da Constituição, a lei orçamentária anual compreenderá:

> I – o orçamento fiscal referente aos Poderes da União, seus fundos, órgãos e entidades da administração direta e indireta, inclusive fundações instituídas e mantidas pelo Poder Público;
>
> II – o orçamento de investimento das empresas em que a União, direta ou indiretamente, detenha a maioria do capital social **com direito a voto**;
>
> III – o orçamento da seguridade social, abrangendo todas as entidades e órgãos a ela vinculados, da administração direta ou indireta, bem como os fundos e fundações instituídos e mantidos pelo Poder Público.

Veja que não basta ter maioria do capital social, é preciso ser maioria do capital social com direito a voto.

Alternativa "e": Para preservação de princípios como Universalidade e Legalidades, o art. 166, inciso I, estabelece que é vedado **o início de programas ou projetos não incluídos na lei orçamentária anual.**

---

16. (FCC – Analista Judiciário – Área Judiciária – Oficial de Justiça Avaliador – TRT 14/2016) Em relação à iniciativa e aos prazos de tramitação do projeto da Lei de Diretrizes Orçamentárias – LDO na esfera federal, a iniciativa é

a) do Poder Executivo e deve ser encaminhado ao Poder Legislativo até o dia 15 de abril de cada ano.
b) do Poder Legislativo e deve ser aprovado até o dia 15 de abril de cada ano.
c) compartilhada entre o Poder Executivo e o Poder Legislativo e deve ser votado até o dia 31 de agosto de cada ano.
d) do Poder Executivo e deve ser aprovado até o dia 30 de novembro de cada ano.
e) do Poder Legislativo e deve ser devolvido para sanção até o dia 31 de agosto de cada ano.

COMENTÁRIOS

✪ **Nota do autor:** Esta questão versa sobre o texto constitucional, e para acertá-la, basta uma leitura atenta dos dispositivos que serão citados nas respostas das alternativas.

Alternativa correta: letra "a" (responde todas as outras alternativas). Segundo o Inciso II do § 2 do Art. 35 do ADCT, até a entrada em vigor da lei complementar a que se refere o art. 165, § 9º, I e II, serão obedecidas as seguintes normas:

> O projeto de lei de diretrizes orçamentárias será encaminhado **até oito meses e meio antes do encerramento do exercício financeiro** e devolvido para sanção até o encerramento do primeiro período da sessão legislativa.
>
> Exercício financeiro termina em 31 de dezembro que faz coincidir a data citada acima com 15 de abril.
>
> **Alternativa "b":**

---

17. (FCC – Técnico Judiciário – Área Administrativa – TRT 14/2016) Em relação à Lei de Diretrizes Orçamentárias – LDO, é corretor afirmar:

a) Compreende todas as receitas e despesas para o período de um ano, sendo considerada instrumento de planejamento operacional.
b) Consolida, qualifica e dimensiona a programação de governo para os quatro anos subsequentes.
c) Estabelece metas e prioridades, na programação de governo, para o ano subsequente.
d) É o documento básico para o exercício da atividade financeira e integra os orçamentos fiscal, da seguridade social e de investimentos.
e) Sua vigência é de quatro anos e tem a função de orientar a elaboração dos demais planos e programas de governo.

COMENTÁRIOS

✪ **Nota do autor:** Esta é mais uma questão que se ancora no texto da Constituição Federal, bastando a leitura atenta dos textos para acertar a questão.

A Lei de Diretrizes Orçamentária é o plano tático de curto prazo da Administração Pública, sendo, assim como o PPA, uma grande inovação em matéria orçamentária criada pela Constituição Federal, cujas atribuições foram reforçadas pela Lei de Responsabilidade Fiscal.

Alternativa correta "C". O texto se refere à LDO. Segundo o § 2º do art. 165 da Constituição Federal, a Lei de Diretrizes Orçamentárias compreenderá as **metas e prioridades** (MP) da administração pública federal, incluindo as despesas de capital para o **exercício financeiro subsequente**. Orientará a elaboração da Lei Orçamentária Anual, disporá sobre as alterações na legislação tributária e estabelecerá a política de aplicação das agências financeiras oficiais de fomento.:

Alternativa "A". Essa afirmativa diz respeito à LOA.

Alternativa "B". Essa afirmativa diz respeito ao PPA.

Alternativa "D". Essa afirmativa diz respeito à LOA.

Alternativa "E". Essa afirmativa diz respeito à PPA.

---

18. (FCC – Analista Judiciário – Área Administrativa – TRT 23/2016) O ciclo de planejamento e orçamento público brasileiro é composto de três instrumentos principais: o Plano Plurianual – PPA; a Lei de Diretrizes Orçamentárias – LDO e a Lei Orçamentária Anual – LOA. Especificamente no que diz respeito à LDO, cabe a tal diploma legal estabelecer as metas e prioridades da Administração pública e orientar a lei orçamentária anual, bem como, entre outros aspectos, dispor sobre:

I alterações na legislação tributária.

II. equilíbrio entre receitas e despesas.

III. limites para contratação de operações de crédito.

Está correto o que consta APENAS em

a) I e II.

b) II e III.

c) I e III.

d) III.

e) II.

COMENTÁRIOS

✪ **Nota do autor:** Outra questão com base em "letra de lei". A LDO busca sintonizar a Lei Orçamentária Anual com as diretrizes, objetivos e metas da Administração Pública, estabelecidas no Plano Plurianual de Investimentos, definindo, assim, as metas e prioridades na programação de governo para o ano subsequente.

Alternativa correta: letra "a" (responde todas as outras alternativas):

Vejamos cada item

I – Certo. CF.88, Art. 165, § 2º A lei de diretrizes orçamentárias compreenderá as metas e prioridades da administração pública federal, estabelecerá as diretrizes de política fiscal e respectivas metas, em consonância com trajetória sustentável da dívida pública, orientará a elaboração da lei orçamentária anual, disporá sobre as alterações na legislação tributária e estabelecerá a política de aplicação das agências financeiras oficiais de fomento. (Redação dada pela Emenda Constitucional nº 109, de 2021)

Atenção às inovações na Constituição:

> § 12. Integrará a lei de diretrizes orçamentárias, para o exercício a que se refere e, pelo menos, para os 2 (dois) exercícios subsequentes, anexo com previsão de agregados fiscais e a proporção dos recursos para investimentos que serão alocados na lei orçamentária anual para a continuidade daqueles em andamento. (Incluído pela Emenda Constitucional nº 102, de 2019) (Produção de efeito)

II – Certo. LRF Art. 4º A ***lei de diretrizes orçamentárias*** atenderá o disposto no § 2º do art. 165 da Constituição e:

I – disporá também sobre:

(A) equilíbrio entre receitas e despesas

III – Errado. Não é função da LDO.

---

19. (FCC – Analista Judiciário – Área Judiciária – TRT 14/2016) De acordo com a Lei de Diretrizes Orçamentárias – LDO, é INCORRETO afirmar:

a) Compreende as metas e prioridades da Administração pública.

b) Orienta a elaboração do Plano Plurianual – PPA e da Lei Orçamentária Anual – LOA.

c) Dispõe sobre alterações na legislação tributária.

d) Compreende as despesas de capital para o exercício financeiro subsequente.

e) Estabelece as políticas para as agências financeiras oficiais de fomento.

COMENTÁRIOS

✪ **Nota do autor:** O ciclo de planejamento e orçamento público brasileiro é composto por três principais instrumentos: o Plano Plurianual – PPA; a Lei de Diretrizes Orçamentárias – LDO e a Lei Orçamentária Anual – LOA, especificamente no que diz respeito à LDO.

Alternativa correta: letra "B" (responde todas as outras). Segundo a Constituição, o **Plano Pluria-**

nual (PPA) estabelece as diretrizes, objetivos e metas da administração pública no longo prazo.

A **Lei das Diretrizes Orçamentárias (LDO)**, a partir do PPA, define critérios e prioridades para elaboração da **Lei de Orçamentos Anuais (LOA)**, estabelecendo os limites de receita e de despesa. Por fim, a Lei de Orçamentos Anuais (LOA) contém os programas, detalhados nas ações, que contém projetos e atividades, na qual são definidas as fontes de receita e as despesas, expressas em valores e detalhadas por órgão do governo.

20. (FCC – Analista Judiciário – Área Administrativa – TRT 20/2016) De acordo com as disposições constitucionais e legais que regulam a matéria, a Lei de Diretrizes Orçamentárias – LDO

a) deve ser aprovada conjuntamente com a Lei Orçamentária Anual, complementando-a, no que diz respeito à execução, no decorrer do exercício financeiro em curso.

b) compõe o Plano Plurianual, contendo os principais programas e ações que extrapolam o exercício financeiro subsequente.

c) constitui a peça subsequente à Lei Orçamentária Anual, disciplinando a abertura de créditos suplementares e, quando necessário, o contingenciamento de despesas.

d) precede e orienta a elaboração da Lei Orçamentária Anual, estabelecendo, entre outros temas, metas e prioridades para o exercício financeiro subsequente.

e) substitui a Lei Orçamentária Anual no último ano de mandato do Chefe do Executivo, não podendo contemplar restos a pagar não processados.

COMENTÁRIOS

✪ **Nota do autor:** A temática da questão envolve o entendimento das regras constitucionais. Conhecendo as funções da LDO e suas características, torna-se fácil responder.

Alternativa correta: letra "d" (responde todas as outras). Segundo a Constituição:

✓ Prazo para elaboração da LDO: Até 15 de abril (até oito meses e meio antes do encerramento do exercício financeiro e devolvido para sanção até o encerramento do primeiro período da sessão legislativa);

✓ Prazo para elaboração da LOA: 31 de agosto (até quatro meses antes do encerramento do primeiro exercício financeiro do mandato).

✓ Funções da LDO: Segundo o § 2º do art. 165 da Constituição Federal, a Lei de Diretrizes Orçamentárias compreenderá as metas e prioridades (MP) da administração pública federal, incluindo as despesas de capital para o exercício financeiro subsequente. **Orientará a elaboração** da Lei Orçamentária Anual, disporá sobre as alterações na legislação tributária e estabelecerá a política de aplicação das agências financeiras oficiais de fomento.

3. CRÉDITOS ADICIONAIS

21. (FCC – 2023 – TRT 18 – Analista Judiciário – Contabilidade) Considere que a Administração tenha se defrontado com situação de calamidade pública e necessite arcar com despesas em ações emergenciais que não contam com dotação orçamentária específica. Para cobertura de tais despesas, é cabível

a) abertura de crédito suplementar ou extraordinário, ambos com prévia autorização legislativa, sendo que somente o segundo demanda a indicação de fonte de custeio.

b) utilização do fundo de compensação para remanejamentos previsto na Lei Orçamentária Anual, desde que providenciada a sua recomposição em até 90 dias.

c) abertura de crédito especial adicional, por Decreto do Chefe do Executivo, ratificado por lei específica que deve ser editada no mesmo exercício financeiro.

d) abertura de crédito extraordinário, que prescinde de autorização legislativa e de indicação de fonte de receita.

e) realização da despesa sem prévia dotação orçamentária, desde que o evento esteja previsto no Anexo de Riscos Fiscais que acompanha a Lei de Diretrizes Orçamentárias.

COMENTÁRIOS

✪ **Nota do autor:** Um crédito extraordinário é uma medida excepcional prevista na legislação brasileira para situações emergenciais e imprevisíveis, como desastres naturais, guerras, calamidades públicas ou crises econômicas graves. Ele é autorizado pelo poder executivo e não está sujeito ao teto de gastos estabelecido pela Lei de Responsabilidade Fiscal. Esse tipo de crédito é destinado a despesas urgentes e imprevistas, sendo necessário que o governo justifique sua necessidade e urgência perante o Congresso Nacional para sua aprovação.

Alternativa correta: letra "d". Lei 4.320/64 Art. 41. Os créditos adicionais classificam-se em:

> I. Suplementares, os destinados a reforço de dotação orçamentária;
>
> II. Especiais, os destinados a despesas para as quais não haja dotação orçamentária específica;
>
> III. Extraordinários, os destinados a despesas urgentes e imprevistas, em caso de guerra, comoção intestina ou calamidade pública.
>
> CF/88 – Art. 167. § 3º A abertura de crédito extraordinário somente será admitida para atender a despesas imprevisíveis e urgentes, como as decorrentes de guerra, comoção interna ou calamidade pública, observado o disposto no art. 62.

Alternativa "a": ERRADO. Dois erros: CRÉDITO SUPLEMENTAR é reforço de dotação já prevista (art. 41, I, da L4320/64), então não encaixa na necessidade do enunciado. Os créditos extraordinários não dependem de autorização prévia.

Alternativa "b": ERRADO. LRF, art. 5º, III – conterá reserva de contingência, cuja forma de utilização e montante, definido com base na receita corrente líquida, serão estabelecidos na lei de diretrizes orçamentárias, destinada ao: b) atendimento de passivos contingentes e outros riscos e eventos fiscais imprevistos.

Alternativa "c": ERRADO. Não existe previsão legal.

Alternativa "e": ERRADO. Não existe previsão legal.

---

22. (FCC – 2018 – TRT – 15ª Região (SP) – Analista Judiciário – Área Administrativa) Um dado Ministério do Governo Federal conseguiu obter autorização legal que permite acesso a uma operação de crédito que viabilizará projeto estratégico. Para tanto, fará uso de crédito adicional especial com finalidade precisa, por não existir dotação específica. Nesse caso, é correto afirmar que, de acordo com a Constituição Federal e a Lei no 4.320/1964,

a) seu uso estará restrito a uma vigência de aproximadamente 60 dias caso o ato de autorização legislativa para abertura do crédito seja promulgado nos últimos 2 meses do exercício, devido à aplicação da regra de que o crédito possui vigência no próprio exercício financeiro.

b) por serem créditos derivados de operação de crédito, dispensa-se a indicação dos recursos disponíveis para ocorrer a despesa.

c) a regra de que as operações de crédito não devem exceder o montante das despesas de capital pode ser ressalvada no caso de créditos especiais com finalidade precisa, desde que aprovados pelo Legislativo por maioria absoluta.

d) o projeto de lei relativo ao crédito especial será apreciado apenas no Senado Federal, na forma do seu regimento.

e) caberá à Comissão Permanente da Câmara dos Deputados examinar o projeto de lei do crédito especial e, no caso de aprovação, promulgar o ato de autorização.

COMENTÁRIOS

✪ **Nota do autor:** questão completamente baseada no texto da Constituição Federal e na lei 4.320/64.

a) **Errado.** Constituição, art. 167, § 2º Os créditos especiais e extraordinários terão vigência no exercício financeiro em que forem autorizados, salvo se o ato de autorização for promulgado nos últimos quatro meses daquele exercício, caso em que, reabertos nos limites de seus saldos, serão incorporados ao orçamento do exercício financeiro subsequente.

b) **Errado.** Art. 167 São vedados: V – a abertura de crédito suplementar ou especial sem prévia autorização legislativa e sem indicação dos recursos correspondentes;

c) **Certo.** Art. 167, São vedados: III – a realização de operações de créditos que excedam o montante das despesas de capital, ressalvadas as autorizadas mediante créditos suplementares ou especiais com finalidade precisa, aprovados pelo Poder Legislativo por maioria absoluta;

d) **Errado.** Art. 166. Os projetos de lei relativos ao plano plurianual, às diretrizes orçamentárias, ao orçamento anual e aos créditos adicionais serão apreciados pelas duas Casas do Congresso Nacional, na forma do regimento comum.

e) **Errado.** Art. 166, § 1º Caberá a uma Comissão mista permanente de Senadores e Deputados:

> I – examinar e emitir parecer sobre os projetos referidos neste artigo e sobre as contas apresentadas anualmente pelo Presidente da República;

Cabe ao Presidente da República a promulgação da lei.

"ALTERNATIVA CORRETA: letra "C"

23. (FCC – 2018 – TRT – 15ª Região (SP) – Técnico Judiciário – Área Administrativa)

Atenção: Para responder questão, considere a Lei nº 4.320/1964.

Sobre os créditos adicionais:

a) é vedada a edição de decreto executivo para a abertura de créditos adicionais suplementares.

b) o produto de operações de crédito pode ser usado como fonte de recurso apenas para o crédito adicional especial.

c) um crédito adicional suplementar, cujo ato de autorização for promulgado em agosto de determinado ano, poderá viger até dezembro do ano seguinte, caso seja reaberto nos limites dos seus saldos.

d) por expressa disposição, somente os créditos especiais e extraordinários possuem hipóteses de exceção à regra da vigência adstrita ao exercício financeiro da abertura do crédito adicional.

e) os recursos que, em decorrência de veto, emenda ou rejeição do projeto de lei orçamentária anual, ficarem sem despesas correspondentes poderão ser automaticamente utilizados para créditos adicionais especiais ou suplementares.

COMENTÁRIOS

✪ **Nota do autor:** questão que se resolve *"na letra da lei"* 4320/64 e da Constituição Federal.

a) **Errado.** Art. 42. Os créditos suplementares e especiais serão autorizados por lei e abertos por decreto executivo.

b) **Errado.** Art. 43. A abertura dos créditos suplementares e especiais depende da existência de recursos disponíveis para ocorrer a despesa e será precedida de exposição justificativa.

> § 1º Consideram-se recursos para o fim deste artigo, desde que não comprometidos:
>
> IV – o produto de operações de credito autorizadas, em forma que juridicamente possibilite ao poder executivo realiza-las.

c) **Errado.** Constituição, art. 167, § 2º "Os créditos especiais e extraordinários terão vigência no exercício financeiro em que forem autorizados, salvo se o ato de autorização for promulgado nos últimos quatro meses daquele exercício, caso em que, reabertos nos limites de seus saldos, serão incorporados ao orçamento do exercício financeiro subsequente". Não abrange o crédito suplementar e o prazo é 1º de setembro.

d) **Certo.** Segundo o art. 167, § 2º visto no item anterior.

e) **Errado.** Constituição, art. 166, § 8º Os recursos que, em decorrência de veto, emenda ou rejeição do projeto de lei orçamentária anual, ficarem sem despesas correspondentes poderão ser utilizados, conforme o caso, mediante créditos especiais ou suplementares, com prévia e específica autorização legislativa.

"ALTERNATIVA CORRETA: letra " D"

24. (FGV – Analista Judiciário – Área Administrativa – TRT 12/2017) Em um dado exercício, a Lei Orçamentária Anual (LOA) de um ente público autorizava a abertura de créditos adicionais suplementares até o limite de 25% da despesa prevista naquele orçamento.

Para fins de cumprimento desse limite:

a) dispensa-se a indicação de fonte de recursos;

b) incluem-se os créditos adicionais abertos para fazer face a novas despesas;

c) não se incluem os créditos abertos com recursos de reserva de contingência;

d) não são consideradas as alterações na modalidade de aplicação do crédito orçamentário;

e) são considerados os créditos para despesas imprevisíveis e urgentes.

COMENTÁRIOS

✪ **Nota do autor:** comuns em concurso público, as questões sobre ajustes orçamentários, visam verificar se o candidato tem conhecimento sobre os detalhes relacionados a esses ajustes. Dentre os três instrumentos orçamentários, PPA, LDO e LOA, os ajustes à LOA (créditos Adicionais) são extremamente mais exigidos em provas, principalmente no que tange às cinco principais características desses créditos (finalidade, necessidade ou não de autorização, forma de abertura, vigência e necessidade de indicação de fontes de recursos) e suas diferenciações, o que traz, em sua grande maioria, certa facilidade para quem dá a devida atenção a elas.

Versa a questão sobre o efeito da utilização de um tipo específico de crédito adicional: o Suplementar, que tem por função reforçar a dotação anteriormente prevista.

Alternativa correta: letra "d". Se já havia uma previsão anterior, esse será um crédito Suplementar. São créditos utilizados para reforçar dotações já previstas na LOA original, mas que não foram suficientemente dotados. Isso quer dizer que a despesa foi prevista, mas a dotação (limite máximo) é menor que o efetivamente necessário. Normalmente isso ocorre com despesas varáveis em que fica difícil prever exatamente quanto se vai gastar, como despesas com energia elétrica, água, combustível etc., ou ainda em razão da variação dos preços.

Dessa forma, a utilização do crédito em questão, não altera a modalidade de aplicação do crédito orçamentário, pois a despesa já estava prevista, faltava apenas a suplementação da dotação.

Alternativa "a": a indicação de recurso somente é dispensada para o crédito Extraordinário destinado a despesas urgentes e imprevisíveis.

Alternativa "b": para novas despesas, o crédito aberto é o Especial e não o Suplementar.

Alternativa "c": a reserva de contingência pode ser fonte de recursos nessa situação.

Alternativa "e": para despesas imprevisíveis e urgentes utiliza-se o crédito Extraordinário.

---

25. (FCC – Técnico Judiciário – Área Administrativa – TRT 14/2016) Determinado ente público pretende abrir crédito adicional para reforçar o saldo da dotação orçamentária destinada a aquisição de computadores. Segundo a Lei Federal no 4.320/1964, o crédito adicional a ser aberto é classificado como

a) especial.
b) suplementar.
c) extraordinário.
d) extraorçamentário.
e) capital.

COMENTÁRIOS

✪ **Nota do autor:** Ajustes ao orçamento são sempre necessários em razão de despesas não previstas ou insuficientemente dotadas. Estes ajustes, dependendo das caraterísticas da despesa, podem ocorrer de três formas distintas: Créditos Suplementares, Especiais e Extraordinários.

Alternativa correta: letra "b". Créditos Suplementares são créditos utilizados para reforçar dotações já previstas na LOA original, mas que não foram suficientemente dotados. Isso quer dizer que a despesa foi prevista, mas a dotação (limite máximo) é menor que o efetivamente necessário. Normalmente isso ocorre com despesas varáveis em que fica difícil prever exatamente quanto se vai gastar, como despesas com energia elétrica, água, combustível etc., ou ainda em razão da variação dos preços.

> **Lei 4320/64**
>
> Art. 41. Os créditos adicionais classificam-se em:
>
> I – **<u>suplementares, os destinados a reforço de dotação orçamentária</u>**;
>
> II – especiais, os destinados a despesas para as quais não haja dotação orçamentária específica;
>
> III – extraordinários, os destinados a despesas urgentes e imprevistas, em caso de guerra, comoção intestina ou calamidade pública.

---

26. (CESPE – Analista Judiciário – Área Administrativa – TRT 8/2016) Com relação aos créditos adicionais, cuja finalidade é atender despesas não previstas ou insuficientemente dotadas no orçamento público, assinale a opção correta.

a) Age em conformidade com os dispositivos legais a autoridade pública que abre créditos extraordinários, sem a autorização do legislativo, em casos de calamidade pública.
b) O pagamento de despesas de pequeno vulto sem previsão orçamentária pode ser realizado mediante a abertura de créditos adicionais extraordinários autorizados na lei orçamentária anual.
c) A classificação dos créditos adicionais está prevista em quatro tipos: suplementares, especiais, extraordinários e superavitários.
d) A variação de preços de bens e serviços no decorrer do exercício financeiro não é fato justificável para solicitação de abertura de créditos suplementares.
e) A vigência de todas as modalidades de créditos adicionais é restrita ao exercício financeiro em que foram abertas, sem possibilidade de reabertura de seu saldo em exercício seguinte.

COMENTÁRIOS

✪ **Nota do autor:** É certo que o processo orçamentário deve ser dinâmico e flexível para que possa adaptar-se a novas realidades e necessidades. Quando se fala em instrumentos orçamentários (PPA, LDO e LOA), por se tratarem de leis, essas alterações só se darão por intermédio de outras leis ou de normativos de mesma estatura jurídica (Medida Provisória para os créditos adicionais extraordinários).

Com relação a necessidade de ajustes da Lei Orçamentária Anual, a forma de alteração tem denominação específica: Créditos Adicionais.

A lei 4.320/67 versa sobre os créditos adicionais em título próprio, o Título V, que vai do art. 40 ao 46. O art. 40 estabelece que, são créditos adicionais, as autorizações de despesa não computadas ou insuficientemente dotadas na Lei de Orçamento.

Alternativa correta: letra "a". Créditos extraordinários são créditos adicionais destinados a atender, segundo a Constituição Federal, despesas imprevisíveis e urgentes, como as decorrentes de guerra, comoção interna ou calamidade pública. Autorização, no contesto da questão, tem o significado de aprovação de lei.

Em razão da necessidade urgente, a Constituição autoriza a abertura desse tipo de crédito diretamente por intermédio de Medida provisória, que, depois de publicada, é que será apreciada pelo poder legislativo.

> Constituição Federal
>
> Art. 167 ...
>
> (...)
>
> § 3º – A abertura de crédito extraordinário somente será admitida para atender a despesas imprevisíveis e urgentes, como as decorrentes de guerra, comoção interna ou calamidade pública, observado o disposto no art. 62.
>
> Art. 62. Em caso de relevância e urgência, o Presidente da República poderá adotar medidas provisórias, com força de lei, devendo submetê-las de imediato ao Congresso Nacional. (Redação dada pela Emenda Constitucional nº 32, de 2001)
>
> (...)
>
> (D) planos plurianuais, diretrizes orçamentárias, orçamento e créditos adicionais e suplementares, ressalvado o previsto no art. 167, § 3º; (Incluído pela Emenda Constitucional nº 32, de 2001)

Alternativa "b": A alternativa se refere ao Suprimento de Fundos. O decreto 93.872/86 traz nos incisos de seu art. 45 situações que justificam a aplicação do regime de adiantamento. São elas:

- ✓ Para atender despesas eventuais, inclusive em viagens e com serviços especiais, que exijam pronto pagamento;
- ✓ Quando a despesa deva ser feita em caráter sigiloso, conforme se classificar em regulamento; e
- ✓ **Para atender despesas de pequeno vulto**, assim entendidas aquelas cujo valor, em cada caso, não ultrapassar limite estabelecido em portaria do ministro da fazenda.

Alternativa "c": A classificação dos créditos adicionais está prevista em **três** tipos: suplementares, especiais, extraordinários. Segundo o art. 41 da lei 4230 de 1964, o Os créditos adicionais classificam-se em:

1) **Suplementares, os destinados a reforço de dotação orçamentária;**
2) **Especiais, os destinados a despesas para as quais não haja dotação orçamentária específica;**
3) **Extraordinários, os destinados a despesas urgentes e imprevistas**, em caso de guerra, comoção intestina ou calamidade pública.

Alternativa "d": Créditos suplementares são utilizados para reforçar dotações já previstas na LOA "original", mas que não foram suficientemente dotados. Isso quer dizer que a despesa foi prevista, mas a dotação (limite máximo) é menor que o efetivamente necessário. Normalmente isso ocorre com despesas varáveis em que fica difícil prever exatamente quanto se vai gastar, como despesas com energia elétrica, água, combustível etc., ou ainda em razão da variação dos preços.

Alternativa "e": A vigência dos créditos especiais e extraordinários, como regra, ocorrerá durante o exercício financeiro em que for aberto, **podendo ser reaberto (prorrogado) no exercício seguinte**, se o ato de autorização for promulgado nos últimos quatro meses daquele exercício, caso em que, reabertos nos limites de seus saldos, serão incorporados ao orçamento do exercício financeiro subsequente.

4. PRINCÍPIOS ORÇAMENTÁRIOS

27. (FCC – 2023 – TRT 18 – Analista Judiciário – Contabilidade) Como decorrência do princípio da especificação (ou especialização), que rege os Orçamentos Públicos, em regra NÃO são admitidas dotações globais, podendo-se apontar, como exceção, a Reserva de Contingência, esta que

a) destina-se à cobertura de déficit atuarial do regime próprio de aposentadoria dos servidores do ente, sendo fixada na Lei de Diretrizes Orçamentárias em valor meramente estimativo, com base em cálculos atuariais.

b) é estabelecida na Lei de Diretrizes Orçamentárias, em valor fixo suficiente para suportar despesas de caráter continuado que impactem as metas estabelecidas no Anexo de Metas Fiscais.

c) é fixada em percentual da receita corrente líquida e destina-se ao atendimento de passivos contingentes e outros riscos fiscais imprevistos, na forma estabelecida na Lei de Diretrizes Orçamentárias.

d) constitui mecanismo que somente pode ser acionado em situações de frustração da estimativa de arrecadação considerada na Lei Orçamentária Anual e autoriza a abertura de créditos globais para fazer frente a despesas obrigatórias.

e) depende de constituição de fundo especial de despesa, mediante lei específica que destine a órgão ou entidade recursos para finalidade legal atribuída ao fundo.

COMENTÁRIOS

✪ **Nota do autor:** A Lei de Responsabilidade Fiscal (LRF), promulgada em 2000, estabelece diretrizes para a gestão fiscal responsável no Brasil. Uma das suas disposições é a previsão da reserva de contingência, uma ferramenta essencial para garantir a estabilidade e a segurança das finanças públicas.

A reserva de contingência é uma espécie de fundo de reserva que tem por finalidade cobrir eventuais necessidades imprevistas ou urgentes que possam surgir ao longo do exercício financeiro. Ela é prevista no artigo 5º, inciso III, da LRF e corresponde a um percentual fixado sobre a receita corrente líquida do ente federativo.

Alternativa correta: letra "c". Art. 5º O projeto de lei orçamentária anual, elaborado de forma compatível com o plano plurianual, com a lei de diretrizes orçamentárias e com as normas desta Lei Complementar:

> I. Conterá reserva de contingência, cuja forma de utilização e montante, definido com base na receita corrente líquida, serão estabelecidos na lei de diretrizes orçamentárias, destinada ao: (Reserva de Contingência)

Alternativas "a", "b", "d" e "e": não se adequam as determinações da lei.

---

28. (FCC – 2023 – TRT 21 – Analista Judiciário/Área Administrativa) Acerca dos princípios orçamentários:

a) Por conta do principio da não afetação das receitas. é proibida a vinculação das receitas decorrentes de taxas.

b) É plenamente passível, com base no princípio do orçamento bruto, que despesas financeiras recorrentes de um Ente Público sejam deduzidas de seu orçamento global.

c) O princípio da unidade, em conjunto com o princípio da totalidade, é o que permite entender que, mesmo com a existência dos orçamentos fiscal, de investimentos e da seguridade social, a unidade orçamentária é respeitada.

d) O princípio da exclusividade determina que o orçamento anual não conterá dispositivo estranho à previsão da receita e fixação da despesa. Sendo assim, o projeto da lei Orçamentária Anual não pode prever autorização para contratação de operações de crédito.

e) Sob motivos de segurança nacional, algumas despesas destinadas à manutenção das forças policiais podem ser omitidas do orçamento anual, não afrontando, portanto, os princípios da universalidade e publicidade.

COMENTÁRIOS

✪ **Nota do autor:** Os princípios orçamentários são diretrizes fundamentais que orientam a elaboração, execução e controle dos orçamentos públicos, assegurando a transparência, eficiência e responsabilidade fiscal.

Alternativa correta: letra "c". O orçamento deve ser único, consolidando todas as receitas e despesas em um único documento, para facilitar o controle e a compreensão da situação financeira.

Alternativa "a":. Por conta do princípio da não afetação das receitas. é proibida a vinculação das receitas decorrentes de IMPOSTOS.

Inciso IV do art. 167 da CF de 88, mas aplica-se somente às receitas de impostos, e contempla uma série de exceções.

> "IV – a vinculação de receita de impostos a órgão, fundo ou despesa, ressalvadas a repartição do produto da arrecadação dos impostos a que se referem os arts. 158 e 159, a destinação de recursos para as ações e serviços públicos de saúde, para manutenção e desenvolvimento do ensino e para realização de atividades da administração tributária, como determinado, respectivamente, pelos arts. 198, § 2º, 212 e 37, XXII, e a prestação de garantias às operações de crédito por antecipação de receita, previstas no art. 165, § 8º, bem como o disposto no § 4º deste artigo;".

Alternativa "b": O princípio do orçamento bruto estabelece que todas as receitas e despesas do governo devem ser registradas em seus valores totais, sem qualquer tipo de dedução. Isso significa que o orçamento público deve apresentar todas as receitas brutas arrecadadas e todas as despesas brutas previstas, sem abater receitas diretamente das despesas ou vice-versa.

Alternativa "d": Segundo o Princípio da Exclusividade, a Lei Orçamentária deverá conter apenas matéria orçamentária ou financeira. São exceções a autorização para abertura de créditos SUPLEMENTARES e contratações de operações de crédito, ainda que por antecipação de receita.

Alternativa "e": por motivos de segurança nacional, algumas despesas destinadas à manutenção das forças policiais podem ser omitidas do orçamento anual, não afrontando, portanto, os princípios da universalidade e publicidade.

---

29. (FCC – 2018 – TRT – 2ª REGIÃO (SP) – Analista Judiciário – Contabilidade) Em atendimento ao princípio orçamentário

a) da totalidade, uma autarquia estadual possui uma Lei Orçamentária Anual distinta daquela do ente estadual a que pertence.

b) da universalidade, a Lei Orçamentária Anual de um ente estadual deve conter todas as receitas e despesas de uma fundação instituída e mantida por ele.

c) da exclusividade, a Lei Orçamentária Anual pode conter dispositivo sobre a criação de despesa obrigatória de caráter continuado.

d) da competência, a Lei Orçamentária Anual apresenta a previsão das receitas orçamentárias que serão arrecadadas durante o exercício financeiro a que se refere.

e) do orçamento bruto, a Lei Orçamentária Anual deve apresentar as despesas com uma obra pelo valor total de sua execução, mesmo que ocorra em três exercícios financeiros.

COMENTÁRIOS

✪ **Nota do autor:** questão que, mais uma vez, mistura as definições dos princípios.

a) **Errado.** MCASP 7ª Edição: Previsto, de forma expressa, pelo caput do art. 2º da Lei no 4.320/1964, determina existência de orçamento único para cada um dos entes federados – União, estados, Distrito Federal e municípios – com a finalidade de se evitarem múltiplos orçamentos paralelos dentro da mesma pessoa política. Dessa forma, todas as receitas previstas e despesas fixadas, em cada exercício financeiro, devem integrar um único documento legal dentro de cada esfera federativa: a Lei Orçamentária Anual (LOA). Cada pessoa política da Federação elaborará a sua própria LOA

b) **Certo.** MCASP 7ª Edição: Estabelecido, de forma expressa, pelo caput do art. 2º da Lei no 4.320/ 1964, recepcionado e normatizado pelo § 5º do art. 165 da Constituição Federal, determina que a LOA de cada ente federado deverá conter todas as receitas e despesas de todos os poderes, órgãos, entidades, fundos e fundações instituídas e mantidas pelo Poder Público.

c) **Errado.** Previsto no § 8º do art. 165 da Constituição Federal, estabelece que a LOA não conterá dispositivo estranho à previsão da receita e à fixação da despesa. Ressalvam-se dessa proibição a autorização para abertura de crédito suplementar e a contratação de operações de crédito, nos termos da lei.

d) **Errado.** E um princípio que está mais ligado à contabilidade, que considera a realização de receita e despesa no momento da sua realização, independentemente de recebimento ou pagamento.

e) **Errado.** Orçamento Bruto está previsto no art. 6º da lei 4.320/64: "todas as receitas e despesas constarão da Lei de Orçamento pelos seus totais, vedadas quaisquer deduções."

"ALTERNATIVA CORRETA: letra "B"

---

30. (FCC – 2018 – TRT – 15ª Região (SP) – Analista Judiciário – Área Administrativa) Um servidor investido em cargo da área de orçamento deverá observar os vários princípios norteadores do orçamento público, pelos quais fica estabelecido que

a) todos os órgãos e entidades do ente governamental, em obediência ao princípio da universalidade, deverão estar compreendidos, junto com os Poderes desse mesmo ente, em uma só lei de orçamento anual.

b) a Lei Orçamentária Anual (LOA) deverá conter a previsão de todas as receitas e de todas as despesas, em obediência ao princípio do orçamento bruto.

c) a previsão de deduções legais é necessária na Lei Orçamentária Anual (LOA) apenas nos casos de exceção legal ao princípio da exclusividade.

d) o princípio da exclusividade não exclui a possibilidade de a Lei Orçamentária Anual (LOA) conter autorização para contratação de operação de crédito.

e) o princípio da não vinculação determina que as receitas de impostos constem da Lei Orçamentária Anual (LOA) pelos seus totais.

COMENTÁRIOS

✪ **Nota do autor:** questão que tenta confundir o aluno trocando conceitos relacionados a princípios.

a) A alternativa, na realidade se refere ao princípio da UNIDADE OU TOTALIDADE. Este princípio determina existência de orçamento único para cada um dos entes federados – União, estados, Distrito Federal e municípios – com a finalidade de se evitarem múltiplos orçamentos paralelos dentro da mesma pessoa política.

b) A alternativa, na realidade se refere ao princípio da UNIVERSALIDADE, que determina que a LOA de cada ente federado deverá conter todas as receitas e despesas de todos os poderes, órgãos, entidades, fundos e fundações instituídas e mantidas pelo Poder Público.

c) A alternativa, na realidade se refere ao princípio da ORÇAMENTO BRUTO. Previsto pelo art. 6º da Lei no 4.320/ 1964, obriga registrarem-se receitas e despesas na LOA pelo valor total e bruto, vedadas quaisquer deduções.

d) Item certo, o princípio da exclusividade realmente não exclui a possibilidade de a Lei Orçamentária Anual (LOA) conter autorização para contratação de operação de crédito.

Art. 165 da Constituição Federal, § 8º: "a lei orçamentária anual não conterá dispositivo estranho à previsão da receita e à fixação da despesa, não se incluindo na proibição a autorização para abertura de créditos suplementares e contratação de operações de crédito, ainda que por antecipação de receita, nos termos da lei."

e) A alternativa, na realidade se refere, ao menos parcialmente, ao princípio do ORÇAMENTO BRUTO. Previsto pelo art. 6º da Lei no 4.320/ 1964, obriga registrarem-se receitas e despesas na LOA pelo valor total e bruto, vedadas quaisquer deduções.

"ALTERNATIVA CORRETA: letra "D"

---

31. (FCC - 2018 - TRT - 15ª Região (SP) - Técnico Judiciário - Área Administrativa) Todo o processo do orçamento público está orientado por princípios sobre os quais é correto afirmar que:

a) As deduções devem ser consideradas apenas para o balanceamento das transferências intragovernamentais por força do princípio do orçamento bruto.

b) A proibição à realização de despesas que excedam os créditos orçamentários ou adicionais decorre do princípio da legalidade.

c) Segundo o princípio da discriminação, a lei de orçamento não consignará dotações globais destinadas a atender indiferentemente a despesas de pessoal, material, programas especiais de trabalho que não possam cumprir-se subordinadamente às normas gerais de execução de despesa, serviços de terceiros e transferências.

d) Pelo princípio da exclusividade, a lei de orçamento anual não conterá dispositivo estranho à previsão da receita e à fixação da despesa, excetuando-se, porém, a autorização para abertura de créditos suplementares e especiais.

e) Deverá existir um único orçamento para o ente da Federação por força do princípio da universalidade.

COMENTÁRIOS

✪ **Nota do autor:**

a) **Errado.** Lei 4320/64 Art. 6º Todas as receitas e despesas constarão da Lei de Orçamento pelos seus totais, vedadas quaisquer deduções.

b) **Certo.** O Administrador só pode realizar despesas autorizada na Lei Orçamentária ou em Créditos adicionais

c) **Errado.** Segundo o Princípio da Discriminação/Especialização/Especificação, realmente não é possível que a LOA consigne dotações globais. Porém, essa regra contem exceções:

Programas especiais de trabalho classificados como despesas de capital de investimentos; e

Reserva de contingência.

d) **Errado.** Constituição Federal, Art. 165, § 8º A lei orçamentária anual não conterá dispositivo estranho à previsão da receita e à fixação da despesa, não se incluindo na proibição a autorização para abertura de créditos suplementares e contratação de operações de crédito, ainda que por antecipação de receita, nos termos da lei.

e) **Errado.** Errado, assa limitação advém do princípio da Unidade.

"ALTERNATIVA CORRETA: letra "B "

---

32. (FGV - Analista Judiciário - Área Administrativa - TRT 12/2017) Em um determinado ente público foram levantadas algumas alternativas para economia de recursos em decorrência da queda na arrecadação, e uma delas foi a junção de matérias para publicação no Diário Oficial. Assim, para a publicação do orçamento para o exercício seguinte, foram agregados, na mesma lei, autorizações para concessão de isenções e incentivos fiscais para fomentar a economia local.

Apesar da intenção de promover economia de recursos, essa decisão está em desacordo com o princípio do(a):

a) equilíbrio;

b) exclusividade;

c) orçamento bruto;

d) publicidade;

e) transparência.

COMENTÁRIOS

✪ **Nota do autor:** Questões sobre princípios orçamentários são comuns e geralmente trazem conceitos ou situações relacionadas a uma determinada situação em que estes princípios possam se encaixar, para que o candidato possa identificar. São diversos os princípios orçamentários, havendo divergência doutrinária quanto à quantidade, estrutura e conceitos. Tais princípios derivam da Constituição Federal, de mandamentos infraconstitucionais e da doutrina, e, a despeito de alguns serem mais citados que outros, não há hierarquia entre eles.

Alternativa correta: letra "b". Estabelecido na Constituição Federal (§ 8º do art. 165), o princípio da Exclusividade determina que a lei orçamentária anual não poderá conter dispositivos estranhos à fixação das despesas e previsão das receitas, ressalvada a autorização para a abertura de créditos suplementares e contratação de operações de crédito, ainda que por antecipação da receita.

Vê-se que não se poderia inserir matéria estranha no orçamento, como ocorreu na situação apresentada.

Alternativa "a": esse princípio determina que o orçamento deve ser elaborado de forma que haja equilíbrio entre receita e despesa, ou seja, somente se poderá fixar a despesa em montante igual a previsão da receita.

Alternativa "c": Art. 6º da lei 4320/64. Todas as receitas e despesas constarão da Lei de Orçamento pelos seus totais, vedadas quaisquer deduções.

Alternativa "d": a aplicação desse princípio torna obrigatória a divulgação de atos, contratos e outros instrumentos celebrados pela Administração Pública direta ou indireta, para conhecimento, controle, início e eficácia de seus efeitos.

Alternativa "e": o Princípio da Transparência determina que, em todo processo orçamentário (ciclo), todas as informações referentes a todos os instrumentos orçamentários (elaboração e execução) devem ser disponibilizadas e devem estar acessíveis a toda sociedade, com ferramentas propiciadas pela internet, por exemplo.

---

33. (CESPE - AJ TRT8/TRT 8/Judiciária/2016) Assinale a opção que corresponde ao princípio da unidade orçamentária, um dos princípios que norteiam a elaboração e a execução do orçamento público.

a) O exercício financeiro do orçamento será de 1.º de janeiro a 31 de dezembro, coincidente com o ano civil.

b) O orçamento deve registrar as receitas e as despesas pelos seus valores brutos, ou seja, pelo total, sem evidenciar qualquer forma de dedução de seus valores.

c) A receita e a despesa, na lei orçamentária anual, devem ser discriminadas de forma detalhada, não se admitindo dotações globais.

d) À lei orçamentária anual não caberá inclusão de qualquer dispositivo diferente à previsão das receitas e à fixação das despesas.

e) O orçamento da União deve reunir, em única lei, os orçamentos referentes aos Poderes Executivo, Legislativo e Judiciário.

COMENTÁRIOS

Alternativa correta: letra "e". O orçamento da União deve reunir uma única lei, os orçamentos referentes aos Poderes Executivo, Legislativo e Judiciário, ou seja, o princípio da Unidade determina que todas as receitas e despesas orçamentárias devem estar contidas em apenas uma lei orçamentária, para que seja possível o controle concentrado do orçamento, evitando orçamentos paralelos que possam vir a dificultar a fiscalização, o controle e o gerenciamento de todas as receitas e despesas.

Alternativa "a": Princípio da Anualidade.

Alternativa "b": Princípio do Orçamento Bruto.

Alternativa "c": Princípio da Discriminação.

Alternativa "d": Princípio da Exclusividade.

---

34. (CESPE - TJ TRT8/TRT 8/Administrativa/2016) Os valores estabelecidos para a efetivação das despesas autorizadas deverão ser proporcionais aos valores previstos para a arrecadação das receitas. Essa afirmativa faz referência ao princípio orçamentário do (a)

a) equilíbrio.

b) exclusividade.

c) orçamento bruto.

d) proibição e estorno.

e) programação.

COMENTÁRIOS

✪ **Nota do autor:** Questões que trazem análise de caso concreto, questionando qual princípio e a situação se refere ou qual princípio foi ou não observado, são questões que exigem o conhecimento da aplicabilidade do princípio para a identificação deste na situação apresentada. Normalmente o nível de dificuldade não é alto, bastando a perspicácia para a identificação.

Alternativa correta: letra "a". Como o próprio nome expressa, o equilíbrio orçamentário se obtém quando as receitas previstas forem proporcionais às despesas fixadas. Esse princípio é um ideal a ser buscado, já que, na prática, na execução orçamentária, normalmente o equilíbrio não é alcançado.

Alternativa "b": o princípio da Exclusividade foi estabelecido na Constituição Federal (§ 8º do art. 165) e determina que a lei orçamentária anual não poderá conter dispositivos estranhos à fixação das despesas e previsão das receitas, ressalvada a autorização para a abertura de créditos suplementares e contratação de operações de crédito, ainda que por antecipação da receita.

Alternativa "c": determina o princípio do Orçamento Bruto que as receitas e despesas devem constar na LOA pelos seus valores totais, sendo vedadas deduções ou compensações.

Alternativa "d": visando proteger o interesse público, o princípio do não Estorno de Verbas prestigia a função parlamentar no ciclo orçamentário ao determina que não poderá haver transposição, remanejamento ou transferência de recursos de uma categoria de programação para outra sem prévia autorização legislativa.

Alternativa "e": a programação determina que todos os projetos de gastos devem estar programados na LOA ou em leis de créditos adicionais, ou seja, para que haja um gasto é necessário a definição de um objetivo a ser alcançado.

35. (CESPE – Analista Judiciário – Área Administrativa – TRT 8/2016) Acerca dos princípios orçamentários que orientam os procedimentos relativos à elaboração do orçamento público, assinale a opção correta. ANULADA

a) Pode-se afirmar como uma ressalva ao princípio da não afetação de receitas, a destinação de recursos provenientes da arrecadação de impostos ao fundo de participação dos estados e municípios.

b) A previsão constitucional que estabelece as três esferas orçamentárias contradiz o princípio da unidade que determina que o orçamento deva ser uma peça única.

c) As receitas orçamentárias, embora admitam deduções, devem ser previstas pelos seus valores totais para que não haja divergência com as determinações do princípio do orçamento bruto.

d) Há desobediência ao princípio do equilíbrio quando são realizadas operações de crédito para assegurar a igualdade nos casos em que as despesas do orçamento são superiores ao valor total de receitas.

e) Em razão do princípio da exclusividade, que determina que a LOA não pode apresentar conteúdo diferente da previsão de receitas e da fixação das despesas, a autorização para abertura de créditos suplementares deve ser realizada junto à lei de diretrizes orçamentárias.

COMENTÁRIOS

✪ **Nota do autor:** inicialmente, somente alternativa "a" foi determinada como correta, sendo esta alternativa estabelecida como gabarito preliminar. Com a interposição dos recursos, a banca verificou que alternativa "c" também estava certa, anulando a questão.

Como se pode observar, no que tange princípios, a busca pelo conhecimento sobre as exceções sempre torna as questões, via de regra, mais complexas, daí a necessidade de maior atenção aos princípios e às suas exceções.

Alternativas corretas: letras "a" e "c". Questão ANULADA.

Alternativa correta: letra "a". O princípio da não Afetação de Receitas determina que, a receita de impostos não pode ser vinculada a órgãos, fundos ou despesas, ressalvados os casos permitidos pela própria Constituição Federal, onde encontramos as exceções. São exemplos:

(1) Repartição constitucional de impostos aos Estados e Municípios;

(2) Destinação de recursos para a saúde;

(3) Destinação de recursos para o desenvolvimento de ensino;

(4) Destinação de recursos para a atividade da administração tributária;

(5) Prestação de garantias às operações de crédito por antecipação de receita orçamentária (ARO);

(6) Garantia, contragarantia, à União e pagamento de débitos para com esta.

Alternativa correta: letra "c". Alternativa confusa, mas que foi considerada como certa pela banca. O princípio do Orçamento Bruto Estabelece que todas as receitas e despesas constarão no orçamento pelos seus valores totais/brutos, vedadas quaisquer deduções (art. 6º da lei 4320/64).

Segundo o MCASP 7ª edição (Manual de Contabilidade Aplicado ao Serviço Público), mesmo no caso de repartição tributária, pode o ente arrecadador lançar a transferência do recurso como despesa orçamentária ou dedução de receita, evitando-se o lançamento do valor líquido.

Veja que a dedução vedada pela lei, em realidade, refere-se a uma dedução que nem seria lançada, pois, se feito o lançamento do valor bruto e depois lançada a dedução, deixando claro o valor total arrecadado e o destino dos recursos, não há ofensa ao princípio. Por esse motivo a alternativa também foi considerada certa.

Alternativa "b": incorreta. Segundo o princípio da unidade, todas as receitas e despesas orçamentárias de todos os poderes e órgãos devem estar contidas em apenas uma lei orçamentária. Três observações importantes:

1) Por determinação constitucional, deve elaborar três orçamentos distintos:

- ✓ O orçamento fiscal referente aos Poderes da União, seus fundos, órgãos e entidades da administração direta e indireta, inclusive fundações instituídas e mantidas pelo Poder Público;
- ✓ O orçamento de investimento das empresas em que a União, direta ou indiretamente, detenha a maioria do capital social com direito a voto;
- ✓ O orçamento da seguridade social, abrangendo todas as entidades e órgãos a ela vinculados, da administração direta ou indireta,

bem como os fundos e fundações instituídos e mantidos pelo Poder Público.

Esses orçamentos são partes integrantes do todo e estão contidos numa só lei orçamentária, ou seja, não são leis distintas, não sendo então exceção ao princípio da Unidade.

2) O orçamento deve ser elaborado de forma independente em cada ente federativo;

3) Por essas possibilidades, esse princípio também é denominado princípio da Totalidade.

Alternativa "d": incorreta. O princípio do Equilíbrio determina que o orçamento deve ser elaborado de forma que haja equilíbrio entre receita e despesa, ou seja, somente se poderá fixar a despesa em montante igual a previsão da receita.

Mas o que vem a ser equilíbrio?

O equilíbrio orçamentário pode ser visto sob dois pontos de vista:

1) Equilíbrio Real

Do ponto de vista real, o total de despesas públicas deve igual ao total de receitas próprias, geradas pelo Estado, ou seja, aquelas que têm impacto positivo no patrimônio líquido dos entes públicos. Para tanto, exclui-se do cômputo as receitas oriundas de operações de crédito.

2) Equilíbrio Formal:

Do ponto de vista formal, o total das receitas deve ser igual ao das despesas, independente de quais fontes as receitas surjam, considerando como fonte, inclusive o crédito público. Se o equilíbrio é obtido pela complementação das receitas com operações de crédito, tornando oculto um desequilíbrio real (déficit), afinal, concomitantemente ao registro da receita (entrada de dinheiro em caixa) é efetuado do registro de uma obrigação que deverá ser honrada em algum momento. No Brasil, como na maioria dos países do mundo, o equilíbrio é formal e as operações de crédito são consideradas receitas orçamentárias.

Corrobora com essa informação o art. 3º da lei 4320/64, onde está determinado que a Lei de Orçamentos compreenderá todas as receitas, **inclusive as de operações de crédito autorizadas em lei**.

Alternativa "e": Segundo a Constituição Federal, o Orçamento Público não conterá dispositivos estranhos à previsão da receita e à fixação da despesa. Isso se refere ao princípio da Exclusividade.

Porém a própria constituição traz duas exceções:

✓ **As autorizações para abertura de créditos adicionais suplementares;**

✓ A contratação de operações de crédito, ainda que por antecipação de receita, nos termos da lei.

5. RECEITA PÚBLICA E CLASSIFICAÇÕES ORÇAMENTÁRIAS

36. (FCC – 2023 – TRT 18 – Analista Judiciário – Contabilidade) Considerando as categorizações legais de receitas ou ingressos públicos, tem-se como exemplos de:

I. Receita Originária: *royalties* recebidos pela exploração de petróleo e gás.

II. Receita Derivada: produto da arrecadação de impostos.

III. Ingressos Extraorçamentários: depósitos em caução.

IV. Receita primária: recursos advindos de juros de operações financeiras.

Está correto o que se afirma APENAS em

a) I e II.

b) I, II e III.

c) I, III e IV.

d) II e IV.

e) I, II e IV.

COMENTÁRIOS

Alternativa correta: letra "b".

I. CERTO. Receita Originária: refere-se aos recursos provenientes de fontes próprias do Estado, como os royalties recebidos pela exploração de petróleo e gás, que são valores gerados diretamente pelo governo.

II. CERTO. Receita Derivada: é aquela originada da arrecadação de impostos, taxas e contribuições, constituindo a principal fonte de financiamento das atividades estatais.

III. CERTO. Ingressos Extraorçamentários: são receitas que não integram o orçamento público, como depósitos em caução, que são valores temporariamente retidos e não utilizados para fins de execução orçamentária.

IV. ERRADO. Receita Primária: são recursos que não estão vinculados a operações financeiras, como os juros de operações financeiras, que fazem parte da receita financeira, não da receita primária.

37. (FCC – 2018 – TRT – 15ª Região (SP) – Analista Judiciário – Arquitetura) Informações sobre receitas e despesas públicas da Prefeitura de Campinas podem ser obtidas por recursos automatizados, incluindo as receitas correntes, que têm como exemplo:

a) Receita industrial e alienação de bens.

b) Receita tributária e operações de crédito.

c) Receita patrimonial e receita agropecuária.

d) Receitas de serviços e financiamentos bancários.

e) Transferências de capital e cauções.

COMENTÁRIOS

✪ **Nota do autor:** Questão se refere à classificação econômica da receita prevista na lei 4320/64.

> Art. 11 – A receita classificar-se-á nas seguintes categorias econômicas: Receitas Correntes e Receitas de Capital. (Redação dada pelo Decreto Lei nº 1.939, de 1982)
>
> § 1º – São Receitas Correntes as receitas tributária, de contribuições, patrimonial, agropecuária, industrial, de serviços e outras e, ainda, as provenientes de recursos financeiros recebidos de outras pessoas de direito público ou privado, quando destinadas a atender despesas classificáveis em Despesas Correntes. (Redação dada pelo Decreto Lei nº 1.939, de 1982)
>
> § 2º – São Receitas de Capital as provenientes da realização de recursos financeiros oriundos de constituição de dívidas; da conversão, em espécie, de bens e direitos; os recursos recebidos de outras pessoas de direito público ou privado, destinados a atender despesas classificáveis em Despesas de Capital e, ainda, o superávit do Orçamento Corrente.

a) **Errado.** Receita industrial (receita corrente) e alienação de bens (receita de capital).

b) **Errado.** Receita tributária (receita corrente) e operações de crédito (receita de capital).

c) **Certo.** Receita patrimonial (receita corrente) e receita agropecuária (receita corrente).

d) **Errado.** Receitas de serviços e financiamentos bancários (receita de capital).

e) **Errado.** Transferências de capital (receita de capitais) e cauções (receita de extra orçamentária).

"ALTERNATIVA CORRETA: letra "C "

38. (FCC – Técnico Judiciário – Área Administrativa – TRT 14/2016) Com relação à classificação da receita orçamentária, a Origem é o detalhamento das Categorias Econômicas "Receitas Correntes" e "Receitas de Capital", com vistas a identificar a natureza da procedência das receitas no momento em que ingressam no Orçamento Público. São Origens de receitas orçamentárias, EXCETO

a) receita de impostos e de contribuições de melhoria.

b) receita de operações de crédito e patrimonial.

c) alienação de bens e amortização de empréstimos.

d) receita industrial e de serviços.

e) transferências correntes e transferências de capital.

COMENTÁRIOS

✪ **Nota do autor:** para acertar a questão é necessário conhecer a estrutura da classificação por Natureza da Receita, além de conhecer seus principais componentes. Esta, visa identificar a origem do recurso que ingressa nos cofres públicos segundo o fato gerador.

Essa classificação é composta por oito dígitos, divididos em cinco níveis de detalhamento conforme o quadro abaixo:

DÍGITO:	**1º**	**2º**	**3º**	**4º a 7º**	**8º**
SIGNIFICADO:	Categoria Econômica	Origem	Espécie	Desdobramentos para identificação de peculiaridades da receita	Tipo

Categoria econômica é estabelecida pela lei 4320/64 em seu art. 11, divide as receitas em "Corrente e de Capital".[1]

CÓDIGO	**CATEGORIA ECONÔMICA**
1 7	Receitas Correntes Receitas Correntes Intraorçamentárias
2 8	Receitas de Capital Receitas de Capital Intraorçamentárias

1. Manual Técnico de Orçamento para o exercício de 2018 – veiculado pela Portaria nº 23, de 04 de maio de 2017 da Secretaria de Orçamento Federal.

Fique atento: as contas de receitas intraorçamentárias têm a mesma função da receita original. O que há de diferente é a inclusão na classificação orçamentária das receitas intraorçamentárias com o objetivo de evitar dupla contagem. Elas fazem parte das operações intraorçamentárias, que são aquelas realizadas entre órgãos e demais entidades da Administração Pública integrantes do orçamento fiscal e da seguridade social do mesmo ente federativo. Vale destacar que não representam novas entradas de recursos nos cofres públicos do ente, mas apenas a movimentação de recursos entre seus órgãos.

A origem é o desdobramento das categorias econômicas. Basta então identificar quais são as origens e verificar qual alternativa não contem uma delas:

✓ **Receita Corrente:** tributária, de contribuições, patrimonial, agropecuária, industrial, de serviços e outras e, ainda, as transferências correntes **(provenientes de recursos financeiros recebidos de outras pessoas de direito público ou privado, quando destinadas a atender despesas classificáveis em Despesas Correntes)**.

Atenção: a partir do segundo semestre de 2015, no MTO 2016 2ª edição, a origem denominada "Tributária" que agregava impostos, taxas e contribuições de melhoria, passou a ser denominada pelo manual de "Impostos, Taxas e Contribuições de Melhoria".

Assim, a despeito de não haver mudança intrínseca, agora temos duas denominações possíveis;

1) Lei 4320/64, art. 11: Tributária
2) MTOs a partir do MTO 2016 2ª edição: Impostos, Taxas e Contribuições de Melhoria.

✓ **Receitas de capital:** realização de recursos financeiros oriundos de constituição de dívidas; da conversão, em espécie, de bens e direitos; as transferências de capital (**recursos recebidos de outras pessoas de direito público ou privado, destinados a atender despesas classificáveis em Despesas de Capital**).

Alternativa correta: letra "a". Verificando as origens de receita citadas no art. 11 d alei 4320/64, não encontramos a expressão impostos e contribuições de melhoria somente. Essas são, em realidade, espécies, ou seja, desdobramento das origens, mais especificamente da origem Tributária para lei 4320/64 ou "Impostos, Taxas e Contribuições de Melhoria" para o MTO.

Alternativas "b", "c", "d", "e":

Como visto anteriormente, todas as outras alternativas são classificadas como origens.

---

39. (FCC – AJ TRT23/TRT 23/Administrativa/Contabilidade/2016) No Balanço Orçamentário do exercício financeiro de 2015 de determinada entidade do setor público, as despesas orçamentárias totalizaram R$ 5.400.000. Deste total, 25% referem-se às seguintes despesas orçamentárias realizadas no mês de dezembro de 2015:

- pessoal ativo..145.000
- amortização da dívida de longo prazo......110.000
- aquisição de material de expediente............50.000
- juros sobre a dívida por contrato 350.000
- aquisição de pneus para frota de veículos..40.000
- aluguel de veículo utilizado pelo chefe de gabinete do secretário...................................35.000
- obrigações patronais 120.000
- construção do Posto de Saúde......................190.000
- aquisição de imóveis...230.000
- encargos sobre operações de crédito por antecipação da receita...............................60.000
- aquisição de livros didáticos para distribuição gratuita 20.000
- Total das despesas orçamentárias realizadas no mês de dezembro de 2015..................1.350.000

O total das despesas correntes e de capital realizadas no mês de dezembro de 2015 soma, respectivamente,

a) 785.000 e 565.000.
b) 470.000 e 880.000.
c) 725.000 e 625.000.
d) 820.000 e 530.000.
e) 780.000 e 570.000.

COMENTÁRIOS

✪ **Nota do autor:** são abundantes as questões sobre despesa pública e pela complexidade de sua classificação e estágios, podem variar em diversidade e grau de dificuldade. Outro ponto a ser observado é que, praticamente todas as questões envolvem algum tipo de classificação. Assim, saber a classificação da despesa é essencial para responder praticamente todos os tipos de questões sobre este tema.

Questões que versam sobre a classificação de determinadas despesas segundo um determinado critério, em regra, cita uma ou duas despesas, ou uma relação de um tipo de despesa e questiona a classificação segundo determinado critério. Questões de menor complexidade possivelmente solicitarão somente a classificação, já questões de maior complexidade, pedirão as suas subclassificações.

Alternativa correta: letra "d" (responde todas as outras). Para resolver a questão basta separar despesas correntes das despesas de capital.

- pessoal ativo ....145.000 (Corrente)
- amortização da dívida de longo prazo......110.000 (de Capital)
- aquisição de material de expediente...........50.000 (Corrente)
- juros sobre a dívida por contrato ....350.000 (Corrente)
- aquisição de pneus para frota de veículos..40.000 (Corrente)
- aluguel de veículo utilizado pelo chefe de gabinete do secretário .... 35.000 (Corrente)
- obrigações patronais ....120.000 (Corrente)
- construção do Posto de Saúde............. 190.000 (de Capital)

- aquisição de imóveis................230.000 (de Capital)
- encargos sobre operações de crédito por antecipação da receita..................60.000 (Corrente)
- aquisição de livros didáticos para distribuição gratuita..20.000 (Corrente)

Despesas Corrente = 145.000 + 50.000 + 350.000 + 35.000 + 120.000 + 60.000 + 20.000 + 40.000 = 820.000

Despesas de Capital= 110.000 + 190.000 + 230.000 = 530.000

---

40. (CESPE – Analista Judiciário – Área Judiciária – Oficial de Justiça Avaliador – TRT 9/2016) As receitas públicas, do ponto de vista orçamentário, podem ser classificadas como receitas orçamentárias e extraorçamentárias. Assinale a opção correspondente a receitas extraorçamentárias.

a) valores registrados em depósitos administrativos e judiciais
b) receitas patrimoniais e agropecuárias
c) receitas auferidas pela União em decorrência de atividade empresarial
d) receitas tributárias e de contribuições
e) impostos sobre patrimônio e renda

COMENTÁRIOS

✪ **Nota do autor:** a questão envolve o conhecimento do conceito de receita orçamentária e extraorçamentária. O entendimento dos conceitos é indispensável. Segundo o MCASP – Manual de Contabilidade Aplicada ao Setor Público – Ingressos extraorçamentários são recursos financeiros de caráter temporário, do qual o Estado é mero agente depositário. Sua devolução não se sujeita a autorização legislativa, portanto, não integram a Lei Orçamentária Anual (LOA). Por serem constituídos por ativos e passivos exigíveis, os ingressos extraorçamentários, em geral, não têm reflexos no Patrimônio Líquido da Entidade.

Alternativa correta: letra "a" (responde todas as outras alternativas):

Ingressos extraorçamentários: é a entrada de recursos financeiros que **não decorrem do Orçamento** ou de lei de crédito adicional e não ingressam definitivamente no patrimônio público, tendo assim, caráter temporário e devolutivo. Serve de exemplo as cauções e os depósitos em garantias. Recursos financeiros que apresentam caráter temporário e não integram a LOA. O Estado é mero depositário desses recursos que constituem passivos exigíveis e cujas restituições não se sujeitam à autorização legislativa. Exemplos: Depósitos em Caução, Fianças, as operações de crédito por ARO[2] (antecipação de receita orçamentária), as emissões de papel-moeda e outras entradas compensatórias, no ativo e passivo financeiros, emissão de moeda e outras entradas compensatórias no ativo e passivo financeiros.

Os valores citados nas alternativas serão, em regra, devolvidos aos seus respectivos proprietários.

---

41. (CESPE – Analista Judiciário – Área Judiciária – Oficial de Justiça Avaliador – TRT 9/2016) Com relação às receitas correntes e às receitas de capital, assinale a opção correta.

a) São receitas correntes as provenientes de empréstimo e de financiamento destinados a investimentos.
b) As receitas tributárias e de contribuições classificam-se como receitas correntes.
c) As operações de crédito são classificadas como receitas correntes.
d) São receitas correntes aquelas destinadas à inversão financeira.
e) As receitas de capital são classificadas em patrimonial e industrial.

COMENTÁRIOS

✪ **Nota do autor:** questões para identificação das espécies de receita (normalmente natureza da receita/categoria econômica), com ou sem cálculo, são muito comuns e requerem conhecimento do critério de classificação e quais são suas espécies e subespécies.

Alternativa correta: letra "b".

Segundo § 4º do art. 11 da lei 4320/64, a classificação da receita obedecerá ao seguinte esquema:

RECEITAS CORRENTES

Receita tributária (**impostos, taxas, contribuições de melhoria**); **receita de contribuições**; receita patrimonial; receita agropecuária; receita industrial; receita de serviços; transferências correntes; outras receitas correntes.

RECEITAS DE CAPITAL

Operações de crédito; alienação de bens; amorti-

---

2. Operações de crédito, via de regra, classificam-se como receita orçamentária. Aqui se fala sobre uma exceção à regra dessas operações, intitulada ARO. Classificam-se como receita extraorçamentária, conforme o art. 3º da Lei no 4.320, de 1964, por não representarem novas receitas ao orçamento. A matéria pertinente à ARO é disciplinada, em linhas gerais, pelo art. 38 da Lei no 101, de 2000 – LRF; pelo parágrafo único do art. 3º da Lei nº 4.320, de 1964, e pelos arts. 165, §8º, e 167, X, da CF.

zação de empréstimos; transferências de capital; outras receitas de capital.

Fique atento: a divisão acima é uma concepção da lei que não mais se coaduna com o entendimento atual, já que existem outras espécies tributárias. Na classificação por Natureza da Receita, os impostos, taxas e contribuições de melhoria são classificados na espécie "Impostos, Taxas e Contribuições de Melhoria", diferente da lei que os denomina "tributária".

---

42. (CESPE - Analista Judiciário - Área Administrativa - TRT 8/2016) No que se refere às etapas e estágios das despesas e receitas públicas, assinale a opção correta.

a) O processo de fixação da despesa orçamentária estará concluído quando houver a verificação do direito adquirido pelo credor, comprovado por títulos e documentos do respectivo crédito.

b) Se o instrumento de contrato for facultativo, ele poderá ser substituído pela ordem bancária.

c) A previsão da receita é a base utilizada para estimar as necessidades de financiamento do governo.

d) No estágio da arrecadação da receita, é verificada a procedência do crédito fiscal e a pessoa que lhe é devedora.

e) As doações em espécie recebidas pelos entes públicos devem passar pelo estágio do lançamento.

COMENTÁRIOS

✪ **Nota do autor:** suscintamente, pode-se afirmar que a necessidade de Financiamento do Setor Público (NFSP) refere-se à metodologia para avaliação de políticas fiscais, consistindo na soma entre o resultado primário do setor público não financeiro e a apropriação de juros nominais por competência. O resultado primário de determinado ente, por sua vez, diz respeito à diferença entre receitas e despesas primárias, em um período de tempo, e pode ser apurado por dois critérios:

a) variação do nível de endividamento líquido do ente durante o período considerado; ou

b) soma dos itens de receitas e despesas.

O levantamento da NFSP evidencia o montante de receitas primárias, assim como de despesas primárias, obrigatórias e discricionárias.

Alternativa correta: letra "c". Conforme expressa o MCASP (item 3.5.1.), no âmbito federal, a metodologia de projeção de receitas orçamentárias busca assimilar o comportamento da arrecadação de determinada receita em exercícios anteriores, a fim de projetá-la para o período seguinte, com o auxílio de modelos estatísticos e matemáticos. A busca deste modelo dependerá do comportamento da série histórica de arrecadação e de informações fornecidas pelos órgãos or**çamentários ou unidades arrecadadoras envolvidas no processo.**

A previsão de receitas é a etapa que antecede à fixação do montante de despesas que irão constar nas leis de orçamento, além de ser **base para se estimar as necessidades de financiamento do governo**.

Alternativa "a": conforme explicita o item 4.4.1.1 do MCASP, a fixação da despesa refere-se aos limites de gastos, incluídos nas leis orçamentárias com base nas receitas previstas, a serem efetuados pelas entidades públicas. A fixação da despesa orçamentária insere-se no processo de planejamento e compreende a adoção de medidas em direção a uma situação idealizada, tendo em vista os recursos disponíveis e observando as diretrizes e prioridades traçadas pelo governo.

Alternativa "b": a verificação do direito adquirido pelo credor refere-se à Liquidação.

Segundo o item 4.4.2.2 do MCASP 7ª edição, é recomendável constar no instrumento contratual o número da nota de empenho, visto que representa a garantia ao credor de que existe crédito orçamentário disponível e suficiente para atender a despesa objeto do contrato. Nos casos em que o instrumento de contrato é facultativo, a Lei nº 8.666/1993 admite a possibilidade de substituí-lo **pela nota de empenho de despesa**, hipótese em que o empenho representa o próprio contrato.

Alternativa "d": conforme determina o art. 53 da lei 4320/64, o **Lançamento** da receita é ato da repartição competente, que verifica a procedência do crédito fiscal e a pessoa que lhe é devedora e inscreve o débito desta.

Alternativa "e": conforme determina o art. 52 da lei 4320/64, são objeto de lançamento **os impostos diretos e quaisquer outras rendas com vencimento determinado em lei, regulamento ou contrato.**

6. DESPESA PÚBLICA E CLASSIFICAÇÕES ORÇAMENTÁRIAS

---

43. (FCC - 2023 - TRT 21 - Analista Judiciário/Área Administrativa) A Lei Federal nº 4.320/1964 prevê, em relação às despesas públicas, que:

a) A aquisição de uma máquina industrial que estava sendo utilizada por uma empresa têxtil, sem fins lucrativos, é uma despesa de capital classificada como investimento.

b) Caso, por determinação judicial, urna Prefeitura Municipal necessite construir uma escola municipal para atender demanda reprimida de vagas em creche, que, segundo alega a Prefeitura, elevará o gasto corrente municipal com salários, a despesa decorrente dessa construção será uma despesa de capital classificada como investimento.

c) A construção de um imóvel novo é uma despesa de capital classificada como inversão financeira.

d) As despesas públicas Incorridas para atender a obras de conservação de um imóvel público não devem ser consideradas como despesas de custeio, mas, sim, de capital, tendo em vista que devem ser consideradas junto ao custo do bem imóvel conservado.

e) A aquisição de títulos representativos de capital de uma empresa que não seja do ramo comercial ou financeiro, por parte de um Ente Público, importando um aumento de capital, caracteriza-se como uma despesa de capital classificada como Inversão financeira.

COMENTÁRIOS

✪ **Nota do autor:** A Lei 4.320, de 17 de março de 1964, estabelece normas gerais de direito financeiro para a elaboração e controle dos orçamentos e balanços da União, dos Estados, dos Municípios e do Distrito Federal. Esta lei é um marco fundamental na administração pública brasileira, proporcionando um conjunto de diretrizes para garantir a eficiência, transparência e responsabilidade na gestão dos recursos públicos.

Alternativa correta: letra "b".

Alternativa "a": a aquisição de uma máquina industrial que estava sendo utilizada por uma empresa têxtil, sem fins lucrativos, é uma despesa de capital classificada como INVERSÃO FINANCEIRA.

Alternativa "C": a construção de um imóvel novo é uma despesa de capital classificada como INVESTIMENTO.

Alternativa "d": Art. 12. § 1º Classificam-se como Despesas de Custeio as dotações para manutenção de serviços anteriormente criados, inclusive as destinadas a atender a obras de conservação e adaptação de bens imóveis.

Alternativa "e": a aquisição de títulos representativos de capital de uma empresa que não seja do ramo comercial ou financeiro, por parte de um Ente Público, importando um aumento de capital, caracteriza-se como uma despesa de capital classificada como INVESTIMENTO.

---

44. (FCC – 2023 – TRT 12 – Analista Judiciário – Área Administrativa) Na execução orçamentária, de acordo com a Lei nº 4.320/1964,

a) a liquidação da despesa por fornecimento de materiais terá por base o comprovante da entrega dos materiais.

b) o empenho é dispensado para as despesas que utilizam créditos orçamentários adicionais extraordinários.

c) a liquidação é requerida para a devolução de depósito em caução recebido em garantia fornecida por contrato.

d) o pagamento de despesa corrente impacta negativamente o resultado de execução orçamentária.

e) o lançamento de receitas orçamentárias decorrentes de impostos dá origem a um ativo financeiro.

COMENTÁRIOS

Alternativa correta: letra "A". A Lei nº 4.320/1964, em seu artigo 59, estabelece que a liquidação da despesa por fornecimento de materiais deve ser baseada no comprovante de entrega dos materiais. Este comprovante atesta a efetivação da prestação de serviço ou fornecimento de bens, garantindo a integridade e o controle da execução orçamentária.

O comprovante de entrega funciona como prova documental da ocorrência da despesa, permitindo a verificação de sua regularidade e autorizando o pagamento ao fornecedor. Essa exigência contribui para a transparência e a responsabilidade na gestão dos recursos públicos, assegurando que os pagamentos sejam efetuados apenas por serviços ou bens efetivamente recebidos.

b) Incorreta. O empenho é obrigatório para todas as despesas, incluindo aquelas relacionadas a créditos orçamentários adicionais extraordinários. Conforme a Lei nº 4.320/1964, no artigo 35, uma despesa só pode ser paga se for previamente empenhada.

c) Incorreta. A devolução de depósito em caução não se configura como uma despesa, mas sim como uma receita. Portanto, a liquidação não se aplica a essa situação.

d) Incorreta. O pagamento de uma despesa corrente, por si só, não afeta negativamente o resultado da execução orçamentária. O resultado é determinado pela diferença entre as receitas arrecadadas e as despesas pagas, levando em conta diversos fatores, como a classificação das despesas e o tipo de receita.

e) Incorreta. O lançamento de receitas orçamentárias decorrentes de impostos cria um direito, e não um ativo financeiro. O direito representa a expectativa de receber a quantia no futuro, enquanto o ativo financeiro representa a quantia já disponível em caixa ou em outra forma prontamente realizável.

45. (CEBRASPE – 2023 – TRT 8 – Técnico Judiciário) Em relação às receitas e despesas do orçamento público no Brasil, assinale a opção correta.

a) O empenho global é utilizado quando se conhece o montante da despesa pública, sendo adequado para o pagamento da despesa pública em parcela única.

b) Os créditos suplementares são destinados a despesas para as quais não haja dotação orçamentária específica em função da criação de novos órgãos públicos.

c) A arrecadação é o estágio da receita pública em que se realiza o procedimento administrativo que assegura a ocorrência do fato gerador da obrigação do contribuinte para os cofres públicos.

d) A dívida ativa é uma das principais despesas públicas decorrentes da emissão de títulos públicos para financiamento do déficit orçamentário do governo.

e) A liquidação da despesa consiste na verificação do direito adquirido pelo credor ou pela entidade beneficiária com base nos títulos e documentos comprobatórios do respectivo crédito ou da habilitação ao benefício.

COMENTÁRIOS

✪ **Nota do autor:** questão com base na lei 4320/64.

Alternativa correta: letra "e". A liquidação da despesa envolve a análise do direito adquirido pelo credor ou pela entidade beneficiária, utilizando-se de títulos e documentos que comprovam o respectivo crédito ou a elegibilidade ao benefício.

> Art. 63. A liquidação da despesa consiste na verificação do direito adquirido pelo credor tendo por base os títulos e documentos comprobatórios do respectivo crédito.
>
> § 1° Essa verificação tem por fim apurar:
>
> I – a origem e o objeto do que se deve pagar;
>
> II – a importância exata a pagar;
>
> III – a quem se deve pagar a importância, para extinguir a obrigação.

Alternativa "a": a alternativa trouxe o conceito de empenho ordinário. No empenho global o montante é definido, porém permitido para atender despesas contratuais e outras sujeitas a parcelamento.

Alternativa "b": alternativa trouxe o conceito de créditos especiais. Os créditos suplementares são destinados a despesas para as quais já existe dotação orçamentárias, porém insuficientes. É uma complementação.

Alternativa "c": alternativa trouxe o conceito de lançamento. A arrecadação corresponde à entrega dos recursos devidos ao Tesouro Nacional pelos contribuintes ou devedores, por meio dos agentes arrecadadores ou instituições financeiras autorizadas pelo ente.

Alternativa "d": alternativa trouxe o conceito de dívida pública. A dívida ativa é o conjunto de débitos de pessoas físicas ou jurídicas junto à Fazenda Pública, nas esferas Municipais, Estaduais ou Federais.

46. (FCC – 2018 – TRT – 15ª Região (SP) – Analista Judiciário – Área Administrativa) Um servidor da área de orçamento procedeu da seguinte maneira:

I. Classificou como "despesa de capital" na categoria econômica "investimentos" a dotação para aquisição de título representativo do capital de empresa já constituída, cuja operação não importa aumento de capital.

II. Classificou como "receita corrente" a conversão, em espécie, de bens e direitos.

III. Ao classificar dotação para "despesa com material permanente", considerou-o como sendo aquele com duração superior a 2 anos.

IV. Classificou como "subvenção social" dotação para transferência destinada a cobrir despesas de custeio de instituição pública de caráter cultural.

Está de acordo com a Lei nº 4.320/1964 o que consta APENAS de

a) III e IV.

b) I.

c) I e II.

d) IV.

e) II e III.

COMENTÁRIOS

✪ **Nota do autor:** questão que versa sobre classificações orçamentárias. Para certar, basta identificar o tipo de receita ou despesa e ver se se enquadra na classificação determinada pela lei 4.329/64.

I. Classificou como "despesa de capital" na categoria econômica "investimentos" a dotação para aquisição de título representativo do capital de empresa já constituída, cuja operação não importa aumento de capital.
Errado

Primeiramente, não existe categoria econômica "investimentos", mas sim "correntes" e "capital". Outro erro é que a despesa deve ser classificada com inversão financeira e não como investimento.

Lei 4.320, art. 12, § 5º: Classificam-se como Inversões Financeiras as dotações destinadas a:

[...]

II – aquisição de títulos representativos do capital de empresas ou entidades de qualquer espécie, já constituídas, QUANDO A OPERAÇÃO NÃO IMPORTE AUMENTO DO CAPITAL;

II. lassificou como "receita corrente" a conversão, em espécie, de bens e direitos.

Errado. Esse tipo de receita deve ser classificada como receita de capital.

Lei 4.320, art. 11, § 2º: – São Receitas de Capital as provenientes da realização de recursos financeiros oriundos de constituição de dívidas; da conversão, em espécie, de bens e direitos; os recursos recebidos de outras pessoas de direito público ou privado, destinados a atender despesas classificáveis em Despesas de Capital e, ainda, o superávit do Orçamento Corrente.

III. Ao classificar dotação para "despesa com material permanente", considerou-o como sendo aquele com duração superior a 2 anos.

Certo.

Lei 4.320, art. 15, § 2º Para efeito de classificação da despesa, considera-se material permanente o de duração superior a dois anos.

IV. Classificou como "subvenção social" dotação para transferência destinada a cobrir despesas de custeio de instituição pública de caráter cultural.

Certo.

Lei .320, art. 12, I: – subvenções sociais, as que se destinem a instituições públicas ou privadas de caráter assistencial ou cultural, sem finalidade lucrativa;

"ALTERNATIVA CORRETA: letra "A"

47. (FCC – 2018 – TRT – 2ª REGIÃO (SP) – Analista Judiciário – Arquivologia) Nota de empenho é o instrumento

a) mediante o qual o funcionário público se compromete a agir com eficiência e dedicação.
b) que cria, para o órgão público, a obrigação de pagamento pela realização de uma despesa.
c) que normaliza a execução de ato anterior, pormenorizando áreas de entendimento.
d) pelo qual empregadores e empregados entram em acordo sobre condições de trabalho.
e) que, emanado da autoridade competente, determina o cumprimento de despacho ou sentença.

COMENTÁRIOS

✪ **Nota do autor:** segundo o art. 58, o empenho de despesa é o ato emanado de autoridade competente que cria para o Estado obrigação de pagamento pendente ou não de implemento de condição. Já o art. 61 da lei 4320/64 estabelece que para cada empenho será extraído um documento denominado "nota de empenho" que indicará o nome do credor, a representação e a importância da despesa bem como a dedução desta do saldo da dotação própria.

A questão confunde os dois conceitos, mas, mesmo assim, por exclusão, é perfeitamente possível entender o objetivo e acertar.

a) **Errado.** Não há se refere a realização da despesa e sim a compromisso do servidor.
b) **Certo.** Documento que materializa o empenho, conforme artigos vistos
c) **Errado.** Nenhuma relação com empenho da despesa.
d) **Errado.** Acordo individual de trabalho é o instrumento pelo qual empregadores e empregados entram em acordo sobre condições de trabalho.
e) **Errado.** MANDADO – documento emanado de autoridade pública, judicial ou administrativa, em virtude do qual deve ser cumprida a diligência ou medida que ali se ordena ou determina.

"ALTERNATIVA CORRETA: letra "B"

48. (FGV – Analista Judiciário – Área Administrativa – TRT 12/2017) No ciclo de execução orçamentária, o controle de ingressos e desembolsos faz-se mister para cumprir os dispositivos da Lei de Responsabilidade Fiscal (LRF).

Uma das regras importantes se refere ao registro da receita orçamentária no momento da arrecadação, que tem como justificativa:

a) acompanhar a meta de resultado primário definida na Lei de Diretrizes Orçamentárias (LDO);
b) definir fonte de recursos para abertura de créditos adicionais;
c) evitar que a execução das despesas orçamentárias ultrapasse a arrecadação efetiva;
d) impedir o uso indevido de recursos para cobertura de restos a pagar;
e) propiciar informações relativas à variação do patrimônio público.

COMENTÁRIOS

✪ **Nota do autor:** O orçamento deve ser elaborado de forma que haja equilíbrio entre receita e despesa, ou seja, somente se poderá fixar a despesa em montante igual a previsão da receita.

À medida que ocorre crescimento dos gastos públicos e o consequente aumento do peso do governo na economia, o planejamento da ação governamental torna-se cada vez mais importante. A maneira como a legislação observa o princípio do equilíbrio orçamentário é útil para a compreensão dos instrumentos de intervenção econômica disponíveis ao governo, principalmente no tocante à geração de déficits.

Alternativa correta: letra "b" (responde todas as outras):

Conforme Determina o MCASP a edição, o registro da receita orçamentária ocorre no momento da arrecadação, conforme art. 35 da Lei nº 4.320/1964 e decorre do enfoque orçamentário dessa Lei, tendo por objetivo evitar que a execução das despesas orçamentárias ultrapasse a arrecadação efetiva.

---

49. (FGV – Analista Judiciário – Área Administrativa – TRT 12/2017) Após vencer uma licitação para prestação de serviços de manutenção em equipamentos de informática (computadores e empresas), uma empresa apresentou à entidade pública uma nota fiscal dos serviços prestados nos primeiros dois meses de contrato.

Após confirmação do fiscal do contrato, o documento foi enviado ao setor de processamento de despesa para conferência, etapa associada ao estágio do(a):

a) adjudicação;

b) empenho;

c) lançamento;

d) liquidação;

e) pagamento.

COMENTÁRIOS

✪ **Nota do autor:** questões também recorrentes em concursos que exigem conhecimento sobre os estágios da despesa, no que concerne a seus conceitos, a ordem de ocorrência e as particularidades de cada um, variam em grau de dificuldade, mas, normalmente não são complexas. Versarão, em regra, sobre os conceitos dos estágios da despesa.

Alternativa correta: letra "d". Nos termos do art. 63 da lei 4320/64, a liquidação da despesa consiste na verificação do direito adquirido pelo credor tendo por base os títulos e documentos comprobatórios do respectivo crédito. Essa verificação tem por fim apurar:

1) A origem e o objeto do que se deve pagar;

2) A importância exata a pagar;

3) A quem se deve pagar a importância, para extinguir a obrigação.

A liquidação da despesa por fornecimentos feitos ou serviços prestados terá por base:

1) O contrato, ajuste ou acordo respectivo;

2) A nota de empenho;

3) Os comprovantes da entrega de material ou da prestação efetiva do serviço.

Alternativa "a": adjudicação **é a estrega do objeto do contrato ao licitante vencedor.**

Alternativa "b": Legalmente, nos termos do Art. 58 da Lei 4.320/64, "empenho é o ato emanado de autoridade competente que cria para o Estado obrigação de pagamento pendente ou não de implemento de condição".

Alternativa "c": lançamento é estágio de execução da receita.

Alternativa "c": Terceira e última fase da execução da despesa. Essa fase ocorrerá após o efetivo processamento (liquidação) da despesa, ou seja, verificação do efetivo direito do credor a receber o valor referente aquela despesa. Assim, processada a despesa, é feita a transferência para a conta do fornecedor do valor apurado na liquidação. Atualmente, é cada vez mais comum o pagamento por meio de Ordens Bancárias de Pagamento – OBP.

---

50. (FGV – Analista Judiciário – Área Administrativa – TRT 12/2017) Considere as despesas descritas no quadro a seguir:

Elemento de despesa	Empenho
Aquisição de Títulos de Crédito	35.000
Juros sobre Dívida por Contrato	27.350
Locação de Mão de Obra	32.400
Material de Consumo	18.500
Material para Distribuição Gratuita	16.200
Material Permanente	41.700
Obras e Instalações	83.600
Passagens e Despesas com Locomoção	21.150
Serviços de Consultoria	19.000

As despesas que, no momento da execução, NÃO representam redução do saldo patrimonial, por serem despesas de capital, totalizam:

a) 134.600;

b) 160.300;

c) 176.500;

d) 192.700;

e) 294.900.

COMENTÁRIOS

✪ **Nota do autor:** a classificação da despesa, segundo impacto no PL, é uma classificação doutrinária. Assim como ocorre com a receita, esse critério visa a identificação da despesa que provoca impacto no Patrimônio Líquido do ente Federativo. Refere-se a um enfoque patrimonial da despesa, levando-se em conta que Patrimônio, é o conjunto de bens direitos e obrigações. Patrimônio Líquido é o resultado da equação fundamental da contabilidade: PL=A-PE, onde A significa Ativo (soma de bens e direitos) e PE significa Passivo Exigível (soma das obrigações).

Alternativa correta: letra "b" (responde todas as outras): são despesas relacionadas à inovação e expansão do patrimônio público, compreendendo, principalmente, compras e amortiza**ções. Dessa forma, essas despesas se caracterizam por via de regra, contribuírem diretamente para o patrimônio do ente a que se referem.**

Identificando as despesas:

Aquisição de Títulos de Crédito	Capital
Juros sobre Dívida por Contrato	Corrente
Locação de Mão de Obra	Corrente
Material de Consumo	Corrente
Material para Distribuição Gratuita	Corrente
Material Permanente	Capital
Obras e Instalações	Capital
Passagens e Despesas com Locomoção	Corrente
Serviços de Consultoria	Corrente

Assim, são despesas de capital os seguintes valores: 35.000 + 83.600 + 41.700 = 160.300

51. (FGV - Analista Judiciário - Área Administrativa - TRT 12/2017) O modelo orçamentário vigente no Brasil é baseado nos conceitos de orçamento-programa, cujos elementos básicos estão apresentados na figura a seguir.

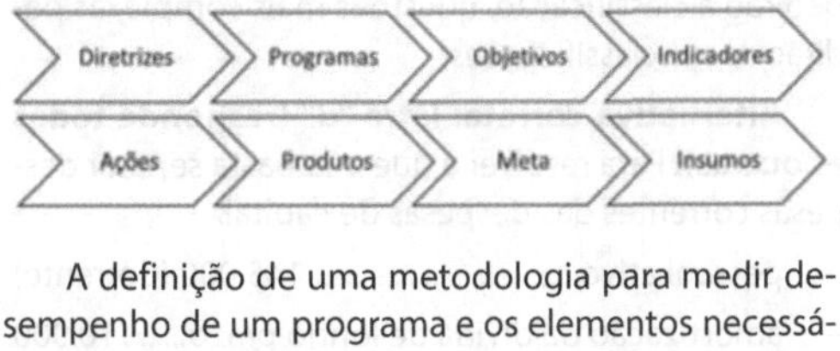

A definição de uma metodologia para medir desempenho de um programa e os elementos necessários à consecução de um produto se referem, respectivamente, a:

a) diretrizes e ações;

b) indicadores e ações.

c) indicadores e insumos;

d) meta e ações;

e) meta e insumos.

COMENTÁRIOS

✪ **Nota do autor:** considerada a mais moderna das classificações da despesa, a classificação programática tem origem na antiga classificação funcional-programática, cujo desmembramento resultou também na classificação funcional visita anteriormente.

Alternativa correta: letra "c" (responde todas as outras):

Programa de trabalho pode ser definido como o "instrumento de organização da atuação governamental que articula um conjunto de ações que concorrem para a concretização de um objetivo comum preestabelecido, mensurado por indicadores instituídos no plano, visando a solução de um problema ou o atendimento de determinada necessidade ou demanda da sociedade". Programa é o módulo comum integrador entre o plano e o orçamento (efetivação da ação governamental). Em termos de estruturação o plano termina no programa e o orçamento começa no programa, o que confere a esses instrumentos uma integração desde a origem. O programa, como módulo integrador, e as ações, como instrumentos de realização dos programas.

Indicadores de desempenho são ferramentas de monitoramento que permitem controlar a performance da entidade em relação à sua produtividade e à busca de seus objetivos, tudo de forma devidamente estruturada e aprofundada. O consumo dos insumos em relação ao que é entregue, determina a eficiência e eficácia do processo.

52. (CESPE - AJ TRT8/TRT 8/Judiciária/2016) Com relação ao sistema de classificação orçamentária, composto pelas contas denominadas classificação institucional, classificação funcional e programática e classificação econômica, assinale a opção correta.

a) A classificação da despesa por subfunção é um desdobramento da ação administrativa do ponto de vista da classificação institucional.

b) A classificação econômica da despesa é feita desdobrando-se em função e subfunção.

c) O sistema de classificação orçamentária constitui um sistema de informação que possibilita aos interessados identificar e avaliar as origens e as destinações dos recursos que compõem os orçamentos públicos.

d) A classificação econômica explicita os gastos relacionados a cada órgão público e é fundamental para o estabelecimento da responsabilidade administrativa pela formulação, pela execução e pelo controle dos orçamentos.

e) A classificação funcional e programática apresenta o conjunto de receitas e despesas de forma discriminada, de acordo com a sua natureza.

COMENTÁRIOS

✪ **Nota do autor:** questões que versem diretamente sobre classificação da despesa, são, sem dúvida, a espécie de questão com maior incidência em provas, sendo cobrada das mais variadas formas. Nesse contesto, as bancas buscam variadas formas para confundir o aluno.

Questões sobre desdobramento, conceito das classificações e suas respectivas funções, são, em regra, pouco mais complexas e exigirão o conhecimento sobre o desdobramento e conceito das diversas classificações, a função de cada uma, onde o candidato deve saber sobre o que se refere a classificação e quais são os elementos que a compõe.

Alternativa correta: letra "c". A classificação da despesa busca apresentar aspectos que possam melhor demonstrar as características dos dispêndios públicos com o fim de expor detalhes que venham a auxiliar com informações todos aqueles interessados no processo que envolve a despesa pública. Assim, conforme afirma a alternativa, o sistema de classificação orçamentária constitui um sistema de informação que possibilita aos interessados identificar e avaliar as origens e as destinações dos recursos que compõem os orçamentos públicos.

Alternativa "a": A classificação da despesa por subfunção é um desdobramento classificação Funcional que classifica a despesa por Função e Subfunção.

Alternativa "b": A classificação econômica da despesa é feita desdobrando-se em categorias econômicas denominadas de Corrente e De Capital.

Alternativa "d": A classificação INSTITUCIONAL explicita os gastos relacionados a cada órgão público e é fundamental para o estabelecimento da responsabilidade administrativa pela formulação, pela execução e pelo controle dos orçamentos.

Alternativa "e": A classificação POR NATUREZA DA DESPESA apresenta o conjunto de receitas e despesas de forma discriminada, de acordo com a sua natureza.

---

53. (FCC – AJ TRT23/TRT 23/Administrativa/Contabilidade/2016) No Balanço Orçamentário do exercício financeiro de 2015 de determinada entidade do setor público, as despesas orçamentárias totalizaram R$ 5.400.000. Deste total, 25% referem-se às seguintes despesas orçamentárias realizadas no mês de dezembro de 2015:

- pessoal ativo 145.000
- amortização da dívida de longo prazo...... 110.000
- aquisição de material de expediente............50.000
- juros sobre a dívida por contrato 350.000
- aquisição de pneus para frota de veículos..40.000
- aluguel de veículo utilizado pelo chefe de gabinete do secretário 35.000
- obrigações patronais 120.000
- construção do Posto de Saúde.................... 190.000
- aquisição de imóveis..................................... 230.000
- encargos sobre operações de crédito por antecipação da receita 60.000
- aquisição de livros didáticos para distribuição gratuita...20.000

Total das despesas orçamentárias realizadas no mês de dezembro de 2015 ....1.350.000

O total das despesas correntes e de capital realizadas no mês de dezembro de 2015 soma, respectivamente,

a) 785.000 e 565.000.

b) 470.000 e 880.000.

c) 725.000 e 625.000.

d) 820.000 e 530.000.

e) 780.000 e 570.000.

COMENTÁRIOS

✪ **Nota do autor:** são abundantes as questões sobre despesa pública e pela complexidade da sua classificação e estágios, podem variar em diversidade e grau de dificuldade. Outro ponto a ser observado é que, praticamente todas as questões envolvem, de alguma forma, algum tipo de classificação. Assim, saber a classificação da despesa é essencial para responder praticamente todos os tipos de questões sobre esse tema.

Questões que versam sobre a classificação de determinadas despesas segundo um determinado critério, em regra, cita um ou duas despesas, ou relação uma delas e questiona a classificação segundo determinado critério. Questões mais fáceis somente pedirão a classificação, questões mais complexas pedirão as subclassificações.

Alternativa correta: letra "d" (responde todas as outras). Para resolver a questão basta separar despesas correntes das despesas de capital.

- pessoal ativo .... 145.000 (Corrente)
- amortização da dívida de longo prazo...... 110.000 (de Capital)
- aquisição de material de expediente............50.000 (Corrente)
- juros sobre a dívida por contrato .... 350.000 (Corrente)
- aquisição de pneus para frota de veículos..40.000 (Corrente)

– aluguel de veículo utilizado pelo chefe de gabinete do secretário................ 35.000 (Corrente)
– obrigações patronais................ 120.000 (Corrente)
– construção do Posto de Saúde............ 190.000 (de Capital)
– aquisição de imóveis.............. 230.000 (de Capital)
– encargos sobre operações de crédito por antecipação da receita................ 60.000 (Corrente)
– aquisição de livros didáticos para distribuição gratuita.. 20.000 (Corrente)

Despesas Corrente = 145.000 + 50.000 + 350.000 + 35.000 + 120.000 + 60.000 + 20.000 + 40.000 = 820.000

Despesas de Capital = 110.000 + 190.000 + 230.000 = 530.000

54. (FCC – Técnico Judiciário – Área Administrativa – TRT 14/2016) O Grupo da Natureza de Despesa – GND é um agregador de elementos de despesa com as mesmas características quanto ao objeto de gasto. A despesa com aquisição de veículo é classificada no GND, denominado de

a) bens móveis.
b) imobilizado.
c) investimentos.
d) material permanente.
e) Inversões Financeiras.

COMENTÁRIOS

✪ **Nota do autor:** questão que versa sobre a classificação por "Natureza da Despesa", cobrando do candidato o conhecimento sobre a estrutura da classificação e seu desdobramento. Em função da necessidade de consolidação das Contas Públicas Nacionais, em obediência ao disposto no art. 51 da Lei Complementar nº 101, de 2000 (Lei de Responsabilidade Fiscal), a Portaria Interministerial nº 163, de 4 de maio de 2001, dos Secretários do Tesouro Nacional de Orçamento Federal, uniformizou os procedimentos de execução orçamentária no âmbito da União, Estados, Distrito Federal e Municípios. Para tanto, tal portaria padronizou a classificação da receita e da despesa a ser utilizada por todos os entes da Federação.

É em realidade uma codificação com a seguinte estrutura:

✓ Categoria econômica;
✓ Grupo de natureza da despesa;
✓ Elemento de despesa.

Com a inserção do elemento Modalidade de Aplicação, a codificação fica assim estruturada:

✓ Categoria econômica;
✓ Grupo de natureza da despesa;
✓ Modalidade de Aplicação;
✓ Elemento de despesa.

Pode-se adicionar ainda o desdobramento (DD) facultativo, se houver necessidade.

Completa a codificação fica assim:

1º	2º	3º	4º	5º	6º	7º	8º
C	G	MM		EE		DD	
Categoria Econômica	Grupo de Natureza da Despesa	Modalidade de Aplicação		Elemento de Despesa		Subelemento	

GND (Grupos de Natureza de Despesa) é a agregação de elementos de despesa que apresentam as mesmas características quanto ao objeto de gasto, sendo o desdobramento das categorias econômicas da Despesa (Corrente e de Capital). Divide-se nos seguintes grupos com seus respectivos códigos:

1 – Pessoal e Encargos Sociais (despesa corrente);
2 – Juros e Encargos da Dívida (despesa corrente);
3 – Outras Despesas Correntes;
4 – Investimentos (Despesa de Capital);
5 – Inversões Financeiras (Despesa de Capital);
6 – Amortização da Dívida (Despesa de Capital);

Alternativa correta: letra "c". A questão se refere à aquisição de um bem de capital (veículos) e questiona sobre a classificação dessa despesa, mais especificamente em qual GND ela se enquadraria.

"Investimento" é a despesas orçamentárias com softwares e com o planejamento e a execução de obras, inclusive com a aquisição de imóveis considerados necessários à realização destas últimas, e com a **aquisição de instalações, equipamentos e material permanente**. O veículo é um equipamento, um material permanente[3], classificado como "Investimento".

3. Lei 4320/64
Art. 15.
§ 2º Para efeito de classificação da despesa, considera-se material permanente o de duração superior a dois anos.

Alternativas "a", "b" e "d": apesar de serem termos utilizado pela Contabilidade, eles não compõem o GND.

Alternativa "e": conforme esclarece o MTO 2018, Inversões Financeiras são despesas orçamentárias com a aquisição de imóveis ou bens de capital já em utilização; aquisição de títulos representativos do capital de empresas ou entidades de qualquer espécie, já constituídas, quando a operação não importe aumento do capital; e com a constituição ou aumento do capital de empresas, além de outras despesas classificáveis neste grupo.

---

55. (CESPE – Analista Judiciário – Área Administrativa – TRT 8/2016) Acerca das receitas e despesas constantes do orçamento público, bem como suas classificações, assinale a opção correta.

a) A administração pública, ao fazer investimento com a obtenção de títulos representativos de participação no capital social de outras entidades em funcionamento, deverá classificar o gasto como despesas de capital — inversões financeiras.

b) Todas as despesas, sejam elas classificadas como orçamentárias ou extraorçamentárias, demandam autorização legislativa para serem realizadas.

c) No orçamento federal, o pagamento dos juros pela rolagem da dívida pública e as parcelas de amortização do principal da dívida são classificados como despesas de capital, na modalidade transferência de capital.

d) A entrega de um conjunto habitacional para moradia popular indica, na previsão orçamentária, o aumento da receita corrente de contribuições, advinda da expectativa de aumento da arrecadação da taxa de limpeza pública.

e) A receita de dívida ativa proveniente da inclusão do nome de contribuintes que não efetuam o pagamento de seus impostos até o final do exercício financeiro deve ser classificada, pela administração pública, como receita corrente tributária.

COMENTÁRIOS

✪ **Nota do autor:** Assim como ocorre com a receita pública, a despesa pública é classifica conforme sua categoria econômica em Correntes ou de Capital. Tal classificação tem por objetivo propiciar elementos para uma avaliação do efeito econômico das transações do setor público. A importância de entender a categoria econômica da despesa está em poder analisar o impacto que o gasto público provoca na economia, se de mera manutenção ou se de inovação. A análise da categoria econômica permite identificar as aplicações por parte do Estado em dois agregados econômicos, o consumo e o investimento (sentido amplo).

Alternativa correta: letra "a". Classificam-se como Inversões Financeiras as dotações destinadas a aquisição de imóveis, ou de bens de capital já em utilização; aquisição de títulos representativos do capital de empresas ou entidades de qualquer espécie, já constituídas, quando a operação não importe aumento do capital; constituição ou aumento do capital de entidades ou empresas que visem a objetivos comerciais ou financeiros, inclusive operações bancárias ou de seguros.

Alternativa "b": Somente as despesas orçamentárias necessitam de autorização legislativa para que sejam realizadas. Essa autorização se dá em forma de lei, a Lei Orçamentária Anual. As despesas extraorçamentárias, em regra, por se tratarem de recursos transitórios, não necessitam de autorização legislativa, ou seja, não constam na Lei Orçamentária Anual.

Alternativa "c": Juros e encargos financeiros sempre são classificados como despesas correntes.

Alternativa "d": Taxas são receitas tributárias e não receita de Contribuições. Vejamos o que diz a lei 4320/64.

> **Lei 4.320/67**
>
> Art. 5º – Os tributos são impostos, taxas e contribuições de melhoria.
>
> (...)
>
> Art. 9º Tributo é a receita derivada instituída pelas entidades de direito publico, compreendendo os impostos, as taxas e contribuições nos termos da constituição e das leis vigentes em matéria financeira, destinado-se o seu produto ao custeio de atividades gerais ou especificas exercidas por essas entidades.

Segundo § 4º do art. 11 da lei 4320/64, a classificação da receita obedecerá ao seguinte esquema:

RECEITAS CORRENTES

Receita tributária (impostos, taxas, contribuições de melhoria); receita de contribuições; receita patrimonial; receita agropecuária; receita industrial; receita de serviços; transferências correntes; outras receitas correntes.

RECEITAS DE CAPITAL

Operações de crédito; alienação de bens; amortização de empréstimos; transferências de capital; outras receitas de capital.

Fique atento: na classificação por Natureza da Receita, os impostos, taxas e contribuições de melhoria são classificados na espécie "Impostos, Taxas e Contribuições de Melhoria", diferente da lei que os denomina "tributária".

Alternativa "e": em regra, arrecadação da receita de dívida ativa é classificada como "outras receitas correntes". São os ingressos provenientes de outras origens não classificáveis nas outras subcategorias econômicas.

Atenção: o Recebimento de Dívida Ativa da Amortização de Empréstimo e Financiamentos e empréstimo compulsório são Receitas de Capital.

56. (FCC – AJ TRT11/TRT 11/Administrativa/2017) De acordo com a Lei nº 4.320/64 e a Lei nº 101/2000, as despesas

a) relativas a incentivos à demissão voluntária são computadas como despesa com pessoal para fins de verificação dos limites estabelecidos pela Lei de Responsabilidade Fiscal.

b) com a aquisição de equipamentos de informática, com vida útil estimada de 3 anos, são despesas correntes.

c) com pessoal do Poder Judiciário Federal não poderão ultrapassar o limite de 3,6% da Receita Corrente Líquida em cada período de apuração.

d) com energia elétrica, combustível e material de consumo de um Tribunal Regional do Trabalho são despesas de custeio.

e) com aquisição de veículos que serão utilizados pelos servidores de um Tribunal Regional do Trabalho em suas atividades são despesas obrigatórias de caráter continuado.

COMENTÁRIOS

✪ **Nota do autor:** são abundantes as questões sobre despesa pública e, pela complexidade da sua classificação e estágios, podem variar em diversidade e grau de dificuldade. Boa parte das questões exige conhecimento dos textos das leis, normalmente, Lei 4.320/64 e Lei 101/2000 (Lei de Responsabilidade fiscal). Para responder essas questões é preciso dedicação e estudar a "letra da lei".

Alternativa correta: letra "d". Energia elétrica, combustível e material de consumo são despesas de custeio.

Lei 4320/64

Art. 12. A despesa será classificada nas seguintes categorias econômicas: (Vide Decreto-lei nº 1.805, de 1980)

DESPESAS CORRENTES

Despesas de Custeio

Transferências Correntes

DESPESAS DE CAPITAL

Investimentos

Inversões Financeiras

Transferências de Capital

§ 1º Classificam-se como Despesas de Custeio as dotações para manutenção de serviços anteriormente criados, inclusive as destinadas a atender a obras de conservação e adaptação de bens imóveis.

Alternativa "a": incentivos à demissão voluntária **não** são computadas como despesa com pessoal para fins de verificação dos limites estabelecidos pela Lei de Responsabilidade Fiscal.

Lei de Responsabilidade Fiscal

Art. 19...

§ 1º Na verificação do atendimento dos limites definidos neste artigo, não serão computadas as despesas:

II – relativas a incentivos à demissão voluntária;

Alternativa "b": aquisição de equipamentos de informática, com vida útil estimada de 3 anos, são despesas **de Capital.**

Veja que, com vida útil superior a dois anos, o material é considerado permanente, segundo a lei. Sendo permanente a despesa é de capital e não corrente, mais especificamente, um investimento.

Lei 4320/64

Art. 12. A despesa será classificada nas seguintes categorias econômicas: (Vide Decreto-lei nº 1.805, de 1980)

DESPESAS CORRENTES

Despesas de Custeio

Transferências Correntes

DESPESAS DE CAPITAL

Investimentos

Inversões Financeiras

Transferências de Capital

(...)

§ 4º Classificam-se como investimentos as dotações para o planejamento e a execução de obras, inclusive as destinadas à aquisição de imóveis considerados necessários à realização destas últimas, bem como para os programas especiais de trabalho, aquisição de instalações, equipamentos e material permanente e constituição ou aumento do capital de empresas que não sejam de caráter comercial ou financeiro.

> Art. 15...
>
> (...)
>
> § 2º Para efeito de classificação da despesa, considera-se material permanente o de duração superior a dois anos.

Alternativa "c": despesas com pessoal do poder Judiciário não poderão ultrapassar o limite de 6% da Receita Corrente Líquida em cada período de apuração.

> **Lei de Responsabilidade Fiscal**
>
> Art. 20. A repartição dos limites globais do art. 19 não poderá exceder os seguintes percentuais:
>
> I – na esfera federal:
>
> (...)
>
> b) 6% (seis por cento) para o Judiciário;

Alternativa "e": aquisição de veículos que serão utilizados pelos servidores de um Tribunal Regional do Trabalho em suas atividades **não são** despesas obrigatórias de caráter continuado.

Aquisição de veículo é despesa de capital, mais especificamente, classificada como Investimentos. Segundo a lei, dentre outros requisitos, para ser considerada obrigatórias de caráter continuado, a despesa deve ser corrente.

> **Lei de Responsabilidade Fiscal**
>
> Art. 17. Considera-se obrigatória de caráter continuado a despesa corrente derivada de lei, medida provisória ou ato administrativo normativo que fixem para o ente a obrigação legal de sua execução por um período superior a dois exercícios.

---

57. (CESPE – Analista Judiciário – Área Judiciária – Oficial de Justiça Avaliador – TRT 9/2016) As despesas orçamentárias são organizadas e classificadas conforme a natureza econômica, o grupo de despesa, a modalidade de aplicação e o elemento de despesa. Quanto à natureza econômica da despesa, assinale a opção correta.

a) As despesas de capital destinam-se à manutenção de serviços e obras de engenharia.

b) As despesas orçamentárias, quanto à categoria econômica, podem ser classificadas como despesa corrente e de capital.

c) As despesas orçamentárias, classificadas no grupo de despesas sob o título de investimento, são enquadradas quanto a sua natureza em despesas correntes.

d) As despesas correntes são destinadas à classificação de amortização de dívidas.

e) Os juros e encargos da dívida vinculam-se à despesa de capital.

COMENTÁRIOS

✪ **Nota do autor:** questões sobre classificações orçamentárias são recorrentes e requerem um conhecimento dos critérios categorias e subcategorias. Fique atento, pois nem todas as classificações estão estabelecidas em lei e nem todas são utilizadas no orçamento. Normalmente, a categoria econômica e suas subcategorias são as mais ocorrentes.

Alternativa correta: letra "b":

A classificação por natureza da despesa é composta pelos seguintes elementos:

- ✓ Categoria econômica;
- ✓ Grupo de natureza da despesa;
- ✓ Modalidade de Aplicação;
- ✓ Elemento de despesa.

Pode-se adicionar ainda o desdobramento (DD) facultativo, se houver necessidade.

Completa a codificação fica assim:

1º	2º	3º	4º	5º	6º	7º	8º
C	G	MM		EE		DD	
Categoria Econômica	Grupo de Natureza da Despesa	Modalidade de Aplicação		Elemento de Despesa		Subelemento	

Categoria econômica:

Categoria econômica divide as despesas em **Corrente e de Capital**.

7. SUPRIMENTO DE FUNDOS/REGIME DE ADIANTAMENTO

---

58. (FCC – AJ TRT23/TRT 23/Administrativa/Contabilidade/2016) A Lei nº 4.320/64 rege a realização de despesas sob o regime de suprimento de fundos, também denominadas despesas

a) sem prévio empenho.

b) sob o regime de adiantamento.

c) não processadas.

d) extraorçamentárias.

e) indiretas.

COMENTÁRIOS

✪ **Nota do autor:** Razoavelmente exigido em prova, suprimento de fundos, muitas vezes é inserido no tópico Despesa Pública. Este assunto não apresenta grande complexidade de entendimento e, consequentemente, suas questões, em regra, não são complexas.

O ideal para a realização da despesa é que ela percorra de forma natural os caminhos "normais". Porém, em função de características específicas, é impossível subordinar a realização de certas despesas a esse processo "normal" de aplicação. Deste modo, existe o mecanismo denominado Suprimento de Fundos, para que se possa realizar despesas de forma mais "simplificada" em casos excepcionais.

Alternativa correta: letra "b" (responde todas as outras). Regime de adiantamento é o denominado "Suprimento de Fundos

> Lei nº 4.320/64
>
> Art. 65 – O pagamento da despesa será efetuado por tesouraria ou pagadoria regularmente instituídos por estabelecimentos bancários credenciados e, em casos excepcionais, por meio de **adiantamento**.
>
> (...)
>
> Art. 68 – O **regime de adiantamento** é aplicável aos casos de despesas expressamente definidos em lei e consiste na entrega de numerário a servidor, sempre precedida de empenho na dotação própria para o fim de realizar despesas, que não possam subordinar-se ao processo normal de aplicação.

8. RESTOS A PAGAR (RESÍDUOS PASSIVOS) E DESPESAS DE EXERCÍCIOS ANTERIORES

59. (FGV – Analista Judiciário – Área Administrativa – TRT 12/2017) Ao final de um exercício foram obtidas as seguintes informações da execução orçamentária de um ente público:

Descrição	Valor (milhares)
Arrecadação de receitas tributárias	80.000
Empenho de despesa orçamentária	72.000
Liquidação de despesa corrente	56.000
Pagamentos efetuados	50.400

Considerando as disposições legais para inscrição em restos a pagar, e sabendo-se que a disponibilidade financeira líquida do ente ao final do exercício era de 20.000, é correto afirmar que:

a) a disponibilidade financeira não afetará a inscrição de restos a pagar;

b) despesas processadas e não processadas serão canceladas;

c) do valor das despesas empenhadas, 1.600 serão cancelados;

d) haverá cancelamento de despesas não processadas no valor de 9.600;

e) o valor total de restos a pagar não processados pode ser inscrito.

COMENTÁRIOS

✪ **Nota do autor:** levando em consideração, de forma isolada, as questões de concurso sobre Restos a Pagar e Despesas de Exercícios Anteriores, não são tão frequentes quanto tópicos princípios orçamentários, por exemplo, pois, assim como Suprimento de Fundos, normalmente, Restos a Pagar Despesas de Exercícios Anteriores são inseridos pelas bancas dentro do assunto Despesa. Pode-se definir Restos a Pagar como as despesas empenhadas, pendentes de pagamento na data de encerramento do exercício financeiro, inscritas contabilmente como obrigações a pagar em exercício subsequente, constituindo-se em Dívida Flutuante.

Alternativa correta: letra "c" (responde todas as outras alternativas): não basta uma despesa que não foi paga até o final do exercício estar regularmente empenhada para que seja inscrita em Restos a Pagar, pois, com a inscrição em Restos a Pagar, essas despesas tornam-se resíduos passivos, fazendo aumentar a dívida flutuante do ente federativo a que se referir.

Por esse motivo, a inscrição de Restos a Pagar deve observar aos limites e condições de modo a prevenir riscos e corrigir desvios capazes de afetar o equilíbrio das contas públicas, conforme estabelecido na Lei de Responsabilidade Fiscal – LRF. Por exemplo, visando eliminar as chamadas heranças fiscais, a LRF determina em seu artigo 42, que qualquer despesa empenhada nos últimos dois quadrimestres do mandato deve ser totalmente paga no exercício, acabando por vetar sua inscrição ou parte dela em Restos a Pagar, a não ser que haja suficiente disponibilidade de caixa para viabilizar seu correspondente pagamento. Na determinação da disponibilidade de caixa serão considerados os encargos e despesas compromissadas a pagar até o final do exercício.

Vejamos o cálculo

Despesa empenhada: 72.000

Despesa liquidada: 56.000

Despesa paga: 50.400

Da despesa liquidada, falta pagar 5.600 que, por ser processada há obrigatoriedade de inscrição.

Da despesa empenhada, faltam liquidar 16.000 = (72.000 – 56.000)

16.000 + 5.600 = 21.600

Só existe 20.000 de saldo ao final do exercício financeiro.

NESTE exemplo, pode inscrever em Restos a Pagar até o limite da disponibilidade financeira ao final do exercício. Logo, 1.600 serão cancelados.

60. (FCC – AJ TRT23/TRT 23/Administrativa/Contabilidade/2016) O departamento de contabilidade de determinado ente público emitiu nota de empenho visando a contabilização de despesa com serviços de limpeza do gabinete do secretário da fazenda, referente ao segundo semestre de 2015, no valor de R$ 120.000,00. Por insuficiência de recursos financeiros, os serviços prestados referentes aos meses de novembro e dezembro de 2015 não foram pagos no próprio exercício. Nesta situação, sob o aspecto orçamentário, nos temos da Lei Federal nº 4.320/1964, deve a entidade

a) cancelar a despesa não paga no exercício de 2015 e inscrever o valor em Restos a Pagar.

b) demonstrar a despesa empenhada no Balanço Orçamentário do exercício de 2015 e registrar no ativo circulante do Balanço Patrimonial o valor não pago.

c) cancelar a despesa não paga no exercício de 2015 e emitir novo empenho no exercício de 2016.

d) estornar a despesa não paga no exercício de 2015 e contabilizá-la no exercício em que for liquidada e paga.

e) reconhecer a despesa no exercício de 2015 e inscrever o valor não pago em Restos a Pagar.

COMENTÁRIOS

✪ **Nota do autor:** como regra, a despesa deve ser paga no exercício em que ocorrer. Porém, por uma série de fatores, isso pode não acontecer e, se houver ao menos um empenho válido, poderá haver inscrição em Restos a Pagar da despesa não paga, isso para que haja a possibilidade de pagamento dessa despesa em exercício posterior.

Alternativa correta: letra "e" (responde todas as outras). No caso citado, houve empenho e a prestação efetiva do serviço, mas não houve o pagamento, que não ocorreu por insuficiência de caixa. Se a Administração reconheceu a prestação do serviço, ele foi então "liquidado", ou seja, e deve ser inscrito como Resto a Pagar processado.

9. DÍVIDA FLUTUANTE E FUNDADA

61. (FCC – Analista Judiciário – Área Administrativa – TRT 3/2015) Uma das espécies de dívida da Administração pública compreende os compromissos de exigibilidade superior a doze meses, contraídos para atender a desequilíbrio orçamentário ou financeiro de obras e serviços públicos. Nos termos da Lei nº 4.320/64, essa espécie de dívida é denominada

a) flutuante.

b) fundada.

c) débitos de tesouraria.

d) serviços da dívida a pagar.

e) extraorçamentária.

COMENTÁRIOS

✪ **Nota do autor:** O controle do endividamento e, consequentemente, da dívida, são essenciais para se atingir os objetivos propostos pela LRF, principalmente no que tange ao equilíbrio das contas públicas.

✓ **Dívida pública consolidada ou fundada (Passivo Permanente):** montante total, apurado sem duplicidade:

1) Das obrigações financeiras do ente da Federação, assumidas em virtude de leis, contratos, convênios ou tratados e da realização de operações de crédito, para amortização em prazo superior a doze meses;

2) Das operações de crédito de prazo inferior a doze meses cujas receitas tenham constado do orçamento;

3) No caso da União, inclui-se a dívida relativa à emissão de títulos de responsabilidade do Banco Central do Brasil;

4) Os precatórios judiciais não pagos durante a execução do orçamento em que houverem sido incluídos. Obs.: A inclusão deste item é somente válida para fins de aplicação dos limites de endividamento que veremos abaixo.

✓ **Dívida flutuante:**

Contraída pela Administração Pública, por um breve e determinado período de tempo. Segundo a Lei nº 4.320/64, a dívida flutuante compreende os restos a pagar, excluídos os serviços de dívida a pagar, os depósitos e os débitos de tesouraria.

Alternativa correta: letra "b". Conforme a Lei de Responsabilidade Fiscal (Art. 29, I), dívida pública consolidada ou fundada corresponde ao montante total, apurado sem duplicidade, das obrigações financeiras do ente da Federação, assumidas em virtude de leis, contratos, convênios ou tratados e da realização de operações de crédito, para amortização em prazo superior a doze meses.

Já a lei 4320/64, estabelece em seu art. 98, que a dívida fundada compreende os compromissos de exigibilidade superior a doze meses, contraídos para atender a desequilíbrio orçamentário ou a financeiro de obras e serviços públicos.

Alternativa "a": conforme o art. 92, a dívida flutuante compreende:

- ✓ os restos a pagar, excluídos os serviços da dívida;
- ✓ os serviços da dívida a pagar;
- ✓ os depósitos;
- ✓ os débitos de tesouraria.

Alternativa "c": débitos de tesouraria são os denominados Restos a Pagar, despesas empenhadas e não pagas até o final até o último dia do exercício financeiro, quando podem ser regularmente inscritas.

Alternativa "d": Os serviços da dívida são os montantes relativos aos encargos, juros, correção monetária e a parte da amortização do principal da dívida fundada ou consolidada.

Alternativa "e": As receitas extraorçamentárias (depósitos diversos, cauções, depósitos em garantia) acabam por gerar dívida flutuante, em regra.

10. LEI DE RESPONSABILIDADE FISCAL

62. (FCC – 2023 – TRT 21 – Analista Judiciário/Área Administrativa) Analise as assertivas abaixo:

I. A transparência da gestão fiscal será assegurada, também, pelo incentivo da participação popular nos processos de elaboração dos planos, lei de diretrizes orçamentárias e orçamentos.

II. As contas apresentadas pelo Chefe do Poder Executivo ficarão disponíveis, durante todo o exercido, no respectivo Poder legislativo e no órgão técnico responsável pela sua elaboração,. para consulta e apreciação pelos cidadãos e instituições da sociedade.

III. Acompanhará o Relatório Resumido da Execução Orçamentária comparativo de limites de concessão de garantias.

Está correto o que se afirma em

a) II e III, apenas.

b) III, apenas.

c) I, II e III.

d) I e II, apenas.

e) II, apenas.

COMENTÁRIOS

✪ **Nota do autor: Questão com base na LRF.**

Alternativa correta: letra "d".

I. Certo. Art. 48. § 1º A transparência será assegurada também mediante: (Redação dada pela Lei Complementar nº 156, de 2016)

> I – incentivo à participação popular e realização de audiências públicas, durante os processos de elaboração e discussão dos planos, lei de diretrizes orçamentárias e orçamentos;

II. Certo. Art. 49. As contas apresentadas pelo Chefe do Poder Executivo ficarão disponíveis, durante todo o exercício, no respectivo Poder Legislativo e no órgão técnico responsável pela sua elaboração, para consulta e apreciação pelos cidadãos e instituições da sociedade.

III. Errado. Art. 53. Acompanharão o Relatório Resumido demonstrativos relativos a:

> I – apuração da receita corrente líquida, na forma definida no inciso IV do art. 2º, sua evolução, assim como a previsão de seu desempenho até o final do exercício;
>
> II – receitas e despesas previdenciárias a que se refere o inciso IV do art. 50;
>
> III – resultados nominal e primário;
>
> IV – despesas com juros, na forma do inciso II do art. 4º;
>
> V – Restos a Pagar, detalhando, por Poder e órgão referido no art. 20, os valores inscritos, os pagamentos realizados e o montante a pagar.

63. (FCC – 2023 – TRT 12 – Analista Judiciário – Área Administrativa) As informações a seguir são de um ente público estadual e referentes ao exercício financeiro de 2022.

Receitas Orçamentárias Previstas .... R$ 105.600.000,00

Receitas Orçamentárias Realizadas .... R$ 112.800.000,00

Receita Corrente Líquida .... R$ 72.500.000,00

Resultado de Execução Orçamentária .... R$ 51.200.000,00

De acordo com a Lei Complementar nº 101/2000, o limite máximo da Despesa Total com Pessoal do Poder Judiciário do referido ente, no exercício financeiro de 2022, foi de

a) R$ 30.720.000,00

b) R$ 43.500.000,00

c) R$ 4.350.000,00

d) R$ 6.336.000,00

e) R$ 6.768.000,00

COMENTÁRIOS

✪ **Nota do autor: questão com base na LRF.**

Alternativa correta: letra "c".

> LRF
>
> Art. 19. Para os fins do disposto no , a despesa total com pessoal, em cada período de apuração e em cada ente da Federação, não poderá exceder os percentuais da receita corrente líquida, a seguir discriminados:
>
> I – União: 50% (cinquenta por cento);
>
> II – Estados: 60% (sessenta por cento);
>
> III – Municípios: 60% (sessenta por cento).
>
> [...]
>
> Art. 20. A repartição dos limites globais do art. 19 não poderá exceder os seguintes percentuais:
>
> [...]
>
> II – na esfera estadual:
>
> a) 3% (três por cento) para o Legislativo, incluído o Tribunal de Contas do Estado;
>
> **b) 6% (SEIS POR CENTO) PARA O JUDICIÁRIO;**
>
> c) 49% (quarenta e nove por cento) para o Executivo;
>
> d) 2% (dois por cento) para o Ministério Público dos Estados;
>
> 6% de 72.500.00,00 = 4.350.000,00

---

64. (FCC – 2023 – TRT 12 – Analista Judiciário – Área Administrativa) Quanto aos instrumentos de planejamento, a Lei Complementar nº 101/2000 determina que

a) a Lei Orçamentária Anual referente ao exercício financeiro de 2023 deve estabelecer as metas de resultados orçamentário e financeiro para o ano de 2023.

b) a Lei Orçamentária Anual deve apresentar a dotação inicial fixada com juros e encargos da dívida como Despesa de Capital.

c) a Lei de Diretrizes Orçamentárias deve apresentar a dotação inicial fixada com a aquisição de um veículo novo como Investimentos.

d) o Plano Plurianual deve dispor sobre as formas de limitação de empenho e as condições para transferências de recursos a entidades privadas.

e) a Lei de Diretrizes Orçamentárias referente ao exercício financeiro de 2023 deve estabelecer os resultados nominal e primário para os anos de 2023, 2024 e 2025.

COMENTÁRIOS

✪ **Nota do autor: questão ancorada na "letra" da Lei de Responsabilidade Fiscal.**

Alternativa correta: letra "E". Art. 4º parágrafo 1º da LRF diz:

> § 1 Integrará o projeto de lei de diretrizes orçamentárias Anexo de Metas Fiscais, em que serão estabelecidas metas anuais, em valores correntes e constantes, relativas a receitas, despesas, resultados nominal e primário e montante da dívida pública, para o exercício a que se referirem e para os dois seguintes.

Alternativa "a": mesmo fundamento da alternativa "e".

Alternativa "b": a Lei Orçamentária Anual deve apresentar a dotação inicial fixada com juros e encargos da dívida como Despesa de CORRENTE.

Alternativa "c": a LEI ORÇAMENTÁRIA ANUAL deve apresentar a dotação inicial fixada com a aquisição de um veículo novo como Investimentos.

Alternativa "d": a LDO deve dispor sobre as formas de limitação de empenho e as condições para transferências de recursos a entidades privadas.

---

65. (FCC – 2018 – TRT – 15ª Região (SP) – Analista Judiciário – Área Administrativa) Um servidor investido em cargo da área de orçamento deverá observar os vários dispositivos da Lei de Responsabilidade Fiscal – LRF (Lei Complementar no 101/2000), os quais buscam, dentre outros fins, prevenir riscos e corrigir desvios capazes de afetar o equilíbrio das contas públicas. Assim sendo, deverá ser considerado por ele que:

a) a Lei de Orçamento Anual tem por finalidade, de acordo com a LRF, dispor sobre o equilíbrio entre receitas e despesas.

b) se a despesa com pessoal do Poder Executivo ultrapassar 95% do limite estabelecido na LRF, a alteração da estrutura de carreira não estará proibida desde que não implique aumento de despesa.

c) se ao final de um bimestre for verificado que a realização da receita poderá não comportar o cumprimento das metas de resultado primário estabelecidas na Lei de Diretrizes Orçamentárias – LDO, o Poder Executivo estará incumbido de limitar valores financeiros, segundo critérios da LDO, de seus órgãos e entidades e do Ministério Público.

d) a dotação para investimento com duração superior a um ano deverá estar consignada nas respectivas Leis Orçamentárias Anuais e de Diretrizes Orçamentárias quando este não estiver incluído no Plano Plurianual.

e) a apuração da receita corrente líquida e dos resultados nominal e primário feita pelo Relatório de Gestão Fiscal será objeto de emissão e divulgação ao final de cada quadrimestre.

COMENTÁRIOS

✪ **Nota do autor:** questão com base na LRF.

a) **Errado.** Art. 4º A lei de diretrizes orçamentárias atenderá o disposto no § 2º do art. 165 da Constituição e:

> I – disporá também sobre:
>
> a) equilíbrio entre receitas e despesas;

b) **Certo.** Art. 22.

> Parágrafo único. Se a despesa total com pessoal exceder a 95% (noventa e cinco por cento) do limite, são vedados ao Poder ou órgão referido no art. 20 que houver incorrido no excesso:
>
> [...]
>
> III – alteração de estrutura de carreira que implique aumento de despesa;

c) **Errado.** Art. 9º Se verificado, ao final de um bimestre, que a realização da receita poderá não comportar o cumprimento das metas de resultado primário ou nominal estabelecidas no Anexo de Metas Fiscais, os Poderes e o Ministério Público promoverão, por ato próprio e nos montantes necessários, nos trinta dias subsequentes, limitação de empenho e movimentação financeira, segundo os critérios fixados pela lei de diretrizes orçamentárias.

d) **Errado.** Art. 5º, § 5o A lei orçamentária não consignará dotação para investimento com duração superior a um exercício financeiro que não esteja previsto no plano plurianual ou em lei que autorize a sua inclusão, conforme disposto no § 1o do art. 167 da Constituição.

e) **Errado.** Art. 53. Acompanharão o Relatório Resumido demonstrativos relativos a:

> I – apuração da receita corrente líquida, na forma definida no inciso IV do art. 2o, sua evolução, assim como a previsão de seu desempenho até o final do exercício;

"ALTERNATIVA CORRETA: letra "A"

---

66. (FCC – AJ TRT24/TRT 24/Administrativa/Contabilidade/2017) Suponha que, no curso do exercício orçamentário, tenha ocorrido o trânsito em julgado de ação judicial determinando à União a implantação imediata de adicional de insalubridade em folha de pagamento para um grande contingente de servidores. Embora na ocasião da elaboração e aprovação da Lei Orçamentária Anual – LOA a União já tivesse ciência da existência da demanda e da grande possibilidade de condenação, não era possível determinar em que momento tal condenação poderia ocorrer, bem como o valor exato dos desembolsos correspondentes, razão pela qual não foram previstos na LOA as dotações necessárias para fazer frente a tais despesas. De acordo com o disposto pela Lei de Responsabilidade Fiscal, tais despesas poderão ser suportadas

a) por outras dotações orçamentárias existentes na LOA para despesas com pessoal ou custeio em geral.

b) pela reserva de contingência, se a referida ação judicial estiver mencionada no Anexo de Riscos Fiscais que acompanha a LOA.

c) por créditos adicionais extraordinários, abertos por decreto, tendo como fonte de receita a anulação de outras dotações.

d) pela reserva atuarial prevista na Lei de Diretrizes Orçamentárias, desde que não afete as metas de resultado fiscal.

e) por recursos gerados por antecipação de receita orçamentária, independentemente da abertura de dotação específica para despesa.

COMENTÁRIOS

✪ **Nota do autor:** para responder esta questão requer-se o conhecimento da letra da lei e a capacidade de julgamento e interpretação do candidato.

A Lei orçamentária Anual deverá conter uma dotação de recursos feita de forma global que terá por finalidade fazer frente ao atendimento de "passivos contingentes", outros riscos e eventos fiscais imprevistos que foram avaliados no Anexo de Riscos Fiscais da LDO. Assim, tal dotação não terá como destinação, nenhum órgão ou projeto específico e sua forma de utilização e montante definido com base na receita corrente líquida serão estabelecidos na Lei de Diretrizes Orçamentárias.

Mas o que são Passivos Contingentes?

Segundo o CPC 25[4] (pronunciamento publicado

---

4. CPC 25 – Provisões, Passivos Contingentes e Ativos Contingentes

   Aprovado por: CVM – Deliberação CVM nº. 594/09; CMN – Resolução nº. 3.823/09 (Banco Central do Brasil);

   ANEEL – Despacho nº 4.722/09;

   ANS – Instrução Normativa nº. 37/09;

   SUSEP – Circular nº. 424/11, anexos, anexo IV.

pelo Comitê de Pronunciamentos Contábeis nº 25), Passivos Continentes que não são reconhecidos como passivo (obrigações) porque são:

- ✓ Obrigações possíveis, visto que ainda há de ser confirmado se a entidade tem ou não uma obrigação presente que possa conduzir a uma saída de recursos que incorporam benefícios econômicos; ou
- ✓ Obrigações presentes que não satisfazem os critérios de reconhecimento desta norma (porque não é provável que seja necessária uma saída de recursos que incorporem benefícios econômicos para liquidar a obrigação, ou não pode ser feita uma estimativa suficientemente confiável do valor da obrigação).

Alternativa correta: letra "b" (responde todas as outras). A situação apresentada na questão se refere a um passivo contingente.

Vejamos o que determina a LRF por ocasião do surgimento de um Passivo Contingente:

> LRF
>
> Art. 4º
>
> (...)
>
> § 3º A Lei de Diretrizes Orçamentárias conterá **Anexo de Riscos Fiscais**, onde serão avaliados os passivos contingentes e outros riscos capazes de afetar as contas públicas, informando as providências a serem tomadas, caso se concretizem.
>
> (...)
>
> Art. 5º O projeto de lei orçamentária anual, elaborado de forma compatível com o plano plurianual, com a lei de diretrizes orçamentárias e com as normas desta Lei Complementar:
>
> (...)
>
> III – conterá **reserva de contingência**, cuja forma de utilização e montante, definido com base na receita corrente líquida, serão estabelecidos na lei de diretrizes orçamentárias, destinada ao:
>
> a) (VETADO)
>
> b) atendimento de passivos contingentes e outros riscos e eventos fiscais imprevistos.

Observação: a alternativa "b" deu a entender que o Anexo de Riscos Fiscais que é parte da LOA porque usou a expressão "acompanha a LOA". Na realidade, como visto como visto no § 3º do art. 4º, a Lei de Diretrizes Orçamentárias é que conterá Anexo de Riscos Fiscais. A LOA conterá uma dotação genérica denominada "Reserva de Contingência" tendo por base o Anexo de Riscos Fiscais da LDO.

---

67. (FCC – AJ TRT24/TRT 24/Administrativa/Contabilidade/2017) Suponha que a União pretenda celebrar um contrato de parceria público-privada, na modalidade concessão administrativa, para a construção e operação de hospitais. Referido contrato prevê o pagamento de contraprestação pecuniária pela União ao parceiro privado para os 20 anos subsequentes. De acordo a Lei de Responsabilidade Fiscal – LRF

a) a contratação depende, entre outros requisitos, da apresentação da estimativa do impacto orçamentário e financeiro no exercício em que entrar em vigor e nos dois subsequentes.

b) trata-se de situação equiparada à operação de crédito, sendo necessária prévia autorização legislativa e observância dos limites fixados pelo Senado Federal.

c) as despesas decorrentes da contratação devem constar do Anexo de Metas Fiscais que integra a Lei Orçamentária Anual.

d) referida ação, se prevista no Plano Plurianual, dispensa a previsão das despesas correspondentes em outras peças orçamentárias.

e) a contratação somente será possível se forem apresentadas as fontes alternativas de receita para suportar a renúncia fiscal correspondente.

COMENTÁRIOS

✪ **Nota do autor:** como regra geral, questões que versam sobre a Lei de responsabilidade Fiscal estarão ancoradas na "letra da lei". Sendo assim, a leitura e estudo da lei, principalmente dos tópicos mais exigidos, é indispensável.

Alternativa correta: letra "a" (responde todas as outras).

LRF

> Art. 16. A criação, expansão ou aperfeiçoamento de ação governamental que acarrete aumento da despesa será acompanhado de:
>
> I – **estimativa do impacto orçamentário-financeiro no exercício em que deva entrar em vigor e nos dois subsequentes**;
>
> II – declaração do ordenador da despesa de que o aumento tem adequação orçamentária e financeira com a lei orçamentária anual e compatibilidade com o plano plurianual e com a lei de diretrizes orçamentárias.

Alternativa "b": segundo II do art. 29 da LRF, operação de crédito é compromisso financeiro assumido em razão de mútuo, abertura de crédito, emissão e aceite de título, aquisição financiada de bens, recebimento antecipado de valores provenientes da venda a termo de bens e serviços, **arrendamento mercantil e outras operações assemelhadas, inclusive com o** uso de derivativos financeiros.

Alternativa "c": segundo o § 1º do art. 4º da LRF, integrará o projeto de lei de diretrizes orçamentárias Anexo de Metas Fiscais, em que serão estabelecidas metas anuais, em valores correntes e constantes, relativas a receitas, despesas, resultados nominal e primário e montante da dívida pública, para o exercício a que se referirem e para os dois seguintes.

Segundo o § 2º do mesmo artigo o anexo conterá, ainda:

1) Avaliação do cumprimento das metas relativas ao ano anterior;

2) Demonstrativo das metas anuais, instruído com memória e metodologia de cálculo que justifiquem os resultados pretendidos, comparando-as com as fixadas nos três exercícios anteriores, e evidenciando a consistência delas com as premissas e os objetivos da política econômica nacional;

3) Evolução do patrimônio líquido, também nos últimos três exercícios, destacando a origem e a aplicação dos recursos obtidos com a alienação de ativos;

4) Avaliação da situação financeira e atuarial:

a) dos regimes geral de previdência social e próprio dos servidores públicos e do Fundo de Amparo ao Trabalhador;

b) dos demais fundos públicos e programas estatais de natureza atuarial;

5) Demonstrativo da estimativa e compensação da renúncia de receita e da margem de expansão das despesas obrigatórias de caráter continuado.

Alternativa "d": todas as despesas orçamentárias devem estra fixadas no Orçamento.

Alternativa "e": no que concerne à operação, essa despesa é classificada com despesa corrente de caráter continuado. Conforme o **§ 1º** do art. 17 da LRF, os atos que criarem ou aumentarem despesa de que trata o caput deverão ser instruídos com a estimativa prevista no inciso I do art. 16 e demonstrar a origem dos recursos para seu custeio.

Já conforme o **§ 2º do mesmo artigo, p**ara efeito do atendimento do § 1º, o ato será acompanhado de comprovação de que a despesa criada ou aumentada não afetará as metas de resultados fiscais previstas no anexo referido no § 1o do art. 4o, devendo seus efeitos financeiros, nos períodos seguintes, ser compensados pelo **aumento permanente de receita ou pela redução permanente de despesa.**

68. (FGV – Analista Judiciário – Área Administrativa – TRT 12/2017) Uma das inovações da Lei de Responsabilidade Fiscal está prevista no artigo 48, que trata da transparência da gestão fiscal.

Esse artigo foi atualizado pela Lei nº 131/2009.

A divulgação das informações previstas nessa lei:

a) é obrigatória apenas ao Poder Executivo;

b) tem periodicidade anual;

c) tem natureza de recomendação, pois não há penalidade em caso de descumprimento;

d) pode ser substituída pela divulgação no diário oficial ou jornal de grande circulação;

e) representa a denominada transparência ativa, pois parte da própria administração.

COMENTÁRIOS

✪ **Nota do autor:** segundo a Lei de Responsabilidade Fiscal, a responsabilidade na gestão fiscal pressupõe a ação planejada e transparente, em que se previnem riscos e corrigem desvios capazes de afetar o equilíbrio das contas públicas, mediante o cumprimento de metas de resultados entre receitas e despesas e a obediência a limites e condições no que tange a renúncia de receita, geração de despesas com pessoal, da seguridade social e outras, dívidas consolidada e mobiliária, operações de crédito, inclusive por antecipação de receita, concessão de garantia e inscrição em Restos a Pagar. A transparência é então um dever do gestor público que deve promovê-la de forma proativa, tendo a iniciativa, impendementente de ser provocado pela sociedade ou por órgãos responsáveis pela atividade de controle.

Alternativa correta: letra "e". Transparência Ativa significa publicação espontânea de informações de interesse público, não bastando atender apenas aos pedidos de informação. O gestor público deve se antecipar e demonstrar da melhor maneia possível todas as informações necessárias para a avaliação de sua gestão, afinal os recursos são públicos.

O art. 48 da LRF determina que são instrumentos de transparência da gestão fiscal, aos quais será dada ampla divulgação, inclusive em meios eletrônicos de acesso público: os planos, orçamentos e leis de diretrizes orçamentárias; as prestações de contas e o respectivo parecer prévio; o Relatório Resumido da Execução Orçamentária e o Relatório de Gestão Fiscal; e as versões simplificadas desses documentos.

Pelo exposto, vê-se que são vários os mecanismos com divulgação obrigatória determinados pela lei, independentemente de provocação.

Alternativa "a": o Princípio da Transparência Ativa abrange a todos os gestores, cada um em sua esfera de responsabilidades. Veja o que determina o art. 54 da LRF sobre quem deve apresentar o Relatório de Gestão Fiscal.

> Art. 54. Ao final de cada quadrimestre será emitido pelos titulares dos Poderes e órgãos referidos no art. 20 Relatório de Gestão Fiscal, assinado pelo:
>
> I – Chefe do Poder Executivo;
>
> II – Presidente e demais membros da Mesa Diretora ou órgão decisório equivalente, conforme regimentos internos dos órgãos do Poder Legislativo;
>
> III – Presidente de Tribunal e demais membros de Conselho de Administração ou órgão decisório equivalente, conforme regimentos internos dos órgãos do Poder Judiciário;
>
> IV – Chefe do Ministério Público, da União e dos Estados.

Alternativa "b": a periodicidade de apresentação depende do instrumento de transparência, o Relatório de Gestão Fiscal é quadrimestral, já o Relatório Resumido da Execução Orçamentária é bimestral.

Alternativa "c": são várias punições as prevista para o descumprimento de mandamentos da LRF, que podem ser de cunho institucional, aplicados aos entes federativos, como a proibição de receber transferências voluntárias, como pessoais, aplicadas ao gestor responsabilizado pelo descumprimento. A lei 10.028, de 19 de outubro de 2000, que altera o Decreto-Lei no 2.848, de 7 de dezembro de 1940 – Código Penal, a Lei no 1.079, de 10 de abril de 1950, e o Decreto-Lei no 201, de 27 de fevereiro de 1967, previu no capítulo IV, os crimes contra as finanças públicas.

Alternativa "d": não pode ser substituída pela divulgação no diário oficial ou jornal de grande circulação por falta de previsão legal.

---

69. (FGV – Analista Judiciário – Área Administrativa – TRT 12/2017) Uma das exigências de divulgação dispostas na Lei Complementar n° 131/2009 refere-se à liberação em tempo real de informações pormenorizadas sobre a execução orçamentária e financeira. Para cumprir esse dispositivo, os entes públicos devem divulgar:

I. o lançamento e o recebimento de toda a receita das unidades gestoras;

II. facultativamente, de forma sintética, os recursos extraordinários;

III. informações mínimas quanto à execução da despesa: número do processo, descrição do bem fornecido ou serviço prestado, beneficiário do pagamento;

IV. processos licitatórios que envolvam despesas de pequena monta, facultativamente.

Está correto somente o que se afirma em:

a) I e II;

b) I e III;

c) I e IV;

d) II e III;

e) II e IV.

COMENTÁRIOS

✪ **Nota do autor:** questão que se refere a Lei de Responsabilidade Fiscal, para a certar as questões basta ler com atenção o texto de lei que, necessariamente, deve ter sido exigido no edital.

A lei complementar Nº 131, de 27 de maio de 2009 acrescenta dispositivos à Lei de Responsabilidade Fiscal, a fim de determinar a disponibilização, em tempo real, de informações pormenorizadas sobre a execução orçamentária e financeira da União, dos Estados, do Distrito Federal e dos Municípios.

Afirmativa I. correta:

Art. 48-A. Para os fins a que se refere o inciso II do parágrafo único do art. 48, os entes da Federação disponibilizarão a qualquer pessoa física ou jurídica o acesso a informações referentes a:

> (,,,)
>
> II – quanto à receita: o lançamento e o recebimento de toda a receita das unidades gestoras, inclusive referente a recursos extraordinários.

Afirmativa II. : incorreta

> Art. 48-A...:
>
> (,,,)
>
> II – quanto à receita: o lançamento e o recebimento de **toda** a receita das unidades gestoras, **inclusive referente a recursos extraordinários**.

Afirmativa III. : correta

> Art. 48-A. Para os fins a que se refere o inciso II do parágrafo único do art. 48, os entes da Federação disponibilizarão a qualquer pessoa física ou jurídica o acesso a informações referentes a:
>
> I – quanto à despesa: todos os atos praticados pelas unidades gestoras no decorrer da execução da despesa, no momento de sua realização, com a disponibilização mínima dos dados referentes ao número do correspondente processo, ao bem fornecido ou ao serviço prestado, à pessoa física ou jurídica beneficiária do pagamento e, quando for o caso, ao procedimento licitatório realizado.

Afirmativa IV. :

Art. 48-A....:

I – quanto à despesa: todos os atos praticados pelas unidades gestoras no decorrer da execução da despesa, no momento de sua realização, com a disponibilização mínima dos dados referentes ao número do correspondente processo, ao bem fornecido ou ao serviço prestado, à pessoa física ou jurídica beneficiária do pagamento e, quando for o caso, **ao procedimento licitatório realizado**.

Alternativa correta: letra "b" (responde todas as outras).

---

70. (FCC – AJ TRT24/TRT 24/Administrativa/Contabilidade/2017) Suponha que a União, passando por forte crise financeira decorrente da queda da arrecadação de impostos e enfrentando dificuldades para fazer frente a despesas com serviços públicos essenciais, tenha tomado empréstimo junto a sociedade de economia mista por ela controlada. De acordo com as disposições da Lei Complementar nº 101/2000 – Lei de Responsabilidade Fiscal), tal conduta

a) independe de autorização legislativa, sendo legítima desde que a União respeite o limite de endividamento previsto em resolução do Senado Federal.

b) configura operação de antecipação de receita orçamentária – ARO, devendo ser liquidada no mesmo exercício financeiro.

c) não caracteriza operação de crédito para os fins da LRF, desde que a União ofereça, como garantia, o fluxo de dividendos futuros a que tem direito como acionista da companhia.

d) corresponde à operação de crédito, podendo ser realizada, independentemente do oferecimento de garantia, desde que conte com a necessária autorização legislativa.

e) é expressamente vedada pela LRF, independentemente da existência de limite disponível para contratação de operação de crédito pela União.

COMENTÁRIOS

✪ **Nota do autor:** Dentre vários regramentos, a LRF determina também diversas vedações a operações de crédito que pareçam temerárias ou cujo resultado possa gerar riscos às constas públicas em função, principalmente, dos abusos que eram cometidos até então. Serve de exemplo, o uso abusivo dos bancos estaduais por seus entes federativos controladores, que faziam deles verdadeiros caixas em detrimento da finalidade para a qual haviam sido criados.

Reafirmamos que, saber a "letra da lei" é a saída para a maioria das questões que se referem à LRF, sendo indispensável a leitura atenta.

Alternativa correta: letra "e" (responde todas as outras).

LRF

Art. 35. É vedada a realização de operação de crédito entre um ente da Federação, diretamente ou por intermédio de fundo, autarquia, fundação ou empresa estatal dependente, e outro, **inclusive suas entidades da administração indireta,** ainda que sob a forma de novação, refinanciamento ou postergação de dívida contraída anteriormente.

§ 1º Excetuam-se da vedação a que se refere o caput as operações entre instituição financeira estatal e outro ente da Federação, inclusive suas entidades da administração indireta, que não se destinem a:

I – financiar, direta ou indiretamente, despesas correntes;

II – refinanciar dívidas não contraídas junto à própria instituição concedente.

---

71. (FCC – AJ TRT24/TRT 24/Administrativa/Contabilidade/2017) O Capítulo IX da Lei de Responsabilidade Fiscal – Lei Complementar Federal nº 101/2000, que trata DA TRANSPARÊNCIA, CONTROLE E FISCALIZAÇÃO, disciplina, em sua Seção II, matéria atinente à Escrituração e Consolidação das Contas.

Esta Lei Complementar, em seu art. 50, caput, estabelece que Além de obedecer às demais normas de contabilidade pública, a escrituração das contas públicas observará a seguinte regra:

a) as operações de crédito, as inscrições em Restos a Pagar e as demais formas de financiamento ou liquidação de compromissos junto a terceiros deverão ser escrituradas de modo simplificado, sem evidenciar o montante total e a variação da dívida pública no período, e sem necessidade de detalhamentos específicos.

b) a disponibilidade de caixa constará de registro próprio, de modo que os recursos vinculados a órgão, fundo ou despesa obrigatória fiquem identificados e escriturados de forma individualizada.

c) a demonstração das variações patrimoniais, observados os critérios de oportunidade e conveniência, dará destaque à origem e ao destino dos recursos provenientes da aquisição de ativos.

d) as receitas e despesas, excetuadas as previdenciárias, serão apresentadas em demonstrativos financeiros e orçamentários específicos.

e) a despesa e a assunção de compromisso serão registradas segundo o regime de competência ou de caixa, conforme o histórico da entidade, apurando-se, em caráter complementar, o resultado dos fluxos financeiros pelo regime de competência.

COMENTÁRIOS

✪ **Nota do autor:** como o próprio enunciado da questão expressa, as alternativas estão baseadas na "letra da lei", mais especificamente em seu art. 50. Esse dispositivo legal versará sobre escrituração e consolidação das contas. A Contabilidade é uma das principais fontes de informação sobre a execução orçamentária. A Lei 4.320/64, em título específico, é o mandamento legal que estabelece as normas gerais para a Contabilidade Pública no Brasil, inclusive as relativas ao controle interno. Porém, as matérias dessa lei e as que são tratadas pela LRF são afins, podendo, em alguns momentos, haver complementaridade entre elas.

Alternativa correta: letra "b". Cópia do inciso I do art. 50 da LRF conforme texto de lei abaixo.

> Art. 50. Além de obedecer às demais normas de contabilidade pública, a escrituração das contas públicas observará as seguintes:
>
> I – a disponibilidade de caixa constará de registro próprio, de modo que os recursos vinculados a órgão, fundo ou despesa obrigatória fiquem identificados e escriturados de forma individualizada;

Alternativa "a":

> Art. 50...
>
> (...)
>
> V – as operações de crédito, as inscrições em Restos a Pagar e as demais formas de financiamento ou assunção de compromissos junto a terceiros, **deverão ser escrituradas de modo a evidenciar o montante e a variação da dívida pública no período, detalhando, pelo menos, a natureza e o tipo de credor;**

Alternativa "c": não há que se falar em oportunidade e conveniência.

> Art. 50...
>
> (...)
>
> VI – a demonstração das variações patrimoniais dará destaque à origem e ao destino dos recursos provenientes da alienação de ativos;

Alternativa "d": não há exclusão de receita e despesa previdenciária.

> Art. 50...
>
> (...)
>
> IV – as receitas e despesas previdenciárias serão apresentadas em demonstrativos financeiros e orçamentários específicos;

Alternativa "e": em relação a esse tópico, não há que se falar em regime de caixa

> Art. 50...
>
> (...)
>
> II – a despesa e a assunção de compromisso serão registradas segundo o regime de competência, apurando-se, em caráter complementar, o resultado dos fluxos financeiros pelo regime de caixa;

72. (CESPE – Analista Judiciário – Área Administrativa – TRT 8/2016) Assinale a opção correta relativamente ao controle das finanças públicas e às determinações da Lei de Responsabilidade Fiscal (LRF).

a) Uma das formas de controle estabelecida pela LRF é a obrigatoriedade, aos estados e municípios, de envio de suas contas ao executivo federal, em data limite, sob pena de não receberem os valores oriundos de transferências voluntárias.

b) O ordenador de despesa deve apresentar a estimativa de impacto orçamentário-financeiro para o exercício seguinte sempre que uma ação governamental representar o aumento de despesa pública e, sendo possível, o impacto para o exercício posterior.

c) No estabelecimento dos percentuais máximos da receita corrente líquida a serem gastos na despesa com pessoal, a LRF retira do cômputo da classificação os valores destinados ao pagamento de contribuição previdenciária.

d) Para viabilizar a transparência da gestão fiscal, a LRF estabelece que os entes da Federação disponibilizem o acesso a informações referentes a todos os pagamentos realizados às pessoas jurídicas fornecedoras de bens e serviços, excluídos os valores destinados à remuneração de pessoas físicas, para que a privacidade delas não seja violada.

e) As despesas públicas, correntes ou de capital, que ultrapassem o exercício financeiro subsequente, serão consideradas como obrigatórias de caráter continuado.

COMENTÁRIOS

✪ **Nota do autor:** questão com alternativas que destacam postos variados da LRF. Todos os pontos são razoavelmente recorrentes em provas e todas baseadas na "letra da lei".

Alternativa correta: letra "a". Com o fim de propiciar uma visão geral e ampla das contas públicas, a LRF determina em seu art. 51 que o Poder Executivo da União promoverá, até o dia trinta de junho, a consolidação, nacional e por esfera de governo, das contas dos entes da Federação relativas ao exercício anterior, e a sua divulgação, inclusive por meio eletrônico de acesso público.

Os Estados e os Municípios encaminharão suas contas ao Poder Executivo da União nos seguintes prazos:

- ✓ Municípios, com cópia para o Poder Executivo do respectivo Estado, até trinta de abril;
- ✓ Estados, até trinta e um de maio.

O descumprimento dos prazos acima impedirá, até que a situação seja regularizada, que o ente da Federação receba transferências voluntárias e contrate operações de crédito, exceto as destinadas ao refinanciamento do principal atualizado da dívida mobiliária.

Alternativa "b": A LRF inicia as tratativas sobre essa parte da atividade financeira do Estado definindo requisitos de validade para geração da despesa ou assunção de obrigação, considerando não autorizadas, irregulares e lesivas ao patrimônio público, as despesas que não atenderem a tais requisitos.

Dessa forma, o texto legal deixa claro que, para que seja considerada válida, a criação, expansão ou aperfeiçoamento de ação governamental que acarrete aumento da despesa, desde que relevante conforme o que estabelecer a LDO, deverá ser acompanhado de:

1) Estimativa do impacto orçamentário-financeiro **no exercício em que deva entrar em vigor e nos dois subsequentes**, acompanhada das premissas e metodologia de cálculo utilizada;
2) Declaração do ordenador da despesa de que o aumento tem adequação orçamentária e financeira com a lei orçamentária anual e compatibilidade com o plano plurianual e com a lei de diretrizes orçamentárias.

Considera-se aumento de despesa a prorrogação daquela criada por prazo determinado.

A criação, expansão ou aperfeiçoamento de ação governamental que acarrete aumento da despesa será acompanhado de:

Alternativa "c": incorreta. Segundo o art. 169 da Constituição, a despesa com pessoal ativo e inativo da União, dos Estados, do Distrito Federal e dos Municípios não poderá exceder os limites estabelecidos em lei complementar. Essa lei é a LRF e para os fins do disposto no caput do art. 169 da Constituição, a despesa total com pessoal, em cada período de apuração e em cada ente da Federação, não poderá exceder os percentuais da receita corrente líquida, a seguir discriminados:

- ✓ União: 50% (cinquenta por cento);
- ✓ Estados: 60% (sessenta por cento);
- ✓ Municípios: 60% (sessenta por cento).

Diferente do que afirma a alternativa, as despesas destinadas ao pagamento da contribuição previdenciária serão consideradas, já que não está no rol de exclusão do § 1º do art. 19.

O artigo 19...

> § 1º Na verificação do atendimento dos limites definidos neste artigo, não serão computadas as despesas:
>
> I – de indenização por demissão de servidores ou empregados;
>
> II – relativas a incentivos à demissão voluntária;
>
> III – derivadas da aplicação do disposto no inciso II do § 6o do art. 57 da Constituição;
>
> IV – decorrentes de decisão judicial e da competência de período anterior ao da apuração a que se refere o § 2º do art. 18;
>
> V – com pessoal, do Distrito Federal e dos Estados do Amapá e Roraima, custeadas com recursos transferidos pela União na forma dos incisos XIII e XIV do art. 21 da Constituição e do art. 31 da Emenda Constitucional nº 19;
>
> VI – com inativos, ainda que por intermédio de fundo específico, custeadas por recursos provenientes:
>
> a) da arrecadação de contribuições dos segurados;
>
> b) da compensação financeira de que trata o § 9º do art. 201 da Constituição;
>
> c) das demais receitas diretamente arrecadadas por fundo vinculado a tal finalidade, inclusive o produto da alienação de bens, direitos e ativos, bem como seu superávit financeiro.

Alternativa "d": o art. 48-A da LRF não exclui os valores pagos a pessoas físicas.

> Art. 48-A. Para os fins a que se refere o inciso II do parágrafo único do art. 48, os entes da Federação disponibilizarão a qualquer pessoa física ou jurídica o acesso a informações referentes a:
>
> I – quanto à despesa: todos os atos praticados pelas unidades gestoras no decorrer da execução da despesa, no momento de sua realização, com a disponibilização mínima dos dados referentes ao número

do correspondente processo, ao bem fornecido ou ao serviço prestado, à **pessoa física** ou jurídica beneficiária do pagamento e, quando for o caso, ao procedimento licitatório realizado.

Alternativa "e": incorreta. Segundo o art. 17 da LRF, as considera-se obrigatória de caráter continuado a **despesa corrente** derivada de lei, medida provisória ou ato administrativo normativo que fixem para o ente a obrigação legal de sua execução por um período superior a dois exercícios.

---

73. (CESPE – Analista Judiciário – Área Administrativa – TRT 8/2016) Assinale a opção correta relativamente ao controle das finanças públicas e às determinações da Lei de Responsabilidade Fiscal (LRF).

a) Uma das formas de controle estabelecida pela LRF é a obrigatoriedade, aos estados e municípios, de envio de suas contas ao executivo federal, em data limite, sob pena de não receberem os valores oriundos de transferências voluntárias.

b) O ordenador de despesa deve apresentar a estimativa de impacto orçamentário-financeiro para o exercício seguinte sempre que uma ação governamental representar o aumento de despesa pública e, sendo possível, o impacto para o exercício posterior.

c) No estabelecimento dos percentuais máximos da receita corrente líquida a serem gastos na despesa com pessoal, a LRF retira do cômputo da classificação os valores destinados ao pagamento de contribuição previdenciária.

d) Para viabilizar a transparência da gestão fiscal, a LRF estabelece que os entes da Federação disponibilizem o acesso a informações referentes a todos os pagamentos realizados às pessoas jurídicas fornecedoras de bens e serviços, excluídos os valores destinados à remuneração de pessoas físicas, para que a privacidade delas não seja violada.

e) As despesas públicas, correntes ou de capital, que ultrapassem o exercício financeiro subsequente, serão consideradas como obrigatórias de caráter continuado.

COMENTÁRIOS

✪ **Nota do autor:** A Lei de Responsabilidade Fiscal (LRF) – Lei Complementar n ° 101, de 4 de maio de 2000, é um documento legal elaborado para estabelecer normas de finanças públicas voltadas para a responsabilidade na gestão fiscal, além de dar outras providências. Tendo como pilares os princípios do Planejamento, Transparência, Controle dos Atos Públicos e Responsabilização, esta lei tem por finalidade a regulamentação da Constituição Federal, no que tange a parte das matérias relacionadas a orçamento Público, previstas principalmente no Título VI, cujo capítulo II estabelece as normas gerais de finanças públicas a serem observadas nas três esferas governamentais: Federal, Estadual e Municipal. Em regra, as questões são diretamente baseadas no texto da lei.

Alternativa correta: letra "a". Artigo 51, §1° e §2°.

> § 1° **Os Estados e os Municípios encaminharão suas contas ao Poder Executivo da União nos seguintes prazos**:
>
> (...)
>
> § 2° O descumprimento dos prazos previstos neste artigo **impedirá, até que a situação seja regularizada, que o ente da Federação receba transferências voluntárias** e contrate operações de crédito, exceto as destinadas ao refinanciamento do principal atualizado da dívida mobiliária.

Alternativa "b": Artigo 16, I.

> Art. 16. A criação, expansão ou aperfeiçoamento de ação governamental que acarrete aumento da despesa será acompanhado de:
>
> I – estimativa do impacto orçamentário-financeiro **no exercício em que deva entrar em vigor e nos dois subsequentes;**

Alternativa "c": Segundo o art. 19, §1°, não há exclusão das contribuições previdenciárias do cômputo.

> § 1° Na verificação do atendimento dos limites definidos neste artigo, não serão computadas as despesas:
>
> I – de indenização por demissão de servidores ou empregados;
>
> II – relativas a incentivos à demissão voluntária;
>
> III – derivadas da aplicação do disposto no inciso II do § 6° do art. 57 da Constituição;
>
> IV – decorrentes de decisão judicial e da competência de período anterior ao da apuração a que se refere o § 2° do art. 18;
>
> V – com pessoal, do Distrito Federal e dos Estados do Amapá e Roraima, custeadas com recursos transferidos pela União na forma dos incisos XIII e XIV do art. 21 da Constituição e do art. 31 da Emenda Constitucional n° 19;
>
> VI – com inativos, ainda que por intermédio de fundo específico, custeadas por recursos provenientes:

a) da arrecadação de contribuições dos segurados;

b) da compensação financeira de que trata o § 9º do art. 201 da Constituição;

c) das demais receitas diretamente arrecadadas por fundo vinculado a tal finalidade, inclusive o produto da alienação de bens, direitos e ativos, bem como seu superávit financeiro.

Alternativa "d": A lei não exclui os valores pagos a pessoas físicas.

> Art. 48-A. Para os fins a que se refere o inciso II do parágrafo único do art. 48, os entes da Federação **disponibilizarão a qualquer pessoa física** ou jurídica o acesso a informações referentes a:
>
> I – quanto à despesa: todos os atos praticados pelas unidades gestoras no decorrer da execução da despesa, no momento de sua realização, com a disponibilização mínima dos dados referentes ao número do correspondente processo, ao bem fornecido ou ao serviço prestado, à **pessoa física** ou jurídica beneficiária do pagamento e, quando for o caso, ao procedimento licitatório realizado.

Alternativa "e": Art. 17.

> Art. 17. Considera-se obrigatória de caráter continuado a despesa corrente derivada de lei, medida provisória ou ato administrativo normativo que fixem para o ente a obrigação legal de **sua execução** por um período superior a dois exercícios.

11. SISTEMA DE INFORMAÇÕES ORÇAMENTÁRIAS E DE PLANEJAMENTO/ SIAFI

74. (CESPE – Analista Judiciário – Área Administrativa – TRT 8/2016) Com relação aos instrumentos de segurança do Sistema Integrado de Administração Financeira do Governo Federal (SIAFI), assinale a opção correta.

a) Um módulo extrator de dados permite que dados da base SIAFI sejam transferidos para equipamentos de processamento eletrônico do usuário devidamente cadastrado e habilitado.

b) Por ser tido como oficial, qualquer dado extraído do SIAFI dispensa autenticação, para efeito de publicação.

c) Para cada unidade gestora, a forma de acesso ao SIAFI é estabelecida pelo respectivo ordenador de despesa.

d) A conformidade diária do SIAFI será realizada pelo contabilista responsável pelas informações inseridas no sistema.

e) Após a contabilização, qualquer documento incluído no SIAFI só pode ser alterado com a autorização do ordenador de despesa.

COMENTÁRIOS

✪ **Nota do autor:** Sistema de Administração Financeira do Governo Federal – SIAFI, é o sistema informatizado que registra, controla e contabiliza toda a execução Orçamentária, Financeira e Patrimonial do Governo Federal, em tempo real. Por meio de terminais, os usuários das diversas Unidades Gestoras – UG integrantes do sistema registram seus documentos e efetuam consultas on-line.

Alternativa correta: letra "a": É o que esclarece o tópico 2.5.2. do Manual SIAFI: "O acesso às informações do SIAFI será feito por usuários devidamente cadastrados e habilitados, através do sistema SENHA, de acordo com o que determina esta Instrução Normativa, podendo sua base de dados ser acessada de duas formas:

> 2.5.2.1 – Por meio de consultas, via terminal conectado à rede SIAFI; e
>
> 2.5.2.2 – Por meio da transferência de dados da base SIAFI para equipamentos de processamento eletrônico do próprio usuário, pelo uso do módulo Extrator de Dados".

Alternativa "b": conforme estabelece a Instrução Normativa nº 3/2001, da Secretaria Nacional no item 25, o dado constante do SIAFI é considerado oficial.

> 25.1. Para efeito de divulgação ou publicação, deverá ser autenticado pelo titular da unidade responsável ou pelo titular da Secretaria do Tesouro Nacional.

Alternativa "c": conforme estabelece a IN STN/ MF nº 3/2001[5], no item 10, cabe à Secretaria do Tesouro Nacional definir qual a forma de acesso de cada UG, ouvindo o respectivo Ministério ou Órgão."

Alternativa "d": mais uma vez, conforme estabelece a Instrução Normativa nº 3/2001, da Secretaria do Tesouro Nacional, agora no item 18, o SIAFI tem sua segurança baseada nos seguintes princípios e instrumentos:

> (...)
>
> 18.3. Conformidade Diária, a ser realizada pelos titulares das UG ou por operadores por eles indicados.

---

5. Instrução Normativa nº 3/2001, da Secretaria do Tesouro Nacional do Ministério da Fazenda, que publica o Manual SIAF (Sistema de Administração Financeira do Governo Federal).

Alternativa "e": mais uma vez, conforme estabelece a Instrução Normativa nº 3/2001, da Secretaria do Tesouro Nacional, agora no item 32, uma vez incluídos os dados de um documento no SIAFI e após sua contabilização, constatada qualquer irregularidade nesses dados, somente será possível corrigi-la por meio da emissão de um novo documento que efetue o acerto.

---

75. (FGV – Técnico Judiciário – Área Administrativa – TRT 12/2017) Entre os instrumentos de transparência fiscal previstos no art. 48 da Lei de Responsabilidade Fiscal (LRF), órgãos do Poder Judiciário divulgarão obrigatoriamente:

a) planos e diretrizes orçamentárias;

b) parecer prévio emitido pelo Tribunal de Contas;

c) realização de audiências públicas, durante os processos de elaboração e discussão do orçamento do órgão;

d) Relatório de Gestão Fiscal;

e) Relatório Resumido da Execução Orçamentária.

COMENTÁRIOS

✪ **Nota do autor:** Questão baseada na "letra da lei", bastando conhecer a LRTF para poder responder. A busca efetiva pela transparência na gestão dos recursos públicos é, sem dúvida, uma das principais inovações e um dos principais princípios calcados nessa lei.

Alternativa correta: letra "d" (responde todas as outras alternativas). LRF:

> Art. 48. São instrumentos de transparência da gestão fiscal, aos quais será dada ampla divulgação, inclusive em meios eletrônicos de acesso público: os planos, orçamentos e leis de diretrizes orçamentárias; as prestações de contas e o respectivo parecer prévio; o Relatório Resumido da Execução Orçamentária e o **Relatório de Gestão Fiscal**; e as versões simplificadas desses documentos.
>
> (...)
>
> Art. 54. Ao final de cada quadrimestre será emitido pelos titulares dos Poderes e órgãos referidos no art. 20 **Relatório de Gestão Fiscal** assinado pelo:
>
> (...)
>
> **III – Presidente de Tribunal e demais membros de Conselho de Administração ou órgão decisório equivalente, conforme regimentos internos dos órgãos do Poder Judiciário;**

Os outros instrumentos não serão de responsabilidade dos órgãos do Poder Judiciário.

Noções de Administração Financeira e Orçamentária

Marcelo Adriano Ferreira

✦ DICAS

1. CONCEITOS INTRODUTÓRIOS

1.1. CONCEITO DE ORÇAMENTO PÚBLICO

Por ser dinâmico, evoluindo ao longo da história, existem várias formas de conceituar o Orçamento Público, tudo depende do enfoque que se deseja dar. Veja algumas definições já consagradas.

1) Documento que expressa receitas e despesas estatais de determinado ente federativo.
2) Documento legal que contém as receitas e despesas de determinado ente governamental para um período determinado de gestão. O Orçamento Público, instrumento que discrimina as despesas dos programas governamentais segundo sua natureza, enfatiza os fins almejados de modo a demonstrar o alvo e a finalidade dos gastos públicos bem como identificar o responsável pela execução desses programas.
3) Em um sentido instrumental, pode-se definir público orçamento como o instrumento pelo qual o Governo elabora, expressa, executa, controla e avalia o cumprimento de suas atividades em cada período de gestão, refletindo as escolhas ideológicas feitas pelo partido político ou pelo grupo político que se encontra no poder.
4) O orçamento constitui, nas finanças públicas, a peça por meio da qual se administram as receitas, as despesas e a dívida dos poderes públicos.
5) É o instrumento que discrimina as despesas dos programas governamentais segundo sua natureza, enfatiza os fins almejados de modo a demonstrar o alvo e a finalidade dos gastos públicos bem como identificar o responsável pela execução desses programas.
6) "A Lei do Orçamento conterá a discriminação da receita e despesa de forma a evidenciar a política econômica financeira e o programa de trabalho do Governo, obedecidos os princípios de unidade, universalidade e anualidade" (Art. 2º. da Lei no 4.320/64).
7) É o instrumento de gestão que se torna em plano de governo expresso em forma de lei, que faz a estimativa de receita a arrecadar e fixa a despesa para um período determinado de tempo, em geral de um ano, chamado exercício financeiro, em que o governante não está obrigado a realizar todas as despesas ali previstas, porém não poderá contrair outras sem a prévia aprovação do poder legislativo.
8) Conforme Baleeiro apud Pascoal[1],"É o ato pelo qual o Poder Executivo prevê e o Poder Legislativo lhe autoriza, por certo período, e em pormenor, a execução das despesas destinadas ao funcionamento dos serviços públicos e outros fins adotados pela política econômica ou geral do país, assim como a arrecadação das receitas já criadas em lei".
9) Segundo Bastos[2], a finalidade última do orçamento "é de se tornar um instrumento de exercício da democracia pelo qual os particulares exercem o direito, por intermédio de seus mandatários, de só verem efetivadas as despesas e permitidas as arrecadações tributárias que estiverem autorizadas na lei orçamentária. O orçamento é, portanto, uma peça jurídica, visto que aprovado pelo legislativo para vigorar como lei cujo objeto disponha sobre a atividade financeira do Estado, quer do ponto de vista das receitas, quer das despesas. O seu objeto, portanto, é financeiro.
10) "Orçamento é um plano de trabalho governamental expresso em termos monetários, que evidencia a política econômico-financeira do Governo e em cuja elaboração foram observados os princípios da unidade, universalidade, anualidade, especificação e outros" (SILVA, 1996, p. 37[3]).

---

1 Baleeiro apud Pascoal, Valdecir. **Direito Financeiro e Controle Externo**. 7º edição. Rio de Janeiro, 2009, p. 15

2 Bastos, Celso R. **Curso de Direito Financeiro e de Direito Tributário**, 2ª edição. Saraiva,1992, pg. 74

3 SILVA, Lino M. **Contabilidade Governamental**: Um Enfoque Administrativo. 3 ed. São Paulo: Atlas, 1996.

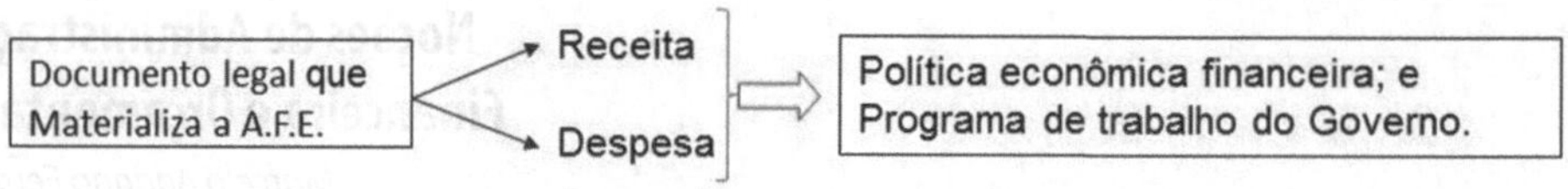

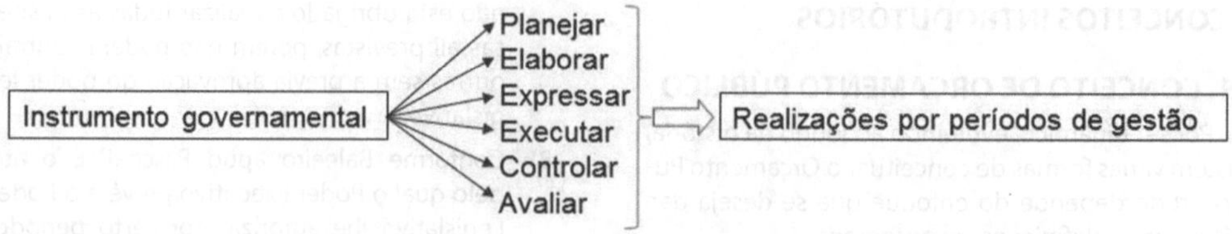

1.2. ASPECTOS DO ORÇAMENTO PÚBLICO

Orçamento Público pode ser analisado sob diferentes perspectivas. Para Lino Martins da Silva[4], o orçamento, dentre outras, **é estudado sob os seguintes aspectos:**

Aspectos	Referências
Político	✓ Controle do poder legislativo sobre os gastos realizados pelo; ✓ Plano de Governo ou Programa de Ação do grupo ou facção partidária que detém o Poder. ✓ Reflexo das escolhas ideológicas feitas pelo partido político ou pelo grupo político que se encontra no poder.
Jurídico (legal)	✓ Define a Lei Orçamentária no conjunto de leis do país. ✓ Orçamentos Públicos veiculados por lei; ✓ Princípio da legalidade aplicado à administração pública; ✓ Atividade Financeira Do Estado está, me regra, sistematizada no arcabouço jurídico dos países, ou seja, as regras estão definidas em suas constituições e leis.
Econômico	✓ Demonstrativo orgânico da economia pública, representando o retrato real da vida do Estado;
Econômico	✓ Importante instrumento de distribuição de renda e de alocação de recursos; ✓ Possibilita a comparação entre diversas funções e programas de governo entre si, além de facilitar o exame da função total do governo e de seu custo em relação ao setor privado da economia
Financeiro	✓ Fluxo monetário das entradas (receita) e das saídas (despesas) de recursos financeiros, meio efetivo e normal da execução orçamentária.

1.3. ORIGEM E EVOLUÇÃO DO ORÇAMENTO PÚBLICO

Falar em Orçamento Público é versar sobre a Atividade Financeira do Estado e essa atividade interessa e interfere na vida de todos os cidadãos, sendo um aspecto Fundamental da relação entre o Estado e seu Povo. Essa Relação vem evoluindo através dos tempos em todos os aspectos, havendo um interesse cada vez maior na forma como o Estado obtém, gere e despende seus recursos.

Estados	Referências
Totalitário	✓ Estado autoritário, arbitrário e intrusivo; ✓ Ausência de legalidade, publicidade e sem qualquer garantia. Recursos retirados arbitrariamente de seus cidadãos; ✓ Ausência de controle na aplicação dos recursos; ✓ Em regra, sem documento positivado.

4 SILVA, Lino M. **Contabilidade Governamental**: Um Enfoque Administrativo. 3 ed. São Paulo: Atlas, 1996.

Liberal (a partir do século XVIII)	✓ Estado mínimo; ✓ Fundamento na legalidade e na mínima intervenção econômica. Orçamento como ferramenta para garantir apenas as necessidades públicas fundamentais (justiça, segurança, defesa externa) e suprir as falhas de mercado.
Estado socialista De 1917 a meados da década de 90.	✓ Estado total, máximo, interventor, garantindo todas às necessitas públicas; ✓ Atuava em todos os setores econômicos com Orçamento Público máximo envolvendo toda a atividade econômica.
Bem-Estar Social ou Estado-providência (Segunda metade do século XX)	✓ Intermediário entre o Liberal e o Comunista; ✓ Intervêm ativamente na economia, principalmente em períodos de recessão econômica; ✓ Fomentar o desenvolvimento, visando melhorar índices de emprego e a renda. ✓ Disponibiliza um conjunto de garantias sociais mínimas ao cidadão. ✓ Orçamento como ferramenta de política fiscal.
Neoliberal (Final da década de 70)	✓ Reduz sua interferência na economia; ✓ Descentraliza serviços e privatizando parte de suas atividades ✓ Mantém-se regulando as áreas mais importantes como energia, saúde, transportes etc.; ✓ Orçamento permanece como instrumento de política fiscal.

1.4. FUNÇÕES ECONÔMICAS DO ESTADO

A atividade econômica é uma das ferramentas de atuação estatal na busca pelo atendimento das necessidades públicas visando, por sua vez, promover a paz social. O poder de impor normas de conduta (legislar) juntamente com o uso legítimo da força também são importantes no desempenho de sua missão. Estudando essa atividade nos anos 50, Richard Musgrave, célebre economista americano, elencou as três principais funções econômicas exercidas pelo Governo nos tempos modernos: a função alocativa, a função distributiva e a função estabilizadora.

Função	Referencia
Alocativa	✓ Governo atua ajustando a alocação dos recursos produtivos na economia, isso para de minimizar as Falhas de Mercado; ✓ Justifica-se nos casos de provisão de bens e serviços pelo Estado; ✓ O Governo utiliza as ferramentas como, financiamento, subvenções, subsídios, renúncia fiscal etc. ✓ Atividade empresarial por parte do Estado; ✓ O Governo quem toma a iniciativa de, por exemplo, construir estradas, hidroelétricas, ferrovias, portos, aeroportos etc.
Distributiva	✓ O Governo é o responsável pela redistribuição da renda; ✓ Distribuir a quem tem menos; ✓ Ferramentas: política tributária, criando impostos progressivos sobre a renda e através de sua política de gastos, programas sociais de transferências de renda, outras.
Estabilizadora	✓ Ações que busquem garantir a estabilidade econômica; ✓ O ambiente econômico deve permanecer estável; ✓ Controle de variáveis como inflação, taxa de juros, níveis de emprego, crescimento econômico, consumo, dentre outros. ✓ Governo é o responsável pelo gerenciamento macroeconômico; ✓ Utiliza o Orçamento Público com uma das principais ferramentas para implementar medidas estabilizadoras.

1.5. ATIVIDADE FINANCEIRA DO ESTADO

Atividade financeira do Estado, pode então ser definida como o conjunto de ações desenvolvidas pelo Estado voltadas a obtenção, controle e aplicação de recursos destinados a custear os meios necessários para cumprir o fim a que se destina.

Pode-se resumir a atividade financeira do Estado em dois principais elementos:

- **Atividades voltadas para obtenção de Receita Pública:**

É o conjunto de todas as atividades que, de alguma formar, culminem na obtenção de recursos financeiros que possam ser utilizados pelo Estado. São várias fontes das quais podem advir recursos financeiros como: tributos, multas e outros valores cobrados das pessoas em razão de atividades desenvolvidas, existência de patrimônio, obtenção de rendas, dentre outras; a de operações de crédito, obtidas por meio de empréstimos e financiamentos; a produtiva, derivada da atividade do Estado enquanto empresário; a patrimonial, derivada da exploração do patrimônio estatal. É denominada fonte primária de recursos.

- **Atividades voltadas para o dispêndio público (Despesa Pública):**

É o dispêndio dos recursos obtidos por parte do Estado que deve ocorrer visando o bem comum.

Levando em consideração a arrecadação de receitas, a fixação de despesas e a necessidade de endividamento, a equação fundamental no âmbito da Gestão Fiscal, ou seja, da gestão das finanças públicas, fica assim representada:

Resultado = Receita – Despesa

Essa equação pode assumir três configurações distintas, conforme a relação entres os três elementos da atividade financeira do Estado gerando as seguintes situações:

1) **Receita < Despesa** – Déficit Fiscal. Essa situação leva a um aumento da Dívida Pública.
2) **Receita = Despesa** – Situação de Equilíbrio Fiscal.
3) **Receita > Despesa** – Superávit Fiscal.

A situação ideal é aquela em que o Governo apresente um resultado igual a zero, ou seja, o montante de recursos arrecadados pela sociedade (Receita) deve ser integralmente.

2. ESPÉCIES DE ORÇAMENTO PÚBLICO/ TÉCNICAS ORÇAMENTÁRIAS

2.1. ESPÉCIES DE ORÇAMENTO PÚBLICO SEGUNDO COMPETÊNCIAS PARA REALIZAR ATRIBUIÇÕES

Observado esse critério, é possível identificar os seguintes tipos de orçamento:

1) **Orçamento legislativo**
   - ✓ Orçamento cuja elaboração, aprovação e controle têm predominância do Poder Legislativo;
   - ✓ Cabe ao poder Executivo operacionalizar a execução.
   - ✓ Regime de governo é parlamentarista.
   - ✓ Sendo o poder legislativo independente, é democrático.
2) **Orçamento executivo**
   - ✓ Orçamento cuja elaboração, aprovação, execução e controle ficam a cargo do Poder Executivo,;
   - ✓ Normalmente sem nenhum tipo de controle externo;
   - ✓ Países de governos totalitários.
3) **Orçamento misto**
   - ✓ Competências para elaboração/iniciativa, apreciação (discussão/aprovação), execução e controle são divididas entre os poderes;
   - ✓ Elaboração/iniciativa e execução, sob-responsabilidade do Poder Executivo;
   - ✓ Apreciação (discussão/aprovação) e controle, cabendo ao Poder Legislativo.

2.2. ESPÉCIES DE ORÇAMENTO PÚBLICO QUANTO À TÉCNICA ORÇAMENTÁRIA E QUANTO À FORMA DE ELABORAÇÃO (EXISTÊNCIA DE PLANEJAMENTO DO GASTO E VINCULAÇÃO ENTRE PLANEJAMENTO E EXECUÇÃO)

Esse critério busca estabelecer relações entre os gastos públicos e os objetivos desses gastos, tendo um cunho histórico, pois a adoção dos tipos de orçamento é resultado de processo histórico de mudança e aperfeiçoamento.

1) **Orçamento Clássico ou Tradicional**
   - ✓ Mero inventário dos meios com os quais o Estado conta para cumprir suas tarefas;
   - ✓ Fim básico de controle orçamentário (receita e despesa);
   - ✓ Sem objetivos específicos traçados, não havendo uma preocupação com o planejamento que visasse à resolução de problemas públicos;
   - ✓ Finalidade: controle das atividades governamentais cuja elaboração levava em consideração, principalmente, os aspectos políticos, contábeis e financeiros;
   - ✓ Classificação de despesa segundo o objeto de gasto, distribuindo-as pelos diversos órgãos (unidade administrativa), para o período a que se referisse;
   - ✓ Na alocação de recursos, usa-se a técnica incremental;
   - ✓ Controle visa avaliar a honestidade e legalidade;
   - ✓ Foco: objeto do gasto.

2) **Orçamento Funcional, por Desempenho ou de Realizações**
   - ✓ Conhecido como **orçamento funcional**[5];
   - ✓ Importante evolução no processo de integração entre orçamento e planejamento, mas sem a devida vinculação entre essas atividades;
   - ✓ Caracteriza-se por apresentar duas dimensões do orçamento: o objetivo do gasto e um programa de trabalho contendo as ações a serem desenvolvidas;
   - ✓ Não se constitui instrumento de planejamento efetivo por não haver vinculação entre planejamento e execução;
   - ✓ Ênfase na eficácia e não na eficiência, cujo controle dá foca às realizações físicas.
   - ✓ Esforço no desempenho concentra-se no desempenho organizacional;
   - ✓ Foco no que o governo faz;
3) **Orçamento-Programa**
   - ✓ Inovação em relação ao orçamento de desempenho;
   - ✓ Mais moderna técnica de elaboração orçamentária;
   - ✓ Concepção gerencial de Orçamento Público, um programa de trabalho;
   - ✓ Contem proposições concretas do que se pretende realizar durante o período de gestão a que o orçamento se refira;
   - ✓ Efetivo elo entre o planejamento e as ações executivas da Administração Pública
   - ✓ Ênfase na consecução de objetivos e metas onde são considerados os custos dos programas de ação;
   - ✓ Critério de classificação: funcional-programático;
   - ✓ Foco: objetivo – e não no objeto – do gasto.
   - ✓ Controle visa avaliar a eficiência e eficácia das atividades governamentais.

2.3. ESPÉCIES DE ORÇAMENTO PÚBLICO QUANTO À FORMA DE ALOCAÇÃO DE RECURSOS

1) **Orçamento de base zero – OBZ ou por estratégia**
   - ✓ Análise crítica, em cada novo período, de todos os recursos solicitados pelos órgãos governamentais e no questionamento acerca das reais necessidades de cada área;
   - ✓ Não há compromisso com qualquer montante inicial de dotação, não há direito adquirido.
   - ✓ Consiste em planejar e justificar todas as despesas para cada período;
   - ✓ Verdadeira "auditoria de desempenho", permitindo especificar as prioridades dos órgãos e comparações entre as organizações públicas;
   - ✓ O conjunto dessas iniciativas, na maioria das vezes, provoca uma redução significativa das despesas e o aumento da eficiência do Estado;
   - ✓ Maior morosidade, complexidade e custos na elaboração da proposta orçamentária;
   - ✓ Prejudica a adequada vinculação do orçamento ao planejamento de longo prazo;
2) **Orçamento Incremental**

As alocações orçamentárias são incrementais, ou seja, as alocações de um período orçamentário seguinte são decididas, no jogo político, com base em pequenas variações das alocações do período anterior;

São utilizados certos cálculos com base em apenas parte das informações disponíveis, como forma de facilitar o processo de alocação;

Processo orçamentário desenvolvem estratégias destinadas a atingir seus objetivos de alocação de recursos;

Desvirtua ou compromete a desejável integração entre o planejamento e o orçamento;

A "base" formada pelos programas já introduzidos no orçamento tende a perpetuar-se, com pequenos incrementos, compreendendo a maior parte dos recursos, gerando um certo "direito adquirido" (inércia ou inercialidade);

Novos programas têm, então, de competir com os preexistentes para romper a barreira da escassez de recursos.

2.4. ESPÉCIE DE ORÇAMENTO SEGUNDO A PARTICIPAÇÃO POPULAR DIRETA

1) **Orçamento sem participação popular direta**
   - ✓ Não há a participação direta da população;
   - ✓ Não quer dizer que esse tipo de orçamento não seja democrático.
2) **Orçamento Participativo – OP (participação popular direta)**
   - ✓ Um dos mais importantes instrumentos de complementação da democracia representativa;
   - ✓ A sociedade decide sobre as prioridades de investimentos;
   - ✓ Processo que envolve a comunidade em sentido mais amplo que o da representação política formal;
   - ✓ Em regra, a participação popular no orçamento é complementar ao trabalho dos ór-

5 Definição disponível em http://www.tesouro.fazenda.gov.br/servicos/glossario/glossario_o.asp. Acessado em 11/08/2014 às 19h58min.

gãos responsáveis pela elaboração e aprovação da lei orçamentária;

- ✓ Como regra, o orçamento é uma lei autorizativa, que não obriga a realização da despesa. Assim, mesmo havendo decisão popular, o gestor não está vinculado à decisão.
- ✓ Estímulo ao exercício da cidadania, ao compromisso da população com o bem público e à corresponsabilização entre governo e sociedade sobre a gestão aplicação dos recursos públicos;
- ✓ Formação no cidadão da consciência orçamentária;
- ✓ A participação popular, pode ocorrer na elaboração dos três principais instrumentos orçamentários brasileiros, PPA, LDO e LOA.
- ✓ Busca decisão descentralizada;
- ✓ Cria conselhos populares;
- ✓ Faz com que o cidadão desloque seu centro de atenção para questões locais;
- ✓ Gera consciência da participação do cidadão;
- ✓ Dá nascimento a dois focos de poder democrático: um pelo voto; outro, pelas instituições diretas de participação.

2.5. ESPÉCIES DE ORÇAMENTO PÚBLICO SEGUNDO *A IMPOSITIVIDADE DA DESPESA*

Esse critério diferencia os orçamentos em relação à obrigatoriedade ou não na realização das despesas fixadas no orçamento. Tendo por base esse critério, possível identificar duas espécies de orçamento.

1) **Orçamento autorizativo**
   - ✓ Orçamento em que se "dá autorização" ao Poder Executivo para realizar determinadas despesas;
   - ✓ Parte da despesa tem cunho obrigatório (remuneração de pessoal, transferências constitucionais de caráter obrigatório, despesas mínimas para algumas áreas conforme mandamento constitucional, como saúde, educação etc.).

2) **Orçamento impositivo**
   - ✓ O Poder Executivo é obrigado a liberar as verbas votadas pelos parlamentares para realização da despesa, não havendo espaço para discricionariedade;
   - ✓ Existem condicionantes devem ser respeitados para que a despesa aconteça, como a arrecadação de receita em quantidade suficiente, por exemplo.

Impositividade no Brasil

- ✓ § 9º As emendas individuais ao projeto de lei orçamentária serão aprovadas no limite de 2% (dois por cento) da receita corrente líquida do exercício anterior ao do encaminhamento do projeto, observado que a metade desse percentual será destinada a ações e serviços públicos de saúde. <u>(Redação dada pela Emenda Constitucional nº 126, de 2022)</u>;
- ✓ A do limite a que se refere o § 9º deste artigo, 1,55% (um inteiro e cinquenta e cinco centésimos por cento) caberá às emendas de Deputados e 0,45% (quarenta e cinco centésimos por cento) às de Senadores.
- ✓ É obrigatória a execução orçamentária e financeira das programações oriundas de emendas individuais, em montante correspondente ao limite a que se refere o § 9º deste artigo, conforme os critérios para a execução equitativa da programação definidos na lei complementar prevista no § 9º do art. 165 desta Constituição, observado o disposto no § 9º-A deste artigo. <u>(Redação dada pela Emenda Constitucional nº 126, de 2022)</u>.
- ✓ A garantia de execução também às programações incluídas por todas as emendas de iniciativa de bancada de parlamentares de Estado ou do Distrito Federal, no montante de até 1% (um por cento) da receita corrente líquida realizada no exercício anterior.

Atenção para inovação constitucional

Art. 166-A. As emendas individuais impositivas apresentadas ao projeto de lei orçamentária anual poderão alocar recursos a Estados, ao Distrito Federal e a Municípios por meio de: (Incluído pela Emenda Constitucional nº 105, de 2019)

I – transferência especial; ou (Incluído pela Emenda Constitucional nº 105, de 2019)

II – transferência com finalidade definida. (Incluído pela Emenda Constitucional nº 105, de 2019)

§ 1º Os recursos transferidos na forma do caput deste artigo não integrarão a receita do Estado, do Distrito Federal e dos Municípios para fins de repartição e para o cálculo dos limites da despesa com pessoal ativo e inativo, nos termos do § 16 do art. 166, e de endividamento do ente federado, vedada, em qualquer caso, a aplicação dos recursos a que se refere o caput deste artigo no pagamento de: (Incluído pela Emenda Constitucional nº 105, de 2019)

I – despesas com pessoal e encargos sociais relativas a ativos e inativos, e com pensionistas; e (Incluído pela Emenda Constitucional nº 105, de 2019)

II – encargos referentes ao serviço da dívida. (Incluído pela Emenda Constitucional nº 105, de 2019)

§ 2º Na transferência especial a que se refere o inciso I do caput deste artigo, os recursos: (Incluído pela Emenda Constitucional nº 105, de 2019)

I – serão repassados diretamente ao ente federado beneficiado, independentemente de celebração de convênio ou de instrumento congênere; (Incluído pela Emenda Constitucional nº 105, de 2019)

II – pertencerão ao ente federado no ato da efetiva transferência financeira; e (Incluído pela Emenda Constitucional nº 105, de 2019)

III – serão aplicadas em programações finalísticas das áreas de competência do Poder Executivo do ente federado beneficiado, observado o disposto no § 5º deste artigo. (Incluído pela Emenda Constitucional nº 105, de 2019)

§ 3º O ente federado beneficiado da transferência especial a que se refere o inciso I do caput deste artigo poderá firmar contratos de cooperação técnica para fins de subsidiar o acompanhamento da execução orçamentária na aplicação dos recursos. (Incluído pela Emenda Constitucional nº 105, de 2019)

§ 4º Na transferência com finalidade definida a que se refere o inciso II do caput deste artigo, os recursos serão: (Incluído pela Emenda Constitucional nº 105, de 2019)

I – vinculados à programação estabelecida na emenda parlamentar; e (Incluído pela Emenda Constitucional nº 105, de 2019)

II – aplicados nas áreas de competência constitucional da União. (Incluído pela Emenda Constitucional nº 105, de 2019)

§ 5º Pelo menos 70% (setenta por cento) das transferências especiais de que trata o inciso I do caput deste artigo deverão ser aplicadas em despesas de capital, observada a restrição a que se refere o inciso II do § 1º deste artigo. (Incluído pela Emenda Constitucional nº 105, de 2019)

3. NORMAS QUE REGULAMENTAM A ATIVIDADE ORÇAMENTÁRIA

✓ No Brasil existe então um arcabouço complexo de mandamentos que versam sobre essa atividade tão importante. Vejamos os principais pontos sobre essa legislação.

3.1. COMPETÊNCIA PARA LEGISLAR SOBRE DIREITO FINANCEIRO E ORÇAMENTO

✓ Compete à União, aos Estados e ao Distrito Federal legislar concorrentemente sobre Orçamento;

✓ No âmbito da legislação concorrente, a competência da União limitar-se-á a estabelecer normas gerais;

✓ A competência da União para legislar sobre normas gerais não exclui a competência suplementar dos Estados;

✓ Inexistindo lei federal sobre normas gerais, os Estados exercerão a competência legislativa plena, para atender a suas peculiaridades;

✓ A superveniência de lei federal sobre normas gerais suspende a eficácia da lei estadual, no que lhe for contrário.

Competência concorrente para legislar sobre direito financeiro e orçamento		
Ente Federativo	**Legislar**	
União	Regra geral	Regras específicas para União
Estados/DF	Regra geral de cada um, enquanto a União não estabelece regra geral para todos.	Regras específicas de cada um

4. SPOF – SISTEMA DE PLANEJAMENTO E ORÇAMENTO FEDERAL

✓ **Função:** elaboração, acompanhamento e avaliação de planos, programas e orçamentos, e de realização de estudos e pesquisas socioeconômicas.

✓ **São Integrantes do SPOF:**

1) O Ministério do Planejamento, Orçamento e Gestão, como órgão central;
2) Órgãos setoriais;

Órgãos de planejamento e orçamento em nível ministerial, responsáveis pela elaboração das respectivas parcelas dos instrumentos orçamentários.

3) Órgãos específicos.

✓ **As Finalidades do SPOF são:**

1) Formular o planejamento estratégico nacional;
2) Formular planos nacionais, setoriais e regionais de desenvolvimento econômico e social;
3) Formular o plano plurianual, as diretrizes orçamentárias e os orçamentos anuais;
4) Gerenciar o processo de planejamento e orçamento federal;
5) Promover a articulação com os Estados, o Distrito Federal e os Municípios, visando a compatibilização de normas e tarefas afins aos diversos Sistemas, nos planos federal, estadual, distrital e municipal.

5. INSTRUMENTOS DE PLANEJAMENTO EM ESPÉCIE

✓ Plano Plurianual – PPA (art. 165, I – CF), com vigência de 4 anos, não coincidentes com o mandato, iniciando um ano após o início do mandato e terminando um ano após também;

- ✓ Lei de Diretrizes Orçamentárias – LDO (art. 165, II – CF) dita anual (uma LDO elaborada a cada ano), mas com vigência real de aproximadamente de 17 meses, como você aprenderá no próximo capítulo;
- ✓ Lei Orçamentária Anual – LOA (art. 165, III – CF) com vigência anual (12 meses);

5.1. CARACTERÍSTICAS DOS INSTRUMENTOS ORÇAMENTÁRIOS

5.1.1. LEI ORDINÁRIA

Exceções a essa regra são duas:

1) **Crédito Extraordinário:** ajuste à LOA que é veiculado por medida provisória ou decreto, dependendo da situação, que servem para suprir despesas urgentes e imprevisíveis;

2) **Quebra de regra de ouro**: requer maioria absoluta para aprovação.

Atenção para inovação constitucional referente ao cumprimento da regra de ouro:

Art. 167. São vedados:

§ 6º Para fins da apuração ao término do exercício financeiro do cumprimento do limite de que trata o inciso III do caput deste artigo, as receitas das operações de crédito efetuadas no contexto da gestão da dívida pública mobiliária federal somente serão consideradas no exercício financeiro em que for realizada a respectiva despesa. (Incluído pela Emenda Constitucional nº 109, de 2021)

Art. 167-E. Fica dispensada, durante a integralidade do exercício financeiro em que vigore a calamidade pública de âmbito nacional, a observância do inciso III do caput do art. 167 desta Constituição. (Incluído pela Emenda Constitucional nº 109, de 2021)

2.1. É lei somente sob o aspecto formal**, salvo impositividade das emendas parlamentares individuais.**

Regra geral para instrumentos orçamentários antes da Emenda Constitucional 86/12

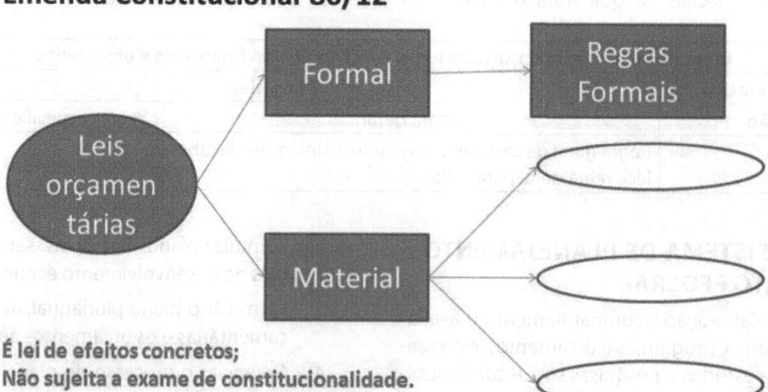

É lei de efeitos concretos;
Não sujeita a exame de constitucionalidade.

5.1.2. LEI TEMPORÁRIA

As leis orçamentárias têm vigência limitada no tempo, no caso da Lei Orçamentária Anual a vigência é de um ano, que coincide com o ano civil.

Art. 165. Leis de iniciativa do Poder Executivo estabelecerão:

I – o plano plurianual;

II – as diretrizes orçamentárias;

III – os orçamentos anuais.

5.1.3. É UMA LEI ESPECIAL

As leis orçamentárias são consideradas leis especiais por possuírem dois requisitos que as diferenciam dos outros tipos de leis: ter rito próprio (diferenciado, assunto que será tratado em momento oportuno) e tratar de matéria específica.

5.1.4. LEI PRECIPUAMENTE AUTORIZATIVA

Ser meramente autorizativa é decorrência da falta de coercitividade inerente à lei orçamentária. Isso quer dizer que, como regra geral, os mandamentos nela contidos não obrigam o executor a realizar a despesa nela prevista, somente autoriza. Na lei constará a fixação do que poderá ser feito e não do que deverá ser feito. E mesmo essa autorização dependerá do implemento de uma condição, a realização da receita. Tal regra torna a matéria dessa lei em matéria de ato administrativo do tipo ato-condição.

Atenção!

A regra para leis orçamentárias no Brasil é que o orçamento seja autorizativo. Porém, é necessário que sejam feitas duas observações:

1) Mesmo sendo autorizativo, parte da despesa orçamentária é sempre de execução obrigatória, como a remuneração dos servidores públicos, transferências constitucionalmente e legalmente estabelecidas. Essa obrigatoriedade não tira o caráter autorizativo do Orçamento Público
2) A partir de 2012 cresceu um movimento no Congresso Nacional pela necessidade de tornar parte do orçamento impositivo. Isso porque o Poder executivo, utiliza a liberação de emendas individuais para parlamentares como moeda de troca pelo apoio nas casas legislativa federais nas votações de seu interesse. Visando então reduzir a subserviência que o Poder Executivo impunha ao Poder Legislativo com essa prática, está em trâmite no Congresso Nacional uma Proposta de Emenda à Constituição (PEC) 22A/2000, que torna obrigatória a execução de emendas parlamentares ao Orçamento da União e cria uma fonte de financiamento estável para a saúde pública.

Como resultado desse movimento, foi promulgada as Emendas constitucionais 86 de 2015 e 100 de 2019 tornando uma parcela do orçamento impositiva.

Art. 166 da Constituição federal.

§ 11. É obrigatória a execução orçamentária e financeira das programações a que se refere o § 9º deste artigo, em montante correspondente a 1,2% (um inteiro e dois décimos por cento) da receita corrente líquida realizada no exercício anterior, conforme os critérios para a execução equitativa da programação definidos na lei complementar prevista no § 9º do art. 165. (Incluído pela Emenda Constitucional nº 86, de 2015)

§ 12. A garantia de execução de que trata o § 11 deste artigo aplica-se também às programações incluídas por todas as emendas de iniciativa de bancada de parlamentares de Estado ou do Distrito Federal, no montante de até 1% (um por cento) da receita corrente líquida realizada no exercício anterior. (Redação dada pela Emenda Constitucional nº 100, de 2019)

5.2. COMPETÊNCIAS *RELACIONADAS AOS INSTRUMENTOS ORÇAMENTÁRIOS*

5.2.1. ELABORAÇÃO

A elaboração do orçamento no Brasil é feita em cada esfera governamental de forma independente. Assim, cada ente federativo (União, estados, Distrito Federal e municípios), elabora seus próprios instrumentos orçamentários dentro dos seus próprios ciclos.

Atenção!

Fique atento porque o responsável pela elaboração é o poder Executivo, pois a ele é dado a missão de coordenar todo o processo.

5.2.2. INICIATIVA

Iniciativa é a competência para dar início ao processo legislativo que terá por fim a elaboração de uma lei. O texto constitucional afirma que o PPA a LDO, a LOA são de **iniciativa privativa** (art. 84, inciso XXIII, da CF) **indelegável** (Parágrafo único do art. 84) do Presidente da República.

5.2.3. APRECIAÇÃO (DISPOSIÇÃO)

O poder de dispor de apreciação sobre os instrumentos orçamentários é do Poder Legislativo. No caso da União, o Congresso Nacional, ou seja, Câmara de Deputados e senado sob regimento comum.

5.2.4. EXECUÇÃO ORÇAMENTÁRIA

A execução orçamentária é feita pelos próprios órgãos com autonomia funcional e administrativa (Poderes, MPU, DPU...), cada um em sua área de atuação, com o objetivo de cumprir com regularidade sua função constitucional.

Fique atento!

O responsável pela execução orçamentária é o Poder Executivo, sendo, porém dada autonomia administrativa e funcional aos outros poderes que executarão eles mesmos suas parcelas do orçamento.

5.2.5. CONTROLE E AVALIAÇÃO

O controle pode ser exercido tanto interna quanto externamente. O controle interno fica a cargo de cada poder, enquanto que o controle externo fica a cargo do Poder Legislativo que o faz por intermédio da CMO, auxiliado pelo Tribunal de Contas respectivo.

5.3. HIERARQUIA ENTRE OS INSTRUMENTOS ORÇAMENTÁRIOS

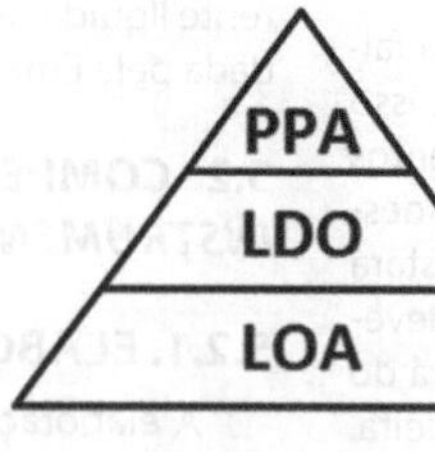

Dois aspectos para hierarquia entre instrumentos orçamentários:

1) **Jurídica**: não há hierarquia jurídica entre instrumentos orçamentários;
2) **Orçamentária**: existe, à medida em que a elaboração da LOA deve obedecer as metas prioridades e parâmetros estabelecidos na LDO, atendendo aos programas previstos no PPA. Já a LDO somente poderá estabelecer metas e prioridades dentre as diretrizes objetivos, metas e prioridades estabelecidas no PPA.

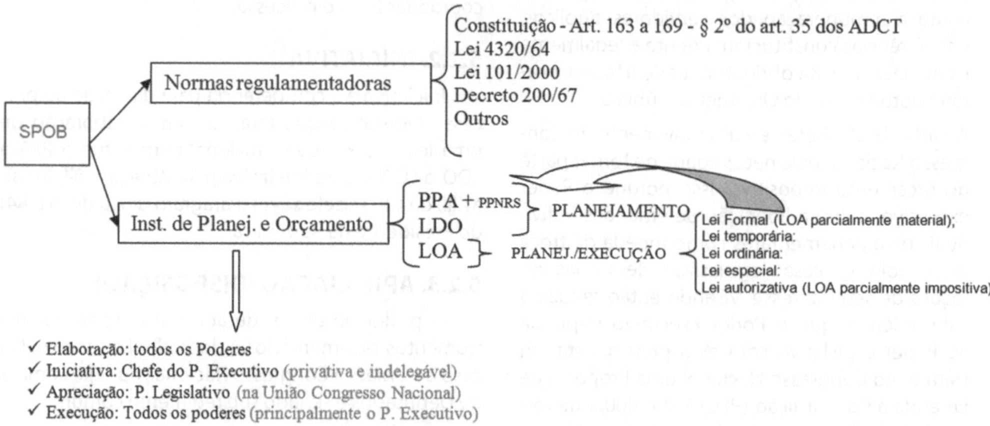

6. INSTRUMENTOS DE PLANEJAMENTO EM ESPÉCIES: PPA, LDO E LOA, ALÉM DE PLANOS E PROGRAMAS NACIONAIS, REGIONAIS E SETORIAIS

6.1. PLANO PLURIANUAL – PPA

6.1.1. DEFINIÇÃO DE PPA

Plano estratégico de médio prazo da Administração Pública. É um instrumento de programação governamental idealizado como guia plurianual para as autorizações orçamentárias (anuais).

6.1.2. FUNÇÃO DO PPA

Instrumento constitucional de planejamento governamental que reflete as diretrizes do governo. Nos termos do § 1º do Art. 165 da Constituição Federal, o PPA "estabelecerá, de forma regionalizada, as diretrizes, objetivos e metas (DOM) da Administração Pública federal para as despesas de capital e outras delas decorrentes e para as relativas aos programas de duração continuada".

6.1.3. PRAZOS PARA O PPA

1) **Elaboração e encaminhamento do projeto de lei do PPA ao poder legislativo**

Até quatro meses, antes do encerramento do primeiro exercício financeiro, ou seja, 31 de agosto, para encaminhar o projeto de lei do PPA ao Poder Legislativo para apreciação.

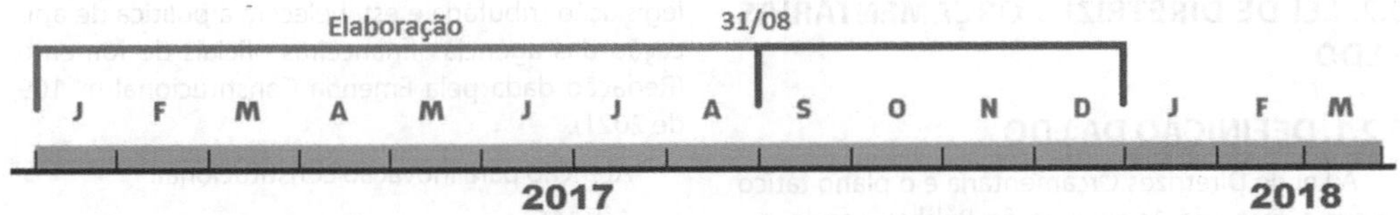

2) **Prazo para apreciação pelo poder legislativo e devolução para sanção ou veto:**

O projeto de lei do PPA deverá ser devolvido para sanção até o encerramento da sessão legislativa.

(A) **Sessão Legislativa**: composta de dois períodos legislativos e compreende de 2 de fevereiro a 22 de dezembro (CF, art. 57 – EC nº 50).

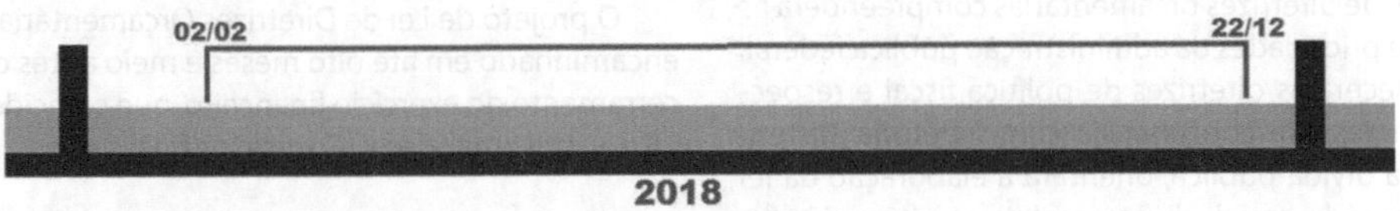

(B) **Período da Sessão Legislativo**:

1º período: de 2 de fevereiro a 17 de julho (CF, art. 57 – EC nº 50).

2º período: de 1º de agosto a 22 de dezembro (CF, art. 57 – EC nº 50).

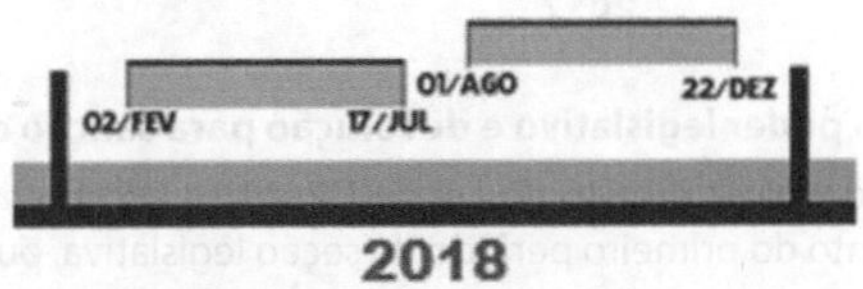

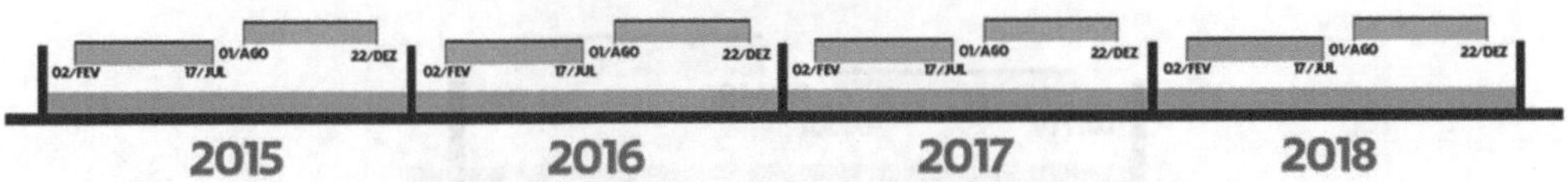

Diante do exposto, fica claro que o poder legislativo tem até 22 de dezembro.

6.1.4. VIGÊNCIA DO PPA

Segundo o Inciso I do § 2 do Art. 35 do ADCT, o projeto do Plano Plurianual, para vigência até o final do primeiro exercício financeiro do mandato presidencial subsequente, será encaminhado até quatro meses antes do encerramento do primeiro exercício financeiro e, devolvido para sanção, até o encerramento da sessão legislativa.

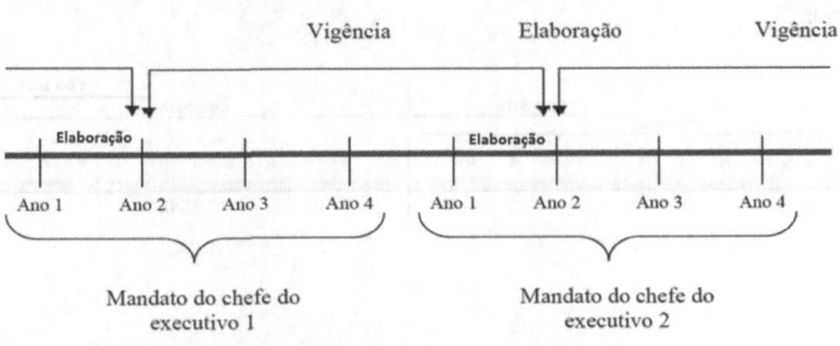

6.2. LEI DE DIRETRIZES ORÇAMENTÁRIAS - LDO

6.2.1. DEFINIÇÃO DA LDO

A Lei de Diretrizes Orçamentária é o plano tático de curto prazo da Administração Pública, sendo, assim como o PPA, uma grande inovação em matéria orçamentária criada pela Constituição Federal, cujas atribuições foram reforçadas pela Lei de Responsabilidade Fiscal.

6.2.2. FUNÇÃO DA LDO

A LDO busca sintonizar a Lei Orçamentária Anual com as diretrizes, objetivos e metas da Administração Pública, estabelecidas no Plano Plurianual de Investimentos, definindo, assim, as metas e prioridades, na programação de governo, para o ano subsequente.

Segundo o § 2º do art. 165 da Constituição Federal, A lei de diretrizes orçamentárias compreenderá as metas e prioridades da administração pública federal, estabelecerá as diretrizes de política fiscal e respectivas metas, em consonância com trajetória sustentável da dívida pública, orientará a elaboração da lei orçamentária anual, disporá sobre as alterações na legislação tributária e estabelecerá a política de aplicação das agências financeiras oficiais de fomento. (Redação dada pela Emenda Constitucional nº 109, de 2021).

Atenção para inovação constitucional!

Art. 165

§ 12. Integrará a lei de diretrizes orçamentárias, para o exercício a que se refere e, pelo menos, para os 2 (dois) exercícios subsequentes, anexo com previsão de agregados fiscais e a proporção dos recursos para investimentos que serão alocados na lei orçamentária anual para a continuidade daqueles em andamento. (Incluído pela Emenda Constitucional nº 102, de 2019) (Produção de efeito)

6.2.3. PRAZOS PARA LDO

1) **Elaboração e encaminhamento do projeto de lei da LDO ao poder legislativo**

O projeto de Lei de Diretrizes Orçamentárias será encaminhado em até oito meses e meio antes do encerramento do exercício financeiro, que coincide com 15 de abril em todos os exercícios financeiros.

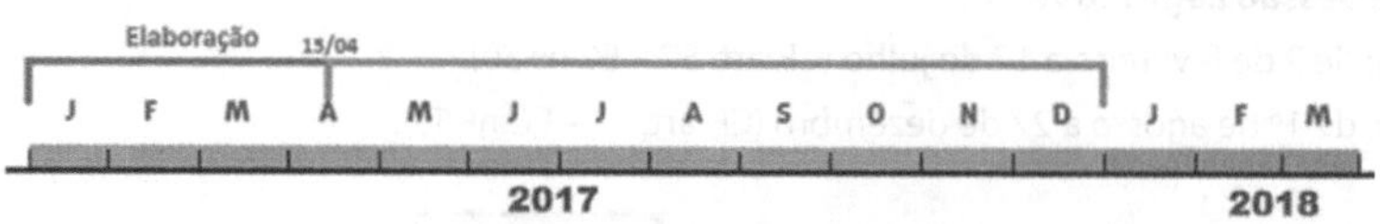

2) **Prazo para apreciação pelo poder legislativo e devolução para sanção ou veto:**

O Poder Legislativo deverá devolver projeto de Lei de Diretrizes Orçamentárias ao Poder Executivo para sanção ou veto até o encerramento do primeiro período da seção legislativa, ou seja, 17 de julho.

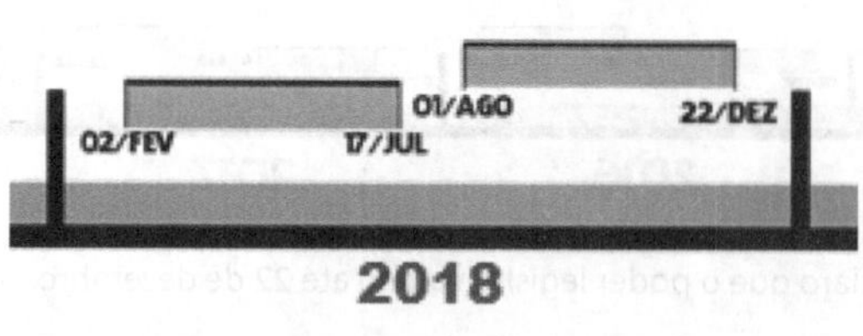

6.2.4. VIGÊNCIA DA LDO

A LDO vigora desde o momento da sua publicação, a fim de auxiliar a elaboração da próxima LOA, e por todo o exercício financeiro subsequente, durante a execução orçamentária. Assim, certamente, a LDO vigora por mais de um ano.

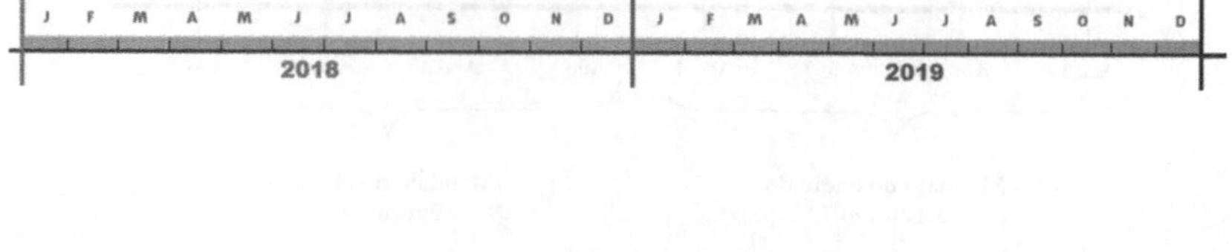

6.3. LEI ORÇAMENTÁRIA ANUAL (LOA)

6.3.1. DEFINIÇÃO DA LOA

A Lei Orçamentária Anual é o orçamento propriamente dito.

É o instrumento de efetiva execução orçamentária, voltado para a previsão de receitas e fixação de despesas.

Planejamento operacional de curto prazo da Administração Publica.

6.3.2. FUNÇÃO DA LOA

Prever receita e fixar despesas públicas.

6.3.3. PRAZOS PARA A LOA

1) **Elaboração e encaminhamento do projeto de lei da LOA ao poder legislativo**

O prazo para encaminhamento do Projeto de Lei Orçamentária Anual do chefe do Poder Executivo ao Poder Legislativo é de até quatro meses antes do encerramento de todos os exercícios financeiros, ou seja, 31 de agosto.

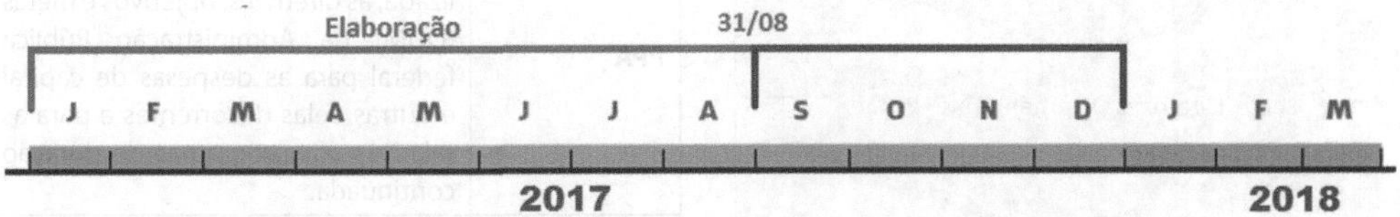

2) **Prazo para apreciação pelo poder legislativo e devolução ao para sanção ou veto**

O Projeto da Lei Orçamentária Anual deverá ser devolvido ao poder Executivo até o encerramento da sessão legislativa, ou seja, 22 de dezembro.

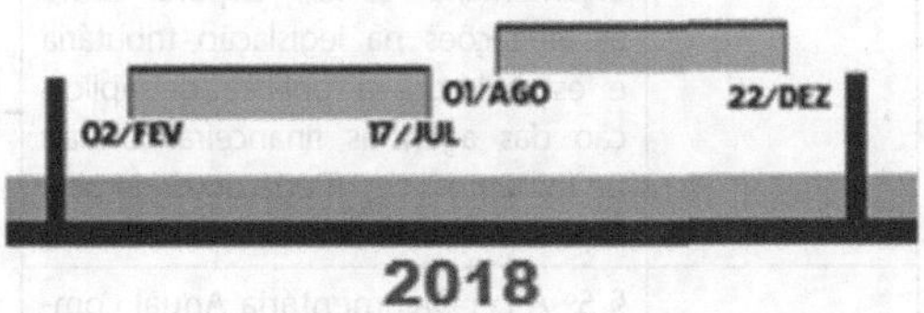

6.3.4. VIGÊNCIA DA LOA

A LOA tem vigência de um ano, ou seja, é efetivamente anual, coincidindo com o ano civil, de 01 de janeiro a 31 de dezembro.

6.3.5. ORGANIZAÇÃO DA LOA

O § 5º do art. 165 da Constituição Federal estabelece que a Lei Orçamentária Anual compreenderá:

1) **O orçamento fiscal**

Referente aos Poderes da União, seus fundos, órgãos e entidades da administração direta e indireta, inclusive fundações instituídas e mantidas pelo Poder Público;

2) **O orçamento de investimento das empresas em que a União, direta ou indiretamente, detenha a maioria do capital social com direito a voto;**

3) **O orçamento da seguridade social**

6.3.6. COMPOSIÇÃO DA LOA

A LOA é composto por créditos orçamentários ordinários e suas respectivas dotações.

- Créditos orçamentários ordinários: autorizações para a realização de despesas;
- Dotação: limite de gasto para cada crédito orçamentário, ou seja, o valor que se poderá gastar com cada tipo de despesa;

A loa também é composta pela previsão de receita para suprir os créditos.

Atenção para a inovação constitucional!

Art. 165

§ 14. A lei orçamentária anual poderá conter previsões de despesas para exercícios seguintes, com a especificação dos investimentos plurianuais e daqueles em andamento. (Incluído pela Emenda Constitucional nº 102, de 2019)

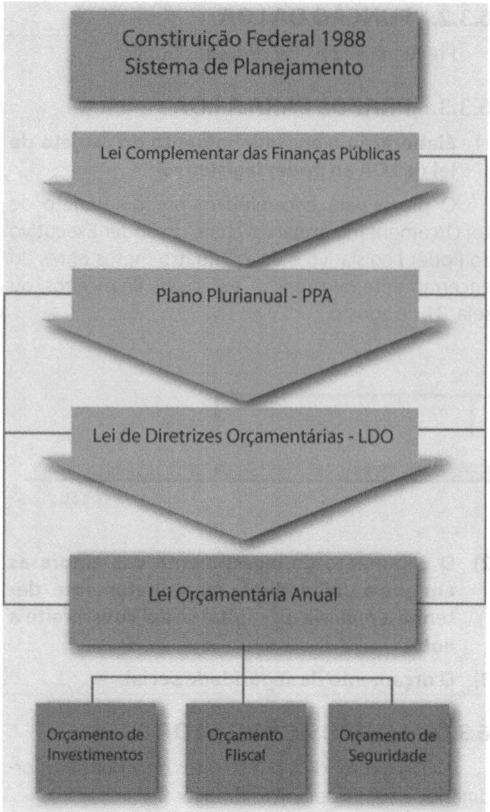

Quadros comparativos entre os instrumentos orçamentários

Instrumento	Prazos para elaboração e encaminhamento ao Poder Legislativo	Prazo para devolução para sanção ou veto
PPA	Até quatro meses antes do encerramento do primeiro exercício financeiro do mandato – 31 de agosto.	Até o encerramento da sessão legislativa do primeiro exercício financeiro. – 22 de dezembro.
LDO	Até oito meses e meio antes do encerramento do exercício financeiro – 15 de abril.	Até o encerramento do primeiro período da sessão legislativa – 17 de julho.
LOA	Até quatro meses antes do encerramento do exercício financeiro – 31 de agosto.	Até o encerramento da sessão legislativa. – 22 de dezembro.

Instrumento	Vigência
PPA	4 (quatro) anos não coincidente com o mandato do Chefe do Poder Executivo.
LDO	17 (dezessete) meses, se os prazos constitucionais forem respeitados.
LOA	1 (um) ano.

Instrumento	Função Constitucional – Art. 165
PPA	§ 1º A lei que instituir o Plano Plurianual estabelecerá, de forma regionalizada, as diretrizes, objetivos e metas (DOM) da Administração Pública federal para as despesas de capital e outras delas decorrentes e para as relativas aos programas de duração continuada.
LDO	§ 2º A lei de diretrizes orçamentárias compreenderá as metas e prioridades da administração pública federal, estabelecerá as diretrizes de política fiscal e respectivas metas, em consonância com trajetória sustentável da dívida pública, orientará a elaboração da lei orçamentária anual, disporá sobre as alterações na legislação tributária e estabelecerá a política de aplicação das agências financeiras oficiais de fomento. (Redação dada pela Emenda Constitucional nº 109, de 2021)
LOA	§ 5º A Lei Orçamentária Anual compreenderá: I – o orçamento fiscal referente aos Poderes da União, seus fundos, órgãos e entidades da administração direta e indireta, inclusive fundações instituídas e mantidas pelo Poder Público; II – o orçamento de investimento das empresas em que a União, direta ou indiretamente, detenha a maioria do capital social com direito a voto; III – o orçamento da seguridade social, abrangendo todas as entidades e órgãos a ela vinculados, da administração direta ou indireta, bem como os fundos e fundações instituídos e mantidos pelo Poder Público.

7. MECANISMOS DE AJUSTES ORÇAMENTÁRIOS/CRÉDITOS ADICIONAIS

7.1. AJUSTES AO PPA

O ajuste ao PPA será por outra lei ordinária.

7.2. AJUSTES À LDO

Assim como o PPA, a LDO também é uma lei ordinária e para que haja alteração deve haver outra lei que assim autorize, desde que compatível com o PPA.

7.3. CRÉDITOS ADICIONAIS – AJUSTES À LOA

São autorizações para abertura de créditos que não foram previstas na LOA original e que podem ocorrer pelos seguintes motivos:

1) **Despesas insuficientemente dotadas (quantitativo)**
2) **Despesas não computadas (qualitativo)**

7.3.1. CRÉDITOS ADICIONAIS SUPLEMENTARES

7.3.1.1. FINALIDADE

Reforçar dotações já existentes (alteração quantitativa) na LOA.

7.3.1.2. AUTORIZAÇÃO LEGISLATIVA PARA ABERTURA (LEI)

Necessária, podendo acontecer de duas formas:

1) **Na própria LOA**
2) **Em lei específica**

7.3.1.3. ABERTURA

A abertura dos créditos suplementares será por decreto executivo

7.3.1.4. VIGÊNCIA

Limitado ao exercício financeiro em que for aberto.

7.3.1.5. INDICAÇÃO DE FONTE DE RECURSOS

Necessária.

7.3.2. CRÉDITOS ADICIONAIS ESPECIAIS

7.3.2.1. FINALIDADE

Fazer frente a novas despesas (alteração qualitativa) que por qualquer motivo não foram previstas na LOA.

7.3.2.2. AUTORIZAÇÃO LEGISLATIVA PARA ABERTURA (LEI)

Necessária, ocorrendo na forma de lei específica.

7.3.2.3. ABERTURA

Por decreto executivo.

7.3.2.4. VIGÊNCIA

A vigência desse tipo de crédito, como regra, ocorrerá durante o exercício financeiro em que for aberto, podendo ser reaberto (prorrogado) no exercício seguinte, se o ato de autorização for promulgado nos últimos quatro meses daquele exercício, caso em que, reabertos nos limites de seus saldos, serão incorporados ao orçamento do exercício financeiro subsequente.

7.3.2.5. INDICAÇÃO DE FONTE DE RECURSOS

Necessária.

7.3.3. CRÉDITOS ADICIONAIS EXTRAORDINÁRIOS

7.3.3.1. FINALIDADE

Destinados a atender, segundo a Constituição Federal, despesas imprevisíveis e urgentes (alteração qualitativa), como as decorrentes de guerra, comoção interna ou calamidade pública.

7.3.3.2. AUTORIZAÇÃO LEGISLATIVA PARA ABERTURA (LEI)

Não é necessária.

7.3.3.3. ABERTURA

1) **União e entes federativos que tem a Medida Provisória em seu ordenamento Jurídico:** por medida provisória.
2) **Entes federativos que não tem a Medida Provisória em seu ordenamento Jurídico:** decreto que será levado imediatamente à apreciação do Poder Legislativo.

7.3.3.4. VIGÊNCIA

Durante o exercício financeiro em que for aberto, podendo ser reaberto (prorrogado) no exercício seguinte, se o ato de autorização for promulgado nos últimos quatro meses daquele exercício, caso em que, reabertos nos limites de seus saldos, serão incorporados ao orçamento do exercício financeiro subsequente.

7.3.3.5. INDICAÇÃO DE FONTE DE RECURSOS

Não é necessária.

7.4. QUADRO RESUMO SOBRE CRÉDITOS ADICIONAIS

	SUPLEMENTARES	ESPECIAIS	EXTRAORDINÁRIOS
Objetivo	Reforçar dotação já prevista no orçamento, mas insuficientemente dotadas.	Atender despesas não previstas no orçamento.	Atender a despesas imprevisíveis e urgentes
Autorização legislativa	Necessária, podendo ser: 1. Na própria LOA; ou 2. Em lei Específica.	Necessária, devendo constar em lei específica.	Independe de autorização legislativa prévia. Abertura por meio de Medida Provisória.
Abertura	Através de Decreto do Poder Executivo	Através de Decreto do Poder Executivo	Na União, através de Medida Provisória. Nos demais entes, através de Decreto do Executivo.
Origem de recursos	✓ Superávit financeiro; ✓ Excesso de arrecadação; ✓ Anulação total ou parcial de dotação orçamentária ou crédito adicional; ✓ Operações de crédito autorizadas e viáveis juridicamente; ✓ Recursos que, em decorrência de veto, emenda ou rejeição do projeto de Lei orçamentária, ficaram sem despesas correspondentes.	✓ Superávit financeiro; ✓ Excesso de arrecadação; ✓ Anulação total ou parcial de dotação orçamentária ou crédito adicional; ✓ Operações de crédito autorizadas e viáveis juridicamente; ✓ Recursos que, em decorrência de veto, emenda ou rejeição do projeto de Lei orçamentária, ficaram sem despesas correspondentes.	Não é necessária a indicação de recursos para a abertura de créditos extraordinários.
Vigência	No exercício financeiro vigente.	No exercício financeiro vigente, podendo ser reaberto no próximo exercício se a autorização for promulgada nos últimos quatro meses do exercício em que for aberto, no limite dos seus saldos e incorporados ao orçamento do exercício subsequente.	No exercício financeiro vigente, podendo ser reaberto no próximo exercício se a autorização for promulgada nos últimos quatro meses do exercício em que for aberto, no limite dos seus saldos e incorporados ao orçamento do exercício subsequente.

8. CICLO ORÇAMENTÁRIO (PROCESSO ORÇAMENTÁRIO)

8.1. CONCEITO DE CICLO ORÇAMENTÁRIO

- ✓ Período de tempo em que se processam as atividades típicas do orçamento público, desde sua concepção até a apreciação final.
- ✓ Processo gerencial que se inicia com o planejamento, passa pela elaboração dos planos, pela apreciação legislativa, execução orçamentária, controle e, por fim, a avaliação, quando então se inicia o ciclo seguinte.
- ✓ Processo contínuo, dinâmico e flexível, em que são avaliados os aspectos físicos e financeiros dos programas do setor público em fases encadeadas, articuladas e interdependentes.
- ✓ Conjunto de etapas encadeadas, articuladas e interdependentes, que visam a elaboração das peças orçamentárias.

8.2. CICLO ORÇAMENTÁRIO EM SENTIDO AMPLO

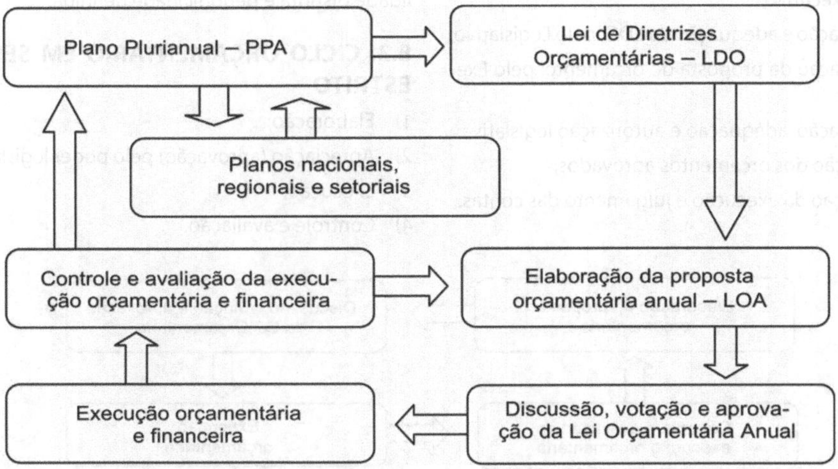

Para Vander Gontijo[6] em trabalho publicado do site da Câmara dos Deputados, o ciclo integrado de planejamento e orçamento é como se segue:

Para Osvaldo Maldonado Sanches[7]:

1) Formulação do planejamento plurianual, pelo Executivo;
2) Apreciação e adequação do plano, pelo Legislativo;

6 Instrumentos de Planejamento e Orçamento. Disponível em http://www2.camara.gov.br/atividade-legislativa/orcamentobrasil/cidadao/entenda/cursopo/planejamento.html. Acessado em 25/08/2017.

7 Sanches, Osvaldo Maldonado. O CICLO ORÇAMENTÁRIO: UMA REAVALIAÇÃO À LUZ DA CONSTITUIÇÃO DE 1988

3) Proposição de metas e prioridades para a administração e da política de alocação de recursos pelo Executivo;
4) Apreciação e adequação da LDO, pelo Legislativo;
5) Elaboração da proposta de orçamento, pelo Executivo;
6) Apreciação, adequação e autorização legislativa;
7) Execução dos orçamentos aprovados;
8) Avaliação da execução e julgamento das contas.

Para o autor, tais fases são insuscetíveis de aglutinação, dado que cada uma possui ritmo próprio, finalidade distinta e periodicidade definida.

8.3. CICLO ORÇAMENTÁRIO EM SENTIDO ESTRITO

1) Elaboração;
2) Apreciação (aprovação) pelo poder legislativo;
3) Execução;
4) Controle e avaliação.

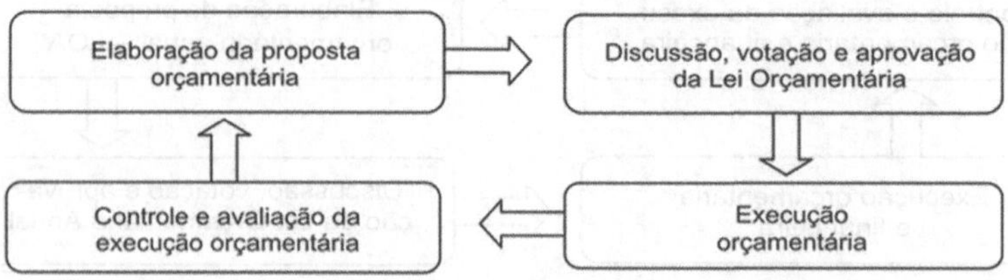

8.4. APRECIAÇÃO DOS INSTRUMENTOS ORÇAMENTÁRIOS/PROCESSO LEGISLATIVO DOS INSTRUMENTOS ORÇAMENTÁRIOS (TRAMITAÇÃO)

Cabe ao Congresso Nacional, com a sanção do Presidente da República, dispor sobre todas as matérias de competência da União, especialmente sobre:

1) Plano plurianual
2) Diretrizes orçamentárias;
3) Orçamento anual;
4) Planos e programas nacionais, regionais e setoriais de desenvolvimento;

8.4.1. RECEBIMENTO DE EXAME E PARECER PRELIMINAR

Segundo o § 1° do art. 166 da constituição, caberá a uma Comissão mista permanente de Senadores e Deputados (Comissão Mista de Planos, Orçamentos Públicos e Fiscalização – CMO):

1) Examinar e emitir parecer sobre os projetos relativos ao plano plurianual, às diretrizes orçamentárias, ao orçamento anual e aos créditos adicionais e sobre as contas apresentadas anualmente pelo Presidente da República;
2) Examinar e emitir parecer sobre os planos e programas nacionais, regionais e setoriais previstos nesta Constituição e exercer o acompanhamento e a fiscalização orçamentária, sem prejuízo da atuação das demais comissões do Congresso Nacional e de suas Casas, criadas de acordo com o art. 58.

8.4.2. ALTERAÇÕES NOS PROJETOS DE LEI ORIGINAIS ENVIADOS PELO PODER EXECUTIVO

1) **Pelo Chefe do Poder Executivo**

Segundo o § 5° do art. 166 da CF, o Presidente da República poderá enviar mensagem ao Congresso Nacional para propor modificação nos projetos a que se refere este artigo enquanto não iniciada a votação, na Comissão mista, da parte cuja alteração é proposta.

2) **Emendas parlamentares**

2.1) Emendas ao PLPPA (Projeto de Lei do Plano Plurianual)

O projeto de lei do PPA poderá sofrer alterações por intermédio de emendas parlamentares.

2.2) Emendas ao PLDO (Projeto de Lei de Diretrizes Orçamentárias):

Segundo o § 4° do art. 166 da Constituição, as emendas ao projeto de lei de diretrizes orçamentárias não poderão ser aprovadas quando incompatíveis com o plano plurianual.

2.3) Emendas ao PLOA (Projeto de Lei Orçamentária Anual):

✓ **Constituição Federal (§ 3° do art. 166):**

Segundo a Constituição, as emendas ao projeto de lei do orçamento anual ou aos projetos que o modifiquem (créditos adicionais) somente podem ser aprovadas caso:

I. Sejam compatíveis com o plano plurianual e com a lei de diretrizes orçamentárias;

II. Indiquem os recursos necessários, admitidos apenas os provenientes de anulação de despesa, excluídas as que incidam sobre:

a) dotações para pessoal e seus encargos;

b) serviço da dívida;

c) transferências tributárias constitucionais para Estados, Municípios e Distrito Federal; ou

III. Sejam relacionadas:

a) com a correção de erros ou omissões; ou

b) Com os dispositivos do texto do projeto de lei.

✓ **Lei 4320/64** (art. 33):

Segundo A Lei 4320/64, não se admitirão emendas ao projeto de Lei de Orçamento que visem a:

a) alterar a dotação solicitada para despesa de custeio, salvo quando provada, nesse ponto a inexatidão da proposta;

b) conceder dotação para o início de obra cujo projeto não esteja aprovado pelos órgãos competentes;

c) conceder dotação para instalação ou funcionamento de serviço que não esteja anteriormente criado;

d) conceder dotação superior aos quantitativos previamente fixados em resolução do Poder Legislativo para concessão de auxílios e subvenções.

8.5. PROGRAMAÇÃO FINANCEIRA E ORÇAMENTÁRIA

A programação orçamentária e financeira consiste na compatibilização do fluxo dos pagamentos com o fluxo dos recebimentos, visando o ajuste da despesa fixada às novas projeções de resultados e da arrecadação.

Determina a Lei de Responsabilidade Fiscal que, em até trinta dias após a publicação dos orçamentos, nos termos em que dispuser a Lei de Diretrizes Orçamentárias e observado o disposto na alínea c do inciso I do art. 4º, o Poder Executivo estabelecerá a programação financeira e o cronograma de execução mensal de desembolso. Esse dispositivo atende ao princípio da programação e será efetivado por meio de decreto do Poder Executivo. Nesse decreto estará contida a forma que se desenvolverá os desembolsos durante o exercício financeiro.

8.6. EXECUÇÃO DOS ORÇAMENTOS

A execução da lei orçamentária anual se desenvolve em dois campos distintos, o orçamentário e o financeiro, apesar de ocorrem de forma, praticamente, concomitante.

8.6.1. MOVIMENTAÇÃO DE CRÉDITOS ORÇAMENTÁRIOS (DESCENTRALIZAÇÃO DE CRÉDITOS)

8.6.2. MOVIMENTAÇÃO DE RECURSOS FINANCEIROS (DESCENTRALIZAÇÃO DE RECURSOS FINANCEIROS)

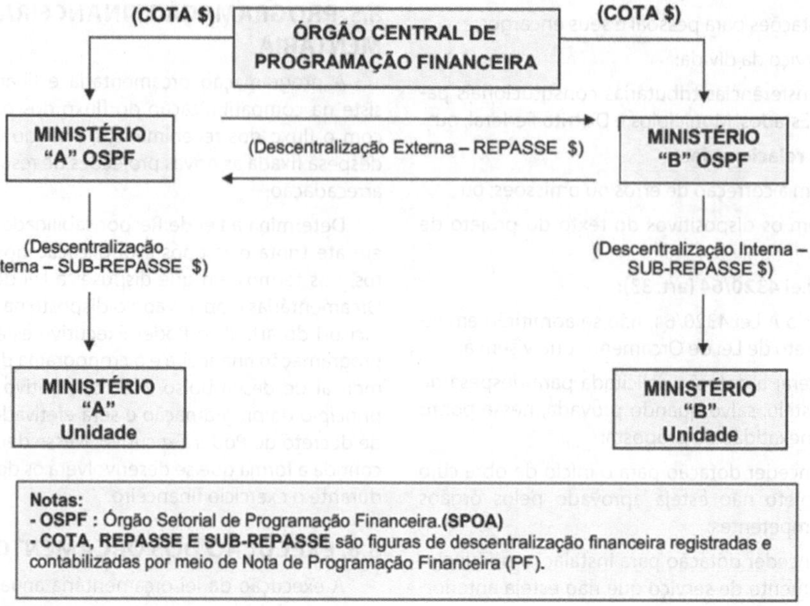

Dois processos.

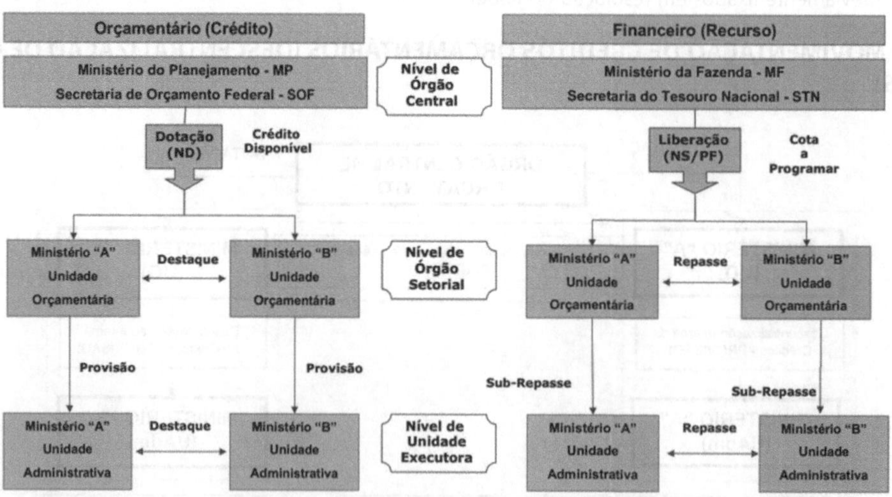

Da análise da figura chega-se à conclusão que a dotação orçamentária está para cota financeira e destaque orçamentário está para repasse financeiro, assim como provisão orçamentária está para sub-repasse financeiro, sendo, cada uma, faces da mesma moeda.

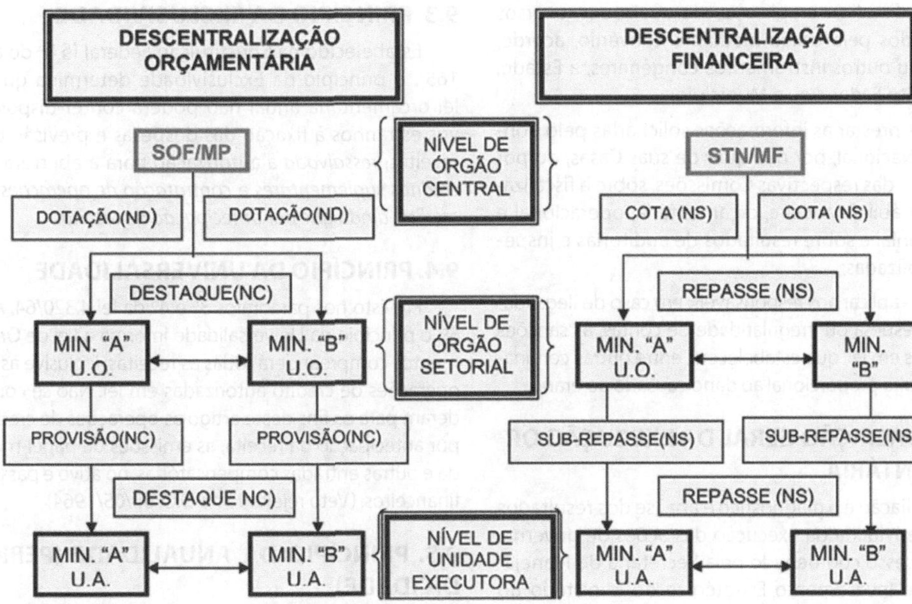

8.7. CONTROLE E AVALIAÇÃO DA EXECUÇÃO DO ORÇAMENTO

Segundo o Art. 70 da Constituição Federal, a fiscalização contábil, financeira, orçamentária, operacional e patrimonial da União e das entidades da administração direta e indireta, quanto à legalidade, legitimidade, economicidade, aplicação das subvenções e renúncia de receitas, será exercida pelo Congresso Nacional, mediante controle externo, e pelo sistema de controle interno de cada Poder.

1) Interno

Segundo o art. 74 da constituição Federal, os Poderes Legislativo, Executivo e Judiciário manterão, de forma integrada, sistema de controle interno com a finalidade de:

I – avaliar o cumprimento das metas previstas no plano plurianual, a execução dos programas de governo e dos orçamentos da União;

II – comprovar a legalidade e avaliar os resultados, quanto à eficácia e eficiência, da gestão orçamentária, financeira e patrimonial nos órgãos e entidades da administração federal, bem como da aplicação de recursos públicos por entidades de direito privado;

III – exercer o controle das operações de crédito, avais e garantias, bem como dos direitos e haveres da União;

IV – apoiar o controle externo no exercício de sua missão institucional.

2) Controle externo

O art. 71 da Constituição Federal estabelece que o controle externo, a cargo do Congresso Nacional, será exercido com o auxílio do Tribunal de Contas da União, ao qual compete:

I – apreciar as contas prestadas anualmente pelo Presidente da República, mediante parecer prévio que deverá ser elaborado em sessenta dias a contar de seu recebimento;

II – julgar as contas dos administradores e demais responsáveis por dinheiros, bens e valores públicos da administração direta e indireta, incluídas as fundações e sociedades instituídas e mantidas pelo Poder Público federal, e as contas daqueles que derem causa a perda, extravio ou outra irregularidade de que resulte prejuízo ao erário público;

III – apreciar, para fins de registro, a legalidade dos atos de admissão de pessoal, a qualquer título, na administração direta e indireta, incluídas as fundações instituídas e mantidas pelo Poder Público, excetuadas as nomeações para cargo de provimento em comissão, bem como a das concessões de aposentadorias, reformas e pensões, ressalvadas as melhorias posteriores que não alterem o fundamento legal do ato concessório;

IV – realizar, por iniciativa própria, da Câmara dos Deputados, do Senado Federal, de Comissão técnica ou de inquérito, inspeções e auditorias de natureza contábil, financeira, orçamentária, operacional e patrimonial, nas unidades administrativas dos Poderes Legislativo, Executivo e Judiciário, e demais entidades referidas no inciso II;

V – fiscalizar as contas nacionais das empresas supranacionais de cujo capital social a União participe, de forma direta ou indireta, nos termos do tratado constitutivo;

VI – fiscalizar a aplicação de quaisquer recursos repassados pela União mediante convênio, acordo, ajuste ou outros instrumentos congêneres, a Estado, ao Distrito Federal ou a Município;

VII – prestar as informações solicitadas pelo Congresso Nacional, por qualquer de suas Casas, ou por qualquer das respectivas Comissões, sobre a fiscalização contábil, financeira, orçamentária, operacional e patrimonial e sobre resultados de auditorias e inspeções realizadas;

VIII – aplicar aos responsáveis, em caso de ilegalidade de despesa ou irregularidade de contas, as sanções previstas em lei, que estabelecerá, entre outras cominações, multa proporcional ao dano causado ao erário.

8.8. AVALIAÇÃO GERAL DA EXECUÇÃO ORÇAMENTÁRIA

Avaliação é o diagnóstico e analise dos resultados e da efetividade da execução das ações de governo, em processo coordenado pela Secretaria de Planejamento e Investimento Estratégico do Ministério do Planejamento, Orçamento e Gestão. O Instituto de Pesquisa Econômica Aplicada (IPEA) também participa desta etapa, no que concerne à avaliação das políticas públicas, avaliação que exige período de tempo mais tempo que um exercício financeiro.

9. PRINCÍPIOS ORÇAMENTÁRIOS

9.1. PRINCÍPIO DA LEGALIDADE (LEGALIDADE ORÇAMENTÁRIA)

Segundo o inciso II do art. 5º da Constituição Federal de 1988, "ninguém será obrigado a fazer ou deixar de fazer alguma coisa senão em virtude de lei". Este dispositivo estabelece o princípio da legalidade em nosso ordenamento jurídico, onde o que não for proibido está permitido.

No âmbito da Administração Pública o princípio da Legalidade é mais restrito, onde só é permitido ao agente público fazer o que a legislação permite, ou seja, só se pode fazer o que é autorizado em "lei". No âmbito orçamentário esse princípio visa a combater as arbitrariedades e é uma derivação específica do princípio da legalidade genérica prevista na Constituição.

9.2. PRINCÍPIO DA UNIDADE (TOTALIDADE)

O princípio da Unidade determina que *todas as receitas e despesas* orçamentárias de todos os poderes e órgãos devem estar contidas em apenas uma lei orçamentária, isso para que seja possível um controle concentrado do orçamento, evitando assim orçamentos paralelos que dificultam a fiscalização, o controle e o gerenciamento de todas as receitas e despesas.

9.3. PRINCÍPIO DA EXCLUSIVIDADE

Estabelecido na Constituição Federal (§ 8º do art. 165), o princípio da Exclusividade determina que a lei orçamentária anual não poderá conter dispositivos estranhos à fixação das despesas e previsão das receitas, *ressalvada* a autorização para a abertura de *créditos suplementares* e *contratação de operações de crédito, ainda que por antecipação da receita.*

9.4. PRINCÍPIO DA UNIVERSALIDADE

Previsto nos parágrafos 3º e 4º da lei 4.320/64, Art. 3º, o princípio da Universalidade informa a Lei de Orçamentos compreenderá todas as receitas, inclusive as de operações de crédito autorizadas em lei. Não se consideram para os fins deste artigo as operações de credito por antecipação da receita, as emissões de papel-moeda e outras entradas compensatórias, no ativo e passivo financeiros. (Veto rejeitado no D.O. 05/05/1964)

9.5. PRINCÍPIO DA ANUALIDADE (PERIODICIDADE)

O princípio da periodicidade estabelece que o orçamento deve ter vigência limitada no tempo para que o planejamento possa ser renovado periodicamente e para que haja um constante controle, por parte do poder Legislativo, da Atividade Financeira do Estado desenvolvida pelo poder Executivo, ou seja, a autorização legislativa do gasto deve ser renovada a cada período determinado pela legislação.

Atenção para inovação constitucional

Art. 165

§ 14. A lei orçamentária anual poderá conter previsões de despesas para exercícios seguintes, com a especificação dos investimentos plurianuais e daqueles em andamento. (Incluído pela Emenda Constitucional nº 102, de 2019)

9.6. PRINCÍPIO DO ORÇAMENTO BRUTO

Determina o princípio do Orçamento Bruto que as receitas e despesas devem constar na LOA pelos seus valores totais, sendo vedadas deduções ou compensações.

9.7. PRINCÍPIO DO EQUILÍBRIO ORÇAMENTÁRIO (EQUILÍBRIO FORMAL)

Esse princípio determina que o orçamento deve ser elaborado de forma que haja equilíbrio entre receita e despesa, ou seja, somente se poderá fixar a despesa em montante igual a previsão da receita.

9.8. PRINCÍPIO DA PUBLICIDADE

Em matéria orçamentária, o princípio da publicidade é o mesmo previsto no art. 37 da CF, relacionando-se, nesse caso específico, com o controle social das ações orçamentárias, notadamente as que se referem à receita e despesa.

A aplicação desse princípio torna obrigatória a divulgação de atos, contratos e outros instrumentos celebrados pela Administração Pública direta ou indireta, para conhecimento, controle, início e eficácia de seus efeitos.

9.9. PRINCÍPIO DA TRANSPARÊNCIA

Para que haja um maior controle das atividades orçamentárias, todas as informações referentes à Atividade Financeira do Estado devem ser apresentadas e disponibilizadas para a sociedade. O Princípio da Transparência determina que, em todo processo orçamentário (ciclo), todas as informações referentes a todos os instrumentos orçamentários (elaboração e execução) devem ser disponibilizadas e devem estar acessíveis a toda sociedade, com ferramentas propiciadas pela internet, por exemplo.

9.10. PRINCÍPIO DA CLAREZA OU INTELIGIBILIDADE

É um princípio doutrinário (não está expresso em lei) e determina que o orçamento deve ser expresso de forma clara, ordenada e completa. O seu entendimento, sempre que possível, deve ser acessível à sociedade e não só aos técnicos que o elaboram. Está relacionado ao princípio da publicidade.

9.11. PRINCÍPIO DA NÃO AFETAÇÃO OU NÃO VINCULAÇÃO DA RECEITA DE IMPOSTOS

O princípio da não Afetação de Receitas determina que, a receita orçamentária de impostos não pode ser vinculada a órgãos, fundos ou despesas, ressalvados os casos permitidos pela própria Constituição Federal.

Atenção à inovação constitucional

Art. 167. São vedados:

[...]

§ 4º É permitida a vinculação das receitas a que se referem os arts. 155, 156, 157, 158 e as alíneas "a", "b", "d" e "e" do inciso I e o inciso II do caput do art. 159 desta Constituição para pagamento de débitos com a União e para prestar-lhe garantia ou contragarantia. (Redação dada pela Emenda Constitucional nº 109, de 2021)

9.12. PRINCÍPIO DA ESPECIFICAÇÃO, ESPECIFICIDADE, ESPECIALIZAÇÃO, DISCRIMINAÇÃO

Esse princípio impõe a classificação e designação dos itens que devem constar na LOA. Tal princípio está previsto na lei 4320/67 nos artigos 5º, 20º caput e § 1º do art. 15, e determina a discriminação desses itens, vedando dotações globais e genéricas.

A Constituição Federal também impõe regra pautada nesse princípio ao estabelecer que é vedada a concessão ou utilização de créditos ilimitados (art. 167, inciso VII).

✓ **Exceções ao princípio da especificação:**

1) A *reserva de contingência;*

2) Dotações *para* programas especiais de trabalho, estabelecido no art. 20 da Lei nº 4.320/64.

9.13. PRINCÍPIO DA PROGRAMAÇÃO OU PLANEJAMENTO

Programar significa planejar, que consiste na formulação de objetivos e estudos das possibilidades para ações futuras que tenham por fim alcançar os resultados esperados da atividade governamental. Em regra, a ações governamentais devem ser planejadas do PPA, na LDO e na LOA.

9.14. PRINCÍPIO DO NÃO ESTORNO DE VERBA (PROIBIÇÃO DO ESTORNO DE VERBAS)

Segundo esse princípio, são poderá haver transposição, remanejamento ou transferência de recursos de uma categoria de programação para outra sem prévia autorização legislativa.

Exceção ao princípio:

Segundo o § 5º do art. 167 da CF, a transposição, o remanejamento ou a transferência de recursos de uma categoria de programação para outra poderão ser admitidos, no âmbito das atividades de ciência, tecnologia e inovação, com o objetivo de viabilizar os resultados de projetos restritos a essas funções, mediante ato do Poder Executivo, sem necessidade da prévia autorização legislativa.

9.15. PRINCÍPIO DA UNIDADE DE CAIXA (UNIDADE DE TESOURARIA)

Representado pelo controle centralizado dos recursos arrecadados em cada Ente Federado. Dessa forma, em obediência a esse princípio, serão depositados, em regra, todos os recursos financeiros no ente a que se referir, tantos as receitas orçamentárias quanto as extra orçamentárias.

9.16. PRINCÍPIO DA UNIFORMIDADE OU CONSISTÊNCIA

Segundo o Principio da Uniformidade, os orçamentos devem apresentar e conservar, ao longo dos diversos exercícios financeiros, uma estrutura uniforme, ou seja, devem ser minimamente homogêneos. Referindo-se ao aspecto formal, deve haver uma padronização, possibilitando comparações ao longo do tempo, permitindo uma análise gerencial dos aspectos orçamentários e suas mutações.

Quadro resumo dos princípios orçamentários

Princípio	Descrição sucinta
Legalidade (Legalidade Orçamentária)	A atividade orçamentária deve estar autorizada em lei
Unidade (Totalidade)	Todas as receitas e despesas orçamentárias de todos os poderes e órgãos devem estar contidas em apenas uma lei orçamentária em cada ente federativo
Exclusividade	A lei orçamentária anual não poderá conter dispositivos estranhos à fixação das despesas e previsão das receitas, ressalvada a autorização para a abertura de créditos suplementares e contratação de operações de crédito, ainda que por antecipação da receita.
Universalidade	Todas as receitas e despesas, de qualquer natureza, procedência ou destino, inclusive a dos fundos, dos empréstimos e dos subsídios, devem estar contidas na Lei Orçamentária Anual, ou seja, nenhuma receita ou despesa pode fugir ao controle do Legislativo.
Anualidade (Periodicidade)	O Orçamento deve ter vigência limitada no tempo. No Brasil esse período é de um ano
Orçamento Bruto	As receitas e despesas devem constar na LOA pelos seus valores totais, sendo vedadas deduções ou compensações.
Equilíbrio Orçamentário	Orçamento deve ser elaborado de forma que haja equilíbrio entre receita e despesa, ou seja, somente se poderá fixar a despesa em montante igual a previsão da receita.
Publicidade	Obrigatória a divulgação dos instrumentos orçamentários, além de atos, contratos e outros instrumentos celebrados pela Administração Pública direta ou indireta, para conhecimento, controle, início e eficácia de seus efeitos.
Transparência	Todas as informações referentes à Atividade Financeira do Estado devem ser apresentadas e disponibilizadas para a sociedade. Em todo processo orçamentário (ciclo), todas as informações referentes a todos os instrumentos orçamentários (elaboração e execução) devem ser disponibilizadas e devem estar acessíveis a toda sociedade.
Clareza ou Inteligibilidade	Determina que o orçamento deve ser expresso de forma clara, ordenada e completa. O seu entendimento, sempre que possível, deve ser acessível à sociedade e não só aos técnicos que o elaboram. Está relacionado ao princípio da publicidade.
Não Afetação ou Não Vinculação da Receita de impostos	A receita orçamentária de impostos não pode ser vinculada a órgãos, fundos ou despesas, ressalvados os casos permitidos pela própria Constituição Federal.
Especificação, Especificidade, Especialização, Discriminação	A Lei de Orçamento não consignará dotações globais destinadas a atender indiferentemente a despesas de pessoal, material, serviços de terceiros, transferências ou quaisquer outras, exceto as ressalvas.
Programação ou Planejamento	A programação determina que todos os projetos de gastos devem ser planejados, ou seja, estar programados na LOA ou em leis de créditos adicionais, ou seja, para que haja um gasto é necessário a definição de um objetivo a ser alcançado.
Não Estorno de Verba (Proibição do Estorno de Verbas)	São vedados (...) VI.a transposição, o remanejamento ou a transferência de recursos de uma categoria de programação para outra ou de um órgão para outro, sem prévia autorização legislativa;
Unidade de Caixa (Unidade de Tesouraria)	Lei 4320./64 Art. 56 – O recolhimento de todas as receitas far-se-á em estrita observância ao princípio de unidade de tesouraria, vedada qualquer fragmentação para criação de caixas especiais. Constituição federal Art. 165 – (...) § 3º – As disponibilidades de caixa da União serão depositadas no banco central; as dos Estados, do Distrito Federal, dos Municípios e dos órgãos ou entidades do Poder Público e das empresas por ele controladas, em instituições financeiras oficiais, ressalvados os casos previstos em lei.
Uniformidade ou Consistência	Os orçamentos devem apresentar e conservar, ao longo dos diversos exercícios financeiros, uma estrutura uniforme, ou seja, devem ser minimamente homogêneos. Referindo-se ao aspecto formal, deve haver uma padronização, possibilitando comparações ao longo do tempo, permitindo uma análise gerencial dos aspectos orçamentários e suas mutações.

10. RECEITA PÚBLICA

10.1. CONCEITO DE RECEITA PÚBLICA

A depender do ponto de vista, a receita pública pode ser vista sob dois aspectos:

10.1.1. RECEITA EM SENTIDO AMPLO

Segundo o MTO 2018 – Manual Técnico de Orçamento para o exercício de 2018, em sentido amplo, receitas públicas são ingressos de recursos financeiros nos cofres do Estado, que se desdobram em receitas orçamentárias, quando representam disponibilidades de recursos financeiros para o erário, e em ingressos extra orçamentários, quando representam apenas entradas compensatórias.

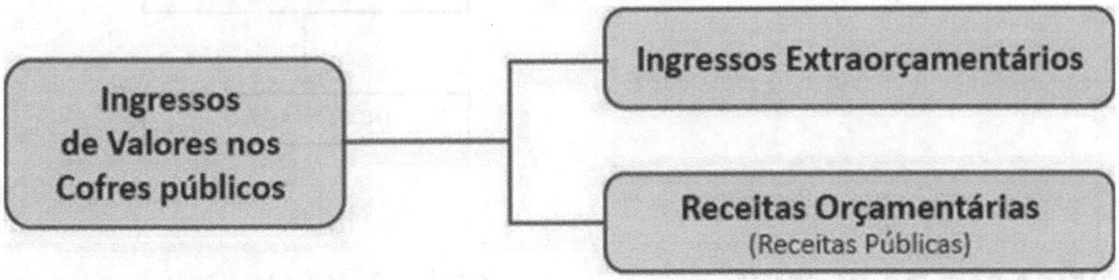

10.1.2. RECEITA EM SENTIDO ESTRITO

Segundo o Manual Técnico de Orçamento 2018, são públicas apenas as receitas orçamentárias. Este Manual Técnico de Orçamento adota a definição no sentido estrito; dessa forma, quando houver citação ao termo "receita pública", implica referência às "receitas orçamentárias".

10.2. ETAPAS DA RECEITA ORÇAMENTÁRIA

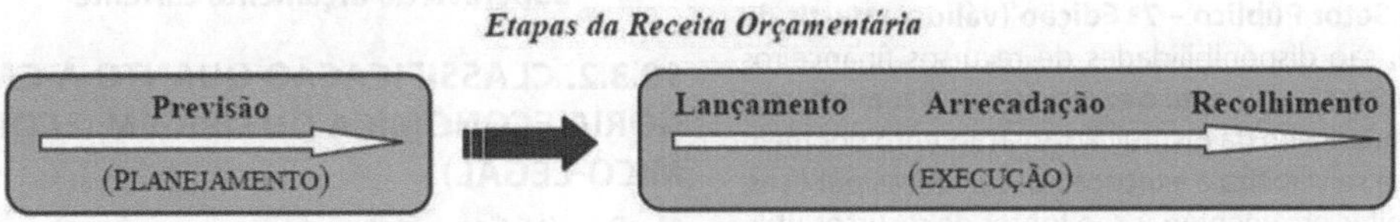

10.2.1. PLANEJAMENTO (PREVISÃO, PROJEÇÃO)

Compreende a previsão de arrecadação da receita orçamentária constante da Lei Orçamentária Anual (LOA), resultante de metodologias de projeção usualmente adotadas, observada as disposições constantes na Lei de Responsabilidade Fiscal (LRF).

10.2.2. EXECUÇÃO DA RECEITA

1) **Lançamento**

Segundo o art. 53 da lei 4320\64, o lançamento da receita é ato da repartição competente, que verifica a procedência do crédito fiscal e a pessoa que lhe é devedora e inscreve o débito desta.

O lançamento, um dos estágios da receita pública, compreende os procedimentos de determinação da matéria tributável, cálculo do imposto, identificação do sujeito passivo e notificação.

2) **Arrecadação**

É o estágio em que as pessoas, físicas ou jurídicas, entregam os recursos financeiros aos agentes arrecadadores como bancos, lotéricas, etc.

Nesse momento os valores ainda não foram disponibilizados para o ente público, pois estão na posse do agente arrecadador, porém, é nesse momento que se deve processar o lançamento contábil dessa receita.

3) **Recolhimento**

É o estágio da receita em que o agente arrecadador transfere os recursos arrecadados junto à conta única do tesouro, no caso da União à CUTN. Podemos então concluir que o que difere esse estágio com o da arrecadação é a posse do recurso que após o recolhimento será efetivamente do ente público.

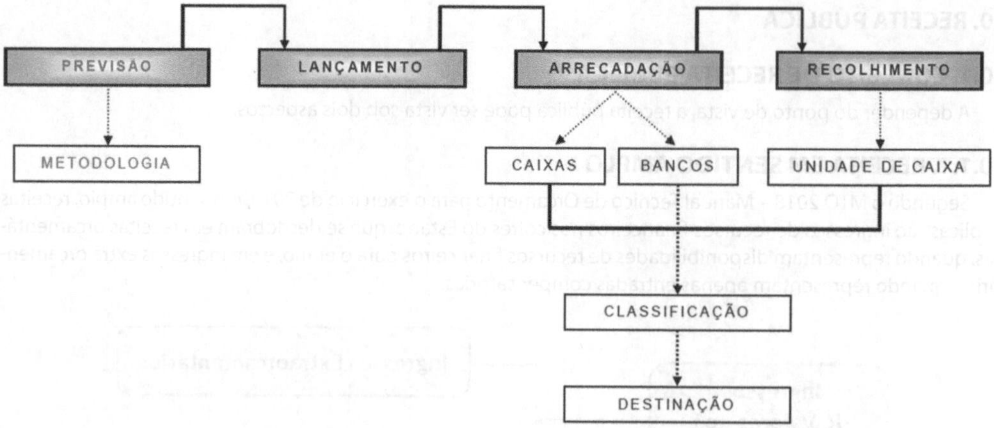

10.3. CLASSIFICAÇÃO DA RECEITA

10.3.1. CLASSIFICAÇÃO QUANTO À POSSIBILIDADE DE SERVIR DE FONTES DE RECURSOS PARA ATENDER DESPESAS PÚBLICAS

1) Orçamentárias (não devolutivas):

Segundo o **Manual de Contabilidade Aplicada ao Setor Público – 7ª Edição (válido a partir de 2017),** são disponibilidades de recursos financeiros que ingressam durante o exercício e que aumentam o saldo financeiro da instituição. Instrumento por meio do qual se viabiliza a execução das políticas públicas, as receitas orçamentárias são fontes de recursos utilizadas pelo Estado em programas e ações cuja finalidade precípua é atender às necessidades públicas e demandas da sociedade. Essas receitas pertencem ao Estado, transitam pelo patrimônio do Poder Público e, via de regra, por força do princípio orçamentário da universalidade, estão previstas na Lei Orçamentária Anual – LOA.

Exemplo: impostos, taxas, contribuições, operações de crédito, alienação de bens, receitas de serviço, receitas patrimoniais, doações, indenizações judiciais ou não, excesso de arrecadação, multas, confiscos, receitas de concessões e permissões do direito de exploração de serviços públicos, cessão de direitos, ganho com Alienação de bens Imóveis, juros e outros rendimentos etc..

2) Extra orçamentárias (devolutivas):

São recursos que não serão destinados ao atendimento de despesas públicas por, em regra, ter caráter transitório. Essas receitas podem ou não representar entrada de recursos financeiros. Assim, podem ser divididos em:

São exemplos de receita extra orçamentária:

- ✓ **Consignações em folha de pagamento;**
- ✓ **Caução recebida em dinheiro;**
- ✓ **Operações de crédito por antecipação de Receita Orçamentária (ARO)**
- ✓ **Retenções em folha de pagamento**
- ✓ **Inscrição em restos a pagar**
- ✓ **Superávit do orçamento corrente**

10.3.2. CLASSIFICAÇÃO QUANTO À CATEGORIA ECONÔMICA OU ORIGEM (ECONÔMICO-LEGAL)

1) Receita Corrente

1.1) Tributária

Segundo a lei 4.320/67:

1.1.1) Impostos

1.1.2) Taxas

1.1.3) Contribuições de Melhoria

1.2) Contribuições

1.2.1) Contribuições Sociais

1.2.2) Contribuições de Intervenção no Domínio Econômico

1.2.3) Contribuições de Interesse das categorias profissionais ou econômicas

1.2.4) Contribuição para o custeio de serviço de iluminação pública

1.3) Receita Patrimonial

1.4) Receita Agropecuária

1.5) Receita Industrial

1.6) Receita de Serviços

1.7) Transferência Corrente

São recursos financeiros recebidos de outras pessoas de direito público ou privado, quando destinadas a atender despesas classificáveis em Despesas Correntes.

1.8) Outras Receitas Correntes

São os ingressos provenientes de outras origens não classificáveis nas subcategorias econômicas anteriores como recebimento de dívida ativa, receitas de doações, receitas de restituições, receitas de juros de mora.

2) Receita de capital

2.1) Constituição de dívida (Operações de Crédito)

2.2) Alienação de Bens (conversão em espécies de bens e direitos)

2.3) Amortização de Empréstimos

2.4) Transferências de Capital

2.5) Superávit do Orçamento Corrente.

2.6) Outras Receitas de Capital

10.3.3. CLASSIFICAÇÃO POR NATUREZA DA RECEITA

A classificação orçamentária por natureza de receita visa identificar a origem do recurso que ingressa nos cofres públicos segundo o fato gerador, servindo para análise do impacto dos investimentos governamentais na economia, codificando a natureza econômica vista anteriormente.

É, em realidade, uma codificação.

DÍGITO:	1º	2º	3º	4º a 7º	8º
SIGNIFICADO:	Categoria Econômica	Origem	Espécie	Desdobramentos para identificação de peculiaridades da receita	Tipo

1) Categoria econômica

O que já foi visto: 1 para Receita Corrente e 2 para Receita de Capital.

Receitas intraorçamentárias[8]

Conforme explicita o MTO 2018, operações intraorçamentárias são aquelas realizadas entre órgãos e demais entidades da Administração Pública integrantes dos Orçamentos Fiscal e da Seguridade Social do mesmo ente federativo. Não representam novas entradas de recursos nos cofres públicos do ente, mas apenas remanejamento de receitas entre seus órgãos.

CÓDIGO	CATEGORIA ECONÔMICA
1	Receitas Correntes
7	Receitas Correntes Intraorçamentárias
2	Receitas de Capital
8	Receitas de Capital Intraorçamentárias

2) Origem

Categoria Econômica (1º Dígito)	Origem (2º Dígito)
1. Receitas Correntes 7. Receitas Contraorçamentárias	1. Impostos, Taxas e Contribuições de Melhoria 2. Contribuições 3. Receita Patrimonial 4. Receita Agropecuária 5. Receita Industrial 6. Receita de Serviços 7. Transferências Correntes 9. Outras Receitas Correntes
2. Receitas de Capital 8. Receitas de Capital Intraorçamentárias	1. Operações de Crédito 2. Alienação de Bens 3. Amortização de Empréstimos 4. Transferências de Capital 9. Outras Receitas de Capital

8 MTO 2018 – Manuel Técnico de Orçamento 2018.

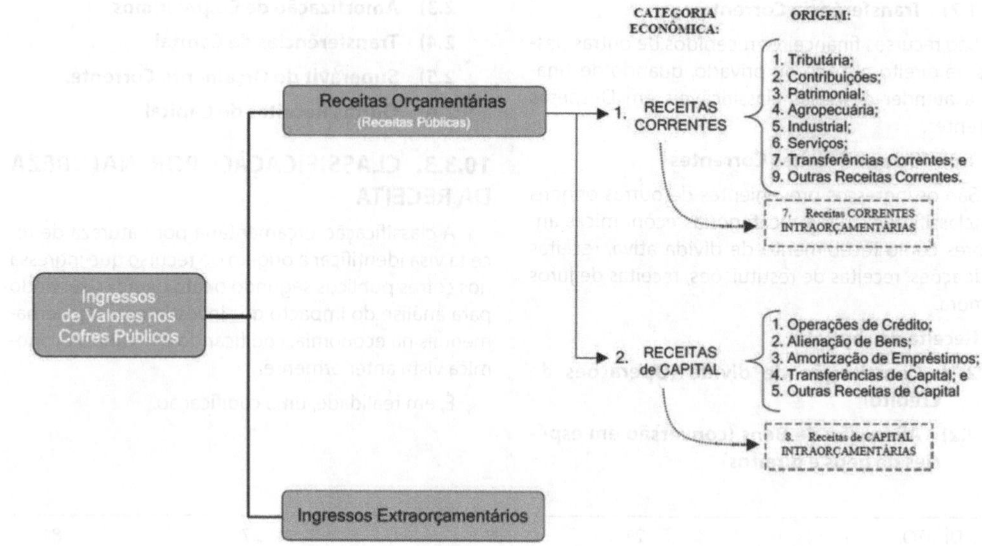

3) Espécie: seguem exemplos:

1- RECEITA CORRENTE (Categoria Econômica)	Naturezas de Receita
1- Impostos, Taxas e Contribuições de Melhoria (Origem)	
1- Impostos (Espécie)	De 1.1.1.0.00.0.0 até 1.1.1.9.01.1.0
2- Taxas (Espécie)	De 1.1.2.0.00.0.0 até 1.1.2.2.01.1.0
3- Contribuição de Melhoria (Espécie)	De 1.1.3.0.00.0.0 até 1.1.3.0.00.1.0
2- Contribuições (Origem)	
1- Contribuições Sociais (Espécie)	De 1.2.1.0.00.0.0 até 1.2.1.0.99.1.0
2- Contribuições Econômicas (Espécie)	De 1.2.2.0.00.0.0 até 1.2.2.0.99.1.0
3- Contribuições para Entidades Privadas de Serviço Social e de Formação Profissional (Espécie)	De 1.2.3.0.00.0.0 até 1.2.3.0.01.1.0
3- Receita Patrimonial (Origem)	
1- Exploração do Patrimônio Imobiliário do Estado (Espécie)	De 1.3.1.0.00.0.0 até 1.3.1.0.99.1.0
2- Valores Mobiliários (Espécie)	De 1.3.2.0.00.0.0 até 1.3.2.9.00.1.0
3- Delegação de Serviços Públicos Mediante Concessão, Permissão, Autorização ou Licença (Espécie)	De 1.3.3.0.00.0.0 até 1.3.3.9.99.1.0
4- Exploração de Recursos Naturais (Espécie)	De 1.3.4.0.00.0.0 até 1.3.4.9.99.1.0
5- Exploração do Patrimônio Intangível (Espécie)	De 1.3.5.0.00.0.0 até 1.3.5.0.03.1.0
6- Cessão de Direitos (Espécie)	De 1.3.6.0.00.0.0 até 1.3.6.0.01.1.0
9- Demais Receitas Patrimoniais (Espécie)	De 1.3.9.0.00.0.0 até 1.3.9.0.00.1.0
4- Receita Agropecuária (Origem)	De 1.4.0.0.00.0.0 até 1.4.0.0.00.1.0
5- Receita Industrial (Origem)	De 1.5.0.0.00.0.0 até 1.5.0.0.00.1.0
6- Receita de Serviços (Origem)	
1- Serviços Administrativos e Comerciais Gerais (Espécie)	De 1.6.1.0.00.0.0 até 1.6.1.0.04.1.0
2- Serviços e Atividades Referentes à Navegação e ao Transporte (Espécie)	De 1.6.2.0.00.0.0 até 1.6.2.0.04.3.0

3- Serviços e Atividades Referentes à Saúde (Espécie)	De 1.6.3.0.00.0.0 até 1.6.3.0.02.2.0
4- Serviços e Atividades Financeiras (Espécie)	De 1.6.4.0.00.0.0 até 1.6.4.0.03.1.0
9- Outros Serviços (Espécie)	De 1.6.9.0.00.0.0 até 1.6.9.0.99.1.0
7- Transferências Correntes (Origem)	De 1.7.0.0.00.0.0 até 1.7.0.0.08.1.0
9- Outras Receitas Correntes (Origem)	
1- Multas Administrativas, Contratuais e Judiciais (Espécie)	De 1.9.1.0.00.0.0 até 1.9.1.0.11.1.0
2- Indenizações, Restituições e Ressarcimentos (Espécie)	De 1.9.2.0.00.0.0 até 1.9.2.2.99.1.0
3- Bens, Direitos e Valores Incorporados ao Patrimônio Público (Espécie)	De 1.9.3.0.00.0.0 até 1.9.3.0.04.1.0
9- Demais Receitas Correntes (Espécie)	De 1.9.9.0.00.0.0 até 1.9.9.0.99.2.0

2- RECEITA DE CAPITAL (Categoria Econômica)	Naturezas de Receita
1- Operações de Crédito (Origem)	
1- Operações de Crédito – Mercado Interno (Espécie)	De 2.1.1.0.00.0.0 até 2.1.1.9.00.1.0
2- Operações de Crédito – Mercado Externo (Espécie)	De 2.1.2.0.00.0.0 até 2.1.2.9.00.1.0
2- Alienação de Bens (Origem)	
1- Alienação de Bens Móveis (Espécie)	De 2.2.1.0.00.0.0 até 2.2.1.3.00.1.0
2- Alienação de Bens Imóveis (Espécie)	De 2.2.2.0.00.0.0 até 2.2.2.0.00.1.0
3- Alienação de Bens Intangíveis (Espécie)	De 2.2.3.0.00.0.0 até 2.2.3.0.00.1.0
3- Amortização de Empréstimos (Origem)	De 2.3.0.0.00.0.0 até 2.3.0.0.80.1.0
4- Transferências de Capital (Origem)	De 2.4.0.0.00.0.0 até 2.4.0.0.08.1.0
9- Outras Receitas de Capital (Origem)	
1- Integralização de Capital Social (Espécie)	De 2.9.1.0.00.0.0 até 2.9.1.0.00.1.0
2- Resultado do Banco Central (Espécie)	De 2.9.2.0.00.0.0 até 2.9.2.0.00.2.0
3- Remuneração das Disponibilidades do Tesouro (Espécie)	De 2.9.3.0.00.0.0 até 2.9.3.0.00.1.0
4- Resgate de Títulos do Tesouro (Espécie)	De 2.9.4.0.00.0.0 até 2.9.4.0.00.1.0
9- Demais Receitas de Capital (Espécie)	De 2.9.9.0.00.0.0 até 2.9.9.0.00.1.0

4) Desdobramentos para identificação de peculiaridades da receita

Foram reservados 4 dígitos para desdobramentos com a finalidade de identificar peculiaridades de cada receita, caso seja necessário. Desse modo, esses dígitos podem ou não ser utilizados conforme a necessidade de especificação do recurso.

5) Tipo

O tipo, correspondente ao último dígito na natureza de receita, tem a finalidade de identificar o tipo de arrecadação a que se refere aquela natureza, sendo:

- "0", quando se tratar de natureza de receita não valorizável ou agregadora;
- "1", quando se tratar da arrecadação *Principal* da receita;
- "2", quando se tratar de *Multas e Juros de Mora* da respectiva receita;
- "3", quando se tratar de *Dívida Ativa* da respectiva receita; e
- "4", quando se tratar de *Multas e Juros de Mora da Dívida Ativa* da respectiva receita.

Dígito:	1º	2º	3º	4º a 7º	8º	
Significado:	Cat. Econ.	Origem	Espécie	Desdobramentos	Tipo	Descrição-Padrão dos Códigos de Tipo:
Código:					0	Natureza Agregadora
					1	Receita Principal
	x	x	x	x . xx . x	2	Multa e Juros da Receita Principal
					3	Dívida Ativa da Receita Principal
					4	Multa e Juros da Dívida Ativa da Receita Principal

Quando o imposto de renda pessoa física é recolhido, aloca-se a receita pública correspondente na natureza de receita código "1.1.1.3.01.1.1

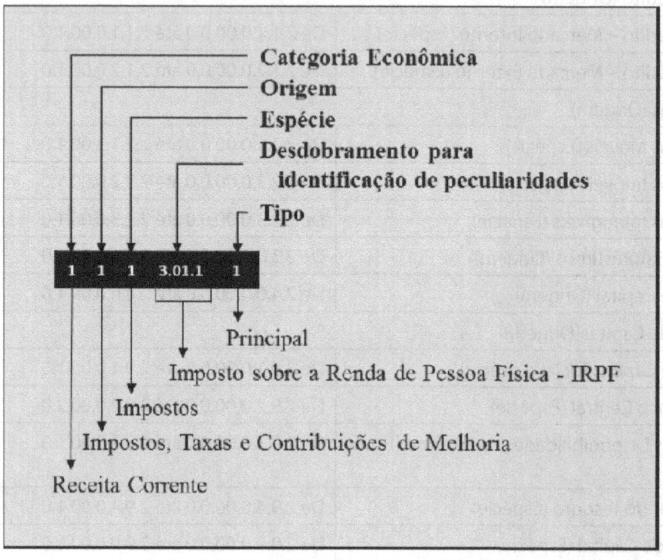

10.3.4. CLASSIFICAÇÃO POR IDENTIFICADOR DE RESULTADO PRIMÁRIO

1) **Receita Primária (P)**

Segundo manual técnico de orçamento 2016, receita primária é o somatório das receitas fiscais líquidas (aquelas que não geram obrigatoriedade de contraprestação financeira, como ônus, encargos e devolução). O cálculo da Receita Primária é efetuado somando-se as Receitas Correntes com as de Capital e, depois, excluindo da conta as receitas: de operações de crédito e seus retornos (juros e amortizações), de aplicações financeiras, de empréstimos concedidos e do superávit financeiro.

2) **Não primárias ou financeiras (F)**

As receitas financeiras são aquelas que não alteram o endividamento líquido do Governo (setor público não financeiro) no exercício financeiro correspondente, uma vez que criam uma obrigação ou extinguem um direito, ambos de natureza financeira, junto ao setor privado interno e/ou externo.

10.3.5. CLASSIFICAÇÃO POR FONTE/DESTINAÇÃO DE RECURSOS

Enquanto a natureza de receita orçamentária busca identificar a origem do recurso segundo seu fato gerador, a fonte/destinação de recursos possui a finalidade precípua de identificar o destino dos recursos arrecadados, vinculando-o à determinada despesa.

Relaciona-se, simultaneamente, à receita e à despesa pública.

✓ **Mecanismo de utilização das destinações de recursos**

Atualmente, a classificação de fontes de recursos consiste de um código de três dígitos:

1º DÍGITO	2º e 3º DÍGITOS
Grupo da Fonte de Recurso	Especificação da Fonte de Recurso

1) 1º dígito: Grupo de Fonte de Recursos

O primeiro dígito apresenta o maior nível de agregação, ou seja, o grupo a que determinada fonte pertence dessa classificação e ficam assim distribuídos.

Cód.	GRUPO da Fonte de Recurso (1º Dígito)
1	Recursos do Tesouro – Exercício Corrente
2	Recursos de Outras Fontes – Exercício Corrente
3	Recursos do Tesouro – Exercícios Anteriores
6	Recursos de Outras Fontes – Exercícios Anteriores
9	Recursos Condicionados

2) **2º e 3º dígito: Especificação das Fontes de Recursos**

O segundo e o terceiros dígitos é o detalhamento do grupo a que pertence, é a fonte propriamente dita e é composta por três dígitos.

Exemplos:

1º DÍGITO (Grupo da Fonte)	2º e 3º DÍGITOS (Especificação da Fonte)	FONTE
1 – Recursos do Tesouro – Exercício Corrente	01 – Transferências do Imposto sobre a Renda e sobre Produtos Industrializados	**101**
2 – Recursos de Outras Fontes – Exercício Corrente	93 – Produto da Aplicação dos Recursos à Conta do Salário-Educação	**293**
3 – Recursos do Tesouro – Exercícios Anteriores	01 – Transferências do Imposto sobre a Renda e sobre Produtos Industrializados	**301**
6 – Recursos de Outras Fontes – Exercícios Anteriores	93 – Produto da Aplicação dos Recursos à Conta do Salário-Educação	**693**
9 – Recursos Condicionados	00 – Recursos Ordinários	900

10.3.6. CLASSIFICAÇÃO POR ESFERA ORÇAMENTÁRIA

Segundo o § 5º do art. 165 da Constituição Federal, a lei orçamentária é dividida em três orçamentos:

- ✓ Orçamento fiscal referente aos Poderes da União, seus fundos, órgãos e entidades da administração direta e indireta, inclusive fundações instituídas e mantidas pelo Poder Público;
- ✓ Orçamento de investimento das empresas em que a União, direta ou indiretamente, detenha a maioria do capital social com direito a voto;
- ✓ Orçamento da seguridade social, abrangendo todas as entidades e órgãos a ela vinculados, da administração direta ou indireta, bem como os fundos e fundações instituídos e mantidos pelo Poder Público.

10.3.7. CLASSIFICAÇÃO QUANTO À COERCITIVIDADE (ORIGEM)[9]

1) Receita pública originária, de economia privada ou de direito privado

São os recursos obtidos pelo Estado em função do desenvolvimento de atividades características de economia privada.

2) Receita pública derivada, de economia pública ou de direito público

São receitas que derivam do patrimônio da sociedade. O governo obtém tais receitas exercendo seu poder de tributar os rendimentos, atividades ou o patrimônio da população.

10.3.8. CLASSIFICAÇÃO QUANTO AO IMPACTO NO PATRIMÔNIO LÍQUIDO (ENFOQUE PATRIMONIAL)

Esse critério diferencia as receitas orçamentárias conforme o impacto no PL (Patrimônio Líquido) do ente público que as recebe, isso dentro de uma visão contábil, dentro de um enfoque patrimonial segundo um regime de competência.

1) Receita Efetiva

Receitas efetivas são aquelas entradas de recursos financeiros que provocam impacto positivo no Patrimônio Líquido do ente a que pertencem.

9 A doutrina classifica as receitas públicas, quanto à procedência, em Originárias e Derivadas. Essa classificação possui uso acadêmico e não é normatizada; portanto, não é utilizada como classificador oficial da receita pelo Poder Público – Manual de Contabilidade Aplicada ao Setor Público – 7ª edição – aplicação a parir de 2017.

Receita efetiva = (receitas correntes – recebimento da dívida ativa) + transferências de capital.

2) **Não efetiva ou por mutação patrimonial**

Receitas não efetivas são entradas de recursos que não afetam o patrimônio líquido sendo classificados como fatos permutativos.

Receita não efetiva = (receitas de capital – transferências de capital) + recebimento da dívida ativa.

10.3.9. CLASSIFICAÇÃO QUANTO À REGULARIDADE, UNIFORMIDADE, CONTINUIDADE, CONSTÂNCIA OU INGRESSO

São as receitas classificadas como Ordinárias e Extraordinárias.

1) **Ordinária**

São valores cuja entrada ocorre periodicamente, ou seja, novamente a cada novo período, sempre se renovando, sempre ocorrendo em cada exercício financeiro.

2) **Extraordinária**

São valores cujas entradas podem não ocorre periodicamente, ou seja, não ocorre novamente a cada novo período, são esporádicas.

10.3.10. CLASSIFICAÇÃO QUANTO À COMPETÊNCIA DO ENTE DA FEDERAÇÃO

Valdecir Pascoal (Direito Financeiro e Controle Externo, 2010) diferencia receitas públicas quanto a competência em:

1) **Federal – Receitas pertencentes ao Governo Federal.**

Receitas arrecadadas pela União como IPI.

2) **Estadual – Receitas pertencentes ao Governo dos Estados e ao Distrito Federal.**

Receitas arrecadadas pelos estados como ICMS.

3) **Municipal – Receitas pertencentes aos Governos Municipais.**

Receitas arrecadadas pelos municípios como IPTU.

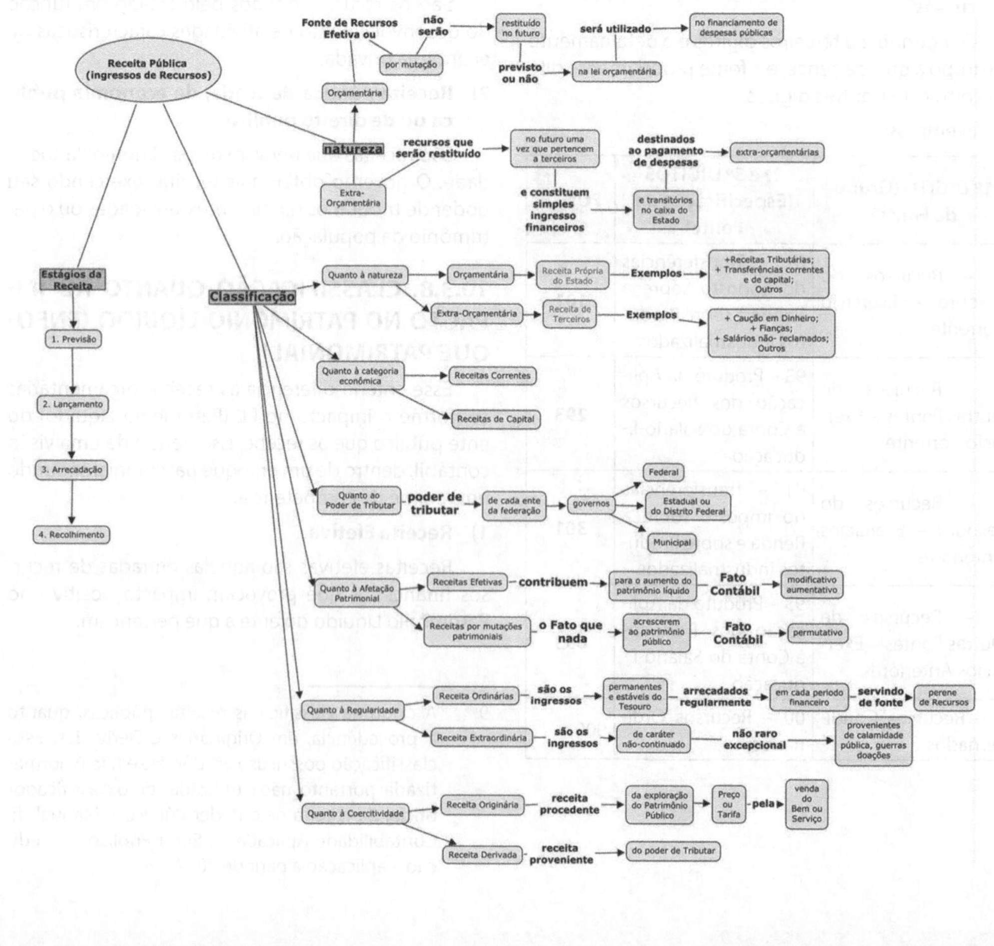

10.3.11. QUADRO RESUMO DA CLASSIFICAÇÃO DA RECEITA

Critérios de classificação	Espécies de Receita
Quanto à possibilidade de servir de fontes de recursos para atender despesas públicas	1. Orçamentário 2. Extraorçamentária
Quanto à categoria econômica ou origem (econômico-legal)	1. Corrente 2. Capital
Por natureza da receita	
Por identificador de resultado primário	1. Primária 2. Não primária/financeira
Por fonte/destinação de recursos	1º DÍGITO (Grupo da Fonte) 2º e 3º DÍGITOS (Especificação da Fonte)
Por esfera orçamentária	1. Orçamento Fiscal 2. Orçamento de Investimento 3. Orçamento da Seguridade Social
Quanto à coercitividade (origem)	1. Originária; 2. Derivada
Quanto ao impacto no patrimônio líquido (enfoque patrimonial)	1. Efetiva; 2. Não efetiva/por mutação
Quanto à regularidade, uniformidade, continuidade, constância ou ingresso	1. Ordinárias 2. Extraordinária
Institucional	1. Receitas do Tesouro 2. Receitas diretamente arrecadas por órgãos, unidades e fundos da administração direta 3. Receitas de entidades, unidades e fundos da administração indireta
Quanto à competência do ente da federação	1. Federal 2. Estadual 3. Municipal

10.4. CLASSIFICAÇÕES ORÇAMENTÁRIAS DA RECEITA

Duas são fontes em relação à composição da classificação orçamentária da receita:

1) O MTO/2018

Segundo o Manual Técnico de Orçamento para o exercício de 2018, as receitas orçamentárias são classificadas segundo os seguintes critérios:

✓ Natureza de receita;

✓ Indicador de resultado primário;

✓ Fonte/destinação de recursos; e

✓ Esfera orçamentária.

2) MCASP (7ª edição)

Segundo o Manual de Contabilidade Aplicada ao Setor Público de Orçamento, válido a partir do exercício de 2017, as receitas orçamentárias são classificadas segundo os seguintes critérios:

✓ Natureza;

✓ Fonte/Destinação de Recursos6; e

✓ Indicador de Resultado Primário.

Veja que, enquanto o MTO/2018 determina a classificação da receita orçamentária por esfera orçamentária, o MCAPS não.

10.5. DÍVIDA ATIVA

10.5.1. DEFINIÇÃO

Dívida Ativa é o conjunto de obrigações de cunho financeiro, vencidas e não negociadas, de terceiros com um ente Público.

10.5.2. COMPOSIÇÃO

Tributária e a não tributária, abrange atualização monetária, juros e multa de mora e demais encargos previstos em lei ou contrato.

10.5.3. CLASSIFICAÇÃO SEGUNDO A COMPOSIÇÃO

✓ **Dívida Ativa Tributária**

Reúne os débitos de terceiros referentes a tributos e todos os seus encargos.

✓ **Dívida Ativa Não Tributária**

Engloba todos os demais créditos da Fazendo Pública contra terceiros, juntamente com seus encargos.

10.5.4. INSCRIÇÃO

Uma vez inscrita, a Dívida Ativa passa a gozar de presunção de certeza e liquidez relativa.

10.5.5. EFEITO NA INSCRIÇÃO E NO RECEBIMENTO

✓ **Enfoque patrimonial**

❖ **Inscrição**

A inscrição representa uma receita, pois faz aumentar o Ativo sem uma contrapartida negativa correspondente e relacionada no próprio Ativo ou no Passivo.

❖ **Recebimento**

Sob o enfoque patrimonial a entrada de recursos decorrente do recebimento da Dívida Ativa é um mero fato permutativo, não representa receita.

✓ **Enfoque orçamentário**

❖ **Inscrição**

Inscrição em Dívida Ativa não gera receita sob esse enfoque.

❖ **Recebimento**

O recebimento da Dívida Ativa (Arrecadação) gera receita sob esse enfoque.

10.5.6. BAIXA NA DÍVIDA ATIVA[10]

Segundo o MCASP – Manual de Contabilidade Aplicada ao Setor Público – 7ª Edição – Exercício 2017, o recebimento de dívida ativa corresponde a uma receita, pela ótica orçamentária, com simultânea baixa contábil do crédito registrado anteriormente no ativo, sob a ótica patrimonial.

A baixa da Dívida Ativa pode ocorrer por:

a. Recebimento em espécie, bens ou direitos;

b. Abatimento ou anistia;

c. Cancelamento administrativo ou judicial da inscrição; ou

d. Compensação de créditos inscritos em dívida ativa com créditos contra a Fazenda Pública.

11. DESPESA PÚBLICA

11.1. CONCEITO *DE DESPESA PÚBLICA*

Despesa sob o ponto de vista orçamentário

Sob o ponto de vista orçamentário, é possível dois entendimentos distintos do que venha a ser despesa.

1) Despesa em sentido amplo

Em sentido amplo, despesa é qualquer gasto realizado pelo Estado, envolvendo dois tipos de gastos:

✓ **Despesa orçamentária:** é toda transação que depende de autorização legislativa, na forma de consignação de dotação orçamentária, para ser efetivada.

✓ **Dispêndio extraorçamentário:** é aquele que não consta na lei orçamentária anual, compreendendo determinadas saídas de numerários decorrentes de depósitos, pagamentos de restos a pagar[11], resgate de operações de crédito por antecipação de receita e recursos transitórios.

2) Despesa em sentido estrito

Somente a despesa em sentido estrito, ou seja, aquela realizada para atender necessidades públicas.

---

10 Manual de Contabilidade Aplicada ao Setor Público – 7ª Edição – Exercício 2017 – Aplicado à União, aos estados, ao Distrito Federal e aos municípios – Válido a partir do exercício de 2017 – Portaria Conjunta STN/SOF nº 02, de 22 de dezembro de 2016/ Portaria STN nº 840, de 21 de dezembro de 2016.

11 São Restos a Pagar todas as despesas regularmente empenhadas, do exercício atual ou anterior, mas não pagas ou canceladas até 31 de dezembro do exercício financeiro vigente. Distingue-se dois tipos de restos a pagar: os processados (despesas já liquidadas); e os não processados (despesas a liquidar ou em liquidação).

11.2. REALIZAÇÃO DA DESPESA PÚBLICA ORÇAMENTÁRIA

Observando o inciso II do Art. 35 da lei 4.320/64, chega-se à conclusão que a despesa pública representa um dispêndio de recursos do patrimônio público representado por uma saída de recursos financeiros imediata, com redução de disponibilidades, ou mediata, por meio do reconhecimento da obrigação (PISCITELLI; TIMBÓ; ROSA, 1999).

> **Art. 35** – Pertencem ao exercício financeiro:
>
> I. As receitas nele arrecadadas;
>
> II. As despesas nele legalmente empenhadas.

Para que a despesa seja considerada legalmente empenhada ela deve ser:

1) Previamente autorizadas no orçamento;

2) Submetidas ao processo licitatório, ou que tenham sido dispensadas desta obrigação.

3) Que o empenho a despesa tenha sido ordenados por agente legalmente investido no poder de autorizar despesa, o ordenador de despesa.

11.3. ETAPAS/ESTÁGIOS DA DESPESA ORÇAMENTÁRIA

Visando uma melhor compreensão do processo orçamentário, o MCASP-2017[12] (Manual Contabilidade Aplicada ao Setor Público) divide a despesa orçamentária em duas etapas:

- ✓ Planejamento;
- ✓ Execução;

11.3.1. PLANEJAMENTO DA DESPESA ORÇAMENTÁRIA

A etapa do planejamento abrange, de modo geral, toda a análise para a formulação do plano e ações governamentais que serviram de base para a fixação da despesa orçamentária, a descentralização/movimentação de créditos, a programação orçamentária e financeira, e o processo de licitação e contratação.

11.3.1.1. FIXAÇÃO DA DESPESA

É inserção da despesa no Orçamento. O processo da fixação da despesa orçamentária é concluído com a autorização dada pelo poder legislativo por meio da Lei Orçamentária Anual.

12 Manual de Contabilidade Aplicada ao Setor Público, 7ª edição, aplicável a partir do exercício de 2017.

11.3.1.2. DESCENTRALIZAÇÕES *DE CRÉDITOS ORÇAMENTÁRIOS*

As descentralizações de créditos orçamentários ocorrem quando for efetuada movimentação de parte do orçamento, mantidas as classificações institucional, funcional, programática e econômica, para que outras unidades administrativas possam executar a despesa orçamentária.

11.3.1.3. PROGRAMAÇÃO *ORÇAMENTÁRIA E FINANCEIRA*

A programação orçamentária e financeira consiste na compatibilização do fluxo dos pagamentos com o fluxo dos recebimentos, visando ao ajuste da despesa fixada às novas projeções de resultados e da arrecadação.

11.3.1.4. PROCESSO DE LICITAÇÃO

Processo de licitação compreende um conjunto de procedimentos administrativos que objetivam adquirir materiais, contratar obras e serviços, alienar ou ceder bens a terceiros, bem como fazer concessões de serviços públicos com as melhores condições para o Estado, observando, segundo art. 5º da lei 14133, os princípios da legalidade, da impessoalidade, da moralidade, da publicidade, da eficiência, do interesse público, da probidade administrativa, da igualdade, do planejamento, da transparência, da eficácia, da segregação de funções, da motivação, da vinculação ao edital, do julgamento objetivo, da segurança jurídica, da razoabilidade, da competitividade, da proporcionalidade, da celeridade, da economicidade e do desenvolvimento nacional sustentável, assim como as disposições do Decreto-Lei nº 4.657, de 4 de setembro de 1942.

11.3.2. EXECUÇÃO DA DESPESA ORÇAMENTÁRIA

11.3.2.1. EMPENHO

Nos termos do Art. 58 da Lei 4.320/64, "empenho é o ato emanado de autoridade competente que cria para o Estado obrigação de pagamento pendente ou não de implemento de condição".

Etapas do empenho

O empenho possui duas etapas: a autorização, que consiste na verificação no orçamento da existência de crédito orçamentário suficiente para a realização daquela despesa, e a formalização, caracterizada a partir da elaboração da nota de empenho (NE), que possui os dados referentes à compra ou à contratação (dados do contratante, data da entrega, valor, objeto, classificação da despesa etc.).

Nota de Empenho

A materialização documental do empenho ocorre com a emissão de um documento chamado Nota de Empenho, NE. É importante ficar atento ao que reza o §

1º do art. 60, esse mandamento prevê que em casos especiais previstos na legislação específica será dispensada a emissão da nota de empenho, porém, a lei não dispensa o empenho em si, que, normalmente, será prévio.

Modalidades de empenho:

A depender de algumas características da despesa, termos três tipos de empenho:

✓ **ORDINÁRIO** – Valor conhecido – Um pagamento

✓ **ESTIMATIVO** – Valor estimado – podendo ser em vários pagamentos (ajustado por empenhos de reforço, se o valor empenhado originalmente foi a menor, ou empenho de anulação parcial se o valor originalmente empenhado foi a maior, revertendo esse valor à dotação original, desde que a anulação ocorra no mesmo exercício financeiro em que ocorreu o empenho objeto de anulação).

✓ **GLOBAL** – Valor conhecido – Pagamento parcelado

Pré- empenho

Segundo o manual SIAFI[13], essa ferramenta visa permitir registrar créditos orçamentários pré-compromissados, para atender objetivos específicos, nos casos em que a despesa a ser realizada, por suas características, cumpre etapas com intervalos de tempo desde a decisão administrativa até a efetivação da emissão da Nota de Empenho.

11.3.2.2. LIQUIDAÇÃO DA DESPESA

Nos termos do art. 63 da lei 4320/64, a liquidação da despesa consiste na verificação do direito adquirido pelo credor tendo por base os títulos e documentos comprobatórios do respectivo crédito. Essa verificação tem por fim apurar:

4) A origem e o objeto do que se deve pagar;

5) A importância exata a pagar;

6) A quem se deve pagar a importância, para extinguir a obrigação.

A liquidação da despesa por fornecimentos feitos ou serviços prestados terá por base:

4) O contrato, ajuste ou acordo respectivo;

5) A nota de empenho;

6) Os comprovantes da entrega de material ou da prestação efetiva do serviço.

11.3.2.3. PAGAMENTO DA DESPESA

Terceira e última fase da execução da despesa. Essa fase ocorrerá após o efetivo processamento (liquidação) da despesa, ou seja, verificação do efetivo direito do credor a receber o valor referente aquela despesa.

Quadro resumo das Etapas/estágios da despesa orçamentária

Etapas/estágios da despesa orçamentária		
Planejamento[7]	Fixação	
	Descentralização de créditos	
	Programação financeira e orçamentária	
	Licitação	
Execução	Empenho	1. Ordinário
		2. Estimativo
		3. Global/contratual
	Liquidação	
	Pagamento	

11.4. CLASSIFICAÇÃO DAS DESPESAS

11.4.1. CLASSIFICAÇÃO QUANTO À INCLUSÃO NO ORÇAMENTO (NATUREZA ORÇAMENTÁRIA DA DESPESA)

1) Orçamentária

São as despesas previstas no orçamento, LOA e Lei de Créditos Adicionais. Diferente da receita, em que nesse conceito comporta tanto as receitas previstas quanto as não previstas no orçamento, desde que possam ser usadas para financiar despesas públicas, a despesa orçamentária não comporta exceção.

2) Extraorçamentária

São os desembolsos relacionados a recursos que se revestem de mera transitoriedade e, em algum momento, constituíram receitas extraorçamentárias. São as devoluções relacionadas aos ingressos provenientes de receitas extraorçamentárias.

✓ **Devolução dos valores de terceiros (cauções/depósitos);**

✓ **Recolhimento de Consignações/Retenções;**

✓ **Pagamento das operações de crédito por Antecipação de Receita Orçamentária (ARO);**

✓ **Pagamentos de Salário-Família, Salário-Maternidade e Auxílio-Natalidade;**

✓ **Pagamento de Restos a Pagar.**

Classificação da despesa orçamentária

11.4.2. CLASSIFICAÇÃO QUANTO À CATEGORIA ECONÔMICA

1) Despesas Correntes

1.1) Despesas de Custeio:

Classificam-se como Despesas de Custeio as dotações para manutenção de serviços anteriormente criados, inclusive as destinadas a atender a obras de conservação e adaptação de bens imóveis.

13 https://manualsiafi.tesouro.fazenda.gov.br/pdf/020000/020300/020301: acessado em 20/08/2017

A Lei 4320/64 traz como sendo despesas de custeio:

- ✓ Pessoal civil;
- ✓ Pessoal Militar;
- ✓ Material de consumo
- ✓ Serviços de terceiros
- ✓ Encargos diversos
- ✓ Dentre outros.

1.2) Transferências Correntes:

Classificam-se como Transferências Correntes as dotações para despesas as quais não corresponda contraprestação direta em bens ou serviços, inclusive para contribuições e subvenções destinadas a atender à manifestação de outras entidades de direito público ou privado.

A Lei 4320/64 traz como sendo Transferências Correntes:

- ✓ Subvenções Sociais
- ✓ Subvenções Econômicas
- ✓ Inativos
- ✓ Pensionistas
- ✓ Salário Família e Abono Familiar
- ✓ Juros da Dívida Pública
- ✓ Contribuições de Previdência Social
- ✓ Diversas Transferências Correntes.

2) Despesas de Capital

São despesas relacionadas à inovação e expansão do patrimônio público, compreendendo, principalmente, compras e amortizações.

A lei 4.320/64 divide as despesas de capital em três subcategorias econômicas:

2.1) Investimentos:

Classificam-se como investimentos as dotações para o planejamento e a execução de obras, inclusive as destinadas à aquisição de imóveis considerados necessários à realização destas últimas, bem como para os programas especiais de trabalho, aquisição de instalações, equipamentos e material permanente e constituição ou aumento do capital de empresas que não sejam de caráter comercial ou financeiro.

A Lei 4320/64 traz como sendo Investimentos:

- Obras Públicas
- Serviços em Regime de Programação Especial
- Equipamentos e Instalações
- Material Permanente
- Participação em Constituição ou Aumento de Capital de Empresas ou Entidades Industriais ou Agrícolas

2.2) Inversões Financeiras:

Classificam-se como Inversões Financeiras as dotações destinadas a aquisição de imóveis, ou de bens de capital já em utilização; aquisição de títulos representativos do capital de empresas ou entidades de qualquer espécie, já constituídas, quando a operação não importe aumento do capital; constituição ou aumento do capital de entidades ou empresas que visem a objetivos comerciais ou financeiros, inclusive operações bancárias ou de seguros.

A Lei 4320/64 traz como sendo Inversões Financeiras:

- Aquisição de Imóveis (desde que não sejam novos)
- Participação em Constituição ou Aumento de Capital de Empresas ou Entidades Comerciais ou Financeiras
- Aquisição de Títulos Representativos de Capital de Empresa em Funcionamento (desde que não haja aumento de capital)
- Constituição de Fundos Rotativos
- Concessão de Empréstimos
- Diversas Inversões Financeiras

2.3) Transferências de Capital:

São Transferências de Capital as dotações para investimentos ou inversões financeiras que outras pessoas de direito público ou privado devam realizar, independentemente de contraprestação direta em bens ou serviços, constituindo essas transferências auxílios ou contribuições, segundo derivem diretamente da Lei de Orçamento ou de lei especialmente anterior, bem como as dotações para amortização da dívida pública.

A Lei 4320/64 traz como sendo Transferências de Capital:

- Amortização da Dívida Pública
- Auxílios para Obras Públicas
- Auxílios para Equipamentos e Instalações
- Auxílios para Inversões Financeiras
- Outras Contribuições.

11.4.3. CLASSIFICAÇÃO SEGUNDO A NATUREZA DA DESPESA

É uma codificação da despesa segundo a classificação econômica, estabelecida pela Portaria Interministerial nº 163, de 4 de maio de 2001, dos Secretários do Tesouro Nacional e de Orçamento Federal. Segundo essa portaria a classificação da despesa, segundo a sua natureza, compõe-se de:

- ✓ Categoria econômica;
- ✓ Grupo de natureza da despesa;
- ✓ Elemento de despesa.

Art. 3º A classificação da despesa, segundo a sua natureza, compõe-se de:

I – categoria econômica;

II – grupo de natureza da despesa;

III – elemento de despesa;

A natureza da despesa será complementada pela informação gerencial denominada "modalidade de aplicação". Com a inserção desse elemento, a codificação fica assim estruturada:

✓ Categoria econômica;

✓ Grupo de natureza da despesa;

✓ Modalidade de Aplicação;

✓ Elemento de despesa.

A portaria ainda faculta o desdobramento suplementar dos elementos de despesa para atendimento das necessidades de escrituração contábil e controle da execução orçamentária.

✓ "c" representa a categoria econômica;

✓ "g" o grupo de natureza da despesa;

✓ "mm" a modalidade de aplicação;

✓ "ee" o elemento de despesa; e

✓ "dd" o desdobramento, facultativo, do elemento de despesa.

1º	2º	3º	4º	5º	6º	7º	8º
C	G	MM		EE		DD	
Categoria Econômica	Grupo de Natureza da Despesa	Modalidade de Aplicação		Elemento de Despesa		Subelemento	

11.4.4. CLASSIFICAÇÃO INSTITUCIONAL (QUEM?)

Também chamada por alguns autores de departamental ou organizacional, essa classificação tem por finalidade evidenciar o responsável pelo consumo dos recursos públicos, ou seja, ela busca o controle do quanto de recursos são alocados às diversas unidades orçamentárias.

1º	2º	3º	4º	5º
Órgão Orçamentário		Unidade Orçamentário		

ÓRGÃO		UNIDADE ORÇAMENTÁRIA	
26000	Ministério da educação	26242	Universidade Federal de Pernambuco
		26277	Fundação Universitária Federal de Ouro Preto
		26321	Escola Agrotécnica Federal de Manaus
30000	Ministério da Justiça	30107	Departamento de Polícia Rodoviária Federal
		30109	Defensoria Pública da União
		30911	Fundo Nacional de Segurança Pública
39000	Ministério dos Transportes	39250	Agência Nacional de Transportes Terrestres – ANTT
		39252	Departamento Nacional de InfraEstrutura de Transporte s – DNIT

11.4.5. CLASSIFICAÇÃO FUNCIONAL (EM QUE?)

A classificação funcional busca responder basicamente à indagação "em que" área de ação governamental a despesa será realizada. Para tanto ela é formada por *funções* e *subfunções* e cada ação governamental, *atividade*, *projeto* e *operação especial,* identificará a *função* e a *subfunção* às quais se vinculam.

1º	2º	3º	4º	5º
Função		Subfunção		

11.4.6. CLASSIFICAÇÃO PROGRAMÁTICA (ESTRUTURAS PROGRAMÁTICAS)

A portaria 42/99 do Ministério de Orçamento e Gestão estabeleceu os conceitos de programa e das ações (projeto, atividade, operações especiais).

11.4.6.1. Programa:

Com base nessas diretrizes, o PLPPA 2016-2019 contemplará os Programas Temáticos e os de Programas de Gestão, Manutenção e Serviços ao Estado:

- **Programa Temático:** aquele que expressa e orienta a ação governamental para a entrega de bens e serviços à sociedade;
- **Programa de Gestão, Manutenção e Serviços ao Estado:** aquele que expressa e orienta as ações destinadas ao apoio, à gestão e à manutenção da atuação governamental.

Na base de dados do SIOP, o campo que identifica o programa contém quatro dígitos.

1º	2º	3º	4º
______	______	______	______

11.4.6.2. Ação orçamentária

Operação da qual resultam produtos (bens ou serviços) que contribuem para atender ao objetivo de um *programa*. Na base do sistema, a *ação* é identificada por um código alfanumérico de oito dígitos:

1º	2º	3º	4º	5º	6º	7º	8º
Numérico	alfanumérico AÇÃO			Numéricos SUBTÍTULO			

O primeiro dígito do código identifica o tipo de *ação:* se 1,3,5,7 refere-se a projeto; se 2,4,6,8, refere-se a atividade; se 0 (zero) refere-se a operações especiais.

1º DÍGITO	TIPO DE AÇÃO
1, 3, 5 ou 7	Projeto
2, 4, 6 ou 8	Atividade
0	Operação Especial

No PPA ainda constará uma ação que será identificada pelo dígito 9, que corresponderá a uma ação não orçamentária.

✓ **Ação não orçamentária:**

Corresponde a uma ação sem dotação nos orçamentos da União, mas que participa dos programas do PPA.

✓ **Subtítulo:**

As atividades, os projetos e as operações especiais serão detalhados em subtítulos, utilizados especialmente para identificar a localização física da ação, não podendo haver, por conseguinte, alteração da finalidade da ação, do produto e das metas estabelecidas.

11.4.7. CLASSIFICAÇÃO POR ESFERA ORÇAMENTÁRIA

CÓDIGO	ESFERA ORÇAMENTÁRIA
10	Orçamento Fiscal
20	Orçamento da Seguridade Social
30	Orçamento de Investimento

11.4.8. CLASSIFICAÇÃO SEGUNDO IMPACTO NO PL (PATRIMÔNIO LÍQUIDO)

1) Despesas efetivas

Despesas que provocam impacto negativo no PL (Patrimônio Líquido) do ente federativo sendo classificadas como fatos modificativos diminutivos, Variações Patrimoniais Negativas. Em regra, despesas efetivas são as Despesas Correntes, exceto a aquisição de material de consumo para estoque. Dentre as despesas de Capital, é efetiva a despesa denominada Transferência de Capital.

2) Despesas por mutação (não efetivas)

Despesas que não provocam impacto negativo no PL do ente em função de uma compensação no ativo ou no passivo. São classificadas como fatos permutativos

São todas as despesas de capital, exceto a transferência de capital, além da despesa corrente de aquisição de material de consumo para estoques.

11.4.9. CLASSIFICAÇÃO QUANTO À COMPETÊNCIA DO ENTE FEDERATIVO

1) Federal

Despesas de responsabilidade da União como as despesas com a defesa da nação, manutenção de seus poderes, pagamento de seu pessoal, sua parte das despesas relacionadas à saúde, educação, dentre outros.

2) Estadual

Despesas de responsabilidade dos Estados e do Distrito Federal, como as despesas com segurança pública em sua esfera de atuação, manutenção de seus poderes, pagamento de seu pessoal, sua parte das despesas relacionadas à saúde, educação, dentre outros.

3) Municipal

Despesas de responsabilidade dos Municípios e do Distrito Federal como as despesas com a formação e manutenção de seu patrimônio, manutenção de seus poderes, pagamento de seu pessoal, sua parte das despesas relacionadas à saúde, educação, dentre outros.

11.4.10. CLASSIFICAÇÃO QUANTO À REGULARIDADE

1) Ordinárias

São aquelas que ocorrem com regularidade e que para tanto precisam de uma fonte regular de financiamento, como salários, energia elétrica, água, aluguel, dentre outras.

2) Extraordinárias

São aquelas que ocorrem esporadicamente e que por isso necessitam de fontes esporádicas de financiamento como a construção de uma escola, a aquisição de viaturas, as decorrentes de calamidade pública, etc.

Quadro resumo da classificação da receita

Critério de classificação	Espécies de despesa
Quanto a inclusão no orçamento	1. Orçamentária 2. Extraorçamentária
Quanto à categoria econômica	1. Corrente 2. Capital
Segundo a natureza da despesa	
Institucional (quem?)	
Funcional (em que?)	
Programática (estruturas programáticas)	Programa **Ação orçamentária**
Por esfera orçamentária	1. 10 Orçamento Fiscal 2. 20 Orçamento da Seguridade Social 3. 30 Orçamento de Investimento
Por identificador de resultado primário	1. Não primária (financeira) 2. Primária (com diversas subclassificações)
Segundo impacto no PL	1. Efetivas 2. Não efetivas (por mutação)
Quanto à competência do ente federativo	1. Federais 2. Estaduais 3. Municipais
Quanto à regularidade	1. Ordinárias 2. Extraordinárias

12. SUPRIMENTO DE FUNDOS (REGIME DE ADIANTAMENTO)

12.1. DEFINIÇÃO

Disponibilização de valores a um servidor público, denominado suprido, com o fim de que este realize despesas públicas com características especiais.

> **Art. 65** – O pagamento da despesa será efetuado por tesouraria ou pagadoria regularmente instituídos por estabelecimentos bancários credenciados e, em casos excepcionais, por meio de adiantamento.
>
> (...)
>
> **Art. 68** – O regime de adiantamento é aplicável aos casos de despesas expressamente definidos em lei e consiste na entrega de numerário a servidor, sempre precedida de empenho na dotação própria para o fim de realizar despesas, que não possam subordinar-se ao processo normal de aplicação.
>
> **Art. 69** – Não se fará adiantamento a servidor em alcance nem a responsável por dois adiantamentos.

12.2. FINALIDADE

- ✓ Para atender despesas eventuais, inclusive em viagens e com serviços especiais, que exijam pronto pagamento;
- ✓ Quando a despesa deva ser feita em caráter sigiloso, conforme se classificar em regulamento; e
- ✓ Para atender despesas de pequeno vulto, assim entendidas aquelas cujo valor, em cada caso, não ultrapassar limite estabelecido em portaria do ministro da fazenda.

12.3. EXECUÇÃO

Mesmo sendo uma despesa que se processa de forma peculiar, em um regime de adiantamento, a sua execução percorrerá necessariamente os três estágios da execução vistos anteriormente, quais sejam, empenho, liquidação e pagamento.

12.4. FORMA DE EXECUÇÃO

Disponibilização de numerário a um servidor responsável pela sua aplicação, denominado "servidor ou agente suprido".

Do ato de concessão de suprimento de fundos constará, obrigatoriamente:

- ✓ Prazo máximo para utilização dos recursos;
- ✓ Prazo para prestação de contas; e
- ✓ Sistemática de pagamento, se somente fatura, ou também saque, quando for movimentado por meio do Cartão de Pagamento do Governo Federal.

12.5. MODALIDADE DE CONCESSÃO

12.5.1. CARTÃO DE PAGAMENTOS DO GOVERNO FEDERAL

Instrumento moderno que visa agilizar a gestão de recursos públicos destinados a despesas em regime de adiantamento, além de proporcionar controle e eficiência na sua utilização.

12.5.2. CONTA CORRENTE

São as chamadas contas tipo "B" utilizadas pelos poderes Legislativo e Judiciário, o Ministério público da União, além dos Comandos Militares.

12.6. PRAZO PARA APLICAÇÃO

O prazo máximo para aplicação do suprimento de fundos será de até 90 (noventa) dias a contar da data do ato de concessão.

12.7. LIMITES PARA DESPESA DE PEQUENO VULTO

	OBRA	150000	COMPRAS	80000
CONTA	SUPLIMENTO 5%	OBJETO 0.25%	SUPLIMENTO 5%	OBJETO 0.25%
	7500	375	4000	200
CPGF	SUPLIMENTO 10%	OBJETO 1%	SUPLIMENTO 10%	OBJETO 1%
	15000	1500	8000	800

12.8. PRESTAÇÃO DE CONTAS

No prazo máximo de 30 dias após o término do prazo de aplicação, nada impedindo que ocorra em prazo menor.

Compõe a prestação de contas do suprimento de fundos os documentos devidamente atestados por outro servidor:

- ✓ A proposta de concessão de suprimento;
- ✓ Cópia da nota de empenho da despesa;

- ✓ Cópia da ordem bancária;
- ✓ O relatório de prestação de contas;
- ✓ Os documentos originais (nota fiscal/fatura/recibo/cupom fiscal) devidamente atestados, emitidos em nome do órgão, comprovando as despesas realizadas;
- ✓ O extrato da conta bancária discriminando todo o período de utilização, quando se tratar de suprimento de fundos concedido por meio de Conta bancária;
- ✓ A guia de recolhimento da união – GRU, referente às devoluções de valores sacados e não gastos em três dias e aos recolhimentos dos saldos não utilizados por ocasião do término do prazo do gasto, se for o caso;
- ✓ A cópia da GPS, se for o caso;
- ✓ A cópia da NS – nota de sistema de reclassificação e baixa dos valores não utilizados;

Nos suprimentos concedidos por meio do cartão corporativo:

- ✓ Demonstrativos mensais;
- ✓ Cópia(s) da(s) fatura(s).
- ✓ Cópia do documento de arrecadação do ISS, se for o caso.

12.9. VEDAÇÕES

- ✓ Fracionamento de despesa ou do documento comprobatórios, para adequação dos valores limites vistos acima;
- ✓ Realização de despesa em montante superior aos limites estabelecidos para o suprimento de fundos, arcando o suprido com o gasto excedente.
- ✓ Realização de despesas em dotação diversa da prevista na Nota de Empenho, caracterizando desvio de finalidade;
- ✓ Realização de despesas fora do prazo de aplicação.
- ✓ Aquisição material permanente, como regra geral;
- ✓ Realização de despesas sem a previsão de recursos financeiros que assegurem o pagamento da fatura no seu vencimento.

O art. 69 da lei 4.320/64 e o § 3º do art. 45 do decreto 93.872/86 estabelece vedações específicas determinado que não se concederá suprimento de fundos:

- ✓ A responsável por dois suprimentos em fase de aplicação ou de prestação de contas;
- ✓ A servidor que tenha a seu cargo e guarda ou a utilização do material a adquirir, salvo quando não houver na repartição outro servidor que reúna as condições de receber o suprimento de fundos;
- ✓ A responsável por suprimento de fundos que, esgotado o prazo, não tenha prestado contas de sua aplicação;
- ✓ A servidor declarado em alcance: entendido como tal o que não prestou contas no prazo regulamentar ou o que teve suas contas recusadas ou impugnadas em virtude de desvio, desfalque, falta ou má aplicação dos recursos recebidos.

Restos a Pagar e Despesas de Exercícios Anteriores

13. RESTOS A PAGAR

13.1. CONCEITO DE RESTOS A PAGAR

Pode-se definir Restos a Pagar como as despesas empenhadas, pendentes de pagamento na data de encerramento do exercício financeiro, inscritas contabilmente como obrigações a pagar em exercício subsequente, constituindo-se em Dívida Flutuante.

13.2. MODALIDADES

1) Não processados

São as despesas que não atingiram o estágio da liquidação, ou seja, foram somente empenhadas.

2) Processados

São as despesas que atingiram o estágio da liquidação, ou seja, empenhadas e liquidadas, restando pendente, apenas, o estágio do pagamento.

13.3. INSCRIÇÃO (REGISTRO)

No tange a inscrição, é importante fazer a diferenciação entre Restos a Pagar processados (liquidados) e não processados (não liquidados).

1) Restos a Pagar não Processados (RPNP)

O empenho de despesa não liquidada será considerado anulado em 31 de dezembro, para todos os fins, salvo quando:

I. vigente o prazo para cumprimento da obrigação assumida pelo credor, nele estabelecida;

II. vencido o prazo de que trata o item anterior, mas esteja em cursos a liquidação da despesa, ou seja, de interesse da Administração exigir o cumprimento da obrigação assumida pelo credor;

III. se destinar a atender transferências a instituições públicas ou privadas;

IV. corresponder a compromissos assumidos no exterior.

Além disso, o art. 68 do mesmo decreto estabelece que a inscrição de despesas como Restos a Pagar no encerramento do exercício financeiro de emissão da Nota de Empenho depende da observância das condições nele estabelecidas para empenho e liquidação da despesa. O Decreto ainda prevê que a inscrição prevista como Restos a Pagar não processados fica condicionada à indicação pelo ordenador de despesas.

2) Restos a Pagar Processados (RPP)

Em geral, não podem ser cancelados, tendo em vista que o fornecedor de bens ou serviços satisfez a obrigação de fazer e a Administração conferiu essa obrigação.

✓ **No empenho da despesa, a Inscrição do Resto a Pagar gera uma Despesa Orçamentária;**

✓ **Na Inscrição do Resto a Pagar é registrada como uma Receita Extraorçamentária:**

O Art. 103 da lei 4,320/64, determina que o Balanço Financeiro demonstrará a receita e a despesa orçamentárias bem como os recebimentos e os pagamentos de natureza extraorçamentária, conjugados com os saldos em espécie provenientes do exercício anterior, e os que se transferem para o exercício seguinte.

13.4. PAGAMENTO

Sob o aspecto orçamentário, o pagamento dos Restos a Pagar se configurará uma despesa extraorçamentária.

13.5. VIGÊNCIA DOS RESTOS A PAGAR NÃO PROCESSADOS

Dispõe o art. 68 do decreto 93.872/86 que os Restos a Pagar inscritos na condição de não processados e não liquidados posteriormente terão validade até 30 de junho do segundo ano subsequente ao de sua inscrição, ressalvado os que:

I. Refiram-se às despesas executadas diretamente pelos órgãos e entidades da União ou mediante transferência ou descentralização aos Estados, Distrito Federal e Municípios, com execução iniciada até 30 de junho do segundo ano subsequente ao de sua inscrição, sendo consideradas como iniciadas:

a) nos casos de aquisição de bens, a despesa verificada pela quantidade parcial entregue, atestada e aferida; e

b) nos casos de realização de serviços e obras, a despesa verificada pela realização parcial com a medição correspondente atestada e aferida.

II. sejam relativos às despesas:

a) do Programa de Aceleração do Crescimento – PAC

b) do Ministério da Saúde; ou

c) do Ministério da Educação financiadas com recursos da Manutenção e Desenvolvimento do Ensino.

13.6. CANCELAMENTO

Para fins de cumprimento da validade, a Secretaria do Tesouro Nacional do Ministério da Fazenda efetuará, em 30 de junho do segundo ano subsequente ao de sua inscrição, o bloqueio dos saldos dos Restos a Pagar não processados e não liquidados, em conta contábil específica no Sistema Integrado de Administração Financeira do Governo Federal – SIAFI.

✓ **Art. 38 da Lei 4320/64**

Reza este artigo que reverte à dotação a importância de despesa anulada no exercício, quando a anulação ocorrer após o encerramento deste considerar-se-á receita do ano em que se efetivar.

✓ **Manual de Contabilidade Aplicada ao Setor Público**

Cancelamento de despesas inscritas em Restos a Pagar consiste na baixa da obrigação constituída em exercícios anteriores, portanto, trata-se de restabelecimento de saldo de disponibilidade comprometida, originária de receitas arrecadadas em exercícios anteriores e não de uma nova receita a ser registrada.

13.7. PRAZO PRESCRICIONAL

Segundo o art. 70 do Decreto 93872/86, prescreve em cinco anos a dívida passiva relativa aos Restos a Pagar a partir da sua inscrição.

13.8. CASOS ESPECÍFICOS

O Manual da Despesa Nacional traz algumas situações específicas e o tratamento que deve ser dado a cada uma delas.

1) Contratos e Convênios

As parcelas remanescentes deverão ser registradas nas Contas de Compensação e incluídas na previsão orçamentária para o exercício financeiro em que estiver prevista a competência da despesa.

2) Valor da despesa diverso do empenhado

❖ Se o valor real a ser pago for superior ao valor inscrito, a diferença deverá ser empenhada a conta de despesas de exercícios anteriores;

❖ Se o valor real for inferior ao valor inscrito, o saldo existente deverá ser cancelado.

3) Créditos plurianuais.

Os empenhos que sorvem a conta de créditos com vigência plurianal, que não tenham sido liquidados, só serão computados como Restos a Pagar no último ano de vigência do crédito.

14. DESPESAS DE EXERCÍCIOS ANTERIORES (DEA)

14.1. DEFINIÇÃO

São despesas cujos fatos geradores ocorreram em exercícios anteriores àquele em que deva ocorrer o pagamento.

14.2. ESPÉCIES DE DEA

1) **Despesas com saldo suficiente para atendê-las e não processadas no mesmo exercício financeiro:**

São despesas fixadas, no orçamento vigente, decorrentes de compromissos assumidos em exercícios anteriores àquele em que deva ocorrer o pagamento.

2) **Restos a Pagar com prescrição interrompida**

Tal situação ocorre com os Restos a Pagar que ao final de seu prazo de vigência não foram liquidados e, por esse motivo, tenham sido cancelados, mesmo ainda vigente o direito do credor.

3) **Compromissos reconhecidos após o encerramento do exercício correspondente**

Compromissos cuja obrigação de pagamento foi criada em virtude de lei, mas somente reconhecido o direito do reclamante após o encerramento do exercício correspondente.

14.3. RECONHECIMENTO DAS DESPESAS DE EXERCÍCIOS ANTERIORES

O reconhecimento cabe à autoridade competente para empenhar a despesa (ordenador de despesas).

O reconhecimento da obrigação de pagamento das despesas com exercícios anteriores, pela autoridade competente, deverá ocorrer em procedimento administrativo específico, sendo necessário, no mínimo, os seguintes elementos:

✓ Identificação do credor/favorecido;

✓ Descrição do bem, material ou serviço adquirido/contratado;

✓ Data de vencimento do compromisso;

✓ Importância exata a pagar;

✓ Documentos fiscais comprobatórios;

✓ Certificação do cumprimento da obrigação pelo credor/favorecido;

✓ Motivação pelo qual a despesa não foi empenhada ou paga na época própria.

15. LRF – LEI DE RESPONSABILIDADE FISCAL, LEI COMPLEMENTAR 101/2000

AÇÃO DIRETA DE INCONSTITUCIONALIDADE 2.238

"O Tribunal, concluindo o julgamento, por maioria, julgou procedente o pedido formulado na ação direta para **declarar a inconstitucionalidade do art. 9º, § 3º, da Lei de Responsabilidade Fiscal**, nos termos do voto do Relator, vencidos os Ministros Dias Toffoli (Presidente), Edson Fachin, Roberto Barroso, Gilmar Mendes e Marco Aurélio, que julgavam parcialmente procedente a ação para fixar interpretação conforme, no sentido de que a limitação dos valores financeiros pelo Executivo, prevista no § 3º do art. 9º, dar-se-á no limite do orçamento realizado no ente federativo respectivo e observada a exigência de desconto linear e uniforme da Receita Corrente Líquida prevista na lei orçamentária, com a possibilidade de arresto nas contas do ente federativo respectivo no caso de desrespeito à regra do art. 168 da Constituição Federal/1988 (repasse até o dia 20 de cada mês). Na sequência, o Tribunal, por maioria, julgou procedente o pedido tão somente para declarar, parcialmente, a inconstitucionalidade, sem redução de texto, **do art. 23, § 1º, da Lei de Responsabilidade Fiscal**, de modo a obstar interpretação segundo a qual é possível reduzir valores de função ou cargo que estiver provido, e, quanto ao § 2º do art. 23, declarou a sua inconstitucionalidade, ratificando a cautelar, nos termos do voto do Ministro Edson Fachin, vencidos os Ministros Alexandre de Moraes (Relator), Roberto Barroso e Gilmar Mendes, que julgavam improcedente a ação no tocante ao art. 23, §§ 1º e 2º, com a cassação da medida cautelar concedida; e, parcialmente, a Ministra Cármen Lúcia, apenas num ponto específico, e o Presidente, que acompanhava o Relator quanto ao § 1º do art. 23 e, quanto ao § 2º, julgava parcialmente procedente a ação para fixar interpretação conforme".

15.1. ABRANGÊNCIA

Ampla, impondo seus mandamentos a todos os entes federativos, União, Estados, Distrito Federal e Municípios. Em cada ente federativo LRF abrange ainda todos os poderes, além do Ministério Público e Tribunais de Contas onde houver. Abrange ainda tanto a Administração direta quanto a Indireta, com uma **única exceção, as ditas empresas Estatais Independentes.**

Em todos os entes federativos

<table>
<tr><td colspan="3">Em todos os entes federativos</td></tr>
<tr><td>Poderes</td><td rowspan="5">+</td><td>Componentes</td></tr>
<tr><td>EXECUTIVO</td><td rowspan="4">Respectivas administrações diretas, fundos, autarquias, fundações e empresas estatais dependentes.</td></tr>
<tr><td>LEGISLATIVO + TC</td></tr>
<tr><td>JUDICIÁRIO</td></tr>
<tr><td>MINISTÉRIO PÚBLICO</td></tr>
</table>

15.2. RECEITA CORRENTE LÍQUIDA

Para esse cálculo se considera então a Receita corrente, que corresponde ao somatório das receitas:

✓ **Tributárias;**

✓ **De contribuições;**

- ✓ **Patrimoniais;**
- ✓ **Industriais;**
- ✓ **Agropecuárias;**
- ✓ **De serviços;**
- ✓ **Transferências correntes;**
- ✓ **Outras receitas também correntes.**

Sendo deduzidos:

Na União

- ✓ Valores transferidos aos Estados e Municípios por determinação constitucional ou legal;
- ✓ Contribuições destinadas à seguridade social pagas pelo empregador, pela empresa e pela entidade a ela equiparada na forma da lei, incidentes sobre a folha de salários e demais rendimentos do trabalho pagos ou creditados, a qualquer título, à pessoa física que lhe preste serviço, mesmo sem vínculo empregatício;
- ✓ Contribuições destinadas à seguridade social paga pelo trabalhador e dos demais segurados da previdência social.
- ✓ A arrecadação decorrente das contribuições para o Programa de Integração Social (PIS) e Programa de Formação do Patrimônio do Servidor Público (PASEP).

Nos Estados

- ✓ As parcelas entregues aos Municípios por determinação constitucional;

Na União, Estados e Municípios:

- ✓ Contribuição dos servidores para o custeio do seu sistema de previdência e assistência social:
- ✓ Receitas provenientes da compensação entre os diversos regimes de previdência social citada no § 9º do art. 201 da Constituição.

> **Art. 201** (...) § 9º Para efeito de aposentadoria, é assegurada a contagem recíproca do tempo de contribuição na administração pública e na atividade privada, rural e urbana, hipótese em que os diversos regimes de previdência social se compensarão financeiramente, segundo critérios estabelecidos em lei. (Incluído dada pela Emenda Constitucional nº 20, de 1998)

Outros elementos do cálculo da RCL

- ✓ **Serão computados no cálculo da receita corrente líquida os valores pagos e recebidos em decorrência da Lei Complementar nº 87 de 13 de setembro de 1996**
- ✓ **Do fundo previsto para a manutenção e desenvolvimento da educação básica e à remuneração condigna dos trabalhadores da educação – FUNDEF**
- ✓ **Recursos recebidos da União pelo Distrito Federal e dos Estados de Roraima e do Amapá**

Não serão considerados na receita corrente líquida do Distrito Federal e dos Estados do Amapá e de Roraima os recursos recebidos para o custeio de despesas com pessoal custeadas com recursos transferidos pela União.

Taís recursos serão utilizados para organizar e manter o Poder Judiciário, o Ministério Público e a Defensoria Pública do Distrito Federal e dos Territórios, além da polícia civil, a polícia militar e o corpo de bombeiros militar do Distrito Federal, bem como prestar assistência financeira ao Distrito Federal para a execução de serviços públicos.

Apuração

A receita corrente líquida será apurada somando-se as receitas arrecadadas no mês em referência e nos onze anteriores, excluídas as duplicidades.

15.3. DESPESA OBRIGATÓRIA DE CARÁTER CONTINUADO

A LRF se preocupou em regrar a criação ou aumento daquelas despesas que não deem margem de discricionariedade para o administrador e que gerem ônus orçamentários para outros exercícios, estabelecendo para regras específicas.

Considera-se obrigatória de caráter continuado a despesa:

1) Corrente;

2) Derivada de lei, medida provisória ou ato administrativo normativo;

3) Fixe para o ente a obrigação legal de sua execução (vinculada);

4) Por um período superior a dois exercícios.

DOCC	**Corrente**
	Decorre de lei, medida provisória ou ato administrativo normativo
	Fixa obrigação de execução superior a **dois** exercícios.

15.4. DESPESAS COM PESSOAL

1) Abrangência

- ✓ Ativos;
- ✓ Inativos; e
- ✓ Pensionistas

Relativos a:

- ✓ Mandatos eletivos;
- ✓ Cargos;
- ✓ Funções ou Empregos

Das espécies

✓ Civis;

✓ Militares; e

✓ Membros de poder.

2) Composição

✓ Vencimentos e vantagens, fixas e variáveis;

✓ Subsídios,

✓ Proventos da aposentadoria, reformas e pensões,

✓ Adicionais;

✓ Gratificações;

✓ Horas extras;

✓ Vantagens pessoais de qualquer natureza,

✓ Encargos sociais e contribuições recolhidas pelo ente às entidades de previdência.

3) Forma de cálculo

Soma de todas as espécies remuneratórias, levando-se em consideração um período de doze meses, somando-se a realizada no mês em referência com as dos onze imediatamente anteriores, adotando-se o regime de competência.

4) Limites da despesa com pessoal por ente federativo

✓ União: 50% (cinquenta por cento);

✓ Estados: 60% (sessenta por cento);

✓ Municípios: 60% (sessenta por cento).

A DESPESA TOTAL COM PESSOAL NÃO PODERÁ EXCEDER OS PERCENTUAIS DA RECEITA CORRENTE LÍQUIDA.		
UNIÃO	**ESTADOS/DF**	**MUNICÍPIOS**
50%	60%	60%

Os valores dos contratos de terceirização de mão-de-obra que se referem à substituição de servidores e empregados públicos serão contabilizados como "Outras Despesas de Pessoal.

5) Apuração da despesa líquida com pessoal

Na apuração dos limites acima não serão computadas as despesas:

✓ De indenização por demissão de servidores ou empregados;

✓ Relativas a incentivos à demissão voluntária;

✓ Derivadas da de convocação extraordinária do poder legislativo;

✓ Decorrentes de decisão judicial de competência de período anterior ao mês em referência com as dos onze imediatamente anteriores;

✓ Com pessoal, do Distrito Federal e dos Estados do Amapá e Roraima, custeadas com recursos transferidos pela União na forma dos incisos XIII e XIV do art. 21 da Constituição e do art. 31 da Emenda Constitucional no 19;

✓ Com inativos, ainda que por intermédio de fundo específico, custeadas por recursos provenientes:

a) Da arrecadação de contribuições dos segurados;

b) Da compensação financeira entre os diversos regimes de previdência social em função da contagem recíproca do tempo de contribuição na administração pública e na atividade privada, rural e urbana.

c) Das demais receitas diretamente arrecadadas por fundo vinculado a tal finalidade, inclusive o produto da alienação de bens, direitos e ativos, bem como seu superávit financeiro.

Ressalvada a competência de período anterior ao mês em referência com os dos onze imediatamente anteriores, as despesas com pessoal decorrentes de sentenças judiciais serão incluídas no limite do respectivo Poder ou órgão referido.

Importante ressaltar que nesse cálculo não entram as verbas indenizatórias com diárias, ajuda de custo, passagens, etc.

6) Repartição dos limites da despesa com pessoal entre os poderes

A repartição dos limites globais acima citados não poderá exceder os seguintes percentuais:

6.1) Na esfera federal:

a) 2,5% (dois inteiros e cinco décimos por cento) para o Legislativo, incluído o Tribunal de Contas da União;

b) 6% (seis por cento) para o Judiciário;

c) 40,9% (quarenta inteiros e nove décimos por cento) para o Executivo, destacando-se 3% (três por cento) para as despesas com pessoal do Poder Judiciário, do Ministério Público, da Defensoria Pública da Polícia Civil e Militar e do Corpo de Bombeiros militar do distrito federal e dos estados do Amapá e Roraima, repartidos de forma proporcional à média das despesas relativas a cada um destes dispositivos, em percentual da receita corrente líquida, verificadas nos três exercícios financeiros imediatamente anteriores ao da publicação desta Lei Complementar;

d) 0,6% (seis décimos por cento) para o Ministério Público da União;

6.2) Na esfera estadual:

a) 3% (três por cento) para o Legislativo, incluído o Tribunal de Contas do Estado;

b) 6% (seis por cento) para o Judiciário;

c) 49% (quarenta e nove por cento) para o Executivo;

d) 2% (dois por cento) para o Ministério Público dos Estados;

6.3) Na esfera municipal:

a) 6% (seis por cento) para o Legislativo, incluído o Tribunal de Contas do Município, quando houver;

b) 54% (cinquenta e quatro por cento) para o Executivo.

ATENÇÃO!!!

Nos Estados em que houver Tribunal de Contas dos Municípios, os percentuais definidos para o Legislativo e para o Executivo serão, respectivamente, acrescidos e reduzidos em 0,4% (quatro décimos por cento).

- ESTADOS QUE POSSUAM TRIBUNAL DE CONTAS DOS MUNICÍPIOS:
  - o Poder Executivo - 48,6%
  - o Poder Legislativo - 3,4%

Esfera	Federal	Estadual	Municipal	Estadual (TC dos M) BA CE GO PA
Limite total	50	60	60	60
Legislativo	2,5	3	6	3,4
Judiciário	6	6	-	6
Executivo	40,9 (37,9 + 3)*	49	54	48,4
MP	0,6	2		2

7) **Controle dos limites e sanções ao descumprimento**

Na LRF existem três limites previstos para despesa com pessoal. São eles:

7.1) Limite de alerta

Corresponde a 90% dos limites totais, tanto em cada ente federativo (50%, 60% e 60%), quanto em cada órgão e poder. Sendo ultrapassado esse percentual, os Tribunais de Contas alertarão os Poderes ou órgãos.

7.2) Limite prudencial

Corresponde a 95% dos limites totais, tanto em cada ente federativo (50%, 60% e 60%) quanto em cada órgão e poder, e serve para que sejam tomadas as primeiras medidas para que o limite total não seja extrapolado.

Como medida preventiva, a LRF determina que, se a despesa total com pessoal exceder o chamado limite prudencial ficam vedados ao Poder ou órgão que houver incorrido no excesso:

- ✓ Concessão de vantagem, aumento, reajuste ou adequação de remuneração a qualquer título, salvo os derivados de sentença judicial ou de determinação legal ou contratual, ressalvada ainda a revisão geral anual, sempre na mesma data e sem distinção de índices;
- ✓ Criação de cargo, emprego ou função;
- ✓ Alteração de estrutura de carreira que implique aumento de despesa;
- ✓ Provimento de cargo público, admissão ou contratação de pessoal a qualquer título, ressalvada a reposição decorrente de aposentadoria ou falecimento de servidores das áreas de educação, saúde e segurança;
- ✓ Contratação de hora extra, salvo no caso do disposto nos casos de convocação para sessão extraordinária do Congresso Nacional, e as situações previstas na lei de diretrizes orçamentárias.

6.3) Limite total

Refere-se aos perceptuais vistos acima, tanto em cada ente federativo (50%, 60% e 60%) quanto em cada órgão e poder.

Limite de ALERTA	Ultrapassar **90%** do máximo permitido (não há sanção/vedação)
Limite PRUDENCIAL	Ultrapassar **95%** do máximo permitido (há vedações)

8) **Verificação dos limites de despesa com pessoal**

Ao final de cada QUADRIMESTRE.

Atenção paras inovações na LRF:

Art. 65. Na ocorrência de calamidade pública reconhecida pelo Congresso Nacional, no caso da União, ou pelas Assembleias Legislativas, na hipótese dos Estados e Municípios, enquanto perdurar a situação:

I – serão suspensas a contagem dos prazos e as disposições estabelecidas nos arts. 23, 31 e 70;

II – serão dispensados o atingimento dos resultados fiscais e a limitação de empenho prevista no art. 9º.

Parágrafo único. Aplica-se o disposto no caput no caso de estado de defesa ou de sítio, decretado na forma da Constituição.

§ 1º Na ocorrência de calamidade pública reconhecida pelo Congresso Nacional, nos termos de decreto legislativo, em parte ou na integralidade do território nacional e enquanto perdurar a situação, além do previsto nos incisos I e II do caput: (Incluído pela Lei Complementar nº 173, de 2020)

I – serão dispensados os limites, condições e demais restrições aplicáveis à União, aos Estados, ao Distrito Federal e aos Municípios, bem como sua verificação, para: (Incluído pela Lei Complementar nº 173, de 2020)

a) contratação e aditamento de operações de crédito; (Incluído pela Lei Complementar nº 173, de 2020)

b) concessão de garantias; (Incluído pela Lei Complementar nº 173, de 2020)

c) contratação entre entes da Federação; e (Incluído pela Lei Complementar nº 173, de 2020)

d) recebimento de transferências voluntárias; (Incluído pela Lei Complementar nº 173, de 2020)

II – serão dispensados os limites e afastadas as vedações e sanções previstas e decorrentes dos arts. 35, 37 e 42, bem como será dispensado o cumprimento do disposto no parágrafo único do art. 8º desta Lei Complementar, desde que os recursos arrecadados sejam destinados ao combate à calamidade pública; (Incluído pela Lei Complementar nº 173, de 2020)

III – serão afastadas as condições e as vedações previstas nos arts. 14, 16 e 17 desta Lei Complementar, desde que o incentivo ou benefício e a criação ou o aumento da despesa sejam destinados ao combate à calamidade pública. (Incluído pela Lei Complementar nº 173, de 2020)

§ 2º O disposto no § 1º deste artigo, observados os termos estabelecidos no decreto legislativo que reconhecer o estado de calamidade pública: (Incluído pela Lei Complementar nº 173, de 2020)

I – aplicar-se-á exclusivamente: (Incluído pela Lei Complementar nº 173, de 2020)

a) às unidades da Federação atingidas e localizadas no território em que for reconhecido o estado de calamidade pública pelo Congresso Nacional e enquanto perdurar o referido estado de calamidade; (Incluído pela Lei Complementar nº 173, de 2020)

b) aos atos de gestão orçamentária e financeira necessários ao atendimento de despesas relacionadas ao cumprimento do decreto legislativo; (Incluído pela Lei Complementar nº 173, de 2020)

II – não afasta as disposições relativas a transparência, controle e fiscalização. (Incluído pela Lei Complementar nº 173, de 2020)

§ 3º No caso de aditamento de operações de crédito garantidas pela União com amparo no disposto no § 1º deste artigo, a garantia será mantida, não sendo necessária a alteração dos contratos de garantia e de contragarantia vigentes. (Incluído pela Lei Complementar nº 173, de 2020)

15.5. TRANSPARÊNCIA DA GESTÃO FISCAL

Instrumentos de transparência da gestão fiscal
1) Os planos (PPA; planos e programas nacionais, regionais e setoriais);
2) Orçamentos (LOA; Leis de Créditos adicionais);
3) Leis de diretrizes orçamentárias (LDO);
4) Prestações de contas;
5) Parecer prévio dos tribunais de contas sobre as prestações de contas;
6) Relatório Resumido da Execução Orçamentária (RREO);
7) Versão simplificada do Relatório Resumido da Execução Orçamentária (RREO)
8) Relatório de Gestão Fiscal (RGF);
9) Versão simplificada do Relatório de Gestão Fiscal (RGF);

Relatório Resumido da Execução Orçamentária (RREO)

Abrangência: todos os **poderes** e o **Ministério Público**

Obrigação de publicar: Poder **Executivo** de cada ente da federação

Período: bimestral

Publicado: até 30 dias após o encerramento de cada **BIMESTRE**

Composição: Balanço orçamentário e Demonstrativos da execução das receitas e das despesas.

Acompanhará o RREO demonstrativos relativos a::

- ✓ Apuração da receita corrente líquida, na forma definida no inciso IV do art. 2o, sua evolução, assim como a previsão de seu desempenho até o final do exercício;
- ✓ Receitas e despesas previdenciárias a que se refere o inciso IV do art. 50;
- ✓ Resultados nominal e primário;
- ✓ Despesas com juros, na forma do inciso II do art. 4º;
- ✓ Restos a Pagar, detalhando, por Poder e órgão referido no art. 20, os valores inscritos, os pagamentos realizados e o montante a pagar.

Acompanhará o RREO no último bimestre do exercício:

- ✓ Demonstrativo do atendimento da regra de ouro (operações de créditos não excederão o valor das despesas de capital);
- ✓ Demonstrativo das projeções atuariais dos regimes de previdência social, geral e próprio dos servidores públicos;

✓ Demonstrativo da variação patrimonial, evidenciando a alienação de ativos e aplicação dos recursos dela decorrentes.

Relatório de Gestão Fiscal (RGF)

Abrangência: todos os **Poderes** e o **Ministério Público**

Obrigação de publicar/assinar: titulares dos poderes

✓ Chefe do Poder Executivo;

✓ Presidente e demais membros da Mesa Diretora ou órgão decisório equivalente, conforme regimentos internos dos órgãos do Poder Legislativo;

✓ Presidente de Tribunal e demais membros de Conselho de Administração ou órgão decisório equivalente, conforme regimentos internos dos órgãos do Poder Judiciário;

✓ Chefe do Ministério Público, da União e dos Estados;

✓ Autoridades responsáveis pela administração financeira e pelo controle interno, bem como por outras definidas por ato próprio de cada Poder ou órgão.

Período: quadrimestral

Publicado: trinta dias após o encerramento do período a que corresponder.

Composição:

✓ **Comparativo com os limites:**

- ➢ Despesa com pessoal (distinguindo ativos, inativos e pensionistas);
- ➢ Dívida consolidada e mobiliária;
- ➢ Concessão de garantias;
- ➢ Operações de crédito, inclusive ARO.

✓ Indicação das medidas corretivas adotadas ou a adotar se ultrapassar algum limite.

Conterá o RGF no último quadrimestre do exercício:

✓ Demonstrativo do montante das disponibilidades de caixa em 31/dez;

✓ Demonstrativo da inscrição em restos a pagar, das despesas liquidadas e não liquidadas e não inscritas por falta de disponibilidade de caixa e cujos empenhos foram cancelados;

✓ Demonstrativo do não cumprimento das normas referentes às Operações de Crédito por ARO (pagamento até 10/dez e proibição de contratar no último ano do mandato).

As questões sobre transparência na gestão fiscal recaem massivamente sobre o RREO e o RGF. Disponibilize um pouco mais de tempo para ler as duas tabelas anteriores.

RELATÓRIO RESUMIDO DA EXECUÇÃO ORÇAMENTÁRIA (RREO) **Bimestral**	**RELATÓRIO DE GESTÃO FISCAL (RGF)** **Quadrimestral**
Abrangência: todos os **poderes** e o **Ministério Público** **Obrigação de publicar:** Poder **Executivo** de cada ente da federação **Período:** bimestral **Publicado:** até 30 dias após o encerramento de cada **BIMESTRE**	**Abrangência:** todos os **Poderes** e o **Ministério Público** **Obrigação de publicar/assinar: titulares dos poderes** ✓ Chefe do Poder Executivo; ✓ Presidente e demais membros da Mesa Diretora ou órgão decisório equivalente, conforme regimentos internos dos órgãos do Poder Legislativo; ✓ Presidente de Tribunal e demais membros de Conselho de Administração ou órgão decisório equivalente, conforme regimentos internos dos órgãos do Poder Judiciário; ✓ Chefe do Ministério Público, da União e dos Estados; ✓ Autoridades responsáveis pela administração financeira e pelo controle interno, bem como por outras definidas por ato próprio de cada Poder ou órgão. **Período:** quadrimestral **Publicado:** trinta dias após o encerramento do período a que corresponder.

Municípios com população inferior a 50 mil habitantes

É **facultado** divulgar **semestralmente** os:

RREO (somente os demonstrativos);

RGF.

Optando por publicar semestralmente, terão até 30 dias após o encerramento do semestre para publicação.

Raciocínio Lógico

Marcelo Sbicca e
Marcos Alexandre Bosso

TABELA DE INCIDÊNCIA DE QUESTÕES

Distribuição das questões organizada por ordem didática de assuntos		
Assunto	**Número de Questões**	**Peso**
1. LÓGICA PROPOSICIONAL	36	26,87%
2. PROPOSIÇÕES CATEGÓRICAS	8	5,97%
3. CORRELACIONAMENTO LÓGICO	35	26,12%
4. LÓGICA SEQUENCIAL, ESPACIAL E TEMPORAL	20	14,93%
5. CONJUNTOS LÓGICOS	13	9,70%
6. PROBLEMAS LÓGICOS	22	16,42%
Total	**134**	**100%**

Raciocínio Lógico

Marcelo Sbicca e
Marcos Alexandre Bosso

✦ QUESTÕES

1. LÓGICA PROPOSICIONAL

1.1. TABELA VERDADE

01. (Cespe/Cebraspe – Técnico Judiciário – TRT 8ªR – 2023) Considere-se a seguinte proposição P.

P: "O juiz atendeu ao pedido do promotor e determinou a suspensão do porte de arma do suspeito."

A quantidade de linhas da tabela-verdade associada à proposição P, mencionada no texto é igual a

A) 32.

B) 16.

C) 8.

D) 2.

E) 4.

COMENTÁRIOS

✪ **Nota dos autores:** Este é um tema que ficou esquecido pelas bancas em geral, nos últimos anos. Não é que "tabela verdade" não seja importante, muito pelo contrário, é fundamental conhecer a tabela verdade para compreender as nuances de cada operador lógico.

Porém, sendo mais específico, foi ignorado nestes últimos anos o questionamento quanto à quantidade de linhas da tabela verdade.

Vamos recordar.

Linhas da tabela verdade	$L = 2^n$

Entenda "L" como sendo o número total de linhas e "n" a quantidade de proposições simples.

Agora sim a questão.

Proposição Simples	**Conectivo**	**Proposição Simples**
O juiz atendeu ao pedido do promotor	*e*	*Determinou a suspensão do porte de arma do suspeito.*

As proposições simples trazem consigo uma informação singular centrada em um único verbo.

Estamos falando de duas proposições simples, logo, a tabela verdade:

Linhas da tabela verdade	$L = 2^n$ $L = 2^2$ $L = 4$

Resposta: A quantidade de linhas da tabela-verdade associada à proposição P, mencionada no texto é igual a 4.

Mesmo respondida a questão, vamos à construção da tabela verdade. As duas primeiras colunas referem-se às proposições simples e a última coluna a junção das duas por meio do conectivo "e"

O juiz atendeu ao pedido do promotor	*Determinou a suspensão do porte de arma do suspeito.*	*e*
V	V	V
V	F	F
F	V	F
F	F	F

Resumindo, para o conectivo "e" (conjunção) a sentença (em lógica denominada proposição composta) somente será verdadeira quando as duas proposições simples que a compõem forem igualmente verdadeiras.

Gabarito: E

---

02. (Cespe – Analista Judiciário – Área Judiciária – TRT 8ªR – 2022) Considere que as primeiras três colunas da tabela-verdade da proposição lógica $P \leftrightarrow (Q \wedge R)$ sejam iguais a

P	*Q*	*R*
V	*V*	*V*
V	*V*	*F*
V	*F*	*V*
V	*F*	*F*
F	*V*	*V*
F	*V*	*F*
F	*F*	*V*
F	*F*	*F*

Assinale a opção que apresenta a sequência de valores V ou F da última coluna da tabela-verdade apresentada.

A) V V V V V F V V

B) V F F F F V V V

C) V V V V F F F V

D) V V V F V F V F

E) V V F V V F V F

COMENTÁRIOS

✪ **Nota dos autores:** As fórmulas proposicionais, como encontramos no enunciado, $P \leftrightarrow (Q \wedge R)$, pode ser trabalhada com o auxílio da tabela verdade, isso faz todo sentido, até porque a sua construção foi iniciada.

Sobre as fórmulas proposicionais, o que você precisa conhecer é a <u>ordem da resolução</u>.

1. Negação;

2. Conjunção e disjunção.
3. Condicional.
4. Bicondicional

A ordem da resolução será alterada com a inclusão dos parênteses (como nas operações matemáticas) cujo objetivo é priorizar uma operação.

Então, voltando para a fórmula proposicional dada, P ↔ (Q ∧ R), a primeira tarefa é resolver a conjunção entre as proposições simples "Q" e "R". Faremos isso com a inclusão de uma nova coluna na tabela verdade.

P	Q	R	(Q ∧ R)
V	V	V	V
V	V	F	F
V	F	V	F
V	F	F	F
F	V	V	V
F	V	F	F
F	F	V	F
F	F	F	F

Observe que a conjunção será verdadeira apenas quando ambas as proposições simples que a compõem forem igualmente verdadeiras.

Na sequência passamos a resolver a bicondicional (↔) cuja verdade pressupõe a igualdade de valores lógicos dos termos que a compõem, sejam eles verdadeiros ou falsos.

P	Q	R	(Q ∧ R)	P ↔ (Q ∧ R)
V	V	V	V	V
V	V	F	F	F
V	F	V	F	F
V	F	F	F	F
F	V	V	V	F
F	V	F	F	V
F	F	V	F	V
F	F	F	F	V

Resposta: O resultado da fórmula lógica, P ↔ (Q ∧ R), encontra-se na última coluna da tabela verdade: V, F, F, F, F, V, V, V.

Gabarito: B

---

03. (Cespe/Cebraspe – Analista Judiciário – TRT 7ªR – 2017) Proposição P: A empresa alegou ter pago suas obrigações previdenciárias, mas não apresentou os comprovantes de pagamento; o juiz julgou, pois, procedente a ação movida pelo ex-empregado.

A quantidade mínima de linhas necessárias na tabela-verdade para representar todas as combinações possíveis para os valores lógicos das proposições simples que compõem a proposição P do texto é igual a

A) 32.

B) 4.

C) 8.

D) 16.

COMENTÁRIOS

Analise da proposição P.

Proposição Simples	Conectivo	Proposição Simples	Conectivo	Proposição Simples
A empresa alegou ter pago suas obrigações previdenciárias,	*Mas* (e)	*Não apresentou os comprovantes de pagamento;*	(Então)	*O juiz julgou, pois, procedente a ação movida pelo ex-empregado.*

Na linguagem direta, e com os conectivos, a proposição poderia ser reescrita assim:

- **Se** a empresa alegou ter pago suas obrigações previdenciárias **e** não apresentou os comprovantes de pagamento; **então** o juiz julgou procedente a ação movida pelo ex-empregado.

Trata-se de uma proposição composta condicional (se, então) cujo primeiro termo é outra proposição composta, no caso, conjuntiva (e). Na simbologia lógica seria: $(A \land B) \rightarrow C$.

Na verdade o que interessa é a quantidade de proposições simples para calcular a quantidade de linhas da tabela verdade.

Proposições simples:

- A empresa alegou ter pago suas obrigações previdenciárias.
- Não apresentou os comprovantes de pagamento.
- O juiz julgou, pois, procedente a ação movida pelo ex-empregado.

São três proposições simples.

Linhas da tabela verdade	$L = 2^n$ $L = 2^3$ $L = 8$

Resposta: São necessárias 8 linhas na tabela-verdade para representar todas as combinações possíveis para os valores lógicos das proposições simples que compõem a proposição P.

Gabarito: D

1.2. PROPOSIÇÕES COMPOSTAS

04. (Cespe/Cebraspe – Analista Judiciário – Área Judiciária – TRT 8ªR – 2022) Considere os conectivos lógicos usuais presentes na tabela a seguir e assuma que as letras maiúsculas representem proposições lógicas.

Conectivo	*Símbolo*
Conjunção	$\land$
Disjunção	$\lor$
Negação	~
Condicional	$\rightarrow$
Bicondicional	$\leftrightarrow$

Considere, ainda, o texto a seguir: O direito do trabalho e a justiça social são os pilares de uma organização de trabalho mais justa e igualitária, e, por essa razão, o currículo do ensino médio inclui disciplinas sobre cidadania, direitos humanos e empreendedorismo consciente.

Tendo em vista essas informações, o texto precedente pode ser expresso corretamente pela proposição lógica

A) P.

B) $P \land Q$.

C) $P \rightarrow Q$.

D) $(P \land Q) \rightarrow (R \land S \land T)$.

E) $(P \land Q) \rightarrow R$.

COMENTÁRIOS

Vejamos quais são os núcleos de informação (proposições simples).

O direito do trabalho e a justiça social são os pilares de uma organização de trabalho mais justa e igualitária, e, por essa razão, o currículo do ensino médio inclui disciplinas sobre cidadania, direitos humanos e empreendedorismo consciente.	1 – O direito do trabalho e a justiça social são os pilares de uma organização de trabalho mais justa e igualitária. 2 – o currículo do ensino médio inclui disciplinas sobre cidadania, direitos humanos e empreendedorismo consciente.

Apesar de longas, são duas proposições simples, confirmamos isso por meio dos verbos "ser" e "incluir", ligadas pela expressão "e, por essa razão" que denota a ideia de causa e efeito, logo, uma proposição composta condicional cuja representação segundo a simbologia dada é: $P \rightarrow Q$.

✪ **Nota dos autores:** Veja que o examinador usa a expressão "e, por essa razão" iniciando pela partícula "e" para induzir o candidato a acreditar tratar-se de uma conjunção, entretanto, ele segue o raciocínio dizendo "por essa razão", desse modo fica claro que a segunda proposição simples é resultado da primeira, de modo inverso temos que a primeira proposição é condição para a segunda proposição simples.

Resposta: O texto apresentado pode ser expresso pela proposição lógica $P \rightarrow Q$.

Gabarito: C

---

05. (FCC – Analista Judiciário – TRT BA 5ªR – 2022) Se Adão vai ao cinema, Benedito consegue estudar e Carla não faz brigadeiro. Carla fez brigadeiro, então podemos afirmar que

A) Benedito conseguiu estudar.

B) Adão não foi ao cinema.

C) Benedito não conseguiu estudar.

D) Adão foi ao cinema.

E) Adão foi ao cinema se Benedito conseguiu estudar.

COMENTÁRIOS

O enunciado traz uma proposição composta condicional e informa que uma das proposições simples (Carla faz brigadeiro) é verdadeira.

Causa	Conectivo	Efeito
(Se) Adão vai ao cinema	Então	Benedito consegue estudar e Carla não faz brigadeiro

A partícula "se", que faz parte do conectivo, revela a parte implícita (então) e, considerando que a proposição simples "Carla faz brigadeiro" é verdadeira, logo, "Carla <u>não</u> faz brigadeiro" é falsa.

Inferimos que a segunda parte da condicional é falsa (a conjunção "e" obriga a verdade dos termos para ser verdadeira).

Causa	Conectivo	Efeito
(Se) Adão vai ao cinema	Então	Benedito consegue estudar e ~~Carla não faz brigadeiro~~
		FALSO

Buscamos, na tabela verdade da condicional, as linhas nas quais o segundo termo é falso.

P	Q	$P \rightarrow Q$
V	F	F
F	F	V

São duas linhas com segundo termo falso sendo que apenas a que tem resultado verdadeiro nos interessa (última linha). Daí concluímos que o primeiro termo, Adão vai ao cinema, deve ser falso.

Conclusão:

- Adão não vai ao cinema.

Sobre a proposição "Benedito consegue estudar" nada podemos afirmar, tanto pode ser verdadeiro como falso, o que não altera a veracidade da proposição composta como um todo. Via de regra, as alternativas com afirmativa sobre esta proposição simples estarão erradas.

Resposta: Podemos afirmar que Adão não foi ao cinema.

Gabarito: B

---

06. (FGV – Analista Judiciário – Área Administrativa – TRT 12ªR – 2017) Considere a sentença: "Se x é um número par e y é um número maior do que x, então y é um número ímpar".

Sendo x um elemento do conjunto A e y um elemento do conjunto B, um cenário no qual a sentença dada é sempre verdadeira é:

A) A={2, 3, 4} e B={2, 3, 5};

B) A={2, 3, 4} e B={3, 4, 5};

C) A={1, 2, 3} e B={3, 4};

D) A={1, 2, 3} e B={4, 5};

E) A={3, 4} e B={5, 6}.

COMENTÁRIOS

O que uma questão de matemática está fazendo neste item de lógica proposicional?

Sim, o conteúdo é matemático, porém, nessa situação o mais importante é a estrutura lógica. A matemática nos auxiliará quanto à classificação das proposições simples como verdadeiras ou falsas.

1º Termo	Conectivo	2º Termo
Se x é um número par e y é um número maior do que x	Então	*y é um número ímpar.*

Note que o primeiro termo é também uma proposição composta.

1º Termo			Conectivo	2º Termo
x é um número par	e	*y é um número maior do que x*	Então	*y é um número ímpar.*

O mais fácil em relação à proposição composta condicional (acima) é identificar quando ela é falsa (primeiro termo falso e o segundo termo verdadeiro).

Ou seja, descartamos as alternativas falsas (valores lógicos abaixo).

1º Termo			Conectivo	2º Termo
x é um número par	e	*y é um número maior do que x*	Então	*y é um número ímpar.*
VERDADE		**VERDADE**		**FALSO**

Resumindo, se encontrarmos exatamente os valores lógicos acima, a sentença será falsa e não atende o que a questão nos pede.

Agora estamos prontos para verificar as alternativas.

a) A={2, 3, 4} e B={2, 3, 5};

Colocarmos todas as possibilidades de valores para x e y para que não fique dúvidas, entretanto, resolvendo a questão, você vai constatar não haver necessidade de tanto zelo para perceber que a sentença será sempre verdadeira.

x = 2 e y = 2	(Verdade ∧ Falso) → Falso	Falso → Falso (Verdadeiro)
x = 2 e y = 3	(Verdade ∧ Verdade) → Verdade	Verdade → Verdade (Verdadeiro)
x = 2 e y = 5	(Verdade ∧ Verdade) → Verdade	Verdade → Verdade (Verdadeiro)
x = 3 e y = 2	(Falso ∧ Falso) → Falso	Falso → Falso (Verdadeiro)
x = 3 e y = 3	(Falso ∧ Falso) → Verdade	Falso → Verdade (Verdadeiro)
x = 3 e y = 5	(Falso ∧ Verdade) → Verdade	Falso → Verdade (Verdadeiro)
x = 4 e y = 2	(Verdade ∧ Falso) → Falso	Falso → Falso (Verdadeiro)
x = 4 e y = 3	(Verdade ∧ Falso) → Verdade	Verdade → Verdade (Verdadeiro)
x = 4 e y = 5	(Verdade ∧ Verdade) → Verdade	Verdade → Verdade (Verdadeiro)

Para qualquer valor de x e y, a sentença sempre é verdadeira. Alternativa certa.

b) A={2, 3, 4} e B={3, 4, 5};

x = 2 e y = 4	(Verdade ∧ Verdade) → Falso

Para x = 2 e y = 4 a sentença é falsa. Alternativa errada.

c) A={1, 2, 3} e B={3, 4};

x = 2 e y = 4	(Verdade ∧ Verdade) → Falso

Para x = 2 e y = 4 a sentença é falsa. Alternativa errada.

d) A={1, 2, 3} e B={4, 5};

x = 2 e y = 4	(Verdade ∧ Verdade) → Falso

Para x = 2 e y = 4 a sentença é falsa. Alternativa errada.

e) A={3, 4} e B={5, 6}.

x = 4 e y = 6	(Verdade ∧ Verdade) → Falso

Para x = 4 e y = 6 a sentença é falsa. Alternativa errada.

Resposta: O cenário no qual a sentença dada é sempre verdadeira é para A={2, 3, 4} e B={2, 3, 5}

Gabarito: A

---

07. (FGV – Analista Judiciário – Área Administrativa – TRT 12ªR – 2017) Se o dobro de x é igual ao triplo de y, então a terça parte de x é igual:

A) à metade de y;

B) ao dobro de y;

C) à sexta parte de y;

D) à quarta parte de y;

E) ao sêxtuplo de y.

COMENTÁRIOS

A Fundação Getulio Vargas apresentou a estrutura de uma proposição composta condicional cuja resolução exige a matemática.

Se o examinador pede, então não vamos discutir, seguiremos com nossos conhecimentos de matemática.

Se o dobro de x é igual ao triplo de y	2x = 3y

Dada a situação acima, conclui-se que:

Então a terça parte de x é igual	x/3 = ?

Uma opção é isolar o valor de x, e após, dividir x por 3

Isolar o valor de x	Dividir x por 3
2x = 3y x = 3y/2	x = 3y/2 x/3 = (3y/2)/3 x/3 = y/2

✪ **Nota dos autores:** A mesma operação efetivada em um dos termos da igualdade (divisão por 3) deve ser feita no outro termo da equação. Essa é a razão pela qual chegamos no segundo termo "(3y/2)/3".

Resposta: A terça parte de x é igual à metade de y.

Gabarito: A

---

08. (FGV – Analista Judiciário – Área Administrativa – TRT 12ªR – 2017) Sabe-se que são verdadeiras as afirmativas:

- Se Z, então não X.
- Se não Z, então Y.

Logo, deduz-se que:

A) Z é necessário para X;

B) Z é suficiente para Y;

C) X é necessário para Y;

D) X é suficiente para Z;

E) Y é necessário para X.

COMENTÁRIOS

A configuração do enunciado aparenta ser uma questão de estrutura lógica.

Z	→	Não X
Não Z	→	Y

Entretanto, quando olhamos para as alternativas entendemos que a cobrança é sobre os adjetivos necessário e suficiente.

✪ **Nota dos autores:** No estudo de Raciocínio Lógico, especificamente sobre a proposição composta condicional, estes adjetivos são empregados como:

- O primeiro termo é condição suficiente para o segundo.
- Ou seja, basta a verdade do primeiro termo (é suficiente) para exigir a verdade do segundo termo.
- O segundo termo é condição necessária para o primeiro.
- Ou seja, é obrigatória a verdade do segundo (é necessária) para a verdade do primeiro termo.

Na questão:

Se Z, então não X.	Z é suficiente para não X Não X é necessário para Z
Se não Z, então Y.	Não Z é suficiente para Y Y é necessário para não Z

Nenhuma alternativa condiz com as relações acima.

Que tal tentarmos as proposições equivalentes. Lembrando que para outra condicional equivalente é necessário inverter as posições dos termos e negar ambos.

Condicional	Equivalência da Condicional
Se Z, então não X.	Se X, então não Z
Se não Z, então Y.	Se não Y, então Z

Nem é preciso fazer as relações necessário e suficiente porque sempre vai aparecer a partícula negativa "não" e nenhuma das alternativas está nesse formato.

Resta-nos o encadeamento de condicionais ou, em denominação técnica, silogismo hipotético. Veja o exemplo:

Condicionais	Encadeamento.
Se A então B Se B então C	Se A então C

A proposição simples B faz a ligação entre as condicionais e desaparece na conclusão.

Na questão a proposição simples que se repete é "Z", acontece que ele está no primeiro termo das duas proposições compostas. Por essa razão vamos aproveitar uma sentença original, retirada do enunciado, e outra a partir da equivalência que apresentamos acima.

Condicionais	Encadeamento.
Se X, então **não Z** Se **não Z**, então Y	Se X então Y

A coincidência da proposição simples "não Z" nos fez chegar a nova condicional "Se X então Y". Daí concluímos que:

- X é suficiente para Y.
- Y é necessário para X.

Resposta: Dadas as proposições condicionais, deduz-se que Y é necessário para X.

Gabarito: E

---

09. (FGV – Técnico Judiciário – Área Administrativa – TRT 12ªR – 2017) O salão principal do tribunal está preparado para um evento comemorativo e diversas pessoas foram convidadas a comparecer. Na porta do salão está um funcionário que recebeu instruções sobre as pessoas que podem entrar e uma delas foi:

"Se tiver carteira de advogado pode entrar."

É correto concluir que:

A) se joão entrou então tem carteira de advogado;

B) quem não tem carteira de advogado não pode entrar;

C) se pedro não pode entrar então não tem carteira de advogado;

D) quem é advogado, mas não tem carteira, pode entrar;

E) todos os que entraram são advogados.

COMENTÁRIOS

Nossa referência é a proposição composta condicional:

- Se tiver carteira de advogado pode entrar.

Observando a tabela verdade, a única opção na qual a condicional não é verdadeira é quanto a causa existe (primeiro termo verdadeiro) e a consequência não acontece (segundo termo falso). Acontecendo esta situação, descartamos a alternativa.

a) se João entrou então tem carteira de advogado;

É certo dizer que qualquer possuidor de carteira de advogado entrará na festa, o contrário não. Não é porque está na festa que a pessoa obrigatoriamente possui a carteira de advogado.

A alternativa altera a posição dos termos e isso muda a informação.

b) quem não tem carteira de advogado não pode entrar;

A informação é que o possuidor da carteira de advogado pode entrar na festa, mas não restringe a esta, como a única razão para poder entrar.

c) se Pedro não pode entrar então não tem carteira de advogado;

Perfeito, porque se tivesse a carteira de advogado, com certeza ingressaria na festa.

Alternativa correta.

d) quem é advogado, mas não tem carteira, pode entrar;

Claro que não. Segundo a informação, a entrada está franqueada para quem possui a certeira de advogado e não aquele que é advogado.

e) todos os que entraram são advogados.

Não é possível afirmar que todos que entraram são advogados, tão pouco afirmar que todos têm carteira de advogado.

Gabarito: C

1.3. EQUIVALÊNCIA PROPOSICIONAL

10. (Cespe/Cebraspe – Técnico Judiciário – Área Administrativa – TRT 8ªR – 2023) Considere-se a seguinte proposição P.

P: "O juiz atendeu ao pedido do promotor e determinou a suspensão do porte de arma do suspeito."

Assinale a opção que, sob o ponto de vista da lógica sentencial, apresenta uma proposição equivalente à proposição P, mencionada no texto.

A) O juiz não só atendeu ao pedido do promotor, como também determinou a suspensão do porte de arma do suspeito.

B) Se o juiz atendeu ao pedido do promotor, então determinou a suspensão do porte de arma do suspeito.

C) Ou o juiz atendeu ao pedido do promotor ou determinou a suspensão do porte de arma do suspeito.

D) O juiz atendeu ao pedido do promotor se, e somente se, determinou a suspensão do porte de arma do suspeito.

E) Se o juiz não determinou a suspensão do porte de arma do suspeito, então não atendeu ao pedido do promotor.

COMENTÁRIOS

Sugerimos fortemente que o concursando mantenha-se restrito às regras de equivalência, quando a questão solicitar a equivalência (também negação) de proposições compostas.

Acontece que para a conjunção (conectivo "e") não há equivalência específica, a possibilidade única é a alteração das posições dos termos.

Regra	Equivalência
A e B	B e A

Não há o que fazer senão avaliar as alternativas.

a) O juiz não só atendeu ao pedido do promotor, como também determinou a suspensão do porte de arma do suspeito.

Caímos no campo da interpretação. A alternativa repete, em outras palavras, a mesma informação que aquela da proposição P.

- O juiz atendeu ao pedido do promotor.
- O juiz determinou a suspensão do porte de arma do suspeito.

Gabarito: A

11. (Cespe/Cebraspe – Técnico Judiciário – TRT 8ªR – 2022) Considere que as proposições lógicas simples sejam representadas por letras maiúsculas e que os símbolos lógicos usuais sejam representados de acordo com a tabela a seguir.

Conectivo	*Símbolo*
Conjunção	$\wedge$
Disjunção	$\vee$
Negação	~
Condicional	$\Rightarrow$
Bicondicional	$\Leftrightarrow$

Nessa situação hipotética, a proposição lógica ((P ∨ Q) ∧ R) ⟹ (S ∨ T) é equivalente à proposição lógica

A) (((P ∨ Q) ∧ R) ⟹ S) ∨ (((P ∨ Q) ∧ R) ⟹ T).

B) ((P ∧ Q) ∨ R) ⟹ ~(S ∨ T).

C) (~(P ∨ Q) ∨ ~R) ⟹ ~(S ∨ T).

D) ~(S ∨ T) ⟹ (~P ∨ ~Q) ∧ ~R).

E) (~S ∧ ~T) ⟹ ~(Q ∧ R) ∧ ~(P ∧ R).

COMENTÁRIOS

Se estamos falando de equivalência, então seguimos a regra.

Regra	Equivalência
Proposição composta condicional	((P V Q) Λ R) ⟹ (S V T)
Manter o mesmo conectivo "se, então"	⟹
Inverter a posição das proposições simples	(S V T) ⟹ ((P V Q) Λ R)
Alterar o valor lógico de ambas as proposições	~(S V T) ⟹ ~((P V Q) Λ R) (~S V ~T) ⟹ ~((P Λ R) V (Q Λ R)) (~S V ~T) ⟹ ~(P Λ R) Λ ~(Q Λ R)

O maior trabalho foi quanto à negação do segundo termo, no qual foi aplicado primeiro a propriedade distributiva e após a negação.

Resposta: A proposição lógica ((P V Q) Λ R) ⟹ (S V T) é equivalente à proposição lógica (~S V T) ⟹ ~(P Λ R) Λ ~(Q Λ R).

Gabarito: E

12. (FCC – Técnico Judiciário – Área Administrativa – TRT 2ªR – 2018) Se o veículo ultrapassar os 50 km/h, então seu motorista será multado.

Uma afirmação equivalente à afirmação anterior é:

A) Se o motorista não foi multado, então seu veículo ultrapassou os 50 km/h.

B) O veículo não ultrapassou os 50 km/h e seu motorista não será multado.

C) O veículo não ultrapassa os 50 km/h ou seu motorista é multado.

D) Se o motorista foi multado, então seu veículo ultrapassou os 50 km/h.

E) O motorista só será multado se o veículo ultrapassar os 50 km/h.

COMENTÁRIOS

A afirmação é uma proposição composta condicional "*Se o veículo ultrapassar os 50 km/h, então seu motorista será multado*" para a qual existem duas equivalências.

- **Equivalência 1**

Regra	Equivalência
Manter o mesmo conectivo "se, então"	Se..., então
Inverter a posição das proposições simples	Se o motorista é multado, então o veículo ultrapassou 50 km/h.
Alterar o valor lógico de ambas as proposições	Se o motorista **não** é multado, então o veículo **não** ultrapassou 50 km/h.

Equivalência 1: Se o motorista não é multado, então o veículo não ultrapassou 50 km/h.

- **Equivalência 2**

Regra	Equivalência
Alterar o valor lógico do primeiro termo	O veículo **não** ultrapassa 50 km/h.
Substituir o conectivo "se, então" pela disjunção "ou"	O veículo **não** ultrapassa 50 km/h **ou**
Manter o segundo termo inalterado.	O veículo **não** ultrapassa 50 km/h **ou** seu motorista será multado.

Equivalência 2: O veículo não ultrapassa 50 km/h ou seu motorista é multado.

Resposta: Segundo as alternativas, a afirmativa equivalente é "O veículo não ultrapassa os 50 km/h ou seu motorista é multado".

Gabarito: C

---

13. (Cespe/Cebraspe – Analista Judiciário – Área Administrativa – TRT 7ªR – 2017) Proposição P: A empresa alegou ter pago suas obrigações previdenciárias, mas não apresentou os comprovantes de pagamento; o juiz julgou, pois, procedente a ação movida pelo ex-empregado.

Assinale a opção que apresenta uma proposição equivalente, sob o ponto de vista da lógica sentencial, à proposição P do texto.

A) A empresa alegou ter pago suas obrigações previdenciárias, mas não apresentou os comprovantes de pagamento, ou o juiz julgou procedente a ação movida pelo ex-empregado.

B) Se o juiz julgou procedente a ação movida pelo ex-empregado, então a empresa alegou ter pago suas obrigações previdenciárias, mas não apresentou os comprovantes de pagamento.

C) Se a empresa alegou ter pago suas obrigações previdenciárias, mas não apresentou os comprovantes de pagamento, então o juiz julgou procedente a ação movida pelo ex-empregado.

D) A empresa alegou ter pago suas obrigações previdenciárias, mas não apresentou os comprovantes de pagamento, mas o juiz julgou procedente a ação movida pelo ex-empregado.

COMENTÁRIOS

A proposição P está assim composta:

Proposição Simples	Conectivo	Proposição Simples	Conectivo	Proposição Simples
A empresa alegou ter pago suas obrigações previdenciárias,	*Mas* (e)	*não apresentou os comprovantes de pagamento;*	(então)	*o juiz julgou, pois, procedente a ação movida pelo ex-empregado.*

Reescrita abaixo conforme estamos acostumados.

- **Se** a empresa alegou ter pago suas obrigações previdenciárias **e** não apresentou os comprovantes de pagamento; **então** o juiz julgou procedente a ação movida pelo ex-empregado.

✪ **Nota dos autores:** O que fizemos foi trocar a conjunção adversativa "mas" pelo conectivo "e". Essa ação não muda em nada a interpretação.

Outra alteração foi o conector "pois" por "se, então", também sem reflexo na interpretação. Inclusive, morfologicamente, pois também é classificado como, além de explicativo, como conclusivo.

A alternativa correta simplesmente fez a substituição do conector "pois" por "se, então", corretamente conforme explicamos, e nada mais.

Resposta: De acordo com as alternativas, a proposição equivalente é "Se a empresa alegou ter pago suas obrigações previdenciárias, mas não apresentou os comprovantes de pagamento, então o juiz julgou procedente a ação movida pelo ex-empregado".

Gabarito: C

---

14. (FGV – Analista Judiciário – Área Administrativa – TRT 12ªR – 2017) Considere a sentença: "Se Pedro é torcedor do Avaí e Marcela não é torcedora do Figueirense, então Joana é torcedora da Chapecoense".

Uma sentença logicamente equivalente à sentença dada é:

A) Se Pedro não é torcedor do Avaí ou Marcela é torcedora do Figueirense, então Joana não é torcedora da Chapecoense.

B) Se Pedro não é torcedor do Avaí e Marcela é torcedora do Figueirense, então Joana não é torcedora da Chapecoense.

C) Pedro não é torcedor do Avaí ou Marcela é torcedora do Figueirense ou Joana é torcedora da Chapecoense.

D) Se Joana não é torcedora da Chapecoense, então Pedro não é torcedor do Avaí e Marcela é torcedora do Figueirense.

E) Pedro não é torcedor do Avaí ou Marcela é torcedora do Figueirense e Joana é torcedora da Chapecoense.

COMENTÁRIOS

A sentença apresentada é uma proposição composta condicional.

- *"Se Pedro é torcedor do Avaí e Marcela não é torcedora do Figueirense, então Joana é torcedora da Chapecoense".*

Sabemos serem duas as equivalências viáveis para a condicional, mas antes delas, vamos analisar a primeira parte da proposição composta.

- *"Pedro é torcedor do Avaí e Marcela não é torcedora do Figueirense".*

Dentro da condicional, outra proposição composta, só que conjuntiva (conectivo "e"). Como precisaremos da negação deste termo, deixaremos pronto antecipadamente.

Negação da conjunção.

Negar ambas as proposições simples e substituir o conectivo "e" pela disjunção "ou"	*Pedro **não** é torcedor do Avaí **ou** Marcela é torcedora do Figueirense*

Guarde esta negação e vamos para as equivalências da condicional.

- **Equivalência 1**

Regra	Equivalência
Manter o mesmo conectivo "se, então"	Se... então
Inverter a posição das proposições simples	Se Joana é torcedora da Chapecoense, então Pedro é torcedor do Avaí e Marcela não é torcedora do Figueirense.
Alterar o valor lógico (negar) de ambos os termos	Se Joana **não** é torcedora da Chapecoense, então Pedro **não** é torcedor do Avaí **ou** Marcela é torcedora do Figueirense.

Equivalência 1: Se Joana não é torcedora da Chapecoense, então Pedro não é torcedor do Avaí ou Marcela é torcedora do Figueirense.

- **Equivalência 2**

Regra	Equivalência
Alterar o valor lógico (negar) do primeiro termo	Pedro **não** é torcedor do Avaí **ou** Marcela é torcedora do Figueirense
Substituir o conectivo "se, então" pela disjunção "ou"	Pedro **não** é torcedor do Avaí **ou** Marcela é torcedora do Figueirense **ou**
Manter o segundo termo inalterado.	Pedro **não** é torcedor do Avaí **ou** Marcela é torcedora do Figueirense **ou** Joana é torcedora da Chapecoense.

Equivalência 2: Pedro não é torcedor do Avaí ou Marcela é torcedora do Figueirense ou Joana é torcedora da Chapecoense. Esta equivalência encontramos na alternativa C.

✪ **Nota dos autores:** Cuidado com a alternativa E, apenas o conectivo "e" colocado erroneamente onde deveria estar o conectivo "ou". "Pedro não é torcedor do Avaí ou Marcela é torcedora do Figueirense **e** Joana é torcedora da Chapecoense".

Resposta: A sentença logicamente equivalente à sentença dada é "Pedro não é torcedor do Avaí ou Marcela é torcedora do Figueirense ou Joana é torcedora da Chapecoense".

Gabarito: C

15. (FGV – Técnico Judiciário – Área Administrativa – TRT 12ªR – 2017) Em um tribunal os processos possuem capas totalmente de cor cinza ou totalmente de cor azul.

Sabe-se também que:

Os processos de capa cinza não vão para o arquivo.

É correto concluir que:

A) todo processo de capa azul vai para o arquivo;

B) todo processo que vai para o arquivo tem capa azul;

C) a capa de um processo que não é arquivado é certamente cinza;

D) alguns processos que são arquivados têm capa cinza;

E) nenhum processo de capa azul vai para o arquivo.

COMENTÁRIOS

Olha a sutileza de uma proposição composta condicional e a importância de acompanhar as regras e, na medida do possível, tentar evitar as interpretações.

Sabemos que os processos têm capa cinza ou azul e que:

- Os processos de capa cinza não vão para o arquivo.

A última informação é uma condicional cuja causa é o processo ter capa cinza e a consequência é não ir para o arquivo. Reescrita no formato lógico:

- Se o processo tem capa cinza, então não vai para o arquivo.

Apenas com a proposição composta é difícil identificar uma alternativa com ela coerente. Agora, veja sua equivalência.

Condicional	Equivalência da Condicional
Se o processo tem capa cinza, então não vai para o arquivo.	Se vai para o arquivo, então o processo não tem capa cinza.

Recordando, são duas equivalência para a proposição composta condicional, uma delas prevê a alteração da posição dos termos e negação de ambos.

Não paramos por aí, a informação inicial é de que os processos têm capa azul ou cinza e, uma vez que a equivalência descreve "processo não tem capa cinza", neste momento vale a interpretação, entendemos que o processo tem capa azul.

Atualizando a informação da proposição equivalente:

- Se vai para o arquivo, então o processo tem capa azul.

Resposta: Todo processo que vai para o arquivo tem capa azul.

Gabarito: B

---

16. (FCC – Analista Judiciário – Área Judiciária – TRT 20ªR – 2016) Do ponto de vista da lógica, a proposição "se tem OAB, então é advogado" é equivalente à

A) tem OAB ou é advogado.

B) se não tem OAB, então não é advogado.

C) se não é advogado, então não tem OAB.

D) é advogado e não tem OAB.

E) se é advogado, então tem OAB.

COMENTÁRIOS

Dada a proposição *"se tem OAB, então é advogado"*, entendemos ser uma condicional face à presença do conectivo "se, então". A partir daí, é seguir a regra.

E lembre-se, são duas possibilidades de equivalência para a condicional.

- Equivalência 1.

Regra	Equivalência
Manter o mesmo conectivo "se, então"	Se..., então
Inverter a posição das proposições simples	Se é advogado, então tem OAB.
Alterar o valor lógico de ambas as proposições	Se **não** é advogado, então **não** tem OAB.

- Equivalência 2

Regra	Equivalência
Alterar o valor lógico do primeiro termo	**Não** tem OAB.
Substituir o conectivo "se, então" pela disjunção "ou"	**Não** tem OAB **ou**
Manter o segundo termo inalterado.	**Não** tem OAB **ou** é advogado.

Portanto, as equivalências são:

- Se não é advogado, então não tem OAB.
- Não tem OAB ou é advogado.

Resposta: A opção do examinador foi pela equivalência: "se não é advogado, então não tem OAB".

Gabarito: C

1.4. NEGAÇÃO PROPOSICIONAL

17. (Cespe/Cebraspe – Técnico Judiciário – Área Administrativa – TRT 8ªR – 2023) Considere-se a seguinte proposição P: "O juiz atendeu ao pedido do promotor e determinou a suspensão do porte de arma do suspeito."

Assinale a opção que indica corretamente a negação da proposição P, mencionada no texto.

A) O juiz não atendeu ao pedido do promotor ou não determinou a suspensão do porte de arma do suspeito.
B) O juiz atendeu ao pedido do promotor, mas não determinou a suspensão do porte de arma do suspeito.
C) Ou o juiz não atendeu ao pedido do promotor ou não determinou a suspensão do porte de arma do suspeito.
D) O juiz não atendeu ao pedido do promotor, mas determinou a suspensão do porte de arma do suspeito.
E) O juiz não atendeu ao pedido do promotor e não determinou a suspensão do porte de arma do suspeito.

COMENTÁRIOS

A proposição P apresentada no enunciado é uma conjunção cuja característica é a presença do conectivo "e".

- O juiz atendeu ao pedido do promotor **e** determinou a suspensão do porte de arma do suspeito.

Para a negação da proposição composta conjuntiva, seguir a regra.

Regra	Negação
Proposição P	O juiz atendeu ao pedido do promotor **e** determinou a suspensão do porte de arma do suspeito.
Negar as duas proposições simples	O juiz **não** atendeu ao pedido do promotor ( ) **não** determinou a suspensão do porte de arma do suspeito.
Substituir o conectivo "e" pela disjunção "ou"	O juiz **não** atendeu ao pedido do promotor **ou não** determinou a suspensão do porte de arma do suspeito.

Resposta: a negação da proposição P, mencionada no texto é "O juiz **não** atendeu ao pedido do promotor **ou não** determinou a suspensão do porte de arma do suspeito".

Gabarito: A

18. (FCC – Analista Judiciário – TRT 9ªR – 2022) A negação da afirmação: "não ficou doente e vai ficar em casa" é:

A) Ficou doente ou vai ficar em casa.
B) Não ficou doente ou não vai ficar em casa.
C) Ficou doente e não vai ficar em casa.
D) Não ficou doente ou vai ficar em casa.
E) Ficou doente ou não vai ficar em casa.

COMENTÁRIOS

Estamos diante de uma proposição composta conjuntiva cujo valor lógico pode ser verdadeiro ou falso. Será verdadeira quando as duas proposições simples que a compõem forem verdadeiras. Estamos relembrando este conceito da conjunção para melhor compreensão da sua negação.

Seguimos com a explicação, porém, junto com a resolução da questão.

Proposição Simples	Conjunção	Proposição Simples
Não ficou doente	*e*	*Vai ficar em casa*

Substituímos a conjunção "e" pela disjunção "ou" e alteramos o valor lógico (negamos) ambas as proposições simples.

Regra	Negação
Alterar o conectivo conjunção "e" pela disjunção "ou"	ou
Negar ambas as proposições simples	Ficou doente ou não vai ficar em casa.

Observe que a alteração do valor lógico (negação) da primeira parte efetivou-se com a supressão da partícula "não".

Resposta: A negação da afirmação apresentada é "Ficou doente ou não vai ficar em casa".

Gabarito: E

---

19. (FCC – Técnico Judiciário – Área Administrativa – TRT 14ªR – 2022) Considere seguintes proposições:

p: Em março há 2 feriados ou 5 domingos.

q: Em março nunca há carnaval.

A negação da condicional p → q é equivalente à afirmação:

a) Em março não há 2 feriados e não há 5 domingos e em março sempre há carnaval.
B) Em março não há 2 feriados ou não há 5 domingos e em março sempre há carnaval.
C) Em março há 2 feriados ou 5 domingos e em março pode haver carnaval.
D) Se em março não há 2 feriados e não há 5 domingos, então em março sempre há carnaval.
E) Se em março não há 2 feriados e não há 5 domingos, então em março pode haver carnaval.

COMENTÁRIOS

A negação da condicional p → q requer a negação do segundo termo e alteração da condicional (se, então) pela conjunção (e).

Condicional	Negação
$p \rightarrow q$	$p \land \sim q$

Sabendo que:

- p: Em março há 2 feriados ou 5 domingos.
- q: Em março nunca há carnaval.

Negação
$p \land \sim q$
Em março há 2 feriados ou 5 domingos e em março há algum carnaval.

✪ **Nota dos autores:** A negação da segunda parte da proposição composta, na qual está presente o quantificador "nunca", não se faz com a substituição por "sempre", mas sim por "algum" ou "pelo menos um". Aprofundaremos este estudo à frente quando tratarmos do tema proposições categóricas.

Resposta: A negação solicitada, com o devido ajuste para o quantificador "algum", é "Em março há 2 feriados ou 5 domingos e em março pode haver carnaval".

Gabarito: C

---

20. (Cespe/Cebraspe – Analista Judiciário – TRT 7ªR – 2017) Argumento formado pelas premissas (ou proposições) P1 e P2 e pela conclusão C.

P1: Se eu assino o relatório, sou responsável por todo o seu conteúdo, mesmo que tenha escrito apenas uma parte.

P2: Se sou responsável pelo relatório e surge um problema em seu conteúdo, sou demitido.

C: Logo, escrevo apenas uma parte do relatório, mas sou demitido.

A negação da proposição P2 pode ser corretamente escrita na forma

A) Sou responsável pelo relatório e surge um problema em seu conteúdo, mas não sou demitido.
B) Se não sou responsável pelo relatório e não surge um problema em seu conteúdo, não sou demitido.
C) Se sou responsável pelo relatório e surge um problema em seu conteúdo, não sou demitido.
D) Não sou responsável pelo relatório, nem surge um problema em seu conteúdo, mas sou demitido.

COMENTÁRIOS

A construção apresentada é um silogismo no qual estão presentes duas premissas e a conclusão (abordaremos esse assunto futuramente). Porém, vamos nos restringir ao que nos foi solicitado, a negação da proposição P2.

- Se sou responsável pelo relatório e surge um problema em seu conteúdo, sou demitido.

Apesar de não estar expresso, a partir do conectivo "se, então", verificamos que se trata de uma proposição composta condicional, na qual o primeiro termo, face a presença do conectivo "e", também é uma proposição composta, só que conjuntiva.

A estrutura principal é de uma condicional, logo, seguimos a regra de negação da condicional.

Regra	Negação
Manter o primeiro termo inalterado	Sou responsável pelo relatório e surge um problema em seu conteúdo
Alterar o conectivo "se, então" pela conjunção "e"	Sou responsável pelo relatório e surge um problema em seu conteúdo **e**
Negar o segundo termo	Sou responsável pelo relatório e surge um problema em seu conteúdo **e não** sou demitido.

✪ **Nota dos autores:** O ajuste cabível seria a substituição do primeiro "e" por uma vírgula para uma melhor apresentação, gramaticalmente falando, e sem perda ou alteração de informação.

A negação da proposição P2: "Sou responsável pelo relatório, surge um problema em seu conteúdo **e não** sou demitido".

Outra possibilidade de ajuste sem perda ou alteração de informação, adotada pelo examinador, é substituir o segundo "e" pela partícula adversativa "mas".

Resposta: A negação da proposição P2 é "Sou responsável pelo relatório e surge um problema em seu conteúdo, mas não sou demitido".

Gabarito: A

---

21. (Cespe/Cebraspe – Analista Judiciário – TRT 7ªR – 2017) Proposição P: A empresa alegou ter pago suas obrigações previdenciárias, mas não apresentou os comprovantes de pagamento; o juiz julgou, pois, procedente a ação movida pelo ex-empregado.

Proposição Q: A empresa alegou ter pago suas obrigações previdenciárias, mas não apresentou os comprovantes de pagamento.

A proposição Q, anteriormente apresentada, está presente na proposição P do texto. A negação da proposição Q pode ser expressa por

A) A empresa não alegou ter pago suas obrigações previdenciárias ou apresentou os comprovantes de pagamento.

B) A empresa alegou ter pago suas obrigações previdenciárias ou não apresentou os comprovantes de pagamento.

C) A empresa alegou ter pago suas obrigações previdenciárias e apresentou os comprovantes de pagamento.

D) A empresa não alegou ter pago suas obrigações previdenciárias nem apresentou os comprovantes de pagamento.

COMENTÁRIOS

A análise da proposição Q revela:

Proposição Simples	Conectivo	Proposição Simples
A empresa alegou ter pago suas obrigações previdenciárias	*Mas* (e)	*Não apresentou os comprovantes de pagamento.*

✪ **Nota dos autores:** A conjunção adversativa, mesmo representando adversidade, não exclui o entendimento de que as duas informações contidas nas proposições simples são fatos e se somam, logo, é perfeitamente substituível pela conjunção "e".

Trata-se de conjunção cuja negação exige:

- Negar as duas proposições simples.
- Alterar o conectivo "e" pela disjunção "ou".

Conjunção	Negação da Conjunção
A empresa alegou ter pago suas obrigações previdenciárias, mas não apresentou os comprovantes de pagamento.	A empresa **não** alegou ter pago suas obrigações previdenciárias **ou** apresentou os comprovantes de pagamento.

Resposta: A negação da proposição Q pode ser expressa por "A empresa não alegou ter pago suas obrigações previdenciárias ou apresentou os comprovantes de pagamento".

Gabarito: A

22. (FGV – Analista Judiciário – Área Administrativa – TRT 12ªR – 2017) A negação lógica da sentença "Se eu como e não corro, então eu engordo" é:

A) Se eu como e não corro, então eu não engordo.

B) Eu como e não corro e não engordo.

C) Se eu não engordo, então eu não como ou corro.

D) Eu não como e corro e não engordo.

E) Se eu não como ou corro, então eu não engordo.

COMENTÁRIOS

Nada de perder tempo, vamos aplicar direto a regra da negação da proposição composta condicional.

Regra	Negação
Manter o primeiro termo inalterado	Eu como e não corro
Alterar o conectivo "se, então" pela conjunção "e"	Eu como e não corro **e**
Negar o segundo termo	Eu como e não corro **e** eu **não** engordo

Mantivemos a pronome pessoal "eu" no segundo termo. O examinador foi mais cauteloso e apresentou sua negação sem o pronome, uma leitura mais agradável.

Resposta: A negação lógica da sentença dada é "Eu como e não corro e eu não engordo".

Gabarito: B

---

23. (FGV – Técnico Judiciário – Área Administrativa – TRT 12ªR – 2017) Os advogados Miguel e Lucas conversam sobre determinado processo que vão receber.

- Miguel: Se esse processo é de "danos morais" então tem 100 páginas ou mais.
- Lucas: Não é verdade.

O que Lucas disse é logicamente equivalente a:

A) esse processo não é de danos morais e tem 100 páginas ou mais;

B) esse processo não é de danos morais ou tem menos de 100 páginas;

C) se esse processo não é de danos morais então tem 100 páginas ou mais;

D) se esse processo é de danos morais então tem 100 páginas ou menos;

E) esse processo é de danos morais e tem menos de 100 páginas.

COMENTÁRIOS

Dizer que uma informação não é verdadeira, conforme manifestação do Lucas, significa negar a declaração de Miguel.

É isso que faremos, negaremos a proposição composta condicional:

- *Se esse processo é de "danos morais" então tem 100 páginas ou mais.*

Regra	Negação
Manter o primeiro termo inalterado	Esse processo é de "danos morais"
Alterar o conectivo "se, então" pela conjunção "e"	Esse processo é de "danos morais" **e**
Negar o segundo termo	Esse processo é de "danos morais" **e não** tem 100 páginas **nem** mais.

Apresentamos a negação conforme a regra e mantivemos o segundo termo mais próximo possível do original e é claro, negando-o. O examinador apresentou a mesma informação de forma diferente.

- Nossa: Não tem 100 páginas nem mais.
- Examinador: Tem menos de 100 páginas.

Resposta: O que Lucas disse é logicamente equivalente a: "Esse processo é de danos morais e não tem 100 páginas nem mais", ainda, "esse processo é de danos morais e tem menos de 100 páginas" segundo o examinador.

Gabarito: E

---

24. (FCC – Técnico Judiciário – Área Administrativa – TRT 11ªR – 2017) A frase que corresponde à negação lógica da afirmação: Se o número de docinhos encomendados não foi o suficiente, então a festa não acabou bem, é

A) Se o número de docinhos encomendados foi o suficiente, então a festa acabou bem.

B) O número de docinhos encomendados não foi o suficiente e a festa acabou bem.

C) Se a festa não acabou bem, então o número de docinhos encomendados não foi o suficiente.

D) Se a festa acabou bem, então o número de docinhos encomendados foi o suficiente.

E) O número de docinhos encomendados foi o suficiente e a festa não acabou bem.

COMENTÁRIOS

A proposição composta condicional é a mais cobrada em relação à lógica proposicional em provas de concursos públicos, neste caso, não foi diferente solicitando a negação de:

- *Se o número de docinhos encomendados não foi o suficiente, então a festa não acabou bem.*

Aplicar a regra de negação.

Regra	Negação
Manter o primeiro termo inalterado	O número de docinhos encomendados não foi o suficiente
Alterar o conectivo "se, então" pela conjunção "e"	O número de docinhos encomendados não foi o suficiente **e**
Negar o segundo termo	O número de docinhos encomendados não foi o suficiente **e** a festa acabou bem.

Resposta: A frase que corresponde à negação lógica da afirmação dada é "O número de docinhos encomendados não foi o suficiente e a festa acabou bem".

Gabarito: B

1.5. ARGUMENTO

25. (Cespe/Cebraspe – Técnico Judiciário – TRT 8ªR – 2022) Considere o argumento presente no texto a seguir. O Rio Xingu é conhecido por ter sereias azuis com cabelos negros cacheados, pois todo rio com mais de 10 mil km de extensão cruza o estado do Pará, todos os rios que cruzam o estado do Pará são famosos por terem sereias azuis com cabelos negros cacheados, e o Rio Xingu tem 14 mil km de extensão. Com base nas informações apresentadas, assinale a opção correta.

A) Esse argumento é inválido, pois sua conclusão é falsa.

B) O trecho "todos os rios que cruzam o estado do Pará são famosos por terem sereias azuis com cabelos negros cacheados" é uma proposição lógica composta.

C) O trecho "o Rio Xingu tem 14 mil km de extensão" é a conclusão desse argumento.

D) Esse argumento é inválido, pois o Rio Xingu tem extensão menor que 3 mil km.

E) Esse argumento possui três premissas.

COMENTÁRIOS

O enunciado recomenda considerarmos o argumento do texto, pois bem, é isso que faremos.

O Rio Xingu é conhecido por ter sereias azuis com cabelos negros cacheados, ...
... pois todo rio com mais de 10 mil km de extensão cruza o estado do Pará, ...
... todos os rios que cruzam o estado do Pará são famosos por terem sereias azuis com cabelos negros cacheados, ...
... e o Rio Xingu tem 14 mil km de extensão.

Acima, temos a decomposição da argumentação lógica em suas partes (premissas e conclusão), o que fica facilitado quando levamos em conta os verbos e o uso da pontuação.

Separadas as partes, há necessidade de interpretação para que elas sejam colocadas em ordem.

Premissa 1	O Rio Xingu tem 14 mil km de extensão.
Premissa 2	Todo rio com mais de 10 mil km de extensão cruza o estado do Pará.
Premissa 3	Todos os rios que cruzam o estado do Pará são famosos por terem sereias azuis com cabelos negros cacheados.
Conclusão	O Rio Xingu é conhecido por ter sereias azuis com cabelos negros cacheados.

Existe uma pequena diferença naquilo que encontramos na conclusão "é conhecido" em relação ao que apresenta a premissa 3 "são famosos". Entretanto, vamos interpretar que, por ser famoso, podemos dizer que o Rio Xingu é conhecido, então, relevamos essa pequena diferença.

Enfim, na sequência, premissa 1, temos a extensão do rio Xingu e, de acordo com a premissa 2, ele cruza o estado do Pará. Ainda, por cruzar o estado do Pará, conforme a premissa 3, é famoso por ter sereias azuis com cabelos negros cacheados, a mesma informação contida na conclusão.

Ou seja, o argumento é composto por três premissas as quais fundamentam a conclusão que se segue. Portanto, argumento válido.

Vejamos as alternativas.

a) Esse argumento é inválido, pois sua conclusão é falsa.

A relação entre o argumento ser inválido com a conclusão falsa é totalmente equivocada. Encontraremos argumento tanto válido como inválido para conclusões falsas.

Ficou demonstrado que o argumento é válido, pois está lastreado nas premissas que o antecedem. Porém, uma das premissas pode ser falsa, qualquer uma das três, consequentemente a conclusão seria igualmente falsa, mesmo assim, o argumento continua sendo válido.

b) O trecho "todos os rios que cruzam o estado do Pará são famosos por terem sereias azuis com cabelos negros cacheados" é uma proposição lógica composta.

Apesar de ser longa a premissa, estamos diante de uma informação, um único verbo, portanto, é uma proposição lógica simples.

c) O trecho "o Rio Xingu tem 14 mil km de extensão" é a conclusão desse argumento.

Esta é uma proposição declarativa, uma premissa e não a conclusão.

d) Esse argumento é inválido, pois o Rio Xingu tem extensão menor que 3 mil km.

Independente de saber ou não a extensão do Rio Xingu (na verdade são 1640 km), este fato não tem relação com a invalidade do argumento conforme explicado na alternativa (A).

Se o rio Xingu tem menos que 3 mil km, a premissa 1 é falsa, consequentemente, a conclusão falsa, entretanto, o argumento permanece válido uma vez que a conclusão está lastreada nas premissas.

e) Esse argumento possui três premissas.

Perfeito, são três premissas e a conclusão.

Gabarito: E

---

26. (FCC – Analista Judiciário – Área Administrativa – TRT 15ªR – 2018) Considere os dois argumentos a seguir:

I. Se Ana Maria nunca escreve petições, então ela não sabe escrever petições. Ana Maria nunca escreve petições. Portanto, Ana Maria não sabe escrever petições.

II. Se Ana Maria não sabe escrever petições, então ela nunca escreve petições. Ana Maria nunca escreve petições. Portanto, Ana Maria não sabe escrever petições.

Comparando a validade formal dos dois argumentos e a plausibilidade das primeiras premissas de cada um, é correto concluir que

A) o argumento I é inválido e o argumento II é válido, mesmo que a primeira premissa de I seja mais plausível que a de II.

B) ambos os argumentos são válidos, a despeito das primeiras premissas de ambos serem ou não plausíveis.

C) ambos os argumentos são inválidos, a despeito das primeiras premissas de ambos serem ou não plausíveis.

D) o argumento I é inválido e o argumento II é válido, pois a primeira premissa de II é mais plausível que a de I.

E) o argumento I é válido e o argumento II é inválido, mesmo que a primeira premissa de II seja mais plausível que a de I.

COMENTÁRIOS

✪ **Nota dos autores:** Muito importante saber diferenciar válido ou inválido de verdadeiro ou falso. O primeiro usamos para classificar a estrutura composta de premissas e conclusão e o segundo trata do valor lógico tanto da proposição simples como da proposição composta.

Para a questão, argumento válido ou inválido, o objetivo é investigar a composição de premissas e conclusão e se esta é decorrência exclusiva daquelas.

Argumento I

- Premissa: Se Ana Maria nunca escreve petições, então ela não sabe escrever petições.
- Premissa: Ana Maria nunca escreve petições.
- Conclusão: Portanto, Ana Maria não sabe escrever petições.

A primeira premissa descreve uma hipótese com causa e efeito na forma de uma proposição composta condicional.

A segunda premissa apresenta um fato. Fato este coincidente com a causa apresentada na premissa anterior, o que nos leva a acreditar que o efeito deve acontecer.

É exatamente o que está retratado na conclusão. A conclusão está alicerçada nas premissas, então o argumento é válido.

Argumento II

- Premissa: Se Ana Maria não sabe escrever petições, então ela nunca escreve petições.
- Premissa: Ana Maria nunca escreve petições.
- Conclusão: Portanto, Ana Maria não sabe escrever petições.

A primeira premissa, inverteu a ordem dos termos, se compararmos com a primeira premissa do argumento I e isso faz diferença. Face à hipótese formulada, a causa de não saber escrever petições tem como consequência nunca ter escrito petições.

A segunda premissa, um fato que revela que Ana Maria nunca escreve petições, ou seja, é a consequência da hipótese descrita na premissa anterior.

A conclusão é de que ela não sabe escrever petições, causa apresentada na primeira premissa.

O argumento é inválido porque não podemos afirmar a causa se o fato conhecido é a consequência.

Resumindo:

- Se o fato conhecido é a causa, a consequência é obrigatória.
- Se o fato conhecido é a consequência, a causa não pode ser confirmada.

Analisar a validade do argumento baseia-se na construção correta da estrutura entre premissas e conclusão mais que a relação da informação existente e o conhecimento de quem analisa, tanto que a primeira premissa do argumento II é mais aceitável que a primeira premissa do argumento I.

Resposta: O argumento I é válido e o argumento II é inválido, mesmo que a primeira premissa de II seja mais plausível que a de I.

Gabarito: E

---

27. (Cespe/Cebraspe – Analista Judiciário – TRT 7ªR – 2017) Texto – Argumento formado pelas premissas (ou proposições) P1 e P2 e pela conclusão C.

P1: Se eu assino o relatório, sou responsável por todo o seu conteúdo, mesmo que tenha escrito apenas uma parte.

P2: Se sou responsável pelo relatório e surge um problema em seu conteúdo, sou demitido.

C: Logo, escrevo apenas uma parte do relatório, mas sou demitido.

O argumento apresentado no texto se tornaria válido do ponto de vista da lógica sentencial, se, além das premissas P1 e P2, a ele fosse acrescentada a proposição

A) Não sou demitido ou não escrevo uma parte do relatório.

B) Sou responsável apenas pela parte que escrevi do relatório.

C) Eu escrevo apenas uma parte do relatório, assino o relatório e surge um problema em seu conteúdo.

D) Se não escrevo nenhuma parte do relatório, não sou demitido.

COMENTÁRIOS

O argumento proposto no enunciado é:

Premissa 1	*Se eu assino o relatório, sou responsável por todo o seu conteúdo, mesmo que tenha escrito apenas uma parte.*
Premissa 2	*Se sou responsável pelo relatório e surge um problema em seu conteúdo, sou demitido.*
Conclusão	*Logo, escrevo apenas uma parte do relatório, mas sou demitido.*

A conclusão diz que eu escrevi parte do relatório e fui demitido.

Pela premissa 1, escrever parcialmente o relatório tem como consequência ser responsável por todo o conteúdo e não por ser demitido. Para que isso aconteça, há necessidade de que surja um problema conforme descrito na premissa 2.

Na conclusão, além de mencionar que escrevo parte do relatório, faltou informar que eu o assino (gera responsabilidade) e que o relatório apresentou um problema (provoca demissão).

Resposta: O argumento seria válido se fosse acrescido a proposição "Eu escrevo apenas uma parte do relatório, assino o relatório e surge um problema em seu conteúdo".

Gabarito: C

1.6. ESTRUTURAS LÓGICAS

28. (FCC – Analista Judiciário – Área Judiciária – TRT 4ªR – 2022) Quando estou feliz e faz sol, passeio com o cachorro. Sempre que passeio com o cachorro e não passo na padaria, como um pastel na feira. Ontem, não comi um pastel na feira e não passei na padaria. Logo, ontem, necessariamente,

A) passeei com o cachorro.

B) eu não estava feliz.

C) fez sol.

D) não passeei com o cachorro.

E) eu estava feliz.

COMENTÁRIOS

✪ **Nota dos autores:** Se está previsto em seu edital a disciplina Raciocínio Lógico e a banca vai explorar a lógica proposicional, pode ter certeza que a proposição condicional estará presente.

Começamos com alguma formas de apresentação da proposição composta condicional.

- *Quando estou feliz e faz sol, passeio com o cachorro.*
- Se estou feliz e faz sol, então passeio com o cachorro.

Em raciocínio lógico "quando" e "se" cumprem o mesmo papel. Ainda, a supressão de parte do conectivo "então" é comum e aceitável, mesmo porque pressupõe sua presença.

- *Sempre que passeio com o cachorro e não passo na padaria, como um pastel na feira.*
- Se passeio com o cachorro e não passo na padaria, então como pastel na feira.

"Sempre" está fazendo a função da partícula "se" da condicional e, como dissemos acima, a supressão de "então" é comum e aceitável.

Feitas as notas acerca das proposições condicionais, vejamos a estrutura lógica, pois é disso que trata a questão.

Estou feliz e faz sol	→	Passeio com o cachorro
Passeio com o cachorro e não passo na padaria	→	Como pastel na feira
Ontem, não comi um pastel na feira	∧	Não passei na padaria

Acima temos as três proposições compostas retiradas do enunciado, as quais consideramos verdadeiras, mesmo que nada tenha sido tido sobre isso (a proposição falsa será expressamente informada).

O objetivo é identificar o valor lógico (verdadeiro ou falso) de cada uma das proposições simples, este valor lógico não necessariamente será o mesmo que o da proposição composta na qual está inserida.

Conforme dito, as proposições compostas são verdadeiras e aquela que leva o conectivo "e", conjunção (terceira linha), somente será verdadeira quando as suas duas proposições simples igualmente forem verdadeiras.

Estou feliz e faz sol	→	Passeio com o cachorro
Passeio com o cachorro e não passo na padaria	→	Como pastel na feira
Ontem, não comi um pastel na feira	∧	**Não passei na padaria**

Proposições simples grifadas são verdadeiras e as riscadas são falsas.

Aproveitamos os valores lógicos em proposições repetidas.

Estou feliz e faz sol	→	Passeio com o cachorro
Passeio com o cachorro e **não passo na padaria**	→	**Como pastel na feira**
Ontem, não comi um pastel na feira	∧	Não passei na padaria

A análise da condicional, segunda linha, revela que a proposição simples "passeio com o cachorro" obrigatoriamente deve ser considerada falsa, pois a proposição composta é verdadeira. Neste caso, tanto o primeiro como o segundo termo da condicional serão falsos e a sentença (proposição composta) verdadeira.

Lembre-se que a única situação em que a condicional revela-se falsa é quando o primeiro termo é verdadeiro e o segundo é falso.

Estou feliz e faz sol	→	**Passeio com o cachorro**
~~**Passeio com o cachorro**~~ e não passo na padaria	→	~~Como pastel na feira~~
Ontem, não comi um pastel na feira	∧	Não passei na padaria

O raciocínio é semelhante para a primeira linha, também uma condicional. Conhecemos o valor lógico do segundo termo, falso, logo, o primeiro termo também deve ser falso para que a sentença seja verdadeira.

Estou feliz e faz sol	→	~~Passeio com o cachorro~~
~~Passeio com o cachorro~~ e não passo na padaria	→	~~Como pastel na feira~~
Ontem, não comi um pastel na feira	∧	Não passei na padaria

Dissemos que o primeiro termo da condicional, primeira linha, é falso e observe que este termo é também uma proposição composta. Neste caso, cabe a negação da conjunção:

- Proposição conjuntiva: Estou feliz e faz sol
- Negação da conjunção: Não estou feliz ou não fez sol.

É importante esta percepção porque não dá para afirmar se estou ou não feliz e se fez ou não sol. A proposição composta traz duas informações "Não estou feliz ou não fez sol" e tanto uma como a outra pode ter acontecido assim como as duas. Dada essa indefinição característica de disjunção, nada podemos afirmas sobre ser feliz ou ter feito sol.

Daí a exclusão das alternativas B, C e E.

Conclusões:

- Não estou feliz ou não fez sol.
- Não passeei com o cachorro.
- Não passei na padaria.
- Não comi pastel na feira.

Resposta: Ontem, necessariamente não passeei com o cachorro.

Gabarito: D

29. (FGV – Analista Judiciário – Área Judiciária – TRT 13ªR – 2022) Considere como verdadeiras as seguintes sentenças:

- Se Gerson não é torcedor do Botafogo, então Luiz é torcedor do Treze.
- Se Luiz é torcedor do Treze, então Débora não é torcedora do Campinense.
- Se Débora não é torcedora do Campinense, então Lúcia é torcedora do Botafogo.
- Lúcia não é torcedora do Botafogo.

É correto concluir que

A) Luiz é torcedor do Treze.

B) Gerson é torcedor do Botafogo.

C) Luiz não é torcedor do Botafogo.

D) Débora é torcedora do Campinense.

E) Lúcia é torcedora do Treze.

COMENTÁRIOS

✪ **Nota dos autores:** Este tipo de questão composta por várias afirmações ou, como chamamos em lógica, proposições, são facilmente identificadas. A forma de resolver que adotamos considerara todas as afirmações compostas como verdadeiras para, então, identificarmos o valor lógico de cada proposição simples individualmente.

Neste caso o examinador deixou claro que as afirmações são verdadeiras, entretanto, em outros, pode não declarar nada sobre isso, mesmo assim, consideraremos todas as afirmações verdadeiras. Ainda podem acontecer casos com a declaração de que algumas afirmações são falsas, então, há a necessidade de negá-las para conseguirmos extrair delas a informação verdadeira.

Voltando para a questão, vamos agrupar as afirmações de maneira organizada para uma visão geral e facilitar o entendimento.

Se Gerson não é torcedor do Botafogo	*Então*	*Luiz é torcedor do Treze*
Se Luiz é torcedor do Treze	*Então*	*Débora não é torcedora do Campinense*
Débora não é torcedora do Campinense	*Então*	*Lúcia é torcedora do Botafogo*
Lúcia não é torcedora do Botafogo		

Organizar as afirmações não significa reescrevê-las na íntegra conforme acima, use poucas palavras e a simbologia lógica para ganhar tempo.

Gerson não Botafogo	→	Luiz Treze
Luiz Treze	→	Débora não Campinense
Débora não Campinense	→	Lúcia Botafogo
Lúcia não Botafogo		

No quadro acima, a quarta linha, é diferente das demais, pois trata-se de uma proposição simples e conforme o enunciado, seu valor lógico é verdade. Na linha anterior, encontramos a mesma proposição simples com valor lógico invertido, ou seja, falsa.

Marcaremos as proposições verdadeiras sublinhando-as e as falsas riscando-as.

Gerson não Botafogo	→	Luiz Treze
Luiz Treze	→	Débora não Campinense
Débora não Campinense	→	**Lúcia Botafogo**
Lúcia não Botafogo		

As três afirmações nas três primeiras linhas são condicionais e, observando a tabela verdade, a única situação na qual ela será falsa é quando o primeiro termo é verdadeiro e o segundo é falso.

Face à explicação e sabendo que o segundo termo é falso, temos que a terceira linha, é falsa, assim concluímos que o primeiro termo deve ser igualmente falso.

Gerson não Botafogo	→	Luiz Treze
Luiz Treze	→	**Débora não Campinense**
~~**Débora não Campinense**~~	→	~~Lúcia Botafogo~~
Lúcia não Botafogo		

A mesma regra vale para as proposições das primeira e segunda linhas.

Gerson não Botafogo	→	**Luiz Treze**
~~**Luiz Treze**~~	→	~~Débora não Campinense~~
~~Débora não Campinense~~	→	~~Lúcia Botafogo~~
Lúcia não Botafogo		

Identificamos o valor lógico de cada uma das proposições simples.

- Gerson é torcedor do Botafogo.
- Luiz não é torcedor do Treze.
- Débora é torcedora do Campinense
- Lúcia não é torcedora do Botafogo

Resposta: É correto concluir que (B) Gerson é torcedor do Botafogo e que (D) Débora é torcedora do Campinense.

Gabarito: Questão Anulada

---

30. (FCC – Analista Judiciário – Área Judiciária – TRT 15ªR – 2018) A, B, C e D são alguns dos candidatos à presidência de um certo país. Um analista político, em entrevista a um programa de rádio, fez três previsões sobre o 1° turno das eleições:

- Se A ficar em primeiro lugar, então nem B e nem C ficarão entre os três primeiros.
- Se B ficar entre os três primeiros, então A não ficará entre os três primeiros.
- Se D ficar entre os três primeiros, então C ficará entre os três primeiros.

Assim, se A ficar em primeiro lugar no 1° turno e se as previsões do analista estiverem corretas, então, sobre B, C e D, pode-se concluir que

A) certamente nenhum deles estará entre os três primeiros.

B) D poderá ou não estar entre os três primeiros.

C) certamente apenas D estará entre os três primeiros.

D) C ou D, mas não ambos, poderão estar entre os três primeiros.

E) certamente apenas B e C não estarão entre os três primeiros.

COMENTÁRIOS

As previsões feitas pelo analista político para o 1º turno das eleições são todas proposições compostas condicionais.

A ficar em primeiro lugar	→	Nem B e nem C ficarão entre os três primeiros.
B ficar entre os três primeiros	→	A não ficará entre os três primeiros.
D ficar entre os três primeiros	→	C ficará entre os três primeiros

Na sequência, o examinador completa:

- Se A ficar em primeiro lugar no 1° turno e se as previsões do analista estiverem corretas, então...

Assumimos como verdadeira esta hipótese formulada pelo examinador, na qual o candidato A realmente fica em primeiro lugar no primeiro turno.

A ficar em primeiro lugar	→	Nem B e nem C ficarão entre os três primeiros.
B ficar entre os três primeiros	→	**A não ficará entre os três primeiros.**
D ficar entre os três primeiros	→	C ficará entre os três primeiros

Sublinhamos a proposição simples verdadeira e riscamos a proposição simples falsa.

Fixamos na primeira linha, a verdade da causa (primeiro termo da condicional) obriga a verdade da consequência (segundo termo da condicional).

Aproveitamos para classificar as mesmas informações (com valor lógico invertido) na segunda e na terceira linha.

A ficar em primeiro lugar	→	**Nem B e nem C ficarão entre os três primeiros.**
B ficar entre os três primeiros	→	~~A não ficará entre os três primeiros.~~
D ficar entre os três primeiros	→	**C ficará entre os três primeiros**

Uma vez que a condicional não admite o primeiro termo verdadeiro e o segundo falso, caso em que a sentença seria falsa, o primeiro termo na última linha obrigatoriamente deve ser falso.

A ficar em primeiro lugar		Nem B e nem C ficarão entre os três primeiros.
~~B ficar entre os três primeiros~~	→	~~A não ficará entre os três primeiros.~~
D ficar entre os três primeiros	→	~~C ficará entre os três primeiros~~

Conclusões:

- O candidato A fica em primeiro lugar.
- O candidato B não fica entre os três primeiros.
- O candidato C não fica entre os três primeiros.
- O candidato D não fica entre os três primeiros.

Resposta: sobre B, C e D, pode-se concluir que certamente nenhum deles estará entre os três primeiros.

Gabarito: A

---

31. (FCC – Analista Judiciário – Área Contábil – TRT 2ªR – 2018) Considere as seguintes afirmações:

I. Agnes é atriz ou Bernardo não é diretor.

II. Cíntia é estilista e Dinorá não é cantora.

III. Elivaldo não é segurança ou Fred é assistente.

IV. Se Bernardo é diretor, então Elivaldo não é segurança.

Sabe-se que as afirmações I e IV são falsas e que as afirmações II e III são verdadeiras. Sendo assim, é logicamente VERDADEIRA a alternativa

A) Dinorá é cantora ou Agnes é atriz.

B) Se Agnes é atriz, então Elivaldo é segurança.

C) Fred não é assistente e Cíntia é estilista.

D) Se Bernardo é diretor, então Dinorá é cantora.

E) Ou Bernardo não é diretor ou Fred não é assistente.

COMENTÁRIOS

Sabemos tratar-se de uma estrutura lógica e, para estes casos, o roteiro é:

1) considerar todas as quatro proposições compostas verdadeiras e;

2) trabalhar com as proposições simples para conhecer seus valores lógicos.

✪ **Nota dos autores:** Acontece que duas das proposições compostas, I e IV, são falsas conforme declarado no enunciado. Sem problemas, negá-las revela a informação verdadeira.

- Negação da disjunção: Negar ambos os termos e alterar o conectivo "ou" para a conjunção "e".

Disjunção	Negação da Disjunção
Agnes é atriz ou Bernardo não é diretor.	Agnes **não** é atriz **e** Bernardo é diretor.

- Negação da condicional: Negar o segundo termo e alterar o conectivo "se, então" para a conjunção "e".

Disjunção	Negação da Disjunção
Se Bernardo é diretor, então Elivaldo não é segurança.	Bernardo é diretor **e** Elivaldo é segurança.

Segue a estrutura com as proposições compostas todas informando a verdade.

Agnes não é atriz	∧	Bernardo é diretor
Cíntia é estilista	∧	Dinorá não é cantora
Elivaldo não é segurança	∨	Fred é assistente.
Bernardo é diretor	∧	Elivaldo é segurança

Praticamente todos os valores lógicos das proposições simples são facilmente identificados uma vez que, das quatro proposições compostas, três são conjuntivas.

Não seria preciso dizer, mas por questão didática, a proposição composta conjuntiva só é verdadeira quando os dois termos que a compõem também forem verdadeiros.

Portanto:

Agnes não é atriz	∧	**Bernardo é diretor**
Cíntia é estilista	∧	**Dinorá não é cantora**
Elivaldo não é segurança	∨	Fred é assistente.
Bernardo é diretor	∧	**Elivaldo é segurança**

Grifos indicam proposições simples verdadeiras.

Restou a terceira sentença cujo primeiro termo é falso (a mesma proposição aparece na quarta linha com valor lógico inverso), consequentemente, o segundo termo deve ser verdadeiro para que a disjunção (proposição composta) seja verdadeira.

Agnes não é atriz	∧	Bernardo é diretor
Cíntia é estilista	∧	Dinorá não é cantora
Elivaldo não é segurança	∨	**Fred é assistente**
Bernardo é diretor	∧	Elivaldo é segurança

A proposição simples riscada indica ser falsa.

Conclusões:

- Agnes não é atriz.
- Bernardo é diretor.
- Cíntia é estilista.
- Dinorá não é cantora.
- Elivaldo é segurança.
- Fred é assistente.

Devido às alternativas serem proposições compostas, utilizaremos as conclusões acima para analisar cada uma delas, na busca pela verdadeira.

a) Dinorá é cantora ou Agnes é atriz.

As duas proposições simples são falsas, logo, a disjunção é falsa.

b) Se Agnes é atriz, então Elivaldo é segurança.

As duas proposições simples são falsas, entretanto, por se tratar de uma condicional, a combinação "se falso, então falso" revela uma sentença verdadeira.

Alternativa correta.

c) Fred não é assistente e Cíntia é estilista.

Apenas a segunda proposição simples é verdadeira e como a conjunção exige a verdade dos dois termos, logo, a proposição composta é falsa.

d) Se Bernardo é diretor, então Dinorá é cantora.

A primeira proposição simples é verdadeira e a segunda falsa. A combinação "se verdadeiro, então falso" é a única situação na qual a condicional é falsa.

e) Ou Bernardo não é diretor ou Fred não é assistente.

As duas proposições simples são falsas. Para a disjunção exclusiva ser verdadeira apenas um termo deve ser verdadeiro.

Gabarito: B

---

32. (FCC – Técnico Judiciário – Área Segurança – TRT 6ªR – 2018) Considere que a afirmação I é falsa e que as demais são verdadeiras.

I. Se Bernardo é músico, então Andreia é cantora.

II. Cátia é baterista e Bernardo é músico.

III. Ou Danilo é violonista, ou Cátia é baterista.

A partir dessas afirmações, é correto concluir que

A) Andreia é cantora ou Danilo é violonista.

B) ou Bernardo é músico, ou Cátia é baterista.

C) se Danilo é violonista, então Andreia é cantora.

D) Cátia é baterista e Danilo é violonista.

E) se Cátia é baterista, então Danilo é violonista.

COMENTÁRIOS

A primeira informação é falsa e as demais verdadeiras. Para trabalhar somente com proposições verdadeiras, vamos negar aquela que sabemos ser falsa.

Proposição Composta Condicional	*Se Bernardo é músico, então Andreia é cantora.*
Negação da Condicional	Bernardo é músico **e** Andreia **não** é cantora.

✪ **Nota dos autores:** A negação da proposição composta condicional exige a alteração do conectivo "se, então" pela conjunção "e". Adicionalmente, negar o segundo termo.

Com todas as afirmações verdadeiras, montamos a estrutura de proposições compostas e passamos à análise das proposições simples.

Bernardo é músico	∧	Andreia não é cantora
Cátia é baterista	∧	Bernardo é músico
Danilo é violonista	∨	Cátia é baterista

O ponto de partida são as proposições compostas conjuntivas porque os seus dois termos obrigatoriamente são verdadeiros.

Bernardo é músico	∧	**Andreia não é cantora**
Cátia é baterista	∧	**Bernardo é músico**
Danilo é violonista	∨	Cátia é baterista

As proposições simples grifadas são verdadeiras e uma delas repete-se na terceira afirmação.

Bernardo é músico	∧	Andreia não é cantora
Cátia é baterista	∧	Bernardo é músico
Danilo é violonista	∨	**Cátia é baterista**

Ainda sobre a terceira afirmação, trata-se de uma disjunção exclusiva, é certo que a primeira proposição simples é falsa uma vez que o valor lógico da segunda identificamos ser verdadeira.

Vale destacar que a disjunção exclusiva cuja característica é o conectivo "ou... ou", é verdadeira quando um termo for verdadeiro e o outro falso, independente da ordem.

Bernardo é músico	∧	Andreia não é cantora
Cátia é baterista	∧	Bernardo é músico
Danilo é violonista	∨	Cátia é baterista

A proposição riscada é falsa.

Conclusões:

- Bernardo é músico.
- Andreia não é cantora.
- Cátia é baterista.
- Danilo não é violonista.

Estamos prontos para analisar as alternativas.

a) Andreia é cantora ou Danilo é violonista.

As duas proposições simples são falsas, logo, a disjunção é falsa.

b) ou Bernardo é músico, ou Cátia é baterista.

As duas proposições simples são verdadeiras, logo, a disjunção exclusiva é falsa. Lembre-se, disjunção exclusiva pressupõe a verdade de apenas um termo.

c) se Danilo é violonista, então Andreia é cantora.

As duas proposições simples são falsas, logo, a condicional é verdadeira. Lembre-se, a condicional somente será falsa se o primeiro termo for verdadeiro e o segundo falso.

Alternativa correta.

d) Cátia é baterista e Danilo é violonista.

Apenas a primeira proposição simples é verdadeira e a conjunção exige a verdade de ambas.

e) se Cátia é baterista, então Danilo é violonista.

A primeira proposição simples é verdadeira e a segunda falsa, única situação em que a condicional é falsa.

Gabarito: C

---

33. (FCC – Analista Judiciário – Área Administrativa – TRT 6ªR – 2018) Considere a afirmação I como sendo FALSA e as outras três afirmações como sendo VERDADEIRAS.

I. Lucas é médico ou Marina não é enfermeira.

II. Se Arnaldo é advogado, então Lucas não é médico.

III. Ou Otávio é engenheiro, ou Marina é enfermeira, mas não ambos.

IV. Lucas é médico ou Paulo é arquiteto.

A partir dessas informações, é correto afirmar que

A) Paulo não é arquiteto ou Marina não é enfermeira.

B) Marina é enfermeira e Arnaldo não é advogado.

C) Se Lucas não é médico, então Otávio é engenheiro.

D) Otávio é engenheiro e Paulo não é arquiteto.

E) Arnaldo é advogado ou Paulo é arquiteto.

COMENTÁRIOS

A afirmação falsa é irrelevante para a continuidade da questão, por essa razão fazemos a conversão em verdade por meio da negação.

Proposição falsa:

- Lucas é médico ou Marina não é enfermeira.

Negação da Disjunção: Negar ambos os termos e alterar o conectivo "ou" para a conjunção "e"	Lucas **não** é médico **e** Marina é enfermeira.

Agora passamos a trabalhar com afirmações verdadeiras. Inclusive, sabemos que as duas proposições simples, resultado da negação acima, são verdadeiras uma vez que se trata de conjunção.

Aproveitamos os valores lógicos nas mesmas proposições simples de outras afirmações.

Lucas não é médico	$\wedge$	**Marina é enfermeira**
Arnaldo é advogado	$\rightarrow$	**Lucas não é médico**
Otávio é engenheiro	$\vee$	**Marina é enfermeira**
Lucas é médico	$\vee$	Paulo é arquiteto

Proposições simples sublinhadas são verdadeiras e as riscadas são falsas.

Nas terceira e quarta afirmações os conectivos são diferentes, respectivamente disjunção exclusiva e disjunção.

A disjunção exclusiva, terceira linha, exige a verdade de apenas um termo, se o segundo é verdadeiro, o primeiro obrigatoriamente é falso.

A disjunção, quarta linha, exige que pelo menos um termo seja verdadeiro. Sabendo que o primeiro deles é falso, obrigatoriamente o segundo termo deve ser verdadeiro.

Lucas não é médico	$\wedge$	Marina é enfermeira
Arnaldo é advogado	$\rightarrow$	Lucas não é médico
Otávio é engenheiro	$\vee$	Marina é enfermeira
~~Lucas é médico~~	$\vee$	**Paulo é arquiteto**

Por fim a segunda afirmação. Para a condicional cujo segundo termo é verdadeiro, independentemente do valor lógico do primeiro termo, a sentença sempre será verdadeira. Neste caso dizemos que o valor lógico de "Arnaldo é advogado" é indeterminado.

Conclusões:

- Lucas não é médico.
- Marina é enfermeira.
- Otávio não é engenheiro.
- Paulo é arquiteto.

Verificar as alternativas.

a) Paulo não é arquiteto ou Marina não é enfermeira.

As duas proposições simples são falsas, logo, a sentença é falsa.

b) Marina é enfermeira e Arnaldo não é advogado.

Marina realmente é enfermeira, mas não podemos afirmar sobre Arnaldo, logo, a sentença não é necessariamente correta.

c) Se Lucas não é médico, então Otávio é engenheiro.

A primeira proposição simples é verdadeira e a segunda é falsa, única possibilidade na qual a condicional é falsa.

d) Otávio é engenheiro e Paulo não é arquiteto.

As duas proposições simples são falsas, logo, a sentença é falsa.

e) Arnaldo é advogado ou Paulo é arquiteto.

Não sabemos nada sobre Arnaldo, entretanto, Paulo de fato é arquiteto. Sendo uma disjunção, apenas a verdade de uma proposição simples garante a verdade da sentença.

Alternativa correta.

Gabarito: E

---

34. (FGV – Analista Judiciário – Área Administrativa – TRT 12ªR – 2017) Sabe-se que:

- Se X é vermelho, então Y não é verde.
- Se X não é vermelho, então Z não é azul.
- Se Y é verde, então Z é azul.

Logo, deduz-se que:

A) X é vermelho;

B) X não é vermelho;

C) Y é verde;

D) Y não é verde;

E) Z não é azul.

COMENTÁRIOS

A estrutura apresenta três proposições condicionais e delas não é possível extrair uma proposição simples que consigamos definir seu valor lógico.

À vista disso, escolhemos uma proposição simples, preferencialmente com maior repetição, e atribuímos um valor lógico a ela e procedemos o teste. Caso haja inconsistência, voltamos ao início e mudamos aquele valor lógico atribuído à proposição simples.

A tentativa é considerar "X é vermelho" como uma proposição simples verdadeira, por isso está sublinhada. Por óbvio, sua negação é falsa, por isso está riscada.

X é vermelho	→	Y não é verde
X não é vermelho	→	Z não é azul
Y é verde	→	Z é azul

Partimos para a investigação da primeira proposição composta, uma condicional, portanto, não há que se falar em primeiro termo verdadeiro e segundo termo falso (única apresentação falsa da condicional). Concluímos que o segundo termo, primeira linha, é verdadeiro.

X é vermelho	→	**Y não é verde**
~~X não é vermelho~~	→	Z não é azul
Y é verde	→	Z é azul

O quadro ficou incompleto, as duas condicionais restantes tem primeiro termo falso, logo, independente do valor lógico do segundo termo, ambas sempre serão verdadeiras.

Chegamos num impasse. Como não encontramos nenhuma contradição, não podemos descartar esta composição. Pelo menos temos que:

- X é vermelho.
- Y não é verde.

De qualquer forma, vale retornar ao início e testar o outro valor lógico para "X é vermelho".

X é vermelho	→	Y não é verde
X não é vermelho	→	Z não é azul
Y é verde	→	Z é azul

Segunda linha, a verdade do primeiro termo da condicional obriga a verdade do segundo termo.

X é vermelho	→	Y não é verde
X não é vermelho	→	**Z não é azul**
Y é verde	→	**Z é azul**

Última linha, sabendo que o segundo termo da condicional é falso, somente a falsidade cabe ao primeiro termo.

~~X é vermelho~~	→	**Y não é verde**
X não é vermelho	→	Z não é azul
Y é verde	→	~~Z é azul~~

Pronto, todas as proposições simples estão valoradas sem qualquer incompatibilidade.

Conclusões:

- X não é vermelho.
- Y não é verde.
- Z não é azul.

Lembre-se que não descartamos a primeira hipótese e de lá concluímos que:

- X é vermelho.
- Y não é verde.

Em ambas as situações apenas uma informação é coincidente, Y não é verde. Ou seja, podemos afirmar que a estrutura admite combinações diferentes de valores lógicos, entretanto, para qualquer combinação, sempre Y não é verde.

Resposta: Dadas a afirmações conhecidas, certamente Y não é verde.

Gabarito: D

---

35. (FGV – Analista Judiciário – Área Administrativa – TRT 12ªR – 2017) Considere como verdadeiras as afirmativas:

- Se Jorge é francês, então Denise é espanhola.
- Denise não é espanhola ou Beatriz é brasileira.

Sabe-se que Beatriz não é brasileira. Logo, é correto afirmar que:

A) Denise é espanhola e Jorge é francês;

B) Denise é espanhola ou Jorge é francês;

C) se Beatriz não é brasileira, então Denise é espanhola;

D) se Denise não é espanhola, então Jorge é francês;

E) se Jorge não é francês, então Denise não é espanhola.

COMENTÁRIOS

As afirmações são, na ordem, uma proposição composta condicional e outra proposição composta disjuntiva.

Jorge é francês	→	Denise é espanhola
Denise não é espanhola	v	Beatriz é brasileira

Há uma informação complementar sobre Beatriz, ela não é brasileira. Consequentemente, "Beatriz é brasileira" é uma proposição simples falsa identificada abaixo com o texto riscado.

Jorge é francês	→	Denise é espanhola
Denise não é espanhola	v	**Beatriz é brasileira**

Sabemos que a disjunção, segunda linha, exige que pelo menos uma proposição simples seja verdadeira para garantir a verdade de toda a afirmação. Isso nos leva a acreditar que a proposição simples "Denise não é espanhola" é verdadeira (sublinhada) e sua negação na primeira linha é falsa.

Jorge é francês	→	**~~Denise é espanhola~~**
Denise não é espanhola	v	~~Beatriz é brasileira~~

Na primeira linha, a condicional somente será falsa se o termo antecedente for verdadeiro e o termo consequente for falso. Para que isso não aconteça, o valor lógico do termo inicial deve ser falso.

~~Jorge é francês~~	→	~~Denise é espanhola~~
Denise não é espanhola	v	~~Beatriz é brasileira~~

Conclusões:

- Jorge não é francês.
- Denise não é espanhola.
- Beatriz não é brasileira.

Aproveitamos os valores lógicos das proposições simples para classificar as alternativas.

a) Denise é espanhola e Jorge é francês;

As duas proposições simples são falsas e a alternativa é falsa.

b) Denise é espanhola ou Jorge é francês;

As duas proposições simples são falsas e a alternativa é falsa.

c) se Beatriz não é brasileira, então Denise é espanhola;

O primeiro termo é verdadeiro e o segundo falso, única situação em que a condicional é falsa.

d) se Denise não é espanhola, então Jorge é francês;

O primeiro termo é verdadeiro e o segundo falso, única situação em que a condicional é falsa.

e) se Jorge não é francês, então Denise não é espanhola.

As duas proposições simples são verdadeiras e a alternativa, uma condicional, é também verdadeira.

Gabarito: E

---

36. (FCC – Analista Judiciário – Área Judiciária – TRT 9ªR – 2015) Carolina, Cecília, João, Sérgio e Sílvia formaram um grupo musical. Durante cada apresentação do grupo, um deles canta e os outros quatro tocam um instrumento diferente cada um (bateria, guitarra, teclado e saxofone), de acordo com as seguintes condições:

- Carolina só pode tocar bateria ou guitarra;
- Cecília só pode cantar ou tocar saxofone;
- João só pode tocar teclado ou saxofone;
- Sérgio só pode cantar, ou tocar bateria, ou tocar teclado;
- Sílvia só pode cantar ou tocar guitarra.

Se Sílvia foi escolhida para cantar em uma apresentação então, necessariamente, nessa apresentação:

A) Carolina tocará bateria.

B) Sérgio tocará bateria.

C) João tocará saxofone.

D) Sérgio tocará teclado.

E) Cecília tocará guitarra.

COMENTÁRIOS

São cinco pessoas, das quais uma canta e cada uma das demais toca um instrumento diferente.

Dado o contexto, seguem cinco proposições.

Carolina toca bateria		ou		Toca guitarra
Cecília canta		ou		Toca saxofone
João toca teclado		ou		Toca saxofone
Sergio canta	ou	Toca bateria	ou	Toca teclado
Sílvia canta		ou		Toca guitarra

Então, o examinador sugere que Sílvia foi escolhida como cantora, ou seja, consideramos essa informação verdade, e passamos a valorar as demais proposições simples.

Carolina toca bateria		ou		Toca guitarra
Cecília canta		ou		Toca saxofone
João toca teclado		ou		Toca saxofone
Sergio canta	ou	Toca bateria	Ou	Toca teclado
Sílvia canta		ou		**Toca guitarra**

A proposição grifada é verdadeira e as proposições riscadas são falsas.

A disjunção, segunda linha, necessita que pelo menos uma proposição simples seja verdadeira, logo, Cecília toca saxofone e João não toca esse instrumento.

Carolina toca bateria		ou		Toca guitarra
~~Cecília canta~~		ou		**Toca saxofone**
João toca teclado		ou		**Toca saxofone**
~~Sergio canta~~	ou	Toca bateria	ou	Toca teclado
Sílvia canta		ou		~~Toca guitarra~~

Analisando a terceira proposição composta, é certo que João toca teclado.

Carolina toca bateria		ou		Toca guitarra
~~Cecília canta~~		ou		Toca saxofone
João toca teclado		ou		~~Toca saxofone~~
~~Sergio canta~~	ou	Toca bateria	ou	**Toca teclado**
Sílvia canta		ou		~~Toca guitarra~~

Na sequência, quarta proposição composta, a conclusão é de que Sergio toca bateria, logo, por exclusão, Carolina toca guitarra.

Carolina toca bateria		ou		**Toca guitarra**
~~Cecília canta~~		ou		Toca saxofone
João toca teclado		ou		~~Toca saxofone~~
~~Sergio canta~~	ou	**Toca bateria**	ou	~~Toca teclado~~
Sílvia canta		ou		~~Toca guitarra~~

Conclusão:

- Carolina toca guitarra.
- Cecília toca saxofone.
- João toca teclado.
- Sergio toca bateria.
- Sílvia canta.

Resposta: Nessa apresentação, Sérgio tocará bateria.

Gabarito: B

2. PROPOSIÇÕES CATEGÓRICAS

37. (FCC – Analista Judiciário – TRT 19ªR – 2022) Todas as bailarinas são magras. Logo, necessariamente,

A) o conjunto das bailarinas contém o conjunto das pessoas magras.

B) o conjunto das pessoas magras contém o conjunto das bailarinas.

C) todas as mulheres magras são bailarinas.

D) alguma bailarina não é magra.

E) toda mulher magra não é bailarina.

COMENTÁRIOS

Apesar da objetividade da questão e do baixo grau de dificuldade, faremos análise não só da questão, mas também das alternativas para nos familiarizarmos com este tipo de questão e a trabalhar com os conjuntos.

O enunciado traz a informação que reproduzimos abaixo de maneira esquematizada e esta, por sua vez, facilita muito distinguir as opções das alternativas A e B.

Todas as bailarinas são magras

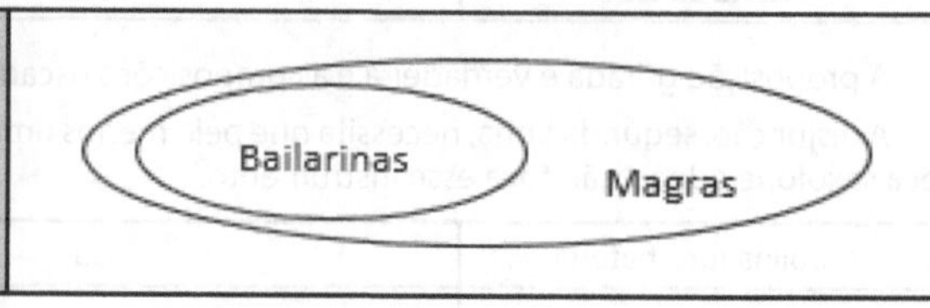

O universo de bailarinas, representado pelo conjunto "Bailarinas", está por completo inserido no conjunto das pessoas "Magras", conforme anuncia a proposição categórica "todas as bailarinas são magras".

a) o conjunto das bailarinas contém o conjunto das pessoas magras.

O conjunto das bailarinas está contido no conjunto das pessoas magras, caso contrário, seria possível afirmar que todas as pessoas magras seriam bailarinas.

Alternativa errada.

b) o conjunto das pessoas magras contém o conjunto das bailarinas.

A alternativa traz informação contrária à alternativa (A) e conforme representamos no diagrama.

Alternativa correta.

c) todas as mulheres magras são bailarinas.

Está demonstrado abaixo que uma mulher pode ser magra, representado por "M", e mesmo assim não ser bailarina (posição externa ao conjunto "Bailarinas").

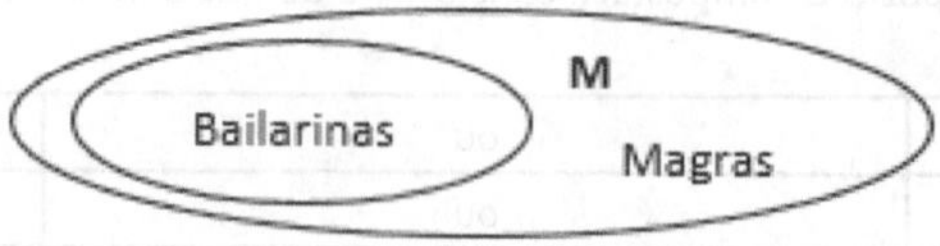

Alternativa errada.

d) alguma bailarina não é magra.

A alternativa é exatamente contrária à afirmação inicial. Partindo do pressuposto de que todas as bailarinas são magras, não dá para dizer que existe alguma, ou uma delas que não seja magra.

Alternativa errada.

e) toda mulher magra não é bailarina.

Há sim mulheres magras que não são bailarinas (veja o diagrama na alternativa (C)), contudo, não se pode generalizar esta hipótese, pois também existem mulheres magras que são bailarinas.

Alternativa errada.

Gabarito: B

38. (FCC – Analista Judiciário – Área Judiciária – TRT 16ªR – 2022) Considere verdadeira a afirmação: "Todos os corredores são magros". Observe, a seguir, três conclusões da afirmação dada:

1. Se João é magro então é corredor.
2. Se João não é corredor, então não é magro.
3. Se João não é magro então não é corredor.

Denotando por V uma conclusão verdadeira e por F uma conclusão falsa, para as três conclusões dadas, temos, respectivamente,

A) V, V, V.

B) F, V, V.

C) F, F, V.

D) V, V, F.

E) V, F, F.

COMENTÁRIOS

O método largamente utilizado para lidar com questões sobre proposições categóricas, como neste caso *"Todos os corredores são magros"*, é por meio dos conjuntos, no entanto, outra forma importante é converter a proposição categórica em proposição condicional.

<table>
<tr><th>Proposição Categórica</th><th>Diagrama</th><th>Proposição Condicional</th></tr>
<tr><td>Todos os corredores são magros</td><td>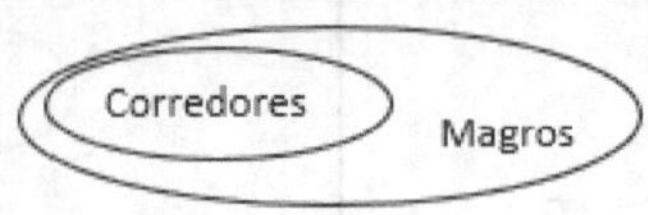
</td><td>Se é corredor, então é magro</td></tr>
</table>

Feitos os comentários iniciais, seguimos com a análise dos itens a serem avaliados.

1. Se João é magro então é corredor.

Ser magro não necessariamente significa ser corredor. A alteração da ordem dos termos da proposição composta condicional altera o seu significado.

Item falso.

2. Se João não é corredor, então não é magro.

Veja que interessante, houve a negação das duas classes, corredor e magro, porém ficou mantida a mesma estrutura, o que está errado. O fato de todo corredor ser magro não garante a verdade de quem <u>não é corredor</u> também <u>não seja magro</u>.

Item falso.

3. Se João não é magro então não é corredor.

Aqui sim a informação equivale à original. Observamos a negação de ambos os termos, porém a estrutura foi alterada, primeiro e segundo termos mudaram de posição.

Vamos confirmar utilizando os conjuntos.

<table>
<tr><td>Diagrama</td><td>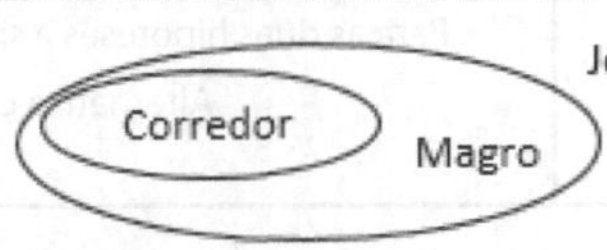
</td><td>Por não ser magro, João representa um ponto externo ao conjunto "magro" e, claro, externo ao conjunto "Corredor"</td></tr>
</table>

Para confirmar, agora utilizando a proposição composta condicional.

Proposição Condicional: Se é corredor, então é magro.	**Equivalência da condicional:** Se João não é magro, então não é corredor.	Os termos foram ambos negados e houve a alteração da posição, portanto equivalência da condicional.

Item verdadeiro.

Resposta: Os três itens são, respectivamente, F, F e V.

Gabarito: C

---

39. (FGV – Técnico Judiciário – Área Administrativa – TRT 16ªR – 2022) Considere como verdadeiras as sentenças:

I. Nenhum C é A.

II. Algum A é B.

É correto concluir que

A) nenhum C é B.

B) algum B não é C.

C) algum C é B.

D) nenhum B é C.

E) algum B é C.

COMENTÁRIOS

Identificado os quantificadores, algum e nenhum, considere a representação por meio do diagrama de *Venn*.

Nenhum C é A	Algum A é B
	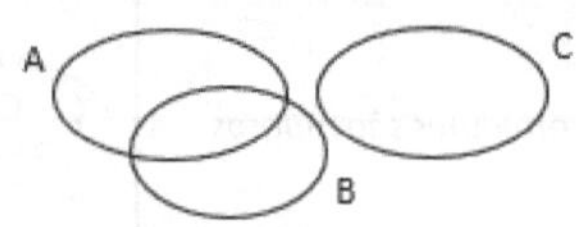 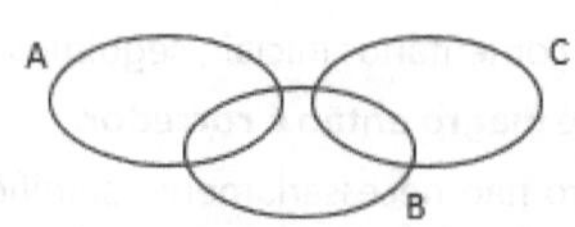

Acima, lado direito, a representação atente não só o item II como também o item I e, como nada foi dito sobre a relação entre os elementos dos conjuntos B e C, é necessário considerar diferentes hipóteses possíveis.

a) nenhum C é B.

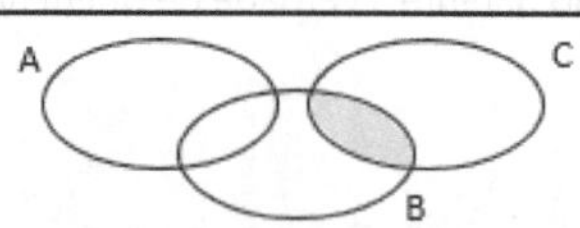	Alternativa errada.

b) algum B não é C.

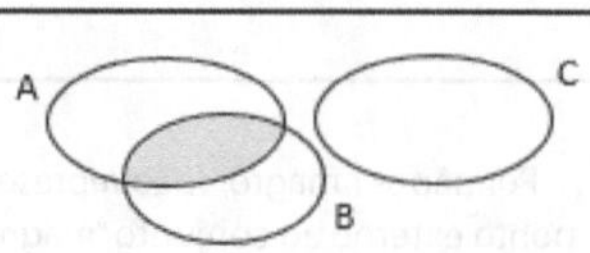	Para as duas hipóteses a situação é verdadeira. Alternativa correta.

c) algum C é B.

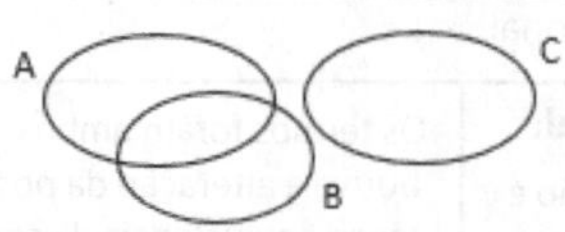	Alternativa errada.

d) nenhum B é C.

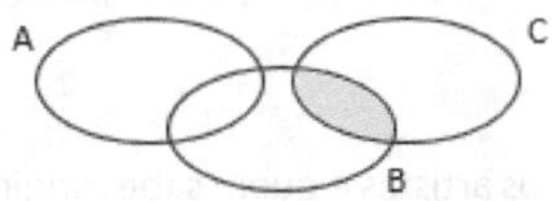	Alternativa errada.

e) algum B é C.

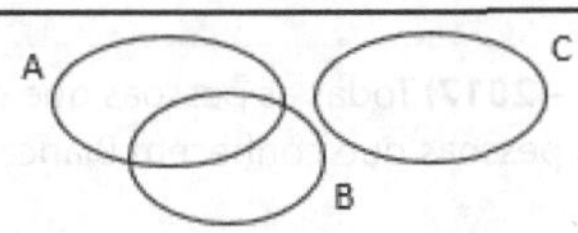	Alternativa errada.

Gabarito: B

---

40. (FGV – Técnico Judiciário – Área Administrativa – TRT 12ªR – 2017) Considere verdadeiras as afirmações:

- Todos os artistas são pessoas interessantes.
- Nenhuma pessoa interessante sabe dirigir.

É correto concluir que:

a) todas as pessoas interessantes são artistas;

b) algum artista sabe dirigir;

c) quem não é interessante sabe dirigir;

d) toda pessoa que não sabe dirigir é artista;

e) nenhum artista sabe dirigir.

COMENTÁRIOS

Fica bastante claro tratar-se de proposições categóricas pela presença dos quantificadores "todos" e "nenhuma". Nesse sentido, nada melhor que desenhar os conjuntos.

Todos os artistas são pessoas interessantes.	

O diagrama para a segunda proposição montamos junto com a informação anterior.

Nenhuma pessoa interessante sabe dirigir.	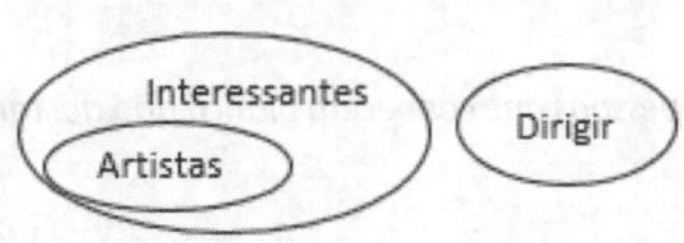

A alternativa correta será aquela que não contradiz este último diagrama de *venn*.

a) todas as pessoas interessantes são artistas;

Inverteu a posição dos termos da primeira proposição categórica. Isso muda todo o sentido da informação. Alternativa errada.

b) algum artista sabe dirigir;

Impossível. Não existe intersecção entre os conjuntos "artistas" e "dirigir". Alternativa errada.

c) quem não é interessante sabe dirigir;

O conjunto daqueles que dirigem é uma parcela do universo de não interessantes. Uma pessoa pode não ser interessante e não saber dirigir. Alternativa errada.

d) toda pessoa que não sabe dirigir é artista;

Também o conjunto dos artistas é uma parcela daqueles que não dirigem. Uma pessoa pode não dirigir e não ser artista. Alternativa errada.

e) nenhum artista sabe dirigir.

Perfeito, não há intersecção entre os conjuntos que representam os artistas e quem sabe dirigir. Alternativa correta.

Gabarito: E

---

41. (FGV – Técnico Judiciário – Área Administrativa – TRT 12ªR – 2017) Todas as pessoas que conhecem os irmãos Bernardo e Bianca gostam de Bianca. Entretanto, algumas pessoas que conhecem Bianca não gostam dela.

É correto concluir que:

a) todos os que conhecem Bianca gostam dela;

b) ninguém gosta de Bianca;

c) alguns que conhecem Bianca não conhecem Bernardo;

d) quem conhece Bernardo gosta de Bianca;

e) só quem conhece Bernardo e Bianca conhece Bianca.

COMENTÁRIOS

Antes de montar os conjuntos que representam as proposições categóricas, atenção ao texto da questão e ao que inferimos dele.

✪ **Nota dos autores:** O conjunto das "pessoas que conhecem Bernardo e Bianca" é diferente do conjunto das "pessoas que conhecem Bianca", ainda, apesar de não dito no enunciado, é diferente do conjunto das "pessoas que conhecem Bernardo".

Feita a observação, seguem os conjuntos.

Todas as pessoas que conhecem os irmãos Bernardo e Bianca gostam de Bianca.	

Aproveitamos o primeiro conjunto e agregamos a informação seguinte.

Algumas pessoas que conhecem Bianca não gostam dela.	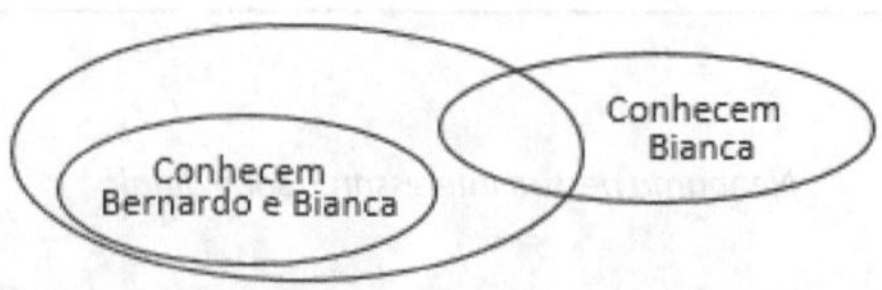

As informações conhecidas estão representadas no diagrama que serve de base para a análise das alternativas.

a) todos os que conhecem Bianca gostam dela.

Nem todos, parte marcada do conjunto daqueles que conhecem Bianca.	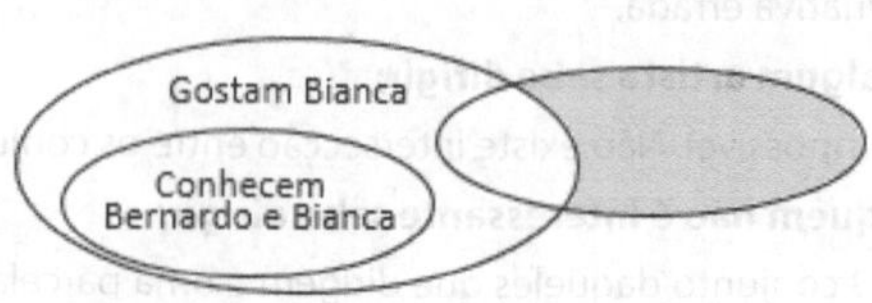

b) ninguém gosta de Bianca.

É certo que existe elementos que gostam de Bianca.

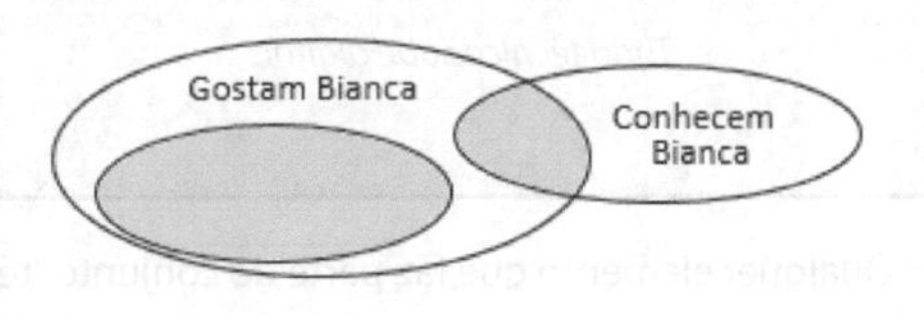

c) alguns que conhecem Bianca não conhecem Bernardo.

Perfeito, existe o conjunto de pessoas que conhecem somente Bianca e não o Bernardo.

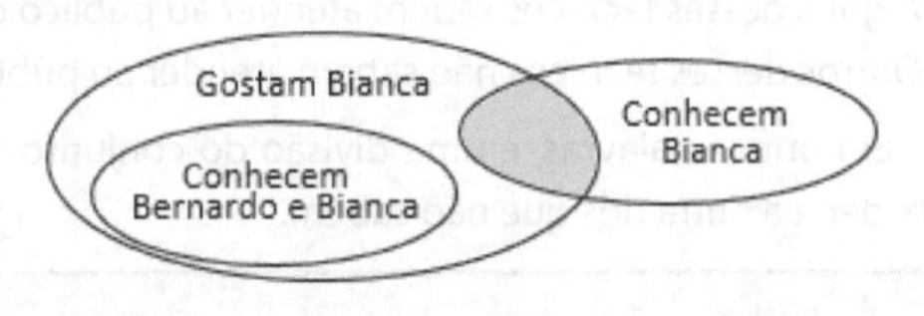

d) quem conhece Bernardo gosta de Bianca.

Lembre-se, "conhecer Bernardo" é diferente de "conhecer Bernardo e Bianca". Como nada foi dito sobre existir ou não um grupo de pessoas que conhecem apenas Bernardo, não podemos montar o conjunto, tão pouco afirmar que basta conhecer Bernardo para gostar de Bianca.

e) só quem conhece Bernardo e Bianca conhece Bianca.

Não. Tanto que existe um conjunto das pessoas que conhecem apenas a Bianca.

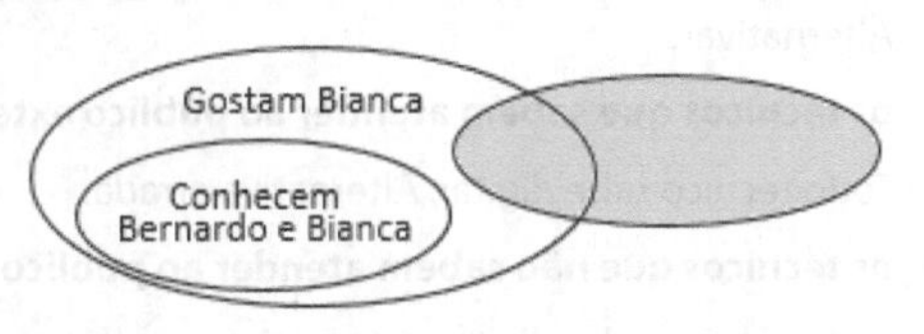

Gabarito: C

42. (FCC – Técnico Judiciário – Tecnologia Informação – TRT 20ªR – 2016) Considere que todo técnico sabe digitar. Alguns desses técnicos sabem atender ao público externo e outros desses técnicos não sabem atender ao público externo. A partir dessas afirmações é correto concluir que

A) os técnicos que sabem atender ao público externo não sabem digitar.

B) os técnicos que não sabem atender ao público externo não sabem digitar.

C) qualquer pessoa que sabe digitar também sabe atender ao público externo.

D) os técnicos que não sabem atender ao público externo sabem digitar.

E) os técnicos que sabem digitar não atendem ao público externo.

COMENTÁRIOS

As informações contidas no enunciado são proposições.

- Todo técnico sabe digitar.
- Alguns desses técnicos sabem atender ao público externo.
- Outros desses técnicos não sabem atender ao público externo.

✪ **Nota dos autores:** Sendo um pouco mais específico e pela presença dos quantificadores "todo" e "alguns", são três proposições categóricas.

Notem que na terceira proposição, o entendimento face ao contexto, do termo "outros" tem significado de "alguns".

Tratando-se de proposições categóricas, façamos a representação em conjuntos para facilitar a resolução.

Todo técnico sabe digitar.

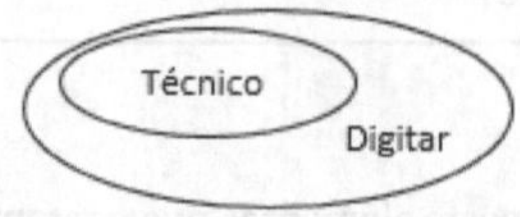

Qualquer elemento que faz parte do conjunto "técnico" faz, também, parte do conjunto "digitar".

Em relação às duas proposições seguintes, entendemos serem complementares. Significa dizer que não há elemento comum entre elas e que a união das duas completa o conjunto "técnicos".

- Alguns desses técnicos sabem atender ao público externo.
- Outros desses técnicos não sabem atender ao público externo.

Em outras palavras, é uma divisão do conjunto "técnicos" em duas partes, uma com aqueles que sabem atender e a outra dos que não sabem.

Parte dos técnicos sabe atender outra parte não sabe.

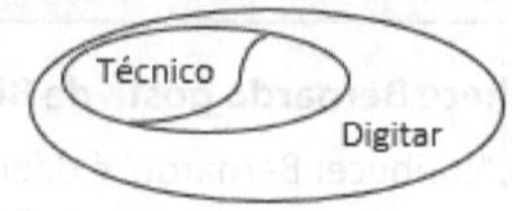

O diagrama permanece igual, em relação ao quadro precedente, apenas o conjunto "técnicos" fica dividido em duas partes.

Alternativas.

a) os técnicos que sabem atender ao público externo não sabem digitar.

Todo técnico sabe digitar. Alternativa errada.

b) os técnicos que não sabem atender ao público externo não sabem digitar.

Todo técnico sabe digitar. Alternativa errada.

c) qualquer pessoa que sabe digitar também sabe atender ao público externo.

Saber ou não atender o público foi dito apenas em relação aos técnicos. Nada pode ser dito sobre outras pessoas que saibam digitar sobre saber ou não atender o público.

d) os técnicos que não sabem atender ao público externo sabem digitar.

Não há nenhuma contradição na informação. Parte dos técnicos não sabem atender o público e ainda assim sabem digitar. Alternativa correta.

e) os técnicos que sabem digitar não atendem ao público externo.

Todo técnico sabe digitar e alguns deles realmente não atendem o público, porém, outra parte não atende. A alternativa não é necessariamente correta.

Gabarito: D

2.1. NEGAÇÃO DAS PROPOSIÇÕES CATEGÓRICAS

43. (FCC – Analista Judiciário – Área Administrativa – TRT 24ªR – 2017) Uma afirmação que corresponda à negação lógica da afirmação: todos os programas foram limpos e nenhum vírus permaneceu, é:

A) Se pelo menos um programa não foi limpo, então algum vírus não permaneceu.

B) Existe um programa que não foi limpo ou pelo menos um vírus permaneceu.

C) Nenhum programa foi limpo e todos os vírus permaneceram.

D) Alguns programas foram limpos ou algum vírus não permaneceu.

E) Se algum vírus permaneceu, então nenhum programa foi limpos.

COMENTÁRIOS

A afirmação apresentada é uma proposição composta conjuntiva (conectivo "e") e sua negação foi muito trabalhada no item 1.4. Acontece que as proposições simples que formam esta composta são ambas proposições categóricas e, assim sendo, têm regras específicas de negação.

Proposição Categórica	Conjunção	Proposição Categórica
Todos os programas foram limpos	*e*	*Nenhum vírus permaneceu*

Para a negação da conjunção "e" é preciso negar seus dois termos. Faremos isso separadamente porque, conforme dito, são proposições categóricas.

Sempre que o assunto for negação de proposição categórica, tenha em mente apenas o quadro abaixo.

Proposição Categórica	Negação
Algum	Nenhum
Nenhum	Algum
Todos	Algum... não

- *Todos os programas foram limpos*

Proposição Categórica	Negação
Todos	**Alguns** programas **não** foram limpos

- *Nenhum vírus permaneceu*

Proposição Categórica	Negação
Nenhum	**Algum** vírus permaneceu

Estamos prontos para a negação da proposição composta conjuntiva.

- *Todos os programas foram limpos e nenhum vírus permaneceu*

Negar ambos os termos e alterar a conjunção "e" pela disjunção "ou"	**Alguns** programas **não** foram limpos **ou algum** vírus permaneceu

Vale destacar que o pronome algum pode ser substituído por: pelo menos um ou existe.

Resposta: A negação da afirmação dada é "Existe um programa que não foi limpo ou pelo menos um vírus permaneceu".

Gabarito: B

---

44. (FGV – Analista Judiciário – Área Administrativa – TRT 12ªR – 2017) Em uma caixa só pode haver bolas pretas ou brancas. Sabe-se que a caixa não está vazia e que não é verdade que "todas as bolas na caixa são pretas".

Então é correto concluir que:

A) nenhuma bola na caixa é preta;

B) todas as bolas na caixa são brancas;

C) há pelo menos uma bola preta na caixa;

D) há pelo menos uma bola branca na caixa;

E) há bolas pretas e bolas brancas na caixa.

COMENTÁRIOS

A verdade de uma afirmação dita não verdadeira é a sua negação.

Não é verdade que	*Todas as bolas na caixa são pretas*

Abaixo temos a regra e a efetiva negação da proposição categórica com quantificador todos:

Proposição Categórica	Negação
Todos	Algum... não
Todas as bolas na caixa são pretas	**Algumas** bolas na caixa **não** são pretas

Poderíamos também dizer:

- Pelo menos uma bola na caixa não é preta.
- Pelo menos uma bola na caixa é branca.

A resposta é literalmente a negação da proposição dada no enunciado.

✪ **Nota dos autores:** Para evitar dúvidas em relação às outras alternativas, entenda que não podemos afirmar a existência de bolas pretas na caixa. Ao dizer "*pode haver bolas pretas ou brancas*" é uma opção e não uma certeza.

Sobre a negação, que corresponde à verdade da afirmação trazida no enunciado, "algumas bolas na caixa não são pretas" ou mesmo "pelo menos uma bola na caixa não é preta" é a garantia de que pelo menos uma bola é branca. Entretanto, todas as bolas podem ser brancas sem contradizer qualquer informação conhecida.

Por essa razão, a única resposta possível é:

Resposta: há pelo menos uma bola branca na caixa.

Gabarito: D

3. CORRELACIONAMENTO LÓGICO

3.1. ORDENAÇÃO

45. (FCC – Técnico Judiciário – Área Administrativa – TRT 4ªR – 2022) Rafael, Jairo, Victor e Verônica são amigos. Rafael é mais velho do que Verônica, Jairo é mais velho do que Victor e mais novo do que Verônica. A lista ordenada, do mais jovem ao mais velho, é:

A) Victor, Verônica, Rafael e Jairo.

B) Verônica, Victor, Jairo e Rafael.

C) Jairo, Victor, Verônica e Rafael.

D) Victor, Jairo, Verônica e Rafael.

E) Victor, Verônica, Jairo e Rafael.

COMENTÁRIOS

A lista ordenada por idade dos amigos é decorrência das informações conhecidas e, talvez, de outras que deduziremos a partir delas.

Rafael é mais velho do que Verônica	*Verônica – Rafael*

O comando da questão pede lista ordenada, do mais jovem ao mais velho, acima iniciamos a lista na mesma ordem, conforme solicitado.

Jairo é mais velho do que Victor e mais novo do que Verônica	*Vitor – Jairo – Verônica – Rafael*

Por ser mais velho que Vitor, Jairo está a sua direita e por ser mais novo que Verônica, está a sua esquerda.

Essa foi fácil!!

Resposta: A lista ordenada, do mais jovem ao mais velho, é: Vitor – Jairo – Verônica – Rafael.

Gabarito: D

46. (FGV – Técnico Judiciário – Área Administrativa – TRT 16ªR – 2022) Cinco amigos, A, B, C, D e E, marcaram um encontro em data e hora determinados, mas todos chegaram em horários diferentes. Sabe-se que

- A chegou depois de B.
- C chegou antes de A.
- Quando D chegou, C já estava, mas B não.
- Quando E chegou somente 2 amigos já haviam chegado.

É correto concluir que

A) A não foi o último a chegar.

B) E chegou antes de D.

C) C foi o 2° a chegar.

D) D chegou depois de B.

E) B foi o 4° a chegar.

COMENTÁRIOS

A leitura da primeira parte do enunciado não é suficiente para termos a certeza de que haverá ordenamento entre as cinco amigas que chegam em diferentes horários para o encontro marcado.

O examinador segue elencando algumas informações adicionais, as quais comparam os horários de chegada, de quem chegou antes e de quem chegou depois. Pois bem, agora sim o indício de ordenamento é forte.

O que encontraremos, você pode chamar de fila, linha do tempo ou qualquer outra denominação, são informações que necessitam de análise para definir o ordenamento de chegada das cinco amigas ao encontro.

Vale ressaltar que desenhar, mesmo que um simples rabisco, é de grande valia, algo como:

- **A chegou depois de B.**

Não importa quem fica do lado esquerdo ou quem fica do lado direito, o importante é manter a mesma lógica para todos os itens.

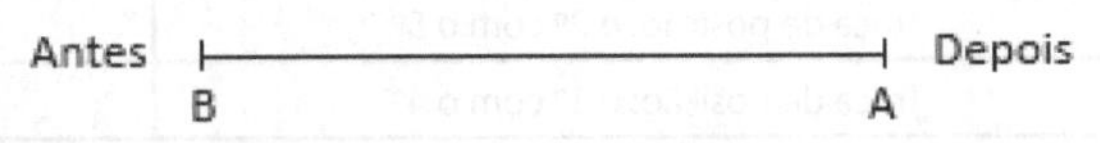

Sem problemas, B chegou antes do que A.

- **C chegou antes de A.**

Pelo raciocínio inicial, C encontra-se à esquerda de A, entretanto, como fica em relação à amiga B? Apesar da dúvida, vamos representar no desenho.

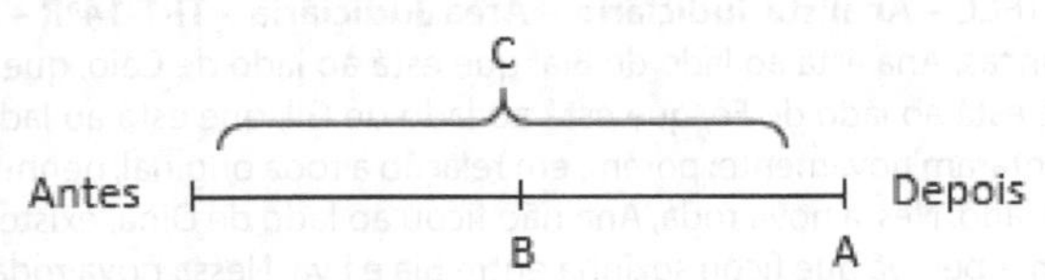

Informações incompletas, como acima, certamente terão seus complementos logo à seguir.

- **Quando D chegou, C já estava, mas B não.**

Pronto, aqui está o complemento do que lemos no item anterior.

Pelo que foi dito, D chegou depois da amiga C, portanto à direita dela, e antes da amiga B, portanto à esquerda dela.

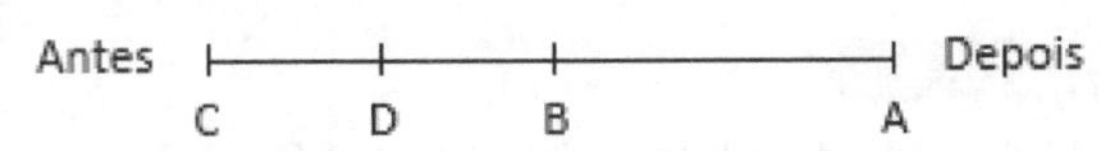

- **Quando E chegou somente 2 amigos já haviam chegado.**

Ou seja, a amiga E foi a terceira a chegar.

A sequência, da esquerda para a direta, demonstra a ordem de chegada das cinco amigas.

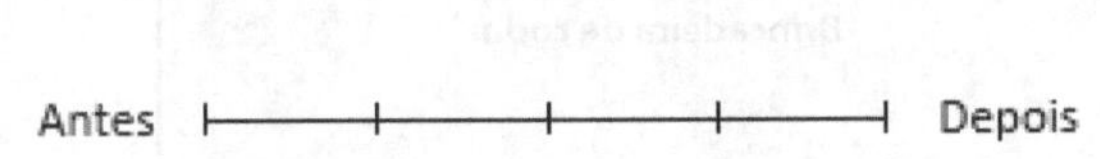

Resposta: É correto concluir que a amiga B foi o quarta a chegar.

Gabarito: E

---

47. (FCC – Analista Judiciário – Área Judiciária – TRT 16ªR – 2022) Cinco pessoas formam uma fila. Essa fila será modificada com a seguinte sequência de trocas de posição: o 2° com o 4°, o com o 3°, o 2° com o 5° e o 1° com o 4°.

A pessoa que estava no 3° lugar na fila inicial estará, na fila final, no

A) 1° lugar.

B) 2° lugar.

C) 3° lugar.

D) 4° lugar.

E) 5° lugar.

COMENTÁRIOS

Uma porção de ordenamento com outra porção de raciocínio, a FGV gosta de inovar.

Cinco pessoas formam uma fila.	1º, 2º, 3º, 4º, 5º
Troca de posição: o 2º com o 4º	1º, **4º**, 3º, **2º**, 5º
Troca de posição: o 1º com o 3º	**3º**, 4º, **1º**, 2º, 5º

Atenção às próximas trocas, veja quem ocupa cada posição no exato momento.

Troca de posição: o 2º com o 5º	3º, **5º**, 1º, 2º, **4º**
Troca de posição: o 1º com o 4º	**2º**, 5º, 1º, **3º**, 4º

Resposta: A pessoa que estava no 3º lugar na fila inicial estará, na fila final, no quarto lugar.

Gabarito: D

---

48. (FCC – Analista Judiciário – Área Judiciária – TRT 14ªR – 2022) Em uma brincadeira de roda estão sete crianças: Ana está ao lado de Bia, que está ao lado de Caio, que está ao lado de Dina, que está ao lado de Eva, que está ao lado de Fê, que está ao lado de Gil, que está ao lado de Ana. Essas crianças desfizeram a roda e a montaram novamente; porém, em relação à roda original, nenhum deles ficou ao lado de alguém que estava ao seu lado. Nessa nova roda, Ana não ficou ao lado de Dina, existe uma pessoa que ficou sozinha entre Caio e Gil e uma pessoa que ficou sozinha entre Bia e Eva. Nessa nova roda, as crianças ao lado de Ana são

A) Caio e Eva

B) Caio e Fê.

C) Eva e Fê.

D) Eva e Gil.

E) Fê e Gil.

COMENTÁRIOS

A brincadeira de roda tem originalmente a formação:

Brincadeira de roda	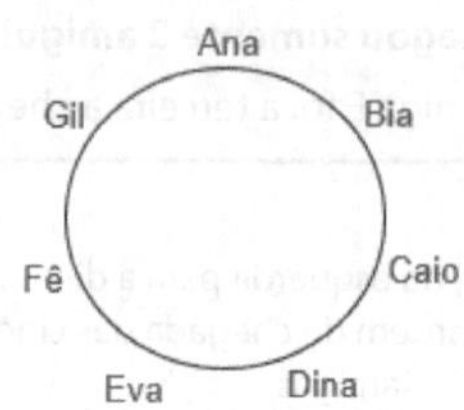

Desfeita a roda, sobre as novas posições sabermos que:

- Ana não ficou ao lado de Dina.
- Guardar essa informação.
- Existe uma pessoa que ficou sozinha entre Caio e Gil.
- Entre Caio o Gil não pode estar nenhuma das crianças que estiveram a seus lados na formação original (Ana, Bia, Dina e Fê), resta apenas Eva
- Considerar lado a lado: Caio, Eva e Gil.
- E uma pessoa que ficou sozinha entre Bia e Eva.
- Bia não está ao lado de Caio (formação original), daí concluímos pela sequência: Caio, Eva, Gil e Bia

Para encaixar a sequência Caio, Eva, Gil e Bia, quatro crianças, mais a Ana, total cinco crianças, restariam apenas outras duas, Fê e Dina.

Se Dina não está ao lado de Ana, é a Fê quem vai separar as duas.

Nova formação da brincadeira de roda

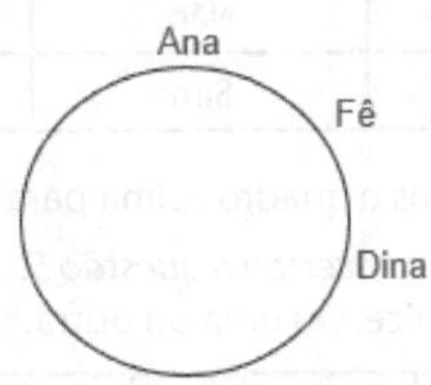

Agora sim Caio, Eva, Gil e Bia. Lembrando que Caio não está ao lado de Dina e Bia não está ao lado de Ana.

Nova formação da brincadeira de roda

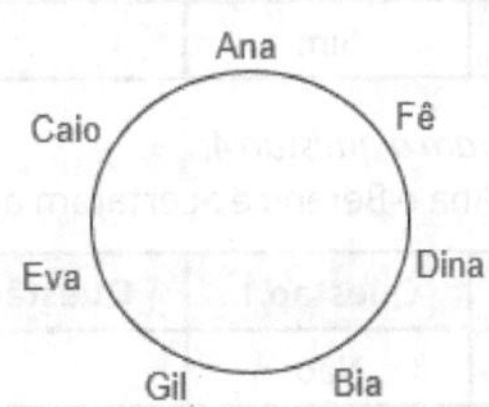

Resposta: Nessa nova roda, as crianças ao lado de Ana são Caio e Fê.

Gabarito: B

---

49. (FCC – Analista Judiciário – Área Judiciária – TRT 22ªR – 2022) Uma prova com cinco questões foi aplicada para Ana, Berenice e Carlos. Quem tiver o maior número de acertos ou empatar com o maior número de acertos pode ganhar ou dividir um prêmio. Sabe-se que:

- Houve apenas um vencedor e foi menina.
- Só Carlos acertou a primeira questão.
- Só uma menina acertou a questão 5.
- Todos acertaram a questão 4.
- Só uma pessoa acertou a questão 3.
- Só Berenice errou a questão 2.

O nome da vencedora e o número de acertos são:

A) Ana com 4 acertos.

B) Ana com 3 acertos.

C) Berenice com 4 acertos.

D) Berenice com 3 acertos.

E) Ana com 5 acertos.

COMENTÁRIOS

Apesar de não ser necessária a ordem de pontuação, o que chamamos de ordenação, o princípio é o mesmo para encontrar aquele ou aqueles que fizeram a maior pontuação.

Para isso, segue o detalhamento de cada informação conhecida.

- *Houve apenas um vencedor e foi menina.*
- Descartamos a possibilidade de mais de um ter obtido o maior número de acertos. Também está excluído Carlos.
- *Só Carlos acertou a primeira questão.*
- Apesar de Carlos não ser o maior acertador, consideramos suas questões certas, além dos acertos de Ana e Berenice.

	Questão 1	Questão 2	Questão 3	Questão 4	Questão 5
Ana	Não				
Berenice	Não				
Carlos	Sim				

Adicionamos o quadro acima para acompanhar cada afirmativa e evitar perda de informações anteriores.

- *Só uma menina acertou a questão 5.*
- Ana ou Berenice. Ou uma ou outra.

<table>
<tr><th></th><th>Questão 1</th><th>Questão 2</th><th>Questão 3</th><th>Questão 4</th><th colspan="2">Questão 5</th></tr>
<tr><td>Ana</td><td>Não</td><td></td><td></td><td></td><td>Sim</td><td>Não</td></tr>
<tr><td>Berenice</td><td>Não</td><td></td><td></td><td></td><td>Não</td><td>Sim</td></tr>
<tr><td>Carlos</td><td>Sim</td><td></td><td></td><td></td><td colspan="2">Não</td></tr>
</table>

- *Todos acertaram a questão 4.*
- É certo que Ana e Berenice acertaram a questão 4.

<table>
<tr><th></th><th>Questão 1</th><th>Questão 2</th><th>Questão 3</th><th>Questão 4</th><th colspan="2">Questão 5</th></tr>
<tr><td>Ana</td><td>Não</td><td></td><td></td><td>Sim</td><td>Sim</td><td>Não</td></tr>
<tr><td>Berenice</td><td>Não</td><td></td><td></td><td>Sim</td><td>Não</td><td>Sim</td></tr>
<tr><td>Carlos</td><td>Sim</td><td></td><td></td><td>Sim</td><td colspan="2">Não</td></tr>
</table>

- *Só uma pessoa acertou a questão 3.*
- Tanto pode ser uma das duas moças como também pode ser o Carlos.

Momento de buscar a informação implícita. Quem acertou a questão 3 foi uma das moças porque, caso fosse Carlos, ele estaria entre os maiores acertadores.

<table>
<tr><th></th><th>Questão 1</th><th>Questão 2</th><th colspan="2">Questão 3</th><th>Questão 4</th><th colspan="2">Questão 5</th></tr>
<tr><td>Ana</td><td>Não</td><td></td><td>Sim</td><td>Não</td><td>Sim</td><td>Sim</td><td>Não</td></tr>
<tr><td>Berenice</td><td>Não</td><td></td><td>Não</td><td>Sim</td><td>Sim</td><td>Não</td><td>Sim</td></tr>
<tr><td>Carlos</td><td>Sim</td><td></td><td colspan="2">Não</td><td>Sim</td><td colspan="2">Não</td></tr>
</table>

- *Só Berenice errou a questão 2.*
- Ponto para Ana.

<table>
<tr><th></th><th>Questão 1</th><th>Questão 2</th><th colspan="2">Questão 3</th><th>Questão 4</th><th colspan="2">Questão 5</th></tr>
<tr><td>Ana</td><td>Não</td><td>Sim</td><td>Sim</td><td>Não</td><td>Sim</td><td>Sim</td><td>Não</td></tr>
<tr><td>Berenice</td><td>Não</td><td>Não</td><td>Não</td><td>Sim</td><td>Sim</td><td>Não</td><td>Sim</td></tr>
<tr><td>Carlos</td><td>Sim</td><td>Sim</td><td colspan="2">Não</td><td>Sim</td><td colspan="2">Não</td></tr>
</table>

As questões 3 e 5, aparentemente, estão indefinidas. Com atenção, notamos que não é possível Berenice ter acertado qualquer das duas questões, pois, se isso fosse fato, ela chegaria a três questões certas igual ao número de questões certas de Carlos e Ana acertaria menos que os dois.

Podemos afirmar que Ana acertou tanto a questão 3 como a questão 5.

	Questão 1	Questão 2	Questão 3	Questão 4	Questão 5
Ana	Não	**Sim**	**Sim**	**Sim**	**Sim**
Berenice	Não	Não	Não	Sim	Não
Carlos	Sim	Sim	Não	Sim	Não

Resposta: A vencedora foi Ana com 4 questões certas.

Gabarito: A

50. (FGV – Analista Judiciário – Área Judiciária – TRT 12ªR – 2017) João é mais baixo do que Ana. Pedro não é mais baixo do que Ana. Denise não é mais alta do que João.

É correto concluir que:

A) Ana é mais alta do que Pedro;

B) Pedro é mais baixo do que João;

C) Denise é mais alta do que Ana;

D) João é mais baixo do que Pedro;

E) Denise é mais alta do que Pedro.

COMENTÁRIOS

A análise de cada informação revela:

João é mais baixo do que Ana.	João – Ana

Colocaremos cada um dos personagens em ordem crescente da esquerda para a direita.

Pedro não é mais baixo do que Ana.	João – Ana – Pedro

Atenção, a informação diz "não é mais baixo".

Denise não é mais alta do que João	Denise – João – Ana – Pedro

Em ordem crescente estão Denise, João, Ana e Pedro.

Resposta: João é mais baixo do que Pedro;

Gabarito: D

51. (FGV – Técnico Judiciário – Área Judiciária – TRT 12ªR – 2017) Davi, João, Pedro, Artur e Gabriel são amigos, possuem idades diferentes e vão fazer uma fila em ordem crescente das idades. Sabe-se que:

- Davi é mais jovem que Gabriel e que Pedro, mas não é o mais jovem de todos.
- Gabriel é mais velho que Pedro, mas não é o mais velho de todos.
- Artur é mais jovem que Pedro.

É correto concluir que:

A) Artur está no segundo lugar da fila;

B) Davi está no terceiro lugar da fila;

C) Pedro está no quarto lugar da fila;

D) Gabriel está no terceiro lugar da fila;

E) João está no último lugar da fila.

COMENTÁRIOS

Para colocar os amigos em ordem crescente de idades, trabalhamos com cada uma das informações disponibilizadas.

- Davi é mais jovem que Gabriel e que Pedro, mas não é o mais jovem de todos.

Considerando uma lista crescente de idades, Davi está à esquerda de Gabriel e de Pedro.	? – Davi – Gabriel – Pedro ? – Davi – Pedro – Gabriel

São duas as possibilidades baseadas unicamente nesta informação. Ainda, como Davi não é o mais novo, há pelo menos mais um amigo a sua esquerda.

- Gabriel é mais velho que Pedro, mas não é o mais velho de todos.

Das duas opões anteriores, ficamos com apenas uma.	? – Davi – Pedro – Gabriel – ?

Além de definir a ordem de Pedro e Gabriel, também confirmamos existir um único amigo mais novo que Davi e um único mais velho que Gabriel.

- Artur é mais jovem que Pedro.

Sendo mais jovem que Pedro, Artur é também o mais novo de todos.	Artur – Davi – Pedro – Gabriel – João

Consequentemente, João é o mais velho.

Resposta: João está no último lugar da fila.

Gabarito: E

---

52. (FCC – Técnico Judiciário – Área Judiciária – TRT 11ªR – 2017) O início de uma corrida de percurso longo é realizado com 125 atletas. Após uma hora de prova, o atleta João Carlos ocupa a 39ª posição dentre os 83 atletas que ainda participam da prova. Na segunda e última hora dessa corrida, aconteceram apenas quatro fatos, que são relatados a seguir na mesma ordem em que ocorreram:

1°) 18 atletas que estão à frente de João Carlos, desistem da prova;

2°) 7 atletas que até então estavam atrás de João Carlos, o ultrapassam;

3°) 13 atletas que estavam atrás de João Carlos desistem de prova;

4°) perto da chegada João Carlos ultrapassa 3 atletas.

O número de atletas que chegaram depois de João Carlos nessa prova superou o número daqueles que chegaram antes de João Carlos em

A) 4.

B) 7.

C) 2.

D) 3.

E) 8.

COMENTÁRIOS

Aparentemente são muitas informações e fáceis de serem confundidas. É importante fazer uma leitura, trecho a trecho, do enunciado dando destaque para os dados com chance de uso na resolução.

Após uma hora de prova, o atleta João Carlos ocupa a 39ª posição dentre os 83 atletas que ainda participam da prova.	39ª posição: João Carlos Seguem na prova: 83 atletas

Após, outros quatro fatos.

1°) 18 atletas que estão à frente de João Carlos, desistem da prova	21ª posição: João Carlos Seguem na prova: 65 atletas

Atualizada a posição ocupada por João Carlos e a quantidade de atletas que permanecem competindo.

2°) 7 atletas que até então estavam atrás de João Carlos, o ultrapassam	28ª posição: João Carlos Seguem na prova: 65 atletas

João Carlos caiu para a posição 28.

3°) 13 atletas que estavam atrás de João Carlos desistem de prova	28ª posição: João Carlos Seguem na prova: 52 atletas

Somente atualização da quantidade de competidores.

4°) perto da chegada João Carlos ultrapassa 3 atletas	25ª posição: João Carlos Seguem na prova: 52 atletas

Na frente de João Carlos chegaram 24 atletas e depois dele outros 27 atletas.

Resposta: O número de atletas que chegaram depois de João Carlos nessa prova superou em 3 o número daqueles que chegaram antes.

Gabarito: D

---

53. (FCC – Analista Judiciário – Área Judiciária – TRT 11ªR – 2017) Marlene, Jair, Renata, Alexandre e Patrícia fizeram uma prova de um concurso obtendo cinco pontuações diferentes. Sabe-se ainda que, nessa prova:

- Marlene obteve mais pontos do que Alexandre, mas menos pontos do que Patrícia;
- Jair obteve mais pontos do que Renata, que por sua vez obteve mais pontos do que Marlene.

Sendo assim, é necessariamente correto que

a) Marlene obteve mais pontos do que Renata.

b) Jair obteve menos pontos do que Patrícia.

c) Renata obteve menos pontos do que Patrícia.

d) Alexandre foi o que obteve menos pontos.

e) Patrícia foi a que obteve mais pontos.

COMENTÁRIOS

Vejamos a oferta de informações sobre os concursandos Marlene, Jair, Renata, Alexandre e Patrícia.

Marlene obteve mais pontos do que Alexandre, mas menos pontos do que Patrícia	Alexandre – Marlene – Patrícia

Ordem crescente de pontuação da esquerda para a direita.

Jair obteve mais pontos do que Renata, que por sua vez obteve mais pontos do que Marlene	Alexandre – Marlene – Patrícia – Renata – Jair Alexandre – Marlene – Renata – Patrícia – Jair Alexandre – Marlene – Renata – Jair – Patrícia

Face à carência de informações, chegamos a três possibilidades distintas de ordenamento para os cinco candidatos.

Resposta: Sendo assim, é necessariamente correto que Alexandre foi o que obteve menos pontos.

Gabarito: D

---

54. (FCC – Técnico Judiciário – Área Administrativa – TRT 9ªR – 2015) Seis pessoas (P, Q, R, S, T, U) se sentam em uma mesma fileira de seis lugares de um teatro. Sabe-se que:

- P se senta junto e à esquerda de Q;
- R está à direita de P, e entre U e S;
- S está junto e a esquerda de T;
- U está a esquerda de Q.

A pessoa que ocupa o quarto assento da esquerda para a direita nessa fila é:

A) R.

B) P.

C) T.

D) S.

E) Q.

COMENTÁRIOS

Imagine seis lugares lado a lado e neles alocamos cada uma das seis pessoas seguindo estritamente as regras.

P se senta junto e à esquerda de Q	P Q

Não dá pra dizer quais as posições exatas, mas está demonstrado que P está à esquerda de Q.

R está à direita de P, e entre U e S	P Q P U R S

Novamente P está à esquerda, entretanto, ainda não podemos relacionar Q com as outras três pessoas, U, R e S.

S está junto e a esquerda de T	P Q P U R S T

Segue a última informação, com ela a definição das posições das seis pessoas.

U está a esquerda de Q	P Q U R S T

Resposta: A pessoa que ocupa o quarto assento da esquerda para a direita nessa fila é R.

Gabarito: A

---

55. (FCC – Analista Judiciário – Área Judiciária – TRT 4ªR – 2015) Há sete participantes de um torneio de tiro ao alvo, cada um disparando um único tiro. Quatro deles (André, Francisco, Sérgio e José) são experientes, e três deles (Eduardo, Fernando e Gabriel) são novatos. Sabe-se que:

- para que um novato dispare seu tiro, ele deve ser antecedido e precedido por um atirador experiente;
- Fernando é o segundo a disparar seu tiro, enquanto que Sérgio é o último atirador experiente a disparar um tiro;
- Francisco dispara antes do que José dispara seu tiro, mas depois do que André dispara seu tiro.

Dentre as opções abaixo, NÃO é necessariamente correto que

A) Gabriel dispare seu tiro depois de Fernando.

B) Sérgio dispare seu tiro depois de todos os atiradores novatos.

C) Fernando é o primeiro novato a disparar um tiro.

D) Eduardo dispare seu tiro antes do que José.

E) José dispare seu tiro entre Eduardo e Gabriel.

COMENTÁRIOS

Disputam o torneio.

Experientes	Novatos
André Francisco Sérgio José	Eduardo Fernando Gabriel

Cada um dá um tiro segundo a regra:

- Para que um novato dispare seu tiro, ele deve ser antecedido e precedido por um atirador experiente.

Já sabemos que os tiros serão alternados entre experientes e novatos, iniciando por um experiente.

- Fernando é o segundo a disparar seu tiro, enquanto que Sérgio é o último atirador experiente a disparar um tiro

1º disparo	2º disparo	3º disparo	4º disparo	5º disparo	6º disparo	7º disparo
	Fernando					Sérgio

- Francisco dispara antes do que José dispara seu tiro, mas depois do que André dispara seu tiro.
- Estamos falando de três experientes, logo, 1º, 2º e 3º disparos.

1º disparo	2º disparo	3º disparo	4º disparo	5º disparo	6º disparo	7º disparo
André	Fernando	Francisco		José		Sérgio

Vale destacar que não é possível confirmar a ordem de disparo de Eduardo e de Gabriel. Mas, vejamos as alternativas.

a) Gabriel dispare seu tiro depois de Fernando.

Apesar de não saber se foi o 4º ou o 6º disparou, mas é certo que foi depois de Fernando.

b) Sérgio dispare seu tiro depois de todos os atiradores novatos.

Perfeito, Sérgio deu o último disparo.

c) Fernando é o primeiro novato a disparar um tiro.

Exatamente, foi o 2º disparo e o primeiro entre os novatos.

d) Eduardo dispare seu tiro antes do que José.

Não podemos afirmar. Tanto pode ter sido antes como depois de José.

Alternativa correta.

e) José dispare seu tiro entre Eduardo e Gabriel.

Independente da ordem de tiro de Eduardo e Gabriel, entre eles está José.

Resposta: NÃO é necessariamente correto que Eduardo dispare seu tiro antes do que José.

Gabarito: D

3.2. DEDUÇÃO

56. (FCC – Técnico Judiciário – Área Administrativa – TRT 18ªR – 2023) Alberto, Breno e Carlos pretendem viajar nas próximas férias e irão para cidades diferentes, Rio de Janeiro, Florianópolis e Belo Horizonte, não necessariamente nessa ordem. Além disso utilizarão meios de transporte diferentes, ônibus, carro e avião, não necessariamente nessa ordem. Breno vai de ônibus, Alberto vai para o Rio de Janeiro e quem viaja para Belo Horizonte vai de carro. É correto afirmar:

A) Alberto vai de avião e Breno vai para Florianópolis.

B) Carlos vai de avião e Breno vai para Florianópolis.

C) Alberto vai de ônibus e Carlos vai para Florianópolis.

D) Carlos vai de avião e Breno vai para Belo Horizonte.

E) Alberto vai de avião e Breno vai para o Rio de Janeiro.

COMENTÁRIOS

Três pessoas pretendem viajar nas férias para três cidades diferentes. Esta é a informação inicial da qual extraímos duas categorias (cidades e pessoas) que, de alguma forma, estão relacionadas, portanto, temos o caso de correlacionamento lógico ou, sendo mais específico, correlacionamento dedutivo.

✪ **Nota dos autores:** Como explicado na parte das "DICAS", na dedução estarão presentes duas, três, ou até mesmo quatro grandezas distintas, seguidas de informações adicionais, as quais nos guiarão para estabelecer as relações entre as grandezas. Faremos isso por meio de tabelas, considerando os cruzamentos entre linhas e colunas.

Bem, repetindo, a inicial aponta para pessoas e cidades, o que nos basta para prepararmos a seguinte tabela.

	Rio de Janeiro	Florianópolis	Belo Horizonte
Alberto			
Breno			
Carlos			

Formatamos a tabela com duas grandezas, mas ainda existe o meio de transporte, uma terceira grandeza, e agora?

Não se preocupe amigo concursando, trabalharemos com todas as classes de informação dentro desta planilha simples com dois eixos.

Apesar de alguns autores e professores acrescentarem colunas à tabela, acreditamos que este acréscimo demanda mais espaço e pode lhe causar transtornos no dia da prova, razão pela qual sugerimos seguir nosso modelo de resolução.

Feitas as observações, passemos aos dados complementares dispostos no enunciado e vamos à resolução propriamente dita.

- Meios de transporte: ônibus, carro e avião;
- Breno vai de ônibus;
- Alberto vai para o Rio de Janeiro;
- Quem viaja para Belo Horizonte vai de carro.

Tendo em mente os meios de transporte e sabendo que Breno vai de ônibus, adicionamos este conhecimento à tabela.

	Rio de Janeiro	Florianópolis	Belo Horizonte
Alberto			
Breno Ônibus			
Carlos			

Uma vez que o meio de transporte não é uma das duas classes de informações consideradas, tanto nas linhas como nas colunas, não utilizamos os cruzamentos, mas sim as células de referências. No caso, na célula "Breno" acrescentamos a informação "ônibus".

O item seguinte "Alberto vai para o Rio de Janeiro" relacionando a pessoa com a cidade, Alberto com Rio de Janeiro, cruzamento a ser preenchido com a palavra "sim".

	Rio de Janeiro	Florianópolis	Belo Horizonte
Alberto	**SIM**	**Não**	**Não**
Breno Ônibus	**Não**		
Carlos	**Não**		

Notaram que as demais células preenchidas com "não"? Indicam posições nas quais não há relação entre as respectivas classes (linhas e colunas).

Sempre que for identificada uma relação e apontada com "sim", complete as células restantes da linha e da coluna correspondentes com "não".

O último item revela que, para Belo Horizonte, o meio de transporte empregado foi o carro, logo:

	Rio de Janeiro	Florianópolis	Belo Horizonte Carro
Alberto	**SIM**	**Não**	**Não**
Breno Ônibus	**Não**		
Carlos	**Não**		

Até aqui temos a tabela com todas informações retiradas do enunciado. Daqui para frente faremos as deduções (por isso o nome desta categoria de questão).

Partimos para a análise das linhas incompletas, por exemplo, Breno cujo meio de transporte é o ônibus, relacionando com as colunas incompletas, não foi para Belo Horizonte, pois "Quem viaja para Belo Horizonte vai de carro" e haveria incompatibilidade com o meio de transporte, ou seja, Breno foi para Florianópolis.

	Rio de Janeiro	Florianópolis	Belo Horizonte Carro
Alberto	SIM	Não	Não
Breno Ônibus	Não	**SIM**	**Não**
Carlos	Não	**Não**	

Ficou fácil finalizar o quadro, por dedução, Carlos programou férias para Belo Horizonte de carro e, é claro, Alberto foi de avião para o Rio de Janeiro.

	Rio de Janeiro Avião	Florianópolis	Belo Horizonte Carro
Alberto	**SIM**	Não	Não
Breno Ônibus	Não	**SIM**	Não
Carlos	Não	Não	**SIM**

Não se assuste com o tamanho da resolução e a quantidade de tabelas utilizadas (foi um passo-a-passo com 6 para ser exato), para sua resolução basta uma única tabela na qual serão alocadas as informações conhecidas e as deduzidas, para chegar à resposta correta.

Resposta: É correto afirmar que Alberto vai de avião e Breno vai para Florianópolis.

Gabarito: A

57. (FCC – Técnico Judiciário – TRT 18ªR – 2023) As amigas Maria, Neusa, Olga, Pilar e Rosa nasceram nos dias 20/02/1996, 12/03/1995, 20/03/1996, 12/04/1995 e 23/04/1996, não necessariamente nessa ordem. Maria e Rosa nasceram no mesmo mês, mas em anos diferentes. Neusa e Olga nasceram no mesmo mês, mas em anos diferentes. Maria e Olga nasceram no mesmo dia, mas em meses diferentes. Pilar e Rosa nasceram também no mesmo dia, mas em meses diferentes. A amiga mais jovem é

A) Maria.

B) Neusa.

C) Olga.

D) Pilar.

E) Rosa.

COMENTÁRIOS

✪ **Nota dos autores:** A Fundação Carlos Chagas formulou esta questão de correlacionamento na qual foram consideradas duas categorias de informação: amigas e datas de nascimento. O que não é muito comum. O padrão adotado por todas as bancas para este tipo de questão é apresentar frequentemente três classes distintas de informação; um pouco menos frequente são as questões com quatro classes distintas de informação e, menos comum, como esta, com duas classes.

Mas, não se engane, o fato de haver duas categorias a serem exploradas, não implica na facilidade na resolução.

Enfim, construir a planilha nomeando as colunas com uma categoria e as linhas com a outra é o ponto de partida para a resolução.

	Maria	Neusa	Olga	Pilar	Rosa
20/02/1996					
12/03/1995					
20/03/1996					
12/04/1995					
23/04/1996					

A seguir, análise das informações complementares que foram retiradas do enunciado e reescritas em itens.

- **Maria e Rosa nasceram no mesmo mês, mas em anos diferentes.**

Deparamos com nosso primeiro problema, para este item existem diferentes possibilidades:

- 12/03/1995 e 20/03/1996.
- 12/04/1995 e 23/04/1996.

Dada a indefinição, vejamos o que nos informa o item seguinte.

- **Neusa e Olga nasceram no mesmo mês, mas em anos diferentes.**

Semelhante ao item anterior, são as mesmas duas possibilidades.

- 12/03/1995 e 20/03/1996.
- 12/04/1995 e 23/04/1996.

Pelo menos extraímos uma certeza: as quatro amigas citadas nos dois itens anteriores nasceram nas quatro datas apontadas nestes dois itens, logo, por exclusão, definimos uma amiga e sua data de nascimento (amiga e data não citadas nos dois itens precedentes).

	Maria	Neusa	Olga	Pilar	Rosa
20/02/1996	Não	Não	Não	**SIM**	Não
12/03/1995				Não	
20/03/1996				Não	
12/04/1995				Não	
23/04/1996				Não	

As duas últimas informações também são semelhantes entre si.

- **Maria e Olga nasceram no mesmo dia, mas em meses diferentes.**
- **Pilar e Rosa nasceram também no mesmo dia, mas em meses diferentes.**

Para cada uma das informações existem as mesmas duas possibilidades.

- 20/02/1996 e 20/03/1996.
- 12/03/1995 e 12/04/1995.

Conclusão, a amiga não citada nestes dois últimos itens, Neusa, nasceu na data também não citada, 23/04/1996.

	Maria	Neusa	Olga	Pilar	Rosa
20/02/1996	Não	Não	Não	**SIM**	Não
12/03/1995		Não		Não	
20/03/1996		Não		Não	
12/04/1995		Não		Não	
23/04/1996	Não	**SIM**	Não	Não	Não

Esgotadas as informações, retomamos a análise dos dois primeiro itens.

- **Maria e Rosa nasceram no mesmo mês, mas em anos diferentes.**
- **Neusa e Olga nasceram no mesmo mês, mas em anos diferentes.**
    - o 12/03/1995 e 20/03/1996.
    - o 12/04/1995 e 23/04/1996.

Já existe uma definição para as possibilidades acima: Neusa nasceu no dia 23/04/1996. Logo, é correto dizer que <u>Olga nasceu em 12/04/1995</u>, pois estas duas amigas, Neusa e Olga nasceram no mesmo mês e em anos diferentes.

	Maria	Neusa	Olga	Pilar	Rosa
20/02/1996	Não	Não	Não	**SIM**	Não
12/03/1995		Não	Não	Não	
20/03/1996		Não	Não	Não	
12/04/1995	Não	Não	**SIM**	Não	Não
23/04/1996	Não	**SIM**	Não	Não	Não

Outra conclusão extraímos dos dois últimos itens.

- **Maria e Olga nasceram no mesmo dia, mas em meses diferentes.**
- **Pilar e Rosa nasceram também no mesmo dia, mas em meses diferentes.**
    - o 20/02/1996 e 20/03/1996.
    - o 12/03/1995 e 12/04/1995.

Se Olga nasceu em 12/04/1995, então Maria nasceu 12/03/1995.

	Maria	Neusa	Olga	Pilar	Rosa
20/02/1996	Não	Não	Não	**SIM**	Não
12/03/1995	**SIM**	Não	Não	Não	Não
20/03/1996	Não	Não	Não	Não	Não
12/04/1995	Não	Não	**SIM**	Não	Não
23/04/1996	Não	**SIM**	Não	Não	Não

Por exclusão, Rosa nasceu em 20/03/1996.

	Maria	Neusa	Olga	Pilar	Rosa
20/02/1996	Não	Não	Não	**SIM**	Não
12/03/1995	**SIM**	Não	Não	Não	Não
20/03/1996	Não	Não	Não	Não	**SIM**
12/04/1995	Não	Não	**SIM**	Não	Não
23/04/1996	Não	**SIM**	Não	Não	Não

Conforme dissemos no início da resolução, o fato de serem duas categorias de informação não tornou a questão mais fácil. Na verdade, houve uma cobrança acentuada de raciocínio lógico.

Resposta: A amiga mais jovem é a Neuza, cuja data de nascimento foi 23/04/1996.

Gabarito: B

58. (FCC – Técnico Judiciário – TRT 18ªR – 2023) Alberto, Breno e Carlos têm estados civis diferentes, um é casado, outro é solteiro e o terceiro é viúvo, não necessariamente nessa ordem. Além disso um formou-se em engenharia, outro em medicina e o terceiro em administração de empresas, não necessariamente nessa ordem. Sabendo-se que o médico é casado, o administrador é viúvo, Breno é solteiro e Alberto é viúvo, é correto afirmar:

A) Alberto é engenheiro.

B) Breno é médico.

C) Carlos é administrador.

D) Breno é engenheiro.

E) Carlos é engenheiro.

COMENTÁRIOS

A parte inicial é suficiente para entender a questão e montar a planilha.

	Alberto	Breno	Carlos
Casado			
Solteiro			
Viúvo			

Acrescenta-se a isso suas áreas de formação: engenharia, outro em medicina e o terceiro em administração de empresas.

Ainda, sabe-se que:

- **O médico é casado.**

	Alberto	Breno	Carlos
Casado Médico			
Solteiro			
Viúvo			

- **O administrador é viúvo.**

	Alberto	Breno	Carlos
Casado Médico			
Solteiro			
Viúvo Administrador			

- **Breno é solteiro.**

	Alberto	Breno	Carlos
Casado Médico		Não	
Solteiro	Não	**SIM**	Não
Viúvo Administrador		Não	

- **Alberto é viúvo.**

	Alberto	Breno	Carlos
Casado **Médico**	Não	Não	
Solteiro	Não	**SIM**	Não
Viúvo **Administrador**	**SIM**	Não	Não

Ficou fácil completar a planilha.

	Alberto	Breno	Carlos
Casado **Médico**	Não	Não	**SIM**
Solteiro **Engenheiro**	Não	**SIM**	Não
Viúvo **Administrador**	**SIM**	Não	Não

Resposta: É correto afirmar que Breno é engenheiro.

Gabarito: D

59. (FCC – Analista Judiciário – Área Administrativa – TRT 12ªR –2023) Carlos, Danilo e Eduardo vão prestar vestibular no próximo ano para Engenharia, Oceanografia e Geografia, não necessariamente nessa ordem. Além disso, os cursos pertencem a três universidades diferentes, Uniazul, Univerde e Unibranco. Danilo vai prestar na Uniazul, Carlos quer ser engenheiro e quem quer ser geógrafo vai para a Unibranco. Está correto afirmar que

A) Carlos vai prestar vestibular na Univerde e Danilo na Uniazul.

B) Danilo vai prestar vestibular para Oceanografia e Eduardo vai prestar vestibular para Geografia na Univerde.

C) Carlos vai prestar vestibular para Engenharia na Uniazul e Danilo vai prestar vestibular para Oceanografia.

D) Carlos vai prestar vestibular na Univerde e Eduardo vai prestar vestibular para Oceanografia.

E) Carlos vai prestar vestibular para Engenharia e Eduardo vai prestar vestibular na Uniazul.

COMENTÁRIOS

✪ **Nota dos autores:** Neste tipo de questão, não pense que a estruturação dos dados fornecidos, fazendo o correlacionamento lógico, vai roubar-lhe tempo de execução da prova, muito pelo contrário, a organização das informações em linhas e colunas facilitará o seu raciocínio e aumentará em muito a possibilidade de acerto.

	Carlos	Danilo	Eduardo
Engenharia			
Oceanografia			
Geografia			

Planilha montada, passamos às demais informações.

- **Danilo vai prestar na Uniazul.**

	Carlos	Danilo Uniazul	Eduardo
Engenharia			
Oceanografia			
Geografia			

- Carlos quer ser engenheiro e quem quer ser geógrafo vai para a Unibranco.

	Carlos	Danilo Uniazul	Eduardo
Engenharia	**Sim**	Não	Não
Oceanografia	Não		
Geografia Unibranco	Não		

Partimos para a análise da planilha e a referência são as universidades, o que nos leva a crer que Eduardo vai prestar vestibular para Geografia e Danilo para Oceanografia.

Inclusive, fica definido que a Engenharia é na universidade Univerde.

	Carlos	Danilo Uniazul	Eduardo
Engenharia	**Sim**	Não	Não
Oceanografia	Não	**Sim**	
Geografia Unibranco	Não		**Sim**

Resposta: Carlos vai prestar vestibular na Univerde e Danilo na Uniazul.

Gabarito: A

60. (FGV – Analista Judiciário – Área Judiciária – TRT 13ªR – 2022) Miguel, Artur e Heitor possuem idades diferentes e nasceram em cidades diferentes; um nasceu em Patos, outro em Cabedelo e outro em Santa Rita.

As três afirmações seguintes sobre eles são verdadeiras:

- Miguel é mais velho que o cabedelense.
- Artur nasceu em Patos.
- Heitor não é o mais novo.

É correto concluir que

A) Miguel é mais novo que Artur.

B) Heitor nasceu em Santa Rita.

C) o santa-ritense é o mais velho.

D) o cabedelense é mais velho que Miguel.

E) Artur é mais velho que o patoense.

COMENTÁRIOS

A questão permeia três grandezas, pessoas, idades e cidades de nascimento. Aproveitaremos duas delas para fazer o cruzamento entre linhas e colunas agregando as demais informações do enunciado.

	Miguel	Artur	Heitor
Patos			
Cabedelo			
Santa Rita			

Completando a tabela com as afirmações dadas:

- Miguel é mais velho que o cabedelense.
- Ou seja, Miguel não nasceu em Cabedelo.

	Miguel (Mais velho que cabedelense)	Artur	Heitor
Patos			
Cabedelo	Não		
Santa Rita			

- Artur nasceu em Patos.

	Miguel (Mais velho que cabedelense)	Artur	Heitor
Patos	Não	Sim	Não
Cabedelo	Não	Não	
Santa Rita		Não	

Mesmo antes de checar a última informação, reconhecemos a cidade de nascimento de cada um.

	Miguel (Mais velho que cabedelense)	Artur	Heitor
Patos	Não	**Sim**	Não
Cabedelo	Não	Não	**Sim**
Santa Rita	**Sim**	Não	Não

- Heitor não é o mais novo.
- Se Heitor (cabedelense) não é mais novo e também não pode ser o mais velho, pois Miguel é o mais velho, logo, ele tem idade intermediária.

	Miguel (Mais velho)	Artur (Mais novo)	Heitor
Patos	Não	**Sim**	Não
Cabedelo	Não	Não	**Sim**
Santa Rita	**Sim**	Não	Não

Resposta: É correto concluir que o santa-ritense é o mais velho.

Gabarito: C

---

61. (FCC – Analista Judiciário – Área Judiciária – TRT 14ªR – 2022) Felipe, Gabriel e Heitor são irmãos de Janaína, Letícia e Mariana, não necessariamente nessa ordem, e cada casal de irmãos não tem relação de parentesco com os demais. Essas seis pessoas colecionam chaveiros e os números de chaveiros de Janaína, Letícia e Mariana são, respectivamente, 112, 123 e 145. Janaína tem 20 chaveiros a mais que seu irmão, Felipe tem o dobro de chaveiros de sua irmã e Letícia tem a metade do número de chaveiros de Heitor. Essas pessoas têm, juntas, um total de 964 chaveiros; logo, o número de chaveiros de Felipe excede o número de chaveiros de Gabriel em

A) 148.

B) 142.

C) 136.

D) 154.

E) 160.

COMENTÁRIOS

Iniciando a análise da questão verificamos a informação relacionando irmãos e quantidade de chaveiros, o que é um forte indicativo de problema sobre correlacionamento lógico.

	Felipe	Gabriel	Heitor
Janaína			
Letícia			
Mariana			

Seguindo o enunciado, temos:

- Os números de chaveiros de Janaína, Letícia e Mariana são, respectivamente, 112, 123 e 145.

	Felipe	Gabriel	Heitor
Janaína 112			
Letícia 123			
Mariana 145			

- Janaína tem 20 chaveiros a mais que seu irmão.
- Nada a fazer por enquanto.
- Felipe tem o dobro de chaveiros de sua irmã.
- Associado com a afirmativa anterior, infere-se que Janaína não é a irmã de Felipe.

	Felipe	Gabriel	Heitor
Janaína 112	Não		
Letícia 123			
Mariana 145			

- Letícia tem a metade do número de chaveiros de Heitor.
- Então, Heitor tem 246 chaveiros, o dobro de Letícia.

	Felipe	Gabriel	Heitor 246
Janaína 112	Não		
Letícia 123			
Mariana 145			

Retomamos a análise a partir das informação iniciais.

- Janaína tem 20 chaveiros a mais que seu irmão.
- Seu irmão não é o Heitor, logo, Gabriel é seu irmão e tem 92 chaveiros.

	Felipe	Gabriel 92	Heitor 246
Janaína 112	Não	Sim	Não
Letícia 123			
Mariana 145			

- Essas pessoas têm, juntas, um total de 964 chaveiros.
- A diferença entre 964 e as quantidades conhecidas, é igual à quantidade de chaveiros de Felipe, 246.
- Se Felipe tem o dobro de chaveiros que sua irmã, ele é irmão da Letícia.

	Felipe 246	Gabriel 92	Heitor 246
Janaína 112		Sim	
Letícia 123	Sim		
Mariana 145			Sim

Resposta: O número de chaveiros de Felipe, 246, excede em 154 o número de chaveiros de Gabriel, 92.

Gabarito: D

---

62. (FCC – Técnico Judiciário – TRT 22ªR – 2022) No último vestibular Davi, Eduardo e Felipe foram aprovados em cursos diferentes. Os rapazes têm idades diferentes.

- Davi, 18 anos, não entrou em Medicina.
- Eduardo não entrou em Engenharia e tem 20 anos.
- Quem entrou em Direito tem 22 anos.

O nome e a idade de quem entrou na Engenharia é

A) Eduardo com 20 anos.

B) Eduardo com 18 anos.

C) Felipe com 20 anos.

D) Davi com 22 anos.

E) Davi com 18 anos.

COMENTÁRIOS

Cansado de resolver o mesmo tipo de questão?

✪ **Nota dos autores:** Vale ressaltar que, se existe muita repetição é porque a cobrança em provas de concursos nos últimos anos também é grande. As chances de você encontrar alguma questão semelhante em sua prova é grande e, nada melhor do que a prática para, além de responder corretamente, resolver no menor tempo possível.

Então, ao trabalho, vamos montar a planilha.

	Davi	Eduardo	Felipe
Medicina			
Engenharia			
Direito			

- **Davi, 18 anos, não entrou em Medicina.**

	Davi 18 anos	Eduardo	Felipe
Medicina	Não		
Engenharia			
Direito			

- **Eduardo não entrou em Engenharia e tem 20 anos.**

	Davi 18 anos	Eduardo 20 anos	Felipe
Medicina	Não		
Engenharia		Não	
Direito			

- **Quem entrou em Direito tem 22 anos.**

	Davi 18 anos	Eduardo 20 anos	Felipe
Medicina	Não		Não
Engenharia		Não	Não
Direito 22 anos	Não	Não	**SIM**

Fácil essa não é mesmo?
Para concluir.

	Davi 18 anos	Eduardo 20 anos	Felipe
Medicina	Não	**SIM**	Não
Engenharia	**SIM**	Não	Não
Direito 22 anos	Não	Não	**SIM**

Resposta: Quem entrou em Engenharia foi o Davi e ele tem 18 anos.

Gabarito: E

---

63. (FCC – Técnico Judiciário – Área Administrativa – TRT 22ªR – 2022) Três amigas, Ana, Bruna e Cristina trabalham no mesmo escritório e estão planejando suas próximas férias. Elas decidiram ir para países diferentes em meses diferentes: janeiro, fevereiro ou março. Ana irá para Alemanha. Quem escolheu viajar para França irá em janeiro. Cristina irá para Portugal e não viajará em março. Conclui-se que

A) Ana viaja em fevereiro para a Alemanha.

B) Bruna viaja em março.

C) Cristina viaja em fevereiro.

D) Cristina viaja para França em janeiro.

E) Bruna viaja em fevereiro para Portugal.

COMENTÁRIOS

As três amigas planejam férias, para três países diferentes, em diferentes meses.

	Janeiro	Fevereiro	Março
Ana			
Bruna			
Cristina			

Sabe-se que:

- **Ana irá para Alemanha.**

	Janeiro	Fevereiro	Março
Ana Alemanha			
Bruna			
Cristina			

- **Quem escolheu viajar para França irá em janeiro.**

	Janeiro França	Fevereiro	Março
Ana Alemanha			
Bruna			
Cristina			

- **Cristina irá para Portugal e não viajará em março.**

	Janeiro França	Fevereiro	Março
Ana Alemanha			
Bruna			
Cristina Portugal			Não

De acordo com a planilha, restou à Bruna férias na França no mês de janeiro.

	Janeiro França	Fevereiro	Março
Ana Alemanha	Não		
Bruna França	**SIM**	Não	Não
Cristina Portugal	Não		Não

Na sequência, constatamos que Cristina viaja em fevereiro e, finalmente, Ana em março.

	Janeiro França	Fevereiro	Março
Ana Alemanha	Não	Não	**SIM**
Bruna França	**SIM**	Não	Não
Cristina Portugal	Não	**SIM**	Não

Resposta: Conclui-se que Cristina viaja em fevereiro.

Gabarito: C

64. (FCC – Analista Judiciário – TRT 22ªR – 2022) Uma determinada siderúrgica trabalha em três turnos. O turno da manhã tem o menor salário e o turno da noite o maior salário. Alberto, Bruno e Carlos trabalham em turnos diferentes. Carlos não trabalha no turno da tarde e Alberto ganha o menor salário. Pode-se afirmar corretamente que

A) Alberto trabalha no turno da tarde.

B) Bruno trabalha no turno da tarde e ganha o maior salário.

C) Bruno trabalha no turno da noite.

D) Bruno trabalha no turno da tarde e Carlos ganha o maior salário.

E) Alberto ganha o maior salário.

COMENTÁRIOS

O enunciado difere um pouco daquele tradicional para este tipo de questão, mesmo assim, não há dificuldades em perceber a existência de categorias: funcionários, turnos de trabalho e salários, as quais se relacionam entre si.

	Turno Manhã	Turno Tarde	Turno Noite
Alberto			
Bruno			
Carlos			

Sabe-se também que:

- **O turno da manhã tem o menor salário.**
- **O turno da noite o maior salário.**

	Turno Manhã Menor Salário	Turno Tarde	Turno Noite Maior Salário
Alberto			
Bruno			
Carlos			

- **Carlos não trabalha no turno da tarde**
- **Alberto ganha o menor salário.**

	Turno Manhã Menor Salário	Turno Tarde	Turno Noite Maior Salário
Alberto	**SIM**	Não	Não
Bruno	Não		
Carlos	Não	Não	

Daqui para frente são deduções lógicas. Primeiro: é certo que no Turno da Tarde quem trabalha é o Bruno e, por exclusão, Carlos trabalha no turno da noite.

	Turno Manhã Menor Salário	Turno Tarde	Turno Noite Maior Salário
Alberto	**SIM**	Não	Não
Bruno	Não	**SIM**	Não
Carlos	Não	Não	**SIM**

Resposta: Pode-se afirmar corretamente que Bruno trabalha no turno da tarde e Carlos ganha o maior salário.

Gabarito: D

---

65. (Cespe – Analista Judiciário – Área Judiciária – TRT 8ªR – 2022) Três analistas do Poder Judiciário – Ângela, Bianca e Cláudia –, com especialidades diferentes – contabilidade, medicina do trabalho e psicologia – e tempos de experiência diferentes – 12 anos, 15 anos e 20 anos –, foram designadas para emitir parecer técnico sobre um processo trabalhista. Cláudia não é a psicóloga e tem 12 anos de experiência, a contadora tem 20 anos de experiência e a psicóloga não é Bianca.

Considerando-se essa situação hipotética, é correto afirmar que

A) a médica do trabalho tem mais de 14 anos de experiência.

B) Cláudia é a médica do trabalho.

C) Bianca tem menos de 16 anos de experiência.

D) Ângela é a contadora.

E) a psicóloga tem mais de 17 anos de experiência.

COMENTÁRIOS

A seguir construímos uma planilha cujas linhas representam as três analistas e as colunas as suas especialidades.

	Contabilidade	Med. Trabalho	Psicologia
Ângela			
Bianca			
Cláudia			

Foram escolhidos os parâmetros analistas e suas especialidades, na representação das linhas e das colunas, tão somente porque primeiro apareceram no enunciado, em detrimento do parâmetro tempo de experiência.

✪ **Nota dos autores:** A escolha do parâmetro a ser colocado na linha e na coluna pode ser eleito ao acaso, e qualquer classe de informação que ficar excluída nesse primeiro momento, completará as células que dão nome às linhas ou às colunas. Observe o desenvolvimento da resolução.

- **Cláudia não é a psicóloga e tem 12 anos de experiência.**

	Contabilidade	Med. Trabalho	Psicologia
Ângela			
Bianca			
Cláudia **12 anos exp.**			Não

- **A contadora tem 20 anos de experiência.**

	Contabilidade 20 anos exp.	**Med. Trabalho**	**Psicologia**
Ângela			
Bianca			
Cláudia 12 anos exp.	Não		Não

- **A psicóloga não é Bianca.**

	Contabilidade 20 anos exp.	**Med. Trabalho**	**Psicologia**
Ângela			
Bianca			Não
Cláudia 12 anos exp.	Não		Não

A dedução clara é que Ângela é psicóloga e Cláudia é médica do trabalho.

	Contabilidade 20 anos exp.	**Med. Trabalho**	**Psicologia**
Ângela	Não	Não	**SIM**
Bianca		Não	Não
Cláudia 12 anos exp.	Não	**SIM**	Não

Finalmente, conhecemos a especialidade de Bianca, contabilista e o tempo de experiência de Ângela, que é de 15 anos.

	Contabilidade 20 anos exp.	**Med. Trabalho**	**Psicologia 15 anos exp.**
Ângela	Não	Não	**SIM**
Bianca	**SIM**	Não	Não
Cláudia 12 anos exp.	Não	**SIM**	Não

Resposta: Considerando a situação hipotética, é correto afirmar que Cláudia é a médica do trabalho.

Gabarito: B

---

66. (FCC – Técnico Judiciário – TRT 23ªR – 2022) André, Breno e Pedro são corretores de imóveis na cidade de São Paulo. Todos os três nasceram em estados diferentes, um deles nasceu em Alagoas, outro na Paraíba e o terceiro na Bahia. Cada um deles viaja nas férias para exatamente um desses três Estados, mas somente André passa as férias no Estado em que nasceu. Breno não nasceu na Bahia e nem passa suas férias na Bahia. Pedro passa suas férias em Alagoas. Podemos afirmar corretamente que

A) André nasceu na Paraíba e Pedro passa férias em Alagoas.

B) Breno nasceu em Alagoas e André nasceu na Paraíba.

C) Pedro nasceu na Bahia e passa férias em Alagoas.

D) Breno nasceu em Alagoas e André passa férias na Bahia.

E) André nasceu na Paraíba e Pedro passa férias em Alagoas.

COMENTÁRIOS

O problema gira em torno de três corretores nascidos em três estados diferentes que passam férias nestes mesmos estados. O que temos a fazer é descobrir as relações de correlacionamento entre as classes de informação.

Construa uma planilha com duas entre as três classes de informação.

	André	Breno	Pedro
Nasceu Alagoas			
Nasceu Paraíba			
Nasceu Bahia			

- **Somente André passa as férias no Estado em que nasceu.**

	André Férias estado nasceu	Breno	Pedro
Nasceu Alagoas			
Nasceu Paraíba			
Nasceu Bahia			

- **Breno não nasceu na Bahia e nem passa suas férias na Bahia.**

	André Férias estado nasceu	Breno Férias Bahia	Pedro
Nasceu Alagoas			
Nasceu Paraíba			
Nasceu Bahia		Não	

- **Pedro passa suas férias em Alagoas.**

	André Férias estado nasceu	Breno Férias Bahia	Pedro Férias Alagoas
Nasceu Alagoas			
Nasceu Paraíba			
Nasceu Bahia		Não	

A informação sobre local de férias está praticamente completa, é certo que André passa férias na Bahia (logo, nasceu na Bahia) e Breno passa férias na Paraíba.

	André Férias Bahia	Breno Férias Paraíba	Pedro Férias Alagoas
Nasceu Alagoas	Não		
Nasceu Paraíba	Não		
Nasceu Bahia	**SIM**	Não	Não

Informado que somente André passa suas férias no mesmo estado que nasceu, fica fácil completar a planilha.

	André Férias Bahia	Breno Féria Paraíba	Pedro Férias Alagoas
Nasceu Alagoas	Não	**SIM**	
Nasceu Paraíba	Não		**SIM**
Nasceu Bahia	**SIM**	Não	Não

Resposta: Podemos afirmar corretamente que Breno nasceu em Alagoas e André passa férias na Bahia.

Gabarito: D

---

67. (FCC – Analista Judiciário – Área Judiciária – TRT 5ªR – 2022) Maria, Ivo e Pedro escolheram, para cada um, dois sabores diferentes de sorvete. As seis escolhas foram: Ameixa, Açaí, Baunilha, Chocolate, Creme e Menta. Um dos rapazes foi o único dentre os três que escolheu dois sabores cujos nomes começam com a mesma letra; Maria escolheu Ameixa, mas não escolheu Menta. Ivo escolheu Chocolate como um dos sabores. Pode-se afirmar corretamente que

A) Pedro escolheu Baunilha.

B) Ivo escolheu Açaí.

C) Maria escolheu Creme.

D) Pedro escolheu Menta.

E) Maria escolheu Açaí.

COMENTÁRIOS

A diferença em relação às questões anteriores ficou por conta da duplicidade de sabores de sorvete que cada um escolheu. Apesar disso, a resolução fica inalterada, manteremos o mesmo padrão.

	Ameixa	Açaí	Baunilha
Maria			
Ivo			
Pedro			

A escolha de três sabores de sorvete foi aleatória (os três primeiros citados).

- **Um dos rapazes foi o único dentre os três que escolheu dois sabores cujos nomes começam com a mesma letra.**

Não sabemos qual dos rapazes o item faz referência e os sabores tanto podem ser ameixa e açaí como chocolate e creme. Face à indefinição, pulamos para o item seguinte.

- **Maria escolheu Ameixa, mas não escolheu Menta.**

	Ameixa	Açaí	Baunilha
Maria Menta	**SIM**		
Ivo	Não		
Pedro	Não		

Atenção, como são dois sabores para cada um dos rapazes, não é possível completar com "não" a linha identificada com "sim".

- **Ivo escolheu Chocolate como um dos sabores.**

	Ameixa	Açaí	Baunilha
Maria Menta	**SIM**		
Ivo **Chocolate**	Não		
Pedro	Não		

Retomando o primeiro item, um dos rapazes (Ivo ou Pedro) escolheu dois sabores iniciando com a mesma letra. Ameixa e açaí estão descartados porque um deles fez parte da escolha da Maria, ou seja, restou a Ivo os sabores chocolate e creme.

	Ameixa	Açaí	Baunilha
Maria ~~Menta~~	**SIM**		
Ivo **Chocolate e Creme**	Não	Não	Não
Pedro	Não		

Levando em conta as indicações do enunciado e as informações aproveitadas na planilha, deduzimos que Maria, além de ameixa, escolheu o sabor baunilha. Os dois sabores restantes, açaí e menta, foram escolhidos por Pedro.

	Ameixa	Açaí	Baunilha
Maria ~~Menta~~	**SIM**		**SIM**
Ivo **Chocolate e Creme**	Não	Não	Não
Pedro **Menta**	Não	**SIM**	

Apesar da diferença na resolução, ainda assim aconselhamos a fazer a planilha com três colunas e não com seis (para os sabores de sorvete), pois provavelmente não haverá um espaço razoável na sua folha de prova para a tabela e também porque fica mais completo no campo de visão.

Resposta: Pode-se afirmar corretamente que Pedro escolheu Menta.

Gabarito: D

---

68. (FCC – Analista Judiciário – TRT 17ªR – 2022) As idades das quatro primas Fernanda, Gláucia, Helena e Íris são 13, 18, 22 e 24, embora não necessariamente nessa ordem. Fernanda é mais nova do que Helena. A soma das idades de Íris e Fernanda é divisível por 5. A soma das idades de Íris e Helena também é divisível por 5. A soma das idades de Fernanda e Gláucia é

A) 31

B) 37

C) 40

D) 42

E) 46

COMENTÁRIOS

Nesta questão de correlacionamento, além da lógica, praticaremos um pouco de operações básicas de matemática.

As idades das quatro primas Fernanda, Gláucia, Helena e Íris são 13, 18, 22 e 24, embora não necessariamente nessa ordem.

	13	18	22	24
Fernanda				
Gláucia				
Helena				
Íris				

- **Fernanda é mais nova do que Helena.**

Guardamos a informação para um momento posterior.

- **A soma das idades de Íris e Fernanda é divisível por 5.**
- **A soma das idades de Íris e Helena também é divisível por 5.**

Possibilidades de que a soma de idades seja divisível por 5 (números terminados em 0 ou 5):

- 13 + 22 = 35
- 18 + 22 = 40

As idades das três primas Íris, Fernanda e Helena são 13, 18 e 22 anos. Ficou de fora a prima Gláucia e a idade 24 anos, logo, essa correspondência é verdadeira.

Adicionalmente, a repetição de idade corresponde à prima que figura nos dois itens: Íris tem 22 anos.

	13	18	22	24
Fernanda			Não	Não
Gláucia	Não	Não	Não	SIM
Helena			Não	Não
Íris	Não	Não	SIM	Não

Voltamos para o primeiro item.

- **Fernanda é mais nova do que Helena.**

	13	18	22	24
Fernanda	SIM		Não	Não
Gláucia	Não	Não	Não	SIM
Helena		SIM	Não	Não
Íris	Não	Não	SIM	Não

Resposta: A soma das idades de Fernanda (13) e Gláucia (24) é igual a 37.

Gabarito: B

---

69. (FCC – Analista Judiciário – TRT 15ªR – 2018) Amaral, Bentes, Carvalho, Dantas e Esteves irão votar para a escolha de um, dentre eles, para representá-los em uma assembleia. Cada um deve escolher uma única pessoa diferente de si própria. Sabe-se que:

- Amaral não votou em Dantas, nem em Bentes.
- Carvalho votou ou em Esteves ou em Bentes.
- Dantas não votou em Amaral.
- Esteves votou em Carvalho.
- Bentes votou na mesma pessoa que Carvalho votou.

Apurados os cinco votos, todos eles válidos, Esteves venceu a disputa com 3 votos, e Carvalho e Bentes ficaram empatados em segundo lugar, com 1 voto cada. Sendo assim,

A) Esteves votou em Carvalho e Carvalho votou em Bentes.

B) Bentes votou em Esteves e Esteves votou em Bentes.

C) Amaral votou em Carvalho e Carvalho votou em Esteves.

D) Dantas votou em Esteves e Esteves votou em Carvalho.

E) Carvalho votou em Esteves e Esteves votou em Carvalho.

COMENTÁRIOS

Está é uma forma peculiar de se apresentar a questão, pois as mesmas pessoas formam grandezas diferentes, na primeira situação serão votados e na segunda serão os votantes.

Nas colunas estão as pessoas na qualidade de recebedores de votos e nas linhas os votantes. Ainda, para evitar confusão, agregamos linhas na medida em que estivermos tratando das informações sobre como cada um votou.

- Amaral não votou em Dantas, nem em Bentes.

- Além de Dantas e Bentes, é certo que o voto não foi para ele mesmo segundo a regra da votação.

	Amaral	Bentes	Carvalho	Dantas	Esteves
Amaral	Não	Não		Não	

- Carvalho votou ou em Esteves ou em Bentes.
- Preencheremos com "sim" para os possíveis votados, acompanhado de uma interrogação(?) para demonstrar que não há certeza, estamos entre um ou outro e "Não" para os demais.

	Amaral	Bentes	Carvalho	Dantas	Esteves
Amaral	Não	Não		Não	
Carvalho	Não	Sim?	Não	Não	Sim?

- Dantas não votou em Amaral.

	Amaral	Bentes	Carvalho	Dantas	Esteves
Amaral	Não	Não		Não	
Carvalho	Não	Sim?	Não	Não	Sim?
Dantas	Não			Não	

- Esteves votou em Carvalho.
- Este é o primeiro voto identificado com certeza.

	Amaral	Bentes	Carvalho	Dantas	Esteves
Amaral	Não	Não		Não	
Carvalho	Não	Sim?	Não	Não	Sim?
Dantas	Não			Não	
Esteves	Não	Não	**Sim**	Não	Não

- Bentes votou na mesma pessoa que Carvalho votou.
- Então, temos novamente a dúvida entre Bentes e Esteves, entretanto, Bentes não pode votar em si próprio, concluímos que Bentes votou em Esteves.

	Amaral	Bentes	Carvalho	Dantas	Esteves
Amaral	Não	Não		Não	
Carvalho	Não	Sim?	Não	Não	Sim?
Dantas	Não			Não	
Esteves	Não	Não	**Sim**	Não	Não
Bentes	Não	Sim?	Não	Não	Sim?

O examinador finaliza dizendo que:

- Esteves venceu a disputa com 3 votos, e Carvalho e Bentes ficaram empatados em segundo lugar, com 1 voto cada.

Ou seja, tanto Carvalho como Bentes votaram em Esteves, considerando que ele chegou à soma de 3 votos.

Carvalho já está com 1 voto, portanto, correto. Bentes também recebeu 1 voto e, segundo as anotações na planilha, só pode ter sido de Dantas.

Para fechar a planilha, o terceiro e último voto foi consignado ao Esteves foi do Amaral.

	Amaral	Bentes	Carvalho	Dantas	Esteves
Amaral	Não	Não		Não	**Sim**
Carvalho	Não	Sim	Não	Não	**Sim**
Dantas	Não	**Sim**		Não	
Esteves	Não	Não	**Sim**	Não	Não
Bentes	Não	Sim	Não	Não	**Sim**

Resposta: É certo que Carvalho votou em Esteves e Esteves votou em Carvalho.

Gabarito: E

70. (FCC – Analista Judiciário – Área Administrativa – TRT 2ªR – 2018) Almir, Beto, Célio e Danilo trabalham em uma repartição pública e suas idades são: 30, 31, 32 e 33 anos, não necessariamente nessa ordem. Suas ocupações são: auxiliar de escritório, contador, ouvidor e escriturário, ainda que não necessariamente nessa ordem. Sabe-se que:

- o auxiliar de escritório, que é o mais jovem dos quatro, é primo de Almir e sempre toma café com Beto;
- Célio, que é o mais velho dos quatro, mora no mesmo prédio do contador;
- Almir é dois anos mais novo que o escriturário.

Nas condições descritas acima, é correto afirmar que, necessariamente,

A) Danilo é o contador.

B) Célio é o escriturário.

C) Almir é o ouvidor.

D) Célio é o ouvidor.

E) Beto é o escriturário.

COMENTÁRIOS

Nosso objetivo é identificar as idades de cada servidor bem como suas ocupações, para isso, a tabela está com a identificação de duas grandezas, uma para as colunas e outra para as linhas. A terceira grandeza é tratada conjuntamente com as outras duas na tabela.

	Almir	**Beto**	**Célio**	**Danilo**
Auxiliar de Escritório				
Contador				
Ouvidor				
Escriturário				

Sabemos que suas idades são: 30, 31, 32 e 33 anos e que:

- O auxiliar de escritório, que é o mais jovem dos quatro, é primo de Almir e sempre toma café com Beto.
- Logo, o auxiliar de escritório, que não é Almir nem Beto, tem 30 anos.

	Almir	**Beto**	**Célio**	**Danilo**
Auxiliar de Escritório (30)	**Não**	**Não**		
Contador				
Ouvidor				
Escriturário				

- Célio, que é o mais velho dos quatro, mora no mesmo prédio do contador.
- Ou seja, Célio tem 33 anos de idade e não é contador. Ainda, associado com as informações anteriores, infere-se que Danilo é auxiliar de escritório, uma vez que esta função não é ocupada por Almir nem Beto e por causa da idade não pode ser o Célio.

	Almir	**Beto**	**Célio (33)**	**Danilo (30)**
Auxiliar de Escritório (30)	Não	Não	**Não**	**Sim**
Contador			**Não**	**Não**
Ouvidor				**Não**
Escriturário				**Não**

Uma célula com informação positiva, sim, tem sua linha e sua coluna completas com não.

- Almir é dois anos mais novo que o escriturário.
- Face à diferença de idade e sabendo que Danilo tem 30 anos de idade, é certo que Almir tem 31 e o escriturário tem 33. Observe na tabela que já reconhecemos Célio como tendo 33 anos de idade.

	Almir (31)	Beto	Célio (33)	Danilo (30)
Auxiliar de Escritório (30)	Não	Não	Não	Sim
Contador			Não	Não
Ouvidor			Não	Não
Escriturário (33)	Não	Não	**Sim**	Não

Por exclusão, Beto tem 32 anos, mas paramos por aí, e não identificamos entre Almir e Beto quem é o contador e quem é o ouvidor por causa da limitação de informações.

Resposta: Mesmo com informações incompletas, é necessariamente correto que Célio é o escriturário.

Gabarito: B

---

71. (FCC – Analista Judiciário – Área Administrativa – TRT 11ªR – 2017) Alexandre, Breno, Cleide e Débora saíram vestindo camisas do seu time de futebol. Sabe-se que cada pessoa torce por um time diferente, e que os times são: Flamengo, Corinthians, São Paulo, Vasco, não necessariamente nessa ordem. Cleide é corintiana, Breno não torce pelo Flamengo nem pelo São Paulo, Débora é são-paulina. Sendo assim, conclui-se que Alexandre e Breno, respectivamente, torcem para

A) Flamengo e Corinthians.

B) Vasco e Flamengo.

C) São Paulo e Vasco.

D) Flamengo e Vasco.

E) Vasco e Corinthians.

COMENTÁRIOS

Depois de resolver algumas questões de correlacionamento ficamos mais confiantes para identificar a questão desse tipo, ao ler as primeiras palavras do enunciado. Então, vamos formatar a tabela considerando os cruzamentos entre linhas e colunas.

	Alexandre	Breno	Cleide	Débora
Flamengo				
Corinthians				
São Paulo				
Vasco				

- Cleide é corintiana, Breno não torce pelo Flamengo nem pelo São Paulo, Débora é são-paulina.

	Alexandre	Breno	Cleide	Débora
Flamengo		**Não**		
Corinthians			**Sim**	
São Paulo		**Não**		**Sim**
Vasco				

Linhas e colunas com "sim" são completadas com "não".

	Alexandre	Breno	Cleide	Débora
Flamengo		Não	**Não**	**Não**
Corinthians	**Não**	**Não**	Sim	**Não**
São Paulo	**Não**	Não	**Não**	Sim
Vasco			**Não**	**Não**

Deduzimos com clareza que Breno é Vasco e que Alexandre é Flamengo.

	Alexandre	Breno	Cleide	Débora
Flamengo	**Sim**	Não	Não	Não
Corinthians	Não	Não	**Sim**	Não
São Paulo	Não	Não	Não	**Sim**
Vasco	Não	**Sim**	Não	Não

Resposta: Conclui-se que Alexandre e Breno, respectivamente, torcem para Flamengo e Vasco.

Gabarito: D

---

72. (FCC – Analista Judiciário – Área Administrativa – TRT 15ªR – 2018) Lúcio, Maurício e Júlio são sócios em uma empresa, sendo as partes de cada um: 15%, 25% e 60%, não necessariamente nessa ordem. Cada um dos sócios atua na empresa, mas em diferentes setores: Administração, Vendas e Informática. Além disso, sabe-se que:

- o que atua na Administração não é o que tem 15% da empresa;
- o que atua em Informática é amigo de infância do que tem 60%;
- Júlio não atua em vendas;
- quem atua em vendas é o sócio majoritário;
- Lúcio tem 25% da empresa.

Dessa forma, se a empresa está avaliada em R$ 120.000,00, então o valor da parte de Júlio é

A) R$ 30.000,00.

B) R$ 18.000,00.

C) R$ 72.000,00.

D) R$ 36.000,00

E) R$ 12.000,00.

COMENTÁRIOS

Essa é uma boa combinação de disciplinas, Raciocínio Lógico e Matemática. Apesar disso, está aqui em Raciocínio Lógico. Sendo mais específico, trata de correlacionamento lógico, pois é a parte relevante do problema.

- *Lúcio, Maurício e Júlio são sócios em uma empresa, sendo as partes de cada um: 15%, 25% e 60%, não necessariamente nessa ordem.*

Montar a planilha considerando o cruzamento das duas grandezas, sócios e percentuais de participação.

É verdade que ainda resta outra grandeza, setores de atuação, porém, apenas dois são suficientes para montar o quadro geral.

	Lúcio	Maurício	Júlio
15%			
25%			
60%			

- O que atua na Administração não é o que tem 15% da empresa.
- o que atua em Informática é amigo de infância do que tem 60%

Concluímos que:

	Lúcio	Maurício	Júlio
15% **Administração**			
25%			
60% **Informática**			

As informações estão riscadas para indicar que estes setores não correspondem aos percentuais da célula.

- Júlio não atua em venda.
- Quem atua em vendas é o sócio majoritário.

	Lúcio	**Maurício**	**Júlio Vendas**
15% Administração			
25%			
60% Vendas			

- Lúcio tem 25% da empresa.

	Lúcio	**Maurício**	**Júlio** Vendas
15% Administração			
25%	**Sim**		
60% Vendas			

As informações conhecidas foram todas utilizadas, seguimos com as deduções na sequência:

1. Se Júlio não é do setor de vendas (terceira linha) e não têm 25% de participação (segunda linha), é certo que tem 15% de participação. Esta é a resposta para a questão.
2. Por exclusão, Maurício têm 60% de participação, logo, seu setor é vendas.
3. Se a participação de 15% não está relacionada com o setor de administração, então a relação é com informática.
4. Lúcio participa da empresa com 25% e é do setor de administração.

	Lúcio	**Maurício**	**Júlio**
15% Informática			**Sim**
25% Administração	**Sim**		
60% Vendas		**Sim**	

Resposta: Sendo a empresa avaliada em R$ 120.000,00, o valor da parte de Júlio é de R$ 18.000,00 (15% de R$ 120.000,00).

Gabarito: B

73. (FCC – Técnico Judiciário – Área Administrativa – TRT 9ªR – 2015) Luiz, Arnaldo, Mariana e Paulo viajaram em janeiro, todos para diferentes cidades, que foram Fortaleza, Goiânia, Curitiba e Salvador. Com relação às cidades para onde eles viajaram, sabe-se que:

- Luiz e Arnaldo não viajaram para Salvador;
- Mariana viajou para Curitiba;
- Paulo não viajou para Goiânia;
- Luiz não viajou para Fortaleza.

É correto concluir que, em janeiro,

A) Paulo viajou para Fortaleza.

B) Luiz viajou para Goiânia.

C) Arnaldo viajou para Goiânia.

D) Mariana viajou para Salvador.

E) Luiz viajou para Curitiba.

COMENTÁRIOS

Iniciamos a leitura do enunciado e, já nas primeiras duas linhas, identificamos quatro pessoas e quatro cidades, é o suficiente para entendermos que se trata de questão de correlacionamento, portanto, resolução será por meio de tabela (linhas e colunas).

	Luiz	Arnaldo	Mariana	Paulo
Fortaleza				
Goiânia				
Curitiba				
Salvador				

Preencher a tabela com as informações adicionais.

- *Luiz e Arnaldo não viajaram para Salvador;*

	Luiz	Arnaldo	Mariana	Paulo
Fortaleza				
Goiânia				
Curitiba				
Salvador	**Não**	**Não**		

- *Mariana viajou para Curitiba;*

	Luiz	Arnaldo	Mariana	Paulo
Fortaleza			**Não**	
Goiânia			**Não**	
Curitiba	**Não**	**Não**	**Sim**	**Não**
Salvador	Não	Não	**Não**	

- *Paulo não viajou para Goiânia;*

	Luiz	Arnaldo	Mariana	Paulo
Fortaleza			Não	
Goiânia			Não	**Não**
Curitiba	Não	Não	**Sim**	Não
Salvador	Não	Não	Não	

- *Luiz não viajou para Fortaleza.*

	Luiz	Arnaldo	Mariana	Paulo
Fortaleza	**Não**		Não	
Goiânia			Não	Não
Curitiba	Não	Não	**Sim**	Não
Salvador	Não	Não	Não	

Olhando para as colunas, é certo que Luiz foi para Goiânia. Na sequência, inferimos que Arnaldo foi para Fortaleza e, por fim, Paulo para Salvador.

	Luiz	Arnaldo	Mariana	Paulo
Fortaleza	Não	**Sim**	Não	Não
Goiânia	**Sim**	Não	Não	Não
Curitiba	Não	Não	**Sim**	Não
Salvador	Não	Não	Não	**Sim**

Reposta: É correto concluir que, em janeiro, Luiz viajou para Goiânia.

Gabarito: B

3.3. HIPÓTESES

74. (FCC – Técnico Judiciário – Área Administrativa – TRT 9ªR – 2022) Uma camiseta autografada foi comprada por um e apenas um torcedor de um grupo de cinco amigos: Alberto, Breno, Carlos, Davi e Ernesto. Perguntados sobre quem comprou a camiseta, cada um deles respondeu:

Alberto: Eu não comprei. Breno: Quem comprou foi o Carlos. Carlos: Foi Ernesto quem comprou. Davi: Alberto disse a verdade. Ernesto: Breno mentiu.

Sabendo-se que apenas um dos amigos mentiu e que todos os outros disseram a verdade, o dono da camiseta é

A) Breno.

B) Ernesto

C) Alberto.

D) Davi.

E) Carlos.

COMENTÁRIOS

Cinco amigos respondem à mesma pergunta: Quem comprou a camiseta?

O conjunto de respostas dos cinco amigos, considerando que, entre elas, uma é mentirosa, tem o objetivo de validar quem, entre eles, comprou a camiseta autografada.

A quantidade de possibilidades, segundo a análise combinatória, é o resultado da combinação de 5 por 1 ou, utilizando os termos da questão, a quantidade de possibilidades de uma resposta mentirosa entre as cinco respostas dos cinco amigos.

Bem, são cinco possibilidades.

Amigos	Resposta:	Hipótese 1	Hipótese 2	Hipótese 3	Hipótese 4	Hipótese 5
Alberto	Alberto não comprou	Mentira				
Breno	Carlos comprou		Mentira			
Carlos	Ernesto comprou			Mentira		
Davi	Alberto disse verdade				Mentira	
Ernesto	Breno mentiu					Mentira

✪ **Nota dos autores:** Perceba que a quantidade de hipóteses é um fator preocupante. Imagine se tivéssemos que testar uma a uma e a hipótese correta fosse a última afirmação a ser analisada. Seria muito tempo empregado para responder apenas uma questão.

Nesta hora que é importante a dica revelada na parte teórica: Trabalhar com as contradições.

Observe as respostas dadas pelos amigos Breno e Carlos, aquele afirma que foi Carlos quem fez a compra da camiseta, enquanto Carlos, por sua vez, afirma que a compra foi realizada por Ernesto. Impossível serem duas respostas verdadeiras, no caso, um dos dois está mentindo e o outro falando a verdade.

Sendo de conhecimento que apenas um amigo mentiu, Breno ou Carlos, pule para a última resposta, Ernesto afirma que Breno mentiu. Como Ernesto só pode ter falado a verdade, concluímos que a mentira foi proferida mesmo por Breno.

Após esta análise lógica da situação apresentada, sem precisar testar as hipóteses, entendemos que a hipótese 2 é a mentira e quem comprou a camiseta foi Ernesto.

Tudo bem, mas e se quisermos confirmar segundo as respostas dos amigos?

Então, veja a comprovação.

Amigos	Resposta:	Hipótese 2
Alberto	Alberto não comprou	
Breno	~~Carlos comprou~~ → Carlos não comprou	Mentira
Carlos	Ernesto comprou	
Davi	Alberto disse verdade	
Ernesto	Breno mentiu	

A negação da resposta de Breno converte a mentira em verdade. Após, examinando cada uma das respostas, veja que todas são compatíveis com a situação tanto de haver um único que respondeu mentira, como também de que a camiseta é mesmo de Ernesto.

Resposta: O dono da camiseta é Ernesto.

Gabarito: B

---

75. (FCC – Analista Judiciário – TRT 14ªR – 2022) Ana, Bia e Cleo são irmãs e têm idades diferentes entre si, uma com 25 anos, uma com 30 anos e uma com 35 anos. Considere as seguintes afirmações:

I. Ana é mais velha do que Bia.

II. Cleo não nasceu antes de Ana.

III. Bia é 10 anos mais nova do que Cleo.

Dessas afirmações, uma é verdadeira e duas são falsas; logo, ordenando essas irmãs em ordem crescente de suas idades, temos

A) Ana, Bia e Cleo.

B) Ana, Cleo e Bia.

C) Bia, Ana e Cleo.

D) Bia, Cleo e Ana.

E) Cleo, Ana e Bia.

COMENTÁRIOS

✪ **Nota dos autores:** A princípio a questão apresenta uma situação de ordenação (ordem crescente de idades), porém, a trataremos por hipóteses, tendo em vista o cenário no qual existe uma informação verdadeira e outras duas falsas.

Enfim, são três possíveis hipóteses.

Afirmações	Hipótese 1	Hipótese 2	Hipótese 3
Ana é mais velha do que Bia.	Verdade		
Cleo não nasceu antes de Ana.		Verdade	
Bia é 10 anos mais nova do que Cleo.			Verdade

- **Hipótese 1**

Afirmações	Hipótese 1	Considerações
Ana é mais velha do que Bia.	Verdade	Bia é mais nova que Ana. Bia – Ana
Cleo não nasceu antes de Ana.	Mentira	Logo, Cleo nasceu antes Ana, portanto, mais velha. Bia (25) – Ana (30) – Cleo (35)
Bia é 10 anos mais nova do que Cleo.	Mentira	Bia é sim 10 anos mais nova que Cleo e a afirmação deveria ser mentirosa.

A terceira informação é incompatível porque Bia, de fato, é 10 anos mais nova do que Cleo.

- **Hipótese 2**

Afirmações	Hipótese 2	Considerações
Ana é mais velha do que Bia.	Mentira	A afirmação é mentirosa, logo, Ana é mais nova que Bia. Ana – Bia
Cleo não nasceu antes de Ana.	Verdade	Logo, Cleo é mais nova que Ana. Cleo (25) – Ana (30) – Bia (35)
Bia é 10 anos mais nova do que Cleo.	Mentira	Logo, Bia não é 10 anos mais nova do que Cleo.

Não existe incompatibilidade, esta é a hipótese correta.

Na prova, é só parar por aqui e partir para a próxima questão, entretanto, vamos praticar analisando a hipótese 3.

- **Hipótese 3**

Afirmações	Hipótese 2	Considerações
Ana é mais velha do que Bia.	Mentira	A afirmação é mentirosa, logo, Ana é mais nova que Bia. Ana – Bia
Cleo não nasceu antes de Ana.	Mentira	Logo, Cleo nasceu antes que Ana, portanto, são duas possibilidades: Ana (25) – Cleo (30) – Bia (35) Ana (25) – Bia (30) – Cleo (35)
Bia é 10 anos mais nova do que Cleo.	Verdade	A afirmação (verdadeira) é incompatível com as duas possibilidades acima.

Atenção para não se confundir no momento da prova: Ordem crescente de idade é o oposto de ordem crescente de data de nascimento.

Resposta: Ordenando as irmãs em ordem crescente de suas idades, temos Cleo, Ana e Bia.

Gabarito: E

---

76. (FCC – Técnico Judiciário – Área Administrativa – TRT 14ªR – 2022) Em uma aula de improvisação, Alex, Beto e Caio foram escolhidos para conversar com os demais alunos e, cada um, durante toda a conversa, falou apenas verdades ou apenas mentiras. Os três escolhidos combinaram entre si quem falaria verdades e quem falaria mentiras, mas o resto do grupo não sabia o papel que cada um interpretava. Quando a improvisação começou, Alex disse: "Beto escolheu o papel de mentiroso" e Beto disse: "dois entre nós três escolheram o papel de mentiroso". O professor, que também não sabia quem falava a verdade e quem mentia, perguntou a Caio em que ano ele havia nascido, ao que Caio respondeu. Paula, em seguida, repetiu para Caio a mesma pergunta que o professor havia feito e, com a resposta que Caio lhe deu, somente assim, ela pôde concluir logicamente que os papéis representados por Alex, Beto e Caio eram, respectivamente,

A) mentiroso, honesto, mentiroso.
B) mentiroso, mentiroso, honesto.
C) mentiroso, honesto, honesto.
D) mentiroso, mentiroso, mentiroso.
E) honesto, mentiroso, honesto.

COMENTÁRIOS

Na sequência temos as informações:

Primeiro: Cada aluno fala só verdade ou só mentira.

Segundo: As afirmações de Alex e Beto:

- Alex disse: "Beto escolheu o papel de mentiroso".
- Beto disse: "dois entre nós três escolheram o papel de mentiroso".

Terceiro: Caio responde ao professor seu ano de Nascimento.

Quarto: Paulo tem certeza de que quem fala a verdade ou a mentira somente após Caio lhe responder a mesma pergunta que o professor havia feito.

Pois bem, o quarto item é fundamental para entender e resolver a questão, pois, se a certeza de Paulo vem após Caio responder duas vezes a mesma pergunta, é certo que ele mentiu, pois imaginando que as duas respostas sejam coincidentes, Paula permaneceria na dúvida porque não daria para afirmar se é verdade ou mentira.

Por outro lado, se houver duas respostas diferentes de Caio, a Paula terá a certeza de que ele mentiu.

Sabemos que Caio mentiu, agora analisaremos como se portaram Alex e Beto.

Se Alex disse a verdade:

Alunos	Afirmação	Conclusão
Alex	Beto mentiu	Alex disse a verdade, logo, Beto mentiu.

Caio mentiu, Alex falou a verdade, logo, Beto mentiu. São dois mentirosos e um veraz. Isto é incompatível com a afirmação de Beto porque seria uma verdade quando concluímos que ele teria mentido.

Então, testamos a situação em que Alex mentiu.

Alunos	Afirmação	Conclusão
Alex	Beto mentiu	A afirmação de Alex é mentirosa, logo, Beto falou a verdade.
Beto	Dois mentiram	Perfeito, Alex e Caio mentiram e Beto fez uma afirmação verdadeira.

Resposta: Alex, Beto e Caio assumiram, respectivamente, os papéis de mentiroso, honesto e mentiroso.

Gabarito: A

77. (FCC – Técnico Judiciário – Tecnologia da Informação – TRT 24ªR – 2017) Em um grupo de cinco homens (P, Q, R, S e T) que se conhecem muito bem, cada um é destro ou canhoto, ou seja, não há ambidestros. P diz ser destro, Q diz que P é canhoto, R diz que Q é canhoto, S diz que Q é destro, e T diz que R é canhoto. Sabe-se que os homens destros estão dizendo a verdade, e que os canhotos estão mentindo. Se apenas dois dos cinco homens são canhotos, então os canhotos são

A) P e S.
B) Q e S.
C) S e T.
D) P e R.
E) Q e R.

COMENTÁRIOS

O grupo é formado por homens, três destros e dois canhotos, sendo que os canhotos falam mentira.

Sabemos também que:

- P diz ser destro
- Q diz que P é canhoto
- R diz que Q é canhoto
- S diz que Q é destro
- T diz que R é canhoto.

O fato de não conhecer os destros e os canhotos implicaria em montar hipóteses para todas as possíveis combinações entre os cinco homens, o que é totalmente inviável.

O melhor a ser feito é identificar informações contraditórias, por exemplo:

- P diz ser destro
- Q diz que P é canhoto

Claro que um está dizendo a verdade e o outro mente.

- R diz que Q é canhoto
- S diz que Q é destro

Também, entre R e S, um está dizendo a verdade e o outro mente.

Se os dois são canhotos, aqueles que falaram mentira, estão um está entre P e Q e o outro está entre R e S, daí podemos acreditar que T diz a verdade. Ainda, a verdade de T revela que R está mentindo.

Segue apresentação organizada do que foi dito até aqui.

Afirmações	Verdade/Mentira	Logo:
P diz ser destro		
Q diz que P é canhoto		
R diz que Q é canhoto	Canhoto (mentira)	Q é destro
S diz que Q é destro		
T diz que R é canhoto	Destro (verdade)	R de fato é canhoto

Novas informações vão surgindo na sequência. Se Q é destro e falou a verdade, então P é canhoto.

Afirmações	Verdade/Mentira	Logo:
P diz ser destro	Canhoto (mentira)	
Q diz que P é canhoto	Destro (verdade)	P é canhoto
R diz que Q é canhoto	Canhoto (mentira)	Q é destro
S diz que Q é destro		
T diz que R é canhoto	Destro (verdade)	R de fato é canhoto

Finalmente, P mentiu e S disse a verdade.

Afirmações	Verdade/Mentira	Logo:
P diz ser destro	Canhoto (mentira)	P é canhoto
Q diz que P é canhoto	Destro (verdade)	P é canhoto
R diz que Q é canhoto	Canhoto (mentira)	Q é destro
S diz que Q é destro	Destro (verdade)	Q é destro
T diz que R é canhoto	Destro (verdade)	R de fato é canhoto

Nenhuma contradição encontrada e são destros Q, S e T.

Resposta: Os canhotos são P e R.

Gabarito: D

78. (FCC – Analista Judiciário – Oficial de Justiça Avaliador Federal – TRT 14ªR – 2016) Aldo, Daniel e Eduardo são três amigos. Dois deles têm 66 anos, e sempre mentem. O outro deles tem 48 anos e sempre diz a verdade. Se Aldo disse "– A idade de Daniel não é 66 anos", então, é correto afirmar que

A) Eduardo e Daniel dizem a verdade.

B) Aldo e Eduardo mentem.

C) Eduardo tem 48 anos.

D) Aldo diz a verdade.

E) Aldo tem 48 anos.

COMENTÁRIOS

Dois amigos entre os três mentem, implica em formular hipóteses.

Sabendo o que Aldo declara:

- A idade de Daniel não é 66 anos.

Vamos supor que Aldo tem 48 anos e disse a verdade.

48 anos	Verdade	Aldo	*"A idade de Daniel não é 66 anos."*
66 anos	Mentira	Daniel	?
66 anos	Mentira	Eduardo	

Se Aldo disse a verdade, Daniel não tem 66 anos, logo, a hipótese formulada não se sustenta, pois Daniel também teria 48 anos.

Vejamos a situação na qual Aldo tem 66 anos e mente.

48 anos	Verdade		
66 anos	Mentira	Aldo	*"A idade de Daniel não é 66 anos."*
66 anos	Mentira		

Lembre-se, neste caso a informação de Aldo é mentira, logo, Daniel tem sim 66 anos. Consequentemente, Eduardo tem 48.

48 anos	Verdade	Eduardo	
66 anos	Mentira	Aldo	*"A idade de Daniel não é 66 anos."*
66 anos	Mentira	Daniel	

Resposta: Eduardo tem 48 anos de idade.

Gabarito: C

79. (FCC – Técnico Judiciário – Área Administrativa – TRT 4ªR – 2015) Há um diamante dentro de uma das três caixas fechadas e de cores diferentes (azul, branca, cinza). A etiqueta da caixa azul diz "o diamante não está aqui", a da caixa branca diz "o diamante não está na caixa cinza", e a da caixa cinza diz "o diamante está aqui". Se apenas uma das etiquetas diz a verdade, então, a caixa em que está o diamante e a caixa com a etiqueta que diz a verdade são, respectivamente,

A) cinza e cinza.

B) cinza e azul.

C) azul e branca.

D) azul e cinza.

E) branca e azul.

COMENTÁRIOS

Informações gerais:

- São 3 caixas nas cores azul, branca e cinza.
- Há um diamante em apenas uma caixa.
- Apenas uma caixa tem informação verdadeira.

Informações consignadas em cada caixa:

Caixas	Mensagem	Hipótese 1	Hipótese 2	Hipótese 3
Azul	*"o diamante não está aqui"*	Verdade		
Branca	*"o diamante não está na caixa cinza"*		Verdade	
Cinza	*"o diamante está aqui"*			Verdade

Poderíamos testar cada uma das três hipóteses conforme quadro anterior, mas, como sabemos, em questões de verdade e mentira, uma ação importante é verificar as contradições entre as mensagens.

Observe as duas últimas mensagens, uma diz que o diamante não está na caixa cinza e a outra diz que sim, está lá. Logo, Uma é verdadeira e a outra é mentirosa. Com isso fica descartada a hipótese 1.

Se apenas uma mensagem é verdadeira e está entre as caixas branca e cinza, é certo que a caixa azul também traz uma informação mentirosa, logo, contrário do que lá está escrito, o diamante está na caixa azul.

Ou seja, as informações das caixas branca e cinza são, respectivamente, verdadeira e falsa.

Caixas	Mensagem	Hipótese 2	Conclusão
Azul	*"o diamante não está aqui"*	Mentira	O diamante está aqui
Branca	*"o diamante não está na caixa cinza"*	Verdade	O diamante não está na caixa cinza
Cinza	*"o diamante está aqui"*	Mentira	O diamante não está aqui

Mesmo fazendo as negações das informações mentirosas não encontramos nenhuma inconsistência.

Resposta: A caixa em que está o diamante e a caixa com a etiqueta que diz a verdade são, respectivamente, azul e branca.

Gabarito: C

4. LÓGICA SEQUENCIAL, ESPACIAL E TEMPORAL

4.1. LÓGICA SEQUENCIAL

80. (FCC – Analista Judiciário – Área Administrativa– TRT 18ªR – 2023) Dora começa a ler um livro de 174 páginas em um domingo. Ela lê 5 páginas por dia exceto aos domingos, quando lê 16 páginas. Para terminar a leitura do livro, que foi feita em dias consecutivos, Dora precisou exatamente de

A) 4 sextas-feiras.

B) 5 segundas-feiras.

C) 3 quintas-feiras.

D) 3 sábados.

E) 5 domingos.

COMENTÁRIOS

O que temos é uma sequência com ciclos de uma semana.

- Domingo = 16 páginas
- Segunda a sábado = 30 páginas (5 por dia)

Dora lê 46 páginas por semana.

Ao dividir o total de páginas do livro, 174, por quantidade semanal, 46, encontramos resultado (quociente) igual a 3 e resto igual a 36. Significa que a leitura foi feita em 3 semanas completas e restaram 36 páginas para leitura na quarta semana.

Dom	Seg	Ter	Qua	Qui	Sex	Sab
16	5	5	5	5		

A leitura deu-se em:

- Domingo, segunda, terça, quarta e quinta = 4 dias de cada.
- Sexta e sábado = 3 dias de cada.

Resposta: Para terminar a leitura do livro, Dora precisou exatamente de 3 sábados.

Gabarito: D

81. (FCC – Técnico Judiciário – Área Administrativa – TRT 14ªR – 2022) A sequência mista 4, 8, 7, 5, 10, 9, 13, 6, 16, 10, 19, 7, ... contém os elementos de duas sequências, sendo uma delas formada pelos elementos que ocupam as posições ímpares e a outra pelos elementos das posições pares. Nessa sequência mista, subtraindo seu 100° elemento de seu 99° elemento, obtemos

A) 115

B) 125

C) 119

D) 122

E) 118

COMENTÁRIOS

Temos uma dica, são duas sequências.

Posições ímpares	4 7 10 13 16 19 ...	+3 a cada elemento
Posições pares	8 5 9 6 10 7 ...	-3, +4 a cada par de elementos

Para as posições ímpares, veja como descobrir o elemento da posição 50, que corresponde à posição 99 da sequência inicial.

Sequência ímpares	Padrão	Sequência inicial
Posição 1	1 . 3 + 1 = 4	Posição 1
Posição 2	2 . 3 + 1 = 7	Posição 3
Posição 3	3 . 3 + 1 = 10	Posição 5
Posição 4	4 . 3 + 1 = 13	Posição 7
Posição 5	5 . 3 + 1 = 16	Posição 9
Posição 50	50 . 3 + 1 = 151	Posição 99

Vale destacar que precisamos da posição 50 de ambas as sequências para chegar às posições 99 e 100 da sequência inicial.

Caso tenha ficado com dúvidas sobre qual posição ímpar corresponde a posição 99 da sequência inicial, basta dividir este por dois e arredondar para cima (99 / 2 = 49,5 ou, arredondando 50).

A relação entre a sequência de posições pares e a sequência inicial também aplicamos a divisão por 2 (100 / 2 = 50).

Sequência pares	Padrão	Sequência inicial
Posição 1	8	Posição 2
Posição 2	5	Posição 4
Posição 3	9	Posição 6
Posição 4	6	Posição 8
Posição 5	10	Posição 10
Posição 6	7	Posição 12
Posição 50		Posição 100

A sequência de posições pares novamente divide-se em duas: "8, 9, 10" e "5, 6, 7". Ambas aumentam uma unidade a cada termo.

Uma vez que precisamos da posição 100 da sequência inicial, portanto a posição 50 da sequência de posições pares, então, nosso interesse é pela nova sequência "5, 6, 7" (posições pares da sequência par), ou seja, agora trabalharemos com uma nova sequência com 25 posições.

Sendo 25 posições e a cada uma delas com o acréscimo de uma unidade, somamos ao valor 3 mais 22 unidades porque restam outras 22 posições a frente.

Sequência pares	Padrão	Sequência inicial
Posição 2	5	Posição 4
Posição 4	6 (5+1)	Posição 8
Posição 6	7(6+1)	Posição 12
Posição 50	29(7 + 22)	Posição 100

Resposta: Na sequência mista (inicial), subtraindo seu 100º elemento (igual a 151) de seu 99º elemento (igual a 29), obtemos: 151 -29 = 122.

Gabarito: D

---

82. (FCC – Técnico Judiciário – Área Administrativa – TRT 2ªR – 2018) Na sequência (5, 7, 9, 11, 6, 8, 10, 12, 7, 9, 11, 13, 8, 10, 12, 14, 9, 11, 13, 15, 10, 12, 14, 16, 11, . . .), o número 15 aparece pela primeira vez na 20ª posição e aparecerá pela última vez na posição de número

A) 44

B) 41

C) 43

D) 42

E) 40

COMENTÁRIOS

A sequência apresenta um elemento com maior discrepância a cada quatro posições e isso chama a atenção. São quatro números em ordem crescente e o seguinte é menor, isso se repete indefinidamente.

A observação nos leva a pensar em grupos de quatro em quatro.

Posições 1 a 4	5, 7, 9, 11
Posições 5 a 8	6, 8, 10, 12
Posições 9 a 12	7, 9, 11, 13
Posições 13 a 16	8, 10, 12, 14
Posições 17 a 20	9, 11, 13, 15
Posições 21 a 24	10, 12, 14, 16
Posição 25	11, ..., ..., ...

Ao olhar para as colunas verificamos quatro sequências, todas as colunas aumentam uma unidade a cada linha.

No caso, a ideia não é manter a dinâmica da sequência até chegar no último número 15, mas sim, vamos entender qual a posição em que ele vai aparecer.

A coluna com menor numeração é a primeira da esquerda e nela aparecerá o último número 15. Depois, como as sequências são todas crescentes, não mais haverá repetições deste número.

Se a cada linha são 4 elementos e precisamos de outras 4 linhas, no total são 16 elementos. Este 16º elemento será o número 15 e estará na posição 41 (quantidade de elementos existentes na sequência, igual a 25, mais posições à frente, igual a 16).

✪ **Nota dos autores:** Agora, se você chegou a este raciocínio, porém não está confiante. Faça uma mescla com o que pensamos e com a montagem da sequência propriamente dita.

Posição 25	11, ...
Posição 29	12, ...
Posição 33	13, ...
Posição 37	14, ...
Posição 41	15, ...

Acima, apenas a sequência dos primeiros elementos de cada grupo de quatro elementos.

Resposta: O número 15 aparece pela primeira vez na 20ª posição e aparecerá pela última vez na posição de número 41.

Gabarito: B

---

83. (FCC – Analista Judiciário – Área Contábil – TRT 2ªR – 2018) Uma sequência é formada pelos primeiros números ímpares positivos que possuem três, e apenas três divisores positivos distintos. A diferença entre o sexto e o quinto termos dessa sequência é

A) 335

B) 90

C) 268

D) 120

E) 196

COMENTÁRIOS

✪ **Nota dos autores:** Diríamos, com muita convicção, que vários concursandos passaram por esta prova aplicada pela Fundação Carlos Chagas sem saber a regra para identificar números com apenas três divisores. A grande maioria, senão a totalidade daqueles que resolveram e acertaram a questão foi na raça e não com técnica.

Não é pra menos, somente os amantes da matemática provavelmente conhecem a regra, por sinal, bem simples.

Números com três divisores	Quadrado de um número primo

Simples assim. Apenas o cuidado para descartar o número par

Números com três divisores	Número par	$2^2 = 4$
	1º Termo	$3^2 = 9$
	2º Termo	$5^2 = 25$
	3º Termo	$7^2 = 49$
	4º Termo	$11^2 = 121$
	5º Termo	$\mathbf{13^2 = 169}$
	6º Termo	$\mathbf{17^2 = 289}$
	7º Termo	$19^2 = 361$

Agora que você conhece a regra, ao aplicá-la, basta fazer as operações para as posições de interesse, então faríamos o quadrado dos números primos 13 e 17.

Resposta: A diferença entre o sexto, 289, e o quinto, 169, termos dessa sequência é igual a 120.

Gabarito: D

---

84. (FCC – Analista Judiciário – Área Administrativa – TRT 6ªR – 2018) Na sequência de números $\left(x, x-\frac{1}{3}, x-\frac{2}{3}, x-\frac{3}{3}, \ldots\right)\left(x, x-\frac{1}{3}, x-\frac{2}{3}, x-\frac{3}{3}, \ldots\right)$ a diferença entre o quinto e o nono termos, nesta ordem, é igual a

A) 5/3.

B) 2/3.

C) 1.

D) 7/3.

E) 4/3.

COMENTÁRIOS

A sequência apresenta quatro termos e o padrão de alteração entre os elementos são os numeradores das frações. Os próximos dois termos são:

Sequência Apresentada	$\left(x, x-\frac{1}{3}, x-\frac{2}{3}, x-\frac{3}{3}, \ldots\right)$
Acréscimos de termos	$\left(x, x-\frac{1}{3}, x-\frac{2}{3}, x-\frac{3}{3}, x-\frac{4}{3}, x-\frac{5}{3}, x-\frac{6}{3}, x-\frac{7}{3}, x-\frac{8}{3}\right)$

Conforme solicitado, a diferença entre o quinto e o nono termos.

Diferença (D)	$D=\left(x-\frac{4}{3}\right)-\left(x-\frac{8}{3}\right)$ $D=x-\frac{4}{3}-x+\frac{8}{3}$ $D=-\frac{4}{3}+\frac{8}{3}$ $D=\frac{4}{3}$

Resposta: a diferença entre o quinto e o nono termos, nesta ordem, é igual a 4/3.

Gabarito: E

85. (FCC – Analista Judiciário – Tecnologia da Informação – TRT 24ªR – 2017) Na sequência 1A3E; 5I7O; 9U11A; 13E15I; 17O19U; 21A23E; . . ., o 12° termo é formado por algarismos e pelas letras

A) EI.

B) UA.

C) OA.

D) IO.

E) AE.

COMENTÁRIOS

✪ **Nota dos autores:** Cada termo da sequência apresenta dois números e duas vogais. Nas questões que fazem essa junção de números e letras, a primeira coisa a ser verificada é se existe coerência entre o número e a posição que a letra ocupa no alfabeto, não é o caso.

Outra possibilidade interessante é analisar separadamente os números e as letras.

Sequência	*1ª3E; 5I7O; 9U11A; 13E15I; 17º19U; 21ª23E; ...*
Números	1; 3; 5; 7; 9; 11; 13; 15; 17; 19; 21; 23;
Vogais	A; E; I; O; U; A; E; I; O; U; A; E;

Reconhecemos o padrão de formação da sequência, então partimos para o 12º termo.

Uma vez que estamos falando de vogais e cada termo leva duas delas, o 5º termo termina na última vogal (O e U), o mesmo acontece no 10º termo.

5º Termo da Sequência	17O19U
10º Termo da Sequência	__O__U
11º Termo da Sequência	__A__E
12º Termo da Sequência	__I__O

Desnecessário dizer o porquê de termos desconsiderado os números.

Resposta: O 12° termo é formado por algarismos e pelas letras I e O.

Gabarito: D

86. (FCC – Analista Judiciário – Tecnologia da Informação – TRT 24ªR – 2017) Uma sequência pode ser criada com a seguinte regra: escolhe-se um número natural maior que 100, para ser o primeiro termo dessa sequência. Se o termo da sequência é um número natural PAR, o termo seguinte deverá ser a metade desse número PAR; se o termo da sequência for um número natural ÍMPAR, deve-se somar 13 a esse número ÍMPAR e em seguida calcular a metade dessa soma para obter o termo seguinte. Segue um exemplo: se um termo da sequência é o número 137, que é ÍMPAR, o termo seguinte será 75, que é a metade da soma entre 137 e 13.

O 8° termo de uma sequência, criada com essa regra e com termo inicial igual a 4855, é

A) 35

B) 75

C) 118

D) 49

E) 93

COMENTÁRIOS

O examinador criou uma regra e descreveu o padrão. Restou seguir o comando do examinador e praticar as operações de soma e divisão.

Termo inicial igual a 4855	4855
Se o termo da sequência for um número natural ÍMPAR, deve-se somar 13 a esse número ÍMPAR e em seguida calcular a metade dessa soma para obter o termo seguinte.	(4855 + 13) / 2 = 2434
Se o termo da sequência é um número natural PAR, o termo seguinte deverá ser a metade desse número PAR	2434 / 2 = 1217

E assim por diante até chegar ao 8º termo.

Ímpar	4º Termo	(1217 + 13) / 2 = 615
Ímpar	5º Termo	(615 + 13) / 2 = 314
Par	6º Termo	314 / 2 = 157
Ímpar	7º Termo	(157 + 13) / 2 = 85
Ímpar	8º Termo	(85 + 13) / 2 = 49

Resposta: O 8° termo de uma sequência criada com essa regra e com termo inicial igual a 4855, é o número 49.

Gabarito: D

4.2. LÓGICA ESPACIAL

87. (FCC – Analista Judiciário – TRT 17ªR – 2022) A figura mostra um pedaço de papel que pode ser dobrado nas linhas de forma a montar uma caixa aberta.

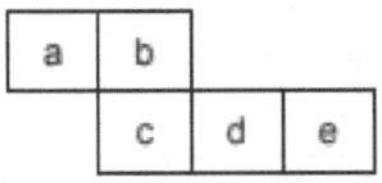

A face oposta à abertura da caixa é

A) c

B) a

C) b

D) e

E) d

COMENTÁRIOS

Há quem tenha uma percepção espacial mais apurada e, a partir de um simples olhar para a figura, visualiza as faces opostas umas às outras, são os casos das faces "a" e "d", assim como "c" e "e", restando como fundo da caixa, oposto à abertura, a face "b".

Para quem tem essa facilidade, questão respondida, mas, e você que ficou na dúvida!

Na verdade, o caminho será o mesmo trilhado por uma pessoa que, como dito anteriormente, tenha uma boa percepção espacial, apenas de forma mais lenta para o aprendizado.

Por exemplo, a partir da figura, pense como sendo duas fitas, então:

Faça uma dobra entre as duas fitas	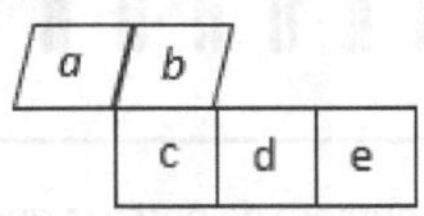

Percebemos "b" formando uma lateral em relação à "c". Ainda, dobrando apenas "a" esta será lateral tanto de "b" como de "c"

Agora, imagine uma dobra na linha que divide as faces "c" e "d"	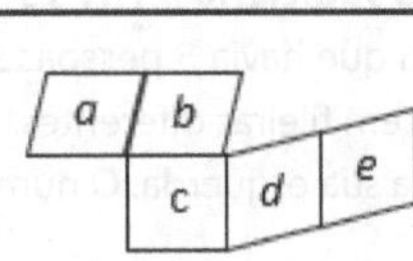

Neste caso, constatamos que "d" é uma lateral tanto de "c" como de "b" e, exatamente no lado oposto de "d" ficou a face "a".

Depois, mais uma dobra na linha entre as faces "d" e "e" e apuramos que são opostas as faces "c" e "e".

Finalmente, o lado oposto à face "b" é a parte aberta da caixa.

Resposta: A face oposta à abertura da caixa é a "b".

Gabarito: C

88. (FGV – Técnico Judiciário – TRT 13ªR – 2022) Carlos e Alberto estão em uma fila. Carlos está na frente de Alberto, mas há 3 pessoas entre eles. Há 7 pessoas depois de Alberto e a pessoa que está imediatamente à frente de Alberto ocupa o centro da fila. O número de pessoas que estão à frente de Carlos é

A) 4.

B) 5.

C) 6.

D) 7.

E) 8.

COMENTÁRIOS

Para não errar, faça desenhos.

Pois bem, é isso que faremos fragmentando o texto do enunciado.

Carlos e Alberto estão em uma fila. Carlos está na frente de Alberto, mas há 3 pessoas entre eles.

O Enunciado segue informando.

Há 7 pessoas depois de Alberto e a pessoa que está imediatamente à frente de Alberto ocupa o centro da fila.

A pessoa que ocupa o centro da fila está com os braços erguidos, logo:

Resposta: O número de pessoas que estão à frente de Carlos é igual a 5.

Gabarito: B

---

89. (FCC – Técnico Judiciário – TRT 23ªR – 2022) Em um teatro, cada fileira tem o mesmo número de assentos. José observou que havia 5 pessoas sentadas à sua frente 4 pessoas sentadas atrás dele, e essas 9 pessoas estavam sentadas em fileiras diferentes. José também observou que havia 3 pessoas sentadas à sua direita e 2 pessoas sentadas à sua esquerda. O número mínimo de assentos que esse teatro tem é

A) 100

B) 45

C) 60

D) 50

E) 65

COMENTÁRIOS

Estamos falando de ocupação do espaço disponível no teatro seguindo algumas regras definidas pelo examinador.

Primeiro uma informação geral que usaremos mais à frente. Lembre-se: Cada fileira tem o mesmo número de assentos.

Após, veja as observações de José:

- **Havia 5 pessoas sentadas à sua frente 4 pessoas sentadas atrás dele, e essas 9 pessoas estavam sentadas em fileiras diferentes.**

Atenção ao detalhe de que cada uma dessas 9 pessoas estavam em fileiras diferentes, então, você pode fazer uma breve anotação, algo como, 10 fileiras (uma do José, 5 à frente e 4 atrás). Ou um esboço da situação.

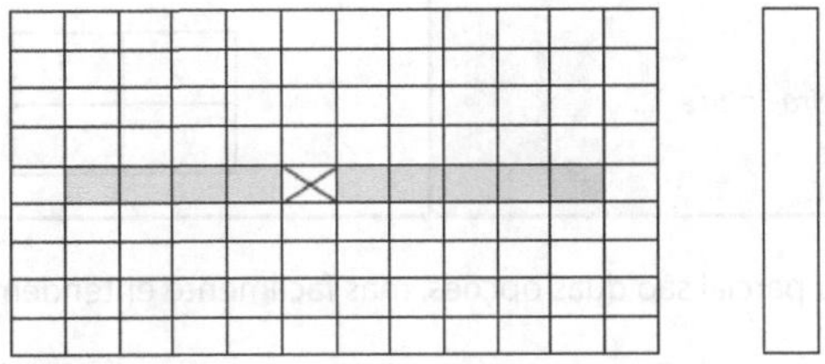

A observação seguinte revela que:

- **Também observou que havia 3 pessoas sentadas à sua direita e 2 pessoas sentadas à sua esquerda.**

Da mesma maneira como na observação anterior, você pode guardar a informação de que são 6 poltronas lado a lado (uma do José, 3 à direita e 2 à esquerda. Ou seguir com o esboço.

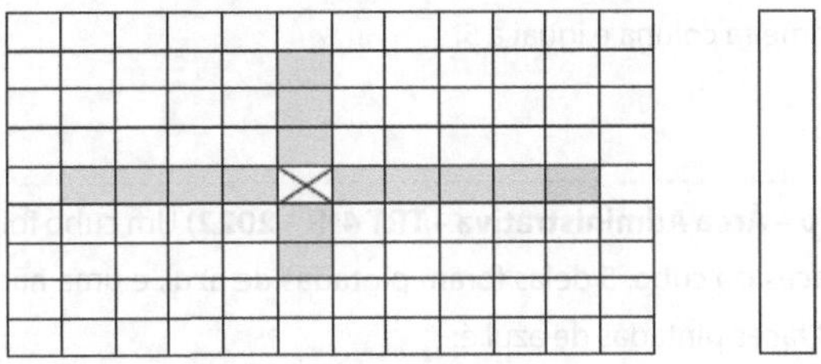

As pessoas citadas por José estão dispostas, figura acima, de tal forma que ficassem o mais perto possível uma das outras para que, no final, cheguemos ao menor número de poltronas no teatro.

Caso você tenha feito anotações breves, sabe que são 10 fileiras e em cada uma delas existem 6 poltronas. Fazendo a multiplicação, são pelo menos 60 assentos existentes no teatro.

O mesmo produto, 6 por 10, faremos nos valendo apenas do esboço.

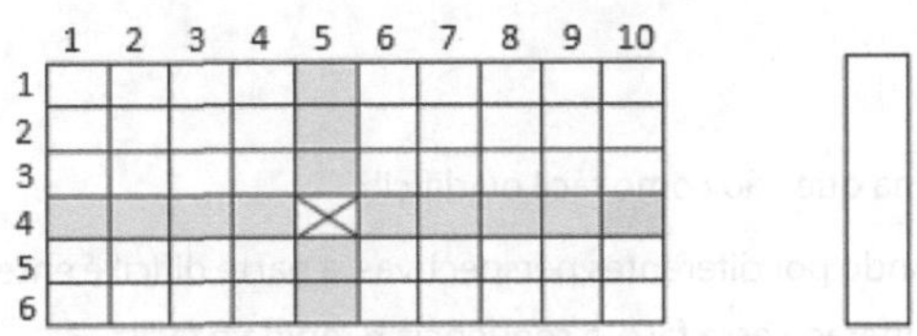

Resposta: O número mínimo de assentos que esse teatro tem é igual a 60.

Gabarito: C

---

90. (FCC – Técnico Judiciário – TRT 22ªR – 2022) Cada um dos números 1, 2, 3 e 4 foram colocados em um quadriculado 2 × 2. Se a soma da primeira linha é 3 e a soma da diagonal principal (da esquerda para a direita) é 4, então a soma da primeira coluna é

A) 5.

B) 4.

C) 6.

D) 7.

E) 8.

COMENTÁRIOS

Vamos raciocinar utilizando as operações básicas da matemática e alocação dos números no espaço 2 x 2.

Os números de 1 a 4 devem ser colocados no quadriculado 2 x 2, tal que:

Se a soma da primeira linha é 3...

1	2

2	1

O resultado da informação parcial são duas opções, mas facilmente entendemos qual a correta de acordo com o texto do enunciado.

... e a soma da diagonal principal (da esquerda para a direita) é 4

2	1
3	

Resposta: A soma da primeira coluna é igual a 5.

Gabarito: A

---

91. (FCC – Técnico Judiciário – Área Administrativa – TRT 4ªR – 2022) Um cubo foi formado com 64 cubinhos brancos e idênticos. Das 6 faces do cubo, 5 delas foram pintadas de azul, e uma não foi pintada. O número de cubinhos que ficaram com 3 faces pintadas de azul é:

A) 24

B) 16

C) 9

D) 8

E) 4

COMENTÁRIOS

Seria possível classificar uma questão como fácil ou difícil?

Nada comum, porém, olhando por diferentes perspectivas, a parte difícil é entender o enunciado e ter uma visão espacial sobre o cubo. Superada essa fase, a sequência é rápida e fácil.

Antes de mais nada, vale o alerta para distinguir cubo de cubinhos e o que foi dito sobre eles.

- *Um cubo foi formado com 64 cubinhos brancos e idênticos.*

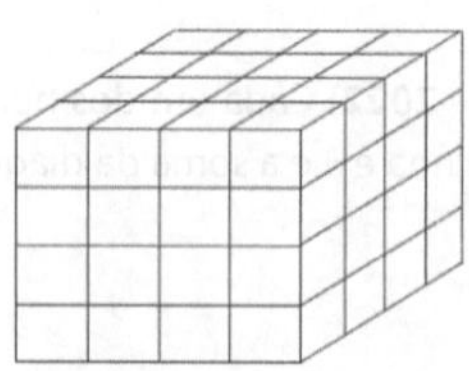

Uma vez que estamos falando de um figura espacial, cubo, a unidade de medida, na questão equivalente aos cubinhos, deve ser elevado ao cubo porque corresponde ao produto das medidas: largura, altura e profundidade ou $4^3 = 64$.

Primeira etapa superada, temos o elemento no qual a questão está pautada.

- *Das 6 faces do cubo, 5 delas foram pintadas de azul, e uma não foi pintada.*

Estamos falando do cubo, portanto a figura maior.

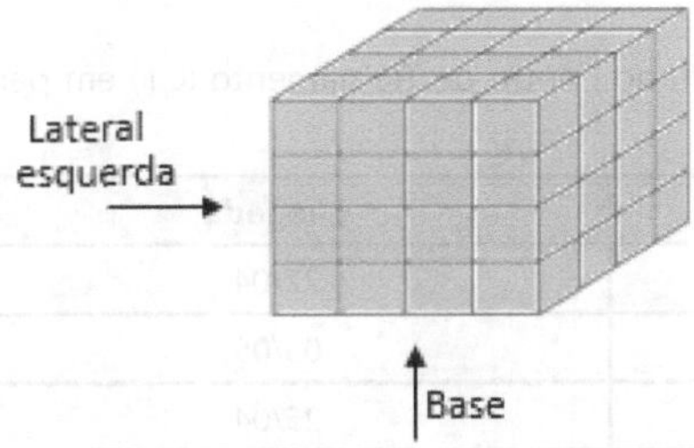

Estão pintados de azul cinco lados do cubo, deles três lados são visíveis e outros dois, base e a lateral esquerda, não visíveis no desenho.

O sexto lado, fundo, não foi pintado, permanece branco.

Entendido até aqui?

Ok, então o comando da questão.

- *O número de cubinhos que ficaram com 3 faces pintadas de azul.*

Passamos a falar de cubinhos, ou seja, os 64 cubos menores, aí segue o entendimento espacial do desenho.

Uma boa quantidade de cubinhos posicionados internamente em relação ao cubo, não têm nenhum lado pintado de azul. Outros, nas partes centrais de cada lado do cubo (exceto o fundo) tem apenas uma face pintada de azul. Nas quinas entre laterais do cubo, cubinhos com dois lados pintados de azul.

Com três lados pintados de azul, apenas as quinas na parte frontal.

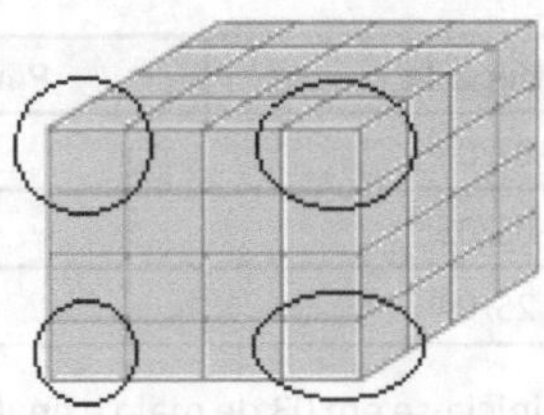

No desenho, o cubinho superior do lado direito é o que melhor demonstra os 3 lados pintados de azul. Da mesma forma, as outras três quinas tem cubinhos com 3 lados pintados de azul.

Resposta: O número de cubinhos que ficaram com 3 faces pintadas de azul é igual a 4.

Gabarito: E

4.3. LÓGICA TEMPORAL

92. (FGV – 2022 – Analista Judiciário – TRT 13ªR – 2022) Milton, Nei e Otávio são técnicos e trabalham no interior do estado da Paraíba. Neste ano de 2022, os três fizeram cursos de aperfeiçoamento no Centro de Treinamento (CT) em João Pessoa.

Considere as informações:

- Milton chegou no CT em 27 de abril e permaneceu lá por 40 dias.
- Nei chegou no CT em 03 de maio e permaneceu lá por 37 dias.
- Otávio chegou no CT em 25 de abril e permaneceu lá por 36 dias.

Nas informações acima, o dia de chegada e o dia da partida são considerados como dias de permanência no CT.

O número de dias que Milton, Nei e Otávio estiveram juntos no CT foi:

A) 27.
B) 28.
C) 29.
D) 30.
E) 31.

COMENTÁRIOS

São três técnicos que estiveram no Centro de Treinamento (CT) em períodos dos quais alguns dias são comuns a todos.

Técnicos	Chegada	Permanência
Milton	27/04	40 dias
Nei	03/05	37 dias
Otávio	25/04	36 dias

Para a contagem dos dias comuns aos três técnicos, sabemos que o período inicia-se em 03 de maio e, se no momento da prova não lhe ocorrer nada melhor, verifique até quando se estende a permanência de cada um deles.

Milton chegou no CT em 27 de abril e permaneceu lá por 40 dias.

De 27 de abril a 26 de maio são 30 dias. Para os 10 dias restante precisamos considerar o dia 31 de maio, logo, o dia de partida de Milton será 05 de junho.

Nei chegou no CT em 03 de maio e permaneceu lá por 37 dias.

Neste casa, a contagem dos primeiros 30 dias finaliza em 01 de junho porque consideramos o dia 31 de maio. Acrescidos outros 7 dias, a partida do Nei foi em 08 de junho.

Otávio chegou no CT em 25 de abril e permaneceu lá por 36 dias.

Os primeiros 30 dias de permanência de Otávio foi até 24 de maio. Os 6 dias restantes finalizam em 30 de maio.

Técnicos	Chegada	Permanência	Partida
Milton	27/04	40 dias	05/06
Nei	03/05	37 dias	08/06
Otávio	25/04	36 dias	30/05

A permanência comum dos 3 técnicos inicia-se em 03 de maio e finaliza no dia 30 do mesmo mês, portanto, foram 28 dias em que os 3 técnicos estiveram juntos no CT.

Agora, se você raciocina espaço temporal com maior facilidade, poderia pensar conforme a sequência a seguir.

Técnicos	Chegada	Permanência
Milton	27/04	40 dias
Nei	03/05	37 dias
Otávio	25/04	36 dias

Data inicial de permanência comum no CT foi 03 de maio, até aqui sem problemas.

Passamos a verificar as datas de partida de Milton e Otávio em comparação com a partida de Nei.

Milton permaneceu no CT 3 dias a mais que Nei, se ele (Milton) chegou 6 dias antes, então é certo que ele saiu 3 dias antes que Nei.

Já Otávio permaneceu no CT 1 dia a menos que Nei, se ele (Otávio) chegou 8 dias antes, então é certo que ele saiu 9 dias antes que Nei.

Logo, Otávio quem foi, entre os três técnicos, o primeiro a chegar e a data de sua partida define o dia final em que a permanência dos três foi conjunta.

Início do período comum	Período de permanência comum
Última data de chegada entre os técnicos	Subtrair os 9 dias da permanência de Nei (quantidade de dias que Otávio partiu antes de Nei)
03/05	37 – 9 = 28

Resposta: Milton, Nei e Otávio estiveram juntos no CT por 28 dias.

Gabarito: B

---

93. (FGV – Técnico Judiciário – TRT 13ªR – 2022) Três amigos, A, B e C, trabalham juntos. Certo dia, os três almoçaram no refeitório da empresa. Sabe-se que:

- A chegou no refeitório às 12h05min e permaneceu por 44 min.
- B chegou no refeitório às 12h13min e permaneceu por 47 min.
- C chegou no refeitório às 12h09min e permaneceu por 38 min.

O tempo em que os três amigos estiveram juntos no refeitório foi de

A) 34 min.

B) 36 min.

C) 38 min.

D) 40 min.

E) 42 min.

COMENTÁRIOS

Sabemos que:

Amigos	Chegada	Permanência	Saída
A	12:05	44 min.	
B	12:13	47 min.	
C	12:09	38 min.	

A partir da informações conhecidas, chegamos aos horários de saída

Amigos	Chegada	Permanência	Saída
A	12:05	44 min.	12:49
B	12:13	47 min.	13:00
C	12:09	38 min.	12:47

Portanto, horário comum aos três amigos foi de 12:13 às 12:47 horas, ou seja, 34 minutos.

Resposta: O tempo em que os três amigos estiveram juntos no refeitório foi de 34 minutos.

Gabarito: A

---

94. (FCC – Analista Judiciário – Área Judiciária – TRT 16ªR – 2022) No Brasil, o Dia das Mães é comemorado no segundo domingo de maio. Em um determinado ano bissexto, o dia 1o de janeiro ocorreu em uma terça-feira.

Lembrando que, em ano bissexto, fevereiro tem 29 dias, concluímos que, nesse ano, o Dia das Mães foi comemorado no dia

A) 9 de maio.

B) 10 de maio.

C) 11 de maio.

D) 12 de maio.

E) 13 de maio.

COMENTÁRIOS

✪ **Nota dos autores:** Uma questão com possibilidade de diferentes caminhos a serem trilhados até a sua resposta. Tudo vai depender da sua capacidade de compor períodos do início do ano até o segundo domingo de maio. Quanto maior o período, mais rápido chegaremos à resposta.

Veja o exemplo considerando um único período de 1º de janeiro até 30 de abril.

Período de Janeiro a Abril	Semana = 7 dias	Conclusão
Janeiro = 31 dias Fevereiro = 29 dias Março = 31 dia Abril = 30 dias Total = 121 dias	Dividindo 121 por 7 o resultado é igual a 17 e o resto igual a 2.	De janeiro a abril foram 17 semanas e 2 dias.

Lembre-se que o examinador afirma que 1º de janeiro caiu na terça-feira, logo, o ciclo de uma semana termina na segunda-feira. Por causa do resto igual a 2, contamos outros dois dias após fechar o ciclo semanal, então, dia 30 de abril caiu na quarta-feira.

Restaram 2 dias de abril que iniciam o ciclo semanal. Iniciamos o mês de maio até domingo dia 4 e extrapolamos para o domingo seguinte dia 11 de maio.

Ter	Qua	Qui	Sex	Sáb	Dom	Seg
29	30	1	2	3	4	
					11	

Resposta: O Dia das Mães foi comemorado no dia 11 de maio.

Agora, imagine que os períodos sejam menores, por exemplo, meses, com um pouco mais de trabalho chegaremos na mesma resposta.

Janeiro

Ter	Qua	Qui
1		
8		
15		
22		
29	30	31

Fevereiro

Sex
1
8
15
22
29

Março

Sáb	Dom	Seg
1		
8		
15		
22		
29	30	31

Abril

Ter	Qua
1	
8	
15	
22	
29	30

Percorremos cada mês de maneira resumida até chegar em 30 de abril, quarta-feira. Então maio inicia-se numa quinta-feira e o primeiro domingo cai no dia 4.

Maio

Qui	Sex	Sab	Dom
1	2	3	4
			11

Conclusão, o segundo domingo de maio será dia 11.

Gabarito: C

---

95. (FCC – Técnico Judiciário – Área Administrativa – TRT 15ªR – 2018) Um curso de segurança do trabalho ministrado para servidores estaduais terá 35 horas de aula. Os servidores podem se inscrever nesse curso em módulos de duas aulas semanais de 1 hora e 10 minutos cada (opção 1), ou em módulos de três aulas semanais de 50 minutos cada (opção 2). Considerando que as duas opções de cursos iniciarão em uma segunda-feira e que não haverá feriados nas datas das aulas dos cursos, a opção de maior duração, em semanas, é a

A) 1, superando a 2 em uma semana.

B) 1, superando a 2 em duas semanas.

C) 2, superando a 1 em uma semana.

D) 1 superando a 2 em três semanas.

E) 2 superando a 1 em duas semanas.

COMENTÁRIOS

✪ **Nota dos autores:** Trabalharemos com unidades de medidas distintas, desde o minuto, passando por hora e dia até chegar a semana. Por isso, atenção para não misturar unidades de medidas e nas suas conversões.

Um curso de segurança do trabalho ministrado para servidores estaduais terá 35 horas de aula.	Curso = 35 horas
Os servidores podem se inscrever nesse curso em módulos de duas aulas semanais de 1 hora e 10 minutos cada (opção 1).	**Opção 1** 1 hora e 10 minutos (70 minutos) 2x por semana.
Ou em módulos de três aulas semanais de 50 minutos cada (opção 2).	**Opção 2** 50 minutos 3x por semana.

Considerando as duas opções para os servidores se inscreverem, acima, os respectivos tempos de duração para completar o curso de 35 horas (ou 2100 minutos) são:

- **Opção 1**

Tempo por semana	Semanas para completar o curso
70 min x 2 = 140 min	2100 / 140 = 15 semanas

- **Opção 2**

Tempo por semana	Semanas para completar o curso
50 min x 3 = 150 min	2100 / 150 = 14 semanas

Destacamos que os tempo foram convertidos para a mesma unidade. O curso tem duração de 2100 minutos e a carga semanal é de 140 e 150 minutos para as opções 1 e 2.

Resposta: A opção de maior duração, em semanas, é a 1 superando a 2 em uma semana.

Gabarito: A

---

96. (FCC – Técnico Judiciário – Área Administrativa – TRT 2ªR – 2018) A tabela abaixo mostra os tempos de Fernanda em 5 dias seguidos de treinamento de corrida.

Tempos diários do treinamento de Fernanda	
2ª Feira	12 min 35 s
3ª Feira	11 min 20 s
4ª Feira	13 min 15 s
5ª Feira	12 min 40 s
6ª Feira	13 min 00 s

Nas duas semanas seguintes Fernanda também treinou 5 dias seguidos. Na primeira dessas duas semanas, Fernanda correu, cada um dos 5 dias, em um tempo igual ao menor tempo da tabela. Na segunda dessas duas semanas, Fernanda correu, cada um dos 5 dias, em um tempo igual ao maior tempo da tabela. Desse modo, o total de tempo de treinamento a mais, que Fernanda treinou na segunda dessas duas semanas em relação à primeira delas, foi igual a

A) 9 minutos e 35 segundos.

B) 8 minutos e 45 segundos.

C) 10 minutos e 15 segundos.

D) 9 minutos e 55 segundos.

E) 8 minutos e 25 segundos.

COMENTÁRIOS

Foram três semanas de treinamento de corrida para Fernanda cujos tempos estão discriminados no enunciado. Para as outras duas semanas é o que vamos apurar.

- *Na primeira dessas duas semanas, Fernanda correu, cada um dos 5 dias, em um tempo igual ao menor tempo da tabela.*
- Para todos os dias dessa semana vale o menor tempo da semana anterior, igual a 11 minutos e 20 segundos.
- *Na segunda dessas duas semanas, Fernanda correu, cada um dos 5 dias, em um tempo igual ao maior tempo da tabela.*
- Para esta semana vale o maior tempo da primeira, igual a 13 minutos e 15 segundos.

Para apurar a diferença do tempo de treino a mais, na última semana em relação à anterior. Uma caminho é verificar a diferença de tempo de um dia e multiplicar por 5.

Tempo diário da última semana	Tempo diário da semana anterior	Diferença
11 minutos e 20 segundos.	13 minutos e 15 segundos.	1 minuto e 55 segundos (115 segundos)

Mantenha atenção às unidades de tempo. Foi esta a razão da conversão da diferença acima em segundos.

Diferença na Semana	115 . 5 = 575 segundos

Para a conversão em minutos, divisão por 60, encontramos quociente igual a 9. Portanto são 9 minutos, e resto igual a 35, ou seja, 35 segundos.

Resposta: O tempo que Fernanda treinou a mais na segunda dessas duas semanas em relação à primeira delas foi igual a 9 minutos e 35 segundos.

Gabarito: A

97. (FCC – Analista Judiciário – Área Administrativa – TRT 2ªR – 2018) Os meses de agosto e setembro têm, respectivamente, 31 e 30 dias. Às 16 horas do dia 4 de agosto de 2018, que é um sábado, um cronômetro, que estava inicialmente zerado, foi acionado. Esse cronômetro será desligado às 15 horas da primeira quarta-feira de outubro de 2018. O total de horas que o cronômetro indicará é igual a

a) 1420

b) 1369

c) 1419

d) 1439

e) 1607

COMENTÁRIOS

O intervalo de tempo a que a questão se refere pode ser fracionado para facilitar o cálculo do tempo.

- Às 16 horas do dia 4 de agosto de 2018, que é um sábado, um cronômetro, que estava inicialmente zerado, foi acionado.
- Ainda no dia 4, faltam 8 horas para terminar o sábado e iniciar o domingo, 05 de agosto

Se o dia 05 cai no domingo, as próximos semanas completam-se aos sábados: 11, 18 e 25 de agosto e 1º setembro.

Sábado, 04/08/2018	8 horas
4 Semanas: de 05/08 a 01/09	28 dias ou 672 horas

Em setembro, seguindo com as contagens e fechando as semanas aos sábados nos dias 8, 15, 22, 29.

4 Semanas: de 01/09 a 29/09	28 dias ou 672 horas

- Esse cronômetro será desligado às 15 horas da primeira quarta-feira de outubro de 2018.
- O dia 29 foi no sábado, logo, a quarta-feira (primeira do mês de outubro) cairá no dia 03.

3 Dias: de 29/09 a 02/10, terça-feira	3 dias ou 72 horas
Quarta-feira, 03/10/2018	15 horas

Resposta: O total de horas que o cronômetro indicará (8 + 672 + 672 + 72 + 15) é igual a 1439.

Gabarito: D

---

98. (FGV – Técnico Judiciário – Área Administrativa – TRT 12ªR – 2017) Alguns consideram que a cidade de Florianópolis foi fundada no dia 23 de março de 1726, que caiu em um sábado. Após 90 dias, no dia 21 de junho, a data assinalou o início do inverno, quando a noite é a mais longa do ano.

Esse dia caiu em uma:

a) segunda-feira;

b) terça-feira;

c) quarta-feira;

d) quinta-feira;

e) sexta-feira.

COMENTÁRIOS

Passados 90 dias da data inicial, um sábado, decorreram 12 semanas e 6 dias. Para este cálculo divide-se 90 por 7, o quociente é igual a 12 (semanas) e o resto da operação é igual a 6 (dias).

A partir daí nos resta contar seis dias da semana a partir de sábado.

Resposta: Após 90 dias, no dia 21 de junho, a data que assinalou o início do inverno, quando a noite é a mais longa do ano, caiu em uma sexta-feira.

Gabarito: E

---

99. (FGV – Técnico Judiciário – Área Administrativa – TRT 12ªR – 2017) No mês de julho deste ano, em Florianópolis, o sol se pôs no dia 2 às 17h31min e nasceu no dia seguinte às 07h05min.

A duração dessa noite foi de:

A) 10h26min;

B) 12h34min;

C) 12h36min;

D) 13h34min;

E) 14h26min.

COMENTÁRIOS

Faremos a contagem do tempo em duas etapas.

Das 17h31min às 24 horas	29 minutos até às 18 horas 6 horas até às 24 horas
Da 0 hora às 07h05min	7 horas 5 minutos

Resposta: A duração dessa noite foi de 13 horas (6 + 7) e 34 minutos (29 + 5).
Gabarito: D

5. CONJUNTOS LÓGICOS

---

100. (Cespe/Cebraspe – Técnico Judiciário – Área Administrativa – TRT 8ªR – 2023) Ao classificar 80 processos a fim de distribuí-los às áreas competentes para tratamento, um técnico judiciário verificou que, devido aos diversos critérios de classificação, 45 dos processos poderiam ser distribuídos ao setor A, 55 ao setor B e 15 a nenhum desses dois setores.

Na situação hipotética precedente, a quantidade de processos que poderiam ser distribuídos a qualquer um dos setores A ou B é igual a

A) 10.

B) 30.

C) 35.

D) 40.

E) 65.

COMENTÁRIOS

✪ **Nota dos autores:** Apesar de relativa simplicidade, chegaremos ao resultado desejado com poucas operações, mesmo assim, sugerimos manter o padrão de resolução. Isso vai dar mais consistência a sua preparação e você estará apto a resolver qualquer questão deste tipo, desde as mais fáceis até as mais difíceis.

O padrão é montar os conjuntos, considerar as suas áreas e as suas intersecções.

- *Ao classificar 80 processos a fim de distribuí-los às áreas competentes para tratamento, um técnico judiciário verificou que, devido aos diversos critérios de classificação, 45 dos processos poderiam ser distribuídos ao setor A, 55 ao setor B e 15 a nenhum desses dois setores.*

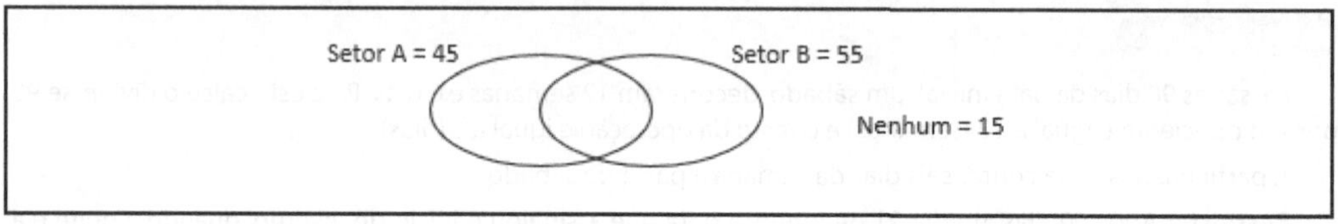

As operações, como dito, são simples, e com o desenho, fica mais simples ainda.

De um total de 80 processos, 15 não podem ser distribuídos para o setor A, tão pouco para o setor B, logo, estamos falando de 65 processos a serem distribuídos.

Se a informação é que para o setor A são 45 e para o setor B outros 55 processos, totalizando 100 processos, é certo que houve contagem em duplicidade.

A duplicidade (100 – 65 = 35) é exatamente igual ao número de processos possíveis de serem classificados em qualquer um dos dois setores.

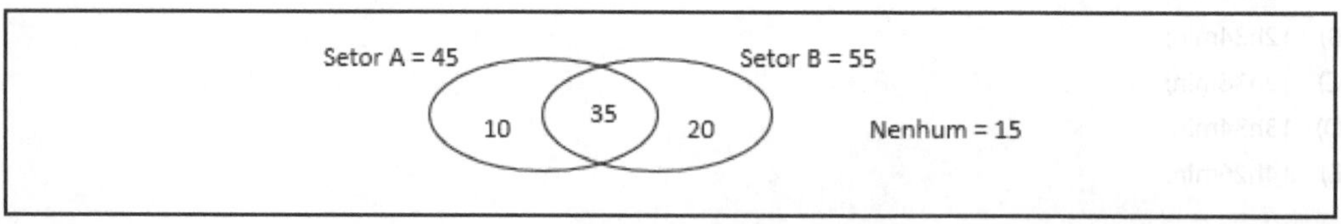

Somadas cada uma das quantidade, 10 + 35 + 20 + 15, encontramos o número total de processos, igual a 80.

Resposta: A quantidade de processos que poderiam ser distribuídos a qualquer um dos setores A ou B é igual a 35.

Gabarito: C

---

101. (FCC – Analista Judiciário – Área Judiciária – TRT 4ªR – 2022) Em determinada escola de línguas, todos os professores que ensinam chinês ensinam, também, inglês. Nessa escola há, pelo menos, um professor que ensina alemão e chinês, e há, pelo menos, um professor que ensina francês e inglês. É correto afirmar que, nessa escola de línguas, necessariamente,

A) todos os professores que ensinam inglês ensinam, também, francês.

B) todos os professores que ensinam alemão ensinam, também, inglês.

C) há, pelo menos, um professor que ensina alemão e francês.

D) há, pelo menos, um professor que ensina francês e chinês.

E) há, pelo menos, um professor que ensina inglês e alemão.

COMENTÁRIOS

Na escola de línguas descrita no enunciado aparentemente os professores ensinam pelo menos dois idiomas cada. Inclusive, a forma com que cada informação é anunciada nos dá a convicção de serem proposições categóricas, sendo assim, vamos resolver por meio de conjuntos.

Vejamos em detalhe.

Todos os professores que ensinam chinês ensinam, também, inglês.

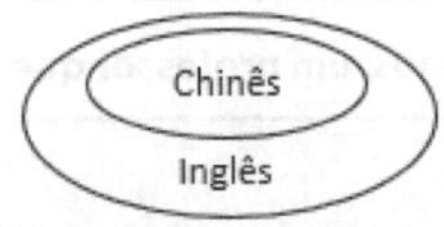

O conjunto dos professores que ensinam chinês está contido no conjunto daqueles que ensinam inglês.

Não é possível dizer que todos os professores de inglês ensinam, também, chinês, o que é visualmente comprovado no diagrama.

Nessa escola há, pelo menos, um professor que ensina alemão e chinês.

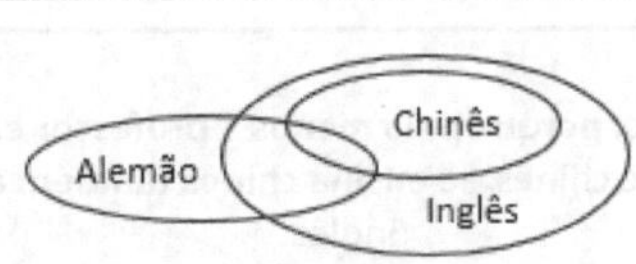

Cuidado, não conhecemos a dimensão do conjunto dos professores de alemão, apenas que há no mínimo 1 que ensina alemão e chinês. Portanto, poderia ser um conjunto totalmente interno ao conjunto "chinês", como poderia ser um conjunto abrangendo tanto o "chinês" como o "inglês", ou ainda como demonstrado no diagrama.

E há, pelo menos, um professor que ensina francês e inglês.

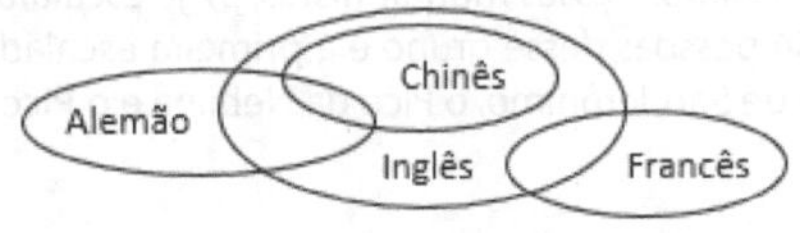

Vale também a informação quanto a dimensão do conjunto "francês". Certo é que deve haver intersecção entre "francês" e "inglês", mas pode não ser só isso, por exemplo:

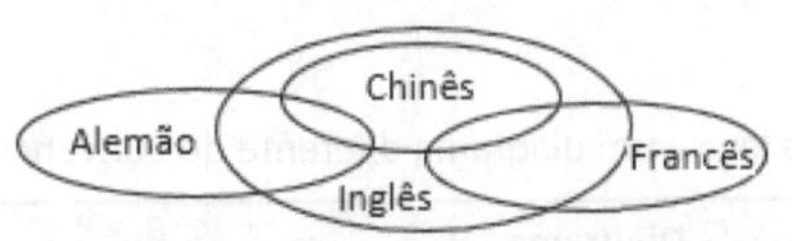

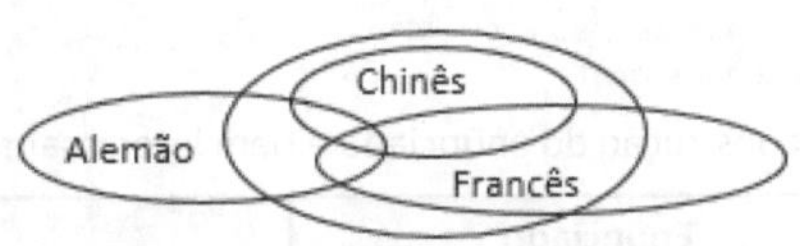

Enfim, estamos prontos para as alternativas.

A) todos os professores que ensinam inglês ensinam, também, francês.

Nem todos.

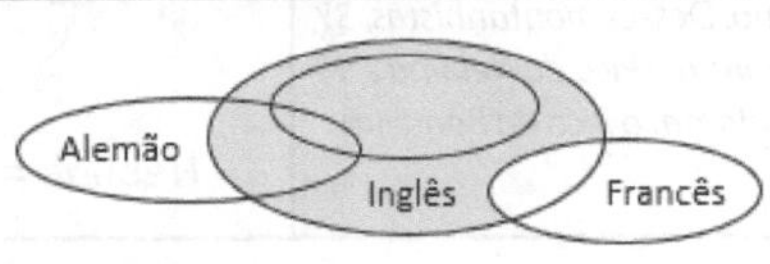

B) todos os professores que ensinam alemão ensinam, também, inglês.

Nem todos.

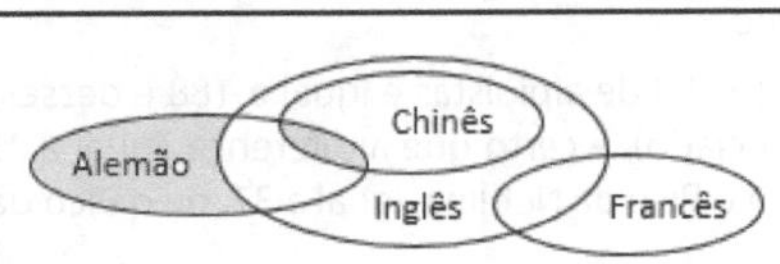

C) há, pelo menos, um professor que ensina alemão e francês.

Pode ser que sim, mas isso não é certeza, mesmo porque formulamos outro diagrama sem essa hipótese.	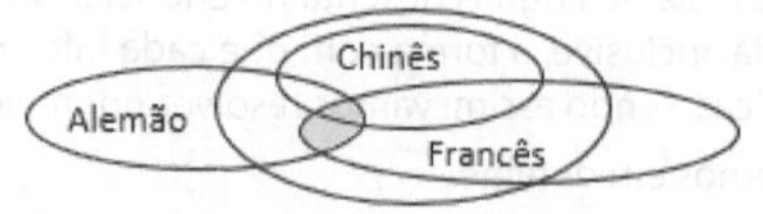

D) há, pelo menos, um professor que ensina francês e chinês.

Pode ser que sim, mas isso não é certeza conforme diagrama ao lado.	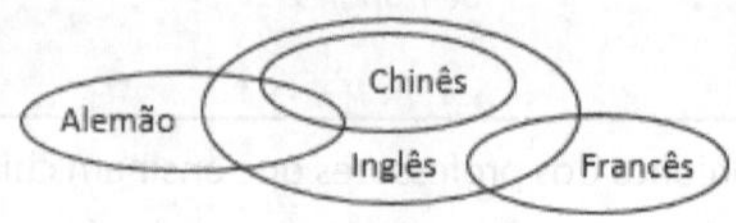

E) há, pelo menos, um professor que ensina inglês e alemão.

Perfeito, porque pelo menos 1 professor ensina alemão e chinês, se ensina chinês também ensina inglês.	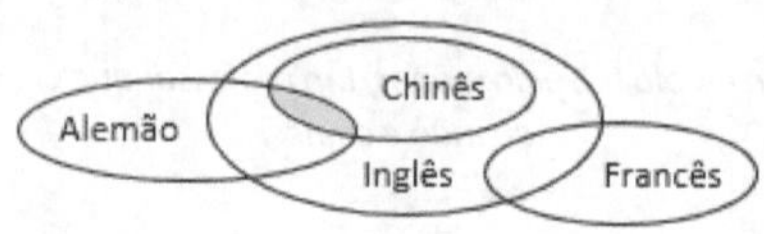

Gabarito: E

102. (FCC – Analista Judiciário – TRT 14ªR – 2022) Um grupo de 188 alpinistas conversa no topo do Morro de São Jerônimo. Desses montanhistas, 37 já escalaram o Pico da Neblina e 99 já escalaram o Pico da Bandeira. Se para 54 pessoas desse grupo é a primeira escalada que fazem, o número desses alpinistas que já escalaram o Morro de São Jerônimo, o Pico da Neblina e o Pico da Bandeira é

A) 2

B) 5

C) 4

D) 3

E) 6

COMENTÁRIOS

A construção do enunciado é bem interessante, o que nos leva a um diagrama diferente do convencional.

Enunciado	Diagrama
Um grupo de 188 alpinistas conversa no topo do Morro de São Jerônimo. Desses montanhistas, 37 já escalaram o Pico da Neblina e 99 já escalaram o Pico da Bandeira	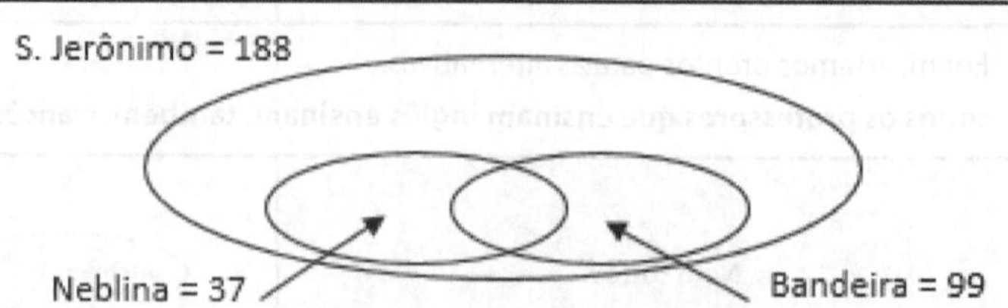

Estamos falando de alpinistas que se encontram no topo do Morro de São Jerônimo, por isso, na configuração do diagrama os outros dois conjuntos são internos ao conjunto do que já escalaram o Morro de São Jerônimo.

Se o total de alpinistas é igual a 188 e desses, 54 estão escalando pela primeira vez (informação seguinte do enunciado), é certo que a diferença, igual a 134 alpinistas, já escalaram, além do Morro de São Jerônimo, também o Pico da Neblina, igual a 37, ou o Pico da Bandeira, igual a 99.

O somatório das quantidades de alpinistas que escalaram os Picos da Neblina e da Bandeira (37 + 99) é igual a 136, ou seja, duas unidades a mais que a diferença apurada no parágrafo anterior.

A diferença (136 – 134 = 2) deve-se a soma em duplicidade daqueles que escalaram os dois Picos, além do Morro de São Jerônimo. Esta é a resposta para a questão.

Mas, antes de finalizar, veja o diagrama completo.

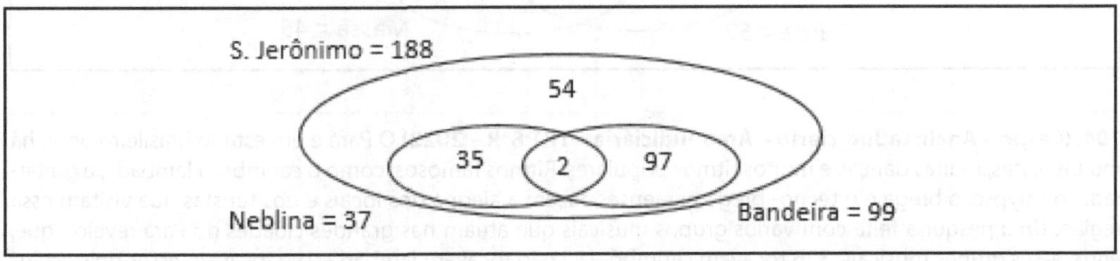

Resposta: O número de alpinistas que já escalaram o Morro de São Jerônimo, o Pico da Neblina e o Pico da Bandeira é igual a 2.

Gabarito: A

---

103. (FCC – Técnico Judiciário – TRT 22ªR – 2022) Em uma festa com 80 pessoas serão servidos dois pratos quentes, massa ou carne. Todos os convidados gostam de ao menos um dos pratos. Dos 80 convidados, 45 gostam de massa e 52 gostam de carne. O número de convidados que gostam dos dois pratos é

A) 15.

B) 17.

C) 16.

D) 14.

E) 22.

COMENTÁRIOS

Sabemos que:

Enunciado	Diagrama
Em uma festa com 80 pessoas serão servidos dois pratos quentes, massa ou carne.	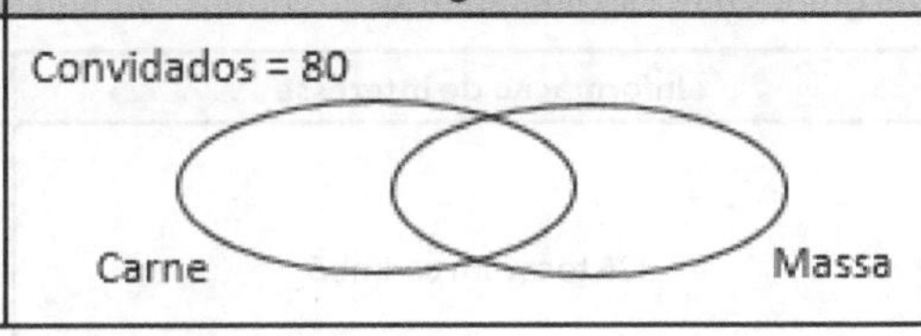

Desses 80 convidados foi dito que:

Enunciado	Diagrama
Todos os convidados gostam de ao menos um dos pratos. Dos 80 convidados, 45 gostam de massa e 52 gostam de carne.	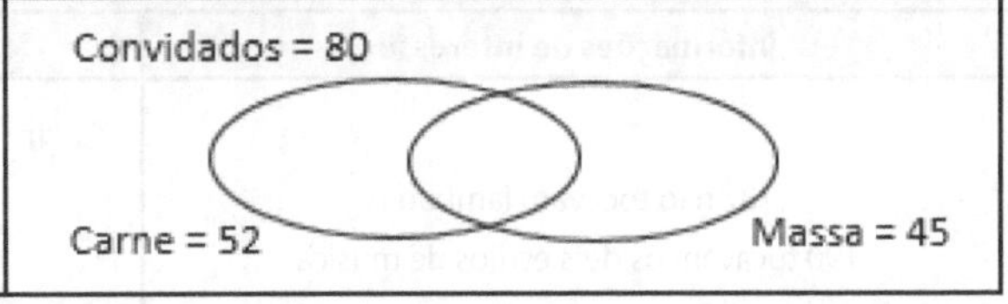

Considerando que todos os convidados gostam de ao menos um dos pratos e que o somatório daqueles que gostam de carne com os que gostam de massa (52 + 45 = 97) é maior que a quantidade de convidados, a diferença (97 – 80 = 17) corresponde a soma em duplicidade, ou seja, os mesmos convidados que gostam tanto de carne como de massa.

Resposta: O número de convidados que gostam dos dois pratos é igual a 17.

Gabarito: B

Apesar de respondida a questão, veja o diagrama completo.

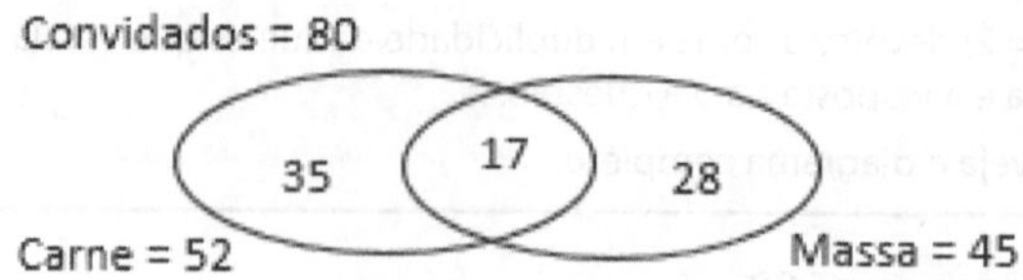

---

104. (Cespe – Analista Judiciário – Área Judiciária – TRT 8ªR – 2022) O Pará é um estado brasileiro onde há muitas festas, muitas danças e muitos ritmos populares. Ritmos famosos, como o carimbó, a lambada, a guitarrada, o calypso, o brega e o tecno- brega paraenses, fazem a alegria dos locais e dos turistas que visitam essa região. Uma pesquisa feita com vários grupos musicais que atuam nas grandes cidades do Pará revelou que, entre esses grupos musicais, 326 tocavam carimbó, 182 não tocavam lambada, 190 tocavam esses dois estilos de música e 148 tocavam apenas um desses dois estilos de música.

Tendo em vista essas informações, é correto afirmar que o número de grupos musicais que participaram dessa pesquisa está entre

A) 200 e 260.

B) 260 e 320.

C) 320 e 380.

D) 380 e 440.

E) 440 e 500.

COMENTÁRIOS

Para a resolução da questão são de interesse as seguintes informações.

- 326 tocavam carimbó;
- 182 não tocavam lambada;
- 190 tocavam esses dois estilos de música e
- 148 tocavam apenas um desses dois estilos de música.

A introdução da questão faz referência a vários ritmos populares do Pará, mas as informações da pesquisa com grupos musicais limitaram-se aos ritmos carimbó e lambada.

Informação de interesse	Diagrama
326 tocavam carimbó	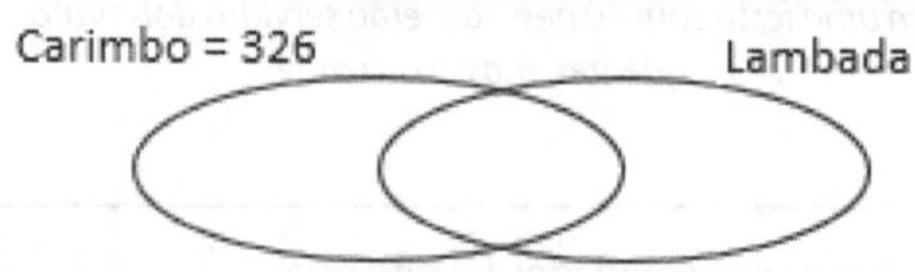

Seguimos com as duas informações seguintes.

Informações de interesse	Diagrama
182 não tocavam lambada 190 tocavam os dois estilos de música	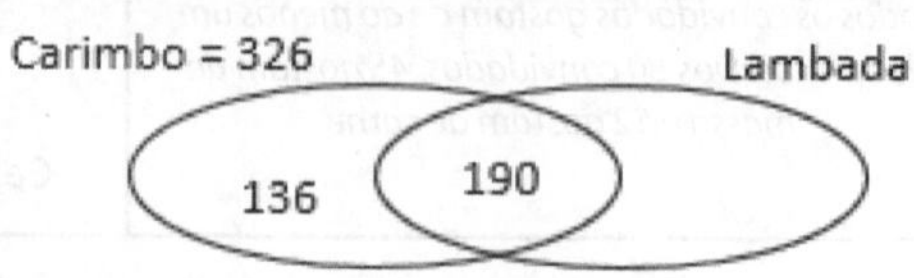

Sendo 190 os grupos que tocam ambos os ritmos, concluímos que 136 tocam apenas carimbo (326 – 190 = 136).

Partindo da informação de que 182 não tocam lambada e desses 136 tocam carimbó, a diferença (182 – 136 = 46) corresponde àqueles que não tocam nenhum desses dois ritmos.

Finalmente.

Informação de interesse	Diagrama
148 tocavam apenas um desses dois estilos de música	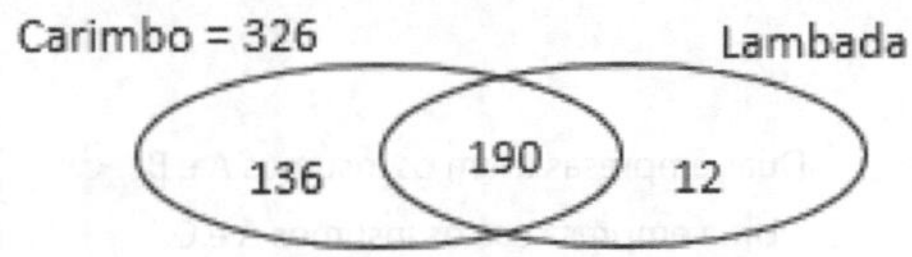

Sabendo que 136 tocam apenas carimbó, é certo que outros 12 conjuntos tocam apenas lambada.

Lembrando que 46 conjuntos pesquisados não tocam nenhum desses dois ritmos, somados aos que declararam tocar pelo menos um deles (136 + 190 + 12), o total pesquisado é igual a 384.

Resposta: O número de grupos musicais que participaram dessa pesquisa é igual a 384 e está entre 380 a 440.

Gabarito: D

105. (FCC – Técnico Judiciário – TRT 23ªR – 2022) Em uma pesquisa com 30 indústrias farmacêuticas sobre os tipos de insumos utilizados na produção de um determinado remédio, verificou-se que elas usam no máximo 2 tipos de insumos. Dentre as 30 indústrias pesquisadas, 16 usam insumo tipo A, 9 usam insumo tipo B e 8 usam insumo tipo C. O número de indústrias que usam exatamente dois tipos de insumos é

A) 3

B) 6

C) 4

D) 5

E) 2

COMENTÁRIOS

Considerando:

- 30 Indústrias farmacêuticas pesquisadas.
- Máximo 2 insumos para a produção do medicamento.
- Insumo A = 16.
- Insumo B = 9.
- Insumo C = 8.

O somatório dos insumos A, B e C é igual a 33, sabendo que 30 indústrias foram pesquisadas e que nenhuma delas usa mais do que dois insumos, a diferença (33-30=3) é o somatório, em duplicidade, de insumos, ou seja, necessariamente, temos 3 unidades de insumos adicionais ao número de indústrias, assim foram 3 indústrias que usaram dois insumos na produção do remédio.

Resposta: O número de indústrias que usam exatamente dois tipos de insumos é igual a 3.

Gabarito: A

✪ **Nota dos autores:** Entendendo a lógica dos conjuntos, inclusive as suas intersecções, você será capaz de resolver rapidamente uma questão como esta, mas lembre-se, há necessidade de conhecer o assunto e treino, muito treino com a resolução de questões de provas de concursos anteriores da área de interesse.

Se desenhássemos o diagrama, teríamos:

Observações	Diagrama
Face à limitada quantidade de informação, a melhor representação seria este diagrama em cujas áreas marcadas estarão as 3 empresas que usam dois insumos.	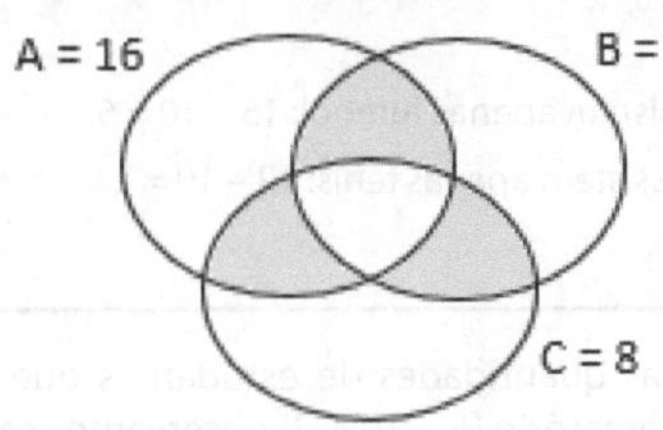

A seguir uma hipótese por nós criada (não disponível no enunciado).

Observações	Diagrama
Duas empresas usam os insumos A e B. Uma empresa usa os insumos A e C.	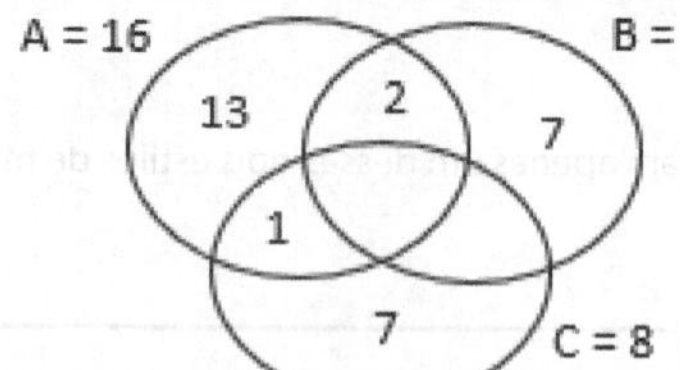

Ressaltamos, esta parte final é apenas ilustrativa, não consta no enunciado, visa a melhora do estudo e aprimoramento do seu conhecimento.

---

106. (FCC – Técnico Judiciário – TRT 5ªR – 2022) Uma pesquisa em um grupo de 25 estudantes constatou que 15 deles gostam de assistir jogos de futebol pela televisão, 12 gostam de assistir jogos de tênis e 10 gostam de assistir jogos de futebol e de tênis. O número de alunos dessa classe que não gostam de assistir jogos de futebol ou tênis é:

A) 5
B) 6
C) 7
D) 8
E) 10

COMENTÁRIOS

O texto do enunciado discorre sobre um grupo de 25 estudantes dos quais: parte gosta de assistir futebol pela televisão, outros assistem tênis e, ainda, há aqueles que gostam de assistir ambos.

Esse é o típico enredo de questões cuja resolução mais recomendada é por meio dos conjuntos, sendo cada um representando um grupo, no caso, preferência de programa para assistir pela televisão.

As informações sobre os 25 estudantes a serem tratadas juntamente com os conjuntos são:

Enunciado	Diagrama
15 deles gostam de assistir jogos de futebol pela televisão, 12 gostam de assistir jogos de tênis e 10 gostam de assistir jogos de futebol e de tênis.	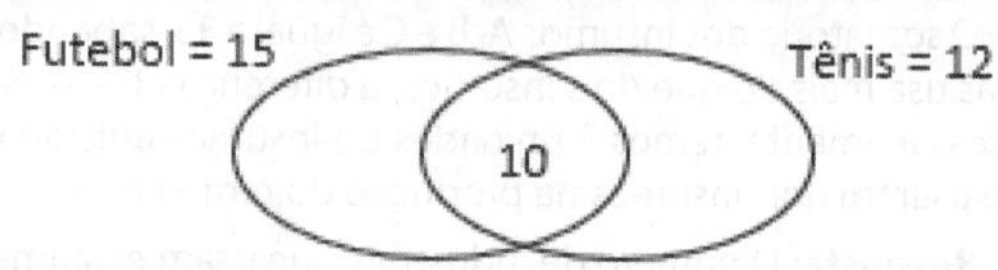

Para completar o diagrama, veja que o grupo daqueles que gostam de assistir futebol é composto por 15 estudantes, dos quais 10, além de futebol, gostam de assistir tênis. Daí, restam outros 5 que se dedicam apenas a assistir futebol.

O mesmo raciocínio vale para os estudantes que gostam de assistir tênis.

Observação	Diagrama
Assistem apenas futebol: 15 – 10 = 5. Assistem apenas tênis: 12 – 10 = 2	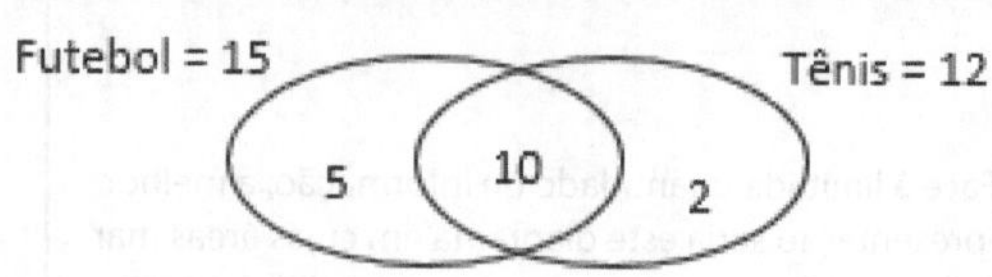

Temos as quantidades de estudantes que assistem televisão, seja futebol ou mesmo tênis, entretanto, fazendo o somatório (5 + 10 + 2) observamos serem 17 estudantes representados no diagrama.

Acontece que a diferença entre o número total de estudantes pesquisados e o número total de estudantes que declararam assistir um dos dois programas na televisão (25 – 17 = 8) é exatamente a quantidade de estudantes que não gostam de assistir jogos de futebol nem de tênis pela televisão.

Resposta: O número de alunos que não gostam de assistir jogos de futebol ou tênis é igual a 8.

Gabarito: D

---

107. (FCC – Analista Judiciário – Área Contábil – TRT 2ªR – 2018) Considere os conjuntos, suas respectivas intersecções e a existência de elementos em todas as regiões do diagrama.

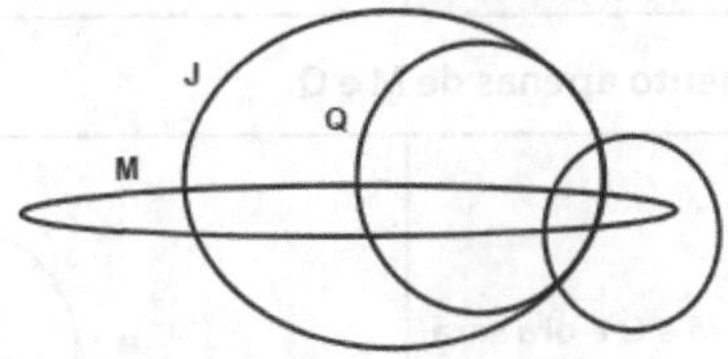

A partir dessas informações é correto concluir que

A) qualquer elemento de J que não seja elemento de Q é elemento de M.

B) há elemento de K que, além de ser de K, é também elemento de J, mas apenas de J.

C) os elementos de M, que também são elementos de Q, não são apenas elementos desses dois conjuntos.

D) todo e qualquer elemento de Q é elemento de pelo menos mais dois conjuntos.

E) há elemento de M que seja elemento apenas de M e Q.

COMENTÁRIOS

A Fundação Carlos Chagas saiu do convencional e apresentou o diagrama pronto para nossa interpretação. Faremos isso comentando cada uma das alternativas.

a) qualquer elemento de J que não seja elemento de Q é elemento de M.

Nem todos.	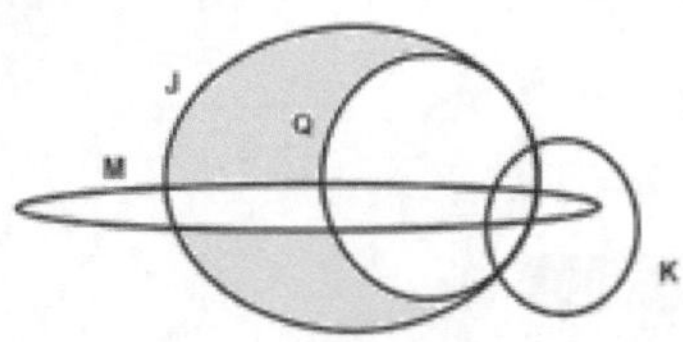

b) há elemento de K que, além de ser de K, é também elemento de J, mas apenas de J.

Não. O elemento que é K e J será também Q ou ainda Q e M	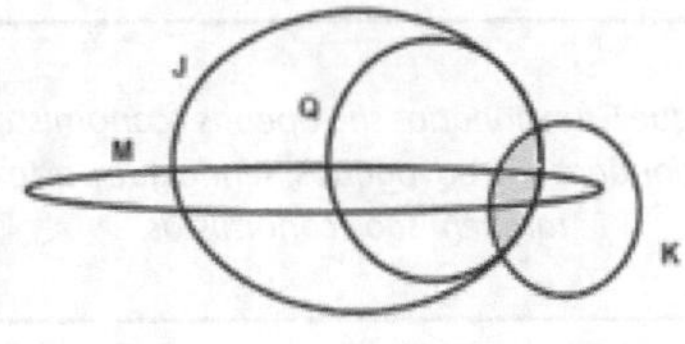

c) os elementos de M, que também são elementos de Q, não são apenas elementos desses dois conjuntos.

Ok. Além de elementos de M e Q, são também elementos de J ou ainda de J e K.	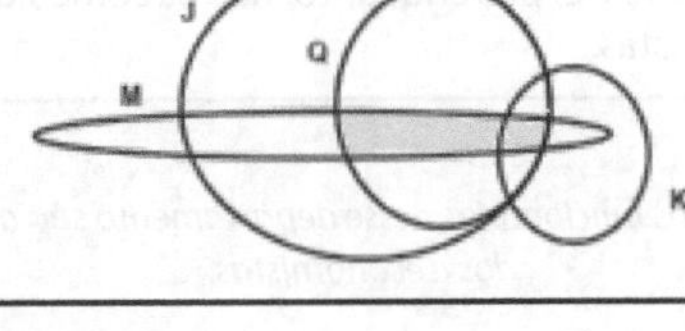

d) todo e qualquer elemento de Q é elemento de pelo menos mais dois conjuntos.

Há área em que um elemento de Q é também elemento de J e mais nenhum grupo.	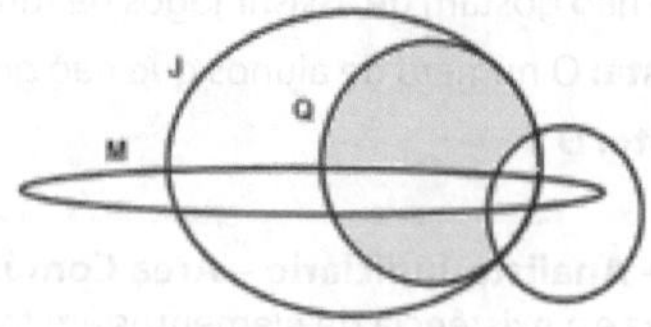

e) há elemento de M que seja elemento apenas de M e Q.

Não. Ora será elemento de J além de M e Q e ora será também de J e K.	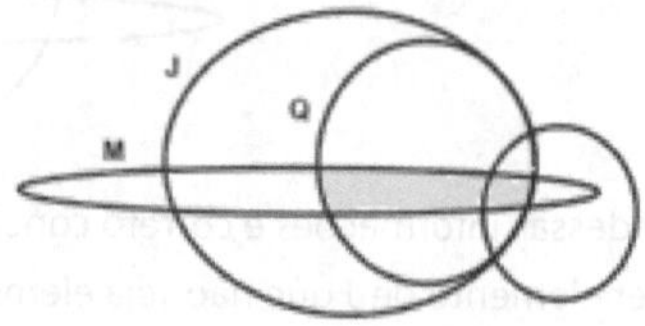

Gabarito: C

108. (FCC – Técnico Judiciário – Área Administrativa – TRT 6ªR – 2018) Em um determinado departamento, todos os funcionários são ou advogados, ou economistas, ou advogados e economistas. Sabe-se que 5 funcionários são apenas economistas, e que 15 funcionários são advogados, sendo que parte destes também são economistas. Se 45% dos funcionários desse departamento são advogados e economistas, então o número de funcionários do departamento que são apenas advogados é igual a

A) 7.

B) 8.

C) 4.

D) 5.

E) 6.

COMENTÁRIOS

As opções entre advogados e economistas são perfeitamente representadas por dois conjuntos.

De antemão já vamos dizendo que a questão é fácil, mas aproveitamos para trabalhar dois detalhes importantes para este tipo de questão.

Sabe-se que 5 funcionários são apenas economistas, e que 15 funcionários são advogados, sendo que parte destes também são economistas.	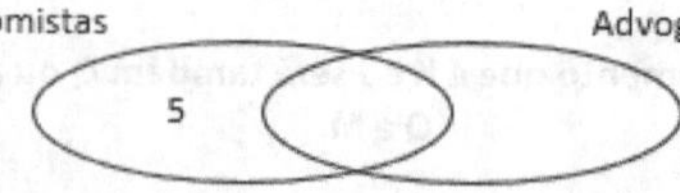

Observação 1

A diferença entre as informações sobre as quantidade de economistas e de advogados, o primeiro diz "apenas" e por essa razão sabemos exatamente a área do diagrama em que eles se encontram. Sobre os advogados foi dito "todos" e, por enquanto, não sabemos quantos deles são apenas advogados e quantos são advogados e economistas.

Se 45% dos funcionários desse departamento são advogados e economistas.	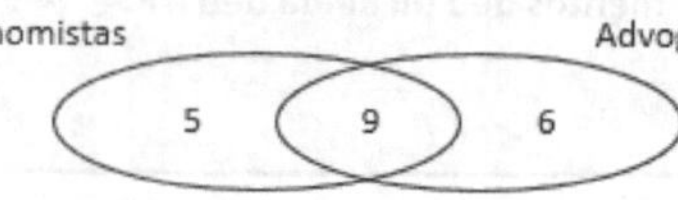

Observação 2

A porcentagem faz referência ao funcionários do departamento e como só existem as opções advogados ou economistas, os números anteriores revelam a quantidade de funcionários do departamento (5 + 15) igual a 20.

Por isso as quantidade 9 (45% de 20 funcionários) e 6 (diferença entre os somente advogados e os advogados e economistas).

Resposta: o número de funcionários do departamento que são apenas advogados é igual a 6.

Gabarito: E

---

109. (FCC – Analista Judiciário – Área Judiciária – TRT 6ªR – 2018) Em uma empresa com 120 funcionários, 42 recebem vale-transporte e 95 recebem vale-refeição. Sabendo que todos os funcionários da empresa recebem ao menos um desses dois benefícios, o total de funcionários que recebem ambos os benefícios é igual a

A) 25.

B) 17.

C) 15.

D) 19.

E) 20.

COMENTÁRIOS

✪ **Nota dos autores:** Talvez um dos poucos casos de questões que envolvem elementos, conjuntos e suas intersecções que resolveremos sem fazer os desenhos, apesar de recomendarmos fortemente.

A exceção é porque a Fundação Carlos Chagas evitou as nuances cabíveis para o arranjo da questão. São apenas dois grupos de elementos e foi informado que todos os funcionários da empresa recebem ao menos um desses dois benefícios.

No caso concreto, o total de funcionários que recebem ambos os benefícios:

Diferença entre a soma das quantidades dos dois conjuntos em relação ao total de funcionários.	Duplicidade = (42 + 95) – 120 Duplicidade = 137 – 120 Duplicidade = 17

Existe uma dupla contagem daqueles funcionários que se enquadram no grupo dos recebedores de vale-transporte e também no grupo dos recebedores de vale-refeição. A duplicidade é exatamente a quantidade de funcionários que recebem ambos os benefícios.

Normalmente, a situação tratada aqui é parte de questões sobre o mesmo tema, porém mais abrangentes.

Resposta: O total de funcionários que recebem ambos os benefícios é igual a 17.

Gabarito: B

---

110. (FCC – Analista Judiciário – Área Judiciária – TRT 15ªR – 2018) Os 240 formandos de uma faculdade de Direito participaram de uma pesquisa que os inquiria sobre suas pretensões profissionais, de modo que podiam optar por nenhuma, uma ou mais das seguintes possibilidades: trabalhar em um escritório bem estabelecido, ingressar em um cargo público, abrir o próprio escritório. Os dados coletados foram os seguintes:

- 10% não indicaram nenhuma das possibilidades contidas na pesquisa;
- 30% almejam ingressar em um cargo público;
- 50 têm interesse tanto em um cargo público quanto em trabalhar em um escritório bem estabelecido, mas não cogitam abrir seu próprio negócio;
- 50% têm interesse em trabalhar em um escritório bem estabelecido ou em abrir seu próprio escritório, mas não se interessam por cargos públicos;
- 20 têm interesse exclusivamente por trabalhar em um escritório bem estabelecido.

Sendo assim, a quantidade daqueles que, entre esses formandos, têm interesse exclusivo por abrir seu próprio escritório é

A) 8.

B) 16.

C) 24.

D) 4.

E) 12.

COMENTÁRIOS

✪ **Nota dos autores:** O indicativo, logo no começo do enunciado, que nos faz crer que a questão será resolvida por meio de conjuntos é: *"...de modo que podiam optar por nenhuma, uma ou mais das seguintes possibilidades: trabalhar em um escritório bem estabelecido, ingressar em um cargo público, abrir o próprio escritório"*.

Aos conjuntos atribuiremos as denominações:

- **Estabelecido** para aqueles que optarem pelo escritório bem estabelecido.
- **Escritório** para os que externaram a preferência por abrir o próprio escritório.
- **Público** para os formando com interesse em ingressar no serviço público.

Montaremos o diagrama com os três conjuntos a medida que analisamos cada informação adicional.

<table>
<tr><td>10% não indicaram nenhuma das possibilidades contidas na pesquisa;</td><td>Nenhuma indicação
240 . 10% = 24</td></tr>
<tr><td>30% almejam ingressar em um cargo público;</td><td>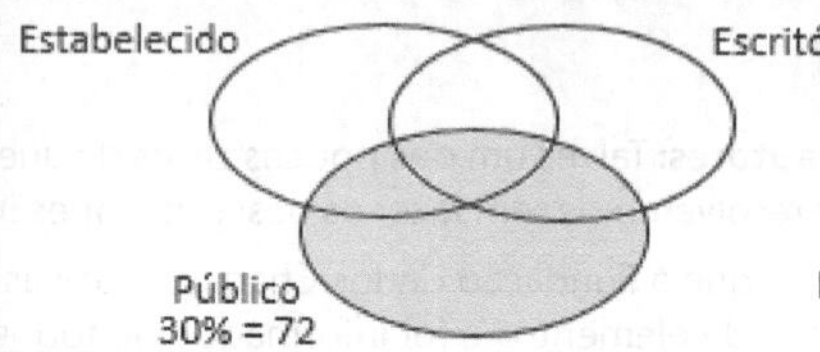
</td></tr>
</table>

Entre os 240 estudantes, 24 não opinaram e 72 indicaram o serviço público.

Por ora não sabemos como estão divididos os 72 interessados em ingressar no serviço público nas áreas do conjunto "público". A certeza é que esta é a quantidade total deste conjunto.

<table>
<tr><td>50 têm interesse tanto em um cargo público quanto em trabalhar em um escritório bem estabelecido, mas não cogitam abrir seu próprio negócio;</td><td>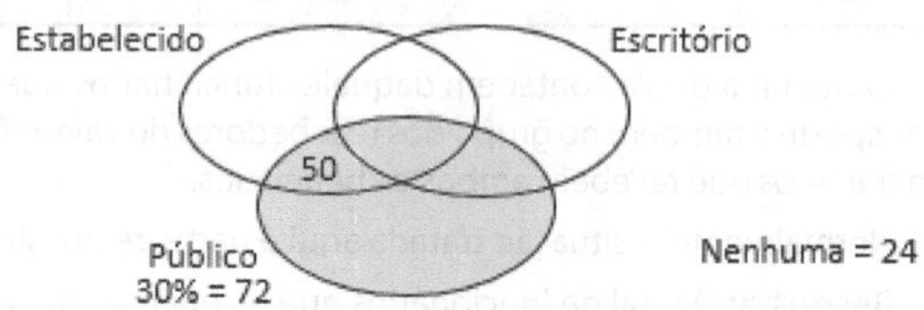
</td></tr>
</table>

Aprimoramos a informação de que 72 alunos indicaram o serviço público. 50 deles, além do serviço público, têm interesse por escritório bem estabelecido.

<table>
<tr><td>50% têm interesse em trabalhar em um escritório bem estabelecido ou em abrir seu próprio escritório, mas não se interessam por cargos públicos;</td><td>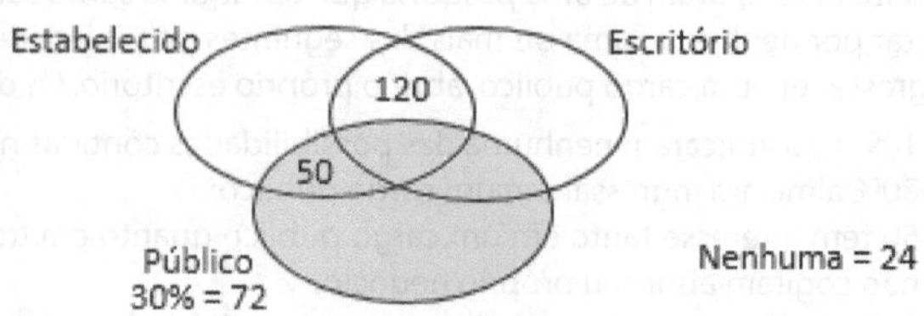
</td></tr>
</table>

O examinador volta a falar em percentual, 50% do total de alunos o que corresponde a 120 alunos.

20 têm interesse exclusivamente por trabalhar em um escritório bem estabelecido.

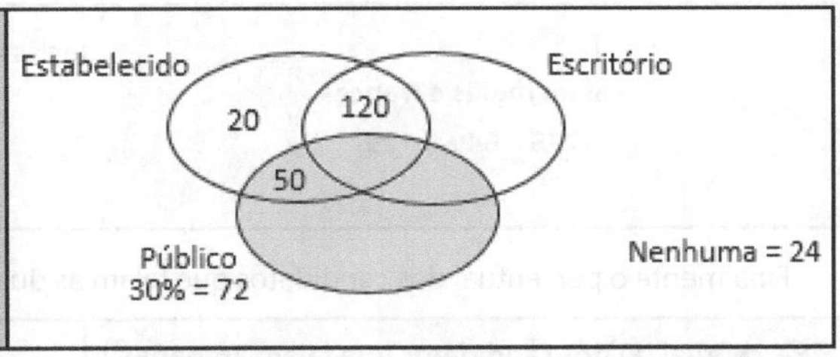

Por exclusão, chegamos ao número da área desejada, interesse exclusivo por escritório próprio.

Lembre-se, no somatório de alunos da área marcada do diagrama, igual a 72, está incluída a quantidade 50 (intersecção "público" e "estabelecido").

Ainda, vale ressaltar que foram 216 os alunos que fizeram pelo menos uma opção. Os outros 24 não optaram por nenhuma das três opções.

Diferença:

216 – (72 + 20 + 120)

216 – 212

4

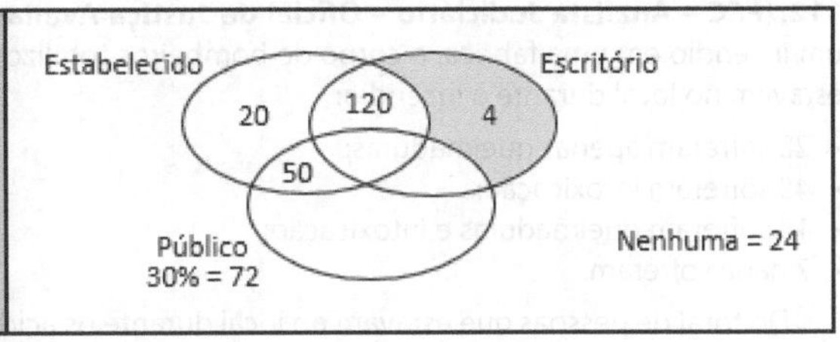

Resposta: A quantidade de formandos que têm interesse exclusivo por abrir seu próprio escritório é igual a 4.

Gabarito: D

---

111. (FCC – Analista Judiciário – Área Judiciária – TRT 11ªR – 2017) Para um concurso foram entrevistados 970 candidatos, dos quais 527 falam inglês, 251 falam francês, 321 não falam inglês nem francês. Dos candidatos entrevistados, falam inglês e francês, aproximadamente,

A) 13%.

B) 18%.

C) 9%.

D) 11%.

E) 6%.

COMENTÁRIOS

Mais uma questão para ser trabalhada com conjuntos.

Foram entrevistados 970 candidatos para um concurso, os quais falam inglês, francês ou ambos, conforme preconiza o enunciado.

527 falam inglês, 251 falam francês

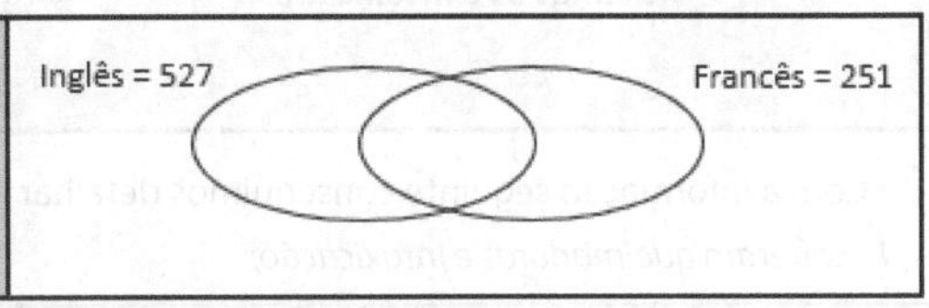

Adicionalmente, sabemos que 321 entre os 970 candidatos não falam inglês nem francês. A diferença, igual a 649, é a quantidade que candidatos que falam pelo menos uma das duas línguas.

Ao somas as quantidades informadas, inglês igual a 527 e francês igual a 251, encontramos a quantidade de 778.

Ficamos com duas quantidades, a primeira igual a 649 referente a quantidade de candidatos que falam pelo menos uma língua. A segunda, 778, é o somatório de quem fala inglês com os que falam francês. A diferença é resultado de contagem em duplicidade, ou seja, aqueles que falam ambas as línguas.

Falam inglês e francês
(778 – 649 = 129)

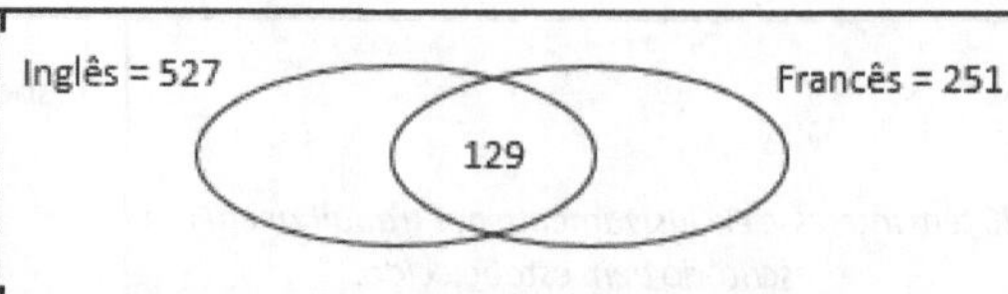

Finalmente o percentual dos candidatos que falam as duas línguas em relação ao total de candidatos.

Percentual (P) dos candidatos que falam ambas as línguas	P = 129 / 970 P = 0,13

Resposta: Dos candidatos entrevistados, aproximadamente 0,13 ou 13% falam inglês e francês.

Gabarito: A

---

112. (FCC – Analista Judiciário – Oficial de Justiça Avaliador Federal – TRT 14ªR – 2016) Após combater um incêndio em uma fábrica, o corpo de bombeiros totalizou as seguintes informações sobre as pessoas que estavam no local durante o incêndio:

- 28 sofreram apenas queimaduras;
- 45 sofreram intoxicação;
- 13 sofreram queimaduras e intoxicação;
- 7 nada sofreram.

Do total de pessoas que estavam no local durante os acidentes, sofreram apenas intoxicação

A) 48,38%.
B) 45,00%.
C) 42,10%.
D) 56,25%.
E) 40,00%.

COMENTÁRIOS

Existem duas situações resultantes do incêndio na fábrica, queimaduras e intoxicação. Por outro lado, em relação às pessoas, existem aquelas que sofreram tanto queimaduras como intoxicação.

Mais fácil que a explicação é olhar para os conjuntos que representam cada situação.

- *28 sofreram apenas queimaduras;*
- *45 sofreram intoxicação;*

A sutileza entre as duas primeiras informações está no limitador "apenas", ou seja, sofreram só queimaduras.

A outra informação, intoxicação, engloba os intoxicados bem como os intoxicados com queimaduras.

Queimados e Intoxicados

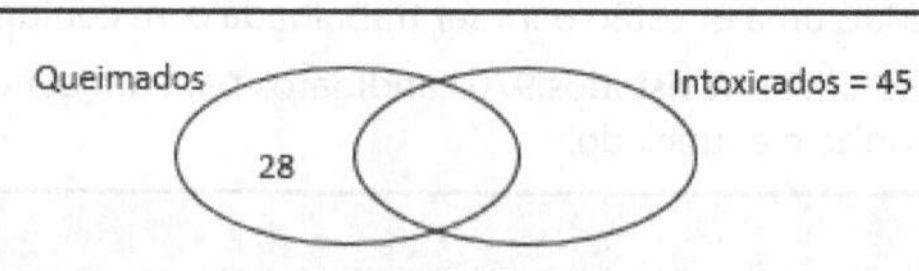

Com a informação seguinte conseguimos detalhar a quantidade dos 45 intoxicados.

- *13 sofreram queimaduras e intoxicação;*

Queimados e Intoxicados

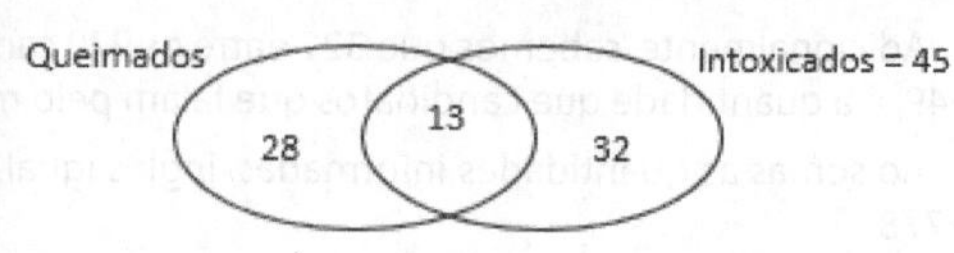

Identificados no quadro acima, são 73 pessoas que sofreram alguma lesão, somadas as outras 7 que nada sofreram, identificamos 80 pessoas que estavam no local no momento em que o incêndio começou.

Precisamos apenas do percentual dos intoxicados, que é igual a 32, em relação ao total de pessoas.

Percentual (P) de Intoxicados	P = 32/80 P = 0,4 P = 40%

Resposta: Sofreram apenas intoxicação 40% do total de pessoas que estavam no local durante os acidentes.

Gabarito: E

6. PROBLEMAS LÓGICOS

113. (FCC – Técnico Judiciário – Área Administrativa – TRT 18ªR – 2023) Ana, Bia, Carla e Diana têm 20 anéis. Ana é quem tem mais anéis, Bia tem um anel a menos do que Ana, Carla é quem tem menos anéis e Diana tem um anel a mais do que Carla. Sabendo-se que todas têm pelo menos 3 anéis, é correto afirmar:

A) Diana tem 4 anéis.

B) Carla tem, no máximo, 4 anéis.

C) Bia tem 5 anéis.

D) Ana e Diana juntas têm menos de 10 anéis.

E) Beatriz tem 5 anéis.

COMENTÁRIOS

O simples fato de organizar as informações facilita a visão do todo e, consequentemente, a resolução.

Ana	Bia	Carla	Diana	Total
É quem tem mais anéis	*Um anel a menos do que Ana*	*É quem tem menos anéis*	*Tem um anel a mais do que Carla*	20

- Sabendo-se que todas têm pelo menos 3 anéis.

Conhecido o número mínimo de anéis, igual a 3, uma hipótese é que Carla tenha essa quantidade. Neste caso, Diana teria 4 anéis.

Ainda é possível dizer as quantidades de Ana e Bia para a hipótese que estamos trabalhando.

Ana	Bia	Carla	Diana	Total
É quem tem mais anéis	*Um anel a menos do que Ana*	*É quem tem menos anéis*	*Tem um anel a mais do que Carla*	20
7	**6**	**3**	**4**	**20**

Esta é a situação em que Ana tem a maior quantidade possível de anéis e Carla a menor quantidade possível.

Antes de qualquer outra simulação, até para não perder tempo, vejamos as alternativas.

A) Diana tem 4 anéis.

É exatamente a quantidade que atribuímos a ela. Ocorre que é uma das possibilidade e não a única. Por essa razão, não podemos afirmar categoricamente que Diana tem essa quantidade de anéis.

B) Carla tem, no máximo, 4 anéis.

Para a alternativa é necessário testar nova hipótese e, uma vez que fala em limite máximo, vamos testar as quantidades de anéis 4 e 5.

Ana	Bia	Carla	Diana	Total
6	5	**4**	5	20
		5	**6**	

4 anéis para Carla é possível e é o limite máximo. Veja que a conta não fecha quando a opção é 5 anéis para ela.

Por esta análise, podemos afirmar que existem apenas duas possibilidades de divisão dos anéis. Carla ter 3 ou 4 anéis.

C) Bia tem 5 anéis.

Mesmo raciocínio adotado para a alternativa "A", é uma possibilidade, mas não a única. Bia pode ter 5 ou 6 anéis.

D) Ana e Diana juntas têm menos de 10 anéis.

Na primeira hipótese, a soma de anéis de Ana e Diana foi maior que 10, igual a 11.

E) Beatriz tem 5 anéis.

É sério isso? A Fundação Carlos Chagas colocou na alternativa uma personagem que não participa do enunciado.

Gabarito: B

---

114. (FCC – Técnico Judiciário – Área Administrativa – TRT 12ªR –2023) Em uma caixa há 50 fitas, que podem ser brancas, azuis ou vermelhas. O número de fitas brancas é onze vezes o número de fitas azuis. Há menos fitas vermelhas do que brancas, mas há mais fitas vermelhas do que azuis. O número de fitas vermelhas é

A) 14

B) 12

C) 21

D) 20

E) 16

COMENTÁRIOS

À primeira vista a impressão é de que a resolução se baseia em equações matemáticas, então vamos converter as informações contextualizadas na linguagem dos números.

Em uma caixa há 50 fitas, que podem ser brancas, azuis ou vermelhas.	B + A + V = 50

Onde:

- B = Fitas bancas
- A = Fitas azuis
- V = Fitas vermelhas

O número de fitas brancas é onze vezes o número de fitas azuis.	B = 11A

Sabemos também que:

- Há menos fitas vermelhas do que brancas.
- Há mais fitas vermelhas do que azuis.

Ou seja, a maior quantidade é de fitas brancas, depois de fitas vermelhas e a menor quantidade é de fitas azuis.

O importante, percebido neste momento, é que a resolução não depende apenas de equações matemáticas, ou melhor, a resolução sustenta-se muito mais na lógica.

Usando a relação entre fitas brancas e azuis "B = 11A", veja as simulações.

B	11A	V	Observação
1	11	38	A quantidade de fitas vermelhas foge às restrições
2	22	26	A quantidade de fitas vermelhas foge às restrições
3	**33**	**14**	**Ok. Atende todas as restrições**
4	44	2	A quantidade de fitas vermelhas foge às restrições

A única situação possível é:

- Fitas brancas = 3
- Fitas vermelhas = 14
- Fitas azuis = 33

Resposta: O número de fitas vermelhas é igual a 14.

Gabarito: A

---

115. (FGV – Técnico Judiciário – Área Administrativa – TRT 16ªR – 2022) Em um jogo, as peças têm a forma abaixo, formada por 6 quadradinhos.

Na primeira fase do jogo, as peças devem ter exatamente 2 quadradinhos pretos e os outros brancos, mas os dois quadradinhos pretos não podem ser vizinhos, ou seja, não podem ter um lado em comum.

O número de peças diferentes na primeira fase desse jogo é

A) 9.

B) 10.

C) 12.

D) 14.

E) 16.

COMENTÁRIOS

A primeira fase dos jogos são sempre mais simples e aqui não é diferente. Do total de 6 quadradinhos, 2 serão pintados de preto de modo que não sejam vizinhos.

Dado a facilidade, melhor é fazer na prática.

Quadrado superior esquerdo "preto"	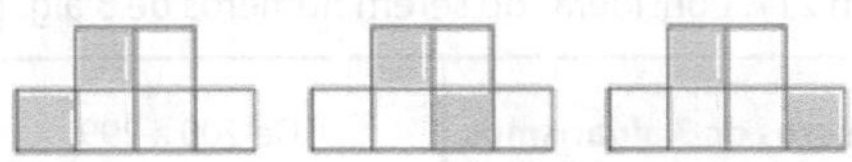

Ao pintar de preto o quadro superior direito encontraremos a mesma quantidade de situações distintas, portanto, temos 6 até agora.

Quadrados inferiores "pretos"	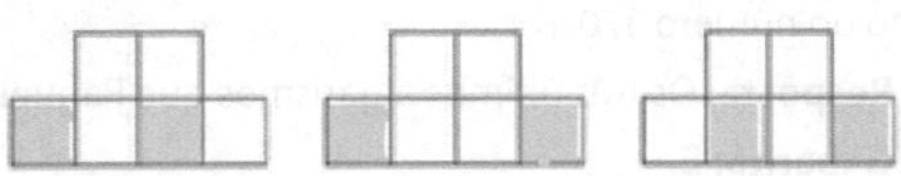

São 3 opções com quadro pretos na parte inferior somadas as outras 6 vistas acima, no total são 9 situações distintas na primeira fase deste jogo.

Resposta: O número de peças diferentes na primeira fase desse jogo é igual a 9.

Gabarito: A

---

116. (FCC – Técnico Judiciário – Área Administrativa – TRT 9ªR – 2022) Raquel começou a escrever em seu caderno os números inteiros e positivos, 1, 2, 3, ..., e parou quando escreveu o milésimo algarismo. Os três últimos algarismos que Raquel escreveu foram:

A) 3, 6, 8.

B) 3, 7, 1.

C) 7, 0, 3.

D) 9, 3, 7.

E) 6, 9, 3.

COMENTÁRIOS

Apesar da aparência matemática, também existe o lado lógico, ademais, para uma boa e rápida resolução, a lógica é imprescindível.

Resumindo, uma sequência numérica é iniciada pelo algarismo 1 e finalizada no milésimo algarismo, vejamos até onde chega a sequência.

Um bom caminho é considerar grupos de números com mesma quantidade de algarismos.

Números de 1 algarismo	De 1 a 9	9	9

Observe que são 9 números de um algarismo. Caso o examinador tivesse dito que a sequência teve início com o número zero, aí sim teríamos 10 números de um algarismo.

Números de 2 algarismos	De 10 a 99	90 números **180 algarismos**	189

Números com dois algarismos possuem o intervalo que vai do número 10 até o número 99 totalizando 90 números e, multiplicado por dois, contabilizamos 180 algarismos.

Observe que na última coluna acima encontramos o total acumulado de algarismos até o número 99.

Números de 3 algarismos	De 100 a 199	100 números **300 algarismos**	489
Números de 3 algarismos	De 200 a 299	100 números **300 algarismos**	789

Agora, até o número 299, o somatório dos algarismos é igual a 789 e para chegar ao milésimo algarismo faltam 211. Considerando serem números de 3 algarismos, são mais outros 70 números aproximadamente.

Números de 3 algarismos	De 200 a 299	100 números **300 algarismos**	789
Números de 3 algarismos	De 300 a 369	70 números **210 algarismos**	999

Concluímos que, incluindo o número 369, somamos 999 algarismo, logo, o milésimo será o primeiro algarismo do número 370.

Resposta: Os três últimos algarismos que Raquel escreveu foram 6, 9 e 3 (3**69**, **3**70).

Gabarito: E

117. (FCC – TRT PI 22ª Região – Analista Judiciário – 2022) Considere a figura abaixo.

Cada um dos segmentos da figura deve ser pintado de azul, de rosa ou de verde, de tal forma que os três lados de cada triângulo tenham cores diferentes. O lado indicado por x pode ser pintado

A) apenas de verde.

B) apenas de azul.

C) de azul ou de verde.

D) apenas de rosa.

E) de rosa ou de verde.

COMENTÁRIOS

A premissa de que cada lado do triângulo deve ser pintado com cores distintas ficou claro, entretanto, para a possível cor de x é preciso entender como estarão pintados os lados dos triângulos vizinhos.

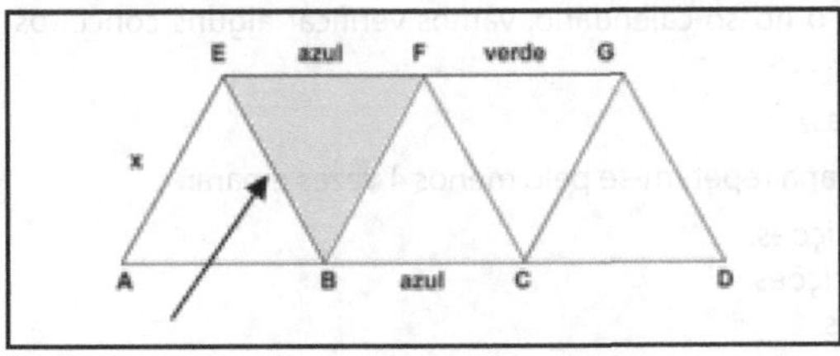

O triângulo marcado tem um dos lados com cor definida, azul, logo, é certo que o lado identificado pela seta não é da cor azul.

Se o lado apontado pela seta não é azul, concluímos ser esta uma possível cor do lado x. Mas será azul a única opção ou conseguimos identificar outra possibilidade?

Vamos buscar a resposta no outro triângulo, no centro da figura.

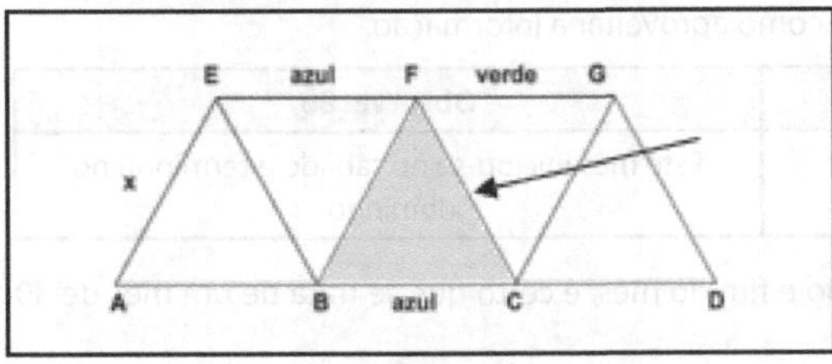

O lado identificado pela seta não é azul porque a base do triângulo marcado leva esta cor. Também não é verde pois este mesmo lado faz parte do triângulo a sua direita e nele existe outro lado desta cor.

Além do lado apontado pela seta, acabamos por definir o outro lado do triângulo central.

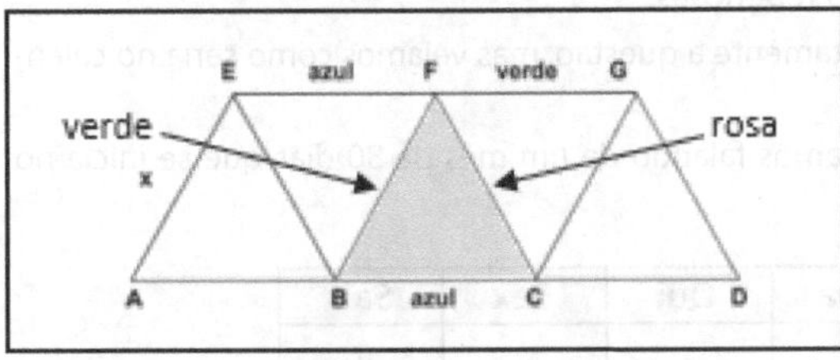

Ou seja, o triângulo à esquerda do triângulo marcado também tem todos os lado com cores definidas.

Retomamos a análise do segundo triângulo da esquerda para a direita.

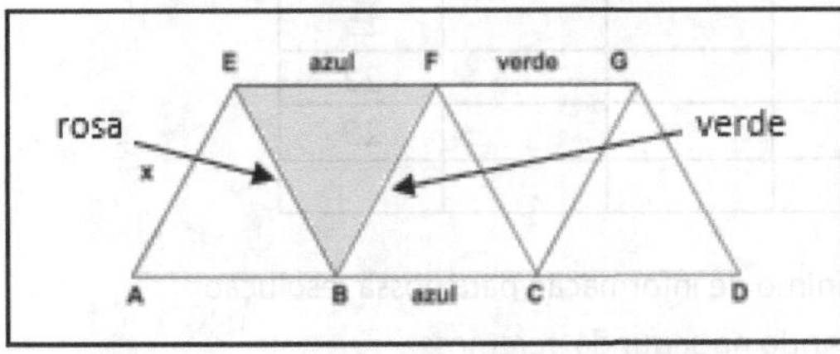

Portanto, o lado x não pode ser da cor rosa.

Além da cor azul que falamos no início da resolução, concluímos também que x pode ser da cor verde.

Resposta: O lado indicado por x pode ser pintado pelas cores azul ou verde.

Gabarito: C

---

118. (FCC – Analista Judiciário – Área Judiciária – TRT 22ªR – 2022) Se um determinado mês teve 5 sábados, 5 domingos, 4 segundas-feiras e 4 sextas-feiras, o mês seguinte terá 5

A) sábados.

B) domingos.

C) quintas-feiras.

D) sextas-feiras.

E) quartas-feiras.

COMENTÁRIOS

O texto é curto e direto, também não há muito o que interpretar. Enfim, considerando o enredo, parece que um desenho é um bom caminho para a resolução do problema proposto.

✪ **Nota dos autores:** Entretanto, antes de montar o nosso calendário, vamos verificar alguns conceitos sobre meses e dias da semana.

- A semana tem 7 dias, logo, 4 semanas totalizam 28 dias.

Ou seja, para todos os meses do ano, os dias da semana repetem-se pelo menos 4 vezes e para:

- Mês de 28 dias, todos os dias da semana terão 4 repetições.
- Mês de 29 dias, apenas um dia da semana terá 5 repetições.
- Mês de 30 dias, dois dias da semana terão 5 repetições.
- Mês de 31 dias, três dias da semana terão 5 repetições.

Ainda, tenha em mente que após um mês de 28, 29 ou 30 dias sempre teremos o próximo mês com 31 dias. Por outro lado, após o mês de 31 dias pode suceder mês de 28, 29, 30 ou mesmo de 31 dias.

Para completar estas informações gerais sobre os meses, a sequência de dias da semana com 5 repetições define o dia de início e término do mês. Veja na questão como aproveitar a informação.

Enunciado	Observação
Se um determinado mês teve 5 sábados, 5 domingos...	Este mês iniciou-se no sábado e terminou no domingo.

Além de termos definido os dias da semana de início e fim do mês, é certo que se trata de um mês de 30 dias porque foram 2 dias da semana com 5 repetições.

Daí, entendemos que o próximo mês terá 31 dias, consequentemente, iniciando na segunda-feira e terminando na quarta-feira pois serão 3 dias da semana com 5 repetições.

Com este entendimento é possível responder corretamente a questão, mas vejamos como seria no calendário, ou a famosa forma desenho.

Lembra, nossa primeira constatação foi de que estamos falando de um mês de 30 dias que se inicia no sábado, logo:

Dom	Seg	Ter	Qua	Qui	Sex	Sab
						1
2						8
9						15
16						22
23						29
30						

Acima a reprodução de um mês de 30 dias com o mínimo de informação para nossa resolução.

Para o mês seguinte, considerando ter 31 dias e iniciando na segunda, teremos:

Dom	Seg	Ter	Qua	Qui	Sex	Sab
	1					
	8					
	15					
	22					
	29	30	31			

Chegamos no mesmo entendimento, segunda, terça e quarta-feira são dias da semana com 5 repetições.

Resposta: O mês seguinte terá 5 quartas-feiras.

Gabarito: E

119. (FCC – Analista Judiciário – TRT 22ªR – 2022) Uma senha foi formada com 4 algarismos diferentes escolhidos no conjunto {0, 1, 2, ..., 9}. Sabendo-se que: – A soma dos quatro algarismos da senha é 20. – O algarismo 3 está na senha. – Existem dois algarismos na senha, em que um deles é o dobro do outro. – O algarismo 6 não está na senha. O produto dos 4 algarismos da senha é

A) 324.

B) 240.

C) 72.

D) 162.

E) 480.

COMENTÁRIOS

✪ **Nota dos autores:** As bancas em geral, inclusive a Fundação Carlos Chagas, exploram muito o raciocínio lógico permeado com operações básicas de matemática. Apesar da matemática estar presente, a lógica é fundamental, não só para entender o contexto, como também para definir a condução da resolução da questão.

No caso, temos uma senha de quatro algarismos sobre a qual sabemos também que:

Enunciado	Somatório
A soma dos quatro algarismos da senha é 20.	$A + B + C + D = 20$

Logo na sequência.

Enunciado	Vamos assumir que:
O algarismo 3 está na senha.	$A = 3$

Ainda.

Enunciado	Opções:
Existem dois algarismos na senha, em que um deles é o dobro do outro. O algarismo 6 não está na senha.	2 e 4 4 e 8

Observações:

- Excluímos a opção 6 porque o enunciado informa que o algarismo 6 não faz parte da senha.
- A opção 2 e 4 não podemos admitir porque o somatório dos 4 algarismos estaria prejudicado.

Sabendo que:	Somatório
A soma dos quatro algarismos da senha é 20 e que A é igual a 3	$A + B + C + D = 20$ $3 + 2 + 4 + D = 20$ $D = 11$

Por esta configuração, D teria dois algarismos.

Assim, resta que um dos algarismos é igual a 4 e outro, dobro, igual a 8. Então, vamos considerar B igual a 4 e C igual a 8.

Somatório	$A + B + C + D = 20$ $3 + 4 + 8 + D = 20$ $D = 20 - 15$ $D = 5$

Apesar de não saber ao certo a sequência dos algarismos da senha, mesmo porque o enunciado não dá subsídios para isso, concluímos quais são estes algarismos.

Algarismos da Senha	Produto
$A = 3$ $B = 4$ $C = 8$ $D = 5$	$A . B . C . D = X$ $3 . 4 . 8 . 5 = X$ $X = 480$

Resposta: O produto dos 4 algarismos da senha é igual a 480.
Gabarito: E

---

120. (FGV – Técnico Judiciário – Área Administrativa – TRT 16ªR – 2022) Uma urna tem 15 bolas. Sobre essas bolas, sabe-se que:

- Pelo menos 3 delas são azuis.
- Dadas 4 quaisquer dessas bolas, pelo menos uma não é azul.

É correto concluir que

A) exatamente 11 dessas bolas são azuis.

B) exatamente 11 dessas bolas não são azuis.

C) pelo menos 4 dessas bolas são azuis.

D) exatamente 12 dessas bolas não são azuis.

E) no máximo 4 dessas bolas não são azuis.

COMENTÁRIOS

O enunciado restringe-se à apresentação de dados sem que haja um questionamento a ser respondido, neste caso a resolução é a análise das alternativas.

Sabemos que:

- A urna contém 15 bolas.
- Pelo menos 3 são azuis.
- De 4 bolas quaisquer, pelo menos uma não é azul.

Perceba que esta última informação limita a anterior, pois:

- Pelo menos 3 são azuis.
- O entendimento é de que pode haver 3 ou mais bolas na urna.
- De 4 bolas quaisquer, pelo menos uma não é azul.
- Aqui, para qualquer cenário, ou seja, para qualquer grupo de 4 bolas, sempre haverá ao menos uma que não seja azul (podem ser ainda os casos em que 2, 3 ou mesmo as 4 bolas não sejam azuis).
- Em outras palavras, foi dito que as bolas azuis limitam-se a 3 unidades.

Logo, para a análise das alternativas podemos considerar:

- A urna contém 15 bolas.
- 3 bolas são azuis.

a) exatamente 11 dessas bolas são azuis.

Muito diferente do que a alternativa prega, são exatamente 3 bolas azuis.

b) exatamente 11 dessas bolas não são azuis.

A informação é próxima à realidade, na verdade 12 bolas não são azuis.

c) pelo menos 4 dessas bolas são azuis.

Desnecessária a análise uma vez que o anunciado afirma que *"pelo menos 3 delas são azuis"*.

d) exatamente 12 dessas bolas não são azuis.

Correto, de um total de 15 bolas concluímos serem 3 azuis, logo, as outras 12 bolas não são desta cor.

e) no máximo 4 dessas bolas não são azuis.

Muito mais que o anunciado nesta alternativa, inclusive não caberia a expressão "no máximo", mas sim "exatamente" 12 dessas bolas não são azuis.

Gabarito: D

---

121. (FCC – Analista Judiciário – Área Judiciária – TRT 16ªR – 2022) Em uma caixa há 18 bolas. A bola mais leve pesa 20 gramas e a mais pesada, 24 gramas. O peso de cada bola é um número inteiro de gramas. É correto concluir que:

A) pelo menos uma bola pesa 22 gramas.

B) nenhuma bola pesa 22 gramas.

C) a média dos pesos de todas as bolas é 22 gramas.

D) pelo menos 4 bolas têm o mesmo peso.

E) a soma dos pesos de todas as bolas é maior do que 396 gramas.

COMENTÁRIOS

Foram apresentadas as seguintes informações:

- Uma caixa com 18 bolas.
- Mais leve pesa 20 gramas.
- Mais pesada pesa 24 gramas.

Para completar, temos a informação de que os pesos são números inteiros, o que nos leva a crer que além das bolas de 20 e 24 gramas, podem existir outras de 21, 22 e 23 gramas.

Sobre o enunciado não há nada mais a fazer, então, vejamos o que manifesta cada uma das alternativas.

a) pelo menos uma bola pesa 22 gramas.

Não existe nenhum indício sobre quantidade de bolas de cada peso. A única conclusão possível é de que há pelo menos uma bola de 20 gramas e uma bola de 24 gramas.

b) nenhuma bola pesa 22 gramas.

Não temos informação suficiente para garantir que não tenha nenhuma bola de 22 gramas bem como não podemos garantir que exista pelo menos um com este peso.

c) a média dos pesos de todas as bolas é 22 gramas.

Como não conhecemos as quantidades de bolas segmentadas por peso, não há que se falar em média de pesos.

d) pelo menos 4 bolas têm o mesmo peso.

São 18 bolas no total cujos pesos podem ser de 20, 21, 22, 23 ou 24 gramas. Para que não tenhamos 4 com o mesmo peso, vamos considerar:

- 3 bolas de 20 gramas
- 3 bolas de 21 gramas
- 3 bolas de 22 gramas
- 3 bolas de 23 gramas
- 3 bolas de 24 gramas

Acima criamos uma situação para desqualificar a alternativa onde alocamos 15 bolas, entretanto, existem outras 3 para completar o universo de 18 bolas.

Constatamos que independente da configuração sempre haverá pelo menos 4 bolas com o mesmo peso.

Alternativa correta.

e) a soma dos pesos de todas as bolas é maior do que 396 gramas.

Aqui também vamos tentar desqualificar a alternativa partindo de:

- 1 bola de 20 gramas
- 1 bola de 24 gramas

Pelo que depreendemos do enunciado, existe pelo menos uma bola de 20 gramas e pelo menos uma bola de 24 gramas. Como não há informação concreta de quantas bolas e quais os respectivos pesos, podemos considerar que as demais 16 bolas tenham 20 gramas, o que não vai de encontro ao enunciado.

- 1 bola de 20 gramas
- 16 bolas de 20 gramas
- 1 bola de 24 gramas

Fazendo o somatório, 20 + 16 x 20 + 24, chegamos no peso de 364 gramas, portanto, menor que 396 contrário ao que descreve a alternativa.

Gabarito: D

---

122. (FCC – Analista Judiciário – Área Judiciária – TRT 16ªR – 2022) Horácio tem 5 filhos. Cada um desses 5 filhos, também tem 5 filhos ou não tem filho algum. Horácio não tem bisnetos. Ao todo, somando filhos e netos, Horácio tem 20 descendentes. o número de descendentes de Horácio que não têm filhos é igual a

A) 3.

B) 6.

C) 9.

D) 15.

E) 17.

COMENTÁRIOS

Conforme descreve o enunciado, Horácio tem 20 descendentes dos quais 5 são seus filhos, isso significa que são 15 netos.

Dada a restrições:

- Cada filhos ou tem 5 filhos ou tem zero filho.

Deduzimos que, dos 5 filhos de Horácio, 3 têm 5 filhos e outros 2 não tem filho algum.

Desse grupo de descendentes, 5 filhos e 15 netos, 17 não têm nenhum filho.

Ficou sucinta a explicação ou caso não tenha segurança em adotar esse tipo de resolução, não hesite em "rabiscar" sua prova, faça esquemas, faça desenhos.

Uma possível forma esquematizada seria:

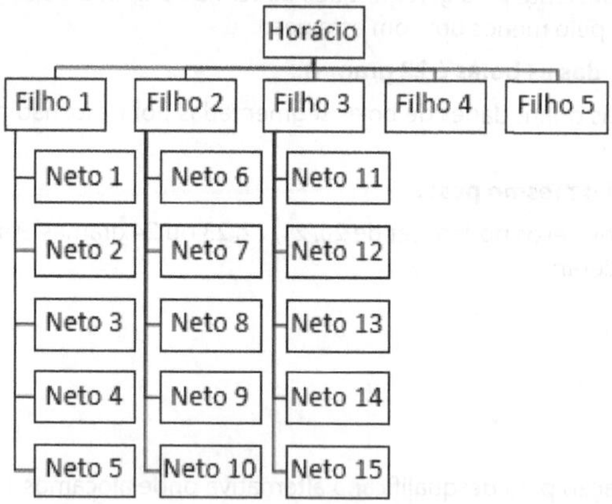

Como dissemos, são 5 filhos e, desses, 3 também tem 5 filhos cada e outros dois não têm filhos.

Como Horácio não tem bisnetos, nenhum de seus netos têm filhos e nem 2 de seus filhos que também não têm filhos.

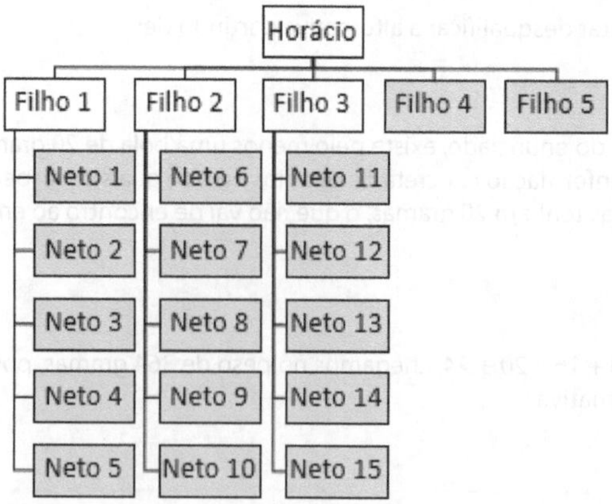

Resposta: Horácio tem 17 descendentes de que não têm filhos

Gabarito: E

123. (FCC – Técnico Judiciário – Área Administrativa – TRT 17ªR – 2022) Um grupo de meninas formou uma roda. Ana é a quarta à esquerda de Helena e a sétima à direita de Helena. O número de meninas que formaram a roda é

A) 9

B) 12

C) 10

D) 11

E) 13

COMENTÁRIOS

Mesmo querendo, não há muito o que falar sobre a resolução da questão senão desenhar. E não precisa ser um perfeição de desenho, apenas o esboço de maneira a atender os dizeres do enunciado e, mais importante, que você entenda, algo como:

Enunciado	Representação Esquematizada
Um grupo de meninas formou uma roda. Ana é a quarta à esquerda de Helena...	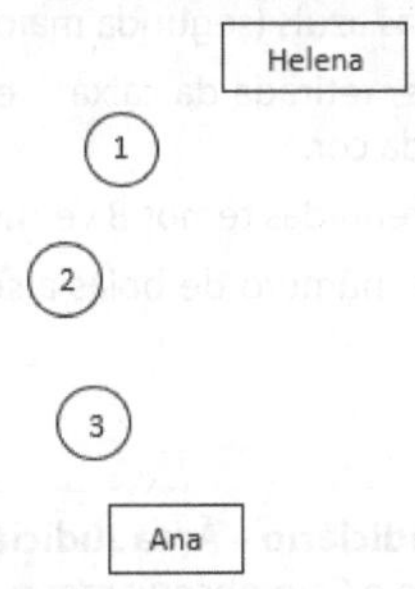

Interpretamos "à esquerda de Helena" sob o ponto de vista do leitor, mas, caso você considere a esquerda em relação à Helena, então desenhe para o lado contrário do que o demonstrado acima, no final o resultado será o mesmo. Apenas cuidado para manter o mesmo raciocínio para a informação seguinte.

Enunciado	Representação Esquematizada
(Ana) *e a sétima à direita de Helena.*	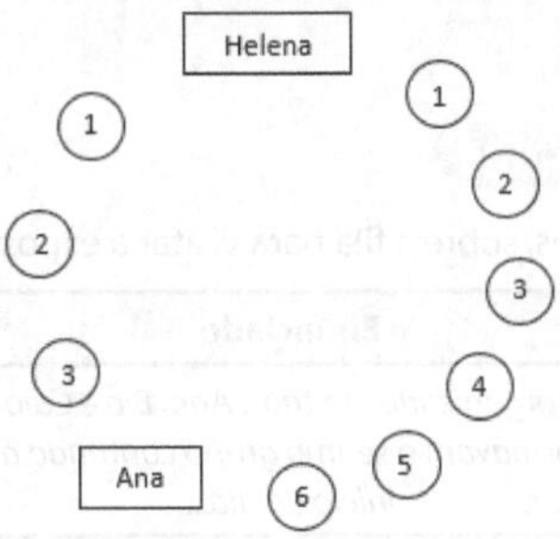

A contagem (Helena + Ana + 3 + 6) revela a quantidade de meninas na roda.

Resposta: O número de meninas que formaram a roda é igual a 11.

Gabarito: D

124. (FCC – Técnico Judiciário – Área Administrativa – TRT 17ªR – 2022) Uma caixa contém 3 bolas amarelas, 4 azuis e 8 vermelhas. O menor número de bolas a serem retiradas da caixa para termos certeza de observar as três cores é

A) 12

B) 5

C) 13
D) 3
E) 10

COMENTÁRIOS

Temos uma caixa com 15 bolas, sendo:

- 3 amarelas;
- 4 azuis e
- 8 vermelhas.

Para apontar o menor número possível de bolas retiradas da caixa de maneira que haja certeza da retirada de pelo menos uma bola de cada cor é necessário pensar no pior cenário.

Claro que a chance de que o pior cenário transforme-se em fato e bem pequena, entretanto, é o que garante a certeza daquilo que o enunciado preconiza.

Nosso pior cenário é:

1. Retirar todas as bolas vermelhas (maior quantidade) e
2. Retirar todas as bolas azuis (segunda maior quantidade).

A próxima bola a ser retirada da caixa é, evidente, amarela e com certeza, entre as bolas retiradas, haverá pelo menos uma de cada cor.

Somando as bolas retiradas temos 8 vermelhas, 4 azuis e 1 amarela, totalizando 13 bolas.

Resposta: O menor número de bolas a serem retiradas da caixa para termos certeza de observar as três cores é igual a 13.

Gabarito: C

---

125. (FCC – Analista Judiciário – Área Judiciária – TRT 17ªR – 2022) Para visitar uma exposição, a fila foi organizada em trios. Ana, Bia e Caio observaram que formavam o sétimo grupo contando a partir do início da fila e o nono contando a partir do final da fila. Porém, observaram que o último trio não estava completo. O número máximo de pessoas nessa fila é

A) 45
B) 44
C) 47
D) 48
E) 46

COMENTÁRIOS

Sabemos, sobre a fila para visitar a exposição, que:

Enunciado	Observação
... a fila foi organizada em trios. Ana, Bia e Caio observaram que formavam o sétimo grupo contando a partir do início da fila...	Se o trio está na posição sete, entendemos que até sua posição, incluindo o trio Ana, Bia e Caio, são 21 pessoas.

Para seguir com a contagem, veja o que mais nos informa o enunciado.

Enunciado	Observação
(O trio) *e o nono contando a partir do final da fila. Porém, observaram que o último trio não estava completo.*	Se o trio está na posição nona (de trás para frente), entendemos que, além do trio, são oito posições até o final da fila.

Atenção ao complemento do trecho acima, o último trio não está completo, logo, tem uma ou duas pessoas. Como procuramos o número máximo de pessoas na fila, podemos considerar que a última posição tem duas pessoas.

Assim, nas oito posições atrás do trio somamos 23 pessoas (duas pessoas na última posição) com as outras 21 na parte da frente da fila (inclusive o trio), concluímos serem 44 pessoas.

Resposta: O número máximo de pessoas nessa fila é igual a 44.

Gabarito: B

---

126. (FCC – Analista Judiciário – Área Judiciária – TRT 17ªR – 2022) Ana, Beto, Clara, Diva e Edu disputam uma maratona de matemática. Para cada problema respondido corretamente ganham 1 ponto e se errarem nada ganham. A soma dos pontos recebidos pelos cinco participantes é 75. A diferença de pontos entre Ana e Beto é 2, mas não necessariamente nessa ordem, a diferença de pontos entre Beto e Clara é 3, mas não necessariamente nessa ordem, a diferença entre Clara e Diva é 4 e entre Diva e Edu é 9. Sabe-se que Edu teve a maior pontuação e Diva a menor pontuação dentre os cinco. A soma das pontuações obtidas por Ana e Beto é

A) 31

B) 24

C) 32

D) 36

E) 33

COMENTÁRIOS

Questões com grandes enunciado, apesar de, neste caso, nem ser tão grande assim, é importante não desperdiçar tempo com duas leituras ou mesmo com a procura de dados (e isso vale para outras disciplinas).

- Leia, no final do enunciado, o comando da questão.
- Sabendo o que responder, temos melhor noção do que é importante e, inclusive, possibilita pensar em caminhos para a resolução.
- Leia trecho a trecho do enunciado e grifes os dados os quais podem ser aproveitados na resolução.

O comando, ou aquilo que efetivamente vamos responder, "*A soma das pontuações obtidas por Ana e Beto é*" nos diz que precisamos das pontuações de Ana e Beto.

Agora análise do enunciado.

Enunciado	Observação
Ana, Beto, Clara, Diva e Edu disputam uma maratona de matemática. Para cada problema respondido corretamente ganham 1 ponto e se errarem nada ganham.	Resposta correta = 1 ponto. Resposta errada = 0 ponto.

Neste primeiro trecho, grifar a parte sobre pontuação.

Enunciado	Observação
A soma dos pontos recebidos pelos cinco participantes é 75.	$A + B + C + D + E = 75$

Além de apontar o somatório igual a 75, coloque nos arredores da questão a expressão matemática que traduz a informação lida.

Seguem outras expressões matemáticas na sequência.

Enunciado	Observação
A diferença de pontos entre Ana e Beto é 2, mas não necessariamente nessa ordem, a diferença de pontos entre Beto e Clara é 3, mas não necessariamente nessa ordem, a diferença entre Clara e Diva é 4 e entre Diva e Edu é 9.	$\|A - B\| = 2$ $\|B - C\| = 3$ $C - D = 4$ $D - E = 9$

Para não perder informação, as duas primeiras diferenças estão em módulo para desconsiderar o sinal uma vez que, para estas duas diferenças, foi dito "não necessariamente nessa ordem".

O texto do enunciado completa.

Enunciado	Observação
Sabe-se que Edu teve a maior pontuação e Diva a menor pontuação dentre os cinco.	Encontramos uma incoerência porque se Edu em maior pontuação e Diva a menor, a situação "D – E = 9" não é possível. Consideramos, então, "E – D = 9"

Temos equações e aparência de questão matemática, mas devo dizer, trabalhar somente com o sistema de equações vai lhe tomar tempo precioso, portanto e na medida do possível, vamos agregar a lógica.

Recordando, sabemos que:

- A + B + C + D + E = 75
- |A – B| = 2
- |B – C| = 3
- C – D = 4
- E – D = 9

Ou, ainda:

- (A + B) + C + D + E = 75
- |A – B| = 2
- |B – C| = 3
- C – D = 4 ou C = 4 + D
- E – D = 9 ou E = 9 + D

Na primeira equação o destaque entre parênteses deve-se ao fato de ser a expressão que responde a questão e, ainda na matemática, façamos as substituições.

Substituir os valores de C e E	(A + B) + C + D + E = 75 (A + B) + (4 + D) + D + (9 + D) = 75 (A + B) + 13 + 3D = 75 3D = 62 – (A + B)

Trabalhamos minimamente a parte matemática e, se seguíssemos em frente desenvolvendo as equações, seria um caminho longo e dispendioso em relação a tempo.

Usemos a lógica, ou melhor, as alternativas com a substituição dos valores em (A + B). Para facilitar faça apenas "62 – (A+ B)" e veja se é divisível por 3.

(A) 31 → 62 – 31 = 31 → Não é divisível por três.

(B) 24 → 62 – 24 = 38 → Não é divisível por três.

(C) 32 → 62 – 32 = 30 → É divisível por três.

(D) 36 → 62 – 36 = 26 → Não é divisível por três.

(E) 33 → 62 – 33 = 29 → Não é divisível por três.

Só uma alternativa possível. É nossa resposta é igual a 32.

Importante ressaltar que valer-se de alternativas é algo que você não deve contar, mesmo porque as bancas criam situações para dificultar este caminho inverso, a partir das alternativas.

Este foi um caso esporádico cuja utilização demanda conhecimento de matemática e perspicácia do concursando para juntar à resolução as alternativas.

Se assim não fosse feito, haveria necessidade de trabalhar com hipóteses de equações.

Para |A – B| = 2	Há necessidade de considerar: A – B = 2 B – A = 2

Ainda, para cada uma das duas hipóteses anteriores, outras duas.

Para |B – C| = 3	Há necessidade de considerar: B – C = 3 C – B = 3

Testando as hipóteses acabaríamos por identificar como corretas: "B – C = 3" e "B – A = 2".

Substituir o valor de C **C = 4 + D**	B – C = 3 B – (4 + D) = 3 B = 7 + D
Substituir o valor de B **B = 7 + D**	B – A = 2 7 + D – A = 2 -A = -5 – D A = 5 + D

Aí sim a substituição na primeira equação.

Substituir os valores de A, B, C e E	A + B + C + D + E = 75 (5+D) + (7+D) + (4+D) + D + (9+D) = 75 25 + 5D = 75 5D = 50 D = 10

As substituições seguintes são mais fáceis e, no final, após um longo caminho, chegamos no valor de A igual a 15 e B igual a 17.

Resposta: A soma das pontuações obtidas por Ana e Beto é igual a 32.

Gabarito: C

---

127. (FCC – Técnico Judiciário – TRT 5ªR – 2022) Para descobrir qual é o código que dá acesso a um computador, foram feitas várias tentativas, para as quais foram geradas as mensagens que seguem:

Tentativa 1		5	2	4	**Um número correto e corretamente posicionado**
Tentativa 2		5	4	6	**Nada correto**
Tentativa 3		8	6	2	**Um número correto, mas incorretamente posicionado**
Tentativa 4		3	6	9	**Dois números corretos, mas incorretamente posicionados**

De acordo com as mensagens, o código correto é:

A) 562

B) 948

C) 675

D) 923

E) 237

COMENTÁRIOS

✪ **Nota dos autores:** A ideia tem origem, pelo menos no Brasil, no jogo "Senha" que viralizou na década de 70. É um jogo que podemos qualificar como sendo de raciocínio lógico, tanto que foi cobrado pela FCC para o TRT da Bahia.

A regra é, feita uma tentativa, haverá uma resposta dizendo se algum número está correto e se estão ou não na posição correta.

Então, vamos ao jogo, ou melhor, vamos identificar o código correto e resolver a questão.

Tentativa 1

Tentativa 1		5	2	4	Um número correto e corretamente posicionado

A tentativa foi "524" cuja resposta diz que um dos três números está correto e também na posição correta.

Tentativa 2

A análise é feita considerando a resposta da primeira tentativa.

Tentativa 2		5	4	6	Nada correto

Na segunda tentativa nada está correto, nem números nem posições. Portanto, descartamos os três.

Ainda, tanto o número 5 como o número 4 estão na primeira tentativa e, por terem sidos desqualificados, o número 2 (tentativa 1) está correto e na posição correta, é o número que ocupa a posição central.

Tentativa 3

Tentativa 3		8	6	2	Um número correto, mas incorretamente posicionado

Outra confirmação de que o número 2 ocupa a posição central (correto em posição incorreta). Também, por esta tentativa 3, descartamos o número 8 (o número 6 havíamos desqualificado na rodada anterior).

Recordando, até aqui sabemos que não fazem parte do código os números 4, 5, 6 e 8.

Tentativa 4

Tentativa 4		3	6	9	Dois números corretos, mas incorretamente posicionados

A última tentativa apresenta dois números corretos, são eles 3 e 9, uma vez que o número 6 está fora. Além do mais, suas posições não estão corretas.

Bem, o número 2 ocupa a posição central, restando os extremos. Claro, invertendo as posições dos números 3 e 9 chegamos ao código correto: 923.

Resposta: De acordo com as mensagens, o código correto é 923.

Gabarito: D

---

128. (FCC – TRT ES 17ª Região – Analista Judiciário – 2022) Um campeonato de judô contou com seis atletas. Cada atleta participante lutou exatamente uma vez contra cada um de seus oponentes. Nesse campeonato, uma vitória vale 2 pontos, um empate vale 1 ponto e uma derrota vale 0. Ao final do campeonato, um dos atletas somou 8 pontos, outro somou 6 pontos, e os quatro restantes obtiveram o mesmo número de pontos cada um. O número de pontos de cada um dos quatro atletas restantes é

A) 4

B) 2

C) 3

D) 1

E) 5

COMENTÁRIOS

Para resolver esta questão e talvez para outras quando a situação considerar jogos nos quais a vitória vale 2 pontos, o empate vale 1 e a derrota zero ponto, tenha em mente a premissa: <u>Cada partida vale 2 pontos</u>.

Exemplo, jogo entre A e B.

- A vence: A ganha 2 pontos.
- B vence: B ganha 2 pontos.
- Empate: A ganha 1 ponto e B ganha 1 ponto.

Portando, independente do resultado, estão em disputa 2 pontos por jogo.

Também, para facilitar sua resolução, usaremos um pouco de análise combinatória (passaremos por este tópico no capítulo Raciocínio Matemático).

Estamos falando de 6 atletas que jogam entre si, o que equivale à combinação de 6 tomado de 2.

Combinação de 6 tomado de 2 **C (6,2)**	C(n,p) = n! / (p! . (n – p)!) C(6,2) = 6! / (2! . (6 – 2)!) C(6,2) = 6 . 5 . 4! / (2! . 4!)
Simplificar 4!	C(6,2) = 6 . 5 / 2! C(6,2) = 30 / 2 C(6,2) = 15

Por ora, não se preocupe, logo vamos trabalhar a análise combinatória e a maneira de abreviar a utilização da fórmula, o que não fizemos aqui.

Enfim, são 15 partidas a serem disputadas e, consequentemente, 30 pontos a serem distribuídos entre os atletas.

Entenderam a linha de raciocínio? Daqui para frente ficou fácil.

Sabemos que um atleta somou 8 pontos, outro 6 pontos, resta a diferença para 30 igual a 16.

Também sabemos que os outros 4 atletas somaram a mesma quantidade de pontos, logo, dividindo igualmente os 16 pontos para os 4 atletas, cada um somou 4 pontos.

Resposta: O número de pontos de cada um dos quatro atletas restantes é igual a 4.

Gabarito: A

---

129. (FCC – Técnico Judiciário – TRT 19ªR – 2022) Em um jantar, cada convidado recebeu um código formado por 3 algarismos ordenados, e cada assento estava marcado com um código formado por 3 letras também ordenadas. Os amigos, Ana, Bia, Caio, Davi e Edu devem sentar-se em uma mesa cujos assentos foram identificados pelos códigos YZY, ZBY, HZB, BHY e ZHY. Ana recebeu o código 414, Bia o código 812, Caio o código 124, Davi o código 184, e Edu esqueceu seu código. Como cada letra está associada a um único algarismo e letras distintas estão associadas a algarismos distintos, o código de Edu é

A) 842

B) 482

C) 428

D) 284

E) 248

COMENTÁRIOS

Enunciado criado para confundir o concursando, então, aí vai uma boa sugestão, reescrever os dados relevantes do enunciado.

Enunciado	Dados Relevantes
Em um jantar, cada convidado recebeu um código formado por 3 algarismos ordenados, e cada assento estava marcado com um código formado por 3 letras também ordenadas.	Convidados = Código com 3 algarismos. Assentos = Código com 3 letras.

Para essa parte inicial, grifar a parte de interesse é o suficiente.

Enunciado	Dados Relevantes
Os amigos, Ana, Bia, Caio, Davi e Edu devem sentar-se em uma mesa cujos assentos foram identificados pelos códigos YZY, ZBY, HZB, BHY e ZHY.	Convidados = Ana, Bia, Caio, Davi e Edu. Assentos = YZY, ZBY, HZB, BHY e ZHY.

Na sequência do enunciado.

Enunciado	Dados Relevantes
Ana recebeu o código 414, Bia o código 812, Caio o código 124, Davi o código 184, e Edu esqueceu seu código.	Ana = 414 Bia = 812 Caio = 124 Davi = 184 Edu = ?

Atentando ao fato de que há relação entre algarismos e letras, cada letra está associada a um único algarismo e letras distintas estão associadas a algarismos distintos, passamos às conexões.

Códigos com Algarismos	Códigos com Letras
Ana = 414 Bia = 812 Caio = 124 Davi = 184 Edu = ?	YZY ZBY HZB BHY ZHY

Conclusões:

- YZY é compatível com os algarismos do código de Ana face à repetição dos números 4 e das letras Y. Logo, Y = 4 e Z = 1. Assim:
- Ana = 414 = YZY
- ZBY, conhecendo os números relacionados às letras Y e Z, este é o código do assento no qual deve sentar-se Caio. Daí, B = 2. Temos:
- Caio = 124 = ZBY
- HZB, as letras Z e B são conhecidas e possível associar com o código de Bia. Logo, H = 8. Ainda:
- Bia = 812 = HZB
- BHY corresponde aos algarismos 284 e, por não ter sido mencionado, inferimos ser o código de Edu.
- Edu = 284 = BHY
- ZHY é o código do assento de Davi e está relacionado aos algarismos 184.
- Davi = 184 = ZHY.

As relações entre algarismos e letras não requerem maiores sacrifícios para serem encontradas, talvez o enunciado cause um pouco de preocupação o que é superado com atenção e reescrevendo as listas de códigos com um mínimo de organização.

Resposta: O código de Edu é 284.

Gabarito: D

---

130. (FGV – Analista Judiciário – Área Administrativa – TRT 12ªR – 2017) Uma gaveta A tem sete canetas vermelhas e uma gaveta B tem sete canetas azuis. Essas são as únicas canetas contidas nas duas gavetas. Retiram-se três canetas da gaveta A, que são então colocadas na gaveta B. Agora, retiram-se, aleatoriamente, quatro canetas da gaveta B, que são então colocadas na gaveta A.

Após essas transferências, é correto afirmar que:

A) só ficaram canetas azuis na gaveta B;

B) só ficaram canetas vermelhas na gaveta A;

C) há pelo menos uma caneta vermelha na gaveta B;

D) há pelo menos uma caneta azul na gaveta A;

E) há mais canetas azuis na gaveta B do que canetas vermelhas na gaveta A.

COMENTÁRIOS

São duas gavetas e o relato é que nelas estão somente os objetos conforme relação.

- Gaveto A: 7 canetas vermelhas.
- Gaveto B: 7 canetas azuis.

Primeira movimentação de canetas entre as gavetas.

Retiram-se três canetas da gaveta A, que são então colocadas na gaveta B.	Gaveta A = 4 Vermelhas Gaveta B = 7 Azuis e 3 Vermelhas

Uma segunda movimentação entre as gavetas.

- *Agora, retiram-se, aleatoriamente, quatro canetas da gaveta B, que são então colocadas na gaveta A.*

Como não há um comando definido no enunciado, partimos para as alternativas.

a) só ficaram canetas azuis na gaveta B.

As quatro canetas retiradas podem ser, por exemplo, 2 azuis e 2 vermelhas, restando canetas das duas cores na gaveta.

b) só ficaram canetas vermelhas na gaveta A.

Conforme hipótese apresentada na alternativa anterior, podem ficar canetas das duas cores.

c) há pelo menos uma caneta vermelha na gaveta B.

Ao retirar quatro canetas, há possibilidade de 3 canetas vermelhas serem escolhidas e não ficar nenhuma delas na gaveta.

d) há pelo menos uma caneta azul na gaveta A.

No máximo, retornam para a gaveta A 3 canetas vermelhas e, obrigatoriamente, 1 azul. Então sim, está correto dizer que há pelo menos uma azul na gaveta A.

e) há mais canetas azuis na gaveta B do que canetas vermelhas na gaveta A.

Pode acontecer de retornarem as 3 canetas vermelhas para a gaveta A e mais uma caneta azul, neste caso, contrário à afirmação, ficariam 6 canetas azuis na gaveta B e 7 vermelhas na gaveta A.

Gabarito: D

---

131. (FCC – Técnico Judiciário – Área Administrativa – TRT 24ªR – 2017) O cadastro de veículos de uma pequena cidade registra 40 veículos de carga e 245 veículos de passeio. Desses 285 veículos cadastrados, 32 são movidos a diesel. Utilizando apenas essas informações, a respeito desses veículos cadastrados, é correto afirmar que,

A) no máximo, 213 são de passeio movidos a diesel.
B) no mínimo, 32 são de carga movidos a diesel.
C) algum veículo de carga é movido a diesel.
D) no mínimo, 20% dos veículos de carga não são movidos a diesel.
E) pelo menos, 8 veículos de passeio são movidos a diesel.

COMENTÁRIOS

O formato como são apresentados os dados inspira colocá-los em planilha.

	Carga	**Passeio**	
Diesel			**32**
	40	**245**	

De acordo com as informações inseridas na planilha, não há muita certeza de nada. Entretanto, vejamos o que aponta cada uma das alternativas.

a) no máximo, 213 são de passeio movidos a diesel.

Absurdo, uma vez que nos foi informado serem 32 veículos movidos à diesel.

b) no mínimo, 32 são de carga movidos a diesel.

Chegou perto, estaria correto se fosse dito "no máximo".

c) algum veículo de carga é movido a diesel.

Relacionar veículo de carga com combustível diesel é algo intrínseco ao nosso conhecimento, mas nada foi dito no enunciado que garanta esta informação.

d) no mínimo, 20% dos veículos de carga não são movidos a diesel.

Estamos falando de veículos de carga movidos por outro combustível que não diesel. Mesmo se todos veículos que fossem movidos a diesel fossem também veículos de carga, ainda assim restariam 8 unidades (20% de 40 unidades) não movidos à diesel. Esse percentual só aumenta, podendo chegar a 100%.

Gabarito correto.

e) pelo menos, 8 veículos de passeio são movidos a diesel.

Dos 40 veículos de carga, 32 poderiam ser movidos à diesel, neste caso, nenhum veículo de passeio seria movido à diesel.

Gabarito: D

---

132. (FCC – Analista Judiciário – Área Judiciária – TRT 20ªR – 2016) Marina, Kátia, Carolina e Joana se sentam em uma mesa hexagonal (seis assentos), conforme indica a figura abaixo.

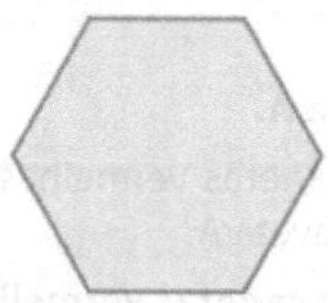

Sabe-se que Carolina se senta imediatamente à direita de Marina e em frente à Kátia; e que Joana não se senta em frente a um lugar vazio. Dessa forma, é correto afirmar que, necessariamente,

A) Kátia se senta imediatamente ao lado de dois lugares vazios.

B) Joana se senta imediatamente ao lado de Kátia.

C) Marina se senta em frente à Kátia.

D) Carolina se senta imediatamente ao lado de dois lugares vazios.

E) Carolina está tão distante de Kátia na mesa quanto está de Marina.

COMENTÁRIOS

É hora de seguir fielmente as regras e, assim, acomodaremos, ou pelo menos tentaremos, alocar as quatro moças na mesa hexagonal.

Considere:

- Marina = M;
- Kátia = K;
- Carolina = C;
- Joana = J

Sabe-se que Carolina se senta imediatamente à direita de Marina e em frente à Kátia.	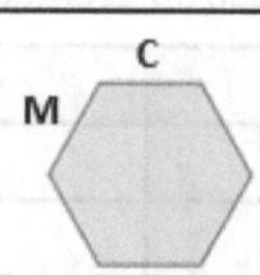

✪ **Nota dos autores:** Aqui não interessa se estamos falando de direita do nosso ponto de vista ou do ponto de vista da própria Carolina. O que importa é manter o padrão até final da questão.

Joana não se senta em frente a um lugar vazio.	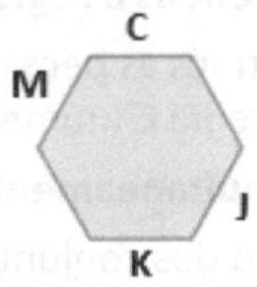

Mais rápido que esperávamos.

Alternativas:

a) Kátia se senta imediatamente ao lado de dois lugares vazios.

Não, apenas um.

b) Joana se senta imediatamente ao lado de Kátia.

Perfeito.

c) Marina se senta em frente à Kátia.

Marina se senta em frende à Joana.

d) Carolina se senta imediatamente ao lado de dois lugares vazios.

Não, apenas um.

e) Carolina está tão distante de Kátia na mesa quanto está de Marina.

Carolina está no lado oposto de Kátia e imediatamente ao lado de Marina.

Gabarito: B

---

133. (FCC – Analista Judiciário – Área Judiciária – TRT 4ªR – 2015) As peças de um jogo estão numeradas com a sequência ordenada dos primeiros números inteiros não negativos. Nesse jogo, sabe-se que:

- as dez primeiras peças ordenadas devem se submeter à regra A;
- as cinco primeiras peças ordenadas de numeração par devem se submeter à regra B;
- as cinco primeiras peças ordenadas de numeração ímpar devem se submeter à regra C;
- as cinco primeiras peças ordenadas com numeração de número primo devem se submeter à regra D.

De acordo com as regras, as peças do jogo submetidas à regra

A) A também estão submetidas à regra C.

B) A também estão submetidas à regra D.

C) A mas não submetidas à regra B são as mesmas que estão submetidas à regra C.

D) A e à regra B, simultaneamente, constituem um conjunto sem elementos.

E) B e à regra C, simultaneamente, constituem um conjunto de um único elemento.

COMENTÁRIOS

As regras do jogo são entendidas como conjuntos matemáticos.

As dez primeiras peças ordenadas devem se submeter à regra A.	A = {1, 2, 3, 4, 5, 6, 7, 8, 9, 10}
As cinco primeiras peças ordenadas de numeração par devem se submeter à regra B.	B = {2, 4, 6, 8, 10}
As cinco primeiras peças ordenadas de numeração ímpar devem se submeter à regra C.	C = {1, 3, 5, 7, 9}
As cinco primeiras peças ordenadas com numeração de número primo devem se submeter à regra D.	D = {2, 3, 5, 7, 11}

Seguimos com a checagem de cada uma das alternativas.

a) A também estão submetidas à regra C.

Nem todas as peças submetidas à regra A estão submetidas à regra C. O inverso seria verdade.

b) A também estão submetidas à regra D.

Nem todas as peças submetidas à regra A estão submetidas à regra D.

c) A mas não submetidas à regra B são as mesmas que estão submetidas à regra C.

Perfeito. Se retirarmos as peças submetidas à regra B (números pares) daquelas submetidas à regra A, restam as submetidas à regra C (números ímpares).

d) A e à regra B, simultaneamente, constituem um conjunto sem elementos.

Seria a intersecção dos conjuntos A e B e o resultado são os mesmos elementos do conjunto B, portanto, com 5 elementos.

e) B e à regra C, simultaneamente, constituem um conjunto de um único elemento.

São dois conjuntos totalmente distintos, regra B, números pares, e regra C, números ímpares, Logo, a intersecção é um conjunto vazio.

Gabarito: C

---

134. (FCC – Técnico Judiciário – Área Administrativa – TRT 4ªR – 2015) As pastas de um arquivo estão ordenadas com uma sequência de códigos, que segue sempre o mesmo padrão. Os códigos das quinze primeiras pastas desse arquivo são: A1, A2, A3, B1, B2, A4, A5, A6, B3, B4, A7, A8, A9, B5, B6.

De acordo com o padrão, a centésima pasta desse arquivo terá o código

A) A50.

B) B40.

C) B32.

D) B50.

E) A51.

COMENTÁRIOS

✪ **Nota dos autores:** Por vezes, as questões de problemas sequenciais confrontam nosso conhecimento em relação a dois fatos distintos: o primeiro, quanto a identificação do padrão que rege a sequência, e o segundo, como identificar um elemento distante sem a necessidade de passar por todos os elementos anteriores a ele.

Dito isto, vamos enfrentar nosso primeiro problema, qual o padrão que rege a sequência dada.

A1, A2, A3, B1, B2, A4, A5, A6, B3, B4, A7, A8, A9, B5, B6.

Sem despender de maiores esforços, nota-se a presença de duas sequências que se intercalam formando apenas uma.

Sequência A	*A1, A2, A3, ..., A4, A5, A6, ..., A7, A8, A9, ...,*
Sequência B	*B1, B2, ..., B3, B4, ..., B5, B6, ...,*

Vencida a primeira parte, vamos pensar em como chegar ao centésimo elemento.

Um caminho possível, fácil e que serve de exemplo para casos semelhantes, é considerar grupos para completar a sequência não por elementos um a um, mas em blocos.

No caso em tela, grupos de 10 elementos parece uma quantidade boa. O elemento de interesse será o último elemento do 10º grupo.

Não só por isso, face à sequência apresentar ciclos de 5 elementos (*A1, A2, A3, B1, B2*), também é motivo para a escolha de grupos de 10 elementos, o que considera dois ciclos completos.

Grupo 1	*A1, A2, A3, B1, B2, A4, A5, A6, B3, B4*
Grupo 2	*..., B8*

Note que não há necessidade de listar todos os elementos, basta pensar na última posição de cada grupo.

Sempre o último elemento de cada grupo inicia-se pela letra B e finaliza por um múltiplo de quatro (multiplicar pelo número do grupo, linha 2 = 2 . 4 = 8).

Para o 10º grupo, 4 . 10 = 40.

Grupo 10	*..., B40*

Resposta: A centésima pasta desse arquivo terá o código B40.

Gabarito: B

Raciocínio Lógico

Marcelo Sbicca e
Marcos Alexandre Bosso

✦ DICAS

1. LÓGICA PROPOSICIONAL

Proposição é qualquer conjunto de palavras ou símbolos que expressam uma ideia com sentido completo.

PARA CONCURSOS PÚBLICOS

Proposição é uma sentença que pode ser classificada como verdadeira ou falsa.

Não são consideradas proposições:

- Sentenças imperativas: "Corra atrás do seu objetivo".
- Sentenças interrogativas: "Sai o edital do TRT?".
- Sentenças exclamativas: "Que prova difícil!".
- Sentenças abertas: "Saiu o edital".
- Conjunto de palavras sem sentido completo: "Concurso, edital, estudar".

Nas sentenças abertas, a informação não é clara. O exemplo dado foi: "Saiu o edital".

Não sabemos a que edital se refere. Pode ser edital de compras para uma prefeitura, edital de leilão de automóveis do Detran, ou mesmo o edital de um concurso público qualquer.

Vale ressaltar que esse entendimento vale para os casos nos quais o questionamento é sobre uma sentença ser ou não uma proposição, então vale a teoria. Na prática, em relação a outros questionamentos, as bancas utilizam indistintamente as sentenças abertas como sendo proposições, ou seja, seguimos as bancas.

1.1. CONECTIVOS LÓGICOS

- **Conjunção:**

A conjunção representa uma adição de proposições simples por meio do conectivo "e" ou simbolicamente representado por "$\wedge$". É representada pela tabela verdade:

p	q	$p \wedge q$
V	V	V
V	F	F
F	V	F
F	F	F

MEMORIZAR

A conjunção será verdadeira somente quando ambas as proposições simples, que a compõem, tiverem valor lógico verdade. Será falsa nos demais casos.

- **Disjunção:**

A disjunção é o conectivo que constrói uma sentença com ideia de escolha, de opção. Basta que apenas uma das orações (proposições simples) seja correta para que a sentença (proposição composta) também seja.

Na proposição composta disjuntiva está presente o conectivo "ou", cuja representação simbólica é o "$\vee$".

p	q	$p \vee q$
V	V	V
V	F	V
F	V	V
F	F	F

MEMORIZAR

A disjunção só será falsa quando ambas as proposições simples, que a compõem, forem falsas. Será verdadeira nos demais casos.

- **Disjunção exclusiva:**

A diferença é sutil em relação à disjunção, porém importante. O fato é que o "ou" que inicia a frase faz parte do conectivo e restringe a escolha em apenas uma das proposições simples.

Por exemplo, se a primeira proposição simples for verdadeira, a segunda necessariamente deve ser falsa, e vice-versa.

O sinal que representa o conectivo da disjunção exclusiva é o mesmo que o da disjunção, porém, sublinhado: "$\veebar$".

A tabela verdade para a disjunção exclusiva é a seguinte:

p	q	$p \veebar q$
V	V	F
V	F	V
F	V	V
F	F	F

MEMORIZAR

A disjunção exclusiva será verdadeira quando as duas proposições simples tiverem valores lógicos distintos, uma verdadeira e outra falsa. E será falsa quando ambas as proposições simples, que a compõem, forem verdadeiras ou ambas forem falsas.

- **Condicional:**

A condicional é a proposição composta mais cobrada em concursos públicos, portanto a mais importante. É representada pela seta "$\rightarrow$", cuja leitura é "se... então...".

É imprescindível que você saiba que a proposição composta condicional será **falsa** em apenas uma situação: quando a **primeira proposição simples for verdadeira e a segunda proposição simples for falsa**.

Por exemplo, a verdade da primeira parte da proposição composta implica na verdade da segunda parte. Caso contrário, se a segunda parte for falsa concluímos que a proposição composta é falsa.

MEMORIZAR

A condicional somente será falsa quando a primeira parte (proposição simples) for verdadeira e a segunda for falsa. Para as outras três combinações, a proposição composta será verdadeira.

Os termos da condicional possuem ainda outra característica: são classificados como suficiente e necessário, o primeiro e o segundo termo, respectivamente.

Suficiente:

O primeiro termo da proposição composta condicional é condição suficiente para o segundo.

Necessária:

O segundo termo da proposição composta condicional é condição necessária para o primeiro.

A representação do que foi explicado está sintetizada na tabela verdade da condicional:

p	q	$p \rightarrow q$
V	V	V
V	F	F
F	V	V
F	F	V

As seguintes expressões podem ser empregadas como equivalentes à condicional "se p, então q":

- Se p, q.
- q, se p.

- p é condição suficiente para q.
- q é condição necessária para p.
- Quando p, q.
- p implica q.

Então, podemos encontrar a mesma proposição escrita de diversas formas distintas. Veja as variações para a proposição condicional "Se Alberto for à festa, então Bernardo também irá".

Se p, q	Se Alberto for à festa, Bernardo também irá.
q, se p	Bernardo também irá, se Alberto for à festa.
p é condição suficiente para q	Alberto ir à festa é condição suficiente para Bernardo também ir.
q é condição necessária para p	Bernardo também ter ido é condição necessária para Alberto ir à festa.
Quando p, q	Quando Alberto for à festa, Bernardo também irá.
p implica q	Alberto ir à festa implica que Bernardo também irá.

- **Bicondicional:**

A bicondicional é formada a partir da proposição condicional cujos termos são, ao mesmo tempo, suficientes e necessários, ou seja, "p→q e q→p". É representada pelo conectivo "↔", lê-se "se, e somente se".

A informação é equivalente a duas proposições condicionais simultâneas.

Tabela verdade:

p	q	p↔q
V	V	V
V	F	F
F	V	F
F	F	V

MEMORIZAR

A bicondicional será verdadeira quando os valores lógicos das duas proposições simples que a compõem forem iguais. Por outro lado, será falsa quando ambas as proposições simples forem diferentes, uma verdadeira e a outra falsa.

1.2. CONECTIVOS – RESUMO ESQUEMATIZADO

Conectivo	Estrutura lógica	A proposição composta é verdadeira quando:	A proposição composta é falsa quando:
Conjunção	p∧q	Ambas as proposições simples forem verdadeiras.	Pelo menos uma das proposições simples for falsa.
Disjunção	p∨q	Pelo menos uma proposição simples for verdadeira.	Ambas as proposições simples forem falsas.
Disjunção Exclusiva	p⊻q	Os valores lógicos das proposições simples forem diferentes.	Os valores lógicos das proposições simples forem iguais.
Condicional	p→q	Em todas as situações, exceto quando: o primeiro termo for verdadeiro e o segundo for falso.	O primeiro termo for verdadeiro e o segundo for falso.
Bicondicional	p↔q	Os valores lógicos das proposições simples forem iguais.	Os valores lógicos das proposições simples forem diferentes.

1.3. NEGAÇÃO PROPOSICIONAL

Negação das proposições simples:

Proposição simples	Negação da proposição simples
p	~p
~p	p

Negação das proposições compostas:

- **Conjunção:**

Fórmula lógica	Negação	Regra
p ∧ q	~p ∨ ~q	Negar ambas as proposições simples e alterar o conectivo para disjunção.

- **Disjunção:**

Fórmula lógica	Negação	Regra
p ∨ q	~p ∧ ~q	Negar ambas as proposições simples e alterar o conectivo para conjunção.

- **Condicional:**

Fórmula lógica	Negação	Regra
p → q	p ∧ ~q	Manter o primeiro termo inalterado, negar o segundo termo e alterar o conectivo para conjunção.

- **Bicondicional:**

Fórmula lógica	Negação	Regra
p ↔ q	p ⊻ q	Alterar o conectivo de bicondicional para disjunção exclusiva.

A negação da bicondicional não é comumente solicitada, mesmo porque esta não é uma classificação adotada por todas as bancas.

As tabelas verdade da bicondicional e da disjunção exclusiva são uma o inverso da outra, por isso, a associação de que uma é a "negação" da outra.

Exemplo:

Proposição composta bicondicional	Negação
Carlos é aprovado no concurso se, e somente se, estudar muito.	Carlos ou é aprovado no concurso ou estudou muito.

1.4. EQUIVALÊNCIA PROPOSICIONAL

As proposições que admitem a simples troca de posição das proposições simples, sem a perda de informação, são quatro: conjunção, disjunção, disjunção exclusiva e bicondicional.

Fórmula lógica	Equivalência	Regra
p ∧ q	q ∧ p	A equivalência faz-se com a alteração das posições dos termos antecedente e consequente.
p ∨ q	q ∨ p	
p ⊻ q	q ⊻ p	
p ↔ q	q ↔ p	

- **Bicondicional:**

Fórmula lógica	Equivalência	Regra
$p \leftrightarrow q$	$(p \rightarrow q) \wedge (q \rightarrow p)$	A bicondicional transforma-se em duas condicionais (em uma delas altera-se a posição das proposições simples) ligadas pela conjunção "e".

- **Condicional:**

São duas as equivalências da proposição condicional. Um dos itens mais cobrados em lógica proposicional.

Fórmula lógica	Equivalência	Regra
$p \rightarrow q$	$\sim p \vee q$	Negar o primeiro termo, alterar o conectivo para disjunção "ou" e manter o valor lógico do segundo termo.

Ou

Fórmula lógica	Equivalência	Regra
$p \rightarrow q$	$\sim q \rightarrow \sim p$	Alterar a posição dos termos, negar as duas proposições simples e manter o mesmo conectivo "se... então".

1.5. FÓRMULAS PROPOSICIONAIS

- **Tautologia:**

A proposição composta é uma tautologia quando for verdadeira para todas as possíveis combinações de valores lógicos das proposições simples que a compõem.

- **Contradição:**

Contrária à tautologia, a proposição composta é uma contradição quando o resultado é sempre falso para todas as combinações entre os valores lógicos das proposições simples que a compõem.

- **Contingência:**

Por exclusão, quando a proposição composta não for tautologia nem contradição, então será uma contingência.

2. PROPOSIÇÕES CATEGÓRICAS

<u>Classificação das proposições:</u>

Quanto à quantidade	**Universal**	Todo, nenhum.
	Particular	Algum, este.
	Singular	Sujeito unitário.
	Indeterminada	Não há referências quanto ao sujeito.
Quanto à qualidade	**Afirmativa**	Não existe partícula negativa.
	Negativa	Não, nem, nenhum.

Os quantificadores explorados nas provas são: todo, algum e nenhum.

- **Todo: "Todo A é B".**

O conjunto A está contido no conjunto B (A é um subconjunto de B).

Graficamente:

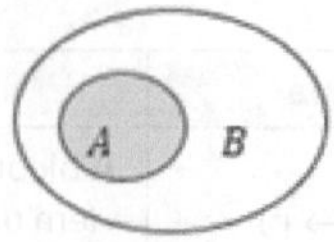

- **Algum: "Algum A é B".**

Para o quantificador "algum", consideram-se como sinônimos as expressões "pelo menos um" ou simplesmente "existem". Independente da forma como se apresenta na questão: "algum", "alguns", "existe", "existem" ou "pelo menos um", a interpretação é a mesma.

Graficamente:

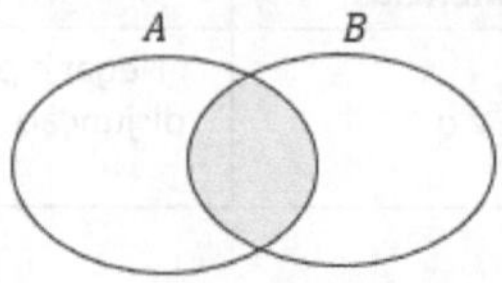

O termo que melhor explica essa situação é "pelo menos um", ou seja, pelo menos um elemento do conjunto A pertence ao conjunto B.

Esse mesmo diagrama também representa a proposição "algum A não é B":

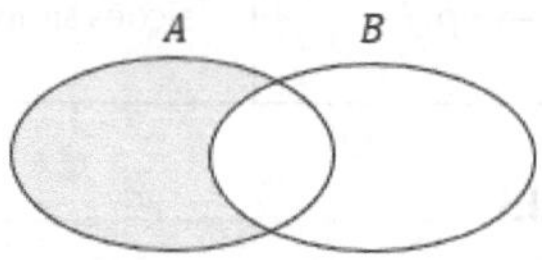

- **Nenhum: "Nenhum A é B"**

Não há intersecção entre os conjuntos, pois os elementos do conjunto A são totalmente distintos dos elementos do conjunto B.

Graficamente:

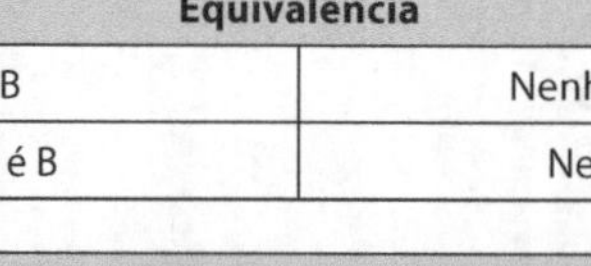

2.1. EQUIVALÊNCIA DAS PROPOSIÇÕES CATEGÓRICAS

Equivalência	
Todo A é B	Nenhum A não é B
Todo A não é B	Nenhum A é B

Exemplos de equivalência	
Todo engenheiro é matemático.	Nenhum engenheiro não é matemático.
Todo engenheiro não é físico.	Nenhum engenheiro é físico.

2.2. NEGAÇÃO DAS PROPOSIÇÕES CATEGÓRICAS

Negação	
Algum	Nenhum
Nenhum	Algum
Todos	Algum... não

Exemplos de negação	
Algum engenheiro é matemático.	Nenhum engenheiro é matemático.
Nenhum engenheiro é físico.	Algum engenheiro é físico.
Todo engenheiro é arquiteto.	Algum engenheiro não é arquiteto.

3. ESTRUTURA LÓGICA

- **Argumento:**

Usamos a argumentação, baseada no raciocínio, para conquistar o convencimento do outro.

Para o raciocínio lógico, objeto de concursos públicos, argumento é a relação entre um conjunto de proposições (sentenças declarativas) com uma proposição conclusiva. Nessa relação, denominam-se premissas as primeiras, que resultam em uma sentença declarativa denominada "conclusão".

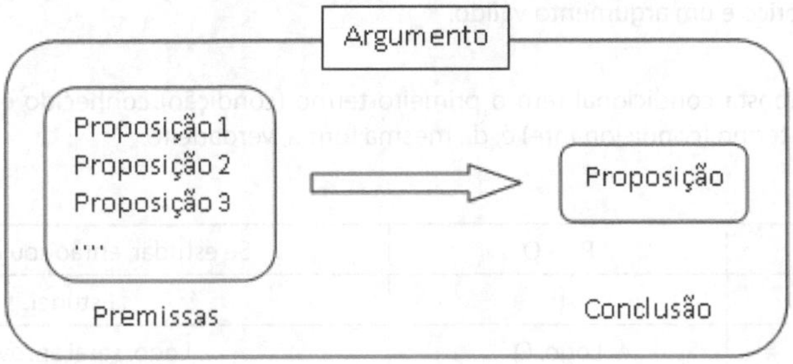

- **Silogismo:**

O silogismo é uma construção especial de argumentação na qual estarão presentes duas, e somente duas, premissas e a conclusão. Muito explorado em provas, principalmente com a inserção dos termos: todo, algum ou nenhum.

- **Validade do argumento:**

É importante não confundir valor lógico de cada uma das premissas (verdadeira ou falsa) com o valor lógico da argumentação (validade do argumento).

O argumento poderá ter premissas verdadeiras, conclusão verdadeira, mas se a relação entre premissas e conclusão não foi o que garantiu a verdade da última, então estamos diante de um argumento inválido.

Ainda, encontraremos argumentação válida para uma conclusão com valor lógico falso. Ou seja, a estrutura está correta, porém a falsidade de uma das premissas resultou em uma conclusão falsa. Quando o resultado for totalmente deduzido das premissas, a estrutura está correta, dizemos, então, que o argumento é válido.

ATENÇÃO

As premissas e a conclusão são classificadas por seus valores lógicos (verdadeiros e falsos). A estrutura ou argumentação é classificada como válida ou inválida. Será válida quando a conclusão estiver totalmente fundamentada nas premissas que a antecedem.

- **Silogismo Hipotético:**

O silogismo hipotético é uma regra de inferência composta por três proposições condicionais (duas premissas e a conclusão) que obedecem à seguinte estrutura: $P1 \rightarrow P2$, $P2 \rightarrow P3$ tal que $P1 \rightarrow P3$.

Exemplo:

Premissa ($P1 \rightarrow P2$)	SE estudo, ENTÃO passo na prova.
Premissa ($P2 \rightarrow P3$)	SE passo na prova, ENTÃO sou classificado no concurso.
Conclusão ($P1 \rightarrow P3$)	SE estudo, ENTÃO sou classificado no concurso.

O silogismo hipotético é um argumento válido.

- **Silogismo Categórico:**

O silogismo categórico é formado por duas premissas e a conclusão onde estarão presentes os termos categóricos: todo, algum ou nenhum.

A estrutura é assim esquematizada.

Premissa Maior **Formada pelo termo maior e termo médio**	Todos os estudantes estão preparados.
Premissa Menor **Formada pelo termo médio e termo menor.**	João é estudante
Conclusão **Formada pelo termo maior e termo menor.**	Logo, João está preparado.

O silogismo categórico é um argumento válido.

- ***Modus Ponens*:**

A proposição composta condicional tem o primeiro termo (condição) conhecido e sabidamente verdadeiro, logo, o segundo termo (condicionante) é, da mesma forma, verdadeiro.

Estrutura:

Premissa	P → Q	Se estudar, então sou aprovado.
Premissa Menor	P	Estudei.
Conclusão	Logo, Q	Logo, serei aprovado.

- ***Modus Tollens*:**

Também, a partir da condicional, é sabido que o termo condicionante é falso, logo, a condição (primeiro termo) é falsa.

Estrutura:

Premissa	P → Q	Se estudar, então sou aprovado.
Premissa Menor	~Q	Não fui aprovado.
Conclusão	Logo, ~P	Logo, não estudei.

- **Dilema Construtivo:**

O dilema construtivo é uma construção especial na qual A → B, C → D, A v C, de tal forma que B v D.

Condicional	A	→	B
Condicional	C	→	D
Dilema Construtivo	A	v	C
	B	v	D

Atenção, os dois <u>primeiros termos</u> das proposições compostas condicionais formam uma disjunção. Estabelecida esta estrutura, infere-se que os termos <u>consequentes</u> das mesmas condicionais formam outra disjunção.

- **Dilema Destrutivo:**

O dilema destrutivo é, assim como o dilema construtivo, uma regra de inferência, porém, com a seguinte diferença:

Condicional	A	→	B
Condicional	C	→	D
Dilema Destrutivo	~B	v	~D
	~A	v	~C

Atenção, as negações dos dois segundos termos das proposições compostas condicionais formam uma disjunção. Estabelecida esta estrutura, infere-se que os termos antecedentes das mesmas condicionais formam outra disjunção.

- **Contrapositivo:**

O contrapositivo é uma forma específica de equivalência a proposição composta condicional.

Proposição condicional	P → Q
Contrapositivo	~Q → ~P

Os termos tiveram suas posições invertidas e ambos foram negados.

3.1. ESTRUTURAS LÓGICAS – RESOLUÇÃO

Os principais autores e professores de Raciocínio Lógico apresentam quatro ou cinco diferentes formas para resolver as questões de estrutura lógica. Inclusive, há aqueles que ensinam e deixam à disposição do concursando todas elas.

Sugerimos focar em um único caminho: Considerar todas as proposições verdadeiras.

Considerar todas as proposições verdadeiras:

IMPORTANTE
Na resolução da estrutura lógica, o objetivo é definir os valores lógicos de cada uma das proposições simples, de tal forma que as proposições compostas sejam todas verdadeiras.

Para as estruturas que têm entre as proposições uma que seja simples, basta considerar esta proposição verdadeira e, a partir dela, valorar as demais proposições simples.

Não existindo uma proposição simples, mas caso haja uma proposição composta conjuntiva, basta considerar verdadeiras as proposições simples que a compõem e, a partir delas, valorar as demais proposições simples.

Não existindo uma proposição simples ou uma proposição composta conjuntiva (conectivo "e"), escolhemos uma proposição simples (de preferência a que apareça mais vezes) e lhe atribuímos um valor lógico, verdadeiro ou falso.

Efetivamos o teste da veracidade de todas as proposições compostas.

Feito o teste, se não houver nenhuma incompatibilidade entre as proposições, assumimos os valores lógicos definidos. Caso contrário, se encontrarmos alguma contradição, voltamos àquela proposição simples inicial e testamos com o outro valor lógico.

Assim, resolvemos todas as questões de argumentação.

Difícil? Sim, eu concordo. Neste caso, a prática vai facilitar a teoria.

Exemplo:

"Considere verdadeiras as afirmações abaixo.

I. Ou Bruno é médico, ou Carlos não é engenheiro.

II. Se Durval é administrador, então Eliane não é secretária.

III. Se Bruno é médico, então Eliane é secretária.

IV. Carlos é engenheiro.

A partir dessas afirmações, pode-se concluir corretamente que" (TRF 3ª R – FCC – 2016).

Dispomos de quatro proposições, sendo que a última delas é uma proposição simples. Como dito anteriormente, é por ela que começamos, pois sabemos que a informação é verdadeira.

Bruno é médico	⊻	Carlos não é engenheiro
Durval é administrador	→	Eliana não é secretária
Bruno é médico	→	Eliana é secretária
Carlos é engenheiro		

O enunciado da questão nos diz que as afirmações são verdadeiras, logo, Carlos é engenheiro.

Por outro lado, na primeira linha, a informação de que Carlos não é engenheiro é uma proposição falsa. Deixaremos as proposições verdadeiras sublinhadas e as proposições falsas riscadas.

Ainda, na primeira linha, a disjunção exclusiva implica que uma, e apenas uma, das proposições simples que compõem a proposição composta seja verdadeira. Sabendo que uma delas é falsa, a outra, "Bruno é médico", é verdadeira.

A mesma informação repete-se na terceira linha.

<u>Bruno é médico</u>	⊻	~~Carlos não é engenheiro~~
Durval é administrador	→	Eliana não é secretária
<u>Bruno é médico</u>	→	Eliana é secretária
<u>Carlos é engenheiro</u>		

Na terceira linha, sabendo que a primeira parte da condicional é verdadeira, concluímos que a segunda parte também é, uma vez que a condicional será falsa somente quando apresentar o termo antecedente verdadeiro e o consequente falso.

Então, Eliana é secretária e a informação é verdadeira. Já, na segunda linha, a informação de que ela não é secretária é falsa.

<u>Bruno é médico</u>	⊻	~~Carlos não é engenheiro~~
Durval é administrador	→	~~Eliana não é secretária~~
<u>Bruno é médico</u>	→	<u>Eliana é secretária</u>
<u>Carlos é engenheiro</u>		

Finalmente, na segunda linha, a segunda parte da condicional é falsa, logo, a primeira parte também é falsa. Caso contrário, teríamos a condicional com primeiro termo verdadeiro e segundo termo falso (único caso em que a condicional seria falsa).

<u>Bruno é médico</u>	⊻	~~Carlos não é engenheiro~~
~~Durval é administrador~~	→	~~Eliana não é secretária~~
<u>Bruno é médico</u>	→	<u>Eliana é secretária</u>
<u>Carlos é engenheiro</u>		

Conclusão:

- Bruno é médico;
- Carlos é engenheiro;
- Durval não é administrador;
- Eliana é secretária.

4. CORRELACIONAMENTO LÓGICO

O correlacionamento é uma forma de lógica estruturada, porém, não há o encadeamento observado pela repetição de proposições simples, ou seja, é modalidade de argumentação, cuja estrutura é composta de informações (disponibilizadas no enunciado da questão) e, a partir delas, inferimos novas informações que servirão de resposta para a questão.

- **Classificações:**

Não existe regra definida para a resolução de questões de correlacionamento. O que vale mesmo é sua atenção nas informações da questão, para poder esquematizá-las, geralmente lançamos mão do auxílio de diagramas ou planilhas, na busca da conclusão lógica adequada.

Contudo, mesmo sem que exista uma regra específica, adotaremos uma classificação básica que abarca as diferentes questões sobre o tema, são elas, ordenação, dedução e hipóteses.

4.1. ORDENAÇÃO

Podemos entender ordenação como a reestruturação do ordenamento das informações para, enfim, chegar à conclusão. Todas as informações são conhecidas, porém estão fora de ordem.

Esse tipo de questão apresenta informações relacionadas a uma situação sequencial, por exemplo: Pessoas na fila do caixa bancário, espectadores sentados lado a lado nas cadeiras do cinema, provas sobrepostas de acordo com as notas, fila organizada pela altura dos jogadores de basquete, ordem de emissoras de TV conforme pontos em pesquisa de audiência e assim por diante.

A resolução dessas questões, consideradas fáceis na maior parte das vezes, é feita com a leitura atenta da questão e alocação dos elementos identificados na sequência correta, de acordo com as diretrizes propostas pelo examinador.

4.2. DEDUÇÃO

A análise das informações disponíveis serve de parâmetro para deduzirmos novas informações que são, necessariamente, consequência das existentes.

São os casos em que o examinador disponibiliza alguns dados relacionados a grandezas diferentes e que se relacionam entre si.

Por exemplo, a questão diz que três irmãs usam vestidos de cores diferentes. Então, são dadas algumas dicas iniciais e, finalmente, é solicitada qual a cor do vestido que cada uma das irmãs está usando.

Resolva as questões com este perfil alinhando as grandezas em linhas e colunas como numa planilha do excel. As células que representam o cruzamento de linha e coluna são preenchidas com "SIM" ou "NÃO", considerando se a relação está correta ou errada, respectivamente.

4.3. HIPÓTESES

A terceira e última classificação, nas questões que envolvam verdades e mentiras, são as hipóteses. O desenvolvimento e a resolução do problema passam pela criação de hipóteses, considerando situações ora verdadeiras, ora mentirosas.

O objetivo é testar cada uma das situações hipotéticas até chegar a uma conclusão, sem que existam contradições entre as premissas e a conclusão.

Por exemplo: São dadas três afirmativas e a questão informa que duas delas são falsas e a outra é verdadeira, porém, não se sabe qual. Logo, é preciso formular as possíveis situações e testar cada uma delas:

	Hipótese 1	Hipótese 2	Hipótese 3
Afirmativa 1	Verdade	Falso	Falso
Afirmativa 2	Falso	Verdade	Falso
Afirmativa 3	Falso	Falso	Verdade

Então, para as informações falsas, faz-se a negação e, finalmente, identifica-se a hipótese que não apresenta contradição e dela se retira a resposta para a questão.

Para as questões de hipóteses a dica é:

> "Contradição": Informações contraditórias revelam a existência de valores lógicos opostos, um verdadeiro e outro falso. Isso pode eliminar alguma ou algumas hipóteses.

4.4. VERDADES E MENTIRAS

Podemos classificar as questões de verdades e mentiras em dois grandes grupos:

No primeiro deles existe a informação de quantos são os personagens verazes e mentirosos, por exemplo, a narrativa descreve três pessoas sendo duas mentirosas e a outra que só fala a verdade, ou mesmo, o examinador pode apresentar um rol de afirmativas e diz que determinada quantidade é verdadeira e as demais são mentirosas. Neste caso, o caminho para a resolução é por meio da formulação de hipóteses conforme visto no item anterior.

A característica principal do segundo grupo (que o diferencia do anterior) é que, apesar de haver pessoas mentirosas e verazes ou afirmativas verdadeiras e falsas, não são conhecidas as quantidades de verdades e de mentiras, logo, formular hipóteses seria um trabalho árduo, dada a quantidade de combinações.

Este segundo grupo de questões sobre verdades e mentiras é o objeto deste item, o qual aproveita uma dica também utilizada no item de formulação de hipóteses:

> "Contradição": Informações contraditórias revelam a existência de valores lógicos opostos, um verdadeiro e outro falso. Isso pode eliminar alguma ou algumas hipóteses.

Acrescentaria que, neste caso, além de ser uma dica, na maior parte dos casos será por meio das contradições que iniciamos a resolução do problema proposto.

Você ainda vai encontrar algumas questões dizendo algo como: "Entre os amigos A, B e C, o primeiro sempre fala a verdade e os outros dois ora falam verdade ora mentem". Percebe que esta situação também faz parte do segundo grupo (não sabemos quantos falam a verdade e quantos mentem). Então segue outra dica:

> "Trabalhe a verdade": Coloque o personagem que fala a verdade em todas as situações possíveis e verifique se existe inconsistência.

Continuando com o exemplo dos amigos A, B e C, uma vez que A somente fala a verdade, descartaríamos algumas afirmativas como:

- O mais velho diz: O amigo mais novo é o "A".
- O amigo ruivo diz: Eu sou "B".
- O amigo mais alto diz: "C" é o amigo mais alto.

Só por estas informações dá para dizer que A não é o mais velho, não é ruivo e não é o mais alto. Considerando que A só fala a verdade, há inconsistência nos três pronunciamentos:

- O mais velho diz: O amigo mais novo é o "A".

  "A" deveria dizer: O amigo mais velho é o "A".
- O amigo ruivo diz: Eu sou "B".

  "A" deveria dizer: Eu sou "A".
- O amigo mais alto diz: "C" é o amigo mais alto.

  "A" deveria dizer: "A" é o amigo mais alto.

Com estas dicas você combina as falas ou afirmativas com os personagens até que não exista mais qualquer inconsistência, então saberemos quem fala verdade, quem mente e as demais informações que completam a contextualização da questão.

5. LÓGICA SEQUENCIAL

As sequências formuladas para questões de concursos estão, na sua maior parte, relacionadas a números. Mesmo aquelas que utilizam figuras, acabam, em algum momento, valendo-se de operações matemáticas.

O seu objetivo é identificar a lógica empregada no trecho da sequência e, a partir dela, identificar os elementos seguintes e suas posições.

Reafirmo, o uso de operações matemáticas básicas é muito empregado, portanto, na sua análise para definir a lógica da sequência, faça comparações com os elementos agrupando-os dois a dois ou três a três; verifique a relação do primeiro com o último elemento da sequência; preste atenção nas somas ou diferenças entre elementos, investigue se existe uma constante que multiplica ou divide cada elemento; verifique se a sequência é crescente ou decrescente.

Pois bem, isso é o que podemos deixar de indicativos para facilitar o seu trabalho, entretanto, a dica principal para este tipo de questão é:

> Evite a perda de tempo: A análise inicial para identificação da lógica que define a sequência deve ser feita de forma rápida, não gaste mais do que um minuto. Identificou a lógica, OK, siga em frente e resolva a questão. Não identificou, então pule para a próxima questão e retorne à esta depois de responder as demais questões.

6. CONJUNTOS LÓGICOS

São as questões que podem ser resolvidas por meio dos diagramas de conjuntos cuja denominação formal é diagrama de Venn.

O relato do problema mantém as mesmas características em todas as questões, independente da banca examinadora. São pessoas, objetos, atividades com quantidades variadas e partes destas quantidades sobrepostas, algo como, "Uma quantidade X de alunos estão matriculados no curso preparatório para concursos nas áreas Fiscal, Policial e Tribunais. Uma quantidade Y fazem os três cursos, Z quantidades cursam área Fiscal e Tribunais..." e por aí vai.

A resolução será baseada nos conjuntos e suas intersecções.

Base para resolução

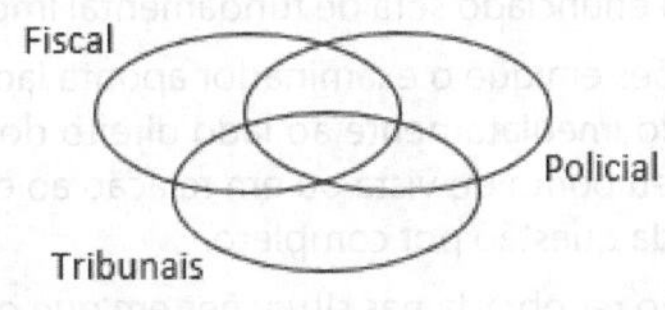

Cada círculo representa, no exemplo, uma área do curso preparatório. As partes isoladas correspondem às quantidades daqueles alunos que estão matriculados em um único curso e as intersecções àquelas quantidades de alunos matriculados em duas ou três áreas distintas.

São duas observações acerca destas questões:

Observação 1:

Inicie a resolução, sempre que possível, inserindo as quantidades das intersecções com maiores sobreposições. Se forem três conjuntos no total, primeiro a quantidade da intersecção dos três conjuntos, após as intersecções de cada dois conjuntos e, por fim, as partes isoladas.

Observação 2:

Subtrair as quantidades duplicadas das intersecções em relação ao todo. Por exemplo.

- Alunos matriculados no curso para área Fiscal = 35
- Alunos matriculados no curso para área Policial = 26
- Alunos matriculados nos cursos Fiscal e Policial = 7

Primeiro a intersecção.

Intersecção

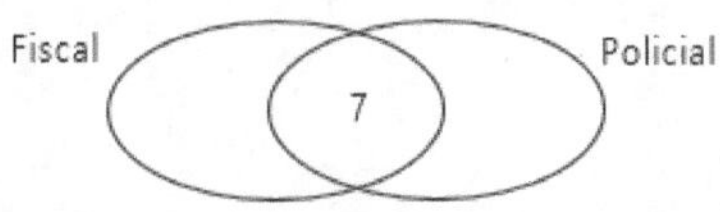

Retirar a dupla contagem. Dos 35 alunos matriculados na área Fiscal, 7 estão matriculados também na área Policial. O mesmo raciocínio para a área Policial.

Dupla Contagem

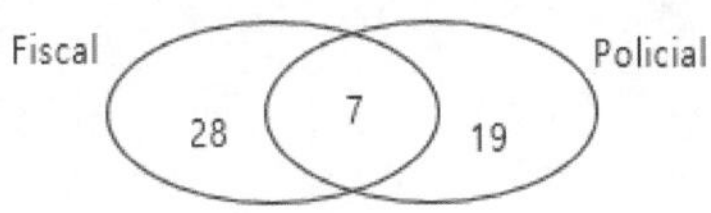

Seguindo estas regras chegamos às diferentes quantidades de cada uma das partes do montante e, consequentemente, à resposta para a questão.

7. PROBLEMAS LÓGICOS

Além das questões que seguem um determinado padrão e que podem ser resolvidas de acordo com o conteúdo abordado nos itens anteriores, sejam elas de lógica proposicional, argumentação, sequência, estruturas ou correlacionamento lógicos, as bancas abusam da criatividade e apresentam questões que fogem aos modelos.

Conhecimento lógico-matemático e interpretação são indispensáveis: Primeiro porque as questões são contextualizadas, exigindo do candidato o entendimento daquilo que se lê. Também porque as provas de raciocínio envolvem algum conteúdo matemático.

Estamos falando de questões estruturadas a partir de uma determinada lógica, muitas vezes inédita, e que você, concursando, terá que identificar no momento em que estiver resolvendo a prova.

Algumas delas, por exemplo, são formuladas em função do espaço ou do tempo.

- **Orientação Espacial**

Especificamente, na orientação espacial, a banca explora a capacidade do concursando, por meio da mensagem trazida no enunciado da questão, conseguir orientar-se em relação à direção (lados direito ou esquerdo, por exemplo) e posicionamento (atrás, sobre, na frente) em face de determinado referencial. Nestes casos, sua atenção ao enunciado será de fundamental importância para resolução do problema proposto.

Situações em que o examinador aponta lado esquerdo ou direito, por exemplo, o elemento triângulo está posicionado imediatamente ao lado direito do elemento quadrado, não se preocupe se a referência lado é a partir do seu ponto de vista ou em relação ao elemento, o importante é manter o mesmo padrão ao longo da resolução da questão por completo.

Atenção redobrada nas situações em que o problema insere também a temporalidade. A matemática será também uma ferramenta importante para a resolução.

- **Orientação Temporal**

As orientações para resolver as questões acerca de orientação temporal são semelhantes às indicadas para orientação espacial (item anterior) com acréscimo de um importante detalhe: manter a mesma unidade de medida, por exemplo, se a questão faz citações em horas e minutos, faça a conversão de uma das medidas para que ambas fiquem na mesma unidade.

Direitos da Pessoa com Deficiência

Paulo Henrique Boldrin

TABELA DE INCIDÊNCIA DE QUESTÕES

Distribuição das questões organizada por ordem didática de assuntos		
Assunto	**Número de Questões**	**Peso**
1. INCLUSÃO, DIREITOS E GARANTIAS LEGAIS E CONSTITUCIONAIS DAS PESSOAS COM DEFICIÊNCIA	33	47,83%
2. NORMAS GERAIS E CRITÉRIOS BÁSICOS PARA A PROMOÇÃO DA ACESSIBILIDADE DAS PESSOAS COM DEFICIÊNCIA OU COM MOBILIDADE REDUZIDA	13	18,84%
3. PRIORIDADE DE ATENDIMENTO ÀS PESSOAS COM DEFICIÊNCIA	6	8,70%
4. DIREITOS NO SISTEMA DE TRANSPORTE COLETIVO	6	8,70%
5. SÍMBOLO DE IDENTIFICAÇÃO DE PESSOAS COM DEFICIÊNCIA AUDITIVA	1	1,45%
6. NORMAS DE APOIO ÀS PESSOAS PORTADORAS DE DEFICIÊNCIA E SUA INTEGRAÇÃO SOCIAL	10	14,49%
Total	**69**	**100%**

Direitos da Pessoa com Deficiência

Paulo Henrique Boldrin

✦ QUESTÕES

1. INCLUSÃO, DIREITOS E GARANTIAS LEGAIS E CONSTITUCIONAIS DAS PESSOAS COM DEFICIÊNCIA

1.1. DIREITOS PREVISTOS NA CONSTITUIÇÃO FEDERAL

01. (FCC – 2023 – TRT 21 – Analista Judiciário/Área Administrativa) Considere as seguintes assertivas:

I. O direito à prioridade na aquisição de imóvel para moradia própria, nos programas habitacionais públicos ou subsidiados com recursos públicos, será reconhecido à pessoa com deficiência beneficiária apenas uma vez.

II. Caso não haja pessoa com deficiência interessada nas unidades habitacionais narradas no item anterior, as unidades não utilizadas não poderão ser disponibilizadas às demais pessoas, devendo manter-se reservadas às pessoas com deficiência.

III. Deverá ser reservado, no mínimo, 3% das unidades habitacionais para pessoa com deficiência.

IV. Nos programas habitacionais públicos, os critérios de financiamento devem ser compatíveis com os rendimentos da pessoa com deficiência ou de sua família.

Nos termos da Lei nº 13.146/2015, nos programas habitacionais, públicos ou subsidiados com recursos públicos, a pessoa com deficiência ou o seu responsável goza de prioridade na aquisição de imóvel para moradia própria, observados determinados requisitos legais. Acerca do tema, está correto o que consta APENAS de

a) I, III e IV.

b) I e II.

c) I e III.

d) II e IV.

e) II, III e IV.

COMENTÁRIOS

✪ **Nota do autor:** A questão aborda o tema do direito à moradia da pessoa com deficiência prevista no Estatuto da Pessoa com Deficiência. A pessoa com deficiência tem direito à moradia digna, no seio da família natural ou substituta, com seu cônjuge ou companheiro ou desacompanhada, ou em moradia para a vida independente da pessoa com deficiência, ou, ainda, em residência inclusiva.

Alternativa correta: "a". Está correto o que consta nas assertivas I, III e IV.

Assertiva I. "O direito à prioridade, previsto no caput deste artigo, será reconhecido à pessoa com deficiência beneficiária apenas uma vez." (art. 32, § 1º, da Lei nº 13.146/2015). Note-se, portanto, que o direito à prioridade na aquisição do imóvel para moradia própria somente será concedido uma única vez à pessoa com deficiência.

Assertiva II. "Caso não haja pessoa com deficiência interessada nas unidades habitacionais reservadas por força do disposto no inciso I do **caput** deste artigo, as unidades não utilizadas serão disponibilizadas às demais pessoas." (art. 32, § 3º, da Lei nº 13.146/2015). Ao contrário do que se afirma na questão, se não houver pessoa com deficiência interessada, as unidades serão disponibilizadas às demais pessoas.

Assertiva III. "Nos programas habitacionais, públicos ou subsidiados com recursos públicos, a pessoa com deficiência ou o seu responsável goza de prioridade na aquisição de imóvel para moradia própria, observado o seguinte: I – reserva de, no mínimo, 3% (três por cento) das unidades habitacionais para pessoa com deficiência;" (art. 32, I, da Lei nº 13.146/2015).

Assertiva IV. "Nos programas habitacionais públicos, os critérios de financiamento devem ser compatíveis com os rendimentos da pessoa com deficiência ou de sua família." (art. 32, § 2º, da Lei nº 13.146/2015)

---

02. (FCC – 2023 – TRT 21 – Analista Judiciário – Área Judiciária) Considere:

I. Sistema educacional inclusivo em todos os níveis e modalidades, bem como aprendizado ao longo de toda a vida.

II. Inclusão em conteúdos curriculares, em cursos de nível superior e de educação profissional técnica e tecnológica, de temas relacionados à pessoa com deficiência nos respectivos campos de conhecimento.

III. Adoção de medidas individualizadas e coletivas em ambientes que maximizem o desenvolvimento acadêmico e social dos estudantes com deficiência, favorecendo o acesso, a permanência, a participação e a aprendizagem em instituições de ensino.

As assertivas acima tratam, dentre outras, de incumbências do poder público relativas ao direito à educação da pessoa com deficiência. De acordo com a Lei nº 13.146/2015, aplicam-se, obrigatoriamente, às instituições privadas, as medidas descritas em

a) II e III, apenas.

b) I e II, apenas.

c) I, apenas.

d) I, II e III.

e) III, apenas.

COMENTÁRIOS

✪ **Nota do autor:** A questão aborda o tema do direito à educação da pessoa com deficiência. A educação constitui direito da pessoa com deficiência, assegurados sistema educacional inclusivo em todos os níveis e aprendizado ao longo de toda a vida, de forma a alcançar o máximo desenvolvimento possível de seus talentos e habilidades físicas, sensoriais, intelectuais e sociais, segundo suas características, interesses e necessidades de aprendizagem.

Alternativa correta: "d". As medidas descritas nos itens I, II e III aplicam-se às instituições privadas.

Assertiva I. A previsão de um Sistema educacional inclusivo em todos os níveis e modalidades, bem como aprendizado ao longo de toda a vida está disposta no art. 28, I, da Lei nº 13.146/2015. Por sua vez, o art. 28, § 1º, desse diploma legislativo estende essa obrigação às instituições privadas de ensino.

Assertiva II. A inclusão em conteúdos curriculares, em cursos de nível superior e de educação profissional técnica e tecnológica, de temas relacionados à pessoa com deficiência nos respectivos campos de conhecimento está disposta no art. 28, XIV, da Lei nº 13.146/2015. Por sua vez, o art. 28, § 1º, desse diploma legislativo estende essa obrigação às instituições privadas de ensino.

Assertiva III. A adoção de medidas individualizadas e coletivas em ambientes que maximizem o desenvolvimento acadêmico e social dos estudantes com deficiência, favorecendo o acesso, a permanência, a participação e a aprendizagem em instituições de ensino está disposta no art. 28, V, da Lei nº 13.146/2015. Por sua vez, o art. 28, § 1º, desse diploma legislativo estende essa obrigação às instituições privadas de ensino.

---

03. (FCC – Analista Judiciário – Área Judiciária – TRT 5/2022) De acordo com a Lei nº 13.146/2015 (Estatuto da Pessoa com Deficiência), é assegurada a plena capacidade civil da pessoa com deficiência, inclusive para

I. exercer o direito à família e à convivência familiar e comunitária, bem como para casar-se e constituir união estável.

II. exercer direitos sexuais e reprodutivos, ressalvada situação de risco à sua integridade física ou psicológica, em que se admite esterilização compulsória, mediante prévia determinação judicial.

III. exercer o direito à adoção, como adotante ou adotando, em igualdade de oportunidades com as demais pessoas, sendo vedado, contudo, exercer guarda, tutela ou curatela.

IV. exercer o direito de decidir sobre o número de filhos e de ter acesso a informações adequadas sobre reprodução e planejamento familiar.

Está correto o que se afirma APENAS em

a) II e III.

b) I e IV.

c) II e IV.

d) I, III e IV.

e) I, II e III.

COMENTÁRIOS

✪ **Nota do autor:** A questão aborda o tema dos direitos assegurados à pessoa com deficiência e previstos na Lei nº 13.146/2015. O Estatuto da Pessoa com Deficiência alterou significativa o procedimento de curatela previsto no Código Civil. Tendo em vista o caráter excepcional da curatela, removeu-se as hipóteses que vinculavam a necessidade de curatela à existência de deficiência. Lembre-se de que a pessoa com deficiência tem, em regra, plena capacidade para os atos da vida civil. A curatela somente será possível quando a pessoa não puder exprimir sua vontade por causa transitória ou permanente. Portanto, somente se a pessoa com deficiência não puder exprimir sua vontade, é possível a instituição da curatela

Alternativa correta: "b". *Comentário serve para as demais alternativas, pois versam sobre o mesmo assunto. Os direitos previstos nos itens I e IV estão previstos expressamente no art. 6º, V e III da Lei nº 13.146/2015. No entanto, os itens II e IV apresentam erros ao limitar o exercício das pessoas com deficiência. Não há restrição quanto ao exercício dos direitos sexuais e reprodutivos e não há vedação ao exercício da guarda, tutela ou curatela:*

> *"Art. 6º A deficiência não afeta a plena capacidade civil da pessoa, inclusive para:*
>
> *I – casar-se e constituir união estável;*
>
> *II – exercer direitos sexuais e reprodutivos;*
>
> *III – exercer o direito de decidir sobre o número de filhos e de ter acesso a informações adequadas sobre reprodução e planejamento familiar;*
>
> *IV – conservar sua fertilidade, sendo vedada a esterilização compulsória;*
>
> *V – exercer o direito à família e à convivência familiar e comunitária; e*
>
> *VI – exercer o direito à guarda, à tutela, à curatela e à adoção, como adotante ou adotando, em igualdade de oportunidades com as demais pessoas."*

04. (FUMARC – Analista Judiciário – Área Judiciária – TRT 3/2022) Conforme a legislação brasileira, pessoa com deficiência pode ser considerada capaz?

a) Não, toda pessoa com deficiência é presumidamente incapaz.

b) Sim, em igualdade de condições com as demais pessoas.

c) Sim, mas apenas no que se refere ao trabalho.

d) Sim, mas apenas para fins de saúde.

e) Toda pessoa com deficiência somente pode exercer direitos por meio de curador.

COMENTÁRIOS

✪ **Nota do autor:** A questão aborda o tema dos direitos assegurados à pessoa com deficiência e previstos na Lei nº 13.146/2015. Tomada de decisão apoiada: O Estatuto da Pessoa com Deficiência criou modelo de proteção intermediária para a pessoa com deficiência que não determina sua incapacidade relativa ou absoluta. Assim, a plena capacidade civil é garantida, mas verifica-se um auxílio a sua dignidade e igualdade substancial[1]. Trata-se do processo pelo qual a pessoa com deficiência escolhe 2 pessoas idôneas com quem mantenha vínculos e relação de confiança para prestar-lhe apoio na tomada de decisão sobre atos da vida civil, fornecendo elementos e informações necessários para que possa exercer sua capacidade (art. 1783-A, CC/02).

Alternativa correta: "b". *Comentário serve para as demais alternativas, pois versam sobre o mesmo assunto.* As pessoas com deficiência têm direito ao exercício da capacidade legal em **igualdade de condições** com as demais pessoas (art. 84, Lei nº 13.146/2015). Na maioria dos casos, a pessoa com deficiência tem capacidade plena para exercício dos atos da vida civil, em especial (art. 6º, Estatuto da Pessoa com Deficiência):

CAPACIDADE CIVIL DA PESSOA COM DEFICIÊNCIA
– A pessoa com deficiência tem capacidade inclusive para: a) Casar-se e constituir união estável; b) Direitos sexuais e reprodutivos; c) Planejamento familiar; d) Conservar fertilidade, sendo veda a esterilização compulsória; e) Direito à família e à convivência familiar e comunitária; f) Direito à guarda, à tutela, à curatela e à adoção, como adotante ou adotando em igualdade de condições com as demais pessoas.

05. (FCC – Analista Judiciário – Área Administrativa – TRT 6/2018) Segundo a Constituição Federal brasileira, o dever do Estado com a educação será efetivado mediante a garantia de

a) atendimento educacional especializado às pessoas com deficiência, preferencialmente em equipamento de ensino especial.

b) atendimento educacional especializado às pessoas com deficiência, preferencialmente na rede regular de ensino.

c) ensino a distância, para pessoas com locomoção limitada.

d) redução da carga horária para esgotamento da grade escolar.

e) atendimento educacional especializado às pessoas com deficiência, preferencialmente em equipamentos mistos, que permitam a integração social.

1 FARIAS, Cristiano Chaves de.; CUNHA, Rogério Sanches; PINTO, Ronaldo Batista. *Estatuto da Pessoa com Deficiência comentado artigo por artigo.* Salvador: Juspodivm, 2016. p. 335.

COMENTÁRIOS

✪ **Nota do autor:** A questão aborda o tema dos direitos constitucionais assegurados às pessoas com deficiência. Recomendo, ao iniciar seus estudos na disciplina, a leitura dos principais dispositivos da Constituição Federal sobre o tema: art. 7º, XXXI, art. 23, II, art. 24, XIV, art. 37, VIII, art. 39, § 4º, I, art. 201, § 1º, art. 203, IV e V, art. 208, III, art. 227, § 1º, II e § 2º e art. 244 da Constituição Federal.

Alternativa correta: "b". *Comentário serve para as demais alternativas, pois versam sobre o mesmo assunto.* "O dever do Estado com a educação será efetivado mediante a garantia de: atendimento educacional especializado aos portadores de deficiência, preferencialmente na rede regular de ensino." (art. 208, III, da CF/88). As demais hipóteses apresentadas pelas alternativas não são garantias previstas na Constituição Federal acerca da do dever do Estado com a educação:

> **Art. 208 da Constituição Federal:** O dever do Estado com a educação será efetivado mediante a garantia de:
>
> I – educação básica obrigatória e gratuita dos 4 (quatro) aos 17 (dezessete) anos de idade, assegurada inclusive sua oferta gratuita para todos os que a ela não tiveram acesso na idade própria; (Redação dada pela Emenda Constitucional nº 59, de 2009) (Vide Emenda Constitucional nº 59, de 2009)
>
> II – progressiva universalização do ensino médio gratuito; (Redação dada pela Emenda Constitucional nº 14, de 1996)
>
> III – atendimento educacional especializado aos portadores de deficiência, preferencialmente na rede regular de ensino;
>
> IV – educação infantil, em creche e pré-escola, às crianças até 5 (cinco) anos de idade; (Redação dada pela Emenda Constitucional nº 53, de 2006)
>
> V – acesso aos níveis mais elevados do ensino, da pesquisa e da criação artística, segundo a capacidade de cada um;
>
> VI – oferta de ensino noturno regular, adequado às condições do educando;
>
> VII – atendimento ao educando, em todas as etapas da educação básica, por meio de programas suplementares de material didáticoescolar, transporte, alimentação e assistência à saúde. (Redação dada pela Emenda Constitucional nº 59, de 2009)

---

06. (FCC – Técnico Judiciário – Área Administrativa – TRT 2/2018) Segundo expressamente previsto na Constituição Federal, constitui direito social da pessoa com deficiência:

a) ter garantida cadeira de rodas ou outro veículo motorizado ou não para circulação em espaços públicos.

b) proibição de discriminação na participação comunitária.

c) ter garantida meia entrada em espaços culturais de acesso pago.

d) proibição de qualquer discriminação no tocante a salário.

e) proibição de identificação ostensiva de sua deficiência em espaços de concentração de pessoas.

COMENTÁRIOS

✪ **Nota do autor:** A questão aborda o tema dos direitos constitucionais das pessoas com deficiência. Sugiro para que seus estudos se iniciem pelos direitos constitucionais, pois servem como parâmetros para as demais disposições sobre os direitos das pessoas com deficiência.

Alternativa correta: "d". *Comentário serve para as demais alternativas, pois versam sobre o mesmo assunto.* "São direitos dos trabalhadores urbanos e rurais, além de outros que visem à melhoria de sua condição social: proibição de qualquer discriminação no tocante a salário e critérios de admissão do trabalhador portador de deficiência." (art. 7º, XXXI, da CF/88). O art. 7º da Constituição versa sobre os direitos sociais, também conhecidos como direitos de 2ª dimensão ou geração. Nesse sentido, é direito do trabalhador não sofrer qualquer tipo de discriminação no tocante a seu salário e aos critérios de admissão em razão de sua deficiência. Nenhum dos outros direitos previstos nas demais alternativas está previsto expressamente na Constituição Federal.

---

07. (FCC – Analista Judiciário – Área Judiciária – TRT 6/2018) Segundo a Constituição Federal brasileira, no tocante ao ente federativo com competência para legislar sobre proteção e integração social das pessoas com deficiência, é correto afirmar que União, Estados e Distrito Federal possuem competência

a) concomitante

b) subsidiária.

c) exclusiva.

d) concorrente.

e) hierárquica.

COMENTÁRIOS

✪ **Nota do autor:** A questão aborda o tema da competência legislativas acerca da proteção e integração social das pessoas com deficiência prevista na Constituição Federal.

Alternativa correta: "d". *Comentário serve para as demais alternativas, pois versam sobre o mesmo assunto.* "Compete à União, aos Estados e ao Distrito Federal legislar concorrentemente sobre: proteção e integração social das pessoas portadoras de deficiência. (art. 24, XIV, da CF/88 – grifos acrescidos). Portanto, é possível que União, Estados e DF legislem sobre os direitos das pessoas com deficiência. No âmbito da competência concorrente, cabe à União legislar sobre normas gerais e aos Estados sobre normas específicas. Vale destacar que, ausente lei federal, é possível que os Estados exerçam a competência legislativa plena sobre o assunto.

---

08. (FCC – Analista Judiciário – Área Administrativa – TRT 20/2016) A Constituição da República Federativa do Brasil de 1988 prevê expressamente

a) a competência exclusiva do Município de cuidar da proteção e garantia das pessoas com deficiência.
b) a reserva de, no mínimo, 5% das vagas de concursos públicos para pessoas com deficiência.
c) a garantia de um salário mínimo de benefício a todas as pessoas com deficiência.
d) a possibilidade de discriminação no tocante a salários e critérios de admissão de trabalhador com deficiência.
e) que a lei deverá reservar percentual de cargos e empregos públicos para as pessoas com deficiência.

COMENTÁRIOS

✪ **Nota do autor:** A questão aborda o tema dos direitos da pessoa com deficiência previstos na Constituição Federal. Cumpre ressaltar que o termo pessoa portadora de deficiência está em desuso, sendo utilizado o termo mais adequado "pessoa com deficiência". Sempre que possível usaremos o termo adequado ao candidato, ainda que a legislação faça referência à pessoa portadora de deficiência.

Alternativa correta: "e". "A administração pública direta e indireta de qualquer dos Poderes da União, dos Estados, do Distrito Federal e dos Municípios obedecerá aos princípios de legalidade, impessoalidade, moralidade, publicidade e eficiência e, também, ao seguinte: a lei reservará percentual dos cargos e empregos públicos para as pessoas portadoras de deficiência e definirá os critérios de sua admissão. (art. 37, VIII, CF/88). A Constituição Federal deixa à legislação a definição do percentual dos cargos e empregos públicos para a pessoa com deficiência.

Alternativa "a". "É competência comum da União, dos Estados, do Distrito Federal e dos Municípios: cuidar da saúde e assistência pública, da proteção e garantia das pessoas portadoras de deficiência." (art. 23, II, CF/88 – grifos acrescidos). De acordo com a Constituição Federal, é de competência comum da União, dos Estados, do DF e dos Municípios cuidar da proteção e da garantia das pessoas com deficiência.

Alternativa "b". Como visto nos comentários à alternativa "e", a Constituição Federal não fixa o percentual de vagas para pessoa com deficiência em concursos públicos, tarefa destinada à lei. Por sua vez, o art. 1º, § 1º Decreto nº 9.508/2018, editado em 24 de setembro de 2018, prevê a reserva de, no mínimo, 5% das vagas em concursos públicos e em processos seletivos para contratação de servidor temporário destinadas às pessoas com deficiência:

> **Art. 1º, § 1º, do Decreto nº 9.508/2018:** Ficam reservadas às pessoas com deficiência, no mínimo, cinco por cento das vagas oferecidas para o provimento de cargos efetivos e para a contratação por tempo determinado para atender necessidade temporária de excepcional interesse público, no âmbito da administração pública federal direta e indireta.

Esse percentual também era previsto no revogado art. 37 do Decreto nº 3.298/1999. **Atenção!** Tendo em vista a alteração recente desse dispositivo, é possível sua cobrança nos concursos que abordam Noções sobre Direitos das Pessoas com Deficiência.

Alternativa "c". De acordo com o art. 203, V, da Constituição Federal, é assegurado benefício de prestação continuada ao deficiente e à pessoa idosa que não possuam meios de prover sua subsistência ou de tê-la provido por sua família. A Lei Brasileira de inclusão inseriu dispositivo que assegura à pessoa com deficiência que não possa prover a sua subsistência e nem tê-la provida por sua família o recebimento de 1 salário mínimo mensal (art. 40, Lei nº 13.146/2015). Nesse mesmo sentido, prevê o art. 2º, I, "e" e 20 da Lei nº 8.742/1993 (Lei Orgânica da Assistência Social):

> **Art. 2º, I, "e", da Lei nº 8.742/1993:** A assistência social tem por objetivos: a proteção social, que visa à garantia da vida, à redução de danos e à prevenção da incidência de riscos, especialmente: a garantia de 1 (um) salário-mínimo de benefício mensal à pessoa com deficiência e à pessoa idosa que comprovem não possuir meios de prover a própria manutenção ou de tê-la provida por sua família.

> **Art. 20, "caput", Lei nº 8.742/1993:** O benefício de prestação continuada é a garantia de um salário-mínimo mensal à pessoa com deficiência e à pessoa idosa com 65 (sessenta e cinco) anos ou mais

que comprovem não possuir meios de prover a própria manutenção nem de tê-la provida por sua família.

Para assegurar o direito ao BPC, é necessário o preenchimento de alguns requisitos previstos na Lei Orgânica da Assistência Social:

REQUISITOS PARA PERCEPÇÃO DO BENEFÍCIO DE PRESTAÇÃO CONTINUADA
– Pessoa com deficiência;   *Obs.: Lembre-se de que é fundamental o conceito de pessoa com deficiência presente no art. 2º da Lei nº 13.146/2015: "Considera-se pessoa com deficiência aquela que tem impedimento de longo prazo de natureza física, mental, intelectual ou sensorial, o qual, em interação com uma ou mais barreiras, pode obstruir sua participação plena e efetiva na sociedade em igualdade de condições com as demais pessoas."*   **– Não possuir meios para prover sua subsistência e de sua família.**   – Família é considerada nesse caso somente a pessoa com deficiência, o cônjuge ou companheiro, os pais e, na ausência de um deles, a madrasta ou o padrasto, os irmãos solteiros, os filhos e enteados solteiros e os menores tutelados, desde que vivam sob o mesmo teto.   – É considerada incapaz da manutenção da pessoa com deficiência, a família cuja renda mensal *per capita* seja inferior a ¼ do salário mínimo. Nesse cálculo, não é computado o valor recebido em razão de contrato de estágio e de aprendizagem.   – **Benefício não pode ser cumulado com outro** no âmbito da Seguridade Social com exceção para os benefícios da assistência médica e da pensão especial de natureza indenizatória;   – Não pode exercer **atividade remunerada**, inclusive na condição de microempreendedor individual.   *Obs.: O Benefício pode ser cumulado com a aprendizagem, limitado a 2 anos o período de recebimento concomitante da remuneração e do BPC.*

Alternativa "d". "São direitos dos trabalhadores urbanos e rurais, além de outros que visem à melhoria de sua condição social: proibição de qualquer discriminação no tocante a salário e critérios de admissão do trabalhador portador de deficiência." (art. 7º, XXXI, CF/88).

---

09. (FCC – Analista Judiciário – Área Judiciária – TRT 20/2016) De acordo com a Constituição Federal,

a) é assegurada a garantia de um salário mínimo de benefício mensal a toda pessoa com deficiência.
b) é permitido critério discriminatório no tocante a salário e critérios de admissão do trabalhador com deficiência.
c) é vedada a adoção de requisitos e critérios diferenciados para a concessão de aposentadoria aos beneficiários do regime geral de previdência social quanto aos segurados com deficiência.
d) é permitida, por lei complementar, a adoção de requisitos e critérios diferenciados para a concessão de aposentadoria de servidores públicos com deficiência.
e) o Estado tem o dever de prestar a educação às pessoas com deficiência, preferencialmente em unidade especializada e distinta da rede regular de ensino.

COMENTÁRIOS

✪ **Nota do autor:** A questão aborda o tema dos direitos da pessoa com deficiência previstos na Constituição Federal.

Alternativa correta: "d". "É vedada a adoção de requisitos e critérios diferenciados para a concessão de aposentadoria aos abrangidos pelo regime de que trata este artigo, ressalvados, nos termos definidos em leis complementares, os casos de servidores: portadores de deficiência. (art. 40, § 4º, I, CF/88)

Alternativa "a". "A assistência social será prestada a quem dela necessitar, independentemente de contribuição à seguridade social, e tem por objetivos: a garantia de um salário mínimo de benefício mensal à pessoa portadora de deficiência e à pessoa idosa que comprovem não possuir meios de prover à própria manutenção ou de tê-la provida por sua família, conforme dispuser a lei." (art. 203, V, da CF/88). De acordo com o art. 203, V, da Constituição Federal, é assegurado o benefício de prestação continuada ao deficiente e à pessoa idosa que não possuam meios de prover sua subsistência ou de tê-la provido por sua família.

Alternativa "b". "São direitos dos trabalhadores urbanos e rurais, além de outros que visem à melhoria de sua condição social: proibição de qualquer discriminação no tocante a salário e critérios de admissão do trabalhador portador de deficiência." (art. 7º, XXXI, CF/88).

Alternativa "c". "É vedada a adoção de requisitos e critérios diferenciados para a concessão de aposentadoria aos beneficiários do regime geral de previdência social, ressalvados os casos de atividades exercidas sob condições especiais que prejudiquem a saúde ou a integridade física e quando se tratar de segurados portadores de deficiência, nos termos definidos em lei complementar." (art. 201, § 1º, CF/88). A pessoa com deficiência que for segurada do Regime Geral de Previdência Social (RGPS) tem direito à aposentadoria prevista na Lei Complementar nº 142/2013. Os requisitos para obtenção do benefício previdenciário são:

Aposentadoria por tempo de contribuição	
Tempo de contribuição	**Grau de deficiência**
Homem – 25 anos Mulher – 20 anos	Deficiência grave
Homem – 29 anos Mulher – 24 anos	Deficiência moderada
Homem – 33 anos Mulher – 28 anos	Deficiência leve
Aposentadoria por idade (independentemente do grau de deficiência)	
– 60 anos de idade para o homem; – 55 anos de idade para a mulher; – Tempo mínimo de contribuição: 15 anos e existência de deficiência durante igual período	

Alternativa "e". "O dever do Estado com a educação será efetivado mediante a garantia de: atendimento educacional especializado aos portadores de deficiência, preferencialmente na rede regular de ensino." (art. 208, III, CF/88)

1.2. ESTATUTO DA PESSOA COM DEFICIÊNCIA

10. (FCC – Técnico Judiciário – Área Judiciária – TRT 24/2017) Em 2015 foi aprovada lei que prevê diversos direitos para pessoas que tenham "impedimento de longo prazo de natureza física, mental, intelectual ou sensorial, o qual, em interação com uma ou mais barreiras, pode obstruir sua participação plena e efetiva na sociedade em igualdade de condições com as demais pessoas". O enunciado se refere à

a) Lei nº 10.048, que dá prioridade de atendimento às pessoas com deficiência.

b) Lei nº 11.126, que dispõe sobre o direito do portador de deficiência visual de ingressar e permanecer em ambientes de uso coletivo acompanhado de cão-guia.

c) Lei nº 10.098, que estabelece normas gerais e critérios básicos para a promoção da acessibilidade das pessoas com deficiência ou com mobilidade reduzida.

d) Constituição da República Federativa do Brasil.

e) Lei nº 13.146, que institui o Estatuto da Pessoa com Deficiência.

COMENTÁRIOS

✪ **Nota do autor:** A questão aborda o tema acerca da promulgação do Estatuto da Pessoa com Deficiência. Lembre-se de que a Convenção sobre os Direitos das Pessoas com Deficiência e seu protocolo facultativo é o diploma normativo que influenciou fortemente o surgimento e o conteúdo das normas do Estatuto da Pessoa com Deficiência. Essa convenção foi o primeiro tratado internacional recepcionado com força de emenda constitucional.

Alternativa correta: "e". Em julho de 2015, foi promulgada a Lei nº 13.146/2015, que instituiu a Lei Brasileira de Inclusão da Pessoa com Deficiência – LBI. Essa legislação também é denominada de Estatuto da Pessoa com Deficiência e constitui importante dispositivo normativo que regulamenta os direitos da pessoa com deficiência. A legislação é destinada a assegurar e a promover, em igualdade de condições, o exercício de direitos e liberdades fundamentais da pessoa com deficiência, a fim de garantir a inclusão social e a cidadania (art. 1º, Lei nº 13.146/2015). Ressalta-se que o Estatuto da Pessoa com Deficiência entrou em vigor apenas 180 dias após a sua publicação (art. 127, Lei Brasileira de Inclusão). Tendo em vista que a lei foi publicada no dia 07 de julho de 2015, as regras previstas somente passaram a ser aplicadas em 03 de janeiro de 2016.

O Estatuto da Pessoa com Deficiência traz o conceito de pessoa com deficiência, que foi inspirado naquilo que prevê o art. 1º da Convenção sobre os Direitos das Pessoas com Deficiência.

> **Art. 2º, Estatuto da Pessoa com Deficiência:** Considera-se pessoa com deficiência aquela que tem impedimento de longo prazo de natureza física, mental, intelectual ou sensorial, o qual, **em interação com uma ou mais barreiras**, pode obstruir sua participação plena e efetiva na sociedade em igualdade de condições com as demais pessoas (grifos acrescidos).
>
> **Art. 1º, Convenção sobre os Direitos das Pessoas com Deficiência:** O propósito da presente Convenção é promover, proteger e assegurar o exercício pleno e equitativo de todos os direitos humanos e liberdades fundamentais por todas as pessoas com deficiência e promover o respeito pela sua dignidade inerente.

Pessoas com deficiência são aquelas que têm impedimentos de longo prazo de natureza física, mental, intelectual ou sensorial, os quais, em interação com diversas barreiras, podem obstruir sua participação plena e efetiva na sociedade em igualdades de condições com as demais pessoas.

Alternativa "a". A Lei nº 10.048 foi promulgada no ano 2000 e versa sobre a prioridade de atendimento às pessoas com deficiência. De acordo com a legislação (art. 9º, Lei nº 13.146/2015), a pessoa com deficiência tem direito ao recebimento de atendimento prioritário, que compreende tratamento diferenciado e atendimento imediato (art. 6º, Decreto nº 5.296/2004). Cumpre ressaltar que, além da pessoa com deficiência, tem direito ao atendimento prioritário (art. 1º, Lei nº 10.048/2000 e art. 5º, Decreto nº 5.296/2004):

- Pessoa idosa com idade superior a 60 anos;
- Gestantes;
- Lactantes;
- Pessoas com crianças de colo;
- Obesos

Alternativa "b". A Lei nº 11.126 foi promulgada no ano de 2005 e assegura à pessoa com deficiência visual o direito de ingressar e permanecer em todos os meios de transporte e em estabelecimentos abertos ao público acompanhada de cão-guia. Considera-se deficiência visual apenas a cegueira e a baixa visão. Esse direito é aplicado em todas modalidades de serviços de transporte coletivo de passageiros inclusive em esfera internacional com origem em território brasileiro.

Alternativa "c". A Lei nº 10.098 foi promulgada no ano 2000 e prevê normas acerca da promoção da acessibilidade às pessoas com deficiência ou com mobilidade reduzida.

Alternativa "d". A Constituição Federal prevê diversos direitos à pessoa com deficiência, mas foi promulgada em 1988 e não traz o conceito de pessoa com deficiência. De acordo com o art. 203, IV, Constituição Federal, é objetivo da Assistência Social assegurar a habilitação e reabilitação das Pessoas com Deficiência e a promoção de sua integração à vida comunitária. Além disso, o art. 208, II, da Constituição Federal determina a efetivação do dever do Estado com a Educação ocorre com o atendimento educacional especializado à Pessoa com Deficiência preferencialmente na rede regular de ensino. Outro exemplo de direito da pessoa com deficiência prevista na Constituição Federal é o previsto no art. 201, § 1º, da Constituição Federal que assegura a possibilidade de critérios diferenciados para a concessão de aposentadora de pessoas com deficiência desde que previstos em lei complementar.

---

11. (FCC – Analista Judiciário – Área Administrativa – TRT 24/2017) A legislação mais moderna se refere à pessoa que tem "impedimento de longo prazo de natureza física, mental, intelectual ou sensorial, o qual, em interação com uma ou mais barreiras, pode obstruir sua participação plena e efetiva na sociedade em igualdade de condições com as demais pessoas", como

a) deficiente.
b) pessoa com deficiência.
c) pessoa portadora de deficiência.
d) pessoa portadora de necessidades especiais.
e) excepcional.

COMENTÁRIOS

✪ **Nota do autor:** A questão aborda o conceito de pessoa com deficiência. **Atenção! A memorização do conceito de pessoa com deficiência é essencial ao seu concurso.**

Alternativa correta: "b". "Considera-se **pessoa com deficiência** aquela que tem impedimento de longo prazo de natureza física, mental, intelectual ou sensorial, o qual, em interação com uma ou mais barreiras, pode obstruir sua participação plena e efetiva na sociedade em igualdade de condições com as demais pessoas". (art. 2º, "caput", Estatuto da Pessoa com Deficiência – grifos acrescidos). O Estatuto da Pessoa com Deficiência traz o conceito de pessoa com deficiência, que foi inspirado naquilo que prevê o art. 1º da Convenção sobre os Direitos das Pessoas com Deficiência:

> **Art. 1º, Convenção sobre os Direitos das Pessoas com Deficiência:** O propósito da presente Convenção é promover, proteger e assegurar o exercício pleno e equitativo de todos os direitos humanos e liberdades fundamentais por todas as pessoas com deficiência e promover o respeito pela sua dignidade inerente.
>
> Pessoas com deficiência são aquelas que têm impedimentos de longo prazo de natureza física, mental, intelectual ou sensorial, os quais, em interação com diversas barreiras, podem obstruir sua participação plena e efetiva na sociedade em igualdades de condições com as demais pessoas.
>
> Cumpre ressaltar que o termo pessoa portadora de deficiência está em desuso, sendo utilizado o termo mais adequado "pessoa com deficiência". Sempre que possível usaremos o termo adequado ao candidato, ainda que a legislação faça referência à pessoa portadora de deficiência.

Observe que o conceito trazido pela legislação ressalta que a deficiência não necessariamente decorre de doença enfrentada pela pessoa e que deverão ser consideradas pessoas com deficiência aqueles que apresentam impedimento intelectual. Portanto, além da deficiência física, é necessário o reconhecimento da **deficiência de ordem psicológica**, que merece atenção especial do Estado[2].

---

2. FARIAS, Cristiano Chaves de.; CUNHA, Rogério Sanches; PINTO, Ronaldo Batista. *Estatuto da Pessoa com Deficiência comentado artigo por artigo*. Salvador: Juspodivm, 2016. p. 24.

Além disso, o conceito esclarece que não é o próprio impedimento da pessoa com deficiência que obstrui a participação efetiva na sociedade, mas sua **interação com barreiras**. Portanto, a eliminação de barreiras à pessoa com deficiência, especialmente ao se assegurar a acessibilidade e a utilização de tecnologias assistivas, é uma das formas de garantir a plena participação na sociedade em igualdade de condições com as demais pessoas.

Para facilitar a memorização do assunto, segue quadro acerca do conceito de pessoa com deficiência, que, repito, é extremamente importante para seu concurso:

CONCEITO DE PESSOA COM DEFICIÊNCIA
– Pessoa com deficiência é aquela que:
a) tem **impedimento de longo prazo**;
b) O impedimento pode ser decorrente de **natureza física, mental, intelectual ou sensorial**;
c) Esse impedimento, em **interação com um ou mais barreiras**, pode **obstruir a participação plena e efetiva na sociedade em igualdade de condições** com as demais pessoas.

12. (FCC – Analista Judiciário – Área Administrativa – TRT 24/2017) De acordo com a legislação em vigor, qualquer atitude ou comportamento que dificulte ou impossibilite a expressão ou o recebimento de mensagens e de informações por intermédio de sistemas de comunicação e de tecnologia da informação, se amolda ao conceito de

a) desenho universal.

b) tecnologia impeditiva.

c) barreira nas comunicações e na informação.

d) ineficiência técnica.

e) acessibilidade.

COMENTÁRIOS

✪ **Nota do autor:** A questão aborda o tema acerca dos conceitos utilizados no Estatuto da Pessoa com Deficiência. Não é comum que os diplomas legislativos tragam as definições legais para os termos utilizados, muitas vezes deixando o trabalho de interpretação das palavras e expressões para a doutrina e jurisprudência. Contudo, o Estatuto da Pessoa com Deficiência traz diversos conceitos que serão utilizados por TODA a lei, que assumem, juntamente com o conceito de pessoa com deficiência, especial relevância para seus estudos.

Alternativa correta: "c". "Para fins de aplicação desta Lei, consideram-se: barreiras nas comunicações e na informação: barreiras: qualquer entrave, obstáculo, atitude ou comportamento que limite ou impeça a participação social da pessoa, bem como o gozo, a fruição e o exercício de seus direitos à acessibilidade, à liberdade de movimento e de expressão, à comunicação, ao acesso à informação, à compreensão, à circulação com segurança, entre outros, classificadas em: barreiras nas comunicações e na informação: qualquer entrave, obstáculo, atitude ou comportamento que dificulte ou impossibilite a expressão ou o recebimento de mensagens e de informações por intermédio de sistemas de comunicação e de tecnologia da informação." (art. 3º, IV, "d", Lei nº 13.146/2015).

Alternativa "a". O conceito de desenho universal está presente no art. 3º, II, Lei nº 13.146/2015 – Estatuto da Pessoa com Deficiência:

> **Art. 3º, II, LBI:** Para fins de aplicação desta Lei, consideram-se: desenho universal: concepção de produtos, ambientes, programas e serviços a serem usados por todas as pessoas, sem necessidade de adaptação ou de projeto específico, incluindo os recursos de tecnologia assistiva;

Alternativa "b". O conceito de tecnologia impeditiva não é trazido pela legislação. Por outro lado, busca-se o desenvolvimento de tecnologias assistivas ou ajuda técnica:

> **Art. 3º, III, Lei nº 13.146/2015:** Para fins de aplicação desta Lei, consideram-se: acessibilidade: tecnologia assistiva ou ajuda técnica: produtos, equipamentos, dispositivos, recursos, metodologias, estratégias, práticas e serviços que objetivem promover a funcionalidade, relacionada à atividade e à participação da pessoa com deficiência ou com mobilidade reduzida, visando à sua autonomia, independência, qualidade de vida e inclusão social.

Alternativa "d". Igualmente ao comentário da alternativa precedente, a legislação não trouxe o conceito de ineficiência técnica, mas sim o de ajudas técnicas:

> **Art. 3º, III, Lei nº 13.146/2015:** Para fins de aplicação desta Lei, consideram-se: acessibilidade: tecnologia assistiva ou ajuda técnica: produtos, equipamentos, dispositivos, recursos, metodologias, estratégias, práticas e serviços que objetivem promover a funcionalidade, relacionada à atividade e à participação da pessoa com deficiência ou com mobilidade reduzida, visando à sua autonomia, independência, qualidade de vida e inclusão social.

Alternativa "e". "Para fins de aplicação desta Lei, consideram-se: acessibilidade: possibilidade e condição de alcance para utilização, com segurança e autonomia, de espaços, mobiliários, equipamentos urbanos, edificações, transportes, informação e comunicação, inclusive seus sistemas e tecnologias, bem como de outros serviços e instalações abertos ao público, de uso público ou privados de uso coletivo, tanto na zona urbana como na rural, por pessoa com deficiência ou com mobilidade reduzida." (art. 3º, I, da Lei nº 13.146/2015)

---

13. (FCC - Técnico Judiciário - Área Administrativa - TRT 20/2016) De acordo com os conceitos previstos no Estatuto da Pessoa com Deficiência - Lei nº 13.146/15, é correto afirmar:

a) Considera-se pessoa com deficiência aquela que tem impedimento de longo prazo de natureza física, mental ou sensorial, excluídos os impedimentos de ordem intelectual.

b) Acompanhante é aquele que acompanha a pessoa com deficiência, podendo ou não desempenhar as funções de atendente pessoal.

c) Tecnologia assistiva ou ajuda técnica são aquelas que dificultam ou impedem o acesso da pessoa com deficiência às tecnologias.

d) Residências inclusivas são moradias com estruturas adequadas capazes de proporcionar serviços de apoio coletivos e individualizados que respeitem e ampliem o grau de autonomia de jovens e adultos com deficiência.

e) Barreiras arquitetônicas são aquelas existentes nas vias e nos espaços públicos e privados abertos ao público ou de uso coletivo.

COMENTÁRIOS

✪ **Nota do autor:** A questão aborda o tema acerca dos conceitos utilizados no Estatuto da Pessoa com Deficiência. Note-se como são frequentes questões exigindo essas definições legais. A leitura e memorização do art. 3º da Lei nº 13.146/2015 é indispensável para seu concurso.

Alternativa correta: "b". "Para fins de aplicação desta Lei, consideram-se: acompanhante: aquele que acompanha a pessoa com deficiência, podendo ou não desempenhar as funções de atendente pessoal." (art. 3º, XIV, da Lei nº 13.146/2015).

Alternativa "a". "Considera-se pessoa com deficiência aquela que tem impedimento de longo prazo de natureza física, mental, **intelectual** ou sensorial, o qual, em interação com uma ou mais barreiras, pode obstruir sua participação plena e efetiva na sociedade em igualdade de condições com as demais pessoas". (art. 2º, "caput", Estatuto da Pessoa com Deficiência - grifos acrescidos). O Estatuto da Pessoa com Deficiência traz o conceito de pessoa com deficiência, que foi inspirado naquilo que prevê o art. 1º da Convenção sobre os Direitos das Pessoas com Deficiência:

> **Art. 1º, Convenção sobre os Direitos das Pessoas com Deficiência:** O propósito da presente Convenção é promover, proteger e assegurar o exercício pleno e equitativo de todos os direitos humanos e liberdades fundamentais por todas as pessoas com deficiência e promover o respeito pela sua dignidade inerente.
>
> Pessoas com deficiência são aquelas que têm impedimentos de longo prazo de natureza física, mental, intelectual ou sensorial, os quais, em interação com diversas barreiras, podem obstruir sua participação plena e efetiva na sociedade em igualdades de condições com as demais pessoas.

Alternativa "c". "Para fins de aplicação desta Lei, consideram-se: acessibilidade: tecnologia assistiva ou ajuda técnica: produtos, equipamentos, dispositivos, recursos, metodologias, estratégias, práticas e serviços que objetivem promover a funcionalidade, relacionada à atividade e à participação da pessoa com deficiência ou com mobilidade reduzida, visando à sua autonomia, independência, qualidade de vida e inclusão social." (art. 3º, III, Lei nº 13.146/2015)

Alternativa "d". "Para fins de aplicação desta Lei, consideram-se: residências inclusivas: unidades de oferta do Serviço de Acolhimento do Sistema Único de Assistência Social (Suas) localizadas em áreas residenciais da comunidade, com estruturas adequadas, que possam contar com apoio psicossocial para o atendimento das necessidades da pessoa acolhida, destinadas a jovens e adultos com deficiência, em situação de dependência, que não dispõem de condições de autossustentabilidade e com vínculos familiares fragilizados ou rompidos." (art. 3º, X, Lei nº 13.146/2015). O conceito apresentado na alternativa refere-se à moradia para vida independente:

> **Art. 3º, XI, Estatuto da Pessoa com Deficiência:** Para fins de aplicação desta Lei, consideram-se: moradia para a vida independente da pessoa com deficiência: moradia com estruturas adequadas capazes de proporcionar serviços de apoio coletivos e individualizados que respeitem e ampliem o grau de autonomia de jovens e adultos com deficiência.

Alternativa "e". Para fins de aplicação desta Lei, consideram-se: barreiras: qualquer entrave, obstáculo, atitude ou comportamento que limite ou impeça a participação social da pessoa, bem como o gozo, a fruição e o exercício de seus direitos à acessibilidade, à liberdade de movimento e de expressão, à comunicação, ao acesso à informação, à compreensão, à circulação com segurança, entre outros, classificadas em: **barreiras arquitetônicas**: as existentes nos edifícios públicos e privados." (art. 3º, IV, "b", Lei nº 13.146/2015 – grifos acrescidos). Note-se que o conceito apresentado na alternativa refere-se exatamente ao que prevê o art. 3º, IV, "a", Estatuto da Pessoa com Deficiência acerca das barreiras arquitetônicas.

1.3. DIREITO À IGUALDADE E A NÃO DISCRIMINAÇÃO

14. (FCC – Analista Judiciário – Área Administrativa – TRT 15/2018) Fernanda é deficiente visual. Solteira, com trinta e cinco anos de idade, pretende realizar o sonho de ser mãe por meio da fertilização in vitro. Já sua amiga, Daiani, também deficiente visual, casada com Fabio, deficiente auditivo, pretende adotar uma criança. Nesses casos, de acordo com a Lei nº 13.146/2015,

a) a deficiência não afeta a plena capacidade civil da pessoa, sendo permitido o exercício dos direitos reprodutivos, bem como o exercício do direito à adoção.

b) é proibido o exercício dos direitos reprodutivos, bem como o exercício do direito à adoção, em razão exclusivamente da deficiência visual narrada.

c) é proibido apenas o exercício dos direitos reprodutivos, em razão exclusivamente da deficiência visual narrada.

d) é expressamente proibido apenas o exercício do direito à adoção, em razão exclusivamente da deficiência visual narrada.

e) é expressamente proibido apenas o exercício do direito à adoção, em razão das deficiências visual e auditiva narradas.

COMENTÁRIOS

✪ **Nota do autor:** A questão aborda o tema do direito à igualdade e a não discriminação da pessoa com deficiência. Lembre-se de que, quando necessário, é possível a instituição da curatela, desde que respeite alguns requisitos previstos no Estatuto:

1) Instituição como medida protetiva **extraordinária**, devendo constar da sentença que a determinar as razões e motivações de sua definição, preservados os interesses do curatelado;

2) Proporcional **às necessidades** da pessoa com deficiência e **às circunstâncias** de cada caso;

3) Duração da curatela pelo **menor tempo** possível.

Alternativa correta: "a". *Comentário serve para as demais alternativas, pois versam sobre o mesmo assunto.* As pessoas com deficiência têm direito ao exercício da capacidade legal em igualdade de condições com as demais pessoas (art. 84, Lei nº 13.146/2015). Na maioria dos casos, a pessoa com deficiência tem capacidade plena para exercício dos atos da vida civil, em especial (art. 6º, Estatuto da Pessoa com Deficiência):

CAPACIDADE CIVIL DA PESSOA COM DEFICIÊNCIA
– A pessoa com deficiência tem capacidade inclusive para: a) Casar-se e constituir união estável; b) Direitos sexuais e reprodutivos; c) Planejamento familiar; d) Conservar fertilidade, sendo veda a esterilização compulsória; e) Direito à família e à convivência familiar e comunitária; f) Direito à guarda, à tutela, à curatela e à adoção, como adotante ou adotando em igualdade de condições com as demais pessoas;

Nesse sentido, a pessoa com deficiência tem assegurado os direitos sexuais e reprodutivos bem com o direito de adoção. Assim, Fernanda poderá realizar a fertilização *in vitro* e Daiani adotar uma criança.

15. (FCC – Analista Judiciário – Área Administrativa – TRT 6/2018) A Lei Brasileira de Inclusão, em seu texto, no que diz respeito ao direito à igualdade e a não discriminação, prevê expressamente que a pessoa com deficiência

a) seja representada por seu curador quando necessário seu consentimento livre e esclarecido para a realização de tratamento.

b) poderá exercer direitos sexuais e reprodutivos desde que assistida por terceiro.

c) será submetida à esterilização compulsória somente com decisão judicial nesse sentido.

d) não está obrigada à fruição de benefícios decorrentes de ação afirmativa.

e) tem direito a diagnóstico e intervenção precoce.

COMENTÁRIOS

✪ **Nota do autor:** A questão aborda o tema do direito à igualdade e a não discriminação da pessoa com deficiência. Toda forma de distinção, restrição ou exclusão que prejudique, impeça ou anule o reconhecimento ou exercício de direitos e liberdades fundamentais da pessoa com deficiência é considerada pela Lei Brasileira de Inclusão como discriminação em razão da deficiência.

Alternativa correta: "d". "A pessoa com deficiência não está obrigada à fruição de benefícios decorrentes de ação afirmativa." (art. 4º, § 2º, do Estatuto da Pessoa com Deficiência). são políticas públicas promovidas pelo Estado ou pela sociedade civil com a finalidade de compensar situações historicamente desiguais e tem como fundamento proporcionar a igualdade de oportunidades entre as pessoas. Nesse sentido, tendo em vista a adoção pelo Estatuto da Pessoa com Deficiência da necessidade de respeito à igualdade de oportunidades, é possível a implementação de ações afirmativas às pessoas com deficiência. Essa igualdade somente é alcançada se proporcionado tratamento jurídico diferenciado às pessoas com deficiência ao assegurar acesso ao mercado de trabalho por exemplo. Contudo, é importante destacar que a lei é expressa ao determinar que a pessoa com deficiência não está obrigada a fruir de benefícios de ação afirmativa. Sobre o assunto, é importante destacar algumas das principais ações afirmativas presentes na legislação nacional:

1) **Relação de emprego:** As empresas com 100 empregados ou mais deverão manter de 2% a 5% de seus cargos com pessoas com deficiência ou empregados reabilitados ao trabalho.

2) **Relação de estágio:** Como formar de integração ao mercado de trabalho, a lei assegura percentual de 10% das vagas de estágio oferecidas a pessoas com deficiência.

3) **Concurso público:** O art. 1º, § 1º do Decreto nº 9.508/2018, editado em 24 de setembro de 2018, estabelece a necessidade de se assegurar percentual mínimo de 5% das vagas oferecidas para o provimento de cargos efetivos e para a contratação por tempo determinado para atender necessidade temporária de excepcional interesse público, no âmbito da administração pública federal direta e indireta, às pessoas com deficiência. Destaca-se que esse Decreto revogou os art. 37 a 43 do Decreto nº 3.298/1999, que disciplinavam o assunto. **Atenção!** Tendo em vista a alteração recente desse dispositivo, é possível sua cobrança nos concursos que abordam Noções sobre Direitos das Pessoas com Deficiência.

Alternativa "a". A curatela de pessoa com deficiência é medida excepcional. Dessa forma, em regra, o consentimento livre e esclarecido para tratamento deve ser obtido diretamente com a pessoa com deficiência. Ainda que haja curatela de pessoas com deficiência, o Estatuto da Pessoa com Deficiência estabelece a necessidade de participação da pessoa com deficiência, no maior grau possível, para a obtenção do consentimento:

> **Art. 12 da Lei nº 13.146/2015:** O consentimento prévio, livre e esclarecido da pessoa com deficiência é indispensável para a realização de tratamento, procedimento, hospitalização e pesquisa científica.
>
> § 1º Em caso de pessoa com deficiência em situação de curatela, deve ser assegurada sua participação, no maior grau possível, para a obtenção de consentimento.

Alternativa "b". "A deficiência não afeta a plena capacidade civil da pessoa, inclusive para: exercer direitos sexuais e reprodutivos." (art. 6º, II, da Lei Brasileira de Inclusão da Pessoa com Deficiência). As pessoas com deficiência têm direito ao exercício da capacidade legal em igualdade de condições com as demais pessoas (art. 84, Lei nº 13.146/2015). Na maioria dos casos, a pessoa com deficiência tem capacidade plena para exercício dos atos da vida civil, em especial (art. 6º, Estatuto da Pessoa com Deficiência):

CAPACIDADE CIVIL DA PESSOA COM DEFICIÊNCIA
– A pessoa com deficiência tem capacidade inclusive para: a) Casar-se e constituir união estável; b) Direitos sexuais e reprodutivos; c) Planejamento familiar; d) Conservar fertilidade, sendo veda a esterilização compulsória; e) Direito à família e à convivência familiar e comunitária; f) Direito à guarda, à tutela, à curatela e à adoção, como adotante ou adotando em igualdade de condições com as demais pessoas;

Alternativa "c". "A deficiência não afeta a plena capacidade civil da pessoa, inclusive para: conservar sua fertilidade, sendo vedada a esterilização compulsória." (art. 6º, IV, do Estatuto da Pessoa com Deficiência). **Atenção:** O direito à conservação da fertilidade da pessoa com deficiência não pode ser suprimido nem mesmo via decisão judicial, sendo vedada, em todas as hipóteses, a esterilização compulsória.

Alternativa "e". "As ações e os serviços de saúde pública destinados à pessoa com deficiência devem assegurar: diagnóstico e intervenção precoces, realizados por equipe multidisciplinar." (art. 18, § 4º, I, do Estatuto da Pessoa com Deficiência). O direito ao diagnóstico e intervenção precoces são direitos direcionados às ações e serviços de saúde pública e também como diretriz da reabilitação profissional. Portanto, não se insere no tocante ao direito à igualdade e a não discriminação do Estatuto da Pessoa com Deficiência.

1.4. DIREITO À VIDA

16. (AOCP – Analista Judiciário – Área Administrativa – TRT 1/2018) Na história recente do Brasil, o legislador se dedicou a disciplinar e a ampliar os direitos dos portadores de deficiência, estabelecendo uma rede de proteção. Muitos foram os diplomas legais editados nesse sentido tal como a Lei nº 13.146/2015. Considerando a referida lei, no tocante à proteção legal do portador de deficiência, assinale a alternativa correta.

a) São absolutamente incapazes de exercer pessoalmente os atos da vida civil os que, por enfermidade ou deficiência mental, não tiverem o necessário discernimento para a prática desses atos.

b) O Poder Judiciário pode cobrar do usuário com deficiência, mediante tarifa, a despesa extra que tiver para lhe dar amplo acesso a prédios e serviços públicos.

c) A pesquisa científica envolvendo pessoa com deficiência em situação de tutela ou de curatela deve ser realizada, em caráter excepcional, apenas quando houver indícios de benefício direto para sua saúde ou para a saúde de outras pessoas com deficiência e desde que não haja outra opção de pesquisa de eficácia comparável com participantes não tutelados ou curatelados.

d) É crime, punido com pena de 2 a 4 anos de reclusão, negar à pessoa com deficiência visual acompanhada de cão-guia o direito de ingressar e de permanecer com o animal em todos os meios de transporte e em estabelecimentos abertos ao público, de uso público e privados de uso coletivo.

e) O Ministério Público tem legitimidade exclusiva para propor as medidas judiciais destinadas à proteção de interesses coletivos, difusos, individuais homogêneos e individuais indisponíveis da pessoa com deficiência.

COMENTÁRIOS

✪ **Nota do autor:** A questão aborda o tema do direito à vida da pessoa com deficiência. Em situações de risco, emergência ou estado de calamidade pública, a pessoa com deficiência é considerada vulnerável e o poder público deve adotar medidas para sua proteção e segurança (art. 10, Lei nº 13.146/2015). É assegurado atendimento prioritário às pessoas com deficiência na proteção e socorro em quaisquer circunstâncias (art. 9º, I, Estatuto da Pessoa com Deficiência).

Alternativa correta: "c". "A pesquisa científica envolvendo pessoa com deficiência em situação de tutela ou de curatela deve ser realizada, em caráter excepcional, apenas quando houver indícios de benefício direto para sua saúde ou para a saúde de outras pessoas com deficiência e desde que não haja outra opção de pesquisa de eficácia comparável com participantes não tutelados ou curatelados." (art. 12, § 2º, da Lei nº 13.146/2015). A pesquisa científica de pessoa com deficiência em situação de curatela: deve ser realizada apenas em caráter excepcional quando preenchidos dois requisitos:

1) A pesquisa traga benefício direto para a saúde do tutelado ou curatelado ou para outras pessoas com deficiência; e

2) Não exista outra opção de pesquisa de eficácia similar com participantes que não sejam tutelados ou curatelados.

Alternativa "a". A Lei Brasileira de Inclusão alterou completamente a teoria das incapacidades prevista no Código Civil. Tendo como base que as pessoas com deficiência têm direito ao exercício da capacidade legal em igualdade de condições com as demais pessoas (art. 84 da Lei nº 13.146/2015), o art. 3º do Código Civil foi alterado para prever como única hipótese de incapacidade absoluta os menos de 16 anos. Portanto, a enfermidade ou deficiência mental relacionada à falta de discernimento para a prática dos atos e aqueles que não puderem exprimir sua vontade, mesmo que por causas transitórias, deixam de ser hipóteses para a configuração da incapacidade civil absoluta. Note-se, portanto, que a deficiência, por si só, não justifica a imposição de incapacidade.

Mesmo nas hipóteses de incapacidade relativa, o Estatuto da Pessoa com Deficiência desatrelou a incapacidade da deficiência. Portanto, a incapacidade, mesmo que relativa, não pode ser determinada pelo simples fato de que a pessoa apresenta alguma deficiência. Contudo, se, por causa transitória ou permanente, não puder exprimir sua vontade, é possível determinar a incapacidade relativa da pessoa com deficiência. Note-se que essa hipótese também pode ser aplicada às pessoas sem deficiência quando não puderem exprimir sua vontade em razão de um grave acidente por exemplo.

Alternativa "b". "A acessibilidade é direito que garante à pessoa com deficiência ou com mobilidade reduzida viver de forma independente e exercer seus direitos de cidadania e de participação social." (art. 53 do Estatuto da Pessoa com Deficiência). A cobrança de tarifas pelo Poder Judiciário para assegurar ampla acessibilidade a usuário com deficiência é uma medida discriminatória às pessoas com deficiência que impede sua integração à sociedade e ao pleno exercício de seus direitos. Vale ressaltar que o Estatuto da Pessoa com Deficiência não traz dispositivo expresso nesse sentido. Entretanto, a legislação é sempre orientada a vedar qualquer forma de cobrança adicional de pessoas com deficiência em razão de obras e serviços que assegurem acessibilidade. Nesse sentido:

> **Art. 58, § 2º, da Lei nº 13.146/2015:** É vedada a cobrança de valores adicionais para a aquisição de unidades internamente acessíveis a que se refere o § 1º deste artigo.
>
> **Art. 51, § 1º, da Lei nº 13.146?2015:** É proibida a cobrança diferenciada de tarifas ou de valores adicionais pelo serviço de táxi prestado à pessoa com deficiência.**Alternativa "d".** "Constitui ato de discriminação, **a ser apenado com interdição e multa**, qualquer tentativa voltada a impedir ou dificultar o gozo do direito previsto no art. 1º desta Lei." (art. 3º da Lei nº 11.126/2005). "É assegurado à pessoa com deficiência visual

acompanhada de cão-guia o direito de ingressar e de permanecer com o animal em todos os meios de transporte e em estabelecimentos abertos ao público, de uso público e privados de uso coletivo, desde que observadas as condições impostas por esta Lei." (art. 1º, Lei nº 11.126/2005). A legislação considera como ato discriminatório a proibição do uso de cão guia por pessoa com deficiência visual, mas as penas previstas consistem em interdição e multa e não em pena de reclusão, de 2 a 4 ano, como sustenta a alternativa.

Alternativa "e". O Ministério Público não tem legitimidade exclusiva como sustenta a afirmativa. Com o Estatuto da Pessoa com Deficiência, a Defensoria Pública passou a ser legitimada para tutelar os interesses coletivos, difusos, individuais homogêneos e individuais indisponíveis da pessoa com deficiência. Além da Defensoria Pública, a Lei nº 7.853/1989 já previa a legitimidade dos seguintes entes:

LEGITIMADOS
– São legitimados para propor medidas judiciais destinadas à proteção de interesses coletivos, difusos, individuais homogêneos e individuais indisponíveis da pessoa com deficiência: a) Ministério Público; b) Defensoria Pública; c) União; d) Estados; e) Municípios; f) Distrito Federal; g) Autarquia, fundação, empresa pública e sociedade de economia mista que tenham entre suas finalidades institucionais, a proteção dos interesses e a promoção de direitos da pessoa com deficiência; e h) Associação constituída há mais de 1 ano, que tenha entre suas finalidades institucionais, a proteção dos interesses e a promoção de direitos da pessoa com deficiência.

1.5. DIREITO À SAÚDE

17. (FCC – Analista Judiciário – Área Administrativa – TRT 6/2018) Na área da saúde, a Lei nº 7.853/1989 prevê como promoção de ação preventiva em benefício da pessoa com deficiência

a) o incentivo à pesquisa tecnológica em áreas do conhecimento.

b) a criação de serviços de reabilitação.

c) a imunização.

d) o desenvolvimento de programas de saúde com a participação da sociedade.

e) a garantia do atendimento domiciliar.

COMENTÁRIOS

✪ **Nota do autor:** A questão aborda o tema do direito à saúde da pessoa com deficiência. Ressalta-se que a questão apresentava nível maior de dificuldade, pois exigia o conhecimento das hipóteses de ações preventivas na área de saúde previstas na Lei nº 7.853/1989.

Alternativa correta: "c". "Para o fim estabelecido no caput deste artigo, os órgãos e entidades da administração direta e indireta devem dispensar, no âmbito de sua competência e finalidade, aos assuntos objetos esta Lei, tratamento prioritário e adequado, tendente a viabilizar, sem prejuízo de outras, as seguintes medidas: na área da saúde: **a promoção de ações preventivas**, como as referentes ao planejamento familiar, ao aconselhamento genético, ao acompanhamento da gravidez, do parto e do puerpério, à nutrição da mulher e da criança, à identificação e ao controle da gestante e do feto de alto risco, **à imunização**, às doenças do metabolismo e seu diagnóstico e ao encaminhamento precoce de outras doenças causadoras de deficiência." (art. 2º, parágrafo único, II, "a", da Lei nº 7.853/1989). Note-se que questão exigia o conhecimento específicos das ações preventivas previstas na Lei nº 7.853/1989. Ressalta-se que as demais alternativas versam sobre medidas a serem adotadas na área da saúde com exceção do incentivo à pesquisa tecnológica em áreas do conhecimento, mas nenhuma delas se refere aos exemplos de promoção de ações preventivas.

Alternativa "a". O incentivo à pesquisa tecnológica em áreas do conhecimento trata-se de medida a ser adotada na área de recursos humanos:

> **Art. 2º, parágrafo único, IV, "c", da Lei nº 7.853/1989:** Para o fim estabelecido no caput deste artigo, os órgãos e entidades da administração direta e indireta devem dispensar, no âmbito de sua competência e finalidade, aos assuntos objetos esta Lei, tratamento prioritário e adequado, tendente a viabilizar, sem prejuízo de outras, as seguintes medidas: na área de recursos humanos: o incentivo à pesquisa e ao desenvolvimento tecnológico em todas as áreas do conhecimento relacionadas com a pessoa portadora de deficiência.

Alternativa "b". "Para o fim estabelecido no caput deste artigo, os órgãos e entidades da administração direta e indireta devem dispensar, no âmbito de sua competência e finalidade, aos assuntos objetos esta Lei, tratamento prioritário e adequado, tendente a viabilizar, sem prejuízo de outras, as seguintes medidas: na área da saúde: a criação de uma rede de serviços especializados em reabilitação e habilitação." (art. 2º, parágrafo único, II, "c", da Lei nº 7.853/1989). Note-se, portanto, que o desenvolvimento de serviços de reabilitação é medida a ser adotada na área de saúde, mas não é modalidade de ação preventiva.

Alternativa "d". "Para o fim estabelecido no caput deste artigo, os órgãos e entidades da administração direta e indireta devem dispensar, no âmbito de sua competência e finalidade, aos assuntos objetos esta Lei, tratamento prioritário e adequado, tendente a viabilizar, sem prejuízo de outras, as seguintes medidas: na área da saúde: o desenvolvimento de programas de saúde voltados para as pessoas portadoras de deficiência, desenvolvidos com a participação da sociedade e que lhes ensejem a integração social." (art. 2º, parágrafo único, II, "f", da Lei nº 7.853/1989). Note-se, portanto, que o desenvolvimento de programas de saúde com a participação da sociedade e que lhes ensejem a integração social é medida a ser adotada na área de saúde, mas não é modalidade de ação preventiva.

Alternativa "e". "Para o fim estabelecido no caput deste artigo, os órgãos e entidades da administração direta e indireta devem dispensar, no âmbito de sua competência e finalidade, aos assuntos objetos esta Lei, tratamento prioritário e adequado, tendente a viabilizar, sem prejuízo de outras, as seguintes medidas: na área da saúde: a garantia de atendimento domiciliar de saúde ao deficiente grave não internado. (art. 2º, parágrafo único, II, "e", da Lei nº 7.853/1989)

1.6. DIREITO À EDUCAÇÃO

18. (AOCP – Analista Judiciário – Oficial de Just. Avaliador Federal – TRT 1/2018) Segundo disciplina o Decreto n° 3.298/1999, os órgãos e as entidades da Administração Pública Federal direta e indireta responsáveis pela educação dispensarão tratamento prioritário e adequado aos assuntos relacionados à pessoa com deficiência. Nesse sentido, de acordo com o citado diploma legal, a educação do aluno com deficiência deverá iniciar-se na educação infantil a partir de

a) cinco anos.
b) zero ano.
c) um ano.
d) três anos.
e) dois anos.

COMENTÁRIOS

✪ **Nota do autor:** A questão aborda o tema do direito à educação da pessoa com deficiência previsto no Decreto nº 3.298/1999. A educação é direito da pessoa com deficiência sendo assegurado **sistema educacional inclusivo** em todos os níveis de aprendizado ao longo da vida para se alcançar o máximo desenvolvimento possível dos talentos e habilidades da pessoa com deficiência.

Alternativa correta: "b". *Comentário serve para as demais alternativas, pois versam sobre o mesmo assunto.* "A educação do aluno com deficiência deverá iniciar-se na educação infantil, a partir de zero ano." (art. 24, § 3º, do Decreto nº 3.298/1999). Diante do tratamento prioritário que deve ser dispensado às pessoas com deficiência, há previsão para início na educação infantil logo com zero ano. Note-se, portanto, que a questão exigia o conhecimento da literalidade do art. 24 do Decreto nº 3.298/1999. É indispensável a prévia leitura dos dispositivos e especial atenção para as indicações de números, datas, prazos e porcentagens, pois as bancas dirigem muitas de suas questões para esses assuntos.

19. (FCC – Técnico Judiciário – Área Judiciária – TRT 15/2018) Claudiomir é proprietário de uma escola particular de ensino médio. De acordo com a Lei nº 13.146/2015, a instituição de Claudiomir, deve assegurar, criar, desenvolver, implementar, incentivar, acompanhar e avaliar,

a) facultativamente, a adoção de medidas de apoio que favoreçam o desenvolvimento dos aspectos linguísticos, culturais, vocacionais e profissionais, levando-se em conta o talento, a criatividade, as habilidades e os interesses do estudante com deficiência.
b) obrigatoriamente, a oferta de educação bilíngüe, em Libras como primeira língua e na modalidade escrita da língua portuguesa como segunda língua, em escolas e classes bilíngües e em escolas inclusivas.
c) obrigatoriamente, as pesquisas voltadas para o desenvolvimento de novos métodos e técnicas pedagógicas, de materiais didáticos, de equipamentos e de recursos de tecnologia assistiva.
d) obrigatoriamente, a formação e disponibilização de professores para o atendimento educacional especializado, de tradutores e intérpretes da Libras, de guias intérpretes e de profissionais de apoio.
e) facultativamente, a oferta de ensino da Libras, do Sistema Braille e de uso de recursos de tecnologia assistiva, de forma a ampliar habilidades funcionais dos estudantes, promovendo sua autonomia e participação.

COMENTÁRIOS

✪ **Nota do autor:** A questão aborda o tema do direito à educação da pessoa com deficiência. Além disso, apresentava maior nível de dificuldade, pois exigia que o candidate tivesse conhecimento das obrigações do poder público e daquelas que são extensíveis às instituições privadas de ensino.

Alternativa correta: "d". "Incumbe ao poder público assegurar, criar, desenvolver, implementar, incentivar, acompanhar e avaliar: formação e disponibilização de professores para o atendimento educacional especializado, de tradutores e intérpretes da Libras, de guias intérpretes e de profissionais de apoio." (art. 28, XI, da Lei nº 13.146/2015). "Às instituições privadas, de qualquer nível e modalidade de ensino, aplica-se obrigatoriamente o disposto nos incisos I, II, III, V, VII, VIII, IX, X, **XI**, XII, XIII, XIV, XV, XVI, XVII e XVIII do caput deste artigo, sendo vedada a cobrança de valores adicionais de qualquer natureza em suas mensalidades, anuidades e matrículas no cumprimento dessas determinações." (art. 28, § 1º, da Lei nº 13.146/2015 – grifo acrescido). Dessa forma, a instituição de Claudiomir, ainda que privada, tem a obrigação de formar e disponibilizar professores para o atendimento educacional especializado, de tradutores e intérpretes de Libras, de guias intérpretes e de profissionais de apoio.

Alternativa "a". "Incumbe ao poder público assegurar, criar, desenvolver, implementar, incentivar, acompanhar e avaliar: adoção de medidas de apoio que favoreçam o desenvolvimento dos aspectos linguísticos, culturais, vocacionais e profissionais, levando-se em conta o talento, a criatividade, as habilidades e os interesses do estudante com deficiência." (art. 28, IX, do Estatuto da Pessoa com Deficiência). Note-se que, como visto nos comentários à alternativa anterior, essa obrigação é estendida às escolas privadas (art. 28, § 1º, da LBI).

Alternativa "b". "Incumbe ao poder público assegurar, criar, desenvolver, implementar, incentivar, acompanhar e avaliar: oferta de educação bilíngue, em Libras como primeira língua e na modalidade escrita da língua portuguesa como segunda língua, em escolas e classes bilíngues e em escolas inclusivas." (art. 28, IV, LBI). Essa obrigação é exclusiva do poder público não se estendendo às instituições privadas (art. 28, § 1º, do Estatuto da Pessoa com Deficiência). Portanto, a instituição de Claudiomir não tem a obrigação de fornecer educação bilíngue.

Alternativa "c". "Incumbe ao poder público assegurar, criar, desenvolver, implementar, incentivar, acompanhar e avaliar: pesquisas voltadas para o desenvolvimento de novos métodos e técnicas pedagógicas, de materiais didáticos, de equipamentos e de recursos de tecnologia assistiva." (art. 28, VI, da Lei nº 13.146/2015). Igualmente, essa obrigação é exigida somente do poder público, não sendo obrigatória para as instituições privadas, como a de Claudiomir (art. 28, § 1º, da Lei nº 13.146/2015).

Alternativa "e". "Incumbe ao poder público assegurar, criar, desenvolver, implementar, incentivar, acompanhar e avaliar: oferta de ensino da Libras, do Sistema Braille e de uso de recursos de tecnologia assistiva, de forma a ampliar habilidades funcionais dos estudantes, promovendo sua autonomia e participação." (art. 28, XII, do Estatuto da Pessoa com Deficiência). Note-se que essa obrigação se estende às instituições privadas (art. 28, 1º, da Lei nº 13.146/2015).

1.7. DIREITO À MORADIA

20. (FCC – Analista Judiciário – Área Judiciária – TRT 15/2018) Considere a seguinte situação hipotética: O programa habitacional "residência: viva com harmonia" prevê a entrega de 200 unidades habitacionais. Nesse caso, considerando que o programa é subsidiado com recursos públicos, de acordo com a Lei nº 13.146/2015, para pessoa com deficiência

a) deverá ocorrer a reserva de, no mínimo, 3 unidades habitacionais.

b) deverá ocorrer a reserva de, no mínimo, 6 unidades habitacionais.

c) deverá ocorrer a reserva de, no mínimo, 12 unidades habitacionais.

d) não há necessidade de reserva de unidade habitacional uma vez que o programa não possui mais que 300 unidades no total.

e) não há necessidade de reserva de unidade habitacional porque o programa não é público, mas subsidiado com recursos públicos.

COMENTÁRIOS

✪ **Nota do autor:** A questão aborda o tema do direito à moradia da pessoa com deficiência. A pessoa com deficiência tem direito à moradia digna, no seio da família natural ou substituta, com seu cônjuge ou companheiro ou desacompanhada, ou em moradia para a vida independente da pessoa com deficiência, ou, ainda, em residência inclusiva.

Alternativa correta: "b". *Comentário serve para as demais alternativas, pois versam sobre o mesmo assunto.* De acordo com o art. 32, "caput" e I, da Lei nº 13.146/2015 (Estatuto da Pessoa com Deficiência), a pessoa com deficiência tem prioridade na aquisição de imóvel para moradia própria quando o programa habitacional é público ou subsidiado com recursos públicos, tal como ocorre no exemplo da questão. Nesse caso, deve ser reservado o percentual de 3% das unidades habitacionais para pessoas com deficiência. Assim, como o programa disponibilizou 200 unidades, habitacionais, deverá assegurar que 6 delas sejam reservadas às pessoas com deficiência:

> **Art. 32 da Lei nº 13.146/2015:** Nos programas habitacionais, públicos ou subsidiados com recursos públicos, a pessoa com deficiência ou o seu responsável goza de prioridade na aquisição de imóvel para moradia própria, observado o seguinte:
>
> I – reserva de, no mínimo, 3% (três por cento) das unidades habitacionais para pessoa com deficiência;

21. (FCC – Analista Judiciário – Área Administrativa – TRT 2/2018) A residência inclusiva, conforme prevista no Estatuto da Pessoa com Deficiência, será oferecida à pessoa com deficiência em situação de dependência que não disponha de condições de autossustentabilidade,

a) sem vínculos familiares fragilizados ou rompidos, no âmbito do SUAS.

b) com vínculos familiares fragilizados ou rompidos, no âmbito do SUS.

c) sem vínculos familiares fragilizados ou rompidos, no âmbito do SUS.

d) com vínculos familiares fragilizados ou rompidos, no âmbito do SUAS.

e) com vínculos familiares fragilizados ou rompidos, no âmbito da Previdência Social.

COMENTÁRIOS

✪ **Nota do autor:** A questão aborda o tema do direito à moradia da pessoa com deficiência. A pessoa com deficiência ou o seu responsável gozam de prioridade na aquisição de imóvel para moradia própria em programas habitacionais, públicos ou subsidiados com recursos públicos. Ressalta-se que o direto à prioridade é válido **apenas uma vez**. Portanto, para compra do 2º imóvel, não há prioridade de aquisição para a pessoa com deficiência. Além disso, é necessário observar o seguinte (art. 32, Lei nº 13.146/2015):

PRIORIDADE NA AQUISIÇÃO DE IMÓVEL
– **Reserva** de, no mínimo, **3% das unidades habitacionais** para pessoa com deficiência;
– **Garantia de acessibilidade** nas **áreas** de uso comum e nas unidades habitacionais no piso térreo e de acessibilidade ou adaptação nos demais piso em se tratando de **edificação multifamiliar**;
– Disponibilização de **equipamentos urbanos comunitários acessíveis**;
– Elaboração de especificações técnicas no projeto que permitam a **instalação de elevadores**.

Alternativa correta: "d". "A proteção integral na modalidade de residência inclusiva será prestada **no âmbito do Suas à pessoa com deficiência em situação de dependência que não disponha de condições de autossustentabilidade, com vínculos familiares fragilizados ou rompidos.**" (art. 31, § 2º, do Estatuto da Pessoa com Deficiência – grifos acrescidos). A pessoa com deficiência tem direito à moradia digna, no seio da família natural ou substituta, com seu cônjuge ou companheiro ou desacompanhada, ou em moradia para a vida independente da pessoa com deficiência, ou, ainda, em residência inclusiva.

CONCEITOS DE RESIDÊNCIAS INCLUSIVAS E DE MORADIA PARA A VIDA INDEPENDENTE
Lembre-se de que o Estatuto da Pessoa com Deficiência traz a definição de residências inclusivas e de moradias para a vida independente no rol de seu art. 3º (é muito importante memorizar esse artigo, pois é frequentemente cobrado):
– **Residências inclusivas:** Unidades de oferta do Serviço de Acolhimento do Sistema Único de Assistência Social (Suas) localizadas em áreas residenciais da comunidade, com estruturas adequadas, que possam contar com apoio psicossocial para o atendimento das necessidades da pessoa acolhida, destinadas a jovens e adultos com deficiência, em situação de dependência, que não dispõem de condições de autossustentabilidade e com vínculos familiares fragilizados ou rompidos. (art. 3º, X, Estatuto da Pessoa com Deficiência)
– **Moradia para a vida independente da pessoa com deficiência:** Moradia com estruturas adequadas capazes de proporcionar serviços de apoio coletivos e individualizados que respeitem e ampliem o grau de autonomia de jovens e adultos com deficiência. (art. 3º, XI, Estatuto da Pessoa com Deficiência)

1.8. DIREITO À ASSISTÊNCIA SOCIAL

22. (AOCP – Analista Judiciário – Oficial de Just. Avaliador Federal – TRT 1/2018) Antônio é pessoa com deficiência moderada e recebe o benefício de prestação continuada previsto no art. 20 da Lei nº 8.742/1993. Acontece que Antônio passou a exercer atividade remunerada que o enquadra como segurado obrigatório do RGPS (Regime Geral de Previdência Social). Nesse caso, de acordo com o previsto na Lei nº 13.146/2015, Antônio

a) não terá direito a qualquer auxílio, já que passou a exercer atividade remunerada.

b) terá direito a auxílio-inclusão, nos termos da lei.

c) não terá direito a auxílio inclusão, já que acumulará seu benefício de prestação continuada com a remuneração de sua atividade.

d) terá direito a auxílio inclusão, desde que opte por não se submeter ao Regime Geral de Previdência Social.

e) terá direito a cumular metade de seu benefício de prestação continuada com a remuneração de sua atividade.

COMENTÁRIOS

✪ **Nota do autor:** A questão aborda o tema do direito à assistência social da pessoa com deficiência. A Política pública de assistência social tem como objetivo a garantia da segurança de renda, da acolhida, da habilitação e da reabilitação, do desenvolvimento da autonomia e da convivência familiar e comunitária, para a promoção do acesso a direitos e da plena participação social da pessoa com deficiência (art. 39, Lei nº 13.146/2015).

Alternativa correta: "b". *Comentário serve para as demais alternativas, pois versam sobre o mesmo assunto.* "Terá direito a auxílio-inclusão, nos termos da lei, a pessoa com deficiência moderada ou grave que: receba o benefício de prestação continuada previsto no art. 20 da Lei nº 8.742, de 7 de dezembro de 1993, e que passe a exercer atividade remunerada que a enquadre como segurado obrigatório do RGPS. (art. 94, I, do Estatuto da Pessoa com Deficiência). De acordo com o art. 203, V, da Constituição Federal, é assegurado benefício de prestação continuada ao deficiente e à pessoa idosa que não possuam meios de prover sua subsistência ou de tê-la provido por sua família. A Lei Brasileira de inclusão inseriu dispositivo que assegura à pessoa com deficiência que não possa prover a sua subsistência e nem tê-la provida por sua família o recebimento de 1 salário mínimo mensal (art. 40, Lei nº 13.146/2015). Nesse mesmo sentido, prevê o art. 2º, I, "e" e 20 da Lei nº 8.742/1993 (Lei Orgânica da Assistência Social):

> **Art. 2º, I, "e", da Lei nº 8.742/1993:** A assistência social tem por objetivos: a proteção social, que visa à garantia da vida, à redução de danos e à prevenção da incidência de riscos, especialmente: a garantia de 1 (um) salário-mínimo de benefício mensal à pessoa com deficiência e à pessoa idosa que comprovem não possuir meios de prover a própria manutenção ou de tê-la provida por sua família.
>
> **Art. 20, "caput", Lei nº 8.742/1993:** O benefício de prestação continuada é a garantia de um salário-mínimo mensal à pessoa com deficiência e à pessoa idosa com 65 (sessenta e cinco) anos ou mais que comprovem não possuir meios de prover a própria manutenção nem de tê-la provida por sua família.

No caso, o art. 94 do Estatuto da Pessoa com Deficiência prevê o direito ao recebimento de auxílio-inclusão à pessoa com deficiência que recebe benefício de prestação continuada e passa a exercer atividade remunerada na qualidade de segurado obrigatório do RGPS. Por essa razão, as demais alternativas que sustentam que não há direito ao auxílio-inclusão estão incorretas. A alternativa "d" está errada, pois sustenta que a pessoa não poderá se submeter ao Regime Geral de Previdência Social, quando, na realidade, o direito ao benefício surge justamente se a pessoa é vinculada a esse regime na qualidade de segurado obrigatório.

Por fim, não há previsão de cumulação do benefício de prestação continuada com sua remuneração como sustenta a alternativa "e".

1.9. RECONHECIMENTO IGUAL PERANTE A LEI E CURATELA

23. (AOCP - Analista Judiciário - Oficial de Just. Avaliador Federal - TRT 1/2018) José é pessoa com deficiência e está submetido ao regime de curatela. Ele pretende contrair matrimônio, no entanto seu curador o está impedindo. Nesse sentido, de acordo com os ditames da Lei nº 13.146/2015, o curador de José

a) não está agindo corretamente, já que a curatela atinge tão somente os atos relacionados aos direitos de natureza patrimonial e negocial.

b) não está agindo corretamente, já que, embora a curatela atinja atos de natureza matrimonial, caberia nesse caso ao poder judiciário a decisão sobre a autorização de se contrair matrimônio.

c) está agindo corretamente já que a curatela alcança o direito ao próprio corpo, à sexualidade, ao matrimônio, à privacidade, à educação, à saúde, ao trabalho e ao voto do curatelado.

d) está agindo corretamente já que o ato de contrair matrimônio pode refletir na esfera patrimonial do curatelado.

e) está agindo corretamente já que à pessoa submetida ao regime de curatela é vedado contrair matrimônio.

COMENTÁRIOS

✪ **Nota do autor:** A questão aborda o tema da curatela de pessoas com deficiência. O Estatuto da Pessoa com Deficiência alterou significativa o procedimento de curatela previsto no Código Civil. Tendo em vista o caráter excepcional da curatela, removeu-se as hipóteses que vinculavam a necessidade de curatela à existência de deficiência. Lembre-se de que a pessoa com deficiência tem, em regra, plena capacidade para os atos da vida civil. A curatela somente será possível quando a pessoa não puder exprimir sua vontade por causa transitória ou permanente. Portanto, somente se a pessoa com deficiência não puder exprimir sua vontade, é possível a instituição da curatela.

Alternativa correta: "a". *Comentário serve para as demais alternativas, pois versam sobre o mesmo assunto.* "A curatela afetará tão somente os atos relacionados aos direitos de natureza patrimonial e negocial." (art. 85, "caput", Estatuto da Pessoa com Deficiência). "A definição da curatela não alcança o direito ao próprio corpo, à sexualidade, ao matrimônio, à privacidade, à educação, à saúde, ao trabalho e ao voto" (art. 85, § 1º.do Estatuto da Pessoa com Deficiência). O Estatuto da Pessoa com Deficiência limita a abrangência da curatela quanto aos direitos do curatelado. O candidato deve estar atento, conforme informações da tabela a seguir, para o fato de que os direitos do curatelado permanecem, em sua maioria, livres para seu exercício sem a necessidade de curatela (art. 85, Lei nº 13.146/2015):

Direitos afetados pela curatela	Direitos NÃO afetados pela curatela
– Direitos de natureza patrimonial e negocial	– Direito ao **P**róprio **C**orpo – Direito à **S**exualidade – Direito à **E**ducação – Direito ao **M**atrimônio – Direito à **P**rivacidade – Direito ao **T**rabalho – Direito ao **V**oto – Direito à **S**aúde

24. (FCC – Analista Judiciário – Oficial de Justiça Avaliador Federal – TRT 11/2017) No que diz respeito ao reconhecimento igual perante a lei, a Lei nº 13.146/2015 estabelece que

a) a pessoa com deficiência sempre será submetida à curatela.

b) a curatela de pessoa com deficiência constitui medida protetiva ordinária.

c) a curatela é proporcional às necessidades e às circunstâncias de cada caso e persiste obrigatoriamente até que sejam completados os 21 anos de idade.

d) é facultado à pessoa com deficiência a adoção de processo de tomada de decisão apoiada.

e) a curatela não afeta os atos relacionados aos direitos de natureza patrimonial e negocial.

COMENTÁRIOS

✪ **Nota do autor:** A questão exige o conhecimento acerca da curatela de acordo com o Estatuto da Pessoa com Deficiência. Em casos de relevância e urgência e a fim de proteger os interesses da pessoa com deficiência em situação de curatela, é possível a nomeação de curador provisório pelo juiz, ouvido o Ministério Público, de ofício ou a requerimento do interessado.

Alternativa correta: "d". "É facultado à pessoa com deficiência a adoção de processo de tomada de decisão apoiada". (art. 84, § 2º, Lei nº 13.146/2015). O Estatuto da Pessoa com Deficiência criou modelo de proteção intermediária para a pessoa com deficiência que não determina sua incapacidade relativa ou absoluta. Assim, a plena capacidade civil é garantida, mas verifica-se um auxílio a sua dignidade e igualdade substancial[3]. Trata-se do processo pelo qual a pessoa com deficiência escolhe 2 pessoas idôneas com quem mantenha vínculos e relação de confiança para prestar-lhe apoio na tomada de decisão sobre atos da vida civil, fornecendo elementos e informações necessários para que possa exercer sua capacidade (art. 1783-A, CC/02).

Alternativa "a". "Quando necessário, a pessoa com deficiência será submetida à curatela, conforme a lei". (art. 84, § 1º, Lei nº 13.146/2015). "A curatela constitui medida extraordinária, devendo constar da sentença as razões e motivações de sua definição, preservados os interesses do curatelado." (art. 85, § 2º, Lei nº 13.146/2015). As pessoas com deficiência têm direito ao exercício da capacidade legal em **igualdade de condições** com as demais pessoas (art. 84, Lei nº 13.146/2015). Na maioria dos casos, a pessoa com deficiência tem capacidade plena para exercício dos atos da vida civil. Quando necessário, é possível a instituição da curatela, desde que respeite alguns requisitos previstos no Estatuto:

a) Instituição como medida protetiva **extraordinária**, devendo constar da sentença que a determinar as razões e motivações de sua definição, preservados os interesses do curatelado;

b) Proporcional **às necessidades** da pessoa com deficiência e **às circunstâncias** de cada caso;

c) Duração da curatela pelo **menor tempo** possível.

O Estatuto da Pessoa com Deficiência alterou significativa o procedimento de curatela previsto no Código Civil. Tendo em vista o caráter excepcional da curatela, removeu-se as hipóteses que vinculavam a necessidade de curatela à existência de deficiência. Lembre-se de que a pessoa com deficiência tem, em regra, plena capacidade para os atos da vida civil. A curatela somente será possível quando a pessoa não

3. FARIAS, Cristiano Chaves de.; CUNHA, Rogério Sanches; PINTO, Ronaldo Batista. *Estatuto da Pessoa com Deficiência comentado artigo por artigo*. Salvador: Juspodivm, 2016. p. 335.

puder exprimir sua vontade por causa transitória ou permanente. Portanto, somente se a pessoa com deficiência não puder exprimir sua vontade, é possível a instituição da curatela.

Alternativa "b". Como visto no comentário à alternativa "a", a curatela é medida excepcional e somente pode ser instituída como medida extraordinária, devendo ser preservados os interesses do curatelado, proporcional às necessidades da pessoa com deficiência e às circunstâncias de cada caso, pelo menor tempo possível.

Alternativa "c". "A definição de curatela de pessoa com deficiência constitui medida protetiva extraordinária, proporcional às necessidades e às circunstâncias de cada caso, e durará o menor tempo possível." (art. 84, § 3 °, Lei nº 13.146/2015). Enquanto medida excepcional, a curatela não é imposta obrigatoriamente e independe da idade da pessoa.

Alternativa "e". A curatela afetará tão somente os atos relacionados aos direitos de natureza patrimonial e negocial". (art. 85, "caput", Lei nº 13.146/2015). O Estatuto da Pessoa com Deficiência limita a abrangência da curatela quanto aos direitos do curatelado. O candidato deve estar atento, conforme informações da tabela a seguir, para o fato de que os direitos do curatelado permanecem, em sua maioria, livres para seu exercício sem a necessidade de curatela (art. 85, Lei nº 13.146/2015):

Direitos afetados pela curatela	Direitos NÃO afetados pela curatela
– Direitos de natureza patrimonial e negocial	– Direito ao **P**róprio **C**orpo – Direito à **S**exualidade – Direito à **E**ducação – Direito ao **M**atrimônio – Direito à **P**rivacidade – Direito ao **T**rabalho – Direito ao **V**oto – Direito à **S**aúde

25. (FCC – Analista Judiciário – Área Judiciária – TRT 20/2016) De acordo com a legislação em vigor, uma pessoa que tenha mais de 18 anos e que tenha deficiência mental

a) deve se submeter à esterilização forçada.

b) pode ser considerada plenamente capaz na esfera civil e, inclusive, contrair validamente casamento.

c) deve ser interditada mediante processo judicial e, assim, será considerada absolutamente incapaz para todos os atos da vida civil.

d) não pode exercer a guarda, a tutela ou adotar uma criança, salvo se assistida ou representada por seu curador.

e) será considerada absolutamente ou relativamente incapaz, conforme o grau de comprometimento do discernimento da pessoa ocasionado pela enfermidade mental.

COMENTÁRIOS

✪ **Nota do autor:** A questão exige o conhecimento acerca da capacidade civil das pessoas com deficiência. O Estatuto da Pessoa com Deficiência criou modelo de proteção intermediária para a pessoa com deficiência que não determina sua incapacidade relativa ou absoluta. Trata-se do processo pelo qual a pessoa com deficiência escolhe 2 pessoas idôneas com quem mantenha vínculos e relação de confiança para prestar-lhe apoio na tomada de decisão sobre atos da vida civil, fornecendo elementos e informações necessários para que possa exercer sua capacidade (art. 1783-A, CC/02).

Alternativa correta: "b". "A pessoa com deficiência tem assegurado o direito ao exercício de sua capacidade legal em igualdade de condições com as demais pessoas". (art. 84, Estatuto da Pessoa com Deficiência). " A deficiência não afeta a plena capacidade civil da pessoa, inclusive para: casar-se e constituir união estável." (art. 6º, I, Estatuto da Pessoa com Deficiência). Ainda que estabelecida a curatela, ela afetará tão somente os atos relacionados aos direitos de natureza patrimonial e negocial". (art. 85, "caput", Lei nº 13.146/2015). O Estatuto da Pessoa com Deficiência limita a abrangência da curatela quanto aos direitos do curatelado. O candidato deve estar atento, conforme informações da tabela a seguir, para o fato de que os direitos do curatelado permanecem, em sua maioria, livres para seu exercício sem a necessidade de curatela (art. 85, Lei nº 13.146/2015):

Direitos afetados pela curatela	Direitos NÃO afetados pela curatela
– Direitos de natureza patrimonial e negocial	– Direito ao **P**róprio **C**orpo – Direito à **S**exualidade – Direito à **E**ducação – Direito ao **M**atrimônio – Direito à **P**rivacidade – Direito ao **T**rabalho – Direito ao **V**oto – Direito à **S**aúde

Alternativa "a". "A deficiência não afeta a plena capacidade civil da pessoa, inclusive para: conservar sua fertilidade, sendo vedada a esterilização compulsória". (art. 6º, IV, Lei nº 13.146/2015).

Alternativa "c". "A definição de curatela de pessoa com deficiência constitui medida protetiva extraordinária, proporcional às necessidades e às circunstâncias de cada caso, e durará o menor tempo possível." (art. 84, § 3 º, Lei nº 13.146/2015). Enquanto medida excepcional, a curatela não é imposta obrigatoriamente e independe da idade da pessoa.

Alternativa "d". "A deficiência não afeta a plena capacidade civil da pessoa, inclusive para: exercer o direito à guarda, à tutela, à curatela e à adoção, como adotante ou adotando, em igualdade de oportunidades com as demais pessoas." (art. 6º, VI, Lei nº 13.146/2015).

Alternativa "e". A Lei Brasileira de Inclusão alterou completamente a teoria das incapacidades prevista no Código Civil. Tendo como base que as pessoas com deficiência têm direito ao exercício da capacidade legal em igualdade de condições com as demais pessoas (art. 84), o art. 3º do Código Civil foi alterado para prever como única hipótese de incapacidade absoluta os menos de 16 anos. Portanto, a enfermidade ou deficiência mental relacionada à falta de discernimento para a prática dos atos e aqueles que não puderem exprimir sua vontade, mesmo que por causas transitórias, deixam de ser hipóteses para a configuração da incapacidade civil absoluta. Note-se, portanto, que a deficiência, por si só, não justifica a imposição de incapacidade. Confira a nova redação do art. 3º do CC/02:

> **Art. 3º, CC/02:** São absolutamente incapazes de exercer pessoalmente os atos da vida civil os menores de 16 (dezesseis) anos.
>
> I – (Revogado);
>
> II – (Revogado);
>
> III – (Revogado).
>
> Mesmo nas hipóteses de incapacidade relativa, o Estatuto da Pessoa com Deficiência desatrelou a incapacidade da deficiência. Portanto, a incapacidade, mesmo que relativa, não pode ser determinada pelo simples fato de que a pessoa apresenta alguma deficiência. Contudo, se, por causa transitória ou permanente, não puder exprimir sua vontade, é possível determinar a incapacidade relativa da pessoa com deficiência. Note-se que essa hipótese também pode ser aplicada às pessoas sem deficiência quando não puderem exprimir sua vontade em razão de um grave acidente por exemplo. Segue nova redação do art. 4º do Código Civil:
>
> **Art. 4º do CC/02:** São incapazes, relativamente a certos atos ou à maneira de os exercer:
>
> I – os maiores de dezesseis e menores de dezoito anos;
>
> II – os **ébrios** habituais e os viciados em tóxico;
>
> III – aqueles que, por causa transitória ou permanente, não puderem exprimir sua vontade;
>
> IV – os pródigos.
>
> Parágrafo único. A capacidade dos indígenas será regulada por legislação especial.

1.10. TOMADA DE DECISÃO APOIADA

26. (FCC – Analista Judiciário – Área Judiciária – TRT 24/2017) Na tomada de decisão apoiada, instituída pela Lei nº 13.146/2015 – Estatuto da Pessoa com Deficiência,

a) a decisão tomada por pessoa apoiada terá validade e efeitos sobre terceiros, sem restrições, desde que esteja inserida nos limites do apoio acordado.

b) é feita a indicação de um curador para prestar apoio à pessoa com deficiência no que diz respeito às decisões e atos da vida civil.

c) o terceiro com quem a pessoa apoiada mantenha relação negocial não pode solicitar que os apoiadores contra-assinem o contrato ou acordo.

d) a lei estabelece quais são os atos que são abrangidos e qual é o prazo mínimo a que deve se submeter a pessoa apoiada.

e) o apoiador pode requerer a exclusão de sua participação do processo de tomada de decisão apoiada, independente de autorização judicial.

COMENTÁRIOS

✪ **Nota do autor:** A questão aborda o tema da tomada de decisão apoiada. Ressalta-se que a Lei Brasileira de Inclusão (Lei nº 13.146/2015) alterou completamente a teoria das incapacidades prevista no Código Civil. Tendo como base que as pessoas com deficiência têm direito ao exercício da capacidade legal em igualdade de condições com as demais pessoas, o art. 3º do Código Civil foi alterado para prever como única hipótese de incapacidade absoluta os menos de 16 anos. Portanto, a enfermidade ou deficiência mental relacionada à falta de discernimento para a prática dos atos e aqueles que não puderem exprimir sua vontade, mesmo que por causas transitórias, deixam de ser hipóteses para a configuração da incapacidade civil absoluta. Note-se, portanto, que a deficiência, por si só, não justifica a imposição de incapacidade.

Alternativa correta: "a". "A decisão tomada por pessoa apoiada terá validade e efeitos sobre terceiros, sem restrições, desde que esteja inserida nos limites do apoio acordado". (art. 1.783-A, § 4º, do Código Civil). A tomada de decisão apoiada é o processo pelo qual a pessoa com deficiência escolhe 2 pessoas idôneas com quem mantenha vínculos e relação de confiança para prestar-lhe apoio na tomada de decisão sobre atos da vida civil, fornecendo elementos e informações necessários para que possa exercer sua capacidade.

Alternativa "b". "A tomada de decisão apoiada é o processo pelo qual a pessoa com deficiência elege pelo menos 2 (duas) pessoas idôneas, com as quais mantenha vínculos e que gozem de sua confiança, para prestar-lhe apoio na tomada de decisão sobre atos da vida civil, fornecendo-lhes os elementos e informações necessários para que possa exercer sua capacidade". (art. 1.783-A, "caput", do Código Civil). A tomada de decisão apoiada diverge da curatela, pois assegura maior autonomia à pessoa com deficiência.

Alternativa "c". Terceiro com quem a pessoa apoiada mantenha relação negocial pode solicitar que os apoiadores contra-assinem o contrato ou acordo, especificando, por escrito, sua função em relação ao apoiado". (art. 1.783-A, § 5º, do Código Civil).

Alternativa "d". "Para formular pedido de tomada de decisão apoiada, a pessoa com deficiência e os apoiadores devem apresentar termo em que constem os limites do apoio a ser oferecido e os compromissos dos apoiadores, inclusive o prazo de vigência do acordo e o respeito à vontade, aos direitos e aos interesses da pessoa que devem apoiar." (art. 1.783-A, § 1º, do Código Civil). Para o exercício da tomada de decisão apoiada, é necessário que a pessoa com deficiência e seus apoiadores apresentem termo que conste as seguintes informações:

- Limites do apoio a ser oferecido;
- Compromissos dos apoiadores;
- Prazo de vigência do acordo; e
- Respeito à vontade, aos direitos e aos interesses da pessoa que devem apoiar.

Alternativa "e". "O apoiador pode solicitar ao juiz a exclusão de sua participação do processo de tomada de decisão apoiada, sendo seu desligamento condicionado à manifestação do juiz sobre a matéria". (art. 1.783-A, § 10, do Código Civil).

1.11. DIREITO DE SER ACOMPANHADO DE CÃO-GUIA

27. (FCC – Analista Judiciário – Área Judiciária – TRT 15/2018) De acordo com a Lei nº 11.126/2005, desde que observadas as condições legais, é assegurado à pessoa com deficiência visual acompanhada de cão-guia o direito de ingressar e de permanecer com o animal em todos os meios de transporte e em estabelecimentos abertos ao público, de uso

a) privado em geral, apenas, mas sem qualquer restrição relativa a deficiência visual.
b) público, apenas, e restringindo-se à cegueira e à baixa visão.
c) público, e estabelecimentos privados de uso coletivo, restringindo-se à cegueira e à baixa visão.
d) público, e estabelecimentos privados de uso coletivo sem qualquer restrição relativa a deficiência visual.
e) privado em geral, apenas, restringindo-se à cegueira.

COMENTÁRIOS

✪ **Nota do autor:** A questão aborda o tema do direito da pessoa com deficiência visual de ser acompanhado por cão-guia. A legislação considera como ato discriminatório a proibição do uso de cão guia por pessoa com deficiência visual, mas as penas previstas consistem em interdição e multa.

Alternativa correta: "c". "É assegurado à pessoa com deficiência visual acompanhada de cão-guia o direito de ingressar e de permanecer com o animal em todos os meios de transporte e em estabelecimentos abertos **ao público, de uso público e privados de uso coletivo**, desde que observadas as condições impostas por esta Lei." (art. 1º, "caput", da Lei nº 11.126/2005 – grifos acrescidos). A legislação é expressa ao considerar como deficiência visual apenas a cegueira e a baixa visão:

> **Art. 1º, § 1º, da Lei nº 11.126/2005:** A deficiência visual referida no caput deste artigo restringe-se à cegueira e à baixa visão.

28. (FCC – Analista Judiciário – Área Administrativa – TRT 2/2018) Pelas regras previstas na Lei nº 11.126/2005,

a) a pessoa com deficiência visual tem o direito de ingressar e de permanecer com o cão-guia em todas as modalidades de transporte e jurisdições de transporte coletivo de passageiros, com exceção do transporte aéreo, submetido às regras internacionais de segurança.
b) a pessoa com deficiência visual, restrita à cegueira e à baixa visão, tem o direito de ingressar e de permanecer com o cão- guia em estabelecimentos abertos ao público, de uso público e privados de uso coletivo.
c) é tipificada como crime, apenado com detenção e multa, a conduta consistente em impedir ou di-

ficultar o gozo do direito de uso de cão-guia pela pessoa com deficiência.

d) é facultado ao estabelecimento público ou privado onde ingressar e permanecer o cão-guia exigir o uso de focinheiras no animal.

e) o uso do cão-guia, como recurso de acessibilidade para pessoas com deficiência visual, deve ser estimulado pelo poder público, inclusive por meio de incentivos fiscais.

COMENTÁRIOS

✪ **Nota do autor:** A questão aborda o tema do direito de ser acompanhado por cão-guia. Nesse sentido, é indispensável o conhecimento da Lei nº 11.126/2005.

Alternativa correta: "b". "É assegurado à pessoa com deficiência visual acompanhada de cão-guia o direito de ingressar e de permanecer com o animal em todos os meios de transporte e em estabelecimentos abertos ao público, de uso público e privados de uso coletivo, desde que observadas as condições impostas por esta Lei." (art. 1º, "caput", da Lei nº 11.126/2005). Ressalta-se que a lei é expressa ao considerar como deficiência visual apenas a cegueira e a baixa visão:

> **Art. 1º, § 1º, da Lei nº 11.126/2005:** A deficiência visual referida no caput deste artigo restringe-se à cegueira e à baixa visão.

Alternativa "a". "É assegurado à pessoa com deficiência visual acompanhada de cão-guia o direito de ingressar e de permanecer com o animal em todos os meios de transporte e em estabelecimentos abertos ao público, de uso público e privados de uso coletivo, desde que observadas as condições impostas por esta Lei." (art. 1º, "caput", da Lei nº 11.126/2005). "O disposto no caput deste artigo aplica-se a todas as modalidades e jurisdições do serviço de transporte coletivo de passageiros, inclusive em esfera internacional com origem no território brasileiro." (art. 1º, § 2º, da Lei nº 11.126/2005). A lei não faz nenhuma exceção aos sistemas de transporte coletivo de passageiros. Assim, o direito ao cão guia é aplicado ao transporte aéreo, inclusive em esfera internacional com origem no território brasileiro.

Alternativa "c". A legislação considera como ato discriminatório a proibição do uso de cão guia por pessoa com deficiência visual, mas as penas previstas consistem em interdição e multa e não como crime com pena de detenção e multa, como sustenta a alternativa.

Alternativa "d". "É vedada a exigência do uso de focinheira nos animais de que trata este Decreto, como condição para o ingresso e permanência nos locais descritos no caput." (art. 1º, § 2º do Decreto nº 5.904/2006). Portanto, é vedada a exigência do uso de focinheira. Nesse ponto, entendo que a questão merece críticas, pois exigia o conhecimento de um dispositivo do Decreto que regulamenta a Lei nº 11.126/2005. Para as demais leis, o edital do concurso era expresso ao exigir o conhecimento de determinados decretos e nada mencionava sobre o Decreto nº 5.904/2006.

Alternativa "e". Não há na lei ou no decreto que a regulamenta a previsão para a concessão de incentivos fiscais para a o uso de cão-guia por pessoa com deficiência visual.

29. (FCC – Analista Judiciário – Área Judiciária – TRT 24/2017) O direito de ser acompanhado de cão-guia em transportes públicos é assegurado por lei

I. tanto para pessoas que sejam cegas, como para aquelas que apresentam baixa visão.

II. tanto para transporte terrestre, como aéreo.

III. em viagens internas ou internacionais, desde que tenham origem no território brasileiro.

IV. somente para viagens com destino ao território brasileiro.

Está correto o que se afirma APENAS em

a) I e III.

b) I e IV.

c) II e III.

d) I, II e III.

e) II e IV.

COMENTÁRIOS

✪ **Nota do autor:** A questão aborda o tema do direito ao uso de cão-guia. A tentativa de impedir ou dificultar o exercício do direito ao uso de cão-guia constitui ato de discriminação, que tem como penalidade a interdição e a aplicação de multa.

Alternativa correta: "d". Está correto o que se afirma nas assertivas I, II e III. *Comentário serve para as demais alternativas, pois todas versam sobre o mesmo assunto.* A pessoa com deficiência visual tem direito a ingressar e permanecer em todos os meios de transporte, terrestres ou aéreos, e em estabelecimentos abertos ao público acompanhada de cão-guia (art. 1º da Lei nº 11.126/2005). Considera-se deficiência visual a cegueira e a baixa visão. Esse direito é aplicado em todas modalidades de serviços de transporte coletivo de passageiros inclusive em esfera internacional com origem em território brasileiro:

> **Art. 1º** É assegurado à pessoa com deficiência visual acompanhada de cão-guia o direito de ingressar e de permanecer com o animal em todos os meios de transporte e em estabelecimentos abertos ao

público, de uso público e privados de uso coletivo, desde que observadas as condições impostas por esta Lei.

§ 1º A deficiência visual referida no caput deste artigo restringe-se à cegueira e à baixa visão.

§ 2º O disposto no **caput** deste artigo aplica-se a todas as modalidades e jurisdições do serviço de transporte coletivo de passageiros, inclusive em esfera internacional com origem no território brasileiro.

1.12. CRIMES DO ESTATUTO DA PESSOA COM DEFICIÊNCIA E DA LEI Nº 7.853/1989

30. (FCC – Analista Judiciário – Área Judiciária – TRT 15/2018) Magnólia, empregada da escola "X", está procrastinando dolosamente a inscrição de Camila, com 12 anos de idade, no referido estabelecimento de ensino privado em razão da sua deficiência visual. Nesse caso, de acordo com a Lei n² 7.853/1989, a conduta de Magnólia

a) constitui crime punível com reclusão e multa não havendo situação de agravamento de pena.

b) constitui crime punível com detenção e multa, sendo que a pena será agravada em 1/3 em razão do labor em instituição privada e a condição de deficiência visual.

c) não constitui crime, por absoluta ausência de tipificação legal.

d) constitui crime punível com reclusão e multa, sendo que a pena será agravada em 1/3 em razão da idade de Camila.

e) constitui crime punível com detenção e multa, sendo que a pena será agravada em 2/3 em razão do labor em instituição privada e a condição de deficiência visual.

COMENTÁRIOS

✪ **Nota do autor:** A questão aborda o tema dos crimes previstos no art. 8º da Lei nº 7.853/1989. Lembre-se de que todos os crimes dessa lei apresentam pena-base de 2 a 5 anos de reclusão e multa e as causas de aumento de pena são sempre de 1/3. Com essas dicas de memorização, já seria possível eliminar as alternativas "b" e "e" por preverem pena de detenção.

Alternativa correta: "d". *Comentário serve para as demais alternativas, pois versam sobre o mesmo assunto.* "Constitui crime punível com **reclusão de 2 (dois) a 5 (cinco) anos e multa**: recusar, cobrar valores adicionais, suspender, procrastinar, cancelar ou fazer cessar inscrição de aluno em estabelecimento de ensino de qualquer curso ou grau, público ou privado, em razão de sua deficiência." (art. 8º, I, da Lei nº 7.853/1989 – grifos acrescidos) "Se o crime for praticado contra pessoa com deficiência **menor de 18 (dezoito) anos**, a pena é agravada em **1/3 (um terço)**." (art. 8º, § 1º, da Lei nº 7.853/1989 – grifos acrescidos).

31. (FCC – Analista Judiciário – Área Judiciária – TRT 6/2018) Segundo o disposto na Lei nº 7.853/1989, constitui crime apenado com reclusão obstar inscrição em concurso público ou acesso de alguém a qualquer cargo ou emprego público, em razão de sua deficiência. A pena prevista em abstrato é de

a) 3 a 5 anos e multa.

b) 1 a 3 anos e multa.

c) 6 meses a 2 anos e multa

d) 2 a 4 anos.

e) 2 a 5 anos e multa.

COMENTÁRIOS

✪ **Nota do autor:** A questão aborda o tema dos crimes previstos no art. 8º da Lei nº 7.853/1989. Uma dica importante dos crimes nessa legislação é que todos têm a mesma pena-base. Assim, entendo que seja interessante a memorização dessa pena e o conhecimento das causas de aumento de pena estabelecidas nos parágrafos desse art. 8º.

Alternativa correta: "e". *Comentário serve para as demais alternativas, pois versam sobre o mesmo assunto.* A pena-base para os crimes previstos no art. 8º da Lei nº 7.853/1989 é de 2 a 5 anos de reclusão e multa. O crime mencionado na questão está disposto no art. 8º, II da lei:

> **Art. 8º da Lei nº 7.853/1989:** Constitui crime punível com **reclusão de 2 (dois) a 5 (cinco) anos e multa**:
>
> (...)
>
> II – obstar inscrição em concurso público ou acesso de alguém a qualquer cargo ou emprego público, em razão de sua deficiência;

32. (AOCP – Analista Judiciário – Oficial de Just. Avaliador Federal – TRT 1/2018) Sebastião mora com seu pai, que é pessoa com deficiência física e beneficiário de pensão previdenciária. Sebastião, com claro objetivo de obter vantagem indevida para si, retém, de maneira indevida, o cartão magnético destinado ao recebimento da pensão previdenciária de seu pai. Com base no disposto na Lei nº 13.146/2015, a conduta de Sebastião é tipificada como crime punível com

a) reclusão, de 2 (dois) a 5 (cinco) anos, e multa.

b) detenção, de 2 (dois) a 5 (cinco) anos, e multa.

c) detenção, de 6 (seis) meses a 4 (quatro) anos, e multa.

d) reclusão, de 6 (seis) meses a 4 (quatro) anos, e multa.

e) detenção, de 6 (seis) meses a 2 (dois) anos, e multa.

COMENTÁRIOS

✪ **Nota do autor:** A questão aborda o tema dos crimes previstos no Estatuto da Pessoa com Deficiência. O Título II do Estatuto da Pessoa com Deficiência estabeleceu a criação de crimes e sanções administrativas por violação dos direitos da pessoa com deficiência. Nesse sentido, foram criados 4 tipos penais com diversas causas de aumento de pena.

Alternativa correta: "e". *Comentário serve para as demais alternativas, pois versam sobre o mesmo assunto.* O crime apresentado na questão está previsto no art. 91 do Estatuto da Pessoa com Deficiência e prevê a pena de detenção de 6 meses a 2 anos e multa:

> **Art. 91 do Estatuto da Pessoa com Deficiência.** Reter ou utilizar cartão magnético, qualquer meio eletrônico ou documento de pessoa com deficiência destinados ao recebimento de benefícios, proventos, pensões ou remuneração ou à realização de operações financeiras, com o fim de obter vantagem indevida para si ou para outrem:
>
> Pena – detenção, de 6 (seis) meses a 2 (dois) anos, e multa.
>
> Parágrafo único. Aumenta-se a pena em 1/3 (um terço) se o crime é cometido por tutor ou curador.

É válido destacar que é o único crime da Lei nº 13.146/2015 que prevê a pena de detenção. Todos os demais trazem pena de reclusão.

---

33. (AOCP – Técnico Judiciário – Área Administrativa – TRT 1/2018) Um Técnico Judiciário, no exercício de suas atividades, pratica discriminação contra um colega de serviço em razão de sua deficiência física. Nesse sentido, de acordo com a Lei nº 13.146/2016, o Técnico Judiciário comete crime punível com pena de

a) reclusão, de 1 (um) a 3 (três) anos, e multa.

b) reclusão, de 2 (dois) a 4 (quatro) anos, e multa.

c) reclusão, de 2 (dois) a 8 (oito) anos, e multa.

d) reclusão, de 6 (seis) meses a 1 (um) ano, e multa.

e) reclusão, de 1 (um) a 4 (quatro) anos, e multa.

COMENTÁRIOS

✪ **Nota do autor:** A questão aborda o tema dos crimes previstos no Estatuto da Pessoa com Deficiência. Algumas dicas são fundamentais acerca desses crimes para o seu concurso:

1) Todos os crimes têm previsão de pena e multa;
2) Apenas o crime de retenção ou utilização de cartão magnético, qualquer meio eletrônico ou documento de pessoa com deficiência destinados ao recebimento de benefícios, proventos, pensões ou remuneração, previsto no art. 91 do Estatuto da Pessoa com Deficiência, tem pena de detenção. Os demais apresentam plena de reclusão.
3) Todas as causas de aumento de pena foram fixadas em 1/3.

Alternativa correta: "a". *Comentário serve para as demais alternativas, pois versam sobre o mesmo assunto* O crime de discriminação em razão de deficiência está previsto no art. 88 do Estatuto da Pessoa com Deficiência e prevê a pena de reclusão de 1 a 3 anos e multa:

> **Art. 88 da Lei nº 13.146/2015:** Praticar, induzir ou incitar discriminação de pessoa em razão de sua deficiência:
>
> Pena – reclusão, de 1 (um) a 3 (três) anos, e multa.

Note-se, que o mesmo dispositivo apresenta o tipo qualificado do delito com pena de reclusão de 2 a 5 anos e multa se é cometido por intermédio de meios de comunicação social ou de publicação de qualquer natureza:

> **Art. 88, § 2º, do Estatuto da Pessoa com Deficiência:** Se qualquer dos crimes previstos no caput deste artigo é cometido por intermédio de meios de comunicação social ou de publicação de qualquer natureza:
>
> Pena – reclusão, de 2 (dois) a 5 (cinco) anos, e multa.

2. NORMAS GERAIS E CRITÉRIOS BÁSICOS PARA A PROMOÇÃO DA ACESSIBILIDADE DAS PESSOAS COM DEFICIÊNCIA OU COM MOBILIDADE REDUZIDA

---

34. (FCC – 2023 – TRT 12 – Técnico Judiciário – Agente de Polícia Judicial) De acordo com a Lei nº 10.098/2000, os banheiros de uso público existentes ou a construir em parques, praças, jardins e espaços livres públicos deverão ser acessíveis e dispor, pelo menos, de um sanitário e um lavatório que atendam às especificações das normas técnicas da ABNT, sendo que, nos eventos organizados em espaços públicos e privados em que haja a instalação de banheiros químicos, deverão contar com unidades acessíveis a pessoas com deficiência ou com mobilidade reduzida, já que o número de banheiros químicos acessíveis deverá corresponder a

a) 10% do total, garantindo-se ao menos uma unidade se o número percentual resultar em fração inferior a 1.
b) 25% do total, garantindo-se ao menos uma unidade se o número percentual resultar em fração Inferior a 1.
c) 15% do total, garantindo-se ao menos uma unidade, se o número percentual resultar em fração inferior a 1.
d) 20% do total, sendo dispensável a instalação se o número percentual resultar em fração inferior a 1.
e) 30% do total, sendo dispensável a instalação se o número percentual resultar em fração inferior a 1.

COMENTÁRIOS

✪ **Nota do autor:** A questão aborda o tema do direito à acessibilidade previsto na Lei nº 10.098/2000. No mínimo 5% (cinco por cento) de cada brinquedo e equipamento de lazer existentes nos locais referidos no **caput** devem ser adaptados e identificados, tanto quanto tecnicamente possível, para possibilitar sua utilização por pessoas com deficiência, inclusive visual, ou com mobilidade reduzida.

Alternativa correta: "a". *Comentário serve para as demais alternativas, pois versam sobre o mesmo assunto. "O número mínimo de banheiros químicos acessíveis corresponderá a 10% (dez por cento) do total, garantindo-se pelo menos 1 (uma) unidade acessível caso a aplicação do percentual resulte em fração inferior a 1 (um)." (art. 5º, § 2º, da Lei nº 10.098/2000). Essa legislação foi incluída pela Lei nº 13.825/2019 e merece atenção do candidato.*

---

35. (FCC – 2023 – TRT 18 – Técnico Judiciário – Agente de polícia Judicial) A Lei nº 10.098/2000 estabelece normas gerais e critérios básicos para a promoção da acessibilidade das pessoas portadoras de deficiência ou com mobilidade reduzida. De acordo com a referida lei, com a Redação dada pela Lei nº 13.146/2015, na hipótese de uma pessoa portadora de deficiência não conseguir ter acesso ao primeiro andar de edifício público histórico por ausência de elevador adaptado, o tipo de barreira encontrada é

a) de transporte.
b) urbanística.
c) arquitetônica.
d) nas comunicações.
e) nas informações.

COMENTÁRIOS

✪ **Nota do autor:** A questão aborda o tema do direito à acessibilidade previsto na Lei nº 10.098/2000. Os conceitos previstos nas legislações sobre pessoas com deficiência são frequentemente exigidos nos concursos públicos e merecem atenção e memorização pelo candidato.

Alternativa "a". "Para os fins desta Lei são estabelecidas as seguintes definições: barreiras: qualquer entrave, obstáculo, atitude ou comportamento que limite ou impeça a participação social da pessoa, bem como o gozo, a fruição e o exercício de seus direitos à acessibilidade, à liberdade de movimento e de expressão, à comunicação, ao acesso à informação, à compreensão, à circulação com segurança, entre outros, classificadas em: barreiras nos transportes: as existentes nos sistemas e meios de transportes;" (art. 2º, II, "c", da Lei nº 10.098/2000). Note-se que o acesso a edifícios públicos em nada se relaciona a barreiras nos sistemas e meios de transportes.

Alternativa "b". "Para os fins desta Lei são estabelecidas as seguintes definições: barreiras: qualquer entrave, obstáculo, atitude ou comportamento que limite ou impeça a participação social da pessoa, bem como o gozo, a fruição e o exercício de seus direitos à acessibilidade, à liberdade de movimento e de expressão, à comunicação, ao acesso à informação, à compreensão, à circulação com segurança, entre outros, classificadas em: barreiras urbanísticas: as existentes nas vias e nos espaços públicos e privados abertos ao público ou de uso coletivo;" (art. 2º, II, "a", da Lei nº 10.098/2000). Essa alternativa poderia trazer mais dificuldade na identificação, mas não há relação com vias e espaços públicos e privados abertos ao público na falta de acessibilidade trazida na questão.

Alternativa "c". "Para os fins desta Lei são estabelecidas as seguintes definições: barreiras: qualquer entrave, obstáculo, atitude ou comportamento que limite ou impeça a participação social da pessoa, bem como o gozo, a fruição e o exercício de seus direitos à acessibilidade, à liberdade de movimento e de expressão, à comunicação, ao acesso à informação, à compreensão, à circulação com segurança, entre outros, classificadas em: barreiras arquitetônicas: as existentes nos edifícios públicos e privados;" (art. 2º, II, "b", da Lei nº 10.098/2000). Note-se que a questão versa sobre barreiras existentes em edifício público por ausência de elevador adaptado. Sendo assim, a alternativa está correta com o caso previsto.

Alternativa "d". "Para os fins desta Lei são estabelecidas as seguintes definições: barreiras: qualquer entrave, obstáculo, atitude ou comportamento que limite ou impeça a participação social da pessoa, bem como o gozo, a fruição e o exercício de seus direitos à acessibilidade, à liberdade de movimento e de expressão, à comunicação, ao acesso à informação, à compreensão, à circulação com segurança, entre outros, classificadas em: barreiras nas comunicações e na informação: qualquer entrave, obstáculo, atitude ou comportamento que dificulte ou impossibilite a expressão ou o recebimento de mensagens e de informações por intermédio de sistemas de comunicação e de tecnologia da informação;" (art. 2º, II, "d", da Lei nº 10.098/2000)

Alternativa "e". "Para os fins desta Lei são estabelecidas as seguintes definições: barreiras: qualquer entrave, obstáculo, atitude ou comportamento que limite ou impeça a participação social da pessoa, bem como o gozo, a fruição e o exercício de seus direitos à acessibilidade, à liberdade de movimento e de expressão, à comunicação, ao acesso à informação, à compreensão, à circulação com segurança, entre outros, classificadas em: barreiras nas comunicações e na informação: qualquer entrave, obstáculo, atitude ou comportamento que dificulte ou impossibilite a expressão ou o recebimento de mensagens e de informações por intermédio de sistemas de comunicação e de tecnologia da informação; " (art. 2º, II, "d", da Lei nº 10.098/2000)

---

36. (FCC – 2023 – TRT 21 – Analista Judiciário/ Área Administrativa) De acordo com a Resolução nº 401/2021, do Conselho Nacional de Justiça, que dispõe sobre o desenvolvimento de diretrizes de acessibilidade e inclusão de pessoas com deficiência nos órgãos do Poder Judiciário, o instituto concernente às modificações e ajustes necessários e adequados que não acarretem ônus desproporcional ou indevido, quando requeridos em cada caso, a fim de assegurar que as pessoas com deficiência possam gozar ou exercer, em igualdade de oportunidades com as demais pessoas, todos 05 direitos humanos e liberdades fundamentais, denomina-se

a) rota acessível.
b) tecnologia assistiva.
c) adaptação razoável.
d) desenho universal.
e) barreira atitudinal.

COMENTÁRIOS

✪ **Nota do autor:** A questão aborda o tema do direito à acessibilidade previsto na Resolução nº 401/2021 do CNJ. Esta Resolução dispõe sobre o desenvolvimento de diretrizes de acessibilidade e inclusão de pessoas com deficiência nos órgãos do Poder Judiciário e de seus serviços auxiliares, e regulamenta o funcionamento de unidades de acessibilidade e inclusão.

Alternativa correta: "c". *Comentário serve para as demais alternativas, pois versam sobre o mesmo assunto.* "adaptação razoável: significa as modificações e os ajustes necessários e adequados que não acarretem ônus desproporcional ou indevido, quando requeridos em cada caso, a fim de assegurar que as pessoas com deficiência possam gozar ou exercer, em igualdade de oportunidades com as demais pessoas, todos os direitos humanos e liberdades fundamentais;" (art. 3º, VI, da Resolução nº 401/2021 do CNJ). Note-se que o conceito pode ser extraído também do Estatuto da Pessoa com Deficiência: Art. 3º, VI, da Lei nº 13.146/2015: adaptações razoáveis: adaptações, modificações e ajustes necessários e adequados que não acarretem ônus desproporcional e indevido, quando requeridos em cada caso, a fim de assegurar que a pessoa com deficiência possa gozar ou exercer, em igualdade de condições e oportunidades com as demais pessoas, todos os direitos e liberdades fundamentais."

---

37. (FCC – 2023 – TRT 21 – Analista Judiciário – Área Judiciária) A Prefeitura de determinado Município do Estado do Rio Grande do Norte pretende instalar lixeira em área de circulação comum para pedestre. Considerando que o projeto contempla instalação em local para permitir sua utilização por pessoas com deficiência ou com mobilidade reduzida, mas que representa risco de acidente a esse público, nos termos da Lei nº 10.098/2000, lixeira

a) deverá ser indicada mediante sinalização tátil de alerta no piso, de acordo com as normas técnicas pertinentes.
b) poderá ser instalada, independentemente de qualquer medida pelo poder público, cabendo à pessoa com deficiência providenciar os meios necessários para evitar acidentes, como por exemplo, utilizar-se de cães-guia.
c) não poderá, em hipótese alguma, ser implementada.
d) deverá ser indicada mediante sinalização sonora suave e intermitente, de acordo com as normas técnicas pertinentes.
e) poderá ser indicada com qualquer tipo de mecanismo que sirva de guia ou orientação para a pessoa com deficiência.

COMENTÁRIOS

✪ **Nota do autor:** A questão aborda o tema do direito à acessibilidade previsto na Lei nº 10.098/2000. Lembre-se de que acessibilidade corresponde à possibilidade e à condição de alcance para utilização, com segurança e autonomia, de espaços, mobiliários, equipamentos urbanos, edificações, transportes, informação e comunicação, inclusive seus sistemas e tecnologias, bem como de outros serviços e instalações abertos ao público, de uso público ou privados de uso coletivo, tanto na zona urbana como na rural, por pessoa com deficiência ou com mobilidade reduzida;

Alternativa correta: "a". *Comentário serve para as demais alternativas, pois versam sobre o mesmo assun-*

to. "A instalação de qualquer mobiliário urbano em área de circulação comum para pedestre que ofereça risco de acidente à pessoa com deficiência deverá ser indicada mediante sinalização tátil de alerta no piso, de acordo com as normas técnicas pertinentes." (art. 10-A da Lei nº 10.098/2000). A resposta está de acordo com a literalidade do art. 10-A da Lei nº 10.098/2000.

---

38. (FCC – Técnico Judiciário – Área Administrativa – TRT 4/2022) A Lei nº 13.146/2015, que institui a Lei Brasileira de Inclusão da Pessoa com Deficiência (Estatuto da Pessoa com Deficiência), define desenho universal como concepção de produtos, ambientes, programas e serviços a serem usados por todas as pessoas, sem necessidade de adaptação ou de projeto específico, incluindo os recursos de tecnologia assistiva. Nas hipóteses em que comprovadamente o desenho universal não possa ser empreendido, deve haver a adoção

a) da adaptação razoável.
b) do desenho possível.
c) da ferramenta aproximadora.
d) da adaptação minimizadora.
e) do desenho evolutivo.

✪ **Nota do autor:** A questão aborda o tema dos direitos assegurados à pessoa com deficiência e previstos na Lei nº 13.146/2015. O **desenho universal** compreende a concepção de produtos, ambientes, programas e serviços a serem usados por todas as pessoas, **sem necessidade de adaptação ou de projeto específico**, incluindo os recursos de tecnologia assistiva (art. 3º, II, Lei nº 13.146/2015);

Alternativa correta: letra "a". *Comentário serve para as demais alternativas, pois versam sobre o mesmo assunto.* **:** Projetos que versem sobre o meio físico, de transporte, de informação e comunicação, inclusive de sistemas e tecnologias da informação e comunicação, e de outros serviços, equipamentos e instalações abertas ao público, devem atender aos princípios do desenho universal, tendo como referência as normas de acessibilidade (art. 55, Lei nº 13.146/2015).

Desenho universal será utilizado como **regra geral**, inclusive desde a etapa de concepção das políticas públicas. **Exceção:** Nas hipóteses que comprovadamente não seja possível utilizar o desenho universal, deve ser adotada **adaptação razoável** (art. 55, §§ 1º e 2º, Lei nº 13.146/2015).

---

39. (FCC – Analista Judiciário – Área Judiciária – TRT 6/2018) Segundo a Lei nº 10.098/2000, barreiras arquitetônicas são aquelas

a) existentes nos edifícios públicos e privados.
b) que representem entrave que dificulte ou impossibilite a expressão.
c) existentes nos meios de transporte.
d) existentes em espaços públicos, abertos ao público e de uso coletivo.
e) que representem obstáculo que dificulte ou impossibilite a comunicação com terceiro.

COMENTÁRIOS

✪ **Nota do autor:** A questão aborda o tema da acessibilidade e dos conceitos legais sobre os direitos das pessoas com deficiência. Salienta-se que o conhecimento acerca dos conceitos previstos nas legislações sobre os direitos das pessoas com deficiência é indispensável para seu concurso, pois são frequentemente exigidas. Não deixe de ler também o art. 3º do Estatuto da Pessoa com Deficiência.

Alternativa correta: "a". *Comentário serve para as demais alternativas, pois versam sobre o mesmo assunto.* Para os fins desta Lei são estabelecidas as seguintes definições: II – barreiras: qualquer entrave, obstáculo, atitude ou comportamento que limite ou impeça a participação social da pessoa, bem como o gozo, a fruição e o exercício de seus direitos à acessibilidade, à liberdade de movimento e de expressão, à comunicação, ao acesso à informação, à compreensão, à circulação com segurança, entre outros, classificadas em: b) barreiras arquitetônicas: as existentes nos edifícios públicos e privados. (art. 2º, II, "b", da Lei nº 10.098/2000). No mesmo sentido, prevê o art. 3º, IV, "b", do Estatuto da Pessoa com Deficiência:

> **Art. 3º, IV, "b", do Estatuto da Pessoa com Deficiência:** Para fins de aplicação desta Lei, consideram-se:
>
> (...)
>
> IV – barreiras: qualquer entrave, obstáculo, atitude ou comportamento que limite ou impeça a participação social da pessoa, bem como o gozo, a fruição e o exercício de seus direitos à acessibilidade, à liberdade de movimento e de expressão, à comunicação, ao acesso à informação, à compreensão, à circulação com segurança, entre outros, classificadas em:
>
> (...)
>
> b) barreiras arquitetônicas: as existentes nos edifícios públicos e privados;

---

40. (AOCP – Analista Judiciário – Área Administrativa – TRT 1/2018) O artigo 11 da Lei nº 10.098/2000 disciplina que a construção, ampliação ou reforma de edifícios públicos ou privados destinados ao uso coletivo deverão ser executadas de modo que sejam ou se tornem acessíveis às pessoas portadoras de deficiência ou com mobilidade reduzida. Nesse sentido, de acordo com o referido diploma legal, assinale a alternativa correta.

a) Pelo menos um dos acessos ao interior da edificação deverá estar livre de barreiras arquitetônicas e de obstáculos que impeçam ou dificultem a acessibilidade de pessoa portadora de deficiência ou com mobilidade reduzida.

b) Os edifícios deverão dispor, pelo menos, de dois banheiros acessíveis, distribuindo- se seus equipamentos e acessórios de maneira que possam ser utilizados por pessoa portadora de deficiência ou com mobilidade reduzida.

c) Pelo menos dois dos acessos ao interior da edificação deverão estar livres de barreiras arquitetônicas e de obstáculos que impeçam ou dificultem a acessibilidade de pessoa portadora de deficiência ou com mobilidade reduzida.

d) Pelo menos dois dos itinerários que comuniquem horizontal e verticalmente todas as dependências e serviços do edifício, entre si e com o exterior, deverão cumprir os requisitos de acessibilidade legalmente previstos.

e) Aos locais de espetáculos, conferências, aulas e outros de natureza similar é facultado dispor de espaços reservados para pessoas que utilizam cadeira de rodas e de lugares específicos para pessoas com deficiência auditiva e visual.

COMENTÁRIOS

✪ **Nota do autor:** A questão aborda o tema da acessibilidade nos edifícios públicos e de uso coletivo prevista na Lei nº 10.098/2000. A questão exigia o conhecimento da literalidade dos incisos do art. 11, parágrafo único da Lei nº 10.098/2000. De acordo com o art. 227, § 2º, da Constituição Federal, a lei deve dispor sobre normas de construção dos logradouros e dos edifícios de uso público, e da fabricação de transporte coletivo a fim de garantir acesso adequado às pessoas com deficiência.

Alternativa correta: "a". "Para os fins do disposto neste artigo, na construção, ampliação ou reforma de edifícios públicos ou privados destinados ao uso coletivo deverão ser observados, pelo menos, os seguintes requisitos de acessibilidade: pelo menos um dos acessos ao interior da edificação deverá estar livre de barreiras arquitetônicas e de obstáculos que impeçam ou dificultem a acessibilidade de pessoa portadora de deficiência ou com mobilidade reduzida." (art. 11, parágrafo único, II, da Lei nº 10.098/2000).

Alternativa "b". "Para os fins do disposto neste artigo, na construção, ampliação ou reforma de edifícios públicos ou privados destinados ao uso coletivo deverão ser observados, pelo menos, os seguintes requisitos de acessibilidade: os edifícios deverão dispor, pelo menos, de um banheiro acessível, distribuindo-se seus equipamentos e acessórios de maneira que possam ser utilizados por pessoa portadora de deficiência ou com mobilidade reduzida." (art. 11, parágrafo único, IV, da Lei nº 10.098/2000)

Alternativa "c". Como visto nos comentários à alternativa "a", a legislação exige que, pelo menos, **um** dos acessos esteja libre de barreiras arquitetônicas de obstáculos que impeçam ou dificultem a acessibilidade de pessoa com deficiência. A alternativa está incorreta ao se referir a dois acessos.

Alternativa "d". "Para os fins do disposto neste artigo, na construção, ampliação ou reforma de edifícios públicos ou privados destinados ao uso coletivo deverão ser observados, pelo menos, os seguintes requisitos de acessibilidade: pelo menos um dos itinerários que comuniquem horizontal e verticalmente todas as dependências e serviços do edifício, entre si e com o exterior, deverá cumprir os requisitos de acessibilidade de que trata esta Lei" (art. 11, parágrafo único, IV, da Lei nº 10.098/2000).

---

41. (FCC – Técnico Judiciário – Área Judiciária – TRT 15/2018) A Prefeitura Municipal "X" está construindo um prédio visando novas instalações da Procuradoria Municipal, para melhoria do atendimento ao Público. De acordo com o Decreto n° 5.296/2004, nessa construção, deverá ser garantido, livre de barreiras e de obstáculos que impeçam ou dificultem a sua acessibilidade:

a) pelo menos, três acessos ao seu interior, com comunicação com todas as suas dependências e serviços, incluindo garagens e dependências de veículos.

b) pelo menos, dois acessos ao seu interior, com comunicação com todas as suas dependências e serviços.

c) todos os acessos ao seu interior, com comunicação com todas as suas dependências e serviços.

d) todos os acessos ao seu interior, com comunicação com as principais dependências e serviços.

e) pelo menos, um dos acessos ao seu interior, com comunicação com todas as suas dependências e serviços.

COMENTÁRIOS

✪ **Nota do autor:** A questão aborda o tema das normas de acessibilidade previstas no Decreto nº 5.296/2004. Ressalta-se que todos os veículos de transporte coletivo rodoviário, aquaviário, metroferroviário, ferroviário e aéreo devem ser fabricados acessíveis de forma a garantir o uso de pessoa com deficiência ou mobilidade reduzida (art. 38 a 44 do Decreto nº 5.296/2004)

Alternativa correta: "e". *Comentário serve para as demais alternativas, pois versam sobre o mesmo assunto.* "A construção, ampliação ou reforma de edificações de uso público deve garantir, pelo menos, um dos acessos ao seu interior, com comunicação com todas as suas dependências e serviços, livre de barreiras e de obstáculos que impeçam ou dificultem a sua acessibilidade." (art. 19 do Decreto nº 5.296/2004). No mesmo sentido, prevê o art. 11, parágrafo único, II, da Lei nº 10.098/2000:

> **Art. 11, parágrafo único, II, da Lei nº 10.098/2000:** Para os fins do disposto neste artigo, na construção, ampliação ou reforma de edifícios públicos ou privados destinados ao uso coletivo deverão ser observados, pelo menos, os seguintes requisitos de acessibilidade: pelo menos um dos acessos ao interior da edificação deverá estar livre de barreiras arquitetônicas e de obstáculos que impeçam ou dificultem a acessibilidade de pessoa portadora de deficiência ou com mobilidade reduzida.

---

42. (FCC - Técnico Judiciário - Área Administrativa - TRT 2/2018) Em vias públicas, parques e demais espaços existentes, conforme previsão da Lei nº 10.098/2000, cada brinquedo e equipamento de lazer existente devem ser adaptados e identificados, tanto quanto tecnicamente possível, num percentual de no mínimo,

a) 5% para utilização de pessoas com deficiência, inclusive visual, ou com mobilidade reduzida.

b) 10% para utilização de pessoas com deficiência, inclusive visual, ou com mobilidade reduzida.

c) 20% para utilização de pessoas com deficiência, inclusive visual, ou com mobilidade reduzida.

d) 5% para utilização de pessoas com deficiência, excluindo-se a deficiência visual, ou com mobilidade reduzida.

e) 10% para utilização de pessoas com deficiência, excluindo-se a deficiência visual, ou com mobilidade reduzida.

COMENTÁRIOS

✪ **Nota do autor:** A questão aborda o tema da acessibilidade na Lei nº 10.098/2000. Note-se que a questão exigiu conhecimento de alteração legislativa recente (Lei nº 13.443/2017), que são frequentemente cobradas nos concursos públicos.

Alternativa correta: "a". *Comentário serve para as demais alternativas, pois versam sobre o mesmo assunto.* "No mínimo 5% (cinco por cento) de cada brinquedo e equipamento de lazer existentes nos locais referidos no **caput** devem ser adaptados e identificados, tanto quanto tecnicamente possível, para possibilitar sua utilização por pessoas com deficiência, inclusive visual, ou com mobilidade reduzida." (art. 4º, parágrafo único, da Lei nº 10.098/2000). De acordo com a Lei nº 13.443/2017, que alterou a redação do art. 4º, parágrafo único, da Lei nº 10.098/2000, as vias públicas, os parques e os demais espaços de uso público, devem ter, pelo menos 5% de cada brinquedo e equipamento de lazer adaptado e identifica-lo para o uso da pessoa com deficiência ou com mobilidade reduzida.

---

43. (FCC - Técnico Judiciário - Área Administrativa - TRT 2/2018) O Decreto nº 5.296/2004, ao regulamentar a Lei nº 10.098/2000, previu que os semáforos para pedestres, instalados nas vias públicas com intenso fluxo de veículos, de pessoas ou que apresentem periculosidade, deverão estar equipados com mecanismo que sirva de guia ou orientação para travessias de pessoas com mobilidade reduzida ou deficiência

a) auditiva.

b) visual.

c) mental.

d) física.

e) intelectual

COMENTÁRIOS

✪ **Nota do autor:** A questão aborda o tema da acessibilidade. As pessoas com atendimento prioritário devem ser atendidas, depois de concluído o atendimento em andamento, antes de qualquer outra (art. 6º, § 2º, Decreto nº 5.296/2004).

Alternativa correta: "b". *Comentário serve para as demais alternativas, pois versam sobre o mesmo assunto.* "Os semáforos para pedestres instalados nas vias públicas deverão estar equipados com mecanismo que sirva de guia ou orientação para a travessia de **pessoa portadora de deficiência visual** ou com mobilidade reduzida em todos os locais onde a intensidade do fluxo de veículos, de pessoas ou a periculosidade na via assim determinarem, bem como mediante solicitação dos interessados." (art. 17 do Decreto nº 5.296/2004 – grifos acrescidos)

---

44. (FCC – Técnico Judiciário – Área Judiciária – TRT 11/2017) Ao estabelecer as categorias de deficiência, o Decreto nº 5.296/2004 dispõe que

a) paraparesia e monoparesia são formas de deficiência mental.

b) lazer não é considerado área de habilidade adaptativa para fins de caracterização da deficiência mental.

c) a pessoa pode ser considerada portadora de mobilidade reduzida desde que causada por fatores temporários apenas.

d) a pessoa é considerada deficiente mental se possuir limitações associadas a todas as áreas de habilidades adaptativas.

e) o funcionamento intelectual significativamente inferior à média deve se manifestar até os 18 anos para que seja caracterizada a deficiência mental.

COMENTÁRIOS

✪ **Nota do autor:** A questão aborda o tema das normas gerais e critérios básicos para a promoção da acessibilidade das pessoas com deficiência ou com mobilidade reduzida. A questão apresenta maior grau de dificuldade, pois exigia a leitura atenta ao art. 5º do Decreto nº 5.296/2004.

Anulada. A questão foi anulada pela banca examinadora do concurso.

Alternativa "a". "Considera-se, para os efeitos deste Decreto: I – pessoa portadora de deficiência, além daquelas previstas na Lei nº 10.690, de 16 de junho de 2003, a que possui limitação ou incapacidade para o desempenho de atividade e se enquadra nas seguintes categorias:a) deficiência física: alteração completa ou parcial de um ou mais segmentos do corpo humano, acarretando o comprometimento da função física, apresentando-se sob a forma de paraplegia, paraparesia, monoplegia, monoparesia, tetraplegia, tetraparesia, triplegia, triparesia, hemiplegia, hemiparesia, ostomia, amputação ou ausência de membro, paralisia cerebral, nanismo, membros com deformidade congênita ou adquirida, exceto as deformidades estéticas e as que não produzam dificuldades para o desempenho de funções." (art. 5º, § 1º, I, "a", do Decreto nº 5.296/2004)

Alternativa "b". Como visto no comentário à alternativa "e", o lazer é considerado **área de habilidade adaptativa para fins de carac**terização da deficiência mental nos termos do art. 5º, § 1º, I, "d", 7, do Decreto nº 5.296/2004)

Alternativa "c". "Considera-se, para os efeitos deste Decreto: II – pessoa com mobilidade reduzida, aquela que, não se enquadrando no conceito de pessoa portadora de deficiência, tenha, por qualquer motivo, dificuldade de movimentar-se, permanente ou temporariamente, gerando redução efetiva da mobilidade, flexibilidade, coordenação motora e percepção." (art. 5º, § 1º, II, do Decreto nº 5.296/2004).

Alternativa "d". ºConsidera-se, para os efeitos deste Decreto: I – pessoa portadora de deficiência, além daquelas previstas na Lei nº 10.690, de 16 de junho de 2003, a que possui limitação ou incapacidade para o desempenho de atividade e se enquadra nas seguintes categorias: deficiência mental: funcionamento intelectual significativamente inferior à média, com manifestação antes dos dezoito anos e limitações associadas a **duas ou mais áreas de habilidades adaptativas, tais como:** (art. 5º, § 1º, I, "d", do Decreto nº 5.296/2004 – grifos acrescidos). Dessa forma, para a caracterização da deficiência mental baste que a limitação seja associada a duas ou mais áreas de habilidades adaptativas.

Alternativa "e". No gabarito preliminar, havia sido dada como correta. Diferentemente do afirma a alternativa, a deficiência mental deve se manifestar antes do 18 anos de idade e não "até os 18 anos". Nesse sentido, prevê o art. 5º, § 1º, "d", do Decreto n 5.296/2004:

> **Art. 5º, § 1º do Decreto nº 5.296/2004:**º Considera-se, para os efeitos deste Decreto:
>
> I – pessoa portadora de deficiência, além daquelas previstas na Lei nº 10.690, de 16 de junho de 2003, a que possui limitação ou incapacidade para o desempenho de atividade e se enquadra nas seguintes categorias: deficiência mental: **funcionamento intelectual significativamente inferior à média, com manifestação antes dos dezoito anos** e limitações associadas a duas ou mais áreas de habilidades adaptativas, tais como:
>
> 1. comunicação;
> 2. cuidado pessoal;
> 3. habilidades sociais;
> 4. utilização dos recursos da comunidade;
> 5. saúde e segurança;
> 6. habilidades acadêmicas;
> 7. lazer; e
> 8. trabalho;

---

45. (FCC – Analista Judiciário – Área Administrativa – TRT 20/2016) Analise as assertivas abaixo.

I. mobiliário de recepção e atendimento obrigatoriamente adaptado à altura e à condição física de pessoas em cadeira de rodas, conforme estabelecido nas normas técnicas de acessibilidade da ABNT.

II. serviços de atendimento para pessoas com deficiência auditiva, prestado por intérpretes ou pessoas capacitadas em Língua Brasileira de Sinais – LIBRAS e no trato com aquelas que não se comuniquem em LIBRAS, e para pessoas surdocegas, prestado por guias-intérpretes ou pessoas capacitadas neste tipo de atendimento.

III. informações em braile em todas as placas e sinais de identificação nas áreas de atendimento ao público.

IV. admissão de entrada e permanência de cão-guia ou cão-guia de acompanhamento junto de pessoa com deficiência ou de treinador nos locais dispostos no caput do art. 5º, bem como nas demais edificações de uso público e naquelas de uso coletivo, mediante apresentação da carteira de vacina atualizada do animal.

Estão previstas, expressamente no Decreto nº 5.294/2004, como medidas de tratamento diferenciado para pessoas com deficiência e com mobilidade reduzida, o que consta em

a) I, II e III, apenas.
b) I, II, III e IV.
c) I, II e IV, apenas.
d) II, III e IV, apenas.
e) I, III e IV, apenas.

COMENTÁRIOS

✪ **Nota do autor:** A questão aborda o tema das normas gerais e critérios básicos para a promoção da acessibilidade das pessoas com deficiência ou com mobilidade reduzida. Ressalta-se que a numeração do Decreto apontado na questão está incorreta, pois se trata do Decreto nº 5.296/2004.

Alternativa correta: "c". Estão previstas no art. 6º, § 1º, do Decreto nº 5.296/2004 como medidas de tratamento diferenciado o que consta em I, II e IV.

Assertiva I. "O tratamento diferenciado inclui, dentre outros: mobiliário de recepção e atendimento obrigatoriamente adaptado à altura e à condição física de pessoas em cadeira de rodas, conforme estabelecido nas normas técnicas de acessibilidade da ABNT." (art. 6º, § 1º, II, do Decreto nº 5.296/2004)

Assertiva II. "O tratamento diferenciado inclui, dentre outros: serviços de atendimento para pessoas com deficiência auditiva, prestado por intérpretes ou pessoas capacitadas em Língua Brasileira de Sinais – LIBRAS e no trato com aquelas que não se comuniquem em LIBRAS, e para pessoas surdocegas, prestado por guias-intérpretes ou pessoas capacitadas neste tipo de atendimento". (art. 6º, § 1º, III, Decreto nº 5.296/2004).

Assertiva III. Não há previsão no Decreto nº 5.296/2004 para que haja informações em braile em todas as placas e sinais de identificação nas áreas de atendimento ao público.

Assertiva IV. "O tratamento diferenciado inclui, dentre outros: admissão de entrada e permanência de cão-guia ou cão-guia de acompanhamento junto de pessoa portadora de deficiência ou de treinador nos locais dispostos no caput do art. 5º, bem como nas demais edificações de uso público e naquelas de uso coletivo, mediante apresentação da carteira de vacina atualizada do animal". (art. 6º, § 1º, VIII, do Decreto nº 5.296/2004).

46. (FCC – Técnico Judiciário – Área Administrativa – TRT 20/2016) De acordo com a Lei nº 10.098/2000 que estabelece normas gerais e critérios básicos para a promoção da acessibilidade das pessoas portadoras de deficiência ou com mobilidade reduzida, e dá outras providências, é correto afirmar:

a) Todos os sanitários e lavatórios de uso público existentes ou a construir em parques, jardins e espaços livres públicos, deverão ser acessíveis e atender às especificações das normas técnicas da ABNT.
b) Os centros comerciais e estabelecimentos congêneres devem fornecer carros e cadeiras de rodas, necessariamente motorizados, para o atendimento da pessoa com deficiência ou com mobilidade reduzida.
c) Não cabe ao Poder Público implementar a formação de profissionais intérpretes em escrita braile, linguagem de sinais e guias-intérpretes para facilitar a comunicação direta à pessoa com deficiência sensorial e com dificuldade de comunicação.
d) Em edifícios públicos, todos os acessos ao interior da edificação devem estar livres de barreiras arquitetônicas e de obstáculos que impeçam ou dificultem a acessibilidade de pessoa portadora de deficiência ou com mobilidade reduzida.
e) As regras de acessibilidade se aplicam aos edifícios públicos e de uso coletivo, mas também existem regras impostas aos edifícios de uso privado em que seja obrigatória a instalação de elevadores ou edifícios com mais de um pavimento.

COMENTÁRIOS

✪ **Nota do autor:** A questão aborda o tema acerca da acessibilidade da pessoa com deficiência. O art. 7º da Lei nº 10.098/2000 prevê a reserva de 2% das vagas de estacionamento devidamente sinalizadas e próximas ao acesso de circulação de pedestres.

Alternativa correta: "e". As regras de acessibilidade têm ampla aplicação aos edifícios públicos e de uso coletivo. Entretanto, a Lei nº 10.098/2000 e o Decreto nº 5.296/2004 estabelecem normas a serem observadas nos edifícios de uso privado, como a instalação de elevadores:

> **Art. 13, Lei nº 10.098/2000.** Os edifícios de uso privado em que seja obrigatória a instalação de elevadores deverão ser construídos atendendo aos seguintes requisitos mínimos de acessibilidade:
>
> I – percurso acessível que una as unidades habitacionais com o exterior e com as dependências de uso comum;
>
> II – percurso acessível que una a edificação à via pública, às edificações e aos

> serviços anexos de uso comum e aos edifícios vizinhos;
>
> III – cabine do elevador e respectiva porta de entrada acessíveis para pessoas portadoras de deficiência ou com mobilidade reduzida.
>
> **Art. 27, Decreto nº 5.296/2004:** A instalação de novos elevadores ou sua adaptação em edificações de uso público ou de uso coletivo, bem assim a instalação em edificação de uso privado multifamiliar a ser construída, na qual haja obrigatoriedade da presença de elevadores, deve atender aos padrões das normas técnicas de acessibilidade da ABNT.
>
> (...)
>
> **§ 3º** Os edifícios a serem construídos com mais de um pavimento além do pavimento de acesso, à exceção das habitações unifamiliares e daquelas que estejam obrigadas à instalação de elevadores por legislação municipal, deverão dispor de especificações técnicas e de projeto que facilitem a instalação de equipamento eletromecânico de deslocamento vertical para uso das pessoas portadoras de deficiência ou com mobilidade reduzida.

Alternativa "a". "Os banheiros de uso público existentes ou a construir em parques, praças, jardins e espaços livres públicos deverão ser acessíveis e dispor, pelo menos, de um sanitário e um lavatório que atendam às especificações das normas técnicas da ABNT." (art. 6º, Lei nº 10.098/2000). A legislação obriga que, pelo menos, 1 sanitário e 1 lavatório atendam às normas técnicas da ABNT acerca da acessibilidade.

De acordo com a Lei nº 13.825/2019, os eventos organizados em espaços públicos e privados em que haja instalação de banheiros químicos deverão contar com unidades acessíveis a pessoas com deficiência ou com mobilidade reduzida. O número mínimo de banheiros químicos acessíveis corresponderá a 10% (dez por cento) do total, garantindo-se pelo menos 1 (uma) unidade acessível caso a aplicação do percentual resulte em fração inferior a 1 (um).

Alternativa "b". "Os centros comerciais e os estabelecimentos congêneres devem fornecer carros e cadeiras de rodas, **motorizados ou não**, para o atendimento da pessoa com deficiência ou com mobilidade reduzida." (art. 12-A, Lei nº 10.098/2000 – grifos acrescidos)

Alternativa "c". "O Poder Público implementará a formação de profissionais intérpretes de escrita em braile, linguagem de sinais e de guias-intérpretes, para facilitar qualquer tipo de comunicação direta à pessoa portadora de deficiência sensorial e com dificuldade de comunicação." (art. 18, Lei nº 10.098/2000)

Alternativa "d". "Para os fins do disposto neste artigo, na construção, ampliação ou reforma de edifícios públicos ou privados destinados ao uso coletivo deverão ser observados, pelo menos, os seguintes requisitos de acessibilidade: pelo menos um dos acessos ao interior da edificação deverá estar livre de barreiras arquitetônicas e de obstáculos que impeçam ou dificultem a acessibilidade de pessoa portadora de deficiência ou com mobilidade reduzida." (art. 11, parágrafo único, II, Lei nº 10.098/2000)

3. PRIORIDADE DE ATENDIMENTO ÀS PESSOAS COM DEFICIÊNCIA

47. (FCC – Analista Judiciário – Área Judiciária – TRT 6/2018) Conforme expressamente previsto pela Lei nº 10.048/2000, está assegurada a prioridade de atendimento às pessoas com deficiência em

a) cinemas e outros centros culturais.

b) restaurantes.

c) serviços de correios.

d) instituições financeiras.

e) postos de saúde.

COMENTÁRIOS

✪ **Nota do autor:** A questão aborda o tema do atendimento prioritário da pessoa com deficiência previsto no Lei nº 10.048/2000. Lembre-se de que, além das pessoas com deficiência, terão atendimento prioritário às pessoas idosas com idade igual ou superior a 60 (sessenta) anos, as gestantes, as lactantes, as pessoas com crianças de colo e os obesos.

Alternativa correta: "d". *Comentários serve para as demais alternativas, pois versam sobre o mesmo assunto.* De acordo com o art. 2º, parágrafo único, da Lei nº 10.048/2000, as instituições financeiras devem assegurar atendimento prioritário às pessoas com deficiência. Note-se que, expressamente, essa é a única entidade das alternativas da questão que está prevista na Lei nº 10.048 para atendimento prioritário. Ocorre que as repartições públicas e as empresas concessionárias de serviços públicos estão também obrigadas a dispensar atendimento prioritário. Dessa forma, os serviços de correios e também os postos de saúde devem cumprir essa obrigação. No entanto, como a questão exigia a entidade expressamente prevista, a alternativa correta são as instituições financeiras:

> **Art. 2º da Lei nº 10.048/2000:** As repartições públicas e empresas concessionárias de serviços públicos estão obrigadas a dispensar atendimento prioritário, por meio de serviços individualizados que assegurem tratamento diferenciado e

atendimento imediato às pessoas a que se refere o art. 1º.

Parágrafo único. É assegurada, em todas as instituições financeiras, a prioridade de atendimento às pessoas mencionadas no art. 1º.

---

48. (FCC – Técnico Judiciário – Área Administrativa – TRT 6/2018) A Lei nº 10.048/2000, que dispõe sobre prioridade no atendimento de determinadas pessoas e outros benefícios, prevê, dentre seus dispositivos, para atender às pessoas com deficiência,

a) a disponibilização de cadeira de rodas em mercados e estabelecimentos congêneres.

b) a meia entrada em eventos culturais.

c) o planejamento de veículos de transporte coletivo e sua adaptação para facilitar seu acesso.

d) o acesso por meio de rampa e elevadores a pisos mais elevados.

e) a elaboração em braile de panfleto com contatos mínimos de atendimento dos serviços públicos essenciais.

COMENTÁRIOS

✪ **Nota do autor:** A questão aborda o tema da prioridade de atendimento das pessoas com deficiência. Os direitos de atendimento prioritário são extensíveis ao acompanhante de pessoa com deficiência ou ao seu atendente pessoal com exceção do atendimento prioritário no recebimento de restituição de imposto de renda e na tramitação processual.

Alternativa correta: "c". "Os veículos de transporte coletivo a serem produzidos após doze meses da publicação desta Lei serão planejados de forma a facilitar o acesso a seu interior das pessoas portadoras de deficiência." (art. 5º da Lei nº 10.048/2000).

Alternativa "a". "Os centros comerciais e os estabelecimentos congêneres devem fornecer carros e cadeiras de rodas, motorizados ou não, para o atendimento da pessoa com deficiência ou com mobilidade reduzida." (art. 12-A da Lei nº 10.098/2000). Note-se, portanto, que a disponibilização de cadeiras de rodas é direito da pessoa com deficiência. Contudo, diferentemente do que pede a questão, esse direito está previsto na Lei nº 10.098/2000.

Alternativa "b". O direito à meia entrada em eventos culturais está regulamentado pelo Decreto nº 8.537/2015 e não na Lei nº 10.048/2000 como solicita a questão:

> **Art. 1º do Decreto nº 8.537/2015:** Este Decreto regulamenta o benefício da meia-entrada para acesso a eventos artístico-culturais e esportivos por jovens de baixa renda, por estudantes e por pessoas com deficiência e estabelece os procedimentos e os critérios para a reserva de vagas a jovens de baixa renda nos veículos do sistema de transporte coletivo interestadual.

Alternativa "d". O projeto e o traçado dos elementos de urbanização públicos e privados de uso comunitário, nestes compreendidos os itinerários e as passagens de pedestres, os percursos de entrada e de saída de veículos, as escadas e rampas, deverão observar os parâmetros estabelecidos pelas normas técnicas de acessibilidade da Associação Brasileira de Normas Técnicas – ABNT." (art. 5º da Lei nº 10.098/2000). Note-se que a Lei nº 10.048/2000 não versa sobre elevadores e rampas de acesso às pessoas com deficiência.

Alternativa "e". Não há essa obrigação prevista na Lei nº 10.048/2000.

---

49. (AOCP – Técnico Judiciário – Área Administrativa – TRT 1/2018) O Decreto nº 5.296/2004 determina que os órgãos da administração pública direta, indireta e fundacional, as empresas prestadoras de serviços públicos e as instituições financeiras devem dispensar atendimento prioritário às pessoas portadoras de deficiência ou com mobilidade reduzida. Nesse sentido, com base no diploma legal citado, assinale a alternativa correta.

a) Considera-se como deficiente auditivo apenas os indivíduos que tenham perda total e bilateral de sua audição.

b) O atendimento prioritário deverá ser proporcionado, também, à pessoa que, mesmo sem se enquadrar nos conceitos de deficiência, esteja, permanentemente ou temporariamente, com a mobilidade reduzida.

c) O atendimento à pessoa com deficiência deve ser diferenciado e imediato, entendendo-se por imediato o atendimento realizado antes de qualquer outra pessoa, inclusive devendo se interromper o atendimento que estiver em curso.

d) O atendimento prioritário inclui o atendimento diferenciado, não se enquadrando, nesse último conceito, a disponibilização de intérpretes ou pessoas capacitadas em Língua Brasileira de Sinais – LIBRAS – às pessoas com deficiência auditiva.

e) O atendimento prioritário se refere apenas à capacitação do pessoal lotado nos órgãos públicos, não se incluindo, nesse conceito, as adaptações necessárias dos mobiliários das repartições públicas.

COMENTÁRIOS

✪ **Nota do autor:** A questão aborda o tema do atendimento prioritário das pessoas com deficiência disposto no Decreto nº 5.296/2004. As questões sobre direitos das pessoas com deficiência costumam exigir também com certa frequência os conceitos trazidos pela legislação. É indispensável a prévia leitura e memorização. Nesse sentido, destaca-se também o art. 3º do Estatuto da Pessoa com Deficiência.

Alternativa correta: "b". "O atendimento prioritário compreende tratamento diferenciado e atendimento imediato às pessoas de que trata o art. 5º." (art. 6º do Decreto nº 5.296/2004) "Os órgãos da administração pública direta, indireta e fundacional, as empresas prestadoras de serviços públicos e as instituições financeiras deverão dispensar atendimento prioritário às pessoas portadoras de deficiência ou com **mobilidade reduzida**." (art. 5º, "caput", do Decreto nº 5.296/2004 – grifos acrescidos). O conceito trazido pela alternativa é o de pessoa com mobilidade reduzida que tem direito ao atendimento prioritário:

> **Art. 5º, § 1º, II, do Decreto nº 5.296/2004:** Considera-se, para os efeitos deste Decreto: pessoa com mobilidade reduzida, aquela que, não se enquadrando no conceito de pessoa portadora de deficiência, tenha, por qualquer motivo, dificuldade de movimentar-se, permanente ou temporariamente, gerando redução efetiva da mobilidade, flexibilidade, coordenação motora e percepção.

Alternativa "a". "Considera-se, para os efeitos deste Decreto: pessoa portadora de deficiência, além daquelas previstas na Lei nº 10.690, de 16 de junho de 2003, a que possui limitação ou incapacidade para o desempenho de atividade e se enquadra nas seguintes categorias: deficiência auditiva: perda bilateral, **parcial ou total**, de quarenta e um decibéis (dB) ou mais, aferida por audiograma nas freqüências de 500Hz, 1.000Hz, 2.000Hz e 3.000Hz." (art. 5º, § 1º, I, "b", do Decreto nº 5.296/2004 – grifos acrescidos).

Alternativa "c". "O atendimento prioritário compreende tratamento diferenciado e atendimento imediato às pessoas de que trata o art. 5º." (art. 6º, "caput", do Decreto nº 5.296/2004). "Entende-se por imediato o atendimento prestado às pessoas referidas no art. 5º, antes de qualquer outra, **depois de concluído o atendimento que estiver em andamento**, observado o disposto no inciso I do parágrafo único do art. 3º da Lei nº10.741, de 1º de outubro de 2003 (Estatuto da Pessoa Idosa)." (art. 6º, § 2º, do Decreto nº 5.296/2004 – grifos acrescidos).

Alternativa "d". "O tratamento diferenciado inclui, dentre outros: serviços de atendimento para pessoas com deficiência auditiva, prestado por intérpretes ou pessoas capacitadas em Língua Brasileira de Sinais – LIBRAS e no trato com aquelas que não se comuniquem em LIBRAS, e para pessoas surdocegas, prestado por guias-intérpretes ou pessoas capacitadas neste tipo de atendimento." (art. 6º, § 1º, III, do Decreto nº 5.296/2004). Assim, ao contrário doe que prevê a alternativa, o tratamento diferenciado inclui os serviços prestados por intérpretes ou pessoas capacitadas em LIBRAS, pois é fundamental para a plena acessibilidade da pessoa com deficiência.

Alternativa "e". "O tratamento diferenciado inclui, dentre outros: mobiliário de recepção e atendimento obrigatoriamente adaptado à altura e à condição física de pessoas em cadeira de rodas, conforme estabelecido nas normas técnicas de acessibilidade da ABNT." (art. 6º, § 1º, II, do Decreto nº 5.296/2004).

---

50. (FCC – Analista Judiciário – Área Administrativa – TRT 24/2017) Para fins de atendimento prioritário, é considerado pessoa idosa:

a) o homem, a partir de 65 anos, e a mulher, a partir dos 60.
b) tanto o homem como a mulher a partir de 65 anos.
c) tanto o homem como a mulher a partir de 70 anos.
d) o homem, a partir de 70 anos, e a mulher, a partir dos 60.
e) tanto o homem como a mulher a partir de 60 anos.

COMENTÁRIOS

✪ **Nota do autor:** A questão aborda o tema do atendimento prioritário da pessoa com deficiência. É indispensável a prévia leitura e memorização da Lei nº 10.048/2000;

Alternativa correta: "e". *Comentário serve para as demais alternativas, pois todas versam sobre o mesmo assunto.* "As pessoas com deficiência, as pessoas idosas com idade igual ou superior a 60 (sessenta) anos, as gestantes, as lactantes, as pessoas com crianças de colo e os obesos terão atendimento prioritário, nos termos desta Lei." (art. 1º. Lei nº 10.048/2000). Tendo em vista que a legislação não diferencia as pessoas idosas, tanto o homem e a mulher a partir de 60 anos serão consideradas pessoas idosas para fins de tratamento prioritário. No mesmo sentido, o art. 1º do Estatuto da Pessoa Idosa prevê a idade de 60 anos:

> **Art. 1º, Lei nº 10.741/2003:** É instituído o Estatuto da Pessoa Idosa, destinado a regular os direitos assegurados às pessoas com idade igual ou superior a 60 (sessenta) anos.

---

51. (FCC – Técnico Judiciário – Área Judiciária – TRT 24/2017) Contempla todas as pessoas que têm assegurado por lei o direito ao atendimento prioritário em uma repartição pública:

a) pessoas com deficiência, pessoas idosas com idade igual ou superior a 60 anos, as gestantes, as lactantes, as pessoas com crianças de colo e os obesos.

b) pessoas com deficiência, pessoas idosas com idade igual ou superior a 70 anos, as gestantes, as lactantes, as pessoas com crianças de colo e os obesos.

c) pessoas com deficiência, pessoas idosas com idade igual ou superior a 60 anos, as gestantes, as lactantes e as pessoas com crianças de colo.

d) pessoas com deficiência e pessoas idosas com idade igual ou superior a 70 anos.

e) pessoas com deficiência, pessoas idosas com idade igual ou superior a 60 anos e as gestantes.

COMENTÁRIOS

✪ **Nota do autor:** A questão aborda o tema do atendimento prioritário da pessoa com deficiência. Os direitos de atendimento prioritário são extensíveis ao acompanhante de pessoa com deficiência ou ao seu atendente pessoal com exceção do atendimento prioritário no recebimento de restituição de imposto de renda e na tramitação processual.

Alternativa correta: "a". *Comentário serve para as demais alternativas, pois todas versam sobre o mesmo assunto.* De acordo com a legislação (art. 9º, Lei nº 13.146/2015), a pessoa com deficiência tem direito ao recebimento de atendimento prioritário, que compreende tratamento diferenciado e atendimento imediato (art. 6º, Decreto nº 5.296/2004). Cumpre ressaltar que, além da pessoa com deficiência, tem direito ao atendimento prioritário (art. 1º, Lei nº 10.048/2000 e art. 5º, Decreto nº 5.296/2004):

- Pessoas idosas com idade igual ou superior a 60 anos;
- Gestantes;
- Lactantes;
- Pessoas com crianças de colo;
- Obesos

O Estatuto da Pessoa com Deficiência traça as principais hipóteses para esse tratamento diferenciado no atendimento.

HIPÓTESES DE ATENDIMENTO PRIORITÁRIO
– **Proteção e socorro**: nos serviços de emergência públicos e privados, a prioridade é condicionada à observância dos protocolos de atendimento médico (art. 9º, I, Estatuto da Pessoa com Deficiência);
– **Atendimento ao público:** Atendimento em todas as instituições e serviços de atendimento ao público (art. 9º, II, Estatuto da Pessoa com Deficiência);
– **Recursos para igualdade de condições:** Disponibilização de recursos humanos e tecnológicos que assegurem atendimento em igualdade de condições com as demais pessoas (art. 9º, III, Estatuto da Pessoa com Deficiência);
– **Transporte acessível e seguro:** Disponibilização de pontos de parada, estações e terminais acessíveis de transporte coletivo de passageiros e garantia de segurança no embarque e desembarque (art. 9º, IV, Estatuto da Pessoa com Deficiência);
– **Acesso a informações e recursos de comunicação acessíveis** (art. 9º, V, Estatuto da Pessoa com Deficiência);
– Recebimento de **restituição de imposto de renda** (art. 9º, VI, Estatuto da Pessoa com Deficiência);
– **Tramitação processual** e procedimentos judiciais e administrativos em que for parte ou interessada, em todos os atos e diligências (art. 9º, VII, Estatuto da Pessoa com Deficiência).

52. (FCC – Analista Judiciário – Área Administrativa – TRT 20/2016) Em uma repartição pública, existem diversas pessoas aguardando por atendimento, dentre as quais se encontram as seguintes pessoas: uma pessoa com deficiência física (cadeirante), um jovem de 18 anos com o braço imobilizado temporariamente em razão de fratura no dedo indicador, uma pessoa com deficiência mental, um adolescente de 16 anos, uma mulher com 55 anos, uma mulher grávida com 30 anos, uma mulher com criança de colo, uma pessoa com doença grave, um homem obeso de 25 anos, uma mulher que deixou o seu filho de apenas 2 meses em casa e um homem com 60 anos. De acordo com a Lei nº 10.048/2000, têm direito ao atendimento prioritário

a) todas as pessoas mencionadas no exemplo acima, com exceção do jovem de 18 anos com o braço imobilizado temporariamente em razão de fratura no dedo indicador e o homem obeso de 25 anos, pois são as únicas que não apresentam as características descritivas que permitem concluir que se encaixam nos critérios de prioridade previstos na referida lei.

b) todas as pessoas mencionadas no exemplo acima, pois as características descritivas de todas elas permitem concluir que se encaixam nos critérios de prioridade previstos na referida lei.

c) apenas a pessoa com deficiência física (cadeirante), a mulher grávida com 30 anos e o homem com 60 anos, pois essas são as únicas pessoas que apresentam as características descritivas que permitem concluir que se encaixam nos critérios de prioridade previstos na referida lei.

d) apenas a pessoa com deficiência física (cadeirante), a pessoa com deficiência mental, a mulher grávida com 30 anos, a mulher com criança de colo, o homem obeso de 25 anos, a mulher que deixou o seu filho de apenas 2 meses em casa e o homem com 60 anos, pois estas são as únicas pessoas que apresentam as características descritivas que permitem concluir que se encaixam nos critérios de prioridade previstos na referida lei.

e) apenas a pessoa com deficiência física (cadeirante), a mulher grávida com 30 anos, a mulher com criança de colo, a pessoa com doença grave e o homem com 60 anos, pois estas são as únicas pessoas que apresentam as características descritivas que permitem concluir que se encaixam nos critérios de prioridade previstos na referida lei.

COMENTÁRIOS

✪ **Nota do autor:** A questão aborda o tema do atendimento prioritário da pessoa com deficiência. São diversas as questões exigindo que se tenha conhecimento acerca das pessoas com direito a atendimento prioritário prevista na Lei nº 10.048/2000.

Alternativa correta: "d". *Comentário serve para as demais alternativas, pois todas versam sobre o mesmo assunto.* "As pessoas com deficiência, as pessoas idosas com idade igual ou superior a 60 (sessenta) anos, as gestantes, as lactantes, as pessoas com crianças de colo e os obesos terão atendimento prioritário, nos termos desta Lei." (art. 1º, "caput", da Lei nº 10.048/2000). Dessa forma, seguem as pessoas que terão ou não direito ao atendimento prioritário:

Atendimento prioritário segundo a questão elaborada	
Pessoas com direito ao atendimento prioritário	**Pessoas que não terão direito ao atendimento prioritário**
– Pessoa com deficiência física (cadeirante); – Pessoa com deficiência mental; – Mulher grávida com 30 anos (gestante); – Mulher com criança de colo; – Homem obeso de 25 anos (obeso); – Mulher que deixou o seu filho de apenas 2 meses em casa (lactante); – Homem com 60 anos (pessoa idosa).	– Jovem de 18 anos com o braço imobilizado temporariamente em razão de fratura no dedo indicador; – Adolescente de 16 anos; – Mulher com 55 anos; – Pessoa com doença grave.

4. DIREITOS NO SISTEMA DE TRANSPORTE COLETIVO

53. (FCC – Analista Judiciário – Área Judiciária – TRT 2/2018) A disciplina do disposto no Decreto nº 3.691/2000, que regulamenta o transporte de pessoas com deficiência no sistema de transporte coletivo interestadual, cabe ao

a) Secretário de Direitos Humanos da Presidência da República.

b) Ministro de Estado dos Transportes.

c) Secretário do Transporte de cada Estado envolvido.

d) Ministro do Desenvolvimento Social.

e) Ministro do Trabalho e da Previdência Social.

COMENTÁRIOS

✪ **Nota do autor:** A questão aborda o tema dos direitos das pessoas com deficiência no sistema de transporte coletivo interestadual. A questão apresenta maior nível de dificuldade, pois exigiu os exatos termos do Decreto nº 3.691/2000, inclusive com relação às particularidades do Ministro de Estado que tinha atribuição para regulamentar o transporte de pessoas com deficiência no âmbito interestadual. Não deixe de ler, de forma pormenorizada, todos os artigos desse Decreto.

Alternativa correta: "b". *Comentário serve para as demais alternativas, pois versam sobre o mesmo assunto.* "O Ministro de Estado dos Transportes disciplinará, no prazo de até trinta dias, o disposto neste Decreto." (art. 2º do Decreto nº 3.691/2000).

54. (FCC – Analista Judiciário – Área Administrativa – TRT 15/2018) A Prefeitura da cidade "X" está construindo um centro de Convenções. De acordo com a Lei nº 10.098/2000, deverão ser reservadas vagas próximas dos acessos de circulação de pedestres, devidamente sinalizadas, para veículos que transportem pessoas portadoras de deficiência com dificuldade de locomoção. Nesse caso hipotético, se o centro de Convenções possuir 500 vagas de estacionamento, deverão ser reservadas vagas destinadas aos veículos que transportem pessoas portadoras de deficiência com dificuldade de locomoção no seguinte quantitativo:

a) 25 vagas.

b) 5 vagas.

c) 15 vagas.
d) 50 vagas.
e) 10 vagas.

COMENTÁRIOS

✪ **Nota do autor:** A questão aborda o tema dos direitos da pessoa com deficiência no sistema de transporte coletivo de passageiros. Para colocação do símbolo internacional de acesso nos veículos de empresa de transporte coletivo de passageiros, é necessária a certificação de acessibilidade emitida pelo gestor público responsável pela prestação do serviço.

Alternativa correta: "e". *Comentário serve para as demais alternativas, pois versam sobre o mesmo assunto.* De acordo com o art. 7º, parágrafo único, da Lei nº 10.098/2000, deve ser assegurado percentual de 2% das vagas em áreas de estacionamento, em vias de espaço público. Dessa forma, se o Centro de Convenções possui 500 vagas, deve ser assegurado o percentual de 2% desse valor, que totaliza 10 vagas:

> **Art. 7º, da Lei nº 10.098/2000:** Em todas as áreas de estacionamento de veículos, localizadas em vias ou em espaços públicos, deverão ser reservadas vagas próximas dos acessos de circulação de pedestres, devidamente sinalizadas, para veículos que transportem pessoas portadoras de deficiência com dificuldade de locomoção.
>
> Parágrafo único. As vagas a que se refere o caput deste artigo deverão ser em número equivalente a dois por cento do total, garantida, no mínimo, uma vaga, devidamente sinalizada e com as especificações técnicas de desenho e traçado de acordo com as normas técnicas vigentes.

Além disso, de acordo com o art. 47 do Estatuto da Pessoa com Deficiência, é necessária a **reserva de 2% das vagas sinalizadas**, sempre garantida 1 vaga, próximas aos acessos de circulação de pedestres para veículos que transportem pessoa com deficiência com comprometimento de mobilidade em todas as áreas de estacionamento abertas ao público, de uso público ou privado de uso coletivo e em vias públicas. Os veículos estacionados nessas vagas devem exibir credencial de beneficiário confeccionada pelos órgãos de trânsito, que será válida em todo território nacional.

---

55. (FCC – Analista Judiciário – Área Administrativa – TRT 6/2018) A Lei nº 8.899/1994 assegura:

a) passe com valor reduzido à metade, à pessoa com deficiência que seja carente, para transporte coletivo intermunicipal.
b) passe com valor reduzido à metade, à pessoa com deficiência, para transporte coletivo intermunicipal.
c) passe livre, à pessoa com deficiência que seja carente, para transporte coletivo intermunicipal.
d) passe livre, à pessoa com deficiência que seja carente, para transporte coletivo interestadual.
e) passe com valor reduzido à metade, à pessoa com deficiência que seja carente, para transporte coletivo interestadual.

COMENTÁRIOS

✪ **Nota do autor:** A questão aborda o tema do passe livre para pessoas com deficiência. Os veículos de transporte coletivo terrestre, aquaviário e aéreo, as instalações, estações, portos e terminais devem ser acessíveis para o uso de todas as pessoas. É necessária a disponibilização de informações em comunicação acessível sobre todos os pontos do itinerário (art. 48, Lei nº 13.146/2015). Os sistemas de transporte coletivo são considerados acessíveis quando todos os seus elementos são concebidos, organizados, implantados e adaptados segundo o conceito de desenho universal, garantindo o uso pleno com segurança e autonomia por todas as pessoas (art. 34, Decreto nº 5.296/2004).

Alternativa correta: "d". *Comentário serve para as demais alternativas, pois versam sobre o mesmo assunto.* "É concedido passe livre às pessoas portadoras de deficiência, comprovadamente carentes, no sistema de transporte coletivo interestadual." (art. 1º da Lei nº 8.899/1994). Nesse sentido, o art. 1º do Decreto nº 3.691/2000, que regulamenta a Lei nº 8.899/1994, estabelece a necessidade das empresas permissionárias e autorizatárias de transporte interestadual de passageiros a reservar dois assentos de cada veículo para pessoa com deficiência.

Lembre-se de que as pessoas com mobilidade reduzida não tem direito ao passe livre, pois a lei restringe o direito apenas às pessoas com deficiência.

---

56. (FCC – Técnico Judiciário – Área Administrativa – TRT 6/2018) Para o transporte interestadual de passageiros, quando da regulamentação da Lei nº 8.889/1994, o Decreto nº 3.691/2000 previu a reserva para pessoa com deficiência de

a) cinco assentos de cada veículo, com passe livre.
b) dois assentos de cada veículo, com passe livre.
c) número ilimitado de assentos, desde que pago metade do valor da passagem.
d) um assento de cada veículo, com passe livre, mais quatro assentos com pagamento da metade do valor da passagem.
e) um assento em cada veículo, com passe livre.

COMENTÁRIOS

✪ **Nota do autor:** A questão aborda o tema do passe livre para as pessoas com deficiência. Somente as pessoas com deficiência tem direito ao passe livre no sistema de transporte coletivo. O benefício não foi estendido às pessoas com mobilidade reduzida.

Alternativa correta: "b". *Comentário serve para as demais alternativas, pois versam sobre o mesmo assunto.* "É concedido passe livre às pessoas portadoras de deficiência, xomprovadamente carentes, no sistema de transporte coletivo interestadual." (art. 1º da Lei nº 8.899/1994). "As empresas permissionárias e autorizatárias de transporte interestadual de passageiros reservarão dois assentos de cada veículo, destinado a serviço convencional, para ocupação das pessoas beneficiadas pelo art. 1º da Lei nº 8.899, de 29 de junho de 1994, observado o que dispõem as Leis nºs 7.853, de 24 de outubro de 1989, 8.742, de 7 de dezembro de 1993, 10.048, de 8 de novembro de 2000, e os Decretos nºs 1.744, de 8 de dezembro de 1995, e 3.298, de 20 de dezembro de 1999." (art. 1º do Decreto nº 3.691/2000).

Portanto, a garantia do passe livre no transporte interestadual depende da comprovação de carência e a concessionária deve manter pelo menos 2 assentos para este fim.

---

57. (FCC – Analista Judiciário – Área Judiciária – TRT 24/2017) Gilberto tem mobilidade reduzida em razão de um acidente automobilístico que o vitimou, e pretende realizar uma viagem em transporte coletivo interestadual. Neste caso, Gilberto, segundo a Lei nº 8.899/1994 e o Decreto nº 3.691/2000:

a) não tem direito ao passe livre, uma vez que esse direito não se estende para o transporte coletivo interestadual, mas somente em meios de transporte local.

b) não tem direito ao passe livre, uma vez que a existência de mobilidade reduzida não caracteriza deficiência, razão pela qual ele não se enquadra nas hipóteses legais.

c) pode ter direito ao passe livre, independente de prova de que seja carente, mas as empresas de transporte somente têm o dever de reservar dois assentos a cada veículo destinado a serviço convencional.

d) pode ter direito ao passe livre, independente de prova de que seja carente ou do número de assentos reservados pela empresa de transporte em veículo destinado a serviço convencional.

e) pode ter direito ao passe livre, desde que comprove ser carente, mas as empresas de transporte somente têm o dever de reservar dois assentos a cada veículo destinado a serviço convencional.

COMENTÁRIOS

✪ **Nota do autor:** A questão aborda o tema dos direitos no sistema de transporte coletivo. A Lei Brasileira de Inclusão da Pessoa com Deficiência ressalta a necessidade de assegurar direito ao transporte e mobilidade em igualdade de oportunidades com as demais pessoas à pessoa com deficiência ou com mobilidade reduzida, por meio de identificação e de eliminação de obstáculos e barreiras ao acesso (art. 46, Lei nº 13.146/2015).

Alternativa correta: "b". Somente as pessoas com deficiência tem direito ao passe livre no sistema de transporte coletivo. O benefício não foi estendido às pessoas com mobilidade reduzida. Nesse sentido, prevê o art. 1º da Lei nº 8.899/1994:

"É concedido passe livre às pessoas portadoras de deficiência, xomprovadamente carentes, no sistema de transporte coletivo interestadual." (art. 1º da Lei nº 8.899/1994). "As empresas permissionárias e autorizatárias de transporte interestadual de passageiros reservarão dois assentos de cada veículo, destinado a serviço convencional, para ocupação das pessoas beneficiadas pelo art. 1º da Lei nº 8.899, de 29 de junho de 1994, observado o que dispõem as Leis nºs 7.853, de 24 de outubro de 1989, 8.742, de 7 de dezembro de 1993, 10.048, de 8 de novembro de 2000, e os Decretos nºs 1.744, de 8 de dezembro de 1995, e 3.298, de 20 de dezembro de 1999." (art. 1º do Decreto nº 3.691/2000).

Portanto, a garantia do passe livre no transporte interestadual depende da comprovação de carência e a concessionária deve manter pelo menos 2 assentos para este fim. Lembre-se de que o benefício somente atinge as pessoas com deficiência.

---

58. (FCC – Técnico Judiciário – Área Administrativa – TRT 20/2016) Carlos Eduardo tem deficiência mental e deseja se deslocar de Aracaju – SE para João Pessoa – PB. De acordo com a Lei nº 8.889/1994, Carlos Eduardo

a) não tem assegurado o passe livre previsto pela lei mencionada, pois este se limita à pessoa com deficiência física.

b) tem assegurado o passe livre no sistema de transporte coletivo interestadual, independente de comprovação de sua carência.

c) tem assegurado o passe livre no sistema de transporte coletivo interestadual, desde que comprove a sua carência.

d) não tem assegurado o passe livre previsto pela lei mencionada, pois este se limita ao sistema de transporte coletivo intermunicipal.

e) tem assegurado o passe livre no sistema de transporte individual privado ou coletivo interestadual, desde que comprove a sua carência.

COMENTÁRIOS

✪ **Nota do autor:** A questão aborda o tema dos direitos no sistema de transporte coletivo. A garantia do passe livre no transporte interestadual está condicionada à manutenção pela concessionária de, pelo menos, 2 assentos para este fim.

Questão anulada. *Comentário serve para as demais alternativas, pois todas versam sobre o mesmo assunto.* **"É concedido passe livre às pessoas portadoras de deficiência, comprovadamente carentes, no sistema de transporte coletivo interestadual." (art. 1º da Lei nº 8.899/1994).** Portanto, Carlos Eduardo somente terá direito ao passe livre caso comprove a carência. No entanto, a questão foi anulada, pois a banca examinadora trocou a legislação informada e remeteu à Lei nº 8.889/1994, que não versa sobre o passe livre no transporte coletivo.

5. SÍMBOLO DE IDENTIFICAÇÃO DE PESSOAS COM DEFICIÊNCIA AUDITIVA

59. (FCC – Técnico Judiciário – Área Judiciária – TRT 24/2017) Sobre o "Símbolo Internacional de Surdez", a legislação brasileira determina que

a) é permitido modificar ou adicionar ao símbolo outros elementos além do desenho reproduzido pela lei, a depender de seu local de fixação.

b) o símbolo deverá ser colocado, obrigatoriamente, em todos os locais que possibilitem acesso, circulação e utilização por pessoas com deficiência auditiva.

c) é lícita a utilização do símbolo para outras finalidades para além dos interesses do deficiente auditivo.

d) é vedado o uso do símbolo para identificar veículos conduzidos por deficiente auditivo, pois tal conduta é discriminatória.

e) é proibida a reprodução do símbolo em publicações e outros meios de comunicação relevantes para os interesses do deficiente auditivo.

COMENTÁRIOS

✪ **Nota do autor:** A questão aborda o tema do símbolo de identificação de pessoas com deficiência auditiva. É imprescindível a prévia leitura e memorização da Lei nº 8.160/1991.

Alternativa correta: "b". "É obrigatória a colocação, de forma visível, do 'Símbolo Internacional de Surdez' em todos os locais que possibilitem acesso, circulação e utilização por pessoas portadoras de deficiência auditiva, e em todos os serviços que forem postos à sua disposição ou que possibilitem o seu uso". (art. 1º da Lei nº 8.160/1991).

Alternativa "a". "O "Símbolo Internacional de Surdez" deverá ser colocado, obrigatoriamente, em local visível ao público, não sendo permitida nenhuma modificação ou adição ao desenho reproduzido no anexo a esta lei". (art. 2º da Lei nº 8.160/1991).

Alternativa "c". É proibida a utilização do "Símbolo Internacional de Surdez" para finalidade outra que não seja a de identificar, assinalar ou indicar local ou serviço habilitado ao uso de pessoas portadoras de deficiência auditiva". (art. 3º, "caput", da Lei nº 8.160/1991).

Alternativa "d". É lícita a utilização do "Símbolo Internacional de Surdez" nos veículos de pessoas com deficiência auditiva nos termos do parágrafo único do art. 3º, da Lei nº 8.160/1991:

> **Art. 3º da Lei nº 8.160/1991:** É proibida a utilização do "Símbolo Internacional de Surdez" para finalidade outra que não seja a de identificar, assinalar ou indicar local ou serviço habilitado ao uso de pessoas portadoras de deficiência auditiva.
>
> Parágrafo único. O disposto no caput deste artigo não se aplica à reprodução do símbolo em publicações e outros meios de comunicação relevantes para os interesses do deficiente auditivo, a exemplo de adesivos específicos para veículos por ele conduzidos.

Alternativa "e". "O disposto no caput deste artigo não se aplica à reprodução do símbolo em publicações e outros meios de comunicação relevantes para os interesses do deficiente auditivo, a exemplo de adesivos específicos para veículos por ele conduzidos". (art. 3º, parágrafo único, da Lei nº 8.160/1991).

6. NORMAS DE APOIO ÀS PESSOAS PORTADORAS DE DEFICIÊNCIA E SUA INTEGRAÇÃO SOCIAL

60. (FCC – Técnico Judiciário – Área Judiciária – TRT 15/2018) Com relação às medidas judicias destinadas à proteção de interesses coletivos, difusos, individuais homogêneos e individuais indisponíveis da pessoa com deficiência, considere:

I. Em caso de desistência ou abandono da ação, qualquer dos colegitimados pode assumir a titularidade ativa.

II. A sentença terá eficácia de coisa julgada oponível erga omnes, exceto no caso de haver sido a ação julgada improcedente por deficiência de prova, hipótese em que qualquer legitimado poderá intentar outra ação com idêntico fundamento, valendo-se de nova prova.

III. A sentença que concluir pela carência ou pela improcedência da ação não fica sujeita ao duplo grau de jurisdição, produzindo, portanto, efeitos imediatos.

IV. Das sentenças e decisões proferidas contra o autor da ação e suscetíveis de recurso, poderá recorrer qualquer legitimado ativo, inclusive o Ministério Público.

De acordo com a Lei nº 7.853/1989, está correto o que consta em

a) I, II e III, apenas.
b) I, II e IV, apenas.
c) I, II, III e IV.
d) III e IV, apenas.
e) I e II, apenas.

COMENTÁRIOS

✪ **Nota do autor:** A questão aborda o tema das medidas judicias destinadas à proteção de interesses coletivos, difusos, individuais homogêneos e individuais indisponíveis da pessoa com deficiência. É imprescindível a prévia leitura da Lei nº 7.853/1989.

Alternativa correta: "b". Está correto o que se afirma nas assertivas I, II e IV.

Assertiva I. Correta. "Em caso de desistência ou abandono da ação, qualquer dos co-legitimados pode assumir a titularidade ativa." (art. 3º, § 6º, da Lei nº 7.853/1989).

Assertiva II. Correta. "A sentença terá eficácia de coisa julgada oponível erga omnes, exceto no caso de haver sido a ação julgada improcedente por deficiência de prova, hipótese em que qualquer legitimado poderá intentar outra ação com idêntico fundamento, valendo-se de nova prova." (art. 4º, "caput", da Lei nº 7.853/1989)

Assertiva III. Incorreta. "A sentença que concluir pela carência ou pela improcedência da ação fica sujeita ao duplo grau de jurisdição, não produzindo efeito senão depois de confirmada pelo tribunal." (art. 4º, § 1º, Lei nº 7.853/1989).

Assertiva IV. Correta. "Das sentenças e decisões proferidas contra o autor da ação e suscetíveis de recurso, poderá recorrer qualquer legitimado ativo, inclusive o Ministério Público." (art. 4º, § 2º, Lei nº 7.853/1989).

---

61. (FCC – Técnico Judiciário – Área Administrativa – TRT 6/2018) A Lei nº 7.853/1989 prevê que o Poder Público deve oferecer à pessoa com deficiência

a) atendimento domiciliar de saúde a quem passou por internação hospitalar.
b) acesso a materiais escolares especiais.
c) matrícula em cursos adaptados à sua deficiência.
d) oferta, obrigatória e gratuita, de educação especial em estabelecimento público de ensino.
e) vagas com carga horária idêntica à jornada comum de trabalho.

COMENTÁRIOS

✪ **Nota do autor:** A questão aborda o tema das normas de apoio e integração social das pessoas com deficiência. É necessário assegurar o pleno exercício dos direitos individuais e sociais da pessoa com deficiência e sua efetiva integração social por meios das ações governamentais necessárias ao cumprimento das disposições constitucionais e legais referentes às pessoas com deficiência, afastadas a discriminação e preconceitos de qualquer espécie (art. 1º, Lei nº 7.853/1989).

Alternativa correta: "d". "Para o fim estabelecido no caput deste artigo, os órgãos e entidades da administração direta e indireta devem dispensar, no âmbito de sua competência e finalidade, aos assuntos objetos esta Lei, tratamento prioritário e adequado, tendente a viabilizar, sem prejuízo de outras, as seguintes medidas: I – na área da educação: a oferta, obrigatória e gratuita, da Educação Especial em estabelecimento público de ensino." (art. 2º, parágrafo único, I, "c", da Lei nº 7.853/1989).

Alternativa "a". "Para o fim estabelecido no caput deste artigo, os órgãos e entidades da administração direta e indireta devem dispensar, no âmbito de sua competência e finalidade, aos assuntos objetos esta Lei, tratamento prioritário e adequado, tendente a viabilizar, sem prejuízo de outras, as seguintes medidas: II – na área da saúde: e) **a garantia de atendimento domiciliar de saúde ao deficiente grave não internado.** (art. 2º, parágrafo único, II, "e", Lei nº 7.853/1989 – grifos acrescidos).

Alternativa "b". "Para o fim estabelecido no caput deste artigo, os órgãos e entidades da administração direta e indireta devem dispensar, no âmbito de sua competência e finalidade, aos assuntos objetos esta Lei, tratamento prioritário e adequado, tendente a viabilizar, sem prejuízo de outras, as seguintes medidas: I – na área da educação: e) o acesso de alunos portadores de deficiência aos benefícios **conferidos aos demais educandos**, inclusive material escolar, merenda escolar e bolsas de estudo." (art. 2º, parágrafo único, I, "e", da Lei nº 7.853/1989 – grifos acrescidos). Note-se, portanto, que não são conferidos materiais escolares especiais, mas os mesmos dos demais educandos.

Alternativa "c". "Para o fim estabelecido no caput deste artigo, os órgãos e entidades da administração direta e indireta devem dispensar, no âmbito de sua competência e finalidade, aos assuntos objetos esta Lei, tratamento prioritário e adequado, tendente a viabilizar, sem prejuízo de outras, as seguintes medidas: I – na área da educação: f) a **matrícula compulsória em cursos regulares de estabelecimentos públicos e particulares** de pessoas portadoras de deficiência capazes de se integrarem no sistema regular de ensino." (art. 2º, parágrafo único, I, "f", da Lei nº 7.853/1989 – grifos acrescidos))

Alternativa "e". "Para o fim estabelecido no caput deste artigo, os órgãos e entidades da administração direta e indireta devem dispensar, no âmbito de sua competência e finalidade, aos assuntos objetos esta Lei, tratamento prioritário e adequado, tendente a viabilizar, sem prejuízo de outras, as seguintes medidas: III – na área da formação profissional e do trabalho: b) o empenho do Poder Público quanto ao surgimento e à manutenção de empregos, **inclusive de tempo parcial**, destinados às pessoas portadoras de deficiência que não tenham acesso aos empregos comuns." (art. 2º, parágrafo único, III, "b", da Lei nº 7.853/1989 – grifos acrescidos)

---

62. (FCC – Técnico Judiciário – Área Judiciária – TRT 11/2017) Um simpósio sobre os direitos das pessoas com deficiência tratou da Lei no 7.853/1989, a qual dispõe sobre o apoio às pessoas portadoras de deficiência e sua integração social, além de estabelecer que os órgãos e entidades da Administração direta e indireta devem dispensar, no âmbito de sua competência e finalidade, tratamento prioritário e adequado, tendente a viabilizar ações em várias áreas, como a educação.

O palestrante comentou as seguintes ações:

I. Inclusão da Educação Especial como modalidade educativa que abranja a educação precoce, a pré-escolar, as de 1º e 2º graus, a supletiva, a habilitação e reabilitação profissionais, a qual é obrigatória no sistema educacional público e facultativa no privado.

II. Matrícula compulsória de pessoas portadoras de deficiência capazes de se integrarem no sistema regular de ensino em cursos regulares de estabelecimentos públicos e particulares.

III. Oferecimento obrigatório de programas de Educação Especial a nível pré-escolar, em unidades hospitalares e congêneres nas quais estejam internados educandos portadores de deficiência por prazo igual ou superior a seis meses.

A forma como essas ações foram abordadas contrariou a mencionada legislação APENAS

a) no caso I, pois é obrigatória tanto no sistema educacional público como no privado.

b) nos casos I e II, pois é obrigatória tanto no sistema educacional público como no privado e a matrícula não é compulsória, respectivamente.

c) no caso III, pois é obrigatório para educandos internados há um ano ou mais.

d) nos casos I e III, pois é obrigatória tanto no sistema educacional público como no privado e é obrigatório para educandos internados há um ano ou mais, respectivamente.

e) nos casos II e III, pois a matrícula não é compulsória e é obrigatória para educandos internados há um ano ou mais, respectivamente.

COMENTÁRIOS

✪ **Nota do autor:** A questão aborda o tema do dever de garantia dos direitos básicos das pessoas com deficiência, no caso específico da educação. É necessário assegurar o pleno exercício dos direitos individuais e sociais da pessoa com deficiência e sua efetiva integração social por meios das ações governamentais necessárias ao cumprimento das disposições constitucionais e legais referentes às pessoas com deficiência, afastadas a discriminação e preconceitos de qualquer espécie (art. 1º, Lei nº 7.853/1989).

Alternativa correta: "d". A abordagem das ações contrariou a legislação acerca do tema nos casos I e III, conforme será abordado de forma detalhada nas assertivas a seguir:

Caso I. Contraria a legislação. O Educação Especial é obrigatória tanto no sistema público como no privado como dispõe ao art. 2º, parágrafo único, I, "a" e "b" da Lei nº 7.853/1989:

> **Art. 2º, Parágrafo único, Lei nº 7.853/1989.** Para o fim estabelecido no caput deste artigo, os órgãos e entidades da administração direta e indireta devem dispensar, no âmbito de sua competência e finalidade, aos assuntos objetos esta Lei, tratamento prioritário e adequado, tendente a viabilizar, sem prejuízo de outras, as seguintes medidas:
>
> I – na área da educação:
>
> a) a inclusão, no sistema educacional, da Educação Especial como modalidade educativa que abranja a educação precoce, a pré-escolar, as de 1º e 2º graus, a supletiva, a habilitação e reabilitação profissionais, com currículos, etapas e exigências de diplomação próprios;
>
> b) a inserção, no referido sistema educacional, das escolas especiais, privadas e públicas;

Caso II. Não contraria a legislação. "Para o fim estabelecido no caput deste artigo, os órgãos e entidades da administração direta e indireta devem dispensar, no âmbito de sua competência e finalidade, aos assuntos objetos esta Lei, tratamento prioritário e adequado, tendente a viabilizar, sem prejuízo de outras, as seguintes medidas: I – na área da educação: f) a matrícula compulsória em cursos regulares de estabelecimentos públicos e particulares de pessoas portadoras de deficiência capazes de se integrarem no sistema regular de ensino." (art. 2º, parágrafo único, I, "f" da Lei nº 7.853/1989)

Caso III. Contraria a legislação. "Para o fim estabelecido no caput deste artigo, os órgãos e entidades da administração direta e indireta devem dispensar, no âmbito de sua competência e finalidade, aos assuntos objetos esta Lei, tratamento prioritário e adequado, tendente a viabilizar, sem prejuízo de outras, as seguintes medidas: I – na área da educação: d) o oferecimento obrigatório de programas de Educação Especial a nível pré-escolar, em unidades hospitalares e congêneres nas quais estejam internados, por prazo igual ou superior a 1 (um) ano, educandos portadores de deficiência." (art. 2º, parágrafo único, I, "d" da Lei nº 7.853/1989)

63. (FCC – Analista Judiciário – Área Judiciária – TRT 20/2016) De acordo com o Decreto nº 3.298/1999, que regulamenta a Lei nº 7.853/1989, que dispõe sobre a Política Nacional para a Integração da Pessoa Portadora de Deficiência, consolida as normas de proteção, e dá outras providências, é correto afirmar que

a) a participação de pessoa com deficiência em concurso lhe assegura condições diferenciadas dos demais candidatos no que se refere à avaliação e aos critérios de aprovação.

b) o período de adaptação e capacitação para o trabalho de adolescente e adulto com deficiência em oficina protegida terapêutica caracteriza vínculo empregatício para todos os fins.

c) a dispensa por justa causa de empregado com deficiência habilitada, contratado por prazo indeterminado, somente poderá ocorrer após a contratação de substituto em condições semelhantes.

d) caso um concurso público preveja 102 vagas para provimento, serão reservadas a candidatos com deficiência, 5 vagas.

e) a empresa com mais de mil empregados está obrigada a preencher 5% de seus cargos com beneficiários da Previdência Social reabilitados ou com pessoa com deficiência habilitada.

COMENTÁRIOS

✪ **Nota do autor:** A questão aborda o tema das normas de proteção à pessoas com deficiência previstas no Decreto nº 3.298/1999. A Política Nacional para Integração da Pessoa Portadora de Deficiência compreende um conjunto de orientações normativas que objetivam assegurar o pleno exercício dos direitos individuais e sociais das pessoas com deficiência (art. 1º, Decreto nº 3.298/1999).

Alternativa correta: "e". A empresa com mais de 1.000 empregados deve preencher 5% de seus cargos com pessoas com deficiência ou reabilitados da Previdência Social:

> **Art. 36 do Decreto nº 3.298/1999:** A empresa com cem ou mais empregados está obrigada a preencher de dois a cinco por cento de seus cargos com beneficiários da Previdência Social reabilitados ou com pessoa portadora de deficiência habilitada, na seguinte proporção:
>
> I – até duzentos empregados, dois por cento;
>
> II – de duzentos e um a quinhentos empregados, três por cento;
>
> III – de quinhentos e um a mil empregados, quatro por cento; ou
>
> IV – mais de mil empregados, cinco por cento.

Alternativa "a". O art. 41, II, do Decreto nº 3.298/1999 previa justamente o contrário da alternativa, pois haveria igualdade de condições com os demais candidatos no tocante à avaliação e aos critérios de aprovação. Ocorre que esse dispositivo foi revogado pelo Decreto nº 9.508/2018, editado em 24 de setembro de 2018. No tocante à participação em igualdade de condições com as demais pessoas nos concursos públicos, o art. 2º, II, do Decreto nº 9.508/2018 manteve praticamente a mesma redação do antigo dispositivo:

> **Art. 2º do Decreto nº 9.508/2018:** Ressalvadas as disposições previstas em regulamento, a pessoa com deficiência participará de concurso público ou de processo seletivo de que trata a Lei nº 8.745, de 1993, em igualdade de condições com os demais candidatos no que diz respeito:
>
> I – ao conteúdo das provas;
>
> II – à avaliação e aos critérios de aprovação;
>
> III – ao horário e ao local de aplicação das provas; e
>
> IV – à nota mínima exigida para os demais candidatos.

Alternativa "b". "O período de adaptação e capacitação para o trabalho de adolescente e adulto portador de deficiência em oficina protegida terapêutica não caracteriza vínculo empregatício e está condicionado a processo de avaliação individual que considere o desenvolvimento biopsicosocial da pessoa." (art. 35, § 6º, do Decreto nº 3.298/1999)

Alternativa "c". "A dispensa de empregado na condição estabelecida neste artigo, quando se tratar de contrato por prazo determinado, superior a noventa dias, e a dispensa imotivada, no contrato por prazo indeterminado, somente poderá ocorrer após a contratação de substituto em condições semelhantes." (art. 36, § 1º, Decreto nº 3.298/1999). A legislação assegura a contratação de substituto na hipótese de dispensa do empregado em contrato por prazo determinado, superior a 90 dias e na dispensa imotivada. A alternativa está errada ao afirmar que essa obrigação existe na dispensa por justa causa.

Alternativa "d". O art. 1º, § 1º do Decreto nº 9.508/2018, editado em 24 de setembro de 2018, estabelece a necessidade de se assegurar percentual mínimo de 5% das vagas oferecidas para o provimento de cargos efetivos e para a contratação por tempo determinado para atender necessidade temporária de excepcional interesse público, no âmbito da administração pública federal direta e indireta, às pessoas com deficiência. Destaca-se que esse Decreto revogou os art. 37 a 43 do Decreto nº 3.298/1999, que disciplinavam o assunto.

Há a obrigação de reserva de 5% do percentual das vagas para o concurso público. Tendo em vista que o total de 102 vagas assegura 5,1 vagas, é necessário elevar até o primeiro número inteiro subsequente, ou seja, devem ser asseguradas 6 vagas para pessoas com deficiência:

> **Art. 1º, § 1º, do Decreto nº 9.508/2018:** Ficam reservadas às pessoas com deficiência, no mínimo, cinco por cento das vagas oferecidas para o provimento de cargos efetivos e para a contratação por tempo determinado para atender necessidade temporária de excepcional interesse público, no âmbito da administração pública federal direta e indireta.
>
> (...)
>
> § 3º: Na hipótese de o quantitativo a que se referem os § 1º e § 2º resultar em número fracionado, este será aumentado para o primeiro número inteiro subsequente.

6.1. TUTELA JUDICIAL DOS INTERESSES DA PESSOA COM DEFICIÊNCIA

64. (FCC – Analista Judiciário – Oficial de Justiça Avaliador Federal – TRT 11/2017) A proteção de interesses coletivos, difusos, individuais homogêneos e individuais indisponíveis da pessoa com deficiência encontra guarida no Poder Judiciário, conforme regula a Lei nº 7.853/1989, e estabelece que

a) as ações judiciais para esse fim podem ser propostas por associação constituída há mais de seis meses, nos termos da lei civil.

b) todas as ações judiciais para esse fim correm em segredo de justiça.

c) uma vez proposta a ação judicial para esse fim, o interesse público impede a desistência ou abandono da ação.

d) autarquia, empresa pública, fundação ou sociedade de economia mista que inclua, entre suas finalidades institucionais, a proteção dos interesses e a promoção de direitos da pessoa com deficiência podem propor as medidas judiciais destinadas a esse fim.

e) a sentença proferida em ação judicial para esse fim terá, em todos os casos, eficácia de coisa julgada oponível *erga omnes*.

COMENTÁRIOS

✪ **Nota do autor:** A questão aborda o tema das normas de apoio às pessoas com deficiência e sua integração social. É necessário assegurar o pleno exercício dos direitos individuais e sociais da pessoa com deficiência e sua efetiva integração social por meios das ações governamentais necessárias ao cumprimento das disposições constitucionais e legais referentes às pessoas com deficiência, afastadas a discriminação e preconceitos de qualquer espécie (art. 1º, Lei nº 7.853/1989).

Alternativa correta: "d". "As medidas judiciais destinadas à proteção de interesses coletivos, difusos, individuais homogêneos e individuais indisponíveis da pessoa com deficiência poderão ser propostas pelo Ministério Público, pela Defensoria Pública, pela União, pelos Estados, pelos Municípios, pelo Distrito Federal, por associação constituída há mais de 1 (um) ano, nos termos da lei civil, **por autarquia, por empresa pública e por fundação ou sociedade de economia mista que inclua, entre suas finalidades institucionais, a proteção dos interesses e a promoção de direitos da pessoa com deficiência.**" (art. 3º da Lei nº 7.853/1989 – grifos acrescidos). Com a promulgação do Estatuto da Pessoa com Deficiência, a redação do dispositivo foi alterada para incluir a Defensoria Pública no rol de legitimados para tutelar os interesses coletivos, difusos, individuais homogêneos e individuais indisponíveis da pessoa com deficiência. Além da Defensoria Pública, a Lei nº 7.853/1989 já previa a legitimidade dos seguintes entes:

LEGITIMADOS
– São legitimados para propor medidas judiciais destinadas à proteção de interesses coletivos, difusos, individuais homogêneos e individuais indisponíveis da pessoa com deficiência: a) Ministério Público; b) Defensoria Pública; c) União; d) Estados; e) Municípios; f) Distrito Federal;

LEGITIMADOS
g) Autarquia, fundação, empresa pública e sociedade de economia mista que tenham entre suas finalidades institucionais, a proteção dos interesses e a promoção de direitos da pessoa com deficiência; e
h) Associação constituída há mais de 1 ano, que tenha entre suas finalidades institucionais, a proteção dos interesses e a promoção de direitos da pessoa com deficiência.

Alternativa "a". Como visto no comentário à alternativa "d", a associação somente tem legitimidade caso tenha sido constituída **há mais de 1 ano** e dever ter, entre suas finalidades institucionais, a proteção dos interesses e a promoção de direitos da pessoa com deficiência.

Alternativa "b". O segredo de justiça será determinado somente nos casos em que o interesse público justificar a imposição do sigilo. Para instruir a petição inicial das ações em defesa dos interesses das pessoas com deficiência, os legitimados podem requerer informações e certidões que julgar necessárias, exceto nos casos em que o interesse público impuser o sigilo. Nessa hipótese, a ação será proposta em segredo de justiça:

Art. 3º, Lei nº 7.853/1989: (...)

> § 3º Somente nos casos em que o interesse público, devidamente justificado, impuser sigilo, poderá ser negada certidão ou informação.
>
> § 4º Ocorrendo a hipótese do parágrafo anterior, a ação poderá ser proposta desacompanhada das certidões ou informações negadas, cabendo ao juiz, após apreciar os motivos do indeferimento, e, salvo quando se tratar de razão de segurança nacional, requisitar umas e outras; feita a requisição, o processo correrá em segredo de justiça, que cessará com o trânsito em julgado da sentença.

Alternativa "c". "Em caso de desistência ou abandono da ação, qualquer dos co-legitimados pode assumir a titularidade ativa". (art. 3º, § 6º da Lei nº 7.853/1989). A legislação permite a desistência da ação, hipótese que permite outro co-legitimado a assumir a titularidade ativa da ação.

Alternativa "e". "A sentença terá eficácia de coisa julgada oponível erga omnes, exceto no caso de haver sido a ação julgada improcedente por deficiência de prova, hipótese em que qualquer legitimado poderá intentar outra ação com idêntico fundamento, valendo-se de nova prova". (art. 4º, "caput", Lei nº 7.853/1989). Portanto, se houver deficiência de prova, é possível o ajuizamento de nova ação, desde que apresentada nova prova.

6.2. POLÍTICA NACIONAL PARA A INTEGRAÇÃO DA PESSOA PORTADORA DE DEFICIÊNCIA

65. (FCC – Analista Judiciário – Área Administrativa – TRT 15/2018) Com relação à Política Nacional para a Integração da Pessoa Portadora de Deficiência, considere:

I. adotar estratégias de articulação com órgãos e entidades públicos e privados, bem assim com organismos internacionais e estrangeiros para a implantação desta Política.

II. viabilizar a participação da pessoa portadora de deficiência em todas as fases de implementação dessa Política, por intermédio de suas entidades representativas.

III. incluir a pessoa portadora de deficiência, respeitadas as suas peculiaridades, em todas as iniciativas governamentais relacionadas à educação, à saúde, ao trabalho, à edificação pública, à previdência social, à assistência social, ao transporte, à habitação, à cultura, ao esporte e ao lazer.

IV. garantir o efetivo atendimento das necessidades da pessoa portadora de deficiência, com o cunho assistencialista.

De acordo com o Decreto nº 3.298/1999, são diretrizes da Política Nacional para a Integração da Pessoa Portadora de Deficiência, entre outras, as indicadas em

a) II e III, apenas.

b) I, II, III e IV.

c) I, III e IV, apenas.

d) I, II e III, apenas.

e) I e IV, apenas.

COMENTÁRIOS

✪ **Nota do autor:** A questão aborda o tema da Política Nacional para a Integração da Pessoa Portadora de Deficiência, que deve atender aos seguintes princípios (art. 5º, Decreto nº 3.298/1999):

1) Desenvolvimento de ação conjunta do Estado e sociedade civil para assegurar plena integração da pessoa com deficiência.
2) Estabelecimentos de mecanismos e instrumentos legais e operacionais para assegurar o pleno exercício dos direitos das pessoas com deficiência;
3) Respeito às pessoas com deficiência com tratamento em igualdade de oportunidades na sociedade por reconhecimento dos direitos que lhe são assegurados sem privilégios ou paternalismos.

Alternativa correta: "d". *Comentário serve para as demais alternativas, pois versam sobre o mesmo assunto.* São diretrizes da Política Nacional para a Integração da Pessoa Portadora de Deficiência apenas o que consta nas assertivas I, II e III. Nesse sentido, é o que prevê o art. 6º do Decreto nº 3.298/1999:

> **Art. 6º do Decreto nº 3.298/1999:** São diretrizes da Política Nacional para a Integração da Pessoa Portadora de Deficiência:
>
> I – estabelecer mecanismos que acelerem e favoreçam a inclusão social da pessoa portadora de deficiência;
>
> II – adotar estratégias de articulação com órgãos e entidades públicos e privados, bem assim com organismos internacionais e estrangeiros para a implantação desta Política;
>
> III – incluir a pessoa portadora de deficiência, respeitadas as suas peculiaridades, em todas as iniciativas governamentais relacionadas à educação, à saúde, ao trabalho, à edificação pública, à previdência social, à assistência social, ao transporte, à habitação, à cultura, ao esporte e ao lazer;
>
> IV – viabilizar a participação da pessoa portadora de deficiência em todas as fases de implementação dessa Política, por intermédio de suas entidades representativas;
>
> V – ampliar as alternativas de inserção econômica da pessoa portadora de deficiência, proporcionando a ela qualificação profissional e incorporação no mercado de trabalho; e
>
> VI – garantir o efetivo atendimento das necessidades da pessoa portadora de deficiência, sem o cunho assistencialista.

Apesar da garantia do efetivo atendimento das necessidades da pessoa portadora de deficiência ser uma diretriz dessa Política Nacional, o decreto é expresso ao estabelecer que esse atendimento não deve ter cunho assistencialista. Por essa razão, a assertiva IV está incorreta.

---

66. (AOCP – Analista Judiciário – Área Administrativa – TRT 1/2018) Segundo dispõe o art. 36 do Decreto nº 3.298/1999, a empresa com cem ou mais empregados está obrigada a preencher de dois a cinco por cento de seus cargos com beneficiários da Previdência Social reabilitados ou com pessoa portadora de deficiência habilitada. Nesse sentido, assinale a alternativa que corresponda à proporção correta desses cargos a serem reservados.

a) Até duzentos empregados, um por cento.

b) De duzentos e um a quinhentos empregados, um por cento.

c) De duzentos e um a quinhentos empregados, dois por cento.

d) De quinhentos e um a mil empregados, quatro por cento.

e) De quinhentos e um a mil empregados, três por cento.

COMENTÁRIOS

✪ **Nota do autor:** A questão aborda o tema das ações afirmativas de pessoas com deficiência previstas no Decreto nº 3.298/2000. Esse Decreto estabeleceu a Política Nacional para Integração da Pessoa Portadora de Deficiência, que compreende um conjunto de orientações normativas que objetivam assegurar o pleno exercício dos direitos individuais e sociais das pessoas com deficiência (art. 1º, Decreto nº 3.298/1999). É dever do Poder Público assegurar o pleno exercício dos direitos básicos da pessoa com deficiência, previstos na Constituição e nas leis, que propiciem seu bem-estar pessoal, social e econômico (art. 2º, Decreto nº 3.298/1999).

Alternativa correta: "d". *Comentário serve para as demais alternativas, pois versam sobre o mesmo* assunto. A questão exigia o conhecimento da literalidade do art. 36 do Decreto nº 3.298/1999:

> **Art. 36 do Decreto nº 3.298/2000:** A empresa com cem ou mais empregados está obrigada a preencher de dois a cinco por cento de seus cargos com beneficiários da Previdência Social reabilitados ou com pessoa portadora de deficiência habilitada, na seguinte proporção:
>
> I – até duzentos empregados, dois por cento;
>
> II – de duzentos e um a quinhentos empregados, três por cento;
>
> **III – de quinhentos e um a mil empregados, quatro por cento; ou**
>
> IV – mais de mil empregados, cinco por cento.

No mesmo sentido, prevê o art. 93 da Lei nº 8.213/1991:

> **Art. 93 da Lei nº 8.213/1991:** A empresa com 100 (cem) ou mais empregados está obrigada a preencher de 2% (dois por cento) a 5% (cinco por cento) dos seus cargos com beneficiários reabilitados ou pessoas portadoras de deficiência, habilitadas, na seguinte proporção:

I - até 200 empregados..............................2%;

II - de 201 a 500...3%;

III - de 501 a 1.000..4%;

IV - de 1.001 em diante. ....5%.

Caso o trabalhador seja contratado por prazo indeterminado ou por prazo determinado em contratos de mais de 90 dias, a dispensa de pessoa com deficiência ou de empregado reabilitado fica condicionada à contratação de outro trabalhador com deficiência ou reabilitado. O Estatuto da Pessoa com Deficiência trouxe importante alteração no cálculo do percentual para contratação de pessoas com deficiência, pois a contratação de aprendizes com deficiência não pode entrar no cômputo desse percentual mínimo exigido, devendo ser considerada apenas a contratação direta na condição de empregado.

67. (AOCP - Técnico Judiciário - Área Administrativa - TRT 1/2018) O Decreto n° 3.298/1999 regulamenta a Política Nacional para a Integração da Pessoa Portadora de Deficiência, trazendo diretrizes a serem seguidas na consecução desse objetivo. Nesse sentido, assinale a alternativa que NÃO corresponde a uma dessas diretrizes.

a) Estabelecer mecanismos que acelerem e favoreçam a inclusão social da pessoa portadora de deficiência.

b) Garantir o efetivo atendimento das necessidades da pessoa portadora de deficiência, sempre com o cunho assistencialista.

c) Adotar estratégias de articulação com órgãos e entidades públicos e privados, bem como com organismos internacionais e estrangeiros, para a implantação da Política Nacional para a Integração da Pessoa Portadora de Deficiência.

d) Ampliar as alternativas de inserção econômica da pessoa portadora de deficiência, proporcionando a ela qualificação profissional e incorporação no mercado de trabalho.

e) Viabilizar, por intermédio de suas entidades representativas, a participação da pessoa portadora de deficiência em todas as fases de implementação da Política Nacional para a Integração da Pessoa Portadora de Deficiência.

COMENTÁRIOS

✪ **Nota do autor:** A questão aborda o tema da Política Nacional para a Integração da Pessoa Portadora de Deficiência. O candidato deve estar atento para o fato de que a questão exige que se aponte a alternativa que não corresponde a uma diretriz dessa política nacional.

Alternativa correta: "b". *Comentário serve para as demais alternativas, pois versam sobre o mesmo assunto.* "São diretrizes da Política Nacional para a Integração da Pessoa Portadora de Deficiência: garantir o efetivo atendimento das necessidades da pessoa portadora de deficiência, sem o cunho assistencialista." (art. 6º, VI, do Decreto nº 3.298/1999). As demais alternativas versam exatamente sobre as diretrizes da Política Nacional para a Integração da Pessoa Portadora de Deficiência previstas no art. 6º do Decreto nº 3.298/2004:

DIRETRIZES DA POLÍTICA NACIONAL PARA INTEGRAÇÃO DA PESSOA PORTADORA DE DEFICIÊNCIA
- Estabelecer mecanismos que acelerem e favoreçam a inclusão social da pessoa com deficiência; - Adotar estratégias de articulação com órgãos públicos e privados, bem como organismos internacionais; - Incluir a pessoa com deficiência, respeitadas as suas peculiaridades, em todas as iniciativas governamentais relacionadas à educação, à saúde, ao trabalho, à edificação pública, à previdência social, à assistência social, ao transporte, à habitação, à cultura, ao esporte e ao lazer. - Viabilizar a participação da pessoa com deficiência em todas as fases de implementação dessa política por meio de suas entidades representativas.

68. (FCC - Analista Judiciário - Oficial de Justiça Avaliador Federal - TRT 11/2017) Alunos de um curso de Direito participaram de um evento organizado pelo Governo do Estado do Amazonas sobre os direitos das pessoas com deficiência. A primeira discussão tratou dos seguintes temas relacionados à Política Nacional para a Integração da Pessoa Portadora de Deficiência:

I. O desenvolvimento de ação conjunta do Estado e da sociedade civil, de modo a assegurar a plena integração da pessoa portadora de deficiência no contexto socioeconômico e cultural.

II. A adoção de estratégias de articulação com órgãos e entidades públicos e privados, bem assim com organismos internacionais e estrangeiros para a implantação da Política Nacional para a Integração da Pessoa Portadora de Deficiência.

III. O desenvolvimento de programas setoriais destinados ao atendimento das necessidades especiais da pessoa portadora de deficiência.

IV. O fomento da tecnologia de bioengenharia voltada para a pessoa portadora de deficiência, bem como a facilitação da importação de equipamentos.

V. A fiscalização do cumprimento da legislação pertinente à pessoa portadora de deficiência.

Para a Política Nacional para a Integração da Pessoa Portadora de Deficiência e nos termos do Decreto nº 3.298/1999, esses temas são conceituados, respectivamente, como:

a) instrumento, princípio, diretriz, objetivo e instrumento.

b) princípio, diretriz, objetivo, instrumento e instrumento.

c) princípio, princípio, diretriz, instrumento e objetivo.

d) diretriz, princípio, instrumento, princípio e objetivo.

e) objetivo, princípio, princípio, diretriz e diretriz.

COMENTÁRIOS

✪ **Nota do autor:** A questão aborda o tema da Política Nacional para a Integração da Pessoa Portadora de Deficiência. Cumpre ressaltar que o termo pessoa portadora de deficiência está em desuso, sendo utilizado o termo mais adequado "pessoa com deficiência". Sempre que possível usaremos o termo adequado ao candidato, ainda que a legislação faça referência à pessoa portadora de deficiência.

Alternativa correta: "b". *Comentário serve para as demais alternativas, pois todas versam sobre o mesmo assunto.* Os itens referem-se a um princípio, diretriz, objetivo, instrumento e instrumento. O Decreto nº 3.298/1998 dispõe sobre a Política Nacional para a Integração da Pessoa Portadora de Deficiência.

I. Princípio: "A Política Nacional para a Integração da Pessoa Portadora de Deficiência, em consonância com o Programa Nacional de Direitos Humanos, obedecerá aos seguintes princípios: desenvolvimento de ação conjunta do Estado e da sociedade civil, de modo a assegurar a plena integração da pessoa portadora de deficiência no contexto sócio-econômico e cultural". (art. 5º, I, do Decreto nº 3.298/1999).

II. Diretriz: "São diretrizes da Política Nacional para a Integração da Pessoa Portadora de Deficiência: adotar estratégias de articulação com órgãos e entidades públicos e privados, bem assim com organismos internacionais e estrangeiros para a implantação desta Política". (art. 6º, II, do Decreto nº 3.298/1999).

III. Objetivo: São objetivos da Política Nacional para a Integração da Pessoa Portadora de Deficiência: desenvolvimento de programas setoriais destinados ao atendimento das necessidades especiais da pessoa portadora de deficiência. (art. 7º, III, do Decreto nº 3.298/1999).

IV. Instrumento: "São instrumentos da Política Nacional para a Integração da Pessoa Portadora de Deficiência: o fomento da tecnologia de bioengenharia voltada para a pessoa portadora de deficiência, bem como a facilitação da importação de equipamentos". (art. 8º, IV, do Decreto nº 3.298/1999).

V. Instrumento: "São instrumentos da Política Nacional para a Integração da Pessoa Portadora de Deficiência: a fiscalização do cumprimento da legislação pertinente à pessoa portadora de deficiência". (art. 8º, V, do Decreto nº 3.298/1999).

---

69. (FCC – Técnico Judiciário – Área Judiciária – TRT 11/2017) O Decreto nº 3.298/1999, que regulamenta normas relativas à Política Nacional para a Integração da Pessoa Portadora de Deficiência, no que se refere ao acesso ao trabalho, estabelece que

a) a inserção da pessoa portadora de deficiência no mercado de trabalho ou sua incorporação ao sistema produtivo através de regime especial de trabalho protegido não pode ser feita através da contratação das cooperativas sociais.

b) as entidades beneficentes de assistência social, na forma da lei, poderão intermediar a colocação competitiva.

c) a oficina protegida de produção é caracterizada pela relação de dependência com entidade pública ou beneficente de assistência social.

d) a inserção laboral da pessoa portadora de deficiência por meio do processo de contratação regular, nos termos da legislação trabalhista e previdenciária, que independe da adoção de procedimentos especiais para sua concretização, não sendo excluída a possibilidade de utilização de apoios especiais, é denominada colocação seletiva.

e) a inserção laboral da pessoa portadora de deficiência não pode ser feita por meio de promoção do trabalho por conta própria.

COMENTÁRIOS

✪ **Nota do autor:** A questão aborda o tema do direito ao trabalho da pessoa com deficiência. De acordo com o art. 6º da Constituição Federal, o direito ao trabalho é reconhecido como direito fundamental, enquanto direito social. A pessoa com deficiência tem direito ao trabalho de sua livre escolha e aceitação em ambiente acessível e inclusivo em igualdade de oportunidades com as demais pessoas (art. 34, Lei nº 13.146/2015). Além disso, é proibida qualquer forma de discriminação no tocante ao salário e critérios de admissão do trabalhador com deficiência (art. 7º, XXXI, CF/88).

Alternativa correta: "c". "Considera-se oficina protegida de produção a unidade que funciona em relação de dependência com entidade pública ou beneficente de assistência social, que tem por objetivo desenvolver programa de habilitação profissional para adolescente e adulto portador de deficiência, provendo-o com trabalho remunerado, com vista à emancipação econômica e pessoal relativa." (art. 35, § 4º, do Decreto nº 3.298/1999 – grifos acrescidos)

Alternativa "a". É possível a incorporação da pessoa com deficiência ao sistema produtivo mediante regime especial de trabalho pela contratação de cooperativas sociais nos casos de deficiência grave ou severa:

> **Art. 34 do Decreto nº 3.298/1999:** É finalidade primordial da política de emprego a inserção da pessoa portadora de deficiência no mercado de trabalho ou sua incorporação ao sistema produtivo mediante regime especial de trabalho protegido.
>
> Parágrafo único. Nos casos de deficiência grave ou severa, o cumprimento do disposto no *caput* deste artigo poderá ser efetivado mediante a contratação das cooperativas sociais de que trata a Lei nº 9.867, de 10 de novembro de 1999.

Alternativa "b". As entidades beneficentes de assistência social podem intermediar a inserção laboral nas hipóteses de colocação seletiva e promoção do trabalho por conta própria. No entanto, não é permitida a intermediação na hipótese de colocação competitiva (art. 35, § 1º do Decreto nº 3.298/1999). Segue as definições legais para essas formas de inclusão no mercado de trabalho:

> **Art. 35 do Decreto nº 3.298/1999.** São modalidades de inserção laboral da pessoa portadora de deficiência:
>
> I – colocação competitiva: processo de contratação regular, nos termos da legislação trabalhista e previdenciária, que independe da adoção de procedimentos especiais para sua concretização, não sendo excluída a possibilidade de utilização de apoios especiais;
>
> II – colocação seletiva: processo de contratação regular, nos termos da legislação trabalhista e previdenciária, que depende da adoção de procedimentos e apoios especiais para sua concretização; e
>
> III – promoção do trabalho por conta própria: processo de fomento da ação de uma ou mais pessoas, mediante trabalho autônomo, cooperativado ou em regime de economia familiar, com vista à emancipação econômica e pessoal.

Alternativa "d". A alternativa traz o conceito de colocação competitiva no mercado de trabalho de pessoa com deficiência previsto no art. 35, I, do Decreto nº 3.298/1999. A colocação seletiva caracteriza-se pela necessidade de adoção de procedimentos e apoios especiais para a contratação da pessoa com deficiência (art. 35, II, do Decreto nº 3.298/1999).

Alternativa "e". "São modalidades de inserção laboral da pessoa portadora de deficiência: III – promoção do trabalho por conta própria: processo de fomento da ação de uma ou mais pessoas, mediante trabalho autônomo, cooperativado ou em regime de economia familiar, com vista à emancipação econômica e pessoal." (art. 35, III, do Decreto nº 3.298/1999). Ao contrário do que prevê a alternativa, é modalidade de inserção laboral a promoção do trabalho por conta própria.

Direitos da Pessoa com Deficiência

Paulo Henrique Boldrin

✦ DICAS

1. DICAS

Ordem das dicas: o material foi disposto conforme orientação prevista nos conteúdos programáticos dos editais para os concursos de Analista e Técnico do TRT. Contudo, diante da forte interação entre os assuntos, diversas leis e dispositivos são citados ao longo de vários tópicos. O Estatuto da Pessoa com Deficiência (Lei nº 13.146/2015) constitui o principal diploma legislativo acerca dos direitos da pessoa com deficiência e das normas de acessibilidade. Dessa forma, as remissões a essa lei são estendidas a quase todos os pontos da obra, sempre que pertinentes.

Questão terminológica: Cumpre ressaltar que a expressão "pessoa portadora de deficiência" está em desuso, sendo utilizado o termo mais adequado "pessoa com deficiência". Sempre que possível usaremos o termo adequado ao candidato, ainda que a legislação faça referência à pessoa portadora de deficiência.

2. INCLUSÃO, DIREITOS E GARANTIAS LEGAIS E CONSTITUCIONAIS DAS PESSOAS COM DEFICIÊNCIA

Competência constitucional acerca dos direitos das pessoas com deficiência: De acordo com o art. 23, II, da CF/88, é competência comum entre União, Estados, Distrito Federal e Municípios, cuidar da saúde, assistência pública, da proteção e das garantias da pessoa com deficiência. Além disso, União, Estados e Distrito Federal são concorrentemente competentes para legislar sobre a proteção e integração social das pessoas com deficiência (art. 24, XIV, CF/88).

Estatuto da Pessoa com Deficiência: Em julho de 2015, foi promulgada a **Lei nº 13.146/2015**, que instituiu a **Lei Brasileira de Inclusão da Pessoa com Deficiência – LBI**. Essa legislação também é denominada de **Estatuto da Pessoa com Deficiência** e constitui importante dispositivo normativo que regulamenta os direitos da pessoa com deficiência. A legislação é destinada a assegurar e a promover, em igualdade de condições, o exercício de direitos e liberdades fundamentais da pessoa com deficiência, a fim de garantir a inclusão social e a cidadania (art. 1º, Lei nº 13.146/2015). Ressalta-se que o Estatuto da Pessoa com Deficiência entrou em vigor apenas **180 dias** após a sua publicação (art. 127, Lei Brasileira de Inclusão). Tendo em vista que a lei foi publicada no dia 07 de julho de 2015, as regras previstas somente passaram a ser aplicadas em 03 de janeiro de 2016.

Convenção sobre os Direitos das Pessoas com Deficiência e seu protocolo facultativo: é o diploma normativo que influenciou fortemente o surgimento e o conteúdo das normas do Estatuto da Pessoa com Deficiência. Essa convenção foi o primeiro tratado internacional recepcionado com força de emenda constitucional.

A Convenção da ONU sobre os Direitos das Pessoas com Deficiência foi realizada em Nova York no ano de 2007 e assinada pelo Brasil em 30 de março de 2007. A assinatura do tratado não assegura sua vigência no plano interno e externo, pois o Estado ainda necessita ratificar a convenção.

Equivalente às emendas constitucionais: O ordenamento jurídico brasileiro exige a aprovação prévia pelo Congresso Nacional para que a convenção ou tratado internacional possam ser ratificados no plano externo. Ademais, o art. 5º, § 3º da CF/88 prevê que a convenção ou tratado internacional sobre direitos humanos que venha a ser aprovado, em cada casa do Congresso Nacional, em 2 turnos de votação por 3/5 dos votos de seus membros, será equivalente às emendas constitucionais. Dessa forma, a Convenção sobre os Direitos das Pessoas com Deficiência foi aprovada pelo Congresso Nacional **com "status" de emenda constitucional** por meio da promulgação do Decreto Legislativo nº 186/2008.

Depósito da ratificação e vigência no plano interno: Em 1º de agosto de 2008, o Governo brasileiro depositou o instrumento de ratificação da Convenção e de seu Protocolo Facultativo que passaram a obrigar o Brasil no plano externo em 31/08/2008. Por fim, em 25/08/2009, a Convenção e seu Protocolo facultativo foram promulgados pelo Decreto nº 6.949/2009 e passaram a ser exigidos com força de emenda constitucional no plano interno.

Princípios gerais da Convenção: A Convenção sobre os Direitos das Pessoas com Deficiência estabelece, em seu art. 3º, os princípios gerais que nortearam a elaboração do Estatuto da Pessoa com Deficiência e que devem ser memorizados pelo candidato ao concurso do TRT:

PRINCÍPIOS DA CONVENÇÃO SOBRE OS DIREITOS DAS PESSOAS COM DEFICIÊNCIA
a) O respeito pela dignidade, a autonomia individual, inclusive a liberdade de fazer as próprias escolhas, e a independência das pessoas;
b) A não discriminação;
c) A plena e efetiva participação e inclusão na sociedade;

d) O respeito pela diferença e pela aceitação das pessoas com deficiência como parte da diversidade humana e da humanidade;

e) A igualdade de oportunidades;

f) A acessibilidade;

g) A igualdade entre o homem e a mulher;

h) O respeito pelo desenvolvimento das capacidades das crianças com deficiência e pelo direito das crianças com deficiência de preservar sua identidade.

2.1. PESSOA COM DEFICIÊNCIA

Conceito: O Estatuto da Pessoa com Deficiência traz o conceito de pessoa com deficiência, que foi inspirado naquilo que prevê o art. 1º da Convenção sobre os Direitos das Pessoas com Deficiência. **Atenção! A memorização do conceito de pessoa com deficiência é essencial ao seu concurso:**

> **Art. 2º, Estatuto da Pessoa com Deficiência:** Considera-se pessoa com deficiência aquela que tem impedimento de longo prazo de natureza física, mental, intelectual ou sensorial, o qual, **em interação com uma ou mais barreiras**, pode obstruir sua participação plena e efetiva na sociedade em igualdade de condições com as demais pessoas (grifos acrescidos).
>
> **Art. 1º, Convenção sobre os Direitos das Pessoas com Deficiência:** O propósito da presente Convenção é promover, proteger e assegurar o exercício pleno e equitativo de todos os direitos humanos e liberdades fundamentais por todas as pessoas com deficiência e promover o respeito pela sua dignidade inerente.

Pessoas com deficiência são aquelas que têm impedimentos de longo prazo de natureza física, mental, intelectual ou sensorial, os quais, em interação com diversas barreiras, podem obstruir sua participação plena e efetiva na sociedade em igualdades de condições com as demais pessoas.

Observe que o conceito trazido pela legislação ressalta que a deficiência não necessariamente decorre de doença enfrentada pela pessoa e que deverão ser consideradas pessoas com deficiência aqueles que apresentam impedimento intelectual. Portanto, além da deficiência física, é necessário o reconhecimento da **deficiência de ordem psicológica**, que merece atenção especial do Estado[1].

Além disso, o conceito esclarece que não é o próprio impedimento da pessoa com deficiência que obstrui a participação efetiva na sociedade, mas sua **interação com barreiras**. Portanto, a eliminação de barreiras à pessoa com deficiência, especialmente ao se assegurar a acessibilidade e a utilização de tecnologias assistivas, é uma das formas de garantir a plena participação na sociedade em igualdade de condições com as demais pessoas.

Para facilitar a memorização do assunto, segue quadro acerca do conceito de pessoa com deficiência, que, repito, é extremamente importante para seu concurso:

CONCEITO DE PESSOA COM DEFICIÊNCIA
– Pessoa com deficiência é aquela que: a) tem **impedimento de longo prazo**; b) O impedimento pode ser decorrente de **natureza física, mental, intelectual ou sensorial**; c) Esse impedimento, em **interação com um ou mais barreiras**, pode **obstruir a participação plena e efetiva na sociedade em igualdade de condições** com as demais pessoas.

Avaliação da deficiência: A avaliação da deficiência, quando for necessária, será **biopsicossocial**, realizada por equipe multiprofissional e interdisciplinar (art. 2º, § 1º, Estatuto da Pessoa com Deficiência). A avaliação biopsicossocial é aquela que considera os aspectos sociais da pessoa com deficiência além de dados médicos que demonstrem sua incapacidade. Há superação do modelo apenas biológico de análise para acrescentar fatores como nível de escolaridade, profissão, composição familiar, etc.[2]. Ademais, destaca-se:

AVALIAÇÃO BIOPSICOSSOCIAL DA DEFICIÊNCIA
A avaliação deve se atentar para: – impedimentos nas funções e estruturas do corpo; – fatores socioambientais, psicológicos e pessoais; – limitação no desempenho de atividades; – restrição de participação.

Instrumentos de avaliação da deficiência: devem ser criados pelo Poder Executivo. O Decreto 11.063/2022 estabeleceu os critérios e os requisitos para a avaliação de pessoas com deficiência ou pessoas com transtorno do espectro autista para fins de concessão de isenção do IPI na aquisição de automóveis.

Exame médico-pericial da avaliação biopsicossocial: Conforme inclusão da Lei nº 14.724/2023, o exame poderá ser realizado com o uso de tecnologia de telemedicina ou por análise documental conforme situações e requisitos definidos em regulamento.

1 FARIAS, Cristiano Chaves de.; CUNHA, Rogério Sanches; PINTO, Ronaldo Batista. *Estatuto da Pessoa com Deficiência comentado artigo por artigo*. Salvador: Juspodivm, 2016. p. 24.

2 FARIAS, Cristiano Chaves de.; CUNHA, Rogério Sanches; PINTO, Ronaldo Batista. *Estatuto da Pessoa com Deficiência comentado artigo por artigo*. Salvador: Juspodivm, 2016. p. 25.

Símbolo nacional de identificação de pessoas com deficiências ocultas: corresponde ao cordão de fita com desenhos de girassóis, sendo seu uso opcional, e sua ausência não prejudica o exercício de direitos e garantias previstos em lei.

> **ATENÇÃO!**
>
> A utilização do símbolo não dispensa a apresentação de documento comprobatório da deficiência, caso seja solicitado pelo atendente ou pela autoridade competente.

2.2. CONCEITOS DO ESTATUTO DA PESSOA COM DEFICIÊNCIA

> **ATENÇÃO!**
>
> Não é comum que os diplomas legislativos tragam as definições legais para os termos utilizados, muitas vezes deixando o trabalho de interpretação das palavras e expressões para a doutrina e jurisprudência. Contudo, o Estatuto da Pessoa com Deficiência traz diversos conceitos que serão utilizados por TODA a lei, que assumem, juntamente com o conceito de pessoa com deficiência, especial relevância para seus estudos. Para facilitar a compreensão dos conceitos legais, segue quadro sistematizado do art. 3º da Lei Brasileira de Inclusão com grifos acrescidos que facilitam a memorização:

CONCEITOS UTILIZADOS NO ESTATUTO DA PESSOA COM DEFICIÊNCIA

Palavra ou expressão	Conceito legal
Acessibilidade	**Possibilidade e condição de alcance para utilização, com segurança e autonomia, de espaços, mobiliários, equipamentos urbanos, edificações, transportes, informação e comunicação**, inclusive seus sistemas e tecnologias, bem como de outros serviços e instalações abertos ao público, de uso público ou privados de uso coletivo, tanto na zona urbana como na rural, **por pessoa com deficiência ou com mobilidade reduzida**. (art. 3º, I, Estatuto da Pessoa com Deficiência)
Desenho universal	Concepção de produtos, ambientes, programas e serviços a serem usados por todas as pessoas, **sem necessidade de adaptação ou de projeto específico, incluindo os recursos de tecnologia assistiva.** (art. 3º, II, Estatuto da Pessoa com Deficiência)
Tecnologia assistiva ou ajuda técnica	Produtos, equipamentos, dispositivos, recursos, metodologias, estratégias, práticas e serviços que objetivem **promover a funcionalidade, relacionada à atividade e à participação** da pessoa com deficiência ou com mobilidade reduzida, visando **à sua autonomia, independência, qualidade de vida e inclusão social.** (art. 3º, III, Estatuto da Pessoa com Deficiência)

CONCEITOS UTILIZADOS NO ESTATUTO DA PESSOA COM DEFICIÊNCIA

Palavra ou expressão	Conceito legal
Barreiras	Qualquer **entrave, obstáculo, atitude ou comportamento que limite ou impeça a participação social da pessoa**, bem como o gozo, a fruição **e o exercício de seus direitos à acessibilidade, à liberdade de movimento e de expressão, à comunicação, ao acesso à informação, à compreensão, à circulação com segurança,** entre outros, classificadas em: **a) barreiras urbanísticas:** as existentes nas vias e nos **espaços públicos** e privados **abertos ao público** ou de uso coletivo; **b) barreiras arquitetônicas:** as existentes nos **edifícios** públicos e privados; **c) barreiras nos transportes:** as existentes nos sistemas e **meios de transportes;** **d) barreiras nas comunicações e na informação:** qualquer entrave, obstáculo, atitude ou comportamento que **dificulte ou impossibilite a expressão ou o recebimento de mensagens e de informações** por intermédio de sistemas de comunicação e de tecnologia da informação; **e) barreiras atitudinais: atitudes ou comportamentos que impeçam ou prejudiquem a participação social** da pessoa com deficiência em igualdade de condições e oportunidades com as demais pessoas; **f) barreiras tecnológicas:** as que **dificultam ou impedem o acesso** da pessoa com deficiência **às tecnologias**; (art. 3º, IV, Estatuto da Pessoa com Deficiência)

CONCEITOS UTILIZADOS NO ESTATUTO DA PESSOA COM DEFICIÊNCIA	
Palavra ou expressão	**Conceito legal**
Comunicação	Forma de interação dos cidadãos que abrange, entre outras opções, as línguas, inclusive a Língua Brasileira de Sinais (Libras), a visualização de textos, o Braille, o sistema de sinalização ou de comunicação tátil, os caracteres ampliados, os dispositivos multimídia, assim como a linguagem simples, escrita e oral, os sistemas auditivos e os meios de voz digitalizados e os modos, meios e formatos aumentativos e alternativos de comunicação, incluindo as tecnologias da informação e das comunicações. (art. 3º, V, Estatuto da Pessoa com Deficiência)
Adaptações razoáveis	**Adaptações, modificações e ajustes necessários e adequados que não acarretem ônus desproporcional e indevido**, quando requeridos em cada caso, a fim de assegurar que a pessoa com deficiência possa **gozar ou exercer, em igualdade de condições e oportunidades com as demais pessoas, todos os direitos e liberdades fundamentais.** (art. 3º, VI, Estatuto da Pessoa com Deficiência)
Elemento de urbanização	Quaisquer componentes de **obras de urbanização**, tais como os referentes a pavimentação, saneamento, encanamento para esgotos, distribuição de energia elétrica e de gás, iluminação pública, serviços de comunicação, abastecimento e distribuição de água, paisagismo e os que materializam as indicações do planejamento urbanístico; (art. 3º, VII, Estatuto da Pessoa com Deficiência)
Mobiliário urbano	**Conjunto de objetos existentes nas vias e nos espaços públicos, superpostos ou adicionados aos elementos de urbanização ou de edificação**, de forma que sua modificação ou seu traslado não provoque alterações substanciais nesses elementos, tais como semáforos, postes de sinalização e similares, terminais e pontos de acesso coletivo às telecomunicações, fontes de água, lixeiras, toldos, marquises, bancos, quiosques e quaisquer outros de natureza análoga. (art. 3º, VIII, Estatuto da Pessoa com Deficiência)
Pessoa com mobilidade reduzida	Aquela que tenha, por qualquer motivo, **dificuldade de movimentação, permanente ou temporária**, gerando redução efetiva da mobilidade, da flexibilidade, da coordenação motora ou da percepção, incluindo pessoa idosa, gestante, lactante, pessoa com criança de colo e obeso. (art. 3º, IX, Estatuto da Pessoa com Deficiência)
Residências inclusivas	**Unidades de oferta do Serviço de Acolhimento do Sistema Único de Assistência Social (Suas)** localizadas em áreas residenciais da comunidade, com estruturas adequadas, que possam contar com apoio psicossocial para o atendimento das necessidades da pessoa acolhida, **destinadas a jovens e adultos com deficiência, em situação de dependência, que não dispõem de condições de autossustentabilidade e com vínculos familiares fragilizados ou rompidos**. (art. 3º, X, Estatuto da Pessoa com Deficiência)
Moradia para a vida independente da pessoa com deficiência	Moradia com estruturas adequadas capazes de proporcionar serviços de apoio coletivos e individualizados que respeitem e ampliem o grau de autonomia de jovens e adultos com deficiência. (art. 3º, XI, Estatuto da Pessoa com Deficiência)
Atendente pessoal	Pessoa, membro ou não da família, que, com ou sem remuneração, assiste ou **presta cuidados básicos e essenciais à pessoa com deficiência no exercício de suas atividades diárias**, excluídas as técnicas ou os procedimentos identificados com profissões legalmente estabelecidas. (art. 3º, XII, Estatuto da Pessoa com Deficiência)
Profissional de apoio escolar	Pessoa que exerce atividades de alimentação, higiene e locomoção do estudante com deficiência e atua em todas as atividades escolares nas quais se fizer necessária, em todos os níveis e modalidades de ensino, em instituições públicas e privadas, excluídas as técnicas ou os procedimentos identificados com profissões legalmente estabelecidas. (art. 3º, XIII, Estatuto da Pessoa com Deficiência)
Acompanhante	Aquele que acompanha a pessoa com deficiência, podendo ou não desempenhar as funções de atendente pessoal. (art. 3º, XIV, Estatuto da Pessoa com Deficiência)

2.3. DIREITO À IGUALDADE E À NÃO DISCRIMINAÇÃO

Dentre os princípios basilares do Estatuto da Pessoa com Deficiência, encontram-se o respeito **à igualdade de oportunidades** com as demais pessoas e na **não discriminação** (art. 4º, Estatuto da Pessoa com Deficiência).

Discriminação em razão da deficiência: Toda forma de distinção, restrição ou exclusão que prejudique, impeça ou anule o reconhecimento ou exercício de direitos e liberdades fundamentais da pessoa com deficiência é considerada pela Lei Brasileira de Inclusão como discriminação em razão da deficiência. **Atenção!** Tendo em vista que o Estatuto da Pessoa com Deficiência foi pautado pelo princípio da não discriminação, é fundamental a memorização do conceito de discriminação trazido pela legislação:

> **Art. 4º, § 1º, Lei nº 13.146/2015:** Considera-se discriminação em razão da deficiência toda forma de distinção, restrição ou exclusão, por ação ou omissão, que tenha o propósito ou o efeito de prejudicar, impedir ou anular o reconhecimento ou o exercício dos direitos e das liberdades fundamentais de pessoa com deficiência, incluindo a recusa de adaptações razoáveis e de fornecimento de tecnologias assistivas.

Ações afirmativas: são políticas públicas promovidas pelo Estado ou pela sociedade civil com a finalidade de compensar situações historicamente desiguais e tem como fundamento proporcionar a igualdade de oportunidades entre as pessoas. Nesse sentido, tendo em vista a adoção pelo Estatuto da Pessoa com Deficiência da necessidade de respeito à igualdade de oportunidades, é possível a implementação de ações afirmativas às pessoas com deficiência. Essa igualdade somente é alcançada se proporcionado tratamento jurídico diferenciado às pessoas com deficiência ao assegurar acesso ao mercado de trabalho por exemplo. Contudo, é importante destacar que a lei é expressa ao determinar que a pessoa com deficiência não está obrigada a fruir de benefícios de ação afirmativa (art. 4º, § 2º, LBI). Sobre o assunto, é importante destacar algumas das principais ações afirmativas presentes na legislação nacional:

a) **Relação de emprego:** As empresas com 100 empregados ou mais deverão manter de 2% a 5% de seus cargos com pessoas com deficiência ou empregados reabilitados ao trabalho.

b) **Relação de estágio:** Como formar de integração ao mercado de trabalho, a lei assegura percentual de 10% das vagas de estágio oferecidas a pessoas com deficiência.

c) **Concurso público:** O art. 1º, § 1º do Decreto nº 9.508/2018, editado em 24 de setembro de 2018, estabelece a necessidade de se assegurar percentual mínimo de 5% das vagas oferecidas para o provimento de cargos efetivos e para a contratação por tempo determinado para atender necessidade temporária de excepcional interesse público, no âmbito da administração pública federal direta e indireta, às pessoas com deficiência. Destaca-se que esse Decreto revogou os art. 37 a 43 do Decreto nº 3.298/1999, que disciplinavam o assunto. **Atenção!** Tendo em vista a alteração recente desse dispositivo, é possível sua cobrança nos concursos que abordam Noções sobre Direitos das Pessoas com Deficiência.

Dever de proteção da pessoa com deficiência: É necessária a garantia de proteção da pessoa com deficiência, em especial para aquelas consideradas especialmente vulneráveis: a **criança**, o **adolescente**, a **mulher** e a **pessoa idosa**, com deficiência. Ressalta-se que a legislação estabelece as formas de proteção que necessitam as pessoas com deficiência (art. 5º, Lei Brasileira de Inclusão da Pessoa com Deficiência):

PROTEÇÃO DA PESSOA COM DEFICIÊNCIA
– Deve haver proteção contra toda forma de: a) negligência; b) discriminação; c) exploração; d) violência; e) tortura; f) crueldade; g) opressão; e h) tratamento desumano ou degradante.

É dever de **TODOS** a comunicação à autoridade competente quando verificada qualquer forma de ameaça ou de violação aos direitos da pessoa com deficiência (art. 7º, Estatuto da Pessoa com Deficiência).

Deveres do Estado, sociedade e família: Além do dever de comunicação em relação a qualquer forma de ameaça ou violação aos direitos de pessoa com deficiência, a Lei Brasileira de Inclusão estabelece **rol exemplificativo** de direitos das pessoas com deficiência que toda a sociedade, o Estado e também a família devem efetivar com prioridade (art.8º). Ressalta-se que esse rol é complementado pelos demais direitos assegurados na Constituição Federal, na Convenção sobre os Direitos das Pessoas com Deficiências e seu Protocolo Facultativo bem como demais normas que assegurem o **bem-estar pessoal, social e econômico à** pessoa com deficiência:

> **Art. 8º, Lei nº 13.146/2015:** É dever do Estado, da sociedade e da família assegurar à pessoa com deficiência, com prioridade, a efetivação dos direitos referentes à vida,

à saúde, à sexualidade, à paternidade e à maternidade, à alimentação, à habitação, à educação, à profissionalização, ao trabalho, à previdência social, à habilitação e à reabilitação, ao transporte, à acessibilidade, à cultura, ao desporto, ao turismo, ao lazer, à informação, à comunicação, aos avanços científicos e tecnológicos, à dignidade, ao respeito, à liberdade, à convivência familiar e comunitária, **entre outros decorrentes da Constituição Federal, da Convenção sobre os Direitos das Pessoas com Deficiência e seu Protocolo Facultativo e das leis e de outras normas que garantam seu bem-estar pessoal, social e econômico.** (grifos acrescidos)

Atribuição do Ministério Público: Os juízes e tribunais têm a obrigação de remeter as peças ao Ministério Público quando tomarem conhecimento de fatos que caracterizem violações ao Estatuto da Pessoa com Deficiência (art. 7º, parágrafo único, Lei nº 13.146/2015). Nesse sentido, o próprio Estatuto estabelece como atribuição do Ministério Público zelar pela correta aplicação de seus dispositivos normativos e, portanto, assegurar o cumprimento dos direitos e garantias das pessoas com deficiência.

Atribuição da Defensoria Pública (art. 3º, Lei nº 7.853/1989): A Defensoria Pública passou a ser legitimada para tutelar os interesses coletivos, difusos, individuais homogêneos e individuais indisponíveis da pessoa com deficiência. Além da Defensoria Pública, a Lei nº 7.853/1989 já previa a legitimidade dos seguintes entes:

LEGITIMADOS
– São legitimados para propor medidas judiciais destinadas à proteção de interesses coletivos, difusos, individuais homogêneos e individuais indisponíveis da pessoa com deficiência: a) Ministério Público; b) Defensoria Pública; c) União; d) Estados; e) Municípios; f) Distrito Federal; g) Autarquia, fundação, empresa pública e sociedade de economia mista que tenham entre suas finalidades institucionais, a proteção dos interesses e a promoção de direitos da pessoa com deficiência; e h) Associação constituída há mais de 1 ano, que tenha entre suas finalidades institucionais, a proteção dos interesses e a promoção de direitos da pessoa com deficiência.

Como forma de sistematizar o assunto abordado nesse tópico, segue quadro de resumo para ser lido e memorizado antes de sua prova:

DIREITO À IGUALDADE E À NÃO DISCRIMINAÇÃO
– **Princípios basilares do Estatuto da Pessoa com deficiência:** igualdade de oportunidades e não discriminação – **Discriminação em razão da deficiência:** Toda forma de distinção, restrição ou exclusão que prejudique, impeça ou anule o reconhecimento ou exercício de direitos e liberdades fundamentais da pessoa com deficiência. – **Ações afirmativas:** políticas públicas cuja finalidade é compensar situações historicamente desiguais e tem como fundamento proporcionar a igualdade de oportunidades entre as pessoas. Pessoa com deficiência não está obrigada a fruir de benefícios de ação afirmativa. – **Dever de proteção:** garantia de proteção à pessoa com deficiência, em especial para aqueles que são considerados vulneráveis: a) criança b) adolescente c) mulher d) pessoa idosa – **Deveres do Estado, sociedade e família**: • Dever de comunicação de ameaça ou violação de direitos da pessoa com deficiência; • Dever de efetivação, com prioridade, dos direitos das pessoas com deficiência. Lei traz rol exemplificativo que pode ser complementado por: a) direitos previstos na CF/88; b) direitos previstos na Convenção sobre os Direitos das Pessoas com Deficiência e Protocolo Facultativo; c) demais normas que assegurem bem-estar pessoal, social e econômico à pessoa com deficiência. – **Atribuição do Ministério Público:** Juízes e tribunais devem remeter ao Ministério Público as peças quando tiverem conhecimento de violações ao Estatuto da Pessoa com Deficiência para que sejam tomadas providências.

2.4. DIREITO À VIDA

Dignidade da pessoa com deficiência: é dever do poder público assegurar o respeito à dignidade da pessoa com deficiência ao longo de toda sua vida. Lembre-se de que o respeito à dignidade da pessoa humana é fundamento da República Federativa do Brasil (art. 1º, III, CF/88) e deve ser observado em maior intensidade em relação à pessoa com deficiência em razão de sua vulnerabilidade. Em situações de risco, **emergência ou estado de calamidade pública**, a pessoa com deficiência é considerada vulnerável e o poder público deve adotar medidas para sua proteção e segurança (art. 10, Lei nº 13.146/2015). Como já visto, é assegurado atendimento prioritário às pessoas com deficiência na proteção e socorro em quaisquer circunstâncias (art. 9º, I, Estatuto da Pessoa com Deficiência).

Liberdade de escolha de tratamento e intervenções: para facilitar a memorização do assunto, segue quadro resumo sobre a liberdade de escolha da pessoa com deficiência a se submeter a tratamentos, intervenções e institucionalização (art. 11, Estatuto da Pessoa com Deficiência):

A pessoa com deficiência **NÃO** pode ser **obrigada** a se submeter a: • Intervenção clínica ou cirúrgica; • Tratamento; e • Institucionalização forçada. **Exceção:** Se a pessoa estiver em situação de curatela, é possível que o consentimento para o tratamento, intervenção ou institucionalização seja suprido judicialmente.

Consentimento livre e esclarecido: Qualquer procedimento, tratamento, hospitalização e pesquisa científica exige o consentimento **prévio, livre e esclarecido** da pessoa com deficiência (art. 12, Lei nº 13.146/2015). Lembre-se de que o consentimento livre e esclarecido compreende não apenas a transmissão das informações referentes aos procedimentos que serão adotados, mas também o conhecimento de todos os riscos envolvidos com o procedimento, tratamento, hospitalização ou pesquisa científica. Mesmo na hipótese de pessoa em situação de curatela, é imprescindível a sua participação, **no maior grau possível**, para a obtenção do consentimento. Essa medida assegura o respeito à vida e à dignidade da pessoa com deficiência que não será submetido a procedimentos contrários à sua vontade ou conhecimento.

Atendimento sem consentimento: o atendimento sem o consentimento prévio, livre e esclarecido de pessoa com deficiência somente é possível em casos de risco de morte e de emergência de saúde, desde que sejam resguardados seus interesses e adotadas todas as salvaguardas legais cabíveis (art. 13, Lei nº 13.146/2015).

Pesquisa científica de pessoa com deficiência em situação de curatela: deve ser realizada apenas em **caráter excepcional** quando preenchidos dois requisitos exigidos pelo art. 12, § 2º do Estatuto da Pessoa com Deficiência:

a) Benefício direto para sua saúde ou para outras pessoas com deficiência; e

b) Não exista outra opção de pesquisa de eficácia similar com participantes que não sejam tutelados ou curatelados.

Como forma de sistematizar o assunto abordado nesse tópico, segue quadro de resumo para ser lido e memorizado antes de sua prova:

DIREITO À VIDA
– **Dever do poder público:** Respeito à dignidade da pessoa com deficiência – **Risco, emergência ou estado de calamidade pública:** pessoas com deficiência são consideradas vulneráveis (medidas de proteção e segurança). – A pessoa com deficiência não pode ser **obrigada** a se submeter a tratamentos, intervenções e institucionalização forçada. **Exceção:** Curatela. – **Consentimento prévio, livre e esclarecido:** necessário para qualquer procedimento, tratamento, hospitalização e pesquisa científica. – **Atendimento sem consentimento:** risco de morte e emergência de saúde – **Pesquisa científica de pessoa com deficiência em situação de curatela:** excepcional desde que atende aos requisitos: a) benefício direto para a saúde da pessoa ou para outras pessoas com deficiência; b) Não exista outra opção de pesquisa em pessoas não tuteladas ou curateladas.

2.5. DIREITO À HABILITAÇÃO E À REABILITAÇÃO

Direito à habilitação e à reabilitação: De acordo com o art. 203, IV, Constituição Federal, é objetivo da Assistência Social assegurar a habilitação e reabilitação das Pessoas com Deficiência e a promoção de sua integração à vida comunitária. Trata-se de um direito da pessoa com deficiência que se baseia em avaliação multidisciplinar das necessidades, habilidades e potencialidade de cada pessoa (art. 14 e 15, "caput", Lei nº 13.146/2015). A habilitação corresponde ao processo que assegura a aquisição de habilidade e aptidões à pessoa que nunca as teve. Por sua vez, a reabilitação é o processo de recuperação de habilidades e aptidões à pessoa que as perdeu em razão de alguma doença ou acidente. De acordo com o art. 17 do Decreto nº 3.298/1999, a reabilitação é o processo de duração limitada e com o objetivo definido destinado a permitir que a pessoa com deficiência alcance o nível físico, mental ou social funcional ótimo, proporcionando meio de modificar sua vida. Toda pessoa que tenha redução funcional tem direito ao processo de reabilitação necessários para corrigir ou modificar seu estado.

Objetivo do processo de habilitação e da reabilitação: desenvolver as potencialidades, talentos, habilidades e aptidões que contribuam para o alcance da **autonomia da pessoa com deficiência** e de sua **participação social em igualdade de condições e oportunidades** com as demais pessoas. Note-se, novamente, o destaque da lei à necessidade de se assegurar o direito à igualdade de oportunidades à pessoa com deficiência. Confira o texto do art. 14, parágrafo único, do Estatuto da Pessoa com Deficiência:

> **Art. 14, parágrafo único, Lei nº 13.146/2015:** O processo de habilitação e de reabilitação tem por objetivo o desenvolvimento de potencialidades, talentos, habilidades e aptidões físicas, cognitivas, sensoriais, psicossociais, atitudinais, profissionais e artísticas que contribuam para a conquista da autonomia da pessoa com deficiência e de sua participação social em igualdade de condições e oportunidades com as demais pessoas.

Diretrizes do processo de habilitação e de reabilitação: O Estatuto da Pessoa com deficiência traça as diretrizes que devem ser observadas durante o processo de avaliação da pessoa com deficiência:

DIRETRIZES DO PROCESSO DE HABILITAÇÃO E REABILITAÇÃO
– **Diagnóstico e intervenção precoces**; – Medidas para **compensar perda ou limitação funcional** com a busca pelo desenvolvimento de aptidões; – Atuação permanente, integrada e articulada de políticas públicas para **plena participação social** da pessoa com deficiência; – **Oferta de rede de serviços articulados**, com atuação intersetorial, nos diferentes níveis de complexidade, para atender necessidades da pessoa com deficiência; e – Prestação de **serviços próxima ao domicílio da pessoa com deficiência**, inclusive na zona rural, respeitadas a organização das Redes de Atenção **à** Saúde (RAS) nos territórios locais e as normas do SUS.

Garantias à pessoa com deficiência nos programas e serviços de habilitação e de reabilitação: Além de traçar as diretrizes que informam a habilitação e a reabilitação, a Lei Brasileira de Inclusão traz as garantias conferidas às pessoas com deficiência nesses programas e serviços (art. 16):

GARANTIAS NA HABILITAÇÃO E REABILITAÇÃO
– Organização, serviços, métodos, técnica e recursos devem atender às características de cada pessoa com deficiência. Evita-se, portanto, a utilização de serviços, métodos e técnicas genéricas; – Acessibilidade em todos os ambientes e serviços; – Tecnologia assistiva, de reabilitação, materiais e equipamentos adequados e apoio técnico profissional, de acordo com as especificidades de cada pessoa com deficiência; – Capacitação continuada de todos os profissionais que participem dos programas e serviços.

Tratamento e orientação psicológica: serão prestados durante todas as fases do processo de reabilitação destinados a contribuir para que a pessoa com deficiência atinja o mais pleno desenvolvimento de sua personalidade. Se necessária, será proporcionada assistência em saúde mental durante o processo de reabilitação com a finalidade de permitir que a pessoa submetida a esta prestação desenvolva o máximo de suas capacidades (art. 21 e 22, Decreto nº 3.298/1999).

Dever de informação: É dever dos Sistema Único de Saúde (SUS) e Sistema Único de Assistência Social (Suas) proporcionar à pessoa com deficiência e sua família o acesso a informações, orientações e formas de acesso às políticas públicas com a finalidade de assegurar a plena participação social. A legislação lista as principais áreas de informações e orientações que podem ser fornecidas às pessoas com deficiência pelo SUS e Suas, mas permite a transmissão de outras informações que possibilitem o exercício de sua cidadania:

> **Art. 17, parágrafo único, Lei nº 13.146/2015:** Os serviços de que trata o caput deste artigo podem fornecer informações e orientações nas áreas de saúde, de educação, de cultura, de esporte, de lazer, de transporte, de previdência social, de assistência social, de habitação, de trabalho, de empreendedorismo, de acesso ao crédito, de promoção, proteção e defesa de direitos e nas demais áreas que possibilitem à pessoa com deficiência exercer sua cidadania.

2.6. DIREITO À SAÚDE

Atendimento universal e gratuito: A pessoa com deficiência tem direito à atenção integral à saúde por meio do Sistema Único de Saúde – SUS com a garantia do acesso universal e igualitário. Ressalta-se que o direito à saúde gratuita, universal e igualitária é direito assegurado a todas as pessoas conforme previsto no art. 196 da Constituição Federal. Nesse sentido, a Lei Brasileira de Inclusão tem a função de reforçar essa garantia constitucional às pessoas com deficiência:

> **Art. 196, CF/88:** A saúde é direito de todos e dever do Estado, garantido me-

diante políticas sociais e econômicas que visem à redução do risco de doença e de outros agravos e ao acesso universal e igualitário às ações e serviços para sua promoção, proteção e recuperação.

Políticas públicas de saúde: A pessoa com deficiência tem assegurada sua participação na elaboração das políticas públicas de saúde a elas destinadas (art. 18, § 1º, LBI). Essa medida contribui para o aumento da efetividade das políticas públicas voltadas às pessoas com deficiência, pois é possível a apresentação dos reais problemas enfrentados por essas pessoas no âmbito da saúde pública.

Capacitação profissional: os profissionais que prestam assistência à pessoa com deficiência devem ter asseguradas a capacitação inicial e continuada, especialmente em serviços de habilitação e de reabilitação (art. 18, § 3º, Estatuto da Pessoa com Deficiência). Ademais, o atendimento deve seguir as normas éticas e técnicas que regulamentam a atuação dos profissionais da saúde relacionadas aos direitos das pessoas com deficiência.

Ações e serviços de saúde pública: O Estatuto da Pessoa com Deficiência estabelece as medidas que devem ser asseguradas pelas ações e serviços de saúde pública voltados à pessoa com deficiência (art. 18, § 4º). As instituições privadas que participam de forma complementar do SUS ou que recebem recursos públicos para sua manutenção têm o dever de seguir as diretrizes traçadas às ações e serviços de saúde pública:

AÇÕES E SERVIÇOS DE SAÚDE PÚBLICA
– **Diagnóstico e intervenção precoces**;
– **Serviços de habilitação e de reabilitação** sempre que necessários para a manutenção da melhor condição de saúde e qualidade de vida;
– **Atendimento domiciliar multidisciplinar**, tratamento ambulatorial e internação;
– Campanhas de **vacinação**;
– **Atendimento psicológico** para as pessoas com deficiência e seus familiares e atendentes pessoais;
– Respeito **à identidade de gênero** e **à orientação sexual** da pessoa com deficiência;
– **Atenção sexual e reprodutiva** com o direito **à** fertilização assistida;
– **Informação adequada e acessível** sobre sua condição de saúde. Nesse sentido, o dispositivo coaduna-se com a exigência de consentimento prévio, livre e esclarecido para quaisquer tratamentos e intervenções que a pessoa com deficiência possa se submeter;
– Serviços para **prevenção na ocorrência e desenvolvimento de deficiências** e agravos adicionais;
– **Capacitação permanente** das equipes que atuam no SUS para atendimento à pessoa com deficiência e orientação para seus atendentes pessoais;
– **Oferta de órteses, próteses**, meios auxiliares de locomoção, medicamentos, insumos e fórmulas nutricionais. Ressalta-se que o Estatuto da Pessoa com Deficiência incluiu nova hipótese de saque do FGTS para possibilitar a aquisição de **órteses** e próteses para pessoas com deficiência (art. 20, XVIII, Lei nº 8.036/1990 – Lei do FGTS). Nesse mesmo sentido, prevê o art. 18 do Decreto nº 3.298/1999.

Prevenção de deficiências por causas evitáveis: O Estatuto da Pessoa com Deficiência prevê como atribuição do SUS o desenvolvimento de ações destinadas à prevenção de deficiências por causas evitáveis e traça algumas formas de se efetuar essa atuação preventiva (art. 19):

a) **Acompanhamento da gravidez, do parto e do puerpério com garantia de parto humanizado e seguro.** É válido destacar que o parto humanizado deve ser estimulado não somente às pessoas com deficiência, mas em todo o sistema de saúde. O parto humanizado, em geral, é entendido como aquele realizado com a menor quantidade de intervenções médicas e farmacológicas possível, o qual respeita o tempo físico e psíquico de cada mulher para parir, ocorrido em um lugar respeitoso e aconchegante e com o consentimento informado para todos os procedimentos que possam ser realizados, sempre com observância da medicina baseada em evidências e com o respeito à autonomia da mulher[3];

b) **Promoção de práticas alimentares saudáveis e adequadas, vigilância alimentar e nutricional, prevenção e cuidado integral dos agravos causados pela alimentação da nutrição da mulher e da criança.** O desenvolvimento de práticas de alimentação saudáveis é fundamental para a prevenção no desenvolvimento de diversas doenças que podem levar ao surgimento de deficiências. Nesse sentido, a legislação assegura destaque à nutrição da mulher e da criança, uma vez que são consideradas especialmente vulneráveis (art. 5º, parágrafo único, Lei nº 13.146/2015);

c) **Aprimoramento e expansão dos programas de imunização e de triagem neonatal.** Nesse sentido, ganham especiais destaques a necessidade de estímulo às campanhas de vacinação e também a realização do "teste do pezinho" (triagem neonatal) que é capaz de identificar diversas doenças e problemas congênitos e permite o tratamento precoce; e

3 CARNEIRO, Rosamaria Giatti. *Cenas de parto e políticas do corpo: uma etnografia de práticas femininas de parto humanizado.* Tese (Doutorado em Ciências Sociais), Universidade Estadual de Campinas, Campinas, 2011.

d) **Identificação e controle da gestação de alto risco;**

e) **aprimoramento do atendimento neonatal, com a oferta de ações e serviços de prevenção de danos cerebrais e sequelas neurológicas em recém-nascidos, inclusive por telessaúde. Essa hipótese foi incluída pela Lei nº 14.510, de 2022.**

Operadoras de planos e seguros privados: devem garantir à pessoa com deficiência, no mínimo, todos os serviços e produtos ofertados aos demais clientes (art. 20, Lei nº 13.146/2015). Além disso, como foram de se evitar a discriminação contra a pessoa com deficiência, é vedada a cobrança de valores diferenciados por planos e seguros privados de saúde em razão da sua condição (art. 23, Lei nº 13.146/2015).

Atendimento domiciliar: Como vimos no quadro de ações e serviços de saúde pública, a pessoa com deficiência tem assegurado o tratamento domiciliar multidisciplinar. Contudo, se forem esgotados os meios de atenção à saúde da pessoa com deficiência no local de residência, será prestado atendimento fora de domicílio desde que garantidos o transporte e a acomodação da pessoa e de seu acompanhante.

A Lei nº 14.364/2022 acresceu o parágrafo único ao art. 1º da Lei 10.048/2000 para prever que os acompanhantes ou atendentes pessoais com direito ao atendimento prioritário serão atendidos junta e acessoriamente aos titulares da prioridade de que trata a Lei.

Direito a acompanhante ou atendente pessoal: A pessoa com deficiência tem assegurado o direito a acompanhante e atendente pessoal quando estiver internada ou em observação, devendo a instituição de saúde proporcionar condições adequadas para a sua permanência em tempo integral. Se não for possível a permanência, é necessário que o profissional de saúde responsável pelo tratamento justifique as razões dessa impossibilidade por escrito. Trata-se de um importante instrumento que coíbe práticas abusivas e arbitrárias que impedem o acompanhamento das pessoas com deficiência. No caso de impossibilidade, o órgão ou instituição de saúde deve adotar as providências cabíveis para suprir a ausência do acompanhante ou atendente pessoal.

CONCEITOS DE ACOMPANHANTE E ATENDENTE PESSOAL
Lembre-se de que o Estatuto da Pessoa com Deficiência traz a definição de acompanhante e atendente pessoal: – **Atendente pessoal** (art. 3º, XII)**:** pessoa, membro ou não da família, que, com ou sem remuneração, assiste ou presta cuidados básicos e essenciais à pessoa com deficiência no exercício de suas atividades diárias, excluídas as técnicas ou procedimentos relacionados às profissões legalmente estabelecidas; – **Acompanhante** (art. 3º, XIV)**:** aquele que acompanha a pessoa com deficiência, podendo ou não desempenhar as funções de atendente pessoal.

Acesso a recursos de tecnologia assistiva: é assegurado à pessoa com deficiência o acesso aos serviços de saúde, públicos e privados, e às informações recebidas por meio de recursos de tecnologia assistivas e de toda forma de comunicação, como o uso da Libras, Braille, sistema de sinalização ou de comunicação tátil, etc. (art. 24, Lei Brasileira de Inclusão).

Remoção de barreiras: os espaços dos serviços públicos e privados de saúde devem garantir o acesso da pessoa com deficiência mediante a remoção de barreiras, por meio de projetos arquitetônicos, de ambientação interior e de comunicação que atendam às pessoas com deficiência física, sensorial, intelectual e mental (art. 25, Estatuto da Pessoa com Deficiência).

Violência contra pessoa com deficiência: é considerada qualquer ação ou omissão, praticada em local público ou privado, que cause à pessoa com deficiência morte ou dano ou sofrimento físico ou psicológico. Qualquer suspeita ou confirmação de violência contra pessoa com deficiência deve ser objeto de **notificação compulsória** pelos serviços de saúde públicos e privados **à autoridade policial e ao Ministério Público**, além dos Conselhos dos Direitos da Pessoa com Deficiência (art. 26, Estatuto da Pessoa com Deficiência).

2.7. DIREITO À EDUCAÇÃO

Educação enquanto direito: A educação é direito da pessoa com deficiência sendo assegurado **sistema educacional inclusivo** em todos os níveis de aprendizado ao longo da vida para se alcançar o máximo desenvolvimento possível dos talentos e habilidades da pessoa com deficiência.

Educação enquanto dever: É dever do **Estado**, da **família**, da **comunidade escolar** e da **sociedade** assegurar educação de qualidade à pessoa com deficiência. Além disso, deve ser garantida proteção contra toda forma de violência, negligência e discriminação.

Deveres do Estado: De acordo com o art. 208, III, da Constituição Federal, a efetivação do dever do Estado com a Educação ocorre com o atendimento educacional especializado à Pessoa com Deficiência preferencialmente na rede regular de ensino. O Estatuto da Pessoa com Deficiência traz os deveres do Estado em relação à garantia do direito à educação da pessoa com deficiência (art. 28, Lei nº 13.146/2015). Ressalta-se que, com exceção dos deveres apontados nos itens 4 e 6 da tabela abaixo, as obrigações apontadas a seguir também se aplicam obrigatoriamente às instituições privadas, de qualquer nível e modalidade de ensino, sendo vedada a cobrança de valores adicionais de qualquer natureza em suas mensalidades, anuidades e matrículas no cumprimento dessas determinações (art. 28, §1º, Lei nº 13.146/2015).

DEVERES DO PODER PÚBLICO NA EDUCAÇÃO
– Incumbe ao poder público assegurar, criar, desenvolver, implementar, incentivar, acompanhar e avaliar: 1) **Sistema educacional inclusivo** em todos os níveis e modalidades, bem como o aprendizado ao longo de toda a vida; 2) Aprimoramento dos sistemas educacionais com o objetivo de garantir condições de acesso, permanência, participação e aprendizagem por meio da **oferta de serviços e de recursos de acessibilidade** que eliminem barreiras e promovam a inclusão plena; 3) **Projeto pedagógico** que institucionalize o **atendimento educacional especializado** para atender **às** características dos estudantes com deficiência e garantir o acesso ao currículo em condições de igualdade, com a promoção de sua autonomia; 4) **Oferta de educação bilíngue**, em Libras como primeira língua e na modalidade escrita da língua portuguesa como segunda língua, em escolas e classes bilíngues e em escolas inclusivas; ***Obs.**: Essa obrigação acima não se aplica às instituições privadas de ensino.* 5) **Maximização do desenvolvimento acadêmico e social** dos estudantes com deficiência favorecendo o acesso, a permanência e a aprendizagem em instituições de ensino; 6) **Pesquisas** para o desenvolvimento de **novos métodos e técnicas pedagógicas**, de materiais didáticos, de equipamentos e de recursos de tecnologia assistiva; ***Obs.**: Essa obrigação acima não se aplica às instituições privadas de ensino.* 7) **Planejamento** de estudo de caso, de elaboração de plano de atendimento educacional especializado, de organização de recursos e serviços de acessibilidade e de disponibilização e usabilidade pedagógica de recursos de tecnologia assistiva; 8) **Participação dos estudantes** com deficiência e de suas famílias nas diversas instâncias de atuação da comunidade escolar; 9) **Estimular o desenvolvimento** dos aspectos linguísticos, culturais, vocacionais e profissionais, de acordo com o talento, a criatividade, as habilidades e os interesses do estudante com deficiência; 10) **Práticas pedagógicas inclusivas** pelos programas de formação inicial e continuada de professores e oferta de formação continuada para atendimento educacional especializado; 11) **Formação e disponibilização de professores** para o atendimento educacional especializado, de **tradutores e intérpretes de Libras, de guias intérpretes** e de profissionais de apoio.

DEVERES DO PODER PÚBLICO NA EDUCAÇÃO
12) Oferta de ensino da **Libras**, do **Sistema Braille** e de uso de **recursos de tecnologia assistiva**, de forma a ampliar habilidades funcionais dos estudantes, promovendo sua autonomia e participação; 13) Acesso **à educação superior e à educação profissional e tecnológica** em igualdade de oportunidades e condições com as demais pessoas; 14) **Inclusão em conteúdos curriculares**, em cursos de nível superior e de educação profissional técnica e tecnológica, de **temas relacionados à pessoa com deficiência** nos respectivos campos de conhecimento; 15) **Acesso em igualdade de condições a jogos e a atividades recreativas, esportivas e de lazer** no sistema escolar; 16) **Acessibilidade para todos os estudantes, trabalhadores da educação e demais integrantes da comunidade escolar** às edificações, aos ambientes e às atividades concernentes a todas as modalidades, etapas e níveis de ensino; 17) Oferta de **profissionais de apoio escolar**; 18) Articulação intersetorial na **implementação de políticas públicas**.

Formação dos tradutores e intérpretes da Libras: O Estatuto da Pessoa com Deficiência estabelece o nível necessário de formação dos tradutores e intérpretes da Língua Brasileira de Sinais para cada área de atuação (art. 28, § 2º, Lei nº 13.146/2015).

ATENÇÃO!

Ressalta-se que essas exigências de formação somente serão aplicadas após 48 meses da entrada em vigor da Lei Brasileira de Inclusão (art. 125, I). Lembre-se de que o Estatuto da Pessoa com Deficiência entrou em vigor apenas 180 dias após a sua publicação, ou seja, em 03 de janeiro de 2016. Somente após esse prazo, é que se iniciou o período de 48 meses acerca da exigência de formação de tradutores e intérpretes da Libras.

FORMAÇÃO EXIGIDA DOS TRADUTORES E INTÉRPRETES DA LIBRAS	
Atuação na **educação básica**	Ensino médio completo + Certificado de proficiência em Libras
Atuação nos cursos de **graduação e pós-graduação**	Nível superior com habilitação, prioritariamente, em Tradução e Interpretação em Libras

Obrigações do Poder Público previstas no Decreto nº 3.298/1999: O art. 24 do Decreto nº 3.298/1999 traça as obrigações que devem ser observadas pelos órgãos e entidades da Administração Pública Federal responsáveis pela educação:

- a matrícula compulsória em cursos regulares de estabelecimentos públicos e particulares de pessoa com deficiência capazes de se integrar na rede regular de ensino;
- a inclusão da educação especial como modalidade de educação escolar que permeia transversalmente todos os níveis e as modalidades de ensino. A educação especial compreende a modalidade de educação escolar oferecida preferencialmente na rede regular de ensino para educando com necessidades educacionais especiais, entre eles a pessoa com deficiência (art. 24, § 1º, do Decreto nº 3.298/1999);
- a inserção das escolas ou instituições especializadas públicas e privadas;
- a oferta, obrigatória e gratuita, da educação especial em estabelecimentos públicos de ensino;
- o oferecimento obrigatório dos serviços de educação especial ao educando com deficiência em unidades hospitalares e congêneres nas quais esteja internado por prazo igual ou superior a um ano;
- o acesso de aluno portador de deficiência aos benefícios conferidos aos demais educandos, inclusive material escolar, transporte, merenda escolar e bolsas de estudo.

Educação especial: é um processo flexível, dinâmico e individualizado, oferecido principalmente nos níveis de ensino obrigatórios. Ressalta-se que a educação do aluno com deficiência deve se iniciar na educação infantil, a partir de zero ano (art. 24, § 2º e 3º do Decreto nº 3.298/1999). A educação especial contará com equipe multiprofissional, com a adequada especialização, e adotará orientações pedagógicas individualizadas (art. 23, § 4º do Decreto nº 3.298/1999).

Oferta de serviços de educação especial: Esses serviços devem ser oferecidos em instituições públicas ou privadas do sistema de educação geral, de forma transitória ou permanente, mediante programas de apoio para o aluno que está integrado no sistema regular de ensino. Poderão ser ofertados por escolas especializadas, somente de maneira excepcional, quando a educação das escolas comuns não puder satisfazer as necessidades educativas ou sociais do aluno ou quando necessário ao bem-estar do educando (art. 25 do Decreto nº 3.298/1999).

Instituições hospitalares e congêneres: deverão assegurar atendimento pedagógico ao educando com deficiência internado nessas unidades por prazo igual ou superior a um ano, com o propósito de sua inclusão ou manutenção no processo educacional (art. 26, Decreto nº 3.298/1999).

Ingresso e permanência no ensino superior e na educação profissional e tecnológica: O Estatuto prevê ainda medidas que devem ser asseguradas à pessoa com deficiência nos processos seletivos para ingresso e permanência nos cursos oferecidos pelas instituições de ensino superior e de educação profissional e tecnológica:

MEDIDAS PARA INGRESSO EM ENSINO SUPERIOR E NA EDUCAÇÃO PROFISSIONAL E TECNOLÓGICA
1) Atendimento preferencial à pessoa com deficiência nas dependências das Instituições de Ensino Superior (IES) e nos serviços;
2) Disponibilização de formulário de inscrição de exames com campos específicos para que o candidato com deficiência informe os **recursos de acessibilidade e de tecnologia assistiva** necessários para sua participação;
3) Disponibilização de provas em formatos acessíveis às necessidades do candidato com deficiência;
4) Disponibilização de recursos de acessibilidade e de tecnologia assistiva adequados, previamente solicitados e escolhidos pelo candidato com deficiência;
5) Dilação de tempo na realização do exame para seleção quanto nas atividades acadêmicas, conforme prévia solicitação e comprovação da necessidade. Nesse mesmo sentido, prevê o art. 27 do Decreto nº 3.298/1999);
6) Adoção de critérios de avaliação das provas escritas, discursivas ou de redação que considerem a singularidade linguística da pessoa com deficiência no domínio da modalidade escrita da língua portuguesa;
7) Tradução completa do edital e de suas retificações em Libras.

Educação profissional: O aluno com deficiência tem direito à educação profissional nos níveis básico, técnico e tecnológico, com o objetivo de obter habilitação profissional que lhe proporcione oportunidades de acesso ao mercado de trabalho. É obrigatório o fornecimento pelas instituições públicas e privadas que ministram educação profissional, de cursos profissionais de nível básico à pessoa com deficiência, condicionando a matrícula à sua capacidade de aproveitamento e não ao seu nível de escolaridade (art. 28, Decreto nº 3.298/1999).

2.8. DIREITO À MORADIA

Moradia digna: É assegurado à pessoa com deficiência o direito à moradia digna (art. 31, Lei nº 13.146/2015) que pode ser:

- **No seio da família natural ou substituta**, com seu cônjuge ou companheiro ou desacompanhada; ou
- **Em moradia para a vida independente.** Para isso, o poder público deve adotar programas e ações estratégicas para apoiar a criação e a manutenção dessa moradia para vida independente;
- **Em residência inclusiva**. A proteção integral na modalidade de residência inclusiva será prestada no **âmbito** do SUAS à pessoa com deficiência em situação de dependência que não disponha de condições de autossustentabilidade, com vínculos familiares fragilizados ou rompidos.

CONCEITOS DE RESIDÊNCIAS INCLUSIVAS E DE MORADIA PARA A VIDA INDEPENDENTE
Lembre-se de que o Estatuto da Pessoa com Deficiência traz a definição de residências inclusivas e de moradias para a vida independente: – **Residências inclusivas:** Unidades de oferta do Serviço de Acolhimento do Sistema Único de Assistência Social (Suas) localizadas em áreas residenciais da comunidade, com estruturas adequadas, que possam contar com apoio psicossocial para o atendimento das necessidades da pessoa acolhida, destinadas a jovens e adultos com deficiência, em situação de dependência, que não dispõem de condições de autossustentabilidade e com vínculos familiares fragilizados ou rompidos. (art. 3º, X, Estatuto da Pessoa com Deficiência) – **Moradia para a vida independente da pessoa com deficiência:** Moradia com estruturas adequadas capazes de proporcionar serviços de apoio coletivos e individualizados que respeitem e ampliem o grau de autonomia de jovens e adultos com deficiência. (art. 3º, XI, Estatuto da Pessoa com Deficiência)

Prioridade na aquisição de moradia própria: A pessoa com deficiência ou o seu responsável gozam de prioridade na aquisição de imóvel para moradia própria em programas habitacionais, públicos ou subsidiados com recursos públicos. Ressalta-se que o direto à prioridade é válido **apenas uma vez**. Portanto, para compra do 2º imóvel, não há prioridade de aquisição para a pessoa com deficiência. Além disso, é necessário observar o seguinte (art. 32, Lei nº 13.146/2015):

PRIORIDADE NA AQUISIÇÃO DE IMÓVEL
– **Reserva** de, no mínimo, **3% das unidades habitacionais** para pessoa com deficiência; – **Garantia de acessibilidade** nas **áreas** de uso comum e nas unidades habitacionais no piso térreo e de acessibilidade ou adaptação nos demais piso em se tratando de **edificação multifamiliar**; – Disponibilização de **equipamentos urbanos comunitários acessíveis**; – Elaboração de especificações técnicas no projeto que permitam a **instalação de elevadores**.

Critérios de financiamento: Nos programas habitacionais públicos, os critérios de financiamento devem ser compatíveis com os rendimentos da pessoa com deficiência ou de sua família.

Ausência de interesse: Se não houver pessoa com deficiência interessada nas unidades habitacionais reservadas (3%), poderão ser disponibilizadas às demais pessoas.

Obrigações do Poder Público: Cabe ao poder público (art. 33, Lei nº 13.146/2015):

- Assegurar o direito à moradia digna da pessoa com deficiência e o atendimento aos requisitos da prioridade na aquisição de moradia própria.
- Divulgar a política habitacional aos agentes interessados e beneficiários com **ênfase** na garantia da acessibilidade.

Habitação de interesse social: Na habitação de interesse social, devem ser asseguradas as condições de acessibilidade dos empreendimentos (art. 28, Decreto nº 5.296/2004):

- Tipologias construtivas livres de barreiras arquitetônicas e urbanísticas;
- No caso de edificação multifamiliar, execução das unidades habitacionais acessíveis no piso térreo e acessíveis ou adaptáveis quando nos demais pisos;
- Execução das partes de uso comum, quando se tratar de edificação multifamiliar, conforme as normas técnicas de acessibilidade da ABNT; e
- Elaboração de especificações técnicas de projeto que facilite a instalação de elevador adaptado para uso das pessoas com deficiência ou com mobilidade reduzida.

2.9. DIREITO AO TRABALHO

Direito ao trabalho: De acordo com o art. 6º da Constituição Federal, o direito ao trabalho **é** reconhecido como direito fundamental, enquanto direito social. A pessoa com deficiência tem direito ao trabalho de sua livre escolha e aceitação em ambiente acessível e inclusivo em igualdade de oportunidades com as demais pessoas (art. 34, Lei nº 13.146/2015). Além disso, é proibida qualquer forma de discriminação no tocante ao salário e critérios de admissão do trabalhador com deficiência (art. 7º, XXXI, CF/88).

Equiparação salarial: São asseguradas condições justas e favoráveis de trabalho à pessoa com deficiência com **igual remuneração por trabalho de igual valor**. A equiparação salarial consiste em assegurar ao trabalhador a igualdade salarial no exercício de uma mesma função para determinado empregador em determinada localidade. Dessa forma, o empregado não pode ser discriminado em relação à remuneração quando exercer trabalho de igual valor com os demais trabalhadores.

Empregado readaptado: Ressalta-se que o empregado readaptado não pode ser utilizado como paradigma para pedido de equiparação salarial (art. 461, § 4º, CLT).

Meio ambiente de trabalho: É obrigação das pessoas jurídicas de direito público, privado ou de qualquer natureza assegurar meio ambiente de trabalho acessível e inclusivo (art. 34, § 1º, Lei nº 13.146/2015). Dessa forma, é necessário que o trabalho seja desenvolvido em ambiente que não imponha nenhuma forma de barreira à pessoa com deficiência (acessíveis) e que não ocasione a segregação do trabalhador com deficiência em relação aos demais (inclusivos).

Vedação à discriminação ao trabalho: É proibida a restrição ao trabalho da pessoa com deficiência em razão de sua condição em todas as etapas para contratação de empregado, seja na fase pré-contratual como na execução do contrato de trabalho (art. 34, § 3º, Lei nº 13.146/2015):

PROIBIÇÃO DE DISCRIMINAÇÃO NO TRABALHO
– A vedação à restrição e à discriminação ao trabalho da pessoa com deficiência deve ser aplicada nas seguintes etapas: a) recrutamento; b) seleção; c) contratação; d) admissão; e) exames admissionais e periódico; f) permanência no emprego; g) ascensão profissional; h) reabilitação profissional; e i) aptidão plena.

O trabalhador com deficiência tem direito ao acesso em igualdade de oportunidades com os demais empregados a **cursos, treinamentos, educação continuada, planos de carreira, promoções, bonificações e incentivos profissionais**. Ressalta-se que deve ser assegurada acessibilidade em cursos de formação e de capacitação para o trabalhador com deficiência (art. 34, §§ 4º e 5º, Lei nº 13.146/2015).

Políticas públicas de trabalho e emprego: tem como finalidade primordial promover e garantir condições de acesso e permanência da pessoa com deficiência no campo de trabalho (art. 35, Lei nº 13.146/2015). Assim, impõe-se ao poder público a necessidade de desenvolver programas que assegurem o ingresso e permanência no mercado de trabalho de trabalhadores com deficiência.

Estímulo ao trabalho autônomo, cooperativismo e associativismo: Ainda em relação às políticas públicas, destaca-se que os programas de estímulo ao empreendedorismo e ao trabalho autônomo, inclusive quanto ao cooperativismo e o associativismo, devem prever a participação da pessoa com deficiência e a disponibilização de linhas de crédito, quando necessárias. Note-se, portanto, que as políticas públicas não devem ser voltadas apenas aos empregados (vínculo de emprego), mas também assegurar a participação de pessoas com deficiência em trabalhos autônomos, cooperativas e associações.

2.9.1. HABILITAÇÃO E REABILITAÇÃO PROFISSIONAL

Habilitação e reabilitação profissional: É dever do poder público implementar serviços e programas de habilitação e de reabilitação profissional para viabilizar o ingresso, continuação ou retorno ao mercado de trabalho da pessoa com deficiência, sempre devendo respeitar a livre escolha, a vocação e o interesse. Cabe ressaltar que equipe multidisciplinar será responsável por indicar programa de habilitação, para que o trabalhador com deficiência adquira novas capacidades e habilidades de trabalho, e reabilitação profissional para restaurar sua capacidade profissional (art. 36, Lei nº 13.146/2015).

> **Atenção!**
> É importante o conhecimento da diferença entre habilitação e reabilitação profissional:

DIFERENÇA ENTRE HABILITAÇÃO E REABILITAÇÃO	
HABILITAÇÃO	**REABILITAÇÃO**
A habilitação profissional corresponde ao processo destinado a **propiciar à pessoa com deficiência aquisição de conhecimentos, habilidades e aptidões para exercício de profissão ou de ocupação**, permitindo o ingresso no mercado de trabalho. Nesse sentido, a pessoa nunca teve capacidade laborativa e necessita de ações do poder público para trabalhar.	É o processo destinado a **recuperar a capacidade laborativa** de trabalhador que a perdeu em razão de alguma doença ou acidente. Nesse sentido, o empregado tinha capacidade para o trabalho e a perdeu posteriormente, sendo necessário processo para o retorno ao campo de trabalho.

Os serviços de habilitação, de reabilitação e de educação profissional devem ser dotados de **recursos necessários para atender a toda pessoa com deficiência**, independentemente de sua característica específica, para que possa obter, conservar e progredir no trabalho. Além disso, devem ser oferecidos em ambientes acessíveis e inclusivos (art. 36, § 3º, Lei nº 13.146/2015 e art. 32 do Decreto nº 3.298/1999).

Orientação profissional: deve ser prestada pelos serviços de habilitação e reabilitação profissional levando em consideração as potencialidades da pessoa com deficiência identificadas com base em relatório de equipe multiprofissional que deve considerar (art. 33, Decreto nº 3.298/1999):

- Educação escolar efetivamente recebida e por receber;
- Expectativas de promoção social;
- Possibilidades de emprego existentes em cada caso;
- Motivações, atitudes e preferências profissionais; e
- Necessidades do mercado de trabalho.

Articulação com redes públicas e privadas: A habilitação e a reabilitação profissional devem ser articuladas com as redes públicas e privadas, especialmente de saúde, de ensino e de assistência social, em entidades de formação profissional ou diretamente com o empregador.

Habilitação profissional e reserva de vagas: Apesar da habilitação profissional ser proporcionada, via de regra, pelo poder público (INSS), é possível que ocorra em empresas por meio de prévia formalização do contrato de trabalho. Nesse caso, a contratação da pessoa com deficiência é considerada no cômputo da reserva de vagas para contratação de pessoa com deficiência prevista no art. 93 da Lei nº 8.213/1991 – 2% a 5% dos empregados da empresa devem ser pessoas com deficiência. Para maiores informações, consulte o tópico referente aos reflexos do Estatuto da Pessoa com Deficiência no Direito do Trabalho.

2.9.2. INCLUSÃO DA PESSOA COM DEFICIÊNCIA NO TRABALHO

Colocação competitiva no mercado de trabalho: trata-se de modo de inclusão da pessoa com deficiência no mercado de trabalho em igualdade de oportunidades com as demais pessoas sempre atendidas as regras de acessibilidade, o fornecimento de recursos de tecnologia assistiva e a adaptação razoável no ambiente de trabalho (art. 37, Lei nº 13.146/2015).

Trabalho com apoio: A colocação competitiva da pessoa com deficiência pode ser realizada por meio de trabalho com apoio desde que observe algumas diretrizes traçadas pelo Estatuto da Pessoa com Deficiência:

DIRETRIZES DO TRABALHO COM APOIO
– **Prioridade no atendimento à** pessoa com deficiência **com maior dificuldade de inserção no campo de trabalho;**
– **Suportes individualizados que atendam às necessidades** da pessoa com deficiência, inclusive com a disponibilização de recursos de tecnologia assistiva de agente facilitador e de apoio no ambiente de trabalho;
– Respeito ao **perfil vocacional e ao interesse** da pessoa com deficiência apoiada;
– **Aconselhamento e apoio aos empregadores** para traçar estratégias de inclusão e de superação de barreiras, inclusive de atitudes em relação **à** pessoa com deficiência;
– **Avaliações periódicas**;
– **Articulação intersetorial das políticas públicas**;
– Possibilidade de **participação de organizações da sociedade civil**.

Processo seletivo público ou privado: A entidade contratada para realização de processo seletivo público (concurso público) ou privado para cargo, função ou emprego deve observar todas as normas do Estatuto da Pessoa com Deficiência e as normas vigentes de acessibilidade. Nesse sentido, deve atender às mesmas regras aplicáveis para ingresso em ensino superior e na educação profissional e tecnológica conforme visto no **tópico de Direito à Educação** destas dicas:

MEDIDAS PARA INGRESSO EM ENSINO SUPERIOR E NA EDUCAÇÃO PROFISSIONAL E TECNOLÓGICA
1) **Atendimento preferencial à** pessoa com deficiência nas dependências das Instituições de Ensino Superior (IES) e nos serviços;
2) **Disponibilização de formulário de inscrição** de exames com campos específicos para que o candidato com deficiência informe os **recursos de acessibilidade e de tecnologia assistiva** necessários para sua participação;
3) **Disponibilização de provas em formatos acessíveis às** necessidades do candidato com deficiência;
4) **Disponibilização de recursos de acessibilidade e de tecnologia assistiva adequados**, previamente solicitados e escolhidos pelo candidato com deficiência;
5) **Dilação de tempo na realização do exame para seleção quanto nas atividades acadêmicas**, conforme prévia solicitação e comprovação da necessidade;

> **6) Adoção de critérios de avaliação** das provas escritas, discursivas ou de redação que considerem a singularidade linguística da pessoa com deficiência no domínio da modalidade escrita da língua portuguesa;
>
> **7) Tradução completa do edital e de suas retificações em Libras.**

Oficina protegida terapêutica: compreende a unidade que funciona em relação de dependência com entidade pública ou beneficente de assistência social, que tem como objetivo a integração social por meio de atividades de adaptação e capacitação para o trabalho de adolescente e adulto que devido ao seu grau de deficiência, transitória ou permanente, não possa trabalhar no mercado competitivo de trabalho. O período de adaptação e capacitação para o trabalho em oficina protegida terapêutica não configura vínculo de emprego e está condicionado a processo de avaliação individual que considere o desenvolvimento biopsicossocial da pessoa (art. 35, § 5º e 5º, Decreto nº 3.298/1999).

Ações afirmativas em concursos públicos: Conforme art. 37, VIII, CF/88, é assegurado percentual dos cargos e empregos públicos às pessoas com deficiência desde que previstos em lei. Os art. 37 a 43 do Decreto nº 3.298/1999, regulamentavam o assunto. Entretanto, o Decreto nº 9.508/2018, editado em 24 de setembro de 2018, revogou esses dispositivos do Decreto nº 3.298/1999 e trouxe normativa própria para o assunto. **Atenção!** Tendo em vista a alteração recente desse dispositivo, é possível sua cobrança nos concursos que abordam Noções sobre Direitos das Pessoas com Deficiência. Confira as novas regras a seguir:

Concursos públicos e processos seletivos: As pessoas com deficiência têm o direito de se inscrever, em igualdade de oportunidade com os demais candidatos na Administração Pública Federal direta e indireta nas seguintes seleções (art. 1º, I e II, do Decreto nº 9.508/2018):

I – Concurso público para o provimento de cargos efetivos e de empregos públicos; e

II – Em processos seletivos para a contratação por tempo determinado para atender necessidade temporária de excepcional interesse público.

Reserva de vagas: O Decreto nº 9.508/2018 prevê o percentual de 5% das vagas reservadas para concurso público para cargo efetivo e processo seletivo para servidor temporário (art. 1º, § 1º, do Decreto nº 9.508/2018). Por sua vez, o § 2º do dispositivo estabelece que ficam assegurados os percentuais de cargos do art. 93 da Lei nº 8.213/1991 para as empresas públicas e sociedades de economia mista (2% a 5% dos empregados públicos devem ser pessoas com deficiência):

> **Art. 93 da Lei nº 8.213/1991:** A empresa com 100 (cem) ou mais empregados está obrigada a preencher de 2% (dois por cento) a 5% (cinco por cento) dos seus cargos com beneficiários reabilitados ou pessoas portadoras de deficiência, habilitadas, na seguinte proporção:
>
> I – até 200 empregados......2%;
>
> II – de 201 a 500......3%;
>
> III – de 501 a 1.000......4%;
>
> IV – de 1.001 em diante. ......5%.

Número fracionado: Se o quantitativo resultar em número fracionado, é necessário seu aumento para o primeiro número subsequente. Nesse sentido, um concurso com 103 vagas para provimento de determinado cargo efetivo, tem que oferecer 5% das vagas para pessoas com deficiência, o que totaliza 5,15 vagas. Nesse caso, o total de vagas reservadas será aumentado para 6.

Concursos ou processos seletivos regionalizados ou estruturados por especialidade: Nessas duas hipóteses, o percentual mínimo de reserva será aplicado ao total das vagas do edital, ressalvados os casos em que seja demonstrado que a aplicação regionalizada ou por especialidade não implicará em redução do número de vagas destinadas às pessoas com deficiência (art. 1º, § 4º, I, do Decreto nº 9.508/2018).

Vagas remanescente e formação de cadastro reserva: o percentual mínimo de 5% de reserva será observado na hipótese de aproveitamento de vagas remanescentes e na formação de cadastro de reserva (art. 1º, § 4º, II, Decreto nº 9.508/2018).

Ausência de inscrição ou de aprovação de candidatos com deficiência: Nesse caso, as vagas reservadas poderão ser preenchidas por candidatos sem deficiência (art. 1º, § 5º, do Decreto nº 9.508/2018).

Igualdade de condições em concursos: Resguardadas as disposições previstas em regulamento, a pessoa com deficiência participará em igualdade de condições com os demais candidatos no tocante (art. 2º do Decreto nº 9.508/2018 – ressalta-se que o revogado art. 41, Decreto nº 3.298/1999 trazia praticamente a mesma redação desse novo dispositivo):

- **Ao conteúdo das provas;**
- **à avaliação e aos critérios de aprovação;**
- Ao horário e ao local de aplicação das provas; e
- **À nota mínima exigida para todos os demais candidatos.**

Tratamento diferenciado: A adequação de critérios para a realização e a avaliação das provas escritas e práticas deve ser realizada por meio do acesso a tecnologias assistivas e a adaptações razoáveis. O tratamento diferenciado na realização das provas deve ser requerido pelo candidato com deficiência no ato de inscrição em prazo determinado em edital, e indicará as tecnologias assistivas e as condições especiais de que necessita para a realização das provas. (art. 4º, "caput" e § 1º do Decreto nº 9.508/2018)

Tempo adicional: O candidato com deficiência que necessitar de tempo adicional para realização das provas deverá requerê-lo, com justificativa acompanhada de parecer emitido por equipe multiprofissional ou por profissional especialista nos impedimentos apresentados por cada candidato, no prazo estabelecido em edital (art. 4º, § 2º, do Decreto nº 9.508/2018).

Serviços de assistência de interpretação: As fases dos concursos públicos ou dos processos seletivos em que se fizerem necessários serviços de assistência de interpretação por terceiros aos candidatos com deficiência serão registradas em áudio e vídeo e disponibilizadas nos períodos de recurso estabelecidos em edital.

Critérios de aprovação nas provas físicas: De acordo com o art. 4º, § 4º do Decreto nº 9.508/2018, acrescendo pelo Decreto nº 9.546/2018, os critérios de aprovação nas provas físicas para os candidatos com deficiência poderão ser os mesmos critérios aplicados aos demais candidatos, conforme previsto no edital. Novamente, reforça-se a possibilidade de ausência de tratamento diferenciado às pessoas com deficiência nas provas físicas.

Equipe multiprofissional: O órgão ou entidade responsável pelo concurso ou seleção terá a assistência de uma equipe multiprofissional composta por 3 profissionais capacidade e atuantes nas áreas das deficiências que o candidato possuir, sendo que:

- 1 deles deverá ser médico; e
- 3 profissionais da carreira a que concorrerá o candidato.

Parecer da equipe multiprofissional: deverá observar:

> I – as informações prestadas pelo candidato no ato da inscrição no concurso público ou no processo seletivo;
>
> II – a natureza das atribuições e das tarefas essenciais do cargo, do emprego ou da função a desempenhar;
>
> III – a viabilidade das condições de acessibilidade e as adequações do ambiente de trabalho na execução das tarefas;
>
> IV – a possibilidade de uso, pelo candidato, de equipamentos ou de outros meios que utilize de forma habitual; e
>
> V – o resultado da avaliação biopsicossocial, sem prejuízo da adoção de critérios adicionais previstos em edital.

Resultado do concurso público ou do processo seletivo: O resultado deve ser publicado em lista única com a pontuação dos candidatos e a sua classificação, observada a reserva de vagas às pessoas com deficiência de que trata este Decreto. Além disso, a nomeação dos aprovados deve obedecer à ordem de classificação, observados os critérios de alternância e de proporcionalidade entre a classificação de ampla concorrência e da reserva para pessoas com deficiência (art. 8º, "caput" e § 1º, do Decreto nº 9.508/2018).

Acessibilidade no local de trabalho e adaptação razoável: Os órgãos da administração pública federal direta e indireta, as empresas públicas e as sociedades de economia mista deverão providenciar a acessibilidade no local de trabalho e a adaptação razoável, quando requerida, para o efetivo exercício laboral da pessoa com deficiência.

2.10. DIREITO À ASSISTÊNCIA SOCIAL

Política pública de assistência social: tem como objetivo a garantia da segurança de renda, da acolhida, da habilitação e da reabilitação, do desenvolvimento da autonomia e da convivência familiar e comunitária, para a promoção do acesso a direitos e da plena participação social da pessoa com deficiência (art. 39, Lei nº 13.146/2015).

Proteção Social Básica e da Proteção Social Especial: conjunto articulado de serviços, ofertados pelo SUAS, para a garantia de seguranças fundamentais no **enfrentamento de situações de vulnerabilidade e de risco**, por fragilização de vínculos e ameaça ou violação de direitos.

Cuidadores sociais: serviços socioassistenciais destinados à pessoa com deficiência em situação de dependência devem contar com cuidadores sociais para prestar-lhe cuidados básicos e instrumentais. A legislação não é clara quanto à abrangência da proteção realizada pelos cuidadores sociais. No entanto, é possível sua destinação especial às pessoas com maior grau de vulnerabilidade, como crianças, adolescentes e pessoas idosas que se encontrem em situação de dependência.

Benefício de prestação continuada (BPC-LOAS): De acordo com o art. 203, V, da Constituição Federal, é assegurado benefício de prestação continuada ao deficiente e à pessoa idosa que não possuam meios de prover sua subsistência ou de tê-la provido por sua família. A Lei Brasileira de inclusão inseriu dispositivo que assegura à pessoa com deficiência que não possa prover a sua subsistência e nem tê-la provida por sua família o recebimento de 1 salário mínimo mensal (art. 40, Lei nº 13.146/2015). Nesse mesmo sentido, prevê o art. 2º, I, "e" e 20 da Lei nº 8.742/1993 (Lei Orgânica da Assistência Social):

Art. 2º, I, "e", da Lei nº 8.742/1993: A assistência social tem por objetivos: a proteção social, que visa à garantia da vida, à redução de danos e à prevenção da incidência de riscos, especialmente: a garantia de 1 (um) salário-mínimo de benefício mensal à pessoa com deficiência e à pessoa idosa que comprovem não possuir meios de prover a própria manutenção ou de tê-la provida por sua família.

Art. 20, "caput", Lei nº 8.742/1993: O benefício de prestação continuada é a garantia de um salário-mínimo mensal à pessoa com deficiência e à pessoa idosa com 65 (sessenta e cinco) anos ou mais que comprovem não possuir meios de prover a própria manutenção nem de tê-la provida por sua família.

Para assegurar o direito ao BPC, é necessário o preenchimento de alguns requisitos previstos na Lei Orgânica da Assistência Social:

REQUISITOS PARA PERCEPÇÃO DO BENEFÍCIO DE PRESTAÇÃO CONTINUADA
– **Pessoa com deficiência;** *Obs.: Lembre-se de que é fundamental o conceito de pessoa com deficiência presente no art. 2º da Lei nº 13.146/2015: "Considera-se pessoa com deficiência aquela que tem impedimento de longo prazo de natureza física, mental, intelectual ou sensorial, o qual, em interação com uma ou mais barreiras, pode obstruir sua participação plena e efetiva na sociedade em igualdade de condições com as demais pessoas."* – **Não possuir meios para prover sua subsistência e de sua família.** – Família é considerada nesse caso somente a pessoa com deficiência, o cônjuge ou companheiro, os pais e, na ausência de um deles, a madrasta ou o padrasto, os irmãos solteiros, os filhos e enteados solteiros e os menores tutelados, desde que vivam sob o mesmo teto. – É considerada incapaz da manutenção da pessoa com deficiência, a família cuja renda mensal *per capita* seja inferior a ¼ do salário mínimo. Nesse cálculo, não é computado o valor recebido em razão de contrato de estágio e de aprendizagem. – **Benefício não pode ser cumulado com outro** no âmbito da Seguridade Social com exceção para os benefícios da assistência médica e da pensão especial de natureza indenizatória; – Não pode exercer **atividade remunerada**, inclusive na condição de microempreendedor individual. *Obs.: O Benefício pode ser cumulado com a aprendizagem, limitado a 2 anos o período de recebimento concomitante da remuneração e do BPC.*

Auxílio-inclusão: o art. 94 do Estatuto da Pessoa com Deficiência criou o benefício previdenciário auxílio-inclusão que é devido à pessoa com deficiência moderada ou grave que:

1) Receba o BPC da LOAS e que passe a exercer atividade remunerada que a enquadre como segurado obrigatório do RGPS;
2) Tenha percebido, nos últimos 5 anos, o BPC e exerça atividade remunerada que a enquadre como segurado obrigatório do RGPS.

2.11. DIREITO À PREVIDÊNCIA SOCIAL

Direito à aposentadoria: O art. 201, § 1º, da Constituição Federal assegura a possibilidade de critérios diferenciados para a concessão de aposentadora de pessoas com deficiência desde que previstos em lei complementar. A pessoa com deficiência que for segurada do Regime Geral de Previdência Social (RGPS) tem direito à aposentadoria prevista na Lei Complementar nº 142/2013. Os requisitos para obtenção do benefício previdenciário são:

Aposentadoria por tempo de contribuição	
Tempo de contribuição	**Grau de deficiência**
Homem – 25 anos Mulher – 20 anos	Deficiência grave
Homem – 29 anos Mulher – 24 anos	Deficiência moderada
Homem – 33 anos Mulher – 28 anos	Deficiência leve
Aposentadoria por idade (independentemente do grau de deficiência)	
– 60 anos de idade para o homem; – 55 anos de idade para a mulher; – Tempo mínimo de contribuição: 15 anos e existência de deficiência durante igual período	

Segurado tornar-se pessoa com deficiência ou alterar seu grau de deficiência: terá a contagem do direito à aposentadoria proporcionalmente ajustado, considerando-se o número de anos em que o segurado exerceu atividade laboral sem deficiência e com deficiência, observado o grau de deficiência correspondente.

Renda mensal: A renda mensal devida será calculada sobre o salário de benefício nos seguintes percentuais:

a) 100% do salário de benefício para as hipóteses de aposentadoria por tempo de contribuição;
b) 70% + 1% do salário de benefício por grupo de 12 contribuições mensais até o máximo de 30% no caso de aposentadoria por idade.

2.12. DIREITO À CULTURA, AO ESPORTE, AO TURISMO E AO LAZER

Direito à cultura, ao esporte, ao turismo e ao lazer em igualdade de oportunidades: Nesse sentido, o Estatuto da Pessoa com Deficiência assegura o acesso a (art. 42, Lei nº 13.146/2015):

a) bens culturais em formato acessível;

b) programas de televisão, cinema, teatro e outras atividades culturais e desportivas em forma acessível; e

c) Monumentos e locais de importância cultural e a espaços que ofereçam serviços culturais e esportivos.

Proibição de recusa de obra intelectual em forma acessível: é proibida a recusa de oferta de obra intelectual em formato acessível sob qualquer argumento, inclusive sob a alegação de proteção dos direitos de propriedade intelectual.

Deveres do poder público: eliminação, redução ou superação de barreiras para a promoção do acesso ao patrimônio cultural, observadas as normas de acessibilidade, ambientais e de proteção do patrimônio histórico e artístico nacional.

Participação da pessoa com deficiência: é dever do poder público promover a participação de pessoa com deficiência em atividades artísticas, intelectuais, culturais, esportivas e recreativas, com vistas ao seu protagonismo, devendo atender a algumas exigências (art. 43, Lei nº 13.146/2015):

PARTICIPAÇÃO EM ATIVIDADES ARTÍSTICAS, CULTURAIS, INTELECTUAIS, ESPORTIVAS E RECREATIVAS
– Incentivar a provisão de instrução, de treinamento e de recursos adequados, em igualdade de oportunidades com as demais pessoas; – Assegurar acessibilidade nos locais de eventos e nos serviços prestados nessas atividades; – Assegurar participação da pessoa com deficiência em jogos e atividades recreativas, esportivas, de lazer, culturais e artísticas, inclusive no sistema escolar, em igualdade de condições com as demais pessoas. Nota-se, portanto, que a legislação sempre destaca a necessidade de assegurar a igualdade de oportunidades e condições com as demais pessoas.

Reserva de espaços livres e assentos: É assegurada a reserva de espaços livres e assentos para as pessoas com deficiência de acordo com a capacidade de lotação da edificação nos **teatros, cinemas, auditórios, estádios, ginásios de esportes, locais de espetáculos e de conferências** (art. 44, Lei nº 13.146/2015). Esses espaços devem atender às normas de acessibilidade. No mesmo sentido, prevê o art. 12 da Lei nº 10.098/2000:

> **Art. 12 da Lei nº 10.098/2000:** Os locais de espetáculos, conferências, aulas e outros de natureza similar deverão dispor de espaços reservados para pessoas que utilizam cadeira de rodas, e de lugares específicos para pessoas com deficiência auditiva e visual, inclusive acompanhante, de acordo com a ABNT, de modo a facilitar-lhes as condições de acesso, circulação e comunicação.

Regulamentação da reserva de espaços e assentos no Decreto nº 5.296/2004: No 11 de junho de 2018, foi editado o Decreto nº 9.404/2018 que modificou as regras acerca da reserva de e espaços e assentos em teatros, cinemas, auditórios, estádios, ginásios de esporte, locais de espetáculos e de conferências e similares para pessoas com deficiência. **Atenção!** Tendo em vista a alteração recente desse dispositivo, é possível sua cobrança nos concursos que abordam Noções sobre Direitos das Pessoas com Deficiência. Confira as novas regras a seguir:

Percentual de vagas reservadas: De acordo com a nova redação do 22, § 1º, do Decreto nº 5.296/2004 deve ser disponibilizado o seguinte percentual de vagas e assentos a depender da capacidade de lotação da edificação. Ressalta-se que, caso a aplicação dos percentuais resulte em número fracionado, deve ser considerado o número inteiro superior para o cômputo das vagas reservadas (art. 23, § 9º):

Reserva de vagas e assentos para pessoas com deficiência	
Capacidade de lotação	**Reserva de vagas**
Até mil lugares	O Decreto prevê a necessidade de se reservar cumulativamente: a) **2% de espaços** para pessoas em **cadeira de rodas**, com a garantia de, no mínimo, um espaço; e b) **2% de assentos** para **pessoas com deficiência ou com mobilidade reduzida**, de, no mínimo, um assento. 50% desses assentos, devem ter dimensões e estruturas para obesos.
Mais de mil lugares	O Decreto prevê a necessidade de se reservar cumulativamente: a) **20 espaços** para pessoas em **cadeira de rodas + 1% do que exceder mil lugares;** b) **20 assentos** para **pessoas com deficiência ou com mobilidade reduzida + 1% do que exceder mil lugares.** 50% desses assentos, devem ter dimensões e estruturas para obesos.

Note-se, portanto, que o tratamento conferido é diferente para os estabelecimentos com até mil lugares e aqueles com mais de mil lugares. No primeiro caso, será sempre garantido o percentual de 2% de espaços para pessoas com cadeira de rodas e mais 2% de assentos para pessoas com deficiência ou com mobilidade reduzida. Assim, em um teatro com 500 lugares, deve ser reservado 10 espaços para pessoas em cadeira de rodas e mais 10 assentos para pessoas com deficiência ou mobilidade reduzida.

Por outro lado, em estabelecimentos com mais de mil lugares, há a previsão de número fixo de 20 espaços para pessoas em cadeira de rodas e 20 assentos para pessoas com deficiência ou com mobilidade reduzida. Em ambos os casos, será acrescido o percentual de 1% naquilo que ultrapassar mil espaços ou assentos. Assim, em um teatro com 3.000 lugares, será reservado o total de **40 espaços** (**20 fixos** + 1% do que exceder de 1.000, no caso, há 2.000 assentos nessa condição, totalizando mais **20 espaços decorrentes daquilo que excedeu a 1.000**) para pessoas em cadeiras de rodas e também mais 40 assentos para pessoas com deficiência ou com mobilidade reduzida pela mesma lógica.

Percentual de assentos com dimensões e estruturas para pessoas obesas: Além disso, o art. 23, § 2º, do Decreto nº 5.296/2004 estabeleceu a necessidade de que **50% dos assentos** destinados para pessoas com deficiência ou com mobilidade reduzida tenham característica dimensionais e estruturais para o **uso por pessoa obesa**, sempre em atendimento à norma técnica de acessibilidade da ABNT, com a garantia de, no mínimo, um assento. Assim, como vimos, em um cinema com 500 lugares, há a necessidade de se reservar 10 assentos para pessoas com deficiência ou mobilidade reduzida. Desses 10 assentos, 50% deles (5 assentos) devem ter características dimensionais e estruturais para o uso por pessoa obesa.

Espaços e assentos próximos a acompanhante: O art. 23, § 3º do Decreto nº 5.296/2004 estabelece que todos os assentos e espaços reservados devem se situar em locais que garantam a acomodação de um acompanhante ao lado da pessoas com deficiência ou com mobilidade reduzida, resguardo o direito de se acomodar proximamente a grupo familiar.

Rotas de fuga e saídas de emergência: Os espaços e assentos reservados às pessoas com deficiência devem atender às normas de acessibilidade da ABNT para garantir rotas de fuga e saídas de emergência acessíveis a fim de permitir a saída segura de pessoas com deficiência (art. 23, § 4º, do Decreto nº 5.296/2004).

Acessibilidade aos artistas: As áreas de acesso aos artistas, como coxias e camarins, também devem ser acessíveis a pessoas com deficiência ou mobilidade reduzida. (art. 23, § 5º, do Decreto nº 5.296/2004).

Financiamento de projetos com recursos públicos: De acordo com o art. 2º, III, do Decreto nº 5.296/2004 a aprovação de financiamento de projetos com a utilização de recursos públicos depende do cumprimento das disposições deste Decreto. O §6º do art. 23 condiciona a obtenção desse financiamento desde que as salas de espetáculo disponham de meios eletrônicos que permitam a subtitulação por meio de legenda oculta e de audiodescrição, além de disposições especiais para a presença física de intérprete de Libras e de guias intérpretes, com a projeção em tela da imagem do intérprete sempre que a distância não permitir sua visualização direta. O sistema de sonorização assistida deve ser sinalizado por meio do pictograma aprovado pela Lei nº 8.160/1991 ("Símbolo Internacional de Surdez").

Sempre que disponibilizadas interpretação em Libras e legendagem descritiva, deve ser assegurado que as pessoas com deficiência terão boa visualização desses recursos.

Prazo para adequação: O art. 23, § 8º, do Decreto nº 5.296/2004, estabelece prazo para que as edificações de uso público e de uso coletivo atendam as normas de acessibilidade:

- **Edificações de uso público:** 30 meses para garantir a acessibilidade nos espaços e assentos reservados;
- **Edificações de uso coletivo:** 48 meses para garantir a acessibilidade nos espaços e assentos reservados.
- **Assentos para uso por pessoa obesa:** 12 meses para garantir assentos com características dimensionais e estruturais para o uso por pessoa obesa.

Direito à meia entrada e espaços reservados: O direito à meia entrada para pessoas com deficiência não se restringe apenas aos espaços e assentos reservados às pessoas com deficiência. De acordo com o art. 1º, § 10 da Lei nº 12.933/2013, deve ser assegurada a concessão da meia entrada a 40% do número total de ingressos disponíveis para o evento. Portanto, o número de meia-entrada será, normalmente, superior à reserva de vagas.

Duração da reserva de assentos (art. 23-A do Decreto nº 5.296/2004): A **reserva de assentos** para as pessoas com deficiência ou com mobilidade reduzida será garantida **a partir do início das vendas até 24 horas antes de cada evento**, com disponibilidade em todos os pontos de venda, físicos e virtuais. No entanto, se o estabelecimento tiver capacidade superior a 10 mil pessoas, a reserva de assentos será garantia a partir do início das vendas até 72 horas antes do evento. Por fim, nos cinemas as vagas são reservadas do início das vendas até meia hora antes de cada sessão. Segue quadro que sistematiza a duração da reserva de assentos:

Duração da reserva de assentos para pessoas com deficiência	
Estabelecimento	**Duração da reserva de vagas**
Estabelecimentos com capacidade de até 10 mil pessoas	A partir do início das vendas até 24 horas antes do evento
Estabelecimentos com capacidade superior a 10 mil pessoas	A partir do início das vendas até 72 horas antes do evento
Cinemas	A partir do início das vendas até meia hora antes de cada sessão

Ausência de procura comprovada: Se não houver procura comprovada pelos espaços livres para pessoas em cadeira de rodas e assentos reservados para pessoas com deficiência ou com mobilidade reduzida, é permitido o uso excepcional por pessoa sem deficiência ou que não tenham mobilidade reduzida. Essas vagas somente poderão ser disponibilizadas a essas pessoas depois de vendidas todas os demais assentos daquele setor e, somente após o prazo de duração da reserva de assentos expirar.

Normas sobre pontos de venda de ingressos e de divulgação do evento: Os espaços livres para pessoas em cadeira de rodas e assentos reservados reservados para pessoas com deficiência ou com mobilidade reduzida serão identificados no mapa de assentos localizados nos pontos de venda de ingresso e de divulgação do evento, sejam eles físicos ou virtuais. Esses pontos de venda devem:

a) Ser acessíveis às pessoas com deficiência e com mobilidade reduzida;

b) Conter informações sobre os recursos de acessibilidade disponíveis nos eventos.

Desenho universal em hotéis, pousadas e similares: dever de construção, observados os princípios do desenho universal, além de adotar todos os meios de acessibilidade (art. 45, Lei nº 13.146/2015).

Veja como são frequentes as remissões aos conceitos do art. 3º da legislação informados no tópico 2.2. desta obra.

> **LEMBRE-SE:**
>
> O **desenho universal** compreende a concepção de produtos, ambientes, programas e serviços a serem usados por todas as pessoas, **sem necessidade de adaptação ou de projeto específico**, incluindo os recursos de tecnologia assistiva (art. 3º, II, Lei nº 13.146/2015);

Hotéis, pousadas e similares já construídos: Devem disponibilizar, pelo menos, 10% de seus dormitórios acessíveis e em rotas acessíveis, garantida, no mínimo, 1 unidade acessível. Trata-se de regra que flexibiliza a necessidade de dormitórios em desenho universal e acessível para apenas 10% do número total de dormitórios quando o hotel, pousada ou similar já existir.

2.13. DIREITO DE INGRESSAR E PERMANECER EM AMBIENTES DE USO COLETIVO ACOMPANHADO DE CÃO-GUIA

Utilização de cão-guia: A pessoa com deficiência visual tem direito a ingressar e permanecer em todos os meios de transporte e em estabelecimentos abertos ao público acompanhada de cão-guia (art. 1º da Lei nº 11.126/2005). Considera-se deficiência visual apenas a cegueira e a baixa visão. Esse direito é aplicado em todas modalidades de serviços de transporte coletivo de passageiros inclusive em esfera internacional com origem em território brasileiro.

Discriminação em relação ao uso de cão-guia: A tentativa de impedir ou dificultar o exercício do direito ao uso de cão-guia constitui ato de discriminação, que tem como penalidade a interdição e a aplicação de multa. (art. 3º da Lei nº 11.126/2005). Ademais, de acordo com o art. 1º, § 2º, do Decreto nº 5.904/2006, "É vedada a exigência do uso de focinheira nos animais de que trata este Decreto, como condição para o ingresso e permanência nos locais descritos no caput."

2.14. CIÊNCIA E TECNOLOGIA

Fomento da ciência e tecnologia: O poder público deve fomentar o desenvolvimento científico, a pesquisa, a inovação e a capacitação tecnológicas voltadas à melhoria da qualidade de vida e sua inclusão social. O fomento deve priorizar a geração de conhecimentos e técnicas que visem à prevenção e ao tratamento de deficiências e ao desenvolvimento de tecnologias assistiva e social.

Acessibilidade e tecnologias assistiva e social devem ser fomentadas mediante criação de **cursos de pós-graduação**, a formação de recursos humanos e a inclusão do tema nas **diretrizes de áreas do conhecimento**.

Capacitação tecnológica para desenvolvimento de tecnológicas assistiva e social: Essa capacitação deve ser voltada à melhoria da funcionalidade e da participação social da pessoa com deficiência.

Reavaliação periódica das medidas de fomento à ciência e tecnologia: as medidas previstas para desenvolvimento da ciência e tecnologia da pessoa com deficiência devem ser reavaliadas periodicamente pelo poder público para assegurar seu aperfeiçoamento.

Tecnologias da informação e comunicação: estímulo à pesquisa e desenvolvimento das tecnologias da informação e comunicação e às tecnologias sociais (art. 78, Estatuto da Pessoa com Deficiência). Os estímulos devem se concentrar especialmente:

- Emprego de tecnologias da informação e comunicação como **instrumento de superação de limitações funcionais e de barreiras** à comunicação, à informação, à educação e ao entretenimento da pessoa com deficiência;
- **Acessibilidade da pessoa com deficiência à computação e aos sítios da internet**, em especial aos serviços de governo eletrônico.

Para facilitar a memorização do assunto, segue quadro de resumo sobre ciência e tecnologia:

CIÊNCIA E TECNOLOGIA
– **Fomento da ciência e tecnologia à pessoa com deficiência:** assegurar melhoria da qualidade de vida e sua inclusão social;
– **Capacitação tecnológica** para desenvolvimento de tecnológicas assistiva e social;
– **Reavaliação periódica das medidas de fomento à ciência e tecnologia:** assegurar aperfeiçoamento;
– **Tecnologias da informação e comunicação:**
– Instrumento de superação de limitações funcionais e de barreiras;
– Acessibilidade da pessoa com deficiência à computação e aos sítios da internet;

2.15. ACESSO À JUSTIÇA

Acesso à justiça: poder público deve assegurar o acesso da pessoa com deficiência à justiça, em igualdade de oportunidades com as demais pessoas, garantindo adaptações e recursos de tecnologia assistiva (art. 79, Lei nº 13.146/2015).

Capacitação dos membros e servidores que atuam no processo: Para assegurar a atuação da pessoa com deficiência em todo o processo judicial, é necessária a capacitação quanto aos direitos da pessoa com deficiência dos membros e servidores do Poder Judiciário, no Ministério Público, na Defensoria Pública, nos órgãos de segurança pública e no sistema penitenciário.

Medidas restritivas de liberdade: Devem ser assegurados todos os direitos aos apenados sem deficiência sempre garantida a acessibilidade.

Atuação do Ministério Público e Defensoria Pública: Cabe a esses órgãos adotar as medidas necessárias para assegurar à pessoa com deficiência o cumprimento de todos os direitos previstos no Estatuto da Pessoa com Deficiência.

Recursos de tecnologia assistiva: devem ser assegurados para o acesso à justiça da pessoa com deficiência que atue como (art. 80, Estatuto da Pessoa com Deficiência):

- Parte no processo;
- Testemunha;
- Advogado;
- Defensor público;
- Magistrado;
- Membro do Ministério Público; ou
- Partícipe da lide posta em juízo.

Acesso ao conteúdo dos atos processuais: A pessoa com deficiência tem direito ao acesso ao conteúdo de todos os atos processuais de seu interesse, inclusive no exercício da advocacia (art. 80, parágrafo único).

Sanções penais: Direitos da pessoa com deficiência devem ser garantidos na aplicação de sanções penais (art. 81).

Serviços notariais e de registro: Não pode negar ou criar óbices ou condições diferenciadas para prestar serviços em razão de deficiência, sob pena de constituir o ato discriminação em razão de deficiência. Deve ser reconhecida capacidade legal plena, garantida a acessibilidade (art. 83).

2.16. RECONHECIMENTO IGUAL PERANTE A LEI

As pessoas com deficiência têm direito ao exercício da capacidade legal em **igualdade de condições** com as demais pessoas (art. 84, Lei nº 13.146/2015). Na maioria dos casos, a pessoa com deficiência tem capacidade plena para exercício dos atos da vida civil, em especial (art. 6º, Estatuto da Pessoa com Deficiência):

CAPACIDADE CIVIL DA PESSOA COM DEFICIÊNCIA
– A pessoa com deficiência tem capacidade inclusive para:
a) Casar-se e constituir união estável;
b) Direitos sexuais e reprodutivos;
c) Planejamento familiar;
d) Conservar fertilidade, sendo veda a esterilização compulsória;
e) Direito à família e à convivência familiar e comunitária;
f) Direito à guarda, à tutela, à curatela e à adoção, como adotante ou adotando em igualdade de condições com as demais pessoas;

Quando necessário, é possível a instituição da curatela, desde que respeite alguns requisitos previstos no Estatuto:

a) Instituição como medida protetiva **extraordiná-**

ria, devendo constar da sentença que a determinar as razões e motivações de sua definição, preservados os interesses do curatelado;

b) Proporcional **às necessidades** da pessoa com deficiência e **às circunstâncias** de cada caso;

c) Duração da curatela pelo **menor tempo** possível.

Curatela no Código Civil: O Estatuto da Pessoa com Deficiência alterou significativa o procedimento de curatela previsto no Código Civil. Tendo em vista o caráter excepcional da curatela, removeu-se as hipóteses que vinculavam a necessidade de curatela à existência de deficiência. Lembre-se de que a pessoa com deficiência tem, em regra, plena capacidade para os atos da vida civil. A curatela somente será possível quando a pessoa não puder exprimir sua vontade por causa transitória ou permanente. Portanto, somente se a pessoa com deficiência não puder exprimir sua vontade, é possível a instituição da curatela. As demais hipóteses de curatela estão previstas no art. 1.767 do CC/02 e não dizem respeito à pessoa com deficiência:

> **Art. 1.767, CC/02:** Estão sujeitos a curatela:
>
> I – aqueles que, por causa transitória ou permanente, não puderem exprimir sua vontade;
>
> II – (Revogado);
>
> III – os ébrios habituais e os viciados em tóxico;
>
> IV – (Revogado);
>
> V – os pródigos.

Curatela compartilhada: É possível que a curatela da pessoa com deficiência seja compartilhada (art. 1775-A, CC/02), ou seja, exercida por duas ou mais pessoas com o intuito de assegurar a proteção do curatelado.

Direitos do curatelado: O Estatuto da Pessoa com Deficiência limita a abrangência da curatela quanto aos direitos do curatelado. O candidato deve estar atento, conforme informações da tabela a seguir, para o fato de que os direitos do curatelado permanecem, em sua maioria, livres para seu exercício sem a necessidade de curatela (art. 85, Lei nº 13.146/2015):

Direitos afetados pela curatela	Direitos NÃO afetados pela curatela
– Direitos de natureza patrimonial e negocial	– Direito ao **P**róprio **C**orpo – Direito à **S**exualidade – Direito à **E**ducação – Direito ao **M**atrimônio – Direito à **P**rivacidade – Direito ao **T**rabalho – Direito ao **V**oto – Direito à **S**aúde

Ressalta-se que, para a emissão de documentos oficiais, não será exigida a situação de curatela da pessoa com deficiência (art. 86, Lei nº 13.146/2015).

Curador: É obrigação dos curadores a prestação anual de contas de sua administração ao juiz, apresentando o balanço do respectivo ano (art. 84, § 4º, Lei nº 13.146/2015).

Se a pessoa com deficiência estiver em situação de institucionalização, o juiz deve dar preferência na escolha do curador para aqueles que tenham vínculo de natureza familiar, afetiva ou comunitária com o curatelado (art. 85, § 3º, Lei nº 13.146/2015). Além disso, deve ser assegurado o apoio necessário para ter preservado o direito à convivência familiar e comunitária, sendo evitado o seu recolhimento em estabelecimento que os afaste desse convívio (art. 1.777, CC/02).

Curador provisório: Em casos de relevância e urgência e a fim de proteger os interesses da pessoa com deficiência em situação de curatela, é possível a nomeação de curador provisório pelo juiz, ouvido o Ministério Público, de ofício ou a requerimento do interessado (art. 87, Lei nº 13.146/2015). Essa nomeação constitui medida processual de urgência de natureza antecipatória (art. 300 e seguintes do Código de Processo Civil de 2015). A nomeação de curador provisório pode ser realizada para a prática de atos urgentes de interesse do curatelando, como o pagamento de dívidas, evitar o perecimento de direitos, etc.[4].

Tomada de decisão apoiada: O Estatuto da Pessoa com Deficiência criou modelo de proteção intermediária para a pessoa com deficiência que não determina sua incapacidade relativa ou absoluta. Assim, a plena capacidade civil é garantida, mas verifica-se um auxílio a sua dignidade e igualdade substancial[5]. Trata-se do processo pelo qual a pessoa com deficiência escolhe 2 pessoas idôneas com quem mantenha vínculos e relação de confiança para prestar-lhe apoio na tomada de decisão sobre atos da vida civil, fornecendo elementos e informações necessários para que possa exercer sua capacidade (art. 1783-A, CC/02).

Termo de apoio: Para o exercício da tomada de decisão apoiada, é necessário que a pessoa com de-

4 FARIAS, Cristiano Chaves de.; CUNHA, Rogério Sanches; PINTO, Ronaldo Batista. *Estatuto da Pessoa com Deficiência comentado artigo por artigo*. Salvador: Juspodivm, 2016. p. 245.

5 FARIAS, Cristiano Chaves de.; CUNHA, Rogério Sanches; PINTO, Ronaldo Batista. *Estatuto da Pessoa com Deficiência comentado artigo por artigo*. Salvador: Juspodivm, 2016. p. 335.

ficiência e seus apoiadores apresentem termo que conste as seguintes informações (art. 1783-A, § 1º, CC/02):

- Limites do apoio a ser oferecido;
- Compromissos dos apoiadores;
- Prazo de vigência do acordo; e
- Respeito à vontade, aos direitos e aos interesses da pessoa que devem apoiar.

Procedimento: Antes de se pronunciar, o Juiz deve ser assistido por equipe multidisciplinar e ouvir pessoalmente o requerente e as pessoas que lhe prestarão apoio, ouvido o Ministério Público.

Efeitos da decisão: A decisão tomada por pessoa apoiada tem validade e efeitos sobre terceiros sem restrições desde que esteja inserida nos limites do apoio acordado. Nesse sentido, pode ser solicitado que os apoiadores contra-assinem o contrato ou acordo entre a pessoa com deficiência e o terceiro com quem mantem relação negocial.

Negócio jurídico que traga risco ou prejuízo: Se houver divergência de opinião entre a pessoa apoiada e um dos apoiadores, o juiz deve decidir a questão, ouvido o Ministério Público.

Negligência, pressão indevida ou inadimplemento das obrigações pelo apoiador: Se o apoiador agir com negligência, exercer pressão indevida ou não adimplir as obrigações assumidas, qualquer pessoa, inclusive a pessoa apoiada, pode apresentar denúncia ao Ministério Público ou ao juiz. Se procedente a denúncia, será destituído e nomeada outra pessoa para prestação de apoio.

Término do acordo firmado em processo de tomada de decisão apoiada: pode ser solicitado a qualquer tempo pela pessoa apoiada. É possível ainda que o apoiador solicite sua exclusão do processo de tomada de decisão apoiada, ficando seu desligamento condicionado à manifestação do juiz.

Para mais informações acerca da capacidade civil da pessoa com deficiência, veja o tópico referente aos reflexos do Estatuto da Pessoa com deficiência no Direito Civil.

2.17. CRIMES

O Título II do Estatuto da Pessoa com Deficiência estabeleceu a criação de crimes e sanções administrativas por violação dos direitos da pessoa com deficiência. Nesse sentido, foram criados 4 tipos penais com diversas causas de aumento de pena. Algumas dicas são fundamentais acerca desses crimes para o seu concurso:

1) Todos os crimes têm previsão de pena e multa;
2) Apenas o crime de retenção ou utilização de cartão magnético, qualquer meio eletrônico ou documento de pessoa com deficiência destinados ao recebimento de benefícios, proventos, pensões ou remuneração, previsto no art. 91 do Estatuto da Pessoa com Deficiência, tem pena de detenção. Os demais apresentam plena de reclusão.
3) Todas as causas de aumento de pena foram fixadas em 1/3.

CRIMES PREVISTOS NO ESTATUTO DA PESSOA COM DEFICIÊNCIA		
Tipo penal	**Pena**	**Causas de aumento de pena e qualificadoras**
Praticar, induzir ou incitar **discriminação de pessoa em razão de deficiência** (art. 88)	Reclusão, de 1 a 3 anos; e Multa	- Aumento de 1/3 se a vítima estiver sob cuidado e responsabilidade do agente.
		- Se praticado por intermédio de meios de comunicação social ou de publicação de qualquer natureza: Reclusão, de 2 a 5 anos; e Multa *Obs:* Nesse caso, o juiz pode determinar, ouvido o Ministério Público: a) Recolhimento ou busca e apreensão do material discriminatório; b) Interdição das respectivas mensagens ou páginas na internet - Efeito da condenação: destruição do material apreendido

CRIMES PREVISTOS NO ESTATUTO DA PESSOA COM DEFICIÊNCIA		
Tipo penal	**Pena**	**Causas de aumento de pena e qualificadoras**
Apropriar-se de ou desviar bens, proventos, pensão, benefícios, remuneração ou qualquer outro rendimento de pessoa com deficiência (art. 89)	Reclusão, de 1 a 4 anos; e Multa	– Aumento de 1/3 se o crime é cometido: a) por tutor, curador, síndico, liquidatário, inventariante, testamenteiro ou depositário judicial; b) por aquele que se apropriou em razão de ofício ou profissão.
Abandonar pessoa com deficiência em hospitais, casas de saúde, entidades de abrigamento ou congêneres (art. 90)	Reclusão, de 6 meses a 3 anos; e Multa	–
Não prover as **necessidades básicas de pessoa com deficiência** quando obrigado por lei ou mandado (art. 90, parágrafo único).	Reclusão, de 6 meses a 3 anos; e Multa	–
Reter ou utilizar cartão magnético, qualquer meio eletrônico ou documento de pessoa com deficiência destinados ao recebimento de benefícios, proventos, pensões ou remuneração ou à realização de operações financeiras, com o fim de obter vantagem indevida para si ou para outrem (art. 91)	Detenção, de 6 meses a 2 anos; e Multa.	– Aumento de 1/3 se o crime é cometido por tutor ou curador.

2.18. REFLEXOS DO ESTATUTO DA PESSOA COM DEFICIÊNCIA NO DIREITO CIVIL

O Estatuto da Pessoa com deficiência alterou diversos dispositivos legais, o que gerou impactos nos direitos e garantias da pessoa com deficiência em outros ramos do Direito. A seguir, sistematizamos as principais alterações realizadas pela Lei Brasileira de Inclusão nas outras disciplinas.

Incapacidade absoluta: A Lei Brasileira de Inclusão alterou completamente a teoria das incapacidades prevista no Código Civil. Tendo como base que as pessoas com deficiência têm direito ao exercício da capacidade legal em igualdade de condições com as demais pessoas (art. 84), o art. 3º do Código Civil foi alterado para prever como única hipótese de incapacidade absoluta os menos de 16 anos. Portanto, a enfermidade ou deficiência mental relacionada à falta de discernimento para a prática dos atos e aqueles que não puderem exprimir sua vontade, mesmo que por causas transitórias, deixam de ser hipóteses para a configuração da incapacidade civil absoluta. Note-se, portanto, que a deficiência, por si só, não justifica a imposição de incapacidade.

Incapacidade relativa: Mesmo nas hipóteses de incapacidade relativa, o Estatuto da Pessoa com Deficiência desatrelou a incapacidade da deficiência. Portanto, a incapacidade, mesmo que relativa, não pode ser determinada pelo simples fato de que a pessoa apresenta alguma deficiência. Contudo, se, por causa transitória ou permanente, não puder exprimir sua vontade, é possível determinar a incapacidade relativa da pessoa com deficiência. Note-se que essa hipótese também pode ser aplicada às pessoas sem deficiência quando não puderem exprimir sua vontade em razão de um grave acidente por exemplo. Segue nova redação do art. 4º do Código Civil:

> **Art. 4º do CC/02:** São incapazes, relativamente a certos atos ou à maneira de os exercer:
>
> I – os maiores de dezesseis e menores de dezoito anos;
>
> II – os ébrios habituais e os viciados em tóxico;
>
> III – aqueles que, por causa transitória ou permanente, não puderem exprimir sua vontade;
>
> IV – os pródigos.
>
> Parágrafo único. A capacidade dos indígenas será regulada por legislação especial.

Críticas ao Estatuto da Pessoa com Deficiência: Com a alteração na disciplina jurídica da incapacidade, o Estatuto da Pessoa com Deficiência recebeu críticas acerca:

a) **Prazo de prescrição para a pessoa com deficiência:** O art. 198 do CC/02 estabelece como uma das hipóteses que o prazo prescricional não correrá a incapacidade absoluta (art. 198, I, CC/02). Portanto, a pessoa com deficiência que não puder exprimir sua vontade terá seu prazo prescricional fluindo normalmente, o que gera críticas da doutrina diante da incapacidade de manifestar os atos da vida civil por aquela pessoa.

b) **Invalidade dos negócios jurídicos celebrados por pessoa com deficiência:** Na mesma linha da crítica acima, o art. 166, I, do CC/02 estabelece que somente os negócios jurídicos celebrados por pessoa absolutamente incapaz são nulos. Portanto, a incapacidade relativa não assegura a nulidade do negócio jurídico celebrado por pessoa com deficiência que não puder exprimir sua vontade. A anulabilidade depende de manifestação da parte e se convalida com o tempo[6].

Pessoa com deficiência como testemunha: O art. 228 estabelecia em seus incisos II e III hipóteses de pessoas com deficiência que não poderiam servir como testemunhas (aqueles que, por enfermidade ou retardamento mental, não tiverem discernimento para a prática dos atos da vida civil e os cegos e surdos, quando a ciência do fato que se quer provar dependa dos sentidos que lhes faltam). O Estatuto da Pessoa com Deficiência revogou esses dispositivos, desatrelando a deficiência da pessoa com sua capacidade para ser testemunha, estabelecendo de forma clara que a pessoa com deficiência pode testemunhas em igualdade de condições com as demais pessoas:

> **Art. 228, § 2º, CC/02:** A pessoa com deficiência poderá testemunhar em igualdade de condições com as demais pessoas, sendo-lhe assegurados todos os recursos de tecnologia assistiva.

Revogação de autorização para casar: A Lei Brasileira de Inclusão alterou a redação do art. 1.518 do CC/02 que previa que o curador poderia revogar a autorização do curatelado para casamento. Contudo, como vimos o direito ao casamento (matrimônio) não é afetado pela curatela, podendo ser livremente exercido. Segue novamente quadrinho com as hipóteses de direitos afetados e não afetados pela curatela:

Direitos afetados pela curatela	Direitos NÃO afetados pela curatela
– Direitos de natureza patrimonial e negocial	– Direito ao Próprio Corpo – Direito à Sexualidade – Direito à Educação – Direito ao Matrimônio – Direito à Privacidade – Direito ao Trabalho – Direito ao Voto – Direito à Saúde

Nulidade do casamento: Da mesma forma que o tópico anterior, a antiga redação do art. 1.548 do CC/02 previa que o casamento de pessoa com enfermidade mental sem o necessário discernimento para os atos da vida civil era nulo. Esse dispositivo foi revogado pela Lei nº 13.146/2015, pois prestigia-se a plena capacidade da pessoa com deficiência para casar-se (art. 6º, I, Estatuto da Pessoa com Deficiência). Nesse sentido, estabelece o art. 1.550, § 2º, CC/02:

> **Art. 1.550, § 2º, CC/02:** A pessoa com deficiência mental ou intelectual em idade núbia poderá contrair matrimônio, expressando sua vontade diretamente ou por meio de seu responsável ou curador.

Erro essencial sobre a pessoa do outro cônjuge: O CC/02 previa que a doença mental grave e o defeito físico irremediável seriam hipóteses para ser considerar erro sobre a pessoa do outro cônjuge que poderia anular o casamento por vício de vontade. O Estatuto da Pessoa com Deficiência removeu a remissão à doença mental grave e, quanto ao defeito físico somente aquele que não constitui deficiência pode ser considerado como erro:

> **Art. 1.557, CC/02:** Considera-se erro essencial sobre a pessoa do outro cônjuge:
>
> III – a ignorância, anterior ao casamento, de **defeito físico irremediável que não caracterize deficiência** ou de moléstia grave e transmissível, por contágio ou por herança, capaz de pôr em risco a saúde do outro cônjuge ou de sua descendência;
>
> IV – (Revogado).

Curatela: O Estatuto da Pessoa com Deficiência alterou significativa as hipóteses previstas de curatela no Código Civil. Tendo em vista o caráter excepcional da curatela, removeu-se as hipóteses que vinculavam a necessidade de curatela à existência de deficiência. Lembre-se de que a pessoa com deficiência tem, em regra, plena capacidade para os atos da vida civil. A curatela somente será possível quando a pessoa não puder exprimir sua

6 FARIAS, Cristiano Chaves de.; CUNHA, Rogério Sanches; PINTO, Ronaldo Batista. *Estatuto da Pessoa com Deficiência comentado artigo por artigo*. Salvador: Juspodivm, 2016. p. 314.

vontade por causa transitória ou permanente. Portanto, somente se a pessoa com deficiência não puder exprimir sua vontade, é possível a instituição da curatela. As demais hipóteses de curatela estão previstas no art. 1.767 do CC/02 e não dizem respeito à pessoa com deficiência:

> **Art. 1.767, CC/02:** Estão sujeitos a curatela:
>
> I - aqueles que, por causa transitória ou permanente, não puderem exprimir sua vontade;
>
> II - (Revogado);
>
> III - os ébrios habituais e os viciados em tóxico;
>
> IV - (Revogado);
>
> V - os pródigos.

Curatela compartilhada: É possível que a curatela da pessoa com deficiência seja compartilhada (art. 1775-A, CC/02), ou seja, exercida por duas ou mais pessoas com o intuito de assegurar a proteção do curatelado.

Tomada de decisão apoiada: O Estatuto da Pessoa com Deficiência criou modelo de proteção intermediária para a pessoa com deficiência que não determina sua incapacidade relativa ou absoluta. Assim, a plena capacidade civil é garantida, mas verifica-se um auxílio a sua dignidade e igualdade substancial[7]. Trata-se do processo pelo qual a pessoa com deficiência escolhe 2 pessoas idôneas com quem mantenha vínculos e relação de confiança para prestar-lhe apoio na tomada de decisão sobre atos da vida civil, fornecendo elementos e informações necessários para que possa exercer sua capacidade (art. 1783-A, CC/02).

Termo de apoio: Para o exercício da tomada de decisão apoiada, é necessário que a pessoa com deficiência e seus apoiadores apresentem termo que conste as seguintes informações (art. 1783-A, § 1º, CC/02):

- Limites do apoio a ser oferecido;
- Compromissos dos apoiadores;
- Prazo de vigência do acordo; e
- Respeito à vontade, aos direitos e aos interesses da pessoa que devem apoiar.

Procedimento: Antes de se pronunciar, o Juiz deve ser assistido por equipe multidisciplinar e ouvir pessoalmente o requerente e as pessoas que lhe prestarão apoio, ouvido o Ministério Público.

Efeitos da decisão: A decisão tomada por pessoa apoiada tem validade e efeitos sobre terceiros sem restrições desde que esteja inserida nos limites do apoio acordado. Nesse sentido, pode ser solicitado que os apoiadores contra-assinem o contrato ou acordo entre a pessoa com deficiência e o terceiro com quem mantem relação negocial.

Negócio jurídico que traga risco ou prejuízo: Se houver divergência de opinião entre a pessoa apoiada e um dos apoiadores, o juiz deve decidir a questão, ouvido o Ministério Público.

Negligência, pressão indevida ou inadimplemento das obrigações pelo apoiador: Se o apoiador agir com negligência, exercer pressão indevida ou não adimplir as obrigações assumidas, qualquer pessoa, inclusive a pessoa apoiada, pode apresentar denúncia ao Ministério Público ou ao juiz. Se procedente a denúncia, será destituído e nomeada outra pessoa para prestação de apoio.

Término do acordo firmado em processo de tomada de decisão apoiada: pode ser solicitado a qualquer tempo pela pessoa apoiada. É possível ainda que o apoiador solicite sua exclusão do processo de tomada de decisão apoiada, ficando seu desligamento condicionado à manifestação do juiz.

2.19. DISPOSIÇÕES FINAIS E TRANSITÓRIAS DO ESTATUTO DA PESSOA COM DEFICIÊNCIA

Cadastro-Inclusão: O Estatuto da Pessoa com Deficiência criou o Cadastro Nacional de Inclusão da Pessoa com Deficiência, administrado pelo Poder Executivo Federal e constituído por base de dados, instrumentos, procedimentos e sistemas eletrônicos. O Cadastro-Inclusão consiste em registro público eletrônico que tem como finalidade a coleta, o processamento, a sistematização e a disseminação de informações georreferenciadas que permitam a identificação e a caracterização socioeconômica da pessoa com deficiência e das barreiras que impedem a realização de seus direitos (art. 92, Lei nº 13.146/2015).

Os dados constituintes do Cadastro-Inclusão são obtidos a partir da integração dos sistemas de informação e da base de dados de todas as políticas públicas relacionadas aos direitos previstos no Estatuto e pelas informações coletadas em censos nacionais e demais pesquisas, de acordo com os parâmetros estabelecidos pela Convenção sobre os Direitos das Pessoas com Deficiência e seu Protocolo Facultativo. Para a coleta, transmissão e sistematização de dados, é possível a celebração de convênios, acordos, termos de parceria ou contratos com instituições públicas e privadas.

É necessário ressaltar que a utilização das informações constantes no Cadastro-Inclusão deve observar as salvaguardas estabelecidas em lei, de modo que sejam asseguradas a **confidencialidade**, a **privacidade e as liberdades fundamentais da pessoa com deficiência**, bem como os **princípios éticos** que regem a utilização das informações. As informações a que se refere o artigo devem ser disseminadas em formatos acessíveis.

---

7 FARIAS, Cristiano Chaves de.; CUNHA, Rogério Sanches; PINTO, Ronaldo Batista. *Estatuto da Pessoa com Deficiência comentado artigo por artigo*. Salvador: Juspodivm, 2016. p. 335.

As informações do Cadastro-Inclusão **somente** poderão ser utilizadas com os seguintes objetivos:

a) formulação, gestão, monitoramento e avaliação das políticas públicas para a pessoa com deficiência e para identificar as barreiras que impedem a realização de seus direitos;

b) realização de estudos e pesquisas.

Inspeções e auditorias pelos órgãos de controle interno e externo: As inspeções e auditorias pelos **órgãos** de controle interno e externo devem observar o cumprimento do Estatuto da Pessoa com Deficiência e das normas de acessibilidade vigentes (art. 93, Lei nº 13.146/2015).

Comparecimento da pessoa com deficiência em órgãos públicos: É vedada a exigência do comparecimento da pessoa com deficiência em órgãos públicos quando, em razão de sua limitação funcional e das condições de acessibilidade, impuserem-lhe ônus desproporcional e indevido no deslocamento. Nesses casos, devem ser observados os seguintes procedimentos, conforme os interesses:

- **Interesse do poder público:** o agente promoverá o contato necessário com a pessoa com deficiência em sua residência;
- **Interesse da pessoa com deficiência:** A pessoa com deficiência apresentará solicitação de atendimento domiciliar ou fará representar-se por procurador constituído para essa finalidade.

No caso de perícia médica e social do INSS, serviço público de saúde ou serviço privado de saúde, contratado ou conveniado, que integre o SUS e entidades da rede socioassistencial integrantes do Suas, o atendimento deve ser realizado no domicílio da pessoa com deficiência, quando seu deslocamento, em razão de sua limitação funcional e de condições de acessibilidade, impuser-lhe ônus desproporcional e indevido (art. 95, Lei nº 13.146/2015).

Relatórios circunstanciados: Os órgãos competentes, em cada esfera do governo, devem elaborar relatórios circunstanciados sobre o cumprimento dos prazos previstos nas leis nº 10.048/00 e 10.098/00 até um ano após a entrada em vigor do Estatuto da Pessoa com Deficiência, e o seu encaminhamento ao Ministério Público e órgãos de regulação para a adoção das providências cabíveis nos casos de descumprimento (art. 120, Lei nº 13.146/2015).

Direitos, prazos e obrigações: Os direitos, os prazos e as obrigações disciplinados pelo Estatuto da Pessoa com Deficiência devem ser aplicados em conformidade com as demais normas internas e acordos internacionais aprovados e promulgados pelo Congresso Nacional sobre a matéria, prevalecendo sempre a norma mais benéfica à pessoa com deficiência (art. 121, Lei nº 13.146/2015).

Microempresas e empresas de pequeno porte. De acordo com o Estatuto da Pessoa com deficiência, o tratamento diferenciado, simplificado e favorecido às microempresas e às empresas de pequeno porte previsto no art. 1º, § 3º, da Lei Complementar nº 123/06 será previsto em regulamento (art. 122, Lei nº 13.146/2015).

3. PRIORIDADE DE ATENDIMENTO ÀS PESSOAS COM DEFICIÊNCIA

Atendimento prioritário: De acordo com a legislação (art. 9º, Lei nº 13.146/2015), a pessoa com deficiência tem direito ao recebimento de atendimento prioritário, que compreende tratamento diferenciado e atendimento imediato (art. 6º, Decreto nº 5.296/2004). Cumpre ressaltar que, além da pessoa com deficiência, tem direito ao atendimento prioritário (art. 1º, Lei nº 10.048/2000 e art. 5º, Decreto nº 5.296/2004):

- pessoas com transtorno do espectro autista;
- Pessoas idosas com idade superior a 60 anos;
- Gestantes;
- Lactantes;
- Pessoas com crianças de colo;
- Obesos;
- pessoas com mobilidade reduzida;
- doadores de sangue.

Doadores de sangue: terão direito a atendimento prioritário após todos os demais beneficiados no rol anterior, mediante apresentação de comprovante de doação, com validade de 120 dias.

O Estatuto da Pessoa com Deficiência traça as principais hipóteses para esse tratamento diferenciado no atendimento.

HIPÓTESES DE ATENDIMENTO PRIORITÁRIO
– **Proteção e socorro**: nos serviços de emergência públicos e privados, a prioridade é condicionada à observância dos protocolos de atendimento médico (art. 9º, I, Estatuto da Pessoa com Deficiência);
– **Atendimento ao público:** Atendimento em todas as instituições e serviços de atendimento ao público (art. 9º, II, Estatuto da Pessoa com Deficiência);
– **Recursos para igualdade de condições:** Disponibilização de recursos humanos e tecnológicos que assegurem atendimento em igualdade de condições com as demais pessoas (art. 9º, III, Estatuto da Pessoa com Deficiência);
– **Transporte acessível e seguro:** Disponibilização de pontos de parada, estações e terminais acessíveis de transporte coletivo de passageiros e garantia de segurança no embarque e desembarque (art. 9º, IV, Estatuto da Pessoa com Deficiência);

HIPÓTESES DE ATENDIMENTO PRIORITÁRIO
– **Acesso a informações e recursos de comunicação acessíveis** (art. 9º, V, Estatuto da Pessoa com Deficiência);
– Recebimento de **restituição de imposto de renda** (art. 9º, VI, Estatuto da Pessoa com Deficiência);
– **Tramitação processual** e procedimentos judiciais e administrativos em que for parte ou interessada, em todos os atos e diligências (art. 9º, VII, Estatuto da Pessoa com Deficiência).

Acompanhante e atendente pessoal: os direitos de atendimento prioritário são extensíveis ao acompanhante de pessoa com deficiência ou ao seu atendente pessoal com exceção do atendimento prioritário no recebimento de restituição de imposto de renda e na tramitação processual.

Tratamento diferenciado: O art. 6º, § 1º, Decreto nº 5.296/2004 determina um rol exemplificativo de hipóteses de tratamento diferenciado:

TRATAMENTO DIFERENCIADO
• Assentos de uso preferencial sinalizados, espaços e instalações acessíveis;
• Mobiliário de recepção e atendimento obrigatoriamente adaptado à altura e à condição física de pessoas em cadeira de rodas conforme normas técnicas da ABNT.
• Serviços de atendimento para pessoas com deficiência auditiva, prestado por intérpretes ou pessoas capacitadas em Língua Brasileira de Sinais – LIBRAS e no trato com aquelas que não se comuniquem em LIBRAS, e para pessoas surdocegas, prestado por guias-intérpretes ou pessoas capacitadas neste tipo de atendimento;
• Pessoal capacitado para prestar atendimento às pessoas com deficiência visual, mental e múltipla, bem como às pessoas idosas;
• Área especial para embarque e desembarque de pessoa com deficiência ou mobilidade reduzida;
• Sinalização ambiental para orientação das pessoas com atendimento prioritário;
• Divulgação do direito de atendimento prioritário das pessoas com deficiência ou mobilidade reduzida em local visível;
• Admissão e permanência de cão-guia junto de pessoa com deficiência nos órgãos públicos, concessionárias de serviços públicos, edificações de uso público ou coletivo com a apresentação de carteira de vacina atualizada do animal;
• Local de atendimento específico às pessoas com atendimento prioritário.

Atendimento prioritário: poderá ser realizado mediante discriminação de postos, caixas, guichês, linhas ou atendentes específicos para esse fim. Caso não haja postos, caixas, guichês, linhas ou atendentes específicos para a realização do atendimento prioritário, as pessoas mencionadas deverão ser atendidas imediatamente após a conclusão do atendimento que estiver em andamento, antes de quaisquer outras pessoas.

4. DIREITOS NO SISTEMA DE TRANSPORTE COLETIVO

Transporte e mobilidade em igualdade de oportunidades: Novamente, a Lei Brasileira de Inclusão da Pessoa com Deficiência ressalta a necessidade de assegurar direito ao transporte e mobilidade em igualdade de oportunidades com as demais pessoas à pessoa com deficiência ou com mobilidade reduzida, por meio de identificação e de **eliminação de obstáculos e barreiras ao acesso** (art. 46, Lei nº 13.146/2015).

Transporte coletivo terrestre, aquaviário e aéreo: Com a finalidade de acessibilidade, consideram-se integrantes desses serviços, os veículos, os terminais, as estações, os pontos de parada, o sistema viário e a prestação do serviço.

Submissão ao Estatuto da Pessoa com Deficiência: Sujeitam-se às disposições do Estatuto da Pessoa com Deficiência, a outorga, a concessão, a permissão, a autorização, a renovação ou a habilitação de linhas e de serviços de transporte coletivo. Além disso, as empresas de transporte de fretamento e de turismo também se sujeitam às disposições do Estatuto quanto à promoção do direito ao transporte e mobilidade da pessoa com deficiência ou com mobilidade reduzida.

Símbolo internacional de acesso: Para colocação do símbolo internacional de acesso nos veículos de empresa de transporte coletivo de passageiros, é necessária a certificação de acessibilidade emitida pelo gestor público responsável pela prestação do serviço.

Vagas em estacionamentos: é necessária a **reserva de 2% das vagas sinalizadas**, sempre garantida 1 vaga, próximas aos acessos de circulação de pedestres para veículos que transportem pessoa com deficiência com comprometimento de mobilidade em todas as áreas de estacionamento abertas ao público, de uso público ou privado de uso coletivo e em vias públicas. Os veículos estacionados nessas vagas devem exibir credencial de beneficiário confeccionada pelos órgãos de trânsito, que será válida em todo território nacional (art. 47, Lei nº 13.146/2015). O art. 7º da Lei nº 10.098/2000 também prevê a reserva de 2% das vagas de estacionamento devidamente sinalizadas e próximas ao acesso de circulação de pedestres.

Utilização indevida das vagas reservadas às pessoas com deficiência: sujeita o infrator à multa de trânsito de natureza grave conforme art. 181, XX, do Código de Trânsito Brasileiro:

> **Art. 181, CTB.** Estacionar o veículo:
>
> (...)
>
> XX – nas vagas reservadas às pessoas com deficiência ou pessoa idosa, sem credencial que comprove tal condição:
>
> Infração – gravíssima;
>
> Penalidade – multa;
>
> Medida administrativa – remoção do veículo.

Acessibilidade no transporte: Os veículos de transporte coletivo terrestre, aquaviário e aéreo, as instalações, estações, portos e terminais devem ser acessíveis para o uso de todas as pessoas. É necessária a disponibilização de informações em comunicação acessível sobre todos os pontos do itinerário (art. 48, Lei nº 13.146/2015). Os sistemas de transporte coletivo são considerados acessíveis quando todos os seus elementos são concebidos, organizados, implantados e adaptados segundo o conceito de desenho universal, garantindo o uso pleno com segurança e autonomia por todas as pessoas (art. 34, Decreto nº 5.296/2004). De acordo com o art. 5º da Lei nº 10.048/2000, os veículos de transporte coletivo serão planejados de forma a facilitar o acesso a seu interior das pessoas com deficiência.

Reserva de assentos em transportes coletivos: As empresas públicas de transporte e as concessionárias de transporte coletivo reservarão assentos, devidamente identificados, às pessoas com deficiência, às pessoas com transtorno do espectro autista, às pessoas idosas, às gestantes, às lactantes, às pessoas com criança de colo e às pessoas com mobilidade reduzida. (art. 3º, Lei nº 10.048/2000 com redação dada pela Lei nº 14.626, de 2023).

Prioridade no embarque e desembarque: A pessoa com deficiência tem assegurada prioridade e segurança nos procedimentos de embarque e desembarque nos veículos de transporte coletivo.

Acessibilidade em elementos verticais de sinalização: Os sinais de tráfego, semáforos, postes de iluminação e quaisquer outros elementos verticais de sinalização devem ser dispostos de modo a não dificultar a circulação, assegurando sua utilização com a máxima comodidade (art. 8º, Lei nº 10.098/2000)

Sinal sonoro de orientação para pedestre: Os semáforos para pedestres devem estar equipados com mecanismo que emita sinal sonoro suave ou com outro mecanismo alternativo que viabilize a travessia de pessoas com deficiência visual, se intensidade de fluxo de veículos assim determinar. Será obrigatório o uso desse sinal sonoro em vias públicas de grande circulação ou que deem acesso ao serviço de reabilitação (art. 9º, Lei nº 10.098/2000 e art. 17 do Decreto nº 5.296/2004).

Fabricação de veículos acessíveis: O poder público deve incentivar a fabricação de veículos acessíveis e sua utilização como táxis e vans para permitir seu uso por todas as pessoas (art. 50, Lei nº 13.146/2015). Ademais, todos os veículos de transporte coletivo rodoviário, aquaviário, metroferroviário, ferroviário e aéreo devem ser fabricados acessíveis de forma a garantir o uso de pessoa com deficiência ou mobilidade reduzida (arts. 38 a 44 do Decreto nº 5.296/2004)

Reserva de táxis acessíveis: Empresas de táxi devem reservar 10% de seus veículos acessíveis à pessoa com deficiência, sendo proibida a cobrança de valores adicionais pelo serviço prestado. Para assegurar o cumprimento da cota de 10%, é possível a instituição de incentivos fiscais pelo poder público (art. 51, Lei nº 13.146/2015).

Reserva de vagas na outorga de táxis: O Estatuto da Pessoa com Deficiência inseriu o art. 12-B à Lei nº 12.587/2012 que prevê a necessidade de se reservar 10% das vagas em outorga de exploração de serviço e táxis à pessoa com deficiência. Para ter direito de concorrer às vagas, o condutor deve atender aos seguintes requisitos quanto ao veículo utilizado, sob pena de deixar sua vaga para os remanescentes:

- Ser o veículo de sua propriedade e por ele conduzido;
- Estar adaptado às suas necessidades.

Locadores de veículos: Obrigação de oferecimento de 1 veículo adaptado para pessoa com deficiência a cada conjunto de 20 veículos de sua frota. Veículo deverá ter, no mínimo, câmbio automático, direção hidráulica, vidros elétricos e comandos manuais de freio e embreagem.

4.1. PASSE LIVRE NO TRANSPORTE COLETIVO INTERESTADUAL (LEI Nº 8.899/1994 E DECRETO Nº 3.691/2000)

Passe livre: É assegurado à pessoa com deficiência, comprovadamente carente, o passe livre no transporte coletivo interestadual (art. 1º, Lei nº 8.899/1994). Nesse sentido, o art. 1º do Decreto nº 3.691/2000, que regulamenta a Lei nº 8.899/1994, estabelece a necessidade das empresas permissionárias e autorizatárias de transporte interestadual de passageiros a reservar dois assentos de cada veículo para pessoa com deficiência. Cabe ao Ministro de Estado dos Transportes estabelecer a disciplina do Decreto nº 3.691/2000.

Lembre-se de que as pessoas com mobilidade reduzida não tem direito ao passe livre, pois a lei restringe o direito apenas às pessoas com deficiência.

Para facilitar a memorização do assunto, segue quadrinho com dicas sobre os direitos da pessoa com deficiência no transporte coletivo:

DIREITO AO TRANSPORTE E À MOBILIDADE
- **Transporte e mobilidade em igualdade de oportunidades:** identificação e de eliminação de obstáculos e barreiras ao acesso;
- **Transporte coletivo terrestre, aquaviário e aéreo:** Também integram os veículos, os terminais, as estações, os pontos de parada, o sistema viário e a prestação do serviço.
- **Submissão ao Estatuto da Pessoa com Deficiência:**
- A outorga, a concessão, a permissão, a autorização, a renovação ou a habilitação de linhas e de serviços de transporte coletivo;
- As empresas de transporte de fretamento e de turismo.
- **Símbolo internacional de acesso:** certificação de acessibilidade emitida pelo gestor público responsável;
- **Vagas em estacionamentos:** reserva de 2% das vagas sinalizadas com necessidade de utilização de credencial;
- **Acessibilidade no transporte:** Veículos de transporte coletivo terrestre, aquaviário e aéreo, as instalações, estações, portos e terminais devem ser acessíveis para o uso de todas as pessoas;
- Pessoa com deficiência tem **prioridade no embarque e desembarque** de veículos de transporte coletivo;
- **Fabricação de veículos acessíveis:** incentivar a fabricação de veículos acessíveis e sua utilização como táxis e vans;
- **Reserva de táxis acessíveis:** 10% da frota com veículos acessíveis.
- **Locadores de veículos:** 1 veículo adaptado a cada 20 veículos de sua frota.

5. SÍMBOLO DE IDENTIFICAÇÃO DE PESSOAS COM DEFICIÊNCIA AUDITIVA

Símbolo internacional de surdez: É obrigatória a colocação de modo visível do "Símbolo Internacional de Surdez" em todos os locais que possibilitem acesso, circulação e utilização por pessoas com deficiência auditiva e em todos os serviços que forem postos à sua disposição (art. 1º. Lei nº 8.160/1991).

Local visível ao público: A colocação do símbolo deve ocorrer em local visível ao público, não sendo permitida modificação ou adição ao desenho reproduzido.

Proibição de uso: é proibido o uso do símbolo internacional de surdez para finalidade diversa que não seja a identificar, assinalar ou indicar local ou serviço habilitado ao uso de pessoas com deficiência. Essa proibição não se aplica à reprodução do símbolo em publicações e outros meios de comunicação relevantes para os interesses do deficiente auditivo, por exemplo, nos adesivos específicos para veículos por ele conduzidos.

6. NORMAS GERAIS E CRITÉRIOS BÁSICOS PARA A PROMOÇÃO DA ACESSIBILIDADE DAS PESSOAS COM DEFICIÊNCIA OU COM MOBILIDADE REDUZIDA

Acessibilidade: É o direito que assegura à pessoa com deficiência ou com mobilidade reduzida **viver de forma independente** e exercer seus **direitos de cidadania e de participação social** (art. 53, Lei nº 13.146/2015). Nesse sentido, é importante destacar o conceito trazido no art. 3º do Estatuto sobre acessibilidade. Ressalta-se novamente a importância dos conceitos trazidos pela Legislação que poderão ser exigidos em seu concurso. Não deixe de conferir nosso quadro com os conceitos no tópico 2.2 dessas dicas:

> **Art. 3º, I, Estatuto da Pessoa com Deficiência:** Para fins de aplicação desta Lei, consideram-se: **acessibilidade**: possibilidade e condição de alcance para utilização, com segurança e autonomia, de espaços, mobiliários, equipamentos urbanos, edificações, transportes, informação e comunicação, inclusive seus sistemas e tecnologias, bem como de outros serviços e instalações abertos ao público, de uso público ou privados de uso coletivo, tanto na zona urbana como na rural, **por pessoa com deficiência ou com mobilidade reduzida**; (grifos acrescidos)

Instrumentos sujeitos ao cumprimento das normas de acessibilidade: A Lei Brasileira de Inclusão da Pessoa com Deficiência traçou os instrumentos que estão **sujeitos** ao respeito da legislação sobre acessibilidade previstas no Estatuto e em outras normas (art. 54, Lei nº 13.146/2015):

OBRIGATORIEDADE NO CUMPRIMENTO DAS NORMAS DE ACESSIBILIDADE
1) Aprovação de **projeto arquitetônico e urbanístico** ou de **comunicação e informação**;
2) Fabricação de **veículos de transporte coletivo** e a prestação do respectivo serviço;
3) Execução de qualquer tipo de **obra**, quando tenham destinação **pública ou coletiva**;
4) Outorga ou renovação de **concessão, permissão, autorização ou habilitação** de qualquer natureza;

OBRIGATORIEDADE NO CUMPRIMENTO DAS NORMAS DE ACESSIBILIDADE

5) Aprovação de **financiamento de projeto com utilização de recursos públicos**, por meio de renúncia ou de incentivo fiscal, contrato, convênio ou instrumento congênere. Nesse caso, de acordo com o art. 64 do Estatuto da Pessoa com Deficiência, para a obtenção do financiamento é necessário assegurar acessibilidade nos sítios eletrônicos; e

6) Concessão de aval da União para **obtenção de empréstimo e de financiamento internacionais** por entes públicos ou privados.

Atos e legislações orientados pelas regras de acessibilidade: O Estatuto da Pessoa com Deficiência aponta ainda os atos e legislações que devem se **orientar** pelas regras de acessibilidade, sempre observando o disposto nas seguintes leis (art. 60, Lei nº 13.146/2015):

- Lei nº 10.098/2000 (estabelece normas gerais e critérios básicos para a promoção da acessibilidade das pessoas portadoras de deficiência ou com mobilidade reduzida);
- Lei nº 10.257/2001 (estabelece diretrizes gerais da política urbana);
- Lei nº 12.857/2012 (institui as diretrizes da Política Nacional de Mobilidade Urbana)

Obs.: Note a diferença entre o tópico anterior que traz os instrumentos que estão sujeitos às normas de acessibilidade (obrigatoriedade), enquanto que os atos e legislações desse tópico devem ser orientados pelas regras de acessibilidade.

ORIENTAÇÃO PELAS REGRAS DE ACESSIBILIDADE

– Planos diretores municipais;

– Planos diretores de transporte e trânsito;

– Planos de mobilidade urbana;

– Planos de preservação de sítios históricos;

Obs.: Todos os planos listados acima devem se orientar pelas regras de acessibilidade quando elaborados ou atualizados a partir da publicação do Estatuto da Pessoa com deficiência.

– Códigos de obras;

– Código de postura;

– Leis de uso e ocupação do solo;

– Leis do sistema viário;

– Estudos prévios de impacto de vizinhança;

– Atividades de fiscalização e a imposição de sanções;

– Legislação referente à prevenção contra incêndio e pânico.

Concessão e renovação de alvará de funcionamento: condicionada ao cumprimento e certificação das regras de acessibilidade.

Carta de habite-se: A emissão de cara de habite-se, sua habilitação equivalente e renovação, é condicionada à observância e certificação das regras de acessibilidade (art. 60, § 2º, Lei nº 13.146/2015 e art. 13, § 2º, Decreto nº 5.296/2004).

6.1. PRINCÍPIO DO DESENHO UNIVERSAL

Princípio do desenho universal: Projetos que versem sobre o meio físico, de transporte, de informação e comunicação, inclusive de sistemas e tecnologias da informação e comunicação, e de outros serviços, equipamentos e instalações abertas ao público, devem atender aos princípios do desenho universal, tendo como referência as normas de acessibilidade (art. 55, Lei nº 13.146/2015).

Desenho universal será utilizado como **regra geral**, inclusive desde a etapa de concepção das políticas públicas. **Exceção:** Nas hipóteses que comprovadamente não seja possível utilizar o desenho universal, deve ser adotada **adaptação razoável** (art. 55, § 1º e 2º, Lei nº 13.146/2015).

LEMBRE-SE:

O **desenho universal** compreende a concepção de produtos, ambientes, programas e serviços a serem usados por todas as pessoas, **sem necessidade de adaptação ou de projeto específico**, incluindo os recursos de tecnologia assistiva (art. 3º, II);

As **adaptações razoáveis** compreendem as **adaptações, modificações e ajustes necessários e adequados que não acarretem ônus desproporcional e indevido** a fim de assegurar que a pessoa com deficiência possa exercer todos seus direitos fundamentais em igualdade de condições e oportunidades com as demais pessoas (art. 3º, VI).

Diretrizes curriculares e projetos de pesquisa: é dever do poder público incluir conteúdos temáticos referentes ao desenho universal nas diretrizes curriculares da educação profissional e tecnológica e do ensino superior e na formação das carreiras de Estado. Projetos de pesquisa com apoio de organismos públicos de auxílio à pesquisa e de agências de fomento devem incluir temas voltados para o desenho universal (art. 55, § 4º, Lei nº 13.146/2015). Nesse mesmo sentido, prevê o art. 10, § 1º e 2º do Decreto nº 5.296/2004.

6.2. PREMISSAS BÁSICAS DE ACESSIBILIDADE

Premissas básicas para ações de acessibilidade: É importante ressaltar que a legislação traça ainda as premissas básicas para a formulação, implementação e manutenção das ações de acessibilidade (art. 61, Lei nº 13.146/2015). Essas premissas também estão previstas no art. 9º do Decreto nº 5.296/2004:

PREMISSAS BÁSICAS PARA AÇÕES DE ACESSIBILIDADE
– Eleição de prioridades;
– Elaboração de cronograma;
– Reserva de recursos para implementação de ações;
– Planejamento contínuo e articulado entre os setores envolvidos.

Contas em formato acessível: É direito da pessoa com deficiência, desde que realize a solicitação, o recebimento de contas, boletos, extratos e cobranças de tributos em formato acessível (art. 62, Lei nº 13.146/2015).

6.3. ACESSIBILIDADE EM EDIFICAÇÕES, VIAS E ESPAÇOS PÚBLICOS

Previsão constitucional: De acordo com o art. 227, § 2º, da Constituição Federal, a lei deve dispor sobre normas de construção dos logradouros e dos edifícios de uso público, e da fabricação de transporte coletivo a fim de garantir acesso adequado às pessoas com deficiência.

Alterações em edificações abertas ao público: a construção, reforma, ampliação ou mudança de uso de edificações abertas ao público devem ser executadas de modo a serem acessíveis. Entidades de fiscalização profissional de Engenharia, Arquitetura e correlatas devem exigir a responsabilidade profissional declarada de atendimento às regras de acessibilidade ao anotarem a responsabilidade técnica de projetos. Após a certificação de acessibilidade pelo poder público será colocado símbolo internacional de acesso em locais de ampla visibilidade (art. 56, Lei nº 13.146/2015 e art. 11, § 3º, Decreto nº 5.296/2004). Nesse mesmo sentido, o art. 4º da Lei nº 10.048/2000 determina a facilitação do acesso em logradouros e sanitários públicos às pessoas com deficiência.

Também é necessário o atendimento às regras de acessibilidade para:

- Aprovação, licenciamento ou emissão de certificado de projeto executivo arquitetônico, urbanístico e de instalações e equipamentos temporários ou permanentes;
- Licenciamento ou emissão de certificado de conclusão de obra ou serviço.

Requisitos de acessibilidade assegurados na construção, reforma e ampliação de edifícios públicos ou privados de uso coletivo: O art. 11, parágrafo único, Lei nº 10.098/2000 traz requisitos que devem ser observados nas alterações realizadas em edifícios públicos ou de uso coletivo:

- Áreas extras ou internas destinadas a garagem e a estacionamento de uso público devem ser asseguradas vagas próximas aos acessos de circulação de pedestres para veículos que transportam pessoa com deficiência de locomoção;
- Pelo menos um dos acessos ao interior da edificação deve estar livre de barreiras arquitetônicas e de obtáculos que impeçam ou dificultem a acessibilidade de pessoa com deficiência ou com mobilidade reduzida. O art. 19, § 1º, Decreto nº 5.296/2004 assegurou o prazo de 30 meses para essa adaptação a partir da publicação do decreto;
- Pelo menos um dos itinerários que comuniquem horizontal e verticalmente todas as dependências e serviços do edifício devem cumprir os requisito de acessibilidade;
- Edifícios devem dispor de, pelo menos um banheiro acessível.

Edificações já existentes: as edificações públicas e privadas de uso coletivo já existentes devem assegurar o atendimento às normas de acessibilidade à pessoa com deficiência em todas as suas dependências e serviços (art. 57, Lei nº 13.146/2015).

Edificação de uso privado multifamiliar: O projeto e a construção de edificação de uso privado multifamiliar devem atender aos preceitos de acessibilidade (art. 58, Estatuto da Pessoa com Deficiência e art. 18, Decreto nº 5.296/2004). Percentual mínimo das unidades internamente acessíveis deve ser assegurado pelas construtoras e incorporadoras responsáveis pelo projeto e nenhum valor adicional pode ser exigido na aquisição da unidade acessível. Também estão sujeitos ao disposto os acessos, as piscinas, os andares de recreação, os salão de festas e de reuniões, as saunas e os banheiros, as quadras esportivas, as portarias, os estacionamentos e as garagens, entre outras partes das áreas internas ou externas de uso comum das edificações de uso privado multifamiliar e das de uso coletivo.

Requisitos de acessibilidade em elevadores: Os elevadores instalados em edifícios de uso privado devem atender aos seguintes requisitos de acessibilidade (art. 13, Lei nº 10.098/2000):

a) percurso acessível que una as unidades habitacionais com o exterior e com as dependências de uso comum;

b) percurso acessível que una a edificação à via pública, às edificações e aos serviços anexos de uso comum e aos edifícios vizinhos;

c) cabine de elevador e respectiva porta de entrada acessíveis para pessoas com deficiência.

Planejamento e urbanização de vias públicas, parques e espaços de uso público: De acordo com o art. 3º da Lei nº 10.098/2000, as vias públicas, parques e demais espaços públicos devem ser concebidos de forma acessível a todas as pessoas, inclusive para aquelas com deficiência ou com mobilidade reduzida. Além disso, o passeio público ("calçada") deve ser destinado apenas para a circulação de pedestres e, quando possível, para a implantação de mobiliário urbano e vegetação. De forma excepcional, é possível estabelecer faixa de calçada de largura menor que o estabelecido em normas técnicas de acessibilidade desde que desde que haja justificativa baseada em estudo técnico e que o acesso seja viabilizado de outra forma, garantida a melhor técnica possível (art. 15, § 2º, Decreto nº 5.296/2004).

Vias públicas, parques e demais espaços públicos já existentes: necessidade de adaptação para assegurar a mais ampla acessibilidade às pessoas com deficiência ou mobilidade reduzida (art. 4º, Lei nº 10.098/2000).

Projeto e traçado dos elementos de urbanização públicos e privados de uso comunitário: deverão observar os parâmetros estabelecidos pelas normas técnicas de acessibilidade da ABNT (art. 5º da Lei nº 10.098/2000).

Sinalização tátil de alerta no piso: A instalação de mobiliário urbano que ofereça risco de acidente à pessoa com deficiência deve ser indicada mediante sinalização tátil de alerta no piso (art. 10-A, Lei nº 10.098/2000). Esses elementos de mobiliário urbano deverão ser projetados e instalados em locais que permitam sejam eles utilizados pelas pessoas portadoras de deficiência ou com mobilidade reduzida (art. 10 da Lei nº 10.098/2000).

Adaptação de brinquedos e equipamento de lazer: De acordo com a Lei nº 13.443/2017, que alterou a redação do art. 4º, parágrafo único, da Lei nº 10.098/2000, as vias públicas, os parques e os demais espaços de uso público, devem ter, pelo menos 5% de cada brinquedo e equipamento de lazer adaptado e identifica-lo para o uso da pessoa com deficiência ou com mobilidade reduzida (art. 4º, parágrafo único, Lei nº 10.098/2000). **Atenção!** Tendo em vista a alteração recente desse dispositivo, é possível sua cobrança nos concursos que abordam Noções sobre Direitos das Pessoas com Deficiência.

Banheiros de uso público: Os banheiros de uso público existentes ou a construir em parques, jardins e espaços livres ao público devem ser acessíveis e assegurar pelo menos 1 sanitário e 1 lavatório que atendam às especificações técnicas de acessibilidade da ABNT (Associação Brasileira de Normas Técnicas) (art. 6º, Lei nº 10.098/2000). Nos termos do art. 6º, § 1º, da Lei nº 10.098/2000 (incluído pela Lei nº 13.825/2019), os eventos organizados em espaços públicos e privados em que haja instalação de banheiros químicos deverão contar com unidades acessíveis a pessoas com deficiência ou com mobilidade reduzida. O número mínimo de banheiros químicos acessíveis corresponderá a 10% (dez por cento) do total, garantindo-se pelo menos 1 (uma) unidade acessível caso a aplicação do percentual resulte em fração inferior a 1 (um).

O art. 22 do Decreto nº 5.296/2004 estabelece as exigências a respeito de sanitários para as pessoas com deficiência ou mobilidade reduzida:

- **Edificações de uso público a serem construídas:** no mínimo 1 cabine destinada ao uso de pessoa com deficiência ou mobilidade reduzida para cada sexo em cada pavimentação da edificação com entrada independente dos sanitários coletivos;
- **Edificações de uso público já existentes:** prazo de 30 meses a partir da data de publicação do Decreto para garantir ao menos 1 banheiro acessível por pavimento com entrada independente;
- **Edificações de uso coletivo a serem construídas, ampliadas ou reformadas:** sanitários para uso de pessoa com deficiência deve ter entrada independente e obedecer às normas técnicas de acessibilidade da ABNT;
- **Edificações de uso coletivo já existentes**: sanitários para uso de pessoas com deficiência deve estar localizado nos pavimentos acessíveis, ter entrada independente e obedecer às normas de acessibilidade da ABNT.

Intervenção nas vias e espaços públicos: dever do poder público e das concessionárias de assegurar a fluidez do trânsito e a livre circulação e acessibilidade das pessoas nas intervenções nas vidas e nos espaços públicos, durante e após sua execução (art. 59, Lei nº 13.146/2015 e art. 12, Decreto nº 5.296/2004).

Cadeiras de roda: Os centros comerciais e os estabelecimentos congêneres devem fornecer carros e cadeiras de rodas, motorizados ou não, para o atendimento da pessoa com deficiência ou com mobilidade reduzida (art. 12-A, Lei nº 10.098/2000).

6.4. ACESSO À INFORMAÇÃO E À COMUNICAÇÃO

***Sites* acessíveis:** É obrigatória a acessibilidade à pessoa com deficiência nos sítios eletrônicos (sites) mantidos por empresas com sede ou representação comercial no país ou por órgãos de governo. Os *sites* devem conter o símbolo de acessibilidade em destaque (art. 63, Estatuto da Pessoa com Deficiência e art. 47, do Decreto nº 5.296/2004).

Telecentros comunitários e *lan houses*: Os telecentros comunitários que receberem recursos públicos federais e as lan houses devem possuir equipamentos e instalações acessíveis com, no mínimo, 10% de seus computadores com recursos de acessibilidade para pessoa com deficiência visual, garantido pelo menos 1 equipamento, quando o resultado percentual for inferior a 1. Assim, por exemplo, se uma *lan house* tem 5 computadores, ao se aplicar o percentual de 10% leva ao resultado de 0,5 computador, o que obriga a garantia de pelo menos 1 computador, ainda que o resultado seja inferior.

Financiamento público: Para obtenção de financiamento de projeto com utilização de recursos públicos, é necessário assegurar a acessibilidade nos sítios eletrônicos da empresa (art. 64, Lei nº 13.146/2015).

Telecomunicação: As empresas prestadoras de serviços de telecomunicações devem garantir o pleno acesso à pessoa com deficiência conforme regulamentação específica (art. 65, Lei nº 13.146/2015).

Telefones e celulares acessíveis: É dever do poder público incentivar a oferta de aparelhos de telefonia fixa e celulares com acessibilidade que permitam a possibilidade de indicação e de ampliação sonoras de todas as operações e funções disponíveis (art. 66, Lei nº 13.146/2015). Há previsão de garantia de, no mínimo, 2% de Telefones de Uso Público ("orelhão") adaptados às pessoas com deficiência (art. 16, § 2º, Decreto nº 5.296/2004).

Serviços de radiodifusão de sons e imagens: devem permitir o uso dos seguintes recursos (art. 67, Lei nº 13.146/2015):

- Subtitulação por legenda oculta;
- Janela com intérprete de Libras;
- Audiodescrição.

De acordo com o art. 52 do Decreto nº 5.296/2004, cabe ao Poder Público incentivar a oferta de televisores equipados com recursos que permitam o direito de acesso à informação às pessoas com deficiência auditiva ou visual. Nesse sentido, deve ser garantidos recursos de decodificação de legenda oculta, recurso para Programa Secundário de Áudio (SAP) e entradas para fones de ouvido com ou sem fio.

Canais de comercialização virtual e anúncios publicitários veiculados na imprensa escrita, na internet, no rádio, na televisão e nos demais veículos de comunicação devem disponibilizar os recursos de acessibilidade previstos para os serviços de radiodifusão de sons e imagens, observado o disposto no Código de Defesa do Consumidor referente à publicidade (arts. 36 a 38 do CDC).

Livros e artigos acessíveis: Incentivo do poder público na produção, edição, difusão, distribuição e comercialização de **livros em formatos acessíveis**, inclusive nas publicações da administração pública ou financiadas com recursos públicos, para garantir à pessoa com deficiência o direito de acesso à leitura, à informação e à comunicação (art. 68, Lei nº 13.146/2015). Além disso, o poder público deve estimular a adaptação e produção de **artigos científicos** em formato acessível, inclusive em Libras;

Impedimento às editoras sem formatos acessíveis: Nas compras de livros para as bibliotecas públicas e de todos os níveis de educação, o poder público deve adotar cláusulas que impeçam a participação de editoras que não oferecem livros em formatos acessíveis. Além disso, seguem os formatos acessíveis estabelecidos pelo Estatuto:

FORMATOS ACESSÍVEIS
– O Estatuto da Pessoa com Deficiência traz os formatos que são considerados acessíveis às pessoas com deficiência: a) *Softwares* leitores de telas ou tecnologias assistivas que permitem leitura de voz sintetizada; b) Ampliação de caracteres; c) Diferentes contrastes; e d) Impressão em Braile.

Informações aos consumidores: É dever do poder público assegurar que as informações disponíveis aos consumidores nos produtos e serviços ofertados sejam corretas e claras, por quaisquer meios de comunicação, inclusive em ambiente virtual, contendo a **especificação correta de quantidade, qualidade, características, composição e preço, bem como sobre os eventuais riscos à saúde e à segurança do consumidor com deficiência** com aplicação no que couber dos arts. 30 a 41 do Código de Defesa do Consumidor nos assuntos referentes à oferta dos produtos e serviços, à publicidade e às práticas abusivas.

Ressalta-se que o Estatuto da Pessoa com Deficiência incluiu o art. 6º, parágrafo único e 43, § 6º ao Código de Defesa do Consumidor para estabelecer a necessidade de que as informações sobre produtos e serviços e também as informações constantes em dados cadastrais sobre o consumidor sejam acessíveis às pessoas com deficiência, o que reforça o que foi apresentado no item anterior (art. 100, Estatuto da Pessoa com Deficiência).

Fornecedores devem disponibilizar exemplares de bulas, prospectos, textos ou qualquer outro tipo de material de divulgação em formato acessível.

Congressos, seminários e oficinas sem dinheiro público: As instituições que promoverem congressos, seminários, oficinas e demais eventos de natureza científico-cultural devem oferecer, no mínimo, recursos de tecnologia assistiva previstos aos serviços de radiodifusão acima mencionados à pessoa com deficiência (art. 70):

- Subtitulação por legenda oculta;
- Janela com intérprete de Libras;
- Audiodescrição.

Congressos seminários e oficinas financiadas pelo poder público: Nesse caso, devem garantir além dos recursos de tecnologia assistiva, as condições de acessibilidade (art. 71, Estatuto da Pessoa com Deficiência). Projetos de pesquisa com apoio de agências de financiamento e de órgãos e entidades integrantes da administração pública que atuem no auxílio à pesquisa devem incluir temas voltados para o desenho universal (art. 72).

Capacitação de tradutores e intérpretes de Libras, profissionais habilitados em Braille: cabe ao poder público, diretamente ou mediante parceria com organizações da sociedade civil, promover a capacitação de tradutores e intérpretes de Libras, de guias intérpretes e profissionais habilitados em Braille, audiodescrição, estenotipia e legendagem (art. 73, da Lei nº 13.146/2015 e art. 18, Lei nº 10.098/2000).

Símbolo internacional de surdez: É obrigatória a colocação de modo visível do "Símbolo Internacional de Surdez" em todos os locais que possibilitem acesso, circulação e utilização por pessoas com deficiência auditiva e em todos os serviços que forem postos à sua disposição (art. 1º. Lei nº 8.160/1991).

6.5. TECNOLOGIA ASSISTIVA

Acesso à tecnologia assistiva: A pessoa com deficiência tem assegurado o acesso a produtos, recursos, estratégias, práticas, processos, métodos e serviços de tecnologia assistiva que possibilitem a maximização da autonomia, mobilidade pessoal e qualidade de vida (art. 74, Estatuto da Pessoa com Deficiência). É importante ressaltar que a Lei Brasileira de Inclusão da Pessoa com Deficiência traz o conceito de tecnologia assistiva em seu art. 3º, III:

LEMBRE-SE:

Conceito de tecnologia assistiva: também denominado de ajuda técnica, compreende produtos, equipamentos, dispositivos, recursos, metodologias, estratégias, práticas e serviços que objetivem promover a funcionalidade, relacionada à atividade e à participação da pessoa com deficiência ou com mobilidade reduzida, visando à sua **autonomia, independência, qualidade de vida e inclusão social**;

Plano específico de medidas: Acerca da implementação de tecnologia assistiva, o Estatuto da Pessoa com Deficiência traz plano específico de medidas, que deve ser **renovado a cada 4 anos**. Os procedimentos constantes desse plano específico devem ser avaliados a cada 2 anos para assegurar o acesso à tecnologia assistiva. O plano deve ter as seguintes finalidades (art. 75, Estatuto da Pessoa com Deficiência):

PLANO ESPECÍFICO DE MEDIDAS PARA ACESSO À TECNOLOGIA ASSISTIVA

- Facilitar o acesso a **crédito especializado para aquisição de tecnologia assistiva**;
- Agilizar, simplificar e priorizar procedimentos de **importação de tecnologia assistiva**, especialmente quanto aos procedimentos alfandegários e sanitários;
- Criar mecanismos de **fomento à pesquisa e à produção nacional de tecnologia assistiva**, inclusive por meio de concessão de linhas de crédito subsidiado e de parcerias com institutos de pesquisa;
- **Eliminar o reduzir a tributação** da cadeia produtiva e de importação **de tecnologia assistiva**;
- Facilitar e agilizar o processo de **inclusão de novos recursos de tecnologia assistiva no âmbito do SUS** e outros órgãos governamentais.

Diretrizes do Poder Público: Cabe ao Poder Público viabilizar algumas diretrizes acerca das ajudas técnicas (art. 65, Decreto nº 5.296/2004):

DIRETRIZES DO PODER PÚBLICO NO FOMENTO DE AJUDAS TÉCNICAS

- Reconhecimento da área de ajudas técnicas como área de conhecimento;
- Promoção da inclusão de conteúdos relacionados às ajudas técnicas na educação profissional, no ensino médio, na graduação e na pós-graduação;
- Apoio e divulgação de trabalhos técnicos e científicos referentes a ajudas técnicas
- Estabelecimento de parcerias com escolas e centros de educação profissional, centros universitários e de pesquisa para aumentar a formação de profissionais na área de ajudas técnicas;
- Incentivo à formação e treinamento de ortesistas e protesistas.

Kit de ajuda técnica: De acordo com a Lei nº 13.825/2019, que acrescentou o art. 21-A à Lei nº 10.098/2000, a pessoa com deficiência tem direito a um kit, sem custo adicional, que conterá:

> I – etiqueta em braile: filme transparente fixo ao cartão com informações em braile, com a identificação do tipo do cartão e os 6 (seis) dígitos finais do número do cartão; <u>(Incluído pela Lei nº 13.835, de 2019)</u> <u>(Vigência)</u>
>
> II – identificação do tipo de cartão em braile: primeiro dígito, da esquerda para a direita, identificador do tipo de cartão; <u>(Incluído pela Lei nº 13.835, de 2019)</u> <u>(Vigência)</u>

III – fita adesiva: fita para fixar a etiqueta em braile de dados no cartão; (Incluído pela Lei nº 13.835, de 2019) (Vigência)

IV – porta-cartão: objeto para armazenar o cartão e possibilitar ao portador acesso às informações necessárias ao pleno uso do cartão, com identificação, em braile, do número completo do cartão, do tipo de cartão, da bandeira, do nome do emissor, da data de validade, do código de segurança e do nome do portador do cartão. (Incluído pela Lei nº 13.835, de 2019) (Vigência)

Parágrafo único. O porta-cartão de que trata o inciso IV do **caput** deste artigo deverá possuir tamanho suficiente para que constem todas as informações descritas no referido inciso e deverá ser conveniente ao transporte pela pessoa com deficiência visual. (Incluído pela Lei nº 13.835, de 2019)

6.6. PARTICIPAÇÃO NA VIDA PÚBLICA E POLÍTICA

Exercício de direitos políticos: A pessoa com deficiência deve ter assegurado pelo poder público todos os direitos políticos e a oportunidade de exercê-los em igualdade de condições com as demais pessoas (art. 76, Estatuto da Pessoa com Deficiência).

Direito de votar e ser votado: Deve ser assegurado à pessoa com deficiência o direito de votar e ser votada por meio das seguintes ações (art. 76, § 1º, Lei nº 13.146/2015):

- **Procedimentos, instalações, materiais e equipamentos acessíveis** e de fácil compreensão, sendo vedada a instalação de seções eleitorais exclusivas para a pessoa com deficiência. Essa medida assegura o respeito ao direito à não discriminação e ao exercício do voto em igualdade de condições com as demais pessoas. Ademais, o art. 21, parágrafo único, do Decreto nº 5.296/2004 prevê que as urnas das seções eleitorais devem ser adequadas ao uso com autonomia das pessoas com deficiência ou mobilidade reduzida e instaladas em local de votação acessível e com estacionamento próximo;
- **Incentivo à candidatura da pessoa com deficiência** e ao desempenho de funções públicas, inclusive com o uso de tecnologias assistivas;
- **Pronunciamentos oficiais, propagando eleitoral gratuita e os debates** transmitidos pelas emissoras de televisão por meio de **recursos de tecnologia assistiva** (subtitulação por legenda oculta, janela com intérprete de Libras e audiodescrição);
- **Livre exercício do direito ao voto** e sempre que necessário e a seu pedido, permissão para que a pessoa com deficiência seja auxiliada na votação por pessoa de sua escolha.

Alteração no art. 135 do Código Eleitoral: Os Tribunais Regionais Eleitorais deverão, a cada eleição, expedir instruções aos Juízes Eleitorais para orientá-los na escolha dos locais de votação, de modo que se assegure a acessibilidade ao eleitor com deficiência ou com mobilidade reduzida (art. 96, Lei nº 13.146/2015).

Participação da pessoa com deficiência: Poder público deve promover a participação da pessoa com deficiência na condução das questões públicas sem discriminação e em igualdade de oportunidades, sempre observado o seguinte:

PARTICIPAÇÃO DA PESSOA COM DEFICIÊNCIA
a) Participação em organizações não governamentais relacionadas à vida pública e à política do país;
b) Participação em atividades e administração de partidos políticos;
c) Formação de organizações para representar a pessoa com deficiência em todos os níveis;
d) Participação da pessoa com deficiência em organizações que a representem.

7. NORMAS DE APOIO ÀS PESSOAS COM DEFICIÊNCIA E SUA INTEGRAÇÃO SOCIAL

7.1. APOIO ÀS PESSOAS COM DEFICIÊNCIA

Pleno exercício de direitos e integração: É necessário assegurar o pleno exercício dos direitos individuais e sociais da pessoa com deficiência e sua efetiva integração social por meios das ações governamentais necessárias ao cumprimento das disposições constitucionais e legais referentes às pessoas com deficiência, afastadas a discriminação e preconceitos de qualquer espécie (art. 1º, Lei nº 7.853/1989).

Para isso, deve-se atender aos seguintes valores básicos:

- Igualdade de tratamento e oportunidade;
- Justiça social;
- Respeito à dignidade da pessoa humana;
- Bem-estar e outros previstos na Consituição ou indicados por princípios gerais do Direito.

Medidas prioritárias que devem ser adotadas pelos órgãos e entidades da Administração Pública: O art. 2º da Lei nº 7.853/1989 estabelece medidas que devem ser asseguradas pelo poder público para a garantia dos direitos das pessoas com deficiência:

MEDIDAS PRIORITÁRIAS DA ADMINISTRAÇÃO PÚBLICA	
Área da educação	- Inclusão da Educação Especial como modalidade exclusiva com currículos, etapas e exigências de diplomação próprios; - Inserção de escolas especiais públicas e privadas; - Oferta obrigatória e gratuita de Educação Especial em estabelecimento público de ensino; - Oferecimento de Educação Especial em hospitais e congêneres nos quais estejam internadas pessoas com deficiência por prazo igual ou superior a 1 ano; - Acesso aos mesmos benefícios conferidos aos demais educandos; - Matrícula compulsória em cursos regulares quando forem capazes de se integrarem no sistema regular.
Área da saúde	- Promoção de ações preventivas; - Desenvolvimento de programas especiais de prevenção de acidente de trabalho e trânsito e de tratamento adequado das vítimas; - Criação de rede de serviços especializados em habilitação e reabilitação; - Garantia de acesso e tratamento adequado em estabelecimentos de saúde públicos e privados; - Garantia de atendimento domiciliar de saúde à pessoa com deficiência grave não internada; - Desenvolvimento de programas de saúde que lhes assegure integração social.
Área de formação profissional e de trabalho	- Apoio governamental à formação profissional, inclusive com a oferta de cursos; - Empenho do poder público em assegurar o surgimento de empregos, inclusive de tempo parcial, às pessoas com deficiência que não tenham acesso aos empregos comuns;

MEDIDAS PRIORITÁRIAS DA ADMINISTRAÇÃO PÚBLICA	
Área de formação profissional e de trabalho	- Ações que proporcionem inserção nos setores públicos e privados de pessoas com deficiência; - Legislação que assegure reserva de mercado de trabalho em favor de pessoas com deficiência nas entidades da Administração Pública e no setor privado.
Área de recursos humanos	- Formação de professores de nível médio para Educação Especial, de técnicos de nível médio especializados na habilitação e reabilitação e de instrutores para formação profissional; - Formação e qualificação de recursos humanos que atendam à demanda e às necessidades reais das pessoas com deficiência; - Incentivo à pesquisa e ao desenvolvimento tecnológico em todas as áreas do conhecimento relacionadas com a pessoa com deficiência.
Área de edificações	- Adocação de normas que garantam a funcionalidade das edificações e vias públicas, que evitem ou removam barreiras, permitam o acesso aos edifícios, logradouros e meios de transporte.

Secretaria Especial dos Direitos Humanos da Presidência da República: A coordenação dos assuntos, ações governamentais e medidas referentes a pessoas portadoras de deficiência caberá à Secretaria Especial dos Direitos Humanos da Presidência da República (art. 10, Lei nº 7.853/1989).

7.2. AÇÃO CIVIL PÚBLICA

Medidas judiciais de proteção à pessoa com deficiência: São asseguradas medidas judiciais de proteção aos direitos difusos, coletivos, individuais homogêneos e indisponíveis da pessoa com deficiência que poderá ser proposta pelos seguintes legitimados (art. 3º, Lei nº 7.853/1989):

LEGITIMADOS
a) Ministério Público;
b) Defensoria Pública;
c) União;
d) Estados;
e) Municípios;
f) Distrito Federal;
g) Autarquia, fundação, empresa pública e sociedade de economia mista que tenham entre suas finalidades institucionais, a proteção dos interesses e a promoção de direitos da pessoa com deficiência; e
h) Associação constituída há mais de 1 ano, que tenha entre suas finalidades institucionais, a proteção dos interesses e a promoção de direitos da pessoa com deficiência.

Certidões e informações: Para instruir a inicial, é permitido ao interessado requerer às autoridades competentes certidões e informações que julgar necessárias, que deverão ser fornecidas no prazo de 15 dias da entrega dos requerimentos e só podem ser usadas para instruir ação civil. Somente nos casos de interesse público, devidamente justificado, é possível impor sigilo e negar a certidão. Nesse caso, cabe ao juiz, após apreciar os motivos do indeferimento, requisitar umas e outras, salvo se se tratar de questão de segurança nacional. Feita a requisição, o processo deve correr em segredo de justiça, que terminará com o trânsito em julgado da sentença.

Litisconsórcio e abandono: fica facultado aos demais legitimados para propor a ação habilitarem-se como litisconsortes nas ações propostas por qualquer um deles. Se houver desistência ou abandono da ação, qualquer dos co-legitimados pode assumir a titularidade ativa.

Efeitos da sentença: eficácia de coisa julgada "erga omnes", exceto se haver sido a ação julgada improcedente por deficiência de prova, hipótese em que qualquer legitimado pode ingressar com nova ação com mesmo fundamento e novas provas (art. 4º, Lei nº 7.853/1989).

Remessa de ofício: sentença de carência ou improcedência sujeita-se ao duplo grau de jurisdição, somente produzindo efeitos com a confirmação do tribunal.

Recursos: legitimidade para recorrer é estendida a qualquer legitimado ativo.

Intervenção do Ministério Público: é obrigatória nas ações públicas, coletivas ou individuais em que se discutam interesses relacionados à deficiência (art. 5º, Lei nº 7.853/1989).

Procedimento no Ministério Público (art. 6º, Lei nº 7.853/1989): é possível a instauração de inquérito civil ou requisitar novas diligências no prazo não inferior a 10 dias úteis. Esgotadas as diligências, é possível o arquivamento do inquérito civil ou das peças informativas. Neste caso, deve haver reexame dos autores em 3 dias pelo Conselho Superior do Ministério Público. Se a promoção do arquivamento for reformada, será designado pelo Conselho Superior outro órgão do Ministério Público para o ajuizamento da ação.

Aplicação subsidiária da Lei da Ação Civil Pública (Lei nº 7.347/1985): Sempre que cabível são aplicáveis os dispositivos da Lei nº 7.347/1985 à ação civil pública prevista para a tutela dos direitos das pessoas com deficiência (art. 7º da Lei nº 7.853/1989).

7.3. CRIMES

Além dos crimes previstos no Estatuto da Pessoa com Deficiência, mencionados no item 1.17 destas dicas, o art. 8º da Lei nº 7.853/1989 estabeleceu a criação de crimes contra as pessoas com deficiência. Lembre-se de que todos os crimes dessa lei apresentam pena-base de 2 a 5 anos de reclusão e multa e as causas de aumento de pena são sempre de 1/3. Para facilitar a memorização do assunto, segue quadro dos crimes dispostos de maneira sistematizada:

CRIMES PREVISTOS NA LEI Nº 7.853/1989		
Tipo penal	**Pena**	**Causas de aumento de pena e qualificadoras**
Recusar, cobrar valores adicionais, suspender, procrastinar, cancelar ou fazer cessar inscrição de aluno em estabelecimento de ensino de qualquer curso ou grau, público ou privado, em razão de sua deficiência (art. 8º, I).	Reclusão, de 2 a 5 anos; e Multa	– Causa de aumento de pena: 1/3 se crime for praticado contra menor de 18 anos;

CRIMES PREVISTOS NA LEI Nº 7.853/1989		
Tipo penal	**Pena**	**Causas de aumento de pena e qualificadoras**
Obstar inscrição em concurso público ou acesso de alguém a qualquer cargo ou emprego público, em razão de sua deficiência (art. 8º, II).	Reclusão, de 2 a 5 anos; e Multa	– Causa de aumento de pena: 1/3 se crime for praticado contra menor de 18 anos; – Responsabilidade patrimonial pessoal do Administrador Público se adotar critérios subjetivos para indeferir inscrição, aprovação e estágio obrigatório em concursos públicos.
Negar ou obstar emprego, trabalho ou promoção à pessoa em razão de sua deficiência (art. 8º, III).	Reclusão, de 2 a 5 anos; e Multa	– Causa de aumento de pena: 1/3 se crime for praticado contra menor de 18 anos;
Recusar, retardar ou dificultar internação ou deixar de prestar assistência médico-hospitalar e ambulatorial à pessoa com deficiência (art. 8º, IV).	Reclusão, de 2 a 5 anos; e Multa	– Causa de aumento de pena: 1/3 se crime for praticado contra menor de 18 anos;
Deixar de cumprir, retardar ou frustrar execução de ordem judicial expedida na ação civil a que alude esta Lei (art. 8º, V).	Reclusão, de 2 a 5 anos; e Multa	– Causa de aumento de pena: 1/3 se crime for praticado contra menor de 18 anos;
Recusar, retardar ou omitir dados técnicos indispensáveis à propositura da ação civil pública objeto desta Lei, quando requisitados. (art. 8º, VI).	Reclusão, de 2 a 5 anos; e Multa	– Causa de aumento de pena: 1/3 se crime for praticado contra menor de 18 anos;
Impedir ou dificultar o ingresso de pessoa com deficiência em planos privados de assistência à saúde, inclusive com cobrança de valores diferenciados	Reclusão, de 2 a 5 anos; e Multa	– Causa de aumento de pena: Crime praticado em atendimento de urgência e emergência, pena é agravada em 1/3 .

7.4. POLÍTICA NACIONAL PARA INTEGRAÇÃO DA PESSOA PORTADORA DE DEFICIÊNCIA (DECRETO Nº 3.298/1999)

Questão terminológica: Inicialmente, cumpre ressaltar que o termo pessoa portadora de deficiência está em desuso, sendo utilizado o termo mais adequado "pessoa com deficiência". Sempre que possível usaremos o termo adequado ao candidato, ainda que a legislação faça referência à pessoa portadora de deficiência.

Política Nacional para Integração da Pessoa Portadora de Deficiência: compreende um conjunto de orientações normativas que objetivam assegurar o pleno exercício dos direitos individuais e sociais das pessoas com deficiência (art. 1º, Decreto nº 3.298/1999). É dever do Poder Público assegurar o pleno exercício dos direitos básicos da pessoa com deficiência, previstos na Constituição e nas leis, que propiciem seu bem-estar pessoal, social e econômico (art. 2º, Decreto nº 3.298/1999).

Princípios: A Política Nacional para Integração da Pessoa Portadora de Deficiência deve atender aos seguintes princípios (art. 5º, Decreto nº 3.298/1999):

a) Desenvolvimento de ação conjunta do Estado e sociedade civil para assegurar plena integração da pessoa com deficiência.

b) Estabelecimentos de mecanismos e instrumentos legais e operacionais para assegurar o pleno exercício dos direitos das pessoas com deficiência;

c) Respeito às pessoas com deficiência com tratamento em igualdade de oportunidades na sociedade por reconhecimento dos direitos que lhe são assegurados sem privilégios ou paternalismos.

Diretrizes: São consideradas diretrizes da Política Nacional para Integração da Pessoa Portadora de Deficiência (art. 6º, Decreto nº 3.298/1999):

DIRETRIZES DA POLÍTICA NACIONAL PARA INTEGRAÇÃO DA PESSOA PORTADORA DE DEFICIÊNCIA
- Estabelecer mecanismos que acelerem e favoreçam a inclusão social da pessoa com deficiência; - Adotar estratégias de articulação com órgãos públicos e privados, bem como organismos internacionais; - Incluir a pessoa com deficiência, respeitadas as suas peculiaridades, em todas as iniciativas governamentais relacionadas à educação, à saúde, ao trabalho, à edificação pública, à previdência social, à assistência social, ao transporte, à habitação, à cultura, ao esporte e ao lazer. - Viabilizar a participação da pessoa com deficiência em todas as fases de implementação dessa política por meio de suas entidades representativas. - Ampliar as alternativas de inserção econômicas da pessoa com deficiência, proporcionando a ela qualificação profissional e incorporação no mercado de trabalho. - Garantir o efetivo atendimento de suas necessidades, sem cunho paternalista.

Objetivos: São traçados também os objetivos que se pretende alcançar com a implementação dessa política (art. 7º, Decreto nº 3.298/1999):

OBJETIVOS DA POLÍTICA NACIONAL PARA INTEGRAÇÃO DA PESSOA PORTADORA DE DEFICIÊNCIA
- Acesso, o ingresso e a permanência da pessoa portadora de deficiência em todos os serviços oferecidos à comunidade; - Integração das ações dos órgãos e das entidades públicos e privados nas áreas de saúde, educação, trabalho, transporte, assistência social, edificação pública, previdência social, habitação, cultura, desporto e lazer, visando à prevenção das deficiências, à eliminação de suas múltiplas causas e à inclusão social; - Desenvolvimento de programas setoriais destinados ao atendimento das necessidades especiais da pessoa com deficiência; - Formação de recursos humanos para atendimento da pessoa portadora de deficiência; e - Garantia da efetividade dos programas de prevenção, de atendimento especializado e de inclusão social.

Instrumentos: O art. 8º do Decreto nº 3.298/1999 estabelece ainda instrumentos para a implementação da política nacional:

INSTRUMENTOS DA POLÍTICA NACIONAL PARA INTEGRAÇÃO DA PESSOA PORTADORA DE DEFICIÊNCIA
- Articulação entre entidades governamentais e não governamentais que tenha responsabilidades quanto ao atendimento de pessoa com deficiência em todos os níveis federativos; - Fomento à formação de recursos humanos para adequado e eficiente atendimento da pessoa com deficiência; - Aplicação da legislação específica que disciplina a reserva de mercado de trabalho em favor da pessoa com deficiência no setor público e privado; - Fomento da tecnologia de bioengenharia voltada para a pessoa com deficiência e a facilitação da importação de equipamentos; - Fiscalização do cumprimento da legislação pertinente à pessoa com deficiência.

Serviços prestados pela Administração Federal: O art. 15 do Decreto nº 3.298/1999 estabelece alguns serviços que devem ser prestado à pessoa com deficiência, direta ou indiretamente pelos órgão e entidades da Administração Pública Federal:

- Reabilitação integral, que compreende o desenvolvimento das potencialidades da pessoa com deficiência;
- Formação profissional e qualificação para o trabalho;
- Escolarização em estabelecimentos de ensino regular com os recursos necessários;
- Orientação e promoção individual, familiar e social.

✦ SÚMULAS

STJ

- **Súmula 377.** O portador de visão monocular tem direito de concorrer, em concurso público, às vagas reservadas aos deficientes.
- **Súmula 552.** O portador de surdez unilateral não se qualifica como pessoa com deficiência para o fim de disputar as vagas reservadas em concursos públicos.

EDITORA
JusPODIVM
www.editorajuspodivm.com.br

COLOR system

JUS3530